BIBLIOTHÈQUE
HISTORIQUE
DE LA FRANCE.

BIBLIOTHÈQUE
HISTORIQUE
DE LA FRANCE,

CONTENANT

Le Catalogue des Ouvrages, imprimés & manuscrits,
qui traitent de l'Histoire de ce Royaume,
ou qui y ont rapport;

AVEC DES NOTES CRITIQUES ET HISTORIQUES:

Par feu JACQUES LELONG, Prêtre de l'Oratoire,
Bibliothécaire de la Maison de Paris.

NOUVELLE ÉDITION

Revue, corrigée & considérablement augmentée

Par feu M. FEVRET DE FONTETTE, Conseiller au Parlement de Dijon, l'un des Directeurs de l'Académie de cette Ville, & Associé-libre de l'Académie Royale des Inscriptions & Belles-Lettres.

TOME QUATRIÈME.

A PARIS,

De l'Imprimerie de la Veuve HÉRISSANT, Imprimeur ordinaire
du Roi, Maison & Cabinet de SA MAJESTÉ.

M. DCC. LXXV.

AVEC APPROBATION ET PRIVILÉGE DU ROI.

AVERTISSEMENT.

J'avois cru, comme M. de Fontette, que ce quatrième Volume feroit le dernier, & qu'il pourroit contenir le Supplément & les Tables, avec les différentes Liftes de Deffins & Gravures auxquelles j'ai donné le nom d'*Appendice*. Mais quelques Sçavans touchés de l'utilité de l'Ouvrage, & voulant contribuer de plus en plus à fa perfection, nous ont envoyé des Corrections & Additions en fi grand nombre, que le *Supplément* a paffé de beaucoup les bornes que nous comptions qu'il devoit avoir.

Nous fommes donc forcés de donner les Tables féparément, & d'en former un *cinquième* Volume, qui s'imprime actuellement, & qui paroîtra dans le cours de l'année prochaine, quelque attention qu'il demande pour la correction. Il réfultera de cet arrangement un double avantage. Premièrement, nos Tables raifonnées, que nous aurions été contraints d'abréger fi elles fuffent reftées dans le quatrième Volume, paroîtront dans toute leur étendue & avec tout le détail qu'elles doivent avoir pour devenir plus utiles. En fecond lieu, le Volume des Tables étant mois gros que les quatre précédens, fera auffi plus maniable & par conféquent plus commode pour l'ufage. Il aura même l'avantage de pouvoir être confulté, tandis que les autres Volumes refteront ouverts aux endroits indiqués ; & je penfe que cela ne doit pas être compté pour peu de chofe.

Car les perfonnes ftudieufes feront dans le cas de feuilleter fréquemment le Volume des Tables, pour y chercher les Articles dont elles auront befoin. Elles auront la facilité de trouver ces Articles fous différens points de vue, par rapport aux Matières en général, à la Géographie des Provinces, Villes, &c. à la Chronologie & Hiftoires générales de France, aux Vies & Eloges des Perfonnes illuftres que le Royaume a produites, aux diverfes autres Matières particulières, aux Manufcrits répandus en grand nombre dans cette Bibliothèque, enfin aux Auteurs mêmes rangés par ordre alphabétique, avec l'indication particulière de leurs Ouvrages : autant d'objets que nos Tables offriront diftincts & féparés les uns des autres.

Par rapport à l'ample Supplément que l'on trouve dans le préfent Volume, je crois devoir un nouveau témoignage de reconnoiffance aux Sçavans qui y ont principalement contribué, par les peines qu'ils fe font données & par les Obfervations qu'ils nous ont fait tenir pour l'utilité du Public. Ce font principalement MM. Mercier, Chanoine-Régulier & Abbé de S. Léger de Soiffons; Beaucousin & Camus, Avocats au Parlement de Paris ; Thomé, Chanoine de Meaux; Pithon-court, Curé de

AVERTISSEMENT.

Boiſſy, au Diocèſe de Chartres; Arcère, Prêtre de l'Oratoire de la Rochelle; Droz, Conſeiller au Parlement de Beſançon, & Secrétaire de l'Académie de cette Ville; Seguier, Secrétaire de l'Académie de Niſmes; Nadaud, Curé de Teyjac, au Diocèſe de Limoges; Jardel, Officier chez le Roi, & demeurant à Braine, près de Soiſſons, &c.

Je dois faire une mention particulière de M. l'Abbé Ghesquiere, l'un des principaux de la Société Hagiologique, ou des Bollandiſtes, qui nous a fait remettre pluſieurs Obſervations, avec une Liſte des Vies des Saints François qui ſont dans pluſieurs Volumes des Actes des Saints ou du Recueil de Bollandus, Volumes que nous n'avions point vus, notamment juſqu'à la *pag. 361, du tom. IV.* d'Octobre, qui n'a point encore été donné au Public. Nous avons cru devoir en faire ici l'obſervation. Si ce Tome paroît d'ici à un an, nous ferons mention des autres Vies qui ont rapport à notre Hiſtoire, dans les Additions au Supplément, que nous prévoyons devoir être encore dans notre cinquième Volume.

Je ſuis enfin en état de mettre dans celui-ci les Eloges de *Charles-Marie* Févret de Fontette, que j'avois promis dans le Volume précédent. Il n'a pu voir la fin de ſon Ouvrage, ni jouir des applaudiſſemens qui ſont dus à ſon zèle pour ſa Patrie & ſes Rois, mais que le Public équitable ne refuſera point à ſa mémoire. Ce digne Citoyen, qui m'avoit remis tout ſon travail dès 1764, & qui m'envoyoit de temps en temps des matériaux pour des Additions, m'animoit par ſon courage; & pour n'en point manquer depuis que je me ſuis vu privé de lui, il m'a fallu le plus grand deſir de mettre à fin une ſi eſtimable entrepriſe. Cette idée ſeule m'a ſoutenu dans cette carrière, malgré le mauvais état de ma ſanté. Je m'eſtimerai heureux, ſi le Public daigne approuver les ſoins que j'ai pris pour remplir & ſon attente & celle de l'Auteur.

Je dois avertir, en finiſſant ſon article, que tous les Manuſcrits en grand nombre, qu'il a cités comme étant conſervés dans ſa *Bibliothèque à Dijon*, ſont depuis ſa mort dans la même Ville, en la Bibliothèque de M. *Éſmonin de Dampierre*, Préſident au Parlement de Dijon, qui n'a pas voulu que la Province de Bourgogne fût privée de Manuſcrits qui regardent principalement ſon Hiſtoire.

Le Sieur *Jean-Thomas* Hérissant, qui avoit entrepris l'impreſſion de cette Bibliothèque, a de même été privé du plaiſir de la voir achevée, étant mort le 2 Août 1772. Il y avoit mis une affection particulière, & en a conduit la partie typographique avec cette application, cette capacité & ce déſintéreſſement, qui ont éclatté, avec les vertus d'un bon Citoyen, dans tout le cours de ſa vie : c'eſt ce qui doit rendre ſon nom auſſi recommandable au Public, qu'il eſt cher à tous ceux qui l'ont connu.

J. L. Barbeau de la Bruyere, ce 17 Février 1775.

ÉLOGE
DE M. FÉVRET DE FONTETTE,

Lu à l'Assemblée publique de l'Académie des Sciences, Arts & Belles-Lettres de Dijon, au mois de Décembre 1772, par M. PERRET, Secrétaire perpétuel pour la partie des Belles-Lettres.

MONSIEUR Charles-Marie FÉVRET, Seigneur de Fontette, de Saint-Mesmin, Godan, Bonidan, la Bourlière, &c. Conseiller au Parlement de Bourgogne, Académicien honoraire, & ancien Chancelier de l'Académie de Dijon, Associé-Libre de l'Académie Royale des Inscriptions & Belles-Lettres, naquit à Dijon le 14 Avril 1710.

Il étoit fils aîné de M. Jacques Févret, aussi Conseiller au Parlement de la même Ville, & de Dame Barbe-Charlotte de Migieux. Le moment de sa naissance fut, en quelque sorte, celui de son dévouement à parcourir la même carrière que ses Ancêtres avoient successivement fournie.

Ils lui transmirent, avec leur nom, les qualités & les sentimens propres à acquérir les mêmes distinctions personnelles. Une éducation sage & éclairée lui en fraya la route; une assiduité constante à l'étude les lui assura.

Il voyoit une longue suite de personnes célèbres dans la Magistrature, qui s'étoient succédées dans sa famille (1) : plusieurs monumens lui retraçoient les vertus, les connoissances & le patriotisme de ses Ayeux; tout ce que leur goût pour les Lettres & pour les Arts avoit rassemblé autour de M. de Fontette (2), tendoit naturellement à lui inspirer le sentiment & la noblesse de son origine.

Tel est l'effet immédiatement lié au souvenir d'un homme illustré par ses actions, aux monumens qu'il a consacrés à l'utilité & à l'instruction publique, ou à ceux qu'on élève à sa gloire. Ces monumens font naître l'admiration, au moment même où ils frappent les sens; leur aspect enflamme l'imagination, élève l'ame, imprime le respect, réveille l'amour-propre, l'épure par la considération du motif & de l'objet, étend l'amour des Arts en inspirant l'imitation.

Comment n'auroient-ils pas opéré ces heureux effets sur M. de Fontette, organisé pour tout appercevoir avec promptitude, pour tout sentir avec vivacité ? Il ne perdit pas un instant de vue la gloire que Charles Févret, son Trisayeul, Auteur du fameux *Traité de l'Abus*, s'étoit acquise; elle porta dans son ame cette ardeur pour s'instruire, qui surmonte tous les obstacles, cet enthousiasme pour le bien public, qui semble rendre faciles les actions les plus extraordinaires.

Marchant avec constance sur les traces de Charles Févret, il réunit les vertus d'un grand Magistrat aux talens d'un homme de Lettres, aux qualités qui forment le bon Citoyen.

---

(1) Jacques Févret, père de l'Auteur du *Traité de l'Abus*, Antoine Févret, Charles Févret de Saint-Mesmin, Pierre Févret, Jacques Févret, père de M. de Fontette. Voyez la *Bibliothèque des Auteurs de Bourgogne*, & les *Vies des Jurisconsultes anciens & modernes*, par Taisand.

(2) La fondation d'une Bibliothèque publique à Dijon; la construction de l'Hôtel Saint-Mesmin, par Charles Févret, sur des desseins apportés d'Italie & bâti sur l'ancien emplacement de l'Hôtel d'Orange; l'érection de la Chapelle de Saint-Sauveur, dans l'Eglise Collégiale de Saint-Jean de la même Ville, fondée par Charles Févret, & décorée ensuite par plusieurs ouvrages de Dubois, Sculpteur de Bourgogne, d'un mérite distingué, plusieurs autres Fondations dans cette Eglise, dans l'Hôpital de Dijon & ailleurs; la Bibliothèque de Charles Févret considérablement augmentée par ses successeurs; leurs Ouvrages imprimés; leurs Recueils manuscrits; ceux de Charles Févret de Saint-Mesmin forment trois cens gros volumes *in-4*. Voyez la *Bibliothèque des Auteurs de Bourgogne*.

ÉLOGE

M. de Fontette fut destiné à exercer les fonctions nobles, mais pénibles, attachées à l'Administration de la Justice, par l'effet de cette espèce de substitution accessoire du droit d'aînesse, pour l'état de certaines personnes, comme pour l'ordre des successions. Cette sorte de convention sagement établie & rarement violée par les familles, qui ont acquis leur principale illustration dans la Magistrature, ne le fut dans celle des Févret, que par l'Auteur du *Traité de l'Abus*.

Ce Jurisconsulte, célèbre par ses succès au Barreau, pénétré des principes sublimes que M. le Chancelier d'Aguesseau a développés dans son Discours sur l'indépendance des Avocats, ne fut point ébloui par l'éclat & par la dignité de la Magistrature. Il refusa un Office de Conseiller au Parlement de Dijon, duquel Louis XIII. lui fit don en 1630 (1).

Charles Févret pensa comme ce grand Magistrat, « que l'Ordre des Avocats est
» le seul entre tous les Etats qui se maintient dans l'heureuse & paisible possession
» de la liberté..... que celui que la grandeur de son emploi élève au-dessus des
» autres hommes, reconnoît bientôt que le premier jour de sa dignité, a été le
» dernier de son indépendance ».

Placé comme son Trisayeul, M. de Fontette eut, sans doute, pensé comme lui ; on l'auroit vu briller dans la carrière de l'Eloquence, avec le même éclat qui l'a rendu célèbre dans la Magistrature.

Pourvu d'un Office de Conseiller au Parlement de Bourgogne, en 1736, il conçut qu'il falloit faire de nouveaux efforts pour acquérir une parfaite connoissance des règles qui devoient présider à ses décisions. Il ne se figura point que les foibles notions de l'équité naturelle ; que l'esprit seul, ou le simple sens commun, suffent des guides assez sûrs, pour ne point errer dans ses jugemens. On le vit donc s'appliquer à méditer sur les Loix avec une nouvelle ardeur.

Les études qu'il avoit faites avant son entrée au Parlement, celles qu'il continua après qu'il y fut admis, fixèrent bientôt, dans l'opinion publique, son rang parmi les coadjuteurs de ses travaux.

Son assiduité à assister aux Audiences, son attention à ne point troubler le silence majestueux qui doit y régner, son empressement à finir les affaires qu'on lui confioit, l'exactitude sçavante & scrupuleuse qu'il manifestoit en les discutant ; le plan qu'il forma de ne point s'écarter des règles, pour s'abandonner aux foibles lueurs de la raison privée, qui s'érige toujours un tribunal séparé ; le soin qu'il prit de s'instruire à fond des Loix particulières de la Bourgogne, & de la tradition qui résulte de l'autorité des choses jugées ; ses recherches sur les droits & les privilèges du Corps auguste dont il étoit membre ; enfin son attention & son zèle à les maintenir, excitèrent un applaudissement général.

Les services que ce Magistrat a rendus au Public, en exerçant les fonctions de Conseiller au Parlement, se sont continués sans intervalle ; l'énumération en deviendroit infinie.

Nommé pour informer dans une Affaire dont la poursuite avoit pour motif le rétablissement de la tranquillité publique, M. de Fontette fit éclatter, dans l'instruction de la procédure (2), une activité que rien ne rallentit jamais ; un zèle ennobli par l'importance de son objet ; une intelligence applaudie par le Prince, admirée par ses Concitoyens.

Les Mémoires fréquens qu'il adressa au Ministère, sur divers objets de sa Commission, devinrent autant de traits de lumière qu'il répandit à la Cour sur ses talens.

---

(1) Voyez les *Vies des Jurisconsultes anciens & modernes*, par Taisand, dans l'Article où il parle de Charles Févret. Le dénombrement de ses Ouvrages de Littérature y est inséré en partie : on en trouve une mention plus détaillée dans la *Bibliothèque des Auteurs de Bourgogne*, par l'Abbé Papillon.

(2) Elle étoit relative à une Troupe de Brigands qui commettoient les plus grands désordres en Bourgogne. Ils s'étoient attribué la dénomination locale de *Surfondeurs*.

DE M. DE FONTETTE.

Le Roi attentif à verser ses bienfaits sur tous ceux qui se distinguoient par des actions utiles, lui accorda une pension en 1751. Honoré de la confiance du Souverain, il le fut aussi de celle de sa Compagnie.

Une contestation s'éleva, en 1745, entre les Cours Souveraines de Dijon, sur un Droit honorifique, relatif à l'arrivée des Gouverneurs de Bourgogne en cette Ville. M. de Fontette, député par le Parlement pour suivre, avec M. l'Abbé de Clugny, le Procès au Conseil, porta dans cette Commission le même feu, la même ardeur, qui donnèrent de la consistance à toutes ses entreprises; un succès complet termina la Députation.

Le compte qu'il en rendit, fixa irrévocablement sur lui, pour l'avenir, le choix du Parlement, pour traiter toutes les Affaires contentieuses ou de Négociation, qui intéressèrent les Magistrats qui le composent. Dans celles même qui avoient rapport à l'Administration générale, M. de Fontette fit briller le même courage & la même habileté que son Trisayeul manifesta dans l'Ouvrage immortel qu'il a publié sur les Appels comme d'abus (1). L'un & l'autre vainquirent l'extrême difficulté qui accompagne toujours la discussion des Matières qui divisent deux Puissances, & qui tendent à fixer les bornes de leur autorité respective.

La même supériorité qui le distingua dans la négociation des Affaires publiques, se soutint dans la discussion de celles des particuliers. Les Procès les plus compliqués, dont l'appareil est toujours désagréable & rebutant; les affaires les plus épineuses paroissoient exciter son ardeur, enflammer son zèle, aiguiser sa pénétration. Son goût pour le travail, sa constance, son activité, sembloient croître à proportion des embarras, des obstacles & des difficultés.

Falloit-il se livrer à un examen minutieux de Titres obscurs, anciens & équivoques, faire un choix dans des faits accumulés sans précision, analyser des Ecrits rédigés sans méthode; tout paroissoit prendre sans effort, un ordre simple & naturel dans son récit; la vérité sembloit marcher devant lui pour se montrer à ses Auditeurs, & se dégager d'elle-même du cahos dans lequel on l'avoit ensevelie. Doué d'une appréhension vive, d'un discernement exquis, il saisissoit, presque du premier coup-d'œil, le nœud de la difficulté, le présentoit à ceux qu'il devoit instruire, leur indiquoit les moyens de le dissoudre.

La lumière qu'il portoit dans leur esprit, étoit ordinairement si forte, que rarement ils adoptoient un avis contraire au sien. Mais soit qu'ils le combatissent, lorsque ce Magistrat faisoit les fonctions de Rapporteur, soit que lui-même prît un parti opposé au Rapport d'un autre; il étoit rare encore qu'il n'entraînât point le plus grand nombre dans son opinion.

Pour lever le partage, & pour anéantir l'incertitude, il proposoit des arbitres, que tous les hommes doivent respecter; il invoquoit les Loix, les Ordonnances, les dispositions des Coutumes, ou l'autorité des choses jugées. Ce n'est pas que ce Magistrat pensât que l'on dût légèrement déférer à la citation des Arrêts : il n'ignoroit pas que souvent ils n'ont eu pour motifs que des circonstances particulières, que très-souvent encore on les a rendus sur des Procès mal instruits; que d'ailleurs l'interprétation des faits peut tromper les plus habiles Jurisconsultes.

Mais M. de Fontette étoit intimement persuadé que l'on doit s'arrêter à ces sortes de préjugés, quand ils sont conformes aux saines maximes; lorsqu'ils ont décidé des questions qui ne l'ont point été par les Loix; quand ils prononcent sur des usages controversés & non écrits (2).

---

(1) Voyez Taisand & la *Bibliothèque des Auteurs de Bourgogne* sur cet Ouvrage, aux endroits déja cités. Ils font mention des critiques, des contradictions qu'il essuya, & de ses succès. M. l'Abbé Lenglet dit que c'est l'Ouvrage le plus sçavant & le plus nécessaire que nous ayons sur les Matières Ecclésiastiques.

(2) Les Coutumes locales des Provinces de Bresse & de Bugey, situées dans le ressort du Parlement de Dijon, sont de cette espèce.

ÉLOGE

La variation de Jurisprudence sur de telles Matières, entraîne les plus grands inconvéniens; elle fait renaître des incertitudes, qu'un premier Arrêt avoit dissipées; elle replonge les peuples dans l'abîme d'obscurité primitive, creusé sous leurs pas, dans les temps où subsistoit l'anarchie féodale. Quelle que soit une décision souveraine dans ces sortes de cas, il faut l'adopter sans modification, si l'erreur n'est pas évidente. Un Arrêt tient lieu de Statut, & semble veiller, comme la Loi, à la tranquillité publique.

M. de Fontette invoquoit toujours avec force, l'autorité de ces décisions, dans de semblables circonstances. Mais si la constance à tenir alors à son avis a quelquefois servi de prétexte pour l'accuser d'avoir un amour aveugle pour son opinion, c'est peut être aussi trop d'attachement à l'opinion contraire, qui servoit de fondement à l'accusation.

Est-ce donc une conduite blâmable que de persister dans son sentiment, lorsqu'on ne s'y est arrêté qu'à la suite d'un mûr examen, qu'après des combinaisons & des recherches exactement approfondies? Peut-on inculper un Juge qui, attentif à prendre toutes les précautions que la prudence lui suggère pour ne point se tromper, ne cède que lorsqu'on lui démontre qu'il se trompe?

Si l'opinion à laquelle on s'efforce de soumettre un jugement, n'est soutenue que par les principes vagues du sens commun, que par des considérations tirées de l'équité naturelle, presque toujours relatives & arbitraires, sont-ce des autorités sous lesquelles on soit obligé de plier?

La Loi seule, la Loi doit être la règle de tous les Jugemens: elle seule peut déterminer la balance, lever les doutes, parce que c'est la suprême équité & que tous les hommes doivent lui obéir.

Lorsqu'on voit, ou que l'on croit voir la vérité, quand elle n'est point combattue par des raisons plus fortes que celles qui paroissent l'établir, c'est une foiblesse, c'est une pusillanimité, que de ne point la défendre avec courage: c'est trahir sa conscience, c'est se rendre coupable d'une espèce de prévarication.

Seroit-on digne de monter sur le Tribunal de la Justice, si l'on n'avoit pas la force d'y porter un avis indépendant; si l'on redoutoit la contradiction; si l'on manquoit de hardiesse pour défendre la vérité? Que penseroit-on d'un homme, dont les opinions vagues ou chancelantes seroient toujours subordonnées aux circonstances accidentelles, qui ne seroit qu'une espèce d'écho servilement soumis à rendre les sons qu'on lui communique?

Il est malheureux, très-malheureux sans doute, d'être sujet à la foiblesse de persister dans un sentiment quelconque, lorsqu'on n'a point d'autre titre qu'une aveugle obstination, pour justifier ce que l'on pense; mais il est peut-être plus malheureux encore de n'avoir point d'avis à soi, de ne tenir à rien, de flotter incertain au gré des insinuations étrangères, enfin de se fixer au dernier objet présenté par le hazard des circonstances.

M. de Fontette également à l'abri du soupçon sur l'un & sur l'autre point, réunissoit les qualités opposées. Rendant un prompt hommage à la vérité dès qu'on la lui montroit, il s'y attachoit irrévocablement quand il l'avoit apperçue. Tel devroit être son empire sur tous les hommes.

L'amour du vrai placé, par la nature, dans le cœur de ce Magistrat, & fortifié par ses méditations sur les Loix, fut encore affermi par son goût pour les Sciences. Comment auroit-il pu les cultiver, sans y puiser les connoissances propres à épurer ses jugemens, à justifier sa fermeté dans son opinion, & à l'éclairer sur les motifs de son avis? Digne de l'estime publique par l'observation des devoirs de la Magistrature, il le fut encore par ses talens & par ses Ouvrages, comme homme de Lettres.

M. de Fontette connoissoit trop les avantages attachés aux travaux de la Littérature, pour ne point les aimer & les encourager. Bien loin de les considérer comme étrangers à la dignité de la Magistrature, comme incompatibles avec les devoirs sacrés qu'elle impose, avec les fonctions augustes qui forment son essence, il avoit saisi les rapports intimes qui les lient, la correspondance étroite & nécessaire entre les études du Magistrat & celles de l'Homme de Lettres. Qui peut méconnoître en effet l'influence que les agrémens de celles-ci ont sur l'objet majestueux de celles-là, comme les secours fréquens & décisifs qu'elles se prêtent mutuellement ?

Les fleurs qui émaillent les divers champs de la République des Lettres, portent, si l'on peut parler ainsi, une partie de leur éclat jusques dans le Sanctuaire de la Justice. Elles y enchaînent l'attention, embellissent la carrière de l'Eloquence; elles couvrent, en quelque sorte, une partie du terrein aride qu'on parcourt au Barreau; elles présentent par intervalle différentes perspectives, ménagées pour varier les points de vue, pour distraire l'œil qu'un objet trop uniforme lasse & détourne.

M. de Fontette étoit instruit par sa propre expérience, que la Littérature, semblable à une source abondante, féconde tout ce qu'elle approche. Lorsqu'il fut appellé à une des places de Directeur de l'Académie de Dijon (1), il n'eut garde de jetter un regard froid & dédaigneux sur une Société, dont la culture des Sciences & des Arts forme le lien & l'objet.

Chacun des Membres qui la composent, cite comme une époque heureuse & mémorable dans ses Fastes, le moment où ce Magistrat y fut placé. On ne le vit pas plutôt assis dans le cercle Académique, qu'il parut animé du même esprit, pressé par le même zèle, entraîné par le même amour pour l'accroissement des Sciences & des Arts en Bourgogne, que le Fondateur de l'Académie. Quoique Directeur, il s'associa plus intimement encore aux exercices Littéraires, par la lecture de quelques-uns de ses Ouvrages, dans les Séances ordinaires.

Tout ce qui tendoit à exciter l'émulation, à maintenir la décence & la liberté qui doivent régner dans les Assemblées de Gens de Lettres, à fixer les droits & les privilèges des différens ordres qui composent cette Compagnie, devint l'objet de son attention & de ses soins.

Depuis long temps les Académiciens désiroient des changemens dans les Statuts primitifs, sur l'utilité desquels on avoit été éclairé par l'expérience; de nouveaux Réglemens n'étoient pas encore rédigés dans une forme légale; le Fondateur de l'Académie avoit lui-même prévu la nécessité de ceux qui étoient relatifs à l'établissement & aux fonctions d'un plus grand nombre d'Officiers.

M. de Fontette, de concert avec M. Fleutelot de Beneuvre, premier Directeur, pressa avec vivacité la conclusion de ce Projet. On rédigea les nouveaux Réglemens en 1761; ils accrurent le nombre des Offices Académiques; on créa un Chancelier, un Vice-Chancelier, & un Secrétaire perpétuel.

La première de ces dignités fut déférée, par acclamation, à M. de Fontette; qui, de Directeur, étoit devenu Académicien honoraire. Sa nomination inspirée par la reconnoissance, fut justifiée par ses talens comme Homme de Lettres, & par son amour pour les Sciences.

Cette passion étoit héréditaire dans sa Famille. En portant plus loin que ses Ancêtres le goût pour les Livres, il devint encore leur émule par l'usage qu'il en fit. Une grande Bibliothèque ne fut pas plus pour lui que pour eux, un ornement vain & inutile.

Persuadé que l'Histoire est la seule source où il soit possible de puiser une connoissance exacte du Droit public; qu'elle forme le dépôt des faits qui ont servi de motifs à la Législation; qu'elle est une étude particulièrement nécessaire à un Magistrat, M. de Fontette y consacra tous les momens de liberté que lui laissoient des travaux plus pressans. Ses recherches sur notre Histoire lui apprirent bientôt que la

---

(1) Elle a été fondée par M. Pouffier, Doyen du Parlement de Dijon. Il en a confié la Direction à quatre de MM. du même Parlement, & à M. le Vicomte-Mayeur de la même Ville. Voyez l'Histoire de cette Académie, pag. 17, Tome I. de ses Mémoires, in-8.

ÉLOGE

Bibliothèque composée par le Père le Long étoit bien éloignée de la perfection dont une entreprise de cette nature est susceptible. Combien d'Ouvrages nouveaux n'a-t-on pas imprimés sur toutes les parties de notre Histoire, depuis que ce sçavant Bibliographe est mort? Combien de Livres, de Pièces fugitives & éphémeres avoient échappé aux recherches de cet Auteur? La plûpart de ces Pièces sont, ou égarées dans des Recueils, ou manuscrites, ou si rares, qu'elles n'ont point été connues par ceux qui ont écrit sur l'Histoire de France.

M. de Fontette en formant le projet d'une autre Edition de la *Bibliothèque historique*, reconnue nécessaire par le Père le Long lui même, projetta d'indiquer sur cette matière importante, ce que l'on ne trouve point dans la Collection de Pierre Pithou, dans celles d'André Duchesne & de Dom Bouquet, dans les Ouvrages des Auteurs de la *France Chrétienne*, dans la nouvelle *Diplomatique*, dans la *Bibliothèque historique de la France*, & dans les autres Livres du même genre. Quinze années d'études & de veilles laborieuses mirent l'Editeur en état de tripler le résultat des travaux du Père le Long, & de former quatre volumes *in-folio*.

A plus de trente mille Articles ajoutés à cette Bibliothèque, ce Magistrat a réuni les Vies de plusieurs Historiens de France, les Tables du Recueil des Chartres, &c. de M. de Fontanieu, celui de M. de Gagnières sur le Costume, les Catalogues raisonnés d'une multitude d'Estampes sur divers Evénemens, & de plus de quarante mille Portraits de François illustres.

Les augmentations que ce Magistrat a faites dans cette Bibliothèque, sont très-considérables, sans doute; cependant il s'exprime ainsi dans la Préface: « Je ne puis » raisonnablement me flatter d'avoir rassemblé tout ce que le Père le Long avoit » omis, tout ce qui a paru depuis sa mort, en un mot, tout ce qui existe sur l'His- » toire de France : d'autres viendront après moi, ajoute-t-il, qui répareront les » omissions du Père le Long & les miennes (*).

(*) Pré-face, p.x.

Ne croyons pas néanmoins, d'après cet aveu plein de candeur & de modestie, que M. de Fontette n'ait pas rendu cette seconde Edition aussi parfaite qu'un Ouvrage de cette nature peut le devenir. Le travail de ce Magistrat est digne d'éloge, non-seulement par le grand nombre d'articles dont il a enrichi la *Bibliothèque historique*, mais encore par leur clarté, par leur précision, par l'ordre dans lequel il les a placés, par les jugemens qu'il porte, par l'indication de ceux des Journalistes.

Les Corrections, les Notes, les Additions, les Analyses, les Extraits insérés par le nouvel Editeur, dans l'Ouvrage du Père le Long, ouvrent de nouvelles sources à nos Historiens sur les faits. Les Recueils d'Estampes qui sont le résultat des recherches sçavantes de M. de Fontette, & que l'on a placés dans le Cabinet du Roi, qui les a achetés en 1770, présentent, comme les Médailles & les Monumens anciens, des moyens pour interpréter quelques-uns de nos usages, pour expliquer certains traits, pour fixer les époques douteuses ou obscures. Ils fourniront aux Gens de Lettres, qui entreprendront d'écrire sur notre Histoire, des secours que n'avoient point ceux qui se sont engagés avant eux dans la même carrière.

Envain les personnes qui n'aiment que la Littérature légère & agréable, que les Romans & les Brochures, que les Ecrits qui éblouissent par le brillant du style, ou que les productions du goût & du génie; envain ceux que les travaux, la réputation & les succès des autres chagrinent ou importunent, tenteront-ils de déprimer l'Ouvrage de M. de Fontette. Son entreprise, aussi vaste que difficile & importante, a été exécutée d'une manière digne de l'estime & de la reconnoissance de tous les Gens de Lettres.

L'approbation du Gouvernement, qui s'est chargé des frais de l'impression; la présentation de deux Volumes au Roi, qui a bien voulu les recevoir & accueillir l'Editeur avec bonté; une seconde pension que S. M. lui a accordée; l'applaudissement des Littérateurs Etrangers & de ceux de France; la place d'Associé-Libre de l'Académie des Inscriptions & Belles-Lettres, à laquelle M. de Fontette fut nommé, en 1771,

1771, tendent à imposer silence à ceux qui s'efforcent de flétrir par l'amertume ou la finesse de l'épigramme, le mérite attaché à l'érudition, à l'exactitude & aux Ouvrages utiles. Tant de titres de distinction accumulés sur ce Magistrat, doivent réunir tous les suffrages. Ses qualités personnelles, comme Citoyen, les sollicitent encore en sa faveur.

L'estime générale qu'il acquit dans les fonctions de la Magistrature, fut encore affermie par les détails de sa vie privée. Doux, prévenant, affable, il étoit facilement accessible par-tout, pour tout le monde & dans tous les temps.

Fidèle observateur des devoirs de la Société, juste appréciateur de la dignité de sa Profession, il ne crut point que les marques extérieures de son état dussent seules le distinguer des autres hommes. Respectant l'exemple de ses pères, il conserva les anciennes mœurs Patriciennes, autant que les révolutions qui ont succédé, pouvoient le lui permettre. Estimé dans sa jeunesse, respecté dans un âge plus avancé, il jouit de la récompense attachée à l'observation des devoirs de la Magistrature.

Il est rare que ceux qui remplissent les fonctions de leur état avec une attention scrupuleuse, ne l'étendent point sur toutes leurs actions. Il est peut-être plus rare encore qu'un Magistrat, qui ne cherche à se distinguer des coadjuteurs de ses travaux, que par ce qui distingue un Magistrat des autres hommes, ne soit pas toujours régi par cet esprit d'équité dont sa Profession lui forme une heureuse habitude, & qui place tout dans l'ordre, au lieu de le troubler. Aussi M. de Fontette né dans le sein de la Justice, n'en altéra-t-il jamais le noble caractère, soit dans sa famille, soit dans la société.

Ennemi du faste & de l'ostentation, un luxe destructeur des vraies qualités sociales, ne dégrada point la dignité, le sentiment & l'humanité dans ce Magistrat. La contagion, qui circule autour de nous, ne put fournir un passage jusqu'à son cœur, & y corrompre la vérité de la nature.

Epoux & père aussi tendre qu'il avoit été fils soumis & respectueux, il aima les devoirs sacrés qui forment seuls entre les parens un lien inaltérable. Il les connut & les remplit tous ; il apprit aux autres, par son exemple, à les respecter.

S'il ne manifesta point son attachement à sa famille par des traits aussi fortement prononcés que ceux qui caractérisent son Trisayeul, c'est que les mêmes événemens ne les ont point excités (1). Les preuves de sa tendresse, quoique moins extraordinaires, ne furent pas moins fortes, moins touchantes, moins multipliées. Jamais père ne sçut mieux vivre avec ses enfans, avec les autres, avec lui-même. Ingénieux à travailler à son bonheur, il sçavoit le partager avec tous ceux qui l'environnoient.

Il le répandit sur les Habitans de ses terres, autant que les circonstances relatives à sa fortune, à son crédit, à sa position, à leurs mœurs, à leur état, pouvoient le lui permettre. Les mêmes maximes qui régloient sa conduite avec les hommes foibles, indigens ou malheureux, décidèrent ses procédés avec ses Justiciables. Ils trouvèrent toujours auprès de ce Magistrat, un asyle assuré contre l'oppression & la violence. Il fut l'arbitre de leurs différends, leur protecteur, leur appui, leur père.

Affoibli par un travail continuel & excessif, il finit comme il avoit vécu. Il mourut avec la fermeté d'une ame forte & Chrétienne, le 16 Février 1772, âgé de 61 ans, après une maladie qui avoit duré plusieurs mois. Il fut considéré par sa naissance, respecté comme Magistrat par ses vertus, estimé par ses talens comme homme de Lettres, aimé comme Citoyen, dont il eut toutes les qualités. Que de titres pour exciter les regrets de l'Académie !

---

(1) Il donna les marques les plus éclatantes de douleur après la mort de Madame Brunet son Epouse. Voyez Taisand, au lieu cité.

ELOGE HISTORIQUE
DE M. DE FONTETTE,

Lu à l'Académie Royale des Inscriptions & Belles-Lettres, à la Séance de Pâque 1773, par M. DUPUY, Secrétaire perpétuel.

CHARLES-MARIE FÉVRET, Seigneur de Fontette, Saint-Mesmin, Godan, la Bourlière & autres lieux, Conseiller au Parlement de Bourgogne, naquit à Dijon le 14 Avril 1710, de Jacques Févret de Fontette, aussi Conseiller; & de Barbe-Charlotte de Nigieux, fille d'un Président à Mortier du même Parlement. Issu d'une Famille noble de Saumur-en-Auxois, qui a produit plusieurs sujets distingués, soit dans la robe, soit dans l'épée, il ne vit jamais dans les exemples domestiques, qu'une loi toujours subsistante, qui lui imposant le devoir de ne pas dégénérer de la vertu de ses Ancêtres, lui fournissoit en même temps les plus puissans motifs pour les imiter.

On ne peut prononcer son nom, sans rappeller aussi-tôt celui de son Trisayeul, le célèbre Charles Févret, fils & père de Sénateurs, qui eut le courage de refuser deux fois la Charge de Conseiller au Parlement, que le Roi lui offroit, pour consacrer, en qualité d'Avocat, ses veilles & ses talens à la défense de la Veuve & de l'Orphelin, de la justice outragée & de l'innocence opprimée. Il donna à l'Etat dix-neuf enfans, fruit d'un mariage heureux & fécond, qui, durant quarante (1) années, fit toute la douceur de sa vie. S'il donna moins de Livres à la République des Lettres, le seul *Traité de l'Abus*, chef-d'œuvre en son genre, qui sert de règle & d'oracles dans tous nos Tribunaux, lui assure une vie immortelle, ou du moins ne met d'autre terme à la gloire de son nom, que celui de notre Jurisprudence.

Le desir de marcher sur ses traces, enflamma de bonne heure le jeune de Fontette, son arrière-petit-fils. La pénétration dont la nature l'avoit doué, exercée par un travail assidu & opiniâtre de plusieurs années, lui fit faire des progrès peu communs dans l'étude épineuse de nos Loix. La connoissance profonde qu'il en avoit acquise, fit aussi naître l'espoir de l'en voir bientôt l'organe & l'arbitre. Il fut reçu Conseiller au Parlement de Dijon en 1736.

Un jugement sain & droit, une probité éclairée & inaltérable, un coup-d'œil sûr & perçant, qui, dans les affaires les plus compliquées, lui faisoit démêler promptement le vrai, à travers les sombres nuages accumulés par l'esprit de chicane & d'intérêt, lui attirèrent en peu de temps la considération la plus satisfaisante de la part du Public, & la plus entière confiance de la part de sa Compagnie. Elle le députa, en 1746, pour suivre au Conseil une contestation avec la Chambre des Comptes de Bourgogne, & ne put que s'applaudir du choix qu'elle avoit fait : l'affaire fut décidée en faveur du Parlement.

Plus la capacité du Magistrat se fit remarquer, plus on s'empressa de l'exercer;

---

(1) Dans l'Extrait de sa Vie, publié après M. Papillon, à la tête du *Traité de l'Abus*, Lyon, 1736, on lit que M. Févret goûta avec sa femme, *pendant 29 années, tous les agrémens d'un heureux Mariage*. Il faut, sans doute, lire *trente-neuf* au lieu de *vingt-neuf*. Févret dit lui-même qu'il avoit vécu quarante ans avec sa femme :

Ambo quater denos juncti concorditer annos,
Viximus, & luxit candida utrique dies.

(Carmen de vitâ suâ.)

En effet, en comparant les époques, on voit que l'année de la mort de sa femme étoit la quarantième de leur Mariage.

DE M. DE FONTETTE.

M. de Fontette se vit à différentes reprises chargé de différentes Affaires; & pour le récompenser d'un travail énorme de quatre années, dans un Procès-criminel qui intéressoit la sûreté publique de la Bourgogne, & dans lequel se trouvoient impliqués deux cens cinquante accusés, le Roi le gratifia d'une pension de 1200 liv. par un Brevet de Juillet 1751; c'est la première qui ait été accordée à un Conseiller au Parlement, depuis sa création.

Le zèle, l'activité, l'intelligence qu'avoit fait éclater M. de Fontette pour le service de sa Compagnie, lui acquit, en quelque sorte, le droit exclusif de défendre les intérêts de ce Corps illustre. Il fut encore député, en 1761, pour suivre le Procès que sa Compagnie eut à soutenir au Conseil des Finances, contre les Elus de la Province. Pendant le cours de cette Députation, qui dura près de cinq années, il termina plusieurs autres Affaires de grande conséquence, dont il avoit été chargé.

L'étude de la Jurisprudence, & celle de l'Histoire Nationale, ont une liaison si intime, elles sont unies par des liens si étroits, la première dépend même tellement de la seconde, qu'elles doivent toujours, pour ainsi dire, marcher de front, & comme sur deux lignes parallèles. Assez souvent l'Histoire seule dévoile l'esprit caché de la loi, en fixe l'objet précis, & dirige dans son application. En général, un système de Législation tient aux mœurs, aux usages, aux vices & aux vertus des différens âges. Cette vérité, sentie par M. de Fontette, le guida toujours dans ses recherches. Aussi ses progrès dans la Jurisprudence furent marqués par ceux qu'il fit dans notre Histoire. Tous les momens de loisir que lui laissoient les affaires de sa Compagnie, celles du Palais, la science propre de son état, il les consacroit sans réserve à la découverte & à l'examen de quelque monument historique, charmant de temps en temps l'ennui inséparable de ce travail, par les agrémens que lui offroient les Belles-Lettres. Les morceaux précieux qu'il a rassemblés en ce genre pendant le cours de plusieurs années, forment, tant en Livres imprimés qu'en Manuscrits, un Cabinet des plus complets & des plus curieux qu'il y ait eu en France, depuis le Cabinet de M. Secousse.

Après avoir amassé tant de richesses Littéraires, il n'ambitionnoit que le plaisir de les répandre; il auroit voulu en partager la jouissance avec tous les Sçavans. Mais comme leur multitude & leur nature ne pouvoient se prêter à l'étendue de ses desirs, il prit le parti de les faire au moins connoître, & d'instruire le Public de leur existence.

Une nouvelle Edition de la *Bibliothèque historique de la France* lui parut favorable à son dessein. Cet Ouvrage, nécessaire à un certain ordre de Gens de Lettres, utile presque à tous, Livre en quelque sorte Classique, répertoire immense, qu'on est obligé d'avoir si souvent sous les yeux & de consulter, n'étoit pas sorti des mains de son docte & laborieux Auteur dans l'état qu'il auroit désiré. Le Père le Long l'auroit produit sous une forme plus régulière & plus avantageuse, si la mort ne l'eût arrêté dans sa pénible carrière.

Le projet de M. de Fontette proposé à toutes les Académies, à toutes les Sociétés Littéraires, est aussi-tôt généralement accueilli. Le Roi même honore de sa protection la nouvelle entreprise; & à la voix d'un Ministre (*), Membre illustre & Bienfaiteur distingué de cette Compagnie, toute la France s'émeut & s'empresse d'y concourir. Dans les Provinces, les ordres sont donnés par MM. les Intendans : tout est en action, rien n'est oublié pour faire les recherches nécessaires; & bientôt de nouvelles moissons viennent se joindre à celles que M. de Fontette avoit mises en réserve.

A la faveur de tant de secours & de contributions, plus de trente mille Articles, d'Additions, de Notes, de Corrections, triplent l'ancienne Edition, & enrichissent

(*) M. de l'Averdy.

la nouvelle. M. de Fontette eut l'honneur de présenter au Roi le premier Volume le 17 Janvier 1768, le second le 19 Novembre de l'année suivante, & fut gratifié, en 1770, d'une autre pension de 1200 liv. par un Brevet qui atteste combien Sa Majesté étoit satisfaite des services & des travaux de l'Editeur.

Dès l'année 1757, il avoit été admis, avec le titre de Directeur, dans l'Académie des Sciences, Arts & Belles-Lettres de Dijon : époque mémorable dans les Fastes de cette illustre Compagnie. Animé du même esprit que le Fondateur (1), M. de Fontette ne montra pas moins de zèle pour le progrès des connoissances utiles. Il y contribua même pour sa part par des Mémoires intéressans, de sa composition. Mais dans la suite cette Société Littéraire lui dut des services plus importans pour sa constitution. Il n'est pas dans la nature des Etablissemens humains de se montrer, dès leur origine, avec ce dégré de perfection qui en assure la solidité, & prépare d'avance tous les avantages qui en peuvent naître. L'insuffisance du premier plan, dressé par l'Académie de Dijon, ne tarda pas à se faire sentir. L'expérience fit bientôt remarquer la réforme, les changemens, les additions nécessaires. C'est vers cet objet que M. de Fontette dirigea toute son ardeur, ses vues, ses lumières, réunies à celles de M. Fleutelot de Beneuvre, alors premier Directeur. Le fruit de leur zèle & de leur travail fut un nouveau Réglement, rédigé en 1761. La reconnoissance de la Compagnie éclata d'une manière bien flatteuse pour M. de Fontette, qui n'étoit alors qu'Académicien honoraire. La place de Chancelier lui fut déférée par acclamation. C'étoit la première des dignités Académiques nouvellement créées.

Avant & depuis cette époque, il avoit assez mérité des Lettres pour avoir droit aux honneurs qu'elles décernent. L'Académie des Inscriptions & Belles-Lettres, dont il avoit consulté particulièrement plusieurs Membres, où il avoit puisé des avis & des lumières qu'il a sçu mettre à profit, prenoit trop de part au projet de la nouvelle *Bibliothèque historique*, dont elle voyoit l'exécution, pour se croire dispensée de l'encourager. Elle reçut M. de Fontette, en 1771, au nombre de ses Associés-Libres.

Mais ce qui la flatta le plus, sans doute, ce ne fut pas de voir dans cet ample & magnifique Recueil l'indication exacte de tous, ou presque tous, les matériaux de notre Histoire, le détail de tout ce qui a été fait en différens Siècles pour l'éclaircir dans ses diverses parties. En ce genre, comme en beaucoup d'autres, l'abondance peut nuire. Différentes routes peuvent conduire au même terme : il importe de choisir les plus courtes, les plus commodes, les plus sûres. L'Académie fut bien plus satisfaite de la sage précaution que l'Editeur, à l'exemple du Père le Long, avoit prise de donner de la plupart des Pièces un Sommaire précis, une Notice succincte, qui en faisoit connoître le prix, qui marquoit le dégré de confiance qu'elles méritent, l'usage qu'on en pouvoit faire, quelquefois même celui qu'on n'en devoit pas faire. Ainsi dans une vaste Galerie de Portraits, une courte inscription, placée au bas de chacun, fixe les idées des curieux, sur le mérite particulier des Personnages.

Depuis l'année 1719, que la *Bibliothèque historique de la France* avoit vu le jour, le Domaine de notre Histoire s'étoit accru par plusieurs possessions, comme il le sera encore dans les Siècles à venir. Elles ne répondoient pourtant pas aux grandes vues de M. de Fontette, pour enrichir à son gré la nouvelle Edition. Sans parler des anciennes Tables, dont l'étendue doit être proportionée à la multiplicité des nouveaux objets, sans parler des Vies abrégées des principaux Historiens, que le Père le Long n'avoit portées qu'au nombre de douze, quatre Morceaux intéressans;

---

(1) M. Pouffier, Doyen du Parlement de Bourgogne, qui, par un Testament holographe du 1 Octobre 1725, fit cette fondation, & mourut en 1736. L'exécution des volontés du Testateur fut autorisée par des Lettres-Patentes expédiées au mois de Juin 1740, & enregistrées au Parlement de Dijon le 30 du même mois.

qui paroîtront dans le quatrième Volume, diſtingueront particulièrement la nouvelle *Bibliothèque hiſtorique de la France*. D'abord une Table générale du grand Recueil de M. de Fontanieu, qui embraſſe d'une part les Titres, Chartres & Pièces fugitives relativement à chaque Règne; de l'autre, ce qui concerne le Droit Public de la Monarchie. Enſuite, le Catalogue d'une Collection pittoreſque & chronologique, d'Eſtampes, de Deſſins, de Plans, de Monnoies, de Médailles, qui ont rapport à divers événemens de notre Hiſtoire. Troiſièmement, le détail du curieux Recueil de M. de Gaignières, concernant le *Coſtume* & la forme des habillemens depuis Clovis juſqu'à nos jours. Enfin, une Table Alphabétique de plus de quarante mille Portraits de François illuſtres dans tous les états, avec une courte Notice touchant leur perſonne, leurs emplois, leur naiſſance, leur mort, & quelques particularités de leur vie.

Tout cela ne ſuffiſoit point encore pour calmer les inquiétudes de M. de Fontette: la crainte de ne pas remplir l'attente du Public lui défendoit de ſe flatter d'avoir raſſemblé tout ce qui avoit échappé à ſon prédéceſſeur, d'avoir réuni tout ce qui pouvoit contribuer à la perfection de l'Ouvrage. Elle lui permettoit ſeulement d'eſpérer que d'autres viendroient glaner après lui, réparer les omiſſions du Père le Long & les ſiennes. « Ce n'eſt que par ce moyen (diſoit-il,) qu'avec le temps on » pourra former une Bibliothèque complette de l'Hiſtoire de France ». Peut-être lui étoit-il permis de porter plus loin ſes eſpérances & ſes vœux.

L'Hiſtoire d'une grande Nation eſt un corps immenſe, formé d'une infinité de parties diverſes ; & combien n'en remarque-t-on pas qui ont été très-médiocrement traitées par ceux-mêmes qui ont parfaitement réuſſi à l'égard de quelques autres ? Souvent ni les meilleures, ni les plus mauvaiſes productions ne le ſont pas en tout. De quelle utilité ne ſeroit donc pas un Ouvrage qui, avec la diviſion & ſous-diviſion méthodique de la matière en toutes ſes branches, offriroit ſur chaque point, ſur chaque objet particulier, l'indication des Ecrits qui méritent d'être conſultés préférablement à tous les autres ? Que de temps, de circuits, de peines & de dégoûts n'épargneroit pas au Lecteur ſtudieux une Bibliothèque d'Hiſtoire, ou de tout autre genre, exécutée ſur ce plan, avec la capacité & l'intelligence que M. de Fontette avoit en partage !

C'eſt peut-être ce qu'il auroit entrepris pour l'avantage de notre Hiſtoire, après avoir rempli la tâche laborieuſe qu'il s'étoit impoſée. Mais la mort qui l'enleva dans le lieu de ſa naiſſance, le 16 Février 1772, après une maladie de quatre mois, ne lui permit même pas de voir la fin de l'Edition qu'il avoit commencée.

Bon époux, père tendre, ami eſſentiel, M. de Fontette réuniſſoit en ſa perſonne toutes les qualités ſolides & aimables, charmes de la Société, qui dans le commerce de la vie gagnent le cœur, la confiance & l'eſtime. Chéri de ſes Vaſſaux, il n'a jamais ſouffert de procès entr'eux. Quoique le Temple de la Juſtice, toujours ouvert, ſoit reſpecté & mérite de l'être, il ne leur permettoit point d'en approcher, trop inſtruit des ſacrifices ruineux par leſquels s'obtiennent les oracles même les plus favorables, qui émanent de ſon Sanctuaire. Ou il prévenoit les querelles & les conteſtations qui pouvoient s'élever parmi eux ; ou ſi elles naiſſoient à ſon inſçu, ſon eſprit juſte & conciliant les appaiſoit, & rappelloit la concorde. La vénération qu'il leur avoit inſpirée, leur faiſoit deſirer avec empreſſement & accepter ſans murmure, des déciſions dont ils connoiſſoient pour principe la droiture & l'impartialité. Doux & compatiſſant, il leur prodiguoit tous les ſecours que ſes facultés pouvoient lui permettre. Combien ne pourroit-on pas citer de traits de bienfaiſance qu'il a ſoigneuſement cachés aux yeux même de ceux qui en étoient l'objet ! Auſſi modeſte que ſçavant, il s'eſt plu à publier le nom de ceux qui l'ont aidé de leurs lumières, de leurs conſeils, de leurs travaux, & à leur payer le tribut de reconnoiſsance qui leur étoit dû. Enfin, fermant les yeux à la lumière, avec la fermeté tranquille d'un Philosophe Chrétien, & emportant avec lui des regrets universels, il a laissé dans l'Empire Littéraire un successeur, un coopérateur même, bien capable de consommer sa glorieuse entreprise ; dans la Robe, un fils, aussi Conseiller au Parlement de Dijon, héritier de ses vertus & de son goût pour les Lettres ; dans l'Epée, M. le Chevalier de Fontette son frère, aujourd'hui Maréchal de Camp, qui, durant un service de quarante-un ans, a signalé son mérite dans l'Art Militaire.

TABLE
DES CHAPITRES ET ARTICLES

Contenus dans ce quatrième Volume de la Bibliothèque Historique de la France.

LIVRE CINQUIÈME,

Histoire Littéraire de la France.

Le Supplément page 518.

AVANT-PROPOS.   Page 1

CHAPITRE I.

Histoires générales de la Littérature de France, & Histoires des Universités & Académies.   3

 ARTICLE I. Histoires Littéraires générales de la France, & Histoires des anciennes Académies & Ecoles, où l'on voit le progrès des Sciences.   *ibid.*

 ARTICLE II. Histoire des Universités de France.   7

  §. I. Ouvrages qui les regardent en général.   *ibid.*
  §. II. Histoires & Traités concernant l'Université de Paris, ses Collèges, &c.   *ibid.*
   1. Faculté des Arts.   19
   2. Faculté de Théologie.   22
   3. Faculté de Médecine.   25
   4. Faculté de Droit.   32
  §. III. Histoires des Universités de Provinces.   40
  §. IV. Pièces concernant les Collèges de Provinces qui ne dépendent point des Universités.   47

 ARTICLE III. Histoires des nouvelles Académies.   57

  §. I. Traités préliminaires.   *ibid.*
  §. II. Académies de Paris.   *ibid.*
   1. Académie Françoise.   *ibid.*
   2. Académie des Inscr. & Belles-Lettres.   62
   3. Académie des Sciences.   65
   4. Académie de Peinture & Sculpture.   69
   5. Académie d'Architecture.   *ibid.*
   6. Académie de Chirurgie.   69
   7. Société d'Agriculture.   *ibid.*
   8. De quelques Académies particulières qui n'ont pas eu de suite.   *ibid.*
  §. III. Histoires des Académies de Provinces, par ordre alphabétique.   70

CHAPITRE II.

Recueils généraux & particuliers d'Histoires, Vies, & Eloges des François qui se sont distingués, soit dans les Sciences & Arts Libéraux, soit dans les Beaux-Arts.   75

 ARTICLE I. Recueils généraux.   *ibid.*

 ARTICLE II. Recueils d'Eloges, &c. concernant les Hommes illustres dans les Sciences & Arts, de diverses Provinces & Villes.   79

CHAPITRE III.

Histoires particulières des François célèbres dans les Sciences.   86

 ARTICLE I. Vies des Théologiens François.   *ibid.*

 ARTICLE II. Histoires des François qui se sont distingués dans le Droit Civil & dans le Droit Canon.   92

 ARTICLE III. Vies des Médecins François, & autres qui ont cultivé diverses parties de la Médecine ; sçavoir l'Anatomie, la Chirurgie, la Chimie, la Botanique.   104

 ARTICLE IV. Histoires des François Philosophes & Mathématiciens.   121

TABLE DES CHAPITRES, &c.

ARTICLE V. Vies des Historiens & Antiquaires François, Géographes, Voyageurs, &c. 133

CHAPITRE IV.

Histoires & Vies des François qui se sont distingués dans les Arts-Libéraux. 156

ARTICLE I. Vies des Orateurs & Philologues François. *ibid.*

ARTICLE II. Histoires des François qui ont cultivé la Poésie. 171

ARTICLE III. Vies des Musiciens François. 192

ARTICLE IV. Histoires des Théâtres & Spectacles de France. 194

CHAPITRE V.

Histoires des François célèbres dans les Beaux-Arts. 196

ARTICLE I. Vies des Architectes François. 196

ARTICLE II. Histoires des Peintres, Sculpteurs & Graveurs François. 197

ARTICLE III. Vies des François renommés dans les autres Arts, Imprimerie, Orfévrie, &c. 202

CHAPITRE VI.

Vies & Eloges des Dames illustres, Sçavantes & autres, de France. 206

SUPPLÉMENT (pour le Tome I.) de la Bibliothèque historique de la France. 221

Supplément du Tome II. 378
Supplément du Tome III. 453
Supplément du Tome IV. 518

APPENDICE de la Bibliothèque historique de la France, contenant diverses Tables & Listes de Mémoires & d'Estampes, qui ont rapport à l'Histoire de ce Royaume. 1

I. Table générale du Recueil de Titres concernant l'Histoire de France, tirés tant des anciens Manuscrits que des Mémoires originaux & Pièces fugitives du temps, par M. Gaspard-Moyse DE FONTANIEU, Conseiller d'État ordinaire : (Recueil conservé à la Bibliothèque du Roi, *in-*4. 841 Porte-feuilles.) 3

II. Détail d'un Recueil d'Estampes, Dessins, &c. représentans une Suite des Evénemens de l'Histoire de France, à commencer depuis les Gaulois, jusques & compris le Règne de Louis XV. (Recueil formé par M. FEVRET DE FONTETTE, & aujourd'hui dans la Bibliothèque du Roi.) 11

III. Table générale du Recueil de Portraits des Rois & Reines de France, des Princes, Princesses, Seigneurs & Dames, & des Personnes de toutes sortes de Professions, dessinés à la main ou peints en miniature, & pris sur des Monumens, qui font connoître les différens Habillemens de chaque Règne : (Recueil fait par les soins de M. DE GAIGNIÈRES, & conservé à la Bibliothèque du Roi.) 110

IV. Liste alphabétique de Portraits (gravés, & quelques-uns en Dessin,) des François & Françoises illustres. 134-285

APPROBATION DU CENSEUR ROYAL.

J'AI lu, par ordre de Monseigneur le Garde des Sceaux, le quatrième Volume de la *Bibliothèque historique de la France*, contenant les Supplémens aux trois premiers. Le Public y reconnoîtra, sans doute avec plaisir, l'esprit de recherches & la scrupuleuse attention de l'Editeur à ne rien oublier de tout ce qui peut favoriser l'étude de l'Histoire de France. Fait à Paris, ce 1 Mars 1775. CAPPERONNIER.

BIBLIOTHEQUE HISTORIQUE DE LA FRANCE,

CONTENANT

Le Catalogue de tous les Ouvrages qui traitent de l'Histoire de ce Royaume, ou qui y ont rapport.

LIVRE CINQUIÈME.

Histoire Littéraire de la France.

OUS avons cru pouvoir donner le nom d'Histoire Littéraire, à la Suite des Ouvrages qui concernent la Littérature de France, comme les Histoires des Universités, des Académies, des François qui se sont le plus distingués dans les Sciences & les Beaux-Arts, des Dames Sçavantes & autres Femmes célèbres dont on n'a pas eu encore occasion de parler. Tout cela n'occupoit, dans l'Edition du Père le Long, que les deux derniers Chapitres de l'Histoire Civile & de son Ouvrage; mais, comme nous les avons beaucoup augmentés, il nous a paru convenable d'en composer un Livre, & d'en disposer autrement les parties.

Ce cinquième & dernier Livre est donc divisé en six Chapitres.

Le premier contient, sous trois Articles, les Histoires générales de la Littérature Françoise, qui n'existoient point du temps du Père le Long, celles des anciennes Académies & Ecoles, comme les Traités particuliers sur l'Etat des Sciences & Arts sous différens Règnes; ensuite les Histoires des Universités & Collèges; enfin, celles des Académies modernes, soit de Paris, soit des Provinces.

Après ces Traités généraux, on vient aux Histoires particulières des Personnes illustres; mais avant que de les indiquer, il faut observer, comme le faisoit le Père le Long, qu'on a mis ci-devant au Livre II. (*Tome I.*) les Vies des Saints & Saintes, des Perſonnes de piété des deux Sexes, & de ceux qui ont fait quelque figure dans le Clergé Séculier & Régulier. On trouve encore dans le Livre III. (*Tome II.*) les Vies des Princes & Princeſſes du Sang, & dans le Livre IV. (*Tome III.*) celles des Perſonnes qui ont paru avec éclat dans la Profeſſion des Armes, dans le Miniſtère & dans la Robe. Ainſi ce dernier Livre ne contiendra que les Vies des Gens célèbres dans les Sciences & dans les Arts, & celles de certaines Dames illuſtres, ſelon le detail ſuivant : toutes, dans chaque Claſſe, ſont rangées par ordre alphabétique.

Le Chapitre II. contient les différens Recueils des Vies & Eloges des François qui ſe ſont diſtingués, ſoit dans les Sciences & Arts Libéraux, ſoit dans les Beaux-Arts & autres.

Le Chapitre III. renferme les Hiſtoires particulières de ceux qui ont été célèbres dans les Sciences : dans la Théologie ; dans l'un & l'autre Droit, Civil & Canonique ; dans la Médecine, la Chymie, la Botanique, la Chirurgie, &c: dans la Philoſophie, l'Aſtronomie, les Mathématiques, la Méchanique, &c. enfin dans l'Hiſtoire, avec tout ce qui peut y avoir rapport.

On trouve dans le Chapitre IV. les Hiſtoires de ceux qui ſe ſont diſtingués en France, par rapport aux Arts Libéraux, c'eſt-à-dire, dans l'Eloquence, la Philologie, la Poéſie, la Muſique, avec les Traités qui les concernent, & les Hiſtoires des Théâtres.

Le Chapitre V. contient les Hiſtoires, Vies & Eloges des François célèbres dans les Beaux-Arts : Architecture, Peinture, Sculpture, Gravure, Imprimerie.

Enfin, le Chapitre VI. & dernier, renferme les Vies & Eloges des Dames ſçavantes, & autres illuſtres par leur naiſſance ou par leur mérite. On trouve ci-devant les Vies de celles qui ont été canoniſées, ou qui ſe ſont diſtinguées par leur piété, dans le Livre II. (*Tome I.*) & celles des Reines & des Princeſſes du Sang, dans le Livre III. (*Tome II.* de cette nouvelle Edition de la Bibliothèque hiſtorique de la France, *pag.* 644 *& ſuiv.*)

CHAPITRE PREMIER.

Histoires générales de la Littérature de France; & Histoires des Universités & des Académies.

☞ CE Chapitre sera divisé en trois Articles. Le premier ne renfermera pas seulement les Histoires Littéraires les plus générales, mais encore les Traités qui n'ont rapport qu'à un Siècle, & même à un Règne. L'Article II. mettra sous les yeux de nos Lecteurs, les Histoires des Universités, à commencer par celle de Paris, qui a donné lieu à un plus grand nombre d'Ouvrages. Enfin l'Article III. renfermera les Histoires des Académies modernes de France.]

ARTICLE PREMIER.

Histoires Littéraires générales de la France, & Histoires des anciennes Académies & Ecoles, [où l'on voit le Progrès des Sciences.]

44548. ☞ HISTOIRE Littéraire de la France, où l'on traite de l'origine & du progrès, de la décadence & du rétablissement des Sciences parmi les Gaulois & les François, du goût & du génie des uns & des autres pour les Lettres, en chaque Siècle, &c. par des Religieux Bénédictins de la Congrégation de S. Maur, (Dom Antoine RIVET, Dom Charles CLEMENCET, Dom François CLEMENT, &c.) *Paris*, 1733-1763, *in*-4. 12 vol. (jusqu'à présent.)

Cet excellent Ouvrage n'a pas été continué, parceque le Public n'a pas goûté les longues analyses des Ouvrages d'Auteurs Ecclésiastiques, compris dans les derniers Volumes, & que l'on a déja ailleurs. Il devoit être question rien de cette Histoire, comme le porte encore le titre, 1.° « de l'établissement des Universités » en France, des principaux Collèges, des meilleures » Bibliothèques anciennes & modernes, des plus célè» bres Imprimeries, (ce qui n'a encore paru qu'en par» tie dans quelques Discours que Dom Rivet a mis en » tête de ses Volumes;) 2.° ce qui a un rapport par» ticulier à la Littérature, avec les Eloges historiques » des Gaulois & des François qui s'y sont fait quelque » réputation; (3.°) le Catalogue & la Chronologie de » leurs Ecrits, des Remarques historiques & critiques » sur les principaux Ouvrages, le dénombrement des » anciennes Editions : le tout justifié par les Auteurs » Originaux ».

L'Ouvrage ne va encore (pour ces deux dernières parties,) que jusques vers la fin du XII.e Siècle. Les neuf premiers Volumes sont de Dom Antoine RIVET, qui est mort en finissant le IX. le 7 Février 1749. D. Charles TAILLANDIER y a mis la dernière main, & l'a orné d'un Avertissement & d'un bel Eloge de l'Auteur. Dom Rivet avoit été aidé dans son travail par Dom Jean COLOMB & Dom Maurice PONCET, qui est mort en 1764. Dom Charles CLEMENCET a composé les Tomes X. & XI. Quelques Articles de ce dernier, sont de Dom François CLEMENT, qui a fait en 1763 tout le Tome XII. Il a aussi composé un XIII.e Volume, qui n'est point encore imprimé, après quoi il a travaillé à la seconde Edition de l'*Art de vérifier les Dates*, & il est aujourd'hui chargé de la *Contin. des Historiens de France.*

On peut voir sur l'Histoire Littéraire, &c. = *Journ. des Sçav*. 1733, Octobre : Janv. & Févr. 1734 : Nov. 1736 : Mai, 1737 : Juin, 1738 : Décemb. 1740 : Juin & Août 1742 : Juin, 1746 : Mars & Juin 1747 : Juill. 1748 : Janv. Août & Décemb. 1751, &c. = *Observ. sur les Ecrits mod. Lettr.* 23, 24, 28, 181, 187, 328, 341, 460. = Journal de Verdun, 1735, Octobre : 1751, Mars & Mai : 1756, Octobre. = *Mém. de Trévoux*, 1733, Novemb. 1736, Févr. Mars & Novemb. 1738, Nov. & Décembre : 1741, Septembre : 1742, Janvier : 1743, Janvier : 1746, Octob. & Novembre : 1748, Septemb. 1751, Mars & Oct. &c. 1766, p. 749 & 864. = *Journ. de Léipf.* 1736, p. 342 : 1737, p. 392 : 1741, p. 623, &c. = *Ann. Littér.* 1756, tom. VII. pag. 95, &c. = *Hist. Littér. de la Congr. de S. Maur*, pag. 659-668.]

44549. ☞ Tableau historique des Gens de Lettres, ou Abrégé chronologique & critique de la Littérature Françoise, considérée dans ses diverses révolutions, depuis son origine jusqu'au XVIII.e Siècle ; par M. l'Abbé DE L. (LONGCHAMPS :) *Paris*, Saillant, 1767-1770, *in*-12. 6 vol. (jusqu'à présent.)

L'Auteur paroît avoir bien profité de la grande Histoire qui précède. Le dernier Volume qui a paru, sçavoir le VI.e, comprend le XIII.e Siècle.

44549. * ☞ Histoire de la Littérature Françoise, depuis les temps les plus reculés jusqu'à nos jours; avec un Tableau du progrès des Arts dans la Monarchie ; par MM. DE LABASTIDE l'aîné, & DUSSIEUX : *Paris*, Edme, 1772, *in*-12.

Il en vient de paroître deux Tomes. Tout l'Ouvrage, qui est intéressant, est annoncé comme devant avoir 16 volumes.]

44550. De vetustissimis Galliarum Academiis ; de regimine veterum Academiarum ; de Scholis Cœnobialibus & Episcopalibus ; Auctore Cæsare Egassio BULÆO.

Ces Discours sont placés au-devant de son *Hist. Universitatis Parisiensis*, &c. [*Parisiis*, 1665, &c. *in-fol*.] L'Auteur y parle des Académies des Druides, de celle [des Grecs] de Marseille, [de celles des Romains à] Autun, Narbonne, Toulouse, Bourdeaux & Lyon. Du Boulay est mort en 1678.

44551. ☞ Etudes des Francs ; par (M. l'Abbé) Claude FLEURY.

C'est l'Article V. de son *Traité du choix & de la méthode des Etudes : Paris*, Aubouin, 1686, *in*. 11. &c. pag. 26 & *suiv*. On peut voir encore les Discours qu'il a mis en tête de ses Tomes XIII. & XVII. de son *Histoire Ecclésiastique*; comme celui de M. l'Abbé GOUJET,

Tome IV. Part. I.

au Tome XXXIII. Tous ces Discours ont été imprimés à patt, en un vol. *in-12.*]

☞ On peut voir aussi le Tome I. des *Jugemens des Sçavans*, par M. Baillet, Partie II. Chap. VII. sur les talens des François pour les Arts & les Sciences, sur l'état où les Sciences & les Arts ont été dans les Gaules, & dans les différens temps de la Monarchie Françoise.]

44552. ☞ Jacobi Cahagnesii, Oratio de Academiarum institutione, &c. *Cadomi*, 1584, *in-4.*]

44553. De Scholis celebrioribus, seu à Carolo Magno, seu post eumdem Carolum per Occidentem instauratis; Liber Joannis de Launoy, Constantiensis, Theologi Parisiensis: *Parisiis*, Martin, 1672, *in-8.*

Cet Ouvrage curieux & bien digéré, est aussi imprimé avec le *Voyage d'Allemagne* du Père Dom Jean Mabillon: *Hamburgi*, 1717, *in-8.* Jean Albert Fabricius, qui a donné cette Edition, y a joint une Préface.

☞ M. de Launoy s'étend beaucoup dans cet Ouvrage, sur l'Université de Paris, & sur la Faculté de Théologie en particulier: ces sujets l'occupent depuis la page 185 jusqu'à la 536ᵉ & dernière. Dom Jean Liron, Bénédictin, dans ses *Aménités de la Critique*, *in-12.* tom. I. pag. 235 & *suiv.* attaque cet Ouvrage de M. de Launoy; mais il a été réfuté à son tour par Dom Toussaints du Plessis, dans ses *Nouvelles Annales de Paris*, &c. *Paris*, Lottin, 1753, *in-4.* pag. 126, & *suiv.* où l'on trouve un curieux détail sur les premières Ecoles de Paris, sous Charlemagne & depuis.]

44554. ☞ De l'état des Sciences sous Charlemagne. *Variétés historiques*, &c. tom. II. pag. 97.

Dissertation sçavante & recherchée sur le pitoyable état où les Sciences étoient réduites sous ce Prince, & les efforts qu'il fit pour les en retirer.]

44555. ☞ De l'état des Sciences dans l'étendue de la Monarchie Françoise sous Charlemagne: Pièce qui a remporté le Prix fondé dans l'Académie Royale des Inscriptions & Belles-Lettres par M. le Président Duret de Noinville, & proposé par la même Académie, pour l'année 1734; par M. l'Abbé (Jean) Lebeuf, Chanoine d'Auxerre: *Paris*, 1734, *in-12.*

Voyez le *Journ. des Sçav.* 1734, Décembr. = *Journ. de Verdun*, 1734, Oct. = *Mém. de Trév.* 1737, Octob.]

44556. ☞ Lettre écrite de Paris, le 20 Octobre 1734; par M***, sur la Dissertation de M. l'Abbé Lebeuf, qui a remporté le Prix de l'Académie des Belles-Lettres, en 1734. *Mercure*, 1734, Novembre.]

44557. ☞ Supplément de M. l'Abbé Lebeuf, à sa Dissertation sur l'état des Sciences en France, sous Charlemagne.

On le trouve pag. 222 du *tom. I.* de son *Recueil de Dissertations sur l'Histoire Ecclésiastique de Paris*, &c. *Paris*, Lambert, 1739.]

44558. S'il y a eu une Ecole réglée dans le Palais des Empereurs Charlemagne, Louis-le-Débonnaire & Lothaire: Dissertation contre M. de Launoy.

Cette Dissertation est imprimée à la pag. 235 [du *tom. I.*] de l'Ouvrage intitulé: *Aménités de la Critique*: *Paris*, [Delaulne,] 1717, *in-12.* L'Auteur conclut que ce que dit le Docteur de Launoy, dans le Chapitre IV. qui est intitulé: *De l'Ecole du Palais*, est chimérique, qu'il a entendu de travers tous les passages qu'il rapporte, & qu'il en tire des conséquences insoutenables. Cet Auteur anonyme fait, *pag.* 236, un portrait fort peu flatté de son Adversaire.

✱ L'Auteur anonyme de cette Dissertation est Dom Jean Liron, Bénédictin de la Congrégation de Saint-Maur, qui mourut en 1749. Il a été réfuté par D. Duplessis: ci-dessus, à la fin du N.° 44553.]

44559. De Scholis Parisiensibus Palatinis & Monasterialibus Seculi noni; Auctore Joanne Mabillon, Benedictino.

Ce Discours est imprimé dans la Préface du Tome V. des *Actes des Saints de l'Ordre de S. Benoît*, §. VIII.

☞ Le Père Mabillon, après avoir reconnu que les Sciences ont toujours été cultivées dans les Gaules, & que sous les Romains il y avoit des Ecoles célèbres à Lyon & à Autun, dit que les Guerres du VIIᵉ Siècle les avoient tellement rallenties qu'elles tiroient à leur fin, & que sans les Moines qui les conservèrent dans leurs Monastères, elles eussent entièrement péri. Il croit que Charlemagne peut être le restaurateur, par les soins qu'il prit d'attirer en France des Sçavans, principalement Alcuin, & d'établir dans son Palais, & par-tout ailleurs, des Ecoles où l'on enseignât les jeunes-gens de toutes conditions, & où on les formât dans toutes sortes de connoissances.]

44560. ☞ Dissertation sur l'état des Sciences dans les Gaules, depuis la mort de Charlemagne jusqu'à celle du Roi Robert, &c. par M. l'Abbé Lebeuf.

Elle est imprimée dans le *Recueil de* (ses) *divers Ecrits*: *Paris*, Barois, 1738, *in-12.* 3 vol. tom. II. pag. 1-141.

Supplément à cette Dissertation. *Ibid.* p. 370-431.

M. Lebeuf avoue que les deux Siècles qui suivirent Charlemagne ne furent pas des plus distingués, mais il nie que la fin du IXᵉ & le commencement du XIIᵉ aient été des temps de fer & d'ignorance. Il prouve, par une espèce de Chronologie des Sçavans dans toutes les Sciences & Arts, qu'il y eut toujours une chaîne de Maîtres habiles qui perpétuèrent l'amour de l'étude & qui firent honneur à leur Siècle. Cette Dissertation, qui est assez étendue, est pleine de recherches.

Voyez sur cet Ouvrage, *Observ. sur les Ecrits mod. Lettr.* 135, 137, 142. = *Journ. de Verdun*, 1737, Août. = *Mercure*, 1737, Août. = *Pour & contre*, tom. XII. num. 170. = *Réflex. sur les Ouvr. de Littér.* tom. III. pag. 145.]

44561. ☞ De l'état des Sciences en France, depuis la mort de Charlemagne, jusqu'à celle du Roi Robert: Dissertation qui a remporté le Prix de l'Académie des Belles-Lettres en 1737; par M. l'Abbé (Cl. Pierre) Goujet, Chanoine de S. Jacques de l'Hôpital: *Paris*, 1737, *in-12.* de 125 pages.]

44562. ☞ L'état des Sciences en France, depuis la mort du Roi Robert, en 1031, jusqu'à celle de Philippe-le-Bel, en 1314; par l'Abbé Lebeuf.

Elle est imprimée avec ses *Dissertations sur l'Histoire de Paris*: (*Paris*, Lambert, 1739, &c.) tom. II. pag. 1-236. C'est un Morceau curieux & rempli de recherches. L'Auteur repasse toutes les classes des Sciences & des Arts, pour en montrer l'état durant ces trois Siècles.

Supplément à la Dissertation (précédente;) par le même.

On y traite de plusieurs Auteurs & Ouvrages des XIᵉ, XIIᵉ & XIIIᵉ Siècles.
On le trouve dans le même Recueil, p. 237-330.]

44563. ☞ Mſ. Essai sur l'état des Sciences en France, & sur les Ecoles où on les enseignoit en Champagne dans le XIIᵉ Siècle, avec quelques Recherches sur la Vie d'Adelgise, qui vivoit dans ce Siècle ; par M. FRADET, Avocat au Parlement : lu à la Société de Chaalons, le 6 Septembre 1757.

Cet Essai est conservé dans les Registres de cette Société. Au reste, on peut voir ce qui est dit d'Adelgise dans l'*Histoire Littéraire de France*, tom. *XI.* pag. 10.]

44564. ☞ Dissertation sur les Sciences en France sous Charles V. Charles VII. &c. par M. l'Abbé DE GUASCO.

C'est la première de ses *Dissertations historiques, politiques & Littéraires : Paris*, 1755, *in-8*. 2 vol. Elle a remporté le Prix de l'Académie Royale des Inscriptions & Belles-Lettres, en 1746.]

44565. ☞ Mſ. Dissertation sur l'état des Sciences dans le Royaume avant François I. par Jean-Louis LE COINTE, Officier au Régiment de l'Isle de France, & de l'Académie de Nismes.

Cette Pièce, lue dans cette Académie, est entre les mains de l'Auteur.
On peut voir sur ce sujet, le commencement de l'*Histoire du Collège Royal*, par M. Goujet : (*Paris*, 1721, Lottin, *in-4*. & *in-12*.) & sur-tout les derniers Volumes de l'*Histoire de François I*. par M. Gaillard : *Paris*, Saillant, 1766, *& ann. suiv. in-12*. 7 vol.]

44566. ☞ De restitutis à Christianissimo Francorum rege Francisco Litteris : Joannis COPI, Parisiensis Jurisconsulti, Oratio ad Judices Academiæ Parisiensis emendatores habita, &c. *Parisiis*, Wechel, 1535, *in-4*.]

44567. ☞ La Galliade, ou la Révolution des Arts & des Sciences, &c. par Guy LE FEVRE DE LA BODERIE, Secrétaire de Monseigneur & son Interprete aux Langues pérégrines : *Paris*, Chauldière, 1578, *in-4*.

Ce Poëme est divisé en cinq Cercles ou Chants : le premier traite des Lettres sous François I. le second, de l'Architecture ; le III. des Druydes & de la Magie ; le IV. de la Musique & Harmonie ; le V. de la Poésie.]

44568. ☞ Histoire Littéraire du Règne de Louis XIV. (avec des Discours sur l'état des Sciences & des Arts sous les Règnes précédens ;) par M. l'Abbé LAMBERT : *Paris*, Prault, &c. 1751, *in-4*. 3 vol.

La même, traduite en Allemand : *Coppenhague*, 1759, *in 8*. 3 vol.

Voyez sur cet Ouvrage, *Lettr. de Clément*, tom. *II*. pag. 178. = *Journ. des Sçavans*, Janvier, 1752. = *Merc. Novemb.* 1751. = *Observ. sur la Littér. mod.* tom. *V.* pag. 330, & tom. *VI*. pag. 14 & 73. = *Journ. de Verdun*, 1752, *Juin*.]

44569. ☞ Anecdotes sur le discernement, l'accueil & la libéralité de Louis XIV. pour les Sçavans ; par M. (Jean-Marie-Joseph Thomasseau) DE CURSAY : *Paris*, 1761, *in-12*.]

44570. ☞ Lutetia Parisiorum erudita sui temporis (seu ann. 1721 & 1722 ;) auctore G. W. S. (Georgio WALLIN, Sueco, posteà Ep. Gotheburg.) *Norimbergæ*, 1722, *in-8*.

Cet Ouvrage, composé de neuf Chapitres, parle des principaux Ecrivains en tous genres, qui vivoient à Paris pendant le séjour de l'Auteur en cette Ville ; de l'Université, des Collèges, des Académies, des plus célèbres Bibliothèques, des Journaux, &c. On peut voir ce qu'en dit le *Journal de Leipsick*, 1722, *pag.* 570.]

44571. ☞ Siècle Littéraire de Louis XV. par M. DAQUIN, (Médecin :) *Paris*, 1753, *in-12*. 2 Parties.

On n'y parle que des Musiciens & des Poëtes. L'Auteur est fils du célèbre Organiste Daquin.]

44572. ☞ Critique de (l'Ouvrage précédent ;) par M. DE CAUX : *in-12*.]

44573. ☞ Réponse de l'Auteur du Siècle Littéraire de Louis XV. à la Critique, &c. par M. DAQUIN : *Paris*, 1754, *in-12*.]

═ Tableau du progrès des Arts & des Sciences sous le Règne de Louis XV. par M. (Pierre) PATTE, Architecte, &c. *Paris*, 1765, *in-fol*.

On a déjà indiqué cet Ouvrage ci-devant, Tome I. *pag.* 112, N.° 2150.]

44574. ☞ Les deux Ages du goût & du génie François, sous Louis XIV. & sous Louis XV. ou Parallèle du génie & du goût dans les Sciences, dans les Arts & dans les Lettres, sous les deux Règnes ; par M. DE LA DIXMERIE : *Paris*, 1769, *in-8*.]

44575. ☞ Les Muses en France, ou Histoire chronologique de l'origine, du progrès & de l'établissement des Belles-Lettres, des Sciences & des Beaux-Arts dans la France, contenant la Fondation des Universités, Collèges, Académies Royales, Ecoles célèbres du Royaume, & les Personnes qui s'y sont le plus distinguées ; par A. M. LE FEVRE, Prêtre de Paris, Bachelier en Théologie : *Paris*, Quillau, 1750, *in-16*.

Ce n'est qu'un petit Ouvrage, de 120 pages.
La plus grande partie de ce petit Ouvrage a été réimprimée avec quelques changemens, & une Addition fort disparate, sous ce titre : « La Nouvelle Athènes, Paris, le Séjour des Muses, divisé en deux Parties ; la première contenant l'origine & l'établissement des Belles-Lettres, des Sciences & des Beaux-Arts à Paris ; la seconde, la Bibliographie, 1.° des Auteurs qui ont écrit sur la Bible ; 2.° des Livres les plus rares, &c. » *Paris*, Gueffier, 1759, *in-12*. On l'a déjà indiqué ci-devant, parmi les *Hist. de Paris*, Tome III. N.° 34535.]

44576. Des Ecoles Episcopales & Ecclésiastiques, pour le Droit des Chantres, Chanceliers & Ecolastres des Eglises Cathédrales de France, & particulièrement du Chantre de l'Eglise de Paris, sur les Ecoles qui lui sont commises ; par Claude JOLY, Chantre

& Chanoine de l'Eglise de Paris : *Paris*, Muguet, 1678, *in*-12.

Cet Auteur, qui avoit été Avocat, est mort en 1700.

☞ Son Livre a trois Parties. La première traite des Ecoles Episcopales & Ecclésiastiques ; la seconde, des Ecoles de Grammaire de Paris ; la troisième, qui est la plus étendue, parle des entreprises sur les Ecoles de Paris. Il y a beaucoup d'érudition & des recherches très-curieuses dans cet Ouvrage.]

44577. Factum pour l'Université de Paris, contre M. le Chantre de l'Eglise Cathédrale, & les Pensionnaires tenant Ecoles à Pension : 1678, *in*-4.

44578. Factum ou Traité historique des Ecoles de l'Université de Paris, contre le Livre intitulé : *Des Ecoles Episcopales & Ecclésiastiques* : *Paris*, Thiboust, 1689, *in*-4.

✻ Jacques DE L'ŒUVRE, Prêtre, est Auteur de ce Factum.

44579. Factum pour Claude Joly, Chantre & Chanoine de l'Eglise de Paris, contre les Recteur, Doyens & Suppôts de l'Université de Paris : *in*-4.

Cette Pièce a été faite contre une Requête de la Faculté des Arts, du 19 Février 1678.

44580. Factum pour le Chapitre de l'Eglise de Paris, au sujet des petites Ecoles : *in*-4.

Claude JOLY a composé ce Factum pour défendre les Droits du Chantre de cette Eglise.

44581. Factum pour les Curés de Paris, contre Claude Joly, touchant les Ecoles de Charité : *in-fol*.

44582. Second Factum de Claude JOLY, pour répondre à celui des Curés de Paris : *in*-4.

44583. Réponse des Curés de Paris au second Factum de Claude Joly, touchant les Ecoles de Charité : *in-fol*.

44584. Eclaircissement, à M. l'Archevêque de Paris, pour MM. les Doyen & Chapitre, & le Sieur Joly, Chantre & Chanoine de l'Eglise de Paris, sur un Factum intitulé : Réponse des Curés de Paris au second Factum de Claude Joly, &c. *in*-4.

Cet Eclaircissement est de Claude JOLY, [& c'est ce qu'on appelloit dans le temps son Troisième Factum.]

44585. Réponse des Curés de Paris au troisième Factum, &c. *in-fol*.

44586. Extraits des Registres des Conclusions Capitulaires de l'Eglise de Paris, pour servir de Factum général contre les Curés de Paris, & autres tenant les Ecoles dans la Ville de Paris & Banlieue, sans leur permission : *in*-4.

44587. Ecritures pour Claude JOLY, Chanoine & Chantre de l'Eglise de Paris, pour servir de Contredits à la Production du Recteur & des Suppôts de l'Université de Paris, ou Réponse à un Libelle intitulé :

Factum ou Traité historique des Ecoles de l'Université de Paris : *in*-4.

Claude JOLY a fait ces Ecritures pour sa défense.

☞ On peut voir encore la Préface historique qu'il a mise à la tête de ses *Avis Chrétiens & moraux pour l'institution des Enfans* : 1675, *in*-12. Il y traite des Ecoles de France & de Paris, selon son système.]

44588. ☞ Arrêt du Conseil, concernant les petites Ecoles, (du 24 Novembre 1686,) & Mandement de M. l'Archevêque de Sens, (de la Hoguette,) du 20 Décembre suivant.]

44589. ☞ Ms. Autre Arrêt du Parlement, du 19 Mai 1628, sur le même objet.]

44590. ☞ Arrêt du Conseil d'Etat du Roi, du 9 Mai 1719, qui maintient les Maîtres des petites Ecoles dans le droit d'enseigner l'écriture, l'orthographe, l'arithmétique, les comptes, &c. *in*-4.]

44591. ☞ Essais sur l'Histoire des Belles-Lettres, des Sciences & des Arts ; par JUVENEL DE CARLENCAS : *Lyon*, Duplain, 1740. Tome II. *ibid*. 1743, *in*-12.

Les mêmes, revus : *Lyon*, Duplain, 1757, *in*-8. 4 vol.

Il y a dans cet Ouvrage beaucoup de choses sur la Littérature, &c. de la France.]

44592. ☞ La France Littéraire, &c. (par M. l'Abbé D'HÉBRAIL :) *Paris*, veuve Duchesne, 1769, *in*-8. 2 vol.

Cet Ouvrage contient, 1.° les Académies établies à Paris & dans les différentes Villes du Royaume, (avec le détail qui les concerne ;) 2.° les Auteurs vivans avec la Liste de leurs Ouvrages ; 3.° les Auteurs morts, depuis l'année 1751 inclusivement, avec la Liste de leurs Ouvrages ; 4.° le Catalogue alphabétique des Ouvrages de tous ces Auteurs.

Nous citons ici cette Edition de préférence, parcequ'elle est la plus entière : elle a été précédée par une autre en 1758, *in*-12. petit format, & suivie de trois Supplémens, en 1760, 1762 & 1764. Ce n'étoit originairement qu'un très-petit Almanach, que feu M. DUPORT DU TERTRE commença à publier en 1751, & pour la perfection duquel plusieurs Sçavans du Royaume se font fait un plaisir d'envoyer leurs Observations, comme on le voit par les Avertissemens de 1758, &c.]

43593. ☞ Dan. MAICHELII, de præcipuis Bibliothecis Parisiensibus : *Cantabrigiæ*, 1720, *Lipsiæ*, 1721, *in*-8.

On peut voir encore sur les Bibliothèques de Paris, anciennes & modernes, la *Bibliotheca Hist. Litterariæ* : (*Ienæ*, 1754, *in*-8. 3 vol.) par J. Fr. JUGLER, tom. I. pag. 207-244.]

44594. ☞ Ms. Histoire de la Bibliothèque du Roi ; par feu M. OUDINET.

Cette Histoire est conservée dans cette Bibliothèque. L'Auteur, (qui est mort en 1712,) après avoir montré que depuis la seconde Race presque tous nos Rois ont aimé & cultivé les Sciences & les Lettres, fixe l'époque de la Bibliothèque actuelle à François I. qui se servit des plus grands hommes de son temps pour rassembler les Livres les plus rares, & même pour aller acheter jusques dans le Levant les Manuscrits les plus précieux. Louis XIV & Louis XV. ont beaucoup augmenté la Bibliothèque Royale, qui est ainsi devenue la plus considérable qui soit au monde, & dont tous les Gens de Lettres peuvent faire usage.]

44595. ☞ Mémoire historique sur la Bibliothèque du Roi ; (par M. JOURDAIN.) .

Ce Mémoire est à la tête du Tome I. du Catalogue des Livres imprimés de cette Bibliothèque : (*Paris, Imprimerie Royale*, 1739, *in-fol.*) Il est très-curieux.]

44596. ☞ De la Bibliothèque du Louvre sous les Rois Charles V. Charles VI & Charles VII. Dissertation historique ; par M. BORVIN, le Cadet, (Jean.) *Mém. de l'Acad. des Inscriptions & Belles-Lettres, tom. II. pag.* 147.]

44597. ☞ Extrait du Catalogue des Livres de la Bibliothèque des Rois Charles V. Charles VI. & Charles VII. par le même : *Ibid. tom. I. pag.* 310.]

44598. ☞ Histoire du Cabinet des Médailles du Roi ; par le feu Père Claude DU MOLINET, Chanoine Régulier, & ci-devant Bibliothécaire de Sainte-Geneviève : *Mercure*, 1719, *Mai*.

L'Auteur est mort en 1687, & le Cabinet des Médailles & Antiques a été augmenté depuis ce temps-là. On le voit maintenant à la Bibliothèque du Roi.]

ARTICLE II.

Histoires des Universités de France.

§. PREMIER.

Ouvrages qui les regardent en général.

== ☞ FONDATION des Universités & Collèges du Royaume ; par LE FÉVRE.

Ci-dessus, N.° 44575.]

44599. Supplément, contenant en abrégé l'Institution de vingt & une Universitez de France, les noms & quelques particularitez de la Vie des Docteurs les plus connus dans le Droit Civil & Canon, &c. avec des Remarques historiques, &c. *Paris*, Morel, 1686, *in-12.*

✻ L'Auteur est Antoine BRUNEAU : il a fait ce Livre pour servir de Supplément à son *Traité des Criées*, [qui a été imprimé d'abord : *Paris*, Guignard, 1678, & ensuite, *Paris*, le Febvre, 1704, *in-12.*] Ce Supplément contient des recherches curieuses, mais dispersées sans ordre.

☞ Bruneau avoit dessein de donner une nouvelle Edition de son Supplément, corrigée & augmentée de moitié. Le Manuscrit de cette seconde Edition, écrit de sa propre main, étoit dans la Bibliothèque de M. l'Abbé Goujet, qui est aujourd'hui chez M. le Duc de Charost. On peut voir sur son Ouvrage l'Abbé Lenglet, *Méth. hist. in-4. tom. IV. pag.* 189.

Il est encore parlé de ces Universités, *pag.* 555-600, de l'Ouvrage de Jacques MIDENDORP, intitulé : *Academiarum universi Orbis Libri tres : Colonia*, Cholin, 1584.]

44600. ☞ Mf. Diverses Pièces sur les Universités de France, &c. *in-fol.* 2 Portefeuilles.

Ils sont conservés dans la Bibliothèque de la Ville de Paris, parmi les Manuscrits de MM. Godefroy, n. 318 & 319.]

44601. ☞ Remontrance de la nécessité de rétablir les Universités, pour le restablissement de l'Estat & des moyens de le faire, au Roi, sur la tenue de ses Estats-Généraux à Paris : *Paris*, Blaisot, (1615,) *in-8.* de 111 pages.]

44602. ☞ Des Universités & des Collèges, de leurs Privilèges & Gouvernement.

C'est le sujet du Chap. I. du Titre V. du Tome I. des grands *Mémoires du Clergé*. On y trouve quantité de Pièces concernant particulièrement les Universités de *Paris*, de *Toulouse*, d'*Orléans*, de *Montpellier*, de *Valence* & de *Reims*, l'établissement de certaines, les droits des Evêques sur quelques autres.]

44603. ☞ Edit portant création d'un Office de Greffier-Secrétaire & Garde des Archives, dans chacune Faculté des Universités du Royaume ; du mois de Février 1704 : *in-4.*]

44604. ☞ Arrêt du Conseil d'Etat, du 16 Février 1704, sur la Finance dudit Office : *in-4.*]

44605. ☞ Déclaration du Roi, du 5 Août 1704, en faveur de l'Université de Paris, au sujet dudit Office : *in-4.*]

44606. Recueil de diverses Pièces pour les Universités de France, contre les Jésuites : 1624, *in-8.*

☞ *Voyez* ci-après, N.° 44659.]

44607. ☞ Arrêt du Conseil privé du Roi, du 17 Mars 1626, pour les Universités du Royaume, (& contre les Jésuites :) *in-4.*]

== ☞ Requête au Roi, &c. ou Défense de toutes les Universités de France : 1724, *in-fol.* & *in-12.*

Voyez ci-devant, Tome I. *pag.* 878, N.° 14385.]

§. II.

Histoires & Traités concernant l'Université de Paris, [*ses Collèges, &c.*]

☞ APRÈS avoir exposé 1.° ce qui concerne l'Université de Paris, on traitera, 2.° des autres Universités du Royaume ; & 3.° des Collèges de Provinces, auxquels il a fallu pourvoir, après l'expulsion des Jésuites, en 1762, & de quelques autres qui sont régis par diverses Communautés, &c.]

44608. Compendium de multiplici Parisiensis Universitatis magnificentia, dignitate & excellentia ejus, mirificoque suorum Suppositorum & Officiorum ac Collegiorum nomine : *Parisiis*, Denys, 1517, *in-4.*

Cet Abrégé est de Robert GOULET, Docteur de Sorbonne & Professeur de l'Ecriture sainte.

44609. ☞ Theodori MARCILII, Orationes IV. de laudibus Academiæ Parisiensis : Item, aliæ V. de Lingua Latina : *Parisiis*, à Prato, 1586, *in*-8.]

44610. ☞ De Lutetiana Universitate; Auctore Joan. LIMNÆO.

C'est le Chap. VII. du Liv. V. de l'Ouvrage intitulé : *Notitia Regni Franciæ : Argentorati* (& *Francofurti*,) 1655, *in*-4. tom. II. pag. 424-468. L'Auteur s'étend plus sur cette Université que sur les autres du Royaume.]

44611. ☞ Orationes duæ, quarum altera est de præstantiâ Academiæ Parisiensis, altera de Philosophiâ eleganter & Latinè tractandâ, à Joanne MAGNO, Carnuto : *Parisiis*, Daniel, 1584, *in*-8.]

44612. Palladium Franciæ, seu Oratio Cameracensis habita in Regia Schola, anno 1632, de Palladio in Urbe conservando, in laudem Academiæ Parisiensis ; Auctore Petro VALENTE, Græcarum Litterarum Regio Professore : *Parisiis*, Duguast, 1632, *in*-8.

44613. ☞ De præsenti statu Academiæ Parisiensis, Jo. MORELLI, Carmen : *Parisiis*, Prevosteaux, 1602, *in*-4.]

44614. De l'Université de Paris, & qu'elle est plus Ecclésiastique que Séculière. Extrait d'un Plaidoyé fait en Parlement ; par M.A.L. (Me Antoine LOYSEL,) en 1586 : *Paris*, Langelier, 1587.

☞ Cet Ouvrage se trouve aussi à la suite du Recueil des Remontrances du même Avocat, intitulé : *La Gayenne : Paris*, Langelier, 1605, *in*-8.]

44615. De Academia Parisiensi, qualis primò fuit in Insulâ & de Episcoporum Scholis ; Auctore Claudio HEMERÆO, Theologo Doctore : *Parisiis*, Cramoisy, 1637, *in*-4.

☞ *Voyez* la *Nouvelle Bibliothèque* de Barat, *tom. II. pag.* 124, & l'*Histoire de l'Université*, par du Boulay, indiquée ci-après, & où l'on critique plusieurs endroits d'Hemeré, *tom. I. pag.* 257 & *seq.*]

44616. De l'Université de Paris ; par Estienne PASQUIER.

Il en a traité dans le Chapitre XXIX. du Livre III. de ses *Recherches de la France*, & dans le Chapitre IV. & suivans, jusqu'au XII. du Livre IX.

44617. ☞ De variâ Aristotelis in Academia Parisiensi fortunâ ; Auctore Joan. LAUNOYO : *Parisiis*, Martin, 1653, *in*-8. & Hage-Comitum, 1656, *in*-4. Eadem auctior : *Parisiis*, Martin, 1662, *in*-4.]

44618. Fondation de l'Université de Paris par l'Empereur Charlemagne ; de la Propriété & Seigneurie du Pré aux Clercs ; Mémoires historiques des Bénéfices qui sont à la Présentation & Collation de l'Université de Paris ; par Cesar Egasse DU BOULAY : *Paris*, 1675, *in*-4.

☞ Cet Ouvrage est rempli de recherches curieuses. Nous observerons ici, que les Bénéfices de l'Université consistent en onze Chapelles & trois Cures de Paris, qui sont celles de S. André-des-Arcs, de S. Cosme & de S. Germain-le-Vieux. Le Patronage est laïque.]

44619. Mf. Historia Academiæ Parisiensis ; Auctore Edmundo RICHERIO, Sacræ Theologiæ Facultatis Parisiensis Doctore : *in-fol.* 5 vol.

L'Auteur rapporte ce titre dans la Liste des Ouvrages qu'il a composés. Cette Histoire a disparu depuis plusieurs années. Le Tome I. contient ce qui s'est passé depuis son Etablissement jusqu'au treizième Siècle, ou jusqu'au temps des Mendians & des Scholastiques. Le second contient l'Histoire de ce qui s'est passé entre l'Université & les Jacobins, depuis l'an 1218. Le troisième comprend l'Histoire du Pape Boniface VIII. & du Roi Philippe-le-Bel, avec les textes originaux qui concernent leurs Différends. Les autres Tomes sont plutôt des Mémoires & des Recueils de Pièces, qu'un Ouvrage suivi & travaillé.

☞ Ce Docteur eut grande part à la Réformation qui se fit dans l'Université de Paris, en 1601, sous Henri IV. *Voyez* sa *Vie*, par Baillet.]

44620. Historia Universitatis Parisiensis, [ipsius fundationem, Nationes, Facultates, Magistratus, Decreta, Censuras, & Judicia in negotiis fidei, Privilegia, Comitia, Legationes, Reformationes, Scholas, Collegia : Item, antiquissimas Gallorum Academias, aliarumque Universitatum & Religiosorum Ordinum, qui ex eâdem communi matre exierunt, Institutiones & Fundationes, aliaque id genus ; cum Instrumentis publicis & authenticis ad nostra tempora, ordine Chronologico complectens ;] Auctore Cæsare Egasio BULÆO, (du Boulay,) Eloquentiæ Emerito Professore, antiquo Rectore & Scribâ ejusdem Universitatis : *Parisiis*, Noël, &c. 1665-1673, *in-fol.* 6 vol.

☞ Tomus I. ab anno circiter 800, ad annum 1110. = Tom. II. ab anno 1110, ad annum 1200. = Tom. III. ab anno 1200, ad annum 1300. = Tom. IV. ab anno 1300, ad annum 1400. = Tom. V. ab anno 1400, ad annum 1500. = Tom. VI. ab anno 1600 ; cum Catalogo Rectorum, & Indice Autorum & Scriptorum.

On peut voir sur cette Histoire, & sur un Ouvrage qui n'a été qu'annoncé, & qui devoit être intitulé : *Antibulæana Historia*, le *Dictionnaire* de Prosper Marchand, au mot *Anti-bulæus*. = Lenglet, *Méth. hist. in*-4. *tom. IV. pag.* 178. = Baillet, *Jugemens des Sçavans, tom. II. p.* 51. = *Bibliot.* de Clément, *tom. V. p.* 401.

On trouve à chaque Tome un *Catalogus illustrium Academicorum*, avec leur Histoire & Eloge, par témoignages, leurs Ecrits, &c. Dans les deux derniers Tomes est *Nomenclatura Rectorum Universitatis*, au XV. & XVIe Siècles. Sur ce qu'on lui reprochoit, l'on peut voir la Préface de son Tome III. & les *Jugemens des Sçavans* de Baillet. Celui-ci au Tome II. num. 138, parle de l'utilité dont est cette Histoire, malgré les défauts qu'on peut lui reprocher.]

44621. Censura Facultatis Theologicæ Parisiensis in eamdem Historiam : *Parisiis*, 1667, *in-fol.*

44622. Notæ ad Censuram editam nomine Facultatis Parisiensis Theologicæ in Opus quod inscribitur : Historia Universitatis Parisiensis : *Parisiis*, 1667, *in*-4.

☞ La Censure se trouve dans le *Collectio Judiciorum* de M. d'Argentré, *tom. III. pag.* 136 & *seq.*]

Ces Remarques sont de Cesar Egasse DU BOULAY, qui

les

les a faites pour sa défense contre la Censure précédente.

❋ L'Histoire de l'Université par du Boulay, fut arrêtée pendant quelque temps; mais les Commissaires que le Roi nomma pour examiner ce qui étoit déja imprimé, rapportèrent que rien n'empêchoit qu'on n'en continuât l'impression.

44623. ☞ Recueil de plusieurs Conclusions & autres Actes concernant la Nation de France, fondée en l'Université de Paris, depuis la réformation de ses nouveaux Statuts en l'an 1661 jusqu'à présent, fait par Me Remi DURET, Licentié de la Maison & Société de Sorbonne, Censeur de ladite Nation de France, suivant les Conclusions de ladite Nation, de la présente année 1676: *in-4.* de 86 pages.

Ce Recueil est presque tout entier contre du Boulay & son Histoire. C'est un rude & vif Censeur que M. Duret, qui a été depuis Curé de Vitry-le-François.]

44624. Mf. Historia Universitatis Parisiensis; Auctore N. GUIART, Doctore Theologo & Canonico sancti Sepulchri Parisiis; & Joanne MENTELIO, Medico Doctore: *in-4.*

Cette Histoire a été faite depuis celle de du Boullay: M. Dupin a eu long-temps cet Ouvrage dans son Cabinet.]

44625. ☞ Histoire de l'Université de Paris, depuis son origine jusqu'à l'année 1600; par M. CREVIER, Professeur de Rhétorique en l'Université de Paris au Collège de Beauvais : *Paris, Desaint, &c. 1761, in-12.* 7 vol.

Il y a une Table fort ample & une Dissertation sur les Origines de l'Université de Paris, dans le Tome VII. On trouve au Tome I. dans la Préface, un bel éloge de feu M. Piat, ancien Professeur, & Recteur de l'Université. Cette Histoire est proprement une apologie de la Faculté des Arts. C'est, au reste, un abrégé très-curieux des six Volumes de du Boulay. Il eût été à souhaiter que l'Auteur eût continué son Histoire jusqu'en 1700, & ce qu'il dit pour s'excuser de n'avoir pas été au-delà de son devancier, ne contente pas. Chaque Volume est accompagné de Notes.]

44626. ☞ Lettre de l'Auteur de l'Histoire du Collège Royal à l'Auteur de l'Histoire de l'Université de Paris; (par M. l'Abbé Claude - Pierre GOUJET:) *Amsterdam,* (*Paris,* Lottin,) 1761, *in-12.*

M. Crevier, dans une longue Note qui se trouve au Tome V. de son Histoire, avoit attaqué M. l'Abbé Goujet au sujet de ce qu'il dit dans son *Histoire du Collège Royal*, des Démêlés de ce Collège avec l'Université. Ce dernier s'est renfermé dans les bornes d'une juste défense, sans manquer aux égards que se doivent deux Sçavans également respectables par leur science & par leur vertu. M. Crevier a fait la même chose dans la Réplique qui suit, & où il soutient l'ancienne possession, selon lui, où étoit l'Université d'exercer une Jurisdiction sur les Professeurs du Collège Royal.]

44627. ☞ Lettre de M. CRÉVIER à l'Auteur du Mémoire historique & littéraire sur le Collège Royal, (M. l'Abbé Goujet:) *Paris, Desaint, 1761, in-12.* de 16 pages.]

44628. ☞ Lettre de M. L. C. D. concernant la punition de deux Clercs de l'Université de Paris, (en 1048.) *Journal de Verdun,* 1751, *Mars.*]

44629. ☞ Histoire du Démêlé de l'Université de Paris, avec les Religieux Mendiants, au XIIIe Siècle.

Cette Histoire se trouve au Tome XI. de l'*Histoire de l'Eglise Gallicane. Voyez* aussi *Bibliotec. Canon.* de Bouchel, aux mots *Mendicantes, Religiosi, Theologi.*]

☞ *Nota.* ON peut encore recourir aux Ecrivains de l'Histoire de Paris: tels que Sauval, Félibien, Grancolas, Piganiol, & l'Abbé Lebeuf, qui parlent de l'Université de Paris & de ses Collèges.]

44630. ☞ Complainte de l'Université de Paris contre les Jésuites : 1564, *in-4.*]

44631. Plaidoyé de Pierre VERSORIS, Avocat en Parlement, pour les Jésuites contre l'Université de Paris, [prononcé en 1564:] *Paris,* 1594, *in-8.*

☞ Les Jésuites vouloient être incorporés à l'Université : il y eut Arrêt qui appointa l'Affaire. *Voyez* les *Hist. de l'Université,* & de M. de Thou.]

44632. ☞ Plaidoyé d'Estienne PASQUIER, pour l'Université de Paris, contre les Jésuites, en 1564 : *in-8.*

Ce Plaidoyé est aussi imprimé dans les dernières Editions de ses *Recherches de la France.*]

44633. Plaidoyé de Baptiste DU MESNIL, Avocat Général, en la Cause de l'Université contre les Jésuites, en 1564; avec la Résolution prise au Colloque de Poissy sur l'établissement des Jésuites en France ; [& une Lettre de Me Arnaud DE PONTAC à M. de Lange, Conseiller du Parlement de Bourdeaux, touchant un Collège que l'on vouloit donner aux Jésuites dans la Ville de Bourdeaux:] *Paris,* 1594, *in-8.*

44634. ☞ Résolution & Requête de l'Université de Paris, pour demander que les Jésuites soient du tout chassés du Royaume : 1594, *in-8.*]

44635. Plaidoyé d'Antoine ARNAUD, Avocat en Parlement, pour l'Université de Paris contre les Jésuites, en 1594 : [*Paris,* Patisson,] 1594, *in-8.*

Ce Plaidoyé a été réimprimé [plusieurs fois, & surtout] en 1717, avec un autre de Me Chevalier, Avocat en Parlement, [comme on le verra ci-après.]

☞ A la fin du Plaidoyé d'Antoine Arnaud, est la Délibération de l'Université du 18 Avril 1594, pour demander que les Jésuites soient chassés, avec la Requête de ladite Université aux mêmes fins. Dans la Préface de ce Plaidoyé il est dit, que Louis Dollé plaida pour les Curés joints à l'Université, Claude Duret pour les Jésuites, & M. Seguier pour M. le Procureur-Général.

Les Jésuites s'étoient maintenus malgré tous les efforts de l'Université, mais leur conduite pendant les troubles de la Ligue, où ils s'étoient fait de nouveaux adversaires, réveilla le zèle de l'Université. Aussi-tôt après la réduction de Paris, elle présenta Requête au Parlement pour demander l'expulsion de cette Société hors du Royaume. Ces Pères eurent le crédit de faire plaider leur cause à huis clos, se doutant bien qu'on ne manqueroit pas de relever beaucoup de faits qui ne leur feroient pas honneur. C'est ce que fit l'Avocat Arnaud, qui parloit pour l'Université.]

44636. ☞ Plaidoyé de M. Louis Dollé, Avocat en la Cour de Parlement, pour les Curés de la Ville de Paris, demandeurs, contre les Jésuites, défendeurs, des 13 & 16 Juillet 1594 : *in*-8.

Antoine Arnaud attaqua les Jésuites par leurs actions, & Louis Dollé fit voir les inconvéniens qui suivent de la réception de cet Ordre. Il plaidoit pour MM. les Curés de Paris, qui intervinrent aux mêmes fins de la Requête de l'Université; demandant qu'au cas que les Jésuites ne fussent pas chassés, défenses leur fussent faites d'entreprendre sur les droits des demandeurs.

Ces deux Pièces sont très-fortes, & il faut que le crédit des Jésuites fût déja bien grand pour n'y avoir pas succombé. Elles ont toutes deux été réimprimées au Tome VI. des *Mémoires de la Ligue* : 1602, *in* 8.

Le Plaidoyé d'Antoine Arnaud a été traduit en Latin par François Junius : Niceron, *tom. XVI. pag.* 198.]

44637. ☞ Plaidoyé de Louis Dollé, pour les Curés de Paris, contre les Jésuites ; avec les Arrêts de la Cour de Parlement contre lesdits Jésuites, & Vers François sur le Plaidoyé, par Nicolas Rapin & Robert Estienne : *Paris*, Patisson, 1595, *in*-8.]

44638. ☞ Les Plaidoyers d'Antoine Arnaud contre les Jésuites, & de Mᵉ Chevalier, pour les Chanoines de Reims, avec la Relation du rétablissement des Jésuites en 1604, & la Conclusion de la Faculté de Théologie de Reims, des 26 Juin & 1 Juillet 1716. Imprimé en 1717, *in*-12.]

44639. ☞ Jacobi Ambosii, Academiæ Parisiensis Rectoris, Orationes duæ in Senatu habitæ, pro Universis Academiæ Ordinibus, in Claromontenses qui se Jesuitas dicunt : *Parisiis*, Mettayer, 1594 & 1595, *in*-8.

Jacques d'Amboise fut ensuite Docteur en Médecine, & Professeur en Chirurgie au Collège Royal : il est mort en 1606.]

44640. La Vérité défendue pour la Religion Catholique en la Cause des Jésuites, contre le Plaidoyé d'Antoine Arnauld ; par François des Montagnes : *Tolose*, [Colomiez,] 1595 ; *Liège*, [Hovius,] 1596, *in*-8.

Le même Livre traduit en Latin, & publié sous ce titre : Francisci Montani, Apologia pro Societate Jesu in Gallia contra Antonii Arnaldi Philippicam, è Gallico Latinè versa : *Ingolstadii*, 1596, *in*-8.

Louis Richeome, Jésuite, s'est caché sous le nom de François des Montagnes.

44641. Défense de ceux du Collège de Clermont, contre les Requêtes & Plaidoyés imprimés contre eux, & particulièrement celui de M. Arnauld : [Ensemble, les Lettres-Patentes au Roi Henri III. (de 1580,) avec les Requêtes du Cardinal de Bourbon, du Duc de Nevers, de l'Evêque de Clermont, &c.] 1594, *in*-8.

☞ Cette défense est de Pierre Barny, Jésuite.]

44642. ☞ Plaidoyé de Simon Marion, sur lequel a été donné contre les Jésuites l'Arrêt du 16 Octobre 1597 : *Paris*, Patisson, 1597, *in*-8.

Il se trouve aussi au Recueil des Plaidoyers de Marion : *in*-8. 1698, & encore au Tome VI. des *Mémoires de la Ligue, pag.* 594.]

44643. ☞ Réponse de René Lafon, (Louis Richeome,) pour les Jésuites, au Plaidoyé de Simon Marion, en l'Arrêt donné contre eux, le 16 Octobre 1597 ; avec quelques Notes sur le Plaidoyé & autres sujets des Recherches d'Etienne Pasquier : *Villefranche*, 1599, *in*-8.

Autant cet Auteur déprime ses Adversaires, en les traitant d'ignorans, de menteurs & de calomniateurs, autant il exalte sa Société & les services qu'elle a rendus par-tout où elle s'est trouvée. Il ne s'oublie pas dans le nombre des grands hommes qu'elle a produits, & dans les louanges qu'il leur donne. On trouve dans cet Ouvrage un précis des différentes accusations qu'on a formées contre eux depuis leur établissement.]

44644. ☞ Très-humbles Remontrances & Requête des Jésuites au Roi Henri IV. Jouxte la copie imprimée à Bourdeaux : 1599, *in*-12.

Les Jésuites ayant été bannis du Royaume par Arrêt de 1594, se refugièrent en grande partie dans la Guyenne, où régnoit encore l'esprit de la Ligue, & où le Parlement de Bordeaux ne les inquiéta pas beaucoup. Ils s'établirent même, & eurent un Collège dans cette Ville, par le crédit de M. le Maréchal de Matignon, qui les protégeoit. Cependant après la Paix de Vervins, en 1598, le Parlement reçut des Lettres de la Cour qui lui enjoignoient de chasser de son district tous les Pères Jésuites qui s'y étoient établis. Voilà le motif de cette Remontrance, dans laquelle ils se défendent des trois principales accusations qu'on formoit contre eux ; sçavoir, d'être partisans de l'Espagne, ennemis du Roi, & corrupteurs de la jeunesse. Leurs raisons sont presque les mêmes que celles de la Pièce précédente.]

44645. ☞ Très-humble Remontrance & Requête des Religieux de la Compagnie de Jesus, présentée au Roi Henri IV. avec l'attestation de MM. les Evêques & des Magistrats de la Ville d'Anvers, contre la calomnie du Libelle diffamatoire ci-devant publié sous le titre de l'Histoire notable du P. Henri, brûlé, &c. & une autre Attestation de Pologne, contre quelqu'autre calomnie : Jouxte la copie imprimée, 1603.

C'est la même Pièce que celle du numéro précédent.]

== Le franc & véritable Discours au Roi sur le rétablissement qui lui est demandé par les Jésuites ; par Antoine Arnaud, Avocat en Parlement : [1603,] *in*-8.

☞ On l'a déja cité au Tome I. N.º 14241, où l'on en fait un abrégé.]

44646. Remontrance à MM. du Parlement en recommandation du bon droit que poursuivent les Pères Jésuites sur leur rétablissement en l'Université de Paris : 1610, *in*-8.

44647. Plainte apologétique au Roi pour la Compagnie de Jesus, contre le Libelle intitulé : *Le franc & véritable Discours*, [& contre le *Catéchisme des Jésuites*,] &c. par

Louis RICHEOME, Jésuite : [*Bordeaux*, 1603, &] *Paris*, 1610, *in-*8.

☞ Le Père Richeome envoya ce Livre pour Etrennes au Roi en 1603. Il s'y plaint amèrement des calomnies avancées contre l'honneur de sa Société, & pour en empêcher le rétablissement. Il la disculpe de toutes ses forces, & y copie les mêmes raisons & quelquefois les mêmes termes & les mêmes phrases dont il s'est servi dans la Pièce ci-dessus.]

44648. Prosopopée de l'Université de Paris sur l'issue de son Procès : 1610, *in*-8.

44649. Petri HARDEVILERII Actio pro Academia Parisiensi, adversùs Presbyteros & Scholasticos Collegii Claromontani, habita in Senatu Parisiensi, anno 1611, [22 die Decembris:] *Parisiis*, 1612, *in*-8.

☞ La même, traduite en François ; par F. R. P. *Paris*, Mich. Gadouleau, & S. Petitpas, 1612, *in*-8.

Le Recteur Hardivilliers commence par un éloge de MM. du Parlement, & de l'Avocat la Martelière. Ensuite se rabattant sur les Jésuites, il fait voir ce qu'ils sont, ce qu'on doit en craindre, & leur propose un défi de science & de doctrine. Il finit en faisant paroître l'Université la larme à l'œil, demandant justice & protection à ses Juges. Ce Discours paroît bon ; le style en est vif & véhément, propre à se concilier ceux à qui il s'adressoit. Il y eut Arrêt le même jour, 22 Décembre 1611, qui maintint l'Université dans tous ses droits. Pierre Hardivilliers est mort Archevêque de Bourges, en 1649.

Le Père Oudin, Jésuite de Dijon, avoit entre les mains une Réponse que le Père PETAU fit à ce Plaidoyé ; c'étoit un Manuscrit Latin.]

44650. ☞ Plaidoyé de Me Pierre DE LA MARTELIÈRE, Avocat en la Cour, fait en Parlement, assisté de Me Antoine Loisel, Denys Boutillier, Omer Talon, anciens Avocats, les 17 & 19 Décembre 1611, pour le Recteur & Université de Paris, contre les Jésuites, requérans l'entérinement des Lettres-Patentes par eux obtenues, de pouvoir lire & enseigner en ladite Université : *Paris*, Petitpas, 1612, *in*-8. [*Amsterdam*, 1612, *in*-4.]

Il dit d'abord que c'étoit la troisième fois que l'Université se trouvoit réduite à cette nécessité, par l'entreprise des Jésuites ; qu'elle a toujours été recommandable par le grand nombre de Sçavans qu'elle a produits ; que les quatre Facultés dont elle est composée, n'ont jamais admis aucun Régulier sous condition ; que ç'a été la raison pour laquelle on a défendu aux Pères Jacobins d'avoir des Ecoles publiques ; que la doctrine des Jésuites est toute différente sur la primauté & l'infaillibilité du Pape & l'autorité des Rois, &c. Enfin, après avoir rapporté plusieurs entreprises des Jésuites, il conclut à ce qu'ils soient déboutés de l'entérinement de leurs Lettres.

Montholon traita ce Plaidoyé de sagot d'injures, qui ne méritoit que le feu ; & cita en faveur de ses parties le témoignage des Papes, des Empereurs, des Rois, & sur-tout du Roi défunt en ses Réponses & ses Edits, pour leur rétablissement.]

44651. Plaidoyé de Jacques MONTHOLON, Avocat en Parlement, [des 6 & 20 Décembre 1611,] pour les Jésuites, contre les Opposans de l'Université, en 1611 : *Rouen* *Tome IV*. *Part. I*.

[& *Paris*, Cottereau,] 1612 ; [*Lyon*, 1612,] *in*-8.

☞ C'est la Réponse au Plaidoyé de Me Pierre de la Martelière.

Montholon augmenta beaucoup ce Plaidoyé, en le faisant imprimer. Il n'avoit pas duré demi-heure quand il le prononça. Il le divise en trois parties. La première concerne les mœurs des Jésuites, en dix Chapitres. La seconde traite de leur institution, & répond à trente chefs d'oppositions proposés par l'Université. La troisième réfute douze Objections contre leur doctrine. On trouve ensuite des Pièces justificatives, contre dix-huit impostures, extraites du Plaidoyé de la Martelière.]

44652. Avis sur le Plaidoyé de Pierre de la Martelière, pour le Recteur & Opposans de l'Université de Paris, contre les Jésuites ; par Paul DE GIMONT, Sieur d'Esclavolles : *Paris*, [Théophile,] 1612, *in*-8.

44653. ☞ Recueil des Lettres-Patentes octroyées aux Jésuites pour leur rétablissement, avec la Remontrance du Parlement, les oppositions de la Faculté de Théologie & de l'Université, &c. *Paris*, Petitpas, 1612, *in*-8.]

44654. ☞ Requête de l'Université de Paris, à la Reine Régente & à Nosseigneurs les Princes & Seigneurs de son Conseil : 1612 & 1614, *in*-8.

Cette Requête, qui parut sous le nom de l'Université, tend à empêcher que les Jésuites soient unis à l'Université, & enseignent la Jeunesse. On y fait voir que la doctrine des Jésuites, sur l'indépendance des Rois, est toute autre que celle que rapporte le Père Coton dans la *Lettre déclaratoire* qu'il venoit de publier. Il est dit au Tome I. du *Merc. François*, qu'elle fut désavouée par l'Université. Elle ne contient cependant rien que de fort sensé & qui ne soit approuvé par tous les Docteurs Catholiques. Elle a été réimprimée au Tome VI. des *Mémoires de Condé* : la Haye, (Paris,) 1743, *in*-4.]

44655. ☞ D. LEIDHRESSERI Dissertatio politica, super doctrinæ capitibus inter Academiam Parisiensem & Societatis Jesu Patres, controversis : *Parisiis*, 1612, *in*-12.]

44656. ☞ Le Cahier général des Remontrances que l'Université a dressées pour présenter au Roi, notre souverain Seigneur, en l'Assemblée générale des Etats, &c. 13 Décembre 1614 : (*Paris*,) 1615, *in*-8.

Ces Remontrances contiennent plusieurs chefs ; mais elles portent particulièrement sur les entreprises que les Jésuites & autres Religieux font sur les droits de l'Université, sur l'instruction de la jeunesse ; elles sont belles & bien motivées. Mais les Jésuites eurent assez de crédit pour en faire substituer d'autres, où l'on retrancha les principaux articles qui les concernoient.]

44657. ☞ Réponse d'un Etudiant en l'Université de Paris, à un sien ami qui se plaignoit du déréglement qu'il disoit être dans les Colléges de cette Université : 1616, *in*-12.

Cette Lettre contient une partie des grands avantages que l'Auteur prétend que les Jésuites ont en France sur les Régens de Paris, &c.]

44658. ☞ Arrest du Conseil, du 15 Février
B 2

1618, qui rétablit les lectures publiques au Collège des Jésuites à Paris.

La Faculté de Théologie & celle des Arts ayant fait quelques décrets contraires à ce rétablissement, les 1er & 24 Mars de cette même année; il y eut un nouvel Arrêt du Conseil, le 26 Avril 1618, qui casse & révoque ces décrets.]

44659. ☞ *Recueil de Pièces pour les Universités de France, jointes en cause contre les Jésuites, demandeurs en cassation d'Arrêt du Parlement de Toulouse, par lequel défenses leur sont faites de prendre le nom, titre & qualité d'Université, & de bailler aucun Dégré en aucune Faculté, ni nomination aux Bénéfices*: in-8. (sans date, ni lieu d'impression.)

Ce Recueil s'étend depuis 1552 jusqu'en 1624, & ce pourroit bien être celui que le Père le Long a mis simplement sous cette dernière date à la fin du Paragraphe I. (ci-dessus, N.° 44606.) Au reste, nous indiquerons ici les principales Pièces qui y sont contenues. Ce sont :

1. Avertissement pour les Universités de France : (en 1624.)

Il est aussi imprimé au Tome X. du *Mercure François*, avec l'Histoire qui y a donné lieu, pag. 408 & *suiv.* L'Auteur de cet Avertissement est Gaspard Froment, Docteur Régent & Recteur de l'Université de Valence, qui le fit au sujet d'un nouveau différend des Universités avec les Jésuites. Ces Pères avoient obtenu en 1622 des Lettres-Patentes, dans lesquelles, sous prétexte de faire approuver l'Union du Prieuré de Saint-Sauveur à leur Collège de Tournon, ils firent glisser dans ces Lettres qu'ils pourroient conférer les Dégrés comme les autres Universités de France, & notamment celle de Paris. Ces Lettres-Patentes furent enregistrées au Parlement de Toulouse le 9 Mars 1623 ; mais sur l'opposition des Universités de Valence, Toulouse & Cahors, auxquelles les autres se joignirent ensuite, le même Parlement, par son Arrêt du 19 Juillet, fit défenses aux Jésuites de prendre le nom & qualité d'Université. Ces Pères se pourvurent en cassation, & firent assigner les Syndics des Universités au Conseil. Voilà où en étoient les choses quand cet Ecrit parut : il servit comme de Mémoire au Conseil. Il est fort détaillé, & expose nettement les raisons des Universités, & les moyens de refus contre les Jésuites. L'Auteur répond sur la fin à ce que ces Pères alléguoient en leur faveur. Après que le Recteur de Paris, Jean Aubert, eut fait une Harangue en Latin selon l'usage, devant le Conseil, il y eut Arrêt le 27 Septembre 1624, qui débouta les Jésuites de leurs demandes, & maintint les Universités dans tous leurs droits. (Cet Arrêt est indiqué au numéro suivant.)

2. Plaidoyé de feu M. l'Avocat Dumesnil, en la cause de l'Université de Paris & des Jésuites : (en 1564.)

M. Dumesnil fait voir que depuis l'établissement des Ordres Religieux, dont il donne l'époque, aucun n'a été reçu, pour de bonnes raisons, à faire corps avec l'Université. Il vient ensuite aux Jésuites, & prouve qu'ils ne peuvent s'aider de la permission qui leur a été donnée au Colloque de Poissy, puisqu'ils ont contrevenu formellement aux conditions qui leur permettoient de s'établir à Paris & ailleurs.

3. Oraison du sieur César Cremonin, au nom de l'Université de Padoue.

Cette Université d'Italie a été établie par l'Empereur Frédéric II. en 1222. Depuis ce temps elle n'a fait que s'accroître, & sa réputation est égale à celle des plus fameuses. Mais que deviendroit-elle, si l'on tolère l'Anti-Collège que les Jésuites ont établi dans cette Ville, de leur propre autorité & contre les loix du Gouvernement ? On ne le peut souffrir sans faire perdre le crédit à l'Université, & sans causer sa ruine. C'est à quoi se réduit cette Oraison ou ce Discours.

4. Dissertatio Juris, pro Facultate Theologiæ & Universitate Lovaniensi, eisque adjunctis Ordinibus Brabantiæ, contra Patrem Provincialem Societatis Jesu.

Ce Discours est divisé en cinq Chapitres. On fait voir, 1.° que le Privilège de Pie V. ne regarde point les grandes Universités ; 2.° que la Société n'a aucune Ordonnance du Prince qui lui donne le pouvoir d'enseigner la Théologie, & de conférer les Dégrés ; 3.° qu'elle n'a jamais été en possession d'un tel Privilège ; 4.° que l'Université n'a admis aux Dégrés que ceux qui avoient fréquenté ses Ecoles ; 5.° que ce Privilège, s'il existoit, devroit être aboli par le non-usage. L'Auteur donne ensuite des raisons d'Etat, qui doivent empêcher qu'on ne le leur accorde : 1.° parcequ'il n'en peut arriver aucun bien à l'Eglise, ni à l'Etat : 2.° parcequ'il en peut résulter plusieurs maux ; 3.° parceque c'est chose contraire aux Ordonnances des Souverains.

5. Procédure contre les Jésuites, à l'occasion de Jean Châtel.

6. Plaidoyé de Simon Marion, contre les Jésuites : 1597.

Voyez ci-dessus, N.° 44642.

7. Plaidoyé de M. de Belloy, & Arrêt de Toulouse sur icelui, contre les Jésuites : 1595.

L'Auteur de ce dernier Plaidoyé, qui fut depuis Avocat-Général de ce Parlement, traite fort mal ces Pères. Il leur reproche le nom de Jésuites qu'ils ont pris, & le vœu singulier qu'ils font au Pape. Il les accuse d'avoir corrompu la pureté & la simplicité de la Religion ; d'enseigner qu'il est permis de tuer les Rois, & de tout ce qu'on leur imputoit dans ce temps-là. Surquoi le Parlement de Toulouse donna un Arrêt, le 11 Mars 1595, qui leur ordonne de vuider le Royaume, à peine d'être regardés comme criminels de lèze-Majesté.

8. Lettres-Patentes de Henri IV. en 1603, pour le rétablissement des Jésuites, & procédures à cette occasion.

9. Sommaire du Plaidoyé de M. Servin, pour M. le Procureur-Général (du Parlement de Paris,) & autres Pièces au sujet de l'Affaire du Collège de Clermont & de l'Université de Paris, en 1610 & 1611.

On demandoit alors aux Jésuites de Paris de signer quatre points principaux : le premier, qu'il est défendu à tout Sujet, étranger ou naturel, d'attenter à la vie des Souverains : le second, que le Roi ne reconnoît que Dieu pour supérieur dans le temporel : le troisième, qu'il a puissance sur tous ses Sujets indifféremment, Ecclésiastiques & Laïcs : le quatrième, qu'ils reconnoîtront les Libertés de l'Eglise Gallicane. Surquoi les Pères Jésuites ayant tergiversé & refusé de signer ces Articles purement & simplement, M. Servin fit un précis de ce qu'on avoit écrit contr'eux depuis leur établissement, & des Livres pernicieux qu'ils avoient faits jusqu'alors sur la Politique & la Morale. D'où il conclut que pour la sûreté de la personne du Roi, le bien de l'Eglise & de l'Etat, il devoit adhérer à l'opposition de l'Université.

10. Arrêt du Conseil-Privé, le 27 Septembre 1624, pour les Universités de France contre les Jésuites, demandeurs en cassation de l'Arrêt du Parlement de Toulouse, &c.

Ce *Recueil* contient encore une grande quantité de Pièces concernant les mêmes Démêlés, qu'il seroit trop long de détailler. On peut voir à ce sujet les *Annales*, &c. indiquées ci-devant, (Tome I. pag. 867, N.° 14224.)

☞ *Nota*. On trouve indiqué au Catalogue de M. Lancelot, num. 2667, jusqu'au num. 2702, un ample *Recueil de Pièces* concernant l'établissement des Jésuites en France, & leurs différends avec les Universités, en 36 vol. *in-*8. & *in-*12. On en trouve un autre au Catalogue de M. Barré, num. 1491, en 76 vol. *in-*8. & 13 vol. *in-*4. Les Pièces n'y sont point détaillées. On n'entreprendra pas d'en donner ici le détail : on s'est contenté de rapporter les principales.]

44660. ☞ Arrest du Conseil-privé, du 27 Septembre 1624, pour les Universités de France, jointes en cause contre les Jésuites, demandeurs en cassation d'Arrest du Parlement de Toulouse : *Paris*, Durand, 1624, *in-*8.

Cette Pièce & la suivante regardent le Collège de Tournon, dont il est parlé au commencement du numéro précédent.]

44661. ☞ Raisons sur lesquelles est intervenu l'Arrêt du Conseil contre les Jésuites : *Paris*, 1624, *in-*4.

On voit dans le *Mercure François, tom. XII. p.* 183, que les Jésuites firent encore quelques efforts en 1626, pour le même Collège de Tournon; mais l'Université obtint un second Arrêt du Conseil, du 26 Mars de cette année, qui les renvoya au Parlement de Toulouse, lequel par autre Arrêt du 29 Août 1626, confirma celui qu'il avoit précédemment donné.]

44662. ☞ Apologie ou Défense pour les Jésuites; par le Sieur PELLETIER : *Paris*, Cramoisy, 1625, *in-*8.

Le Recteur de l'Université de Paris, dans sa Requête présentée au Roi, ne croit pas que le sieur Pelletier soit le véritable Auteur de cette Apologie, mais qu'il avoit seulement prêté son nom. Sur quoi l'on peut voir le *Mercure François, tom. XI.* 1626, *pag.* 29 & *suiv.*]

44663. ☞ Examen de l'Apologie du Sieur Pelletier pour les Jésuites : *Paris*, Jos. Bouillerot, 1625, *in-*8.

Cet Examen est du Sieur DU FERRIER, selon le *Mercure François.*]

44664. ☞ Notes sur le Livre intitulé : Apologie pour les Jésuites par le Sieur Pelletier, faites de la part des Universités de France : *Paris*, Durand, 1626, *in-*8.]

44665. ☞ Arrest du Grand-Conseil, du 19 Septembre 1625, pour l'Université de Paris contre les Jésuites, & autres Pièces, qui prouvent que les Jésuites entreprennent sur tout l'Etat Ecclésiastique, aussi-bien que sur les Universités : imprimés par l'ordre du Recteur : *Paris*, Durand, 1625, *in-*4.]

44666. ☞ Requête de l'Université de Paris, pour être reçus intervenans & opposans au Contract des Jésuites avec le Maire d'Angoulesme : 18 Août 1625, *in-*8.]

44667. ☞ Découverte des équivoques & échapatoires des Jésuites sur leur prétendu bannissement : *Paris*, 1626, *in-*8.]

44668. ☞ Requête de l'Université de Paris au Roi, sur son droit de Censure, & Arrêt en conséquence : 1631.

Dans la *Collectio Judiciorum* de M. d'Argentré, *tom. II. pag.* 319 & *suiv.*]

44669. Requête des Jésuites au Roi : 1643, *in-fol.*

La même, sous ce titre : Requête présentée par les Jésuites, le 11 Mars 1643, au Roi, tendante à l'usurpation des Privilèges de l'Université de Paris : 1643, *in-*8.

44670. Observations importantes sur la Requête présentée au Conseil du Roi par les Jésuites, tendante à l'usurpation des Privilèges de l'Université de Paris : *Paris*, 1643 & 1644, *in-*8.

Ces Observations contiennent des Remarques sur la Requête précédente, & un ample Discours divisé en trois parties. Ces deux Ouvrages ne coutèrent que huit jours à Godefroy HERMANT, Chanoine de Beauvais, pour les composer. Ils furent publiés sur la fin du mois d'Avril 1643. Ils portent aussi le titre suivant :

Apologie pour l'Université de Paris contre le Discours d'un Jésuite, par une personne affectionnée au bien public : *Paris*, 1643 & 1644, *in-*8.

44671. Réponse au Livre intitulé : Apologie pour l'Université : *Paris*, Sonnius, 1643, *in-*8.

Jacques DE LA HAYE, Jésuite, est l'Auteur de cette Réponse.

44672. Véritez Académiques ou Réfutation des préjugez populaires, dont les Jésuites se servent contre l'Université de Paris : *Paris*, 1643, *in-*8.

Ces Véritez Académiques parurent le 8 Juin 1643. Elles sont de l'Auteur de l'Apologie pour l'Université, (Godefroy HERMANT.)

44673. La chimère des Véritez Académiques prétendues réformées, qui fait voir le parallèle des illusions hérétiques & des visions du Réformateur des Jésuites : 1643, *in-*8.

Cette Réponse demeura sans réplique, parceque l'Auteur avoit changé la cause publique en querelle personnelle.

44674. Lettre d'un Docteur en Théologie, contenant la Réfutation d'un Livre intitulé : Véritez Académiques, &c. par C.T.C.T. 1643, *in-*8.

Ces Lettres initiales signifient Charles TRAPES, Chanoine Théologal, qui avoit été Jésuite.

44675. Seconde Apologie pour l'Université de Paris, imprimée par le Mandement du Recteur contre le Livre fait par les Jésuites pour réponse à la première Apologie : *Paris*, 1643, 1644, *in-*8.

Cette seconde Apologie est plus ample que la première; elle est du même Auteur, [Godefroy HERMANT;] elle fut publiée le 6 Octobre 1643.

44676. Traitez pour la défense de l'Université de Paris, contre les Jésuites : *Paris*, 1643, *in-*8.

44677. ☞ Visite du Recteur de l'Université de Paris dans le Collège de Mairmoutier, le 8 Avril 1643, où se voient les désordres de ce Collège depuis qu'il est aux Jésuites : *Paris*, 1643, *in-*8.]

44678. Apologie pour les Religieux de la

Compagnie de Jesus; par Nicolas CAUSSIN, Jésuite: *Paris*, 1644, *in-*8.

☞ On prétend qu'elle a été imprimée trois fois.]

44679. Manifeste apologétique pour la doctrine des Jésuites; par Pierre LE MOINE, Jésuite: *Paris*, 1644, *in-*8.

44680. Trois Requêtes de l'Université, présentées au Parlement: en 1644.

Ces Requêtes sont de [François] DU MONSTIER, alors Recteur.

☞ Il en sera question plus au long, à l'occasion d'un Recueil que l'Université fit faire la même année, & que l'on indiquera ci-après.]

44681. Troisième Apologie, ou Réponse de l'Université de Paris à l'Apologie pour les Jésuites, mise au jour sous le nom du Père Caussin, au Manifeste du P. le Moine, &c. 1644, *in-*8.

Cette troisième Apologie est aussi de Godefroy HERMANT, Chanoine de Beauvais.

☞ Dans cette Pièce, qui est divisée en 29 Chapitres, l'Auteur récapitule toute l'Affaire dont il s'agit, & en répondant à toutes les faussetés du Père Caussin, qu'il prouve avoir altéré plusieurs citations, il ajoute nombre de faits & de propositions scandaleuses & erronées tirées des Ecrits des Jésuites. Il leur fait encore le défi, qui leur avoit déjà été fait, de soutenir leur doctrine devant le Clergé, le Parlement, ou tels autres Juges qu'ils voudroient choisir. Cette Pièce est assez méthodique, & l'Auteur y pousse vivement ses Adversaires.]

44682. ☞ Requêtes, Procès-verbaux & Avertissemens faits à la diligence de M. le Recteur & par l'ordre de l'Université, pour faire condamner une doctrine pernicieuse & préjudiciable à la société humaine, & particulièrement à la vie des Rois, enseignée au Collège de Clermont, détenu par les Jésuites à Paris: *Paris*, Jacquin, 1644, *in-*8.

Ce Recueil contient les Pièces suivantes:

1. Requête présentée à Nosseigneurs de la Cour de Parlement, par l'Université de Paris, suivant la Conclusion faite en son Assemblée ordinaire, au Collège des Cholets, le 5 Décembre 1643, touchant une doctrine pernicieuse enseignée au Collège de Clermont à Paris.

C'est au sujet de plusieurs propositions du P. Ayrault, qui soutenoit, dans ses Leçons, qu'il étoit permis à un homme de tuer, même clandestinement, celui qui auroit attaqué son honneur, ou pour une cause encore plus légère; permettoit aux femmes & aux filles de se procurer l'avortement ou la stérilité, & agitoit la pernicieuse question de l'autorité & de la vie des Rois.

Toutes les autres Pièces de ce Volume regardent le même fait.

2. Acte fait à la diligence de M. le Recteur de l'Université, pour découvrir & faire condamner une doctrine préjudiciable à la vie d'un chacun, & particulièrement des Rois & Princes Souverains, enseignée au Collège des Jésuites: 21 Août 1643.

3. Autre Procès-verbal du 11 Janvier 1644, contenant les mêmes Propositions & plusieurs autres semblables contraires à ce précepte: *Tu ne tueras point.*

4. Avertissement contre une doctrine préjudiciable, &c. enseignée au Collège de Clermont: 1643.

5. Second Avertissement, &c.

Ces deux Pièces sont vives & pressantes; dans la première, l'Auteur développe & met dans le plus grand jour les Propositions qui regardent la vie des particuliers & des Souverains: dans la seconde, celles qui ont rapport à l'avortement, à la stérilité & au duel; & il fait voir combien elles sont préjudiciables à la société, & contraires à la loi de Dieu.

6. Seconde Requête présentée à Nosseigneurs de la Cour de Parlement, par l'Université de Paris, pour jointdre à celle du 5 Mars.

Elle fut présentée contre la Somme des péchés du Père Bauny, & plusieurs autres Livres remplis de maximes peu chrétiennes, & ouvrant la porte à toutes les injustices imaginables.

7. Troisième Requête présentée le 7 Décembre 1644, contre les Libelles que les Jésuites ont publiés sous les titres: d'Apologie par le Père Caussin, & de Manifeste Apologétique par le Père le Moine & autres semblables; (par DU MONSTIER,) Recteur, avec les Répliques que cette Université emploie pour lui servir, tant au jugement de cette Requête que des deux précédentes, & quelques extraits dudit Manifeste apologétique. On peut voir sur du Monstier l'*Histoire du Collège Royal*, par M. l'Abbé Goujet, *tom. II.*

8. Réponse de l'Université à l'Apologie pour les Jésuites, qu'ils ont mise au jour sous le nom du P. Caussin; (par Godefroy HERMANT, Chanoine de Beauvais,) imprimée par l'ordre d'icelle Université, pour servir au jugement, tant de la Requête présentée à la Cour le 7 Décembre 1644, que des deux précédentes: *Paris*, 1644.

La plupart des Pièces de ce Recueil sont de M. HERMANT: il n'y a que les Requêtes qui ne sont pas de lui; sur quoi l'on peut voir sa Vie, par Adrien Baillet, *p.* 20.]

44683. ☞ Factum pour l'Université de Paris, touchant le Collège de Provins: *in-*4.

Il s'agissoit en 1668 d'y introduire les Pères de l'Oratoire, à la sollicitation de M. l'Archevêque de Sens; & c'est à quoi l'Université s'opposa.]

44684. ☞ Droit de l'Université de Paris sur la Préceptoriale de Provins: *in-*4.

On ne sçait si cet Ecrit a été fait pour la même Affaire.]

44685. Contract de la Ville de Paris, avec l'Université, pour faire l'Eloge du Roi, le 15 Mai de chaque année, jour de l'Avénement de Sa Majesté à la Couronne: *Paris*, 1685.

☞ Le célèbre Charles Rollin a fait deux fois ce Discours, comme on l'apprend de son Eloge par M. de Boze.]

44686. ☞ Extrait des Registres de l'Université de Paris, contenant ce qui s'est passé lorsque le Procureur-Général y vint par ordre du Roi, le 8 Octobre 1688: *Paris*, 1688, *in-*4.]

44687. ☞ Mandatum Rectoris (Car. ROLLIN,) 5 Kal. Octobris, ann. Domini 1696, (ut in posterùm è Sacrâ Scripturâ, præsertim ex Evangeliis, aliquot Sententias quotidie Discipulis memoriter ediscendas Magistri proponant:) *in-fol.* en Placard.

Ce Mandement, affiché dans le temps, selon l'usage, se trouve au-devant des « Maximes tirées du Nouveau » Testament pour l'Instruction de la Jeunesse, (en Latin & » en François; ») que l'on réimprime de temps à autre, pour les Collèges de l'Université de Paris. Les Ecoliers sont non-seulement obligés d'apprendre ces Maximes, mais encore de les écrire à la tête de toutes les Copies de leurs Devoirs. C'est une Epoque du premier Recto-

Histoires de l'Université de Paris.

rat du célèbre M. Rollin, & de l'Histoire de l'Université.]

== Mémoire pour le Principal, &c. du Collège du Plessis,... le Recteur, &c. 1698, *in*-4. Ci-après, aux *Collèges de Paris*.]

44688. ☞ Mémoire instructif pour l'Université de Paris, contre les Jésuites : en 1698, *in-fol.*

Il s'y agit de l'Affaire pendante au Parlement & roulant sur ces deux Articles, si les Ecoliers des Jésuites devoient être reçus en Philosophie dans les Collèges de l'Université, sans examen & sur la seule attestation de leur Régent ; & si ces Ecoliers pouvoient demeurer chez les Jésuites pendant qu'ils étudioient dans l'Université : en un mot, si le Décret (au contraire) de l'Université, du 4 Août, devoit être cassé.]

44689. ☞ Décret de l'Université de Paris contre la destitution arbitraire des Professeurs, donné le 29 Août 1699 : *in*-4.

Pierre Billet étoit alors Recteur.]

44690. ☞ Mémoire pour l'Université de Paris, (1700:) *in*-4. de 44 pages.

C'est sur le rang que l'Université doit avoir lorsque les Compagnies font des complimens au Roi.]

44691. ☞ Deux Requêtes du Recteur, Doyens, &c. de l'Université, contre le Sieur J. le Normand, Official, &c. (1710:) *in*-4.]

44692. ☞ Statuts de l'Université pour les Maîtres ès Arts tenant Pensionnaires, & faisans répétition ; homologués au Parlement, le 5 Mai 1708, &c. *Paris*, Quillau, 1711, *in*-12.

Ils sont en Latin, de la composition de Pierre Billet, ancien Recteur. A la tête est un Avertissement de 22 pages, où l'Université établit son Droit sur les Répétiteurs, & explique en quoi ils différent des Permissionnaires qu'elle continue d'attaquer, & des Maîtres de Petites Ecoles qui dépendent de M. le Chantre de Notre-Dame. A la fin (*pag.* 42-66,) sont différens Arrêts du Parlement en faveur de ces Maîtres de Pension, jusqu'en l'année 1710.]

44693. ☞ Actes & Démarches de l'Université de Paris, au sujet de la Constitution *Unigenitus.*

On a déja cité à ce sujet, dans notre Tome I. Nos 5662 & *s.* quelques Ouvrages ; mais les Actes, &c. qu'on indique ici, se trouvent *pag.* 119-152, 356-419, 480-576, & 180 (de la Part. II.) du Tome I. du grand Recueil *in-fol.* de l'Abbé Nivelle, ci-devant, N.º 5654.]

44694. ☞ Discours de M. (Charles) Coffin, (Recteur,) au Roi & au Duc d'Orléans, en présentant le Cierge le 1 Février 1719, & sur l'Etablissement de l'Instruction gratuite dans l'Université de Paris, avec les Discours Latins à M. le Garde des Sceaux, sur le même sujet, & les Mandemens Latins & François de M. le Recteur, pour le Gratis & les Congés accordés par Sa Majesté : *Paris*, 1719, *in*-4.

Ce Discours est aussi imprimé au tom. II. de l'*Histoire ancienne* de M. Rollin, à l'occasion de l'institution des Postes chez les Perses.]

44695. ☞ Carmina à viris Academicis scripta super fundatâ à Ludovico XV. gratuitâ in Parisiensis Academiæ Collegiis institutione : *Parisiis*, 1719, *in*-4.]

44696. ☞ Mémoire présenté au Conseil, sur lequel le Roi a ordonné l'établissement de l'Instruction gratuite dans les Collèges de la Faculté des Arts ; (par Edme Pourchot:) *Paris*, Quillau, 1724, *in-fol.*]

44697. ☞ Requête de l'Université de Paris, au Roi, contre l'érection des nouvelles Universités de Dijon & de Pau : (1722,) *in-fol.*

Seconde Requête de l'Université, &c. (sur le même sujet).

Neuf autres Universités s'étoient jointes alors à celle de Paris ; l'Université de Besançon présenta en particulier une Requête. Les Elus des Etats de Bourgogne répondirent à ces différentes Requêtes, & les nouvelles Universités de Dijon & de Pau ont subsisté.]

== ☞ Requête de l'Université de Paris, au Roi, au sujet de l'union du Collège des Jésuites de Reims à l'Université de cette Ville : 1724, *in-fol.* (& 1761, *in*-12.)

C'est ce qu'on a appelé la Défense des Universités : l'Auteur est M. Dagoumer. On en a parlé ci-devant, Tome I. N.º 14385.]

44698. ☞ Décret de l'Université de Paris, portant défense de laisser faire aux Jésuites aucune fonction Ecclésiastique dans les Collèges de l'Université ; du 30 Décembre 1732, (en Latin & en François:) *in*-4.]

44699. ☞ Decretum Universitatis, quo arma & ignes ludis Academicis prohibentur ; 7 Februarii 1733 : *in*-4.]

44700. ☞ Decretum Præclaræ Artium Facultatis, anni Domini 1733, die 24 Martii, & Oratio amplissimi Rectoris, (N. Piat, de interdicenda in Scholis Horatii Turselini Historiæ Epitome.)

Ce Décret contre l'Histoire de Tursellin, Jésuite, comme très-dangereuse, a été homologué par l'Arrêt du Parlement, du 3 Septembre 1761 : (*Paris*, P.G. Simon, 1761, *in*-4.) & s'y trouve inséré tout entier avec le Discours de M. le Recteur.]

44701. ☞ Decretum Universitatis : 1744.

C'est au sujet des Ecoliers externes.]

44702. ☞ Arrêt du Parlement, du 8 Mars 1746, qui détermine le legs fait par l'Abbé le Gendre à une distribution solemnelle de prix pour les Elèves des différens Collèges de Paris : *in*-4.]

44703. ☞ Requête de l'Université de Paris, au Roi, contre le Projet d'Aggrégation des Séminaires du Diocèse de Périgueux à l'Université de Bordeaux : 1748, *in*-4. de 39 pages.

L'opposition de l'Université a empêché cette affiliation.]

== ☞ Mémoire & Observations de l'Université, au sujet des Chirurgiens : 1748.

Ci-après, parmi les Ouvrages qui concernent la *Faculté de Médecine*.]

44704. ☞ Arrêt du Parlement, du 7 Septembre 1762, qui homologue un Décret de l'Université, concernant l'enseignement des Enfans dans les Pensions : *Paris*, P. G. Simon, 1762, *in-*4.]

44705. ☞ Arrêt du Parlement, qui ordonne l'exécution des anciens Réglemens relativement à la nomination du Recteur de l'Université ; du 28 Mai 1764 : *in-*4.]

44706. ☞ Représentations de l'Université de Paris, au Roi, au sujet du vingt-huitième du prix du Bail général des Postes & Messageries du Royaume, accordé par Sa Majesté en 1719, à la Faculté des Arts, pour l'établissement de l'Institution gratuite : *Paris*, 1755, *in-*4.]

☞ Le Bail des Postes étant augmenté, le Roi a eu égard à ces Représentations, pour augmenter la part de l'Université.]

44707. ☞ Mémoire pour le vingt-huitième (du Bail des Messageries) accordé à la Faculté des Arts en 1719, pour l'établissement de l'Institution gratuite : (1755,) *in-fol.* de 12 pages.

Il est signé Vallette LE NEVEU, Recteur.]

44708. ☞ Lettres-Patentes concernant l'Emploi du vingt-huitième du Bail des Messageries, relativement à la Faculté des Arts de l'Université de Paris, & portant établissement de Docteurs aggrégés dans ladite Faculté ; du 3 Mai 1766 : *in-*4.

Ces Lettres Patentes donnèrent lieu aux trois Ecrits suivans.]

44709. ☞ Mémoire & Consultation du 26 Juin, pour le Proviseur du Collège d'Harcourt, (sur quelques inconvéniens desdites Lettres-Patentes:) *in-*4. de 30 pages.]

44710. ☞ Lettre d'un Universitaire : *in-*4.

Cet Ecrit & le précédent ont été supprimés par Arrêts du Conseil des 12 & 15 Août.]

44711. ☞ Mémoire (second) & Consultation (du 11 Août 1766,) pour le Proviseur du Collège d'Harcourt, (contre la Lettre précédente :) *in-*4. de 20 pages.]

44712. ☞ Lettres-Patentes, qui ordonnent l'exécution d'un Réglement concernant les Aggrégés de la Faculté des Arts, du 10 Août 1766 : *in-*4.]

44713. ☞ Arrêt du Parlement, du 22 Août 1766, (pour envoyer lesdites Lettres-Patentes à la Faculté des Arts, &c.) *in-*4.

44714. ☞ Lettres à un Provincial sur l'établissement d'un Chef-lieu pour l'Université de Paris, & d'un Collège commun pour les Boursiers des petits Collèges, (ou sans exercice :) 1763, *in* 4.

Ces deux projets ont été exécutés en conséquence des Lettres-Patentes du 22 Novembre 1763. Les Boursiers des petits Collèges ont été réunis au Collège de Louis-le-Grand, ci-devant possédé par les Jésuites, & l'Université y a eu son Chef-lieu, où sont ses Archives, & où elle tient ses Assemblées.]

44715. ☞ Lettre d'un Universitaire à M. le Marquis de ***, sur le nouveau Plan du Chef-lieu de l'Université : (1772.)

Cette Lettre est insérée dans le *Journal de Verdun*, 1772, *Mai, p.* 353-360. Elle commence ainsi : « Vous » me demandez, Monsieur, la Description du Chef-lieu » de l'Université, (dont le Plan) a été présenté à la » Cour & agréé de Sa Majesté, le 1 Février de cette » année..... Cet Edifice doit faire l'ornement de la Place » de Sainte-Geneviève, & le pendant des Ecoles de » Droit......

On croyoit que ce Chef-lieu étoit fixé au *Collège de Louis-le-Grand*, par les Arrêts & Lettres-Patentes que l'on trouvera ci-après, sous le titre de ce Collège ; mais il paroît que cet Etablissement n'est que provisoire, puisque l'Université est occupée d'un autre dans la Place de Sainte-Geneviève.]

44716. Almæ Universitatis Parisiensis Laudatio : Oratio pro Vesperiis habita in Scholis Medicorum, die XI. Octobris 1770, (à) Jacobo-Alberto HAZON, Doctore Medico, Præside : *Parisiis*, Quillau, 1770, *in-*4.

L'année suivante il y en a eu une Edition Latine & Françoise sous ce titre :

Eloge historique de l'Université de Paris, Latin & François, avec des Remarques ; Discours de Vesperie, prononcé, &c. *Paris*, Quillau, (1771,) *in-*4.

Les Remarques historiques sont en grand nombre & fort curieuses. A la fin de l'Ouvrage, (*pag.* 91 & 92,) se trouvent le Rapport des Commissaires de la Faculté de Médecine, & le Décret (approbatif) de ladite Faculté. Cependant à cause de certaines Notes, cet Eloge a été supprimé par un Arrêt du Conseil.]

44717. ☞ Calendrier de l'Université (de Paris,) contenant le Tribunal, les quatre Facultés, les indications & les instructions aux Candidats, pour passer dans les différens Dégrés des Facultés ; les Collèges (de plein exercice,) les Collèges réunis, les Nominateurs des Bourses, le Bureau d'administration du Collège de Louis-le-Grand : année 1772. Composé par LEPAGE, Courier de l'Université : *Paris*, Langlois, F. *in-*16.

Ce Calendrier se débite depuis plusieurs années, & la réunion de ses différentes parties donne le Tableau des révolutions de l'Université.]

44718. Ms. Sommaire des Titres de l'Université de Paris : *in-fol.* 2 vol.

Ce Sommaire [étoit] dans la Bibliothèque de M. le Chancelier Séguier, num. 614, [aujourd'hui à S. Germain-des-Prés,] & est dans celle de MM. des Missions Etrangères.

44719. Statuta Academiæ Parisiensis antiquissima.

Ces Statuts sont imprimés au *tom. IV.* du *Spicilège* de D. Luc d'Achery, *pag.* 381.

44720. Plaintes & doléances de l'Université au Roi Charles VI. pendant les Etats du Royaume, & Ordonnances sur lesdites Plaintes, de l'année 1413, rapportées par Enguerrant de Monstrelet : *Paris*, 1580, *in-*4.

44721.

Histoires de l'Université de Paris.

44721. * Reformatio Universitatis facta à Cardinale Totavillæo, anno 1452.

Cette Pièce se trouve dans le Recueil des Actes concernant l'Université, imprimé *in-*4. en 1655.

44722. ☞ Diverses Pièces indiquées au Catalogue de M. de Cangé, *pag.* 448 & 449.

Ces Pièces sont:
1. Du Rang & Séance de l'Université ès Assemblées de cérémonie.
2. Les Réformations des Privilèges des Universités: 22 Mai 1499.
3. Harangue de Pierre DE LA RAMÉE, touchant ce qu'ont fait les Députés de l'Université de Paris, envers le Roi: 1557.
4. Arrêt du Parlement, du 14 Août 1601, pour la Réformation des Collèges de l'Université.
5. Cahier général des Remontrances de l'Université, du 15 Décembre 1614.
6. Harangues du Recteur sur la Doctrine du Massacre des Rois.
7. Opposition de l'Université à l'établissement du Collège de Charenton: 1619.
8. Réglement des Recteur & Professeurs du Roi, du 8 Août 1626, &c.]

44723. ☞ Oratio Oliverii DE LYON, Doctoris Theologi & Magni Magistri Collegii Navarræ, ad Franciæ Cancellarium, Antonium à Prato, pro absolutione Consiliariorum & Officiariorum Universitatis Parisiensis, & pro exemptione Decimæ veterum Scholasticorum; habita, die Dominicâ, 23 Januarii : *Parisiis*, Petit, 1518, *in-*4.]

44724. Arrêts du Parlement des 13 Août 1555 & 20 Septembre 1577, pour Réglement & Réformation de l'Université : *Paris*, Morel, 1577, *in* 8.

44725. Avertissement sur la Réformation de l'Université: *Paris*, Wechel, 1562, *in-*8.

Pierre DE LA RAMÉE, Professeur en Eloquence, est l'Auteur de cet Avertissement, [qui a aussi paru en Latin, sous le titre de *Prooemium*, &c.] Ce Professeur fut tué en 1572.

44726. Libellus supplex pro Academia Parisiensi, [de eadem Reformatione:] *Parisiis*, 1601, *in-*8.

44727. Réformation de l'Université de Paris. *Paris*, [Métayer,] 1601; *Ibid.* Thiboust, 1667, *in-*8.

Cette Réformation fut faite par Renaud DE BEAUNE, Archevêque de Bourges, Grand-Aumônier, par ordre du Roi, en 1599.

44728. ☞ Arrêt du Parlement, pour l'exécution de la Réformation de l'Université: *Paris*, 1601, *in-*8.]

44729. ☞ Gratiarum actio ad augustissimum Senatum, pro instauratâ Parisiensi Academiâ : *Parisiis*, 1601, *in-*8.]

44730. ☞ Joannis BALINI, Oratio de Reformatione Parisiensis Academiæ, ab Henrico IV. ejusque supremo Senatu institutâ, anno 1601 : *Parisiis*, Prevosteau, 1601, *in* 8.]

Tome IV. Part. I.

44731. De optimo Academiæ Statu; Auctore Edmundo RICHERIO, Doctore Theologo : *Parisiis*, 1603, *in-*8.

Cet Ouvrage fut composé au sujet de la Réformation de l'Université, faite par ordre du Roi Henri IV. C'est une espèce d'Apologie pour la conduite que l'Auteur a tenue pour cette Réformation, depuis qu'il fut créé un des Censeurs; il est fait principalement contre les calomnies de Georges Critton, Ecossois, Professeur au Collège Royal; qui est appelé Palémon dans ce Livre, afin d'épargner son nom.
☞ On peut voir Lenglet, *Méth. hist. in-*4. *tom. IV. pag.* 180, & le *Mém. sur le Collège Royal*, par Goujet, Article *Critton*.]

44732. Mémoire pour le Réglement de l'Université de Paris : 1610, *in* 4.

44733. ☞ Epistola monitoria, ad Academiæ Parisiensis perturbatores: *Cadomi*, 1614, *in-*8.

Déja ci-devant, N.º 14288, *Tom. I.*]

44734. ☞ Moyens du Procès d'Edmond Richer, contre Sébastien Bouthillier, &c. *Paris*, 1615, *in-*4.]

44735. ☞ Restaurata Parisiensis Academia, à D. Hollandro, quartùm Rectore, Imago, Carmen : *Parisiis*, 1616, *in-*8.]

44736. ☞ Arrêt du Parlement, du 29 Avril 1670, qui fixe l'âge des Principaux, Régens, Bacheliers, &c. *in-*4.]

44737. ☞ Réglemens de l'Université de Paris, faits en 1671 : *in-*4.]

44738. ☞ Recueil de Pièces concernant l'autorité & la Jurisdiction de l'Université, touchant la Doctrine & la Discipline : *in-*4.

Ce Recueil est indiqué num. 3011 du Catalogue de M. d'Estrées.]

44739. Privilèges de l'Université de Paris, accordés par les Rois de France : *Paris*, 1612, 1630, *in-*4.

☞ La plupart sont rapportés dans la *Bibliot. can. de Bouchel*, au mot *Conservator*.]

44740. ☞ Abrégé des Privilèges, &c. 1616, 1621 : *in-*8.]

44741. ☞ Privilèges & Exemptions de l'Université : *Paris*, 1624, *in-*8.]

44742. Recueil des Privilèges de l'Université de Paris, accordés par les Rois de France depuis sa fondation jusqu'à présent; par Celar Egasse DU BOULAY : *Paris*, Thiboust, 1674, *in-*4.

44743. ☞ Edit du mois de Février 1722, portant confirmation de diverses Exemptions & de divers Privilèges, concernant les Docteurs, Maîtres, Régens, Bacheliers, &c. de l'Université de Paris : *in-*4.]

44744. ☞ Mémoire pour le Sieur Reneux, contre les Maire & Echevins d'Auxerre; par Mᵉ BOUCHER D'ARGIS, Avocat au Parlement de Paris: *Paris*, le Breton, 1764, *in-fol.*

Il y est question des Privilèges de l'Université, & de son exemption de tous Droits & Impositions.]

== ☞ Mémoire pour le même, & pour M. le Duc d'Orléans; avec (une) Réponse de Mᵉ BOUCHER D'ARGIS.

Voyez ci-devant à la *Bresse*, (Tome III.) N.° 36045. On y trouve diverses Remarques sur l'Epoque de l'Etablissement de l'Université, & de la première concession de ses Privilèges, notamment pour l'Exemption des Péages, & sur ceux des Messageries tant Royales que de l'Université.]

44745ᵉ. ☞ Oratio pro Scholâ Parisiensi, quâ jus sacrorum prædiorum ab eruditis obtinendorum defenditur, ad Senatum Parisiensem : 1633, *in*-8.]

== Mémoires historiques sur les Bénéfices qui sont à la présentation & collation de l'Université de Paris : *Paris*, Thiboust, 1675, *in*-4.

Ces Mémoires font partie d'un Recueil donné par DU BOULAY : ci-dessus, [N.° 44618.]

44746. ☞ Arrêt du Parlement de Paris, du 3 Juillet 1667, qui juge que les Chapelles du Châtelet sont Bourses & non Bénéfices, avec des Notes, & l'Arrêt de 1404, contre le Sieur de Savoisy : *in*-4.]

44747. ☞ Arrêt du Parlement, du 15 Décembre 1716, concernant les Bénéfices incompatibles avec des Places dans les Collèges de l'Université : *in*-4.]

44748. Mémoire pour l'Université de Paris, sur le Droit de Nomination des Gradués aux Bénéfices du Diocèse de Tournay; [par François CUVELIER: *Paris*, 1690 &] 1692, *in*-4.

44749. Défense des Usages de la Province de Flandre pour la Collation des Bénéfices, contre les entreprises de quelques Gradués de l'Université de Paris: *Paris*, 1703, *in*-4.

44750. ☞ Représentations de l'Université de Paris, au Roi, au sujet de la Déclaration du 27 Avril 1745 : *Paris*, Thiboust, 1746, *in*-4. de 40 pages.

C'est sur l'Expectative des Gradués; on y traite du droit de l'Université. M. l'Abbé MEY, Avocat, en est l'Auteur.]

44751. * Actes concernant l'unité du Recteur de l'Université de Paris, son Election par les Intrans des Nations, & la confirmation d'icelle par lesdites Nations, de trois mois en trois mois.

Ces Actes sont imprimés dans le Recueil de Pièces concernant l'Université.

44752. Remarques sur la Dignité, Rang, Préséance, Autorité, Juridiction du Recteur de l'Université de Paris ; par César Egasse DU BOULAY : *Paris*, Thiboust, 1668, *in*-4.

44753. * Remarques sur l'Election des Officiers de l'Université; par le même : *Paris*, 1668, *in*-4.

44754. * Traité du Rang & Séance de l'Université de Paris, ès Assemblées & Cérémonies : *in*-4. (Imprimé.)

44755. ☞ Mémoire pour le Sieur Lallemant, Vice-Syndic de l'Université de Paris, sur la Juridiction du Recteur & des quatre Procureurs (des Nations;) par Mᵉ GILLET: 1744. = Mémoire pour le même Jean-Nicolas Lallemant, Professeur de Rhétorique au Collège de la Marche, &c. sur le même sujet, avec les Pièces Justificatives : 1744. (Ecrit important pour l'Histoire de l'Université de Paris.) = Autre Mémoire, sur le même sujet; par Mᵉ DOUTREMONT : 1743, *in-fol.*]

44756. Mémoire pour l'Université de Paris: *Paris*, 1701, *in*-4.

Ce Mémoire est d'Edme POURCHOT, Syndic de l'Université; il concerne le Droit de Préséance de l'Université de Paris sur le Corps de Ville.

44757. Réponse des Prévôt, Echevins & Marchands de la Ville de Paris, au Mémoire précédent; par Charles HEBERT, Avocat de la Ville : 1701, *in*-4.

44758. Second Mémoire pour l'Université de Paris, contenant la Réponse au Mémoire de MM. de Ville: 1701, *in*-4.

Ce second Mémoire est aussi de M. POURCHOT.

44759. ☞ Factum pour les Recteur, Doyens, &c. de l'Université de Paris, contre Mᵉ Nicolas Tanneguy, Curateur à la succession de la feue Reine Marguerite, (concernant le Pré aux Clercs:) *in*-4.]

44760. Terrier de l'Université de Paris, concernant le grand & petit Pré aux Clercs, dressé le 27 Février 1694 : *in-fol.* en une feuille.

44761. Mémoire touchant la Seigneurie du Pré aux Clercs, appartenante à l'Université de Paris : *Paris*, Thiboust, 1694, *in*-4.

Edme POURCHOT est Auteur de ce Mémoire.

☞ On y voit l'Histoire de cette Seigneurie, le détail des Maisons qui y sont aujourd'hui, & des cens & rentes qu'elles payent à l'Université, un Plan de cet ancien Pré, une Instruction touchant les Bénéfices à la nomination de l'Université, & les Articles principaux concernant le Recteur, les Doyens & les Procureurs des Nations.]

44762. ☞ Jugemens & Arrêts pour la Juridiction du Chancelier de l'Eglise & Université de Paris, &c. avec un Mémoire succinct des droits, des fonctions & de la dignité dudit Chancelier ; (par Nicolas COQUELIN, Chancelier :) *Paris*, veuve Martin, 1692, *in*-4.]

☞ On trouve aussi un Recueil à ce sujet dans les *Mémoires du Clergé*, tom. I. col. 929-968.]

44763. ☞ Requête des Recteurs, Procureurs des Nations & des Membres & Suppôts de la Faculté des Arts, contre les Chanceliers de Notre-Dame & de Sainte-Geneviève, à Nosseigneurs du Parlement, (du 7 Septembre 1717:) *in*-4.]

44764. ☞ Requête de Pierre BLONDEL, Chanoine Régulier, Docteur en Théologie, Chancelier de l'Eglise de Sainte-Geneviève & de l'Université, (depuis Curé de Saint-Etienne-du-Mont;) contre une Requête de l'Université, tendante à ce qu'il fût fait défense aux Chanceliers de Notre-Dame & de Sainte-Geneviève, de donner le bonnet de Maître-ès-Arts aux Candidats qui se présenteront à eux, & de faire les Examens ailleurs qu'à Notre-Dame & à Sainte-Geneviève : *in-fol.* de 30 pages.

Cette Pièce, composée par le Père Blondel même, (qui est mort à Auxerre en 1746,) renferme bien des éclaircissemens sur différens usages de l'Université.]

44765. ☞ Remarques du Chancelier de l'Eglise & Université de Paris, (François Vivant,) sur la (même) Requête du Recteur, &c. *in-fol.* de 31 pages.

Elle est signée Me G I N, Avocat.

On y trouve ce qui regarde la dignité, les droits & les fonctions du Chancelier de Notre-Dame, l'état de la Faculté des Arts, & même de l'Université, &c.]

44766. ☞ Mss. Recueil de diverses Pièces concernant l'Institution, Dignité & Jurisdiction des Chanceliers de l'Université de Paris, & les différends survenus entre les Chanceliers de Notre-Dame & ceux de Sainte-Geneviève, ou entre l'un des deux, & l'Université de Paris : *in-fol.*

Ce Recueil est conservé dans la Bibliothèque de Sainte-Geneviève.]

44767. ☞ Arrêt du Conseil, du 17 Mai 1701, concernant les rues, places & maisons de l'Université, au Fauxbourg S. Germain, à Paris : *in-4.*]

44768. ☞ Remarques sur les Bédeaux de l'Université ; par César Egasse DU BOULAY: *Paris, le Bresche, 1670, in-4.*]

44769. Preuves & Défenses du Droit des Messageries ordinaires de l'Université de Paris : 1655, *in-4.*

44770. Factums historiques des grandes & petites Messageries de l'Université de Paris : *in-4.*

44771. ☞ Academiæ Parisiensis pro assertione juris sui (Tabellarios constituendi,) adversùs quamdam mancipum factionem postulatio, ad Pomponium Bellevræum senatûs Principem, ejusdem res gestas, majorumque ipsius Carmine Panegyrico exponens ; Auctore Nicolao CAMUS : *Parisiis, 1658, in-4.*]

44772. ☞ Arrêt du Conseil, du 24 Avril 1610, en faveur des Messagers Jurés de l'Université. ⇒ Autres ; du 14 Décembre 1641 ; – du 29 Mars 2642 ; – du 19 Novembre 1644. ⇒ Sentence du Châtelet, du 19 Novembre 1664, en faveur de Guillaume Duchemin, l'un de ces Messagers.]

Tome IV. Part. I.

44773. Actes concernant le Pouvoir & la Direction de l'Université de Paris sur les Ecrivains de Livres & Imprimeurs qui leur ont succédé ; comme aussi sur les Libraires, Relieurs, Enlumineurs, depuis l'an 1275 jusqu'en 1652 : *Paris, 1652, in-4.*

44774. ☞ Recueil de Pièces par lesquelles on prétend prouver que l'Université a droit de Jurisdiction sur les Libraires : *in-4.*

44775. ☞ Répliques de l'Université aux Réponses des Imprimeurs & Libraires, faites aux Moyens présentés à la Cour par l'Université, sur les Lettres-Patentes de 1649, (en faveur des Imprimeurs & Libraires ;) avec lesdits Moyens : *in-4.*]

44776. ☞ Mémoire pour l'Université de Paris, contre certains prétendus Réglemens de 1686, touchant les Imprimeurs, Relieurs & Libraires : *in-4.*

44777. ☞ Des Droits que l'Université a eus sur la Librairie de Paris, devant & après la découverte de l'Imprimerie ; par André CHEVILLIER, Docteur & Bibliothécaire de Sorbonne.

C'est la Partie IV. de son Livre intitulé : *L'Origine de l'Imprimerie de Paris, Dissertation,* &c. *Paris, Delaulne, 1704, in-4.*]

44778. ☞ Arrêt de Réglement du 10 Décembre 1725, entre l'Université de Paris & les Libraires : *in-4.*

Ces Arrêt contient XIV. Articles importans. Il termina le Différend qui étoit entre l'Université de Paris & les Libraires depuis 1618. On peut voir l'Histoire abrégée de ce Différend, à la fin du *Journal des Sçavans,* du mois d'Avril 1726.]

44779. ☞ Que les Imprimeurs & Libraires de Paris jouissent des Privilèges & prérogatives de l'Université. = Qu'ils doivent demeurer dans l'Université, dont les bornes & limites sont fixées par les Ordonnances qu les concernent.

Ce sont les Articles 1. du Titre I. & 11. du Titre II. de la Conférence du Réglement qui se trouve dans le *Code de la Librairie & Imprimerie,* &c. *Paris,* 1744, *in-12.*]

Facultés.

44780. STATUTS des quatre Facultés.

Ces Statuts sont imprimés avec le Livre intitulé : *Reformation de l'Université* : *Paris, Thiboust,* 1667, *in-8.*

1. Faculté des Arts.

☞ C'est la plus ancienne dans l'Université, & d'où l'on tire le Recteur ; qui est le Chef de l'Université de Paris.]

44781. ☞ Statuta Facultatis Artium : *Paris, Quillau,* 1703 ; 1708, *in-12.*

Il y a en tête un Mandement de Jean Dupuis, Recteur, & sur la fin, deux de Charles ROLLIN, (l'un sur les Tragédies, & l'autre sur les Maximes tirées de l'Ecriture-Sainte ;) enfin un Arrêt du Parlement du 27 Juin 1703, contenant un Règlement général pour l'administration du Collège d'Harcourt.]

44782. ☞ Arrest du Parlement, du 7 Octobre 1725, & Règlement de la Faculté des Arts, (homologué) sur les Congés & Vacances de l'Université : *in-*4.]

44783. De Patronis quatuor Nationum Universitatis Parisiensis; Auctore Cæsare Egassio BULÆO : *Parisiis*, Thiboust, 1662, *in-*8.

44784. ☞ Constitutiones Honorandæ Nationis Gallicanæ : *Parisiis*, Henault, 1630, *in-*8.]

44785. Statuta Honorandæ Nationis Gallicanæ, recognita, reformata, & Senatûs auctoritate confirmata, 9 Augusti 1662 : *Parisiis*, Variquet, 1662, *in-*4. Editio nova, cum Add. Senatûs Decret : *Parisiis*, Thiboust, 1689, *in-*12. [*Ibid*. Quillau, 1731, *in-*12.]

44786. De Decanatu Nationis Gallicanæ in Academia Parisiensi; A. C. E. B. R. V. P. (Auctore Cæsare Egassio BULÆO, Rectore Univ. Paris.) *Parisiis*, Variquet, 1662, *in-*8.

☞ A la fin doit se trouver, *Carlomagnalia seu Feria conceptiva Caroli Magni, in Scholis Parisiensibus observanda* : 16 pages *in-*8.]

44787. ☞ Extractum è Commentariis seu Regestis Universitatis Parisiensis (de Decanatu Tribûs Parisiensis, anno 1666:) *in-*4. 6 pages.]

== ☞ Recueil de plusieurs Conclusions concernant la Nation de France, depuis l'an 1661 jusqu'à présent (1676;) par Remi DURET : *in-*4.

Ci-dessus, N.° 44623.]

44788. Mémoire abrégé pour le Procureur de la Nation de France, au sujet de la Nomination faite par ladite Nation, le 26 Avril 1718, à la Cure de S. Cosme : *in-*4.

Charles ROLLIN, Procureur de cette Nation, est l'Auteur de ce Mémoire.

44789. Mémoire pour les Doyens des Tribus de Sens & de Tours, & autres Opposans à l'entreprise de la Nation de France, &c. 1718, *in-*4.

Ce second Mémoire a été fait par Edme POURCHOT, Syndic de l'Université.

Les deux Mémoires ont été réimprimés avec quelques Additions.

44790. Statuta fidelissimæ Nationis Picardicæ, recognita, reformata, & amplissimi Ordinis auctoritate confirmata : *Parisiis*, Thiboust, 1676, *in-*12.

44791. ☞ Fasti Venerandæ Normannorum Nationis : *Parisiis*, Thiboust, 1734, *in-*12.]

44792. Discours sommaire pour l'Université de Paris, sur le Différend des Doyens, Docteurs & Suppôts des trois Facultés supérieures; sçavoir, de Théologie, de Droit Canon & de Médecine, contre les injustes prétentions de la Faculté des Arts inférieure, & des quatre Procureurs des Nations, de France¦, Picardie, Normandie & Allemagne, qui la composent : (1653,) *in-*4.

Ce Différend arriva en 1647, en la Maison de Godefroy Hermant, lors Recteur de l'Université, au sujet des distributions qui se font aux Assemblées ordinaires le premier Samedi de chaque mois, chez M. le Recteur.

44793. Réponse au Discours intitulé : *Discours sommaire pour l'Université de Paris*, &c. *in-*4.

44794. Factum pour la Nation de France, les Officiers & Suppôts, contre la Faculté de Théologie, intervenante : *in-*4. en deux Parties.

44795. Mémoire pour les quatre Nations, en la Faculté des Arts, avec un Recueil de Pièces : (1653,) *in-*4.

44796. Partie des Pièces qui concernent l'Etat présent & ancien de l'Université de Paris, M. le Recteur qui en est toujours le Chef, les trois Facultés de Théologie, de Droit Canon & de Médecine, & les quatre Nations de France, Picardie, Normandie & Allemagne, les trois Doyens desdites Facultés, & les quatre Procureurs desdites Nations : *Paris*, Julien, 1653, *in-*4.

Ce Volume est appellé le *Livre Bleu*, à cause de la couleur du papier dont il fut d'abord couvert.

✥ Il contient les Pièces suivantes :

1. Mémoire touchant le Différend entre les trois Facultés & les quatre Nations de l'Université de Paris.

2. Actes concernant les distributions & paiemens qui se font des deniers de l'Université, à MM. le Recteur, Doyens des Facultés & Procureurs des Nations, &c.

3. Actes concernant l'unité du Recteur de l'Université de Paris, son élection & la confirmation d'icelle.

4. Actes concernant les Instructions de MM. les Recteurs, faites aux Chapitres des Mathurins, par MM. les antiques Recteur, Doyens des Facultés & Procureurs des Nations, &c.

5. Actes concernant les Sermens que M. le Recteur reçoit des Ecoliers, Officiers & Suppôts de l'Université de Paris, & moyens pour ôter les fraudes & abus en l'obtention des Lettres de Scholarité, Privilèges & Grades.

6. Actes concernant les Conciles & les personnes qui y sont envoyées par les trois Facultés & les quatre Nations de l'Université de Paris.

7. Actes concernant les Rôles envoyés à nos Saints Pères les Papes pour l'Université de Paris, pour obtenir des Bénéfices.

8. Actes concernant les Bénéfices auxquels les Facultés de Théologie, de Droit Canon & de Médecine, & les quatre Nations, présentent par tour, & le Recteur & l'Université confèrent.

9. Actes concernant le droit qu'ont les Maîtres, Ecoliers & Officiers de l'Université de Paris, de plaider devant M. le Prévôt de Paris, &c.

10. Actes concernant l'autorité & la jurisdiction de l'Université, touchant la doctrine & la discipline.

11. Actes tirés des Archives de l'Université de Paris, pour justifier la jurisdiction exercée par ses Députés.

12. Actes de plusieurs Processions de l'Université de Paris, par lesquels il se voit qu'en ces Assemblées M. le Recteur, qui en est le Chef, y préside, &c.

13. Extraits des Registres du Parlement.

14. Reformatio Universitatis Parisiensis, facta à Cardinale Totavillæo, anno Domini 1452.

15. Pièces tirées des Registres de l'Université de Paris, pour justifier l'égalité des Distributions des deniers d'icelle Université, aux trois Doyens des Facultés & aux quatre Procureurs des Nations.

44797. La Défense des Droits de l'Université de Paris : 1656, *in-4.* de 255 pages.

Additions, de 85 pages.

44798. ☞ Remarques sur les Actes & Procédures faites depuis le 9 Janvier 1653, sous le nom des Doyens & Docteurs-Régens des Facultés de Théologie, de Droit Canon, & de Médecine, contre le Recteur & les quatre Nations : *in-4.* de 36 pages.]

44799. Abrégé de l'Histoire de l'Université, touchant son origine, ses parties & son Gouvernement ; en faveur des quatre Nations des Arts, contre les trois autres Facultés : Paris, (1656,) *in-4.*

☞ Il y a eu une seconde Edition aussi sans date. Cet Ouvrage paroît être de DU BOULAY; car l'Auteur promet une Histoire de l'Université, en 6 volumes.]

44800. Examen de l'Abrégé de l'Histoire de l'Université : (1657,) *in-4.* de 12 pages.

44801. * Actes & Pièces produites par les Doyens de Théologie, Droit Canon & Médecine, contre le Recteur de l'Université de Paris ; avec les Contredits du Recteur de l'Université, & des Procureurs des quatre Nations : 1662, *in-4.*

44802. ☞ Extrait des Registres du Parlement, du 31 Août 1654, (avec les dires des Avocats, & des Notes ou Extraits des Registres de l'Université, au sujet de ses Processions:) *in-4.* 35 pages.]

44803. ☞ Mémoire des Doyens & Bacheliers en Théologie, contre les Professeurs ès-Arts & en Grammaire, (en 1722,) *in-4.*

C'est contre l'habit rouge de ces derniers aux Processions.]

Mémoire (en Réponse) pour les Professeurs de la Faculté des Arts.

Les uns & les autres ont fait diverses Répliques & Additions (*in-fol.*) les Facultés de Droit & de Médecine ont aussi écrit ; & enfin les Professeurs des Arts sont restés en possession de l'habit rouge.]

44804. ☞ Réflexions sur la Régence des gens mariés, (vers 1660:) *in-4.* de 19 pag.]

44805. ☞ Requête au Roi, de Jean GOUDOUIN, Professeur Royal en Hébreu, contre le Sieur du Boulay, où il est prouvé que les Professeurs peuvent être Doyens, quoique mariés : 1677, *in-4.*

Cette Pièce est très-curieuse.]

44806. Factum pour les Principaux & Régens des Collèges de plein & entier Exercice de la Faculté des Arts de l'Université de Paris, & pour les anciens Gradués, contre les Professeurs en Théologie des Collèges de Sorbonne & de Navarre : 1676, *in-4.*

44807. Factum pour les Supérieurs, Boursiers & Théologiens des Collèges de l'Université de Paris, contre les Docteurs Professeurs en Théologie des Collèges de Navarre & de Sorbonne : 1677, *in-4.*

☞ L'Auteur de cette Pièce est Jean DE LAUNOI, qui y a répandu bien des personnalités sur les Professeurs de ce temps-là.

44808. Factum historique & général, contenant plusieurs Mémoires instructifs pour servir à la décision du Procès entre les Régens & les non Régens de l'Université de Paris : 1678, *in-4.*

On rapporte dans ce Factum l'état des Assemblées de la Faculté des Arts, depuis la Fondation jusqu'en 1678, pour les Régens contre les non Régens.

44809. ☞ Arrêt du Parlement, du 7 Septembre 1701, concernant la Visite, Police & Règlement des Collèges : *in-4.*]

44810. ☞ Arrêts des 21 & 23 Février 1709, concernant la Visite des Collèges par le Recteur : *in-4.*]

44811. Mémoire concernant les Principaux des petits Collèges dans l'Université de Paris, où l'on fait voir qu'en cette qualité, s'ils n'en ont point d'autres, ils n'ont pas droit d'être reçus comme Régens, dans la Nation de France, l'une des quatre qui composent la Faculté des Arts : 1717, *in-4.*

Ce Mémoire est signé par Chastelain, Avocat ; mais il a été composé par Balthazar GIBERT, l'un des Professeurs de Rhétorique du Collège de Mazarin.

44812. Decretum Præclaræ Artium Facultatis, extractum è Commentariis Universitatis : 1737, *in-4.*

Sur les leçons de Philosophie dans les petits Collèges.

44813. ☞ Acta & Decreta (ejusdem) tam super revocatione Appellationis à Constitutione *Unigenitus*, quàm super obsequio eidem Constitutioni exhibendo : *Parisiis*, 1739, *in-4.*]

44814. ☞ Relation de ce qui s'est passé au sujet de cette Révocation de l'Appel, & Actes des Opposans.

Tout cela est imprimé pag. 180-208 de la seconde Partie du *tom. I.* du grand Recueil de M. Nivelle, indiqué ci-devant, Tome I. N.° 5654.]

— ☞ Installation de l'Université ou de la Faculté des Arts, dans le Collège de Louis-le-Grand, en 1763 & 1764.

Ci-après, à l'Article de ce Collège.]

44815. ☞ Arrêt du Parlement, du 7 Septembre 1762, qui homologue un Décret de l'Université, concernant l'enseignement des Enfans dans les Pensions : *in-4.*]

44816. ☞ Mémoire pour les Maîtres ès-Arts & de Pension, en l'Université de Paris, contre les Recteur, Doyens, &c. (vers 1768 :) *in-4.* de 38 pages.

C'est au sujet du Syndic de ces Maîtres ès-Arts, que le Recteur prétendoit nommer. Ils sont restés en possession de leurs anciens usages. Ce Mémoire est assez curieux sur ce qu'on appelloit autrefois *Pédagogies.*]

2. *Faculté de Théologie.*

44817. ☞ Statuta Facultatis Theologicæ, tùm antiqua, tùm reformata anno 1587.

Au Tome II. *Collect. Judicior.* de M. d'Argentré, *pag.* 461-481. On en trouve aussi quelques autres en divers endroits du même Tome, comme en 1670, 1672, 1676, 1695.]

44818. Statuta Facultatis Theologicæ Parisiensis; per Joannem FILESACUM, Theologiæ Doctorem : *Parisiis*, 1620, *in-*8.

Ce Docteur est mort en 1638.

44819. ☞ Statuta Sacræ Facultatis Theologiæ Parisiensis, unà cum Conclusionibus ad ea spectantibus : *Parisiis*, Vid. Lambin, 1715, *in-4.*]

44820. ☞ Statuta (alia:) *Parisiis*, Mazières, 1740, *in-4.*]

44821. ☞ Doctores Theologi ab anno 1506, ad ann. 1559.

Cette Liste se trouve au Liv. (ou Tom.) III. du Traité *de Missæ sacrificio*, par Demochares, *pag.* 17: *Parisiis*, 1562, *in-fol.*]

Nomina & Ordo Magistrorum sacræ Facultatis Theologiæ Parisiensis, qui habent jus in Comitiis ejusdem Facultatis : Editio prima, facta mense Junio 1678 : 1678, *in-4.*

Idem Ordo, ab anno 1654, ad annum 1683 : *Parisiis*, 1683, *in-4.* [& 1694, *in-4*]

Idem Ordo, ab anno 1646, ad annum 1701 : *Parisiis*, Josse, 1702, *in-4.*

Idem Ordo, ab anno 1654, ad annum 1712, cum Indice alphabetico : *Parisiis*, 1712.

Ce dernier Catalogue a été dressé par Louis-Ellies DU PIN, Docteur en Théologie de la Faculté de Paris.

44822. ☞ Nomina & Ordo Magistrorum Sacræ Facultatis Theologiæ Parisiensis, ab anno 1664, ad annum 1747 inclusivè : *Parisiis*, *in-4.*

L'Histoire de la Faculté de Théologie consiste principalement dans celle de ses Censures, que l'on trouve rassemblées dans la *Collectio Judiciorum*, de Messire Charles Duplessis D'ARGENTRÉ, Évêque de Tulles: *Parisiis*, Cailleau, 1724-1736, *in-fol.* 3 vol. Il y en a eu depuis qui ont fait du bruit, telles que les Censures contre l'Abbé de Prades, Berruyer, le Livre de Bélisaire, &c. Elles ont été imprimées à part.]

44823. ☞ Mémoire pour les Doyen & Bacheliers en Théologie de la Faculté de Paris, contre les Prieur, Docteurs & Bacheliers de la Maison & Société de Sorbonne, (au sujet de la prééance :) *Paris*, Langlois, 1721, *in-4.*]

44824. ☞ Recueil de plusieurs Pièces concernant les droits du Prieur de Sorbonne : *Paris*, Garnier, *in-4.*

Elles sont en sa faveur, depuis 1618 jusqu'en 1695.]

44825. ☞ Eclaircissement des Différends meus en la Faculté de Théologie de Paris, touchant le nombre des Bacheliers que les quatre Ordres des Mendians peuvent mettre en chaque licence, & celui des Docteurs qu'ils ont pouvoir de députer aux Assemblées de la même Faculté : 1648, *in-4.*]

44826. ☞ Divers Arrêts du Parlement, de 1626 & 1648, concernant les Docteurs de différens Ordres, & des Religieux Mendians : *in-4.*]

44827. Sorbona instaurata, seu illustrissimo Cardinali Joanni de Richelieu, Provisori Sorbonæ, Actio gratiarum Joannis FILESACI, Theologi Sorbonici : *Parisiis*, 1629, *in-4.*

44828. La Sorbonne en gloire & en deuil, Discours historique de sa Fondation, de son accomplissement, des grands fruits qu'elle a produits tant dans l'Eglise que dans l'Etat, & de ses regrets sur la mort de son Restaurateur le Cardinal de Richelieu, qui y a choisi son tombeau ; par un Gentilhomme ordinaire de la Maison de son Eminence : *Paris*, Passé, 1643, *in-4.*

44829. ☞ De la Fondation de la Maison de Sorbonne, &c. par M. l'Abbé (Jean-Baptiste) LADVOCAT, Bibliothécaire de cette Maison.

Dans son *Dictionnaire historique & portatif*, (tom. II.) *Paris*, Didot, 1755 & 1760, *in-*8. « Nous nous sommes, (dit-il en finissant), plus étendu sur cet Article » que sur les autres, parce qu'il n'y a jusqu'ici aucun » Livre imprimé où l'on donne une idée juste & exacte » de la Sorbonne & de son établissement.]

44830. Ms. Histoire de la Maison de Sorbonne ; par M. (Charles) MUSNIER, Doyen, Grand-Vicaire & Official d'Orléans : *in-fol.*

Cette Histoire [étoit] entre les mains de M. Maudisot, Docteur de cette Maison, & Chanoine d'Orléans.

☞ Dans l'*Histoire du Collège de Navarre* de M. de Launoi, indiquée ci-après, on trouve l'Histoire des Théologiens de cette autre Maison & Société de Théologie.]

44831. ☞ Transaction faite entre MM. les Prieur, Docteurs & Bacheliers de la Société de Sorbonne, & Madame la Duchesse d'Aiguillon, (au nom du Duc de Richelieu son neveu,) homologuée au Parlement le 29 Mai 1648 : *Paris*, 1650, *in-4.*

C'est au sujet des bâtimens qui restoient à faire à la Sorbonne, &c.]

44832. ☞ Elégie sur l'embrasement de Sorbonne : *Paris*, le Petit, 1671, *in-4.*]

== Relation des Délibérations de la Faculté de Théologie de Paris, au sujet du Décret du 5 Mars 1714, & ses suites, (sur la Constitution *Unigenitus* :) *in-*12.

On a déja indiqué ce Recueil, ci-devant, Tome I. N.º 5656.]

44833. ☞ Mémoire sur l'Affaire de Sorbonne, pour les Sieurs Charton & Consors, contre le Sieur Ravechet, Syndic de la Faculté de Théologie de Paris ; avec les Pièces servant de Preuves; signé FESSART, Avocat: *Paris*, 1716, de 104 pages.]

44834. ☞ Mémoire pour la Faculté de Théologie de Paris, contre les Sieurs Charton & Consorts : *Paris*, 1716, de 52 pages.]

☞ ON a indiqué ci-devant, Tome I. *pag.* 370 & 371, les Pièces où il est question, 1.° de l'Appel de la Faculté de Théologie en 1717, comprises soit dans la Relation dont on vient de parler, soit dans le grand Recueil de M. Nivelle, (N.º 5654;) 2.° la révocation dudit Appel, N.ᵒⁿ 5657 *& suiv.*]

44835. ☞ Requête de M*** (Bertrand BEAUMONT,) touchant l'abolition des Paranymphes : 1724, *in-*4.]

44836. ☞ Mémoire pour la Faculté de Théologie de Paris, au sujet des Paranymphes; avec la Consultation des Avocats, du 15 Juillet 1747 : *Paris*, Prault, 1747, *in-*4.]

3. *Faculté de Médecine.*

44837. ☞ Statuta Facultatis Medicinæ Parisiensis, (M. Francisco BLONDEL Decano :) *Parisiis*, 1660, *in-*12.]

44838. Statuts de la Faculté de Médecine en l'Université de Paris, avec les Pièces justificatives de ses Privilèges, & des Droits & Soumissions à elle dues par les Apothicaires & Chirurgiens. Ce Recueil mis en ordre par Denys PUYLON, Docteur-Régent & Doyen de ladite Faculté : *Paris*, Muguet, 1672, *in-*4.

44839. Statuta Facultatis Medicæ Parisiensis : *Parisiis*, Muguet, 1696, *in-*4.

Eadem, aucta : *Parisiis*, 1714, *in-*12.

☞ Eadem, aucta : *Parisiis*, Quillau, 1751, *in-*12.

On y a joint deux Ouvrages dont on va parler; 1.° *Ritus & usus*; 2.° *De antiquitate*, &c. par Naudé.]

44840. ☞ Les Statuts de la Faculté de Médecine, traduits en François; par Michel BERMINGHAM, Docteur en Médecine : *Paris*, 1754, *in-*12.]

44841. ☞ Decreta, Ritus & Usus, ac laudabiles Salub. Medicorum Parif. Ordinis consuetudines : *Parif.* Quillau, 1714, *in-*12.

Le même Recueil a paru avec le titre suivant, deux ans après; mais c'est l'Édition de 1714, où l'on a seulement mis & changé le titre, comme il suit :

Ritus & insigniora Saluberrimi Ordinis Decreta; Editio altera, auctoritate totius ejusdem Ordinis excusa, Joan. Bapt. Doye Decano : *Parisiis*, Quillau, 1716, *in-*12.

La Faculté se plaint au commencement, de l'Édition de 1714, sur laquelle on peut voir, *pag.* 50 & 51, de la Vie de M. Hecquet, fameux Médecin, qui avoit eu quelque part à cette première Édition.

Le même Ouvrage a été réimprimé, comme on l'a dit ci-dessus, avec l'Édition des Statuts de 1751.]

44842. ☞ Joannis VETERIS, Orationes in Medicinæ commendationem, & in gratiam octodecim Medicæ Laureæ Candidatorum habitæ : *Parisiis*, Morel, 1560, *in-*8.]

44843. ☞ Paranymphus in gratiam quinque Laureæ Medicæ Candidatorum, à Renato CHARTERIO, Vindocinensi : *Parisiis*, Saugrain, 1607, *in-*8.

44844. ☞ Henrici BLACVODEI, Parisiensis, Elogia in quatuor Medicinæ Candidatorum gratiam habita, anno 1608 : *Parisiis*, Mettayer, 1608, *in-*8.]

44845. De antiquitate & dignitate Scholæ Medicæ Parisiensis; per Gabrielem NAUDÆUM, Parisiensem, Doctorem Medicum, cum Statutis Facultatis Medicæ, [cum Orationibus encomiasticis ad IX. Laureâ Medicâ donandos :] *Parisiis*, Moreau, 1628, *in-*8. [*Ibid.* circà, 1716; *Ibid.* (cum Statutis,) Quillau, 1751, *in-*12.]

On peut voir sur cet Ouvrage, *pag.* 25 *& suiv.* la Lettre critique de M. de Lavarde à l'Auteur de la Vie de Pierre Gassendi : 1737, *in-*12.]

44846. ☞ Guillelmi MARCELLI, Rhetoris, Medicus Deo similis, Oratio panegyrica, habita pro celebritate Iatrogonistarum Laureâ donandorum, cum propriis singulorum Elogiis : *Parisiis*, Gaillard, 1652, *in-*8.]

44847. ☞ Stephani BACHOT, Doctoris Medici, Orationes : *Parisiis*, *in-*12.]

44848. ☞ Essai historique sur la Médecine en France; (par J. B. Louis CHOMEL, ancien Doyen de la Faculté de Paris :) *Paris*, Lottin, 1762, *in-*12.

Cet Ouvrage, qui remonte aux Gaulois, finit au temps de S. Louis. L'Auteur avoit dessein de le continuer; mais il est mort sans l'avoir fait, en 1765. On y trouve :

1.° Suite des Chanceliers de l'Université de Paris.

2.° Noms & Surnoms des premiers Médecins de nos Rois.

3.° Noms & Surnoms de quelques anciens Maîtres Régens de la Faculté de Médecine en l'Université de Paris, depuis 1130 jusqu'en 1395.

4.° Noms & Surnoms des Doyens, depuis 1395 jusqu'en 1761.]

44849. ☞ Table chronologique de tous les Édits, Déclarations, Lettres-Patentes, Arrêts du Conseil, Statuts & Réglemens, concernant les Médecins, Chirurgiens, Accoucheurs, Apothicaires, Herbiers, Sages-Femmes, Perruquiers, Barbiers, &c. (depuis 1220 jusqu'en 1733 :) *Paris*, Prault, 1733, *in-*4. de 88 pages.

Elle est aussi jointe aux *Statuts & Réglemens pour les Chirurgiens des Provinces* : *Paris*, Prault, 1733, *in-*4.]

44850. ☞ Quæstionum Medicarum, in Schola Fac. Medicæ Parisiensis agitatarum Series Chronologica, cum Doctorum Præsidum & Baccalaureorum propugnantium nominibus (à Sæc. circiter XIV.) *Parisiis*, J. Thom. Hérissant, 1752, *in-*4. 2 Part. (Item) Compendiaria Medicorum Parif. Notitia, &c. *Ibid.* 1752, *in-*4.

Seriei ejufdem Quæst. Medic. & Medicorum Notitiæ Continuatio, (ab anno 1752:) *Parisiis*, d'Espilly, 1763, *in*-4.

Hyacinthe-Théodore BARON, Docteur en Médecine de Paris, est Auteur de ce Recueil.]

44851. ☞ Calendarium Medicum : *Parisiis, in*-24.

Cette espèce d'Almanach, où il se trouve chaque année diverses Pièces, est utile pour l'Histoire de la Médecine. On a commencé à le publier en 1754.]

44852. ☞ Annales de la Faculté de Médecine de Paris, depuis l'an 1200, tirées de ses Registres & Archives; par M. (Pierre-Abrahain) PAJON DE MONCETS, Docteur de cette Faculté : *Paris, in*-4.

Cet Ouvrage est sous presse.]

44853. ☞ Mss. Mémoires historiques sur la Faculté de Médecine de Paris, & sur les Vies de ses plus illustres Membres; par M. BERTRAND, Docteur en Médecine : (en Latin.)

Il en est parlé *pag*. 11. de l'Éloge historique de M. Louis-Ant. Prosper Hérissant, Médecin de ladite Faculté, (Éloge qui est à la tête de sa *Bibliothèque Physique de la France*, &c. Paris, 1771, *in*-8.) M. Hérissant le Médecin travailloit à mettre en ordre ces Mémoires, à les traduire, à suppléer ce qui y manquoit, & même à les refondre, lorsqu'il mourut le 10 Août 1769. Ils sont entre les mains de M. Bertrand le fils, Médecin, que ses occupations avoient engagé à les remettre à M. Hérissant. Celui-ci a fait un *Discours préliminaire*, qui devoit être à la tête de l'Ouvrage, & qui contient l'Histoire de la Médecine sous les Gaulois & sous les deux premières Races de nos Rois : il conduit ainsi cette Histoire jusqu'à l'institution de la Faculté de Paris. (Il est entre les mains de Madame Hérissant sa mère.) On ajoute qu'il a laissé encore plusieurs matériaux sur les temps postérieurs; outre « l'Éloge de » Gonthier, Médecin de François I. », qui a été couronné par la Faculté, & imprimé en 1765, *in* 8. On voit dans ce petit Ouvrage l'état de la Médecine & de la Chirurgie en France, au commencement du XVIe siècle, & quel fut en particulier le progrès de l'Anatomie, par les soins de Gonthier.]

44854. ☞ Edit de François I. & autres Pièces concernant les Facultés de Médecine & des Arts, dans l'Université de Paris : 1538, *in*-4.]

44855. * La Défense de la Faculté de Médecine de Paris, contre son Calomniateur, [dédiée au Cardinal de Richelieu :] *Paris*, 1641, *in*-4.

C'est la Réponse à un Factum de Théophraste Renaudot, Médecin de la Faculté de Montpellier.]

44856. ☞ Réponse de Théophraste RENAUDOT, au Libelle contre les Consultations charitables pour les pauvres malades : *Paris*, Bureau d'adresse, 1641, *in*-4.

44857. ☞ Avertissement à Théophraste Renaudot, contenant les Mémoires justificatifs des Droits & Privilèges de la Faculté de Médecine : *Paris*, 1641, *in*-4.]

44858. ☞ Remarques sur l'Avertissement de Renaudot : *Paris*, 1641, *in*-4.]

44859. ☞ Factum du Procès entre Théophraste Renaudot & les Médecins de l'Ecole de Paris, (imprimé en 1643 :) *in*-4.]

44860. ☞ Michaelis DE LA VIGNE, Doct. Medici & Facultatis Parif. Decani, Orationes duæ, quarum prior apud Prætorem Urbanum, Decemb. 1643, posterior in frequenti Senatu, Kal. Mart. 1644, adversùs Theophr. Renaudot, & omnes Medicos extraneos, &c. *Parisiis*, Marlot, 1644, *in*-4.]

44861. ☞ Requête de la Faculté de Paris contre Renaudot & autres soi-disans Docteurs de Montpellier : 1643, *in*-4.]

☞ Réponse à l'Examen de la Requête présentée à la Reine, par Théophraste Renaudot : *Paris*, 1644, *in*-4.]

44862. ☞ Arrêt de la Cour de Parlement, contre Théophraste Renaudot & les Docteurs en Médecine des Universités, en faveur de la Faculté de Médecine de Paris, du 1 Mars 1644 : *Paris*, Marlot, 1644, *in*-4.

Il est accompagné des Plaidoyers de M. TALON, Avocat-Général, & des Avocats des Parties.]

44863. ☞ Defensio Facultatis Medicæ Parifiensis, adversùs Calumniatorem ; per Renatum MOREAU, Doctorem Medicum : *in*-4.]

44864. ☞ Porte-feuille contenant plusieurs Factums & Mémoires touchant le Procès de la Faculté de Médecine, contre François Blondel, &c. *in*-4.

Il est indiqué au Catalogue de M. Secousse, n. 7259.]

44865. Paranymphus Medicus, habitus die 28 Junii 1648, à Roberto PATIN, Medicinæ Baccalaureo, de antiquitate & dignitate Scholæ Medicæ Parifiensis & illustrioribus, qui in ea claruerunt, Medicis : *Parisiis*, Boisset, 1663, *in*-8.

44866. Curieuses Recherches sur les Ecoles de Médecine de Paris & de Montpellier; par un ancien Docteur en Médecine : *Paris*, Meturas, 1651, *in*-8.

Jean RIOLAN, Doyen d'âge de cette Faculté, mort en 1656, est l'Auteur de ces Recherches, [où l'on trouve bien des préventions contre la Faculté de Montpellier.]

44867. * Seconde Apologie de l'Université en Médecine de Montpellier, répondante aux curieuses Recherches, &c. envoyée à M. Riolan, Professeur Anatomique ; par un jeune Docteur en Médecine de Montpellier : *Paris*, Piot, 1653, *in*-4.

La première Apologie a été prononcée en Latin en 1644, en pleine Ecole, par Simon Courtaud, Doyen d'icelle, au temps de ses Ouvertures.

☞ C'est une Pièce pitoyable, où il est fort question du Procès de Renaudot : elle donna lieu à divers Ecrits badins & satyriques. On peut voir sur cela les *Mémoires sur la Faculté de Montpellier*, par M. Astruc, *in*-4. (*Paris*, 1767,) *pag*. 263.]

44868. Extrait des Privilèges de l'Université de Paris, appartenans à la Faculté de Médecine : *Paris*, Muguet, 1660, *in*-4.

☞ Ce Recueil est plus ample dans l'Édition des Statuts, ci-dessus, N.° 44838.]

44869.

44869. Factum pour les Doyen, Docteurs-Régens de la Faculté de Médecine, fondés dans l'Université de Paris, Intimés & Défendeurs, contre les Docteurs en Médecine des Facultés Provinciales, Appellans & Demandeurs ; par (Jacques) MARESCHAUX, Avocat : 1694, *in-4.*

44870. Requête [très-] importante pour les Médecins de la Chambre Royale des Universités Provinciales à Paris, [contre les Médecins de la Faculté de Paris, sur la Déclaration de Sa Majesté, du 3 Mai 1694 : *Paris*, d'Houry,] 1694, [*in-fol.*]

44871. Réponse importante pour la Faculté de Médecine de Paris à la Faculté des Médecins, soi-disans de la Chambre Royale : *Paris*, [d'Houry,] 1694, *in-fol.*

44872. Requête présentée au Parlement, du 15 Juillet 1695, par Pierre Langlois & François Prieur, Docteurs en Médecine des Universités de Montpellier & de Reims, contre les Doyen & Docteurs en Médecine de la Faculté de Paris ; avec quelques Remarques importantes pour l'exécution de la Déclaration du Roi, du 3 Mai 1694 : *in-4.*

44873. ☞ Factum pour les Doyen & Docteurs-Régens de la Faculté de Médecine de Paris, Intimés & Défendeurs, contre Maîtres Pierre Langlois, François Prieur, Sieur de la Remole, Pierre le Vieil & Consorts, soi-disans Docteurs en Médecine des Facultés de Montpellier, de Reims & d'autres Facultés Provinciales, Appellans & Demandeurs : *Paris*, 1695, *in-fol.*]

44874. Déclaration du Roi portant suppression de cette Chambre ; avec la Réponse à la Requête importante : *Paris*, 1695, *in-4.*

44875. Deux autres Factums pour les Médecins des Facultés Provinciales, contre ceux de la Faculté de Paris ; par Daniel CHARDON, Avocat : (1696,) *in-4.*

☞ Il y a dans ce Recueil trois Factums & la Requête de Pierre Langlois, &c. avec l'Abrégé des trois Factums.]

44876. ☞ Résolution des Cas proposés sur le serment qu'ont fait les Médecins de la Faculté de Paris, de ne jamais consulter avec aucun Docteur des autres Universités : *Rouen*, 1678, *in-8.*]

44877. * Déclaration du Roi en faveur des Médecins de Paris, contre ceux des Universités Provinciales : *Paris*, 1696, *in-4.*

44878. ☞ Sentence rendue par M. le Lieutenant-Criminel sur le Réquisitoire de M. le Procureur du Roi du Châtelet, portant Réglement entre les Médecins & Chirurgiens du Châtelet, & les Médecins de la Faculté de Paris, les Maîtres Chirurgiens-Jurés de Saint-Côme, & Chirurgiens Privilégiés de la Ville & Fauxbourgs de Paris ; au sujet des visites & ouvertures qu'il convient faire des Cadavres décédés de mort violente, ou dont la Justice aura pris connoissance : du 21 Juillet 1721, *in-fol.*]

44879. ☞ Mémoire pour Me Louis de Santeul, Docteur-Régent de la Faculté, &c. Appellant d'une Sentence rendue en la Chambre Criminelle du Châtelet de Paris, le 21 Juillet 1721, Demandeur & Intimé ; contre les Médecins & Chirurgiens du Châtelet, Intimés, Défendeurs & incidemment Appellans de la même Sentence : *Paris*, Quillau, (1727,) *in-fol.*]

44880. ☞ Sommaire de l'Instance pour les Doyen & Docteurs-Régens de la Faculté de Médecine, Intervenans ; contre les Médecins & Chirurgiens du Châtelet de Paris, Intimés, Appellans & Défendeurs : *Paris*, Quillau, 1727, *in-4.*]

44881. ☞ Mémoire signifié pour les Médecins & Chirurgiens du Châtelet de Paris, Intimés, Appellans & Défendeurs, contre les Sieurs de Santeul, Médecin de la Faculté de Paris, Coignard, Dathy & Consorts, Maîtres Chirurgiens, Appellans, & contre la Faculté de Médecine de Paris & la Communauté des Chirurgiens de Saint-Côme, Intervenans : *Paris*, Coignard, 1728, *in-fol.*]

44882. ☞ Lettre circulaire de M. BARON, (aux Docteurs-Régens,) du 1 Octobre 1751 : *in-4.*

C'est une espèce de Bilan de la Faculté.]

44883. ☞ Res in Saluberrima Facultate Parisiensi gestæ circà Censuram anonymi Libelli, cui Gallicè titulus : Extrait du Journal Œconomique : quâ de causâ M. Lud. Renatus Marteau Facultatem compulit ad Forum : *Parisiis*, Quillau, 1758, *in-4.* de 32 pages.

Il y a eu sur cette Affaire, qui a été accommodée, une Lettre de M. Marteau à M. Camus son Confrère, & deux Mémoires, l'un de M. Marteau, l'autre de M. Chomel, Doyen, dont le premier se plaignoit ; & de plus une Lettre d'un Docteur en Médecine, (que l'on croit être M. Barbau du Bourg) à M. Chomel.]

44884. ☞ Arrêt du Parlement, confirmatif de l'Union des Chirurgiens-Jurés & Barbiers-Chirurgiens, à la charge de soumission à la Faculté de Médecine, du 7 Février 1660 : *Paris*, Muguet, 1660, *in-4.* avec quelques autres Pièces concernant la même Affaire entre les Médecins & Chirurgiens.]

══ Statuts pour la Communauté des Chirurgiens Jurés de Paris, avec plusieurs Pièces concernant cette Communauté : *Paris*, Colin, 1701, *in-4.* [*Ibid.* 1730, 1743.]

☞ On les a déja indiqués ci-devant, Tome III. N.° 34668, mais en observant que ces Statuts n'ont plus lieu en grande partie, n'y ayant plus d'apprentissages ; qu'il faut commencer par être Maître-ès-Arts ; &c. De plus, parmi les Chirurgiens, a été érigé une Académie, en 1731, &c.]

44885. ☞ Recueil des Priviléges accordés par les Rois aux Chirurgiens : *in-fol.*]

44886. Statuts, Priviléges & Ordonnance accordés par le Roi à son premier Chirurgien : 1712, *in-*4.

44887. ☞ Statuts & Réglemens pour les Chirurgiens des Provinces établis, ou non établis, en Corps de Communauté : *Paris*, 1735, *in-*4.]

44888. ☞ Du Collège & Confrairie de Chirurgiens en la Ville de Paris, & de leur différend avec la Faculté de Médecine, &c. par Estienne PASQUIER.

C'est le sujet des Chapitres XXX. XXXI & XXXII. du Livre IX. de ses Recherches.]

44889. Index Funereus Chirurgorum Parisiensium, ab anno 1315, ad annum 1714; operâ J. D. V. *Trevoltii*, 1714, *in-*12.

Les Lettres initiales signifient Jean DE VAUX, Maître & ancien Prévôt des Chirurgiens de Paris, qui a ajouté à la fin de cet Obituaire, les Lettres de Noblesse accordées par Sa Majesté à quatre célèbres Chirurgiens de Paris; [sçavoir, MM. Charles-François Felix, en 1690, = Georges Maréchal, en 1708, = Julien Clément, en 1711, = Jacques Beissier, en 1712, en considération des importans services par eux rendus à l'Etat dans l'exercice de leur Profession.]

« Ce petit Volume contient des Recherches curieu-
» ses, non-seulement sur l'origine & le premier éta-
» blissement de cette Communauté, mais encore sur les
» diverses révolutions qui y sont arrivées pendant l'e-
» space de plus de quatre cens ans, & sur les Vies des
» principaux Membres; en sorte qu'on peut regarder
» ce Livre comme un précis de ce qui reste de plus cer-
» tain sur l'Histoire de la Chirurgie Françoise ». *Journ. des Sçavans*, le quarante-deuxième de l'année 1714.

☞ *Voyez* Lenglet, *Méth. histor. in-*4. *tom. IV. pag.* 183.]

☞ Idem, auctum usque ad annum 1729, cum Vitâ Auctoris.

A la fin des *Recherches* qui suivent. Cette nouvelle Edition contient la continuation de la première, faite par le même Auteur, Jean DE VAUX, à laquelle on a joint sa Vie : il est mort le 3 Janvier 1729, âgé de 81 ans. M. Beaucousin, Avocat au Parlement à Paris, qui possède l'Original de la propre main de cet Auteur, nous a observé qu'il est plus ample sur certains Articles, que dans la nouvelle impression.]

44890. ☞ Recherches historiques & critiques sur l'origine, les divers états & les progrès de la Chirurgie en France : *Paris*, Osmont, 1744, *in-*4. & *in-*12. 2 vol.

Les mêmes, sous ce titre : Histoire de l'origine & du progrès de la Chirurgie en France : *Paris*, 1749, *in-*4.

Cet Ouvrage est très-curieux. Son principal Auteur est M. François QUESNAY, alors Chirurgien & depuis Médecin du Roi. On dit que l'Abbé DESFONTAINES y a eu part, pour l'ordre & le style, & que quelques autres y ont travaillé, sur-tout M. Louis, aujourd'hui Secrétaire de l'Académie Royale de Chirurgie.]

☞ *Nota.* LES Disputes qui se sont élevées dans ce Siècle-ci, entre les Médecins de Paris & les Chirurgiens, ont donné lieu à un grand nombre d'Ecrits, dont nous avions rassemblé les principaux. Mais M. BOURRU, Bibliothécaire de la Faculté de Médecine, nous en a procuré une Liste bien plus complette, que nous allons donner. On trouvera dans ces Ouvrages beaucoup de Matériaux propres à l'Histoire de la Faculté de Médecine de Paris, & à celle de la Chirurgie & de la Communauté des Chirurgiens de Saint-Côme.]

44891. ☞ Lettres-Patentes en forme d'Edit, données à Fontainebleau au mois de Septembre 1724, portant Etablissement de cinq Démonstrateurs en différentes parties de la Chirurgie; registrées en Parlement le 26 Mars 1725 : *in-*4.]

44892. ☞ Mémoire pour l'Université de Paris, au sujet des Lettres-Patentes du Roi, portant Etablissement de cinq Démonstrateurs-Chirurgiens dans l'Amphithéâtre de Saint-Côme : *Paris*, Lottin, 1725, *in-*4.]

44893. ☞ Second Mémoire pour l'Université de Paris & la Faculté de Médecine, contre la Communauté des Maîtres Barbiers-Chirurgiens : *Paris*, Lottin, 1725, *in-*4.

Extrait du même Mémoire. *Ibid.* 1725, *in-*4. de 2 pages.

Addition au second Mémoire, &c. *Ibid. in-*4. 1 page.]

44894. ☞ Mémoire concernant les Droits de la Faculté de Médecine de Paris, sur la Communauté des Maîtres Chirurgiens de Saint-Côme : *Paris*, Lottin, (1725,) *in-*4.]

44895. ☞ Arrêt du Conseil d'Etat du Roi, & Lettres-Patentes obtenues en conséquence, par les Recteur de l'Université, Doyens des Facultés, Procureurs des Nations & autres Suppôts de l'Université de Paris, au sujet des Lettres-Patentes en forme d'Edit, données à Fontainebleau au mois de Septembre 1724, portant Etablissement de cinq Démonstrateurs en différentes parties de la Chirurgie : 1725 & 1726, *in-*4.]

44896. ☞ Réponse pour les Chirurgiens de Saint-Côme au Mémoire des Médecins de la Faculté de Paris : (1725,) *in-*4.]

44897. ☞ Requête des Recteur, Doyens, Procureurs, &c. de l'Université de Paris, à Nosseigneurs du Parlement : *Paris*, Quillau, 1726, *in-fol.*]

44898. ☞ Le Chirurgien Médecin ; (par M. HUNAUD;) 1726.

44899. ☞ Lettre en forme de Dissertation.

Ces deux petits Ecrits sont contre les Chirurgiens. Les deux suivans sont en leur faveur.]

44900. ☞ Problème philodémique, Si c'est par zèle ou par jalousie, que les Médecins s'opposent à l'Etablissement de cinq Démonstrateurs Chirurgiens dans l'Amphithéâtre de Saint - Côme : (*Paris*, 1726,) *in-*4.]

44901. ☞ Lettre de M. D. L. R. C. à M. D. L. H. au sujet de la Dissertation en forme de Lettre, & de celle intitulée : *Le Chirurgien Médecin : 1726, in-12.*

L'Ecrit du Chirurgien Médecin avoit attaqué l'Ouvrage de M. Petit, Chirurgien, sur les maladies des os ; cette Lettre-ci attaque la manière dont se forment les Médecins de Paris.... Sur la fin de Juillet 1727 M. Petit annonça, par des Programmes, qu'il enseigneroit, (conformément aux Lettres-Patentes de 1724,) la Chirurgie Théorique, & qu'il commenceroit son Cours le 5 Août suivant. Ces Affiches donnèrent lieu aux trois Mémoires suivans.]

44902. ☞ Observations sur les fonctions attribuées aux cinq Démonstrateurs de Chirurgie, &c. *Paris*, Quillau, 1729, *in-fol.*

En faveur des Médecins.]

44903. ☞ Mémoire pour les Doyen & Docteurs-Régens de la Faculté de Médecine en l'Université de Paris, Demandeurs ; l'Université intervenante & jointe ; contre la Communauté des Maîtres Barbiers-Chirurgiens, & contre le Sieur Petit, Maître Barbier-Chirurgien, Défendeurs : *Paris*, Quillau, (1729 & 1730,) *in-fol.* & *in-4.*]

44904. ☞. Mémoire pour la Communauté des Maîtres Chirurgiens Jurés de Paris, le Sieur Petit, Maître Chirurgien Juré, &c. Défendeurs ; contre les Doyen, Docteurs-Régens, &c. Demandeurs, & contre l'Université, intervenante & jointe : *Paris*, Guérin, (1729,) *in-fol.*]

44905. ☞ Question de Médecine, dans laquelle on examine si c'est aux Médecins qu'il appartient de traiter les Maladies Vénériennes, &c. par M. ★★★, Docteur-Régent de la Faculté de Médecine de Paris : *Paris*, 1735, *in-4.*

M. Hyac. Théod. BARON, en est l'Auteur.]

44906. ☞ Quæstio Medico-Chirurgica : An Chirurgia pars Medicinæ certior. Neg. Dic Jovis, 15 Martis 1736, Petro MALOËT, Præside ; Carolo Payen Baccalaureo : *Parisiis*, 1736, *in-4.*]

44907. ☞ Quæstio Medico-Chirurgica : Estne Chirurgus Medico certior ? Neg. Die Jovis 12 Aprilis 1736, Guillelmo DE MAGNY, Præside ; Ludovico-Jacobo Pipereau Baccalaureo : *Parisiis*, 1736, *in-4.*]

44908. ☞ La même Question, paraphrasée & imprimée en Latin & en François, sur deux colonnes : M. Ludovico DE SANTEUL, D. M. auctore : (*Paris*, 1736,) *in-4.* de 16 pages ; & en Latin, 7 pag.]

44909. ☞ Réponse d'un Médecin Anglois, à la Critique de la Thèse de M. Maloet : *Paris*, Delatour, 1736, *in-8.* avec cette Epigraphe : *Age quod agis.*

Cette Critique avoit été faite dans les *Observations sur les Ecrits modernes*, Lettre 63, Tome V, pag. 67. La Réponse a été attribuée à M. DE SANTEUL.]

44910. ☞ Lettre de M. ★★★, à un Ami de Province : (*Paris*,) 1736, *in-12.*

C'est encore une Réponse à la même Critique.]

Tome *IV.* Part. *I.*

44911. ☞ Mémoire où l'on fait voir en quoi consiste la prééminence de la Médecine sur la Chirurgie : *Paris*, (1736,) *in-4.*

Ce Mémoire, en faveur des Chirurgiens, est fait pour répondre à la Thèse de M. de Santeul, *Ergo Chirurgus non est Medico certior.* Il y a encore relativement à cette Dispute, trois *Lettres* imprimées dans le *Mercure*, 1736, *Août, Octobre* & *Décembre.*]

44912. ☞ Second Mémoire pour les Chirurgiens : *Paris*, (1736,) *in-4.*

C'est une Réponse à la « Question de Médecine dans » laquelle on examine si c'est aux Médecins qu'il appar- » tient de traiter les Maladies Vénériennes, &c. ». Ce Mémoire a été attribué à M. PETIT, Chirurgien.]

44913. ☞ Lettre d'un Docteur à un Maître Chirurgien : (*Paris*, 1737,) *in-4.*]

44914. ☞ Le Baillon, ou Réflexions adressées à l'Auteur de la Lettre insérée dans le Mercure du mois d'Août dernier, au sujet de la dispute qui s'est élevée entre M. Maloet, & un Quidam soi-disant Médecin Anglois, d'une part, & les Chirurgiens de l'autre part ; par M.★★★, Médecin du Roi : *Amsterdam,* (*Paris*,) 1737, *in-4.*]

44915. ☞ Lettres (au nombre de cinq,) de M. (Jean) ASTRUC, Médecin Consultant du Roi & Professeur Royal en Médecine, à M. Delaire, Docteur en Médecine de la Faculté de Montpellier, sur un Ecrit intitulé : *Second Mémoire pour les Chirurgiens* ; & sur un autre intitulé : *Réponse d'un Chirurgien de Saint-Côme* : *Paris*, 1737 & 1738, *in-4.*]

44916. ☞ Réponse d'un Chirurgien de Saint-Côme, à la première Lettre de M. Astruc, au sujet du Mémoire des Chirurgiens, sur les Maladies Vénériennes : (*Paris*,1737,) *in-4.*

M. Astruc, dans la suite de ses Lettres, avoit attribué cette Réponse à M. Petit, Chirurgien. Celui-ci s'en disculpa dans une Lettre adressée à M. Astruc, dont nous parlerons plus bas.]

44917. ☞ Réponse de M. D.★★★, Maître Chirurgien d'Orléans, au Médecin Auteur du Baillon : (*Paris*, 1737,) *in-4.*]

44918. ☞ Lettre d'un Avocat de Paris à un de ses Amis de Province : 1738, *in-12.*

Cette Lettre, qui est en faveur des Médecins, traite des disputes élevées entre M. Astruc & les Chirurgiens de Paris.]

44919. ☞ Lettres (au nombre de douze,) sur les Disputes qui se sont élevées entre les Médecins & les Chirurgiens, sur le droit qu'a M. Astruc d'entrer dans ces disputes, &c. par M.★★★, Chirurgien de Rouen, à M.★★★, Chirurgien de Namur, & Docteur en Médecine : (*Paris*,) 1737 & 1738, *in-4.*]

44920. ☞ Lettre de M. PETIT, Chirurgien Juré de Paris, &c. à M. Astruc, Docteur en Médecine de Montpellier : (*Paris*, 1738,) *in-4.*]

D 2

44921. ☞ Lettres (au nombre de trois;) par M. Procope-Couteaux, Docteur en Médecine de Paris.]

44922. ☞ Cléon à Eudoxe, touchant la prééminence de la Médecine sur la Chirurgie;(par M. Andry, Docteur en Médecine de Paris:) *Paris, Giffey, 1738 & 1739, in-12.*]

44923. ☞ Réponse à l'Ecrit intitulé : *Cléon à Eudoxe,* &c. adressée par M. des Rosiers, Maître Chirurgien d'Etampes, à M. Andry de Boisregard, Docteur en Médecine de la Faculté de Paris : (*Paris, 1739,*) *in-4.*]

44924. ☞ Remarques sur l'Ouvrage de M. Andry, intitulé : *Cléon à Eudoxe : Paris, Piffot, 1739, in-12.*]

44925. ☞ Déclaration du Roi concernant la Communauté des Maîtres Chirurgiens de la Ville de Paris, donnée à Versailles le 23 Avril 1743 : *in-4.*

Cette Déclaration ordonne qu'à l'avenir nul ne pourra être reçu Maître en Chirurgie à Paris, s'il n'a obtenu le grade de Maître-ès-Arts dans quelques-unes les Universités approuvées du Royaume. Elle sépare totalement la Barberie de la Chirurgie. Le Roi venoit de recevoir le premier Volume de la nouvelle Académie de Chirurgie, érigée en 1731.]

44926. ☞ Réflexions (d'un Médecin) sur la Déclaration du Roi du 23 Avril 1743, concernant la Communauté des Maîtres Chirurgiens de la Ville de Paris : (1743,) *in-8.*]

44927. ☞ Observations (d'un Chirurgien) sur l'Ecrit intitulé : *Réflexions sur la Déclaration du Roi,* &c. (1743,) *in-4.*]

44928. ☞ Notes sur les Observations; (par M. Procope-Couteaux, 1743:) *in-8.*]

44929. ☞ Nouvelles Réflexions ; (par M. de Santeul, Docteur en Médecine de Paris.]

44930. ☞ Mémoire pour la Faculté de Médecine de Paris, contre les Maîtres Chirurgiens, ou les Auteurs des Observations sur l'Ecrit intitulé : *Réflexions,* &c. 1743, *in-8.*]

44931. ☞ Observations sur l'Ecrit intitulé : *Réflexions sur la Déclaration du Roi,* &c. avec une Réplique aux Réponses des Médecins : (1743,) *in-4.*

C'est une seconde Edition des Observations indiquées N.° 44927. Cette Edition contient de plus que la première, une Préface de quatre pages, & plusieurs Notes.]

44932. ☞ Précis pour les Chirurgiens de Paris, contre les Médecins de la même Ville, sur une demande des Médecins, laquelle se réduit à assister comme simples spectateurs muets, aux Examens & Réceptions des Chirurgiens : *Paris, Osmont, 1743, in-fol.*]

44933. ☞ Mémoire pour les Doyen & Docteurs-Régens de la Faculté de Médecine en l'Université de Paris, Demandeurs; contre les Prévôts & Communauté des Maîtres Chirurgiens-Jurés, Défendeurs ; & encore contre Jean Berdolin, Bonaventure Fournier & autres Aspirans en Chirurgie , Intervenans; avec le Sommaire, un Extrait chronologique, les Argumens & l'Arrêt rendu en conséquence , (par le Parlement,) le 4 Septembre 1743 : *Paris,* Quillau, 1743, *in-fol.* & *in-4.*

Ce Mémoire est de Pierre-Jean Burette, Docteur en Médecine, Professeur au Collège Royal, & de l'Académie des Inscriptions, mort en 1747. Le *Sommaire* est une Réponse au *Précis pour les Chirurgiens,* indiqué ci-dessus. L'Arrêt qui intervint après quatre Audiences, ordonne que les Chirurgiens seront tenus, à chaque Examen de Récipiendaire, de faire avertir le Doyen de la Faculté de Médecine qui pourra y assister, comme par le passé, accompagné des Docteurs de ladite Faculté.]

44934. ☞ Requête du Sieur de la Peyronie, (Ecuyer, premier Chirurgien du Roi, Chef de la Chirurgie du Royaume,) & du Corps des Chirurgiens de Paris, au Roi; & Extrait des Registres du Conseil d'Etat, Octobre 1743. Lettres d'octroi aux Chirurgiens de Paris, de semblables Privilèges que les Suppôts, Régens & Docteurs de l'Université de ladite Ville : *Paris,* Osmont, 1743, *in-4.*

Les Lettres d'Octroi sont du mois de Janvier 1544, enregistrées au Grand-Conseil, le 11 Septembre 1611, & confirmées en Parlement le 1 Septembre 1640.]

44935. ☞ Discours dans lequel on prouve qu'il est nécessaire au Chirurgien d'être lettré; prononcé à l'Ouverture des Ecoles de Chirurgie, le 29 Octobre 1743 ; par M. (Sauveur) Morand, Maître-ès-Arts & en Chirurgie, &c. *Paris,* Osmont, 1743, *in-4.*]

44936. ☞ (Premier) Mémoire pour les Doyen & Docteurs-Régens de la Faculté de Médecine en l'Université de Paris; contre le Sieur François de la Peyronie, & contre la Communauté des Maîtres Chirurgiens-Jurés de Paris, en réponse à leur Mémoire inséré dans l'Arrêt du Conseil du 26 Octobre 1743 : *Paris,* Quillau, 1744, *in-4.*]

44937. ☞ Réponse des Recteur, Doyens, Procureurs & Suppôts de l'Université de Paris, au Mémoire du Sieur de la Peyronie, &c. & du Corps des Chirurgiens de Paris, inséré dans l'Arrêt du Conseil du 26 Octobre 1743 : *Paris,* Thibouft, 1744, *in-fol.*]

══ ☞ Recherches critiques & historiques sur l'origine, sur les divers états & sur le progrès de la Chirurgie en France : *Paris,* Osmont, 1744, *in-4.*

Ces Recherches ont déja été indiquées ci-dessus, N.° 44890 ; mais il est nécessaire de les rappeller ici, parcequ'elles ont quelque rapport au Procès. On conserve à la Bibliothèque de la Faculté de Médecine, un Exemplaire de cet Ouvrage, sans les Cartons & les Changemens que les Chirurgiens y ont faits peu de temps après. Cet Exemplaire est d'autant plus rare, que

Histoires de la Faculté de Médecine, &c.

les Chirurgiens ont eu grand soin de retirer tous ceux qui sont de cette façon.]

44938. ☞ Requête au Roi, pour les Doyen & Docteurs-Régens de la Faculté de Médecine en l'Université de Paris; contre le Sieur de la Peyronie, & contre la Communauté des Chirurgiens de Paris, sur la Question préliminaire; sçavoir à qui la provision doit être adjugée durant le cours du Procès, à l'occasion de deux chefs, l'un concernant les Examens & Réceptions, tant des Aspirans à l'Art de Chirurgie, que des Sages-Femmes; l'autre ayant pour objet la délivrance des cadavres nécessaires pour les Dissections Anatomiques & Opérations de Chirurgie : *Paris*, Quillau, 1744, *in*-4.]

44939. ☞ A Messieurs les Administrateurs de l'Hôtel-Dieu & des autres Hôpitaux généraux de Paris : *Paris*, Quillau, 1745, *in*-4.

C'est un Avis des Médecins.]

44940. ☞ Second Mémoire pour les Doyen & Docteurs-Régens de la Faculté de Médecine en l'Université de Paris; contre le Sieur de la Peyronie, & les Prévôts & Communauté des Maîtres Chirurgiens-Jurés de Paris : *Paris*, Quillau, 1745, *in*-4. de 124 pages.]

44941. ☞ Mémoire pour le Sieur François de la Peyronie, & les Prévôts & Collège des Maîtres en Chirurgie de Paris; contre les Doyen & Docteurs-Régens de la Faculté de Médecine de Paris, & contre l'Université de Paris : *Paris*, Osmont, 1746, *in*-4. de 264 pages.]

44942. ☞ Decretum saluberrimæ Facultatis Parisiensis; Die Sabbati, 28 Januarii, 1747, latum : *in*-4.

Ce Décret est pour faire part du Procès aux Universités, &c. du Royaume.]

44943. ☞ Etat des Contestations entre la Faculté de Médecine en l'Université de Paris, faisant tant pour soi que pour les autres Facultés & Collèges de Médecine du Royaume, dont plusieurs sont actuellement dans l'Instance; & la Communauté des Maîtres Chirurgiens Jurés de la Ville de Paris, & M. de la Peyronie, premier Chirurgien du Roi, agissans comme s'ils étoient chargés de la procuration de toutes les autres Communautés & Jurandes du Royaume; par M. *** (ASTRUC) Docteur de la Faculté de Médecine de Paris : *Paris*, 1747, *in*-4.]

44944. ☞ Lettre circulaire du Doyen de la Faculté de Médecine en l'Université de Paris, aux différentes Universités, Facultés & Collèges de Médecine du Royaume; datée du 22 Mars 1747 : *in*-4.

Cette Lettre est la Lettre d'envoi du Décret du 28 Janvier précédent, & des deux Mémoires imprimés de la Faculté.]

44945. ☞ Requête au Roi, pour les Doyen & Docteurs-Régens, &c. contre le premier Chirurgien du Roi, & contre les Prévôts & Communauté des Chirurgiens Jurés de Paris, sur le faux des Articles, que les Chirurgiens qualifient de Statuts de leur Communauté; avec le Mémoire & la Consultation sur le faux : *Paris*, Quillau, 1747, *in*-4.]

44946. ☞ Requête au Roi, pour les Doyen & Docteurs-Régens, &c. contre le Sieur Pichault de la Martinière, premier Chirurgien de Sa Majesté, & les Prévôts & Communauté des Chirurgiens Jurés de Saint-Côme, sur la réjection, 1.° des Statuts que les Chirurgiens avoient produits, dont ils avoient demandé la confirmation, & qu'ils ont abandonnés en conséquence de l'Inscription de faux; 2.° de toutes les Lettres-Patentes & autres Titres dont, selon eux, ces Statuts avoient été le fondement ou le prétexte : *Paris*, Quillau, 1748, *in*-4.]

44947. ☞ Troisième Mémoire pour les Doyen & Docteurs-Régens, &c. contre le Sieur Pichault de la Martinière, & les Prévôts & Communauté des Maîtres Chirurgiens Jurés de Paris, pour servir de Réplique au Mémoire des Chirurgiens, contenant 264 pages : *Paris*, Quillau, 1748, *in*-4. de 131 pages.]

44948. ☞ Relation de ce qui se passa dans l'Université de Paris, l'an 1576, au sujet des Chirurgiens : 1748, *in*-4.]

44949. ☞ Observations des Recteur, Doyens, Procureurs & Suppôts de l'Université de Paris, servant de Réponse au dernier Mémoire & à la dernière Requête du Sieur Pichault de la Martinière, & de la Communauté des Maîtres Chirurgiens-Jurés de Paris : *Paris*, Thiboust, 1748, *in*-4.]

44950. ☞ Mémoire servant de Représentations à Nosseigneurs du Parlement, pour les Doyen & Docteurs Régens de la Faculté de Médecine en l'Université de Paris, au sujet de quelques dispositions testamentaires du Sieur de la Peyronie, premier Chirurgien du Roi : *Paris*, 1748, *in*-4.

44951. ☞ La subordination des Chirurgiens aux Médecins, démontrée par la nature des deux Professions & par le bien public : *Paris*, Quillau, 1748, *in*-4. de 24 pages.

On trouvera ci-après, au N.° 44960, une suite à cet Ecrit, & les Réponses des Chirurgiens.]

44952. ☞ Sommaire pour le Sieur Pichault de la Martinière, Ecuyer, premier Chirurgien du Roi, & les Prévôts & Collège des Maîtres en Chirurgie de Paris; contre les Doyen & Docteurs-Régens de la Faculté, &c. & contre l'Université de Paris : *Paris*, Vincent, 1748, *in*-4.]

44953. ☞ Addition au Sommaire, contenant Inventaire de Titres. *Ibid*. *in*-4.]

44954. ☞ Requête très-importante, au Roi : *Paris*, Vincent, 1748, *in*-4.

Cette Pièce est de la Faculté de Médecine.]

☞ *Nota*. A la fin de l'année précédente (1747), ou au commencement de celle-ci (1748), il faut rapporter plusieurs petites Pièces fugitives, telles que *La Peyronie aux Enfers* : = *Le Chirurgien converti* : = *L'Avocat curieux, au Médecin véridique* : = *Le Médecin véridique, à l'Avocat curieux*, &c. &c.]

44955. ☞ Réponse du Bedeau de Saint-Côme, au second Bedeau de la Faculté de Médecine de Paris, touchant le nouvel Ecrit du Médecin véridique, contre les Garçons Chirurgiens : 1748, *in*-4.]

44956. ☞ Requête au Roi, pour les Doyen & Docteurs-Régens de la Faculté de Médecine, &c. contre le Sieur Pichault de la Martinière, & la Communauté des Chirurgiens de Paris, pour servir de Réponse à leur Requête très-importante du mois d'Avril 1748 : *Paris*, Quillau, 1748, *in*-4.]

44957. ☞ Exposition des Examens ou Actes de probation des Candidats pendant leur Cours de Licence, dans la Faculté de Médecine de Paris : *Paris*, Quillau, 1748, *in*-4.

Cette Pièce, produite par les Médecins, est pour servir de Réponse à quelques accusations des Chirurgiens.]

44958. ☞ Second Mémoire pour le Sieur de la Martinière, &c. servant de Réponse au troisième Mémoire des Médecins, & aux Observations de l'Université de Paris : *Paris*, Delaguette, 1748, *in*-4.]

44959. ☞ Requête au Roi, pour les Doyen & Docteurs-Regens de la Faculté, &c. *Paris*, Quillau, 1748, *in*-4.]

44960. ☞ Remarques sur la Subordination des Chirurgiens aux Médecins, en général ; & sur celle qui est établie à la Cour en particulier : *Paris*, Quillau, 1748, *in*-4.

C'est une suite à l'Ecrit indiqué ci-dev. N.° 44951.]

44961. ☞ Les prétextes frivoles des Chirurgiens pour s'arroger l'exercice de la Médecine, combattus dans leurs principes & dans leurs conséquences : *Paris*, Quillau, 1748, *in*-4.]

44962. ☞ Précis pour le Sieur de la Martinière, &c. contre les Doyen & Docteurs-Régens, &c. contenant aussi la Réfutation de leur Ecrit, portant ce faux & fastueux titre : *Subordination des Chirurgiens aux Médecins*, &c. *Paris*, Delaguette, 1748, *in*-4.]

44963. ☞ Observations pour servir de Réponse à la dernière Requête imprimée des Médecins : *Paris*, Delaguette, 1748, *in*-4.]

44964. ☞ Réfutation de l'Ecrit des Médecins, intitulé : *La Subordination des Chirurgiens aux Médecins*, &c. par M.***, Chirurgien de Paris : 1748, *in*-4.

L'Auteur est M. Antoine Louis, qui est aujourd'hui Secrétaire perpétuel de l'Académie Royale de Chirurgie. Il a fait plusieurs autres Ouvrages dans le cours de ce Procès.]

44965. ☞ Mémoires (au nombre de deux) présentés au Roi ; par M. Chicoyneau, Conseiller d'Etat ordinaire, premier Médecin de Sa Majesté, &c. *Paris*, Quillau, 1748, *in*-4.]

44966. ☞ Mémoires (au nombre de deux) présentés au Roi par son premier Chirurgien, (le Sieur de la Martinière,) pour répondre à ceux qui ont été présentés à Sa Majesté par son premier Médecin : *Paris*, Delaguette, 1748, *in*-4.]

44967. ☞ Représentations (des Médecins) sur la Déclaration du Roi du 23 Avril 1743 : *Paris*, Quillau, 1748, *in*-4.]

44968. ☞ Représentations par le Sieur de la Martinière & les Prévôts & Collège des Maîtres en Chirurgie de Paris, sur la confirmation de leurs Droits & Privilèges, &c. pour servir de Réponse aux Représentations de M. Chicoyneau, premier Médecin du Roi & des Médecins de Paris : *Paris*, Delaguette, 1748, *in*-4.]

44969. ☞ Sommaire pour la Faculté de Médecine de Paris, contre les Chirurgiens de la même Ville, pour servir de Réfutation aux fables par eux annoncées dans leur Mémoire intitulé : *Précis*, &c. *Paris*, Quillau, 1748, *in*-4.]

44970. ☞ Plaidoyé d'un Contrebandier : 1748, *in*-4.

Cette Pièce badine est en faveur des Médecins.]

44971. ☞ Lettre d'un Chirurgien de Paris, à un Chirurgien de Province, contenant un Rêve singulier & quelques Remarques sur l'excellence de la Médecine moderne : 1748, *in*-4.]

44972. ☞ Mémoire présenté au Roi, par M. Chicoyneau, &c. pour détruire les faussetés avancées par le Sieur Pichault de la Martinière, premier Chirurgien, dans son Mémoire au Roi : *Paris*, Quillau, 1748, *in*-4.]

44973. ☞ Lettres d'un Médecin à M. Pichault de la Martinière, &c. au sujet du Mémoire qu'il a présenté à Sa Majesté : *Paris*, 1748, *in*-4.]

44974. ☞ Requête au Roi pour les Doyen & Docteurs-Régens de la Faculté de Médecine, &c. contre le premier Chirurgien du Roi ; & contre les Prévôts & Communauté des Chirurgiens-Jurés de Paris, servant de Réponse aux dernières Représentations que le Sieur Pichault de la Martinière & les Chirurgiens ont faites à Sa Majesté, &c. *Paris*, Quillau, 1748, *in*-4.]

44975. ☞ Représentations pour les Maîtres en Chirurgie de Montpellier, contenant leur justification sur les reproches &

Histoires de la Faculté de Médecine, &c.

imputations de M. Chicoyneau, premier Médecin du Roi & des Médecins de Paris; avec les preuves des droits, privilèges & exemptions dont jouissent les Chirurgiens de Montpellier : *Paris*, Delaguette, 1748, *in*-4.]

44976. ☞ Examen impartial des Contestations des Médecins & des Chirurgiens, considérés par rapport à l'intérêt public : 1748, *in*-12.

Cet Ecrit est en faveur des Chirurgiens.]

44977. ☞ Mémoire présenté au Roi, par son premier Chirurgien, où l'on expose la sagesse de l'ancienne Législation sur l'Etat de la Chirurgie en France, confirmée par la Déclaration de 1743 : *Paris*, Delaguette, 1749, *in*-4. de 50 pages.]

44978. ☞ Représentations faites au Roi, par la Faculté de Médecine de Paris; avec les plaintes des Provinces sur le désordre général introduit par les Chirurgiens dans l'exercice de la Médecine, de la Pharmacie & de la Chirurgie : *Paris*, Quillau, 1749, *in*-4.]

44979. ☞ La nécessité de maintenir dans le Royaume les Ecoles de Chirurgie qui y sont établies dans les Facultés & Collèges de Médecine : *Paris*, Quillau, 1749, *in*-4.]

44980. ☞ Examen des Plaintes des Médecins de Province, présentées au Roi par la Faculté de Médecine de Paris : 1749, *in*-4.

Addition au même Examen : *in*-4.]

44981. ☞ Réponse au dernier Mémoire de M. le premier Chirurgien, contenant 50 pages *in*-4. à l'Ecrit intitulé : *Examen impartial*, &c. *Paris*, Quillau, 1749, *in*-4.]

44982. ☞ Mémoire au Roi pour les Conseillers & Médecins de Sa Majesté, Chancelier, Doyen & Professeurs en l'Université de Médecine de Montpellier, & pour le Corps des Docteurs en ladite Université; contre les Maîtres Chirurgiens de la même Ville; par M. (François de Paule) Combalusier, Docteur en Médecine de Montpellier, &c. *Paris*, Quillau, 1749, *in*-4.]

44983. ☞ Considérations d'un Médecin de Montpellier, sur les deux premiers Mémoires présentés au Roi par le Sieur Pichault de la Martinière, &c. & sur les progrès de la Médecine & de la Chirurgie : 1749, *in*-4.]

44984. ☞ Observations sur le Mémoire des Médecins de Montpellier, présenté par F. D. P. Combalusier : 1749, *in*-4.]

44985. ☞ Secondes Représentations au Roi, pour les Maîtres en Chirurgie de Montpellier, contenant leur justification sur les prétendues faussetés, indécentes demandes, motifs pernicieux & desseins dangereux qui leur sont imputés & à tous les Chirurgiens du Royaume, dans un Mémoire imprimé, adressé à Sa Majesté, & signé F. D. P. Combalusier, &c. *Paris*, Delaguette, 1749, *in*-4.]

44986. ☞ Secondes Représentations au Roi, par le Sieur de la Martinière & le Collège des Maîtres en Chirurgie de Paris, contenant l'Ordre chronologique de leurs Titres, &c. *Paris*, Delaguette, 1749, *in*-4.]

44987. ☞ Le Vœu du Peuple sur les Contestations d'entre les Médecins & Chirurgiens de Paris : (1749,) *in*-4.

Cet Ecrit est en faveur des Chirurgiens.]

44988. ☞ La Supériorité des Médecins sur les Chirurgiens, prouvée par les Loix & les Usages de toute l'Europe : *Paris*, Quillau, 1749, *in*-4.]

44989. ☞ Du Droit que les Médecins ont d'assister & d'opiner aux Examens & Réceptions des Maîtres Chirurgiens : *Paris*, Quillau, 1749, *in*-4.]

44990. ☞ Mémoire pour le Sieur de la Martinière, &c. contenant la Réfutation des derniers Ecrits de la Faculté de Médecine de Paris : *Paris*, Delaguette, 1749, *in*-4.]

44991. ☞ Arrêt du Conseil d'Etat du Roi, au sujet des Contestations qui se sont formées entre les Médecins & les Chirurgiens de Paris; du 12 Avril 1749 : *in*-4.]

44992. ☞ Compliment de félicitation à MM. les Doyen & Docteurs-Régens de la Faculté de Médecine en l'Université de Paris, au sujet de l'Arrêt rendu en leur faveur;... par les Ouvriers de l'Imprimerie de M. Quillau : (*Paris*, 1749,) *in*-4.]

44993. ☞ Réflexions sur le Jugement du Procès d'entre la Faculté de Médecine de Paris & l'Académie Royale de Chirurgie : 1749, *in*-4.]

44994. ☞ Lettre d'un Médecin de Montpellier, à M. D. F. Médecin ordinaire du Roi, au sujet de l'Examen public que le Sieur Louis a subi à Saint-Côme le Jeudi 25 Septembre 1749 : (*Paris*, 1749,) *in*-4.

La Lecture de ces trois dernières Pièces fait voir que chacun des deux partis crut être le vainqueur.]

☞ *Nota*. Les Disputes entre la Faculté de Médecine & les Chirurgiens, occasionnèrent un Procès entre les Médecins eux-mêmes. Car M. Combalusier, Docteur de Montpellier, ayant rendu des services importans à la Faculté de Paris, en composant plusieurs Mémoires & Ecrits pour elle, & contre les Chirurgiens, la plus grande partie des Docteurs en Médecine fut d'avis de l'admettre dans la Faculté de Paris, sans qu'il fût tenu de subir tous les Actes prescrits par les Statuts; mais il y eut beaucoup d'Opposans à cet avis, & ce fut l'origine d'un Procès & des quatre Ecrits suivans.].

44995. ☞ Mémoire pour les Docteurs-Régens de la Faculté de Médecine en l'Université de Paris, Opposans à ce que le Sieur Combalusier soit dispensé des Actes & Examens probatoires que l'on est obligé de soutenir pour être admis à la Licence, & à ce qu'il soit reçu contre les Statuts, les Décrets & les Usages de ladite Faculté : *Paris*, Paulus-du-Mesnil, (1749,) *in*-4.]

44996. ☞ Excerpta è Deliberationibus Facultatis Medicæ Parisiensis : (1749,) *in*-4.]

44997. ☞ Mémoire pour la Faculté de Médecine en l'Université de Paris, représentée par soixante Docteurs réclamans l'exécution des Statuts, des Décrets & des Usages de ladite Faculté; contre le Sieur Martinencq, Doyen & Consorts, prétendans procéder à la Réception du Sieur Combalusier, au préjudice de ce qui est prescrit par lesdits Statuts, Décrets & Usages : *Paris*, Desprez, 1750, *in*·4.]

44998. ☞ Mémoire pour les Doyen & Docteurs-Régens de la Faculté de Médecine en l'Université de Paris, contre les Docteurs-Régens de la même Faculté, Opposans aux Décrets des 15 Octobre & 20 Novembre 1749, & Demandeurs en exécution de la prétendue Conciliation du 2 Mai 1750; en présence du Sieur François de Paule Combalusier, &c. *Paris*, Quillau, 1750, *in*·4.

Ce Procès fut terminé par un accommodement, & M. Combalusier fut reçu Docteur en Médecine de Paris, le 3 Août 1750, ayant été dispensé de plusieurs Actes probatoires. Il est mort le 24 Août 1762.
Les deux Pièces suivantes regardent un autre Procès des Chirurgiens, qui est du même temps.]

44999. ☞ Testament de M. DE LA PEYRONYE, & Arrêts rendus en conséquence : *Paris*, Delaguette, 1750, *in*-4.

M. de la Peyronie affectionnoit beaucoup les Chirurgiens de Paris; & c'est à lui qu'ils sont redevables de leur érection en Académie Royale, d'un Prix de 500 livres par lui fondé, &c. Son Testament a été l'origine d'un Procès entre les Chirurgiens de Paris & de Montpellier, & Demoiselle Louise de la Peyronie, sœur du défunt, & veuve du Sieur Laurent Issert. Chacune des deux parties a produit des *Mémoires* imprimés, à la suite desquels ont été rendus les Arrêts précédens, favorables aux Chirurgiens, & celui qui suit, aussi-bien que les Lettres-Patentes que nous allons indiquer.]

45000. ☞ Extrait des Registres du Conseil d'Etat du Roi, concernant la Vente faite à Sa Majesté, de la Terre & Seigneurie de Marigny, léguée par feu Messire de la Peyronie au Collège des Maîtres en Chirurgie de Paris; du 22 Septembre 1749.]

45001. ☞ Lettres-Patentes portant confirmation du Contrat de Vente fait de la Terre de Marigny; du 30 Octobre 1750, registrées en Parlement : *Paris*, Delaguette, 1751, *in*-4.

On trouvera ci-après, dans l'Article des *Académies de Paris*, les Pièces qui concernent les Chirurgiens, considérés comme faisans en partie une *Académie Royale de Chirurgie*, érigée en 1731, & confirmée en 1748.]

45002. ☞ Mémoires pour les Religieux de la Charité, contre le premier Chirurgien du Roi; (par Me DOULCET :) 1758 *& suiv. in*-4.

C'étoit pour être maintenus dans l'exercice de la Chirurgie.]

45003. ☞ Mémoires pour le premier Chirurgien du Roi, contre les Frères de la Charité; (par M^e DE GENNES :) 1757 *& suiv. in*-4.

Ces Contestations ont été terminées à l'avantage des Frères de la Charité, par la Déclaration du 20 Juin 1761.]

45004. ☞ Lettres-Patentes en forme d'Edit, portant Réglement pour le Collège de Chirurgie de Paris, donné au mois de Mai 1768, registrées en Parlement le 10 : *Paris*, Imprimerie Royale, 1768, *in*-4.

On trouvera ci-après ce qui concerne l'*Académie Royale* de Chirurgie.]

45005. ☞ Défense de la Faculté de Médecine de Paris, pour servir à l'instruction de la Cause pendante en la Grand'Chambre du Parlement, au sujet de la Place de Médecin de l'Hôpital Général; suivie de l'Eloge historique de l'Université & de la Faculté de Médecine; (par M. COMBALUSIER :) *Paris*, Quillau, 1762, *in*-12.]

45006. ☞ Eloge historique de la Faculté de Médecine de Paris : Discours prononcé aux Ecoles, le 16 Octobre 1770; par Me Jacq. Albert HAZON; en Latin & en François, avec des Notes historiques : *Paris*, 1772, *in*-4.]

4. *Faculté de Droit.*

45007. Claudii MINOIS Panegyricus, seu Relatio pro Schola Juris Parisiensis : *Parisiis*, Drouart, 1600, *in*-8.

45008. ☞ De variâ Juris Civilis in Parisiensi studio fortunâ, Oratio : *Parisiis*, Langlæus, 1659, *in*-12.]

45009. ☞ Réformation des Ecoles de Droit en France, Allemagne, Italie, &c. par Me Pierre DE BLANCHECAPE, Prieur en celle de Caen : *Caen*, 1669, *in*-4.]

45010. Déclaration du Roi, vérifiée en Parlement le 13 Janvier 1647, par laquelle Sa Majesté se réserve le pouvoir de supprimer les Régences au Droit dans les Universités du Royaume : *Angers*, Avril, 1647, *in*-4.

Cette Déclaration a été rendue en faveur des Professeurs des Universités de France, contre ceux de la Faculté de Droit de Paris.]

45011. Des Moyens & Raisons des Demandes de l'Université en la Cause mue par-devant Nosseigneurs du Parlement, touchant l'état présent de la Faculté de Droit Canon, (que l'Université avoit voulu réformer par un Décret du 6 Septembre 1652 :) *in*-4.

45012. Réponse aux prétendus Moyens & Raisons

Raisons des Demandes proposées sous le nom de l'Université de Paris, contre la Faculté de Droit Canon, par quelques particuliers envieux & calomniateurs de ladite Faculté : (*Paris*, 1652,) *in*-4.

45013. Traité des véritables & justes Prérogatives de la Faculté de Droit de Paris : *in*-4.

45014. Réponse à ce Traité, pour montrer que ceux de l'Université de Paris ne peuvent lire en Droit Civil, & que les Gradués en Droit Canon ne peuvent être reçus au Serment d'Avocat & de Juges : *in*-4.

45015. * Mémoire des principaux points du Différend d'entre l'ancien Docteur-Régent & le Doyen de la Faculté de Droit Canon ; avec les Preuves de part & d'autre : (*Paris*, 1657, *in*-4.

45016. * Mémoire pour les droits de l'ancien Docteur-Régent ou Doyen naturel de la Faculté de Droit Canon, contre les prétentions de Pierre Halley, pour le Doyen électif de la même Faculté : (*Paris*, 1657,) *in*-4.

45017. Mémoires Apologétiques pour les Universités de France, contre les entreprises de la Faculté de Droit de l'Université de Paris : 1657, *in*-4.

45018. ☞ Divers Arrêts de 1656, 1657, 1660, 1661, concernant le Droit Canon & les Aggrégés honoraires.]

45019. * Moyens pour remettre les Universités de Droit dans l'ordre (&) rétablir en la Ville de Paris l'enseignement public du Droit Civil ; par Jean Davezan : *Paris*, 1664, *in*-4.

45020. Franciscus de Roye, Antecessor Andegavensis, ad Capit. super Specula 28, de Privil. & excess. Privil. apud Greg. ubi Apologeticus pro omnibus Galliarum Antecessoribus contra Parisienses Canonici Juris Professores : *Andegavi*, Avril, 1665, *in*-4.

45021. ☞ Edit du Roi du mois d'Avril 1679, portant Réglement pour l'étude du Droit Canonique & Civil dans tout le Royaume, & le Rétablissement du Droit Civil en la Faculté de Droit Canon en l'Université de Paris ; ensemble les Réglemens, Statuts, résultats d'Assemblées & autres Actes, en exécution de cet Edit, avec les Harangues des six Docteurs-Régens, prononcées à l'ouverture des Ecoles : *Paris*, le Cointe, 1680, *in*-4. de 189 pages.]

45022. Arrêt du Conseil, portant l'établissement des Docteurs Aggrégés dans les Facultés de Droit du Royaume, leurs droits & fonctions, [du 23 Mars] 1680 : *in*-4.

45023. ☞ Arrêt du Conseil en forme de Réglement, du 16 Novembre 1680, portant Etablissement de douze Docteurs Aggrégés en la Faculté des Droits Canonique & Civil en l'Université de Paris, & d'un Docteur-Professeur en Droit François établi en la même Faculté, avec leurs fonctions, droits & prérogatives : *in*-4.]

45024. ☞ Michaelis de Loy, Oratio de vario Juridicæ Parisiensis Scholæ statu, habita an. 1686 : *Parisiis*, du Mesnil, 1686, *in*-8.]

45025. ☞ Déclaration concernant les études du Droit, du mois de Janvier 1700 : *Paris*, Muguet, 1700, *in*-4.]

45026. ☞ Lettres-Patentes portant translation de la Faculté des Droits de l'Université de Paris, sur la Place de la nouvelle Eglise de Sainte-Geneviève-du-Mont ; du 16 Novembre 1763 : *in*-4.]

45027. ☞ Mémoire pour les Docteurs Aggrégés de la Faculté des Droits en l'Université de Paris, contre les Docteurs-Régens en la même Faculté : 1766, *in*-4. de 40 pages.]

45028. ☞ Réponse pour les Doyen, Syndic & Docteurs-Régens, &c. *in*-4. de 88 pages.]

45029. ☞ Réponse pour les Docteurs Aggrégés, aux Assertions tirées du Mémoire des Docteurs-Régens : 1766, *in*-4, de 44 pages.]

45030. ☞ Précis pour les Doyen, Syndic & Docteurs-Régens, &c. *in*-4. 16 pages.]

45031. ☞ Preuves justificatives des Droits des Docteurs-Régens, & de l'état des Docteurs Aggrégés à la Faculté de Droit de Paris, divisées en six Parties, avec plusieurs Tables : *in*-4. de 337 pages.

Ces Pièces sont utiles pour l'Histoire de cette Faculté. Les Docteurs Aggrégés ont gagné le Procès par Arrêt du 6 Septembre 1766.]

45032. ☞ Mémoire sur les moyens de rendre les études de Droit plus utiles ; par feu M. (Paul-Charles) Lorry, Docteur en Droit : *Paris*, Saugrain, 1768, *in*-12.

Il y a dans cet Ouvrage beaucoup d'historique concernant la Faculté de Paris. L'Auteur est mort en 1766.]

☞ Dans la Bibliothèque de M. Beaucousin, Avocat au Parlement, est conservé un Recueil *in*-4. de Pièces tant imprimées que manuscrites, qui paroît avoir été formé par Michel de Loy, l'un des six Professeurs de la Faculté de Droit de Paris, lors de l'Edit de 1679, & M. Beaucousin y a ajouté plusieurs Pièces. Outre celles qui ont été indiquées ci-dessus, ce Recueil en contient nombre d'autres, relatives aux Démêlés de Philippe de Busine avec l'Université, & aux Contestations de la Faculté de Droit de Paris, avec les Facultés d'Orléans, d'Angers, &c. Ce Recueil paroît très-important pour l'Histoire de la Faculté de Droit de Paris.]

Des Collèges de Paris.

☞ Il faut voir les Histoires de la Ville de Paris.]

45033. ☞ Arrêt du Parlement de Paris, du 7 Septembre 1701, (pour la Visite de tous les Collèges de l'Université de Paris:) *in-4.*

On y voit en abrégé ce qui s'étoit fait jusques-là par rapport à ces Visites.]

45034. ☞ Vetera Collegii Bajocensis Statuta & nova, à Senatu confirmata, 12 Junii 1651 : *in-*4. 51 pages.]

45035. ☞ Extrait des Registres du Parlement, du 15 Décembre 1713, qui homologue un Réglement fait pour le Collège de Bayeux, par le Tribunal de l'Université : *in-*4. de 8 pages.]

45036. ☞ Apologie pour l'Abbé de Foucarmont, ou brief état du Gouvernement du Collège des Bernardins à Paris, dont il est Proviseur, envoyée aux Abbés de l'Ordre de Cîteaux, du Collège des Bons-Enfans de Paris, le 8 Décembre 1634 : *Paris,* 1634, *in-*4.

Réponse des Religieux de Cîteaux à l'Abbé de Foucarmont : *Paris,* Bessin, 1635, *in-*4.]

45037. ☞ Abrégé chronologique de la fondation, & Histoire du Collège de Boissy : *in-fol.*]

45038. ☞ Factum instructif des abus qui régnent dans le Collège de Boissy, pour Mᵉ Matthias Huot, contre Mᵉ Guillaume Hodey : *in-*4. de 4 pages.]

45039. ☞ Georgii *Crittonii*, ad Becodianos suos (de *Boncour*,) Præfatio de Castrorum Becodianorum disciplinâ : *Parisiis,* 1595, *in-*12.]

45040. Recueil de Titres concernant l'union du Collège de Boncour & de Tournay, au Collège Royal de Navarre, pour l'établissement de la Communauté des Docteurs en Théologie : 1663, *in-*4.

45041. ☞ Arrêt du Parlement concernant le Collège des Cholets, du 19 Janvier 1706 : *in-*4.]

45042. ☞ Extrait des Registres du Parlement, pour la réunion du Collège des Cholets à celui de Louis-le-Grand ; du 21 Août 1764 : *in-*4.

On y trouve quelques particularités concernant l'Histoire de ce Collège.]

45043. ☞ Arrêt du Conseil d'Etat du 9 Octobre 1724, qui commet Dom Louis le Vassor à l'administration des revenus du Collège de Clugny : *in-*4.]

45044. Statuta Collegii de Dainvilla, Parisiis fundati anno 1380, & alia quædam eò spectantia : *Parisiis,* Muguet, 1703, *in-*4.]

45045. ☞ Mſ. Diverses Pièces sur le Collège de Dormans-Beauvais : *in-*4.

Elles sont conservées dans la Bibliothèque de M. Jardel, à Braine près Soissons. Il y a des Extraits de Testamens, qui contiennent des Donations en faveur de ce Collège, dont le plus ancien est de 1390, & une Pièce dont voici l'intitulé :

« Quidam Articuli extracti ex Statutis præsentis » Collegii de Dormano in meliùs commutati, authori- » tate Parlamenti Curiæ & per Regem confirmati, unà » cum ordinatione Capellanorum & Clericorum, &c. » Auctoritas Collatorum & Provisorum hujus Colle- » gii, &c.»

45046. De l'Etat du Collège des Dormans, dit Beauvais, fondé en l'Université de Paris, l'an 1370, écrit par Jean GRANGIER, Principal dudit Collège : *Paris,* Taupinart, 1628, *in-*4.

45047. Moyens pour rétablir le Collège de Beauvais en son premier état, conformément à la Fondation dudit Collège, présentés par le Patron Fondateur & les Chapelains dudit Collège, Demandeurs en Réglement, contre Jean Grangier : [Principal,] & Gabriel le Gentil, [Procureur dudit Collège,] Défendeurs : *Paris,* 1628, *in-*4.

☞ Ce Mémoire est de beaucoup trop chargé d'érudition, & dans le style du temps.]

45048. ☞ Testamentum Petri FORTETI, fundatoris Collegii sui nominis Lutetiæ.

Cette Pièce est indiquée au Catalogue de M. de Cangé, *pag.* 448.]

45049. ☞ Arrêt du Parlement, qui homologue l'Avis des Sieurs Pirot & Pourchot, sur l'administration des biens du Collège des Grassins, & la discipline qui y doit être observée ; du 4 Novembre 1710 : *Paris,* Muguet, 1710, *in-*4. 19 pages.]

45050. Statuta Collegii Harcuriani, conditi anno 1311 : *in-*4.

45051. ☞ Fondations, legs, donations & acquisitions faites en faveur des Boursiers du Collège d'Harcourt, (depuis 1313 jusqu'en 1697,) avec les Réponses du Sieur de la Brière-Louvancy, Proviseur de ce Collège, & les Répliques des Boursiers : *in-*4.]

45052. ☞ Arrêt du Parlement de Paris, du 17 Mars 1700, sur les Différends du Collège d'Harcourt à Paris, & autre Arrêt du 14 Octobre 1700, sur le même sujet : *in-*4.]

== ☞ Arrêt du Parlement en 1703, concernant le même Collège.

Ci-dessus, dans le N.° 44781.]

45053. Faits incontestables, concernant les Irlandois étudians à Paris, établis au commencement de l'année 1598, dont les Lettres Patentes sont de 1623 : 1710, *in* 8.

45054. ☞ Conclusio Facultatis Theologicæ Parisiensis pro Hibernis adversùs Decretum Rectoris de die 4 Martii 1651 : *Parisiis,* Sassier, 1651, *in-*4.]

45055. ☞ Arrêt du Parlement donné en faveur des Ecclésiastiques Irlandois, Gradués ou Etudians en l'Université de Paris, pour être maintenus en leurs Privilèges, du 24 Mars 1651 : *Paris,* 1651, *in-*4.]

Histoires des Collèges de Paris.

45056. ☞ Mémoires apologétiques pour les Recteur & Suppôts de l'Université de Paris, contre l'entreprise de quelques Hibernois, la plupart étudians en l'Université de Paris : 1651, *in-4.*]

45057. ☞ Factum pour les Hibernois, Appellans du Décret du Recteur, du 4 Mars, pour servir de Réponse aux précédens Mémoires : 1651, *in-4.*]

45058. ☞ Arrêt du Parlement, pour faire cesser le Séquestre du Collège d'Huban, dit l'Ave-Maria ; du 19 Août 1763 : *Paris*, P. G. Simon, 1763, *in-4.*]

45059. ☞ Arrêt du Parlement, qui ordonne la réunion du Collège de Laon au Collège de Louis-le-Grand ; du 11 Janvier 1764 : *Paris*, P. G. Simon, 1764, *in-4.*]

Autre Arrêt, qui confirme cette réunion ; du 24 Janvier 1764. *Ibid. in-4.*]

45060. ☞ Arrêt du Parlement, concernant le Collège de Lisieux ; du 7 Septembre 1762 : *Paris*, P. G. Simon, 1762, *in-4.*

C'étoit pour transférer ce Collège dans celui de Louis-le-Grand, ses bâtimens devant être abatus, à cause de la nouvelle Eglise de Sainte-Geneviève. Ce Collège n'a été qu'un an dans celui de Louis-le-Grand.]

45061. ☞ Fundatio & Statuta Collegii & Capellaniæ Cenomanensis (*du Mans*,) pro pauperibus Diœcesis Cenomanensis, ut studeant in almâ Universitate Parisiensi : *Parisiis*, 1649, *in-8.*]

45062. ☞ Contract entre Charles de Beaumanoir, Evêque du Mans, & les Jésuites du Collège de Clermont, par lequel la Chapelle & le Collège du Mans sont vendus aux Jésuites. Actes d'opposition de l'Université à cette vente. Requête du Principal & des Boursiers. Arrêt du Parlement. Désistement des Jésuites. Lettre de M. de Beaumanoir. Renouvellement de vente, &c. 1625 & 1631 : *in-8.*]

45063. ☞ Notes sur le Factum de M. de Beaumanoir & des Jésuites dans ladite affaire : 1632.]

45064. ☞ Défenses de l'Université de Paris & du Collège du Mans, contre l'usurpation des Jésuites, avec divers Décrets, Actes & Lettres de l'Université, sur le même sujet : 1632, *in-8.*]

45065. ☞ Cenomanica, sive Oratio in patres Jesuitas, habita in Harcuriano, XVI. Kal. Nov. 1632 : *in-8.*]

45066. ☞ Jo. MORELLI, Oratio de conjunctione Scholarum Remensis & Cenomanensis : *Parisiis*, 1597, *in-4.*]

45067. * Mémoire par Extrait, contenant simplement les choses nécessaires pour donner une idée générale de l'état où se trouve réduit le Collège Royal de Notre-Dame de Bayeux, vulgairement appellé Maître-Ger-

vais-Chrétien, établi en l'Université de Paris, (l'an 1370) rue du Foin. Pour François Barbier, Prieur dudit Collège, contre André Mansel, ci-devant Prieur, Principal & Procureur intrus dudit Collège : 1699, *in-fol.*

45068. Mémoire pour les Syndics, Bourgeois & Communautés des Villes de la Marche, de Saint-Michel & autres Villes de Lorraine & du Barrois, Patrons des Bourses fondées au Collège de la Marche à Paris ; contre Gilles le Sourd, ci-devant Principal de ce Collège, en 1689 ; par M⁰ GEORGE, Avocat : *Paris*, *in-4.*

45069. ☞ Actes de la fondation du Collège de Mazarin à Paris, en 1661, & Lettres-Patentes de 1665 : *in-4.*]

45070. La Fondation du Collège Mazarini, (dit les quatre Nations, l'an 1661, avec d'autres Pièces concernant ce Collège : *Paris*, 1689,) *in-fol.*

45071. ☞ Bulla unionis Mensæ Abbatialis Michaelis in eremo, factæ Collegio Mazarinæo, (anno 1671.)

Dans les Pièces du Tome II. du *Gallia Christiana*, col. 412, & au Tome X. des *Mémoires du Clergé*, pag. 1931, avec d'autres Pièces concernant la même union.

45072. ☞ Statuta Collegii Cardinalitii (du Cardinal le Moine ;) cum aliquot Senatûs Consultis, pro eorumdem Statutorum interpretatione factis ; ab Edmundo RICHER : 1627, *in-8.*

Statuta Collegii Cardinalitii : Editio nova : *Parisiis*, Thiboust, 1738, *in-8.*]

45073. ☞ Raisons du procédé & de la conduite du Grand-Maître, Administrateur du Collège du Cardinal le Moine, (Phil. Pourcel,) à l'égard des Boursiers dudit Collège ; avec un Discours pour les prérogatives de la Charge de Grand-Maître : *in-4.*]

45074. ☞ Réponse pour M. Louis Beauduin, Docteur, Grand-Maître & Principal de la Maison & du Collège du Cardinal le Moine ; contre les Sieurs de Saint-Paul, Curé, Paris, Mercier, Godquin, Brille & Guiard, Boursiers-Théologiens de la même Maison : *Paris*, Cl. Hérissant, (1764), *in-4.* de 132 pages.

Ce Mémoire est curieux par rapport à l'Histoire du Collège du Cardinal le Moine.]

45075. Mf. Inventaire des Titres & Revenus du Collège de Montaigu à Paris : *in-fol.*

Cet Inventaire [étoit] dans la Bibliothèque de M. Baluze, num. 519, [& est aujourd'hui dans celle du Roi.]

45076. ☞ Des Statuts du Collège de Montaigu ; par J. BOULÆSE : *in-8.*]

45077. ☞ Remontrance au Parlement, pour réformer le Collège de Montaigu ; par le même : 1575, *in-8.*]

45078. ☞ Factum pour M˟ Claude Cordon, Docteur en Théologie de la Maison de Montaigu, élu Principal de la même Maison (& Collège,) contre les Pères Chartreux, opposans à cette Election; (suivi de quelques Pièces:) *in-4.* de 28 pages.]

45079. ☞ Etablissement des trente-trois Ecoliers de la Famille de Jesus-Christ, vis-à-vis le Collège de Montaigu: *Paris*, Rocolet, 1646, *in-4.*

45080. ☞ Oratio de Scholarum laudibus & Ludi Litterarii in Narbonensi Gymnasio instauratione, &c. à Joan. BALIN, Vesulano: *Parisiis*, 1601, *in-8.*

C'est le même Balin, Auteur du Poëme rapporté ci-devant, Tome I. N.° 3998.]

45081. ☞ Joannis LAUNOII, Constantiensis, Theologi Parisiensis, Regii Navarræ Gymnasii Parisiensis Historia: *Parisiis*, Gabrielis Martin, [1677,] *in-4.* [2 vol.]

L'Auteur est mort en 1678; il étoit Docteur de Navarre. Son Histoire est pleine de Recherches curieuses. Elle a paru aussi sous ce titre: *Academia Parisiensis illustrata: Parisiis*, 1682, *in-4.* Mais il n'y a que la première & la dernière page de changée. Le Libraire, qui en étoit chargé, a cru le mieux vendre en lui donnant un nouveau titre. J'en avertis ici, afin qu'on n'achette pas deux fois le même Livre.

☞ Cet Ouvrage est imprimé en 1677, & il y a deux Volumes. Le second contient principalement les Eloges des Docteurs du Collège de Navarre, qui se sont distingués, soit par leur piété, soit par leur science; ceux des Ecrivains, avec le Catalogue de leurs Ouvrages: M. de Launoy y est & parle des siens. Il y a d'ailleurs dans les deux Volumes beaucoup d'Actes & autres Pièces utiles pour l'Histoire Ecclésiastique & Civile. « Cette » Histoire fut pendant quelque temps fort négligée sous » son vrai titre; mais elle réussit mieux quelques années » après sous celui qu'on lui substitua, quoique moins » fidèle, & conséquemment moins convenable ». C'est l'Observation de Prosper Marchand, dans son *Dictionnaire*, Art. *Tardif*, Note D.

On peut encore voir Lenglet, *Méth. hist.* *in-4.* *t. IV.* pag. 184. = Baillet, *Jugemens des Sçavans*, tom. II. *pag. 51.*]

45082. ☞ Mſ. Constitutiones Navarræ, seu Collegii Campaniæ vel Navarrici, in Universitate Parisiensi: *in-8.*

Ces Constitutions, signées *de l'Orne*, sont conservées dans la Bibliothèque de la Cathédrale de Reims, num. C. 84.]

45083. ☞ Mſ. Diverses Pièces sur le Collège de Navarre.

Elles sont dans la Bibliothèque de S. Germain-des-Prés, à la tête d'un Exemplaire de son Histoire par M. de Launoi. Elles concernent la fondation de ce Collège, son état, ses revenus, & tous les Mémoires qui furent présentés aux Commissaires nommés par le Roi pour en faire la réforme en 1711.]

45084. ☞ Mémoire apologétique ou Recueil de Pièces pour Philippe Drouyn, Docteur de la Maison & Société Royale de Navarre, premier Bibliothécaire pourvu par Sa Majesté de la Bibliothèque de cette Maison: *in-4.* de 22 pages.]

45085. Mſ. Fundatio Collegii Plessæi, (anno 1322:) *in-fol.*

Cette Pièce [étoit] dans la Bibliothèque de M. le Chancelier Seguier, num. 515.

45086. ☞ Statuta Collegii Plessæo-Sorbonici, edita die 7 Januarii, & à Senatu confirmata, 17 Junii 1651: *in-4.* 8 pag.]

45087. ☞ Regulæ Collegii Sorbonæ-Plessæi, excerpta è Statutis: *in-fol.* (Placard.)]

45088. ☞ Mémoire pour montrer que le Collège du Plessis n'est point à charge à la Maison de Sorbonne: *in-4.*]

45089. ☞ Mémoire pour le Principal, Procureur & Boursiers du Collège du Plessis, les Prieur, Docteurs & Bacheliers de la Maison & Société de Sorbonne, &c. les Recteur, Doyens, Procureurs & Suppôts de l'Université de Paris, Appellans; contre les Recteur, Principal & Procureur des Jésuites du Collège de Clermont: (en 1698,) *in-4.*

C'est au sujet d'un Mur très-haut élevé par ceux-ci entre leur Collège & celui du Plessis. MM. de l'Université en prennent occasion de parler avec force, des usurpations qu'ils reprochent aux Jésuites.

45090. ☞ Arrêt du Parlement, qui déclare nul l'acte portant promesse de passer Bail des Mans neuf & vieux, entre les Recteur & Procureur des ci-devant Jésuites, rue Saint-Jacques, & le Principal du Collège du Plessis; du 18 Février 1763.

Il est parlé au long de cette Affaire dans le « Compte » rendu aux Chambres assemblées, par M. le Président » Rolland, de ce qui a été fait par MM. les Commissaires, &c. 1763: *in-4.*]

45091. ☞ Statuts pour le Collège de Reims à Paris, faits le 6 Septembre 1720, par Commission de M. le Cardinal de Mailly, Archevêque de Reims, Proviseur de ce Collège: *Reims & Paris*, 1721, *in-4.*

Ces Statuts ont été dressés par Louis LE GENDRE, Chanoine de l'Eglise de Paris, qui étoit chargé de cette Commission.]

45092. ☞ Fondation du Collège de Sainte-Barbe, en 1556: *in-4.* [12 pages.]

45093. ☞ Factum pour les Recteur, Doyens, &c. de l'Université de Paris, contre les Abbé & Religieux de Sainte-Geneviève, (prétendans des droits de lots & vente, par rapport au Collège de Sainte-Barbe:) *in-4.*

45094. ☞ Mémoire pour le Curé & les Marguilliers de S. Hilaire, ayant droit de présenter à deux Bourses du Collège: *in-4.* de 4 pages.]

45095. ☞ Factum signifié pour les Principal, Chapelains & Boursiers du Collège de Sainte-Barbe, contre les Recteur, Doyens, &c. de l'Université de Paris, pour rentrer dans la partie du Collège mal & injustement aliénée: (1723,) *in-4.* de 12 pages.]

45096. ☞ Relation concernant les trois

Communautés d'Etudians établis au Collège de Sainte-Barbe.

Dans les *Nouvelles Ecclésiastiques du 26 Octobre 1730.*]

45097. ☞ Arrêt de la Cour du Parlement, sur les Contestations entre les Boursiers du Collège de Tréguier, & le Sieur Grolleau leur Principal ; du 6 Septembre 1626, *in-4.*]

45098. ☞ Statuta venerabilis Collegii Turonensis, Parisiis fundati, edita, M° Alexandro Dupoirier Primario, & M° Petro Pepin Procuratore : *Parisiis*, Thiboust, 1716, *in-8.*]

45099. ☞ Arrêt du Parlement, du 6 Septembre 1726, au sujet des Contestations entre les Boursiers du Collège de Tréguier & le Sieur Grolleau, leur Principal : *in-4.*]

45100. ☞ Arrêt du Parlement, qui ordonne qu'examen sera fait sur les Titres originaux des Fondations, Donations, & Acquisitions, &c. des Collèges de non-plein Exercice de Paris, par les Recteur & anciens Recteurs; du 4 Février 1763 : *Paris*, P. G. Simon, 1763, *in-4.*]

45101. ☞ Mémoire sur la réunion des petits Collèges fondés en l'Université de Paris : *in-4.* de 97 pages, avec l'Etat ou Tableau (*in-fol.*) Placard, des Collèges de non-plein Exercice réunis dans le Collège de Louis-le-Grand, leurs noms, nombre des Boursiers, revenus, dettes, &c.

Ce Mémoire a servi de base commune aux opérations faites par le Recteur & les anciens Recteurs, en exécution de l'Arrêt du Parlement du 4 Février 1763 ; & il est signé, *Fourneau*, Recteur, Vallette, le Neveu, Cochet, Hamelin, Guerin, Gigot, [anciens Recteurs.]

45102. ☞ Compte rendu par M. DE L'AVERDY, concernant la réunion des Boursiers fondés dans les Collèges de non-plein Exercice, fis en la Ville de Paris; du 12 Novembre 1763 : (*Paris*, P. G. Simon,) *in-4.* de 91 pages.

On y trouve des détails sur chacun des *petits Collèges*, & sur plusieurs autres, même des Religieux. Il est aussi parlé (depuis la *pag.* 86 jusqu'à la fin,) de chacun des dix Collèges de plein Exercice.]

45103. ☞ Arrêt du Parlement, qui ordonne que les Principaux, Procureurs & autres chargés de l'administration des Collèges de non-plein Exercice, seront tenus de rendre leurs comptes au Bureau de l'Administration du Collège de Louis-le-Grand; du 11 Janvier 1764 : *Paris*, P. G. Simon, 1764, *in-4.*]

45104. ☞ Arrêt du Parlement, qui ordonne qu'aucuns Principaux, Procureurs, Séquestres & Boursiers des Collèges de non-plein Exercice, ne pourront vendre, aliéner, échanger, ni acheter, &c. sans en avoir donné connoissance au Bureau d'Administration du Collège de Louis-le-Grand; du 24 Janvier 1764 : *Paris*, P. G. Simon, 1764, *in-4.*]

45105. ☞ Arrêt du Parlement, concernant les Exhumations des Chapelles des Collèges d'Autun, de Bourgogne & des Cholets; du 28 Novembre 1764 : *Paris*, P. G. Simon, 1764, *in-4.*

Les Maisons de ces Collèges étoient vacantes & à louer, les Boursiers ayant été réunis au Collège de Louis-le-Grand.]

Collège de Louis-le-Grand.

☞ Il a été nommé d'abord le Collège de *Clermont*, & occupé par les Jésuites jusqu'en 1762, qu'il a été donné à l'Université, après l'extinction faite en France de l'Institut de ces Religieux. L'établissement de ce Collège a donné lieu à tous les Ecrits de l'Université, que l'on a indiqués ci-dessus. On peut voir, au reste, à son sujet, les Histoires & Descriptions de la Ville de Paris, &c.]

45106. ☞ Des Biens du Collège que les ci devant soi-disans Jésuites occupoient dans la rue S. Jacques, à Paris, & de leur Maison de Gentilly.

On en trouve le détail dans la Pièce intitulée : « Extrait des Registres du Parlement, & Arrêt qui donne » Acte au Procureur-Général du Roi, qu'il ne prétend » rien pour Sa Majesté, &c. des 14 & 18 Janvier 1763 ». Elle commence par un Compte rendu par M. DE L'AVERDY, des Biens des trois Maisons des Jésuites de Paris; & ce qui regarde le Collège commence *pag. 2.*]

45107. ☞ Compte rendu aux Chambres (du Parlement) assemblées, le 25 Janvier 1763 ; par M. le Président ROLLAND, de ce qui a été fait (au Collège de Louis-le-Grand,) par MM. nommés par les Arrêts des 6 Août & 7 Septembre 1762, (le 25 Janvier 1763, avec deux Arrêts du mois de Février:) 1763, *in-4. pag.* 34 *bis.*

La seconde partie de ce Compte, depuis la *pag.* 11, regarde le Collège de Clermont de ou Louis-le-Grand, donné à l'Université, la translation qu'on y a faite du Collège de Lisieux, & l'union qu'on y doit faire des Boursiers des petits Collèges sans Exercice.]

45108. ☞ (Autre) Compte rendu ; par M. le Président ROLLAND, le 26 Février 1768, de ce qui a été fait en exécution tant de l'Arrêt du 7 Septembre 1762, que de l'Installation de l'Université dans le Collège de Louis-le-Grand : *Paris*, P. G. Simon, *in-4.*

C'est la XIVe Partie du tom. II. des *Comptes rendus au Parlement de Paris, pag.* 327.]

☞ Mémoire (du Recteur de l'Université, &c.) sur la réunion des petits Collèges en celui de Louis-le-Grand.

Ci-dessus, N.° 45101.]

45109. ☞ Compte rendu par M. DE L'AVERDY, concernant la destination originaire des Terreins & Bâtimens du Collège dit de Clermont, & les Bourses qui y ont été fondées pour de pauvres Ecoliers, &c. du 25 Février 1763.

C'est la IIe Partie des *Comptes rendus aux Chambres assemblées.*]

45110. ☞ Arrêt du Parlement, concernant la propriété des Biens du Collège de Louis-le-Grand; du 1 Mars 1763 : *Paris*, P. G. Simon, 1763, *in-*4.

Autre Arrêt du même jour, sur la fondation d'une Bourse occupée (dans ce Collège) par le nommé d'Hardivillier. *Ibid. in-*4.

45111. ☞ Compte rendu (le 15 Juin 1763;) par M. DE L'AVERDY, concernant les Biens du Collège de Louis-le-Grand, & leurs destinations : *Paris*, P. G. Simon, 1763, *in-*4.]

45112. ☞ Lettres à un Provincial, sur l'Etablissement d'un Chef-lieu pour l'Université de Paris, & d'un Collège commun pour ses Boursiers, & sur l'Affaire de Clermont.

On y discute sur-tout les prétentions des Créanciers, & l'on y fait l'abrégé des Plaidoyers de M. l'Avocat-Général. Il y a six Lettres, avec une Réponse du Provincial.]

45113. ☞ Pièces servant à la Cause, concernant la propriété du Collège dit de Clermont, situé dans la rue S. Jacques, entre M. le Procureur-Général & les Syndic & Directeurs des Créanciers des ci-devant soi-disans Jésuites : (1763,) *in-*4. de 18 pages.

Ces Pièces sont, 1.° le Testament de Guillaume Duprat, Evêque de Clermont, (Fondateur dudit Collège dans l'Université de Paris,) du 25 Juin 1560; 2.° les Lettres Patentes du Roi (Louis XIV.) du mois de Novembre 1682, (par lesquelles il se déclare Fondateur du même Collège.) La Cause dont il fut question en 1763, consistoit en ce que les Créanciers des Jésuites vouloient que les biens dudit Collège fussent vendus à leur profit, & M. le Procureur-Général prétendoit qu'ils appartenoient au Public, ce Collège ayant été fondé pour l'instruction générale dans l'Université de Paris. La chose fut jugée contre les Créanciers, par l'Arrêt suivant, après que M. l'Avocat-Général eût fait deux Plaidoyers, ensuite de l'Avocat des Créanciers, M⁽ᵉ⁾ Rouhette, qui publia un grand Mémoire & des Observations : le tout *in-*4.]

45114. ☞ Arrêt du Parlement, du 28 Juillet 1763, qui déclare tous les Terreins & Bâtimens composans le Collège que les ci-devant soi-disans Jésuites occupoient rue S. Jacques, ne pouvoir être employés, suivant leur destination, à autre usage qu'à l'Instruction publique : *Paris*, Simon, 1763, *in-*4.]

45115. ☞ Lettres-Patentes pour la translation & établissement dans le Collège de Louis-le-Grand, du Collège de Lisieux, ainsi que des Boursiers des Collèges de Paris, où il ne se trouve plus de plein Exercice, & du Tribunal, des Archives & des Assemblées de l'Université de Paris, portant Réglement pour lesdits (trois) objets; du 21 Novembre 1763 : *Paris*, P. G. Simon, 1763, *in-*4.]

45116. ☞ Arrêt du Parlement, concernant la Propriété des Biens du Collège de Louis-le-Grand; du 24 Janvier 1764 : *in-*4.]

45117. ☞ Arrêt du Parlement, qui homologue une Délibération du Bureau d'Administration du Collège de Louis-le-Grand, portant rétablissement des Bourses fondées dans ledit Collège, & que les ci-devant soi-disans Jésuites laissoient vacantes pour la plupart; du 10 Mars 1764 : *in-*4.]

45118. ☞ Arrêt du Parlement, du 12 Mars 1764, portant Envoi en possession du Collège de Lisieux, de partie du Collège de Louis-le-Grand, & destination du surplus dudit Collège pour l'Université, les Boursiers & autres objets énoncés dans les (susdites) Lettres-Patentes, &c. *in-*4. de 14 pages.]

45119. ☞ Ordonnances de MM. les Commissaires (du Parlement,) dans l'Affaire des ci-devant soi-disans Jésuites, des 13 Mars 1764 & jours suivans, concernant les différens établissemens à faire dans le Collège de Louis-le-Grand : *Paris*, P. G. Simon, 1764, *in-*4.]

45120. ☞ Lettres-Patentes pour la translation du Collège de Beauvais, dans celui de Louis-le-Grand; du 7 Avril 1764 : *in-*4.

Le Collège de Lisieux, qui occupoit une partie du Collège de Louis-le-Grand, l'a quittée le premier Octobre, & a été demeurer dans les bâtimens de l'ancien Collège de Beauvais, comme lesdites Lettres-Patentes disent que cela devoit se faire.]

45121. ☞ Lettres-Patentes qui confirment les unions des Bénéfices faites (autrefois) au Collège de Louis-le-Grand, & la Concession de différens Privilèges, Exemptions & Prérogatives qui lui ont été accordés; du 16 Août 1764 : *in-*4.]

45122. ☞ Du Procès-verbal dressé au Collège de Louis-le-Grand, par MM. les Commissaires de la Cour, &c. *in-*4. *Paris*, P. G. Simon, 1764, *in-*4.

Il y a deux Extraits imprimés, le premier de huit pages, commençant au 13 Mars 1764, & l'autre de six pages, commençant au 10 Octobre. C'est pour mettre l'Université & les Professeurs en possession du Collège de Louis-le-Grand.

Voyez encore ci-dessus, le N.° 45108.]

45123. ☞ Arrêt du Parlement, qui ordonne que la Bibliothèque de l'Université sera placée dans le Collège de Louis-le-Grand; du 11 Février 1765 : *Paris*, P. G. Simon, 1765, *in-*4.]

45124. ☞ Lettres-Patentes (du 20 Août 1767,) qui ordonnent l'exécution d'un Réglement concernant le Collège de Louis-le-Grand, & Collèges y réunis; & Réglement arrêté par le Roi en son Conseil, pour l'administration dudit Collège; registrées au Parlement le 4 Septembre audit an; avec l'Arrêt rendu le 5 dudit mois, pour l'exécution desdites Lettres-Patentes & Réglement : *in-*4.]

Histoires des Collèges de Paris.

45125. ☞ Réflexions d'un Universitaire, en forme de Mémoire à consulter, concernant les Lettres-Patentes du 20 Août 1767 : *in-4.* de 54 pages.]

45126. ☞ Arrêt du Parlement, du 9 Décembre 1767, (avec un Discours de M. Ant. Louis SEGUIER, Avocat-Général, contre les précédentes Réflexions, (qui sont condamnées à être brûlées :) *in-4.*]

45127. ☞ Très-humbles Représentations de l'Université de Paris, au Roi, au sujet des Lettres-Patentes du 20 Août 1767 : *Paris,* veuve Thiboust, *in-4.* de 58 pag.]

45128. ☞ Mémoire & Avis de la Faculté de Droit de Paris, concernant les Bourses fondées dans les Collèges de non-plein Exercice, réunis à celui de Louis-le-Grand, & sur les Lettres-Patentes de 1767 :) *Paris,* veuve Ballard, 1769, *in-4.* de 18 pages.

Il est suivi d'un « Etat des Bourses libres & affectées » à la Faculté de Droit, fondées dans les Collèges de » non-plein Exercice, réunis à celui de Louis-le-Grand.]

45129. ☞ Très-humbles Représentations des Chapitres de Beauvais & d'Amiens, Administrateurs spirituels & temporels de la Maison de Cholet, réunie au Collège de Louis-le-Grand : *Paris,* Desprez, 1769, *in-4.* de 21 pages.]

45130. ☞ Très-humbles Représentations de l'Archevêque de Paris, (M. de Beaumont,) au Roi : *Paris,* veuve Simon, 1769, *in-4.* de 90 pages.

Cet Ouvrage, signé *Bocquet de Chanterefne,* Avocat, est de Me RIGAULT, Avocat au Conseil. Il a pour objet les Lettres-Patentes du 20 Août 1767, & on y réclame tant les Droits des Supérieurs-majeurs des petits Collèges, que ceux de l'Ordinaire.]

45131. ☞ Arrêt du Parlement, du 17 Mai 1768 ; (sur quelques parties de l'administration du Collège de Louis-le-Grand :) *in-4.*]

45132. ☞ Lettres-Patentes pour l'Administration des Collèges, &c. notamment celui de Louis-le-Grand, du 1 Février 1769, & registrées en la Chambre des Comptes : *in-4.*].

45133. ☞ Lettres-Patentes du 1 Juillet 1769, registrées en Parlement le 11, concernant le Collège de Louis-le-Grand, relativement au Bureau d'Administration, aux Droits du Principal ; aux Bourses & Boursiers, aux Fondations pieuses & aux Archives de ce Collège : *Paris,* Simon, *in-4.*

Le Roi y donne *quelque éclaircissement* sur celles du 20 Août 1767.]

45134. ☞ Réglement pour les Bourses à établir dans le Collège de Louis-le-Grand, homologué par Arrêt du 4 Septembre 1770 : *in-4.*]

45135. ☞ Mémoire pour le Grand-Maître temporel du Collège de Louis-le-Grand, contre le Frère Papin, Chanoine Régulier, &c.

Il s'agissoit de sçavoir si les droits de Patronages dépendans de l'Abbaye de S. Martin-aux-Bois, unie (dès le temps des Jésuites) au Collège de Louis-le-Grand, peuvent être exercés par le Bureau d'Administration de ce Collège. L'affaire fut jugée en sa faveur, par Arrêt du 12 Janvier 1770.]

Collège Royal.

☞ Ce Collège ne dépend point de l'Université.]

45136. ☞ Le Collège Royal de France, ou Institution, Etablissement & Catalogue des Lecteurs & Professeurs du Roi, [fondés à Paris par François I.] *Paris,* [Bouillette,] 1644, *in-4.*

☞ Cet Ouvrage est de Guillaume DU VAL, Docteur en Médecine, & Professeur Royal en Philosophie, mort en 1646.]

45137. Oratio, quâ ostenditur quale esse debeat Collegium Professorum Regiorum, ut sit perfectum atque absolutum ; ab Henrico MONANTHOLIO, Medico, Mathematum Professore Regio : *Parisiis,* 1599, *in-8.*

☞ Monantheuil est mort en 1606.]

45138. ☞ Joannis GRANGIER, Oratio pro restaurandis Scholis Regiis : 1619, *in-4.* = Ejusdem Gratulatio, de instauratis Scholis Regiis : 1634, *in-4.*]

45139. Mf. Histoire du Collège Royal, contenant son Etablissement & la suite de ses Professeurs ; avec deux Dissertations, dont la première contient l'état des Arts & des Sciences avant le Règne de François I. & la seconde le progrès des Arts & des Sciences depuis l'Etablissement du Collège Royal ; par Martin Billet DE FANIÈRE.

Cette Histoire [étoit] entre les mains de l'Auteur.

☞ Ce n'est pas une Histoire, mais un amas de petits morceaux de papier où l'Auteur avoit jetté quelques Remarques sans aucune suite. Le tout est maintenant à la Bibliothèque du Roi ; & ce sont tout au plus des matériaux qui auroient servi sans doute à une Histoire. M. l'Abbé Goujet en a tiré, comme il me l'a dit, tout ce qu'il a pu, pour l'Ouvrage suivant.]

45140. ☞ Mémoire historique & Littéraire sur le Collège Royal de France ; par M. l'Abbé Claude-Pierre GOUJET, Chanoine de S. Jacques de l'Hôpital, Associé des Académies de Marseille, d'Angers, de Rouen, l'un des Honoraires de la Société des Sciences, Belles-Lettres & Arts d'Auxerre ; contenant l'état des Sciences en France sous François I. l'établissement du Collège Royal & ses progrès, & la Notice historique de tous ses Professeurs, depuis François I. jusqu'à aujourd'hui ; (plus, un Tableau synchronique de ces Professeurs, &c. en une Feuille ; par Aug. Martin LOTTIN, qui a imprimé l'Ouvrage :) *Paris,* Lottin (l'aîné,) 1758, *in-12.* 3 vol. & *in-4.* (en 3 Parties.)

Cet Ouvrage, qui est intéressant, a donné lieu à deux

Lettres, rapportées ci-dessus, Nos 44626 & s. sur la Question si le Collège Royal étoit au commencement dépendant de l'Université. M. Crevier a soutenu l'affirmative, & M. Goujet la négative. De plus, MM. les Professeurs ont fait une Protestation contre cette Histoire, qu'ils se proposoient, disent-ils, d'écrire, & ils ont promis d'y faire au moins un Supplément, qui n'a pas paru depuis quatorze ans. *Voyez* le *Journal des Scav.* 1759, *Mars*, pag. 138, & les *Mémoires* écrits par l'Abbé Goujet, sur sa Vie & ses Ouvrages, (1767, *in*-12.) *pag*. 158 & *suiv*.]

☞ *Nota*. LE Père le Long, après les Ouvrages qui concernent l'*Université de Paris*, mettoit ceux qui ont rapport aux *Académies* de cette Ville. Nous avons cru qu'il convenoit de mettre auparavant, 1.° les Histoires & Notices des *Universités de Provinces*, (qu'il mêloit avec les *Académies* qui s'y trouvent ;) 2.° les Pièces qui concernent les *Collèges de Provinces* qui ne dépendent point des Universités, principalement de ceux que desservoient ci-devant les Jésuites.]

§. III.

Histoires des Universités des Provinces de France.

45141. ☞ EDIT du Roi, du mois de Mars 1707, portant Réglement pour les Facultés de Médecine (des Provinces:) *Toulouse*, Lecamus, *in*-4.

Nous ne connoissons que cette Edition d'un Edit, qui aura été publié dans les autres Parlemens, & qui ne regarde que les Universités des Provinces, la Faculté de Médecine de Paris étant nommément exceptée, à l'Article XXVII. parceque, dit Sa Majesté, « il a été » reconnu qu'on n'y peut rien ajouter pour le bon or- » dre & l'utilité publique.]

45142. ☞ Remarques sur l'Université d'*Aix*; par PIGANIOL.

Dans la dernière Edition de sa *Description de la France: Paris*, 1753, *tom. V. pag*. 101.]

45143. ☞ De Universitate Aquensi : Auctore Joan. LIMNÆO.

Dans sa *Notitia Regni Franciæ* : (*Argentorati &Francosurti*, 1655, *in*-4.) *tom. II. pag*. 409 & 410. Il en dit peu de chose, aussi-bien que Piganiol.]

45144. ☞ Statuta vetera & nova, Constitutiones & Consuetudines almæ Aquarum-Sextiarum Universitatis : *Aquis - Sextiis*, 1666 & 1676, *in*-4.]

45145. ☞ Responsio apologetica pro Universitate studii generalis Civitatis Aqui-Sextensis : *Aquis-Sextiis*, Roize, 1677, *in*-12. de 35 pages.]

45146. Catalogus Doctorum almæ Universitatis Aquensis : *Aquis - Sextiis*, [Roize,] 1645, *in*-4.

45147. ☞ Extrait sommaire des raisons de l'Université d'Aix, contre les entreprises des Jésuites du Collège de Bourbon de la même Ville : *in-fol*. (vers 1707 ou 1708.]

45148. ☞ Arrêt du Conseil, portant Réglement pour l'Université d'Aix ; du 21 Mars 1712 : *in*-4.

Ce Réglement a 118 Articles, & l'Arrêt est en tout de 60 pages.]

45149. ☞ Arrêt & Arrêté du Parlement de Provence, des 10 & 13 Mai 1763, concernant la Faculté des Arts (de l'Université d'Aix :) *Aix*, David, *in*-4. (*Paris,*) *in*-12.]

45150. Edit de Création de l'Université d'*Angers*, & de ses Privilèges : 1630, *in*-4.

45151. ☞ Remarques sur cette Université ; par PIGANIOL.

Dans sa *Description de la France*, tom. II. p. 147.]

45152. ☞ Privilèges de l'Université d'Angers, tirés du Livre de la Fondation & des Statuts & Réglemens de ladite Université, appellé communément le Livre du Recteur ou du Procureur-Général. Extrait d'un Vidimus & Collation ... re par Charles VI. & auparavant par Charles V. Rois de France, des Lettres de Philippe-le-Bel & de Philippe-de-Valois, aussi Rois de France, contenans les Privilèges accordés à l'Université d'Orléans : avec une Dissertation sur l'ancienneté de l'Université d'Angers, & sur l'Epoque de son Etablissement ; (par POQUET DE LIVONIÈRE :) *Angers*, 1736, *in*-4.

On peut voir sur ce Livre le *Journal de Verdun*, 1736, *Octobre*. L'Auteur s'étend sur l'Histoire d'Alger, ancien Maître de l'Ecole d'Angers. L'établissement de cette Université précède l'an 1279.]

45153. De Statu Andegavensis Academiæ Oratio Panegyrica Papyrii MASSONI, Rectoris, dicta anno 1571 : *Parisiis*, 1571, *in*-8.]

45154. ☞ De Universitate Andegavensi : Auctore Joan. LIMNÆO.

Dans sa *Notitia Regni Francici*, tom. II. pag. 468.]

45155. ☞ De l'Université d'Angers, de ses Facultés & de son état en 1765.

C'est ce qui se trouve dans le *Compte rendu des Collèges du Ressort du Parlement de Paris*, par M. ROLLAND, l'un des Commissaires, le 15 Janvier 1765, p. 140, de la seconde Section du Tome II. des *Comptes rendus : Paris*, P. G. Simon, 1766, *in*-4.]

45156. ☞ Lettres-Patentes du 15 Février 1753, qui ordonnent le Concours pour une Chaire de Professeur en Droit en l'Université d'Angers : *in*-4.]

45157. ☞ Remarques sur l'Université d'*A-vignon*; par PIGANIOL.

Dans sa *Description de la France*, Edition de 1753, *tom. V*. pag. 407.]

45158. ☞ Arrêt du Conseil d'Etat & Lettres-Patentes du 23 Mai 1709, qui confirment les Privilèges de l'Université d'Avignon : *Paris*, *in*-4.]

45159. ☞ Arrêt du 13 Juin 1723, concernant la même Université : *in*-4.]

45160. ☞ Historia Chronologica Doctorum seu Administratorum Collegii sancti Martialis, Ordinis Cluniacensis, Avenione fundati : Bullæ & authentica Documenta quibus astruitur fides hujus Historiæ Gymnasii

Histoires des Universités de Provinces.

Gymnasii sancti Martialis; (Auctore Joanne Bertet :) *in-*4.

Il y en a aussi une Traduction Françoise, par l'Auteur, qui avoit été Jésuite, & qui quitta la Société en 1681. Il est mort le 29 Juin 1692. Le Père Bougerel, de l'Oratoire, en parle dans ses *Mémoires sur les Hommes illustres de Provence :* (*Paris*, Cl. Hérissant, 1752, *in*-12.) pag. 215.]

45161. ☞ Mf. Histoire de l'Université de *Besançon;* par François-Ignace Dunod, Professeur en Droit François dans l'Université de cette Ville, & de son Académie des Sciences, &c.

L'Auteur est mort en 1751. Cette Histoire ne s'est point trouvée dans ses Papiers; mais il y en a une Copie à l'Université, & une autre chez M. Seguin, Professeur à Besançon.]

45162. ☞ Remarques sur l'Université de Besançon; par Piganiol.

Dans sa *Description de la France,* tom. *XIII.* p. 212, 246.]

∽ Mf. Diverses Pièces sur l'Université de Besançon.

Ci-devant, Tome III. N.° 38612, pag. 583.]

45163. ☞ Remarques sur l'Université de *Bourdeaux;* par Piganiol.

Dans sa *Description de la France,* Edition de 1753, tom. *VII.* pag. 210.]

45164. ☞ De Universitate Burdigalensi; Auctore Joan. Limnæo.

Dans sa *Notitia Regni Franc.* tom. *II.* pag. 482.

On peut voir dans les Œuvres d'Ausone, ce qu'il dit de l'Ecole de Bourdeaux sous les Romains : *De illustribus Scholæ Burdigalensis Professoribus.*]

45165. ☞ Arrêt du Parlement de Bourdeaux, du 23 Juillet 1763, en faveur du Recteur de l'Université, au sujet du Collège de Guyenne, (possédé ci-devant par les Jésuites :) *Bourdeaux,* Labottière, *in*-4. *Paris, in*-12.]

45166. ☞ Remarques sur l'Université de *Bourges;* par Piganiol.

Dans sa *Description de la France,* Edition de 1753, tom. *XI.* pag. 489.]

45167. ☞ De Universitate Bituricensi; Auctore Joan. Limnæo.

Dans sa *Notitia Regni Franc.* tom. *II.* pag. 481.]

45168. ☞ Pauli II. Bulla confirmationis Universitatis Biturigum, data an. 1464, unà cum notitia celebriorum ejus Professorum.

Dans le Recueil des *Antiquités & Privilèges de la Ville de Bourges,* par Chenu : (*Paris,* 1621, *in*-4.) pag. 64 & *suiv.*]

45169. ☞ Excerpta ex Poemate Bartholomæi Anuli, Biturigis, cui titulus : Jurisprudentiæ à primo & divino sui ortu, ad florentem Biturigum Academiam deductæ, Exegesis epidictica.

Cette Pièce est imprimée comme *Appendix* 2, p. 156, de l'Histoire du Berry abrégée, ou de l'Eloge de Bourges, par Philippe Labbe : *Paris,* Meturas, 1647, *in*-12.]

Tome IV. Part. I.

45170. ☞ Annales Académiques de Bourges ; par Nicolas Catherinot : *Bourges,* 1684, *in*-4. de 4 pages.]

45171. ☞ Que le Parquet de Bourges est du Corps de l'Université ; (par le même :) 1672, *in*-4. de 29 pages.]

45172. ☞ Scholarum Bituricarum Inscriptio; (par le même :) 1672, *in*-4. de 12 pag.]

45173. ☞ Particularités sur l'Université de Bourges.

On les trouve dans le *Compte rendu,* par M. le Président Rolland, au sujet du Collège des Jésuites de Bourges, le 7 Juin 1764, *pag.* 138 & *suiv.* & 199-224, du tom. II. des *Comptes rendus* au Parlement de Paris.]

45174. ☞ Lettres-Patentes portant Réglement pour la Chaire en Droit Civil & Canonique de Bourges ; du 20 Avril 1764 : *Paris,* P. G. Simon, 1764, *in*-4.]

45175. ☞ Remarques sur l'Université de *Caen;* par Piganiol.

Dans sa *Description de la France,* Edition de 1753, tom. *IX.* pag. 155 & 342.]

45176. ☞ De Universitate Cadomensi; Auctore Joan. Limnæo.

Dans sa *Notitia Regni Franc.* tom. *II.* pag. 483.]

45177. Erectio Academiæ Cadomensis, ab Eugenio Papa IV. anno 1437.

Cet Acte est imprimé dans le *Spicilège* de Luc d'Achery, tom. *VI.* pag. 495.

45178. ☞ Joan. Ruxelii, Eloquentiæ & Philosophiæ Professoris Regii, de instauratione Academiæ Cadomensis Oratio, habita Cadomi die 19 Octobris 1583 : *Cadomi,* Lebas, 1584, *in*-4.

Ce Discours, & deux autres sur le même sujet, sont dans la seconde Edition des Poésies de Roussel : *Cadomi,* 1636, *in*-8.]

45179. ☞ Lettre de M. le Recteur de l'Université de Paris (Artus,) à M. le Recteur de l'Université de Caen : 1697, *in*-fol.

Ce n'est qu'un feuillet, qui finit par une Attestation Latine du Tribunal de l'Université de Paris, du dernier Avril 1697. Il y est question de « certaines Communautés qui ont souvent intérêt de soutenir une autre » doctrine que celle de France, & qui prétendoient » avoir droit au Doyenné de la Faculté de Théologie » de Caen & à la dignité de Recteur ». C'étoient les Jésuites.]

45180. ☞ Inventaire de Lettres, Pièces & Ecritures dont s'aide M. Odet le Fevre, Professeur en Théologie de l'Université de Caen : (1700,) *in*-fol.

Il s'agissoit de sçavoir si les Prêtres du Séminaire dévoient jouir de tous les Droits des Docteurs Séculiers.]

45181. ☞ Actes & démarches de l'Université de Caen, au sujet de la Bulle *Unigenitus.*

Dans le grand Recueil de M. Nivelle, (ci-devant, N.° 5654,) Tom. *I.* Part. *I.* 154, 420, 425.]

45182. ☞ Mémoire de l'Université de

F

Caen ; contre les Jésuites de cette Ville : 1721, *in-fol.*

Cette Université avoit retranché les Jésuites de son Corps, & ceux-ci avoient eu recours au Roi.]

45183. ☞ Mémoires adressés au Parlement de Normandie par l'Université de Caen : (1762,) *in-*12.

Le premier, au sujet des Lettres de Maîtres-ès-Arts de Bourges, vendues par les Jésuites dans le Collège du Mont, à Caen. = Le second, sur l'usurpation faite par les mêmes du Collège du Mont, en ladite Ville de Caen, sur leurs différens égaremens & entreprises, & sur la manière de les remplacer.

Ce Collège des Jésuites de Caen a été réuni à l'Université, par Arrêt du Parlement de Rouen, du 5 Mars 1763.]

45184. ☞ Arrêts du Parlement de Rouen, au sujet de l'Université de Caen; des 21 Février, 19 & 24 Mars 1763 : *Rouen*, Lallemand, *in*-4. (*Paris,*) *in*-12.]

45185. Instructions & Mémoires sur l'Université de *Cahors* : 1600, *in*-8.

45186. ☞ Remarques sur la même ; par PIGANIOL.

Dans sa *Description de la France*, tom. *VII. p.* 211.]

45187. ☞ De Universitate Cadurcensi ; Auctore Joan. LIMNÆO.

Dans sa *Notitia Regni Franc.* tom. *II. p.* 483 & 484. On trouve diverses Pièces sur cette Université, ci-après, avec celle de *Toulouse.*]

45188. ☞ Edit portant réunion de l'Université de Cahors à celle de Toulouse ; du mois de Mai 1751 : *in*-4.]

45189. ☞ Des Universités & Collèges du *Dauphiné.*

Dans l'*Histoire du Dauphiné,* par Chorier, tom. *I.* Voyez encore ci-après, *Grenoble, Valence & Orange.*]

45190. ☞ Remarques sur l'Université de *Dijon*; par PIGANIOL.

Dans sa *Description de la France,* Edition de 1753, tom. *III. pag.* 538. Cette Université ne consiste que dans une Faculté de Droit.]

== Requêtes de l'Université de Paris & autres, contre l'érection de l'Université de Dijon : 1722.

Ci-dessus, N.° 44697.

45191. ☞ Edits & Réglemens pour l'Université de Dijon, avec les anciens Edits, Déclarations & Réglemens concernant les Etudes du Droit Civil & Canonique dans toutes les Universités du Royaume : *Dijon,* de Fay, 1723, *in*-4. *Ibid.* 1744, *in*-12.]

45192. ☞ Pièces concernant l'Etablissement de la Faculté de Droit à Dijon, en 1722, & divers Réglemens & Mémoires pour l'ordre d'icelle, &c. *in-fol.*

Ce Recueil est conservé à Dijon, dans la Bibliothèque de M. le Président Bouhier, aujourd'hui de M. de Bourbonne.]

45193. Mf. Traité de l'Etablissement de l'Université de *Douay*; par Jérôme LE FRANC, Président du Conseil d'Artois.

Cet Auteur est mort en 1606. Son Traité est cité par Valère André, dans sa *Bibliothèque des Auteurs Belgiques.*

☞ Foppens dit dans la sienne, *p.* 482, qu'il se nommoit DE FRANCE, & qu'il avoit été Professeur en Droit dans cette Université.]

45194. ☞ Remarques sur l'Université de Douay; par PIGANIOL.

Dans sa *Description de la France,* Edition de 1753, tom. *XII. pag.* 299.]

45195. ☞ Mémoires importans pour servir à l'Histoire de la Faculté de Théologie de Douay; (avec une *Suite :*) 1695 & 1696, *in*-4.

45196. ☞ Lettres-Patentes & Réglemens pour l'Université de Douay : Juillet, 1749, *in*-4.

C'est un Ecrit de plus de 120 pages.]

45197. ☞ Requête au Roi, pour l'Université de Douay & le Collège de la Motte, pour rentrer en possession dudit Collège, occupé par la Manufacture du Sieur Yvain, en vertu d'un Arrêt du Conseil, du 30 Mai 1702 : *in*-4.]

45198. ☞ Lettres-Patentes en forme d'Edit, du mois de Juillet 1749, portant Réglement pour l'Université de Douay : *in*-4.

Elles forment, en quelque sorte, un Territoire à cette Université.]

== ☞ Du Collège Anglois de Douay, ci-devant occupé par les Jésuites.

On trouvera ce qui le concerne dans le §. IV. qui suit.]

45199. ☞ Compte rendu par M. DE SAUSSIN, Conseiller au Parlement de Grenoble, pour l'établissement d'une Université & sa formation à *Grenoble ;* le 11. Décembre 1764 : (Imprimé.)

Nous n'avons pas vu cette Pièce ni la suivante, qui sont citées *pag.* 2 & 4 du Compte rendu le 13 Mai 1768, par M. Rolland, au Parlement de Paris, sur les différens Mémoires des Universités, par rapport à la réformation des Etudes.]

45200. ☞ Mémoire du Parlement de Grenoble au Roi, pour lui demander l'établissement d'une Université à Grenoble, & suppression de celle d'Orange & de Valence : 1765, (Imprimé.)

Ce Mémoire avoit été indiqué dans l'Arrêt du 6 Septembre 1764, & il y est parlé du *rétablissement de l'Université de Grenoble,* ce qui indique qu'il y en avoit une anciennement en cette Ville. Piganiol, *tom. IV. p.* 284, dit, en effet, qu'elle fut fondée en 1339, par le Dauphin Humbert II. mais que Louis XI. la transféra à Valence en 1442.]

45201. Histoire de l'Université de *Lyon,* & du Collège de Médecine, faisant une partie d'icelle, avec les Privilèges des Professeurs & Docteurs qui y sont aggrégés : Harangue de LAZARE MEYSSONIER, Mâconnois,

Histoires de Universités de Provinces.

Médecin ordinaire du Roi, Docteur & Professeur en Médecine : *Lyon*, 1644, *in*-4.

☞ Nous laissons ici cet Article que le P. le Long y a mis, mais en avertissant qu'il n'y a *jamais* eu d'*Université à Lyon*, mais seulement un Corps de Médecins aggrégés par la Ville, & deux Collèges de Jésuites, dont il sera question dans le Paragraphe suivant. C'étoit une prétention des Jésuites, de transformer leurs Collèges en Université. Au reste, on peut voir sur le Collège des Médecins de Lyon, ce qui en est dit *pag*. 250 & *suiv*. du *tom. I*. des *Lyonnois dignes de mémoire*; & au Tome II. des Plaidoyers de Gillet, ses Requêtes pour les Avocats & les Médecins de Lyon contre les Traitans de la Recherche des faux Nobles, avec l'Arrêt du Conseil du 4 Janvier 1699.]

45202. ☞ Remarques sur l'Université de *Montpellier*; par PIGANIOL.

Dans sa *Description de la France*, Edition de 1753, *tom. VI. pag.* 203.

Il y a à Montpellier comme deux Universités, la Faculté de Médecine, qui prend ce titre, n'étant point unie aux trois autres Facultés, qui prennent ensemble le titre d'Université de Montpellier : *Mémoires* d'Astruc (indiqués ci-après,) *pag*. 20 & 21.

On trouvera ci-après, à l'Article de l'Université de *Toulouse*, diverses Pièces qui regardent aussi celle de Montpellier.]

45203. ☞ De Universitate Montispessulana; Auctore Joan. LIMNÆO.

Dans sa *Notitia Regni Franc. tom. II. pag.* 484.]

45204. ☞ Abrégé historique de l'Université de Montpellier & de ses Collèges.

Dans l'*Histoire Ecclésiastique de Montpellier*, par de Gréfeuille : (*Montpellier*, 1739, *in-fol*.) p. 339-408.]

45205. Academia Monspeliensis descripta, à Joan. PRIMEROSIO, Monspeliensi, Medico Doct. Ox. *Oxoniæ*, Lichfield, 1631, *in*-4.

45206. Monspeliensis Medicorum Universitas, Oratio à Sim. CURTADO, Decano, pronunciata : simul, Privilegia quædam, Apostolica & selecta Regia Privilegia, & Encomia de eâdem Universitate : *Monspelii*, du Buisson, 1645, *in*-4.

Siméon Courtaud n'étoit pas un sçavant : on peut voir ce qu'en rapporte M. Astruc, *pag*. 263 de ses *Mémoires* sur la Faculté de Médecine de Montpellier, indiqués ci-après.]

45207. Centonis Κακορραφιας Diffibulatio, in quâ pleraque Diplomata Pontificia & Regia Academiæ Monspeliensis falsi convincuntur : *Parisiis*, 1646, *in*-4.

Cet Ouvrage est de René MOREAU, sçavant Médecin de Paris.

☞ Les Privilèges, &c. de la Faculté de Montpellier, se trouvent exactement, *pag*. 34, 57 & 104-131, des *Mémoires* de M. Astruc.]

== ☞ Curieuses Recherches sur l'Ecole de Médecine de Montpellier, &c. = Apologie de l'Université de Médecine de Montpellier, &c

Ci-dessus, N.os 44866 & 44867.]

== ☞ Mémoire pour l'Université de Médecine de Montpellier, contre les Chirurgiens; (par François de Paule COMBALUSIER, Docteur & Professeur de Montpellier,) & autres Ouvrages : *Paris*, 1749, *in*-4.

Ils ont été donnés à l'occasion du Procès des Médecins de Paris contre les Chirurgiens, dont il a été amplement fait mention, ci-dessus, *pag*. 31.]

45208. ☞ Mémoires pour servir à l'Histoire de la Faculté de Médecine de Montpellier, par feu M. Jean ASTRUC, ancien Professeur de Montpellier, & Docteur-Régent de Paris; revus & publiés par M. (Anne-Charles) LORRY, Doct. Régent de la Faculté de Médecine de Paris : *Paris*, Cavelier, 1767, *in*-4.

M. Astruc est mort en 1766.]

45209. ☞ Arrêt du Parlement de Toulouse, qui défend d'ouvrir des Ecoles publiques de Théologie dans Montpellier, ailleurs que dans les Classes de l'Université qui se tiennent au Collège; du 21 Juillet 1764 : *Toulouse*, *in*-12.]

— De l'Université de *Nancy*, en 1668.

☞ *Voyez* ci-après, à l'Article de *Pont-à-Mousson*.]

45210. ☞ Remarques sur l'Université de *Nantes*; par PIGANIOL.

Dans sa *Description de la France*, Edition de 1753, *tom. VIII. pag.* 235.]

45211. ☞ De Universitate Nannetensi; Auctore Joan. LIMNÆO.

Dans sa *Notitia Regni Franc. tom. II. pag.* 486.]

45212. Création, Institution, Fondation & Privilèges de l'Université de Nantes, par le Pape Pie II. & par François II. dernier Duc de Bretagne; avec les Lettres des Rois de France, pour la confirmation desdits Privilèges : *Nantes*, Doriou, 1650, *in*-4.

45213. ☞ Leges & Statuta Universitatis Nannetensis, lata anno 1462, jubente Francisco II. Britanniæ Duce : *Nannetis*, Vid. Briou, 1651, *in*-4.]

45214. Les Privilèges Apostoliques & Royaux de la Faculté des Arts de l'Université de Nantes : *Nantes*, 1657, *in*-4.

45215. ☞ Actes & Démarches de la Faculté de Théologie de Nantes, au sujet de la Bulle *Unigenitus*.

Dans le grand Recueil de M. Nivelle, (ci-devant, N.° 5654.) Tom. I. Part. I. *pag*. 51-56, & Part. II. *pag*. 178.]

45216. ☞ Déclaration du Roi, du 1 Octobre 1735, pour la Translation de la Faculté de Droit de la Ville de Nantes en celle de Rennes : *in*-4.]

— De Collegio & Universitate Nemausensi, &c.

☞ Nous renvoyons au Paragraphe suivant cet Ouvrage, & un autre mis par le Père le Long sur le *Collège de Nismes*, qui ne fut *jamais une Université*, mais que les Calvinistes, tant qu'ils en furent en possession, s'avisèrent de décorer de ce beau titre.]

45217. ☞ Observations sur l'Université d'*Orange*.

Elles se trouvent dans une Lettre du 22 Décembre

Tome IV. Part. I. F 2

1717, imprimée *pag.* 119 du tom. VII. des *Nouvelles Littéraires* (de Du-Sauzet :) *Amsterdam, in-12.*

Piganiol (*tom. IV. pag.* 284.) dit que l'Université d'Orange fut établie en 1365, par l'Empereur Charles IV.]

45218. ☞ Remarques sur l'Université d'Orléans; par PIGANIOL.

Dans sa *Description de la France*, Edition de 1753, *tom. X. pag.* 191. L'Université d'Orléans ne consiste que dans une Faculté de Droit.]

45219. ☞ De Universitate Aurelianensi; Auctore Joan. LIMNÆO.

Dans sa *Notitia Regni Franc.* tom. II. p. 470-481.]

45220. ☞ Mf. Statuta Aurelianensis Universitatis, ac Privilegia, cum aliis ad eandem Universitatem spectantibus: *in-*4.

Ces Statuts sont conservés dans la Bibliothèque Vaticane, parmi les Manuscrits de la Reine de Suède, num. 405.]

45221. ☞ Diverses Pièces concernant l'Université d'Orléans.

Elles se trouvent *pag.* 71-79, du tom. I. de l'*Histoire de l'Orléanois : Amsterdam,* (Paris,) 1766, *in-*4.]

45222. Traité de l'Université d'Orléans; par François LE MAIRE.

Ce Traité est imprimé avec son *Histoire de la Ville d'Orléans : Orléans,* 1648, *in-fol.*

45223. Histoire de l'Université d'Orléans; par Symphorien GUYON.

Cette Histoire est imprimée avec celle de l'Eglise & de la Ville d'Orléans, par le même : *Orléans,* 1650, *in-fol.*

45224. ☞ Mémoire pour établir que l'Université d'Orléans dès son origine, & successivement dans tous les temps, a été l'une des plus fameuses & des plus célèbres de l'Europe, & qu'elle a toujours eu droit d'avoir des Messageries dans toutes les Provinces du Royaume, & même dans les Pays étrangers : *in-*4. (sans nom de lieu ni d'Imprimeur.)

Quoique le principal objet de ce Mémoire soit d'établir le Droit où est cette Université, d'avoir des Messageries, il renferme cependant divers points historiques, dont la connoissance appartient à l'Histoire de cette Université. Ce Mémoire semble avoir été fait vers 1710, à l'occasion de quelque contestation qui lui fut suscitée sur le droit de Messagerie : il paroît qu'elle y fut maintenue.]

45225. ☞ Supremæ Galliarum Curiæ Arrestum, pro reformatione Universitatis Aurelianensis, & octo Doctorum Regentium confirmatione : die 1 Februarii 1512.

45226. Arrêt de la Cour, pour la réformation & rétablissement de l'Université d'Orléans, pour le nombre de huit Docteurs : du 25 Juin 1626.

45227. Arrêt de la Cour, pour le nombre de six Docteurs-Régens en l'Université d'Orléans : du 26 Août 1670.

Ces trois Arrêts du Parlement se trouvent imprimés conjointement : *Paris,* V. Guillery, 1677, *in-*4.]

45228. ☞ Déclaration du Roi, qui ordonne que l'une des deux Chaires vacantes en l'Université d'Orléans, sera réunie à celle de Droit François, & que l'autre sera réunie au Concours du 8 Février 1719 : enregistrée au Parlement le 1 Mars audit an.

L'Arrêt de 1670, ci-dessus indiqué, avoit réduit le nombre des Docteurs-Régens à six; mais au moyen de l'établissement du Droit Civil fait en l'Université de Paris en 1679, le nombre des Etudians en l'Université d'Orléans étoit considérablement diminué, & les gages & honoraires des Professeurs se trouvoient insuffisans. C'est ce qui détermina Sa Majesté à réduire à cinq le nombre des Professeurs; & tel est celui dont elle est aujourd'hui composée; sçavoir, quatre Professeurs de Droit Civil, & un de Droit François.]

45229. ☞ Déclaration du Roi, du 11 Mai 1720, portant Réglement pour l'Election du Recteur de l'Université d'Orléans : *in-*4.]

45230. ☞ La Monodie ou Deuil, & Epitaphes des plus fameux Docteurs de l'Université d'Orléans, & Libraires d'icelles : *Orléans,* Gibier, 1556, *in-*16.

Cet Ouvrage est d'un nommé Claude MARCHAND, Orléanois, qui étoit Scribe & Libraire général, Garde de la Maison & Librairie de l'Université d'Orléans.]

45231. ☞ Nationis Germanicæ in Academia Aurelianensi Privilegia, officia & juramenta.

Dans son Itinéraire de Goelniz (*Ulysses-Belg. Lugd. Batav.* 1631, *in-*12.) *pag.* 225-252.]

45232. ☞ Remarques sur l'Université de Pau; par PIGANIOL.

Dans sa *Description de la France*, Edition de 1753, *tom. VII. pag.* 47. Cette Université n'est composée que des Facultés de Droit & des Arts. Elle a été érigée par Edit de 1723, & confirmée par Lettres-Patentes du mois de Février 1724, qui n'ont été enregistrées au Parlement de Pau que le 26 Mai 1725.]

== ☞ Requêtes de l'Université de Paris & autres, contre l'érection de l'Université de Pau.

Ci-dessus, N.° 44697.]

45233. ☞ Déclaration du Roi, portant Réglement pour l'Université de Pau; du 4 Décembre 1725.

45234. ☞ Lettres-Patentes du 20 Septembre 1765, à son sujet.

Ces deux Pièces sont citées *pag.* 27 & 28, du Compte rendu par M. Rolland sur les Mémoires des Universités, du 13 Mai 1768 : *in-*4.]

45235. ☞ Remarques sur l'Université de Perpignan; par PIGANIOL.

Dans sa *Descript. de la France*, tom. XIII. p. 301.]

45236. ☞ Discours à la louange du Roi (Louis XV.) établi & fondé à perpétuité par l'Université de Perpignan, pour consacrer son Rétablissement; prononcé par M. le Recteur, le 15 Février, jour de la Naissance du Roi : 1765, *in-*4.

Le Roi a rétabli l'Université de Perpignan en 1759.]

Histoires des Universités de Provinces.

45237. ☞ Remarques sur l'Université de *Poitiers*; par Piganiol.
Dans sa *Description de la France*, Edition de 1753, tom. *VIII*. pag. 61.]

45238. ☞ De Universitate Pictaviensi; Auctore Joan. Limnæo.
Dans sa *Notitia Regni Franc.* tom. *II*. pag. 487.]

45239. Traité de l'Université de la Ville de Poitiers, [du temps de son Erection, du Recteur, Officiers & Privilèges de cette Université,] avec plusieurs autres Pièces; par Jean Filleau, [Docteur-Régent ès Droits en ladite Université:] *Poitiers*, [Monnin,] 1644, *in-fol*.

45240. ☞ Recueil de Titres & Pièces qui concernent l'Université de Poitiers.
Dans les *Annales d'Aquitaine*, par Jean Bouchet: *Paris*, 1644, *in-fol*.]

45241. ☞ Observations sur l'Université de Poitiers; par M. Dreux du Radier.
Dans sa *Biblioth. du Poitou*, tom. *I*. pag. 388.]

45242. ☞ Factum pour la Faculté de Théologie de Poitiers, contre les Jésuites (que cette Faculté avoit exclus:) 1676, *in-4.*]

45243. ☞ Mémoires présentés au Roi par Jean Claude de la Poype de Vertrieu, Evêque de Poitiers, contre l'Université de cette Ville: 1706, *in-4.*]

45244. ☞ Arrêt du Conseil d'Etat, du 31 Janvier 1721, en faveur de l'Université de Poitiers, & contre les Minimes: *in-4.*]

45245. ☞ Particularités de l'Université de Poitiers.
On les trouve dans le *Compte rendu* par M. le Président Rolland, au sujet du Collège des Jésuites, le 7 Juin 1764, *pag*. 38 & *suiv*.
Au Tome II. des *Comptes rendus* au Parlement: *Paris*, P. G. Simon, 1764, *in-4.*]

45246. ☞ Edit concernant la Faculté des Droits de Poitiers; du mois d'Août 1765: *Paris*, P. G. Simon, 1765, *in-4.*]

45247. ☞ Déclaration du Roi, portant Réglement pour la Faculté des Droits de Poitiers; du 24 Mars 1766: *Paris*, P. G. Simon, 1766, *in-4.*]

45248. ☞ Arrêt du Parlement (de Paris,) du 2 Septembre 1768, portant Réglement pour l'Université de Poitiers: *in-4.*]

45249. ☞ Remarques sur l'Université de *Pont-à-Mousson*; par Piganiol.
Dans sa *Description de la France*, Edition de 1753, tom. *XII*. pag. 487, & tom. *XIII*. pag. 418. Cette Université a été transférée en 1768, à *Nancy*, comme on le voit plus bas.]

45250. Erectio & fundatio generalis Studii seu Academiæ privilegiatæ Pontismussani in Lotharingiâ: *Pontismussi*, Mercator, 1583, *in-12*.

45250. * Erectio & Statuta Universitatis Musiponantæ Societatis Jesu: *Mussiponti*, 1612, *in-8*.

45251. ☞ Recueil de Statuts & Réglemens de l'Université de Pont-à-Mousson: *in-12.*]

45252. ☞ Ms. Histoire de l'Université de Pont-à-Mousson; par le P. Nicolas Abram: *in-4*.
Elle est dans la Bibliothèque du Roi, & vient de M. Lancelot. On dit cet Ouvrage imparfait.

45253. ☞ Lettres-Patentes du Roi, du 3 Août 1768, pour transférer l'Université de Pont-à-Mousson dans la Ville de *Nancy*: *in-4.*]

45254. ☞ Remarques sur l'Université de *Reims*; par Piganiol.
Dans sa *Description de la France*, Edition de 1753, tom. *III*. pag. 125.]

45255. ☞ De Universitate Remensi; Auctore Joan. Limnæo.
Dans sa *Notitia Regni Franc*. tom. *II*. p. 487.]

45256. Titres, Chartres, Lettres-Patentes & autres Enseignemens, concernant l'Etablissement & Erection, Privilèges & Exemptions de l'Université de Reims: *Reims*, de Foigny, 1620. [*Ibid*. 1718,] *in-4*.
Ce Recueil est rempli de bonnes Pièces pour l'Histoire, & il [étoit] rare; [c'est pourquoi on l'a réimprimé.]
☞ Il a été fait avec beaucoup de méthode par les soins de Charles du Chemin, Professeur. La Bulle d'érection de l'Université de Reims est de 1545, & ce fut le Cardinal de Guise qui la sollicita. Les Lettres-Patentes de Henri II. confirmatives de ladite Bulle, sont de 1547; & par d'autres du mois d'Octobre 1552, le même Roi accorda à cette Université les Privilèges de celle de Paris, qui se trouvent en conséquence rapportés & copiés à la suite de ces Lettres. On y en trouve aussi quelques-uns des autres Universités.]

45257. ☞ Bulle d'Erection de l'Université de Reims, avec les Lettres-Patentes, & quelques autres Arrêts, Actes & Pièces concernant ladite Université & le Collège: *Reims*, Multau, 1717, *in-4.*]

45258. ☞ Ms. Statuts de l'Université de Reims, Réglemens, Fondations & Privilèges, Administration du Collège: Facultés de Droit, de Théologie & de Médecine, &c.
Ces Manuscrits sont conservés dans l'Abbaye des Chanoines Réguliers de S. Denys à Reims: TT. & X. indiqués ci-devant, Tome *III*. N.° 34379.]

45259. Portrait de l'Université de Reims: *Reims*, 1622, *in-4*.
Mauvaise Pièce qui excite la curiosité du Lecteur, & ne la satisfait en aucune manière.]

45260. ☞ Réponse de M.* Thomas le Mercier, Recteur de l'Université de Reims, à la Requête contre lui présentée au Conseil-Privé du Roi, par les Jésuites de la Ville de Reims; le 21 Juillet 1662.
On y trouve diverses particularités de l'Histoire de cette Université, sur laquelle on peut aussi consulter la *Bibliothec. Canonic*. de Bouchel, tom. *II*. pag. 340 de l'Edition de 1689.]

45261. ☞ Requête au Roi, de l'Université de Reims, (contre la prétendue aggrégation des Jésuites:) 1722, *in-fol.*]

45262. ☞ Mémoire pour les Recteur, Doyens, &c. de l'Université de Reims, appellans comme d'abus d'un Décret de 1609, portant incorporation du Collège des Jésuites à l'Université : *in-fol.*

Cette Pièce est signée GODEFROY, Avocat. Les Jésuites avoient été les premiers à réveiller cette affaire en 1722 ; & ce fut ce qui donna occasion non-seulement à ce Mémoire, & à la Requête qui précède, mais encore au grand Mémoire de l'Université de Paris, si désavantageux aux Jésuites, indiqué ci-devant, Tome I. N.° 14385.]

45263. ☞ Actes & Démarches de l'Université de Reims, & de sa Faculté de Théologie, au sujet de la Bulle *Unigenitus.*

Dans le grand Recueil de M. Nivelle, (indiqué ci-devant, N.° 5654,) Tome I. Part. I. *pag.* 43-51, 153, 426. Part. II. *pag.* 177.]

45264. ☞ Déclaration du Roi, du 12 Juin 1736, pour le Concours d'Aggrégés en Droit à Reims : *in-4.*]

45265. ☞ Compte rendu aux Chambres assemblées (du Parlement de Paris) le 25 Janvier 1766 ; par M. ROUSSEL DE LA TOUR, concernant l'Université de Reims.

Depuis la *pag.* 315 jusqu'à 326 du Tome II. des *Comptes rendus* dans l'affaire des Jésuites, & ses suites : Paris, P. G. Simon, *in-4.*]

45266. ☞ Remarques sur l'Université de *Strasbourg* ; par PIGANIOL.

Dans sa *Description de la France*, Edition de 1753, tom. XIII. *pag.* 61.]

45267. ☞ Promulgatio Academicorum Privilegiorum ulteriorum, quibus Ferdinandus II. Imperator, Academiam sive Universitatem Argentoratensem donavit : *Argentorati*, 1623, *in-4.*

La Ville de Strasbourg établit en 1538 une Ecole publique pour les Humanités. Jean Sturm étoit le Directeur & le Chef de cette Ecole Protestante, & on a de lui sur ce sujet : *Classicæ Epistolæ, sive Schola Argentinenses restitutæ : Argentorati*, 1565, *in-*12. Cette Ecole fut entièrement changée en Académie par l'Empereur Maximilien II. en 1566. Enfin l'Empereur Ferdinand II. l'érigea en Université l'an 1621. C'est à cette dernière occasion que parut l'Ouvrage intitulé : *Promulgatio*, &c. Cependant un Collège fut fondé à *Molsheim*, qui étoit comme l'Université Catholique de l'Evêché de Strasbourg ; & l'on peut voir sur cela, *Primitiæ Archiducalis Academiæ*, &c. ci-devant, N.° 9140, de notre Tome I.]

45268. ☞ Remarques sur l'Université de *Toulouse* ; par PIGANIOL.

Dans sa *Description de la France*, Edition de 1753, tom. VI. *pag.* 202.]

45269. ☞ De Universitate Tolosanâ ; Auctore Joan. LIMNÆO.

Dans sa *Notitia Regni Franc.* tom. II. *pag.* 488.]

45270. Mss. Vetera Statuta & Privilegia Universitatis Tolosanæ.

Ces Statuts [étoient] conservés dans la Bibliothèque de M. Baluze, [& sont aujourd'hui dans celle du Roi.]

45271. Mss. Fundationes & Statuta Collegiorum Tolosanorum : *in-fol.*

Ces Fondations sont dans la même Bibliothèque.]

45272. ☞ Reformatio Collegiorum Universitatis Tolosanæ.

Cette Réformation est imprimée dans la Bibliothèque Canonique de Bouchel, au mot *Collegium.*]

45273. ☞ Arrêt du Parlement de Toulouse, du 12 Janvier 1669, concernant l'Université de Toulouse : *in-4.*]

45274. ☞ Arrêt du Conseil d'Etat, portant Réglement général pour la Faculté de Droit, Canonique & Civil, de l'Université de Toulouse ; du 16 Juillet 1681 : *Toulouse*, Boude, 1682, *in-4.*]

45275. ☞ Arrêt du Parlement de Toulouse, du 24 Novembre 1684, portant Réglement des Collèges de Toulouse, Cahors & Montpellier : *in-4.*]

45276. ☞ Réglement pour toutes les Facultés de Théologie des Universités du Ressort du Parlement (de Toulouse,) avec l'Arrêt d'enregistrement du 11 Septembre 1687 : *Toulouse*, Boude, 1687, *in-4.*]

45277. ☞ Recueil des Edits & Déclarations du Roi, Arrêts, &c. concernant les Universités de Toulouse, de Montpellier & de Cahors : *Toulouse*, 1722, *in-*12.]

45278. ☞ Mss. Processus authenticus pro Domino Comite Fuxi, contrà Dominos Capituli & Universitatis Tolosæ : *in-fol.*

45279. ☞ Mss. Registratio authentica pro eodem Domino Comite Fuxi, &c. *in-fol.*

Ces deux Pièces sont conservées dans la Bibliothèque de la Cathédrale de Reims, num. H. 24 & 25.]

45280. ☞ Mémoire des Prérogatives des Docteurs-Régens de l'Université de Toulouse, & pour les Officiers du Présidial contre ceux de la Chancellerie ; par Pierre BELLOY : Paris, [1582,] *in-4.*

45281. ☞ Avertissement pour les Docteurs-Régens en l'Université de Toulouse, contre les Juges & Officiers Présidiaux dudit lieu : Paris, 1583, *in-4.*]

45282. ☞ Requête verbale contre l'Avertissement (précédent;) par Pierre BELLOY : 1583, *in-8.*]

45283. ☞ Vindiciæ & Expostulationes pro sacræ Facultatis Theolog. Professoribus Academiæ Tolosanæ, apud Regem Christianissimum, & amplissimos Dominos Consistorii, adversùs MM. Petrum Taillasson, U. J. Professorem, aliosque ejusdem Academiæ Professores illius asseclas : *in-4.*]

45284. ☞ Inventaire des Pièces produites par M. Pierre Taillasson, Docteur & Professeur en Droit en l'Université de Toulouse, &c. contre Messire Charles de Montchal, Archevêque de Toulouse, le Chan-

Des Collèges des Provinces indépendans.

celier & les Docteurs-Professeurs en Théologie de la même Université : *in-4.*]

45285. ☞ Avertissement pour le Recteur & Docteurs-Régens de l'Université de Toulouse, touchant le rang & séance prétendu par le Sieur Archevêque de Toulouse, au préjudice dudit Recteur : *in-4.*]

45286. De Academia Tolosana ; Auctore Joan. Jacobo PERCIN, Dominicano.

Ce Discours est imprimé à la fin de son Ouvrage intitulé : *Monumenta Conventûs Tolosani*, &c. *Tolosa*, *1693*, *in-fol.*

45287. ☞ Arrêt du Conseil d'Etat, du 10 Juin 1742, sur le Concours aux Chaires de Professeurs & aux Places d'Aggrégés de la Faculté de Droit de l'Université de Toulouse : *in-4.*]

☞ ON trouvera ci-après, N.° 45478, deux Pièces où il est question des Différends de l'Université de Toulouse avec les Jésuites.]

45288. ☞ Arrêt du Conseil concernant la (prétendue) Université de *Tournon*, & les motifs de cet Arrêt : 1624.

Les Jésuites avoient voulu ériger leur Collège de Tournon en Université ; mais celle de Valence, au voisinage, & ensuite celle de Paris & autres, s'y opposèrent : *voyez* ci-dessus, N.° 44659. Il en fut de même par rapport à leur Collège d'*Angoulême*, en 1625.]

45289. ☞ De l'Université de *Tours*.

Henri IV. donna en 1594 des *Lettres-Patentes* pour sa création ; mais cela n'eut aucune suite, le Parlement ayant abandonné cette Ville un mois après, pour revenir à Paris. C'est ce que l'on apprend de Piganiol, *Description de la France*, tom. *XII*. pag. 40.]

45290. ☞ Remarques sur l'Université de *Valence* ; par PIGANIOL.

Dans sa *Description de la France*, Edition de 1753, tom. *IV*. pag. 285 & 376.]

45291. ☞ De Universitate Valentina ; Auctore Joan. LIMNÆO.

Dans sa *Notitia Règni Franc.* tom. *II*. pag. 489.]

45292. Institutio, Privilegia, & Statuta Universitatis *Valentinæ* : curâ Andreæ BASSET, Rectoris, edita : *Turnone*, Michaelis, 1601, *in-4.*

45293. ☞ Défenses de l'Université de Valence, contre M. Jacques de Leberon, Evêque de ladite Ville : *in-8.*

Nota. Les Séminaires de Lyon, du Puy, de Viviers, & de S. Andiol, tous Sulpiciens, ont été aggrégés (depuis 1737) à cette Académie, dont le Parlement de Dauphiné a demandé la translation à Grenoble.]

§. IV.

Pièces concernant les Collèges de Provinces, qui ne dépendent pas des Universités.

☞ L'AFFAIRE de l'Expulsion des Jésuites, qui avoient en France nombre de Collèges indépendans des Universités, a donné lieu à une multitude de Pièces concernant ces Collèges, & ensuite à l'examen des autres aussi répandus par les Provinces, pour y fixer ou établir la meilleure Institution. La plus grande partie de ces Pièces, qui viennent du Parlement de Paris, ont été imprimées chez Pierre-Guillaume Simon, Imprimeur de ce Parlement, avec les Arrêts, Déclarations, &c. touchant les Jésuites, dont il a fait ensuite un Recueil en huit Volumes *in-4.*

Il a aussi imprimé diverses Pièces *in-12.* de plusieurs autres Parlemens de France ; mais comme ceux-ci n'ont pas tous publié les Pièces qui concernent les Collèges de leurs Ressorts, ou que plusieurs ne sont pas venues à notre connoissance, quelques recherches que nous en ayons faites ; on ne trouvera ici qu'une partie (à la vérité considérable) des Collèges des Provinces de France. Après les Pièces générales, nous avons mis les particulières selon les Villes, par ordre alphabétique.]

45294.* ☞ Répartition des différens Etablissemens des soi-disans Jésuites (dans le Ressort du Parlement de Paris,) faite entre MM. les Commissaires, &c.

Elle est imprimée à la tête du (premier) Compte rendu par M. le Président Rolland, le 25 Janvier 1763. On peut voir par-là quels étoient les Collèges des Jésuites dans le Ressort du Parlement de Paris : les autres se trouvent sur la Carte de France divisée selon les Provinces de l'Assistance que les Jésuites y avoient formée. Nous avons indiqué cette Carte, ci-devant, (Tome I. pag. 78, N.° 1195.) Car la seconde Edition de Longchamps doit être préférée aux deux autres.]

45295. ☞ Arrêt du Parlement (de Paris,) portant qu'il sera envoyé à la Cour, par les Universités du Ressort, des Mémoires sur les Réglemens & Discipline à observer dans les Collèges ; du 3 Septembre 1762 : *Paris*, P. G. Simon, 1762, *in-4.*

C'est au sujet des Collèges des Jésuites que le Parlement venoit d'expulser, en condamnant leur Institut, comme on peut le voir dans notre Tome I. pag. 881.]

45296. ☞ Edit du Roi, portant Réglement pour les Collèges qui ne dépendent pas des Universités ; registré le 5 Février 1763 : *Paris*, P. G. Simon, 1763, *in-4.*]

45297. ☞ Projet d'Articles concernant la Discipline des Collèges qui ne font point partie des Universités : *Paris*, P. G. Simon, 1763, *in-4.*]

45298. ☞ Arrêt du Parlement (de Paris,) qui ordonne qu'à la première assemblée des Bureaux pour les Collèges, les Officiers Municipaux des Villes remettront Copies collationnées des Délibérations par eux prises concernant lesdits Collèges ; du 25 Février 1763 : *Paris*, P. G. Simon, 1763, *in-4.*]

45299. ☞ Arrêt du Parlement (de Paris,) qui ordonne que tous les Titres & Papiers concernant les Collèges du Ressort de la Cour, qu'occupoient les ci-devant Jésuites, & qui sont déposés aux Greffes des Sièges Royaux, seront remis aux Archives desdits Collèges ; du 22 Juillet 1763 : *Paris*, P. G. Simon, 1763, *in-4.*]

45300. ☞ Arrêt du Parlement (de Paris,) qui règle la forme de procéder à la liquidation des Biens des Collèges qui étoient occupés par les ci-devant soi-disans Jésuites; du 19 Août 1763 : *Paris*, P. G. Simon, 1763, *in-*4.]

45301. ☞ Lettres-Patentes portant Réglement au sujet des prétentions respectives entre les Administrateurs des Collèges cidevant desservis par la Compagnie & Société des Jésuites, & les Syndics des Créanciers de ladite Société ; du 21 Novembre 1763 : *Paris*, P. G. Simon, 1763, *in-*4.]

45302. ☞ Lettres-Patentes interprétatives de celles du 14 Juin & du 21 Novembre 1763, concernant les Biens dépendans des Collèges & Etablissemens desservis ci-devant par les Jésuites; du 30 Mars 1764: *Paris*, P. G. Simon, 1764, *in-*4.]

45303. ☞ Arrêt du Parlement (de Paris,) portant Réglement pour les Collèges qui ne dépendent pas des Universités; du 29 Janvier 1765 : *Paris*, P. G. Simon, 1765, *in-*4.]

45304. ☞ Arrêt du Parlement (de Paris,) pour la remise aux Archives des Collèges, de tous les Titres qui concernent les Biens dont ils ont été envoyés en possession; du 29 Avril 1766 : *Paris*, P. G. Simon, 1766, *in-*4.

Autre Arrêt dudit jour, qui fixe le temps pendant lequel la prescription ne peut avoir lieu contre les Bureaux d'administration des Collèges : *Ibid.* 1766, *in-*4.]

45305. ☞ Compte rendu, par M. Rolland, des différens Mémoires envoyés par les Universités sises dans le Ressort de la Cour (du Parlement de Paris,) en exécution de l'Arrêt des Chambres assemblées, du 3 Septembre 1762, relativement au Plan d'Etude à suivre dans les Collèges non-dépendans des Universités, & à la correspondance à établir entre les Collèges & les Universités; du 13 Mai, 1768, *in-* 4. de 98 pages & 2 d'*Errata*.]

45306. ☞ Arrêt du Parlement (de Paris,) portant Réglement pour les Collèges qui ne dépendent pas des Universités; du 12 Février 1770 : *in-*4.

Il concerne les Bureaux d'Administration.]

45307. ☞ Compte rendu aux Chambres assemblées (du Parlement de Paris;) par M. DE L'AVERDY, le 26 Août 1763, de plusieurs Collèges de Provinces, situés dans le Ressort du Parlement, qui n'étoient pas desservis par les ci-devant soi-disans Jésuites : *Paris*, P. G. Simon, *in-*4. de 18 pages.

On trouve *pag.* 3, la Répartition faite entre MM. les Commissaires du Parlement. M. de l'Averdy ne parle que de ceux dont il étoit chargé.]

45308. ☞ Compte rendu, par M. l'Abbé TERRAY, de plusieurs Collèges, &c. du 6 Avril 1764.

Depuis la *pag.* 19 jusqu'à 133 du Receuil sur les Collèges, successivement imprimé chez Simon : *in-*4.]

45309. ☞ Compte rendu, par M. le Président ROLLAND, de plusieurs Collèges, &c. du 15 Janvier 1765, *in-*4.

Depuis la *pag.* 135 jusqu'à 216.]

45310. ☞ Compte rendu par M. ROUSSEL DE LA TOUR, le 26 Août 1768, de plusieurs Collèges de Provinces situés dans le Ressort du Parlement, qui n'étoient pas desservis par les ci-devant soi-disans Jésuites ; *in-*4.

Ce Compte, qui n'est qu'indiqué dans la Table du Tome VII. de P. G. Simon, & qui a été imprimé plusieurs années après, commence *pag.* 217, & finit à 248. Il complette l'Histoire des Collèges de Provinces qui sont dans le Ressort du Parlement de Paris jusqu'en 1771.]

45311. ☞ Arrêt du Parlement de Bordeaux, du 3 Septembre 1762, au sujet du Collège d'*Agen*, donné aux Dominicains : *Bordeaux*, *in-*4. *Paris*, *in-*12.]

45312. ☞ Arrêt du Parlement de Bordeaux, du 22 Décembre 1762, qui homologue le Traité passé le 18 Septembre par les différens Corps de la Ville d'*Agen*, avec les Dominicains pour le Collège de cette Ville, &c. *Bordeaux*, *in-*4. *Paris*, *in-*12.

Cet arrangement n'a pas eu lieu.]

45313. ☞ Compte rendu, par M. ROUSSEL DE LA TOUR, concernant le Collège que les Jésuites occupoient à *Aire*, du 11 Février 1765.

C'est la XIe Partie du Tome II. des *Comptes rendus* au Parlement de Paris, *pag.* 297-302.]

45314. ☞ Arrêt du Parlement de Rouen, sur le remplacement des soi-disans Jésuites dans le Collège d'*Alençon*; du 18 Juin 1762 : *Rouen*, le Boullanger, *in-*4. *Paris*, *in-*12.]

45315. ☞ Diverses Lettres-Patentes données en 1766 & 1767, pour des Collèges d'*Alsace*, possédés ci-devant par les Jésuites.

Elles sont indiquées dans le Compte rendu au Parlement de Paris, par M. le Président Rolland, sur les Mémoires des Universités, le 13 Mai 1768.]

45316. ☞ Compte rendu aux Chambres assemblées (du Parlement de Paris,) par M. DE L'AVERDY, sur le Collège d'*Amiens*, que les ci-devant soi-disans Jésuites occupoient; du 15 Mars 1763 : *in-*4.

C'est la Ve Partie du Tome I. des *Comptes rendus*, *pag.* 113-136.]

45317. ☞ Lettres-Patentes du Roi, portant confirmation & Réglement pour le Collège d'*Amiens*; du 21 Mai 1763 : *in-*4.

Autres, du 28 Novembre 1767 : *in-*4.]

45318. ☞ Arrêt du Grand-Conseil du 19 Septembre 1625, qui défend aux Jésuites du Collège d'*Angoulême* de prendre le nom, &c. d'Université : *in-*4.

Il fut obtenu après le Procès intenté par l'Université de Paris, & autres : il en est parlé dans le Compte suivant, *pag.* 265.]

45319.

Des Collèges de Provinces indépendans. 49

45319. ☞ Compte rendu (au Parlement de Paris,) par M. le Président ROLLAND, sur le Collège que les soi-disans Jésuites occupoient à Angoulême; du 14 Juin 1763 : *in-*4.

C'est la XIIe Partie du Tome I. des *Comptes rendus, pag.* 259-292.]

45320. ☞ Lettres-Patentes en faveur du Collège d'Angoulême, du 27 Octobre 1763 : *in-*4.]

45320.* ☞ Arrêt du Parlement (de Paris,) portant Envoi en possession du Collège d'Angoulême, des Biens qui lui appartiennent, &c. du 29 Janvier 1765 : *in-*4.]

45321. ☞ Compte rendu aux Chambres assemblées (de Paris,) concernant l'Administration des Collèges de la Province d'Artois, par M. ROUSSEL DE LA TOUR; du 24 Juillet 1764 : *in-*4.

C'est la VIe Partie du Tome II. des *Comptes rendus, pag.* 233-260.]

45322. ☞ Compte rendu, &c. concernant le Collège d'*Arras*, par le même; du 3 Août 1764 : *in-*4.

C'est la VIIe Partie du Tome II. des *Comptes rendus, pag.* 261-272.]

45323. ☞ Arrêt du Parlement (de Paris,) du 7 Mai 1765, concernant l'exécution d'un Arrêt du 29 Janvier, dans les Collèges de la Province d'Artois & de la Ville de Dunkerque : *Paris*, P. G. Simon : *in-*4.]

45324. ☞ De Collegio Auscitano, (d'*Auch*,) Leonardi PODII Carmen, ad posteritatem : Ejusdem aliquot Epigrammata : *Tholosa*, Boudevillæus, 1551, *in-*8.]

45325. ☞ Compte rendu (au Parlement de Paris,) par M. ROLLAND, concernant le Collège que les Jésuites occupoient à *Aurillac*; du 5 Septembre 1763 : *in-*4.

C'est la XXIXe Partie du Tome I. des *Comptes rendus,* &c. *pag.* 668-682.]

45326. ☞ Lettres-Patentes portant confirmation & Réglement pour le Collège d'Aurillac; du 3 Mars 1764 : *in-*4.]

45327. ☞ Arrêt du Parlement (de Paris,) portant Envoi en possession du Collège d'Aurillac, des Biens qui lui appartiennent, &c. du 29 Janvier 1765 : *in-*4.]

45328. ☞ Lettres-Patentes (du 20 Juin 1765;) concernant le Collège d'Aurillac : *in-*4.]

45329. ☞ Compte rendu, &c. par M. ROLLAND, concernant le Collège que les Jésuites occupoient à *Auxerre*; du 23 Août 1763 : *in-*4.

C'est la XXIIIe Partie du Tome I. des *Comptes rendus* au Parlement de Paris, *pag.* 547-572.]

45330. ☞ Lettres-Patentes en faveur du Collège d'Auxerre; du 10 Novembre 1763 : *in-*4.]

45331. ☞ Déclaration du Roi, concernant le Collège d'Auxerre; du 10 Août 1764 : *in-*4.]

45332. ☞ Arrêt du Parlement (de Paris,) du 29 Janvier 1765, portant Envoi en possession du Collège d'Auxerre, des Biens qui lui appartiennent, en exécution des Lettres-Patentes, &c. *in-*4.]

45333. ☞ Lettres-Patentes concernant le Collège d'Auxerre; du 20 Juin 1765 : *in-*4.]

45334. ☞ Compte rendu, par M. ROUSSEL DE LA TOUR, concernant le Collège que les Jésuites occupoient à *Bar-le-Duc*; du 2 Septembre 1763.]

C'est la XXVIIIe Partie du Tome I. des *Comptes rendus* au Parlement de Paris, *pag.* 659-668.]

45335. ☞ Lettres-Patentes, portant confirmation & Réglement pour le Collège de Bar-le-Duc; du 24 Janvier 1764 : *in-*4.]

45336. ☞ Arrêt du Parlement (de Paris,) du 8 Août 1766, portant Envoi en possession du Collège de Bar-le-Duc, des Biens qui lui appartiennent : *Paris*, P. G. Simon, *in-*4.]

45337. ☞ Mémoire des Chanoines Réguliers de S. Antoine, chargés du Collège-Séminaire de *Belley*, pour servir de Réponse aux Représentations de l'Université de Dijon, contre les Lettres-Patentes du 10 Janvier 1760, par lesquelles ledit Collège est uni & aggrégé à l'Université de Besançon : *in-fol.*]

45338. ☞ Lettres-Patentes du 12 Décembre 1767, registrées au Parlement de Flandre, portant confirmation du Collège de *Bergues*, ci-devant possédé par les Jésuites.

Elles sont citées dans le *Compte rendu* à Paris, par M. Rolland, sur les Mémoires des Universités, le 13 Mai 1768.]

45339. ☞ Pièces importantes concernant les Jésuites de *Besançon* : (1762,) *in-*12. de 39 pages.

On y voit comment se fit leur établissement à Besançon, en 1597. Ils en furent entièrement exclus par l'enregistrement que fit le Parlement le 26 Janvier 1765, de l'Edit de Novembre 1764. On n'a rien imprimé, de notre connoissance, sur la disposition des Collèges de Franche-Comté.]

45340. ☞ Compte rendu, par M. ROUSSEL DE LA TOUR, concernant le Collège que les Jésuites occupoient à *Béthune*; du 11 Février 1765.

C'est la Xe Partie du Tome II. des *Comptes rendus* au Parlement de Paris, *pag.* 289-296.]

45341. ☞ Mémoire concernant le Collège de *Béziers*; (par M. FOULQUIER, Principal du Collège:) *in-*4.

Ce Mémoire a été présenté en 1764 au Parlement de Toulouse, qui a donné son avis pour la conservation du Collège.]

45342. ☞ Compte rendu, par M. ROLLAND, le 15 Juillet 1763, sur le Collège que

Tome IV. Part. I. G

les Jésuites occupoient à *Billom*, en Auvergne.

Il se trouve avec celui de *Clermont-Ferrand*: XVIIe Partie du Tome I. des *Comptes rendus* au Parlement de Paris, *pag.* 438 & *suiv.*]

45343. ☞ Lettres-Patentes portant confirmation du Collège de Billom; du 20 Juin 1765 : *in*-4.]

45344. ☞ Arrêt du Parlement (de Paris,) portant Envoi en possession du Collège de Billom, des Biens qui lui appartiennent, &c. du 19 Juillet 1765 : *in*-4.]

45345. ☞ Compte rendu, par M. ROLLAND, concernant le Collège que les Jésuites occupoient à *Blois*; du 29 Avril 1763 : *in*-4.

C'est la Xe Partie du Tome I. des *Comptes rendus*, *pag.* 217-232.]

45346. ☞ Lettres-Patentes pour la confirmation & Réglement du Collège de Blois; du 8 Décembre 1763 : *in*-4.]

45347. ☞ Arrêt du Parlement, portant Envoi en possession du Collège de Blois, des Biens qui lui appartiennent, &c. du 29 Janvier 1765 : *in*-4.]

45348. ☞ Arrêt du Parlement, du 14 Mai 1765, au sujet de la Chapelle du Collège de Blois : *in*-4.]

45349. ☞ Lettres-Patentes concernant le Collège de Blois; du 20 Juin 1765 : *in*-4.]

45350. ☞ Réglement pour le Collège de *Bordeaux*, (ci-devant possédé par les Jésuites,) homologué par Arrêt du Parlement de Bordeaux; du 11 Février 1764 : *Bordeaux, in*-4. *Paris, in*-12.]

45351. ☞ Arrêt du Parlement de Bordeaux, portant que le Principal & les Professeurs qui doivent remplacer les soi-disans Jésuites au Collège de la Magdeleine de cette Ville, seront installés, &c. du 1 Février 1763 : *Bordeaux, in*-4. *Paris, in*-12.]

45352. ☞ Arrêt du Parlement de Bordeaux, portant homologation du Réglement de l'Université (de Bordeaux,) pour ledit Collège; du 11 Février 1764 : *Ibid.*]

45353. ☞ Compte rendu, par M. ROLLAND, concernant le Collège des Jésuites à *Bourges*; du 7 Juin 1764 : *in*-4.

C'est la Ve Partie du Tome II. des *Comptes rendus* au Parlement de Paris, *pag.* 137-232.]

━ ☞ Mss. Diverses Pièces sur les Collèges de *Bourgogne*.

Ci-devant, au Tome III. N.° 36429. Ces Collèges, qui y sont nommés, se trouvent au nombre de dix.]

45354. ☞ Arrêt du Parlement de *Bretagne*, (au sujet) des Collèges de *Rennes, Vannes & Quimper*; du 23 Juin 1762 : *Rennes, in*-4. *Paris, in*-12.

45355. ☞ Deux autres, du 19 Août 1762,

pour l'Administration des mêmes Collèges & la Nomination des Professeurs, &c. *Ibid.*

45356. ☞ Autres, des 22 Janvier & 28 Février 1763, pour la contribution des Ecoliers étudians auxdits Collèges : *Ibid.*]

45357. ☞ Arrêts du Parlement de Bretagne, au sujet des Collèges de cette Province; des 22 Jan. & 28 Fév. 1763 : *Rennes, in*-4.]

45358. ☞ Arrêt du Parlement de Rouen, sur le remplacement des soi-disans Jésuites dans le Collège de *Caen*, (dit le Collège du Mont;) du 8 Juillet 1762 : *Rouen, in*-4.

Il a été imprimé à Paris, *in*-12. *pag.* 8, d'un petit Recueil d'Arrêts de Rouen, commençant par un Arrêt du 10 Juillet 1762.]

45359. ☞ Arrêts du même Parlement, des 8 Juillet, 18 Août 1762, & 5 Mars 1763, au sujet du Collège du Mont : *in*-4. & *in*-12.]

45360. ☞ Edit du mois de Décembre 1765, registré au Parlement de Flandre, portant confirmation du Collège de *Cassel*, possédé ci-devant par les Jésuites : *in*-4.]

45361. ☞ Lettres-Patentes du 26 Septembre 1764, pour le Collège de *Carcassonne*, confié aux Prêtres de la Doctrine Chrétienne; vérifiées au Parlement de Toulouse le 19 Novembre suivant : *in*-4.]

45362. ☞ Compte rendu, par M. ROUSSEL DE LA TOUR, concernant le Collège des Jésuites à *Charleville*; du 22 Mai 1764.

C'est la IIIe Partie du Tome II. des *Comptes rendus* au Parlement de Paris, *pag.* 27-36.]

45363. ☞ Lettres-Patentes portant confirmation du Collège de Charleville; du 25 Août 1765 : *in*-4.]

45364. ☞ Arrêt du Parlement (de Paris,) du 8 Août 1766, portant Envoi en possession du Collège de Charleville, des Biens qui lui appartiennent : *in*-4.]

45365. ☞ Compte rendu, par M. ROUSSEL DE LA TOUR, concernant le Collège que les soi-disans Jésuites possédoient à *Châlons-sur-Marne*; du 5 Septembre 1763.

C'est la XXXIe Partie du Tome I. des *Comptes rendus* au Parlement de Paris, *pag.* 721-726.]

45366. ☞ Lettres-Patentes portant confirmation du Collège de Châlons (-sur-Marne;) du 11 Août 1766; registrées en Parlement le 18 Mars 1768 : *in*-4.]

45367. ☞ Arrêt du Parlement (de Paris,) portant Envoi en possession du Collège de Châlons-sur-Marne, des Biens qui lui appartiennent, &c. du 26 Mars 1768 : *in*-4.]

45368. ☞ Lettres-Patentes du 7 Août 1764, au sujet du Collège de *Châlon-sur-Saône*; vérifiées au Parlement de Dijon le 17 du même mois : *in* 4.]

45369. ☞ Compte rendu (au Parlement de Paris,) par M. ROUSSEL DE LA TOUR, concernant le Collège que les Jésuites oc-

Des Collèges de Provinces indépendans.

cupoient à *Chaumont-en-Bassigny*; du 5 Septembre 1763 : *in-4*.

C'est la XXXIIe Partie du Tome I. des *Comptes rendus*, *pag. 727-733.*]

45370. ☞ Lettres-Patentes portant confirmation & Réglement pour le Collège de Chaumont-en-Bassigny; du 25 Février 1764 : *in-4*.

Arrêt du Parlement, du 9 Janvier 1767, portant Envoi en possession, &c. *in-4*.]

45371. ☞ Compte rendu, par M. ROLLAND, concernant le Collège que les Jésuites occupoient à *Clermont-Ferrand*; du 15 Juillet 1763 : *in-4*.]

C'est la XVIIe Partie du Tome I. des *Comptes rendus au Parlement de Paris*, *pag. 407-438.*]

45372. ☞ Lettres-Patentes portant confirmation & Réglement pour le Collège de Clermont-Ferrand; du 25 Janv. 1764 : *in-4*.]

45373. ☞ Arrêt du Parlement (de Paris,) portant Envoi en possession du Collège de Clermont-Ferrand, des Biens qui lui appartiennent, &c. du 11 Février 1765 : *in-4*.]

45374. ☞ Compte rendu, par M. ROUSSEL DE LA TOUR, concernant le Collège que les Jésuites occupoient à *Compiègne*; du 2 Juillet 1763.

C'est la XIVe Partie du Tome I. des *Comptes rendus au Parlement de Paris*, *pag. 345-358.*]

45375. ☞ Lettres-Patentes qui confirment le Collège de la Ville de Compiègne, & l'union qui y a été faite de la Chapelle de Notre-Dame de Bonne-Nouvelle; du 28 Août 1763 : *in-4*.]

45376. ☞ Arrêt du Parlement (de Paris,) du 8 Août 1766, portant Envoi en possession du Collège Royal de Compiègne : *in-4*.

En 1772 le Roi l'a confié aux Bénédictins.]

45377. ☞ Instauratæ Musarum *Deppensium Sedes : Deppiis*, 1648, *in-4*.

Le Collège de *Dieppe*, en Normandie, est depuis ce temps gouverné par des Prêtres de l'Oratoire.]

45378. ☞ Edit du mois de Mai 1767, registré au Parlement de Flandre, portant confirmation & Réglement pour le Collège d'Anchin dans la Ville de *Douay*, possédé ci-devant par les Jésuites : *in-4*.

Ce Collège a été réuni, comme le suivant, à l'Université de cette Ville.]

45379. ☞ Histoire du Collège Anglois de Douay, à laquelle on a joint la Politique des Jésuites Anglois : Ouvrage traduit de l'Anglois : *Londres*, (Paris,) 1762, *in-12*.

Il s'agit-là d'un second Collège que les Jésuites avoient à Douay.]

45380. ☞ Compte rendu, par M. ROUSSEL DE LA TOUR, concernant le Collège de *Dunkerque*, ci-devant occupé par les Jésuites; du 3 Août 1764 : *in-4*.

C'est la VIIIe Partie des *Comptes rendus au Parlement de Paris*, *pag. 273-280.*]

== Arrêt du Parlement (de Paris,) du 7 Mai 1765, sur le Collège de Dunkerque.

Ci-dessus, avec ceux d'Artois, N.º 45323.

45381. ☞ Lettres-Patentes portant confirmation & Réglement pour le Collège de Dunkerque; du 26 Mai 1769 : *in-4*.]

45382. ☞ Arrêt du Parlement (de Paris,) du 27 Août 1770, concernant le Collège d'*Etampes*, tenu par les Barnabites : *in-4*.]

45383. ☞ Compte rendu, par M. ROUSSEL DE LA TOUR, concernant le Collège d'*Eu*, ci-devant possédé par les Jésuites; du 10 Mars 1764 : *in-4*.

C'est la IIe Partie du Tome II. des *Comptes rendus au Parlement de Paris*, *pag. 17-26.*]

45384. ☞ Lettres-Patentes portant confirmation & Réglement du Collège de la Ville d'Eu; du 21 Juillet 1764 : *in-4*.]

45384.* ☞ Arrêt du Parlement (de Paris,) portant Envoi en possession du Collège d'Eu, &c. du 19 Juillet 1765 : *in-4*.]

45385. ☞ Lettres-Patentes des 5 & 25 Février 1765, concernant les Collèges des Provinces de *Flandre* : *in-12*.]

45386. ☞ Compte rendu, par M. ROLLAND, concernant le Collège de la *Flèche*, que les Jésuites occupoient; du 5 Juillet 1763 : *in-4*.

C'est la XVe Partie du Tome I. des *Comptes rendus au Parlement de Paris*, *pag. 539-590.*]

45387. ☞ Lettres-Patentes portant confirmation du Collège Royal de la Flèche, & qui y établissent un Pensionnat de 250 Gentilshommes; du 7 Avril 1764.

Ces jeunes Gentilshommes doivent ensuite passer (au moins la plûpart,) à l'Ecole Militaire de Paris.]

45388. ☞ Arrêt du Parlement (de Paris) du 21 Août 1764, portant Envoi en possession du Collège de la Flèche, des Biens qui lui appartiennent en exécution des Lettres-Patentes des 14 Juin, 21 Novembre 1763, & 30 Mars 1764 : *in-4*.

45389. ☞ Délibération de l'Université (de Paris,) du 24 Mai 1766, & Lettres-Patentes du Roi données le 7 Avril 1767, pour l'affiliation du Collège Royal de la Flèche.

Ces deux Pièces sont imprimées en parallèle, p. 58 & suiv. du Compte rendu par M. Rolland, des différens Mémoires envoyés par les Universités, &c. du 13 Mai 1768 : *in-4*.

Arrêt du Conseil, du 8 Août 1767, concernant le même Collège : *in-4*.]

45390. ☞ Compte rendu, par M. ROLLAND, concernant le Collège de Fontenay-le-Comte, que les Jésuites occupoient; du 2 Septembre 1763 : *in-4*.

C'est la XXVIIe Partie du Tome I. des *Comptes rendus au Parlement de Paris*, *pag. 637-658.*]

Tome IV. Part I.

45391. ☞ Lettres-Patentes qui confirment le Collège de Fontenay-le-Comte, & l'union qui y a été faite du Prieuré de Rohan-Rohan : *in-*4.]

45392. ☞ Arrêt du Parlement (de Paris,) portant Envoi en possession du Collège de Fontenay-le-Comte, des Biens qui lui appartiennent; du 29 Janvier 1765 : *in-*4.]

45393. ☞ Lettres-Patentes concernant le même Collège; du 28 Août 1765 : *in-*4.]

45394. ☞ Tentative des Jésuites pour établir un Collège à *Gueret.*

Il en est parlé dans la Pièce intitulée : « Compte » rendu, par M. Rolland, concernant la Résidence que » les Jésuites occupoient à Gueret, du 2 Septembre » 1763 : *in-*4. ». C'est la XXVIe Partie du Tome I. des *Comptes rendus* au Parlement de Paris, *p.*625-636.]

45395. ☞ Arrêt du Parlement de Bordeaux concernant les Collèges, &c. possédés ci-devant par les Jésuites (en *Guyenne*;) du 13 Août 1762 : *Bordeaux, in-*4. *Paris, in-*12.

Autre du même, sur lesdits Collèges; du 3 Décembre 1762 : *Ibid.*]

45396. ☞ Compte rendu, par M. ROUSSEL DE LA TOUR, concernant le Collège que les Jésuites occupoient à *Hesdin*; du 11 Février 1765.

C'est la XVIe Partie du Tome II. des *Comptes rendus* au Parlement de Paris, *pag.* 303-314.]

45396.* ☞ Lettres-Patentes qui suppriment le Collège d'Hesdin, registrées au Parlement (de Paris,) le 28 Août 1770 : *in-*4.]

45397. ☞ Compte rendu, par M. DE L'AVERDY, concernant le Collège de *Langres*, que les Jésuites occupoient; du 19 Mars 1763 : *in-*4.

C'est la VIIe Partie du Tome I. des *Comptes rendus* au Parlement de Paris, *pag.* 169-182.]

45398. ☞ Lettres-Patentes, portant confirmation & Règlement pour le Collège de la Ville de Langres; du 19 Août 1763 : *in-*4.]

45399. ☞ Arrêt du Parlement de Toulouse, du 13 Septembre 1762, portant qu'il sera formé des Bureaux d'Administration dans plusieurs Villes du Ressort, (en *Languedoc & Guyenne Orientale,*) à l'effet de pourvoir à l'enseignement des Collèges ci-devant occupés par les soi-disans Jésuites : *Toulouse, in-*4. & *Paris, in-*12.]

45400. ☞ Autre (du même,) du 17 Décembre 1762, sur lesdits Collèges : *Ibid. in-*4. & *in-*12.]

45401. ☞ Compte rendu, par M. ROUSSEL DE LA TOUR, concernant le Collège de la Ville de *Laon*, ci-devant occupé par les Jésuites; du 5 Août 1763 : *in-*4.

C'est la XIXe Partie des *Comptes rendus* au Parlement de Paris, ci-devant, *pag.* 483-490.]

45402. ☞ Lettres-Patentes du 12 Décembre 1767, registrées au Parlement de Flandre, portant confirmation du Collège de *Lille,* ci-devant possédé par les Jésuites : *in-*4.]

45403. ☞ Du Collège de *Loches*, & Arrêt du Parlement de Paris, du 17 Juin 1698, rendu en faveur des Collèges de Communautés Religieuses : *in-*4.

Il est encore parlé de ce Collège de Loches, qui est desservi par les Barnabites, au *Journal des Audiences* en 1698, *tom. V.* On peut voir ce qui en est dit *pag.* 63 du Compte rendu par M. l'Abbé Terray, le 6 Avril 1764, sur une partie des Collèges de Provinces non desservis par les Jésuites, *pag.* 63 *& suiv.*]

45404. ☞ Diverses Lettres-Patentes données en 1768, pour les Collèges de *Lorraine,* ci-devant occupés par les Jésuites : *in-*4.

Elles sont citées dans le Compte rendu par M. Rolland, sur les Mémoires des Universités, ci-dessus, N.° 45305.]

45405. ☞ Compte rendu, par M. DE L'AVERDY, concernant les Etablissemens (& Collèges) de *Lyon*, que les Jésuites occupoient; du 8 Mars 1763 : *in-*4.

C'est la IVe Partie du Tome I. des *Comptes rendus* au Parlement de Paris, *pag.* 79-112.]

45406. ☞ Lettres-Patentes portant Règlement pour l'Administration des Collèges de la Ville de Lyon; du 29 Avril 1763 : *in-*4.]

45407. ☞ Représentations à M. le Chancelier, par la Cour des Monnoies, Sénéchaussée & Présidial de Lyon, au sujet des (susdites) Lettres-Patentes : *in-*4.

On s'y plaint de ce qu'on a confié le Collège de la Trinité aux Prêtres de l'Oratoire.]

45408. ☞ Arrêt du Parlement (de Paris,) du 17 Juin 1763, qui supprime les Représentations (précédentes :) *in-*4.]

45409. ☞ Lettre Pastorale de M. l'Archevêque de Lyon, (Messire Antoine de Malvin DE MONTAZET;) du 30 Juin 1763 : *in-*4.]

45410. ☞ Sentence de la Sénéchaussée de Lyon; du 2 Août 1763, qui condamne au feu un Ecrit ayant pour titre : *Observations d'un Négociant : in-*4.]

45411. ☞ Arrêt du Parlement (de Paris,) portant Envoi en possession des Collèges de la Trinité & de Notre-Dame de Lyon, des Biens qui leur appartiennent, &c. du 9 Mai 1766 : *in-*4.]

45412. ☞ Lettres-Patentes du 13 Janvier 1772, concernant l'Administration des Collèges dans le Ressort du Conseil Supérieur de Lyon : *in-*4.

C'est le titre; mais dans le contenu il n'est nommément question que du Collège de la Ville de Lyon.]

45413. ☞ Compte rendu, par M. ROUSSEL DE LA TOUR, concernant le Collège de *Mâcon*, occupé ci-devant par les Jésuites; du 24 Mars 1763 : *in-*4.

C'est la IXe Partie du Tome I. des *Comptes rendus* au Parlement de Paris, *pag.* 203-216.]

Des Collèges de Provinces indépendans.

45414. ☞ Lettres-Patentes confirmatives du Collège de la Ville de Mâcon ; du 28 Août 1763 : *in* 4.]

45415. ☞ Lettres-Patentes concernant le Collège de Mâcon ; du mois de Septembre 1770, regiſtrées le 5 Août 1771 : *in*-4. Autres, regiſtrées par la Chambre des Vacations, le 25 Septembre 1770.]

45416. ☞ Lettres-Patentes du 12 Décembre 1767, regiſtrées au Parlement de Flandre, portant confirmation du Collège de *Maubeuge*, ci-dev. poſſédé par les Jéſuites : *in*-4.]

45417. ☞ Compte rendu, par M. Rolland, ſur le Collège de *Mauriac*, occupé ci-devant par les Jéſuites ; du 5 Septembre 1763 : *in*-4.
Il ſe trouve avec celui qui concerne le Collège d'Aurillac, ci-deſſus, N.° 45325, & depuis la *pag.* 683 du Tome I. des *Comptes rendus* au Parlement de Paris.]

45418. ☞ Lettres Patentes portant confirmation du Collège de Mauriac ; du 20 Juin 1765 : *in*-4.]

45419. ☞ Arrêt du Parlement (de Paris,) portant Envoi en poſſeſſion du Collège de Mauriac, des Biens qui lui appartiennent ; du 19 Juillet 1765 : *in*-4.]

45420. ☞ Collegium *Montargienſe*, Ode, à Carolo Beaujonnier, (ſine anno, &c.). *in*-4.
Ce Collège de Montargis eſt occupé par des Barnabites. On peut voir comment s'y fit leur Etabliſſement en 1621, *pag.* 35 & *ſuiv.* de l'*Hiſtoire du Gâtinois*, par Guillaume Morin : Paris, 1630, *in*-4. & le *Compte rendu* par M. Terray, du 6 Avril 1764, *pag.* 86.]

45421. ☞ Compte rendu, par M. Rolland, concernant le Collège de *Moulins*, occupé ci-devant par les Jéſuites ; du 19 Mars 1763 : *in*-4.
C'eſt la VIe Partie du Tome I. des *Comptes rendus* au Parlement de Paris, *pag.* 137-168.]

45422. ☞ Lettres-Patentes portant confirmation & Réglement du Collège de *Moulins* ; du 20 Juillet 1763 : *in*-4.]

45423. ☞ Autres, ſur le même ſujet, du 31 Août 1674 : *in*-4.]

45424. ☞ Arrêt du Parlement (de Paris,) portant Envoi en poſſeſſion du Collège de Moulins, des Biens qui lui appartiennent, &c. du 11 Février 1765 : *in*-4.]

45425. ☞ Compte rendu, par M. de l'Averdy, ſur le Collège de *Nevers*, occupé ci-devant par les Jéſuites ; du 15 Mars 1763 : *in*-4.
C'eſt la VIIIe Partie du Tome I. des *Comptes rendus*, &c. *pag.* 183-202.]

45426. ☞ Lettres-Patentes en faveur du Collège de la Ville de Nevers ; du 11 Août 1763 : *in*-4.]

45427. De Collegio & Univerſitate Nemauſenſi, Opuſculum Claudii Badüellii : *Lugduni*, 1540.
☞ On a déja obſervé ci-deſſus, (après le N.° 45216,) que c'eſt à tort que ce Collège de *Niſmes* étoit appellé *Univerſité* par les Calviniſtes, qui en ont été long-temps en poſſeſſion.]

45428. Academiæ Nemauſenſis Leges, [ad optimatum Academiarum exemplar, collatis doctiſſimorum judiciis, ſummâ curâ & diligentiâ] inſtauratæ & emendatæ : *Nemauſi*, 1582, *in*-4.
Jean de Serres, qui a écrit une Hiſtoire de France, y étoit alors Profeſſeur en Théologie & Miniſtre.
☞ Proſper Marchand regarde ce fait comme douteux : *Dictionnaire, tom. II. pag.* 202. On peut voir au reſte, ſur ce Collège, l'*Hiſtoire de Niſmes*, par Léon Ménard, *t. V. p.* 200. On y trouve ces Loix réimprimées.]

45429. ☞ Lettres-Patentes du 22 Octobre 1765, pour le Collège de Niſmes, confié aux Prêtres de la Doctrine Chrétienne ; vérifiées au Parlement de Touloufe, le 18 Novembre ſuivant : *in*-4.
Il étoit auparavant poſſédé par les Jéſuites.]

45430. ☞ Arrêt du Parlement de Rouen, concernant divers Collèges de *Normandie* ; du 26 Juin 1762 : *Rouen*, le Boullanger, *in*-4. *Paris*, *in*-12.]

45431. ☞ Mſ. Remarques & Pièces ſur le Collège de *Noyon*, (régi par des Chanoines Réguliers.)
Dans l'Hiſtoire manuſcrite de Noyon, par M. Beaucousin, que nous avons indiquée ci-devant, Tome III. N.° 34892.]

45432. ☞ Compte rendu, par M. Rolland, ſur le Collège d'*Orléans*, que les ſoi-diſans Jéſuites occupoient ; du 27 Août 1763 : *in*-4.
C'eſt la XXIVe Partie du Tome I. des *Comptes rendus* au Parlement de Paris, *pag.* 581-610.]

45433. ☞ Lettres-Patentes confirmatives du Collège d'Orléans ; du 8 Novembre 1763 : *in*-4.]

45433.* ☞ Arrêt du Parlement (de Paris,) du 4 Septembre 1764, portant Envoi en poſſeſſion du Collège d'Orléans, des Biens qui lui appartiennent : *in*-4.]

45434. ☞ Arrêté du Parlement de *Pau*, au ſujet du Collège de cette Ville, ci-devant occupé par les Jéſuites ; du 5 Juin 1764 : (*Paris*,) *in*-12.]

45435. ☞ Arrêt du Conſeil Souverain de Rouſſillon, portant Réglemens proviſoires pour l'adminiſtration du Collège de *Perpignan*, ci-devant occupé par les ſoi-diſans Jéſuites, pour la nomination de nouveaux Maîtres, & l'inſtruction de la jeuneſſe ; du 9 Sept. 1762 : *Perpignan*, *in*-4. *Paris*, *in*-12.]

45436. ☞ Mémoire contenant les Règles du Collège de Pontlevoy, régi par les Bénédictins : *in*-4.]

45437. ☞ Compte rendu, par M. le Préſident Rolland, ſur les Collèges de *Poitiers*, ci-devant occupés par les Jéſuites ; du 7 Juin 1764 : *in*-4.
C'eſt la IVe Partie du Tome II. des *Comptes rendus* au Parlement de Paris, *pag.* 37-135.]

45438. ☞ Arrêt du Parlement (de Paris,) du 7 Juin 1650, concernant le Collège de Pontoife : in-4.

Les Jéfuites avoient établi ce Collège de leur autorité : on en peut voir l'Histoire dans la Pièce fuivante.]

45439. ☞ Compte rendu, par M. Rolland, concernant l'Etabliſſement que les Jéſuites avoient à Pontoiſe, ſous le nom de Réſidence; du 21 Mai 1763 : in-4.

C'est la XIe Partie du Tome I. des *Comptes rendus* au Parlement de Paris, *pag.* 233-258.]

45440. ☞ Mémoire de l'Univerſité de Paris, touchant le Collège de *Provins* : (1668,) in-8.]

45441. ☞ Ordonnance de M. l'Archevêque de Sens, (Louis-Henri DE GONDRIN,) au ſujet de l'Entrepriſe des Jéſuites ſur le Collège de Provins; du 2 Février 1668 : in-4.

Ce Collège a été enſuite confié aux Prêtres de l'Oratoire, qui y ſont encore. On peut voir l'Histoire de ce qui le concerne dans le Compte rendu par M. TERRAY, ſur une partie des Collèges du Reſſort du Parlement, qui n'étoient pas deſſervis par les Jéſuites; du 6 Avril 1764, *pag.* 102.]

— ☞ Du Collège des Jéſuites à *Quimper*.
Ci-après, à l'Article de Rennes, N.os 45447 & ſuiv.]

45442. ☞ Franciſco Brularto ſuo Fundatori Academica parentalia, à Collegio Remenſi perſoluta, in omni Carminum genere, Laudationes funebres & Panegyricus Poeticus : accedit Drama, Joannes Eleemoſynarius : *Remis*, 1631, in-4.

C'eſt un Ouvrage des Jéſuites de Reims, lors de leur Etabliſſement en cette Ville.]

45443. ☞ Compte rendu, par M. ROUSSEL DE LA TOUR, concernant le Collège de *Reims*, que les Jéſuites occupoient; du 24 Janvier 1764.

C'est la Ie Partie du Tome II. des *Comptes rendus*, *pag.* 1-16.]

45444. ☞ Lettres-Patentes portant ſuppreſſion du Collège ci-devant deſſervi par les Jéſuites en la Ville de Reims, & union de tous ſes biens-fonds au Collège des Bons-Enfans de ladite Ville; du 4 Septembre 1764, regiſtrées le 25 Janvier 1766 : *Paris*, P. G. Simon, in-4.]

45445. ☞ Arrêt du Parlement (de Paris,) du 25 Janvier 1766, qui envoie l'Hôpital de la Ville de Reims en poſſeſſion des Bâtimens du Collège des Jéſuites, ſupprimé en ladite Ville : *Paris*, P. G. Simon, in-4.]

45446. ☞ Etabliſſement du Collège de *Rennes*, ci-devant occupé par les Jéſuites.

C'eſt le premier Article du Mémoire du Bureau ſervant de la Communauté de Rennes, (préſenté au Parlement de Rennes, &c.) *Rennes*, Vatar, 1762, in-12.]

45447. ☞ Arrêt du Parlement de Bretagne (ou de Rennes,) du 23 Juin 1762, qui règle les honoraires des Principaux & Profeſſeurs des Collèges de *Rennes*, *Vannes* & *Quimper*, (après l'expulſion des Jéſuites :) *Rennes*, in-4. *Paris*, in-12.]

45448. ☞ Autre du 19 Juillet, qui règle les vacances, &c. du Collège de Rennes : in-12.]

45449. ☞ Autre du 19 Août, pour l'adminiſtration des Collèges de Rennes, Vannes & Quimper : *Rennes*, Vatar, in-4. (*Paris*,) in-12.]

45450. ☞ Autres des 22 Janvier & 28 Février 1763, pour la contribution des Ecoliers Etudians auxdits Collèges : *Rennes*, in-4. (*Paris*,) in-12.]

45451. ☞ Articles des très-humbles & très-reſpectueuſes repréſentations du Parlement de Bretagne au Roi; du 20 Avril 1763, ſur l'Edit du mois de Février concernant les Collèges qui ne dépendent pas de l'Univerſité, & ſur les Lettres-Patentes concernant les Bénéfices réunis à la Société des ci-devant Jéſuites : (*Paris*,) in-12.]

45452. Etabliſſement de l'Académie Royale de *Richelieu*; le 24 Septembre 1640.

Cet Etabliſſement eſt imprimé dans le *Journal du Cardinal de Richelieu*, tom. II. [Il ne s'agit là que du Collège de la Ville de Richelieu, bâtie par ce Cardinal.]

45453. ☞ L'Académie Royale de Richelieu; établie par le Cardinal de Richelieu, en 1640, avec les Lettres d'Erection, Statuts & Privilèges de ladite Académie : [*Paris*, Rocolet,] 1642, in-4.

45454. ☞ Compte rendu, par M. ROLLAND, concernant le Collège de *Roanne*, occupé ci-devant par les Jéſuites; du 5 Septembre 1763 : in-4.

C'est la XXXe Partie du Tome I. des *Comptes rendus* au Parlement de Paris, *pag.* 703-720.]

45455. ☞ Lettres-Patentes du 9 Octobre 1763, pour le Collège de Roanne, lequel eſt confié aux Prêtres de la Congrégation des Miſſionnaires de S. Joſeph : in-4.]

45456. ☞ Arrêt du Parlement (de Paris,) portant Envoi en poſſeſſion du Collège de Roanne, des Biens qui lui appartiennent, &c. du 29 Janvier 1765 : in-4.]

45457. ☞ Lettres-Patentes portant union de Bénéfice au Collège de Roanne; du 17 Août 1765 : *Paris*, in-4.]

45458. ☞ Petri MARTINII, Morentini, Gratulatio ad Senatum Civeſque Rupellenſes (de la *Rochelle*,) de Academiâ ab ipſis inſtitutâ : *Rupellæ*, Hautin, 1572, in-8.

C'étoit alors un Collège de Calviniſtes.]

45459. ☞ Compte rendu, par M. DE L'AVERDY, concernant le Collège de la Rochelle, ci-devant occupé par les Jéſuites : in-4.

C'est la XVIIIe Partie du Tome I. des *Comptes rendus* au Parlement de Paris, *pag.* 467-482.]

Des Collèges de Provinces indépendans.

45460. ☞ Lettres-Patentes qui confirment le Collège de la Rochelle, & l'union qui y a été faite du Prieuré de Dieulidon; du 21 Octobre 1763 : *in-4.*]

45461. ☞ Divers Arrêts du Parlement de *Rouen*, des 15 & 28 Juin 1762, des 31 Janvier & 5 Février 1763, au sujet du Collège de cette Ville, occupé ci-devant par les Jésuites : *Rouen, in-4. (Paris,) in-12.*]

45462. ☞ Lettres-Patentes du 20 Juin 1765, registrées au Parlement de Rouen le 30 Juillet suivant, portant confirmation du Collège de la Ville de Rouen, possédé ci-devant par les Jésuites : *in-4*.

Le Roi permet d'y établir une Chaire d'Hydrographie.]

45463. ☞ Arrêt du Parlement de Bordeaux, du 22 Décembre 1762, qui homologue le Traité & accord passé le 21 Octobre, par les différens Corps de la Ville de *Saintes*, avec les Bénédictins, pour le Collège de cette Ville, &c. *Bordeaux, in-4. Paris, in-12.*

Cet arrangement n'a pas eu lieu, & les Bénédictins ne s'y sont point établis.]

45464. ☞ Compte rendu, par M. ROLLAND, concernant le Collège de *Saint-Flour*, ci-devant occupé par les Jésuites; du 2 Septembre 1763 : *in-4*.

C'est la XXV.e Partie du Tome I. des *Comptes rendus au Parlement de Paris*, *pag.* 611-624.]

45465. ☞ Lettres-Patentes pour le Collège de Saint-Flour; du 26 Octobre 1763 : *in-4*.

Autres, du 11 Mai 1764, portant Etablissement de deux Professeurs de Philosophie & de Théologie, dans ledit Collège : *in-4.*]

45466. ☞ Arrêt du Parlement (de Paris,) du 15 Janvier 1765, portant Envoi en possession du Collège de Saint-Flour, des Biens qui lui appartiennent : *in-4.*]

45467. ☞ Arrêt du Parlement (de Paris,) concernant la nomination de nouveaux Professeurs pour la tenue du Collège Anglois de *S. Omer*; du 5 Octobre 1762 : *in-4.*]

45468. ☞ Arrêt du Parlement, qui ordonne la recherche des Titres, &c. du même Collège; du 24 Novembre 1762 : *in-4.*]

45469. ☞ Compte rendu, par M. ROUSSEL DE LA TOUR, sur le Collège Anglois que les Jésuites occupoient à Saint-Omer; du 23 Août 1763 : *in-4*.

C'est la XXIII.e Partie du Tome I. des *Comptes rendus au Parlement de Paris*, *pag.* 573-580.]

45470. ☞ Lettres-Patentes du 14 Mars 1764, registrées au Parlement de Paris, portant confirmation dudit Collège : *in-4.*]

45471. ☞ Arrêt du Parlement (de Paris,) qui reçoit le Procureur-Général Opposant aux saisies mobiliaires & immobiliaires du Collège Anglois de Saint-Omer; du 22 Mai 1764 : *in-4.*]

45471.* ☞ Arrêt du Parlement (de Paris,) portant Envoi en possession du Collège Anglois de S. Omer; du 19 Juillet 1765 : *in-4.*]

45472. ☞ Compte rendu, par M. ROUSSEL DE LA TOUR, concernant le Collège Wallon de Saint-Omer, ci-devant occupé par les Jésuites; du 21 Août 1764 : *in-4*.

C'est la IX.e Partie du Tome II. des *Comptes rendus au Parlement de Paris*, *pag.* 281-288.]

45473. ☞ Réglement du Chapitre de *Saint-Quentin*, pour le Collège de cette Ville : 1739, *in-4*.

Mémoire du même, contre les Maire & Echevins, &c. 1745, *in-4.*]

45474. ☞ Compte rendu, par M. ROLLAND, sur le Collège de *Sens*, ci-devant occupé par les Jésuites; du 19 Mars 1763 : *in-4*.

C'est la XXI.e Partie du Tome I. des *Comptes rendus au Parlement de Paris*, *pag.* 525-546.]

45475. ☞ Arrêt du Parlement (de Paris,) qui sans avoir égard aux prétentions du Chapitre de Sens, ordonne qu'il sera formé un Bureau d'Administration pour le Collège de ladite Ville; du 23 Mars 1764 : *in-4.*]

45476. ☞ Lettres-Patentes portant confirmation & Réglement pour le Collège de la Ville de Sens; du 16 Juillet 1764 : *in-4.*]

45477. ☞ Arrêt du Parlement (de Paris,) du 15 Janvier 1765, portant Envoi en possession du Collège de Sens, des Biens qui lui appartiennent : *in-4.*]

45478. ☞ Mémoire du Syndic de l'Université de *Toulouse*, contre le Syndic du Collège des Jésuites : *Toulouse*, 1736, *in-4*.

Mémoire du Syndic des Carmes & de celui des Augustins, sur la même Affaire : *Ibid*.

On trouve dans ces Mémoires l'Histoire des Différends de l'Université de Toulouse avec les Jésuites.]

45479. ☞ Arrêt du Parlement de Toulouse, qui pourvoit à l'enseignement dans le Collège de *Toulouse*, ci-devant confié aux soi-disans Jésuites; du 11 Septembre 1762 : *Toulouse, in-4. Paris, in-12.*]

== ☞ Très-humbles, &c. Remontrances du Parlement séant à Toulouse, du 26 Janvier 1763; (sur deux Sujets du nouveau Collège de Toulouse : *Paris,) in-12.*]

45480. ☞ Lettres-Patentes du 17 Novembre 1764, portant confirmation du Collège ci-devant possédé par les Jésuites à Toulouse : *in-4*.

Il y a deux Chaires, de Religion & d'Histoire, sur lesquelles on peut voir le *Compte rendu* par M. Rolland, le 13 Mai 1788, *pag.* 79 & *suiv.*]

== ☞ Du Collège de *Tournon*.

Ci-dessus, N.os 44660 & 44661.]

45481. ☞ Mémoire pour les Religieux Bénédictins de l'Abbaye de la Chaise-Dieu, présenté à MM. les Commissaires du Parlement de Toulouse, (au sujet du Collège de Tournon, fondé par cette Abbaye : *Paris,*) *in-12.*]

45482. ☞ Ordonnance rendue par MM. du Bailliage & Siège Présidial de *Tours*, concernant le Collège de cette Ville ; du 31 Mars 1762 : (*Paris,*) *in-12.*]

45483. ☞ Autre, du 7 Avril 1762, touchant le même Collège, tenu maintenant par les Prêtres de l'Oratoire : (*Paris,*) *in-12.*]

45484. ☞ Compte rendu, par M. ROLLAND, concernant le Collège de Tours, occupé ci-devant par les Jésuites ; du 12 Mars 1763 : *in-4.*

C'est la XXe Partie du Tome I. des *Comptes rendus au Parlement de Paris, pag.* 491-524.]

45485. ☞ Lettres-Patentes confirmatives du Collège de Tours, du 7 Déc. 1763 : *in-4.*]

45486. ☞ Arrêt du Parlement (de Paris,) portant Envoi en possession du Collège de Tours, des Biens qui lui appartiennent ; du 11 Février 1765 : *in-4.*]

45487. ☞ Lettres-Patentes du 12 Décembre 1767, registrées au Parlement de Flandre, portant confirmation du Collège de *Valenciennes*, ci-devant occupé par les Jésuites : *in-4.*]

== ☞ Du Collège de *Vannes*, en Bretagne.

Ci-dessus, à l'Article de Rennes, N.ºs 45447 & *ſ.*]

☞ *Liste des Collèges régis par diverses Communautés, y compris les Villes où les Dominicains, &c. ont des Chaires publiques de Philosophie & de Théologie.*

ABBEVILLE : Philosophie & Théol. *Dominicains.*
Agen : Ph. & Th. *Dominicains.*
Aix : un des Col. de l'Université, *Doctrinaires.* Ph. & Th. *Dominicains.*
Albi : Th. *Dominicains.*
Amiens : Ph. & Th. *Dominicains.*
Angers : le Col. de l'Université, *Oratoriens.*
Angoulesme : Ph. & Th. *Dominicains.*
Annonai : pet. Collège, *Cordeliers.*
Avalon : Col. *Doctrinaires.*
Auch : Ph, & Th. *Dominicains.*
Avignon : Ph. & Th. dans l'Université, *Dominicains.*
Aurillac : Phil. & Théol. *Cordeliers.*
Barcelonette : pet. Col. (sans Phil.) *Doctrinaires.* Ph. & Th. *Dominicains.*
Bayonne : Ph. & Th. *Dominicains.*
Bazas : Col. *Barnabites.*
Beaucaire : Col. *Doctrinaires.*
Beaumont en Auge : Col. *Bénédictins.*
Beaune : Col. *Oratoriens.*
Bellac : pet. Col. *Doctrinaires.*
Beziers : Ph. & Th. *Dominicains.*
Bordeaux : une Ch. de Th. en la Faculté, *Dominic.*
Boulogne-sur-Mer : Col. *Oratoriens.*

Bourmont en Lorraine : pet. Col. *Trinitaires.*
Brioude : Col. MM. de la Congr. du S. Sacrement.
Brive : Col. avec Th. *Doctrinaires.*
Cadillac : pet. Col. *Doctrinaires.*
Cahors : Th. *Dominicains.*
Calais : pet. Col. *Minimes.*
Carcassonne : Col. *Doctrinaires.*
Castelnaudari : Col. *Doctrinaires.*
Castres : Th. *Dominicains.*
Ciotat (la) pet. Col. *Minimes.*
Compiègne : pet. Col. *Bénédictins.*
Condom : Col. avec Th. *Oratoriens.*
Crecy en Brie : tr. pet. Col. *Minimes.*
Dax : Col. *Barnabites.*
Dieppe : Col. *Oratoriens.*
Draguignan : Col. *Doctrinaires.*
Effiat, en Auvergne : Acad. ou Col. *Oratoriens.*
Estampes : pet. Col. *Barnabites.*
Figeac : Th. & Ph. *Dominicains.*
Gex : pet. Col. *Carmes.*
Gimon : Col. avec Th. *Doctrinaires.*
Grasse : Ph. & Th. *Dominicains.*
Grenoble : Ph. & Th. *Dominicains.*
Gueret : Col. *Barnabites.*
Hyères : Col. *Oratoriens.*
Juilly : Académie ou Col. R. *Oratoriens.*
Langres : Ph. *Dominicains.*
Laval-Montmorency : pet. Col. MM. du *Séminaire de Limoges.*
Lavaur : Col. avec Th. *Doctrinaires.*
Lectoure : Col. *Doctrinaires.*
Lescar : Col. & Th. *Barnabites.*
Lille : l'un des trois pet. Col. *Carmes.*
Limoges : Ph. & Th. *Dominicains.*
Langon : pet. Col. *Carmes.*
Lauzerte : pet. Col. *Carmes.*
Limoux : Col. *Doctrinaires.* Ph. & Th. *Dominicains.*
Loches : pet. Col. *Barnabites.*
Lodève : pet. Col. *Doctrinaires.*
Lorgues, en Provence : pet. Col. *Trinitaires.*
Lyon : Col. avec Th. *Oratoriens.* Ph. & Th. *Dominic.*
Mans (le) Col. & Th. *Oratoriens.*
Marseille : Col. *Orator.* Ph. & Th. *Dominicains.*
Mende : Col. *Doctrinaires.*
Metz : Th. *Dominicains.*
Meulan : tr. pet. Col. *Bénédictins.*
Milhau : pet. Col. *Carmes.*
Moissac : Col. *Doctrinaires.*
Montargis : Col. *Barnabites.*
Montauban : Pensionnat, *Cordeliers*; Th. *Dominicains.*
Montbrison : Col. *Oratoriens.*
Mont-de-Marsan : Col. *Barnabites.*
Montelimar : Ph. & Th. *Cordeliers.*
Montpellier : 2 Ch. de Th. dans l'Université, *Dominic.*
Montreuil, en Picardie : Col. *Carmes.*
Morlaix : Ph. & Th. *Dominicains.*
Mortemart : pet. Col. *Augustins.*
Nanterre : pet. Col. *Génovéfains*, (ne subsiste plus.)
Nantes : Col. de l'Université, *Oratoriens.*
Narbonne : Col. avec Th. *Doctrinaires.*
Nérac : pet. Col. *Doctrinaires.*
Niort : Col. *Oratoriens.*

Histoires des Académies de Paris.

Nismes : Col. *Doctrinaires*.
Notre-Dame de Grace, en Forez : Académie ou Col. *Oratoriens*.
Noyers : pet. Col. *Doctrinaires*.
Noyon : pet. Col. *Génovéfains*.
Orange : Col. avec Th. *Doctrinaires*.
Pamiers : Th. *Dominicains*.
Périgueux : Col. *Doctrin.* Ph. & Th. *Dominic.*
Péronne : pet. Col. *Trinitaires*.
Perpignan : Ph. & Th. de l'Université, *Dominicains*.
Pézenas : Col. *Oratoriens*.
Poitiers : Th. *Dominicains*.
Poligny : Col. *Oratoriens*, & Th. *Dominicains*.
Pontlevoy : Col. *Bénédictins*.
Provins : Col. *Oratoriens*; Th. *Génovéfains*.
Quingey : pet. Col. *Dominicains*.
Rebais : Col. *Bénédictins*.
Rennes : Ph. & Th. *Dominicains*.
Riom : Col. avec Th. *Oratoriens*.
Rochefoucault : pet. Col. *Carmes*.
S. Andéol : Col. *Barnabites*.
S. Antonin, en Rouergue : pet. Col. *Carmes*.
S. Gaudens : Ph. & Th. *Dominicains*.
S. Germer : Col. *Bénédictins*.
S. Jean-de-Lône, pet. Col. *Carmes*.
S. Marcellin, en Dauphiné : pet. Col. *Carmes*.
S. Maximin, en Prov. Ph. & Th. *Dominicains*.
S. Pol, en Artois : pet. Col. *Carmes*.
S. Rembert : Col. *Joséphites*.
S. Remi, en Prov. pet. Col. *Trinitaires*.
S. Sever, de Gascogne : Ph. & Th. *Dominicains*.
Saintes : Ph. & Th. *Dominicains*.
Salins : Col. *Oratoriens*.
Sarlouis : pet. Col. *Augustins*.
Saumur : Col. *Oratoriens*.
Sémur, en Auxois : pet. Col. *Carmes*.
Senlis : pet. Col. *Génovéfains*, (ne subsiste plus.)
Soissons : Col. *Oratoriens*.
Sorèse : Col. *Bénédictins*.
Tarascon : Col. *Doctrinaires*.
Tarbes : Col. *Doctrinaires*.
Thiers : Col. *MM. de la Congr. du S. Sacrement*.
Thionville : pet. Col. *Augustins*.
Thoissey : Col. *Bénédictins*.
Tiron : Col. *Bénédictins*.
Toulon : Col. *Oratoriens*, Ph. & Th. *Dominic.*
Toulouse : le Col. de l'Esquille, *Doctrinaires*. 2 Ch. de Th. dans la Faculté, *Dominicains*.
Treignac : pet. Col. *Doctrinaires*.
Troyes : Col. *Oratoriens*.
Vendôme : Col. *Oratoriens*.
Vienne, en Dauphiné : Th. *Dominicains*.
Villefranche de Rouergue : Col. *Doctrinaires*.
Vitry-le-François : Col. *Doctrinaires*.

Article III.

Histoires des nouvelles Académies.

§. Premier.

Traités Préliminaires.

45488. ☞ Observations de M. l'Abbé Goujet, sur plusieurs Assemblées sçavantes qui se sont formées en France sur la fin du XVIᵉ Siècle.

Ces Observations se trouvent *pag.* 438 du tom. II. de sa *Biblioth. Franç. &c.* Paris, Mariette, 1740, *in-12.*]

45489. ☞ Avis de l'établissement de quatre Académies en France ; par le Sieur de Juvigny : *Rouen*, 1596, *in-8.*]

45490. Dessein d'une Académie, & introduction d'icelle en la Cour, & l'ouverture de cette Académie ; par Fleurance Rivault : *Paris*, 1612, *in-8.*

45491. ☞ De l'origine & utilité des Académies, des Assemblées particulières de Paris, &c.

Dans l'Entretien servant de Préface au Recueil du Sieur (Pierre) Gallois, intitulé : *Conversations de l'Académie de M. l'Abbé Bourdelot*, (ou *Recherches & Observations Physiques :*) *Paris*, Moette, 1675, *in-12.*]

45492. ☞ Discours sur l'utilité des Académies ; par l'Abbé (Paul) Tallemant : *Paris*, Coignard, 1675, *in-4.*

On les trouve encore dans le *Recueil des Harangues de l'Académie Françoise*, ci-après.]

Autre, sur l'utilité des Exercices Académiques ; par (François) Charpentier : *Paris*, Pralard, 1695, *in-4.*

45493. ☞ (Deux) Discours, sur le même sujet.

Dans le *Recueil des Jeux Floraux de Toulouse*, de 1723.]

45494. ☞ Dissertation sur l'origine des Académies ; par M. Juvenel de Carlencas. *Merc.* 1738, *Décembre*.

La même, revue & augmentée par l'Auteur.

Celle-ci est insérée dans ses *Essais sur l'Histoire des Belles-Lettres*, &c. dont il est question ci-dessus, N.° 44591. Une partie de cette Dissertation roule sur nos Académies.]

45495. ☞ Ms. Essai historique sur les Académies de France ; par M. le Président de Ruffey.

C'est la seconde Partie d'un Essai historique sur les Académies, lu à celle de Dijon, le 18 Novembre 1763. On en trouve un Extrait dans le *Mercure*, 1765, *Janvier, pag.* 133.]

45496. ☞ Le Citoyen zélé, ou Résolution du Problème sur la multiplication des Académies ; par M. l'Abbé Bonserf : 1757, *in-8.*]

45497. ☞ Des Académies de France : origine des Académies, &c.

Dans la *France Littéraire*, Ed. de 1769, *in-8. tom. I, pag.* 1-153.]

§. II.

Académies de Paris.

1. Académie Françoise.

45498. Relation contenant l'Histoire de l'Académie Françoise, depuis son Etablissement, en 1635 jusqu'en 1652 ; par Paul Pellisson Fontanier : *Paris*, le Petit, 1653, *in-8.*

Seconde Edition, jouxte la Copie imprimée à Paris : (*Hollande*,) 1671, *in-12.*

La même Relation, nouvelle Edition augmentée de plusieurs Pièces, entr'autres de l'ordre de l'Académie Françoise pour l'établissement de deux Prix : *Paris*, 1672, 1700, 1708, *in*-12. *La Haye*, 1687; *Amsterdam*, 1717, *in*-12.

Pellisson est mort Maître des Requêtes en 1693. » L'Académie fit faire lecture de cette Relation dans » ses Assemblées : elle en fut si charmée, qu'elle or- » donna de son propre mouvement, en faveur de l'Au- » teur, que la première place qui vaqueroit dans le » Corps lui seroit destinée, & que cependant il auroit » droit d'assister aux Assemblées ». *Journal des Sçav.* le dix-septième de 1693. Il avoit achevé son Histoire en 1652; car il la finit à Claude de l'Etoile, mort cette année-là, & il fut reçu dans l'Académie en 1653.

45499. ☞ Histoire de l'Académie Françoise, depuis son Etablissement en 1635, jusqu'en 1652; par M. PELLISSON; avec des Remarques & des Additions; (par M. Joseph D'OLIVET:) *Paris*, Coignard, 1729, *in*-4. 2 vol. & 1730, *in*-12. 2 vol.

Le Tome I. contient l'Ouvrage de M. Pellisson, augmenté de Notes par M. l'Abbé d'Olivet.

Le Tome II. est la Continuation que cet Abbé a faite, depuis 1652 jusqu'en 1700.

Voyez le *Journ. des Sçavans*, Nov. 1700. = Baillet, *Jug. des Sçavans*, tom. II. pag. 49. = Lettr. de Rousseau, tom. II. p. 356. = *Journ. de Léipf.* 1730, p. 358. = *Rép. des Lett.* de Bernard, Janvier 1717. = *Bibliot. raison.* tom. III. pag. 445. = *Lettr. fer. & bad.* tom. IV. pag. 15). = *Caract. des Ouvr. historiq.* pag. 90. = *Journ. de Verdun*, Mars, 1730.

La même ; par MM. PELLISSON & D'OLIVET, de la même Académie : Troisième Edition, revue & augmentée : *Paris*, Coignard, 1743, *in*-12. 2 vol.

Cette Edition doit être préférée aux précédentes, comme plus ample & plus correcte.]

☞ M. Charles Penot DUCLOS, Secrétaire de l'Académie Françoise, qui est mort le 26 Mars 1772, avoit commencé à faire une Suite de cette Histoire, & il en a lu des parties dans quelques Assemblées publiques. M. D'ALEMBERT, son Successeur, travaille à cet Ouvrage.]

45500. ☞ Réglemens pour l'Académie Françoise, du 30 Mai 1752, (en XII. Articles:) *Paris*, Brunet, 1752, *in*-4.]

45501. ☞ De l'Académie Françoise établie pour la correction & l'embellissement du Langage, & si elle est de quelque utilité aux Particuliers & au Public : Discours tiré des Ecrits de M. C. S. (Charles SOREL:) *Paris*, de Luyne, 1654, *in*-12.]

45502. ☞ Lettre de M. l'Abbé D'OLIVET, de l'Académie Françoise, à M. le Président Bouhier, où il répond aux objections faites contre l'usage de demander & de solliciter avant que d'être reçu à l'Académie Françoise, & aux raisons qui le portoient à ne point continuer l'Histoire de cette Compagnie depuis 1700 : *Paris*, Coignard, 1733, *in*-12.

Cette Lettre se trouve aussi *pag.* 157 d'un *Recueil d'Opuscules Littéraires* : *Amsterdam*, Harrevelt, 1767, *in*-12.

Elle fut écrite à l'occasion de M. Normant, fameux Avocat, qui étant désigné Académicien, avoit refusé de faire les Visites. M. de Moncrif lui fut substitué. Cette affaire donna lieu à plusieurs petits Ecrits satyriques sur l'Académie.]

45503. Ms. Portrait de quarante Académiciens, par rapport à leur personne, à leurs talens & à leur fortune ; par Isaac DE BENSERADE, de l'Académie Françoise. Discours prononcé dans l'Académie, le 3 Janvier 1685.

✽ « M. de Benserade, (dit Bayle,) lut une Pièce de » sa façon, qui fut extrêmement applaudie. C'est le por- » trait en raccourci de quarante Académiciens, par rap- » port à leurs personnes, à leurs talens, à leurs avantu- » res & à leur fortune. Il parle avec liberté de chacun » d'eux, mais avec ce tour fin & inimitable dont il s'est » servi tant de fois, &c. » Bayle, *Nouv. de la République des Lettres*, 1685, Janvier.

Cette Pièce étoit écrite en Vers ; mais parcequ'elle contenoit moins l'éloge des Académiciens qu'une espèce de Pasquinade, elle n'a point vu le jour ; elle a même été communiquée à peu de personnes, (quoiqu'on ait cru qu'elle avoit été imprimée en Hollande.) On fit au sujet de cette Pièce une Chanson contre Benserade.

☞ Il y a un Exemplaire de cet Ouvrage de Benserade, dans la Bibliothèque du Roi. M. l'Abbé d'Olivet en parle dans son *Histoire de l'Académie*, Ed. de 1743, *tom. II. pag.* 256, différemment de ce qu'il en avoit dit d'abord.]

45504. ☞ Ms. Description de l'Académie Françoise, contenant les Portraits au naturel de la plupart des Personnes de ce Corps; par Ant. FURETIÈRE : *in*-4.

Ce Manuscrit est indiqué *pag.* 848 du Catalogue de M. Barré. On sçait que l'Abbé Furetière eut de grands démêlés avec les Académiciens ses Confrères, qui l'exclurent de leur Corps en 1685. Il mourut en 1688, & ce ne fut qu'alors que sa place fut remplie.]

45505. Statuts & Réglemens de l'Académie Françoise : *Paris*, Coignard, 1708, *in*-4.

45506. ☞ Deux Discours sur les Travaux de l'Académie Françoise ; par l'Abbé (Charles-Irénée Castel) DE SAINT-PIERRE : *in*-8.]

45507. ☞ Recueil des Harangues prononcées par MM. de l'Académie Françoise, dans leurs Réceptions & en d'autres occasions, depuis l'Etablissement de l'Académie jusqu'à présent : *Paris*, Coignard, première Edition, 1696, *in*-4. Seconde Edition, revue & augmentée : *Paris*, Coignard, 1714, 3 vol. *in*-12.

Le I. contient 1640-1681.

Le II. 1682-1693.

Le III. 1694-1713.

Tome IV. *Paris*, Coignard, 1735.

Contient 1714-1730.

Tome V. *Paris*, veuve Brunet, 1763.

Contient 1731-1744.

Tome VI. (*Ibid.*) 1764.

Contient 1745-1761.

On trouve dans les Discours de Réception, le caractère de chacun des Académiciens morts ; & en cela ils appartiennent particulièrement à l'Histoire.]

Histoires des Académies de Paris.

Premier Tableau de l'Académie Françoise.

Premiers Académiciens, en 1629.

1. Antoine Godeau, depuis Evêque de Vence.
2. Jean Ogier, Sieur de Gombauld.
   Louis Giry, (*qui se retira, & revint ensuite.*)
3. Jean Chapelain.
4. Philippe Habert.
5. Germain Habert, Abbé de Cerizi.
6. Valentin Conrart.
7. Jacques de Sérizay.
8. Claude de Malleville.

Trois autres se joignent à ces premiers.

9. Nicolas Faret.
10. Jean Des-Marets, Sieur de Saint-Sorlin.
11. François Métel, Sieur de Boisrobert.

Le Cardinal de Richelieu forme le Corps de l'Académie, s'en déclare le Protecteur en 1634, & obtient en 1635 des Lettres-Patentes.

Sont reçus avant l'année 1634.

12. Guillaume Bautru, Comte de Serran.
13. Paul Hay du Chastelet.
14. Jean Silhon.
15. Jean Sirmond.
16. Amable de Bourzeys.
17. Cl. Gaspar Bachet, Sieur de Méziriac.
18. François Maynard.
19. Guillaume Colletet.
20. Marin le Roy, Sieur de Gomberville.
21. Marc-Antoine Gérard, Sieur de Saint-Amant.
22. François de Cauvigny, Sieur de Colomby.
23. Jean Baudoin.
24. Claude de l'Etoile.
25. François Porchères d'Arbaud.
26. Balthazar Baro.
27. Honorat de Bueil, Marquis de Racan.

Reçus en 1634.

28. Abel Servien, Secrétaire d'Etat.
29. Jean-Louis Guez de Balzac.
30. Pierre Bardin.
31. Pierre Boissat.
32. Claude Favre de Vaugelas.
33. Vincent Voiture.
34. Honorat Laugier, Sieur de Porchères.

Reçus en 1635.

35. Henry-Louis Habert de Montmor.
36. Marin Cureau de la Chambre.
37. Pierre Seguier, Chancelier de France.
38. Daniel Hay du Chastelet, Abbé.
39. Louis Giry *revient, & est reçu.*

Morts.	Successeurs.
1636. *Paul Hay du Chastelet.*	= Nicolas Bourbon.
1637. *Pierre Bardin*	= Nicolas d'Ablancourt.
1638. *Philippe Habert*	= Jacques Esprit.
Bachet de Méziriac	= De la Mothe le Vayer.

40. Daniel de Priézac, [*reçu en 1639.*]

PROTECTEURS.

1634. Le Cardinal de Richelieu, mort en 1642.
1642. Pierre Séguier, Chancelier de France, élu : m. 1672.
1672. Le Roi, Louis XIV. se déclare Protecteur : m. 1715.
1715. Le Roi, Louis XV.

*Liste de tous les Académiciens [de l'*Académie Françoise,*] jusqu'à présent [Août 1772,] au nombre de [deux cens quarante-six,] selon l'ordre de l'année de mort de ceux qui sont décédés; où l'on voit leurs Successeurs, & la date de la Réception de tous.*

[Les Successeurs morts, & qui sont doublement employés, ont été mis en italique ;] la lettre A. signifie *avant l'année.*

Réception.	Mort.	Successeurs.	Mort.
A. Paul Hay du Chastelet, [Conseiller d'Etat.]	1636=1637.	*Nicolas Bourbon, Professeur-Royal*	1644.
1634. Pierre Bardin	1637=1638.	*Nicolas Perrot, Sieur d'Ablancourt*	1664.
1629. Philippe Habert, [Commissaire des Guerres.]	1638=1639.	*Jacques Esprit*	1678.
A. 1634. Cl. Gaspar Bachet, Sieur de Méziriac	1638=1639.	*François de la Mothe le Vayer*	1672.
1635. Auger de Mauléon, Sr de Granier, (exclus en 1636)	=1639.	*Daniel de Priézac,* (le 40me de l'Académie.)	1662.
A. 1634. François Porchères d'Arbaud	1640=..	*Olivier Patru,* (le premier qui fit un Discours de Réception.)	1681.
1635. Pierre Seguier, Chancelier de France	1643=..	*Claude Bazin, Sieur de Bezons*	1684.
1637. Nicolas Bourbon, [Professeur Royal.]	1644=..	*François Salomon*	1670.
A. 1634. Nicolas Faret	1646=..	*Pierre du Ryer*	1656.
A. 1634. François Maynard, [Conseiller d'Etat.]	1647=1647.	*Pierre Corneille*	1684.
1629. Claude Malleville, [Secrétaire du Roi.]	1647=1648.	*Jean Ballesdens*	1675.
1634. Vincent Voiture	1648=1649.	*François de Mézeray*	1683.
A. 1634. Jean Sirmond, [Historiographe du Roi.]	1649=..	*Jean de Montereul*	1651.
1634. Claude Favre, Sieur de Vaugelas	1649=..	*George de Scudery*	1668.
A. 1634. François de Cauvigny, Sieur de Colomby	1649=..	*François Tristan l'Hermite*	1655.
A. 1634. Balthazar Baro	1650=1650.	*Jean Doujat*	1688.
A. 1634. Jean Baudoin, [Historiographe du Roi.]	1650=1651.	*François Charpentier*	1702.
1649. Jean de Montereul, [Chanoine de Toul.]	1651=..	*François Tallemant*	1693.
A. 1634. Claude de l'Etoile	1652=..	*Armand du Cambout, Duc de Coislin*	1702.
1629. Jacques de Sérizay	1653=..	*Paul Pellisson-Fontanier*	1693.
1634. Honorat Laugier, Sieur de Porchères	1654=..	*Paul-Phil. de Chaumont, Evêque d'Acqs*	1697.
1634. Jean-Louis Guez, Sieur de Balzac	1654=..	*Hardouin de Péréfixe, Archevêque de Paris*	1671.
1649. François Tristan l'Hermite	1655=..	*Jules-Hippolyte de la Mesnardière*	1663.

Tome IV. Part. I.

Liv. V. Histoire Littéraire de France.

Réception.	Mort.	Successeurs.	Mort.
1629. Germain Habert, Abbé de Cérizy	1655=..	Charles Cotin, Abbé	1682
1646. Pierre du Ryer	1658=..	César, Cardinal d'Estrées	1714
1634. Abel Servien, Secrétaire d'Etat	1659=..	Jean-Jacques Renouard, Sieur de Villayer	1691
A. 1634. Guillaume Colletet, [Avocat.]	1659=..	Gilles Boileau	1670
A. 1634. Marc Ant. Gerard, Sieur de Saint-Amant	1661=..	Jacques de Cassaignes, Abbé	1679
1634. Pierre Boissat, [Chevalier]	1662=..	Antoine de Furetière, Abbé de Chalivoy	1688
A. 1634. François Métel de Bois-Robert, [Abbé.]	1662=..	Jean Renaud de Segrais	1701
1639. Daniel de Priézac, [Conseiller d'Etat.]	1662=..	Michel le Clerc	1691
1656. Hippolyte-Jules de la Mesnardière	1663=..	François de Beauvilliers, Duc de S. Aignan	1687
1638. Nicolas Perrot, Sieur d'Ablancourt	1664=..	Roger de Rabutin, Comte de Busy	1693
A. 1634. Guillaume Bautru, Comte de Serran	1665=..	Jacques Testu, Abbé de Belval	1706
1629. Jean Ogier, Sieur de Gombauld	1666=..	Paul Tallemant, Prieur d'Ambierle	1712
1635. Louis Giry, [Avocat.]	1666=..	Claude Boyer	1698
A. 1634. Jean de Silhon, [Conseiller d'Etat.]	1666=..	Jean-Baptiste Colbert, Ministre d'Etat	1683
1649. George de Scudery	1668=..	Philippe de Courcillon, Marquis de Dangeau	[1720]
1635. Marin Cureau de la Chambre, [Médecin.]	1669=1670.	Fr. Séraphin Regnier des Marais, Abbé	1713
A. 1634. Honorat de Bueil, Marquis de Racan	1670=..	Pierre Cureau de la Chambre, Curé	1693
1644. François-Henri Salomon, [Président.]	1670=..	Philippe Quinault	1688
1659. Gilles Boileau	1670=1671.	Jean de Montigny, Evêque de Léon	1671
1654. Hardouin de Péréfixe, Archevêque de Paris	1671=..	François de Harlay, Archevêque de Paris	1695
1635. Daniel Hay du Chastelet, Abbé	1671=..	Jacques-Bénigne Bossuet, Evêque de Meaux	1704
1671. Jean de Montigny, Evêque de Léon	1671=..	Charles Perrault	1703
1629. Antoine Godeau, Evêque de Vence	1672=..	Esprit Fleschier, Evêque de Nismes	1710
1639. François de la Mothe le Vayer	1672=1673.	Jean Racine	1699
A. 1634. Amable de Bourzeys, [Abbé.]	1672=1673.	Jean Gallois, Abbé de S. Martin de Cores	1707
1629. Jean Chapelain, [Conseiller du Roi.]	1674=..	Isaac de Benserade	1691
A. 1634. Marin le Roy, Sieur de Gomberville	1674=..	Pierre-Daniel Huet, ancien Ev. d'Avranches	[1721]
1629. Valentin Conrart, [Secrétaire du Roi.]	1675=..	Toussaint Rose	1701
1648. Jean Ballesdens, [Avocat.]	1675=..	Géraud de Cordemoy	1685
A. 1634. Jean Des-Marests, Sieur de Saint-Sorlin	1676=..	Jean-Jacques de Mesme	1688
1639. Jacques Esprit, [Conseiller du Roi.]	1678=..	Jacques-Nicolas Colbert, Arch. de Rouen	1707
1635. Henry-Louis Habert de Montmor	1679=..	Louis Irland de Lavau, Abbé	1694
1661. Jacques de Cassaignes, Abbé	1679=..	Louis Verjus, Comte de Cressy	1709
1640. Olivier Patru, [Avocat.]	1681=..	Nicolas Potier de Novion	1693
1656. Charles Cotin, Abbé	1682=..	Louis de Courcillon, Abbé de Dangeau	1720
1649. François de Mézeray, [Histor. de France.]	1683=..	Jean Barbier d'Aucourt	1694
1666. Jean-Baptiste Colbert, Ministre d'Etat	1683=1684.	Jean de la Fontaine	1695
1643. Claude Bazin, Sieur de Bezons	1684=..	Nicolas Boileau, Sieur des Préaux	1711
1647. Pierre Corneille, [Avocat du Roi.]	1684=1685.	Thomas Corneille, le cadet	1709
1675. Géraud de Cordemoy	1685=..	Jean-Louis Bergeret	1694
1663. Fr. de Beauvilliers, Duc de S. Aignan	1687=..	François Timoléon de Choisy, Abbé	[1724]
1676. Jean-Jacques de Mesme, [Président.]	1688=..	Jean Testu de Mauroy, Abbé	1706
1662. Antoine Furetière, Abbé de Chalivoy	1688=..	Jean de la Chapelle	[1723]
1670. Philippe Quinault, [Audit. des Comptes.]	1688=1689.	François de Callières	1717
1650. Jean Doujat, [Historiographe de France.]	1688=1689.	Eusèbe Renaudot, Prieur de Frossay	[1720]
1659. Jean Jacq. Renouard, Sieur de Villayer	1691=..	Bernard [le Bovier] de Fontenelle	[1757]
1674. Isaac de Benserade, [Conseiller d'Etat.]	1691=..	Estienne Pavillon	1705
1662. Michel le Clerc, [Avocat.]	1691=1692.	Jacques de Tourreil	1714
1653. Paul Pellisson Fontanier, [Maître des Requ.]	1693=..	François de Salignac de la Motte Fénélon	1715
1664. Roger Rabutin, Comte de Busy	1693=..	Jean-Paul Bignon, Abbé du Mont S. Quentin	[1743]
1670. Pierre Cureau de la Chambre, [Curé.]	1693=..	Jean de la Bruyère	1696
1651. François Tallemant, [Abbé.]	1693=..	Simon de la Loubère	[1729]
1681. Nicolas Potier de Novion, [prem. Président.]	1693=..	Philippe Goisbaud, Sieur du Bois	1694
1679. Louis Irland de Lavau, Abbé	1694=..	J. Fr. Paul de Caumartin, depuis Ev. de Blois	[1733]
1693. Philippe Goisbaud, Sieur du Bois	1694=..	Charles Boileau, Abbé de Beaulieu	1704
1683. Jean Barbier d'Aucourt, [Avocat.]	1694=..	Fr. de Clermont-Tonnerre, Evêque de Noyon	1701
1685. Jean-Louis Bergeret	1694=1695.	Charles Ir. Castel de S. Pierre, Ab. de Tiron	[1743]
1684. Jean de la Fontaine	1695=..	Jules-Philippe de Clairembault, Abbé	1714
1671. François de Harlay, Archev. de Paris	1695=..	André Dacier	[1722]
1693. Jean de la Bruyère	1696=..	Claude Fleury, [Abbé de Loc-Dieu	1723]
1654. Paul-Phil. de Chaumont, Ev. d'Acqs	1697=..	Louis Cousin, Président de la Monnoie	1707
1666. Claude Boyer	1698=..	Charles-Claude Genest, Abbé de S. Vilmer	[1719]
1673. Jean Racine	1699=..	J. Bapt. Henry du Troussst de Valincourt	[1730]
1675. Toussaint Rose	1701=..	Louis de Sacy, Avocat	1727
1694. Fr. de Clermont-Tonnerre, Ev. de Noyon	1701=..	Nicolas de Malézieu	[1723]
1662. Jean Renaud de Segrais	1701=..	Jean-Galbert Campistron	[1723]
1651. François Charpentier	1702=..	Jean-François Chamillart, Evêque de Senlis	1714
1652. Armand du Cambout, Duc de Coislin	1702=..	Pierre du Cambout, Duc de Coislin	1710
1671. Charles Perrault	1703=1704.	Armand Gaston, Cardinal de Rohan	[1749]
1671. Jacq. Bénigne Bossuet, Ev. de Meaux	1704=..	Melchior, Cardinal de Polignac	[1741]
1694. Charles Boileau, Abbé de Beaulieu	1704=..	Gaspar Abeille, Prieur de N. D. de la Mercy	1718
1691. Estienne Pavillon	1705=..	Fabio Brulart de Sillery, Evêque de Soissons	1714
1688. Jean Testu de Mauroy, Abbé	1706=..	Camille le Tellier, de Louvois, Abbé	1718
1665. Jacques Testu, Abbé de Belval	1706=..	Fr. Jos. de Beaupoil, Marquis de S. Aulaire	[1743]

Histoires des Académies de Paris.

Réception.	Mort.	Successeurs.	Mort.
1697. Louis Cousin, Président de la Monnoie	1707=..	Jacq. Louis de Valon, Marquis de Mimeure.	[1719]
1673. Jean Gallois, Abbé de S. Mart. de Cores	1707=1708.	Edme Mongin, [depuis Ev. de Baxas..	1746
1678. Jacq. Nic. Colbert, Arch. de Rouen	1707=1708.	Claude-François Fraguier	[1728]
1685. Thomas Corneille	1709=1710.	Antoine Houdart de la Motte	1732
1679. Louis Verjus, Comte de Cressy	1710=: .	Jean-Ant. de Mesme, premier Président	[1723]
1673. Esprit Fléchier, Evêque de Nismes	1710=..	Henri de Nesmond, Archev. [de Toulouse	1727
1702. Pierre du Cambout, Duc de Coislin	1710=..	Henri-Charles, Duc de Coislin, Ev. de Metz.	[1733]
1684. Nicolas Boileau des Préaux	1711=..	Jacques d'Estrées, Abbé de S. Claude	1718
1666. Paul Tallemant, Prieur d'Ambierle	1712=..	Antoine Danchet	[1748]
1670. François-Séraphin Regnier des Marais	1713=..	Bernard de la Monnoye	[1728]
1702. Jean-François Chamillart, Ev. de Senlis	1714=..	Louis-Hector de Villars, Maréchal de France.	[1734]
1695. Jules-Philippe de Clairembault, Abbé	1714=..	Claude Massieu	1722
1692. Jacques de Tourreil	1714=..	Jean Roland Malet	1736
1705. Fabio Brulart de Sillery, Ev. de Soissons	1714=1715.	J. Nompar de Caumont, Duc de la Force	1726
1656. César, Cardinal d'Estrées	[1714]=1715.	Victor-Marie, Maréchal d'Estrées	[1738]
1693. Fr. de Salignac de la Motte-Fénélon	1715=..	Claude Gros de Boze	[1754]
1689. François de Callières	1717=..	André Hercule de Fleury, [depuis Cardinal	1743
1711. Jean d'Estrées, Abbé de S. Claude	1718=..	Marc-René, Marq. d'Argenson, [G. des Sceaux.	1721
1704. Gaspar Abeille, Pr. de N. D. de la Mercy	[1718]=..	Nic. Hubert Mongault, Abbé de Chartreuve	[1746]
1706. Camille le Tellier, de Louvois, Abbé	[1718]=1719.	Jean-Bapt. Massillon, Evêq. de Clermont	[1743]
[1707. Jacq. Louis Valon, Marquis de Mimeure	1719=..	[Nicolas Gedoyn, Chan. de la Sainte-Chap.	1744
1698. Ch. Cl. Geneft, Abbé de S. Vilmer	1719=1720.	J. Bapt. du Bos, Abbé de Ressons	1742
1688. Eusèbe Renaudot, Prieur de Fossay	1720=..	Henri-Emmanuel de Roquette, Ab. de S. Gildas.	1725
1688. Philip. de Courcillon, Marquis de Dangeau	1720=..	L. Fr. Arm. du Plessis, D. de Richelieu, (vivant & Doyen en 1772.)	
1674. Pierre-Dan. Huet, ancien Ev. d'Avranches	1721=..	Jean Boivin, Professeur Royal	1726
1718. Marc-René, Marquis d'Argenson	1721=..	J. Jos. Languet, E. de Soissons, puis Arch. de Sens.	1753
1695. André Dacier	1722=..	Guillaume Dubois, Cardinal & Ministre	1723
1714. Claude Massieu	1722=1723.	Cl. Fr. Houtteville, Ab. de S. Vincent.	1743
1682. L. de Courcillon de Dangeau, Abbé	1723=..	Ch. J. B. Fleuriau, Comte de Morville	1732
1701. Jean-Galbert de Campistron	1723=..	Philippe Néricault des Touches	1754
1688. Jean la Chapelle	1723=..	Jos. Thoulier d'Olivet, Abbé	1768
1696. Claude Fleury, Abbé de Loc-Dieu	1723=..	Jacques Adam	1735
1721. Guillaume du Bois, Cardinal & Ministre	1723=..	Ch. J. Fr. Hénault, Président Honoraire	1770
1710. Jean-Ant. de Mesme, premier Président	1723=..	Pierre-Jos. Alary, Prieur de Gournay	1771
1687. Fr. Timoléon de Choisy, Abbé	1724=..	Antoine Portail, premier Président	1736
1720. Henri-Emman. de Roquette, Ab. de S. Gildas.	1725=..	Pi. de P. de Gondrin d'Antin, Ev. de Langres	1733
1715. Jean Nompar de Caumont, Duc de la Force	1726=..	Jean-Baptiste de Mirabaud	1760
1721. Jean Boivin, Professeur Royal	1726=1727.	Paul-Hip. de Beauvilliers, Duc de S. Aignan.	
1701. Nicolas de Malézieu	1727=..	Jean Bouhier, Président à Dijon	1746
1710. Henri de Nesmond, Arch. de Toulouse	1727=..	J. Jacq. Amelot, Sieur de Chaillou	1749
1701. Louis de Sacy, Avocat	1727=1728.	Louis Secondat de Montesquieu	1755
1708. Claude-François Fraguier	1728=..	Ch. d'Orléans de Rothelin, Ab. de Cormeille.	1744
1713. Bernard de la Monnoye	1728=1729.	Mi. Poncet de la Rivière, Ev. d'Angers	1730
1693. Simon de la Loubère	1729=..	Claude Sallier, Professeur Royal	1761
1699. J. B. Henri du Trousset de Valincourt	1730=..	J. Fr. Leriguet de la Faye	1731
1729. Michel Poncet de la Rivière, Ev. d'Angers	1730=..	Jacques Hardion	1766
1731. J. Fr. Leriguet de la Faye	1731=..	Prosper Jolyot de Crébillon	1762
1710. Antoine Houdart de la Motte	1732=..	Mi. Celse-Roger de Rabutin, Ev. de Luçon	1736
1723. Ch. J. B. Fleuriau, Comte de Morville	1732=..	Jean Terrasson, Abbé	1750
1710. Henri-Ch. Duc de Coislin, Ev. de Metz	1733=..	J. Bapt. Surian, Ev. de Vence	1754
1694. J. Fr. Paul de Caumartin, depuis Ev. de Blois	1733=..	Fr. Aug. Paradis de Moncrif	1770
1725. Pi. de P. de Gondrin d'Antin, Ev. de Langres	1733=..	Nic. Fr. Dupré de S. Maur.	
1714. Louis-Hector de Villars, Maréchal de France	1734=..	Honoré-Armand, Duc de Villars	1770
1723. Jacques Adam	1735=1736.	Joseph Seguy, Abbé de Genlis	1761
1714. Jean Roland Malet	1736=..	J. Fr. Boyer, ancien Evêque de Mirepoix	1755
1724. Antoine Portail, premier Président	1736=..	Pierre-Claude Nivelle de la Chaussée	1754
1732. Michel-Celse-Roger de Rabutin, Ev. de Luçon.	1736=1737.	Et. Lauréault de Foncemagne.	
1715. Victor-Marie d'Estrées, Maréchal de France	1738=..	Henri, Duc de la Trémoille	1741
1741. Henri, Duc de la Trémoille	1741=..	Arm. de Rohan-Ventadour, Card. de Soubize	1756
1704. Melchior, Cardinal de Polignac	1742=..	Odet-Jos. Devaux de Giry de S. Cyr	1761
1720. J. Bapt. du Bos, Abbé de Ressons	1742=..	J. Fr. du Bellay du Resnel, A. de Sept-Fontaines.	1757
1719. J. Bapt. Massillon, Evêque de Clermont	1743=..	L. J. Barbon Maz. Mancini, Duc de Nivernois.	
1723. Cl. Fr. Houtteville, Ab. de S. Vincent	1743=..	Pierre Carlet de Chamblain de Marivaux	1763
1706. Fr. Jos. de Beaupoil, Marquis de S. Aulaire	1743=..	J. Jacq. Dortous de Mairan	1771
1717. André-Hercule de Fleury, depuis Cardinal	1743=..	Paul d'Albert de Luynes, depuis Cardinal.	
1693. J. Paul Bignon, Ab. du Mont S. Quentin	1743=..	Arm. Jérôme Bignon, dép. Prév. des Marchands.	1771
1695. Ch. Ir. Castel de S. Pierre, Abbé de Tiron	1743=..	Pierre-Louis Moreau de Maupertuis	1759
1728. Ch. d'Orléans de Rothelin, Ab. de Cormeille.	1744=..	Gabriel Girard, Abbé	1748
1719. Nic. Gedoyn, Chanoine de la Sainte-Chapelle.	1744=..	Fr. Joac. de Pierre de Bernis, depuis Cardinal.	
1727. Jean Bouhier, Président à Dijon	1746=..	Fr. Marie Arouet de Voltaire.	
1708. Edme Mongin, depuis Ev. de Bazas	1746=..	Jean Ignace de la Ville, Abbé de Lessay.	
1718. Nic. Mongault, Abbé de Chartreuve	1746=1747.	Ch. Duclos, Historiogr. de France	1772
1744. Gabriel Girard, Abbé	1748=..	Ant. René de V. de Paulmy, Marq. d'Argenson.	
1712. Antoine Danchet	1748=..	J. Bapt. Louis Greffet, Abbé.	

Réception.	Mort.	Successeurs.	Mort.
1727. J. Jacq. Amelot, Sieur de Chaillou........	1749=..	Ch.L.Aug.Fouquet,D. de Belle-Isle,Mar. de Fr.	1761
1704. Armand-Gaston, Cardinal de Rohan........	1749=..	L. Guy de Guerapin de Vauréal, Ev. de Rennes.	1760
1732. Jean Terrasson, Abbé...................	1750=..	Cl. de Thyard, Comte de Bissy.	
1721. J. Jos. Languet, E. de Soissons, puis Ar. de Sens.	1753=..	G. Louis le Clerc, Comte de Buffon.	
1715. Claude Gros de Boze...................	1754=..	L. de Bourbon-Condé, Comte de Clermont.....	1771
1736. Pierre-Claude Nivelle de la Chaussée.....	1754=..	Jean-Pierre de Bougainville...............	1763
1723. Philippe Néricault des Touches..........	1754=*.	Louis de Boissy........................	1758
1733. J. Bapt. Surian, Evêque de Vence.......	1754=..	Jean le Rond d'Alembert.	
1728. Louis Secondat de Montesquieu.........	1755=..	J. Bapt. Vivien de Châteaubrun.	
1736. J. Fr. Boyer, ancien Evêque de Mirepoix....	1755=..	Nic. Thyrel de Boismont, Ab. de Grêtain.	
1741. Arm. de Rohan-Ventadour, Card. de Soubize.	1756=1757.	Ant. de Malvin de Montazet,E. d'Aut. p. Ar. de Lyon.	
1691. Bernard le Bovier de Fontenelle..........	1757=..	Ant. Louis Séguier, ancien Avocat Général.	
1754. Louis de Boissy......................	1758=..	J. B. de la Curne de Sainte-Palaye.	
1743. Pierre-Louis Moreau de Maupertuis.	1759=..	J. Jacques le Franc de Pompignan.	
1749. L. Guy de Guerapin de Vauréal, Ev. de Rennes.	1760=1761.	Charles-Marie de la Condamine.	
1726. Jean-Baptiste de Mirabaud.............	1760=1761.	Claude-Henri-Watelet.	
1729. Claude Sallier, Professeur Royal.........	1761=..	J. Gilles de Coetlosquet, anc. Ev. de Limoges.	
1742. Odet Joseph Devaux de Giry de S. Cyr.....	1761=..	Charles Batteux, Chanoine de Reims.	
1742. J. Fr. du Bellay du Resnel, Ab. de Sept-Fontaines.	1761=..	Bernard-Joseph Saurin, Avocat.	
1749. Ch.L.Aug. Fouquet, D. de Belle-Isle, Mar. de Fr.	1761=..	Nic. Ch. Jos. Trublet, Archid. de S. Malo.....	1770
1736. Joseph Seguy, Abbé de Genlis..........	1761=..	L. René-Ed. Prince de Rohan-Guémené.	
1731. Prosper Jolyot de Crébillon............	1762=..	Ch L. Henri de Fusée de Voisenon, Abbé.	
1743. Pierre Carlet de Chamblain de Marivaux....	1763=..	Claude de Radonvilliers, Abbé.	
1754. Jean Pierre de Bougainville............	1763=..	J. Fr. de Marmontel, Historiographe de France.	
1730. Jacques Hardion.....................	1766=..	Antoine Thomas.	
1723. Joseph Thoulier d'Olivet, Abbé.........	1768=..	Etienne Bonnot de Condillac, Abbé.	
1761. Nic. Ch. Jos. Trublet, Archid. de S. Malo...	1770=..	Ch. François de Saint-Lambert.	
1734. Honoré-Armand, Duc de Villars:........	1770=..	Et. Ch. de Loménie de Brienne, Arch. de Toulouse.	
1733. Fr. Aug. Paradis de Moncrif............	1770=..	Armand de Roquelaure, Ev. de Senlis.	
1723. Ch. J. Fr. Hénault, Président Honoraire.....	1770=1771.	Ch. Juste, Prince de Beauvau.	
1723. Pierre-Jos. Alary, Prieur de Gournay......	1771=..	Gabriel-Henri Gaillard.	
1743. J. Jacques Dortous de Mairan...........	1771=..	François Arnauld, Abbé de Grand-Champ.	
1754. L. de Bourbon-Condé, Comte de Clermont.	1771=..	Pierre-Laurent de Belloy.	
1743 Arm. Jérôme Bignon, Prévôt des Marchands.	1772=..	L. George Oudard Feudrix de Bréquigny.	
1747. Ch. Duclos, Historiographe de France......	1772=..	Nicolas Beauzée.]	

2. Académie Royale des Inscriptions & Belles-Lettres.

45508. Réglemens pour l'Académie des Médailles & des Inscriptions, faits en 1701, (6 Juillet:) *Paris*, 1701, *in*-4.

Cette Académie [avoit été] établie en 1663. Elle s'appelle à présent l'Académie des Inscriptions & Belles-Lettres. ☞ Ces Réglemens se trouvent encore dans l'Histoire suivante, ainsi que les *Lettres-Patentes* de 1713, qui confirment son Etablissement.]

45509. Histoire de l'Académie Royale des Inscriptions & Belles-Lettres, depuis son Etablissement (en 1663,) jusqu'à présent; avec les Mémoires de Littérature tirés des Registres de cette Académie, depuis son Renouvellement, (en 1701) jusqu'en 1710: *Paris*, Imprimerie Royale, 1717, *in*-4. 2 vol.

☞ (Suite ou) Tome III. &c. jusqu'à XXXV.

Tout ce qu'on y appelle *Histoire*, a été rédigé par MM. GROS DE BOZE, DE BOUGAINVILLE, & LE BEAU, Secrétaires de l'Académie; & ce qui n'avoit pas été fait par M. FRERET, qui succéda à M. de Boze, l'a été par M. DE FONCEMAGNE. On y donne sous le nom d'*Histoire*, non-seulement ce qui regarde l'Historique de l'Académie & les Eloges des Académiciens morts, (ce qui a été imprimé à part dans l'Ouvrage suivant, jusqu'en 1740,) mais encore l'Abrégé de nombre de Mémoires de Littérature qu'on n'a pas jugé à propos de donner en entier. Les Tomes XI. XXII & XXXIII. contiennent les Tables des Matières.

45510. ☞ Histoire de l'Académie des Inscriptions & Belles-Lettres, depuis son Etablissement (jusqu'en 1740;) avec l'Eloge des Académiciens depuis son Renouvellement; (par Claude GROS DE BOZE:) *Paris*, Guérin, 1740, *in*-8. 3 vol.

La même: *Amsterdam*, Changuion, 1743, *in*-12. 2 vol.

On trouve à la fin de la Liste de tous les Mémoires de l'Académie donnés jusqu'alors, & compris dans les Tomes I.-XIII. Après les Eloges des Académiciens est le Catalogue des Ouvrages de chacun, (par M. l'Abbé Claude-Pierre GOUJET:) ce qui ne se trouve pas dans la grande Histoire ou Recueil des Mémoires. Bien des personnes ont désiré la suite de cette petite Histoire, si on peut donner ce nom à un Livre aussi intéressant pour la Littérature Françoise.]

45511. ☞ Lettres-Patentes du Roi sur Arrêt du Conseil, qui suppriment dans l'Académie des Inscriptions la Classe des Elèves; données à Paris, le 4 Janvier 1716 : *in*-4.]

45512. ☞ Arrêt du Conseil d'Etat, du 18 Juillet 1722, qui déclare bonnes & valables les offres faites à l'Académie des Inscriptions par le Sieur (Jean-François) Félibien, ci-devant Trésorier de ladite Académie, & en conséquence le décharge des condamnations contre lui prononcées par Arrêt du 23 Mars 1716 : *in*-4.]

45513. ☞ Requête de J. Fr. FÉLIBIEN, au Roi, en conséquence dudit Arrêt, pour demander d'être remis sur la Liste des Académiciens, & conserver son rang dans l'Académie: 1722, *in-fol.*]

Histoires des Académies de Paris. 63

☞ *Liste de tous les Académiciens de l'*Académie des Inscriptions & Belles-Lettres, *depuis son commencement en* 1663, *jusqu'à présent* (*Août* 1772,) *au nombre de deux cens treize, selon l'ordre de leur Réception, avec l'année de la Mort de ceux qui sont décédés.*

Les Places de ceux qui se retirent, ou qui sont *Vétérans*, étant vacantes, on les remplit.

Réception.	Mort.	Réception.	Mort.
1663. Jean Chapelain.	1674	1701. Jean-Bapt. Rousseau, (1705, *Vétéran*.)	1741
Amable de Bourzeys, Abbé.	1672	J. François Simon, (1712, *Vét*.)	1719
* François Charpentier.	1702	Jean Prévost, (1712, *sa place vacante*.)	
1670. Charles Perrault, (1682, *se retire*.)	1703	J.René de la Bonnodière,(1705, *sa pl. vac*.)	
1672. * Paul Tallemant, (1706, *Vétéran*.)	1712	Joseph-François Duché.	1705
1674. Philippe Quinault.	1688	Louis Boivin (l'aîné.)	1724
1682. Jean Gallois, Abbé, (*se retire*.)	1707	Nicolas Henrion, (1☒☒, *Vét*.)	1720
André Félibien.	1695	Philib. Bern. Moreau☒Mautour, (1736, *Vétéran*.	1737
..... De la Chapelle.	1694	1702. J. François-Foy Vaillant (fils) Médecin.	1708
Jean Racine.	1699	1704. Chr. Fr. de Lamoignon, *Honoraire*.	1709
* Nic. Boileau des Préaux, (1705, *Vétér*.)	1711	1705. Claude-François Fraguier, Abbé.	1728
Pierre Rainssant.	1689	Charles César Baudelot, Avocat.	1721
1691. * Jacques de Tourreil, (1705, *Vétéran*.)	1714	Antoine Danchet, (1713, *Vétéran*.)	1748
* Eusèbe Renaudot, (1711, *Vétéran*.)	1720	Claude Gros de Boze.	1753
1694. * Simon de la Loubère, (1705, *Vétéran*.)	1729	Guillaume Massieu, Abbé.	1722
1695. * André Dacier.	1722	Charles Valois de la Marre.	1747
1699. * Etienne Pavillon.	1705	Jean Boivin (le jeune.)	1726
		Pierre-Jean Burette, Médecin.	1747
		1706. Jacq. le Quien dela Neuville, (1714, *Vét*.)	1728
		Jos. Fr. Bourgoin de Villefore, (1708, *se démet*.)	1737
		Aug. Nadal, Abbé, (1714, *Vétéran*.)	1740
		Nicolas Barat.	1706
Honoraires.		Nicolas Boindin, (1714, *Vétéran*.)	1751
1701. Jean-Paul Bignon, Abbé.	1743	Henri Morin, (1725, *se démet*.)	1728
J. Fr. Paul le Fevre de Caumartin, depuis Evêque de Blois.	1733	Michel Pinart, Abbé, (1713, *Vét*.)	1717
Arm. Gaston de Rohan, depuis Cardinal.	1749	..... le Roy, Abbé, (1716, *se démet*.)	1740
Fabio Brulart de Sillery, Evêque de Senlis.	1714	1708. Camille le Tellier de Louvois, Abbé. *Hon*.	1718
Fr. de la Chaize, Confesseur du Roi.		Pi. Ch. Roy, (1712, *sa place vacante*.)	1764
Jacq. Louis de Beringhen, prem. Ecuyer.	1723	Nic. Hubert Mongault, Ab. (1711, *Vét*.)	1746
Jean Mabillon, Religieux Bénédictin.	1708	1709. Jérôme Bignon, Cons. d'Etat, *Hon*.	1725
L.Marie de Roche-Baron, Duc d'Aumont.	1704	Michel le Tellier, Conf. du Roi, *Hon*.	1719
Michel le Pelletier de Souzy, Cons. d'Etat.	1725	1710. J. B. Thiaudière de Boissy, Abbé, (1714, *Vétéran*.)	1729
Nic. Jos. Foucault, Conseiller d'Etat.	1721	Antoine Anselme, Abbé, (1724, *Vét*.)	1737
		1711. François Sevin, (Abbé.)	1741
Pensionnaires.		Elie Blanchard.	1756
Les huit anciens, ci-devant désignés par une étoile, avec les deux suivans.		Jacques Hardion (fils.)	1766
Fr. Boutard, Abbé, (1710, *Vétéran*.)	1729	1712. Martin Billet de Fanières, (1716, *se démet*.)	
J. Fr. Félibien, (1716, *se retire*.)	1733	Michel Godeau, (1714, *se démet*.)	1736
		J. Pi. des Ours de Mandajors, (1715, *Vét*.)	1747
Associés (qui devinrent Pensionnaires.)		1713. Antoine Banier, (Abbé.)	1741
Marc-Antoine Oudinet, (1711, *Vétéran*.)	1712	Etienne Fourmont.	1745
Bern. le Bovier de Fontenelle, (1705, *Nét*.)	1757	Ludolphe Kuster.	1716
Charles Rollin, anc. Recteur, (1705, *Vét*.)	1741	1714. Ch. Henri Maslon de Bercy, *Hon*.	1742
Hon. de Quiqueran de Beaujeu, (1705, *Vétéran*.) Evêque de Castres.	1736	Nicolas Fréret.	1749
J. Bapt. Couture, Abbé.	1728	Nic. Mahudel, Médecin, (1744, *se dém*.)	
Jean Foy-Vaillant, Médecin.	1706	L. François de Fontenu, Abbé.	1759
J. Marie de la Marque de Tilladet, Abbé.	1715	Al. Goulley de Boisrobert, (1727, *sa pl. vac*.)	
Julien Pouchard.	1705	1715. Claude Sallier, (Abbé.)	1761
René Auber de Vertot, Abbé.	1735	*Les trois suivans sont Honoraires Etrangers.*	
Thomas Corneille, (1705, *Vétéran*.)	1709	Philip. Ant. Gualterio, Cardinal.	1728
Elèves (qui devinrent Associés.)		Anselme Banduri, Bénéd. de Rag.	1743
Antoine Galland.	1715	Gisbert Cuper.	1716
François Bourdelin, (1705, *Vét*.)	1717		

Liv. V. Histoire Littéraire de France.

Réception.	Mort.
1716. Cette année la Classe des Elèves est supprimée, & il y a 20 Associés.	
Nicolas Gédoyn, (Abbé.)	1744
1717. Pi. Paul de Lormande, Ab. (1719, se démet.)	
Camille Falconet, Médecin.	1762
J. B. H. du Trousset de Valincourt, (1719, se démet.)	1730
Charl. de Riencourt, (1727, sa pl. décl. vac.)	
Pi. de P. de Gondrin d'Antin, depuis Ev. de Langres, Honoraire.	1733
Melchior de Polignac, Cardinal, Hon.	1741
1718. Jacq. Christoph. Iselin, Hon. Etranger.	1737
1719. Bern. de Montfaucon, Rel. Bénéd. Hon.	1741
Antoine Lancelot	1740
Louis Racine, (1748, Vétéran.)	1763
1721. Guill. de la Boissière de Chambors.	1743
1722. Louis-Jean de Pouilly, (1727, se démet.)	1751
Et. Lauréault de Foncemagne, (Doyen actuel. en 1772.)	
Denys-François Secousse.	1754
1723. Guill. du Bois, Min. d'Etat & Card. Hon.	1723
André-Hercule de Fleury, depuis premier Ministre & Cardinal, Hon.	1743
1724. Michel Fourmont (le jeune, Abbé.)	1746
J. B. de la Curne de Sainte-Palaye.	
1726. Victor-Marie d'Estrées, Mar. de Fr. Hon.	1737
H. Ch. du Cambout de Coislin, Evêq. de Metz, Honoraire.	1732
J. Bapt. Souchay, (Abbé.)	1746
1727. Pierre-Nicolas Bonamy.	1770
L. Fr. Jos. de la Barre.	1738
René Vatry, (Abbé.)	1769
1728. Etienne de Canaye, (1739, Vétéran.)	
J. Pi. Moret de B. de Valbonnays, Ass. Correspondant Hon.	1730
1729. L. Monbroux de la Nauze.	
... Paris, Abbé, (1733, sa place déclarée vacante par absence.)	
J. Dan. Schoepflin Ass. Correspondant.	1771
Grég. Al. Cappo li, Hon. Etranger.	1747
1732. Paul-Hippolyte de Beauvilliers, Duc de Saint-Aignan, Hon.	
1733. René L. de Voyer de Paulmy, Marquis d'Argenson, Hon.	1757
Ch. d'Orléans de Rothelin, (Abbé) Hon.	1744
J. Fr. du Resnel, (Abbé.)	1761
Jacq. Bern. Durey de Noinville, Ac. Libre.	1768
1734. Scipion Maffei, Marquis, Hon. Etr.	1755
1735. François Geinoz, Abbé.	1752
1736. Guill. Nicolay, (1756, Vétéran.)	
Jos. de Seytres, Marq. de Caumont, C. H.	
Fr. Xavier Bon, Correspondant Hon.	1761
J. Fréd. Phelypeaux, Comte de Maurepas, H.	
1737. Jos. de Bimard, Baron de la Bastie, C. H.	1742
1738. Anicet Melot.	1759
1739. Ch. Penot Duclos, (1753, Vétéran.)	1771
1740. Jean Lebeuf, (Abbé.)	1760
1741. Eugène-Pierre de Surbeck, Cor. Hon.	1741
1742. J. Fr. Boyer, anc. Ev. de Mirepoix, Hon.	1755
Jérôme Bignon, anc. Int. de Soissons, Hon.	1743
J. Philip. René de la Bléterie, (Abbé.)	1772
Ch. Philip. de Monthenault d'Egly.	1749
Anne-Cl. Philip. Comte de Caylus, Hon.	1765
1743. Philippe Vénuti, Abbé, Cor. Hon.	1769
J. Quirin Quirini, Cardinal, Hon. Etr.	1755
Mi. Et. Turgot, Conseiller d'Etat, Hon.	1751
Chrét. Guill. de Lamoignon, Président, H.	1759
Pi. Alex. Lévesque de la Ravalière.	1762
1744. Augustin Belley, (Abbé.)	1772
L. Jules B. Mazarini Mancini, Duc de Nivernois, Honoraire.	
J. Bas. Paschal Feuel, (Abbé.)	1753
1745. ... Comte de Ciantar, Hon. Etr.	
1746. Joseph-Balthasar Gibert.	1771
Jean-Pierre de Bougainville.	1763
Charles de Brosses, Président à Dijon, Hon. Cor. ou Ac. Libre.	
1747. Jean-Pierre Tercier.	1767
Jean-Jacques Barthelemy, (Abbé.)	
1748. Charles le Beau.	
Jean Otter.	1748
Charles Peyssonel, Ass. Cor.	1757
1749. Marc. Pi. de Voyer de Paulmy, Comte d'Argenson, Hon.	1764
Jean Capperonnier.	
Léon Ménard.	1767
Aug. L. Bertin de Blagny, (1759, Vétéran.)	
Béat-A. D. Fidèle de Zur-Lauben, Ac. Lib.	
... Askew, Anglois, Ac. Lib.	
Octavien de Guasco, Abbé, Ac. Libre.	
1750. Réglement du 9 Mai, pour une seule Classe d'Académiciens Libres, dont quatre Regnicoles & huit Etrangers.	
1751. Arm. Jérôme Bignon, Prévôt des Marchands, Hon.	1772
1752. Cl. Guill. Bourdon de Sigrais.	
1753. Joseph Deguignes.	
Paul Foucher, (Abbé.)	
1754. Charles Batteux, (Abbé.)	
J. Bapt. Bourguignon d'Anville.	
1755. ... Mylord Chesterfield, Ac. Lib.	
Dominique Passionéi, Cardinal, Ac. Lib.	1761
Ch. J. Fr. Hénault, anc. Président, Hon.	1770
1756. Jean Levesque de Burigny.	
Antoine-René, Marquis de Paulmy, Hon.	
Louis Dupuy.	
1757. Louis Phelypeaux, Comte de S. Florentin, depuis Duc de la Vrillière, Hon.	
Alexis-Symmaque Mazocchi, Nap. Ac. L.	1771
1759. Chr. Guill. de Lamoignon de Malesherbes, H.	
J. L. le Beau, (le jeune.)	1766
L. George Oudard Feudrix de Bréquigny.	
Mi. Paul Gui de Chabanon.	
1760. Gabriel-Henri Gaillard.	
1761. Etienne Mignot, Docteur en Théologie.	1771
Jean-Jacques Garnier, (Abbé.)	
Pi. Jean Grosley, Avocat à Troyes, Ac. Lib.	
Jos. Alex. Prince Jablonouski, Ac. Lib.	
1762. François Béjot.	
François Arnauld, (Abbé.)	
1763. Abraham Hyacint. Anquetil du Perron.	
1764. Clém. Ch. Fr. de l'Averdy, Min. d'Etat, Hon.	
1765. L. Fr. de Paule d'Ormesson de Noiseau, Hon.	
1766. Hubert-Pascal Ameilhon, (Abbé.)	
Matthieu Ant. Bouchaud, Doct. ès Droits.	
1767.	

Histoires des Académies de Paris.

Réception.	Mort.	Réception.	Mort.
1767. Pierre-Edme Gaultier de Sibert. Guillaume de Rochefort.		1771. Louis Déformeaux, Historiographe des Princes de Condé.	
1768. J. Simon Levefque de Pouilly, *Ac. Libre.*		1772. J. B. Gafpar d'Anffe de Villoifon. Bon-Jofeph Dacier.	
1769. Le P. Pacciaudi, Théatin d'Italie, *Ac. Lib.*		H. Léon. J. B. Bertin, Min. d'Etat, *Hon.*	
1770. Julien-David le Roy. Fr. Jean-Gabr. de la Porte du Theil.		J. Fr. Seguier, à Nifmes, *Ac. Libre.*	
1771. Fr. Joachim de Pietre de Bernis, Card. *Hon.* Ch. Marie Fevret de Fontette, *Ac. Lib.* 1772		Gafp. Michel le Blond, (Abbé.) Le Prince Maffalfki, Ev. de Wilna, *Ac. Lib.*	

3. *Académie Royale des Sciences.*

45514. Réglement pour l'Académie Royale des Sciences, fait en 1699 : *Paris*, Impr. Royale, 1699, *in*-4.

☞ Il fe trouve encore dans l'*Hiftoire du Renouvellement*, &c. ci-après. Par ce Réglement l'Académie fut compofée de 10 Honoraires, 10° Penfionnaires, 20 Affociés réfidans, & 8 Etrangers, & enfin 20 Elèves.]

45515. Lettres-Patentes qui confirment les Académies Royales des Infcriptions & des Sciences, avec des Réglemens pour lefdites deux Académies, du mois de Février 1713 : *Paris*, Impr. Royale, 1713, *in*-4.

Ces Lettres-Patentes fe trouvent auffi dans le Tome I. de l'*Hift. de l'Académie des Infcriptions.*]

45516. ☞ Réglement pour l'Académie des Sciences, du 8 Janvier 1716.

Il fe trouve dans le Volume des Mémoires de cette année. Alors il ne fut plus queftion d'*Elèves*, mais d'*Adjoints*, au nombre de vingt, & il commença à y avoir quatre Affociés Libres, Régnicoles. Le 1 Août 1731 le Roi en établit deux nouveaux, & le 9 Janvier 1762 fix autres : c'eft en tout douze Affociés Libres.]

45517. ☞ Regiæ Scientiarum Academiæ Ephemerides ; Auctore Philippo DE LA HIRE, ejufdem Academiæ Socio : *Parifiis*, Boudot, 1701, *in*4.]

45518. Regiæ Scientiarum Academiæ Hiftoria, in quâ præter ipfius Academiæ originem & progreffus, variafque Differtationes, &c. quàm plurima experimenta, &c. in certum ordinem digeruntur, (ab anno 1666, ad 1696 ;) Auctore Joan. Baptifta DU HAMEL, ejufdem Academiæ Socio : *Parifiis*, 1698, *Lipfiæ*, 1700, *in*-4.

Secunda Editio, priori longè accuratior (& auctior :) *Parifiis*, de Lefpine, 1701, *in*-4.

L'Auteur eft mort en 1706.

☞ La feconde Edition de fon Hiftoire, non-feulement eft plus correcte, mais contient encore quatre années de plus que la précédente, c'eft-à-dire jufques & y compris 1700.]

45519. Hiftoire du Renouvellement de l'Académie Royale des Sciences en 1699, & les Eloges hiftoriques de douze Académiciens morts depuis ce Renouvellement ; par M. (Bernard le Bovier) DE FONTENELLE, Secrétaire perpétuel de l'Académie des Sciences : *Paris*, Boudot, 1708, *Amfterdam*, 1709, *in*-12.

Ces Eloges font tirés du [grand] Recueil de cette Académie, intitulé : *Hiftoire & Mémoires de l'Académie Royale des Sciences,* dont il paroît un Volume [*in*-4. Imprim. Royale,] pour chaque année, depuis 1699. On n'indique pas ici ce Recueil, parcequ'il ne contient de perfonnel que les Vies des douze Académiciens qui feront mis ci-après dans la place qui leur convient, [ainfi que les fuivans.]

(Suite, ou) Tome II. *Paris*, Brunet, 1717; *in*-12.

Ce Volume contient les Eloges de dix-fept Académiciens, avec le Catalogue de leurs Ouvrages.

45520. ☞ La même Hiftoire : *Paris*, Brunet, 1724, *in*-12.

Suite des Eloges des Académiciens de l'Académie Royale des Sciences, morts depuis 1722 : *Paris*, Brunet, 1733, *in*-12.]

45521. ☞ Hiftoire du Renouvellement, &c. avec les Eloges, &c. jufqu'en 1740 : *Paris*, Brunet, 1742, *in*-12. 2 (gros) volumes.

Tous ces Eloges, compofés par M. de Fontenelle, font au nombre de 69. Ils fe trouvent non-feulement dans cette Hiftoire & dans les grands Mémoires, mais encore dans les dernières Editions de fes *Œuvres*, dont ils occupent les Tomes V & VI. Au refte, c'eft M. de Fontenelle qui a commencé à faire des Eloges dans les Académies, & les autres l'ont imité.]

45522. ☞ Eloges des Académiciens de l'Académie Royale des Sciences, morts dans les années 1741, 1742 & 1743; par M. (Jean-Jacques Dortous) DE MAIRAN, Secrétaire de cette Académie pendant lefdites années, l'un des Quarante de l'Académie Françoife, &c. *Paris*, Durand, 1747, *in*-12.

Il y a dix Eloges. L'Auteur eft mort en 1771.]

45523. ☞ Eloges des Académiciens de l'Académie Royale des Sciences, morts depuis l'an 1744, par M. (Jean-Paul Grandjean) DE FOUCHY, Secrétaire de cette Académie, &c. Tome I. *Paris*, Brunet, 1761, *in*-12.

Il y a vingt-un Eloges dans ce Tome I. M. de Fouchy fe difpofe à en donner un fecond, qui contiendra au moins une partie des Eloges qu'il a encore faits, & qui fe trouvent dans les Volumes *in*-4. des *Mémoires de l'Académie*, dont le dernier qui a paru jufqu'à préfent, eft celui de l'année 1768. Celui de 1769 va paroître.]

45524. ☞ Difcours fur l'Hiftoire de l'Académie des Sciences de Paris, depuis fon Rétabliffement jufqu'en 1751; par J. B. ROBINET : 1760, *in*-12.]

Tome IV. Part. I.   I

45525. Teſtament de feu M. Rouillé de Meslay, ancien Conſeiller au Parlement; fait en 1714 : *in-fol.*

Il eſt mort en 1715, & ſon Teſtament a été confirmé par Arrêt de la Grand'Chambre, le 30 Août 1718. Il a légué à l'Académie Royale des Sciences un fond de cent vingt-cinq mille livres, faiſant cinq mille livres de rente, dont la plus grande partie eſt deſtinée à récompenſer ceux qui auront fait les découvertes qu'il propoſe, & dont il laiſſe le jugement à cette Académie. [Ce Procès a donné lieu aux Pièces ſuivantes.]

45526. ☞ Mémoire pour l'Académie Royale des Sciences, au ſujet d'un legs fait à l'Académie par le Teſtament de M. Rouillé de Meſlay, ancien Conſeiller au Parlement de Paris ; par Me Chevalier, Avocat : *in-fol.*

Le Teſtament eſt du 12 Mars 1714.]

45527. ☞ Mémoire pour Meſſire Anne-Jean Rouillé, Conſeiller au Parlement, Appellant, contre les Directeurs & Penſionnaires de l'Académie des Sciences, avec une Addition audit Mémoire ; par Me Guillet de Blaru, Avocat : *in-fol.*]

45528. ☞ Liſte de Meſſieurs de l'Académie Royale des Sciences, depuis l'Etabliſſement de cette Compagnie en 1666 juſqu'en 1733 ; (par Louis Godin ;) avec le Catalogue des Ouvrages qu'ils ont publiés :(1733,) *in-*4.

Cette Liſte ſe trouve *pag.* 345 *& ſuiv.* du Tome II. des anciens Mémoires de l'Académie des Sciences. M. Grandjean de Fouchy, Secrétaire, nous en ayant communiqué la ſuite qu'il a faite juſqu'en cette année 1772; avec des Corrections ou Additions à la Liſte précédente, nous mettrons ici un Abrégé du tout ; & par ce moyen on aura, dans cette Bibliothèque, les Suites Chronologiques des trois Académies ſçavantes.]

☞ *Liſte de tous les Académiciens de l'Académie des Sciences, depuis ſon commencement en 1666, juſqu'à préſent (Août 1772,) au nombre de trois cens onze, ſelon l'Ordre de leur Réception, avec l'année de la Mort de ceux qui ſont décédés.*

Réception.	Mort.
1666. Pierre de Carcavi, Conſeiller au Grand-Conſeil.	1684
Chrétien Huyghens de Zulychem.	1695
Gilles Perſonne de Roberval.	1675
Nic. Frenicle de Beſſy, Conſeiller de la Monnoye.	1675
Adrien Auzout.	1691
Jean Picard, Prêtre.	1682
Jacques Buot, Ingénieur du Roi.	1675
J.B. du Hamel, Aumônier du Roi.	1706
Marin Cureau de la Chambre, Médecin.	1671
Claude Perrault, Médecin.	1688
Samuel Cotereau du Clos, Médecin.	1685
Claude Bourdelin, Médecin.	1699
Jean Pecquet, Médecin.	1674
Louis Gayant, Chirurgien.	1673
Nicolas Marchant, Médecin.	1678
.... Niquet.	mort en ....
Claude-Antoine Couplet.	1722
.... Pivert.	mort en ....
.... De la Voye Mignot.	mort en ....
Edme Mariotte.	1684
1668. Jean Gallois, Ab. de S. Martin de Cores.	1707
1669. François Blondel.	1686
Jean-Dominique Caſſini.	1712
1672. Olaüs Roëmer, Danois, *Aſſ. Etr.*	1710
1673. Denys Dodart, Médecin.	1707
1674. Pierre Borel, Médecin.	1689
Guichard-Joſ. du Verney, Médecin.	1730
1675. God. Guill. Leibnits, *Aſſ. Etr.*	1716
1678. Philippe de la Hire.	1718
Jean Marchant.	1738
1679. ... De Lannion, (1685, *exclus.*)	
1681. ... Sedileau.	1693
1682. Ernfroi-Walther de Tſchirnauſen, *Aſſ.Etr.*	1708
Laurent Pothenot.	1732
... Le Fevre, (1702, *exclus.*)	
Henri de Beſſé.	1692

Réception.	Mort.
1684. Jean Mery, Chirurgien.	1722
1685. Melchiſedech Thevenot.	1692
Michel Rolle.	1719
... Cuſſet.	mort en ....
1688. Pierre Varignon.	1722
1691. Jean-Paul Bignon, Abbé de S. Quentin.	1743
Joſ. Pitton de Tournefort, Médecin.	1708
Guillaume Homberg, Médecin.	1715
1692. Moyſe Charas, Médecin.	1698
1693. ... De la Coudraye.	mort en ....
Guill. François de l'Hôpital, Marquis de S. Meſme.	1704
... Morin, de Toulon.	mort en ....
1694. Jacques Caſſini.	1756
Gabriel-Philippe de la Hire.	1719
Simon Boulduc, Chimiſte.	1729
Jacques-Philippe Maraldi.	1729
1695. Jean-Matthieu de Chazelles.	1710
1696. Thomas Fantet de Lagny.	1734
Joſeph Sauveur.	1716
Pierre Couplet de Tartreaux.	1743
Dominique Guglielmini (de Padoue,) *Aſſ. Etranger.*	1710
1697. Bern. (le Bovier) de Fontenelle.	1757
Louis Carré.	1711
1698. Daniel Tauvry, Médecin.	1701
... De Langlade, Chimiſte.	1717
1699. Nicolas Lémery, Médecin.	1715
Sébaſtien Truchet, Carme, *Honoraire.*	1729
Bern. Renau d'Eliſagaray, *Hon.*	1719
Nicolas de Malézieu, *Hon.*	1727
Nic. Malebranche, Pr. de l'Orat. *Hon.*	1715
Thomas Gouye, Jéſuite, *Hon.*	1725
Gilles Filleau des Billettes.	1720
.... Jeaugeon.	1725
André Daleſme.	1727
Pierre-Sylvain Régis.	1707
Claude Bourdelin, Médecin.	1711

Histoires des Académies de Paris.   67

Réception.	Mort.	Réception.	Mort.
1699. Louis Morin, Médecin.	1715	1715. ... Duc d'Escalone, *Ass. Etr.*	1725
... Monti, (*exclus pour absence.*)		Louis-Ferd. C. de Marsigli, *Ass. Etr.*	1730
Et. François Geoffroy, Médecin.	1731	1716. Melchior de Polignac, Cardinal, *Hon.*	1741
Guy-Crescent Fagon, Médecin.	1718	Marc-René... Marquis d'Argenson, *Hon.*	1721
Camille le Tellier de Louvois, Abbé de Bourgueil, *Hon.*	1718	Louis-Léon Pajot, C. d'Onsembray, *Hon.*	1754
		Pierre Chirac, Médecin.	1732
Séb. le Prestre de Vauban, *Hon.*	1707	Jean-Elie Leriget de la Faye, *Ass. Libre.*	1718
Nicolas Hartsœker, *Ass. Etr.*	1725	Pierre Rémond de Montmor, *Ass. Libre.*	1719
Jacq. Bernoulli, (de Basle,) *Ass. Etr.*	1705	Ch. Reyneau, Pr. de l'Oratoire, *Ass. Lib.*	1728
Jean Bernoulli, (de Basle,) *Ass. Etr.*	1748	J. B. Deschiens de Ressons, *Ass. Lib.*	1735
Isaac Newton, *Ass. Etr.*	1727	Sébastien Vaillant, Botaniste.	1722
Vincent Viviani (de Florence,) *Ass. Etr.*	1703	Ant. Tristan Danty d'Isnard, Médecin.	1742
Claude Burlet, Médecin.	1731	... De Camus, (*exclus pour absence.*)	
Claude Berger, Médecin.	1712	1718. J. B. Colbert, Marquis de Torcy, *Hon.*	1746
Gilles-François Boulduc, Chimiste.	1742	... Marius.	1710
Adrien Tuillier, Médecin.	1702	Henri-Jacq. Nompar de Caumont, Duc de la Force, *Hon.*	1726
François Chevalier.	1748		
Alexis Littre, Médecin.	1725	J. Jacq. Dortous de Mairan.	1771
François Poupart, Médecin.	1709	1719. Jean Law, Contrôleur-Général, *Hon.*	1729
Hervé Simon de Valhebert.	1741	1721. André-Hercule de Fleury, dep. Card. *Hon.*	1743
Antoine Parent.	1716	J. B. Henri du Trousset de Valincour, *Hon.*	1730
Michel de Senne.	1742	Marie-Guil. Bénard de Rezay, *Ass. Lib.*	1736
Mi. Louis Reneaume de la Garanne, Méd.	1739	Joseph Privat de Molières.	1742
Guillaume Amontons.	1705	Pierre I. Emp. des Russies, *Hon.*	1725
... Du Torar.	mort en	1722. François Petit, Médecin.	1741
Jacques Lieutaud.	1733	Jacques Trant, Médecin.	1739
... De Beauvilliers, Ingénieur.	1730	Sauveur Morand, Chirurgien, (Doyen en Août 1772.)	
Louis Lémery, Médecin.	1743	1723. Pierre-Louis Moreau de Maupertuis.	1759
1701. Pierre du Verney, Chirurgien.	1728	Camille d'Hostun, Duc de Tallard, *Hon.*	1728
1702. J. Bapt. Chomel, Médecin.	1741	Ch. de Cisternay du Fay.	1739
Guillaume De l'Isle, (le Géographe.)	1726	1724. ... De Beaufort.	1728
Jacques Ozanam.	1717	Henri Pitot, (*Vétéran.*)	1771
1703. Martin Poli, *Ass. Etr.*	1714	Jean Senac, prem. Médecin du Roi.	1771
1704. Philippe de Courcillon de Dangeau, *Hon.*	1720	1725. J. Fred. Phelypeaux, C. de Maurepas, *Hon.*	
1705. François Bianchini, *Ass. Etr.*	1729	Louis De l'Isle de la Croyère.	1742
... Guisnée.	1718	Bernard de Jussieu, Médecin, (*Vétéran.*)	
Louis Petit, Chirurgien.	1751	Pierre le Monnier.	1757
1706. François Nicole.	1758	Louis Godin.	1760
Claude-Joseph Geoffroi, Chimiste.	1752	Pierre Maloet, Médecin.	1742
Joseph Saurin.	1737	Jean-Pierre de Crousaz, *Ass. Etr.*	1750
René-Antoine Ferchault de Reaumur.	1757	1726. Jean-René de Longueil de Maisons, *Hon.*	1731
... Bomie, (*exclus.*)		Marc-Pierre de Voyer de Paulmy, Comte d'Argenson, *Hon.*	1764
... Saulmon.	1725		
1707. Jean Terrasson, (de l'Acad. Françoise.)	1751	Louis-Claude Bourdelin, Médecin.	
Vict. Marie d'Estrées, Mar. de Fr. *Hon.*	1737	1727. Mich. Robert le Pelletier des Forts, *Hon.*	1741
Jacq. Benigne Winslow, Médecin.	1760	Eustache Manfredi, *Ass. Etr.*	1739
1708. Pierre Magnol, Médecin.	1715	Frédéric Ruisch, *Ass. Etr.*	1731
Raymond Vieussens, Médecin.	1715	Ch. Et. Louis Camus.	1768
Hans Sloane, (Anglois,) *Ass. Etr.*	1753	1728. Henri-Fr. d'Aguesseau, Chanc. de Fr. *Hon.*	1751
1709. Jean-Bapt. Enguehard, Médecin.	1716	Henri-Louis du Hamel du Monceau.	
1710. Milord Comte de Pembrok, *Ass. Etr.*	1733	Fr. Joseph Hunaud, Médecin.	1742
1711. Jean Nicolas de la Hire, Médecin.	1727	1729. Pierre Mahieu.	1753
Bernard de Bragelogne, Abbé.	1744	Edmond Halley, *Ass. Etr.*	1742
Antoine de Jussieu, Médecin.	1758	1730. Jos. Ant. d'Aguesseau de Valjouan, *Hon.*	1744
Jean-Henri Imbert, Médecin.	1722	Philippe Buache, prem. Géogr. du Roi.	
1712. Pierre Blondin, Médecin.	1713	Ch. Marie de la Condamine.	
André Fr. Boureau Deslandes.	1757	Herman Boerhave, *Ass. Etr.*	1738
Pi. Simon Rouhault, Chirurgien.	1741	1731. L. Fr. Armand, Duc de Richelieu, *Hon.*	
1714. Eugène d'Alonville de Louville.	1732	Alexis-Claude Clairault.	1765
Jos. Nicolas de l'Isle, (l'Astronome.)	1768	Jean Grosse, Médecin.	1744
1715. Jean-Cl. Adrien Helvetius, Médecin.	1755	Fr. Gigot de la Peyronie, Chir. *Ass. Lib.*	1747
		J. Bapt. Morgagni, *Ass. Etr.*	

Tome IV. Part. I.   I 2

Liv. V. Histoire Littéraire de France.

Réception.	Mort.	Réception.	Mort.
1731. Pierre Bouguer.	1758	1753. Jof. Jér. le François de la Lande.	
Jean-Dominique Maraldi.		G. J. H. J. B. le Gentil de la Galaifière, (*Vét.*)	
Jean-Paul Grandjean de Fouchy.		Etienne Hales, *Aff. Etr.*	1756
1732. Franç. Chicoyneau, Médecin, *Aff. Lib.*	1752	1754. Woldemar, C. de Lowendal, *Hon.*	1755
Ét. Simon de Gamaches, Ch. Rég. *Aff. Lib.*	1756	Abraham Moivre, *Aff. Etr.*	1754
1733. Alexis Fontaine.	1771	Albert de Haller, *Aff. Etr.*	
Chriſtian Wolphius, *Aff. Etr.*	1754	1755. Georges de Macclesfield, Mylord, *Aff. Etr.*	1764
1734. George-Louis le Clerc de Buffon.		Léonard Euler, *Aff. Etr.*	
1735. Jean Hellot, Chimiſte.	1768	Jean Moreau de Séchelles, Min. d'Et. *Hon.*	1760
Céſar-François Caffini de Thury.		Paul d'Albert de Luynes, Cardinal, *Hon.*	
1736. Charles d'Albert, *Aff. Lib.*	1751	1756. Alexandre-Guy Pingré, Chan. Rég. *Aff. Lib.*	
Gilbert Guyon de la Chevalleraye, *Aff. Lib.*	1749	Bern. Foreſt de Belidor.	1761
Pierre-Charles le Monnier.		Jean-Charles de Borda.	
1738. Jean-Fr. Boyer, anc. Ev. de Mirepoix, *Hon.*	1755	1758. Etienne Bezout.	
1739. François Sicaire de Brémond.	1742	L. Léon-Fél. de Brancas, Comte de Lauragais, (*Vétéran.*)	
.... Cervi, premier Médecin de S. M. Catholique, *Aff. Etr.*	mort en	Aug. Den. Fougeroux de Bondaroy.	
J. Antoine Nollet, (Abbé.)	1770	Jof. Bernard de Chabert, *Aff. Lib.*	
Jean Poleni, *Aff. Etranger.*	1761	Matthieu Tillet.	
1740. Etienne Mignot de Montigny.		1759. J. B. Chappe d'Auteroche, (Abbé.)	1769
L. Phelypeaux, C. de S. Florentin, *Hon.*		Jacques-René Tenon, Chirurgien.	
1741. Antoine Ferrein, Médecin.	1769	J. Fr. Clément Morand, Médecin.	
J. Paul de Gua de Malves, (Abbé, *Vét.*)		Michel Adanſon.	
Nic. Louis de la Caille, (Abbé.)	1762	Mathurin-Jacques Briffon.	
Jean le Rond d'Alembert.		1760. Antoine Petit, Médecin.	
J. Jacq. Amelot de Chaillou, *Hon.*	1749	1761. Ch. Fr. Céf. le Tellier de Montmirail, *Hon.*	1764
Jof. Marie-Fr. de Laſſone, Médecin, (*Vét.*)		Jof. Alexandre de Jablonowski, *Aff. Etr.*	
1742. Paul-Jacques Malouin, Médecin.		Henri-Léonard J.B. Bertin, Min. d'Et. *Hon.*	
Martin Folkes, *Aff. Etr.*	1754	Flor. Jof. de Vallière, *Aff. Lib.*	
1743. Mi. Ferd. d'Albert, D. de Chaulnes, *Hon.*	1769	Ch. Penot de Tournière, *Aff. Lib.*	1772
Mi. Philippe Bouvart, Médecin, (*Vét.*)		1762. Charles Linnæus, *Aff. Etr.*	
Daniel-Charles Trudaine, *Hon.*	1769	1763. Jean-Sylvain Bailly.	
Guillaume le Monnier, Médecin.		Edme-Sébaſtien Jeaurat.	
Jean-Etienne Guettard, Médecin.		1764. Jacques Douglas, C. de Morton, *Aff. Etr.*	1768
1744. Louis-Marie d'Aubenton, Médecin.		Ant. René de Paulmy d'Argenſon, *Hon.*	
Gaſp. le Compaſſeur de Courtivron, (*Vét.*)		Jean-Ch. Philibert Trudaine. *Hon.*	
Guillaume Rouelle, Chimiſte.	1770	1765. Fr. Céf. le Tellier de Courtanvaux, *Hon.*	
Jof. Exupere Bertin, Médecin, (*Vét.*)		Et. François Turgot, *Aff. Lib.*	
Arm. Louis du Pleſſis de Richelieu, Duc d'Aiguillon, *Hon.*	1750	J. B. Ant. Andouillé, Chirurgien, *Aff. Lib.*	
1745. Pierre-Jof. Macquer, Médecin.		Achille-Pierre Dionis du Séjour, *Aff. Lib.*	
1746. Jacques de Vaucanſon.		J. Rodolphe Perronet, *Aff. Lib.*	
Antoine de Parcieux.	1768	Gabriel de Bory, *Aff. Lib.*	
Louis Nicolle.	1751	Pierre Poiſſonnier, Médecin, *Aff. Lib.*	
J. B. de Machault, Miniſtre d'Etat, *Hon.*		1766. ... Prince de Lowenſtein, *A. Etr. mon.*	
1747. Marc René de Montalembert, *Aff. Lib.*		Louis Cadet, Chimiſte.	
1748. Fr. David Hériſſant, Médecin.		1768. Gabriel Jars, Chimiſte.	1769
Daniel Bernoulli, *Aff. Etr.*		Antoine-Laurent Lavoiſier, Chimiſte.	
Jacques Bradley, *Aff. Etr.*	1761	Charles Boſſut, (Abbé.)	
1749. Patrice d'Arcy.		1769. Marie-J. Ant. Nic. de Caritat de Condorcet.	
Yv. Marie Deſmaretz, C. de Maillebois, *Hon.*		Pierre Demours, Médecin, (*Vétéran.*)	
L. Eliz. de la Vergne de Treſſan, *Aff. Lib.*		Ant. Portal, Médecin.	
1750. Chr. G. de Lamoignon de Malesherbes, *Hon.*		Céf. Gabr. de Choiſeul, D. de Praſlain, *Hon.*	
Girard de Van-Swieten, *Aff. Etr.*	1772	1770. Charles Meſſier.	
1751. Ant. L. Rouillé, Min. d'Etat, *Hon.*	1751	Jean-Dominique Caffini.	
François Queſnay, Médecin, *Aff. Libre.*		Balthaſard-Georges Sage.	
J. Bapt. le Roy.		1771. Nicolas Deſmareſt.	
1752. Jean Lieutaud, Médecin, (*Vétéran.*)		... Rochon, (Abbé.)	
Claude Geoffroy, Chimiſte.	1753	Alexandre-Théophile Vandermonde.	
Théodore Baron, Médecin.	1768	1772. Jacq. Ant. Joſeph Couſin.	
Rol. Mi. Barrin de la Galiſſonnière, *A. Lib.*	1756	... De la Grange, *Aff. Etr.*	
		Did. Fr. Meſnard de Chouzy, *Aff. Libre.*	

4. Académie Royale de Peinture & de Sculpture.

45529. Etablissement de l'Académie Royale de Peinture & de Sculpture, par Lettres-Patentes, du 28 Février 1648, (avec plusieurs Pièces, entr'autres les Statuts de ladite Académie:) *Paris*, Petit, 1664, *in*-4.

Le même, augmenté, avec les autres Lettres accordées à ladite Académie: *Paris*, 1693, 1698, *in*-4. *Paris*, Colombat: 1723, *in*-4.

C'est un Recueil d'Arrêts, Statuts & Réglemens, & autres Pièces concernant cette Académie, depuis 1648 jusqu'en 1714 inclusivement.]

45530. ☞ Histoire de l'Etablissement de l'Académie de Peinture; par PIGANIOL.

Elle se trouve dans sa *Description de Paris*, Edition de 1765, tom. I. pag. 208-263: C'est une Histoire anecdote que l'Auteur tenoit de M. Tetelin le cadet, premier Secrétaire de cette Académie.]

45531. * Description de l'Académie Royale des Arts de Peinture & de Sculpture; par M. GUERIN, Secrétaire perpétuel de cette Académie: *Paris*, Colombat, 1715, *in*-12. avec fig.

45532. Lettres-Patentes pour la jonction de l'Académie Royale de Peinture & de Sculpture de France, avec l'Académie du Dessein de Rome; du 22 Décembre 1676: *Paris*, 1676, *in*-4.

45533. ☞ Conférences de l'Académie Royale de Peinture & Sculpture; par M. (André) FÉLIBIEN: *Paris*, Cramoisy, 1668, *in*-4.

Elles sont aussi imprimées dans le Recueil des Traités de Félibien sur la Peinture: *in*-12. L'Auteur est mort en 1695.]

45534. ☞ Discours prononcés dans les Conférences de l'Académie Royale de Peinture & de Sculpture; par M. (Antoine) COYPEL, Ecuyer, premier Peintre du Roi, &c. *Paris*, Colombat, 1721, *in*-4.

L'Auteur est mort en 1722.]

☞ *Nota.* ON trouve chaque Année, dans l'*Almanach Royal*, une Liste des Membres de cette Académie, comme de la suivante.]

5. Académie Royale d'Architecture.

45535. ☞ Lettres-Patentes du mois de Février 1711, portant confirmation de l'Académie Royale d'Architecture; avec ses Statuts: 1717, *in*-4.

Cette Académie avoit commencé en 1671; mais elle n'étoit pas authentiquement autorisée.]

45536. ☞ Lettres-Patentes du mois de Juin 1756: *in*-4.

Elles fixent le nombre des Académiciens.]

6. Académie Royale de Chirurgie.

☞ La Société des Chirurgiens, avilie en 1660 par son union avec les Chirurgiens-Barbiers, commença à se relever en 1725, par l'Etablissement de cinq Démonstrateurs Royaux, &c. En 1731 le Roi érigea au milieu d'elle une Académie de Chirurgie, qui fut confirmée en 1748, & reçut sa dernière forme en 1751.

On a vu ci-dessus (*p.* 25. & *s.*) les Pièces des Différends que les Chirurgiens ont eus avec les Médecins, & ce qui les concerne d'ailleurs.]

45537. ☞ Lettres-Patentes du 2 Juillet 1748, portant confirmation de l'Etablissement de l'Académie Royale de Chirurgie: *Paris*, Delaguette, 1748, *in*-4.

On les trouve aussi avec le Réglement suivant, au commencement du Tome II. des *Mémoires* de cette Académie, *in*-4. pag. vj & ix.]

45538. ☞ Réglement pour l'Académie Royale de Chirurgie, donné par le Roi, le 18 Mars 1751: *Paris*, Delaguette, *in*-4.

Il fixe la police & la discipline de l'Académie.]

45539. ☞ Académie Royale de Chirurgie: *Paris*, Delaguette, 1751, *in*-4.

C'est une Liste des Académiciens du Comité, des Adjoints au Comité, des Académiciens Libres, des Associés Régnicoles, & des Associés Etrangers. Il y a eu deux Editions de cette Liste, à peu de temps de distance l'une de l'autre. Dans la première, les deux Prévôts en exercice, (MM. Didier & Dubertrand) ne se trouvent point à la suite des Conseillers du Comité perpétuel.

Depuis ce temps on trouve chaque année, dans l'*Almanach Royal*, une Liste des Membres de cette Académie.]

45540. ☞ Très-humbles Représentations de plusieurs Maîtres en Chirurgie, au Roi; du 20 Juillet 1751: *in*-4.

Les Chirurgiens qui avoient signé ces Représentations, furent interdits des Assemblées de Saint-Côme, pendant plusieurs mois, par ordre de Sa Majesté.]

45541. ☞ Histoire & Mémoires de l'Académie Royale de Chirurgie: *Paris*, Osmont, &c. 1743-1768, *in*-4. 4 vol.

Il y a dans le Tome I. une Préface très-intéressante sur la Chirurgie, par M. (François) QUESNAY, Secrétaire; un Abrégé d'Histoire, à la tête du Tome II. (publié par M. (Sauveur) MORAND,) & quatre Eloges: le Tome III. en a deux; & l'on trouve à la tête du Tome IV. (publié par M. (Antoine) LOUIS, Secrétaire,) une *Histoire* étendue de cette *Académie*, depuis son *Etablissement* jusqu'en 1743. Nous indiquerons les Eloges, dont on vient de parler, & plusieurs autres publiés depuis à part, ci-après, dans l'Article III. du Chapitre IV. On imprime un Tome V.]

7. Société Royale d'Agriculture.

45542. ☞ Arrêt du Conseil d'Etat, du premier Mars 1761, pour l'Etablissement d'une Société d'Agriculture dans la Généralité de Paris, composée de quatre Bureaux, à Paris, Meaux, Beauvais & Sens: *in*-4.

Dans la *France Littéraire*, Edition de 1769, est une Liste des Membres du Bureau de Paris en 1768. On en trouve une plus nouvelle, (c'est-à-dire celle de 1771,) pag. clxxxvj. de l'*Almanach Royal* de 1772.]

8. De quelques Académies particulières, qui n'ont pas eu de suite.

45543. Discours au Roi sur l'Etablissement d'une seconde Académie dans la Ville de

Paris ; par (François) HEDELIN, Abbé d'Aubignac ; *Paris*, Dubreuil, 1664, *in*-4.

Ce Projet de l'Abbé d'Aubignac, mort en 1673, n'eut point de succès ; il suppose qu'il n'y avoit point alors [en 1664,] d'autre Académie à Paris que l'Académie Françoise, & est par-là contraire à la date de l'Etablissement de l'Académie des Médailles & des Inscriptions, établie dès l'an 1663.

☞ Il est vrai que le Projet de l'Abbé d'Aubignac ne fut pas autorisé ; mais il tint pendant plusieurs années des Assemblées particulières ; qui donnèrent lieu à d'assez bons Ouvrages sur l'Eloquence, qui ont été publiés en 1687, sous le titre de *Harangues sur différens sujets*, par le Sieur de Vaumorière. On peut voir ce qu'en dit l'Abbé Goujet, *pag*. 439, du tom. II. de sa *Bibliothèque Françoise* : il y nomme les principaux Membres de cette petite Académie. On lui doit encore le petit Recueil (donné par Sant-Ussans,) intitulé : *Divers Traités d'Histoire, de Morale & d'Eloquence*, (au nombre de VI.) Paris, Thiboust, 1762, *in*-12.]

45544. ☞ Réglemens de l'Assemblée des Physiciens de Montmor, en 1657.

On les trouve dans la Lettre LXXIX. de Sorbière à M. Hobbes, *pag*. 631-636, & à la fin de ses Lettres (imprimées à Paris, *in*-4. en 1660,) est un Discours prononcé à l'ouverture du rétablissement de cette Académie, comme on l'y appelle. Henri-Louis Habert de Montmor avoit retiré chez lui le Philosophe Gassendi, & il étoit de l'Académie Françoise.]

☞ ON peut voir encore la Notice de quelques autres Assemblées particulières dans le Discours indiqué au N.° 45491.]

45545. ☞ Réglemens de la Société des Arts, formée à Paris avec la permission du Roi, sous la protection de M. le Comte de Clermont : *Paris*, Quillau, 1730, *in*-8.

Cette Société, formée en 1729, a tenu pendant quelques années régulièrement des Assemblées, qui ont donné lieu à plusieurs Ouvrages. Les *Mémoires de Trévoux* parlent au mois de *Février* 1733, (*pag*. 357,) des Prix proposés par cette Société.]

45546. ☞ Plans & Statuts d'une nouvelle Académie, avec des Eclaircissemens ; (par Elie-Catherine FRERON :) *in*-4.

Il les a mis ensuite dans le tom. I. de ses *Opuscules*.]

§. III.

Histoires des Académies de Provinces, par ordre alphabétique.

45547. ☞ LETTRES-PATENTES & Réglement de l'Académie des Sciences, Belles-Lettres & Arts d'*Amiens*, avec la Liste des Académiciens : *Amiens*, Godart, 1751, *in*-12.

Ces Lettres-Patentes sont du mois de Juin 1750.]

45548. ☞ Notice de l'Académie d'Amiens, avec la Liste de ses Académiciens, en 1768.

Dans la *France Littéraire* de 1769, tom. I. *p*. 45.]

45549. ☞ Relation de ce qui s'est passé à l'Etablissement de l'Académie Royale des Belles Lettres dans la Ville d'*Angers*, (& les Titres de son Etablissement en 1685 ; par Nicolas PETRINEAU DES NOULIS, Président de la Prévôté & Echevin perpétuel, avec les Statuts & la Liste des Académiciens & de leurs Successeurs, (jusqu'en 1733 :) *Angers*, 1733, *in*-4. 40 pages.

Il y en avoit eu une Edition (sans ces Successeurs,) en 1687, *in*-4. d'ailleurs toute semblable à celle-ci.]

☞ *Nota*. Pierre-Jean LE CORVAISIER, Ecuyer, Secrétaire de l'Académie d'Angers, mort à Angers le 12 Août 1758, âgé de 38 ans, trois mois & quelques jours, avoit entrepris une Histoire suivie de cette Académie, qui a fait une grande perte par sa mort. On peut voir son Eloge (par M. l'Abbé RANGEARD, son Successeur au Secrétariat de l'Académie,) dans l'*Année Littéraire* de M. Fréron, 1761, Lettre XII.]

45550. ☞ Notice de l'Académie Royale d'Angers, avec la Liste de ses Académiciens, en 1768.

Dans la *France Littéraire* de 1769, *pag*. 48.]

45551. ☞ Observations sur l'Académie Royale d'*Arles*, établie en 1668, (mais qui ne subsiste plus.)

Dans la *Description de la France*, par Piganiol, Edition de 1753, *tom. V. pag*. 102. Cette Académie, qui n'étoit composée que de Gentilshommes d'Arles, fut dérangée par la Guerre de 1701, & cessa vers 1710 ou 1715.]

45552. ☞ Mf. Mémoires pour l'Histoire de l'Académie d'Arles ; par Joseph BOUGEREL, Prêtre de l'Oratoire.

Il en est parlé à son Article, dans le *Moréri* de 1759. Ces Mémoires doivent être à Paris, dans la Maison des Prêtres de l'Oratoire de S. Honoré, où le P. Bougerel est mort en 1753.]

45553. ☞ Notice de la Société Littéraire d'*Arras*, qui a commencé en 1737, avec la Liste de ses Associés, en 1768.

Dans la *France Littéraire* de 1769, *pag*. 51.]

45554. ☞ Mf. Statuts de la Société des Belles-Lettres, Sciences, Arts & Commerce d'*Auxerre*, (en 39 Articles ; dressés en 1749.)

Dans les Registres de cette Société. Il y en a une Copie à Paris, dans la Bibliothèque de MM. les Avocats, à la fin de laquelle est la Liste des Ouvrages des principaux Membres de cette Société Littéraire.]

45555. ☞ Notice de la Société des Sciences, Arts & Belles-Lettres d'Auxerre ; avec la Liste de ses Associés, en 1768.

Dans la *France Littéraire* de 1769, *pag*. 55.]

45556. ☞ Lettres-Patentes du Roi (de 1752.) Statuts & Réglement concernant l'Etablissement de l'Académie des Sciences, Belles-Lettres & Arts en la Ville de *Besançon*, avec l'état contenant les noms de MM. les Académiciens, & l'Arrêt de la Cour pour l'enregistrement d'icelles : *Besançon*, 1752, *in*-4.]

45557. ☞ Notice de l'Académie de Besançon, avec la Liste de ses Académiciens, en 1768.

Dans la *France Littéraire* de 1769, *pag*. 57.]

Histoires des Académies de Provinces.

45558. ☞ Recueil des Lettres, Mémoires & autres Pièces pour servir à l'Histoire de l'Académie de *Béziers*; par M. BOUILLET, Médecin, Professeur de Mathématiques & Secrétaire de l'Académie de Béziers: *Béziers*, veuve Barbut, 1736, *in*-4.

[Cette Académie a commencé en 1723. M. Dortous de Mairan, qui a été depuis de l'Académie Françoise & de celle des Sciences, a beaucoup contribué à l'établissement & à la forme de celle de Béziers. C'est un service qu'il a voulu rendre à sa Patrie & aux Sciences: on en trouve le récit dans ce Recueil.]

45559. ☞ Notice de l'Académie de Béziers, autorisée en 1725, avec la Liste de ses Académiciens, en 1768.

Dans la *France Littéraire* de 1769, *pag*. 61.]

45560. Lettres-Patentes, avec les Statuts pour l'Académie des Sciences, Arts & Belles-Lettres, établie dans la Ville de *Bourdeaux*: *Bourdeaux*, 1710, *in*-4.

☞ On peut voir à son sujet les *Mémoires de Trévoux*, 1715, *Octobre*, *pag*. 1861.]

45561. Notice de l'Académie des Belles-Lettres, Sciences & Arts de Bourdeaux, établie en 1712; avec la Liste de ses Académiciens, en 1768.

Dans la *France Littéraire* de 1769, *pag*. 65.]

45562. ☞ Réglement pour l'Etablissement d'une Académie de Marine, au Port de *Brest*; du 30 Juillet 1752: *Paris*, Imprimerie Royale, petit *in-fol*.

Ce Réglement, de XXXV. Articles, est signé par M. ROUILLÉ, Ministre & Secrétaire d'Etat, ayant le Département de la Marine.]

45563. ☞ Réglement concernant l'Académie Royale de Marine à Brest; du 24 Avril 1769: *Brest*, Malassis, petit *in-fol*.

Il y a également XXXV. Articles; mais quelques-uns sont différens des précédens. Ce dernier Réglement est pour donner à l'établissement de l'Académie de Marine une forme solide & permanente.]

45564. ☞ Liste de l'Académie Royale de Marine.

Dans l'*Etat de la Marine*, qui s'imprime chaque année *in*-16. à *Paris*, chez le Breton.]

45565. * De Academia Gallica *Cadomensi*, Epistola Jacobi MOSANTII, ad Præmontium Grandorgæum. Accesserunt quædam ad illust. Sanctarum, Comitem Consistorianum & ad Clariss. Premontium de Cadomensium rebus Epistolæ.

Ces Lettres sont imprimées dans le Recueil des Lettres Latines de Jacques Moisant: *Cadomi*, 1669, *in*-16. Elles commencent à la *pag*. 101. La première est sur l'*Académie de Caën*, dans la Maison de l'Auteur; la seconde parle de Malherbe; la troisième regarde les Antiquités de Caen. L'Auteur fait voir dans la quatrième, que les Lettres ont toujours fleuri à Caen. Les deux dernières sont pleines d'érudition.

☞ M. Huet, dans ses *Origines de Caen*, seconde Edition, *in*-8. *pag*. 171, fait un abrégé l'Histoire de cette Académie commencée en 1652, & qui subsista jusqu'à la mort de M. de Segrais. Elle eut depuis divers renouvellemens & plusieurs interruptions. Elle a pris enfin une nouvelle forme & de la consistance sous M. de Luynes, alors Evêque de Bayeux, aujourd'hui Archevêque de Sens & Cardinal, qui s'en déclara le Protecteur.]

45566. Lettres-Patentes, avec les Statuts, pour l'Académie des Belles-Lettres, établie dans la Ville de *Caën*, en 1705: *Caën*, *in*-4.

☞ On peut voir ce qui est dit de cette Académie, dans les *Mémoires de Trévoux* 1705, *Août*.]

45567. ☞ Lettres-Patentes & Statuts de l'Académie des Belles-Lettres de Caën; avec les Discours de M. l'Evêque de Bayeux, (DE LUYNES:) & la Réponse du Directeur (DE LA DOUESPE;) plus, la Liste des Académiciens: *Caën*, 1731, *in*-4.]

45568. ☞ Mémoires de l'Académie des Belles-Lettres de Caën: *Caën*, Manoury, 1754, *in*-8.

On y trouve les noms des Académiciens d'alors, une Notice de Séances tenues en 1754, un Discours de M. D'ORCEAU DE FONTETTE, Intendant de cette Province en 1753, lequel contient un Abrégé de l'Histoire de cette Académie, & quelques autres Discours de divers Récipiendaires, où l'on traite aussi le même sujet, &c.]

45569. ☞ Notice de l'Académie de Caën, avec la Liste de ses Académiciens en 1768.

Dans la *France Littéraire* de 1769, *pag*. 73.]

45570. ☞ Notice de la Société Littéraire de *Châlons-sur-Marne*, qui a commencé en 1756, avec la Liste de ses Associés, en 1768.

Dans la *France Littéraire* de 1769, *pag*. 76.]

45571. ☞ Discours historique prononcé à l'ouverture de la première Séance publique de la Société Littéraire de *Clermont-Ferrand*, le jour de S. Louis, 25 Août 1747; par M. QUERIAU, Avocat: (*Clermont*,) 31 pages, *in*. 8.]

45572. ☞ Idée générale des matières qui entrent dans le plan & les vues de la Société Littéraire de Clermont, par rapport à l'Histoire Civile & Naturelle de la Province d'Auvergne: *Clermont-Ferrand*, Boutaudon, 1750, 22 pages *in*-8.]

45573. ☞ Notice de la Société des Sciences, Belles-Lettres & Arts de Clermont-Ferrand, avec la Liste de ses Associés en 1768.

Dans la *France Littéraire* de 1769, *pag*. 78.]

45574. ☞ Discours sur l'Etablissement à *Dijon* d'une Académie de Belles-Lettres: *Dijon*, Michard, 1694, *in*-4.

Ce Discours a été fait par Etienne MOREAU, Avocat-Général de la Chambre des Comptes de Dijon, mort en 1699.

45575. ☞ Disposition de M. Hector-Bernard Pouffiez, Doyen du Parlement de Dijon, &c. en date du 1 Octobre 1725, pour l'Etabliſſement & la Fondation d'une Académie des Sciences, Arts & Belles-Lettres à Dijon, avec toutes les Pièces juſtificatives : *Dijon*, 1736, *in*-4.

M. Pouffier eſt mort à Dijon le 11 Mars 1736.]

45576. ☞ Statuts & Réglemens de l'Académie établie à Dijon, par Lettres-Patentes du Roi, avec leſdites Lettres-Patentes du mois de Juin 1740 : *Dijon*, 1740, *in*-4.

45577. ☞ Autres Réglemens de 1762. = Autres Statuts & Réglemens du 13 Juillet 1767, *in*-4.]

45578. ☞ Expoſition de l'Etat préſent de l'Académie des Sciences & Belles-Lettres de Dijon, pour ſervir de réformation à l'Article inſéré dans le dernier Supplément du Dictionnaire de Moréri, au mot *Dijon*. *Merc.* 1750, *Août*.]

45579. ☞ Hiſtoire de la Fondation de l'Académie de Dijon, & des changemens qui y ſont ſurvenus.

Elle eſt imprimée à la tête du tom. I. de ſes *Mémoires*, &c. *Dijon*, Cauſſe, & *Paris*, Saillant, 1769, *in*-8.]

45580. ☞ Notice de l'Académie des Sciences, Belles-Lettres & Arts de Dijon; avec la Liſte des Académiciens, en 1768.

Dans la *France Littéraire* de 1769, *pag.* 81. On la trouve encore *pag*. cxiij. du Tome I. des *Mémoires* que l'on vient de citer.]

45581. ☞ Etabliſſement d'une Académie (particulière) de Gens de Lettres à *Lyon*, dans une Maiſon voiſine de Fourvière.

Il eſt rapporté en une Lettre de Humbert Fournier à Symphorien Champier, en 1506, ſur quoi l'on peut voir le Père Méneſtrier, *Caractères hiſtoriques*, &c. *pag.* 270, & les *Lyonnois dignes de mémoire*, tom. I. *pag.* 225 & 226, où ſe trouvent les noms de quelques-uns de ces anciens Académiciens.]

45582. ☞ Notice de l'Académie des Sciences, Belles-Lettres & Arts de Lyon, formée en 1758, de deux Sociétés plus anciennes, avec la Liſte de ſes Académiciens, en 1768.

Dans la *France Littéraire* de 1769, *pag.* 88.]

45583. Lettre écrite par M. DE LA ROQUE, (Provençal,) à M. Rigord, Subdélégué de l'Intendance de Provence à *Marſeille*, ſur le projet d'établir en cette Ville une Académie des Sciences & des Belles-Lettres; où il eſt parlé de l'ancienne Académie de Marſeille, & des Marſeillois qui ſe ſont diſtingués dans les Sciences & dans les Beaux-Arts; de Paris, le 1 Avril 1716.

Cette Lettre, qui eſt fort curieuſe, eſt imprimée dans les *Mémoires de Trévoux* 1717, *Janvier, Art. XIV. pag.* 124.

Voyez Lenglet, *Méth. hiſt. in*-4. *tom. III. p.* 245.]

45584. ☞ Recueil de Pièces, &c. préſentées à l'Académie de Marſeille, depuis 1729, avec les Eloges des Académiciens morts dans ces années; par M. Chalamont DE LA VISCLEDE, Secrétaire perpétuel de l'A-cadémie, & diverſes Liſtes des Académiciens : *in*-12. pluſieurs vol.]

45585. ☞ Nouvelles Lettres inſtructives & amuſantes d'un ami à ſon ami, ſur l'Académie des Belles-Lettres de Marſeille : *la Haye*, Moetjens, 1745, (*Avignon*,) *in*-12. 132 pag.

Ces Lettres ſont au nombre de neuf, & c'eſt une Satyre aſſez forte de quelques Académiciens de Marſeille.]

45586. ☞ Notice de l'Académie des Sciences & Belles-Lettres de Marſeille, établie en 1726, avec la Liſte de ſes Académiciens en 1768.

Dans la *France Littéraire* de 1769, *pag.* 96. On y dit que cette Académie a publié depuis 1727 trente Recueils des Ouvrages lus dans ſes Séances.]

45587. ☞ Notice de la Société Royale des Sciences & Arts de *Metz*, établie en 1760, avec la Liſte de ſes Académiciens en 1768.

Dans la *France Littéraire* de 1769, *pag.* 99.]

45588. ☞ Notice de la Société Littéraire de *Milhaud*, (près de Niſmes,) dite *le Tripot*.

Dans la *France Littéraire* de 1769, *pag.* 105. Il en eſt parlé *pag*. 74-79, de l'*Abrégé de l'Hiſtoire de Niſmes* : *Niſmes*, 1753, *in*-12.]

45589. ☞ Hiſtoire de l'Académie de *Montauban*, (qui a commencé en 1730.) La Liſte des premiers Académiciens nommés en 1744. Les Réglemens donnés par le Roi, la même année. L'Arrêt du Parlement de Toulouſe, &c.

A la tête du tom. I. du Recueil des Mémoires de cette Académie : *Montauban*, 1750, *in*-8.]

45590. ☞ Relation de la première Aſſemblée publique de la Société Littéraire de Montauban.

Dans les *Mém. de Trévoux*, 1742, *Octob. pag.* 1879-1884.]

45591. ☞ Notice de l'Académie des Belles-Lettres de Montauban, avec la Liſte de ſes Académiciens, en 1768.

Dans la *France Littéraire* de 1769, *pag.* 106.]

45592. ☞ Relation de ce qui s'eſt paſſé à la première Aſſemblée de l'Académie des Sciences de *Montpellier*, le 10 Décembre 1706.

Dans les *Mémoires de Trévoux*, 1707, *Mars & Avril* ſuivant.]

45593. ☞ Hiſtoire de la Société Royale établie à Montpellier, avec les Mémoires, &c. Tome I. *Lyon*, Duplain, 1766, *in*-4.

Cette Hiſtoire, qui a pour Auteur M. DE RATTE, Sécrétaire, ne va encore que juſqu'en 1717. On y trouve, *pag*. 11, les Lettres-Patentes d'établiſſement du mois de Février 1706, = *pag*. 16, les Statuts de ladite Société, = *pag.* 41, Eloges, par M. GAUTERON, de quatre Académiciens, morts depuis l'établiſſement : nous les indiquerons ci-après, en leur place.]

45594. ☞ Notice de la Société Royale des Sciences

Sciences de Montpellier, avec la Liste de ses Académiciens, en 1768.

Dans la *France Littéraire* de 1769, *pag.* 109.]

45595. ☞ L'Histoire, les Statuts & les Réglemens de la Société Royale des Sciences & Belles-Lettres de *Nancy*, établie en 1751.

A la tête du Tome I. des *Mémoires* de cette Société : *Nancy*, 1754, *in-12*.]

45596. ☞ Mémoires de l'Académie de la Ville-neuve de Nancy ; par M. C. 1757 : *in-12*.]

45597. ☞ Notice de l'Académie Royale des Sciences & Belles-Lettres de Nancy, avec la Liste de ses Académiciens, en 1768.

Dans la *France Littéraire* de 1769, *pag.* 118.]

45598. ☞ Notice de l'Académie Royale de *Nismes*, établie en 1682, avec la Liste de ses Académiciens, en 1768.

Dans la *France Littéraire* de 1769, *pag.* 121.]

45599. ☞ Notice de l'Académie des Sciences & Beaux-Arts de *Pau*, établie en 1720, avec la Liste de ses Académiciens, en 1768.

Dans la *France Littéraire* de 1769, *pag.* 114.]

45600. ☞ Histoire de l'Académie Royale des Belles-Lettres de la *Rochelle*.

Cette Histoire, qui est de M. DE CHASSIRON, Conseiller d'Honneur au Présidial de la Rochelle, est à la tête du premier Recueil des Mémoires de cette Académie : *Paris*, Thiboust, 1747, *in-8*. Les Lettres-Patentes de son Etablissement sont du mois d'Avril 1732. Le second Recueil est imprimé à *Paris*, Thiboust, 1752, & le troisième à la *Rochelle*, Hiquier, 1763, *in-8*. Il y a eu quelques Eloges publiés à part, & dont on parlera dans la suite.]

45601. ☞ Notice de l'Académie des Belles-Lettres de la Rochelle, avec la Liste de ses Académiciens, en 1768.

Dans la *France Littéraire* de 1769, *pag.* 127.]

45602. Ms. Mémoire touchant l'Etablissement des Jeux Floraux à *Rodez*, en 1675 ; par Jean TULLIER, Trésorier de France de Montauban.

Ce Mémoire [étoit] à Paris, dans le Cabinet de [feu] M. l'Abbé Bosquillon. [L'établissement en question n'a pas eu de suite.]

45603. ☞ Statuts & Réglemens de l'Académie établie à *Rouen*, par Lettres-Patentes du Roi du mois de Juin 1744 ; données à Lille en Flandre : *Rouen*, 1744, *in-4*.]

45604. ☞ Première Séance publique de l'Académie des Sciences, &c. établie à Rouen.

Dans la Bibliothèque Françoise d'Amsterdam, chez du Sauzer, tom. XLI. Part. I. *pag.* 162 & *suiv.*]

45605. ☞ Nouvelles Lettres-Patentes obtenues par l'Académie Royale des Sciences, des Belles-Lettres & Arts de Rouen, en 1756 : *Rouen*, Viret, *in-4*.]

45606. ☞ Notice de l'Académie des Sciences, Belles-Lettres & Arts de Rouen, avec la Liste de ses Académiciens, en 1768.

Dans la *France Littéraire* de 1769, *pag.* 129.]

45607. Edit de l'Etablissement de l'Académie de *Soissons*, du mois de Juin 1674.

Cet Edit est imprimé avec un Discours de l'Académie Françoise, [avec laquelle celle de Soissons a une union particulière :] *Paris*, le Petit, 1675, *in-12*.

45608. ☞ Académie de Soissons, avec les noms des premiers Académiciens : *in-4*. de 8 pages.

On y parle de l'origine de cette Académie, qui remonte à 1650.]

45609. Discours (d'Antoine) BERTHEMET, Avocat au Parlement, de l'Académie de Soissons, prononcé en la présentation des Lettres d'Etablissement de cette Compagnie, au Présidial de la même Ville, le 19 Août 1675 : *Soissons*, Mauron, 1675, *in-4*.

Cet Auteur est mort en 1714.

45610. ☞ De Academia Suessionensi, cum Epistolis ad familiares, Juliani HERICURTII: *Montalbani*, 1688, *in-8*.

M. de Héricourt est mort en 1705. Sa famille, l'une des plus nobles & des plus anciennes de Picardie, subsiste encore dans M. de Héricourt, Lieutenant-Colonel du Régiment d'Infanterie du Roi, & M. son neveu, Capitaine dans le même Régiment. Louis de Héricourt, célèbre Avocat à Paris, & mort en 1753, étoit petit-fils de Julien.]

45611. ☞ Ms. Trois Discours sur l'Etablissement de l'Académie Françoise à Soissons : *in-4*.

Ils sont conservés dans la Bibliothèque de M. Jardel, à Braine.]

45612. ☞ Notice de l'Académie de Soissons, établie par Lettres-Patentes de 1674, avec la Liste de ses Académiciens, en 1768.

Dans la *France Littéraire* de 1769, *pag.* 134.]

45613. L'Origine des Jeux Floraux de *Toulose* ; par Pierre DE CASENEUVE ; avec la Vie de l'Auteur, par Bernard MEDON : le tout mis en lumière par F. Fournier : *Toulose*, Bosc, 1669, *in-4*.

45614. ☞ Mémoires pour les Jeux Floraux de Toulouse, (sans nom d'Auteur :) *Toulouse*, Colomiez, 1689, *in-4*.

Ce sont ces Mémoires qui ont donné lieu à la Réponse suivante, que le Père le Long a indiquée, sans parler de ces Mémoires.]

45615. ☞ Réponse à des Mémoires qui ont paru contre l'Etablissement d'une Académie de Belles-Lettres dans la Ville de Toulouse : *Montauban*, Bro, 1692, *in-8*.

Le Sieur DE MARTEL est l'Auteur de cet Ecrit. On peut voir sur les Jeux Floraux le *Journal des Sçavans*, 1695, au 7 Février.]

45616. ☞ Traité de l'Origine des Jeux Floraux de Toulouse ; (par Simon DE LA LOUBÈRE.) Lettres-Patentes portant le ré-

Tome IV. Part. I. K

tablissement des Jeux Floraux en une Académie de Belles-Lettres, (1694.) Brevet du Roi qui porte confirmation des Chancelier, Mainteneurs & Maîtres des Jeux Floraux, & Nomination de nouveaux Mainteneurs. Statuts pour les Jeux Floraux : *Toulouse*, le Camus, 1715, *in-*8.]

45617. ☞ Diverses Pièces qui font connoître la fondation des Jeux Floraux de Toulouse.

Aux Preuves de l'*Histoire de Toulouse*, par la Faille, tom. I. pag. 64-84. On peut voir aussi l'*Histoire de Languedoc*, par D. Vaissette, tom. IV. p. 196, 565 & *s.*]

45618. ☞ Notice de l'Académie des Jeux Floraux à Toulouse, avec la Liste de ses Académiciens, en 1768.

Dans la *France Littéraire* de 1769, *pag.* 135.]

45619. ☞ Notice de l'Académie des Sciences, Inscriptions & Belles-Lettres de Toulouse, avec la Liste de ses Académiciens, en 1768.

Dans la *France Littéraire* de 1769, *pag.* 139. Cette Académie a commencé en 1729, mais n'a été autorisée par Lettres-Patentes qu'en 1746.]

45620. ☞ Notice de l'Académie de Peinture, Sculpture & Architecture de Toulouse, avec la Liste de ses Académiciens, en 1768.

Dans la *France Littéraire* de 1769, *pag.* 147. Cette Académie a été formée par Lettres-Patentes en 1750; mais elle avoit commencé en 1726, sous le nom de Société des Beaux-Arts de Toulouse.]

45621. ☞ Mémoires de l'Académie des Sciences, Inscriptions, Belles-Lettres, Beaux-Arts, &c. nouvellement établie à *Troyes* en Champagne, Tome I. *Liège*, Barnabé, (*Troyes*,) 1744, *in-*12.=Les mêmes, augmentés : *Troyes* & *Paris*, Duchesne, 1756, *in-*12. 2 vol. (mais avec retranchemens.) =Les mêmes, troisième Edition, sans nom de lieu, 1768, un seul vol. *in-*12. (mais avec augmentation & rétablissement des endroits retranchés en la seconde.)

Ce sont des Pièces badines, qu'on attribue principalement à M. GROSLEY, Avocat à Troyes; où il n'y a jamais eu d'Académie établie.]

45622. ☞ Notice de l'Académie des Sciences, Belles-Lettres & Arts de *Villefranche* en Beaujolois, érigée en 1695, avec la Liste de ses Académiciens, en 1768.

Dans la *France Littéraire* de 1769, *pag.* 150.]

CHAPITRE SECOND.

Recueils généraux & particuliers d'Histoires, Vies & Eloges des François qui se sont distingués, soit dans les Sciences & Arts-Libéraux, soit dans les Beaux-Arts.

[☞ Ces Recueils étant de deux sortes, ce Chapitre sera divisé en deux Articles. Le premier contiendra les Recueils généraux qui traitent de différentes Personnes ; & le second, ceux qui regardent les Hommes célèbres de chaque Province ou Ville. Quant à une troisième sorte de Recueils qui ne concernent que certains Sçavans, d'une espèce particulière, tels que des Jurisconsultes, des Poëtes, des Peintres, &c. on trouvera ces Recueils à la tête des Articles qui regardent ces Personnes.]

Article Premier.

Recueils généraux.

== ☞ Histoires Littéraires de la France. Ci-devant, N.ᵒˢ 44548-44549 *.]

45623. * De Autoribus famatis in Gallia ; per Symphorianum Champierum.

Ce Traité de Champier se trouve dans ses Œuvres : *Lugduni*, 1507, *in*-4.

45624. ☞ Prosopographie ou Description des personnes insignes, &c. par Antoine du Verdier : *Lyon*, 1573, *in*-4. (avec fig.)

La même, (très-augmentée sur les Manuscrits de l'Auteur, par son fils Claude du Verdier :) *Lyon*, Frelon, 1604, *in-fol.* 3 vol. (avec figures).

On trouve dans cet Ouvrage, qui est une espèce d'Histoire Universelle depuis le commencement du Monde, plusieurs Eloges ou Anecdotes & Dates concernant les Sçavans de France, dont l'Auteur avoit étudié l'Histoire, comme on le voit par sa *Bibliothèque Françoise*, qu'il publia en 1585.]

45625. ☞ Icones, id est veræ imagines Virorum doctrinâ simul & pietate illustrium, &c. Vitæ, &c. Theodoro Beza autore : *Parisiis*, Buon, 1580, *in*-4.

Les mêmes, traduits en François : *Ibid*. 1581, *in*-4.]

45626. ☞ Les Portraits & Vies des Hommes illustres, &c. par André Thevet : *Paris*, 1584, *in-fol.* (& 1671, *in*-12. 8 vol.)

Nous avons déja cité cet Ouvrage, (qui est fort mal fait,) *pag.* 138 du Tome III. On peut voir par la Liste qui s'y trouve, que Thévet a donné les Eloges de plusieurs Sçavans : c'est ce qui le fait rappeller ici, comme quelques autres dont on parlera plus bas.]

45627. Scevolæ Sammarthani, Gallorum doctrinâ illustrium qui nostrâ patrumque memoriâ floruerunt, Elogia : *Augustoriti Pictonum*, 1598, *in*-8.

Editio altera auctior : *Pictavis*, 1602, 1605, *Tome III.*

Parisiis, 1616, *in*-8. *Ibid.* [Villery,] 1633, *in*-4. *Ienæ*, 1698, *in*-8.

☞ Eadem, cum Præfatione & Notis Christ. Aug. Heumanni : *Isenaci*, Boet, 1722, *in*-8.

L'Auteur est mort en 1623. Ses Eloges sont bien écrits ; mais ils contiennent peu de faits ; ainsi je ne les ai point cités en détail.

☞ On peut voir à leur sujet, Baillet, *Jugem. des Sçavans, tom.* II. *pag.* 148. = Ducatiana, *pag.* 72. Sur l'Edition d'Iene & celle d'Heuman, *voyez* les *Actes de Leipsick*, 1723, *pag.* 47.]

Eloges des Hommes illustres qui depuis un siècle ont fleuri en France dans la profession des Lettres, composés en Latin par Scévole de Sainte-Marthe, & mis en François par Guillaume Colletet : *Paris*, Sommaville, 1644, *in*-4.

Colletet, qui étoit de l'Académie Françoise, a non-seulement traduit ces Eloges, mais il les a aussi augmentés : il est mort en 1659.

☞ Ce Livre contient les Eloges des Hommes illustres qui suivent :

Adrien Turnebe, = Aimar de Ranconet, = André Tiraqueau, = Antoine le Conte, = Antoine Fumée de Blandé, = Antoine Nicolay, = Arnoul du Ferrier, = Arnoul du Ferron, = Arnault d'Ossat, Cardinal, = Auger Ferrier.

Baptiste Dumesnil, = Barnabé Brisson, = Bertrand d'Argentré.

Catherine des Roches, de Poitiers, = Charles de Chantecler, = Charles de Lorraine, Cardinal, = Charles du Moulin, = Charles de Sainte-Marthe, = Claude Despenze, = Claude Faucon de Ris, = Claude Fauchet, = Claude Dupuy, = Clément Marot, = Christophe de Harlay, = Christophe de Longueil, = Christophe de Thou.

Denys Lambin.

Eguinaire Baron, = Elie Vinet, = Etienne de la Boëtie, = Etienne Pasquier.

Florent Chrestien, = François Balduin, = François Connan, = François Duarin, = François de Foix de Candale, = François Hotman, = François de Montholon le père, & François de Montholon le fils, = François de la Noue, = François Olivier, = François Rabelais, = François Roaldès, = François d'Espinay de Saint-Luc, = François Vatable.

Germain Audebert, = Germain Brisse, = Germain Vaillant de Pimpont, = Gilbert Génebrard, = Gilles Bourdin, = Guillaume du Bellay, = Guillaume Budé, = Guillaume Pellicier, = Guillaume Philander, = Guillaume Postel, = Guillaume Rondelet, = Guillaume de Sallufte du Battas, = Guy du Faur de Pibrac.

Henri de Mefmes, = Henri Eftienne.

Jacques Amiot, = Jacques de Billy, = Jacques Bouju, = Jacques Cujas, = Jacques le Febvre d'Eftaples, = Jacques Faye d'Efpeiffes, = Jacques Goupil, = Jacques Hollier, = Jacques-Louis Strébé, = Jacques Mangot, = Jacques Pelletier, = Jacques de Sainte-Marthe, = Jacques Dubois, = Jacques Tufan, = Jacques-Antoine de Baïf, = Jean de Morel, = Jean Dorat, = Jean du Bellay, Cardinal, = Jean Bodin, = Jean Brodeau, = Jean de Corras, = Jean Dampierre, = Jean Fernel, = Jean de Goris, = Jean de la Guefle, = Jean-Jacques de Mefmes, = Jean Mercier, = Jean de Monluc, = Jean de Morvillier, = Jean Pafferat, = Jean du Ruel, = Jean-Etienne Duranti, = Jean du Tillet l'aîné, = Jean du Tillet le jeune, = Joachim du Bellay, = Joachim Perion, = Jofeph Scaliger, = Jules-Céfar Scaliger.

Laurent Joubert, = Lazare de Baïf, = Louis Aléaume, = Louis Châtaigner de la Roche-pozay, = Louis Duret, = Louis le Roi, dit *Regius*.

Marc-Antoine de Muret, = Marguerite de Valois, = Martin du Bellay, = Mathieu Chaluet, = Mélin de Saint-Gelais, = Michel de l'Hôpital, Chancelier, = Michel Hurault de l'Hôpital, = Michel de Montagne.

Nicolas de Bailleul, = Nicolas Bourbon, = Nicolas le Febvre, = Nicolas de Grouchy, = Nicolas de Montholon, = Nicolas de Nancel, = Nicolas Rapin, = Nicolas le Sueur, = Nicolas Vignier.

Oronce Finé.

Paul de Foix, = Philippe de Comines, = Philippe Hurault de Cheverny, Chancelier, = Philippe des Portes, = Pierre Ayraut, = Pierre Bulenger, = Pierre Burnel, = Pierre du Chaftel, = Pierre Danès, = Pierre du Faur de Saint-Jory, = Pierre Fauveau, = Pierre Gilles, = Pierre Joyeux, = Pierre de Mondoré, = Pierre Pithou, = Pierre Ramus, = Pierre de Ronfard, = Pierre Seguier, Chancelier, = Pompone de Bellièvre, Chancelier, = Ponthus de Thiard.

Renault de Clutigny, = Remi Belleau, = René Choppin, = Robert Garnier, = Des Roches de Poitiers.

Salmon Macrin, = Sébaftien Caftalion, = Siméon Dubois, = Siméon de Mailly-Brézé.]

45628. ☞ MC. Mémoires des Teftamens, Vies, Eloges & Lettres des Hommes illuftres qui font dans la Bibliothèque de MM. Dupuy, depuis le Tome I. jufqu'au DCVI.

Ce Manufcrit eft confervé à Dijon, dans la Bibliothèque de M. Fevret de Fontette.

45629. Monumenta literaria feu Obitus & Elogia Doctorum Virorum (præcipuè Gallorum,) ex Hiftoriis Jacobi-Augufti THUANI ; operâ C. B. *Londini*, 1640, *in*-4.

Le même, fous ce titre : Doctorum virorum Elogia Thuanea ; operâ C. B. *Londini*, Spencer. Aickman, 1671, *in*-8. 130 pag.

Ces Lettres initiales fignifient, felon Placcius, au numéro 1203 de fes *Anonymes*, Clément BARSKDALE, Anglois, Miniftre de Nauton, dans la Province de Gloceſter.

45630. Thuanus Enucleatus, in quinque partes diftributus, quarum prima Viros dignitate & rebus geftis illuftres : fecunda, Viros eruditione & artibus claros, &c. cum Thuani Vita : operâ & ftudio Gerardi VON STOKKEN : *Helmftadii*, 1656, *in*-4. 2 vol.

45631. Les Eloges des Hommes fçavans, tirés de l'Hiftoire de M. DE THOU, avec des Additions ; par Antoine TEISSIER, Hiſto-

riographe du Roi de Pruffe : *Genève*, Widerholt, 1683 ; *Lyon*, 1686, *in*-12. 2 vol.

Nouvelle Edition augmentée : *Utrecht*, Halma, 1696, *in*-12. 2 vol.

Nouvelles Additions du même aux Eloges des Hommes fçavans, tirés de l'Hiftoire de M. DE THOU : *Berlin*, du Sarrat, 1704, [*in*-12.]

Ce même Volume fait le troifième Tome de l'Ouvrage.

Quatrième Edition, revue, corrigée, augmentée : *Leyde*, Haak, 1715, *in*-12. 4 vol.

Antoine Teiffier, de Montpellier, de l'Académie de Nifmes, Hiftoriographe du Roi de Pruffe, eft mort en 1715. Il eût mieux intitulé cet Ouvrage : *Les Tableaux des Sçavans*. Il a joint à la dernière Edition, le Pithœana & un grand nombre de nouvelles Additions. Cet Ouvrage a trouvé place ici, à caufe qu'il contient les Eloges de plufieurs françois, qui rempliffent la plus grande partie de ce Recueil.

☞ *Voyez* à fon fujet, Journ. des Sçavans, Janv. 1685, *Août* 1686, *Avril* 1716. = Le Père Niceron, tom. *V*. pag. 268 : tom. *IX*. pag. 354. = Lettr. de Bayle, tom. *II*. pag. 383. = *Nouvelles Littér*. tom. *I*. pag. 271.]

45632. * Feriæ Forenfes, & Elogia illuftrium Togatorum, ab an. 1500, [ex veteribus fchedis Autoris Antonii MORNACI, Parifienfis J. C. *Parifiis*, Buon, 1619, [*in*-8. 94 pag.]

Cet Ouvrage eft auffi imprimé avec les Commentaires du même, fur les quatre premiers Livres du *Code de Juftinien* : *Parifiis*, de Sommaville, 1634.

Les Eloges qui s'y trouvent font poétiques, & ne regardent pas feulement les Parlemens, mais en général les Gens de Lettres ; car outre qu'on y parle d'Avocats, de Profeffeurs en Droit, on y fait auffi l'Eloge d'illuftres Médecins, Poëtes, &c. même de quelques Femmes.

== Eloges des Hommes illuftres, qui ont fleuri en France, depuis l'an 1502 jufqu'en 1600, avec leurs Portraits ; par Gabriel MICHEL DE LA ROCHEMAILLET, Avocat en Parlement, (& les Portraits gravés par Jean LE CLERC :) *in-fol*.

☞ Ce Livre a déja été indiqué au Tome III. N.° 31357, & avant 31367, où il eft queftion des Officiers, &c. Mais comme il y eft queftion de Gens de Lettres, il doit être encore rapporté ici, auffi-bien que le fuivant, qui eft dans le même cas.]

== ☞ Hiftoire chronologique de plufieurs grands Capitaines..... & autres Hommes illuftres, qui ont paru en France fous les Règnes de Louis XI. & les fuivans, jufqu'au Règne de Louis XIII. (par Claude MALINGRE :) *Paris*, Tiffaine, 1617, *in*-8.

Cette Hiftoire eft déja indiquée ci-dev. N.° 31358.]

45633. Eloges & Louanges des plus excellens Perfonnages de notre temps en France, qui fe font fignalés en la perfection de chacun des Arts & des Sciences, en Sonnets ; par DESCHARTRES, Breton : *Paris*, Hulpeau, 1622, *in*-8.

45634. Hiftoire Catholique des Hommes & Dames illuftres par leur piété dans les feizième & dix-feptième fiècles ; par Hilarion

DE COSTE, de l'Ordre des Minimes : *Paris*, Chevalier, 1625, *in-fol.*

☞ On a indiqué leurs Articles chacun à leur place.]

45635. Elogia Gallorum ; Auctore FRANCISCO à sancto Augustino, Lusitano, Ordinis S. Francisci : *Aquis-Sextiis*, 1642, *in-*4.

Ce Religieux Portugais se nommoit le Père Macedo.

45636. Mémoire des Gens de Lettres qui sont à cette heure en France, & qui y sont les plus célèbres ; par (Pierre) COSTAR, de Paris, Archidiacre du Mans.

Cet Auteur est mort en 1660 ; il a écrit ce Mémoire en 1655, car il dit que Quillet a fait imprimer depuis peu son Poëme de la Callipædie, qui a paru cette année-là. Il a été dressé pour le Cardinal Mazarin, quoique l'Auteur porte quelquefois la parole à un autre.

☞ Ce Mémoire, que le Père le Long citoit comme Manuscrit, a été imprimé dans le Tome II. part. 2. de la *Cont. des Mém. de Littér.* par le Père Des-Molets, *pag.* 319. C'est une Pièce assez curieuse.]

45636.* ☞ Liste de quelques Gens de Lettres vivans en 1662, dressée pour M. Colbert ; par (Jean) CHAPELAIN.

Elle est plus intéressante que celle qui précède : on l'a imprimée aussi dans les *Mémoires* du P. Des-Molets, *tom. II. part.* 1. *pag.* 21, & dans la même année (1726,) elle parut à la suite des *Mélanges* de Chapelain : *Paris*, Briasson & Tabatie, 1726, *in-*12. Camusat y joint dans cette Edition, des Notes sur presque tous les Articles, qui sont au nombre de 91.]

45637. Les François illustres en toutes sortes de Professions ; par Paul DE BARRY, Jésuite.

Cet Ouvrage est imprimé avec les *Cent illustres de la Maison de Dieu* : *Lyon*, 1660, *in-*8.

45638. Le Roi, les Personnes de la Cour qui sont de la première qualité, & quelques-uns de la Noblesse qui ont aimé les Lettres, ou qui s'y sont signalés par quelques avantages considérables ; décrits en Quadrains ; par Michel DE MAROLLES, Abbé de Villeloin, finis le 22 Avril 1677 : *in-*4.

Cet Auteur a fait une infinité de Vers ; il avoit de la facilité dans ce genre d'écrire, mais il n'y réussissoit pas.

☞ Ses *Mémoires*, (que nous avons indiqués au Tome I. N.° 11268,) ont quelque rapport à l'Histoire Littéraire, sur-tout par rapport au Dénombrement qu'il a fait de tous les Auteurs qui lui ont fait présent de leurs Ouvrages. Il fut lui-même un des plus infatigables Ecrivains, & il publia pendant soixante ans des Livres, qui ne sont guères estimés aujourd'hui. Enfin il mourut en 1681, âgé de 81 ans.]

45639. ☞ Vitæ Eruditorum, Icones, &c.

On a donné sous ces titres en Allemagne, divers Recueils de Vies abrégées de Sçavans, où se trouvent quelques François : nous indiquerons ici les principaux de ces Recueils.

1. Melchioris ADAM, Vitæ Eruditorum, tùm Germanorum, tùm Exterorum, *Heidelbergæ*, 1615-1620, *in-*8. 4 vol. = Editio tertia, emendatior, &c. *Francofurti*, 1706, *in-fol.*

2. Jacobi BOISSARDI, Icones Virorum illustrium, & Elogia : *Francofurti*, 1597, 1599, 1628-1632, *in-*4. 5 vol.

3. Pauli FREHERI, Theatrum Virorum eruditione clarorum, tam in Germania, quàm in aliis Europæ partibus, &c. *Noribergæ*, 1688, *in-fol.* 2 vol. fig.]

== ☞ Académie des Sciences & des Arts, contenant les Vies des Hommes illustres (de diverses Nations,)... avec leurs Pourtraits ; par Isaac BULLART, Chevalier de l'Ordre de S. Michel ; (publiée par Jacques Bénigne Bullart fils :) *Bruxelles*, Foppens, 1683 & 1695, *in-fol.* 2 vol. fig.

Nous avons déja indiqué cet Ouvrage, Tome III. *pag.* 141, N.° 31373, (où par erreur il y a BRULLART,) & nous y avons fait mention des Vies des *Illustres Politiques* François. Nous allons donner ici une Liste des Sçavans & Artistes François, qui s'y trouvent.

Au Tome I. *Illustres Historiens*. Regino, *pag.* 121, = Jean Foissard, 124, = Enguerrand de Monstrelet, 128, = Olivier de la Marche, 133, = Robert Gaguin, 137, = Philippes de Commines, 140, = Bertrand d'Argentré, 163, = Jacques Amiot, 165, = Florimond de Rémond, 176, = Jean Papire Masson, 186, = Nicolas le Fevre, 192, = Jean Barclay, 196. *Illustres Jurisconsultes*. André Tiraqueau, *pag.* 219, = Charles Dumoulin, 223, = François Baudouin, 227, = Jacques Cujas, 244, = Pierre Pithou, 249. *Illustres Grammairiens*. Guill. Postel, *pag.* 297, = Jean Passerat, 303.

Au Tome II. *Illustres Théologiens*. Jacques Davy du Perron, *pag.* 49. *Illustres Philosophes & Médecins*. Jacques le Febvre d'Estaples, *pag.* 73, = Jul. Cés. de l'Escale (ou Scaliger,) 81, = Jean Fernel, 83, = Ambroise Paré, 101, = Pierre Forest, 103, = René Descartes, 134. *Illustres en diverses Sciences*. Christoph. de Longueil, *pag.* 156. = Guillaume Budé, 166, = Marc-Antoine de Muret, 190, = Joseph de l'Escale (ou Scaliger,) 201, = Nic. Cl. Fabri de Peiresc, 207, = Nicolas Caussin, 223, = Claude Saumaise, 226. *Illustres Poëtes*. Pierre Ronsard, *pag.* 343, = Guill. de Saluste du Bartas, 353, = Jean Dorat, 359, = Philippe Desportes, 363, = Scévole de Sainte-Marthe, 367, = François de Malherbe, 370. *Illustres Peintres*. Jacq. Callot, *pag.* 465, = Simon Vouet, 490.]

45640. Les Hommes illustres dans les Sciences pendant le dix-septième siècle ; par Charles PERRAULT, de l'Académie Françoise.

Cet Auteur a ramassé dans ce Recueil, [qui avoit été commencé par Michel BÉGON, Intendant de la Rochelle,] les Eloges de ceux qui se sont distingués par leur science, avec leurs Portraits : *Paris*, 1699-1701, *in-fol.* 2 vol.

☞ Il y en a eu une Edition en Hollande, sans les Portraits. On peut voir ci-devant, (Tome III. *p.* 142, ce que l'on a observé sur ceux d'Arnauld & de Paschal, &c.]

45641. ☞ La Description de l'Isle de Portraiture & de la Ville des Portraits : *Paris*, 1659, *in-*12.

C'est une Allégorie sur les beaux-Esprits du dernier Siècle.]

45642. ☞ Mémoires concernant les Vies & Ouvrages de plusieurs Modernes célèbres dans la République des Lettres ; par M. (Charles) ANCILLON, l'un des Membres de la Société Royale de Berlin : *Amsterdam*, Westein, 1709, *in-*12.

Ce Recueil est estimé : il commence par une Préface où l'on établit l'utilité de ces sortes d'Ouvrages. Les Vies qui y sont contenues, sont indiquées à leurs places, dans cette Bibliothèque]

45643. ☞ Mémoires pour servir à l'Histoire des Hommes illustres dans la République des Lettres, avec un Catalogue raisonné de leurs Ouvrages; (par Jean-Pierre NICERON, Barnabite:) *Paris*, Briasson, 1727-1745, *in-*12. 43 vol. (ou 44, le X° en ayant 2.)

L'Auteur est mort en 1738. Il y a dans les derniers Volumes plusieurs Articles qui ne sont pas de lui, comme le Libraire en a averti. Le Père Niceron en a fait nombre qui regardent les Etrangers; mais la plus grande partie concernent des Ecrivains François, & nous les avons cités dans la suite. On peut voir ce que l'Abbé d'Artigny a dit de cet Ouvrage, dans ses *Mémoires de Littérature*, tom. I. Art. III. pag. 22-28.]

45644. ☞ Observations sur plusieurs Hommes illustres & sçavans François; par Dom Jean LIRON, Bénédictin.

Elles se trouvent dans les Tomes I. & III. de ses *Singularités historiques: Paris*, Barrois, 1734-1740, *in-*12. 4 vol. Nous avons indiqué les principaux, dans les Articles qui suivent, & quelques autres ci-devant.]

45645. ☞ Eloges de quelques Auteurs François: *Dijon*, Marteret, 1742, *in-*8.

Ce Recueil contient les Eloges de Cl. Gaspard Bachet de Meziriac, = Georges Brossin, Chevalier de Mercé, = François Bruys, = Jacques Dalechamps, = Gabriel-Daniel, = Jean Hardouin, = Charles, Cardinal de Lorraine, = Michel de Montaigne, = Philibert Papillon, = André Renaud, = Pierre Richelet, = Arm. Jean du Plessis, Cardinal de Richelieu.

Les Eloges de Dalechamps & de Meré sont de M. MICHAULT, Secrétaire de l'Académie de Dijon, (mort en 1771:) celui de Montaigne est de M. le Président BOUHIER, (mort en 1746:) tous les autres sont de l'Editeur du Recueil, qui est Philippe-Louis JOLY, Chanoine de la Chapelle au Riche de Dijon. *Voyez* le *Journ. des Sçav.* 1742, *Août*, = les *Observ. sur les Ecrits modern.* tom. XXXI. Lettre 465.]

45646. ☞ Anecdotes Littéraires, ou Histoire de ce qui est arrivé de plus singulier & de plus intéressant aux Ecrivains François, depuis le renouvellement des Lettres sous François I. (par M. l'Abbé RAYAL:) *Paris*, Durand, 1750, *in-*8. 2 vol.]

45647. ☞ Il Trionfo Litterario della Francia, dal l'Abbate di VENUTI: *Avignone*, 1750, *in-*8.]

45648. ☞ Eloges ou Vies abrégées des François qui se sont distingués dans les Sciences & les Arts, sous le Règne de Louis XIV. (& même au-delà;) par M. l'Abbé LAMBERT.

C'est ce qui forme presque tout l'Ouvrage intitulé: *Histoire Littéraire de Louis XIV.* (*Paris*, 1751, *in-*4. 3 vol.) déja indiqué ci-dessus, N.° 44568.]

45649. ☞ Lettres sur les Hommes célèbres du Règne de Louis XV. par M. DAQUIN: *Paris*, 1752, *in-*12. 2 Parties.]

45650. ☞ Abrégé de la Vie des Personnes les plus recommandables: 1753, *in-*12.]

45651. ☞ Dictionnaire des Portraits historiques, Anecdotes & traits remarquables des Hommes illustres: *Paris*, Lacombe, 1768, *in-*8.

Nous croyons devoir indiquer ici cet Ouvrage, parce qu'il y est question de beaucoup de François.]

45652. ☞ Observations sur nos premiers Traducteurs François, avec un Essai de Bibliothèque Françoise; par M. FALCONNET. *Hist. de l'Acad. des Inscript. & Bell. Lettr.* tom. VII. pag. 292.]

45653. ☞ Mf. Nécrologe de la mort des Sçavans pour chaque jour de l'année, depuis le Rétablissement des Sciences & des Beaux-Arts, en Europe, de 1500 à 1701; par M. (Antoine) GALLAND, de l'Académie Royale des Inscriptions & Belles-Lettres, mort le 17 Février 1715: *in-fol.*

Ce Manuscrit singulier, qui vient de la Bibliothèque de M. Durey de Noinville, est aujourd'hui dans celle de M. Beaucousin, Avocat au Parlement. Nous l'indiquons ici parcequ'il y a beaucoup de Sçavans François.]

== ☞ Nécrologe du XVII° & du XVIII° Siècle.

Ci-devant, Tome I. N.° 5570. Ce sont des Vies abrégées.]

45654. ☞ Le Nécrologe des Hommes célèbres de France; par une Société de Gens de Lettres: *Paris*, Moreau, & ensuite Desprez, 1767, &c. *in-*12. 7 vol. (jusqu'à présent.)

Le premier Volume de cette Edition renferme trois Nécrologes publiés en petit format, en 1764, 1765 & 1766. On donne chaque année un Volume de Vies abrégées des Hommes célèbres morts l'année précédente: il y a plusieurs Articles peu considérables. Nous indiquerons les principaux en leur place.]

45655. ☞ Galerie Françoise ou Portraits des Hommes & des Femmes célèbres qui ont paru en France, gravés en Taille-douce par les meilleurs Artistes, sous la conduite de M. Restout (& de M. Cochin,) avec un Abrégé de leur Vie, par une Société de Gens de Lettres: *Paris*, Hérissant fils, 1771, (petit) *in-fol.* fig.

Nous avons indiqué au Tome II. N.° 31380, une *Galerie Françoise*, &c. *in-*4. qui n'a été que jusqu'au Cahier II. ou de *Juin* 1770. Les Portraits y sont gravés en manière noire; mais ce genre de gravure n'ayant point été généralement goûté, le Libraire a fait recommencer l'Ouvrage autrement, & c'est celui que nous annonçons ici. On a actuellement (en Octobre 1772,) VIII Numéros ou Cahiers, dont chacun renferme seulement cinq Vies & Portraits. Nous ne les indiquerons point avant qu'ils aient paru, comme nous en avons fait quelques-uns de la première Edition, qu'il nous faudra corriger dans notre *Supplément*, à cause des arrangemens différens qu'on leur a donnés dans l'Edition nouvelle. Au reste, cet Ouvrage commence par les Personnes illustres qui sont mortes en dernier lieu, & il doit toujours aller ainsi en remontant.]

45656. ☞ Histoire critique des Journaux; par M. C***, (François-Denys CAMUSAT:) *Amsterdam*, Bernard, 1734, *in-*12. 2 vol.

Cet Ouvrage, dont un Essai avoit paru en 1716 & 1719, ne renferme pas encore tout le Plan de l'Auteur, qui est mort à Amsterdam en 1732. Il étoit né à Besançon. Son Ouvrage est plein de recherches, & contient plusieurs Vies abrégées de Sçavans, que nous indiquerons en leur place.]

45657. ☞ Mémoire historique sur le Journal des Sçavans, avec une Notice abrégée des principaux Journaux Littéraires, tant François qu'Etrangers, par ordre chronologique, (depuis 1666 jusqu'en 1750.)

A la fin du Tome X. & dernier de la Table générale des Matières contenues dans le *Journal des Sçavans* : *Paris*, Briasson, 1753-1764, *in*-4.]

45658. ☞ Mémoire historique sur les différens Auteurs du Mercure de France. *Mercure*, 1760, *Mai, pag.* 127.]

☞ *Nota.* ON trouve encore des Vies de plusieurs illustres François dans le Dictionnaire historique de Pierre BAYLE, (que le Père le Long a indiqués,) dans ceux de Prosper MARCHAND & de Jacques-George DE CHAUFEPIÉ, que nous avons cités.

On peut aussi consulter les Bibliothèques de François de Grudé DE LA CROIX DU MAINE, & d'Antoine DU VERDIER, (dont on donne une Edition plus correcte,) & le Dictionnaire de Louis MORÉRI, de la dernière Edition (1759,) où se trouve rassemblé, non-seulement ce que Louis ELLIES DU PIN avoit recueilli sur les Gens de Lettres François, mais encore ce qu'a fait avec beaucoup plus de détail, M. l'Abbé GOUJET, dans les Editions & Supplémens qu'il a publiés ; M. DROUET, dernier Editeur du Moréri, y a encore ajouté nombre d'Articles.]

ARTICLE II.

Recueils d'Eloges, &c. concernant les Hommes illustres dans les Sciences & Arts, de diverses Provinces & Villes.

45659. ☞ REMARQUES sur les Auteurs d'*Abbeville.*

Elles se trouvent à la fin de l'*Histoire Ecclésiastique* de cette Ville, par le Père IGNACE-JOSEPH : *Paris*, 1646. On peut voir encore ci-après, aux *Ecrivains du Ponthieu*, dont Abbeville est la Capitale.]

45660. ☞ Observations sur les Ecrivains d'*Aix* en Provence.

Dans l'*Histoire d'Aix*, par PITTON : *Aix*, 1666, *in-fol.*]

45661. Mf. Peplus *Andegavensis*, Illustrium Andegavensium in Ecclesia, bellis, actuque rerum gerendarum & togâ clarissimorum Elogia vultusque componens pars prima ; Auctore Claudio MENARD, Presbytero, Reginæ à Supplicibus Libellis : *in-fol.*

Cet Auteur est mort en 1650. Son Ouvrage est conservé à Paris, dans la Bibliothèque de S. Magloire, entre les Manuscrits de MM. de Sainte Marthe.

45662. Stephani GUYONII, Societatis Jesu, Orationes duæ, quarum prior de veteri Aniciensium (*du Puy,*) pietate & doctrina ; posterior de prisca Consulatûs-Aniciensis dignitate : *Lugduni*, Pillehotte, 1593, [1613,] *in-*8.

45663. Eliæ VINETI, Santoniensis, Tractatus de Schola *Aquitanica* : *Burdigalæ*, Millanges, 1583, *in-*12.

45664. ☞ Gab. LURBEI, de illustribus Aquitaniæ Viris, à Constantino ad nostra tempora, Libellus : *Burdigalæ*, Millangius, 1591, *in-*8.]

45665. ☞ Eloges de quelques Hommes illustres de la Ville d'*Arles.*

Ils se trouvent dans les Remarques historiques qui font à la suite du *Panégyrique de la Ville d'Arles*, par le P. FABRE : *Arles*, 1743, *in-*8.]

45666. ☞ Notice de quelques Auteurs Ecclésiastiques qui ont fleuri à *Arras* & dans l'Artois.

Dans les *Dissertations sur l'Histoire de Paris*, &c. par l'Abbé LEBEUF : (*Paris*, 1739, &c. *in*-12.) tom. II. pag. 284.]

45667. ☞ Mf. Notes historiques sur des Personnes célèbres de la Province d'Artois.

Ces Notes ont été lues dans une Assemblée de la Société Littéraire d'Arras ; par M. D'ARTUS, mort Directeur des Fortifications à la Rochelle.]

45668. ☞ Catalogue (raisonné) des Personnes illustres du Diocèse d'*Auxerre.*

Il se trouve tom. II. pag. 528 & *suiv.* dans des Mémoires concernant l'*Histoire d'Auxerre*, par l'Abbé LEBEUF : *Paris*, Durand, 1743, *in*-4. 2 vol.

Il y faut joindre les Eloges lus dans l'Académie ou Société Littéraire d'Auxerre. Ce sont ceux de M. de Caylus, Evêque de cette Ville, & Président de cette Société, en 1755, = de M. Berryat, Docteur en Médecine, 1755. (Ces deux sont de M. l'Abbé MOREAU, Chanoine de la Cathédrale.) = De M. Martin, Apothicaire, & de M. l'Abbé Lebeuf, en 1760, par M. LE PERE, Secrétaire, = dudit M. le Père, en 1764, & de M. l'Abbé Dulerain, en 1764, par M. MARIE DE S. GEORGES, Secrétaire. Enfin il y faut joindre M. l'Abbé Mignot, Grand-Chantre de la Cathédrale, décédé en dernier lieu, & qui mérite un bel Eloge.]

45669. Mf. De Claris Æduensibus (d'*Autun*,) Liber Ludovici JACOB, dicti à sancto Carolo, Cabillonensis, Carmelitæ.

Cet Ouvrage (étoit) conservé dans la Bibliothèque de Philibert de la Mare, à Dijon, *pag.* 43.

45670. Eloges des Hommes illustres de la Ville d'Autun ; par Jean MUNIER.

Ces Eloges sont imprimés avec ses *Recherches sur l'Histoire de cette Ville* : *Dijon*, 1660, *in*-4.

45671. Histoire des Hommes illustres du Diocèse de *Bayeux* ; par N. HERMANT, Curé de Maltot.

Cette Histoire est imprimée avec celle de ce Diocèse : *Caën*, 1705, *in*-4.

☞ Il n'y est question que des Hommes illustres dans l'Eglise.]

45672. Des Personnages de renom de *Beauvais* & du *Beauvaisis* ; par Antoine LOISEL, Avocat au Parlement.

Ce Discours est imprimé au Chapitre VII. de ses *Mémoires sur l'Histoire de Beauvais* : *Paris*, 1617, *in*-4.

☞ Il faut voir encore le Supplément de cette Histoire, par SIMON : *Paris*, 1704, *in*-12.]

45673. Vies & Eloges des Hommes illustres

de *Berry*; par Gaspar THAUMAS DE LA THAUMASSIÈRE.

Ces Vies sont imprimées au Livre I. de son *Histoire de Berry* : *Bourges*, 1689, *in-fol.*

45674. ☞ Mf. Bibliothèque des Auteurs de Berry, commencée par D. Fr. MERY, & continuée par Dom Guillaume GÉROU.

Elle est conservée à S. Germain des Prés, où Dom Claude-Antoine TURPIN travaille à l'Histoire de la Province de Berry : *Hist. de la Congrégation de S. Maur* : (*Paris*, 1770, *in-4.*) pag. 766.]

45675. Vies des Hommes illustres de *Blois*; par Jean BERNIER.

Ces Vies sont imprimées dans son *Histoire de la Ville de Blois* : *Paris*, 1682, *in-4.*

C'est dans la Partie III. de cet Ouvrage que l'on trouve les Vies suivantes : = S. Aigulphe, Abbé de Lérins, pag. 337, = Sainte Angarisme, Abbesse d'Atluc, 346, = Pierre de Blois, 349, = Guillaume de Blois, Cardinal, 360, = Henri, Abbé de Bourg-moyen, 364, = Charles de Blois, Duc de Bretagne, 369, = Marie de Blois, 381, ⚔ Pierre Beschebien, Médecin, puis Evêque de Chartres, 384, = Gérard Machet, Evêque de Castres, 388, = Michel Boudet, Evêque de Langres, 393, = Louis XII. 397, = Georges, Cardinal d'Amboise, 423, = Louis Burgensis, premier Médecin de François I. & de Henri II. 433, = Jacques Hurault, Evêque d'Autun, 439, = Michel Gaillard, Général des Finances, 443, = Claude, Reine de France, 447, = Renée, Duchesse de Ferrare, 453, = Louis de Blois, Abbé de Liessies, 459, = Jean de Blois, Moine de Cluny, 461, = Jean du Temps, dit *Temporarius*, 463, = Denys Dupont, (Pontanus,) Jurisconsulte, 469, = Jean Dampierre, 475, = Jean de Motvilliers, Garde des Sceaux, 481, = Mathurin de la Saussaye, Evêque d'Orléans, 489, = Florimond Robertet, Secrétaire d'Etat, 493, = Philippe Hurault de Chiverni, Chancelier de France, 497, = Jean Bazin, Résident en Pologne, 505, = Gilles Deschamps, Médecin, 513, = Claude Pinard, Secr. d'Etat, 517, = Jacob Bunel, Peintre, 521, = Paul & Rémond Phelypeaux, Secrétaires d'Etat, 525 & 527, = Pierre Bourbon, Hermite au Mont-Valérien, 531, = Noël Deslandes, Dominicain, puis Evêque de Tréguier, 533, = Achille, Cardinal de Valençay, 541, = Paul de Bois-Gautier, Médecin, 551, = Florimond de Beaune, Mathématicien, 563, = Jean Mosnier, Peintre, 569, = Jean Morin, Prêtre de l'Oratoire, 573 & 635, = Guillaume Ribier, Conseiller d'Etat, 583, = Jérôme Vignier, Prêtre de l'Oratoire, 587, = Pierre Pélican, Dominicain, 599.]

45676. ☞ Mf. J. MEGRETI Borboniensis, Epigrammata, Epitaphia honoraria, illustres *Borbonienses*, & alia Carmina : 1674, *in-4.*

Le Manuscrit Autographe est entre les mains de M. Moet.]

45677. ☞ Eloges des Hommes illustres du Bourbonnois, &c. par Mc Antoine MEGRET, Trésorier de France de la Généralité de Moulins : *Moulins*, 1686, *in-4.*

Cet Ouvrage n'a que 25 pages.]

45678. Mf. Ludovici JACOB, Carmelitæ, Catalogus Scriptorum *Burgundiæ*.

Ce Catalogue, selon M. de la Mare, pag. 71 de son *Plan des Historiens de Bourgogne*, est conservé dans la Bibliothèque de M. de Harlay.

45679. ☞ Bibliothèque des Auteurs de Bourgogne; par feu M. l'Abbé (Philibert)

PAPILLON, Chanoine de la Chapelle aux Riches de Dijon, (publiée par Philippe-Louis JOLY, né à Dijon, Chanoine de ladite Chapelle aux Riches :) *Dijon*, Monstroler, 1742, *in-fol.* 2 vol.

Voyez les *Observ. sur les Ecrits modern. Lettr.* 408, 426, 428, 431, 437. = *Journ. des Sçav. Juillet*, 1742. = *Eloges de quelques Auteurs François*, pag. 232, 252.]

45680. ☞ Extrait de Lettres sur un Article de la Bibliothèque de Bourgogne. *Mercure, Décembre*, 1742, Vol. I.]

45681. ☞ Histoire des Hommes illustres de *Bretagne*; (par Germain-François POULLAIN DE SAINTFOIX, né à Rennes le 25 Février 1703, de l'Académie de Rouen :) 1753, *in-12.* 6 vol.]

45682. ☞ Ludovici JACOB, de claris Scriptoribus *Cabillonensibus* Libri tres; in primo, de iis qui vel ortu, vel aliquâ dignitate floruerunt; in secundo, qui in Diœcesi & Præfecturâ Cabillonensi nati sunt; in tertio, qui in eadem Diœcesi mortui sunt : *Parisiis*, 1652, *in-4.*

L'Abbé Papillon, dans sa *Bibliothèque des Auteurs de Bourgogne*, a pris une grande partie de cet Ouvrage; mais il n'a pas tout pris, sur-tout ce qui se trouve dans le premier & le troisième Livre.]

45683. ☞ Elogiorum Civium *Cadomensium* Centuria prima; à Jacobo CAHAGNESIO, Cadomensi, Medico Doctore : *Cadomi*, 1583, 1609, *in-4.*

Cet Auteur, selon M. de Segrais, n'a pas fait un bon choix; car il y a eu plusieurs Personnes illustres de Caen, qui méritoient mieux qu'il fît leur éloge, qu'un nombre de ceux à qui il a fait cet honneur.

45684. ☞ Histoire des Hommes illustres de la Ville de Caën; par Pierre-Daniel HUET, ancien Evêque d'Avranches.

Cette Histoire est imprimée avec ses *Origines de la Ville de Caen* : *Rouen*, 1702, 1706, *in-8.*

45685. Mf. Eloges des Personnes de Caën, qui se sont rendues illustres par leur érudition; décrits en Vers par François MARTIN, Cordelier.

Ces Eloges sont cités dans les *Nouvelles Littéraires de Janv.* 1716, p. 41 : *la Haye*, du Sauzet, 1716, *in-12.*

45686. ☞ Essai sur les grands Hommes d'une partie de la *Champagne*; par un Homme du Pays, (M. Joseph-Antoine Nedoin de PONS-LUDON :) *Amsterdam*, & *Paris*, Gogué, 1768, *in-8.* de 90 pages.]

☞ ON trouve aussi les Eloges de quelques personnes illustres de la Champagne, dans les *Mémoires historiques de M. Baugier*, tom. II. pag. 358 & suiv.]

45687. ☞ La Bibliothèque *Chartraine*, ou le Traité des Auteurs & des Hommes illustres de l'ancien Diocèse de Chartres, qui ont laissé quelques monumens à la postérité, ou qui ont excellé dans les Beaux-Arts; avec le Catalogue de leurs Ouvrages, le dénombrement des différentes Editions qui en ont été faites, & un Jugement sur plusieurs des mêmes Ouvrages; (par Dom Jean LIRON, Religieux, Bénédictin de la Congrégation de S. Maur:) *Paris*, Garnier, 1718, *in-4*. & avec Frontispice de 1733.

Dom Liron vouloit donner plus d'étendue à cette Bibliothèque, qu'il a intitulée : *Bibliothèque générale des Auteurs de France, Livre I. contenant la Bibliothèque Chartraine*, &c. Cet Ouvrage est très-superficiel, & il y a bien des omissions & des méprises. L'Ancien Diocèse de Chartres comprenoit celui de Blois.]

45688. ☞ Lettre d'un Conseiller de Blois à un Chanoine de Chartres, sur la Bibliothèque Chartraine, &c. datée de Blois, du 13 Janvier 1619 : *in-*12. petite Brochure.

Cette Lettre est signée *Melchior Duplex*, qui est un nom anagrammatique. L'Auteur est Michel Perdoulx de la Perière, Gentilhomme d'Orléans.]

45689. La Bibliothèque du *Dauphiné*, contenant les noms de ceux qui se sont distingués par leur sçavoir dans cette Province, & le dénombrement de leurs Ouvrages, depuis douze Siècles : *Grenoble*, 1680, *in-*12.

Guy ALLARD est l'Auteur de cette Bibliothèque. Il dit *pag.* [6] qu'il a composé jusqu'à quarante Vies d'Hommes illustres de la Province de Dauphiné.

☞ Il étoit Conseiller du Roi, & Président en l'Election de Grenoble.]

45690. Illustrium *Belgii* Scriptorum Centuria : ex Bibliotheca Auberti MIRÆI : *Antverpiæ*, [1602 &] 1608, *in-*8.

Le même Livre, sous ce titre : Elogia illustrium Belgii Scriptorum iterùm & auctiùs edita : *Antverpiæ*, Martinii, 1609, *in-*4.

45691. Bibliothèque sacrée des Pays-Bas, contenant les noms des Auteurs Théologiens, Canonistes, Scholastiques & autres Ecrivains célèbres, anciens & modernes de ces Pays-Bas ; avec le Catalogue des Ouvrages & Ecrits qu'ils ont laissés à la postérité ; par Guillaume GAZET : *Arras*, 1610, *in-*8.

45692. Francisci SWERTII Athenæ Belgicæ, seu Nomenclator inferioris Germaniæ Scriptorum : *Antverpiæ*, 1628, *in-fol.* & *in-*8.

Cet Auteur est mort en 1629.

45693. Valerii ANDREÆ Bibliotheca Belgica, quæ Viros in Belgio vitâ scriptisque illustres continet, & Librorum Nomenclaturam : *Lovanii*, Hastenii, 1623, *in-*8. Auctior : *Lovanii*, Zegers, 1643, *in-*4.

☞ Cet Ouvrage fait le fonds principal du suivant.

45694. ☞ Bibliotheca Belgica, &c. continens Scriptores in Valerio Andrea, Auberto Miræo, Francisco Sweitio, aliisque recensitos, usque ad annum 1680, curâ & studio Jo. Franc. FOPPENS, Bruxellensis, Eccl. Mechlin. Canonici : *Bruxellis*, P. Foppens, 1739, *in-*4. 2 vol. fig.]

45695. ☞ Necrologium aliquot utriusque sexûs Romano-Catholicorum, qui vel scientiâ, vel pietate, vel zelo pro communi Ecclesiæ bono, apud Belgas claruerunt, ab anno 1600 : (Auctore Petro DE SWERT, Expræposito Congr. Oratorii Mechliniensis:) *Insulis Flandrorum*, Brovellio, 1739, *in-*8.

On y expose en peu de mots leur caractère, & l'on fait connoître leurs principaux Ouvrages. Il y est question de plusieurs François comme dans les Articles précédens.]

45696. ☞ Mf. Mémoires pour servir à une Bibliothèque (de *Franche-Comté*, ou) Séquanoise ; par M. MARION, Chanoine de Cambrai, natif de Salins.

45697. ☞ Mf. Bibliothèque Séquanoise ; par M. LAMPINET, Conseiller au Parlement de Franche-Comté.

On a des Copies de ces deux Ouvrages, en différens endroits du Pays.]

45698. ☞ Mf. Bibliothèque de la Bourgogne-Séquanoise ; par D. Basile PAYEN : *in-fol.* = Mémoires pour les Hommes illustres du même Pays : *in-*4. 2 vol.

L'Auteur est mort en 1756, à Luxeul, où sont ses Manuscrits.]

45699. Mf. Histoire des Auteurs Comtois, leur Vie, le Catalogue, l'Analyse, la Critique de leurs Ouvrages ; par Dom Adalbert COLOMB, Bénédictin.

Elle est conservée parmi les Mémoires de Dom Coquelin, actuellement Abbé de Faverney, en Franche-Comté.

Ce sçavant Abbé a recueilli avec le plus grand soin les Ouvrages composés par les Francs-Comtois ; & cette Collection forme un Cabinet particulier dans l'Abbaye de Faverney, en Franche-Comté.]

45700. ☞ Mf. Essai sur l'Histoire des Hommes de Lettres de Franche-Comté ; par M. DE FRANCE, Avocat-Général Honoraire du Parlement, & de l'Académie de Besançon.

Dans les Registres de cette Académie.]

45701. ☞ Mf. Bibliothèque des Auteurs de Franche-Comté, qui renferme plus de 500 Auteurs, un Abrégé de leur Vie, & communément une Analyse raisonnée de leurs Ouvrages : *in-fol.*

Ce Manuscrit est entre les mains de l'Auteur, le Père Joseph-Marie DUNAND, Capucin.]

45702. Mf. *Langres* sçavante, ou Catalogue alphabétique des Personnes qui se sont rendues illustres par leur doctrine & par leurs Ecrits, & qui ont excellé dans les Arts au Diocèse de Langres ; par Jean-Baptiste CHARLET, Doyen de Grancey, & Philibert PAPILLON, Chanoine de l'Eglise Collégiale de la Chapelle aux (Riches) à Dijon : *in-*4. 2 vol.

☞ On peut voir ce qui en est dit au commencement de la *Bibliothèque de Bourgogne*, de l'Abbé Papillon, ci-dessus, N.° 45679.]

45703. ☞ Les Hommes illustres du *Languedoc* ; par DE SERVIEZ : *Béziers*, 1723, *in-*12.]

45704. *Lemovici* multiplici eruditione Illustres; Auctore Petro COLINO: *Lemovicis*, 1660, *in-8.*

☞ C'est un Ouvrage superficiel & peu exact.]

45705. Des Hommes illustres du Limousin; par BONAVENTURE de saint Amable.

Ce Discours est imprimé au Tome III. de son *Histoire de S. Martial : Limoges*, 1685, *in-fol.*

45706. ☞ MS. Bibliothèque Limousine.

Elle est dans la Bibliothèque de M. NADAUD, Curé de Teyjac, au Diocèse de Limoges, qui travaille depuis long-temps sur l'Histoire de ce Pays, comme on l'a déja observé.]

45707. ☞ Bibliothèque *Lorraine*, ou Histoire des Hommes illustres qui ont fleuri en Lorraine, dans les Trois Evêchés, dans l'Archevêché de Trèves, dans le Duché de Luxembourg, &c. par le R. P. Dom Augustin CALMET, Abbé de Sénones: *Nancy*, 1751, *in-fol.*

Voyez le *Journal de Verdun, Avril,* 1752. = *Mém. de Trévoux, Avril,* 1752. = *Mercure, Mars,* 1752.]

45708. ☞ Mémoires pour servir à l'Histoire des Hommes illustres de Lorraine; avec une Réfutation de la Bibliothèque Lorraine de Dom Calmet; par M. CHEVRIER: *Bruxelles*, 1754, *in-12.* 2 vol.

Ces Mémoires ne sont proprement qu'une suite chronologique des Ducs de Lorraine, & à la suite de chacun M. de Chevrier parle des Personnes qui se sont distinguées dans quelque Science ou dans quelque Art. Mais les Jugemens qu'il porte sur toutes sortes de matières paroissent de nature à exciter bien des réclamations. *Voyez* le *Journ. des Sçavans, Mai,* 1754. = *Mercure, Juin,* 1754. = *Année Littér.* 1754, *tom. V. p.* 145.
François-Ant. Chevrier est mort en 1762.]

45709. ☞ Lettre de M. PALISSOT, au sujet des Mémoires de M. Chevrier, pour servir à l'Histoire des Hommes illustres de Lorraine. *Année Littéraire,* 1754, *tom. V. pag.* 334.]

45710. ☞ *Lugdunum* sacro-profanum, seu de claris, illustribus & notis Lugdunensibus, Forensibus & Bellijocensibus; Auctore Petro BULLIODIO, Soc. Jesu: *Lugduni*, Barbier, 1647, *in-4.*]

45711. ☞ Histoire Littéraire de la Ville de Lyon, avec une Bibliothèque des Auteurs Lyonnois, sacrés & profanes, distribués par Siècles; par le P. Dominique DE COLONIA, de la Compagnie de Jésus : *Lyon*, 1728, & 1730, *in* 4. 2 vol.

Le Tome I. contient les Antiquités de Lyon, avec figures, & les six premiers siècles de l'Hist. Littéraire.
Le Tome II. renferme la suite de l'Histoire Littéraire depuis l'an 600 jusqu'en 1730.

M. J. B. Rousseau, dans ses *Lettres, tom. II. p.* 173 & 174, parle très-avantageusement de cet Ouvrage; mais l'éloge paroît outré. L'Histoire des Evêques & des Antiquités occupe beaucoup plus d'espace dans cet Ouvrage que l'Histoire Littéraire, qui y est très-superficiellement traitée.

On peut voir Lenglet, *Supplément* à la *Méth. hist. in-4. p.* 177. = *Journ. des Sçavans, Avril* & *Mai* 1729; *Mai* & *Juin* 1731. = *Le Nouvel. du Parn. Lettre* 19. = *Journ. de Verdun, Novemb.* 1730. = *Mém. de Trév. Juin, Juillet,* 1729: *Févr.* 1731. = *Bibliot. Françoise* de Du-Sauzet, *tom. XIII. pag.* 3. = *Voyage Littéraire* de Jordan, *pag.* 69. = *Journ. de Léips.* 1730, *pag.* 361: 1731, *pag.* 393.]

45712. ☞ Recherches pour servir à l'Histoire de Lyon, ou les Lyonnois dignes de mémoire ; (par M. l'Abbé PERNETTI :) *Lyon*, 1757, *in-8.* 2 vol.

Cet Ouvrage est superficiel; il contient cependant beaucoup de choses curieuses & utiles. Un plaisant a fait paroître une Brochure en forme de Parodie, intitulée: *Supplément aux Lyonnois dignes de mémoire : à Marnioule*, chez Martin Frettagolet, à l'Enseigne de la Grande mesure. C'est un Eloge satyrique de quelques personnages singuliers, ou connus par leurs avantures, de l'un ou de l'autre sexe. On attribue cette critique à M. Pierre LAURÈS, Chirurgien de Lyon.]

45713. Les Portraits des Hommes illustres de la Province du *Maine : au Mans*, [Ysambart,] 1666, *in-4.*

On fait dans ce [petit] volume les Portraits [ou les Eloges] d'Ambroise de Loré, Seigneur d'Yvry, sous le Règne de Charles VII. = de Jean Clapion, [Provincial des Cordeliers, & ensuite] Confesseur de l'Empereur Maximilien & Archevêque de Tolède, = de Gervais Barbier, Sieur de Francourt, Chancelier de Navarre, sous la Reine Jeanne d'Albret. Cet Ouvrage est de Claude BLONDEAU, Avocat au Présidial du Mans, mort en 1680.

☞ Il y a au commencement deux Tables ou Catalogues des Manceaux illustres par leurs dignités & par leurs Ecrits, dont l'Auteur se proposoit de faire les Eloges. Il donne ensuite un Discours (de 18 pages,) où il se propose de prouver, « que l'Histoire de France est » plus agréable & remplie d'Evénemens aussi extraor- » dinaires que l'Histoire Romaine ».]

45714. ☞ *Marseille* sçavante, ancienne & moderne : Lettre écrite à M. de la Roque; par M. R. dans laquelle, à l'occasion de la nouvelle Académie, il est parlé de l'ancienne Académie de Marseille, & des Marseillois qui se sont distingués dans les Sciences & les Beaux-Arts. *Mercure,* 1728, *Décembre.*]

45715. ☞ Réponse de l'Auteur de Marseille Sçavante, &c. à la Lettre qui lui a été écrite de Provence, le 1 Février 1729. *Mercure,* 1730, *Juin.*]

45716. ☞ Des Ecrivains de Marseille; par DE QUESNAY.

Dans ses *Annales de Marseille, Corollaire* 8, *du Livre III.*]

45717. ☞ Eloges de quelques illustres Marseillois; par DE RUFFY.

Au XIVe Livre de son *Histoire de Marseille :* 1696, *in-fol.*]

45718. ☞ Eloges de plusieurs Académiciens de Marseille, contenus dans les Recueils de cette Académie ; par M. DE LA VISCÈLDE.

Ces Eloges sont ceux de M. Rigord, Antiquaire, mort en 1727, = de Joseph de Vallon, Prêtre, mort en 1731, = de Louis Gouffier, Comte de Roannez, mort en 1734, = de Hector-Léonard de Sainte-Colombe de Laubespin, Chef-d'Escadre des Galères, mort en

1736, = de Cl. Mathieu Olivier, Avocat, mort en 1736, = de Joseph-Ignace de Foresta-Colongue, ancien Evêque d'Apt, mort en 1736, = de Henri de Vento, Marquis de Pennes, Chef-d'Escadre des Galères, mort en 1738, = de Thomas le Fournier, Religieux de S. Victor de Marseille, mort en 1743, = de J. B. du Pont, Prêtre, mort en 1748, = de J. B. Berthrand, Docteur en Médecine, mort en 1752, = de Félix Carry, Antiquaire, mort en 1754, = de J. B. Guien, mort en 1755, = de Henri - François - Xavier de Belsunce de Castelmoron, Evêque de Marseille, mort en 1755, = & quelques autres dans les derniers Volumes publiés, que nous n'avons pas vus.]

45719. ☞ Eloges de quelques Académiciens de *Montauban*.

Ces Eloges sont ceux = de M. Delsias, Prêtre, mort en 1745, par M. l'Abbé BELLET, = de M. l'Abbé (Louis) le Franc, premier Président de la Cour des Aydes, mort en 1745, par le même, = d'Antoine Dadine d'Hauteserre, célèbre Jurisconsulte, par M. de CHATALA-COTURE, = de François d'Hauteserre, fils du précédent, par le même, = d'Antoine Garisolles, Théologien & Ministre Protestant, par le même, = de Théodore de Rienpeitroux, Poëte tragique, mort en 1707, par le même.

Ces Eloges se trouvent dans les quatre premiers Recueils de l'Acad. de Montauban, ci-dessus, N.° 45589.]

45720. ☞ Eloges de quelques Membres de la Société Royale des Sciences de *Montpellier*.

Ce sont ceux de René-François de Beauvau du Rivau, Archevêque de Narbonne, = de François Chicoyneau, Médecin, = de François de Plantade, Avocat-Général à Montpellier, = de Jean Matte, Chimiste, = de M. l'Abbé Jean-Paul Bignon. (Tous ces Eloges sont de M. l'Abbé DE RATTE, Secrétaire :) = de Laurent Ricome, Botaniste, mort en 1711, par M. GAUTERON, = de Guillaume Nissolle, Docteur en Médecine, = de Guillaume Rivière, Docteur en Médecine, &c.]

45721. ☞ Des Sçavans & Hommes célèbres de *Montdidier*.

Dans l'*Histoire* de cette Ville, par le Père DAIRE, Célestin : *Amiens*, 1762 & 1765, *in-12*.]

45722. ☞ Mf. Mémoire sur quelques Hommes illustres de la Ville de *Nantes*.

Ce Manuscrit est conservé à Dijon, dans la Bibliothèque de M. Fevret de Fontette.]

45723. ☞ Mémoires pour servir à l'Histoire des Hommes illustres de *Narbonne*; par M. le Chevalier VIGNIER, Correspondant de l'Académie Royale des Sciences & Belles-Lettres de Toulouse : *Narbonne*, J. Besse, 1757, *in-4*. de 42 feuillets.]

45724. * Mf. Athenæ *Normannorum* veteres ac recentes, seu Syllabus Auctorum qui oriundi è Normannia, aut qui Normanniæ convenienter inserti, quotquot datum fuit colligere ; Auctore Francisco MARTIN, Minorita : *in-fol*.

Cet Ouvrage, prêt à être imprimé, [étoit] entre les mains de l'Auteur, [& n'a pas paru.]

☞ *Nota*. Le Père le Long avertissoit que « le Sieur » GOULEI, de l'Académie de Rouen, (& Bibliothécaire,) avoit entrepris d'écrire en Latin la Bibliothèque des Auteurs Normands, qui [faisoit] monter au » nombre de huit cens ou environ ».]

45725. ☞ Eloges des Normands, où l'on trouvera un petit abrégé de leur Histoire, avec les grands Hommes qui en sont sortis : *Paris*, Veuve Guillaume, 1731, *in-12*.

Cet Ouvrage est de l'Abbé RIVIÈRE, neveu du Voyageur Paul Lucas.]

45726. ☞ Adversùs invidos Normannorum censores, Oratio habita die 28 Novembris 1743, in Regio Borbonio S. J. Collegio celeberrimæ Academiæ Cadomensis à Jacobo DUPARC : *in-4*.]

45727. ☞ Eloge des Normands, ou Histoire abrégée des grands Hommes de cette Province ; (par Dom LE CERF de la Viéville, Bénédictin de la Congrégation de S. Maur :) *Paris*, 1748, *in-12*. 2 Parties en 1 vol.

Ces Eloges sont très-superficiels : ceux sur lesquels l'Auteur s'est plus étendu, sont = Pierre Bardin, = Antoine Beaugendre, = Julien Bellaise, = Guillaume Bessin, = Simon Bougis, = Louis Bulteau, = Guillaume Fillâtre, = Thomas du Fond, = Jacques du Friche, = Ant. Paul le Gallois, = Julien Garnier, = Pierre Guarin, = Pierre Hallé, = Nicolas-Lemer*, = René Massuet, = Nicolas Mesnager, = Nicolas Poussin, = Nicolas le Nourry, = J. François Pommeraye, = Robert Quatremaires, = François Roze, = Guillaume Roussel, = Jean Regnaud de Segrais.

On trouve à la fin, une Dissertation, aussi superficielle, sur le Royaume d'Yvetor.

L'Auteur a été trente ans retenu au lit, & c'est dans cet état qu'il a fait cet Ouvrage & plusieurs autres : il est mort en 1748. On peut voir à son sujet, l'*Hist. Littér. de la Congr. de S. Maur*, pag. 645.]

45728. ☞ Mf. Catalogue des Hommes illustres nés en Normandie ; par M. l'Abbé SAAS, Chanoine de la Cathédrale de Rouen, & de l'Académie de cette Ville.

Dans les Registres de cette Académie, au 10 Janvier 1754.]

45729. ☞ Gallia *Orientalis*, sive Gallorum qui Linguas Orientales calluerunt Vitæ : studio Pauli COLOMESII, Rupellensis : *Hagæ-Comitis*, 1665, *in-4*.

Le même Livre est imprimé dans le Recueil des Œuvres du même Auteur : *Hamburgi*, 1709, *in-4*. Cet Auteur est mort en 1692. Il s'est plutôt proposé de ramasser dans son Ouvrage ce que les autres ont dit des François qui ont sçu les Langues Orientales, que d'en composer la vie, comme il semble le promettre dans son titre.

☞ *Voyez* le Père Nicéron, tom. *VII*. pag. 198. = Baillet, *Jugem. des Sçav*. tom. *II*. pag. 51. = *Dict*. de Bayle, Rem. A. = *Hist. de la Rochelle*, par M. d'Arcère, tom. *II*. pag. 400.

M. de la Monnoye a fait des Additions & Corrections à cet Ouvrage de Colomiez : elles sont imprimées avec son Edition de la Bibliothèque choisie du même Colomiez : (*Paris*, 1731, *in-12*.) pag. 341-356.]

45730. ☞ Mf. Histoire des Hommes illustres de la Ville de *Noyon*.

Cet Ouvrage est travaillé concurremment avec M. Cl. SEZILLE, Théologal de la Cathédrale, & par M. (Ch. J. Fr.) BEAUCOUSIN, né dans cette Ville, & Avocat à Paris, qui nous a fourni beaucoup de choses pour cette Bibliothèque.]

45731. ☞ Libellus Anagrammatum Virorum

illustrium (d'*Orléans*); Auctore Emmanuele Tripautio: *Aurelia*, Fremont, 1613, *in*-8. ou petit *in*-4.

Ce Recueil contient les Anagrammes de plus de 200 Orléanois : ceux qui en font l'objet, sont l'Evêque d'Orléans, les Ecclésiastiques constitués en Dignité, les Officiers du Présidial, de la Prévôté, le Collège de Médecine, les Poëtes & Sçavans du temps. Il est fort inutile, & d'une lecture très-fatiguante.]

45732. ☞ Les Anagrammes des Noms & Surnoms des Demoiselles & Dames d'Orléans; par le même : *Orléans*, Fremont, 1626, *in*-8.

Tripault étoit le plus ardent Anagrammatiste de son Siècle; il eut tout mis en Anagrammes. Ce second Recueil contient environ 60 Articles aussi ridicules que les précédens.]

45733. ☞ Les Portraits parlans, ou Tableaux animés du Sieur Chevillard, dédiés à MM. de l'Eglise d'Orléans : *Orléans*, Hotot, 1646, *in*-8.

Cet Ouvrage est un Recueil de Poésies de François Chevillard, Chanoine Mamertin de l'Eglise d'Orléans, & ensuite Curé de Saint-Germain, parmi lesquelles on trouve les Anagrammes de tous les Chanoines de Sainte-Croix, à commencer par Jean Christ, qui en est le premier Chanoine, & continuant successivement, suivant l'ordre des Dignités. Ces Anagrammes sont un peu moins mauvaises que celles de Tripault.]

45734. ☞ Mf. Bibliothèque des Ecrivains de la Ville, Duché & Diocèse d'Orléans; par Dom Guillaume Gerou, Bénédictin : *in*-4. 2 vol.

Cet Ouvrage est conservé dans la Bibliothèque de M. Jousse, Conseiller au Présidial d'Orléans.

Dom Gérou n'y avoit point travaillé par ordre de ses Supérieurs, mais à la prière de ce Magistrat, qui lui avoit remis toutes ses recherches à ce sujet. Cela fait tomber le reproche qu'on semble faire à ce Religieux, *pag.* 767, de l'*Hist. Littér. de la Congr. de S. Maur*. Dom Guill. Gérou est mort en 1767.]

45735. ☞ Eloges d'Académiciens de *Paris*.

Dans les *Histoires* des diverses Académies de Paris, indiquées ci-dessus. On a particularisé ces Eloges, ci-après, dans les Classes qui leur conviennent.]

45736. ☞ Notices historiques des Professeurs du Collège Royal de Paris.

Elles sont imprimées avec le *Mémoire* sur ce Collège, qu'a publié M. l'Abbé Goujet, indiqué ci-dessus, N.° 45140. Toutes ces Notices se trouveront aussi dans leur place.]

☞ On peut encore rappeler à cet Article de Paris, les deux *Mémoires* des N.ᵒˢ 45636 & 45637.]

45737. Mf. Bibliothèque des illustres Parisiens, où l'on donne leur vie & le dénombrement de leurs Ouvrages; par Martin Billet de Fanières, de Paris.

Cet Ouvrage [étoit] entre les mains de l'Auteur, qui est mort vers 1725 ou 1730.

☞ *Nota*. Le Recueil des Tombeaux de Paris, (ci-devant, Tome III. N.° 34509,) & ce qui s'en trouve dans les Descriptions de cette Ville par du Breuil, Brice, Piganiol, &c. ont rapport à cet Article.]

45738. ☞ Mf. Mémoires sur les Hommes illustres de *Picardie*; par M. d'Hangest, Théologal d'Amiens, & de l'Académie de cette Ville.

Dans les Registres de cette Académie.]

45739. ☞ Tableau historique des Sciences, des Belles-Lettres & des Arts, dans la Province de Picardie, depuis le commencement de la Monarchie jusqu'en 1752; par le Père (Louis-François) Daire, Célestin, Aggrégé à l'Académie de Rouen : *Paris*, J. Th. Hérissant fils, 1768, *in*-12.

On peut voir ci-devant, aux N.ᵒˢ 45659 & 45721, ce qui regarde les Sçavans d'Abbeville & de Montdidier, & ci-après ceux du Ponthieu, N.° 45741.]

45740. ☞ Bibliothèque historique & critique du *Poitou*, contenant les Vies des Sçavans de cette Province, depuis le III.ᵉ Siècle jusqu'à présent, une Notice de leurs Ouvrages; avec des Observations pour en juger : (de plus) la Suite historique & chronologique des Comtes héréditaires, & celle des Evêques de Poitiers, depuis S. Nectaire (jusqu'en 1740;) par M. (Jean-François) Dreux du Radier, Avocat : *Paris*, Ganeau, 1754, *in*-12. 5 vol.

On peut voir sur cet Ouvrage, l'*Année Littér*. 1754, tom. II. pag. 3. = *Journal de Verdun*, Juin, 1752 : Avril, Juin, Août, 1754. = *Mém. de Trévoux*, Sept. 1754. = *Journal des Sçavans*, Août, 1754.]

45741. ☞ Notice des Hommes dignes de mémoire du Comté de *Ponthieu*, d'Abbeville, &c.

Elle se trouve à la fin du Tome II. de l'*Histoire du Ponthieu* : *Abbeville*, 1767, *in*-12. 2 vol. ci-devant, Tome III. N.° 34195.]

45742. ☞ Eloges des Hommes illustres de la Ville de *Pontoise*.

C'est la Partie II. de l'Ouvrage intitulé : *Abrégé des Antiquités de Pontoise* : *Rouen*, 1720, *in*-8.]

45743. Mf. Les Hommes illustres de *Provence* qui se sont distingués par leur sainteté, leur sçavoir, leurs emplois & leur habileté dans les Beaux-Arts, depuis le Siècle d'Alexandre jusqu'à présent, avec des Notes & des Dissertations; par Joseph Bougerel, d'Aix, Prêtre de l'Oratoire.

L'Auteur [travailloit] à mettre la dernière main à cet Ouvrage, qui est bien avancé. Il y parle des Provençaux de naissance, des Provençaux d'origine, & de ceux qui ont fait un long séjour en Provence, & dont le lieu de la naissance est absolument inconnu. Il y a ajouté quelques Dissertations & des Analyses de quelques-uns de leurs Ouvrages, avec des jugemens.

☞ On en voit le Plan dans le Tome I. de la *Continuation des Mémoires de Littérature* du P. Des-Molets. Le P. Bougerel se proposoit, lorsque la mort le surprit en 1753, de faire imprimer cet Ouvrage, en 4 vol. *in*-4. & il venoit de faire imprimer un Projet de Souscription. Cette Histoire est conservée à Paris, dans la Maison des PP. de l'Oratoire de S. Honoré, où il est mort. Il en avoit publié l'Essai suivant.]

45744. Mémoires pour servir à l'Histoire de plusieurs Hommes illustres de Provence ; (par le P. BOUGEREL :) *Paris*, Cl. Hériffant, 1752, *in*-12.

Il y avoit eu une première Edition : *Aix*, 1748, *in*-8. Ce Volume contient XLV. Vies, qui font indiquées en leur place ; sçavoir, celles = de Pierre Puget, Peintre, Sculpteur, &c. = de Jean de Pontevès, Comte de Carcès, Lieutenant-Général de Provence, = de Louis du Chesne, Président à Mortier au Parlement d'Aix, = de Scipion du Pertier, Jurisconsulte, = du Chevalier Paul, Vice-Amiral de France, = de Balthazard de Vias, Poëte, = de Jean Bertet, sçavant dans les Langues, = de Louis Ferrand, Controversiste, = du P. Antoine Pagi, Cordelier & Historien, = du P. François Pagi, neveu du précédent, = de Jean Gilles, Musicien, = de Claude Terrin, Antiquaire, = de Jean-Pierre Gibert, Canoniste, = de Jean-Pierre Massillon, Evêque de Clermont, mort en 1742.

On peut voir sur cet Ouvrage, *Mém. de Trévoux*, Juillet & Septembre, 1752. = *Voyage Littér.* deJourdan, pag. 120. = *Merc. Mars*, 1752. = *Journ. de Verdun*, Févr. Juillet, 1752.]

45745. Mf. Bibliothèque des Auteurs de Provence ; par Pierre-Jof. DE HAITZE, de Cavaillon, avec des Extraits de leurs Ouvrages.

L'Auteur [travailloit] à ce Livre, qui devoit comprendre plus de huit cens Auteurs Provençaux : [il est mort en 1736.]

45746. ☞ Mf. Hommes illustres, Sçavans de *Reims* & leurs Ecrits.

Cet Article fait partie du Volume S. des Manuscrits de M. de la Salle, qui sont conservés dans l'Abbaye des Chanoines Réguliers de S. Denys de Reims : ci-devant, Tome III. N.° 34379.

On peut voir encore ci-devant, N.° 45686.]

45747. ☞ Notices sur quelques Illustres & Sçavans de la *Rochelle*.

Dans l'*Histoire* de cette Ville, par M. Arcère : (*la Rochelle*, 1756 & 1757, *in*-4.) tom. II. p. 362 & f.]

45748. ☞ Liste des Hommes illustres de la Ville de *Rouen* & de ses Environs.

Elle se trouve au Tome II. pag. 483, de l'*Histoire de Rouen*, par Farin, Edition de 1738.]

45749. ☞ Mf. Mémoire sur quelques Hommes illustres de la Ville de *Saint-Quentin*.

Il est conservé à Dijon, dans la Bibliothèque de M. Fevret de Fontette.]

45750. ☞ Eloges historiques des Hommes illustres de la Province de *Thymerais* (en Perche,) avec un Catalogue raisonné de leurs Ouvrages ; par M. D. D. (DREUX DU RADIER,) Avocat au Parlement, Lieutenant-Particulier de Châteauneuf : *Paris*, Berthier, 1749, *in*-12.

Il contient les Eloges de Lambert du Chaftel, Jurisconsulte, = d'Adrien Guesdou, Poëte, = de Matthieu le Grand, Jurisconsulte, = de Jacques Dulorens, Poëte & Jurisconsulte, = de J. B. Thiers, Théologien, = de François de Gravelle-Arpentigny, Historien.

On peut voir sur ce petit Ouvrage, le *Journal des Sçavans*, 1749, *Décemb.* = le *Journ. de Verdun*, 1751, *Mars*, où il s'en trouve un Extrait.]

45751. Mf. Nicolai BERTRANDI, utriusque Juris Professoris, Tractatus de Doctorum *Tholosanorum* gestis ac opinionibus, vitaque illorum commendata.

Ce Traité est imprimé pag. 50 de son Ouvrage, intitulé : *De Tholosanorum gestis* : Tholose, 1515, *in-fol.*

45752. Des Personnes illustres de *Touraine* ; par Martin MARTEAU.

Ces Discours sont imprimés avec son *Paradis délicieux de la Touraine* : *Paris*, 1661, *in*-4.

45753. Mf. Éloges des Sçavans de Touraine ; par Pierre CARREAU.

Ces Discours sont avec son Histoire [Manuscrite] de Touraine : [ci-devant ; Tome III. N.° 35653.]

45754. ☞ Mf. Bibliothèque des Auteurs de Touraine ; par D. Guillaume GEROU.

Voyez l'*Histoire Littéraire de la Congrégation de S. Maur* : (*Paris*, 1770, *in*-4.) pag. 766. Il y a apparence que le Manuscrit est à Marmoutier, où il l'a travaillé : Dom Jean Liron avoit commencé cet Ouvrage.]

45755. Mf. Bibliotheca *Tornacensis*, seu Auctores Tornaci aut è finibus ejusdem & ditionum annexarum orti, vel qui ibidem domicilium & Beneficium Ecclesiasticum habuerunt ; Auctore Nicolao DU FIEF.

Cet Ouvrage [étoit] entre les mains de l'Auteur, à Tournay, [lors de la première Edition du P. le Long, en 1718.]

☞ Nous ne croyons pouvoir mieux finir cet Article, que par une Réflexion de M. Dreux du Radier. » Il seroit à souhaiter que les Sçavans de chaque Province eussent des amis aussi zélés (qu'étoit Maquin,) » pour leur mémoire : au défaut des de Thou, des Fontenelle & des de Boze, nous aurions recours à ces » petits Panégyristes ». *Biblioth. du Poitou*, tom. III. pag. 522.]

CHAPITRE TROISIÈME.

Histoires particulières des François célèbres dans les Sciences.

☞ CE Chapitre contient cinq Articles, dans lesquels on trouvera les indications suivantes. Dans le premier, les Vies & Histoires des Théologiens François ; dans le second, celles des François qui se sont distingués dans le Droit Civil & le Droit Canon ; dans le troisième, les Vies des Médecins François & de ceux qui ont cultivé diverses parties de la Médecine : comme la Chirurgie, la Chimie, la Botanique ; dans le quatrième, les Histoires des François Philosophes & Mathématiciens ; enfin dans l'Article cinquième, les Vies & Eloges des Historiens & Antiquaires François.]

ARTICLE PREMIER.

Vies des Théologiens François.

JE place dans cette Classe tous les Auteurs qui ont écrit sur des matières de Religion. Il s'en trouve un fort grand nombre dans les XVI & XVIIe Siècles, [&c.] de la *Bibliothèque des Auteurs Ecclésiastiques*, publiés par Louis-Ellies du Pin, Docteur en Théologie de la Faculté de Paris, [& dans sa *Continuation* par l'Abbé Claude-Pierre Goujet.] J'ai placé entre les Historiens des Prétendus-Réformés [ou Calvinistes], les Vies de leurs Ministres & de leurs Professeurs en Théologie, (ci-devant, Tome I. de cette Edition, [& l'on y trouvera aussi les Vies de plusieurs Ecclésiastiques, tant Séculiers que Réguliers, qui ont fait des Ouvrages de Théologie.]

45756. Andreæ DU SAUSSAY de mysticis Galliæ Scriptoribus, qui primâ Ecclesiæ centuriâ floruerunt, de multiplici in ea Christianorum rituum origine: *Parisiis*, ... 1639, *in-*4.

45757. ☞ Orationes 35, Michaelis THYRIOTI, singulorum Theologicæ Laureæ Candidatorum merita exponentes : *Parisiis*, Dion. à Prato, 1583, *in-*8.]

45758. ☞ Præstantium aliquot Theologorum qui Romanum Antichristum oppugnârunt, Effigies, quibus addita Elogia, Librorumque Catalogi ; operâ Jacobi VERHEIDEN : *Hagæ-Comit.* 1602, *in-fol.*

On y trouve plusieurs Eloges de François, faits par un zélé Calviniste ; sçavoir, = Berengarii, = Andreæ Ypriensis, = Jacobi Fabri Stapulensis, = Joan. Calvini, = Guill. Farel, = August. Marlorat, Lotharingi, = Roberti Stephani, = Philippi Marnix de sancta Aldegunda, Bruxellensis, = Lamberti Danæi, = Theodori Bezæ.]

45759. Eloges de quelques Docteurs de la Faculté de Théologie de Paris, Amis & Contemporains de François le Picart, Docteur en Théologie, (mort en 1556) par Hilarion DE COSTE, Minime.

Ces Eloges sont imprimés à la fin de la Vie de ce Docteur, (publiée sous ce titre : *Le parfait Ecclésiastique*, ou l'*Histoire de la Vie*, &c.) *Paris*, 1658, *in-*8.

☞ Il y a quelques Exemplaires de cette Vie où l'on trouve deux *Nouvelles Additions*, (données après coup.) La première de 19 pages, sur des Sermons manuscrits du Docteur le Picart, & sur divers Témoignages en sa faveur. La seconde Addition, de 14 pages, contient un Office de la Conception immaculée de la Sainte Vierge, qu'il avoit composé, pour Fontevrault.

Les Docteurs dont les Eloges se voyent dans cet Ouvrage, sont, = Josse *Cliétou*, = Noël *Beda*, = Guillaume *Duchesne*, = Pierre de *Corne*, Franciscain, = Martial *Mazurier*, = Robert de *Bouchigny*, = Jean *Ballue*, = Jacques *Barthelmy*, = Jean de *Gaigny* ou *Gannay*, premier Aumônier de François I. = Jean de l'*Arbre*, (*Arboreus*,) = Joachim *Perion*, = Jacques *Merlin*, = Claude *Guillaud*, = Nicolas *le Clerc*, = Robert *Cenalis*, = Nicolas *Maillard*, = Jean de la *Vaquerie*, = Gabriel de *Puyherbault*, = Antoine *Arland* ou *Harland*, = Jacques *Fourré*, = Pierre *Doré*, = Pierre *Divolé*, = Jean *Doce*, = Jean de *Verdun*, = Jacques *Hugues*, = Simon *Fonteine*, = Claude d'*Espense*, = Jérôme de *Souchier*, = Antoine de *Mouchy*, dit Democharès, = Roch *Mamerot*, = Guillaume *Ruzé*, = Simon *Vigor*, = Jean le *Pelletier*, = Maurice *Poncet*, = Gabriel du *Préau*, = Thomas *Beauxamis*, = Claude de *Saintes*, = Gilbert *Genebrard*, = François de *Feuardent*, Franciscain. Le Père de Coste y en a ajouté trois autres, quoiqu'ils ne fussent pas Docteurs ; sçavoir, = Pierre *Danès*, = Jacques de *Billy*, = Jacques *Amyot*.]

== Vita Petri *Abælardi*, Monachi Cluniacensis, mortui anno 1142.

Ci-devant, Tome I. N.ºs 11845-11855.

== Elogium *Adonis*, Archiepiscopi Viennensis, mortui circà 875.

Ci-devant, Tome I. N.ºs 10722 & *suiv.*

== Vie de S. *Agobard*, Evêque de Lyon ; mort en 840.

Ci-devant, Tome I. N.ºs 8918, &c.

== Vita *Alcuini*, Abbatis, mortui, an. 804.

Ci-devant, Tome I. N.ºs 11922 & *suiv.*

== ☞ Histoire de Noël *Alexandre*, Dominicain, mort en 1724.

Ci-devant, Tome I. N.ºs 13838 - 13839.]

== Vita *Algeri*, Monachi Cluniacensis, mortui an. 1130.

Ci-devant, Tome I. N.º 11842.

== Vita Petri de *Alliaco*, Cardinalis, mortui an. 1419.

Ci-devant, N.ºs 32236, &c. (Tome III.)

45760. ☞ Notice historique de Jacques *Almain*.

Dans le *Dictionnaire de Moréri*. Il est mort en 1515.]

45761. ☞ Histoire de la Vie & des Ecrits d'*Amalaire* ; par D. RIVET.

Dans l'*Histoire Littéraire de la France*, tom. IV. pag. 531. Cet Auteur vivoit encore en 840.]

Vies des Théologiens François.   87

== Vita sancti *Ambrosii*, Episcopi Mediolanensis, mortui an. 397.

Ci-devant, Tome I. N.os 10803-10811.

== ☞ Histoire de la Vie & des Ouvrages de Denys *Amelote*, Prêtre de l'Oratoire, mort en 1678.

Ci-devant, Tome I. N.os 10889-10890.

== Vita sancti *Anselmi*, Abbatis Beccensis, mortui an. 1109.

Ci-devant, Tome I. N.os 11703-11709.

45762. ☞ Observations sur *Arnaud*, Abbé de *Bonneval*, mort vers 1160; par D. Jean Liron.

Dans ses *Singularités historiques*, tom. I. pag. 414: Paris, 1734, *in-12*.]

== Vie d'Antoine *Arnauld*, Docteur de Sorbonne, mort en 1694.

Ci-devant, Tome I. N.os 5618, &c.

45763. ☞ Les Eloges de MM. *Arnauld* & *Pascal*, composés par M. (Charles) Perrault, de l'Académie Françoise, imprimés d'abord & supprimés, &c. *Cologne*, Marteau, 1697, *in-12*.]

== Eloge de Robert *Arnauld d'Andilly*, mort en 1674.

Ci-devant, N.º 32738, (Tome III.)

== Historia Edmundi *Augerii*, Societatis Jesu, mortui an. 1591.

Ci-devant, Tome I. N.os 14107 & *suiv*.

== Vita Alcimi *Aviti*, Archiepiscopi Viennensis, mortui circà 525.

Ci-devant, Tome I. N.os 10698-10701.

== Vita Petri *Aureoli*, Archiepiscopi Aquensis, mortui circà 1345.

Ci-devant, Tome I. N.º 7858.

45764. ☞ Notice historique de Jean *Babu*, Controversiste en Vers; par M. Dreux du Radier.

Dans sa *Bibliothèque du Poitou*, tom. *IV*. pag. 311. Ce Théologien est mort en 1700.]

== Eloge de Jean-François *Baltus*, Jésuite, mort en 1743.

Ci-devant, Tome I. N.º 14295.

== Vita sancti *Benedicti*, Abbatis Anianensis, mortui an. 821.

Ci-devant, Tome I. N.os 11667-11669.

== Oraison funèbre de René *Benoist*, Curé de S. Eustache, mort en 1608.

Ci-devant, Tome I. N.os 10937-10938.

== Vita sancti *Bernardi*, Abbatis Claravallensis, mortui an. 1153.

Ci-devant, Tome I. N.os 13041 & *suiv*.

== Vie de Pierre de *Bérulle*, Cardinal, mort en 1629.

Ci-devant, Tome I. N.º 7778, &c.

== ☞ Vie de Jérôme *Besoigne*, mort en 1763.

Ci-devant, Tome I. N.º 10951.]

45765. ☞ Remarques sur la Vie & les Ouvrages de Pierre *Besse*, mort vers 1630.

Dans les *Mélanges de Littérature* de Michault, *t. I.* pag. 274: *Paris*, Tilliard, 1754, *in-12*.]

== ☞ Vie de Marguerin de la *Bigne*, mort en 1589.

Ci-devant, Tome I. N.º 10952.]

== Eloge de Jacques de *Billy*, Abbé, mort en 1581.

Ci-devant, Tome I. N.os 10956-10958.

== Vita Ludovici *Blosii*, Abbatis Lætiensis, mortui an. 1566.

Ci-devant, Tome I. N.º 12093.

☞ Eloge du même; par Jean Bernier.

Dans son *Hist. de Blois*, pag. 459.]

== ☞ Eloge de Jacques *Boileau*, Docteur de Sorbonne, mort en 1716.

Ci-devant, Tome I. N.º 10966.]

== Vita sancti *Bonifacii*, Archiepiscopi Moguntini, mortui an. 754.

Ci-devant, Tome I. N.os 9088 & *suiv*.

== Oraison funèbre, [& Vie] de Jacques-Bénigne *Bossuet*, Evêque de Meaux, mort en 1704.

Ci-devant, Tome I. N.os 9424 & *suiv*.

== Vie de Henri-Marie *Boudon*, Archidiacre d'Evreux, mort en 1702.

Ci-devant, Tome I. N.os 10980 & 10981.

== Vie d'Adrien *Bourdoise*, Prêtre, mort en 1655.

Ci-devant, Tome I. N.º 10989.

45766. ☞ Notice historique de Laurent *Boursiers* Docteur de Sorbonne, mort en 1749.

Dans le *Dictionnaire de Moréri*, Edit. de 1759.]

45767. ☞ Histoire de la Vie & des Ouvrages de l'Abbé Amable de *Bourzeys*, mort en 1672; par François-Denys Camusat.

Elle se trouve pag. 132 & *suiv*. du tom. *I*. de son *Histoire critique des Journaux*: *Amsterdam*, 1734, *in-12*. Voyez encore dans notre Tome I. N.º 10991.]

== ☞ Observations sur Geoffroy *Boussard*, Docteur en Théologie & Chancelier de l'Eglise de Paris, mort vers 1520.

Ci-devant, Tome I. N.º 10992.]

== Vie d'Armand-Jean le *Bouthillier* de *Rancé*, Abbé de la Trappe, mort en 1700.

Ci-devant, Tome I. N.os 13151 & *suiv*.

45768. ☞ Histoire de la Vie & des Ouvrages de David-Augustin de *Brueys*, (mort en 1723); par le P. Niceron.

Dans ses *Mémoires*, &c. tom. *XXXII*. pag. 45.]

== Vita sancti *Brunonis*, Cartusianorum Patriarchæ, mortui an. 1101.

Ci-devant, Tome I. N.ᵒˢ 13233, &c.

== Vita sancti *Cesarii*, Episcopi Arelatensis, mortui an. 544.

Ci-devant, Tome I. N.ᵒˢ 8005 & *suiv.*

== ☞ Vie de D. Augustin *Calmet*, Bénédictin, mort en 1757.

Ci-devant, Tome I. N.° 12886.]

== Oraison funèbre [& Vie] de Jean-Pierre *Camus*, Evêque de Belley, mort en 1652.

Ci-devant, Tome I. N.ᵒˢ 8210 - 8212.

== Vie de Jean *Cassien*, Prêtre de Marseille, mort vers 433.

Ci-devant, Tome I. N.ᵒˢ 11032 - 11034.

== Eloge de Nicolas *Caussin*, Jésuite, mort en 1651.

Ci-devant, Tome I. N.° 14131.

== Oraison funèbre [& Histoire] de Pierre *Cayet* ou *Cahier*, Docteur en Théologie, mort en 1610.

Ci-devant, Tome I. N.ᵒˢ 11013 - 11016.

45769. ☞ Remarques sur les Ouvrages de Jean de *Chaumont*, par le P. Niceron.

Dans ses *Mémoires*, tom. XL. pag. 193-195. M. de Chaumont est mort en 1667.]

45770. ☞ Vita Antonii *Charlas*, (mortui an. 1698,) à Nicolao Casovo scripta.

Elle se trouve dans la troisième Edition du Traité de Charlas, sur les Libertés de l'Eglise Gallicane : *Romæ*, 1720, *in*-4. 3 vol.]

== Vie de Pierre *Charron*, mort en 1603.

Ci-devant, Tome I. N.ᵒˢ 11040, &c.

== Eloge de Gilbert de *Choiseul*, Evêque de Tournay, mort en 1689.

Ci devant, Tome I. N.ᵒˢ 8634 - 8635.

== Vita Nicolai *Clemangii*, Doctoris Parisiensis, mortui circà 1430.

Ci-devant, Tome I. N.ᵒˢ 11055 - 11056.

== Abrégé de la Vie de François de *Clugny*, Prêtre de l'Oratoire, mort en 1694.

Ci-devant, Tome I. N.ᵒˢ 11060 - 11061.

== Elogium Nicolai *Coeffeteau*, Episcopi Massiliensis, mortui an. 1623.

Ci-devant, Tome I. N.ᵒˢ 8043 - 13813.

== Eloge de François *Combefis*, de l'Ordre des Frères Prêcheurs, mort en 1679.

Ci-devant, Tome I. N.ᵒˢ 13830 - 13831.

== Vie de Charles de *Condren*, Général de la Congrégation de l'Oratoire, mort en 1641.

Ci-devant, Tome I. N.ᵒˢ 11068 - 11069.

== ☞ Histoire de Vincent *Contenson*, Dominicain, mort en 1674.

Ci-devant, Tome I. N.° 13824.]

45771. ☞ D. Julio *Corderio*, Priori de Monte Alberto, pro xeniis, à Nicolao Ysamberto : (*Parisiis*,) 1633, *in*-8.]

== Eloge de Jean-Baptiste *Cotelier*, mort en 1686.

Ci-devant, Tome I. N.ᵒˢ 11075 & *suiv.*

== Vie de Pierre *Coton*, Jésuite, mort en 1626.

Ci-devant, Tome I. N.ᵒˢ 14117 - 14119.

== Historia Nicolai *Cusani*, Cardinalis, mortui an. 1454.

Ci-devant, Tome I. N.° 7789.

== ☞ Eloge de Gabriel *Daniel*, Jésuite, mort en 1728.

Ci-devant, Tome I. N.° 14187.]

== ☞ Histoire de la Vie & des Ouvrages de Jean *Deslyons*, mort en 1700.

Ci-devant, Tome I. N.ᵒˢ 11095 - 11096.

== Elogium Frontonis *Ducæi*, è Societate Jesu, mortui an. 1624.

Ci-devant, Tome I. N.ᵒˢ 14115 - 14116.

== ☞ Vie de Jacques-Joseph *Duguet*, mort en 1733.

Ci-devant, Tome I. N.° 11102.]

== ☞ Histoire de Louis Ellies *Du-Pin*, mort en 1719.

Ci-devant, Tome I. N.ᵒˢ 11104, 11357-11358.]

== Vita sancti *Eligii*, Episcopi Noviodunensis, mortui an. 658.

Ci-devant, Tome I. N.ᵒˢ 9750 - 9755.

== Vita sanctæ *Elisabeth*, Abbatissæ Schonaugiensis, mortuæ an. 1165.

Ci-devant, Tome I. N.° 14789.

== ☞ Histoire de Claude d'*Espence*, mort en 1571.

Ci-devant, Tome I. N.° 11109.]

== Vita sancti *Eucherii*, Episcopi Aurelianensis, mortui an. 738.

Ci-devant, Tome I. N.ᵒˢ 9468 - 9469.

== ☞ Histoire de la Vie de Jacques *Eveillon*, mort en 1651.

Ci-devant, Tome I. N.° 11112.]

== ☞ Histoire de François..... de *Fénelon*, Archevêque de Cambrai, mort en 1715.

Ci-devant, Tome I. N.ᵒˢ 8578 - 8582.]

45772. Mémoire sur la Vie & les Ouvrages de Louis *Ferrand*, de Toulon, Avocat au Parlement de Paris.

Cet Avocat est mort en 1699. Le Mémoire qui en parle est imprimé dans le *Supplément du Journal des Sçavans*, Mars 1707.

45773. ☞ Histoire du même ; par le Père Niceron.

Dans ses *Mémoires*, &c. tom. I. pag. 12, & tom. X. Part. I. pag. 2, & Part. II. pag. 2.]

45774.

Vies des Théologiens François.

45774. ☞ Autre Vie; (par Joseph Bougerel.)

Dans ses *Mémoires sur les Hommes illustres de Provence*: (*Paris*, 1752,) *pag.* 222.]

== Panegyricus Francisci *Feuardentii*, Ordinis Minorum, mortui an. 1610.

Ci-devant, Tome I. N.ºs 13882 & 13883.

45775. ☞ Eloge de Jacques le *Fevre*, Docteur de Sorbonne, mort en 1716.

Cet Eloge est imprimé dans les *Nouvelles Littéraires de la Haye*, tom. *V*. pag. 128]

45776. ☞ Notice historique de Jacques *Fouillou*, mort en 1736.

Dans le *Dictionnaire de Moréri*, Ed. de 1759.]

== Eloge de Claude *Frassen*, Cordelier; mort en 1711.

Ci-devant, Tome I. N.º 13895.

== Vita Joannis *Fronteau*, Canonici Regularis sancti Augustini, mortui an. 1662.

Ci-devant, Tome I. N.ºs 13611-13613.

== Vie de S. *Fulbert*, Evêque de Chartres, mort en 1028.

Ci-devant, Tome I. N.ºs 9371-9373.

== Eloge de Jean *Garnier*, Jésuite, mort en 1681.

Ci-devant, Tome I. N.ºs 14159-14161.

45777. ☞ Notice historique de J.B. *Gaultier*, mort en 1755.

Dans le *Dictionnaire de Moréri*, Ed. de 1759.]

== ☞ Histoire de Gilbert *Génébrard*, mort en 1597.

Ci-devant, Tome I. N.ºs 7862-7863.]

45778. ☞ Histoire de D. Gabriel *Gerberon*, Bénédictin, mort en 1711.

Dans l'*Hist. Littér. de la Congrégation de S. Maur*, pag. 311-351.]

45779. ☞ Eloge de Pierre-Bénigne *Germain*, Théologal d'Autun, mort en 1751.

Dans les *Mélanges historiques* de M. Michault, tom. *II*. pag. 190: *Paris*, Tilliard, 1754, *in-*12.]

== Vita Joannis *Gersonis*, Cancellarii Univ. Parisiensis, mortui an. 1429.

Ci-devant, Tome I. N.ºs 11163-11166.

== Vita sanctæ *Gertrudis*, Abbatissæ Nivellensis, mortuæ an. 659.

Ci-devant, Tome I. N.ºs 15013-15019.

== Vita *Goffridi*, Abbatis Vindocinensis, mortui post an. 1129.

Ci-devant, Tome I. N.ºs 12914-12916.

45780. ☞ Notice historique de Thomas *Gould*; par M. Dreux du Radier.

Dans sa *Bibliothèque du Poitou*, tom. *IV*. pag. 440. Ce Théologien Controversiste est mort en 1734.]

45781. ☞ Notice historique de Nicolas le *Gros*, Docteur & Chanoine de Reims, mort en 1751.

Dans le *Dictionnaire de Moréri*, Edit. de 1759.]

== Vita *Guiberti*, Abbatis Noviogenti, mortui an. 1124.

Ci-devant, Tome I. N.ºs 12263-12265.

== ☞ Eloge de *Guillaume d'Auxerre*, mort en 1123.

Dans les *Mémoires de Littérature* du P. Des-Molets, tom. *III*. pag. 2.]

== Epistola de Vita & Scriptis *Hervei*, Abbatis Burgodolensis, mortui post an. 1110.

Ci-devant, Tome I. N.º 11729.

== Vita sancti *Hilarii*, Episcopi Arelatensis, mortui an. 449.

Ci-devant, Tome I. N.ºs 7994-8000.

== Vita sancti *Hilarii*, Episcopi Pictaviensis, mortui an. 367.

Ci-devant, Tome I. N.ºs 8309-3016.

== Vita *Hildeberti*, Archiepiscopi Turonensis, mortui an. 1132.

Ci-devant, Tome I. N.ºs 10328 & 10329.

== ☞ Eloges, &c. de Pierre-Daniel *Huet*, Evêque d'Avranches, mort en 1721.

Ci-devant, Tome I. N.ºs 9929-9933.]

== Vita *Hugonis* à sancto Theodorico, Archiepiscopi Lugdunensis, mortui an. 1269.

Ci-devant, Tome I. N.ºs 8944 & 8945.

== Vita *Hugonis* à sancto Victore, Canonici Regularis sancti Victoris, mortui an. 1140.

Ci-devant, Tome I. N.ºs 13478-13479.

== Discours sur la Vie & la mort de Jean le *Jeune*, Prêtre de l'Oratoire, mort en 1672.

Ci-devant, Tome I. N.º 11206.

== Vita sancti *Irenæi*, Episcopi Lugdunensis, mortui an. 202.

Ci-devant, Tome I. N.ºs 8876-8883.

== Vita *Ivonis*, Episcopi Carnutensis, mortui an. 1115.

Ci-devant, Tome I. N.ºs 9374-9377.

45782. ☞ Elogium Ivonis *Kerbici*, Doct. Sorbonici, à Jo. Roenno: *Parisiis*, Jacquin, 1614, *in-*8.]

== Vita Petri *Lalemantii*, Canonici Regularis sancti Augustini, mortui an. 1673.

Ci-devant, Tome I. N.ºs 13614-13617.

== ☞ Histoire de la Vie & des Ouvrages de Joseph *Lambert*, mort en 1722.

Ci-devant, Tome I. N.º 11221.]

== Vita Bernardi *Lamy*, mortui an. 1715.

Ci-devant, Tome I. N.ºs 11222 & 11223.

== Vita beati *Lanfranci*, Abbatis Beccensis, mortui an. 1089.

Ci-devant, Tome I. N.ºs 11698-11701.

== ☞ Eloge de Jean de *Launoy*, &c. mort en 1678.

Ci-devant, Tome I, N.ºs 11228-11231.]

Tome *IV*. Part. *I*.

== Eloge de Pierre *Lizet*, premier Président du Parlement de Paris, mort en 1554.

Ci-devant, Tome III. N.° 32897.

== Epistola de Obitu & Virtutibus Marini de *Mahis*, Canonici Aurelianensis, mortui an. 1694.

Ci-devant, Tome I. N.os 11175 - 11177.

== Vie [& Eloge] de Nicolas *Malebranche*, Prêtre de l'Oratoire, mort en 1715.

Ci-devant, Tome I. N.os 11256 - 11261.

☞ Il étoit plus Philosophe que Théologien; cependant on le laisse ici, parceque le Père le Long l'y a placé.]

45783. ☞ Histoire de la Vie & des Ouvrages de D. Prudent *Maran*, Bénédictin, mort en 1762.

Dans l'*Hist. Littér. de la Congrégation de S. Maur, in-4. pag.* 741-749.]

== Vita Petri de *Marca*, Archiepiscopi Parisiensis, mortui an. 1662.

Ci-devant, Tome I. N.os 9338 - 9343.

== ☞ Histoire de Bon de *Merbes*, mort en 1684.

Ci-devant, Tome I. N.° 11290.]

== Vie de Marin *Mersenne*, Minime, mort en 1648.

Ci-devant, Tome I. N.os 14044 - 14048.

== ☞ Vie de Fr. Philippe *Mesenguy*, mort en 1763.

Ci-devant, Tome I. N.° 11291.]

45784. ☞ Histoire de la Vie & des Ouvrages de Théophile Brachet de la *Milletiere*; par le P. Niceron.

Dans ses *Mémoires, &c. tom. XLI. pag.* 311. La Milletiere est mort en 1665.]

45785. ☞ Elogium Joannis *Mollony*, Sacr. Theol. Parif. Licentiati, Germanicæ Nationis Quæstoris; authore Andrea Lynchæo, Galviensi : *Parisiis*, Blageart, 1624, *in*-8.]

== Vita Joannis *Morini*, Congregationis Oratorii Presbyteri, mortui an. 1659.

Ci-devant, Tome I. N.os 11306 - 11309.

45786. ☞ Eloge du même, Jean Morin; par Jean Bernier.

Dans son *Histoire de Blois* : (*Paris*, 1682, *in*-4.) *pag.* 573 & 635.]

== ☞ Histoire de la Vie & des Ouvrages de Pierre *Morin*, mort en 1608.

Ci-devant, Tome I. N.° 11310.]

== ☞ Histoire de la Vie & des Ouvrages de Siméon de *Muis*, mort en 1644.

Ci-devant, Tome I. N.os 11311 - 11312.]

45787. ☞ Eloge de François *Naudin*.

Cet Eloge est imprimé dans les *Mémoires de Trévoux, Septembre,* 1738.]

== ☞ Vie de Pierre *Nicole*, mort en 1695.

Ci-devant, Tome I, N.os 5622 - 11321.]

== Vita sancti *Odonis*, Abbatis Cluniacensis, mortui an. 942.

Ci-devant, Tome I. N.os 11801 - 11806.

== Vie de Jean-Jacques *Olier*, Curé de Saint-Sulpice, à Paris, mort en 1657.

Ci-devant, Tome I. N.° 11324.]

== Laudatio funebris Jacobi *Pamelii*, Episcopi Audomaropolitani, mortui an. 1587.

Ci-devant, Tome I. N.° 8639.

== ☞ Eloge & Vie d'Isaac *Papin*, mort en 1709.

Ci-devant, Tome I. Nos 11329 - 11331.]

== Eloge d'Anselme de *Páris*, Chanoine Régulier de Sainte - Geneviève, mort en 1683.

Ci-devant, Tome I. N°. 13621.

45788. Vie de Blaise *Pascal*; par Marguerite [Pascal, femme de M.] Perier, sa sœur.

Blaise Pascal est mort en 1662. Sa Vie est imprimée au-devant de ses *Pensées sur la Religion* : *Amsterdam*, 1684, *Paris*, 1714, &c. *in*-12.

== ☞ Eloge du même.

Ci-dessus, pag. 87, N.° 45763.]

45789. ☞ Mf. Mémoires très-amples; pour servir à l'Histoire de M. *Pascal*; par Mademoiselle Perier : *in*-4.|

Ils étoient dans la Bibliothèque de M. l'Abbé Goujet; d'où ils ont passé dans celle de M. le Duc de Charost.]

45790. Histoire du même; par Pierre Bayle.

Cette histoire est imprimée dans son *Dictionnaire historique & critique*.

45791. ☞ Remarques sur le même.

Dans le *Dictionnaire* de Chaufepié.]

45792. ☞ Mémoire sur la Vie du même; contenant quelques particularités de celle de ses parens, (soit Pascal, soit Perier, &c.)

Dans un *Recueil de plusieurs Pièces*, &c. (*Utrecht*, 1740, *in-*12.) *pag.* 237-404.]

45793. ☞ Mf. Mémoire sur la Vie de M. Blaise *Pascal*, & sur celle de Mademoiselle *Pascal* sa sœur, avec quelques anecdotes sur la famille & les Ouvrages de ce Sçavant; par M. Ternier, de la Société Littéraire de Clermont.

Ce Mémoire est conservé dans les Registres de cette Société.]

== Vita *Paschasii Radberti*, Abbatis Corbeiensis, mortui an. 865.

Ci-devant, Tome I. N.os 11881 - 11886.

== Oraison funébre [& Vie]' de Nicolas *Pavillon*, Evêque d'Alet, mort en 1677.

Ci-devant, Tome I. N.os 9250 & 9251.

== Vita sancti *Paulini*, Episcopi Nolani mortui an. 431.

Ci-devant, Tome I. N.os 10821 - 10827.

Vies des Théologiens François.

== Vie de Jacques Davy du *Perron*, Cardinal, mort en 1618.

Ci-devant, Tome I. N.ᵒˢ 10069-10074.

☞ On a depuis l'impression de ce Tome, publié une Vie de ce Prélat; par M. DE BURIGNY : *Paris*, Debure, 1768, *in-12.*]

== Eloge, &c. de Denys *Petau*, Jésuite, mort en 1652.

Ci-devant, Tome I. N.ᵒˢ 14132-14139.

45794. ☞ Histoire de la Vie & des Ouvrages de Nicolas *Petitpied*, mort en 1747.

Ci-devant, Tome I. N.ᵒ 11342.]

== Vita *Petri Blesensis*, Abbatis Beccensis, &c. mortui circà an. 1200.

Ci-devant, Tome I. Nᵒˢ 11346-11347.

45795. ☞ Eloge historique du même; par Jean BERNIER.

Dans son *Histoire de Blois* : (*Paris*, 1682, *in-4.*) *pag.* 349.]

== Vita *Petri Venerabilis*, Abbatis Cluniacensis, mortui an. 1156.

Ci-devant, Tome I. N.ᵒˢ 11856-11857.

== Vie de Guillaume *Postel*, Prêtre, mort en 1581.

Ci-devant, Tome I. Nᵒˢ 11366-11371.

== Vita *Prosperi* Aquitanici, mortui circà 455.

Ci-devant, Tome I. N.ᵒˢ 7882 & 7885.

== Vie de S. *Prudence*, Evêque de Troyes; mort en 861.

Ci-devant, Tome I. N.ᵒˢ 10104-10109.

== Abrégé de la Vie de Pasquier *Quesnel*, mort en 1719.

Ci-devant, Tome I. N.ᵒ 11378.]

== Vita sancti *Rabani Mauri*, Episcopi Moguntini, mortui an. 856.

Ci-devant, Tome I. Nᵒˢ 9097-9101.

45796. ☞ In Lauream Doctoralem Thomæ *Ravenæi*, Augustiniani, Hercules triumphans; à Fr. Jacobo POTIER, Rothomagæo: *Parisiis*, Langlois, 1619, *in-8.*]

== ☞ Eloge, Vie, &c. de Théophile *Raynaud*, Jésuite, mort en 1663.

Ci-devant, Tome I. N.ᵒˢ 14146 & 14148.]

== Vie de S. *Remy*, Archevêque de Lyon; mort en 875.

Ci-devant, Tome I. N.ᵒˢ 8934-8935.

== Vie de S. *Remy*, Archevêque de Reims; mort vers 533.

Ci-devant, Tome I. N.ᵒˢ 9515-9519.

== ☞ Eloge, &c. d'Eusèbe *Renaudot*, mort en 1720.

Ci-devant, Tome I. Nᵒˢ 11402-11403.]

== Histoires, &c. du Cardinal de *Richelieu*, mort en 1642.

Ci-devant, Tome III. N.ᵒˢ 32476-32532.

Tome IV. Part. I.

45797. ☞ Eloge Littéraire du Cardinal Arm. J. du Plessis de *Richelieu*, mort en 1642; par l'Abbé JOLY, Chanoine de la Chapelle au Riche de Dijon.

Dans son Recueil d'*Eloges* : (*Dijon*, 1742, *in-8.*) *pag.* 260-335.]

45798. ☞ Notice historique du même Cardinal; par M. DREUX DU RADIER.

Dans sa *Bibliothèque du Poitou*, tom. III. pag. 355-412.]

== ☞ Vie d'Edmond *Richer*, mort en 1630.

Ci-devant, Tome I. N.ᵒˢ 11409-11410.]

45799. ☞ Notice historique de Jacques de *Sainte-Beuve*, mort en 1677.

Dans le *Dictionnaire de Moréri*, Edition de 1759.]

45800. ☞ Notice historique de Claude de *Sainte-Marthe*, mort en 1690; par M. DREUX DU RADIER.

Dans sa *Bibliothèque du Poitou*, tom. V. pag. 394.]

== ☞ Eloge & Vie de Denys de *Sainte-Marthe*, Bénédictin, mort en 1725.

Ci-devant, Tome I. N.ᵒˢ 11539-11542, & dans la nouvelle *Hist. Littér. de la Congr. de S. Maur.*]

== Vie de S. François de *Sales*, Evêque de Genève, mort en 1622.

Ci-devant, Tome I. N.ᵒˢ 10769-10796.

== Vie de *Salvien*, Prêtre de Marseille; mort vers 484.

Ci-devant, Tome I. N.ᵒˢ 11440-11443.

== Eloge de Jean-François *Senault*, Général de la Congrégation de l'Oratoire, mort en 1672.

Ci-devant, Tome I. N.ᵒ 11450.

== Vie de Jean-Joseph *Seurin*, Jésuite; mort en 1665.

Ci-devant, Tome I. N.ᵒ 14144.

== Vita sancti *Sidonii Apollinaris*, Arvernorum Episcopi, mortui an. 480.

Ci-devant, Tome I. N.ᵒˢ 8427-8435.

== Vie de Jacques *Sirmond*, Jésuite, mort en 1651.

Ci-devant, Tome I. Nᵒˢ 14135-14140.

45801. ☞ Notice historique de *Théodoric de S. René*, Carme; par M. DREUX DU RADIER.

Dans sa *Biblioth. du Poitou*, tom. IV. pag. 418. Ce Religieux est mort à Paris en 1728, après avoir publié quelques Ouvrages dont M. du Radier fait l'analyse.]

== ☞ Histoire de Jean-Baptiste *Thiers*, mort en 1703.

Ci-devant, Tome I. Nᵒˢ 11479 & 11480.]

== ☞ Eloge historique du même; par M. DREUX DU RADIER.

Dans ses *Eloges des Hommes illustres du Thymerais* : (*Paris*, Berthier, 1749; *in-12.*) *pag.* 29.]

== Vita Ludovici *Thomaſſini*, Congregationis Oratorii Presbyteri, mortui an. 1695.

Ci-devant, Tome I. Nos 11480-11483.

== ☞ Vie de Nicolas le *Tourneux*, mort en 1686.

Ci-devant, Tome I. N.os 11488 & 11489.]

45802. ☞ Notice hiſtorique ſur Honoré *Tournely*, Docteur de Sorbonne, mort en 1729.

Dans le *Dictionnaire de Moréri*, Edit. de 1759.]

45803. ☞ Abrégé de la Vie de Pierre-Joſeph *Tricalet*, mort en 1761.

Ci-devant, Tome I. N.° 11492.]

== Eloge [& Vie] de Guillaume du *Vair*, Evêque de Liſieux, mort en 1621.

Ci-devant, Tome I. N.os 9992-9995.

== ☞ Hiſtoire d'André du *Val*, mort en 1638.

Ci-devant, Tome I. N.° 11499.]

== ☞ Hiſtoire de la Vie & des Ouvrages d'Alexandre *Varet*, mort en 1676.

Ci devant, Tome I. N.° 11502.]

== ☞ Vie de Dominique-Marie *Varlet*, Evêque de Babylone, mort en 1742.

Ci-devant, Tome I. N.° 10831.]

== Vie de François *Vavaſſeur*, Jéſuite, mort en 1681.

Ci-devant, Tome I. N.os 14162-14164.]

45804. ☞ Eloge d'Antoine *Verjus*.

Cet Eloge eſt imprimé dans le *Journal des Sçavans*, 1708, *Avril*.]

== ☞ Mémoires, &c. ſur la Vie de Jean du *Vergier* de Hauranne, Abbé de Saint-Cyran, mort en 1643.

Ci-devant, Tome I. N.° 11507-11509.]

== Vie de *Vincent de Lérins*, mort vers 450.

Ci-devant, Tome I. N.os 12075-12078.]

45805. ☞ Notice hiſtorique ſur Joſeph de *Voiſin*, mort en 1685.

Dans le *Dictionnaire de Moréri*, Edit. de 1759.]

== Mémoire ſur la Vie & les Ouvrages de Charles *Witaſſe*, Docteur & Profeſſeur de Sorbonne, mort en 1716.

Ci-devant, Tome I. N.° 11539.]

☞ ON peut voir encore les *Bibliothèques* Littéraires des différens Ordres Religieux, indiqués ſur la fin de notre Tome I.]

Article II.

Vies des François qui ſe ſont diſtingués dans le Droit Civil & dans le Droit Canon.

== Antonii Mornaci, Feriæ Forenſes & Elogia illuſtrium Togatorum.

Ci-deſſus, N.° 45632.]

45806. ☞ Bibliothèque hiſtorique des Auteurs de Droit; par Denys Simon, Conſeiller à Beauvais : Paris, Pepic, 1692 & 1695 : *in*-12. 2 vol.

Nous ne citons cet Ouvrage que pour les Auteurs François, dont il y eſt fait mention. Quoique ſuccinct pour l'Hiſtoire, il eſt aſſez ſûr dans ce peu qu'il dit, & ſur-tout très-utile pour connoître les bons Auteurs de Juriſprudence. Il eſt copié dans le Livre qui ſuit.]

45807. ☞ Les Vies des plus célèbres Juriſconſultes de toutes les Nations, tant anciens que modernes, tirées des meilleurs Auteurs qui en ont écrit, & miſes en leur jour par ordre Alphabétique, au nombre de près de cinq cens : Paris, Séveſtre, 1721, *in*-4.

Pierre Taisand, Tréſorier de France à Dijon, eſt l'Auteur de ces Vies. Il n'a écrit que les Vies de ceux qui ont enſeigné le Droit Civil, Canonique & Coutumier, ou qui ont laiſſé quelques Ouvrages par écrit. Claude Taiſand ſon fils, Religieux de Cîteaux, a pris ſoin de l'impreſſion de l'Ouvrage poſthume de ſon père, dont il a mis à la tête la Vie, qu'il en a compoſée. (Cette Vie avoit déja paru, moins ample, en 1715, la même année que mourut Pierre Taiſand, & non Taiſſand. *Voyez* ci-devant, Tome III. N.° 34065.)

Les Vies des Juriſconſultes publiées par Taiſand ne contiennent, pour la plûpart, aucune circonſtance hiſtorique, ou très-peu, & il y a fort peu de dates. Ce ne ſont preſque que les jugemens des autres Juriſconſultes, ſur celui qui fait le ſujet de chaque Article.

On ne trouve point ailleurs l'Article d'Antoine *Favre* ou *Faber*, père de Vaugelas, & premier Préſident du Sénat de Chambery, né à Bourg en Breſſe. Cet Article, qui eſt fort étendu, a été dreſſé ſur les Mémoires de la famille.

De près de 500 Juriſconſultes dont parle Taiſand, il y en a quatre-vingt-dix qui ſont François, & dont voici les noms.

Bertrand d'Argentré.
Pierre Ayraud.
Jean Bacquet.
Henri Baſnage.
François Baudouin.
Jean-Baptiſte Bégat.
Guillaume Bénédicte.
Pierre Bertrand.
Etienne Bertrandi.
Jérôme Bignon.
Jean de Blanaſque.
Jean Bodin.
Henri Bohie.
Nicolas Boier.
Laurent Bouchel.
Gilles Bourdin.
Jean Bouillier.
Claude le Bret.
Barnabé Briſſon.
Julien Brodeau.
Guillaume Budé.
Barthélemi de Chaſſeneuz.
René Chopin.
Claude Colomber.
François Connan.
Antoine Conte.
Guy Coquille.

Jean Coras.
Pierre de Cugnières.
Jacques Cujas.
Antoine Defpeiſſes.
Jean Defpringles.
Hugues Doneau.
François Duaren.
Guillaume Durand.
Jean Durant.
Jean-Etienne Duranti.
Claude Expilly.
Jacques Faye.
Arnoult Ferrier.
Arnauld du Ferron.
Charles Fevret.
François Florent.
Antoine Fontanon.
Claude Forcadel.
M. Gautier.
Denys Godefroy.
Jacques Godefroy.
Gabriel Gueret.
Coſme Guymier.
Michel de l'Hoſpital.
François Hotman.
Jean, Religieux de Cîteaux.
Pierre Lizet.
Antoine Loiſel.
Charles Loiſeau.
Georges Louet.
Antoine le Maître.
Gilles le Maître.
Guillaume de Mandayot.
Pierre de Marca.
Simon Marion.
Géraud Maynard.
Edmond Merille.
Bénigne Milletot.
Jacques de Montholon.
Antoine Mornac.
Charles du Moulin.
Simon d'Olive.
Séraphin d'Olivier.
Eſtienne Paſquier.
Olivier Patru.
Guy du Faur de Pibrac.
Pierre du Faur de S. Jorry.
François Pinſſon.
Pierre Pithou.
François Pithou.
Guillaume du Pont.
Jacques Dupuy.
Pierre Dupuy.
Gaſp. Quarré d'Aligny.
Jean Quintin.
Emar Rançonnet.
Pierre Rebuffé.
Jean-Marie Ricard.
François Roaldez.
Bernard de la Rocheflavin.
Claude de Rubys.
Pierre Taiſand.

André Tiraqueau.
Guillaume du Vair.
Nicolas du Val.]

45808. ☞ Les (mêmes) Vies.…. Nouvelle Édition, augmentée d'un tiers; par M*** (Joſeph DE FERRIÈRE:) Paris, Prault, 1737, in-4.

L'Additeur, ni le premier Auteur, n'ont pas fait un bon Ouvrage : c'eſt une pure compilation ſans choix. Les Additions de Ferrière, (qui commencent p. 583 juſqu'à 732,) ſont preſque toutes priſes du P. Niceron, & il n'y a qu'un petit nombre d'Articles qu'on ne trouve point ailleurs. Ce ſont ceux de *Baudin* & de *Doujat*, Profeſſeurs en Droit ; & ceux de *Bretonnier*, de *Brillon* & de Matthieu *Terraſſon*, Avocats au Parlement de Paris.

Voici, au reſte, les noms de tous les François dont Ferrière a parlé :

Etienne Baluze.
Jacques Baudin.
Antoine Bengy.
Guillaume Blanchard.
Jacques Boileau.
Jean Boſcager.
Barthelemi-Joſ. Bretonnier.
Pierre-Jacques Brillon.
Nicolas Catherinot.
Philibert Collet.
Jean Coras.
Jacques Corbin.
François de Cormis.
Jean Dartis.
Jean Daumat (ou plutôt Domat.)
Hugues Doneau.
Jean Doujat.
Jacques Eveillon.
Ch. Annibal Fabrot.
Claude de Ferrière.
Claude Fleury.
Jean Gerbais.
François-Pierre Gillet.
Jacques Goureau, (père & petit-fils.)
Pierre Grégoire.
François Grimaudet.
Jacques Guthier.
Pierre Hallé.
Antoine Dadin de Hauteſerre.
Claude Henrys.
Chriſtophe Juſtel.
Jacques de la Lande.
François de Launay.
Jean de Launoy.
Euſèbe de Laurière.
Jacques Leſchaſſier.
Nicolas de la Mare.
Pierre Matthieu.
Pierre le Merre.
Martin Métayer.
Gabriel Michel de la Rochemaillet.
Jean Papon.
Fr. Perard Caſtel.
Gabriel du Pineau.
François Pinſſon, (de Bourges.)
François Pinſſon, (de Paris.)

Pierre Pithou.
Cl. Pocquet de Livonière.
Pierre du Puy.
François Ragot.
Etienne Rafficod.
Edmond Richer.
Jean Robert.
François de Roye.
Matthieu Terrasson.
Jean Tournet.
Nicolas du Val.

45809. ☞ Speculum illustrium Juris Interpretum, qui publicè per quatuor sæcula professi vel interpretati sunt in celebri ac famosâ Universitate Avenionensi : *Avenione*, Chastanier, 1752, *in-4.*

Le Père de Sainte-Marthe, dans son *Gallia Christiana*, nous apprend que l'Auteur de cet Ouvrage est M. BERNARD, Chanoine d'Avignon. Il le cite manuscrit, ne sachant pas qu'il a été imprimé. Je crois que l'Editeur a été M. Genet, Archidiacre d'Avignon, frère de l'Evêque de Vaison, & personnage d'un mérite distingué. Cet Ouvrage est tout historique : on y trouve beaucoup de recherches.]

45810. Caroli FEVRETI, Senatoris Divionensis, de Claris Fori Burgundici Oratoribus Dialogus : *Divione*, Palliot, 1654, *in-12.*

Cet Auteur est mort en [1661.]

☞ Son Ouvrage a été traduit en François, par M. Claude Berard, ancien Curé de Talant, actuellement Prêtre de la Magdelaine de Dijon, qui conserve cette Traduction dans son Cabinet.]

45811. Vies des Jurisconsultes qui ont travaillé sur la Coutume de Bourgogne; par Jean BOUHIER, Président au Parlement de Dijon.

Ces Vies sont imprimées au-devant de la *Coutume de Bourgogne* : *Dijon*, 1717, *in-4.*

== La Monodie ou Deuil & Epitaphes des plus fameux Docteurs de l'Université d'Orléans, & Libraires de l'Université d'Orléans: *Orléans*, Gibier, 1556, *in-16.*

☞ L'Auteur est Claude MARCHANT, Orléanois, Garde de la Maison & Librairie de l'Université d'Orléans, qui n'a que la Faculté de Droit.
On a déja indiqué cet Ouvrage ci-dessus, N.º 45230.]

45812. Pasquier, ou Dialogue des Avocats du Parlement de Paris; par Antoine LOISEL, Avocat en Parlement, avec l'Indice alphabétique des Avocats & Personnes célèbres mentionnées au Dialogue & aux Listes précédentes.

Ce Dialogue est imprimé à la *pag. 437* des *Opuscules* du même, publiés par les soins de Claude Joly : *Paris*, 1652, 1656, 1683.

☞ On trouve à la suite de ce Dialogue, les Ordonnances du Roi Philippe de Valois, en 1344, touchant son Parlement, = une Liste des Avocats de l'année 1524 & de l'année 1599, = & un Indice alphabétique des Avocats & autres Personnages célèbres mentionnés dans le Dialogue & dans les Listes, avec quelques Remarques, Eloges & Ouvrages de plusieurs d'entre eux.]

« Pierre Dupuy disoit qu'il se trouvoit de son temps » de bons Dialogues dans notre Langue ; les deux meil- » leurs qu'il eût vus, étoient ceux de Guy Coquille, sur » les causes des misères de la France, & celui d'An- » toine Loisel ». L'Auteur de la Préface des *Œuvres* de Coquille : *Paris*, 1665, *in-fol.*

☞ *Voyez* encore sur ce Livre, les *Mémoires* du Père Niceron, *tom. XXXII. pag. 311.*]

45813. Ms. Sentimens de CLEANTE sur quelques-uns des plus fameux Avocats Plaidans au Parlement de Paris : [en 1679.]

Claude Pocquet de Livonière, Conseiller au Présidial d'Angers & de l'Académie de cette Ville, s'est caché sous le nom de Cléante : ces Sentimens sont conservés dans la Bibliothèque de M. Joly de Fleury, Procureur-Général au Parlement de Paris, num. 970, [dans celle de MM. les Avocats, dans celle de M. Beaucousin, Avocat au Parlement de Paris, & dans quelques autres,]

☞ Les mêmes Sentimens.

Ils sont imprimés avec quelques changemens & omissions, *pag. 448* du tom. I. de l'*Histoire Littéraire de Louis XIV.* par l'Abbé Lambert : *Paris*, 1751, *in-4. 3 vol.*]

45814. Tableau des Avocats du Parlement de Paris, [par Louis Fr. RIGAULT, Bâtonnier : *Paris*, Chenault, 1770, *in-8.*]

On fait de temps en temps des Tableaux des Avocats vivans ; [& il s'en imprime ordinairement chaque année une Liste dans l'*Almanach Royal*. Celui que l'on vient d'indiquer] est le plus nouveau, en 1772.

== ☞ Eloges de Henri-François d'*Aguesseau*, mort Chancelier de France en 1751.

Ci-devant, Tome III. N.ᵒˢ 31558 - 31565.]

45815. Vita Jacobi *Auberii*, in Curia Parisiensi Advocati; Auctore Daniele HEINSIO.

Heinsius est mort en 1655. Cette Vie est imprimée au-devant du Plaidoyer d'Aubery, pour ceux de Merindol : *Lugduni-Batav.* 1619, *in-fol.*

45816. Mémoire touchant la Vie & les Ouvrages de Jacques *Aubery*; par Charles ANCILLON.

Ce Mémoire est imprimé dans son Recueil intitulé : *Mémoires sur les Vies & les Ouvrages de plusieurs Illustres :* (*Berlin*, 1709, *in-12.*) *pag. 312.*

45817. Mémoire touchant la Vie & les Ouvrages (d'Antoine) *Aubery*, Avocat au Parlement & au Conseil ; par le même.

Cet Aubery ne s'appelloit point *Louis*, comme M. Ancillon le nomme, ainsi que je l'ai prouvé au N.º [17406, Tome II.] Ce Mémoire est imprimé *pag. 357* du Volume que l'on vient de citer.

45818. ☞ Eloge du même.

Cet Eloge est imprimé au onzième *Journal des Sçavans, de 1695.*

45819. ☞ Histoire de la Vie & des Ouvrages du même; par le P. NICERON.

Dans ses *Mémoires*, &c. *tom. XIII. pag. 305.* Antoine Aubery mourut en 1695.

☞ Nous avons donné une Vie de lui, à la fin de notre Tome III. *pag. iij.* où il est encore mal nommé *Louis*, d'après Ancillon.]

45820. ☞ Histoire de la Vie & des Ouvrages de Guillaume *Aubert*, mort en 1600 ; par le P. NICERON.

Dans ses *Mémoires*, &c. *tom. XXXV. pag. 265.*]

45821. ☞ Histoire de la Vie & des Ouvrages de Pierre *Aubert*, (mort en 1733;) par le même.
Ibid. pag. 270.]

== ☞ Eloges & Vies d'Etienne *Baluze*, Professeur Royal en Droit Canon, mort en 1718.
Ci-devant, Tome I. N.ᵒˢ 10912 - 10917.]

45822. Elogium Francisci *Balduini*, (Baudouin,) Jurisconsulti Atrebatensis, cum Epitaphio; Papirio MASSONO & aliis Auctoribus: *Parisiis*, 1573, *in-*4.

François Baudouin est mort en 1573. Son Eloge est encore imprimé dans le Recueil d'Eloges de Papire Masson, publié par Jean Balesdens, au tom. II. *p.* 255: *Parisiis*, 1646, *in-*8.

45823. Sommaire de la Vie de François Baudouin, Jurisconsulte; par Gilles MENAGE.

Ce Sommaire est imprimé dans ses *Remarques sur la Vie de Pierre Ayrault*, (pag. 148 :) *Paris*, 1675, *in-*4.

45824. ☞ Histoire de la Vie & des Ouvrages du même; par le P. NICERON.

Dans ses *Mémoires*, &c. tom. *XXVIII*. *pag.* 255.]

45825. ☞ De Vita, fatis ac scriptis Francisci Balduini, Jurisconsulti quondam celeberrimi; Auctore Jo. Gottlieb. HEINECCIO.

Cette Vie détaillée de Baudouin, est imprimée dans le Recueil des Œuvres de Heineccius, *tom. III. Geneva*, 1748, *pag.* 267-319.]

45826. ☞ Notice de Jean *Barbeyrac*, (mort en 1729.)

Dans le *Dictionnaire de Moréri*, 1759.]

45827. ☞ Histoire de la Vie & des Ouvrages de Guillaume *Barclay*; par le Père NICERON.

Dans ses *Mémoires*, &c. tom. *XVII*. *pag.* 277-284, & tom. *XX.* *pag.* 108. Barclay est mort en 1605. *Voyez* aussi sa *Vie* dans le *Dict.* de BAYLE.]

45828. ☞ Notice historique de Jacques *Barraud*; par M. DREUX DU RADIER.

Dans sa *Bibliothèque du Poitou*, tom. *III*. *pag.* 271. Ce Jurisconsulte est mort en 1626.]

45829. ☞ Vie ou Eloge de Jacques *Baudin*, Professeur en Droit, mort en 1692.

Dans les *Additions* de FERRIERE à Taisand, (ci-dessus, N.° 45808,) *pag.* 590.
On trouve *pag.* 595 & 596, l'Eloge abrégé des deux gendres de Baudin, Professeurs comme lui, sçavoir, MM. *Cugnet* & *Amyot*.]

45830. ☞ Notice historique du même *Baudin*; par Cl. Pierre GOUJET.

Dans son *Mémoire sur le Collège Royal*, *in-*4. *t. III. pag.* 420.]

45831. ☞ Eloge de Claude *Berroyer*, Avocat au Parlement de Paris.

Dans le *Mercure*, 1737, *Juin*, *part.* 2, *pag.* 1270.]

45832. ☞ Histoire de sa Vie & de ses Ouvrages; par le P. NICERON.

Dans ses *Mémoires*, &c, *tom. XLII.* *pag.* 12.]

== Vita Joannis *Bertrandi*, Præsidis Tholosani, mortui an. 1594.
Ci-devant, Tome III. N.° 33030.]

45833. ☞ Notice historique d'Adam de *Blacvod*, Jurisconsulte & Poëte, mort en 1613; par M. DREUX DU RADIER.

Dans sa *Bibliothèque du Poitou*, tom. *III. pag.* 187. On peut voir sa Vie, comme Conseiller au Présidial de Poitiers, ci-devant, Tome III. N.° 34128.]

45834. ☞ Eloge de Guillaume *Blanchard*, Avocat, (mort en 1724.)

Cet Eloge se trouve au *Journal des Sçavans*, Edition de Hollande, Mai, 1725.]

45835. ☞ Vie du même; par le Père NICERON.

Dans ses *Mémoires*, &c. tom. *I. pag.* 282.]

45836. ☞ Elogium Joan. Henrici *Boecleri*, Jurisconsulti Argentinensis, (defuncti anno 1732.)

Dans les *Act. Lips.* 1733, *pag.* 332.]

== Vita Nicolai *Boerii*, Præsidis Burdigalensis, mortui an. 1539.
Ci-devant, [Tome III. N.° 33124, & dans les *Mém.* du P. Niceron, *tom. XLIII. pag.* 54.]

45837. ☞ Notice historique de Jean *Boiceau*, Jurisconsulte & Poëte; par M. DREUX DU RADIER.

Dans sa *Bibliothèque du Poitou*, tom. *II. pag.* 444. Ce Jurisconsulte est mort en 1589.]

== Vita Dionysii Salvagnii *Boessii*, Præsidis Delphinatis, mortui an. 1683.
Ci-devant, Tome I. N.ᵒˢ 33800 & 33803.]

45838. Eloge de Jean *Boscager*, Professeur [aux Ecoles de] Droit à Paris; par Henri BASNAGE, de Beauval.

Cet Eloge de Boscager, mort en 1687, est imprimé dans son *Histoire des Ouvrages des Sçavans*, *Art. VIII. Février*, 1688.]

45839. ☞ Histoire de la Vie & des Ouvrages du même; par le P. NICERON.

Dans ses *Mémoires*, &c. tom. *XV. pag.* 61.]

45840. ☞ Eloge de Laurent *Bouchel*, mort en 1629.

Dans l'*Hist. du Valois*, par l'Abbé Carlier, *tom. III. pag.* 53.]

== Vie de Jean *Bouhier*, Président à Dijon, mort en 1746.
Ci-devant, Tome III. N.° 33076.

45841. ☞ Eloge de Charles-Joseph *Boullanger*, Avocat au Parlement, &c. (par M. l'Abbé GOUJET.)

Il se trouve à la tête du Catalogue de sa Bibliothèque, imprimé à Paris: 1741, *in-*8.]

45842. ☞ Abrégé de la Vie de Louis *Boullenois*, Avocat au Parlement, mort en 1762.

A la tête de la 2ᵉ Edition de son *Traité des Statuts réels & personnels: Paris*, Desprez, 1766, *in-*4. 2 vol.]

45843. ☞ Eloge de Jean *Breslay*, Juge ordinaire d'Anjou; par Gilles MENAGE.

Dans ses *Remarques sur la Vie de Pierre Ayrault*, *pag.* 472.]

45844. ☞ Vie ou Eloge de Barthelemi-Joseph *Bretonnier*, Avocat au Parlement de Paris, mort en 1727; par Jos. DE FERRIÈRE.

Dans ses *Additions à* Taisand, (ci-dessus, N.° 45808.]

45845. ☞ Vie, &c. de Pierre - Jacques *Brillon*, Avocat au Parlement de Paris, mort en 1736; par le même.

Dans l'Ouvrage que l'on vient d'indiquer, *pag.* 606.]

== Discours sur Barnabé *Brisson*, Président au Parlement de Paris, mort en 1591.

Ci-devant, Tome III. N.° 32954.

45846. ☞ Notice historique du même; par M. DREUX DU RADIER.

Dans sa *Bibliothèque du Poitou*, tom. II. pag. 490. Le Président Brisson fut mis à mort par les Ligueurs.]

45847. ☞ Eloge de Gabriel-Charles *Buffard*, célèbre Canoniste; par M. l'Abbé GOUJET.

Cet Eloge se trouve dans les *Nouvelles Ecclésiastiques du* 10 *Juillet* 1764. M. Buffard étoit né à Bayeux en 1683, & il mourut à Paris le 7 Décembre 1763.]

45848. ☞ Notice historique de Philippe de *Buisine*, Professeur Royal en Droit Canon; par Cl. Pierre GOUJET.

Dans son *Mém. sur le Collège Royal, in-*12. *tom. III. pag.* 393.
Ce Professeur est mort en 1667. On trouve d'assez étranges choses à son sujet, dans le Recueil indiqué ci-dessus, après le N.° 45032.]

== Vie de Jean *Cabassut*, Canoniste, mort en 1685.

Ci-devant, Tome I. N.° 11012.]

45849. ☞ Notice de Claude-Charles *Capon*, Avocat au Parlement, & Professeur Royal en Droit Canon; par Cl. P. GOUJET.

Dans son *Mémoire sur le Collège Royal*, tom. III. *pag.* 427. Capon est mort en 1745.]

== Vie de Pierre de *Caseneuve*, mort en 1652.

Ci-devant, Tome I. N.° 11029.

45850. ☞ Histoire de la Vie & des Ouvrages de Jean *Chenu*; par le P. NICERON.

Dans ses *Mémoires*, &c. tom. XL. pag. 162. Chenu mourut en 1627. On peut voir encore son *Eloge* à la pag. 75 de l'*Histoire de Berry* de la Thaumassière.]

45851. Mf. Jacobi-Augusti CHEVANEI, Jurisconsulti Divionensis, Pietas, sive de Vita & Scriptis Nicolai *Chevanei*, Jurisconsulti Divionensis, parentis sui, Liber.

Ce Livre de Jacques-Auguste de Chevane, mort en 1690, [étoit] conservé à Dijon, dans la Bibliothèque de Philibert de la Mare, comme il le dit *pag.* 70 de son *Plan des Historiens de Bourgogne*.

☞ On en trouve l'Abrégé dans la *Bibliothèque des Auteurs de Bourgogne*, & dans l'*Avertissement des Mémoires de Bruys*, à la fin desquels sont les *Chevanea*, &c.]

45852. Vita Renati *Choppini*; Jurisconsulti & in Supremo Parisiorum Senatu Patroni; Papirii MASSONI operâ & stylo descripta: *Parisiis*, Sonnii, 1616, *in-*8.

Cette Vie de René Choppin, mort en 1606, est aussi imprimée dans le Recueil des *Eloges* de Papire Masson, publié par Balesdens, au tom. II. pag. 357: *Parisiis*, 1643, *in-*8. [& à la tête de son *Commentaire sur la Coutume de Paris*: 1614; avec plusieurs Pièces Latines & Françoises sur sa mort.]

45853. ☞ Histoire de la Vie & des Ouvrages du même; par le P. NICERON.

Dans ses *Mémoires*, &c. tom. XXXIV. pag. 160.]

45854. ☞ Histoire de la Vie & des Ouvrages de Nicolas *Chorier*, Avocat en Dauphiné; par le P. NICERON.

Dans ses *Mémoires,* &c. tom. XXXVI. pag. 20. Chorier est mort en 1692.]

45855. ☞ Panégyrique de M. (Henri) *Cochin*, Avocat au Parlement de Paris, dédié à la postérité; (par Jérôme-Gabriel DU CHATEAU, Avocat:) *Paris*, Pissot, 1749, *in-*8. de 77 pages.

Voyez l'Extrait au *Journal de Verdun, Juin,* 1750. On peut consulter encore la Préface de ses *Œuvres*, (faite par P. J. BESNARD, Avocat:) *Paris*, Nully, 1751, & Desaint, 1757, *in*-4. M. Cochin est mort en 1747.]

45856. ☞ Notice historique de Julien *Colardeau*; par M. DREUX DU RADIER.

Dans sa *Bibliothèque de Poitou*, tom. III. pag. 464. Ce Jurisconsulte est mort en 1650.]

45857. ☞ Vie de Philibert *Collet*, Avocat au Parlement de Dombes, composée par M. l'Abbé PAPILLON.

Dans la *Contin. des Mém. de Littér.* du Père Des-Molets, tom. II. Cette Vie a été réimprimée avec des augmentations & des corrections de l'Auteur, au t. III. des *Mémoires* du P. Niceron, *pag.* 251-265, & *tom. X.* part. 1, *pag.* 118. Collet est mort en 1718.]

45858. ☞ Notice historique de Jean *Constant*; par M. DREUX DU RADIER.

Dans sa *Bibliothèque du Poitou*, tom. IV. *pag.* 34. Ce Jurisconsulte est mort après l'an 1646.]

45859. ☞ Mf. Vie d'Antoine *Contius* ou le *Conte*, célèbre Jurisconsulte né à Noyon, mort Professeur à Bourges en 1577; par M. BEAUCOUSIN, Avocat à Paris.

Dans son *Histoire de Noyon*, que nous avons indiquée, Tome III. N.° 34892.]

45860. Vie de Guy *Coquille*, Jurisconsulte, Procureur Fiscal du Duché de Nivernois; par Guillaume JOLY, Lieutenant-Général de la Connétablie & Maréchaussée de France.

Cette Vie de Guy Coquille, [mort en 1603,] est imprimée avec ses *Commentaires sur la Coutume du Nivernois* : *Paris*, Langelier, [1605] 1609, &c. Guillaume Joly est mort en 1613.

45861. Discours sur la Vie & les Œuvres de Guy

Vies des Jurisconsultes François.

Guy Coquille, Sieur de Romenay, [avec sa Généalogie.]

Ce Discours est imprimé au commencement du Tome I. de ses *Œuvres* : *Paris*, 1665, *in-fol*. *Bourdeaux*, 1703, [avec 2 Poëmes de lui, contenant l'Histoire de sa Vie.]

45862. Eloge de Guy Coquille, par Claude JOLY, Avocat au Parlement.

Cet Eloge est imprimé à la *pag*. 619 des *Opuscules de Loisel* : *Paris*, 1652, *in-4*.

45863. ☞ Histoire de la Vie & des Ouvrages du même ; par le P. NICERON.

Dans ses *Mémoires*, &c. *tom. XXXV. pag*. 8.]

== Vita Joannis *Corasii*, Senatoris Tolosani ; mortui an. 1572.

Ci-devant, Tome III. N.° 33031 & 33032.

45864. ☞ Histoire de la Vie & des Ouvrages de Jacques *Corbin* ; par le P. NICERON.

Dans ses *Mémoires*, &c. tom. *XXXVII. pag*. 379. Corbin mourut en 1653. Sa Vie a été écrite par Jean Doujat.]

45865. Elogium Jani à *Costa*, Cadurcensis, Juris Utriusque Doctoris ; per Joannem DAVEZAN, Antecessorem Andegavensem : 1637, *in-4*.

Jean de la Coste est mort en 1637.

☞ Cette Vie est aussi imprimée avec les Notes de Gottlieb Buder, dans les dix *Vit. Jurisconf. Iena*, 1722, *in-8*.]

45866. ☞ Vie & Ouvrages de Pierre de Cugnières.

Dans l'*Histoire du Valois*, par M. l'Abbé Carlier, *tom. I. pag*. 234 & *suiv*. Cet Avocat du Roi mourut en 1355 ou 1356.]

45867. Vita Jacobi *Cujacii*, Jurisconsulti ; Auctore Papirio MASSONO : *Parisiis*, 1590, *in-4*.

Cette Vie de Cujas, mort en 1590, est aussi imprimée avec ses *Œuvres posthumes* : *Parisiis*, 1617, *in-fol*. 4 vol. *Ibid*. Billaine, 1658, *in-fol*. 10 vol. dans le Recueil des *Eloges* de P. Masson, publié par Balesdens, tom. II, *pag*. 291 : *Paris*, 1643, *in-8*. [& à part : *Basilea*, Waldkirch, 1691, *in-8*.]

☞ Cette Vie de Cujas est encore imprimée dans les *Vies des Jurisconsultes*, avec les Notes de Frédéric-Jacques Leicker : *Lipsia*, 1686, *in-8*.]

45868. ☞ Histoire de la Vie & des Ouvrages du même ; par le Père NICERON.

Dans ses *Mémoires*, &c. tom. *VIII. pag*. 160 & X. part. 2, *pag*. 180.]

45869. ☞ Vita Joannis *Dartis*, Antecessoris, &c. à Joanne DOUJATIO.

Cette Vie est à la tête de la Collection fort incomplette des *Œuvres* de Dartis, donnée par Doujat : *Paris*, Piget, 1656, *in-fol*.

Elle est encore dans les dix *Vitæ Jurisc. cum notis Gottlieb Buderi* : *Iena*, 1722, *in-8*. Dartis est mort en 1651.

45870. ☞ Histoire de la Vie & des Ouvrages du même ; par le P. NICERON.

Dans ses *Mémoires*, &c. tom. *XXX. pag*. 7.]

Tome IV. Part. I.

== ☞ Notice historique du même Dartis ; par l'Abbé GOUJET.

Ci-devant, Tome I. N.° 11091.]

45871. ☞ Mf. Vie du même ; avec un détail très-étendu de ses Ouvrages ; par M. BEAUCOUSIN, Avocat au Parlement.

Dans son *Histoire de Noyon*, que nous avons indiquée, Tome III. N.° 34892. Jean Dartis a été Chanoine de Noyon.]

45872. Oratio funebris in obitum Hugonis *Donelli*, Cabillonensis, Juris Utriusque Doctoris ; Auctore Scipione GENTILI : *Altorfii*, 1592, *in-8*.

Hugues Doneau est mort en 1591, & Scipion Gentilé en 1616. Ils étoient tous deux Calvinistes.

☞ Cette même Oraison funèbre de Doneau est encore à la fin de ses Opuscules posthumes : *Hanovia*, 1604, *in-8*. & dans le Recueil des dix *Vies de Jurisc.* avec les Notes de Gottlieb Buder : *Iena*, 1722, *in-8*.]

45873. Elogium Hugonis Donelli ; Auctore Ludovico JACOB, à S. Carolo, Carmelita.

Cet Eloge [de Doneau] est imprimé à la *pag*. 41 du Livre I. de son Ouvrage intitulé : *De Claris Cabillonensibus* : *Parisiis*, 1652, *in-4*.

45874. ☞ Histoire de la Vie & des Ouvrages du même ; par le P. NICERON.

Dans ses *Mémoires*, &c. tom. *XXXIII. pag*. 359.]

45875. ☞ Histoire de la Vie & des Ouvrages de Jean *Doujat* ; par le même.

Ibid. tom. *XVI. pag*. 401. Son Eloge est encore dans le *Journal des Sçavans*, 1689, Février, & dans l'*Hist. de l'Acad. Françoise*, *tom. II*. par M. d'Olivet. Doujat est mort en 1688.]

45876. ☞ Notice historique du même ; par Cl. Pierre GOUJET.

Dans son *Mém. sur le Collège Royal*, *in-12*. *tom. III. pag*. 396.]

45877. ☞ Vie & Eloge du même (Doujat ;) par Joseph DE FERRIÈRE.

Dans ses Additions à Taisand, (ci-dessus, N.° 45808) *pag*. 641.]

45878. ☞ Eloge de M. *Doulcet*, Avocat au Parlement de Paris, mort en 1766 ; par M. HOCHEREAU, Avocat.

Dans le *Nécrologe* qui a paru en 1767, *pag*. 75.]

45879. ☞ Eloge historique de Jacques *Dulorens*, Jurisconsulte & Poëte satyrique ; par M. DREUX DU RADIER.

Dans ses *Eloges des Hommes illustres du Thymerais* : (*Paris*, Berthier, 1749, *in-12*.) *pag*. 9. Dulorens est mort en 1658.]

45880. ☞ Histoire de la Vie & des Ouvrages de Charles-Annibal *Fabrot*, (mort en 1659 ;) par le Père NICERON.

Dans ses *Mémoires*, &c. tom. *XXIX. p*. 355.

45881. ☞ Histoire de la Vie & des Ouvrages d'Antoine *Favre*, mort en 1624.

C'est la meilleure Pièce du Recueil de Taisand, comme on l'a dit ci-dessus, N.° 45807.

Voyez encore les *Mémoires* du P. Niceron, *tom. XIX. pag*. 286.]

N

45882. ☞ Histoire de la Vie & des Ouvrages de Claude de *Ferrière*; par le P. NICERON.

Dans ses *Mémoires*, &c. tom. *XI.* pag. 175. Cl. de Ferrière est mort en 1715.]

45883. ☞ Vie de Charles *Fevret*, Avocat au Parlement de Bourgogne, mort en 1661; par l'Abbé Philibert PAPILLON.

Elle est imprimée à la tête du *Traité de l'Abus*, ci-devant, Tome I. N.° 7484.]

45884. ☞ Notice historique de Jean *Filleau*; par M. DREUX DU RADIER.

Dans sa *Bibliothèque du Poitou*, tom. *IV.* pag. 175. Ce Jurisconsulte est mort en 1682.]

== Vie de Claude *Fleury*, mort en 1723.

Ci-devant, Tome I. N.° 11123.]

45885. ☞ Vita Francisci *Florentis*, Jurisconsulti; Auctore Joanne DOUJAT.

Cette Vie est imprimée à la tête du Recueil des *Œuvres* de Florent : *Parisiis*, 1679, *in-*4.

45886. ☞ Histoire de la Vie & des Ouvrages du même; par le P. NICERON.

Dans ses *Mémoires*, &c. tom. *XXXV*. pag. 307. Florent mourut en 1650.]

45887. ☞ Ms. Vie de Bonaventure de *Fourcroy*, célèbre Avocat à Paris, originaire de Noyon, mort en 1691; par M. BEAUCOUSIN, Avocat au Parlement de Paris.

Dans son *Histoire de Noyon*, que nous avons indiquée ci-devant, Tome III. N.° 34892.]

45888. ☞ Abrégé de la Vie de J. B. *Furgole*, Avocat au Parlement de Toulouse, mort en 1761.

Dans l'Avertissement de son *Commentaire sur l'Ordonnance de Louis XV. sur les Substitutions : Paris*, Hérissant fils, 1767, *in-*4.]

== ☞ Vita Ambrosii le *Gauffre*, mortui an. 1635.

Ci-devant, Tome I. N.° 11150.]

45889. ☞ Eloge de Jean *Gerbais*.

Cet Eloge se trouve au *Journal des Sçavans*, du 27 Avril 1699.]

== ☞ Histoire & Notice du même.

Ci-devant, Tome I. N.ᵒˢ 11161 & 11162.]

45890. ☞ Eloge de Jean-Pierre *Gibert*, célèbre Canoniste, mort en 1736; par M. l'Abbé GOUJET : 1736, *in-*4. & autres.

Voyez ci-devant, Tome I. N.ᵒˢ 11167-11169.]

45891. Oratio in funere Dionysii *Gothofredi*, Jurisconsulti; Auctore Matthia BERNEGGERO, Jurisconsulto.

Cette Oraison funèbre de Denys Godefroy, mort en 1612, est imprimée à la *pag.* 540 des *Opuscules* de Loisel : *Paris*, 1652, *in-*4. Berneggerus est mort en 1640.

45892. Vita Dionysii Gothofredi ; Auctore Michaele SEBIZIO, Medicinæ Doctore.

Cette Vie, composée par Sebizius, mort en 1625, est imprimée dans son Appendice chronologique.

45893. ☞ Histoire de la Vie & des Ouvrages du même Denys Godefroy ; par le Père NICERON.

Dans ses *Mémoires*, &c. tom. *XVII.* pag. 47.]

45894. Jacobi *Gothofredi*, Jurisconsulti, Elogium, Claudio Bartholomæo MORISOTO Auctore.

Cet Eloge est imprimé à la fin de la seconde *Centurie de ses Epîtres : Divione*, Chevane, 1656, *in-*4.]

45895. ☞ Histoire de la Vie & des Ouvrages du même Jacques Godefroy ; par le Père NICERON.

Dans ses *Mémoires*, &c. tom. *XVII.* pag. 69. Jacques Godefroy mourut en 1652.]

45896. ☞ Observations sur Jean-Matthieu le *Grand*, Jurisconsulte.

Dans les *Singularités historiques* de D. Jean LIRON, tom. *I.* pag. 326. Ce Jurisconsulte professoit à Orléans en 1605, &c.]

45897. ☞ Histoire de la Vie & des Ouvrages de François *Grimaudet* ; par le Père NICERON.

Dans ses *Mémoires*, &c. tom. *XLI.* pag. 229-234. Grimaudet est mort en 1580.]

45898. ☞ Ms. Mémoires de la Vie d'Abel *Guérin*, Secrétaire & Valet de Chambre du Roi Charles IX. puis Greffier du Bailliage de Mâcon, dressés par lui-même.

Ce Manuscrit contient plusieurs choses qui concernent le Maréchal de Tavannes, dont Guérin avoit aussi été Secrétaire. L'original doit être chez quelqu'un de la famille des Guérins, laquelle subsiste encore à Mâcon. Il y en a une Copie dans le Cabinet de M. Bernard, Lieutenant-Particulier au Présidial de Mâcon.]

45899. Jacobi, Joannis, Andreæ & Hugonis Fratrum *Guyoniorum* Vita ; Auctore Philiberto DE LA MARE, Senatore Divionensi.

Cette Vie est imprimée au-devant de leurs *Œuvres : Divione*, 1658, *in-*4.

45900. ☞ Notice historique de Hugues *Guyon*, Professeur Royal en Droit, par Cl. Pierre GOUJET.

Dans son *Mémoire sur le Collège Royal*, *in-*12. tom. *III.* pag. 367. Hugues Guyon est mort en 1622.]

45901. Eloge de Pierre *Hallé*, Docteur-Régent de la Faculté de Droit à Paris.

Cet Eloge de Pierre Hallé, mort en 1689, est imprimé dans le cinquième *Journal des Sçavans*, de 1690.

45902. Petri Hallæi, Baïocensis, Antecessoris & sacrorum Canonum Interpretis Regii, Elogium ; Auctore Daniele LAET, Batavo : *Amstelodami*, 1692, *in-*8.

45903. ☞ Clariss. Viri Petri Hallé, &c. Elogium : dixit Mich. DE LOY, Parisi. Antecessor primicerius & Comes : *in-*8.

Cet Eloge est de 28 pages, sans date ni lieu. Quelques Sçavans prétendent que c'est le même que le précédent, où de Loy s'étoit caché sous le nom de Laet.]

45904. ☞ Histoire de la Vie & des Ouvrages du même Hallé ; par le P. Niceron.

Dans ses *Mémoires,* &c. tom. *III. pag.* 243, & *tom. X. part.* 1, *pag.* 116.]

45905. ☞ Notice historique du même ; par Cl. Pierre Goujet.

Dans son *Mémoire sur le Collège Royal, in-* 12. tom. *III. pag.* 407.]

45906. Vie d'Antoine Dadin d'*Hauteserre,* Jurisconsulte de Cahors.

☞ Le Père le Long l'avoit marquée comme imprimée à Paris en 1718 ; mais dans ses Corrections manuscrites, il dit que cette Vie n'a point été donnée au Public. J'en ai trouvé dans le Cabinet de M. Beaucousin, une feuille imprimée, qui va jusqu'en 1661. (Hauteserre est mort en 1682.) Cette feuille, grand *in-*8. commence à la *pag.* 273, & porte au titre courant, *Mélanges de Poësie, de Littérature & d'Histoire.* Quelques recherches que nous ayons faites, nous n'avons pu trouver ce Livre, & il faut qu'il ait été entièrement supprimé.]

45907. Francisci *Hotomani,* Parisiensis Jurisconsulti, scriptum, quo Vitæ ejus summa capita continentur ; Auctore Petro Neveleto, Doschio, Jurisconsulto : *Francofurti,* 1595, *in-*4.

Ce Sommaire de la Vie de François Hotman, mort en 1590, est aussi imprimé au commencement du Tome I. de ses *Œuvres : Geneve,* 1599, *in-fol.* dans *Vit. Juris consult. cum Notis Frederici Jac.* Leicker : *Lipsiæ,* 1686, *in-*8. [& à la tête de l'Edition des *Epistolæ Hotomanorum,* donnée par J. H. Meel : *Amstelodami,* 1700, *in-*4.]

45908. Histoire du même ; par Pierre Bayle.

Cette Histoire est imprimée dans son *Dictionnaire historique & critique.*

45909. ☞ Histoire de la Vie & des Ouvrages du même Hotman ; par le P. Niceron.

Dans ses *Mémoires,* &c. tom. *XI. pag.* 109.]

45910. ☞ Notice historique de Bonaventure *Irland* ; par M. Dreux du Radier.

Dans sa *Bibliothèque du Poitou, tom. III. pag.* 108. Ce Jurisconsulte fut Professeur en Droit à Poitiers, après son père Robert, & mourut en 1607.]

45911. ☞ Notice historique de Robert *Irland* ; par M. Dreux du Radier.

Dans sa *Bibliothèque du Poitou, tom. II. pag.* 220. Ce célèbre Professeur en Droit est mort à Poitiers en 1561.]

== Vita *Ivonis,* Episcopi Carnotensis, mortui an. 1155 vel 1116.

Ci-devant, Tome I. N.º 9374.

45912. ☞ Eloge historique de *Lambert du Châtel, ou de Châteauneuf,* par M. Dreux du Radier.

Dans ses *Eloges historiques des Hommes illustres du Thymerais* : (*Paris,* Berthier, 1749, *in* 12.) *pag.* 1. Ce Jurisconsulte fleurissoit en 1290.]

45913. ☞ Eloge historique de M. (Jacques) de la *Lande,* & Catalogue de ses Ouvrages.

Cet Eloge est de M. Prevost de la Jannès, Conseiller au Bailliage d'Orléans. Il se trouve au Tome II. du *Commentaire sur la Coutume d'Orléans* ; par MM. Pothier & Prevost de la Jannès : *Orléans,* 1740, *in-*12. Il a été réimprimé dans les *Mémoires* du Père Niceron, *tom. XLIII. pag.* 173. La Lande est mort en 1703.]

45914. * Togati Herois, seu Hugonis Langlæi (*Langlois,*) Epicidia : *Lugduni,* Candidi, 1595, *in-*8.

Ce Recueil est de plusieurs Poëtes de ce temps-là.]

45915. ☞ Notice historique de Guillaume de *Lavau* ; par M. Dreux du Radier.

Dans sa *Bibliothèque du Poitou, tom. III. pag.* 99. Cet Avocat vivoit en 1603.]

45916. ☞ Eloge de M. (Guill.) de *Lavau,* célèbre Avocat, mort en 1731 : Lettre écrite par M. B. B. à M. de Saint-Aigne, Conseiller de la Cour des Aides de Clermont. *Mercure,* 1731, *Novembre, pag.* 2541.]

45917. Eloge de François de *Launay,* Professeur au Droit François à Paris.

L'Eloge de ce Professeur, mort en 1693, est imprimé dans le XXXVI.e *Journal des Sçavans,* de 1693.

45918. ☞ Eloge d'Eusèbe-Jacob de *Laurière,* Avocat, &c. mort en 1728.

Il se trouve au commencement du Tome II. du *Recueil des Ordonnances,* commencé par M. de Laurière, & continué par MM. Secousse & de Villevault : *Paris,* Imprimerie Royale, *in-fol.*]

45919. ☞ Histoire de la Vie & des Ouvrages du même ; par le P. Niceron.

Dans ses *Mémoires,* &c. tom. *XXXVII. pag.* 291.]

45920. ☞ Notice historique de François *Lauson* ; par M. Dreux du Radier.

Dans sa *Bibliothèque du Poitou, tom. II. pag.* 551. Ce Jurisconsulte est mort en 1594. Une Lauson a été la mère du célèbre Philosophe Malebranche.]

45921. ☞ Vie de M. *Lautour du Châtel,* Avocat au Parlement de Normandie, contenant une Notice de ses Ouvrages, & quelques particularités sur la Vie de Mézeray, Historiographe de France ; par M. Lautour, Lieutenant-Général de la Table de Marbre de Rouen, (son neveu :) *Amsterdam,* (*Paris,*) 1758, *in-*12. de 60 pages.

L'Auteur de cette Vie, qui descend d'une Sœur du fameux Mézeray, réfute Laroque sur plusieurs faits qu'il impute à cet Historien. *Voyez* le *Mercure de Juillet* 1758, Vol. II.]

45922. Elogium Jacobi *Leschassier,* in Senatu Parisiensi Advocati : Auctore Nicolao Leschassier, ejus Nepote.

Cette Vie de Jacques Leschassier, mort en 1625, est imprimée au commencement de ses *Œuvres : Parisiis,* 1649 & 1652, *in-*4.

45923. ☞ Histoire de la Vie & des Ouvrages du même ; par le P. Niceron.

Dans ses *Mémoires,* &c. tom. *XXXIII. pag.* 292.]

45924. ☞ Histoire de la Vie & des Ouvrages de Marin *Liberge* ; par le P. Niceron.

Dans ses *Mémoires,* &c. tom. *XL. pag.* 52. Liberge mourut en 1599 ou 1600.]

45925. Antonii *Loiselli*, Patris, & Vidi filii Vita: *Parisiis*, 1643, *in*-8. [55 pag.]

Cette Vie d'Antoine Loisel, Avocat au Parlement, [mort en 1617,] & de Guy son fils, Conseiller de la Grand' Chambre, [mort en 1631,] a été écrite par Claude JOLY, petit-fils d'Antoine, & Chantre & Chanoine de Notre-Dame de Paris, ainsi qu'il est marqué dans le Catalogue manuscrit des Livres qu'il a donnés au Chapitre de cette Eglise, [& comme il le dit expressément *pag.* lx. de la Vie Françoise d'Antoine Loisel, qui suit.]

45926. ☞ Vie de M. Antoine Loisel, Advocat en Parlement, tirée en partie de ses Escrits; (par Claude JOLY.)

Elle est au-devant des *Opuscules* de Loisel: *Paris*, Guillemot, 1652, *in*-4. & est suivie de ses Eloges par divers Auteurs: 77 pages. Elle est plus ample que la précédente.]

45927. ☞ Abrégé de la Vie du même; par Eusèbe-Jacob DE LAURIÈRE, Avocat.

Dans son Edition des *Institutes Coutumières* de Loisel: *Paris*, Gosselin, 1710, *in*-12. 2 vol. Cet Abrégé, qui est assez étendu, est fort curieux.]

45928. ☞ Histoire de la Vie & des Ouvrages du même Ant. Loisel; par le Père NICERON.

Dans ses *Mémoires*, &c. tom. *XXXII*. pag. 298.]

45929. ☞ Vie d'Antoine *Loisel*, Conseiller au Parlement de Paris; (par Cl. JOLY.)

Dans les *Opuscules* précédens, *pag.* 608. Cet Antoine (mort en 1611,) étoit petit-fils d'Antoine qui précède, & fils d'un autre Antoine Loisel, frère aîné de Guy.]

45930. Dissertatio Philippi LABBE, è Societate Jesu, quis fuerit *Marculphus* Formularum Editor?

Cette Dissertation est imprimée dans son *Appendice de l'Histoire de Bourges*: *Paris*, 1647, *in*-12.

Dom Mabillon, Bénédictin, au Tome I. des *Annales de l'Ordre de S. Benoît*, a traité la même Question, & soutenu que ce Marculfe a été Moine de S. Germain-des-Prés, & qu'il a dédié son Ouvrage à Landri, Evêque de Paris, mort en 651.

45931. Eloge historique d'Antoine le *Maistre*, Avocat au Parlement; par Charles PERRAULT, de l'Académie Françoise.

Cet Eloge d'Antoine le Maistre, mort en 1658, est imprimé au Tome II. des *Eloges des Hommes illustres*: (*Paris*, 1701, *in-fol.*) pag. 61.

☞ *Voyez* encore ci-devant, Tome I. N.° 4758.]

45932. ☞ Notice historique de Claude *Mangot*, Avocat à Paris; par M. DREUX DU RADIER.

Dans sa *Bibliothèque du Poitou*, tom. II. pag. 466. Cet Avocat est mort vers l'an 1590.]

45933. Vita Guillelmi *Marani*, Jurisconsulti; scriptore Bernardo MEDONIO: *Tolosæ*, Boude, 1679, *in fol.*

Maran est mort en 1621.

☞ Sa Vie se trouve encore dans les dix *Vitæ Jurisc. cum Notis Gottlieb.* Buderi: Ienæ, 1721, *in*-8.]

45934. ☞ Vita Antonii *Marvillii*, in Universitate Valentina Antecessoris.

Cette Vie de Marville est imprimée au-devant du Tome I. du *Code Théodosien*, 1736. Il en avoit publié la première Edition en 1665 à Lyon, d'après les Manuscrits de Jacques Godefroy.]

45935. ☞ Eloge de M. *Mascaron*, père de l'Evêque d'Agen, & célèbre Avocat à Aix en Provence.

Il est imprimé dans le *Journal des Sçavans*, 1697, *Mai*.]

45936. Concio funebris in memoriam Joannis *Merceri*, Juris Utriusque Doctoris; Auctore Antonio BENGÆO, Bituricensi Jurisconsulto: *Biturici*, 1600, *in*-4.

Jean le Mercier est mort en 1600, & Bengy en 1616.

45937. Vita Edmundi *Merilli* Tricassini, Juris Professoris; per ipsum MERILLUM scripta.

Cet Auteur est mort en 1646. Sa Vie est imprimée *pag.* 71 de l'*Histoire de Berry* de Gaspar Thaumas de la Thaumassière: *Paris*, 1689, *in-fol.*

45938. ☞ Histoire de la Vie & des Ouvrages du même; par le Père NICERON.

Dans ses *Mémoires*, &c. tom. *XXXVII*. pag. 1.]

45939. ☞ Notice historique de Pierre le *Merre*, (père,) Avocat du Clergé de France, & Professeur Royal en Droit Canon; par Cl. Pierre GOUJET.

Dans son *Mém. sur le Collège Royal*, *in*-12. tom. III. *pag.* 423. Ce Jurisconsulte est mort en 1711.]

45940. ☞ Eloge abrégé de M. (Pierre) le *Merre*, fils, Avocat du Clergé, &c. (comme son père,) & mort en 1763.

Dans l'Avant-propos de l'Abrégé du *Recueil des Actes & Mémoires du Clergé*, seconde Edition: *Paris*, 1764, *in-fol.*]

45941. ☞ Vie de M. Baptiste du *Mesnil*, Avocat du Roi en sa Cour de Parlement à Paris, (mort en 1569;) par Ant. LOISEL.

Elle est imprimée dans ses *Opuscules*, &c. *Paris*, 1652, *in*-4. pag. 176.]

45942. ☞ Notice historique de François *Meynard*, Professeur en Droit à Poitiers; par M. DREUX DU RADIER.

Dans sa *Bibliothèque du Poitou*, tom. III. pag. 264. Ce sçavant Jurisconsulte, qui étoit né en Frise, est mort à Poitiers en 1623.]

45943. Elogium Gabrielis *Michel* de la Rochemaillet; Auctore Petro MENARDO Turonensi.

L'Eloge de Gabriel Michel, mort en 1642, est imprimé *pag.* 59 de la *Bibliothèque des Coutumes*: *Paris*, 1699, *in*-4.

45944. ☞ Histoire de la Vie & des Ouvrages du même; par le P. NICERON.

Dans ses *Mémoires*, &c. tom. *XXXIX*, pag. 250. Le Père Niceron l'y nomme par erreur *Jean* Michel, au lieu de *Gabriel*: il rapporte cependant la Notice de tous ses Ouvrages, où il est toujours nommé *Gabriel*.]

45945. ☞ Dissertation sur les Ouvrages de M. Claude *Mignaut*, (natif de Talant près Dijon.)

Dans les *Mém. de Littér.* du P. Des-Molets, *t. VII*.]

45946. ☞ Histoire de la Vie & des Ouvrages de Claude Mignaut, Doyen des Professeurs en Droit Canon à Paris ; par le Père Niceron.

Dans ses *Mémoires*, &c. tom. *XIV*. pag. 81-99. Mignaut mourut vers 1603.]

45947. ☞ Eloge de Claude-Pierre de la Monnoye, célèbre Avocat au Parlement de Paris, mort en 1770.

Dans le *Nécrologe* qui a paru en 1771, pag. 165. Cet Eloge est dressé sur les Mémoires de M. Rigoley de Juvigny.]

== ☞ Eloges de Charles Secondat de Montesquieu, mort en 1755.

Ci-devant, Tome III. N°s 33132-33137.]

45948. ☞ Eloge de Pierre de *Morand*, Avocat au Parlement d'Aix ; par M. Freron.

Dans l'*Année Littéraire*, 1757, tom. *VI*. pag. 44.]

45949. Vita Caroli Molinæi, (du *Moulin*,) Jurisconsulti, nusquam ante hac edita.

Cette Vie de Charles du Moulin, mort en 1566, est de Papire Masson ; elle est imprimée au-devant du *Traité des Usures* de du Moulin : *Parisiis*, 1608, *in*-4. & à la tête de ses *Œuvres* : *Parisiis*, 1612, *in*-fol. 1625, 1638, 1681, & dans le Recueil des *Eloges* de Papire Masson, publié par Balesdens, au tom. *II*. p. 233 : *Parisiis*, 1643, *in*-8.

45950. La Vie de Charles du Molin, tirée des Titres de sa Maison, de ses propres Ecrits, de l'Histoire du temps, des Registres de la Cour & autres Monumens publics, & sa mort Chrétienne & Catholique ; par Julien Brodeau, Avocat en Parlement : *Paris*, Bechet, 1654, *in*-4.

Cette Vie a été imprimée après la mort de l'Auteur, arrivée en 1654, par les soins de son fils. Elle est aussi imprimée dans la dernière Edition des *Œuvres* de du Moulin, tom. *I*. *Parisiis*, 1681, *in*-fol.

45951. ☞ Histoire de la Vie & des Ouvrages du même ; par le P. Niceron.

Dans ses *Mémoires*, &c. tom. *XXXIII*. p. 79. Cette Histoire est très-imparfaite.]

45952. ☞ Eloge du même, prononcé dans la Conférence des Avocats (à Paris,) le 3 Janvier 1769 ; (par M. Henrion de Pensey, Avocat au Parlement :) *Genève*, (*Paris*, 1769, *in*-8. de 36 pages.]

45953. ☞ Ms. Notice exacte des Ouvrages du même Charles du Moulin, suivant leurs différentes Editions, & dont les Collections n'ont jamais été complettes ; avec Notes de plusieurs de ses Manuscrits : le tout pour servir à une nouvelle Edition de cet immortel Jurisconsulte ; par M. (Christophe-Jean-François) Beaucousin, Avocat au Parlement.

Cette Dissertation est entre les mains de l'Auteur, à Paris.]

45954. Ms. Abrégé de la Vie de Jean le Noir, Prêtre & Théologal de l'Eglise de Séez ; par Nicolas Bordin, Chanoine de la même Eglise : *in*-4.

Cet Abrégé [étoit] à Paris, entre les mains de M. […]

Noir de Saint-Claude, [qui est mort en 1733.] Il ne commence qu'en 1654, & finit en 1689. Jean le Noir est mort prisonnier dans le Château de Nantes, en 1692, & Nicolas Bordin, son compagnon dans toutes ses adversités, est mort en exil à Angoulême, en 1710. On peut aussi consulter, sur ce qui regarde ces deux Messieurs, les Remontrances du dernier au Chapitre de Séez, imprimées en 1667 & 1677 ; les Requêtes du Théologal au Roi & à M. de Harlay, contre M. de Médavi, Evêque de Séez, imprimées en 1670 ; sa Lettre à Madame la Duchesse de Guise, sur la Domination Episcopale, imprimée en 1679 ; plusieurs autres Ecrits qu'ils publièrent pour leur défense. Jean le Noir étoit habile Canoniste. Outre ce qui en est dit dans le Moréri, on peut voir encore ce qui est rapporté à son sujet dans les *Anecdotes Ecclésiastiques* de M. Sonnes : Rouen, 1760, *in*-12. Part. 1, pag. 12.]

45955. ☞ Eloge d'Ulrich *Obrecht*, Jurisconsulte de Strasbourg.

Dans les *Mém. de Trévoux*, Janv. & Fév. 1702.]

45956. ☞ Histoire de la Vie & des Ouvrages de Jules *Pacius* ; par le P. Niceron.

Dans ses *Mémoires*, &c. tom. *XXXIX*. pag. 270-288. Pacius est mort en 1635.]

45957. ☞ Eloge de René *Pageau*, célèbre Avocat au Parlement de Paris, mort en 1683. *Mercure*, 1683, *Juillet*.]

45958. ☞ La Vie de Guy *Pape*, ou de la Pape, Conseiller au Parlement de Grenoble ; (par Nicolas Chorier, Avocat.)

A la tête de la *Jurisprudence* de Pape : Lyon, Certe, 1692, *in*-4. Chorier y parle de quelques autres Jurisconsultes du Dauphiné.]

45959. ☞ Histoire de la Vie & des Ouvrage du même ; par le P. Niceron.

Dans ses *Mémoires*, &c. tom. *XXXVI*. pag. 187. Guy Pape est mort vers l'an 1480.]

45960. ☞ Remarques sur la Vie du même.

Dans le *Dictionnaire* de Chaufepié.

On peut voir encore le *Journal des Sçavans*, du 4 Mai 1693, & les *Lyonnois dignes de mémoire*, tom. *I*. pag. 262.]

45961. Les principales Actions d'Estienne Pasquier, Avocat en Parlement.

Ces Actions sont comprises dans la première Lettre du Livre VIII. de ses *Lettres* : *Paris*, 1619, *in*-8. Il est mort en 1615.

45962. Eloge d'Olivier *Patru*, Avocat en Parlement, de l'Académie Françoise ; par Dominique Bouhours, Jésuite.

L'Eloge d'Olivier Patru, mort en 1681, est au-devant de ses *Œuvres* : *Paris*, 1681, *in*-4. Ibid. 1714, *in*-4.

45963. Eloge du même.

Cet Eloge est imprimé au quatrième *Journal des Sçavans*, de 1681.

45964. Eloge historique du même ; par Charles Perrault, de l'Académie Françoise.

Cet Eloge est imprimé au Tome II. des *Eloges des Hommes illustres*, pag. 55 : *Paris*, 1701, *in*-fol.

45965. ☞ Eloge du même ; par l'Abbé d'Olivet.

Dans sa Continuation de l'*Histoire de l'Académie* […]

45966. ☞ Histoire de la Vie & des Ouvrages du même Patru ; par le P. NICERON.

Dans ses *Mémoires*, &c. tom. *VI*. pag. 209.]

45967. ☞ Remarques sur le même (Patru;) par M. DE CHAUFEPIÉ.

Dans son *Dictionnaire historique & critique*.]

45968. ☞ Vie de Scipion du *Perrier*, d'Aix, Jurisconsulte, mort en 1667 ; (par Joseph BOUGEREL, Prêtre de l'Oratoire.)

Elle se trouve pag. 127 de ses *Mémoires* sur plusieurs Hommes illustres de Provence : *Paris*, 1752, *in*-8.]

45969. ☞ Histoire de la Vie & des Ouvrages de Gabriel du *Pineau*; par le Père NICERON.

Dans ses *Mémoires*, &c. tom. *XIV*. pag. 35. Du Pineau est mort en 1644.]

45970. ☞ Histoire de la Vie & des Ouvrages de François *Pinsson*; par le même.

Dans ses *Mémoires*, &c. tom. *XXII*. pag. 19. Pinsson mourut en 1691.

Voyez encore sa Vie dans BAYLE.]

45971. Eloge historique de François *Pithou*, Avocat au Parlement; par Charles PERRAULT.

L'Eloge de François Pithou, mort en 1621, est imprimé dans le Tome II. des *Eloges des Hommes illustres*, pag. 55.]

☞ On n'en doit pas faire grand cas, après la remarque de M. Grosley, dans la Vie de Pierre Pithou & de ses parens, tom. *II*. pag. 212.]

45972. ☞ Mémoires sur la Vie & les Ouvrages de Franç. Pithou ; par M. GROSLEY.

Ils sont p. 106-231, de la Vie, &c. que l'on vient de citer, & que l'on indiquera N.° 45980.]

45973. Vita Petri *Pithoei*, Jurisconsulti ; Auctore Josia MERCERO.

La Vie de Pierre Pithou, mort en 1596, est imprimée avec les *Fragmens de Saint Hilaire*, publiés par [Nicolas le Fevre :] *Parisiis*, Drouart, [1598,] *in* 8. Elle est aussi avec les *Opuscules* de Pierre Pithou : *Parisiis*, 1609, *in*-4. & avec ses *Commentaires sur la Coutume de Troyes* : *Paris*, [1600,] Troyes, 1628, *in*-4. Cette Vie de Pithou se trouve encore dans les *Vies des Jurisconsultes*, publiées par Leicker, avec des Notes : *Lipsiæ*, 1686 , *in*-8.

45974. Elogium ejusdem; Papirio MASSONO Auctore : *Parisiis*, 1597, *in*-4.

Cet Eloge est aussi imprimé dans le Recueil publié par Balesdens, au tom. II. pag. 321 : *Parisiis*, 1643, *in*-8.

45975. ☞ Petri NEVELETI Doschii, Lacrimæ in funere V.C.P. Pithoei avunculi, cum aliorum carminibus : *Parisiis*, 1603, *in*-4.

Ce Nevelet, qui s'écrit lui-même Neveletus & non Neveletius, (ainsi que l'avoit écrit plus haut le Père le Long,) étoit fils de Jeanne, sœur de Pierre Pithou, mariée à M. Nevelet, Sieur de Dosches.]

45976. Vie du même ; par Antoine LOISEL, Avocat en Parlement, [avec quelques Ecrits de lui non publiés.]

Cette Vie est imprimée avec les *Opuscules* de Loisel : *Paris*, 1652, *in*-4. [pag. 251.]

☞ On peut voir encore ce qui est dit de Pierre Pithou dans la dernière Edition du *Dictionnaire de Moréri*.]

45977. Ejusdem Vitâ, Elogia, Operum Catalogus, Bibliotheca : accurante J. BOIVIN, Bibliothecæ R. Custode, Litterarum Græcarum Professore Regio, Inscriptionum & Numismatum Academiæ Socio : *Parisiis*, Mariette, 1711, [*Ibid*. Jouenne, 1716,] *in*-4.

45978. ☞ Histoire de la Vie & des Ouvrages du même Pierre Pithou; par le Père NICERON.

Dans ses *Mémoires*, &c. tom. *V*. pag. 41.]

45979. ☞ Recherches sur MM. *Pithou* ; par M. LEVESQUE DE LA RAVALIÈRE. *Hist. de l'Acad. des Inscript. & Belles-Lettres*, tom. *XXI*. pag. 208.

Ce Morceau contient peu de choses.]

45980. ☞ Vie de Pierre Pithou, avec quelques Mémoires sur son père & ses frères; (par Jean-Jacques GROSLEY, Avocat:) *Paris*, Cavelier, 1756, *in*-12. 2 vol.

Le Tome I. contient des Mémoires sur la Vie de Pierre Pithou, père de MM. Pithou, & Avocat à Troyes, & sur la Vie de Jean & Nicole Pithou, enfans du premier lit dudit Pierre Pithou ; la Vie du fameux Pierre Pithou, fils aîné du second lit, né en 1539, & mort en 1596.

Le Tome II. renferme les Eloges & Pièces servant à l'Histoire de M. Pithou & de ses Ouvrages; Mémoires sur la Vie & les Ouvrages de François Pithou son frère; Mémoires sur la Bibliothèque, Manuscrits & Recueils de MM. Pithou ; & enfin des Additions.

On peut voir sur cet Ouvrage, *Mém. de Trévoux*, Octobre, 1756. = *Année Littér*.1756, tom.*IV*.*p*.145.]

45981. ☞ Mémoire historique sur le même.

Il est imprimé à la fin de notre Tome III. p. lxxxvij.]

45982. ☞ Eloge de Denys du *Pont*, mort vers 1550.

Dans l'*Histoire de Blois*, par Jean Bernier : (*Paris*, 1682, *in*-4.) pag. 469.]

45983. ☞ Histoire de la Vie & des Ouvrages de Claude *Poquet* de la Livonière; par le Père NICERON.

Dans ses *Mémoires*, &c. tom. *XVII*. p. 371. Poquet est mort en 1726.]

45984. ☞ Eloge d'Antoine de *Portalou*, Docteur ès Droits & Avocat ès Parlemens de Paris & de Toulouse, mort en 1729; par M. TIXIER, Avocat.

A la pag. 67 du *Recueil de la Société Littéraire de Béziers*, 1736, *in*-4.]

45985. ☞ Notice historique de François de la *Porte*, célèbre Avocat; par M. DREUX DU RADIER.

Dans sa *Bibliothèque du Poitou*, tom. *II*. pag. 382. Cet Avocat, qui est mort en 1590, fut le grand-père maternel du Cardinal de Richelieu.]

45986. ☞ Vie de M. (Robert-Joseph) *Pothier*; (par M. Daniel JOUSSE:) *Paris*, Debure, 1772,) *in*-12. de 24 pages.

M. Pothier est mort à Orléans le 2 Mars 1772. Il y

étoit Profeſſeur en Droit François, & avoit la réputation de l'un des plus grands Juriſconſultes du Royaume.]

45987. ☞ Notice hiſtorique de Simon *Pouvreau*; par M. Dreux du Radier.

Dans ſa *Bibliothèque du Poitou*, tom. II. pag. 215. Ce Juriſconſulte eſt mort en 1561.]

45988. ☞ Hiſtoire de la Vie & des Ouvrages de Daniel de *Priézac*; par le Père Niceron.

Dans ſes *Mémoires*, &c. tom. XXXIII. pag. 24. Priézac eſt mort en 1662.]

45989. ☞ Clariſſimi doctiſſimique Viri Guillelmi Pruſtelli (*Prouſteau*,) in Academia Aurelianenſi Legum Profeſſoris, publicæ apud Aurelianos Benedictinos Bibliothecæ Inſtitutoris & Fundatoris, Elogium & Epitaphium ; Scriptore P. D. Rouxel, Aureliano : *Aureliis*, 1721, *in-4*.

Guillaume Prouſteau eſt mort en 1715, Doyen des Profeſſeurs en Droit de l'Univerſité d'Orléans.]

45990. ☞ Vita Domini Pruſtelli, breviter deſcripta.

« La Ville d'Orléans doit trop à ce Sçavant, pour ne
» pas lui témoigner ſa reconnoiſſance; & le célèbre don
» de ſa Bibliothèque, pour ſervir à l'uſage du Public,
» rendra toujours ſa mémoire précieuſe aux Orléanois.
» On trouve cette Vie à la tête du Catalogue de cette
» Bibliothèque, imprimé en 1721, à *Orléans*, chez
» Rouzeau. Cette Vie, qui eſt très-bien écrite, & le
» Catalogue qui eſt très-bien diſpoſé, & qui peut même
» ſervir de modèle en ce genre, ſont de Dom François
» Meri, Religieux Bénédictin, & Bibliothécaire de
» cette Bibliothèque publique, mort en 1723. Dom
» Philippe Billouet, autre Religieux plein de mérite, &
» premier Bibliothécaire, mort en 1720, avoit commencé ce travail. Ces Pièces ſont néceſſaires pour être
» inſtruit de cet événement, qui fait une Epoque dans
» l'Hiſtoire de la Ville d'Orléans. En 1747 on a imprimé un Supplément de cette Bibliothèque', renfermant
» les Livres acquis du fonds annuel légué par M. Prouſteau, & ceux donnés depuis par MM. le Geay, de
» Maguères, Valin, Deſbreaux, Hautefeuille. Cette
» Bibliothèque, dont les Religieux Bénédictins ſont dépoſitaires, eſt conſidérable, principalement par le
» choix & la bonté des Livres qu'elle renferme. Elle eſt
» compoſée de tous ceux du célèbre Henri de Valois,
» dont M. Prouſteau fit l'acquiſition en 1679 ; & parmi
» leſquels il ſe trouve pluſieurs Ouvrages remplis d'excellentes Notes & Remarques manuſcrites, de la
» main de ce Sçavant ». *Extrait d'une Lettre de* M. Jouſſe, *Conſeiller au Préſidial d'Orléans*.]

45991. ☞ Mſ. Eloge de Jean-Ignace de *Racolis*, Avocat & Membre de l'Académie de Béziers, mort en 1761.

Il eſt conſervé dans les Regiſtres de cette Académie.]

45992. Eloge d'Etienne *Rafficod*, Avocat au Parlement [de Paris.]

Cet Avocat eſt mort en 1718. Son Eloge eſt imprimé dans le vingt-cinquième *Journal des Sçavans* de cette année, [& dans les *Nouvelles Littéraires* de la Haye, *tom. VIII*.]

45993. ☞ Hiſtoire de la Vie & des Ouvrages du même ; par le P. Niceron.

Dans ſes *Mémoires*, &c. tom. *VIII*. pag. 360.]

45994. ☞ Notice hiſtorique de Pierre *Rat*, Juriſconſulte; par M. Dreux du Radier.

Dans la *Bibliothèque du Poitou*, tom. II. pag. 106. Pierre Rat, qui mourut en 1550, étant Maire de Poitiers en 1539, y reçut l'Empereur Charles-Quint lorſqu'il paſſa par cette Ville.]

45995. ✶ Eloge d'Antoine de *Rez*, Avocat au Parlement de Paris, (mort en 1694;) par Matthieu Marais, Avocat au Conſeil, ſon parent.

Dans le *Dictionnaire* de Bayle, à l'Article de *Rez*.]

45996. ☞ Notice hiſtorique d'Etienne Gabriau de *Riparfons* ; par M. Dreux du Radier.

Dans ſa *Bibliothèque du Poitou*, tom. IV. pag. 335. Ce Juriſconſulte eſt mort en 1724. Il a laiſſé par Teſtament ſa Bibliothèque aux Avocats du Parlement de Paris, avec un fonds pour l'augmenter.

45997. Véritable Narré de la Converſion de Jean *Roquette*, Avocat; par le P. Ange de Raconis, Capucin : *Troyes*, 1633, *in-8*.

45998. ☞ Hiſtoire de la Vie & des Ouvrages de Sébaſtien *Rouillard* ; par le Père Niceron.

Dans ſes *Mémoires*, &c. tom. XXVII. pag. 251. Rouillard eſt mort en 1639.]

45999. ☞ Remarques de Jean Liron, ſur Arnoul *Ruzé*, Juriſconſulte.

Dans les *Singularités hiſtoriques*, tom. I. pag. 339. Ce Juriſconſulte fut Profeſſeur en Droit à Orléans pendant vingt-deux ans, & enſuite Conſeiller au Parlement de Paris : il eſt mort en 1553.]

46000. Eloge de Jean *Savaron*, Lieutenant-Général en la Sénéchauſſée & Bailliage de Clermont ; par Pierre Durand.

Cet Eloge eſt imprimé *pag*. 254 des Notes ſur l'Origine de la Ville de Clermont : *Paris*, 1662, *in-fol*. Savaron eſt mort en 1622.

46001. ☞ Hiſtoire de la Vie & des Ouvrages du même ; par le P. Niceron.

Dans ſes *Mémoires*, &c. tom. XVII. pag. 84, & *tom. XX*. pag. 107.]

46002. ☞ Mſ. Mémoire ſur la Vie & les Œuvres du même Jean Savaron, Préſident & Lieutenant-Général en la Sénéchauſſée d'Auvergne à Clermont ; par M. Bompart de S. Victor, de la Société Littéraire de Clermont.

Ce Mémoire, lu à l'Aſſemblée publique de 1754, eſt conſervé dans les Regiſtres de cette Société. On en trouve un petit Extrait dans le *Mercure de* 1755, *Juin*, *pag*. 75.]

— ☞ Vie de Denys-François *Secouſſe*.

Ci-après, aux *Hiſtoriens*.]

46003. ☞ Jacobi *Savignæi* Laudatio funebris ; Auctore Antonio Gosselino : *Cadomi*, 1632, *in-4*.

46004. ☞ Hiſtoire de la Vie & des Ouvrages de Julien *Tabouet* ; par le P. Niceron.

Dans ſes *Mémoires*, &c. tom. XXXVIII. pag. 240. Tabouet eſt mort en 1562.]

46005. ☞ Observations sur le même Tabouet; par Dom Jean LIRON.

Dans ses *Singularités historiques*, tom. *I*. pag. 425.]

== ☞ Vie de (Pierre) *Taisand*, (Jurisconsulte &) Trésorier de France, mort en 1715.

Voyez ci-devant, Tome III. N.° 34065. Le Père le Long, que nous avons suivi, a mal écrit *Taissand*.]

46006. ☞ Vie ou Eloge de Matthieu *Terrasson*, Avocat au Parlement de Paris, (père du précédent;) par Joseph DE FERRIERE.

Dans ses Additions à *Taisand*, (ci-dessus, N.° 45808,) pag. 751. Cet Avocat est mort en 1734.]

46007. ☞ Notice historique de Nicolas *Théveneau*; par M. DREUX DU RADIER.

Dans sa *Bibliothèque du Poitou*, tom. II. pag. 8. Ce Jurisconsulte est mort en 1600.]

46008. ☞ Lettre critique, où l'on prouve qu'André *Tiraqueau* n'est pas l'Auteur de trente Livres, ni le père de trente enfans, non plus que de vingt; par M. DREUX DU RADIER. *Journ. de Verdun*, 1752, *Octobre*.

Voyez ce que disent de Tiraqueau, le même Ecrivain, dans sa *Bibliothèque du Poitou*, tom. II. p. 172-205, & BAYLE, dans son *Dictionnaire*.]

46009. ☞ Eloge de René-Josué *Valin*, (Jurisconsulte, mort en 1765,) prononcé dans l'Assemblée publique de l'Académie de la Rochelle, le 6 Mai 1767; par M. BERNONS DE SALINS : *la Rochelle*, Legier, 1769, *in*-8.]

46010. ☞ Michaelis *Violæi* Tumulus : 1592, *in*-4.]

ARTICLE III.

Vies des Médecins François, & autres qui ont cultivé diverses parties de la Médecine, sçavoir l'Anatomie, la Chirurgie, la Chimie, la Botanique.

46011. * Ms. DE illustribus Medicis Parisiensibus; Autore Renato MOREAU, Medico Doctore Parisiensi.

Cet Auteur est mort en 1656. Les Vies des Médecins de Paris qu'il a composées, sont conservées dans les Cabinets de plusieurs Curieux, & à la Bibl. du Roi. Il y en a quelques-unes d'imprimées à la tête des Ouvrages de ces Médecins : [on les indiquera ci-après.]

46012. * Portraits & Histoires de plusieurs Médecins de Paris; par Jean BERNIER, de Blois, Docteur en Médecine.

Ils sont imprimés dans ses *Essais de Médecine*: Paris, Langronne, 1689-1691, *in*-12.

☞ Le « tout se ressent de l'humeur chagrine & satyrique de l'Auteur, qui y maltraite fort les quatre fameux Médecins de son temps; sçavoir, MM. de » Lorme, Guenaut, Brayer & Belay ». *Mém.* de M. Astruc, *sur la Faculté de Montpellier*, p. 386. Guenaut & Brayer étoient Médecins de Paris.]

== ☞ Ms. Vie des plus illustres Médecins de Paris; par M. BERTRAND.

Ci-dessus, N.° 44852.]

46013. ☞ Ouvrage de Pénélope, ou Machiavel en Médecine; par Aletheius Demetrius (Julien-Offroy DE LA METTRIE:) Genève, 1746, *in*-12. 3 vol.

On trouve dans cet Ouvrage plusieurs Anecdotes, satyriques à la vérité, sur un assez grand nombre de Médecins de la Faculté de Paris. L'Auteur est mort à Berlin en 1751.]

== ☞ Index funereus Chirurgorum. = Recherches sur la Chirurgie.

Ci-dessus, N.os 44889 & 44890.]

== ☞ Vies des plus célèbres Médecins de la Faculté de Montpellier; par M. (Jean) ASTRUC, Docteur en Médecine de Montpellier & de Paris.

Ci-dessus, N.° 45208.]

46014. ☞ Notice historique des trois Martin *Akakia*, Médecins de Paris, & Professeurs Royaux en Chirurgie; par Cl. Pierre GOUJET.

Dans son *Mémoire sur le Collège Royal* : (Paris, Lottin, 1758, *in*-12.) tom. III. pag. 37, 87 & 172. Le premier Akakia (dont il est ici question,) est mort en 1588 : il étoit fils d'un autre Martin Akakia, reçu Docteur en Médecine en 1525, & mort en 1550 ou 1551. Le second des Akakia, Professeurs Royaux, mourut en 1657, & le troisième, son neveu, en 1677.]

46015. ☞ Histoire de la Vie & des Ouvrages de Jacques d'*Amboise*, Médecin & Professeur Royal; par le P. NICERON.

Dans ses *Mémoires*, &c. tom. *XXXIII*. pag. 349. D'Amboise est mort en 1606. On peut voir aussi ce que BAYLE en a dit dans son *Dictionnaire*.]

46016. ☞ Notice historique du même; par Cl. Pierre GOUJET.

Dans son *Mémoire sur le Collège Royal*, *in*-12. tom. *III*. pag. 69.]

46017. ☞ Notice historique de Nicolas *Andry*, Professeur Royal en Médecine, Chirurgie, Pharmacie & Botanique; par le même.

Dans le même Volume, pag. 200. Andry est mort en 1742.]

46018. * Vita Arnoldi (seu *Arnaldi*) de Villanova : Auctore Symph. CHAMPIER.

Cette Vie est imprimée au-devant des Ouvrages de ce Médecin, qui est mort [vers 1350:] Lugduni, Huyon, 1520, *in*-fol.

☞ *Voyez* Tiraqueau, *de Nobilitate*, p. 246, Edit. 1579.]

46019. Vie d'Arnauld de Villeneuve, Médecin; par Pierre-Joseph DE HAITZE: [*Aix*, 1719, *in*-12.]

L'Auteur soutient que cet ancien & célèbre Médecin étoit Provençal.

46020. ☞ Histoire de la Vie & des Ouvrages du même; par le P. NICERON.

Dans ses *Mémoires*, &c. tom. *XXXIV*. pag. 82.]

Vies des Médecins François, Chirurgiens, &c.

46021. ☞ Remarques historiques sur le même; par M. Astruc.

Dans ses *Mém. de la Faculté de Montpellier*, p. 151.]

46022. ☞ Eloge de Jean *Astruc*, Docteur en Médecine de Montpellier & de Paris, Professeur au Collège Royal; par M. (Anne-Charles) Lorry, Docteur de la Faculté de Médecine de Paris.

Cet Eloge est imprimé après la Préface des *Mémoires pour servir à l'Histoire de la Faculté de Médecine de Montpellier*, par M. Astruc: *Paris*, Cavelier, 1767, in-4. On en a tiré quelques Exemplaires à part. Il y en a un Abrégé assez étendu, dans le *Journal des Sçavans*, 1767, *Septembre*, pag. 643 & *suiv*. M. Astruc est mort en 1766. L'Abbé Goujet avoit donné, du vivant de M. Astruc, une Notice historique à son sujet. *Mém. sur le Collège Royal*, in-12. tom. III. pag. 237.]

46023. ☞ Abrégé de la Vie du même.

Dans la *Galerie Françoise : Paris*, Hérissant fils, in-4. Edit. de 1770, (qui n'a pas été continuée,) Cahier de Juin; & retouchée dans l'Edition de 1771, pet. in-fol. au num. III.]

46024. ☞ Vita Guilielmi (Ballonii) de *Baillou*, Doctoris Medici Parisiensis, ex Libro Renati Moræi, Doctoris Medici, de illustribus Medicis Parisiensibus : *Parisiis*, 1641, *in-4*.

René Moreau est mort en 1656.

☞ Cette même Vie est à la tête de l'Edition des *Œuvres* de Baillou, publiée par M. Tronchin : *Geneve*, de Tournes, 1762, *in-4*. 4 vol. Baillou est mort en 1616.]

46025. ☞ Histoire de la Vie & des Ouvrages du même, par le Père Niceron.

Dans ses *Mémoires*, &c. tom. *XXII*. pag. 197.]

46026. ☞ Eloge de Charles *Barbeyrac*, Médecin de Montpellier, mort en 1699.

Dans l'*Histoire Littéraire de Louis XIV*. par l'Abbé Lambert, tom. *II*. pag. 163, mais il y faut joindre ce que M. Astruc en a dit pag. 383 de ses *Mémoires sur la Faculté de Montpellier*.]

46027. ☞ Remarques sur Nicolas *Barnaud* ou Bernaud, Médecin.

Dans le *Dictionnaire* de Prosper Marchand. Ce Médecin vivoit au XVIᵉ Siècle, & étoit de Dauphiné.]

46028. ☞ Eloge de Théodore *Baron*, Médecin; par M. Grandjean de Fouchy, Secrétaire perpétuel de l'Académie des Sciences.

Dans l'*Histoire de cette Académie* : in-4. Ann. 1768, pag. 134.

On en peut voir l'Abrégé dans le *Nécrologe des Hommes célèbres* qui a paru en 1769, pag. 69.]

46029. ☞ Eloges de MM. (Pierre) *Bassuel*, (Jean) *Malaval*, & (César) *Verdier*, Chirurgiens de Paris, & de l'Académie Royale de Chirurgie; par M. (Antoine) Louis, Professeur & Censeur Royal, Chirurgien-Major adjoint de l'Hôpital de la Charité, des Académies de Lyon, Rouen, &c. (depuis Secrétaire de l'Académie de Chirurgie :) *Paris*, Cavelier, 1759, *in-8*.

Voyez les *Mémoires de Trévoux*, 1759, *Novembre*. M. Bassuel est mort le 4 Juin 1757, M. Malaval en 1758, & M. Verdier en 1759.]

46030. ☞ Notice historique de Simon *Baudichon*, Professeur Royal en Médecine; par Claude-Pierre Goujet.

Dans son *Mém. sur le Collège Royal*, in-12. tom. III. pag. 31. Baudichon est mort en 1584. Il fut rayé avec plusieurs autres du Catalogue de la Faculté, à cause de la Religion Calviniste dont ils faisoient profession.]

46031. ☞ Eloge de François *Bayle*, Médecin & Professeur de Toulouse. *Mercure*, 1709, Novembre.]

46032. ☞ Notice historique de Denys *Bazin*, Médecin de Paris & Professeur Royal en Chirurgie; par le même.

Dans le même Volume, pag. 151. Bazin est mort en 1632.]

46033. ☞ Notice historique d'André *Beauvais*, Professeur Royal en Chirurgie; par le même.

Dans le même Volume, pag. 2. Il faut ajouter à ce qu'en dit l'Abbé Goujet, qu'il ne fut nommé Professeur Royal qu'en 1556, qu'il enseigna dans les Ecoles de l'agrément de la Faculté, qui s'opposa cependant à ce qu'il enseignât en Langue Françoise, comme il le vouloit; & qu'enfin il mourut en 1561 ou 1562. Nous tenons cette Remarque & quelques autres, de M. Pajon, qui a fait l'Extrait des Registres de la Faculté de Médecine de Paris.]

46034. ☞ Notice historique de Pierre Langlois de *Belestat*, Médecin de Poitiers; par M. Dreux du Radier.

Dans sa *Bibliothèque du Poitou*, tom. *II*. pag. 385. Ce Médecin est mort en 1583.]

46035. ☞ Notice historique de Guillaume *Belet*, Médecin de Paris, & Professeur Royal en Eloquence Latine; par Cl. Pierre Goujet.

Dans son *Mém. sur le Collège Royal*, in-12. tom. II. pag. 399. Belet est mort en 1628.]

46036. ☞ Histoire de la Vie & des Ouvrages de Pierre *Bélon*, Médecin; par le Père Niceron.

Dans ses *Mémoires*, &c. tom. *XXXVI*. Bélon fut assassiné près de Paris en 1564. On peut voir encore ce qui en est dit dans les *Eloges* de M. de Sainte-Marthe, dans M. de Thou, & dans les *Singularités historiques* de Dom Liron, tom. *I*. pag. 438. On le justifie dans ce dernier Ouvrage, au sujet de l'accusation d'avoir volé les papiers de Pierre Gilles. Pierre Bélon, qui étoit du Maine, fut Bachelier en 1556, & Licentié de Paris en 1560, & il ne parvint point au Doctorat.]

46037. ☞ Histoire du même; par Jacques-Georges de Chaufepié.

Dans son *Dictionnaire historique & critique*.]

46038. ☞ Notice historique de Jean *Berault*, Médecin & Professeur Royal en Chirurgie; par Cl. Pierre Goujet.

Dans son *Mémoire sur le Collège Royal*, in-12. tom. III. pag. 142. Bérault est mort en 1647.]

46039. ☞ Eloge de Claude *Berger*, Docteur en Médecine, de l'Académie Royale des Sciences; par Bernard de Fontenelle, Secrétaire perpétuel de cette Académie.

Cet Eloge de Cl. Berger, mort en 1712, est imprimé pag. 82 de l'*Histoire de cette Académie*, in-4. Année

Tome IV. Part. I.

1712, au Tome II. de l'*Histoire de son Renouvellement:* (*Paris*, 1717, *in*-12.) *pag.* 70, [& dans les *Œuvres* de M. de Fontenelle.]

46040. ☞ Remarques historiques & Littéraires sur *Bernard de Gordon*, mort après l'an 1318.

Dans l'*Histoire de la Faculté de Montpellier*, par Astruc, *pag.* 176.]

46041. ☞ Histoire de la Vie & des Ouvrages de François *Bernier*, d'Angers, Médecin ; par le P. NICERON.

Dans ses *Mémoires*, &c. tom. *XXIII*. p. 364. François Bernier est mort en 1688. Il a été Médecin du Grand-Mogol.

M. ASTRUC en parle dans ses *Mémoires sur la Faculté de Montpellier*, *pag.* 85 ; mais il en dit peu de chose.]

46042. ☞ Histoire de la Vie & des Ouvrages de Jean *Bernier*, de Blois, Médecin ; par le P. NICERON.

Dans ses *Mémoires*, &c. tom. *XXIII*. pag. 370. Jean Bernier est mort en 1698. On peut voir encore ce qui en est dit dans le *Dictionnaire* de BAYLE.]

46043. ☞ Notice historique du même ; par M. ASTRUC.

Dans ses *Mémoires sur la Faculté de Montpellier*, *pag.* 85.]

46044. ☞ Eloge de Jean-Baptiste *Bertrand*, Médecin, né à Martigues le 12 Juillet 1670, & mort le 10 Septembre 1752.

Son Eloge est imprimé dans le *Recueil de l'Académie de Marseille*, Année 1753.]

46045. ☞ Mf. Eloge d'Egide *Bertrand-Pibrac*, Chirurgien-Major de l'Ecole Militaire, mort le 14 Juillet 1771 ; par M. Antoine LOUIS, Secrétaire de l'Académie Royale de Chirurgie.

Il est entre les mains de l'Auteur, & paroîtra dans la Suite des Mémoires de cette Académie.]

46046. ☞ Eloge d'Ambroise *Bertrandi*, premier Chirurgien du Roi de Sardaigne, mort à Turin le 6 Décembre 1765, Associé Etranger de l'Académie Royale de Chirurgie ; par M. (Antoine) LOUIS, Secrétaire perpétuel de cette Académie : *Paris*, 1767, *in*-8.]

46047. ☞ Eloge de Pierre *Beschebien*, Médecin, mort Evêque de Chartres en 1459 ; par Jean BERNIER.

Dans son *Histoire de Blois* : (*Paris*, 1682, *in*-4.) *pag.* 384. Il fut Doyen de la Faculté de Médecine de Paris en 1417.]

46048. ☞ Observations sur Guillaume *Bigot*, Médecin & Philosophe.

Dans les *Singularités historiques* de D. Jean Liron, tom. *I*. pag. 436. Ce Médecin est mort peu après l'an 1550.]

46049. ☞ Notice historique de Henri *Blacvod*, Médecin de Paris & Professeur Royal en Chirurgie ; par Claude-Pierre GOUJET.

Dans son *Mémoire sur le Collège Royal*, *in*-12. tom. *III*. p. 133. Blacvod est mort (à Rouen) en 1634. Il étoit originaire d'Ecosse. Son père nommé aussi *Henri*, fut également Docteur en Médecine de Paris, célèbre en son temps ; & son grand-père fut Conseiller au Présidial de Poitiers, comme on peut le voir dans la *Bibliothèque du Poitou*, par M. Dreux du Radier, tom. *III*. pag. 188.]

46050. Eloge de Pierre *Blondin*, Médecin & Botaniste ; par Bernard DE FONTENELLE.

Dans l'*Histoire de l'Académie des Sciences*, *in*-4. Ann. 1713, au Tome II. de l'*Histoire de son Renouvellement* : (*Paris*, 1717, *in*-12.) *pag.* 142, [& dans les *Œuvres* de M. de Fontenelle.]

46051. ☞ Eloge de Paul de *Boisgautier*, premier Médecin de Marguerite de Lorraine, Duchesse d'Orléans ; par Jean BERNIER.

Dans son *Histoire de Blois*, *pag.* 551. Boisgautier est mort en 1652.]

46052. ☞ Mf. Mémoire sur la Vie & les Ouvrages de Marcellin-Hercule *Bompart*, Médecin du Roi Louis XIII, Citoyen de Clermont ; par M. BOMPART DE S. VICTOR, de la Société Littéraire de Clermont.

Dans les Registres de cette Société.

« Les Œuvres de Marcellin Bompart, indiquées par l'Auteur du Mémoire, sont, 1.º « Le nouveau Chasse-» peste, produit dans le temps où la peste a affligé cette » Province », dedié à M. Joachim d'Estaing, Evêque de Clermont. 2.º « Conférences d'Hippocrate & de Dé-» mocrite, traduites du Grec en François, avec un Com-» mentaire imprimé à Paris en 1632. 3.º *Miser homo*, imprimé en 1648, 1650, 1653.

Il avoit fait aussi des Commentaires sur Cœlius Aurelianus, un Traité Latin des Eaux minérales, & plusieurs Traités de Médecine, qui passèrent après sa mort dans la Bibliothèque de M. Vallot, premier Médecin du Roi Louis XIV.]

46053. ☞ Histoire de la Vie & des Ouvrages de Théophile *Bonnet*, Médecin, mort en 1689 ; par le P. NICERON.

Dans ses *Mémoires*, &c. tom. *V*. pag. 365, & tom. *X*. part. 2, *pag.* 315.]

46054. ☞ Histoire de la Vie & des Ouvrages de Pierre *Borel* ; par le P. NICERON.

Dans ses *Mémoires*, &c. tom. *XXXVI*. pag. 218. Borel est mort en 1689.]

46055. ☞ Notice historique de François *Boujonnier*, Professeur Royal en Médecine ; par Claude-Pierre GOUJET.

Dans son *Mémoire sur le Collège Royal*, *in*-12. tom. *III*. pag. 190. Boujonnier est mort en 1665.

Il étoit fils d'un autre François Boujonnier, d'Abbeville, ancien Doyen d'élection, & Sous-Doyen de réception, qui mourut dans un âge avancé, le 12 Mars 1667, après avoir vu mourir ses deux fils, & dont les Registres de la Faculté parlent en ces termes : « Illius » fuit singularis pietas, mirifica in pauperes charitas, » morienti utraque supra omnium laudem admirabi-» lis. Exequiæ ferè omnium Doctorum conventu & co-» mitatu fuere celebres ». *Remarque* de M. Pajon.]

46056. ☞ Eloge de Gilles-François *Boul-*

duc, Chimiste ; par M. DE MAIRAN. *Hist. de l'Acad. des Sciences*, Ann. 1742, p. 167.

Dans le Recueil *in-12*. des *Eloges*, par le même : (*Paris*, Durand, 1747, *in-12*.) pag. 96.]

46057. ☞ Eloge de Claude *Bourdelin*, (père) Médecin ; par Bernard DE FONTE-NELLE.

Dans l'*Hist. de l'Acad. des Sciences, Ann.* 1699, pag. 122, & dans les *Œuvres* de M. de Fontenelle.]

46058. ☞ Histoire de la Vie & des Ouvrages du même ; par le P. NICERON.

Dans ses *Mémoires, &c. tom. VII.* pag. 98, & tom. X. part. 1, pag. 176.]

46059. Eloge de Claude *Bourdelin* (fils,) Chimiste, de l'Académie des Sciences ; par Bernard DE FONTENELLE.

Dans l'*Hist.* de cette Académie, Ann. 1711, pag. 107, dans l'*Histoire de son Renouvellement, in-12. tom. II.* pag. 159, [& dans les *Œuvres* de M. de Fontenelle.]

☞ Claude Bourdelin étoit premier Médecin de Madame la Duchesse de Bourgogne. Il mourut à Versailles le 15 Avril 1711, très-regretté tant à cause de sa jeunesse, que de son érudition & de ses mœurs intègres.]

46060. ☞ Histoire de la Vie & des Ouvrages du même ; par le P. NICERON.

Dans ses *Mémoires, &c. tom. VII.* pag. 101.]

46061. ☞ Notice historique de Charles *Bouvard*, Médecin de Paris & Professeur Royal en Médecine & en Chirurgie ; par Claude-Pierre GOUJET.

Dans son *Mém. sur le Collège Royal, in-12. tom. III.* pag. 137. Charles Bouvard est mort en 1658. Il étoit depuis 20 ans premier Médecin du Roi Louis XIII.]

46062. ☞ Eloge de Jean-Baptiste *Boyer*, Médecin de Paris.

Dans le *Nécrologe* qui a paru en 1771, *pag.* 1. Ce Médecin est mort en Janvier 1768, & son neveu est l'Auteur de cet Eloge.]

46063. Vita Petri *Brissoti*, Doctoris Medici Parisiensis : scriptore Renato MOREAU.

Cette Vie de Brissot, mort [vers 1525,] est imprimée avec son *Apologie* : *Parisiis*, 1622, *in-8*.

46064. ☞ Histoire de la Vie & des Ouvrages du même ; par le P. NICERON.

Dans ses *Mémoires*, *tom. XVI.* pag. 321.]

46065. ☞ Notice historique du même Pierre Brissot ; par M. DREUX DU RADIER.

Dans sa *Bibliothèque du Poitou*, tom. II. pag. 23.]

46066. ☞ La Vie de M. (Pierre-Jean) *Burette*, Médecin de la Faculté de Paris, de l'Académie des Belles-Lettres, & Doyen des Professeurs Royaux, mort en 1747.

Elle est de M. BURETTE même, & se trouve à la tête du Tome I. du Catalogue de sa Bibliothèque : *Paris*, 1748, *in-12*.]

46067. ☞ Eloge du même ; par Nicolas FRERET, Secrétaire perpétuel de l'Académie des Inscriptions & Belles-Lettres, en 1747.

Dans l'*Hist.* de cette Académie, *tom. XXI.* p. 217.]

Tome *IV*. Part. *I*.

46068. ☞ Notice historique du même ; par Cl. Pierre GOUJET.

Dans son *Mémoire sur le Collège Royal*, (où M. Burette étoit Professeur en Médecine, Chirurgie & Botanique,) *in-12. tom. III.* pag. 221.]

46069. ☞ Eloge de Louis *Burgensis*, premier Médecin des Rois François I. & Henri II. par Jean BERNIER.

Dans son *Histoire de Blois* : (*Paris*, 1682, *in-4*.) pag. 433. Burgensis est mort en 1556.]

46070. ☞ Eloge historique d'Antoine le *Camus*, Docteur-Régent de la Faculté de Médecine de Paris, &c. mort en 1772 ; (par M. Edme-Claude BOURRU, Médecin de Paris.)

Il est en tête du Tome II. de la *Médecine pratique* de M. le Camus : Paris, Ganeau, 1772, *in-12*. 2 vol. & *in-4*. On en a tiré plusieurs Exemplaires à part, *in-12*.]

46071. ☞ Eloge historique de Pierre *Carita*, de Metz, Médecin à Berlin, mort en 1735 ; par M. (Samuel) FORMEY, Secrétaire de la Société Royale de Berlin.

Dans le Tome I. de ses *Eloges* : *Berlin*, 1757, pag. 147.]

46072. ☞ Précis de la Vie & des travaux de M. (Claude-Nicolas) le *Cat*, Docteur en Médecine, & Chirurgien en chef de l'Hôtel-Dieu de Rouen.

Dans le *Journal des Beaux-Arts & Sciences*, 1768, Novembre, pag. 312. M. le Cat, qui étoit l'un des Secrétaires de l'Académie de Rouen, est mort en 1768.]

46073. ☞ Eloge du même ; par M. P.

Dans le *Nécrologe* qui a paru en 1769, pag. 129.]

46074. ☞ Mss. Eloge du même, comme Associé de l'Académie Royale de Chirurgie ; par M. (Antoine) LOUIS, Secrétaire de cette Académie.

Il est entre les mains de l'Auteur, & paroîtra dans la Suite des Mémoires de cette Académie.]

46075. ☞ Eloge (du même,) M. le Cat ; Ecuyer, Docteur en Médecine, Chirurgien en Chef de l'Hôtel-Dieu de Rouen, Membre des Académies de Londres, Madrid, Lyon, & Secrétaire perpétuel de celle de Rouen ; par M. BALLIERE DE LAISEMENT, de l'Académie des Sciences, Arts & Belles-Lettres de Rouen. Lu à la Séance publique le 2 Août 1769 : *Rouen*, Boucher, 1769, *in-8*. de 80 pages.]

46076. ☞ Eloge de M. le Cat ; par M. VALENTIN, du Collège Royal de Chirurgie de Paris : *Londres*, (*Paris*,) 1769, *in-8*. de 59 pages.]

46077. ☞ Vie abrégée de M. le Cat.

Dans la *Galerie Françoise*, pet. *in-fol*. (*Paris*, Hérissant fils, 1771,) num. IV.]

46078. ☞ Eloge & Notice des Ouvrages de Marin Cureau de la *Chambre*, Médecin de Paris ; par MM. PELLISSON & D'OLIVET.

Dans l'*Hist. de l'Académie Françoise*, *in-12*, tom. *I.* pag. 320 & 386, Ed. de 1743.]

46079. ☞ Histoire de la Vie & des Ouvrages du même; par le P. Niceron.

Dans ses *Mémoires*, &c. tom. *XXVII*. pag. 392. Marin de la Chambre est mort en 1669.]

46080. ☞ Histoire de la Vie & des Ouvrages de Symphorien *Champier*, par le Père Niceron.

Dans ses *Mémoires*, &c. tom. *XXXII*. pag. 239. Champier est mort en 1539.

On peut voir encore les *Lyonnois dignes de mémoire*, tom. *I*. pag. 239.]

46081. ☞ Notice historique de Jean *Chapellain*, premier Médecin des Rois Henri II. & Charles IX. mort en 1569; par M. Astruc.

Dans les *Mémoires sur la Faculté de Montpellier*, pag. 332.]

46082. Panegyricus funebris Domini [Claudii] Caroli [*Charles*,] olim Professoris Regii Parisiensis, & Scholæ Medicæ Doctoris; Auctore Victore Pallu, Turonensi, ejusdem Scholæ Doctore.

Ce Panégyrique est imprimé avec trois Questions de Médecine : *Turonibus*, 1642, *in-8*.]

☞ M. Charles est mort à Paris en 1631, & M. Victor Pallu en 1650, à Port-Royal des Champs, où il s'étoit retiré.]

46083. ☞ Notice historique de Claude Charles, Médecin de Paris, Professeur Royal en Chirurgie; par Cl. Pierre Goujet.

Dans son *Mémoire sur le Collège Royal*, *in-12*. tom. *III*. pag. 107.

Charles fut Doyen de la Faculté en 1610, & mourut le 21 Juin 1631.]

46084. Vita Jacobi Carpentarii (*Charpentier*,) Professoris Regii, Parisiis; Auctore Papirio Massono: [*Parisiis*, Dion. à Prato, 1574, *in-4*.

Cet Eloge de Jacques Charpentier, mort en 1574, est [aussi] dans le Recueil des Eloges de Papire Masson, publié par Balesdens, tom. *II*. pag. 269 : *Parisiis*, 1643, *in-8*.

46085. Ejusdem Tumulus à doctissimis Viris Græcè & Latinè descriptus, [cum Oratione funebri, à Cl. Hermodoro Gozzio; collectus à Simeone de Malmedy, Doctore Medico & Professore Regio:] *Parisiis*, Buon, 1574, *in-4*.

46086. ☞ Notice historique de Jacques Charpentier, Médecin de Paris, & Professeur Royal en Mathématique; par Cl. Pierre Goujet.

Dans son *Mém. sur le Collège Royal*, *in-12*. tom. *II*. pag. 75.]

46087. ☞ Notices historiques de René, de Jean & de Philippe *Chartier*, Médecins de Paris & Professeurs Royaux en Chirurgie & en Médecine; par Claude-Pierre Goujet.

Dans son *Mém. sur le Collège Royal*, *in-12*. tom. *III*. pag. 116, 170 & 186. René Chartier père, (qui étoit de Vendôme, & de la famille du fameux Alain Chartier,) est mort le 29 Octobre 1654, Jean en 1662, & Philippe le 25 Août 1669. Ces deux derniers étoient fils du précédent. Il est dit dans les Registres de la Faculté, que Philippe mérita les regrets de tous ses Confrères.]

46088. ☞ Eloge de Guillaume *Cheselden*, premier Chirurgien de la Reine d'Angleterre, & Associé de l'Académie Royale de Chirurgie de Paris.

Dans l'*Hist*. du tom. *III*. des *Mém*. de cette Académie, pag. 107.]

46089. ☞ Eloge historique de François *Chicoyneau*, Médecin de Montpellier, mort en 1737; par François-de-Paule Combalusier, Médecin.

Dans la Relation de l'Assemblée publique de la Société Royale de Montpellier, du 25 Avril 1743 : *Montpellier*, 1743, *in-4*.]

46090. ☞ Eloge de François *Chicoyneau*, (père,) Médecin de Montpellier, & premier Médecin du Roi, mort en 1752; par M. de Fouchy. *Hist. de l'Acad. des Sciences, Ann*. 1752, pag. 164.

Et dans le Recueil *in-12*. des *Eloges*, par le même, tom. *I*. pag. 227.]

46091. ☞ Notice historique sur le même; par M. Astruc.

Dans ses *Mém. sur la Faculté de Montpellier*, p. 289.]

46092. ☞ Histoire de la Vie & des Ouvrages de Jean-Jacques *Chifflet*; par le Père Niceron.

Dans ses *Mémoires*, &c. tom. *XXV*. pag. 255. Jean-Jacques Chifflet est mort en 1660.]

46093. ☞ Eloge de Pierre *Chirac*, premier Médecin du Roi; par Bernard de Fontenelle. *Hist. de l'Académie des Sciences, Ann*. 1732, pag. 120.

Et dans les *Œuvres* de Fontenelle, 1742, *in-12*. tom. *VI*. pag. 524.]

46094. ☞ Vie du même; par Jacq. Georges de Chaufepié.

Dans son *Diction. historique & critique*.]

46095. ☞ Notice historique du même; par Jean Astruc.

Dans ses *Mémoires sur la Faculté de Montpellier*, pag. 276.]

46096. ☞ Vie de Pierre-Jean-Baptiste *Chomel*, Médecin de la Faculté de Paris, mort le 3 Juillet 1740; par J. B. Chomel, son fils.

Elle est imprimée à la fin du Tome III. de l'*Abrégé de l'Histoire des Plantes*; par Chomel le père : *Paris*, 1761, *in-12*.]

46097. ☞ Notice historique de François *Citoys*, Médecin de Poitiers; par M. Dreux du Radier.

Dans sa *Biblioth. du Poitou*, tom. *IV*. pag. 1. Ce Médecin est mort en 1652.]

46098. ☞ Histoire de la Vie & des Ouvrages de Daniel le *Clerc*; par le P. Niceron.

Dans ses *Mémoires*, &c. tom. XI. pag. 248. Daniel le Clerc est mort en 1728.]

— ☞ Vie de Charles *Clusius*.

Voyez ci-après, à *Ecluse*.]

46099. ☞ Remarques de M. J. B. G. P. au sujet du Médecin du Roi Louis XI. (qui se nommoit *Coctier*.) *Mercure*, 1739, Juillet, pag. 1532.

C'est une correction de ce que dit Piganiol sur ce Médecin, dans sa *Description de Paris*.]

46100. Eloge de Philippe *Collot*, Chirurgien; par Charles Perrault.

Cet Eloge de Collot, mort en 1656, est imprimé au Tome II. des *Eloges des Hommes illustres*: (*Paris*, 1701, *in-fol.*) pag. 87.

46101. ☞ Eloge de François - de - Paule *Combalusier*, Médecin de Montpellier, & Docteur - Régent de la Faculté de Paris, mort le 24 Août 1762.

Dans la *Gazette de Médecine*, du 29 Décembre 1762.]

46102. ☞ Notice historique de Jacques & Paul *Contant*, Botanistes; par M. Dreux du Radier.

Dans sa *Bibliothèque du Poitou*, tom. III. pag. 301 & *suiv*. Jacques est mort en 1620, & Paul son fils en 1632.]

46103. ☞ Notice historique de Jean le *Conte*, Professeur Royal en Médecine; par Cl. Pierre Goujet.

Dans son *Mém. sur le Collège Royal*, in-12. tom. III. pag. 44. Ce Médecin est mort (le 22 Septembre 1584.)

« Il fut Professeur des Ecoles en 1566, & de Phar-
» macie aux mêmes Ecoles en 1574. La Faculté n'avoit
» pour lors que ces deux Chaires. Il fut aussi nommé
» Doyen en 1571 & 1573. Il passa successivement par
» toutes les places dont la Faculté disposoit. Il y a eu un
» de ses parens, nommé *Pierre* le Conte, Médecin de
» beaucoup d'esprit & d'une profonde érudition, qui
» est mort le 10 Janvier 1665, fort regretté de ses
» Confrères ». M. Pajon.]

46104. ☞ Notice historique de Paschal le *Coq*, Médecin à Poitiers; par M. Dreux du Radier.

Dans sa *Bibliothèque du Poitou*, tom. III. pag. 323. Ce Médecin est mort en 1632.]

46105. ☞ Notice historique de Siméon *Courtaud*, Professeur à Montpellier, mort en 1665; par M. Astruc.

Dans ses *Mémoires sur la Faculté de Montpellier*, pag. 261.]

46106. ☞ Notice historique de Paul *Courtois*, Médecin de Paris, & Professeur Royal en Médecine; par Cl. Pierre Goujet.

Dans son *Mém. sur le Collège Royal*, in-12. tom. III. pag. 174. Ce Médecin est mort le 4 Avril 1688.]

46107. ☞ Notice historique de Jacques *Cousinot*, Médecin de Paris, & Professeur Royal en Médecine; par le même.

Dans le même Volume, *pag*. 126. Cousinot est mort en (Mai 1645.]

46108. ☞ Notice historique de Jean *Coyttar*, Médecin de Poitiers; par M. Dreux du Radier.

Dans sa *Bibliothèque du Poitou*, tom. II. pag. 475. Ce Médecin est mort en 1590.]

46109. ☞ Ms. Eloge de Jean *Cros*, Docteur en Médecine de Montpellier, mort en 1739; par M. Carbasse, Docteur en la même Faculté.

Il est conservé dans les Registres de l'Académie de Béziers.]

46110. ☞ Anecdotes au sujet de Joseph Thomasseau de *Cursay*, Médecin ordinaire du Roi, & de la Faculté de Paris: 1756, 1761, *in-12*.

Ce Médecin est mort en 1710.]

46111. ☞ Ms. Eloge de M. *Daviet*, fameux Oculiste, Correspondant de l'Académie de Dijon; par M. Hoin.

Cet Eloge a été lu à l'Assemblée publique de l'Académie de Dijon, le 14 Août 1763, & est conservé dans ses Registres.]

46112. ☞ Notice historique d'Alexandre-Michel *Denyau*, Médecin de Paris, & Professeur Royal en Médecine; par Cl. Pierre Goujet.

Dans son *Mém. sur le Collège Royal*, in-12. tom. III. pag. 192.

« Ce Médecin n'est point mort en 1714, (comme
» le dit l'Abbé Goujet,) mais le 12 Mars 1712. Il étoit
» âgé de 75 ans, & le plus ancien Maître. Il succéda en
» 1665 dans la Chaire du Collège Royal, à son père,
» Mathurin Denyau, qui en avoit été fait Professeur en
» 1655, quoique l'Abbé Goujet n'en parle pas ». M. Pajon.]

46113. ☞ Histoire de la Vie & des Ouvrages de Jean-Baptiste *Denys*, Médecin; par le P. Niceron.

Dans ses *Mémoires*, &c. tom. XXXVII. p. 77. Ce Médecin est mort en 1704.]

46114. ☞ Particularités sur le même; par François-Denys Camusat.

Dans son *Histoire critique des Journaux: Amsterdam*, 1734, *tom. I. in-12. pag*. 321.]

46115. Vita Joannis Hortensii (*Desjardins*,) Medici Parisiensis; scriptore Ægidio Menagio.

Cette Vie de Desjardins, qui est mort en 1547, se trouve *pag*. 511 des Remarques de Ménage sur les Vies d'Ayrault, &c. *Parisiis*, 1675, *in-4*.

☞ Ce Médecin avoit été Doyen de la Faculté en 1524 & 1525.]

46116. ☞ Eloge de Jean *Devaux*, Chirurgien; (par Cl. Pierre Goujet.)

Dans la *Contin. des Mém. de Littér*. par le Père Des-Molets: *tom. VIII. part.* 1. Devaux est mort en 1729.]

46117. ☞ Histoire de la Vie & des Ouvrages du même; par le P. Niceron.

Dans ses *Mémoires*, &c. tom. XII. pag. 218, & XX. pag. 230.]

46118. ☞ Eloge historique du même M. Devaux, avec un Extrait raisonné de ses

Ouvrages; par M. Sue le jeune, Maître en Chirurgie : *Paris*, Vincent, 1772, *in-*8. de 103 pages.

On trouve *pag.* 82 *& suiv.* la Notice de quelques Médecins, entre autres de (Pierre Bonnet) *Bourdelot*, mort en 1709, & de Nicolas *Brayer*, mort en 1678.]

46119. Eloge hiſtorique de Denys *Dodart*; Docteur en Médecine, & de l'Académie Royale des Sciences; par B. de Fontenelle.

Dans l'*Hiſtoire* de cette Académie, *in-*4. Ann. 1707, *pag.* 182, au Tome I. de l'*Hiſt. de ſon Renouvellement*: (*Paris*, 1708, *in-*12.) *pag.* 336, [& dans les Œuvres de M. de Fontenelle.]

46120. ☞ Mſ. Eloge de Henri-François le *Dran*, célèbre Chirurgien de Paris, mort le 17 Octobre 1770 ; par M. (Antoine) Louis, Secrétaire de l'Académie de Chirurgie.

Il eſt entre les mains de l'Auteur, & paroîtra dans la Suite des Mémoires de cette Académie.]

46121. ☞ Hiſtoire de la Vie & des Ouvrages de Charles *Drelincourt*, (Médecin de Montpellier;) par le Père Niceron.

Dans ſes *Mémoires*, &c. tom. *XV.* pag. 179. Ce Médecin eſt mort à Leyde en 1697.]

46122. ☞ Notice hiſtorique du même; par M. Astruc.

Dans ſes *Mémoires ſur la Faculté de Montpellier*, *pag.* 379.]

46123. Vita Jacobi Sylvii (*Dubois*,) Medici Pariſienſis ; Auctore Ren. Moreau, Med.

Cette Vie de Jacques Dubois, mort en 1555, eſt imprimée à la tête de ſes Œuvres : *Geneve*, 1637, *in-fol.*

46124. ☞ Hiſtoire de la Vie & des Ouvrages du même ; par le Père Niceron.

Dans ſes *Mémoires*, &c. tom. *XXIX.* pag. 89. On peut voir encore le *Dictionnaire* de Bayle.]

46125. ☞ Notices hiſtoriques du même Jacques Dubois, dit Sylvius, Docteur en Médecine de Montpellier, Bachelier de Paris, & Profeſſeur Royal.

Dans le *Mémoire ſur le Collège Royal*, par l'Abbé Goujet, *in-*12. tom. *III.* pag. 9, & dans les *Mémoires* de M. Astruc, *ſur la Faculté de Montpellier*, *in-*4. pag. 335.]

46126. ☞ Notice hiſtorique de Jean-Baptiſte *Dubois*, Médecin de Paris, & Profeſſeur Royal en Médecine, Chirurgie, Pharmacie & Botanique ; par Cl. Pierre Goujet.

Dans ſon *Mém. ſur le Collège Royal*, *in-*12. tom. *III.* pag. 225. Ce Médecin eſt mort vers 1760, à Saint-Lo, ſa patrie, où il s'étoit retiré.]

46127. ☞ Hiſtoire de la Vie & des Ouvrages de Louis *Duret*; par le P. Niceron.

Dans ſes *Mémoires*, &c. tom. *XXIII.* pag. 39. Louis Duret eſt mort en 1586.]

46128. ☞ Notice hiſtorique du même ; par Cl. Pierre Goujet.

Dans ſon *Mém. ſur le Collège Royal*, *in-*12. tom. *III.* pag. 32.]

46129. ☞ Eloge (du même) Louis Duret, Médecin célèbre ſous Charles IX. & Henri III. Ouvrage qui, au jugement de la Faculté de Médecine de Paris, a remporté le Prix de cette année ; par J. B. Louis Chomel, Docteur & ancien Doyen de ladite Faculté : *Paris*, Lottin, 1765, *in-*12. de 63 pages.]

46130. ☞ Notice hiſtorique de Jean *Duret*, Médecin de Paris, & ſucceſſeur de ſon père dans la Chaire Royale de Médecine ; par Cl. Pierre Goujet.

Dans ſon *Mém. ſur le Collège Royal*, *in-*12. tom. *III.* pag. 45. Ce Médecin eſt mort en 1629.]

46131. ☞ Everardi Vorstii, Oratio de Vita & Obitu Caroli Cluſii (de l'*Ecluſe*.)

A la fin des Œuvres de ce Médecin, qui étoit d'Arras, & qui eſt mort en 1609. Comme il étoit Docteur en Médecine de Montpellier, M. Astruc en a parlé *pag.* 353 de ſes *Mémoires ſur cette Faculté*.]

46132. ☞ Hiſtoire de la Vie & des Ouvrages du même ; par le P. Niceron.

Dans ſes *Mémoires*, &c. tom. *XXX.* pag. 38.]

46133. ☞ Notice hiſtorique d'André *Enguehard*, Médecin de Paris & de l'Académie des Sciences, Profeſſeur Royal en Médecine, Chirurgie, Pharmacie & Botanique ; par Claude-Pierre Goujet.

Dans ſon *Mém. ſur le Collège Royal*, *in-*12. tom. *III.* pag. 198. Ce Médecin eſt mort (le 1 Février) 1710.]

« C'étoit un homme d'un profond ſçavoir, & qui » avoit une grande réputation ». M. Pajon.]

46134. ☞ Notice hiſtorique de Jean *Faber*, ou Fabre ou le Fevre, Profeſſeur Royal en Médecine ; par le même.

Dans le même Vol. p. 43. Faber eſt mort en 1593.]

46135. ☞ Eloge de Guy-Creſcent *Fagon*, (premier Médecin du Roi.)

Dans les *Mémoires de Trévoux*, 1722, Août.]

46136. ☞ Eloge du même; par Bernard de Fontenelle. *Hiſt. de l'Académie des Sciences*, Ann. 1718, *pag.* 94.

Il eſt auſſi dans les Œuvres de M. de Fontenelle.]

46137. ☞ Eloge de M. (Camille) *Falconet*, Médecin ; lu dans l'Aſſemblée publique de l'Académie Royale des Inſcriptions & Belles-Lettres, le 12 Novembre 1762 ; par M. le Beau, Secrétaire : *Paris*, Durand, 1762, *in-*4. (avec ſon Portrait.)

Cet Eloge ſe trouve auſſi dans l'*Hiſtoire de cette Académie*, *in-*4. tom. *XXXI.* pag. 341.

Il y a encore un Eloge Latin du même par M. le Thieullier, en tête du Catalogue de la Biblioth. de Falconet.]

46138. ☞ Eloge de Charles-François de Ciſternay Du *Fay*, Chimiſte & Botaniſte ; par Bernard de Fontenelle. *Hiſt. de l'Académie des Sciences*, Ann. 1740, *pag.* 73.

Et dans les Œuvres de M. de Fontenelle, 1742, *in-*12. tom. *VI.* pag. 652. C'eſt le dernier Eloge qu'ait fait ce célèbre Ecrivain.]

46139. Vita Joannis *Fernelii*, Ambianenſis,

Vies des Médecins François, Chirurgiens, &c. 111

Medici; Auctore Guilelmo PLANCIO, ejus Discipulo, Cenomanensi.

Cette Vie de Fernel, mort [le 26 Avril] 1558, est imprimée dans plusieurs Editions de ses Œuvres.

☞ On trouve dans les Registres de la Faculté plusieurs Notes honorifiques, à l'occasion de la mort de ce grand homme. Son Portrait se voit dans les Ecoles supérieures : il a été donné par sa Famille.]

46140. ☞ Histoire du même ; par Pierre BAYLE.

Dans son *Dictionnaire historique & critique.*

☞ Il faut y joindre ce qui est dit *pag.* 340 des *Observations critiques* de M. l'Abbé Joly.]

46141. ☞ Eloge de M. Antoine *Ferrein*, Médecin de Paris; (par M. GOULIN, Médecin.)

Dans les *Lettres à un Médecin de Province sur l'Histoire de la Médecine* : 1769, *in-*8.]

46142. ☞ Eloge du même ; par M. DE FOUCHY. *Hist. de l'Académie des Sciences,* Année 1769, *pag.* 151.]

46143. ☞ Histoire de Nicolas le *Fevre*, Chimiste ; par Antoine SAVERIEN.

Dans ses *Philosophes modernes,* tom. *VII. pag.* 37. Le Fevre est mort après l'an 1674.]

46144. ☞ Eloge de Raymond-Jacob *Finot*, Médecin habitué à Béziers, mort à Paris en 1709 ; par Philippe HECQUET, Médecin de Paris.

Dans les *Mémoires de Trévoux,* 1710, *Juin.*]

46145. ☞ La Vie & les Principes de M. *Fizes*; par M. Louis ESTEVE, Médecin de Montpellier : 1765, *in-*8.

Antoine Fizes, ancien Professeur de Médecine à Montpellier, sa patrie, est mort au mois d'Août 1765, âgé de 75 ans.]

46146. ☞ Notice historique d'Etienne de la *Font*, Médecin de Paris, & Professeur Royal en Chirurgie ; par Claude - Pierre GOUJET.

Dans son *Mém. sur le Collège Royal,* in 12. tom. III. *pag.* 113. De la Font est mort (avant) 1618.]

46147. ☞ Mss. Eloge de Pierre *Foubert*, Chirurgien de Paris, mort le 16 Août 1766; par M. (Antoine) Louis, Secrétaire de l'Académie Royale de Chirurgie.

Il est entre les mains de l'Auteur, & sera mis dans la Suite des Mémoires de cette Académie.]

46148. ☞ Histoire de la Vie & des Ouvrages de Philippe-Silvestre du *Four*; par le Père NICERON.

Dans ses *Mémoires, &c. tom. XVI. pag.* 361, & *XX. pag.* 100. Du Four est mort en 1685.]

46149. ☞ Notice historique sur Adam *Fumée*, premier Médecin des Rois Charles VII. Louis XI & Charles VIII. mort en 1494; par M. ASTRUC.

Dans ses *Mémoires sur la Faculté de Montpellier, pag.* 308.]

46150. ☞ Eloge de Pierre - Louis *Gandoger*, Médecin de Lorraine.

Dans le *Nécrologe* publié en 1771, *pag.* 1. On le donne comme l'Extrait d'un Eloge plus étendu, qui a été lu dans la Société Royale de Nancy.]

46151. ☞ Eloge historique de M. Claude Deshais *Gendron*, Médecin de Monsieur & de M. le Régent, & fameux Oculiste ; (par M. Charles LE BEAU).

A la tête du Catalogue de la Bibliothèque de M. Gendron : *Paris,* 1751, *in-*12.]

46152. ☞ Eloge d'Etienne-François *Geoffroy,* Médecin ; par Bernard DE FONTENELLE. *Hist. de l'Acad. des Sciences,* Année 1731, *pag.* 93.

Il est aussi dans les *Œuvres* de M. de Fontenelle, 1742, *in-*12. tom. *VI. pag.* 487. Voyez encore à la tête du Tome I. de la *Matière médicale* de M. Geoffroy: *Paris,* Desaint, 1743, *in-*12, *pag.* 9.]

46153. ☞ Notice historique du même ; comme Professeur Royal en Médecine, Chirurgie, Pharmacie & Botanique ; par Cl. Pierre GOUJET.

Dans son *Mém. sur le Collège Royal,* in-12. tom. III. *pag.* 214.]

46154. ☞ Eloge de Claude - Joseph *Geoffroy*, Chimiste & Botaniste ; par M. DE FOUCHY. *Hist. de l'Académie des Sciences,* Année 1752, *pag.* 153.

Et dans le Recueil *in-*12. des *Eloges* par le même, tom. *I. pag.* 204.]

46155. ☞ Notice historique sur *Gilles de Corbeil*, Médecin, qui vivoit en 1220.

Dans les *Mémoires sur la Faculté de Montpellier,* par M. Astruc, *pag.* 142.]

46156. ☞ Eloge de M. le Docteur (Charles) *Gillot*, Médecin de Paris.

Dans la *Gazette de Médecine,* (par M. Jacques Barbau DU BOURG, Médecin;) num. LII. du 1 Août 1761.]

46157. ☞ Histoire de la Vie & des Ouvrages de Pierre le *Givre*.

Dans les *Mémoires* du Père Niceron, tom. *XXIX. pag.* 58. Cet Article est tiré de la *Bibliothèque des Ecrivains de Champagne* du Père LE PELLETIER, Chanoine Régulier. Le Givre est mort en 1692.

Il étoit Médecin de la Faculté de Paris.

46158. ☞ Eloge historique de Jean *Gonthier*, d'Andernach, Médecin ordinaire de François I. avec un Catalogue raisonné de ses Ouvrages : Discours qui a remporté le prix pour l'année 1765, dans la Faculté de Médecine de Paris; par Louis-Antoine-Prosper HÉRISSANT, Etudiant en Médecine dans l'Université de Paris : *Paris,* J. Th. Hérissant, 1765, *in-*12.

Gonthier est mort en 1574.

Voyez ci-dessus, N.° 44853, ce que l'on a dit de cette Vie.]

46159. ☞ Histoire de la Vie & des Ouvrages de Jean de *Gorris*; par le P. NICERON.

Dans ses *Mémoires, &c. tom. XXXII. pag.* 25. Gorris est mort en 1577.

☞ « Il fut Médecin ordinaire du Roi, & Doyen de

» la Faculté en 1548 & 1549. On le raya du Catalogue
» des Docteurs Régens quelques années avant sa mort,
» à cause de son attachement aux opinions de Calvin ».
M. Pajon.]

46160. ☞ Notice historique de Jérôme *Goulu*, Médecin de Paris, & Professeur Royal en Langue Grecque ; par Cl. Pierre Goujet.

Dans son *Mém. sur le Collège Royal*, in-12. tom. I. pag. 556. Ce Médecin est mort en 1630.]

46161. ☞ Notice historique de Jacques *Goupyl*, Médecin de Paris, & Professeur Royal en Médecine ; par le même.

Dans le *tom. III. p. 19.* Goupyl est mort (en 1563.)]

46162. ☞ Autre Notice du même ; par M. Dreux du Radier.

Dans sa *Bibliothèque du Poitou*, tom. II. pag. 245.]

46163. ☞ Notice historique d'Etienne *Gourmelen*, Médecin de Paris & Professeur Royal en Médecine ; par Claude-Pierre Goujet.

Dans son *Mém. sur le Collège Royal*, t. III. pag. 49.

« Ce Médecin, qui étoit de l'Evêché de Cornouaille,
» fut Doyen de la Faculté en 1574 & 1575. Il est mort
» en Août 1593 ». M. Pajon.]

46164. ☞ Vie (abrégée) de M. *Guisard*, Médecin de Montpellier.

Elle est à la tête de son *Art de guérir les Playes* : Paris, 1754, in-12.]

46165. ☞ Remarques historiques & littéraires sur *Guy de Chauliac*, qui vivoit vers l'an 1360.

Dans les *Mém. sur la Faculté de Montpellier*, par M. Astruc, pag. 185.]

46166. ☞ Histoire abrégée de la Vie & des Ouvrages de Jean *Hamon*, Médecin de Paris ; mort en 1687.

Dans le *Dictionnaire de Moréri*, dernier Supplément, & dans l'Edition de 1759. Nous avons indiqué ci-devant, Tome I. N.° 4751, quelques Ouvrages sur la Vie de ce pieux & sçavant Médecin.]

46167. ☞ Notice historique d'Augier d'*Harambourg*, Docteur en Médecine & Professeur Royal en Mathématiques ; par Cl. Pierre Goujet.

Dans son *Mém. sur le Collège Royal*, in-12. tom. III. pag. 53. Ce Médecin est mort en 1565.]

46168. ☞ Eloge du Docteur Jean-Baptiste *Hatté*, Médecin de Paris.]

Dans la *Gazette de Médecine*, num. LII*, du 29 Décembre 1761.

Le même, plus ample, entre les mains de l'Auteur, M. Beaucousin, Avocat au Parlement, son beau-frère ; avec la Notice des Ouvrages & des Manuscrits de M. Hatté.]

46169. ☞ Eloge de Philippe *Hecquet*, Médecin de Paris ; par (Cl. Pierre) Goujet.

Dans la *Bibliothèque Françoise* de du Sauzet : *Amsterdam*, tom. XXVIII. Le Docteur Hecquet est mort en 1737.]

46170. ☞ Histoire de la Vie & des Ouvrages du même.

Dans les *Mémoires* du Père Niceron, tom. XLI. pag. 83. Elle est aussi de M. l'Abbé Goujet.]

46171. ☞ Vie du même ; par M. (Ch. Hugues) le Febvre de Saint-Marc : *Paris*, 1740, in-12.

Cette Vie de M. Hecquet est plus ample que les précédentes, ayant été augmentée sur des Mémoires Manuscrits. Elle a été ensuite retouchée par l'Auteur, & mise à la tête de la seconde Edition de la *Médecine des pauvres*, par M. Hecquet : *Paris*, 1742, in-12. 3 vol.]

46172. ☞ Eloge de Jean *Hellot*, Chimiste, &c. par M. de Fouchy. *Hist. de l'Acad. des Sciences*, Année 1766, pag. 167.]

46173. ☞ Eloge de Jean-Claude-Adrien *Helvétius*, Médecin ; par M. de Fouchy. *Hist. de l'Académie des Sciences*, Année 1755, pag. 161.

Cet Eloge se trouve aussi dans le Recueil des *Eloges* publiés in-12. par le même, tom. I. pag. 384.]

46174. ☞ Eloge de Louis-Antoine Prosper *Hérissant*, Membre de l'Académie de Béziers & de la Société des Sciences d'Auxerre, Bachelier de la Faculté de Médecine de Paris : 1769, in-8.

C'est un Extrait des Lettres à un Médecin de Province, pour servir à l'Histoire de la Médecine, &c. *in-8*, par M. Goulin, Médecin.]

46175. ☞ Autre Eloge du même ; (par M. Ch. Jacq. Louis Coquereau, Médecin de Paris :) *Paris*, 1771, in-8.

Cet Eloge est à la tête de la *Bibliothèque Physique de la France*, ou *Liste*, &c. Paris, J. Th. Hérissant, 1771, in-8. (qui est un Extrait du Tome I. de notre Bibliothèque.) On a tiré à part quelques Exemplaires de cet Eloge.]

46176. ☞ Eloge de Guillaume *Homberg*, Chimiste, de l'Académie Royale des Sciences ; par Bernard de Fontenelle.

Dans [l'*Hist.* de cette Académie, Année 1715, p. 82,] au Tome II. de l'*Hist. de son Renouvellement*, in-12. pag. 307, [& dans les *Œuvres* de M. de Fontenelle.]

46177. ☞ Histoire du même ; par Antoine Saverien.

Dans ses *Philosophes modernes*, tom. VII. pag. 173.]

46178. ☞ Notice historique d'Etienne *Hubert*, Médecin ordinaire du Roi, & Professeur Royal en Arabe, (mort en 1616 ;) par Cl. Pierre Goujet.

Dans son *Mém. sur le Collège Royal*, in-12. tom. III. pag. 265.]

46179. ☞ Eloge de François-Joseph *Hunauld*, Médecin, & de l'Académie des Sciences, par M. de Mairan. *Histoire de l'Acad. des Sciences*, Année 1742, p. 206.

Et dans le Recueil in-12. des *Eloges*, par le même, pag. 235.]

46180. ☞ Histoire de Frère *Jacques*, Lithotomiste ; par M. le Vacher : *Besançon*, 1756, in-12. de 94 pages.

Elle se trouve aussi imprimée dans le Tome X. de la

Vies des Médecins François, Chirurgiens, &c.

la *Bibliothèque de Médecine*, 1770, *in-4*. *Voyez* à son sujet l'*Année Littéraire*, 1757, tom. III. pag. 314.]

46181. ☞ Eloge de Gabriel *Jars*, Chimiste ; par M. DE FOUCHY. *Hist. de l'Acad. des Sciences*, Année 1769, pag. 173.]

46182. ☞ Notice historique d'Augustin-François *Jault*, Médecin de la Faculté de Besançon, & Professeur Royal en Langue Syriaque ; par Cl. Pierre GOUJET.

Dans son *Mém. sur le Collège Royal*, *in-12*. tom. III. pag. 452. M. Jault est mort en 1757.]

46183. ☞ Mf. Vie d'Augustin-François Jault, natif d'Orgelet en Franche-Comté, Professeur Royal à Paris en Langue Syriaque & Hébraïque ; par M. le Président DE COURBOUZON, Secrétaire perpétuel de l'Académie de Besançon.

Cette Vie est conservée dans les Registres de cette Académie.]

46184. ☞ Eloge de Pierre *Icher*, Médecin de Montpellier, mort en 1713 ; par M. GAUTERON.

Dans le Tome I. des *Mémoires de la Société Royale de Montpellier*, *in-4*. pag. 255.]

46185. ☞ Histoire de la Vie & des Ouvrages de Laurent *Joubert*, Médecin de Montpellier ; par le Père NICERON.

Dans ses *Mémoires*, &c. tom. XXXV. pag. 70. Joubert est mort en 1582.

On peut voir encore le *Dictionnaire* de BAYLE.]

46186. ☞ Notice historique du même ; par M. ASTRUC.

Dans ses *Mémoires sur la Faculté de Montpellier*, pag. 243.]

46187. ☞ Notice historique de Pierre *Joyeux*, Médec. de Poitiers ; par M. DREUX DU RADIER.

Dans sa *Bibliothèque du Poitou*, tom. III. pag. 71. Ce Médecin est mort en 1600.]

46188. ☞ Notice historique d'Arnoul de l'*Isle*, Médecin de Paris, & Professeur Royal en Arabe ; par Cl. Pierre GOUJET.

Dans son *Mém. sur le Collège Royal*, *in-12*. tom. II. pag. 259. Ce De l'Isle étoit de Clèves ; mais il passa la plus grande partie de sa vie en France, & fut même envoyé pour diverses Négociations à Maroc : il mourut à Paris en 1613.]

46189. ☞ Eloge d'Antoine *Jussieu*, Médecin de Paris, de l'Académie des Sciences ; par M. DE FOUCHY.

Dans l'*Hist.* de cette Académie, Année 1758, p. 115.]

46190. ☞ Notice historique de Jacques *Lætus* ou *Lets*, Professeur Royal en Médecine ; par Cl. Pierre GOUJET.

Dans son *Mém. sur le Collège Royal*, *in-12*. tom. III. pag. 106. Lætus est mort en 1628.]

46191. ☞ Eloge de M. *Larchevesque*, Docteur en Médecine, & de l'Académie de Rouen.

Il est imprimé à la tête du Catalogue de sa Bibliothèque : *Paris*, 1749, *in-8*.]

46192. ☞ Notice historique de François de S. Vertunien *Lavau*, Médecin de Poitiers ; par M. DREUX DU RADIER.

Dans la *Bibliothèque du Poitou*, tom. III. pag. 150. Ce Médecin est mort en 1608.]

46193. ☞ Notice historique sur André du *Laurens*, premier Médecin du Roi, mort en 1609 ; par M. ASTRUC.

Dans ses *Mémoires sur la Faculté de Montpellier*, pag. 247. On y relève les erreurs insérées dans Moréri, d'après Guy Patin.]

46194. ☞ Eloge de Nicolas *Lemery* (père,) Chimiste & de l'Académie Royale des Sciences ; par Bernard DE FONTENELLE.

Dans [l'*Hist.* de cette Académie, *in-4*. Année 1715, pag. 73, dans] l'*Hist. de son Renouvellement*, *in-12*. tom. II. pag. 279, [& dans les *Œuvres* de M. de Fontenelle.]

46195. ☞ Histoire de la Vie & des Ouvrages du même ; par le P. NICERON.

Dans ses *Mémoires*, &c. tom. IV. pag. 212, & tom. X. part. 2. pag. 142.]

46196. ☞ Histoire du même ; par Antoine SAVERIEN.

Dans ses *Philosophes modernes*, tom. VII. p. 129.]

46197. ☞ Eloge de Louis *Lemery*, (fils,) Médecin ; par M. DE MAIRAN. *Histoire de l'Acad. des Sciences*, Année 1743, p. 195.

Et dans le Recueil *in-12*. des *Eloges* par le même, pag. 314. C'est le dernier que M. de Mairan ait fait.]

46198. ☞ Eloge d'Alexis *Littre*, Médecin & Anatomiste ; par Bernard DE FONTENELLE. *Hist. de l'Académie des Sciences*, Année 1725, pag. 129.

Et dans les *Œuvres* de M. de Fontenelle.]

46199. Portrait de Charles de *Lorme*, premier Médecin de trois de nos Rois, & Ambassadeur à Clèves pour le Duc de Nevers ; par Michel DE SAINT-MARTIN, Docteur en Théologie de l'Université de Rome.

Ce Portrait de Charles de Lorme, mort en 1678, est imprimé avec un Recueil de *Remèdes faciles & éprouvés* par M. de Lorme : *Caen*, 1683, *in-12*.

46200. ☞ Notice historique du même ; par M. ASTRUC.

Dans ses *Mémoires sur la Faculté de Montpellier*, pag. 363.]

46201. ☞ Eloge de Henri-Jacq. *Macquart*, Médecin de Paris ; par M. FRANÇOIS.

Dans le *Nécrologe* qui a paru en 1770, pag. 175. M. Macquart est mort en 1768.]

46202. ☞ Notice historique de Jean *Maignien*, Médecin de Paris, & Professeur Royal de Mathématiques & de Médecine ; par M. Cl. Pierre GOUJET.

Dans son *Mém. sur le Collège Royal*, *in-12*. tom. II. pag. 52, & III. pag. 30. Ce Médecin est mort en 1556. On en sçait peu de chose.

☞ « Jean Maignen étoit du Diocèse de Troyes. » Il fut reçu Bachelier en 1546, & Docteur en 1548. » Il y avoit pour lors dans la Faculté un autre Maignen,

Tome IV. Part. I.

» nommé *Eloy*, qui fut reçu Docteur en 1540 ». M. Pajon.]

46203. ☞ Eloge de M. Pierre *Magnol*, Médecin de Montpellier, mort en 1715; par M. GAUTERON.

Dans le Tome I. des *Mémoires de la Société Royale de Montpellier*, in-4. pag. 260.]

46204. ☞ Notice historique du même; par M. ASTRUC.

Dans ses *Mémoires sur la Faculté de Montpellier*, pag. 274.]

46205. ☞ Notice historique de Paul le *Maistre*, Professeur Royal en Médecine; par Cl. Pierre GOUJET.

Dans son *Mém. sur le Collège Royal*, in-12. tom. III. pag. 68. Ce Médecin est mort après l'an 1600. On n'en sçait que peu de chose.]

46206. ☞ Eloge de Jean *Malaval*, Chirurgien; lu à l'Académie de Chirurgie; par M. (Sauveur) MORAND, (Chirurgien & Secrétaire de cette Société.)

Dans l'*Année Littéraire*, 1759, tom. II. pag. 341.]

== ☞ Eloge du même; par M. LOUIS.

Ci-dessus, N.º 46029.]

46207. ☞ Notice historique sur Siméon de *Malmedy*, Médecin de Paris, & Professeur Royal en Philosophie & en Eloquence; par le même.

Dans son *Mém. sur le Collège Royal*, in-12. tom. II. pag. 202. Malmedy est mort en 1584.]

46208. ☞ Remarques sur *Mandeville*, ou Mondeville, nommé aussi Amondeville & Hermundaville, Médecin-Chirurgien de Philippe IV. Roi de France, vers l'an 1300.

Dans le *Dictionnaire* de Prosper MARCHAND.]

46209. ☞ Eloge de Jean-Jacques *Manget*, Médecin.

Il est imprimé dans les *Mémoires de Trévoux*, 1743, Juin.]

46210. ☞ Eloge de Georges *Mareschal*, premier Chirurgien du Roi LOUIS XV.

Il est imprimé dans les *Mémoires de Trévoux*, 1737, Novembre.]

46211. ☞ Eloge historique du même, prononcé dans une Assemblée de la Société Académique de Chirurgie; par M. (Sauveur) MORAND, Chirurgien, (& Secrétaire de ladite Société;) Paris, Guérin, 1737, in-4.

Cet Eloge est aussi imprimé Tome II. des *Mém. de l'Académie de Chirurgie*, pag. xxxj. M. Mareschal est mort le 13 Décembre 1736.]

46212. Elogium Michaelis *Marescotti*, Doctoris Medici Parisiensis : Papirio MASSONO Auctore.

46213. La Vie de Michel Marescot, écrite par Théodore GODEFROY.

Cet Eloge & cette Vie de Michel Marescot, mort en 1605, sont imprimés pag. 596 & 601 des *Opuscules* de Loisel : *Paris*, 1652, in-4.

☞ Il fut Médecin ordinaire du Roi, & Doyen » de la Faculté en 1605. Son Portrait se voit dans les » Ecoles ». M. Pajon.]

46214. ☞ Eloge de François-Nicolas *Marquet*; par M. (Pierre-Joseph) BUCHOZ, Doyen des Médecins de Nancy.

Il est imprimé dans la Nouvelle Edition de la « Méthode pour apprendre par les Notes de la Musique à » connoître le pouls de l'homme ». M. Marquet étoit né à Nancy en 1687, & il y est mort en 1759.]

46215. ☞ Notice historique de Jean *Martin*, Médecin de Paris, Professeur Royal en Médecine; par Cl. Pierre GOUJET.

Dans son *Mém. sur le Collège Royal*, in-12. tom. III. pag. 57. Jean-Martin, (qui fut Médecin ordinaire du Roi,) est mort en 1604.]

46216. ☞ Notice historique de Jean *Martin*, Médecin de Paris & Professeur Royal en Arabe; par le même.

Dans le même Volume, pag. 269. Ce Jean Martin est différent du précédent, & il est mort après l'an 1616. Il étoit de Troyes, & l'autre étoit né à Paris.]

46217. ☞ Ms. Eloge de M. *Martin*, Chimiste, de la Société Littéraire d'Auxerre; par Mathurin LE PÈRE, Secrétaire.

Dans les Registres de cette Société.]

46218. ☞ Notice historique de Jean *Maziles*, premier Médecin de Charles IX; mort en 1578; par M. ASTRUC.

Dans ses *Mémoires sur la Faculté de Montpellier*, pag. 350.]

46219. ☞ Eloge de Jean *Méry*, Chirurgien & Anatomiste; par Bernard DE FONTENELLE.

Dans l'*Hist. de l'Acad. Royale des Sciences*, Année 1722, pag. 129, & dans les *Œuvres* de M. de Fontenelle.]

46220. ☞ Histoire de la Vie & des Ouvrages du même; par le P. NICERON.

Dans ses *Mémoires*, &c. tom. IX. pag. 360.]

46221. ☞ Histoire de la Vie & des Ouvrages d'Hippolyte-Jules Pilet de la *Mesnardière*; par le même.

Dans ses *Mémoires*, &c. tom. XIX. pag. 160. Ce Médecin est mort en 1663.]

46222. ☞ Notice historique du même; par M. DREUX DU RADIER.

Dans sa *Bibliothèque du Poitou*, tom. IV. pag. 68.]

46223. ☞ Eloge de Julien Offray de la *Mettrie*, Médecin; par (FRÉDÉRIC,) Roi de Prusse : 1752, in-12.

Ce Médecin est mort à Berlin en 1751.]

46224. ☞ Jacobi CAHAGNESII, de morte Nicolai *Michaelis*, Oratio funebris : *Cadomi*, Bassus, 1597, in-4.

46225. ☞ Notice historique de Pierre *Milon*, Médecin de Poitiers; par M. DREUX DU RADIER.

Dans sa *Bibliothèque du Poitou*, tom. III. pag. 219. Ce Médecin est mort en 1616.]

46226. ☞ Histoire de la Vie & des Ouvrages d'Antoine *Mizauld*; par le P. NICERON.

Dans ses *Mémoires*, &c. tom. *XL*. pag. 200. Mizauld est mort en 1578.]

46227. ☞ In obitu V. C. Jacobi *Molin*, Regi à Consiliis Medicis Hendecasyllabum. Aut. DE LAVARDE, Canonico sancti Jacobi ab Hospitio Parisiensi.

Dans les *Mém. de Trévoux*, 1755, *Juillet*, *p*. 1907-1910.]

46228. ☞ Eloge historique de M. (Jacques) Molin, Médecin Consultant du Roi, &c. (mort en 1755:) *Paris*, 1761, (sans nom d'Imprimeur, &c.) *in-8*. de 29 pages.

L'Auteur est J. B. Louis CHOMEL, Docteur en Médecine, & ancien Doyen de la Faculté de Paris. *Voyez* les *Mém. de Trévoux*, 1761, *Avril*, Vol. II. pag. 1101-1114.]

46229. ☞ Mf. Eloge de Pierre-Paul *Molinelli*, Professeur d'Anatomie & de Chirurgie à Bologne (en Italie,) Associé Etranger de l'Académie Royale de Chirurgie, mort le 9 Octobre 1764; par M. (Antoine) LOUIS, Secrétaire de cette Académie.

Il est entre les mains de l'Auteur, & sera mis dans la Suite des Mémoires de ladite Académie.]

46230. ☞ Elogium Henrici *Monantholii*, Doctoris Medici, & Mathematum Professoris Regii; Auctore Nicolao GOULU.

☞ Cet Eloge de Monantheuil (mort en 1606) fait partie d'un petit Recueil intitulé: *Epitaphium in æde san-Benedictinâ appendednum*, &c. (sans nom d'Imprimeur,) 1650, *in-fol*. de 22 pages, 1 Signature, & 23 de la 2. C'est une espèce de Mausolée que Nic. Goulu élève à la mémoire de ses parens, tant paternels, que maternels, sçavoir au Poëte Dorat, aux Monantheuils, au P. Goulu, Général des Feuillans & autres. L'Article de Henri de Monantheuil se trouve *pag*. 8-10 de la 1 Signature, & l'on voit un Catalogue de ses Ouvrages, tant manuscrits qu'imprimés, *pag*. 1-3 de la 2 Signature.]

46231. ☞ Histoire de la Vie & des Ouvrages du même Henri de Monantheuil; par le P. NICERON.

Dans ses *Mémoires*, &c. tom. *XV*. pag. 45.]

46232. ☞ Notice historique du même; par Cl. Pierre GOUJET.

Dans son *Mémoire*, &c. *sur le Collège Royal*, *in-12*. tom. II. pag. 83.]

46233. ☞ Funebris Oratio Joannis de *Monstrœil*, Doctoris & Professoris Scholæ Medicæ Parisiensis celeberrimi, & primi Principis (Condæi) Medici; habita in Scholis Medicorum die Octobris XIV. ann. 1647; à Carolo LE BRETON, Doctore Medico: *Parisiis*, Cramoisy, 1647, *in-4*. & *in-8*.]

46234. ☞ Notice historique de Jean de *Montreuil* ou de Monstrœil, Professeur Royal en Médecine, par Claude-Pierre GOUJET.

Dans son *Mém. sur le Collège Royal*, *in-12*. tom. *III*. pag. 163.]

Tome IV. Part. I.

46235. ☞ Elogium Martini *Moreau*, Doctoris Medici Parisiensis; Auctore Renato MOREAU.

Cet Eloge de Martin Moreau, est imprimé au-devant de son Ouvrage intitulé: *Prælectiones in Librum Hippocratis de morbis internis*: *Parisiis*, 1657, *in-4*.

46236. ☞ Histoire de la Vie & des Ouvrages de René *Moreau*; par le P. NICERON.

Dans ses *Mémoires*, &c. tom. *XXXIV*. pag. 296. Ce sçavant Médecin est mort le 17 Octobre 1656. Son corps fut inhumé le 19 à S. Jean-en-Grève, la Faculté présente, suivant l'usage.]

46236.* ☞ Notice historique du même; par Cl. Pierre GOUJET.

Dans son *Mém. sur le Collège Royal*, *in-12*. tom. *III*. pag. 153.]

46237. ☞ Notices historiques de Jean-Baptiste & J. B. René *Moreau*, (frères,) Professeurs Royaux en Médecine; par Claude-Pierre GOUJET.

Dans son *Mém. sur le Collège Royal*, *in-12*. tom. *III*. pag. 194 & *suiv*. J. B. Moreau est mort en 1693. Son frère paroît avoir moins vécu.]

46238. ☞ La Vie de Me Jean-Baptiste *Morin*, natif de Villefranche en Beaujolois, Docteur en Médecine & Professeur Royal aux Mathématiques à Paris, &c. *Paris*, Hénault, 1660, *in-12*.

J. B. Morin est mort en 1656.]

46239. ☞ Ejusdem Vita.

Au-devant de son *Astrologia Gallica*: *Parisiis*, 1661; *in-fol*.]

46240. ☞ Histoire de la Vie & des Ouvrages du même; par le P. NICERON.

Dans ses *Mémoires*, &c. tom. *III*. pag. 86.]

46241. ☞ Notice historique du même; par Cl. Pierre GOUJET.

Dans son *Mém. sur le Collège Royal*, *in-12*. tom. *II*. pag. 137.]

46242. ☞ Eloge de Louis *Morin*, Médecin & Botaniste, de l'Académie Royale des Sciences; par Bernard DE FONTENELLE.

Dans [l'*Hist.* de cette Académie, Année 1715,] au tom. II. de l'Hist. de son Renouvellement, *pag*. 265, [& dans les Œuvres de M. de Fontenelle.]

46243. ☞ Histoire de la Vie & des Ouvrages du même; par le P. NICERON.

Dans ses *Mémoires*, &c. tom. *XII*. pag. 96.]

46244. ☞ Nicolai *Morini*, Medici Parisini, Panegyris seu agon studii Iatrici Parisiensis, heroico carmine designatus, in Lib. II. divisus: *Parisiis*, 1657, *in-4*.]

46245. ☞ Histoire de la Vie & des Ouvrages de Nicolas de *Nancel*; par le Père NICERON.

Dans ses *Mémoires*, &c. tom. *XXXIX*. pag. 288. Ce Médecin demeuroit à Tours, & il mourut à Fontevrault en 1610.]

46246. ☞ Mf. Vie du même, & Notice

P 2

exacte de ses Ouvrages ; par M. BEAU-
COUSIN.

Dans son Histoire manuscrite de Noyon, indiquée
ci-devant, Tome III. N.° 34892. Nancel étoit de Tracy,
petit Village près de Noyon : ce qui fait qu'il s'appelloit
Nancelius Trachyenius Noviodunensis.]

== ☞ Eloge de Gabriel *Naudé*, mort en
1653.

Ci-devant, Tome I. N.ºs 11317 & 11318.]

46247. ☞ Histoire de la Vie & des Ouvrages du même ; par le P. NICERON.

Dans ses *Mémoires*, &c. tom. IX. pag. 76, & X.
part. 1. pag. 187. Naudé est mort en 1653.]

46248. ☞ Vie du même ; par Jacques-Georges DE CHAUFEPIÉ.

Dans son *Dictionnaire historique & critique.*]

46249. ☞ Eloge de Pierre *Nissole*, Médecin de Montpellier, & célèbre Botaniste.

Dans la Relation de l'Assemblée publique de la Société Royale de Montpellier, imprimée en 1736, *in*-4.
Nissole est mort en 1733.]

46250. Brief Discours sur la Vie de Michel *Nostradamus*, (Conseiller & Médecin ordinaire des Rois Henri II. François II & Charles IX.) par Jean Aimes DE CHAVIGNY.

Ce Discours sur Nostradamus, mort en 1566, se
trouve avec le Livre de Chavigny, intitulé : *La première face du Janus François* : *Lyon*, Roussin, 1599,
in-4. [Le P. le Long n'avoit mis Nostradamus qu'avec
les Poëtes, à cause de ses Prédictions astrologiques écrites en Vers.]

46251. Vie du même, Apologie & Histoire,
& les Eloges que plusieurs personnes lui ont
donnés ; par Etienne JAUBERT, Docteur
en Médecine : *Amsterdam*, [1656,] 1668,
in-12. *Cologne*, 1669, *in*-8.

Les mêmes Pièces sont aussi imprimées avec la Concordance des Prophéties de Nostradamus : *Paris*, Morel, 1693, *in*-12.]

46252. ☞ Abrégé de la Vie de Michel
Nostradamus, suivie d'une nouvelle Découverte de ses Quatrains ; par le Sieur Palamèdes TRONC DE CONDOULET, de la Ville
de Sallon, (où est mort Nostradamus :) *in*-4.
(sans frontispice,) de 12 pages.]

46253. Vie du même ; par Pierre-Joseph DE
HAITZE : *Aix*, David, 1711, *in*-12.

Cet Auteur dit dans sa Préface, « qu'il entreprend
» de donner cette Vie, & que ce qui le flatte qu'elle
» pourra être bien reçue, c'est qu'on y verra beaucoup
» d'importantes omissions réparées, & plusieurs considérables redressemens faits ».

46254. ☞ Lettres sur la personne & sur les
Ecrits de Michel Nostradamus. *Mercure*,
1724. *Août & Novembre.*]

46255. ☞ Notice historique de Michel
Nostradamus, Médecin ; par M. ASTRUC.

Dans ses *Mém. sur la Faculté de Montpellier*, p. 311.]

46256. ☞ Lettre de M. (Victor) *Pallu*,
(Médecin de Paris,) à un de ses amis, sur
la manière dont Dieu l'avoit touché & lui
avoit inspiré l'amour de la retraite (en
1643.)

Elle est imprimée *pag.* 189 du *Recueil de plusieurs
Pièces pour servir à l'Histoire de Port-Royal* : *Utrecht*,
1740, *in*-12. On peut voir encore *pag.* 212, ce qui est
dit de M. Pallu, qui mourut en 1650, à Port-Royal
des Champs, après avoir servi avec le plus grand zèle
pendant huit ans les pauvres des environs, & les Religieuses de ce Monastère. Il y eut pour successeurs MM.
Hamon, Dodart & Hecquet.]

46257. ☞ Eloge de Guy *Patin*, Médecin de
Paris.

Ce Médecin est mort en 1672. Son Eloge est au-devant du Tome I. de ses *Lettres choisies* : *Genève*, 1691,
in-12.

46258. ☞ Histoire du même ; par Pierre BAYLE.

Dans son *Dictionnaire historique & critique.*

☞ Il y faut joindre ce qui est dit *pag.* 583 *& suiv.*
des *Remarques critiques* de *l'Abbé Philippe - Louis*
JOLY : (*Paris & Dijon*, 1752,) *in-fol.*]

46259. L'Esprit de Guy Patin, avec son Portrait historique : *Amsterdam*, 1710, *in*-12.

46260. ☞ Notice historique du même ; par
Cl. Pierre GOUJET.

Dans son *Mém. sur le Collège Royal*, *in*-12. tom. III.
pag. 176.]

46261. ☞ Mss. Mémoires sur Guy Patin ;
par M. DESMERY, Docteur en Médecine
& de l'Académie d'Amiens.

Dans les Registres de cette Académie.]

46262. ☞ Histoire de la Vie & des Ouvrages de Charles *Patin*; (fils du précédent;)
par le P. NICERON.

Dans ses *Mémoires*, &c. tom. II. pag. 214, & X.
part. 1, pag. 90, & part. 2, pag. 115 & 293.
Charles Patin étoit Docteur en Médecine à Paris ;
mais étant sorti de France, il devint Professeur de Médecine à Padoue, où il est mort en 1693.
Nicolas-Comnène Papadoli, dans son *Lyceum Patavinum* ou *Hist. Collegii Patavini*, parle de lui assez au
long, & rapporte une partie de la Vie de Charles PATIN,
écrite par lui-même. L'Article suivant en est l'Abrégé.]

46263. ☞ Remarques sur Charles Patin,
contenant diverses particularités des premières années de sa vie ; par François-Denys CAMUSAT.

Dans l'*Hist. critique des Journaux*, tom. I. pag. 202 :
Amsterdam, 1734, *in*-12.]

46264. ☞ Histoire de Jean *Pecquet*, Médecin, mort en 1674 ; par Jacques-Georges DE CHAUFEPIÉ.

Dans son *Dictionnaire historique & critique.*]

46265. ☞ Bartholomæi Perdulcis (*Perdoulx*,) Medici Parisiensis, Elogium ; à Jacobo MENTELIO : 1611, *in*-4.]

46266. * Vita (ejusdem) ex Libro Renati
MORÆI, Doctoris Medici, de illustribus
Medicis Parisiensibus.

Cette Vie est à la tête du Livre de Perdulcis, intitulé : *Universa Medicina : Parisiis*, Hénault, 1630,
in-4.

☞ Il y a une famille de Perdoulx connue dans l'Or-

Jéanois. Le Médecin dont il est ici question, étoit né à Bouillon.]

46267. ☞ Eloge de Claude *Perrault*, Physicien, &c. de l'Académie des Sciences, mort en 1688.

Dans le VIII*e* *Journ. des Sçav.* de cette année.]

46268. Eloge du même ; par Henri BASNAGE DE BEAUVAL.

Dans son *Hist. des Ouvr. des Sçavans*, Art. 8, Novembre 1688.

46269. Eloge du même ; par Charles PERRAULT, son frère.

Dans le *tom. I. de ses Eloges*, pag. 67.

46269.* ☞ Histoire du même ; par le Père NICERON.

Dans ses *Mémoires*, &c. tom. *XXXIII*. pag. 258.]

46270. ☞ Eloge de Jean-Louis *Petit*, Chirurgien.

Dans le *Journ. des Sçavans*, 1750, *Novembre*.]

46271. ☞ Autre Eloge du même ; par M. (Antoine) LOUIS, Chirurgien : *Paris*, 1750, *in*-4.

Cet Eloge se trouve aussi dans le Tome II. des *Mém. de l'Acad. de Chirurgie*, pag. lxj).]

46272. ☞ Eloge de Jean-Louis Petit, Chirurgien & Anatomiste ; par M. DE FOUCHY. *Hist. de l'Acad. des Sciences*, Année 1750, *pag.* 191.

Et dans le Recueil *in*-12. des Eloges par le même, tom. I. pag. 123.]

46273. ☞ Eloge du même ; par M. (Antoine) LOUIS.

Imprimé d'abord : *Paris*, le Mercier, 1750, *in*-4; & ensuite dans le Tome II. des *Mém. de l'Acad. Royale de Chirurgie*, pag. xlj.]

46274. ☞ Eloge de M. *Petit*, Chirurgien, (fils du précédent,) mort en 1737 ; par M. Sauveur MORAND.

Dans le Tome II. des *Mém. de l'Acad. de Chirurgie*, pag. xliij.]

46275. Eloge de Pierre *Petit*, Parisien, Médecin de Montpellier (& Littérateur.)

L'Eloge de ce Médecin, mort en 1687, est imprimé dans le huitième *Journal des Sçavans* de 1688.

46276. Epistola Claudii NICASII, Divionensis, de Petri Petiti obitu.

Cette Lettre de l'Abbé Nicaise, mort en 1701, est imprimée avec les Dissertations Latines de Pierre Petit : *Trajecti*, 1689, *in*-8.

46277. ☞ Histoire de sa Vie & des Ouvrages du même ; par le P. NICERON.

Dans ses *Mémoires*, &c. tom. *XI*. p. 66, & *XX*. p. 9.]

46278. ☞ Remarques sur le même Pierre Petit ; par Jacques-Georges DE CHAUFEPIÉ.

Dans son *Dictionnaire historique & critique*.]

46279. Eloge de François de Pourfour du *Petit*, Médecin & Anatomiste ; par Jean-Jacques Dortous DE MAIRAN.

Dans l'*Hist. de l'Acad. des Sciences*, Ann. 1741, pag. 169, & dans le Recueil des *Eloges* par M. de Mairan : (*Paris*, Durand, 1747, *in*-12. pag. 1-36.]

46280. ☞ Eloge de François de la *Peyronie*, Anatomiste & premier Chirurgien du Roi ; par M. DE FOUCHY.

Dans l'*Hist. de l'Acad. des Sciences*, Ann. 1747 ; pag. 130, & dans le Recueil *in*-12. des *Eloges* par M. de Fouchy, tom. I. (*Paris*, Brunet, 1761,) p. 33.]

46281. ☞ Autre Eloge du même ; par M. Sauveur MORAND.

Dans le Tome II. des *Mém. de l'Acad. de Chirurgie*, (dont il avoit procuré l'établissement,) pag. xlix.]

46282. ☞ Eloge du même ; par Etienne-Hyacinthe DE RATTE, Secrétaire de la Société Royale de Montpellier.

Dans l'Extrait de l'Assemblée de cette Société, du 8. Mai 1749, *in*-4.]

46283. ☞ Lettre de MM. PEYSSONNEL à Son Excellence Monseigneur le Duc d'Escalonne, du 19 Février 1721, sur la mort de M. Charles *Peyssonnel*, Doyen des Médecins de Marseille : *in*-12.]

46284. ☞ Notice historique de Jean & François *Pidoux*, Médecins de Poitiers ; par M. DREUX DU RADIER.

Dans sa *Bibliothèque du Poitou*, tom. *III*. pag. 173 ; & *IV*. pag. 62. Le premier est mort en 1610, & le second en 1662.]

46285. Elogium Simonis *Pietræi*, Parisiensis, Doctoris Medici ; Auctore Papirio MASSONO.

L'Eloge de Simon Piètre, mort en 1618, n'est point de Masson, mais de Guy PATIN, selon Colomiez, *p*. 82, de ses *Mélanges historiques : Orange*, 1675 ; & *p*. 82 ; *Utrecht*, 1682, *in*-12. Cet Eloge est imprimé pag. 93 des Opuscules de Loisel : *Paris*, 1652, *in*-4.

46286. ☞ Notice historique du même Simon *Piètre*, Professeur Royal en Médecine ; par Cl. Pierre GOUJET.

Dans son *Mémoire sur le Collège Royal*, *in*-12. tom. *III*. pag. 81.

On lit à son sujet, dans les Registres de la Faculté, Liste Académique de l'année 1637. « Obiit vir maximus & numquam satis laudatus, die 24 Junii 1618. » Placidè quiescat vir incomparabilis ». M. Pajon.]

46287. ☞ Histoire de la Vie & des Ouvrages de Severin *Pineau*, Chirurgien ; par le P. NICERON.

Dans ses *Mémoires*, &c. tom. *XVIII*. pag. 346. Ce fameux Chirurgien est mort en 1619.

On peut voir encore ce que BAYLE en a dit dans son *Dictionnaire*.]

46288. ☞ Eloge & Notice des Ouvrages de François *Planque*, Docteur en Médecine.

A la tête du tom. *X*. *in*-4. de la Bibliothèque de Médecine, & à la tête du *tom. XXVII. in*-12. de la dernière Edition du même Recueil, donnée par M. Goulin, Médecin.]

☞ Histoire de Charles *Plumier*, Minime & célèbre Botaniste ; par le P. NICERON.

Dans ses *Mémoires*, &c. tom. *XXXIII*. pag. 198. Le P. Plumier est mort en 1704. On en a déja parlé au Tome I.]

46289. ☞ Histoire de Charles le *Pois*, Médecin de Lorraine ; par Jacques-George DE CHAUFEPIÉ.

Dans son *Dictionnaire historique & critique*. Le sçavant Boerhave appelle le Pois (qui se nommoit en Latin *Piso*,) le Prince des Observateurs en Médecine : il est mort à Nancy en 1633.]

46290. Eloge de Martin *Poli*, de Lucques en Italie, Chimiste [& Associé Etranger] de l'Académie des Sciences ; par Bernard DE FONTENELLE.

Dans [l'*Hist*. de cette Académie, *in*-4. Ann. 1714,] au *tom. II*. de l'Hist. de son Renouvellement, *p*. 242, [& dans les Œuvres de M. de Fontenelle.]

46291. ☞ Notice historique de Pierre *Ponçon*, Médecin de Paris & Professeur Royal en Anatomie, Botanique & Pharmacie ; par Cl. Pierre GOUJET.

Dans son *Mémoire sur le Collège Royal, in-*12. *tom. III. pag*. 86. Ponçon est mort en Juillet 1603.]

46292. Eloge de François *Poupart*, Médecin & Botaniste, de l'Académie Royale des Sciences ; par Bernard DE FONTENELLE.

Dans l'*Hist*. de cette Académie, Année 1708, au *tom. II*. de l'Hist. de son Renouvellement, *pag*. 65, [& dans les Œuvres de M. de Fontenelle.]

☞ *Voyez* aussi les *Mém. de Trévoux*, 1710, Janv. & le *Journal des Sçavans*, 1710, *Octobre*.]

46293. ☞ Histoire de la Vie & des Ouvrages du même ; par le P. NICERON.

Dans ses *Mémoires*, &c. *tom. XI. pag*. 269.]

46294. ☞ Eloge de François *Pousse*, Docteur en Médecine de Paris, & célèbre Praticien.

Dans la *Gazette de Médecine*, du 30 Juin 1762.]

46295. ☞ Notice historique de Germain *Préaux*, Médecin de Paris & Professeur Royal en Médecine, Chirurgie, Pharmacie & Botanique ; par Cl. Pierre GOUJET.

Dans son *Mémoire sur le Collège Royal, in-* 12. *tom. III. pag*. 199. Préaux est mort en 1740.]

46296. ☞ La Pr...ade (Procopade,) ou l'Apothéose du Docteur Pr...pe, (Michel Procope Couteaux :) *Londres*, Vaillant, 1754, *in*-12. de 69 pages.

C'est une Pièce satyrique, en vers, dont l'Auteur est M. GIRAUD, Médecin.

46297. ☞ *Simeonis Provencherii*, Medici Senonensis, Tumulus, à variis Poëtis erectus, & à J. B. ALNOLPHO collectus : *Senonis*, 1617, *in*-4.]

46298. ☞ Eloge de Nicolas *Puzos*, Chirurgien, mort en 1753.

Dans l'*Hist*. du *tom. III*. des *Mém. de l'Acad. Royale de Chirurgie*, & à la tête des Ouvrages de Puzos : *Paris*, Didot, 1759, *in*-4.]

== ☞ Histoire, &c. de François *Rabelais*, mort en 1553.

Ci-devant, Tome I. N.os 11381-11386.

Au N.° 11384, après *Rabelais moderne*, il faut lire de l'Abbé de Marsy.]

== ☞ Notice historique sur François Rabelais, Médecin de Montpellier ; par M. ASTRUC.

Dans ses *Mém. sur la Faculté de Montpellier*, *p*. 316. On y discute nombre de faits qui le concernent.]

46299. ☞ Notice historique sur François *Ranchin*, mort en 1641 ; par M. ASTRUC.

Dans ses *Mém. sur la Faculté de Montpellier*, *p*. 257.]

46300. ☞ Notice historique d'Antoine le *Rat*, Médecin de Paris, & Professeur Royal en Arabe, (mort vers 1620 ou 1630;) par Cl. Pierre GOUJET.

Dans son *Mém. sur le Collège Royal, in*-12. tom. III. *pap*. 270.]

46301. ☞ Notice historique de Théophraste *Renaudot*, Médecin ; par M. ASTRUC.

Dans le même Ouvrage, *pag*. 369. Ce Médecin, qui est le premier Auteur de la Gazette, est mort en 1653.]

46302. ☞ Autre Notice du même ; par M. DREUX DU RADIER.

Dans sa *Bibliothèque du Poitou*, tom. *IV*. *pag*. 17.]

46303. ☞ Histoire de la Vie & des Ouvrages de Pierre *Régis*, Médecin ; par le Père NICERON.

Dans ses *Mémoires*, &c. *tom. VII. pag*. 8. Ce Médecin est mort en 1726.]

46304. ☞ Eloge de Laurent *Ricome*, Médecin de Montpellier, mort en 1711 ; par M. GAUTERON.

Dans le Tome I. des *Mémoires de la Société Royale de Montpellier*, *in*-4. *pag*. 251.]

46305. ☞ Notice historique de Jean *Riolan*, Docteur en Médecine de Paris, & Professeur Royal en Anatomie & en Pharmacie ; par Cl. Pierre GOUJET.

Dans son *Mém. sur le Collège Royal*, *in*-12. *tom. III. pag*. 89. Riolan est mort en 1657. Il étoit fils d'un autre Médecin de Paris, nommé aussi Jean, mort en 1606.]

46306. ☞ Vrai Discours des Interrogatoires faits en la présence de MM. de la Cour du Parlement, par les Docteurs-Régens de la Faculté de Médecine de Paris, à Roch le Baillif, surnommé la *Rivière*, sur certains points de sa doctrine : *Paris*, l'Huillier, 1579, *in*-8.

M. Goujet dit que Monantheuil poursuivit cet Empyrique, qui par Arrêt fut obligé de quitter Paris : *Mém. sur le Collège Royal, in*-12. *tom. II. pag*. 85.]

46307. ☞ Sommaire Défense de Roch le Baillif de la Rivière, Médecin ordinaire du Roi & de M. le Duc de Mercœur, aux Demandes des Docteurs de la Faculté de Médecine de Paris : *Paris*, 1579, *in*-8.]

46308. ☞ MS. Eloge de Jean-George *Roederer*, Professeur d'Anatomie à Gottingue, Associé Etranger de l'Académie Royale de Chirurgie, mort le 4 Avril 1763 ; par M. (Antoine) LOUIS, Secrétaire de cette Académie.

Il est entre les mains de l'Auteur, & paroîtra dans la Suite des Mémoires de ladite Académie.]

46309. Vita Guilielmi *Rondeletii*, Medici, [Monspeliensis,] & Epitaphia : scripta à Laurentio JOUBERT, Delphinate, Medicinæ Doctore Monspeliensi.

Rondelet est mort en 1566. Sa Vie est imprimée au tom. *II*. des Œuvres de Joubert, mort en 1582 : *Lugduni*, 1582; *Francofurti*, 1599, *in-fol.*

46310. ☞ Histoire de la Vie & des Ouvrages du même Guillaume Rondelet ; par le Père NICERON.

Dans ses *Mémoires*, &c. tom. *XXXIII*. pag. 306.]

46311. ☞ Notice historique du même ; par M. ASTRUC.

Dans ses *Mém. sur la Faculté de Montpellier*, p. 236.]

46312. ☞ Eloge de Guillaume *Rouelle*, Chimiste ; par M. DE FOUCHY.

Dans l'*Hist. de l'Acad. des Sciences, Ann.* 1770.]

46313. ☞ Abrégé de la Vie du même.

Dans la *Galerie Françoise*, pet. *in-fol.* num. IX.]

46314. ☞ Francisco le *Sage*, Doctori Medico, Panegyricus poëticus : *Parisiis*, 1613, *in-*4.]

46315. ☞ Notices historiques de Gaucher & de Jacques de *Sainte-Marthe*, (père & fils,) Médecins de François I. & de ses Enfans ; par M. DREUX DU RADIER.

Dans sa *Bibliothèque du Poitou*, tom. *V.* pag. 84 & 129. Le premier est mort en 1551, & le second en 1587.]

46316. ☞ Vie de François *Sanchez*, Médecin de Montpellier, mort Professeur à Toulouse en 1632 ; par Raymond DELASSUS, son Disciple.

A la tête des Œuvres de Sanchez : *Toulouse*, 1636, *in-*4.]

46317. ☞ Eloge de Louis *Savot*; par François BLONDEL.

Dans les deux Editions qu'il a données de l'Architecture de Savot : *Paris*, 1673 & 1685. Ce Médecin est mort vers 1640.]

46318. ☞ Histoire de la Vie & des Ouvrages du même ; par le Père NICERON.

Dans ses *Mémoires*, &c. tom. *XXXV*. pag. 41.]

46319. ☞ Eloge de M. François Boissier de *Sauvages*, (Professeur de Médecine à Montpellier, mort en 1767 ;) par M. DE RATTE, Secrétaire de la Société Royale : *in-*4.

Il est aussi imprimé à la tête de l'Ouvrage de M. de Sauvages, intitulé : *Nosologia methodica*, 1768 ; & dans l'Appendix des Mémoires de l'Académie de Prusse : *Avignon*, 1768, *in-*4. tom. *II.* On en trouve un Abrégé assez étendu dans le *Nécrologe*, publié en 1770, *p.* 119.]

46320. Vita Julii Cæsaris *Scaligeri*, Medici ; à Justo Josepho SCALIGERO ejus filio scripta.

Scaliger le père est mort en 1558, & le fils en 1609. La Vie du premier est imprimée au-devant d'une Lettre du fils, intitulée : *De vetustate & splendore Gentis* Scaliger : *Lug. Batav.* 1594, *in-*4. & à la pag. 400 du Recueil des Vies choisies de Jean Bats : *Londini*, 1681, *in-*4.

☞ Cette Vie est encore imprimée à la tête des Epîtres de Scaliger le fils : *Lugduni-Batav.* Elzevir, 1627, *in-*8. & dans le Livre suivant, qui en est une critique sanglante.]

46321. ☞ Gasparis SCIOPPII, Scaliger hypobolimæus, hoc est Elenchus Epistolæ Josephi Burdonis seu Pseudo-Scaligeri, de vetustate & splendore Gentis Scaligeræ : *Moguntiæ*, Albinus, 1607, *in* 4.

Cet Ouvrage de Scioppius donna lieu à plusieurs autres en réponse, faits par Scaliger le fils & ses amis, Heinsius, Rutgersius, &c.]

46322. ☞ Histoire de la Vie & des Ouvrages de Jules-César Scaliger ; par le Père NICERON.

Dans ses *Mémoires*, &c. tom. *XXIII.* pag. 258. On peut voir encore les Eloges de M. de Thou.]

46323. ☞ Histoire du même ; par Jacques-George DE CHAUFEPIÉ.

Dans son *Dictionnaire historique & critique*.]

46324. ☞ Notice historique de Pierre, de Michel & de Claude *Seguin*, tous trois Médecins de Paris, & Professeurs Royaux en Médecine ; par Cl. Pierre GOUJET.

Dans son *Mém. sur le Collège Royal*, *in-*12. tom. *III.* pag. 75, 125 & 150. Pierre Seguin est mort en 1648, Michel son fils, en 1623, & Claude son neveu en 1672.

« Michel Seguin, Docteur en Médecine de Paris, » Professeur Royal, Doyen de la Faculté, mourut le 15 » Avril (1623) âgé de 28 ans. Le 26 Avril, on célébra » un Service pour lui, & ce jour M. René Moreau prononça l'Oraison funèbre du défunt. Ce Discours parut » si bien fait, qu'on fut généralement d'avis de le faire » imprimer aux dépens de la Faculté ». *Extr. des Registres*, par M. Pajon.]

46325. ☞ Mémoires pour servir à l'Histoire de la Vie de M. (Jean Baptiste) *Silva*, (Docteur en Médecine de la Faculté de Paris, mort en 1742 ;) par M. BRUHIER, Médecin : *Paris*, Durand, 1744, *in-*12. de 31 pages.

Elle se trouve aussi (sans nom d'Auteur,) à la tête des *Dissertations & Consultations* de MM. Chirac & Silva : *Paris*, Durand, 1744, *in-*12.]

== ☞ Eloge & Histoire de Samuel *Sorbière*, Médecin ; par DE GRAVEROL & NICERON.

Ci-devant, Tome I. pag. 718, Nos 11457 & 11458. Sorbière étoit né Protestant ; mais s'étant fait Catholique, il embrassa l'état Ecclésiastique ; c'est pourquoi on en a parlé ci devant. Il mourut en 1670.]

46326. ☞ Eloge de Charles *Spon*, Médecin de Montpellier, mort en 1684 ; par Pierre BAYLE.

Dans les *Nouvelles de la République des Lettres*, Article V, *Juillet*, 1684, *pag.* 499.]

46327. ☞ Histoire de la Vie & des Ouvrages du même ; par le P. NICERON.

Dans ses *Mémoires*, &c. tom. *II.* pag. 297.]

46328. ☞ Eloge de Jacques *Spon*, (fils du précédent,) Médecin & Antiquaire, mort en 1685 ; par François DE GRAVEROL.

Dans les *Nouvelles de la République des Lettres*, 1686, *Février*, *pag*. 212, & *Juin*, *pag*. 635.]

— ☞ Histoire de Hubert *Susanneau*, Docteur en Médecine, &c. mort en 1551.

Ci-après, aux *Orateurs, Philologues*, &c. On n'a de lui aucun Ouvrage de Médecine, mais seulement de Littérature.

== ☞ Vie de Jacques *Sylvius*.

Voyez ci-dessus, à *Dubois*, (Jacq.) N.° 46123 & *s*.]

46329. Eloge de Daniel *Tauvry*, Médecin de Paris & Anatomiste ; par Bernard DE FONTENELLE. *Hist. de l'Acad. Royale des Sciences, Année* 1700, *pag*. 158.

Elle se trouve aussi dans le tom. *II. in*-12. de l'Hist. du Renouvellement, &c. [& dans les Œuvres de M. de Fontenelle.]

46330. Eloge de Joseph Pitton de *Tournefort* ; par Bernard DE FONTENELLE, Secrétaire de l'Académie des Sciences.

Dans l'*Hist.* de cette Académie, Ann. 1708, p. 143, au *tom. II.* de l'Hist. de son Renouvellement, *pag.* 242, [& dans les Œuvres de M. de Fontenelle.]

46331. Lettre à M. Bégon, Intendant du Pays d'Aunis, contenant un Abrégé de la Vie de M. de Tournefort, de l'Académie Royale des Sciences, & Professeur Royal en Botanique & en Médecine ; par M. LAUTHIER : *Paris*, Huguier, 1717, *in*-4.

46332. ☞ Histoire de la Vie & des Ouvrages du même M. de Tournefort ; par le Père NICERON.

Dans ses *Mémoires*, &c. tom. *IV. pag*. 354, & *X.* part. 1. *pag*. 154.]

46333. ☞ Notice historique du même ; par Cl. Pierre GOUJET.

Dans son *Mém. sur le Collège Royal, in*-12. *tom. III.* pag. 207.]

46334. ☞ Histoire du même ; par Jacques-George DE CHAUFEPIÉ.

Dans son *Dictionnaire historique & critique*.]

46335. Eloge d'Adrien *Tuillier*, Médecin de Paris ; par le même. *Hist. de l'Académie Royale des Sciences, Année* 1702, *p.* 139.

Il se trouve aussi dans le tom. *II. in*-12. de l'Hist. du Renouvellement, &c. [& dans les Œuvres de M. de Fontenelle.]

46336. Vie de Théodore *Turquet*, Sieur de Mayerne, Docteur en Médecine.

Turquet est mort en 1655. Sa Vie se trouve dans la Préface du Traité intitulé : *Des Devoirs du Médecin*: *Londres*, 1700, *in*-4.

46337. ☞ Notice historique du même Théodore Turquet de Mayerne, premier Médecin de Jacques I. & de Charles I. Rois d'Angleterre ; par M. ASTRUC.

Dans les *Mém. sur la Faculté de Montpellier, p.* 357.]

46338. ☞ Mss. Eloge historique de M. le *Vacher*, Chirurgien Major de l'Hôpital de Besançon, &c. par M. le Marquis DE CLÉVANS, Conseiller honoraire du Parlement de Besançon, & Secrétaire perpétuel de l'Académie.

Dans les Registres de cette Académie.]

— ☞ Eloges de MM. *Vaillant*, (Jean Foy & Jean-François Foy,) père & fils, Médecins & Antiquaires.

On les trouvera ci-après, dans l'Article VI. aux *Historiens & Antiquaires*, parmi lesquels ils se sont distingués, n'ayant fait aucun Ouvrage de Médecine.]

46339. ☞ Eloge de Sébastien *Vaillant*, Botaniste.

Il est imprimé à la tête de son *Botanicon Parisiense*, publié par Boerhaave : *Lugd. Batav.* 1727, *in-fol.* Sébastien Vaillant est mort en 1722.]

46340. ☞ Histoire de la Vie & des Ouvrages du même ; par le P. NICERON.

Dans ses *Mémoires*, &c. tom. *VIII. pag*. 234, & *X*. part. 1. *pag*. 182.]

46341. ☞ Histoire du même Botaniste ; par Jacques-George DE CHAUFEPIÉ.

Dans son *Dictionnaire historique & critique*.]

46342. ☞ Notice historique de Guillaume du *Val*, Docteur en Médecine de Paris, & Professeur Royal en Philosophie ; par Cl. Pierre GOUJET.

Dans son *Mém. sur le Collège Royal, in*-12. tom. *II.* pag. 234. Guillaume Duval, qui étoit de Pontoise, est mort le 7 Septembre 1646.

« Il y a eu plusieurs sçavans Médecins de cette Fa-
» mille , qui ont fait honneur à la Faculté de Paris ».
M. Pajon.]

46343. ☞ Eloge de Louis *Valadon*, Docteur en l'Université de Médecine de Montpellier, mort en 1730 ; par M. TROUILLET, Avocat.

Cet Eloge est imprimé *pag.* 77 du Recueil de la Société Littéraire de Béziers, 1736, *in*-4.]

46344. ☞ Eloge de Charles-Augustin *Vandermonde*, Médecin de Paris ; par M. ROUX, Médecin.

Dans le *Journal de Médecine*, 1762, *Juillet*.]

46345. ☞ Notice historique de Jean *Varandal*, ou Varandé, Médecin, mort en 1617 ; par M. ASTRUC.

Dans ses *Mém. sur la Faculté de Montpellier, p.* 251.]

46346. ☞ Notice historique de Pierre *Vattier*, Médecin, & Professeur Royal en Langue Arabe ; par Cl. Pierre GOUJET.

Dans son *Mém. sur le Collège Royal, in*-12. *tom. III.* pag. 291. Vattier n'étoit pas Médecin de la Faculté de Paris : il nous a donné les Traductions de plusieurs Livres Arabes très-curieux, & est mort vers l'an 1670.]

== ☞ Eloge de César *Verdier*, Chirurgien ; par M. LOUIS.

Ci-dessus, au N.° 46029.]

46347. ☞ Eloge d'Emmanuel-Maurice du *Verney*, Docteur en Médecine de Paris.

Dans la *Gazette de Médecine* du 30 Décembre 1761. Ce Médecin, fils du suivant, s'est distingué par son sçavoir & sa haute piété : il est mort âgé de 73 ans, le 28 Novembre 1761.]

46348. ☞ Eloge de Guichard-Joseph du *Verney*, Docteur en Médecine & fameux Anatomiste ; par M. DE FONTENELLE. *Hist. de l'Acad. des Sciences*, Ann. 1730, p. 123.

Et dans les *Œuvres* de M. de Fontenelle.]

46349. ☞ Histoire de la Vie & des Ouvrages du même ; par le Père NICERON.

Dans ses *Mémoires*, &c. tom. *XXV*. pag. 350.]

46350. ☞ Notice historique de Vidus *Vidius*, Professeur Royal en Médecine ; par Claude-Pierre GOUJET.

Dans son *Mém. sur le Collège Royal*, in-12. tom. *III*. pag. 1. Vidius, qui étoit d'Italie, s'y retira, & y est mort en 1567.]

46351. ☞ Eloge historique de Raimond de *Vieussens*, Médecin de la Faculté de Montpellier, (mort en 1715.)

Il se trouve dans le *Dictionnaire historique & critique* de Prosper Marchand, tom. *II*. pag. 297-300. Mais l'Editeur a déclaré qu'il n'est pas de cet Auteur.

M. Astruc, pag. 393 de ses *Mémoires sur la Faculté de Montpellier*, dit qu'il n'a jamais lu un Eloge où il y y eût tant de fatuités.]

46352. ☞ Notice historique du même ; par M. ASTRUC.

Dans ses *Mém. sur la Faculté de Montpellier*, p. 389-393.

46353. ☞ Eloge historique de M. Claude de la *Vigne* de Frecheville, Docteur de la Faculté de Médecine de Paris, premier Médecin de la Reine, &c. (par M. D'ARRAGON, Commis au Bureau des Affaires Etrangères.)

Il est imprimé à la tête du Catalogue de la Bibliothèque de M. de la Vigne : *Paris*, Martin, 1759, *in*-12. On y trouve aussi l'Eloge Latin prononcé dans les Ecoles de Médecine, par M. BOYER, Doyen, le 4 Novembre 1758.]

46354. ☞ Panegyricus C. V. D. Michaeli de la *Vigne*, Doctori Medico; Auctore Carolo LE CLERCQ, Baccalaureo Medico : *Parisiis*, Libert, 1614, *in*-8.]

46355. ☞ Michaelis de la Vigne Elogium ; Auctore Michaele de la Vigne filio : *in*-4.

Cet Eloge est aussi à la tête d'un petit Ouvrage du père, intitulé : *Diæta sanorum*, &c. *Parisiis*, Targa, 1671, *in*-12.]

46356. ☞ Histoire de la Vie & des Ouvrages du même Michel de la Vigne, (père) Médecin du Roi Louis XIII. par le Père NICERON.

Dans ses *Mémoires*, &c. tom. *XXXIX*. pag. 123. Michel de la Vigne est mort en 1648.]

— ☞ Histoire de la Vie, &c. de Nicolas *Vignier*, Médecin, mort en 1596.

Ci-après, aux *Historiens*.]

Tome *IV*. Part. *I*.

46357. ☞ Critique d'un Article des Remarques du Dictionnaire de Bayle, (au sujet de François *Umeau*, Médecin de Poitiers ;) par M. DREUX DU RADIER. *Journ. de Verdun*, 1753, *Février*, pag. 124.]

46358. ☞ Notice historique du même Médecin ; par le même Auteur.

Dans sa *Bibliothèque du Poitou* : (*Paris*, 1754,) tom. *II*. pag. 516. Ce Médecin est mort en 1594.]

46359. ☞ Eloge de Jacques-Bénigne *Winslow*, Médecin de Paris ; par M. DE FOUCHY.

Dans l'*Hist. de l'Acad. des Sciences*, Ann. 1760, pag. 165, & au-devant de l'*Exposition anatomique*, &c. Nouv. Edit. *Paris*, 1766, *in*-12. 4. vol.]

46360. ☞ Abrégé de la Vie du même ; par Ch. Jacq. Louis COQUEREAU, Médecin de Paris.

Dans la *Galerie Françoise*, pet. *in-fol*. num. *VIII*.]

ARTICLE IV.

Histoires des François Philosophes & Mathématiciens.

46361. ☞ ELOGES & caractères des Philosophes les plus célèbres depuis la Naissance de Jesus-Christ jusqu'à présent ; (par DU PONT BERTRIS :) *Paris*, Gissey, 1726, *in*-12.

On y trouve plusieurs François, sçavoir, = Abélard, p. 84, = Gassendi, 167, = Descartes, 188, = Maignan, 327, = Pascal, 351, = Mallebranche, 375.]

46362. ☞ Histoire des Philosophes modernes, avec leur Portrait gravé dans le goût du crayon, d'après les Planches *in*-4. dessinées par les plus grands Peintres ; par M. (Antoine) SAVERIEN. Publiée par François, Graveur des Desseins du Cabinet du Roi, &c. *Paris*, de l'Imprimerie de Brunet, 1760-1769, *in*-12. 7 vol.

Ces Philosophes sont partagés par Classes, & l'on voit ainsi le progrès de chaque partie de la Philosophie : à la tête de chacune de ces Classes, sont des Discours intéressans. M. Saverien déclare n'avoir mis au nombre de ses Philosophes modernes, que ceux à qui l'on doit ou des systèmes originaux, ou des découvertes importantes. Il donne les Histoires de vingt-cinq ou vingt-six Philosophes François, (outre quelques Etrangers, Associés à l'Académie des Sciences.) Nous en indiquerons les Articles à la place qui leur convient : on vient de voir ceux qui se sont appliqués à la Chimie & qui s'y font distingués.]

46363. ☞ Des différentes Sectes des Philosophes qui étoient à Paris au XIIe Siècle.

Dans les *Dissertations sur l'Histoire de Paris*, &c. par l'Abbé Jean LEBEUF : (*Paris*, Lambert, 1739, &c. *in*-12.) tom. *II*. pag. 251.]

== ☞ Histoires de Pierre *Abailard*.

Ci devant, Tome I, N°s 11845-11855.]

Q

46364. ☞ Histoire de Jacques *Abbadie*, mort en 1727; par Antoine SAVERIEN.

Dans ses *Philosophes modernes*, tom. I. pag. 174.]

== ☞ Notice historique de Jacques-Marie d'*Amboise*, Professeur Royal en Philosophie; par Claude-Pierre GOUJET.

Dans son *Mémoire sur le Collège Royal* : (Paris, Lottin, 1758,) *in*-12. *pag.* 210. On l'a déja indiqué ci-devant, Tome I. N.° 10887. D'Amboise est mort en 1661.

46365. Eloge de Guillaume *Amontons*, Mathématicien & Méchanicien; par Bernard DE FONTENELLE.

Dans l'*Hist. de l'Académie des Sciences*, Ann. 1705, *in*-4. *pag.* 150, dans l'Hist. du Renouvellement, [& dans les Œuvres de M. de Fontenelle.]

46366. ☞ Histoire de la Vie & des Ouvrages du même; par le P. NICERON.

Dans ses *Mémoires*, &c. tom. *XIII.* pag. 347, & *XX.* pag. 67.]

46367. ☞ Eloge d'Yves-Marie *André*; (par M. CASTILLON.)

Dans le *Nécrologe des Hommes célèbres* de 1765, ou *pag.* 129 du Recueil de 1767. L'Abbé André, (ci-devant Jésuite,) est mort à Caen le 2 Février 1764, avec la réputation d'un bon Philosophe, & ses Ouvrages en font foi.

On a indiqué ci-devant, Tome I. N.os 14213 & 14214, deux autres *Eloges* plus considérables.]

46368. ☞ Histoire de la Vie du Marquis d'*Argens*.

Dans le *Nécrologe* qui a paru en 1772, *pag.* 57. Après de longues erreurs, ce Philosophe est venu mourir chrétiennement dans sa Famille en Provence, l'an 1770.]

46369. ☞ Notice historique de Guillaume des *Auberis*, ou Desauberis, Professeur Royal en Philosophie; par Cl. Pierre GOUJET.

Dans son *Mém. sur le Collège Royal*, *in*-12. tom. II. *pag.* 292. Des Auberis est mort en 1668.]

— ☞ Eloge & Vie de Pierre *Bayle*.

Ci-après, dans l'Article I. du Chapitre suivant, comme l'a placé le P. le Long, c'est-à-dire, parmi les *Philologues*.

M. SAVÉRIEN l'a mis dans ses *Philosophes*, (au rang des *Métaphysiciens*,) tom. I. pag. 231.]

46370. ☞ Eloge de Florimond de *Beaune*, Mathématicien, mort en 1652, par Jean BERNIER.

Dans son *Hist. de Blois* : (Paris, 1682, *in*-4. p. 563.]

46371. ☞ Histoire de la Vie & des Ouvrages de Claude de *Beauregard*, Philosophe; par le P. NICERON.

Dans ses *Mémoires*, &c. tom. *XXXI*. pag. 123. Ce Philosophe est mort à Padoue en 1723.]

== ☞ Eloge de Bernard Forest de *Bélidor*, Ingénieur & Mathématicien, de l'Académie des Sciences, mort en 1761; par M. DE FOUCHY.

Dans l'*Histoire* de cette Académie, 1761, *pag.* 167. On l'a déja indiqué au Tome III. N.° 31875.]

46372. ☞ Vie abrégée du même.

Dans la *Galerie Françoise*, pet. *in*-fol. num. VIII.]

46373. ∗ Abrégé de la Vie de Jacques *Bénard*, Professeur en Philosophie & en Mathématiques.

Cet Abrégé de la Vie de Bénard, mort en 1718, est renfermé dans l'Article IX. de l'*Europe Sçavante*, 1718, *Juillet*, *pag.* 151.]

46374. ☞ Remarques sur Bernard de *Chartres*, fameux Philosophe du XIIe Siècle; par D. Jean LIRON.

Dans ses *Singularités historiques*, tom. III. p. 351.]

46375. ☞ Histoire de la Vie & des Ecrits du même.

Dans l'*Histoire Littéraire de la France*, tom. *XII*. *pag.* 261-274. Ce Littérateur vivoit dans le XIIe Siècle.]

46376. ☞ Eloge de Jacques *Bernoulli*, de Basle, Mathématicien & Associé Etranger de l'Académie Royale des Sciences; par Bernard DE FONTENELLE.

Dans l'*Hist.* de cette Académie, *in*-4. Ann. 1705; *pag.* 139, & dans les Œuvres de M. de Fontenelle.]

46377. ☞ Autres Eloges du même.

Dans le *Journ. des Sçavans*, 1706, aux 8 *Février* & 12 *Juillet*; & dans les *Act. Eruditor.* de Léipsick, 1706.]

46378. ☞ Histoire de la Vie & des Ouvrages du même; par le Père NICERON.

Dans ses *Mémoires*, &c. tom. *II.* pag. 53, & *X.* part. 2. *pag.* 82.]

46379. ☞ Eloge de Jean *Bernoulli*, de Basle, Mathématicien & Associé Etranger de l'Académie Royale des Sciences; par M. DE FOUCHY.

Dans l'*Hist.* de cette Académie, Année 1748, *p.* 124; & dans le Recueil *in*-12. des *Eloges* par M. de Fouchy, tom. *I.* pag. 62 : (Paris, Brunet, 1761, *in*-12.]

46380. ☞ Eloge du même; par M. (Jean le Rond) D'ALEMBERT : Paris, 1748, *in*-4.

Il se trouve aussi dans ses *Mélanges de Littérature*, tom. *I.*]

46381. ☞ Histoire du même; par Antoine SAVERIEN.

Dans ses *Philosophes modernes*, tom. *IV.* pag. 193.]

46382. ☞ Notice historique de Pierre *Bertius*, Professeur Royal en Mathématiques; par Cl. Pierre GOUJET.

Dans son *Mémoire sur le Collège Royal*, *in*-12. tom. *II.* pag. 132. Bertius, qui avoit quitté la Hollande & s'étoit fait Catholique, est mort à Paris en 1629.]

46383. ☞ Histoire de la Vie & des Ouvrages du même; par le P. NICERON.

Dans ses *Mémoires*, &c. tom. *XXXI.* pag. 83.]

46384. ☞ Eloge historique de François *Bianchini*, Mathématicien Italien, Associé Etranger de l'Académie des Sciences; par Bernard DE FONTENELLE.

Dans l'*Hist.* de cette Académie, *in*-4. Ann. 1729; *pag.* 102, & dans les Œuvres de M. de Fontenelle.]

== ☞ Remarques sur Guillaume *Bigot*, Philosophe, mort peu après l'an 1550.

Ci-dessus, aux *Médecins*, N.° 46048.]

46385. ☞ Eloge historique de Gilles Filleau des *Billettes*, Physicien & Méchanicien; par Bernard DE FONTENELLE.

Dans l'*Hist. de l'Acad. des Sciences*, *in-*4. Ann. 1720, pag. 122, & dans les Œuvres de M. de Fontenelle.]

46386. ☞ Notice historique du même; par M. DREUX DU RADIER.

Dans sa *Bibliothèque du Poitou*, tom. *IV*. pag. 407.]

46387. ☞ Notice historique de François *Blondel*, Professeur Royal en Mathématiques; par Cl. Pierre GOUJET.

Dans son *Mém. sur le Collège Royal*, *in-*12. tom. *II*. pag. 168. Blondel est mort en 1686.]

46388. ☞ Mf. Eloge de M. du *Bocage* de Blesville de l'Académie de Rouen, mort en 1756; par M. LE CAT.

Dans les Registres de cette Académie.]

46389. ☞ Eloge d'Herman *Boerhave*, célèbre Médecin & Chimiste Hollandois, Associé Etranger de l'Académie des Sciences; par Bernard DE FONTENELLE.

Dans l'*Hist.* de cette Académie, *in-*4. Ann. 1738, p. 105, & dans les Œuvres de M. de Fontenelle, *in-*12.]

46390. ☞ Histoire du même; par Jacques-Georges DE CHAUFEPIÉ.

Dans son *Dictionnaire historique & critique*.]

46391. ☞ Histoire du même; par Antoine SAVERIEN.

Dans ses *Philosophes modernes*, tom. *VII*. p. 259.]

46392. ☞ Eloge de Pierre *Bouguer*, Mathématicien; par M. DE FOUCHY.

Dans l'*Hist. de l'Acad. des Sciences*, *in-*4. Ann. 1758, pag. 127.]

== Eloges & Histoires des Ouvrages d'Ismaël *Bouillaud*, (ou plutôt Boulliau,) Astronome, mort en 1694.

Ci-devant, Tome *I*. N°s 10984-10986.]

46393. ☞ Notice historique du même; par M. DREUX DU RADIER.

Dans sa *Bibliothèque du Poitou*, tom. *IV*. pag. 275.]

46394. ☞ Extrait d'une Lettre (de Cl. Ant. BRIASSON,) sur la Vie & les Ouvrages de M. *Boulanger*, Ingénieur des Ponts & Chaussées.

Il est à la tête de son Ouvrage posthume, intitulé: L'*Antiquité dévoilée par ses usages*: *Amsterdam*, Rey, 1766, *in-*12. 3 vol. & avec des changements très-légers, dans la *Gazette Littéraire*, tom. *VII*. pag. 208-216. Antoine Boulanger, né à Paris le 11 Novembre 1722, y est mort le 16 Septembre 1759.]

46395. ☞ Notice historique de Jean *Boulenger*, Professeur Royal en Mathématiques; par Cl. Pierre GOUJET.

Dans son *Mém. sur le Collège Royal*, *in-*12. tom. *II*. pag. 128. Jean Boulenger est mort en 1636.]

46396. ☞ Eloge historique de Jacques *Bradley*, Anglois, Associé Etranger de l'Académie des Sciences; par M. DE FOUCHY.

Dans l'*Hist.* de cette Académie, *in-*4. Ann. 1762, pag. 231.]

46397. ☞ Eloge de François de *Brémond*, Mathématicien; par M. DE MAIRAN.

Dans l'*Hist. de l'Acad. des Sciences*, *in-*4. Ann. 1742, pag. 189, & dans le Recueil *in-*12. des *Eloges* par M. de Mairan: (*Paris*, 1747,) pag. 181.]

46398. ☞ Notice historique de Maurice *Bressieu*, Professeur Royal en Mathématiques; par Cl. Pierre GOUJET.

Dans son *Mémoire sur le Collège Royal*, *in-*12. tom. *II*. pag. 95. Bressieu est mort après l'an 1608.]

46399. ☞ Histoire de Jean de la *Bruyere*, mort en 1696; par Antoine SAVERIEN.

Dans ses *Philosophes modernes*, tom. *II*. pag. 231.]

46400. Eloge du même.

Il est imprimé au devant de ses *Caractères de Théophraste*, &c. Ed. de Bruxelles, 1697, *in-*12.

46401. ☞ Autre Eloge du même; par l'Abbé (Joseph) D'OLIVET.

Dans le Tome *II*. de l'*Hist. de l'Académie Françoise*, pag. 336 de l'Edition de 1743.]

46402. ☞ Histoire de la Vie & des Ouvrages du même; par le Père NICERON.

Dans ses *Mémoires*, &c. tom. *XIX*. pag. 191.]

== ☞ Eloges de Nicolas-Louis de la *Caille*, Astronome, de l'Académie des Sciences, mort en 1762.

Ci-devant, Tome *I*. N.ºs 11018-11021.]

46403. ☞ Abrégé de la Vie du même.

Dans la *Galerie Françoise*, pet. *in-fol*. num. *IX*.]

46404. ☞ Eloge historique de Ch. Et. Louis *Camus*, Mathématicien; par M. DE FOUCHY.

Dans l'*Hist. de l'Acad. des Sciences*, *in-*4. Ann. 1768, pag. 144.

On peut voir encore dans le *Nécrologe* qui a paru en 1769, pag. 115 & *suiv*.]

46405. ☞ Eloge historique de Louis *Carré*, Mathématicien & Méchanicien; par Bernard DE FONTENELLE.

Dans l'*Hist. de l'Acad. des Sciences*, Ann. 1711, pag. 102, au Tome *II*. de l'Hist. de son Renouvellement, *in-*12. pag. 143, [& dans les Œuvres de M. de Fontenelle.]

46406. ☞ Histoire de la Vie & des Ouvrages du même; par le P. NICERON.

Dans ses *Mémoires*, &c. tom. *XIV*. pag. 347.]

46407. Eloge historique de Jean-Dominique *Cassini*, Astronome; par Bernard DE FONTENELLE.

Dans l'*Hist. de l'Acad. des Sciences*, Ann. 1712, *in-*4. pag. 84, au Tome *II*. de son Renouvellement, *in-*12. pag. 175. [& dans les Œuvres de M. de Fontenelle.]

46408. ☞ Histoire de la Vie & des Ouvrages du même; par le P. NICERON.

Dans ses *Mémoires*, &c. tom. *VII*. p. 287, & tom. *X*. part. 2, pag. 236.]

46409. ☞ Histoire du même; par Antoine SAVERIEN.

Dans ses *Philosophes modernes*, tom. *V*. pag. 149.]

46410. ☞ Eloge historique de Jacques *Cassini*, Astronome ; par M. DE FOUCHY.

Dans l'*Hist. de l'Acad. des Sciences*, in-4. Ann. 1756, pag. 134.

46411. ☞ Eloge historique de Jean *Chappe* (d'Auteroche,) Astronome ; par M. DE FOUCHY.

Dans l'*Hist. de l'Acad. des Sciences*, in-4. Ann. 1769, pag. 163. L'Abbé Chappe est mort en Californie, le premier Août 1769, aussi-tôt après avoir fait l'Observation pour laquelle il étoit allé dans ce Pays si éloigné.]

46412. ☞ Abrégé de la Vie du même.

Dans la *Galerie Françoise*, pet. in-fol. num. VII.]

== ☞ Notice historique de Jacques *Charpentier*, Professeur Royal en Mathématiques, mort en 1574.

Ci-dessus, aux *Médecins*, N.° 46084.]

46413. ☞ Histoire de Pierre *Charron*; mort en 1603 ; par Antoine SAVERIEN.

Dans ses *Philosophes modernes*, tom. II. pag. 31.

On peut voir encore ci-devant, Tome I. N.ºs 11040-11042.]

46414. Eloge historique de [Jean-]Matthieu de *Chazelles*, [Mathématicien, &c.] par Bernard DE FONTENELLE.

Dans l'*Hist. de l'Acad. des Sciences*, Ann. 1710, in-4. pag. 183, au Tome II. de l'Hist. de son Renouvellement, in-12. pag. 74, [& dans les Œuvres de M. de Fontenelle.]

46415. ☞ Notice historique de François *Chevalier*, de l'Académie des Sciences, Professeur Royal en Mathématiques ; par Cl. Pierre GOUJET.

Dans son *Mémoire sur le Collège Royal*, in-12. t. II. pag. 181. M. Chevalier est mort en 1748.]

46416. Oratio habita in funere Jacobi Capreoli (du *Chevreul*,) Gymnasiarchæ Harcuriani ; à Christophoro DEHENNOTIO, Professore Harcuriano : *Parisiis*, 1650, in-4.

== ☞ Notice historique du même Jacques du Chevreul, Professeur Royal en Philosophie ; par Cl. Pierre GOUJET.

Dans son *Mém. sur le Collège Royal*, in-12. tom. II. pag. 257. On l'a déja indiquée au Tome I. N.° 11046.]

46417. ☞ Eloge historique d'Alexis-Claude *Clairault*, Mathématicien ; par M. DE FOUCHY.

Dans l'*Hist. de l'Acad. des Sciences*, in-4. Ann. 1765, pag. 144.

On peut voir encore le *Nécrologe* de 1766, ou p. 235 du Recueil de 1767.]

46418. ☞ Abrégé de la Vie du même.

Dans la *Galerie Françoise*, pet. in-fol. num. VI.]

46419. ☞ Mf. Eloge de Jean de *Clapiés*, Ecuyer, Chevalier de l'Ordre de S. Michel, Membre de la Société Royale des Sciences de Montpellier, Professeur Royal de Mathématiques en la même Ville, & Directeur général des travaux publics de la Province de Languedoc, mort en 1740 ; par M. PRA-

DINES, Conseiller du Roi & Lieutenant principal en la Sénéchaussée & Siège Présidial de la Ville de Béziers.

Cet Eloge est conservé dans les Registres de l'Académie de cette Ville.]

46420. ☞ Eloge historique de Claude-Antoine *Couplet*, Mathématicien ; par Bernard DE FONTENELLE.

Dans l'*Hist. de l'Acad. des Sciences*, in-4. Ann. 1722, pag. 124, & dans les Œuvres de M. de Fontenelle.]

46421. ☞ Eloge historique de Jean de *Crouzas*, de Lausanne, Associé Etranger de l'Académie des Sciences ; par M. DE FOUCHY.

Dans l'*Hist. de cette Académie*, in-4. Année 1750, pag. 179, & dans le Recueil in-12. des *Eloges* par M. de Fouchy : (*Paris*, 1761,) pag. 100.]

46422. ☞ Notice historique de N. *Dampestre*, Professeur Royal en Mathématiques ; par Cl. Pierre GOUJET.

Dans son *Mém. sur le Collège Royal*, in-12. tom. II. pag. 74. Dampestre, (dont on ignore le nom de baptême,) est mort après l'an 1566.]

46423. ☞ Mf. Eloge de François *Dandoque*, Ecuyer, Correspondant des Académies Royales de Paris & de Montpellier ; par M. MASSIP, Avocat.

Cet Eloge a été lu à la Séance publique de l'Académie de Béziers, le 15 Janvier 1756, & est conservé dans ses Registres.]

46424. ☞ Histoire de Jean-Théophile *Desaguliers*; par Antoine SAVERIEN.

Dans ses *Philosophes modernes*, tom. VI. pag. 249. Ce Physicien, qui étoit de la Rochelle, est mort à Londres en 1743.]

46425. ☞ Compendium Vitæ Renati Cartesii (*Descartes*) à Petro BORELLO, Doctore Medico : *Parisiis*, 1656, in-8.

Cet Abrégé de la Vie de Descartes, mort en 1650, est aussi imprimé avec les *Observationes Medicæ* du même Pierre Borel : *Parisiis*, 1657, in-8. & avec ses *Historia & Observat. Medic. Francofurti*, 1676, in-8.

46426. Vita ejusdem ; à Daniele LISTORPIO; *Leidensi*.

Cet Auteur est mort en 1684, & cette Vie est imprimée au Tome II. de son Essai de la Philosophie Cartésienne : *Leida*, 1653, in-4.

46427. Vita ejusdem ; Auctore Joanne TEPELIO : *Norimbergiæ*, 1673, in-8.

46428. Vie de M. Descartes ; par Adrien BAILLET : *Paris*, 1691, in-4. 2 vol.

46429. La même, réduite en abrégé ; par le même : *Paris*, 1692, in-12.

46430. Réflexions d'un Académicien sur la Vie de M. Descartes : *la Haye*, Leers, (*Paris*,) 1692, in-12.

Ces Réflexions, qui contiennent une Critique très-vive, [ont été] attribuées à Jean GALLOIS, de l'Académie Françoise & de celle des Sciences.

☞ Le Père Niceron, dans sa Vie de l'Abbé Gallois, les a mises sur le compte du P. Michel LE TELLIER, Jésuite, peut-être d'après Pierre Marchand, qui les lui attribue, Note 3, sur la Lettre 128, de Bayle. Mais M. Saas, sçavant Chanoine de Rouen, les donne au P. Antoine BOSCHET, Jésuite, mort en 1703, aussi-bien que Camusat, dans son *Histoire critique des Journaux, tom. I. pag.* 224. M. l'Abbé d'Artigny le fait aussi, dans ses *Mém. de Littér. tom. II. pag.* 455, & il ajoute que le Père Boschet est aussi l'Auteur des Réflexions sur les Jugemens des Sçavans de M. Baillet, & de la Vie du Père Maunoir, Jésuite.]

46431. Relation de la mort de M. Descartes, en Prose & en Vers ; par Mademoiselle DESCARTES, sa nièce.

Cette Relation se trouve *pag.* 152 d'un Recueil de Vers choisis : *Paris*, Josse, 1693, *in*-12.
✳ Ce n'est qu'une fiction poétique.

46432. ☞ Remarques sur le même ; par Jacques Georges DE CHAUFEPIÉ.

Dans son *Dictionnaire historique & critique*, au mot *Cartes*.]

46433. ☞ MS. Abrégé de la Vie & des Ouvrages de René Descartes ; par le Père VIAL, Jésuite.

Dans la Bibliothèque de M. de Cambis de Villeron, à Avignon, selon le *Catal. de ses Manuscrits*, (Addition,) *pag*. 715.]

46434. ☞ Histoire de Descartes ; par Antoine SAVERIEN.

Dans ses *Philosophes modernes*, tom. III. pag. 191-319.]

46435. ☞ Eloge de René Descartes, qui a remporté le Prix de l'Académie Françoise ; par M. [Antoine] THOMAS : *Paris*, 1765, *in*-8.]

46436. ☞ Lettre de M. DE VOLTAIRE à M. Thomas, sur son Eloge de Descartes.

Dans le *Journal Encyclopédique*, 1765, *Novembre, pag*. 121-124.]

46437. ☞ Eloge de Descartes ; par M. (Gabriel-Henri) GAILLARD : 1765, *in*-8.]

46438. ☞ Eloge du même ; par l'Auteur de Camédris : *Paris*, Duchesne, 1765, *in*-8.

Cet Auteur est Madame Claire-Marie MAZARELLI, Marquise DE SAINT-CHAMOND.]

46439. ☞ Eloge du même ; par M. FABRE DE CHARRIN : 1765, *in*-8.]

46440. ☞ Eloge du même ; par M. l'Abbé Cl. Henri COUANIER DESLANDES : 1765, *in*-8.]

46441. ☞ Eloge du même ; par M. l'Abbé DE GOURCY : 1765, *in*-8.]

46442. ☞ Eloge du même ; par M. (Louis-Sébastien) MERCIER : 1765, *in*-8.]

46443. ☞ Mort de M. (André-François Boureau) *Deslandes*, (le 11 Avril 1757;) par M. FRERON.

Dans son *Année Littéraire*, 1757, *tom. V. pag*. 159.]

46444. ☞ Histoire de Jacques-Joseph *Du-guet*, mort en 1733 ; par Antoine SAVERIEN.

Dans ses *Philosophes modernes*, tom. II. pag. 253-296, à cause de l'*Institution d'un Prince*.
On peut voir encore ci-devant, Tome I. N.° 11102.]

46445. ☞ Notice historique de Daniel *Drouin*, Sieur de Belendroit ; par M. DREUX DU RADIER.

Dans sa *Bibliothèque du Poitou*, tom. III. pag. 45. Cette espèce de Philosophe est mort en 1600.]

46446. ☞ Eloge de Paul-Alexandre *Dulard*, mort le 7 Décembre 1760.

Dans le Recueil de l'Académie de Marseille, Année 1764.]

46447. ☞ Eloge historique de Jean-Elie (Lériget) de la *Faye*, Mathématicien ; par Bernard DE FONTENELLE.

Dans l'*Hist. de l'Acad. des Sciences, in*-4. Ann. 1718, pag. 90, & dans les Œuvres de M. de Fontenelle.]

══ Eloge de [Pierre] de *Fermat*, Mathématicien, Conseiller au Parlement de Toulouse.

Ci-devant, [Tome III. N.° 33035. De Fermat est mort en 1665.]

46448. ☞ Diverses Remarques sur le même ; par François-Denys CAMUSAT.

Dans son *Histoire critique des Journaux* : (*Amsterdam*, 1734, *in*-12.) tom. I. pag. 185.]

46449. ☞ Histoire du même ; par Antoino SAVERIEN.

Dans ses *Philosophes modernes*, tom. V. pag. 125.]

46450. Funebre Symbolum Virorum aliquot illustrium, de Orontio *Finæo*, Regio Mathematum Professore & Illustratore. Ejusdem Orontii Vita, carmine expressa ; per Antonium MIZALDUM : *Parisiis*, 1555, *in*-8.

Oronce Finé est mort en 1555, & le Médecin Mizauld en 1578.

46451. ☞ Histoire de la Vie & des Ouvrages d'Oronce Finé ; par le P. NICERON.

Dans ses *Mémoires*, &c. tom. *XXXVIII*. pag. 184. THEVET & BAYLE ont aussi donné une espèce de Vie de lui.]

46452. ☞ Notice historique du même Oronce Finé, Professeur Royal en Mathématiques ; par Cl. Pierre GOUJET.

Dans son *Mém. sur le Collège Royal, in*-12. tom. II. pag. 3.]

46453. Vie de Nicolas *Flamel* ; par Pierre BOREL, Médecin.

Cette Vie est imprimée *pag*. 158 de son *Trésor des Recherches & Antiquités Gauloises* : *Paris*, Courbé, 1655, *in*-4.
☞ Du Verdier parle de Flamel comme d'un Philosophe, &c.]

46454. ☞ Histoire critique de Nicolas Flamel & de Pernelle sa femme, recueillie d'Actes anciens, qui justifient l'origine & la médiocrité de leur fortune, contre l'imputation des Alchimistes. On y a joint le

Testament de Pernelle, & plusieurs autres Pièces intéressantes ; par M. L. V. *Paris*, 1761, *in*-12.

Cette Histoire est de M. l'Abbé (Etienne-François) VILLAIN, qui en avoit déja parlé dans son *Histoire de la Paroisse de S. Jacques de la Boucherie* : *Paris*, 1758, *in*-12. On y trouve quantité de traits qui caractérisent les mœurs & usages du temps. Flamel est mort au commencement du XVe Siècle.]

46455. ☞ Lettre de Dom (Ant. Joseph) PERNETTY, sur une Histoire critique de Nicolas Flamel ; par M. L. V.

Dans l'*Année Littéraire*, 1762, tom. III. pag. 24. Dom Pernetty annonce dans cette Lettre une Réfutation complette de ce Livre, faite par un Ecrivain très-versé dans cette matière : elle n'a point paru.]

46456. ☞ Lettre à M***, sur celle que D. Pernetty a fait inférer dans une des Feuilles de M. Fréron, contre l'Histoire critique de Nicolas Flamel ; (par M. l'Abbé VILLAIN :) 1762, *in*-12.]

46457. ☞ Eloge historique de Martin *Folkes*, Mathématicien Anglois, Associé Etranger de l'Académie des Sciences ; par M. DE FOUCHY.

Dans l'*Hist.* de cette Académie, *in*-4. Ann. 1754, pag. 168, & dans le Recueil *in*-12. des *Eloges* , par M. de Fouchy, pag. 324.]

46458. ☞ Mort & Notice de M. de *Fontenelle* ; par M. FRÉRON.

Dans l'*Année Littéraire*, 1757, tom. I. pag. 113. M. de Fontenelle étoit né à Rouen le 11 Février 1657, & il mourut à Paris le 9 Janvier 1757.]

46459. ☞ Elogia in obitum D. de Fontenelle, lecta in consessu Acad. Rothomagensis, die 26 Januarii 1757, à D. Joanne SAAS, Canonico & Academico Rothomag. *Rothomagi*, Viret, 1757, *in*-8.]

46460. ☞ Eloge historique de Bernard (le Bovyer) de Fontenelle ; par M. DE FOUCHY.

Dans l'*Hist. de l'Acad. des Sciences*, *in*-4. Ann. 1757, pag. 185.]

46461. ☞ Autre Eloge du même ; par Charles LE BEAU.

Dans l'*Hist. de l'Acad. des Inscript. & Belles-Lettres*, *in*-4. tom. XXVII. pag. 262.]

46462. ☞ Mémoires pour servir à l'Histoire de la Vie & des Ouvrages de M. de Fontenelle ; par M. l'Abbé (Nic. Ch. Joseph) TRUBLET : *Amsterdam*, Rey, & *Paris*, Desaint, 1761, *in*-12.

Ce n'est presque qu'un Recueil de plusieurs petits Mémoires que cet Abbé avoit fait mettre dans le *Mercure* en différens temps.]

46463. ☞ Notice historique de Pierre *Forcadel*, Professeur Royal en Mathématiques ; par Cl. Pierre GOUJET.

Dans son *Mém. sur le Collège Royal*, *in*-12. tom. II. pag. 64. Forcadel est mort vers 1576.]

46464. ☞ Eloge d'Alexandre-Conrard *Fugere*.

Dans les *Mém. de Trévoux*, 1758, Juillet, I. Vol.

= le *Journ. des Sçavans*, 1758, Août : = l'*Année Littéraire*, 1758, tom. IV.]

== ☞ Notice historique de Pierre *Galland*, Professeur Royal en Philosophie & en Langue Grecque ; par Cl. Pierre GOUJET.

Dans son *Mém. sur le Collège Royal*, *in*-12. tom. I. pag. 438, & II. pag. 199. Pierre Galland est mort en 1559.

Cet Article a déja été indiqué au Tome I. N.° 11138.]

== ☞ Notice de Pierre *Gassendi*, Professeur Royal en Mathématiques, (& célèbre Philosophe ;) par Cl. Pierre GOUJET.]

Dans son *Mém. sur le Collège Royal*, *in*-12. tom. II. pag. 127. Gassendi est mort en 1655.

On peut voir encore à son sujet, ci-devant, Tome I. N.ºs 11144-11149.]

46465. ☞ Histoire du même ; par Antoine SAVERIEN.

Dans ses *Philosophes modernes*, tom. III. pag. 107-190.]

46466. ☞ Eloge historique de Dominique *Guglielmini*, [Mathématicien Italien, Associé Etranger de l'Académie des Sciences ;] par Bernard DE FONTENELLE.

Dans l'*Hist.* de cette Académie, Année 1710, *in*-4. pag. 152, au Tome II. *in*-12. de l'Hist. de son Renouvellement, pag. 98, [& dans les Œuvres de M. de Fontenelle.]

46467. ☞ Histoire de la Vie & des Ouvrages du même ; par le P. NICERON.

Dans ses *Mémoires*, &c. tom. I. pag. 93.]

46468. ☞ Eloge historique d'Etienne *Hales*, Mathématicien Anglois, Associé Etranger de l'Académie des Sciences ; par M. DE FOUCHY.

Dans l'*Hist.* de cette Académie, *in*-4. Année 1761, pag. 213.]

46469. ☞ Eloge historique d'Edmond *Halley*, Astronome Anglois, Associé Etranger de l'Académie des Sciences ; par M. DE MAIRAN.

Dans l'*Hist.* de cette Acad. *in*-4. Ann. 1742, pag. 172, & dans le Recueil *in*-12. des *Eloges* par M. de Mairan, pag. 111.]

46470. ☞ Histoire du même ; par Antoine SAVERIEN.

Dans ses *Philosophes modernes*, tom. IV. pag. 152.]

46471. ☞ Notice historique de Jean-Baptiste du *Hamel*, Professeur Royal en Philosophie, (& de l'Académie des Sciences ;) par Cl. Pierre GOUJET.

Dans son *Mém. sur le Collège Royal*, *in*-12. tom. II. pag. 186. M. Du Hamel, qui le premier a été Secrétaire l'Académie des Sciences, est mort en 1706.]

== ☞ Mémoire sur la Vie & les Ouvrages du même : = Eloge, par Bernard DE FONTENELLE : = Histoire, &c. par le P. NICERON.

Ci-devant, Tome I. N°s 11187-11189.]

== ☞ Notice historique d'Augier d'Ha-

Vies des François Philosophes, &c.

rambourg, Professeur Royal en Mathématiques ; par Cl. Pierre GOUJET.

Ci-dessus, aux *Médecins*, N.° 46167.]

46472. ☞ Eloge historique de Nicolas *Hartsoeker*, Physicien Hollandois, Associé Etranger de l'Académie des Sciences ; par Bernard DE FONTENELLE.

Dans l'*Histoire* de cette Académie, *in*-4. Ann. 1725, pag. 137, & dans les Œuvres de M. de Fontenelle.]

46473. ☞ Histoire du même ; par Antoine SAVERIEN.

Dans ses *Philosophes modernes*, tom. *VI*. pag. 93.]

46474. ☞ Notice sur Daniel *Hay*, Mathématicien, & de l'Académie Françoise, mort en 1671.

Dans l'*Hist*. de cette Académie, par l'Abbé d'Olivet, tom. *I*. pag. 341, Ed. de 1743.]

46475. ☞ Eloge de Claude-Adrien *Helvétius*, mort le 26 Décembre 1771.

C'est la Préface de son Poëme sur le Bonheur : Londres, (Paris,) 1772, *in*-8. Cette Préface, qui a 120 pages, contient beaucoup de détails sur la Vie de M. Helvétius, & l'Analyse de ses Ouvrages : le tout fut le ton du plus outré Panégyrique. Les condamnations solemnelles qui ont été faites de son Livre de l'Esprit, n'arrêtent pas ces Auteurs clandestins.]

46476. ☞ Autre Eloge du même : 1772 ; *in*-8.

Il est tout aussi prodigue de louanges que l'autre, mais beaucoup moins historique.]

46477. ☞ Eloge historique de Philippe de la *Hire*, Mathématicien & Astronome ; par Bernard DE FONTENELLE.

Dans l'*Hist*. de l'*Acad*. *des Sciences*, *in*-4. *Ann*. 1718, & dans les Œuvres de M. de Fontenelle.]

46478. ☞ Histoire de la Vie & des Ouvrages du même ; par le P. NICERON.

Dans ses *Mémoires*, &c. tom. *V*. pag. 235, & *X*. part. 2. pag. 160.]

46479. ☞ Histoire du même ; par Antoine SAVERIEN.

Dans ses *Philosophes modernes*, tom. *V*. pag. 217.]

46480. ☞ Notice historique du même ; (comme Professeur Royal en Mathématiques ;) par Cl. Pierre GOUJET.

Dans son *Mém*. *sur le Collège Royal*, *in*-12. tom. *II*. pag. 171.]

46481. Eloge de François - Guillaume de l'*Hospital*, Mathématicien.

Dans le XII *Journal des Sçavans*, de 1704.

46482. Eloge historique du même ; par Bernard DE FONTENELLE.

Dans l'*Hist*. de l'*Acad*. *des Sciences*, *Ann*. 1704, *in*-4. pag. 125. [au Tome I. de l'Hist. du Renouvellement, & dans les Œuvres de M. de Fontenelle.]

46483. ☞ Histoire de la Vie & des Ouvrages de Chrétien *Huyghens*, Mathématicien & Astronome, de l'Académie des Sciences ; par le P. NICERON.

Dans ses *Mémoires*, &c. tom. *XIX*. pag. 214. Huyghens est mort à la Haye en 1695.]

46484. ☞ Histoire du même ; par Antoine SAVERIEN.

Dans ses *Philosophes modernes*, tom. *V*. pag. 187.]

46485. ☞ Eloge historique de Joseph-Nicolas de l'*Isle*, Mathématicien & Astronome ; par M. DE FOUCHY.

Dans l'*Hist*. de l'*Acad*. *des Sciences*, Année 1768 ; pag. 155.]

46486. ☞ Autre Eloge du même ; par M. (Jos. Jér. le François) DE LA LANDE, Astronome, de l'Académie des Sciences.

Dans le *Nécrologe* qui a paru en 1770, pag. 1-84.]

46487. ☞ Notice historique du même ; par Cl. Pierre GOUJET.

Dans son *Mém*. *sur le Collège Royal*, *in*-12. tom. *II*. pag. 183. Cette Notice a été faite du vivant de Joseph-Nicolas *de l'Isle*, comme il écrivoit son nom, ainsi que son père (Claude,) & non *De Lisle*, comme l'écrit l'Abbé Goujet. On y donne la Liste de ses principaux Ouvrages.]

☞ On trouvera dans l'Article suivant l'Eloge de *Guillaume*, le Géographe, son frère aîné.]

46488. ☞ Eloge de Jean-François Negre de *Lacan*, Mathématicien, mort en 1715.

Dans le Tome I. des *Mémoires de la Société Royale de Montpellier*, *in*-4. pag. 268.]

46489. ☞ Eloge historique de Thomas (Fantet) de *Lagny*, Mathématicien ; par Bernard DE FONTENELLE.

Dans l'*Hist*. de l'*Acad*. *des Sciences*, *in*-4. Ann. 1734 ; pag. 107, & dans les Œuvres de M. de Fontenelle.]

46490. Eloge de feu M. le Baron de *Leibnitz*.

Godefroy Guillaume de Leibnitz, Allemand, Philosophe & Mathématicien, [Associé Etranger] de l'Académie des Sciences, est mort en 1716. Son Eloge est imprimé dans les *Nouvelles Littéraires*, du 14 Août 1717 : la Haye, du Sauzet, *in*-12.

☞ Voyez les *Actes de Léips*. 1717, pag. 312 : = l'*Europe sçavante*, 1718, Novembre := *Pièces fugitives* d'Archimbaud, tom. *III*. pag. 144.]

46491. Eloge historique du même ; par Bernard DE FONTENELLE : *Paris*, 1718, *in*-12.

☞ Il est aussi imprimé dans l'*Hist*. de l'*Acad*. *des Sciences*, *Ann*. 1716, & dans les Œuvres de M. de Fontenelle.]

46492. ☞ Vie de M. de Leibnitz ; (par LEMPRECHT :) *Berlin*, Haude, 1740, *in*-4. [en Allemand.]

46493. ☞ Histoire du même ; par Antoine SAVERIEN.

Dans ses *Philosophes modernes*, tom. *IV*. pag. 69.]

46494. ☞ Notice historique de Joseph-Albert le Large de *Lignac*, Philosophe ; par M. DREUX DU RADIER.

Dans sa *Bibliothèque du Poitou*, tom. *V*. pag. 40. Cette Notice a été faite du vivant de ce Philosophe, qui est mort en 1762.]

46495. ☞ Eloge historique de Jacques-Eugène d'Allonville de *Louville*, Astronome ; par Bernard DE FONTENELLE.

Dans l'*Hist*. de l'*Acad*. *des Sciences*, *in*-4. *Ann*. 1732 ; pag. 131, & dans les Œuvres de M. de Fontenelle.]

46496. ☞ Notice historique de Jean *Magnien*, Professeur Royal en Mathématiques; par Cl. Pierre GOUJET.

Dans son *Mém. sur le Collège Royal*, *in*-12. tom. *II*. pag. 52. Magnien est mort en 1536.]

== ☞ Histoire d'Emmanuel *Maignan*, Religieux Minime, Philosophe & Mathématicien, mort en 1676.

Ci-devant, Tome I. N.ᵒˢ 14056-14058.]

46497. ☞ Histoire de M. *Maillet;* par Antoine SAVERIEN.

Dans ses *Philosophes modernes, tom. VII. pag.* 203. M. Maillet, Marseillois, qui avoit été long-temps Consul de France au Caire, est mort en 1738.]

46498. ☞ Eloge historique de Jean-Jacques Dortous de *Mairan*, Mathématicien & Astronome; par M. DE FOUCHY.

Dans l'*Hist. de l' Acad. des Sciences, in*-4. Ann. 1771. On en trouve un Abrégé dans le *Nécrologe* qui a paru en 1772, *pag*. 209.]

46499. ☞ Abrégé de la Vie du même.

Dans la *Galerie Françoise,* pet. *in-fol.* num. VII.]

== ☞ Eloges & Vie de Nicolas *Malebranche*, Prêtre de l'Oratoire, Philosophe, de l'Académie des Sciences, mort en 1715.

Ci-devant, [Tome I. N.ᵒˢ 11256-11261.]

46500. ☞ Histoire du même; par Antoine SAVERIEN.

Dans ses *Philosophes modernes, tom. I.* pag. 192.]

46501. ☞ Eloge historique de Nicolas de *Malézieu*, Mathématicien; par Bernard DE FONTENELLE.

Dans l'*Hist. de l' Acad. des Sciences, in*-4. *Ann.*1727, pag. 145, & dans les Œuvres de M. de Fontenelle.]

46502. ☞ Lettre sur M. de Malézieu. *Mercure*, 1709, Septembre; & *Choix des Mercures, tom. XVI. pag.* 83.]

== ☞ Notice historique de Siméon de *Malmédy*, Professeur Royal en Philosophie; par Cl. Pierre GOUJET.

Ci-dessus, aux Médecins, N.ᵒ 46207. Il est mort en 1584.]

46503. ☞ Eloge historique d'Eustachio *Manfredi*, Mathématicien Italien, Associé Etranger de l'Académie des Sciences; par Bernard DE FONTENELLE.

Dans l'*Hist.* de cette Académie, *in*-4. Année 1739, pag. 59, & dans les Œuvres de M. de Fontenelle.]

46504. ☞ Eloge de Jacques-Philippe *Maraldi,* Astronome ; par le même.

Dans l'*Hist. de l' Acad. des Sciences, in*-4. *Ann.* 1729, *pag.* 116, & dans les Œuvres de M. de Fontenelle.]

46505. ☞ Eloge historique de Louis-François Marquis de *Marsigli*, Mathématicien Italien, Associé Etranger de l'Académie des Sciences; par Bernard DE FONTENELLE.

Dans l'*Hist.* de cette Académie, *in*-4. Année 1730, *pag.* 132, & dans les Œuvres de M. de Fontenelle.]

46506. ☞ Notice historique de Jacques *Martin*, Professeur Royal en Mathématiques; par Cl. Pierre GOUJET.

Dans son *Mém. sur le Collège Royal, in*-12. tom. *II.* pag. 130. Jean Martin est mort après l'an 1626.]

46507. ☞ Eloge historique de Pierre-Louis (Moreau) de *Maupertuis*, Mathématicien & Philosophe; par M. DE FOUCHY.

Dans l'*Hist. de l'Acad. des Sciences, in*-4. *Ann.* 1759, *pag.* 259. M. de Maupertuis est mort à Berlin, le 27 Juillet de cette année.]

46508. ☞ Eloge du même, prononcé dans l'Assemblée publique de la Société Royale de Nancy, le 10 Janvier 1760; par M. le Comte DE TRESSAN : *Nancy*, le Seurre, (1760,) *in*-8. de 48 pages.]

46509. ☞ Eloge du même ; lu dans l'Assemblée publique de l'Académie des Sciences & Belles-Lettres de Prusse; par M. (Jean-Henri-Samuel) FORMEY, Secrétaire, le 24 Janvier 1760 : *Berlin*, 1760, *in*-8.

Seconde Edition, revue & corrigée ; (par MM. TRUBLET & DE LA CONDAMINE:) *Berlin,* (*Paris,*) 1761, *in*-12.

Voyez les *Mém. de Trévoux*, 1760, Octobre.]

46510. ☞ Notice historique de Jean de *Merlières*, Professeur Royal en Mathématiques; par Cl. Pierre GOUJET.

Dans son *Mém. sur le Collège Royal, in*-12. tom. *II*. pag. 114. De Merlières est mort en 1580.]

== ☞ Vie de Marin *Mersenne* , Minime, Philosophe & Mathématicien, mort en 1648.

Ci-devant, [Tome I. N.ᵒ 14044.]

46511. ☞ Notice historique de Laurent *Mesme*, connu sous le nom de Michel ou Mathurin *Neuré*, Physicien; par M. DREUX DU RADIER.

Dans sa *Bibliothèque du Poitou*, tom. *IV. pag.* 140. Mesme avoit été trente ans Chartreux, & les ayant ensuite quittés, il changea de nom. Il est mort vers 1677.]

46512. ☞ Eloge historique d'Abraham *Moivre*, Anglois, Mathématicien, & Associé Etranger de l'Académie des Sciences; par M. DE FOUCHY.

Dans l'*Hist.* de cette Académie, *in*-4. Année 1754, *pag.* 170, & dans le Recueil *in*-12. des *Eloges* par M. de Fouchy, *pag.* 338. M. Moivre étoit né à Vitry-le-François, mais établi en Angleterre.]

== ☞ Eloge historique & Notice de l'Abbé Joseph (Privat) de *Molières*, Mathématicien, mort en 1742.

Ci-devant, Tome I. N.ᵒˢ 11295 & 11296.]

46513. ☞ Histoire du même; par Antoine SAVERIEN.

Dans ses *Philosophes modernes, tom. VI.* p. 217.]

== ☞ Notice & Histoire de Henri de *Monantheuil*, Professeur Royal en Mathématiques, & Médecin.

Ci-dessus, Nᵒˢ 46130 *& suiv.*]

☞ Sommaire

== ☞ Sommaire de la Vie de Michel de *Montaigne*, [mort en 1592.]

Ci-devant, [Tome III. N.ᵒˢ 33130 & 33131.]

46514. ☞ Histoire du même; par Antoine SAVERIEN.

Dans ses *Philosophes modernes*, tom. II. pag. 1-30.]

46515. ☞ Eloge de Daniel-René *Montaudouin*, mort le 11 Septembre 1754. *Mercure*, 1755, *Décembre*.]

46516. ☞ Eloge historique de Pierre Rémond de *Montmort*, Mathématicien; par Bernard DE FONTENELLE.

Dans l'*Hist. de l'Acad. des Sciences*, in-4. Ann. 1719, pag. 83, & dans les Œuvres de M. de Fontenelle.

Voyez les *Mém. de Trévoux*, 1723, Février.]

46517. ☞ Eloge de J. Baptiste *Morgagni*, Italien, Associé Etranger de l'Académie des Sciences; par M. DE FOUCHY.

Dans l'*Hist.* de cette Académie, in-4. Année 1771.]

== Vie & Histoires de Jean-Baptiste *Morin*, Professeur Royal de Mathématiques, mort en 1656.

Ci-dessus, aux *Médecins*, N.ᵒˢ 46238 & *suiv*.

46518. ☞ Eloge historique de Jacques Douglas de *Morton*, Mathématicien Anglois, Associé Etranger de l'Académie des Sciences; par M. DE FOUCHY.

Cet Eloge sera dans l'*Hist.* de cette Académie, in-4. Année 1770.]

== ☞ Notice historique de Michel *Morus*, Professeur Royal en Philosophie, mort en 1726; par Cl. Pierre GOUJET.

Dans son *Mém. sur le Collège Royal*, in-12. tom. II. pag. 308.]

46519. ☞ Histoire de la Vie & des Ouvrages de Philippe *Naudé*, Mathématicien; par le P. NICERON.

Dans ses *Mémoires*, &c. tom. XLI. pag. 145. Philippe Naudé est mort à Berlin en 1729.]

== ☞ Notice historique de Mathurin de *Neuré*.

Voyez ci-devant, à *Mesme*, (son vrai nom,) N.ᵒ 46511. On ne le trouve dans le *Moréri* que sous le nom de *Neuré*, qu'il avoit pris pour se cacher.]

46520. ☞ Eloge historique d'Isaac *Neuton*, Philosophe & Mathématicien Anglois, Associé Etranger de l'Académie des Sciences; par Bernard DE FONTENELLE.

Dans l'*Hist.* de cette Académie, in-4. Année 1727, pag. 151, & dans les Œuvres de M. de Fontenelle.]

46521. ☞ Histoire de la Vie & des Ouvrages du même; par le P. NICERON.

Dans ses *Mémoires*, &c. tom. XXII. p. 113.]

46522. ☞ Histoire du même; par Antoine SAVERIEN.

Dans ses *Philosophes modernes*, tom. IV. p. 1-68.]

== ☞ Histoire de la Vie & des Ouvrages de Jean-François *Niceron*, Minime, Mathématicien, mort en 1646; par le P. (Jean-Pierre) NICERON, Barnabite.

Dans ses *Mémoires*, &c. tom. VII. pag. 153. On l'a déja indiquée ci-devant, Tome I. N.ᵒ 14043.]

46523. ☞ Eloge historique de François *Nicole*, Mathématicien; par M. DE FOUCHY.

Dans l'*Hist. de l'Acad. des Sciences*, in-4. Ann. 1758, pag. 107.]

46524. ☞ Histoire de Pierre *Nicole*, mort en 1695; par Antoine SAVERIEN.

Dans ses *Philosophes modernes*, tom. I. pag. 76-118.

Ou peut voir encore d'autres Vies du même, ci-devant, Tome I. N.ᵒˢ 5622, 5623 & 11321.]

46525. ☞ Notice historique de Louis *Noël*, Professeur Royal en Philosophie; par Cl. Pierre GOUJET.

Dans son *Mém. sur le Collège Royal*, in-12. tom. II. pag. 291. Noël est mort en 1693.]

46526. ☞ Eloge historique de Louis-Antoine *Nollet*, Physicien & Méchanicien; par M. DE FOUCHY.

Dans l'*Hist. de l'Acad. des Sciences*, in-4. Ann. 1770.]

46527. ☞ Abrégé de la Vie du même.

Dans la *Galerie Françoise*, pet. in-fol. num. II.]

46528. ☞ Abrégé de la Vie d'André le *Nostre*, Contrôleur des Bâtimens du Roi & Dessinateur de ses Jardins; (par M. DESGOTS, son neveu.)

Dans la *Continuation des Mémoires de Littérature & d'Histoire*, publiés par le Père Des-Molets, tom. IX. Part. II. pag. 459 & *suiv*. On en trouve un bon Extrait dans le *Dictionnaire* de Chaufepié, au mot *Nostre*.]

46529. ☞ Notice historique de Pierre *Nyon*, Professeur Royal en Philosophie; par Cl. Pierre GOUJET.

Dans son *Mém. sur le Collège Royal*, in-12. tom. II. pag. 295. Nyon est mort en 1682.]

46530. ☞ Eloge historique de Louis-Léon (Pajot, Comte) d'*Onsembray*, Honoraire de l'Académie des Sciences, & Physicien; par M. DE FOUCHY.

Dans l'*Hist.* de cette Académie, Ann. 1754, p. 143; & dans le Recueil in-12. des *Eloges* par M. de Fouchy, pag. 275.]

46531. ☞ Eloge Latin, en Prose quarrée; du même; par M. DÉON DE BEAUMONT.

Dans le *Mercure*, 1754, Mai, & 1755, Juin.]

46532. ☞ Eloge de Jacques *Ozanam*, Mathématicien; par Bernard DE FONTENELLE.

Dans l'*Hist. de l'Acad. des Sciences*, in-4. Ann. 1717, pag. 86, & dans les Œuvres de M. de Fontenelle.]

46533. ☞ Remarques sur le même; par Jacques-Georges DE CHAUFEPIÉ.

Dans son *Dictionnaire historique & critique*.]

46534. ☞ Histoire de la Vie & des Ouvrages du même; par le P. NICERON.

Dans ses *Mémoires*, &c. tom. VI. p. 45, & X. part. 2, pag. 184.]

46535. ☞ Petri *Padetii*, Harcurianæ Scholæ Proviſoris, Panegyricus ; per Joannem Operarium (l'Œuvre :) *Pariſiis*, Pralard, 1670, *in*-4.]

46536. ☞ Notice hiſtorique de Pierre Padet, Profeſſeur Royal en Philoſophie ; par Cl. Pierre Goujet.

Dans ſon *Mém. ſur le Collège Royal, in*-12. *tom. II. pag*. 274. Padet eſt mort en 1665.]

== Eloge hiſtorique de Blaiſe - François, Comte de *Pagan*, [Mathématicien &] Ingénieur célèbre, mort en 1665.

Ci-devant, [Tome III. Nos 32034 & 32035.]

46537. ☞ Eloge hiſtorique d'Antoine de *Parcieux*, Mathématicien ; par M. de Fouchy.

Dans l'*Hiſt. de l'Acad. des Sciences, in*-4. *Ann*. 1768, *pag*. 155.

Voyez encore au *Mercure*, 1768, *Octobre*, I. Vol.]

46538. ☞ Abrégé de la Vie du même.

Dans la *Galerie Françoiſe, pet. in-fol.* num. IX.]

46539. Eloge d'Antoine *Parent*, Mathématicien ; par Bernard de Fontenelle.

Dans l'*Hiſt. de l'Acad. des Sciences*, [*Ann*. 1716, *in*-4.] dans le Tome II. de l'Hiſt. de ſon Renouvellement, *in*-12. *pag*. 424, [& dans les Œuvres de M. de Fontenelle.]

46540. ☞ Hiſtoire de la Vie & des Ouvrages du même, par le Père Niceron.

Dans ſes *Mémoires*, &c. *tom. II. pag*. 53.]

46541. ☞ Notice hiſtorique de François *Parent*, Profeſſeur Royal en Philoſophie & en Langue Grecque ; par Claude - Pierre Goujet.

Dans ſon *Mém. ſur le Collège Royal, in*-12. *tom. I. pag*. 497, & *II. pag*. 234. Ce Profeſſeur eſt mort en 1612.]

== Vie de Blaiſe *Paſcal*, [Philoſophe &] Mathématicien, [mort en 1662.]

Ci-deſſus, [aux *Théologiens*,] Nos 45788-45793.]

46542. ☞ Hiſtoire du même ; par Antoine Saverien.

Dans ſes *Philoſophes modernes, tom. III. p*. 321.]

46543. ☞ Eloge de M. (Charles-J. B. Mercier) du *Paty*, (Phyſicien,) de l'Académie de la Rochelle, mort en 1767.

Il eſt imprimé après ceux de MM. Valin & de Chaffiron : *la Rochelle*, Légier, 1769, *in*-8. M. du Paty a donné dans l'Académie de cette Ville pluſieurs Mémoires ſur la Phyſique, utiles ſur-tout au Pays d'Aunis.]

46544. ☞ Notice hiſtorique de Jean *Pellerin*, Profeſſeur Royal en Philoſophie ; par Cl. Pierre Goujet.

Dans ſon *Mém. ſur le Collège Royal, in*-12. *tom. II. pag*. 200. Pellerin eſt mort après l'an 1595.]

46545. ☞ Notice hiſtorique de Jean *Pena*, Profeſſeur Royal en Mathématiques ; par le même.

Dans le même Volume, *pag*. 58. Pena eſt mort en 1558.]

== ☞ Eloge de Claude *Perrault*, Phyſicien, &c. de l'Académie des Sciences, mort en 1688.

Ci-deſſus, aux *Médecins*, N.os 46267 & *ſuiv*.]

46546. ☞ Notice hiſtorique de Jean *Perreau*, Profeſſeur Royal en Philoſophie ; par Cl. Pierre Goujet.

Dans ſon *Mémoire ſur le Collège Royal, in*-12. *tom. II. pag*. 247. Jean Perreau eſt mort en 1645.]

46547. ☞ Hiſtoire de la Vie & des Ouvrages de Pierre *Petit*, Mathématicien ; par le Père Niceron.

Dans ſes *Mémoires*, &c. *tom. XLII. pag*. 183. Ce Mathématicien eſt mort en 1677. Il ne faut pas le confondre avec un Pierre Petit, Médecin, mort en 1687.]

46548. ☞ Remarques ſur le même ; par Jacques-George de Chaufepié.

Dans ſon *Dictionnaire hiſtorique & critique*.]

46549. ☞ Remarques de D. Jean Liron, ſur Simon de *Pharès*, Aſtronome ou Aſtrologue, (qui vivoit dans le XVe Siècle.)

Dans les *Singularités hiſtoriques, tom. I. pag*. 313.]

46550. De Vita Guillelmi *Philandri*, Galli, Caſtilionæi, Civis Romani, Mathematici, Epiſtola Philiberti de la Mare, Senatoris Divionenſis : 1667, *in*-4.

Philandrier eſt mort en 1567.

☞ *Voyez* la Bibliothèque des Auteurs de Bourgogne, par l'Abbé Papillon, *tom. II.*]

46551. ☞ Eloge hiſtorique du Czar *Pierre I*. (qui a voulu être) de l'Académie des Sciences ; par Bernard de Fontenelle.

Dans l'*Hiſtoire de cette Académie : in*-4. *Ann*. 1725, *pag*. 105, & dans les Œuvres de M. de Fontenelle. Ce grand Prince mérite bien d'être mis au nombre des Philoſophes, puiſqu'il a renouvellé ſon Empire, & y a établi les Arts & les Sciences.

== ☞ Vie de Jean *Pierquin*, Phyſicien, mort en 1742.

Ci-devant, Tome I. N° 11353.]

46552. ☞ Le Méchaniſte Philoſophe, Mémoires concernant la Vie de Jean *Pigeon* ; par Marie-Anne-Victoire Pigeon Dosangis, femme d'André-Pierre le Guay de *Prémontval*, Académicien de Berlin : 1750, *in*-8.]

46553. ☞ Notice hiſtorique de Robert *Pitrou*, Mathématicien & Inſpecteur général des Ponts & Chauſſées de France, mort en 1750.

Dans le *Diction. de Moréri*, Ed. de 1759.]

== ☞ Eloge hiſtorique d'Antoine *Pluche*, Philoſophe, mort en 1761.

Ci-devant, Tome I. N.° 11360.]

46554. ☞ Abrégé de la Vie du même.

Dans la *Galerie Françoiſe, pet. in-fol.* num. VIII.]

46555. ☞ Notice hiſtorique de Jean-Martin *Poblacion*, Profeſſeur Royal en Mathématiques ; par Cl. Pierre Goujet.

Dans ſon *Mém. ſur le Collège Royal, in*-12. *tom. II.*

Vies des François Philosophes, &c.

pag. 1. Poblacion, Espagnol, enseigna le premier les Mathématiques au Collège Royal, dès 1530. On ne sçait quand ni où il est mort.]

46556. ☞ Eloge historique de Jean de *Poleni*, Vénitien, Associé Étranger de l'Académie des Sciences ; par M. DE FOUCHY.

Dans l'*Hist.* de cette Académie, *in-*4. Année 1763. *pag.* 151. Le Marquis de Poleni est mort en 1761.]

46557. ☞ Histoire de Pierre *Polinière*, Physicien, mort en 1734 ; par Antoine SAVERIEN.

Dans ses *Philosophes modernes*, *tom. VI. pag.* 185.]

46558. ☞ Notice historique de Guillaume *Postel*, Professeur Royal en Mathématiques ; par Cl. Pierre GOUJET.

Dans son *Mém. sur le Collège Royal*, *in-*12. *tom. II. pag.* 14. Postel est mort en 1581. On peut voir ci-devant plusieurs Pièces à son sujet, Tome I. N.ᵒˢ 11366 *& suiv.*]

46559. ☞ Notice historique de Laurent *Pothenot*, Professeur Royal en Mathématiques ; par le même.

Dans le même Volume, de M. Goujet, *pag.* 179. Pothenot est mort en 1732.]

46560. ☞ Eloge historique de M. (Louis-Jean Levesque de *Pouilly*, Lieutenant des Habitans de la Ville de Reims ; par M. l'Abbé DE SAULX, Chanoine de l'Eglise de Reims, Chancelier de l'Université, & Principal du Collège : *Reims*, Florentain, 1751, *in-*4.

Cet aimable Philosophe, Auteur de la *Théorie des Sentimens agréables*, &c. étoit un Citoyen à qui la Ville de Reims doit ses plus beaux établissemens : il est mort en 1751.]

46561. ☞ Eloge d'André-Pierre le Guay de *Prémontval*, Philosophe & Mathématicien, mort à Berlin en 1767 ; par M. FRANÇOIS.

Dans le *Nécrologe* qui a paru en 1770, *pag.*95.]

46562. Eloge de Michel du *Puget*, Physicien de Lyon, mort en 1709 ; par l'Abbé DE BELLEMOND.

Cet Eloge est imprimé dans les *Mém. de Trévoux*, 1710, Article CXXX.]

☞ L'Abbé Pernetty, dans ses *Lyonnois dignes de mémoire*, *tom. II. pag.* 164, attribue cet Eloge de du Puget ; qu'il appelle *Louis*, à l'Abbé TRICAUD, Chanoine d'Enay, & de l'Académie de Lyon.]

46563. ☞ Eloge de Jean de la *Quintinie*, [Physicien Agriculteur, &] Directeur des Jardins & Potagers du Roi ; par Charles PERRAULT.

Dans le Tome I. de ses *Eloges*. La Quintinie est mort vers 1688.]

46564. ☞ Notice historique du même ; par M. DREUX DU RADIER.

Dans sa *Bibliothèque du Poitou*, *tom. IV. p.* 157.]

46565. ☞ Notice historique de Vincent *Raffar*, Professeur Royal en Philosophie ; par Claude-Pierre GOUJET.

Dans son *Mém. sur le Collège Royal*, *in-*12. *tom. II. pag.* 223. Raffat est mort en 1606.

Voyez encore la *Bibliot. de Poitou*, par M. Dreux du Radier, *tom. II, pag.* 223.]

46566. ☞ Notice historique de Pierre *Ramus*, Professeur Royal en Mathématiques & en Philosophie ; par Cl. Pierre GOUJET.

Dans son *Mém. sur le Collège Royal*, *in-*12. *tom. II. pag.* 14 & 200. Ramus a été tué en 1552, à la Saint-Barthélemy.

Les ennemis qu'il s'étoit faits par son grand zèle pour la perfection des Sciences, & contre la doctrine d'Aristote, lui causèrent bien des chagrins, & enfin lui procurèrent la mort, sous prétexte de son attachement aux erreurs de la Religion Prétendue-Réformée.]

46567. ☞ Histoire du même ; par Antoine SAVERIEN.

Dans ses *Philosophes modernes*, *tom. III. p.* 1-36.]

☞ *Voyez* encore plusieurs Vies du même ci-après, aux *Orateurs* & *Philologues*.]

46568. ☞ Eloge historique de René-Antoine (Ferchault) de *Réaumur*, Physicien ; par M. DE FOUCHY.

Dans l'*Hist. de l'Acad. des Sciences*, *in-*4. *Ann.* 1757, *pag.* 201.]

46569. Eloge historique de Pierre-Silvain *Régis*, Philosophe & Mathématicien ; par Bernard DE FONTENELLE.

Dans l'*Hist. de l'Acad. des Sciences*, *Ann.* 1707, *in-*4. *pag.* 157, dans l'*Hist.* de son Renouvellement, *in-*12. [& dans les Œuvres de M. de Fontenelle.]

☞ Il se trouve encore dans le *tom. IX.* de la *Bibliothèque Françoise*, imprimée à *Amsterdam*, chez du Sauzet.]

46570. ☞ Histoire de la Vie & des Ouvrages du même ; par le P. NICERON.

Dans ses *Mémoires*, &c. *tom. VI. pag.* 402.]

46571. ☞ Eloge historique de Bernard *Renau* (d'Elisagarai,) Géometre, & Honoraire de l'Académie des Sciences ; par Bernard DE FONTENELLE.

Dans l'*Hist.* de cette Académie, *in-*4. Année 1719, *pag.* 101, & dans les Œuvres de M. de Fontenelle. On a déja indiqué cet Eloge aux *Officiers de Guerre*, Tome III. N.º 32046.]

46572. ☞ Remarques sur le même ; par Jacques-George DE CHAUFEPIÉ.

Dans son *Dictionnaire historique & critique*.]

46573. ☞ Eloge historique de Jean-Baptiste (Deschiens) de *Ressons*, Mathématicien ; par Bernard DE FONTENELLE.

Dans l'*Hist. de l'Acad. des Sciences*, *in-*4. *Ann.*1735, *pag.* 105, & dans les Œuvres de M. de Fontenelle.

== ☞ Eloge de Charles *Reyneau*, Prêtre de l'Oratoire, Mathématicien ; par Bernard DE FONTENELLE.

Dans l'*Hist. de l'Acad. des Sciences*, *in-*4. *Ann.*1728, *pag.* 112, & dans les Œuvres de M. de Fontenelle. On a déja indiqué cet Eloge au *Second Ordre*, Tome I. N.º 11408.]

— ☞ Observations sur David *Rivault*, mort en 1616.

Ci-après, aux *Orateurs & Philologues.*]

46574. ☞ Notice historique de Gilles Personne de *Roberval*, Professeur Royal en Mathématiques; par Claude-Pierre GOUJET.

Dans son *Mém. sur le Collège Royal*, in-12. tom. II. pag. 148. Roberval est mort en 1675.]

46575. ☞ Histoire de François de la *Rochefoucault*, mort en 1686; par Antoine SAVERIEN.

Dans ses *Philosophes modernes*, tom. II. pag. 137.]

46576. ☞ Eloge historique de Roger Schabol, connu sous le nom de l'Abbé *Roger*, Physicien appliqué à la culture des Arbres; par M. FRANÇOIS.

Dans le *Nécrologe* qui a paru en 1770, pag. 185. L'Abbé Roger est mort en 1768.]

46577. ☞ Eloge historique de Jacques *Rohault*, Philosophe.

Dans le *Journal des Sçavans*, 1695, du 9 Mai & 25 Juillet.]

46578. ☞ Histoire du même; par Antoine SAVERIEN.

Dans ses *Philosophes modernes*, tom. VI. p. 1-62.]

46579. ☞ Eloge historique de Michel *Rolle*, Mathématicien; par Bernard DE FONTENELLE.

Dans l'*Hist. de l'Acad. des Sciences*, in-4. Ann. 1719, pag. 94, & dans les Œuvres de M. de Fontenelle.]

46580. ☞ Eloge historique de Frédéric *Ruysch*, Physicien Hollandois, & Associé Etranger de l'Académie des Sciences; par Bernard DE FONTENELLE.

Dans l'*Hist.* de cette Académie, in-4. Année 1731, pag. 100, & dans les Œuvres de M. de Fontenelle.]

46580.* ☞ Notice historique de David de *Sainclair*, Professeur Royal en Mathématiques; par Cl. Pierre GOUJET.

Dans son *Mém. sur le Collège Royal*, in-12. tom. II. pag. 126. Sainclair est mort en 1629.]

46581. ☞ Vie de Jacques *Savary*.

Elle a été imprimée pour la première fois à la tête de la huitième Edition de son *Parfait Négociant*, &c. Paris, 1721, in-4. & dans celles qui ont suivi. On la trouve aussi en abrégé dans le *Journal des Sçavans*, 1721, Octobre.]

46582. ☞ Histoire de la Vie & des Ouvrages du même Jacq. Savary, & de Jacq. *Savary des Bruslons* son fils; par le P. NICERON.

Dans ses *Mémoires*, &c. tom. IX. pag. 203, & X. part. 2, pag. 278. Le père est mort en 1690, & le fils en 1716. Celui-ci est Auteur du Dictionnaire Universel du Commerce.

Un autre fils, nommé *Philemon-Louis*, qui est mort Chanoine de l'Eglise Royale de Saint-Maur, a aussi perfectionné les Ouvrages de son père & de son frère.]

46583. ☞ Eloge historique de Joseph *Saurin*, Mathématicien; par Bernard DE FONTENELLE.

Dans l'*Hist. de l'Acad. des Sciences*, in-4. Ann. 1737, pag. 110, & dans les Œuvres de M. de Fontenelle.]

46584. ☞ Eloge historique de Joseph *Sauveur*, Mathématicien & Professeur au Collège Royal; par Bernard DE FONTENELLE.

Dans [l'*Hist. de l'Acad. des Sciences*, in-4. Ann. 1716,] au Tome II. de l'Hist. de son Renouvellement, p. 401, [& dans les Œuvres de M. de Fontenelle.]

46585. ☞ Histoire de la Vie & des Ouvrages du même; par le P. NICERON.

Dans ses *Mémoires*, &c. tom. VII. pag. 400.]

46586. ☞ Notice historique du même; par Cl. Pierre GOUJET.

Dans son *Mém. sur le Collège Royal*, in-12. tom. II. pag. 75.]

46587. ☞ Eloge de Dominique *Senès*, Ingénieur du Roi en chef, dans la Province de Languedoc, mort en 1740.

Dans l'Extrait des Assemblées de la Société Royale de Montpellier, du 2 Décembre 1745.]

46588. ☞ Eloge de Hans *Sloane*, Physicien & Médecin Anglois, Associé Etranger de l'Académie Royale des Sciences; par M. DE FOUCHY.

Dans l'*Hist.* de cette Académie, in-4. Année 1753, pag. 305, & dans le Recueil in-12. des *Eloges* par M. de Fouchy, pag. 244.]

46589. ☞ Notice historique de Jean *Stadius*, Professeur Royal en Mathématiques; par Cl. Pierre GOUJET.

Dans son *Mém. sur le Collège Royal*, in-12. tom. II. pag. 117. Stadius est mort en 1579.]

46590. ☞ Notice historique de Jean Tileman *Stella*, Professeur Royal en Mathématique; par Cl. Pierre GOUJET.

Dans son *Mém. sur le Collège Royal*, in-12. tom. II. pag. 152. Stella mourut en 1647.]

46591. ☞ Histoire de la Vie & des Ouvrages de Jean *Taisnier*, Mathématicien, (mort vers 1562;) par le Père NICERON.

Dans ses *Mémoires*, &c. tom. XXXIX. pag. 392.]

⇐ ☞ Eloges & Notices historiques de l'Abbé Jean *Terrasson*, mort en 1750; par M. DE FOUCHY, MM. D'ALEMBERT & DE MONCRIF, M. l'Abbé GOUJET, &c.

Ci-devant, Tome I. Nos 11469-11473.]

46592. ☞ Eloge historique de Jean *Truchet*, connu sous le nom de *Père Sébastien*, Carme, Mathématicien & fameux Méchanicien, de l'Académie des Sciences; par Bernard DE FONTENELLE.

Dans l'*Hist.* de cette Académie, Année 1729, p. 93; & dans les Œuvres de M. de Fontenelle.]

46593. ☞ Eloge historique d'Ernfroi Wolter de *Tschirnaus*, Gentilhomme de Lusace, Mathématicien [& Associé Etranger] de l'Académie des Sciences; par Bernard DE FONTENELLE.

Dans l'*Hist.* de cette Académie, in-4. Année 1709, pag. 114, au Tome II. de l'Hist. de son Renouvellement, pag. 35, [& dans les Œuvres de M. de Fontenelle.]

== ☞ Notice historique de Guillaume du *Val*, Professeur Royal en Philosophie; par Cl. Pierre GOUJET.

Ci-devant, aux *Médecins*, N.° 46342.]

46594. ☞ Eloge historique de Jean-Baptiste-Henri du Trousset de *Valincourt*, (Académicien honoraire & Mathématicien;) par M. DE FONTENELLE.

Dans l'*Hist. de l'Acad. des Sciences, in-4. Ann.*1730, *pag.* 117, & dans les Œuvres de M. de Fontenelle.]

46595. ☞ Histoire de la Vie & des Ouvrages du même; par le P. NICERON.

Dans ses *Mémoires*, &c. tom. *XXIV. pag.* 247.]

46596. ☞ Vie de Géoffroy *Vallée*, Philosophe impie.

Dans les *Mémoires de Littérature* de Sallengre, *tom. II. art.* 2. Vallée fut pendu & brûlé en 1574.]

46597. ☞ Histoire de la Vie & des Ouvrages du même; par le P. NICERON.

Dans ses *Mémoires*, &c. tom. *XXIX. pag.* 39, & *X. part.* 2, *pag.* 147.

L'Abbé D'ARTIGNY a donné dans ses *Mémoires*, tom. *II. pag.* 278, quelques Pièces au sujet de cet impie.]

== ☞ Eloge historique, &c. de Pierre *Varignon*, Mathématicien, de l'Académie des Sciences, &c.

Ci-devant, Tome I. N.ᵒˢ 11503-11505. Varignon est mort en 1722.]

46598. ☞ Histoire de la Vie & des Ouvrages du même; par le Père NICERON.

Dans ses *Mémoires*, &c. tom. *XI. pag.* 153, & *XX. pag.* 126.]

46599. ☞ Histoire du même; par Antoine SAVERIEN.

Dans ses *Philosophes modernes*, tom. *V. pag.* 245.]

== ☞ Eloge historique de Sébastien le Prestre de *Vauban*, [Mathématicien & Ingénieur, mort en 1707;] par Bernard DE FONTENELLE.

Ci-devant, aux *Maréchaux de France*, Tome III. N.° 31725.]

46600. ☞ Notice historique de François *Vicomercato*, Professeur Royal en Philosophie; par Cl. Pierre GOUJET.

Dans son *Mémoire sur le Collège Royal, in-12.* tom. *II. pag.* 187. Vicomercato, Italien, après avoir demeuré nombre d'années en France, retourna en Italie, & y mourut vers l'an 1595.]

46601. ☞ Eloge historique de François *Viète*, Mathématicien, mort en 1603; par M. DREUX DU RADIER.

Dans sa *Biblioth. du Poitou*, tom. *III. pag.* 89.]

46602. ☞ Histoire du même; par Antoine SAVERIEN.

Dans ses *Philosophes modernes*, tom. *V. pag.* 21.]

46603. ☞ Histoire de la Vie & des Ouvrages d'Elie *Vinet*, Mathématicien; par le Père NICERON.

Dans ses *Mémoires*, &c. tom. *XXX. pag.* 222. Vinet est mort en 1587.]

46604. ☞ Eloge historique de Vincenzio *Viviani*, Gentilhomme Florentin, Géometre & Associé Etranger de l'Académie des Sciences; par Bernard DE FONTENELLE.

Dans l'*Hist.* de cette Académie; *in-4.* Année 1703, *pag.* 137, dans l'Hist. de son Renouvellement, *in-12.* & dans les Œuvres de M. de Fontenelle.]

46605. ☞ Eloge historique de Chrestien *Wolf*, Philosophe & Mathématicien Allemand, Associé Etranger de l'Académie des Sciences; par M. DE FOUCHY.

Dans l'*Hist.* de cette Académie, *in-4.* Année 1754, *pag.* 155, & dans le Recueil *in-12.* des *Eloges* par M. de Fouchy, tom. *I. pag.* 298.]

46606. ☞ Histoire du même; par Antoine SAVERIEN.

Dans ses *Philosophes modernes*, tom. *IV. pag.* 249.]

46607. ☞ Ms. Eloge historique de M. *Yard*, Professeur de l'Ecole de Mathématiques & Membre de l'Académie de Besançon; par M. DE GRANDFONTAINE, Secrétaire perpétuel.

Cet Eloge est conservé dans les Registres de cette Académie. M. Yard est mort le 4 Juin 1764.]

ARTICLE V.

Vies des Historiens & Antiquaires François, [Géographes, Voyageurs, &c.]

46608. DE la Charge d'Historiographe de France; par Charles SOREL, Historiographe.

Ce Discours, qui est tiré des Mémoires de Charles Bernard, par Sorel son neveu, est au-devant de l'Histoire de Louis XIII. par Bernard : *Paris*, 1646, *in-fol.*

46609. Ms. Les Antiquaires François, où sont compris leurs Vies & le jugement sur leurs Ouvrages; par Martin BILLET DE FANIÈRES.

Cet Ouvrage [étoit] entre les mains de l'Auteur, qui [l'avoit] fort avancé.

46610. Oratione in morte di Donato *Acciaioli*; per Christoforo LANDINO.

Cette Oraison funèbre d'Acciaioli, mort en 1478, & qui a fait une Vie de Charlemagne, est imprimée dans un Recueil d'Oraisons composées par divers Auteurs, & publié par François Sansovin, Part. I. *p.* 150 : *in Venetia*, 1569, *in-4.*

46611. Benedicti de *Accoltis*, Aretini, Jurisconsulti & celeberrimi Historiographi, Vita.

De Accoltis, qui a écrit une Histoire des Croisades, est mort en 1466. Sa Vie est imprimée au commencement de son Dialogue intitulé : « De Præstantia Virorum sui ævi, ex Bibliotheca Antonii Magliabecchi : » *Parmæ*, 1692, *in-8.*

☞ Il semble que cette Vie & la précédente ne

devoient pas être indiquées par le Père le Long dans cet Ouvrage, à moins qu'on n'y mît tous les autres Auteurs Etrangers qui ont écrit sur l'Histoire de France, & qui n'ont eu aucune liaison particulière avec la Nation.]

46612. ☞ Histoire de la Vie & des Ouvrages de Dom Jean Luc d'*Achery*, mort en 1685.

Dans l'*Hist. Littér. de la Congr. de S. Maur* : (*Paris*, Humblot, 1770,) *pag*. 103. On peut voir encore ci-devant, Tome I. N.° 12515.]

== Elogium *Adonis*, Archiepiscopi Viennensis, mortui circa an. 875.

Ci-devant, [Tome I. N.° 10721.]

== Philippi LABBE, Diatriba de *Aimoino*, Monacho, qui obiit circa an. 1020, vel 1030.

Ci-devant, [Tome II. N.° 16092.]

46613. ☞ Histoire de la Vie & des Ouvrages d'Abraham-Nicolas *Amelot de la Houssaye*; par le P. NICERON.

Dans ses *Mémoires*, &c. tom. *XXXV*. *pag*. 120. Amelot de la Houssaye est mort en 1706.]

46614. ☞ Histoire de la Vie & des Ouvrages de Charles *Ancillon*; par le P. NICERON.

Dans ses *Mémoires*, &c. tom. *VII*. *pag*. 382. Charles Ancillon est mort en 1715.]

46615. ☞ Remarques sur le même ; par Jacq. Georges DE CHAUFEPIÉ.

Dans son *Diction. historique & critique*.]

46616. Elogium Nicolai *Angeli*, Lugdunensis, Antiquariæ rei & Numismatum Indagatoris ; Auctore Papirio MASSONO.

L'Eloge de L'ange est imprimé dans le Recueil des Eloges de Papire Masson, publié par Jean Balesdens, au Tome II. *pag*. 387 : *Parisiis*, 1643, *in*-8.

== Eloge d'*Anselme de la Vierge Marie*, Augustin Déchaussé.

Ci-devant, [Tome II. N.° 13684.] Il est [mort en 1694, & est le premier] Auteur de l'Histoire généalogique de la Maison de France & des grands Officiers.

== Eloge d'Antoine *Anselme*, de l'Académie des Inscriptions & Belles-Lettres, mort en 1737.

Ci-devant, Tome I. N.° 10891.]

== Mémoires pour la Vie & les Ouvrages d'Antoine *Auberi*, Historiographe.

Ci-dessus, aux *Jurisconsultes*, N.° 45817.]

46617. Mémoire concernant la Vie & les Ouvrages de Louis *Auberi*, Sieur de *Vaumurier*; par Charles ANCILLON.

Ce Mémoire sur le Sieur de Vaumurier, mort en 1687, est imprimé dans le Recueil d'Ancillon : (*Berlin*, 1709, *in*-12.) *pag*. 338.

46618. Ms. Vie de Théodore-Agrippa d'*Aubigné*, jusqu'en 1625, écrite par lui-même : *in-fol*.

Cet Auteur est mort en [1630,] âgé de quatre-vingts ans. Dans sa Vie il ne dément pas son caractère ; car il y parle avec beaucoup de liberté : cependant il ne s'accorde pas par-tout avec l'Histoire Universelle [de son temps] qu'il a publiée.

☞ Cette Vie, que le P. le Long indiquoit comme manuscrite, a été imprimée pour la première fois en 1721, & ensuite en 1729 : *Cologne*, *in*-8. avec les Avantures du Baron de Fœneste, Ouvrage satyrique de d'Aubigné, sous ce titre :

L'Histoire secrette de Théodore-Agrippa d'Aubigné, écrite par lui-même & adressée à ses enfans.

Il y en a eu encore une autre Edition : *Amsterdam*, 1731, 2 vol. *in*-12. où l'on trouve aussi les Mémoires de Frédéric-Maurice de la Tour, Prince de Sedan ; une Relation de la Cour de France, par M. Priolo, Ambassadeur de Venise, &c. Cette Vie de d'Aubigné a été traduite en Flamand, & imprimée à Amsterdam, 1736, *in*-8. *Voyez* à son sujet l'*Esprit de la Ligue*, tom. *I*. *pag*. lviij.]

46619. ☞ Histoire de la Vie & des Ouvrages du même ; par le P. NICERON.

Dans ses *Mémoires*, &c. tom. *XXVIII*. p. 203.]

46620. ☞ Remarques sur le même ; par Prosper MARCHAND.

Dans son *Dictionnaire historique & critique*.]

46621. ☞ Mémoire sur la Vie du même, Agrippa d'Aubigné.

Parmi les *Mémoires historiques sur plusieurs de nos Historiens*, imprimées à la fin de notre Tome III. p. 11.

On peut voir encore ce qui en est dit au commencement du Tome I. & du Tome VI. des *Mémoires de Madame de Maintenon*, (sa petite-fille :) *Amsterdam*, (*Avignon*,) 1757, *in*-12.

== Vita sancti *Audoeni*, Episcopi Rothomagensis, mortui an. 683.

Ci-devant, [Tome I. N.os 9854-9859.]

Saint-Ouen écrit la Vie de S. Eloy, Evêque de Noyon.

46622. ☞ Notice historique de Jean d'*Authon*, Historien de Louis XII. & Poëte, par M. DREUX DU RADIER.

Dans sa *Bibliothèque du Poitou*, tom. *II*. *pag*. 30-66. Cet Historien est mort en 1528.]

== Mémoires sur la Vie & les Ouvrages d'Adrien *Baillet*, mort en 1706.

Ci-devant, [Tome I. N.os 10903-10908.]

== Vie & Eloges d'Etienne *Baluze*, mort en 1718.

Ci-devant, [Tome I. N.os 10912-10917.]

M. Baluze a publié un grand nombre d'Ouvrages d'Auteurs anciens & modernes, mais peu de sa façon : il n'y a que l'Histoire de la Ville de Tulles, sa patrie, l'Histoire généalogique de la Maison de la Tour d'Auvergne, & la Vie de M. de Marca, qui engagent à le placer avec les Historiens.

☞ On trouve un Mémoire sur sa Vie, parmi ceux des Historiens de France, à la fin de notre Tome III. *pag*. v.]

46623. ☞ Eloge d'Anselme *Banduri*, Bénédictin de Raguse, Honoraire Etranger de l'Académie des Inscriptions & Belles-Lettres, mort en 1743 ; par M. FRERET.

Dans l'*Hist. de cette Académie*, tom. *XVI*. p. 348.]

== ☞ Eloge de l'Abbé Antoine *Banier*,

Vies des Historiens, Antiquaires, &c.

de l'Académie des Inscriptions & Belles-Lettres, mort en 1745.
Ci-devant, Tome II. N.os 10919 & 10920.]

46624. ☞ Eloge de Nicolas Barat, mort en 1706; par Paul Tallemant.
Dans l'*Hist. de l'Acad. des Inscriptions & Belles-Lettres*, tom. I. in-4. pag. 345, & tom. I. in-8. p. 41.]

== Eloge de Gervais le *Barbier*, Auteur d'une Relation de ce qui s'est passé au Pays du Maine.
Ci-devant, Tome III. N.° 35511.]

46625. Vita Adriani *Barlandi*.
Cet Historien est mort en 1542. Sa Vie est imprimée à la *pag.* 191 de sa *Chronique des Ducs de Brabant : Antverpiæ*, 1600, in-fol.

46626. ☞ Eloge de Louis-François-Joseph de la *Barre*, de l'Académie des Inscriptions & Belles-Lettres, mort en 1738; par Claude Gros de Boze.
Dans l'*Hist. de l'Acad. des Inscript. & Belles-Lettres*, tom. XIV. in-4. pag. 308, & tom. III. in-8. pag. 348.]

46627. Eloge d'Henry *Basnage* de Beauval.
L'Eloge de Beauval, mort [à la Haye] en 1710, est imprimé dans les *Mémoires de Trévoux*, Article cent cinquante-huitième, Novembre 1710. Cet Auteur a fait l'Histoire [des Ouvrages] des Sçavans.

46628. ☞ Autre Eloge du même.
Dans le *Journal des Sçavans*, 1712, Janvier.]

46629. ☞ Histoire de sa Vie & de ses Ouvrages; par le P. Niceron.
Dans ses *Mémoires*, &c. tom. II. pag. 206, & X. part. 1. pag. 88.
Voyez aussi le *Dictionnaire* de Bayle.]

== ☞ Histoire de Jacques *Basnage*, mort en 1723.
Ci-devant, Tome I. N.os 6130-6132.]

46630. ☞ Eloge de Joseph (de Bimard) de la *Bastie*, de l'Académie des Inscriptions & Belles Lettres, mort en 1742; par Nicolas Freret.
Dans l'*Hist.* de cette Académie, tom. XVI. in-4. pag. 335.]

46631. ☞ Eloge historique de Charles-César *Baudelot* de Dairval, Antiquaire, mort en 1722; par M. de Boze.
Dans l'*Hist. de l'Acad. des Inscript. & Belles-Lettres*, tom. V. pag. 403, & le *Dictionnaire* de Chaufepié.]

46632. ☞ Histoire de la Vie & des Ouvrages du même; par le P. Niceron.
Dans ses *Mémoires*, &c. tom. XII. pag. 272.]

46633. ☞ Histoire de la Vie & des Ouvrages de Jean *Baudoin*; par le P. Niceron.
Dans ses *Mémoires*, &c. tom. XII. pag. 100, & XX. pag. 53. Jean Baudoin mourut à Paris en 1650.
Voyez aussi l'*Hist. de l'Acad. Françoise*, par MM. Pellisson & d'Olivet.]

== ☞ Eloge & Histoire de Michel-Antoine *Baudrand*, Géographe, mort en 1700.
Ci-devant, Tome I. N.os 10922 & 10923.]

46634. Oratio in obitum Pauli *Bauldry*, Historiæ sacræ Professoris in Academia Ultrajectina; Auctore Adriano Relando, Linguarum Orientalium Professore Trajectensi: *Ultrajecti*, 1706, in-4.
Reland est mort en 1717.

46635. ☞ Eloge de Pierre *Bayle*, Professeur en Philosophie & en Histoire à Rotterdam; par Henry Basnage de Beauval.
L'Eloge de Bayle, mort en 1706, est imprimé dans l'*Histoire des Ouvrages des Sçavans*, 1706, Décembre, & au-devant de ses *Lettres* : *Amsterdam*, 1714, in-12.

46636. Mémoires sur la Vie & les Ouvrages du même.
Ces Mémoires sont imprimés dans ceux de Trévoux, article quarante-huitième, Avril 1707.

46637. Vie du même, comprise dans une Lettre écrite en Anglois; par M. des Maiseaux : *London*, 1708, in-8.
Cette Vie est aussi imprimée avec la Traduction Angloise des *diverses Pensées sur la Comete*, de Bayle : *London*, 1708, in-8.
La même, traduite en François : *Rotterdam*, 1712, in-12.

☞ La même : *Paris*, Clousier, 1732, in-12. 2 vol.]

46638. Histoire de M. Bayle & de ses Ouvrages : *Genève*, 1715, in-12.
La même Histoire est imprimée au-devant de son *Dictionnaire historique & critique* : *Genève*, 1715, [1720, 1730,] in-fol.

La même Histoire; par M. de la Monnoye, nouvelle Edition augmentée de plusieurs Pièces : *Amsterdam*, Desbordes, 1716, in-12.
Cette Histoire a été désavouée par M. de la Monnoye, à la *pag.* 416 des *Nouvelles Littéraires de la Haye*, du 27 Juin 1716. L'Auteur de ces Nouvelles Littéraires, du mois d'Octobre 1715, *pag.* 210, l'attribue à l'Abbé du Revest. [M. le Président Bouhier dans le Catalogue de sa Bibliothèque, dit que l'on croit que l'Auteur de cette Histoire est N....... Masson.] Elle est faite sur le Journal de Bayle, qu'il avoit dressé au Carlat, lieu de sa naissance, sur ses Lettres & sur ses Ouvrages. Les Pièces jointes à cette dernière Edition, sont 1.° une exacte revue de cette Histoire, avec des additions & des corrections considérables : 1.° une Dissertation de M. de la Bastide, où il découvre le véritable Auteur de l'*Avis aux Réfugiés*, &c. 3.° trois Lettres critiques sur les Editions faites à Rotterdam, du *Commentaire Philosophique* & des *Lettres* de Bayle, avec une Apostille curieuse : 4.° un Factum des Amis de M. Bayle, contre l'Edition de son *Dictionnaire historique & critique*, qui se [faisoit] à Rotterdam.
☞ Le fameux Ministre Saurin, dans son Sermon sur l'accord de la Religion avec la Politique, peint Bayle avec les couleurs qui lui conviennent. *Sermon III.* du tom. III.]

46639. ☞ Histoire de la Vie & des Ouvrages du même; par le P. Niceron.
Dans ses *Mémoires*, &c. tom. VI. pag. 151.]

46640. ☞ Histoire du même; par Jacques-Georges de Chaufepié.
Dans son *Dictionnaire historique & critique*.]

46641. ☞ Histoire du même; par Antoine SAVERIEN.

Dans ses *Philosophes modernes*, tom. *I.* pag. 231.]

46642. ☞ Eloge historique de Jean-Louis le *Beau*, de l'Académie des Inscriptions & Belles-Lettres, mort en 1766; par M. l'Abbé (Jean-Jacques) GARNIER.

Dans l'*Hist.* de cette Académie, tom.*XXXIV.* p. 235.]

46643. ☞ Histoire de la Vie & des Ouvrages de François de *Belleforest*; par le Père NICERON.

Dans ses *Mémoires*, &c. tom. XI. pag. 90, & XX. pag. 16. Belleforest mourut en 1583.]

46644. ☞ Mémoires sur la Vie du même; par Jacques LE LONG.

A la fin de notre Tome III. pag. ix.]

46645. ☞ Eloge historique d'Augustin *Belley*, Antiquaire, de l'Académie des Inscriptions & Belles-Lettres, mort en 1772; par Charles LE BEAU.

Il vient d'être prononcé cette année, & il se trouvera dans l'*Hist.* de cette Académie, tom. *XXXVIII.*]

46646. ☞ Eloge de Nicolas *Bergeron*, mort en 1584.

Dans l'*Hist. du Valois*, par l'Abbé Carlier, tom. *II.* pag. 654-658.]

46647. ☞ Histoire de la Vie & des Ouvrages de Nicolas *Bergier*; par le P. NICERON.

Dans ses *Mémoires*, &c. tom. *VI.* pag. 396, & X. part. 1. pag. 114. Bergier est mort en 1623.]

46648. Discours sur la Vie & les Ecrits de Charles *Bernard*, Historiographe de France; par Charles SOREL, son neveu.

Ce Discours sur la Vie de Bernard, mort en [1640] est imprimé au-devant de son *Histoire de Louis XIII*. Paris, 1646, *in-fol.*

46649. ☞ Histoire de la Vie & des Ouvrages du même; par le P. NICERON.

Dans ses *Mémoires*, &c. tom. *XXVIII.* pag. 324.]

46650. ☞ Extrait de l'Histoire précédente.

Il forme l'Article V. des *Mémoires historiques sur plusieurs Historiens de France*, qui se trouve à la fin de notre Tome III. pag. x.]

== Elogium Joannis *Besly*; Auctore Nicolao MACQUINO.

Ci-devant, Tome III. N.° 34120.

Besly est mort en [1644.] Ses Mémoires des Comtes de Poitou, furent publiés en 1647.

46651. ☞ Notice historique du même Jean Besly; par M. DREUX DU RADIER.

Dans sa *Bibliothèque du Poitou*, tom. *III.* pag. 426, & tom. *V.* pag. 492.]

46652. ☞ Eloge historique d'Elie *Blanchard*, de l'Académie des Inscriptions & Belles-Lettres, mort en 1756; par Charles LE BEAU.

Dans l'*Hist.* de cette Académie, tom. *XXVII. in-*4. pag. 251.]

46653. ☞ Notice historique de Jean-Philippe-René de la *Bléterie*, Professeur Royal en Eloquence Latine, de l'Académie des Inscriptions & Belles-Lettres; par Cl. Pierre GOUJET.

Dans son *Mém. sur le Collège Royal*, in 12. tom. *II.* pag. 473.

L'Abbé de la Bléterie est mort en 1772. Son Eloge sera fait en 1773, dans l'Académie, par M. DUPUY, qui vient de succéder à M. le Beau.]

46654. ☞ Eloge historique de David *Blondel*; Professeur en Histoire à Amsterdam; par Charles PERRAULT, de l'Académie Françoise.

L'Eloge de Blondel, mort en 1655, est imprimé au tom. II. des *Eloges des Hommes illustres*, pag. 75: Paris, 1701, *in-fol.*

46655. Histoire du même; par Pierre BAYLE.

Cette Histoire est imprimée dans son *Dictionnaire historique & critique*.

46656. ☞ Histoire de la Vie & des Ouvrages du même; par le P. NICERON.

Dans ses *Mémoires*, &c. tom. *VIII.* pag. 44, & *X.* part. 1. pag. 178. L'Histoire de France a de grandes obligations, pour ses Antiquités, à David Blondel.]

== ☞ Vie & Histoire de Lazare - André *Bocquillot*, mort en 1728.

Ci-devant, Tome I. N.os 10964 & 65. Il a donné une Vie de Bayard, & plusieurs Dissertations historiques.]

== Sommaire de l'Histoire de Jean *Bodin*; [mort en 1596;] par Gilles MÉNAGE.

Dans ses Remarques sur la Vie de P. Ayrault, p. 140. Bodin a fait un Ouvrage sur l'Histoire en général, [*Methodus legendi Historias*;] & un autre de la République.

== ☞ Histoire de la Vie & des Ouvrages du même; par le P. NICERON.

Ces deux Morceaux ont déja été indiqués ci-devant; Tome III. N.os 34122 & 34123.]

== ☞ Histoire de la Vie & des Ouvrages de Gérard du *Bois*.

Ci-devant, Tome I. N.° 10968. Ce Prêtre de l'Oratoire, qui est mort en 1696, a fait entr'autres l'Histoire de l'Eglise de Paris, en 2 vol. *in-fol.*]

46657. ☞ Dissertationes duæ de Vita & Scriptis Jani Jacobi *Boissardi*; (Auctore Burc. Gotth. STRUVII.)

Ces Dissertations sont imprimées pag. 137 du tom. *IV.* du Recueil intitulé : *Observationes selectæ, &c. Halæ Magdeb.* 1700-1705, *in-*8. 10 vol.

BAYLE a donné, dans son *Dictionnaire*, un Article sur Boissard, qui est mort en 1602. Cet Auteur a travaillé sur les Antiquités & l'Histoire des Grands-Hommes.]

46658. ☞ Histoire de la Vie & des Ouvrages du même; par le Père NICERON.

Dans ses *Mémoires*, &c. tom. *XVIII.* pag. 303. C'est l'Abrégé des Dissertations de Struvius.]

== ☞ Eloge historique de l'Abbé Jean-Baptiste Thiaudière de *Boissy*, Antiquaire.

Dans l'*Hist. de l'Acad. des Inscript. & Belles-Lettres*, tom. *VII.* pag. 425.

Voyez aussi le *Dictionnaire* de CHAUFEPIÉ.]

Vies des Historiens, Antiquaires, &c.

46659. ☞ Eloge de Jean *Boivin* le cadet, Antiquaire, mort en 1726; par Claude Gros DE BOZE.

Dans l'*Hist. de l'Acad. des Inscript. & Belles-Lettres*, tom. *VII. in-4. pag.* 376, & tom. *II. in-8.* 414.]

46660. ☞ Histoire de la Vie & des Ouvrages de Louis *Boivin*; par le P. NICERON.

Dans ses *Mémoires*, &c. tom. *XXVI. pag.* 356.]

46661. ☞ Notice historique du même; par Cl. Pierre GOUJET.

Dans son *Mém. sur le Collège Royal*, (où Jean Boivin étoit Professeur en Grec,) tom. *I. pag.* 598.]

46662. ☞ Eloge historique de Louis *Boivin* l'aîné, Antiquaire, mort en 1724; par Claude Gros DE BOZE.

Dans l'*Hist. de l'Acad. des Inscript. & Belles-Lettres*, tom. *V. in-4. pag.* 433, & tom. *II. in-8. pag.* 348.]

46663. ☞ Histoire de la Vie & des Ouvrages du même; par le P. NICERON.

Dans ses *Mémoires*, &c. tom. *XXI. pag.* 195.]

46664. ☞ Remarques de Jacques-Georges DE CHAUFEPIÉ, sur le même.

Dans son *Dictionnaire historique & critique*.]

46665. ☞ Eloge historique de François-Xavier *Bon*, Associé libre de l'Académie des Inscriptions & Belles-Lettres, mort en 1761; par Charles LE BEAU.

Dans l'*Hist. de cette Académie, in-4. tom. XXXI. pag.* 315.]

46666. ☞ Eloge de Pierre Nicolas *Bonamy*, Antiquaire, mort en 1770; (par M. l'Abbé Hubert-Paschal AMEILHON.

Dans le *Journ. de Verdun*, 1770, *Août, pag.* 154. On en trouve un Abrégé dans le *Nécrologe* qui a paru en 1771, *pag.* 83.]

46667. ☞ Eloge historique du même; par Charles LE BEAU.

Il sera dans l'*Hist. de l'Acad. des Inscript. & Belles-Lettres*, tom. *XXXVIII*.]

== ☞ Eloge de François *Bosquet*, Evêque de Montpellier, mort en 1676.

Ci-devant, [Tome I. N.° 9221.] Il a publié l'Histoire Ecclésiastique de France des onze premiers Siècles.]

== ☞ Vie de Jacques-Bénigne *Bossuet*, Evêque de Meaux, mort en 1704.]

Ci-devant, Tome I. N.°s 9424-9430. Ce grand Prélat ne doit pas moins être considéré au nombre des Historiens, que parmi les Théologiens. On a de lui un Discours sur l'Histoire Universelle, un Abrégé de l'Histoire de France, & une Histoire des Variations des Eglises Protestantes.]

46668. ☞ Histoire de la Vie & des Ouvrages de Jean *Bouchet*, (mort vers 1555;) par le P. NICERON.

Dans ses *Mémoires*, &c. tom. *XXVII. pag.* 1. Jean Bouchet a donné les Annales d'Aquitaine.]

☞ Notice historique du même.

Dans la *Bibliothèque du Poitou*, tom. *II. pag.* 115.]

Tome *IV. Part. I.*

46669. ☞ Eloges de René *Boudier*, mort en 1723.

Dans le *Mercure*, 1723, *Décembre*, & dans le *Parnasse François, in-fol. pag.* 588.]

46670. ☞ Eloge historique de Jean-Pierre de *Bougainville*, ancien Secrétaire de l'Académie des Inscriptions & Belles-Lettres, mort en 1763; par Charles LE BEAU.

Dans l'*Hist.* de cette Académie, *in-4. tom. XXXI. pag.* 368.]

46671. ☞ Notice historique de Jules-César *Boullenger*; par M. DREUX DU RADIER.

Dans sa *Bibliothèque du Poitou*, tom. *III. pag.* 183. Ce sçavant Antiquaire est mort Jésuite en 1628.]

46672. ☞ Abrégé de la Vie de Dom Martin *Bouquet*, Bénédictin, Auteur de la nouvelle Collection des Historiens de France, mort en 1754.

Cet Abrégé se trouve *pag.* xxxiv. des *Mémoires* qui sont à la fin de notre Tome III.]

46673. ☞ Eloge historique de François *Bourdelin*, de l'Académie des Inscriptions & Belles-Lettres, mort en 1717; par Claude Gros DE BOZE.

Dans l'*Hist.* de cette Académie, *in-4. tom. III. p.* 347, & au tom. *II. in-8. pag.* 111.]

46674. ☞ Histoire de la Vie & des Ouvrages de Raoul *Bouthrais*; par le P. NICERON.

Dans ses *Mémoires*, &c. tom. *XXXVII. pag.* 8. Bouthrais est mort en 1630. Il a publié divers Opuscules sur l'Histoire de France.]

46675. ☞ Eloge de Claude Gros de *Boze*, ancien Secrétaire de l'Académie des Inscriptions & Belles-Lettres, mort en 1753.

Dans le *Journ. de Verdun*, 1753, *Octobre*, & 1754, *Janvier*.]

46676. ☞ Autre, du même.

Dans le *Journal des Sçavans*, 1754, *Janvier*.]

46677. ☞ Eloge historique du même; par Pierre DE BOUGAINVILLE, Secrétaire de l'Académie des Inscriptions & Belles-Lettres.

Dans l'*Hist.* de cette Académie, *tom. XXV. in-4. pag.* 259-279. M. de Boze a été pendant trente-sept ans Secrétaire de l'Académie des Inscriptions, & en a fait ce qu'on appelle l'*Histoire*.]

46678. ☞ Observations historiques sur François Savari de *Brèves*; par l'Abbé D'ARTIGNY.

Dans ses *Mémoires de Littér.* &c. tom. *IV. pag.* 345 & 374. On a de M. de Brèves quelques Ouvrages qui servent à l'Histoire de son temps, outre les Mémoires de ses Ambassades.]

46679. ☞ Histoire de la Vie & des Ouvrages de François *Bruys*; (par Philippe-Louis JOLLY, Chanoine de la Chapelle aux Riches à Dijon.)

Dans les *Mémoires* du Père Niceron, tom. *XLII. pag.* 130-167. Bruys est mort en 1738.]

46680. ☞ Mémoires historiques, critiques & littéraires; par feu M. François BRUYS,

S

avec la Vie de l'Auteur & un Catalogue raisonné de ses Ouvrages.

Cette Vie est de M. l'Abbé JOLLY de Dijon : elle avoit déja été imprimée, moins correctement, au tom. XLII. des *Mémoires* du Père Niceron. L'Editeur de ces Mémoires (l'Abbé Jolly,) y a joint, 1.° des *Fragmens de Littérature & d'Histoire*, par Nicolas Bourbon, de l'Académie Françoise, mort en 1644; 2.° les *Mélanges* de Jacques-Auguste de Chevanes, Avocat à Dijon, mort en 1690.]

== ☞ Eloge historique de Pierre-Jean *Burette*, de l'Académie des Inscriptions & Belles-Lettres, mort en 1747; par Nicolas FRERET.

Dans l'*Hist.* de cette Académie, *in-4.* tom. *XXI.* pag. 217.

On l'a déja indiqué aux *Médecins*, avec d'autres, ci-dessus, N.° 46066-46068.]

== Discours du Comte de *Bussi* Rabutin, sur divers évènemens de sa Vie.

Ci devant, [Tome III. N.° 46067.]

== ☞ Notice historique de Pierre-Victor Palma *Cahiet* ou Cayet, Professeur Royal en Hébreu, &c. (mort en 1610;) par Cl. Pierre GOUJET.

Dans son *Mém. sur le Collège Royal, in-12. tom. I.* pag. 316. Cahiet n'est guères considéré aujourd'hui que comme Historien, à cause de ses Chronologies Septénaire & Novénaire. Il faut voir les *Remarques* de l'Abbé JOLLY, sur l'Article de Cayet par Bayle, qui l'a fort maltraité, parcequ'il avoit abandonné le Calvinisme pour se faire Catholique : *Dijon, & Paris*, Ganeau, 1752, *in-fol.* p. 244. *Voyez* encore ci-devant, Tome I. N.°s 11013 & 11015, l'Oraison funèbre de Cahiet, & son Histoire par Niceron.]

== ☞ Mémoires & Dissertations sur l'Abbé François de *Camps*, mort en 1723.

Ci-devant, Tome I. N.°s 11024 & 11025.]

46681. ☞ Mémoire historique sur le même.

A la fin de notre Tome III. pag. xj.]

== ☞ Eloge, Histoire, &c. de M. du *Cange*, (Charles du Fresnes,) mort en 1688.

Ci-devant, Tome III. N.°s 34055-34064.]

46682. ☞ Remarques sur le même; par Jacques-Georges DE CHAUFEPIÉ.

Dans son *Dictionnaire historique & critique.*]

46682.* ☞ Mémoire historique sur la Vie & les Ouvrages du même.

Il est imprimé à la fin de notre Tome III. pag. xj. L'Histoire de France a grandes obligations à M. du Cange, sur-tout pour ses Antiquités.]

46683. ☞ Histoire de Nicolas *Catherinot*, Avocat à Bourges, mort en 1688; par le P. NICERON.

Dans ses *Mém.* tom. *XXX.* pag. 191.

Catherinot a publié un grand nombre de Feuilles historiques, [dont on trouvera la Liste la plus ample, au N.° 35803 de notre Tome III.]

46684. ☞ Mémoire sur la Famille, la Vie & les Ouvrages de M. Juvenel de *Carlencas*; par M. (Elie-Catherine) FRÉRON.

Dans l'*Année Littéraire, 1762*, tom. *II.* pag. 193. M. de Carlencas est mort en 1761.]

46685. ☞ Eloge historique de François *Cary*, Antiquaire.

Dans le Recueil de l'Académie de Marseille, année 1755. M. Cary étoit né en cette Ville le 24 Décembre 1699, & il est mort le 15 Décembre 1754.]

== ☞ Vie de Guillaume *Catel*, Conseiller au Parlement de Toulouse, mort en 1626.

Ci-devant, Tome III. N.° 33034. Il a fait les Annales de Toulouse & des Mémoires sur l'Histoire du Languedoc.]

46686. ☞ Eloge historique de M. (Joseph de Seytres, Marquis) de *Caumont*, Antiquaire, Correspondant Honoraire de l'Académie des Inscriptions & Belles-Lettres, mort en 1745; par Nicolas FRERET.

Dans l'*Hist.* de cette Académie, *in-4.* tom. *XVIII.* pag. 409.]

== ☞ Eloge historique de M. le Comte de *Caylus*, (Anne-Claude-Philippe de Thubières, &c.) lu à la rentrée publique de l'Académie Royale des Inscriptions & Belles-Lettres, le 8 Août 1766; par M. (Charles) LE BEAU, Secrétaire : *in-4.* de 24 pages, (avec le Portrait.)

Cet Eloge se trouve aussi dans le Recueil *in-4.* des Mémoires de cette Académie, à l'*Hist.* tom. *XXXIV.* pag. 221, & on l'a déja indiqué, Tome III. aux *Officiers de Guerre*, avec deux autres, (N.°s 31902-31904.) M. de Caylus, quoiqu'Honoraire, travailloit comme un simple Académicien : son plus grand Ouvrage est un Recueil d'Antiquités : *in-4.* 7 vol. Il est mort le 5 Septembre 1765.]

46687. Eloge de François de la *Chaise*, Jésuite, [Antiquaire,] de l'Académie des Inscriptions & Belles-Lettres; par Claude Gros DE BOZE, Secrétaire.

Cet Eloge du Père de la Chaise, mort en 1709, [que l'on a déja indiqué Tome I. aux *Jésuites*,] est imprimé pag. 373, du Tome I. de l'*Hist.* de l'Académie des Inscriptions, *in-4.* & dans l'*in-8.* pag. 125.]

46688. ☞ Notice historique de Jean Filleau de la *Chaise*; par M. DREUX DU RADIER.

Dans sa *Bibliothèque du Poitou*, tom. *IV.* pag. 260. Cet Historien est mort en 1693. C'est lui qui nous a donné une bonne Histoire de S. Louis.]

46689. Effigies & perioche Vitæ Joannis *Chapeavilli*, Leodiensis Canonici, post ejus obitum contracta.

Cet Abrégé est imprimé au commencement du Tome III. de son Histoire des Evêques de Liège : *Leodii*, 1618, *in-4.*

46690. ☞ Histoire de la Vie & des Ouvrages du même Jean de Chapeauville, mort en 1617 ; par le P. NICERON.

Dans ses *Mémoires*, &c. tom. *XVII.* pag. 92.]

46691. ☞ Abrégé de la Vie de Jean *Chardin*, Voyageur & Historien de Perse, mort à Londres en 1713.

Dans la Préface de l'Edition (la plus complette) de ses Voyages : *Amsterdam*, 1711, *in-12.* 10 vol. & *in-4.* 3 vol.]

Vies des Historiens, Antiquaires, &c.

46692. ☞ Histoire de la Vie & des Ouvrages de Jean Chardin.

Dans les *Mémoires* du Père Niceron, tom. *XXVI.* pag. 44. Le P. Niceron a donné cet Article comme tiré d'une Bibliothèque manuscrite des Voyageurs.]

46693. Mémoire sur la Vie & les Ouvrages d'André du *Chesne*, (mort en 1640;) par Jacques LE LONG.

Ce Mémoire [étoit] imprimé à la fin de cette Bibliothèque, [première Edition, & il est dans celle-ci pag. xv. des *Mémoires historiques sur plusieurs Historiens de France*, à la fin de notre Tome III. On y a ajouté quelques nouvelles Pièces sur la Collection des Historiens de France commencée par André du Chesne, & sur ses suites.]

46694. ☞ Histoire de la Vie & des Ouvrages du même; par le P. NICERON.

Dans ses *Mémoires*, &c. tom. *VII.* pag. 322, & *X.* part. 2. pag. 316.]

46695. Mémoires concernant la Vie & les Ouvrages d'Urbain *Chevreau*, de Loudun; par Charles ANCILLON.

Entre les Ouvrages de Chevreau, mort en 1701, son *Histoire Universelle* est le plus considérable. [Il y traite chaque Histoire à part, d'une manière singulière. On y trouve un grand Chapitre sur celle de France.] Les Mémoires de sa Vie sont imprimés dans le Recueil d'Ancillon : *Berlin*, 1709, *in-12*.

46696. ☞ Histoire de la Vie & des Ouvrages du même; par le P. NICERON.

Dans ses *Mémoires*, &c. tom. *XI.* pag. 243, & *XX.* pag. 31.]

46697. ☞ Notice historique du même Urbain Chevreau; par M. DREUX DU RADIER.

Dans sa *Bibliothèque du Poitou*, tom. *IV.* pag. 320.]

== Mémoires de Philippe Hurault, Comte de *Chiverny*.

Ci-devant, [Tome II. N.º 19749.]

46698. ☞ Notice historique de Jean *Choisnin*; par M. DREUX DU RADIER.

Dans sa *Bibliothèque du Poitou*, tom. *II.* pag. 395. Choisnin, qui a fait une Relation curieuse de l'Election de Henri III. à la Couronne de Pologne, est mort vers 1590.]

46699. ☞ La Vie de M. l'Abbé (François-Timoléon) de Choisy, de l'Académie Françoise, (avec un Catalogue raisonné de ses Ouvrages:) *Lausanne*, (*Paris*,) 1742, & 1748, *in-8*.

On a déja indiqué cette Vie au Tome I. N.º 11048, mais nous y joindrons ici quelques Remarques. Elle est communément attribuée à M. l'Abbé Joseph D'OLIVET. Il y a conservé une partie de l'Histoire de la Comtesse des Barres : Ouvrage où l'Abbé de Choisy lui-même n'a pas eu honte de conter ses avantures galantes & ses déguisemens en femme, auxquels il étoit encore adonné dans sa vieillesse. Cependant au milieu de ces extravagances, il a publié une multitude d'Ouvrages graves, sérieux, utiles & bien écrits, dont plusieurs sont sur l'Histoire de France, & que nous avons eu occasion d'indiquer dans la place qui leur convient. L'Abbé de de Choisy est mort en 1724.]

Tome IV. Part. I.

46700. ☞ Histoire de la Vie & des Ouvrages de Nicolas *Chorier*; par le P. NICERON.

Dans ses *Mémoires*, &c. tom. *XXXVI.* pag. 20. Chorier a beaucoup travaillé sur l'Histoire de Dauphiné, sa patrie. Il est mort en 1692.]

== Elogium Nicolai *Coeffeteau*, Episcopi Massiliensis, [& Eloge par Charles PERRAULT.]

Ci-devant, [Tome I. N.os 8043 & 8044.]

☞ Il a fait connoître par ses Traductions plusieurs des anciens Historiens, & est mort en 1623.]

== Eloge, [&c.] de Charles le *Cointe*, Prêtre de l'Oratoire, mort en 1681.

Ci-devant, [Tome I. N.os 11064-11067.]

46701. ☞ Mémoire historique sur le même, & sur ses Ouvrages.

Il est imprimé à la fin de notre Tome III. pag. xxxvj. Le Père le Cointe a été l'un des meilleurs Auteurs de l'Histoire de France.]

46702. ☞ Histoire de la Vie & des Ouvrages de Paul *Colomiés*; par le P. NICERON.

Dans ses *Mémoires*, &c. tom. *VII.* pag. 196. Colomiés a fait plusieurs Opuscules historiques, très curieux; il est mort en 1692.]

== Vita Philippi *Cominæi*.

Ci-devant, [Tome III. N.º 31915.]

☞ Cette Vie, qui est très-courte, a été écrite en Latin par Jean Sleidan, & traduite en François dans quelques anciennes Editions de Comines, d'où M. Denys Godefroy l'a tirée.]

46703. ☞ Vie du même, plus ample.

Elle est imprimée à la fin de notre Tome III. p. xxxix. des *Mémoires historiques*, &c. Philippe de Comines, qui a écrit l'Histoire de Louis XI. est mort en 1509.]

46704. ☞ Eloge de Géraud de *Cordemoy*, de l'Académie Françoise, & Historien de France, mort en 1684; par Joseph D'OLIVET.

Dans l'*Hist.* de cette Académie, tom. *II.* pag. 231, de l'Edition de 1743.]

46705. ☞ Histoire de la Vie & des Ouvrages du même; par le P. NICERON.

Dans ses *Mémoires*, &c. tom. *XXXVII.* pag. 45. Cordemoy est mort en 1684.]

46706. ☞ Abrégé de la Vie du même, & de son fils Louis-Géraud de *Cordemoy*.

Il est imprimé à la fin de notre Tome III. pag. xlj. C'est un Extrait du Père Niceron.]

== Abrégé de la Vie de Jean *Corlieu*.

Dans son Recueil sur l'Histoire d'Angoulême, seconde Edition.

Ci-devant, [Tome III. N.º 35764.]

46707. ☞ Histoire de la Vie & des Ouvrages de Gilles *Corrozet*; par le P. NICERON.

Dans ses *Mémoires*, &c. tom. *XXIV.* pag. 149. Corrozet, qui étoit Libraire à Paris, est mort en 1568.]

46708. Mémoire sur la Vie & les Ouvrages de Gatien de *Courtils*; par Jacques LE LONG.

Il [étoit] imprimé à la fin de cette Bibliothèque,

S 2

[première Edition, & il est ici pag. xliij. des *Mémoires historiques* qui terminent notre Tome III.]

46709. ☞ Histoire de la Vie & des Ouvrages du même ; par le P. Niceron.

Dans ses *Mémoires*, &c. tom. *II.* pag. 165, & tom. *X.* part. 1. p. 86. De Courtils, qui est Auteur d'un grand nombre d'Histoires romanisées, mourut en 1712.]

== ☞ Eloge & Vie de Louis *Cousin*.

Ci-devant, Tome III. Nos 34019-34021. Louis Cousin a fait pendant plusieurs années le Journal des Sçavans, & donné plusieurs Eloges : il a aussi traduit nombre d'Ouvrages historiques de l'Antiquité. Il est mort en 1707.]

== ☞ Eloge historique de Jean-Baptiste *Couture*, de l'Académie des Inscriptions & Belles-Lettres, mort en 1728 ; par Claude Gros de Boze.

Dans l'*Hist.* de cette Académie, in-4. tom. *VII.* pag. 405, & au tom. *III.* de l'*in*-8. pag. 37. On l'a déja cité avec deux autres au Tome I. Nos 11084-11086. Il doit reparoître ici comme Antiquaire.]

== Vie de Jean *Crasset*, Jésuite, mort en 1692.

Ci-devant, [Tome I. N.° 14170.]

46710. ☞ Mf. Eloge historique du M. Nicolas *Culoteau* de Velye ; par M. Fradet ; lu à la Société Littéraire de Châalons, le 14 Mars 1764.

Cet Eloge est conservé dans les Registres de cette Société. M. Culoteau, qui étoit de Reims, est mort le 14 Mars 1763.]

46711. ☞ Eloge historique de Gisbert *Cuper*, Hollandois, Associé Etranger de l'Académie des Inscriptions & Belles-Lettres, mort en 1716; par Claude Gros de Boze.

Dans l'*Hist.* de cette Académie, tom. *III.* in-4. p. 341, & tom. *II.* in-8. pag. 95.]

46712. ☞ Histoire de la Vie & des Ouvrages de Gabriel *Daniel*, Historien de France ; par Henri Griffet.

Dans la Préface de son Edition de l'Histoire de France, du Père Daniel, Jésuite, 1755 *& suiv.* in-4. 17 vol. Le P. Daniel est mort en 1728, & le P. Griffet en 1771.]

46713. ☞ Extrait de la même Vie.

Il est imprimé ci-devant, à la fin de notre Tome III. pag. xliv.]

46714. Vie de Henri-Catherin *Davila* ; par Jean Baudouin.

Cette Vie est imprimée avec son *Histoire des Guerres Civiles de France :* Paris, 1642, *in-fol.*

☞ Davila est mort en 1631.]

46715. ☞ Histoire de la Vie & des Ouvrages du même ; par le Père Niceron.

Dans ses *Mémoires*, &c. tom. *XXXIX.* pag. 126.]

46716. ☞ Histoire de la Vie du même Davila ; par l'Abbé Edme Mallet.

Dans la Préface de la Traduction qu'il a donnée en 1757 de l'Histoire des Guerres Civiles de France, que Davila a faite en Italien. Ce Traducteur est mort en 1755.]

46717. ☞ Extrait de la Vie précédente.

Il est imprimé ci-devant, à la fin de notre Tome III. pag. xlv.]

46718. Vie de Pierre *Davity*, Seigneur de Montmartin, Gentilhomme ordinaire de la Chambre du Roi ; par Jean-Baptiste de Rocoles.

La Vie de Davity, mort en 1635, est au Tome I. de sa *Description de l'Univers :* Paris, 1666, *in-fol.*

— Histoire & Eloges de Guillaume *Delisle*, premier Géographe du Roi, & de l'Académie des Sciences.

Voyez ci-après, à *Isle* (de l') comme son père & son frère l'Astronome, ont toujours écrit leur nom : pour lui il a changé dans ses dernières années, ne voulant pas être nommé *Insulanus* par les Ecrivains Allemands, &c.]

== ☞ Eloge de *Dominique de Jesus*, Carme Déchaussé.

Ci-devant, Tome I. N.° 13721.

— ☞ Abrégé de la Vie de Charles *Duclos*, mort en 1772.

Ci-après, aux *Orateurs & Philologues.*]

46719. ☞ Mf. Eloge historique de M. *Dunod* de Charnage, Professeur en Droit de l'Université de Besançon, Membre de l'Académie, Auteur de l'Histoire du Comté de Bourgogne, en 3 vol. *in*-4. & de plusieurs Ouvrages de Jurisprudence ; par feu M. le Baron de Courbouzon, Président du Parlement de Franche-Comté, & Secrétaire perpétuel de l'Académie de Besançon.

Dans les Registres de cette Académie.]

46720. Oraison funèbre de Scipion *Dupleix*, Historiographe de France ; par le P. Calin, Prêtre de l'Oratoire : *Condom*, 1661, *in-*4.

Scipion Dupleix est mort en 1661.

46721. Mémoire pour la Vie & les Ouvrages du même ; par Jacques le Long.

Ce Mémoire [étoit] le cinquième de ceux [qui étoient] imprimés à la fin de [sa] Bibliothèque, [& on le trouve à la fin de notre Tome III. pag. xlix.]

46722. ☞ Histoire de la Vie & des Ouvrages du même ; par le P. Niceron.

Dans ses *Mémoires*, &c. tom. *II.* pag. 302, tom. *X.* part. 1. pag. 98, & tom. *XLIII.* pag. 80. Ce dernier Supplément, qui est considérable, a été fait par M. Jean-Bernard Michault, de Dijon.]

== ☞ Vies de Pierre *Dupuy.*

Voyez ci-après, à *Puteanus.*]

46723. ☞ Eloge historique de Jacques-Bernard *Durey* de Noinville, mort en 1768 ; par Charles le Beau.

Cet Eloge se trouvera dans l'*Hist. de l'Acad. des Inscriptions & Belles-Lettres,* tom. *XXXVI.* qui n'a point encore paru.]

46724. ☞ Eloge historique de Charles Philippe (de Monthenault) d'*Egly*, mort en 1749 ; par Pierre de Bougainville.

Dans l'*Hist. de l'Acad. des Inscript. & Belles-Lettres,* tom. *XXIII. in-*4. pag. 309.]

Vies des Historiens, Antiquaires, &c. 141

== Vie de Dom *Eustache de S. Paul*, Feuillant, mort en 1640.

Ci-devant, [Tome I. N.° 13092.]

== Vie de Claude *Expilly*, Président à Mortier de Grenoble, mort en 1636.

Ci-devant, [Tome III. N.os 33150 & 33151.]

46725. Eloge de Germain de la *Faille*, ancien Capitoul & Syndic de Toulouse.

L'Eloge de la Faille, mort en 1711, est imprimé dans les *Mémoires de Trévoux*, article cent quatrième, Juillet, 1712, [& dans le *Journal des Sçavans*, 1713, Mars.]

46726. ☞ Histoire de la Vie & des Ouvrages du même; par le P. NICERON.

Dans ses *Mémoires*, &c. tom. *IV*. pag. 162.]

== ☞ Eloge de Camille *Falconet*, Antiquaire, de l'Académie des Inscriptions, mort en 1762.

Ci-dessus, aux *Médecins*, N.° 46137.]

== ☞ Eloge & Histoire de Claude *Fauchet*, mort en 1601.

Ci-devant, Tome III. N.os 34017 & 34018.]

46727. Eloge d'André *Félibien*, Seigneur des Avaux & de Javercy, Historiographe du Roi & des Bâtimens, Arts & Manufactures de France.

L'Eloge d'André Félibien, mort en 1695, est imprimé au trente-neuvième *Journal des Sçavans*, de l'an 1695.

46728. ☞ Histoire de la Vie & des Ouvrages du même; par le P. NICERON.

Dans ses *Mémoires*, &c. tom. *II*. pag. 342, & tom. *X*. part. 1. pag. 99.]

== ☞ Eloge de l'Abbé Basile-Paschal *Fenel*, Antiquaire, de l'Académie des Inscriptions, mort en 1753.

Ci-devant, Tome I. N.° 11116.]

== ☞ Histoire de Claude *Fleury*, Historien Ecclésiastique, mort en 1723.

Ci-devant, Tome I. N.° 11123.]

== Vita *Flodoardi*, Canonici Remensis.

Ci-devant, Tome I. N.° 11124. Flodoard, l'un des premiers Auteurs de l'Histoire de France, est mort en 966.]

46729. ☞ Vie de Nicolas *Fontaine*, mort en 1709.

A la tête de ses *Mémoires*: Cologne, (Utrecht,) 1735, 1738, *in*-8. 2 vol. Cologne, (Paris, Saillant,) 1753, petit *in*-12. 4 vol.]

== ☞ Eloge de Bernard le Bovyer de *Fontenelle*.

Ci-dessus, aux *Philosophes*, N.os 46458 & *suiv*. Ce grand homme, qui est mort en 1757, doit avoir une place parmi les Historiens, à cause des Eloges qu'il a faits de tant d'illustres François, &c.]

== ☞ Eloge de Louis de *Fontenu*, Antiquaire & de l'Académie des Inscriptions, mort en 1759.

Ci-devant, Tome I. N.° 11129.]

== Vita Venantii Clementii *Fortunati*, Episcopi Pictaviensis.

Ci-devant, Tome I. N.° 8317. Fortunat vivoit vers l'an 600. Comme ses Poësies renferment des traits historiques, on le met au nombre des Historiens.]

46730. ☞ Abrégé de la Vie de M. (Pierre) Thomas du *Fossé*.

A la tête de ses *Mémoires*: Utrecht, 1739, *in*-12. Il est mort en 1698.]

46731. ☞ Mémoire sur la Vie & les Ouvrages de M. Etienne *Fourmont*, de l'Académie des Inscriptions & Belles-Lettres; par MM. DEGUIGNES & LE ROUX DES HAUTERAYES, ses Disciples: (1746,) *in*-4.

Ce Mémoire est aussi imprimé à la tête de la nouvelle Edition des « Réflexions (de M. Fourmont,) sur » l'origine, &c. des anciens Peuples: Paris, Debure, » *in*-4. 2 vol. ». M. Fourmont avoit donné lui-même un Catalogue historique & critique de ses Ouvrages: Amsterdam, (Paris,) 1731, *in*-8. Il est mort à la fin de 1745.]

46732. ☞ Eloge du même; par Nicolas FRERET.

Dans l'*Hist. de l'Acad. des Inscript. & Belles-Lettres*, tom. *XVIII*. pag. 413.]

46733. ☞ Notice historique du même; par Cl. Pierre GOUJET.

Dans son *Mém. sur le Collège Royal*, (où M. Fourmont étoit Professeur en Arabe,) t. *III*. *in*-12. p. 330.]

== ☞ Eloge de Michel *Fourmont*, de la même Académie; par Nicolas FRERET.

Dans le même Tome, pag. 432. Comme ce M. Fourmont, frère du précédent, & qui mourut en 1746, étoit Ecclésiastique, nous avons déja indiqué son Eloge dans notre Tome I. N.° 11131, & de plus la Notice qu'en a donnée l'Abbé Goujet, dans son *Mém. sur le Collège Royal*. L'Abbé Fourmont étoit Professeur en Langue Syriaque.]

== ☞ Eloge de François *Fraguier*, Antiquaire, de l'Académie des Inscriptions & Belles-Lettres, mort en 1728.

Ci-devant, Tome I. N.° 11134.]

46734. ☞ Eloge historique de Nicolas *Freret*, Antiquaire & Secrétaire de l'Académie des Inscriptions & Belles-Lettres; par Pierre DE BOUGAINVILLE, son Successeur.

Dans l'*Hist. de cette Académie*, tom. *XXIII*. p. 514. Nicolas Freret est mort le 8 Mars 1749.]

== ☞ Mémoires sur la Vie & les Ouvrages de Jean *Froissart*; par M. de la Curne DE SAINTE-PALAYE. *Mém. de l'Acad. des Inscriptions & Belles-Lettres*, tom. *XII*. p. 534 & 555.

On les a déja cités, en indiquant l'Histoire de Froissart, ci-devant, Tome II. N.° 17102. M. de Sainte-Palaye a aussi donné une Notice des Poësies manuscrites du même Auteur, dont nous parlerons ci-après à l'Article des *Poëtes*. Froissart est mort peu après l'an 1400.]

46735. ☞ Histoire de la Vie & des Ouvrages de Froissart; par le Père NICERON.

Dans ses *Mémoires*, &c. tom. *XLII*. pag. 210.]

46736. ☞ Mémoire historique sur le même, Foissart, ou Abrégé de ce qu'en a rapporté M. de Sainte-Palaye.

Ce Mémoire est imprimé ci-devant, à la fin de notre Tome III. *pag. lij.*]

46737. ☞ Remarques sur le même ; par Jacques-Georges DE CHAUFEPIÉ.

Dans son *Dictionnaire historique & critique*.]

== Vie de Robert *Gaguin*, Général des Mathurins & Historien de France, mort en 1501.

Ci-devant, [Tome I. N.º 13979.]

46738. ☞ Mémoire historique sur le même.

Il est imprimé à la fin de notre Tome III. *pag.* lvj.]

46739. ☞ Eloge historique d'Antoine *Galland*, Antiquaire, & de l'Académie des Inscriptions & Belles-Lettres, mort en 1715 ; par Claude Gros DE BOZE.

Dans l'*Histoire de cette Académie*, *in-4. tom. III. pag.* 325, & *tom. II. in-8. pag.* 34.]

46740. ☞ Histoire de la Vie & des Ouvrages du même ; par le Père NICERON.

Dans ses *Mémoires*, &c. tom. VI. pag. 183, & X. part. 2. pag. 198.

On peut voir encore ce qu'en dit le Père Daire, dans son *Histoire de Montdidier*, *pag.* 263.]

46741. ☞ Notice historique du même ; par Cl. Pierre GOUJET.

Dans son *Mém. sur le Collège Royal* ; (où M. Galland étoit Professeur en Arabe,) *in-*12. *tom. III. pag.* 319.]

== Eloge de Jean *Gallois*, [second] Auteur des Journaux des Sçavans, [mort en 1707.]

Ci-devant, [Tome I. N.ºˢ 11140-11142.]

☞ On peut voir encore à son sujet l'*Hist. critique des Journaux*: *Amsterdam*, 1734, *in-*12. tom. I. p. 217, & le Mémoire qui est à la fin de la *Table générale du Journal des Sçavans*, *in-*4. *tom.* X. pag. 610 & *suiv.*]

== Eloge de François *Gaufridy*, Auteur & Historien de Provence, mort en 1569.

Ci-devant, Tome III. N.º 33202.]

== ☞ Histoire de la Vie & des Ouvrages de Guillaume *Gazet*, mort en 1612.

Ci-devant, Tome I. N.º 11153.]

== Eloge historique de l'Abbé Nicolas *Gedoyn*, mort en 1744 ; par M. FRERET.

Dans l'*Hist. de l'Acad. des Inscript. & Belles-Lettres*, tom. *XVIII. pag.* 399. Déja indiqué au Tome I.]

== ☞ Eloge historique de François *Geinoz*, mort en 1752 ; par M. DE BOUGAINVILLE.

Dans l'*Hist. de l'Acad. des Inscript. & Belles-Lettres*, tom. XXV. *pag.* 239. Déja indiqué au Tome I.]

46742. ☞ Mémoire historique sur Louis le *Gendre*, Historien de France, mort en 1733.

Ce Mémoire est imprimé à la fin de notre Tome III. *pag. lviij.*]

== Eloge de Gilbert *Génébrard*, nommé à l'Archevêché d'Aix.

Ci-devant, [Tome I. N.ºˢ 7860-7863. Entre les Ouvrages qu'on a de lui, il y en a plusieurs d'historiques ; il est mort en 1597.]

== Vie de *Gennade*, Prêtre de Marseille ; [mort en 495.]

Ci-devant, Tome I. N.º 11158.]

46743. ☞ Eloge historique de Joseph-Balthasar *Gibert*, mort en 1771 ; par Charles LE BEAU.

Il sera dans l'*Hist. de l'Acad. des Inscript. & Belles-Lettres*, *tom. XXXVIII.*]

46744. ☞ Histoire de la Vie & des Ouvrages de Pierre *Gilles* ; par le P. NICERON.

Dans ses *Mémoires*, &c. tom. XXIII. pag. 403. Pierre Gilles, Historien de France, est mort en 1555.]

== Vie de François *Giry*, Minime, [mort en 1665.]

Ci-devant, [Tome I. N.ºˢ 14060 & 14061.]

46745. ☞ Histoire de la Vie & des Ouvrage de Rodolphe *Glaber*; par le P. NICERON.

Dans ses *Mémoires*, &c. tom. XXVIII. pag. 139. Glaber est mort vers 1050.]

== Eloge d'Antoine *Godeau*, Evêque de Vence, [mort en 1672.]

Ci-devant, [Tome I. N.ºˢ 8843-8846.]

46746. ☞ Mémoire sur MM. *Godefroy* ; par Jacques LE LONG.

Il [étoit] le IXᵉ de la première Edition de cette Bibliothéque.

☞ C'est le XXᵉ à la fin de notre Tome III. *p.* lix.]

46747. ☞ Histoire de la Vie & des Ouvrages de Théodore & de Denys Godefroy ; par le P. NICERON.

Dans ses *Mémoires*, &c. tom. XVII. pag. 56 & 77, & *tom.* XX. pag. 106. Théodore est mort en 1689, & Denys son fils en 1681.]

== Eloge, &c. d'Antoine - Yves *Goguet*, Conseiller au Parlement de Paris, mort en 1758.

Ci-devant, Tome III. N.ºˢ 32968 & 32969.]

46748. ☞ Eloge de Claude-Pierre *Goujet*, mort en 1767.

Dans le *Nécrologe* qui a paru en 1768, *pag.* 137.

On peut voir ci-devant, Tome I. N.º 11174, une petite Piéce sur sa Mort, la seule qui eût paru lorsque ce Tome fut imprimé.]

46749. ☞ Mémoires historiques & Littéraires de M. l'Abbé GOUJET, dans lesquels on trouve une Liste exacte (& raisonnée) de ses Ouvrages ; (le tout par lui-même :) la *Haye*, (*Paris*,) 1767, *in-*12.]

46750. ☞ Eloge historique de M. l'Abbé (Joachim) le *Grand*, mort en 1733 ; (par le P. BOUGEREL, Prêtre de l'Oratoire:) *in-*12. de 24 pages.

C'est un Extrait (ou Exemplaire tiré à part) des *Mémoires du P. Niceron*, *tom.* XXVI. pag. 123. Il y en a eu un Abrégé inséré dans le Mercure de Février 1731.]

46751. ☞ Mémoire historique sur le même, tiré de l'Eloge précédent.

Ce Mémoire est à la fin de notre Tome III. *pag.* lxij.]

Vies des Historiens, Antiquaires, &c.

== Vita sancti *Gregorii*, Episcopi Turonensis.

Ci-devant, [Tome I. N.° 10319 & *suiv.*]

== ☞ Histoire de la Vie & des Ouvrages de S. Grégoire de Tours, (le premier Historien des François,) mort l'an 595.

Ci-devant, [Tome I. Nos 10323-10325.]

46752. ☞ Eloge historique de Philippe-Antoine *Gualterio*, Cardinal Italien, Associé Etranger de l'Académie des Inscriptions & Belles-Lettres, mort en 1728; par Claude Gros de Boze.

Dans l'*Histoire* de cette Académie, *tom. VII. in-4. pag.* 386, & *tom. II. in-8. pag.* 450.]

== Vita *Guiberti*, Abbatis Novigenti. = [Histoire du même Guibert, mort en 1124.]

Ci-devant, [Tome I. N.os 12263 & 12264.]

46753. ☞ Histoire de la Vie & des Ouvrages de François *Guichardin*, mort en 1540; par le P. Niceron.

Dans ses *Mémoires*, &c. *tom. XVII. pag.* 98.]

46754. ☞ Mémoire historique sur le même.

Il est imprimé à la fin de notre Tome III. *p.* lxiv.]

46755. ☞ Histoire de Samuel *Guichenon*, (mort en 1664;) par Bayle & Chaufepié.

Dans leurs *Dictionnaires historiques & critiques*. Le dernier supplée à l'imperfection de l'Article du premier.]

46756. ☞ Histoire de la Vie & des Ouvrages du même; par le P. Niceron.

Dans ses *Mémoires*, &c. *tom. XXXI. pag.* 360.

On trouve une Vie de Guichenon au Tome I. de la Collection d'Hoffman, intitulée: *Nova Scriptorum rariorum Collectio: Lipsiæ*,1731, *in-4*. jointe à la Bibliothèque Sébusienne (ou de Bresse,) composée par Guichenon.

On conserve dans la Bibliothèque de la Ville de Paris, num. 165 & 166, un Recueil de Lettres originales, la plupart écrites à Guichenon, en 1658 & 1660, *in-4*.]

== De vitâ & moribus Bernardi *Guidonis*, Episcopi Lodovensis, defuncti an. 1331. = Observations, &c.]

Ci-devant, [Tome I. N.os 9234 & 9235.]

== ☞ Mémoire sur *Guillaume le Breton*, qui florissoit en 1214. = Histoire de sa Vie & de ses Ouvrages.

Ci-devant, Tome I. N.os 10995 & 10996.]

46757. ☞ Remarques sur le même; par Jacques-Georges de Chaufepié.

Dans son *Dictionnaire historique & critique*.]

46758. ☞ Mémoire sur la Vie & les Ouvrages de *Guillaume de Nangis*, (mort vers 1302;) par M. de la Curne de Sainte-Palaye.

Dans les *Mémoires de l'Acad. des Inscript. & Belles-Lettres, tom. VIII. pag.* 360.]

46759. ☞ Histoire du même; par le Père Niceron.

Dans ses *Mémoires*, &c. *tom. XXVIII. pag.* 150.]

== Vita *Guillelmi Tyrii* Archiepiscopi, [defuncti ann. 1188.]

Ci-devant, [Tome I. N.os 10817 & 10818.]

46760. Mémoire sur la Vie & les Ouvrages de Bernard Girard, Sieur du *Haillan*; par Jacques le Long.

Ce Mémoire [étoit] le premier de ceux qui [étoient] imprimés à la fin de cette Bibliothèque, [dans la première Edition.]

☞ Il est dans celle-ci le XXIIIe, à la fin de notre Tome III. *pag.* lxv]. Du Haillan est mort en 1610.

Bayle a donné un Article à son sujet, dans son *Dictionnaire*.]

46761. ☞ Histoire de la Vie & des Ouvrages du même; par le Père Niceron.

Dans ses *Mémoires*, &c. *tom. XIV. pag.* 209.]

46762. ☞ Eloge historique de Jacques *Hardion*, mort en 1766; par Charles le Beau.

Dans l'*Hist. de l'Acad. des Inscript. & Belles-Lettres, tom. XXXVI*. Il y en a un Abrégé dans le *Nécrologe* qui a paru en 1767, *pag.* 107.]

46763. ☞ Notice historique de Jean de la *Haye*, Historien & Poëte; par M. Dreux du Radier.

Dans sa *Bibliothèque du Poitou, tom. II. pag.* 334. Jean de la Haye est mort en 1575.]

46764. ☞ Eloge historique de Charles-Jean-François *Hénault*, mort en 1770; par Charles le Beau.

Cet Eloge doit être dans l'*Hist. de l'Acad. des Inscr. & Belles-Lettres, tom. XXXVIII*.

On en peut voir un Abrégé, dans le *Nécrologe* qui a paru en 1771, *pag*. 83.]

46765. ☞ Abrégé de la Vie du même.

Dans la *Galerie Françoise*, pet. in-fol. num. VII.]

46766. ☞ Eloge de Nicolas *Henrion*, Antiquaire, mort en 1720; par Claude Gros de Boze.

Dans l'*Hist. de l'Acad. des Inscript. & Belles-Lettres, tom. V. in-4. pag.* 379, & *tom. II. in-8. pag.* 172.]

46767. ☞ Histoire de la Vie & des Ouvrages du même; par le P. Niceron.

Dans ses *Mémoires*, &c. *tom. XII. pag.* 1.]

46768. ☞ Notice historique sur le même; par Cl. Pierre Goujet.

Dans son *Mém. sur le Collège Royal*, (où M. Henrion étoit Professeur en Syriaque,) *tom. III. pag.* 443.]

46769. ☞ Mémoire concernant la Vie & les Ouvrages de Barthélemi *d'Herbelot*, de Paris, Secrétaire & Interprète des Langues Orientales; par Charles Ancillon.

Ce Mémoire, de la Vie d'Herbelot, mort en 1695, est imprimé à la *pag.* 134 du Recueil d'Ancillon: *Berlin,* 1709, *in*-12.

46770. Eloge du même; [par Louis Cousin.]

Il se trouve dans le premier *Journal des Sçavans*, de l'an 1695, & au-devant de la *Bibliothèque Orientale* [de d'Herbelot, publiée par Antoine Galland: *Paris*, 1697, *in-fol*.]

46771. Eloge historique du même, d'Herbelot, par Ch. PERRAULT, de l'Ac. Françoise.

Cet Eloge est imprimé au Tome II. des *Eloges des Hommes illustres : Paris*, 1701, *in-fol*.

46772. ☞ Histoire de la Vie & des Ouvrages du même ; par le Père NICERON.

Dans ses *Mémoires*, &c. tom. *IV. pag.* 410.]

46773. ☞ Notice historique du même ; par Cl. Pierre GOUJET.

Dans son *Mém. sur le Collège Royal*, (où d'Herbelot étoit Professeur,) *tom. III. pag.* 433.]

46774. ☞ Eloge historique d'Antoine de Vyon d'*Hérouval*, mort en 1689.

Dans le *Journ. des Sçavans* de cette année. On a une Epitaphe Latine du même, composée par François PINSSON, Avocat, imprimée en Placard.]

46775. Eloge historique & Généalogie de Pierre d'*Hozier*, Gentilhomme de Provence, Chevalier de l'Ordre de S. Michel, Généalogiste de la Maison du Roi ; envoyé par M. L. R. D. B. à un de ses amis : *in-12*.

Pierre d'Hozier est mort en 1660.

46776. ☞ Histoire de la Vie & des Ouvrages du même ; par le P. NICERON.

Dans ses *Mémoires*, &c. tom. *XXXII. pag.* 282.]

☞ La même, avec quelques corrections & additions.

Dans le *Mercure*, 1736, *Avril, pag.* 717.]

46777. ☞ Histoire de la Vie & des Ouvrages de François-Michel *Janiçon*, mort en 1730 ; par le P. NICERON.

Dans ses *Mémoires*, &c. tom. *XVIII. pag.* 96.]

== Abrégés de la Vie de Jean, Sire de *Joinville*, (mort vers 1317.)

Ci-devant, [Tome III. N.os 31961 & 31961.]

46778. ☞ Mémoire historique sur le même.

Il est imprimé à la fin de ce même Tome, p. lxviij. On peut voir encore sur Joinville, deux Dissertations de M. de la Bastie, au Tome V. des *Mém. de l'Acad. des Inscript.* & l'Observation III. de la Vie de S. Louis dans la nouvelle Histoire du P. Daniel, (1755,) tom. *IV. pag.* 601 *& suiv*.]

46779. ☞ Eloge de Jacques-Christophe *Iselin*, de Basle, Associé Etranger de l'Académie des Inscriptions & Belles-Lettres, mort en 1737 ; par Claude Gros DE BOZE.

Dans l'*Hist*. de cette Académie, *tom. XII. in-4. p.* 345, & *tom. III. in-8. pag.* 246.]

46780. ☞ Autres Eloges du même.

Dans la *Bibliothèque Germanique*, tom. XLI. & dans la *Tempe Helvetica*, tom. III. Lett. 1. part. 2.]

46781. ☞ Histoire de la Vie & des Ouvrages de Claude de l'*Isle*, Historien ; (par Ant. LANCELOT, de l'Académie des Inscr.)

Elle se trouve dans la Préface de l'Abrégé de l'*Histoire Universelle* de M. de l'Isle le père : *Paris*, 1731, *in-12*. 7 vol. Il est mort en 1720, & a laissé quatre fils habiles : Guillaume, Géographe, qui suit, Joseph-Nicolas, Astronome, mort en 1768, dont on a parlé au N.° 46485, Simon-Claude, Historien, mort sur la fin de 1726, & Louis, surnommé de la Croyère, Astronome, & des Académies de Paris & de S. Pétersbourg, mort l'an 1741, en Sibérie.]

== ☞ Eloge historique de Guillaume de l'*Isle*, (ou Delisle,) premier Géographe du Roi & de l'Académie des Sciences ; (par Nicolas FRERET, de l'Académie des Inscriptions.) *Merc*. 1726, *pag*. 468.

M. Delisle, comme il écrivoit dans les derniers temps, étoit mort au mois de Janvier. Nous avons déja parlé de cet Eloge, Tome I. N.° 2.]

46782. ☞ Eloge du même ; par Bernard DE FONTENELLE.

Dans l'*Hist. de l'Acad. des Sciences, Année* 1726, *pag*. 75, & dans les Œuvres de Fontenelle.]

46783. ☞ Histoire de la Vie & des Ouvrages du même ; par le P. NICERON.

Dans les *Mém*. &c. tom. *I. p*. 214, & tom. *X. part*. 1. *pag*. 20, & *part*. 2. *pag*. 8. Ce dernier Article est composé d'une grande Lettre (de M. FRERET,) sur le caractère des Ouvrages géographiques de Guillaume Delisle. Il y en a des Exemplaires tirés à part.]

46784. Mémoire concernant la Vie & les Œuvres de Henri *Justel*, Secrétaire du Roi, (mort en 1693 ;) par Charles ANCILLON.

Ces Mémoires sont imprimés dans le Recueil d'Ancillon, *pag*. 220 : *Berlin*, 1709, *in-12*.

46785. ☞ Eloge historique de Ludolphe *Kuster*, Antiquaire, Associé Etranger de l'Académie des Inscriptions & Belles-Lettres, mort en 1716 ; par Claude GROS DE BOZE.

Dans l'*Histoire* de cette Académie, *tom. III. in-4. pag*. 334, & *tom. II. in-8. pag*. 67.]

== Mémoire pour la Vie de Philippe *Labbe*, (mort en 1667 ;) par Jacques LE LONG.

☞ Il est déja indiqué [au Tome I. N.° 14149, & il est imprimé à la fin de notre Tome III. pag. lxx. On n'y considère le Père Labbe, Jésuite, que comme ayant travaillé pour l'Histoire de France.]

46786. ☞ Mémoire sur MM. le *Laboureur*, (& principalement sur Jean, mort en 1675 ;) par Jacques LE LONG.

Il se trouve aussi à la fin du même Tome III. p. lxxij. C'étoit le VIIIe Mémoire de la première Edition de cette Bibliothèque.

Nous avons indiqué au Tome I. N.° 11217, une Histoire de Jean le Laboureur, par le P. Niceron.]

46787. ☞ Eloge de Jean-Baptiste *Ladvocat*, Bibliothécaire de Sorbonne, mort en 1765 ; (par l'Abbé YVON.)

Dans le *Nécrologe* qui a paru en 1767. Cette Pièce paroît singulière.]

46788. ☞ Eloge historique d'Antoine *Lancelot*, de l'Académie des Inscriptions & Belles-Lettres, mort en 1740 ; par Claude Gros DE BOZE.

Dans l'*Histoire* de cette Académie, *tom. XVI. in-4. pag*. 257.]

46789. ☞ Histoire de la Vie & des Ouvrages de Claude *Lancelot*, mort en 1695 ; par Cl. Pierre GOUJET.

Au-devant des *Mémoires* de Lancelot : *Utrecht*, 1738, *in-12*. 2 vol.]

46790.

Vies des Historiens, Antiquaires, &c. 145

46790. Vita Huberti *Langueti*, (Burgundi,) Legati dum viveret & Consiliarii Saxonici : Editore Joanne Petro Ludovico : *Halæ Hermundurorum*, Du Sarrat, 1700, *in-12.*

Hubert Languet, né à Viteaux en Auxois, embrassa le Calvinisme, & devint Conseiller du Duc de Saxe : il est mort en 1581.

Plusieurs Ecrivains, & entr'autres Jacques Bernard, *pag.* 71 du Tome II. du Supplément au *Dictionnaire historique de Moréri*, attribuent cette Vie à Jean-Pierre Ludovic, quoiqu'il n'en soit que l'Editeur. Elle a été composée par Philibert DE LA MARE, Conseiller au Parlement de Bourgogne, mort en 1687. Elle est conservée manuscrite dans sa Bibliothèque, avec une Epître dédicatoire au Roi Louis XIV. qui n'a pas été rendue publique. Ludovic, *pag.* 17 de la Préface qu'il a mise au-devant des Lettres d'Hubert Languet, (qu'il a publiées sous ce titre : *Arcana seculi decimi sexti : Halæ Hermundurorum*, 1709, *in-4*.) raconte de quelle manière cette Vie lui est tombée entre les mains. Il ajoute, *pag.* 18, que le Comte de Gergy, [Vincent Languet] Plénipotentiaire à la Diette de Ratisbonne, lui fit venir de Dijon, en 1700, une belle copie de cette Vie, composée par de la Mare.

46791. ☞ Vie d'Hubert Languet : *in-fol.*

Elle est indiquée après la précédente, num. 7104, du Catalogue de M. Secousse, & l'on ne sçait si c'est une Traduction, ou une Vie différente.]

46792. ☞ Histoire de la Vie & des Ouvrages du même ; par le P. NICERON.

Dans ses *Mémoires*, &c. *tom. III. pag.* 292.]

== Eloge de Jean-Baptiste *Lantin*, Conseiller au Parlement de Dijon, mort en 1695.

Ci-devant, [Tome III. N.° 33092.]

46793. ☞ Eloge d'Isaac de *Larrey*, mort en 1719.

Dans la *Bibliothèque Germanique*, *tom. I*. & dans les *Nouvelles Littéraires de la Haye*, *tom. X*.]

46794. ☞ Histoire de la Vie & des Ouvrages du même ; par le P. NICERON.

Dans ses *Mémoires*, &c. *tom. I. p.* 1, & *tom. X. part.* 1, *pag.* 1, & *part.* 2, *pag.* 1.]

46795. ☞ Histoire de la Vie & des Ouvrages de Guillaume de *Lavaur*; par le Père NICERON.

Dans ses *Mémoires*, &c. *tom. XXXVII. pag.* 33. Lavaur est mort en 1730.

On trouve encore son Eloge dans le *Mercure* de cette année, *Novembre*.]

46796. ☞ Eloge de Marc-Antoine *Laugier*, mort en 1769 ; par M. FRANÇOIS.

Dans le *Nécrologe* qui a paru en 1770, *pag.* 365.]

== Elogium Joannis *Launoii*, Constantiensis.

☞ Eloges, Histoire, &c. du même Jean de Launoi, mort en 1678.

Ci-devant, [Tome I. N.os 11228-11231.]

== ☞ Eloges de Jean *Lebeuf*, Antiquaire, & de l'Académie des Inscriptions & Belles-Lettres, mort en 1760.

Ci-devant, Tome I. N.os 11232-11235. On trouve dans la *Bibliothèque des Auteurs de Bourgogne*, par l'Abbé Papillon, un grand détail sur ses Ouvrages.]

Tome IV. Part. I.

== Eloge de Pierre *Lenain*, Sous-Prieur de la Trappe, mort en 1713.

Ci-devant, [Tome I. N.os 13162 & 13163.]

== Eloge, [Vie, &c.] de Sébastien *Lenain de Tillemont*, mort en 1698.

Ci-devant, [Tome I. Nos 11237-11240.]

== ☞ Mémoires pour servir à l'Histoire de la Vie & des Ouvrages de l'Abbé (Nicolas) *Lenglet du Fresnoy*, mort en 1735.

Ci-devant, Tome I. N.os 11241 & 11242.]

46797. ☞ Eloge de Pierre-Alexandre *Lévesque de la Ravalière*, mort en 1762 ; par Charles LE BEAU.

Dans l'*Hist. de l'Acad. des Inscript. & Belles-Lettres*, *tom. XXXI. in-4. pag.* 341.]

== ☞ Eloge & Histoire de Jean le *Long*, Prêtre de l'Oratoire, mort en 1721.

Ci-devant, Tome I. N.os 11250 & 11251.]

46798. ☞ Abrégé de sa Vie.

A la tête de ce même Tome I. après les Préfaces.]

== ☞ Histoire abrégée de l'Abbé de *Longuerue*, mort en 1733.

Ci-devant, Tome I. N.° 11252.]

46799. ☞ Eloge de Simon de la *Louhère*, mort en 1729 ; par Claude Gros DE BOZE.

Dans l'*Hist. de l'Acad. des Inscript. & Belles-Lettres*, *tom. VII. in-4. pag.* 419, & *tom. III. in-8. pag.* 84.]

46800. ☞ Histoire de la Vie & des Ouvrages du même ; par le P. NICERON.

Dans ses *Mémoires*, &c. *tom. XXVI. pag.* 151.]

== Eloge d'Augustin *Lubin*, Géographe, mort en 1695.

Ci-devant, [Tome I. N.° 13687.]

== Eloges, Vie [& Histoire] de Dom Jean *Mabillon*, mort en 1707.

Ci-devant, [Tome I. N.os 12517-12520.]

46801. ☞ Mémoire historique sur le même, tiré de son Eloge dans l'Académie des Inscriptions & Belles-Lettres.

Il est imprimé à la fin de notre Tome III. p. lxxiv.]

46802. ☞ Eloge de Philippe *Macquer*, mort en 1770 ; par M. BRET.

Dans le *Nécrologe* qui a paru en 1771, *pag.* 187.]

46803. ☞ Eloge historique de François Scipion *Maffei*, Italien, Honoraire Etranger de l'Académie des Inscriptions & Belles-Lettres , mort en 1755 ; par Charles LE BEAU.

Dans l'*Hist.* de cette Académie, *tom. XXVII. in-4. pag.* 228.]

46804. ☞ Recherches sur la Vie & les Ouvrages de Jean le *Maire*, (de Hainaut, Historien & Poëte, mort en 1524;) par Claude SALLIER.

Dans les *Mém. de l'Acad. des Inscript. & Bell. Lettr.* *tom. XIII. pag.* 593.]

T

46805. ☞ Histoire de la Vie & des Ouvrages de Claude *Malingre*, (mort en 1650;) par le P. Niceron.

Dans ses *Mémoires*, &c. tom. XXXIV. pag. 187.]

46806. ☞ Mémoire historique sur le même.

Il est imprimé à la fin de notre Tome III. pag. lxxvij. C'est un Extrait du Père Niceron.]

46807. ☞ Eloge (ou Notice) de Marc-Antoine Léonard de *Malpeines*, mort en 1768.

Dans le *Nécrologe* qui a paru en 1770, pag. 215.]

46808. ☞ Eloge historique de Pierre des Ours de *Mandajors*, mort en 1747; par Nicolas Freret.

Dans l'*Hist. de l'Acad. des Inscript. & Belles-Lettres*, tom. XXI. in-4. pag. 250.]

46809. ☞ Mémoire sur la Vie & les Ouvrages de Giovanni Paolo *Marana*, Auteur des Lettres connues sous le nom de l'*Espion Turc*, & de différens autres Ouvrages relatifs à l'Histoire de France; (par M. Dreux du Radier.)

Dans le *Journal de Verdun*, 1754, Sept. pag. 190, & Octobre, pag. 271. Marana, qui étoit Génois, est demeuré plusieurs années en France, & est mort en Italie l'an 1693.]

== Vies [& Eloges] de Pierre de *Marca*, Archevêque de Paris, mort en 1662.

Ci-devant, [Tome I. N.os 9338-9343.]

46810. ☞ Eloge de Nicolas de la *Mare*, Commissaire au Châtelet, &c. mort en 1723.

Il est imprimé à la tête du Tome IV. de son *Traité de la Police*, donné par M. le Cler du Brillet: *Paris*, 1738, *in-fol.*]

46811. ☞ Mémoire sur *Marius*, Evêque d'Avenche, Auteur de la plus ancienne Chronique de France; par M. le Baron de Zurlauben, de l'Académie des Inscriptions & Belles Lettres.

Dans l'*Histoire* de cette Académie, tom. XXXIV. pag. 138.]

== Mémoires de Michel de *Marolles*, Abbé de Villeloin, mort en 1681. = Histoire du même, &c.

Ci-devant, [Tome I. N.os 11268-11272.]

== ☞ Histoire de Jacques *Marsollier*, mort en 1724.

Ci-devant, Tome I. N.º 11273.]

46812. ☞ Eloge de François-Marie de *Marsy*, Historien & Poëte, mort en 1763.

Dans le *Nécrologe* qui a paru en 1768, pag. 45.]

46813. ☞ Histoire de la Vie & des Ouvrages de Dom Edmond *Martenne*, mort en 1739.

Dans l'*Hist. Littér. de la Congr. de S. Maur* : (*Paris*, Humblot, 1770,) pag. 542. On peut voir encore ci-devant, Tome I. N.º 12545.]

== ☞ Eloge, Histoire, &c. de l'Abbé Guillaume *Massieu*, de l'Académie des Inscriptions & Belles-Lettres, mort en 1722.

Ci-devant, Tome I. N.os 11274-11276.]

== Vita Papirii *Massoni*, &c. [= Histoire de la Vie & des Ouvrages du même.]

Ci-devant, [Tome III. N.os 32995-32997. Papire Masson est mort en 1611.]

46814. ☞ Mémoire historique sur le même, ou Abrégé du P. Niceron.

Il est imprimé à la fin de notre Tome III. p. lxxvij.]

46815. ☞ Histoire de la Vie & des Ouvrages de Pierre *Mathieu*, mort en 1621; par le Père Niceron.

Dans ses *Mémoires*, &c. tom. XXVI. pag. 228.]

46816. ☞ Mémoire historique sur le même, ou Abrégé de Niceron.

Il est imprimé à la fin de notre Tome III. p. lxxx].]

46817. ☞ Eloge de Henri *Maubert* de Gouvest, mort en 1767.

Dans le *Nécrologe* qui a paru en 1769, pag. 157.]

46818. ☞ Eloge de M. l'Abbé *Maumenet*, mort en 1716.

Dans le *Journ. des Sçavans*, 1717, Mars, & dans les *Nouvelles Littéraires* de la Haye, tom. V. pag. 135.]

46819. ☞ Eloge de Philibert-Bernard Moreau *de Mautour*, Antiquaire, mort en 1737; par Claude Gros de Boze.

Dans l'*Hist. de l'Acad. des Inscript. & Belles-Lettres*, tom. III. in-8. pag. 379.

Cet Eloge, qui ne consiste qu'en une simple Notice, ne se trouve que dans la petite *Histoire* in-8. M. de Mautour ayant demandé qu'on ne fit point d'Eloge de lui dans l'Académie.]

46820. ☞ Observations sur Louis du *May*, mort en 1681; par Prosper Marchand.

Dans son *Dictionnaire historique & critique*.]

46821. ☞ Eloge historique d'Alexis-Symmaque *Mazocchi*, Chanoine de Naples, Associé Etranger de l'Académie des Inscriptions & Belles-Lettres, mort en 1771; par Charles le Beau.

Cet Eloge se trouvera dans l'*Histoire* de cette Académie, tom. XXXVIII.]

46822. ☞ Eloge de Guillaume-Alexandre de *Méhégan*, mort en 1766.

Dans le *Nécrologe des Hommes célèbres* qui a paru en 1767, pag. 83.]

46823. ☞ Eloge d'Anicet *Melot*, de l'Académie des Inscriptions & Belles-Lettres, mort en 1759; par Charles le Beau.

Dans l'*Hist.* de cette Académie, tom. XXIX. in-4. pag. 360.]

== Vie, [Eloges, &c.] de Gilles *Ménage*, Doyen de S. Pierre d'Angers, mort en 1692.

Ci-devant, Tome I. N.os 11284-11288.]

46824. ☞ Eloge historique de Léon *Ménard*, mort en 1767; par Charles le Beau.

Dans l'*Hist. de l'Acad. des Inscript. & Belles-Lettres*,

tom. XXXVI. Il y en a un Abrégé dans le *Nécrologe* qui a paru en 1770. *pag.* 153.]

== ☞ Eloge & Histoire de la Vie, &c. de Claude-François *Ménestrier*, mort en 1705.

Ci-devant, Tome I. N.os 14180 & 14181.]

46825. ☞ Mémoire historique sur le même.

Ce Mémoire, tiré du Père Niceron, est imprimé à la fin de notre Tome III. *pag.* lxxxiij.]

46826. Mf. De Joannis Menestrerii (le *Ménestrier*,) insignis nostrâ ætate apud nos Antiquarii, vitâ, moribus & scriptis, Epistola; Auctore Jacobo-Augusto CHEVANEO.

Cette Lettre [étoit] conservée à Dijon, dans la Bibliothèque de Philibert de la Mare, selon son *Plan des Hist. de Bourgogne, pag.* 7.

☞ Jean le Menestrier est mort en 1634. *Voyez* la *Bibliothèque des Auteurs de Bourgogne,* par l'Abbé Papillon, *pag.* 143.]

46827. Mf. Vie de François Eudes de *Mézeray,* Historiographe de France, & Secrétaire de l'Académie Françoise; par N. CORBIN, Procureur à Rouen, son neveu.

Cette Vie de Mézeray, qui est mort en 1683, [étoit] à Rouen, entre les mains de l'Auteur.

46828. Mémoire pour la Vie & les Ouvrages du même.

Il [étoit] le Xe dans [la première Edition de] cette Bibliothèque, [& il est dans celle-ci le XXXIIe à la fin de notre Tome III. *pag.* lxxxiij.]

46829. ☞ La Vie de François Eudes de Mézeray, Historiographe de France; (par M. DE LARROQUE:) *Amsterdam,* 1726, *in-*12.

Mézeray n'y est point flatté. On trouve à la fin son Testament. M. de Larroque est mort le 5 Septembre 1731, âgé de plus de 70 ans: on a de lui plusieurs Ouvrages. On peut voir sur cette Vie la Préface de la dernière Edition de l'Abrégé Chronologique de Mézeray : *Amsterdam,* (Paris,) 1755, *in-*4. & sur les particularités concernant le Père Eudes, frère de l'Historiographe, M. l'Abbé d'Olivet, dans son *Histoire de l'Académie Françoise,* traite cette Vie de « Romanesque, altérée dans le fond & forgée dans les circonstances ».]

46830. ☞ Eloge historique du même; par l'Abbé D'OLIVET.

Dans son *Histoire de l'Académie Françoise, tom. II.* Edit. de 1743, *in-*12. *pag.* 189.]

46831. ☞ Histoire de la Vie & des Ouvrages du même; par le P. NICERON.

Dans ses *Mémoires, &c. tom. V. pag.* 295, & *tom. X. part.* 1. *pag.* 158, & *part.* 2. *pag.* 156.]

46832. ☞ Remarques sur le même; par Jacques-Georges DE CHAUFEPIÉ.

Dans son *Dictionnaire historique & critique.*]

46833. ☞ Eloge de M. (Jean-Bernard) *Michault,* (de Dijon, mort en 1771.)

Dans le *Nécrologe* qui a paru en 1772. L'Article n'est pas flatteur pour les Ecrivains qui s'appliquent aux recherches historiques, & il est assez étonnant que l'Auteur de l'Eloge se soit permis ce ton dédaigneux, vis-à-vis d'un aussi aimable Sçavant que M. Michault.]

Tome IV. Part. I.

46834. ☞ Eloge historique d'Etienne *Mignot*, mort en 1771; par Charles LE BEAU.

On le trouvera dans l'*Histoire de l'Académie des Inscriptions & Belles-Lettres, tom. XXXVIII.* Il y en a un Abrégé dans le *Nécrologe* qui a paru en 1772, *pag.* 223.]

== ☞ Eloge de Nicolas-Hubert de *Mongault,* de l'Académie des Inscriptions & Belles-Lettres, mort en 1746.

Ci-devant, Tome I. N.° 11297.]

== ☞ Eloge de Bernard de *Montfaucon;* Bénédictin, de l'Académie des Inscriptions & Belles-Lettres, mort en 1741.

Ci-devant, Tome I. N.° 11546. Il faut voir aussi son Article dans la nouvelle *Histoire Littéraire de la Congrégation de S. Maur :* (Paris, 1770,) *pag.* 585.]

46835. ☞ Remarques sur Jean de *Montlyard*, Continuateur de l'Histoire de France de Jean de Serres; par Prosper MARCHAND.

Dans son *Dictionnaire historique, tom. II. pag.* 66. Montlyard est mort vers 1610.]

== ☞ Histoire de Louis *Moreri*, mort en 1680.

Ci-devant, Tome I. N.° 11304. On peut voir aussi ce qui en est dit à la tête du Dictionnaire historique qui porte son nom, quoique prodigieusement augmenté, son Edition n'ayant qu'un Volume.]

46836. ☞ Eloge de Henri *Morin*, Antiquaire, de l'Académie des Inscriptions & Belles-Lettres, mort en 1728; par Claude GROS DE BOZE.

Il est seulement imprimé, par Supplément, dans la petite *Histoire in-*8. de cette Académie, *tom. III. pag.* 375. On voit dans la Table du *tom. XI. in-*4. combien il a lu de Mémoires à l'Académie, tant qu'il demeura à Paris.]

== Eloge de Claude du *Moulinet,* Chanoine Régulier de la Congrégation de France, Antiquaire, mort en 1687.

Ci-devant, [Tome I. N.os 13622 & 13623.]

46837. ☞ Notice historique d'Augustin *Nadal,* Antiquaire & Poëte; par M. DREUX DU RADIER.

Dans sa *Bibliothèque du Poitou, tom. IV. pag.* 512. Cet Abbé, qui a été de l'Académie des Inscriptions & Belles-Lettres, est mort à Poitiers en 1740.]

46838. ☞ Eloge de Claude *Nicaise*, mort en 1701.

Dans les *Mém. de Trévoux,* 1702, Janvier & Février, & dans les *Nouvelles de la République des Lettres,* 1703, Octobre.

Voyez encore les Pièces indiquées ci-devant, Tome I, N.os 11319 & 11320.]

— ☞ Eloges, &c. de Joseph (Thoulier) d'*Olivet*, mort en 1768.

Ci-après, aux *Orateurs & Philologues.* Cependant l'Abbé d'Olivet doit tenir une place parmi les *Historiens,* à cause de sa Continuation de l'Histoire de l'Académie Françoise, & des Eloges qu'il y a faits.]

46839. ☞ Eloge historique du même, avec son Portrait.

Dans la *Galerie Françoise,* petit *in-fol.* num. ou Cahier III.]

46840. ☞ Eloge historique de Jean *Otter*, de l'Académie des Inscriptions & Belles-Lettres, mort en 1748 ; par Pierre DE BOUGAINVILLE.

Dans l'*Histoire* de cette Académie, *tom. XXXIII. pag.* 297.]

46841. ☞ Notice historique du même, comme Professeur Royal en Arabe ; par Cl. Pierre GOUJET.

Dans son *Mémoire sur le Collège Royal, in-*12. *tom. III. pag.* 344.]

46842. ☞ Histoire de la Vie & des Ouvrages de Casimir *Oudin*, mort en 1717 ; par le P. NICERON.

Dans ses *Mémoires*, &c. *tom. I. pag.* 278, & *X. part.* 1, *pag.* 48.]

46843. ☞ Eloge historique de Marc-Antoine *Oudinet*, Antiquaire, mort en 1712 ; par Claude Gros DE BOZE.

Dans l'*Hist. de l'Acad. des Inscript. & Belles-Lettres, tom. III. in-*4. *pag.* 307, & *tom. I. in-*8. *pag.* 210.]

46844. ☞ Histoire de la Vie & des Ouvrages du même ; par le P. NICERON.

Dans ses *Mémoires*, &c. *tom. IX. pag.* 257, & *X. part.* 1. *pag.* 190.]

46845. Vie de Henri d'*Oultreman* ; par Pierre D'OULTREMAN, Jésuite.

La Vie de Henri d'Oultreman, mort en 1605, est au-devant de son *Histoire de Valenciennes : Douay*, 1639, *in-fol.* Pierre d'Oultreman est mort en 1657.

== Elogium Antonii *Pagi*, Ordinis Minorum. = Histoire & Vie du même, mort en 1699.

☞ Histoire de François *Pagi*, neveu, mort en 1721.

Ci-devant, Tome I. N.os 13891 - 13894.]

46846. Eloge de Pierre *Palliot*, Historiographe du Roi, Généalogiste des Etats de Bourgogne : *in-fol.*

Pierre Palliot est mort en 1698, fort âgé.

46847. ☞ Mf. Abrégé de la Vie de Pierre Palliot ; par Antoine JOLY DE BLAISY.

On peut voir à ce sujet la *Bibliothèque des Auteurs de Bourgogne, pag.* 342.]

46848. ☞ Mémoire sur la Vie & les Ouvrages du même ; par M. (Jean-Bernard) MICHAULT, (Avocat de Dijon :) *in-*12. de 12 pages.]

46849. ☞ Eloge historique de M. (Philibert) *Papillon*, mort en 1738 ; (par Philippe-Louis JOLY.)

On en a indiqué les premières Editions, ci-devant, Tome I. N.° 11328 ; mais il a été réimprimé avec beaucoup de changemens, *pag.* 232 des *Eloges de quelques Auteurs François*, publiés par le même Abbé Joly : *Dijon*, Marteret, 1742, *in-*8.]

== Histoire de la Vie & des Ouvrages de Guillaume *Paradin*, mort après l'an 1581.

Ci-devant, Tome I. N.° 11333.]

46850. ☞ Eloge de M. François *Parfaict*, Auteur de l'Histoire du Théâtre François, mort en 1754 ; par M. FRÉRON.

Dans l'*Année Littéraire*, 1754, *tom. III. pag.* 41.]

== Les principales Actions d'Estienne *Pasquier*, &c

Ci-dessus, aux *Jurisconsultes*, N.° 45961.

46851. ☞ Eloge de Dominique *Passionéi*, Cardinal Italien, Honoraire Etranger de l'Académie des Inscriptions & Belles-Lettres, mort en 1761 ; par Charles LE BEAU.

Dans l'*Hist. de l'Acad. des Inscript. & Belles-Lettres, tom. XXXI. in-*4. *pag.* 331.]

46852. ☞ Eloge d'Etienne *Pavillon*, de l'Académie des Inscriptions ; par Paul TALLEMANT, Secrétaire de cette Académie.

Cet Eloge d'Etienne Pavillon, mort en 1705, est imprimé *pag.* 337 du Tome I. de l'*Histoire* de cette Académie , (dans l'*in-*8. *tom. I. pag.* 16, & à la tête de l'édition des Œuvres ou Poésies de Pavillon : *Leyde*, 1715, &c. *in-*12. Paris, 1747, *in-*12. 2 vol.]

46853. ☞ Histoire de la Vie & des Ouvrages du même ; par le P. NICERON.

Dans ses *Mémoires*, &c. *tom. XXIII. pag.* 128.]

46854. ☞ Eloge de Gabriel-Louis (Calabre) *Pérau*, mort en 1767.

Dans le *Nécrologe* qui a paru en 1769, *pag.* 1.]

46855. ☞ Eloge de Hardouin de *Péréfixe*, Archevêque de Paris, de l'Académie Françoise, mort en 1670 ; par Joseph D'OLIVET.

Dans l'*Histoire* de cette Académie, *tom. II.* Edit. de 1743, *pag.* 130, où on lui assure la Vie de Henri IV. *Voyez* encore à son sujet, ci-devant, Tome I. N.os 9344-9348.]

46856. ☞ Eloge de Charles *Perrault*, de l'Académie Françoise, de celle des Sciences & de celle des Inscriptions & Belles-Lettres, mort en 1703.

Dans le *Journal des Sçavans*, 1704, Mars. On lui est redevable de cent Eloges des Hommes illustres du Siècle de Louis XIV. & de Mémoires où l'on trouve des circonstances intéressantes sur le Ministère de M. Colbert.]

46857. Eloge funèbre du même ; par Paul TALLEMANT : *Paris*, Coignard, 1704, *in-*4.

Cet Eloge est aussi imprimé dans un Recueil de Pièces de l'Académie Françoise : *Paris*, Coignard, 1704, *in-*12.]

46858. ☞ Histoire de la Vie & des Ouvrages du même ; par le P. NICERON.

Dans ses *Mémoires*, &c. *tom. XXXIII. pag.* 268.]

== Vie du Cardinal Davy du *Perron*, mort en 1618.

Ci-devant, Tome I. N.os 10072-10074, auxquels il faut ajouter une *Vie* du même, qui a paru depuis, par M. de Burigny, de l'Académie des Inscriptions & Belles-Lettres : *Paris*, Debure, 1768, *in-*12. Le Cardinal du Perron est rappellé ici à cause de ses Lettres ou Négociations.]

46859. Vie de Nicolas Perrot d'*Ablancourt*, de l'Académie Françoise ; par Olivier PATRU, Avocat au Parlement.

La Vie de Perrot d'Ablancourt, mort en 1664, est

Vies des Historiens, Antiquaires, &c.   149

imprimée dans les Œuvres de Patru, mort en 1681 : *Paris*, 1681, *in-*8. *Ibid.* 1713, *in-*4.
☞ M. l'Abbé d'Olivet y a fait quelques Additions dans son *Histoire de l'Académie Françoise*, *tom. I. p.* 343 & 344, Ed. de 1743.]

46860. ☞ Histoire de la Vie & des Ouvrages du même ; par le P. NICERON.

Dans ses *Mémoires*, &c. tom. *VI. pag.* 317, & tom. *X.* part. 1. *pag.* 171, & part. 2. *pag.* 219.]

== Eloge de Denys *Petau*, mort en 1652.
Ci-devant, [Tome I. N.° 14132.]

46861. ☞ Eloge historique de François *Pétis* de la Croix, père.

Dans la Préface de son *Histoire du grand Genghizcan* : *Paris*, 1710, *in-*12. Il est mort en 1695.]

46862. ☞ Histoire de la Vie & des Ouvrages, ou des Etudes & Négociations de M. François (II.) *Pétis* de la Croix, Professeur en Langue Arabe au Collège Royal, & Secrétaire-Interprete du Roi pour les Langues Orientales, mort en 1713 ; (par Alexandre-Louis-Marie PETIS DE LA CROIX, son fils.)

Elle se trouve *pag.* xxxiij & *suiv.* de l'Avertissement qui est à la tête de l'*Hist. de Timurbec*, ou *Tamerlan* : *Paris*, Hortemels, 1722, *in-*12. 4 vol.]

46863. ☞ Notice historique du même ; par Cl. Pierre GOUJET.

Dans son *Mém. sur le Collège Royal*, *in-*12. tom. *III. pag.* 196.]

46864. ☞ Notice historique d'Alexandre-Louis-Marie *Pétis* de la Croix, Secrétaire-Interprete du Roi, & Professeur Royal en Arabe, mort en 1751 ; par Claude-Pierre GOUJET.

Dans son *Mém. sur le Collège Royal*, *in-*12. tom. *III. pag.* 337.]

46865. ☞ Histoire de la Vie & des Ouvrages d'Isaac la *Peyrère*, mort en 1677 ; par le P. NICERON.

Dans ses *Mémoires*, &c. tom. *XII.* pag. 65, & *XX.* pag. 42.
BAYLE lui a aussi donné un Article dans son Dictionnaire.]

46866. ☞ Eloge historique de Charles *Peyssonel*, Antiquaire, mort en 1757 ; par Charles LE BEAU.

Dans l'*Hist. de l'Acad. des Inscript. & Belles-Lettres*, tom. *XXIX. in-*4. *pag.* 335.]

== Eloge [& Histoire] d'Yves-Paul *Pezron*, mort en 1706.
Ci-devant, [Tome I. N.ᵒˢ 13014 & 13015.]

== Vie de Pierre de *Blois*, (Latine.)
Ci-devant, [Tome I. N.° 11347.]

46867. ☞ Eloge du même ; par Jean BERNIER.

Dans son *Histoire de Blois* : (*Paris*, 1682, *in-*4.) *pag.* 349.]

46868. ☞ Eloge de Roger de *Piles*, mort en 1709 ; par Cl. François FRAGUIER.

Il est imprimé à la tête de la seconde Edition de son *Abrégé de la Vie des Peintres* : *Paris*, 1715, *in-*12.]

46869. ☞ Histoire de la Vie & des Ouvrages du même ; par le P. NICERON.

Dans ses *Mémoires*, &c. tom. *XII.* pag. 245.]

== ☞ Eloge & Histoire de Louis Ellies du *Pin*, mort en 1719.

Ci-devant, Tome I. N.ᵒˢ 11104, 11357 & 11358. On a de ce Docteur de Sorbonne plusieurs Histoires, comme des Livres de Théologie.]

== ☞ Eloge de Michel *Pinard*, de l'Académie des Inscriptions & Belles-Lettres, mort en 1717.
Ci-devant, Tome I. N.° 11354.]

46870. Vie de Christine de *Pisan* & de Thomas de *Pisan* son père ; par Jean BOIVIN, Bibliothécaire du Roi, de l'Académie Royale des Inscriptions.

Cette Vie est imprimée au tom. *II.* des *Mémoires* de cette Académie, p. 762. Christine de Pisan, veuve d'Estienne du Chastel, Clerc, Notaire & Secrétaire du Roi, a fait la Vie du Roi Charles V. Son père étoit Conseiller du Roi & son Astrologue : elle mourut peu après lui, [vers 1430.]

46871. ☞ Autre Vie de la même ; par l'Abbé (Jean) LEBEUF.

Elle se trouve dans son Avertissement sur la Vie de Charles V. écrite par cette Dame, *pag.* 89, du *tom. III.* de ses *Dissertations sur l'Histoire de Paris*, &c. *Paris*, Durand, 1743, *in-*12.)

== Vie de Pierre *Pithou*, Jurisconsulte, &c.
Ci dessus, N.ᵒˢ 45971-81. Pierre Pithou est mort en 1596.

46872. ☞ Mémoire historique sur le même Pierre Pithou.

Il est imprimé parmi ceux qui concernent les *Historiens de la France*, à la fin de notre Tome III. p. lxxxvij]

== Oraison funèbre d'Arnaud de *Pontac*, Evêque de Bazas, mort en 1605.
Ci-devant, [Tome I. N.° 8104.]

46873. ☞ Histoire de la Vie & des Ouvrages de Lancelot du Voesin de la *Popelinière*, mort en 1608 ; par le P. NICERON.

Dans ses *Mémoires*, &c. tom. *XXXIX.* pag. 380.
On en trouve un Abrégé à la fin de notre Tome III. pag. lxxxix. parmi les *Mémoires historiques sur plusieurs Historiens de France.*]

46874. ☞ Notice historique du même ; par M. DREUX DU RADIER.

Dans sa *Bibliothèque du Poitou*, tom. *III. pag.* 154.]

46875. Apologie pour l'Auteur de l'Histoire de France, imprimée en 1581, où les desseins de l'Auteur sont au vrai représentés ; par J. D. F. B. R. C. F.

Cette Apologie est citée dans l'Avertissement qui est à la tête de l'*Histoire de France* : *Paris*, 1581, *in-fol.*
☞ Si le Père le Long a voulu parler en cet endroit de l'Histoire de la Popelinière, elle ne fut point imprimée à *Paris*, mais sans nom de lieu, à *la Rochelle.*]

46876. ☞ Eloge de Julien *Pouchard*, de l'Académie des Inscriptions, mort en 1706.

Dans le XVIᵉ *Journal des Sçavans* de cette Année.

46877. ☞ Eloge historique du même; par Paul TALLEMANT.

Dans l'*Hist. de l'Acad. des Inscript. & Belles-Lettres*, *tom. I. in-4. pag. 343*, & *tom. I. in-8. pag. 35*.]

46878. ☞ Notice historique du même; par Cl. Pierre GOUJET.

Dans son *Mém. sur le Collège Royal, in-12. tom. I. pag. 592*. Julien Pouchard étoit Professeur en Langue Grecque.]

== ☞ Vie (abrégée) d'Antoine-François *Prévost* d'Exiles, mort en 1763.

Ci-devant, Tome I. N.° 11375.]

46879. ☞ Eloge du même; (par M. PALISSOT.)

Dans le *Nécrologe* de 1765, & dans le *tom. I. de 1767, pag. 59*.]

46880. Vita Benjamini *Prioli*; Auctore Joanne RHODIO: *Patavii*, 1662, *in-fol.* [*Parisiis*, 1662, *in-4*.]

Cette Vie n'est que de six pages; elle est écrite avant la mort de Priolo, qui n'est arrivée qu'en 1667.

46881. ☞ Histoire de la Vie & des Ouvrages du même; par le Père NICERON.

Dans ses *Mémoires*, &c. tom. *XXXIX. pag.* 298.]

== Vita *Prosperi*, Aquitanici, mortui circa annum 455.

Ci-devant, [Tome I. N.° 7882.]

46882. Vita Petri *Puteani*, Regi à Consiliis & Bibliothecis : curâ Nicolai RIGALTII. Oratio funebris ejusdem; Auctore Adriano VALESIO. Bernardi MEDONII Exemporalis Oratio in ejusdem obitum: *Parisiis*, 1652; Secunda Editio, 1653, *in-4*.

La même Vie de Pierre Dupuy, mort en 1651, est imprimée dans le Recueil des Vies choisies de Jean Bats, *pag.* 660: *Londini*, 1682, *in-4*.

46883. Elogia ejusdem; Auctore Gabriele NAUDÆO: *Parisiis*, 1651, *in-8*.

46884. Elogia ejusdem; Auctore Joanne Alberto PORTNERO.

Cet Eloge est imprimé avec les *Actes Littéraires* de Struvius: *Jenæ*, 1705, *in-8*.

46885. Eloge historique du même; par Charles PERRAULT, de l'Académie Françoise.

Cet Eloge est imprimé au Tome I. des *Eloges des Hommes illustres, pag.* 54: *Paris*, 1696, *in-fol.*

46886. ☞ Mémoire historique sur le même Pierre Dupuy.

Il est imprimé à la fin de notre Tome III. *pag.* lj. C'est l'Abrégé de la Vie composée par Nicolas Rigault.]

46887. ☞ Eclaircissemens sur la Vie & les Voyages de *Pythéas* (Grec) de Marseille; par M. (Jean-Pierre) DE BOUGAINVILLE.

Dans les *Mémoires de l'Acad. des Inscript. & Belles-Lettres*, tom. *XIX. pag.* 146. Pythéas vivoit vers l'an 200 avant l'Ere Chrétienne.]

46888. ☞ Eloge historique de Jacques le *Quien* de la Neufville, mort en 1728; par Claude Gros DE BOZE.

Dans l'*Hist. de l'Acad. des Inscript. & Belles-Lettres*, tom. *VII. in-4. pag.* 400, & tom. *III. in-8. pag.* 135.]

46889. ☞ Remarques sur le même; par Jacques-Georges DE CHAUFEPIÉ.

Dans son *Dictionnaire historique*, &c. L'Auteur y a fait entrer une Critique de l'Histoire de la célèbre Vision que Constantin eut du Signe de la Croix : critique que M. le Quien de la Neufville auroit été bien éloigné d'adopter.]

== ☞ Eloge de Michel le *Quien*, Dominicain, mort en 1733.

Ci-devant, Tome I. N.° 13842.]

46890. ☞ Eloge de Jérôme-Quirin *Quirini*, Cardinal Italien, Honoraire Etranger de l'Académie des Inscriptions & Belles-Lettres, mort en 1755; par Charles LE BEAU.

Dans l'*Hist.* de cette Académie, tom. *XXVII. in-4. pag.* 215.]

== Rabelæsiana Elogia, &c. = Vies & Histoire de François *Rabelais*, mort en 1553.

Ci-devant, [Tome I. N.° 11381 - 11386.]

☞ Après ce que le Père Le Long a dit ensuite du N.° 17653, (*pag.* 227 du Tome II.) il paroit n'avoir indiqué ici Rabelais, parmi les Historiens, qu'à cause de ses *Lettres*, qui sont en effet intéressantes pour l'Histoire de son temps.]

== ☞ Abrégé de la Vie de Bonaventure *Racine*, Historien Ecclésiastique, mort en 1755.

Ci-devant, Tome I. N.° 11388.]

== ☞ Eloges de Jean & de Louis *Racine*, père & fils, morts le premier en 1699, & le second en 1763.

On a cru en devoir faire mention ici, en les considérant comme *Historiens*, mais en renvoyant le détail ci-après, aux *Poëtes*. L'Abbé d'Olivet dit dans l'*Histoire de l'Académie Françoise*, (*pag.* 364, de l'Ed. de 1743,) que l'Abrégé de l'Histoire de Port-Royal par Jean Racine, « lui donne parmi ceux de nos Auteurs qui ont le » mieux écrit en Prose, le même rang qu'il tient parmi » nos Poëtes ». On a de Louis son fils, des Mémoires sur la Vie de son père, la Fontaine, Boileau, &c. On trouve aussi de lui plusieurs Mémoires d'Antiquités & de Littérature, dans le Recueil de l'Académie des Inscriptions & Belles-Lettres, dont il a été Membre comme son père.]

46891. ☞ Eloge de Paul *Rapin* de Thoiras, mort en 1725.

Dans l'*Histoire Littéraire de l'Europe, tom. I.* & dans la *Bibliothèque Germanique, tom. X.*]

46892. ☞ Histoire de la Vie & des Ouvrages du même; par le P. NICERON.

Dans ses *Mémoires*, &c. tom. *I. pag.* 285.]

46893. ☞ Remarques sur le même; par Jacques-Georges DE CHAUFEPIÉ.

Dans son *Dictionnaire historique & critique*.]

== Abrégé de la Vie de François-Séraphin *Regnier des Marets*, mort en 1713.

Ci-devant, [Tome I. N.os 11393 - 11395.]

== ☞ Eloge & Histoire d'Eusèbe *Renaudot*, de l'Académie des Inscriptions & Belles-Lettres, mort en 1720.

Ci-devant, Tome I. N.os 11401 & 11403.]

Vies des Historiens, Antiquaires, &c.

== ☞ Eloge historique de Jean-François du *Resnel*, de l'Académie des Inscriptions & Belles-Lettres, mort en 1761.

Ci-devant, Tome I. N.º 11404.]

== Histoires du Cardinal-Armand-Jean du Plessis de *Richelieu*, mort en 1642.

Ci-devant, [Tome III. N.ᵒˢ 32476 & suiv.]

== ☞ Eloge Littéraire & Notice du Cardinal de Richelieu.

Ci-dessus, N.ᵒˢ 45797 & 98. Nous répétons ici ces Articles, parceque ce Cardinal mérite d'être considéré parmi les Historiens, comme entre les Théologiens.]

== Eloge de Nicolas *Rigault*, Doyen des Conseillers de Metz, mort en 1654.

Ci-devant, [Tome III. N.ᵒˢ 33210-33212.]

46894. ☞ Mémoire de M. de la CURNE DE SAINTE-PALAYE, concernant la Vie & les Ouvrages de *Rigord*, Historien du XII.ᵉ Siècle.

Dans les *Mémoires de l'Acad. des Inscript. & Belles-Lettres*, tom. VIII. pag. 529.]

46895. ☞ Eloge de Jean-Pierre *Rigord*, Antiquaire, de l'Académie de Marseille ; par M. Chalamont DE LA VISCLEDE, en 1718.

Dans le Recueil des Pièces d'éloquence présentées à l'Académie de Marseille en 1734 : *Marseille*, Boy, in-12.]

46896. ☞ Observations sur Jean-Bapt. de *Rocoles*, Historien François, mort en 1696.

Dans le *Journ. Encyclopédique*, 1761, *Avril*, part. 2. pag. 56.]

46897. ☞ Eloge historique de Charles *Rollin*, de l'Académie des Inscriptions & Belles-Lettres, mort en 1741.

On l'a déjà indiqué Tome I. N.º 11414. Mais il faut ajouter ici, qu'on a donné depuis une Edition de cet Eloge, (par M. DE BOZE,) avec des Notes historiques par Robert ETIENNE, Libraire, pag. 24 des *Opuscules* de M. Rollin : *Paris*, Frères Etienne, 1771, *in-12*. 2 vol.]

46898. ☞ Histoire de la Vie & des Ouvrages de Gilles-André de la *Roque*, mort en 1687 ; par le Père NICERON.

Dans ses *Mémoires*, &c. tom. XXI. pag. 218.]

== ☞ Eloge historique de Charles d'Orléans de *Rothelin*, de l'Académie des Inscriptions & Belles-Lettres, mort en 1744.

Ci-devant, Tome I. N.º 11420.]

46899. ☞ Notice historique de Florentin du *Ruau*, par M. DREUX DU RADIER.

Dans sa *Bibliothèque du Poitou*, tom. III. pag. 130. Cet Historien vivoit en 1615.]

46900. Eloge d'Antoine de *Ruffi*, mort en 1689 ; par Pierre-Antoine DE PASCAL, Religieux de l'Abbaye de Toronet, son neveu.

Il est imprimé à la fin de la seconde Edition de l'*Histoire de Marseille*, par Antoine de Ruffi : *Marseille*, 1696, *in-fol*.

46901. ☞ Eloge de Louis-Antoine de *Ruffi*, mort à Marseille en 1724 ; par Joseph BOUGEREL, Prêtre de l'Oratoire.

Il est imprimé dans la *Bibliothèque Françoise* de du Sauzet, tom. II. & dans la *Continuation des Mémoires de Littérature* du Père Des-Molets, tom. II. part. 1, pag. 170.]

46901.* ☞ Histoire de la Vie & des Ouvrages du même ; par le P. NICERON.

Dans ses *Mémoires*, &c. tom. I. pag. 124.]

46902. ☞ Histoire de la Vie & des Ouvrages de Dom Thierri *Ruinart*, mort en 1709.

Dans l'*Hist. Littér. de la Congrégation de S. Maur*, pag. 273. On peut encore voir ci-devant, Tome I. N.º 12527.]

== ☞ Histoire de Pierre de *Saint-Julien*, mort en 1593.

Ci-devant, Tome I. N.º 11430.]

46903. ☞ Eloge de Ch. Hugues (le Febvre) de *Saint-Marc*, mort en 1769 ; par M. FRANÇOIS.

Dans le *Nécrologe* qui a paru en 1770, pag. 391. On en a été peu content : le suivant vaut mieux.]

46904. ☞ Autre Eloge du même.

Au-devant du Tome VI. de son *Abrégé Chronologique de l'Histoire d'Italie* : *Paris*, Delalain, 1770, *in-8*.]

46905. ☞ Histoire de la Vie & des Ouvrages de César Vichard de *Saint-Réal*, mort en 1692 ; par le P. NICERON.

Dans ses *Mémoires*, &c. tom. II. pag. 134. L'Abbé de Saint-Réal, simple Clerc, étoit né à Chambéry, mais il a passé la plus grande partie de sa Vie en France.

46905.* ☞ Eloge du même ; par l'Abbé PÉRAU.

A la tête de la nouvelle Edition des Œuvres de Saint-Réal : *Paris*, 1745, 6 vol.]

== Vie de Scévole de *Sainte-Marthe*, mort en 1623.

Ci-devant, Tome III. N.ᵒˢ 34047-34053.]

46906. ☞ Notice historique du même ; par M. DREUX DU RADIER.

Dans sa *Bibliothèque du Poitou*, tom. V. pag. 147.]

46907.* ☞ Mémoire pour la Vie & les Ouvrages de MM. de *Sainte-Marthe*, (principalement sur l'Histoire de France ;) par Jacques LE LONG.

☞ C'étoit le V.ᵉ à la fin de la première Edition de sa *Bibliothèque de la France*, & c'est ici le XXXV.ᵉ imprimé à la fin de notre Tome III. pag. lxxxix.]

46908. ☞ Histoire de la Vie & des Ouvrages de Scévole & Louis de Sainte-Marthe, frères, & de Pierre Scévole, Historiographes ; par le P. NICERON.

Dans ses *Mémoires*, &c. tom. VIII. pag. 15 & 28, & tom. X. part. 2. pag. 252. Le premier est mort en 1650, le second en 1656, & le troisième, qui étoit fils de Scévole, est mort en 1690.]

46909. ☞ Notice historique des Sçavans du nom de Sainte-Marthe, depuis 1500 jusqu'au XVIII.ᵉ Siècle ; par M. DREUX DU RADIER.

Dans sa *Biblioth. du Poitou* : (*Paris*, 1754,) *in-12*.

tom. V. & dernier, *pag.* 84-440. Il n'y a point eu de Familles en France qui ait produit tant de Gens de Lettres : plusieurs ont été Historiens, & la plupart Poëtes. On doit avoir obligation à M. du Radier d'avoir fait à leur sujet tant de recherches.]

== ☞ Eloge de Claude *Sallier*, de l'Académie des Inscriptions & Belles - Lettres, mort en 1761; par Charles LE BEAU.

Ci-devant, Tome I. N.º 11438.]

== ☞ Vie & Histoire de Denys *Sallo*, premier Auteur du Journal des Sçavans, mort en 1669.

Ci-devant, [Tome III. N.ᵒˢ 32966 & 32967.]

46910. ☞ Histoire de la Vie & des Ouvrages de Nicolas *Sanson*, Géographe, mort en 1667.

Dans les *Mémoires*, &c. du Père Niceron, *tom. XIII. pag.* 210. On en a tiré quelques Exemplaires à part : l'Auteur est l'Abbé PERIER, qui fut choisi avec M. Robert & un autre, pour hériter de Pierre Moullart-Sanson, petit-fils de Nicolas.

Cette Histoire de N. Sanson doit être rapprochée d'une Lettre (de M. FRERET,) insérée *tom. X. pag.* 9 des *Mémoires* de Niceron.]

46911. Eloge historique de Jean-François *Sarasin*, mort en 1657; par Charles PERRAULT, de l'Académie Françoise.

Il est imprimé au Tome I. des *Eloges des Hommes illustres, pag.* 75 : *Paris*, 1696, *in-fol.*

46912. ☞ Mémoire sur la Vie & les Ouvrages du même.

Il se trouve *pag.* 419 du *tom. I.* des *Mémoires de Littérature* de Salengre. C'est celui dont le Père le Long a parlé ci-devant, (Tome III. N.º 34957, & qu'il attribue tantôt à M. Pellisson, tantôt à M. de la Monnoye.]

46913. ☞ Histoire de la Vie & des Ouvrages du même ; par le P. NICERON.

Dans ses *Mémoires*, &c. *tom. VI. pag.* 383, & *tom. X. part.* 1, *pag.* 173, & *part.* 2, *pag.* 221.]

== ☞ Histoire, &c. de Jean *Savaron*, mort en 1622.

Ci-dessus, aux *Jurisconsultes*, N.ᵒˢ 46000 & *suiv.*]

46914. ☞ Mémoire historique sur le même, considéré comme Historien.

Il est imprimé à la fin de notre Tome III. *pag.* xcij.]

== Vie & Histoire des Ouvrages de Charles de la *Saussaie*, Curé de S. Jacques de la Boucherie, mort en 1621.

Ci-devant, [Tome I. N.ᵒˢ 11447 & 11448.]

46915. ☞ Vita Jo. Dan. *Schoepflini*, Regii Franciæ Historiographi, secundis curis auctior ; à Frid. Dominico RING.

Cette Vie, dressée du vivant de M. Schoepflin, qui est mort le 7 Août 1771 à Strasbourg où il demeuroit, a été imprimée à la tête de ses *Opera Oratoria* : *Augustæ Vindelic*, 1769, *in-4.* 2 vol. Elle contient l'Histoire de tous ses Ouvrages.]

46916. ☞ Eloge historique du même M. Schoepflin, Associé Libre de l'Académie des Inscriptions & Belles-Lettres; par Charles LE BEAU.

Cet Eloge se trouvera dans l'*Histoire* de cette Académie, *tom. XXXVIII.*]

46917. ☞ Eloge de Denys-François *Secousse*, de l'Académie des Inscriptions & Belles-Lettres, mort en 1754; par Pierre DE BOUGAINVILLE.

Dans l'*Hist.* de cette Académie, *tom. XXV. in-4. p.* 289, & à la tête du Mémoire historique de M. Secousse sur Roger de Bellegarde : *Paris*, 1764, *in-12.*]

46918. ☞ Autre Eloge du même ; par M. DE VILLEVAULT.

Dans le Tome IX. du *Recueil des Ordonnances des Rois de France*, (auquel travailloit M. Secousse:) *Paris*, Imprimerie Royale, 1755, *in-fol.*

Le *Mémoire historique* sur M. Secousse, imprimé à la fin de notre Tome III. *pag.* xcij. n'est autre chose que cet Eloge.]

== Eloge de Jean-François *Senault*, Général de la Congrégation de l'Oratoire, mort en 1672.

Ci-devant, [Tome I. N.º 11450.]

46919. Mémoire pour la Vie & les Ouvrages de Jean de *Serres*, Historiographe de France, (mort en 1598;) par Jacques LE LONG.

Ce Mémoire [étoit] le IIIe de ceux qui [étoient] imprimés à la fin de cette Bibliothèque, [première Ed. & il est dans celle-ci le XXXVIIIᵉ à la fin de notre Tome III. *pag.* xcv.]

46920. ☞ Histoire de la Vie & des Ouvrages du même ; par le P. NICERON.

Dans ses *Mémoires*, &c. *tom. IV. p.* 316, & *tom. X. pag.* 151.]

== ☞ Eloge historique de l'Abbé François *Sevin*, Antiquaire & de l'Académie des Inscriptions & Belles-Lettres ; mort en 1741.

Ci-devant, Tome I. N.º 11452.]

46921. ☞ Histoire de la Vie & des Ouvrages de Claude de *Seyssel*, (mort en 1520;) par le P. NICERON.

Dans ses *Mémoires*, &c. *tom. XXIV. pag.* 322.]

46922. ☞ Placet de Jean DE SILHON, où il apprend lui-même à quoi il a employé sa vie & ses talens.

Il est imprimé avec quelques Notes historiques sur cet Ecrivain, dans l'*Hist. de l'Académie Françoise*, par MM. Pellisson & d'Olivet, *tom. I. pag.* 337, Edition de 1743. De Silhon est mort en 1667.]

46923. ☞ Eloge historique de François *Simon*, Antiquaire, & de la même Académie, mort en 1719 ; par Cl. Gros DE BOZE.

Dans l'*Hist. de l'Acad. des Inscriptions & Belles-Lettres, tom. V. in-4. pag.* 387, *tom. II. in-8. p.* 132.]

46924. ☞ Histoire de la Vie & des Ouvrages du même ; par le P. NICERON.

Dans ses *Mémoires, &c.* tom. *XII. pag.* 393.]

46925. Mf. Vie de Jules-Raymond de *Soliers*, Historien de Provence ; par Pierre-Joseph DE HAITZE.

Elle [étoit] dans le Cabinet de l'Auteur, à Aix, [où il est mort en 1736.]

46926. ☞ Histoire de la Vie & des Ouvrages de Charles *Sorel*, mort en 1670 ; par le Père NICERON.

Dans ses *Mémoires*, &c. *tom. XXXI. pag.* 391.]

☞ Eloge

Vies des Historiens, Antiquaires, &c.

== ☞ Eloge historique, &c. de l'Abbé Jean-Baptiste *Souchay*, Antiquaire & de l'Académie des Inscriptions & Belles-Lettres, mort en 1746.

Ci-devant, Tome I. N.os 11460 & 11461.]

46927. Eloge de Jacob *Spon*, Médecin & Antiquaire, mort en 1685.

Ci-dessus, [N.° 46328.]

== Vita Henrici *Spondani*, Episcopi Appamiarum, mortui an. 1643.

Ci-devant, [Tome I. N.° 10237.]

== Vie de S. *Sulpice Sévère*, Prêtre, mort en 420.

Ci-devant, [Tome I. N.os 11462-11464.]

46928. ☞ Eloge historique d'Eugène Pierre de *Surbeck*, Antiquaire & de l'Académie des Inscriptions & Belles-Lettres, mort en 1741; par Claude Gros DE BOZE.

Dans l'*Hist.* de cette Académie, *tom. XVI. in-*4.]

== ☞ Eloge & Histoire de l'Abbé Paul *Tallemant*, de l'Académie Françoise, & Secrétaire de celle des Inscriptions & Belles-Lettres, mort en 1712.

Ci-devant, Tome I. N.os 11467 & 11468.]

46929. Eloge d'Antoine *Teissier*, de Montpellier, Conseiller d'Ambassade & Historiographe du Roi de Prusse, mort en 1715.

Cet Eloge est imprimé dans le Supplément des *Nouvelles Littéraires* du 15 Août 1716 : *la Haye*, du Sauzet, 1716, *in-*12.

46930. ☞ Histoire de la Vie & des Ouvrages du même ; par le Père NICERON.

Dans ses *Mémoires*, &c. *tom. V. pag.* 256.]

46931. ☞ Eloge historique de Jean-Pierre *Tercier*, de l'Académie des Inscriptions & Belles-Lettres, mort en 1767; par Charles LE BEAU.

Dans l'*Hist.* de cette Académie, *tom. XXXVI.*]

46932. ☞ Vie de Claude *Terrin*, Antiquaire, mort en 1710; (par Joseph BOUGEREL, Prêtre de l'Oratoire.)

Elle se trouve *pag.* 308 de ses *Mémoires* sur plusieurs Hommes illustres de Provence : *Paris*, 1752, *in-*12.]

46933. Eloge de Melchisedec *Thevenot*, Garde de la Bibliothèque du Roi, mort en 1692.

Cet Eloge est imprimé dans le *Journal des Sçavans*, XXXVII. de l'an 1692.

46934. ☞ Abrégé de la Vie de N. *Thevenot*, (neveu du précédent, mort en Perse l'an 1667; par M. François (I.) PETIS DE LA CROIX.)

Il se trouve dans la Préface du Tome II. de l'excellent *Voyage* de Thevenot au Levant : *Paris*, Angot, 1674, *in-*4. L'Auteur de cette Préface, M. Petis de la Croix, ne doit pas être confondu avec son fils, qui se nommoit aussi François, & qui a été Professeur Royal en Arabe : il en a été parlé ci-dessus.]

Tome IV. Part. I.

== ☞ Histoire d'André *Thevet*, Cosmographe du Roi, mort en 1590.

Ci-devant, Tome I. N.° 11478.]

== Vita Jacobi-Augusti *Thuani*, Præsidis Infulati, (mortui anno 1617.) = Histoire de M. de *Thou* & de ses Ouvrages ; par le Père NICERON.

Ci-devant, [Tome III. N.os 32939-32945.]

46935. ☞ Mémoire historique sur le même (M. de Thou.)

A la fin de notre Tome III, *pag.* xcvij. C'est un Extrait du P. Niceron.]

== ☞ Eloge & Histoire de Jean-Marie la Marque de *Tilladet*, de l'Académie des Inscriptions & Belles-Lettres, mort en 1715.

Ci-devant, Tome I. N.os 11485 & 11486.]

== ☞ Eloge, &c. de M. de *Tillemont*.

Ci-devant, Tome I. N.os 11237 & *suiv.*]

46936. ☞ Eloge historique de Jacques de *Tourreil*, de l'Académie des Inscriptions & Belles-Lettres, mort en 1714; par Claude Gros DE BOZE.

Dans l'*Hist.* de cette Académie, *tom. III. in-*4. *p.* 315, & *tom. II. in-*8. *pag.* 1.]

46937. ☞ Histoire de la Vie & des Ouvrages du même ; par le P. NICERON.

Dans ses *Mémoires*, &c. *tom. XXVII. pag.* 345.]

46938. ☞ Notice historique de Louis *Trincant*; par M. DREUX DU RADIER.

Dans sa *Bibliothèque du Poitou*, *tom. III. pag.* 444. Cet Historien vivoit en 1640.]

46939. ☞ Eloge de Jean Foy *Vaillant*, Antiquaire, mort en 1706; par Claude Gros DE BOZE.

Dans l'*Hist. de l'Acad. des Inscript. & Belles-Lettres*, *tom. I. in-*4. *pag.* 346, & *tom. I. in-*8. *pag.* 44.]

46940. ☞ Histoire de la Vie & des Ouvrages du même ; par le P. NICERON.

Dans ses *Mémoires*, &c. *tom. III. pag.* 181.]

46941. ☞ Remarques sur le même ; par Jacques-Georges DE CHAUFEPIÉ.

Dans son *Dictionnaire historique & critique*.]

46942. ☞ Joannis Fidis Vallantii Vita & scripta, recensente Claudio DE LA FEUILLE, Priore Cantoniacensi, & Card. Passionei à Bibliothecis : *Venetiis*, Occhi, 1745, *in-*12.

Cette Vie est aussi imprimée *p.* 273 du Tome XXXI. de la *Raccolta d'Opuscoli scientifici* du Père Ange Calogera, imprimée à Venise en 1744, chez le même Occhi.]

46943. ☞ Eloge de Jean-François Foy *Vaillant*, fils, mort en 1708; par Claude Gros DE BOZE.

Dans l'*Hist. de l'Acad. des Inscript. & Belles-Lettres*, *tom. I. in-*4. *pag.* 368, & *tom. I. in-*8. *pag.* 110.]

46944. ☞ Histoire de la Vie & des Ouvrages du même ; par le Père NICERON.

Dans ses *Mémoires*, &c. *tom. XXII. pag.* 234.]

V

46945. ☞ Remarques sur le même; par Jacques-Georges DE CHAUFEPIÉ.

Dans son *Dictionnaire historique & critique*.]

46946. ☞ Eloge de Jean-Baptiste (Moret de Bourchenu) de *Valbonnais*, de l'Académie des Inscriptions & Belles-Lettres, (& Historien du Dauphiné,) mort en 1730.

Dans le *tom. XV.* de la *Bibliothèque Françoise* de du Sauzet: *Amsterdam, in-12.*]

46947. ☞ Eloge historique du même; par Claude Gros DE BOZE.

Dans l'*Hist. de l'Acad. des Inscriptions & Belles-Lettres, tom. VII. in-4. p.* 429, & *t. III.in-8. p. 113.*]

46948. ☞ Histoire de la Vie & des Ouvrages du même; par le P. NICERON.

Dans ses *Mém. &c. tom. XIX. p.* 29, & *XX. p.71.*]

46949. Eloge historique d'Adrien de *Valois*, Historiographe de France, mort en 1692; [par le Président Louis COUSIN.]

Dans le *Journal des Sçavans*, XXIX. de l'année 1692, & au-devant du *Valesiana : Paris*, 1694, *in-12.*

46950. Eloge du même; par Charles PERRAULT, de l'Académie Françoise.

Il est imprimé *pag.* 69, du Tome II. des *Eloges des Hommes illustres*, &c. *Paris*, 1701, *in-fol.*

46951. ☞ Histoire de la Vie & des Ouvrages du même; par le P. NICERON.

Dans ses *Mémoires, &c. tom. III. pag.* 209.]

46952. ☞ Mémoire historique sur le même.

Il est imprimé à la fin de notre Tome III. *pag.* c. On peut dire que ce n'est guères que l'Extrait de l'Eloge par M. Cousin, ci-dessus, N.° 46949.]

46953. Hadriani VALESII, de Vita Henrici Valesii fratris, Historiographi, Liber : *Parisiis*, 1677, *in-8.*

Cette Vie de Henri de Valois, mort en 1676, est aussi imprimée au-devant de l'Edition Latine de l'Histoire Ecclésiastique d'Eusèbe : *Parisiis*, 1677, *in-fol.* & de l'Edition Latine & Grecque de la même Histoire: *Parisiis*, 1678, *in-fol.*

46954. ☞ Histoire de la Vie & des Ouvrages du même; par le P. NICERON.

Dans ses *Mémoires*, &c. *tom. V. pag.* 25, & *X, part.* 1. *pag.* 157.]

46955. ☞ Remarques sur les deux frères de Valois, Adrien & Henri; par Jacques-Georges DE CHAUFEPIÉ.

Dans son *Dictionnaire historique & critique*.]

46956. ☞ Mss. Lettres originales écrites à Henri & Adrien de Valois.

Elles sont conservées dans la Bibliothèque publique de l'Hôtel de Ville de Paris, num. 291.]

46957. ☞ Eloge historique de Charles de *Valois*, (fils d'Adrien,) Antiquaire, mort en 1747; par Nicolas FRERET.

Dans l'*Hist. de l'Acad. des Inscriptions & Belles-Lettres, tom. XXI. in-4. pag.* 234.]

46958. Mémoire pour la Vie & les Ouvrages d'Antoine *Varillas*, (mort en 1696;) par Jacques LE LONG.

Il étoit à la fin de sa Bibliothèque, [& on le trouve ci-devant, à la fin de notre Tome III. *pag.* clij.]

46959. ☞ Histoire de la Vie & des Ouvrages du même; par le P. NICERON.

Dans ses *Mém. &c. t. V. p.* 61, & *X. part.* 2. *p.* 149.]

46960. ☞ Eloge du même; par M. BOSCHERON.

A la tête du *Varillasiana : Amster.* (Paris,) 1734. Cet Eloge s'y trouve depuis la page xj. jusqu'à la liv. & c'est ce que l'on a de plus curieux & de plus détaillé sur Varillas.]

46961. ☞ Eloge de Michel le *Vassor*, mort en 1718.

Dans les *Nouvelles Littéraires* de la Haye, *t. VIII.*]

46962. ☞ Eloge historique de René *Vatry*, Antiquaire & Philologue, mort en 1769; par Charles LE BEAU.

Dans l'*Hist. de l'Acad. des Inscriptions & Belles-Lettres, tom. XXXVI.*]

46963. ☞ Mémoire historique sur Paul-François *Velly*, Historien de France, mort en 1759.

Il est imprimé à la fin de notre Tome III. *pag.* cv.]

— ☞ Histoire, &c. d'Antoine du *Verdier*, mort en 1600.

Ci-après, aux (*Orateurs &) Philologues*.]

== Eloge historique de René Auber de *Vertot*, Historien & de l'Académie des Inscriptions & Belles-Lettres, mort en 1735; par Claude Gros DE BOZE.

Dans le *tom. XII.* de l'*Histoire* de cette Académie, *in-4. pag.* 325, & *tom. III.* de l'*in-8. pag.* 187.]

46964. ☞ Histoire de la Vie & des Ouvrages de Louis *Videl*; par le P. NICERON.

Dans ses *Mémoires, &c. tom. XIV. pag.* 396. Videl est mort en 1675.]

46965. ☞ Histoire de la Vie & des Ouvrages de Blaise de *Vigenère*; par le P. NICERON.

Dans ses *Mémoires, &c. tom. XVI. pag.* 26, & *XX. pag.* 94. Vigenère est mort en 1599.]

== Eloge de Jérôme *Vignier*, Prêtre de l'Oratoire, mort en 1661.

Ci-devant, [Tome I. N.° 11513.]

46966. Vie de Nicolas *Vignier*, de Bar-sur-Seine, Historiographe de France; par Guillaume COLLETET, de l'Académie Françoise.

Elle est imprimée au commencement du Tome IV. de la Bibliothèque historiale de Vignier : *Paris*, Petit, 1650, *in-fol.* Vignier est mort en 1596.

46967. ☞ Histoire de la Vie & des Ouvrages du même; par le P. NICERON.

Dans ses *Mémoires, &c. tom. XLII. pag.* 21.]

☞ Mémoire historique sur le même, Extrait de Niceron.

Il est imprimé à la fin de notre Tome III. *pag.* cvj.]

46968. ☞ Eloge d'Alphonse des *Vignoles*, mort à Berlin en 1744, avec le Catalogue de ses Ouvrages.

Dans l'*Histoire de l'Académie de Berlin*, Ann. 1745,

pag. 111, & dans la *Nouvelle Bibliothèque Germanique, tom. II. pag.* 251. On peut voir encore ce qui en est dit dans le *Dictionnaire de Moréri de* 1759.]

46969. ☞ Eloge de M. (Claude) *Villaret*, mort en 1766; par M. Castillon.

Dans le *Nécrologe* qui a paru en 1767, *pag.* 45.]

46970. ☞ Mémoire historique sur le même, considéré comme Historien de France.

Il est imprimé à la fin de notre Tome III. *pag.* cvij. & dernière.]

46971. ☞ Eloge de François Bourgoin de *Villefore*, (mort en 1737;) par Cl. Pierre Goujet.

Dans la *Bibliothèque Françoise*, imprimée à Amsterdam chez du Sauzet, *tom. XXVIII. pag.* 54.]

== Histoire de Geoffroy de *Villehardouin*.

Ci-devant, [Tome III. N.os 31078 & 31079.]

46972. Elogium Eliæ *Vineti*, à Carolo Paschalio scriptum.

Cet Eloge est imprimé avec les Commentaires de Vinet sur Ausone : *Burdigalæ,* 1594, *in-*4. Vinet, célèbre Antiquaire, &c. est mort en 1587.

46973. ☞ Histoire de la Vie & des Ouvrages du même; par le P. Niceron.

Dans ses *Mémoires,* &c. tom. *XXX. pag.* 312.]

46974. ☞ Histoire de la Vie & des Ouvrages de Jean Donneau, Sieur de *Vizé*, premier Auteur du Mercure de France, (dit alors le *Mercure Galant,*) mort en 1710.

Dans l'*Histoire critique des Journaux* : *Amsterdam,* J. F. Bernard, 1734, *tom.* II. *pag.* 198 & *suiv.* Ce Morceau n'est pas de Camusat, mais du Libraire, qui déclare dans l'Avertissement avoir mis en œuvre divers Mémoires qui lui avoient été envoyés. On peut voir encore sur le Sieur de Vizé & ses Ouvrages, son Article dans le *Dictionnaire de Moréri,* Ed. de 1759.]

46975. Eloge historique d'Honoré d'*Urfé,* [& autres Pièces à son sujet.]

Ci-devant, [Tome III. N.os 31083-31086.] D'Urfé est mort en 1625.

46976. ☞ Ms. Dissertation sur *Ursin*, Auteur de la Vie de S. Léger, (& qui vivoit vers l'an 680;) par M. de Gomicourt, de l'Académie d'Amiens.

Cette Dissertation est conservée dans les Registres de cette Académie.]

CHAPITRE QUATRIÈME.

Histoires & Vies des François qui se sont distingués dans les Arts Libéraux.

☞ Ce Chapitre contient quatre Articles. Il est question dans le premier des Orateurs, [Grammairiens] & Philologues François : dans le second, des Poëtes : dans le troisième, des Musiciens ; & l'on trouvera dans le quatrième les Histoires des Théâtres François.]

Article premier.

Vies des Orateurs & Philologues François.

46977. ☞ Dictionnaire portatif des Prédicateurs François dont les Sermons prononcés sont imprimés ; où l'on a marqué les meilleures Editions qui en ont été faites, & les Jugemens des Sçavans : *Lyon*, P. Bruyset Ponthus, 1757, *in*-8.

L'Auteur principal est M. Albert, Prêtre du Dauphiné. M. Jean-François de la Court, de Carcassonne, Curé de Lieu-Saint en Brie, y a aussi travaillé.]

46978. Vitæ & Elogia insignium Concionatorum ; Auctore Ludovico Bail.

Ces Vies & Eloges sont imprimés au-devant de sa Bibliothèque des Prédicateurs : *Parisiis*, 1666, *in*-4.

46979. ☞ Eloge de l'Abbé *Alary*, de l'Académie Françoise, mort en 1770 ; (par M. Castillon.)

Dans le *Nécrologe* qui a paru en 1772, *pag.* 197.]

== ☞ Eloge d'Antoine *Anselme*, mort en 1737.
Ci-devant, Tome I. N.° 10891.]

46980. ☞ Notice historique de Philippe *d'Aquin*, Professeur Royal en Hébreu, mort vers 1650 ; par Cl. Pierre Goujet.

Dans son *Mém. sur le Collège Royal, in*-12. *tom.* I. *pag.* 338.]

== ☞ Eloges de Robert *Arnauld d'Andilly*, mort en 1674.
Ci-devant, Tome III. N.os 32738-32740.]

== ☞ Notice historique de Jean *Aubert*, Professeur Royal en Grec, mort en 1650.
Ci-devant, Tome I. N.° 10896.]

46981. ☞ Eloge d'Hercules *Audiffret*, mort en 1659.

Il se trouve dans les *Mémoires de Trévoux*, 1711, *Novembre*. On a indiqué ci-devant, Tome I. N.° 10899, des Mémoires Manuscrits au sujet de cet Orateur sacré.]

46982. ☞ Notice historique de Claude *d'Auvergne*, Professeur Royal en Hébreu, mort en 1652 ; par Claude Pierre Goujet.

Dans son *Mém. sur le Collège Royal, in*-12. *tom.* I. *pag.* 344.]

46983. ☞ Notice historique de Jacques *d'Auvergne*, Professeur Royal en Arabe, mort en 1692 ; par le même.

Dans son *Mém. sur le Collège Royal, in*-12. *tom.* III. *pag.* 290.]

46984. ☞ Ms. Vie de Hugues *Babel*, Sçavant de Franche-Comté, du XV.e Siècle ; par M. de Frasne, Avocat-Général Honoraire du Parlement de Besançon, & de l'Académie de cette Ville.

Cette Vie est conservée dans les Registres de cette Académie.

46985. ☞ Notice de Jean *Balesdens*, de l'Académie Françoise, mort en 1675.

Dans l'*Histoire* de cette Académie, par MM. Pellisson & d'Olivet, *tom.* I. *pag.* 354, Ed. de 1743.]

46986. ☞ Histoire de la Vie & des Ouvrages du même ; par le P. Niceron.

Dans ses *Mémoires*, &c. *tom.* XXI. *pag.* 357.]

46987. Relation de la mort de Jean-Louis Guez de *Balzac*, de l'Académie Françoise ; par Jean Moriscet : *Paris*, 1654, *in*-4.

Balzac est mort en 1654.

46988. Vie du même ; par N. Girard, Grand-Archidiacre d'Angoulême.

Elle est au-devant des Œuvres de Balzac : *Paris*, 1668, *in-fol*. Girard est mort en 1663.

46989. Eloge historique du même ; par Charles Perrault, de l'Académie Françoise.

Au *tom.* I. *pag.* 71 de ses *Eloges des Hommes Illustres : Paris*, 1696, *in-fol*.

46990. Histoire du même ; par Pierre Bayle.
Dans son *Dictionnaire historique & critique*.

46991. ☞ Eloge du même ; par Joseph d'Olivet.

Dans l'*Hist. de l'Acad. Françoise, tom.* II. *pag.* 76, de l'Edition de 1743.]

46992. ☞ Histoire de la Vie & des Ouvrages du même ; par le P. Niceron.

Dans ses *Mémoires*, &c. *tom.* XXIII. *pag.* 315.]

46993. ☞ Notice historique de Jean *Banneret*, Professeur Royal en Hébreu, mort en 1673 ; par Cl. Pierre Goujet.

Dans son *Mém. sur le Collège Royal, in*-12. *tom.* I. *pag.* 361.]

46994. ☞ Eloge de Jean *Barbier d'Aucour*, mort en 1694 ; par Joseph d'Olivet.

Dans l'*Histoire de l'Académie Françoise*, *tom.* II. *pag.* 306, de l'Edition de 1743.]

Vies des Orateurs & Philologues.

46995. ☞ Histoire de la Vie & des Ouvrages du même ; par le P. Niceron.

Dans ses *Mémoires*, &c. tom. *XIII.* pag. 316.]

46996. ☞ Remarques sur le même ; par Jacques Georges de Chaufepié.

Dans son *Dictionnaire historique & critique.*]

46997. Vita Joannis *Barclaii*, Guillelmi filii.

La Vie de Jean Barclai, mort en 1621, est au-devant de son Livre intitulé, *Argenis : Parisiis*, 1621 ; *Leidæ*, 1664, *in-*12.

46998. Sommaire de la Vie du même ; par Gilles Ménage.

Ce Sommaire est imprimé dans ses Remarques sur la Vie de Pierre Ayrault, &c. Paris, 1675, in-4.

46999. Histoire du même ; par Pierre Bayle.

Dans son *Dictionnaire historique & critique.*

47000. ☞ Histoire de la Vie & des Ouvrages du même ; par le P. Niceron.

Dans ses *Mémoires*, &c. tom. *XVII.* pag. 285.]

47001. ☞ Eloge de Pierre *Bardin*, de l'Académie Françoise, mort en 1636.

Dans l'*Histoire* de cette Académie, par Pellisson, tom. *I.* in-12. pag. 213, de l'Edition de 1743, par l'Abbé d'Olivet.]

47002. ☞ Eloge de Jean *Baudoin*, de la même Académie, mort en 1650 ; par M. Pellisson.

Dans le même Tome, pag. 297.]

47003. ☞ Notice historique de Rodolphe ou Raoul *Bayne*, Professeur Royal en Hébreu, mort vers 1560 ; par Claude-Pierre Goujet.

Dans son *Mém. sur le Collège Royal*, in-12. tom. *I.* pag. 281.]

== ☞ Notice de Guillaume *Belet*, Professeur Royal en Eloquence Latine, mort en 1628.

Ci-dessus, aux *Médecins*, N.° 46035.]

47004. ☞ Observations sur Nicolas *Berauld* ; par Dom Jean Liron.

Dans ses *Singularités*, tom. *III.* pag. 129. Ce Bérauld paroît être mort vers 1550. Il étoit ami d'Erasme.]

47005. ☞ Histoire de la Vie & des Ouvrages de Jean *Bertet*, mort en 1692 ; (par Joseph Bougerel.)

Dans ses *Mém. sur les Hommes Illustres de Provence :* (Paris, 1752, Cl. Hérissant, 1752, in-12.) pag. 203.]

47006. ☞ Notice historique de Corneille-Bonaventure *Bertram*, mort en 1594 ; par M. Dreux du Radier.

Dans sa *Bibliothèque du Poitou*, tom. *III.* pag. 1.]

== ☞ Eloge de l'Abbé Jean-Paul *Bignon*, mort en 1743.

Ci-devant, Tome I. N.os 10953 & 10954.]

47007. Eloge d'Emeric *Bigot*, (mort en 1689.)

Cet Eloge est imprimé dans le *Journal des Sçavans* de 1690.

47008. Eloge du même ; par Henri Basnage de Beauval.

Dans l'*Hist. des Ouvrages des Sçavans*, 1690, Février, Article XIII.]

47009. ☞ Histoire de la Vie & des Ouvrages du même, par le Père Niceron.

Dans ses *Mémoires*, &c. tom. *VIII.* pag. 86.]

47010. ☞ * Notice historique de Vincent *Blancio*, (ou le Blanc,) Professeur Royal en Hébreu ; par Cl. Pierre Goujet.

Dans son *Mémoire sur le Collège Royal*, in-12. tom. *I.* pag. 323. On ne sçait quand Blancio est mort : il commença à professer au Collège Royal en 1605.]

== ☞ Notice historique de Jean-Philippe-René de la *Bléterie*, mort en 1772.]

Ci-dessus, N.° 46653.]

== ☞ Vies & Histoire de Samuel *Bochart*, mort en 1667.

Ci-devant, Tome I. N.os 6010-6013.]

47011. ☞ Eloge de Gilles *Boileau*, de l'Académie Françoise, mort en 1669 ; par Joseph d'Olivet.

Dans l'*Histoire* de cette Académie, tom. *II.* in-12. Edition de 1743, pag. 118.]

47012. ☞ Histoire de la Vie & des Ouvrages du même ; par le P. Niceron.

Dans ses *Mémoires*, &c. tom. *XXIV.* pag. 243.]

47013. ☞ Eloge de Philippe Goibaud du *Bois*, mort en 1694 ; par Joseph d'Olivet.

Dans le tom. *II.* de l'*Hist. de l'Académie Françoise*, pag. 299, de l'Edition de 1743.]

47014. ☞ Histoire de la Vie & des Ouvrages du même ; par le P. Niceron.

Dans ses *Mémoires*, &c. tom. *XVI.* pag. 165, & *XX.* pag. 97.]

47015. ☞ Notice historique du même ; par M. Dreux du Radier.

Dans sa *Bibliothèque du Poitou*, tom. *IV.* pag. 268.]

47016. ☞ Eloge de Pierre de *Boissat*, de l'Académie Françoise, mort en 1662 ; par Joseph d'Olivet.

Dans l'*Histoire* de cette Académie, tom. *II.* pag. 90 de l'Edition de 1743.]

47017. ☞ Histoire de la Vie & des Ouvrages du même ; par le P. Niceron.

Dans ses *Mémoires*, &c. tom. *XIII.* pag. 382, & *XX.* pag. 69.

On peut voir encore ce qui en est dit dans les *Mémoires* de l'Abbé d'Artigny, tom. *II.* pag. 1-18, & *V.* pag. 368.]

== ☞ Notice historique de Jean *Boivin*, Professeur Royal en Grec, mort en 1726 ; par Cl. Pierre Goujet.

Dans son *Mém. sur le Collège Royal*, in-12. tom. *I.* pag. 598. On l'a déja indiqué avec son Eloge ; &c. ci-dessus, N.os 46659 & *suiv.*]

== Mémoire pour la Vie de René le *Bossu*, Chanoine Régulier, mort en 1680.

Ci-devant, [Tome I. N.° 13619.]

== Oraison funèbre, Eloges [& Vies] de Jacq. Bénigne *Bossuet*, Evêque de Meaux, mort en 1704.

Ci-devant, [Tome I. N.ᵒˢ 9424 & *suiv*.]

== Eloge de Dominique *Bouhours*, Jésuite, mort en 1702.

Ci-devant, [Tome I. N.º 14173.]

47018. ☞ Eloge de Ch. Nicolas Maillet du *Boulay*, Secrétaire de l'Académie de Rouen, mort en 1771; (par M. FRANÇOIS.)

Dans le *Nécrologe* qui a paru en 1772. Cet Article est donné comme un Extrait de l'Eloge prononcé dans l'Académie de Rouen, & conservé dans ses Registres.]

47019. ☞ Notice historique de Nicolas de *Bourbon*, Professeur Royal en Grec, mort en 1644; par Cl. Pierre GOUJET.

Dans son *Mém. sur le C. R.* in-12. tom. I. p. 539.]

== ☞ Histoire de la Vie & des Ouvrages du même; par le P. NICERON.

Dans ses *Mémoires*, &c. tom. *XXVI*. pag. 52. On l'a déja indiqué au Tome I. N.º 10988.]

== Vie, &c. de Louis *Bourdaloue*, Jésuite, mort en 1704.

Ci-devant, [Tome I. N.ᵒˢ 14177 & *suiv*.]

47020. ☞ Notice historique de George *Brossin*, dit le *Chevalier de Méré*, mort en 1690; par Jean Bernard MICHAULT.

Dans les *Eloges de quelques Auteurs*: (*Dijon*, 1742, in-12.) pag. 369.]

☞ Notice du même; par M. DU RADIER.

Dans sa *Bibliothèque du Poitou*, tom. *IV*. pag. 244.]

== Eloge de Jean-Baptiste de la *Bruyère*, de l'Académie Françoise, mort en 1696.

Ci-dessus, aux *Philosophes*, N.ᵒˢ 46399 & *suiv*.]

== Vies, &c. de Guillaume *Budé*, mort en 1540.

Ci-devant, Tome III. N.ᵒˢ 32754-32757.]

47021. * Francisci GRAVEROL, Epistola de Vita Petri *Bunelli*, Tolosatis, (qui obiit anno 1546.)

Cette Vie est imprimée au-devant des *Epistolæ Bunelli*: *Tolosæ*, Colomiez, 1687, in-12.

47022. ☞ Eloge de François *Callières*, mort en 1717.

Dans les *Nouvelles Littéraires de la Haye*, tom. *V*.]

47023. ☞ Commentarius de *Cappellorum* Gente; Auct. Lud. CAPPELLO (juniore.)

Cette Pièce, qui regarde la Littérature, comme la Généalogie, a été imprimée au-devant des Commentaires Latins sur le Nouveau Testament, par le même Louis Cappel: *Amstelodami*, 1689. Il faut y joindre la Piéce suivante, déja aux Généalogies.

☞ Supplément à l'Histoire de la Maison des Cappels, écrite par Louis Cappel, où il est traité des Ouvrages de Jacques Cappel, Avocat du Roi à Paris, qui ont été inconnus jusqu'à présent; par Dom Jean LIRON.

Dans ses *Singularités historiques*, tom. *III*. pag. 445-455: *Paris*, 1739, in-12. Jacques Cappel est mort en

1540, & Louis, dit le Jeune, en 1658. *Voyez* au Tome I. N.º 5985.]

47024. ☞ Notice historique de Claude le *Cappellain*, Professeur Royal en Hébreu, mort en 1702; par Cl. Pierre GOUJET.

Dans son *Mém. sur le Collège Royal*, in-12. tom. I. pag. 365.]

== ☞ Eloge & Notice historique de Claude *Capperonnier*, Professeur Royal en Grec, mort en 1744.

Ci-devant, Tome I. N.ᵒˢ 11027 & 11028.]

47025. Isaaci *Casauboni* Vita; Auctore Theodoro Jansonio AB ALMELOVEEN.

Cette Vie de Casaubon, mort en 1614, est imprimée au-devant du Recueil de ses Lettres: *Roterodami*, 1709, in-fol.

47026. ☞ Oratio anniversaria dicta honori Isaaci Casauboni, ab Henrico BOURITIO: *Leovardiæ*, 1615, in-4.]

47027. ☞ Histoire de la Vie & des Ouvrages de Casaubon; par le P. NICERON.

Dans ses *Mémoires*, &c. tom. *XVIII*. pag. 118, & *XX*. pag. 113.]

47028. ☞ Remarques sur le même; par Jacques-George DE CHAUFEPIÉ.

Dans son *Dictionnaire historique & critique*.]

47029. ☞ Eloge de Pierre (Cureau) de la *Chambre*, Curé de S. Barthélemi à Paris, de l'Académie Françoise, mort en 1693; par Joseph D'OLIVET.

Dans l'*Histoire de cette Académie*, tom. *II*. pag. 289 de l'Edition de 1743.]

== ☞ Histoire de la Vie & des Ouvrages du même; par le P. NICERON.

Dans ses *Mémoires*, &c. tom. *XXVII*. pag. 397. On l'a déja citée au Tome I.]

47030. ☞ Histoire de la Vie & des Ouvrages de Gabriel *Chappuys*, mort en 1612; par le P. NICERON.

Dans ses *Mémoires*, &c. tom. *XXXIX*. pag. 90.]

47031. Eloge de François *Charpentier*, de l'Académie Françoise, mort en 1702.

Cet Eloge est imprimé dans le XXXIIᵉ *Journal des Sçavans* de l'an 1702.

☞ M. de Boze, dans sa petite *Histoire de l'Académie des Inscriptions*, &c. in-8. a donné une Notice historique du même Charpentier, qui a été des premiers de cette Académie, en observant qu'on n'étoit pas encore dans l'usage d'y faire des Eloges, lorsqu'il mourut. Cette Notice ne se trouve point dans l'Edition in-4. On peut voir encore ce qui en est dit dans l'*Hist. de l'Académie Françoise*, tom. *I*. pag. 336 de l'Edition de 1743.]

47032. ☞ Histoire de la Vie & des Ouvrages du même; par le P. NICERON.

Dans ses *Mémoires*, &c. tom. *XXI*. pag. 322.]

47033. ☞ Eloge de Jean le *Chartier*, Recteur de l'Université de Caen.

Dans les *Nouvelles Littéraires de Caen*: 1744.]

47034. ☞ Eloge de Paul Hay du *Chaste-*

Vies des Orateurs & Philologues.

let, de l'Académie Françoise, mort en 1636; par MM. Pellisson & d'Olivet.

Dans l'*Histoire* de cette Académie, *in-12. tom. I. pag.* 221 de l'Edition de 1743.]

47035. ☞ Notice historique de Jean Chéradame, Professeur Royal en Grec, mort vers 1543; par Cl. Pierre Goujet.

Dans son *Mém. sur le C. Royal, in-12. tom. I. p.*420.]

47036. ☞ Notice historique de Léger du Chesne, Professeur Royal en Eloquence Latine, mort en 1617; par le même.

Dans le même Ouvrage, *tom. II. pag.* 345.]

47037. ☞ Histoire de la Vie & des Ouvrages d'Antoine-Rodolphe le *Chevalier*, mort en 1572; par le Père Niceron.

Dans ses *Mémoires*, &c. *tom. XXVIII. pag.* 135.]

47038. ☞ Histoire, &c. de Florent *Chrestien*, mort en 1596; par le même.

Tome *XXXIV. pag.* 122.]

47039. ☞ Notice historique de Jean de Cinqarbres, Professeur Royal en Hébreu, (mort en 1587;) par Cl. Pierre Goujet.

Dans son *Mém. sur le C. Royal, in-12. tom. I. p.* 287.]

☞ Histoire de la Vie & des Ouvrages du même; par le P. Niceron.

Dans ses *Mémoires*, &c. *tom. XXXIX. pag.* 217.]

47040. ☞ Histoire de la Vie & des Ouvrages de Jean le *Clerc*, mort à Amsterdam en 1736; par le même.

Dans ses *Mémoires*, &c. *tom. XL. pag.* 294.]

== ☞ Eloge de Laurent-Josse le *Clerc*, mort à Lyon en 1736.

Ci-devant, Tome I. N° 11058.]

== Eloge de Henri *Cochin*, mort en 1747.

Ci-dessus, [aux *Jurisconsultes*, N.° 45855.]

== ☞ Eloge de Charles *Coffin*, mort en 1749.

Ci-devant, Tome I. N.° 11062.]

47041. ☞ Histoire de la Vie & des Ouvrages de Gabriel de *Collange*; par le même.

Dans ses *Mémoires*, &c. *tom. XL. pag.* 295. Collange fut tué en 1572, à la Saint-Barthélemy.

47042. ☞ Eloge de François de Cauvigny, Sieur de *Colomby*, de l'Académie Françoise, mort en 1648; par MM. Pellisson & d'Olivet.

Dans l'*Histoire* de cette Académie, *tom. I. pag.* 183 de l'Edition de 1743.]

47043. ☞ Histoire de la Vie & des Ouvrages de Paul *Colomiez*, mort en 1692; par le P. Niceron.

Dans ses *Mémoires*, &c. *tom. VII. pag.* 196, & *X. part.* 2, *pag.* 235.]

47044. ☞ Notice historique de Bertin le *Comte*, Professeur Royal en Hébreu, mort après 1560; par Cl. Pierre Goujet.

Dans son *Mém. sur le Collège Royal, in-12. tom. I. pag.* 279.]

47045. ☞ Histoire de la Vie & des Ecrits de Guillaume de *Conches*, Professeur à Paris au XII. Siècle.

Dans l'*Hist. Littér. de la France, tom. XII. pag.*455-466.]

47046. ☞ Eloge de Valentin *Conrart*; (mort en 1675.)

Dans le Recueil de ses Lettres familières à M. Félibien : *Paris*, 1681, *in-12*. C'est l'Extrait d'une Gazette.]

47047. Mémoire concernant la Vie & les Ouvrages de Valentin Conrart, Parisien, de l'Académie Françoise; par Charles Ancillon.

Il est imprimé *pag.* 1. du Recueil d'Ancillon : *Berlin*, 1709, *in-12*.

47048. ☞ Eloge du même; par Joseph d'Olivet.

Dans le *tom. II.* de l'*Hist. de l'Acad. Françoise*, Ed. de 1743, *pag.* 158.]

47049. ☞ Histoire de la Vie & des Ouvrages de Robert *Constantin*, mort en 1605; par le Père Niceron.

Dans ses *Mémoires*, &c. *tom. XXVII. pag.* 245.]

== ☞ Eloge & Histoire de Géraud de *Cordemoy*, de l'Académie Françoise, mort en 1684.

Ci-dessus, aux *Historiens*, N.° 46704.]

47050. ☞ Notice historique de Denys *Coroné*, ou Charron, Professeur Royal en Grec, mort en 1548; par Claude-Pierre Goujet.

Dans son *Mém. sur le Collège Royal, in-12. tom. I. pag.* 434.]

47051. ☞ Eloge de Pierre-Jean Le *Corvaisier*, Secrétaire de l'Académie d'Angers, mort en 1758; (par M. l'Abbé Rangeard, son Successeur.)

Cet Eloge est imprimé dans l'*Année Littéraire*, 1761; *tom. III. pag.* 242.]

== ☞ Eloges, Mémoires, &c. de Jean-Baptiste *Cotelier*, Professeur Royal en Grec, mort en 1686.

Ci-devant, Tome I. N.°° 11075-11089.]

== ☞ Eloge de Charles *Cotin*, de l'Académie Françoise, mort en 1682; par Joseph d'Olivet.

Dans l'*Hist.* de cette Académie, *tom. II. pag.* 182, de l'Edition de 1743. On y trouve une espèce d'Apologie de l'Abbé Cotin, fameux dans les Satyres de Boileau.]

47052. Portrait de Charles Caton de *Court*; par (Claude-Charles) Genest, Abbé de Saint-Vilmer, de l'Académie Françoise : *Paris*, Boudot, 1696, *in-8*.

M. de Court, [petit] neveu de Claude de Saumaise, avoit une vaste érudition : il est mort en 1694.

Le même, sous ce titre : Portrait d'un Sçavant connu dans la République des Lettres.

Cette Edition, faite sur la première Copie de

l'Ouvrage, se trouve *pag.* 8-50 d'un Recueil intitulé : « Variétés ingénieuses ou Recueil & Mélange de Piè- » ces sérieuses & amusantes, par M. D**, Académicien : » *Paris*, David, 1725, *in*-12. » L'Auteur dit dans sa Préface, qu'il y a inséré plusieurs Pièces de ses Confrères, & l'on a lieu de croire que ce Recueil vient de quelque Académicien d'Angers. Quoi qu'il en soit, M. de Court n'est désigné, dans la Pièce dont il est ici question, que par *M. de C.* On n'y trouve point le nom de ses parens, le temps & le lieu de sa naissance, la date de sa mort, son âge, le nom de M. le Duc du Maine, dont il avoit été Sous-Gouverneur, & généralement tout ce qui désigne M. de Court, dans l'Edition de 1696, donnée par l'Abbé Genest, qui est mort en 1719. Mais en revanche il y a dans cette seconde Edition nombre de choses, soit en faits, soit en réflexions, que l'on ne voit point dans la première ; & ce Portrait est suivi d'une Epître en (44) Vers Grecs, à M. Dacier, par M. de Court, qui l'invite à le venir voir dans sa maladie.]

47053. Effigies Gilberti Cognati (*Cousin*,) Sequani, Nozereni, & Variorum in ejus laudem Carmina : *Basileæ*, 1573, *in* 8.

Gilbert Cousin est mort en [1567.]

== ☞ Histoire de la Vie & des Ouvrages du même ; par le P. NICERON.

Dans ses *Mémoires*, &c. tom. *XXIV*. *pag.* 45. Elle est d'autant plus exacte, qu'elle est tirée des Ouvrages mêmes de Gilbert Cousin. On l'a déja indiquée, au Tome I. N.º 11083.]

== ☞ Eloge & Histoire de Louis *Cousin*, mort en 1707.

Ci-devant, Tome III. N.ᵒˢ 34019-34021.]

== ☞ Eloges, &c. de Jean-Baptiste *Couture*, Professeur Royal en Eloquence Latine, mort en 1728.

Ci-devant, Tome I. N.ᵒˢ 11084-11086.]

47054. ☞ Histoire de la Vie & des Ouvrages de Georges *Critton*, Professeur Royal en Grec, (mort en 1611 ;) par le Père NICERON.

Dans ses *Mémoires, &c.* tom. *XXXVII. pag.* 346.[

47055. ☞ Notice historique sur le même ; par Cl. Pierre GOUJET.

Dans son *Mém. sur le Collège Royal, in*-12. tom. *I. pag.* 503. C'est un Supplément nécessaire à l'Article du Père Niceron, qui est fort incomplet.]

47056. ☞ Observations sur François Grudé, Sieur de la *Croix du Maine* ; par D. Jean LIRON.

Dans ses *Singularités historiques,* tom. *III. pag.* 73. La Croix du Maine est mort quelque temps après l'an 1584, qu'il publia sa Bibliothèque Françoise.]

47057. ☞ Histoire de la Vie & des Ouvrages du même ; par le P. NICERON.

Dans ses *Mémoires*, &c. *tom. XXIV. pag.* 287. Il dit avoir tiré cet Article d'un Manuscrit.

On peut voir encore sur le même, la Croix du Maine, ce qui en est dit à la tête de la nouvelle Edition de sa *Bibliothèque*, avec les Remarques de plusieurs Sçavans : *Paris*, Saillant, 1772, *in*-4. 2 vol.]

47058. ☞ Histoire de la Vie & des Ouvrages de Savinien *Cyrano*, de Bergerac, mort en 1655 ; par le Père NICERON.

Dans ses *Mémoires*, &c. *tom. XXXVI. pag.* 225.]

47059. ☞ Eloge d'André *Dacier*, mort en 1722 ; par Claude Gros DE BOZE.

Dans l'*Hist. de l'Acad. des Inscript. & Belles-Lettres,* tom. *V. in*-4. *pag.* 412, & tom. *II. in*-8. *pag.* 276.

On trouve encore un Eloge du même, dans le *Journ. des Sçavans*, de 1722, & au tom. *I.* de la *Bibliothèque Françoise* d'Amsterdam.]

47060. ☞ Histoire de la Vie & des Ouvrages du même ; par le P. NICERON.

Dans ses *Mémoires*, &c. tom. *III.* p. 145.]

47061. ☞ Remarques sur le même ; par Jacques-Georges DE CHAUFEPIÉ.

Dans son *Dictionnaire historique & critique*. Il y a aussi, dans l'Article suivant de la femme de M. Dacier, plusieurs choses qui le concernent.]

47062. ☞ Notice historique de Pierre *Danès*, Professeur Royal en Grec, mort en 1577, Evêque de Lavaur ; par Cl. Pierre GOUJET.

Dans son *Mém. sur le Collège Royal, in*-12. tom. *I. pag.* 385. On peut voir sa Vie, &c. ci-devant, Tome I. N.ᵒˢ 10253-10255.]

== ☞ Eloge de Louis de Courcillon de *Dangeau,* mort en 1723.

Ci-devant, Tome I. N.º 11089.]

47063. ☞ Notice historique de Sébastien *Daubus*, Professeur Royal en Eloquence Latine, mort en 1675 ; par Claude-Pierre GOUJET.

Dans son *Mém. sur le Collège Royal, in*-12. tom. *II. pag.* 432.]

47064. ☞ Discours prononcé dans l'Académie de Soissons, en 1709, à l'occasion de la mort du Président (Henri) *Delfaut*, Membre de cette Académie : *Paris*, le Grand, 1709, *in*-12.

Jean-Baptiste-Zacharie GOSSET, Archidiacre de Soissons, a composé ce Discours.]

47065. ☞ Eloge de M. *Denesle*, mort en 1767.

Dans le *Nécrologe* qui a paru en 1770, *pag.* 87.]

47066. ☞ Eloge de M. *Desboulmiers*, mort en 1771.

Dans le *Nécrologe* qui a paru en 1772, *pag.* 107.]

47067. ☞ Notice historique de Pierre *Dippy*, Professeur Royal en Arabe & en Syriaque, mort en 1713 ; par Claude-Pierre GOUJET.

Dans son *Mém. sur le Collège Royal, in*-12. tom. *III. pag.* 295 & 442.

Voyez encore ci-après, aux *Poëtes.*]

47068. ☞ Notice historique de Jean *Dorat*, Professeur Royal en Grec, mort en 1588 ; par le même.

Dans son *Mém. sur le Collège Royal, in*-12. tom. *I. pag.* 454.]

47069. ☞ Notice historique de Philippe *Dubois*, Professeur Royal en Grec, mort vers 1675 ; par Cl. Pierre GOUJET.

Dans son *Mém. sur le Collège Royal, in*-12. tom. *I. pag.* 566.

pag. 566. Il ne faut pas le confondre avec un autre *Philippe Dubois,* Docteur en Théologie.]

47070. ☞ Mémoire historique sur la Vie & les Ecrits de M. Jacob le *Duchat,* de Metz, mort à Berlin en 1735 ; par M. Samuel FORMEY, Secrétaire de l'Académie Royale de Berlin.

Dans la *Bibliothèque Germanique,* tom. XXXIV. *pag.* 197; à la tête du *Ducatiana : Amsterdam,* 1738, *in*-8. & dans les *Eloges* de M. Formey : *Berlin,* 1757, *tom. II. pag.* 1.]

47071. ☞ Histoire de la Vie & des Ouvrages du même; par le P. NICERON.

Dans ses *Mémoires,* &c. tom. *XXXIX. pag.* 9.]

47072. ☞ Abrégé de la Vie de Charles (Penot) *Duclos,* Secrétaire de l'Académie Françoise, mort en 1772.

Dans la *Galerie Françoise,* petit *in-fol.* num. IX. *Voyez* encore le *Nécrologe* de 1773, *pag.* 45.]

47073. ☞ Lettre de M. D. L. R. (DE LA ROQUE,) à M. le Marquis de C. au sujet d'une Médaille moderne de son Cabinet. *Mercure,* 1742, *Juin, pag.* 991.

Cette Lettre regarde la personne & les Ecrits de J. Bapt. *Duval,* Auxerrois, mort en 1632, Interprète du Roi pour les Langues Orientales, en l'honneur duquel fut gravé sous le règne de Louis XIII. la Médaille curieuse dont il s'agit.
On peut voir encore sur le même Duval, *pag.* 515, du *tom. II.* des *Mémoires* sur Auxerre, par l'Abbé Lebeuf: *Paris, Durand,* 1743, *in*-4.]

47074. ☞ Histoire de la Vie & des Ouvrages de Jacques *Esprit,* de l'Académie Françoise, mort en 1678 ; par le P. NICERON.

Dans ses *Mémoires,* &c. tom. *XV. pag.* 212.
On peut voir ce qui en est dit, en abrégé, par MM. Pellisson & d'Olivet, dans le *tom. I.* de l' *Hist. de l'Académie Françoise,* Edit. de 1743, *pag.* 345 & 346.]

— ☞ Histoires de la Vie, &c. de Robert & Henri *Estienne,* père & fils, morts le premier en 1559 & le second en 1598.

Ci-après, aux *Imprimeurs,* quoiqu'ils se soient distingués par leur science & par divers bons Ouvrages en plusieurs Langues.]

47075. ☞ Eloge de Nicolas *Faret,* de l'Académie Françoise, mort en 1646 ; par MM. PELLISSON & D'OLIVET.

Dans l'*Hist.* de cette Académie, *tom. I. pag.* 248, de l'Edition de 1743.]

47076. ☞ Histoire de la Vie & des Ouvrages du même; par le P. NICERON.

Dans ses *Mémoires,* &c. tom. *XXIII. pag.* 193-199.]

47077. Discours funèbre sur le trépas de Nicolas le *Fevre,* [Conseiller &] Précepteur de Louis XIII. par un Religieux Feuillentin, son ami : *Paris,* [de Heuqueville,] 1612, *in*-8. [119 pages, suivies du Testament de le Fevre, qui en contient huit.]

☞ La Dédicace au Président de Thou, est signée F. J. de S. F. R. F. (Frère Jean de S. François, Religieux Feuillant,) & est suivie d'une Epigramme Grecque, signée en Lettres Grecques Jérôme Goulu, qui étoit un frère cadet de l'Auteur Jean GOULU.]

Tome IV. Part. I.

Le même Discours, par JEAN DE S. FRANÇOIS, Feuillant : *Paris,* 1612, *in*-12.

Le Fevre est mort en 1612 ; & Jean de S. François, appellé Goulu dans le monde, qui a été Général des Feuillans, est mort en 1629.

Eadem Oratio, Latinè : *Parisiis,* 1612, *in*-12.

47078. Vita Nicolai le Fevre ; Auctore Francisco BALBO (le Bégue,) in Curia Monetarum Galliæ Advocato Regio.

Cette Vie est imprimée au-devant des [excellens] Opuscules de le Fevre : *Parisiis,* [Chevalier,] 1614, *in*-4. [30 pages, & est dédiée à Henri de Bourbon, Prince de Condé : les Opuscules le sont à Louis XIII.] Cette Vie se trouve encore dans le Recueil des Vies choisies de Bauchius : *Vratislaviæ :* 1711, *in*-8.

☞ On l'a encore réimprimée dans le Tome VII. de l'Edition Latine de l'Histoire de M. de Thou : *Londini,* 1733, *in-fol.*]

47079. Eloge du même; par Hilarion DE COSTE, Minime.

Dans son *Histoire Catholique : Paris,* 1625, *in-fol.*

47080. Eloge historique du même; par Charles PERRAULT, de l'Académie Françoise.

Au *tom. II.* de ses *Eloges des Hommes Illustres, pag.* 58 : *Paris,* 1701, *in-fol.*

== ☞ Histoire de la Vie & des Ouvrages du même ; par le P. NICERON.

Dans ses *Mémoires,* &c. tom. *VII. pag.* 131. On l'a déja indiquée, Tome I. N.º 11119.]

47081. Mémoires pour servir à la Vie de Tanneguy le *Fevre* ; par François GRAVEROL, Avocat à Nismes : *Toulouse,* 1686, *in*-12.

Ces Mémoires, qui concernent ce sçavant Professeur de Saumur, mort en 1672, sont encore imprimés au Tome II. Article I. des *Mémoires de Littérature,* publiés par M. de Sallengre :*la Haye,* du Sauzet, 1717, *in*-12. Graverol est mort en 1694.

47082. ☞ Histoire de la Vie & des Ouvrages du même; par le Père NICERON.

Dans ses *Mémoires,* &c. tom. *III. pag.* 103 - 123, & *X. part.* 2. *pag.* 301.]

47083. Particularités sur le même Tanneguy le *Fevre* ; par François-Denys CAMUSAT.

Dans son *Histoire critique des Journaux : Amsterdam,* 1734, *in*-12. *tom. I. pag.* 311-320.]

47084. ☞ Histoire de la Vie & des Ouvrages de Guy le *Fevre de la Boderie,* mort en 1598; par le P. NICERON.

Dans ses *Mémoires,* &c. tom. *XXXVIII. pag.* 303.]

47085. ☞ Notice historique de Jean-Baptiste de *Fiennes,* Professeur Royal en Arabe, & Secrétaire-Interprète du Roi pour les Langues Orientales, mort en 1744; par Cl. Pierre GOUJET.

Dans son *Mém. sur le Collège Royal, in*-12. *tom. III. pag.* 327.]

47086. ☞ Notice historique de Valérien de *Flavigny,* Professeur Royal en Hébreu, mort en 1674 ; par le même.

Dans le même Ouvrage, *tom. I. pag.* 340.]

X

== ☞ Eloge d'Esprit *Fléchier*, Orateur, mort Evêque de Nismes en 1710.

Ci-devant, Tome I. N.ᵒˢ 9206-9209.]

47087. ☞ Histoire abrégée de Pierre-François Guyot des *Fontaines*, mort en 1745.

Elle se trouve dans la Préface de l'*Esprit de l'Abbé des Fontaines* : *Londres*, (Paris,) 1757, *in*-12. 4 vol. On l'a déja citée moins exactement, dans notre Tome I. N.° 11128. Outre les *Mém. de Trévoux*, (1757, *Août*,) il faut voir encore l'*Année Littér.* 1757, *t. III. p.* 126.]

47088. ☞ Testament Littéraire de l'Abbé des Fontaines : *Paris*, 1746, *in*-12.

☞ Lettre d'un Avocat de Rouen, à M. V. Avocat au Parlement de Paris, au sujet du feu Abbé des Fontaines (& de ses Ouvrages :) 1746, *in*-12.

Cette Lettre, & le Testament, sont de M. Meunier DE QUERLON, selon la France Littéraire.]

47089. ☞ Eloge de Jean-Baptiste *Fromageot*, de l'Académie de Dijon, mort en 1753 ; par J. Bern. MICHAULT, Secrétaire.

Dans le tom. I. (*pag.* cxliij.) des *Mémoires* de cette Académie : *Dijon*, Causse, & *Paris*, Saillant, 1769, *in*-8.]

47090. ☞ Notices historiques d'Antoine de *Furetière*, mort en 1688.

Dans le *Parnasse François*, *pag.* 424, & dans le *Dictionnaire de Moréri*.]

== ☞ Notice de Pierre *Galland*, Professeur Royal en Grec & en Eloquence Latine, mort en 1559.

Ci-devant, Tome I. N.° 11138.]

== ☞ Eloge, &c. de Jean *Gallois*, Professeur Royal en Grec, mort en 1707.

Ci-devant, Tome I. N.ᵒˢ 11140-11142.]

47091. ☞ Eloge de Philippe Bridart de la *Garde*, mort en 1767.

Dans le *Nécrologe* qui a paru en 1768, *pag.* 197.]

47092. ☞ Notice historique de Gilbert *Génébrard*, Professeur Royal en Hébreu, &c. mort en 1597 ; par Cl. Pierre GOUJET.

Dans son *Mém. sur le Collège Royal*, *in*-12. tom. I. *pag.* 295. On trouve encore des Vies de Génébrard, ci-devant, dans notre Tome I. N.ᵒˢ 7860-7863.]

== ☞ Notice historique de Jean *Gerbais*, Professeur Royal en Eloquence Latine, mort en 1699.

Ci-devant, Tome I. N.ᵒˢ 11161 & 11162.]

47093. ☞ Notice de Louis *Giry*, mort en 1665.

Dans l'*Hist. de l'Académie Françoise*, par MM. Pellisson & d'Olivet, *tom.* I. *pag.* 341 & 342, Edition de 1743.]

== ☞ Eloges de M. de *Gombauld*.

Voyez ci-après, *Ogier de Gombauld*.]

47094. ☞ Notice historique de Marin de *Gomberville*, de l'Académie Françoise, mort en 1674 ; par MM. PELLISSON & D'OLIVET.

Dans le *tom.* I. de l'*Hist.* de cette Académie, *pag.* 322 & 400, de l'Edition de 1743.]

47095. ☞ Vie abrégée du même ; par François-Denys CAMUSAT.

Dans l'*Histoire critique des Journaux* : *Amsterdam*, 1734, *in*-12. *tom.* I. *pag.* 168.]

47096. ☞ Histoire de la Vie & des Ouvrages du même ; par le P. NICERON.

Dans ses *Mémoires*, &c. tom. *XXXVIII*. pag. 259.]

47097. Laudatio funebris Antonii *Gosselini*, Eloquentiæ Professoris in Academia Cadomensi ; Auctore Jacobo SAVIGNÆO, Constantiensi, Ecclesiæ Abrincensis Canonico : *Cadomi*, Cavelier, 1632, *in*-4.

47098. ☞ Notice historique de Jean *Goudouin*, Professeur Royal en Hébreu, mort en 1700 ; par Cl. Pierre GOUJET.

Dans son *Mém. sur le Collège Royal*, *in*-12. tom. I. *pag.* 356.]

== ☞ Eloge & Mémoires de Claude-Pierre *Goujet*, mort en 1767.

Ci-dessus, aux *Historiens*, N.ᵒˢ 46748 & 46749.]

47099. ☞ Epitaphium in æde San-Benedictinâ Parisiis appendendum : Nicolas GULONIUS (Goulu,) mortalitatis Majorumque memor, piis illorum manibus designabat, anno 1650 : *Parisiis*, *in-fol*.

C'est le Dessein d'un Mausolée pour la Famille des Goulus, avec l'Eloge ou l'Epitaphe en Latin de Jean Dorat, connu père de la femme de Nicolas Goulu ; ceux de ce Nicolas Goulu (grand-père de l'Auteur, &) Professeur Royal en Grec ; de Jérôme Goulu son fils, aussi Professeur Royal en Grec, & Médecin de Paris ; de Henri Monantheuil, gendre de Jérôme Goulu, & de Théodore Monantheuil son fils ; de Magdelène Dorat, femme de Nicolas Goulu ; de Catherine Monantheuil, fille de Henri ; de Charlotte Monantheuil, autre fille, femme de Jérôme Goulu, & mère de Nicolas (II. l'Auteur.) Il y a à la fin sous le titre de *Monitum*, un Eloge de Jean Goulu, ou de S. François, Général des Feuillans, fils de Nicolas (I.) frère aîné de Jérôme, & oncle de Nicolas (II. ou l'Auteur.) Un second *Monitum* parle de Philippe, fille de ce dernier Goulu.]

47100. ☞ Notice historique de Nicolas *Goulu*, Professeur Royal en Grec, mort en 1601 ; par Cl. Pierre GOUJET.

Dans son *Mémoire sur le Collège Royal*, *in*-12. *tom.* I. *pag.* 474.]

== ☞ Notice historique de Jérôme *Goulu*, Professeur Royal en Grec, mort en 1630 ; par Claude-Pierre GOUJET.

Dans le même Volume, *pag.* 536. On l'a déja indiquée aux *Médecins*.]

47101. ☞ Observations sur Jean le *Grand*, Professeur à Paris, vers 1590 ; par D. Jean LIRON.

Dans ses *Singularités historiques*, tom. I. *p.* 324.]

47102. ☞ Histoire de la Vie & des Ouvrages de Jean *Grangier*, mort vers 1645 ; par le Père NICERON.

Dans ses *Mémoires*, &c. tom. *XXXVII*. pag. 260.]

47103. ☞ Notice historique du même ;

Vies des Orateurs & Philologues.

comme Profeſſeur Royal en Eloquence Latine ; par Cl. Pierre GOUJET.

Dans ſon *Mém. ſur le Collège Royal*, in-12. tom. II. *pag.* 389.]

47104. ☞ Notice de la Vie de Céſar *Grollier*, de Lyon.

On la trouve à la *pag.* 255 de l'Ouvrage de Philippe Bonamici, intitulé : *De claris Epiſtolarum Pontiſiciarum ſcriptoribus : Romæ*, Palladio, 1753. Grollier fut Secrétaire des Brefs dans le Pontificat des Papes Pie IV. & Pie V. Il quitta enſuite l'état Eccléſiaſtique, & ſe maria. On le prétend fils naturel de l'illuſtre Jean Grollier, dont M. de Thou a parlé avec éloge. On peut voir auſſi les *Lyonnois dignes de mémoire*, *tom. I. pag.* 331. Il n'y eſt point parlé |de *Céſar*.]

47105. ☞ Hiſtoire de la Vie & des Ouvrages de Claude *Grujet*, mort vers 1562 ; par le Père NICERON.

Dans ſes *Mémoires*, &c. *tom. XLI. pag.* 151.]

47106. ☞ Hiſtoire de la Vie & des Ouvrages de Gabriel *Gueret*, mort en 1688 ; par le P. NICERON.

Dans ſes *Mémoires*, &c. *tom. XXXVI. pag.* 66.]

47107. ☞ Eloge de Thomas-Simon *Gueullette*, mort en 1766.

Dans le *Nécrologe* qui a paru en 1768, *pag.* 31.]

== Vita Franciſci *Guyeti*, Andegavenſis, mortui anno 1655.

Ci-devant, [Tome I. N.° 11185.]

47108. ☞ Eloge de M. *Hébert*, de Soiſſons.

Dans le *Mercure Galant*, 1703, *Juin*. M. Hébert contribua plus que perſonne à l'établiſſement de l'Académie de Soiſſons, ſa patrie. Ses Diſcours & ſes Harangues ſont des modèles très-utiles à ceux que leurs emplois engagent à porter en cérémonie la parole aux Grands.]

== Abrégé de la Vie, [Eloge, &c.] de François *Hédelin*, mort en 1673.

Ci-devant, Tome I. Nos 11190-11192.]

47109. ☞ Notice hiſtorique de Jacques *Hélie*, Profeſſeur Royal en Grec, mort en 1590 ; par Cl. Pierre GOUJET.

Dans ſon *Mém. ſur le Collège Royal*, in-12. tom. I. *pag.* 426.]

47110. ☞ Eloge de Nicolas *Henry*, Profeſſeur en Hébreu, mort en 1752 ; par l'Abbé DE PASSE.

Dans le *Journal de Verdun*, 1752, *Mars, pag.* 236.]

47111. ☞ Notice hiſtorique du même ; par Cl. Pierre GOUJET.

Dans ſon *Mém. ſur le Collège Royal*, in-12. tom. I. *pag.* 379.]

47112. ☞ Hiſtoire de la Vie & des Ouvrages de Nicolas de *Herberay*, mort en 1552 ; par le P. NICERON.

Dans ſes *Mémoires*, &c. *tom. XXXIX. pag.* 103.]

47113. ☞ Notice hiſtorique de Marc-Antoine *Herſan*, Profeſſeur Royal en Eloquence Latine, mort en 1724 ; par Cl. Pierre GOUJET.

Dans ſon *Mém. ſur le Collège Royal*, in-12. tom. II. *pag.* 466.]

== ☞ Hiſtoire de la Vie & des Ouvrages de Gentien *Hervet*, mort en 1584.

Ci-devant, Tome I. N.° 11196.]

== ☞ Vie & Eloges de Daniel *Huet*, mort en 1721.

Ci-devant, Tome I. N.ᵒˢ 9927 & *ſuiv*.]

== ☞ Notice hiſtorique & Vie d'Auguſtin-François *Jault*, Profeſſeur Royal en Syriaque, & Médecin, mort en 1757.

Ci-deſſus, N.° 46182.]

== Eloge de Jean de S. François Goulu, Général des Feuillans, mort en 1629.

[Tome I. N.ᵒˢ 13090 & 13091 ; ci-deſſus, 47099.]

== ☞ Notice de François *Jourdain*, Profeſſeur Royal en Hébreu, mort en 1599.

Ci-devant, Tome I. N.° 11212.]

47114. ☞ Notice hiſtorique de Denys *Lambin*, Profeſſeur Royal en Grec & en Eloquence Latine, mort en 1572 ; par Cl. Pierre GOUJET.

Dans ſon *Mém. ſur le Collège Royal*, in-12. tom. I. *pag.* 460.]

== ☞ Vie & Hiſtoire de Bernard *Lamy*, mort en 1715.

Ci-devant, Tome I. N.ᵒˢ 11222 & 11223.]

47115. ☞ Hiſtoire de la Vie & des Ouvrages de Claude *Lancelot*, mort en 1695 ; par le Père NICERON.

Dans ſes *Mémoires*, &c. tom. XXXV. pag. 238. On peut voir encore ci-deſſus, N.° 46789.]

47116. ☞ Notice hiſtorique de Barthélemi *Latomus*, (ou le Maſſon,) premier Profeſſeur Royal en Eloquence Latine ; par Cl. Pierre GOUJET.

Dans ſon *Mém. ſur le Collège Royal*, in-12. tom. II. *pag.* 327. Latomus eſt mort vers 1566.]

47117. ☞ Hiſtoire de la Vie & des Ouvrages d'Antoine de *Laval*, mort vers 1630 ; par le P. NICERON.

Dans ſes *Mémoires*, &c. *tom. XXXVII. pag.* 397.]

47118. ☞ Notice hiſtorique de Louis Irland de *Lavau*, de l'Académie Françoiſe, mort en 1694 ; par M. DREUX DU RADIER.

Dans ſa *Bibliothèque du Poitou*, tom. IV. p. 288. Voyez encore l'*Hiſt. de l'Acad. Franç*. t. II. p. 293.]

47119. ☞ Mſ. Eloge d'Alexandre-Jérôme *Loiſeau de Mauléon*, Avocat au Parlement de Paris, & Maître des Comptes de Nancy, mort le 15 Octobre 1771 ; par M. BEAUCOUSIN, Avocat au Parlement.

Cet Eloge eſt entre les mains de l'Auteur.]

47120. ☞ Notice hiſtorique de Pierre de *Lenglet*, Profeſſeur Royal en Eloquence La-

Tome IV. Part. I. X 2

164   Liv. V. *Histoire Littéraire de France.*

tine, mort en 1697; par Cl. Pierre Goujet.

Dans son *Mém. sur le Collège Royal*, in-12. tom. II. pag. 442.]

47121. * Vita Christophori *Longolii*, (qui obiit anno 1522.)

Cette Vie est imprimée au-devant de ses Œuvres: *Parisiis*, Badius, [& *Basilea*,] 1533, *in*-8. ☞ Elle est du Cardinal Polus.]

47122. ☞ Remarques sur le même, Christophe de Longueil, & sur les six Oraisons qu'il fit contre les Luthériens; (par D. Jean Liron, Bénédictin.) *Singularités historiques*, tom. *IV*. pag. 529.

Longueil fit ces Oraisons à Rome, selon le Cardinal Cortès, pour effacer l'idée défavantageuse qu'on y avoit de lui depuis qu'il avoit prononcé en 1510, étant encore jeune, une Oraison à la louange de S. Louis & des François.]

47123. ☞ Histoire de la Vie & des Ouvrages du même; par le P. Niceron.

Dans ses *Mémoires*, &c. tom. *XVII*. pag. 33, & *XX*. pag. 106.]

== Eloge historique, &c. d'Antoine le *Maître*, mort en 1658.

Ci-dessus, N.° 45935.]

== ☞ Notice, &c. de Siméon de *Malmedy*, Professeur Royal en Grec & en Eloquence Latine, mort en 1584.

Ci-dessus, aux *Médecins*, N.° 46207.]

47124. ☞ Histoire de la Vie & des Ouvrages de Pierre de *Marcassus*, mort vers 1605; par le Père Niceron.

Dans ses *Mémoires*, &c. tom. *XXXI*. pag. 100.]

47125. ☞ Eloge d'Ignace de la *Marche-Courmont*, mort en 1768.

Dans le *Nécrologe* qui a paru en 1770, pag. 319.]

47126. ☞ Notice historique de Théodore *Marcile*, Professeur Royal en Eloquence Latine, mort en 1617; par Claude-Pierre Goujet.

Dans son *Mém. sur le Collège Royal*, in-12. tom. II. pag. 377.]

47127. ☞ Histoire de la Vie & des Ouvrages de Jean de *Marconville*: (qui florissoit en 1563;) par le P. Niceron.

Dans ses *Mémoires*, &c. tom. *XXXV*. pag. 92.]

47128. * Rollandi *Maresii* Elogium; Auctore Petro Hallæo.

Cet Eloge est imprimé au-devant de la seconde Edition de ses Epîtres : *Parisiis*, Martin, 1655, *in*-8. Rolland des Marets est mort en 1653.

47129. ☞ Histoire de la Vie & des Ouvrages du même; par le Père Niceron.

Dans ses *Mémoires*, &c. tom. *XXXV*. pag. 135.

Rolland des Marets, l'un des meilleurs Critiques, étoit frère aîné de Jean des Marets de Saint-Sorlin, Poëte.]

== Mémoires & Histoire de Michel de *Marolles*, mort en 1681.

Ci-devant, Tome I. N.ᵒˢ 11268-11271.]

47130. ☞ Eloge de César Chesneau du *Marsais*, mort en 1756; par M. (Jean le Rond) d'Alembert.

Dans la Préface du Tome VII. de l'*Encyclopédie*: in-fol. On en trouve l'Abrégé dans le *Dictionnaire de Moréri* de 1759.]

47131. ☞ Histoire de la Vie & des Ouvrages de Jean *Martin*, mort vers 1553; par le Père Niceron.

Dans ses *Mémoires*, &c. tom. *XLII*. pag. 330.]

== Eloge, &c. de Jules *Mascaron*, Orateur, mort en 1703, Evêque d'Agen.

Ci-devant, [Tome I. N.ᵒˢ 8274-8276.]

== ☞ Eloge, &c. de Guillaume *Massieu*, Professeur Royal en Grec, &c. mort en 1722.

Ci-devant, Tome I. N.ᵒˢ 11274-11276.]

== ☞ Vie de Jean-Bapt. *Massillon*, Orateur, mort Evêque de Clermont en 1742.

Ci-devant, Tome I. N.° 8456.]

== ☞ Vie, &c. de François de *Maucroix*, mort en 1708.

Ci-devant, [Tome I. N.ᵒˢ 11281 & 11282.]

47132. ☞ Histoire de la Vie & des Ouvrages de Louis *Meigret*, mort vers 1560; par le P. Niceron.

Dans ses *Mémoires*, &c. tom. *XLI*. pag. 156.]

== ☞ Eloge & Histoires de Gilles *Ménage*, mort en 1692.

Ci-devant, Tome I. N.ᵒˢ 11284-11288.]

47133. ☞ Notice historique de Jean *Mercier*, Professeur Royal en Hébreu, mort en 1570; par Cl. Pierre Goujet.

Dans son *Mémoire sur le Collège Royal*, in-12. t. I. pag. 266.]

47134. ☞ Idée générale de quelques Ouvrages de Nicolas *Mercier*, Régent au Collège de Navarre à Paris; par M. l'Abbé d'Artigny.

Dans ses *Mémoires* : (*Paris*, Debure, 1749-1756, in-12. 7 vol.) tom. *VII*. pag. 352. Mercier, qui a eu la réputation de l'un des plus fameux Humanistes de son Siècle, est mort en 1657.]

47135. ☞ Histoire de la Vie & des Ouvrages de Jean *Meschinot*, mort en 1509; par le P. Niceron.

Dans ses *Mémoires*, &c. tom. *XXXVI*. pag. 357.]

47136. ☞ Discours sur la Vie & les Ouvrages de Claude-Gaspar Bachet de *Méziriac*, mort en 1638.

Ce Discours est au commencement du Tome I. de ses *Commentaires sur les Lettres d'Ovide* : la Haye, du Sauzet, 1716.

47137. ☞ Notice historique du même; par MM. Pellisson & d'Olivet.

Dans l'*Histoire de l'Académie Françoise*, Edition de 1743, in-12. tom. I. pag. 230 & *suiv*.]

Vies des Orateurs & Philologues.

47138. ☞ Histoire de la Vie & des Ouvrages du même ; par le P. Niceron.

Dans ses *Mémoires*, &c. tom. *VI. pag.* 1.]

47139. ☞ Eloge de Claude *Mignault*, mort vers 1603 ; par l'Abbé (Philibert) Papillon.

Cet Eloge se trouve au Tome VII. de la *Continuation des Mémoires de Littérature* du P. Des-Molets.]

47140. ☞ Histoire de la Vie & des Ouvrages du même ; par le P. Niceron.

Dans ses *Mémoires*, &c. tom. *XIV. pag.* 81.]

== ☞ Lettre sur la Vie, &c. de Pierre-Nicolas des *Molets*, mort en 1764.

Ci-devant, Tome I. N.° 11098.]

47141. ☞ Eloge de François-Augustin Paradis de *Moncrif*, de l'Académie Françoise, mort en 1770.

Dans le *Nécrologe* qui a paru en 1771, *pag.* 161.]

47142. ☞ Abrégé de la Vie du même.

Dans la *Galerie Françoise*, pet. *in-fol.* num. VII.]

== ☞ Eloge de Nicolas-Hubert de *Mongault*, mort en 1746.

Ci-devant, Tome I. N.° 11297.]

47143. ☞ Eloge de Bernard de la *Monnoye*, de l'Académie Françoise ; par Albert-Henri de Sallengre.

Cet Eloge fait du vivant de M. de la Monnoye, qui est mort en 1728, se trouve au-devant d'un Recueil de ses Poésies : *la Haye*, 1716, *in-*4.]

47144. ☞ Mémoires historiques sur la Vie & les Ecrits de M. de la Monnoye ; (par M. Rigoley de Juvigny, Conseiller au Parlement de Mets : *Dijon*, des Ventes, 1769, *in-*4.

Ces Mémoires se trouvent à la tête du Recueil des *Œuvres choisies* de M. de la Monnoye, imprimées en 1769. Il naquit à Dijon le 15 Juin 1641, & mourut le 15 Octobre 1728.]

47145. ☞ Bernardi Monetæ, eximii Poetæ & Critici, Epicedium : *Divione*, 1729, *in-fol.* & *in-*4.

Cet Eloge est du P. François Oudin, Jésuite. Il se trouve aussi *tom. III. pag.* 284, des *Poemata didascalica : Divione*, 1749.]

47146. ☞ Eloge funèbre de M. de la Monnoye, traduit du Latin du Père Oudin, en Vers François ; par M. Richard de Ruffey : *Dijon*, 1729, *in-*8. (avec le précédent.)

Il est aussi à la suite des *Noels Bourguignons* de M. de la Monnoye, Edition de 1738.]

47147. ☞ Remarques sur le même ; par Jacques-George de Chaufepié.

Dans son *Dictionnaire historique & critique*.]

47148. ☞ Notice historique de François du *Monstier*, Professeur Royal en Eloquence Latine, (mort en 1661 ;) par Cl. Pierre Goujet.

Dans son *Mém. sur le Collège Royal*, *in-*12. *tom. II. pag.* 425.]

47149. ☞ Histoire de la Vie & des Ouvrages de Pierre de *Montmaur*, Professeur Royal en Grec, mort en 1648 ; par le Père Niceron.

Dans ses *Mémoires*, &c. tom. *XIV. pag.* 81. On trouvera indiqué ci-devant, d'autres Histoires du même, Tome I. N.°⁵ 11300 & 11301.]

47150. ☞ Notice historique de Frédéric ou Frédéric *Morel*, Professeur Royal en Eloquence Latine, & Imprimeur du Roi ; par Cl. Pierre Goujet.

Dans son *Mém. sur le Collège Royal*, *in-*12. *tom. II. pag.* 370. Frédéric Morel est mort en 1630.]

47151. ☞ Joannis *Morelli*, Ebredunensis, Consiliarii, Œconomici Regii, Moderatoris Principis Henrici Engolismæi, Tumulus : *Parisiis*, Fed. Morellus, 1583, *in-*4.

C'est un Recueil de Poésies Latines, Françoises & Grecques, faites par divers Auteurs.

Il y a eu un autre Jean Morel, Principal du Collège de Reims, à Paris, dont M. l'Abbé Goujet a fait plusieurs fois mention dans l'*Histoire du Collège Royal*, comme on le peut voir par la Table : celui-ci mourut vers 1635.]

47152. ☞ Histoire de la Vie & des Ouvrages d'Etienne *Morin* ; par le P. Niceron.

Dans ses *Mémoires*, &c. tom. *XII. pag.* 231. Etienne Morin est mort en 1700.]

== ☞ Vie de Pierre *Morin*, mort en 1608.

Ci-devant, Tome I. N.° 11310.]

47153. ☞ Eloge d'Adrien-Claude le Fort de la *Morinière*, mort en 1768 ; (par M. François.)

Dans le *Nécrologe* qui a paru en 1770, *pag.* 197.]

47154. Elogium Claudii Bartholomæi *Morisoti*, Divionensis : scriptore Joanne Moreletio, Domino de Couchey : *Divione*, 1661, *in-*4.

Morisot est mort en 1661, & Morelet en 1679.

47155. ☞ Eloge de François de la *Mothe-le-Vayer*, mort en 1672 ; par Joseph d'Olivet.

Dans l'*Histoire de l'Académie Françoise*, *tom. II. pag.* 135 de l'Edition de 1743. On peut voir encore ci-devant notre Tome III. N.°⁵ 32733-32735.]

== ☞ Mémoires, &c. sur Antoine Houdar de la *Motte*, mort en 1731.

Ci-après, aux *Poëtes*.]

== ☞ Histoire de Siméon de *Muis*, mort en 1644, Professeur Royal en Hébreu.

Ci-devant, Tome I. N.°⁵ 11311 & 11312.]

47156. ☞ Vita Marci-Antonii *Mureti*, ex Scriptis ejus & funebri Oratione Francisci Bencii, ab Andrea Schotto.

Cette Vie de Muret, qui est mort à Rome en 1585, est au-devant de ses *Orationes* : *Coloniæ*, 1609, & *Lipsiæ*, 1672.

On peut encore voir dans notre Tome I. ce que nous avons indiqué à son sujet, entr'autres l'Article donné par le P. Niceron, N.°⁵ 11313-11315.]

== ☞ Histoires de Gabriel *Naudé*, mort en 1653.

Ci-devant, Tome I. N.°⁵ 11317 & 11318.]

47157. ☞ Histoire du même Naudé; par le P. NICERON.

Dans ses *Mémoires*, &c. tom. IX. pag. 76, & X. pag. 187.]

== ☞ Histoire de la Vie & des Ouvrages de Jean-Pierre *Niceron*, mort en 1738.

Ci-devant, Tome I. N.° 14073.]

47158. ☞ Eloge d'Eustache le *Noble*, mort en 1711.

Dans les *Nouvelles Littéraires de la Haye*, tom. VII.]

47159. Vita Caroli Ogerii (*Ogier*,) scripta à Francisco OGERIO.

Charles Ogier est mort en 1654, & François, son frère, en 1670. Cette Vie est imprimée au-devant du Voyage de Dannemarck de Charles Ogier : *Parisiis*, le Petit, 1656, *in*-8.

47160. Vie de Jean *Ogier de Gombauld*, mort en 1666; par Valentin CONRART, de l'Académie Françoise.

Elle est à la tête des Traités de Gombauld, sur la Religion : *Amsterdam*, 1669, *in*-12.

47161. ☞ Eloge historique du même; par Joseph D'OLIVET.

Dans l'*Histoire de l'Académie Françoise*, *in*-12. Edit. de 1743, tom. II. pag. 112.]

47162. ☞ Histoire de la Vie & des Ouvrages du même; par le Père NICERON.

Dans ses *Mémoires*, &c. tom. XXXIV. pag. 352.]

47163. ☞ Eloges de Joseph (Thoulier) d'*Olivet*, Secrétaire de l'Académie Françoise, mort en 1768.

Dans l'*Année Littér.* de M. Fréron, 1769, tom. I. p. 1. & dans le *Nécrologe des Hommes célèbres* qui a paru en 1770.]

47164. ☞ Abrégé de la Vie du même.

Dans la *Galerie Françoise*, pet. in-fol. num. III.]

47165. ☞ Eloge de Marc d'Alverny de la Palme, mort en 1759; par M. GAILLARD, Avocat.

Dans le *Journ. des Sçavans*, 1760, *Janvier*.]

47166. ☞ Notice historique de Paul *Paradis*, Professeur Royal en Hébreu; par Cl. Pierre GOUJET.

Dans son *Mém. sur le Collège Royal*, *in*-12. tom. I. pag. 237. Paradis est mort vers 1550.]

47167. ☞ Notice historique de François *Parent*, Professeur Royal en Grec; par Cl. Pierre GOUJET.

Dans son *Mémoire sur le Collège Royal*, *in*-12. tom. I. pag. 479. Parent est mort après l'an 1622.]

47168. ☞ Trajectus Elysius Jani *Passeratii*, & Epitaphia varia; à Sebastiano ROLLIARDO : *Parisiis*, 1603, *in*-4.]

47169. Elogium Joannis Passeratii, Professoris Regii Eloquentiæ; Auctore Papirio MASSONO.

Cet Eloge de Passerat, mort en 1602, est imprimé dans le Recueil des Eloges de Masson, publié par Baleidens, tom. II. pag. 347 : *Parisiis*, 1643, *in*-8.

47170. ☞ Eloge du même; par Jean LE CLERC.

Dans le Tome VII. part. 2, de la *Bibliothèque ancienne & moderne*.]

47171. ☞ Histoire de la Vie & des Ouvrages du même; par le P. NICERON.

Dans ses *Mémoires*, &c. tom. II. pag. 320.]

47172. ☞ Notice historique du même; par Cl. Pierre GOUJET.

Dans son *Mém. sur le Collège Royal*, *in*-12. tom. II. pag. 360.]

47173. ☞ Vie abrégée du même; (par M. GROSLEY.)

Dans ses *Ephémérides Troyennes : 1761*.]

== Eloges d'Olivier *Patru*, mort en 1681.

Ci-dessus, aux *Jurisconsultes*, [N.ᵒˢ 45962-45967.]

47174. Jacobi Palmerii (*Paulmier*) Grentismesnilli Vita; Auctore Stephano MORINO, Cadomensi.

Jacques Paulmier de Grentemesnil est mort en 1670, & Etienne Morin en 1700. Cette Vie est imprimée [au-devant de la Description de l'ancienne Grèce, par Paulmier de Grentemesnil : *Lugd. Batav.* 1678, *in*-4. &] dans le Recueil des Vies choisies de Bauchius : *Vratislaviæ*, 1711, *in*-8. pag. 186.

47175. ☞ Histoire de la Vie & des Ouvrages du même; par le P. NICERON.

Dans ses *Mémoires*, &c. tom. VIII. pag. 274, & X. part. 2. pag. 267.]

47176. ☞ Remarques sur le même; par Jacques-George DE CHAUFEPIÉ.

Dans son *Dictionnaire historique & critique*.]

47177. ☞ Histoire de la Vie & des Ouvrages de Jacques *Pelletier*, mort en 1582; par le P. NICERON.

Dans ses *Mémoires*, &c. tom. XXI. pag. 366.]

== ☞ Histoire de Paul *Pellisson*, de l'Académie Françoise, mort en 1693.

Ci-devant, Tome III. N.ᵒˢ 32760 & *suiv*.]

== Eloge de Charles *Perrault*, de l'Académie Françoise, mort en 1703.

Ci-dessus, N.ᵒˢ 46856-46858.]

47178. ☞ Eloge de Charles-Etienne *Pesselier*, mort en 1763; (par M. CASTILHON.)

Dans le *Nécrologe* de 1764, ou *pag.* 21 du Recueil *in*-12. qui a paru en 1767.]

== Vita Samuelis *Petit*, mortui an. 1643.

Ci-devant, [Tome I. N.° 5973.]

47179. ☞ Eloge de M. *Philippe*, (mort le 9 Mai 1754;) par M. FRÉRON.

Dans l'*Année Littéraire*, 1754, tom. III. pag. 118.]

47180. ☞ Notice historique de Nicolas *Piat*, Professeur Royal en Eloquence Latine; par Cl. Pierre GOUJET.

Dans son *Mémoire sur le Collège Royal*, *in*-12. tom. II. pag. 466. M. Piat est mort en 1756.]

Vies des Orateurs & Philologues.

47181. ☞ Eloge de Jean-Baptiste *Piedoué*, Seigneur de Charsigné.

Dans les *Nouvelles Littéraires* de Camusat : 1744.]

47182. ☞ Notice historique de Jacques *Piénud*, Professeur Royal en Grec; par Cl. Pierre GOUJET.

Dans son *Mém. sur le Collège Royal*, in-12. tom. I. pag. 590. Piénud est mort en 1703.]

47183. ☞ Notice historique de Jacques *Pigis*, Professeur Royal en Grec; par Cl. Pierre GOUJET.

Dans son *Mém. sur le Collège Royal*, in-12. tom. I. pag. 573. Pigis est mort en 1676.]

== ☞ Notice historique de Jacques *Pinssonat*, Professeur Royal en Hébreu, mort en 1723; par le même.

Ci-devant, Tome I, N.° 11359.]

47184. ☞ Ms. Eloge historique de Jean-François de *Pons*, mort en 1732; par M. MELON : *Paris*, Prault, 1738, in-12.]

47185. ☞ Remarques sur Pierre du *Pont*, Professeur à Paris, mort vers 1530; par D. Jean LIRON.

Dans ses *Singularités historiques*, tom. III. p. 241.]

47186. ☞ Mémoires sur la Vie & les Ouvrages de Raoul de *Presles*, mort en 1382; par M. (Antoine) LANCELOT.

Dans le Recueil de l'Académie des Inscriptions & Belles-Lettres, *tom. XIII.* pag. 607 & *suiv.*]

== ☞ Eloge d'Antoine-François *Prévost* d'Exiles, mort en 1763.

Ci-devant, Tome I. N.° 11375.

Dans le *Nécrologe* de 1765, (ou *pag.* 59 du prem. vol. de 1767,) on trouve encore de lui un Eloge (par M. PALISSOT,) où est une espèce d'Histoire générale des Romans modernes, à l'occasion de plusieurs des Ouvrages de l'Abbé Prévost en ce genre.

47187. ☞ Abrégé de la Vie du même.

Dans la *Galerie Françoise*, pet. in-fol. num. IV.]

47188. Vita Petri Rami (de la *Ramée* ou *Ramus*) Dialecticæ Professoris [Regii;] Auctore Theophilo BANOSIO.

Pierre de la Ramée fut tué [à la Saint-Barthélemi,] en 1572. Sa Vie est imprimée au-devant de son Traité intitulé : De *Religione Christiana* : *Francosurti*, 1576, in-8.

47189. Vita ejusdem; Auctore Joan. Thoma FREIGIO, Friburgensi.

Cette Vie est imprimée au-devant des Notes de Ramus sur les Oraisons de Ciceron : *Basilea*, 1580, in-4. Freigius est mort en 1583.

47190. Vita ejusdem; Auctore NANCELIO, Trachyeno Noviodunensi.

Cette Vie fut imprimée à *Paris*, Morel, 1599, & fut mise au devant du Livre des Déclamations de Nancel: *Parisiis*, 1600, in-8.

47191. ☞ Testamentum Petri Rami, cum primo Senatusconsulto, & promulgatione Professionis Mathematicæ à Testatore ipso institutæ : *Parisiis*, Richer, 1584, in-8.

Il y a dix-sept pages, non compris six pages contenant les raisons pour empêcher l'union de la Chaire des Mathématiques fondée par Ramus, avec la Chaire Royale. Cette affaire fut suivie par Nicolas Bergeron & Antoine Loisel, Exécuteurs du Testament de Ramus. Au-devant de cette Pièce est son Portrait, avec six Vers Latins composés par Bergeron. Il y a eu une seconde Edition de ce Testament: *Parisiis*, Bessin, 1625, in-8. & l'Abbé Goujet l'a fait réimprimer dans le *tom. I.* de son *Mém. sur le Collège Royal*, in-12. pag. 231.]

47192. ☞ Histoire de la Vie & des Ouvrages du même Ramus; par le P. NICERON.

Dans ses *Mémoires*, &c. tom. *XIII.* pag. 259, & *XX.* pag. 64.]

☞ BAYLE a aussi donné un Article de Ramus dans son Dictionnaire, & il faut voir les *Remarques* de l'Abbé Jolly, sur cet Article de Bayle : on y trouve des corrections au P. Niceron, & à Freigius.

Voyez encore ci-dessus, aux *Philosophes*, N.os 46566 & 46567, deux Articles sur *Ramus.*]

== Abrégé de la Vie de François-Séraphin *Regnier Desmarets*, mort en 1713.

Ci-devant, [Tome I. N.os 11394-11396.]

47193. ☞ Notice historique d'Abraham *Remi*, Professeur Royal en Eloquence Latine; par Cl. Pierre GOUJET.

Dans son *Mém. sur le Collège Royal*, in-12. tom. II. pag. 417. Remi est mort en 1646.]

47194. ☞ Notice historique d'Alain *Restaud* de Caligny, Professeur Royal en Hébreu; par le même.

Dans le même *Mémoire*, &c. tom. *I.* pag. 279. Restaud de Caligny est mort vers 1566.]

47195. ☞ Eloge historique de M. (Pierre) *Restaut*, mort en 1763.

Cet Eloge est au-devant de la IXe Edition de sa Grammaire Françoise : *Paris*, Lottin le jeune, 1763, in-12. Il y en a eu quelques Exemplaires tirés à part. Il a été aussi réimprimé dans la Xe Edition, en 1767.]

47196. ☞ Vie de César-Pierre *Richelet*, mort en 1698.

Dans les *Mémoires* de l'Abbé d'Artigny, tom. *VI.* pag. 81-103.]

47197. ☞ Notice de Jean de Soudier de *Richesource*, mort vers 1695.

Dans les *Mémoires* de l'Abbé d'Artigny, tom. *V.* pag. 244-257. Cet Article est singulier.]

47198. ☞ Histoire de la Vie & des Ouvrages de David *Rivault* de Flurance, (mort en 1616;) par le P. NICERON.

Dans ses *Mémoires*, &c. tom. *XXXVII.* pag. 316.]

47199. ☞ Observations sur le même; par Dom Jean LIRON.

Dans ses *Singularités historiques*, tom. *I.* pag. 283.]

47200. ☞ Histoire de la Vie & des Ouvrages de Louis le *Roy*, mort en 1577; par le P. NICERON.

Dans ses *Mémoires*, &c. tom. *XXIX.* pag. 221.]

47201. ☞ Notice historique du même Louis le Roi, dit *Regius*, Professeur Royal en Grec; par Cl. Pierre GOUJET.

Dans son *Mém. sur le Collège Royal*, in-12. tom. I.

pag. 477. M. Goujet y supplée plusieuts choses omises par le P. Niceron.]

47202. ☞ Notice historique de Charles *Rollin*, Professeur Royal en Eloquence Latine ; par le même.

Dans le même *Mémoire*, &c. tom. *II*. pag. 456. Charles Rollin est mort en 1741.

On peut voir ci-dessus, N.° 46897, son Eloge fait dans l'Académie des Inscriptions & Belles-Lettres, réimprimé avec des Notes.]

47203. ✱ Jacobi CAHAGNESII, Doctoris Medici (Cadomensis,) de morte Joannis *Ruxelli*, Eloquentiæ Professoris Regii (Cadomi,) Oratio funebris, [cum diversorum Versibus in mortem Ruxelli : *Cadomi*, le Bas, 1586, *in-*4.]

Cette Oraison funèbre de Rouxel, mort en 1586, a été [encore] imprimée avec retranchemens, dans la seconde Edition des Poésies Latines & Discours du même Rouxel, *pag.* 277, *Cadomi*, 1636, *in-*8.

☞ On avoit fait une Traduction de cette Pièce dans le temps même, qui parut avec ce titre : « Le » Tombeau de M. Rouxel, recueilli de plusieurs doctes » personnages, avec son Oraison funèbre ; par M. Jac-» ques DE CAHAIGNES : *Caen*, *in-*4.]

47204. ☞ Histoire de la Vie & des Ouvrages du même, par le P. NICERON.

Dans ses *Mémoires*, &c. tom. *XXIV*. pag. 313.]

47205. ☞ Notice historique de Jean *Ruault*, Professeur Royal en Eloquence Latine ; par Cl. Pierre GOUJET.

Dans son *Mém. sur le Collège Royal*, *in-*12. tom. *II*. pag. 399. Ruault est mort en 1636.]

47206. ☞ Notice de Pierre du *Ryer*, mort en 1658.

Dans l'*Hist. de l'Acad. Françoise*, par MM. Pellisson & d'Olivet, *tom.* I. pag. 352, Éd. de 1743.]

47207. ☞ Histoire de la Vie & des Ouvrages du même ; par le Père NICERON.

Dans ses *Mémoires*, &c. tom. *XXII.* pag. 342.]

== Mémoires, Vie & Histoire de Charles de Saint-Denys de *Saint-Evremont*, mort en 1703.

Ci-devant, Tome III. N.ºs 32058-32060.]

47208. ☞ Remarques sur le même ; par Jacques-George DE CHAUFEPIÉ.

Dans son *Dictionnaire historique & critique*, au mot *Evremont*.]

47209. ☞ Remarque au sujet de M. de *Saint-Hyacinthe*, qu'on a voulu faire passer pour le fils du grand Bossuet.

Dans le *Journ. de Verdun*, *Avril*, 1758, *pag.* 298.]

== ☞ Histoire de l'Abbé de *Saint-Réal*.

Ci-dessus, N.° 46905.]

47210. Antonii CLEMENTIS, de laudibus & Vitâ Claudii Salmasii (*Saumaise*,) Divionensis, Liber.

Cette Vie est imprimée au-devant du Recueil des Lettres de Saumaise : *Leyde*, 1656, *in-*4. Saumaise est mort en [1653.]

[Il n'étoit point né à Dijon, mais à Sémur en Auxois.]

47211. Claudii Salmasii Elogium ; Auctore Cl. Bartholomæo MORISOTO.

Cet Eloge est imprimé à la fin de la Seconde Centurie des Epitres de Morisot : *Divione*, Chavance, 1656, *in-*4. L'Auteur y rapporte des circonstances qui ne se trouvent point ailleurs.

47212. Mf. Vita ejusdem ; à Martino HAN-CHIO, paucis descripta.

Cette Vie est citée par M. de la Mare, dans son *Conspectus Histor. Burgundiæ*, pag. 68.

47213. Ms. Claudii Salmasii, eruditorum Principis, Vita ; Auctore Philiberto DE LA MARE, Senatore Divionensi.

Cette Vie [étoit] conservée à Dijon, dans la Bibliothèque du petit-fils de l'Auteur.

☞ Le Père le Long marquoit ensuite une Vie Latine de Saumaise, par le Père François OUDIN, comme imprimée à Dijon en 1717, *in-*8. Non-seulement elle ne l'a pas été, mais le Père Oudin ne l'a jamais composée : il avoit bien eu quelque envie de la faire ; mais il en est resté au simple projet. Ce qui a pu donner lieu à la méprise, c'est que la Vie de Saumaise, toute écrite de la main de Philibert de la Mare, (qui est conservée à Dijon dans la Bibliothèque de M. le Président Bouhier, aujourd'hui de M. de Bourbonne,) est avec des Notes du Père Oudin, & qu'apparemment on a eu quelque pensée de l'imprimer vers 1717, ce qui l'a fait annoncer d'avance par le Père le Long.

On conserve aussi dans la même Bibliothèque de M. de Bourbonne, une Lettre écrite à Philippe de la Mare en 1697, par Pierre-Daniel HUET, Évêque d'Avranches, en lui renvoyant la Vie de Saumaise, écrite par son père. M. Huet à la *pag.* 275 des Mémoires Latins de sa propre Vie, parle de cette Vie de Saumaise, & dit qu'elle lui fut communiquée par Philibert de la Mare, & qu'avant de la lui renvoyer, il la retoucha et l'augmenta considérablement.]

47214. ☞ Adolphi VORSTII, Medici Doctoris, Oratio in excessum Claudii Salmasii : *Lugduni-Batav.* 1654, *in-*4.

La Traduction a été publiée ensuite sous ce titre :

Harangue funèbre sur la mort de l'incomparable Claude de Saumaise ; par Adolfe VORS-TIUS, Professeur en Médecine à Leyde ; traduite en François, par I. N. P. *Leyde*, 1663, *in-*4.]

☞ Il faut voir sur Saumaise, la *Bibliothèque des Auteurs de Bourgogne*, *in-fol.* son Article y est étendu ; c'est au tom. *II.* pag. 247-287.]

47215. ☞ Eloge de Noël-Etienne *Sanadon*, Jésuite, mort en 1733.

Dans le *Mercure* de cette année, *Décemb.* p. 2624.]

47216. Danielis HEINSII, Epistola de morte Josephi Scaligeri.

Cette Lettre est à la fin des *Epistolæ Jos. Scaligeri*: *Lugd. Batav.* 1627, *in-*8. Joseph Scaliger est mort [à Leyde] en 1609, & Daniel Heinsius en 1655.

47217. Ejusdem Orationes duæ, in Obitum Josephi Scaligeri, Aginnensis : *Leidæ*, 1609, *in-*4. [& *Lugd. Batav.* Plantin. 1658, *in-*4.]

47218. Oratio funebris ejusdem ; Auctore Dominico BAUDIO, Jurisconsulto & Historiarum in Academia Lugdunensi Professore: *Leidæ*, 1609, *in-*4. [& *Lugd. Batav.* 1658, *in-*4.]

Baudius est mort en 1623.

47219.

47219. Eloge historique du même; par Charles PERRAULT, de l'Académie Françoise.

Au Tome II. de ses *Eloges des Hommes Illustres*, pag. 61 : *Paris*, 1701, *in-fol.*

47220. ☞ Histoire de la Vie & des Ouvrages du même Joseph Scaliger ; par le Père NICERON.

Dans ses *Mémoires*, &c. tom. *XXIII.* pag. 279.]

== Vita Julii Cæsaris *Scaligeri*.

Ci-dessus, N.ᵒˢ [46320-46323. Celui-ci étoit père du précédent.]

== Vie de Jean-François *Senault*, Général de la Congrégation de l'Oratoire, mort en 1672.

Ci-devant, [Tome I. N.ᵒˢ 11450 & *suiv.*]

== Histoires de Richard *Simon*, mort en 1711.

Ci-devant, [Tome I. Nᵒˢ 11453-11455.]

47221. ☞ Notice de Jean *Sirmond*, de l'Académie Françoise, (mort en 1649;) par MM. PELLISSON & D'OLIVET.

Dans l'*Hist.* de cette Académie, Ed. de 1743, tom. I. pag. 279.]

== ☞ Eloge & Notice de J. Bapt. *Souchay*, de l'Académie des Inscriptions & Belles-Lettres, & Professeur Royal en Eloquence Latine, mort en 1746.

Ci-devant, Tome I. N.ᵒˢ 11460 & 11461.]

47222. ☞ Notice historique de Jean *Strazel*, Professeur Royal en Grec ; par Claude-Pierre GOUJET.

Dans son *Mém. sur le Collège Royal*, *in-*12. tom. I. pag. 400. Strazel est mort en 1556 ou 1559.]

47223. ☞ Histoire de la Vie & des Ouvrages de Hubert *Suffaneau*, mort vers 1551; par le P. NICERON.

Dans ses *Mémoires*, &c. tom. *XXXVIII.* p. 365.]

== ☞ Histoire de François *Tallemant*, de l'Académie Françoise, mort en 1693.

Ci-devant, Tome I. N.ᵒ 11466.]

== ☞ Histoire & Eloge de Paul *Tallemant*, de l'Académie Françoise, & Secrétaire de celle des Inscriptions & Belles-Lettres, mort en 1712.

Ci-devant, Tome I. N.ᵒˢ 11467 & 11468.]

47224. ☞ Notice historique de Jean *Tarin*, Professeur Royal en Eloquence Latine, mort en 1661; par Cl. Pierre GOUJET.

Dans son *Mém. sur le Collège Royal*, *in-*12. tom. II. pag. 407.]

47225. ☞ Notice historique de Nicolas *Tavernier*, Professeur Royal en Grec, mort en 1698; par le même.

Dans le même Ouvrage, tom. I. pag. 574.]

== ☞ Eloge de l'Abbé Jean *Terrasson*, de

Tome IV. Part. I.

l'Académie Françoise & de celle des Sciences; mort en 1750.

Ci-devant, Tome I. N.ᵒˢ 11469-11473.]

47226. ☞ Mémoire sur les Sçavans de la Famille de Terrasson ; par Jean-Marie-Joseph Thomasseau DE CURSAY, Chanoine d'Appoigny : 1761, *in-*12.

On a parlé de *Mathieu* Terrasson aux *Jurisconsultes* ; d'*Antoine* son fils, aux *Historiens*, & il y a eu deux Terrasson, célèbres parmi les *Orateurs sacrés* ; sçavoir, *André*, mort en 1723, & *Gaspard*, mort en 1752.)

47227. ☞ Histoire de la Vie & des Ouvrages de Ponthus de *Thiard*, mort en 1605 ; par le Père NICERON.

Dans ses *Mémoires*, &c. tom. *XXI.* pag. 192.]

== ☞ Eloge de Jean-Marie la Marque de *Tilladet*, de l'Académie des Inscriptions & Belles-Lettres, mort en 1715.

Ci-devant, Tome I. N.ᵒˢ 11485 & 11486.]|

•47228. ☞ Eloge de M. (Evrard) *Titon du Tillet*, mort le 26 Décembre 1762 ; par M. FRÉRON.

Dans son *Année Littéraire*, 1763, tom. I. p. 265.]

47229. ☞ Autre Eloge du même.

Dans le *Mercure*, 1764, Mai.]

47230. ☞ Mss. Eloge historique de M. Titon du Tillet, Associé de l'Académie de Besançon ; par M. BINETRAY DE GRANDFONTAINE, Secrétaire perpétuel de cette Académie.

Dans les Registres de l'Académie de Besançon.]

== ☞ Eloge de René-Joseph de *Tournemine*, Jésuite, mort en 1739.

Ci-devant, Tome I. N.ᵒˢ 14194-14197.]

== ☞ Eloge de Jacques de *Tourreil*, de l'Académie des Inscriptions & Belles-Lettres, mort en 1714.

Ci-dessus, N.ᵒˢ 46936 & 46937.]

47231. Oratio in funere Jacobi Tusani (*Toussain*,) Linguæ Græcæ Professoris Regii ; Auctore Adriano TURNEBO : *Parisiis*, 1547, *in-*4.

47232. ☞ Notice historique de Jacques Toussain, Professeur Royal en Grec, mort en 1546; par Cl. Pierre GOUJET.

Dans son *Mém. sur le Collège Royal*, *in-*12. tom. I. pag. 405.]

47233. ☞ Eloge de Nic. Charles-Joseph *Trublet*, mort en 1770.

Dans le *Nécrologe* qui a paru en 1771, pag. 25.]

47234. Epistola de Obitu Adriani *Turnebi*, & nonnulla de eodem Epitaphia : *Parisiis*, 1565, *in-*4.

Turnèbe ou Tournebu, est mort en 1565.

☞ On trouve encore de courts Eloges de Turnèbe, dans les *Hommes Illustres* de Thevet, & dans ceux de Sainte-Marthe. Ménage a aussi parlé de lui avec quel-

Y

que étendue, dans ses Notes sur la Vie de Pierre Ayrault, &c. pag. 188 & suiv.]

47235. * Adriani Turnebi Tumulus, à doctis quibusdam Viris, Græco, Latino & Gallico carmine excitatus: *Parisiis*, 1565, *in*-4.

47236. ☞ Joan. PASSERATII, Elegia in Adriani Turnebi Obitum, ad Dionysium Lambinum : *Parisiis*, 1565, *in*-4.]

47237. Oratio funebris ejusdem (Turnebi:) Auctore Leodegario A QUERCU.

Cette Oraison funèbre est imprimée au-devant des Œuvres de Turnèbe : *Parisiis*, 1565, *Argentorati*, 1600.

47238. ☞ Histoire de la Vie & des Ouvrages du même Adrien Turnèbe ; par le Père NICERON.

Dans ses *Mémoires*, &c. tom. XXXIX. pag. 334.]

47239. ☞ Notice historique d'Adrien Turnèbe, Professeur Royal en Grec ; par Cl. Pierre GOUJET.

Dans son *Mém. sur le Collège Royal*, in-12. tom. I. pag. 447.]

47240. ☞ Histoire de la Vie & des Ouvrages de Pierre *Valens*, mort en 1641 ; par le P. NICERON.

Dans ses *Mémoires*, &c. tom. XXXVI. pag. 382.]

47241. ☞ Notice historique du même ; par Cl. Pierre GOUJET.

Dans son *Mém. sur le Collège Royal*, in-12. tom. I. pag. 539.]

== ☞ Eloge & Histoire de J. B. Henri du Trousset de *Valincourt*, mort en 1730.

Ci-dessus, aux *Philosophes*, &c. N.os 46594 & 95.]

== ☞ Notice historique de François *Vatable*, Professeur Royal en Hébreu, mort en 1547.

Ci-devant, Tome I. N.° 11500.]

== ☞ Notice historique de Pierre *Vattier*, Professeur Royal en Arabe, mort vers 1670.

Ci-dessus, aux *Médecins*, N.° 46346.]

47242. ☞ Eloge de Claude Favre de *Vaugelas*, de l'Académie Françoise, mort en 1649 ; par MM. PELLISSON & D'OLIVET.

Dans l'*Histoire* de cette Académie, Edition de 1743, tom. I. pag. 286. On peut voir encore ce qui en est dit dans l'*Histoire des Jurisconsultes* par Taisand, en parlant de son père, Antoine Favre, ci-dessus, N.° 45881.]

47243. ☞ Histoire de la Vie & des Ouvrages du même Claude Favre de Vaugelas ; par le P. NICERON.

Dans ses *Mémoires*, &c. tom. XIX. pag. 294.]

47244. ☞ Eloge du Sieur de *Vaumorière* ; par Magdelène de SCUDERY.

A la tête de la seconde Edition des Lettres de Vaumorière : [*Bruxelles*, 1709, *in*-12.] & dans la troisième Edition de ses Harangues, [*Paris*, 1713, *in*-4.]

47245. ☞ Histoire de la Vie & des Ouvrages du même Pierre d'Ortigue de Vaumorière, mort en 1693; par le P. NICERON.

Dans ses *Mémoires*, &c. tom. XXXV. pag. 231.]

47246. ☞ Notice historique de Jean *Vauvilliers*, Professeur Royal en Grec, (mort en 1766;) par Cl. Pierre GOUJET.

Dans son *Mém. sur le Collège Royal*, in-12. tom. I. pag. 620.]

47247. ☞ Histoire de la Vie & des Ouvrages d'Antoine du *Verdier*, Sieur de Vauprivas, mort en 1600.

Dans les *Mémoires*, &c. du Père Niceron, (qui l'a tirée d'un Manuscrit,) tom. XXIV. pag. 276.]

47248. ☞ Histoire de la Vie & des Ouvrages de Claude du *Verdier* fils, mort en 1649.

Dans les *Mémoires*, &c. du Père Niceron, (qui l'a tirée d'un Manuscrit,) tom. XXIV. pag. 283.]

47249. ☞ Notice historique de Pierre *Vigal*, Professeur Royal en Hébreu, mort en 1640; par Cl. Pierre GOUJET.

Dans son *Mém. sur le Collège Royal*, in-12. tom. I. pag. 313.]

== Elogium Eliæ *Vineti*.

Ci-dessus, [N.° 46972.]

47250. ☞ Eloge d'Antoine Louis de Chalamont de la *Visclède*, ancien Secrétaire de l'Académie de Marseille, mort le 22 Août 1760.

Dans le *Recueil* de cette Académie, année 1764.]

47251. ☞ Eloge de Vincent *Voiture*, de l'Académie Françoise, mort en 1648; par MM. PELLISSON & D'OLIVET.

Dans l'*Histoire* de cette Académie, Edition de 1743, tom. I. pag. 269.]

47252. Eloge historique du même; par Charles PERRAULT, de la même Académie.

Cet Eloge est imprimé pag. 73 du tom. I. des *Eloges des Hommes Illustres* : *Paris*, 1696, *in-fol*.

47253. La Pompe funèbre de Voiture, avec la Clef : *Paris*, 1649, *in*-4.

Jean-François SARRASIN, mort en [1655,] en est l'Auteur. On la trouve aussi dans le Recueil de ses Œuvres : *Paris*, 1656, *in*-4. 1663, *in*-12. [&c.] M. PELLISSON, dans l'Histoire de l'Académie Françoise, qualifie cette Pièce de chef d'œuvre d'esprit, de délicatesse & d'invention : il ajoute qu'elle contient une bonne partie des Avantures de Voiture, & que son génie & le caractère de son esprit est (à ce qu'on dit) très-évidemment représenté dans le troisième Volume du [Roman intitulé,] *Cyrus*, en la personne de Callicratée.

47254. ☞ Remarques de D. Jean LIRON, sur Jean le *Voyer* (ou *Visorius*,) Professeur (en Belles-Lettres,) dans l'Université de Paris.

Au Tome I. des *Singularités historiques*, pag. 470-473. Le Voyer vivoit vers 1530 ou 1540.]

Article II.

Vies des François qui ont cultivé la Poésie.

47255. Mſ. **Vies des Poëtes Provençaux**, en Langue Provençale.

Marc-Antoine Dominicy, Avocat à Cahors, a eu un Exemplaire de ces Vies. Chriſtophe Juſtel en cite un Fragment, *pag. 39 de ſes Preuves de l'Hiſtoire généalogique de la Maiſon d'Auvergne*, [ci-devant, Tome III. N.° 41061.] Ne ſeroit-ce point les Vies qui ont été écrites par Hilaire DES MARTINS, Religieux de l'Abbaye de Saint-Victor [de Marſeille,] dont il eſt parlé dans la Note qui eſt après l'Article ſuivant?

47256. Les Vies des plus célèbres & anciens Poëtes Provençaux, qui ont fleuri du tems des Comtes de Provence, recueillies de divers Auteurs nommés, qui les ont écrites & rédigées, premièrement en Langue Provençale, & depuis miſes en Langue Françoiſe; par Jehan DE NOSTREDAME, Procureur en la Cour de Parlement de Provence; [par leſquelles eſt montrée l'ancienneté de pluſieurs Nobles Maiſons, tant de Provence, Languedoc, France, que d'Italie & d'ailleurs:] *Lyon*, de Marſilly, 1575, *in* 8.

Le medeſime Vite, tradotte da Gio. Giudice: in *Lyone*, 1575, *in*-8.

Le medeſime traſportate dalla Lingua Provinzale nella Toſcana; illuſtrate & accreſciute da Giovan Maria CRESCEMBENI, Cuſtode d'Arcadia.

Cette nouvelle traduction, plus exacte que la précédente, eſt imprimée dans la première partie du Commentaire de ce Traducteur ſur la Poéſie Italienne: *in Roma*, 1710, *in* 4.

« Jean de Noſtredame ou Noſtradamus, (qui étoit
» le frère du célèbre Aſtrologue Michel, eſt mort Pro-
» cureur au Parlement d'Aix, en 1590. Il) s'eſt ſervi
» des Vies des Poëtes Provençaux, écrites par Hilaire
» des Martins, Gentilhomme Provençal, Religieux de
» Saint-Victor de Marſeille, & il a imité Hugues de
» S. Céſari, Gentilhomme & Poëte Provençal, qui a fait
» un Catalogue des Poëtes Provençaux ». *La Croix du Maine.* Cette Hiſtoire de Jean Noſtradamus, au jugement de Pierre-Joſeph de Haitze, eſt pleine de fables. [Mais on lui a fait la Réponſe ſuivante.]

47257. ☞ Apologie des anciens Poëtes Provençaux: *Avignon*, 1704, *in*-12.]

47258. Mſ. Hiſtoire des Troubadours, ou Poëtes Provençaux, continuée juſqu'à préſent, compoſée ſur les anciens Manuſcrits & ſur des Mémoires particuliers; par Pierre DE GALAUP, Sieur de Chaſteuil.

Cette Hiſtoire [étoit] entre les mains de l'Auteur, qui a ajouté à chaque Vie quelques Pièces de chaque Poëte, qu'il a traduites en François.

47259. Apologie des anciens Hiſtoriens & des Troubadours ou Poëtes Provençaux, ſervant de Réponſe aux Diſſertations de Pierre-Joſeph (de Haitze:) *Avignon*, du *Tome IV. Part. I.*

Perrier, (ou plutôt *Aix*, Adibert,) 1704; *in*-12.

Ce ſont des Dialogues de Pierre DE GALAUP.

☞ L'Ouvrage de M. de Haitze, auquel il répond, eſt intitulé: *Diſſertations ſur divers points de l'Hiſtoire de Provence*: *Anvers*, (*Aix*,) 1704, *in*-16. de 149 pages.]

47260. ☞ Origine & Hiſtoire des Troubadours, dans les Mémoires pour la Vie de Pétrarque; par M. DE SADE, Abbé de Breuil, du Comtat Venaiſſin. *Journ. des Sçav*.1764; Juillet.

Les Troubadours, connus ſous le nom de Poëtes Provençaux, furent les reſtaurateurs de la Poéſie en Europe.]

47261. ☞ Obſervations ſur les Poëtes Provençaux; par Dom Joſeph VAISSETTE, Bénédictin.

Dans l'*Hiſt. gén. de Languedoc*, tom. II. III & IV. aux endroits indiqués dans les Tables des Matières, aux mots *Poéſie Provençale & Poëtes Provençaux*. Le plus grand nombre de ces Poëtes étoient Languedociens, & la Langue appellée Provençale ſe parloit autrefois dans toutes les Provinces méridionales de la France. D. Vaiſſette a cru devoir s'étendre ſur pluſieurs de ces anciens Poëtes, pour corriger les erreurs de Jean Noſtradamus, d'après deux Manuſcrits qui ſe trouvent à leur ſujet dans la Bibliothèque du Roi.]

47262. ☞ Mſ. Vies des Troubadours; par M. DE LA CURNE DE SAINTE-PALAYE: *in-fol.*

Ce Manuſcrit eſt entre les mains de l'Auteur. Il y a 152 Vies, faites principalement ſur les Ouvrages de ces Poëtes. On y trouve de plus quelques Notices ſur environ 200 autres Poëtes Provençaux contemporains.]

47263. Les Noms & Sommaires des Œuvres de cent vingt-ſept Poëtes François vivans avant l'an 1300; recueillis par Claude FAUCHET, Préſident de la Cour des Monnoyes à Paris: *Paris*, 1581, *in*-4.

Ces Sommaires ſont auſſi imprimés avec ſes *Œuvres*: *Paris*, 1610; *Genève*, 1611, *in*-4.

47264. Diſcours ſur quelques anciens Poëtes & ſur quelques Romans Gaulois peu connus; par Antoine GALLAND, de l'Académie Royale des Inſcriptions & Belles-Lettres.

Cet Auteur eſt mort en 1715. Son Diſcours eſt imprimé au Tome II. des Mémoires de cette Académie: (*Paris*, 1718, *in*-4.) *pag*. 721, [de cette première Edition, & de la ſeconde, *pag*. 673.]

47265. ☞ Mémoire ſur les Fabliaux, (& Recherches ſur l'état de l'ancienne Poéſie Françoiſe;) par M. le Comte DE CAYLUS.

Dans le Recueil de l'*Acad. des Inſcript. & Belles-Lettres*, tom. XX. *pag*. 351.]

47266. Mſ. Hiſtoire générale & particulière des Poëtes François anciens & modernes, contenant leurs Vies ſuivant l'ordre chronologique, le jugement de leurs Ecrits imprimés, & quelques particularités des Cours des Rois & des Reines, des Princes & des Princeſſes ſous le Règne deſquels ils ont fleuri, & qui ont eux-mêmes cultivé la Poéſie; avec quelques autres Recherches curieuſes qui peuvent ſervir à l'Hiſtoire; par

Y 2

Liv. V. Histoire Littéraire de France.

Guillaume COLLETET, de l'Académie Françoise.

Dans cette Histoire, il est fait mention de cent trente Poëtes François qui ont fleuri depuis l'an 1300 jusqu'à la mort de l'Auteur, arrivée en 1659. Le Manuscrit qui [étoit] en la possession de Florentin Delaulne, Libraire de Paris, peut remplir dix ou douze Volumes in-12. Comme cet Ouvrage n'est pas public, on sera bien aise de connoître du moins le nom de ces Poëtes, & le temps où ils ont fleuri. L'Auteur a oublié Martial de Paris, dit d'Auvergne, mort en 1508, & François de Malherbe, mort en 1628. Colletet dit au commencement de la première Vie, que quoiqu'il n'ait dessein que de parler des Poëtes qui ont vécu depuis l'an 1300, il ne laisse pas de faire mention d'Helynand.

☞ Delaulne étant mort en 1723, Gabriel Martin acquit ce Manuscrit de sa Veuve, & il est actuellement (1772,) en la possession de Claude Martin, Libraire de Paris.]

Liste des Poëtes François, dont il est fait mention dans l'Histoire précédente, rangés selon l'ordre Chronologique.

1209. Dans Helynand.
1212. Hugues de Bercy.
1310. Guillaume de Guileville.
1452. Alain Chartier.
1463. Jean Regnier de Garchy.
1464. Olivier de la Marche.
1474. Georges Chastelain.
1482. François Villon, ou Corbueil.
1501. Robert Gaguin.
1502. Octavien de Saint Gelais.
1520. Antonius de Arena.
   Jean le Maire.
1529. Guillaume des Autels.
1532. Jean-Antoine de Baïf.
1540. Jean Marot.
1542. Bonaventure des Périers.
1543. Estienne Dolet.
1544. Clément Marot.
1546. Jean Paradin.
1547. Antoine Héroet de la Maison-neuve.
1548. Michel d'Amboise.
1549. Marguerite de Valois.
   Claude Chappuys.
1550. Jean Boucher.
   Louis des Mazures.
   Louise Labbé.
1553. François Rabelais.
   Hugues Salel.
1554. Jean de la Péruse.
1555. Charles de Sainte-Marthe.
   Jacques Tahureau.
1559. Olivier de Magny.
   Nicolas Denisot.
1560. Joachim du Bellay.
   Maurice de Sève.
   Michel Marot.
1561. Charles Fontaine.
1563. Guillaume du Maine.
   Claude Roillet.
1567. Philibert Bugnyon.
1569. Antoine de Caracciole, Prince de Melphe.
   Pierre Sorel.
1570. Jacques Grévin.
   Jacques de Fouilloux.
1572. Melin de Saint-Gelais.
1573. Estienne Jodelle.
   Pierre Davity.
1574. François Habert.
1577. Thomas Sonnet.
   Remi Belleau.

1578. Pascal Robin, Sieur du Faux.
1579. Claude Binet.
1581. Jacques de Billy.
1582. Jacques Pelletier.
1583. Flaminio de Biragne.
   Joseph du Chesne.
   François de Belleforest.
   Jean le Frère de Laval.
1584. Amadis Jamin.
   Antoine le Fèvre de la Boderie.
   Marie de Romieu.
   Nicolas le Fèvre de la Boderie.
1585. Estienne Tabourot.
   Guy du Faur de Pybrac.
   Thomas Sibillet.
   Pierre de Ronsard.
   Marc-Antoine de Muret.
   Pierre Mathieu.
   Guy le Fèvre de la Boderie.
1586. Jean Edoart de Monin.
   Jean des Caures.
   Jacques Grenier de Poissy.
1587. Madelaine Neveu, Dame des Roches, la mère.
   Catherine des Roches, la fille.
   Jean Moret.
   René Arnoul.
1588. Jean Dorat.
1589. Pierre Javercy.
1590. Guillaume Saluste du Bartas.
   Robert Garnier.
   Lambert Daneau.
1591. Jacques Hurault de la Pitardière.
1596. Jean de la Jessée.
1597. Pierre de Laudun d'Aigaliers.
1598. Louis de Balzac.
1599. François Perrin.
   Robert le Roquez.
1600. Guy de Tours.
   Pierre de la Primauldaye.
   Gérard François.
1601. Claude Minos ou Mignault.
1602. Jean Passerat.
1604. Pierre de Brach.
1605. Ponthus de Thiard.
   Théodore de Bèze.
1607. Robert & Antoine le Chevalier, Sieurs d'Agneaux.
   Nicolas de Montreux.
   Jacques Guillot.
1608. Nicolas Rapin.
1609. Anne d'Urfé.

Vies des Poëtes François.

1611. Nicolas le Digne.
1612. Jean Prevoſt.
René Bochet, Sieur d'Ambillou.
Louis le Charron.
1615. Céſar de Noſtradamus.
Eſtienne Paſquier.
1616. François Béroalde de Verville.
1618. Eſtienne Durand.
1620. Salomon Certon.
Renault d'Ézanville.
François d'Amboiſe.
1621. Julien Peleus.
Antoine de Montchrétien, Sieur de Vatteville.
Chriſtophle de Gamon.

1622. Jean d'Alary.
1624. Guillaume Cretin.
Vital d'Audiguier.
Nicolas Richelet.
1628. Marc de Maillet.
1629. Adrien de la Morlière.
1633. Pierre le Loyer.
1635. Jean de Schelandre.
1636. René du Tertre, Sieur de la Motte.
Noël de Renneville.
1638. Honorat de Meynier.
1640. Marc l'Eſcarbot.
1641. Jean Beſly.
1644. Scévole de Sainte-Marthe le fils.
1659. Guillaume Colletet.

☞ Il n'y a dans cette Liſte, donnée par le Père le Long, que 129 Poëtes, au lieu de 130. Il a ſans doute oublié un Poëte nommé *Lortigues*, qui vivoit du temps de Malherbe. Ce Sieur de Lortigues, dit M. Ménage, *pag*. 419, de ſes *Obſervations ſur les Poéſies de Malherbe* : (*Paris*,) 1666, *in*-8. étoit un Soldat qui ſe mêloit de verſifier.

Le P. le Long devoit auſſi être corrigé ſur Mademoiſelle des Roches, qu'il avoit miſe en 1597. Elle eſt morte en même temps que Magdelaine Neveu, Dame des Roches ſa mère, d'une maladie peſtilentielle, comme on le peut voir dans la *Bibliotheque du Poitou*, par M. du Radier, *tom. II. pag.* 418.]

47267. Hiſtoire de la Poéſie Françoiſe & des Poëtes François, (depuis ſon origine;) par Guillaume MASSIEU, de l'Académie Royale des Inſcriptions & Belles-Lettres : [*Paris*, Prault, 1739, *in*-12.]

☞ Le Père le Long la citoit manuſcrite, avec la date de 1705. Elle n'étoit alors que commencée & en ébauche. L'Auteur, qui eſt mort en 1722, n'a été que juſqu'à Clément Marot, & au Règne de François I. Il ſe propoſoit de venir juſqu'à notre temps, comme on le peut voir *tom. I.* de l'*Hiſt. de l'Acad. des Inſcript. & Belles-Lettres*, *pag.* 309. On a mis pour Préface de l'Imprimé, la *Défenſe* qu'il avoit faite *de la Poéſie*, qui avoit déja paru *pag.* 161, du *tom. II.* des *Mémoires* de la même Académie.

47268. Hiſtoire & Règles de la Poéſie Françoiſe : [*Paris*, 1706, Giffart, *in*-12.] *Amſterdam*, Roger, 1717, *in*-12.

L'Abbé MERVESIN eſt l'Auteur de cette Hiſtoire.

Nota. « Dans le ſecond Volume des Converſations » de Mademoiſelle SCUDERY, il y a une Épiſode ſur » la Poéſie Françoiſe juſqu'au Règne de Henri III. On » y débite agréablement un grand nombre de particu- » larités qui concernent la vie & le caractère des anciens » Poëtes de la Nation ». *Bayle*, Nouvelles de la République des Lettres, *Art. IV.* de l'*Année* 1685.

47269. ☞ Remarques ſur l'Hiſtoire de la Poéſie Françoiſe ; par Evrard TITON DU TILLET.

A la fin de ſon *Parnaſſe François* : *Paris*, Coignard, 1732, *in*-fol. *pag*. xxix.]

47270. ☞ Diſcours ſur les progrès de la Poéſie Françoiſe ; par l'Abbé LAMBERT.

Dans ſon *Hiſtoire Littéraire du Règne de Louis XIV.* Paris, Prault, 1751, *in*-4. tom. *II.* après la *pag.* 280.]

47271. * Enumération de tous les Poëtes François qui ont fait des Poéſies morales, juſqu'en 1657 ; par Guillaume COLLETET, de l'Académie Françoiſe.

Cette Enumération ſe trouve dans ſon *Diſcours de la Poéſie Morale & ſententieuſe*, imprimé avec ſon *Diſcours du Poëme Bucolique* : Paris, Chamd'houri, 1657, *in*-12.

47272. Abrégé de la Vie des Poëtes François, qui ont compoſé des Epigrammes ; par Cl. Ignace BREUGIÈRE, Sieur de Barante.

Cet abrégé eſt imprimé dans le Recueil des plus belles Epigrammes des Poëtes François : *Paris*, le Clerc, 1698, *in*-12. 2 vol. *Ibid.* 1700, *in*-12. 2 vol.

47273. Abrégé de la Vie des Poëtes François, depuis *Villon* juſqu'à M. de Benſerade.

☞ Cet Abrégé, que l'on a attribué à Madame d'Aunoy, eſt de Bernard DE FONTENELLE, ſelon l'Abbé Trublet, (*pag.* 74 de ſes *Mémoires* ſur M. de Fontenelle : *Amſterdam*, 1761, *in*-12.) Il eſt imprimé dans le Recueil des plus belles Pièces de ces Poëtes : *Paris*, Barbin, 1692, *in*-12. 5 vol.

Les Poëtes dont la Vie s'y trouve en abrégé, ſont, = Villon, = Marot, = Saint-Gelais, = du Bellay, = Baïf, = Jodelle, = Belleau, = Regnier, = des Portes, = du Bartas, = du Perron, = Malherbe, = Racan, = Maynard, = Gombaud, = de Lingendes, = Malleville, = Morin, = l'Etoile, = Théophile, = Boiſrobert, = Saint-Amand, = Brebeuf, = Maître Adam, = Triſtan l'Hermite, = le P. le Moine, = Godeau, = Deſmareſt, = Chapelain, = Lalane, = Patrix, = la Comteſſe de la Suze, = Gibert, = d'Alibray, = Habert, = Marigny, = le Chevalier de Cailly, = Madame de Villedieu, = de la Sablière, = Montreuil, = de Charleval, = Saint-Pavin, = Voiture, = Scarron, = Sarazin, = de la Chapelle, = Benſerade.]

47274. ☞ Notices des principaux Poëtes François.

Elles ſe trouvent dans le Recueil publié par M. le FORT DE LA MORINIÈRE, ſous ce titre : « Choix de Poë- » ſies Morales & Chrétiennes, depuis Malherbe juſqu'à » ce jour : *Paris*, Prault, 1739, *in*-8. 3 vol.]

47275. ☞ Mémoire hiſtorique ſur la Chanſon en général, & en particulier ſur la Chanſon Françoiſe ; par M. (Anne-Gabriel) Meuſnier DE QUERLON.

Ce Mémoire eſt au-devant de l'*Anthologie Françoiſe*, ou *Chanſons choiſies*, depuis le XIIe Siècle juſqu'à préſent : *Paris*, 1765, *in*-8. On trouve dans ce Diſcours des Notices ſur nos plus fameux Poëtes.]

47276. ☞ Eloges abrégés des principaux Poëtes qui ont paru ſous le Règne de

Louis XIV. par l'Abbé (Claude-François) LAMBERT.

Dans son *Histoire Littéraire de Louis XIV*. *Paris*, Prault, 1751. Le Livre qui regarde les Poëtes est le VIIe, *tom. II. pag.* 281-502.]

47277. ☞ Description du Parnasse François, exécuté en bronze, suivie de la Liste des Poëtes & Musiciens rassemblés sur ce Monument; par M. (Evrard) TITON DU TILLET : *Paris*, Coignard, 1727, *in*-12.

Cet Ouvrage, considérablement augmenté, sur-tout par rapport aux Notices historiques des Poëtes & Musiciens, a paru ensuite sous le titre suivant :

Le Parnasse François, dédié au Roi; par M. (Evrard) TITON DU TILLET : *Paris*, Coignard, 1732, *in-fol.* (d'environ 900 pages.)

On y trouve une gravure du Parnasse François, & les Médaillons des plus illustres Poëtes, &c. qui s'y voyent.

L'Auteur a publié ensuite de nouvelles Notices historiques sur les Poëtes & Musiciens qu'il avoit omis, ou sur ceux qui étoient morts depuis la publication de l'Ouvrage précédent.

Supplément du Parnasse François, jusqu'en 1743, & quelques autres Pièces qui ont rapport à ce Monument : *in-fol.*

Ce Supplément commence *pag.* 660 (ou 673, pour quelques Exemplaires dont les premiers Articles ont été réliés avec le corps du Parnasse, parce qu'apparemment ils ont été donnés par M. Titon avant les autres.) Ce premier Supplément n'est numéroté que jusqu'à 832. Mais il doit y avoir ensuite une Addition de huit pages qui ne sont pas numérotées : on trouve à la fin la Table de ce Supplément.

Second Supplément du Parnasse François, ou Suite de l'Ordre Chronologique des Poëtes & des Musiciens que la mort a enlevés depuis le commencement de l'année 1743 jusqu'en cette année 1755 : *in-fol.* de 86 pages.

En tête est une Liste Chronologique des Poëtes & Musiciens contenus dans ce Supplément. Il commence par sept articles omis dans le premier Supplément. Le tout va depuis le num. 288 jusqu'au 331, qui contient les Articles de quatre Musiciens, dont M. Titon n'a pu dire que peu de choses. On trouve (*pag.* 85 & 86, qui sont les dernières,) quelques Remarques. L'Auteur y observe, entre autres choses, que depuis le num. 52 (du Volume de 1732) jusqu'au num. 196, il est fait mention de près de 300 Poëtes & Musiciens qui ont vécu sous Louis XIV. l'Apollon du Parnasse François, & que depuis le num. 197 il est question de 130 qui ont vécu sous Louis XV. auquel ce Monument est dédié.

(Troisième Supplément, ou) Description du Parnasse François..... suivie de diverses Pièces en Prose & en Vers, au sujet de ce Monument : *Paris*, 1760, *in-fol.*

On y trouve les Listes des Poëtes & Musiciens, rangés selon les Classes relatives à leurs talens, & plus de Médaillons que dans le Volume de 1732, outre une nouvelle figure du Parnasse François augmenté.

M. Titon du Tillet est mort à Paris le 26 Décembre 1762, âgé de 85 ans. Son Parnasse en bronze a été placé dans la Bibliothèque du Roi, & on y a ajouté sa figure & celle de M. de Voltaire.]

47278. ☞ Mss. Mémoires pour servir à l'Histoire des Poëtes François; par M. l'Abbé BRUN, Chanoine de Saint-Agricole d'Avignon.

Cet Ouvrage, qui pourroit faire un gros *in*-4. d'impression, est conservé à Lyon dans la Bibliothèque de la Communauté de S. Sulpice. On en peut prendre une idée dans une Lettre de M. l'Abbé le Clerc, publiée par M. l'Abbé d'Artigny, dans ses *Mémoires*, *tom. V. pag.* 421. Il y est question d'environ 600 Poëtes François.]

47279. ☞ Histoire de la Poésie Françoise, ou des Ouvrages qui concernent cette Histoire; par M. l'Abbé (Cl. Pierre) GOUJET.

C'est la dernière partie du *tom. VIII.* de sa *Bibliothèque Françoise*, ou *Histoire de la Littérature Françoise* : *Paris*, Guérin, 1741 & *s. in*-12. *pag.* 300-404.

Dans les Volumes suivans, jusqu'au XVIII. qui est le dernier qui ait paru en 1756, il est traité assez au long des Ouvrages des Poëtes François, par ordre chronologique, depuis Helinand, mort en 1209, jusqu'à Madame des Houlières, morte en 1694. L'Auteur ne paroît pas avoir eu communication du Manuscrit de Colletet, (ci-dessus, N.° 47266,) quoiqu'il commence avec lui à Helinand.]

== ☞ Histoire de la Vie & des Ouvrages de Gaspar *Abeille*, (mort en 1718;) par le Père NICERON.

Dans ses *Mémoires*, &c. *tom. XLII. pag.* 348. Nous l'avons déjà citée dans notre Tome I. aux *Ecclésiastiques du second Ordre*.]

47280. ☞ Notice de Charles Vion d'*Alibray*, qui vivoit au XVIe Siècle.

Dans le *Parnasse François*, 1732, *pag.* 330. Cet Article est critiqué dans le Moréri de 1759, au mot *Dalibray*.]

47281. ☞ Histoire de la Vie & des Ouvrages de Michel d'*Amboyse*, mort vers 1548;) par le P. NICERON.

Dans ses *Mémoires*, &c. *tom. XXXIII. pag.* 328.]

47282. ☞ Histoire de la Vie & des Ouvrages de Florent Carton d'*Ancourt*, mort en 1726; par le P. NICERON.

Dans ses *Mémoires*, &c. *tom. XVI. p.* 287. *Voyez* encore le *Parnasse François*, 1732, *pag.* 607.]

== ☞ Eloges, &c. de Robert Arnauld d'*Andilly*.

Ci-devant, Tome III. N.ºs 32738 & *suiv.*

Voyez encore le *Parnasse François*, *in-fol.* 1732, *pag.* 344.]

47283. ☞ Histoire de la Vie & des Ouvrages de Barthélemi *Aneau*; par le P. NICERON.

Dans ses *Mémoires*, &c. *tom. XXII. pag.* 170. Aneau étoit Luthérien, & il fut massacré à Lyon en 1565. On a de lui des Poésies Grecques, Latines & Françoises.]

47284. ☞ Notice historique de François d'*Arbaud* de Porchères, (mort en 1640;) par MM. PELLISSON & D'OLIVET.

Dans *l'Hist. de l'Académie Françoise*, Edit. de 1743. *tom. I. pag.* 239. Ce Poëte étoit cousin de Malherbe.]

47285. ☞ Remarques sur le même, & sur un autre de Porchères, (Laugier) aussi de l'Académie Françoise, (mort en 1653.)

Dans les *Mémoires* de l'Abbé d'Artigny, *tom. V. pag.* 235.]

Vies des Poëtes François. 175

== ☞ Histoire de Guillaume *Aubert*, Jurisconsulte & Poëte, mort en 1600.

Ci-dessus, N.° 45820.]

47286. ☞ Histoire de la Vie & des Ouvrages de Germain *Audebert*, Poëte Latin, mort en 1598; par le P. NICERON.

Dans ses *Mémoires*, &c. tom. *XXIV*. pag. 84.]

47287. ☞ Lettre de M. DE LA GRAVE, Commissaire au Châtelet, sur M. *Avisse*, Poëte Dramatique.

Dans le *Journal de Verdun*, 1761, *Octob*. pag. 282.]

47288. Vie d'*Ausone*, Bourdelois, (mort peu après l'an 392;) par André THEVET.

Cette Vie est imprimée au Tome II. des *Vies des Hommes Illustres*, Chapitre LXXXVI. Paris, 1575, *in-fol*. [& dans l'Edition *in*-12. 1671, t. *VII*. p. 297.]

47289. ☞ Histoire de la Vie & des Ouvrages de Guillaume des *Autels*, (mort en 1670;) par le Père NICERON.

Dans ses *Mémoires*, &c. tom. *XXX*. pag. 14.]

== ☞ Notice historique de Jean d'*Authon*, Poëte & Historien, mort en 1528.

Ci-dessus, N.° 46622.]

47290. ☞ Notice de Jacques *Autreau*, Poëte & Peintre, mort en 1745.

Dans le *Parnasse François*, second Supplément, pag. 29.]

47291. ☞ Notice historique d'Esprit Jean de Rome, Sieur d'*Ardene*, mort en 1748.

Dans le même Supplément, pag. 50.]

== Vie de Jean *Babu*, mort en 1700.

Ci-dessus, [aux *Théologiens*, N.° 45764.]

47292. ☞ Notice historique de Jean-Antoine de *Baïf*, Poëte & Musicien, mort en 1592.

Dans le *Parnasse François*, 1732, pag. 159.]

47293. ☞ Notice historique de Jean-Louis Guez de *Balzac*, Poëte Latin, &c. mort en 1654.

Dans le même Ouvrage.

Voyez encore ci-dessus, aux *Orateurs*, &c.]

47294. ☞ Notice historique de Gilbert *Banchereau*, mort vers 1600; par M. DREUX DU RADIER.

Dans sa *Bibliothèque du Poitou*, tom. *III*. pag. 79.]

47295. ☞ Eloge de Balthasar *Baro*, de l'Académie Françoise, (mort en 1650;) par M. PELLISSON.

Dans l'*Histoire de cette Académie*, tom. *I*. Edit. de 1743, pag. 296.]

47296. ☞ Histoire de Vallée des *Barreaux*, mort en 1674; par Pierre BAYLE.

Dans son *Dictionnaire historique & critique*.]

47297. ☞ Notice historique de Guillaume Salluste du *Bartas*, mort en 1590 ou 1591.

Dans le *Parnasse François*, 1732, pag. 156.]

47298. ☞ Histoire de la Vie & des Ouvrages de Nicolas *Barthélemi*; par le Père NICERON.

Dans ses *Mémoires*, &c. tom. *XXXVIII*. pag. 279. Barthélemi florissoit vers l'an 1523.]

47299. ☞ Notice historique du petit *Beauchâteau*, Poëte célèbre dès l'âge d'onze ans, en 1657.

Dans le *Parnasse François*, 1752, pag. 321.]

47300. ☞ Eloge de François de *Beauvilliers*, Duc de Saint-Aignan, de l'Académie Françoise, (mort en 1687.)

Dans les *Nouvelles de la République des Lettres*, 1688, *Janvier*.]

47301. ☞ Eloge du même; par l'Abbé D'OLIVET.

Dans l'*Hist. de l'Acad. Françoise*, Edition de 1743, tom. *II*. pag. 235.]

== ☞ Histoire de la Vie & des Ouvrages de Joachim du *Bellay*, (mort en 1560;) par le Père NICERON.

Dans ses *Mémoires*, &c. tom. *XVI*. pag. 390.

Nous l'avons déja indiquée dans notre Tome I. en considérant du Bellay comme Ecclésiastique du second Ordre.]

47302. ☞ Notices historiques du même & de son frère Jean Cardinal, mort aussi en 1560.

Dans le *Parnasse François*, 1732, pag. 124 & 126.]

47303. ☞ Remigii *Belleau*, Tumulus ab amicis constructus : *Parisiis*, 1577, *in-4*.]

47304. ☞ Histoire de la Vie & des Ouvrages de Belleau, (mort en 1577;) par le Père NICERON.

Dans ses *Mémoires*, &c. tom. *XXXI*. pag. 169.

On peut voir encore le *Parnasse François*, 1732, pag. 137.]

47305. ☞ Notice historique de Pierre *Bellocq*, mort en 1704.

Dans le *Parnasse François*, 1732, pag. 301.]

47306. Vie ou Eloge d'Isaac de *Benserade*, Gentilhomme Normand, Poëte François, de l'Académie Françoise, (mort en 1690;) par François TALLEMANT, de la même Académie.

Cette Vie est imprimée au-devant des Œuvres de Benserade : Paris, de Sercy, 1697, *in*-12. 2 vol.

47307. Eloge du même; par Charles PERRAULT, de l'Académie Françoise.

Au Tome II. des *Eloges des Hommes Illustres*, p. 79 : Paris, 1701, *in-fol*.

47308. ☞ Eloge historique du même; par Joseph D'OLIVET.

Dans l'*Hist. de l'Acad. Françoise*, Edition de 1743, tom. *II*. pag. 251.]

47309. ☞ Histoire de la Vie & des Ouvrages du même; par le P. NICERON.

Dans ses *Mémoires*, &c. tom. *XIV*. pag. 304.]

47310. ☞ Notice historique de Jacques *Bereau*, mort vers 1570 ; par M. Dreux du Radier.

Dans sa *Bibliothèque du Poitou, tom. II. pag.* 252.]

47311. ☞ Notice de Jean *Bertaut*, mort en 1611 ; Evêque de Séez.

Dans le *Parnasse François*, 1732, *pag.* 175.]

== ☞ Histoire, &c. de Jean *Bertet*, Poëte en diverses Langues, &c. mort en 1692.

Ci-dessus, N.° 47005.]

47312. ☞ Mémoire sur la Vie & les Ouvrages de François-Séraphique *Bertrand*, Nantois, Avocat & Poëte, mort en 1752 ; par M. F. Montaudouin, Négociant à Nantes.

Dans le *Mercure*, 1753, *Mars*, & dans le *Journal de Verdun*, 1756, *Novembre*.]

47313. ☞ Notice historique de Théodore de *Beze*, consideré comme Poëte, (mort en 1605.)

Dans le *Parnasse François*, 1732, *pag.* 167. *Voyez* plusieurs Vies du même dans notre Tome I. N.os 5875 & *suiv.*]

47314. ☞ Notice historique d'Adam *Billaut*, mort en 1662.

Dans le même Livre, *pag.* 275. Ce Poëte, qui étoit Menuisier à Nevers, étoit connu sous le nom de *Maître Adam*.]

47315. ☞ Notice historique d'Adam de *Blacvod*, mort en 1613 ; par M. Dreux du Radier.

Dans sa *Bibliothèque du Poitou, tom. III. pag.* 187.]

47316. ☞ Notice historique de Pierre *Blanchet*, mort en 1519 ; par M. Dreux du Radier.

Dans sa *Bibliothèque du Poitou, tom. II. pag.* 13.]

47317. ☞ Notice de Jean *Boiceau*, mort en 1589 ; par le même.

Dans le même Ouvrage, *tom. II. pag.* 444.]

47318. ☞ Eloge de Nicolas *Boileau des Préaux*, (mort en 1711 ;) par Claude Gros de Boze.

Dans l'*Hist. de l'Acad. des Inscript. & Belles-Lettres, tom. III. in-*4. *pag.* 293, & *tom. I. in-*8. *pag.* 210.]

47319. Mémoire sur la Vie & le caractere du même.

Ce Mémoire est imprimé avec ceux de la Vie & du caractere des plus illustres personnes mortes en 1711 : *Londres*, 1712, *in-*8.

47320. Vie de Nicolas Boileau, Sieur des Préaux ; par M. des Maiseaux : *Amsterdam*, Schelte, 1712, & 1715, *in-*12.

47321. ☞ Autre ; par M. (Claude) Brossette.

Au-devant des Œuvres de Boileau, avec des Notes historiques : 1717, 1722, 1729, *in-*11. 4 vol. 1730, *in-fol.* & *in-*4.]

47322. ☞ Histoire de la Vie & des Ouvrages du même ; par le P. Niceron.

Dans ses *Mémoires*, &c. *tom.* XXIV. *pag.* 183. *Voyez* encore le *Parnasse François*, 1732, *p.* 533.]

47323. ☞ Remarques sur le même ; par Jacques-Georges de Chaufepié.

Dans son *Dictionnaire historique & critique*.]

47324. ☞ Bolæana ; (par Jacq. Losme de Monchesnay.)

Dans l'Edition des Œuvres de Boileau : *Paris*, 1740, & dans celle de 1747.]

47325. ☞ Lettre de M. (Bernard) de Fontenelle, au sujet de quelques endroits du *Bolæana*.

Dans le *Journal des Sçavans*, 1741, *Mai*, dans les Œuvres de M. de Fontenelle, & dans l'Edition des Œuvres de Boileau, 1747, *tom.* V. *pag.* 120. C'est au sujet du jugement que Boileau a porté de Corneille.]

47326. ☞ Additions au Bolæana, recueillies de divers Auteurs, avec des Remarques historiques & critiques ; par M. (Ch. Hugues le Febvre) de Saint-Marc.

Dans son Edition de Boileau : *Paris*, 1747, *in-*8. 5 vol. après le Bolæana.

Il faut voir encore les « Mémoires sur Jean *Racine*, » (ci-après) publiés en 1747, par Louis Racine : » ils renferment nombre d'Anecdotes sur Boileau, intime ami de Jean Racine, & des corrections importantes aux Histoires précédentes de la Vie de Boileau.]

47327. ☞ Notice historique de Nicolas *Boindin*, mort en 1751.

Dans le second Supplément au *Parnasse François*, *pag.* 60.]

47328. ☞ Eloge de François le Métel de *Boisrobert*, de l'Académie Françoise, (mort en 1662 ;) par l'Abbé (Joseph) d'Olivet.

Dans l'*Histoire* de cette Académie, Edit. de 1743, *tom. II. pag.* 98. Nous avons cité dans notre Tome I. N.° 10976, son article par le Père Niceron. *Mém.* &c. *tom.* XXXV. *pag.* 53. On peut voir encore le *Parnasse François*, 1732, *pag.* 278.]

== ☞ Vita Petri *Boissatii*, mortui anno 1662.

Histoire de la Vie & des Ouvrages de Pierre Boissat, de l'Académie Françoise, &c.

Ci-devant, Tome III. N.os 33154-33156.]

47329. ☞ Eloge du même ; par l'Abbé (Joseph) d'Olivet.

Dans l'*Hist. de l'Acad. Françoise*, Edition de 1743, *tom. II. pag.* 90.]

47330. ☞ Notice historique de Jean *Boivin*, mort en 1726, consideré ici comme Poëte.

Dans le *Parnasse François*, 1732, *p.* 610. *Voyez* ci-devant son *Eloge*, N.os 46559 & *suiv.*]

== ☞ Notice historique de Jean *Bouchet*, Poëte & Historien, mort en 1555.

Ci-dessus, N.° 46668.]

== ☞ Eloges de Jean *Boudier*, Historien & Poëte, mort en 1723.

Ci-dessus, N.° 46669.]

47331. ☞ Notice historique de Jean *Bouhier*,

hier, mort en 1746, & considéré comme Poëte.

Dans le second Supplément du *Parnasse François*, *in-fol. pag.* 35.
Voyez la Vie de ce sçavant Président de Dijon, ci-devant, au Tome III. N.° 33076.]

== ☞ Histoire de la Vie & des Ouvrages de Nicolas *Bourbon* l'ancien, (mort en 1550;) par le P. NICERON.

Dans ses *Mémoires*, &c. *tom. XXVI. pag.* 48.]

== ☞ Eloge de Nicolas *Bourbon* le jeune, de l'Académie Françoise, (mort en 1644;) par le P. NICERON.

Dans ses *Mémoires*, &c. *tom. XXVI. pag.* 52.
Nous avons déja indiqué ces deux Articles, Tome I. au Clergé du second Ordre.
On trouve encore une Notice historique de Bourbon le jeune, dans le *Parnasse François*, 1732, *pag.* 213; & dans l'Avertissement des *Mémoires* de Bruys : *Paris*, 1751, *in-*12. 2 vol.]

47332. ☞ Eloge du même Nicolas Bourbon le jeune; par MM. PELLISSON & D'OLIVET.

Dans l'*Hist. de l'Acad. Françoise*, Edition de 1743, *tom. I. pag.* 242.]

47333. ☞ Remarques sur Matthieu *Bourrelier*, mort après 1650; par D. LIRON.

Dans ses *Singularités historiques*, *tom. I. pag.* 481.]

47334. ☞ Eloge d'Edme *Boursault*, mort en 1701.

Dans l'Avertissement de son Théâtre : *Paris*, 1725, *in-*12. 3 vol.]

47335. ☞ Histoire de la Vie & des Ouvrages du même; par le Père NICERON.

Dans ses *Mém.* &c. *tom. XIV. p.* 363, & *XX. p.* 79.
On peut encore voir le *Parnasse François*, 1732, *pag.* 481.]

== ☞ Eloge de François *Boutard*, Poëte Latin, mort en 1729.

Ci-devant, Tome I. N.° 10993.]

47336. ☞ Eloge de Claude *Boyer*, de l'Académie Françoise, mort en 1698; par l'Abbé (Joseph) D'OLIVET.

Dans l'*Histoire* de cette Académie, *tom. II.* Edit. de 1743, *pag.* 344.]

47337. ☞ Notice du même.

Dans le *Parnasse François*, 1732, *pag.* 472.]

47338. Guillelmi de *Brebeuf*, Poëtæ, Tumulus, Versibus; Auctore Guillelmo MARCEL, Basiliensi propè Cadomum Pastore : 1662, *in-*4.
De Brebœuf est mort en 1661.

47339. ☞ Notice historique du même.

Dans le *Parnasse François*, 1732, *pag.* 272.
Voyez encore une *Dissertation sur la Pharsale*, &c. *Paris*, Savreux, 1664, *in-*12.]

47340. ☞ Notice de Charles-Antoine le Clerc de la *Bruere*, mort en 1754.

Dans le second Supplément du *Parnasse François*, 1732, *pag.* 75.]

Tome *IV. Part. I.*

47341. ☞ Vie de David-Augustin de *Brueys*, mort en 1723.

A la tête de son Théâtre : *Paris*, 1735, *in-*12. 3 vol.
On a indiqué ci-dessus, (N.° 45768) une Histoire de sa Vie, & de ses Ouvrages, par le Père Niceron. On le considère en cet endroit comme Théologien Controversiste. Il ne s'est point annoncé comme Poëte Dramatique durant sa vie.
Voyez encore le *Parnasse François*, 1732, *p.* 592.]

47342. ☞ Notice historique de Pierre *Brumoy*, mort en 1742.

Dans le premier Supplément du *Parnasse François*, *p.* 773. *Voyez* encore ci-devant, Tome I. N.° 14204.]

47343. ☞ Notice historique d'Antoine le *Brun*, mort en 1743.

Dans le second Supplément du *Parnasse François*, *pag.* 15.]

47344. ☞ Notice de Louis le *Brun*, mort en 1607.

Dans le *Parnasse François*, 1732, *pag.* 284.]

47345. ☞ Notice de Jean de *Bussières*, mort en 1678.

Dans le *Parnasse François*, 1732, *pag.* 357.]

47346. ☞ Notice de Roger Rabutin de *Bussy*, mort en 1693.

Dans le même Livre, *pag.* 451.]

47347. ☞ Notice du Chevalier de *Cailly*, mort vers 1670.

Dans le *Parnasse François*, *pag.* 332. On n'en sçait que peu de choses.]

47348. ☞ Notice de François de *Callières*, mort en 1717.

Dans le second Supplément du *Parnasse François*, *pag.* 5.]

47349. ☞ Histoire de la Vie & des Ouvrages de Gautier de Costes de la *Calprenede*, (mort en 1663;) par le P. NICERON.

Dans ses *Mémoires*, &c. *tom. XXXVII. pag.* 235.
Voyez aussi le *Parnasse François*, 1732, *pag.* 254.]

47350. ☞ Eloge de Jean-Gualbert de *Campistron*, (mort en 1723.)

Dans la *Bibliothèque Françoise* de du Sauzet, *t. III.*]

47351. ☞ Histoire de la Vie & des Ouvrages du même; par le P. NICERON.

Dans ses *Mémoires*, &c. *tom. XXV. pag.* 161.
Voyez encore le *Parnasse François*, 1732, *p.* 584.]

47352. ☞ Remarques sur le même; par Jacques Georges DE CHAUFEPIÉ.

Dans son *Diction. historique & critique.*]

47353. ☞ Notice de Louis *Campistron*; mort en 1737.

Dans le second Supplément du *Parnasse François*, *pag.* 720.]

47354. ☞ Eloge de Jacques *Cassagnes*, de l'Académie Françoise, mort en 1679; par l'Abbé D'OLIVET.

Dans l'*Histoire* de cette Académie, *tom. II.* Edit. de 1743, *pag.* 166.
On peut voir encore l'Article de sa Vie & de ses Ou-

vrages, par le P. Niceron, indiqué dans notre Tome I. N.° 11031, & la Notice qu'on en donne dans le *Parnasse François*, 1732, pag. 362.]

47355. ☞ Notice de N. de *Caux*, mort vers 1737.

Dans le 1ᵉʳ Supplément du *Parnasse François, p.* 695.]

47356. ☞ Notice historique de Jean-Antoine du *Cerceau*, mort en 1730.

Dans le *Parnasse François*, 1732, pag. 650.]

47356.* ☞ Notice de Marc Duncan de *Cerisantes*, mort en 1648.

Dans le même Livre, pag. 230.]

47357. ☞ Eloge de Jean *Chapelain*, de l'Académie Françoise, mort en 1674, par l'Abbé d'Olivet.

Dans l'*Hist. de l'Ac. Fr.* Ed. de 1743, *in-12. p.* 145.]

☞ Notice historique du même.

Dans le *Parnasse François*, 1732, pag. 331.]

47358. ☞ Eloge de Claude-Emmanuel Luillier *Chapelle*, mort en 1688.

Dans le *Journal des Sçavans* de cette année, Juin. Cet Eloge est de François Bernier, dit le Mogol, ami de Chapelle.]

47359. ☞ Mémoires sur la Vie du même; par M. le Fevre de S. Marc.

A la tête des *Œuvres de Chapelle*, &c. Paris, Quillau 1755, *in*-12.

Voyez encore le *Parnasse François, pag.* 411.]

47360. ☞ Notice de Jean de la *Chapelle*, mort en 1723.

Dans le *Parnasse François, pag.* 586.]

47361. ☞ Histoire de la Vie & des Ouvrages de Claude *Chappuys*, (mort vers 1574;) par le P. Niceron.

Dans les *Mémoires*, &c. *tom. XXXIX. pag.* 85.]

47362. ☞ Notice historique de Jean-Louis de *Charleval*, mort en 1693.

Dans le *Parnasse François*, 1732, *pag.* 453.]

== ☞ Eloges de François *Charpentier*.

Ci-dessus, N.° 47031.

Voyez encore le *Parnasse François*, 1732, *p.* 491.]

47363. ☞ Eloge de Guillaume Amfrye de *Chaulieu*, mort en 1720.

Dans les Lettres sur quelques Ecrits de ce temps, *tom. IV.* On peut encore voir ci-devant notre Tome I. N.° 11043.]

47364. ☞ Remarques sur le même; par Jacques-Georges de Chaufepié.

Dans son *Dictionnaire historique & critique*.]

47365. ☞ Abrégé de la Vie de M. (Pierre-Claude Nivelle) de la *Chaussée*, mort en 1754; par M. Fréron.

Dans son *Année Littéraire*, 1763, *tom. I. p.* 314.]

47366. ☞ Notice du même.

Dans le 2ᵉ Supplément du *Parnasse François, p.* 71.]

47367. ☞ Notice d'Urbain *Chevreau*, considéré comme Poëte.

Dans le même Supplément, *pag.* 1.

Voyez ci-devant, aux *Historiens*, N.° 46695 & *suiv.*]

47368. ☞ Eloge de Michel le *Clerc*, de l'Académie Françoise, mort en 1691; par l'Abbé (Joseph) d'Olivet.

Dans l'*Histoire* de cette Académie, *tom. II.* Edition de 1743, *pag.* 263.]

47369. ☞ Notice historique de Pierre *Cleric*, mort en 1740.

Dans le premier Supplément du *Parnasse François*; 1732, *pag.* 721.]

47370. ☞ Vie de Jean *Clopinel*, dit *de Meun*; (mort après l'an 1300;) par André Thévet.

Au *tom. II. des Vies des Hommes illustres:* Paris, 1575, *in-fol.* Chap. *XCI.* [& *tom. VII.* de l'Ed. *in*-12. (1671) *pag.* 51.]

47371. ☞ Notice historique du même.

Dans le *Parnasse François*, 1732, *pag.* 103.]

== ☞ Eloge de Charles *Coffin*, Poëte Latin, mort en 1749.

Ci-devant, Tome I. N.° 11262.]

47372. ☞ Mort de M. le Chevalier de *Cogollin*; par M. Fréron.

Dans son *Année Littéraire*, 1760, *tom. VII. p.* 116.]

47373. ☞ Notice historique de Guillaume *Colletet*, mort en 1659.

Dans le *Parnasse François*, 1732, *pag.* 257.]

== ☞ Eloge de François de Cauvigny de *Colomby*, de l'Académie Françoise, mort en 1648.

Ci-dessus, N.° 47042.]

47374. ☞ Notice historique de Dominique *Colonia*, mort en 1741.

Dans le second Supplément du *Parnasse François, pag.* 150, & ci-devant, Tome I. N.° 14201.]

47375. ☞ Notice historique de Jean *Commire*, Poëte Latin, mort en 1702.

Dans le *Parnasse François*, 1732, *pag.* 492.]

47376. ☞ Notice de Valentin *Conrart*.

Dans le *Parnasse François*, 1732, *pag.* 352.

Voyez encore ci-dessus, N.ᵒˢ 47046 & 47047.]

47377. ☞ Notice de Guillaume *Coquillard*, mort vers 1500.

Dans le *Parnasse François*, 1732, *pag.* 107.]

47378. ☞ Eloge de Pierre *Corneille*, de l'Académie Françoise, (mort en 1684;) par Pierre Bayle.

Dans les *Nouvelles de la République des Lettres*, 1685, Janvier, Article X.

47379. ☞ Eloge historique du même; par Charles Perrault, de la même Académie.

Au *tom. I. des Eloges des Hommes illustres, pag.* 83: Paris, 1696, *in-fol.*

47380. ☞ Vie du même; par M. de Fontenelle, son Neveu.

Dans les *Œuvres de Fontenelle, tom. III.* Edit. de 1767, *pag.* 81.

Dans l'*Histoire de l'Académie Françoise*, par l'Abbé d'Olivet, *tom. II.* Edit. de 1743, *pag.* 104, & à la tête des dernières Editions des Œuvres de P. Corneille.]

Vies des Poëtes François.

47381. ☞ Notice historique du même.

Dans le *Parnasse François*, 1732, pag. 371.]

47382. ☞ Histoire de la Vie & des Ouvrages du même; par le P. NICERON.

Dans ses *Mémoires*, &c. tom. *XV. p.* 349, & tom. *XX. pag.* 88.

47383. ☞ Eloge historique du même, couronné à l'Académie de Rouen; par M. (Gabr. Henri) GAILLARD : 1768, *in*-8.]

47384. ☞ Eloge historique de Thomas *Corneille*, (mort en 1709;) par Claude GROS DE BOZE.

Dans l'*Hist. de l'Acad. des Inscript. & Belles-Lettres, tom. I. in-4. pag.* 387, & dans l'Édition *in-8. tom. I. pag.* 161.]

47385. ☞ Notice historique du même.

Dans le *Parnasse François*, 1732, *pag.* 381.]

47386. ☞ Histoire de la Vie & des Ouvrages du même; par le P. NICERON.

Dans ses *Mém.* &c. tom. *XXIII. pag.* 136.]

47387. ☞ Ode & Lettres à M. de Voltaire, en faveur de la Famille du grand Corneille; par M. Denys LE BRUN : 1760, *in*-8.]

47388. ☞ Notice historique de Gabriel *Cossart*, Poëte Latin, mort en 1674.

Dans le *Parnasse François*, 1732, *pag.* 349.]

47389. ☞ Eloge de Charles *Cotin*, de l'Académie Françoise, mort en 1682; par l'Abbé D'OLIVET.

Dans l'*Histoire de cette Académie, tom. II.* Edition de 1743, *pag.* 182.

On peut voir encore son Article par le P. Niceron, indiqué dans notre Tome I. N.° 11081.]

47390. ☞ Notice historique de Charles-Emmanuel de *Coulanges*, mort en 1716.

Dans le *Parnasse François*, 1732, *pag.* 559.]

47391. ☞ Eloge historique de M. (Prosper Jolyot) de *Crébillon*, mort le 17 Juin 1762. *Mercure*, 1762, *Juillet, pag.* 149.

Il est précédé d'une Lettre sur la Pompe funèbre de ce Poëte ; & l'on trouve dans le même Volume une Ode sur sa mort, *pag.* 54.]

47392. ☞ Tombeau de M. de Crébillon.

Année Littéraire, 1762, tom. *VII. pag.* 237.]

47393. ☞ Eloge de M. de Crébillon : 1762, *in*-8.

Ce n'est qu'une Satyre des Ecrits de ce Poëte.

Voyez l'*Année Littéraire*, 1762, tom. *VII. p.* 217.]

47394. ☞ Mf. Eloge du même; par M. DU BOULLAY; lu dans l'Académie de Rouen le 2 Août 1762.

Il est conservé dans les Archives de cette Académie.]

47395. ☞ Mf. Eloge de M. de Crébillon; par M. (Jean-Bernard) MICHAULT, de l'Académie de Dijon.

Lu à la Séance publique de cette Académie, le 8 Décembre 1762. Il est conservé dans ses Régistres.]

Tome *IV. Part. I.*

47396. ☞ Lettre sur un Article concernant M. de Crébillon.

Dans l'*Année Littéraire*, 1763, tom. *III. pag.* 68.]

47397. ☞ Lettre de M. MARET, Secrétaire de l'Académie de Dijon, sur la patrie de M. de Crébillon. *Journal de Verdun*, 1767, *Avril, pag.* 293.]

47398. ☞ Abrégé de la Vie de M. de Crébillon.

Dans la *Galerie Françoise*, petit *in-fol.* num. V.]

47399. ☞ Notice de Guillaume *Cretin*, mort vers 1525.

Dans le *Parnasse François*, 1732, *pag.* 109.]

47400. ☞ Eloge de Jean-Claude de *Croisilles*.

Dans les *Nouvelles Littéraires de Caën :* 1744.]

47401. ☞ Eloge d'Antoine *Danchet*, mort en 1748 ; par Nicolas FRERET.

Dans l'*Hist. de l'Acad. des Inscript. & Belles-Lettres, tom. XXI. in-4. pag.* 243.

Voyez encore le *Parnasse François*, second Supplément, *pag.* 43.]

47402. * Les Adventures de (Charles Coypeau, Sieur) DASSOUCY, Musicien & Poëte, écrites par lui-même : [*Paris*, Quinet, 1678,] *in*-12. 2 vol.

Il a publié lui-même ce Livre, qui renferme des choses fort bizarres, & que l'on regarde comme un Roman. [Cet Auteur, que l'on appelloit le Singe de Scarron, est mort en 1679.]

47403. * Histoire du même ; par Pierre BAYLE.

Dans son *Dictionnaire historique & critique*.]

47404. ☞ Notice de Fr. Michel-Chrétien *Deschamps*, mort en 1747.

Dans le second Supplément du *Parnasse François; pag.* 38.]

47405. ☞ Mémoire sur Jos. Fr. Edouard Corsembleu *Desmahis*, mort en 1761.

A la tête de ses *Œuvres diverses*, 1763, & au *Journ. Encycloped.* 1761, *Juin.*]

47406. ☞ Histoire de la Vie & des Ouvrages d'Etienne *Dolet*; par le P. NICERON.

Dans ses *Mémoires*, &c. tom. *XXI. pag.* 107.

Dolet fut brûlé à Paris comme impie, en 1546.]

47407. Elogium Joannis Aurati (*Dorat*,) Poetæ Latini; Auctore Papirio MASSONO : *Parisiis*, 1588, *in*-4.

Jean Dorat est mort en 1588.

☞ On trouve encore cet Eloge dans le Recueil des Eloges de Papire Masson, publié par Balesdens : *Parisiis*, 1638, *in*-12.) tom. *II. pag.* 287.]

47407. * ☞ Observations sur le même ; par Gilles MÉNAGE.

Dans ses *Remarques sur la Vie de Pierre Ayrault*, &c. *pag.* 186.

Voyez encore ci-dessus, N.° 47068.]

47408. Histoire du même ; par Pierre BAYLE.

Dans son *Dictionnaire historique & critique*.

47409. ☞ Notice du même Dorat.

Dans le *Parnasse François*, 1732, *pag*. 150.]

47410. ☞ Histoire de la Vie & des Ouvrages du même ; par le P. NICERON.

Dans ses *Mémoires*, &c. *tom. XXVI. pag.* 109.]

47411. ☞ Notice de Jean *Doujat*, mort en 1688.

Dans l'*Histoire de l'Académie Françoise*, par MM. PELLISSON & D'OLIVET, *tom. I. pag.* 361, Ed. de 1743. *Voyez* encore aux *Jurisconsultes*, N.° 45875 & *suiv*.]

47412. ☞ Eloge de Gabriel le *Duc*, Seigneur de Saint-Clou, en Normandie.

Dans les *Nouvelles Littéraires de Caen* : 1744.]

47413. ☞ Eloge de Joseph-François *Duché*, mort en 1705 ; par Paul TALLEMANT.

Dans l'*Hist. de l'Acad. des Inscript. & Belles-Lettres*, tom. I. in-4. pag. 342, & tom. I. in-8, pag. 31.

Voyez encore le *Parnasse François*, *pag*. 502.]

47414. ☞ Eloge de Charles Rivière *Dufresny*, (mort en 1724.)

Dans le *Mercure*, 1724, *Octobre*, & à la tête du Recueil de ses Œuvres : Paris, 1731, *in* 12. 6 vol.

Voyez encore le *Parnasse François*, pag. 594.]

47415. ☞ Remarques sur le même.

A la fin du *tom. II*. de l'*Hist. critique des Journaux*, (par Camusat,) *pag*. 224. Mais cet Article qui regarde le *Mercure*, (auquel Dufresny a travaillé depuis 1721, jusqu'à 1724,) est de Bernard, Libraire d'Amsterdam.]

47416. ☞ Histoire de la Vie & des Ouvrages du même ; par le P. NICERON.

Dans ses *Mémoires*, &c. *tom. XVII. pag.* 129.]

== ☞ Eloge de Jacques *Dulorens*, Poëte satyrique & Jurisconsulte, mort en 1658.

Ci-dessus, N.° 45879.]

47417. ☞ Eloge d'Antoine - François du Perrier *Dumourier*, mort en 1769.

Dans le *Nécrologe* de 1773, *pag*. 25.]

47418. ☞ Lettre à M. Jamet le jeune, sur Gilles *Durant*, Sieur de la Bergerie, Auteur des Imitations de la Pancharis de Jean de Bonnefons, sur ses Poésies, & sur les bévues singulières du Dictionnaire historique portatif, à son Article, où l'on a pris l'Ane de la Ligue pour Durant, & la mort de cet Ane pour celle du Poëte ; avec l'Apologie de Durant.

Dans le *Journal de Verdun*, 1757, *Juillet*. L'Auteur du *Dictionnaire portatif*, (l'Abbé Ladvocat,) s'est corrigé & excusé dans son Edition de 1760. Durant est mort après l'an 1599.

Voyez dans le *Parnasse François*, 1732, *pag*. 180, ce qui est dit de Durant, & *pag*. 179 de Bonnefons.]

47419. ☞ Eloge de Claude de l'*Etoile*, de l'Académie Françoise, mort en 1652 ; par MM. PELLISSON & D'OLIVET.

Dans l'*Hist. de cette Académie*, *tom. I.* Edition de 1743, *pag*. 305.]

47420. ☞ Notice historique du même.

Dans le *Parnasse François*, 1732, *pag*. 239.]

47421. ☞ Histoire de la Vie & des Ouvrages du même ; par le P. NICERON.

Dans ses *Mémoires*, &c. tom. XLII. pag. 363.]

47422. ☞ Eloge de Christophe-Barthélemi *Fagan*, mort le 28 Avril 1755 ; par (Ch.) PESSELIER.

Cet Eloge se trouve à la tête des Pièces de Théâtre de Fagan.]

47423. ☞ Notice historique du même.

Dans le second Supplément du *Parnasse François*, *pag*. 81.]

47424. ☞ Notice de Charles-Auguste de la *Fare*, mort en 1712.

Dans le *Parnasse François*, 1732, *pag*. 544.]

== ☞ Eloge de Nicolas *Faret*, mort en 1646.

Ci-dessus, N.ºs 47075 & 47076.]

47425. ☞ Notice de N. *Fatouville*, mort en 1688.

Dans le premier Supplément du même Ouvrage, *pag*. 671.]

47426. ☞ Notice historique de Pierre *Fauveau*, mort en 1562 ; par M. DREUX DU RADIER.

Dans sa *Bibliothèque du Poitou*, tom. II. pag. 228.]

47427. ☞ Eloge de Jean-Elie Leriget de la *Faye*, mort en 1731.

Dans les *Mémoires de Trévoux*, 1731, *Août*.

Voyez encore le *Parnasse François*, *pag*. 653.]

47428. ☞ Notice de M. de *Fénelon*, comme Poëte François.

Dans le *Parnasse François*, *pag*. 554.]

47429. ☞ Notices du Chevalier de la *Ferté*, & autres de sa Famille.

Dans le second Supplément du *Parnasse François*, *pag*. 10.]

47430. ☞ Notice des Poésies de Gaspar de *Fieubet*.

Dans le *Parnasse François*, 1732, *pag*. 456.]

47431. ☞ Autres sur celles d'Esprit *Fléchier*.

Ibid. pag. 519.]

47432. ☞ Notice historique de Melchior *Follard*, Poëte, mort en 1739.

Dans le second Supplément du *Parnasse François*, *pag*. 14.]

47433. ☞ Notices de Jacques de la *Fonds*, & de N. de la *Font*.

Dans le *Parnasse François*, *pag*. 434 & 599.]

47434. ☞ Portrait de Jean de la *Fontaine*, de l'Académie Françoise, (mort en 1695.)

Au-devant de ses Œuvres posthumes : Paris, de Luynes, 1696, *in*-12.

47435. ☞ Eloge historique du même ; par Charles PERRAULT, de la même Académie.

Au *tom. I.* des *Eloges des Hommes illustres*, *pag*. 83, Paris, 1696, *in-fol*.

47436. ☞ Eloge de Jean de la Fontaine, de l'Académie Françoise; par Joseph d'Olivet.

Dans l'*Histoire* de cette Académie, *tom. II.* Edition de 1743, *pag.* 314.]

47437. ☞ Notice historique du même.

Dans le *Parnasse François*, 1732, *pag.* 466.]

47438. ☞ Histoire de la Vie & des Ouvrages du même; par le P. Niceron.

Dans ses *Mémoires*, &c. tom. *XVIII. pag.* 314.]

47439. ☞ Vie du même; par M. de Montenault.

A la tête de l'Edition des Fables de la Fontaine, *in-fol.* fig. *Paris*, 1758.

Il est bon de voir sur quelques omissions de cette Vie, les *Mémoires de Trévoux*, 1755, *Juillet*; & 1759, *Février. pag.* 390.]

47440. ☞ Remarques sur le même Jean de la Fontaine; par Jacques-Georges de Chaufepié.

Dans son *Dictionnaire historique & critique*.]

47441. ☞ Notice & Anecdotes sur l'Abbé François Guyot des *Fontaines*, considéré comme Poëte.

Dans le second Supplément du *Parnasse François*, *pag.* 31.

Voyez ci-devant, N.os 47087, ses Eloges, &c.]

== ☞ Eloges, Mémoires, &c. sur Bernard de *Fontenelle*.

Ci-dessus, aux *Philosophes*, N.os 46758 & *suiv*. M. de Fontenelle a tenu de bonne heure un rang distingué parmi les Poëtes.]

47442. ☞ Histoire de la Vie & des Ouvrages d'Antoine de la *Fosse*, (mort en 1708;) par le P. Niceron.

Dans ses *Mémoires*, &c. tom. *XXXV. pag.* 24.

Voyez aussi le *Parnasse François*, 1732, *pag.* 512.]

47443. ☞ Notice historique de Jacques du *Fouilloux*, mort en 1574; par M. Dreux du Radier.

Dans sa *Bibliothèque du Poitou*, tom. *II. pag.* 324.]

== ☞ Eloges de Cl. François *Fraguier*, Poëte Latin, &c. mort en 1728.

Ci devant, Tome I. N.os 11134-11137.

Voyez le *Parnasse François*, 1732, *pag.* 622.]

47444. ☞ Notice de Jean de la *Frenaye*, mort vers 1610.

Dans le *Parnasse François*, 1732, *pag.* 211.]

47445. ☞ Lettre de M. Rémond de Sainte-Albine, à M. des Forges-Maillard, sur un Poëte François, (N. *Frenicle*,) *Mercure*, 1750, *Mars*.]

47446. ☞ Notice historique de Charles-Alphonse du *Fresnoy*, Poëte Latin & Peintre, mort en 1665.

Dans le *Parnasse François*, 1732, *pag.* 285.

Voyez ci-après, sa Vie, comme Peintre.]

47447. ☞ Histoire de la Vie & des Ouvrages du même; par le P. Niceron.

Dans ses *Mémoires*, &c. tom. *XIV. pag.* 190.]

47448. ☞ Notice des Poésies de Jean *Froissart*, (mort après l'an 1400;) par M. de la Curne de Sainte-Palaye.

Dans l'*Hist. de l'Acad. des Inscript. & Belles-Lettres*, tom. *XIV. pag.* 219.

On trouve ci-dessus, N.os 46734 & 35, les Pièces qui concernent Froissart, considéré comme Historien.]

47449. ☞ Notice du Poëte *Fulcoïus*, qui fleurit en France du temps de Henri I. (au XI.e Siècle;) par l'Abbé (Jean) Lebeuf.

Dans ses *Dissertations sur l'Histoire de Paris*, &c. tom. *II.* (Paris, Lambert, 1741, *in-12.*) *pag.* 237.]

47450. ☞ Notice historique de Jean *Fuselier*, mort en 1752.

Dans le second Supplément du *Parnasse François*, *pag.* 67.]

47451. ☞ Histoire de la Vie & des Ouvrages de François *Gâcon*, mort en 1725; par M. Gacon, son frère.

Dans les *Mémoires* du P. Niceron, tom. *XXXVIII. pag.* 233. Il dit que cet Article lui a été envoyé de Lyon.

Voyez aussi le *Parnasse François*, *pag.* 605.]

47452. ☞ Histoire de la Vie & des Ouvrages de Robert *Garnier*, (mort en 1590;) par le Père Niceron.

Dans ses *Mémoires*, &c. tom. *XXI. pag.* 377.

On peut voir encore l'Eloge de Garnier dans le Livre IV. des Eloges de Scévole de Sainte-Marthe, dans ceux de M. de Thou, & dans le *Parnasse François*, *pag.* 153.]

47453. ☞ Notice de Gilbert *Gaumin*, Poëte Latin, mort en 1667.

Dans le *Parnasse François*, 1732, *pag.* 289.]

47454. ☞ Vie de Charles-Claude *Genest*; de l'Académie Françoise, mort en 1719.

On l'attribue à l'Abbé d'Olivet. Elle est imprimée *pag.* 1, du tom. *I.* des *Mélanges historiques*, publiés par M. Michault : *Paris*, Tilliard, 1754, *in-12.* 2 vol.]

47455. ☞ Notice historique du même.

Dans le *Parnasse François*, *pag.* 565.]

47456. ☞ Histoire de la Vie & des Ouvrages de Jean de la *Gessée*, qui fleurissoit en 1573; par le Père Niceron.

Dans ses *Mémoires*, &c. tom. *XLI. pag.* 377.]

47457. ☞ Notice historique de Gabriel Gilbert, mort vers 1680.

Dans le *Parnasse François*, *pag.* 386.]

47458. ☞ Lettre sur *Gilles de Paris*, Auteur d'un Poëme intitulé, *La Caroline*.

Dans le *Journal de Verdun*, 1758, *Septembre*. L'Auteur de cette Lettre est Dom Jean-François Colomb, Religieux de S. Vincent du Mans.]

47459. ☞ Lettre sur la Caroline, ou plutôt le Carolin, de Gilles de Paris, où l'on prouve, contre le sentiment de D. Colomb, que ce Poëme a été dédié à Louis VIII. & non à Louis IX. son fils; par M. Dreux du Radier.

Dans le même *Journal*, 1759, *Janvier*.]

47460. ☞ Eloge d'Antoine *Godeau*, de l'Académie Françoise, & Evêque de Vence, mort en 1672; par MM. Pellisson & d'Olivet.

Dans l'*Histoire* de cette Académie, *tom. I.* Edition de 1743, *p.* 314. On peut voir encore le *Parnasse François*, *pag.* 303, & ci-devant, dans notre Tome I. N.os 8843 & *suiv.*]

47461. ☞ Notice de Jean Ogier de *Gombauld*, mort en 1666.

Dans le *Parnasse François*, *pag.* 287.

Voyez encore ci-dessus, N.os 47160 & 47161.]

47462. ☞ Notice de Marin le Roy de *Gomberville*, mort en 1674.

Dans le même Ouvrage, *pag.* 341, & ci-dessus, N.º 47094.]

47463. Vie de Pierre *Goudelin*, Poëte Toulousain, (mort en 1649;) par Germain La Faille.

Au-devant des Œuvres de Goudelin (ou Goudouli :) Toulouse, Pech, 1678, *in*-12.

47464. ☞ Notice historique du même.

Dans le *Parnasse François*, *pag.* 232.]

47465. ☞ Eloge de M. de la *Grange*, mort en 1767.

Dans le *Nécrologe* qui a paru en 1770, *pag.* 159. Il n'est point ici question de la *Grange-Chancel*, qui suit, & qui a été l'Auteur de l'Amadis & du Libelle si connu sous le nom de Philippiques.]

47466. ☞ Eloge de Louis de la *Grange-Chancel*, mort le 28 Décembre 1758, âgé d'environ 80 ans.

Dans l'*Année Littéraire*, 1759, *tom. VIII.* .]

47467. ☞ Remarques sur les deux frères *Gréban*, Poëtes du XVe Siècle; par Prosper Marchand.

Dans son *Dictionnaire historique & critique*.]

47468. ☞ Histoire de la Vie & des Ouvrages de Jacques *Grévin*, (mort en 1570;) par le P. Niceron.

Dans ses *Mémoires*, &c. *tom. XXVI. pag.* 339.

Voyez aussi le *Parnasse François*, *pag.* 130.]

47469. ☞ Remarques sur Pierre *Gringore*, Poëte, qui florissoit en 1500; par Dom Liron.

Dans ses *Singularités historiques*, *tom. I. pag.* 358.]

47470. ☞ Histoire de la Vie & des Ouvrages du même; par le P. Niceron.

Dans ses *Mémoires*, &c. *tom. XXXIV. pag.* 47.]

47471. ☞ Lettre de M. l'Abbé Lebeuf, au sujet des Poésies de Pierre *Groguet*: *Mercure*, 1739, *Juin.*]

47472. ☞ Lettre de M. Jolly, Chanoine de la Chapelle aux Riches, à M. l'Abbé Lebeuf, sur le même sujet. *Mercure*, 1739, *Juin.*]

47473. ☞ Réponse de M. l'Abbé Lebeuf, aux difficultés de M. Joly, touchant la patrie & le nom de Pierre Groguet. *Mercure*, 1739, *Juillet.*]

47474. ☞ Lettre de M***, écrite aux Auteurs du Mercure, en leur envoyant le fragment de la Chronique rimée de Pierre Groguet. *Mercure* 1740, *Novembre.*]

47475. ☞ Eloge historique d'Adrien *Guesdou*, Poëte, mort vers 1590; par M. Dreux du Radier.

Dans ses *Hommes illustres de Thymerais*, *pag.* 5.]

47476. ☞ Notice de *Guillaume de Lorris*.

Dans le *Parnasse François*, *pag.* 102.]

47477. ☞ Eloge de Michel *Guyot de Merville*, mort en 1755.

Au-devant de ses Œuvres de Théâtre : *Paris*, 1766, Duchesne, *in*-12. 3 vol. On trouve l'Abrégé de cet Eloge, (par M. Castillon,) dans le *Nécrologe* de 1766, ou retouché *pag.* 211 du Recüeil de 1767.

M. Titon du Tillet en avoit donné une Notice à la fin de son second Supplément du *Parnasse François*, (en 1755,) *pag.* 82.]

47478. ☞ Histoire de la Vie & des Ouvrages de François *Habert*, mort vers 1562; par le P. Niceron.

Dans ses *Mémoires*, &c. *tom. XXXIII. pag.* 182.]

47479. ☞ Eloge de Philippe *Habert*, de l'Académie Françoise, (mort en 1637;) par M. Pellisson.

Dans l'*Histoire* de cette Académie, *tom. I.* Edition de 1743, *pag.* 227.]

47480. ☞ Notice historique du même.

Dans le *Parnasse François*, *pag.* 205.]

47481. ☞ Notice du Poëte *Hesnaud*.

Dans le *Parnasse François*, *pag.* 457. Il vivoit dans le XVIIe Siècle. On ignore le temps de sa mort.]

47482. ☞ Notice de Michel de l'*Hospital*, Chancelier de France, Poëte Latin.

Ibid. pag. 132.

Voyez ci-devant, Tome III. N.os 31503 & 31504.]

== ☞ Eloge, &c. de Daniel *Huet*, mort en 1721.

Ci-devant, Tome I. N.os 9927 & *suiv.* On ne le considère ici que comme Poëte Grec & Latin.

Voyez encore le *Parnasse François*, *pag.* 574.]

47483. Discours de la Vie d'Estienne *Jodelle*, Parisien; par Charles de la Mothe, Conseiller au Grand-Conseil.

Ce Discours de la Poésie Françoise & des Poëtes, qui contient la Vie de Jodelle, mort en 1573, est au-devant de ses Œuvres : *Paris*, Chesneau, 1574, *in*-4.

47484. ☞ Histoire de la Vie & des Ouvrages du même; par le P. Niceron.

Dans ses *Mémoires*, &c. *tom. XXVIII. pag.* 243.]

47485. ☞ Notice de François-Antoine *Jolly*, mort en 1753.

Dans le second Supplément du *Parnasse François*, *pag.* 69.]

Vies des Poëtes François. 183

47486. ☞ Notice de Gilbert *Jonin*, mort en 1638.
Dans le *Parnasse François*, pag. 206.]

47487. ☞ Remarques sur Michel *Langlois*, Poëte Latin, qui florissoit en 1500; par Dom LIRON.
Dans ses *Singularités historiques*, tom. III. p. 251.]

== ☞ Remarques sur Honoré *Laugier* de Porchères.
Ci-dessus, N.° 47285.]

47488. ☞ Notice de N. de *Launay*, mort vers 1740.
Dans le 2e Supplément du *Parnasse François*, p. 52.]

47489. ☞ Eloge d'Alexandre *Laynez*, mort en 1710.
Dans les Lettres sur quelques Ecrits de ce temps, au premier Supplément du *Parnasse François* de M. Titon du Tillet, p. 520, & à la tête des Œuvres de Laynez.]

47490. ☞ Observations sur *Leonius*, Poëte de Paris, (du XIIe Siècle;) par l'Abbé (Jean) LEBEUF.
Dans ses *Dissertations sur l'Histoire de Paris*, &c. tom. II. Paris, Lambert, 1741, pag. 267.]

47491. ☞ Notice historique de François *Limojon* de Saint-Didier, mort en 1739.
Dans le premier Supplément du *Parnasse François*, pag. 707.]

47492. ☞ Notice de N. de *Linant*, mort vers 1750.
Dans le 2e Supplément du *Parnasse François*, p. 59.]

47493. ☞ Notice de Pierre de *Lingendes*, mort vers 1630.
Dans le *Parnasse François*, pag. 210.]

47494. ☞ Notice d'Hilaire-Bernard de *Longepierre*, mort en 1721.
Dans le même Ouvrage, pag. 578.]

47495. ☞ Eloge d'Alexandre-Louis de Beljambe de *Longrais*.
Dans ses *Nouvelles Littéraires de Caen* : 1744.]

47496. ☞ Notice de Jean *Loret*, mort en 1665.
Dans le *Parnasse François*, pag. 293. Loret a été l'Auteur d'une Gazette en Vers.]

47497. ☞ Histoire de la Vie & des Ouvrages de Pierre le *Loyer*, (mort en 1634;) par le P. NICERON.
Dans les *Mémoires*, &c. tom. XXVI. pag. 317.]

47498. ☞ Deux Mémoires de M. le Comte DE CAYLUS, sur Guillaume de *Machaut*, Poëte & Musicien, dans le XIVe Siècle, contenant des Recherches sur sa Vie & ses principaux Ouvrages. *Mém. de l'Acad. des Inscr. & Bell. Lett.* tom. XX. p. 399 & 415.]

47499. Vita seu Elogium Gabrielis *Magdeleneti*; Auctore Petro PETITO.
Ce Poëte Lyrique est mort en 1661. Sa Vie est imprimée au-devant de ses Œuvres poétiques : *Parisiis*, 1661, in-12.

47500. ☞ Histoire de la Vie & des Ouvrages du même Magdelenet; par le Père NICERON.
Dans ses *Mémoires*, &c. tom. XXV. pag. 116.
Voyez aussi le *Parnasse François*, pag. 268.]

47501. ☞ Notice de Louis *Magnet*, mort en 1676.
Dans le *Parnasse François*, pag. 256.]

== ☞ Recherches sur Jean le MAIRE.
Ci-dessus, N.° 46804.]

47502. ☞ Histoire de la Vie & des Ouvrages de Jean *Mairet*, (mort vers l'an 1660;) par le P. NICERON.
Dans ses *Mémoires*, &c. tom. XXV. pag. 243.
Voyez encore le *Parnasse François*, pag. 264.]

47503. ☞ Ms. Vie de Jean Mairet, de Besançon, Poëte François; par M. DE FRASNE, Avocat-Général Honoraire du Parlement de Besançon, de l'Académie de cette Ville.
Cette Vie est dans les Registres de cette Académie.]

47504. ☞ Notice d'Isaac le *Maître* de Saci, mort en 1684.
Dans le *Parnasse François*, pag. 347.]

== ☞ Eloge de Nicolas de *Malézieu*, mort en 1727.
Ci-dessus, N.os 46501 & 46502.
Voyez encore le *Parnasse François*, pag. 618.]

47505. ☞ Eloge de M. *Malfilatre*, mort en 1767.
Cet Eloge se trouve au-devant de la magnifique Edition de son Poëme [de Narcisse : *Paris*, Duchesne, 1769, in-8. Il y en a un Abrégé dans le *Nécrologe* qui a paru en 1770, pag. 137.]

47506. Vie de François de *Malherbe*, de Caen; par Honorat de Bueil, Marquis de RACAN, de l'Académie Françoise.
De Malherbe est mort en 1628. Sa Vie est au-devant des Divers Traités d'Histoire, &c. [publiés par Sant-Ussan:] *Paris*, [Thiboust,] 1672, in-12. dans la partie III. des *Mémoires de Littérature* [de Sallengre:] la Haye, du Sauzet, 1717, in-8. [& à la tête de l'Edition des Poésies de Malherbe: *Paris*, 1723, in-12. 3 vol. & enfin avec beaucoup de Notes à la tête de l'Edition donnée par M. le Fevre de S. Marc : *Paris*, Barbou, 1757, in-8. Racan n'a pas fait proprement une Vie de Malherbe, mais un petit Ouvrage intitulé : *Les Faits & dits de Malherbe*.

47507. Eloge historique du même ; par Ch. PERRAULT, de l'Académie Françoise.
Au tom. I. des *Eloges des Hommes illustres*, pag. 67 : *Paris*, 1696, in-fol.

47508. ☞ Histoire de la Vie & des Ouvrages du même ; par le P. NICERON.
Dans ses *Mémoires*, &c. tom. VII. pag. 40.
Voyez encore le *Parnasse François*, pag. 200.]

Vie de Malherbe, (attribuée à M. Meusnier DE QUERLON.)
A la tête de la dernière Edition de Malherbe : *Paris*, Barbou, 1764, in-8.]

47509. ☞ Notice historique de Claude de *Malleville*, de l'Académie Françoise, mort en 1647; par M. PELLISSON.
Dans l'*Histoire* de cette Académie, tom. I. Edition de 1743, pag. 165.
Voyez aussi le *Parnasse François*, pag. 223.]

47510. ☞ Notice historique de Pierre *Mambrun*, Poëte Latin, mort en 1661.

Dans le *Parnasse François*, pag. 266.]

47511. ☞ Eloge de Louis *Mangenot*, mort en 1768.

Dans le *Nécrologe* qui a paru en 1769, pag. 85.]

47512. ☞ Notice de Jacques Charpentier de *Marigny*, mort vers 1660.

Dans le *Parnasse François*, pag. 329.]

47513. ☞ Notice des Poésies, &c. de Michel de *Marillac*, Garde des Sceaux, mort en 1632.

Dans le *Parnasse François*, pag. 204.]

47514. ☞ Histoire abrégée de la Vie & des Ouvrages de Pierre Carlet de Chamblain de *Marivaux*, mort en 1763.

Dans la *Galerie Françoise*, petit in-fol. num. VIII.
On trouve encore son Eloge dans le Mercure, dans le Nécrologe de 1764, & à la tête de ses Œuvres.]

47515. ☞ Histoire de la Vie & des Ouvrages de Jean & de Clément *Marot*; par le Père NICERON.

Dans ses *Mémoires*, &c. tom. XVI. pag. 97 & 108.

Jean Marot est mort en 1523, & Clément son fils, (qui est plus fameux,) en 1544.
Voyez sur ces deux Poëtes, le *Parnasse François*, pag. 111 & 112. On peut voir encore au sujet du dernier, le Dictionnaire de Bayle, & les Remarques de l'Abbé Jolly; mais sur-tout la Préface de l'Edition de Marot, donnée par Lenglet du Fresnoy: *la Haye*, 1731, *in* 12. 6 vol.]

== ☞ Eloge de Fr. Marie de *Marsy*.

Ci-dessus, N.º 46812.]

47516. ☞ Observations sur *Martial d'Auvergne*, ancien Poëte, (mort en 1508.) Mercure, 1749, Septembre.

C'est le même qui est aussi connu sous le nom de *Martial de Paris*, où il avoit fixé sa demeure.
On peut voir ce qui en est dit dans le *Parnasse François*, pag. 108.]

47517. ☞ Histoire de la Vie & des Ouvrages du même; par le P. NICERON.

Dans ses *Mémoires*, &c. tom. IX. pag. 171.]

== ☞ Eloge, &c. de Guillaume *Massieu*, mort en 1722.

Ci-devant, Tome I. N.ᵒˢ 11274-11276.
Voyez encore le *Parnasse François*, pag. 582.]

47518. ☞ Eloge de J. Fr. Dieu-donné *Maucomble*, mort en 1768.

Dans le *Nécrologe* qui a paru en 1770, pag. 301.]

47519. ☞ Notice historique de François de *Maucroix*, mort en 1708.

Dans le *Parnasse François*, pag. 509. On le considère ici comme Poëte. Nous avons indiqué l'Histoire de sa Vie, au Tome I. N.ᵒˢ 11281 & 11282.]

47520. ☞ Notices historiques de François *Maynard*, de l'Académie Françoise, mort en 1646; par M. PELLISSON.

Dans l'*Histoire de cette Académie*, tom. I. Edition de 1743, pag. 253, & dans le *Parnasse François*, pag. 217.]

47521. ☞ Notice historique de Gilles *Ménage*, mort en 1692.

Dans le *Parnasse François*, pag. 437.

On a déja indiqué ses Vies & Eloges, Tome I. N.ᵒˢ 11284 & *suiv*.]

== ☞ Eloge & Notice d'Hippolyte-Jules Pilet de la *Mesnardière* de l'Académie Françoise, mort en 1663.

Ci-dessus, aux *Médecins*, N.ᵒˢ 46221 & 46222.]

47522. ☞ Eloge de Jean *Michel*, (mort en 1495 ;) par le P. NICERON.

Dans ses *Mémoires*, &c. tom. XXXVII. pag. 395.]

47523. ☞ Notice historique de Pierre-Antoine *Millieu*, mort en 1646.

Dans le *Parnasse François*, pag. 222.]

47524. ☞ Eloge de Georges-Louis Valon de *Mimeure*, mort en 1719.

Dans les *Mémoires* de l'Abbé d'Artigny, tom. VI. pag. 125
Voyez encore le second Supplément du *Parnasse François*, pag. 7.]

47525. ☞ Notice de Pierre le *Moine*, Jésuite, mort en 1671.

Dans le *Parnasse François*, pag. 301.]

47526. ☞ Notice de Jacques *Moisant*, mort en 1674.

Dans le *Parnasse François*, pag. 350.]

47527. Vie de J. Bapt. Pocquelin de *Molière*, (mort en 1673.)

Elle est imprimée au-devant de ses Œuvres.

47528. Vie du même; par Jean-Léonard LE GALLOIS DE GRIMAREST, Professeur des Langues: *Paris*, le Febvre, 1705, *in*-12. Seconde Edition, revue & corrigée: *Amsterdam*, Desbordes, 1705, *in*-12.

47529. Lettre critique sur la Vie de Molière: *Paris*, 1706, *in*-12.

47530. Additions de Jean-Léonard LE GALLOIS, à la Vie de Molière, [avec une Réponse à la Critique:] *Paris*, [le Febvre,] 1706, *in*-12.

47531. Eloge historique de Molière; par Charles PERRAULT, de l'Académie Françoise.

Au tom. I. des Eloges des Hommes illustres, pag. 79: *Paris*, 1696, *in-fol*.

47532. ☞ Notice historique du même; par Evrard TITON DU TILLET.

Dans son *Parnasse François*, 1732, pag. 308.]

47533. ☞ Histoire de la Vie & des Ouvrages du même; par le P. NICERON.

Dans ses *Mémoires*, &c. tom. XXIX. pag. 169.]

47534. ☞ Vie de Molière, avec des jugemens sur ses Ouvrages; (par M. DE VOLTAIRE:) *Paris*, Prault, 1739, *in*-12. (de 120 pages.)

47535.

47535. ☞ Lettre sur la Vie (précédente) de Molière.

Elle se trouve dans le *Mercure*, 1739, *Août*, & au tom. *IV.* du Recueil intitulé : *Amusemens du cœur & de l'esprit*, publié par M. Philippe de Prétot : *Paris*, Pissot, 1741.]

47536. ☞ Eloge du même : Discours qui a remporté le Prix de l'Académie Françoise en 1769 ; par M. DE CHAMFORT : *Paris*, veuve Regnard, 1769, *in*-8. de 35 pages.]

47537. ☞ Idées sur Molière ; par M. DE LA HARPE.

Cette Esquisse, que l'Auteur n'eut pas le temps de travailler, ayant été remise à l'Académie, lui mérita cependant la première place après le beau Discours de M. de Chamfort. Elle est imprimée dans le *Mercure*, 1770, *Décembre*, *pag.* 134-143.]

47538. ☞ Les Intrigues de Molière & celles de sa Femme : (sans nom de lieu ni d'année :) *in*-12. de 88 pages.

C'est le récit des Infortunes domestiques de Molière, & des infidélités de sa femme. Cette Histoire, ou ce Roman, finit au Mariage de la veuve de Molière avec le Comédien Guérin. Bayle, en son *Dictionnaire*, Art. *Pocquelin de Molière*, Note C. rapporte d'assez longues citations de ce petit Livre, sous le nom d'*Histoire de la Guérin*, qu'il dit avoir été imprimée en 1688 ; mais c'est vraisemblablement la troisième impression. Dans la *Bibliothèque des Romans*, *pag.* 98, il est cité sous ce titre : « La fameuse Comédienne, ou l'Histoire de la » Guérin, Femme & Veuve de Molière : *Francfort*, » 1685 ; *Cologne*, 1688, *in*-12.]

47539. ☞ Eloge de Jacques Losme de Monchesnay. *Mercure*, 1740, *Septembre*.

On peut voir encore l'Avertissement du Tome V. de l'Edition des Œuvres de Boileau, publié par M. de Saint-Marc : *Paris*, 1747, *in*-8. (*pag*. xix.) & le *Parnasse François*, second Supplément, *pag.* 723. Monchesnay est mort en 1740.]

47540. ☞ Complainte sur le Trépas de Jean-Edouard du *Monin*, Poëte & Philosophe ; par T. BRETONNAYAU, T. Ecolier : 1586, *in*-8.]

47541. ☞ Joannis MORELLI, in Necem Eduardi Monini, Oratio funebris : *Parisiis*, Prévosteau, 1586, *in*-8.]

47542. ☞ Histoire de la Vie & des Ouvrages du même ; par le P. NICERON.

Dans ses *Mémoires*, &c. tom. *XXXI.* *pag.* 198.
On peut voir encore ce qui en est dit dans le *Dictionnaire* de BAYLE, mais sur-tout les *Observations* faites sur son Article, par l'Abbé JOLLY, qui a suppléé à ce qui manque dans Niceron : *Remarques sur le Dictionnaire de Bayle* : *Dijon* & *Paris*, Ganeau, 1752, *in-fol.* *pag.* 544.]

== ☞ Eloges de Bernard de la *Monnoye*, de l'Académie Françoise, mort en 1728.

Ci-dessus, N.os 47143 *& suiv.*]

47543. ☞ Notice historique du même, (considéré comme Poëte.)

Dans le *Parnasse François*, 1732, *pag.* 629.]

47544. ☞ Histoire de la Vie & des Ouvrages d'Antoine de *Montchrestien*, (mort en 1621 ;) par le P. NICERON.

Dans ses *Mémoires*, &c. tom. *XXXII.* *pag.* 59.]

Tome IV. Part. I.

47545. ☞ Eloge d'Antoine Gauthier de *Montdorge*, mort en 1768.

Dans le *Nécrologe* qui a paru en 1770, *pag.* 293.]

47546. ☞ Eloge d'Antoine Jacob, dit *Montfleury*, Auteur Dramatique, mort en 1685.

C'est l'Avertissement mis au-devant de l'Edition de son Théâtre : *Paris*, Flahaut, 1727, *in*-12. 2 vol.
Il est de M. (François-Antoine) JOLY, Laïc & Censeur Royal.
M. Titon du Tillet a donné *pag.* 644 de son *Parnasse François*, une Notice de Monfleury, ou plutôt Montfleury.]

47547. ☞ Notice historique de Henri-Louis Habert de *Montmor*, (considéré comme Poëte,) mort en 1679.

Dans le *Parnasse François*, *pag.* 358.]

47548. ☞ Notice du Comte de *Montplaisir*, mort vers 1660.

Dans le *Parnasse François*, *pag.* 328, & à la fin, dans les Additions, *pag.* xciij.]

47549. ☞ Eloges de Jean & de Matthieu de *Montreuil* ou *Montereul*.

Dans les *Mémoires* de l'Abbé d'Attigny, tom. *V.* p. 228, dans les *Mélanges* de M. Michault, *t. I. p.* 85, & dans le *Parnasse François*, *pag.* 444. Jean de Montreul ou Montereuil est mort en 1651, & Matthieu en 1691.]

47550. ☞ Histoire de la Vie & des Ouvrages de Nicolas de *Montreux*, (mort vers 1610 ;) par le Père NICERON.

Dans ses *Mémoires*, &c. tom. *XXXIX.* *pag.* 196.]

47551. ☞ Notice de Bernard *Moreau* de *Mautour*, mort en 1737.

Dans le premier Supplément du *Parnasse François*, *pag.* 692.
Voyez encore ci-dessus, N.º 46819.]

47552. ☞ Notice d'Antoine *Mornac*, mort en 1619.

Dans le *Parnasse François*, *pag.* 190. On ne le considère ici que comme Poëte : il étoit aussi un fameux Jurisconsulte.
Voyez Taisand, ci-dessus, N.º 45807.]

47553. ☞ Notice de Pierre *Motin*, Poëte du XVIe Siècle.

Dans le *Parnasse François*, *pag.* 203.]

47554. ☞ Lettre (de Nic. Ch. Joseph TRUBLET,) à Madame T. D. L. F. sur M. (Antoine) Houdar de la Motte, (mort en 1731 :) *Paris*, 1732, *in*-12. de 29 pages.]

47555. ☞ Mémoires sur (le même) M. de la Motte ; par le même Abbé TRUBLET.

Ils sont imprimés *pag.* 331-414, du Recueil intitulé : « Mémoires pour servir à l'Histoire de la Vie & des » Ouvrages de M. de Fontenelle : *Amsterdam*, Rey, » *& Paris*, Desaint, 1761, *in*-12.
Ce qui regarde M. de la Motte consiste principalement dans l'Article que l'Abbé Trublet avoit fourni pour le Dictionnaire de Moréri de 1759, mais qu'il a revu & augmenté. Il y a joint quelques petites Pièces. On peut voir à ce sujet les *Mémoires de Trévoux*, 1761, *Septembre*, *pag.* 2144-2155.
Voyez encore le *Parnasse François*, *pag.* 655.]

A a

47556. ☞ Notice de François le Poulchre, Sieur de la *Motte - Meffemé*, mort après 1606; par M. Dreux du Radier.

Dans fa *Bibliothèque du Poitou*, tom. III. pag. 18.]

47557. ☞ Remarques de D. Jean Liron, fur Laurent des *Moulins*, mort vers 1540 ou 1550.

Dans les *Singularités historiques*, tom. I. Paris, Didot, 1734, *in*-12, pag. 360-364.]

47558. ☞ Notice de Michel *Mourgues*, mort en 1713.

Dans le premier Supplément du *Parnasse François*, pag. 718.]

47559. ☞ Notice historique de Marc-Antoine *Muret*, mort en 1585.

Dans le *Parnasse François*, pag. 143.

Voyez ci-deffus, fes Eloges & Hiftoire, aux Orateurs & Philologues, N.os 47156, &c. Car on ne le confidère ici que comme Poëte.]

47560. ☞ Notice historique d'Augustin *Nadal*, mort en 1740.

Dans la *Bibliothèque du Poitou*, tom. IV. pag. 512. Déja indiquée ci-deffus, N.° 46837.]

47561. ☞ Notice du Duc de *Nevers*, (Philippe-Julien Mazarini-Mancini,) mort en 1707.

Dans le *Parnasse François*, pag. 508.]

47562. ☞ Notice du Préfident Claude *Nicole*, mort vers 1680.

Dans le même Ouvrage, pag. 365.]

47563. ☞ Notice historique d'Eustache le *Noble*, mort en 1711.

Dans le même *Parnasse*, pag. 550.

Voyez encore ci-deffus, N.° 47158.]

== Vies, &c. de Michel *Nostradamus*, Médecin, qui a écrit en vers fes Prédictions aftrologiques, mort en 1566.

Ci-deffus, N.os 46250 & *fuiv*.]

47564. ☞ Notice de Charles *Oger* ou *Ogier*, mort en 1654.

Dans le *Parnasse François*, pag. 333.]

== ☞ Eloges de Jean *Ogier de Gombauld*.

Ci-deffus, N.os 47160 & *fuiv*.

On peut voir aufli, en ne le confidérant que comme Poëte, le *Parnasse François*, pag. 287.]

47565. ☞ Obfervations fur un Recueil Manufcrit des Poéfies de Charles d'*Orléans*, (père de Louis XII. mort en 1465;) par l'Abbé (Claude) Sallier.

Dans les *Mémoires de l'Acad. des Infcript. & Belles-Lettres*, tom. XIII. pag. 580.]

47566. ☞ Notice historique de Romain Dupin *Pager*, mort vers 1640; par M. Dreux du Radier.

Dans fa *Bibliothèque du Poitou*, tom. III. p. 295.]

47567. ☞ Notice de Jean *Palaprat*, mort en 1721.

Dans le *Parnasse François*, pag. 579.]

47568. ☞ Histoire abrégée de Charles-François *Panard*, mort en 1765.

Dans la *Galerie Françoife*, petit *in-fol.* num. V.]
L'Eloge du même eft dans le *Nécrologe* de 1766, & retouché *pag.* 253 du Recueil de 1767.].

47569. ☞ Notice d'Eftienne *Pafquier*, mort en 1615.

Dans le *Parnasse François*, pag. 181.]
Voyez encore ci-deffus, N.° 45961.]

== ☞ Eloge, Histoire, &c. de Jean *Pafferat*, mort en 1602.

Ci-deffus, N.os 47168 & *fuiv*.]
Voyez encore le *Parnasse François*, pag. 162.]

47570. ☞ Histoire de la Vie & des Ouvrages de Pierre *Patrix*, mort en 1671; par le Père Niceron.

Dans fes *Mémoires*, &c. tom. *XXIV*. pag. 169.
Voyez encore le *Parnasse François*, pag. 300.]

47571. ☞ Eloge de Claude-Pierre *Pattu*, mort en 1757.

Dans l'*Année Littéraire*, 1757, tom. *VII*.]

== ☞ Eloge historique d'Etienne *Pavillon*, mort en 1705, par M. de Boze, &c.

Ci-deffus, N.os 46852 & *fuiv*.]

47572. ☞ Remarques fur le même; par Jacques-Georges de Chaufepié.

Dans fon *Dictionnaire historique & critique*.]

47573. ☞ Notice de René le *Pays*, mort en 1690.

Dans le *Parnasse François*, pag. 426.]

47574. ☞ Notice de N. *Pechantré*, mort en 1708.

Dans le *Parnasse François*, pag. 511.]

47575. ☞ Notice historique de Claude *Pelgey*, Poëte & Muficien, mort vers 1607; par M. Dreux du Radier.

Dans fa *Bibliothèque du Poitou*, tom. III. p. 166.]

47576. ☞ Notice de Simon-Jofeph *Pellegrin*, mort en 1745.

Dans le fecond Supplément du *Parnasse François*, pag. 23.]

47577. ☞ Notice de Paul *Pelliffon*, mort en 1693.

Dans le *Parnasse François*, pag. 447.
Voyez encore ci-devant, Tome III. N.os 32760 &*f*.]

47578. ☞ Notice de Charles du *Perier*, mort en 1692.

Dans le *Parnasse François*, pag. 435.]

47579. ☞ Histoire de la Vie & des Ouvrages de Bonaventure des *Periers*, mort en 1544; par le P. Niceron.

Dans fes *Mémoires*, &c. tom. *XXXIV*. p. 314.]

47580. ☞ Notice de Charles *Perrault*, mort en 1703.

Dans le *Parnasse François*, pag. 496.
Voyez encore ci-deffus, N.os 46856 & *fuiv*.]

Vies des Poëtes François.

47581. ☞ Notice de Pierre *Perrin*, mort vers 1680.

Dans le *Parnasse François*, pag. 385.]

47582. ☞ Notice de Jacques Davy du *Perron*, Cardinal, mort en 1618.

Dans le *Parnasse François*, pag. 188. Il n'est ici que comme Poëte.

Voyez encore ci-dessus, *pag.* 91.]

== ☞ Eloge de Charles-Etienne *Pesselier*, mort en 1763.

Ci-dessus, N.º 47178.

47583. ☞ Notice de Denys *Petau*, mort en 1652.

Dans le *Parnasse François*, pag. 236.

Voyez encore ci-devant, Tome I. N.ᵒˢ 14132 & *s.*]

47584. ☞ Notice de Pierre *Petit*, mort en 1687.

Dans le *Parnasse François*, pag. 422.

Voyez encore ci-dessus, N.º 46275.]

47585. ☞ Notice de Guy du Faur de *Pibrac*, mort en 1584.

Dans le *Parnasse François*, pag. 139. Comme il n'est consideré ici que comme Poëte, on peut voir encore sur sa Vie, au Tome III. N.ᵒˢ 32929 & *suiv.*]

47586. ☞ Eloge d'Ant. Alex. Henri *Poinsinet*, mort en 1769.

Dans le *Nécrologe* qui a paru en 1770, *pag.* 375. On a observé dans quelques Ecrits, que ce Poëte a fait du bruit, mais qu'il ne méritoit pas un Eloge.]

47587. ☞ Notice de Philippe *Poisson*, mort en 1743.

Dans le second Supplément du *Parnasse François*, *pag.* 17.]

47588. ☞ Notice de Raimond *Poisson*, mort en 1690.

Dans le *Parnasse François*, pag. 442.]

== ☞ Eloge de Melchior de *Polignac*, Cardinal, &c. Poëte Latin, mort en 1741.

Ci-devant, Tome I. N.ᵒˢ 8085 & 8086.]

47589. ☞ Notice du même.

Dans le premier Supplément du *Parnasse François*, *pag.* 764.]

47590. ☞ Notice de Jean-Baptiste *Poncy Neuville*, mort en 1737.

Dans le même Supplément, *pag.* 689.]

47591. ☞ Histoire de la Vie & des Ouvrages de Claude de *Pontoux*, (mort en 1679;) par le P. Niceron.

Dans ses *Mémoires*, &c. tom. *XXXIV.* pag. 259.]

== ☞ Remarques sur les deux *Porchères*, de l'Académie Françoise.

Ci-dessus, à *Arbaud*, l'un d'eux, N.º 47285.]

47592. ☞ Notice de Charles *Porée*, mort en 1741.

Dans le premier Supplément du *Parnasse François*, *pag.* 725.]

== ☞ Histoire de Philippe des *Portes*, mort en 1606.

Ci-devant, Tome I. N.º 11365.]

Tome IV. Part. I.

47593. ☞ Notice du même.

Dans le *Parnasse François*, pag. 169.]

47594. ☞ Anecdotes historiques & littéraires sur Philippe des Portes & ses Ouvrages; par M. Dreux du Radier.

Dans le *Conservateur*, 1757, *Septembre*, pag. 130-166. (Il y en a eu quelques Exemplaires à part.) L'Auteur y fait voir, (contre le *Gallia Christiana*, t. *VIII.* pag. 1268,) que des Portes n'étoit pas bâtard. Il entre ensuite dans la discussion de ses Poësies, & montre les rapports qu'elles ont aux règnes de Charles IX. & de Henri III.]

47595. ☞ Histoire de la Vie & des Ouvrages de N. *Pradon*, mort en 1698; (par Jean-Bernard Michault, Avocat à Dijon.)

Dans le *tom. XLIII.* & dernier des *Mémoires du P. Niceron*, pag. 371. Pradon ne se nommoit point Nicolas, comme l'Imprimeur l'a mis : on ignore son nom. Il est bon de voir encore à son sujet, *pag.* 158. du *tom. I.* des *Mélanges* de M. Michault : *Paris*, Tilliard, 1754, *in*-12. 2 vol. & le *Parnasse François*, *pag.* 471.]

47696. ☞ Notice historique de Claude *Quillet*, Poëte Latin, mort en 1661.

Dans le *Parnasse François*, in-fol. pag. 267.]

47697. ☞ Histoire de la Vie & des Ouvrages du même; par le Père Niceron.

Dans ses *Mémoires*, &c. tom. *XXVIII.* pag. 166.]

47598. ☞ Eloge de Philippe *Quinault*, de l'Académie Françoise (mort en 1688;) par Charles Perrault, de la même Académie.

Au tom. *I.* des *Eloges des Hommes illustres*, pag. 80 : Paris, 1696, in-fol.

47599. ☞ Vie du même; par le Sieur Boscheron.

Au-devant de la dernière Edition des Ouvrages de Quinault : *Paris*, 1715, *in*-12.]

47600. ☞ Eloge du même Quinault; par M. l'Abbé (Joseph) d'Olivet.

Dans l'*Hist.* de cette Académie, *tom. II.* Edition de 1743, *pag.* 242 & *suiv.* Il y est dit, *pag.* 248, « que » Quinault, avant de mourir, marqua bien du regret » d'avoir empoisonné l'Opéra d'une Morale effeminée, » dont les Payens même n'eussent pas souffert chez eux » une Ecole publique.]

47601. ☞ Histoire de la Vie & des Ouvrages du même; par le P. Niceron.

Dans ses *Mémoires*, &c. tom. *XXXIII.* pag. 210.]

47602. ☞ Remarques sur le même; par Jacques-Georges de Chaufepié.

Dans son *Dictionnaire historique & critique*. Cet Article est intéressant.]

47603. ☞ Notice de François *Rabelais*, mort en 1553.

Dans le *Parnasse François*, pag. 119. On ne l'y considère que comme Poëte.

Voyez ses *Vies*, &c. Tome I. N.ᵒˢ 13381 & *suiv.*]

47604. ☞ Vie d'Honorat de Bueil, Marquis de *Racan*, de l'Académie Françoise,

A a 2

(mort en 1670;) par Claude-Ignace Breugière, Sieur de Barante.

Cette Vie de Racan est au *tom. II.* du Recueil des plus belles Epigrammes des Poëtes François : *Paris*, 1698, *in-*12. 2 vol.
Ce Recueil a été faussement attribué à Richelet.]

47605. ☞ Eloge d'Honorat de Bueil de Racan ; par l'Abbé (Joseph) d'Olivet.

Dans l'*Hist.* de cette Académie, *tom. II.* Edition de 1743 : *pag.* 126.]

47606. ☞ Notice du même.

Dans le *Parnasse François*, pag. 294.]

47607. ☞ Histoire de la Vie & des Ouvrages du même ; par le P. Niceron.

Dans ses *Mémoires*, &c. *tom. XXIV. pag.* 159.]

47608. ☞ Remarques sur le même ; par Jacques-George de Chaufepié.

Dans son *Dictionnaire historique & critique.* Cet Article est intéressant.]

47609. ☞ Joannis Racine, Epicedion, per Petrum Pestel : *in-*4.]

47610. Eloge historique de Jean Racine, de l'Académie Françoise [& de celle des Inscriptions, mort en 1699;] par Charles Perrault.

Dans le *tom. I.* des *Eloges des Hommes illustres*, *pag.* 81 : *Paris*, 1696, *in-fol.*

47611. ☞ Eloge de Jean Racine ; par l'Abbé (Joseph) d'Olivet.

Dans l'*Histoire* de l'Académie, *tom. II.* Edition de 1743, *pag.* 347.
On peut voir encore la Notice qui est dans le *Parnasse François*, pag. 473.]

47612. ☞ Histoire de la Vie & des Ouvrages du même ; par le P. Niceron.

Dans ses *Mémoires*, &c. *tom. XVIII. pag.* 1-31, & *tom. XX. pag.* 111.]

47613. ☞ Remarques sur le même ; par Jacques-Georges de Chaufepié.

Dans son *Dictionnaire historique & critique.*]

47614. ☞ Mémoires sur la Vie de Jean Racine ; (par Louis Racine, son fils :) *Lausanne, (Paris,)* 1747, *in-*12.

Ils sont aussi dans l'Edition des Œuvres de Jean Racine : *Amsterdam, Paris,* 1768, & dans celles de Louis Racine : *Amsterdam*, Rey, 1750, *in-*12.
C'est en même temps la Vie de Boileau des Préaux, intime ami du célèbre Racine. Le second Volume ne contient que des Lettres de M. Racine à ses Enfans, & à ses amis ; des Lettres de Boileau à Racine, & quelques Lettres de Madame de Maintenon.]

47615. ☞ Eloge historique de Louis Racine, de l'Académie des Inscriptions & Belles-Lettres, mort en 1763 ; par Charles le Beau.

Dans l'*Histoire* de cette Académie, *tom. XXXI. pag.* 358. On est étonné que l'Auteur des *Tables* de ces Mémoires, *tom. XI. & XXII.* ait donné à M. Racine le fils le nom de *Michel-Arnould*.]

47616. ☞ Eloge du même ; (par M. Palissot.)

Dans le *Nécrologe* de 1765, ou *pag.* 43 du Recueil de 1767. L'Auteur a eu le temps de profiter de l'Eloge fait par M. le Beau.]

47617. ☞ Abrégé de la Vie du même.

Dans la *Galerie Françoise*, petit *in-fol.* num. VI.]

47618. ☞ Histoire de la Vie & des Ouvrages de Nicolas Rapin, (mort en 1609;) par le P. Niceron.

Dans ses *Mémoires*, &c. *tom. XXV. pag.* 397.
Voyez encore la Notice qui est dans le *Parnasse François*, pag. 174.]

47619. ☞ Notice historique du même ; par M. Dreux du Radier.

Dans sa *Bibliothèque du Poitou*, tom. III. pag. 118.]

== Eloge de René Rapin, Poëte Latin, mort en 1687.

Ci-devant, [Tome I. N.° 14167.]

47620. ☞ Notice du même.

Dans le *Parnasse François*, pag. 421.]

47621. ☞ Notice de Jean-François Regnard, mort en 1709.

Dans le *Parnasse François*, pag. 514.]

47622. ☞ Histoire de la Vie & des Ouvrages du même ; par le P. Niceron.

Dans ses *Mémoires*, &c. *tom. XXI. pag.* 128.]

== ☞ Eloge & Histoire de Mathurin Regnier, mort en 1613.

Ci-devant, Tome I. N.°s 11392 - 11393.
Voyez encore le *Parnasse François*, pag. 176.]

== ☞ Vie, Histoire, &c. de François-Séraphin Regnier Desmarets, mort en 1713.

Ci devant, Tome I. N.°s 11394 - 11396.]

47623. ☞ Notice du même.

Dans le *Parnasse François*, pag. 546.]

47624. ☞ Eloge de Louis Relaud, natif de Grace, mort au mois de Novembre 1688.

Il est imprimé à la tête de ses Poésies Provençales, qui sont intitulées : « Obros & rimos Provençales » de Loys de la Relaudière, reviendades per Pierre » Pau, Escuyet » : *Marseille*, Mascaron, 1595, *in-*4.]

47625. ☞ Notice d'Abraham Remi, Poëte Latin, mort en 1646.

Dans le *Parnasse François*, pag. 221.]

47626. ☞ Notice de Pierre - César Richelet, mort en 1698.

Dans le *Parnasse François*, pag. 470.]

47627. ☞ Notice du Cardinal de Richelieu, (considéré comme Poëte,) mort en 1642.

Dans le *Parnasse François*, pag. 207.]

47628. ☞ Notice de Henri Richer, mort en 1748.

Dans le second Supplément du *Parnasse François*, pag. 46.]

== ☞ Eloge de Charles Rollin, Poëte Latin, &c. mort en 1741.

Ci-dessus, N.° 46897. On peut voir aussi la Notice

qui est dans le Supplément du *Parnasse François*, *pag.* 759.]

47629. ☞ Complainte funèbre sur la mort de M. (Pierre) *Ronsard*, (arrivée en 1586;) par M. HABERT : *Paris*, Richer, 1586, *in*-4.]

47630. Laudatio funebris Petri Ronsardi ; à Jac. VELIARDO, Carnotensi : *Parisiis*, Buon, 1586, *in*-4. *Ibid.* à Prato, 1586, *in*-8.

47631. ☞ Georgii CRITTONII, Laudatio funebris habita in Exequiis Petri Ronsardi, apud Becodianos ; cui proponuntur ejusdem Ronsardi carmina partim à moriente, partim à languente dictata : *Lutetiæ*, Dauvel, 1586, *in*-4.

47632. Oraison funèbre du même (en François,) par Jacques Davy DU PERRON, Lecteur de la Chambre du Roi : *Paris*, [Fred. Morel,] 1586, *in*-8.

Cette Pièce est aussi imprimée au-devant des Œuvres de Ronsard : (*Paris*, Buon, 1609, *in-fol.*) & avec celles du Cardinal du Perron : *Ibid.* Chaudière, 1633, *in-fol.*

☞ Du Perron étoit alors jeune & encore Laïc. On peut voir ce qui est dit de cette Oraison funèbre, qui contient un Abrégé de la Vie de Ronsard, dans la Vie du Cardinal du Perron, par M. de Burigny, *p.* 27 & *s. Paris*, Debure, père, 1768, *in*-12.]

47633. ☞ Tumulus Petri Ronsardi & Syntagma Carminum, Elegiarum, Eclogarum, ab Amicis, in ejus Obitum : *Parisiis*, 1586, *in-fol.*]

47634. Discours sur la Vie de Pierre Ronsard, Vendômois ; par Claude BINET ; [& son Tombeau recueilli de plusieurs grands Personnages :] *Paris*, Buon, 1586, *in*-4.

Ce même Discours est imprimé au-devant des Œuvres de Ronsard : *Paris*, Buon, 1609, *in-fol.*

47635. Elogium Ronsardi ; Auctore Papirio MASSONO.

Cette Pièce est imprimée au *tom. II.* de ses Eloges, *pag.* 283 : *Parisiis*, 1643, *in*-8.

47636. Histoire du même ; par Pierre BAYLE.

Dans son *Dictionnaire historique & critique*.

47637. ☞ Notice du même.

Dans le *Parnasse François*, *pag.* 145.]

47638. ☞ Mémoire sur les Ouvrages & la Naissance de Pierre de Ronsard, dont on fixe la date inconnue à tous les Auteurs qui en ont parlé dans les XVII & XVIIIe Siècles, à MM. de Thou, Binet, Bayle, &c. par M. DREUX DU RADIER. *Journ. de Verdun*, *Mars*, 1757, *pag.* 86.]

47639. ☞ Observations critiques d'un Anonyme sur le Mémoire précédent. *Ibid. pag.* 194.]

47640. ☞ Réponse de M. DU RADIER, aux Observations sur la date de la Naissance de Ronsard. *Ibid. Mai*, 1757, *pag.* 347.]

47641. ☞ Lettre à l'Auteur du Journal de Verdun, pour servir de Réplique à la Réponse de M. du Radier. *Ibid. pag.* 353.]

47642. ☞ Réflexions de M. MOREL, Avocat-Général à la Chambre des Comptes de Dijon, sur la Naissance de Ronsard. *Ibid. Juin*, 1757, *pag.* 443.]

47643. ☞ Lettre du Critique de M. DREUX DU RADIER. *Ibid. pag.* 450.]

47644. ☞ Notice d'Antoine de la *Roque*, mort en 1745.

Dans le second Supplément du *Parnasse François*, *pag.* 22.]

47645. ☞ Notice de Jean *Rotrou*, mort en 1650.

Dans le *Parnasse François*, *pag.* 235.]

47646. ☞ Histoire de la Vie & des Ouvrages du même ; par le P. NICERON.

Dans ses *Mémoires*, &c. *tom.* XVI. *pag.* 89, & XX. *pag.* 96.]

47647. ☞ Remarques de D. Jean LIRON, sur le même.

Dans les *Singularités historiques*, *tom.* I. (*Paris*, Didot, 1734, *in*-12.) *pag.* 328.]

47648. ☞ Notices historiques de Jean-Baptiste *Rousseau*, mort en 1741.

Dans le premier Supplément du *Parnasse François*, *pag.* 732, & dans le *Dictionnaire de Moréri*, Edition de 1759.]

47649. ☞ Remarques sur le même ; par Jacques-Georges DE CHAUFEPIÉ.

Dans son *Dictionnaire historique & critique*. Cet Article est curieux, quoique peu favorable à Rousseau : on y suppléera par l'Ouvrage suivant.]

47650. ☞ Mémoire pour servir à l'Histoire des Couplets de 1710, attribués faussement à M. ROUSSEAU : *Bruxelles*, 1752, *in*-12.

Tout le monde a sçu l'Histoire de ces fameux & sales Couplets, attribués mal-à-propos à Rousseau ; mais tout le monde n'a peut-être pas sçu qu'il a été pleinement déchargé de cette accusation, & que Joseph Saurin, à l'article de la mort, a déclaré & signé qu'il en étoit l'Auteur.]

47651. ☞ Eloge de Pierre-Charles *Roy*, mort en 1764 ; (par M. PALISSOT.)

Dans le *Nécrologe* de 1766, ou retouché *pag.* 141 du Recueil de 1767.]

47652. ☞ Notice historique de Charles de la *Rue*, (considéré comme Poëte,) mort en 1725.

Dans le *Parnasse François*, *pag.* 599.]

47653. ☞ Notice d'Antoine de la *Sablière*, mort en 1680.

Dans le *Parnasse François*, *pag.* 359.]

47654. ☞ Notice du Duc de *Saint-Aignan*, (François de Beauvilliers,) mort en 1687.

Dans le *Parnasse François*, *pag.* 419.]

47655. ☞ Histoire de la Vie & des Ouvrages de Marc-Antoine Gérard de *Saint-*

Amant, (mort en 1661;) par le Père Niceron.

Dans ses *Mémoires,* &c. tom. *XIV.* pag. 352.

Voyez encore la Notice qui est dans le *Parnasse François,* pag. 269.]

47656. ☞ Remarques sur le même; par Jacques-Georges DE CHAUFEPIÉ.

Dans son *Dictionnaire historique & critique,* au mot *Amand,* (mal écrit ainsi : il faut *Amant.*]

47657. ☞ Notice de François-Joseph de Beaupoil de *Saint Aulaire,* mort en 1742.

Dans le premier Supplément du *Parnasse François,* pag. 781.]

47658. ☞ Notice de Charles de Saint-Denys de *Saint-Evremont,* mort en 1703.

Dans le *Parnasse François,* pag. 498.

Voyez encore ci-dessus, N.° 47208.]

47659. Vie de Mellin de *Saint-Gelais,* Angoûmois, (mort en 1558;) par André THEVET.

Au tom. *II.* des *Vies des Hommes illustres,* Ch. *CXII. Paris,* 1575, *in-fol.* [& dans l'Edition *in-12. Paris,* 1671, tom. *VII.* pag. 283.]

47660. ☞ Notice du même.

Dans le *Parnasse François,* pag. 123.]

47661. ☞ Histoire de la Vie & des Ouvrages du même; par le P. NICERON.

Dans ses *Mémoires,* &c. tom. *V.* pag. 197, & tom. *X.* part. 2, pag. 155.]

47662. ☞ Notice de Denys de *Saint-Pavin,* mort en 1670.

Dans le *Parnasse François,* pag. 227.]

47663. ☞ Histoire de la Vie & des Ouvrages de Jean Des-Marets de *Saint-Sorlin,* (mort en 1676;) par le P. NICERON.

Dans ses *Mémoires,* &c. tom. *XXXV.* pag. 140.

Voyez encore le *Parnasse François,* pag. 354.]

47664. ☞ Histoire de la Vie & des Ouvrages d'Abel de *Sainte-Marthe,* (mort en 1652;) par le Père NICERON.

Dans ses *Mémoires,* &c. tom. *VIII.* pag. 22.]

47665. ☞ Histoire de la Vie & des Ouvrages d'Abel-Louis de *Sainte-Marthe,* (mort en 1697;) par le P. NICERON.

Dans ses *Mémoires,* &c. tom. *VIII.* pag. 30.]

== ☞ Histoire de Scévole de *Sainte-Marthe,* (père du précédent,) mort en 1623.

Ci-devant, [Tome *III.* N.os 34047 & *suiv.*]

☞ On trouve au tom. *V.* de la *Bibliothèque historique du Poitou* de M. Dreux du Radier, (ci-dessus, N.° 46909,) une longue suite des Sçavans du nom de *Sainte-Marthe,* qui presque tous ont cultivé la Poésie : les Notices qui les concernent, tiennent la moitié de ce Volume.

On peut voir encore sur les deux dont nous venons de parler, le *Parnasse François,* pag. 191 & 193.]

47666. ☞ Lettre écrite par le P. (. . . .) BOUDET, Chanoine Régulier de S. Antoine, à M. l'Abbé Lebeuf, sur quelques anciennes Poésies Françoises, particulièrement d'Antoine *du Saix,* de Bourg-en-Bresse; *Mercure,* 1739, *Novembre.*]

47667. ☞ Histoire de la Vie & des Ouvrages de Hugues *Salel,* (mort en 1553;) par le P. NICERON.

Dans ses *Mémoires,* &c. tom. *XXXVI.* pag. 166.]

47668. ☞ Notice de Jean *Salmon,* dit *Macrin,* Poëte Latin, mort en 1557.

Dans le *Parnasse François,* pag. 121.]

47669. ☞ Histoire de la Vie & des Ouvrages du même; par le P. NICERON.

Dans ses *Mémoires,* &c. tom. *XXXI.* pag. 264.]

47670. ☞ Notice historique du même; par M. DREUX DU RADIER.

Dans sa *Bibliothèque du Poitou,* tom. *II.* pag. 148.]

47671. ☞ Notice de Noël Etienne *Sanadon,* Poëte Latin, mort en 1733.

Dans le premier Supplément du *Parnasse François,* pag. 666.]

47672. ☞ Notice de Claude *Sanguin,* mort vers 1680.

Dans le *Parnasse François,* pag. 298.]

47673. ☞ Notice de Louis de *Sanlecque,* mort en 1714.

Dans le même Livre, pag. 550.]

47674. Eloge de Jean-Baptiste *Santeuil,* [ou plutôt *Santeul,*] Chanoine Régulier de Saint-Victor, Poëte Latin, mort en 1697.

Ci-devant, [Tome *I.* N.os 13481 & 13482.]

47675. ☞ Notice du même.

Dans le *Parnasse François,* pag. 465.]

47676. Mémoire pour la Vie & les Ouvrages de Jean-François *Sarasin,* mort en 1654.

Ce Mémoire est imprimé dans la part. 2. du tom. *I.* des *Mém. de Littér.* [de Sallengre,] Art. *XIII.* pag. 419: la Haye, du Sauzet, 1716, *in-12.* On l'attribue à Bernard DE LA MONNOYE, de l'Académie Françoise.

☞ Dans le Chapitre de l'Histoire de Normandie, en parlant du Poëme de Rollon le Conquérant, (cidevant, Tome *III.* N.° 34957,) le même Père le Long avoit attribué ce Mémoire à M. PELLISSON.]

47677. ☞ Notice du même, Sarasin.

Dans le *Parnasse François,* pag. 242.

Voyez encore ci-dessus, N.° 47685.]

47678. ☞ Histoire de la Vie & des Ouvrages de Jacques *Savary,* (Poëte de Caen, mort en 1670;) par le P. NICERON.

Dans ses *Mémoires,* &c. tom. *XXXVI.* pag. 9.]

47679. ☞ Notice historique de Pierre *Sautel,* mort en 1662.

Dans le *Parnasse François,* pag. 276.]

47680. ☞ Notice de Joseph Juste *Scaliger,* mort en 1609.

Dans le *Parnasse François,* pag. 172.

Voyez encore ci-dessus, N.° 47216 & *suiv.*]

47681. ☞ Notice historique de Paul *Scarron,* mort en 1660.

Dans le *Parnasse François,* pag. 261.]

Vies des Poëtes François. 191

47682. ☞ Remarques sur le même ; par Jacques-Georges DE CHAUFEPIÉ.

Dans son *Dictionnaire historique & critique*.]

47683. ☞ Notices historiques de Georges de *Scudery*, mort en 1667.

Dans l'*Histoire de l'Académie Françoise*, par MM. Pellisson & d'Olivet, *tom. I. pag.* 358, Edit. de 1743 ; & dans le *Parnasse François, pag.* 291.]

47684. ☞ Notice de Jean Renaud de *Ségrais*, mort en 1701.

Dans le *Parnasse François, pag.* 478.]

47685. ☞ Histoire de la Vie & des Ouvrages du même ; par le Père NICERON.

Dans ses *Mémoires*, &c. *tom. XVI. pag.* 12, & *XX. pag.* 94.]

47686. ☞ Abrégé de la Vie d'Antoine Baudcron de *Senecé*, mort en 1737.

Dans le premier Supplément du *Parnasse François, pag.* 681.]

== ☞ Eloge de Jean *Sirmond*, de l'Académie Françoise, mort en 1649.

Ci-dessus, N.° 47121.]

47687. ☞ Histoire de la Vie & des Ouvrages de Jacques *Tahureau*, (mort en 1555 ;) par le Père NICERON.

Dans ses *Mémoires*, &c. *tom. XXXIV. pag.* 207.]

47688. ☞ Histoire de la Vie & des Ouvrages de Jean & Jacques de la *Taille*, frères ; par le P. NICERON.

Dans ses *Mémoires*, &c. *tom. XXXIII. pag.* 235 & 245. Jean, qui étoit l'aîné, mourut vers 1638, & Jacques en 1562.]

47689. ☞ Notice de Jacques *Testu*, mort en 1706.

Dans le *Parnasse François, pag.* 507.]

47690. ☞ Histoire de la Vie & des Ouvrages de *Théophile*, (dont le nom de Famille étoit Viaud,) mort en 1626 ; par le P. NICERON.

Dans ses *Mémoires*, &c. *tom. XXXVI. pag.* 46. Voyez encore le *Parnasse François, pag.* 197.]

47691. ☞ Notice de *Thibault*, Comte de Champagne & Roi de Navarre, mort en 1254.

Dans le *Parnasse François, pag.* 100.

M. Lévesque de la Ravalière a depuis donné, avec des Notes, les Poésies de ce Prince : *Paris*, 1742, *in-*12. 2 vol.]

47692. ☞ Notice de Jacques-Auguste de *Thou*, (considéré comme Poëte.)

Dans le *Parnasse François, pag.* 185.

Voyez ses *Eloges*, &c. ci-dessus, N.°⁵ 32939 & suiv.]

47693. ☞ Notice de Ponthus de *Thiard*, mort en 1605.

Dans le *Parnasse François, pag.* 165.]

47694. ☞ Mémoire sur la Vie & les Ouvrages de Philippe Néricault des *Touches*, mort en 1754; par M. CIZERON-RIVAL.

Dans les *Récréations Littéraires*, 1765, pag. 207. Voy. aussi le 2ᵉ Supplément du *Parnasse François*, p.72.]

47695. ☞ Notices historiques de François Tristan-l'*Hermite*, mort en 1655.

Dans l'*Histoire de l'Académie Françoise*, par MM. Pellisson & d'Olivet, *tom. I. pag.* 355, Edit. de 1743, & dans le *Parnasse François, pag.* 247.]

47696. ☞ Mort & Caractère du Poëte Jean-Joseph *Vadé* ; par M. FRÉRON.

Dans l'*Année Littéraire*, 1757, *tom. IV. pag.* 350.]

47697. ☞ Notice de Jean-Baptiste-Henri du Trousset de *Valincour*, mort en 1730.

Dans le *Parnasse François, pag.* 647. Voyez encore ci-dessus, N.° 46594.]

47698. ☞ Notice de Jacques *Vanière*, Jésuite, Poëte Latin, mort en 1739.

Dans le premier Supplément du *Parnasse François, pag.* 710.]

== ☞ Eloge de François *Vavasseur*, Jésuite, Poëte Latin, mort en 1681.

Ci-devant, [Tome I. N.°⁵ 14162 & suiv.]

47699. ☞ Notice du même.

Dans le *Parnasse François, pag.* 360.]

47700. ☞ Mémoire concernant la Vie de Jean de *Venette*, avec la Notice de l'Histoire en Vers des Trois Maries, dont il est Auteur ; par M. de la Curne DE SAINTE-PALAYE. *Mém. de l'Acad. des Inscript. & Bel. Lettr. tom. XIII. pag.* 520.

Ce Poëte, qui étoit Carme, écrivoit en 1357.]

47701. ☞ Notice de Jacques *Vergier*, mort en 1720.

Dans le *Parnasse François, pag.* 573.]

47702. ☞ Notice de Henri Cahagne de *Verrières*, mort en 1755.

Dans le second Supplément du *Parnasse François, pag.* 76.]

47703. ☞ Notice de Cl. Charles Guyonnet de *Vertron*, mort en 1715.

Dans le *Parnasse François, pag.* 557.]

47704. ☞ Histoire de la Vie & des Ouvrages de Balthazar de *Vias*, Poëte Latin, mort en 1667 ; (par Joseph BOUGEREL.)

Dans ses *Mémoires sur les Hommes illustres de Provence* : (*Paris*, Cl. Hérissant, 1752, *in-*12.) *pag.* 174.]

== ☞ Histoire du Poëte *Viaud*.

Voyez ci-dessus, à *Théophile*, N.° 47690.]

47705. ☞ Notice de Pierre de *Villiers*, mort en 1728.

Dans le *Parnasse François, pag.* 631.]

47706. ☞ Histoire de la Vie & des Ouvrages de François *Villon*, (mort vers l'an 1500 ;) par le P. NICERON.

Dans ses *Mémoires*, &c. *tom. V. pag.* 206. Voyez aussi le *Parnasse François, pag.* 105, & surtout les Mémoires à la tête de l'Edition de Villon, donnée par M. FORMEY : *la Haye*, Moetjens, 1742, *in-*8.]

47707. ☞ Notice de Jean Doneau de *Vizé*, mort en 1710.

Dans le premier Supplément du *Parnasse François*, pag. 671.]

== ☞ Eloge, &c. de Vincent *Voiture*, mort en 1748.

Ci-dessus, N.ᵒˢ 47251 & *suiv*.
On peut voir encore le *Parnasse François*, pag. 225.]

47708. ☞ Notice d'Honoré d'*Urfé*, mort en 1625.

Dans le même Ouvrage, pag. 194.
Voyez encore ci-devant, Tome III. N.ᵒˢ 32083 & *s.*]

Article III.

Histoires des Musiciens François.

47709. ☞ Histoire de la Musique & de ses effets depuis son origine jusqu'à présent ; par Pierre Bonnet : *Paris*, Cochart, 1715, *in*-12.

47710. ☞ Comparaison de la Musique Italienne & de la Musique Françoise ; (par Jean-Laurent le Cerf de la Vieuville de Freneuse;) 3 Parties : *Bruxelles*, 1704, 1705, 1706, *in*-12.

Cet Ouvrage & le précédent ont été réimprimés ensemble sous le titre d'*Histoire de la Musique*, &c. *Amsterdam*, 1726, *in*-12. 4 vol.

On peut encore consulter l'*Histoire générale, critique & philosophique de la Musique*; par M. de Blainville : *Paris*, 1767, *in*-4.]

47711. ☞ Remarques de M. (Evrard) Titon du Tillet, sur le progrès de la Musique Françoise.

A la fin de son *Parnasse François*, 1732, *in-fol.* pag. xxxvij.]

47712. ☞ Détail & Pièces concernant une Académie de Musique établie en 1570, par Lazare de Baïf.

Dans l'*Histoire de l'Université de Paris*, de du Boullay, tom. VI. pag. 714 & *suiv*. 944 & *suiv*. Le Parlement & l'Université s'opposèrent à cet Etablissement, qui eut cependant lieu pendant une dixaine d'années.]

47713. ☞ Discours sur les progrès de la Musique sous Louis XIV.

Ce Discours, dressé sur les Mémoires de M. d'Alembert, est avant la pag. 281 du Tome II. de l'*Histoire Littéraire du Règne de Louis XIV*. par M. l'Abbé Lambert : *Paris*, Prault, 1751, *in*-4.]

☞ On peut voir encore, dans l'Article IV. l'*Histoire de l'Académie de Musique ou du Théâtre de l'Opéra* : *Paris*, 1753 & 1757, *in*-8. 2 vol.]

47714. ☞ Notice historique de Jean-François d'*Andrieu*, Organiste du Roi, mort en 1740.

Dans le *Parnasse François*, pag. 708, du premier Supplément.]

47715. ☞ Notice abrégée de Michel de la *Barre*, Musicien, mort vers 1750.

Dans le *Parnasse François*, pag. 83, du second Supplément.]

47716. ☞ Eloge de M. *Baurans*, Musicien & Poëte, mort en 1764 ; (par M. Castilhon.)

Dans le *Nécrologe* de 1765, ou pag. 117 du Recueil de 1767.]

47717. ☞ Notice historique de Nicolas *Bernier*, Maître de Musique de la Chapelle du Roi, mort en 1734.

Dans le *Parnasse François*, pag. 678 du premier Supplément.]

47718. ☞ Notice abrégée de *Bertin*, Musicien, mort vers 1750.

Dans le *Parnasse François*, pag. 84 du second Supplément.]

47719. ☞ Eloge historique de François Colin de *Blamont*, Surintendant de la Musique du Roi : *Paris*, 1760, *in*-8.

M. de Blamont est mort le 14 Février 1760.]

47720. ☞ Eloge de M. *Blavet*, Musicien, mort en 1768 ; par M. François.

Dans le *Nécrologe* qui a paru en 1770, pag. 335.]

47721. ☞ Notice abrégée de Louis-Thomas *Bourgeois*, Musicien.

Dans le *Parnasse François*, pag. 59 du second Supplément. Il n'étoit point né à Dijon, comme on le dit, mais à Fontaine-l'Evêque, en Hainaut ; & il est mort à Paris en 1750.]

47722. ☞ Notice historique de J. B. de *Bousset*, Maître de Musique de la Chapelle du Louvre, &c. mort en 1725.

Dans le *Parnasse François*, pag. 603.]

47723. ☞ Notice historique de Sébastien *Brossard*, Maître de Musique de la Cathédrale de Meaux, mort en 1730.

Ibid. pag. 652.]

47724. ☞ Notice abrégée d'Antoine *Calvière*, Organiste de la Chapelle du Roi, &c. mort en 1755.

Dans le *Parnasse François*, pag. 79, du second Supplément.]

47725. ☞ Notice historique de N. *Cambert*, Surintendant de la Musique de la Reine-Mère, Anne d'Autriche.

Dans le *Parnasse François*, pag. 387. Cambert qui le premier donna en France de grands morceaux sous le titre d'Opera, est mort à Londres en 1677.]

47726. ☞ Notice historique d'André *Campra*, Maître de la Musique de la Chapelle du Roi, mort en 1744.

Dans le *Parnasse François*, pag. 19, du second Supplément.]

47727. ☞ Notice historique de Marc-Antoine *Charpentier*, Maître de la Musique de la Sainte-Chapelle de Paris, mort en 1702.

Ibid. pag. 490.]

47728. ☞ Eloge de Jean-Marie le *Clair*, Musicien, mort en 1764.

Dans le *Nécrologe* de 1766, & pag. 273 du Recueil de 1767.]

Histoires des Musiciens François.

47729. ☞ Notice historique de Nicolas *Clairambault* (ou *Clérembault*,) Organiste du Roi, &c. mort en 1749.

Dans le second Supplément du *Parnasse François*, pag. 57.]

47730. ☞ Notice historique de Paschal *Collasse*, Maître de Musique de la Chambre & de la Chapelle du Roi, mort en 1709.

Dans le *Parnasse François*, pag. 518.]

47731. ☞ Notice abrégée de la *Coste*, mort en 1750.

Dans le second Supplément du *Parnasse François*, pag. 84.]

47732. ☞ Notice historique de François *Couperin*, Organiste de la Chapelle du Roi, mort en 1733.

Ibid. pag. 664, du premier Supplément.]

47733. ☞ Notice historique de Henri *Desmarets*, Musicien Pensionnaire du Roi, Surintendant de la Musique du Roi d'Espagne, & ensuite de celle du Duc de Lorraine, mort en 1741.

Ibid. pag. 754 du premier Supplément.]

47734. ☞ Notice historique d'André-Cardinal *Destouches*, Surintendant de la Musique du Roi, mort en 1749; par le même.

Ibid. pag. 53 du second Supplément.]

47735. ☞ Notice abrégée sur *Forqueray*, habile Musicien, mort vers 1750.

Ibid. pag. 59 du second Supplément.]

47736. ☞ Notice des deux *Gaultier*, excellens Joueurs de Luth, & de leurs Elèves.

Dans le *Parnasse François*, pag. 405.

Autre sur Pierre *Gaultier*, Musicien, mort en 1697.

Dans le même Volume, pag. 477.]

47737. ☞ Notice historique de Ch. Hubert *Gervais*, Maître de la Musique de la Chapelle du Roi, mort en 1744.

Dans le second Supplément du *Parnasse François*, pag. 19.]

47738. ☞ Vie de Jean *Gilles*, Musicien, mort en 1705; (par Joseph BOUGEREL, Prêtre de l'Oratoire.)

Elle se trouve pag. 199 de ses *Mémoires sur plusieurs Hommes illustres de Provence*: Paris, Cl. Hérissant, 1752, in-12. pag. 291.]

47739. ☞ Notice historique de Jean-Claude *Gillier*, mort en 1737.

Dans le *Parnasse François*, pag. 697 du premier Supplément.]

47740. ☞ Notice historique de François *Lalouette*, Maître de Musique de Notre-Dame de Paris, mort en 1728.

Dans le *Parnasse François*, pag. 628.]

47741. ☞ Notice historique de Michel *Lambert*, Maître de la Musique de la Chambre du Roi, mort en 1696.

Ibid. pag. 390.]

47742. ☞ Notice historique du même; par M. DREUX DU RADIER.

Dans sa *Bibliothèque du Poitou*, tom. IV. pag. 304.]

47743. ☞ Notice historique de Michel-Richard de la *Lande*, Surintendant de la Musique du Roi, &c. mort en 1726.

Dans le *Parnasse François*, pag. 612.]

47744. ☞ Eloge d'Antoine Bandieri de *Laval*, Directeur de l'Académie Royale de Danse, mort en 1767.

Dans le *Nécrologe* qui a paru en 1769, pag. 233.]

47745. Eloge de Jean-Baptiste *Lully*, Surintendant de la Musique du Roi, (mort en 1687;) par Charles PERRAULT, de l'Académie Françoise.

Cet Eloge est au tom. I. pag. 85 de ses *Eloges* : Paris, 1697, in-fol.

47746. ☞ Lettre (supposée) de Clément Marot, touchant ce qui s'est passé à l'arrivée de J. B. Lully aux Champs Elysées : *Cologne*, 1688, *in*-12.]

47747. ☞ Vie de Lully ; par M. DE FRENEUSE.

Cette Vie, qui est étendue & fort curieuse, occupe la fin du Dialogue V. de la Partie II. (pag. 182-233,) du Livre intitulé : *Comparaison de la Musique Italienne & de la Musique Françoise* : Bruxelles, 1705 & 1706, in-12. 3 part.]

47748. ☞ Notice historique du même.

Dans le *Parnasse François*, pag. 393-401.]

☞ On peut voir encore ci-après, l'*Histoire de l'Académie de Musique ou du Théâtre de l'Opéra*.]

47749. ☞ Notice abrégée de l'Abbé *Madin*, Musicien de la Chapelle du Roi, mort en 1748.

Dans le second Supplément du *Parnasse François*, pag. 21.]

47750. ☞ Notice historique de Marin *Marais*, Ordinaire du Roi pour la Musique, mort en 1728.

Dans le même Ouvrage, pag. 624.]

47751. ☞ Notice historique de Jean-Louis *Marchand*, Organiste du Roi, mort en 1732; par le même.

Ibid. pag. 658.]

47752. ☞ Notice historique de Jean *Matho*, Ordinaire de la Musique du Roi, mort en 1746; par le même.

Ibid. pag. 33, du second Supplément.]

47753. ☞ Notice historique de Guillaume *Minoret*, Maître de Musique de la Chapelle du Roi, mort en 1716 ou 1717; par le même.

Ibid. pag. 561.]

Tome *IV*. Part. *I*.   B b

47754. ☞ Eloge de Jean-Joseph Cassanea de *Mondonville*, Musicien, mort en 1772.

Dans le *Nécrologe* qui a paru en 1773, *pag.* 125.]

47755. ☞ Notice historique de Henri du *Mont*, Maître de la Musique du Roi & de la Reine, mort en 1684; par M. Titon du Tillet.

Dans le *Parnasse François*, *pag.* 388.]

47756. ☞ Notice historique de Michel *Monteclair*, mort en 1737; par le même.

Ibid. pag. 696 du premier Supplément.]

47757. ☞ Notice historique de J. B. *Moreau*, Maître de la Musique du Roi, mort en 1733; par le même.

Ibid. pag. 661 du premier Supplément.]

47758. ☞ Notice historique de Jean-Joseph *Mouret*, Intendant de la Musique de S. A. S. Madame la Duchesse du Maine, mort en 1738; par le même.

Ibid. pag. 703, premier Supplément.]

47759. ☞ Observations sur Jean de *Murs*, Musicien, qui vivoit vers 1330; (par Dom Jean Liron.)

Dans ses *Singularités historiques*, tom. III. *pag.* 334.]

47760. ☞ Eloge de (Jean-Philippe) *Rameau*, (fameux Compositeur de Musique;) par M. (Mi. Paul-Gui) de Chabanon, de l'Académie des Inscriptions & Belles-Lettres : *Paris*, Lambert, 1764, *in*-8. de 78 pages.

On en trouve l'Extrait ou l'Abrégé, dans le *Nécrologe* qui a paru en 1765, ou *pag.* 59 du Recueil de 1767.]

47761. ☞ Autre Eloge du même; par M. Maret, Secrétaire de l'Académie de Dijon, (avec des Notes:) *Dijon*, Causse, 1766, *in*-8.

Rameau étoit né à Dijon le 25 Septembre 1683, & il est mort à Paris le 23 Août 1764.]

47762. ☞ Abrégé de la Vie du même J. B. Rameau.

Dans la *Galerie Françoise*, seconde Edition, *in-fol.* num. III.]

47763. ☞ Notice abrégée de Jean Ferry *Rebel*, mort vers 1750.

Dans le *Parnasse François*, *in-fol. pag.* 83 du second Supplément.]

47764. ☞ Notice historique de Jos. Nic. Pancrace *Royer*, Compositeur de Musique de la Chambre du Roi, & Maître de Musique des Enfans de France, mort en 1755.

Dans le second Supplément du *Parnasse François*, *pag.* 76.]

47765. ☞ Notice historique de *Salomon*, Musicien de la Chapelle du Roi, mort en 1731.

Dans le *Parnasse François*, *pag.* 658.]

47766. ☞ Notice historique de J. Baptiste *Senallié*, Ordinaire de la Musique du Roi, mort en 1730.

Dans le premier Supplément du *Parnasse François*, *pag.* 673.]

47767. ☞ Notice historique de *Théobalde*, (J. Theobaldo Gatti,) Musicien, mort en 1727.

Dans le *Parnasse François*, *pag.* 621. La place de Symphoniste qu'il a occupée 50 ans à l'Opera, doit le naturaliser Musicien François, quand il n'auroit pas obtenu du Roi des Lettres de naturalité. Il étoit né en Italie, à Florence, & il vint en France se joindre à Lully, son compatriote.]

47768. ☞ Eloge de Jean-Claude *Trial*, Musicien & Directeur de l'Académie Royale de Musique, mort en 1771; par M. François.

Dans le *Nécrologe* qui a paru en 1772, *pag.* 147.]

47769. ☞ Notices abrégées de quelques autres Musiciens.

Dans le *Parnasse François*, *in-fol. p.* 392, 401, 674.

Ces Musiciens, dont on sçait peu de choses, sont *Robert*, mort vers 1687, = *Chambonnière*, les *Couperins*, *Tomelin*, *Boivin*, le *Bégue*, *Garnier*, *Houssu*, = les *Philidor*, des *Noyers*, *Dubois*, *Duval*, le *Moine*, les *Hotteterre*, &c.]

Article IV.

Histoires des Théâtres & Spectacles de France.

47770. ☞ Observations sur les Spectacles de Paris, avec les Ordonnances qui les concernent.

C'est le sujet du Titre III. du Livre III. de l'Ouvrage intitulé : *Traité de la Police*, par le Commissaire Delamare : *Paris*, Cot, 1705, *in-fol.* tom. I. *pag.* 433.]

47771. ☞ Remarques de M. Titon du Tillet, sur nos Spectacles.

A la fin de son *Parnasse François*, *in-fol. Paris*, Coignard, 1732, *pag.* xlj.]

47772. ☞ Recherches sur les Théâtres de France, depuis 1161 jusqu'en 1735; par M. (Pierre-François Godart) de Beauchamps : *Paris*, Prault, 1735, *in*-4. & *in*-8. 3 vol.]

47773. ☞ Histoire du Théâtre François, depuis son origine jusqu'à présent, avec la Vie des plus célèbres Poëtes Dramatiques, des Extraits exacts & un Catalogue raisonné de leurs Pièces, accompagnés de Notes critiques & historiques; (par MM. Claude & François Parfaict, frères:) *Paris*, Morin, 1734, & le Mercier, 1735 & *suiv. in*-12. 18 vol.]

47774. ☞ Lettre d'un Solitaire, au sujet des nouveaux Livres sur les anciennes représentations Théâtrales. *Mercure*, 1735, Avril.]

47775. ☞ Mémoires pour servir à l'His-

Histoires des Théâtres & Spectacles de France.

toire des Théâtres. *Mercure*, 1736, *Février, Mai, Juin, Août* & *Octobre* : 1738 , *Mai*.]

47776. ☞ Dictionnaire des Théâtres de Paris ; par MM. Claude PARFAICT & D'ALQUEBRE : *Paris*, Lambert, 1756, *in-12*. 7 vol.]

47777. ☞ Mémoire sur les Jeux Scéniques des Romains, & sur ceux qui ont précédé en France la naissance du Poëme Dramatique ; par M. DUCLOS. *Mém. de l'Acad. des Inscript. & Bell. Lettr. tom. XVII. p. 206*.]

47778. ☞ Mémoire de M. l'Abbé DE SAINT-PIERRE, pour rendre les Spectacles plus utiles à l'Etat. *Merc.* 1726, *Avril*.]

47779. ☞ Réponse au Mémoire précédent. *Ibid.* 1726, *Juin*.]

47780. ☞ Lettres de M. DESPREZ DE BOISSY, Avocat en Parlement, sur les Spectacles : Troisième Edition, revue & augmentée par l'Auteur : *Paris*, 1768, *in-12*.

On trouve dans cette Edition une Histoire intéressante des Ouvrages pour & contre les Théâtres. On peut voir au sujet de cet Ouvrage philosophique sur le danger des Spectacles, le *Journal de Verdun*, 1770, *Janvier, pag*. 22.]

47781. ☞ Recueil des Titres concernant l'acquisition de l'Hôtel de Bourgogne, par la Confrairie de la Passion & Résurrection de N. S. J. C. *Paris*, 1632, *in-4*.

Ces Confrères ont été les premiers qui ont fait des Représentations Théâtrales en France.]
Nota. Il se trouve quelque chose d'historique sur les Théâtres François, dans les Discours Préliminaires du nouveau Recueil intitulé : *Chefs-d'œuvre Dramatiques*, publié par M. Marmontel : *Paris*, Grangé, 1773, *in-4*.]

47782. ☞ Lettres-Patentes pour l'Etablissement de l'Académie Royale de Danse en la Ville de Paris, du 30 Avril 1662, avec les Statuts de cette Académie : *Paris*, le Petit, 1663, *in-12*.]

47783. ☞ Lettres-Patentes pour l'Etablissement de l'Académie de Musique, en faveur de Jean-Baptiste de Lully, Surintendant de la Musique de la Chapelle du Roi, en 1672 : *in-4*.]

47784. ☞ Requête servant de Factum pour Henri Guichard, Intendant général des Bâtimens de S. A. R. Monsieur, Appellant ; contre Baptiste Lully & Sébastien Aubry, Intimés ; & contre M. le Procureur-Général, prenant le fait & cause du Sieur de Ryant, son Substitut : 1676, *in-4*.

On apprend dans cet Ecrit l'Histoire de l'origine de l'Opera, & de la fondation de son Théâtre à Paris. L'objet principal est une prétendue conspiration contre le fameux Lully. Guichard, accusé, est mort en Espagne à la fin de 1679. Il étoit allé en ce Pays pour y établir l'Opera, qu'il vouloit fonder par-tout. Sa mort est rapportée à la fin du *Mercure de Janvier* 1680. On trouve aussi dans cette même Requête les titres des premières Pièces Dramatiques jouées en France, avec quelques Notices des Auteurs.]

47785. ☞ Lettre (de M. DUPUY,) sur l'origine & le progrès des Opera en France.

Elle est imprimée au Tome VI. du Recueil intitulé : *Amusemens du cœur & de l'esprit*, par M. Prétot : *Paris*, Pissot, 1744.]

47786. ☞ Histoire du Théâtre de l'Opera en France, depuis l'Etablissement de l'Académie Royale de Musique ; par M. DE NOINVILLE, (Jacques-Bernard DUREY,) Maître des Requêtes honoraire, Président honoraire au Grand-Conseil, de l'Académie des Inscriptions, &c. *Paris*, Barbou, 1753, *in-12*. Nouvelle Edition, augmentée : *Paris*, Duchesne, 1757, *in-12*. 2 vol.

L'Auteur est mort en 1768.]

47787. ☞ Le Point de Vue de l'Opera ; par M. (Meusnier) DE QUERLON.

C'est le premier des Opuscules de cet Auteur, recueillis sous le titre des *Impostures innocentes*, &c. *Magdebourg*, 1761, *in-12*. On y trouve une Dissertation sur l'origine de notre Opéra, qui ressemble aux Tragédies Grecques.]

47788. ☞ Le Code Lyrique, ou Réglement pour l'Opera de Paris ; par le même : 1743, *in-12*.]

47789. ☞ Histoire du Théâtre Italien ; par M. (Jean-Auguste-Julien) DESBOULMIERS, ancien Officier de Cavalerie : *Paris*, 1768, *in-12*. 6 vol.]

47790. ☞ Histoire anecdotique & raisonnée du Théâtre Italien, depuis son établissement en France jusqu'à l'année 1769, contenant les analyses des principales Pièces, &c. des Anecdotes & les Notices des Auteurs, &c. *Paris*, Lacombe, 1769, *in-12*. 7 vol.]

47791. ☞ Mémoire pour servir à l'Histoire des Spectacles de la Foire ; par MM. Claude PARFAICT & François PARFAICT, frères : *Paris*, 1743, *in-12*. 2 vol.

Le dernier de ces deux Ecrivains est mort en 1753.]

47792. ☞ Histoire de l'Opéra Comique ; par J. Auguste-Julien DESBOULMIERS : *Paris*, Lacombe, 1769, *in-12*. 2 vol.]

☞ On peut voir dans le premier *Supplément du Parnasse François*, pag. 789 & *suiv*. quelques Notices sur les plus célèbres Acteurs & Actrices. On trouvera aussi les Eloges d'autres plus récens, dans les *Nécrologes* qui accompagnent les Deuils de la Cour ; sçavoir dans celui de 1767, pag. 155, Eloge d'*Armand* : = 1768, pag. 113, de la Demoiselle *Gaussem* : = 1769, pag. 219, de *Dufresne* ; pag. 241, de la Demoiselle *Camille* : = 1771, pag. 73, de *Paulin* ; pag. 103, de la Demoiselle *Camargo* ; pag. 121, de la Demoiselle de la *Motte* : = 1773, pag. 147, de la Dame *Favard* ; & pag. 165, de la Dame *Riccoboni*.]

CHAPITRE CINQUIÈME.

Histoires des François célèbres dans les Beaux-Arts.

☞ IL sera question dans ce Chapitre, 1.° des Architectes ; 2.° des Peintres, Sculpteurs & Graveurs ; 3.° des Imprimeurs, & autres Artistes célèbres, dont on a des Vies ou Notices.]

47793. ☞ Dictionnaire abrégé de Peinture & d'Architecture, où l'on trouvera la Vie abrégée des grands Peintres & des Architectes célèbres, &c. *Paris*, Nyon & Barrois, 1746, *in*-12. 2 vol.

L'Auteur est l'Abbé François-Marie DE MARSY, mort en 1763. Nous citons son Ouvrage pour les Artistes François, dont l'Histoire abrégée s'y trouve avec celle des Etrangers, ainsi que dans le Livre suivant.]

47794. ☞ Dictionnaire des Beaux-Arts, ou Abrégé de ce qui concerne l'Architecture, la Sculpture, la Peinture, la Gravure, la Poésie & la Musique ; avec (une Notice) des Personnes qui se sont distinguées dans ces différens Arts, parmi les Anciens & les Modernes, en France & dans les Pays Etrangers ; par M. (Jacques) LACOMBE : Nouvelle Édition : *Paris*, J. Th. Herissant, 1759, *in* 8.]

ARTICLE PREMIER.

Vies des Architectes François.

47795. ☞ NOTICES des Architectes François, jusqu'en 1400 ; par Jean-François FÉLIBIEN DES AVAUX.

On les trouve dans son *Recueil historique des plus célèbres Architectes : Paris*, Cramoisy, 1687, *in*-4.
On peut voir encore les *Entretiens du même sur les Peintres & Architectes*, indiqués au commencement de notre Article II. qui suit.]

47796. ☞ Discours sur le progrès de l'Architecture en France, sous le Règne de Louis XIV. (& auparavant ;) par l'Abbé LAMBERT.

Dans le *tom. III.* de son *Histoire Littéraire du Règne de Louis XIV.* avant la pag. 93 de la seconde Partie. Il dit avoir reçu à ce sujet des Mémoires de MM. Mansart & Beausire, Architectes.
On y trouve quelques Notices sur plusieurs Architectes célèbres, avant le Règne de Louis XIV.]

47797. ☞ Histoire de la Vie & des Ouvrages d'Augustin-Charles d'*Aviler*, mort en 1700 ; par le P. NICERON.

Dans ses *Mémoires*, &c. *tom. XLI.* pag. 63.]

47798. ☞ Eloge historique du même ; par l'Abbé LAMBERT.

Dans son *Hist. Litt.* &c. *tom. III.* 2 part. pag. 104.]

47799. ☞ Abrégé de la Vie de M. (Germain) *Boffrand*, mort en 1754.

Il est imprimé à la suite du *Discours sur l'Architecture*, par M. PATTE, Architecte : *Paris*, Quillau & Prault, 1754, *in*-8.]

47800. ☞ Eloge de Robert de *Cotte*, mort en 1735 ; par l'Abbé LAMBERT.

Dans son *Hist. Litt.* &c. 2 part. tom. III. pag. 130.]

47801. ☞ Eloge d'Antoine *Desgodets*, mort en 1728 ; par l'Abbé LAMBERT.

Dans le même Volume, pag. 123.]

47802. ☞ Eloge de Jacques *Gabriel*, mort en 1742 ; par le même.

Dans son *Hist. Litt.* &c. tom. III. 2 part. pag. 133.]

47803. ☞ Eloge de Jules *Hardouin Mansart*, mort en 1708 ; par l'Abbé LAMBERT.

Dans le même Volume, pag. 110.]

47804. ☞ Eloges de Philibert de *Lorme*, mort en 1577.

Dans le *Dictionnaire* de Bayle, & les *Remarques critiques* de l'Abbé Jolly. On peut voir encore les *Lyonnois dignes de mémoire*, (par Pernetti : *Lyon*, 1757, *in*-8. 2 vol.) *tom. I.* pag. 379.]

47805. ☞ Ms. Histoire du même, & Notice tant de ses Ouvrages en Architecture, que de ses Ecrits ; par M. BEAUCOUSIN, Avocat au Parlement.

Dans son *Histoire de Noyon*, indiquée Tome III. N.° 34892. De Lorme y entre en qualité d'Abbé de S. Eloy de Noyon.]

47806. Eloge de François *Mansart*, Architecte du Roi ; par Charles PERRAULT, de l'Académie Françoise.

Cet Eloge de Mansart, mort en 1666, est imprimé pag. 87 du *tom. I.* des *Eloges des Hommes illustres*.

47807. ☞ Eloge du même ; par l'Abbé LAMBERT.

Dans son *Hist. Litt.* &c. tom. III. 2 part. pag. 93. On y trouve des Notices sur ses Ancêtres, dont la plupart ont été (dit-on) Architectes dès le temps du Roi Hugues Capet.]

47808. Vie d'Eudes de *Montreul* (ou de Montereau,) Architecte du temps de Saint Louis ; par André THEVET.

Dans le *tom. II.* de ses *Vies des Hommes illustres*, Chap. XCII. *Paris*, 1575, *in-fol.* [& dans l'Ed. *in*-12. 1671, *tom. VII.* pag. 69.]

47809. ☞ Eloge de Claude *Perrault*, mort en 1688 ; par l'Abbé LAMBERT.

Dans son *Hist. Litt.* &c. tom. III. 2 part. pag. 100.]

== Autres Eloges & Histoire du même.

Ci-devant, aux *Médecins*, N.°ˢ 46267 & *suiv.*

Voyez encore pag. 83 du Recueil d'*Eloges*, par M. de Condorcet : *Paris*, (Panckoucke,) 1773, *in*-12.)

47810. ☞ Eloge de François *Romain*, mort en 1735; par l'Abbé LAMBERT.

Dans le même Volume, *pag.* 125.]

47811. ☞ Eloge de Jean-Nicolas *Servandoni*, mort le 19 Janvier 1766.

Dans le *Nécrologe* qui a paru en 1767, *pag.* 93.]

47812. ☞ Eloge du même; (par M. COQUEREAU, Médecin.)

Dans la *Galerie Françoise*, petit *in-fol.* num. VI.]

47813. ☞ Eloge de Louis le *Vau*, mort en 1670; par l'Abbé LAMBERT.

Dans son *Hist. Litt. &c. tom. III. 2 part. pag.* 137.]

47814. ☞ Notices abrégées de François d'*Orbay*, (mort en 1697,) Pierre le *Muet*, (mort en 1669,) & des Sieurs le *Pautre* & *Bullet*; par le même.

Dans le même Volume, *pag.* 137. L'Auteur les a mis ensemble, ayant trouvé peu de Mémoires à leur sujet.]

☞ ON peut voir ci-dessus, N.os 45535 & *suiv.* les Pièces concernant l'Académie Royale d'Architecture, qui a commencé en 1671.]

ARTICLE II.

Histoires des Peintres, [*Sculpteurs,*] *& Graveurs François.*

47815. ☞ ENTRETIENS sur les Vies & les Ouvrages des plus excellens Peintres & Architectes; par Jean-François FELIBIEN: *Paris*, 1696, *in-*4. 3 vol. Nouvelle Edition, augmentée: *Trévoux*, 1725, *in-*12. 6 vol.]

47816. ☞ Description des Tableaux du Palais Royal, avec la Vie des Peintres à la tête de leurs Ouvrages; par DUBOIS DE SAINT-GELAIS : *Paris*, d'Houry, 1727, *in-*12.

Il n'y a que quelques mots seulement sur quatre Peintres François : *Poussin*, le *Sueur*, le *Brun* & *Wateau*.]

47817. ☞ Discours sur les progrès de la Peinture en France; par l'Abbé LAMBERT.

Dans son *Histoire Littéraire du Règne de Louis XIV. tom. III. part.* 2, avant la *pag.* 151. L'Auteur dit l'avoir dressé sur les Mémoires de M. Desportes, Peintre du Roi, & de l'Académie.]

47818. Abrégé de la Vie des Peintres François; par Roger DE PILES.

Cet Auteur est mort en 1709. Son Abrégé est imprimé avec celui de la Vie des Peintres [de différentes Nations] *Paris*, Langlois, 1699, *in-*12. *Paris*, Estienne, 1715, *in-*12. Dans cette dernière Edition est ajoutée la Vie de l'Auteur, par (Claude-François) FRAGUIER, de l'Académie Françoise.

47819. ☞ Abrégé de la Vie des plus fameux Peintres de l'Ecole Françoise; (par Ant. Joseph Dezallier D'ARGENVILLE.)

C'est ce qui compose le Tome IV. de son « Abrégé » de la Vie des plus fameux Peintres, (divisés par Eco-» les,) avec leurs Portraits, l'indication de leurs prin-» cipaux Ouvrages, quelques réflexions, &c. ». *Paris*,

Debure, 1762, *in-*8. 4 vol. Il y en avoit eu une première Edition, *in-*4. 1745, qui a été suivie d'un Supplément *in-*4. 1752.

Nous avons cru devoir faire ci-après autant d'Articles de ces Vies, d'après la dernière Edition *in-*8. L'Auteur est mort en 1765.

Son fils, Antoine-Nicolas Dezallier d'*Argenville*, vivant, a donné une « Table alphabétique raisonnée » des Peintres, Sculpteurs & Architectes François », dans son *Voyage Pittoresque de Paris*, &c. *Paris*, Debure, *in-*12. 1749, & plusieurs fois depuis.]

47820. ☞ Noms des Peintres les plus célèbres & les plus connus, anciens & modernes : *Paris*, 1679, *in-*12. de 81 pages.

Cette Liste, qui est sans nom d'Imprimeur, mais avec Privilège, est rare & curieuse, sur-tout par rapport aux commencemens de l'Académie de Peinture, & à quelques particularités sur beaucoup d'Artistes.]

47821. Liste générale des Noms & Surnoms de tous les Maîtres Peintres, Sculpteurs & Graveurs de Paris, faite en 1679, *in-*4.

Cette Liste, mise ici par le Père le Long, a paru dès 1672, avec les Statuts des Maîtres Peintres, (indiqués parmi les *Arts & Métiers* de Paris, ci-devant, Tome III. *pag.* 354, N.° 34758,) & elle se renouvelle de temps en temps. Il n'y est point question des grands Artistes & Académiciens Royaux.]

== ☞ Description de l'Académie Royale des Arts de Peinture & de Sculpture; par feu M. GUERIN, Secrétaire perpétuel : *Paris*, Colombat, 1715.

Elle a déja été indiquée ci-dessus, N.° 45531. On y trouve, avec la Description de tous les Ouvrages qui sont à l'Académie, la Note des Réceptions, Charges & Morts de tous les Académiciens, jusqu'en 1715. La suite est dans les Almanachs Royaux.

On peut encore voir ci-dessus, *p.* 68 de ce Volume, les Pièces concernant l'Etablissement de l'Académie Royale de Peinture & de Sculpture, en 1671.]

47822. ☞ Catalogue (historique) des plus fameux Peintres, Sculpteurs & Graveurs de l'Ecole Françoise, morts, jusqu'en 1765; par M. (Michel-François) DANDRÉ-BARDON, de l'Académie Royale de Peinture & de Sculpture.

Ce Catalogue est dans le *tom. II.* de son *Traité de Peinture* : *Paris*, Saillant, 1765, *in-*12.]

47823. ☞ Catalogue historique du Cabinet de Peinture & Sculpture de M. A. L. DE LA LIVE, Introducteur des Ambassadeurs,&c. *Paris*, le Prieur, 1764, *in-*8.

Ce Catalogue, fait par M. de la Live lui-même, contient des Notices sur nombre de Maîtres François.

☞ *Nota.* On trouve encore beaucoup de traits historiques sur les Peintres, Sculpteurs & Graveurs François, dans l'Ouvrage intitulé : *Cabinet des Singularités d'Architecture, Peinture & Gravure*, par Florent LE COMTE: *Paris*, Picart & le Clerc, 1699, *in-*12. 3 vol.]

47824. ☞ Histoire des Graveurs en bois; par Jean-Baptiste-Michel PAPILLON.

Cette Histoire se trouve dans le *tom. I.* de son *Traité historique & pratique de la Gravure en bois* : *Paris*, P. G. Simon, 1768, *in-*8. 2 vol.

Nous ne citons ici cette Histoire que par rapport aux Artistes François, ainsi que l'Ouvrage qui suit.]

47825. ☞ Notices des plus fameux Graveurs en caractères d'Imprimerie ; par FOURNIER le jeune.

Elle est imprimée en tête de son Ouvrage intitulé : *Modèles de caractères d'Imprimerie*, &c. *Paris*, 1742, *in*-4. oblong.]

47826. ☞ Dictionnaire des Graveurs anciens & modernes, depuis l'origine de la Gravure, avec une Notice des principales Estampes qu'ils ont gravées ; par F. BASAN, Graveur : *Paris*, de Lormel, 1767, *in*-12. 2 parties.]

☞ *Nota*. Les Graveurs, dont on indiquera ci-après les Vies, &c. sont des Graveurs au Burin & en Taille-douce, à moins qu'on n'avertisse qu'ils sont d'une autre espèce.]

47827. ☞ Discours sur les progrès de la Gravure en France ; par l'Abbé LAMBERT.

Dans son *Hist. Litt.* &c. *tom. III. part.* 2, avant la *pag.* 239.
L'Auteur avertit que ce Discours a été dressé sur des Mémoires communiqués par M. Mariette, Honoraire de l'Académie de Peinture & de Sculpture.]

47828. ☞ Vies des premiers Peintres du Roi, depuis M. le Brun jusqu'à présent : *Paris*, Durand & Pissot, 1752, *in*-8. 2 vol.

Ce sont les Eloges de ces Peintres lus dans l'Académie de Peinture. Nous les indiquerons en particulier.
Il y a eu un Discours de M. Desportes, sur la Peinture & la Sculpture en France, & sur les premiers Peintres du Roi avant le Brun.]

47829. ☞ Eloge de François & Michel *Anguier*, frères, Sculpteurs ; par l'Abbé LAMBERT.

Dans son *Hist. Litt.* &c. *tom. III. part.* 2. *p.* 298. Le premier est mort en 1669, & le second en 1686.]

47830. ☞ Eloge de Jacques *Aved*, Peintre, mort en 1766.]

A la tête du *Catalogue* des Tableaux de son Cabinet ; par M. REMY.]

47831. ☞ Autre Eloge du même ; (par M. CASTILLON.)

Dans le *Nécrologe* qui a paru en 1767, *pag.* 67.]

47832. ☞ Notice de Claude *Audran*, Peintre, mort en 1684 ; par M. D'ARGENVILLE.

Dans le *tom. IV.* de son *Abrégé* de la Vie des Peintres, *pag.* 136.]
☞ *Nota*. Plusieurs des parens de Claude Audran se sont distingués parmi les Graveurs. *Voyez* le *Dictionnaire des Beaux-Arts*, ci-dessus, N.° 47794.]

47833. ☞ Eloge de Gérard *Audran*, Graveur, mort en 1703 ; par l'Abbé LAMBERT.

Dans son *Hist. Litt.* &c. *tom. III. part.* 2, *pag.* 256.]

47834. ☞ Eloge de Nicolas *Balechou*, Graveur, mort en 1765 ; (par M. PALISSOT.)

Dans le *Nécrologe* de 1766, & *pag.* 229 du Recueil de 1767.]

47835. ☞ Vie, &c. de Nicolas *Bertin*, Peintre, mort en 1736 ; par M. D'ARGENVILLE.

Dans son *Abrégé*, &c. *tom. IV. pag.* 346.]

47836. Eloge de Jacques *Blanchard*, Peintre ; par Charles PERRAULT, de l'Académie Françoise.

Cet Eloge de Blanchard, mort en 1638, est imprimé *pag.* 43 du *tom. II.* des *Eloges des Hommes illustres : Paris*, 1701.

47837. ☞ Vie du même ; par M. D'ARGENVILLE.

Dans son *Abrégé*, &c. *tom. IV. pag.* 49.]

47838. ☞ Vie de Thomas *Blanchet*, Peintre, mort en 1689 ; par le même.

Dans le même Volume, *pag.* 118.]

47839. ☞ Vie d'Edme *Bouchardon*, Sculpteur, mort en 1762 ; par M. (Philippe Cl. Anne) DE CAYLUS : *Paris*, 1762, *in*-12.]

47840. ☞ Anecdotes sur la mort du même ; par M. (Michel-Franç.) DANDRÉ-BARDON.

Dans le *Mercure*, 1762, *Août*.

Les mêmes, avec augmentations, & Recherches sur les Casques des Anciens ; (par le même :) *Paris*, 1764, *in*-8. de 46 pages.]

47841. ☞ Abrégé de la Vie du même Bouchardon.

Dans la *Galerie Françoise*, petit *in-fol.* num. IX.]

47842. ☞ Vie de Bon *Boullongne*, Peintre, mort en 1717 ; par le même.

Dans le même Volume, *pag.* 243.]

47843. ☞ Vie de Louis de *Boullongne* (ou Boulogne,) premier Peintre du Roi, mort en 1733 ; (par M. WATELET.)

Dans le Recueil indiqué ci-devant, N.° 47828.]

47844. ☞ Vie du même ; par M. D'ARGENVILLE.

Dans son *Abrégé*, &c. *tom. IV. pag.* 263.]

47845. ☞ Vie de Sébastien *Bourdon*, Peintre, mort en 1671 ; par M. D'ARGENVILLE.

Dans son *Abrégé*, &c. *tom. IV. pag.* 92.]

47846. Eloge de Charles le *Brun*, premier Peintre du Roi, mort en 1690 ; par Charles PERRAULT.

Dans ses *Hommes illustres*, *tom. I. pag.* 91 : *Paris*, Coignard, 1696, *in-fol.*

47847. ☞ Remarques sur le même ; par Pierre BAYLE, & Jac. Georg. DE CHAUFEPIÉ.

Dans leurs *Dictionnaires historiques & critiques*.]

47848. ☞ Vie du même (le Brun ;) par par M. DESPORTES.

C'est la première du Recueil indiqué ci-dessus, N.° 47828. Elle est des plus curieuses.]

Vie du même ; par M. D'ARGENVILLE.

Dans son *Abrégé*, &c. *tom. IV. p.* 124.

47849. ☞ Eloge de Jacques *Bunel*, Peintre, mort en 1614 ; par Jean BERNIER.

Dans son *Histoire de Blois* : (*Paris*, 1682, *in*-4.) *pag.* 521.]

47850. Eloge de Jacques *Callot*, Graveur, mort en 1635 ; par Charles PERRAULT.

Dans ses *Hommes illustres*, *tom. I. p.* 95.

47851. ☞ Eloge historique du même ; par

Histoires des Peintres, Sculpteurs & Graveurs.

le Père Husson, Cordelier : *Nancy*, 1766, *in-*12.]

47852. ☞ Vie de Pierre-Jacques Cazes, Peintre, mort en 1754; par M. D'Argenville.

Dans son *Abrégé*, &c. *tom. IV. p.* 397.]

47853. ☞ Eloge de Philippe de *Champagne*, Peintre, mort en 1674; par M. D'Argenville.

Dans son *Abrégé*, &c. *tom. III. pag.* 307. Comme ce Peintre étoit de Bruxelles, on le range parmi ceux de l'Ecole Flamande, quoiqu'il ait passé la plus grande partie de sa Vie en France.
Voyez encore sur le même, l'*Hist. Litt.* de l'Abbé Lambert, *tom. III. part.* 2, *pag.* 170.]

47854. ☞ Eloge de Gaspar du *Change*, Graveur, mort en 1757; par M. Freron.

Dans son *Année Littéraire*, 1757, *tom. I. pag.* 212.
On trouve un autre Eloge du même, fait de son vivant, par l'Abbé Lambert, dans son *Hist. Litt.* &c. *tom. III. part.* 2, *pag.* 289.]

47855. Eloge de François *Chauveau*, Graveur, mort en 1674; par Charles Perrault.

Dans ses *Hommes illustres*, *tom. II.*
Voyez encore l'*Hist. Littér.* de l'Abbé Lambert, *pag.* 142.

47856. Eloge funèbre d'Elizabeth-Sophie *Chéron*, (femme de M. le Hay,) de l'Académie Royale de Peinture & Sculpture ; par Jean Fermel'huis, Docteur en Médecine : *Paris*, Fournier, 1712, *in*-8.

Elizabeth-Sophie Chéron est morte en 1711.

☞ Il en sera encore question comme Poëte, ci-après au *Chap. VI.* parmi les Dames sçavantes. Cependant son talent principal étoit la Peinture.]

47857. ☞ Vie de la même; par M. D'Argenville.

Dans son *Abrégé*, &c. *tom. IV. pag.* 238.]

47858. ☞ Vie de Louis *Chéron*, mort en 1723; par le même.

Dans le même Volume, *pag.* 317. Louis Chéron étoit le frère d'Elizabeth.]

47859. Eloge de Sébastien le *Clerc*, Dessinateur & Graveur du Roi; par (Pierre le Lorrain) de Vallemont : *Paris*, Cailleau, 1715, *in*-12.

Le Clerc est mort en 1714.
Voyez encore l'Abbé Lambert : *Hist. Littér.* &c. *tom. II. part.* 2, *pag.* 267.]

47860. ☞ Vie de Nicolas *Colombel*, Peintre, mort en 1717; par M. D'Argenville.

Dans son *Abrégé*, &c. *tom. IV. pag.* 224.]

47861. ☞ Vie de Michel *Corneille*, Peintre, mort en 1718; par le même.

Dans le même Volume, *pag.* 198.]

47862. ☞ Vie de Jacques & de Guillaume *Courtois*, frères, Peintres; par le même.

Dans le même Volume, *pag.* 150 & 166. Le premier est mort en 1676, & le second en 1679.]

47863. ☞ Vie de Jean *Cousin*, Peintre, mort après l'an 1589; par le même.

Dans le même *tom. IV. pag.* 3.]

47864. ☞ Eloge historique de M. (Nicolas) *Coustou*, l'aîné, Sculpteur ordinaire du Roi & Recteur de l'Académie Royale de Peinture, &c. (par M. Cousin de Contamine :) *Paris*, Huart, 1737, *in*-12.

On peut voir encore l'*Hist. Litt.* de l'Abbé Lambert, *tom. III. part.* 2, *pag.* 318.
Nicolas Coustou est mort en 1733. Il a eu un frère fort habile aussi dans la Sculpture, qui se nommoit Guillaume, & qui est mort en 1746.]

47865. ☞ Vie d'Antoine *Coypel*, premier Peintre du Roi, mort en 1722; par Charles Coypel son fils, aussi premier Peintre du Roi.

Dans le Recueil indiqué ci-dessus, au N.° 47828.]

47866. ☞ Vie du même; par M. D'Argenville.

Dans son *Abrégé*, &c. *pag.* 339.]

47867. ☞ Eloges de Noël *Coypel*, & de Noël-Nicolas *Coypel*, son fils, Peintres.

Dans les *tom. VIII. & XI.* des *Amusemens du cœur & de l'esprit*. Le premier, dont Antoine ci-dessus étoit le fils aîné, est mort en 1707, & le second en 1735.]

47868. ☞ Vies des deux mêmes ; par M. D'Argenville.

Dans son *Abrégé*, &c. *pag.* 170 & 441.]

47869. ☞ Eloge funèbre de M. (Antoine) *Coysevox*, Sculpteur du Roi, (mort en 1720;) par M. Fermel'huis, Docteur en Médecine : *Paris*, Colombat, 1721, *in*-8. de 42 pages.

On peut voir encore l'*Hist. Litt.* de l'Abbé Lambert, *tom. III. part.* 2. *pag.* 515.]

47870. ☞ Eloge de J. Bapt. *Deshayes*, (ou plutôt *Deshays*,) Peintre, mort en 1765; (par M. Fontaine.)

Dans le *Nécrologe* de 1766, ou *pag.* 163 du Recueil de 1767.
C'est une faute que *Deshayes*, comme il est imprimé; la vraie orthographe est *Deshays*. *Voyez* la seconde des Lettres de M. Cochin aux Auteurs de la Gazette Littéraire, indiquées ci-dessous au nom de *Slodtz*.]

47871. ☞ Essai sur la Vie du même *Deshays*; par (Ch. Nicolas) Cochin, Secrétaire de l'Académie de Peinture.

Dans la Lettre dont on vient de parler.]

47872. ☞ Eloge de Martin *Desjardins*, Sculpteur, mort en 1694; par l'Abbé Lambert.

Dans son *Hist. Litt.* &c. *tom. III. part.* 2. *pag.* 304.]

47873. ☞ Vie de François *Desportes*, Peintre, mort en 1743; par M. D'Argenville.

Dans son *Abrégé*, &c. *tom. IV. pag.* 332.]

47874. ☞ Vie de Louis *Dorigny*, Peintre, mort en 1742 ; par le même.

Dans le même Volume, *pag.* 271.]

47875. ☞ Eloge de Pierre *Drevet*, Graveur, mort en 1738 ; par l'Abbé Lambert.

Dans son *Hist. Litt.* &c. *tom. III. part.* 2. *pag.* 276.]

47876. ☞ Eloge de Hubert *Drouais*, Peintre, mort en 1767; (par M. Castillon.)

Dans le *Nécrologe* qui a paru en 1768, *pag.* 187.]

47877. ☞ Eloge de Gérard *Edelinck*, Graveur, mort en 1707; par l'Abbé Lambert.

Dans son *Hist. Litt.* &c. tom. III. part. 2. *pag.* 265.]

47878. ☞ Mémoire pour servir à la Vie de M. de *Favanne*, Peintre : *Paris*, 1753, *in*-12.

Ce Peintre est mort le 27 Avril 1752.]

47879. ☞ Vie de Claude le *Fevre*, Peintre, mort en 1675; par M. d'Argenville.

Dans son *Abrégé*, &c. tom. IV. *pag.* 177.]

47880. ☞ Vie de J. Bapt. Blain de *Fontenay*, Peintre, mort en 1715; par le même.

Dans le même Volume, *pag.* 280.]

47881. ☞ Vie de Jean *Forest*, Peintre, mort en 1712; par le même.

Dans le même Volume, *pag.* 185.]

47882. ☞ Vie de Charles de la *Fosse*, mort en 1716; par le même.

Dans le même Volume, *pag.* 189.]

47883. ☞ Eloge de Pierre-Simon *Fournier*, Graveur & Fondeur en Lettres, mort en 1768; (par M. François, sur les Mémoires de M. Fournier, Avocat, & de M. Béjot, de la Bibliothèque du Roi.)

Dans le *Nécrologe* qui a paru en 1770, *pag.* 251.]

47884. ☞ Eloge de Jean-Charles *François*, Graveur, mort en 1769; (par M. François.)

Dans le *Nécrologe* qui a paru en 1770, *pag.* 345. Ce Graveur est l'Inventeur de la Gravure dans le goût du crayon.]

47885. ☞ Vie de Martin *Fréminet*, Peintre, mort en 1619; par M. d'Argenville.

Dans son *Abrégé*, &c. tom. IV. *pag.* 6.]

47886. ☞ Vie de Charles-Alfonse du *Fresnoy*, Peintre, mort en 1665; par M. d'Argenville.

Dans son *Abrégé*, &c. tom. IV. *pag.* 87.

Voyez encore sur le même du Fresnoy, ci-dessus, N.os 47446 & 47447, où il est considéré comme Poëte.]

47887. ☞ Eloge de François *Girardon*, Sculpteur, mort en 1715; par l'Abbé Lambert.

Dans son *Hist. Litt.* &c. tom. III. part. 2. *pag.* 312.]

47888. ☞ Eloge de Louis *Gougenot*, Honoraire de l'Académie Royale de Peinture, mort en 1767; (par M. Sallé, Avocat.)

Dans le *Nécrologe* qui a paru en 1768, *pag.* 99.]

47889. ☞ Vie de Claude *Hallé*, Peintre, mort en 1736; par M. d'Argenville.

Dans son *Abrégé*, &c. tom. IV. *pag.* 253.]

47890. ☞ Vie de Laurent de la *Hire*, Peintre, mort en 1656; par le même.

Dans le même Volume, *pag.* 63.]

47891. ☞ Abrégé de la Vie de Jean *Jouvenet*, Peintre, mort en 1717.

Il est imprimé dans le *Mercure*, 1718, *Octob.* p. 88. Il est tiré du Dictionnaire manuscrit de M. Malafaire, qui a consenti que l'Auteur du Mercure en tire tous les mois un Article, pour l'insérer dans son Ouvrage.

47892. ☞ Vie du même; par M. d'Argenville.

Dans son *Abrégé*, &c. tom. IV. *pag.* 203.]

47893. ☞ Eloge de M. de *Julienne*, Honoraire de l'Académie Royale de Peinture, mort en 1766; (par M. de Montullé.)

Dans le *Nécrologe* qui a paru en 1767, *p.* 55.]

47894. ☞ Vie de Nicolas *Lancret*, Peintre, mort en 1742; par M. d'Argenville.

Dans son *Abrégé*, &c. tom. IV. *pag.* 435.]

47895. ☞ Eloge du même; par M. Balot de Sovot, (mort en 1761:) *Paris*, 1743, *in*-8.]

47896. ☞ Vie de Nicolas *Largilliere*, Peintre, mort en 1746; par M. d'Argenville.

Dans son *Abrégé*, &c. tom. IV. *pag.* 284.]

47897. ☞ Vie de Nicolas *Loir*, Peintre, mort en 1679; par le même.

Dans le même Volume, *p.* 161.]

47898. ☞ Vie de Claude (Gelée) le *Lorrain*, Peintre, mort en 1682; par le même.

Dans le même Volume, *p.* 54.]

47899. ☞ Eloge de J. Bapt. *Massé*, Peintre, mort en 1767.

Dans le *Nécrologe* qui a paru en 1768, *p.* 129. Cet Article n'est qu'un tissu d'anecdotes, la plupart ridicules ou fausses, dit l'Auteur de l'Eloge suivant.]

47900. ☞ Eloge historique du même; par M. (Ch. Nicolas) Cochin, Secrétaire de l'Académie de Peinture : (*Paris*,) 1711, *in*-12. de 44 pages.

Cet Eloge est aussi imprimé *pag.* 283, du tom. III. des *Œuvres* de M. Cochin, & *Pièces sur les Arts* : 1771, *in*-12.]

47901. ☞ Eloge de Claude *Mélan*, Graveur ordinaire du Roi; par Charles Perrault.

Cet Eloge de Mélan, mort en 1695, est imprimé au tom. II. des *Eloges des Hommes illustres*.

47902. Eloge du même; par l'Abbé Lambert.

Dans son *Hist. Litt.* tom. III. part. 2. *pag.* 251.]

47903. ☞ Vie de Philippe *Meusnier*, Peintre, mort en 1634; par M. d'Argenville.

Dans son *Abrégé*, &c. tom. IV. *p.* 287.]

47904. ☞ Vie de Nicolas *Mignard*, Peintre, mort en 1668; par le même.

Dans le même Volume, *p.* 67.]

47905.

Vies des Peintres François, &c.

47905. Eloge de Pierre *Mignard*, premier Peintre du Roi ; par Charles PERRAULT.

Cet Eloge de [Pierre] Mignard, mort en 1695, est imprimé *pag.* 91 du *tom. II des Eloges des Hommes illustres*. [Il étoit frère du précédent.]

47906. ☞ Vie du même ; par M. l'Abbé Mazière DE MONVILLE ; avec le Poëme de MOLIERE, sur les Peintures du Val de Grace par Mignard, & deux Dialogues de M. DE FÉNELON, Archevêque de Cambray, sur la Peinture : *Paris*, Boudot, 1730, *in-*12.]

47907. ☞ Vie du même Pierre Mignard ; par M. le Comte DE CAYLUS.

Dans le Recueil indiqué ci-dessus, au N.° 47828.]

47908. ☞ Autre Vie du même ; par M. D'ARGENVILLE.

Dans son *Abrégé*, &c. *tom. IV. p.* 74.]

47909. ☞ Vie de François le *Moine*, premier Peintre du Roi, mort en 1737 ; par M. DE CAYLUS.

Dans le Recueil 47828.]

47910. ☞ Vie du même ; par M. D'ARGENVILLE.

Dans son *Abrégé*, &c. *tom. IV. p.* 417.]

47911. ☞ Vie de J. Bapt. *Mola*, Peintre, mort vers 1680 ; par le même.

Dans le même Volume, *pag.* 146.]

47912. ☞ Vie de J. Bapt. *Monoyer*, mort en 1699 ; par le même.

Dans le même Volume, *p.* 181.]

47913. ☞ Eloge de Jean *Mosnier*, mort en 1650 ; par Jean BERNIER.

Dans son *Histoire de Blois* : (*Paris*, 1682, *in-*4.) *pag.* 569.]

47914. ☞ Eloge de Robert *Nanteuil*, Graveur, mort en 1678 ; par l'Abbé LAMBERT.

Dans son *Hist. Litt.* &c. *tom. III. part.* 2. *pag.* 246.]

47915. ☞ Eloge de Jean-Marc *Nattier*, Peintre, mort en 1766.

Dans le *Nécrologe* qui a paru en 1768, *pag.* 11.]

47916. ☞ Vie de J. Bapt. *Oudry*, Peintre, mort en 1755 ; par M. D'ARGENVILLE.

Dans son *Abrégé*, &c. *tom. IV. p.* 410.]

47917. ☞ Vies de Joseph & Charles *Parrocel*, Peintres ; par le même.

Dans le même Volume, *p.* 430 & 439. Le premier, qui étoit le père, est mort en 1704, & le second en 1752.]

47918. ☞ Vie de François *Perrier*, mort en 1650 ; par M. D'ARGENVILLE.

Dans son *Abrégé*, &c. *tom. IV. p.* 19.]

47919. ☞ Eloge de Bernard *Picart*, Graveur, mort en 1733 ; par l'Abbé LAMBERT.

Dans son *Hist. Litt.* &c. *part.* 2. *tom. III. p.* 278.]

47920. ☞ Anecdotes sur Germain *Pilon*, *Tome IV. Part. I.*

Sculpteur célèbre (du XVIe Siècle ;) par M. DREUX DU RADIER.

Dans le *Journal de Verdun*, 1759, *Février, p.* 122.]

47921. Eloge de François *Poilly*, Graveur, mort en 1693 ; par l'Abbé LAMBERT.

Dans son *Hist. Litt.* &c. *tom. III. part.* 2. *p.* 307.]

47922. Eloge de Nicolas *Poussin*, Peintre ; par Charles PERRAULT.

Cet Eloge de Poussin, mort en 1663, est imprimé *pag.* 89 du *tom. II. des Eloges des Hommes illustres*.

47923. ☞ Vie du même ; par M. D'ARGENVILLE.

Dans son *Abrégé*, &c. *tom. IV. p.* 25.]

47924. ☞ Vie de Pierre *Puget*, Peintre, Sculpteur & Architecte, surnommé le Michel-Ange de la France, mort en 1654 ; (par Joseph BOUGEREL, Prêtre de l'Oratoire.)

Elle se trouve *pag.* 163 des *Mémoires sur plusieurs Hommes illustres de Provence* : *Paris*, Cl. Herissant, 1752, *in-*12.]

47925. ☞ Vie de Jean *Raoux*, Peintre, mort en 1734 ; par M. D'ARGENVILLE.

Dans son *Abrégé*, &c. *tom. IV. p.* 374.]

47926. ☞ Eloge de Jean *Restout*, Peintre, mort le premier Janvier 1768.

Dans le *Nécrologe* qui a paru en 1769, *pag.* 51.]

47927. ☞ Abrégé de la Vie du même, sur les Mémoires de son fils.

Dans la *Galerie Françoise*, petit *in fol.* num. VIII.]

47928. ☞ Vie d'Hyacinthe *Rigaud*, Peintre, mort en 1743 ; par M. D'ARGENVILLE.

Dans son *Abrégé*, &c. *tom. IV. pag.* 310.]

47929. ☞ Vie d'Antoine *Rivalz*, Peintre, mort en 1735 ; par le même.

Dans le même Volume, *pag.* 352.]

47930. ☞ Vie de Jacques *Rousseau*, Peintre, mort en 1693 ; par le même.

Dans le même Volume, *pag.* 155.]

47931. ☞ Abrégé de de la Vie de J. Bapt. *Santerre*, Peintre, mort en 1717 ; (par l'Abbé CHAMPERON.)

Dans le *Mercure*, 1718, *p.* 70.

47932. ☞ Vie du même ; par M. D'ARGENVILLE.

Dans son *Abrégé*, &c. *tom. IV. p.* 158.]

47933. ☞ Eloge de Jacques *Sarrasin*, Recteur de l'Académie de Peinture, (mort en 1660 ;) par Charles PERRAULT, de l'Académie Françoise.

Dans le *tom. II. des Eloges des Hommes illustres*, *p.* 94.]

47934. ☞ Mf. Eloge historique du même Jacques Sarrasin, célèbre Sculpteur & Peintre, né à Noyon, & de son frère puîné Pierre *Sarrasin*, Sculpteur, mort en 1679 ;

C c

avec le Catalogue & la Description de leurs Ouvrages ; par M. BEAUCOUSIN, Avocat au Parlement.

Dans son Histoire manuscrite de Noyon, que nous avons indiquée ci-devant, Tome III. N.° 34892.]

47935. ☞ Eloge de Charles *Simonneau*, Graveur, mort en 1728 ; par l'Abbé LAMBERT.

Dans son *Hist. Litt.* &c. *tom. III. part. 2. p. 274.*]

47936. ☞ Lettres sur les Vies de M. (René-Michel) *Slodtz*, (Sculpteur,) & de M. Deshays, (Peintre;) par M. (Ch. Nicolas) COCHIN, Secrétaire de l'Académie de Peinture, &c. *Paris*, Jombert, 1765, *in-12.*]

47937. ☞ Eloge du même Slodtz, mort en 1764.

Dans le *Nécrologe* de 1766, & dans le Recueil de 1767, *pag. 299.*

René-Michel Slodtz avoit un frère, aussi Sculpteur habile, nommé *Ant. Sébastien Slodtz*, qui est mort en 1754.]

47938. ☞ Vie de Jacques *Stella*, Peintre, mort en 1657 ; par M. D'ARGENVILLE.

Dans son *Abrégé*, &c. *tom. IV. p. 41.*]

47939. ☞ Vie de Pierre *Subleyras*, Peintre, mort en 1749 ; par le même.

Dans le même Volume, *pag. 449.*]

47940. ☞ Eloge d'Eustache le *Sueur*, Peintre ; par Charles PERRAULT, de l'Académie Françoise.

Cet Eloge de le Sueur, mort en 1655, est imprimé à la *pag. 93 du tom. I. des Eloges des Hommes illustres.*

47941. ☞ Vie du même ; par M. D'ARGENVILLE.

Dans son *Abrégé*, &c. *tom. IV. p. 105.*]

47942. ☞ Eloge historique de Pierre & Nicolas le *Sueur*, Graveurs en bois, & autres plus anciens ; par Laurent-Etienne RONDET.

Après la Préface du Livre intitulé : *Histoire de l'Ancien & du Nouveau Testament, représentés en 586 Figures*, &c. *Paris*, J. Th. Hérissant, 1771, *in-8.* Le père, Pierre le Sueur, est mort en 1698, & Nicolas le Sueur, son fils, est mort en 1764.

Il est question dans le même Article de deux autres Pierre le *Sueur*, Graveurs ; de Bernard Salomon (connu sous le nom du *petit Bernard*,) & de Jean *Moni*, tous deux Peintres & Graveurs François.]

47943. ☞ Vie de Louis *Testelin*, Peintre, mort en 1655 ; par M. D'ARGENVILLE.

Dans son *Abrégé*, &c. *tom. IV. pag. 99.*]

47944. ☞ Vie de Robert *Tournières*, Peintre, mort en 1752 ; par le même.

Dans le même Volume, *pag. 361.*]

47945. ☞ Vie de Pierre-Charles *Trémollières*, mort en 1739 ; par le même.

Dans le même Volume, *pag. 455.*]

47946. ☞ Vie de François de *Troy* & de Jean-François de *Troy*, père & fils, Peintres ; par M. D'ARGENVILLE.

Dans son *Abrégé*, &c. *tom. IV. pag. 219 & 365.* Le premier est mort en 1730, & le second en 1752.]

47947. ☞ Vie de Moyse *Valentin*, Peintre, mort en 1632 ; par le même.

Dans le même Volume, *pag. 46.*]

47948. ☞ Vie de Charles (André) *Vanloo*, premier Peintre du Roi, (mort le 15 Juillet 1765 :) *Paris*, Desaint, 1765, *in-12.*

Cette Pièce a été lue dans l'Assemblée publique de l'Académie Royale de Peinture & Sculpture, du 7 Septembre 1765 ; par M. DANDRÉ BARDON. On trouve à la fin la Liste de tous les Ouvrages de M. Charles Vanloo. Il est communément appellé *Carlo Vanloo*.]

47949. ☞ Eloge du même.

Dans le *Nécrologe* de 1766, ou *pag.* 173 du Recueil de 1767.]

47950. ☞ Vie du même.

Dans la *Galerie Françoise*, petit *in-fol.* num. III.]

47951. ☞ Vie de J. Bapt. *Vanloo*, Peintre, frère aîné du précédent, mort en 1745 ; par M. D'ARGENVILLE.

Dans son *Abrégé*, &c. *tom. IV. pag.* 385.]

47952. ☞ Eloge de Jean *Varin*, Conducteur & Graveur général des Monnoies de France ; par Charles PERRAULT, de l'Académie Françoise.

Cet Eloge de Varin, mort en 1672, est imprimé à la *pag.* 87 du *tom. II. des Eloges des Hommes illustres.*

☞ Il y a eu un Quentin *Varin*, Peintre, premier Maître du Poussin, dont Simon donne une Notice curieuse, en son *Supplément à l'Histoire du Beauvaisis* : (*Paris*, Cavelier, 1704, *in-12.*) *pag.* 90, 117, 118 & 119.]

47953. ☞ Vie de Joseph *Vivien*, Peintre, mort en 1735 ; par M. D'ARGENVILLE.

Dans son *Abrégé*, &c. *tom. IV. pag.* 304.]

47954. ☞ Eloge de Simon *Vouet*, premier Peintre du Roi, mort en 1641 ; par Charles PERRAULT, de l'Académie Françoise.

Cet Eloge est imprimé à la *pag.* 85 du *tom. II. des Eloges des Hommes illustres.*

47955. ☞ Vie du même ; par M. D'ARGENVILLE.

Dans son *Abrégé*, &c. *tom. IV. p.* 10.]

47956. ☞ Vie d'Antoine *Wateau*, Peintre, mort en 1721 ; par le même.

Dans le même Volume, *p.* 403.

M. GERSAINT a donné sa Vie avec plus de détails dans le Catalogue de M. de Lorangère : *Paris*, Barois, 1744, *in-12.*]

ARTICLE III.

Histoires & Vies des François renommés dans les autres Arts, [*Imprimerie, Orfévrie, &c.*]

47957. L'HISTOIRE de l'Imprimerie & de la Librairie ; par Jean DE LA CAILLE,

Libraire : *Paris*, la Caille, 1689, *in*-4.

La plus confidérable partie de cet Ouvrage concerne l'Histoire de l'Imprimerie de Paris. L'Auteur a mis à la fin la Liste des Libraires & Imprimeurs de cette Ville jusqu'en 1689. Il a travaillé depuis [& jusqu'à sa mort,] sur plusieurs Mémoires qui lui ont été donnés, à corriger cet Ouvrage, à le rectifier & à le continuer.

☞ Le Livre de la Caille, (où il y a, dit-on, bien des fautes,) contient une Notice de la Vie des Imprimeurs & Libraires, & les principaux Ouvrages qu'ils ont imprimés & vendus. On peut voir à son sujet, = *Journal des Sçavans*, 1689, Juillet, = Beyeri, *Libr. rarior. pag.* 50. La nouvelle Edition de l'Ouvrage de la Caille n'a point paru; mais il a mis dans quelques Exemplaires de son Ouvrage, plusieurs années après, des Cartons & Additions. Comme aucun Bibliographe n'en a fait mention, nous en parlerons ici avec quelque détail, afin que l'on choisisse ces Exemplaires de préférence.

1.° Les douze dernières lignes de la page 2 sont couvertes d'un papier collé, où l'Auteur commence à faire une espèce d'Histoire des Bibliothèques les plus fameuses, anciennes & modernes. On trouve ensuite un *Modèle pour ranger une Bibliothèque*, précédé d'une Vignette. Cette Addition occupe 16 pages, dont les deux dernières seulement sont numérotés 1 & 2, après quoi suivent les pages 3 & 4 du Livre.

2.° Après la page 4 est une autre Addition, sans chiffres, de 24 pages, sur la cherté des Manuscrits, & l'Histoire des Inventeurs de l'Imprimerie & de leurs premiers Ouvrages. On y voit, (en une demi-page,) le Portrait de *Jean Fust*, Imprimeur de Mayence, & une Vignette qui représente les travaux de l'Imprimerie. Ensuite vient la page 17 du Livre, (dont il y a ainsi 12 pages de supprimées, où l'on parloit moins au long des mêmes choses.)

3.° Autre Addition de 18 pages, qui commence le Livre II. entre les pages 52 & 61, (le reste de la première Impression étant supprimé.) Ce morceau a en tête une nouvelle Vignette des travaux de l'Imprimerie, où l'on voit une Pallas & un Docteur. On y traite des Livres écrits à la main, & des premiers Ouvrages imprimés à Paris, (plus en détail & mieux que l'on n'avoit fait d'abord.) Le Portrait d'*Ulric Géring*, qui imprima le premier dans cette Ville (en 1469) s'y voit en une demi-page. On y parle ensuite des anciens Quatre Grands-Libraires, auxquels ont succédé les Syndic & Adjoints.

Comme la Caille cite dans cette dernière Addition l'Ouvrage du Docteur Chevillier, sur *l'Origine de l'Imprimerie*, qui a paru en 1694, ce n'est qu'après cette année qu'il aura fait les Cartons ou Additions dont on vient de parler; & ainsi on ne les trouve point dans les Exemplaires débités depuis 1689, que l'Ouvrage de la Caille a commencé à paroitre. Feu M. Barois, sçavant & curieux Libraire de Paris, nous a prêté un Exemplaire de sa Bibliothèque, sur lequel nous avons fait ces Observations.]

== ☞ Code de la Librairie & Imprimerie de Paris.... (&) de tout le Royaume.

Ci-devant, Tome III. N.° 34708.]

47958. L'Origine de l'Imprimerie de Paris, Dissertation historique & critique; par André CHEVILLIER, Docteur & Bibliothécaire de Sorbonne: *Paris*, Delaulne, 1694, *in*-4.

L'Auteur est mort en 1700.

☞ Sa Dissertation, qui forme un Volume, est divisée en quatre Parties. Dans la première on voit l'établissement de l'Imprimerie à Paris, par les soins de la Société de Sorbonne, avec l'Histoire d'Ulric *Gering*, qui a été le premier Imprimeur à Paris. La seconde contient des Réflexions sur les Livres imprimés par Gering, & des Remarques touchant les Imprimeurs & l'Imprimerie. La troisième partie indique l'origine des impressions Grecque & Hébraïque, qui furent établies à Paris par les soins des Professeurs de l'Université. Dans la quatrième, on fait voir les Droits que l'Université a eus sur la Librairie de Paris, devant & après la découverte de l'Imprimerie.]

47959. ☞ Examen de l'opinion de M. Maittaire, touchant l'Epoque de l'établissement de l'Imprimerie en France; par M. DE FONCEMAGNE. *Hist. de l'Acad. des Inscript. & Bell. Lettr. tom. VII. pag.* 310.

M. Maittaire avoit avancé qu'on a imprimé à Tours avant que de le faire à Paris : ce qui ne paroît pas probable.]

47960. ☞ Observations sur l'invention de l'Imprimerie à Strasbourg : *Strasbourg*, 1640, *in*-4. (en Allemand.)

L'Auteur de ce Traité, qui ne se nomme point, est Jean Adam SCHRAG, Avocat-Général de la Ville de Strasbourg, mort en 1687. Il attribue l'invention de l'Imprimerie, conformément à une ancienne opinion, à Jean Mentelin, (ou Mentel,) Citoyen de Strasbourg.]

47961. ☞ Jacobi MENTELI, de vera Typographiæ origine Parænesis : *Parisiis*, Ballard, 1650, *in*-4.

Ce Médecin attribue l'invention de l'Imprimerie à Jean Mentel, Citoyen de Strasbourg, dont il prétendoit descendre. Cet Ecrit est réimprimé *pag.* 237 du *tom. II.* des *Monumenta Typographica* de J. Chr. Wolf : *Hamburgi*, 1740.]

47962. ☞ Mémoire sur l'origine de l'Imprimerie à Strasbourg ; (par *Guttenberg*, qui y fit les premiers essais, vers 1440.)

Dans les *Mém. de l'Acad. des Inscript. & Bell. Lettr. tom. XVII. pag.* 761.]

47963. ☞ Dissertation sur l'origine & le progrès de l'Art de graver en bois, pour éclaircir quelques traits de l'Imprimerie, & prouver que Guttemberg n'en est pas l'Inventeur, (de la Gravure en bois;) par M. FOURNIER le jeune, Graveur & Fondeur de caractères d'Imprimerie : *Paris*, Barbou, 1758, *in*-8.]

47964. ☞ De l'Origine & des productions de l'Imprimerie primitive en Taille de bois, avec une Réfutation des préjugés plus ou moins accrédités sur cet Art; par M. FOURNIER le jeune : *Paris*, Barbou, 1759, *in*-8.]

47965. ☞ Jo. Danielis SCHOEPFLINI, Vindiciæ Typographicæ : *Argentorati*, 1760, *in*-4.

On y réfute l'opinion de Schrag & d'autres, sur l'invention de l'Imprimerie, & on fait voir que ce fut Jean de Guttenberg, Gentilhomme de Mayence, qui commença à inventer cet Art à Strasbourg, vers l'an 1436 & 1440.

M. Schoepflin avoit comme donné l'Abrégé de cet Ouvrage dans son *Mémoire*, indiqué ci-dessus, N.° 47962. Il a publié aussi sur le même sujet, en 1740, à Strasbourg, un petit Ecrit de 4 pages *in* 4. avec ce titre : *Programma, Secularia inventæ Artis typographicæ celebranda indicens.* Cette Pièce a été mise *pag.* 557 de ses *Commentationes historicæ*, &c. *Basilæ*, 1741, *in*-4.]

47966. ☞ Observations sur un Ouvrage

intitulé, *Vindiciæ Typographicæ*; par M. Fournier le jeune: *Paris*, 1760, *in*-8.]

47967. ☞ Lettre fur l'origine de l'Imprimerie (à Strasbourg,) fervant de Réponfe aux Obfervations, &c. (par M. Baer:) *Strasbourg*, (*Paris*,) 1761, *in*-8. de 44 pages.]

47968. ☞ Remarques fur un Ouvrage intitulé: *Lettre fur l'origine de l'Imprimerie*, &c. par M. Fournier le jeune: *Paris*, Barbou, 1761.]

47969. ☞ Remarques fur l'Origine de la Gravure, (& de la Typographie & Imprimerie.)

Dans l'Ouvrage intitulé: *Idée générale d'une Collection complette d'Eftampes*, &c. *Léipfick & Vienne*, Krans, 1771, *in*-8. avec figures, *pag.* 252 & *fuiv.* 278 & *fuiv.*]

☞ On trouvera encore bien des chofes fur l'Imprimerie de France, & fur fes Imprimeurs, dans les Ouvrages fuivans:

1. Annales Typographicæ: Auctore Michaele Maittaire: *Londini*, 1719-1741, 6 vol. (On n'en cite fouvent que cinq, mais le Vol. IV. que l'Imprimeur a voulu imprimer fous le titre de I. nouvelle Édition, ne tient point entièrement la place du véritable I. & il faut les avoir tous deux, comme l'Auteur en avertit.)

2. Hiftoire de l'origine & des premiers progrès de l'Imprimerie; (par Profper Marchand :) *la Haye*, 1740, *in*-4.

3. Origines Typographicæ; Gerardo Meerman auctore: *Haga-Comitum*, 1765, *in*-4. 2 vol. (Cet Ouvrage, dont l'Auteur foutient que l'invention de l'Imprimerie appartient à Laurent Cofter, de Harlem, ne manquera pas d'être attaqué par les Allemands, comme on femble le dire dans les Remarques précédentes, & ces nouveaux Ouvrages nous apprendront fans doute de nouvelles chofes fur l'Imprimerie.)

4. Monumenta Typographica, &c. ftudio & labore Joan. Chriftiani Wolfii : *Hamburgi*, Herold, 1740, *in*-8. 2 très-gros vol. (C'eft un Recueil d'un grand nombre d'Ecrits faits jufqu'alors, fur l'origine de l'Imprimerie, & J.C. Wolf n'y a d'autre part que la publication, avec quelques Notes ; encore dit-on que cela avoit été difpofé par fon frère.]

47970. Hiftoria Typographorum aliquot Parifienfium Vitas & Libros complectens: [*Londini*, 1717, *in*-8. (2 tom. en 1 vol.)

Michel Maittaire a compris dans cet Ouvrage les Vies de Simon de *Colines*, Michel *Vafcofan*, Guillaume *Morel*, Adrien *Turnebe*, Frédéric *Morel*, Jean *Bien-né*, & de toute la famille des *Morels*.

☞ Le même Maittaire avoit déja donné en 1709, l'Hiftoire des *Eftiennes*, indiquée ci-après.]

47971. ☞ Eloge de Jean *Boudot*, Libraire de Paris, (mort le 10 Mars 1754;) par M. Fréron.

Dans l'*Année Littéraire*, 1754, *tom.* III. *p.* 1186.]

47972. ☞ Eloge d'Horace *Cardon*, & Notices de quelques autres Imprimeurs de Lyon.

Dans les *Lyonnois dignes de mémoire*, par l'Abbé Pernetty, *tom.* II. *pag.* 7 & *fuiv.*]

== ☞ Hiftoire de Gilles *Corrozet*, Imprimeur de Paris, & Auteur, mort en 1568.

f Ci-deffus, aux *Hiftoriens*, N.° 46707.]

== ☞ Hiftoire de la Vie & des Ouvrages d'Etienne *Dolet*, mort en 1546.

Ci-deffus, aux *Poëtes*, N.° 47406.]

47973. Theodori Janffonii ab Almeloveen; Differtatio Epiftolica de Vitis Stephanorum (des *Eftiennes*,) celebrium Galliæ Typographorum : *Amftelodami*, 1683, *in*-8.

47974. Hiftoria Stephanorum, infignium Galliæ Typographorum, complectens Vitas ipforum ac duplicem Librorum ab ipfis compofitorum editorumque Catalogum ; Auctore Michaele Maittaire : *Londini*, Batemar, 1709, *in*-8.

Cet Ouvrage de M. Maittaire, qui étoit François, eft plus circonftancié & beaucoup plus ample que le précédent.

47975. Mf. Profperi Marchand, Galli Guifiani, Syntagma de Vitis Stephanorum, celebrium Galliæ Typographorum : *in*-8.

Cet Ouvrage [étoit] entre les mains de l'Auteur.

47976. ☞ Recherches & Obfervations du même, fur les Eftiennes.

Dans fon *Dictionnaire hiftorique & critique*, publié après fa mort : *la Haye*, 1758, *in*-fol. 2 vol. Il y a apparence que c'eft l'Article précédent, mis par lui en François.]

47977. ☞ Hiftoires de la Vie & des Ouvrages de Robert, Charles & Henri Eftienne; par le Père Niceron.

Dans fes *Mémoires*, &c. *tom.* XXXVI. *pag.* 259 & 270. Le Dictionnaire de Marchand n'étoit point encore publié lorfque le Père Niceron donna ces Articles, & il ne put profiter de diverfes Anecdotes qui s'y trouvent. Robert Eftienne eft mort en 1559, Charles en 1564, & Henri en 1598.]

47978. ☞ Notice de Nicolas *Jenfon*, l'un des premiers Imprimeurs à Venife, vers 1470.

Dans un Mémoire de M. de Boze, inféré dans l'*Hiftoire de l'Académie des Infcriptions & Belles-Lettres*, *tom.* XIV. *pag.* 227. Il inventa le beau caractère Romain, d'après les Lettres Latines; & ainfi il perfectionna l'Art de l'Imprimerie.]

47979. ☞ Eloge de Philippe-Nicolas *Lottin*, Imprimeur de Paris, mort en 1751.

Dans le *Supplément au Nécrologe des plus célèbres Défenfeurs*, &c. (*Paris*,) 1763, *in*-12. *pag.* 117.]

47980. ☞ De Vita & Scriptis Profperi *Marchand*, Bibliopolæ Parifienfis.

Ces Recherches fe trouvent dans les *Act. Lipf.* 1758, *pag.* 673, à la tête de l'Extrait que les Auteurs de ce Journal ont donné du Dictionnaire hiftorique de Profper Marchand.]

47981. ☞ Eloge de Cl. Charles *Thibouft*, Imprimeur du Roi, mort en 1757; par M. Fréron.

Dans l'*Année Littéraire*, 1757, *tom.* V. *pag.* 133. On y parle par occafion de la Famille des Thibouft, célèbre depuis plus de deux cens ans dans l'Imprimerie de Paris.]

IL y a aussi beaucoup de particularités sur plusieurs des Thiboust, & sur nombre d'autres Imprimeurs François, anciens & modernes, à la suite de la *Chronologie des Curés de S. Benoît; par* M. Bruté : *Paris*, Desprez, 1752, *in-12.*]

De divers Artistes célèbres, que l'on ne peut rapporter aux Classes précédentes.

47982. ☞ Eloge de Claude *Ballin*, Orfévre; par Charles Perrault, de l'Académie Françoise.

L'Eloge de Ballin, mort en 1678, est imprimé au Tome I. des *Eloges des Hommes Illustres* : (*Paris*, 1696, *in-fol.*) *pag.* 98.

Voyez encore l'*Hist. Littéraire* de l'Abbé Lambert, *tom. III. part. 2. pag. 244.*]

47983. ☞ Eloge de Pierre *Germain*, & de Thomas son fils, Orfévres; par l'Abbé Lambert.

Dans son *Hist. Littéraire du Règne de Louis XIV. part. 2. pag.* 281. Le premier est mort en 1684, & le second en 1748.]

47984. ☞ Eloge de M. (Claude) *Paris*, habile & célèbre Opticien de Paris; (par M. Goulin, Médecin.)

Cet Eloge de M. Paris, mort le 7 Octobre 1763, se trouve dans le *Journal Encyclopédique*, 1765, *Juillet*, *pag.* 129, sous le titre de *Réponse de M. Rand.....* &c. Il a été aussi imprimé à part.]

47985. ☞ Eloge de Julien le *Roy*, Horloger, mort en 1757; par Pierre Le Roy, Horloger, son fils aîné.

Dans les *Etrennes Chronométriques* : *Paris*, 1760, *in-24.* (& années *suiv.*) *pag.* 180.]

47986. ☞ Remarques sur les premiers Horlogers de France, & les plus anciennes Horloges; par Camille Falconet.

Dans les *Mém. de l'Acad. des Inscriptions & Belles-Lettres, tom. XX. pag.* 452 & *suiv.*]

47987. ☞ Lettre écrite de Richelieu, (au sujet des Ouvrages manuels & extrêmement délicats de Madame Mauzé, Religieuse, & des talens du nommé Garault.) *Journal de Verdun*, 1770, *Janvier, pag.* 46.]

CHAPITRE SIXIÈME.

Vies & Eloges des Dames Illustres, [Sçavantes & autres,] de France.

Les Vies des *Saintes* de France se trouvent dans l'Article III. du Chapitre I. du Livre II. de cette Bibliothèque, [Tome I. de cette Edition, *pag.* 272;] les Vies des *Dames dévotes* dans l'Article suivant du même Chapitre, [*ibid. pag.* 315;] les Vies des *Religieuses*, dans l'Article VII. du Chapitre X. du même Livre, [*ibid. pag.* 891;] celles des *Reines*, dans l'Article II. du Chapitre III. du Livre III. [Tome II. *pag.* 644,] & celles des *Princesses du Sang*, dans l'Article III. du même Chapitre, *ibid. pag.* 657.]

47988. ☞ Vies des Dames Illustres; par Pierre Bourdeille, Seigneur de Brantosme: *Leide*, Sambix, 1667, *in*-12.

☞ Ce Recueil contient les Vies de Anne de Bretagne, = Catherine de Médicis, = Marie d'Ecosse, = Elisabeth de France, Reine d'Espagne, = la Reine Marguerite, = Yoland de France, = Jeanne de France, = Anne de France, = Claude de France, = Renée de France, = Marguerite, Reine de Navarre, = Charlotte & Louïse de France, = Marguerite de France, = Elisabeth de France, = Marguerite de France, = Victoire de France, = Diane de France, = Isabelle de France, = Jeanne I. & Jeanne II. Reines de Sicile.]

47989. ☞ Supplément aux Vies des Dames Illustres; par le même.

Il se trouve au *tom. XV.* de l'Edition des Œuvres de Brantosme: 1740.

Ce nouveau Recueil contient les Vies de Isabelle d'Autriche, femme de Charles IX. = Louïse de Lorraine, femme de Henri III. = Marie d'Angleterre, femme de Louis XII. = Marguerite de Lorraine, femme de Henri, Duc de Joyeuse, = Catherine de Clèves, femme de Henri I. Duc de Guise, = Catherine de Lorraine, Duchesse de Montpensier, = Eléonore de Longueville, femme de Louis I. Prince de Condé, = la Marquise de Rothelin, = Madame de Rendan, = Madame de Carnavalet, = Madame de Bourdeille.]

Je ne parle point ici des Dames Galantes, écrites aussi par Brantosme & imprimées à Leide, à cause des obscénités dont elles sont remplies.

47990. Eloges & Vies des Roynes, Princesses, Dames & Demoiselles Illustres en piété, courage & doctrine, qui ont fleuri de notre temps ou du temps de nos Pères; par Hilarion de Coste, Minime: *Paris*, Cramoisy, 1630, *in*-4. 2 vol.

Les mêmes, augmentés: 1647, *in*-4. 2 vol.

❋ « C'est un mélange scandaleux (dit Bayle,) que de » voir dans un même Livre les Eloges d'Anne de Breta- » gne & Isabelle-Claire-Eugénie, avec ceux de Bonne » Sforce & de Marguerite de Valois. Il n'y a rien de plus » pernicieux que d'encenser & que d'honorer également » les Dames Galantes & les Dames vertueuses. Le P. de » Coste seroit moins blâmable, si ces Eloges se rédui- » soient à la description particulière de quelque action; » mais il les dresse de telle sorte, qu'ils contiennent une » suite historique de toute la vie: il y enchasse tout ce » qu'il y trouve de beau; il n'oublie que le mal ». *Diction. historique & critique*, au mot *Usson*, Note G.

☞ Ce Recueil contient les Vies de grand nombre de Reines & de Princesses du Sang: les autres seront ci-après indiquées par le Père le Long.]

47991. ☞ Le grand Dictionnaire des Précieuses, &c. avec la Clef: *Paris*, 1661, *in*-8. 2 vol.

C'est une espèce d'Histoire de Personnes alors célèbres, sous des noms empruntés.

47992. ☞ Les Illustres Françoises, Histoires véritables, &c. *la Haye*, 1713, *in*-12. 2 vol. *Paris*, 1723, 3 vol. *Amsterdam*, 1750 & 1756, 4 vol.

C'est un Roman attribué à un nommé Challes, sur lequel on peut voir le *Dictionnaire* de Prosper Marchand.]

47993. ☞ Almanach des Dames Sçavantes Françoises: *Paris*, Flahault, 1728, *in*-24.]

47994. ☞ Etrennes aux Dames; I. Partie, contenant la Notice des Femmes (Françoises) illustres dans les Belles-Lettres; II. Partie, contenant le Catalogue des Livres composés par (ces) Femmes: *Paris*, Musier, 1764, *in*-16.

Ce petit Ouvrage, qui est par ordre chronologique, est une nouvelle Edition du précédent, qui est par ordre alphabétique: il y a cependant quelques Additions.]

47995. ☞ Les Vies des Femmes Illustres de la France; (par M. de Maubuy:) *Paris*, Duchesne, 1762, *in*-12. 6 vol.

Les trois premiers qui parurent d'abord furent arrêtés pendant quelque temps, & ensuite l'Ouvrage a continué.

Le Tome I. contient, Jeanne d'Arcq, = Agnès Sorel, = Anne de France, Dame de Beaujeu, = Anne de Pisseleu, Duchesse d'Estampes, = Louïse de Savoye, = Diane de Poitiers, = Marie Millet, = Magdeleine de Savoye, Duchesse de Montmorency, = Diane, légitimée de France, = Magdeleine de France, Princesse de Viane, = Marguerite, Reine de Navarre, = Claude-Catherine de Clermont.

Le II. la Marquise de Brinvilliers, = Françoise de Foix, Comtesse de Châteaubriand, = Catherine de Médicis, = Elisabeth de France, = Gabrielle d'Estrées, = Henriete de Balsac, Marquise de Verneuil.

Le III. Marie de Rossan, Marquise de Gange, = Anne d'Autriche, = Hortense Mancini, Duchesse de Mazarin.

Les IV. & V. Madame Tiquet, = Anne Lenclos, = Madame Deshoulières & Mademoiselle sa fille, = Marie-Felice des Ursins, Duchesse de Montmorency, = Anne de Vaux, = Renée du Bec, Maréchale de Guébriant, = Anne-Thérèse de Marguenat, Marquise de Lambert, = Louïse de Lorraine, Reine, = la Reine Brunehaut, = Frédegonde, = Valentine de Milan, Duchesse d'Orléans, = Elisabeth-Charlotte de Bavière, Duchesse d'Orléans, = Léonore Galigay, Maréchale d'Ancre.

Le VI. Héloïse, = Anne de Bretagne, = Jeanne de France, = Renée de France, Duchesse de Ferrare, = Antoinette Bourignon, = Magdeleine de Lamoignon.]

47996. ☞ Dictionnaire historique portatif des Femmes célèbres : *Paris*, Cellot, 1769, *in*-8. 2 vol.

Cet Ouvrage contient des Notices hiſtoriques ſur quantité de Dames Françoiſes.]

47997. ☞ Hiſtoire Littéraire des Femmes Françoiſes, ou Lettres hiſtoriques & critiques contenant un Précis de la Vie & une Analyſe raiſonnée des Ouvrages des Femmes qui ſe ſont diſtinguées dans la Littérature Françoiſe; par une Société de Gens de Lettres: *Paris*, la Combe, 1769, *in*-8. 5 vol.

Cette Hiſtoire eſt principalement attribuée à l'Abbé Joſeph DE LA PORTE. C'eſt plutôt un Recueil d'Extraits des Ouvrages, parmi leſquels il y a beaucoup de Romans, que des Vies, y ayant fort peu de faits hiſtoriques.]

☞ ON trouvera quelques Notices de Françoiſes Sçavantes, dans l'Ouvrage de Colomiez, intitulé, *Gallia Orientalis*, (ci-deſſus, N.° 45729,) & dans celui de l'Abbé Ménage, qui a pour titre : *Hiſtoria mulierum Philoſopharum : Lugduni*, Aniſſon, 1690, *in*-12. mais qui n'eſt que la copie de la Liſte des Femmes ſçavantes donnée par Tiraqueau, en ſon Traité *De legibus connubialibus.*]

47998. Oraiſon funèbre de la Ducheſſe d'*Aiguillon*, Marie de Vignerod; par M. (Eſprit) FLECHIER, depuis Evêque de Niſmes: *Paris*, 1675, *in*-4.

47999. Autre de la même; par M. le Directeur du Séminaire des Miſſions Etrangères: *Paris*, [Angot,] 1675, *in*-4.

☞ Ce Directeur étoit Jacques-Charles BRISACIER, qui eſt mort le 23 Mars 1736. A la ſuite de ce Diſcours funèbre eſt un Bref (en Latin & en François,) que le Pape Alexandre VII. adreſſa à Madame la Ducheſſe d'Aiguillon, pour la féliciter ſur ſon zèle à ſecourir les Miſſionnaires Apoſtoliques. C'eſt à cette Dame que l'Hôtel-Dieu de Québec doit auſſi ſon établiſſement: on en a l'Hiſtoire, imprimée à Montauban, & indiquée ci-devant, Tome III. N.° 39723.]

48000. ☞ Mſ. Complainte du Trépas de Demoiſelle Hélène d'*Albret*, (morte en 1519:) petit *in-fol.*

Dans la Bibliothèque du Roi, num. 7681. Ce Manuſcrit vient de Madame de Lautrec, ſa ſœur cadette, femme d'Odet de Foix, Vicomte de Lautrec. Il y eſt dit que cette Complainte eſt compoſée par l'ordre de haute & puiſſante Princeſſe ſa ſœur (Marie) Comteſſe de Nevers.]

48001. Eloge de Marie d'*Albret*, Comteſſe de Nevers, (morte en 1549;) par Hilarion DE COSTE.

Il eſt imprimé *p.* 657 du *t. II.* de ſes Eloges des Dames.]

48002. Mſ. Hiſtoire de Marguerite d'*Anjou*, Reine d'Angleterre : *in-fol.*

Cette Hiſtoire [étoit] conſervée dans la Bibliothèque de M. le Chancelier Seguier, num. 647. [Elle eſt aujourd'hui dans celle de S. Germain des Prés.]

48003. ☞ Notice hiſtorique de Madame la Comteſſe d'*Aunoy*, (Marie-Catherine Jumelle de Berneville,) Poëte & Hiſtorienne, morte en 1705.

Dans le *Parnaſſe François*, 1732, *pag.* 506.]

48004. Les Nouvelles Françoiſes, ou les Divertiſſemens de la Princeſſe *Aurélie*; par Jean Renaud DE SEGRAIS, (depuis de l'Académie Françoiſe :) *Paris*, Sommaville, 1656, *in*-12. 2 vol.

L'Auteur, qui eſt mort en 1701, avoit fait tirer peu d'exemplaires de cette Deſcription des Amuſemens de Mademoiſelle de Montpenſier à Saint-Fargeau, ſous le nom de la Princeſſe Aurélie.

« Ces Nouvelles contiennent des Hiſtoires qui étoient » racontées pour le divertiſſement d'une grande Prin- » ceſſe de ce ſiècle, & miſes au jour par M. de Segrais, » lequel y a fait connoître la beauté de ſon eſprit & ſon » induſtrie ». Sorel, *pag.* 179 de ſa *Biblioth. Françoiſe.*

48005. ☞ Hiſtoire de Madame de *Bagneux* : *Paris*, de Luynes, 1696, *in*-12.]

48006. ☞ Notice hiſtorique de Marie-Anne *Barbier*, Poëte, morte en 1745.

Dans le 2ᵉ Supplément du Parnaſſe François, p. 27.]

48007. ☞ Mſ. Eloge de Madame *Beaucouſin*, (Louiſe-Françoiſe Sezille,) morte en 1772; par M. Chriſtophe-Jean-François BEAUCOUSIN ſon fils, Avocat au Parlement.

Entre les mains de l'Auteur.]

48008. ☞ Oraiſon funèbre de la Maréchale Ducheſſe de *Belleiſle*, prononcée le 5 Mars 1756, dans l'Egliſe Cathédrale de Metz; par le Père Cherubin BERGERON, Récollect : *Metz*, 1756, *in*-4.]

48009. ☞ Notice hiſtorique de Catherine *Bernard*, Poëte, morte en 1712.

Dans le *Parnaſſe François*, 1732, *pag.* 542.]

48010. ☞ Hiſtoire d'une Fille Sauvage; nommée Mademoiſelle le *Blanc*; par Madame (HECQUET :) 1755, *in*-12.

M. Racine en a parlé à la fin de ſon Poëme de la Religion.]

48011. ☞ Eloge de Madame *Bois de la Pierre*, (Louiſe-Marie de Lanfernat,) morte en 1750; par l'Abbé LAMBERT.

Dans ſon *Hiſt. Litt. du Règne de Louis XIV. tom. III. part.* 2. *pag.* 85.]

48012. ☞ Eloge de Madame *Bontems*, morte en 1768, ſur des Mémoires fournis par M. ſon fils.

Dans le *Nécrologe* qui a paru en 1770, *pag.* 207.]

48013. ☞ SALMONII MACRINI, Juliodunenſis, Cubicularii Regii, næniarum libri tres de Gelonide *Borſala*, uxore chariſſima, item diverſorum Authorum Poemata Latina, Græca, Gallica de Gelonide : *Lutetiæ*, Vaſcoſanus, 1550, *in*-8.

Voyez ci-deſſus, les Hiſtoires de Salmon Macrin, N.°ˢ 47668 & *ſuiv.*]

48013.* Eloge de la Comteſſe du *Bouchage*, Catherine de Nogaret, morte en 1587; par Hilarion DE COSTE, Minime.

Dans le tom. I. de ſes *Eloges des Dames*, *pag.* 335.]

48014. ☞ Oraiſon funèbre de Madame de *Bougues*, Annonciade-Eléonore de Sainte-Colombe; par le Père JÉROSME, Récollect : *Dijon*, 1679, *in*-4.

On trouve à la fin la Généalogie de la Maiſon de Bougues.]

48015. Oraison funèbre de Madame la Duchesse de *Bouillon*, (Eléonore de Bergh;) par Jacques BIROAT, de l'Ordre de Cluny : *Paris*, 1673, *in*-4.

48016. ☞ Oraison funèbre de Mademoiselle de *Bouillon*; par M. Jacques-Charles BRISACIER, Supérieur du Séminaire des Missions Etrangères : *Rouen*, Viret, 1683, *in*-4.]

48017. Autre; par (Louis) THIBERGE, l'un des Directeurs du même Séminaire : *Paris*, Angot, 1684, *in*-4.

Louise-Charlotte de la Tour-d'Auvergne est morte [le 16 Mai 1683.]

48018. Pompe funèbre de la même : *Paris*, 1684, *in*-4.

48019. Adelaïde de *Bourgogne* : Nouvelle historique : *Paris*, 1680, *in*-12.

Elle étoit fille de Raoul II. Duc de Bourgogne ; elle est morte en 999.

48020. Agnès de *Bourgogne* : Nouvelle historique : *Paris*, 1680, *in*-12.

Cette Agnès étoit fille de Jean Sans-peur, Duc de Bourgogne, & femme du Duc de Bourbon; elle est morte en 1476. Il n'y a souvent dans ces sortes de Pièces, publiées sous le titre de Nouvelles historiques, que le nom de réel ; tout le reste est de l'invention de l'Auteur.

== Histoire de Marie de *Bourgogne*, femme de Maximilien d'Autriche.

Ci-devant, [Tome II. N.ᵒˢ 25473 & 25474.]

== ☞ Histoire amoureuse & tragique des Princesses de *Bourgogne* : *la Haye*, de Hont, 1720, *in*-12. 2 vol.

On voit assez par ce titre que cette Histoire n'est qu'un Roman. On l'a déja indiquée ci-devant, Tome II. N.ᵒ 25475.]

48021. La Vie d'Antoinette *Bourignon*, écrite partie par elle-même, partie par une personne de sa connoissance, dans les Traités dont on voit le titre à la page suivante : *Amsterdam*, Arents, 1683, *in*-8. 2 vol.

Cette fille est née à Lille en Flandre, & est morte en 1680. Les Traités qui composent ces deux Volumes sont : 1.º la Préface apologétique touchant sa personne & sa doctrine; (par Pierre POIRET, Ministre:) 2.º la Parole de Dieu ou sa Vie intérieure; par elle-même : 3.º sa Vie extérieure; par elle-même : 4.º sa Vie continuée, reprise depuis sa naissance, & suivie jusqu'à sa mort; (par Pierre POIRET, Ministre.) Les trois premiers Ouvrages remplissent le Tome I. & la Vie continuée est dans le Tome II. Cette Vie est remplie de beaucoup d'imaginations extraordinaires : elle est étrange de toutes façons.

48022. Mémoire de Pierre POIRET, sur la vie & les sentimens d'Antoinette Bourignon, communiqué le 4 Avril 1685.

Ce Mémoire est imprimé dans les *Nouvelles de la République des Lettres*, Avril 1685, *pag.* 422, & Mai de la même année, *pag.* 628.

48023. De Antonia Burignonia Relatio.

Cette Relation, (attribuée à Guy Louis DE SECKEN-DORF, Gentilhomme Allemand, Luthérien, par Vincent Placcius, num. 1055, de son *Théâtre des Auteurs Anonymes*,) est imprimée [avec l'Analyse des Œuvres d'Antoinette Bourignon,] dans les *Actes des Sçavans de Léipsick*, du mois de Janvier : *Lipsiæ*, 1686, *in*-4.

48024. Monitum necessarium ad Acta Eruditorum Lipsiensia spectans; in quo Compilator Actorum de Antonia Burignonia, ejusque opera referens, plusquam quadragiès falsi convincitur : [*Amstelodami*, Boëtonan,] 1686, *in*-4.

Pierre POIRET, zélé Disciple de la Bourignon, est l'Auteur de cet Avis.

48025. Defensio Relationis de Antonia Burignonia, [in Actis Eruditorum Lipsiensibus mensis Januarii, an. 1686, insertæ, adversùs Anonymi famosas chartas sub titulo Moniti necessarii publicatas, quarum protervæ calumniæ refutantur, simulque fœminæ, quæ se legatam Dei mentita est, ipsiusque Apologetæ & Monitoris impia & monstrosa dogmata quædam in Libris utriusque Gallicis, Latinè excerpta, censuræ Christianorum in præcipuis fidei articulis adversùs Fanaticos consentientium offeruntur :] *Lipsiæ*, Gleditsch, 1687, *in*-4.

Cette Défense, composée par SECKENDORF, est fort ample & fort travaillée. [On a eu soin d'y joindre le Morceau des Actes de Léipsick, qui avoit été attaqué, & le *Monitum* même du Censeur, quelque amer qu'il fût.] Elle se trouve [annoncée seulement avec éloge,] dans les Actes de Léipsick du mois de Mars 1687, *pag.* 233.]

48026. Histoire de la même ; par Pierre BAYLE.

Cette Histoire est imprimée dans son *Dictionnaire historique & critique* : voici comme il la commence. « Antoinette Bourignon a été une de ces filles dévotes » qui croient être conduites par des inspirations parti-» culières, & voilà pourquoi on l'a traitée de fanati-» que. Elle a publié un très-grand nombre de Livres » remplis de dogmes fort singuliers, imprimés en Fran-» çois, en Flamand & en Allemand; & depuis son en-» fance jusqu'à sa vieillesse, on a pu remarquer dans » son ame un tour extraordinaire. Elle naquit à Lille en » 1616, &c.

48027. ☞ La Vie de Madame de *Brancas*, & autres Dames de la Cour : 1668, *in*-16. (en Vers.]

48028. ☞ Mf. Autre Vie de Madame de Brancas : *in*-4.

Elle est conservée au Vatican, parmi les Manuscrits de la Reine de Suede, num. 836.]

48029. ☞ Eloges de Madame de *Brégy*, (Charlotte Saumaise de Chasan,) morte en 1693.

Dans le *Parnasse François*, 1732, *pag.* 455, & dans l'*Hist. Littér.* de l'Abbé Lambert, *tom. III. part.* 2. *pag.* 30.]

48030. ☞ Factum pour la Marquise de *Brinvilliers*, (Marie-Magdeleine d'Aubray,) contre la Dame d'Aubray & M. le Procureur-Général ; avec le Mémoire du Procès extraordinaire contre ladite Dame de Brinvilliers, (pour crime d'empoisonnemens,

mens,) & l'Arrêt du Parlement rendu contre elle : *Paris*, 1676, *in*-12.

Il y a aussi un Mémoire de Me NIVELLE, Avocat, en sa faveur.]

48031. ☞ Ms. Les vingt-quatre dernières heures de la Marquise de Brinvilliers, (qui eut la tête coupée en 1676;) par Edme PIROT, Docteur de Sorbonne.

Il en est parlé dans la *Bibliothèque des Auteurs de Bourgogne*, part. 2. pag. 158.]

48032. ☞ Notice historique de Suzanne *Cailler*, qui vivoit en 1619; par M. DREUX DU RADIER.

Dans sa *Bibliothèque du Poitou*, tom. III. pag. 247.]

48033. ☞ Eloges de Madame le *Camus* de Melsons, Poëte, morte vers 1700.

Dans le *Parnasse François*, pag. 489, & dans l'*Hist. Littér.* de l'Abbé Lambert, tom. *II*. part. 2. pag. 57.]

48034. ☞ Oraison funèbre de Demoiselle Marguerite de *Canillac*, fille de M. le Marquis du Pont du Château, Grand-Sénéchal d'Auvergne, prononcée dans l'Eglise des Pères Récollects de Guéret, le 24 Janvier 1708; par le Père Justin BERGUE, Prédicateur du Roi d'Espagne : *Limoges*, Barbou, 1708, *in*-12.]

48035. ☞ Récit de la mort tragique de la Marquise de *Castellane*, empoisonnée & massacrée par l'Abbé & le Chevalier de Ganges, ses Beaux-frères; avec l'Arrêt du Parlement de Tolose contre les coupables : *Paris*, le Gentil, 1668, *in*-4.]

48036. ☞ Les Souvenirs de Madame la Marquise de *Caylus*, (Marthe-Marguerite de Valois, Maquise de Villette:) *Amsterdam*, 1770, *in* 8.

Madame de Caylus, (mère du sçavant Comte de ce nom,) étoit Nièce à la mode de Bretagne, de Madame de Maintenon : ses *Souvenirs* contiennent des faits intéressans & relatifs à l'Histoire de sa Tante.]

48037. ☞ Lettre de M. l'Abbé (Jean) LEBEUF, sur une Tombe (de Marguerite de *Châlons*, femme de Jean de Savoye, morte en 1378,) qui se voit dans le Chapitre du Couvent des Chartreux de Paris. *Journ. de Verdun*, 1753, *Octobre*.]

48038. Adelaïde de *Champagne* : Nouvelle historique : *Paris*, *in*-12.

Pierre d'Ortigue, Sieur DE VAUMORIÈRE, est l'Auteur de cette Nouvelle historique. Elle contient les Avantures d'Adelaïde de Champagne, Reine de Chypre, fille de Henri II. Comte de Champagne, laquelle mourut en 1246.

48039. ☞ Histoire de Mademoiselle de la *Charce*, de la Maison de la Tour du Pin, ou Mémoires de ce qui s'est passé sous le Règne de Louis XIV. *Paris*, Gandouin, 1731, *in*-12.

C'est un Roman, qui n'a de vrai que l'action courageuse faite en 1692, par Mademoiselle Philis de la Charce, lors de l'irruption du Duc de Savoye en Dauphiné. *Voyez* une Note qui se trouve *pag*. xxiv. de l'Eloge de Madame Deshoulières, à la tête de ses Poésies : *Paris*, David, 1747, *in*-12.]

Tome *IV*. Part. *I*.

48040. Intrigues amoureuses de François I. ou l'Histoire tragique de (Françoise) Comtesse de *Châteaubriant: Amsterdam*, [Blaeu,] 1695, *in*-12.

LESCONVEL, Breton, Auteur de cet Ouvrage, le fit imprimer à *Rouen* en 1695, & ensuite à *Paris* sous le titre suivant :

La Comtesse de Châteaubriant, ou les effets de la jalousie : *Paris*, [Guillain,] 1695; [*Ibid*. Ribou, 1724,] *in*-12.

Une grande partie de cet Ouvrage est prise de l'Histoire de France de Varillas; les mêmes fables y sont copiées. On les réfute dans la Lettre suivante.

48041. Lettre de (Pierre) HEVIN, Avocat de Rennes, touchant l'Histoire de la Comtesse de Châteaubriant : 1686, *in*-8.

48042. ☞ Ms. Le Regret d'honneur féminin & des trois Grâces, sur le Trépas de Dame Françoise de Foix, Dame de Châteaubriant; par François SAGON : *in*-8.

Ce Manuscrit original, cité *pag*. 66 du Catalogue de M. de Cangé, est à présent dans la Bibliothèque du Roi.]

48043. ☞ Histoire abrégée de la Marquise du *Châtelet*, (Gabrielle-Emilie le Tonnelier de Breteuil,) morte le 9 Septembre 1749.

Dans la *Galerie Françoise*, petit *in*-fol. num. IV.]

48044. ☞ Remarques au sujet d'une Inscription du grand Cloître de la Chartreuse de Paris, qui est au bas d'un Tableau représentant Jeanne de *Châtillon*. Merc. 1734, Septembre.]

48045. ☞ Dissertation du Père [Matthieu] TEXTE, (Dominicain,) sur le jour du décès & le lieu de la Sépulture du cœur de la Princesse Jeanne de Châtillon, Epouse de Pierre de France, pour servir de Mémoires à l'Histoire. *Ibid*. 1741, *Juin*, *Vol. II*.]

48046. ☞ Observations sur la Dissertation précédente. *Ibid*. 1741, *Septembre*.]

48047. Histoire véritable de la Duchesse de Châtillon : *Cologne*, 1699, *in*-12.

== Oraison funèbre [& Vie] d'Elisabeth-Sophie *Chéron*, (morte en 1711.)

☞ Ci dessus, aux *Peintres*, N.° 47856 & *suiv*.]

48048. ☞ Histoire de la Vie & des Ouvrages de la même; par le P. NICERON.

Dans ses *Mémoires*, &c. tom. *XIV*. pag. 68. Cette Dame a fait quelques Ouvrages de Poésie; mais son talent principal étoit la Peinture.]

48049. ☞ Notice de la même; par M. TITON DU TILLET.

Dans le *Parnasse François*, 1732, *pag*. 540.]

48050. Oraison funèbre de Madame (la Chancelière) de *Chiverni*, Anne de Thou; par Renaud DE BEAUNE, (depuis Archevêque de Bourges:) *Paris*, Patisson, 1584, *in*-4.

48051. ☞ Notice de Madame de *Clapisson*, Poëte, morte vers 1690.

Dans le *Parnasse François*, *pag*. 506. On en sçait peu de choses.]

D d

48052. La Princesse de *Clèves : Paris*, Barbin, 1678, *in-*12. 4 vol. 1689 & 1700, *in*-12. 2 vol. *Amsterdam*, Walther, 1695; *Paris*, 1704, [1719, 1741,] *in*-12. 2 vol.

Trois beaux Esprits ont contribué à la composition de ce Roman, qui est bien écrit, & qui a eu beaucoup de succès : François VI. Duc de la Rochefoucault, mort en 1680, en a fourni les sentimens & les maximes : les intrigues sont de l'invention de Marie-Madeleine de la Vergne, Comtesse de la Fayette, morte en 1693, & le tout a été mis en œuvre avec autant d'esprit que de délicatesse, par Jean Regnault de Segrais, de l'Académie Françoise, mort en 1701. Excepté quelques traits historiques du Règne de Henri II. tout y est fabuleux. On ne trouve que dans cet Ouvrage un M. de Clèves, qui épouse Mademoiselle de Chartres. Le caractère, que l'Auteur fait du Grand-Prieur de France, ne convient point du tout au Duc de Némours, tel qu'il est dépeint par Brantôme.

On lit dans le [*Segraisiana*, ou] Recueil d'Histoire & de Litterature, tiré des Conversations de M. de Segrais, que « la Princesse de Clèves est Madame de » la Fayette, qui a méprisé de répondre à la critique » que le P. Bouhours en a faite. Zayde, qui a paru sous » mon nom, (continue M. de Segrais,) est aussi d'elle ; » il est vrai que j'y ai eu quelque part, mais seulement » pour la disposition du Roman, où les règles de l'art » sont observées avec grande exactitude ».

M. de Segrais s'explique plus clairement dans la suite du même Ouvrage, sur la part qu'il a eue à la composition de la Princesse de Clèves ; mais aussi il parle d'une manière plus couverte de l'Auteur de la Critique. « Ce- » lui (dit-il) qui a critiqué la Princesse de Clèves, a » trouvé mauvais que la première entrevue, &c. mais si » le Critique est celui que bien des gens ont cru, & tel » qu'il y a lieu de le croire par son style, que peut-on » penser de son sentiment ? La raison pour laquelle je » ne voulus pas prendre la peine de lui répondre, c'est » qu'il n'avoit aucune connoissance de ces sortes d'ou- » vrages, ni de l'usage du monde, & que je faisois beau- » coup d'état de l'approbation de Madame de la Fayette » & de M. de la Rochefoucault, qui avoient ces con- » noissances en perfection ».

« Il y a deux choses à remarquer sur ces paroles de » M. de Segrais, (ajoute Antoine Galland, qui a fait ce » Recueil.) La première, sa grande discrétion à ne pas » nommer le Critique, quoiqu'il n'y eût personne dans » la nombreuse Compagnie devant qui il parloit, qui » ne le connût fort bien : la seconde, combien il eut » de part à la composition de l'excellent Ouvrage de la » Princesse de Clèves, en faisant attention sur ce qu'il » dit à la fin. Ce qu'il y a de certain, c'est que le Public » en est redevable à Madame de la Fayette, à M. de la » Rochefoucault, & à M. de Segrais ».

48053. Lettres à Madame la Marquise de *** , sur le sujet de la Princesse de Clèves : *Paris*, Cramoisy, 1678, *in*-12.

Quoique le Livre de la Princesse de Clèves, d'abord qu'il fut rendu public, ait eu beaucoup de réputation, il s'éleva pourtant un Critique qui ne paroît pas avoir eu l'intention de l'épargner. On attribue ces Lettres au Père [Dominique] Bouhours, Jésuite, mort en 1702.

☞ Il est très-constant que cette Critique de la Princesse de Clèves est de J. B. Henri du Trousset de Valincour, alors jeune ; & que le Père Bouhours ne fit que lui fournir les Remarques sur le style, qui forment la Lettre III.

Voyez l'Eloge de M. de Valincour, par M. de Fontenelle, son Article dans les *Hommes Illustres* du P. Niceron, &c.]

48054. Conversations sur la Critique de la Princesse de Clèves : *Paris*, Barbin ; 1679; *Lyon*, Amaulry, 1679, *in*-12.

Ces Conversations [ont été] attribuées à Jean Barbier d'Aucour, de l'Académie Françoise.

☞ Elles sont de l'Abbé de Charnes, Auteur de la Vie du Tasse, imprimée en 1690, selon l'Abbé d'Olivet : *Hist. de l'Acad. Françoise*, tom. II. pag. 311, Edition de 1743, Article de *Barbier d'Aucour*.

Il ne ménage point son Adversaire ; & il tâche de justifier l'Auteur de la Princesse de Clèves, sur ce que presque tout est feint dans cette Histoire, en donnant une idée exacte de ces sortes d'Ouvrages. « Ce ne sont » pas (dit-il) des Poëmes & des Romans, assujettis à » l'unité de temps, de lieu & d'action, & composés » d'incidens merveilleux mêlés les uns avec les autres ; » ce sont des Copies fidèles de la véritable Histoire, » souvent si ressemblantes qu'on les prend pour l'His- » toire même ».

Et quelques pages après, pour répondre à l'objection qu'on fait ordinairement, que ces Histoires feintes sont contraires à la vérité de l'Histoire ; « Pour moi (dit-il) » je ne puis entrer dans ce sentiment ; il me semble que » ceux qui veulent étudier l'Histoire de France, & en » sçavoir le fond & la vérité, ne se servent point pour » cela d'Histoires galantes ».

48055. ☞ Oraison funèbre de la Marquise de *Cœuvre*, (Madeleine de Lionne,) prononcée en présence de M. l'Evêque de Laon, en l'Eglise des Pères Feuillans de Soissons, le 20 Décembre 1684 ; par M. Villette, Chanoine de Laon : *Laon*, Rennesson, 1685, *in*-4. & *in*-8.

A la suite est une Lettre de M. l'Evêque de Laon, (Jean d'Estrées) à S. E. M. le Cardinal d'Estrées, contenant une Relation de tout ce qui s'est observé aux Funérailles de Madame la Marquise de Cœuvre.]

48056. ☞ Ms. Mémoires concernant la Vie de Marie-Sidonia de Lenoncourt, Marquise de *Courcelles*, avec la suite de son Histoire ; par Jean Bouhier, Président au Parlement de Dijon.

Ces Mémoires sont conservés à Dijon, dans la Bibliothèque de M. le Président de Bourbonne, petit-fils de l'Auteur, sous la Lettre D. C. num. 133, & dans celle de M. de Fontette.]

48057. Vie de Mademoiselle *Cujas* ; par Nicolas Catherinot, Licencié en Droit dans l'Université de Bourges : *Bourges*, 1684, *in*-4. de 4 pages.

Suzanne Cujas n'a pas fait honneur par sa mauvaise conduite à la mémoire du célèbre Cujas, son père. Cette même Vie est aussi imprimée, avec quelques Additions, tom. I. du *Recueil des Pièces fugitives* de l'Abbé Archambaud, pag. 90 : *Paris*, 1717, *in*-12.

48058. ☞ Eloge de Madame *Dacier*, Anne le Fèvre, morte en 1720 ; par le Père (René-Joseph) de Tournemine.

Dans les *Mémoires de Trévoux*, 1721, Janvier, pag. 88.]

48059. ☞ Eloge de la même ; (par Pierre-Jean Burette. Docteur en Médecine & de l'Académie des Inscriptions) *Paris*, Witte, (1721) *in*-4.

On le trouve aussi dans le *Journal XXXVIII. des Sçavans*, de l'année 1720.]

48060. ☞ Histoire de la Vie & des Ouvrages de la même ; par le P. Niceron.

Dans ses *Mémoires*, &c. tom. III. p. 126, & tom. X. part. 2. pag. 303.]

48061. ☞ Notices historiques, &c. de la même.

Dans le *Parnasse François*, 1732, pag. 569, = dans l'*Hist. Littér.* de l'Abbé Lambert, tom. III. part. 2, pag. 78, = dans le *Dictionnaire historique* de M. de Chaufepié.]

48062. Mémoires de la Vie de Madeleine Delfosses, fille du Baron Delfosses, ou le Chevalier Balthazar ; écrits par elle-même : *Paris*, 1695, *in-*12.

Ces Mémoires [ne sont qu'un] Roman.

48063. ☞ Eloges de Catherine *Descartes*, morte vers 1706.

Dans le *Parnasse François*, 1732, pag. 505, & dans l'*Hist. Littér.* de l'Abbé Lambert, tom. III. part. 2, pag. 63.]

48064. ☞ Notice historique de Madame *Dreuillet*, (Elisabeth de Montlaur,) morte en 1730.

Dans le *Parnasse François*, 1732, pag. 649.]

48065. ☞ Eloges de Marie *Dupré*, qui vivoit vers 1680.

Dans le *Parnasse François*, pag. 506, & dans l'*Hist. Littér.* de l'Abbé Lambert, tom. III. part. 2, p. 11.]

48066. ☞ Les Amours de Madame d'*Elbœuf* : Nouvelle historique, contenant plusieurs Anecdotes du Cardinal de Richelieu : *Amsterdam*, (*Trévoux*,) 1739, *in-*8.]

48067. ☞ Oraison funèbre de Madame la Duchesse Douairière d'*Elbœuf*, (Marguerite de Chabot,) prononcée en l'Eglise de Notre-Dame de Soissons ; par le Père Georges d'Amiens, Capucin : *Paris*, 1653, *in-*4.]

48068. ☞ Poëme consolatoire sur le Trépas de la Duchesse d'*Estrées*, Marie de Béthune, présenté au Maréchal Duc d'Estrées ; par Charles Pepin, Chanoine de l'Eglise de Soissons : *Soissons*, de Courcy, 1628, *in-*8.]

48069. ☞ Eloge historique de Madame la Comtesse de la *Fayette*, (Marie-Madeleine de la Vergne,) Historienne, &c. morte en 1693 ; par l'Abbé Lambert.

Dans son *Hist. Littéraire du Règne de Louis XIV.* tom. III. part. 2, pag. 32.]

48070. Germaine de *Foix* : Nouvelle historique : *Paris*, de Luynes, 1701, *in-*12.

Germaine de Foix, fille de Jean de Foix, Comte d'Estampes, & femme de Ferdinand, Roi d'Arragon, est morte en 1538. Nicolas Baudot de Juilly, Auteur de ce petit Roman, a fait depuis des Ouvrages plus solides.

48071. ☞ Eloge de Charlotte-Rose de Caumont de la *Force*, Poëte & Historienne, morte en 1684.

Dans les *Mercures de Mars* 1684, *Juillet* 1695 & *Février* 1697.

Voyez encore le *Parnasse François*, 1732, pag. 549.

Tome IV. Part. I.

& l'*Hist. Littér.* de l'Abbé Lambert, tom. III. part. 2, pag. 7.]

48072. Mémoires de la Marquise de *Fresne* : *Amsterdam*, Malherbe, 1701, *in-*12. [*Rouen*, 1722, *Amsterdam*, 1729, *in-*12. 2 vol.]

Celui qui a fourni des Mémoires touchant Gatien de Courtilz, insérés à la *pag.* 194 du Tome I. des Mém. de Littér. corrige quelques fautes qu'il avoit faites au sujet de cet Auteur. Ces corrections sont *pag.* 464 du Tome II. des mêmes Mémoires de Littérature. Il ajoute à ses Ouvrages les Testamens politiques de MM. Colbert & de Louvois ; (*voyez* le contraire de ce dernier dans la Note après le numéro 24383,) & les Mémoires de la Marquise de Fresne, qui étant dans le goût de ceux de Jean-Baptiste de la Fontaine, peuvent bien avoir été composés par le même Auteur, Gatien de Courtilz. Il parut en 1702 des Mémoires du Marquis de Fresne, qui contredisent ceux de la Marquise dans les principaux points.

☞ Ils ont pour titre : « Mémoires du temps, contenant la véritable Histoire de M. de Fresne, prisonnier à Pierre-Encise, & celle de la Présidente du Thillet, envoyés à Madame de ***, à Rouen, par M. de *** de Paris ». Ces Mémoires sont bien écrits, remplis d'Anecdotes singulières & très-amusantes, comme sont les Romans. M. Jardel, de Braine, en a un Exemplaire Manuscrit, qu'il croit contenir des choses qui ne sont pas dans l'Imprimé.

48073. ☞ Mémoire historique sur Madame *Galliat*, (Virginie Carron de Cessens,) morte à Lyon en 1740 ; par M. Cizeron-Rival.

Dans ses *Récréations Littéraires* : *Paris*, Desaint ; *Lyon*, Bessiat, 1765, *in-*12.]

48074. ☞ Histoire & Relation du Voyage de la Reine de Pologne, Marie de *Gonzagues* (Nevers,) de son Mariage avec le Roi Uladislas IV. en 1646, & du retour de Madame la Maréchale de Guébriant, Ambassadrice extraordinaire ; avec un Discours historique de tous les Etats par où elle a passé, & un Traité particulier du Royaume de Pologne ; par Jean le Laboureur : *Paris*, Courbé, 1648, *in-*4.

Ce Livre est curieux & fort rare. Marie de Gonzague, de la branche de Nevers, épousa après la mort d'Uladislas, son frère Casimir. Elle est morte en 1667. Il y avoit une grande union entre cette Princesse & le Monastère de Port-Royal, comme on le voit par les Lettres de Marie-Angélique Arnauld : *Cologne*, 1742, *in-*12. 3 vol.]

48075. ☞ Oraison funèbre de très-haute & très puissante Princesse Anne de *Gonzague*, Princesse Palatine, prononcée en présence de Monseigneur le Duc, de Madame la Duchesse & de Monseigneur le Duc de Bourbon, dans l'Eglise des Carmélites du Fauxbourg S. Jacques, le 9 Août 1685 ; par Messire Jacques-Bénigne Bossuet, Evêque de Meaux, &c. *Paris*, 1685, *in-*4.

On a réimprimé en 1733 cette Oraison funèbre, avec un Ecrit singulier de la Princesse Palatine, auquel M. Bossuet fait allusion dans son Discours : c'est le Récit d'une Vision qui donna lieu à la Conversion de la Princesse. Il est aussi dans le Recueil des Oraisons funèbres de M. Bossuet : *Paris*, Desaint, 1762, *in-*12.]

48076. Eloge de Mademoiselle de *Gour-*

nay, (Marie de Jars, morte en 1645;) par Hilarion DE COSTE, Minime.

Dans le *tom. II.* de ſes *Eloges des Dames*, pag. 668.

☞ Sa Vie, par elle même, eſt à la fin de ſes Œuvres : *Paris*, *in-*12, 2 vol. On ſçait qu'elle étoit la Fille adoptive du célèbre Michel de Montagne.

Voyez encore le *Dictionnaire* de Bayle, & les *Remarques* de l'Abbé Jolly : *Paris*, Ganeau, 1752, *in-fol.*]

48077. ☞ Hiſtoire de la Vie & des Ouvrages de la même ; par le P. NICERON.

Dans ſes *Mémoires*, &c. tom. *XVI.* pag. 227.]

48078. ☞ Notice & Eloge de la même.

Dans le *Parnaſſe François*, 1732, *pag.* 215, & dans l'*Hiſt. Littér.* de l'Abbé Lambert, tom. *III.* part. 2, pag. 1.]

48079. ☞ Hiſtoire de la Vie & des Ouvrages de Madame de *Graſigny*, (Françoiſe d'Iſſembourg d'Happoncourt,) morte en 1758.

Dans la *Galerie Françoiſe*, *in-*4. num. II. & dans la ſeconde Edition, petit *in-fol.* (qui continue,) num. VI. *Voyez* auſſi l' *Année Littéraire* de M. Fréron, 1759, tom. I. pag. 327, & la Bibliothèque de Lorraine.]

48080. ☞ Notice hiſtorique de Madame de la *Guerre*, (Eliſabeth-Claude Jacquet,) fameuſe Muſicienne, morte en 1729; par Everard TITON DU TILLET.

Dans ſon *Parnaſſe François*, 1732, *pag.* 635. Il eſt enſuite parlé de quelques autres Dames qui ont fait auſſi l'admiration de Paris, par la manière ſçavante & délicate dont elles touchoient le Clavecin & l'Orgue : Meſdames *Penon* & de la *Plante*, Meſdemoiſelles *Certin* & *Guyot.*]

48081. Mémoires de Madame DE LA GUETTE, écrits par elle-même : *la Haye*, 1681, *in-*12.

Ces Mémoires contiennent la Vie de cette Dame, & les choſes les plus remarquables arrivées depuis ſa naiſſance, en 1603, juſques vers l'année 1672.]

48082. Oraiſon funèbre de Madame la Ducheſſe de *Guiſe*, Anne d'Eſte ou de Ferrare; par Severin BERTRAND, Curé de la Ferté-Bernard : *Paris*, 1607, *in-*4.

48083. Eloge de la même, par Hilarion DE COSTE, Minime.

Dans le *tom. I. des Eloges des Dames, pag.* 69.

48084. Eloge de Madame la Ducheſſe de *Guiſe*, (Catherine de Clèves, morte en 1633;) par Hilarion DE COSTE.

Dans le *tom. I.* de ſes *Eloges des Dames, pag.* 292.

48085. ☞ Vie de Jeanne-Marie Bouvières de la Mothe GUYON, écrite par elle-même : *Cologne*, (*Amſterdam*,) 1720, *in-*8. 3 vol.

Madame la Ducheſſe de Sully & Me de Sardières ont rendu rares les Exemplaires de la Vie de Madame Guyon leur mère, en ayant retiré le plus grand nombre qu'ils ont pu.]

48086. ☞ Juſtification de Madame Guyon : *Cologne*, (*Amſterdam*,) 1720, *in-*8. 3 vol.]

48087. ☞ Mſ. Obſervations hiſtoriques ſur quelques Femmes fortes, & particulièrement ſur Jeanne *Hachette*, de la Ville de Beauvais; lues le 13 Août 1762; par M. BOUILLET, à l'Académie de Dijon.

Elles ſont conſervées dans ſes Regiſtres. On peut voir avant qu'elles paroiſſent, les Hiſtoires de Beauvais ſur Hachette, qui défendit courageuſement cette Ville contre les Bourguignons, en 1472.]

48088. ☞ Oraiſon funèbre de Madame d'*Halincourt*, Marguerite de Mandelot; par Claude DE MORENNE, Evêque de Sées.

Elle eſt imprimée dans un petit Recueil d'Oraiſons funèbres de cet Evêque : *Paris*, Berthault, 1605, *in-*8.]

48089. ☞ Mſ. Vie de Madame de *Hautefort*; Ducheſſe de Schomberg : *in-*4.

Il y en a une Copie dans le Cabinet de M. Beaucouſin, Avocat au Parlement de Paris. Cette Vie a été écrite par une perſonne intimement liée avec cette Dame : on y parle de ce qui s'eſt paſſé dans ſon ame, ce que l'on ne peut avoir ſçu que d'elle-même. Cette Vie paroît avoir été faite peu de temps avant la mort de Madame d'Hautefort, qui s'étoit retirée au Couvent de la Madeleine de Trénelle à Paris : elle eſt morte en 1691, âgée de 75 ans. Elle fut célèbre ſous le Règne de Louis XIII. & la minorité de Louis XIV. En 1646 elle épouſa Charles de Schomberg, Duc d'Halluin & Maréchal de France, mort en 1656.]

48090. ☞ Eloges de Marie l'*Héritier* de Villandon, Poëte, morte en 1734.

Dans le *Journal des Sçavans*, 1734, *Décembre*. = Dans le premier *Supplement du Parnaſſe François*, pag. 667. = Dans l'*Hiſt. Littér.* de l'Abbé Lambert, tom. *III.* part. 2. pag. 34.]

48091. ☞ Oraiſon funèbre de la Marquiſe d'*Heüdicourt*, (Anne - Marie - Françoiſe de Lenoncourt;) par le P. FEJACQ, de l'Ordre des Frères Prêcheurs : *Nancy*, 1710, *in-*4.]

48092. Oraiſon funèbre de la Comteſſe de *Homburg*, (Marie-Madeleine de Coligny d'Andelot:) *Paris*, 1672, *in-*4.

48093. Mſ. Eloge de Madame des *Houlières*, (Antoinette du Ligier de la Garde, Poëte, morte en 1694;) par N. LUCAS, Avocat.

Cet Eloge [étoit] conſervé dans le Cabinet de M. l'Abbé Boſquillon.

48094. ☞ Eloge hiſtorique de la même, & d'Antoinette-Thérèſe des *Houlières* ſa fille, morte en 1718.

Cet Eloge, rédigé d'après les Mémoires de M. DE CHAMBORS, eſt à la tête de leurs Poëſies : *Paris*, David, 1747, *in-*12. 2 vol.]

48095. ☞ Notice & Eloge des mêmes.

Dans le *Parnaſſe François*, 1732, *pag.* 458 & 459. = Dans l'*Hiſt. Littér.* de l'Abbé Lambert, tom. *III.* part. 2. *pag.* 37 & 75.]

48096. Mademoiſelle de *Jarnac* : Nouvelle hiſtorique : *Paris*, 1685, *in-*12. 3 vol.

☞ C'eſt un Roman.]

48097. ☞ Eloge de Clémence *Iſaure*, Fondatrice des Jeux Floraux de Toulouſe; par Mademoiſelle DE CATELAN, Maîtreſſe des mêmes Jeux, prononcé le 3 Mai 1723. *Mercure*, 1723, *Août.*

Clémence Iſaure Demoiſelle de Touloufe, ne fit

Vies & Eloges des Dames Illustres, &c. 213

qu'augmenter l'Académie des Jeux Floraux, en y fondant des Prix; elle vivoit sur la fin du XIVᵉ Siècle. On a nié son existence; mais on peut voir l'*Hist. du Languedoc*, par Dom Vaissette, *tom. IV. pag.* 198 & 365.]

48098. ☞ Eloge de la même, prononcé par M. le Marquis D'ORBESSAN, le 3 Mai 1757, dans l'Assemblée publique de l'Académie des Sciences de Toulouse.

Cet Eloge est imprimé *tom. III. pag.* 228 des *Mélanges historiques*, &c. de M. d'Orbessan: *Toulouse & Paris*, 1768, *in-*8.]

48099. ☞ Observations sur Louise *Labé*, Poëte, morte en 1566.

Dans le *Dictionnaire* de BAYLE, & dans celui de CHAUFEPIÉ, qui supplée à ce que Bayle avoit dit.]

48100. ☞ Histoire de la Vie & des Ouvrages de la même; par le P. NICERON.

Dans ses *Mémoires*, &c. tom. XXIII. pag. 242.]

48101. ☞ Discours sur la personne & les Ouvrages de Louise Labé; par M. (Ch. Jos.) DE RUOLZ, Conseiller à la Cour des Monnoies de Lyon: *Lyon*, Delaroche, 1750, *in*-12. de 63 pages.

On peut voir encore les *Lyonnois dignes de mémoire, tom. I. pag.* 348: *Lyon*, Duplain, 1757, *in*-8. & les *Recherches sur la Vie de Louise Labé*, à la tête de ses Œuvres: *Lyon*, 1762, *in*-12.]

48102. ☞ Abrégé de la Vie de la Marquise de *Lambert*, (Anne-Thérèse Marguenat de Courcelles,) morte en 1733; (par M. DE FONTENELLE.)

Dans le *Mercure*, 1733, *Août*; & à la tête des Œuvres de Madame Lambert: *Lausanne*, (*Paris*,) 1748, *in*-12. Dans l'Avertissement de ces Œuvres, on l'attribue à Madame *Vatry*; mais cet Eloge est certainement de M. de Fontenelle, dit l'Abbé Trublet, *pag.* 196 de ses *Mémoires* sur M. de Fontenelle & M. de la Motte: (*Amsterdam & Paris*, 1761, *in*-12.) Aussi a t-il mis cet Eloge dans la dernière Edition des Œuvres de M. de Fontenelle: (1761,) *tom. IX. pag.* 395.]

48103. ☞ Eloge de la même; par l'Abbé LAMBERT.

Dans son *Hist. Litt. tom. III. part.* 2. *pag.* 87.]

48104. ☞ Oraison funèbre de la Marquise de *Lassay*, (Reine de Madaillan de Lesparre;) par M. l'Abbé FRESNEAU: *Paris*, Lottin, 1763, *in*-4.]

48105. ☞ Relation de la Vie & de la mort de Mademoiselle de *Laval*, décédée le 24 Juin 1757; par M. (Pierre-Luc) BARRE: *in*-12.]

48106. ☞ Mémoire sur l'origine de *Laure*, célébrée par Pétrarque, (& morte en 1348;) par M. MENARD. *Mém. de l'Acad. des Inscriptions & Belles-Lettres, tom. XXX. pag.* 756.]

48107. ☞ Lettre de Joseph-Marie SUAREZ, Evêque de Vaison, sur la patrie & les parens de la belle Laure, du 1 Février 1647.

Elle est imprimée *pag.* 100 du *tom. III.* de l'*Histoire de la Noblesse du Comtat*, par Pithon-Curt, qui parle aussi de Laure, *pag.* 168.]

48108. ☞ Mémoires sur la Vie de Mademoiselle de *Lenclos*, morte en 1705; (par M. BRET:) *Paris*, 1751, *in*-12. = Lettres de la même, (publiées par M. Damours:) *Paris*, 1751, *in*-12.

Lettres de Ninon de Lenclos, au Marquis de Sévigné, avec sa Vie: Nouvelle Edition, revue exactement: *Amsterdam*, 1757, *in*-12. 2 vol.

Les mêmes, traduites en Anglois: *Londres*, 1761, *in*-12. 2 vol.]

48109. ☞ Notice de Madame *Levêque*, (Louise Cavelier,) Poëte, morte en 1745.

Dans le second Supplément du *Parnasse François*, *pag.* 19.]

48110. Discours sur la mort de Madame de *Lionne*, Isabeau de Servient; par Jérôme DE BÉNEVENT: *Paris*, 1612, *in*-4.

48111. Oraison funèbre de la Duchesse de *Longueville*, (Anne de Caumont, morte en 1642;) par François OGIER.

Elle est imprimée avec les *Actions publiques* de cet Auteur: *Paris*, 1656, *in*-4.

== ☞ Vie de Madame la Duchesse de *Longueville*, (Anne-Geneviève de Bourbon, morte en 1679.)

Ci-devant, Tome I. N.° 4798.]

.48112. Oraison funèbre de Catherine de *Lorraine*, Duchesse de Nevers; par Barthélemi DE LA PROVENCHÈRE: *Paris*, 1618, *in*-4.

48113. Ms. Vie de la même: *in-fol*.

Cette Vie est conservée dans la Bibliothèque du Roi, num. 9550.

48114. Oraison funèbre de Marie de *Lorraine*, Reine d'Ecosse; par Claude D'ESPENCE, Docteur de Sorbonne, en 1560: *Paris*, 1561, *in*-8.

48115. ☞ Notice historique de Marie de *Louvencourt*, Poëte, morte en 1712.

Dans le *Parnasse François*, 1732, *pag.* 550, & dans son premier Supplément, *pag.* 670. On peut voir encore l'*Hist. Littér.* de l'Abbé Lambert, *tom. III. part.* 2. *pag.* 71.]

48116. ☞ Eloge de Mademoiselle de *Lussan*, Historienne, morte en 1757; par M. FRÉRON.

Dans l'*Année Littéraire*, 1758, *tom. VIII.* p. 281.]

48117. ☞ Histoire de Madame de *Lux*, Anecdotes du Règne de Henri IV. On y a joint une Lettre à l'Auteur: *la Haye*, de Hondt, (*Paris*,) 1741, *in*-12.

C'est un Roman, composé par M. (Charles Penot) DUCLOS, qui est mort Secrétaire de l'Académie Françoise, en 1772.]

48118. ☞ Vie de Madame de *Maintenon*; (par Laurent Angliviel DE LA BAUMELLE:) Tome I. *Nancy*, 1753, *in*-12.

Il n'y a eu d'abord que ce Volume.

Lettres de Madame de Maintenon, (publiées par le même :) *Nancy*, 1752, *in*-12. 2 vol.

On peut voir sur ce sujet, les *Mémoires de Trévoux*, 1753, *Mars.* = *Lettres* de Clément, *tom. II. pag.* 390. = *Siècle de Louis XIV.*

Il y a eu une Edition des premières Lettres traduites en Anglois : *Londres*, 1759, *in*-12. 2 vol.

Mémoires pour servir à l'Histoire de Madame de Maintenon, & à celle du siècle passé ; (par Laurent Angliviel DE LA BAUMELLE) & Lettres de Madame de Maintenon à diverses Personnes ; (publiées par le même :) *Amsterdam*, (*Avignon*,) 1757, *in*-12. 15 Tomes qui composent 8 vol.

Il y avoit déjà eu une Edition de ces Mémoires, &c. *Hambourg*, 1756, petit format *in*-12. 12 vol.

Le premier Tome (des 15) contient un Abrégé de l'Histoire des Ancêtres de Madame de Maintenon & sa Vie, depuis sa naissance en 1635, jusqu'en 1669.

Le Tome II. depuis 1669 jusqu'en 1685.

Le Tome III. depuis 1685 jusqu'en 1695.

Le Tome IV. depuis 1695 jusqu'en 1699.

Le Tome V. depuis 1700 jusqu'à la mort de Madame de Maintenon, en 1719.

Le Tome VI. contient les Pièces justificatives des Mémoires, sçavoir :

1. Titres de Noblesse de Madame de Maintenon. = 2. Extraits de Lettres concernant sa famille. = 3. Testament d'Agrippa d'Aubigné. = 4. La Belle Indienne, à Madame de Scarron, (Pièce en vers, faite en 1654, par le Sieur de la Menardière.) = 5. Extraits concernant Charles d'Aubigné. = 6. Brevet de Dame d'Atours. = 7. Noëls nouveaux, 1684, & Pièces en vers, sur Madame de Maintenon. = 8. Avis de M. l'Evêque de Chartres (des Godets,) à Madame de Maintenon, sur le devoir conjugal. = 9. Lettre de l'Evêque de Chartres, au Roi, sur la paix & sur sa femme. (Ces dernières Pièces sont curieuses pour éclaircir le fait du Mariage du Roi & de Madame de Maintenon.) = 10. Titres de la Maison de S. Louis, ou de S. Cyr. = 11. Mémoire (de Madame de Maintenon, fait en 1690, au sujet de la révocation de l'Edit de Nantes : il est curieux.) = 12. Dialogue de l'Impératrice Pulchérie avec un Solitaire, traduit du Grec, à l'usage de Madame la Duchesse de Bourgogne. = 13. Vers sur Madame de Maintenon. = 14. Témoignages sur Madame de Maintenon. = Instructions à des Demoiselles de S. Cyr, qui avoient fait leur première Communion, (par Madame de Maintenon.) = 16. Entretiens de Madame de Maintenon. (Ce sont des Fragmens recueillis par plusieurs personnes.) = 17. Lettres de Louis XIV. à Madame de Maintenon. = 18. Lettres de Louis XIV. à la Reine, & autres personnes. = 19. Lettres de Louis XIV. à Philippe V. en 1701 & 1702. = 20. Quelques Portraits. = 21. Testament de Madame de Maintenon. = 22. Epitaphe de cette Dame. = 23. Lettres de consolation aux Dames de S. Louis, (ou de Saint-Cyr,) sur la mort de Madame de Maintenon. = 24. Vers qui sont au bas d'un Portrait de cette Dame, en forme d'Enigme.

Le Tome VII. contient des Lettres de Madame de Maintenon, & à elle ; Lettres de cette Dame à M. d'Aubigné son frère, à M. & à Madame de Villette, depuis 1650 jusqu'en 1687.

Le Tome VIII. Lettres de Madame de Maintenon à M. l'Abbé Gobelin, à la Comtesse de Saint-Géran, à diverses personnes, & à Madame la Marquise de Villette : 1669-1709.

Le Tome IX. Lettres de Madame de Maintenon à Madame l'Abbesse de Gomer-fontaine, & aux Dames de S. Louis : 1686-1716, 1705-1713.

Le Tome X. Lettres de Madame de Maintenon à M. le Cardinal de Noailles : 1694-1715.

Le Tome XI. Lettres de Madame de Maintenon à M. le Duc de Noailles & à diverses personnes : 1700-1719.

Le Tome XII. Lettres de Madame de Maintenon & de Madame de Caylus : 1701-1719.

Le Tome XIII. Lettres de Madame de Maintenon, de Mesdames la Duchesse de Vantadour, la Marquise de Dangeau, & diverses Dames ; de M. le Maréchal de Villeroy, des Ministres & des Magistrats, & de divers Seigneurs : 1700-1717.

Le Tome XIV. Lettres de Madame de Maintenon, de Madame la Princesse des Ursins, du Roi, de la Reine d'Espagne, des Princes du Sang & du Clergé de France : 1689-1718.

Le Tome XV. Lettres de Messire Paul Godet des Marais, Evêques de Chartres, à Madame de Maintenon, recueillies par M. l'Abbé Berthier : 1690-1709. (On trouve en tête l'Eloge historique de l'Evêque de Chartres, mort en 1709.)

Les Mémoires de Madame de Maintenon, traduits en Anglois : *Londres*, Millar, 1757, *in*-12. 5 vol.

Les Journalistes de *Trévoux*, au mois de *Septembre* 1756, *pag.* 2281, disent que l'Auteur des Mémoires de Madame de Maintenon, intéresse par le coloris de son style & par la finesse de ses réflexions, mais que ses Mémoires auroient dû être plus sages, plus corrects & plus sévères. Ils y relèvent aussi quelques inexactitudes dans les faits. Ces Mémoires sont suivis de neuf Volumes de Lettres de Madame de Maintenon, qui, disent les mêmes Journalistes, pourroient être aussi matière à discussion.

48119. ☞ Notice historique de Françoise d'Aubigné, Marquise de Maintenon, morte en 1719 ; par M. DREUX DU RADIER.

Dans la *Bibliothèque du Poitou*, *tom. IV. pag.* 381.]

48120. ☞ Esprit de Madame de Maintenon, avec des Notes ; par l'Auteur des Mémoires du Chevalier de Kilpar, (Louis-Laurent-Joseph DE MONTAGNAC :) *Paris*, Durand, 1771, petit *in*-12.]

☞ IL faut encore voir sur Madame de Maintenon ; les *Souvenirs* de Madame DE CAYLUS, sa nièce : ci-dessus, N.° 48036.]

48121. ☞ Notice de Françoise *Masquière*, Poëte, morte en 1728.

Dans le *Parnasse François*, 1732, *pag.* 633.]

48122. **Mémoires de M. L. D. M.** *Paris*, 1675 ; *Cologne*, P. Marteau, 1675, *in*-12.

Ces lettres initiales signifient Madame la Duchesse *Mazarin*, Hortense Mancini, morte en 1699. Ces Mémoires contiennent ses infortunes jusqu'à son arrivée à Chambery. Il y a à la fin une Lettre qui renferme le portrait de cette Duchesse.

✱ Ces Mémoires de la Duchesse Mazarin sont attribués à une Madame DU RHUT, au Tome I. *pag.* 79 d'un Livre intitulé : *Lettres historiques & galantes*, par Madame de C.... imprimé en Hollande en 1708, où au Tome II. *pag.* 88, on trouve l'Histoire de cette Dame du Rhut.

Mémoires de Madame la Duchesse de Mazarin ; par M. l'Abbé DE SAINT-RÉAL.

Ces Mémoires se trouvent imprimés sous ce nom, au Tome VI. du Recueil des Œuvres de M. de Saint-

Evremont, *pag.* 191 : *Cologne*, 1708, *in*-12. Je ne cite que cette Edition qui est une des plus complettes. MM. Bayle & des Maiseaux, sont dans des sentimens tout-à-fait opposés sur l'Auteur de ces Mémoires ; je vais rapporter leurs paroles, pour laisser au Lecteur la liberté de prendre parti en faveur de l'un ou de l'autre.

M. Bayle parle ainsi à la *pag.* 182, Tome I. de la *Réponse aux Questions d'un Provincial*, Chap. 21.
« Je vous dirai en passant qu'il y a beaucoup d'apparence que c'est Madame de Mazarin qui a écrit les » Mémoires, qui ont couru sous son nom. Ils ne s'étendent que jusqu'à son arrivée à Chambéri. Ils ont été » traduits en différentes Langues, & imprimés plusieurs » fois. La Lettre qui les accompagne est un éloge magnifique de sa beauté & de son esprit. Je n'ai jamais » voulu croire, comme bien d'autres l'ont cru, que » l'Abbé de Saint-Réal fût l'Auteur de cette Lettre & » des Mémoires qui la précédent. Il avoit bien du mérite ; il écrivoit bien, mais non pas de cette manière » aisée qui paroît dans ces deux Ouvrages ».

» Vous avez cru, Monsieur, (dit M. des Maiseaux, » dans la Vie de M. de Saint-Evremont, *pag.* 155,) que » c'étoit la Duchesse Mazarin qui avoit écrit ses Mémoires ; mais je vous puis assurer qu'elle n'en a fourni » que la matière. Elle n'écrivoit pas assez bien pour » leur donner la forme qu'ils ont ; & s'ils sont mieux » tournés que les autres Ouvrages de M. l'Abbé de » Saint-Réal, cela vient de ce qu'il les a travaillés avec » beaucoup de soin & d'étude ».

☞ Les derniers Editeurs de S. Réal, *Paris*, 1745 (& ann. suiv.) ont mis ces Mémoires au dernier Volume de ses Œuvres, mais en avertissant qu'ils n'étoient pas de l'Abbé de S. Réal.

Ces Mémoires ont été traduits en Italien, & imprimés sous ce titre : *Le Memorie della Signora Duchessa Mazarini : in Colonia*, appresso P. Martello, 1677, *in*-12. & avec le nom feint ou réel de Giacomo Melazzo, leur Traducteur : *In Francofurto sopra l'Odera, per Christoph. Zeitler*, 1681, *in*-12. On les a aussi traduits en Anglois, & imprimés *London*, 1676, *in*-8. & réimprimés à *Londres*, chez *R. Bentley*, 1690, *in*-12.

Il est encore question des mêmes sujets, dans de prétendus Mémoires écrits par une sœur de Madame de Mazarin, & nommée Marie Mancini, mariée en Italie au Connétable Colonne. Ces Mémoires ont été imprimés sous le titre de *Cologne*, 1676, 1677, 1679 : *Leyde*, 1678, *in*-12. & traduits en Espagnol : *Zaragoça*, 1677, *in*-8.

On peut voir le *Dictionnaire* de Prosper Marchand, Article *Saint-Réal*, Note D. sur les Mémoires de Madame Mazarin, & Note S. sur ceux de la Connétable Colonne.

48123. Oraison funèbre de Madame la Duchesse de Mazarin ; par Charles de Saint-Denys, Sieur DE SAINT-EVREMONT.

Cette Oraison funèbre est imprimée au *tom. IV.* de ses Œuvres, *pag.* 166 : *Cologne*, 1708, *in*-12. C'est une Pièce si singulière dans son genre, qu'elle est peut-être unique.

Elle a été composée en 1684, & cette Duchesse n'est morte qu'en 1699. « Madame Mazarin ayant dit un » jour qu'elle souhaiteroit bien sçavoir ce qu'on diroit » d'elle après sa mort ; cela donna occasion à M. de » Saint-Evremont de composer cette Oraison funèbre, » ou son Panégyrique ». C'est ce que dit M. des Maiseaux, dans la Vie de M. de Saint-Evremont.

48124. Plaidoyé de M. ERARD, Avocat au Parlement, pour M. le Duc de Mazarin, Demandeur, contre Madame la Duchesse de Mazarin, son Epouse, Défenderesse.

Ce Plaidoyé est imprimé dans le Recueil des Plaidoyés du même Auteur : *Paris*, 1696, *in*-4. [1733, *in*-8.] *Hollande*, 1698, & dans les Œuvres de M. de Saint-Evremont, *tom. VI. pag.* 253 : *Cologne*, 1708, *in*-12. Claude Erard, qui est mort en 1700, fit ce Plaidoyé en 1689, vingt-deux ans après la sortie de la Duchesse de Mazarin de France. M. Sachot, Avocat au Parlement, répondit à ce Plaidoyé, & prit la défense de Madame de Mazarin : mais il avoua qu'il n'avoit reçu d'elle ni Mémoire ni Instruction ; aussi avance-t-il des faits directement opposés aux Mémoires qu'elle avoit données au Public quelques années auparavant. On n'a pu trouver ce Plaidoyé de Sachot, ce qui est cause qu'il n'a pas été imprimé avec les autres Pièces.

48125. Réponse au Plaidoyé de M. Sachot dans la même Cause.

[Avec les Plaidoyés d'Erard, &] au *tom. VI.* des Œuvres de Saint-Evremont, *p.* 295 : *Cologne*, 1708, *in*-12.

48126. Factum pour Madame la Duchesse de Mazarin, contre M. le Duc de Mazarin son mari, ou Réponse au Plaidoyé de M. Erard, pour M. le Duc de Mazarin, contre Madame la Duchesse de Mazarin son épouse.

Ce Factum est imprimé au *tom. V.* des Œuvres de M. DE SAINT-EVREMONT, *pag.* 206 : *Cologne*, 1708, *in*-12. Il le fit en 1696, sur les Mémoires que Madame de Mazarin lui avoit fournis, après l'Edition que M. Erard donna d'un bon nombre de ses Plaidoyés. Ce Factum est une Pièce très-curieuse & pleine de traits d'esprit, selon M. Bayle, *pag.* 183, du Tome I. de sa Réponse aux Questions d'un Provincial.

48127. ☞ Plaidoyé prononcé au Grand-Conseil, pour M. le Duc de Mazarin, contre Madame la Duchesse de Mazarin son épouse, avec la Réplique au Plaidoyé de l'Avocat de Madame de Mazarin, & l'Arrêt intervenu sur ces Plaidoyers, le 29 Décembre 1689.

On peut voir sur cette Affaire, les *Causes célèbres*, par François Gayot de Pitaval, (mort en 1743,) *t. XIV.*]

48128. L'Héroïne Mousquetaire, (ou Christine de *Meyrac*,) Histoire véritable : *Paris*, Girard, 1677-1678, *in*-12. 4 vol.

☞ La même : *Paris*, Witte, 1722, *in*-12. avec fig.]

Quoiqu'on assure que cette Histoire de Christine, fille du Baron de Meyrac, Béarnois, est véritable, il est difficile cependant d'ajouter foi à toutes les avantures que PRESCHAC, Béarnois, Auteur de cette Histoire, y raconte ; d'autant qu'il avoue dans sa Dédicace au Comte de Louvigny, qu'il n'a écrit cette Histoire que pour le divertir. Il se peut faire que toutes les avantures qu'il raconte, soient véritables ; mais il est comme impossible qu'elles soient arrivées à une même personne.

48129. Eloge de Marie *Millet*, Villageoise ; par Hilarion DE COSTE, Minime.

L'Eloge de cette Villageoise, morte sous le Règne d'Henri IV, est imprimé au Tome II. de ses Eloges, *pag.* 694.

48130. Eloge de Pic de la *Mirande*, Comtesse de la Rochefoucault, & de Fulvie Pic de la *Mirande*, Comtesse de Randan ; par le même.

L'Eloge de ces Comtesses, qui ont vécu sous Charles IX. & Henri III. est imprimé *pag.* 761 du même Volume du P. DE COSTE.

48131. Mémoires de la Vie d'Henriette Sylvie de *Molière* ; par Madame DE VILLEDIEU :

Paris, 1672; [Amſterdam, 1673, in-12. 6 vol.]

Marie-Catherine Des-Jardins, depuis dite Madame DE VILLEDIEU, & enfin Madame DE LA CHATTE, eſt morte en 1683.

48132. ☞ Oraiſon funèbre de la Ducheſſe de *Montauſier*, Julie-Lucine d'Angennes de Rambouillet ; par M. (Eſprit) FLECHIER, (depuis Ev. de Niſmes:) *Paris*, 1672, *in* 4.]

48133. ☞ Notice de Madame de *Montégut*, (Jeanne Segla,) Poëte, morte en 1752.

Dans le *Parnaſſe François*, ſecond Supplément, *pag.* 66.]

== Les Actions héroïques de la Comteſſe de *Montfort* : Nouvelle hiſtorique.

Ci devant, [Tome III. N.º 35380.]

48134. ☞ Lettre ſur quelques particularités de la Vie de Madame la Ducheſſe de *Montmorency*, (Marie Félice des Urſins,) épouſe de Henri, Duc de Montmorency, décapité à Touloule en 1632. *Mem. de Trév.* 1747, Septembre, *pag.* 1873.

Cette Dame ſe fit Religieuſe à la Viſitation de Moulins, où le corps de ſon mari fut tranſporté : elle y eſt morte en 1666.

Voyez ci-devant ſa Vie comme Religieuſe, Tome I. N.º 15189. Il y en a encore eu une autre imprimée à Clermont en 1769. M. de Cambis, dans le Catalogue raiſonné de ſes Manuſcrits, (*Avignon*, 1770, *in-*4.) *pag.* 722, fait une Remarque importante au ſujet de Madame de Montmorency.]

48135. La Princeſſe de *Montpenſier*, Fiction hiſtorique. *Paris*, 1662, 1678, *in-*12.

Cette Fiction hiſtorique contient les Avantures de Catherine de Lorraine, ſœur de Henri, Duc de Guiſe, & femme du Duc de Montpenſier : elle eſt morte en 1596. Cette Fiction a été compoſée par Marie-Madeleine de la Vergne, Comteſſe DE LA FAYETTE, & publiée par les ſoins de M. Ménage. C'eſt ce qu'il a aſſuré à Paul Coomiez, qui le rapporte dans ſon Recueil de Particularités, *pag* 322 de ſes Œuvres.

« La Nouvelle de la Princeſſe de Montpenſier vient
» d'une perſonne de haute condition &d'excellent eſ-
» prit, qui ſe contente de faire de belles choſes, ſans
» que ſon nom ſoit publié. Ce Livre a eu un grand
» cours pour le ſtyle, qui eſt tout à-fait de l'air du beau
» monde. On a cru y trouver une avanture de ce ſiècle
» ſous les noms de quelques perſonnes de l'ancienne
» Cour ». Sorel, *pag.* 180 de ſa *Bibliothèque Françoiſe.*

Le même dit, *pag.* 371 de ſon *Traité de la connoiſſance des bons Livres*, « que cet Ouvrage eſt écrit d'un
» ſtyle digne d'approbation, où tout eſt accommodé à
» l'air d'une perſonne de qualité, qui a écrit comme
» elle parle, & qui parle toujours fort bien ».

J'ai appris d'une Lettre de M. de Segrais, écrite le 4 Octobre 1700, qui eſt entre les mains de M. l'Abbé Boſſuillon, que Madame de la Fayette ayant compoſé cet Ouvrage, elle voulut, pour ſe divertir, le faire paſſer pour une Pièce écrite ſur la fin du XVIᵉ Siècle, qui s'étoit trouvée avec les Titres de la Maiſon de Montpenſier. M. de Segrais voulut bien paſſer pour en avoir retouché le ſtyle. On le crut à la Cour de Mademoiſelle; mais on étoit ſurpris de trouver tant de délicateſſe dans une Pièce écrite en ce temps-là. M. Ménage, en l'abſence de M. Segrais, ſe chargea de l'impreſſion.

48136. ☞ Eloge de Madame de *Motteville*, (Françoiſe Bertaut,) Hiſtorienne, morte en 1689.

Dans le *Journal des Sçavans*, 1724, *Juin*.]

48137. ☞ Hiſtoire de la Vie & des Ouvrages de la même ; par le P. NICERON.

Dans ſes *Mémoires*, &c. *tom. VII. pag.* 139.]

48138. ☞ Hiſtoire de Madame de *Mucie*; par Mademoiſelle D✶✶✶ : *Amſterdam*, 1731, *in-*12.

Madame de Mucie eſt morte en Eſpagne, à Ségovie. Elle fit une mort très-chrétienne, ſi l'on en croit une Lettre du Père le Compaſſeur, Jéſuite François, Précepteur du Prince des Aſturies, écrite de Madrid le premier Mai 1713, à M. de Mautour, Auditeur de la Chambre des Comptes de Paris, en ces termes : « Je
» voudrois bien avoir pu contribuer en quelque choſe
» à la converſion & à la mort édifiante de feue Madame
» de Mucie ; mais la Providence ne s'eſt ſervie que
» d'une vertueuſe Dame Flamande, qui, faute de Con-
» feſſeur qui entendît la Langue Françoiſe, lui a ſervi
» d'interprète auprès d'un Religieux Eſpagnol, dans les
» Confeſſions générales & particulières qu'elle a faites
» avant ſa mort. Si j'avois été plutôt averti du danger
» de ſa maladie, je me ſerois tranſporté ſur le champ à
» Ségovie, qui n'eſt qu'à douze lieues d'ici, pour lui
» épargner la peine d'un ſi humiliant ſacrifice ; mais cela
» n'a pas dépendu de moi, puiſque j'ai appris ſa mort
» preſqu'auſſitôt que ſa maladie ». Elle étoit fille de M. Fuzjan, Conſeiller au Parlement de Dijon, & femme de M. de Mucie, Conſeiller au même Parlement.]

48139. ☞ Notice de Madame de *Murat*, (Henriette-Julie de Caſtelnau,) Poëte, morte en 1716.

Dans le *Parnaſſe François*, 1732, *pag.* 562.]

48140. Mſ. Petit Abrégé de la Vie de la Préſidente de *Neſmond* : *in-*8.

Cet Abrégé [étoit] conſervé dans la Bibliothèque de M. Foucault, [qui a été diſperſée.]

48141. ☞ Conſolation de M. le Duc de Nevers, ſur la mort & le trépas de Madame la Ducheſſe de *Nevers* ſon Epouſe ; par N. DU PESCHIER, Avocat au Parlement : *Paris*, 1618, *in-*8.

Cette Dame ſe nommoit Catherine de Lorraine-Mayenne, & elle étoit femme de Charles de Gonzague, Duc de Nevers.]

48142. *Oraſie:* Roman hiſtorique ; par une Dame illuſtre : *Paris*, de Sommaville, 1645, *in-*8. 4 vol.

Cet Ouvrage de Madelaine DE SENECTERRE, contient les plus mémorables avantures & intrigues qui ſe ſoient paſſées en France vers la fin du XVIᵉ Siècle.

« L Oraſie, (dit Sorel, *pag.* 416 de ſa *Bibliothèque
» Françoiſe,*) eſt attribuée à une ancienne Damoiſelle
» de bon lieu, qui avoit vu la Cour de Henri III. & en
» a écrit pluſieurs choſes ſous des noms & des titres
» ſuppoſés. On nous a dit que c'étoit Mademoiſelle de
» Sénecterre, & qu'après ſi mort un homme d'eſprit de ce
» Siècle, qui s'entend fort à la narration, a pris la peine
» de revoir le Livre ».

48143. Hiſtoire de la Princeſſe de *Paphlagonie* : *Bourdeaux*, (1656,) *in-*12.

On lit dans le Recueil de Littérature & d'Hiſtoire de M. de Segrais, [ou le *Segréſiana*,] ce qui ſuit : « Ma-
» demoiſelle

» demoiselle (Anne-Marie-Louise de Bourbon, Prin-
» cesse DE MONTPENSIER,) a fait un petit Roman, in-
» titulé : *Histoire de la Princesse de Paphlagonie*, que
» j'ai fait imprimer à Bourdeaux par ses ordres, [dit
» M. de Segrais ;] mais il n'y en a eu qu'une centaine
» d'Exemplaires de tités, qu'elle a distribués elle-même.
» Elle le fit à l'occasion de la Princesse de Paphlagonie,
» dont il est parlé dans le *Cyrus* de Mademoiselle de
» Scudéri ; sous des noms empruntés, elle y a mêlé beau-
» coup de choses satyriques contre les Dames de la Cour
» de ce temps-là ». Et dans un autre endroit M. de Segrais donne la Clef de ce petit Roman. M. Huet, à qui
la Princesse en fit présent, en parle aussi dans ses Mémoires Latins sur sa Vie.]

☞ On peut voir encore la *Biblioth. des Romans*, tom. II. pag. 87 & 347.]

48144. ☞ Notice historique d'Anne de *Parthenay*, morte en 1550 ; par M. DREUX DU RADIER.

Dans la *Bibliothèque du Poitou*, tom. II. pag. 93. On peut voir aussi le *Dictionnaire de* BAYLE.]

48145. ☞ Notice de Catherine de *Parthenay*, morte en 1631 ; par M. DREUX DU RADIER.

Dans sa *Bibliothèque du Poitou*, tom. V. pag. 481. Il en est aussi question dans le *Dictionnaire de* BAYLE, auquel il faut joindre les *Remarques* de M. l'Abbé JOLLY, de Dijon : 1752, *in-fol.*]

48146. ☞ Eloge de la belle *Paule*, de Toulouse.

Voyez ci-après, à *Viguier*.]

48147. ☞ Regrets de M***, sur la mort de sa femme : 1761, *in-12*. de 42 pages, (sans nom de lieu ni d'Imprimeur.)

L'Auteur est, (selon la *France Littéraire*,) M. Jos. François PERONNET de Gravagneux, Avocat & Notaire à Lyon.]

48148. ☞ Remarques sur Christine de *Pisan*, Historienne, morte vers 1430 ; par Jacques-Georges de CHAUFEPIÉ.

Dans son *Dictionnaire historique & critique*. *Voyez* encore ci-dessus, N.os 46870 & 46871.]

48149. ☞ Oraison funèbre de la Marquise de *Pompadour*, Marie de Rochechouard ; par Léonard NAUCHE, Curé de Rochechouard : *Brive*, 1666, *in-4*.

Ce Curé est mort en 1683.]

48150. ☞ Edèle de *Ponthieu* : Nouvelle historique ; (par M. le Comte DE VIGNACOURT :) *Paris*, Pissot, 1723, *in-12*.

C'est un Roman.]

48151. ☞ La Princesse de *Portien* : *Paris*, Beugnié, 1703, *in-12*.

Autre Roman.]

48152. ☞ Apparence trompeuse, ou Aventures du Duc de Nemours & de la Marquise de *Poyanne* : 1725, *in-12*.

Encore un Roman.]

48153. ☞ Histoire de la Dragonne, contenant les Actions militaires & les Aventures de Geneviève *Premoy*, sous le nom du Chevalier Balthasar : *Paris*, 1703, *in-12*.

Tome IV. Part. I.

48154. ☞ Lettre sur la mort de Madame de *Puyfieulx* : *Paris*, 1613, *in-8*.]

48155. Eloge de la Duchesse de *Raix*, (ou Retz,) Claude-Catherine de Clermont de Vivonne, morte en 1603 ; par Hilarion DE COSTE, Minime.

Il est imprimé au tom. I. de ses *Eloges*, pag. 328.]

48156. ☞ Eloges de Marie de *Rasilly*, Poëte, morte en 1704.

Dans le *Parnasse François*, 1732, pag. 487, & dans l'*Histoire Littér.* de l'Abbé Lambert, tom. III. part. 2. pag. 60.]

48157. Oraison funèbre de la Duchesse de *Richelieu*, Anne Poussard de Fors ; par le Curé de Saint-Symphorien : *Paris*, 1684, *in-4*.

48158. ☞ Abrégé des disgraces de Madame Barbe-Louise *Rizzi*, épouse prétendue de Ménard, Comte de Schomberg ; par le Père Isidore RIZZI : *Turin*, Zapati, 1670, *in-12*.]

48159. ☞ Oraison funèbre de Madame de *Rochechouard*, Jeanne de Saulx de Tavannes ; par Adrien SYCHARD : *Poitiers*, 1627, *in-4*.

Cette Dame, qui étoit fille de Gaspard de Saulx, Seigneur de Tavannes, Maréchal de France, avoit épousé le premier Janvier 1570. René de Rochechouard, Seigneur de Mortemart.]

48160. ☞ Oraison funèbre de Madame de la *Rochefoucault* ; par M. DE SAULX : *Paris*, 1744, *in-4*.]

48161. ☞ Eloge de Mesdames des *Roches*, mortes à Poitiers en 1587 ; par Hilarion DE COSTE, Minime.

Dans le tom. II. de ses *Eloges des Dames*, pag. 232.

☞ La mère se nommoit Madeleine Neveu, & la [fille] Catherine Frantonet des Roches. Elles moururent toutes deux de la peste.]

48162. ☞ Autres Eloges ou Notices des mêmes.

Dans le *Parnasse François*, 1732, pag. 185, & dans la *Bibliothèque du Poitou*, tom. II. pag. 428.]

48163. ☞ Oraison funèbre de la Marquise de *Saint-Aulaire*, Marie de Fumel, épouse de Joseph de Beaupoil de Saint-Aulaire ; par le Père Joseph DAVID, Oratorien : *Limoges*, 1696, *in-4*.]

48164. ☞ Autre, de la même ; par le Père Guillaume COLOMB, Dominicain : *Brive*, 1696, *in-4*.

Ce Religieux est mort en 1700.]

48165. ☞ Aventures de Madame de *Saint-Balmont*.

Ci-devant, Tome I. N.º 4820, & ci-après au *Supplément*, pour la même Histoire remaniée.]

48166. ☞ Discours funèbre de Mademoiselle de *Saint-Géran*, très-illustre & vertueuse fille, morte à Paris en Novembre

E e

1647, (dédié à la Maréchale de S. Géran;
par F. J. Cuisot, Prieur des Carmes de
Moulins:) *Moulins*, 1648, *in*-4.]

48167. ☞ Oraison funèbre de la Maréchale de *Saint-Géran*, Suzanne Aux-épaules; prononcée dans l'Eglise des RR. PP.
Minimes de Moulins; par le P. J. Harel,
du même Ordre: *Moulins*, Vernoy, 1651,
in-4.]

48168. ☞ Oraison funèbre de la Duchesse
de *Saint-Simon*, Diane-Henriette de Budoz; prononcée en l'Eglise Cathédrale de
Senlis, le 19 Décembre 1670; par M. Deslyons: *Paris*, Desprez, 1671, *in*-4.]

48169. ☞ Eloge de Louise-Geneviève de
Sainctonge, Poëte, morte en 1718; par
l'Abbé Lambert.

Dans son *Histoire Littér.* tom. III. part. 2. pag. 74.]

48170. ☞ Eloges de Madame de *Saliez*,
(Antoinette de Salvan,) Poëte, morte en
1730.

Dans le *Parnasse François*, pag. 648, & dans l'*Hist. Littéraire* de l'Abbé Lambert, pag. 82.]

48171. Zizimi, Prince Ottoman, amoureux
de Philippine-Hélène de *Sassenage*, Histoire
Dauphinoise; par L. P. A. Grenoble, Nicolas, 1673, *in*-12.

Ces lettres initiales signifient le Président Allard,
qui a composé cette Histoire. Guy Allard étoit alors
Président en l'Election de Grenoble, dont il fut obligé
de se défaire par sa mauvaise conduite; il est mort en
1715, & l'Héroïne de son Roman, qui étoit de Dauphiné, est morte en 1533.

48172. Eloge de Madeleine *Scudery*, morte
en 1701.

Cet Eloge, imprimé dans le *Journal des Sçavans*,
27e de l'année 1701, est de Noël Bosquillon, de l'Académie de Soissons.

48173. ☞ Autres Eloges de la même.

Dans le *Parnasse François*, 1732, pag. 483, & dans
l'*Hist. Littér.* de l'Abbé Lambert, tom. III. part. 2.
pag. 46.]

48174. ☞ Histoire de la Vie & des Ouges de la même; par le P. Niceron.

Dans ses *Mémoires*, &c. tom. XV. pag. 132.]

48175. Mſ. Histoire de la Comtesse de *Selles* : *in-fol.*

Cette Comtesse se nommoit Madame d'Estampes:
son Histoire se termine à la mort du Chevalier d'Humières. Elle [étoit] dans la Bibliothèque de M. le Chancelier Seguier, num. 566, [aujourd'hui à S. Germain-des-Prés.]

48176. ☞ Histoire de la Comtesse de Selles, ou de Madame d'Estampes, sous le
nom de Mélicerte : 1663.

Elle est imprimée dans le *Conservateur*, 1760, Novembre, pag. 152, & Décembre, pag. 159. Je ne sçai
si c'est la même Histoire que la précédente.]

48177. ☞ Eloges de Louise-Anastasie de
Sermenr, Poëte, morte vers 1692.

Dans le *Parnasse François*, pag. 445, & dans l'*Hist.
Littér.* de l'Abbé Lambert, tom. III. part. 2. pag. 26.]

48178. ☞ Eloge de Madame de *Sévigné*,
Marie de Rabutin, morte en 1696; par
l'Abbé Lambert.

Dans son *Hist. Littér.* tom. III. part. 2. pag. 39.]

48179. ☞ Remarques sur la même Dame;
par Jacques-George de Chaufepié.

Dans son *Dictionnaire historique & critique.*]

== ☞ Vie de Madame la Duchesse de
Schomberg.

Voyez ci-dessus, à *Hautefort*.]

48180. Histoire d'Agnès *Soreau*, (ou Sorel,)
Dame de Fromanteau, Favorite de Charles VII. Roi de France.

Cette Histoire est imprimée pag. 49, du tom. I. de
l'*Histoire des Favorites* : *Amsterdam*, Marette, 1700,
in-8.

48181. ☞ Observations sur Agnès *Sorel*;
par le P. (Henri) Griffet.

Dans l'*Histoire de France* du Père Daniel, revue &
augmentée, 1755, tom. VII. pag. 337.]

48182. ☞ Notices ou Eloges de Madame
la Comtesse de la *Suze*, (Henriette de Coligny,) Poëte, morte en 1673.

Dans le *Parnasse François*, pag. 324, & dans l'*Hist.
Littér.* de l'Abbé Lambert, tom. III. part. 2. pag. 13.]

48183. ☞ Remarques sur la même Dame.

Dans le *Dictionnaire* de Prosper Marchand, tom. II.
pag. 259.]

48184. ☞ Mſ. Eloge funèbre de Madame
la Duchesse de *Tallard*; par M. de Frasne,
Avocat-Général honoraire de Besançon, &
de l'Académie de cette Ville.

Dans les Registres de cette Académie.]

48185. ☞ Oraison funèbre de la Marquise
de *Thianges*, prononcée dans l'Eglise de
Vieillevigne, le 4 Septembre 1686; par le
P. Archange, Capucin de Laval, Missionnaire : *Tours*, 1686, *in*-4.]

48186. Eloge de la Marquise de *Thoury*,
(Marie-Françoise de Clermont;) par (Estienne) du Chemin, Chanoine Régulier de
Sainte-Geneviève, Prieur d'Huisseau : *Blois*,
Regnault, 1702, *in*-4.]

48187. Oraison funèbre de Madame T***,
(*Tiquet*.) = Critique de cette Oraison funèbre; par le Père C. Docteur en Théologie
de la Faculté de Paris. = Discours Moral &
Chrétien sur le même sujet; par le même
Auteur. = Réponse à la Critique, & Critique
du Discours Moral & Chrétien; par l'Auteur de l'Oraison funèbre : 1699 [& 1700,]
in-8.

Marie-Angélique Charlier, femme de M. Tiquet,
Conseiller au Parlement de Paris, condamnée à être
décapitée pour avoir attenté à la vie de son mari, fut
exécutée en 1699. Son Oraison funèbre & les deux
dernières Pièces de ce Recueil sont de François Gastaud, Avocat au Parlement de Provence. François
Chauchemer, Jacobin, a fait la Critique & le Discours
Moral & Chrétien. La singularité du sujet & le tout
qu'on lui a donné, a fait lire ces Pièces.

48188. ☞ Compliment de l'Ex.... (l'Exécuteur) à l'Auteur de l'Oraison funèbre de Madame T.... 1700, *in-*12. de 12 pages.

On peut voir sur les Ecrits précédens, les *Nouvelles de la République des Lettres* de 1700, pag. 355, & les *Lettres* de Bayle, avec les Notes, tom. II. pag. 676, & sur toute l'Affaire, les *Causes célèbres*, tom. IV.]

48189. Oraison funèbre de la Marquise de *Torcy*; par Charles FAULQUES, Chanoine Régulier de Sainte-Geneviève : *Paris*, Desprez, 1695, *in-*4.

48190. ☞ Oraison funèbre de la Comtesse de *Toulonjon*, (Françoise de Rabutin, fille de la Bienheureuse de Chantal;) par Nicolas LÉVESQUE, Chanoine de Notre-Dame d'Autun : *Autun*, de la Mothetort, 1685, *in-*4. de 52 pages.

L'Auteur a joint à son Oraison funèbre les Preuves des Ancêtres de cette Dame, c'est-à-dire, des Maisons de Rabutin, de Frémiot & de Berbisey.]

48191. ☞ Mf. Madame de *Tournon*, Roman en Vers François, sur vélin, avec onze Miniatures : *in-*4.

Ce Manuscrit [étoit] dans la Bibliothèque du Comte de Hoendorff, num. 80, & il est aujourd'hui dans celle de l'Empereur. On croit qu'il a été composé par Madame DE TOURNON, après la mort de sa fille dont il est parlé dans les Mémoires de la Reine Marguerite. Ce qui est certain, c'est qu'il a été fait du temps de François I. qui y est loué en plus d'un endroit.]

48192. Eloge de Marie de la Tour, Comtesse de Roussillon & de *Tournon*; par Hilarion DE COSTE, Minime.

L'Eloge de cette Comtesse, morte en 1591, est imprimé au *tom. I.* de ses *Eloges, pag.* 475.

48193. ☞ Mademoiselle de *Tournon*; par C. C. *Paris*, Osmont, 1678, *in-*12. 2 vol.

C'est un Roman.]

48194. ☞ Notice historique de Madame de la *Trémoille*, Gabrielle de Bourbon, morte en 1516; par M. DREUX DU RADIER.

Dans sa *Bibliothèque du Poitou*, tom. II. pag. 1.]

48195. Mf. Observations qui se peuvent faire pour connoître de quel esprit procède la conduite de Sœur Marie des Vallées; par N. LE PILEUR, Docteur en Théologie, Grand-Vicaire de M. de Coutance.

Marie des Vallées, fille d'un pauvre Paysan, du Diocèse de Coutance, en basse Normandie, est morte en 1656, âgée de soixante six ans.

48196. Mf. Abrégé de la Vie & Etats de Marie des *Vallées : in-*4.

Cet Ecrit, attribué au Père Jean EUDES, ne contient l'Histoire de cette fanatique, que depuis sa naissance, jusques vers la fin de cette horrible souffrance des peines de l'Enfer, qu'elle appelle le mal de douze ans. Il est suivi d'une *Apologie* pour justifier la conduite de cette fille. Cet Ecrit [étoit] dans le Cabinet de M. le Baron d'Hoendorff, [& est aujourd'hui dans la Bibliothèque de l'Empereur,] & ailleurs.

48197. Mf. Recueil ample des Apparitions & Visions de la Sœur Marie des Vallées, & de ses Colloques & Entretiens avec Jesus-Christ & la Vierge.

Cet Ecrit est aussi attribué, quoiqu'avec moins de certitude, au Père EUDES. Il s'en est servi pour composer la Vie de cette Béate.

48198. Mf. Etat des choses principales qui se sont passées en la conduite de la Sœur Marie des Vallées, lesquelles nous avons apprises de sa bouche; par N. AMELINE, Missionnaire.

Cet Ecrit fut dressé le 12 Septembre 1651.]

48199. Mf. Histoire de la Vie de Marie des Vallées, en douze Livres; par Jean EUDES, Prêtre Missionnaire : *in-*4. 3 vol.

Cet Ouvrage est le Chef-d'œuvre du Père Eudes; il y a ramassé tout ce qui est contenu dans les Ecrits précédens, qui sont cités dans la Lettre qui suit, *pag.* 10, 12, 14, deux fois, & 21. Il en fit faire plusieurs Copies, qu'il communiqua à ses Amis. Cette Vie fut achevée en 1655, & on y a depuis ajouté le Chapitre qui regarde la mort de Marie des Vallées.

✶ Jean Eudes, qui étoit frère de l'Historien Mézeray, est mort en 1680. Il avoit été long-temps de la Congrégation de l'Oratoire, qu'il quitta en 1643, & en étant sorti il forma cette fille qu'il a nommée de Jesus & de Marie, & que l'on appelle des Eudistes.

48200. ☞ Mf. Mémoire d'une admirable conduite de Dieu sur une Ame particulière appellée Sœur Marie de Coutance, copié sur un Exemplaire escrit de la main de feu M. de Renty, qui est en dépôt au Convent des Carmelites de Pontoise : *in-*4. de 264 pages.

Ce Manuscrit est dans le Cabinet de M. Beaucousin, Avocat au Parlement de Paris. Il est partagé en deux Livres, dont le premier, qui est historique, contient trente-neuf Chapitres, & le dernier finit en 1644, qui est le temps de la composition de l'Ouvrage. Le second Livre traite des Vertus de Marie de Coutance (ou des Vallées,) & des effets de Dieu en elle : il contient 121 Chapitres.

On ne sçait si cet Ecrit est différent de l'un ou l'autre de ceux que le Père le Long a indiqués.]

48201. Lettre à un Docteur de Sorbonne sur le sujet de plusieurs Ecrits composés de la Vie & de l'Etat de Marie des Vallées, du Diocèse de Coutance : [*Paris*,] *in-*4.

Charles DU FOUR, Abbé d'Aunay, Trésorier de l'Eglise Cathédrale de Rouen, est l'Auteur de cette Lettre, qui a été écrite dix-neuf ans après la mort de cette fille, c'est-à-dire, en 1675, (qui est l'année de la mort de l'Auteur.) Ceux qui l'auront lue, & la Vie d'Antoinette Bourignon, ne seront point surpris de ce que je ne ses ai point rapportées aux Vies des personnes dévotes.

48202. ☞ Factum pour la défense de l'Auteur de la Lettre (précédente) pour répondre aux Objections & invectives du Père Eudes ou de ses amis : *in-*4.]

48203. ☞ Briève Réponse à un Ecrit que l'on fait courir contre la Lettre à un Docteur : *in-*4.]

48204. Oraison funèbre de (Jeanne de Saint-Lary,) Duchesse de la *Valette*; par Charles

HERSENT, Chancelier de l'Eglise de Metz: *Paris*, Blaise, 1627, *in*-8.

48205. Autre de la même; par Blaise DE SAGUENS, Avocat au Parlement de Tolose: *Tolose*, Colomiers, 1611, *in*-8.

48206. ☞ Mf. Mémoires des Amours de Louis XIV. avec Madame de la *Vallière*: *in*-8.

Ces Mémoires sont dans la Bibliothèque du Vatican, parmi les Manuscrits de la Reine de Suède, num. 1427.

ON peut voir encore ce qui est dit au commencement des *Mémoires de Madame de Maintenon*, ci-dessus, N.° 48118.]

48207. ☞ Prise d'habit de Madame de la Vallière (aux Carmélites;) par M. F✱✱✱; 1675, (sans nom de Ville ni d'Imprimeur.]

48208. ☞ Vie de Madame de la Vallière: *Rouen*, 1742, *in*-16.]

48209. ☞ Histoire abrégée de la Vie & de la Mort de la même; par (Claude) LE QUEULX.

Elle est imprimée *pag.* cxxxvj. de la Préface historique qu'il a mise au-devant de son Edition du Recueil des *Oraisons funèbres* de M. Bossuet: *Paris*, 1762, *in*-12.]

48210. ☞ Eloge de Madame *Vatry*, (Louise-Marguerite Buttet,) morte en 1752.

Dans le second Supplément du *Parnasse François*, *pag.* 62.]

48211. ☞ Oraison funèbre sur le Trépas de Madame de *Véran*, Florette Sarrasie, (ou de Sarra) fille du premier Président du Parlement de Tolose; (traduit) par Charles Rozel, Avocat, du Latin de Claude BADUEL: *Lyon*, 1546, *in*-4.

Jean de Montcalm, Sieur de Véran, étoit Juge-Mage de Nismes.]

48212. Oratio funebris in laudem Carolæ Dugueæ, Uxoris Nicolai *Verdunii*, in Curia Parisiensi Primarii Præsidis; Auctore Joanne GRANGERIO: *Parisiis*, 1627, *in*-8.

Cette Madame de Verdun est morte en 1626. Le premier Président se remaria, & mourut en 1627.]

48213. ☞ La Comtesse de *Vergy*: Nouvelle historique, galante & tragique; par M. L. C. D. V. (M. le Comte de VIGNACOURT:) *Paris*, Pepingué & Robinot, 1722, *in*-12.

C'est un Roman.]

48214. ☞ Précis de l'Histoire de Gabrielle de Vergy.

Il est imprimé à la tête d'une « Lettre en Vers de » Gabrielle de Vergy à la Comtesse de Raoul de Coucy; » par M. MAILHOL: *Paris*, 1766, *in*-8.]

48215. ☞ Eloge de la Comtesse de *Vertillac*, morte le 21 Octobre 1751, âgée d'environ 60 ans; par M. DE BURIGNY.

Cet Eloge est dans le *Mercure*, 1752, Janvier, Vol. II.

48216. Mf. Histoire de Nicole de *Vervins*; par Christophle D'HÉRICOURT, Doyen de l'Eglise de Laon: *in*-4.

Cette Histoire est conservée en original dans le Chartrier de l'Eglise de Laon. Il y en a eu un petit Sommaire imprimé par les soins de Jean Boulet, Prêtre du Diocèse de Laon, Professeur des saintes Lettres dans l'Université de Paris, & Principal du Collège de Montaigu, par ordre des Papes Pie V. & Grégoire XIII. en 1575, dédié à Henri III. *in*-16. Il s'y trouve des choses qui regardent les Guerres de Religion.

48217. ☞ Notice d'Anne de la *Vigne*, Poëte, morte en 1684.

Dans le *Parnasse François*, *pag.* 368.]

48218. ☞ Eloge de la même; par l'Abbé LAMBERT.

Dans son *Histoire Littér.* tom. III. part. 2, pag. 28.]

48219. ☞ Eloge historique de Paule de *Viguier*, connue sous le nom de la Belle Paule; lu dans une Assemblée publique de l'Académie Royale des Sciences de Toulouse; par M. le Marquis D'ORBESSAN.

Cet Eloge est imprimé parmi ses *Mélanges historiques*: (*Toulouse* & *Paris*, 1768, *in*-8.) tom. III. *pag.* 241.]

48220. ☞ Eloge de Madame de *Villedieu*, (Marie-Catherine Hortense Des-Jardins,) morte en 1683.

Dans le *Journal des Sçavans*, du 17 Décembre 1703.]

48221. ☞ Autres Eloges de la même.

Dans le *Parnasse François*, 1732, *pag.* 366, & dans l'*Hist. Littéraire* de l'Abbé Lambert, tom. III. part. 2. pag. 21.]

48222. Eloge de Madame de *Villeroy*, Marie de l'Aubespine, (morte en 1596;) par Hilarion DE COSTE.

Il est imprimé au tom. II. de ses *Eloges des Dames*, *pag.* 219.

48223. ☞ Oraison funèbre de la Maréchale de *Villeroy*, Marie-Marguerite de Cossé, morte en 1708: *in*-4.]

Fin du Livre V. & dernier.

SUPPLÉMENT
DE LA
BIBLIOTHÈQUE HISTORIQUE
DE LA FRANCE.

Pendant le cours de l'impression de cette Bibliothèque, j'ai découvert [& l'on m'a communiqué] les Notes de plusieurs Ouvrages imprimés & Manuscrits qui méritent d'y avoir leur place; mais comme l'endroit qui leur convenoit étoit déja imprimé, je les insère dans ce *Supplément*, avec la correction des fautes, surtout des dates & des noms propres, qu'on ne peut guères éviter dans un Ouvrage où il s'en trouve un si grand nombre. [Il a paru encore de nouveaux Écrits depuis l'impression des trois précédens Volumes de cette Edition, & sur-tout du premier : on les trouvera ici, & le tout sera mis en ordre dans les nouvelles Tables qui suivent ce *Supplément*.]

Dans la PRÉFACE, pag. v. ligne 7, 1755, *lisez* 1763. = pag. ix. ligne 4, Nadault, *lisez* Nadaud, Curé de Teyjac. = Dans la TABLE, pag. xxix. col. 1. ligne 8, 386, *lisez* 368.

LIVRE PREMIER.
Préliminaires de l'Histoire de France.

Géographie.

P*AGE* 3, *ajoutez*,

2.* ☞ Tables Méthodiques de Nicolas Sanson, pour les Divisions des Gaules & de la France : *Paris*, Mariette, 1644, *in-fol.* Jaillot, 1696, grand *in-fol.*

Nouvelle Edition, 1742; par Robert de Vaugondy, fils.

Dans cette dernière Edition, l'on a fait les changemens convenables, & on a rendu ces Tables historiques & chronologiques.]

2.** ☞ Joannis-Antonii Magini, de Gallia veteri & nova.

Magin, sçavant Mathématicien d'Italie, mort en 1617, a donné une Edition de la Géographie ancienne de Ptolémée, à laquelle il a joint une Description assez étendue de la Géographie Moderne, avec beaucoup de Cartes : *Arnhemi*, Janssonius, 1617, in-4. Ce qui regarde la Gaule & la France est assez intéressant pour être placé ici.]

P*AGE* 4, *ajoutez*,

17.* ☞ Le Royaume de France & les Etats de Lorraine, disposés en forme de Dictionnaire ; par M. Doisy : *Paris*, 1753, *in-4.*]

19.* ☞ Dictionnaire Universel de la France, contenant, &c. par M. Robert de Hesselin, ci-devant Professeur en Langue Allemande, & Inspecteur de MM. les Élèves de l'Ecole Royale Militaire : *Paris*, Desaint, 1771, *in-8.* 6 vol.

Cet Ouvrage contient « la Description Géographi- » que & Historique des Provinces, Villes, Bourgs & » lieux remarquables du Royaume, l'état de sa Popu- » lation actuelle, de son Clergé, de ses Troupes, de sa » Marine, de ses Finances, de ses Tribunaux, & des » autres parties du Gouvernement. Ensemble, l'Abrégé » de l'Histoire de France, divisée sous les trois Races » de nos Rois, des détails circonstanciés sur les Pro- » ductions du sol, l'Industrie & le Commerce des Ha- » bitans, sur les Dignités & les grandes Charges de

» l'Etat ; sur les Offices de Judicature & Emplois Mili-
» taires, ainsi que sur ceux de toutes les autres bran-
» ches de l'Administration ; avec un grand nombre de
» Tables qui rassemblent sous un même coup d'œil les
» divers districts ou arrondissemens du Gouvernement
» Ecclésiastique, Civil & Militaire ».]

PAGE 5.

Au N.° 23, à la fin de la Note, ajoutez :

On a cru qu'il étoit inutile de citer ici les Cartes de la Gaule de Ptolemée de toutes les Editions qui en ont été faites dans les premiers temps de l'impression : les deux indiquées, qui sont les dernières, ont paru suffire.]

PAGE 7, ajoutez,

56.* ☞ La même, augmentée sous ce titre : Tabula Geographicæ Provinciæ Sequanorum, sub Imperio Romano à Julio Cæsare ad Carolum Magnum, quæ sub Constantino dicta fuit Maxima Sequanorum : 1716, in-fol.

Cette Carte est fort rare, & a pour Auteur Pierre-Joseph DUNOD, Jésuite, mort à Besançon en 1725.]

Au N.° 58, ajoutez à la Note :

On trouvera encore quatre anciennes Notices des Gaules, dans le tom. II. (de D. Bouquet) mais elles sont moins correctes que celles qui se trouvent pag. 122 du tom. I.]

59.* ☞ Deux Lettres de Jacques-Claude VINCENT, Bénédictin & Bibliothécaire de l'Abbaye de S. Remi de Reims, concernant une Notice des Provinces des Gaules, & des Régions qui composoient l'Empire Romain ; tirée d'un Manuscrit d'environ sept cens ans.

Ces Lettres sont dans le Journal des Sçavans, 1768, Juillet & Décembre, vol. I.

Elles sont pleines de recherches sur l'ancienne Géographie.]

PAGE 9.

A la fin de la Note du N.° 70, ajoutez :

Le Mémoire de M. CHEVALIER sur les Voies Romaines de Franche-Comté, a été imprimé depuis, avec des augmentations, dans le tom. I. de son Histoire de Poligny : Lons-le-Saulnier, 1768, in-4.]

Au N.° 79, ligne 8, en remontant, lisez Pont-Sainte-Maxence, & ajoutez à la fin :

☞ Il faut mettre au nombre des Camps de César le sommet d'une petite Montagne située à trois lieues de Beauvais, vers l'Est, près l'Abbaye de Froidmont. M. l'Abbé de Fontenu ne le répute point Camp de César ; mais MM. Danse, Borel & Bucquer, qui travaillent à l'Histoire du Beauvaisis, croyent avoir des raisons décisives de penser le contraire. C'est ce qu'ils établissent dans une Dissertation encore manuscrite, à laquelle ils en ont joint une autre sur le Camp que les Beauvaisins occupoient lorsque César étoit au Mont de Froidmont.]

PAGE 10.

Au N.° 82, ligne 6, au lieu de 1906, lisez 1905 ; & à la fin de la Note, ajoutez,

M. Pasquier de Wardanché, né à Beauvais en 1713, après avoir été successivement Curé de Sainte-Agathe & de Warvannes, au Diocèse de Rouen, se retira à Paris, où il fut Chapelain de la Métropole, & mourut le 19 Avril 1755.]

Au N.° 90, ajoutez à la fin de la Note :

La Lettre sur la Chaussée de Brunehault, est de M. BRISSON, aujourd'hui Inspecteur des Manufactures de Lyon.]

PAGE 11.

Au N.° 99, dans la Note, ligne 3, Président au Parlement, lisez Président du Parlement, (car il étoit Président à Mortier.]

100.* ☞ Les mêmes Recherches, &c. de M. DE LA SAUVAGÈRE, augmentées.

Elles se trouvent pag. 245-290, de son Recueil d'Antiquités dans les Gaules : Paris, Hérissant fils, 1770, in-4. fig.]

100.** ☞ Recherches sur un Camp de César en Saintonge, & sur la Voie Romaine qui traversoit ce Pays ; par M. DE LA SAUVAGÈRE.

Dans son Recueil d'Antiquités, &c. pag. 81 & suiv.]

PAGE 12.

Au N.° 109, après Octobre, ajoutez, pag. 112-121.

Au N.° 110, ajoutez à la Note :

Cet Ouvrage de Scaliger a été encore imprimé, Francofurti, 1612, in-8. & il se trouve aussi dans l'Edition des Commentaires de César, par Grævius : Amstelodami, 1697, in-8.

Au N.° 112, à la Note 2, au lieu de N.° 22, lisez N.° 23.

Au N.° 117, ajoutez en Note :

☞ Marlian étoit de Milan : il professa le Droit Canonique en 1457 dans l'Université de Dole.]

PAGE 13, ajoutez,

120.* ☞ Nomenclatura Geographica Galliarum ; auctore Philiberto MONETO : Parisiis, le Beau, 1643, in-12.]

Au N.° 129, à la fin de la Note, ajoutez,

On trouve encore dans les Œuvres de Champier ; (Lugduni, Gueynard, 1507, in-4.) Tractatus de Gallia divisione, de Gallorum origine, virtutibus, &c.]

PAGE 15, ajoutez :

155.* ☞ Essai critique sur la position de différens Peuples de la Belgique ; par le Père Jean-Bapt. DE MARNE, Jésuite.

C'est la troisième des Dissertations qu'il a jointes à son Histoire de Namur : Liège, 1754, in-4. p. 78-82.]

Au N.° 159, ligne 7, après 1617, lisez, in-4.

PAGE 17.

Au N.° 173, ajoutez à la fin de la Note :

Ce Recueil des Dissertations du Père Lempereur a été imprimé deux fois en 1706. La première Edition, qui est in-12. de petit format, n'a que les IX. Dissertations dont on vient de parler. Mais une seconde Edition, grand in-12. aussi chez Cot, contient de plus une X.e Dissertation sur la Langue Celtique, qui a 16 pages. L'Auteur y prétend que cette Langue, commune à tout le Pays qui comprend la France, l'Allemagne & l'Espagne, s'est conservée dans tous les mots François dont on ne peut trouver l'origine, ni dans le Latin, ni dans le Grec, ni dans l'Italien. Il en donne nombre d'exemples, & combat diverses Etymologies de Ménage & d'autres. Au reste il soutient que la Langue Bretonne ne vient point de la Celtique.]

PAGE 18.

A la fin de la Note du N.° 183, ajoutez :

On peut voir encore les Mémoires de Trévoux, 1765, Août, pag. 510.]

Préliminaires : Géographie.

PAGE 21.

A la Note du N.º 210, ajoutez :

On peut voir encore sur le même sujet, deux Dissertations à la fin du Tome I. des *Mémoires* (de M. Colliette,) *pour servir à l'Histoire du Vermandois*, in-4. Cambray & Paris, 1771.]

214.* ☞ Observations sur les anciens Peuples de la Cité de *Bayeux* ; par M. l'Abbé (Augustin) BELLEY. *Mémoires de l'Académie des Inscript. & Bell. Lettres*, t. XXXI. pag. 227.

Nouvelles Observations: *Ibid. pag.* 250.]

214.** ☞ Observations historiques sur le Bessin & sur ses premiers Habitans ; par M. BEZIERS, Curé de S. André de Bayeux.

Elles se trouvent dans les *Nouvelles Recherches*, &c. Paris, J. Th. Hérissant, 1766, in-12. tom. II. p. 381.]

PAGE 22.

A la fin de la Note du N.º 225, ajoutez :

Le Père Dunand, Gardien des Capucins d'Auxonne, dans un Mémoire envoyé, dit qu'il a en main une Dissertation manuscrite de M. Germain, qui prouve, contre M. Moreau de Mautour, qu'Autun est l'ancienne Bibracte, & qu'elle lui a été donnée par le frère de M. Germain. Le P. Dunand ajoute, que ce Chanoine d'Autun s'est occupé long-temps de l'Histoire de sa Ville, & qu'on ignore ce qu'est devenu son Manuscrit, que dix personnes au moins l'ont assuré avoir vu, & qu'il étoit chez M. le Chancelier, ou entre les mains du Censeur, lorsque l'Auteur est mort.]

A la Note du N.º 228, *au lieu de* mort à Soissons, *lisez* mort à Paris.

230.* ☞ Recherches sur la situation de *Blabia*, Forteresse des Romains dans la Gaule ; par M. DE LA SAUVAGÈRE.

Dans son *Recueil d'Antiquités*, &c. (Paris, Hérissant fils, 1770, in-4.) *pag.* 293.]

PAGE 23.

A la fin du prem. alinea de la Note du N.º 240, au lieu de ce Mémoire… lisez,

La Dissertation sur la position de *Bratuspantium* est le fruit des recherches & du travail de MM. Danse, Borel & Bucquet, qui travaillent conjointement à l'Histoire du Beauvaisis, indiquée dans notre Tome III.

243.* ☞ Recherches sur la situation de *Cesarodunum*, Capitale des *Turones* ; par M. DE LA SAUVAGÈRE.

Dans son *Recueil des Antiquités dans les Gaules*, &c. Paris, Hérissant fils, 1770, in-4. *pag.* 131. L'Auteur prétend que cette ancienne Ville étoit où est aujourd'hui Luynes ou Maillé, mais les distances des Voies Romaines, marquées par les Anciens, ne s'y rapportent pas.]

PAGE 25.

Au N.º 171, mettez en lettres capitales CAPPERON.

PAGE 26, *ajoutez,*

280.* ☞ Dissertation sur le *Genabum*; par Dom DU PLESSIS, avec des Remarques sur la Pucelle d'Orléans ; par M. POLLUCHE : Orléans, 1750, in-8.]

280.** ☞ Dissertation où l'on prouve qu'Orléans est *Genabum*.

Elle se trouve *pag.* 1-6 des Preuves du *tom. I.* de l'*Histoire de l'Orléanois*, par M. le Marquis DE LUCHET : Amsterdam, (Paris) 1766, in-4. Ce pourroit bien être quelqu'une de celles que nous venons d'indiquer.]

283.** ☞ Mf. Dissertation pour montrer que le *Genabum* de César est Orléans, addressée à M. l'Abbé Lebeuf ; par Dom Jean VERNINAC, Bénédictin de la Congrégation de S. Maur.

Elle est conservée dans la Bibliothèque du Monastère de Bonne-nouvelle, à Orléans.]

290.* ☞ Mémoire sur la position, l'origine & les anciens Monumens d'une Ville de la Gaule Narbonnoise, appellée *Glanum Livii*; par M. MÉNARD. *Mém. de l'Académie des Inscript. & Bell. Lett. tom. XXXII.* pag. 650.

Cette ancienne Ville étoit près de S. Remi, à trois ou quatre lieues d'Arles.]

PAGE 27.

A la Note 2. du N.º 295, ligne 7, au lieu de Maeren; *lisez* Moeren. [*Maeren* signifie en Flamand des nouvelles, des rumeurs, &c. *Moeren* signifie des Marais; de-là *Moereners*, voisins ou habitans des Marais, & le nom Latin *Morini*.]

PAGE 18.

Au N.º 304. De Portus Iccius, *lisez* Du Portus Iccius.

PAGE 29, *ajoutez après* N°. 310, *Mf.*

Au N.º 310, lisez ἴκιον ἄκρον.

Et à la Note, ligne 2. au lieu de est imprimée, *lisez* devoit être imprimée..... mais cette copie a été perdue. L'Auteur en conserve l'Original.]

321.* — ☞ De la Fondation de Marseille, par les Phocéens d'Asie.

Ci-après, au Tome III. N.ᵒˢ 3932 & *suiv.*]

322.* — ☞ Dissertation où l'on traite des *Ménapiens*.

Ci-après, N.º 352.]

323.* ☞ Observations sur les Peuples *Meldi* des Gaules, dont parle César dans ses Commentaires ; par M. BONAMY. *Hist. de l'Ac. des Inscript. & Bell. Lett. tom.* XXXI. pag. 220.]

PAGE 30, *ajoutez après la ligne 2. de la col. 1.*

== ☞ Dissertations sur les *Morins*.

Ci-devant, N.º 196.]

Après N.º 326, *ajoutez,*

— ☞ Dissertations sur les *Nerviens*.

Ci-après, N.ᵒˢ 350, 351 & 352.]

327.ʰ ☞ Dissertation sur l'emplacement d'*Olino* ; par M. CHEVALIER.

Dans le *tom. I.* de son *Histoire de Poligny* : Lons-le-Saulnier, 1768, in-4.]

PAGE 31.

A la Note du N.º 340, Paris, 1756, lisez, la Rochelle, 1756.

Ajoutez,

344.* ☞ Dissertation, où l'on examine celle qui a remporté le Prix de l'Académie de Besançon en 1754, touchant les anciennes Villes des Séquanois (ou de Franche-Comté:) *Epinal*, du Moulin, 1754, *in*-12.

L'Auteur est le P. Joseph-Romain (Joly) de Saint-Claude, Auteur de l'Histoire de la Prédication, &c.]

344.** ☞ Mf. Mémoire sur un ancien Château, des Pavés à la Mosaïque, & une Voie Romaine découverte à Jallerange près des bords de Lognon, du côté de Balançon, (aux environs de Dole en Franche-Comté;) par M. Seguin, Professeur en Droit, & de l'Académie de Besançon.

Dans les Registres de cette Académie.]

PAGE 32, *ajoutez*,

354.* ☞ De Tungris & Eburonibus aliisque Inferioris Germaniæ Populis, Huberti Thomæ, Leodii, Commentarius, utilis omnibus qui Cæsaris de Bello Gallico historiam rectè intelligere cupiunt : *Argentorati*, Rihel, 1541, *in*-8.]

PAGE 34.

A la fin de la seconde Note du N.° 392, *ajoutez*,

Le Père Daniel a fait une *Réponse* aux Observations de l'Abbé de Camps, insérée dans le *Mercure* de la même année 1720, *Août, pag.* 37-47.]

PAGE 35.

Aux N.ᵒˢ 400 & 401, *dans les Notes, au lieu de* Gosvicense, *lisez* Gotvicense.

PAGE 36, *ajoutez*,

417.* ☞ Carte du Languedoc, avec les Provinces voisines, où l'on a la division du Royaume & Duché de Septimanie, & celles des trois Sénéchaussées ; par Philippe Buache,) 1749, demi-feuille.

Elle se trouve dans l'*Abrégé de l'Histoire du Languedoc*, par D. Vaissette : *Paris*, Vincent, 1749, *in*-12. 6 vol. On la trouve aussi indiquée à la *Géographie Moderne*, (N.° 1615) mais elle a également rapport à celle du *Moyen Age*.]

419.* ☞ Carte de l'ancien Royaume de Bourgogne ; publiée par M. Mille.

Elle se trouve à la tête du *tom. I.* de son *Abrégé Chronologique de l'Histoire de Bourgogne : Dijon* & *Paris*, 1771, *in*-8. Cette Carte, qu'il nous a appris être de M. l'Abbé de Courtépée, a été prouvée être très-peu exacte dans une Lettre critique d'un Bénédictin . . . . .]

PAGE 37, *ajoutez*,

427.* ☞ Anonymus Ravennas, de Gallia, Burgundia, & Francis.

Cet Anonyme a fait, dans le VII.ᵉ Siècle, une Géographie fort défigurée par les Copistes, & qui a été publiée par Dom Porcheron : (*Parisiis*, 1689,) & par Jacques Gronovius : (*Lugd. Batav.* 1696 & 1722.) On peut voir ce que M. Astruc en a dit *pag.* 148 & *suiv.* de ses *Mémoires sur le Languedoc* : *Paris*, Cavelier, 1737, *in*-4.]

433.* ☞ Mf. Lettres & Disquisitions de Guillaume Sanson, sur la Notice des Gaules d'Adrien de Valois.

Ces Pièces sont dans le Cabinet de M. Robert de Vaugondy, Géographe ordinaire du Roi.]

439.* ☞ Mf. Essai sur les moyens de per-

fectionner la Notice des Gaules de Valois ; avec plusieurs Dissertations sur l'origine des Francs & l'emplacement de plusieurs lieux remarquables, tels que le *Dispargum Castrum*, demeure du Roi Clodion, (que l'Auteur croit être le Château d'Absbourg ou Hasbourg, en Alsace ;) par M. Perreciot, ancien Maire de Baume-les-Dames, Associé de l'Académie de Besançon.

Dans les Registres de cette Académie.]

PAGE 38.

Au N.° 441, *ajoutez à la Note* 2,

On trouve un Supplément à ce Livre IV. de la Diplomatique, dans la Préface du *tom. I.* du Recueil de Dom Martenne & Durand, intitulé : *Collectio vet. Scriptorum, pag.* viij.]

Au N.° 442, de Valois, *mettez* DE VALOIS.

Au N.° 451, *ajoutez à la Note* :

M. l'Abbé Carlier, dans son *Histoire du Valois*, s'est déclaré pour le sentiment de l'Abbé Lebeuf, quoiqu'on lui eût envoyé le Mémoire suivant.

451.* ☞ Mf. Mémoire circonstancié pour prouver que *Brennacum* ne peut convenir qu'à Braine, par sa position, d'après tous les Historiens ; par M. Jardel, ancien Officier du Roi : *in*-4.

Dans la Bibliothèque de l'Auteur.]

PAGE 39, *ajoutez*,

463.* ☞ Conradi Sam. Schurzfleischii, Divisio Imperii Carolini : 1682, *in*-4.

On trouve encore cette Dissertation dans ses *Opuscula, pag.* 886, avec un *Additamentum de eadem Divisione, pag.* 916.]

PAGE 40, *ajoutez*,

465.* ☞ Dissertation sur les Limites de l'Empire de Charlemagne, par M. Sabbathier, Professeur au Collège de Châlons-sur-Marne.

Elle est imprimée *pag.* 1-84, de son *Recueil de Dissertations sur divers Sujets de l'Histoire de France*: *Châlons-sur-Marne*, Bouchard, & *Paris*, Delalain, 1770, *in*-12.]

473.* ☞ Recherches historiques & critiques sur l'ancien Comté de *Lomme*; par le Père Jean-Baptiste DE MARNE, Jésuite.

C'est la quatrième des Dissertations qu'il a jointes, *pag.* 83-100, à son *Histoire de Namur* : *Liège*, 1754, *in*-4. Le Comté de Lomme a pris ensuite le nom de Namur, quoique celui-ci paroisse n'être pas si étendu.]

Au N.° 477, *ligne* 2, *au lieu de* N.° 420, *lisez* N.° 421.

PAGE 41, *ajoutez*,

489.* ☞ Observations sur la Division du Pays des Séquanois, ou de la Franche-Comté, en différens Cantons, dans le Moyen Age.

On trouve *pag.* 193 du Tome I. de l'*Histoire des Séquanois*, par M. Dunod : (*Dijon*, 1735, *in*-4.) une indication de cette Division en quatre Cantons ou *Pagi* & *Comitatus*; sçavoir, 1. *Varascorum*, ou de *Varesco*, 2. *Scuttiacensis*, ou *Scodingorum*; *Amausus*, ou *Amausorum*, & *Portensis*, ou *Portisorum*. M. Droz, Conseiller

Conseiller au Parlement de Besançon, a étendu cette matière, dans le Chapitre III. de ses *Mémoires historiques sur Pontarlier* : (Besançon, 1760, *in-*8.) pag. 28. M. CHEVALIER a enchéri sur eux, Tome I. de son *Histoire de Poligny* : (Lons-le-Saulnier, 1767, *in-*4. 2 vol.) au commencement. Enfin M. PERRECIOT, de Baume, sçavant Critique, couronné plusieurs fois à l'Académie de Besançon, lui a présenté en 1769 un Projet de Carte, dans laquelle il fixe les lignes de Limitation, non-seulement de ces quatre Contrées entr'elles, mais encore d'un cinquième Canton, nommé *Elsgow*, dans le Partage de 870, (entre Charles-le-Chauve & Louis-le-Germanique.) L'*Elsgow* s'étendoit dans tout le Décanat d'Ajoye, & comprenoit une partie des Bailliages de Baume & de Belfort, avec le Territoire de Porrentruy. Le *Comitatus Portisiorum* contenoit la plus grande partie du Bailliage d'Amont & touchoit vers la Bourgogne le *Pagus Atorariorum*. Le *Pagus Amausus* s'étendoit dans le Bailliage de Dole, & étoit séparé par la Saone du *Pagus Oscarensis*. Le *Pagus Scuttiacensis* s'étendoit de Salins à Louhans, & étoit terminé par le *Pagus Reversi Montis*. Enfin le *Pagus Varascorum* s'étendoit le long du Mont-Jura, & étoit séparé par des Montagnes & des Forêts impénétrables, du *Pagus Valdensis* ou *Urbigenus*, & du *Pagus Aventicensis* ou *Juranus*, deux Cantons de l'Helvétie. Du moins c'est ce qui résulte de l'emplacement de M. Perreciot, quoiqu'il n'ait pas tracé la conférence comme les lignes de Divisions des anciens Cantons de la Sequanie, qu'il est bon de connoître pour entendre les Monumens du Moyen Age. *Extrait d'un Mémoire envoyé par M. Droz.*]

Col. 1. ligne avant dernière, N.° 500, Chartres, *lisez* Châtres,... & *à la fin ajoutez* : Voyez d'autres Pièces sur *Bretigny*, ci-après, au Tome III. N.°s 19383 & 19384.

A la Note du N.° 503, *ajoutez* :

Ce petit Ouvrage de Grangier, qui n'a que 38 pages, a été imprimé seul; mais la Notice de Scaliger, (ci-devant, N.° 110,) ayant paru la même année chez le même Libraire, on l'a jointe ensemble dans quelques Exemplaires : c'est ce qui a induit le P. le Long à les unir.

Au N.° 504, *ajoutez en Note*,

M. Grosley, de Troyes, a donné dans ses *Ephémérides Troyennes*, année 1768, un long Extrait corrigé de ces Recherches sur la défaite d'Attila. On le trouvera peut-être encore dans le Recueil qu'il fait actuellement imprimer à Paris, de ses *Mémoires historiques sur Troyes*, imprimés dans ses Ephémérides, & auxquels il doit en joindre d'autres.]

Au N.° 505, *effacez* Ms. & *au commencement de la Note, lisez*

Ce Mémoire a été imprimé depuis, dans le Recueil des Dissertations de M. Sabbathier : *Chaalons-sur-Marne*, Bouchard, & *Paris*, Delalain, 1770, *in-*12.

PAGE 43, *ajoutez*,

514.* ☞ Sebastiani B***, (BRIGUET,) Concilium Epaunense assertione clarâ & veridicâ loco suo ac proprio fixum in Epaunensi parochia Vallensium, seu Epaunæ Agaunensium, vulgò *Epenassex* : *Seauni*, Mayer, 1741, *in-*8. 180 pages.]

PAGE 45, *ajoutez*,

534.* ☞ Dissertation pour prouver l'identité des mots *Savegium* & *Suciacum*, Sucy en Brie, Terre Seigneuriale ou Fief qui fut anciennement donné par Clotaire III. sous la dénomination de *Savegium*, à l'Eglise de S. Pierre ou de S. Maur des Fossés, à présent unie à S. Louis du Louvre. *Mercure*, 1765, *Novembre, pag.* 80.

On peut voir encore le *Mémoire pour M. de la Live*, par M.e Doutremont : *Paris*, P. G. Simon, 1765, *in-fol.* Cependant il y a une *Lettre en forme de Réponse à la Dissertation* précédente : *Mercure*, 1766, *Janvier*, & une *Lettre* de l'Auteur de la Dissertation, en réplique : *Mercure*, 1766, *Février.*]

535.* ☞ Lettre de M. BISMAN, Curé de S. Martin des Lays, sur le lieu où se fit l'Entrevue du Pape Alexandre III. avec Louis VII. Roi de France. *Journal Ecclésiastique*, 1766, *Août, pag.* 174.

Ce fut au Château de *Torciacum*, aujourd'hui Torcy, sur les bords de la Loire, à deux lieues de Bourbon-Lancy.]

Au N.° 537, *ajoutez* Ms.

A la seconde Note du N.° 537, *au lieu de* On ne sçait ce qu'est devenue... *lisez*,

Cette Dissertation & celle du N.° 228 sur *Bibrax*, existent entre les mains d'une parente de M. Robbe, avec une troisième sur *Ocelum* & ses environs, & une quatrième sur *Amagetobria*. A la fin du Manuscrit qui les contient, est une Approbation de M. de Fontenelle, du 31 Janvier 1706. Ce petit Recueil n'a cependant pas été imprimé.

PAGE 45.

A la fin de la Note 2. *du* N.° 542, *au lieu de* Chronicon Goswicense, *lisez* Chronicon Gotwicense.

PAGE 46, *ajoutez*,

562.* ☞ Nova totius Galliæ Descriptio; Auctore Isaac VER-BIEST : *Antverpiæ*, 1636, *in-fol.*

Au N.° 566, *après* C. D. *ajoutez* (Corneille DANCKERT) & *après* M. T. *ajoutez* (Melchior TAVERNIER.)

PAGE 48.

Au N.° 598 ligne 3, *après* par le Sieur, *ajoutez* (Nicolas.)

A la Note du N.° 601, *ajoutez*,

La Carte des Triangles a été aussi publiée en plusieurs longues Feuilles *in-*4. qui peuvent se réunir.

602.* ☞ Carte générale & particulière de la France : *in-fol.* gr. Aigle, 175 Feuilles.

Cette Carte, commencée par ordre du Roi en 1750, a été continuée depuis 1756 aux dépens de cinquante Citoyens zélés sous la direction de trois d'entre eux, qui sont actuellement MM. Cassini l'aîné, Cassini de Thury & Montigny. Il en a paru jusqu'à présent (en Juin 1774,) 104 ou 105 Feuilles. On a joint, pour chaque Feuille, une *Table alphabétique de la distance des Paroisses & principales Abbayes*, à la Méridienne & à la Perpendiculaire de Paris, *in-*4. Ces Tables pourront se relier ensemble, & sont précédées d'*Introductions & d'Avertissemens* sur plusieurs desdites Feuilles, d'une *Table* pour trouver les distances des différens lieux, & d'une *Explication de cette Table*. On a dans cette Carte toute la France levée géométriquement, comme on le veroit le Plan d'un Duché & d'un Comté : c'est une des plus belles entreprises de ce Siècle. Il doit y avoir environ 180 Feuilles.]

PAGE 50, *ajoutez*,

634.* ☞ Atlas de France divisée en ses Gouvernemens Militaires & ses Généralités, subdivisée en toutes ses Provinces & petits Pays, &c. assujetti aux nouvelles Observations de l'Académie Royale des Sciences.

Tome IV. Part. I.

. ces; par M. J. D. B. M. D. revu & corrigé par différens Auteurs; avec toutes les Routes & Chemins de communication d'un endroit à l'autre, &c. *Paris*, Desnos, 1769, *in*-4.]

PAGE 51, *ajoutez*,

653.* ☞ France Seigneuriale; par Pierre DUVAL : (vers 1670,) *in-fol*.

On en voit à la Bibliothèque du Roi (Cabinet des Estampes,) un Exemplaire corrigé & augmenté de la main de l'Auteur, qui se disposoit à en donner une seconde Edition.]

PAGE 52, *ajoutez*,

678.* ☞ L'Indicateur fidèle, ou Guide des Voyageurs, qui enseigne toutes les Routes de France, & qui contient les Villes, Villages, &c. accompagné d'un Itinéraire instructif & raisonné (sur) les Coches, Carosses, &c. par M. MICHEL, Ingénieur Géographe du Roi : *Paris*, Desnos, 1765, *in*-4. 18 Feuilles.]

678.** ☞ Itinéraire historique des grandes Routes de France; par Louis DENIS, Géographe : *Paris*, 1768, *in*-24.]

684.* ☞ Atlas Minéralogique de la France; par M. GUETTARD, Médecin de la Faculté de Paris, de l'Académie des Sciences.

* Cet Ouvrage ne paroît point encore; mais il est fort avancé. On voit dans les Mémoires de l'Académie des Sciences plusieurs Cartes particulières de ce genre, que feu Philippe BUACHE, premier Géographe du Roi & de l'Académie, avoit dressées sur les Mémoires de M. Guettard : nous ferons mention de quelques-unes ci-après, en indiquant toutes les Ouvrages de ce sçavant Médecin. Il a laissé à chacune des nouvelles Cartes des marges assez étendues. Dans l'une il a placé les Caractères minéralogiques, analogues à ceux que les anciens Chimistes ont employés, & qui représentent la nature des substances renfermées dans l'intérieur de la terre. Dans l'autre marge se voit la Coupe ou le Profil des Montagnes; de sorte qu'au moyen de ces Cartes on peut connoître en même temps les substances qui se présentent dans une Province à la surface de la terre, & celles qui se trouvent à différentes profondeurs.]

684.** ☞ Cartes de Liège, de France & des Isles Britanniques, relatives aux Mines de Charbon de Terre; dressées par les Sieurs BUACHE, (Philippe, premier Géographe du Roi, & Jean-Nicolas, son cousin,) avec l'approbation de l'Académie Royale des Sciences; en deux Feuilles.

Ces Cartes sont jointes aux Mémoires de M. Morand, Médecin de cette Académie, intitulés : *Art d'exploiter les Mines de Charbon de Terre* : *Paris*, Saillant, 1768 & 1773, *in-fol*.

PAGE 53.

Au N.° 697, *après la Note*,

☞ Le même, sous ce titre : L'Hydrographie Françoise, ou Recueil des Cartes dressées au Dépôt de la Marine, pour le service des Vaisseaux du Roi; par le Sieur BELLIN, Ingénieur de la Marine : *Paris*, 1756, *in-fol. maxim*.]

Au N.° 701, *ajoutez en Note*,

Cet Ouvrage, en Anglois, est en deux volumes *in-fol*. l'un contient les Descriptions historiques des parties maritimes de la France, & l'autre 85 Cartes & Plans, bien gravés.]

704.* ☞ Recueil des Côtes Maritimes de France, sur quatre lieues de large, en 50 Feuilles; publié d'abord en 1757 (par le Sieur LE ROUGE,) revu en 1766, & augmenté des divisions & noms de Provinces; par le Sieur BRION, Ingénieur Géographe du Roi : *Paris*, Desnos, 1766, *in*-4.

Avant les 50 Feuilles est une Carte générale où sont marqués les N.os des Cartes particulières.]

PAGE 54, *ajoutez*,

729.* ☞ Carte réduite des parties du Nord du Golphe de S. Laurent, contenant le Détroit de Belle-Isle & les Côtes de Labrador; par le Sieur BELLIN : *Paris*, 1753; *in-fol*.]

729.** ☞ Carte réduite du Golphe de S. Laurent, contenant Terre-Neuve, l'Isle Royale, & l'Entrée du Fleuve de S. Laurent; par le même : *Paris*, 1754, *in-fol*.

Au N.° 731, *lisez*, Cartes géographiques & hydrographiques.... par Pierre BOYER.... *Et à la fin de la Note, ajoutez* : *Voyez* ce qui est dit de cette *Description*, ci-après, N.° 858.]

PAGE 55.

Au N.° 737, à la fin de la Note, *ajoutez*,

Elle ne mérite presque point qu'on y ait égard.]

Au N.° 748, *en Note* :

On trouve encore plusieurs autres Cartes qui montrent le *Cours du Rhin*, parmi celles des *Frontières de France*, ci-après, N.os 1979 *& suiv*.]

Au N.° 751. *Après* 1697, *in-fol. ajoutez* : La même; *Paris*, Desnos, 1760, *in-fol*.

Après le N.° 757 & ligne dernière, *au lieu de* 743; 744, *lisez* 744 & 745.

PAGE 56.

Au N.° 768, *au lieu de* Loys BOULANGER, *lisez* Loys LE BOULENGER. *Et ajoutez en Note* :

Le titre, abrégé par le P. le Long, a été pris dans la Bibliothèque de Du Verdier, qui ne parle que de l'Edition de Lyon de 1525, & qui rapporte un extrait de ce Livre sur la grandeur du Royaume de France. La Croix du Maine, qui nomme l'*Auteur Louis le Boulenger*, ne fait mention que de l'Edition de 1565, & lui donne un titre tout différent, que voici : « Projet & » Calcul de la grandeur, longueur & largeur du Royau- » me, Pays, Terres & Seigneuries de France; par le- » quel on peut voir combien vaudroit le revenu du » Roi en payant deux livres tournois pour chacune » Ville, cinq sols pour feu, douze deniers tournois » pour chacun arpent, ou acre de terre, & douze » deniers tournois de mil livres de trafique pour cha- » cun Marchand, &c. Le tout fait par le commande- » ment du Roi Charles IX, imprimé à Tolose l'an 1565, » par Jacques de Grabam ». Ce titre semble annoncer que c'est ici une nouvelle forme donnée à l'Ouvrage publié dès 1525.

Au reste, ces deux Editions sont si rares que personne de ceux qui se mêlent de Bibliographie, n'a pû les trouver jusqu'à présent, ni marquer quel est leur format. Nous avons fait inutilement des recherches à

Préliminaires : Géographie. 227

ce sujet ; après même David Clement, qui en parle dans la *Bibliothèque curieuse*, &c. tom. *V. pag.* 164.]

Au N.° 772, *en Note :*

Cet Ouvrage a paru d'abord à Lyon sous ce titre : » La Description de la Quarte Gallicanne, avec le nom- » bre des Archevêchés & Evêchés, &c. & autres belles » matières, en ryme Françoise : *Lyon*, Mentele de » Sonlu, 1535, *in*·4. ».]

PAGE 57, *ajoutez,*

Au N.° 781, *en Note,*

Roberval s'appelloit ainsi du nom d'un Hameau de la Paroisse de Noé-Saint-Remi, Diocèse de Beauvais, près de Pont-Sainte-Maxence, où il naquit le 8 Août 1602. Son véritable nom étoit *Gilles* Personne, mais il est connu sous le nom de Roberval. Il fut Professeur de Mathématiques fort célèbre, & mourut en 1675.]

Au N.° 783, *après* Paris, 1616, *ajoutez* 1624.

PAGE 59, *ajoutez,*

808.* ☞ Le Parallèle de France & d'Espagne, avec plusieurs Cartes diversement divisées ; par P. D. V. G. D. R. (Pierre du Val, Géographe du Roi :) *Paris*, Muguet, 1660, *in*-4.]

PAGE 60, *ajoutez,*

Au N.° 825, *à la Note :* Cet Ouvrage se trouve à Paris chez la veuve Desaint & Costard : il y en a actuellement sept Volumes.

825.* ☞ Tableau de la France : *Paris*, le Clerc, 1767, *in*-12. 2 vol.]

Au N.° 832, *en Note,*

Le même M. Guyot avoit donné en 1754 un Dictionnaire des Postes, *in*·4.]

832.* ☞ Dictionnaire Géographique portatif de la France, avec les Bureaux de Postes : *Paris*, Desaint & Saillant, 1765, *in*-8. 4 vol.]

PAGE 61, *ajoutez,*

846.* ☞ Recueil des Routes & Distances des parties des Côtes de la Mer Méditerranée ; par Henri Michelot : *Marseille*, 1693, *in*·8.]

849.* ☞ Extrait du Mémoire de M. Guilleminet, sur les Courans de la Méditerranée.

Dans l'Extrait de l'Assemblée de la Société Royale de Montpellier du 1 Mars 1736.]

PAGE 62.

Au N.° 858, *ajoutez à la Note,*

Il y en a aussi un Exemplaire de cet Ouvrage de Boyer sur les Rivières de France, dans la Bibliothèque du Prince de Condé, mais qui est moins ample, aussi-bien que les Cartes. Les Plans de Villes y sont imprimés, & ce sont ceux du petit Recueil de Tassin.]

860.* ☞ Traité des moyens de rendre les Rivières navigables : *Paris*, 1693, *in*-8. fig.]

866.* ☞ Discours pitoyable du grand débordement de la Rivière du Gardon, en la Ville d'Allès, (ou Alais) le 10 Août 1605 : *Paris*, Julliot, 1605, *in*-8.]

PAGE 63.

Au N.° 867, tom. II. *lisez* tom. I.

870.* ☞ Discours véritable de l'étrange & prodigieux débordement de la Rivière de Loire, au mois de Mars 1615 : *Paris*, du Breuil, 1615, *in*-8.]

870.** ☞ Les étranges & déplorables accidens arrivés sur la Rivière de Loire, par l'effroyable débordement des eaux & tempête des vents, les 19 & 20 Janvier 1633 : *Paris*, Brunet, 1633, *in*-8.

Voyez encore ci-après, Tome II. N.° 21791.]

Au N.° 871, *effacez la dernière ligne de la Note :* Voyez les *Mémoires*… (*Il ne s'y trouve rien à ce sujet.*)

873.* ☞ Mf. Procès-verbal dressé du Cours de la Rivière d'Ouche, pour la rendre navigable, le 26 Mai 1606 : *in-fol.* de 31 pages.

Ce Manuscrit étoit dans la Bibliothèque de M. Michault de Dijon, laquelle a passé à une Société de Gens de Lettres de cette Ville, qui travaille à l'Histoire de Bourgogne, & dont est M. l'Abbé de Courtemanche.]

Au N.° 875, *ligne* 2. *de la Note, au lieu de* 1639, *lisez* 1640.

Au N.° 876, *ajoutez en Note,*

La propriété du Rhône a donné lieu à plusieurs Ouvrages, de la part des Provinces de Languedoc & de Provence ; on les trouvera indiqués ci-après, Tome III. N.°⁵ 37696 *& suiv.*]

879.* ☞ Discours sur l'Inondation de Paris, fait en l'Assemblée de l'Hôtel de Ville ; par le Sieur Petit : *Paris*, 1658, *in*-4.]

886.* ☞ Projet pour rendre la Rivière de *Sorgue* navigable ; par M. Thibaud, Ingénieur de la Chambre Apostolique : *Avignon*, *in*-4.

Ce n'est qu'une petite brochure, dont l'année ne nous est pas connue.]

Le même, plus étendu, dédié à Benoît XIV.]

886.** ☞ Mf. Mémoire critique sur le projet de rendre le cours du Ruisseau de Suzon flottable & perpétuel dans la Ville de Dijon ; par M. Chaussier : lu à l'Académie de Dijon le 4 Mai 1764.

Il est conservé dans les Registres de cette Académie.]

PAGE 64, *ajoutez,*

887.* ☞ Extrait d'un Recueil de Pièces concernant le rétablissement de la navigation en la Rivière de Vesle, depuis l'année 1599.

Il se trouve parmi les Pièces Justificatives de l'*Histoire du Valois*, par M. l'Abbé Carlier : (*Paris*, Guillyn, 1764, *in*·4.) à la fin du *tom. III. pag.* cxxxiv. *& suiv.*]

887.** ☞ Mémoires, &c. sur l'Yvette.

Ci-devant, Tome I. N.° 931, & aux *Additions*, qui se trouveront ci-après, N.°⁵ 931 *& suiv.*]

892.* ☞ Cinq Propositions au Roi & au Cardinal de Richelieu, faites en 1633 ; par le Sieur de Periers Loysel, pour le rétablissement de la Navigation & Commerce, & pour la jonction de la Garonne & de l'Aude, pour la communication des Mers : *Paris*, 1636, *in*-4.]

PAGE 65, *ajoutez*,

902. * ☞ Relation de l'état du Canal Royal, pour la communication des Mers, en Languedoc : *Beziers*, 1681, *in-12*.]

Au N.° 905, au lieu de in-4. lisez in-12.

Puis *ajoutez en Note* :
☞ Ces Règles du Jeu du Canal Royal font de François ANDREOSSY, qui en étoit l'un des Ingénieurs.]

907. * ☞ Procès-verbal de M. D'AGUESSEAU, Intendant en Languedoc, sur la réception des Ouvrages du Canal, pour laquelle il ordonne que l'on se pourvoira par devers Sa Majesté ; du 13 Juillet 1684 : *in-fol*.]

PAGE 66, *ajoutez*,

911. * ☞ Deux Lettres de M. DE LA LANDE ; contenant une nouvelle Description du Canal de Languedoc.

Elles sont imprimées dans le *Journal des Sçavans*, 1774, *Janvier & Février*.]

911.** ☞ Mémoire pour le Marquis de Crillon, sur la jonction du Canal ou Robine de Narbonne, au Canal de communication des Mers : *Montpellier*, 1752, *in-fol*.]

912. * ☞ Réflexions sur la Délibération des Etats de Languedoc du 9 Mars 1754, contenant leurs motifs d'opposition à la jonction du Canal de Narbonne au Canal Royal : *in-4*.]

912.** ☞ Recueil de Pièces relatives à la Délibération des Etats de Languedoc, du 21 Décembre 1767, concernant la jonction de la Robine de Narbonne au Canal de communication des Mers : *Paris*, 1768, *in-fol*.]

912.*** ☞ Réponse de la Ville de Narbonne au Mémoire de MM. les Propriétaires du Canal de communication des Mers : 1768, *in-fol*.]

913.*. ☞ Divers Mémoires concernant des Terres à dessécher, &c. dans le bas Languedoc.

1. Dessèchement des Marais situés en Languedoc, depuis Beaucaire jusqu'à Aigues-mortes & à l'Etang de Pérols ; avec l'Arrêt du Conseil d'Etat du Roi, qui homologue plusieurs Actes, & permet l'aliénation de la moitié desdits Marais, du 21 Novembre 1724 : *Paris*, 1724, *in-4*. (Le Devis avoit été fait par les Sieurs Gautier & Guilleman, Ingénieurs du Roi.)

2. Mémoire pour servir de Réponse aux différens Mémoires présentés aux Etats de la Province de Languedoc, contre le Dessèchement des Marais & la construction d'un Canal de Navigation depuis Beaucaire jusqu'à l'Etang de Mauguio & aux Salins de Pécais : *Montpellier*, 1739, *in-4*.

3. Troisième Mémoire des Propriétaires des Salins de Pécais, pour servir de Réponse à celui communiqué par les Donataires des Marais, le 9 Avril 1739 : *Montpellier*, 1739, *in-4*.

4. Observations sur l'Avis de M. Pitot, sur les Surgens : *Montpellier*, 1742, *in-4*. (On appelle *Surgens*, les eaux naissantes qui paroissent sur la surface de la terre.)

5. Jugement rendu par les Commissaires nommés par le Roi sur les contestations concernant le bornement & séparation des Terres & Marais à dessécher dans le bas Languedoc, rendu à Montpellier le 8 Août 1741, *in-4*.

6. Rapport & Ordonnance des Commissaires nommés par le Roi pour juger définitivement les contestations concernant le bornement & séparations des Terres & Marais à dessécher dans le bas Languedoc, &c. donné à Montpellier le 14 Août 1741 : *Montpellier*, 1741, *in-fol*.

7. Réponse à l'Avertissement qui est à la suite du Précis des Propriétaires des Salins concernant l'élévation extraordinaire de la Mer arrivée les 4 & 5 Décembre 1742, *in-4*.

8. Réponse au résultat de la vérification faite du Repaire des basses eaux au Pont de pierre d'Aigues-mortes : *in-4*.

9. Grau d'Aigues-mortes, Devis des Ouvrages à faire pour l'ouverture du Grau du Roi sur la plage d'Aigues-mortes, ordonnée par l'Arrêt du Conseil du 14 Août 1725 : *in-fol*.]

928. * ☞ Quatre Mémoires contre le Projet d'un Canal de l'Isle-Adam à Paris, ou de l'Oyse à la Seine, près de l'Arsenal : *Paris*, P. G. Simon, 1733, *in-fol*.

L'Auteur est Dom Michel DE GAMACHES, Bénédictin. Il en est parlé avec quelque détail, *pag*. 577 & *s*. de l'*Histoire Littéraire de la Congrégation de S. Maur*.]

PAGE 67, *ajoutez*,

931. * ☞ Second & Troisième Mémoire de M. DEPARCIEUX, sur le projet d'amener à Paris la Rivière d'Yvette : *Paris*, Imprimerie Royale, 1767 & 1768, *in-4*.

On les trouve aussi dans le Recueil des Mémoires de l'Académie des Sciences.]

931.** ☞ Réflexions sur le projet de M. Deparcieux ; par FÉLICIEN DE S. NORBERT, Carme Déchaussé : *Paris*, le Jay, 1768, *in-8*. de 44 pages.]

Il semble que l'Auteur n'auroit pas dû attendre que M. Deparcieux fût mort pour proposer ces objections.]

☞ Mémoire pour servir de Réponse à celui du P. Félicien ; par M. DE LAVOISIER.

Il a été lu à l'Académie des Sciences en 1769, & est imprimé dans le *Mercure*, 1769, *Octobre*.]

☞ Comparaison du projet fait par M. Deparcieux, pour donner des eaux à la Ville de Paris, avec celui de M. D'AUXIRRON : *Paris*, Delalain, 1769, *in-8*.]

940. * ☞ Mf. Mémoire des Sieurs SAUVAGES, Ingénieurs, sur leur Projet pour la communication des deux Mers, par la jonction de la Saône au Rhin & à la Seine : *in-fol*. de 19 pages.]

940.** ☞ Mf. Mémoire concernant la visite & l'examen faits par ordre de Monseigneur le Duc d'Orléans, Régent du Royaume, des Etangs de Longpendu & de tous ceux qui lui sont contigus, ainsi que des Rivières de Brebince & Dehune, par le moyen desquels on propose de communiquer la Loire à la Saône, pour former une seconde jonction de l'Océan & de la Méditerranée : *in-fol.*

Ces deux Mémoires étoient dans la Bibliothèque de M. Michault de Dijon, & sont passés à une Société de Gens de Lettres de cette Ville, dont est M. l'Abbé de Courtemanche.]

PAGE 68.

Au N.º 948, *ligne* 1. *mettez* (en pet. Capitales,) DE LA JONCHÈRE.

PAGE 69, *ajoutez*,

950. * ☞ Mſ. Remarques de M. BICHET, Ecuyer, sur un Livre de M. Thomassin, intitulé : *Nouveaux Mémoires*, &c.

Ce Manuscrit étoit aussi dans la Bibliothèque de M. Michault de Dijon.]

957. * ☞ Prospectus du Canal de Bourgogne ; par M. Nicolas BAUDEAU, Chanoine Régulier de Chancelade, Prieur de S. Lo, de l'Académie de Bordeaux : *Dijon*, 1764, *in*-8.]

957. ** ☞ Mſ. Mémoire de M. PASUMOT, pour le Canal de Bourgogne, addressé à MM. des Etats.

Il est entre les mains de l'Auteur, actuellement employé dans le Bureau des Manufactures du Royaume. Comme nous lui avons demandé en quoi consistoit son projet, il nous a fait cette réponse : « Il tend à prouver qu'il seroit plus utile pour le bien général du » Royaume, que le Canal projetté ne fût point conduit de Pouilly à Brinon, en côtoyant l'Armançon, » mais que depuis Pouilly on vînt droit à Rouvray, par » une tranchée, pour entrer dans le lit du Cousin, & » ensuite gagner la Cure & l'Yonne. Par ce Projet le » Canal seroit restraint à $\frac{1}{3}$ moins de longueur, il coûteroit beaucoup moins, il seroit plutôt exécuté, il » enrichiroit des Villes, entr'autres Avallon & Auxerre, » il ouvriroit des ressources aux approvisionnemens de » Paris, en ouvrant des débouchés pour les grains & » les bois du Morvand, de l'Auxois & de l'Autunois. » D'ailleurs la navigation seroit moins longue & plus » facile.

» On termine par une vue d'un nouveau Canal, qui » partiroit également du point de partage de Pouilly, » & iroit gagner la Loire au Port Digoin, en profitant » de l'eau & du lit de l'Arroux, qu'on rendroit navi» gable commodément & à peu de frais ».]

Au N.º 963, *ajoutez en Note :*

L'Auteur est M. Simon-Nicolas-Henri LINGUET, Avocat au Parlement de Paris.]

Au N.º 964, *ajoutez en Note :*

Ce petit Ouvrage est du même Auteur, M. LINGUET.]

965. * ☞ Raisons qui déterminent le Sieur CRETTÉ, Ingénieur, à demander l'obtention des Lettres-Patentes du Canal de Champagne : *Paris*, 1766, *in*-4.

Ce projet, déja formé par le Maréchal de Vauban, consiste dans la jonction de la Seine & de la Meuse, par les Rivières d'Oise & d'Aisne, qu'un Canal de trois lieues unira à la Rivière de Bar, qui se jette dans la Meuse sous Donchery.]

PAGE 70.

Au N. 968, *après*, autres Pièces, *ajoutez* : *Paris*, veuve Mazière, 1718.

Les N.ºˢ 975 & 976, sont des Ouvrages de Jacques-André FLOQUET.]

983. * ☞ Mémoire sur les motifs qui ont déterminé le Sieur DARAN, Ecuyer, l'un des Chirurgiens de Sa Majesté servant par Quartier, à entrer dans l'entreprise du Canal (de Provence,) & sur la prochaine reprise des travaux : 1773, *in*-4.

La Feuille des *Affiches* du 21 Juillet 1773, *pag*. 115, en annonçant ce Mémoire, nous apprend « que l'im» portante, l'utile & magnifique entreprise du *Canal* » *de Provence*, suspendue depuis si long-temps, va » passer dans les mains d'une Compagnie Hollandoise, » qui fera tous les fonds nécessaires pour la continuer » & l'amener à sa fin.]

985. * ☞ Raisons & motifs de la Province de Languedoc, pour empêcher la construction du nouveau Canal de Peccais, & le desséchement des Marais du Bas Languedoc ; avec la Réponse auxdites raisons : *in*-4.]

PAGE 71, *ajoutez*,

986. * ☞ Canaux navigables, ou Développement des avantages qui résulteroient de l'exécution de plusieurs Projets en ce genre, pour la Picardie, l'Artois, la Bourgogne, la Champagne, la Bretagne, & toute la France en général ; avec l'Examen de quelques-unes des raisons qui s'y opposent, &c. par M. Simon-Nic. Henri LINGUET : *Paris*, Cellot, 1769, *in*-12. de 500 pages.]

PAGE 72, *ajoutez*,

1018. * ☞ Carte des Paroisses du Diocèse d'Auxerre ; par MM. des Sociétés Littéraires d'Auxerre & d'Orléans : 1757, *in*-18.

Cette petite Carte se trouve en tête de l'Almanach d'Auxerre, tous les ans, depuis cette année.]

Au N.º 1021, *avant* PETITE, *ajoutez* Jean, & *après* Patis, *lisez* Jaillot, *au lieu de* Jollain.

1029. * ☞ Carte Géographique du Diocèse de Besançon, dédiée à Monseigneur l'Archevêque de cette Ville, Pierre-Antoine de Grammont : *in-fol*.

On prétend que cette Carte a été faite par le Père BONJOUR, de l'Ordre des Augustins, vers 1680.]

PAGE 73.

Au N.º 1048, *après* Cominge, *ajoutez*, ou de S. Bertrand.

1051. * ☞ Evêché de S. Licer ou de Couserans ; par N. SANSON & M. (Gilles) ROBERT : *Paris*, 1746, *in-fol*.]

Au N.º 1058, *ajoutez en Note :*

Comme quelque Critique pourroit être (& a été) embarrassé sur ce qu'il est parlé ici d'une Carte du *Diocèse de Dijon*, par *Nicolas Sanson*, mort 63 ans avant l'érection de cet Evêché ; nous croyons devoir expliquer le fondement du titre que M. Robert (le père) a donné à cette Carte. Voici donc ce qui en est. Nic. Sanson avoit publié en 1656 la *Carte du Diocèse de Langres*, en deux Feuilles, que nous avons indiquée au N.º 1069. En 1731 la partie Méridionale de cet Evêché en ayant été distraite pour former l'Evêché de Dijon ; M. Robert, possesseur des anciennes Cartes de Sanson & de ses Manuscrits, se hâta de donner la Carte du nouveau Diocèse. Pour cela il prit la Carte Méridionale de l'ancien Evêché de Langres, y fit mettre un titre relatif au nouvel Evêché de Dijon, avec l'année 1731, & publia ainsi comme nouveau ce qui étoit réellement de 1656. Par malheur le morceau de Sanson (ou la Planche inférieure) que l'on a intitulée, *Diocèse de Dijon*, ne donne pas toute l'étendue du nouveau Diocèse : on ne s'en apperçut pas. Il n'y a donc que la Carte suivante, faite à Dijon, que l'on doive consulter.]

1058. * ☞ Evêché de Dijon ; par le Sieur BAILLEUL le jeune, Géographe : *Dijon*, Desventes, 1746, in-fol.

On y voit une bonne singularité, dont on ne s'étoit pas encore avisé, pour les Cartes des Diocèses : c'est que les Succursales (Vicariats & Annexes) de chaque Paroisse sont jointes à sa position par de petites lignes.]

PAGE 74, *ajoutez*,

Après N.° 1076, *en Note :*

Cette Carte, & la suivante, sont fort peu exactes.]

PAGE 75, *ajoutez*,

1131. * ☞ Mss. Evêchés de Rodès ; par Nicolas SANSON : *in-fol.*

Dans le Cabinet de M. Robert.]

Au N.° 1132, *ajoutez* : en deux Feuilles.]

PAGE 76, *ajoutez*,

1156. * ☞ Mss. Evêché de Tarbes ; par M. DE LA BASTIDE : *in-fol.*

Dans le Cabinet de M. Robert.]

Au N.° 1159, *ajoutez* Mss.

Au N.° 1160, *mettez* (en pet. Capitales) JAILLOT.

Après 1162, *ajoutez* :

☞ Carte du Diocèse de Tours & de la Touraine ; par M. ROBERT DE VAUGONDY.

Ci-après, N.° 1894.]

PAGE 77.

Au N.° 1181, *ajoutez à la Note :*

☞ L'Auteur de l'*Histoire Littéraire de la Congrégation de S. Maur* : (*Paris*, 1770, *in-*4.) *pag.* 65, nous apprend que le vrai Auteur de la France Bénédictine est Dom Claude CHANTELOU, & que François le Chevalier (& non Chevallier) qui n'étoit que Convers, la publia sous son nom.]

1182. * ☞ Domus Cartusianorum : *Roma*, (circa an. 1680,) *in-fol.*

Cette Carte, en deux Feuilles, est dédiée à D. Innocent le Masson, alors Général de l'Ordre & Prieur de la Maison de Chartreuse près Grenoble : on y voit les Maisons de France.]

1182. ** ☞ Mss. Carte des Maisons de l'Ordre des Chartreux.

Elle est dans la Maison de Paris : il y en a aussi une dans celle de Rouen.

On a plusieurs Plans de la grande Chartreuse, près de Grenoble.]

PAGE 78, *ajoutez*,

A la fin de la Note du N.° 1186.

Il y a une Edition de la Carte de l'Ordre des Capucins, qui porte : *Taurini*, 1654. Quelques Exemplaires de 1643 l'annoncent comme dédiée seulement à Jean de Moncallier, Général, par les Pères BERNARD de Bourdeaux, LOUIS de Mont-Royal, & MAXIMIN de Gruchen, qui en paroissent ainsi les Auteurs. Quoi qu'il en soit, il y a dans ce Recueil des Provinces des Capucins, quinze Cartes qui regardent la Gaule ou la France.]

Au N.° 1198, M. DE LA SALLE, *lisez* LOUIS DE LA SALLE.

PAGE 79.

Au N.° 1203, *la citation est fausse : lisez ainsi la Note :*

Ce *Catalogus*, &c. que le Père le Long semble avoir donné comme un Ouvrage particulier de de Monchy, n'est autre chose que plusieurs Listes insérées en son grand Ouvrage intitulé : *Christiana Religionis, Institutionisque D. N. J. C. &c. Parisiis*, Fremy, 1562, *in-fol.* 1 vol. en 4 Tomes ou Livres. Ces Listes occupent presque tout le Livre II. & s'étendent depuis les Apôtres jusqu'à tous les Prélats du Monde Chrétien, que l'Auteur a pu rassembler : elles ne sont point dans l'Ouvrage de *Veritate Corporis Christi*, &c. *in-*8. qui n'est qu'une partie du Livre V. que de Monchy n'a pas publié, non plus que le VI. Il est mort en 1574. On prononce souvent son nom *de Mouchy*.

Au N.° 1213, *après le* 2. *Alinéa, ajoutez*,

Etat présent de la France Ecclésiastique : *Paris*, 1736, *in-*12.]

Après le 4. *Alinéa, ajoutez* :

Cet Ouvrage (de la France Ecclésiastique) a été continué & réimprimé plusieurs fois, avec les corrections nécessaires, dernièrement en 1769.]

PAGE 80.

Au N.° 1226, *au lieu de* Valor... *lisez*

Summa seu singularis declaratio taxarum & impensarum omnium, pro Expeditionibus Beneficiorum : *Parisiis*, Alliot, 1626, *in-*8.

Au N.° 1228, *ajoutez à la Note :*

☞ Ce Recueil de D. BEAUNIER ayant passé par les mains de différens Libraires, est enfin venu en celles d'Antoine Boudet, qui a mis, avec son nom, ce nouveau Frontispice :

« Etat des Archevêchez, Evêchez, Abbayes & Prieu-
» rez de France, tant d'Hommes que de Filles, de nomi-
» nation & collation Royale, dans lequel on trouve
» l'Histoire, la Chronologie & la Topographie de cha-
» que Bénéfice, & dix-huit Cartes Géographiques ; avec
» une Table générale qui comprend aussi la Taxe en
» Cour de Rome, le Revenu, le nom des Titulaires,
» avec la Date de leur Nomination. Troisième Edition,
» augmentée des Bénéfices dépendans des Abbayes de
» Marmoutier, de S. Claude, de l'Isle-Barbe, de Saint-
» Victor de Marseille, & du Duché de Château-roux :
» *Paris*, Boudet, 1743, *in-*4. 2 vol. (ou 3 en enca-
» drant *in-*4. le vol. suivant *in-*8. qui est réellement de
» 1743.)

Table générale, &c. (comme ci-dessus au N.° 1223 :) *Paris*, Boudet, 1743, *in-*8.

Après la *pag.* 314, on a ajouté, sous une nouvelle signature « Table alphabétique, contenant les noms &
» qualités des Archevêques, Evêques, Prieurs & Prevôts
» nommés par le Roi, & les Bénéfices qu'ils possèdent ;
» au mois d'Août 1743 ».

Il y en a déja bien de morts en 1774 ; mais on y supplée par la *France Ecclésiastique*, qui se trouve chez Desprez, ci-dessus, N.° 1213.]

1230. * ☞ Table de Noms qui contient sommairement ce qui est rapporté dans les Mémoires du Clergé, concernant, 1.° plusieurs Provinces du Royaume ; 2.° les différens Diocèses ; 3.° les Chapitres, les Abbayes, les Prieurés, les Chapelles, les Cures ou Paroisses ; 4.° plusieurs Corps ou Communautés Ecclésiastiques ou Religieuses.

Cette Table, qui peut servir à une Description Ecclésiastique de la France, forme la seconde partie de l'Abrégé des Actes & Mémoires du Clergé, &c. *Paris*, 1764. On cite cette seconde Edition, parcequ'elle est plus ample & plus correcte.]

PAGE 81, *ajoutez*,

1236.* ☞ Mémoire sur les avantages qu'on peut tirer d'un nouveau Pouillé du Royaume. *Mercure*, 1748, *Février, p.* 45-48.]

1236.** ☞ Etat spirituel de tout le Diocèse de Marseille, (Suffragant d'*Arles*,) par le Père DE SAINT-ALBIEN.

Ci-après, au N.° 5524, (*où se trouve mal écrit* Saint-Alban.)

1240.* ☞ Mf. Pollitum Beneficiorum Archiepiscopatûs Bisuntini : *in-fol.*

Ce Pouillé, qui est en velin, manuscrit de plus de 250 ans, se conserve à la Bibliothèque publique de S. Vincent de Besançon. Il paroît avoir été fait pour la perception de certains droits de l'Ordinaire, désignés en deux colomnes sous les noms de *Decima* & *Proematio*. M. Droz, Conseiller au Parlement de Besançon, & Secrétaire de l'Académie de cette Ville, en a une Copie, à laquelle on a ajouté le vocable des Eglises.]

1240.** ☞ Mf. Pollitum Præbendarum, Dignitatum, Personarum, Officiorum & Parochialium Ecclesiarum Metropolitanæ Ecclesiæ Bisuntinæ, Sæculo XVI. exaratum: *in-4.*

Ce Manuscrit étoit parmi ceux du Collège de Louis le Grand, num. 503, & a passé avec les autres dans la Bibliothèque de M. de Meerman, à Rotterdam.]

1245.* ☞ Mf. Inquisitio in Bona Ecclesiastica Diœceseos Petricorensis, anno 1336.

Cette Pièce est indiquée num. 2970, du Catalogue de M. l'Abbé de Rothelin.]

Au N.° 1246, *ajoutez en Note :*

☞ Ce Pouillé est peu exact. Ce qui regarde particulièrement Limoges ne vaut absolument rien ; les noms de Bénéfices sont défigurés, leur Patronage mal appliqué, un Archiprêtré entier omis, &c.]

1248.* ☞ Mf. Pollitum Diœcesis Lemovicensis.

Cet ancien Pouillé est conservé à la Cathédrale de Limoges : on y voit dans chaque Archiprêtré les Cures qui en ont été démembrées pour composer le Diocèse de Tulles.]

1248.** ☞ Indicateur du Diocèse de Limoges, ou Pouillé de ses Cures : *Limoges*, Barbou, 1771, une Feuille, en Placard.]

PAGE 82, *ajoutez*,

1256.* ☞ Pouillé général de l'Archevêché (ou Diocèse) de Lyon, & des Bénéfices qui en dépendent, distingué par Archiprêtrés, pour le Pardon appelé du beurre, du lait, & de la chair : *in-8.* de 63 pages.]

1256.** ☞ Pouillé du Diocèse de Lyon : *Lyon*, Valfray, 1743, *in-4.* de 62 pages.]

1259.* ☞ Pouillés de la Métropole de Malines.

Elle ne fut érigée qu'en 1559, avec ses Suffragans, qui sont Ruremonde, Bosleduc, Anvers, Bruges, Gand, Ipres. Cette nouvelle Province Ecclésiastique dépendoit auparavant de la Métropole de Reims pour sa très-grande partie, avec quelques portions de celle de Cologne : ainsi elle entre dans l'Histoire de nos Archevêchés.

1. Descriptio Archidiœcesis Mechliniensis (*Malines*,) in XI. Decanatus divisi : auctore Cornelio VAN GESTEL.

Dans son *Hist. Archiepiscopatûs Mechliniensis*, indiquée au N.° 9056.

2. Enumeration des Cures du Diocèse de Bosleduc, en dix Doyennés ou Archiprêtrés, établies dans le premier Synode de ce Diocèse, tenu en 1571 ; par Laurent Metsius, second Evêque.

Cette énumération se trouve au Titre *De Archipresbyteris & eorum districtu*, pag. 52-54, du Livre intitulé : *Synodi duæ Diœcesanæ Buscodunenses, denuò in lucem editæ : Lovanii*, Denique, 1703, *in-*12. & pag. 187 est la confirmation de cette Division par l'Evêque Gilbert Masius, Titre XVI. du Synode de 1612.

3. Enumeration des Cures du Diocèse d'Anvers, divisées en Archiprêtrés, avec les noms des Patrons.

Elle se trouve pag. 199 du Livre intitulé : *Historia Episcopatûs Antverpiensis : Bruxellis*, Foppens, 1717, *in-4.*

4. Les Cures du Diocèse d'Ipres, divisées en huit Doyennés.

Cette Liste se trouve Titre VII. du premier Synode Diocésain tenu par Martin Rythovius, Evêque d'Ipres, l'an 1577 : *Ipris*, 1577, *in-4.* C'est à la pag. 18 de cette première Edition, & pag. 20 de la nouvelle Collection intitulée : *Statuta in Synodis Episcopatûs Iprensis & Decreta per Reverendissimos Episcopos ejusdem, reimpressa Antverpia*, Plantin, 1673, *in-4.*

Nous n'avons rien trouvé sur les Cures des Diocèses de Ruremonde, de Bruges & de Gand : le district de ces deux derniers dépendoit autrefois, en grande partie, du Diocèse de Tournay, & en partie de celui d'Utrecht.]

Le N.° 1260 doit être ainsi :

☞ Etat des Eglises Abbatiales, Collégiales, Paroissiales, Annexes, Services, Dépendances, Monastères, Prieurés & Chapelles votives du Diocèse de Narbonne, divisé par Archiprêtrés. Autre Etat des Eglises Paroissiales, Annexes & Services, divisé par Détroits. Fait & arrêté au Synode, le 17 Juin 1706 : *Narbonne*, Bessin, 1706, *in-*12.]

Au N.° 1264, *effacez* Pouillé raisonné, *& lisez* (*l'Ouvrage ayant changé dans son exécution.*)

☞ Pouillé historique & topographique du Diocèse de Paris, dédié à M. Christophe de Beaumont, Archevêque de Paris, Duc & Pair de France, &c. par L. DENIS, Géographe de Monseigneur le Dauphin : *Paris*, Desventes, 1767, *in-fol.*

Tout le Discours est gravé, comme les Cartes qui

sont au nombre de sept. *Voyez* le *Journal de Verdun*, 1767, *Avril, pag.* 281-285.]

1270. * ☞ Mf. Pouillé des Bénéfices, &c. de l'Archevêché de Reims : *in-fol.*

Ce Pouillé est conservé dans la Bibliothèque de M. Jardel, à Braine, près Soissons.]

1270. ** ☞ Pouillé ou Tableau des Bénéfices, Dignités, Canonicats, Cures, Chapelles, Patronages, Places gratuites du Séminaire, de Religieuses, Bourses de Collège, &c. dont la Nomination appartient, tant au Chapitre de Reims, qu'au Chanoine Tournaire, aux Dignités, aux Coûtres, (Custodes) & aux Administrateurs de l'Hôtel-Dieu ; par Herman WEYEN, Chanoine de ladite Église : *Reims,* 1725, *in*-4.]

1271. * ☞ Pouillé de tous les Bénéfices du Diocèse de Noyon.

Il est imprimé dans le Tome III. des *Mémoires pour servir à l'Histoire du Vermandois;* par M. COLLIETTE : *Cambray,* Berthoud, (& *Paris,* Saillant,) 1773, *in*-4.]

1271. ** ☞ Mf. Pouillé général de tous les Bénéfices, Canonicats, Chapelles, Cures, &c. du Diocèse de Soissons : *in-fol.*

Ce Pouillé est dans la Bibliothèque de M. Jardel, à Braine, près Soissons.]

1271. *** ☞ Mf. Pouillé du Diocèse d'Amiens.

Il est conservé dans la Bibliothèque de la Ville de Paris, num. 385.]

Au N.° 1272, *effacez la main, cet Article ayant été donné par le P. le Long.*

PAGE 83.

Au N.° 1276, *en Note, ajoutez,*

Ce Pouillé de Rouen a été donné par l'Abbé SAAS, Chanoine de l'Église de Rouen.

1276. * ☞ Pouillé des Bénéfices du Grand Vicariat de Pontoise, en l'Archevêché de Rouen.

Il se trouve à la fin de l'*Abrégé des Antiquités de Pontoise : Rouen,* 1720, *in*-8.]

1276. ** ☞ Cures du Diocèse de Coutances, par ordre alphabétique : *in-fol.* en Placard.]

1281. * ☞ Ancien Pouillé du Diocèse d'Auxerre du XVᵉ Siècle ; par Laurent BRETHEL, Secrétaire de Jean Baillet, Évêque d'Auxerre.

On le trouve imprimé dans les *Mémoires concernant l'Histoire d'Auxerre;* par M. Jean LEBEUF : (*Paris,* Durand, 1743, *in*-4. 2 vol.) *tom.* II. *Preuves, p.* 197.]

1281. ** ☞ Mf. Pouillé du Diocèse de Troyes; par M. MOREL, ancien Lieutenant-Général de Troyes : *in-fol.* de 430 pages.

Le Bureau de la Ville de Troyes a fait l'acquisition de ce Manuscrit, après la mort de l'Auteur. On y trouve, 1.° une Carte du Diocèse, *Tricasses;* 2.° Annales pour le Pouillé ; 3.° des Notes Préliminaires ; 4.° Pouillé général des Églises, Bénéfices, Offices & toutes autres places Ecclésiastiques, divisé en dix parties ; sçavoir, la Ville , l'Archiprêtré & huit Doyennés ; 3.° les noms Latins & François; 6.° les Collateurs, Présentateurs, Nominateurs, &c. 7.° les revenus en argent, dîmes ou portions ; 8.° les Décimes anciennes & nouvelles ; 9.° les Paroisses & leurs dépendances, & les Succursales ; 10.° le nombre des Communians & de ceux qui composent les Églises ou Maisons ; 11.° le ressort des Jurisdictions, les Seigneurs, &c. Tout ce détail est terminé par des Preuves, & une Table générale.

Au N.° 1291, *à la fin de la Note, ajoutez,*

Cet Ouvrage de Thierry Alix, dont on vient de parler sous le nom d'*Antiquité du Duché de Lorraine,* pourroit bien être le même que celui qui est cité sous le titre d'*Histoire,* &c. ci-après, N.° 2425.]

Au N.° 1296, *effacez* Mf. & *ensuite, au lieu de* 1629, *lisez* 1616.

PAGE 84.

A la fin de la Note qui est au haut de la seconde colonne, ajoutez,

On a mis entre les Cartes des Provinces de France celles des Colonies.

1328. * ☞ La haute Alsace divisée en Bailliages & Seigneuries, tant en-deçà qu'au delà du Rhin, levée sur les lieux pendant la guerre ; par Henri SENGRE : 1692, *in-fol.*

1339. * ☞ Plan d'Angers, dressé par ordre de MM. les Échevins : *in-fol. max.*

On voit autour les choses les plus remarquables de la Ville.]

Au N.° 1344, *ligne* 3 , Jean, *lisez* Jacques.

PAGE 86, *ajoutez,*

1362. * ☞ Carte du Marquisat d'Aubais, au Diocèse de Nismes, en Languedoc, avec l'Élévation d'un ancien Pont sur la Vidourle ; par Philippe BUACHE : 1759, *demi-feuille.*

La Planche est chez M. le Marquis d'Aubais.]

1363. * ☞ Mf. Vue & Perspective de la Ville d'Avignon, du côté du Midi & du Levant ; dessinée par M. Joseph RIVE, Chanoine de S. Symphorien : 5 feuilles ; *in-fol.*

1363. ** ☞ Vue & Perspective d'Avignon du côté du Nord & du Couchant; par le même : 5 feuilles, *in-fol.*

Ces deux Cartes se trouvent en Original, chez M. de Javon, dans son Château de Saze, près d'Avignon.]

Au N.° 1366, *ligne* 4 *de la Note,* MASSÉ, *lisez* MASSE.

1374. * ☞ Carte du Comté d'Auxerre: *in*-4.

Elle se trouve dans les *Mémoires concernant l'Histoire d'Auxerre,* par M. Lebeuf : (*Paris,* 1743, *in*-4. *tom.* II. *pag.* 477.]

1377. * ☞ Plan de la Ville de Bayeux.

On le voit au coin de l'une des Cartes de ce Diocèse, par l'Abbé Outhier, ci-devant, N.° 1022.]

Au N.° 1381, *ligne* 4 *de la Note, au lieu de* 986, *lisez* 985.

1384.*

Préliminaires : Géographie.   233

1384.* ☞ Plan de la Ville de Beaune; par MM. Monge & Fion : *in-4*.

Il est à la tête de l'*Histoire* de cette Ville, par M. l'Abbé Gandelot : *Dijon, 1772, in-4*.

Au N.° 1385, lisez Beauvaisis, *& ajoutez en Note*,

☞ Damien de Templeux, Sieur de Frestoy, étoit un Gentilhomme du Beauvaisis. Il paroît être le premier qui ait donné une Carte Géographique de ce Pays. Gerard Mercator ou Hondius l'a copié pour l'insérer dans son Atlas, sans avertir qu'elle étoit dudit Templeux.]

Au N.° 1386, au lieu de Comté de Beauvais ..... *lisez*

Bellovaci & Silvanectes : les Evêchés de Beauvais & de Senlis.....

Et au N.° 1387, lisez

Carte du Diocèse de Beauvais, dressée sur les Mémoires de M. le Scellier, Secrétaire du Roi, demeurant à Beauvais; par Guillaume de l'Isle : *Paris, 1710, in-fol*.

Cette Carte & la précédente sont les mêmes que celles des N.ºs 1026 & 1027.]

1387.* ☞ Plan de la Ville de Beauvais : demie-feuille.

☞ Autre, levé par M. l'Abbé de la Grive, & gravé par Riolet, (vers 1750:) *in-4*.]

☞ Mss. Plan de la Ville & des Fauxbourgs de Beauvais, vérifié géométriquement, & mis au net par M. Rizzi-Zannoni, en 1764.

Il a été fait sur les Arpentages & Plans détaillés qu'en avoient levé & fait lever MM. Borel, Lieutenant-Général, Dansé, Chanoine, & Bucquet, Procureur du Roi, qui ont en leur possession ce Plan manuscrit.]

PAGE 87.

Au N.° 1397, lisez,

☞ Plans de Besançon, ancien & nouveau : Vue de cette Ville.

Dans le *tom. I.* de l'*Histoire des Séquanois*, &c. par M. Dunod : *Dijon*, du Fay, 1735, *in-4*. On y voit aussi nombre d'Antiquités & de Monumens, qui s'y trouvent.]

1397.* ☞ Plan de Besançon ; par le Sieur le Rouge : *Paris, 1752, demie-feuille*.]

1397.** ☞ Plan de Béthune; par Inselin : demie-feuille.]

1404.* ☞ Plan de la haute & basse Ville de Boulogne; par Inselin : *demie-feuille*.

Au N.° 1410, au lieu de 1759, lisez 1755, en six feuilles : *& ajoutez en Note* :

Ce Plan a été levé par les Sieurs Santin & Mirail, Géographes, en 1754.

1412.* ☞ Plan de la Ville de Bourges ; par N. de Fer : 1703, *demie-feuille*.]

PAGE 88, ajoutez,

1427.* ☞ Environs de Brest : 1669, *deux feuilles*.]

Au N.° 1444, ajoutez,

On trouve encore un petit Plan de Caen, sur une

Tome *IV. Part. I.*

des deux Cartes du Diocèse de Bayeux, par l'Abbé Outhier, ci-devant, N.° 1022.]

1450.* ☞ Autre Plan de Calais ; par Okeley : *London, 1750, in-fol*.]

PAGE 89, ajoutez,

1484.* ☞ Plan de Cherbourg, en Normandie : *in-4*.]

PAGE 90, ajoutez,

1488.* ☞ Carte de la même Forest, (de Compiègne,) gravée par Denis, & corrigée par Monseigneur le Dauphin : 1766, *in-4*.

Elle se trouve aussi jointe à la *Description* de (cette Forest,) par Louis-Auguste Dauphin : *Paris*, Lottin, 1766, *in-8*. de 64 pages.]

1488.** ☞ Forest de Compiègne & ses Environs, levée par le Sieur Bussa : *Paris*, chez Aldring, Graveur, &c. 1773, *in-fol*.]

Au N.° 1489, ajoutez en Note :

Outre la Carte du Camp de Coudun (en Beauvaisis) il en existe une Description manuscrite, qui est en la possession de MM. Dansé, Borel & Bucquet, qui travaillent à l'*Histoire du Beauvaisis*.]

1503.* ☞ Plan de l'ancienne & nouvelle Ville de Dijon ; par Nic. de Fer : *Paris, 1705, in 4*.]

Avant N.° 1507, ajoutez,

1506.* ☞ Plan de la Ville de Douay; par Nic. de Fer : *Paris, 1719, demie-feuille*.]

Après N.° 1509, ajoutez,

1509.* ☞ Plan de la Ville de Dunkerque; avant la guerre de 1756 : *London*, Okeley, *in-fol*.]

1509.** ☞ Plan de la Fère, en Picardie : *in-4*.]

PAGE 91, ajoutez,

1522.* ☞ Plan du Fort-Louis du Rhin : *Londres, 1744, demie-feuille*.]

1523.* ☞ Carte de la Franche-Comté, représentée dans une espèce de Triangle, (vers 1580 :) *in-fol*.

Gollut, en plusieurs endroits de ses *Mémoires historiques*, parle de cette Carte, qu'il attribue à Jean de Chilly (ou plutôt Gilley,) Baron de Marno, « non-» seulement très-valeureux & vaillant, mais encore » très-docte & bien versé en toutes disciplines libéra-» les & en la connoissance de plusieurs Langues, &c.

Jean de Gilley étoit d'une Famille de Salius, annoblie en 1494. Après avoir demeuré à la Cour d'Espagne, il se retira en Franche-Comté, dans sa Terre de Marnoz, où il composa différens Ouvrages. L'Abbé Guillaume, (*pag.* 199, de son *Nobiliaire de Salins*,) confond le père (Nicolas de Gilley) avec le fils, en attribuant au premier divers Ouvrages en prose & en vers, qu'il dit être restés Manuscrits.

Au N.° 1524, ajoutez en Note :

☞ Ferdinand de Lannoi, Auteur de cette autre Carte de Franche-Comté, étoit fils de Charles de Lan-

G g

noi, Viceroi de Naples : il étoit sçavant dans les Mathématiques. Il s'établit en Franche-Comté, où il épousa en premières noces Elisabeth de la Palud, Comtesse de la Roche, & ensuite Marguerite Perrenot, sœur du fameux Cardinal de Granvelle.]

Au N.° 1525, ajoutez en Note :

Maurice Tissot, Auteur de cette Carte de Franche-Comté, étoit de Pontarlier : il fut d'abord Ingénieur au service de Philippe IV. & ensuite Conseiller & second Président de la Chambre des Comptes de Dole, & Inspecteur des Arsenaux de Franche-Comté.]

1533.* ☞ Le Lyon Bourguignon, ou la Franche-Comté en Carte Géographique, dans lequel on peut remarquer les Villes, Châteaux, Abbayes, &c. par le P. Claude Bonjour, Augustin, de Pontarlier : *in-4.*]

Cette Carte, gravée vers 1700, est singulière, en ce qu'on y a réduit les principaux lieux du Comté de Bourgogne sous la figure d'un Lyon, qui forme les Armoiries de cette Province. On avoit déja fait la même chose pour les Pays-Bas.]

PAGE 92, ajoutez,

1559.* ☞ Plan de la Ville du Havre-de-Grace : *in-4.*]

1559.** ☞ Plan de Huningue, en Alsace : *Paris,* Crespy, *in-fol.*]

PAGE 93.

Au N.° 1582, ligne 4, lisez 1760.

PAGE 94.

Au haut de la col. 1. ligne 3, au lieu de N.° 517, lisez N.° 417.

Au N.° 1615, au lieu de Le même, (ce qui n'est pas juste,) lisez, Carte du Languedoc..... *(comme ci-devant dans ce Supplément, au N.° 417.)*

Au N.° 1624, reformez ainsi le titre de cette Carte du Limosin :

Totius Lemovici & confinium Provinciarum, quantum ad Diœcesim Lemovicensem spectant, novissima & fidelissima Descriptio ; aut. Jo. Fayano, M.L. (Medico Lemovicensi).....

Fayan ne se nommoit point François, comme l'avoit mis le P. le Long.]

1628.* ☞ Limoges dédié à MM. les Présidens Trésoriers de France, &c. par A. Jouvin de Rochefort, Trésorier de France : *Limoges,* (sans date,) *in-fol.*

C'est un Plan de la Ville & des environs.]

PAGE 95, ajoutez,

1659.* ☞ Plan géométral de la Ville de Lyon, levé & gravé par Claude Seraucourt, vérifié & orienté par le Père Grégoire, du Tiers-Ordre de S. François, avec les Perspectives des principaux Bâtimens de la Ville : 1735, *in-fol.* en 4 feuilles.]

1659.** ☞ Plan de la même Ville : *Paris,* Desnos, 1767, *in-fol.*]

1678.* ☞ La vraie représentation du Siège, Plan, Assiette & Fortifications, tant vicilles que nouvelles, de la Ville de Montauban, assiégée par Louis XIII. *Paris,* Mathonière, (1621,) *in-fol. max.* fig.]

PAGE 96, ajoutez,

1680.* ☞ Plan de Montpellier ; par Beaurain : *in-4.*]

1680.** ☞ Plan de Montreuil, en Picardie ; par le même : *in-4.*]

1684.* ☞ Autre Plan de la Ville de Nancy ; par Duplessis, 1766 : *in-fol.*]

Au N.° 1685, lisez en Note :

Ce Plan est le même dont on voit des Exemplaires avec le nom de l'Auteur, & sous ce titre : « Plan général des deux Villes de Nancy, & des nouveaux Edifices que le Roi de Pologne, Duc de Lorraine & de Bar, &c. y a fait construire, levé & gravé par Belprey, l'un des Brigadiers de ses Gardes, en 1754, » en 4 feuilles.]

Au N.° 1689, au lieu de par Beaurain*, lisez, par* Inselin.

PAGE 97, ajoutez,

1718.* ☞ Environs d'Onsenbrai, levés par l'Abbé Outhier : *in-fol.*]

1730.* ☞ Ms. Carte (très-exacte) des Environs d'Orléans, jusqu'à deux ou trois lieues, en deux feuilles.

Elle est dans le Cabinet de M. Jousse, Conseiller au Présidial d'Orléans.]

1730.** ☞ Plan de la Ville d'Orléans, publié par François de Belleforest, en 1575: *in-fol.*

Elle se trouve *pag.* 323, *du tom. I. de sa Cosmographie.*

Plan de la même, en une grande feuille longue : 1640.

Autre Plan, en deux grandes feuilles, gravé par Corbiere : 1661.

Au N.° 1731, ajoutez en Note :

Le Plan d'Orléans par Inselin, est de 1706.

1731.* ☞ Grande Vue de la Ville d'Orléans ; par Silvestre, en deux feuilles de travers : *Paris,* (vers 1660.)]

Autre Vue de la même ; par Desfriches : *Paris,* 1766, en une grande feuille.]

PAGE 98, ajoutez,

1758.* ☞ Nouvelle Carte topographique des Environs de Paris, en quatre feuilles ; par le Sieur Pasquier : *Paris,* 1772, *in-fol.*]

Au N.° 1774, au lieu de Jouvain, *lisez,* Jouvin.

Au N.° 1781, après l'Abbé, ajoutez (Jean).

1786.* ☞ Plan de Paris, tel qu'il est en 1749 ; par le Sieur Le Rouge : *Paris,* 1749, *in-fol.*]

PAGE 99, ajoutez,

1790.* ☞ Nouveau Plan de la Ville & Fauxbourgs de Paris par élévation ; par les Sieurs Longchamps & Janvier, avec les Perspectives des Maisons Royales, &c. 1763, *in-fol.* 6 feuilles.]

Préliminaires : Géographie.

1792. * ☞ Plan topographique des Fontaines & des Conduites & Communications des Eaux publiques de la Ville de Paris.

Ce Plan est à la tête du Recueil des Ordonnances de Louis XIV. pour la Ville de Paris : *Paris*, Léonard, 1676, *in-4.*]

1792. ** ☞ Plan des Fontaines de la Ville & des Fauxbourgs de Paris ; différentes Conduites des Eaux de Source & de Rivière ; distinction des Eaux du Roi & de celles qui appartiennent à la Ville ; les Châteaux-d'eau, les Regards & Réservoirs, avec les noms des Fontaines & des Rues où passent les Tuyaux de distribution ; où l'on a joint les Puits entretenus en différens Quartiers pour la commodité & les besoins du Public ; levé par M. (Jean) DE LA GRIVE, pour servir au Tome IV. du Traité de la Police : 1737, *in-fol.*]

Avant N.° 1794, *ajoutez,*

☞ *Nota.* On a quelques Cartes particulières de Quartiers de Paris, comme : Plan du Fauxbourg S. Germain, par DE FER, 1696 : *in-fol.* = De la Censive de l'Abbaye de Sainte-Geneviève, par l'Abbé DE LA GRIVE : *in-fol.* = De la Paroisse de S. Germain de l'Auxerrois, &c. sans compter ceux que M. Jaillot donne depuis quelques années avec ses *Recherches sur Paris*, dont nous avons parlé au Tome III. N.° 34579.]

PAGE 100, *ajoutez,*

1824. * ☞ Carte particulière des Côtes de Poitou, Aunis, de la Rochelle & du Fort-S.-Louis, comme aussi de l'Isle-de-Ré, avec ses Forts : *Paris*, Tavernier, Graveur du Roi pour les Tailles-douces : 1627, *in-fol. max.*

Cette Carte est bien gravée & rare : elle fut faite au commencement du fameux Siège de la Rochelle.]

1841. * ☞ Plan de la Ville de Reims, par le Sieur DAUDET : 1722, *in-fol.*]

1842. ** ☞ Autre Plan de Reims ; par Jean COLLIN, en 4 feuilles : *in-fol.*]

1844. * ☞ Plan de Rennes ; par FORESTIER & ROBINET : 1726, *in-fol.*]

1848. * ☞ Plan de Rochefort & de l'Isle d'Aix ; par BEAURAIN : 1757, *in-fol.*]

PAGE 101, *ajoutez,*

1852. * ☞ Le vrai Pourtraict de la Ville de la Rochelle, &c. avec une briefve narration de son antiquité & fondation : *Paris*, Mathonière, 1621, *in-fol. max.* fig.]

1852. ** ☞ Plans de la Rochelle en 1573 ; 1628 & 1758.

Ils se trouvent dans l'*Histoire de la Rochelle*, par M. Arcère : *la Rochelle*, 1756 & 1757, *in-4.* 2 vol.]

1864. * ☞ Plan général des Château, Parc & Jardin de Saint-Cloud ; gravé par le Sieur CROISEY : *Paris*, 1772, *in-fol.*]

1864. ** ☞ Plan & situation de la Ville de Saint-Jean-d'Angéli, assiégée par l'Armée du Roi, avec la Prise de cette Place le 25 Juin 1621 : *Paris*, Mathonière, 1621, *in-fol. max.* fig.]

Au N.° 1868, ligne 4, *au lieu de* 1614, 1670 & 1820, *lisez*, 1490, 1546, 1817 & 1822.]

1880. * ☞ Plan de Strasbourg : *Paris*, Crespy, *in-4.*]

Au N.° 1884, *après* 1753, *ajoutez*, Okeley, 1755.

PAGE 102, *ajoutez,*

1888. * ☞ Plan topographique de la Ville de Toulouse ; par les Sieurs DUPAIN-TRIEL fils, & DE LA LANDE : *Toulouse & Paris*, 1773, *in-fol.*]

1892. * ☞ Petite Carte de la Touraine, dressée par M. ROBERT DE VAUGONDY, & dédiée à Monseigneur de Fleuri, Archevêque de Tours : 1764.

La même, sous le titre de Carte du Diocèse de Tours, &c. 1762, (d'un format un peu plus grand que la précédente.)

L'une & l'autre de ces Cartes sont à la tête de l'*Almanach historique de Touraine.*]

1896. * ☞ Plan de Valenciennes ; par INSELIN : *in-4.*]

Au N.° 1901, *ajoutez à la Note* :

Cette Carte a beaucoup de fautes : M. Jardel de Braine les a corrigées ; mais on n'a pas fait usage de son travail. Il l'a communiqué à M. Jean-Nicolas Buache, possesseur de la Collection de Philippe Buache, premier Géographe du Roi.]

1906. * ☞ Carte géographique du Comté Vénaissin ; par le P. BONFA, Jésuite : 1699, en 6 feuilles, *in-fol.*]

1906. ** ☞ Carte du même, divisée par Judicatures : *Avignon*, Julianis, 1758, *in-fol.*]

Au N.° 1908, *au lieu de* J. SURHONIO, *lisez*, Joanne SURHONIO.

Le N.° 1910 doit être entre 1907 & 1908.

1915. * ☞ Plan de Versailles, (Château & Ville,) dédié à M. le Comte de Noailles : *Paris*, Delnos, 1767, *in-fol* (enluminé.)

« On a observé dans ce Plan tous les changemens
» qui ont été faits depuis l'année 1746, que parut celui
» de feu M. l'Abbé de la Grive, qui a servi de canne-
» vas à celui-ci. On s'est attaché particulièrement à don-
» ner la figure correcte des Bosquets du Parc, & à mar-
» quer l'emplacement des objets de Sculpture qui le
» décorent, avec leurs noms & celui de leurs Auteurs.]

PAGE 105, *ajoutez,*

1990. * ☞ La Partie Occidentale de l'Allemagne, avec les Pays adjacens le long du Rhin & des Rivières qui s'y jettent ; tirée des Mémoires de CANTEL ; par J. B. NOLIN ; en 4 feuilles, *in-fol.*]

1991. * ☞ Le Cercle de Souabe, dressé sur les Mémoires de Jean-Christophe HURTEN : *Paris*, de Fer, 1694, en 4 feuilles, *in-fol.*]

Tome IV. Part. I.   Gg 2

PAGE 106.

Au N.º 2050, ajoutez,

☞ Les mêmes, en 24 feuilles, *in-4.* chez Julien : 1744. = Les mêmes, en 4 feuilles, *in-fol.* chez de Fer : 1711, chez Crespy : 1744, chez le Rouge, 1748.]

PAGE 107, *ajoutez,*

2067.* ☞ Carte de la Châtellenie d'Ypres; par Antoine SANDERUS : *Amsterdam*, 1641, *in-fol.*]

Au N.º 2081, ajoutez à la fin de la Note :

☞ *Voyez ci-après,* le N.º 2447.]

PAGE 108.

Colonne prem. ligne 19 en remontant, au lieu de Son Mémoire... lisez : Le Mémoire de M. de Lamoignon de Bâville a été imprimé à Marseille, sous le nom d'*Amsterdam*, 1736, *in-8.*

PAGE 109.

Le vrai titre du N.º 2090 est :

Tableau des Provinces de France, où sont représentées leurs Armes, Blasons, Titres, Erections de Duchés, &c. avec la Description des Villes Capitales, & de ce qu'elles ont de plus ancien & de plus remarquable; par Alcide DE BONNECASE, Sieur de Saint-Maurice : *Paris*, Loyson, 1664, *in-12.* 2 vol.

Au N.º 2091, avant Amsterdam, *ajoutez*, Paris, Loyson, 1670, *in-12.* 2 vol.

Au N.º 2099, ajoutez en Note :

Ces Remarques sont de M. BOUCHER D'ARGIS, & elles avoient déja été imprimées sans nom, dans le *Mercure*, 1737, *Novembre*, *pag.* 2396.]

Au N.º 2103, ligne 5, au lieu de François DES RUES, *lisez*, Jacques DES RUES.

PAGE 110, *ajoutez,*

2111.* ☞ Dictionnaire historique des Antiquités, Curiosités & Singularités des Villes, Bourgs & Bourgades de France ; par M. (François-Alexandre de la Chesnaye DESBOIS :) *Paris*, 1769, *in-8.* 3 vol.]

PAGE 111.

Le N.º 2136, *doit être effacé, comme étant encore employé, & mieux, au N.º* 2133. C'est ce qu'on appelle *le petit Beaulieu.*

Le N.º 2131, *doit être aussi effacé, étant un double emploi du N.º* 2141, *qui est mieux énoncé.*

Au N.º 2130, ajoutez à la fin de la Note :

Cet Ouvrage avoit été publié par M. Mariette père, en 3 vol. *in-fol.* M. Jombert l'ayant acquis, y a fait quelques Additions, & y a joint les *Plans*, &c. *de Versailles & autres Maisons Royales,* (ci-dev. N.º 2135) dont il a composé son Tome IV.

Au N.º 2141, il faut effacer le 2. Article, Les mêmes.... On a confondu ici le petit Beaulieu, (dont on vient de parler aux N.ºs 2130 & 2131,) *avec le grand, qui est* in-fol.

PAGE 112.

Le N.º 2147 *doit être effacé, comme étant le même que* 2090, *où nous venons de donner son vrai titre, & de dissiper l'illusion qui est venue du surnom de l'Auteur.*

2149.* ☞ Recueil des Sièges & Batailles, pour servir à l'Histoire des Guerres ; par le Sieur LE ROUGE, Ingénieur Géographe du Roi : *grand in-fol.*

Au N.º 2150, ajoutez en Note :

Ce même M. Patte a donné depuis une « Mémoire » sur les objets les plus importans de l'Architecture : » *Paris,* Rozet, 1769 », *in-4.* de 372 pages, avec 15 figures. On y trouve des détails intéressans sur les principaux Edifices de Paris, & même sur les plus nouveaux qui ne sont pas encore achevés, tels que l'Eglise de Sainte-Geneviève.]

Au N.º 2152, à la fin de la Note, au lieu de Recueil précédent, *lisez*, N.º 2150.

Au N.º 2154, après Stanislas, *ajoutez*, (par M. ALLIOT, son Conseiller Aulique, & aujourd'hui Fermier-Général,) *& en Note :* Ces Fondations du Roi Stanislas montent à 4000961 liv. 17 s.]

PAGE 113.

Au N.º 2161, ligne 9, avant 4 vol. *ajoutez*, *in-8.*]

A la fin de la Note du N.º 2162, ajoutez : Cependant on a confondu dans cet Ouvrage les Elections avec les Diocèses.]

Au N.º 2171, ligne 2. au lieu de Matthieu MÉRIAN, *lisez*, Martin ZEILLER, *avec les Cartes & Plans de Matthieu Mérian, & ajoutez en Note :*

Cet Ouvrage fut d'abord imprimé en Allemand : Francfort, 1644 & 1654, *in-fol.* Mérian n'étoit qu'un Graveur & Imprimeur : Zeiller au contraire est connu par un grand nombre d'Ouvrages géographiques & historiques sur diverses Provinces de l'Allemagne, &c.]

PAGE 114.

A la fin de la Note du N.º 2179, ajoutez,

La Description de l'Alsace de M. Schoepflin est précédée de quelques Observations, entr'autres, que l'Extrait que M. le Comte de Boulainvilliers a donné dans son *Etat de la France,* comme d'après le Mémoire de M. de la Houssaye, Intendant d'Alsace, est plein de fautes historiques & géographiques, les noms de lieux & de personnes étant si corrompus, qu'un homme instruit cherche l'Alsace dans cette Alsace.]

Au N.º 2188, ajoutez à la fin de la Note :

Jacques Grevin a laissé un nom illustre dans le Beauvaisis, quoique mort avant l'âge de 30 ans : on lit, *Ætatis* 23, au bas d'une petite Estampe ancienne, où il est représenté. Il y a une Notice concernant la personne de Jacques Grevin, dans la dernière Edition de ce N.º 2188.]

2194.* ☞ Etat général & alphabétique des Villes, Bourgs, Paroisses & Communautés du Duché de Bourgogne, & des Pays de Bresse, Bugey, Valromey & Gex ; imprimé par les ordres de MM. les Elus-Généraux des Etats dudit Duché : *Dijon,* de Fay, 1760, *in-fol.*

PAGE 115.

Au N.º 2199, BARDONANCHE, *lisez*, BARDONENCHE.

Au N.º 2208, ajoutez, Mf.

PAGE 116, *ajoutez,*

2216.* ☞ Mf. Comitatûs Burgundiæ Chorographia synomilia ; auctore Mauritio TISSOT.

Cet Ouvrage, qui est conservé dans l'Abbaye de Faverney en Franche-Comté, est distribué en cinq Parties : 1. l'Histoire Naturelle du Comté de Bourgogne :

Préliminaires : Géographie.

2. l'Histoire de ses Souverains : 3. le Pouillé des Bénéfices du Diocèse (de Besançon :) 4. la Liste des Foires : *Nundinarium* : 5. la Description de la Province, suivant la Division en trois Bailliages, d'Amont, d'Aval, de Dol, & en y comprenant les Judicatures de Luxeul, Lure & Vauvillers, avec les Prévôtés de Jussey, Montjustin, Montboson, &c. Le style en est assez beau & assorti à la matière mais la partie historique est déparée par un grand nombre d'Anachronismes. Tiffot est mort vers 1650.]

2216. ** ☞ Description de la Franche-Comté ; par Jacques RICHARD, de Besançon.

Elle est imprimée dans l'Atlas de Blaeu : *Amsterdam*, 1663, *in fol. tom. VIII. pag.* 723.

2216. *** ☞ Etat, par ordre alphabétique, des Villes, Bourgs, Villages, &c. du Comté de Bourgogne, dressé au sujet de la nouvelle Carte dédiée à M. de Machault ; par le Sieur Jean QUERRET, Ingénieur des Ponts & Chaussées : *Paris*, Ballard, 1748, *in·*8.]

Au N.º 2217, *effacez* Besançon, 1750, & *mettez*, *pag.* 339-477.]

2216.* ☞ Ms. Extraits des Titres & Mémoires sur les Limites de la France & de l'Empire, (du côté de la Lorraine,) avec des Copies des différens Arrêts du Parlement de Paris sur cette matière, & de l'Information juridique & de la Reconnoissance faite de ces Limites, par le Bailli de Chaumont, le 14 Septembre 1390, par ordre de M. le Chancelier de France.

Dans la Bibliothèque des Doyens de S. Gengoulph, à Toul.]

PAGE 117.

Au N.º 2239, *ligne* 3, *après* Ganeau, *ajoutez*, 1740.

2239. * ☞ Réponse de Dom DU PLESSIS, à la Lettre de M***. *Merc.* 1740, *p.* 426.

On y trouve traitée assez au long, la Question : Si l'Eglise a défendu aux Moines de posséder des Cures.]

2240. * ☞ Description topographique de l'Orléanois ; par M. le Marquis DE LUCHET.

Elle se trouve à la tête de son *Histoire de l'Orléanois*, &c. *Amsterdam*, (*Paris*,) 1766, *in·*4. *p.* 1-72.]

2241.* ☞ Ms. Mémoires sur la Généralité de Paris, c'est-à-dire, sa Description topographique, avec le détail des Fiefs qu'elle comprend, & l'indication des Propriétaires qui y ont des possessions ; par M. l'Abbé du FOUR DE LONGUERUE.

Ce Manuscrit est indiqué dans l'Avertissement du « Recueil de Pièces intéressantes pour servir à l'Histoire » de France : *Genève*, 1769 », *in*-12. au nombre de ceux qui se sont trouvés dans les papiers de l'Auteur, mort en 1733.]

Au N.º 2242, *ajoutez en Note* :

Cette Description est de Philippe HERNANDEZ.]

PAGE 118, *ajoutez*,

2250. * ☞ Vraie & entière Description du Pays de Poitou, Rochellois & Isles Marennes, avec une partie du Pays de Xaintonge : *Paris*, Després, 1589.

Cet Ouvrage est cité dans la Bibliothèque de la Croix du Maine. L'Auteur est Pierre ROGIER, Seigneur de Migné, Conseiller du Roi en la Sénéchaussée de Poitiers. Il en est aussi parlé dans la Préface de l'*Histoire de la Rochelle*, par M. Arcère.]

Au N.º 2251, *ligne* 2, *au lieu de* MASSÉ, *lisez*, MASSE.

PAGE 120.

Au N.º 2283, *ajoutez à la fin de la Note* :

Ces Passages d'Italie se trouvent encore dans un Livre intitulé : « La Division du Monde, contenant la » Description de la Carte Gallicane, ensemble les Passages, &c. *Paris*, Lotrian, 1560 & 1566 », *in*-16. On les trouve en abrégé, *pag.* 464, des *Commentaires de César sur la Gaule*, avec les *Annotations de Vigénère* : *Paris*, Langellier, 1584, *in·*4. Il en parle comme étant tirés des *Mémoires de Charles VIII.*]

PAGE 121.

Au N.º 2300, *ligne* 3, *après* 1612, *ajoutez*, 1616, & *ligne* 5, *après* Amstelodami, *lisez*, Janson, 1649, 1655.

PAGE 122, *ajoutez*,

2302. * ☞ Lettera del Sign. Torquato TASSA, nella quale paragona l'Italia alla Francia.

Cette Lettre se trouve dans les *Opere varie del Tasso*. L'Auteur établit son parallèle sur l'idée qu'il avoit prise de la France, dans le Voyage qu'il y avoit fait à la suite du Cardinal d'Est, sous Charles IX.

La Traduction de ce petit Ouvrage du Tasse vient d'être mise dans la nouvelle Edition des *Observations sur l'Italie*, de M. Grosley : *Paris*, Costard, 1774.]

2303. * ☞ Quatre Lettres en Prose Italienne, écrites de Paris en 1615, par le Cavalier MARINI.

Elles sont imprimées à la suite de son *Adone*, de l'Edition de Hollande, *in*-16. On y trouve des détails piquans sur Paris, sur la Cour, sur les Modes qui y régnoient alors, & sur la partie de la France que l'Auteur avoit traversée.]

2307. * ☞ Observazioni nel Viaggio di Francesco BELLI : *in Venezia*, 1632, *in*-4. de 190 pages.

Belli fit ce Voyage à la suite de Giorgio Giorgi, Ambassadeur de Venise en Hollande, d'où il passa à l'Ambassade de France. Sa Relation, écrite en 1631, embrasse la Flandre, la Picardie, l'Isle de France, Paris, & le retour par Lyon & le Mont-Cenis : elle offre plusieurs Observations intéressantes sur l'état des lieux où l'Auteur passa.]

2308. * ☞ Ms. Ample Description de la Ville de Tolose, & Voyage fait depuis icelle jusqu'à Amboise, & delà à Paris, en 1638 ; par Léon GODEFROY.

Ms. Voyage en Béarn & Quercy, par le même.

Ces deux Manuscrits sont conservés parmi les Manuscrits de MM. Godefroy, dans la Bibliothèque de la Ville de Paris, num. 220 & 222.]

Au N.º 2311, *ajoutez à la Note* :

Il y avoit eu une première Edition du Voyage de Coulon, sous ce titre : L'*Ulysse François*, ou *Voyage de France*, &c. *Paris*, Clouzier, 1643, *in*-8.]

Supplément du Tome I.

2311. * ☞ Mſ. Description d'un Voyage de France (fait en 1657:) in-fol.

Ce Voyage, en Original, de 96 pages, [étoit] dans la Bibliothèque de M. de Fontette, à Dijon. Sur la première page eſt écrit : « Voyage fait avec MM. de » Sainte-Marthe, mes Couſins, fils de Gaucher, Hiſto-» riographe de France.]

PAGE 123, ajoutez,

2317. * ☞ Il piu curioſo e memorabile della Francia, de Michael-Angelo MARIANI : in Venezia, 1673, in-4.

Cet Ecrivain donna, dans la même année, l'Hiſtoire de Trente, ſa Patrie.]

PAGE 124, ajoutez,

2333. * ☞ Voyage en France, en Flandre & en Allemagne ; par M. FRANCKS, Médecin, en dix Lettres adreſſées à Robert Savill : Londres, 1735, in-8. (en Anglois.)

2335. * ☞ Voyage en Hollande, Flandre, & partie de la France, avec une Deſcription de Paris & de ſes Environs ; (par Philippe THICKAINE :) Londres, Kearſley, 1772, in-8. (en Anglois.)

L'Auteur paroît avoir plus vu les Auberges que les Maiſons des François.]

2339. * ☞ Deux Lettres de Lazare-André BOCQUILLOT, où il rend compte d'un Voyage Liturgique en Bourgogne & à Lyon.

Ce ſont les Lettres XXXI & XXXIII. qui ſont après ſa Vie, publiée ſans nom de lieu, 1745, in-12.]

PAGE 125.

Au N.º 2346, ligne 5, après 1718, ajoutez, & 1720.

2347. * ☞ Le Guide du Gentilhomme dans ſon Tour de France ; par un Officier de la Marine Royale : London, Kearſly, 1767, in-8. (en Anglois.)

2347. ** ☞ Itinéraire hiſtorique & géographique des grandes Routes de France ; par Louis DENIS, Géographe : Paris, 1768, in-16.]

Au N.º 2350, ajoutez à la Note :

☞ Ce Voyage de M. de Marca eſt en 62 Vers Héxamétres & Pentamétres.]

Au N.º 2351, effacez Mſ. après SIMONIS, ajoutez, [DE BEAULIEU,] & mettez à la fin : ·

Le Père Mabillon a fait imprimer ce Voyage de Simon de Beaulieu, dans ſes Analecta, tom. II. & enſuite M. Baluze l'a encore donné dans ſes Miſcellanea, tom. IV. ſous ce titre : Acta Viſitationis Provinciarum Burdegalenſis & Bituricenſis, &c.]

2356. * ☞ Voyage fait au Camp devant Fribourg ; par M. DE SAINT-DENIS, ancien Avocat au Conſeil, & ancien Greffier du Parlement : Paris, 1745, in-8.]

Au N.º 2357, mettez en lettres capitales, COURTOIS, & ajoutez, Procureur au Parlement de Paris.

2361. * ☞ Voyage de Paris à Saint-Cloud, par mer & par terre ; (par Louis-Baltaſard NEEL :) Paris, 1751, in-12.

L'Auteur, qui a fait des Ouvrages plus ſérieux, eſt mort en 1754.

2361. ** ☞ Voyage & Retour de Saint-Cloud, par mer & par terre, avec les Annales & Antiquités de Saint-Cloud ; (par Aug. Martin LOTTIN, Libraire & Imprimeur :) Paris, 1753, 1760, in-12.

On voit aſſez par les titres que ces petits Ouvrages ſont des Badineries.]

Au N.º 2362, au lieu de par M. BONNEVAL, liſez, (par J. B. Gimat DE BONNEVAL, Comédien du Roi.)

Au N.º 2364, au lieu de M. N. liſez, Jean-François.

PAGE 126, ajoutez à la fin de la Note du N.º 2368 :

Le même a été réimprimé avec des corrections, en 1770.]

2368. * ☞ Dictionnaire pittoreſque & hiſtorique de Paris & de ſes Environs ; par M. HEBERT : Paris, 1766, in-12.

On l'indique au Tome III. N.º 34523, comme tiré en grande partie des deux Voyages pittoreſques dont on vient de parler. On doit en faire mention dans cet Article, qui étoit imprimé lorſqu'il a paru.]

2372. * ☞ Mſ. Itinéraires des Rois de France, depuis l'an 1300 juſqu'en 1700 : in-fol. 2 vol.

Ces Itinéraires ſont conſervés dans la Bibliothèque du Roi, entre les Manuſcrits de M. de Gaignières.]

2372. ** ☞ Journal du Voyage de Monſeigneur Louis, Duc de Bourgogne, (père de Louis XV.) en 1700.

Ce Prince, avec le Duc de Berry ſon frère, accompagna juſqu'à la Frontière Philippe d'Anjou, qui alloit prendre poſſeſſion de la Couronne d'Eſpagne. La Relation de ce Voyage, qui eſt intéreſſante, ſe trouve pag. 95-250, du tom. II. des Curioſités hiſtoriques: Amſterdam, 1759, in-12.]

2375. * (1.) ☞ Journal de ce qui s'eſt paſſé à l'arrivée & pendant le ſéjour de Meſdames de France à Luneville ; par M. FILLION de Chevigneu, Lieutenant des Gardes à pied du Roi de Pologne (Staniſlas :) 1761, in-8.

Le même, retouché & augmenté de Notes ; par M. JAMET le jeune : 1762, in-12.]

(2.) ☞ Voyage des mêmes en Lorraine ; par M. DE SAUVIGNY, Garde du Corps du Roi de Pologne (Staniſlas :) 1761, in-12.]

(3.) ☞ Relation du ſecond Voyage de Meſdames de France en Lorraine ; par M. FILLION de Chevigneu : 1762, in-8.]

Hiſtoire Naturelle.

PAGE 128, ajoutez,

2381. * ☞ Bibliothèque de Phyſique & d'Hiſtoire Naturelle : veuve David, 1769, in-12. 6 vol.

Cet Ouvrage n'eſt qu'une compilation de ce que divers Auteurs ont écrit ſur la Phyſique générale, la Phyſique particulière, la Botanique, l'Anatomie, l'Hiſtoire Naturelle des Infectes, des Animaux & des Coquillages ; & il s'y trouve beaucoup de choses sur l'Histoire Naturelle de la France.]

2381. ** ☞ Dictionnaire domestique portatif, Ouvrage également utile à ceux qui vivent de leurs rentes, qui ont des terres ; comme aux Fermiers, aux Jardiniers, aux Commerçans, aux Artistes : *Paris*, Lottin le jeune, 1769, *in*-8. 3 vol.

Nous citerons encore cet Ouvrage, parcequ'il contient des détails sur les différentes branches de l'Agriculture, la manière de nourrir & de conserver toutes sortes de Bestiaux ; celle d'élever les Abeilles, les Vers à Soie : on y trouve aussi des Instructions sur la Chasse & la Pêche.

☞ *Nota*. Nous n'indiquons point ici plusieurs autres Ouvrages qu'on a mis dans le Supplément de l'Edition *in*-8. qui a été faite de ce Chapitre : *Paris*, J. Th. Hérissant, 1771, parce qu'ils nous paroissent trop généraux.]

2381. *** ☞ Mémoire dans lequel on cherche à déterminer quelle influence les mœurs des François ont sur leur santé, & qui a remporté le Prix au jugement de l'Académie d'Amiens ; par M. MARET, Docteur en Médecine & Secrétaire de l'Académie de Dijon : *Amiens*, veuve Godart, 1772, *in*-8.

Voyez le *Journal Encyclopédique*, 1772, *Décembre, pag.* 371.]

PAGE 129.

Au N.° 2395, à la fin de la Note, ajoutez :

L'Auteur, M. Desmars, est mort à Boulogne-sur-Mer en 1767.]

2395. * ☞ Mémoire sur l'Isle de Belle-Isle, pour les Habitans & pour la Garnison, envoyé à la Cour, par ordre du Ministre en Décembre 1766 ; par M. ROCHARD, Médecin de Douay.

Ce Mémoire, qui est assez considérable, a été imprimé à la fin du *tom. II.* des *Observations de Médecine & Chirurgie Militaire*, à l'Imprimerie Royale, 1772.]

PAGE 130.

Au N.° 2407, ligne 5, au lieu de Didot, *lisez*, Rollin ; *& après* 1744, *ajoutez*, *in*-4. 3 vol. &

PAGE 131.

Au N.° 2419, après 1722, *ajoutez*, 4 vol. & Delespine, 1730, 6 vol.

PAGE 136.

Dans la Note, ligne 5, au N.° 2457, ligne 7, au lieu de huitième, *lisez*, septième, & *après* M***, ajoutez, (BESNIER , Médecin de Paris :) *enfin observez que* Liébaut *n'étoit pas Médecin*.

Au N.° 2458, *après* Supplément... *ajoutez en Note* :

Il y a eu d'abord un Supplément publié en Hollande, avant celui de Paris.

Au N.° 2459, Supplément, &c. *ajoutez* : Nouvelle Edition (de Genève, sous le titre de) *Paris*, 1730, *in*-fol. 4 vol.

PAGE 137.

Au N.° 2464, *à la fin de la Note, ajoutez* :

On a publié le Tome IX. de cet Ouvrage, en 1771, & il doit être suivi de quelques autres.

Au N.° 2465, *ajoutez après la Note* :

Le même, nouvelle Edition, augmentée, &c. *Paris*, la Combe, 1768, *in*-4. 4 vol. & *in*-8. 6 vol.]

2466. * ☞ Suite de l'Histoire Naturelle de M. DE BUFFON, XIV, XV & XVI. vol. Ce dernier contient le commencement de l'Histoire des Oiseaux : *Paris*, de l'Imprimerie Royale, Pankouke, 1770, *in*-4.

La même : *in*-12. 6 vol.

2466. ** ☞ Histoire Naturelle, générale & particulière, de laquelle on a séparé la partie de M. D'AUBENTON, (sçavoir l'Anatomique ;) par M. DE BUFFON : *Paris*, Imprimerie Royale, Pankouke, 1769, 1770, *in*-12. 13 vol.

PAGE 139, *ajoutez*,

2494. * ☞ Histoire des Fièvres Catarrhales putrides qui ont règné à Auxerre, depuis l'année 1756 jusqu'en 1759 ; par M. HOUSSET, de la Société Royale des Sciences, Médecin des Hôpitaux. *Journal de Médecine*, tom. XXIV. *Janvier, p.* 38-48.]

PAGE 140, *ajoutez*,

2501. * ☞ Mémoire sur les Pleuropneumonies épidémiques de quelques Villages du Diocèse de Béfiers (à Servian & Lieuran,) & dans celui de Narbonne (à Capeftang,) en 1748 & 1757, lu à la Séance publique de l'Académie des Sciences & Belles-Lettres de Béfiers, le 26 Octobre 1758 ; par M. BOUILLET le fils : *Béfiers*, Barbut, 1759, *in*-4.

2503. * ☞ Détail des Maladies particulières qui ont régné en 1743, 1744 & 1745, à Béfiers.

On le trouve dans le *tom. II.* des *Elémens de Médecine pratique* du même M. BOUILLET : *Béfiers*, Barbut, 1746, *in*-4.]

2503. ** ☞ Mf. Exposition des Maladies aiguës qui ont été observées à Béfiers, & dans d'autres Lieux, soit en France, soit dans les Pays Etrangers, depuis le commencement de 1746 jusqu'à la fin de 1769, contenant la manière dont elles ont été traitées : à quoi on a joint des Mémoires Académiques relatifs à ces Maladies, des Consultations sur quelques Maladies chroniques, des Remarques de Théorie & de Pratique sur les Maladies aiguës, des Observations sur la Saignée en général, & des Observations sur l'Emphysème, provenant de cause interne ; par M. BOUILLET le père : approuvée par la Société Royale de Montpellier : *in*-4. d'environ 500 pages.

Cet Ouvrage est entre les mains de l'Auteur, qui continue de faire des Observations si utiles, & est Secrétaire de l'Académie de Béfiers.]

PAGE 141.

Au N.° 2517, *ajoutez* Mf. *avant* Observations.

Au N.° 2524; *en Note:*

Florent-Guillaume Tulli, Irlandois, étoit Médecin du Prince Charles-Edouard Stuart, & est Correspondant de l'Académie Royale des Sciences de Paris.]

Au N.° 2528, *aussi en Note:*

M. Juvet père, est Médecin de l'Hôpital Militaire de Bourbonne en Champagne.

2528.* ☞ Traité sur la maladie pestilentielle qui dépeuploit la *Franche-Comté*, en 1707 ; par Claude-Nicolas BILLERY : *Besançon, in* 12.]

2529.* ☞ Dissertatio Medico-physica de Aëris naturâ & influxu in generationem morborum, cui accessit Corollarium de Aëre, aquis & locis Foro-Juliensibus (*de Fréjus*,) Præside Paulo-Josepho BARTHEZ, Regis Consiliario, & Medico in alma Universitate Monspeliensi, Medicinæ Professore Regis dignissimo : *Montpellier*, Vidua Martel, *in*-4. 38 pages.

Cette Dissertation a été imprimée deux fois.

Au N.° 2530, *ajoutez en Note:*

Joseph Goisson étoit Principal du Collège de Dombes : il est mort en 1751.]

PAGE 142, *ajoutez*,

2536.* ☞ La Conduite assurée du désinfectement des Personnes, des Maisons, des Animaux & des Etables en temps de contagion, pour en arrêter le cours, & conserver la vie à plusieurs, &c. Dieu y donne sa bénédiction ; communiqué au Public, par Messire Arnauld BARIC, Prêtre, Bachelier en Théologie : *Paris*, Langlois, 1668, *in*-16. de 137 pages.

Ces remèdes, qui réussirent dans les principales Villes du Languedoc, Gascogne, &c. en 1631, lui avoient été donnés (dit-il,) par Louis Ribeyron, Prêtre, surnommé l'Hermite.]

2536.** ☞ Mémoires sur les maladies épidémiques qui depuis cinq ans ont régné dans le Pays *Laonnois* ; par M. DUFOT, Médecin Pensionnaire de la Ville de Laon : *Laon*, Calvet, 1770, *in*-8.]

2539.* ☞ Traicté de la Peste, contenant les causes, signes, précaution, & cure d'icelle ; ensemble les causes & cure de la maladie populaire, qui a régné (à *Limoges*) l'année dernière passée, 1595 ; par Jehan DAVID, Docteur Médecin : *Limoges*, Barbou, 1596, *in*-16.]

Au N.° 2543, *après la ligne* 5, *ajoutez*,

On donna la même année la Traduction de cet Ouvrage avec ce titre :

2543.* ☞ Ordre publié pour la Ville de Lyon, pendant la maladie contagieuse : *Lyon*, 1670, *in*-4.]

PAGE 143, *ajoutez*,

2547.* ☞ Mémoire raisonné des remèdes & du régime à pratiquer dans la maladie qui assiége la Ville du *Mans* & les Paroisses circonvoisines ; par M. VETILLART, Docteur en Médecine : envoyé au mois d'Octobre 1767, par M. du Chezel, Intendant de la Généralité de Tours, pour combattre ladite maladie.

Ce Mémoire a été imprimé par ordre de M. l'Intendant : *au Mans*, Monnoyer, 1767, *in*-4.

2557.* ☞ Relation de la Peste de Marseille ; par M. (Jean-Bapt.) BERTRAND, Docteur en Médecine : *Marseille*, Boy, 1720, *in*-12.

L'Auteur est mort en 1752.]

2559.* ☞ Notes sur cette même Relation : *Turin*, Fontana, 1722, *in*-12. de 60 pages.

C'est encore une Critique, où l'on accuse l'Auteur de la Relation, de partialité & de malignité.]

PAGE 144, *ajoutez*,

2563.* ☞ Ms. Détail sur la Peste de Marseille ; par J. B. BOURGUET, premier Commis du Greffe de l'Amirauté de Marseille, témoin oculaire : *in-fol.*

Cette Relation forme la plus grande partie d'un Manuscrit, qui est dans le Cabinet de M. Beaucousin, Avocat au Parlement de Paris, & qui contient le produit des Greffes des Amirautés de Provence & de Languedoc, de 1719 à 1723. La Relation de la Peste occupe dans ce Volume depuis la page 53 jusqu'à la page 211.]

2564.* ☞ Dissertation sur la Peste de Provence ; par M. ASTRUC, traduite en Latin, avec des Notes ; par J. Jacq. SCHEUCHZER, 1722, *in*-8.]

2564.** ☞ Dissertation sur la Peste de Provence ; par (M. REY, sous le nom de) M. AGNEZ : 1721, *in*-12.

Guillaume Rey, Médecin, & des Académies de Lyon, sa patrie, est mort le 10 Février 1756.]

2569.* ☞ Mémoire sur la maladie épidémique qui a régné en 1768 à *Meyrveis* & ses Environs, au Diocèse d'Alais, & en quelques autres endroits de Languedoc ; par M. TANDON, D. M. M. (Docteur Médecin de Montpellier :) *Montpellier*, 1769, *in*-8.]

Au N.° 2572, *au lieu de* MARQUE, *lisez*, MARQUET.

2575.* ☞ Tables nosologiques & météorologiques, très-étendues, dressées à l'Hôtel-Dieu de Nismes, depuis le premier Janvier 1760, jusqu'au premier Janvier 1762 ; par M. RAZOUX, Docteur en Médecine : *Basle*, Jen-of, & fils ; *Paris*, Valat-la-Chapelle, 1767, *in*-4.]

Au N.° 2576, *lisez ainsi* : Relation du Vent de Nyhons, dit le Ponthias en Dauphiné, sortant d'une Montagne appellé le Mont Ventoux.

PAGE 145, *ajoutez*,

2580.* ☞ Observations sur les Maladies qui ont eu cours à Paris pendant les années 1670 & 1671.

Elles se trouvent dans « l'Etat général des Baptêmes, » Mariages & Extraits mortuaires des Paroisses de la » Ville & Fauxbourgs de Paris : *Paris*, Léonard, 1671.

Préliminaires : Histoire Naturelle de la France. 241

PAGE 146, *ajoutez,*

Au N.° 2595, *après le prem. mot de la Note,* L'Auteur, (Antoine LE CAMUS, Médecin de Paris.)

Au N.° 1607, *ligne* 5, *après* Sciences, *ajoutez,* & par M. DE NAINVILLIERS son frère.)

PAGE 147, *ajoutez,*

2617.* ☞ Histoire des Maladies de Saint-Domingue; par M. POUPPÉ DESPORTES, Médecin du Roi, & Correspondant de l'Académie Royale des Sciences de Paris : *Paris,* Lejay, 1770, *in-*12. 3 vol.

On y trouve d'excellentes Observations sur l'air de Saint-Domingue. Il en résulte que la corruption qui règne dans l'air est une des principales causes des maladies de ce Pays. Le troisième Volume est un Traité des Plantes usuelles de l'Amérique, où il corrige le Père Plumier. On y a joint deux Mémoires curieux, l'un sur le Sucre, l'autre sur une source d'Eau chaude trouvée dans l'Isle de Saint-Domingue, au Quartier de Mirebalais. L'Auteur est mort en 1748 dans cette Isle, où il avoit demeuré 14 ans.]

PAGE 148, *ajoutez,*

2629.* ☞ Traité de la Dyssenterie, principalement de celle qui a eu cours (à *Tulle*) cette année 1625; par Anthoine MEYNARD, Docteur en Médecine : *Tulle,* Sol, 1625, *in-*8. de 69 pages.]

2637.* ☞ Voyage au Mont-Pilate, dans la Province du Lyonnois, contenant des Observations d'Histoire Naturelle sur cette Montagne & les lieux circonvoisins, &c. *Avignon & Lyon,* 1770, *in-*8.]

PAGE 149.

Avant le N.° 2638, *ajoutez,*

On trouve encore une Description du Mont de Pilate en Dauphiné; par Jean DU CHOUL, avec celle de quelques autres Montagnes, à la fin du Traité de Conrad Gesner, *De raris & admirandis Herbis,* &c. *Tiguri,* 1555, *in-*4.]

2642.* ☞ Observations sur les Montagnes d'Auvergne, qui ont été autrefois des Volcans, avec des Cartes & Figures à ce sujet; par MM. DESMARETS & PASUMOT.

Cet Ouvrage s'imprime actuellement, *in-*4. mais les Cartes, &c. sont grand *in-fol.*]

Au N.° 2650, *ajoutez à la Note, mais avant celle qui s'y trouve* :

Cet Ouvrage avoit d'abord été imprimé à Paris en 1563, selon l'Article de *Palissy* dans Moréri; où l'on ajoute que dans l'Edition de 1636 on a joint le *Discours* indiqué au N.° 2649.]

PAGE 150, *ajoutez,*

2661.* ☞ Recueil de divers Traités sur l'Histoire Naturelle de la Terre & des Fossiles : *Paris,* Saillant, 1767, *in-*4.]

PAGE 151, *ajoutez,*

2664.* ☞ Dictionnaire Universel des Fossiles propres, & des Fossiles accidentels; par Mr E. (Elie) BERTRAND, Pasteur de Berne : *la Haye,* 1763, grand *in-*8. 2 vol. *Avignon,* 1763, *in-*8. petit caractère.]

2664.** ☞ Dictionnaire de toutes les Mines, Terres, Fossiles, Fleurs, Sables, Cailloux, Crystallisations, Fontaines minérales qui se trouvent en France; contenant leur description raisonnée, & tous les différens usages auxquels on peut les employer dans la société civile; pour servir de suite au Dictionnaire des Animaux & des Végétaux du Royaume; par M. BUCHOZ, Médecin : *Paris,* Costard, 1772, &c. *in-*8. 4 vol.]

2664.*** ☞ Catalogue raisonné d'une Collection choisie de Minéraux, Crystallisations, Madrepores, Coquilles & autres curiosités de la nature : *Paris,* Delalain, 1769, *in-*12.]

Au N.° 2666, *ajoutez en Note* :

Voyez ci-dessus, pag. 126', & N.° 684, ce qui est dit de l'Atlas Minéralogique du même M. Guettard.]

Au N.° 2670, *effacez* Ms. *& ajoutez à la fin de la Note* :

Ces Observations ont été imprimées depuis, sous le titre de *Mémoires sur quelques Fossiles d'Artois,* 1765, *in-*12.]

2675.* ☞ Mémoire dans lequel on compare le Canada à la Suisse, par rapport à ses Minéraux; par M. GUETTARD, avec deux Cartes de M. BUACHE.

Dans les *Mémoires de l'Académie des Sciences,* ann. 1752. pag. 189 & 323.]

PAGE 152, *ajoutez,*

2679.* ☞ Vallerius Lotharingiæ, ou Catalogue des Mines, Terres, Fossiles & Cailloux qu'on trouve dans la Lorraine & les trois Evêchés ; ensemble leurs propriétés dans la Médecine, dans les Arts & Métiers; par M. BUCHOZ : *Paris,* Durand *& Fetil,* 1769, *in-*8. 1 vol.

Ce Livre n'est qu'un démembrement du Dictionnaire dont nous avons parlé ci-dessus, au N.° 2664.**.

Au N.° 2683, *lignes* 2 *&* 3, *au lieu de* Conseiller, *lisez,* Lieutenant-Particulier... *Et ajoutez en Note* :

L'Auteur se nommoit BOULLANGER DE RIVERY, comme on le voit au N.° 11025.]

2683.* ☞ Ms. Mémoire sur l'Histoire minéralogique de la France, & particulièrement de la Picardie; par M. DE LAVOISIER, Fermier-Général, Adjoint de l'Académie Royale des Sciences.

Ce Mémoire a été lu à l'Assemblée publique de l'Académie des Sciences d'Amiens, le 25 Août 1770, & est conservé dans ses Archives.]

2686.* ☞ Description méthodique d'une Collection de Minéraux du Cabinet de M. D. R. D. L. Ouvrage où l'on donne de nouvelles idées sur la formation & la décomposition des Mines, avec un court Exposé des sentimens des Minéralogistes les plus connus sur la nature de chaque espèce, &c. par DE ROMÉ DE L'ISLE : *Paris,* Didot le jeune, 1773, *in-*8.

C'est une Nomenclature instructive, qui forme une espèce de corps complet de Minéralogie.]

PAGE 153.

Au N.° 2694, *ajoutez à la fin de la Note* :

Le Sieur Bizet ne parle point de la Tourbe des Envi-

H h

rons de Beauvais, dont l'espèce est assez différente de celle d'Amiens. Charles Patin, originaire du Beauvaisis, dans son Traité des Tourbes, indiqué au N.° 2691, n'en parle pas non plus. C'est qu'on n'a découvert cette Tourbe, que depuis peu d'années. Il se trouve aussi dans le Beauvaisis de la Terre propre à faire du Vitriol.]

PAGE 154, *ajoutez,*

2705. * ☞ Histoire de la Découverte faite en France de Matières semblables à celle dont la Porcelaine de la Chine est composée ; par M. GUETTARD, de l'Académie Royale des Sciences : *Paris*, Imprimerie Royale, 1765, *in-*4.

Ce Mémoire, lu à l'Assemblée publique le 13 Novembre, fut imprimé aussi-tôt. Il se trouve encore dans le Recueil que cet Académicien a donné de ses Mémoires en 3 vol. *in-*4. *Paris*, Costard, 1774. On a établi en conséquence une Manufacture de Porcelaine à Vincennes.]

2714. * ☞ De la Pierre & des Carrières qui produisent la Chaux ; par M. FOURCROY DE RAMECOURT, Ingénieur du Roi en Chef à Calais, & Associé Libre de l'Académie de Metz.

On trouve à ce sujet un détail considérable dans l'*Art du Chaufournier : Paris*, Desaint & Saillant, 1766, *in-fol.* L'Auteur croit que la meilleure Chaux connue se fait aux environs de Metz, Thionville & Bitsche, en Lorraine.]

2719. * ☞ Mf. Mémoire sur les Pierres des différentes Carrières de Franche-Comté ; par M. LE NORMAND DE VAUTIBAUT.

☞ Mf. Mémoire sur les Pétrifications & autres Curiosités naturelles de la Franche-Comté ; par le même.

Ces deux Mémoires sont conservés dans les Registres de l'Académie de Besançon.]

PAGE 155, *ajoutez,*

2724. * ☞ Observations de M. DE RÉAUMUR, sur les Mines de *Turquoises* du Royaume, sur la nature & la matière qu'on y trouve, & sur la manière dont on y donne la couleur. *Hist. de l'Académie des Sciences*, 1715, *pag.* 1, & *Mémoires, pag.* 230.]

2729. * ☞ Mémoire sur le Vitriol d'Alais ; par M. l'Abbé DE SAUVAGES.

Dans la Relation de l'Assemblée de la Société Royale de Montpellier, du 23 Décembre 1746.]

PAGE 156.

Au N.° 2744, *effacez* Mf. & *ajoutez* à la Note :

Ce Mémoire a été imprimé depuis dans les *Mélanges historiques de M. d'Orbessan :* (*Toulouse*, Birosse, 1768, *in-*8.) *tom. II. pag.* 423.

Au N.° 2745, *effacez* Mf. *au lieu de* minéralogique, *lisez*, topographique. Et *dans la Note,* ligne 1, *au lieu de* est entre les mains de l'Auteur, *lisez,* a été imprimé dans les *Mémoires de l'Académie Royale des Sciences,* année 1763, *pag.* 45.

PAGE 157, *ajoutez,*

2762. * ☞ Du Charbon de Terre, & de ses Mines ; par M. (Jean-François-Clément) MORAND, Médecin de Paris, & de l'Académie des Sciences : *Paris*, Desaint & Saillant, 1769, *in-fol.*

C'est le quarantième Cahier des Arts décrits par l'Académie des Sciences.]

2762. ** ☞ Additions & Corrections relatives à l'Art du Charbonnier ; par M. DUHAMEL DU MONCEAU, de l'Académie Royale des Sciences : *Paris*, Desaint & Saillant, *in-fol.*

Ce Supplément est tiré en partie des Mémoires qui ont été envoyés par M. D'AUGENOUST, Capitaine en premier dans le Corps Royal d'Artillerie. On trouve dans cet Ouvrage une manière de préparer le Charbon minéral ou la Houille, pour la substituer au Charbon de bois dans les travaux métallurgiques.]

2762. *** ☞ Mémoire sur la nature, les effets, propriétés & avantages du Charbon de terre, apprêté pour être employé commodément, économiquement & sans inconvénient au chauffage & à tous les usages domestiques ; par M. MORAND : *Paris*, Delalain, 1770, *in-*12. figures.

M. Morand vient de publier de nouvelles Recherches sur le Charbon de Terre : *in-fol.* avec des Cartes Géographiques, par MM. Buache : 1773.]

PAGE 158, *ajoutez,*

Au N.° 2771, à la ligne 3, *de la Note, après* mort en, *ajoutez*, 1754.

Au N.° 2774, ligne 3, *au lieu des* Gorges, *lisez,* de S. Georges, & *ajoutez en Note :*

Voyez encore les Mines d'or & d'argent de France, ci-devant, au N.° 2685.]

PAGE 159.

Au N.° 2784, *effacez* Mf. & *lisez à la Note :*

Cette Dissertation a été imprimée dans les « Observations sur la Physique, l'Histoire Naturelle & les » Arts », publiées par M. Toussaint : *Paris*, (vers 1755.) *in-*4.]

2786. * ☞ Description des Grottes d'Arcy ; par M. MARTINEAU DE SOLEINE.

Dans le Dictionnaire de Moréri : elle paroît cependant la même que celle de M. Perrault. M. Martineau fit en 1716 la visite de ces Grottes, par ordre de M. le Duc d'Orléans, Régent du Royaume, selon M. Lebeuf, dans ses *Mémoires sur Auxerre*, *in-*4. *t. II. pag.* 524.]

2791. * ☞ Mf. Description de la Grotte de la Balme en Bregey, remarquable par son étendue & par les concrétions calcaires qu'on y trouve.

Elle est conservée dans les Registres de l'Académie de Dijon.]

PAGE 160.

Au N.° 2799, à *la fin de la Note, après pag.* 19 ; *ajoutez,* du Recueil de cette Académie : *Béziers*, Barbut, 1736, *in-*4.

PAGE 162, *ajoutez,*

2832. * ☞ Observations sur les mouvemens des Marées à la Côte de Flandres ; par M. FOURCROY DE RAMECOURT, brigadier des Armées du Roi, Ingénieur en

Préliminaires : Histoire Naturelle de la France. 243

Chef à Calais, &c. *Mémoires présentés à l'Académie des Sciences*, tom. VI.

[Ce Mémoire contient une comparaison entre les hauteurs de la pleine Mer, & celle des terres de toute la Flandre Maritime, depuis Calais jusqu'à Ostende; d'où l'Auteur déduit la hauteur convenable aux Digues, Quais, Ecluses, & autres Ouvrages contre la Mer, le long des côtes de tout ce bas Pays.]

2836. * ☞ Examen chymique & pratique des Eaux de la Loire, du Loiret & des puits de la Ville d'Orléans ; par M. GUINDANT, Médecin de la Faculté de Paris : *Orléans*, 1769, *in-*12.

[Ce Mémoire contient le résultat d'un travail qui a été agréable & utile à la Ville d'Orléans, en faisant connoître combien il est important d'abandonner les Eaux de puits pour celles de la Loire. On voudroit seulement ne pas trouver dans cet Ouvrage des exagérations sur les propriétés des Eaux de la Loire. D'après l'Auteur, il s'ensuivroit que l'eau de cette Rivière est une panacée universelle. Ce style ampoullé est plutôt fait pour un Roman que pour un Ouvrage de Science.]

[Le N.° 2837 doit être effacé avec la Note M. Buache n'ayant point lu ces Observations. On n'en a trouvé que quelques fragmens dans son Cabinet, après sa mort arrivée en Janvier 1772. On a indiqué ci-devant la Carte de M. Jousse, & les Papiers de M. Philippe Buache à ce sujet sont avec les autres de son riche Cabinet, qui est en la possession de M. Jean-Nicolas Buache son cousin, aussi Géographe.]

PAGE 163.

A la fin de la Note du N.° 2843, *ajoutez* ;

C'est M. (Antoine) LE CAMUS, Médecin de Paris ; qui est Auteur de cette Dissertation : il est mort en 1772.

Au N.° 2846, *à la fin de la Note, ajoutez,* & dans ce Supplément, pag. 228.]

2846. * ☞ Analyses comparées des Eaux de l'Yvette, de Seine, d'Arcueil, de Villedavray, de Sainte-Reine, de Bristol ; imprimées à la suite du Mémoire de M. DE PARCIEUX, sous le titre de *Compte rendu à la Faculté de Médecine de Paris* ; par les Commissaires nommés pour l'examen de l'Eau de l'Yvette : *Paris*, Pankouke, 1767, *in-*12.

[Ce Livre est un Extrait du second Mémoire de M. DE PARCIEUX, (ci-dev. N.° 931 *.) Comme ce Mémoire n'étoit pas destiné à être distribué, on a cru que le Public verroit avec plaisir les Analyses qu'il contient.]

2846. ** ☞ An aliæ à Sequanicis Aquæ Parisiensibus ad potum sint desiderandæ ? Quæstio Medica, propugnata ab Ambrosio Augustino BELANGER, ann. 1767, in Universitate Parisiensi : *in-*4.

[L'Auteur conclut pour la négative, & donne l'exclusion aux Eaux de la Rivière d'Yvette, malgré les inconvéniens de la Seine, qui, traversant Paris, voiture avec elle les immondices de cette Capitale.]

2848. * ☞ Extrait du Mémoire de M. DE SAUVAGES, sur quelques Fontaines du Languedoc : 1. la Fontaine soufrée près d'Anzon : 2. celle de Naphte, dans un ravin

près de Servas : 3. celle de Saint-Félix, entre Anduse & la Salle.

[Dans la Relation de l'Assemblée publique de la Société Royale de Montpellier, du 2 Décembre 1745.]

Après N.° 2852, *ajoutez,*

— ☞ De la curieuse Fontaine Gadeline, près d'Angers.

Voyez ci-après, au N.° 3709 *, de ce Supplément.]

PAGE 164.

Au N.° 2861, *au lieu de* Forgirenon, *lisez,* Corgirenon.

PAGE 165, *ajoutez,*

2867. * ☞ Mf. Mémoire sur les Eaux de la Rochelle ; par M. RICHARD : lu le 15 Mai 1743, dans la Séance publique de l'Académie de cette Ville.

[Il est conservé dans ses Registres ; mais il y en a un long Extrait dans le *Mercure*, 1743, *Septembre,* pag. 2028.]

2872. * ☞ Description de la Fontaine de *Vaucluse*, source de la Rivière de Sorgue, dans le Comté Venaissin.

[Elle se trouve en plusieurs endroits des Œuvres de Pétrarque, & dans les Dictionnaires de Moréri & de la Martinière, au mot *Vaucluse*.]

2872. ** ☞ Mf. Recherches de M. BRISSON, sur l'Histoire naturelle de la Fontaine de *Vaucluse* & de la Rivière de *Sorgue*, qui en dérive, lues le 5 Mai 1772, à l'Assemblée publique de l'Académie de Lyon.

[Elle est conservée dans les Registres de cette Académie.]

Le titre du Livre indiqué au N.° 1874, *doit être ainsi :*

27874. * ☞ La merveille des Eaux naturelles, Sources & Fontaines Médicinales les plus célèbres de la France, comme de Pougues, Bourbon-les-bains, & autres : où sont traictées les vertus merveilleuses qu'elles ont chacune en particulier contre les maladies & diverses indispositions des corps ; avec la Méthode de bien user & se préparer à en boire ; & les Histoires récentes de plusieurs qui ont été guéris, affligés de maladies incurables. Faict en faveur de ceux qui en la nécessité ont recours à leur emploi salutaire ; par Jean BANC, Docteur en Médecine, de Moulins : *Paris*, Sévestre, 1606, *in-*12.]

PAGE 166, *ajoutez,*

2882. * ☞ Mf. Analyse de plusieurs Eaux minérales ; par Pierre SEIGNETTE, Médecin.

[Cet Ouvrage est conservé dans le Cabinet de M. Seignette, Conseiller au Présidial de la Rochelle, son fils. L'Auteur est mort en 1719.]

2884. * ☞ Traité des Eaux minérales, avec plusieurs Mémoires de Chymie relatifs à cet objet ; par M. MONNET, de la Société Royale de Turin, & de l'Académie Royale des Sciences, Arts & Belles-Lettres de Rouen : *Paris*, Didot le jeune, 1768, *in-12*.]

2884.* ☞ Méthode générale d'analyser, ou Recherches physiques sur les moyens de connoître toutes les Eaux minérales, traduit de l'Anglois ; par M. COSTE, Conseiller, Docteur en Médecine, & ancien Médecin des Gardes de Sa Majesté le Roi de Prusse : *Paris*, Vincent, 1767, *in-12*.]

2887.* ☞ Mf. Tractatus de Aquarum Galliæ medicatarum natura, viribus & usu : auctore Petro Joanne BURETTE, Doctore Medico : *in-12*.

Cet Ouvrage est le résultat des Leçons que M. Burette (mort en 1747,) dictoit au Collège Royal. Il est conservé dans le Cabinet de M. le Bégue de Presle, Docteur de la Faculté de Médecine de Paris.]

2887.** ☞ Caroli LE ROI, de Aquarum mineralium natura & usu, Propositiones prælectionibus accommodatæ : *Monspelii*, Rochard, 1758, *in-8*.]

2887.*** ☞ Mémoire sur l'Analyse des Eaux minérales, Ouvrage couronné par l'Académie Royale des Sciences, Belles-Lettres & Arts de Bordeaux, à l'Assemblée du 25 Août 1769.

Ce Mémoire, qui est de M. MARTEAU, Médecin d'Amiens, présente une espèce de Traité complet, dont la première partie donne dans le détail le plus instructif les procédés analytiques qui peuvent le mieux découvrir les différens principes des Eaux minérales ; & la seconde, la meilleure méthode d'administrer ce genre de remède.]

Après N.º 2890, ajoutez,

— ☞ Des Eaux d'*Alincourt*, (ou *Halencourt*,) dans l'Election d'Abbeville.

Voyez ci-après, à l'Article de celles de *Vitry-le-François*, N.º 2382* de ce Supplément.]

PAGE 167.

Au N.º 1894, *lisez*, Aquarum (par un grand A) (car c'est le nom de la Ville d'Acqs, ou de Dax.)

PAGE 168.

Au N.º 2922, *mettez* (en pet. capitales) SEBISII.
Au N.º 2924, *lisez*, DU PATY.

PAGE 169.

Au N.º 2941, *effacez* Mf. & *lisez* en Note :

Cet Essai a été imprimé depuis, dans les *Mélanges historiques de M. d'Orbessan* : (*Toulouse*, Biroffe, 1768, *in-8*.) tom. II. pag. 430.]

PAGE 171, *ajoutez,*

2964.* ☞ Dissertations sur les Eaux & les Boues de *Barbotan* ; par le Sieur GARLON, Chirurgien à Bordeaux : *Bordeaux*, 1750, *in-12*.]

2975.* ☞ Dissertation sur les Eaux de *Barrège*, dans les Ecrouelles ; par M. THÉOPHILE DE BORDEU, Médecin de la Faculté de Paris.

Cette Dissertation est imprimée à la fin des *Recherches sur le tissu muqueux* : *Paris*, Didot, 1751, *in-12*.]

PAGE 172, *ajoutez,*

2984.* ☞ Projet d'un Mémoire sur les Eaux du *Boulidou*, & sur les Phénomènes que l'on observe à un puits de *Pérols*, Village à une lieue de Montpellier ; par M. HAGUENOT.

Dans la Relation de l'Assemblée publique de la Société Royale de Montpellier, du 21 Novembre 1743.]

Au N.º 2986, ajoutez en Note :

☞ Dans une Edition de 1651, (*Paris*, David,) on trouve de plus un Traité sur la Macreuse & la Poudre de sympathie.]

PAGE 173.

Au N.º 3010, ligne 4. au lieu de JUY, *lisez*, JOUY ; & ligne 5. au lieu de *in-12*. *lisez*, *in-16*.

Au N.º 3012, ligne 2. au lieu de BAUDRY, *lisez*, BAUDY.

Au N.º 3013, au lieu de Dissertations, *lisez*, Dissertation.

Ajoutez ensuite,

3014.* ☞ Observations sur les effets des Eaux de Bourbonne-les-bains, dans les maladies hystériques & chroniques ; par M. CHEVALIER, ci-devant Chirurgien de l'Hôpital Royal & Militaire de Bourbonne, & Maître en Chirurgie dans la même Ville.

Dans le *Journal de Médecine*, 1770, *Juillet & Août*, 2. part. Ce Mémoire paroit avoir été fait pour constater l'efficacité des Eaux thermales dans les maladies hystériques & chroniques, efficacité méconnue & proscrite de la cure des maladies des nerfs, par l'Auteur du Traité des Affections vaporeuses des deux sexes.]

3014.** ☞ Deux Réponses de M. BRUN, Médecin, aux deux parties du Mémoire de M. CHEVALIER, sur les Eaux minérales de *Bourbonne*.

Dans le *Journal de Médecine*, 1770, *Septembre*.]

PAGE 175, *ajoutez,*

3044.*. ☞ Traité des Eaux minérales de *Dieu-le-fit*, en Dauphiné, (près de Montelimart ;) par M. POTIAN, Docteur en Médecine : *Avignon*, 1749, *in-12*.]

3045.* ☞ Mf. Mémoires de M. DE CHESSERILLES, sur les Bains de *Digne*.

Ils sont conservés à Digne, dans la Famille de l'Auteur.]

3053.* ☞ Eloge de la Fontaine minérale de l'*Epervière*, à une lieue de la Ville d'Angers ; par M. DE LA SORINIERE : *Illa mihi pleno de fonte ministrat*. Ovid. Faft. *Mercure de France*, 1770, *Octobre*.

Cette Pièce contient une centaine de Vers.]

3055.* ☞ Examen chymique de l'Eau minérale de l'Abbaye des *Fontenelles*, en Poitou, près la Roche-sur-Yon ; par M. CORDON, Docteur en Médecine. *Journal de Médecine*, 1766, *Novembre*.

Ce Mémoire contient l'exposé des expériences faites sur ces Eaux, le résultat de l'Analyse, dix Observations sur les cures opérées par la vertu desdites Eaux pendant l'espace de deux ans. On trouve aussi à la fin plusieurs Lettres écrites au sujet des Eaux de cette Abbaye.]

Préliminaires : Histoire Naturelle de la France.

PAGE 176, *ajoutez*,

3073. * ☞ Histoire naturelle de la Fontaine qui brûle près de *Grenoble*; par Jean TARDIN, Docteur en Médecine : *Tournon*, 1618, *in*-12.

3081. * ☞ An Aquæ *Hacquiniensès* medicamentosæ ? Thèse soutenue aux Écoles de Médecine en 1621 ; par Antoine CHARPENTIER : *Paris, in*-4.

D'après une Analyse exacte, il prouve que les Eaux de cette Fontaine sont différentes de celles de Spa & de Forges ; & vu le grand nombre d'expériences, il conclut qu'elles sont médicinales.]

PAGE 177, *ajoutez*,

3091. * ☞ Le miracle de la nature en la guérison de toutes sortes de maladies provenantes de qualités chaudes, tant premières que secondes, par l'usage des Eaux de *Louverot*, près Lons-le-Saulnier, en Franche-Comté ; par le Sieur Jean-Baptiste GIRARDET de Lons-le-Saulnier, Docteur en Médecine : *Besançon*, Rigoine, 1677, *in*-12.

L'Auteur recherche dans la première partie de son Ouvrage, d'où est venu la connoissance & l'usage des Eaux minérales ; la seconde comprend l'Analyse de ces Eaux, & traite des vertus qu'elles possèdent ; la troisième a pour objet la méthode de prendre les Eaux minérales ; la quattrième est intitulée : *Défense contre ceux qui blâment malicieusement l'Usage des Eaux minérales.*]

3092. * ☞ Mf. Eclaircissement sur les Eaux minérales de *Luxeuil* ; par Jean-Claude SABEN, Médecin.

Ce Manuscrit est conservé à Luxeuil, dans la Bibliothèque de M. Prinet. L'Auteur paroît avoir réuni la spéculation à la pratique. Il y traite l'historique de ces Eaux & leur nature, tant des chaudes que des froides, savoreuses ou martiales, la manière de les prendre, & les maladies auxquelles elles sont propres.]

PAGE 178, *ajoutez*,

3105. * ☞ Traité des Eaux minérales de *Merlanges* ; contenant, 1.° l'Analyse desdites Eaux ; 2.° plusieurs Pièces qui tendent à constater l'état de leurs sources ; 3.° une Thèse soutenue aux Ecoles de Médecine de Paris, sur leurs vertus dans les maladies chroniques ; 4.° la traduction de ladite Thèse ; 5.° les Observations de plusieurs Médecins de la Faculté de Paris, sur leurs propriétés médicinales : *Paris*, Quillau, 1766, *in*-12. de 194 pages.]

3115. * ☞ Les Eaux minérales de *Nancy*; par M. Charles BAGARD, Président du Collège Royal des Médecins de Nancy, de l'Académie de la même Ville : *Nancy*, 1763, *in*-8.]

PAGE 179, *ajoutez*,

3138. * ☞ Réponse de M. DE MACHY, aux Observations de M. CADET, sur un Ouvrage qui a pour titre : *Examen Physique & Chymique d'une Eau minérale*, insérées dans le premier Volume du Mercure du mois de Décembre 1755. *Mercure de Janvier* 1756, *pag.* 134.]

PAGE 180, *ajoutez*,

3141. * ☞ Lettre de M *, à M. le Prieur de C *, au sujet des Eaux minérales de *Passy*. Mercure de Janvier, 1756, Vol. I. *pag.* 139.

Cette Lettre a été réimprimée dans le *Journal Encyclopédique, Août*, 1769, sous ce titre : « Observations sur l'Article *Passy*, du Dictionnaire des Gaules, (de l'Abbé Expilly ».)

L'Auteur, qui a gardé l'anonyme, a prétendu démontrer que les nouvelles Eaux sont factices : il dit même avoir trouvé dans une des caves de ces Eaux, un tas de mâche-fer, dont il devina bien-tôt l'usage.]

3143. * ☞ Notes de M. LE VEILLARD, Gentilhomme servant ordinaire du Roi, en Réponse à la Lettre précédente. *Journal de Médecine*, 1769, Décembre.

Elles ont aussi été imprimées séparément : *Paris*, Vincent, 1769, petite Brochure de 16 pages.

M. le Veillard, dans ces Notes, venge les nouvelles Eaux de Passy de l'imputation qu'on leur faisoit d'être factices : il rapporte, à cet effet, le résultat des Analyses & Expériences qui en ont été faites en différens temps par des Médecins éclairés.]

3143. ** ☞ Réponse aux Notes de M. le Veillard : 1770, *in*-12. de 40 pages ; (sans nom d'Imprimeur, ni d'Auteur.)

L'Auteur de cette Réponse combat les raisons de son adversaire, & cherche à établir la supériorité des anciennes Eaux sur les nouvelles. Il a encore mis à la tête de sa Réponse, la Lettre de M *, à M. le Prieur de C *, au sujet des Eaux minérales de Passy, extraite du *Mercure de France, du mois de Janvier* 1756.]

PAGE 181, *ajoutez*,

Au N.° 3161, *à la fin de la Note*, du 8 Mai 1749.

Au N.° 3167, 2. *alinea, lisez, selon l'intitulé, avec l'ancienne orthographe*, Les Fontènes de Pougues.... Paris, du Bray.

PAGE 182, *ajoutez*,

3175. * ☞ Observations sur les Eaux minérales de Pougues ; par M. RAULIN, Docteur en Médecine, de la Société Royale de Londres, & des Académies de Bourdeaux, de Rouen, & des Arcades de Rome ; avec l'Analyse Chymique des mêmes Eaux, par M. COSTEL, Apothicaire de Paris, *Paris*, Edme, 1769, *in*-12.]

Au N.° 3177, *au lieu de* PITOTS... *lisez*, PITOIS, Docteur en Médecine, à Beaune.

3179. * ☞ Analyse des Eaux minérales de *Provins*, où l'on propose en même-temps quelques idées neuves sur la Sélénite ; par M. OPOIX, Maître Apothicaire : *Paris*, Cailleau, 1770, *in*-12.

L'Auteur termine sa Brochure par une courte Description du terrein, & l'Analyse de la Pyrite ou Sélénite qui s'y trouve.]

3181. * ☞ Dissertation sur les Eaux minérales de *Repis*, près de Vezoul, en Franche-Comté : *Vezoul*, Dignot, 1731, *in*-12.

André BARBIER, de Vezoul, Docteur en Médecine, en est l'Auteur. C'est une Analyse de ces Eaux, faite dans le temps de leur découverte.]

Au N.° 3183, *au lieu de* par MILLON, *lisez*, par Pierre MILON, & *ajoutez en Note :*

Ce Médecin est mort en 1616. *Bibliothèque du Poitou, tom. III. pag.* 219.]

PAGE 183, *ajoutez*,

3195.* ☞ Analyse d'une Eau minérale qui se trouve à *Roye*, en Picardie ; par MM. DE LASSONE & CADET, de l'Académie Royale des Sciences.

Ce Mémoire a été lu à la Séance publique du 15 Novembre 1770, & se trouvera dans le Recueil des *Mémoires* de cette année : *in-*4.]

Au N.° 3204, *au lieu de* BOUGUIE, *lisez*, Pierre-Paul BOUQUIÉ, Chirurgien établi à Bruxelles.

3204. * ☞ Observations sur les Eaux minérales de *Saint-Amand*, en Flandre ; par le Sieur GROSSE, Médecin de l'Hôpital Royal de Saint-Amand & Pensionnaire de la même Ville : *Douay*, Frères Derbain, 1750, *in-*8.

Cet Ouvrage est, au jugement des Professeurs Royaux de la Faculté de Médecine de Douay, le plus parfait de ceux qui ont paru jusqu'à présent. L'Auteur, après avoir parlé dans sa Préface de différens Ouvrages faits sur ces Eaux, examine l'antiquité, la situation des Fontaines minérales de Saint-Amand, le Terrein & les différens Fossiles des environs, fait l'analyse de ces Eaux, en discute les principes, les qualités, les effets, en détermine l'usage. Il parle enfin des Boues de Saint-Amand, dont les qualités bienfaisantes sont également démontrées par l'analyse & les faits.]

3204. ** ☞ Essai historique & analytique des Eaux & des Boues de *Saint-Amand* ; par le Sieur DESMILLEVILLE, Médecin des Hôpitaux du Roi à Lille en Flandre, & Intendant de ces Eaux : *Paris*, Vincent, 1767, *in-*12.

L'Auteur examine dans cet Ouvrage les principes des Eaux & des Boues de Saint-Amand, leurs vertus, & particulièrement l'utilité des établissemens nouveaux relatifs à cet usage.]

3204. *** ☞ Journaux des guérisons opérées aux Eaux & Boues de *Saint-Amand*, en 1767 & 1768 ; par M. DESMILLEVILLE : *Valenciennes*, Heury, 1769, *in-*12.]

Après N.° 3205, *ajoutez*,

— ☞ D'une Eau chaude de *Saint-Domingue.*

Il en est question ci-devant, *pag.* 241, de ce Supplément, dans la Note du N.° 2617.]

3205.* ☞ Petit Traité des Eaux minérales de *Sainte-Anne*, source près de Dijon, au-dessus de Larrey ; par le Sieur MAUBÉE, Seigneur de Copponay.

Ce Traité est imprimé avec le Livre de cet Auteur, intitulé : *Le Tombeau de l'Envie :* Dijon, Ressaire, 1679, *in-*12.]

PAGE 184, *ajoutez*,

3213.* ☞ Extrait du Mémoire de M. (François de Paule) COMBALUSIER, sur les Eaux minérales de *Saint-Laurent*, en Vivarais.

Dans la Relation de l'Assemblée publique de la Société Royale de Montpellier, de 1743.]

Au N.° 3219, *ajoutez en Note :*

Sur cette Fontaine de *Salliés*, on peut voir encore la Description du Château de Pau, &c. par Auger Gaillard : 1592, *in-*8.]

PAGE 185, *ajoutez*,

3245.* ☞ Description du magnifique présent que Sa Majesté l'Empereur de la grande Russie, Pierre le Grand, a fait au Magistrat de *Spa*, en reconnoissance de ce que par le secours de ces Eaux, il a obtenu l'entier recouvrement de sa santé, en 1717, à son retour de France : *Liège*, de Miltz, 1718, *in-*12.

Ce présent est un marbre ou pierre d'albâtre d'Italie, orné entr'autres choses des Armes Impériales de Sa Majesté Russienne, en grand volume ; avec une belle Inscription Latine qui fait foi de sa guérison.]

3247.* ☞ Amusemens des Eaux de Spa : *Amsterdam*, 1734, 1735, 1740, *in-*12. 2 vol.]

3250.* ☞ Observations choisies sur les bons & mauvais usages des principaux remèdes ; par RZAFF, augmentées des Observations historiques de M. DE PRESSEUX, sur les bons & mauvais usages des Eaux de *Spa*, adressées à l'Auteur : *Liège*, 1746.

Les mêmes, nouvelle Edition Latine : *Lugd. Batav.* 1751.

PAGE 186, *ajoutez*,

3257.* ☞ Description ou Analyse des Eaux minérales ferrugineuses de la Fontaine de S. Gilles près de la Ville de *Tongre* ; par Jean-François BRESMAL, Docteur en Médecine : *Liège*, de Miltz, 1701, *in-*12.

On y prouve que cette Fontaine a beaucoup de rapport avec celle que Pline a décrite ; & l'on enseigne les vertus & la manière dont il faut s'en servir.]

3261.* ☞ Analyse d'une Source qui se trouve à *Vaugirard*, dans le Jardin de M. le Meunier, à dix-huit pieds de profondeur ; & rapport fait en conséquence à la Faculté de Médecine de Paris, le 10 Avril 1765 ; par MM. HÉRISSANT & D'ARCET, Docteurs Régens de ladite Faculté. *Journal de Médecine*, 1767, *Octobre*.

Au N.° qui suit 3264, *au lieu de* 2165, *lisez*, 3265.

Au N.° 3278, *au lieu de* LA SONE, *lisez*, LASSONE.

3278.* ☞ Dissertation sur le Transport des Eaux de *Vichy*, avec la manière de se conduire avec succès dans leur usage ; par M. Emmanuel TARDY, Médecin du Roi, Intendant des Eaux de Vichy & d'Hauterive : *Moulins*, J. Faure, 1755, *in-*12.]

Au N.° 3279, *ligne* 3. *au lieu de* Saint-Meailpes, *lisez*, Saint-Meaulps.

PAGE 187, *ajoutez*,

3282.* ☞ Analyse d'une Eau de source, qui se trouve à *Vitry-le-François*, & sur laquelle on est en doute si elle est minérale ou non ; par M. GROSSE, Médecin, de l'Académie Royale des Sciences.

Cette Lettre, datée du 6 Octobre 1738, est entre

Préliminaires : Histoire Naturelle de la France. 247

les mains de M. BLANCHART, Docteur en Médecine à Vitry-le-François, qui avoit consulté M. GROSSE sur la nature de cette Eau. L'Auteur n'hésite pas à regarder cette Eau comme une très-bonne Eau minérale, du nombre de celles qu'on nomme acidules. On trouve à la fin une Apostille sur les Eaux d'*Alincourt*, (ou *Halencourt*, dans l'Election d'Abbeville,) qui, selon M. GROSSE, donne les mêmes principes que celles de Vitry.]

3286.* ☞ Extrait d'un Mémoire de M. RIDEUX, sur la nature & les propriétés des Eaux d'*Yeuzet*.

Dans la Relation de l'Assemblée publique de la Société Royale de Montpellier, du 3 Janvier 1733.]

3290.* ☞ Histoire générale des Plantes, tirée de l'Exemplaire Latin de Jacques DE LECHAMP, traduite par Jean Dumoulin : *Lyon*, 1615, 1653, *in-fol.* 2 vol. fig.

Dans le *Dictionnaire de Moréri*, l'Auteur, dont l'Ouvrage Latin parut en 1585 à Lyon, est appelé *Dalechamps*, & son Traducteur *Desmoulins*.]

Au N.° 3291, ligne 3. après unaquæque, *ajoutez*, proprio caractere.

3293.* ☞ Le Botaniste François, comprenant toutes les Plantes communes & usuelles, disposées suivant une nouvelle méthode, & décrites en langue vulgaire ; par M. BARBEU DU BOURG, Docteur-Régent de la Faculté de Médecine de Paris : *Paris*, Lacombe, 1767, *in-12.* 2 vol.]

3294.* ☞ Dictionnaire raisonné universel des Plantes, Arbres & Arbustes de la France, contenant la Description raisonnée de tous les Végétaux du Royaume, considérés relativement à l'Agriculture, au Jardinage, aux Arts & Métiers, à l'économie domestique & champêtre, & à la Médecine des Hommes & des Animaux ; par M. BUCHOZ, Médecin, Botaniste Lorrain : *Paris*, Costard, 1770, *in-8.* 4 vol.

L'Auteur a considéré les Végétaux sous quatre aspects différens ; comme nourriture, comme remèdes, comme ornemens des jardins, ou enfin comme utiles dans les Arts & Métiers. Quoique M. BUCHOZ eût averti, en 1764, qu'il adopteroit le système de Tournefort, des réflexions ultérieures l'ont déterminé à choisir l'ordre alphabétique.

On a commencé un grand Ouvrage du même Auteur sur tout le Règne Végétal, *in-fol.* 12 vol. & autant pour les figures. Les Plantes de France s'y trouvent mêlées avec les autres.]

PAGE 188.

Au N.° 3297, *au lieu de* 4 vol. *lisez*, 5 vol. *& ajoutez à la fin de la Note :*

Cette Collection traite aussi des Animaux.]

Au N.° 3300, *à la prem. Note*, *effacez*, Tome II. du.

Le N.° 3301, qui n'est qu'un *Prospectus*, *doit être effacé en entier, parceque nous venons d'indiquer l'Ouvrage*, N.° 3293 *, & ajoutez*,

3301.* ☞ La Botanique mise à la portée de tout le monde, ou Collection de Planches représentant les Plantes usuelles d'après nature, avec le port, la forme & les couleurs qui leur sont propres, gravées d'une manière nouvelle ; par M. REGNAULT, de l'Académie de Peinture & de Sculpture, accompagnées de détails essentiels sur la Botanique : *Paris*, Desain junior, &c. 1769, *in-fol.*]

3301.** ☞ Trois Mémoires sur l'Agaric ; par M. ROCHARD, Médecin de Douay, demeurant à l'Hôtel-Dieu de Meaux, & Correspondant de l'Académie Royale des Sciences.

Dans le *Journal de Médecine*, 1755, p. 315 : 1757, tom. VI. pag. 229, & tom. VII. pag. 198. L'Agaric est une excrescence qui vient sur divers Arbres.]

3301.*** ☞ Mf. Dissertation sur la fécondité singulière d'un seul grain de Froment qui a produit trente épics, qui contenoient douze cens grains, par M. MARET. *Mémoires de l'Académie de Dijon*.]

3301.**** ☞ Traité de la conservation des Grains, en particulier du Froment ; par M. DUHAMEL DU MONCEAU : *Paris*, Delatour, 1768, *in-12.*]

Supplément au Traité de la conservation des Grains, contenant plusieurs nouvelles Expériences ; une méthode plus simple de conserver les Grains que celle qui a été publiée en 1754 ; par M. DUHAMEL DU MONCEAU : *Paris*, Delatour, 1769, *in-12.*

Ce que nous tirons ici du Supplément de notre Histoire Naturelle de la France, imprimée *in-8.* en 1771, y est suivi de plusieurs Traités nouveaux sur le Commerce des Grains, qui viennent mieux à notre Article du Commerce, (Tome II.) où nous les rapportons.]

3301.***** ☞ Description abrégée des Plantes usuelles, avec leurs vertus, leur usage & leurs propriétés ; par l'Auteur du Manuel des Dames de Charité, & pour servir de suite au même Ouvrage : *Paris*, Debure père, 1767, *in-12.*

On a suivi dans cet Ouvrage l'ordre alphabétique comme le plus commode ; mais on y a joint une Table où les Plantes sont rangées suivant leurs vertus.]

3302.* ☞ Observations ou Lettre sur l'Histoire Naturelle, sur l'Alga ou les Plantes Marines, dont on tire un sucre qui paroît analogue au sel sédatif d'Humberg ; par M. ROCHARD, Médecin de Douay, demeurant à l'Hôtel-Dieu de Meaux.

Cette Lettre a été communiquée par M. Thomé, Chanoine de la Cathédrale de Meaux, au *Journal de Verdun*, & se trouve au mois d'*Avril* 1774.]

PAGE 189, *ajoutez*,

3306.* ☞ De Vegetalibus nocentibus & venenatis : *Argentorati*, 1767, *in-4.*]

3308.* ☞ Le Commerce d'Amérique par Marseille, ou Commentaire sur les Ordonnances du Roi qui favorisent le Commerce qui se fait de Marseille aux Isles Françoises : *Paris*, Debure, 1769, *in-4.*

Nous citons ici cet Ouvrage, parcequ'il y est traité de la Culture des principales productions de l'Amérique, telles que le Caffé, l'Indigo, le Sucre, le Gingembre, le Tabac, le Cotton : on y trouve aussi des Recherches historiques sur la découverte de l'Amérique & sur ses habitans. On y a joint les Cartes géographiques nécessaires pour la connoissance du pays, & des Planches en taille-douce qui représentent les figures des Plantes & des Fruits qu'on y cultive, & la manière dont on les prépare pour le Commerce.]

PAGE 190, *ajoutez*,

{1333. * ☞ Mémoire de M. DUHAMEL, sur le Saffran.

Dans les *Mémoires de l'Académie des Sciences*, 1728, p. 100. Le *Journal Economique* l'a copié, mais mal, dans l'Article qui suit, (N.° 1334,) & il ne fait que balbutier à ce sujet.]

PAGE 191.

Au N.° 3335. *Le vrai titre est* :

Dessein touchant la recerche (recherche) des Plantes du Pays de *Languedoc*. Dédié à Mes. Messieurs les Gens des trois Etatz dudit Pays : *Montpellier*, par Jean GILLET, 1605, *in*-4. de 12 pages, avec 3 fig.

Ces figures gravées sont trois Plantes ; sçavoir : *Moly zibetinum*, = *Gramen supinum Monspeliense*, = *Glycirrhiza trifolia horti de I*. On trouve dans cette Brochure quelques particularités concernant l'Auteur, qui méritent d'être remarquées.]

Au N.° 3344, *ligne* 6 & *suiv. effacez* en 20 volumes... de taille-douce ; & *à la fin, après* 1762 & *suiv. ajoutez*, *in* 8. 8 vol. Tomes IX. X & XI. *Paris*, Fetil, 1769 & 1770, *in*-8. 3 vol.

C'est le complément de l'Ouvrage annoncé comme devant être en 20 Volumes. La mort du Roi Stanislas, qui favorisoit l'entreprise, a obligé M. Buchoz à se restreindre.

3344. * ☞ Turnefortius Lotharingiæ, ou Catalogue des Plantes qui croissent dans la Lorraine & les Trois-Evêchés, rangées suivant le systême de M. de Tournefort, avec les endroits où on les trouve le plus communément ; par M. BUCHOZ, Médecin, Botaniste Lorrain : *Nancy*, Lamort ; *Paris*, Durand, 1766. Fétil, 1769, *in*-8.

Ce n'est guères qu'une simple Nomenclature, & une Indication des endroits de la Lorraine où l'on trouve les Plantes les plus rares ; rédigées en faveur des jeunes Médecins, Chirurgiens, & autres Amateurs de la Botanique.]

PAGE 193.

Au N.° 3362, *au lieu de* Bernard, *lisez*, Antoine.

3364. * ☞ Mémoire sur la Question : Quelles sont les Plantes les plus utiles des Pays-Bas, & quel est leur usage dans la Médecine & dans les Arts ; par M. DE BEUNIE, Médecin à Anvers : *Bruxelles*, 1772, *in*-4. (en Flamand.)

Il y en a encore un autre sur le même sujet (en François ;) par M. DU RONDEAU, Médecin à Bruxelles.]

PAGE 196.

Au N.° 3407, *ligne* 3, *au lieu de* P. MORIN, *lisez*, Pierre MORIN, & *ajoutez en Note* :

Il avoit deja publié un Catalogue de ses Tulipes :

1651 : *Paris*, le Cointe, *in*-4. Il y prenoit le titre de *Troisième Fleuriste*.]

Au N.° 3411, *ligne* 4, *au lieu de* 1710, *lisez*, 1610.

Au N.° 3414, *après* 1736, *ajoutez*, 1752, 1756, 1767. Cette dernière Edition a pour titre :

Catalogue des Arbres à fruits les plus excellens, les plus rares & les plus estimés, qui se cultivent dans les Pépinières des Révérends Pères Chartreux de Paris, avec la Description tant des Arbres que des Fruits, & le temps le plus ordinaire de leur maturité : il y a aussi différens autres Arbustes & Plantes étrangères : *Paris*, Thiboust, 1767, *in*-8.]

3414. * ☞ Jardin des Curieux, ou Catalogue raisonné des Plantes les plus belles & les plus rares, soit indigènes, soit étrangères, avec les noms François & Latins, leur culture & les vertus particulières à chaque espèce, le tout précédé de quelques notions sur la Culture en général ; par feu M. Louis-Antoine-Prosper HÉRISSANT, Médecin de la Faculté de Paris.

Cet Ouvrage est la Description raisonnée du beau Jardin que M. Cochin, ancien Echevin de Paris, a formé à Châtillon près Paris. M. Coquereau, Docteur-Régent de la Faculté de Médecine, s'est chargé de mettre la dernière main à l'Ouvrage de feu M. Hérissant son ami, & de le publier. M. Hérissant, le Médecin, est mort en 1770.]

3416. * ☞ De principiis Vegetationis & Agriculturæ, & de causis triplicis culturæ in Burgundia, Disquisitio physica : auctore E. B. D. Divionensi, ex Societate Œconomicâ Lugdunensi : *Divione*, (& *Parisiis*, Despilly,) *in*-8.

M. BEQUILLET, (de Dijon, Auteur de cet Ouvrage,) est premier Notaire de la Ville de Dijon.]

Au N.° 3418, *ligne* 5, *au lieu de* 1753, *lisez*, 1749, *in*-12. 1 vol. & 1753, 2 vol.

Au N.° 3419, *ligne* 2. *au lieu de* 1752...3 vol. *lisez*, 1753... 2 vol. *Et ajoutez à la fin de la Note* :

C'est un Abrégé que M. Duhamel a fait de son Traité de la Culture des Tetres.]

3419. * ☞ Mémoire sur la qualité & sur l'emploi des Engrais ; par M. DE MASSAC: *Paris*, Ganeau, 1767, *in*-12.]

3419. ** ☞ Mémoires qui ont rapport à l'Agriculture ; 1.° Sur les moyens de multiplier les Fumiers dans le Pays d'Aunis ; par M. DE LA FAILLE ; 2.° Sur quelques Expériences d'Agriculture ; par M. MONNIER, Négociant : *la Rochelle*, Mesnier, 1761, *in*-12.]

Au N.° 3420, *ajoutez en Note* :

Il y a un Volume II. pour les années 1759 & 1760.}

3421. * ☞ Ms. Mémoire sur la nature des Terres & leur amélioration, lu à une Séance publique de la Société Royale d'Agriculture de la Généralité de Tours ; par M. BURDIN.

☞ Ms. Mémoires de M. PELTEREAU, sur l'amélioration des Noues sèches, ou prés

Préliminaires : Histoire Naturelle de la France.

prés hauts; l'utilité de diviser les terres en quatre parties, & le moyen de fertiliser les terres nouvellement marnées.

☞ Mſ. Analyse des Terres de la Province de Touraine, des différens engrais propres à les améliorer, & des semences convenables à chaque espèce de Terre; par M. DU-VERGÉ.

Tous ces Mémoires font partie du Recueil des Délibérations & des Mémoires de la Société Royale d'Agriculture de la Généralité de Tours.]

PAGE 197, ajoutez,

Au haut de la page, à la fin du N.º 3423, veuve d'Houry, 1761, *in-*8.]

3423.* ☞ Ecole d'Agriculture pratique, sur les principes de M. SARCEY DE SUTIE-RES, ancien Gentilhomme servant, & de la Société d'Agriculture de Paris; par M. DE GRACE, ancien Auteur de la Gazette & du Journal d'Agriculture : *Paris*, Knapen, 1770, *in-*12.]

3423.** ☞ Mémoires lus le premier Juillet 1768, à l'Assemblée publique de la Société Royale d'Agriculture de Soissons : *Soissons*, 1769, *in-*8.

Cette Brochure contient trois Mémoires; le premier, sur l'inconvénient des Baux des Bénéfices collatéraux : le second, sur l'utilité & la nécessité des Défrichemens : le troisième, sur la manière de récolter les Avoines. C'est à raison des deux derniers qu'elle a trouvé place dans ce Catalogue.]

Au N.º 3427, *au lieu de* Traité de, *lisez*, Essai sur.

3427.* ☞ Le Secret des Secrets, ou le Secret de faire rapporter à une terre beaucoup de grains, avec peu de semences : *Paris*, Thiboust, 1698, *in-*12.]

3427.** ☞ La Réduction économique, ou l'Amélioration des Terres par économie : *Paris*, Musier fils, 1767, *in-*12.]

3427.*** ☞ Mémoires sur les Argilles, ou Recherches & Expériences chymiques & physiques sur la nature des Terres les plus propres à l'Agriculture, & sur les moyens de fertiliser celles qui sont stériles; par M. BEAUMÉ, Maître Apothicaire de Paris, & Démonstrateur en Chymie : *Paris*, Lacombe, 1770, *in-*8.

L'Auteur expose dans sa Préface que la question présente auroit dû être l'objet d'un prix à distribuer en différens temps; la première partie demandant les plus hautes connoissances de Chymie; la seconde un Agriculteur consommé : en conséquence, après avoir traité le premier membre de la question d'une manière satisfaisante, il termine son Mémoire par un détail des expériences qu'il auroit faites, s'il eût été à portée de se livrer à l'Agriculture.]

3429.* ☞ La France agricole & marchande; par M. GOYON DE LA PLOMBANIE : *Paris*, Boudet, 1762, *in-*8. 2 vol.

L'Auteur s'étend beaucoup sur le défrichement & l'amélioration des Landes.]

3429.** ☞ Nouveaux Essais d'Agriculture à la faveur des Enclos, comparés avec l'an-

Tome IV. Part. I,

cienne culture soumise aux Parcours, dédiés à Nosseigneurs les Elus-Généraux du Duché de Bourgogne; par un Fermier de la Province.

Cet Ouvrage est rempli de bonnes vues.]

3432.* ☞ Mſ. Mémoire contenant des Recherches économiques sur la manière d'augmenter la production & la végétation des grains dans les terres arides de la Champagne; par Pierre-Toussaint NAVIER, Docteur en Médecine, Correspondant de l'Académie Royale des Sciences de Paris, Directeur actuel de la Société Littéraire de Châlons-sur-Marne.

Ce Mémoire a été lu dans une Assemblée publique. On en trouve un Extrait dans le *Mercure de Décembre,* 1756.]

Au N.º 3435, *ajoutez en Note :*

Clément la Faille, né à la Rochelle, Contrôleur ordinaire des Guerres, Avocat au Parlement de Toulouse, de l'Académie d'Augsbourg, de la Société Œconomique de Berne, des Sociétés d'Agriculture de Bretagne, Lyon & Tours, est actuellement Secrétaire perpétuel de l'Académie de la Rochelle.]

3438.* ☞ Recherches sur les progrès & les causes de la Nielle; par Jean RYMEN, Docteur en Médecine.

Dans le *tom. III.* des Mémoires présentés à l'Académie Royale des Sciences : *Paris*, Imprimerie Royale, 1760, *in-*4.

Second Mémoire du même, sur les Maladies des Bleds.

Dans le *tom. IV.* Paris, 1763, *in-*4.]

PAGE 198, ajoutez,

Nous mettons sous un seul N.º mais avec distinctions, les Ouvrages suivans, par lesquels nous terminerons ce qui concerne la Culture des terres :

3440.* (1.) ☞ L'Agriculture simplifiée selon les règles des Anciens; avec un Projet propre à la faire revivre, comme étant le plus profitable & le plus facile; par M. CA-RACCIOLI : *Paris*, Bailly, 1768, *in-*12.]

(2.) ☞ L'Art de s'enrichir promptement par l'Agriculture, prouvé par des expériences; par M. DES POMMIERS, Gouverneur de la Ville de Chiroy, nouvelle édition, revue, corrigée & augmentée des découvertes de l'Auteur, depuis qu'il est employé par le Gouvernement à l'amélioration de l'Agriculture de France : *Paris*, Guillyn....

(3.) ☞ Rural économique, c'est-à-dire; Economie rurale, ou Essais pratiques sur l'économie champêtre, avec différentes méthodes très-importantes pour la conduite de toutes sortes de Fermes; contenant plusieurs Instructions propres à diriger les travaux des Fermiers, suivis du *Socrate rustique,* ou *des Mémoires d'un Philosophe de Campagne;* par l'Auteur des *Lettres d'un Fermier :* Londres, Becket, 1770, *in-*12.]

(4.) ☞ Traité politique & économique des Communes, ou Observations sur l'Agriculture, sur l'origine, la destination & l'état

I i

actuel des biens communs, & sur les moyens d'en tirer les secours les plus puissans & les plus durables pour les Communautés qui les possèdent & pour l'Etat : *Paris*, Desaint, 1770, *in*-8.]

3442.* ☞ Le Jardinier François, qui enseigne à cultiver les Arbres & les Herbes potagères, avec la manière de conserver les Fruits; dédié aux Dames : *Rouen*, Raflé, 1683, *in*-12.]

3442.** ☞ Traité du Jardinage; par Boiceau de la Baraudière : *Paris*, de Sercy, 1689, *in*-12.]

Au N.° 3446, *après* 1705, *ajoutez* 1749.

3447.* ☞ Curiosités de la nature & de l'art sur la Végétation, ou l'Agriculture & le Jardinage dans leur perfection : nouvelle édition, revue, corrigée & augmentée de la culture du Jardin potager, & de la culture du Jardin fruitier; par M. l'Abbé de Vallemont : *Paris*, Durand, 1733, *in*-12.]

3447.** ☞ Le nouveau Jardinier François, qui enseigne à cultiver les Arbres & les Herbes potagères, augmenté d'une nouvelle Instruction pour la taille des Arbres, & pour cueillir & conserver les fruits ; avec un Catalogue des plus excellentes Poires, & la manière d'élever les Abeilles & de recueillir le miel & la cire : *Paris*, Josse, 1741, *in*-12.]

Au N.° 3448, *après* d'Argenville, *ajoutez*, père ; & *après le* 3. *alinéa, ajoutez*,

Quatrième Edition considérablement augmentée : *Paris*, Mariette, 1747, *in*-4.]

Au N.° 3451, *ajoutez*,

Seconde Edition : *Paris*, Simart, 1732, *in*-12.

Saussai y prend le titre d'Inspecteur des Jardins de Monseigneur le Duc de Bourbon.]

Au N.° 3455, *ajoutez* : Il y en a une Edition *in*-12.

Page 199, *ajoutez*,

3456.* ☞ Discours sur (les Jardins de) Montreuil.

Dans la nouvelle Edition de la Pratique du Jardinage, (ci-après) *tom. I. pag.* 117-144, 214, 218, 229 *& suiv.* 383 *& suiv.*]

Au N.° 3458, *ajoutez* : Le même, considérablement augmenté : 1767, *& années suivantes.*

Au N.° 3461, *ligne* 11, *après* Laurent, *ajoutez*, (Religieux Feuillant.)

Nous mettons sous un seul N.° mais avec distinctions, les Ouvrages suivans, qui regardent encore le Jardinage.

3462.* (1.) ☞ Manuel des champs, ou Recueil choisi, instructif & amusant de tout ce qui est le plus utile & le plus nécessaire pour vivre avec aisance & agrément à la Campagne : *Paris*, Lottin le jeune, 1769, *in*-12.]

(2.) ☞ L'Economie rustique, servant de suite au Manuel des champs, ou Notions simples & faciles sur la Botanique, la Médecine, la Pharmacie, la Cuisine & l'Office ; sur la Jurisprudence morale, sur le Calcul, &c. *Paris*, Lottin le jeune, 1769, *in*-12.]

(3.) ☞ Année champêtre, Ouvrage qui traite de ce qu'il convient de faire chaque mois dans le potager, avec cette Epigraphe : *Et prodesse velint, & delectare Coloni* : *Marseille*, 1769, *in*-12. 3 vol. avec fig.

Cet Ouvrage, du P. Dardene de l'Oratoire, est le meilleur que nous ayons sur les travaux du potager ; c'est un Extrait bien fait de ce qui se trouve de plus certain dans les Auteurs qui ont traité ces matières.

Abrégé des Instructions sur le Jardinage, qui font partie de l'*Année champêtre* : *Marseille*, 1767, *in*-12.

Cet Ouvrage, du P. Dardene de l'Oratoire, est une courte exposition de ce qu'il importe le plus aux Jardiniers de faire durant chaque mois dans les jardins potagers & fruitiers ; c'est un Abrégé du Livre précédent.

(4.) ☞ Théorie & Pratique du Jardinage ; par M. l'Abbé Roger Schabol ; Ouvrage rédigé après sa mort sur ses Mémoires ; par M. D. (d'Argenville) avec figures en taille-douce. Nouvelle Edition : *Paris*, Debure, 1774, *in*-12, 3 vol.

C'est d'après de nouvelles vues, fondées sur la raison & l'expérience, que l'Auteur prétend dans cet Ouvrage faire prendre à l'Art de l'Agriculture une nouvelle face. Il établit une réforme universelle dans ce qui concerne la végétation considérée du côté de l'industrie humaine. Il démontre que le retardement des progrès de cet Art vient de ce que jamais on n'a osé franchir les préjugés qui s'y opposoient. Un Traité de la cure des maladies & des préservatifs contre les ennemis nombreux qui attaquent les Arbres, une Analogie établie entre les plaies des Végétaux & des Animaux, prouvent que l'Auteur a envisagé son sujet en Physicien éclairé.]

(5.) ☞ Manuel du Jardinier, ou Journal de son travail distribué par mois ; par M.D. (Ant. Nic. Dezallier d'Argenville :) *Paris*, Debure père, 1772, *in*-12.

C'est en grande partie l'Abrégé des Ouvrages de l'Abbé Roger Schabol, dont M. d'Argenville le fils a pris soin.]

Au N.° 3464, *ajoutez en Note* :

L'Auteur se nommoit Jean Merlet, Ecuyer : son nom se trouve dans une *Quatrième Edition* de son Livre : *Paris*, Saugrain, 1740, *in*-12.]

Au N.° 3466, *ligne* 4. *après* Port-Royal, *ajoutez*, par Aristote, Jardinier de Puteaux.]

3469.* ☞ Traité des Arbres fruitiers, extrait des meilleurs Auteurs ; par la Société économique de Berne, traduit de l'Allemand : *Paris*, Desaint, 1768, *in*-12.)

3469.** ☞ Traité des Arbres fruitiers, contenant leurs figures, leurs descriptions, leur culture ; par M. Duhamel du Monceau : *Paris*, Saillant & Nyon, 1768, *in*-4. 2 vol.]

3469.*** ☞ Méthode pour cultiver les Arbres à fruits, & pour les élever en Treilles ; par les Sieurs de la Rivière & Dumoulin : *Paris*, Desventes de la Doué, 1769, *in*-12.]

Préliminaires : Histoire Naturelle de la France.   251

3470. *Le vrai titre est :*

Instruction facile pour connoître toutes sortes d'Orangers & de Citronniers, qui enseigne aussi la manière de les cultiver, semer, & un Traité de la Taille des Arbres....

3470. * ☞ Nouveau Traité des Orangers & des Citronniers, contenant la manière de les connoître ; les façons qu'il leur faut faire pour les bien cultiver, & la vraie méthode qu'on doit garder pour les conserver : *Paris*, de Sercy, 1692, *in*-12.]

3471. * ☞ Mémoire & Journal d'Observations sur les moyens de garantir les Olives de la piqûre des Insectes, & nouvelle méthode pour en extraire l'huile plus abondante, par l'invention d'un moulin domestique, avec la manière de la garantir de toute rancissure : *Paris*, Lambert, 1769, *in*-12.]

Au N.º 3472, ajoutez,

Seconde Edition, corrigée & augmentée : *Paris*, Delaguette & Prieur, même année 1750, *in*-12.

3472. * ☞ Mſ. Mémoire sur la culture des Pêchers ; par M. DE MAYSONADE.

Ce Mémoire a été lu à une Assemblée publique du Bureau d'Agriculture de Brive, & se trouve dans le *Recueil des Mémoires de cette Société.*]

3472. ** ☞ L'Art de cultiver les Peupliers d'Italie, avec des Observations sur les différentes espèces & variétés de peuplier ; sur le choix & la disposition des pepinières ; leur culture, & sur celle des Arbres plantés à demeure ; par M. PELÉE DE SAINT-MAURICE, Membre de la Société Royale d'Agriculture de la Généralité de Paris : *Paris*, d'Houry, *in*-12.]

PAGE 100, *ajoutez,*

3481. * (1.) ☞ Essai sur la culture du Mûrier blanc & du Peuplier d'Italie, & les moyens les plus sûrs d'établir solidement & en peu de temps le commerce des Soies : *Paris*, Desventes de la Doué, 1766, *in*-12.

Cet Ouvrage est dédié aux Etats de Bourgogne.]

(2.) ☞ Traité des Mûriers, ou Règles nouvelles, sûres & faciles pour les semer & faire croître promptement, en les rendant très-abondans en feuilles, suivi d'une excellente méthode pour faire éclore les Vers à Soie ; par l'Auteur du *Traité de la Garence*, (M. LESBROS :) *Paris*, veuve Pierres, 1769, *in*-8.

L'Auteur donne dans ce Traité les moyens de connoître la meilleure graine de Mûrier, la manière de la conserver pendant plusieurs années ; il entre dans des détails considérables sur les soins que demandent les jeunes Mûriers, & finit par exposer une méthode de faire éclore les Vers à Soie beaucoup plus sûre, en entretenant une chaleur toujours égale.]

(3.) ☞ Observations sur les différentes es-
Tome IV. Part. I.

pèces & variétés du Mûrier ; par M. BUCHOZ.

Ces Observations se trouvent dans le *Journal Economique*, 1769, *Octobre.*]

(4.) ☞ Mémoire pour servir à la culture des Mûriers & à l'éducation des Vers à Soie : *Poitiers*, Faulcon, 1754, *in*-12.]

(5.) ☞ Essai sur les Moulins à Soie, & Description d'un Moulin propre à servir seul à l'organsinage & à toutes les opérations du tord de la Soie, & à la culture du Mûrier ; par M. LE PAYEN, Procureur du Roi au Bureau des Finances de la Généralité de Metz : *Metz*, Antoine ; *Paris*, Barbou, 1768, *in*-4.

L'Auteur donne dans son Ouvrage les moyens de simplifier, de perfectionner & de rendre moins dispendieuses les machines & les opérations relatives à la Soie.]

(6.) ☞ La Mûriométrie, Instruction nouvelle sur les Vers à Soie, sur les plantations des Mûriers blancs, les filations & le moulinage des Soies ; par M. A. DUBET, Ecuyer : *Grenoble* & *Paris*, Saillant & Nyon, 1770, *in*-8.

L'Auteur divise son Mémoire en trois Parties : la première offre des idées générales sur les Vers à Soie : la seconde est uniquement destinée à l'instruction du Cultivateur : l'objet de la dernière partie intéresse le Fabricant.]

Au N.º 3484, au lieu de P. MORIN, lisez, Pierre MORIN... & ajoutez,

Autre Edition, augmentée d'un Traité des Œillets : *Paris*, de Sercy, 1694, *in*-12.]

3488. * ☞ Description de trente-une Fleurs, avec un Conte familier à Mademoiselle Emilie : *Paris*, d'Houry, 1770, *in*-12.

Ce petit Ouvrage est une bagatelle, où l'on trouve en effet la Description poétique de trente-une fleurs, dans le style le plus figuré & le plus fleuri.]

3488. ** ☞ Traité de la culture de différentes Fleurs, des Narcisses, Girofliers, Tubéreuses, Anémones, Jacinthes, Jonquilles, Iris, Lys & Amaranthes : *Paris*, Saugrain, 1765, *in*-12.]

Au N.º 3489, au lieu de DARDENNE, *lisez,* DARDENE ; & de même au N.º 3491.

3489. * ☞ Des Jacinthes, de leur Anatomie, reproduction & culture : *Paris*, Leclerc, 1768, *in*-12.

Cet Ouvrage est rempli de vues nouvelles. Le septième Chapitre, sur-tout, est amusant & instructif. Différentes expériences y sont rapportées, tant sur le règne végétal que sur le règne animal. Il forme seul un petit Traité d'Histoire Naturelle.]

Au N.º 3493, ligne 3. au lieu de (GUERIN) *lisez,* (GUENIN.)

PAGE 101.

Au haut, ligne 1. au lieu de l'Observation physique, *lisez*, des Observations physiques, = *ligne* 3. DARDENNE, *lisez*, DARDENE ; & à la Note, après l'Auteur, *ajoutez*, (dont le nom ne se voit qu'à la fin de l'Epître dédicatoire.)

I i 2

Au N.° 3496, au lieu de Fleuriste, lisez, Floriste.

Au N.° 3497, ligne 3, après Paris, lisez, de Sercy, 1648.

Au N.° 3500, avant 1765, ajoutez, Paris, Guérin & Delatour, & en Note:

Cette dernière Edition est intitulée: *Traité de la Garence & de sa culture.*]

3500. * ☞ Traité de la Garance, ou Recherches sur tout ce qui a rapport à cette Plante, Ouvrage également utile aux Cultivateurs & aux Teinturiers; par M. Lesbros, de Marseille: *Paris*, veuve Pierres, 1768, *in*-8.]

3501. * ☞ Lettre de M. Monnet, de la Société Royale de Turin, & de l'Académie Royale des Sciences, Arts & Belles-Lettres de Rouen, aux Lecteurs du *Journal économique*, sur le temps où il convient de semer les Haricots. *Journal économique*, 1768, Août.]

3505. * ☞ Mémoire sur les Pommes de terre & sur le Pain économique, lu à la Société Royale d'Agriculture de Rouen; par M. Mustel: *Rouen*, veuve Besongne, 1769, *in*-12.]

3506. * ☞ Essai sur la culture du Caffé, avec l'Histoire naturelle de cette Plante; par M. Brevet, Secrétaire de la Chambre d'Agriculture au Port-au-Prince, (Isle de Saint-Domingue:) *au Port-au-Prince*, chez les Associés à l'Imprimerie Royale, 1768, *in*-8. de 89 pages.

L'Auteur, qui est Rochellois, réside depuis 35 ans dans l'Isle S. Domingue, & il est très au fait des plantations de Caffé, que l'on sçait être nombreuses dans cette Isle.]

3506. ** ☞ (1.) Le Tabac, Epître de Zerlinde à Mariamne: *Paris*, Delalain, 1769, *in*-8.]

(2.) ☞ Mémoire raisonné sur l'avantage de semer du Tresle en prairies ambulantes: *Paris*, Fétil, 1769, *in*-12.]

(3.) ☞ Mémoire sur la culture de l'Esparcet, ou Sainfoin; par M. Rigaud de Lille, Citoyen de Brest: *Paris*, Desaint, 1769, *in*-8.]

(4.) ☞ Mémoire sur la culture du Berds grass, ou graine d'Oiseau, du Thimothi & de la grande Pimprenelle; par M. Barthelemi Roch: *Paris*, Lottin, *in*-12.]

Au N.° 3507, ajoutez à la fin de la Note:

M. Duhamel ne convient pas qu'il ait revu cet Ouvrage, comme l'annonce le titre de l'Edition de 1759.]

Au N.° 3508, après M. Maupin, ajoutez, ancien Valet de Chambre de la Reine.

3508. * (1.) ☞ L'Art de multiplier le Vin par l'eau; par M. Maupin: *Paris*, Musier fils, 1769, *in*-12.

Le but de M. Maupin, dans cette Brochure, étant de montrer que par l'addition de l'eau, on peut multiplier le Vin au quart ou même au tiers, sans lui rien faire perdre de sa qualité actuelle, il s'attache particulièrement à exposer différentes opérations qui tendent à perfectionner la fermentation, seul moyen d'avoir un vin plus riche en esprit.]

(2.) ☞ Expériences sur la bonification de tous les Vins, tant bons que mauvais, lors de la fermentation, ou l'Art de faire le Vin, à l'usage de tous les Vignobles du Royaume, avec les principes les plus essentiels sur la manière de gouverner les Vins; par M. Maupin: *Paris*, Musier fils, 1770, *in*-12.

M. Maupin, dans cet Ouvrage, après avoir établi que la bonté du Vin dépend de la quantité de l'esprit ardent qu'il contient, fait voir que la production de cet esprit dépend du degré de fermentation; en conséquence il donne les moyens de la rendre plus complete.

Les mêmes, avec des augmentations: 1772, 2 vol.]

(3.) ☞ Essai sur l'Art de faire le Vin rouge, le Vin blanc & le Cidre; par M. Maupin: *Paris*, Musier fils, 1767, *in*-12.]

(4.) ☞ Lettre aux Editeurs du *Journal Économique*, sur l'Art de faire le Vin rouge & même le Vin blanc; par M. Maupin.

Cette Lettre est insérée dans le *Journal Economique* du mois de *Mars* 1766.]

(5.) ☞ Moyens de perfectionner les Vins; par M. Bourgeois, Docteur en Médecine, & Membre des Sociétés économiques de Berne & d'Yverdun.

L'Auteur propose des moyens de fouler le raisin, différens de ceux employés jusqu'ici; il prétend aussi que l'unité de cueillette à la vendange nuit à la qualité du Vin. La Champagne & la Bourgogne sont pour lui les preuves de ce qu'il avance, & pourroient servir d'exemples à plusieurs de nos autres Provinces.]

(6.) ☞ Analogie ou Discours sur la meilleure méthode de faire le Vin & de cultiver la Vigne; par l'Auteur du *Traité de la Mouture économique*, (M. Bequillet:) *Dijon*, Bidault, 1770, *in*-12.

Ce Traité, de la manière de faire le Vin, n'est que le commencement d'un Traité général de la Vigne & des Vins, auxquels M. Bequillet travaille depuis longtemps. On trouve dans cet Ouvrage une Analyse du Vin; par M. Maupin.]

Page 102, ajoutez,

3516. * ☞ Rapport fait à la Faculté de Médecine de Paris, dans une Assemblée publique; par MM. Bellot, le Camus, Roux, Darcet, Docteurs-Régens de ladite Faculté, au sujet des esprits inflammables du Cidre & du Poiré.

Ce Rapport a été fait à la Requête des Juges Municipaux des Duchés de Lorraine & de Bar. MM. les Commissaires démontrent par des expériences très-bien faites, que ces esprits inflammables ne sont-point nuisibles, & qu'en général tous les esprits inflammables quelconques sont les mêmes; que les liqueurs dont on les retire ne différent que par la partie extractive. Ce Rapport se trouve dans les Registres de la Faculté de Médecine de Paris.]

A la Note du N.° 2517, ligne 3. lisez, à cette Académie.

Page 203, ajoutez,

3530. * ☞ Campania vindicata: Ode Ca-

Préliminaires : Histoire Naturelle de la France. 253

roli COFFIN : Accessit Decretum Medicæ apud Insulam Coon Facultatis, super poetica Lite Campanum inter & Burgundum Vinum orta : Iambi C. C. *Parisiis*, Thiboust, 1712, *in-8*.]

PAGE 204, *ajoutez*,

3545.* ☞ De la fermentation des Vins, & de la meilleure manière de faire l'Eau-de-vie, Mémoires qui ont concouru pour le prix proposé en 1766, par la Société Royale d'Agriculture de Limoges, pour l'année 1767, imprimés par ordre de la Société : *Lyon*, frères Périsse, 1770, *in-8*.

Ce Recueil renferme trois Mémoires : Le premier, qui a remporté le prix, est de M. l'Abbé ROZIER, Membre de la Société Impériale de Physique & de Botanique de Florence.

L'Auteur du second, qui a eu le premier Accessit, est M. DE VAUNE, Apothicaire à Besançon.

Le second Accessit a été accordé au troisième, qui est de M. MUNIER, Sous-Ingénieur des Ponts & Chaussées, Membre de la Société d'Agriculture d'Angoulême.]

3545.** (1.) ☞ Des Semis & Plantations des Arbres, & de leur culture; par M. DUHAMEL : *Paris*, Guerin, 1760, *in-4*.]

(2.) ☞ De l'Exploitation des Bois, ou Moyen de tirer un parti avantageux des Tailles, demi-Futayes & hautes Futayes, & d'en faire une juste estimation, avec la Description des Arts qui se pratiquent dans les Forêts ; par M. DUHAMEL : *Paris*, Delatour, 1764, *in-4*.]

(3.) ☞ Du Transport, de la Conservation & de la Force des Bois, Ouvrage dans lequel on trouvera des moyens d'attendrir les Bois, de leur donner diverses couleurs, surtout pour la construction des Vaisseaux, & de former des pièces d'assemblages pour suppléer au défaut des pièces simples; par M. DUHAMEL : *Paris*, Delatour, 1767, *in-4*.]

(4.) ☞ Traité des Bois, &c. par M. MASSÉ, Avocat : *Paris*, Hochereau, 1769, *in-8*. 2 vol.

L'Auteur a beaucoup fait usage des Traités de M. Duhamel, & des Ouvrages de M. de Buffon.]

(5.) ☞ Nouveau Traité sur l'Arbre nommé Acacia : *Bordeaux*, Labotière, 1762, *in-8*.]

(6.) ☞ Instructions familières en forme d'Entretien, sur les principaux objets qui concernent la culture des terres; par M. THIERRIAT, Conseiller du Roi, Garde Marteau de la Maîtrise des Eaux & Forêts de Chaulny : *Paris*, Musier, 1765, *in-12*.

On trouve à la fin de ce Livre un Mémoire sur la cause du dépérissement des Forêts du Royaume, & sur les moyens qu'on pourroit mettre en usage pour les entretenir bien plantés, & pour se procurer de beaux Arbres.]

(7.) ☞ Observations & Expériences sur diverses parties de l'Agriculture; par M. FORMANOIR DE PALTEAU, de la Société Royale d'Agriculture de la Généralité de Sens : *Sens*, 1768, *in-8*.

Cette Brochure renferme plusieurs Mémoires ; le premier est sur les différentes espèces de Terres ; le second concerne les Engrais ; le troisième traite de l'exploitation d'une Ferme, & le dernier de la plantation des Bois.]

(8.) ☞ Observations sur les Sels qu'on retire des cendres des Végétaux; par M. DUHAMEL, de l'Académie Royale des Sciences.

Ce Mémoire se trouve dans le Recueil de l'Académie, de l'année 1767.]

Au N.º 3549, *ajoutez*, ligne 3. après N.º 2466, & dans le Supplément ; *& à la fin de la Note* : Il a commencé à publier l'Histoire des Oiseaux.]

3551.* ☞ Traité des Plantes & Animaux, tant des pays étrangers que de nos climats, qui sont d'usage en Médecine, représentés en 730 planches, sur les desseins d'après nature de M. DE GARSAULT, suivant l'ordre du Livre de M. Geoffroy, sur la Matière Médicale : *Paris*, Didot, *in-8*. 6 vol.]

PAGE 205, *ajoutez*,

3555.* (1.) ☞ Aldrovandus Lotharingiæ, ou Catalogue des Quadrupèdes, Reptiles, Insectes, & autres Animaux de la Lorraine ; par M. BUCHOZ, Médecin, Botaniste Lorrain : *Paris*, Fétil, 1771, *in-12*.

L'Auteur suit dans cet Ouvrage des ordres différens. Celui de M. DE BUFFON pour les Quadrupèdes ; les Oiseaux sont rangés selon l'Ornithologie de M. BRISSON : les Insectes sont classés suivant la méthode de M. GEOFFROI, & les Poissons par ordre alphabétique.]

(2.) ☞ Dictionnaire Vétérinaire & des Animaux domestiques, contenant leur Description Anatomique, leurs Mœurs, leur Caractère, la manière de les élever, de les nourrir; les maladies auxquelles ils sont sujets, leurs traitemens, & les différens avantages que ces Animaux peuvent nous procurer, tant pour la Médecine, que pour l'Economie rurale & pour les Arts : on y a joint un *Fauna Gallicus*, rangé selon le système de LINNÆUS ; par M. BUCHOZ, Médecin, Botaniste Lorrain : *Paris*, Costard, 1770, *in-8*. 3 vol.]

(3.) ☞ Lettres périodiques, curieuses, utiles & intéressantes, sur les avantages que la Société économique peut retirer de la connoissance des Animaux; par le même : *Paris*, Durand, 1769 *& suiv. in-8*. 4 vol.]

3555.** Mf. ☞ Livre contenant les représentations de différens Animaux renfermés dans la Ménagerie de Versailles, dessinés & peints dans leur couleur naturelle, sur papier; par N. DESPESCHES, 1680, petit *in-fol*.

Ce beau Manuscrit est le N.º 1109 du Catalogue de la Bibliothèque de M. Gaignat.]

3555.*** ☞ (1.) Catalogue d'une Collection de Quadrupèdes, Amphibies, Reptiles testacées, Insectes, Poissons & autres curiosités des plus rares de l'Amérique : *Paris*, Desaint, 1767, *in*-12.]

(2.) ☞ Catalogue systématique & raisonné des curiosités de la nature, qui composent le Cabinet de M. DAVILA, avec Figures en taille-douce de plusieurs morceaux qui n'avoient point encore été gravés : *Paris*, Briasson, 1770, *in*-8. 3 vol.]

PAGE 206, *ajoutez*,

3564.* ☞ Le nouveau parfait Maréchal; par M. DE GARSAULT : *Paris*, Ganeau, 1755, *in*-4.]

3565.* (1.) ☞ Art Vétérinaire, ou Médecine des Chevaux : *Paris*, Vallat-la-Chapelle, 1767, *in*-8.]

(2.) ☞ Médecine des Chevaux, à l'usage des Laboureurs, tirée des Ecrits des meilleurs Auteurs, & confirmée par l'expérience : on y a joint des Observations sur la Clavelée des Bêtes à laine : *Paris*, Claude Hérissant, 1768, *in*-12.]

(3.) ☞ Cours d'Hippiatrique, ou Anatomie Physiologique & Pathologique du Cheval, Ouvrage enrichi d'environ 60 planches en taille-douce, dessinées d'après nature, & gravées avec soin; par M. LAFOSSE, ancien Maréchal ordinaire des Ecuries du Roi, Démonstrateur, Professeur, & Chef de son Ecole gratuite de la Maréchallerie établie à Paris : *Paris*, Despilly, 1769, *in-fol.*]

(4.) ☞ Elémens de l'Art Vétérinaire, ou Précis Anatomique du Corps du Cheval, à l'usage des Elèves des Ecoles Royales Vétérinaires; par M. BOURGELAT : *Paris*, Vallat-la-Chapelle, 1769, *in*-12.

Cet Ouvrage est purement élémentaire ; l'exactitude, la précision & la clarté ont été l'objet principal auquel M. BOURGELAT s'est attaché.]

(5.) ☞ Elémens de l'Art Vétérinaire, ou Essai sur les Appareils & sur les Bandages propres aux Quadrupèdes, à l'usage des Elèves des Ecoles Royales Vétérinaires ; par le même : *Paris*, 1770, *in*-12.

Cet Ouvrage ne contient autre chose que les Leçons dictées à l'Ecole Vétérinaire d'Alford, près le Pont de Charenton.]

(6.) ☞ Le Farcin, maladie qui attaque très-communément les Chevaux, & les moyens de le guérir ; par M. HUREL, Maître Maréchal à Paris : *Amsterdam*; *Paris*, Costard, 1770, *in*-12.]

3565.** ☞ Cours d'Hippiatrique, ou Traité complet de la Médecine des Chevaux, orné de soixante-cinq Planches gravées avec soin : *Paris*, Edme, 1772, *in-fol.* maj. fig.

C'est un Ouvrage magnifiquement imprimé & très-détaillé. On y trouve représentée toute l'Anatomie des Chevaux.]

Au N.° 3569, ligne 1. au lieu de BERTIER, *lisez* Berthier, (*en petites lettres*.)

3570.* (1.) Essais sur les maladies contagieuses du Bétail, avec les moyens de les prévenir & d'y remédier efficacement ; par M. LE CLERC, ancien Médecin des Armées du Roi en Allemagne : *Paris*, Tilliard, 1769, *in*-12.]

(2.) ☞ Mémoire sur les maladies épidémiques des Bestiaux, qui a remporté le Prix proposé par la Société Royale d'Agriculture de la Généralité de Paris, pour l'année 1765 ; par M. BARBERET, Médecin Pensionnaire de la Ville de Bourg-en-Bresse, ancien premier Médecin des Armées : *Paris*, d'Houry, 1766, *in*-12.

Ce Mémoire a été imprimé par ordre de la Société : on y a joint des Notes instructives.]

(3.) ☞ Le Louvet, maladie du Bétail, ses causes, ses remèdes, & les moyens de le prévenir ; par M. REGNIER, Docteur en Médecine, de la Société Royale des Sciences de Montpellier, & de celle des Belles-Lettres & Beaux-Arts de Gottingue : *Lausanne*, Marc Chappuis, 1768, *in*-12.]

PAGE 207, *ajoutez*,

3573.* ☞ L'Abondance rétablie, ou moyens de prévenir en France la disette des Bestiaux en même temps qu'on augmente la fertilité des terres : *Paris*, Desventes de la Doué, 1768, *in*-12.]

3575.* ☞ Traité des Bêtes à laine, ou Méthode d'élever & de gouverner les troupeaux aux champs & à la bergerie ; par M. CARLIER : *Paris*, 1770, *in*-12.

Ce Traité est divisé en deux Parties : la première forme un corps d'instruction sur la manière de gouverner les bêtes à laine : la seconde contient un dénombrement & une Description des principales espèces de bêtes à laine dont on fait commerce en France.]

3575.** ☞ Mémoire sur les avantages d'élever & nourrir les bêtes à laine en plein air, lu à l'Académie Royale des Sciences; par M. D'AUBENTON.

On le trouvera dans le Recueil des Mémoires de cette Académie, 1770.]

3576.* ☞ Lettre sur la mortalité des Chiens, dans l'année 1763 ; par M. DESMARS, Médecin, Pensionnaire de la Ville de Boulogne-sur-mer : *Paris*, d'Houry, 1768.

Cette Lettre se trouve à la fin des *Epidémiques d'Hippocrate*, du même Auteur.]

PAGE 208, *ajoutez*,

3581.* ☞ Dictionnaire théorique & pratique de la Chasse & de la Pêche ; par M. DELISLE : *Paris*, Musier fils, 1769, *in*-8.]

3585.* ☞ Méthode & Projet pour parvenir à la destruction des Loups dans le Royaume ; par M. DELISLE DE MONCEL, ancien Capitaine de Cavalerie : *Paris*, Imprimerie Royale, *in*-12.

Ce Livre est rempli de bonnes vues : on y trouve des Observations très-curieuses sur les Loups connus en France, & sur ceux que l'on présume être venus du

Préliminaires : Histoire Naturelle de la France.

Nord. L'Auteur ne néglige aucun détail. Il donne plusieurs recettes éprouvées pour les maladies des Chiens, & principalement pour la rage.]

3588.* (1.) ☞ Essai sur l'Histoire Naturelle de la Taupe, sur les différens moyens qu'on peut employer pour la détruire ; par M. DE LA FAILLE, de la Société d'Agriculture de la Rochelle : *la Rochelle*, Legier, 1768, *in-12. fig.*]

(2.) ☞ Moyens sûrs & faciles pour détruire les Taupes dans les Prairies & les Jardins : *Paris*, Gueffier, 1770, *in-12.*]

(3.) ☞ Mf. Mémoire sur les différens moyens qu'on peut employer pour détruire la Taupe.

Ce Mémoire a été lu à la Société Royale d'Agriculture d'Angers, le 6 Août 1769, & est conservé dans ses Regîtres.]

Au N.° 3590, *ligne* 7. *au lieu de* 1644, *lisez*, 1643.

PAGE 209, *ajoutez*,

3594.* ☞ L'Histoire Naturelle, éclaircie dans une de ses parties principales, l'Ornithologie, qui traite des Oiseaux de terre, de mer & de rivière, tant de nos climats que des pays étrangers ; Ouvrage traduit du Latin du *Synopsis Avium* de RAY, augmenté d'un grand nombre de Descriptions & de Remarques historiques sur le caractère des Oiseaux, leur industrie, leurs ruses ; par M. DE SALERNE, Docteur en Médecine à Orléans : *Paris*, Debure, 1767, *in-4.* avec figures.]

3594.** ☞ Histoire des Oiseaux ; par M. DE BUFFON : *Paris*, Imprimerie Royale & Panckoucke, 1770 & *suiv. in-4. & in-12.*

L'Ouvrage se continue : on en a (en Juin 1774) deux vol. *in-4.* ou quatre *in-12.*]

3597.* ☞ L'Autourserie de P. DE GOMMER, Seigneur de Lusancy, assisté de F. de Gommer du Breuil son frère : *Châlons*, 1594, *in-12.*]

Au N.° 3598, *ajoutez*,

☞ Nouvelle Edition, corrigée & augmentée ; avec des Remarques utiles & curieuses sur cet Oiseau (le Rossignol :) *Paris*, Debure père, 1773, *in-12.*]

3598.* Traité du Serin de Canarie, & autres petits Oiseaux de volière, avec la manière de les élever & de guérir leurs maladies : *Paris*, Prud'homme, 1707, *in-12.*]

Avant le N.° 3602, *effacez*, §. V.

PAGE 210, *ajoutez*,

3604.* ☞ Mf. Traité des Poissons de la grande & petite marée, qui fait voir leurs noms, leur saison, la manière dont s'en fait la pêche, & la qualité de leur choix, présenté à M. le Comte de Maurepas, Ministre & Secrétaire d'Etat de la Marine ; par LE MASSON DU PARC, Commissaire ordinaire de la Marine, Inspecteur-Général des Pêches ; décoré de très-jolis dessins à l'encre de la Chine, qui représentent les différens poissons dont il a été question : *in-4.*

Ce Manuscrit est indiqué dans le Catalogue de M. Gaignat, N°. 1124.]

3604.** ☞ Traité général des Pêches & Histoire des Poissons qu'elles fournissent, tant pour la subsistance des Hommes, que pour plusieurs autres usages qui ont rapport aux Arts & au Commerce ; par M. DUHAMEL DU MONCEAU, de l'Académie des Sciences : *Paris*, Saillant & Nyon ; Partie I, 1769 ; Partie II, 1773, *in-fol.*

On en a publié sept Cahyers jusqu'à présent, (Février 1774.) Cet Ouvrage fait partie de la Description des Arts, que l'Académie donne depuis quelques années, & qui avoit été commencée par M. de Reaumur.

M. Duhamel a beaucoup profité du Traité manuscrit de M. Masson du Parc, qui étoit très à portée de donner des détails exacts.]

3606.* ☞ Mémoire sur les causes de la diminution de la Pêche sur les Côtes de la Provence, & sur les moyens d'y remédier ; par le Révérend Père MENC, Dominicain.

Ce Mémoire, qui a remporté le prix de l'Académie des Belles-Lettres, Sciences & Arts de Marseille, a été lu dans une Séance publique. Il se trouve imprimé parmi les *Mém. de l'Acad. de Marseille : Marseille*, Sibié....]

PAGE 211.

Au N°. 3618, *ligne* 5, *au lieu de* 6 vol. *lisez*, 2 vol.]

PAGE 212, *ajoutez*,

3637.* ☞ Mémoire sur la manière d'élever les Vers à Soie, & sur la culture des Mûriers blancs ; lu à la Société Royale d'Agriculture de Lyon ; par M. T***, de la même Société : *Paris*, Vallat-la-Chapelle, 1767, *in-12.*]

PAGE 213,

Au N°. 3648, *ligne* 8, *au lieu de in-12. lisez*, *in-8.*
Au N°. 3649, *effacez* Mf. *& mettez*, ☞.

3650.* ☞ Essai sur l'éducation des Abeilles dans des ruches de paille ; par M. DUHOUX, Curé du Mesnil en Verdunois.

Ce Mémoire se trouve dans le *Journal Economique*, Mars 1769.

L'Auteur commence par donner la Description des lieux où les Abeilles se plaisent ; l'exposition du Rucher qui doit regarder le plein midi, ou plutôt le Soleil de dix heures. Il entre ensuite dans le détail de la construction des Ruches de paille. La plus grande partie de l'Ouvrage contient les Observations qui importent le plus à la Science Economique.]

3650.** ☞ Lettre sur les Abeilles, adressée à MM. les Auteurs du Journal des Sçavans ; par M. BONNET, des Académies de Londres & de Berlin, Correspondant de l'Académie Royale des Sciences. *Journal des Sçavans*, 1770, *Novembre*, p. 2233.

Cette Lettre contient de nouvelles Expériences sur la formation des reines Abeilles, qui démontrent, contre le sentiment de M. DE REAUMUR, que chaque ver d'Abeille commune peut donner une reine, s'il reçoit une nourriture appropriée.

PAGE 214, *ajoutez*,

3657. * ☞ Histoire des Charençons, avec les moyens de les détruire : *Paris*, Delalain, *in*-12.]

3657. ** ☞ Mémoire sur la Nature du Hanneton, & les moyens de le détruire; par M. KLÉEMAN : Ouvrage couronné par l'Académie des Sciences de Manheim.

Ce Mémoire se trouve dans le *Recueil de cette Académie*.]

3660. * ☞ Mémoire sur la cause à laquelle on doit attribuer la lumière dont la mer agitée paroît assez souvent très-brillante pendant la nuit; par M. FOUGEROUX.

Ce Mémoire se trouve dans le *Recueil des Mémoires de l'Académie des Sciences*, année 1767.

L'Auteur pense, d'après ce qu'il a vu lui-même, que la lumière de la mer est due à une espèce de vers luisans ou Scolopendres, dont les varechs & goemons sont tous remplis.]

3660. ** ☞ Histoire d'un Insecte singulier, qui jettoit une lumière vive, trouvé dans le Fauxbourg Saint-Antoine; par M. FOUGEROUX, de l'Académie Royale des Sciences. *Mémoires de l'Académie*, 1766.

M. FOUGEROUX reconnut cet Insecte pour être le Maréchal, espèce de Scarabée qui habite la Cayenne. Il conjecture, avec beaucoup de vraisemblance, que celui-ci aura été apporté en France, sous la forme de ver, dans quelque pièce de bois destiné à l'Ebenisterie.]

3666. * ☞ L'Histoire naturelle éclaircie, dans une de ses parties principales, la Conchyliologie, qui traite des Coquillages de mer, d'eau douce & de terre, avec la Zoomorphose, ou la représentation des Animaux qui les habitent, &c. par M. DEZALLIER D'ARGENVILLE. Troisième Edition, considérablement augmentée de Descriptions, & de figures en taille-douce, dessinées d'après nature : *Paris*, Debure père, 1773, *in*-4. 2 vol.

Les deux premières Editions n'avoient qu'un Volume.]

3666. ** ☞ Conchyliologie nouvelle & portative : *Paris*, Regnard, 1768, *in*-12.

Cet Ouvrage n'est autre chose qu'une Collection de Coquilles propres à orner les Cabinets des Curieux de cette partie de l'Histoire Naturelle, mise par ordre alphabétique; avec les Notes des endroits où elles se trouvent, & des Cabinets qui renferment les plus rares.]

3666 *** ☞ Mémoire sur les Limaçons terrestres de l'Artois, pour servir à l'Histoire Naturelle de cette Province; par un Membre de la Société Littéraire d'Arras : 1768, *in*-12. de 60 pages.

L'Auteur combat le sentiment de M. PLUCHE, qui croit que le Limaçon a ses deux yeux au bout de les cornes.]

3666. **** ☞ Expériences sur les Limaçons, & Réflexions sur le résultat de ces Expériences; par M. COTTE, Prêtre de l'Oratoire, Correspondant de l'Académie Royale des Sciences. *Journal des Sçav.* 1770, *Juin*.

On trouve, dans cette Lettre, des Expériences qui semblent contredire celles de MM. Roos Suédois, & de Lavoisier, de l'Académie des Sciences de Paris. L'Auteur prétend que la reproduction des têtes des Limaçons n'a point lieu, puisque les Observateurs n'avoient point coupé les têtes de ces animaux. M. Cotte fonde aussi son sentiment sur des Expériences de M. Valmont de Beaumare, qui se trouvent conformes aux siennes.]

3672. * ☞ Traité sommaire des Coquilles, tant fluviatiles que terrestres, qui se trouvent aux environs de Paris; par M. GEOFFROY : *Paris*, Musier fils, 1767, *in*-12.]

PAGE 215, *ajoutez*,

3675. * ☞ Ms. Discours sur les Coquillages de mer, qu'on trouve en terre-ferme, particulièrement en Champagne.

Il étoit à Dijon, dans la Bibliothèque de M. Fevret de Fontette.]

3676. * ☞ Mémoire sur l'organisation jusqu'ici inconnue, d'une quantité considérable de productions animales, principalement des coquilles des animaux; par M. HÉRISSANT, de l'Académie Royale des Sciences, Docteur-Régent de la Faculté de Médecine de Paris. *Mémoires de l'Acad. des Sciences*, ann. 1766.

L'Auteur est mort en 1773.]

PAGE 215, *ajoutez*,

3683. * ☞ Les Quatre Merveilles du Dauphiné, par le Président (Denis Salvaing) DE BOISSIEU : 1623, *in-fol.*]

Au N°. 3697, *ajoutez en Note* :

Voyez aussi à ce sujet, le *Mercure de Février* 1731, pag. 318.]

PAGE 217, *ajoutez*,

3701. * ☞ Discours touchant quelques prodiges advenus au Comté Venaissin, en Provence & en la Ville de Lyon; par Antoine DE BLÉGIERS DE LA SALLE, Gentilhomme de Carpentras : *Lyon*, 1574, *in*-12.].

Au N°. 3706, *ligne* 3, *après* 1708, *ajoutez*, Décembre.

3709. * ☞ Discours véritable de divers prodiges arrivés en la Ville d'Angers, comme tremblemens de terre, signes horribles, vents en l'air, tempête impétueuse; & de la curieuse Fontaine, qu'on appelle la fontaine Gadeline : *Paris*, 1609, *in*-8.]

3709. ** ☞ Discours prodigieux de ce qui est arrivé en la Comté d'Avignon le 21 Août 1616, contenant le déluge, dégâts des eaux, & accidens occasionnés par le feu du Ciel; & l'Histoire d'autres prodiges étranges : *Paris*, Rousseau, 1616, *in*-8.]

3709. ** ☞ Conjectures physiques de deux Colomnes de Nuées, qui ont paru depuis quelques années, & sur les plus extraordinaires effets du Tonnerre, &c. (par François LAMI, Bénédictin :) *Paris*, veuve de Mabre-Cramoisy, 1689, *in*-12.]

PAGE 218.

Au N°. 3713, *ajoutez* : La même Histoire a été aussi imprimée

Préliminaires: Histoire des Gaulois. 257

Imprimée la même année 1613, *Lyon*, *in*-8. sous ce titre : *Discours véritable de la vie, mort & des os du Géant Theutobocus*, &c.

3724. * ☞ Gigantomachie, pour répondre à la Gigantosteologie, par un Ecolier en Médecine : *Paris*, 1613, *in*-8.

C'étoit le sçavant Professeur Jean RIOLAN, qui en étoit réellement l'Auteur.]

Au N.° 3725, *à la Note*, *ligne* 4, *au lieu de* qu'il fit, se cacha, *lisez*, qu'il avoit faite l'année précédente, s'étoit caché.

3729. * (1.) ☞ Discours des Croix miraculeuses apparues en la Ville de Bourges en 1591 : *Paris*, Bichou, 1591, *in*-8.

(2.) ☞ Description d'un Météore igné, observé le 11 Novembre 1761, accompagné d'explosion, qui fut vu en Suisse, en Bourgogne & en Flandre ; par M. (MICHAULT, de Dijon.)

Cette Description se trouve dans les *Mémoires de l'Académie de Dijon, Tome I : Dijon*, Causse : *Paris*, Saillant, *in*-8.]

(3.) ☞ Dissertation sur l'espèce de Météore, connu sous le nom de Trombe ; par M. BRISSON, de l'Académie des Sciences.

Ce Mémoire se trouve dans le *Recueil de l'Académie Royale des Sciences, année* 1767.]

NOTA. Dans l'Edition *in*-8. qu'on a faite en 1771 de ce long Chapitre sur l'Histoire Naturelle de la France, & que l'on a intitulée : *Bibliothèque Physique de la France*, il y a dans le *Supplément*, vers la fin, *pag*. 492, un Article sur la Ruine de la Ville de *Pleurs*, en 1618, par un Tremblement de terre. Nous ne le mettons pas ici, parceque cette Ville n'est point de France, mais du Pays des Grisons, dans la Valteline.]

Histoire des Gaulois.

PAGE 220.

A la Note du N.° 3738, *ligne* 12, *au lieu de* Sérieck, *lisez*, Scrieck.

PAGE 221.

Au N.° 3744, *au lieu de* Goropii BECANI, *lisez*, GOROPII, Becani.

PAGE 223, *ajoutez*,

3746. * ☞ La même Histoire des Celtes : nouvelle Edition, revue, corrigée & augmentée, par M. DE CHINIAC, Avocat au Parlement : *Paris*, Quillau, 1770 & 1771, *in*-12. 8 vol. & *in*-4. 2 vol.

On y trouve un nouveau Livre posthume de M. Pelloutier, sur l'extérieur de la Religion des Celtes. M. de Chiniac a fait une Dissertation sur l'établissement du Christianisme en Gaule, & a joint nombre de Notes à tout l'Ouvrage. Il a retranché les textes entiers des Citations qui se trouvoient dans la première Edition, mais il a ajouté plusieurs Mémoires épars de M. Pelloutier, de la plupart desquels nous avons fait mention. A la tête est l'Eloge de M. Pelloutier, (mort en 1757,) par M. Formey, Secrétaire de l'Académie de Berlin.]

Au N.° 3747, *ajoutez en Note* :

Ces Lettres sont de M. PELLOUTIER, qui avoit voulu pressentir le public avant que de publier son *Histoire des Celtes*.]

PAGE 224.

Au N.° 3751, *ligne* 4, *après* Ibid. *mettez*, tom. XL. pag. 60, XLI. 52 & 231... *& ajoutez* : Ces trois Lettres ont été réimprimées dans la nouvelle Edition de l'*Histoire des Celtes*.]

Au N.° 3753, *ajoutez à la Note* :

La Traduction Françoise de cet Ouvrage de M. Schoepflin, se trouve dans la nouvelle Edition de l'*Histoire des Celtes*, avant la *Réponse*, qui suit.]

PAGE 225, *ajoutez*,

3757. * ☞ Origine des premières Sociétés des Peuples, des Arts & des Idiômes anciens & modernes : *Amsterdam*, (& *Paris*, la Combe,) 1769, *in*-8.

L'Auteur de cet Ouvrage remonte aux tems qui suivirent de près le Déluge. Les Uriens, ainsi nommés parcequ'ayant à leur tête Prométhée ou Vulcain, à l'aide duquel ils brûlèrent & percèrent les forêts dont la Terre étoit couverte, pour la rendre habitable ; sont les vrais Celtes, qui se répandirent dans les quatre parties du Monde, & peuplèrent sur-tout l'Europe. C'est ce que l'Auteur cherche à établir d'une façon plus sçavante & ingénieuse, que satisfaisante, dans les neuf chapitres dont son Ouvrage est composé.]

PAGE 226.

A la fin de la Note du N.° 3771, *ajoutez* :

Dom Taillandiet traite, dans la Préface, de l'origine, de l'antiquité, des altérations & de la décadence de la Langue Celtique, mère de la Bretonne ; & il explique comment celle-ci s'est conservée dans le Pays des Galles & dans l'Armorique.]

3779. * ☞ Grammaire Provençale vulgaire.

Dans le Manuscrit Latin, 7354, de la Bibliothèque du Roi.

3779. ** ☞ Grammaire Limousine.

Dans le même Manuscrit. A la fin est écrit : *Petrus Bercoli, de Eugubio, fecit hoc opus.*

» C'est un Ouvrage superficiel. Je travaille à un plus » étendu & plus intéressant pour les mots du Moyen » Age, insérés dans des Minutes de Notaires & autres » Actes : ils pourront servir à un nouveau Supplément » du Glossaire Latin de du Cange, où je ne les ai point » trouvés ; ceux qui y sont, ne se trouvent pas exacte- » ment expliqués. Dom Joseph du Clou, Bénédictin de » la Congrégation de Saint-Maur, travaille de son côté » à une Grammaire Limousine.» M. Nadaud, Curé de *Teyjac, au Diocèse de Limoges*.]

3779. *** ☞ Glossaire alphabétique pour l'intelligence des mots Bourguignons, &c. (par M. Bernard DE LA MONNOYE.)

Ce Glossaire est imprimé à la fin de ses *Noëi Bourguignon, &c. Dioni* (Dijon) 1710, &c. *in*-8.]

PAGE 230, *ajoutez*,

3810. * ☞ Discours sur la nature & les dogmes de la Religion Gauloise, servant de Préliminaire à l'Histoire de l'Eglise Gallicane ; par M. DE CHINIAC de la Bastide du Claux : *Paris*, 1769, *in*-12.]

Tome IV. Part. I. K k

Supplément du Tome I.

PAGE 231.

Colomne 1, ligne 2, au lieu de fendirent, lisez, fendoient.

A la fin de cette Note, ajoutez:
Noël Taillepied ne fut que quelque temps chez les Cordeliers : il les quitta pour entrer chez les Capucins, où il est mort.]

Au N.° 3815, à la fin de la Note, ajoutez:
François Meynard étoit de Frise ; mais il vint s'établir à Poitiers, où il eut une place de Professeur en Droit : il y est mort en 1623.]

3816.* ☞ Remarques sur les Temps sacrés des Gaulois; par Sim. PELLOUTIER : *Nouv. Bibl. Germaniq. tom. XXIII. pag. 89-108.*

Réimprimées dans la nouvelle Edition de l'*Histoire des Celtes*, par M. de Chiniac.]

PAGE 232.

Au N.° 3831, en Note:
Ce Livre est extraordinairement rare : quoiqu'imprimé à Londres, on n'en connoît qu'un exemplaire en Angleterre dans la Bibliothèque Bodleienne ; & Vogt assure qu'on ne le trouve, ni en Allemagne, ni en France.]

PAGE 233.

Au N.° 3840, à la fin de la Note, ajoutez:
Cet Ouvrage de Toland a été traduit en François, par Marc-Ant. EIDOUS de Marseille, sous ce titre : *Histoire des Druides, des Bardes & des Vaticés: in-12.*]

3841.* ☞ Des Gaulois, des Druides & des Antiquités de la Gaule; par Doms FRANÇOIS & TABOUILLOT.

Dans le Livre I. de l'*Histoire de Metz: Metz, 1769, in-4.*

3845.* ☞ Ms. Mémoire historique sur les Sciences des Gaulois, par Etienne-David MEYNIER, de l'Académie de Nismes.

Ce Mémoire lu à cette Académie, est entre les mains de l'Auteur.]

Au N.° 3846, ajoutez en Note:
Ces Observations sont réimprimées dans la nouvelle Edition de l'*Histoire des Celtes*, par M. de Chiniac.]

PAGE 234, ajoutez,

3852.* ☞ Dissertation sur un Temple octogone & plusieurs Bas-reliefs trouvés à Cestas, près Bourdeaux; par M. l'Abbé JAUBERT: *Bourdeaux, 1743, in-8.*

Les Bas-reliefs désignent des Fêtes de Cybèle, une initiation à ses Mysteres, & un sacrifice qu'on offre à cette Divinité.]

3855.* ☞ Recueil d'Antiquités dans les Gaules; par M. DE LA SAUVAGERE : *Paris, Hérissant fils, 1770, in-4.*

Les différentes Pièces dont ce Recueil est composé, sont indiquées au lieu qui leur convient.]

PAGE 236.

Au N.° 3868, à la Note, 1603, lisez, [1601.]

PAGE 237, ajoutez,

3870.* ☞ Ms. Mémoires pour servir à l'Histoire des Gaules; par le P. LEMPEREUR, Jésuite : *in-fol. 60 pag. fig.*

Ces Mémoires, qui étoient dans le Cabinet de M. Michault à Dijon, ont passé à M. l'Abbé de Courtemanche, Chanoine de cette Ville, &c.]

3877.* ☞ Epitome rerum Gallicarum sub Romano Imperio, Sectio II, Pars prior: *Argentorati, 1765, in-4.* = Pars posterior, 1765. = Sectio III : *Argentorati, 1766, in-4.*

Ce sont encore trois Thèses Historiques, avec des Notes, dont M. (Jean-Michel) LORENZ a été le Président & l'Auteur.]

PAGE 238.

Vers le milieu de la colomne 1. avant Iidem cum Joannis Rhellicani, *ajoutez:*

— ☞ Iidem, cum Annotationibus Henrici Glareani, Poetæ Laureati : *Friburgi, 1538: Lugduni, Gryphii, 1546, in-8.*]

Dans la Colon. 2, après l'alinea 4, ajoutez en Note:
☞ Fabricius en cite une Edition de 1689.]

PAGE 239.

Avant la ligne 13 de la 1 colomne en remontant,
La belle Edition de César faite à Londres, en grand *in-fol.* a été réduite à Venise, en grand *in-4.* avec l'Italien à côté; & les figures de l'Edition de Londres ont été aussi réduites *in-4.* & très-bien gravées.]

Plus bas, après Eadem, curâ.... *ajoutez:*

☞ Eadem, cum recensione Christophori Cellarii, & Notis ac novis Tabulis geographicis: *Lipsiæ, Veidmann, 1736, in-8.*]

PAGE 240, *avant le N.° 3881, ajoutez,*

☞ La même : *Amsterdam, Arkstée, &c. 1763, in-12. 2 vol.*]

3880.* ☞ Ms. Les Commentaires de César abrégés, avec des Notes historiques & critiques.

Ce Manuscrit est dans la Bibliothèque de M. le Marquis d'Aubais.]

PAGE 241.

Après N.° 3885, ajoutez,

— ☞ Eclaircissemens sur quelques passages des Commentaires de César; par le P. LEMPEREUR.

Ci-devant, N.° 173, (VIII.)

Au N.° 3892, au lieu de Isaac VILLEVAUX, *lisez; par* I. V. C. (Jean VILLEVAUT, Clermontois) & après Paris, *ajoutez,* Ramier... *dans la Note, lisez,* Villevaut.

PAGE 243.

Au N.° 3907, à la fin de la Note, ajoutez:
Antoine de Lestang étoit né à Brive en Limousin : il est mort le 9 Décembre 1617, âgé de 79 ans.]

PAGE 244.

Au N.° 3911, à l'avant-dernière ligne de la Note, après Paris, *ajoutez,* Chaubert.

PAGE 245.

Au N.° 3916, ligne 4, DU FRAISSE, lisez DUFFRAISSE.
Au N.° 3922, au lieu de DINÆI, lisez DIVÆI.

PAGE 247, ajoutez,

3938.* ☞ Recherches sur les Santones & les Antiquités Romaines de Saintes & des environs; par M. DE LA SAUVAGERE.

Dans son Recueil d'*Antiquités dans les Gaules*, &c. *Paris, Hérissant fils, 1770, in-4.* au commencement.]

3943.* ☞ Dissertation sur l'origine & le

Histoire Ecclésiastique de la France. 259

caractère des Tectosages, leurs excursions, &c. par M. SABBATHIER, Professeur au Collège de Châalons.

Elle est imprimée p. 117 de son *Recueil de Dissertations*, &c. *Châalons-sur-Marne*, Bouchard, & *Paris*, Delalain, 1770, *in-*12.

On peut voir encore, sur les *Tectosages*, le commencement de l'*Histoire de Languedoc*, par DD. de Vic & Vaissette, tom. I : *Paris*, Vincent, 1730, *in-fol*. Le Père de Tournemine, Jésuite, a prétendu faire venir les François de leurs Colonies en Allemagne; mais D. Vaissette lui a répondu, & a fait voir qu'il n'y en avoit point de preuve. Leurs Ouvrages, à ce sujet, seront indiqués au commencement de notre Tome II, dans l'article qui concerne l'*Origine des François*, aux N.ᵒˢ 15446 & 15455.

3945. ** ☞ Recherches sur la guerre de César contre les *Vénètes*; par M. DE LA SAUVAGERE.

Dans son Recueil d'*Antiquités dans les Gaules* : (*Paris*, Hérissant fils, 1770, *in-*4.) *pag*. 245, & *suiv*. Cette Edition est la plus travaillée : il y en avoit eu auparavant trois autres, que nous avons indiquées ci-devant, N.ᵒ 100, à l'occasion des Camps de César.]

3945. *** ☞ HUBERTI THOMÆ, Leodii, de Tungris & Eburonibus, aliisque Inferioris Germaniæ Populis, Commentarius : *Argentorati*, Rikel, 1541, *in-*8.]

3946. * ☞ Dissertation sur les Arts cultivés chez les Volces; par M. l'Abbé DE GUASCO.

Elle est dans le Recueil des Pièces qui ont remporté le prix à l'Académie de Toulouse : *Toulouse*, 1758, *in-*4.

Les *Vues générales*, &c. dont il est parlé au N.ᵒ 3946, ne sont qu'un Précis du *Traité historique sur l'état des Sciences chez les Volces*, pris des Lectures que l'Abbé de Guasco en fit à l'Académie des Inscriptions & Belles-Lettres en 1751. Il se proposoit de faire imprimer ce Traité.

Au N.ᵒ 3948, ligne 3. après Liber, ajoutez : Lugduni, Gryphius, 1536, & ensuite, après Bergomi, lisez, 1594.

PAGE 248, col. 2. après l'*Alinéa* 1. & avant On peut, &c. ajoutez :

Ce Mémoire de M. Pelloutier sur les Galates, a été imprimé à la fin du Tome II. de son *Histoire des Celtes*, & dans la nouvelle Edition de M. de Chiniac.]

3952.* ☞ Marci Gottliebi WERNSDORFFII, de Republica Galatarum Liber singularis; in quo Gentis origo, status Regiminis, mores & res gestæ fide Scriptorum & Numismatum antiquorum exponuntur, &c. *Norimbergæ*, 1743, *in-*4.

C'est un Recueil de tout ce que l'on peut sçavoir des Gaulois transplantés en Asie, & connus sous le nom de *Galates*.]

Il vient de paroître un Ouvrage de M. RONDIL DE BERRIAC, demeurant à Carcassonne, intitulé : *Monumentorum Galaticorum Synopsis, sive ad Inscriptiones & Numismata quæ ad res Galaticas spectant, breves conjecturæ*: *Liburni*, 1772, *in-*4. L'Auteur a remporté le Prix à Toulouse en 1768, sur l'origine, le caractère, &c. des Tectosages, dont il est parlé ci-dessus (dans ce Supplément,) au N.ᵒ 3943 * : mais sa Dissertation n'a pas été imprimée.]

LIVRE SECOND.

Histoire Ecclésiastique de la France.

Origines des Eglises.

PAGE 251.

Au N.ᵒ 3954, *à la fin de la Note, ajoutez* :

Le passage qu'on a dit ci-dessus avoir été supprimé dans l'Edition de 1636, se trouve dans le Dictionnaire Encyclopédique, au mot *Narbonne*.]

PAGE 252.

Au N.ᵒ 3965, *effacez la main & le crochet, cet Article étant dans le* Supplément du P. le Long.]

PAGE 253.

Au N.ᵒ 3972, *ligne* 5. *au lieu de* PELLIOT, *lisez*, PELLICOT.]

3973.* ☞ Mf. Lettres de MM. (Lazare-André) BOCQUILLOT; & (Pierre-Bénigne) GERMAIN, Théologal d'Autun, sur les Reliques de S. Lazare.

Ces Lettres sont conservées à Dijon, dans la Bibliothèque de M. le Président Bouhier, aujourd'hui de M. de Bourbonne, & elles sont jointes aux Imprimés sous la Lettre H. num. 14.]

PAGE 254, *ajoutez*,

3987. * ☞ L'Arrivée de Sainte Magdelaine

Tome IV. Part. I.

& de S. Denys l'Aréopagite, en France : *Tulles*, 1648, *in-*12.

L'Auteur est le Père THOMAS D'AQUIN de S. Joseph, Carme Déchaussé. Son Ouvrage est contre le Docteur de Launoy.]

3987. ** ☞ Histoire de Sainte Magdelaine; par Claude CORTEZ : *Aix*, 1655, *in-*16.]

3990. * ☞ Vie de Sainte Marthe, vénérable Hôtesse de Jesus-Christ; par François NOGUER.

Elle se trouve au commencement de son *Histoire de l'Eglise d'Avignon* : *Avignon*, 1659, *in-*4.]

3991.* ☞ Histoire de la Vie & la Mort de Sainte Marie-Magdelaine, avec les Miracles, Invention & Translation de ses Reliques, &c. par le Père Vincent REBOUL, Religieux du Convent Royal de S. Maximin : *Marseille*, Garrin, 1676, *in-*12.

On trouve à la fin une Pièce en Vers, intitulée : *La Toilette de la Magdelaine*.]

Au N.ᵒ 3993, *ajoutez en Note* :

Il y avoit déja eu une première Edition de cet Ouvrage : *Aix*, Adibert, 1685, *in-*12.]

PAGE 255, *ajoutez*,

3997.* ☞ Mf. Histoire de Sainte Magdelaine

K k 2

laine, Marthe & Lazare : Poëme d'environ 1600 Vers François du XIV.ᵉ Siècle : *in-fol.*

Ce Manuſcrit, qui eſt conſervé dans la Bibliothèque de M. Jardel, à Braine, près Soiſſons, contient l'arrivée de Sainte Magdelaine en Provence, & ſa retraite à la Sainte Baume.]

P ᴀ ɢ ᴇ 256 , *ajoutez,*

4011. * ☞ Diſſertation ſur le temps où la Religion Chrétienne fut établie dans les Gaules ; par M. ᴅᴇ Cʜɪɴɪᴀᴄ.

Elle ſe trouve à la fin de ſon Edition de l'*Hiſtoire des Celtes* de M. Pelloutier , (ci-deſſus, N.° 3746 * ;) L'Auteur y combat ceux qui font pour le premier Siècle , & s'y déclare pour le ſecond.]

P ᴀ ɢ ᴇ 259 , *ajoutez,*

4068. * ☞ Epoque de la Miſſion des premiers Evêques de la Narbonnoiſe.

C'eſt la Diſſertation ou Note XXIII. du Tome I. de l'*Hiſtoire du Languedoc,* par DD. ᴅᴇ Vɪᴄ & Vᴀɪssᴇᴛᴛᴇ.]

P ᴀ ɢ ᴇ 260 , *ajoutez,*

4077. * ☞ Diſſertation ſur la naiſſance du Chriſtianiſme dans les Gaules.

Elle ſe trouve pag. 12-22, des Preuves de l'*Hiſtoire de l'Orléanois*, tom. I. Amſterdam, (Paris) 1766, *in-4.* On y dit qu'elle a pour Auteur un Eccléſiaſtique d'Orléans, très-ſçavant.

Ce pourroit bien être la même que celle indiquée au N.° 4077.]

Hiſtoires des Lieux conſacrés ſous l'invocation de la Vierge.

P ᴀ ɢ ᴇ 261 , *ajoutez,*

4080. * ☞ Relation de la Proceſſion de la Noſtre-Dame d'Août, (qui ſe fait chaque année à Paris, en mémoire du Vœu de Louis XIII. par M. Bᴏᴜᴄʜᴇʀ ᴅ'Aʀɢɪs.) Mercure, 1738, *Août*, pag. 1847.]

4080. ** ☞ Ordonnance de Charles, Duc de Lorraine, qui en confirmant la donation qu'il a faite de ſes Etats à la très-Sainte Vierge, établit un Tribut payable par chacun de ſes Sujets à dévotion, pour être employé en ſon honneur à la décoration de ſes Autels.

Cette Ordonnance eſt imprimée à la fin de l'Hiſtoire des Bénéfices de la Lorraine, par M. Thibault, p.cxiv.]

Au N.° 4081 , *à la fin de la Note, au lieu de* Monachi, *liſez* , Monachii.

Au N.° 4088, *après* l'Evêque d'Angers , *ajoutez ,* (Charles Mɪʀᴏɴ.)

4091. * ☞ Approbation de M. l'Evêque d'Angers, (Michel Pᴏɴᴄᴇᴛ ᴅᴇ ʟᴀ Rɪᴠɪᴇ̀ʀᴇ,) qui permet la publication d'un Miracle opéré par l'interceſſion de la Sainte Vierge, dans l'Egliſe de Notre-Dame des Ardilliers, ſur la Dame de la Rouſſelière : 1715, *in-4.*]

Au N.° 4092, *après* 1604, in-4. *ajoutez,*

☞ Eadem, ſub hoc titulo : J. Lɪᴘsɪɪ Diva Sichiemenſis ſive Aſpricollis : *Antverpiæ*, Plantini, 1605, *in-8.*

Hiſtoire de Notre-Dame de Sichem, ou Montaigu en Brabant, eſcrite en Latin par Juſte Lipſe, traduite en François au Collège de Tournon, de la Compagnie de Jeſus : *Tournon*, 1615, *in-12.*]

4092. * ☞ Eryċii Pᴜᴛᴇᴀɴɪ , Diva Virgo Aſpricollis, beneficia ejus & miracula noviſſima : *Lovanii*, Haſtenius, 1622, *in-4.*

P ᴀ ɢ ᴇ .262 , *ajoutez,*

4098. * ☞ Carmen Topographicum & Hiſtoricum de Virgine Deiparâ quæ Betharami in Benearniâ colitur : auchore Petro Bᴀsᴛɪᴅᴀ̂ᴏ, Sacerdote : *Toloſæ*, Colomiez, 1667, *in-4.*

Ce Poëme, en beaux Vers Latins, eſt un Ouvrage poſthume, donné au Public, par M. de Lupé du Garané, Supérieur de la Chapelle de Notre-Dame de Bétharam.]

Au N.° 4101 , *ligne* 4, *après* S. Maur, *liſez* , Paris, 1635, *in-24. & en Note ajoutez* :

L'Auteur de l'*Hiſtoire Littéraire de la Congrégation de S. Maur*, après avoir indiqué cet Ouvrage comme de D. Rainſſant, *pag.* 60, ſemble l'attribuer enſuite, ou un ſemblable, à D. Claude Bʀᴇᴛᴀɢɴᴇ, *pag.* 157.]

Au N.° 4102 , *au lieu de* Servieres, *liſez*, Ferriête.

Au N.° 4105 , *ligne* 6 , *au lieu de* Vincent, *mettez*, Vɪɴᴄᴇɴᴛ, (*en pet. capitales.*)

Au N.° 4106 , *à la fin, au lieu de* 1633, *liſez*, 1733,

Au N.° 4111 , *liſez* ,

Hiſtoire de la Chapelle & des Miracles...:

Cette Chapelle a été fondée par le Duc René , vers l'an 1500, & le Roi Staniſlas l'a rendue magnifique. Elle eſt à un quart de lieue de Nancy.]

P ᴀ ɢ ᴇ 263.

Au N.° 4121 , *en Note, ajoutez* :

On peut voir encore ſur Notre-Dame de Camberon, un Ouvrage de Walrand Caoult , indiqué ci-après, N.° 4157 *.]

Le N.° 4123 doit être effacé , *étant mieux ailleurs*, (N.° 5037) *& ne convenant pas même ici.*

4125. * ☞ Hiſtoire de l'auguſte & vénérable Egliſe de Chartres, dédiée par les anciens Druides, à une Vierge qui devoit enfanter ; tirée des Mſſ. & Originaux de ladite Egliſe : *Chartres*, Nicolazo, 1715, *in-12.*

Je ne ſçai ſi c'eſt l'Ouvrage de Rouilliard mis en nouveau François, ou celui de Sablon.]

Au N.° 4128, *ajoutez en Note* :

Voyez ci-après les N.ᵒˢ 4203 & 4204, qui y ont rapport.]

P ᴀ ɢ ᴇ 264.

Au N.° 4138, *ligne* 2, *liſez*, Notre-Dame de la Délivrande... *après* Fᴏssᴀʀᴅ, *ajoutez* , Religieux de l'Ordre de S. François ; *& après* Caen, *ajoutez* , Dumeſnil, 1642, *in-16. &* ..

4140. * ☞ Hiſtoire de la Découverte miraculeuſe de Notre-Dame d'Etang, & du Culte qu'on lui a rendu juſqu'à préſent ; par le P. ᴅᴇ Jᴏᴜx, Provincial des Minimes du

Préliminaires : Histoire Ecclésiastique de France.

Duché de Bourgogne ; *Dijon*, 1726, *in-*12. de 180 pages.

Le Sieur de Saint-Pères, dans son Calendrier, qui est au-devant des Heures de la Vierge, imprimées *in-*8. *Paris*, Muguet, rapporte ce qui suit : « Notre-Dame » d'Etang, à deux lieues de Dijon (sur la Route de Pa-» ris) cette Image, qui est de terre cuite, fut décou-» verte l'an 1531, à l'occasion d'un Bœuf qui s'arrêtoit » toujours en cet endroit ; & quoiqu'il y broutât conti-» nuellement, l'herbe s'y trouvoir toujours plus épaisse ». Et il cite pour garant du fait la *Triple couronne*, n. 42. Nous n'avons pu trouver ce Livre. Au reste, c'est aussi ce que dit l'Histoire du P. Joux, où l'on voit, *pag.* 36, que le Roi Louis XIII. par Lettres-Patentes, approuva la Donation faite par les Abbés & Religieux de S. Bénigne de Dijon, aux Minimes de la Chapelle de Notre-Dame d'Etang, bâtimens, pourpris, hermitage vieux & nouveau, & de dix journaux de terre en friche pour y bâtir un Couvent de Minimes & y faire le service Divin, à la charge de célébrer une Messe tous les ans à l'intention de Sa Majesté, le jour de S. Louis, &c.]

4141. ☞ Abrégé de l'Histoire des Miracles de Notre-Dame de la Fontaine, honorée en la Ville de Chièvres, depuis 100 ans : *Bruxelles*, 1684, *in-*12.]

4147. * ☞ Histoire de la Sainte-Chapelle de la Vierge, Mère de Dieu, dite *Notre-Dame de Grad*; par le Père François de Toulouse, Provincial des Capucins : *Toulouse*, *in-*8.]

Au N.° 4148, *ajoutez en Note :*

L'Auteur de cette Histoire est M. l'Abbé François-Marie Aymon de Montepui, ci-devant Jésuite. On a encore une *Relation* des mêmes miracles, donnée, je crois, auparavant, par le Père Julien de Besançon, Capucin, *in-*8. Je n'ai pu en découvrir la date, &c.]

4148. * ☞ L'Histoire de l'Image miraculeuse de la Vierge, appellée *Notre-Dame de Gros*, proche Montpellier, par le Père Archange du Puy, Capucin : *Lyon*, Muguet, 1616, *in-*8.]

4150. * ☞ La Notre-Dame de Hau, (ou Halle) ses bienfaits & miracles, traduits du Latin de Juste Lipse ; par Louis du Gardin de Mortaigne, Médecin : *Bruxelles*, 1605, *in-*12.

Cette Histoire de Notre-Dame de Halle, (le peuple dit *de Hau*) est des plus merveilleuses.]

☞ Autre, par le Père Remy, Récollect : *Bruxelles*, 1661, *in-*12.]

☞ Autre : *Bruxelles*, 1714, *in-*12.]

4152. * ☞ Christophori Hartmanni, Annales Heremi Deiparæ Monasterii (Ensidelensis) in Helvetiâ : *Friburgi Brisgoviæ*, 1612, *in-fol.*

L'Auteur étoit Religieux & Bibliothécaire de ce Monastère : il donne, dans son Ouvrage, quantité de Pièces importantes.]

4153. * ☞ Recueil historique des Merveilles que Dieu a opérées à Notre-Dame de Laus, près Gap en Dauphiné, par l'intercession de la Sainte Vierge, &c. *Grenoble*, 1736, *in-*12.]

4155. * ☞ Les Miracles de Notre-Dame de Liesse, & comme son Image fut envoyée du Ciel, & pourquoi elle fut ainsi nommée & apportée en ce Pays : *Paris*, Calvarin, en lettres gothiques, sans date : *in-*8.

Il n'y a que 48 pages, non cottées : le tout finit par un Miracle arrivé le premier Dimanche de Carême de l'an 1579, lequel est dit *advenu depuis naguères*; d'où l'on peut conclure que ce Livret est d'environ 1580.]

Le N.° 4157 *doit être ainsi :*

☞ Miracula Dominæ Gaudiorum (vulgò N. D. de Liesse) in Picardiâ, apud Tungros, Camberones & Servios, ab anno 1081, usque ad 1605, per Walrandum Caoult (Duacensem, Sancti Amati Capellanum:) *Duaci*, Bosquardus, 1606, *in-*12.

C'est une espèce de Recueil de plusieurs Lieux de l'ancienne Belgique, où la Sainte Vierge est honorée. Caoult avoit publié en 1600, ce qui regarde Tongres, &c. que nous avons indiqué au N.° 4113. Foppens, dans sa *Bibliotheca Belgica*, *pag.* 1161, n'a point fait mention de l'Edition de 1606, où il est question de Notre-Dame de Liesse.]

PAGE 265, *ajoutez,*

4161. * ☞ La même, Image de Notre-Dame de Liesse, &c. par le même, (René de Ceriziers :) *Reims*, 1632, *in-*12.

Cette Edition ne s'est peut-être pas bornée à la première Partie.]

Au N.° 4163, *ligne* 6, *après* 1647, *in-*8. *ajoutez*, & *in-*4. avec figures de Stella, gravées par Couvay.

Cet Ouvrage est en Vers.

Ce que le P. le Long a mis ensuite, comme partie 2 du même N.° ou une nouvelle Edition, faite par Saint-Perès, est tout différent. Ce Livre est en Prose, & imprimé pour la première fois en 1657, aux dépens de l'Auteur, *in-*8. avec figures en bois. Ainsi, à la ligne 3, il faut effacer 1648.]

Au N.° 4164, *à la fin de la Note, ajoutez :*

Vilette & Saint-Perès font mention d'une *Histoire de N. D. de Liesse*, publiée en 1617, par MM. Douen & de Bene, Chanoines de Laon.]

4169. * ☞ Notre-Dame de Manosque en Provence : *Lyon*, 1638, *in-*12.

L'Auteur est Jean Columby, Jésuite. M. Dupin l'a appelé mal-à-propos *Jean de Colombe.*]

Au N.° 4174, *ligne* 4, *après* Ignace, *ajoutez :* Joseph.... *Et à la Note, au lieu de* Vie de Saint Maur, *lisez*, Vie de Saint Babolein, premier Abbé de Saint Maur.

Au N.° 4178, *ajoutez,*

La première Edition a, pour titre : *Histoire de l'Antiquité & des Miracles de Notre-Dame de Mont-Roland*; par Dom Simplicien Gody, Bénédictin de la Congrégation de Saint-Vanne : *Dole*, Binart, 1651, in 12. L'Ouvrage est dédié à Claude d'Achey, Archevêque de Besançon, & n'a pour l'Histoire que 179 pages. Le reste contient des Poésies spirituelles, en 35 pages. Le Chapitre III donne une Notice de divers Lieux de Bourgogne, où l'on honore d'anciennes Images de la Sainte Vierge.]

PAGE 266, *ajoutez,*

4178. * ☞ Dissertatio de origine & progressu Cultûs Beatæ Mariæ Virginis in Monreſerrato exhibiti; Auctore Petro DE MARCA.

Dans ſes Opuſcules, (Paris, Muguet) 1681, in-8. pag. 380. Quoique l'Abbaye de Montſerrat ne ſoit point en France, mais en Eſpagne dans la Catalogue, on a cru devoir indiquer ici cette Diſſertation, parceque M. de Marca attribue l'origine de la Dévotion de la Ste Vierge en ce lieu célébre, à Charlemagne & à Louis le Débonnaire.]

4179.* ☞ Le Pélérinage de Notre-Dame de Moyen-Pont, près la Ville de Péronne en Picardie; par François-Jean LE BOUCHER, Minime : *Paris*, 1622, *in-12.*]

Au N.° 4180, à la Note, ajoutez :

C'eſt apparemment celle qui eſt intitulée : *Hiſtoire de Notre-Dame révérée en l'inſigne Egliſe Ducale de Saint-Georges à Nancy, & le Recueil des Graces & Miracles faits par icelle :* Nancy, Garnich, 1620, *in-12.*]

Au N.° 4183, au lieu d'Ounoz... liſez Onnoz... par le Père JOSEPH-ROMAIN (Joly) de Saint-Claude, Capucin.

Au N.° 4184, à la Note, ligne 2, 1668, liſez, 1662.

Le N.° 4196, ne devoit avoir, ni main, ni crochet, étant dans le Supplément du Père le Long; mais il n'a pas donné ſon vrai titre, que voici :

Mſ. Fondation miraculeuſe du Saint Temple & Oratoire du Mont-d'Anis, aultrement le Puy; traduit en Proſe, & du Latin, en Vers François; par un Vieillard demeurant au Puy.

☞ Elle ſe trouve au fol. 8 d'un Manuſcrit de la Bibliothèque du Roi, maintenant num. 8002.]

PAGE 167, *ajoutez*,

4200.* ☞ Mſ. Suite des Merveilles opérées dans la Chapelle de Notre-Dame de Rochefort, pour ſervir de Continuation à l'Hiſtoire de Dom Mège.

Cette Suite eſt conſervée chez les Bénédictins de Rochefort : elle va juſqu'en 1740.]

Au N.° 4203, en Note, ajoutez :

Cet Ouvrage pourroit bien être la Traduction du N.° 4128. Au reſte les N.os 4127 & 4129 ſont ſur le même ſujet.

Le N.° 4204 doit être effacé, comme étant le même que le N.° 4128.

Au N.° 4211, ajoutez à la Note :

Cet Ouvrage a pour Auteur, GAUTIER DE COINSI, Moine de Saint-Médard de Soiſſons, qui vivoit au douzième Siècle. Ce n'eſt pas un Poëme, comme l'a dit l'Abbé le Bœuf, mais un Recueil de diverſes Hiſtoires écrites en Vers. M. Jardel de Braine, Dioceſe de Soiſſons, en conſerve, dans ſa Bibliothèque, un ancien Manuſcrit, vélin, *in-fol.* orné de Lettres peintes en or & en couleurs, avec des figures & miniatures, de la plus grande beauté & bien conſervées. Fauchet n'a point parlé de cet Auteur, dans ſa Liſte des Poëtes anciens, François. On trouve, dans cet Ouvrage, des traits ſatyriques contre tous les Etats, mais particulièrement contre les Gens d'Egliſe; le tout dit avec une grande naïveté. M. Barbezan a parlé de Gautier de Coinſi dans l'Avertiſſement de l'*Ordène de Chevalerie*, &c. publié en 1759, & en a rapporté une Hiſtoire d'après un Manuſcrit de Sorbonne, num. 331. On peut voir encore la Préface qu'il a enſuite donnée, *pag.* 41, auſſi bien que ſon

Caſtoiement, à la fin duquel on trouve deux Contes de Gautier de Coinſi.]

Au N.° 4220, au lieu de Vauſivière, près du Mont-d'or*, liſez,* Vaſtinières, ſous le Mont-d'or.... *Clermont,* 1690, *in-12.*

L'Auteur eſt Jean-Joseph CLADIERE, mort en 1710.

*Ces Corrections ſont tirées de l'*Hiſtoire Littéraire de la Congrégation de Saint-Maur*, pag. 782.]*

PAGE 168.

Avant le N.° 4223, après Bordeaux, *ajoutez :* Elle étoit ci-devant occupée par des Grandmontains.]

Vies des Saints.

4227.* ☞ Mſ. SPICILEGIUM de Vitis Sanctorum à D. Nicolao DE BEAUFORT, Canonici Sancti Joannis Sueſſionenſis, cum Catalogo Manuſcripto quæ ſervabantur in Bibliothecis Sueſſion. Remenſ. in Monaſteriis Longipontis, Orbac. Reſbac. Igniac. Jotrenc. Branenſi, Vallis-Secreti & Celeſtinorum Sueſſion. & Pariſienſ. ann. 1598 de quibus Monumentis fecit Spicilegium iſtud ſive Elenchum, prælo commiſſum cum Privilegio Senatûs Bruxellenſis, ſed non abſolutum : *in-fol.* Autograph.

Dans le même Volume, qui eſt dans la Bibliothèque de M. Jardel, à Braine près Soiſſons, ſe trouve un Recueil de Lettres Critiques & Hiſtoriques, écrites en Latin à l'Auteur, par divers Sçavans, ſur cet Ouvrage.

Au N.° 4231, ligne 2 de la Note, au lieu de 1714, *liſez* 1715, 1724, *& ajoutez à la fin :* On préfére l'Edition de 1701.]

4232.* ☞ Vocabulaire Hagiologique; par le même Abbé CHASTELAIN.

Ce Vocabulaire eſt imprimé dans la nouvelle Edition du Dictionnaire étymologique de Ménage, donnée avec diverſes autres augmentations, par Auguſtin-François Jault : *Paris*, Ganeau, 1750, *in-fol.* 2 vol.]

PAGE 169.

4232.** ☞ Mſ. Martyrologe de l'Egliſe de France : *in-8.*

Il eſt entre les mains de l'Auteur, M. le Chevalier DE COURT. Le titre & la Préface ſont en François, mais l'Ouvrage eſt en Latin, ſur le modèle des Martyrologes de Paris & d'Auxerre.]

Au N.° 4237, ajoutez à la Note :

La Monarchie Sainte devoit avoir trois Volumes; mais la mort du Père Modeſte de S. Amable empêcha que le dernier parût.]

Au N.° 4238, à la fin de la Note 3, après abrégé des, *ajoutez* Vies des

Au N.° 4243, ligne 4, après Puy, *ajoutez,* Guynand.

4244.* ☞ Martyrologium Pariſienſe : *Pariſiis*, 1727, *in-4.*

Depuis la réforme des Bréviaires, il n'y a eu que les Egliſes de Paris & d'Auxerre qui aient eu un Martyrologe particulier imprimé.]

4244.** ☞ Martyrologium ſanctæ Autiſſiodorenſis Eccleſiæ, D. Caroli de Caylus, Autiſſiodorenſis Epiſcopi, autoritate, &

Préliminaires : Histoire Ecclésiastique de la France.

ejusdem Ecclesiæ Capituli consensu editum : *Autissiodori*, Fournier, 1751, *in-4*.

Ce Martyrologe peut passer pour le meilleur qui ait paru, quant à la bonne critique & aux Notes sçavantes mises à l'Article de chaque Saint. On y trouve les principaux Saints de toute l'Eglise, mais sur-tout ceux d'Auxerre & des Evêchés de la Métropole de Sens, suivant son ancienne étendue, avant l'érection de Paris en Archevêché, l'an 1622. André Mignot, Grand-Chantre, a eu la principale part à ce Martyrologe ; mais MM. Lebeuf & Potel ont fourni des Mémoires, ainsi que Claude Prevost, sçavant Bibliothécaire de l'Abbaye de Sainte-Geneviève de Paris, mort en 1752. M. Lebeuf est mort en 1760, & M. Mignot en 1770.]

PAGE 270.

Au N.° 4166, *lignes* 2 & 3, *lisez*, qui illustriori virtute hanc Diœcesim exornarunt.

PAGE 271.

Au N.° 4269, *ligne* 7, *au lieu de* COLLINS, *lisez*, COLLIN.

4269. * ☞ Florilegium sacrum Lemovicense, hoc est Elogia Heroum qui apud Lemovicos floruerunt præcipuâ sanctitate, à D. Martiali Apostolo ad usque RR. DD. Franciscum de la Fayette, Episcopum Lemovicensem ; ex antiquis Diœceseos Lemovic. Codicibus, & ex Ven. Bernardo Guidonis Episcopo Lutevensi, Stephano Malleo Canonico (sancti Juniani Lemovic.) Ademaro, Gaufredo Cortesio Lissaco, & aliis manusc. probatis Authoribus : *Lemovicis*, (1673,) *in-16*.

L'Auteur est Jean COLLIN.]

Au N.° 4274, *ligne dernière de la Note, lisez*, plein d'onction, (car *il semble que c'est ce qu'a voulu dire le P. le Long.*)

Le N.° 4278, *doit être ainsi :*

Neustria pia : auctore Arthuro DU MONSTIER, ex Ordine sancti Francisci Recollecto : *Rothomagi*, 1663, *in-fol*.

Et à la Note, lisez : Ce n'est qu'une partie des Manuscrits de cet Auteur, sur l'Histoire Ecclésiastique de Normandie, qui sont dans les Bibliothèques des Récollets de Rouen & de Paris. *Voyez* ce qui est dit de tout l'Ouvrage du P. du Monstier, au N.° 5420.]

4279. * ☞ Ms. Vitæ Sanctorum Diœcesis Aurelianensis & aliorum, ex variis Codicibus excerptæ : *in-4*. 3 vol.

Ce Recueil est dans la Bibliothèque de M. Jousse, Conseiller au Présidial d'Orléans.]

Au N.° 4283. Cette Lettre est aussi conservée dans la Bibliothèque de M. Jardel, à Braine.]

Au N.° 4285, *effacez* Tolosæ, *& lisez*, qui celebrantur in universa Ecclesia, [cum Notis in quibus agitur de Sanctis Ecclesiæ Tolosanæ.]

Ajoutez ensuite en Note :

L'Auteur y promet un Ouvrage sur les Saints particuliers à la Ville de Toulouse ; mais celui dont il s'agit ici est un Ouvrage posthume, & il ne paroît pas que l'Auteur ait exécuté sa promesse.]

PAGE 272, *ajoutez*,

4287. * ☞ Ephemeris Sanctorum insignis Ecclesiæ Trecensis : auctore & collectore Maria-Nicolao DESGUERROIS, D. Jesu Sac. indigniss. P. & Pœnitentiario Trecensi : *Aug. Trecorum*, Nicot, 1648, *in-12*. pag. 103.]

4288. * ☞ Stephani BALUZII, Dissertatio de SS. Claro, Laudo, Ulfardo, Baumardo, quorum sacræ Reliquiæ servantur in Ecclesia Cathedrali Tutelensi : accedunt Vitæ SS. Clari & Baumardi, editæ ex veteri Breviario Tutelensi manuscripto : *Tutelæ*, Lemovicum, Dalvyn, 1656, *in-8*.]

PAGE 274.

Au N.° 4302, *ajoutez en Note :*

Cette Vie est en Latin, & intitulée : *De Vita venerabilis Aupaïs de Cudot*, Libri IV. L'Auteur, qui paroît contemporain, étoit Religieux de Cîteaux & Prêtre. Cudot, où Sainte Alpaïs a vécu, est un Village du Gâtinois. A la fin du Manuscrit, qui est à Sainte-Geneviève, & qui n'est qu'une Copie faite à la fin du dernier Siècle sur un Original du temps, on a joint un Extrait de la Chronique Latine de Robert d'Auxerre, à l'an 1180, où il est fait mention de cette sainte Fille.]

Au N.° 4306, *ajoutez à la Note :*

Il y a dans la Bibliothèque de M. Jardel, à Braine, un très-beau Manuscrit *in-fol.* sur vélin, qui, parmi plusieurs Morceaux d'Histoire, en contient un sur Charlemagne & Sainte Amalberge, qui n'a jamais été imprimé.]

PAGE 275.

Au N.° 4310, *ajoutez en Note :*

☞ Dans le Catalogue raisonné des Manuscrits de M. de Cambis-Velleron, *pag.* 365, il est fait mention d'un Manuscrit ancien de la Vie de S. Andéol, en Latin ; & à ce sujet on observe que le Bourg du Vivarais, qui porte maintenant le nom de ce Saint, étoit nommé anciennement *Gentibo* ou *Gentibus*, & ensuite *Burgagiate*.]

PAGE 276, *après le* N.° 4321, *ajoutez*,

— ☞ Vie de S. Aroaste, Prêtre & Anachorète.

Voyez aux Solitaires.]

Au N.° 4322, *ligne* 3, *au lieu de* Nicoles, *lisez*, Marie-Nicolas.

PAGE 277.

Colonne 1. ligne 10, au lieu de *Métropole de Bordeaux*, lisez, *Métropole de Bourges*.

Au N.° 4324, *ligne* 1, *au lieu de* saint, *lisez*, sainte.

PAGE 278.

Ligne 2, de la Note du N.° 4336, *au lieu de* 1704, *lisez*, 1702.

Au N.° 4339, *ligne* 5, *au lieu d'*in-16. *lisez*, in-12.

4339. * ☞ Sanctæ Benedictæ, Virginis & Martyris, in Territorio Laudunensi, Acta fabulosa ; cum Commentario prævio Constantini SUYSKENI, è Soc. Jesu.

Dans le Recueil de Bollandus, *tom. IV. d'Octobre,* pag. 213-221.]

4339. ** ☞ Le Miroir d'Origny, avec la Vie de Sainte Benoîte ; par le P. PIERRE de S. Quentin, Capucin : *Saint-Quentin*, 1660, *in-4*.]

Au N.° 4340, *après le* 2 *Article, ajoutez ,*

— ☞ Vita sancti Beregisi, Abbatis.

Voyez Abb. de S. Hubert, *Ordre de S. Benoît.*]

PAGE 280.

Au N.° 4352, *au lieu de* Mattytis, *lisez ,* Mattyrii.

Au N.° 4353, *ligne* 4, *après* soixante, *ajoutez* six... *ligne* 7, *effacez* le. *Et à la fin de la Note ajoutez :* On peut voir ce qui est encore dit de cette Dissertation, ci-après, au N.° 4956.]

PAGE 282, *ajoutez ,*

4375.* ☞ Mf. Processus de vita & miraculis B. Delphinæ de Podio Michaele , Comitissæ Ariani : *in*-4.

Ce Manuscrit est conservé à Avignon, dans la Bibliothèque de M. de Cambis Velleron, num. 63. Catalogue raisonné, *pag.* 361. Les Bollandistes, en donnant la Vie de S. Elzéar , mari de Sainte Delphine , (*tom.* VII. de Septembre , *pag.* 350;) ont dit avoir une copie de ce Procès-Verbal, dans leur Bibliothèque.]

Au N.° 4377, *au lieu de* saint Ulphe, *lisez ,* sainte Ulphe... *& ajoutez en Note :*

Ces deux Saints sont honorés spécialement à Amiens.]

PAGE 285.

Au N.° 4402, Martyris, *lisez ,* Martyrii.

4403.* ☞ Mf. Vie & Miracles de S. Eugène, Martyr à Dueil, composée dans le IXe Siècle.

Elle est conservée chez les Carmes Deschaux de Paris, suivant M. l'Abbé Lebeuf, dans le Catalogue qui est à la tête du Tome I. de son Histoire du Diocèse de Paris.]

Au N.° 4405, *au lieu de* du Prieuré de S. Louis de Royaulieu, dans la Forêt de Compiègne, *lisez ,* de l'Abbaye de Beaulieu-lez-Compiègne ; par D. Gabriel Brosse, Bénédictin de la Congrégation de S. Maur : *Paris,* Huot, 1649.

Au N.° 4406, *après la ligne* 4, *ajoutez ,*

☞ De sancta Euriela, Virgine in Armorica.

Dans le Recueil de Bollandus , *tom.* I. *Octobris, pag.* 198. Cette Sainte vivoit au VIIe Siècle.]

PAGE 286, *col.* 1. *ajoutez , après l'Article de* Saint Felice.

4408.* ☞ De sancta Felicula, Virgine , in Territorio Autissiodorensi, Sylloge ; auctore Cornelio Byeo, è Soc. Jesu.

Dans le Recueil de Bollandus, *tom.* III. *d'Octobre, pag.* 225-227.]

Après l'Article de Saint Fergeon.

☞ De sancto Fermerio, aut Fremerio, Martyre.

Dans le Recueil de Bollandus , *tom.* I. *d'Octobre, pag.* 32. On ne sçait en quel temps il a été martyrisé : il y a une Abbaye de son nom dans le Diocèse de Bazas, Ordre de S. Benoît.]

Au N.° 4412, *ajoutez à la fin de la Note :*

Les sçavans Bollandistes ont écrit à un de leurs amis, que la Remarque de M. Falconer leur paroissoit fausse ; que Sainte Fides d'Agen étoit Sainte Foy, dont M. Baillet & M. de Tillemont ont fait mention.]

4414.* ☞ Acta sanctæ Fidis, Virginis & Martyris, Aginni in Aquitania ; auctore

Anonymo, perquàm antiquo ; cum Commentario prævio Josephi Ghesquieri, è Societate Jesu.

Dans le Recueil de Bollandus, *tom.* III. *d'Octobre, pag.* 263-329.]

Après les N.° 4416, *immédiatement, il faut rapporter les* N°s 4420 & 4421, *qui regardent* S. Florent, Patron de Roye.

PAGE 287.

Les N°s 4420 & 4421, *sont ici transposés, & appartiennent à la page précédente, comme on vient de le dire, au* N.° 4416.]

Au N.° 4423, *ligne* 4, *au lieu de* Fuyscheni, *lisez ,* Suyscheni.

PAGE 289.

Colonne 1. *avant* N.° 4433, *au lieu de* Moulinet, *lisez ,* Molinet, *(ici & en plusieurs autres endroits, que nous tâcherons de ne pas omettre.)*

Au N.° 4448, *en Note :*

Cette Vie de Sainte Geneviève, par Corbin, est un Poëme assez court, en mauvais Vers Alexandrins. En voici le titre exact : « La Vie & Miracles de Madame » Sainte Geneviève, Patrone de Paris ; par Jacques Cor- » bin, Conseiller & Maître des Requêtes de la Royne, » Advocat en Parlement : *Paris,* Rob. Sacta , 1632 » *in*-8. de 23 pages.]

4450.* ☞ Vita Miracolosa di S. Genovefa, Vergine e Padrona di Parigi, con la Notizie della sua Basilica e Badia ; da Gio-Battista Ciambotti : *in Roma,* Tinassi, 1670; *in*-4.]

4455.* ☞ Les Antiquités & Cérémonies qui s'observent avant & au jour de la Descente & Procession de la Châsse de Sainte-Geneviève , avec le jour & les années qu'elle a été portée, depuis 1206 jusqu'en 1725: *Paris,* Mergé, 1725, *in*-4. de 8 pages.]

4455.** ☞ Relation de ce qui s'est passé à la Découverte, la Descente & la Procession de la Châsse de Sainte-Geneviève en 1725, & de ce qui a suivi jusqu'au 14 Juillet : *Paris,* Morisset, 1725, *in*-4. de 22 pages.

Il n'y a point eu depuis de Procession de la Châsse de Sainte Geneviève, jusqu'en cette année 1774.]

Le N.° 4456 *doit être effacé, parcequ'il ne regarde point les Vies des Saints :* on le trouvera mieux placé ci-après, avec le nom entier de l'Auteur, N.° 5217*.

4456.* ☞ La Vie de Sainte Geneviève, avec l'Eloge de Madame de Miramion : *Paris,* Pepie, 1697, *in*-12.

Cette Vie est du Sieur Descoutures, qui a signé l'Epître Dédicatoire, où est l'Eloge de Madame de Miramion, Fondatrice des Filles de Sainte Geneviève. La Vie de cette Sainte, qui n'a que 124 pages, est d'un style diffus & déclamatoire.]

4458.* ☞ Desid. Erasmi Carmen, D. Genovefæ sacrum. D. Genovefæ Vita ex probatis Martyrologiis & Historiis excerpta. D. Herici, Benedictini Altissiodorensis : *Parisiis,* Vid. Morellii, 1566, *in*-8.]

PAGE 290.

Au N.° 4475, *ligne* 2, *au lieu de* Gerardi, *lisez ,* Geraldi.

Au

Histoire Ecclésiastique de la France.

Au N.° 4476, ajoutez à la Note :

Le R. P. J. Ghesquière, l'un des plus sçavans Bollandistes, a écrit à un de ses amis, que cette Vie de Gérard, conservée à la Bibliothèque du Roi, étoit un vrai Roman ; qu'au reste ils n'avoient pu trouver un seul endroit où ce Gérard ait un véritable culte.]

A la Note du N.° 4477, au lieu de Ces Actes, *lisez,* Ces Remarques.

PAGE 291.

Après la ligne 7, de la prem. colonne, ajoutez,

4478. * ☞ De sancto Geroldo, Coloniensi, apud Cremonam in Insubria pro Martyre culto, Sylloge historico-critica ; auctore Constantino SUYSKENO, è Soc. Jesu.

Dans le Recueil de Bollandus, *tom. III. d'Octobre, pag.* 955-964. Ce Saint est mort en 1241.]

Au N.° 4483, après l'Article 2, de la colonne 2.

— ☞ Vitæ sancti Godofredi.

Voyez au second Ordre du Clergé.]

PAGE 296.

Au N.° 4528, à la fin de la Note, au lieu de même jour, *lisez,* 18 Octobre, *& ajoutez,*

M. Baillet y distingue, avec raison, S. Justin de Paris, de S. Just de Beauvais, dont la tête est à Auxerre & le corps à Beauvais, & dont les Actes se trouvent dans un grand nombre de Légendaires, soit à Beauvais, soit à Paris. Le plus ancien est un Manuscrit de S. Germain-des-Prés, cité par D. Mabillon & D. Ruinart, & assigné au VIII.e Siècle par les Auteurs du nouveau Traité de Diplomatique, *tom. III. pag.* 245, 312 & 316, & Planche 48, 51 & 52. Dans le sçavant Martyrologe d'Auxerre, on fait mention de S. Just, le 19 Octobre, à cause de S. Luc, qui est le 18.]

PAGE 297, *ajoutez,*

4533. * ☞ De sancta Libaria, Virgine & Martyre, in Tullensi Diœcesi Lotharingiæ, Sylloge ; auctore Constantino SUYSKENO, è Societate Jesu.

Dans le Recueil de Bollandus, *tom. IV. d'Octobre, pag.* 228-232. On soupçonne que cette Sainte a souffert le Martyre sous Julien l'Apostat.]

4533. ** ☞ Vie de S. Libérat.

Voyez Archevêq. d'Embrun.]

PAGE 299.

Au N.° 4562, après Saint Mamert, *ajoutez,* par M. l'Abbé (Jean) LEBEUF. . . . .

Puis lisez ainsi la Note : On peut voir encore ce qui est dit de S. Mamert, ou Mamertin, dans la Vie de S. Germain, Evêque d'Auxerre.]

Au N.° 4569, ligne 2. après in-8. *ajoutez,*

☞ Seconde Edition, (augmentée de la Vie de Saint Libéral, Archevêque d'Embrun:) Brive, 1688, *in-8.*]

PAGE 300.

A la Note du N.° 4573, au lieu de 28 Juillet, *lisez,* 23 Juillet.

Au N.° 4574, au lieu de 1602, *lisez,* 1702, *& ajoutez en Note :*

Adrien Baillet a vu les Actes de ces Saintes, qui sont en Latin dans un Légendaire de l'Eglise Collégiale de Creil, au Diocèse de Beauvais, écrit vers le XIII.e Siècle. C'est sur ces Actes qu'ont bâti le P. Giry & le Jésuite qui a donné l'*Histoire des Saintes Princesses.* Jus-

qu'à D. Ruinart, les Agiographes ont confondu ces Saintes avec sainte Maure & sainte Brigide, Martyres en Touraine. D. Ruinart prouve, (*Greg. Turon. Addit. col.* 1399,) qu'il faut nécessairement les distinguer.]

Au N.° 4575, à la fin de la Note : On a une Traduction Françoise de cette Vie de sainte Maure, par M. Breyer, Chanoine de Troyes, à la suite de la Vie de S. Prudence: Troyes, le Fèvre, 1725, *in-8.*]

Au N.° 4578, à la Note, ligne 3, au lieu de Cleus, *lisez,* Clé, (latinisé *Cleus.*)

4578. * ☞ Vita sancti Mauritii & Sociorum Martyrum, & de eorum sacrorum Ossium miraculosa inventione & magnifica translatione ; à Patre SIGISMUNDO à sancto Mauritio, Capucino Provinciæ Sabaudiæ: *in-8.*]

4579. * ☞ Trois Lettres sur le Martyre de la Légion Thébéenne.

Dans le *Journal Helvétique,* 1746, Mai, *pag.* 416, Juin, *pag.* 497, Juillet, *pag.* 3.]

☞ Extrait d'un Manuscrit intitulé : Eclaircissemens sur l'Histoire du Martyre de la Légion Thébéenne, servant de réponse aux Ecrivains qui ont prétendu la rendre douteuse, & spécialement à un Sçavant qui a proposé ses doutes dans le Journal Helvétique, 1746. *Journ. Helvet.* 1749, Mars, *pag.* 262, Avril, *pag.* 385, Mai, *pag.* 483, Juin, *pag.* 583, Juillet, *pag.* 52.]

Nouveaux Eclaircissemens : *Ibid.* Octobre, *pag.* 276.

☞ Lettre d'un Bibliothécaire de Genève, (Laurent BAULACRE,) sur le Martyre de la Légion Thébéenne. *Bibliothèque raisonnée, tom. XXXVI. pag.* 427.]

PAGE 301.

A la ligne 1, de la colonne 1, au lieu de Mauritonii, *lisez,* Mauronti.

4581. * ☞ Passio beatæ Virginis & Martyris Maxentiæ.

Ces Actes sont dans un Légendaire de l'Abbaye de S. Symphorien de Beauvais. Adrien Baillet en fait mention comme étant remplis de fables, & donne au 20 Novembre une courte Notice de cette Sainte, qui a donné son nom à la petite Ville de Pont-Sainte-Maxence, sur l'Oise, au Diocèse de Beauvais. On en trouve aussi un Précis dans l'*Office de sainte Maxence,* imprimé à Senlis en 1719, & réimprimé en 1737.]

4591. * ☞ Sanctæ Mennæ, seu Mannæ, Virginis, Fontaneti in Lotharingia, Vita ; auctore Anonymo, cum Commentario prævio Jacobi BUEI, è Societate Jesu.

Dans le Recueil de Bollandus, *tom. II. d'Octobre, pag.* 150-160.]

PAGE 302.

Au N.° 4606, en Note, ajoutez :

Il y a dans le Moréri de 1759 une Remarque singulière sur S. *Nicolas,* dans une Addition à son Article. Mais on peut encore fort bien croire que l'existence d'un Nicolas Archimandrite de Myre, au VI.e Siècle, ne détruit point celle d'un Nicolas, Evêque au IV.e, comme les plus anciens Martyrologes Grecs le reconnoissent constamment. On dit qu'aucun ancien Monument ne fait mention de S. Nicolas, Evêque de Myre, ni qu'il ait assisté au Concile de Nicée. Cependant on trouve son nom dans les Manuscrits Arabes de ce Concile, & l'on sçait que les Manuscrits Grecs sont fort incomplets pour les signatures.]

PAGE 303.

Au N.º 4612, ajoutez : Cette Lettre est de M. l'Abbé Jean LEBEUF, Chanoine d'Auxerre.]

4612.* ☞ De sanctis Palladia & Porcaria Virginibus, Autissiodori, Sylloge; auctore Jacobo BUEO, è Societate Jesu.

Dans le Recueil de Bollandus, tom. IV. d'Octobre, p. 269-272. Ces Saintes sont mortes dans le V.ᵉ Siècle.]

4612.** ☞ De SS. Palmatio, Maxentio, &c. Martyribus, Treviris, Sylloge ; auctore Jacobo BUEO, è Societate Jesu.

Dans le Recueil de Bollandus, tom. IV. d'Octobre, pag. 18 & 20. Ces Saints & leurs Compagnons ont souffert le Martyre sous Dioclétien & Maximien.]

PAGE 305.

Au milieu de la colonne 1, au lieu de De sancto Psalmodia, *lisez,* De sancto Psalmodio.

4624.* ☞ Vie du très-illustre Martyr saint Quentin, Apôtre & Patron du Vermandois; tirée des anciens Monumens qui se conservent dans son Eglise ; par Claude BENDIER, Docteur de Sorbonne, Chanoine de Saint-Quentin : *Saint-Quentin, le Queulx, 1673, in-8. de 112 pages.*]

4627.* ☞ Histoire de la Vie, du Martyre & des Miracles de S. Quentin ; par M. l'Abbé (Louis-Paul) COLLIETTE, Doyen du Doyenné rural de Saint-Quentin, & Curé de Gricourt : *Saint-Quentin, Devin, 1767, in-12.*

Lettre d'un Maître de petites Ecoles à M. Colliette, sur sa nouvelle Histoire de Saint-Quentin : *Saint-Quentin, & Paris, Brocas, in-12.*]

4627.** ☞ De sancto Quintino, Martyre in Turonia, Sylloge Constantini SUYSKENI, è Societate Jesu.

Dans le Recueil de Bollandus, tom. II. d'Octobre, pag. 470-472.]

PAGE 306, *ajoutez ,*

4639.* ☞ Chariot de triomphe tiré par deux Aigles, de la glorieuse Bergère sainte Reine d'Alise, Vierge & Martyre ; par Hugues MILLOTET, Chanoine de l'Eglise Collégiale de Flavigny : Tragédie en Vers : *Autun, Simonot, 1664, in-8.*]

Après l'Article 2 du N.º 4640.

— ☞ Vie du Bienheureux Jean-François Régis.

Ci-après, aux Jésuites.]

Au N.º 4643, ligne 2, après d'Atcy, lisez , Pays Soissonnois, traduite du Latin : 1611, in-8.

M. Jardel de Braine possède un beau Manuscrit Latin des Actes & Miracles de cette Sainte, tiré des anciens Manuscrits du Monastère de Braine : *in-fol.*]

PAGE 307, *ajoutez ;*

4649.* ☞ Sancti Rochi Legenda, per Bartholomæum PINUM, Latino Sermone conscripta ; cujus ad calcem accedit ejusdem Barth. PINI libellus qui inscribitur Allobrogica Narratio : *Venetiis, 1516, in-4.*

C'est un petit Ouvrage singulier, peu commun & recherché des Curieux, selon M. de Bure, *Bibliographie instructive,* Histoire , tom. I. pag. 443.]

PAGE 308, *ajoutez,*

4667.* ☞ Vita sanctæ Romanæ, Virginis & Martyris, Bellovaci in Gallia ; auctore Anonymo, cum Commentario prævio Jac. BUEI, è Soc. Jesu.

Dans le Recueil de Bollandus, tom. II. d'Octobre, pag. 130-140. Cette Sainte a souffert le Martyre sous Dioclétien & Maximien.]

PAGE 309, *ajoutez ,*

4683.* ☞ Vita sancti Sereni Presbyteri.

Voyez second Ordre du Clergé.]

PAGE 310, *ajoutez ,*

Colonne prem. à la ligne 5, après Agaune, *lis.* Ordre de S. Benoît, & anciens Chan. Réguliers.

4693.* ☞ Vita beati Stephani, Abbatis Monasterii Obasinensis, in Lemovicibus.

Voyez Ordre de Cîteaux.]

PAGE 311.

A la Note du N.º 4699 , ajoutez :

On peut voir sur sainte Tenestine, la Note XVII. du tom. I. de *l'Histoire de la Rochelle*, par M. Arcère : (*la Rochelle, 1756, in-4.) pag. 599 , col. 1.*]

PAGE 312, *ajoutez ,*

4700.* ☞ Acta S. Thyrsi & Sociorum ; item S. Bonifacii & Sociorum , forte Thebæorum, apud Treviros ; auctore Anonymo, cum Commentario prævio Jac. BUEI, è Soc. Jesu.

Dans le Recueil de Bollandus , tom. II. d'Octobre, pag. 330-387. En lisant les premiers Paragraphes du Commentaire, on verra que le Père de Bue a eu raison de ne point suivre en tout le sentiment de M. de Hontheim, au sujet de ces Martyrs : ils ont souffert sous Dioclétien & Maximien.]

4704.* ☞ De sancta Tullia, Virgine Manuasca in Provincia, Sylloge historico-critica ; auctore Josepho GHESQUIERO, è Soc. Jesu.

Dans le Recueil de Bollandus, tom. IV. d'Octobre, pag. 39-44. L'Auteur prétend que cette Sainte a eu pour père S. Eucher le Grand, & qu'elle est morte entre 425 & 435.]

4705.* ☞ De sanctis Valeria & Pollena, Virginibus, Hunonis-curiæ (Hunecour.) Diœcesis Cameracensis, Sylloge ; auctore Jacobo BUEO, è Soc. Jesu.

Dans le Recueil de Bollandus, tom. IV. d'Octobre, pag. 289-292.]

Au N.º 4709, Article 3, en Note :

S. Valère & S. Valérien, Evêques d'Auxerre, sont ici distingués, mais le sçavant Martyrologe d'Auxerre n'en fait qu'un, auffi-bien que M. de Tillemont & l'Abbé Lebeuf.]

PAGE 313.

Au N.° 4719, à l'Article 6, au lieu de Victurnalis, *lifez*, Victurniani.

PAGE 314, *ajoutez*,

4726.* ☞ Vie de fainte Ulphe ; par Maurice DUPRÉ, Religieux Prémontré: *Amiens*, 1637, *in*-8.]

Au N.° 4727, ajoutez en Note :

Le véritable Auteur de cette Vie eft Simon MARTIN, Minime, qui trouva bon que Suzanne de Braffeufe, Abbeffe du Paraclet, dédiât fon Livre à la Reine.]

4727.* ☞ Vie de fainte Ulphe ; par le R. P. DOBEILH, de la Compagnie de Jefus: *Amiens*, veuve Hubault, 1672, *in* - 12. de 211 pages.]

Après l'Article 4, *du* N.° 4732, *ajoutez*,

— ☞ Vita fancti Vulgifi, Presbyteri.

Voyez fecond Ordre.]

PAGE 315.

Après l'Article 4, *du* N.° 4734, *ajoutez*,

4734.* ☞ De fancto Wafnulpho, Condati in Hannonia, Sylloge Joannis STILTINGI.

Dans le Recueil de Bollandus, au *tom. I. d'Octobre, pag.* 304. Ce Saint vivoit vers le huitième Siècle.]

Vies de Perfonnes Seculières, qui ont vécu dans une haute piété.

AU N.° 4737, *ajoutez*,

☞ Seconde Edition, augmentée de Lettres Spirituelles de l'Auguftin de France: *Paris*, veuve Bouillerot, 1686, *in*-12.]

Au N.° 4738, *lifez*, Claude BRETAGNE.

PAGE 316, *ajoutez*,

4740. * ☞ Réflexions fur la Vie de François Blin, Ecolier au Collège de Mayenne, (au Maine:) 1755, *in*-16. (fans nom de lieu, &c.) de 85 pages.

L'Auteur eft M. VLODIER, Curé de Saint-Aignan, (au Bas Maine,) & pour lors Profeffeur de Rhétorique à Mayenne. Ce Livre dédié aux Ecoliers de ce Collège, contient d'abord un Abrégé (en 61 pages) de la Vie de François Blin, né le 13 Octobre 1730, & mort le 22 Février 1753. Le refte du Livre eft une Oraifon Funèbre, au bas de laquelle il eft marqué qu'elle a été prononcée au Collège de Mayenne, le 22 Août 1753.

4742. * ☞ Vie de M. Jean de Bernières, Sieur de Louvigny, en 1659.

Il y en a une Notice abrégée à la tête de fes *Œuvres Spirituelles : Paris*, Cramoify, 1671, &c. *in* - 12. Mais on en trouve des détails dans *l'Homme Intérieur*, ou *la Vie du Père Jean Chryfoftome*, Religieux Pénitent; par M. Boudon : *Paris*, Michalet, 1694, depuis la page 337 jufqu'à 352.]

4744.* ☞ Mf. Vie de M. Chauveau, ancien Tréforier de Mademoifelle, & Secrétaire de M. le Duc de Montaufier, mort à l'Inftitution, (de l'Oratoire de Paris) en

Tome IV. Part. I.

odeur de fainteté, le 15 Février 1725 ; âgé de 91 ans.

Cette Vie, dit l'Editeur des Lettres de M. de la Rivière, eft reftée Manufcrite, & ce n'eft pas un mal.]

4744.** ☞ La belle mort exprimée en la perfonne d'un jeune Enfant, dévot à Notre-Dame, avec une Pratique pour bien mourir; par un Père de la Compagnie de Jefus: (feconde Edition,) *Paris*, Muguet, 1668, *in*-16. de 90 pages, (fans l'Avant-Propos & la Table.]

Cet Enfant fe nommoit Charles *Clarentin*, né à Roye en Picardie : il eft mort le 31 Juillet 1652. La première Edition eft de cette année, ou de 1653.]

Au N.° 4745, *à la Note, ajoutez :*

La Vie d'Antoine le Clerc de la Foreft fe trouve *pag.* 527-544 du tom. II de l'*Hiftoire du Tiers Ordre* ; par le Père Jean-Marie de Vernon : *Paris*, Joffe, 1667, *in*-8. 2 vol. On y cite une autre Vie particulière du même, *mife en lumière* par le Père Chryfoftome de Saint-Lô, Confeffeur dudit Anr. le Clerc, fans marquer, ni le lieu, ni l'année. Ce Père Chryfoftome, Religieux Pénitent, eft mort au Couvent de Nazareth à Paris, en 1646. On trouve auffi, dans fa Vie donnée par M. Boudon en 1684, *pag.* 353, que ce bon Religieux avoit compofé une Vie d'Antoine le Clerc.]

4750. * ☞ L'Ecolier vertueux, ou Vie édifiante d'un écolier de l'Univerfité de Paris; par M. l'Abbé PROYART: *Paris*, Berton, 1772; nouvelle Edition, augmentée, 1773, *in*-18.

C'eft la Vie de Louis-Marie-Génev. *Décalogne*, né le 2 Juillet 1752, près de la Ville d'Ancre en Picardie, & mort à Paris au Collège de Louis-le-Grand, le 24 Décembre 1768. Entr'autres Additions de la dernière Edition, eft une Lettre d'un Eccléfiaftique, (M. l'Abbé BONHOMME) qui, à l'occafion de cette Vie, rapporte huit ou neuf Exemples d'Ecoliers vertueux qu'il a connus, & dont quatre font morts en odeur de fainteté. Parmi ces Hiftoires édifiantes, on doit remarquer celle du Prince René *de Rohan*, frère de M. le Maréchal de Soubife.]

PAGE 317.

A la fin de la Note du N.° 4759, *ajoutez*,

La Vie de M. Pafcal n'a paru que dans les Editions faites depuis 1684, & non dans la première, qui eft de 1670, quoiqu'il s'en foit répandu quelques Exemplaires dès la fin de 1669, qu'elle fut réellement imprimée.]

4760. * ☞ Mf. Vie du Pénitent de Château-neuf, à fix lieues d'Orléans.

Cette Vie eft confervée dans le Cabinet de M. Jouffe, Confeiller au Préfidial de cette Ville. On a toujours cru que ce Pénitent étoit une Perfonne de diftinction, mais qui ne s'eft jamais voulu faire connoître : il avoit fervi en qualité d'Officier. L'endroit où il s'étoit retiré, étoit une efpèce d'Hermitage ou de Cabane de bois, fituée près de Château-neuf fur Loire. Quatre ou cinq ans avant fa mort, étant fort incommodé de la pierre, un Meûnier voifin lui donna une petite Chambre, où il couchoit fur de la paille. Il y eft mort le 24 Août 1705, âgé de 63 ans, après 32 ans de pénitence.]

4762. * ☞ La Vie de François Philibert, dit *la Feuillade*, Soldat du Régiment de Vexin; où l'on a ajouté la Vie de Saint Jean Calybite, & celle de M. Quériolet : *Befançon*, Bogilot, 1732, *in*-12.

Philibert, qui avoit été fort débauché, mena longtemps une Vie très-pénitente, & mourut en 1705. On trouvera, au N.° 11377, la Vie détaillée de M. Quériolet, dont il n'y a ici qu'un Abrégé.

Eloge de François Philibert, dit *la Feuillade*, Soldat du Régiment de Vexin : *Lyon*, Vialon, 1745, *in-*12. de 48 pages.]

Au N.° 4763, *après* 1651, *in-*4, *ajoutez*, 1653, *in-*12. *& à la Note :*

☞ Le Baron de Renty, Seigneur de Citry sur Marne, y a été enterré, & l'on voit son Tombeau en marbre près le Grand-Autel de l'Eglise paroissiale.]

A la Note du N.° 4764, *après* Paris, *ajoutez*, Delusseux, 1726, *Paris*, . . .

Au N.° 4766, *au lieu de* Phonamie, *lisez* Phonamic . . . *Et ajoutez en Note :*

L'Auteur, qui a retourné son nom, est (Pierre) Champion : voyez le N.° 14171.]

4766. * ☞ Les trois Fleurs de Lys Spirituelles de la Ville de Peronne, ou la Vie de M. Thuet, de M. Oubrel & de Mademoiselle Reynart, trois Vierges considérables; composée par Catherine Levesque, de Péronne, veuve de M. Vaillant, Capitaine de l'Artillerie de ladite Ville : *Paris*, Cusson, 1685, *in-*8.]

Page 318 *ajoutez :*

4772. * ☞ L'illustre Pénitente de Besiers, ou l'Histoire admirable de Mademoiselle Jacquette Bachelier, du Tiers-Ordre de Saint-François ; par le P. Casimir de Tolose, Prédicateur, Capucin : *Rouen*, Vaultier, 1680, *in-*12.]

La même, sous ce titre : La Vanité combattue & surmontée par la Fille forte, ou la Vie pénitente de Sœur Jacquette, &c. *Besiers*, Barbut, 1698, *in-*12.]

Au N.° 4773, *au lieu de* Mademoiselle de Beaufort, *lisez* Madame de Beaufort-Ferrand . . . *Et en Note :*

☞ Son mari étoit Conseiller au Parlement, & elle se nommoit Anne du Tixier : elle est morte à 49 ans. L'Auteur de sa Vie, qui étoit son Confesseur, ne marque point la date de sa naissance, ni de sa mort.]

4775. * ☞ Ms. La bienheureuse Vie & Mort de Marie-Marthe Boulongne, décédée à Paris le 24 Décembre 1700, âgée de 34 ans: *in-*12.

Cette Vie est conservée dans la Bibliothèque de la Ville de Paris, num. 117.]

4775. ** ☞ Vie de la Sœur Marguerite Bourgeois, Institutrice & première Supérieure d'une Communauté de Filles Séculières établie en Canada, sous le nom de Congrégation de Notre-Dame : *Avignon*, *& Liège*, 1738, *in-*12.]

Cette Sœur est morte le 12 Janvier 1700, à Quebec, où elle étoit arrivée le 22 Septembre 1653.]

Au N.° 4779, *lignes* 1 *&* 2, Chardon, *mettez* Chardon.

Au N.° 4783, *ligne* 3, *au lieu de* dite Dampierre, *lisez* de Dampierre.

Au N.° 4784, *ajoutez en Note :*

☞ Elle étoit veuve de Jacques Aurillot, Conseiller au Parlement.]

Page 319, *ajoutez ;*

4786. * ☞ Vie de Madame la Fosse, guérie miraculeusement le 31 Mai 1725, à la Procession du Saint-Sacrement de la Paroisse de Sainte-Marguerite (à Paris :) 1769, *in-*12.

Anne Charlier, veuve de François la Fosse, Maître Ebéniste, est morte, après avoir vécu depuis sa guérison, dans la plus grande piété, le 3 Juin 1760.]

Au N.° 4787, *à la fin de la Note, ajoutez :*

Ci-devant, N.° 4766.

Au N.° 4798, *ligne* 2, de Villefore, *doit être en lettres capitales.*

Au N.° 4799, *lisez* de Longueville, (*en Capitales.*)

Le N.° 4802 *doit être ainsi :*

Panégyrique Funèbre de (la même) Madame Polaillon, prononcé en abrégé le 7 Septembre 1657, à Paris, dans l'Eglise des Filles de la Providence, & donné avec plus d'étendue ; par le R. P. Dominique Le Brun, de l'Ordre des Fr. Prêcheurs du Couvent de la rue Saint-Honoré : *Paris*, Julien, 1658, *in-*4.

Ce Panégyrique a 138 pages, sans compter l'Avertissement & la Dédicace à Madame de Vendôme.

Comme Madame Polaillon étoit du Tiers-Ordre de Saint-Dominique, on trouve encore une Vie d'elle dans l'*Année Dominicaine*, ou *Vie des Saints de l'Ordre des Frères Prêcheurs*, pag. 123-133 du tome I. du mois de Septembre (*Amiens*, le Bel, 1702). Il paroît que M. l'Abbé Collin, en sa Vie de 1744, n'en avoit pas connoissance. Ce mois de Septembre de l'Année Dominicaine, est du Père Charles de Saint-Vincent, de l'Ordre des Fr. Prêcheurs ou Dominicains.]

4805. * ☞ Oraison Funèbre de la même, Madame la Marquise de Maignelay, prononcée par M. l'Archevêque de Corinthe, Coadjuteur de Paris, (son neveu) : *Paris*, Camusat, 1650, *in-*4.

Ce Coadjuteur de Paris est le même qui fut connu depuis sous le nom de *Cardinal* de Retz : il parle de cette tante dans ses Mémoires.]

4807. * ☞ La Vie de Mademoiselle Marguerite de Mesples, Supérieure des Orphelines du Puy, où il est traité de sa Conversion, & de la conduite de sa vie ordinaire ; par le P. Michel de Bagnones, Capucin de la Province de Paris : 1688, *in-*8.]

Page 320, *ajoutez ,*

4809. * ☞ Eloge de Madame de Miramion ; par le Baron des Coutures : 1697.

Cet Eloge est avec une Vie de sainte Geneviève, que nous avons indiquée dans ce Supplément, au N.° 4456. Il est contenu dans une Epître dédicatoire adressée *à la mémoire éternelle de Madame de Miramion*, & dans laquelle l'Auteur en fait un grand éloge, fondé sur les faits & la vie de cette sainte femme. Cette Epître est de 10 pages.]

Après N.° 4816, *& à la dernière ligne de la colonne prem. au lieu de* 4801, *lisez*, -4802.

4816. * ☞ Ms. La Mémoire de Darie, ou Parfait modèle pour les jeunes Dames, dans la vie de Madame Marie-Aymée de Rabutin Chantal, épouse de Bernard, Baron de Sales & de Thorens ; par M. Joseph-Louis-Dominique DE CAMBIS, Marquis de Velleron : *in-fol.*

Ce Manuscrit est dans la Bibliothèque de l'Auteur, num. 69 de ses Manuscrits. On peut voir son Catalogue raisonné : (*Avignon*, Chambeau, 1770, *in-4.*) p. 375 & *suiv.*]

Au N.° 4817, *au lieu de* du Chevreuil.... *lisez*, du Chevreul, Sieur d'Esturvelle... & *ajoutez en Note* :

A la tête de cette Vie est un Sonnet de Pierre Corneille. Thomas Fortin, Auteur de cette Vie, étoit parent de M. du Chevreul, comme on le voit *pag.* 72 de la prem. Edition de 1655.]

Après le N.° 4817, *ajoutez*,

— ☞ Vie de Mademoiselle Raynard, de Péronne, morte en 1645.

Voyez ci-après, N.° 11484.]

4819.* ☞ La Vie, la Mort & les Miracles de Marguerite de Rouxelloy, Damoiselle de Saché ; par Jacques de MONDION, Curé de Saché, en Touraine : *Angers*, 1630, *in-12.* = Des Vertus de Mademoiselle de Saché ; par le même : *Angers*, *in-12.*

Cette vertueuse Demoiselle étoit fille de René de Rouxelloy, Baron de Saché, & de Marguerite de Montmorency-Boutteville.]

Au 4820. L'Amazone, &c. Voici le titre en entier :

L'Amazone Chrétienne, ou les Aventures de Madame de Saint-Balmon, (Alberte Ernecourt,) qui a conjoint heureusement durant nos jours une admirable dévotion, & la pratique de toutes les vertus, avec l'exercice des armes & de la guerre ; par L. P. J. M. D. V. *Paris*, Méturas, 1678, *in-12.*

☞ Les lettres initiales signifient Le Père Jean-Marie De Vernon, qui étoit [Religieux Pénitent, ou] du Tiers Ordre de S. François.

Alberte Ernecourt, connue par son zèle pour la France & sa valeur militaire, mourut en 1660, au Château de la Neuville en Verdunois, où elle étoit née en 1607.]

4820.* ☞ Histoire de la Vie Chrétienne & des Exploits militaires d'Alberte-Barbe d'Ernecourt, connue sous le nom de Madame de Saint-Balmont ; par le Père DES BILLONS, de la Compagnie de Jesus : *Liège*, Tutot, & *Paris*, veuve Babuty, 1773, *in-12.* de 157 pages.

C'est la même Histoire que la précédente, mais remaniée, sans autre Addition qu'un Extrait des *Mémoires de l'Abbé de S. Nicolas*, (Henri Arnaud,) relatif à cette Dame.]

Au N.° 4824, *ajoutez en Note* :

Il y a eu une première Edition de cette Vie (de Magdeleine Vigneron,) qui est de 1679. On a encore indiqué sa Vie, *pag.* 910, N.° 15232, parmi les *Religieuses Minimes* ; car elle étoit de ces Filles dévotes que l'on appelle du Tiers-Ordre.]

Au N.° 4825, *ajoutez en Note* :

Cette Relation a été réimprimée dans le Recueil intitulé : « Relations de la Conversion & de la Mort édifiante de deux Filles, l'une complice d'assassinat, & exécutée à Paris le 12 Janvier 1737 ; l'autre coupable de vol, & exécutée à Pithivier, dans l'Orléanois, le 3 Janvier 1767 : *Liège*, & se trouve à *Paris*, chez Marchenoir, 1768 », *in-12.* de 80 pages, y compris des Prières.]

Histoires de la Vie de Personnes se disant inspirées, de possédées, &c.

PAGE 321.

Au N.° 4826, *ligne* 5, *au lieu de* BOQUET, *lisez*, BOGUET.

Au N.° 4827, *ligne* 1, *après* Vallée, *ajoutez* [impie.]

4827.* ☞ Ms. De Christi Jesu triumpho habito Lauduni, adversùs Dæmonem Mulierculæ (Nicolaæ Obriæ Vrevinensis) corpus agitantem, compendiosa Historia, Ecclesiastici Collegii & pii omnium conventûs efflagitatione conscripta ; auctore Chr. HERICURTIO, Laudunensis Ecclesiæ Decano : 1566. (Christianissimo Francorum Regi Carolo hujus nominis IX° dicata :) *in-fol.*

Ce Manuscrit, en papier ordinaire, est conservé à Reims, dans la Bibliothèque de l'Abbaye de S. Remi, num. 479, K. 31. Il a rapport à deux Ouvrages qui paroissent avoir été imprimés à ce sujet, & que nous avons indiqués aux N.ᵒˢ 5479 & 5480.]

4828.* ☞ Divina quatuor Energumenorum Liberatio facta apud Suessiones, anno 1582. per Gervasium Tornacensem, Canonicum Suessionensem, jussu Caroli Rucyensis (de Roucy) Episcopi : *Parisiis*, 1583, *in-8.*]

Au N.° 4830, *après* Paris, *ajoutez*, Patisson, 1599, *in-8.*

Au N.° 4831, *lisez en Note* :

Léon d'Alexis est un nom supposé, sous lequel s'est caché le Cardinal Pierre DE BERULLE. Il y a encore de cet Ouvrage une Edition : *Paris*, 1631, *in-8.*]

Au N.° 4833, *lisez en Note* :

Le Magicien dont il est question dans l'Ouvrage du Père Michaëlis, est le fameux Louis Gaufridi, Prêtre de Marseille : on peut voir l'Histoire du Procès qui lui fut fait par le Parlement d'Aix, dans les *Causes célèbres* de Pitaval, *tom. VI.*]

4833.* ☞ De la vocation des Magiciens & Magiciennes, par le ministère des Démons, & particulierement des chefs de Magie ; sçavoir Magdelaine de la Palud, Louis Gaufridi, &c. *Paris*, 1623, *in-8.*]

4833.** ☞ Histoire véritable & mémorable de ce qui s'est passé sous l'exorcisme de trois Filles possédées, au Pays de Flandres, où il est aussi traité de la police du Sabat, &c. par Jean LE NORMANT, Sieur de Chiremont : *Paris*, de Varennes, 1623, *in-8.* 2 vol.]

4833.*** ☞ Histoire prodigieuse nouvellement arrivée à Paris, d'une jeune Fille agitée d'un esprit fantastique & invisible, & de ce qui s'est passé en présence des plus illustres personnages de ladite Ville ; avec l'eſtrange & effroyable Hiſtoire arrivée au Bailli de Bonneval, Dioceſe de Chartres: *Paris*, veuve du Carroy, 1625, *in*-8.]

PAGE 322, *ajoutez*,

4836.* ☞ Hiſtoire d'Urbain Grandier, condamné comme Magicien, & comme Auteur de la poſſeſſion des Religieuſes de Loudun; par François Gayot DE PITAVAL.

Dans ſes *Cauſes célèbres, tom. VI*. On peut voir encore ce qui en eſt dit dans la *Bibliothèque hiſtorique du Poitou*, (par M. Dreux du Radier,) *tom. IV. p*. 299.]

PAGE 323.

Au N.º 4853, *ajoutez en Note*:

On peut voir ſur cette Pièce & ſur ſon Auteur (Pidoux,) la *Bibliothèque hiſtorique du Poitou, tom. IV*. *pag*. 62. Gabriel Duval, Avocat à Poitiers, attaqua vivement, ſous le nom d'Ulalius, cet Ouvrage de Pidoux; & c'eſt ce qui donna lieu à la Réponſe ſuivante, dont le titre réformé eſt comme on va le dire.]

Au N.º 4854, *liſez ainſi*:

Germana deffenſio Exercitationum Fr. PIDOUX, in actiones Juliodunenſium Virginum, adversùs Ulalium, Pictavienſem: *Pictavii*, Thereau, 1636, *in*-8.

Nota. On peut voir encore d'aſſez grands détails ſur les Exorciſmes de Loudun, dans la Vie du Père Seurin, Jéſuite, par M. Boudon: *Paris*, 1683 & 1689, *in*-8.]

4856.* ☞ Récit des choſes mémorables arrivées en mon Voyage de Louviers: *in*-8.

Ce Récit eſt adreſſé par M. GAUFFRE, Prêtre, à la Reine-Mère, par l'ordre duquel il a été fait. Il contient un détail fort ſingulier des Poſſédées de Louviers. On ne ſçait s'il eſt différent des deux qui précédent.]

4863.* ☞ Mſ. Sentiment d'un Médecin ſur l'accident des Filles Hoſpitalières de Louviers: *in-fol*. de 14 pages.

Ce Manuſcrit [étoit] à Dijon, dans la Bibliothèque de M. Fevret de Fontette.]

PAGE 324.

A la Note du N.º 4871, *ajoutez*,

Dom Liron attribue cet Ouvrage à M. Nicole, *pag*. 295 de ſa *Bibliothèque Chartraine*. Il n'en eſt rien dit dans le Père Niceron. M. Goujet n'en parle pas non plus dans ſa Vie de M. Nicole; mais dans ſon *Supplément au Moréri* de 1735, il l'attribue à Antoine LE MAISTRE, en ſociété avec M. Nicole & l'Abbé du Four. Sur quoi on peut obſerver qu'Antoine le Maître eſt mort en 1658, & qu'ainſi l'Ecrit a pu encore être remanié par M. Nicole. D'ailleurs je ſuis porté à croire que le fond ou l'expoſé des faits vient de l'Abbé Charles du Four, qui étoit de Normandie, & un Eccléſiaſtique fort zélé contre tout déſordre; on le verra paroître au ſujet des Viſions de Marie des Vallées, Fille de Coutances, dont il eſt parlé dans notre Tome IV. (N.º 48201,) & l'Hiſtoire Eccléſiaſtique du dernier Siècle fait auſſi mention du zèle de l'Abbé du Four contre la Morale relâchée. On peut voir à ſon ſujet le Moréri de 1759.]

Au N.º 4874, *ajoutez au commencement de la Note*:

Le titre de la première Edition eſt : « Jugement de » Noſſeigneurs les Commiſſaires nommés par le Roi, » au ſujet des perſonnes Religieuſes & autres poſſédées » du malin eſprit à Auſſonne; ſur le Rapport de Mon- » ſeigneur l'Evêque de Châlons, Commiſſaire député » de Sa Majeſté: *Paris*, Soubron, 1662 », *in*-12.]

PAGE 325.

Au N.º 4886, *ajoutez en Note*:

Cette Addition, qui n'eſt que de 12 pages, contient trois Requêtes du Sieur Villery, au Roi, à l'Archevêque de Paris, & au Chapitre.]

Au N.º 4887, *en Note*:

Cette Hiſtoire de la Sœur Malin paroît avoir été publiée non pas ſeulement en 1688, mais dès 1682, avec la Vie de Catherine Fontaine. C'eſt ce qui réſulte d'un endroit de la Réponſe de M. Nicole, que cite M. Villery. Voici les paroles de M. Nicole : « L'Ecrit dont » M. Villery forme tant de plaintes, eſt compoſé de » deux parties, à ſçavoir, la première qui eſt le petit » Mémoire de Catherine Fontaine, & la ſeconde qui » contient ce que l'Auteur avoit appris de la Vie de » Jeanne Malin, eſt la principale & la plus longue : » M. Villery ne forme aucune plainte contre cette ſe- » conde », &c. Au reſte, il ſemble par l'*Ordre chronologique des Ouvrages de M. Nicole*, qui ſe trouve à la fin de ſa Vie (ſeconde Edition, *Liège*, 1767,) que ces Vies ne ſont qu'en Manuſcrit, *pag*. 449.]

Au N.º 4889, à la Note, ligne 1, après *Bibliothèque de M. Goujet*, *ajoutez*, (qui eſt aujourd'hui chez M. le Duc de Charoſt.]

4894.* ☞ Mſ. Hiſtoire extraordinaire de la petite fille de M. Thomé, âgée d'environ huit ans, arrivée le dernier jour de Janvier 1709.

Cette Hiſtoire, qui eſt conſervée à Braine, dans la Bibliothèque de M. Jardel, contient des faits merveilleux, & qui paroiſſent ſurnaturels.]

PAGE 326, *ajoutez*,

4896.* ☞ Mémoire ſur la prétendue poſſeſſion des Demoiſelles de Leaupartie; par M. l'Abbé PORCÉ, Chanoine honoraire du S. Sépulchre à Caën, & Secrétaire de l'Académie de cette Ville : 1733, *in*-4.]

Après le N.º 4904, *ajoutez*,

☞ On n'a pas cru devoir citer dans cet Article, ni la *Démonomanie* de Jean Bodin, 1579, ni les *Diſcours & Hiſtoires* de Pierre le Loyer, 1605 & autres ſemblables.]

Hiſtoire Eccléſiaſtique des Provinces & Villes de France.

PAGE 328.

Au N.º 4909, *effacez la main & le crochet, cet Article étant dans le Supplément du P. le Long*.

A la colonne 2, ligne 10,

— ☞ Ejuſdem (Gregorii Turonenſis) Hiſtoria Francorum.

Cette Hiſtoire eſt indiquée au long, dans notre Tome II. N.º 16051. Mais elle n'eſt pas moins Eccléſiaſtique que Civile.]

Au milieu de la même colonne, après l'article de *Baronius*, *ajoutez*,

☞ Pour l'Hiſtoire Eccléſiaſtique de France, il faut joindre à Baronius ſes Continuateurs, qui en ont parlé comme lui par intervalles : BZOVIUS & RAYNALDUS, qui finit en 1565.

══ Mémoires pour ſervir à l'Hiſtoire Eccléſiaſtique des ſix premiers Siècles; par

Histoire Ecclésiastique de la France. 271

le Sieur Lenain DE TILLEMONT : *Paris*, 1693 & *f. in-4*. 16 vol. & *Bruxelles, in-12.* 30 vol.

Ces Mémoires doivent être consultés pour notre Histoire Ecclésiastique : car l'on y trouve les Vies de plusieurs Saints, &c. de France. L'Edition de Bruxelles ne contient que les dix premiers Volumes de celle de Paris.]

== ☞ Histoire des Auteurs Ecclésiastiques... & des Conciles (pour les XII. premiers Siècles;) par D. Remi CEILLIER, Bénédictin : Paris, 1729-1763, *in-4*. 23 vol.

L'Auteur est mort en 1761.].

Au second Article, avant la fin de la page, ajoutez,

Depuis la mort du Père le Long, l'Abbé de Choisy a donné trois autres Volumes de son Histoire Ecclésiastique, dont les derniers ont paru en 1723. Elle va ainsi jusqu'à l'année 1715, & est composée de onze Volumes *in-4*. Il y a eu une Edition *in-12*, en 1727, après la mort de cet Abbé, arrivée en 1724. Cette Histoire est bien écrite, mais fort superficielle.]

PAGE 329, ajoutez,

4910.* ☞ Recueils de diverses Pièces, intitulés : *Matières Ecclésiastiques : in-fol*. 8 vol.

C'est ce qui compose les num. 1-6, 11 & 12, des Manuscrits de MM. Godefroy, qui sont dans la Bibliothèque de la Ville de Paris.]

Au N.° 4914, à la fin de la Note, ajoutez :

Voici ce qui est dit de cet Ouvrage dans un Manuscrit du temps, qui est entre les mains de M. l'Abbé de Brailh : « Ce Libelle couroit à Paris, sous cappe, au »mois de Janvier 1671 ; & j'ai sçu qu'il avoit été im- »primé chez Muguet. On dit que ce n'est qu'un Ex- »trait à l'égard de la France, d'un plus gros Livre, in- »titulé : *L'Etat Universel de l'Eglise,* imprimé en »Hollande, depuis trois ou quatre ans ».]

Au N.° 4918, ligne 2, après Evénemens, *ajoutez* considérables.

PAGE 330.

Au N.° 4919, à la fin de la Note, ajoutez :

Il a encore paru, contre cette Histoire Ecclésiastique de Morénas, (qui s'est donnée comme un Abrégé de M. Fleury, & qui s'étend à la fin sur l'Histoire du Formulaire & de la Bulle *Unigenitus*) : des « Lettres d'un »Magistrat à M. Morénas sur son Abrégé de l'Histoire »Ecclésiastique : 1754 ». *in-12*. On les attribue, dans la *France Littéraire* de 1769, pag. 368, à M. Rolland d'Erceville, (connu depuis sous le nom du *Président Rolland*.) Elles sont en effet de ce Magistrat ; mais il s'est plaint, à diverses personnes, qu'on les avoit mutilées en divers endroits, & qu'on y avoit fait des Additions différentes de ses pensées.]

Aux N.°s 4920 & 4922, après par M. D. *ajoutez :* (DENESLE, mort en 1767)

4924.* ☞ Histoire de la Conversion de plusieurs Juifs, arrivée en France au commencement du IX° Siècle ; avec la Réponse à la seconde Edition de l'Histoire des Juifs par M. Basnage, sur le temps de l'Etablissement des Juifs en France, & sur la Défense de S. Césaire d'Arles ; (par D. Jean LIRON, Bénédictin.)

Dans ses *Singularités Historiques, tom. II, pag*. 451, Paris, 1734, *in-12*.]

4925.* ☞ Lettre ou Réflexions d'un Milord à son Correspondant à Paris, au sujet du Mémoire ou de la Requête au Roi pour les Marchands de Paris, contre les Juifs ; par BERNARD DE VALABREGUE, Juif : (*Paris*,) 1767, *in-12*.

La Requête des Marchands de Paris a été imprimée *in-4*. C'est en grande partie une déclamation contre les Juifs.]

Le N.° 4926 doit être effacé ici, étant mieux au N.° 11559, où il se trouve encore : *Mettez à sa place :*

4926.* ☞ Mf. Diverses Pièces sur les Juifs en France : *in-4*.

C'est ce qui est contenu dans le Porte feuille 729 du grand Recueil de M. de Fontanieu, à la Bibliothèque du Roi.]

Ajoutez ensuite,

Histoire Ecclésiastique d'Alsace.

☞ Antiquitates Argentoratensis Ecclesiæ : Auctore Baltas. BEBELIO = Jo. Dan. SCHŒPFLINI, Origines Christianismi in Alsatiâ, &c.

Ci après, N.°s 9113, & *suiv*.

PAGE 331.

Au N.° 4929, à la fin de la Note, au lieu de 117, *lisez* 119.

Au N.° 4931, lisez Recherche & Advis ; *puis, en Note, ajoutez :*

Cet Ouvrage, (déja indiqué N.° 4510) n'a que 114 pages, outre l'Epitre dédicatoire à M. Miron, Evêque d'Angers, sans signature, l'Avis au Lecteur & trois Pièces anciennes, qui sont en tête de cette Brochure.]

Au N.° 4945, ligne 2, après Registres, *ajoutez :*
On en a déja parlé, par rapport à la Conversion des Atrebates, ci-devant N.° 4075.

Au N.° 4946, ligne dernière, après 1612, *ajoutez :* [& 1710.]

Au N.° 4947, en Note, ajoutez :

☞ Cette Histoire a été encore imprimée avec & après la précédente : *Arras*, 1710, *in-12*.]

Au N.° 4948, ligne 7, FATON, *lisez* FATOU ; & *après* 1693, *ajoutez* 1696.

Au N.° 4949, après l'Evêque d'Arras, ajoutez : (François d'Essaylon DE LA SALLE).

PAGE 332.

Au N.° 4952, en Note, ajoutez :

Il est aussi question, dans ce Recueil, de la Sécularisation & Translation de l'Eglise Cathédrale de Maillezais, Ordre de Saint Benoît ; de la Sécularisation & Union de l'Abbaye & Chapitre de Nioeil-sur-l'Autise, Ordre de Saint-Augustin : en un mot, ce sont toutes les Pièces qui concernent le Chapitre de la Rochelle, depuis 1631 jusqu'en 1721. Ce Recueil *in-4*. a 194 pages.]

4956.* ☞ Mf. Excerpta ex Necrologio Sancti Petri Bellimontensis, juxta Claromontem, = ex Hagiologio & Necrologio Sanctæ Mariæ *Claromonti* Cathedralis, = ex vetusto Necrologio Parthenonis Sanctæ Mariæ de Casis ad Elaverim (les Chazes-sur-Allier,) in Diœcesi *Sancti-Flori*.

Ces trois Extraits font partie d'un Volume *in-4*. de la Bibliothèque de M. le Marquis d'Aubais, num. 106.]

Après N.° 4958, ajoutez,

☞ La même, par un Père de la Compagnie de Jesus : *Clermont*, Boujou, 1691, *in-12*.]

4959.* ☞ Recherches sur les Eglises de Langeac, Diocèse de Clermont ; par Jacques BRANCHE.

Elles se trouvent à la fin d'un *Recueil de ses Discours sur les Litanies de la Vierge.*]

PAGE 333, *ajoutez*,

4971.* ☞ Réglement & Police des Pauvres de la Ville de Chartres: *Chartres*, veuve Cottereau, 1710, *in*-4.]

4974.* ☞ Stylus Ecclesiasticæ Jurisdictionis Bituricensis: *Bituris*, *in*-8. (vieille Edition.)

Après le N.° 4975, *mettez* (en titre:) *Histoire Ecclésiastique du Bourbonnois.*

4975.* ☞ Lettres-Patentes du mois d'Août 1767, par lesquelles le Roi, sur la demande du Prince de Condé, Seigneur par échange du Duché de Bourbonnois, supprime le Chapitre de Saint-Sauveur de Hérisson, & en unit tous les biens & revenus au Chapitre de Notre-Dame de Moulins: *Paris*, P. G. Simon, 1767, *in*-4.

Pour satisfaire aux Fondations du Chapitre de Saint-Sauveur, lesquelles doivent être acquittées sur les lieux; le Roi crée à Hérisson deux places de Chapelains, dont les Titulaires seront nommés & pourvus par le Prince de Condé.]

Au N.° 4976, *en Note*, *ajoutez*:

Il y a eu une première Edition de ce petit Livre: *Lyon*, Comba, 1667, *in*-12.]

Au N.° 4977, *en Note*, *ajoutez*:

Ce Manuscrit, sur l'Eglise d'Avalon, est à Dijon, avec les Papiers de la Bibliothèque de M. Michault.]

4979.* ☞ Lettre circulaire de M. Charles-François D'HALLENCOURT, Evêque d'Autun, du 5 Août 1714, (pour permettre la culture des terres les jours de Fêtes, &c.)

« La mortalité des bestiaux ayant rendu les ouvrages
» de la campagne plus longs & plus difficiles, (le Prélat)
» permet de scier les bleds & orges &c. de charroyer, &
» de labourer les terres, les jours de Fêtes & de Di-
» manches, jusqu'au premier Novembre prochain de
» cette année 1714 ». M. l'Abbé Papillon, en envoyant
la Note de cette Lettre circulaire au Père le Long, pour
une nouvelle Edition de son Ouvrage, dit qu'il regarde
cette Pièce comme un monument curieux pour l'Histoire; & qu'il l'a ramassée avec empressement, lorsqu'elle
parut. « Vous sçavez, ajoute-t-il, que Constantin, en
» 321, fit une Loi qui permettroit la même chose; &
» que d'autres Empereurs en ont fait de pareilles ».]

4980.* ☞ Mf. Mémoire à consulter sur le droit qu'a, de tout temps, le Doyen de la Cathédrale d'Auxerre d'être Archiprêtre des Paroisses de la Ville & Banlieue, contre les nouvelles entreprises de M. Ballin, dit Archiprêtre d'Auxerre: 1764, *in*-*fol.* de 30 pages.

L'Auteur est M. FRAPPIER, Chanoine d'Auxerre, qui l'a fait en vertu d'une conclusion dudit Chapitre; & en a fait signifier le Précis, tant audit Sieur Ballin, Archiprêtre prétendu d'Auxerre, qu'aux Curés de ladite Ville; avec une Protestation pour la conservation des droits du Doyenné, vacant, par ordre du Roi, depuis 1746. Les Curés d'Auxerre ont fait aussi signifier, le 30 Septembre 1765, leur Protestation audit Sieur Ballin; lui déclarant « qu'au Doyen de l'Eglise Cathédrale d'Auxerre seul est dûe la qualité d'Archiprêtre
» de la Ville & Fauxbourgs ». Ces Pièces sont conservées dans les Archives du Chapitre.]

4980.** ☞ Eclaircissemens sur quelques Rits particuliers à l'Eglise d'Auxerre; (par M. François-André POTEL, Chanoine de la Cathédrale:) 1770, *in*-12. de 117 pages.]

PAGE 334.

Avant le N.° 4983, *ajoutez*:

4982.* ☞ Mémoire historique sur les Statues de Saint Christophe, & en particulier sur celle qui étoit dans l'Eglise Cathédrale d'Auxerre: 1768, *in*-8. de 16 pages.

Ce Mémoire se trouve aussi dans le *Journal de Verdun*, 1768, *Août*, pag. 119 & *suiv.* L'Auteur est M. (André) MIGNOT, Grand-Chantre de l'Eglise d'Auxerre, l'un des principaux Membres de l'Académie de cette Ville, mort en 1770. On trouve, à la page 8. de ce Mémoire, une Observation qui mérite d'être placée ici. La plûpart des Dictionnaires Géographiques disent que l'Eglise Cathédrale d'Auxerre n'a rien d'extraordinaire, mais que le Palais Episcopal est un des plus beaux qu'il y ait en France. C'est tout le contraire: M. Servandoni & M. le Comte de Caylus regardoient l'Eglise Cathédrale d'Auxerre comme une des plus belles du Royaume, pour la délicatesse & la régularité de son architecture; & ils ne mettoient au-dessus, que Saint-Pierre de Rome.

Le Chapitre d'Auxerre, faisant pour plus de cent mille livres de décorations dans son Eglise, par Conclusion du 28 Avril 1768, a fait abattre la Statue de Saint Christophe qui étoit à l'entrée, & avoit 29 pieds de haut & 16 de large entre les épaules, tous les autres membres à proportion. Comme quelques personnes murmuroient sur cette destruction, cela donna lieu de composer le Mémoire dont il est ici question.]

4982.** ☞ Discours de M. ***, (Augustin-Etienne FRAPPIER,) Chanoine d'Auxerre, au Chapitre assemblé le 10 Août 1770, sur le refus de M. l'Evêque d'Auxerre, (de Cicé), de donner ses Lettres de confirmation à M. le Tellier, élu par le Chapitre à la dignité de Chantre, pour avoir expliqué le Formulaire; (avec des Notes de M. Nicolas COLBERT, mort Evêque d'Auxerre en 1676, sur le même sujet:) en France, 1770, *in*-12. de 78 pages.

M. le Tellier avoit été nommé en la place de M. Mignot, mort le 14 Mai 1770. M. l'Evêque d'Auxerre a nommé, de son côté, M. Gaudet, qui est resté en place.]

Au N.° 4983, *au lieu de l'article qui s'y trouve, lisez*:

☞ Mémoires de M. (François-André) POTEL, sur les Hôpitaux de la Ville d'Auxerre, lus dans les Assemblées de la Société Littéraire de cette Ville.

Ils sont dans les Registres de cette Société, & entre les mains de l'Auteur. = Le premier est sur les Hôpitaux, ou Maisons-Dieu, en général, du Chapitre, de Saint Vigile, Evêque d'Auxerre, &c. lu en 1760. = Le second, sur la Maison-Dieu du Chapitre, connue sous le nom de *Saint-Etienne*, dans le Cloître de la Cathédrale, où l'on recevoit les Gens du bas-chœur. = Le troisième, sur l'origine & l'accroissement de l'Hôtel-Dieu de la Ville, du titre *de la Magdeleine*: il est destiné pour le soulagement des Pauvres malades, & pour les Enfans-trouvés, dont on garde quelques-uns jusqu'à l'âge de sept ans: ce Mémoire est de 1761. = Le quatrième est une continuation de l'Histoire des anciens Hôpitaux d'Auxerre; mais principalement de l'Hôpital-Général établi en 1675 par Mgr l'Evêque d'Auxerre,

Nicolas

Histoire Ecclésiastique de la France. 273

Nicolas Colbert : on y reçoit les Orphelins & les Vieillards des deux Sexes de la Ville & des Fauxbourgs. L'Auteur y expose, en détail, quels sont les travaux auxquels on occupe les Pauvres, & la forme de l'administration, tant au spirituel qu'au temporel. Ce Mémoire a été lu à l'Assemblée publique de la Société Littéraire d'Auxerre, le 3 Décembre 1764.]

4983. * (1) ☞ Lettres-Patentes du Roi, (Louis XIV) pour l'Etablissement de l'Hôpital-Général de la Ville d'Auxerre, du mois de Mars 1675, registrées au Parlement, le 9 Mars 1678 : *in-4.* nouvelle Edition, *Auxerre*, Fournier, 1745, *in-4.*]

(2) ☞ Mémoire pour les Doyen, Chanoines & Chapitre d'Auxerre, contre les Maire & Echevins de la même Ville ; signé, *Formé*, Procureur : *Paris*, le Mercier, *in-fol.* de 5 pages.

Mémoire pour le Maire & les Echevins d'Auxerre.

Il s'agissoit des droits du Chanoine-Administrateur dans le Bureau de l'Hôpital. Les Maire & Echevins ont gagné, par Arrêt de 1713.]

(3) ☞ Arrêt du Parlement (de Paris,) du 22 Juillet 1760, pour le gouvernement de l'Hôpital-Général d'Auxerre : *Auxerre*, Fournier, 1761, *in-4.*]

(4) ☞ Arrêt du Parlement, du 7 Septembre 1764, portant Réglement des biens & revenus de la Fabrique & de la Charité de la Paroisse de Saint-Loup de la Ville d'Auxerre : *Auxerre*, Fournier, 1764, *in-4.*]

4985. ** ☞ Dénonciation des Ouvrages des Frères Hardouin & Berruyer, ci-devant soi-disant Jésuites, & des Assertions : par plusieurs Curés de la Ville & du Diocèse d'Auxerre, à M. leur Evêque (M. de Cicé:) 1764, *in-12.*]

Il y a eu quatre Lettres du Chapitre d'Auxerre, à M. de Condorcet, leur Evêque, en 1757 ; & un Mémoire du même Chapitre présenté en 1761, à M. de Cicé, son Successeur : qui roulent presqu'en entier sur les erreurs & la conduite des Jésuites, dans le Diocèse d'Auxerre.

☞ Requêtes de 101 Curés, Chanoines & autres Ecclésiastiques du même Diocèse , sur le même sujet ; & autres, adressées au même Prélat en 1761, 1763 & 1764 : *in-12.*

En tête, est un *Avis au Lecteur*, très-peu convenable, ainsi que le titre de 101 ; car il ne paroît que 90 Curés, & 34 autres Chanoines & Ecclésiastiques.]

4986. * Les Réglemens & Coutumes de la Chambre des Pauvres de la Ville de Beaune : *Beaune*, Simonnot, 1659, *in-12.*]

Au N.º 4987. ligne 4, après Eglise, *ajoutez* : (Imprimé, *in-4.*)

Aux N.os 4988 & 4989, ajoutez à chacun, (Imprimé, *in-4.*)

4988. * ☞ Mf. Legendarium Ecclesiæ Belnensis.

C'est un grand *in-fol.* vélin, du XIVᵉ Siècle, qui est conservé dans la Bibliothèque du Chapitre de Beaune. Ce Chapitre avoit autrefois son Bréviaire particulier ; & ses Légendes sont relatives à ses usages anciens, aux Saints du Diocèse d'Autun, & à ceux qui lui sont propres.

On trouve encore, dans la même Bibliothèque, un Manuscrit *in-fol.* aussi en vélin, & du XIVᵉ Siècle, intitulé : « Cérémonies de l'Eglise, traduites en François » par Maitre Jean Goscin, Carme ; par ordre du Roi, » Charles V ». Ce Manuscrit peut renfermer des choses précieuses pour les Usages Ecclésiastiques.]

4990. * ☞ Histoire Ecclésiastique de Châlon-sur-Saone ; par Bernard DURAND : *Châlon*, Cusset, 1660, *in-4.*

4991. * ☞ Relation abrégée de la Mission de Châlon-sur-Saone, en 1745 : *Lyon*, de la Roche, 1746, *in-12.*]

PAGE 335.

Au N.º 5005, en Note, ajoutez :

Ce Recueil ou ces Mémoires, *in-fol.* sont conservés à Dijon, dans la Bibliothèque de M. le Président Bouhier, ou de M. de Bourbonne, son petit-fils. On peut voir sur le même sujet, ci-après N.º 5244 * de ce Supplément.]

5011. * ☞ Mf. Histoire abrégée de la Maison du Saint-Esprit, de la Ville de Dijon.

Elle est conservée dans la Bibliothèque de M. le Président Bouhier.]

5011. ** ☞ Fondation, Construction, Economie & Réglemens des Hôpitaux du Saint-Esprit & de Notre-Dame de la Charité en la Ville de Dijon : *Dijon*, Palliot, 1649, *in-4.*

5012. * ☞ Mémoire pour le Sieur de Molan, sur un Canonicat du Noble Chapitre de *Mâcon*; (par Mᵉ SEIGNORET, Avocat:) *Paris*, Knapen, 1748, *in-4.*

Il s'y agit principalement des dégrés de Noblesse requis pour être reçu dans ce Chapitre.]

PAGE 336.

Au N.º 5015, ligne 4, ajoutez, (Imprimé, *in-4.*)

Au N.º 5016, lignes 1 & 2, au lieu de Gueticard, *lisez*, Gueniard.... *& ligne 8, lisez*, 1523.

5021. * ☞ Histoire & Description de l'Eglise Royale de Brou, à Bourg-en-Bresse ; par le P. Pacifique ROUSSELET, Augustin réformé de la Congrégation de France : 1767, *in-12.*

Il y en a encore une Manuscrite, par D. Jean-Bapt. MAGNIN, Bénédictin, dont il est parlé *pag.* 694, de l'*Histoire Littér. de la Congrégation de S. Maur.*]

Au N.º 5023, ligne 3, au lieu de BLONDEAU, *lisez*, Claude-François BLONDEAU, ancien Lieutenant d'infanterie.

☞ On trouvera encore un grand nombre de Pièces concernant l'Histoire Ecclésiastique du Duché de *Bourgogne*, parmi les Manuscrits de M. Fevret de Fontette; à la fin de l'Histoire Civile de cette Province, ci-après, Tome III. *pag.* 485 *& suiv.* 488 *& suiv.* Pièces manuscrites sur diverses Eglises, Paroisses, Abbayes, Monastères, Hôpitaux, de Bourgogne & de Bresse.]

Au N.º 5025, à la fin de la Note, après in-fol. *ajoutez* ; 3 vol.

Tome *IV. Part. I.* M m

5025.* (1.) ☞ Le grand Théâtre sacré du Duché de Brabant, contenant la Description générale & historique de l'Eglise Métropolitaine de Malines, & de toutes les autres Eglises Cathédrales, Collégiales, &c. avec figures : *la Haye*, Van-Lom, 1729, grand *in-fol.* 2 vol.

(2.) ☞ Historia & Miracula SS. Hostiæ Middelburgi in carnem conversæ, inde Coloniam & Lovanium translatæ : *Lovanii*, 1674, *in-4.*]

(3.) ☞ Histoire du Saint Sacrement de Miracle à Bruxelles ; par le Sieur YDENS, avec figures : *Bruxelles*, 1605, *in-8*. & *in-16.*]

(4.) ☞ Histoire des trois Hosties miraculeuses, ou du S. Sacrement de Miracle : *Bruxelles*, 1770, *in-8.*

Le Père Henri GRIFFET, Jésuite, est Auteur de cette Histoire. On peut voir encore à ce sujet les *Prières Chrétiennes* du P. Pasquier QUESNEL, de l'Oratoire.]

(5.) ☞ Lettre de ***, dans laquelle on produit d'anciens & authentiques témoignages ci-devant inconnus, pour prouver la réalité du fait prodigieux arrivé à Bruxelles en 1370 : *Anvers*, 1772, *in-8.*

Cette Lettre a été écrite en Flamand, pour servir de Réponse à une Lettre écrite dans la même Langue, par un Ministre des Prétendus-Réformés à Boisleduc, dans laquelle celui-ci prétendoit prouver que l'Histoire des trois Hosties miraculeuses de Bruxelles n'étoit appuyée sur aucun témoignage ancien & digne de foi.]

(6.) ☞ Antverpia Christo nascens & crescens : Partes Undecim : *Antverpiæ*, 1747, *& seq.*

On assure que l'Auteur de cet Ouvrage (Mr J. C. DIERCXSENS, Curé de l'Hôpital d'Anvers,) travaille à une seconde Edition de son Ouvrage, qui sera plus exacte que la première.]

5027. * ☞ Exhortation de Philippes DU BEC, Evêque de Nantes, sus le Reiglement & Police faits audict lieu pour l'entretien des Pauvres, au Clergé, Nobles & Bourgeois habitans de ladicte Ville : *Paris*, le Jeune, 1570, *in-4.*]

5029. * ☞ Les Vies des Saints de Champagne, recueillies par DES GUERROIS, de l'Oratoire : *Troyes*, 1637, *in 4.*]

PAGE 336.

Au N.º 5036, ajoutez à la fin, 1707, *in-8*. de 14 pages.]

5037. * ☞ Nouveau Mémoire d'un Paroissien de Notre Dame, à l'Avocat de la Paroisse : *Chaalons*, Seneuze, *in-8.* de 19 pages.

5037. ** ☞ Apologie de la (1.) Lettre d'un Ecclésiastique de Chaalons, à un Docteur de Sorbonne, sur la Visite, &c. *in-8.* de 12 pages.

Seconde Lettre d'un Ecclésiastique de Chaalons, &c. *in-8.* de 12 pages]

5039. * ☞ Ordonnance de M. Felix DE VIALART, Evêque de Chaalons, pour l'établissement des Communautés de Régentes dans son Diocèse. = Réglemens du même, pour ces Communautés. = Constitutions faites pour elles, par le même : *Chaalons*, Seneuze, 1677, *in-12.*]

Au N.º 5043, ajoutez, Ms.

Au N.º 5047, ligne 4, ajoutez avant in-4. (Imprimés.]

PAGE 338, *ajoutez*,

5062. * ☞ Lettres pour l'établissement d'un Séminaire de pauvres Filles, en la Ville de Reims : *Reims*, Bernard, 1640, *in-4.*]

5063.* ☞ Apologie pour le Pèlerinage de nos Rois au Tombeau de S. Marcoul, contre l'opinion de M. Faroul ; par D. Oudard BOURGEOIS, (Bénédictin :) *Reims*, Bénard, 1638, *in-8.*]

5064. * ☞ Ms. *Statuta Ecclesiæ Senonensis* : 1666, *in-*4.

Ce Manuscrit est à Paris, dans la Bibliothèque du Séminaire de S. Sulpice. Il y a en tête un Etat de l'Eglise Cathédrale de Sens, avec diverses Notes jusqu'en 1688.]

5064. ** ☞ Du Doyenné de Sens, avec un Catalogue historique de ses Doyens.

Dans le *Recueil de Pièces d'Histoire & de Littérature*, (publié par l'Abbé Granet :) *Paris*, 1731 *& suiv.t.III. pag.* 185.]

Au N.º 5065, lisez ainsi :

Histoire Séculière & Ecclésiastique de la Ville de Troyes, & de la restauration du pur service de Dieu, & de l'ancien ministère dans ladite Eglise ; par Nicolas PITHOU DE CHAMGOBERT.

Cette Histoire, qui a grand rapport au Calvinisme, y aura un renvoi. Elle est divisée en XX. Livres ; & l'original a passé de la Bibliothèque de M. Joly de Fleury, ancien Procureur-Général, avec les Manuscrits dont il fait partie, à la Bibliothèque du Roi, où il se trouve parmi ces Manuscrits, num. 698. Nicolas Pithou, Calviniste très-zélé, a rassemblé dans cet Ouvrage tous les faits qui regardent l'établissement, les progrès & l'extinction du Calvinisme à Troye. On y trouve encore d'autres détails historiques. On peut voir à ce sujet la Vie des Pithou, par M. Grosley : (*Paris*, 1756, *in-12.* 2 vol.) *tom. I. pag.* 72, & *tom. II. pag.* 250.]

Au N.º 5070, vers la fin de la Note, *au lieu de* M. Levesque de la Ravalière, de l'Académie des Belles-Lettres ; *lisez*, l'Auteur des *Mémoires sur les Comtes de Champagne*, qui est M. le Pelletier, Chanoine Régulier...]

PAGE 339, *ajoutez*,

5080. * ☞ Olivarii VREDII, Flandria Christiana.

C'est le *tom. II.* de sa *Flandria*, &c. *Brugis*, Kerchovius, 1650, *in fol.*]

5081. * ☞ Tableaux sacrés de la Gaule Belgique, pourtraits au modèle du Pontifical Romain, selon l'ordre & suite des Papes & de tous les Evêques des Pays-Bas, & la Bibliothèque sacrée des Docteurs, Théo-

Histoire Ecclésiastique de la France. 275

logiens, &c. du Pays; par Guillaume GAZET : *Arras*, 1610, *in*-8.]

5083.* ☞ Imago Flandriæ, sive Vaticinium, R. D. Huberti HAUSCILT, Abbatis Monasterii Sancti Bartholomæi, vulgò *den Eeck-houte* : 1671, *in-fol.*]

A la fin du N.° 5088.]

☞ Ejusdem Notitiæ, Tomus IV. *Bruxellis*, Petr. Foppens, 1748, *in-fol.*]

Au N.° 5093, *au lieu* DE RABATON, *lisez*, DE RATABON.

PAGE 340, *ajoutez*,

5098.* ☞ Antiquités, Fondations & Dédicaces des Abbayes, Villes, Paroisses & Eglises de la Ville & Châtellenie de *Lille* : *Arras*, 1597, *in*-12.]

5103.* ☞ Sacrarium perantiqui Comitatûs Namurcensis : *Namurci*, 1619, *in*-4.]

PAGE 341.

Au N.° 5115, *ajoutez en Note* :

On peut voir encore sur le Saint Suaire de Besançon, l'Ouvrage intitulé : *Joannis Nicolai de Sepulchris Hebræorum & aliarum Gentium : Lugduni Batav.* Teering, 1706, *in*-4. pag. 270, 275, &c.]

5118.* ☞ Première Institution de la Confrairie du S. Sacrement, en l'Eglise de Saint Pierre de Besançon, l'an 1399, & le Mandement de Ferdinand de Rye, Archevêque de Besançon, sur le Miracle arrivé à Faverney en 1608 : *Besançon*, 1630, *in*-4.

☞ Le Miracle du S. Sacrement en l'Eglise de Faverney : *in*-8.

Dans le Catalogue de la Bibliothèque de M. l'Abbé de Rothelin, on marque au num. 3173. « Procès-verbal & Information du Miracle des saintes Hosties de » Dole & de Faverney, Manuscrit collationné sur l'O-» riginal : *in-fol.* ». On peut voir encore ci-après le N.° 5244* de ce Supplément.]

5118.** ☞ L'Illustre Confrairie de S. George, en Franche-Comté, avec les Armes, Blasons & Réceptions des Confrères vivans l'an 1633 : *Besançon*, Couché, 1733, *in*-4.]

5119.* ☞ Exemption du Chapitre de *Dole* de la Visite de l'Archevêque de Besançon; par Guy-François CHIFFLET : *Dole*, Binard, 1653, *in*-4.]

Après le N.° 5120, *ajoutez*,

☞ On trouvera diverses Pièces sur l'Histoire Ecclésiastique de Franche-Comté, parmi celles qui sont indiquées comme Manuscrites, à la fin de son Histoire Civile, ci-après, au Tome III. *pag.* 581 *& suiv.*]

5121.* (1.) ☞ Bulla Secularisationis Prioratûs Conventualis sancti Petri Oppidi de Gigny, Ordinis sancti Benedicti, Diœcesis sancti Claudii, ac Erectionis ipsius in Secularem & Collegiatam Ecclesiam : data Romæ, anno Inc. Dom. 1760, 12 Kal. Aug. *in*-4. 19 pages.

Cette Bulle a été revêtue de Lettres-Patentes du mois de Novembre 1761, enrégistrées aux Parlemens de Besançon & de Dijon.

Tome IV. Part. I.

C'est du Monastère de Gigny qu'est sorti S. Bernon, premier Abbé de Cluni. Ce fut ensuite un Prieuré dépendant de l'Abbaye de Saint-Claude. M. Droz, Conseiller au Parlement de Besançon, & Secrétaire de l'Académie, a une Copie de toute la procédure faite pour sa Sécularisation.]

(2.) ☞ Ms. Dissertation sur les Droits honorifiques des Chanoines de Gigny; par M. DROZ.

Elle est dans le Cabinet de l'Auteur, & l'on s'en est servi pour l'Historique du Mémoire qui suit.]

(3.) ☞ Mémoire des Chanoines de Gigny, contre le Curé du Bourg de ce nom : *in*-4. (Imprimé.)

Nota. ☞ On conserve à Besançon des Recueils considérables sur l'Histoire Ecclésiastique de Franche-Comté, particulièrement sur ce qui concerne les Abbayes de cette Province, entr'autres ceux de D. Thiébaud, & ceux de D. Coudret & D. Berthod, Religieux de S. Vincent.]

5123.* ☞ Arrêt du Grand-Conseil, qui juge que la Dommerie d'*Aubrac* (en Rouergue,) n'est point un Bénéfice, mais un Hôpital, du 10 Septembre 1762, avec le Plaidoyé de l'Avocat-Général, M° DE LA BRIFFE : *Paris*, le Mercier, 1762, *in*-4.

On peut voir sur *Aubrac*, ce qu'en dit Piganiol, *Description de la France*, Edit. de 1754, tom. VII. p. 178, ou dans le Dictionnaire de la Martinière, qui l'a copié.]

PAGE 342.

Au N.° 5136, *ligne* 3, *au lieu de* Montron, *lisez*, Nontron.

5137.* ☞ Ms. Histoire du Chapitre de S. Junien-sur-Vienne, Diocèse de Limoges; sur le vu des Titres & Archives.

Elle est entre les mains de M. Nadaud, Curé de Teyjac, dans ce Diocèse.]

5137.** ☞ Ms. Histoire du Chapitre de *Saint-Junien* en Limousin, jusqu'à l'an 1316; par Estienne MALEU, Chanoine.

Cette Histoire est dans les Archives de cette Eglise. Il y en a une Copie dans les Manuscrits de Dom Estiennot à Paris, dans la Bibliothèque de S. Germain-des-Prés; & M. Nadaud, Curé de Teyjac, au Diocèse de Limoges, en a aussi une.]

☞ Ms. Fondation & Statuts du Chapitre de Saint-Jullen de Masseré, au Diocèse de Limoges.

On les trouve pag. 314 du tom. II. des *Fragmens de l'Histoire d'Aquitaine*, recueillis par le P. Estiennot, & conservés à S. Germain-des-Prés. M. Baluze a fait imprimer le titre de sa Fondation dans son *Histoire des Papes d'Avignon.*]

5138.* ☞ La Mendicité abolie dans la Ville de *Montauban*, par un Bureau de Charité; avec la Réponse aux Objections : *Toulouse*, Boude *in*-12.]

5143.* ☞ Statuta Venerabilis Capituli Ecclesiæ Cathedralis Beatæ Mariæ Lascariensis, per R. D. Joannem DE SALETTE, Ep. Lascariensem, cum Domnis Canonicis dictæ Ecclesiæ, Capitulariter edita, anno 1627, in tres Partes distincta : *in-fol.*

Ces Statuts du Chapitre de *Lescar* (en Béarn,) fu-

M m 2

rent faits sept ans après que Louis XIII. eut rétablit solemnellement la Religion Catholique dans ce Pays, en 1620, & restitué les Biens Ecclésiastiques aux Catholiques, sur lesquels les Calvinistes s'en étoient emparés en 1570, du temps de la Reine Jeanne d'Albret. On trouve ces Statuts dans l'Ouvrage que Jean de Bordenave, Chanoine de Lescar & Grand-Vicaire d'Ausch, publia en 1643 : (*Paris, du Puis, in-fol.*) sous le titre d'*Estat des Eglises Cathédrales & Collégiales* : c'est un ample Commentaire de la première Partie de ces Statuts, Chapitre par Chapitre, rempli d'une grande érudition Ecclésiastique. La seconde & la troisième Partie de ces Statuts, ou leur simple Texte, se trouve à la fin dudit Volume.]

PAGE 343.

Au N.° 5159, *ligne* 2, *au lieu de* 1446, *lisez*, 1496....

Ajoutez en Note :

Ce Traité fut addressé par Jean le Mumérat lui-même, à Jean [Simon,] alors Évêque de Paris. Il s'y qualifie *Concentor Regiæ Navarræ*, & *Scholasticus Theologus*. L'Edition de 1643 est imprimée chez Targa, & ne contient que 27 pages. L'Auteur y soutient que quelle qu'ait été la consécration de l'Eglise de Paris, cette consécration peut se renouveller. Launoy, en son *Histoire du Collège de Navarre, pag.* 610, dit que le Munerat publia sa Dissertation en 1594 (en quoi il se trompe,) & qu'elle fut réimprimée en 1616.]

Au N.° 5164, *lignes* 1 & 2, *au lieu de* la Chapelle, *lisez*, le Chapitre.

5166.* ☞ Calendrier spirituel & perpétuel, tant pour la Ville de Paris, qu'autres lieux circonvoisins : *Paris*, 1665, *in-*12.]

Au N.° 5168, *mettez en Lettres capitales* LEBEUF.

PAGE 344, *ajoutez*,

5184.* ☞ Sacra Capella Palatii Parisiensis; & Thesaurariorum Series, ab anno 1245, ad 1739.

Dans le *tom. VII. du Gallia Christiana* des Bénédictins, *pag.* 239. *Voyez* aussi l'*Histoire de Paris*, par Dom Michel Félibien, *tom. I. Liv. VII. Art.* 1. & *suiv.*]

PAGE 345, *ajoutez*,

5194.* ☞ Mémoire pour les Chefcier, Chanoines & Chapitres de S. Etienne-des-Grès, de S. Benoît, de S. Merry & du S. Sépulchre, contre les Chanoines de Notre-Dame de Paris, sur les droits de ces différentes Eglises ; par M.ᵉ BROUSSE : 1761, *in-fol.* de 53 pages.

Autre Mémoire pour les mêmes, sur les mêmes objets ; par M.ᵉ BROUSSE : *in-fol.* de 28 pages, auquel est joint un Réglement du 9 Mars 1751, fait par le Chapitre de Notre-Dame de Paris.

Arrêt du Parlement, qui juge les objets dont il est question, rendu le 6 Septembre 1762 : *Paris*, Cellot, 1763, *in-*4.]

5198.* ☞ Arrêt du Parlement, portant Réglement pour la Fabrique de S. Jean-en-Grève de Paris, du 2 Avril 1737.

Il est imprimé à la fin du Commentaire de M. Jousse, sur les Lettres-Patentes de 1695.

Arrêt semblable, pour la Paroisse de S. Germain-en-Laye, du 11 Juin 1739. *Ibid.*]

Arrêt semblable, pour la Paroisse de S. Louis de Versailles, du 20 Juillet 1747. *Ibid.*]

5198.** ☞ Lettre d'un Curé de Paris, sur la suppression des Bancs dans les Eglises Paroissiales : *Paris*, Desprez, 1752, *in-*4. de 12 pages.]

5198.*** ☞ Transaction entre les Sieurs Doyen, Chanoines & Chapitre de Notre-Dame, & les Sieurs Curés de la Ville & Fauxbourgs de Paris, (au sujet des petites Ecoles de leurs Paroisses :) *Paris*, Muguet, 1701, *in-*4. de 8 pages.

Au N.° 5200, *à la fin de la Note, au lieu de* & en quelques années.... *lisez*, C'est maintenant Claude Hérissant, rue Notre-Dame, qui le débite, & l'on y a fait quelques Additions.]

5202.* ☞ Recueil de Réglemens de diverses Paroisses de Paris : *in-*8. & *in-*12.]

5205.* ☞ Arrêt du Parlement de Paris, portant Réglement pour l'administration des biens & revenus des Pauvres de l'Eglise de S. Barthélemi ; du 4 Mars 1763 : *Paris*, Lamesle, 1763, *in-*4.]

5209.* ☞ Les Statuts & la Règle de l'Oratoire, & Compagnie du B. S. François, instituée par Henri III, Roi de France & de Pologne : *Paris*, Mettayer, 1586, *in-*8.]

Au N.° 5210, *en Note, ajoutez :*

On peut voir ci-devant, N.° 4107 & *s.* ce qui est indiqué sur la dévotion de Notre-Dame de Bonne-Délivrance, en cette Eglise de Saint-Etienne-des-Grez, des Grecs ou d'Egrès.]

5210.* ☞ Histoire de la très-ancienne Eglise de Saint Etienne-des-Grecs ; des singularités de ladite Eglise ; de la Confrairie de Notre-Dame de Bonne-Délivrance, &c. par Jacques DOUBLET, (ancien Bénédictin) Moine de Saint-Denis : *Paris*, 1648, *in-*8.]

5211.* ☞ Réglement & Statuts pour la Confrairie de Saint-Prix, établie dans l'Eglise de Saint-Etienne-des-Grecs, & autres Pièces concernant ladite Confrairie : *in-*4. (sans année, &c.]

PAGE 346.

Au N.° 5214, *en Note, ajoutez :*

Cet Arrêt est aussi imprimé dans les *Mémoires du Clergé, tom.* V, *pag.* 155. On trouve, dans le même Recueil, beaucoup d'autres Pièces concernant les droits prétendus par l'Abbé de Sainte-Géneviève : *Voyez* la Table de ces Mémoires du Clergé, au mot *Géneviève.*]

5217.* ☞ Basilicæ Sanctæ Genovefæ Parisiensis decora, Emblematibus illustrata ; à Ludovico BRETHE CLAROMONTANO, Canonico Regulari : *Parisiis*, 1661, *in-fol.*

Cet Ouvrage, (que le P. le Long avoit mal placé aux Vies des Saints, ci-dessus N.° 4456) renferme des Emblèmes relatifs à l'Eglise de Sainte-Géneviève, & à ceux qui la desservent. Le nom de l'Auteur étoit *Brethe de Clermont.*]

Histoire Ecclésiastique de la France. 277

5222.* ☞ De Abbatiâ & Decanis Sancti Germani Autissiodorensis.

Dans le *tom. VII* du *Gallia Christiana* des Bénédictins, *pag.* 252.]

Au N.º 5226, *à la fin de la Note, ajoutez :*

Le Mémoire & l'Addition, (qui suivent le Plaidoyer de M. Mannory, sont de M. d'Héricourt : on les a réimprimés dans le Recueil de ses Œuvres posthumes : (*Paris*, Desaint, 1759, *in-*4.) *tom. IV, p.* 368 *& suiv.*]

Page 347.

Au N.º 5234, *ligne* 1, *de la Note, au lieu de* est, *lisez* étoit dans la Bibliothèque de M. Goujet, & est aujourd'hui dans celle de M. le Duc de Charost.]

5236.* ☞ Requête à MM. les Prélats & Députés du second Ordre de l'Assemblée du Clergé ; sur la Question de sçavoir si l'on a pu, sans abus, unir à l'Ordre de Saint-Lazare l'Eglise Collégiale de Saint-Jacques-de-l'Hôpital, &c.

Cette Requête est de M. d'Héricourt, & imprimée dans le Recueil de ses Œuvres posthumes, *tom.* IV, *pag.* 623.]

5242.* ☞ Histoire miraculeuse de la sainte Hostie, gardée en l'Eglise de Saint-Jean en Grève, traduite du Latin par H. Séguier : *Paris*, 1604, *in*-8.]

5244.* ☞ Histoire des Hosties miraculeuses de Paris, de Dijon & de Faverney ; par François-Marie Aymon de Montepin, (alors) Jésuite : 1754, *in-*12.]

5246.* ☞ Réglemens pour la Compagnie de Messieurs de la Charité de la Paroisse de S. Jean, sous l'Invocation de Saint-François de Sales : *Paris*, 1675, *in-*4.

Au N.º 5250, *lignes* 1 & 2, Beloc, *lisez* de Beliocq,... *& ajoutez en Note :*

Ce Poëme, qui est de 30 pages, est imprimé chez Bruner. Il y a une Dédicace au Roi, en Prose.

Page 348, *ajoutez,*

5256.* ☞ Déclaration du Roi, qui fixe le Droit d'Oblat à une somme annuelle de trois cents livres, du 2 Avril 1768, registrée le 19 : *Paris*, P. G. Simon, 1768, *in-*4.

Quelques Abbayes ont été exemptées par une Déclaration postérieure, & taxées à une moindre somme.]

Au N.º 5262, Phairie, *lisez* Phrairie.

Au N.º 5263, *après* Paris, *ajoutez,* Rocolet, 1660, *in-*8. de 80 pages.

L'Auteur est M. de Machault, Président au Grand-Conseil & Doyen de ladite Confrairie.]

5265.* ☞ Sancti *Marcelli,* Decani.

Dans le *tom. VII* du *Gallia Christiana* des Bénédictins, *pag.* 302.]

Page 349, *ajoutez,*

5275.* ☞ Récit exact & fidèle de ce qui s'est passé dans l'Eglise de Saint-Médéric (ou Merry) le jour du Saint-Sacrement, le 9 Juin 1667 : *in-*4.

Il s'agit, dans ce Récit, d'une dispute entre les deux Curés : il n'y en a eu dans la suite qu'un seul.]

5275.** ☞ Ms. Les Rentes & les Propriétés des Maisons que les Chanoines de l'Eglise de Saint-Merry ont & prennent chacun an, aux quatre termes à Paris accoûtumés dedans la Ville de Paris, en la Terre & en la Seignorie de ladite Eglise : *in-fol.*

Ce Manuscrit est conservé dans la Bibliothèque du Vatican , parmi ceux de la Reine de Suède, num. 907.]

5278.* ☞ Ms. Fondation des Quarante-Heures de la Quinquagésime, &c. dans l'Eglise de Saint-Nicolas du Chardonnet ; par Georges Froger, Curé de la dite Eglise : *in-*16. Original.

Il étoit dans la Bibliothèque de M. de Cangé, & est aujourd'hui dans celle du Roi.]

5280. * ☞ Observations sur le Chapitre de Sainte-Opportune ; par Nicolas Gosset.

Elles se trouvent dans la Préface de la IVᵉ Partie de la Vie de Sainte Opportune : *Paris,* de Luynes, 1655. *Ibid.* Chrétien, 1659, *in-*8.

5280. ** ☞ Réglemens & Prières pour les Associés à la Confrairie du Saint Enfant-Jesus, établie le 25 Novembre 1659, aux Pères de l'Oratoire : *Paris,* le Comte, 1659, 1683, &c. *in-*16.]

5283. * ☞ Ms. Recueil des Epitaphes & Inscriptions de l'Eglise de Saint-Paul ; par le Sieur Toulorge : *in-*4.

Ce Manuscrit étoit dans la Bibliothèque de l'Abbé de Rothelin, num. 2945.]

5284. * ☞ Thesaurus Apostolicus gratiarum & privilegiorum Confraternitatum Sanctissimi Rosarii B. Virginis Mariæ, & S. Nominis Jesu ; collectus per R. P. Petrum Louvet, Ordinis FF. Prædicatorum : *Parisiis,* Taupinart, 1632, *in-*4.]

5290. * ☞ Sentence Arbitrale, rendue entre Pierre, Evêque de Paris, & le Curé de Saint-Severin d'une part ; & les Religieux, Abbé & Couvent de Saint-Germain-des-Prés, & le Curé de Saint-Sulpice, d'autre part, en l'an 1210, sur la Jurisdiction Spirituelle & Détroit des Paroisses : *in -* 4. de 6 pages.]

5291. * ☞ Ms. Extrait du Registre des Délibérations de MM. les Marguilliers & Paroissiens de l'Eglise de Saint-Sulpice, commencé le 30 Octobre 1644, & finissant au 14 Juillet 1681 : *in-*4.

On y trouve plusieurs Ordonnances & Arrêts, concernant cette Paroisse, avec un Etat de ses dettes actives. Il est conservé dans la Bibliothèque du Roi, entre les Manuscrits de Baluze, num. 10395. ¹.

Au N.º 5292, *ligne* 3, *au lieu de* in-fol. *lisez,* in-4.]

5298. * ☞ L'Origine de la Confrairie du Saint-Scapulaire de Notre-Dame du Mont-Carmel : *Rouen,* 1655, *in-*8.

Page 360.

Au N.º 5303, *ligne* 4, *au lieu de* Pontbrehan, *lisez* Pontbriand.

5312.* ☞ Mſ. Deſcription de la Maiſon Royale des Œuvres de Miſéricorde, que le Roi a ordonné, par ſes Lettres-Patentes, données à Paris, au mois de Février 1622, être nommée *la Maiſon Royale de Monheur*, dans la Plaine de Grenelle : *in-fol.*

Cette Deſcription eſt conſervée dans la Bibliothèque du Roi, parmi les Manuſcrits de Baluze, num. 9912. 1. Cet Etabliſſement n'a pas eu de ſuite.]

5314.* ☞ Statuts pour les Hôpitaux des Pauvres enfermés : *Paris*, 1611, *in-8.*

5315.* ☞ Diſcours ſur l'Etabliſſement de l'Hôpital-Général, fondé à Paris; par Antoine GODEAU, Evêque de Vence : *Paris*, 1657, *in-12.*]

PAGE 351, *ajoutez:*

5319.* ☞ Déclaration du Roi, pour l'Adminiſtration de l'Hôpital-Général, du 15 Mars 1758, enregiſtrée au Parlement le 17 : *Paris*, P. G. Simon, 1758, *in-4.*

5321.* Advis à MM. les Adminiſtrateurs de l'Hôtel-Dieu. = Avertiſſement à MM. les Adminiſtrateurs de l'Hôtel-Dieu : *in-8.*]

Au N.° 5325, à la fin, ajoutez in-4. (Imprimé.)

5326.* ☞ Articles préſentés au Parlement, contenant un Réglement perpétuel, pour l'Adminiſtration ſpirituelle & temporelle de l'*Hôpital de la Charité*, ſis ès Fauxbourg S. Germain-lès-Paris, & des Religieux y deſtinés au ſervice de Dieu & des Malades : *Paris*, Hulpeau, 1620, *in-4.*]

5326.** ☞ Mémoire inſtructif, pour MM. du Chapitre de l'Egliſe de Paris, touchant l'Etabliſſement du nouvel Hôpital des Convaleſcens, au Fauxbourg S. Germain : *in-8.*

5330.* ☞ Hiſtoire de la Tranſlation des Reliques du glorieux Saint Marc l'Evangéliſte en l'Egliſe de *Limours*, Diocèſe de Paris : *Paris*, 1686, *in-12.*

Au N.° 5333, à la fin de la Note 2, ajoutez :

Ce Livret, ſur le Mont-Valérien, eſt de 142 pages. Il eſt dédié au Duc de Liancourt, par LE ROYER, qui dit préciſément qu'il a fait cette Hiſtoire : le Privilége lui eſt auſſi accordé nommément. Parmi les Approbateurs, on voit un Le Noir, qui eſt apparemment celui à qui l'Abbé Lenglet attribue ce petit Ouvrage. Au reſte, M. le Royer y eſt loué; ce qui feroit croire qu'il n'en eſt pas au moins l'unique Auteur.

Au N.° 5331, après BAROT, ajoutez : Docteur en Théologie & Curé de Luzarche : *Paris*, 1633, *in-8.*

5333.* ☞ Mſ. Statuta Congregationis Sacerdotum de Calvaria in Monte-Valeriano erectæ.

Il y a deux Exemplaires de ces Statuts dans la Bibliothèque du Roi, & ils ſont indiqués, num. 773 & 774. E. du Catalogue imprimé, *Droit Canonique*, pag. 46.]

Au N.° 5335, ligne 5, après Paris, ajoutez , Preuveray.... *in-12.* de 96 pages.

Au N.° 5337, à la Note, après Goujet, ajoutez , qui eſt aujourd'hui chez M. le Duc de Charoſt.]

A la fin des N.os 5339-5344, ajoutez , (*in-4.* Imprimé.]

PAGE 352.

Au N.° 5345, avant Cologne, ajoutez , 1664, *in-4.* (ſans nom de lieu, &c.) ... *& en Note* ,

M. Beaucouſin, Avocat au Parlement de Paris, a un Exemplaire de ce Poëme curieux , *in-4.* avec des Notes Manuſcrites du temps, qui expliquent quantité d'Anecdotes.]

Au N.° 5349, ajoutez , après in-fol. (Imprimé,) *& en Note ,*

Ce Recueil, qui eſt ſans année, & ſans nom d'Imprimeur, ni de lieu, contient neuf feuilles d'impreſſion. Il eſt intéreſſant pour l'Hiſtoire du ſpirituel & du temporel de l'Abbaye de Poiſſy. On peut conjecturer qu'il a été fait vers 1696, parce qu'on y parle des réparations à faire, en conſéquence du tonnerre de 1695.]

Au N.° 5350, avant in-4. *ajoutez* , (Paris.)

Au N.° 5352, à la fin , ajoutez , (Paris) 1663, *in-4.* de 12 pages. *Et en Note:*

Cette Plainte fut faite au ſujet de divers Scandales qui ſe paſſoient dans l'Hôpital de Pontoiſe.

5352.* ☞ Statuts de la Confrairie aux Clercs, érigée en la Ville de Pontoiſe; recueillis par Jean AUROUX, Prêtre : *Paris*, 1642, *in-12.*]

5353.* ☞ Mémoire pour M. Palluel, Curé de Ruel, contre les Filles de la Congrégation de la Croix, établies en ce lieu; par Me CAMUS, Avocat au Parlement : *Paris*, 1771 , *in-4.*

Il s'agit, dans ce Mémoire, de la Juriſdiction que ce Curé doit exercer ſur ces Filles, comme ſes Paroiſſiennes. On y cite pluſieurs exemples de l'exercice libre de la Juriſdiction Curiale ſur de pareilles Communautés. L'Affaire a été jugée au Châtelet de Paris, en faveur du Curé. Le Mémoire qu'on vient d'indiquer, a été fait ſur l'Appel qui n'eſt point encore jugé.]

Au N.° 5354, en Note, ajoutez :

Ces Actes ſont auſſi imprimés dans les *Mémoires du Clergé*, tom. IV, pag. 605 *& ſuiv.*]

5356.* ☞ Statuts du Bureau de l'Hôpital des Pauvres enfermés de Senlis : *in-12.*

Au N.° 5359, ligne 5, avant CLÉMENT, ajoutez , (Denis-Xavier); *& après* Garnier, *ajoutez* , 1744.

5360.* ☞ Sacra Capella Vincennarum & Theſaurariorum Indiculus, ab anno 1385.

Dans le Tome VII du *Gallia Chriſtiana* des Bénédictins, *pag.* 248.]

Au N.° 5362, effacez Mſ. = *à la ligne 2, au lieu de* Guy, *liſez* de la Guyonnie; *&* , *en Note , ajoutez* :

Cet Ouvrage a été imprimé, ſelon le P. Echard, *Bibliot. Ord. Prædic. tom. I*, *pag.* 579. Dom Vaiſſete l'a ſouvent cité dans la grande Hiſtoire du Languedoc. Par rapport aux *Sentences* de cet Inquiſiteur contre les Vaudois, on les trouvera indiquées ci-après, N.° 5702.]

5363.* ☞ Mſ. Mémoires pour l'Hiſtoire de l'Egliſe de Saint-Sernin : *in-4.* de 119 pages.

Ces Mémoires, qui ſont entre les mains des Abbés de cette Collégiale de Toulouſe, (autrefois Abbaye,) remontent à l'Origine de cette Egliſe, qui y eſt diſcutée fort au long. Elle va juſqu'au 20 Décembre 1746, époque de la réception de Henri de Rouſſet de Ceilles de Rocofel, XXXIIe Abbé, reçu au Parlement de Touloufe en qualité de Conſeiller-né.]

5363. ** ☞ Bulle de Sécularisation de l'Abbaye de S. Sernin : *Toulouse*, Guillemette, *in*-4. de 12 pages.

Cette Bulle, donnée par Clément VII, est du 25 Septembre 1526. Elle a été revêtue de Lettres Patentes, du 24 Octobre 1533, enregistrées au Grand-Conseil.]

5363. *** ☞ Precationes devotæ Collegii SS. Corporum & Reliquiarum in Ecclesiâ Sancti Saturnini quiescentium : *Tolosæ*, 1602, *in*-12.

Oraisons pour vérifier & saluer les Corps saints de l'Eglise de Saint-Sernin : *Toulouse*, 1627, *in*-12.

Au N.° 5365, *au lieu de* & d'autres Saints Martyrs, *lisez* des Saints Symphorien, Claude, Nicostrate, Castor & Simplice;.. & *après* Archevêque, *ajoutez*, pour l'accomplissement des vœux de ladite Ville.]

5366. * ☞ De l'Antiquité de l'Eglise de Notre-Dame, dite *de la Daurade*, & autres Antiquités de la Ville; par Jean DE CHABANEL : *Tolose*, 1621 & 1622, *in*-12.

De l'Etat & Police de la même Eglise; par le même : *Tolose*, 1623, *in*-8.]

5366. ** ☞ Les Statuts & Ordonnances de la Confrairie, dédiée à l'honneur de Jesus-Christ, & de la Conception de sa Benoîste Mère; fondée d'ancienneté en l'Eglise de la Daurade de Tolose : *Tolose*, Colomiés, 1568, *in*-4.

5366. *** ☞ Des Confrairies, Pénitentes, où il est traité de leur Institution, Reigles & Exercices; par E. MOLINIER, Tolosain, Prêtre & Daucteur : *Tolose*, Colomiez, 1625, *in*-12.

Il y a nombre de Confrairies de Pénitens, non-seulement en Languedoc, mais aussi en Provence.]

5367. * ☞ Défense de l'Eglise d'Alet, ou Factum pour Vincent Ragot, Promoteur d'Alet; contre les calomnies des Sieurs de Lestang & Rives, &c. *in*-4.

5369. * ☞ Fundatio Capituli Castrinovi-de-Ario, (*Castelnaudary :*) *Castronodarii*, 1721, *in*-4. de 7 pages.]

5369. ** ☞ Donatio Terræ Sancti-Ægidii, (Saint-Gilles) in Valle-Flaviana; facta à Raymundo, Comite Tolosano, in Concilio Nemausensi, Monasterio Sancti-Ægidii; cum Bullâ Urbani Papæ II, pro confirmatione hujus Donationis, & subditione dicti Monasterii Sanctæ Romanæ Ecclesiæ, anno 1096.

Ces Pièces se trouvent dans le Spicilège de D. Luc d'Achery, *tom. VI. pag.* 19, & dans l'Edition *in-fol.* de 1723, *tom.* I, *pag.* 320. Cette Abbaye de Saint-Gilles, fondée dans le VI. Siècle, étoit habitée par des Bénédictins : elle a été sécularisée par le Pape Paul III.

Bulla Secularisationis Capituli Ecclesiæ Regalis Collegiatæ & secularis Sancti-Ægidii, in Sancto-Ægidio, Nemausensis Diœcesis, anno 1538, die verò 17 Augusti : *Monspelii*, Martel, 1695, *in*-8.

A la fin de cette Brochure, il y a « Cette Bulle a » été imprimée à Montpellier, le 19 Mars 1695, pour » la troisième fois, par ordre du Chapitre de Saint-» Gilles; & par les soins de M. Jean-Jacques Bertaud, » Chanoine dudit Chapitre. »]

PAGE 353, *ajoutez*,

5370. * ☞ Etat véritable des Affaires Ecclésiastiques dans la Ville de Montpellier : *Montpellier*, 1650, *in*-4.]

5371. * ☞ Estat de l'Eglise de Saint Pons.

Il est cité, *pag.* 397 du Catalogue de M. de Cangé.]

Au N.° 5374, *ajoutez*, *ligne* 3, *après* par M. (Jacques-Bénigne)...... *Et lisez, en Note :*

Ces Réglemens se trouvent encore dans la Collection des Œuvres de M. Bossuet; & dans le Recueil de ses Opuscules. On peut voir la Vie de ce sçavant Evêque, par M. de Burigny : *Paris*, Debure, 1761, *pag.* 51.]

5377. * ☞ La Vie du grand & incomparable Nicolas, Evêque de Myre, & Patron de Lorraine; avec ses Miracles en l'Eglise de Saint-Nicolas-du-Port, en Lorraine : *Nancy*, Barbier, 1704, *in*-12.

Ce petit Ouvrage est de Nicolas DURMOU.]

5381. * ☞ Antiquitates Vallis Galileæ; vulgò Sancti Diodati, (Saint-Diez en Vosge) à Joanne HERCULANO.

Dans le *tom.* I. de la Collection du P. Hugo, intitulée : *Sacra Antiquitatis Monumenta : Stivagii*, 1725, *in-fol.*]

5386. * ☞ Arrêt de la Cour Souveraine de Nancy, touchant la Publication du nouveau Rituel de Toul, du 26 Avril 1700 : *Toul*, 1700, *in*-4.

Il a donné lieu à l'Ordonnance de M. le Vicaire-Général de Toul, contre l'Arrêt de la Cour Souveraine de Nancy, au sujet du nouveau Rituel de Toul; du 8 Mai 1700 : *Toul*, 1700, *in*-4.]

Après le N.° 3388, *ajoutez*,

== ☞ Recherches des Saintes Reliques; ou Antiquités de la Vosge.

Ci-devant (*tom.* I.) N.° 4289.

5389. * ☞ Publicum Scriptum de Fundatione Ecclesiæ Lugdunensis : *in*-8.

5389. ** ☞ Statuta seu Consuetudines Ecclesiæ, (Cathedralis) Lugdunensis; (per Philippum..... Archiepiscopum,) anno 1251.

Dans le Spicilège de D. Luc d'Achery, *in*-4. *tom.* IX, *pag.* 71.]

5392. *. ☞ Ordonnance de M. l'Archevêque de Lyon, (Antoine de Malvin DE MONTAZET,) portant Réglement pour le Chapitre de l'Eglise Primatiale (de Lyon) sur Réquisitoire du Promoteur : *Lyon*, de la Roche, 1773 : *in*-4. de 43 p. *in*-12 de 93 pag.

Cette Ordonnance, en date du 30 Novembre 1773, a pour objets principaux la résidence des Chanoines & Comtes, l'assistance aux Offices, les distributions & l'égalité des Préhendes. Le Réquisitoire, qui la précède, est plein de recherches sur les devoirs des Chanoines, &c. Le Chapitre de Lyon, se prétendant exempt de l'Ordinaire, en a interjetté un Appel comme d'abus, qui forme une contestation actuellement pendante, (Juillet 1774.)

PAGE 354, *ajoutez*,

5396.* ☞ Mſ. Tractatus de Bellis & Induciis quæ fuerunt inter Canonicos Sancti Joannis Lugduni, (ſeu Eccleſiæ Cathedralis,) & Canonicos Sancti Juſti, ex unâ parte; & Cives Lugdunenſes, ex altera : deſumptus ex Monaſterii Atheniorum Bibliotheca.

Ce Manuſcrit eſt une tranſcription faite par Claude de Bellièvre, premier Préſident du Parlement de Dauphiné. Le Père Meneſtrier en parle dans la Préface de ſon Ouvrage, intitulé : *Les divers Caractères des Ouvrages hiſtoriques*, &c. comme lui ayant été communiqué par M. Pianelli de la Valette.]

5396.** ☞ Requêtes & Mémoires des Prévôt des Marchands & Echevins de Lyon, contre les Doyen & Chanoines du Chapitre de Saint-Jean de Lyon; & de ces derniers, contre les premiers; avec l'Arrêt du Conſeil d'Etat, du 22 Septembre 1725, en faveur deſdits Chanoines : *Paris*, Knapen, &c. *in-fol.*

Il s'agiſſoit de la Police & de la Voirie du Cloître, dit *la Seigneurie ou Comté des Chanoines*, que l'on révoquoit en doute.]

Au N.º 5397, à la fin de la Note, ajoutez :

L'Arrêt, dont on vient de parler, a été imprimé : *Paris*, 1764, *in-4.*]

5407.* (1) ☞ La forme de la Direction & Œconomie de l'Hôpital-Général de Notre-Dame de Pitié du Pont du Rhoſne, & grand Hôtel-Dieu de Lyon : *Lyon*, 1734, *in-4.*]

(2) ☞ Statuts & Réglemens généraux de l'Hôpital-Général de Notre-Dame de Pitié, &c. *Lyon*, de la Roche, 1757, *in-4.*]

(3) ☞ Réglement concernant la réception, le ſervice & les fonctions des Chirurgiens de l'Hôpital-Général de Notre-Dame de Pitié, &c. *Lyon*, Bruyſet, 1764, *in-18.*]

(4) ☞ Catalogue des Recteurs nommés pour l'Adminiſtration de l'Hôpital-Général, &c. depuis ſon Etabliſſement (en 1583.) *in-4.*]

(5) ☞ Journal de l'Hôtel-Dieu de Lyon: *Lyon*, de la Roche, 1762, *in-18.*]

5408.* ☞ Statuts & Réglemens de l'Hôpital-Général de la Charité & Aumône de Lyon : *Lyon*, de la Roche, 1742, *in-4.*

Au N.º 5409, ligne 3, après inſtitution, *ajoutez*, (en 1533.) *& mettez j'après cet article* :

Nouvelle Edition, continuée : *Lyon*, de la Roche, 1742, *in-4.*]

5412.* ☞ Mémoire pour les Comtes de Lyon, contre les Frères Tailleurs : *Lyon*, Valfray, 1762, *in-12.* de 38 pages.

Il s'agiſſoit de l'être légal de la Communauté des Frères Tailleurs.]

Après le N.º 5412. *ajoutez* (en titre) Hiſtoire Eccléſiaſtique du Maine.

5412.** ☞ Arrêts du Conſeil d'Etat, des 13 Mai & 30 Juin 1741, qui prononcent l'Union de la Chapelle Royale du Gué de Mauny au Chapitre de Saint-Pierre de la Cour du Mans. Lettres-Patentes ſur les précédens Arrêts, du 20 Août 1741, regiſtrées le 7 Janvier 1743; & publiées au Siège Préſidial du Mans, le 4 Fév. ſuiv. *in-4.* de 12 pag.

5412.*** ☞ Mémoire & Conſultation, pour des Curés du Diocèſe du Mans, (au ſujet des Statuts, Ordonnances, &c. de leur Evêque :) *Paris*, Butard, 1768, *in-12.*

5412.**** ☞ Réglemens de la Compagnie de Charité établie dans la Ville de Laval, contenant deux Parties; l'une qui regarde les Dames, & l'autre, les Sœurs : *Paris*, Gaſſe, 1684, *in-12.*]

PAGE 355, *ajoutez*,

5416.* ☞ Mſ. Hiſtoire Eccléſiaſtique de *Donzy* & ſes Environs; par M. ROUGER.

Voyez ci-après (dans ce *Supplément*,) N.º 35579.]

5426.* ☞ Procès-verbal de l'Aſſemblée du Clergé de la Province de Rouen, tenue à Gaillon, (Maiſon de campagne de M. l'Archevêque,) 20 & 21 Septembre 1655, *in-4.*]

Après le N.º 5427, ajoutez,

— ☞ Hiſtoire Eccléſiaſtique du Comté d'Evreux; par LE BRASSEUR.

Dans ſon *Hiſtoire d'Evreux*, ci-après (Tome III,) N.º 35314.]

PAGE 356, *ajoutez*,

5431.* ☞ Relation & Mémoire ſur la Compagnie dite *de l'Hermitage*, établie à Caen, en 1660, *in-4.*

Voyez, Tome I, N.º 5600, & dans ce Supplément, même N.º]

5431.** ☞ Règles & Statuts, donnés par M. Léonor MATIGNON, Evêque de Liſieux: *Paris*, Langlois, 1709, *in-16.*

5432.* Mémoire pour ſervir à l'Hiſtoire de la Confrairie des Saints Martyrs Gervais & Protais, Patrons de l'Egliſe Cathédrale de Seès, & de tout le Diocèſe; par M. LE BAILLY, Chanoine Semiprébendé de ladite Egliſe : *Alençon*, Malaſſis, 1733, *in-12.*

L'Auteur ſe diſpoſe, (en 1773,) à donner l'Hiſtoire des Evêques de Seès.]

5432.** ☞ Mandement & Permiſſion de M. l'Evêque de Seès, (TURGOT de S. Clair) pour la tranſlation de la Fête de la Sainte Couronne d'Epine de Notre Seigneur Jeſus-Chriſt célébrée dans l'Egliſe des RR. PP. de l'Obſervance de S. François de la Ville de Seès; avec les Bulles & les Lettres autoriſant ladite Fête, & quelques Réflexions pieuſes & chrétiennes ſur la Vénération dûe à de ſemblables Reliques : *Seès*, Briard, 1717, *in-16.* de 32 pages.

Saint Louis donna, aux Cordeliers de la Ville de Seès, en 1259, une Epine de la Couronne de Notre Seigneur, qui a donné lieu à ce petit Ouvrage.]

5432.*** ☞ Réglement de l'Hôtel-Dieu d'*Alençon*, & Contract d'étabiſſement des Filles de la Charité dans ledit Hôtel-Dieu : *Alençon*, Malaſſis, 1754, *in-4.* de 26 pag.

Ce Réglement fut donné par Madame Iſabelle d'Orléans,

Histoire Ecclésiastique de la France. 281

léans, Duchesse d'Alençon, le 24 Septembre 1676, approuvé par l'Evêque de Seez, & revêtu de Lettres-Patentes, du mois de Décembre 1677, enregistrées au Parlement de Rouen, le 25 Juillet 1678, & à la Chambre des Comptes, le 12 Décembre 1685.

Le Contrat passé avec les Supérieurs de la Congrégation de la Mission, pour l'établissement des Filles de la Charité, est du 11 Août 1676.]

5435.* ☞ Recueil des Arrêts du Conseil, Lettres-Patentes, Brevets du Roi, Arrêts de la Chambre des Comptes & autres Titres, concernant la réédification de l'Eglise Cathédrale de Sainte-Croix d'Orléans : *Orléans*, Couret, 1740, *in-*4.

Cette Eglise, que l'on avoit commencé à rebâtir en 1287, n'étoit pas encore achevée en 1567, qu'elle fut ruinée par les Calvinistes. Henri IV. étant venu à Orléans le 2 Juillet 1598, promit de la faire rebâtir, & le 10 Août suivant il fit expédier ses Lettres pour assigner des fonds : le 18 Avril 1601, il posa lui-même la première pierre du bâtiment. Les Rois ses successeurs ont contribué à la suite des ouvrages, qui rendent cette Eglise l'une des plus belles du Royaume : il ne reste plus que le Portail à achever.]

5435.** ☞ Lettre sur une Inscription, qui se trouvoit à l'ancien Portail de l'Eglise de Sainte-Croix d'Orléans; par M. POLLUCHE.

Dans le *Mercure*, 1732, *Juin.*]

Réponse à cette Lettre.

Dans le *Mercure* de la même année, *Octobre.*] Réplique de M. POLLUCHE.

Dans le *Mercure*, 1733, *Janvier.*]

5440.* ☞ Ms. Histoire du Miracle du Crucifix de Saint-Pierre-Puellier d'Orléans; par M. PERDOUX DE LA PERRIERE.

Cette Histoire, (qui est apparemment plus détaillée que la précédente,) est dans la Bibliothèque de M. Jousse, Conseiller au Présidial d'Orléans.]

PAGE 357, *ajoutez,*

5448.* ☞ Régles générales de la Congrégation de Notre-Dame, érigée sous le titre de l'*Assomption*, au Collège des Pères Barnabites de Montargis : *Montargis*, Prévôt, 1683, *in-*12.]

PAGE 358.

Au N.° 5462, ligne dernière de la Note, 1613; *lisez* 1618.

Le N.° 5464 doit être ici effacé, étant mieux au N.° 9703, où il est suivi d'une Pièce qui y a rapport.

5466.* ☞ Statuta Nosocomii Ambianensis, anno 1233.

Dans le Spicilège de D. Luc d'Achery, *tom. XII. pag.* 54.

Au N.° 5467, *ajoutez à la Note :*

Il y a un Exemplaire de cette Histoire Ecclésiastique d'Abbeville, avec des Notes manuscrites, dans la Bibliothèque de la Ville de Paris, num. 231 : *in-*4.

5468.* ☞ Histoire de la Larme sainte de Notre Seigneur Jesus-Christ, révérée dans l'Abbaye de Saint-Pierre-lez-Sélincourt, Ordre de Prémontré, au Diocèse d'Amiens, où sont rapportés plusieurs Miracles, opérés de Dieu en faveur de cette Larme adorable; par Jacques LE MERCIER, Chanoine Régulier, Profez de ladite Abbaye & Prieur-Curé de la Maronde : *Amiens*, Hubault, 1707, *in-*12. de 66 pages.]

5469.* ☞ De la Dignité de Chantre dans les Eglises Métropolitaines & Cathédrales ; pour servir dans l'Affaire qui est entre Me François le Maire, Chantre de l'Eglise de Beauvais, & le Chapitre de ladite Eglise : *Paris*, *in-*4. de 81 pages.

Ce Mémoire renferme beaucoup de Recherches sur la Dignité de Chantre.]

5471.* ☞ Regula Fratrum & Sororum Nosocomii Belvacensis ; edita per GARINUM & VINCENTIUM, Ordinis Prædicatorum, & ab Odone confirmata, ann. 1246.

Dans le Spicilège de D. Luc d'Achery, *tom. XII. pag.* 68.]

5477.* ☞ Ms. De Laudunensi Ecclesia incensa & reedificata, (sub Ludovico Grosso, circà annum 1120:) *in-fol.*

Ce Manuscrit, en deux feuilles de vélin, est un Morceau curieux. Il est conservé dans la Bibliothèque de M. Jardel, à Braine.]

PAGE 359, *ajoutez,*

5480.* ☞ Le Polyphème, ou Apologetic en la Cause de vérité, à MM. de Laon; par Claude CHAMBELLAN; avec toutes les Pièces, les Réponses & le Jugement : *Paris*, 1628, *in-*8.

Cet Ouvrage, qui est vif, contient l'Histoire d'un Procès, que le Sieur Chambellan, Chanoine de Laon, a eu avec son Chapitre.]

5480.** ☞ Arrêt du Parlement, sur les différends du Curé & des Habitans de Marchais, au sujet de la Chapelle de Notre-Dame de Liesse, contre le Chapitre de Laon; du 5 Janvier 1655 : *in-*4.

Le Bourg de Notre-Dame de Liesse, dont le Chapitre de Laon est Seigneur, dépend de la Paroisse de Marchais; ce qui a donné lieu à plusieurs Contestations entre le Curé de cette Paroisse & ce Chapitre.]

Au N.° 5483, ligne 4, au lieu de Diocèse de Laon, *lisez* sous Laon; ligne 6, au lieu de *in-*24, *lisez* in-12.

5488.* ☞ Statuts du Chapitre de l'Eglise de Noyon : *Noyon*, Rocher, 1741, *in-*12.]

5488.** ☞ Règles & Prières de la Congrégation de la Sainte Vierge, établie en la Ville de Noyon, pour les Marchands & Artisans : *Paris*, Berton, 1731, *in-*12.]

5493.* ☞ Ms. Copie très-ancienne collationnée à l'Original, de la Chartre de fondation, faite par Agnès, Comtesse de Braine, d'une Maison-Dieu, dans son Château de *Braine*, en 1201.

= Nomination faite par Marie, Comtesse de Dreux & de Braine, à la Chapelle de la Maison-Dieu de Braine, de la personne d'Ade, son Chapelain, en 1249.

Ces deux Pièces sont dans la Bibliothèque de M. Jardel, à Braine près Soissons. Cette Maison-Dieu est maintenant le Prieuré perpétuel des Religieuses de Notre-Dame, Bénédictines, qui y ont été établies par Henri-Robert de la Marck, Duc de Bouillon, &c. Comte de Braine.]

5493. ** ☞ Mſ. Etat des Revenus des Pauvres de la Charité de la Ville & Fauxbourg de Braine, fait par les Directeurs & Administrateurs de ladite Charité, en conséquence des ordres envoyés par M. l'Intendant de Soissons; lequel état a été fait le 9 Mars 1751 : *in-fol.* en 8 feuilles.

Dans la même Bibliothèque.]

PAGE 360.

Au N.º 5499, en Note, ajoutez,

Plusieurs exemplaires de ce Livre de Claude Bendier, ne portent pas son nom ; mais seulement, par un Docteur de Sorbonne, natif de Saint-Quentin.

Nota. L'Histoire Ecclésiastique du Vermandois est aussi traitée dans les *Mémoires* de M. Colliette, pour servir à l'Histoire de ce Pays, dont le Tome I a été nouvellement publié, *in-*4. Cambray, Berthoud; & *Paris*, Saillant : il a été suivi de deux autres.]

5500. * ☞ Relation ou détail historique de la concession d'une portion du corps de S. Médard, faite par M. l'Evêque & le Chapitre de Dijon, à la Paroisse de Salency, (près Noyon,) & de la Translation de cette sainte Relique dans l'Eglise de Salency : *Noyon*, Rocher, 1774, *in-*12. de 44 pages.

Cette Relation est de M. Nicolas-Adrien Roger, Curé de la Paroisse de S. Hilaire à Noyon.]

Au N.º 5503, ajoutez en Note :

Ces Antiquités de Luçon sont une Pièce en Vers, avec des Notes, & c'est très-peu de chose que ce Volume *in-*4. On pourroit le réduire à trois pages, dit M. Dreux du Radier, qui en donne une idée dans sa *Bibliothèque du Poitou*, tom. IV. pag. 84 & *suiv.*]

Au N.º 5516, au lieu de NUBLI..... *Ce titre étant estropié & trop abrégé, lisez :*

NEURÉ (Mathurini) Querela ad Gassendum de parum Christianis Provincialium suorum ritibus, minimúmque sanis eorum moribus, ex occasione Ludicrorum quæ Aquis-Sextiis in solemnitate Corporis Christi ridiculè celebrantur : 1645, *in-*4. & *in-*12.

Mathurin de *Neuré* est le nom que porta Laurent *Mesme*, depuis qu'il fut sorti de chez les Chartreux, & sous lequel il est connu comme Homme de Lettres & Mathématicien : il est mort vers 1676.]

5516. * ☞ L'Esprit du Cérémonial d'Aix en la célébration de la Fête-Dieu ; par Pierre-Joseph DE HAITZE : *Aix*, David, 1708, *in-*12. de 95 pages.

C'est une Réponse à l'Ouvrage de Neuré : M. Dupin en a parlé avec mépris. M. de la Roque a encore relevé quelques endroits de la Plainte de Neuré, dans le *Mercure*, 1738, Septembre.]

Au N.º 5517, ligne 7, au lieu de Tutelensem, lisez, Tullensem.

PAGE 361.

Au N.º 5524, au lieu de SAINT-ALBAN, *lisez,* SAINT-ALBIEN.

5524. * ☞ Réponse de M. l'Evêque de Marseille, (DE BELSUNCE,) à une Lettre de Madame *** : 1721, de 28 pages.

Le Prélat y soutient que les Pères de l'Oratoire de Marseille se sont retirés pendant la peste ; & il y joint nombre de Certificats de son Clergé.

Réflexions sur la Lettre d'un Gentilhomme de Provence, à M. L. M. D. (sur l'Imprimé à Marseille : 1721,) *in-*12. de 64 pages.

On y a joint une Lettre de M. l'Evêque de Marseille, qui se déclare Auteur de ces Réflexions, où les Pères de l'Oratoire sont encore attaqués. Leur *Justification* est indiquée au Tome I. N.º 5525.]

5525. * ☞ Relation de tout ce qui s'est fait à Marseille & ailleurs, pour obtenir de Dieu la cessation du mal contagieux : *Lyon*, Bruyset, 1722, *in-*4. de 52 pages.

Cette Pièce appartient uniquement à l'Histoire Ecclésiastique de Marseille : c'est pourquoi on la place ici, & non pas page 143, où l'on a réuni les Pièces sur cette Peste, qui sont relatives à l'Histoire Naturelle.]

5544. * (1.) ☞ Recueil des Saints qui sont honorés dans Avignon ; par Richard-Joseph DE CAMBIS : *in-*12.]

(2.) ☞ Elenchus omnium Sacerdotum tam Sæcularium quam Regularium, qui peste grassante, in Civitate & Diœcesi Avenionensi ægrotos inservientes, occubuerunt, ab anno 1719, ad annum 1721 : (*Avenione*) *in-*4.]

(3.) ☞ Le Chemin du Ciel, ou Maison de l'Aumône générale d'Avignon : *Avignon*, Bathier, 1641, *in-*12.]

(4.) ☞ Mſ. Lettre de M. FOMERI, (sur un saint Clou (de la Croix de N. S.) que l'on conserve à Carpentras ; écrite à M. Sassi, Directeur de la Bibliothèque Ambrosienne à Milan ; du 8 Avril 1726.

L'Auteur lui parle d'abord de l'Histoire Ecclésiastique & Civile du Comtat Vénaissin, à laquelle il travailloit. Ensuite il lui dit qu'on conserve à Carpentras un saint Clou, en forme de mors de cheval, dont il envoye la figure à M. de Sassi, & le prie de lui faire connoître le Clou qu'on vénère à Milan dans la Métropole, n'ayant pu découvrir dans quel Siècle est parvenu à Carpentras celui qu'on y honore. Il ajoute qu'il avoit découvert une Charte de la Cathédrale de cette Ville, de l'an 1257, dont le Sceau représente le saint Clou.

M. de Sassi répondit par une Lettre Latine du 14 Mai 1726, dans laquelle il lui décrit la Solemnité qu'on célèbre à Milan, lors de la Fête où l'on vénère le saint Clou, & lui détaille les différentes conjectures qu'il imagine pour tâcher d'expliquer comment il a été transporté de Constantinople à Milan. Il lui en donne aussi le dessein.

Ces deux Lettres, en copies visées par de Beauchamp, sont dans le Cabinet de M. Seguier, de Nismes, & étoient ci-devant dans celui de M. de Mazaugues, Président au Parlement d'Aix.

Nota. ☞ On trouvera des Histoires Ecclésiastiques du Comté Vénaissin & d'Avignon, avec les Histoires Civiles de ces Pays, ci-après, dans le Tome III. N.º 38322 & *suiv.*]

(5.) ☞ Règles & Statuts de la Congrégation de Notre-Dame de Laurette, unie au

Mont de Piété de la Ville d'Avignon: *Avignon*, Delorme, 1713, *in*-12.]

(6.) ☞ Régles, Statuts & Privilèges de la Vénérable Compagnie de MM. les Pénitens de la Miséricorde, érigée dans la Ville de Carpentras : *Avignon*, Chastel, 1686, *in*-8.]

(7.) ☞ Mſ. Cartulaire de l'Eglise de Vaiſon, contenant environ 40 Chartes des X. XI & XIIe Siècles. Il y en a une Copie authentique à Boiſſy, près Verneuil, dans le Cabinet de M. l'Abbé de Pithou-Court, qui eſt prêt à publier une Hiſtoire du Comté-Venaiſſin & d'Avignon.]

Avant le N.° 5545, *ajouteʒ*,

— ☞ Sancta Metropolitana Ecclesia Turonensis...... Auctore Joanne Maan.

Voyeʒ ci-après, N.° 10267, (Tome I. *pag.* 662.)

PAGE 362.

Au N.° 5552, *en Note, ajouteʒ:*

Le titre entier de cet Ouvrage eſt : « La ſainteté » de l'Etat Monaſtique, où l'on fait l'Hiſtoire de l'Ab- » baye de Marmoutier & de l'Egliſe Royale de S. Mar- » tin de Tours, depuis leur fondation juſqu'à notre » temps; pour ſervir de réponſe [au Livre précédent.]

Cet Ouvrage eſt de Dom Jean-Etienne BADIER, mort en 1719. On peut voir à ce ſujet l'*Hiſtoire Littér. de la Congrégation de S. Maur*, pag. 410.]

5552. * ☞ Défenſe des Privilèges de l'Egliſe de S. Martin de Tours: 1708, *in-fol*.

☞ On peut voir dans les *Mémoires du Clergé*, les Arrêts qui ont terminé les différends entre les Archevêques & ce Chapitre.]

Au N.° 5553, *ligne* 3, 2699, *liſeʒ*, 1699.

Hiſtoires des Conteſtations entre les Théologiens de France.

PAGE 363.

Au N.° 5566.

☞ Le même (Catéchiſme hiſtorique, &c.) nouvelle Edition : *Nancy*, (*Utrecht*) 1750, *in*-12. 2 vol.

Cette Edition paroît être exactement la même que celle de 1736.]

5566. * ☞ Suite du Catéchiſme hiſtorique & dogmatique ſur les Conteſtations, &c. Tomes III. IV & V. *Nancy*, (*Touloufe*,) Nicolaï, 1768, 3 vol.

Ce ſont les Entretiens d'Euphrone & de Théodule, dans leſquels on expoſe ce qui s'eſt paſſé dans l'Egliſe, depuis 1729 juſqu'en 1760, incluſivement, avec des Réflexions.

A la tête ſont une Idée de la Vie de M. l'Abbé (Jean-Raymond de Beccarie de Pavie) DE FOURQUEVAUX, Auteur de cet Ouvrage, & une Lettre que lui a adreſſée M. l'Abbé d'Etemare, ſur l'origine du Syſtême de l'état de pure nature.

On a publié en 1751 un autre Ouvrage (dogmatique) ſous le même titre, en deux Volumes, qui parut

Tome IV. Part. I.

d'abord à Utrecht ſous le titre de *Doctrine de l'Egliſe*, (ſur les Excommunications, & les Abus introduits dans l'Egliſe.) On y fit un nouveau titre à Rouen, & on l'appella *Suite du Catéchiſme hiſtorique*, pour le mieux vendre. Il ne faut pas le confondre avec la vraie Suite.]

PAGE 364.

Au N.° 5570, *en Note, ajouteʒ :*

☞ En 1767 il a paru un Tome VI. de ce *Nécrologe*, contenant des Vies plus étendues que les précédentes; & celles-ci vont depuis 1760 juſqu'au 23 Août 1766. Il y a quelques-uns des anciens Articles qu'on y a traités de nouveau. Il eſt étonnant que l'Auteur y ait omis M. de Fitʒ-James, mort le 19 Juillet 1764, & dont les *Nouvelles Eccléſiaſtiques* de cette année ont parlé *pag*. 153. Nous citons ci-après un Abrégé de ſa Vie, aux *Evêques de Soiſſons*.]

PAGE 365, *ajouteʒ*,

5587. * ☞ Conſultation de pluſieurs Avocats au Parlement, ſur le refus du Viſa fait au Sieur Roſty, Prêtre du Diocèſe de Troye, (& ſur le Formulaire :) *Paris*, (ſans nom d'Imprimeur,) 1761, *in*-12. de 201 pages.]

5587. ** ☞ L'Autorité Royale invoquée contre l'exaction du Formulaire : (1766) *in*-12. de 108 pages.]

Au N.° 5593, *à la fin de la Note :*

On peut voir ſur cet Ecrivain (Jean-Filleau) la *Bibliothèque hiſtorique du Poitou*, tom. *IV*. pag. 179.]

PAGE 366, *ajouteʒ*,

5600. * ☞ Mémoire pour faire connoître l'eſprit & la conduite de la compagnie établie en la Ville de Caen, appellée l'Hermitage : (*Paris*,) 1660, *in*-4.

L'Auteur eſt Charles DU FOUR, Curé de S. Maclou de Rouen, avec MM. Nicole & le Maître. Les premières lignes de ce Mémoire font connoître ce qui s'étoit que cette Compagnie. « Il y a en la Ville de Caen une » Société de perſonnes dévotes qui ſe donnent le titre » de Compagnie du S. Sacrement, mais qu'on appelle » communément l'Aſſemblée de l'Hermitage.... Elle » a été établie il y a 15 ou 16 ans par feu M. de Renti, » (mort en 1648,) pour prendre un ſoin particulier » des affaires des pauvres, & pour les ſecourir dans tou- » tes leurs néceſſités. Cette Compagnie eſt compoſée » de gens de toutes conditions..... dont la plûpart » ſont de la Congrégation des Jéſuites, & fort attachés » & ſoumis à ces Pères ». A la page 7 on cite des *Réglemens* de cette Compagnie, imprimés à Paris chez Bechet, en 1654, ſeconde Edition. Le Mémoire qu'on vient d'indiquer & la *Relation* qui précède (au Tome I.) font connoître que cette Société avoit fort dégénéré de ſon premier Inſtitut : le Mémoire a pour objet diverſes plaintes qu'on formoit contre ſes entrepriſes ſur les Supérieurs Eccléſiaſtiques & autres perſonnes, &c.]

Au N.° 5601, *à la fin de la Note :*

On conſerve à Auxerre (chez M. Boſc, ancien Aumônier de M. de Caylus,) un Exemplaire de cette Relation, avec des Notes que M. Nicolas Colbert, Evêque d'Auxerre, mort en odeur de ſainteté en 1676, a écrite de ſa propre main. Ces Notes curieuſes ont été imprimées à la fin « D'un Diſcours de M. (FRAPPIER, » Chanoine d'Auxerre, au Chapitre aſſemblé, &c. », 1770, *in*-12. de 77 pages.]

PAGE 362, *ajouteʒ*,

5619. * ☞ Juſtification de M. Arnauld : *Liège*, (*Amſterdam*,) 1702, *in*-12. 3 vol.]

5620.* ☞ Relation de la Retraite de M. Arnauld dans les Pays-Bas; (par François GUELPHE:) *Mons*, (*Paris*,) 1733, *in-*12.

Au N.° 5622, *ligne* 2, *au lieu de* GOUGET, *lisez*, GOUJET, & *ajoutez ensuite*:

☞ La même Vie (de Pierre Nicole,) corrigée & augmentée par l'Auteur : *Liège*, (*Paris*, Desprez,) 1767, grand *in*-12.

L'Abbé Goujet étant mort pendant le cours de l'impression, (le 2 Février de cette année 1767,) on a mis à la fin un petit Discours sur sa mort, qui est de M. Dagues de Clairfontaine, Membre de l'Académie d'Angers.]

PAGE 368, *ajoutez*,

5628.* ☞ Mss. Négociation de M. le Cardinal de Janson, pour la Bulle *Vineam Domini Sabaoth*, (qui condamne le Cas de Conscience:) *in*-4.

Ce Manuscrit est conservé à Avignon, dans la Bibliothèque de M. de Cambis de Velleron, num. 51, & il en est question dans son Catalogue raisonné, *pag.* 334.]

5629.* ☞ Lettre de M***, à M. l'Evêque du Puy, au sujet de son Instruction Pastorale sur l'Hérésie : *en France*, 1766, de 72 pages.]

Au N.° 5630, *en Note*, *ajoutez*:

☞ En 1697, M. Bossuet en fit faire une Traduction Latine par l'Abbé Boutard, (depuis de l'Académie des Inscriptions & Belles-Lettres.) Cette Version fut envoyée à Rome, avant la décision de l'Affaire.]

5635.* ☞ Histoire du Quiétisme en France.

Dans le *tom. IV. pag. 286*, des *Cérémonies Religieuses de tous les Peuples du Monde*, par les Abbés BANIER & LE MASCRIER : *Paris*, Rollin, 1741, *in-fol.* 8 vol.]

PAGE 369, *ajoutez*,

5641.* ☞ Renversement des Libertés de l'Eglise Gallicane dans l'Affaire de la Constitution *Unigenitus*; (par Nicolas LE GROS, Docteur & Chanoine de Reims :) 1716, *in*-12. 2 vol.

L'Auteur est mort en Hollande, le 4 Décembre 1751.]

Au N.° 5648, *à la fin de la Note*, *ajoutez*:

Cette Histoire a été traduite en Italien, par Nuzzi: 1741 & 1758, *in*-4.]

Au N.° 5649, *Note* 2, *ligne* 4, *au lieu de* des Missions Etrangères, *lisez*, des Pères de la Mission (ou Lazaristes)..... [Antoine Philopald est mort Curé dans le Diocèse d'Auxerre, en 1762.]

PAGE 370, *ajoutez*,

5652.* ☞ Table raisonnée & alphabétique des Nouvelles Ecclésiastiques, depuis 1728 jusqu'en 1760 inclusivement : (*Paris*,) 1767, *in*-4. 2 gros vol. (sans nom d'Imprimeur, &c.)

On promet de donner bientôt un troisième Volume, pour les années suivantes.]

Au N.° 5654, *à la fin de la Note*, *ajoutez*:

On observe, dans les *Nouvelles Ecclésiastiques* du 25 Septembre 1765, *pag.* 157, que, dans ce Recueil général des Actes d'Appel, on a omis un nombre considérable de ces Actes, faits par des Chapitres, Communautés, Curés & autres Ecclésiastiques du Diocèse d'Auxerre, qui sont déposés au Greffe de l'Officialité de ce Diocèse; ce qui est d'autant plus étonnant que ce Recueil général des Actes d'Appel a été entrepris par les ordres de M. de Caylus, Evêque d'Auxerre.]

PAGE 371.

Au N.° 5663, *à la fin de la Note*, *ajoutez*:

Il étoit né à Beauvais en 1696, & il mourut à Paris en 1764.]

5669.* ☞ Relation du Chapitre général des Bénédictins, tenu à Marmoutier en 1735; (par Claude-Pierre GOUJET:) 1736, *in*-4. sans nom d'Imprimeur.

Au N.° 5672, *à la fin de la Note*, *ajoutez*:

Il a publié ensuite *Défense des Chartreux fugitifs*. Ce sont deux Brochures *in*-4. Il est mort à Auxerre en 1756, âgé de 76 ans.]

Au N.° 5673, *à la Note*, *au lieu de* & 1762, *in*-12. à la fin des Mémoires.... *lisez* & 1755, à la fin des « Lettres d'un Théologien, (M. Couet) à un Evêque, sur » cette question importante, s'il est permis d'approuver » les Jésuites, » &c. Au reste, les Mémoires pour l'Université &c. que l'on citoit, ne sont pas d'Edmond Pourchot, mais de Guillaume Dagoumer, comme il est dit au N.° 14385.]

5673.* ☞ Démonstration de la Cause des Divisions qui règnent en France : *Avignon*, (Paris,) 1754, *in*-12.

L'Auteur est Guy-Michel Billard DE LORIERE, Conseiller au Grand-Conseil, mort le 30 Août 1755.]

Histoire des Hérésies nées en France.

PAGE 374, *après la ligne* 4, *de la Col.* 1, *avant le* N.° 5710, *ajoutez*:

L'Auteur, Du Clercq (& non Du Clerq,) est mort en 1462, selon la Bibliothèque Belgique de Foppens, qui ne parle point de cette Histoire manuscrite de Du Clercq.]

PAGE 375.

Au N.° 5721, *ligne* 3, 1619, *lisez* 1618.

Au N.° 5722, *à la fin de la Note*, *ajoutez*:

☞ *Voyez* encore ci-après le N.° 5753.

5737.* ☞ Venerabilis Patris MONETÆ, Cremonensis, Ordinis Prædicatorum, Sancto Patri Dominico æqualis, adversùs Catharos & Valdenses Libri V, quos ex Manuscriptis Codd. Vaticano, Bononiensi ac Neapolitano, nunc primùm edidit, atque illustravit P. Thomas Augustinus RICCHINUS, ejusdem Ordinis: *Romæ*, 1743, *in-fol.*

Cet Ouvrage renferme l'Histoire des Cathares & des Vaudois, aussi bien que la réfutation de leurs erreurs.

On peut voir encore ce qui est dit des Vaudois anciens & modernes, *pag.* 154 *& suiv.* du tom. IV, des *Cérémonies Religieuses*, par les Abbés BANIER & LE MASCRIER : *Paris*, Rollin, 1741, *in-fol.*]

Page 376.

Au N.º 3742, *à la Note, au lieu de* est conservée, *lisez*, (étoit) conservée.

Au N.º 5743, *lignes* 1 & 2, *au lieu de* inter eos, *lisez*, in eos; & *ligne* 5, *après* Sarnensis, *ajoutez*, (vel Cernaii.) *Puis mettez, à la fin de la dernière Note* :

On peut voir encore, au sujet de cette Histoire du Moine de Vaux de Cernay, les Remarques qui se trouvent, num. 70 du Catalogue raisonné de M. de Cambis de Velleron, qui en possède un Exemplaire en vélin, plus complet & plus ample que les Imprimés.]

Au N.º 5745, *à la fin de la Note, ajoutez* :

On trouvera un Supplément à ce qui est dit ici de cette Chronique dans notre Tome II, N.º 16900.]

Au N.º 5755, *ligne* 2, Guy, *lisez*, Gay; & *peut-être sera-t-il mieux de mettre le titre de cet Ouvrage en entier*.

☞ L'Histoire des Schismes & Hérésies des Albigeois, conforme à celle de présent, par laquelle appert que plusieurs grands Princes & Seigneurs sont tombés en extrême désolation & ruines, pour avoir favorisé aux Hérétiques; dédiée au Connétable Anne de Montmorency, par Jean GAY, Procureur au Parlement de Tolose : *Paris*, Gaultier, 1561, *in*-8.]

5756. * ☞ Remarques sur l'Origine du nom d'Albigeois donné aux Hérétiques de la Province de Languedoc, aux XII & XIII.ᵉ Siècles. = Epoque de la Mission de Saint-Dominique, pour leur Conversion.

Dans les Notes XIII & XV du Tome III de l'*Histoire générale du Languedoc*; par D. VAISSETTE, *in-fol*. Tout ce qui regarde les Albigeois est traité au long dans le corps de cette Histoire.]

Au N.º 5757, *lignes* 11 & 12, *au lieu de* CHAVANION, *lisez*, CHASSANION.

Page 378, *ajoutez*,

5760. * ☞ Histoire abrégée des Albigeois & des Vaudois; par Jacques-Bénigne BOSSUET.

C'est le sujet du Livre XI de son *Histoire des Variations des Eglises Protestantes* : *Paris*, 1688, &c. *in*-12. 2 vol.

Au N.º 5767, *à la Note*, (alinea 3.) *ajoutez* :

Le nom de l'Abbé de *Saint-Réal* ne se trouve point dans le titre; on voit seulement au Privilége, les Lettres initiales de son vrai nom, D. V. *De Vischard*.]

5767. * ☞ Epitre envoyée au Roi de Navarre, par les Ministres & Eglise de Rouen : 1641, *in*-8.]

Au N.º 5768, *ligne* 4, *au lieu de* 1548, *lisez*, 1546, & *effacez* enrichie de . . . . 1550, & *ajoutez* :

Seconde Edition, augmentée : *Paris*, Frémy, 1560, *in*-8.

C'est dans celle-ci, qui a un Chapitre de plus, (le XVIII) & une Table des matières, que se trouvent au titre, ces mots : « Enrichie de plusieurs choses notables, » depuis l'an 1546 jusqu'en 1550».

On peut encore observer, qu'à l'une & l'autre Edition, est joint un Traité du Docteur de Monchy, ou Democharès, contre la Cène des Calvinistes, lequel quoique dogmatique en partie, est aussi fort historique pour les progrès du Calvinisme. A cet égard, il entre même bien mieux dans l'objet du Chapitre du P. le Long, qui n'annonce que les Hérésies nées en France ; tandis que le Livre du P. Fontaine n'est que l'Histoire du progrès qu'a fait en France le Luthéranisme, né en Allemagne.

Voici le titre du Livre de de Monchy.

5768. * ☞ Réponse à quelques Apologies que les Hérétiques, ces jours passés, ont mises en avant sous ce titre : Apologie ou Défense des bons Chrétiens, contre les ennemis de l'Eglise Catholique. Auteur, Antoine DE MONCHY, surnommé Democharès, Docteur en Théologie à Sorbonne : *Paris*, Fremy, 1558 & 1560.

Le titre courant est : *Apologie contre la Cène Calvinique*.]

5769. * ☞ Mf. Arrêt notable, du 4 Octobre 1546, par la Chambre ordonnée par le Roi, au temps des Vacations, contre un grand nombre d'Hérétiques & Blasphémateurs du grand Marché de Meaux, avec la forme de l'exécution d'icelui Arrêt, en icelle Place : *in*-4.

Cette Pièce est conservée dans la Bibliothèque de M. Jardel à Braine, près Soissons. Elle contient les noms de tous les condamnés, avec un détail de ce qui s'est passé dans cette exécution. Le fameux Olivier Maillard étoit un des deux Docteurs de Sorbonne, qui exhortèrent tous ces malheureux à la mort.]

Page 381, *ajoutez*,

5806. * ☞ Histoire des Persécutions & Martyrs de l'Eglise (Calviniste) de Paris, depuis 1557 jusqu'au temps du Roi Charles IX. *Lyon*, 1563, *in*-8. (sans nom d'Imprimeur.)

Au N.º 5809, *alinéa* 1, *ligne* 4, *au lieu de* Mallot, *lisez*, Chaudière & Mullot. . . *ligne* 5, *au lieu de* 1572, *lisez*, 1577, & *après* in-8. *ajoutez* en Note :

Dans l'Edition de 1664, on a supprimé la *Calvinodie*, Pièce en Vers, *sur le Tombeau de Calvin*, qui avoit été jointe aux Editions précédentes, & qui avoit été imprimée séparément : *Paris*, Chaudière, 1578, *in*-8. On trouve quelquefois avec cette Vie de Calvin, celle de Bèze, par le même Bolsec, ci-après, N.º 5877.]

Alinéa 2, *avant* 1585, *ajoutez*, 1581.

Au N.º 5810, *à la Note*, *ligne* 6, *avant* est, *ajoutez* & qui.

Au N.º 5811, *ligne* 2, *au lieu de* DESMEY . . . *lisez*, DESMAY : *Rouen*, l'Allemant. . . & *ajoutez* en Note :

Il y a apparence que cet Ecrivain est le même que Jacques Desmay, Chanoine de Péronne, qui a publié une Vie de S. Furcy, en 1606 & 1623.]

5811. * ☞ La Défense de Calvin, contre l'outrage fait à sa mémoire, dans le Livre du Cardinal de Richelieu ; par Charles DRELINCOURT : *Genève*, 1667, *in*-8.]

5813. * ☞ Discursus consolatorii pars secunda, in quâ Mag. noster Nicolaus MAILLARDUS, Doctor Sorbonicus, recitat suis Sociis de Sorbonâ, Huguenotos non velle recipere Concilium Tridentinum : *Parisiis*, *in vico Solis*, 1564, *in*-12. = Pars prima, Ed. 2. eodem anno, *in vico Sorbonæ*.

Je ne sçai quand la première Partie fut imprimée

pour la première fois. Au reste, ces petits Ecrits sont une vraie Turlupinade, en forme de Prose d'Eglise.]

PAGE 384, ajoutez,

5845.* ☞ Histoire de la Vie & des Ouvrages de Matthieu Béroalde ; par le Père NICERON.

Dans ses *Mémoires*, &c. tom. *XXXIV. pag.* 221. Ce Béroalde est mort vers 1580.]

Au N.° 5848, *à la fin de la Note, ajoutez* :

On peut voir ce qui en est dit dans l'*Histoire de la Rochelle*, par M. Arcère, *tom. II. pag.* 372.]

PAGE 385.

Avant le N.° 5853, *ajoutez*,

☞ On trouve encore l'Histoire de ces Protestans François mis à mort, dans l'Ouvrage de Jean Fox, sur les Actes & Monumens des Martyrs, au Tome II. *London*, 1684, *in-fol.* 2 vol.]

Le N.° 5856 *doit être effacé, étant mieux au N.°* 6158.

Après le N.° 5859, *ajoutez*,

═ ☞ Histoire du Calvinisme à Troyes, (depuis 1550 jusqu'en 1594;) par Nicolas PITHOU.

Voyez ci-dessus, N.° 5065*, dans ce *Supplément*, pag. 274.]

5859.* ☞ Déclaration des principaux motifs qui induisent le Sieur de Sponde, Conseiller & Maître des Requêtes du Roi, à s'unir à l'Eglise Catholique : *Lyon*, Jullieron, 1594, *in-*8.

Ce Conseiller étoit frère de Henri de Sponde, qui fut Evêque de Pamiers, & qui s'étoit converti à l'exemple de son frère, en 1595.]

Au N.° 5860, *ligne* 7, *de la Note* ². *effacez* fort modérée &.

5861.* ☞ Histoire de la Vie & des Ouvrages de Lambert Daneau ; par le Père NICERON.

Dans ses *Mémoires*, &c. *tom. XXVII. pag.* 21. Daneau est mort en 1596.]

PAGE 386, ajoutez,

5870.* ☞ Articles des Ministres & autres appellés par Madame, pour la Conférence proposée entr'eux & M. l'Evêque d'Evreux, avec les Réponses & les Répliques : *Paris*, 1601, *in-*8.

Il s'agit dans cet Ecrit de la Dispute que Jacques du Perron, depuis Cardinal, eut pour la Conversion de la Princesse Catherine, sœur de Henri IV. & Duchesse de Bar ; mais elle mourut dans le Calvinisme, en 1604. *Vie du Cardinal du Perron*, par M. de Burigny, *p.* 201.]

Au N.° 5877, *ligne* 8, *effacez l'Addition*, [1577, &] *Ajoutez en Note* :

Ce qui aura fait croire que la Vie de Bèze aura été imprimée en 1677, c'est qu'on l'a joint dans plusieurs Exemplaires, avec celle de Calvin du même Auteur, imprimée en effet en 1577. Ce qui est certain, c'est que le Privilège pour cette Vie de Bèze, est donné à Chaudière le 14 Novembre 1581.]

Au N.° 5880, *lignes* 1 & 2, *lisez*, Hypomnemation.

PAGE 389, ajoutez,

5918.* ☞ La fuite du plus ancien Ministre de toute la France, Sieur de Beaulieu,

& les Actes de la Conférence contre le Sieur Chorin, Ministre de Limay-lez-Mantes, convaincu de n'avoir pris un seul prétexte en la sainte Bible, pour leur Cène ; par M° François VERON, Professeur en Théologie, selon la nouvelle Méthode de combattre tous les Ministres par la seule Bible : *Paris*, 1620, *in-*8.]

5920.* (1.) ☞ Arrêt de la Cour du Parlement du 14 Janvier 1620, contre le prétendu Réglement de l'Assemblée de Loudun : *in-*8.]

(2.) ☞ Déclaration du Roi, donnée à Paris le 26 Février 1620, par laquelle ceux de la Religion Prétendue-Réformée, assemblés à Loudun, sont déclarés criminels de lèze-Majesté, à faute de se séparer dans le temps porté par icelle : *Paris*, 1620, *in-*8.]

5928.* ☞ Histoire des Troubles de Béarn, dans le XVII° Siècle, avec des Notes ; par le P. Isidore MIRASSON, Barnabite : *Paris*, Humaire, 1768, *in-*12.]

PAGE 390, ajoutez,

5933.* ☞ Ms. Les asseurés moyens pour anéantir ceux de la Religion Prétendue-Réformée, du Royaume de France : *in-fol.*

Ce Manuscrit est conservé à Avignon, dans la Bibliothèque de M. de Cambis de Velleron, num. 118, & voici ce qui en est dit dans son Catalogue raisonné, *pag.* 481. Il est divisé en deux Sections. La première a pour titre : « Instructions générales pour les Commissaires du Roi » : la seconde est intitulée « Articles secrets pour les Ministres d'Etat... » Une partie des moyens que l'Auteur anonyme de ce Projet présente, ont été employés avec succès par le feu Roi Louis-le-Grand.]

Au N.° 5940, Ms. & *à la Note* :

Le Père Des-Molets a donné dans sa *Continuation des Mémoires de Littérature*, un Abrégé de cette Histoire, *tom. X*.]

5940.* ☞ Publique Déclaration de Foi faicte dans l'Eglise Cathédrale de Nismes, le Dimanche 12 Février 1623 ; par le Sieur Pierre DEVEZE, Théologien du lieu de Saint-Geniès au Bas-Languedoc, où sont particulièrement découvertes mille & mille meschancetés des Ministres prétendus de France, avec les noms d'une trentaine des plus mauvais : *Avignon*, Bramereau, 1623, *in-*8.]

PAGE 391.

Au N.° 5942, *au lieu de* Mag. *lisez*, Magnus.

5945.* ☞ Arrêt du Parlement du 21 Juillet 1612, & autres Procédures contre Messire Antoine Fuzy, ci-devant Curé de Saint Barthelemi & de S. Leu S. Gilles : *Paris*, 1620, *in-*8.]

5956.* ☞ Ms. Serment d'Union des Eglises Réformées de France, avec le Roi de la Grande-Bretagne, fait à Uzès le 11 Septembre 1627.

Cette Pièce, copiée dans le temps sur l'Original de

M. de Rohan, a passé du Cabinet de M. de Mazaugues, Président au Parlement, dans celui de M. Seguier, Secrétaire actuel de l'Académie de Nîmes.]

5958.* ☞ Mf. Journal de la Vie de Jacques Merlin, Ministre à la Rochelle, écrit par lui-même: *in-16.*

Ce Manuscrit est conservé dans la Bibliothèque de l'Oratoire de la Rochelle, comme le dit M. Arcère, dans l'*Histoire* de cette Ville, *tom. II. pag. 365.* Merlin est mort entre 1620 & 1630.]

PAGE 392, *ajoutez*,

5974.* ☞ Conversion à la foi Catholique de M. de Meillars, Maréchal de Camp, de Madame sa femme, avec MM. ses enfans & des Demoiselles, tous faisant le nombre de neuf; par le R. P. Pierre LEAU, Jésuite: *Tulle,* 1651, *in-4.*

5975.* ☞ Mf. Très-humbles Remontrances présentées aux Archevêques, Evêques & Grands-Vicaires de Languedoc, sur les Offices accordés aux Religionnaires, & sur les Temples bâtis sans ordre du Roi, pendant sa minorité, dans ladite Province. De Montpellier le 16 Septembre 1649, *signées* Cotelier.

Mf. Très-humbles Remontrances au Roi & à la Reine Régente, par le Député général de leurs sujets de la Religion Prétendue-Réformée; *signées* Arzillieres, & collationnées par Cotelier, sur l'original qu'il avoit en son pouvoir.

Mf. Mémoires pour servir à M. le Marquis d'Arzillieres, Député général des Eglises Réformées de France, sur les chefs des justes plaintes que les Habitans de la Religion de la Ville de Montpellier ont portées au Roi & à Nosseigneurs de son Conseil, en qu'il plaise audit sieur Marquis proposer lesdites plaintes, & demander réparation des infractions aux Edits, griefs & oppressions que les Consuls & Habitans Catholiques cherchent de faire souffrir aux Habitans de la Religion Réformée de Montpellier; du 18 Janvier 1650.

Ces trois Pièces Manuscrites sont dans le Cabinet de M. Seguier, Secrétaire de l'Académie de Nîmes, & viennent de M. de Mazaugues, Président au Parlement d'Aix. Ce Cotelier, Ministre, qui y est nommé, étoit le frère de l'Abbé Jean-Baptiste Cotelier, Professeur Royal en Grec à Paris, dont M. Baluze a fait l'Eloge, & dont M. Ménard parle au *tom. VI.* de son *Histoire de Nîmes.*]

PAGE 393.

Au N.° 5984, ajoutez en Note:

☞ Le Père le Long attribuoit cet Ouvrage au Père Benoît Bonnefond, Jésuite, qui en a fait un sur le même sujet, mais bien plus étendu, ci-après, N.° 5996.]

5986.* ☞ Christophori Aug. HEUMANNI Epistola, de Vita Stephani Gausseni.

La Vie de ce Professeur de Saumur, se trouve dans les *Poéciles* (ou *Mélanges*) d'Heumann, *tom. II. p. 508, & tom. III. pag. 43.*]

5986.** ☞ Récit des dernières heures de M. (Pierre) Dumoulin, décédé à Sedan le 10 Mars 1658: *Sedan,* Chayer, 1658, *in-8.* de 31 pages.

Il y a apparence que c'est le même qui a été réimprimé en 1666, avec celui de Duplessis, ci-après, N.° 6001.]

5993.* ☞ Mf. Histoire des Missions des Capucins de la Province de Savoye, où l'on voit leurs travaux & leurs combats contre l'hérésie de Calvin, au temps de S. François de Sales, laquelle étoit répandue alors dans les Provinces du Chablais & de Gex, & se trouve aujourd'hui, par un heureux effet de leur zèle, confinée dans les murs de Genève; par le Père FIDELE de Saluces, Capucin de la Province de Savoye.

Ce Manuscrit est aux Capucins d'Annecy: il intéresse l'Histoire de France, soit par rapport au Pays de Gex, soit à cause des traits de politique & des rapports qu'il y avoit avec les Eglises Protestantes de France.]

5995.* ☞ Histoire de la Conversion de Jean de la Rochette, &c. à Troyes en Champagne; par le P. ANGE de Raconis, Capucin: 1663, *in-8.*]

PAGE 396, *ajoutez*,

6043.* ☞ Réponse à MM. du Clergé, sur les Actes de l'Assemblée de 1682, touchant la Religion: *Amsterdam,* 1683, *in-12.*]

6043.** ☞ Mf. Procès-Verbal fait par M. Basin de Besons, Intendant d'Orléans, le 31 Janvier 1683, dans une Visite du Temple de Bionne (près d'Orléans.)

Ce Manuscrit est dans le Cabinet de M. Jousse, Conseiller au Présidial d'Orléans.]

6049.* ☞ De Conversione ad fidem Catholicam duorum virorum illustrium videlicet Jacobi Stephani, & Davidis Rhodon, per R. Patrem Athanasium MOLÉ, Capucinum: *Parisiis,* 1685, *in-8.*]

6050.* ☞ Les Larmes de Jacques Pinéton DE CHAMBRUN, Pasteur de la Maison de S. A. S. en l'Eglise d'Orange, qui contiennent les persécutions arrivées aux Eglises de la Principauté d'Orange, depuis l'an 1660: *la Haye,* van Bulderen, *in-12.*]

6053.* ☞ La ruine des Presches de la Religion Prétendue-Réformée. = Le Triomphe de Louis-le-Grand sur tous les Hérétiques de France. = Le Triomphe du S. Sacrement de l'Autel sur l'Hérésie; par le P. ALEXANDRE de Caen, Capucin: *Havre-de-Grace,* 1685, *in-8.*]

6054.* ☞ Traité du pouvoir absolu des Souverains, pour servir d'instruction, de consolation & d'apologie aux Eglises Réformées de France, qui sont affligées: *Cologne,* Cassander, 1685, *in-12.*]

6066.* ☞ Récit fidèle de ce qui s'est passé dans les Assemblées des Fanatiques du Vivarez, avec l'Histoire de leurs Prophètes &

Prophétesses au commencement de 1689: *in*-12.

☞ Mémoire touchant la Bergère de Crest, & deux autres filles du Diocèse de Castres, mises au rang des nouvelles Prophétesses.

Mémoire sur les Visions de la Fille du Diocèse de Castres.

Mémoire de ce qui se passa dans une Assemblée faite au Diocèse de Castres, & de la fausse Apparition d'un Ange.

Mémoire de ce qui s'est passé à Genève, touchant les Petits Prophètes du Dauphiné & du Vivarez.

Ces quatre Mémoires sont imprimés à la fin du Tome I. des *Lettres de M. Fléchier, Evêque de Nismes* : Paris, 1715, *in*-12. 2 vol.]

Au N°. 6067, *lisez en Note* 2.

En 1698, François Boutard, mort en 1729, de l'Académie des Inscriptions & Belles-Lettres, commença, à la prière de M. Bossuet, une Traduction Latine de l'Histoire des Variations, &c. dont ce Prélat vit la Préface & les deux premiers Livres. Elle fut achevée en 1710, & le Pape Clément XI. en avoit agréé la Dédicace ; mais elle n'a point été publiée.]

PAGE 398, *ajoutez*,

Au N.° 6082, *après* divers événemens.... contenant en abrégé les persécutions exercées, &c. divisée en VII Livres... *Amsterdam*, du Main, &c.

6085. * ☞ Relation sommaire & véritable de ce que Dieu a fait, par le ministère du Sieur Jean ROMAN, en quelques Provinces de France, sous la Croix, pendant douze années : *Amsterdam*, Acher, 1701, *in*-12. de 88 pages.

Il paroît, par les Attestations qui terminent cet Ecrit, que Roman vivoit encore en 1701. Ce Ministre étoit du Dauphiné.]

PAGE 399.

Au N.° 6095, *ligne* 3, 1788, *lisez*, 1688 ; *& ligne* 1 *de la Note*, Léonor, *lisez*, (Léonard.)

Au N.° 6097, *en Note*, *ajoutez* :

» Le principal des Manuscrits de la Baume est conservé » chez les Héritiers à Nismes. Cette Relation com- » mence au mois de Février 1689, & finit en Avril » 1705. Je l'ai actuellement sous les yeux ». *Extrait d'une Lettre de M. Seguier, de Nismes*, *en*1773.]

Au N.° 6097, *lig*. 3, *lisez*, LA BAUME ; *& à la fin de la Note*, *ajoutez* :

Dans le même Volume (*in*-4.) il y a une Relation (manuscrite) de « la Descente des Anglois au Port de » Cète, le 14 Juillet 1710 », qui est peut-être la même que l'Imprimé, rapporté, ci-après, Tome II, N.° 24456.]

Au N.° 6098, *effacez* la main & le crochet, *cet Article étant du Père* le Long.

Au N.° 6101, *à la Note*, *ajoutez* :

L'Auteur est Antoine COURT DE GEBELIN, né à Lausanne.]

PAGE 401.

Au N.° 6140, *à la Note*, *après* 257, *ajoutez*, & X, Part. 2, *pag*. 282.]

6152. * ☞ Lettre apologétique dans laquelle François Vernet expose à Jacob Vernet, son frère, Ministre à Genève, les motifs qui l'ont porté à abjurer l'hérésie de Calvin, & à embrasser la Religion Catholique : *Avignon*, Giroust, 1740, *in*-12.

François Vernet étoit originaire de Genève : il se fixa à Avignon, après y avoir fait abjuration.

6155. * ☞ Eloge de David-Renaud Boullier, Ministre François, (en Hollande) mort le 23 Décembre 1759.

Dans la *Bibliothèque des Sciences*, 1760, Octobre, Novembre & Décembre. Ce Ministre, fils d'un François réfugié, étoit né à Utrecht, & il s'est fait connoître par plusieurs bons Ouvrages François.]

PAGE 402, *ajoutez*,

6168. * ☞ Recueil des Privilèges vrais & réels qui sont octroyés par le Roi, Louis XIV, à ceux de la Religion Prétendue-Réformée, en faveur des Rochellois ; par le P. Victorin POULIHOT, Recollect : *La Rochelle*, de Gouy, 1644, *in*-8.]

PAGE 403, *ajoutez*,

6181. * ☞ Parallèle de l'Hérésie des Albigeois & de celle du Calvinisme, dans lequel on fait voir que Louis le Grand n'a rien fait qui n'eût été pratiqué par Saint Louis ; avec l'Histoire de la Révolte des Calvinistes du Vivarais ; par M. DE LA VALETTE : *Paris*, Roulland, 1686, *in*-4. de 50 pages.]

Au N.° 6186, *ligne* 1 *de la Note*, CAVERAC, *lisez*, CAVEYRAC.

PAGE 404, *ajoutez*,

6192. * ☞ Principes politiques sur le rappel des Protestans en France ; par M. DE LA MORANDIERE, de la Société d'Agriculture de la Généralité de Soissons : *Paris*, 1764, *in*-12.]

Au N.° 6194, *ligne* 5, *après* 1706, *ajoutez* : & 1707... & *à la Note* :

Les Synodes contenus dans ce Recueil sont ceux de Paris en 1559, de Poitiers, 1560, d'Oriéans, 1562, de Lyon 1563, & de Charenton en 1631.]

PAGE 405, *ajoutez*,

6200. * ☞ Ms. Gallorum Præsulum Conventus apud Pisiacum, anno 1561, *in-fol*.

Cette Pièce est conservée au Vatican, parmi les Manuscrits de la Reine Christine, num. 1035.]

Au N°. 6206, *à la dernière ligne*, *au lieu de* A. D. &c. *lisez*, N. R. S. D. P. P. & *à la Note* 1, *après* Journ. de Henri IV, *ajoutez* :

Histoire de Thou, Liv. 123, vers la fin, & Vie du Cardinal du Perron, par M. de Burigny, *pag*. 168 & *suiv*.

Au N.° 6208, *en Note*, *ajoutez* :

M. du Perron, depuis Cardinal, publia encore, sur le même sujet, un Ecrit intitulé : *Réponse aux Récriminations du Sieur Duplessis contre l'Evêque d'Evreux*.]

6208. * ☞ Brevis Narratio eorum quæ Religionis causâ gesta sunt, apud Fontem-Bellacum, mense Maio 1600, verbis forensibus expressa ; Authore Carolo BURGESIO, (Bourgeois) Jureconsulto, Theologo, & *in* in Suprema Curiâ Advocato : *Parisiis*, Chapellain, 1609, *in*-8.

Cet Ecrit, qui n'a que 15 pages, est dédié au Nonce Aubert Ubaldin. Du Plessis n'y est désigné que par ces mots, *Corax Salmurienfis*.]

PAGE 406.

Au N.° 6217, *ajoutez*, Mf.

PAGE 408.

6243. * ☞ Mf. Examen du Synode de Charenton, tenu le 26 Décembre 1644. = Synode de Montpellier, en 1647. Copie pour être envoyée à M. de la Vrillière. = Remarques sur les Actes du Synode du Bas-Languedoc, tenu à Nismes, depuis le 18 Novembre jusqu'au 28 dudit mois 1648, signées Cotelier. = Actes du Synode de la Province des Cévennes & Gevaudan, assemblé en la Ville de Florac, le 25 Juin 1649. (En Original.)

Ces Pièces, en manuscrit du temps, sont dans le Cabinet de M. Séguier, à Nismes; & elles viennent de M. de Mazaugues, Président au Parlement d'Aix.]

Au N.° 6250, *ajoutez*, Mf.

Au N.° 6261, *en Note*, *ajoutez* :

☞ Dans le Catalogue imprimé de la Bibliothèque du Roi, le num. 1629 de la *Jurisprudence*, E, contient encore plusieurs Pièces concernant la Religion Prétendue-Réformée.]

6262. * ☞ Plusieurs Mémoires sur les Affaires de la Religion Prétendue-Réformée.

Ils sont conservés à Braine, près Soissons, chez M. Jardel. Les principales regardent le Prêche de la Ferté-sous-Jouarte; celui de Nogentel, près Château-Thierry, avec un Arrêt du Conseil, donné à Saint-Germain-en-Laye, le 1 Décembre 1681, portant différents Réglemens à ce sujet; le Prêche de Verneuil, près Dormans, avec une Sentence du Lieutenant-Général de Châtillon-sur-Marne, du 3 Juin 1672, &c.]

Au N.° 6263, *à la fin de la Note*, *ajoutez* :

Ces Papiers de M. Conrart sont dispersés depuis 1771, que sa Bibliothèque a été vendue.]

PAGE 409, *ajoutez*,

6264. * ☞ Actes, Titres & Mémoires concernant la Religion Prétendue-Réformée.

Dans les *Mémoires du Clergé*, tom. I, in-fol. pag, 1-98. & 1088, jusqu'à la fin du Volume.]

6270. * ☞ Réponse à une Dissertation contre les Mariages clandestins des Protestans de France : *in*-12.

Cette Réponse est en forme de Lettre, datée du 2 Juin 1756.]

6273. * ☞ Sentimens des Catholiques de France, sur le Mémoire fait au sujet des Mariages clandestins des Protestans : *in*-8. de 14 pages.]

6273. ** ☞ La voix du vrai Patriote Catholique, opposée à celle des faux Patriotes Tolérans : 1756, *in*-8.]

Après le N.° 6274, *à la Note de l'Apologie*, &c. *ajoutez*,

On peut voir, dans l'*Année Littéraire*, 1772,

tom. *VIII*, pag. 50, par l'ordre de qui cet Ouvrage a été fait.]

Nota. Dans le même temps où tous ces Ecrits, sur les Mariages des Protestans parurent en public, on publia un « Essai de réunion des Protestans aux Catholiques Romains ; par M. P. D. R. Avocat au Parlement de Paris » : *Paris*, Cl. Hérissant, 1756, *in*-12.

Il a paru depuis une Pièce touchante, au sujet des Protestans, que nous croyons devoir encore indiquer; sçavoir :

Discours de M° SERVANT, Avocat au Parlement de Grenoble, dans la Cause d'une Femme Protestante: *Genève*, & *Grenoble*, Grabit, 1767, *in*-12. de 112 pages.]

6274. * ☞ Requête des Religionnaires de la Province de Languedoc : (1761), *in*-4.

Cet Imprimé est au sujet des Mariages & des Baptêmes de leurs Enfans.]

Nota. On peut voir encore sur les Loix concernant les Mariages des Religionnaires de France, les Pièces suivantes :

1°. Consultation de M° BOUCHER D'ARGIS, pour les Sieurs Potin : *Paris*, le Breton, 1764, *in*-4.

2°. Plusieurs Mémoires pour les mêmes Parties, de M° Elie DE BEAUMONT : *Paris*, Cellot, 1764, *in*-4.

3°. Deux Mémoires de M° DU ROUZEAU, pour la Dame Desjardins, en réponse aux précédens : *Paris*, Lambert, 1764, *in*-4.]

Conciles & Synodes de France.

PAGE 410.

Au N.° 6275, *à la fin de la Note*, *ajoutez* :

Il y a eu, de ce Livre, quatre Editions : la première; de 1512, *in*-8. la seconde, celle dont on vient de parler; la troisième : *Paris*, Thibout, 1547, *in*-16; la quatrième : *Paris*, Denise, in-16.]

Au N.° 6279, *à la fin de la Note*, *ajoutez* :

Sur ce Supplément de la Lande, il faut voir les Notes de M. Baluze sur la Lettre 130 de Loup de Ferrières, dont il a publié les Œuvres: *Parisiis*, 1664; *Antverpia*, 1710, *in*-8.]

PAGE 411.

Au N.° 6285, *ligne* 2, *avant la fin de la Note*, in-fol. *lisez* in-4.

PAGE 412, *ajoutez*,

6294. * ☞ Mf. Index seu Notitia Conciliorum Provinciæ Senonensis : 1761.

L'Auteur est M..... FRAPPIER, Chanoine d'Auxerre. Il indique dans cette Notice tous les Conciles ou Assemblées d'Evêques tenues dans la Province Ecclésiastique de Sens, selon son ancienne étendue avant l'érection de Paris en Archevêché, l'an 1622; & il y compte 150 Conciles, depuis le Concile I. de Paris, tenu en 360 ou 362, par ordre de dates, jusqu'au 29 Mars 1761, jour auquel les Evêques de la Province de Seus se sont assemblés à Sens pour le Sacre de M. de Barral, Evêque de Troyes. Il n'y comprend pas les Assemblées générales ou particulières du Clergé par Députés, qui depuis leur établissement en 1567, se sont presque toutes tenues dans l'étendue de l'ancienne Province de Sens ; parce que ces Assemblées du Clergé « ne sont » point en forme de Synode ou Concile Provincial », comme le déclara M. Pellevé, Archevêque de Sens, depuis Cardinal, dans la première Assemblée du Clergé en 1567. (*Continuation de l'Histoire Ecclef. de Fleury, tom. XXXIV. Liv. CLXX. num. 110.*) A chaque Concile l'Auteur indique l'endroit où il se trouve, & à la fin il a mis une Table alphabétique par Diocèses.

Il y a un Exemplaire de cet Ouvrage dans la Bibliothèque du Chapitre de Sens, déposé par l'Auteur, avec un Avis dans lequel il engage quelque Sçavant à faire de nouvelles recherches, & à donner, sous l'autorité des Prélats de la Province, & en particulier de MM. les Archevêques de Sens & de Paris, une Collection des Conciles de la Province de Sens, comme on a fait pour les Provinces de Rouen, Narbonne & Tours, dont les Recueils sont annoncés dans notre Bibliothèque historique.

Depuis que M. Frappier a vu notre premier Volume, & y a trouvé l'indication de plusieurs Conciles, &c. de Sens qu'il ne connoissoit pas, il les a ajoutés dans l'Exemplaire de son *Index*, qui est resté entre ses mains: ainsi on en trouve vingt-trois de moins dans l'Exemplaire qui est déposé à Sens. De plus, la lecture de ce même Volume lui a fait ajouter à son Ouvrage un *Appendix* touchant les Ordonnances Synodales de l'ancienne Province de Sens: il en a trouvé soixante-dix, non compris les Mandemens, Ordonnances ou Instructions données par les Evêques de cette Province, hors de leurs Synodes ou Conciles. Nous croyons devoir mettre ici sa *Table générale*, dont il nous a fait part, & qui peut servir de modèle à d'autres Provinces, &c.

Diocèses de	Conciles.	Synodes.
Auxerre	8	13.
Chartres	3	12.
Meaux	9	7.
Nevers	1	2.
Orléans	11	8.
Paris	73	13.
Sens	39	8.
Troyes	6	7.
TOTAL	150 Conciles.	70 Syn.

6295.* ☞ Mſ. Traité des Conciles de la Métropole de Tours; par M. TRAVERS, Prêtre de Nantes.

Il est conservé, avec ses autres Manuscrits, dans l'Hôtel de Ville de Nantes, qui les a acquis après sa mort.]

PAGE 413.

Au N.º 6300, ligne 8, CENALI, *lisez*, CENALIS.

Au N.º 6301, *lisez*, DE PERICARD.

Au N.º 6303, M. D'AUMONT, *lis.* Roger D'AUMONT.

Au N.º 6304, DE TESSÉ, *lisez*, Gabriel-Philippe DE FROULAY DE TESSÉ.

PAGE 414, *ajoutez*,

6315.* ☞ Ordonnance de M. l'Evêque d'*Alais*, (Charles DE BANNES D'AVEJAN,) publiées au Synode de 1724: *Montpellier*, 1725, *in* 4.]

Au N.º 6317, *ajoutez en Note:*

☞ Enard de Boiſſy n'étoit point Evêque d'Alby, & le *Gallia Christiana* ne parle point de ces Statuts. Mais on y trouve Iſarn de Briſſi, Prévôt d'Alby, en 1332, qui préſidoit, pendant la vacance du Siège, en 1338. Il a pu préſider de même en 1333 & en 1336, où le Siège devint auſſi vacant.]

Au N.º 6325, avant Concilium (*Andegavense,*) anno 1269 *ajoutez*]

Concilium, anno 1260.

Il est cité dans les *Mémoires du Clergé*, tom. *V.* tit. 8.]

Au N.º 6326, GELANT, *ajoutez*, (ou GESLANT, comme il est écrit dans le Gallia Christiana.

Au N.º 6328, [*qui doit être mis avant* 6327] *après* HARDUINI, *ajoutez*, (DE BUEIL.)

PAGE 415, *ajoutez*,

6332.* ☞ Statuta Synodalia à Reverendiſſimo Domino Francisco SONNIO, Epiſcopo *Antverpienſi*, in Synodo Diœceſana, celebrata 22 Maii, anno 1576, prælecta & publicata: *Antverpiæ*, Plantin, 1576, *in*-8.

L'Evêché d'Anvers n'avoit été érigé qu'en 1559.]

☞ Decreta Synodi Diœceſanæ Antverpienſis, menſe Maio anni 1610, celebratæ, præſidente R. D. Joanne MIRÆO, Epiſcopo Antverpienſi: *Antverpiæ*, Plantin, 1610, *in*-8.]

☞ Ordinationes R. D. Joannis MALDERI, Epiſcopi Antverpienſis, in Congregatione Decanorum Chriſtianitatis 27 Auguſti 1630: *Antverpiæ*, Plantin, 1630, *in*-8.]

6337.* ☞ Decreta Synodi Provincialis Aquenſis (Aix) ab Alexandro CANIGIANO, Archiepiſcopo Aquenſi, habitæ anno 1585: *Pariſiis*, Beyſius, 1586, *in*-8.

Ces Décrets Synodaux ne ſont point de l'Evêché d'Acqs (ou Dax,) auquel on les a attribués dans le Catalogue imprimé de la Bibliothèque du Roi.]

6339.* ☞ Ordonnances Synodales du Diocèſe d'Aix, publiées dans le Synode général tenu le 20 Septembre 1742; par Jean-Baptiſte-Antoine DE BRANCAS, Archevêque d'Aix: *Aix*, Audibert, 1742, *in*-12.]

PAGE 417.

Au N.º 6347, *après* 1335, *ajoutez*, (ſub Bertholdo DE BUCHECH, Epiſcopo.)

Au N.º 6357, anno 1583 celebratæ, *liſez*, anno 1581, celebratæ (ſub Joanne SIX, Epiſcopo.)

PAGE 418.

A l'Article 4, de la colonne 1, à la fin de la Note 1; *ajoutez*:

Ce Concile d'Avignon de 1326, ſe trouve encore tout au long, dans l'*Histoire des Evêques d'Avignon*, par Noguier: *Avignon*, 1659, *in*-4.]

Vers le haut de cette même colonne, après l'Article du Concile d'Avignon de 1327, ajoutez:

Ce Concile Provincial d'Avignon de 1327, est en Manuſcrit, que l'on croit du temps même, dans la Bibliothèque de M. de Cambis de Velleron à Avignon, num. 25; & l'on apprend de ſon Catalogue raiſonné, (*Avignon*, Chambeau, 1770, *in*-4.) pag. 241, qu'il y a des différences eſſentielles avec les imprimés, additions, omiſſions, ſouſcriptions différentes.]

Après le Concile d'Avignon de 1337, ajoutez,

☞ Antiqua & diverſa Statuta Synodalia Eccleſiæ Avenionenſis, ab anno 1337, uſque ad annum 1352: *in-fol.* velin.

Ces Statuts Synodaux ſont parmi les Manuſcrits de M. de Cambis de Velleron, num. 25, & l'on voit par ſon Catalogue raiſonné, *pag.* 238, qu'ils furent faits en 1337, 1338, 1341, 1344, 1345, 1350, 1352, dans des Synodes tenus par le même Evêque, Jean IV. DE COIARDAN. Ils ont été imprimés dans le tom. *IV.* du *Thesaurus nov. Anecdotorum*, de D. Martène; mais le Manuſcrit de M. de Cambis a pluſieurs Variantes, & paroît plus exact que ceux qui ont été conſultés par les Bénédictins.]

Avant le N.° 6361, *& les deux Articles* (sans chiffre) *qui le précédent, ajoutez,*

6360. * ☞ Mſ. Concilium Provinciale Avenionenſe, ann. 1569 : *in-fol.*

Ce Manuſcrit eſt à Avignon, dans la Bibliothèque de M. de Cambis de Velleron : *Catalogue de ſes Manuſcrits,* (Addition,) *pag.* 647. Ce Concile, qui fit 63 Réglemens, n'a jamais été imprimé.]

Après le Concile de 1594, *ajoutez,*

☞ Concilium Provinciale Avenionenſe, ann. 1597 : *Romæ,* Zaneti, 1597, *in-*4.]

Après Synodus Avenionenſis, *anni* 1600, *ajoutez,* (ſub Jo. Franciſco Bordini.)

Avant le N.° 6361, *ajoutez,*

☞ Synodus Avenionenſis, ann. 1613, (ſub Franciſco-Stephano Dulci.)

Ce Synode eſt dans l'Hiſtoire de Noguier, dont on vient de parler.]

☞ Decreta Diœceſana Synodi Avenionenſis celebratæ VI. Idus Januarii 1660, (ſub Dominico Marini :) *Avenione,* Bramereau, 1660, *in-*4.]

PAGE 419.

Après la ligne 5, *ajoutez,*

6368. * ☞ Theodulphi Epiſcopi Aurelianenſis, Capitulare ad Parochiæ ſuæ Sacerdotes, in quo ſaluberrima tum Preſbyterorum propria tum communia, quibus ſubditas ſibi plebes informare debeant, vitæ Chriſtianæ documenta deſcribuntur.

Cette Pièce ſe trouve dans le *tom. II.* des Conciles du Père Sirmond, *pag.* 210. Théodulphe eſt mort vers l'an 820.]

Ajoutez à l'Article ſuivant, en Note :

☞ Ces Capitules de Walter ou Gautier, Evêque d'Orléans, ſont de l'année 869.]

6372. * ☞ Statuts Synodaux de M. de Nets, Evêque d'Orléans : *Orléans,* Fremont, 1633, *in-*12.]

PAGE 420.

Au N.° 6387, *effacez la Note, & liſez;*

Cet Evêque, qui étoit couſin ou parent éloigné du précédent, eſt mort en 1704. Il étoit fils de Charles Colbert, Préſident au Préſidial de Reims; & l'Evêque précédent, (Nicolas Colbert,) étoit frère de Jean-Baptiſte Colbert, le Miniſtre.]

6387. * ☞ Ordonnances du même (André Colbert,) publiées au Synode tenu à Auxerre le 5 Mai 1683 : *Auxerre,* Garnier, 1683, *in-*8. de 70 pages.

Ordonnances publiées au Synode tenu le 18 Avril 1687, imprimées en Placard, & contenant 17 Articles.

Ordonnances publiées au Synode tenu le 11 Mai 1689, & dont il eſt fait mention dans la Vie de M. André Colbert, imprimée en 1770, *in-*12.

Au N.° 6388, *ligne* 8, *au lieu de* Garnier, *liſez,* Fournier... *& commencez ainſi la Note :*

M. de Caylus avoit tenu un Synode le 14 Septembre 1717, où il publia des Ordonnances, qui furent imprimées en Placard.

Au haut de la colonne 2, *& à la Note* des Statuts Synodaux de 1370 (*qui ſuivent le* N.° 6391), *ajoutez :*

☞ Ce Synode, qui ſe tint ſous Louis Tezart, alors Evêque de Bayeux, eſt mis en l'année 1369, dans le nouveau *Gallia Chriſtiana.*]

PAGE 421.

Au N.° 6399, *à la Note.* . 1521, *liſez,* 1535.

Au N.° 6402, *liſ.* Touſſaints de Forbin de Janſon.

Au dernier article de la colonne 2, *après* 1214, *ajoutez,* (ſub Gerardo de Cros.) .... *& à la Note :* Le *Gallia Chriſtiana,* ne parle pas de ces Statuts.]

PAGE 422.

Au N.° 6407, *ajoutez à la Note :*

Il ſe nommoit le Roy : le *Gallia Chriſtiana* ne dit rien de ſes Conſtitutions Synodales.]

Et à l'alinéa ſuiv. après Gothique, *ajoutez* Bituribus.

A l'article qui précède le N.° 6412..... *au lieu de* M. Victor, *liſez,* Victor le Bouthillier.

6413. * ☞ Statuts Synodaux du Dioceſe de Boulogne, lus & publiés le 7 Oct. 1744; par Franç. Joſeph-Gaſton de Partz de Preſſi : *Boulogne,* Battut, 1744, *in-*12.]

6416. * ☞ Decreta & Statuta primæ Synodi *Brugenſis,* anno 1571, celebratæ, ſub Reverendiſſimo D. Driutio : *Brugis,* 1571, *in-*8.

L'Evêché de *Bruges* n'a été érigé qu'en 1559.]

PAGE 423.

A l'article immédiatement avant N.° 6419, *au lieu de* Bordeaux, 1623, *liſez,* Bordeaux & Poitiers, 1622.

6422. * ☞ Statuta primæ Synodi Diœceſanæ Buſcoducenſis (Bois-le-Duc) anno Domini 1571, menſis vero Maii die 8, & ſeq. celebratæ, præſidente in eâ Reverendiſſimo D. Laurentio Metſio, II. Epiſcopo Buſcoducenſi : *Buſciducis,* Jo. à Turnhout, 1571, *in-*8.

L'Evêché de Bois-le-Duc ne fut érigé qu'en 1559.]

PAGE 424, *ajoutez,*

6425. * ☞ Recueil des Ordonnances Synodales du Dioceſe de Challon; par Henri Felix de Taſſi : *Lyon,* Certe, 1700, *in-*12.]

Au N.° 6429, *après l'alinéa* 3 *& avant,* Concilium.... *ajoutez,*

☞ Synodus Diœceſana Cameracenſis celebrata, anno 1567, menſe Octobris, (ſub Maximiliano de Berghes :) *Bruxellis,* Hamontanus, 1568, *in-*4.]

☞ Canones & Decreta ſacri Concilii Provincialis Cameracenſis : *Montibus Hannoniæ,* 1587, *in-*4.]

PAGE 425.

Au N.° 6440, *à l'alinéa* 3, *au lieu de* per eundem, *liſez,* per Carolum Guillard... *& ajoutez en Note :*

Charles Guillard avoit ſuccédé à ſon oncle, Louis Guillard, en 1553.]

A l'Article qui ſuit le N.° 6442, *après* Synodaux, *ajoutez* (par le même.)

Au N.° 6443, *après* de Neuville, *ajoutez,* de Villeroy.

6446. * ☞ Synodus Carpentoractenſis, ann. 1697, (ſub Laurentio Butyo :) *Avenione,* 1697, *in-*8.]

Tome IV. Part. I.

Supplément du Tome I.

☞ Synodus Carpentoractenſis, ann. 1755 : Avenione, 1756, in-4.]

Au N.º 6451, (Article 2) après 1393, ajoutez, (ſub Carolo DE POITIERS.)

Au N.º 6452, ajoutez en Note :

Guillebert, Evêque de Chaalons, vivoit au IXe Siècle, ſelon le Gallia Chriſtiana. [Ainſi ces Statuts devoient être avant les précédens, & même avant le Concile de 1115.]

PAGE 426, ajoutez.

6461.* ☞ Ordonnances Synodales du Mans, publiées par M. DE TRESSAN : au Mans, 1672, 1677, & 1680, in-12. &c.

Au N.º 6462, ajoutez en Note :

Ce n'eſt qu'une réimpreſſion des Statuts de M. de Treſſan, déja faite en 1737. On prétend qu'ils ne ſont appellés Synodaux que très-improprement, parce qu'il paroît que, ſi dans l'origine ils ont été délibérés dans le Synode, les Evêques y ont fait, dans la ſuite des temps, différens changemens, &c. On peut voir à ce ſujet un Mémoire (avec Conſultation de XI. Avocats,) pour les Curés du Mans : Paris, Butard, 1768, in-12.]

6465.* ☞ Mſ. Hiſtoria Concilii Clarimontei, ann. 1102.

Cette Hiſtoire eſt conſervée dans la Bibliothèque Vaticane, num. 1795.

Au N.º 6467, Guillermo, liſez, Guillelmo.

Au N.º 6471, ajoutez en Note :

En 1653, Louis D'ESTAING, ſucceſſeur de Joachim, étoit Evêque de Clermont.]

PAGE 427, ajoutez,

6475.* ☞ Statuts Synodaux du Diocèſe de Cominges ; par Antoine DE LASTIC : Toulouſe, Cazanove, 1752, in-4.]

Ils ont été ſupprimés par Arrêt du Parlement de Toulouſe, du 11 Janvier 1754. Ce qui y choquoit le plus, c'eſt l'exaction des Certificats de Confeſſion, qui y étoit établie pour l'adminiſtration des Sacremens à la mort.]

PAGE 428, ajoutez,

6492.* ☞ Queſtions diverſes ſur le Concile indiqué pour la Province d'Embrun ; (par Jérôme BESOIGNE, Docteur de Sorbonne :) 1727, (ſans nom d'Imprimeur,) in-4.

L'Auteur eſt mort en 1763.]

PAGE 429.

Au N.º 6503, alinea 3, après Jacobum, ajoutez : (II. cognomento SERENE.)

Au N.º 6506, PERICARD, liſez, DE PÉRICARD.

Et ajoutez en Note :

☞ Cet Evêque (d'Evreux) étoit neveu d'un autre François de Péricard, Evêque d'Avranches, dont il eſt parlé ci-devant, num. 6301.]

Avant le N.º 6519, ajoutez :

6518.* ☞ Statuta primæ Synodi Diœceſis Gandavenſis ; ſub Reverendiſſimo D. Cornelio JANSENIO, primo ejuſdem Diœceſis Epiſcopo : Gandavi, Manilius, 1571 : in-8.

☞ Mſ. Statuta Decanalia Decanis omnibus præſcripta, à Rever. Epiſcopo (eodem) Gandavenſi, anno 1570 : in-8.

Un Exemplaire de ces derniers Statuts (étoit) conſervé à Anvers, dans la Bibliothèque des Jéſuites de la Maiſon Profeſſe.]

PAGE 430.

Au N.º 6528, ligne 4, après Dominique, ajoutez, ITHIER.

Au N.º 6529, ligne 3, après 1690, ajoutez, Lyon, Pralard, 1690.

PAGE 431, ajoutez,

6542.* ☞ Statuts Synodaux du Diocèſe de Lavaur ; par M. DE LA BERCHERE : Toulouſe, 1679, in-12.

Additions à ces Statuts : Toulouſe, 1695 ; & Paris, 1697, in-12.]

Le N.º 6545, doit être après 6543, qui regarde encore Laon ; & le N.º 6544, doit être marqué 6547.

PAGE 432.

Au N.º 6548, ce qui eſt dit d'un Manuſcrit avec Notes de M. de l'Epine, doit être rapporté au Concile de 1031, & non à celui de 848.

Au N.º 6551, (Article 2) Fr. liſez, François.

6555.* ☞ Concilium Synodale celebratum in majori Domo Capitulari Eccleſiæ Leodienſis, anno 1445, ſub Joanne HINSBERGIO.

Ce Concile a été imprimé : Coloniæ, 1592 ; avec les Statuta Synodalia, cum modificationibus Eccleſiæ Leodienſis : in-4.]

☞ Modificationes Statutorum Synodalium Leodienſium, quoad certas clauſulas : (Imprimées, ibid.)

☞ Mſ. Confirmatio & Approbatio Statutorum Synodalium Curiæ Leodienſis, & illorum Modificationum auctoritate Apoſtolicâ facta.

Une Copie de cette Pièce (étoit) conſervée à Anvers dans la Bibliothèque des Jéſuites de la Maiſon Profeſſe, au Volume B 5.]

☞ Statuta Synodalia Leodienſia, cum eorum Modificationibus, Confirmatione & Approbatione, diligenter recognita : Parhiſiis, Badius Aſcenſius, impenſis honeſti viri Guilhelmi Voſterman, Bibliopolæ Antverp. an. 1518, in-4.]

Le N.º 6556, doit être lu ainſi :

Acta & Decreta Synodi Diœceſanæ Leodienſis, celebratæ anno 1548, (ſub Georgio D'AUTRICHE,) menſe Novembri, die 7 : Lovanii, 1549, in-4.]

Au N.º 6557, après Leodienſis, ajoutez, (ſub Erneſto DE BAVIERE.)

PAGE 433.

Au N.º 6572, ajoutez en Note :

Les Ordonnances & Statuts, dont on vient de parler, ſont, comme ce qui ſuit, de Henri DE BARILLON.]

6574.* ☞ Ordonnances & Statuts pour le Diocèſe de Luçon, publiés dans le Synode, les 2 & 3 Septembre 1767 : Fontenay, veuve Poirier, 1768, in-12.

Ces Statuts furent lus manuſcrits à ce Synode ; mais il y eut, de la part de nombre de Curés, des Actes d'oppoſition. Les mêmes Statuts ont été préſentés au Synode de 1768. Les Curés ont proteſté contre.

Histoire Ecclésiastique de la France. 293

Voyez ci-après, (dans ce *Supplément*) les Piéces ajoutées au N.° 8347.]

Au N.° 6575 *& au dernier alinea de la colonne* 2, *effacez* 1243, vel.

PAGE 434.

Avant le N.° 6576, *à la Note de l'article des Statuta* . . . . . 1251, *ajoutez* :

☞ Ils furent approuvés par Philippe DE SAVOYE, qui n'étoit encore qu'élu pour l'Archevêché de Lyon. Ce Décret singulier est rapporté dans le *Gallia Christiana*.]

Au N.° 6580, *ajoutez en Note* :

☞ Les Statuts Synodaux de Lyon, en 1560, sont de François DE TOURNON ; ceux de 1594, sont de Pierre D'ESPINAC, (dont il faut mettre ainsi le nom dans le num. suivant ;) les Statuts de 1581 sont aussi du même.

Au N.° 6581, *avant* 1614, *ajoutez*, (sous Denis-Simon DE MARQUEMONT.)

Au N.° 6586, *ligne* 3, *de la Note, au lieu de* 1175, *lisez*, 1176.

PAGE 435.

Au N.° 6605, *au lieu de* Concilium Mechliniense, *anno* 1566, *lisez* :

Decreta & Statuta Synodi Provincialis Mechliniensis, die 11 Junii anno 1570, inchoatæ, & 14 die mensis Julii ejusdem anni conclusæ; præsidente in ea Reverendiss. D. Martino Rythovio, Episcopo Iprensi, tanquam Seniori Comprovinciali, nomine & loco Ill. & Rev. D. Antonii PERRENOT, Archiepiscopi Mechliniensis, & tituli Sancti Petri ad vincula Cardinalis Granvellani : *Antverpiæ*, Plantin, 1571, *in*-4. & *in*-8. 1634, *in*-8.

Il n'y a jamais eu de Concile à Malines en 1566 ; mais le premier est de 1570 ; & c'est ainsi que le Père Labbe cité, a indiqué ce Concile.

Au même N.° 6605 *à la fin de la Note, au lieu de* l'Evêché de Bruges, *lisez*, l'Evêché d'Ypres.

A la suite & au haut de la col. 2, *effacez les deux premières lignes, qui deviennent inutiles*, à cause de ce que l'on vient d'observer ; = & ligne 6, *après* Antverpiæ, *ajoutez*, Moretus, 1608, *in*-4. & *in*-8.

Avant le N.° 6607 :

On conserve à Meaux, plusieurs anciens Statuts Synodaux, Manuscrits ; sçavoir : = Extrait des Statuts de l'an 1030 ; = Autre, de l'an 1150, sous Manassès II, mort en 1158 ; = Statuta Synodalia Petri DE CUISY, ann. 1239 ; = ONONIS, Episcopi Tusculani & Apostolicæ Sedis Legati, anno 1246. sub eodem Petro de Cuisy, mortuo anno 1255. = Johannis DE POINCY, mortui anno 1269. = Johannis DE MEULANT, circa annum 1346. = Johannis ROTARII. (LE ROYER, non Royer, comme l'a mis D. du Plessis, & après lui, le *Gallia Christiana*,) ann. 1363 & 1365.

Cet Evêque est mort en 1378.

Au N.° 6607, *après* 1493, *ajoutez*, edita à Joanne l'HUILLIER. . . . & en Note :

Cet Evêque de Meaux est mort le 2 Septembre 1500. M. Thomé, Chanoine de Meaux, qui a vu plusieurs de ses signatures, & qui connoît sa famille encore illustre en Brie, observe que les Auteurs qui en ont parlé, se sont trompés, en écrivant son nom LUILLIER.

M. Jardel, qui demeure à Braine, a un Exemplaire de ces mêmes Statuts, à la fin duquel est une Taxe (manuscrite) en vélin, de différens droits qui sont dûs aux Curés, où l'on voit des choses assez singulières.]

Au N.° 6608, *ligne* 2, *anno* 1501, *lisez*, anno 1511 . . . *& ajoutez en Note* :

Cet Evêque, (Louis Pinelle,) élu en 1510, est mort le 2 Janvier 1515, (1516.)

6608. * ☞ Statuta Synodalia Guillelmi BRIÇONNET, Episcopi Meldensis, mense Januario anni 1520, (1521.) = Ordonnance du même, du 25 Février 1528.

Cet Evêque est mort le 24 Janvier 1533, (1534.]

6608 ** ☞ Statuts Synodaux, publiés par Jean DE BELLEAU, le 24 Avril & le 2 Septembre 1626.

Cet Evêque est mort le 16 Août 1637.]

6611. * ☞ Autres Statuts Synodaux & Ordonnances de M. BOSSUET, du 16 Octobre 1698, *in*-4.]

PAGE 436.

Au N.° 6614, *après* Mende, *ajoutez*, (Silvestre DE CRUSY DE MARCILLAC.)

PAGE 437, *ajoutez*,

6623. * ☞ Statuta Synodalia in Synodo *Montalbanensi*, anni 1521, à Joanne DE PRATIS edita : 1526.]

Au N.° 6628, *ajoutez en Note* :

☞ Murel, dont il est ici question, est une petite Ville du Comté de Cominge, à quelques lieues de Toulouse.]

Avant le N.° 6630, *ajoutez* :

6629. * ☞ Decreta Synodi Namurcensis, anno 1604, celebratæ, (sub Rev. Ep. Franc. BUISSERET :) *Lovanii*, 1606, *in*-4.]

Au bas de cette même col. 2, *ajoutez*,

6633. * ☞ Mss. Statuta Ecclesiæ Narbonensis : *in*-4. velin, de 40 pages.

Ce petit Volume est conservé à Avignon, parmi les Manuscrits de M. de Cambis de Velleron, num 26. On apprend, par son Catalogue raisonné, pag. 241, que c'est un Recueil de plusieurs anciens Statuts de Narbonne, fait en 1488 par l'Archevêque, François HALLE, qui mourut à Paris, le 23 Février 1491 ; & qu'on y trouve aussi une longue & excellente Ordonnance de l'Archevêque, Antoine DU BEC-CRESPIN, mort le 15 Octobre 1472.]

PAGE 438.

A la col. 1, *ligne* 26, *le Concile de* 1207, *ou* 1208 *doit être après celui de* 1134, *qu'on a fait suivre*.

A l'article 6, *du* N.° 6636, *après* 1284, *ajoutez*, (sub Bertrando DE LANGUISEL.)

PAGE 439.

Au N.° 6643, *après* Edouard, *ajoutez*, VALOT.

Au N.° 6651, *après* CLERMONT, *ajoutez*, -TONNERRE, *& observez que les trois Statuts & Ordonnances qui suivent, sont du même Evêque*.

PAGE 440.

Au N.° 6657, *au lieu de anno* 1208, *ajoutez*, (vel potius 1108) . . . *& en Note* :

Cet Article est ainsi déplacé, & regarde tout l'Etat Ecclésiastique de France : il se trouve néanmoins dans les anciennes Collections de Rouen, où étoit peut-être alors le Cardinal Gallon, que l'on a confondu avec Galon, Evêque de Paris, qui vivoit un Siècle après.]

Supplément du Tome I.

PAGE 441.

Au N.° 6658, au lieu de JOANNE, lisez, JACOBO [DU CHASTELLIER]... effacez in-4. & ajoutez en Note :
Ces Statuts sont imprimés in-8. dans le Synodicon Parisiense, ci-après N.° 6667.]

Au N.° 6662, après ODONIS, ajoutez, DE SULLI..... après WILLELMI, ajoutez, D'AUVERGNE... Après PETRI, ajoutez, DE CORBEIL... après GALTERI, ajoutez, CORNU... & en Note :
Quant au titre de Cardinal, qui est donné à Galon, c'est une erreur, qui vient de ce qu'on l'a confondu avec le Cardinal Gallon, comme on l'a observé au num. 6657 de ce Supplément.]

PAGE 442.

Après la ligne 2, de la col. 1, ajoutez en Note :
☞ Ces Statuts Synodaux de Paris, sont du premier Cardinal de Retz, qui étoit seulement Evêque ; il se nommoit Henri de Gondy, & est mort en 1622. Le Concile, qui suit, se tint sous son frère & Successeur, Jean-François de Gondy, premier Archevêque ; qui eut pour Coadjuteur & Successeur, Jean-François Paul de Gondy, son neveu, si connu dans les troubles de la Minorité de Louis XIV, sous le nom de Cardinal de Retz.]

6666. * ☞ Statuts publiés dans le Synode, tenu à Paris, le 6 Juillet 1673, par M. François DE HARLAY : Paris, Muguet, 1673 & 1687, in-4. de 15 pages.
Autres Statuts du même, du 5 Juillet 1674 : Paris, Muguet, 1674, in-4.]

Au N.° 1667, ajoutez en Note :
☞ A la fin du Synodicon, M. de Harlay a fait imprimer un Appendix, divisé en quatre Parties, & qui contient, 1°. les Actes relatifs à l'Erection du Siège Episcopal de Paris en Archevêché ; 2°. les Droits de cette Métropole ; 3°. la Liste des Bénéfices qui lui sont unis ; 4°. ce qui concerne la dignité de Duc & Pair, accordée à l'Archevêque de Paris.]

6668. * ☞ Ordonnance de M. l'Archevêque de Paris, (Guillaume-Gaspard DE VINTIMILLE,) du 10 Septembre 1743 ; qui renouvelle les Ordonnances de M. le Cardinal de Noailles, du 1 Avril 1696, du 8 Juin 1697, & du 24 Avril 1709 : Paris, G. Simon, 1743, in-4. de 30 pages.]

Avant le N.° 6671, ajoutez en Note :
Ces Synodes (de Poitiers) en 1280 & 1284, ont été tenus sous Gautier DE BRUGES.

Au N.° 6672, après 1363, ajoutez, (sous Aimeri DE MONS).... & à la Note :
Ce Synode de Poitiers est mis dans le Gallia Christiana, en 1367.]

PAGE 443.

Au N.° 6680, à la Note, ajoutez :
On peut voir, sur ce Concile de Port, assemblé sous Saint Théodard, Archevêque de Narbonne ; la Note II, du tom. II, de l'Histoire de Languedoc ; par DD. de Vic & Vaissette, in-fol.]

Au N.° 6685, avant LE TONNELIER, ajoutez...... & avant DE LAVARDIN, ajoutez....

6686. * ☞ Mf. Decreta & Constitutiones Synodales Episcopatûs Regiensis, ann. 1597, (47 pages.)
C'est un Extrait original, qui étoit conservé à Dijon, dans la Bibliothèque de M. Fevret de Fontette.]

PAGE 444.

Avant 6690, à l'alinéa 5, en montant après 1543, ajoutez, (sous Jean & Charles DE LORRAINE.)

PAGE 445.

Au N.° 6691, effacez la main & le crochet, cet article étant dans le Supplément du P. le Long.

Au N.° 6694, après 1669, ajoutez : (sous le Cardinal Antoine BARBERIN.)

Au N.° 6695, à la Note, au lieu de 15 Mars, lisez, 15 Mai.

6695. * ☞ Réglemens faits par M. Henri DE LAVAL, Evêque de la Rochelle, extraits de plusieurs Synodes, tenus dans son Diocèse : la Rochelle, Blanchet, 1672, in-12.
Ordonnances du même, pour les Droits Curiaux : 1672.
Lettre Pastorale du même, aux Prieurs, Curés, Vicaires, &c. sur la manière dont ils doivent se comporter à l'égard des nouveaux Catholiques : la Rochelle, Blanchet, 1686, in-12.
M. de Laval, Evêque de la Rochelle, est mort le 22 Novembre 1693.]

Au N.° 6696, après Rochelle, ajoutez : (par Etienne DE CHAMPFLOUR.)

PAGE 446.

Au N.° 6699, après Rouen, ajoutez : (François DE HARLAY de Chanvallon.)

Au N.° 6703, au lieu de (1673)... (1673), remettez aux deux endroits, 1653, comme l'avoit écrit le P. le Long ; & effacez ensuite la Note critique, qui avoit été envoyée à M. de Fontette. Pour l'éclaircissement du fait, on peut mettre celle-ci en la place. On la tient de M. Rondet.
☞ François II de Harlay n'est point différent de celui qui est précédemment appelé François de Harlay, & qui mourut en 1653. Il avoit été nommé François II. (parmi les Archevêques de Rouen,) parce qu'il avoit succédé immédiatement à François de Joyeuse, qui se tuoit François I. pour l'Eglise de Rouen.) François III de Harlay, qui succéda à son oncle, François II, fit réimprimer, en 1653, les Statuts que ce Prélat avoit publiés, comme le disoit très-bien le P. le Long. François Rouxel de Médavy, auquel on a voulu attribuer cette réimpression, a succédé, en effet, à François III de Harlay ; mais il est le François IV, de Rouen, & il n'a aucun rapport aux Statuts Synodaux dont il s'agit.

Au N.° 6704, après Gilberto, ajoutez : DE CANTABRE.... & après Raymundo, ajoutez, D'AIGREFEUILLE.

Au N.° 6710, après 1532, ajoutez : (par Jacques DE SILLY.)

PAGE 447.

Au N.° 6716, M. lisez, Melchior.

Au N.° 6720, ligne 2, après Synodaux, ajoutez : par Mgr Paul DE RIBEYRE.

6722. * ☞ Constitutiones Synodales Sancti Papuli, sub Carolo A BARO, anno 1533 : Tolosa....]

Au N.° 6721, ligne 3, après peste, ajoutez : (par Bernard DESPRUETZ.)

6723. * ☞ Statuts Synodaux du Diocèse de Saint-Paul-Trois-Châteaux, en 1745 : Avignon, 1745, in-12.]

PAGE 448.

Avant N.° 6727, ajoutez :

6726. * ☞ Mf. Conventus apud Sanctum Valericum, anno 1035.
Cette Assemblée, qui se tint à Saint-Vaulri, au Dio-

cèse de Limoges, se trouve dans un Manuscrit Latin de la Bibliothèque du Roi, num. 740.]

Avant le N.° 6728, *après* Constitutiones, &c. *lisez, en Note:*

☞ Ces Constitutions sont de Julien SODERIN, comme les suivantes.]

Au N.° 6728, SORDERINIS, *lisez*, SODERINIS, (ou SODERIN.)

Au N.° 6729, *ajoutez en Note:*

Les Statuts de 1600 sont de Nicolas LE CORNU; ceux de 1618 de Michel RAOUL; & ceux de 1635, de Jacques RAOUL, neveu du précédent.]

PAGE 449.

Colonne 1, *après* celui (le Concile) de 1346, *ajoutez:* [ou plutôt de 1347, selon l'*Art de vérifier les Dates*, Edition seconde.]

Au N.° 6733, *après* Petri, *ajoutez*, (DE CORBEIL) *... après* Galteri, *ajoutez*, (CORNU.)

Au N.° 6734, *ligne* 6, Franciæ, *mettez la virgule avant.*

Au N.° 6736, *après* 1553, *ajoutez*, (sous Jean BERTRANDI).... *Et après* 1612, (sous Jacques Davy DU PERRON.)

Au N.° 6738, *après* 1678, *ajoutez*, (sous Jean DE MONTPESAT DE CARBON.)

PAGE 450.

Avant le N.° 6746, *ajoutez:*

6745.* ☞ Mss. Suessionensis Diœcesis Synodalia, hoc est regulæ servandæ in Synodis Diœcesanis Suessione cogendis, & Constitutionum pro eadem Diœcesi Collectio: 1403, *in*-8.

Ce Manuscrit est conservé dans la Bibliothèque du Vatican, parmi ceux de la Reine de Suède, num. 450.]

Au N.° 6748, *ligne* 2, M. de BOURLON, *lisez*, Charles BOURLON.

Au N.° 6749, M. DE SILLERY, *lisez*, Fabius BRULART DE SILLERY.

PAGE 451.

Au N.° 6755, *alinea* 8, *après* 873, *ajoutez*, [vel 879;] *& à la fin de la Note, mettez:*

Le P. Labbe dit, *anno* 873, *vel potiùs* 883. Mais, dans le nouveau *Gallia Christiana* des Bénédictins, à l'article de Saint Théodard, Archevêque de Narbonne, on met ce Concile en 879.

Même N.° *alinea* 11, *ajoutez en Note:*

Le *Gallia Christiana* des Bénédictins varie sur ce Concile entre 1005 & 1020.]

Même N.° *au bas de la pag. col.* 1, *sur le Concile de* 1124, *ajoutez en Note:*

Il y a, dans Labbe, une Note du P. Cossart, qui dit que c'est le même que celui de 1119, qui précède.]

Même N.° *au bas de la page, sur le Concile de* 1129, *ajoutez en Note:*

Ce Concile est imaginaire : il est indiqué dans la Table du Père Labbe, p. 939 du *tom. X*, comme l'a marqué le Père le Long; mais, de fait, il ne se trouve pas dans les Exemplaires que nous avons consultés, où il paroît que l'on a fait un remplissage, en le supprimant. Il faut comparer les articles qui précèdent, avec leur indication dans la Table; & l'on apperçoit, par cette confrontation, qu'on a fait là un carton, pour ôter ce Concile qui n'a pas existé : il y a même, en cet endroit, un tiers de page blanche, qui acheve de montrer qu'on a fait là un retranchement.

Le P. Hardouin a cité ce prétendu Concile, de 1129, *ex Editione Labbæana*, & on le trouve dans son *tom. VI*, *pag.* 1149, (comme on l'a marqué;) mais ce n'est qu'un Fragment, ou les Statuts du Concile tenu cent ans après, en 1229, mis, par erreur, au Siècle précédent, ou en 1129. La preuve est que l'un & l'autre sont représentés comme tenus, par le même Cardinal Romain de Saint Ange, Légat en France, où il étoit réellement en 1229.]

6755.* ☞ Synodus Diœcesana Tolosana, anni 1452; præside Bernardo DE ROSERGIO, (du Rosier,) Archiepiscopo Tolosano, (cum Notis Sim. DE PEYRONNET.)

Dans la Partie I du *Jus Sacrum*, &c. indiqué au N.° 6759.]

Au N.° 6757, *ajoutez en Note:*

Ce Concile est encore imprimé dans le *Jus Sacrum*, &c. qui suit, (N.° 6759.) avec des Notes de Simon DE PEYRONNET.]

Au N.° 6758, *ajoutez en Note:*

Il paroît qu'il y a ici quelque méprise; car Jean d'Orléans a été Archevêque de Toulouse, avant *le Cardinal de Joyeuse*. Ne pouvant vérifier le titre de ce Livre, nous conjecturons qu'il faut lire : « publiés par Jean » D'ORLÉANS, Archevêque, mis en François du com- » mandement de François Cardinal DE JOYEUSE, & » par lui publiés au Synode tenu en 1596. »

6758.* (1) ☞ Recueil d'Ordonnances de M. le Cardinal de JOYEUSE, imprimé par l'ordre de Philippe de Cospéan, Administrateur de l'Archevêché de Tolose : *Tolose*, 1614, *in*-8.

L'Ordonnance qu'il donna en publiant ce Recueil, se trouve dans le *Jus Sacrum*, (ci-après N.° 6759) *tom. II*, *pag*. 716. M. Cospéan, qui étoit de Mons, a été Evêque de Lisieux, & est mort en 1646.]

(2) ☞ Recueil des Ordonnances Synodales & autres, faites en divers temps par les Archevêques de Tolose, (depuis Pierre DU LYON en 1481, jusqu'à Charles D'ANGLURE en 1666;) avec les Remarques de Simon DE PEYRONNET.

C'est ce qui forme la plus grande partie du Tome II, du *Jus Sacrum*, &c. *Tolose*, 1666, *in*-8.

(3) ☞ Diverses Instructions données par les Archevêques de Toulouse, avec des Remarques, apparemment de M. DE PEYRONNET.)

Dans le Tome II, du *Jus Sacrum.*

(4) ☞ Ordonnances Synodales de Charles D'ANGLURE DE BOURLEMONT, Archevêque de Tolose; avec quelques autres Pièces omises (dans le Recueil précédent:) *Tolose*, 1668, *in*-8.

Au N.° 6759, *ajoutez en Note:*

Ce *Jus Sacrum* de l'Eglise de Toulouse n'a de neuf, que le Tome I, seul imprimé en 1669, & dans lequel on trouve les Constitutions Synodales de Bernard DU ROSIER, un Extrait des Statuts Synodaux de Jean D'ORLÉANS, & les Canons du Concile Provincial de François DE JOYEUSE.

Le Tome II est composé des trois Parties qu'on vient de détailler, avec leurs dates de 1666 & 1668.]

Au N.° 6760, MONTPEZAT, *lisez*, MONTPESAT.

6761.* ☞ Statuta Synodi Diœcesis Tornacenfis, celebratæ (fub Ferrico DE CLUGNY) in Ecclefia SanctiSalvatoris Brugenfi, anno 1481, *in*-4. fans nom de Ville, &c. Edition du XVe Siècle.)

La Ville de Bruges étoit alors du Diocèfe de Tournay, & ne fut érigée en Evêché qu'en 1559.]

Au N.° 6762, après 1520, ajoutez, (fub Carolo HAUTBOIS & Ludovico GUILLARD.)

Au N.° 6763, après *in*-4. ajoutez, & *in*-8.... & ajoutez en Note, après les Statuts de 1600.

☞ Les Statuts Synodaux de Tournay, en 1589, font de Jean VENDEUILLE, & ceux de 1600, font de Michel DESNE.]

PAGE 452.

Au N.° 6768, après Joanne, ajoutez: (LEGUISÉ.)

Au N.° 6769, après 1699, ajoutez, (fub Jacobo RAGUIER.)

Au N.° 6771, M. DE BRESLAY, lifez, René DE BRESLAY.

A l'article 4, avant le N.° 6775, après 1548, ajoutez, (fub Joanne D'ISENBOURG.)

PAGE 453.

Au N.° 6777, à la fin de la Note 1, après in-fol. ajoutez, Tome II, pag. 850.]

6777.* ☞ Mf. Statuta Concilii Decanatûs de Danubrio, Tullenfis Diœcefis.

Le Manufcrit original eft dans la Bibliothèque de l'Abbaye de Moyen-Moutier. C'eft un de ces Recueils précieux de l'ancienne Difcipline Eccléfiaftique, des Ufages & des Loix Canoniques que l'on fuivoit anciennement dans le Diocèfe de Toul.]

Au N.° 6780, article 2, après 1724, ajoutez, (publiés par Scipion Jérôme BEGON.)

Au N.° 6781, à la fin de la Note, ajoutez : Il n'eft mort qu'en 1710.]

Colonne 2, ligne 16, effacez, Tome I, de fa Collection des anciens Ecrivains, pag. 223 &

Même colon. au bas de la page, avant Aliud, (Concilium Turonenfe,) anno 1448, ajoutez,

☞ Aliud, anno 1431.

Ce Concile de Tours eft cité dans les *Mémoires du Clergé*, tom. V, titre 8. Il n'eft, ni dans Labbe, ni même dans Manfi.]

PAGE 454.

Avant le N.° 6784, aux Statuta Synodalia (Turonenfia) anni 1532, ajoutez, (fub Antonio DE LA BARRE.)

Au N.° 6786, qui devoit fuivre le précédent, 6784) ajoutez en Note:

Le Synode où ces Statuts furent publiés, fe tint fous le même Archevêque, Ant. DE LA BARRE.]

6786.* ☞ Statuta feu Præcepta Synodalia ad ufum Ecclefiæ Metropolitanæ Turonenfis: Parif. 1537, *in*-4. (vieille Edition.]

Au N.° 6787, après Victor, ajoutez, LE.

Au N.° 6789, ajoutez en Note:

Ces Statuts Synodaux de Tours, de 1674 & 1681, ont été publiés par....

Au N.° 6797, après Cardinalis, ajoutez, (Amaneus.)

PAGE 455.

Au N.° 6803, ajoutez en Note:

☞ M. DE ROSMADEC étoit encore alors Evêque de Vannes.

Au N.° 6804, après de Vannes, ajoutez, (publiées par Laurent CIBON.)

PAGE 456.

Colonne 1, ligne 15, effacez, dans le Tome I... & lifez, dans le Tome IV du *Thefaur*. Anecdot. de D. Martenne, pag. 93.]

A la dernière ligne de la col. 1. après 1478, ajoutez, (fub Guidone DE POISIEUX.)

Au N.° 6819, après la Note 2, ajoutez :

Ce Concile d'Utrecht de 697 ou 718, eft rejetté comme fuppofé par le P. Pagi, par les Bollandiftes & par l'Auteur du *Batavia Sacra*. Le Clergé d'Utrecht & des Provinces-Unies a appellé le Concile qu'il a tenu au mois de Septembre 1763, *fecond Concile Provincial d'Utrecht*, en obfervant, (pag. 1 de fes Actes,) que le *premier* s'eft tenu au mois d'Août 1565, pour recevoir le Concile de Trente. Les Actes de ce premier Concile font imprimés dans le *Batavia Sacra*, Part. II, pag. 25.]

PAGE 457.

Avant le N.° 6824, ajoutez,

6823. * ☞ Statuta Synodi Diœcefanæ Yprenfis, celebratæ anno 1577, (fub Martino RITHOVIO, Epifcopo:) Ypris, in Ædibus Epifcopi & fumptu ejufdem, 1577, *in*-4.]

Actes des Affemblées du Clergé.

PAGE 458.

Au N.° 6836, à la fin de la Note, ajoutez:

☞ Le Catalogue de M. l'Abbé de Rothelin, (num. 1296) fait mention du *Procès-verbal de l'Affemblée tenue à Paris*, en 1568. Manufcrit.

Au N.° 6838, ligne 5, lifez, de Taix... & ajoutez à la fin : Ces Actes avoient d'abord été imprimées à la fin des *Mélanges Hiftoriques* de Camufat, Troyes, 1619, *in*-8. mais ils viennent d'être imprimés beaucoup plus correctement, fur un Manufcrit nouvellement découvert, à la fin du Tom V du Recueil de M. Duranthon, indiqué ci-après, N.° 6931.]

Au N.° 6844, après Noyon, ajoutez, (Claude D'ANGENNES.)

Au N.° 6849, après du Mans, ajoutez, (Claude D'ANGENNES.)

PAGE 459.

Au N.° 6854, ajoutez en Note:

A la tête des Mémoires de Guillaume de Taix, Edition de 1625, on a mis un *Difcours* de M. Regnauld DE BEAUNE, Archevêque de Sens, le 30 Octobre 1605, lors de l'Affemblée du Clergé de cette année. C'eft une Réponfe à M. de Meffe, Député du Roi à ladite Affemblée.]

Au N.° 6855, à la fin de la Note, ajoutez :

On trouve, dans la Bibliothèque de Saint-Germaindes-Prés, trois Copies de ce Procès-verbal de l'Affemblée du Clergé. A la fin de deux, eft le Cahier des Remontrances préfentées au Roi par le Clergé, avec la Réponfe fur chacun des Articles. Deux de ces Manufcrits font d'écriture du temps, & viennent du Chancelier Séguier.]

Au N.° 6861, effacez, Mf. (puifque l'Ouvrage a été imprimé.)

PAGE 460, ajoutez,

5870. * ☞ Déclaration de l'Affemblée-Générale du Clergé de France, fur les entreprifes des Réguliers & autres perfonnes exemptes;

exemptes, contre l'Autorité Episcopale, &c. Paris, Estienne, 1625, in-4.

Cette Déclaration, dattée du 1 Septembre 1625, contient 40 Articles, & est suivie d'une Lettre de ladite Assemblée aux Archevêques & Evêques, en date du 10 Octobre. Le tout est de 34 pages.

Le Clergé de France a renouvellé cette Déclaration, touchant les Réguliers, en 1645; & elle a été réimprimée en 1665, comme on le voit au N.° 6883.]

6870. ** Lettre de l'Assemblée du Clergé de France au Pape Urbain VIII, sur l'Approbation du Décret concernant les Privilèges des Exempts; (en Latin & en François:) Paris, Estienne, 1625, in-4. de 11 pag.]

Au N.° 6872, mettez, Mss. (que le P. le Long avoit mis.)

Au N.° 6874, effacez, Mss.

Au N.° 6880, après 1641, ajoutez, Paris, Vitray.

Au N.° 6884, à la Note, ajoutez:

☞ Ce Prélat est mort en 1682, selon le Gallia Christiana des Bénédictins.]

PAGE 461.

6885. * ☞ Remontrances du Clergé de France au Roi; par M. (Louis-Henri) DE GONDRIN, Archevêque de Sens: Paris, Vitray, 1656, in-4.

A la suite, sont quatre Contrats du Clergé, dont deux passés avec le Roi, & deux avec le Receveur-Général du Clergé.]

6887. * ☞ Mémoires pour examiner les infractions faites aux Edits & Déclarations du Roi, par ceux de la Religion Prétendue-Réformée : Paris, 1661, in-4.

C'est un Extrait de l'Assemblée de 1660 & 1661, précédé d'une Lettre circulaire de ladite Assemblée aux Prélats du Royaume, en date du 24 Mai 1661, & envoyée par les Agens-Généraux le 15 Juin suivant. Le tout est de 34 pages.]

6889. * ☞ Remontrances de l'Assemblée du Clergé de 1670, au Roi, par l'Archevêque Coadjuteur de Reims, (Charles-Maurice LE TELLIER:) Paris, Vitré, 1670, in-fol.]

Colonne 2, après la ligne 9, ajoutez,

6893. * ☞ Procès-verbal du Clergé de l'Assemblée de 1682, (sur la Puissance Ecclésiastique & la Temporelle :) [Paris,] 1768, in-fol.]

PAGE 462.

Au N.° 6903, lisez ainsi la Note:

☞ Daniel de Cosnac, Archevêque d'Aix, est mort en 1708, & Gabriel (qu'on ne doit pas mettre au nombre des Archevêques d'Aix,) a donné en 1734 sa démission de l'Evêché de Die, & est mort en 1739.]

6913. * ☞ Rapport des Agens de l'Assemblée de 1715 : Paris, veuve Muguet, 1718, in-fol.]

6915. * ☞ Mss. Recueil de Pièces au sujet de l'Assemblée de 1723 : in-fol. 2 vol.

Ce Recueil est indiqué num. 2369 du Catalogue de la Bibliothèque de M. le Normant.]

PAGE 463.

Au N.° 6929, effacez la Note & mettez,

6929. * (1.) ☞ Examen du Précis de ce

Tome IV. Part. I,

qui s'est passé à l'Assemblée du Clergé (de 1755:) in-4. de 48 pages.

A la fin sont des « Observations sur les Lettres Pastoralis Officii », 4 pages; & la « Lettre de l'Assemblée du Clergé aux Evêques, »; 8 pages.

Le même, seconde Edition : 1756, in-12.]

(2.) ☞ Procès-verbal de l'Assemblée du Clergé, tenue en 1755 : Paris, Desprez, 1764, in-fol.]

(3.) ☞ Rapport de l'Agence, depuis 1755 jusqu'en 1760; par MM. les Abbés DE JUMILHAC & DE CRILLON : Paris, Desprez, 1767, in-fol.

Il parut avant l'Assemblée de 1760.

1. Projet pour les Assemblées Provinciales, avant la tenue de l'Assemblée de 1760 : in-4.

Ce Projet fut condamné à être lacéré & brûlé par Arrêt du Parlement de Paris, du 23 Février 1760. On l'a ensuite réimprimé in-12. avec des Notes, & l'Arrêt qui le condamne.

2. (Cinq) Lettres de M. l'Evêque de **, à M. l'Archevêque de **, (sur le même Projet :) in-12.

La première de ces Lettres est datée du 20 Janvier 1760, & la dernière du 28 Février suivant.]

(4.) ☞ Extrait du Procès-verbal de l'Assemblée du Clergé, tenue en 1760 : in-12.

Cet Extrait contient la Réclamation du Clergé sur les atteintes qu'il prétendoit portées à sa Jurisdiction.]

(5.) ☞ Inscription en faux contre le Texte cité sous le nom de M. Bossuet, dans la Réclamation de l'Assemblée du Clergé de 1760, par un Licentié en Droit: 1761, in-12.]

(6.) ☞ Procès-Verbal de l'Assemblée du Clergé tenue en 1760 : Paris, Desprez, 1766, in-fol.]

(7.) ☞ Procès-Verbal de l'Assemblée extraordinaire tenue en 1762 : Paris, Desprez, 1768, in-fol.]

(8.) ☞ Rapport de l'Agence depuis l'année 1760 jusqu'en 1765; par M. l'Abbé DE BROGLIE : Paris, Desprez, 1773, in-fol.]

(9.) ☞ Lettre d'un Théologien à un Evêque député à la prochaine Assemblée (de 1765:) in-12.

L'objet de cette Lettre étoit de détourner les Evêques de ce qu'ils firent à cette Assemblée.]

(10.) ☞ Précis de ce qui s'est passé à l'Assemblée Provinciale de Narbonne. = Protestation de M. l'Evêque d'Alais, (Jean-Louis DE BEAUTEVILLE.)

Dans un Recueil de Pièces. . . . précédées d'un Avertissement, &c. 1765, in-12. pag. 50-56.]

6930. * (1.) ☞ Les mêmes Actes de l'Assemblée du Clergé tenue en 1765, avec les Arrêts du Parlement de Paris, des 4 & 5 Septembre : in-12.

Ces Arrêts ont été d'abord imprimés : Paris, P. G. Simon, in-4.]

(3.) ☞ Lettre au sujet de l'Arrêt du 4 Septembre 1765, portant suppression d'un Im-

P p

primé intitulé : *Les Actes du Clergé*, &c. *in*-12.

L'objet de l'Auteur est de justifier cet Arrêt.]

(4.) ☞ Arrêt du Parlement d'Aix, du 30 Octobre, avec Réquisitoire de M. DE CASTILLON : *in*-4. & *in*-12.

Cet Arrêt donna lieu à deux Brochures, dont la première a pour titre : « Cri d'un François Catholique » après la lecture du Réquisitoire de M. de Castillon, » sur les Actes du Clergé : *Soleure*, 1766, *in*-12. ». On trouvera le titre de la seconde Brochure dans l'intitulé de l'un des Arrêts qui suivent, num. 8.]

(5.) ☞ Arrêt du Parlement de Toulouse, contre les Actes du Clergé du 14 Novembre 1765 : *in*-4. & *in*-12.]

(6.) ☞ Arrêt du Parlement de Bordeaux, du 15 Novembre 1765 : *in*-4. & *in*-12.]

(7.) ☞ Arrêt du Parlement de Rouen, du 23 Novembre 1765 : *in*-4. & *in*-12.]

(8.) ☞ Arrêt du Parlement d'Aix, du 30 Décembre 1765, avec le Réquisitoire de M. DE MONTCLAR, pour la suppression d'un Imprimé intitulé : *Les Actes de la dernière Assemblée du Clergé de France vengés par le Clergé & par le Roi, des attaques de M. de Castillon*: *in*-4. & *in*-12.]

(9.) ☞ Arrêt du Conseil, du 24 Mai 1766, qui supprime le Réquisitoire de M. de Castillon : *in*-4.]

(10.) ☞ Arrêt du Parlement de Paris, du 8 Juillet 1766, portant condamnation des Actes d'Adhésion aux Actes de l'Assemblée de 1765 : *Paris*, P. G. Simon, 1766, *in*-4. de 36 pages.]

(11.) ☞ Remontrances du Parlement (de Paris) au Roi, du 30 Août 1766, au sujet des Actes de l'Assemblée de 1765, *in*-12. de 176 pages.]

Ces mêmes Actes ont encore donné lieu à différens Ecrits, tels que

1. Préservatif contre les Actes du Clergé : *in*-12. de 79 pages.

2. Requête d'un grand nombre de Fidèles, à M. l'Archevêque de Reims, au sujet des Actes, &c. *in*-12. de 80 pages.

3. Lettre d'un Philosophe, au même : *in*-12. de 174 pages.

4. Plaintes légitimes, ou Réclamation contre les Actes, &c. *in*-12. de 60 pages.

5. L'Autorité Royale justifiée contre les accusations de l'Assemblée du Clergé de 1765 : *in*-12. de 32 pag.]

(12.) ☞ Arrêt du Conseil, du 20 Novembre 1766, qui casse les Arrêts des Parlemens, (indiqués ci-dessus :) *in*-4.

On y trouve cette clause : « Sans néanmoins autoriser l'effet qui pourroit être donné aux Actes de l'Assemblée du Clergé, contre le vœu de cette Assemblée, en exigeant des Adhésions & Signatures ».]

6930. ** ☞ Procès-Verbal de l'Assemblée du Clergé tenue en 1765 : *Paris*, Desprez, 1773, *in-fol.*

Un Article de ce Procès-Verbal a donné lieu à une « Lettre de M. l'Archevêque d'Utrecht... à M. l'Ar- » chevêque de Toulouse, au sujet de son Rapport » contre le Concile d'Utrecht de 1763 : *Utrecht*, 1774 », *in*-4. de 33 pages.]

6930. *** ☞ Première Dissertation, à l'occasion des Actes de l'Assemblée du Clergé de 1765, sur la Religion ; (par M. Jean DE CAULET, Evêque de Grenoble :) *Grenoble*, Favre, 1767, *in*-4. de 176 pages.

Seconde Dissertation sur les mêmes Actes, en trois Parties ; (par le même :) *Grenoble*, Favre, 1768, *in*-4. de 925 pages.

Ces deux Dissertations ont pour objet de combattre la Proposition avancée contre les Actes de 1765, que les Assemblées ne font que purement économiques, & que comme telles même elles sont abusives & superflues.]

6930. **** ☞ Avertissement de l'Assemblée du Clergé, (au sujet de l'Incrédulité:) *Paris*, Desprez, 1770, *in*-4. & *in*-12.

On l'a réimprimé en plusieurs Provinces : *in*-12.]

Au N.° 6931, ligne 6, effacez Tome I. & après 1767, ajoutez, &c. Ensuite lisez ainsi le commencement de la Note :

Cet Ouvrage dont on a publié jusqu'à présent (Août 1774,) 5 vol. ne doit aller que jusqu'en 1705, exclusivement, selon la Délibération de l'Assemblée du Clergé de 1770, dont on trouve l'Extrait en tête du Tome V. Le motif de cette décision a été que depuis 1705, tous les Procès-Verbaux sont communs, &c.

PAGE 464, ajoutez,

Avant le N.° 6947, ajoutez,

☞ On a publié en 1771 : (*Paris*, Desprez,) un Tome XIII. des Actes & Mémoires du Clergé, *in-fol.*]

6946. * ☞ Les mêmes Actes & Mémoires du Clergé de France : *Paris*, Desprez, 1768, 1771, *in*-4. 14 vol.

Les XIII & XIV. contiennent les Harangues & Remontrances, & la Table ou Abrégé, indiquées aux N.os 6947 & 6948.]

PAGE 465, ajoutez,

6952. * ☞ Diverses Pièces sur les Assemblées du Clergé de France.

Elles se trouvent indiquées dans le Catalogue imprimé de la Bibliothèque du Roi, *Jurisprudence*, E. num. 2616, tom. I. num. 2623, 2628 & suiv. 2632 & suiv.]

Au N.° 6954, après *Gallicane*, ajoutez, (par Guillaume-François BERTHIER, Jésuite,) après 1761, ajoutez, Septembre, & enfin mettez en Note :

Ce Discours se trouve à la tête du *tom. XVII.* de *l'Histoire de l'Eglise Gallicane*, commencée par le P. de Longueval (*pag.* xxix-lviij.) C'est-là où l'Abbé Dinouart l'a pris pour l'insérer dans son *Journal Ecclésiastique*, en 1761, Septembre, pag. 18, Octobre, Novembre, Décembre, & 1762, Janvier, p. 38.]

6954. * ☞ Politique Chrétienne Ecclésiastique, pour chacun de tous MM. de l'Assemblée du Clergé de 1665 ; par J. Bapt. NOULLEAU : *Paris*, 1666, *in*-12.]

Droit Canonique de France, & Traités des Libertés.

P AGE 466, *ajoutez,*

6956.* ☞ Diſſertatio de veteribus Collectionibus Canonum : auctore Petro DE MARCA.

Cette Diſſertation eſt imprimée parmi ſes Opuſcules : *Paris*, Muguet, 1681, *in*-8.]

Au N°. 6960, *ajoutez à la Note :*

Nota. M. D'HÉRICOURT a auſſi parlé de l'ordre qu'on doit garder dans l'étude du Droit Canonique, à la fin de ſa *Diſſertation hiſt. ſur l'origine & le progrès du Droit Eccléſiaſtique*, qui eſt à la tête de ſes *Loix Eccléſiaſtiques*, (ci-après, N.° 6965.) M. CAMUS a traité auſſi de cette étude, dans ſes *Lettres ſur la Profeſſion d'Avocat : Paris*, J. Th. Hériſſant fils, 1772, *in*-12. C'eſt l'objet de la Lettre V.]

PAGE 467.

Au N.° 6961, *en Note, ajoutez :*

☞ Denis Simon n'étoit pas Lieutenant en la Maréchauſſée, mais Conſeiller au Préſidial de Beauvais, & Aſſeſſeur en la Maréchauſſée.]

Au N.° 6964, *ajoutez en Note :*

La première Edition, qui ne contenoit que l'Ouvrage de DES MAISONS, eſt de *Paris*, Ch. de Sercy, 1668, *in*-4.]

Au N.° 6965, *ajoutez après la Note :*

Il y a des différences conſidérables entre les Editions des Loix Eccléſiaſtiques d'Héricourt, que l'on vient d'indiquer. Celle de 1756 eſt de Me JOUY, Avocat au Parlement de Paris, mort en 1771.]

☞ Les mêmes (Loix Eccléſiaſtiques) nouvelle Edition, avec des Additions & des Notes, donnée par Pierre Olivier PINAULT, Avocat au Parlement de Paris : *Paris*, Deſaint, 1771, *in-fol.*

L'objet principal de l'Editeur a été de remarquer dans ſes Notes les changemens que de nouvelles Loix, ou une nouvelle Juriſprudence, doit apporter aux déciſions de M. d'Héricourt. Il rappelle auſſi certains Textes qui ſe trouvoient dans les anciennes Editions, & qu'on étoit fâché de ne pas voir dans les nouvelles. On reprochera peut-être, à M. Pinault, d'avoir rapporté, ſans aucune obſervation, des Pièces dont il ſeroit dangereux d'adopter aveuglément les conſéquences. N'auroit-il pas été auſſi à propos d'indiquer ceux des Ecrits de M. d'Héricourt, imprimés dans ſes Œuvres poſthumes : (*Paris*, Deſaint, 1759, *in*-4. 4 vol.) & dans leſquels il développe ou modifie les Maximes de ſes *Loix Eccléſiaſtiques.* Au ſurplus, cette dernière Edition eſt d'un uſage infiniment plus commode que les autres, tant par rapport à la Table des Matières qui eſt très-bien faite, qu'à cauſe de l'attention que le ſçavant Editeur a eue de noter en marge la date des différentes autorités que M. d'Héricourt invoque dans ſon Ouvrage.]

Au N.° 6967, *ajoutez à la Note:*

La première Edition de l'Ouvrage de Bouchel, qui étoit intitulée : *Somme Bénéficiale*, eſt de *Paris*, 1628, *in-fol.* un gros Volume.]

PAGE 468.

Au N.° 6969, *en Note, ajoutez :*

Le même Recueil de Juriſprudence a été réimprimé en 1755 & 1771. Cette dernière Edition n'a d'avantage ſur les autres, que l'Addition qu'on y a faite de quelques Loix qui ſont d'une date poſtérieure aux anciennes Editions. La réunion des principales Loix ſur les Matières Eccléſiaſtiques, qui fait la dernière partie de ce Recueil, eſt ce qui le rend d'une plus grande utilité.]

Au N.° 6970, *ajoutez :*

☞ Nouvelle Edition augmentée (du Dictionnaire de Droit Canonique, &c.) *Lyon*, Duplain, 1770, *in*-4. 4 vol.

Après le N.° 6971, *ajoutez :*

☞ Supplementum ad varias Collectiones Operum cl. viri Z. B. VAN-ESPEN : *Bruxellis*, & vænit *Pariſiis*, J. Th. Hériſſant, 1768 ; *in-fol.*

Ce Supplément a été donné par l'Abbé du Parc de Bellegarde. A la tête eſt la Vie de Van-Eſpen, avec l'Hiſtoire & l'Analyſe de ſes Ouvrages. Les Pièces que contient le Supplément ſont diviſées en cinq Parties : 1.° des Conſultations, au nombre de quarante-trois ; 2.° différens Traités particuliers, dont pluſieurs ſont ſeulement eſquiſſés ; 3.° des Lettres ; 4.° divers Ecrits pour la défenſe de l'Egliſe de Hollande. (On a joint à cette Partie, des Mémoires faits en 1718, par ordre du Conſeil de Régence de France, touchant les moyens de ſe pourvoir contre le refus injuſte que faiſoit la Cour de Rome d'accorder des Bulles aux Evêques & Abbés nommés par la Cour de France ; mais il y a beaucoup d'Exemplaires où ces Mémoires manquent ; ils doivent occuper depuis la page 417 juſqu'à la page 483. On les a réimprimés à *Utrecht*, *in*-4. & à *Paris*, 1768, *in*-12. 2 vol. ſous le titre (*d'Avis aux Princes Catholiques*.) Enfin la Partie V. réunit les Ecrits faits par Van-Eſpen, en différens temps, pour ſa défenſe perſonnelle dans les traverſes qui lui ont été ſuſcitées.]

PAGE 469, *ajoutez,*

6978.* ☞ Remontrances préſentées par le Parlement de Paris, à François I. contre le Concordat, en 1517.

Elles ſont dans le grand Recueil intitulé : *Corps Diplomatique*, *Amſterdam*, 1726, *in-fol.* Supplement, tom. II. pag. 47. On les y a inſérées d'après le *Codex Juris Gentium de Leibnitz*.]

Au N.° 6979, *à la Note* 2, *après auſſi, ajoutez*, dans le tom. V. des *Mémoires de la Ligue* &

Au N.° 6980, *ajoutez à la Note :*

Il eſt à propos d'indiquer ici ce que contient le Mémoire de Jean du Tillet. On y trouve d'abord ſes Obſervations, & enſuite différentes Pièces, dont voici les titres :

1. Articuli propoſiti de libertate, & concluſi in Concilio Eccleſiæ Gallicanæ congregato menſe Septembri, an. 1510, in Civitate Turonenſi, autoritate Regis Ludovici XII.

2. Les Libertés de l'Egliſe Gallicane : (ce ſont les Articles de Pierre Pithou.)

3. Eccleſiæ Gallicanæ in Schiſmate ſtatus, ex Actis publicis.

4. Adviſamenta ſuper modo Regiminis Eccleſiæ Gallicanæ durante neutralitate.

5. Différens Edits & Déclarations ſervant de preuves aux Libertés.

6. Procuration de Pierre Couſinot, Procureur Général du Roi, pour les Libertés de l'Egliſe Gallicane.

7. Remontrances faites au Roi Louis XI. par le Parlement de Paris, en 1461.

8. La Pragmatique-Sanction de S. Louis, & pluſieurs autres Ordonnances de nos Rois, avec les Proteſtations faites au nom de Henri II. au Concile de Trente.]

Au N.° 6981, *ligne* 3 *de la Note*, 1603, *liſ.* 1601.

Supplément du Tome I.

PAGE 470.

Au N.° 6984, *ajoutez à la Note :*

On trouve cet Extrait de Pithou, dans le *tom. V. des Mémoires de la Ligue.*]

Au N.° 6989, *ajoutez en Note :*

☞ Il parut la même année 1609, chez de Varennes, un Recueil pareil, où les Pièces que l'on vient d'indiquer sont disposées dans un autre ordre.]

PAGE 471.

Au N.° 6990, *mettez un crochet après le mot ci-après, qui termine l'Alinéa* 1, *le reste étant du P. le Long.* Puis mettez une ☞ *à l'Alinéa* 4, *avant le mot Voyez.*

Au N.° 6992, *effacez Mf. & mettez en Note* 2 :

☞ Cette Apologie est imprimée dans l'Edition des Preuves des Libertés, donnée en 1731, *in-fol. tom. I.* & dans celle de 1771, par M. Durand de Maillane, *in-*4.]

Au N.° 6996, *ajoutez à la fin de la Note :*

Ce M. (Joseph-Balthazar) Gibert est mort en 1771.

Le Père Bougerel, dans ses *Mémoires sur les Hommes illustres de Provence :* (Paris, 1752, *in-*12.) *pag.* 374, parle encore d'un Ouvrage (Manuscrit) de Jean-Pierre Gibert, intitulé : « Introduction à l'étude » des Libertés de l'Eglise Gallicane, par l'explication » des Articles de M. Du-Bois, du Concordat & de la » Pragmatique-Sanction.]

PAGE 472.

Après la ligne 2, *de la colonne prem. avant* On conserve, &c. *ajoutez*,

6997.* ☞ Les Libertés de l'Eglise Gallicane, prouvées & commentées suivant l'ordre & la disposition dressés par M. Pierre Pithou, & sur les Recueils de M. Pierre Dupuy, Conseiller d'Etat ; par M. Durand de Maillane, Avocat au Parlement : *Lyon,* Bruyset, 1771, *in-*4. 5 vol.

Les deux premiers Volumes de ce Recueil contiennent les différens Articles des Libertés, avec l'Extrait des Preuves de chaque Article, tiré du Recueil de 1731 ; le Commentaire de Dupuy, & un nouveau Commentaire.

Le troisième Volume renferme d'anciens Témoignages sur l'état de l'Eglise de France ; le *Codex Canonum Dionysii Exigui,* suivant l'Edition de Pithou, des Extraits de Théodoret ; les Actes de Vincennes en 1329 ; l'Analyse du Songe du Vergier, (où l'on trouve le chapitre 145, qui manquoit dans les précédentes Editions Françoises ;) enfin, d'autres Pièces & Extraits de Pièces déja imprimées ailleurs.

Le quatrième Volume contient différentes Déclarations & Lettres-Patentes, Censures de Sorbonne, Extraits de Procès-Verbaux du Clergé & de Discours sur l'Histoire Ecclésiastique par M. Fleury.

Dans le Tome V. on trouve encore des Arrêts & Lettres-Patentes servant de preuves aux différens Articles des Libertés ; une Consultation de M. Prévost, Avocat, sur les Dispenses de Mariage au troisième, quatrième & cinquième dégré ; des Traités de M. Gibert sur les Libertés, qui n'avoient point encore paru ; enfin des Observations de M. Prévost, sur l'Edition des Preuves des Libertés faites en 1731.

Ce nouveau Recueil ne dispense pas d'avoir celui de 1731 ; mais il en rend l'usage plus facile, & il intéresse par les Pièces qu'on y réunit, ou qu'on y publie pour la première fois. L'Auteur auroit rendu plus utile encore, s'il eût fait une Table générale des Matières pour tout l'Ouvrage, & non pas seulement pour les deux premiers Volumes.]

Au N.° 7004, *ligne* 2, *au lieu de* 7 vol. *lisez* 18 vol. (à moins qu'il n'y ait faute ensuite dans les num. qui les désignent.)

PAGE 473.

Au N.° 7026, *ajoutez à la fin de la Note :*

On a déja observé que ce M. Gibert est mort en 1771.]

PAGE 474, *ajoutez,*

7031.* ☞ Justification des Discours & de l'Histoire Ecclésiastique de M. l'Abbé Fleury ; (par M. du Sellier, ou le Père Tranquille de Bayeux, Capucin :) *Nancy,* (*Amsterdam,*) 1736 & 1738, 2 vol.

On trouve dans cet Ouvrage beaucoup de choses pour appuyer ce que M. Fleury avoit dit conséquemment aux maximes de l'Eglise Gallicane.

Le même Capucin avoit déja publié un autre Ouvrage sur les mêmes matières, intitulé : *Eclaircissemens sur les Conciles généraux, &c. Amsterdam,* 1734, *in*-12.]

Au N.° 7036, *en Note :*

Cet Ouvrage a été publié par M. Pierre-Jacques Sepher, Docteur de Sorbonne & Chefcier de S. Etienne d'Egrès, à Paris.]

Au N.° 7039, *au commencement de la Note, ajoutez :*

Ce Livret est du P. Jean Brunet, Dominicain....

PAGE 475.

Au N.° 7045, *ajoutez à la Note* 1.

Cet Ouvrage d'Ockam a été imprimé séparément : *Parisiis,* Mercator, 1498, *in*-4. & *Londini,* Berthelet, *in-* 8. *Voyez* le Catalogue imprimé de la Bibliothèque du Roi, *Jurisprudence,* E. num. 1307, 8 & 9.]

PAGE 476.

Au N.° 7049, *à la fin de la Note, ajoutez :*

On peut voir sur Pierre de Cugnières, l'*Histoire de Valois,* de l'Abbé Carlier, *tom. II. pag.* 234 *& suiv.*]

PAGE 477.

Colonne prem. alinéa 1, ligne 15, au lieu de Jean Nerizan, *lisez,* Jean Nevizan.

Avant le N.° 7056, *& à la fin des Notes concernant le Songe du Vergier, ajoutez :*

Il seroit bon que quelqu'un se donnât la peine de confronter les deux Editions Latine & Françoise de cet Ouvrage : il y a des différences considérables, soit pour le nombre des Chapitres, qui est plus grand dans l'Edition Latine que dans la Françoise, soit pour les choses qui y sont contenues.

L'Edition de Galiot du Pré ne fut pas faite en vertu d'Arrêt du Parlement, comme le dit Brunet, dans la Dissertation imprimée au Recueil des Libertés de 1731, *pag.* 9 ; mais du Pré, après avoir imprimé le Livre, présenta Requête au Parlement, à ce qu'il lui plût défendre à tout autre Libraire de l'imprimer ou vendre, & ces défenses sont prononcées pour deux ans.]

PAGE 478.

Au N.° 7070, *ligne* 4, *après* Cadomi, 1612, *ajoutez,* Augustæ Tricassinorum, 1612.

Au N.° 7072, *à la fin de la Note, ajoutez :*

☞ L'Advis (qui est sans nom d'Imprimeur,) est dédié au Cardinal de Gonzague, par une Epître signée, C. Durand.]

7072.* ☞ Decreta sacræ Facultatis Theol. Parisiensis, de potestate Ecclesiastica, con-

Histoire Ecclésiastique de la France.

erà Sectarios hujus sæculi : *Augustæ Tricassinorum*, Chevillot, 1612, *in-12*.

Comme l'on venoit d'imprimer à Troyes le Traité de Richer, quelqu'un crut y opposer une bonne Réponse par ce petit Recueil des Censures faites contre les Luthériens, comme si l'objet en question eût été le même.]

Au N.º 7073, à la fin de la Note, ajoutez :

On peut voir sur cette Censure du Livre de Richer, ce qui en est dit pag. 283-304, de la nouvelle *Vie du Cardinal du Perron*, par M. de Butigny : *Paris*, Debure, 1768, *in-12*.]

PAGE 481, *ajoutez*,

7097. * ☞ Mf. Traité de la puissance Royale & Sacerdotale ; par Gerauld MAYNARD : *in-fol*.

Il est conservé dans la Bibliothèque du Roi, n. 7283¹.]

7098. * ☞ Le même, nouvelle Edition, (publiée par l'Abbé DINOUART, Chanoine de S. Benoît à Paris :) *Paris*, Desaint, 1768, *in-12*. 3 vol.

L'Editeur a ajouté au Traité de M. du Pin, le *Rapport* fait à l'Assemblée de 1682, par M. Gilbert DE CHOISEUL, Evêque de Tournay, au sujet de l'Autorité Ecclésiastique. Ce Rapport occupe la majeure partie du Volume III.]

7101. * ☞ Traité des deux Puissances ; (par Louis-Etienne DE FOY, Chanoine de Meaux :) 1752, *in-12*.]

7104. * ☞ Les Droits respectifs de l'Etat & de l'Eglise rappellés à leurs principes ; (par M. l'Abbé PICHON, Docteur en Théologie & Chantre de la Sainte-Chapelle du Mans :) 1766, *in-12*.]

7105. * ☞ Extrait des Registres du Conseil Souverain du Roussillon, du 8 Mars 1762, & Arrêt du 21, qui défend la publication & l'usage de la Bulle *In cœna Domini*, &c. Perpignan, *in-4*. & *Paris*, *in-12*.]

7107. * ☞ Mf. Ecclesiæ Regulæ sententiis SS. Patrum deflorata, à Legatis ipsius Sedis Apostolicæ in Gallias, pro Ecclesiasticarum dispositione Causarum, de potestate & primatu sanctæ Romanæ Ecclesiæ : *in-4*.

Ce Manuscrit est conservé dans la Bibliothèque du Vatican, parmi ceux de la Reine de Suède, num. 818.]

PAGE 482.

Au N.º 7116, à la fin de la Note 2, ajoutez,

M. Grosley observe encore que le Père le Long indique mal la seconde Edition de ce Recueil, comme étant *in-4*. *Parisiis & Coloniæ*. Elle est, dit-il, *in-12*. & sans nom de lieu ; il en avoit sous les yeux un Exemplaire : nous en avons aussi vu un semblable. Mais Adrien Baillet, pag. 13 de son *Histoire du Démêlé de Boniface VIII. & de Philippe-le-Bel*, *in-12*. (dont le Père le Long a été l'Editeur,) distingue deux Recueils différens des *Actes* de ce Démêlé, imprimés en 1613 & 1614. Il observe que l'un est sorti du Cabinet de *François Pithou*, & que l'autre est de *Simon Vigor*; ajoutant, qu'il y a eu deux Editions de celui-ci dès 1613 ou 1614, & que c'est celui où sont joints des Extraits historiques tirés de différens Ecrivains. Nous ne pouvons éclaircir ces différens récits, & nous nous contenterons d'observer que le Père le Long, dans sa Bibliothèque, avoit confondu Simon Vigor, le Conseiller au Grand-Conseil, grand Apologiste de Richer, avec un autre Simon Vigor, son oncle, Docteur de Sorbonne & Curé de S. Paul, qui a été Recteur de l'Université, & est mort en 1575.]

PAGE 483.

Au N.º 7119, effacez la ligne 1, de la Note 2, & ligne 2, effacez de ces.

7124. * ☞ Mf. Mémoires de M. l'Abbé (Claude) Fleury, sur les Différends de Boniface VIII (& autres.)

Ci-après, au N.º 7309.]

Au N.º 7129, ligne 3, au lieu de 409, lisez, 1409.

PAGE 484.

Au N.º 7133, ligne 3, de la Note, après se trouve aussi, ajoutez, dans le Recueil de du Tillet, indiqué ci-dessus, N.º 6980.

PAGE 486.

Au N.º 7156, alinea 2, au lieu de Senatûs Consultum, *lisez,* Turonense Consultum.... *& en Note :*

Ce *Consultum* étoit une Réponse de cette saine partie du Parlement de Paris, qui vint siéger à Tours dans le temps de la Ligue.]

Au N.º 7158, ligne 2, avant la fin de la colonne 1, effacez, Defensio; *& ligne 1, de la col. 2, au lieu de* Augustoriti Turonum, *lisez,* Augustæ Turonum.

PAGE 488.

Au N.º 7184, ligne 4, lisez, Hispan-Italo-Gallicæ..; *& ligne 16, lisez,* VILLIERS-HOTMAN, *ce*

Au N.º 7188, à la Note, col. 2, ligne 3, Dupuy; *lisez,* Pithou.

PAGE 491.

Au N.º 7217, au lieu de Theophile, *lisez,* Philippe.... *Et à la fin de la Note, ajoutez* :

On voit, à la fin de l'Epitre Dédicatoire à Louis XIII, Edition de 1615, que l'Auteur se nommoit *Philippe du Jay*.]

PAGE 493.

Au N.º 7249, ligne 3, au lieu de 1616, lisez, 1626.

Le N.º 7250 doit être ainsi réformé :

☞ Arrêts du Parlement de Rouen, des 27 Septembre 1630, & 20 Décembre de la même année, contre la Table Chronologique de Jean-Jacques Tanquerel : *Rouen*, le Megissier, 1632, *in-8*.

Le premier de ces Arrêts accorde mandement au Procureur-Général, pour assigner Tanquerel, & Courant, Imprimeur. Le second, ordonne que les Tables seront rompues, & les exemplaires lacérés ; condamne Tanquerel & Courant chacun en cent livres d'amende, & Courant, à cinquante. On reprochoit à Tanquerel d'avoir fait imprimer cette Table sans permission, de l'avoir remplie de faits faux & contraires aux maximes du Royaume, & d'avoir mis au rang des Hérétiques le célèbre Pierre de Cugnières. Tanquerel, présent à l'Audience, jura que le Père Berrrix, Recteur des Jésuites, lui avoit mis en main cette Table Chronologique, & qu'il n'avoit fait que corriger les fautes d'impression. Après que Tanquerel & Courant eurent reconnu leurs fautes, les amendes de cent livres & de cinquante furent réduites à moitié.

L'Arrêt, qui condamne Tanquerel, &c. est aussi imprimé, tom. XV du *Mercure François*, avec le Plaidoyé de M. LE GUERCHOIS, Avocat-Général.]

Au N.° 7255, *ajoutez en Note* :

☞ Il y a eu plusieurs Arrêts du Parlement semblables, en différens temps : on les trouve dans le Recueil de M. Durand de Maillane, ci-dessus, N.° 6997* de ce *Supplément*. Le dernier état, à cet égard, est fixé par les *Lettres-Patentes*, du 8 Mars 1772 : *Paris*, P. G. Simon, *in-4.*]

7255. * ☞ Mſ. Mémoire de M. l'Abbé (Claude) FLEURY, sur la manière de procéder en France contre les Bulles des Papes; du 26 Avril 1710.

Il s'agissoit alors d'un Réquisitoire de M. Joli de Fleury, contre une Bulle qui condamnoit un Mandement de M. l'Evêque de Saint-Pons, & qui entendoit procéder contre l'Auteur. Le Mémoire de M. Fleury est une Réponse à M. le Duc de Beauvilliers, qui lui avoit demandé des Remarques sur ce Réquisitoire : il est entre les mains de M. Daragon, avec les autres Manuscrits de M. l'Abbé Fleury.]

PAGE 495.

Au N.° 7277, *mettez* une main avant Censura, & *un*] *à la fin de la Note, comme étant une Addition au Père* le Long.

PAGE 496.

Au N.° 7280, *dans l'alinéa* 2 *de la Note, ligne* 3, *effacez* en 1661.

Au N.° 7282, *à la fin de la Note* 2, *& au bas de la col.* 1, *ajoutez* :

On les voit encore dans le Recueil de M. Durand de Maillane, sur les Libertés, ci-dessus, N.° 6997* *de ce Supplément*, au Tome IV, avec plusieurs autres Pièces concernant cette Déclaration.]

Au N.° 7283, *ligne* 3, *lisez*, Sancti Nicolai è Cardineto.

Aux N.os 7286 & 87, CEROLI, *lisez*, CEVOLI.

PAGE 498, *ajoutez*,

7305. * ☞ Recueil de Pièces, dans lesquelles sont établies, la distinction, l'étendue & les bornes des deux Puissances, conformément... aux Articles de 1682 : *Paris*, 1753, *in-*12. de 127 pages.

Ce Recueil contient la Déclaration & l'Edit de 1682, les Actes qui furent faits pour leur enregistrement, & différentes Pièces antérieures & postérieures qui y sont relatives; entr'autres, l'Article mis à la tête du Cahier du Tiers-Etat en 1615, sur l'indépendance des Rois, & l'Arrêt du 2 Janvier de la même année, contre la Harangue du Cardinal du Perron. *Voyez*, ci-devant, la Note, après le num. 7236.]

Au N.° 7309, *à la Note, ligne* 1, Eusèbe, *lisez*, Eustache.

PAGE 499, *avant le* N.° 7310, *ajoutez* :

☞ Le même, Esprit de Gerson, sous ce titre : La Doctrine Catholique touchant l'Autorité des Papes : *in-*12.

Il se trouve à la suite d'un « Dialogue entre Saint « Pierre & Jules II, à la porte du Paradis » : (*Hollande*) 1727, *in-*12.]

7309. * ☞ Mſ. Mémoires de M. l'Abbé (Claude) Fleury, = sur les Différends du Pape, Boniface VIII, & de Philippe le Bel, daté de Janvier 1690; = sur les Différends de Jules II, avec Louis XII; = sur l'Autorité du Pape, sous Paul V; = sur les Différends avec la Cour de Rome, sous le Pontificat d'Innocent XI, daté du 15 Avril 1694.

Ces Mémoires sont, avec tous les autres Manuscrits de M. Fleury, entre les mains de M. Daragon, Professeur au Collège de Montaigu, à Paris.]

Au N.° 7313, *à la Note, ajoutez* :

Cet Arrêt se trouve dans le Recueil de M. Durand de Maillane, sur les Libertés, *tom. IV. pag.* 27.]

Au N.° 7318, *ligne* 11, *après* Toloſæ, *liſez*, Cazanove.

7318. * ☞ Arrêt du Parlement de Toulouse, du 6 Mars 1765, [(avec le Réquisitoire du Procureur-Général) qui condamne une Brochure intitulée : *Lettre d'un jeune Ecolier... au P. Dufour*, &c. à être lacérée & brûlée : *Toulouse*, veuve Pijon, 1765, *in-*4.

Au N.° 7319, *à la fin de la Note, ajoutez* :

Ces Additions indiquent trois Critiques de l'Ouvrage de Febronius : nous en connoissons encore deux qui ont paru depuis, & dont nous mettrons ici les titres :

1. Opusculorum criticorum contrà Justini Febronii Librum, de legitimâ Potestate Summi Pontificis, Pars prima : *Amstelodami*, Marteau (in Germaniâ) 1765, *in-*4. 40 pag. (Nous ignorons si cette Brochure a eu une Suite.)

2. Vindiciarum adversùs Justini Febronii, de abusu & usurpatione summæ potestatis Pontificiæ Librum singularem, Liber singularis : Auctore Gregorio TRAUTWEIN : *Augustæ Vindelic.* Wolf, 1765, *in-*4.

Il y a de ce dernier Ouvrage, deux Parties que l'on peut relier en un Volume. L'Auteur, Abbé des Chanoines Réguliers de Saint-Michel d'Ulm en Suabe, avoit (dit-on) pris le nom de *Jean-George de Vigilibus*, Chanoine Ultramontain; & l'Ouvrage alloit ainsi paroître, lorsqu'il est mort en 1765. Alors on a mis le véritable nom, en supprimant l'ancien Frontispice.

Il y a eu une Edition de l'Ouvrage de Febronius en 2 Volumes, & il en paroît même un troisième, suivant l'annonce du *Journal Politique, Décembre* 1773 (seconde Quinzaine,) où il est dit, à l'Article *de Rome*, du 27 Novembre : « On afficha ici, le 18, un Décret de » l'Inquisition, du 15 du même mois, pour défendre » plusieurs Livres, & entr'autres Justini Febronii de » Statu Ecclesiastico, Tomus tertius.

On a fait deux Traductions Françoises des premiers Volumes de cet Ouvrage, dont l'une a été débitée à Paris, chez Merlin, en 2 vol. *in-*4. L'Auteur, qui s'est caché sous le nom de *Febronius*, est, (dit-on) M. Jean-Nicolas DE HONTHEIM, Evêque-Suffragant de Trèves, connu par divers Ouvrages, principalement une Histoire Diplomatique de Trèves en 3 vol. *in-fol.* dont nous parlerons en son lieu.]

PAGE 500.

Au N.° 7320, *le nom de l'Imprimeur*, T'serstevens) *doit être en petites lettres, & non en Capitales.*

7321. * ☞ Arrêt du Parlement de Provence, du 2 Mai 1768, qui supprime le Bref du Pape Clément XIII, donné pour le Duché de Parme, le 30 Janvier 1768; (avec un long Réquisitoire de M. DE CASTILLON à ce sujet, & sur les Droits des Souverains:) 1768, *in-*12. de 278 pages.

Cet Arrêt avoit été précédé d'un Arrêt pareil, rendu

par le Parlement de Paris, le 26 Février 1768, ensuite du Réquisitoire de M. SEGUIER. Presque tous les Parlemens du Royaume en ont rendu de semblables.]

7322. * ☞ Extrait des Registres du Parlement (de Paris) du 26 Février 1768 : *Paris*, P. G. Simon, 1768, *in*-4.

Jusqu'alors l'usage de ce Parlement étoit d'exiger des Lettres-Patentes seulement sur les Bulles & sur les Brefs concernant les Affaires publiques ; mais le Bref donné cette année par le Pape Clément XIII. contre le Duc de Parme, engagea le Parlement à ordonner qu'aucun Rescrit de Rome, quel qu'il fût, à l'exception seulement des Brefs de Pénitencerie, ne pourroit être mis à exécution, sans qu'ils eussent été vus par la Cour. Cet Arrêt a été suivi de deux Pièces dont il faut faire ici mention.]

7322. ** ☞ Lettres-Patentes du Roi, portant qu'il sera sursis à l'exécution de l'Arrêt du Parlement de Paris, du 26 Février 1768, concernant les Bulles, Brefs & autres expéditions de Cour de Rome ; du 18 Janvier 1772, registrées le 22 : *Paris*, P. G. Simon, 1772, *in*-4.]

7322. *** ☞ Déclaration du Roi, concernant les Bulles...... & autres Expéditions venans de Cour de Rome, du 8 Mars 1772, registré le 30 : *Paris*, P. G. Simon, 1772, *in*-4.]

PAGE 501.

Ligne 1 de la col. 1, après Troyes, *ajoutez*, (Jacq. Bénigne BOSSUET.)

Au N.° 7338, après Metz, *ajoutez*, (Henri-Charles du Cambout DE COISLIN.)

Au N.° 7339, après Castres, *ajoutez*, (Honoré de Quiqueran DE BEAUJEU.)

Au N.° 7340, après Verdun, *ajoutez*, (Cl. François de Hallencourt DE DROMESNIL.)

PAGE 502, *ajoutez*,

7357. * ☞ Bulles & Facultés accordées par N. S. P. le Pape, au Cardinal de Joyeuse, son Légat en France : *Paris*, 1606, *in*-8.]

7358. * ☞ Des Légats, Traité sommaire, fait au sujet de la Légation du Cardinal Chigi, qui doit venir en France, en exécution du Traité de Pise ; par M*** (Denis SALLO.)

Ce Traité se trouve dans un Recueil, à la tête duquel est un *Traité des Cardinaux*, &c. *Cologne*, Egmont, 1665, *in*-12.

Narration par ordre historique des Réceptions des Légats en France.

Ce petit Traité & le suivant sont aussi dans le même Recueil.

Traité des Légats *à latere*, dédié au Roi.

L'Epître Dédicatoire est datée de Paris, en Juin 1664, & signée D. L. L.]

Nota. On trouve encore diverses Pièces sur les Légats & les pouvoirs qui leur ont été accordés en France, dans le Catalogue de la Bibliothèque du Roi, *Jurisprudence*, E. ou *Droit Canonique*, num. 1776-1788, 2617 & 2624.]

7358. ** ☞ Ms. Traité historique des Légats *à latere*, par M. l'Abbé (Claude) FLEURY : du 12 Juin 1664.

Il est avec ses autres Manuscrits, entre les mains de M. Daragon, Professeur au Collège de Montaigu, à Paris. L'Auteur se borne à y exposer ce qui s'observe régulièrement dans l'usage présent, & ce qu'ont eu de particulier les Légations, depuis 160 ans, (avant 1664.)

On a encore, de la main du même, un autre petit Ecrit sur le même sujet, qui traite principalement des formes qui s'observent, quand le Pape envoie un Légat, des honneurs qu'on lui rend, de leurs prétentions. Cet Ecrit est sans date.]

Au N.° 7360, à la fin de la dernière Note, (que nous avons mise) *ajoutez* :

Il y a des Exemplaires de l'Ouvrage de Choppin, (& ce sont les premiers) où se trouve une Epître Dédicatoire au Roi de la Ligue, Charles X, dont le moule des Monnoies ou Médailles a été trouvé par les Commissaires du Parlement, dans la Maison-Professe des Jésuites, à Paris, en 1762.]

7364. * ☞ Discours contre l'Autorité des Souverains dans les Conciles Généraux, par le Cardinal DE RICHELIEU.

Il est à la tête d'un *Abrégé* que ce Cardinal a fait des *Conciles-Généraux*, & qui se gardoit dans la Bibliothèque du Louvre à Paris, selon la copie qu'en a (*in*-4.) M. Jardel, à Braine près Soissons.]

PAGE 503.

Au N.° 7368, à l'alinéa 2 de la Note dernière, encore vivant, *lisez*, mort en 1764.

Au N.° 7369, après Londres, *ajoutez*, (Paris;) & au commencement de la Note :

Cette Suite a été publiée par M. l'Abbé GOUJET, à qui M. le Vayer, (parent de l'Auteur,) avoit fourni une partie des Pièces qui y sont jointes.]

7369. * ☞ Le Droit des Souverains touchant l'Administration de l'Eglise... *Paris*, 1734, de 53 pages, (sans nom d'Imprimeur.)

On y « traite, (est-il dit dans le titre) 1.° de la » conduite de l'Eglise en général, & de son partage » entre les Puissances temporelles & spirituelles ; 2.° de » l'Autorité du Roi, touchant l'Administration de la Foi ; » 3.° de l'Autorité du Roi dans la Discipline qui concerne le Culte Ecclésiastique ; 4.° de l'Autorité du » Roi, touchant les Personnes Ecclésiastiques ». On sent bien que tout cela ne peut être traité, dans cet Ecrit, que d'une manière abrégée.]

7370. * ☞ Lettre : Duo quippe sunt, Imperator Auguste, quibus, &c. 1752, *in*-4, de 135 pages.

On y attaque l'Apologie qui précède, & les autres Ecrits qui avoient paru pour justifier la condamnation des refus de Sacremens.]

7370. ** ☞ Ms. Mémoire de M. l'Abbé (Claude) FLEURY, sur cette Question : Que faire si le Pape continue de refuser des Provisions aux Evêques pourvus par le Roi, parce qu'ils soutiennent les IV Propositions de 1682 ? daté du 11 Juillet 1713.

Ce Mémoire est, avec les autres Manuscrits de M. Fleury, entre les mains de M. Daragon, Professeur au Collège de Montaigu, à Paris.]

7370. *** ☞ Mémoires, (au nombre de XI) composés par les plus célèbres Jurisconsultes

& Théologiens de France, sur la demande de Nosseigneurs les Commissaires du Conseil de Régence, touchant les moyens de se pourvoir contre le refus injuste que faisoit la Cour de Rome, d'accorder des Bulles aux Evêques & Abbés nommés par la Cour de France; en 1718 : (*Utrecht*,) 1767, *in-*4. de 99 pages.

Le premier est de M. LE MERRE, Avocat du Clergé de France, & il est accompagné de Notes de M. Dominique VARLET, Evêque de Babylone, où il est principalement question de l'Eglise de Hollande. Le II est de Louis Ellies DU PIN, Docteur de Sorbonne. Le III & le VI, de Nicolas LE GROS, Chanoine & Docteur de Reims. Le V, de François-Amé POUGET, Docteur de Sorbonne. Le IX, de l'Abbé Jean-Pierre GIBERT, Canoniste; & le X, de M. CHEVALIER, Grand-Vicaire de Meaux. Les Auteurs des autres Mémoires ne sont pas connus.

Les mêmes : *in-fol.*

Ils ont été ainsi imprimés, avec le Supplément de Van-Espen, comme on l'a dit ci-dessus, à l'*Addition du* N.º 6971.

Les mêmes, sous le titre d'Avis aux Princes Catholiques, ou Mémoires de Canonistes célèbres, &c. (avec des Notes & de nouvelles Pièces : *Paris*,) 1768, *in-*12. 2 Parties.

Il y a, dans cette Edition, XVI Mémoires, dont les quatre derniers regardent les Dispenses de Mariage. Ils sont de M. Laurent BOURSIER, Docteur de Sorbonne, de M. VAN-ESPEN, de M. DE LA CHALOTAIS, Procureur-Général au Parlement de Bretagne, & de M. Claude-Joseph PRÉVOST, Avocat au Parlement de Paris.

PAGE 505.

Au N.º 7380, *après le* MS. *de Marca, num.* 17, *ajoutez en Note :*

☞ *Voyez* sur ce Traité, les *Mémoires du Clergé*, tom. V. pag. 1119, & les *Œuvres de M. le Chancelier d'Aguesseau*, tom. III. pag. 86.]

Avant le N.º 7381, *en Note ajoutez :*

☞ M. Camus, Avocat au Parlement de Paris, dans son *Code Matrimonial* : (*Paris*, J. Th. Hérissant fils, *in-*4. 2 vol.) a rapporté sous le mot *Prince du Sang*, différentes Pièces relatives au Mariage de Gaston : plusieurs sont tirées des Registres du Parlement, & n'avoient pas encore été imprimées.]

7381.* ☞ MS. Critique d'ami, sur la Question de la dissolubilité du Mariage, & la liberté d'épouser une seconde femme du vivant de la première : *in-fol.* de 43 pages.

C'est l'examen des preuves rapportées par M. de Launoy, depuis la page 448 jusqu'à la 522 de son Traité *de Regia in Matrimonium potestate*. Il manque une feuille à ce Manuscrit, *pag.* 13-16. On y voit plusieurs corrections de la propre main de l'Auteur. Il est suivi d'un autre Ecrit, intitulé :

L'Eglise Launoïque, ou Critique d'une Addition que M. D. L. a fait imprimer à la fin de son Livre *de Regia*, &c. *in-fol.* de 37 pages.

Ces deux Manuscrits sont dans le Cabinet de M. Beaucousin, Avocat au Parlement de Paris. Au commencement & à la marge du premier, est écrit : « Cette Critique a été présentée, avec l'Eglise Launoïque, à la » Faculté de Théologie de Paris, le 1 Juillet 1676. »

7388.* ☞ Essai de Dissertation, ou Essai sur le Mariage en sa qualité de Contrat & de Sacrement, à l'effet de prouver que dans le Mariage des Fidèles, on ne peut séparer le Contrat du Sacrement : *Paris*, Martin, 1760, *in-*12. de 378 pages.

L'Auteur de cet Ouvrage est M. (Paul-Charles) LORRY, Professeur en Droit, (mort en 1766.) Il y combat le sentiment du Livre qui précède, composé par M. le Ridant. Les Auteurs du *Journal des Sçavans*, en en rendant compte (*Mai*, 1761,) ont proposé des Observations importantes sur son système.]

☞ *Nota*. On trouve dans le *Code Matrimonial*, (Indiqué ci-dessus,) au mot *Souverains*, un Arrêt important du 16 Février 1677, sur le pouvoir des Princes relativement aux Empêchemens du Mariage, & le Sommaire des plus célèbres Auteurs sur cette Matière, avec l'Abrégé de leurs Preuves.]

PAGE 506, *ajoutez*,

7389.* ☞ MS. Noctes Paludanæ, les Nuits du Marais, ou Lettre à M. le premier Président de la Cour des Aides [M. le Camus] sur le Décret du Concile de Trente, touchant les Mariages clandestins & ceux des Enfans de Famille, datée du 25 Mars 1693; *in-*12. 48 pages.

L'Auteur est Louis FERRAND, Avocat, mort en 1699, selon le *Journal des Sçavans*, Supplément de Mars 1707, & le Père Niceron, tom. I. qui disent que ces *Nuits du Marais* n'ont point été imprimées, & n'ont couru qu'en Manuscrit. Nous ignorons si cette Lettre est la seule : elle se trouve dans le Cabinet de M. Beaucousin.]

7389.** ☞ MS. Réflexions sur l'Edit touchant la réformation des Monastères, (sans nom de lieu :) 1667, *in-*12. de 100 pages.

Le N.º 7391 doit commencer ainsi :

Contre la nouvelle apparition de Luther & de Calvin, sous les Réflexions.....

Le sens de ce titre est, que Luther & Calvin reparoissent dans le premier des deux Livres que le Père Guyard entreprend de réfuter. Les 186 premières pages de son Ouvrage sont contre les Réflexions de 1667, & le reste jusqu'à la 293 & dernière, est contre le Traité de M. le Vayer de Boutigny.]

Même N.º 7391, *après* 1669, *ajoutez*, (imprimé en 1672.)

7396.* ☞ MS. Remontrances sur le pouvoir & l'autorité du Roi sur le Temporel de l'Etat Ecclésiastique, pour le soulagement de tous ses autres sujets, tant Nobles que du Tiers-Etat; par François PAUMIER : 1651, *in-*8.

Ce Manuscrit est dans la Bibliothèque de M. Jardel, à Blaine.]

PAGE 507, *ajoutez*,

7407.* ☞ Discours des Commissaires du Roi, à l'Assemblée du Clergé; du 17 Août 1750, *in-*4. de 8 pages.]

PAGE 508.

Au N.º 7417, *lisez*, Traité... & après 1755, *lisez*, *in-*12. 2 vol. Le même, augmenté : *Amsterdam*, (*Paris*, Vincent,) 1766, *in-*12. 6 vol.

Puis, mettez au commencement de la Note :

Dans l'Edition de 1766, les deux premiers Volumes ne

ne paroissent pas avoir été réimprimés. On a mis seulement un Frontispice nouveau.

7417. * ☞ Observations sur la nature des Biens Ecclésiastiques.

Elles sont imprimées pag. 223 du tom. I. des *Mélanges historiques & critiques sur l'Histoire de France: Amsterdam, & Paris*, de Hansy, 1768, *in-12*.]

PAGE 509.

Au N.° 7422, à la fin de la Note, ajoutez :

Cet Ouvrage de Filesac est presque tout historique. Le sujet est la déprédation des Biens Ecclésiastiques sous le Règne de nos Souverains de la seconde Race. L'Auteur en veut sur-tout à Charles Martel, sans lequel toute la France seroit devenue Mahométane. Ce Docteur auroit dû faire attention aux Monumens historiques qui nous apprennent que Charlemagne, Louis-le-Débonnaire, & sur-tout Charles-le-Chauve, ont été plus prodigues que libéraux envers les Ecclésiastiques]

7430. * ☞ Mf. Dissertation sur l'état des Evêques en France, sous la première Race de nos Rois ; par M. BULLET.

Dans les Registres de l'Académie de Besançon.]

PAGE 510.

Au N.° 7435, ligne 4, au lieu de 1611, lisez, 1612.

PAGE 511, *ajoutez*,

7452. * ☞ Indication sommaire des principes & des faits qui prouvent la compétence de la Puissance séculière, pour punir les Evêques coupables de crimes publics, & pour les contenir dans l'obéissance qu'ils doivent aux Loix, & dans la soumission qu'ils doivent au Roi ; (par M. DE MESNIERES, Président au Parlement de Paris :) *en France, 1755, in-12.*]

PAGE 512.

Au haut de la col. 1, ligne 3, avant JOUSSE, *ajoutez*, Daniel.

A la Note, ligne 3, avant PERELLE, *ajoutez*, André-Robert; *& ligne 4, après* Grand-Conseil, *ajoutez*, mort le 5 Décembre 1735.

Au N.° 7459, à la fin de la Note :

On peut voir plusieurs Pièces indiquées au num. 1613 du Catalogue de la Bibliothèque du Roi, Jurisprudence E.]

PAGE 513.

A la ligne 2, de la col. 1, ajoutez :

Il y a eu une première Edition de ses Œuvres : *Paris*, Kerver, 1576, *in-8*. Le privilège, qui est à la tête, avoit été accordé à Buon, en 1566.]

PAGE 516.

Avant le N.° 7504, & ensuite de la Note de 7503, ajoutez :

On peut voir ci-après, dans notre *tom. III*, pages 581 & 584, plusieurs Pièces intéressantes sur le Concile de Trente, indiquées parmi les Manuscrits de M. Chifflet & de M. d'Esnans, (vol. 34.)

Au N.° 7505, ligne antépénult. de la Note, effacez &, *puis ajoutez à la fin*, & dans le Tome I. des *Mémoires de la Ligue*, (Edit. de 1758) où l'on assure qu'il est de DUPLESSIS-MORNAY.]

PAGE 518.

Au N.° 7532, ligne 6 de la Note, après l'Auteur, *ajoutez*, [& des Notes & de la Dissertation.]

PAGE 519.

Au N.° 7538, à la fin de la Note 2, après Maillane, *ajoutez :*

Cette Pragmatique de Saint Louis est encore dans les grands *Mémoires du Clergé de France, tom. X. pag. 6 & 7.*]

Au N.° 7539, ligne 7 de la Note, répondu à cette Anecdote, *lisez*, répandu cette Anecdote ; *& vers la fin, à* Eadem..... 1540, *lisez*, (1546)... *& ajoutez en Note :*

☞ La première Edition de la Pragmatique avec les Additions de Probus, paroît être de 1546 ; car son Epître dédicatoire à Jacques Spifame, Evêque de Nevers & Président aux Enquêtes, est du 9 Août 1546.]

Au bas de la col. 2, quatre lignes avant la fin, au lieu de ELISE, *lisez*, ELIÆ (DE BOURDEILLE.)

PAGE 520.

Au N.° 7540, ligne 2 de la Note, après Saint Louis, *ajoutez :* (& copiée, presque mot pour mot, du Concile général de Basle. *Et ligne 2 de la colonne 2, après* Recueils, *ajoutez*, dans les Conciles du P. Labbe, *tom. XI. pag. 907 & suiv.* & dans les *Mém. du Clergé, tom. X. pag. 7 & suiv.*]

Au N.° 7541, à la fin de la Note, ajoutez :

On trouve un Extrait de cette Pièce, dans l'*Histoire du Théâtre François*.]

7545. * ☞ Mf. Remarques sur la Pragmatique : gros *in-4*.

Il est conservé à Paris, dans la Bibliothèque de M. le Président Rolland.]

PAGE 521.

Avant le N.° 7548, ajoutez :

Il y avoit deja eu une Edition du Concordat, traduit en François : *Paris*, Gerlier, 1521, *in-4*. Gothique.]

Avant le N.° 7550, ajoutez :

On trouve encore une Histoire du Concordat, au commencement du *tom. V*. de l'*Histoire de François I*, par M. Gaillard : *Paris*, 1769, *in-12*.

PAGE 522, *ajoutez*,

7567. * ☞ Mf. BERTRANDI, Legati Apostolici, Acta, ann. 1404, *in-fol*.

Ces Actes, qui sont à Rome dans la Bibliothèque Chigi, num. 579, concernent les Décimes. Bertrand étoit Commissaire-Enquêteur du Pape, dans les Diocèses de Lyon, Vienne & Besançon. Ce Manuscrit peut être important pour les Bénéfices de ces trois Métropoles, & instructif pour la Géographie de France.]

PAGE 524.

Au haut de la col. 1, ligne 2, après 1703, *ajoutez*, (troisième Edition) ; *& ligne 3, lisez*, augmentée : *Basle*, 1706 : 1709, *in-12*. 2 vol.

Au N.° 7588, en Note, ajoutez :

Cette Suite sur la Régale, est une Pièce imprimée, qui n'a que 8 pages.]

7590. * ☞ Mf. Regalium Jus in Ecclesiâ regni Franciæ, ex Registris Cameræ Computorum : *in-fol*.

Ce Manuscrit ne s'étend que jusqu'en 1439. Il est conservé dans la Bibliothèque Vaticane, parmi les Manuscrits de la Reine de Suède, num. 1902.]

Au N.° 7596, après 1673, *ajoutez*, [par M. DE LOUVETIERE, Avocat.]

7596. * ☞ Mſ. Traité de la Régale, diviſé en quatre Livres : *in-fol.*

Ce Manuſcrit eſt conſervé à Avignon, dans la Bibliothèque de M. de Cambis, Marquis de Velleron, ſelon le Catalogue imprimé de ſes Manuſcrits, num. 148. On y trouve une profonde érudition, de vaſtes connoiſſances & des recherches infinies. L'Auteur remonte juſqu'à l'origine & l'établiſſement de la Régale, qu'il rapporte au Droit Féodal; & il raſſemble tous les faits par ordre chronologique.]

PAGE 515.

Au N.° 7599, *à la dernière Note, ajoutez :*

Il y a quelque différence, au moins pour l'arrangement des Chapitres, entre l'Edition du Traité des Régales, & celle qui eſt dans Bouchel.]

Au N.° 7609, *en Note, ajoutez :*

Cet Ecrit fut fait à l'occaſion d'un Bénéfice que l'on conteſta à l'Auteur : il étoit neveu de Jacques Sirmond qui eut part à cet Ouvrage pour les recherches.]

Au N.° 7613, *à la Note, ligne* 3, *au lieu de* N. *liſez,* Etienne.

PAGE 526.

Au N.° 7617, *à la Note, ajoutez :*

L'objet de la Diſſertation de Pinſſon mérite d'être expliqué. Elle ne contient que 9 pages, & elle eſt ſuivie d'un Mémoire de 3, par le même, pour ſoutenir la Collation faite par le Roi, du Prieuré de Saint-Etienne d'Ars, en l'Iſle de Rhé, dépendant de l'Abbaye de Saint-Michel en l'Herm, dont le Titre eſt ſupprimé, & la Manſe Abbatiale unie au Collège des Quatre-Nations de Paris. De cette ſuppreſſion du Titre de Saint-Michel en l'Herm, de Clérac & d'autres Abbayes, Pinſſon excluoit que le Roi devoit conférer, par Droit de Régale, tous les Bénéfices dépendants de ces Abbayes. C'eſt pour cette Cauſe qu'il a fait cette Diſſertation.

Au N.° 7621, *après* 1681, *liſez, in*-4. & *in*-12.

PAGE 527, *ajoutez,*

7641. * ☞ Mſ. Diverſes Pièces ſur la Régale : *in-fol.*

Elles ſont contenues dans 2 vol. & détaillées au num. 2610 du Catalogue de la Bibliothèque du Roi, *Juriſprudence* E. On peut voir encore les Num. 1049-1052 & 2619.]

PAGE 528.

A la ligne 2 *de la col.* 1, *au lieu de* M. T. *peut-être faut-il* M. C. *qui ſignifie* Magiſtro Charlas.

7650. * ☞ Mſ. Riffleſſioni di uno che ama la verita, ſopra la Lettera che va publicando il Signor Cardinal d'Eſtrées : del 6 Settemb. 1688.

Ces Réflexions roulent ſur la Régale.

Mſ. Mémoire de ce qui s'eſt paſſé à Rome & à Pamiers, ſur l'Affaire de la Régale.

Ce Mémoire eſt diviſé en 14 Chapitres. L'Auteur ne ſe nomme point : il étoit alors à Rome, & ſuivoit l'affaire ſans ſe montrer. Il prétend, dans ſon Ecrit, que l'Evêque de Pamiers étoit trompé par M. Dorat, ſon Agent à Rome; & que le Pape l'étoit par M. Favoriti, ſon Miniſtre. Le dernier Chapitre de ce Mémoire contient les noms & les qualités de pluſieurs perſonnes, dont il y eſt ſouvent parlé.

A la ſuite, eſt un « Abrégé hiſtorique des Tribunaux » de Rome, en Italien, dreſſé en 1686 » à la prière du Cardinal de Geſvres, & corrigé de la main de M. l'Abbé Fleury.

Ces différentes Pièces ſont à la ſuite des Manuſcrits de l'Abbé (Claude) Fleury, dont M. Daragon eſt poſſeſſeur, comme on l'a déja dit pluſieurs fois.]

PAGE 529.

Après le N.° 7659, *ajoutez :*

M. Mignot, d'Auxerre, n'a traité qu'en général de la Régale; mais on croit pouvoir ajouter ici qu'on a pluſieurs Mémoires qui prouvent que l'Egliſe d'Auxerre jouit de l'exemption de la Régale, à titre onéreux. depuis l'an 1200, ayant, pour cela, cédé au Roi ſon droit de mouvance ſur le Comté de Gien, qui relevoit de l'Egliſe d'Auxerre. Les principales Pièces ſont :

1. Mémoire pour M. l'Evêque d'Auxerre (de Caylus,) contre le Sieur Maréchal, Econome Séqueſtre; par Mᵉ. Mariot, Avocat : 1735, *in-fol.* de 5 pag. Il en eſt parlé dans la Vie de M. de Caylus, *tom. II, p.* 38 & *ſuiv.* L'Affaire n'eut pas alors de ſuites conſidérables.

2. Mémoire pour M. l'Evêque d'Auxerre (Champion de Cicé,) & le Chapitre de la Cathédrale, &c. contre l'Abbé de la Ville, (pourvu en Régale d'un Canonicat d'Appoigny, Diocèſe d'Auxerre;) par Mᵉ. Aubry, Avocat : *Paris,* Butard, 1762, *in*-4. de 34 pag. (Il y a eu enſuite un Arrêt du Parlement de Paris, non imprimé, du 18 Février 1762, qui reçoit le Procureur-Général oppoſant aux Arrêts de 1513 & 1555, rendus en faveur de l'Egliſe d'Auxerre.)

3. Mémoire à conſulter, & Conſultation de ſix Avocats du Parlement de Paris, pour M. l'Evêque & le Chapitre d'Auxerre : *Paris,* Simon, 1763, *in*-4. de 50 pages.

(Les Avocats conſeillèrent de ſe pourvoir au Conſeil du Roi, en caſſation. En conſéquence, ſur la Requête de l'Evêque & du Chapitre d'Auxerre, eſt intervenu :)

4. Arrêt du Conſeil (non imprimé) du 21 Mars 1763, qui ordonne que, ſans s'arrêter à l'Arrêt du Parlement, du 18 Février 1762, les Parties procéderont en la Grand'Chambre du Parlement de Paris, ſauf au Procureur-Général de Sa Majeſté de ſe pourvoir par les voies & formes de Droit, s'il y écher, contre les Arrêts de 1513 & 1555. (L'Affaire en eſt reſtée-là, & l'Egliſe d'Auxerre a continué dans ſa poſſeſſion d'être exempte de Régale.)

7659. * ☞ Conſultation ſur la Queſtion de ſçavoir, ſi le Roi a droit de conférer en Régale les Bénéfices ſitués dans ſon Royaume, quand le Siége Epiſcopal, auquel la Collation en appartient, eſt hors de ſes Etats; par Mᵉ Camus, Avocat au Parlement de Paris : *Paris,* Chenault, 1772, *in*-4. de 20 pages.

7667. * ☞ Indult accordé au Roi par le Pape, Benoît XIV, le 11 Déc. 1749, pour la Ceſſion du Droit que le Pape avoit, en vertu du Concordat Germanique, ſur la nomination aux Prébendes de l'Egliſe de Cambray : *in*-4.

Cet Indult a été revêtu de Lettres-Patentes, du 3 Mai 1752, regiſtrées au Parlement de Douay, au mois d'Août ſuivant.]

PAGE 530.

Au N.° 7673, *ajoutez :*

Voici ce qui ſe trouve dans le Moréri, & qui vient de l'Abbé Goujet. « La Diſſertation de l'Abbé Richard » ſur l'Indult, Ouvrage très-ami de la cupidité & plein » de traits ridicules, devoit avoir deux parties; mais on » s'eſt contenté de permettre l'impreſſion de la ſeconde

Hiftoire Eccléfiaftique de la France.

» qui étoit la moins mauvaife. Un Anonyme la tourna
» en ridicule dans une Critique vive, mais délicate,
» qui a couru long-temps en Manufcrit.]

Hiftoires des Papes & des Cardinaux François.

Page 531, ajoutez,

7677. * ☞ Hiftoires & Vies (abrégées) des Papes François; par le P. BALTHAZAR de Riez, Capucin.

A la fin de fon Ouvrage intitulé : *L'incomparable piété des Rois de France* : Paris, Alliot, 1672, *in*-4. 2 vol.]

Page 533.

Au N.° 7717, ligne 3, de la Note, in-fol. *lifez*, in-4.]

7730. * ☞ Obfervations fur les divers Voyages que le Pape Clément V. fit à Touloufe; par D. VAISSETTE.

C'eft le fujet de la Differtation ou Note XIII. du Tome IV. de l'*Hiftoire générale du Languedoc*.]

Page 534, ajoutez,

7762. * ☞ Mf. Eptada, feu Pontificum (Romanorum) qui Avenione federunt, Res geftæ.

Cet Ouvrage eft confervé dans la Bibliothèque Barberine, à Rome : l'Auteur eft M. Jofeph-Marie SUARÈS, ancien Evêque de Vaifon, mort à Rome en 1678.]

Page 535.

Au N.° 7764, *ajoutez à la Note* :

Les Vies des Papes d'Avignon, que Baluze a publiées en 1693, (N.° 7761) ont dans les Notes plufieurs particularités pour les Cardinaux François de leur temps.]

Avant le N.° 7769, ajoutez,

Nota. On peut voir encore les Hiftoires générales des Cardinaux, telles que celle de SANDERUS, (*Anton. Sanderi Elogia Cardinalium* : *Lovanii*, 1626, *in*-4.) & celle d'AUBERY, (*Hiftoire des Cardinaux, par Ant. Aubery* : *Paris*, Soly, 1642, 1643, 1645 & 1649, *in*-4.]

Page 536, ajoutez,

7778. * ☞ Philippi AQUINATIS (d'Aquin,) Hebraicæ Linguæ Profefforis, Lacrymæ in Obitum illuftriffimi Cardinalis de Berulle : *Parifiis*, Beffin, 1629, *in*-8. de 29 pages.

Cet Eloge, dédié à M. de Marillac, Garde des Sceaux, eft en Hébreu, avec une Verfion Latine. Philippe d'Aquin étoit un Juif devenu Chrétien, qui fut fait Profeffeur Royal : il eft mort en 1650. Colomiez, qui en parle dans fon *Gallia Orientalis*, & Bayle, dans fon Dictionnaire, ne difent rien de fa mort.]

Au N.° 7779, ajoutez en Note :

Cette Epître Apologétique a paru auffi en François : *Paris*, Martin, 1622, *in*-8. de 15 pages. Elle étoit adreffée au Cardinal Bentivole, (ou Bentivoglio) Comprotecteur de France. M. Cofpean y prend la défenfe de M. de Bérulle, fur une Critique violente faite par deux Religieux, contre une Prière de ce vénérable Inftituteur de l'Oratoire, laquelle avoir été approuvée par quatre Evêques & douze Docteurs.]

Après le N.° 7786, vers le bas de la page, avant Eloge de Jean de Brogniac, ajoutez,

Tome IV. Part. I.

☞ Vie de Guillaume Briçonnet, mort Archevêque de Narbonne.

Voyez aux Miniftres d'Etat, Tome III. N.° 32457.]

Page 537.

Colonne prem. vers la fin, avant Hiftoria Petri de Fuxo, *ajoutez*,

☞ Vie de Pierre de la Foreft, Archevêque de Rouen.

Voyez Tome III. aux *Chanceliers*, N.° 31493 & 31494.

Avant le N.° 7792, ajoutez,

☞ Hiftoire de Geoffroy.

Voyez ci-après, *Ordre de S. Benoît*, à l'Abbaye de la *Trinité de Vendôme*, N.° 11916.]

Colonne 2, après l'alinéa prem. *ajoutez*,

☞ Vie de Jean de la Grange, dit *le Cardinal d'Amiens*.

Voyez Tome III. aux *Miniftres d'Etat*, N.° 32448.]

Page 538, ajoutez,

7802. * ☞ Obfervations fur le Cardinal Arnaud Novelli, Abbé de Font-Froide; par D. VAISSETTE.

C'eft le fujet de la Note XV. du Tome IV. de l'*Hiftoire générale du Languedoc*.]

Après le N.° 7804, ajoutez,

☞ Vie d'Antoine du Prat.

Voyez Tome III. aux *Chanceliers*, N.° 31496.]

7806. * == ☞ Difcours funèbre du Cardinal de la Valette.

Voyez les Archevêques de Touloufe.]

Avant le N.° 7807.

☞ Difcours funèbre de Louis de la Valette.

Voyez aux Archevêques de Touloufe, dans ce Supplément, N.° 10230 *.]

Page 539.

Au N.° 7809, au commencement de la Note, *lifez :*

Ce Manufcrit eft dans la Bibliothèque des Jacobins de la rue S. Honoré, d'où ayant été volé, il avoit été porté à Sainte-Geneviève. M. Mercier, Bibliothècaire, en ayant été informé, l'a fait rendre aux Jacobins.]

Hiftoires des Eglifes de France.

Notices générales.

La Note du N.° 7818, doit être réformée de la même manière que celle du N.° 1203, (ci-deffus, *pag.* 230.)

Page 540.

Au N.° 7828, ligne 2, au lieu de quæ feries, *lifez*, quâ feries..... Et à la Note 2, ligne 1, *lifez*, douze volumes, dont le dernier a paru en 1770, & ligne 5, au lieu de Etienne B R I C E, *lifez*, Etienne-Gabriel BRICE.

Page 541.

Colonne 1, ligne 11, ôtez (qui s'imprime) & mettez, 1770.

Avant le N.° 7829, ajoutez cette Note qui nous a été envoyée, pour cet endroit.

☞ Avis aux Editeurs du *Gallia Chriftiana* : Dépouiller en entier les Regiſtres de chaque Diocèſe des Inſinuations Eccléſiaſtiques : elles ont commencé en 1554. Depuis cette époque juſqu'à nos jours, ils verront les Bulles des Evêques, Abbés, &c. Elections des Dignités, &c. & ils rempliront les lacunes qu'ont laiſſées les Confidentiaires & autres dans des temps tumultueux.]

7828.* ☞ Le Clergé de France, ou Tableau hiſtorique & chronologique des Archevêques, Evêques, Abbés, Abbeſſes & Chefs des Chapitres principaux du Royaume, depuis la fondation des Egliſes juſqu'à nos jours ; par M. l'Abbé Hugues DU TEMS, Chanoine de l'Egliſe Métropolitaine de Saint-André de Bordeaux : *Paris*, Delalain, 1774, *in* 8. Tome I.

Il doit y avoir ſept volumes bien remplis. Cet Ouvrage eſt un Abrégé du *Gallia Chriſtiana*, dont il reſte encore pluſieurs Provinces à publier. Son objet eſt de repréſenter ce grand Ouvrage en ſubſtance, & même de le ſuppléer pour les parties qui lui manquent. Ce premier Volume contient les Provinces d'Aix, Albi, Arles, Auch.]

Au N.° 7838, *ajoutez en Note :*

Cet Etat des Egliſes Cathédrales, &c. eſt un ample Commentaire, auſſi ſçavant que curieux, ſur la première Partie des Statuts du Chapitre de l'Egliſe Cathédrale de Leſcar, ci-devant, N.° 5143 * de ce *Supplément*.]

Sur le N.° 7844, *obſervez qu'il paroît déplacé : il ſeroit évidemment mieux entre les* Nos *7467 & 7468, qui traitent préciſément du même objet*.]

*P*AGE 542, *ajoutez*,

7846.* ☞ De quelques Droits des Chapitres des Egliſes Cathédrales & Collégiales de la Province de Reims.

Voyez le Chapitre XXIV. du Livre II. du *Traité du Clergé*, par Jean DU TOUR : *Paris*, Taupinart, 1638, *in*-8.]

Métropole d'Aix, & ſes Suffragans.

7862.* ☞ Notice hiſtorique de Génebrard, Archevêque d'Aix ; par Cl. Pierre GOUJET.

Dans ſon *Mémoire hiſtorique ſur le Collège Royal*, *in*-12. tom. I. pag. 295-309.]

*P*AGE 543, *ajoutez*,

7865.* ☞ Hiſtoire de Michel Mazarin, d'abord Dominicain & Maître du Sacré Palais, enſuite Archevêque d'Aix & Cardinal ; par le P. TOURON.

Dans ſes *Hommes illuſtres de l'Ordre de S. Dominique*, tom. V. pag. 278. Ce Prélat, qui étoit frère du fameux Miniſtre de même nom, eſt mort en 1648, à Rome, où il étoit Ambaſſadeur de Louis XIV.]

7876.* ☞ Vie de S. Caſtor, Evêque d'Apt, & Patron de la Paroiſſe de Nismes : *Avignon*, Domergue, (1767,) *in*-12.

L'Auteur de cette Vie eſt Antoine RIVOIRE, ci-devant Jéſuite.]

*P*AGE 544.

Au N.° 7893, *ligne 8, au lieu de* 7878, *liſ*. 7877.

Au N.° 7896, *à la fin de la Note :*

On peut voir ſur cet Ouvrage, l'*Hiſtoire de Fréjus*, par M. Girardin, ci-après : Préface, pag. xv.]

Au N.° 7898, *après* Paris, *ajoutez*, veuve Delaulne.

Au N.° 7899, *ajoutez à la Note :*

On peut voir ſur cet Ouvrage l'*Hiſtoire de Fréjus*, par M. Girardin : Préface, *pag.* xiv.]

Métropole d'Alby, & ſes Suffragans.

*P*AGE 545, *ajoutez*,

7914.* ☞ Pièces concernant l'érection de l'Archevêché d'Alby.

Dans les *Mémoires du Clergé*, *in*-fol. tom. I. p. 73 & *ſuiv*.]

7914.** ☞ Mémoire pour M. le Goux de la Berchère, Archevêque & Seigneur d'Alby, contre M. Léon Pottier de Geſvres, Archevêque de Bourges : *in-fol*. de 39 pages. (Imprimé.)

Mémoire de M. l'Archevêque d'Alby, contre les prétentions de l'Archevêque de Touloufe : *in-fol*. 4 pages.]

7916.* ☞ La Vie de S. Salvy, Evêque d'Alby : *in*-12. (ſans année, &c.)

7918.* ☞ Si Frotard, Evêque d'Alby, au XI.e Siècle, fut excommunié & dépoſé pour cauſe de ſimonie.

C'eſt le ſujet de la Note XXXIX. du Tome II. de l'*Hiſtoire générale du Languedoc*, par DD. DE VIC & VAISSETTE.]

Au N.° 7921, *à la fin de la Note, ajoutez :*

L'Eloge d'Hyacinthe Serroni, Archevêque d'Alby, a été réimprimé à la tête de ſes *Entretiens affectifs ſur les Pſeaumes* : *Paris*, Pralard, 1688, & Debats, 1701, *in*-8. 3 vol. A la fin de cet Eloge, l'Abbé de Camps, qui avoit long-temps demeuré avec ce Prélat, promet une Vie plus étendue ; mais il ne l'a point publiée.]

7921.* ☞ Eloge d'Armand-Pierre de la Croix de Caſtries, Archevêque d'Alby, mort en 1747.

Dans l'Extrait des Aſſemblées de la Société Royale de Montpellier, du 8 Mai 1749.]

Au N.° 7924, *ajoutez à la Note :*

☞ M. l'Abbé du Tems, qui paroît mieux inſtruit, attribue cet Ouvrage à un Abbé DE BONAL, Bachelier de Sorbonne, & Prieur de Milhaud : *Tome I, du Clergé de France* : (*Paris*, Delalain, 1774, *in*-8.) *pag*. 205.]

*P*AGE 546, *ajoutez*,

7934.* ☞ Verbal contenant exemple ſingulier du nouveau ſupplice exécuté en la perſonne de l'Evêque de Caſtres : 1606, *in*-8.

Nous n'avons pu voir cet Ecrit : peut-être y eſt-il queſtion d'une repréſentation inſolente faite par quelque Calviniſte ? Il paroît qu'il n'arriva rien de fâcheux à l'Evêque de ce temps-là.]

Au N.° 7938, *en Note :*

☞ Cet Abrégé de Vidal, Avocat à Cahors, avoit paru dès 1660, comme il eſt dit *pag*. 443, de la *Vie de M. de Solminihac*, imprimée en 1663, (ci-après, N.° 7953.) On y voit auſſi que Vidal avoit promis une Hiſtoire générale des Evêques de Cahors, & de tout ce qui s'eſt paſſé dans le Quercy, depuis la publication de l'Evangile.]

Histoires des Archevêchés & Evêchés.

AGE 547.

Au N.° 7953, ajoutez à la Note :

☞ Le Père Chastenet est mort en 1685. Sa Vie, de M. de Solminihac, a été traduite en Latin, sous ce titre : *Idea boni Prælati*, &c. par le P. Dominique Bisselius, Chanoine-Régulier de Sainte-Croix d'Augsbourg, & imprimée *in Monasterio Campidonense*, 1673, *in-*12.

Cette Vie, du Père Chastenet, *pag.* 491 & 699, fait mention d'un *Eloge* du même Prélat, *en Vers Elégiaques*, par M. Dubois, Curé de Peschardières, au Diocèse de Cahors, composé pendant sa Vie, mais *imprimé depuis peu de jours*, dit le Père Chastenet, qui écrivoit en 1662. Il parle encore, *pag.* 574, d'une *Lettre sur la mort de M. de Solminihac*, par un Président de la Cour des Aides de Cahors, & imprimée à son insçu.]

7969.* ☞ Remarques sur Odilon de Mercueur, Evêque de Mende, au milieu du XIIIe Siècle.

C'est le sujet de la Note XLI. du Tome III. de l'*Histoire générale du Languedoc*.]

Métropole d'Arles, & ses Suffragans.

PAGE 548, *ajoutez*,

7977.* ☞ Mss. Wilielmi Marcelli, Tolosani, Promptuarium Ecclesiasticum, & Civile, Metropolitanæ Galliarum, id est Arelates : *in-fol.* (de 152 pages.)

Cette Histoire finit en 1647, & elle contient des recherches curieuses. Elle est conservée à Avignon, dans la Bibliothèque de M. Cambis de Velleron : on peut voir le Catalogue de ses Manuscrits (Addition) *p.* 669. L'Auteur, Guillaume Marcel, est le même qui a publié de petites Tablettes Chronologiques, & une *Histoire* (abrégée) *de l'origine & du progrès de la Monarchie Françoise* : *Paris*, 1686, *in-*12. quatre gros volumes. Il est mort à Arles le 27 Décembre 1708, âgé de 61 ans.]

PAGE 549.

Au N.° 7988, à la Note 2, Ferand, *lisez*, Feraud.

7988.* ☞ Mss. La Vida de sant Honorat : *in-*4.

Ce Manuscrit, sur vélin, contient la Vie de S. Honorat, premier Abbé & Fondateur de Lérins, & ensuite Archevêque d'Arles : c'est celle dont on vient de parler, comme remplie de fables. Raymond Feraud, de l'illustre Maison de Glandèves, & Poëte Provençal, la fit en Vers Provençaux, & la dédia à Marie de Hongrie, femme de Charles II. dit *le Boiteux*, Roi de Naples & de Sicile, & Comte de Provence : cette Princesse mourut à Naples le 25 Mars 1323. Ce Manuscrit est beau, & enrichi des Armoiries de Naples & de Sicile, de Jérusalem & de Provence. Il est conservé dans la Bibliothèque de M. de Cambis-Velleron, à Avignon. *Voyez* le *Catalogue* qu'il a fait imprimer de ses Manuscrits, *in-*4. *pag.* 351.

On conserve dans la Bibliothèque du Roi, n. 7996, une *Vie de S. Honoré, en Vers Provençaux* : *in-fol.* Il y a apparence que c'est une copie de celle de Feraud : elle est écrite à deux colonnes, d'une écriture de la fin du XIVe Siècle. On en trouve encore une semblable sous le num. 7958, *in-*4. d'une écriture du XVe Siècle.]

Au N.° 8005, à la fin de la Note, au lieu de du premier Ouvrage, *lisez*, du premier Livre de cet Ouvrage. *Ensuite ajoutez* : Ce sentiment, de quelques Critiques, est bien contrebalancé par ce que les Bollandistes ont dit à ce sujet, sçavoir le Père Stilting, au 17 Août ; & le P. Ghesquière, au 3 Octobre, dans la Vie de S. Cyprien de Toulon, qu'ils ont prétendu faire voir être le véritable Auteur du Livre dont il s'agit.]

PAGE 551.

Au N.° 8044, ajoutez en Note :

☞ On trouvera encore des Histoires de Nicolas Coeffeteau, parmi celles des *Dominicains*, ci-après, N.ºs 13813 & *suiv.*]

PAGE 552, *ajoutez*,

8054.* ☞ Eloge de Henri-François-Xavier de Belzunce de Castelmoron, Evêque de Marseille, (mort le 4 Juin 1755, âgé de 84 ans.)

Cet Eloge se trouve dans le *Recueil* de l'Académie de Marseille, 1755.]

8060.* ☞ De sancto Cypriano, Telone in Provincia Galliæ, Commentarius historico-criticus : auctore Josepho Ghesquiero, è Societate Jesu.

Dans le Recueil de Bollandus, *tom. II.* d'Octobre, *pag.* 164-177. Ce Saint est mort vers l'an 545.]

Au N.° 8068, effacez la main, & mettez Mss. (*cet Article étant dans le Supplément du P. le Long*.)

Au N.° 8069, avant Mss. *mettez une main*, (*c'est un Article nouveau*.)

Métropole d'Auch, & ses Suffragans.

PAGE 553.

Au N.° 8085, à la Note, après page 307, *ajoutez*, & à la tête de la Traduction Françoise, faite par M. de Bougainville, du Poëme de l'*Anti-Lucretius* du Cardinal de Polignac : *Paris*, Saillant, 1749, *in-*8. & *in-*12. 2 vol.]

Au N.° 8086, à la Note, ligne 2, *lisez*, Juin ; (par le P. de Charlevoix.)

8086.* ☞ Eloge du même (Cardinal de Polignac,) lû à l'Assemblée publique de l'Académie des Sciences, du 4 Avril 1742 ; par M. (Jean-Jacques d'Ortous) de Mairan : *Paris*, Imprimerie Royale, 1742, *in-*12.

Il a été ensuite imprimé dans le Recueil des *Mémoires* de cette Académie, 1741, *Histoire, pag.* 180, & dans le *Recueil in-*12. des *Eloges*, par M. de Mairan, *pag.* 37.]

8088.* ☞ Eloge de Paul-Philippe de Chaumont, Evêque d'Acqs (ou de Dax,) mort en 1697 ; par l'Abbé Joseph d'Olivet.

Dans l'*Histoire de l'Académie Françoise, tom. II. in-*12. *pag.* 343, Ed. de 1743.]

8088.** ☞ Histoire de la Vie & des Ouvrages de Paul-Philippe de Chaumont, Evêque de Dax (ou d'Acqs ;) par le Père Niceron.

Dans ses *Mémoires, tom. XL. pag.* 91. M. de Chaumont se démit de son Evêché en 1684, & mourut en 1697.]

PAGE 554.

Au N.° 8101, ligne 1, *au lieu de* Bertrand, *lisez*, Bernard.

8107.* ☞ Eloge du même Litolphi, Evêque de Bazas.

Dans le *Nécrologe de Port-Royal : Amsterdam*, (Rouen,) 1723, *in*-4. pag. 206.]

Métropole d'Avignon, & ses Suffragans.

PAGE 555, *ajoutez*,

8125.* ☞ Mſ. Avenionis antiqua Documenta.

Mſ. Diptychon Episcoporum & Archiepiscoporum Avenionensium.

Ces deux Manuscrits de M. Joseph-Marie SUARÈS, ancien Evêque de Vaison, sont conservés à Rome dans la Bibliothèque Barberine.]

8129.* ☞ Vie de S. Agricol, Evêque d'Avignon : *Avignon*, 1651, *in*-12.]

8129.** ☞ Panégyrique de S. Agricol, Citoyen, Evêque & Patron d'Avignon, avec des Notes sur les Actes & le Culte de ce Saint, & sur l'Histoire sacrée & profane de la même Ville ; par le P. EUSÈBE (Didier,) Récollect : *Avignon*, Tournel, 1755, *in*-4.]

Réflexions critiques sur ce Panégyrique & les Notes ; par M. DE CAMBIS - VELLERON : *Avignon, in*-4.]

Réponse aux Réflexions, &c. par le Père EUSÈBE : *in*-4.

Seconde Critique ; par M. DE CAMBIS-VELLERON : *in*-4.

Seconde Réponse du P. EUSÈBE : *in*-4.]

8134.* (1.) ☞ Histoire de Dominique de Marinis, Dominicain, qui a été ensuite Archevêque d'Avignon, (& est mort en 1684;) par le P. TOURON.

Dans ses *Hommes illustres de l'Ordre de S. Dominique*, tom. V. pag. 459.

(2.) ☞ Histoire d'Hyacinthe Libelli, Dominicain, Maître du Sacré Palais, & ensuite Archevêque d'Avignon, (mort en 1684;) par le même.

Dans le même Volume, pag. 579.]

(3.) ☞ Entrée solemnelle de Monseigneur Joseph de Crochans, Archevêque d'Avignon, faite le 17 Décembre 1742 : *Avignon*, Girard, 1743, *in*-4. de 50 pages.

Cette Relation est du Père CHARLES, Jésuite, qui signe l'Epître Dédicatoire à cet Archevêque, & qui dit dans un Avertissement, qu'on avoit déja fait imprimer à son insçu sa Relation, mais fort défigurée.]

PAGE 556.

Au haut de la colonne prem. ligne 1, *avant* 1590, *ajoutez*, 1572 &c.

8142.* ☞ Oraison funèbre de Messire Dom Malachie d'Inguimbert, Archevêque, Evêque de Carpentras, prononcée à Carpentras dans l'Eglise Cathédrale, le 6 Septembre 1764, à l'occasion de la Translation de son corps dans l'Eglise du nouvel Hôpital qu'il avoit fait bâtir ; par le P. Augustin MAGY, Jésuite : *Avignon*, veuve Girard, 1764, *in*-12. de 96 pages.]

Au N.° 8144, effacez ces mots : & enfin l'Eloge de l'Auteur en Latin ; car c'est l'Eloge du P. le Quieu, Dominicain, Instituteur de la Congrégation du S. Sacrement.]

8147.* ☞ De sancto Bartio, seu Barsio, Episcopo, Vasione in Comitatu Vindauscensi, Notitia : auctore Jac. BUEO, è Societate Jesu.

Dans le *Recueil* de Bollandus, tom. III. d'Octobre, pag. 399.]

Le N.° 8149, Histoire de S. Véran . . . . *doit être transféré à la colonne suivante, après* N.° 8154; *car il a été Evêque de Cavaillon.*]

8151.* ☞ Mſ. Relation de l'enlèvement & de la prison de François Genêt, Evêque de Vaison, par ordre du Roi de France, en l'année 1688, *in*-12. de 150 pages.

Ce Manuscrit est conservé à Avignon, parmi les Manuscrits de M. de Cambis-Velleron, num. 107, & l'on observe, *p.* 477, de son Catalogue raisonné, que cette Relation est très-circonstanciée & faite par un Auteur contemporain & oculaire, qui est désigné par ces Lettres, L. A. V.]

Métropole de Besançon, & ses Suffragans.

PAGE 557.

Au N.° 8164, effacez Mſ. *& ajoutez en Note :*

Cet Ouvrage a été imprimé sans nom de lieu, &c.]

PAGE 558.

Au N.° 8179, à la fin de la Note, ajoutez :

Suivant un ancien Ecrit de l'Abbaye de S. Oyan, on pourroit porter la Vie de S. Claude jusqu'à l'an 707. Mais en général on peut dire que la date de sa mort n'est point déterminée, quoiqu'on ait lieu de croire qu'elle doit se rapporter à la fin du VII.e Siècle.]

Au N.° 8198, ajoutez à la Note :

Ces Mémoires & Papiers du Cardinal de Granvelle, rassemblés par M. l'Abbé Boisot, sont encore conservés dans l'Abbaye de S. Vincent de Besançon. Ils forment quatre-vingt Volumes *in-fol.* Comme ils regardent principalement le Ministère de ce fameux Cardinal, qui fut employé, ainsi que ses parens, par Charles-Quint & Philippe II. on en trouvera indiquées les différentes Pièces, dans nos Volumes suivans. Au reste, on peut voir ce qu'a dit de cette importante Collection, M. de la Monnoye, dans l'Edition qu'il a donnée du *Menagiana : Paris*, 1715, tom. *I*. p. 3 & *s*. Il l'a tiré de la Table de ces Manuscrits, faite par l'Abbé Boisot, qui estimoit par dessus tout deux ou trois gros Volumes de Lettres de la main du Cardinal, à M. de Bellefontaine, son cousin germain & son cher ami : ce grand Ministre s'y est peint lui-même, & on l'y trouve tout entier.]

PAGE 559, *ajoutez*,

8201.* ☞ Mſ. Mémoire sur quelques Manuscrits de la Bibliothèque publique de S. Vincent de Besançon, & principalement sur les Mémoires du Cardinal de Granvelle ; par Dom BERTHOD, Membre de l'Académie de Besançon. = Anecdotes tirées de ces Mémoires, par le même.

Ces deux Pièces sont conservées dans les Registres de l'Académie de Besançon.]

8208.* ☞ Vita Beati Artaldi, Cartusiani,

Histoires des Archevêchés & Evêchés. 311

Episcopi Bellicensis ; cum Commentario Jac. Buei, è Societate Jesu.

Dans le *Recueil* de Bollandus, *tom. III.* d'Octobre, *pag.* 778-786. Ce Saint est mort en 1106.]

Le N.º 8109 *doit être avant* 8107, *pour conserver l'ordre chronologique.*

8218. * ☞ Remarques sur le Bienheureux Amédée, Evêque de Lausanne; (par Dom Jean Liron, Bénédictin.)

Dans ses *Singularités historiques, tom. IV.* p. 12.]

Au N.º 8220, *ligne* 2, *ôtez les* 2 *points avant* Monacho... & *ligne* 3, *lisez*, Bollandi.

Métropole de Bordeaux, & ses Suffragans.

Page 560.

Au N.º 8225, *ajoutez à la Note* :

☞ Il n'y a eu de ce Livre (*Basilea sacra*) que peu d'Exemplaires de tirés; ce qui fait qu'il est rare.]

8233. * ☞ Vindiciæ Primatûs Burdegalensis : auctore Paschalio Labrousse.

Ce Traité est cité par Ménage, dans son *Dictionnaire étymologique*, & dans les Manuscrits du Père Estiennot, sans qu'ils disent s'il est imprimé ou non.]

Page 562.

Au N.º 8266, *après* Collégiale, *ajoutez*, de S. Caprais.

8268. * ☞ Responce apologétique au Brief Recueil de la prétendue vérité de l'Histoire de S. Caprasi d'Agen ; par Antoine de Lescazes, Chanoine de S. Estienne d'Agen : *Bourdeaus*, 1622, *in*-8. de 40 pages.

Ce Livret prétend « pertinemment montrer que saint »Caprais, Martyr de l'an 303, étoit Evêque de la Ville »d'Agen, selon l'ancienne créance & tradition ». Cependant cette opinion n'a aucun fondement solide; sur quoi l'on peut voir les *Mémoires Ecclésiastiques* de M. de Tillemont, *tom. IV.* pag. 753, *in*-4. Le Brief Recueil auquel Antoine de Lescazes répond, n'est, comme on le voit dans son Avertissement, qu'un petit Cahier qui venoit d'être imprimé.]

8273. * ☞ Arrêt du Conseil d'Etat, intervenu sur les Contestations formées par quelques Réguliers du Diocèse d'Agen, tant au sujet de l'administration de la Parole de Dieu, que de l'administration du Sacrement de Pénitence ; du 4 Mars 1669 : *Paris*, Vitré, 1669, *in*-4. de 75 pages.]

Page 563, *ajoutez*,

8300. * ☞ De sancto Palladio, Commentarius historicus : auctore Josepho Ghesquiero, è Societate Jesu.

Dans le *Recueil* de Bollandus, *tom. III.* d'Octobre, *pag.* 914-935. Ce Saint est mort vers l'an 600. L'Auteur discute sa conduite, en partie trop décriée par quelques Auteurs, tant à l'égard de Gondebaud, qu'à l'égard de Gontran, Roi de Bourgogne.]

Page 564, *ajoutez*,

8321. * ☞ Notice historique de Henri-Louis Chasteignier de la Rochepozay, Evêque de Poitiers; par M. Dreux du Radier.

Dans sa *Bibliothèque du Poitou, tom. III.* pag. 478. M. de la Rochepozay est mort en 1651.]

8321. ** ☞ Apologie pour Messire Henri-Louis Chastaignier de la Rochepozay, Evêque de Poitiers, contre ceux qui disent qu'il est défendu aux Ecclésiastiques d'avoir recours aux armes en cas de nécessité : 1615, *in*-8. de 267 pages, (avec une *Liste des Prélats qui ont pris les armes*, contenant 13 pages.)

C'est un Ouvrage de la jeunesse de Jean du Vergier de Haurane, qui a été depuis fort connu sous le nom de l'Abbé de S. Cyran : il est mort en 1643.]

8324. * ☞ Notice historique du même, (M. de la Poype, Evêque de Poitiers;) par M. Dreux du Radier.

Dans sa *Bibliothèque du Poitou*, tom. *IV*, pag. 433.

Au N.º 8325, *avant de* Foudras, *ajoutez*, Louis; & *lisez ensuite*, Jean Arnoult, Curé de Saint-André de Nyort,.....

On peut voir, sur cette Oraison funèbre, *pag.* 77 du tom. *V* de la *Bibliothèque du Poitou*.]

8331. * ☞ Notice historique de François de la Beraudière, Evêque de Périgueux, mort en 1646; par M. Dreux du Radier.

Dans sa *Bibliothèque du Poitou*, tom. *III.* pag. 454.

Au N.º 8334, *à la Note, ligne* 1, *au lieu de* Tome XX, *lisez*, Tome XIII.

Page 565, *ajoutez*,

8335. * ☞ Pièces concernant l'Erection de l'Evêché de Maillesais, & sa Translation à la Rochelle.

Dans les *Mémoires du Clergé, tom. I, in-fol.* pag. 1=45.]

8340. * ☞ Oraison funèbre de M. Etienne de Champflour, Evêque de la Rochelle, prononcée dans l'Eglise de la Rochelle, le 17 Janvier 1725; par M. Léon d'Arger, Chanoine de ladite Eglise : *la Rochelle*, veuve Courson, 1725, *in*-4.

Cet Evêque est mort le 26 Novembre 1724, & l'Auteur, le 26 Novembre 1756.]

8341. * ☞ Sacra Politia Lucionensis Ecclesiæ : *Fonteniaci*, Petit-Jean, 1648, *in*-4. de 34 pages.

On y trouve le Catalogue des Evêques de Luçon.]

Au N.º 8344, *à la fin de la Note, ajoutez* :

☞ Il est Auteur, en partie, des *Conférences de Luçon.*

Au N.º 8345, *effacez la Note, & lisez* :

L'Abbé Goujet, dans son Supplément de Moréry, de 1735, (Articles Dubos & du Puy,) nous apprend que cet Abrégé de la Vie de M. Barillon a été mal-à-propos attribué à Germain du Puy, (comme l'Abbé Goujet l'avoit dit lui-même à l'Article *Barillon*,) & qu'il est certainement de Charles-François Dubos, Grand-Vicaire de Luçon, lequel n'avoir composé cet Abrégé que comme l'esquisse d'une Vie plus étendue, que M. Dubos, Chanoine de Rouen, devoit donner d'après le Manuscrit de son oncle, à la tête d'une nouvelle Edition des Conférences de Luçon.

8345. * ☞ Ms. Abrégé de la Vie de M. Barillon: *in*-4. de 53 pages.

Il est dans le Cabinet de Me Beaucousin, Avocat au

Parlement de Paris : c'est vraisemblablement ce Manuscrit plus ample, que M. Dubos, le neveu, vouloit faire imprimer. Il paroît corrigé de la propre main de l'Auteur. Le style y est retouché en plusieurs endroits, & l'ordre changé en quelques articles : on a mis en marge les citations & des Sommaires. Mais ce qu'il y a de plus important, ce sont nombre d'Additions & de Faits nouveaux, qui rendent précieux ce Morceau historique.]

8347. * ☞ Consultation pour les Curés de Luçon, au sujet d'un Synode indiqué par M. l'Evêque, (Antoine Gautier,) au Mercredi 7 Septembre 1767 : *Paris*, Knapen, *in-4.*]

8347. ** ☞ Mémoire à consulter sur le prochain Synode de Luçon : *Paris*, Chenault, 1768, *in-4.*

On y défend, avec force, les Droits des Curés, que M. l'Evêque de Luçon vouloit réduire à la simple qualité d'exécuteurs des Ordonnances Synodales, qu'il avoit fait imprimer avec les Statuts, avant la tenue du Synode.]

Métropole de Bourges, & ses Suffragans.

PAGE 566, *ajoutez* :

8370. * ☞ De Sancto Apollinare, Archiepiscopo Bituricensi, Sylloge Constantini SUYSKENI, è Soc. Jesu.

Dans le Recueil de Bollandus, tom. II, d'Octobre, pag. 413-416. Ce Saint est mort l'an 611.]

PAGE 567, *ajoutez* :

8396. * ☞ Mf. Histoire de Saint Guillaume de Bourges, Archevêque : *in-fol.*

Ce Manuscrit est dans la Bibliothèque du Vatican, parmi ceux de la Reine de Suède, num. 1514.]

PAGE 569, *ajoutez* :

8449. * ☞ Vie & Miracles de S. Bonnet, Evêque de Clermont,... à l'occasion des Reliques trouvées dans la Chapelle de Saint-Bonnet, dit *le Froid* ; avec les Antiquités de cette Chapelle ; (par M. DU BOSC, Prêtre :) *Lyon*, Canier, 1668, *in-12.* de 91 pages.]

PAGE 570.

Au N.° 8461, *effacez* Mf. & *à la Note, ajoutez* :

Le P. Labbe l'a fait imprimer dans sa nouvelle Bibliothèque des Manuscrits, tom. II, pag. 265.]

8461. * ☞ Mémoire pour les Evêques de Limoges, contre le Droit de Régale sur l'Evêché de Limoges, prétendu par le Marquis de Saillant ; par Me DOILLOT, Avocat : *Paris*, 1768, *in-fol.*

Mémoire pour M. le Marquis de Saillant, contre M. l'Evêque de Limoges ; par Me AVED DE LOZEROLLES : *Paris*, 1768, *in-4*

8465. * ☞ Traité de la Dévotion des anciens Chrétiens à Saint Martial, Apôtre de la Guyenne, & premier Evêque de Limoges ; par Jean BANDEL, Docteur de Sorbonne, Chanoine de Limoges, & Vicaire-Général : *Limoges*, Barbou, 1638, petit *in-8.* de 227 pages.

Cet Ouvrage est dédié à M. François de la Fayette,

Evêque de Limoges, qui l'a approuvé. L'Auteur, dans sa Préface, annonce qu'il travaille, depuis quinze ans, à une Histoire de la Province & du Diocèse de Limoges. Il donne ensuite la Liste de beaucoup de Manuscrits, dont il a fait usage.]

Au N.° 8468, *en Note, ajoutez* :

Cet Article de Saint Martial de Stains, ne peut convenir en rien à Saint Martial de Limoges. On a, depuis un temps immémorial, son Chef dans l'Eglise de son nom à Limoges. Il y mourut en paix, & n'y souffrit point le Martyre. Ce Saint Martial, dont on a voulu parler, doit être le plus jeune des enfans de Sainte Félicité.]

Au N.° 8471, *à la Note, ligne 2, au lieu de page* 1-14, *lisez, pag.* 114.]

PAGE 571, *ajoutez*,

8481. * ☞ Eloge historique de M. François de la Fayette, Evêque de Limoges, (mort en 1676 :) *Limoges*, Chapoulaud, 1771, *in-12.*

L'Auteur est M. Joseph DEVOYON, Supérieur du Séminaire de la Mission.]

Au N.° 8482, *ligne 2, lisez*, COGNIASSE...

Cet Abbé étant tombé en démence, se noya en 1729.]

8484. * ☞ S'ensuit la Fondation de la sainte Eglise & singulier Oratoire de Nostre-Dame du Puy, translaté de Latin en François, & comment le dévot Image fut trouvé par Hiérémie le Prophète : *Paris*, *in-16.* Gothique.

☞ On peut voir d'autres Ouvrages sur l'origine de l'Eglise du Puy, ci-devant, N.° 4195 *& suiv.* Nous ajouterons ici, que les Evêques sont depuis l'an 1050, soumis immédiatement au S. Siège : ce qui n'empêche pas que pour la Police extérieure ils ne soient de la Province Ecclésiastique de Bourges.]

8498. * ☞ Catalogus Abbatum & Episcoporum Tutelensium, à Stephano BALUZIO delineatus : *Tutelæ Lemovicum*, Dalvyn, 1654, *in-fol.* Placard.

C'est le second Ouvrage qu'a donné le jeune Baluze, après son *Anti-Frisonius* de 1652. On l'a oublié dans la Liste de ses Ouvrages qui précède le Catalogue de sa Bibliothèque, & autres Livres où il en est fait mention.]

Métropole de Cambray, & ses Suffragans.

PAGE 574.

Avant le N.° 8524, *ajoutez*,

Le P. le Long observoit ici que Jacques Malbrancq, en son *Hist. de Morinis*, tom. III. dit que la Chronique de Terouenne, par Balderic, étoit parmi les Manuscrits de Faucher : ce qui balance l'observation de M. Mutte sur la non-existence de cette Chronique.]

Au N.° 8526, *après la main, ajoutez*, Mf.

A la colonne 2, ligne 3, au lieu de Poëme, *lisez*, Proëme (ou Préface.)

PAGE 575, *ajoutez*,

8528. * ☞ Mf. Abrégé des Vies des Evêques de Cambray : *in-fol.*

Cet Abrégé, qui finit en 1215, est conservé dans la Bibliothèque du Vatican, parmi les Manuscrits de la Reine de Suède, num. 760.]

PAGE

Histoires des Archevêques & Evêques. 313

PAGE 576.

Au N.º 8545, à la Note, ligne 1, au lieu de 1596, lisez, 1677... ligne 4, au lieu de 1764, lisez, 1767... ligne 5, après 1761, ajoutez & 1766.]

8551. * ☞ Mémoire pour M. l'Archevêque de Cambray, (Léopold - Charles de Choiseul) contre les Prévôt & Echevins de cette Ville : *Paris*, J. Th. Hérissant, 1772, *in*-4. de 50 pages. = Titres qui prouvent la Seigneurie & Haute-Justice des Evêques & Archevêques de Cambray, sur cette Ville & son Territoire : *in*-4. de 386 pages.]

PAGE 578.

Au N.º 8570, à la Note : Dans le même Ouvrage, lisez, Dans l'*Histoire Littéraire de la France*.

Au N.º 8572, Mss. *mettez*, Ms.

8582. * (1.) ☞ Eloge de François de Salignac de la Motte-Fénélon, Archevêque de Cambray, Précepteur des Enfans de France : Discours qui a remporté le Prix de l'Académie Françoise en 1771 ; par M. DE LA HARPE : *Paris*, veuve Regnard, 1771, *in*-8.

Cet Imprimé a été supprimé par Arrêt du Conseil.]

(2.) ☞ Autre Eloge du même, qui a obtenu l'Accessit ; par M. l'Abbé MAURY : *Paris*, veuve Regnard, 1771, *in*-8.]

(3.) ☞ Autre, ayant pour Devise : *Aleæ periculosæ plenum opus* : *in*-8.]

(4.) ☞ Parallèle des trois Discours qui ont concouru pour l'Eloge de M. de Salignac de la Motte-Fénélon : *Alethopolis*, 1771, *in*-8.]

PAGE 579, *ajoutez*,

8585. * ☞ Ordre & Suite des Evêques d'Arras, jusqu'à M. Jean Richardot, qui fit sa joyeuse Entrée le 8 Février 1604 ; avec un brief Recueil de leurs faits plus illustres. Plus, la Succession des Comtes d'Arthois, avec les choses les plus mémorables ; par M. Guillaume GAZET, Chanoine d'Aire & Pasteur de Sainte-Marie-Magdelaine à Arras : *Arras*, la Rivière, 1604, *in*-8. de 72 pag.

On peut voir ci-devant, au N.º 8511, d'autres Ouvrages du même sur les Pays-Bas, & où il est question d'Arras.]

Au N.º 8590, *ligne* 7, *avant* 1708, *ajoutez*, Paris, Langlois.

Le N.º 8600 *doit être effacé, comme étant mieux au* N.º 8586.

PAGE 580.

Au N.º 8605, *ajoutez à la Note :*

Son Eloge aura été fait de son vivant, & même avant qu'il fût Evêque, s'il n'y a pointé faute dans la date de l'impression, que nous n'avons pu vérifier.]

PAGE 581.

Au N.º 8636, *ligne* 3, *au lieu de* 1717, *lisez*, 1707.

Au N.º 8638, *ajoutez à la Note :*

Il est bon de voir encore la *Dissertation historique* & les autres Ecrits sur le même sujet, indiqués à l'*Hist. de l'Abbaye de S. Bertin*, ci-après, N.ᵒˢ 12363-12368.]

Après le N.º 8640, *ajoutez,*

━ Trois Pièces en l'honneur de Paul Boudot. *Voyez les* N.ᵒˢ 8605-8607.

Tome IV. Part. I.

Métropole de Cologne, & ses Suffragans.

PAGE 583.

Au N.º 8660, *ligne* 1, *au lieu de* Chronici, *lisez*, Canonici.

PAGE 586.

Au N.º 8713, CHEAPEAVILLI, *lisez*, CHAPEAVILLI.

PAGE 587, *ajoutez,*

8744. * ☞ Vita sancti Remacli.

Dans les *Act. SS. Ord. S. Benedicti*, t. II. p. 494.

PAGE 588.

Le N.º 8760 *doit être effacé, comme étant sous le* N.º 8751, *avec la date exacte de l'impression ;* car Alard le Roy est mort, selon Foppens, en 1653.]

PAGE 590.

Au haut de la colonne prem. ligne 5, *au lieu de* VIII. *lisez* IX.

8804. * ☞ Recueil de divers Témoignages...... en faveur de la Catholicité & de la légitimité des droits du Clergé, & des Chapitres, Archevêques & Evêques de l'Eglise Catholique des Provinces-Unies, contre le Schisme introduit dans cette Eglise, &c. *Utrecht*, 1763, *in*-4. (*Paris*,) *in*-12. 3 vol.

On y trouve quantité de Pièces d'Evêques, Théologiens & Jurisconsultes François, comme d'autres Nations.]

8804. ** ☞ Lettre d'un Prêtre François retiré en Hollande, à un de ses amis de Paris, au sujet de l'état & des droits de l'Eglise Catholique d'Utrecht ; avec quelques Pièces importantes concernant cette même Eglise : *Utrecht*, van der Weyde, 1754, *in*-12.

L'Auteur est Louis PARIS VAQUIER, de Villiers, Chanoine & ancien Grand-Vicaire de Lectoure, mort en 1765, à Utrecht, où il étoit depuis 40 ans.]

Métropole d'Embrun, & ses Suffragans.

PAGE 591.

8823. * ☞ Ms. Annales Ecclesiæ Ebredunensis : *in-fol.*

Ces Annales sont dans la Bibliothèque du Roi, & viennent de M. de Fontanieu.]

Au N.º 8824, *ajoutez*, Ms.

PAGE 592, *ajoutez,*

8846. * ☞ Vita di Monsignore Antonio Godeau, Vescovo e Signore di Vence ; scritta da D. Arnoldo SPERONI, Decano Benedettino Casinese : *in Venetia*, 1761, *in*-12.

On y trouve toutes les Epitaphes qu'on a faites pour M. Godeau, & le Catalogue de ses Ouvrages, où sont les titres en François, mais avec des Notes Italiennes.]

Au N.º 8847, *ligne* 1 *de la Note, au lieu de* Tome I. *lisez*, Tome III.

Au N.º 8848, *ligne* 6, *au lieu de* Cornelio, *lisez*, Cemelio.

PAGE 593, *ajoutez,*

8851. * ☞ Elogium Petri Quiquerani, Episcopi Senecensis.

Cet Eloge de Pierre de Quiquetan, mort en 1550,

R r

se trouve à la tête de son Ouvrage, intitulé : *De laudibus Provinciæ : Lugduni*, 1614, *in*-8.]

Au N.° 8852, *à la fin de la Note, ajoutez :*

On trouve, dans le *Mercure*, 1695, *Septembre*, pag. 271, un Eloge de Jean Soanen, Prêtre de l'Oratoire, qui fut, dans ce temps-là, nommé Evêque de Sénez.]

Métropole de Lyon, & ses Suffragans.

8859. * ☞ Histoire de l'Eglise de Lyon, depuis son Etablissement par Saint Pothin, dans le second Siècle de l'Eglise, jusqu'à nos jours ; par M. POULLIN DE LUMINA : *Lyon*, Berthoud ; & *Paris*, Saillant, 1770, *in*-4.

Cette Histoire est divisée en six Epoques, dont les deux premières regardent uniquement le spirituel. La troisième, qui comprend 180 ans, renferme une partie du temps que les Archevêques eurent le Domaine temporel de Lyon, jusqu'à celui où l'Empereur, Frédéric I, le leur confirma : la Primatie leur fut aussi confirmée par le Pape Grégoire VII, & par le Concile de Clermont, où présidoit Urbain II. La quatrième Epoque, qui va jusqu'à la fin de la Domination des Archevêques, & comprend 169 ans, est toute remplie de guerres, de négociations & de transactions pour le Domaine de Lyon, soit avec les Comtes de Forez, soit avec le Peuple de Lyon, soit avec le Roi de France, qui aboutirent à faire rentrer cette Ville sous la Domination de nos Rois, en 1312. C'est pendant cet intervalle, que l'Hérésie des Albigeois prit naissance à Lyon. La cinquième Epoque commence aux Archevêques réduits à l'Autorité spirituelle, Pierre de Savoie s'étant soumis à Philippe le Bel. La sixième Epoque commence aux guerres de Religion & à la Ligue : le tout est poussé jusqu'à nos jours.]

PAGE 594.

A la col. 1, *ligne* 6, *ajoutez :*

☞ Le P. Ménestrier, dans ses *Divers caractères des Ouvrages historiques*, &c. pag. 168, parle d'un Livre semblable, intitulé : « la Hiérarchie de l'Eglise » de Lyon, par laquelle est démontrée l'antiquité & » noblesse d'icelle Eglise ; par le Seigneur DE LA FA- » VERGE, selon la Description du Seigneur Campése » en son Livre de *Claris Lugdunensibus* ». Livre tissu de Fables, dont le P. Ménestrier donne quelques exemples ; ajoutant que ce Seigneur de la Faverge & Campése sont Champier.

8874. * ☞ Ordonnance de M. l'Archevêque de Lyon, (DE MONTAZET, précédée du Réquisitoire de son Promoteur,) portant Réglement pour le Chapitre de l'Eglise Primatiale, du 30 Novembre 1733 : *Lyon*, la Roche, 1774, *in*-12. de 93 pages.]

☞ Mémoire pour les Doyen, Chanoines & Chapitre de l'Eglise, Comtes de Lyon ; contre le Syndic du Clergé du Diocèse de Lyon ; par Me COURTIN, Avocat au Parlement de Paris : *Paris*, veuve Ballard, 1774, *in*-4. de 51 pages.

Mémoire pour le Syndic du Clergé de Lyon, &c. par Me CARRÉ, Avocat : *Paris*, P. G. Simon, 1774, *in*-4. de 130 pages.

On y trouve des détails sur la conduite de M. de Montazet, Archevêque, qui étoit fort attaquée dans le Mémoire des Doyen & Chanoines ; & *pag.* 107, est un « Tableau & Preuves des révolutions qu'ont éprouvé » dans l'Eglise Primatiale, ou par le fait du Chapitre, » ou de son agrément, le Culte extérieur, les Rits, les » Usages, les Cérémonies & les Livres Liturgiques ».]

8874. ** ☞ Mémoire pour M. l'Archevêque & Comte de Lyon, Primat de France, contre les Doyen, Chanoines & Comtes de Lyon, Appellans comme d'abus du Réglement de Discipline du 30 Novembre 1773.

Ce Mémoire est intéressant, sur la matière de l'Exemption, que le Chapitre de Lyon réclame en vain.]

PAGE 595.

Au N°. 8893, Eucharii, *lisez*, Eucherii.

PAGE 596, *ajoutez*,

8915. * ☞ Lettre de M. Laurent-Etienne RONDET, sur trois Dates anciennes, qui peuvent servir à en éclaircir d'autres : *Journal des Sçavans*, 1770, *Février*, *in*-12. pag. 316.

Ces Dates regardent la mort de trois anciens Archevêques de Lyon ; sçavoir : S. Sacerdos, S. Nizier & S. Aurélien. Ce sont, à ce sujet, des Corrections pour le nouveau *Gallia Christiana*.

PAGE 597, *ajoutez*,

8951. * ☞ Vie de François de Tournon, Archevêque d'Embrun, &c. enfin de Lyon, Cardinal & Ministre d'Etat, (sous François I, Henri II, François II & Charles IX) par M. D'AUVIGNY.

Dans ses *Vies des Hommes illustres de France*, Tome II, pag. 141.]

Au N.° 8955, *au lieu* d'Eloge funèbre, *lisez*, Oraison funèbre.

Au N.° 8956, *à la fin de la Note, ajoutez :*

☞ On peut encore voir ce qui est dit de M. de Villeroy, Archevêque de Lyon, dans le *Mercure*, 1695, *Septembre*, pag. 10 & *suiv*.]

8960. * ☞ Table Chronologique & Historique des Evêques d'Autun ; par M. GUINET, Clerc tonsuré : *Paris*, Lottin l'aîné, 1760.

C'est un Placard *in-fol*. imprimé à six colonnes.]

== ☞ Du Droit de l'Evêque d'Autun, pour administrer l'Archevêché de Lyon, pendant la Vacance du Siège.

Voyez ci-devant le N.° 8874.]

PAGE 598, *ajoutez*,

8979. * ☞ Dissertation sur Ursin, Auteur de la Vie de Saint Leger, Evêque d'Autun, & contre un sentiment d'Adrien de Valois & du P. le Cointe.

Elle est imprimée, p. 165 du *tom. I*, des *Mélanges historiques & critiques*, (sur) l'*Histoire de France* : *Amsterdam* & *Paris*, de Hansy, 1768, *in*-12.]

PAGE 599, *ajoutez*,

9001. * ☞ Mss. Extrait des Vies des Evêques de Langres : *in-fol*.

Cette Pièce est dans un Recueil de la Bibliothèque du Roi, num 5766, 2. Elle commence à Sénateur, premier Evêque, & finit à Charles d'Escars, mort en 1614.]

Au N.° 9001, *à la Note, ajoutez :*

Sur ce que l'on a dit, que l'Histoire de Langres du P. Vignier, Jésuite, est conservée dans la Bibliothèque

Histoires des Archevêques & Evêques.

publique du Collège de Dijon, c'est aujourd'hui une faute qu'on ne peut laisser subsister. Cette Histoire devoit, en effet, se trouver dans la Bibliothèque des Jésuites; mais il faut observer que ces Pères n'ont pas jugé à propos d'y laisser, en quittant cette Maison, le demi-quart de leurs Livres; & sur-tout les Manuscrits. Cette observation doit servir pour tous les Articles qui seront dits être conservés dans cette Bibliothèque, à moins qu'il ne soit dit expressément qu'ils y sont encore.]

Au N.° 9004, ligne 5, avant 1632, ajoutez, Chaudière.

Au N.° 9006, ligne 3, après A. C. ajoutez, (Antoine CORDIER,) comme on l'a dit au N.° 4562.]

PAGE 600.

Au N.° 9011, ligne 2, au lieu de Remigii, lisez, Benigni (car il n'y a jamais eu de S. Remi à Dijon.)

9021.* ☞ Eloge historique de M. (Pierre de Pardaillan de Gondrin) d'Antin, Evêque de Langres, mort en 1734; par Claude GROS DE BOZE.

Dans l'Histoire de l'Académie des Inscriptions & Belles-Lettres, in-8. tom. III. pag. 176. On ne trouve point cet Eloge dans l'Edition in-4.]

PAGE 601.

9033.* ☞ Vita Sancti Grati, Episcopi Cabillonensis; Auctore Anonymo; cum Commentario prævio Jacobi BUEI, è Soc. Jesu.

Dans le Recueil de Bollandus, au tom. IV, d'Octobre, pag. 281-288. Ce Saint est mort vers le milieu du septième Siècle.]

Au N.° 9044, lisez ainsi:

De Matisconensibus Episcopis; Auctore Jac: SEVERTIO, Theologo Parisiensi, Ecclesiaste Lugdunensi: Lugduni, 1607, in-4.

Cet Ouvrage se trouve encore avec la Chronologie de l'Eglise de Lyon, du même Auteur: Lugduni, 1628, in-fol.

A la Note 2, du même N.°, ligne dernière, effacez, &.

PAGE 602, ajoutez,

9054.* ☞ Arrêt du Conseil d'Etat, du 23 Octobre 1750, en faveur de M. l'Evêque de S. Claude, (Joseph de Meallet de Fargues, premier Evêque) sur les Contestations qui s'étoient élevées entre lui & son Chapitre, (y compris la Transaction faite entr'eux, & l'Arrêt du Conseil, &c. concernant les preuves de Noblesse nécessaires pour être admis dans le Chapitre de Saint-Claude:) Paris, Desprez, 1751, in-fol. de 95 pages.]

Métropole de Malines.

9059.* ☞ Compendium Chronologicum Episcoporum Brugensium: 1731, in-8.]

9060.* ☞ Histoire chronologique des Evêques & du Chapitre exempt de l'Eglise Cathédrale de Saint-Bavon à Gand; par M. E. A. HELLIN, Chanoine de Saint-Bavon: Gand, 1772, in-8.]

Au N.° 9064, en Note, ajoutez:

On peut voir encore sur l'Histoire Ecclésiastique d'Anvers, de Brabant & de Flandre, où s'étend l'Archevêché de Malines, les Ouvrages concernant les Pays-Bas, que nous avons indiqués dans notre Tome III.]

Métropole de Mayence, & ses Suffragans.

PAGE 603.

Au N.° 9088, ligne 2, WILLIEALDO, lisez, WILIBALDO.

PAGE 604 ajoutez,

9105.* ☞ Histoire de Henri Felix, Archevêque de Mayence; par M. Philippe LE FEBVRE, Président honoraire du Bureau des Finances de Rouen, ancien Conseiller de la Cour de Paris: 1762, in-8.]

PAGE 606, ajoutez,

9147.* ☞ Relatio concernens modernum Statum Episcopatûs Constantiensis, Provinciæ Moguntinæ, nomine Joannis Francisci Episcopi Constantiensis S. R. I. Principis, in Visitatione sacrorum liminum, suo ordine ac loco, humillimè offerenda pro anno 1712: Romæ, in-4. de 30 pages.]

Métropole de Narbonne, & ses Suffragans.

8155.* ☞ Les Présidens-nés des Etats de la Province de Languedoc, ou Chronologie des Archevêques & Primats de Narbonne; par Jean-Baptiste L'HERMITE DE SOLIERS, dit Tristan: Arles, 1659, in-4.]

PAGE 607, ajoutez,

9157.* ☞ Bullæ & Statuta pro Ordinatione sanctæ Metropolitanæ ac Primatialis Ecclesiæ Narbonensis: in-12.

Ce Recueil, qui est sans nom de Ville, &c. a été, dit-on, imprimé au commencement de ce Siècle, par les soins de M. le Goux de la Berchère, Archevêque.]

☞ Privilèges accordés par les Rois aux Archevêques & à l'Eglise de Narbonne, confirmés par Louis le Grand: Narbonne, Besse, 1715, in-4.

Ce Recueil est de 84 feuilles : il contient des Chartes anciennes.]

Au N.° 9158, ajoutez en Note:

On peut rapporter ici la Note XVII. du Tome IV. de l'Histoire générale du Languedoc, qui a pour titre: » Sur quelques-uns des Evêchés érigés dans le Languedoc & la Guyenne, par le Pape Jean XXII. & » sur leurs premiers Evêques.]

Au N.° 9159, ligne 2, de l'Eglise, lisez, des Eglises.

9163.* ☞ L'Apôtre de Narbonne, ou la Vie de Serge Paul, premier Evêque de la Ville; par Hiérosme DENES, Docteur en Théologie: Narbonne, 1650, in-12.]

9170.* ☞ De l'Epoque de l'Episcopat d'Aribert, Archevêque de Narbonne.

C'est le sujet de la Note XCII. du Tome I. de l'Histoire générale du Languedoc.]

9173.* ☞ De la Plainte de Béranger, Vicomte

de Narbonne; contre Gaifred, Archevêque de cette Ville.

Note XXXV. du Tome II. de l'*Hift. gén. du Languedoc.*]

9174.* ☞ Sur la Dépofition de Pons d'Arfac, Archevêque de Narbonne.

Note VII. du Tome III. de l'*Hift. gén. du Languedoc.*]

== ☞ Vie du Cardinal Guillaume Briçonnet, Archevêque de Narbonne, mort en 1514.

Voyez aux *Miniftres d'Etat,* Tome III. N.° 32457.]

9178.* ☞ Oraifon funèbre de M. Pierre de Bonzy, Cardinal, Archevêque & Primat de Narbonne, prononcée le 17 Janvier 1704, dans l'Eglife de Notre-Dame de Montpellier; par M. l'Abbé Michel PONCET DE LA RIVIERE: *Montpellier,* Martel, 1704, *in*-4.

Autre du même, prononcée dans l'Eglife Métropolitaine de Narbonne, le 8 Mai 1704; par le P. DU FAY, Jéfuite: *Narbonne,* Beffe, 1704, *in*-4.]

Au N.° 9181, *ligne* 1 & 2, *de* Beauveau, *lif.* de Beauvau.

9181.* ☞ Eloge de René-François de Beauvau, Archevêque de Narbonne, mort le 4 Août 1739.

Dans la Relation de l'Affemblée de la Société Royale de Montpellier, du 25 Avril 1743.]

PAGE 608.

Au N.° 9184, *après* 1650, *ajoutez,* & 1651.

9195.* ☞ Suite des Evêques de Carcaffonne.

Elle eft en tête du Rituel de ce Diocèfe, publié par M. Bazin de Bezons: *Paris,* Guerin, 1764, *in*-4.]

9196.* ☞ Hiftoire Eccléfiaftique & Civile de la Ville & Diocèfe de Carcaffonne, avec les Pièces juftificatives, & une Notice ancienne & moderne de ce Diocèfe; par le Père Thomas BOUGES, Auguftin: *Paris,* 1741, *in*-4.

On a indiqué cette Hiftoire à la Partie Civile, (Tome III. N.° 37811;) mais elle doit être confultée pour la Partie Eccléfiaftique, qui y eft également tirée au clair.]

Au N.° 9200, *ligne* 8, *après* 2 vol. *ajoutez, &* Paris, 1738, *in*-12. 2 vol.]

PAGE 609, *ajoutez,*

9205.* ☞ De quelques Evêques de Nifmes, au X.e Siècle.

C'eft le fujet de la Note XVIII. du Tome II. de l'*Hiftoire générale du Languedoc.*]

9209.* ☞ Notice hiftorique de Jean Céfar (Rouffeau) de la Parifière, Evêque de Nifmes; par M. DREUX DU RADIER.

Dans fa *Bibliothèque du Poitou,* tom. *IV.* pag. 455. Cet Evêque eft mort en 1736.]

9213.* ☞ Maguelone fuppliante au Roi; par Pierre GARIEL: 1633, *in*-8.]

Après le N.° 9216, *ajoutez,*

La même, fous ce titre: Bulla fecularifationis Eccléfiæ Cathedralis divi Petri Monfpelienfis, antea Magalonæ dictæ, à Paulo III. P. M. conceffa: *Monfpelii,* 1748, *in*-4.

Cette Bulle, qui eft de 1536, transfere l'Evêché & le Chapitre de Maguelone à Montpellier. On y voit les noms de l'Evêque d'alors, (le fçavant Guillaume de Péliffier,) & de tous les Chanoines. Elle eft auffi imprimée *pag.* 153 de l'*Hiftoire Eccléfiaftique de Montpellier,* par Charles d'Aigrefeuille; & dans le *Gallia Chriftiana.*]

Au N.° 9217, *ligne* 7, *après* M. *effacez* D'EGREFEUILLE, & *mettez* (Charles) D'AIGREFEUILLE.

PAGE 610.

Au N.° 9232, *après* Paris, *ajoutez,* Blaizot.

Au N.° 9235, *ligne* 1, *avant* TEXTE *ajoutez* Père Matthieu; *& en Note:*

On peut voir encore fur Guidonis, qui fut Evêque de Lodève après avoir été Dominicain, la Vie que le Père Touron a donnée de lui dans fes *Hommes illuftres de l'Ordre de S. Dominique,* tom. *II.* pag. 94. Cet Evêque eft mort en 1331.]

9248.* ☞ De l'Abbaye d'Alet, aujourd'hui Evêché.

C'eft le fujet de la Note XCI. du Tome I. de l'*Hiftoire générale de Languedoc.*]

PAGE 611, *ajoutez,*

9249.* ☞ La vie & la conduite de MM. les Evêques d'Alet & de Pamiers: *in*-8. de 48 pages, (fans année, &c.)

C'eft un Recueil qui paroît compofé peu après la mort de M. Pavillon, Evêque d'Alet. Il contient, 1.° un Avertiffement de deux pages; 2.° une Lettre datée de Touloufe le 27 Octobre 1677, peu de jours après la mort de M. d'Alet, où l'Auteur parle de ce dont il a été témoin auprès des deux Prélats, pendant fon Voyage de Paris en Languedoc; 3.° *pag.* 13, un Extrait du Teftament de M. d'Alet; 4.° *pag.* 14, un Extrait de fon Oraifon funèbre, prononcée à Alet le 14 Novembre 1677, par M. d'Autherive; 5.° enfin, depuis la p. 25 jufqu'à la fin (*pag.* 48,) l'Extrait d'un Factum, intitulé: « Abrégé de l'Hiftoire mémorable du Sieur Cou- » lon, Prêtre de S. Sulpice & Curé de Vatierville au » Diocèfe de Rouen, publié dix ans auparavant, & » dans laquelle on avoit inféré un Récit affez étendu de » la conduite de M. d'Alet.]

9251.* ☞ Mf. Relation de la Vie & de la mort de Charles-Nicolas Taffoureau de Fontaines, Evêque d'Alet, mort le 8 Octobre 1708, *in*-12. de 34 pages.

Ce Manufcrit eft dans le Cabinet de M. Beaucoufin, Avocat au Parlement de Paris. C'eft une efpèce de Lettre écrite par un Prêtre que cet Evêque d'Alet avoit fait venir auprès de lui peu avant fa mort, projettant d'établir un Séminaire dans fon Palais Epifcopal. Le ftyle en eft affez coulant, & c'eft une Vie fort édifiante: le tout finit par un Extrait du Teftament de M. Taffoureau.]

Au N.° 9253, *au lieu de* Hiftoire des Evêques de S. Pons, *lifez,*

Chronologie des Abbés du Monaftère & des Evêques de Saint-Pons de Tomières......

9253.* ☞ Recueil de Pièces contenant les Conteftations de M. l'Evêque de Saint-Pons, (Pierre-Jean-François de Percin de Montgaillard,) avec différentes perfonnes de fon Diocèfe, (en 1694, &c.) *in*-4.

Histoires des Archevêques & Evêques.

Réflexions Chrétiennes sur & contre l'Ordonnance de M. l'Evêque de Saint-Pons, du 18 Septembre 1694; (par le Père Rupé, Récollect:) 1695, *in-4.*

Factum & Instruction pour le Syndic des Récollects, Appellans comme d'abus de la susdite Ordonnance, & d'une Sentence du Sénéchal de Carcassonne, du 30 Décembre 1695; (par le même Père Rupé:) *in-4.*]

9254.* ☞ Réflexions sur & contre le Mandement de M. l'Evêque de Saint-Pons, (Paul-Alexandre de Guenet,) portant interdit des Récollects de son Diocèse, en 1737;) par le Père Eusèbe, Récollect:) *Avignon, in-4.*

On prétend qu'il y en a eu jusqu'à cinq Editions.]

Métropole de Paris, & ses Suffragans.

Au N.º 9263, Tome VI. *lisez*, Tome VII.

Au N.º 9264, *à la Note, ligne 1, au lieu de* est conservé, *lisez* étoit.

PAGE 612.

Au N.º 9276, *ajoutez à la Note:*

☞ Ce Mémoire est aussi conservé dans la Bibliothèque de M. le Président Rolland, avec ce titre: « Mémoire pour prouver que c'est à M. l'Archevêque » de Paris, en qualité d'Evêque & de Pasteur du Roi & » de sa Cour, à administrer à Sa Majesté tous les Sacre-» mens de l'Eglise, soit par lui-même, soit par les Cu-» rés qui travaillent sous son autorité: 1722», *in-4.*]

On trouve encore dans cette Bibliothèque de M. Rolland, la contre-partie, sous le titre suivant:

9276.* ☞ Mf. Mémoire pour prouver que c'est à M. le Grand-Aumônier, en qualité d'Evêque & de Pasteur du Roi & de la Cour, à administrer à Sa Majesté tous les Sacremens de l'Eglise: 1722, *in-4.*]

Au N.º 9280, *en Note:*

Cette Transaction se trouve aussi dans l'*Histoire de la Ville de Paris*, par Dom Lobineau, parmi les *Preuves, tom. IV. pag. 214.*]

PAGE 613, *ajoutez*,

9293.* ☞ La Vie de Monseigneur saint Germain, Evesque de Paris: *Paris*, Verard, 1509, *in-4.* Gothique.

Il y en avoit un Exemplaire en vélin dans le Catalogue des Livres de M. Colbert, vendus à Paris en 1728. *Bibliographie instructive* de M. Debure, *Hist.* Tome I. *pag.* 441.]

PAGE 614, *ajoutez*,

9314.* ☞ Remarques sur Odon de Sully, Evêque de Paris, mort en 1208; par Dom Jean Liron, Bénédictin.

Dans ses *Singularités historiques*, tom. III. *p.* 331.]

9317.* ☞ Eloge historique de Jean du Bellay, Evêque de Paris & Cardinal.

Il se trouve à la fin de l'Edition des *Mémoires* de ses frères, donnée par l'Abbé Lambert: *Paris*, 1753, *in-12.* 7 vol.

Jean du Bellay se démit de l'Archevêché de Paris en 1551, & mourut à Rome en 1560.]

Au N.º 9318, *alinéa* 5, *au lieu de* 1666, *lisez*, 1661.

Voyez l'Article de Jean Tarin, dans le *Mém. hist. sur le Collège Royal*, par l'Abbé Goujet, Ed. *in-12.* tom.II. *pag.* 407.]

Après le N.º 9323, *ajoutez*,

== ☞ Pièces sur l'érection de l'Archevêché de Paris, ses Droits, les Bénéfices qui lui sont unis, & la Dignité de Duc & Pair accordée à l'Archevêque de Paris.

Elles sont imprimées à la fin du *Synodicon Parisiense*, ci-devant, N.º 6667.]

9323.* ☞ Autre Recueil de Pièces sur la même érection.

Dans les *Mémoires du Clergé*, tom. II. p. 46 & *s.*]

PAGE 615, *ajoutez*,

9334.* ☞ Mf. Recueil de Pièces concernant le Cardinal de Retz, pendant les années 1654, 1655, & 1656, *in-fol.* en Manuscrits & imprimés.

Ce Recueil est indiqué, num. 1320, du Catalogue de la Bibliothèque de M. l'Abbé de Rothelin.]

9336.* ☞ Histoire de la Détention du Cardinal de Retz; (par Louis-Adrien le Paige, Avocat & Bailly du Temple:) 1755; *in-12.*

Voyez encore, ci-après, Tome II, N.os 23721 & *suiv.*

9339.* ☞ De Petri de Marca moribus & rebus gestis, Oratio, habita in Auditorio Juris; (à Joanne Doujat:) *Parisiis*,1664, *in-4.* 26 pag.]

PAGE 616.

Au N.º 9350, *ligne* 3; *au lieu d'in-12. lisez*, *in-8.* & *in-4.*

Ibid. ligne 4, *après* Parisiis, *lisez*, Langlois, *in-8.* & *in-4.*

Au N.º 9351, *après* Parisiis, *lisez*, Guignard, 1698, *in-8.* & *in-4.*

Au N.º 9353, *ligne* 2, *après* des, *ajoutez*, Evêques & des.

9360.* ☞ Mémoire pour M. de Fleury, Evêque, & le Chapitre de Chartres, & pour M. de Jarente, Evêque, & le Chapitre d'Orléans; contre M. le Duc d'Orléans: par M.e Laget - Bardelin: *Paris*, Chardon, 1769, *in-4.* = Mémoire pour M. le Duc d'Orléans; par M.e de la Monnoye: *Paris*, d'Houry, 1769, *in-4.* = Précis servant de Réponse pour MM. les Evêques de Chartres & d'Orléans & leurs Chapitres; par M.e Gerbier: *in-4.*

Les Officiers du Prince vouloient obliger ces Evêques & leurs Chapitres de faire une Déclaration de leurs Biens, comme étant dans le territoire de son Appanage. Les Evêques, &c. soutiennent n'être Vassaux que du Roi. L'Affaire n'est point encore jugée, ayant été appointée.]

Supplément du Tome I.

PAGE 617.

Au N.° 9369, ligne 1, au lieu de Caletrie, *lisez*, Caletric.

9369.* ☞ De Sancto Calettrico, Episcopo Carnutensi, Sylloge; Auctore Jacobo Bueo, è Soc. Jesu.

Dans le Recueil de Bollandus, *tom. IV.* d'Octobre, *pag.* 178 & 279. Ce Saint est mort l'an 573.]

Au N.° 9372, ajoutez, Mf.

Au N.° 9381, ajoutez en Note :
Cet Eloge n'est que de 7 pages.]

PAGE 618, *ajoutez*,

9387.* ☞ Laudatio funebris Caroli Francisci de Monstiers de Merinville, Carnotensis Episcopi, cùm Scholæ Regiæ Carnotenses illi parentarent quarto Nonas Sextiles, habita à Bernardo Delorme, Presbytero Carnutæo, & Rhetorices in eodem Collegio Professore, ab eoque Gallicè reddita : *Carnuti*, 1747, *in-*4. 7 pag.

Cette Oraison funèbre, où la Traduction Françoise se trouve vis-à-vis le Latin, contient, aux *pages* 10, 11, 13 & 14, des Notes Françoises assez longues sur la Famille de M. de Merinville.]

Au N.° 9390, ligne 2 de la Note, après Meaux, *ajoutez* :

Le Manuscrit de Lenfant n'est pas le plus correct : il y en a un, & plus correct, & plus ample, à Meaux, dans le Cabinet de M. Farou, Juge de la Temporalité de l'Evêché ; & M. Thomé, Chanoine de la Cathédrale, en a une Copie.]

Au N.° 9391, à la Note, ajoutez :

Avant ce grand Ouvrage, Pierre Janvier en avoit dédié & présenté, en 1682, à M. Bossuet, une espèce d'abrégé, qui est intitulé : « Dicta Episcoporum Meldensium, Consilia, Compositiones & Fundationes » à Sancto Santino », &c. C'est un Volume *in-fol.* qui est dans le Cabinet de M. Thomé, Chanoine de Meaux.]

9392.* ☞ Mf. Aspect de l'Evêché de Meaux, à très-excellent... Mgr l'Abbé de Ligny, Doyen de Meaux, & Coadjuteur à l'Evêché : *in-*4.

C'est un Poëme d'environ 400 Vers, où il y a nombre de traits historiques concernant l'Eglise de Meaux : il est conservé à Braine, dans la Bibliothèque de M. Jardel.]

9392.** ☞ Germinia, Domini Domini de Ligny, Meldarum Episcopi; Petrus Leber, Meldarum Præfectus, anno 1677, *in-*4. (8 pag. *d'impression*.)

C'est la Description de Germigny, Château de plaisance de l'Evêque de Meaux, avec l'Eloge de M. de Ligny, alors Evêque, qui mourut en 1681.]

Aux N.°s 9393 & 9394, ajoutez, ☞ ; *car ce sont des articles nouveaux*.

Au N.° 9397, mettez en lettres capitales, du Plessis.

PAGE 619, *ajoutez*,

9420.* ☞ Mf. Recueil de plusieurs Pièces, concernant ce qui s'est passé à Meaux, sous les Evêques, Jean de Melun & Jean Lhuillier, depuis 1489 : *in-fol.*

Ce Recueil est dans le Cabinet de M. Thomé, Chanoine de Meaux, qui a tiré ces Pièces des Archives du Chapitre. Les principales sont :

1.° Bulle du Pape Sixte IV, du 6 Novembre 1479, qui interdit l'Eglise de Meaux.

2.° Appel comme d'abus de l'Evêque & du Chapitre, au Parlement.

3.° Commission du Pape, donnée à l'Archidiacre de Vitel, Chanoine de Toul, pour mettre à exécution sa Sentence d'excommunication, datée du 9 Octobre 1480.

4.° Lettres-Patentes de Charles VIII, (en François) du 7 Fév. 1487, (1488) qui défend à l'Evêque & au Chapitre d'obéir ; & ordonne de continuer l'Office divin, sous peine de la détention du temporel, &c.

5.° Arrêt du Parlement, (en Latin), rendu le même jour.

6.° Bulle du Pape, Innocent VIII, du 26 Mai 1489, qui relève de l'interdit & excommunication, & qui commet, pour cet effet, l'Official de Paris.]

9421.* ☞ Mf. Protocolle des Bénéfices Ecclésiastiques de la Cité & Diocèse de Meaux... & les Taxes antiques desdits Bénéfices, touchant les Décimes.

Ce Manuscrit, (que nous avons indiqué ici, parce que la connoissance nous en est venue tard), est conservé dans le Cabinet de M. Thomé, Chanoine de Meaux. Il a été fait au commencement de M. Pinelle, élu Evêque, le 4 Novembre 1510, & mort le 2 Janvier 1515, (1516). Guillaume Briçonnet fut son Successeur.]

PAGE 620, *ajoutez*,

9428.* ☞ Eloge de M. Bossuet, qui a remporté le Prix à l'Académie de Dijon ; par M. Ethis, Commissaire Provincial des Guerres, en Franche-Comté : *Besançon*, Daclin, *in-*12.]

Au N.° 9430, en Note, ajoutez :

On doit avoir une Vie plus détaillée de M. Bossuet, à la tête de la nouvelle Edition de ses Œuvres, à laquelle travaillen tquelques Bénédictins des Blancs-Manteaux.]

Au N.° 9438, en Note, ajoutez :

« L'Auteur a entremêlé, dans l'Histoire de l'Eglise » d'Orléans, quelques faits politiques : il est plus in- » truit, (mais) plus crédule & plus simple que le Maire. » Tous les deux partent d'un principe également faux » & dangereux, c'est qu'il faut faire l'éloge de la Patrie. » Le défaut (principal) de l'Histoire de Symphorien » Guyon est de raconter des choses inutiles », &c. *Préface de l'Hist. de l'Orléanois*, par le Marquis de Luchet: *Amsterdam* (Paris) 1766, *in-*4.]

PAGE 621.

Au N.° 9447, à la Note, ajoutez :

Ces deux Pièces, l'Histoire de l'Entrée des Evêques... & la Dissertation sur le Privilège... sont aussi imprimées séparément : *Paris*, Filleau, 1707, *in-*4. La première, en 16 pag. & la seconde, avec le nom de M. du Saussay, en 17 pages.]

9450.* ☞ Histoire de l'illustre & célèbre Entrée de M. Louis Gaston Fleuriau d'Armenonville, Evêque d'Orléans, avec une Relation des Cérémonies à leurs Processions,

Histoires des Archevêques & Evêques. 319

& les Privilèges attribués aux Seigneurs Evêques : *Paris*, Filleau, 1707, *in*-4. de 16 pages.]

PAGE 622, *ajoutez*,

9460.* ☞ Mf. Vitæ Sancti Aniani, Episcopi Aurelianensis, ex variis Codicibus excerptæ.

Ce Manuscrit est conservé dans le Cabinet de M. Jousse, Conseiller au Présidial d'Orléans.]

Au N.º 9464, SAINT-AIGNAN *doit être en petites Lettres ; & à la fin de la Note, ajoutez :*

Cette Dissertation de M. LE BRUN DES MARETTES, est en entier dans le Cabinet de M. Jousse. L'Auteur, qui étoit de Rouen, a travaillé au Bréviaire d'Orléans, où il demeuroit, & où il est mort en 1731.]

PAGE 623, *ajoutez*,

9484.* ☞ Le Triomphe d'Orléans, par celui de l'Entrée de M. Fleuriau : *Orléans*, 1707, *in*-4.

Peut-être que cette Relation est la même que la précédente, (N.º 9484) imprimée la même année à Paris, avec un titre plus simple.]

7485.* ☞ Mf. Particularités de l'Entrée de M. de Paris, Evêque d'Orléans, en 1734.

Ce Manuscrit est indiqué dans le Catalogue de la Bibliothèque de M. l'Abbé de Rothelin, num. 2959.]

9485.** ☞ Discours Académique sur l'Entrée de M. de Paris, Evêque d'Orléans ; par M. ROBINOT, Curé d'Ingré : *Orléans*, 1734, *in*-4.]

9486.* ☞ Pièces concernant l'Erection de l'Evêché de Blois.

Dans le *tom. II*, des *Mémoires du Clergé*, *p.* 204 & *suiv*.]

Métropole de Reims, & ses Suffragans.

PAGE 624.

Au N.º 9490, après l'alinéa 3, en Note, *ajoutez* :

☞ Chesneau appelle son Auteur, *Floard*, & non *Flodoard*. Son Edition est la première qui en a été donnée : le texte Latin n'étoit encore que Manuscrit, & il n'a paru qu'en 1611 pour la première fois.]

9491.* ☞ Mf. Catalogue & Histoire des Archevêques de Reims, jusqu'à Charles, Cardinal de Lorraine : *in-fol*.

Ce Catalogue, fait au XVIᵉ Siècle, est conservé dans la Bibliothèque du Vatican, parmi les Manuscrits de la Reine de Suède, num. 394.]

Au N.º 9493, à la fin de la Note, *ajoutez* :

M. Anquetil, dans la Préface de son *Histoire de Reims*, (1756) parle d'une Traduction en abrégé de l'Histoire de Marlot, faite par M. Côquebert, laquelle est restée manuscrite.]

9493.* ☞ Mf. Traduction abrégée de Marlot ; par M. Pinchart, Chanoine-Régulier : corrigée & enrichies de Notes ; par le Sieur Joseph MAILLEFER, Conseiller au Présidial de Reims.

M. Pinchart en a donné une Copie à M. Marlot, qui en a fait présent à l'Hôtel de Ville, & elle est conservée dans son Cartulaire. C'est ce que nous apprend M. Anquetil, *pag*. 229 du *tom. I*, de son *Histoire de Reims*.]

Au N.º 9498, *ajoutez à la fin de la Note :*

On peut voir ce qui est dit de cet Ouvrage, & même de celui de Marlot, dans la Préface de M. Anquetil, *pag*. 46.]

9498.* ☞ Mf. Diverses Pièces sur l'Histoire Ecclésiastique de Reims, Métropole, Chapitre Métropolitain, Paroisses, Maisons Religieuses, Droits & Justice des Archevêques.

Ci-après, (Tome III.) dans les N.ᵒˢ 34379 & 34380.]

PAGE 625, *ajoutez*,

9511.* ☞ Mf. Ad Vitam sancti Nicasii, Episcopi & Martyris, Notæ.

Dans la Bibliothèque de M. Jardel, à Braine, près Soissons.]

PAGE 626.

Au N.º 9540, *ajoutez à la Note :*

Voyez encore au sujet de S. Abel, le N.º 12050.]

PAGE 628, *ajoutez*,

9569.* ☞ Vie de Guillaume de Blois, dit *le Cardinal de Champagne*, premier Ministre sous Philippe-Auguste, & mort Archevêque de Reims en 1202 ; par M. D'AUVIGNY.

Dans ses *Vies des Hommes illustres de France*, *t. I. pag*. 72 : *Amsterdam & Paris*, le Gras, 1739, *in*-12.]

Au N.º 9570, *ajoutez en Note :*

Nota. M. Jardel, ancien Officier chez le Roi, demeurant à Braine près Soissons, nous a écrit qu'il avoit dans sa Bibliothèque un Manuscrit *in-fol*. contenant des « Exhortations faites par ce même Guy de Roye, » alors Archevêque de Sens, pour chacune personne » de chacune Paroisse de la Cité & Diocèse de Sens, » & par espécial les simples gens lays ». Ces Exhortations remplies de sens & de raison (ajoute-t-il) sont autant pour le gouvernement temporel que pour le spirituel ; ils sont suivis d'autres Opuscules moraux & historiques, fort curieux : il ne paroît pas que cet Ouvrage ait été imprimé. C'est ce que dit M. Jardel ; mais l'Article que nous avons cité de Prosper Marchand, prouve qu'au moins l'Ouvrage de Guy de Roye, augmenté considérablement par un Religieux de Cluny, & dont aucun Bibliographe n'a fait mention, a été imprimé en Gothique, *in*-4. sous le titre de *Doctrinal de Sapience*, traduit ensuite en Anglois & imprimé à Londres en 1489. Il pourroit se faire que M. Jardel eût l'Original, où ne seroient pas les fausses Histoires que Marchand relève en zélé Protestant.]

9570.* ☞ Eclaircissemens sur l'origine de Geoffroy de Beaumont, Evêque de Laon, & de Jean de Vienne, Archevêque de Reims ; par M. BESIERS, Curé de S. André de Bayeux.

Dans le *Journal de Verdun*, 1759, *Décembre*, *p*. 439. Jean de Vienne est mort en 1351.]

9577.* ☞ Vie de Charles de Lorraine, Archevêque de Reims, Cardinal & premier Ministre sous François II. & Charles IX. par M. D'AUVIGNY.

Dans ses *Vies des Hommes illustres de France*, *t. II. pag*. 259.]

9580.* ☞ Harangue funèbre, par le même (DE GIFFORD) prononcée à l'enterrement du cœur de Messire Louis, Cardinal de Lorraine : *Paris*, 1621, *in*-8.]

9586.* ☞ Suite des Evêques de Soissons.

Elle est imprimée en tête du *Rituel* de ce Diocèse, publié par M. de Fitz-James : *Paris*, Boudet, 1753, *in*-4.]

PAGE 629.

Au N.º 9590, après l'alinéa 1, ajoutez en Note :

Ce Mémoire a été imprimé en 1726. L'Auteur est M. Jean-Joseph LANGUET, alors Evêque de Soissons, & mort Archevêque de Sens en 1753.

Et après l'alinéa 2, ajoutez en Note :

Cet autre Mémoire est de Me COCHIN, Avocat au Parlement de Paris : il se trouve aussi dans ses *Œuvres*, *in*-4. avec une Suite ou Réplique à celui de M. de Soissons, *tom. VI. pag.* 216 & *suiv.*]

9592.* ☞ De sancto Divitiano, Episcopo, apud Suessiones, Sylloge : auctore Constantio SUYSKENO, è Societate Jesu.

Dans le Recueil de Bollandus, *tom. III.* d'Octobre, *pag.* 28 & 29. Ce Saint est mort vers le commencement du IVe Siècle.]

9608.* ☞ Eloge funèbre de M. Simon le Gras, Evêque de Soissons, prononcé en l'Eglise Cathédrale, le 13 Novembre 1656; par M. LE MAIRE, Chanoine de ladite Eglise : *Paris*, la Fosse, 1656, *in*-4.]

9611.* ☞ Idée sommaire de la Vie de M. le Duc (François) de Fitz-James, Evêque de Soissons, (mort le 19 Juillet 1764.)

Cette Vie abrégée est imprimée à la tête des *Œuvres posthumes* de cet Evêque : (*Avignon*, 1769, *in*-12. 2 vol.) *pag.* xiv-cviij. On a donné en 1770 un Supplément à ce Recueil, qui est curieux.]

PAGE 630.

Au N.º 9618, ajoutez en Note :

☞ Ce Discours sur S. Menge, (& non Menje,) a été réimprimé dans les *Annales* du même Auteur, indiquées au N.º 9613.]

PAGE 631.

Au N.º 9637, à la fin de la Note, ajoutez, au N.º 4153.

Le N.º 9641, doit être mis à la place du N.º 9644, & le N.º 9644 à la place du N.º 9642.

Au N.º 9643, au lieu de Guenebaud, lisez, Génébaud.

Au N.º 9645, au lieu de par le même, lisez, par Adrien BAILLET.

Au N.º 9653, dans la Note, lisez, Aycelin ou Aiscelin, *& ajoutez :*

Aycelin est mort en 1388.

9653.* ☞ Origine de Geoffroy de Beaumont, Evêque de Laon, mort vers 1273.

Voyez ci-dessus (dans ce *Supplément*,) au N.º 9570*.]

PAGE 632, *ajoutez*,

9665.* ☞ Vie de Guerin, Chevalier de S. Jean de Jérusalem, depuis Evêque de Senlis, (Chancelier &) principal Ministre sous le Règne de Louis VIII. par M. D'AUVIGNY.

Dans ses *Vies des Hommes illustres de France, t. I. pag.* 93 : *Amsterdam* & *Paris*, le Gras, 1739, *in*-12.]

Au N.º 9667, ajoutez en Note :

☞ La Nomenclature est une espèce de Pouillé des Bénéfices du Diocèse de Beauvais. Quant à la Chronologie, c'est un Calendrier où il est fait mention, sous plusieurs jours de chaque mois, de divers Evénemens relatifs à l'Histoire Ecclésiastique du Diocèse, sous ce titre : *Breve Ecclesiasticorum monimentum* (orum) *Diœcesis Belvacensis, ex variis Calendariis collectum.*]

Aux N.ºs 9670 & 9671 ; au lieu de Beauvoisis, lisez, Beauvaisis.

Au N.º 9673, lisez en Note :

On ne connoît point à Beauvais ces *Titres*, &c. 2 vol. recueillis par M. Hermant, dont a parlé le P. le Long, & on ne les trouve point dans le Trésor du Chapitre : il y a apparence qu'ils sont dans les Archives de l'Evêché, s'ils ne sont pas partie du Volume précédent.]

Au N.ºs 9676 & 9677, lisez :

9676.* ☞ Vita sancti Luciani Episcopi, Apostoli Bellovacensium & Martyris; auctore ODONE, Bellovacensi Episcopo.

Cette Vie est imprimée dans le *Recueil* de Bollandus, au 8 Janvier. Ce Saint a souffert le Martyre l'an 274, & Eudes ou Odon est mort en 880.]

9677.* ☞ Vita ejusdem : auctore Monacho Anonymo.

Cette Vie est aussi imprimée dans le même Volume de Bollandus.

Ces deux Vies ne sont d'aucune autorité. La seconde est d'un Moine, qui ne donne que la qualité de Prêtre à S. Lucien, que la première Vie fait Evêque. MM. Baillet, de Tillemont & Châtelain, ayant adopté la négative, plusieurs Chanoines de Beauvais ont exercé leur plume en faveur de l'Episcopat de l'Apôtre du Beauvaisis. L'un est M. FOY DE SAINT-HILAIRE, que Dom Mabillon appelle, *vir doctissimus*, (*Diplom. Libr. V. pag.* 371.) L'autre est M. LE MAUGUIER, ancien Théologal, qui a laissé un Manuscrit de Lettres critiques addressées à M. Baillet, soit pour défendre l'Episcopat de S. Lucien, soit à l'occasion des autres Saints & Saintes honorés dans le Diocèse de Beauvais. Ces Manuscrits sont entre les mains de MM. Danse, Borel & Bucquet, qui travaillent à l'Histoire du Beauvaisis.]

9678.* ☞ Bref Discours sur la mémoire du glorieux S. Lucian, premier Evêque & Martyr de la Ville de Beauvais & de ses Compagnons; avec le Testament de Jean Cholet, Cardinal, inhumé au Monastère de S. Lucian, dudit Beauvais, de 1289.

On les trouve à la fin des Discours spirituels de Fr. Nicolas PATIN, Prieur Claustral de l'Abbaye de Saint-Lucian : *Paris*, Ramier, 1612, *in*-12.]

PAGE 633, *ajoutez*,

9685.* ☞ Mf. Histoire du Cardinal de Chastillon, Evêque de Beauvais; par le Sieur VAILLANT, Procureur Fiscal du Comté-Pairie de cette Ville.

Ce Manuscrit est entre les mains de MM. Danse, Borel & Bucquet, qui ont aussi le Portrait original de ce Cardinal, mort en 1571, retiré en Angleterre, après avoir fait profession du Calvinisme.]

9689. * ☞ Procès-Verbal de l'Entrée solemnelle d'Etienne-René Potier de Gesvres, en sa Ville de Beauvais, &c. 1728 : *in-fol.*

On peut voir dans le nouveau *Gallia Christiana*, *tom. X.* plusieurs Procès-Verbaux d'Entrées précédemment faites par d'autres Evêques de Beauvais, & dans un *Supplément à l'Essai sur la Souveraineté*, &c. imprimé à *Beauvais, in-8.* (& *Paris*, Simon ,) en 1767, des Notes concernant ces Entrées, extraites des Archives de l'Hôtel-de-Ville de Beauvais.]

Après le N.º 9692.

☞ On peut voir encore sur la succession des Evêques de Noyon, les *Mémoires sur le Vermandois*, par M. Colliette : *Cambray*, Berthoud ; & *Paris*, Saillant, 1772 & *suiv. in-4. 3 vol.*]

PAGE 634.

Au N.º 9704, au lieu de FAIDEAU, *lisez*, FEIDEAU.

Au N.º 9708, ajoutez à la Note :

A la suite de cette Justification de la Translation de S. Firmin, est une *Addition* de 13 pages , qui contient plusieurs Remarques & Pièces, avec la Généalogie du Sieur de Lestocq, Auteur.

9710. * ☞ Lettre à M***, sur un Article du Journal des Sçavans, du 8 Avril 1715, au sujet de l'ouverture de la Châsse de S. Firmin d'Amiens, faite le 10 Janvier 1715 : *in-4. de 12 pages.*

On y dit, que dans cette Contestation la *Lettre à un Curieux . . . . L'Ombre de M. Thiers . . . & les Remarques critiques* (ci-dessus, N.ºˢ 9703, 9707, & 9709) sont attribuées au Père DE L'ETOILE, Abbé de Saint-Acheul.]

9724. * ☞ Remarques sur Antoine de Créquy, Cardinal & Evêque d'Amiens ; (par Dom Jean LIRON, Bénédictin.)

Dans ses *Singularités historiques, tom. IV. p. 31.*]

9725. * ☞ Procès-Verbal d'une Excommunication majeure fulminée par le Révérend Père en Dieu, Messire François Faure, Evêque d'Amiens , contre M. le Clerc , Doyen & Chanoine de Roye, pour n'avoir voulu quitter l'Etole en sa présence . . . . . . Ensemble, Arrêt notable du Parlement, par lequel cette Excommunication a été déclarée nulle & abusive : *Paris*, Bouillerot, 1670, *in-4. de 29 pages.*]

9725.ᵇⁱˢ ☞ Oraison funèbre de Henri Feideau de Brou, Evêque d'Amiens ; par Nicolas DE LESTOCQ : 1706, *in-4.*]

PAGE 635, *ajoutez,*

9727. * ☞ Eloge de Louis-François-Joseph-Gabriel d'Orléans de la Motte , Evêque d'Amiens, mort le 10 Juin 1774.

Il se trouve détaillé dans le Mandement de M. Louis-Charles DE MACHAULT, son successeur, qui ordonne des Prières pour le repos de son ame : *Amiens*, Caron, 1774, *in-4. de 21 pages.*]

PAGE 636.

Colonne prem. alinéa 5, ajoutez en Note :

Cette [Vie de S. Eloy '(de 1693,) est une Traduction de C. Levesque, Chapelain des Orfévres de Paris, auxquels il a dédié son Ouvrage, en avertissant qu'il a changé l'ordre de l'Original Latin de S. Ouen.]

Au N.º 9751, le vrai titre est :

Le cri de l'Aigle provoquant ses petits au vol, représenté dans les divines Homélies de S. Eloy......

Le N.º 9751 doit être effacé, étant la même Traduction que celle de 1693, dont on vient de parler.]

PAGE 637, *ajoutez,*

9769. * ☞ Remarques sur les Vies de Saint-Omer, de Saint-Bertin & de Saint-Winoc, données par les Bollandistes, les 5 & 9 Septembre.

Dans l'*Avertissement* du Tome X. de l'*Hist. Littéraire de la France, in-4. pag. xxv*]. & *suiv.*]

Au N.º 9781, ajoutez en Note :

Cette Relation est de Jean-Bapt. GAULTIER, Théologien de M. de Langle, mort en 1755.]

Métropole de Rouen, & ses Suffragans.

PAGE 638.

Au N.º 9805, ajoutez en Note :

Cette Réponse est de Jean DE MONTEREUL, qui l'a dédiée à M. Behotte, Archidiacre de Rouen, par une Epître particulière ; & qui, dans sa Réponse, porte la parole à M. DADRÉ, Théologal & Pénitencier de Rouen, Auteur du Livre *de l'Autorité des Chanoines*, que Montereul réfute.]

9806. * ☞ Mss. Remarques sur la seconde Requête de l'Archevêque de Lyon, contre l'Archevêque de Rouen, au sujet du Différend concernant la Primatie : du mois de Février 1700 ; par M. l'Abbé du Four DE LONGUERUE.

Ce Manuscrit, en faveur de l'Archevêque de Rouen, est indiqué dans le *Recueil de Pièces intéressantes*, &c. de l'Abbé de Longuerue (*Genève*, 1769, *in-12.* parmi les Ouvrages trouvés dans ses Papiers.]

PAGE 639, *ajoutez,*

9816. * ☞ Mémoire pour les Doyen, Chanoines & Chapitre de l'Eglise de Rouen ; contre les Curés de la même Ville ; par M. l'Abbé TERRISSE : 1760, *in-4.*]

Au N.º 9822, ajoutez en Note :

On trouve dans le *Recueil de divers Ecrits*, &c. publiés par l'Abbé Lebeuf : (*Paris*, 1738, *in-12.*) *à la fin du tom. II*, un Ouvrage de Saint Victrice, avec un Avertissement, dans lequel est rapporté l'Histoire de la Translation de son corps, qui étoit déposé, depuis le VIII Siècle, en l'Eglise paroissiale de Braine, dans une nouvelle châsse ; laquelle Cérémonie fut faite le 5 Mai 1733, par M. le Febvre de Laubrière, Evêque de Soissons, dans ladite Eglise.]

9825. * ☞ Sancti Evodii, Episcopi Rothomagensis, Acta ; cum Commentario prævio Jacobi BUEI, è Soc. Jesu.

Dans le Recueil de Bollandus, *tom. IV*, d'Octobre, *pag.* 241-248. Ce Saint vivoit au V.ᵉ Siècle.]

PAGE 640, *ajoutez,*

9839. * ☞ Lettre écrite par un Gentilhomme de Normandie, sur le Privilège de S. Romain, accordé au Marquis d'Alegre, au sujet d'un Assassinat en la personne du Seigneur de Hallot : 1594: *in-8.*]

PAGE 641.

Après le N.° 9878, *ajoutez* :

— Vie de Pierre de la Foreft.

Voyez, Tome III, aux *Chanceliers*, N.ᵒˢ 31493 & 31494.

Les cinq Nᵒˢ 9879-9883, *ont femblé au* P. le Long, *regarder le même* Charles de Bourbon, Archevêque de Rouen & Cardinal : *cependant les Pièces qu'il indique*, *ont rapport à l'Oncle & au Neveu qui lui a fuccédé*. Le premier, Charles II de Bourbon, (qui eft *le Charles X de la Ligue*) *mourut en* 1590; & le fecond, Charles III, *mourut en* 1594. *Il faut donc réformer l'ordre des cinq* N.ᵒˢ, *& mettre l'avant-dernier* (9882) *d'abord, à* 9879; ils concernent Charles II, ou le vieux Cardinal de Bourbon, *comme on l'appelloit : les trois autres, qui regardent le jeune Cardinal de Bourbon*, ou Charles III, *viendront enfuite*.

Au N.° 9883, *lifez en Note* :

☞ Cet Eloge, par Papire Maffon, a été réimprimé dans le Recueil de tous les Eloges, publié par Jean Balefdens, *tom. I, pag.* 394 : *Parifiis,* 1638, *in-*8.

9883.* ☞ Epitaphium Illuftriffimi ac Generofif. Principis Caroli Cardinalis à Borbonio junioris, quod pofuit Anth. DE GUYNAND, Medicus : Tombeau d'Illuftriffime, &c, *Paris*, Thierry, *in-*8. de 13 pages.

Ce font plufieurs petites Pièces de Vers, tant Latines que Françoifes, au fujet de l'Archevêque de Rouen, appellé *le jeune Cardinal de Bourbon*, Charles III.]

Au N.° 9885, *au lieu de* MONSTREUIL, *lifez*, MONTEREUL.

Au N.° 9888, *à la Note, ajoutez* :

Ces mêmes Actes ont été auffi imprimés féparément : *Paris*, Libert, 1615, *in*-4.]

9888.* ☞ Teftament & dernier Propos de M. le Cardinal de Joyeufe : 1615, *in*-8.]

PAGE 643.

Au N.° 9895, *ligne* 5, *après* Corbeil, *ajoutez*, & leurs Miracles... *& ligne* 7, *au lieu de* Guillard, *lifez*, Gaillard.

9905.* ☞ Hiftoria Tranflationis corporum SS. Ragnoberti, (Epifcopi Bajocenfis) & Zenonis (Miniftri ejus :) auctore JOSEPH, Sacerdote, Ex-Cancellario Regis Aquitanorum, Præceptore Regis Ludovici (Balbi).

Cette Hiftoire eft dans le Spicilège de D. Luc d'Achery, *tom. XII. pag.* 600.]

PAGE 644, *ajoutez*,

9912.* ☞ Vie (étendue) du même Cardinal d'Offat : *Paris*, Hériffant fils, 1771, *in*-8. 2 vol.]

9912.** ☞ Oraifon funèbre de M. François Servien, Evêque de Bayeux, prononcée par M. G. BUHOT : *Caen*, Poiffon, 1659, *in*-8.]

Au N.° 9921, *ligne* 1, *au lieu de* S. Gaud, *lifez*, S. Gaud...*ligne* 5, Sciey, *lifez*, Scycy... *ligne* 11, *lifez*, L. (ou Laurent) ROUAULT.

PAGE 645.

Au N.° 9936, *à la Note, ajoutez* :

Son Ouvrage eft très-défectueux : il y manque les noms de plus de 30 Evêques, & on y en met qui n'ont jamais été fur le Siège d'Evreux. Il en faut auffi réformer toute la Chronologie.]

9937.* ☞ Hiftoire Civile & Eccléfiaftique du Comté d'Evreux, (par l'Abbé LE BRASSEUR :) *Paris*, Barrois, 1722, *in*-4.

Cette Hiftoire, que l'on a indiquée pour la partie Civile, dans le Tome III, doit être ici pour la partie Eccléfiaftique. Elle a été approuvée avec grand Eloge par l'Abbé de Vertot. On y trouve un grand nombre d'Actes & de Preuves qui appuyent l'Hiftoire.]

Au N.° 9942, *au lieu de* S. Gaude, *lifez*, S. Gaud... *& ajoutez en Note* :

Voyez encore, fur ce Saint, le N.° 9921.]

9949.* ☞ Obfervations fur Turftin Archevêque d'Yorck, & fur Audin, Evêque d'Evreux; par M. BEZIERS, Curé à Bayeux.

Dans le *Journ. de Verdun*, 1759, Octobre, *pag.* 280.]

9950.* ☞ Avertiffement de M. l'Evêque d'Evreux, contre l'Arrêt donné à Caen, le 28 Mars paffé, par lequel il apert l'introduction du Schifme & de l'Héréfie en France : 1591, *in*-8.

Claude DE SAINCTES, qui mourut en cette même année, étoit alors Evêque d'Evreux.]

Au N.° 9953, *à la Note, ajoutez* :

L'Abbé Efnault n'écrit point, comme on fait ordinairement, *Seez*, mais *Sais*. Le titre de fon Ouvrage eft : » Differtations préliminaires fur l'Hiftoire Civile & Eccléfiaftique du Diocèfe de Sais ; par l'Abbé Efnault : *Paris*, Defprez & Cavelier, 1746 », *in*-12. de 307 pages. Il n'y a point eu de Suite jufqu'à préfent à cet Ouvrage.]

PAGE 646.

Au N.° 9959, *à la Note, ajoutez* :

☞ Ces Mémoires de M. Pilâtre font en Latin ; & voici leur titre : « Commentaria chronologica » Ecclefiæ Sagienfis : Auctore Petro PILASTRE, Cantore » ejufdem Ecclefiæ. » Il y en a un Exemplaire dans la Bibliothèque de M. Neel, Evêque de Seès.]

PAGE 647.

Au N.° 9973, *ligne* 2, *au lieu de* L. Fr. NEEL DE CRISTOT, *lifez*, Jac. Ch. Alexandre LALLEMANT.

9979.* ☞ Mf. Oraifon funèbre de Jean Forcoal, Evêque de Seez, prononcée en l'Eglife Cathédrale, le jour du Trentain par M. DU PRÉ, en 1682 : *in-fol.*

Cette Pièce eft dans la Bibliothèque du Roi, num. 3475, X.]

Au N.° 9982, *à la Note, ajoutez* :

Il y a un Exemplaire de ces Mémoires pour la Vie de M. d'Aquin, à Alençon, dans le Cabinet de M. Odolant Defnos, Docteur en Médecine & Secrétaire de la Société d'Agriculture.]

PAGE 648, *ajoutez*,

9983.* ☞ Mémoire à confulter & Confultation pour des Curés du Diocèfe de Séez, fur la Queftion, Si les Curés peuvent être reftraints à leurs Paroiffes : *Paris*, 1761, *in*-8. de 452 pages.

Cet Ouvrage eft de l'Abbé MEY, célèbre Canonifte, & la Confultation eft fignée de neuf Avocats.]

9984.* ☞ Petri BERTII, in obitum Guil. Vairii Epifcopi Lexovienfis, Sigillorum re-

Histoires des Archevêques & Evêques.

giorum Custodis, Ode : *Parisiis*, 1621, *in*-4.]

9988.* ☞ Deux Lettres à M. l'Abbé Lebeuf, sur Jean Hennuyer, Evêque de Lisieux; (par M. l'Abbé Henri PREVOST, Chanoine de l'Eglise de Paris:) 1741, *in*-8.

L'Auteur est mort le 10 Janvier 1754.]

9990.* ☞ Lettre du Père TEXTE, en réponse à celle imprimée dans le Mercure d'Octobre, 1742. *Mém. de Trévoux*, 1744, Février, pag. 197.

Lettre au sujet de la Lettre du Père Texte : *Ibid.* 1744, *Avril*, pag. 695.

On peut voir les *Mém. de Trév.* 1747, *Mai*, p. 1129.]

Au N.º 9996, ajoutez en Note :

Le vrai titre de cette Oraison funèbre de Philip. Cospéan, est : « Miroir de la bonne mort, ou Méthode » de bien mourir, tirée des dernières paroles de l'E-» vêque de Lisieux, Philippe de Cospeau, (*il est tou-» jours écrit ainsi*) dressée en forme d'Oraison funè-» bre par le Père David DE LA VIGNE, de l'Ordre des » Frères Mineurs, qui l'assista à la mort » : *Paris*, le Duc, 1649, de 49 pages, (sans la Dédicace à la Reine & la Préface.)

¹ Philippe Cospéan étoit de Mons en Hainaut, & il est fait mention de lui dans la *Bibliothèque Belgique* de Foppens. Il a été successivement Evêque d'Aire, de Nantes, & enfin de Lisieux.]

9998.* ☞ Mf. Histoire Ecclésiastique de Coutances, contenant la Vie des Evêques de ce lieu, &c. *in-fol.*

Elle est conservée à Londres, dans la Bibliothèque Britannique, parmi les Manuscrits de la Bibliothèque Harleienne, num. 4599. Voici la Notice qui nous en a été donnée par M. de Brequigny.

« C'est un Manuscrit du XVIIIᵉ Siècle, en papier, » & un assez gros *in-fol.* de plusieurs écritures. Les cor-» rections & additions qu'on y trouve montrent que » c'est le Manuscrit original. Il commence à l'établisse-» ment de la Religion Chrétienne dans le Diocèse, & » s'étend jusqu'à l'Episcopat de Fr. Charles de Loménie » de Brienne, sur lequel il donne des Mémoires jusqu'à » l'an 1706. On trouve dans ce Manuscrit plusieurs an-» ciennes Chartes, autres que celles qui ont été publiées » dans la *Gallia Christiana*; mais ce sont de simples » Copies sans aucune authenticité.]

Au N.º 9999, ajoutez en Note :

On trouve dans le Catalogue de la Bibliothèque de l'Abbé de Rothelin, num. 2953, une Histoire de Coutances par un nommé Billi, sous ce titre : *Renati Tursini* BILLII, *Epitome, Historia Ecclesiastica Constantiensis* : Ms. *in-fol.* Seroit-ce la même que celle indiquée par le Père le Long, d'après Malleville ?

Métropole de Sens, & ses Suffragans.

PAGE 649.

Au N.º 10008, ajoutez Mf.

10011.* ☞ Mf. Catalogus Archiepiscoporum Senonensium, ad annum 1295 : *in*-4.

Ce Catalogue est conservé dans la Bibliothèque du Vatican, parmi les Manuscrits de la Reine de Suède, num. 480. Ce pourroit être le même Catalogue que le précédent.]

PAGE 650, *ajoutez*,

10023.* ☞ Ecclesiæ Senonensis Supplica-

tio ad Regem, ne minoretur : *Senonis*, 1623, *in*-8. 13 pages.

C'est un Recueil de passages de l'Ecriture & des Canons, employés pour s'opposer à l'érection de l'Archevêché de Paris, & au démembrement qu'en souffroit celui de Sens.]

Au N.º 10026, lisez en Note, sur le prem. Factum.

L'Auteur de cette Pièce est Alexandre VARET, Grand-Vicaire de Sens, quoiqu'elle ne soit indiquée dans aucune Liste de ses Ouvrages. C'est ce qu'on voit par une Note manuscrite de l'Abbé Boileau, dans l'Exemplaire de ce Factum que possède M. Beaucousin. Il y a beaucoup de Notes de cet Abbé, qui déclare avoir fait contre la première Partie, son Ouvrage *de Antiquo jure Presbyterorum in regimine Ecclesiastico*.]

PAGE 652, ajoutez,

10072.* ☞ Les Larmes de la France sur le Trespas du Cardinal du Perron ; par J. CONDENTIAL, Forésien : *Paris*, Métayer, 1618, *in*-8. de 16 pages.

Ce sont des Eloges en Prose & en Vers, & une Epitaphe Latine : le tout dédié à Jean Davy, Archevêque de Sens, frère du Cardinal.]

10074.* ☞ Vie du Cardinal du Perron ; par M. (Jean Levesque) DE BURIGNY : *Paris*, Debure, 1768, *in*-12.

Il y a une *Vie* manuscrite du Cardinal du Perron, à la Bibliothèque du Roi, que l'on croit être composée par Antoine AUBERY. M. de Burigny n'en a point eu connoissance.]

10078.* ☞ Lettre sur la mort de M. Jean-Joseph Languet, Archevêque de Sens; par M. J. Bapt. Armand COTTEREAU du Coudray, Curé & premier Echevin de la Ville de Donnemarie, Membre de l'Académie de Villefranche : 1753, *in*-4.]

Avant le N.º 10079, lisez en Note :

Le Père le Long a mis entre les Suffragans de Sens, l'Evêché de Troyes avant celui d'Auxerre. Cependant il est certain que l'Evêque d'Auxerre est le premier Suffragant de Sens, & que dans les Assemblées Provinciales le Député du second Ordre d'Auxerre donne sa voix avant le Député de Troyes, les Evêques opinant selon l'ordre de leur Sacre. Cela est réglé depuis si long-temps que le mot Campont, qui se trouve dans les anciennes Armes du Chapitre de Sens, l'exprime & renferme par ordre les lettres initiales des Evêchés Suffragans de Sens avant l'érection de Paris en Archevêché ; sçavoir, C. Chartres, A. Auxerre, M. Meaux, P. Paris, O. Orléans, N. Nevers, T. Troyes : ainsi les Histoires de l'Evêché d'Auxerre, qui sont page 654, devoient être placées à cette page 652, & celles de Troyes renvoyées à la page 658.]

10079.* ☞ Mf. Catalogue des Evêques de Troyes ; par Edme MENUEL : *in*-4.

Ce Manuscrit est indiqué dans le Catalogue de la Bibliothèque de l'Abbé de Rothelin, num. 2950.]

PAGE 653.

Au N.º 10083, ligne 4, le nom Camulat *ne doit pas être en petites Capitales.*

PAGE 654.

Au N.º 10114, ligne 2, Meriani, *lisez*, Mariani.

Au N.º 10115, ligne 5 de la Note, au lieu de jusqu'en 1227, que mourut Erard de Lusigny, *lisez*, jusqu'en 1278 que mourut Erard de Lesignes.

Tome IV. Part. I.

Supplément du Tome I.

PAGE 655, ajoutez;

10119. * ☞ Relation authentique de la Conversion de S. Mamert, Abbé à Auxerre, décrite par lui-même, ou Fondement de l'Histoire Ecclésiastique du Diocèse d'Auxerre; publiée par M. (Jean) Lebeuf, Sous-Chantre de l'Eglise Cathédrale : *Dijon, Augé, 1722, in-8.*

Au N.° 10124, ajoutez à la Note :

☞ Nous avons déjà observé, dans l'Article général des Vies des Saints, (ci-dessus, N.° 4709 de ce *Supplément,*) que ces deux Saints, Valère & Valérien, n'en font qu'un, selon le sçavant Martyrologe d'Auxerre, M. de Tillemont, & l'Abbé Lebeuf, dans ses *Mémoires sur l'Histoire d'Auxerre, tom. I. pag. 14.*]

Le N.° 10134, doit être effacé ; car cette Vie est de S. Germain, Evêque de Paris, & n'a pas de rapport au Diocèse d'Auxerre. On l'a même déja indiquée dans ce Tome I. sous Paris, N.° 9293.

PAGE 656.

Au N.° 10141, ligne première de la Note, ajoutez, Pierre avant VIDAL.

Au N.° 10142, effacez la Note & lisez :

Il y a eu six Lettres critiques de la part de Dom Vidal, dont la sixième & dernière est datée du 20 Novembre 1753. Quant à la Réponse, il y a sept Lettres, la septième & dernière est datée du 29 Août 1753. M. CLÉMENT, Trésorier & Chanoine d'Auxerre, a eu (dit-on) la principale part à ces Réponses, s'il n'en est pas tout-à-fait l'Auteur.

Outre les Ouvrages que nous avons indiqués sur les nouvelles Reliques de S. Germain, il en a paru quelques autres, que nous réunirons ici, sçavoir :

1. Suite des Lettres critiques : 1752, *in-*8. (Cette Lettre, datée du 10 Décembre 1752, parut aussi-tôt la première Lettre de Dom Vidal, & en est une perpétuelle ironie, ainsi que la *Lettre* (supposée) *des Bollandistes,* indiquée au N.° 10143, & c'est ce qui a donné de l'humeur aux Lettres suivantes de Dom Vidal.)

2. Observations sur la Découverte des Reliques du grand S. Germain, Evêque d'Auxerre : 1743, *in-*8. de 48 pages. (Ces Observations sont de M. MELLINET, Docteur de Nantes, qui à la fin promet une Suite, dont il n'a rien paru. Le Public n'y a pas perdu, ces Observations n'ayant rien de solide, & critiquant le pour & le contre. L'Auteur étoit alors accablé de vapeurs, & est mort vers 1760.)

3. Procédure (en Manuscrit) pour la vérification des Reliques prétendues de S. Germain. (C'est cette Pièce qui a servi de fondement au Mémoire indiqué au N.° 10145, & dont il est parlé dans la Vie de M. de Caylus. Cette Procédure a été faite par M. HUET, Chanoine & Grand-Archidiacre, Official du Diocèse, nommé Commissaire à cet effet par M. de Caylus, Evêque d'Auxerre. Après la mort de ce Prélat, l'Original a été déposé dans les Archives du Chapitre, le 12 Juin 1754, & auparavant il s'en étoit répandu plusieurs Copies, que possédent M. Clément, Trésorier, M. Blonde, M. Frappier & autres Chanoines d'Auxerre. Les Reliques qui sont l'objet de cette Procédure, avoient été aussi déposées au Chapitre le 10 Décembre 1751, par M. Parent, Chanoine, & le tout a été mis ensemble dans le Trésor du Chapitre, suivant les Conclusions des 4 & 11 Août 1754.]

10152. * ☞ De sancto Romano, Episcopo Autissiodorensi, Sylloge : auctore Jacobo BUEO, è Societate Jesu.

Dans le Recueil de Bollandus, *tom. III.* d'Octobre, *pag.* 396-399. Ce Saint est mort vers l'an 564.]

PAGE 657, ajoutez;

10164. * ☞ Relation des Découvertes faites dans l'ancien Sanctuaire de Notre-Dame de la Cité d'Auxerre, au mois de Décembre 1760, (ou du Tombeau qu'on croit d'Herifrid, XL.ᵉ Evêque d'Auxerre, mort en 909.)

Cette Relation, qui est de M. (André) MIGNOT, Grand Chantre de l'Eglise d'Auxerre, se trouve dans le *Journal Ecclésiastique,* 1764, Septembre, *pag.* 271.]

10170. * ☞ Vie de Messire André Colbert, CII.ᵉ Evêque d'Auxerre ; (par M. André POTEL, Chanoine de la Cathédrale :) 1772, *in-*12. de 69 pages.

Cet Evêque, qui est mort en 1704, fut le prédécesseur de M. de Caylus, & c'étoit celui avant lequel finissoient les *Mémoires* de l'Abbé Lebeuf.]

Au N.° 10171, ajoutez à la Note :

L'Auteur de cette Vie de M. de Caylus, est M. DETTEY, Chanoine & second Archidiacre d'Auxerre, mort en 1773. A la fin du premier Volume, on a mis un Catalogue des Ouvrages de ce Prélat, en 10 Volumes *in-*12. imprimés en différens temps : il faut y ajouter un Volume intitulé : « Supplément aux Œuvres de » M. de Caylus, Evêque d'Auxerre » : *Cologne, (Auxerre,)* 1755, *in-*12. Ce Volume, quoique supprimé par Sentence du Bailliage d'Auxerre, du 26 Mai 1755, à cause des circonstances, &c. contient réellement plusieurs Ouvrages du Prélat, sur-tout du commencement de son Episcopat, omis dans les dix Volumes précédens.]

10171. * ☞ Eloge funèbre de M. de Caylus, en style lapidaire, Latin & François : *Auxerre,* 1754.

M. POTEL, Chanoine, en est Auteur.

☞ Eloge funèbre du même, en Vers : *Auxerre,* 1754, *in-*12. de 12 pages.

L'Auteur est M. SYLVESTRE DE S. ABEL, Membre de la Société Littéraire d'Auxerre.]

10171. ** ☞ Relation de la Visite générale faite par M. de Condorcet, Evêque d'Auxerre, dans son Diocèse, (pendant les mois d'Août, Septembre & Octobre 1760,) *in-*12. de 255 pages, (sans date, ni lieu d'impression, &c.]

10171. *** ☞ Mémoire présenté à M. de Cicé, Evêque d'Auxerre, par le Chapitre de son Eglise Cathédrale, (le 17 Septembre 1761,) sur l'état du Diocèse à son arrivée au Siège : 1765, *in-*12. (sans lieu d'impression, &c.)

PAGE 658, ajoutez,

10184. * ☞ De Sancto Hieronymo, Nivernensi Episcopo, Sylloge historica : Auctore Josepho GHESQUIERO, è Soc. Jesu.

Dans le Recueil de Bollandus, *tom. III,* d'Octobre, *pag.* 167-171. Ce Saint est mort en 816.]

Au N.° 10186, à la fin de la Note, ajoutez :

Pour avoir des preuves que l'Evêque de Bethléem n'a aucune Jurisdiction, on peut voir la Vie de M. de Caylus, *tom. I. p.* 409 *& suiv.* & les *Mémoires* sur Auxerre, par M. l'Abbé Lebeuf, *in-*4. *tom. I, pag.* 345, 548 & 686. Cet Evêché de Bethléem est à la nomination de M. le Duc de Nevers, qui doit avoir l'agrément du Roi ; & cela est exprimé dans les Bulles.]

Histoires des Archevêques & Evêques.

Métropole de Tarentaise, (qui étoit de l'ancienne Gaule.)

10191. * ☞ Sebastiani BRIGUET, Vallesia Christiana; seu Diœcesis Sedunensis Historia sacra, Vallensium Episcoporum serie observatâ, additis in fine eorumdem syllabo: *Seduni,* 1744, *in-*8.]

10192. * ☞ Jura Episcopatûs Sedunensis: *Romæ,* Caballi, 1628, *in-*4. de 14 pages.]

Métropole de Toulouse, & ses Suffragans.

PAGE 659.

Après le Jus sacrum Ecclesiæ Tolosanæ, (N.° 10197,) *ajoutez :*

10197. * ☞ Ms. Collectio omnium Canonum Provinciæ Tolosanæ, & Statutorum Synodalium Tolosanæ Ecclesiæ, ordine materiarum disposita, [curâ Laur. Steph. RONDET :] *in-*12. 2 vol.

Ce Manuscrit est entre les mains de l'Auteur : ce sont les matériaux d'une nouvelle Edition du *Jus sacrum Ecclesiæ Tolosanæ.*]

10202. * ☞ L'Histoire de Saint Sernin, par Raymond DAYDÉ : *Tolose,* 1661, *in-*8.]

PAGE 660, *ajoutez,*

10226. * ☞ Remarques sur Bertrand de Lille-Jourdain, Evêque de Toulouse.

C'est le sujet de la *Note* XLII du *tom. III,* de l'*Histoire générale du Languedoc.*]

10227. * ☞ Histoire de Dominique de Florence, Dominicain ; ensuite Evêque d'Alby, Archevêque de Toulouse, & Nonce Apostolique en Espagne ; par le P. Antoine TOURON.

Dans ses *Hommes illustres de l'Ordre de Saint Dominique, tom. III,* pag. 111. On croit que cet Archevêque est mort en 1422.]

10230. * ☞ Discours funèbre sur la mort du Cardinal Louis de la Valette : *Toulouse,* Colomiez, 1643, *in-*4.

L'Auteur de cet Ouvrage est le P. VINCENT de Rouen, Religieux du Tiers-Ordre de Saint-François. On y a joint « Cardinalis Valetæ Tumulus, Epitaphium, &c. » Le Cardinal de la Valette est mort le 28 Septembre 1639, à Rivoli, près de Turin. On a nouvellement publié la Relation de ce qui le concerne pendant les cinq années qu'il a commandé les Armées de France : nous l'indiquons ci-après, à l'année 1639, *Règne de Louis XIV, Supplément* du Tome II.]

10232. * ☞ Eloge de M. (Jean-Louis de Balbis de Bertons) de Crillon, Archevêque de Toulouse, mort en 1751, lu dans une Séance publique de l'Académie des Sciences de cette Ville ; par M. le Marquis D'ORBESSAN.

Dans le *tom. III* de ses *Mélanges historiques :* (*Toulouse & Paris,* 1768, *in-*8.) *pag.* 275.]

10233. * ☞ Remarques sur l'érection de l'Abbaye de Pamiers en Evêché, & sur les premiers Evêques de cette Ville ; par Dom VAISSETTE.

C'est le sujet de la Dissertation ou *Note* IX du *tom. IV* de l'*Histoire générale du Languedoc.*

PAGE 661, *ajoutez,*

10236. * ☞ Discours funèbre à la mémoire de Henri Sponde, Evêque de Pamiers, fait dans l'Eglise Métropolitaine de S. Etienne de Tolose, le 20 Mai 1643 ; par le Père LISSENE, Jésuite : *Tolose,* Boude, 1643, *in-*4.]

Au N.° 10240, ajoutez en Note :

Il faut y joindre quelques Pièces qui lui sont communes avec M. Pavillon, Evêque d'Alet, son intime ami, ci-dessus, N.° 9249, & celle qui y est ajoutée dans ce Supplément.]

Au N.° 10241, ajoutez une main, (l'Article étant nouveau ;) *& à la fin :* gros *in-*4. de la main de M. du Vaucel.]

10242. * ☞ Ms. Mémoire des ruses & artifices dont se sont servi les Chanoines de Pamiers, pour éloigner la vie régulière.

Ce Mémoire, où l'Evêque, M. Caulet, parle, contient un détail curieux de tous les demêlés qu'il eut avec son Chapitre, lorsqu'il prit possession de son Evêché de Pamiers. Il y a, à la suite, un Discours de cet Evêque à son Synode, où il fait le tableau de l'état pitoyable où il a trouvé le Chapitre de sa Cathédrale, &c. Ce Mémoire est conservé dans la Bibliothèque de M. Jardel, à Braine près de Soissons.

On peut voir, sur la réforme de ce Chapitre par M. Caulet, ce qui est dit dans sa Vie par M. Besoigne ; *Vies des IV Evêques : Cologne,* (Paris) 1756, *tom. II,* pag. 150 *& suiv.* 178, &c.

Au N.° 10250, à la Note, ajoutez :

Il y a eu différens Mandemens d'Evêques, contre celui de M. de Saint-Papoul, tels que celui de M. l'Evêque de Laon, du 2 Avril 1735 ; de M. l'Evêque de Marseille, sous le titre d'Avertissement, en date du 15 Avril ; de M. l'Archevêque d'Embrun, au mois de Mai 1735, &c.]

10255. * ☞ Notice historique du même ; Pierre Danès ; par Cl. Pierre GOUJET.

Dans son *Mémoire historique sur le Collège Royal :* (*Paris,* Lottin, 1758, *in-*12. 3 vol.) *tom. I.* p. 385-400.]

Au bas de la même col. après l'indication de l'article de Biragues, *ajoutez :*

10255. ** ☞ Remarques sur la Vie & les ouvrages de Ch. François Abra de Raconis, Evêque de Lavaur ; par l'Abbé D'ARTIGNY.

Dans ses *Mémoires,* (Paris) Debure, 1749-1756, *in-*12.) *tom. VII,* pag. 256-279, il y réfute ce qu'en avoit dit Dom Liron, dans sa *Bibliothèque Chartraine, pag.* 238-240. On peut voir encore ce qu'en a dit M. de Launoy dans son *Histoire* (Latine) *du Collège de Navarre, pag.* 829-831.]

Métropole de Tours, & ses Suffragans.

PAGE 662.

Au N.° 10268, en Note, ajoutez :

On peut voir ce qui est dit de ce différend de M. Matthieu Ysoré d'Hervault, Archevêque de Tours, avec son Chapitre, dans la *Bibliothèque du Poitou, tom. IV. pag.* 374 *& suiv.* On y parle de quatre Pièces composées par ce Prélat à ce sujet, qui sont dans le Recueil de *Mémoires* indiqué ici. Cet Archevêque est mort à Paris en 1716; & l'on voit, dans le Cloître des Petits-Augustins, son Epitaphe qui le peint au naturel.]

Le N.º 10271, (qui concerne Verus,) doit être transféré à *la page* 665, après S. Volusien, c'est-à-dire après le N.º 10309.

PAGE 664, *ajoutez,*

10297.* ☞ Lettre à MM. les Auteurs du Journal des Sçavans, sur quelques Textes de Sulpice Sévère & de Grégoire de Tours, touchant quelques époques de la Vie de S. Martin; par le même L. E. RONDET.

Dans le *Journal des Sçavans,* 1770, *Octobre, in-*12. *pag.* 2025-2065.]

PAGE 666, *ajoutez,*

10330.* ☞ Oraison funèbre de M. (Victor) le Bouthillier, Archevêque de Tours, prononcée dans sa Cathédrale le jour de ses Obsèques; par le P. Jean MARTEL, Jésuite: *Blois,* Hotot, 1670, *in-*4.]

10330.** ☞ Musæ Turonenses in morte Rev. & Ill. DD. Bertrandi Dechaus, Archiepiscopi Turonensis, mœrentes & afflictæ, in adventu Illust. & Rev. Victoris Bouthillier, Archiep. Turonensis recreatæ; à Petro LE BRUN, Societate Jesu: *in-*4.]

Ces deux Poëmes, bien versifiés, se trouvent aussi dans le Recueil des Poésies de l'Auteur.]

10331.* ☞ Notice historique de Matthieu Ysoré (d'Hervault,) Archevêque de Tours; par M. DREUX DU RADIER.

Dans sa *Bibliothèque du Poitou, tom. IV. pag.* 374. Cet Archevêque est mort en 1716.]

Au N.º 10342, *ajoutez à la Note :*

M. Beaucousin Avocat au Parlement de Paris, conserve dans son Cabinet l'Exemplaire de cette Histoire des Evêques du Mans, que Gilles Ménage avoit donné à la Maison Professe des Jésuites de Paris, & qui est tout rempli de Notes Manuscrites de sa propre main. La preuve s'en trouve à la page 259, où il renvoye à son Histoire de Sablé, en ces termes: *Faux, Voyez mon Histoire de Sablé.* Il y a des choses précieuses dans ces Notes de Ménage.]

PAGE 667.

Au N.º 10352, *ligne* 3, *au lieu de* 1638, *lisez,* 1648.

10377.* ☞ Oraison funèbre de M. Emery Marc de la Ferté, Evêque du Mans, prononcée en l'Eglise Cathédrale, le 16 Mai 1648; par le P. J. Bapt. DE LA BARRE, Jésuite : *le Mans,* Olivier, 1648, *in-*4.]

PAGE 668.

Au N.º 10381, *au lieu de* Mauritiados, *lisez,* Mauriliados.

Au N.º 10389, *à la Note, ajoutez :*

☞ On peut voir encore sur S. René d'Angers, que plusieurs ont confondu avec S. René, Evêque de Surrento en Italie, ce qui est dit dans la Vie de ce dernier dans le Recueil de Bollandus, par le Père Ghesquière, *tom. III,* d'Octobre, *pag.* 380 *& seq.*]

10397.* ☞ Mss. Sancti Magnobodi, Episcopi Andegavensis, Vita : *in-*8.

Ce Manuscrit, d'une écriture du X.ᵉ Siècle, est conservé au Vatican, parmi ceux de la Reine de Suède, num. 465.]

10400.* ☞ Remarques sur Ulger, Evêque d'Angers; par D. Jean LIRON.

Dans ses *Singularités historiques, tom. I. pag.* 385-404.]

PAGE 669.

Avant le N.º 10406, *ajoutez,*

══ ☞ Vie, &c. de Jean Balue, Cardinal, d'abord Evêque d'Evreux, & ensuite d'Angers, mort en 1491.

Voyez aux Grands-Aumôniers, au Tome III. N.ᵒˢ 32239 *& suiv.*]

Au N.º 10408, *ajoutez à la fin de la Note :*

On peut encore consulter sur cette affaire, le Catalogue imprimé de la Bibliothèque du Roi, *Jurisprudence,* E. num. 1800 & 1801.]

10413.* ☞ Pompa Episcopalis. ... auctore Francisco BONICHON : . . . 1650,...

Nous ne connoissons cet Ouvrage du Père Bonichon, de l'Oratoire, que par le *Supplément au Moréri,* publié par l'Abbé Goujet en 1735. Il y dit qu'il est très-rare & très-recherché, & il n'en marque ni le lieu de l'impression, ni le format. Il fut fait (ajoute-t-il) lorsque Henri Arnaud vint prendre possession de l'Evêché d'Angers, (ce qui fut en 1650,) & l'Auteur y traite des Cérémonies observées par les Evêques d'Angers, lors de leur Entrée.]

PAGE 670.

Au N.º 10417, *ajoutez en Note :*

A cet Ecrit & aux trois précédens, il faut joindre ceux dont on a parlé ci-devant, N.ᵒˢ 4934-4939, & l'indication qu'on y fait de l'endroit de la Vie de M. l'Evêque d'Angers, où l'affaire est expliquée. François Bonichon, de l'Oratoire, étoit Curé de S. Michel à Angers: il est mort en 1662, & l'Evêque, M. Arnaud, voulut officier pontificalement à son enterrement.]

Au N.º 10425, *au lieu de* par le même, *lisez,* par Adrien BAILLET.

Au N.º 10432, *ligne* 4, *avant* TRAVERS, *ajoutez,* Nicolas. . . . *& à la fin de la Note :* L'Auteur est mort en 1750.]

PAGE 671.

Au N.º 10453, *au lieu de* S. Léon, *lisez,* S. Paul de Léon.

10455.* ☞ Eloge de Jean de Montigny, Evêque de Léon, de l'Académie Françoise, mort en 1670; par l'Abbé Joseph D'OLIVET.

Dans l'*Histoire de cette Académie, tom. II. pag.* 133, Ed. de 1743, *in-*12.]

PAGE 672, *ajoutez,*

10468.* ☞ Six Tables pour servir d'éclaircissement du Droit de l'Evêque de Saint-Malo, contre le Chapitre dudit lieu, au sujet de la Jurisdiction spirituelle : *in-*4.]

10476.* ☞ Oratio funebris in laudem Guillelmi le Gouverneur, urbis Macloviensis quondam Episcopi : auctore Joan. Bapt. VAN MECHELEN, Antverpiensi : 1630, *in-*4.]

Histoires des Archevêques & Evêques. 327

Métropole de Trèves, & ses Suffragans.

PAGE 673, *ajoutez*,

10494. * ☞ Trevirensium Pontificum Catalogus : *in-4*.

Ce Catalogue, d'une écriture du XIIᵉ Siècle, est conservé au Vatican, parmi les Manuscrits de la Reine de Suède, num. 497.]

PAGE 674, *ajoutez*,

10506. * ☞ Vindiciæ Historiæ Trevirensis, sive Historia Trevirensis de tribus primis Trevirorum Episcopis, Euchario, Valerio & Materno S. Petri Apostoli Discipulis, ab eodem Treviros ablegatis, vindicata contra impactam recentiùs crisin : Authore Mauro Hillar, Ord. S. Benedicti, Abbatiæ ad S. Matthiam prope Treviros Priore : *Metis*, Antoine, 1763, *in-4*.

On y soutient l'ancienneté des trois premiers Evêques de Trèves, contre la Critique insérée dans l'Ouvrage précédent, & on y oppose les Martyrologes, divers Témoignages & l'autorité de la Tradition du Pays.]

10507. * ☞ De sancto Metropolo, Episcopo Trevirensi, Sylloge : auctore Jacobo Bueo, è Societate Jesu.

Dans le Recueil de Bollandus, tom. IV. d'Octobre, pag. 210-212. Ce Saint est mort vers l'an 304.]

PAGE 675.

Au N.° 10545, *ajoutez à la Note :*

Il y a apparence que cette Histoire ou Chronique des Evêques de Metz, est celle dont il est parlé dans la Préface de l'*Histoire de Metz*, imprimée en 1769, *in-4*. On l'attribue à un Prémontré de l'Abbaye de S. Eloy, dont le nom est inconnu : on la dit assez bien écrite. Elle finit comme celle-ci à l'an 1484. Mais on ajoute que l'Original est dans la Bibliothèque des Minimes de Metz.]

10548. * ☞ Ms. Mémoires sur les Evêques de Metz ; par Henri Le Fevre, Curé de S. Livier.

On les cite dans la Préface de l'*Histoire de Metz*, imprimée en 1769, *in-4*. Ils finissent en 1668.]

PAGE 677.

Au N.° 10591, *au lieu de* François Martin du Bourey, *lisez*, Fr. (Frère) Martin de Bourey... *& après* 1622, *ajoutez*, & 1623,... *in-12. (au lieu d'in 8.) ...*

Le Père de Bourey nous apprend, dans sa Préface, qu'il a vû une *Vie de P. de Luxembourg*, imprimée à Barcelone, & dédiée à la Duchesse de Cardona, dont l'Auteur est *Francesco* Diego, *de l'Ordre des Prêcheurs*, laquelle, quoique succinte, contient beaucoup de faussetés.

Il ajoute que pour lui il a composé & extrait la sienne de cinq gros *Volumes* qui sont au Monastère des Célestins d'Avignon, & qui traitent des Exercices, Mort & Miracles du Bienheureux Pierre de Luxembourg.

M. le Tourneux, en la Préface de la Vie qu'il en a publiée en 1681 ; (ci-après, N.° 10595,) parle de ce Recueil, comme existant à Avignon. Il dit aussi que les Célestins de Mantes ont le *Mémoire* Latin que les Commissaires députés pour la Canonisation, firent dresser sur les Informations.]

10597. * ☞ Histoire du Bienheureux Pierre de Luxembourg ; par M. (François) Morénas : *Avignon*, 1766, *in-12*.]

PAGE 678, *ajoutez*,

10605. * ☞ Suite des Evêques de Toul.

Dans le Rituel de ce Diocèse, publié par M. de Bissy : *Paris*, Laurent, 1700, *in-4*.]

10608. * ☞ Ms. Liber Epitaphiorum Episcoporum Tullensium.

Cet Ouvrage commence à S. Mansuy, premier Evêque, & finit à Henri de Ville-sur-Yron, mort en 1436.

☞ Ms. Historia parva Leucorum.

C'est un Abrégé très-court de la Vie des Evêques de Toul.

Ces deux Manuscrits sont indiqués dans la Préface de l'*Histoire de Toul*, par le Père Benoist, (ci-après, N.° 10615.) Ce Père dit qu'ils lui ont été communiqués par M. de l'Aigle, Grand-Archidiacre de Toul.]

PAGE 680.

Au N.° 10637, *au lieu de* par le même, *lisez*, par Adrien Baillet.

Après le N.° 10649, *ajoutez*,

Nota. La trop grande étendue du Diocèse de Toul a déterminé le Roi (Louis XV.) à demander au Pape l'érection de deux nouveaux Evêchés dans le Territoire de ce Diocèse, l'un à Saint-Dié & l'autre à Nancy.]

Au N.° 10655, *ajoutez en Note :*

On peut voir sur cette Chronique de Hugues de Flavigny, pag. xij. de la Préface de l'*Histoire de Verdun* : *Paris*, 1745, *in-4*. Il y est aussi parlé d'une Histoire Manuscrite des Evêques de Verdun, citée par Wassebourg, sous le titre d'*Excerptum Joan. de Sarraponte de Episcopis Virdunensibus*.

PAGE 681, *ajoutez*,

10658. * ☞ Ms. Histoire abrégée des Evêques de Verdun, depuis S. Saintin, jusqu'à l'an 1631 ; par Matthieu Husson.

Elle est conservée dans la Bibliothèque de S. Vannes.]

Au N.° 10660, ligne 3, *au lieu de* Toul, *lisez*, Verdun.

Au N.° 10661, ligne 4, *après* Ville, (M. Roussel.)

10661. * ☞ Ms. Recueil d'Actes concernant la Jurisdiction temporelle des Evêques de Verdun, tirés des Registres des Chapitres, des Abbayes, & de l'Hôtel de Ville, depuis l'an 839 jusqu'en 1633.

Ce Recueil est conservé dans la Bibliothèque de Saint-Vannes, & il est cité par M. Roussel, dans son *Histoire de Verdun*, comme lui ayant été utile : *Préface, pag. xiij*.]

10668. * ☞ Vita sancti Magdalvei, Episcopi : auctore Hugone Flaviniacensi ; cum Commentario prævio Cornelii Byei, è Societate Jesu.

Dans le Recueil de Bollandus, *tom. II*. d'Octobre, p. 499-544. Ce Saint est mort probablement l'an 762.]

Métropole de Vienne, & ses Suffragans.

PAGE 682.

Au N.° 10683, *au lieu de* Floriacensis, pag. 109, *lisez*, Cluniacensis, à la fin.

Au N.° 10684, à la Note, ligne 6, *effacez* Le Père... *& ajoutez à la Note :*

Jean le Lièvre, mort en 1634, n'étoit point Religieux, mais comme il est marqué au titre de son Livre, Chanoine-Sacristain & Abbé de S. Ferréol en la grande Eglise de Vienne. On voit dans Chorier, (*pag. 99* de sa *Topographie de Vienne*, 1658, *in*-12.) que l'Abbaye de Saint Ferréol n'est plus Abbaye que de nom, & qu'elle a été réunie à la Sacristie de la Cathédrale, par l'Archevêque Jérôme de Villars, le dernier de ceux dont parle Jean le Lièvre, sans rien dire de cette union, laquelle paroît avoir été faite lors de la publication de son Livre, suivant les qualités qu'il prend sur le titre.]

Au N.º 10686, *ajoutez à la Note:*

☞ On attribue cette nouvelle Histoire de Vienne, dans la *France Littéraire*, à M. DE RICHEBOURG, comme l'ayant donnée sur les Mémoires de M. Charvet.

Au N.º 10687, *ligne* 2 *de la Note*, au lieu de *Floriacencis*, lisez, *Floriacensis*, ... [*Et ajoutez à la fin de la Note:*]

☞ On peut voir encore sur la Primatie de Vienne, l'*Histoire de l'Eglise d'Arles*, par du Port: (*Paris*, 1690, *in*-12.) dont le titre annonce expressément, « qu'il y est parlé du Différend entre les Archevêques » d'Arles & ceux de Vienne touchant la Primatie des » Gaules.]

PAGE 683, *ajoutez*,

10721.* ☞ Agilmaro, Viennensi Archiepiscopo, res ablatas, Wigericus Comes restituere cogitur, anno 853.

Cette Pièce est imprimée dans le *Spicilège* de D. Luc d'Achery, *tom. XIII. pag.* 263.]

PAGE 684, *ajoutez*,

10730.* ☞ Oraison funèbre d'Armand de Montmorin, Archevêque de Vienne, prononcée dans l'Eglise Métropolitaine, le 17 Novembre 1713, par Jean-Claude BASSET, Jésuite: *Lyon*, Molin, 1714, *in*-4.]

10736.* ☞ Vita sancti Apollinaris, Valentini Episcopi: auctore COEVO, forsan ELADIO, ejus Diacono; cum Commentario prævio Josephi GHESQUIERI, è Soc. Jesu.

Dans le Recueil de Bollandus, *tom. III.* d'Octobre, *pag.* 45-65. Si des lambeaux de la Vie de ce Saint, imprimés dans Barrali, n'apprennent pas grand'chose, du moins sa Vie entière avec ce qui l'acompagne dans ce Recueil, contient des choses assez intéressantes pour l'Histoire de ce temps. Saint Apollinaire de Valence est mort vers l'an 520.]

10740.* ☞ Défense de Jean de Montluc, Evêque & Comte de Valence: *in*-8.

10743.* ☞ Histoire Chronologique des Evêques & Comtes de Die, avec le Dénombrement des Terres dépandantes dudit Evêché & Comté: *Valence*, Barbier, 1689, *in*-4. de 13 pages.]

PAGE 685, *ajoutez*,

10759.* ☞ Testament du Cardinal le Camus, Evêque & Prince de Grenoble: *Lyon*, 1708, *in*-12.]

Au N.º 10760, *à la Note*, *ajoutez:*

Il y a eu, en 1750, une seconde Partie de ce Discours sur la Vie de M. le Camus, & du tout une *Nouvelle Edition*: *Lausanne* (Grenoble) 1751, *in*-12. Les Additions consistent en plusieurs Lettres écrites à l'Auteur depuis 1748.]

Au N.º 10764, *effacez la main*, & *mettez* Ms. (*le Père* le Long *a indiqué cette Histoire.*)

PAGE 686, *ajoutez*,

10768.* ☞ Vie du même Claude Granier; par la Mère Blouette DE BLÉMUR.

Dans ses *Eloges* de quelques Illustres de l'Ordre de Saint-Benoît, (*Paris*, Billaine 1679, *in*-4. 2 vol.) *tom. I*, *pag.* 33-99.]

Au N.º 10769, *ligne* 2, *au lieu de* DE BONNEVILLE, *lisez*, DE LA BONNEVILLE.

10769.* ☞ Oraison funèbre de Messire François de Sales; par D. P. de S. Bernard, Supérieur des Feuillants de Lyon: *Paris*, Soly, 1623, *in*-4.

Il y a apparence que cet Auteur est le même que l'on appelle, dans l'Oraison funèbre pour l'Anniversaire, (N.º 10770) Pierre DE FLOTTES de Saint-Bernard.]

Au N.º 10771, *après* 1624, *in*-4. *ajoutez*, seconde Edition: *Paris*, Soly, 1625, *in*-8.]

10774.* ☞ Tableau de l'Innocence Chrétienne, ou le Pontife innocent, à l'honneur du B. Evêque, François de Sales; (par le P. LEON, Carme:) *Paris*, Billaine, 1638, *in*-8. de 106 pages.]

Au N.º 10776, *en Note*, *ajoutez:*

Vraisemblablement ce Poëme, indiqué par le Père le Long comme étant de Chauvin, est le même que celui qui a paru sous le même titre: *Paris*, Josse, 1639, *in*-4. de 28 pages, sur Privilège du 26 Février 1639; lequel Privilège est signé Chauvin, comme Secrétaire du Conseil, (qui aura été depuis Conseiller en la Cour des Monnoies;) & le P. le Long aura pris cela pour une signature du Poëme même, qui est anonyme.]

10778.* ☞ La même Vie (de S. François de Sales, par Maupas,) traduite en Latin, par le Père François Creuxius: *Coloniæ Ubiorum*, 1663, *in*-8.]

10781.* ☞ Portrait de S. François de Sales, par sa chère Philothée, dédié à la Maréchale de la Mothe-Houdancourt; (par L. BOUCHER:) *Paris*, Redouté, 1665, *in*-8. de 107 pages.]

10782.* ☞ Abrégé de la Vie & des Miracles du même, par un Dévot zélé audit Saint: *Rouen*, Ferrand, 1667, *in*-12.

Ce Livret est de 118 pages, sans en compter vingt-huit pour la Bulle de Canonisation, Miracles, Maximes, &c.]

10783.* (1.) ☞ Les Caractères ou les Peintures de la Vie & de la douceur du Bienheureux François de Sales; par Nicolas DE HAUTEVILLE, Prêtre, Docteur en Théologie, Chanoine de Genève; en deux Parties: *Lyon*, Prost, 1661, *in*-8.

Cet Ouvrage, très-ample, est écrit en Prose & en Vers de huit syllabes. La première Partie traite de la vie extérieure du Bienheureux, en vingt-cinq Discours, & contient 246 pages; la seconde, de la vie intérieure, en vingt-trois Discours, & a 240 pages.]

(2.) ☞ Octave de S. François de Sales, ou les plus beaux traits de sa Vie, (en neuf Panégyriques,) avec des Remarques tirées de ses Manuscrits, & qui n'ont point vu le jour;

Histoires des Archevêques & Evêques.

jour; par le même Nicolas DE HAUTEVILLE : *Paris*, Léonard, 1668, *in-*8.]

10784.* ☞ Tombeau de S. François de Sales présenté au Cardinal des Urſins; par M. DE FORTIA, Sieur de Tiderzay : *Rome*, Mancini, 1670, *in-*8. de 80 pages.]

10184.** ☞ Le magnifique Triomphe de S. François de Sales, &c. par Antoine ARNAULD, Prêtre des Pauvres de l'Hôpital Général, Bachelier en Théologie & Licentié ès Droits; ſeconde Edition : *Paris*, Tompère, 1680, *in-*8.]

10785.* ☞ Vie de S. François de Sales : *Paris*, Barbin, 1687, *in-*4. de 394 pages.]

Au N.° 10788, *lignes* 2 & 3, *effacez*, Religieuſe de la Viſitation... *ajoutez après* Paris, 1699, & ...

☞ Louiſe de Buſſi-Rabutin a été mariée d'abord à M. de Coligny & enſuite à M. de la Rivière, qui lui a ſurvécu. Ainſi elle n'a pas été Religieuſe; mais étant morte en 1716, elle a été enterrée dans un Monaſtère de la Viſitation. Cette Dame a auſſi écrit la Vie de Madame de Chantal, ci-après, N.° 15274.]

10789.* ☞ Mſ. Mémoires pour ſervir à la Vie de S. François de Sales, Evêque & Prince de Genève, à celle de ſainte Jeanne-Françoiſe Frémiot de Chantal, & à l'Hiſtoire de l'Ordre de la Viſitation Sainte Marie; par M. Joſ. Louis-Dominique DE CAMBIS, Marquis de Velleron : *in-fol.* 4 vol.

Ces Mémoires ſont conſervés dans la Bibliothèque de l'Auteur, à Avignon, num. 68 de ſes Manuſcrits : il en eſt parlé *pag.* 372 de ſon Catalogue raiſonné : *Avignon*, Chambeau, 1770, *in-*4. On y dit, entr'autres choſes, que toutes les Vies modernes du ſaint Evêque de Genève ſont remplies de fables & d'anachroniſmes, & que celle même de M. Marſollier eſt de ce nombre.]

PAGE 687, *ajoutez*,

10790.* ☞ Totius Cleri Galliæ, Lutetiæ congregati, ad Urbanum VIII. Epiſtola, de Franciſco de Sales inter Beatos collocando : *Pariſiis*, Stephanus, 1625, *in-*8. 8 pag.

La même Lettre, traduite en François par le Sieur Pelletier : *Paris*, *in-*8. 8 pag.]

10791.* ☞ Contextus Actorum omnium in Beatificatione & Canoniſatione ſancti Franciſci de Sales, Epiſcopi Genevenſis, ab Alexandro VII. Sanctorum faſtis adſcripti, per Dominicum CAPPELLUM collectus : *Romæ*, Dragondelli, 1665, *in-*4. 232 pag.

On y voit la Figure de la Décoration de S. Pierre de Rome.]

10794.* ☞ Relation de ce qui s'eſt paſſé à Bourges, dans la Célébration de la Canoniſation de S. François de Sales, faite le 16 Mai 1666 : *Bourges*, Toubeau, 1666, *in-*4. 34 pages.

C'eſt une Lettre datée du 30 Août 1666, ſignée D. F. S.]

10796.* (1.) ☞ Abrégé de la Vie de Jean-François de Sales, (frère de S. François de

Tome IV. Part. I.

Sales, & ſon ſucceſſeur immédiat dans l'Evêché de Genève.)

Cet Abrégé ſe trouve dans l'*Origine* & l'*Hiſtoire de la Maiſon de Sales*, par l'Abbé de Hauteville, (ci-deſſus, N.° 10784,) §. V. du Chapitre XXIV. de la Partie I. Jean-François de Sales eſt mort le 8 Juin 1635.

(2.) ☞ Vie de Dom Juſte Guérin, d'abord Barnabite, puis Evêque de Genève (après Jean-François de Sales;) par le P. ARPAUD, Barnabite : *Annecy*, 1678, *in-*12.

Dom Juſte Guérin eſt mort le 3 Octobre 1645.

(3.) ☞ Vie de Charles-Auguſte de Sales, neveu de S. François de Sales, & Evêque de Genève après Dom Guerin.

Cette Vie forme toute la Partie III. de la ſuſdite Hiſtoire de la Maiſon de Sales, & elle occupe depuis la page 565 juſqu'à 875. Ch. Auguſte de Sales eſt mort en 1660.

(4.) ☞ Oraiſon funèbre de M. Jean d'Arenthon d'Alex, Evêque & Prince de Genève, prononcée dans l'Egliſe du premier Monaſtère de la Viſitation d'Annecy, le 1 Juillet 1696; par le P. Dom Fulgence DE BELLEGARDE, Barnabite : *Annecy*, Fonteine, 1696, *in-*4.

Au N.° 10797, *ajoutez*,

Seconde Edition, beaucoup augmentée, & particulièrement de Pièces ſur le Quiétiſme : *Lyon*, Comba, 1700, *in-*8.

Cette Edition a 631 pages : la première en avoit 592, même caractère.]

10798* ☞ Avis à l'Auteur de la Vie de Meſſire Jean d'Arenthon d'Alex, Evêque de Genève, ſur la Section 2, des Eclairciſſemens de cette Vie; où l'on examine ſi feu M. l'Evêque de Genève n'a pas été favorable aux Défenſeurs de la Doctrine de S. Auguſtin & de S. Thomas, ſur la Prédeſtination & la Grace, &c. par l'Auteur de la Pratique des Billets, (M. L. J. CARREL, Prêtre :) *Bruxelles*, Marchand, 1700, *in-*12. 51 pag.]

10798.** ☞ Lettre de M. N. GASPARINI, Général de l'Ordre de S. Antoine, ſur la mort du dernier Evêque de Genève, (M. Michel-Gabriel Roſſilion de Bernex;) du 5 Mai 1734.

Cette Lettre eſt imprimée dans le *Mercure*, 1734, *Juin*, pag. 1145. On en a tiré quelques Exemplaires à part : *in-*12. 7 pages.]

Au N.° 10799, *au lieu de* Roſſillon, *liſez*, Roſſilion.... & *ajoutez en Note* :

Cette Vie contient beaucoup d'Anecdotes intéreſſantes, & utiles pour l'Hiſtoire Eccléſiaſtique du Diocèſe de Genève.

Evêques Etrangers.

PAGE 688.

A la colonne 2, *ligne* 5, (*avant* N.° 10816) *effacez*, Ce Saint eſt mort en 521.

Au N.° 10821, *à la fin de la Note, ajoutez* :

Saint Paulin eſt mort en 431.

T t

10827. * ☞ Vie de S. Paulin, avec l'Analyse de ses Ouvrages, & trois Dissertations sur quelques points importans de son Histoire; par D. Toussaints du Plessis, Bénédictin : *Paris*, 1743, *in*-4.]

Histoires du second Ordre du Clergé Séculier.

PAGE 691, *ajoutez*,

10855. * ☞ Mss. Regulæ Congregationis Oratorii Domini Jesu : *in*-12.

Dans la Bibliothèque de M. Jardel, à Braine : il croit que ce sont les premiers Réglemens, qui sont fort rares.]

10855. ** ☞ Mss. Réglemens de la Congrégation de l'Oratoire, donnés par notre très-honoré Père & Fondateur, Monseigneur le Cardinal de Bérulle, en son commencement; avec un Discours trouvé entre les Papiers dudit Cardinal, que l'Assemblée a trouvé bon d'employer pour Préface de ces présens Réglemens; & des Pratiques pour s'occuper de notre Seigneur, & lui rendre ses devoirs de Religion : *in*-12. fort épais.

Dans la même Bibliothèque.]

10857. * ☞ Mss. Requête des Prêtres de l'Oratoire au Parlement, avec une Déclaration de leur Institut & Réglemens : deux Pièces originales, en 6 pages.

Elles [étoient] conservées à Dijon, dans la Bibliothèque de M. Fevret de Fontette.]

Au N.° 10859, *ajoutez en Note :*

Depuis ce temps, on a imprimé séparément les Actes des Assemblées générales de la Congrégation de l'Oratoire, & on en trouve plusieurs en diverses Bibliothèques : *in*-4.

10859. * ☞ Mss. Litteratorum Congregationis Oratorii in Regno Franciæ Commentarius, ab anno 1611, ad annum 1696, unà cum censura editorum Operum, cum brevi Historia critica & Criticorum notis in quælibet edita Opera.

L'Auteur est le Père LE BRUN, mort le 6 Janvier 1729. Ce Manuscrit doit être à Paris, dans la Maison de l'Oratoire de la rue S. Honoré.

On trouve plusieurs choses concernant l'Histoire de l'Oratoire de France, dans un Ouvrage intitulé : « Chronicon Congregationis Oratorii D. Jesu per Provinciam Archiepiscopatûs Mechliniensis diffusæ » : *Insulis*, Mathon, 1740, *in*-4. Cet Ouvrage a pour Auteur Pierre SWERT, qui avoit été Prévôt ou Supérieur de cette Congrégation particulière de l'Oratoire, qui dans son commencement a été unie à celle de France, comme ayant été formée par quelques-uns de ses Membres.]

10861. * ☞ Mémoire sur l'état du Séminaire des Missions Etrangères, son objet & son administration; par M.° BOULOUX : *Paris*, 1764, *in*-4. de 152 pages.

On peut voir aussi le tom. VII. du *Gallia Christiana*, pag. 120 & *suiv*.]

Au N.° 10863, *ajoutez en Note :*

M. Beaucousin, Avocat au Parlement de Paris, possède plusieurs Manuscrits & Pièces originales concernant le Séminaire des Trente-trois, de Paris.]

10865. * ☞ Eloges de quinze illustres Chanoines de S. André de Grenoble, (en Latin;) par M. GRAS DU VILLARD, Chanoine de cette Eglise : 1733.

Nous n'avons pu voir cet Ouvrage.]

PAGE 692.

Au N.° 10873, *ajoutez en Note :*

Cette Vie de S. Alderald ou Aderald forme la plus grande partie d'un Livre dont le titre est : « De la sainte Hiérarchie de l'Eglise, & la Vie de S. Aderald, &c. On peut voir un échantillon de ce Livre, *pag.* 169, & *s*. des *Mémoires* de M. Grosley, ci-devant, N.° 10083.]

Le N.° 10874 *doit être ainsi réformé :*

10874. ☞ Vita Sancti Aderaldi, &c. Auctore Anonymo, ejus æquali & familiari : nunc primùm prodit in lucem : *Trecis*, 1724, *in*-12.

Cette Vie a été publiée par M. BREYER, (& non BRAYER,) qui y a ajouté une Préface.]

Au N.° 10881, *à la Note, ajoutez :*

☞ On apprend, *pag.* 360 du Catalogue raisonné des Manuscrits de M. de Cambis de Velleron, qu'il possède à Avignon cette même Vie (de Saint Amable par Faydit) en Manuscrit, *in*-4. beaucoup plus ample que la Vie qui a été imprimée, & qu'on y trouve plusieurs remarques & observations considérables, qui ont été omises dans l'impression.]

10886. * ☞ Sancti Amoris, (Diaconi,) culti in Monasterio Belisiensi (Munster-Bilsen,) in Territorio Leodiensi, Vita : auctore, ut videtur, EGBERTO; cum Commentario prævio Constantini SUYSKENI, è Soc. Jesu.

Dans le Recueil de Bollandus, *tom. IV*, d'Octobre, *pag.* 335-348.]

PAGE 693.

Au N.° 10899, *ajoutez en Note :*

On peut voir son Eloge dans les *Mémoires de Trévoux*, Novembre, 1711.

Au N.° 10901, *au lieu de* Aurey, Prêtre, *lisez*, Auvray, Prêtre, mort en 1661.

PAGE 694.

Au N.° 10919, *au lieu de* Bannier, *lisez*, Banier.

Au N.° 10924, *à la Note*, 1732, *lisez*, 1632.

Au N.° 10926, *ligne 4 de la Note*, en 1687, *lisez*, en 1709, âgé de 87 ans.]

10929. * ☞ Mss. Eloge historique de M. Belon, Professeur en Théologie dans l'Université de Besançon, mort en 1772; par M. DROZ, Secrétaire de l'Académie.

Dans les Registres de l'Académie de Besançon.

10937. * ☞ Tombeau de René Benoist, avec son Epitaphe; par G. GERARD : *Paris*, Colin, 1608, *in*-8.]

PAGE 695, *ajoutez*,

10954. * ☞ Eloge du même, Abbé Bignon, prononcé dans la Société Royale de Montpellier.

Il est imprimé dans la Relation de l'Assemblée publique du 11 Mars 1745.]

Le N.° 10955, Idée de la Vie de Billard, doit être effacé, ayant déjà été employée, *pag.* 316, N.° 4740, à sa vraie place, & parmi les Personnes séculières dévotes. L. Ant. Billard n'a jamais été du Clergé, mais Laïc, & dans le Commerce.

Histoires du second Ordre du Clergé Séculier.

Au N.° 10761, ajoutez en Note :

On peut voir, sur cet Abbé Blache, dont l'Histoire a donné lieu à un *Compte rendu* au Parlement de Paris, ci-après le N.° 24536*. Dans ce Compte, on corrige plusieurs inexactitudes de cette Brochure.]

10966.* (1.) ☞ Eloge du même, Jacques Boileau.

Dans le *Recueil des Pièces fugitives de l'Abbé Archimbaud*, *tom. III.* Art. 1. des Nouvelles Littéraires, *pag.* 120. L'Abbé Boileau vivoit encore, quand ce Recueil a paru.]

(2) ☞ Mſ. Histoire de la Vie & des Ouvrages du même, par Hyacinthe DELAN, Docteur de Sorbonne.

Ce Manuscrit est dans le Cabinet de M. Beaucousin, Avocat au Parlement de Paris. L'Auteur est mort en 1754.]

PAGE 696, ajoutez,

10977.* ☞ Eloge funèbre de Louis Bonet, Curé de Sainte-Eulalie de Bourdeaux : *Bourdeaux*, du Coq, 1651, *in*-4. de 8 pages.

Ce Prêtre né à Poitiers, & qui étoit de la Congrégation de l'Oratoire, est mort dans sa Cure le 19 Novembre 1650. Il y avoit succédé à Jean-Baptiste Gault, depuis Evêque de Marseille. Comme il avoit soutenu les intérêts de la Province, pendant les Guerres de Guyenne, aussi-tôt après sa mort, on publia un Libelle intitulé : « Le Curé Bourdelois, grand défenseur de la » Cour de Messieurs de Bourdeaux », lequel fut condamné au feu par Arrêt de ce Parlement, du 10 Mars 1651, & auquel on répondit par un autre Ecrit, intitulé : « Apologie pour le Parlement, & pour le » Père Bonet, contre le *Curé Bourdelois*, 1651, » (sans nom de lieu, &c. *in*-4. de 8 pages.)

10983.* ☞ Eloge de Joseph Bougerel, Prêtre de l'Oratoire ; par Cl. Pierre GOUJET.

Dans le *Journal de Verdun*, 1753, *Juin*, le Père Bougerel est mort à Paris, le 19 Mars 1753.]

10986.* ☞ Vie de M. (Pasquier) Bouray, Prêtre, Instituteur de la Congrégation des Religieuses Hospitalières de l'Ordre de Saint-Augustin : *Paris*, Valleyre, 1714, *in*-12.

M. Bouray, né au Bourg de Saint-Germain en Touraine, est mort à Poitiers en 1651.]

PAGE 697, ajoutez,

10993.ᵏ ☞ Discours funèbre sur la mort de Charles Bouvard, Abbé de Saint-Florent ; fait, le 19 Mai 1645, par Louis TEXIER : *Saumur*, Hernault, 1648, *in*-8.]

PAGE 698.

Au N.° 11014, à la fin de la Note, au lieu de son Dictionnaire..... lisez, ses Remarques sur le Dictionnaire de Bayle : (Paris & Dijon, 1751, in-fol.) pag. 244-252.]

11022.* ☞ Mſ. La Vie apostolique de Louis Calon, Docteur en Théologie, (Curé d'Aumale,) l'un des Fondateurs & Instituteurs de la Congrégation des Missions de Saint-Lazare de Paris : *in*-8. de 242 feuillets.

Ce Manuscrit est dans la Bibliothèque de M. Beaucousin, Avocat au Parlement de Paris. Louis Calon est mort le 26 Août 1647. Il est parlé assez au long de lui,

1.° à la fin de la Vie imprimée de Jacques Gallemant (N.° 11139. (2.° dans le *tom. III.* pag. 253. de l'Histoire du Tiers Ordre de Saint-François, par Jean-Marie de Vernon (ci-après, 15931* de ce *Supplément*.]

Au N.° 11027, à la Note, ajoutez :

Cet Eloge de Cl. Capperonnier avoit déja été imprimé séparément : *Paris*, 1744, *in*-8.

11027.* ☞ Histoire de la Vie & des Ouvrages du même ; par le Père DAIRE, Célestin.

Dans son *Histoire de Montdidier*, (Amiens 1762 & 1765, *in*-12,) *pag.* 290.]

Au N.° 11029, ligne 8, effacez par l'Auteur.

PAGE 699.

Au N.° 11035, en Note, ajoutez :

Cette Vie a été imprimée.... & est de M. l'Abbé Bertrand DE LA TOUR, de Toulouse, Docteur de Sorbonne, Chanoine à Montauban & de l'Académie de cette Ville.]

11044.* ☞ Eloge de Joseph Chevassu, Curé des Rousses, (au Diocèse de Besançon,) mort à Saint-Claude, le 25 Octobre 1752, par le Père JOLY, Capucin.

A la fin de son Ouvrage, intitulé : *la Prédication*...]

PAGE 700, ajoutez :

11069.* ☞ Vie du même, Charles de Condren, par M. le Marquis DE CARACCIOLI : *Paris*, 1764, *in*-12.

Au N.° 11074, ligne 1, au lieu de Coriodemo, lisez, Corcodemo..... & en Note, ajoutez :

☞ M. POTEL, Chanoine d'Auxerre, a fait un Mémoire sur le lieu de la Sépulture de ce Saint, pour prouver qu'elle n'est point dans l'endroit où on l'a cru jusqu'à présent. Ce Mémoire est dans les Registres de l'Académie d'Auxerre, & entre les mains de l'Auteur.]

11074.* ☞ Mſ. Abrégé de la Vie exemplaire & de la mort très-heureuse de feû Révérend Père en Dieu, Messire G. de Cornac, vivant Conseiller d'Etat & Abbé de Villeloin en Touraine, avenue le 2 Décembre 1627, dédiée & adressée à tous Messieurs les Vénérables Abbés Commendataires de ce Royaume : *in-fol*. 11 feuillets.

Cette Vie se trouve dans le Cabinet de M. l'Abbé de Terſan, à Paris.

11074.** ☞ Oraison funèbre de Nicolas Cornet, Grand-Maître du Collège de Navarre; par Jacques Bénigne BOSSUET, (depuis Evêque, mais alors jeune Docteur :) *Amsterdam*, Westein, 1698, *in*-8. de 96 pages.

On a joint à cette Oraison funèbre, (dont c'est ici la première Edition,) diverses Pièces relatives à M. Cornet, & à sa Famille, qui est illustre à Amiens depuis Henri IV. Nicolas Cornet, qui avoit été Jésuite, est mort le 18 Avril 1663.]

Au N.° 11077, à la Note, ligne 1, au lieu de 1695, lisez, le 10 Septembre 1694..... & ligne 3, effacez, Paris, & après 1694, ajoutez, [Paris, 1732.]

Au N.° 11080, ajoutez en Note :

On peut voir encore ce qui est dit de l'Abbé Cotelier,

assez au long, dans l'*Histoire de Nismes*, par M. Ménard, *in-4. tom. V. pag.* 585 *& suiv.*]

PAGE 701, *ajoutez*,

11087.* ☞ Vie de M. Cretey, Curé de Baranthon, Diocèse d'Avranches : *Rouen*, 1722, *in-12.*

L'Auteur est Joseph GRANDET, Curé de Sainte-Croix d'Angers, mort en 1724.]

Au N.º 11088, *ajoutez en Note* :

L'Auteur de cette Vie de M. Creuzot, est M. REYNAUT, Curé de Vaux & de Champ, Diocèse d'Auxerre.]

11089.* ☞ Lettre d'un Directeur du Séminaire de Marseille, au sujet de la mort de M. Dandrade ; (par M. Pierre-Luc BARRE, Prêtre & Directeur du Séminaire du Sacré Cœur de Jesus:) 1762, *in-12.*]

11091.* ☞ Vie de M. Delalande, Curé de Grigny dans le Diocèse de Paris, & ancien Professeur dans l'Université de Caen, mort en odeur de sainteté le 25 Janvier 1772 ; par M. AMELINE, Prêtre, Licentié en Droit : *Paris*, Valleyre jeune, 1773, *in-12.*]

11093.* ☞ Abrégé de la Vie de Jacques Deschamps, Docteur de Sorbonne & Curé de Dangu, au Diocèse de Rouen, mort le 3 Octobre 1759.

Ce petit Eloge est imprimé à la tête de sa Traduction d'Isaïe, avec des Dissertations & des Notes : *Paris*, Debure, 1760, *in-12.*]

Au N.º 11103, *ligne 2, lisez*, Nicolas Morice) du Lerain, (Chanoine, &c.)

PAGE 702, *ajoutez*,

11103.* ☞ Encomium funebre, Tumulus poeticus & Epitaphium ejusdem (Morice du Lerain:) *in-12. 6 pag.*

Cet Eloge, en style lapidaire, est signé à la fin, J.S.P.A.S.T.E.C. c'est-à-dire, Joannes SALÉ, Presbyter Autissiodorensis, Sanctæ Trecensis Ecclesiæ Canonicus. M. Salé est mort à Auxerre en 1767.]

11112.* ☞ Eloge de Balthasar Eymar, Archidiacre de Marseille, mort le 5 Juin 1757.

Il est imprimé dans le Recueil de l'Académie de Marseille, année 1760.]

11112.** ☞ Eloge de Jean-Claude Fabre, Prêtre de l'Oratoire ; par Claude-Pierre GOUJET.

Dans le *Journal de Verdun*, 1754, Janvier. Le Père Fabre est mort le 22 Octobre 1753.]

Le N.º 11119 (*& sa suite) doit être effacé ici. On les trouvera, avec d'autres, au Tome IV. parmi les Orateurs & Philologues. Ce Nicolas le Fevre a toujours été Laïc, quoiqu'il ait fait quelques Ouvrages sur les Antiquités Ecclésiastiques.*

11121.* ☞ Mss. Mémoires de M. Mathieu FEYDEAU, Prêtre, composés par lui-même, jusqu'à son exil à Annonay (en 1677) & continués par un de ses amis jusqu'à sa mort, en 1694.

Ils étoient dans le Cabinet de M. l'Abbé Goujet, & ils sont passés avec sa Bibliothèque, à M. le Duc de Charost.]

11121.** ☞ De sancto Firmato Diacono ; ejusque sorore Flavia seu Flaviana Virgine, Autissiodori, Sylloge : auctore Cornelio BYEO, è Societate Jesu.

Dans le Recueil de Bollandus, tom. III. d'Octobre, pag. 163-167.]

Au N.º 11127, *commencez ainsi la Note* :

Dans l'*Année Littéraire*, 1757, tom. III. pag. 126, & dans....

11129.* ☞ Mss. Vie de M. Foucault, Curé de S. Michel d'Orléans.

Ce Manuscrit est dans le Cabinet de M. Jousse, Conseiller au Présidial d'Orléans. M. Foucault étoit un Ecclésiastique très-distingué par ses talens & sa piété : il est mort le 18 Avril 1692, âgé de 42 ans.]

Au N.º 11130, *au lieu de* Labatie, *lisez*, la Bastie.

Le N.º 11133, *doit être effacé ici. Cl. Jos.* Fournet *étoit Dominicain ; on trouvera son Article ci-après.*]

11137.* ☞ Eloge d'Antoine Froissart Chanoine & Grand-Chantre de Notre-Dame de Paris ; (par Jean Hollandre, Curé de S. Laurent & ensuite de S. Sauveur à Paris:) 1614, *in-12.*

Cet Eloge est dédié à Armand-Jean de Richelieu, depuis Cardinal.]

Au N.º 11141, *ajoutez à la Note* :

L'Abbé Gallois est mort en 1707.]

11141.* ☞ Discours funèbre sur la mort du Docteur Gayet : 1610, *in 8.*]

11144.* ☞ Encomium lugubre Elegiacum, in obitum Petri Gassendi : *Parisiis*, 1655, *in-4.*]

PAGE 704.

Au N.º 11151, *ligne 4*, GANTEZ, *doit être en petites Lettres.*

11151.* ☞ Eloge de M. Garmages, Curé de S. Pierre de Clermont en Auvergne ; par M. l'Abbé MICOLON, Secrétaire de l'Académie de cette Ville.

Cet Eloge est imprimé après celui du Père Guerrier de l'Oratoire : *Clermont-Ferrand*, Viallanes, 1773, *in-12.* de 24 pages.]

Au N.º 11152, *au lieu de* CAMBUCERÈS, *lisez*, CAMBACERÈS.

11157.* ☞ Eloge du même François Geinoz, Prêtre.

Dans le *Journal de Verdun*, 1752, Juin, & à la tête du tom. VI. de l'*Histoire Militaire des Suisses*, dont il étoit Aumônier : il est mort le 23 Mai 1752.]

11159.* ☞ Oraison funèbre de Pierre le Gendre, Doyen de Sorbonne, Curé de la Ville d'Aumale ; prononcée dans son Eglise le 19 Juillet 1672 ; par Jacques MAHIEU, Curé de Gaillefontaine : *Paris*, Charmot, 1672, *in-4.* de 31 pages.]

11167.* ☞ Eloge de Jean-Pierre Gibert, célèbre Canoniste ; par Cl. Pierre GOUJET : *Paris*, 1736, *in-4.*].

PAGE 705.

Au N.º 11169, *à la Note, au lieu de France, lisez*, Provence.

Histoires du second Ordre du Clergé Séculier.

11172. * ☞ Vita beati Godofredi, Presbyteri.

Dans le *Recueil* de Bollandus, au 1 d'Octobre.]

Au N.° 11174, *à la fin de la Note, ajoutez :*

Ces Mémoires sur la Vie & les Ouvrages de M. l'Abbé Goujet, écrits par lui-même, ont été imprimés sous le nom de *la Haye*, (à Paris,) 1767, *in-*12.]

11174. * ☞ Testament de J. Bapt. Goy, Docteur de Sorbonne & Curé de Sainte-Marguerite à Paris : *in-*12. de 12 pages.

Voyez sur sa Vie, les *Nouvelles Ecclésiastiques*, du 22 Avril 1738.]

11174. ** ☞ Notice historique d'Urbain Grandier, Curé de S. Pierre de Loudun; par M. Dreux du Radier.

Dans sa *Bibliothèque du Poitou*, tom. III. p. 347.]

11184. * ☞ Eloge du Père Guerrier, Prêtre de l'Oratoire de Clermont en Auvergne; par M. l'Abbé Micolon, Secrétaire de l'Académie de cette Ville : *Clermont-Ferrand*, Viallanes, 1773, *in-*12.]

11184. ** ☞ Mss. Procès-Verbal du 21 Janvier 1581, fait par le Prévôt d'Orléans, touchant le Corps de Jean Guesset, Curé de S. Paterne d'Orléans.

Ce Procès-Verbal est conservé dans le Cabinet de M. Jousse, Conseiller au Présidial de cette Ville. Le Curé dont il y est question, est regardé comme un Martyr : il fut pendu par les Huguenots dans les troubles de Religion.]

Au N.° 11186, *ajoutez en Note :*

Il y a dans la Bibliothèque de la Ville de Paris, une Vie (Manuscrite) de M. du Hamel, Curé de S. Merry, *in-*12. num. 119. On ne sçait si c'est la même que la précédente qui a été imprimée.]

PAGE 706, *ajoutez*,

11192. * ☞ De sancto Helano, Presbytero, in Pago Remensi, Sylloge : auctore Cornelio Byeo, è Societate Jesu.

Dans le Recueil de Bollandus, tom. III. d'Octobre, pag. 903-905.]

Au N.° 11206, *au lieu de* Rubens, *lisez*, Ruben. Et de même dans la Note.

11207. * ☞ Histoire du Bienheureux Jean, Seigneur de Montmireil, &c. par J. Bapt. Machaut : *Paris*, 1641, *in-*8.]

11208. * ☞ Oraison funèbre du même (Benigne Joly;) par Dom Hubert Maillard, Bénédictin de la Congrégation de S. Maur: *Dijon*, Michaut, 1695, *in-*4.]

11208. ** ☞ Abrégé de la Vie du même; par M. (Emilien) Soirot, Chanoine de la Sainte-Chapelle de Dijon: *Dijon*, Ressuyre, 1707, (&c.) *in-*12. de 84 pages.

L'Abbé Papillon, dans la *Bibliothèque de Bourgogne*, dit que cet Abrégé a été imprimé plusieurs fois depuis 1707. Il écrit mal *Soyrot*; mais j'apprend que cet Auteur est mort le 27 Septembre 1719.]

Le vrai titre du N.° 11209, *est* : Claudii Joly, ... Laudatio, &c.

11211. * ☞ Sancti Jovini, vel Juvini, Con-

fessoris in Campania Galliæ, Vita, sed sublestæ fidei; cum Commentario prævio Cornelii Byæi, è Soc. Jesu.

Dans le Recueil de Bollandus, tom. III. d'Octobre, pag. 214-219.]

PAGE 707.

Au N.° 11214, *ajoutez en Note :*

☞ Ces Vies, comme on l'a observé au N.° 4766, sont de Pierre Champion : elles sont répétées à cause de M. de Kerlivio, Prêtre.]

11226. * ☞ Eloge de Jacques-Philippe de Lavarde, Chanoine de S. Jacques de l'Hôpital, à Paris ; par Claude-Pierre Goujet, Chanoine de la même Eglise.

Dans le *Journal de Verdun*, 1761, Février. M. de Lavarde est mort le 24 Novembre 1760.]

Au N.° 11228, |*ligne* 2, *au lieu de* Pleyfort, *lisez*, Playford... *& ajoutez en Note :*

☞ Cet Eloge a été aussi imprimé à la tête des Notes de M. de Launoy, sur la Censure de deux Propositions de M. Arnaud, & au *tom. VIII.* des Œuvres du même M. de Launoy : *Geneva*, 1731 & 1732, *in-fol.*

Dans ce même tom. VIII. pag. 337-376, l'Abbé Granet, Editeur de ces Œuvres, a mis un Eloge bien étendu de M. de Launoy, qui fait la Partie I. de ce qu'il a appelé *Launoiana*. La Partie II. contient l'Histoire des Ouvrages sous ce titre : *De varia Librorum Launoii fortunâ* ; & la III.e comprend les divers Eloges, Témoignages ou Critiques relatifs au Docteur de Launoy.]

PAGE 708.

Au N.° 11241, *ligne* 2, *au lieu de* 1735, *lisez*, 1755. *& ajoutez en Note :*

L'Abbé Lenglet est mort le 15 Janvier 1755, âgé de 81 ans.]

11244. * ☞ Lettre du R. P. Louis-Abel de Sainte-Marthe, Supérieur Général de la Congrégation de l'Oratoire, touchant la vie & la mort du P. François Levesque: *Paris*, Petit, 1684, *in-*4.]

11246. * ☞ Abrégé de la Vie & des Vertus de François de Lisle, Chanoine & Curé de Notre-Dame de Chaalons; par M. Lambert, Curé de la même Paroisse.

Cette Vie est à la suite d'un Ouvrage intitulé : *Idée d'un vrai Religieux, dans les Lettres de Dom Paulin de Lisle*, &c. Chaalons, Bouchard, 1723, *in-*12.]

Au N.° 11248, *après* S. Saturnin, *ajoutez*, de Nantes, mort en odeur de sainteté le 12 Août 1729, *in-*8. de 82 pages, (sans nom de lieu, &c.)

Au N.° 11250, *à la Note, ajoutez :*

On trouve un Eloge du Père le Long dans le *Journal des Sçavans*, 1724. Janvier.]

PAGE 709.

Le N.° 11270 doit être retranché, étant le même que 11272, où le nom est mieux. Mettez, en place, l'article suivant.

11270. ☞ De Sancto Marso, Presbytero Autissiodorensi, Sylloge : auctore Constantino Suyskeno, è Soc. Jesu.

Dans le Recueil de Bollandus, tom. II. d'Octobre, pag. 387-390.]

11277.* ☞ Eloge de M. Massillon, prononcé à Toulouse, par l'Abbé DE MARQUEZ : *Paris*, Brocas, 1768, *in-*8].

PAGE 710.

Au N.º 11281, *ajoutez :*

L'Eloge de l'Abbé de Maucroix est de l'Abbé Joseph D'OLIVET, aussi-bien que la plûpart des traductions contenues dans le même Volume, & qu'il a fait passer sous le nom de Maucroix : on le sçait de lui-même.]

11282.* ☞ Eloge du R. Père (Michel) Mauduit, Prêtre de l'Oratoire.

Dans le *Mercure*, 1709, *Mai*, pag. 30.]

Au N.º 11289, *ligne* 4, *après* 1692, *ajoutez en Note* :

Matthieu Ménage, premier Théologal de l'Eglise d'Angers, fut député au Concile de Bâle, en 1446.

☞ M. Beaucousin, Avocat au Parlement de Paris, possede un Exemplaire de la premiere Edition de cette Vie de Ménage, annotée par la main d'un Sçavant (qu'il croit être M. l'Avocat le Febvre,) lequel marque que la seconde Edition, de 1692, est un peu augmentée dans le Texte, mais qu'elle est sans préliminaires & sans Remarques. Cela fait une grande différence entre les deux Editions ; car personne n'ignore que les Remarques de Gilles Ménage sont, de tous ses Ouvrages, ce qu'il y a de plus curieux.]

11290.* ☞ Eloge de Jean-Baptiste Mercastel, Prêtre de l'Oratoire, & Professeur de Mathématiques ; par M. (Cl. Nicolas) LE CAT.

Dans le *Mercure*, 1734, *Novembre*. Le P. Mercastel est mort le 8 Février 1754.]

Au N.º 11291, *à la Note, ajoutez* :

L'Abbé Lequeux, Chapelain de Saint-Yves à Paris, est mort le 30 Avril 1768.

Au N.º 11298, *à la Note, ajoutez :*

M. de Montfort, qui a fondé les Filles de la Sagesse, à Poitiers, est mort en 1716.]

11299.* ☞ Harangue funèbre de Claude de Montigny, Supérieur de l'Oratoire ; par Jean MATALIS, Docteur de Navarre : *Paris*, 1625, *in-*8.

Elle est citée par François Granet, Editeur des Œuvres de M. de Launoy, en 10 vol. *in-fol.* 1731, *tom. VII.* pag. 675, dans une Note sur le chapitre 102 de l'Histoire du Collège de Navarre.]

Au N.º 11300, *lisez de suite après* sujet : la Haye, 1715, *in-*12, 2 vol. *& effacez*, dans les *Mémoires de Littérature.*

Cette Histoire de Pierre de Montmaur contient, 1.º une Préface de SALLENGRE, qui analyse les Ecrits Satyriques faits contre Montmaur ; 2.º une Vie du même très-étendue & bien faite ; 3.º tous lesdits Ecrits satyriques.]

PAGE 711.

Au N.º 11302, *à la Note, ajoutez :*

☞ On peut voir ce qui est dit de ce Curé, dans la *Bibliothèque du Poitou*, *tom. IV. pag.* 133.]

Au N.º 11313, *lisez*, BENCII..... *Parisiis*, Columbellus, 1585... *Ingolstadii*, 1587, Editio quarta, *Lugduni*, Pillehote, 1603, *in-*8. *& à la Note, ajoutez* : Bencius est mort en 1694.]

11318.* ☞ Harangue de M. CHARPEN-

TIER, Médecin, sur la mort de Gabriel Naudé : (imprimée.)

Cette Harangue, qui est fort rare, nous est connue par la citation qu'en fait Colomiez dans ses Opuscules, Edition de 1668, pag. 122, où il dit que Charpentier, dans cette Harangue, s'emporte fort contre les Bénédictins au sujet du Livre de l'Imitation de Jesus-Christ, que Naudé avoit soutenu contr'eux n'être pas de Gersen.

Le Père Niceron a donné, dans le *Tome IX* de ses *Mémoires*, un Article sur Naudé, que nous indiquons dans notre Tome IV, parmi les *Médecins.*]

Au N.º 11319, *à la Note, ajoutez* :

Ces Lettres de l'Abbé Nicaise ont été d'abord imprimées dans les *Mémoires de Trévoux*, 1702, *Janvier & Février*.]

PAGE 712.

Au N.º 11324, *en Note, ajoutez* :

☞ Il y a encore une « Vie de M. Jean-Jacques » Olier, Curé du Fauxbourg de S. Germain à Paris, Institutuer, Fondateur & premier Supérieur du Séminaire S. Sulpice : » aussi en 1687, & *in-*12. mais sans nom de Ville, ni d'Imprimeur, ni d'Auteur. Nous ne sçavons si elle est différente de celle que le Père le Long a citée comme du Père Giry.]

11324.* ☞ Vie de M. Olier.

Dans l'*Année Dominicaine* : *Amiens*, 1702, *in-*4. au mois de *Septembre*, pag. 415-434. On a placé, dans cet Ouvrage, la Vie de M. Olier, mort le 2 Avril, parce que cet Ecclésiastique étoit du Tiers-Ordre de Saint Dominique. L'Auteur cite en marge, sa grande Vie, des Mémoires particuliers sur celle de la Mère Agnès de Jesus, Dominicaine ; une Relation sûre, (manuscrite) & le Père Giry : ce qui pourroit faire croire que la Vie faite par le Père Giry est différente de celle dont nous venons de parler comme ayant paru sans nom de Ville, &c. On peut encore voir la Vie de la Mère Agnès de Jesus, à qui M. Olier dut sa Conversion : Part. 3. chap. XI. seconde Edition : *au Puy*, 1675, *in-*8.

— 11325.* ☞ Vie de M. Oubrel, Théologal de Péronne.

Voyez, ci-après, le Recueil du N.º 14484.]

Au N.º 11340, *avant* Janoti, *ajoutez* : Vita

11340.* ☞ De Sancto Patusio, (Canonico) Electo Episcopo Meldensi, in Bria, Sylloge Jac. BUEI, è Soc. Jesu.

Dans le Recueil de Bollandus, *tom. II.* d'*Octobre*, pag. 179-180. Ce Saint, qui vivoit au VIII.e Siècle, ne fut point Evêque ; il étoit Chanoine de Saint-Etienne de Meaux.

PAGE 713, *ajoutez*

11351.* ☞ Eloge de la Vie de Saint Phalier, Confesseur & Pellerin de Hiérusalem, (en Vers :) *Paris*, Blageart, 1637 & 1643, *in-*4. de 23 pages.

L'Auteur ne se nomme pas ; mais il dit avoir composé ces Vers dans le Couvent, ce qui prouve que c'est un Religieux. Il dédie ce petit Poëme à M. de Rabeau, l'un des Seigneurs de Chabris, qui est aujourd'hui dans le Blaisois. Ses Vers, qui sont de six pieds, sont très-coulans pour le temps. Il y en a environ 700.]

11351.** ☞ Eloge d'Antoine Philopald, mort le 6 Mars 1762.

Dans les *Nouvelles Ecclésiastiques*, du 3 Septembre 1764.]

Au N.º 11355, *ligne* 3, *au lieu de* Picard, *lisez*, Picart... *& en Note, ajoutez :*

Dans quelques Exemplaires de cette curieuse Vie de François le Picart, &c. (qui est de 404 pages, sans la Table des Matières,) il se trouve de *nouvelles Additions*, contenant 19 pages, & encore un Office Latin de la Conception de la Sainte Vierge, composé par François le Picart *pour l'Ordre de Fontevraux*, lequel est de 15 pages.]

Au N.º 11357, *en Note, ajoutez :*

On trouve encore des Eloges de M. du Pin, dans *l'Europe Sçavante*, 1719, *Juin*, & dans les *Nouvelles Littéraires*, de la Haye, tom. X.]

11359. * ☞ De Sancto Pipione, Diacono, Belnæ in Vastinensi Galliæ Tractu, Sylloge : auctore Constantino SUYSKENO, è Soc. Jesu.

Dans le Recueil de Bollandus, tom. III. d'Octobre, pag. 965-969.]

11359. ** ☞ Histoire du Passage du Père Norbert, à l'état de Prêtre séculier ; par M. l'Abbé PLATEL : 1759, *in*-12.

Cet Abbé Platel n'est autre que le P. Norbert Parisot, ci-devant Capucin, Dénonciateur de la conduite des Jésuites aux Indes, qui a obtenu un Bref du Pape, pour changer d'état. On peut avoir à ce sujet les Pièces qui sont en tête de ses grands *Mémoires*, 7 vol. *in*-4. indiqués au N.º 14426.]

Au N.º 11360, *ligne* 2, *au lieu de* (Antoine.... *lisez*, Noel-Antoine.)

PAGE 714.

Au N.º 11371, *ligne* 4 *de la Note, au lieu de* a laissé... *lisez*, travaille à une Vie de Postel...

11371. * ☞ Nouveaux Eclaircissemens sur la Vie & les Ouvrages de Guillaume Postel ; par le Père DESBILLONS, de la Compagnie de Jesus : *Liége*, Tutot, 1773; *Paris*, veuve Babuty : *in*-8. de 161 pages.]

Au N.º 11377, *au lieu de* Pierre Quériolet, *lisez*, Pierre de Quériolet.... *& à la Note, ajoutez :*

☞ Son nom de Famille étoit *le Gouello*, & Quériolet, un nom de Terre.

Le Père le Long n'a cité que deux Editions de sa Vie, en 1663 & 1665. Il y en a eu une *troisième : Paris*, le Petit, 1671, *in*-12. augmentée des *Conversations qu'il a eues avec M. de Bernières*.]

Au N.º 11380, *ligne* 3, *au lieu de* in-4. *lisez*, Amsterdam, 1719, *in*-4. & *in*-12.]

Au N.º 11384, *à la Note, ligne* 3, *au lieu de* l'Abbé Marly, *lisez*, l'Abbé de Marsy.

PAGE 715, *ajoutez*,

11387. * ☞ Mf. Remarques sur Rabelais ; par M. le Président (Jean) BOUHIER.

Elles sont conservées à Dijon, dans la Bibliothèque de l'Auteur, (qui a passé à M. le Président de Bourbonne son petit-fils,) Lettre F. num. 29.]

11388. * ☞ Autre Vie abrégée de Bonaventure Racine.

Elle est à la tête de ses *Œuvres posthumes* publiée par D. Charles CLÉMENCET, Bénédictin de la Congrégation de Saint-Maur : 1759, *in*-12.]

Au N.º 11389, *ligne* 2, VERDONIO, *lisez*, MÉDONIO.... *Et ajoutez en Note* :

Médonius dit avoir tiré cette Vie de Saint Raymond, des Actes existans *in Tabulariis D. Saturnini & Collegii D. Raimundi* ; & il l'a dédiée à M. de Marca, Archevêque de Toulouse. L'Edition de 1676, est de 72 pages : nous ne sçavons si c'est une réimpression de celle de 1656, ou seulement un changement de Frontispice.]

Au N.º 11391, *en Note, ajoutez* :

☞ Cet Abrégé de la Vie de M. Ravechet est attribué à D. Julien PELÉ, Bénédictin de la Congrégation de Saint-Maur, dans le *Dictionnaire des Livres Jansénistes*, tom. III. pag. 417, Edition de 1755. Ce Dictionnaire a été substitué par le P. Patouillet, Jésuite, à la *Bibliothèque Janséniste* de son Confrère, le Père Colonia, qui avoit été condamnée à Rome par un Décret du 20 Septembre 1749, comme contenant plusieurs choses respectivement fausses, injurieuses, &c.]

Le N.º 11397, *concernant* Pierre Ragot, *doit être placé suivant le rang alphabétique, après le* N.º 11388 ; *& au lieu de* au Mans, *lisez*, en la Cathédrale du Mans.

PAGE 716, *ajoutez*,

11413. * ☞ Discours funèbre de Messire Barthelemi Robin, Abbé de Sorèze ; prononcé dans l'Eglise de l'Abbaye de Charonne, le 15 Mai 1656, *in*-8.]

Au N.º 11414, *ajoutez en Note* :

Cet Eloge historique de M. Rollin se trouve encore dans la *Bibliothèque raisonnée*, tom. XXIX. Part. 2, & à la tête de ses *Opuscules*, où on y a joint des Notes historiques, prises pour la plûpart des Papiers de M. Crevier, & rédigées par M. Robert Estienne, Libraire.]

Au N.º 11415, *ajoutez en Note* :

Cette Lettre de M. Crevier a pour objet de justifier M. Rollin sur les sentimens régicides reprochés à nombre d'Auteurs Jésuites.]

Au N. 11419, *ajoutez à la Note* :

Roscelin fut Chantre & Chanoine de Beauvais : cela est certain. On ignore s'il l'a été de Compiègne. Il est vrai qu'il est qualifié de Dialecticien de Compiègne, au Concile de Soissons, en 1092.]

PAGE 717, *ajoutez*,

Au N.º 11431, *lisez*, Paris, veuve Coignard, 1696 ; & Mongé, 1712, (par le changement de Frontispice seulement :) *in*-12.]

Cette Vie contient des Aspirations pour les Agonisans, tirées de l'Ecriture, par le P. de Saint-Pé. Le Volume est en tout de 393 pages, avec une Addition de quatre pages à la fin.]

11434. * ☞ Eloge du Père Louis-Abel de Sainte-Marthe, Supérieur Général des Prêtres de l'Oratoire, mort en 1697.

Dans le *Mercure*, 1707, *Mars*, pag. 63.

On peut voir sur ce Père de Sainte-Marthe & sur *Claude*, son parent, qui précède, ce qui en est dit dans la *Bibliothèque du Poitou*, par M. Dreux du Radier, Tome V.]

Au N.º 11435, *ajoutez à la Note* :

Il y a une autre Vie de M. de la Salle, Instituteur des Frères des Ecoles Chrétiennes, moins étendue & publiée par M. GARREAU : 1750, *in*-12.

Il est question de ces Frères des Ecoles Chrétiennes, connus sous le nom d'*Ignorantins* dans le *Compte rendu* le 7 Juin 1764, aux Chambres assemblées du Parlement de Paris, par M. le Président Rolland, au sujet du Collège que les soi-disans Jésuites possédoient à Bourges : *pag.* 195-199.]

11435. * ☞ Mf. Vie de M. de la Salle ;

Instituteur des Ecoles Chrétiennes; par D. Elie-François Maillefer, Religieux Bénédictin de S. Remi de Reims; composée en 1723, revue, corrigée, &c. en 1740.

Voici à ce sujet un Extrait de Lettre de l'Auteur, qui nous est fortuitement tombé entre les mains, & qui apprend quelques particularités par rapport à la Vie imprimée en 2 vol. in-4. « Cette Vie (Manuscrite) de-
» voit paroître en 1723.... En 1724, les Frères des
» Ecoles Chrétiennes découvrirent que (j'avois écrit)
» la Vie de leur Instituteur. Ils se donnèrent bien des
» mouvemens pour en avoir communication... Je...
» lâchai mon Manuscrit, à condition que si on le don-
» noit au Public, il n'y seroit rien changé sans mon con-
» sentement. (On) ne m'a pas tenu parole.... Leur Su-
» périeur Général....chargea un Ecclésiastique de Rouen
» de composer une nouvelle Vie, qu'il a donnée en deux
» volumes in-4. dont la lecture fait connoître le mau-
» vais goût & le peu de discernement de l'Auteur....
» Quoiqu'il n'ait pas fait scrupule de me copier mot
» pour mot dans quelques endroits, il n'a pas cru de-
» voir en avertir.... Le mauvais succès qu'a eu (cet
» Ouvrage) dans le Public, a fait souhaiter qu'on im-
» primât celui que j'avois fait. Mais plusieurs considé-
» rations m'en ont empêché. Je me contente de le re-
» mettre au net, pour me dédommager de celui qu'on
» a surpris à ma bonne foi.]

11444.* ☞ Abrégé de la Vie de M. (Agneau-Bénigne) Sanzey, Théologal de Beaune, Chapelain de S. Martin de Langres.

Cet Abrégé est imprimé dans les *Mélanges de Littérature* de Vigneul-Marville, (Dom Bonaventure d'Argonne, Chartreux,) *tom. II. pag.* 228 de la première Edition, ou 252 de la seconde. Il y est nommé *Sanrey*; mais dans la nouvelle *Histoire de Beaune*, par M. Gandelot, Chanoine, (*Dijon & Paris*, 1772, *in-4.*) il est nommé *Sanzey*, ce que nous croyons devoir suivre.]

PAGE 718.

Au N.° 11457, *ligne* 2, *après* M. *ajoutez*, François... & à la Note, après 1691, ajoutez & 1694; *Paris*, 1732, *in-12.*]

11464.* ☞ Ms. Histoire de l'Abbé de Suze, événement édifiant; par Mademoiselle Pauline DE CASTELLANE: *in-4.*

Ce Manuscrit est conservé à Avignon, dans la Bibliothèque de M. de Cambis, & fait partie du num. 124 de son Catalogue imprimé. Mademoiselle de Castellane étoit fille de François de Castellane, Adhemar de Monteil, Comte de Grignan, & Françoise-Marguerite de Sévigné. Elle avoit environ dix ans lorsqu'elle composa cet Ouvrage; son stile est noble, fin, délicat, varié, sans aucune affectation & nul art apparent. Elle épousa dans la suite le Marquis Louis de Simiane, & est morte à Aix en 1737, s'étant distinguée par ses vertus comme par son esprit.]

PAGE 719.

Au N.° 11484, *à la fin de la Note, ajoutez* : Mademoiselle Raynart est morte en 1645.

Au N.° 11486, *à la Note, au lieu de* 11238, *lisez*, 11237 & *suiv.*]

11486.* ☞ Tableau de la Vie de Pierre Tonniet, Sous-Directeur de la Congrégation des Prêtres Missionnaires de S. Joseph de Lyon.

Cet Eloge, qui a 71 pages *in-12.* est imprimé à la tête de *la Paix intérieure de l'ame*, en Dialogues, par Messire Pierre Tonniet : *Lyon*, Thomaz, 1681; *in-12.*

Ce bon Ecclésiastique naquit dans le Piémont en 1617; mais il vint à Lyon dès l'âge de 25 ans, & y mourut en 1680, après y avoir fait paroître toutes les vertus du Ministère. N'en est-ce pas assez pour que sa Vie appartienne à l'Histoire de France d'autant plus qu'il a eu grande part à la régularité établie dans la Congrégation de S. Joseph à Lyon.]

Au N.° 11490, *au lieu de* Trelani, *lisez*, Tresani.

Au N.° 11492, *ligne* 3, *après* à Paris, *ajoutez*, (mort en 1761.)

PAGE 720.

Au N.° 11512, *ligne* 3, *au lieu de* Jean Vialan, *lisez*, Jean Violart. . . . *au lieu de* Pierre Augier. . . . *lisez*, Pierre Angier, Prêtre : *Reims*, Bernard.

Ce Livre, qui a 330 pages, est divisé en quatorze Chapitres. Il ne contient l'Histoire de M. Violart que depuis l'an 1641, où il se convertit à Dieu pour vivre avec régularité. Il est mort le 31 Août 1648.]

Au N.° 11513, *ajoutez à la Note :*

On peut voir encore un Eloge du Père Vignier de l'Oratoire, dans la Préface du *Spicilège* de Dom Luc d'Achery : Ed. de 1723, *in-fol.*]

PAGE 721, *ajoutez*,

11534.* ☞ Ms. Vita sancti Vulgisi, Presbyteri & Confessoris, è vetustissimo Antiphonario Prioratûs ejus apud Firmitatem-Milonis excerpta.

Dans la Bibliothèque de M. Jardel, à Braine, près Soissons.]

Au N.° 11536, *ajoutez en Note :*

Jacques Brousse étoit certainement d'Auzance, dans le Diocèse de Limoges, & non Auvergnat, comme on l'a dit dans le Moréri de 1759. Il est mort en 1673.]

Le N.° 11538 doit être ainsi :

La Vie de S. Vulphli, Patron de la Ville de Rue en Picardie, Diocèse d'Amiens, avec l'Histoire du Crucifix miraculeux de la même Ville ; par Simon Martin, (Minime :) *Paris*, 1636, *in-12.*

Au N.° 11543, *ligne* 5, *lisez*, Gondon.]

Ordres Religieux.

PAGE 723, *ajoutez*,

11569.* ☞ Ms. Diverses Pièces sur les Ordres Religieux de France.

On trouvera ces Pièces au num. 1621, du Catalogue de la Bibliothèque du Roi, E.!Jurisprudence ; aux num. ou Porte-feuilles 526-531 du Recueil de M. de Fontanieu, (dans la même Bibliothèque;) au Porte-feuille 13, *in-fol.* des Manuscrits de MM. Godefroy, dans la Bibliothèque de la Ville de Paris.]

Le N.° 11570, Arrêts, &c. doit être effacé, étant mieux ci-après.]

PAGE 724, *ajoutez*,

11570.* ☞ Actes, Titres & Mémoires; qui concernent les Réguliers (de France.)

C'est ce qui forme le Tome *IV* des *Mémoires du Clergé*, (*Paris*, 1716, *in-fol.*) Ce qui regarde en particulier la *Reformation des Ordres Religieux*, se trouve dans le Chapitre VI, *pag.* 719 & *suiv.* On y voit les anciennes Ordonnances & Arrêts donnés à ce sujet, jusqu'alors.]

Le

Le N°. 11571, Mémoire, &c. au sujet de la nouvelle Réformation, doit être effacé, pour y suppléer l'article suivant, comprenant *la suite des Ecrits qui ont paru depuis l'impression de cet Article.*

11571. ☞ Collection des Ecrits qui concernent la nouvelle Réforme des Ordres Religieux.

Nous mettons, sous ce Titre, les Pièces suivantes.

1. Arrêt du Conseil d'Etat du 23 Mai 1766, *in*-4. (Il ordonne que des Commissaires que le Roi nommera dans son Conseil & dans l'Ordre Episcopal, s'assembleront pour rappeller, dans les Ordres Religieux, le bon ordre & la Discipline; leur permet d'appeller, à leurs Conférences, des personnes de l'Ordre Eccléfiastique & de celui des Avocats; enjoint aux Evêques & aux Religieux de leur envoyer les Mémoires, Avis & Institutions nécessaires.)

2. Arrêt du Conseil d'Etat, du 31 Juillet, qui nomme les Commissaires ordonnés par le précédent Arrêt : *in*-4. (Ces Commissaires furent, l'Archevêque de Reims, MM. d'Aguesseau, Gilbert, d'Ormesson, Joly de Fleury, Bourgeois de Boisnes, Conseillers d'Etat; les Archevêques d'Arles, de Bourges, de Narbonne & de Toulouse. Ils choisirent pour les aider, conformément à l'Arrêt du 23 Mai, pour Théologiens, les Sieurs Riballier, le Gros, Buret, Vermont; & dans l'Ordre des Avocats, les Sieurs Cochin, Piales, Laget, Bardelin & Vulpian.)

3. Arrêt du Conseil d'Etat, du 3 Avril 1767, *in*-4. (pour satisfaire aux vues que le Roi avoit annoncées par les Arrêts précédens, celui-ci ordonne la tenue de Chapitres-Généraux dans tous les Ordres Réguliers. Cet Arrêt fut suivi de plusieurs Arrêts particuliers, pour fixer le terme & la tenue de ces Chapitres dans chaque Ordre.)

4. Edit concernant les Ordres Religieux, donné au mois de Mars 1768, registré en Parlement le 26 du même mois : *Paris*, P. G. Simon, 1768. (Cet Edit établit des Règles générales à observer dans les Ordres Religieux : il fixe l'âge des Vœux à 21 ans accomplis pour les Hommes, & à 18 pour les Filles : ordonne la Conventualité, la Visite des Monastères, &c. enjoint aux différens Ordres, de réunir, en un seul corps, les Statuts, Constitutions & Réglemens qui leur sont propres.)

5. Edit concernant les Réguliers, donné au mois de Février 1773, registré le 1 Avril suivant : *Paris*, P. G. Simon, 1773, *in*-4. (Il contient 34 Articles, qui règlent la discipline à observer par les Religieux, tant dans les Cloîtres que hors de leurs Cloîtres.)

Telles sont les Loix générales données pour la réforme des Ordres Réguliers, & sur l'avis de la Commission établie à cet effet. L'établissement de cette Commission a donné lieu à plusieurs Ecrits, qui suivent.

6. Mémoire à présenter à MM. les Commissaires préposés par le Roi, pour procéder à la Réformation des Ordres Religieux : (*Paris*,) 1767, *in*-12. de 113 pages. (C'est le seul que nous avions mis, au N.° 11571.)

7. Cas de Conscience sur la Commission établie pour réformer les Corps Réguliers : *in*-12. de 72 pages.

8. Observation sur le Cas de Conscience (précédent,) *in*-12. de 84 pages. (L'Auteur pour combattre son Adversaire, rapporte un grand nombre d'exemples de Réformes de Monastères ordonnées par le Roi, & faites de l'autorité des Evêques.)

9. Réflexions sur le Cas de Conscience, &c. *Londres*, (*Paris*,) 1767, *in*-12. de 64 pages. (Elles sont écrites avec vivacité, ainsi que le Cas de Conscience lui-même,)

10. Lettre à l'Auteur du Cas, &c. *in*-12. de 148 pages. (Elle est plus modérée & plus méthodique. On a inséré à la fin, des discussions assez étrangères.)

11. Idée d'un Citoyen sur le projet de Réunion des Maisons Religieuses ; ou Lettre à M. le Duc de***, 1767, *in*-12. de 47 pages. (Cette Lettre, datée de Lyon le 10 Juin, a pour objet particulier l'Ordre de Cîteaux : le plan est de montrer l'utilité de cet Ordre en général, & le peu de nécessité qu'il y a de réunir plusieurs de ses Maisons en une seule.)

12. Autorité légitime des Evêques & des Souverains, pour procéder à la Réformation des Réguliers, sans le concours de l'autorité du Pape : *in*-12. de 144 pages.

13. Lettres, &c. d'un Religieux, sur la Réforme des Communautés Religieuses : 1767, *in*-12. (Ces Lettres sont au nombre de trois. La première de 105 pages, & la troisième de 102, ont pour objet la Conventualité : la seconde de 92 pages, roule particulièrement sur les Constitutions Religieuses, & la manière de les rédiger. L'Auteur défend les opérations de la Commission, & montre la nécessité d'une Réforme.)

14. Jugement pacifique entre l'Auteur du Cas de Conscience, & les Auteurs des Réflexions & des Observations : *Avignon*, 1768, *in*-12. de 86 pages. (Le Juge est favorable aux Religieux; mais il est raisonnable. Les vingt-cinq dernières pages sont employées à combattre l'Auteur de la seconde des Lettres qui précèdent.)

15. Nécessité de conserver l'Etat Religieux, prouvée par les avantages de la vie solitaire, par l'autorité des Pères & des Conciles, par les grands services que les Religieux ont toujours rendus à l'Eglise & à l'Etat, & par les Ordonnances de nos Rois : *in*-12. de 136 pages.

16. Mémoire sur la nécessité de diminuer le nombre, & de changer le système des Maisons Religieuses : *in*-12. de 26 pages.

17. Lettre sur le Célibat d'institution : *in*-12. de 39 pages.

18. Question politique : Si les Religieux rentés sont plus nuisibles qu'utiles à l'Etat : *in*-12.

19. Essai historique & critique sur les Privilèges & Exemptions des Réguliers : *Paris*, Desaint, 1769, *in*-12. (L'Auteur est M. RIBALLIER, Syndic de la Faculté de Théologie de Paris, Censeur Royal, & l'un des Théologiens choisis par la Commission. Son Ouvrage est plein de recherches, dont la conclusion est que « le » Privilège de l'Exemption est un abus qu'il faut sup-» primer.]

11571. * ☞ Codex Monasticus : *Parisiis*, P. G. Simon & Desprez, *in*-4. 3 vol.

Cette Collection s'imprime actuellement. Voici ce qui en est dit dans le *Prospectus*, publié en 1773: Le Roi, par Edit du mois de Mars 1768, ayant obligé tous les Ordres Monastiques du Royaume de réunir en un seul Corps de Loix les divers Statuts & Réglemens qui constituent leur Régime, on a procédé à cette rédaction.... Comme la plûpart des Constitutions Monastiques peuvent se rappeller à trois Règles générales, qui sont celles de S. Benoît, de S. Augustin & de S. François ; ces trois Règles composeront plusieurs Parties, & feront la principale division de cette Collection... La dernière Partie comprendra toutes les Règles particulières, telles que celles des Chartreux, des Carmes, des Minimes, des Barnabites, &c. Le texte de la Règle commune à différentes Congrégations, précédera les Constitutions qui en dérivent ; & à la tête de chacune il y aura un Précis historique sur l'origine & l'état actuel de l'Ordre ou de la Congrégation dont elle fait la Loi. Les Lettres-Patentes confirmatives & l'Arrêt d'enregistrement seront à la suite de chaque Bulle.... Outre l'Edition *in-4*. les Libraires se chargeront d'imprimer séparément *in-12*. les *Règles & Constitutions particulières*, au nombre qui leur sera demandé par chacun des *différens Ordres*... On se propose de donner à la fin de cet Ouvrage, une Collection des Habillemens de chaque Ordre, dessinés d'après nature, dont le nombre sera au moins de soixante.]

Moines & Solitaires dont l'Ordre n'est pas connu.

11578.* ☞ De sancto Augusto, Presbytero & Abbate, apud Bituricas, Sylloge: auctore Constantino SUYSKENO, è Soc. Jesu.

Dans le Recueil de Bollandus, tom. III. d'Octobre, *pag. 922-924*. Ce Saint est mort après l'an 550.]

11589.* ☞ Acta sancti Leopardini, Monachi & Martyris, Albiniaci in Pago Borbonico ; cum Commentario prævio Jac. BUEI, è Soc. Jesu.

Dans le Recueil de Bollandus, tom. III. d'Octobre, *pag. 906-921*.]

Ordre de S. Benoît.

PAGE 726, *ajoutez*,

11608.* ☞ Eadem Acta Ordinis S. Benedicti : *Venetiis*, 1733, *in-fol*. 9 vol.]

11608.** ☞ Vie de S. Benoît, & Abrégé de l'Histoire de son Ordre ; par Dom Ant. Joseph MEGE, Bénédictin de la Congrégation de S. Maur : *Paris*, Robustel, 1690, *in-4.*]

11610.* ☞ Abrégé de l'Histoire de l'Ordre de S. Benoît ; (par Louis BULTEAU :) *Paris*, Coignard, 1684 ; *Ibid*. Debats, 1694, *in-4.* 2 vol.

Cet Ouvrage qui est fait sur les Actes, Chroniques & Chartes, ne va que jusqu'au X° Siècle. M. Bulteau a laissé en Manuscrit l'Histoire de ce Siècle, où l'Auteur fait voir que quoiqu'il ait été regardé comme un Siècle d'ignorance, il a été cependant fécond en grands hommes. M. Bulteau qui étoit ce qu'on appelle *Commis-Clerc* dans la Congrégation de S. Maur, mourut à Paris en 1693.

Mss. Continuation de cette Histoire ; par Dom René-Prosper TASSIN, jusqu'en 1600.

Son Manuscrit est conservé à S. Germain des Prés.]

11610.** ☞ L'Année Bénédictine, ou les Vies des Saints de l'Ordre de S. Benoît, pour tous les jours de l'Année : *Paris*, Billaine, 1667-1673, *in-4.* 7 vol.

Cet Ouvrage est de Jacqueline Bouette DE BLEMUR, Religieuse Bénédictine, morte en odeur de sainteté, le 24 Mars 1696.]

☞ Eloges de plusieurs personnes illustres en piété dans l'Ordre de S. Benoît, décédées en ces derniers Siècles; par la même : *Paris*, Billaine, 1679, *in-4.* 2 vol.

Il est dit dans l'Avertissement que « ces Eloges sont » ou la suite ou l'achevement de l'*Année Bénédictine* ». Le Père le Long s'est souvent trompé sur la date de ce dernier Ouvrage, & nous avec lui, jusqu'à ce que nous l'ayons vu.]

11611.* ☞ Bulle du Pape Grégoire XV. pour l'érection de la Congrégation de Saint Maur, du 17 Mai 1621. Confirmation par Urbain VIII. le 12 des Calendes de Février 1627. Fulmination de cette Bulle par M. le Blanc, Official de Paris, le 16 Mai 1629, *in-4.* (sans année, ni nom d'Imprimeur, &c.]

Au N.° 11612, ajoutez à la Note :

☞ Les personnes illustres dont il est parlé dans cette Lettre sont, Louis Bulteau, Dom Jacques du Frische, Dom Jacques Loppin, Dom Julien Gatien de Morillon, Dom Michel Germain, Dom Placide Porcheron. Il y [avoit] dans la Bibliothèque de M. Fevret de Fontette, un Exemplaire de cette Lettre de M. Pinsson, avec des Additions Manuscrites.]

Au N.° 11615, à la Note, effacez Dom René.... *jusqu'à la fin. Voici le titre de l'Ouvrage, tel qu'il a été publié depuis :*

11618.* ☞ Histoire Littéraire de la Congrégation de S. Maur, où l'on trouve la Vie & les travaux des Auteurs qu'elle a produits depuis son origine en 1618, jusqu'à présent, avec les titres, l'analyse des Livres qu'ils ont donnés, & le jugement des Sçavans ; ensemble, la Notice de beaucoup d'Ouvrages manuscrits : *Bruxelles & Paris*, Humblot, 1770, *in-4.*

Cet Ouvrage est de Dom René-Prosper TASSIN, Bénédictin de la Congrégation de S. Maur.]

PAGE 727.

Avant le N.° 11622, ajoutez à la Note :

☞ On aura une idée complette de cette grande Collection de Dom Claude Estiennot, *pag. 183 & 184*, de l'*Histoire Littéraire de la Congrégation de S. Maur*.]

11622.* ☞ Remonstrance au Roi Henri IV. sur la réformation nécessaire, & jà ordonnée par Sa Majesté estre faite en l'Ordre de S. Benoist ; par Frère Isaye JAUNAY, Général dudit Ordre : *Paris*, Prevosteau, 1605, *in-8.*

Cette Pièce est encore imprimée *pag.* 210 de l'Ouvrage intitulé : *De l'Esprit des Ordres Religieux, &c.* (*Paris*, Chaudière, 1616, *in-8.*) par D. Laurent Bénard, qui fut ensuite l'un des premiers Pères de la Réforme ou de la Congrégation de S. Maur.]

11623.* (1.) ☞ Avis de MM. des Etats pour rétablir l'Ordre de S. Benoît en France : *Paris*, Guiffart, 1614, *in-8.*]

(2.) ☞ Avis à MM. les Députés de France tenans les Etats à Paris, l'an 1614, présentés pour le rétablissement de l'Ordre Bénédictin en France ; par Dom Laurent BÉNARD, Religieux Bénédictin.

Cette Pièce est imprimée *pag.* 638 de ses *Instructions Monastiques sur la Règle de S. Benoît, &c.* Paris, Langlois, 1616, *in-8.* L'Auteur est mort en 1620. On peut voir sa Vie au commencement de l'*Histoire Littéraire de la Congrégation de S. Maur*.]

(3.) ☞ Remerciement des Bénédictins au Roi Louis XIII. sur la proposition faite par Sa Majesté en l'Assemblée de Rouen, de remettre les Abbayes en Régularité ; avec l'Eloge Bénédictin ; par Dom Laurent BÉNARD, Prieur du Collège de Cluny : *Paris*, Martin, 1618, *in-8.*]

Au N.° 11626, ajoutez en Note :

On peut voir l'Abrégé de la Vie de ce fameux Supérieur Général de la Congrégation de S. Maur, dans l'*Histoire Littéraire*, par D. Taffin, *pag.* 37-57.]

11628.* ☞ Regula S. P. Benedicti, & Constitutiones Congregationis sancti Mauri : *Parisiis*, Desprez, 1770, *in*-8.]

Aux N.os 11629 & 11630, il faut mettre Mf. après la main.

Au N.° 11630, ajoutez en Note :

Cet Ouvrage est aussi conservé à S. Germain des Prés, dans la Bibliothèque du Régime. Dom Edmond Martène est mort en 1739. L'Auteur de l'*Histoire Littéraire de la Congrégation de S. Maur*, *pag.* 542 & *s.* écrit toujours son nom par une seule *n*, & l'on ne sçait pourquoi le. Père le Long.(que nous avons suivi, &) qui étoit fort lié avec lui, a toujours mis deux *n*.]

11630.* ☞ Mémoire pour D. Jean Faure, Religieux Bénédictin de la Congrégation de S. Maur, Appellant comme d'abus, tant en son nom qu'en celui des Religieux adhérans, contre Dom Joseph Delrue, de la même Congrégation : *Toulouse*, Robert, 1765, *in*-4. de 346 pages.

Il s'y agit de la triennalité & de l'amovibilité des emplois de la Congrégation, prétendues par les Appellans. L'affaire a été jugée contre eux, par l'Arrêt indiqué au N.° 11631, du Tome I.]

11631.* ☞ Examen philosophique de la Règle de S. Benoît, (par un Religieux de la Congrégation de S. Vannes :) *Avignon*, 1767, *in*-12. de 126 pages.]

11631.** ☞ Lettres-Patentes du 14 Août 1772, registrées le 20 du même mois, qui approuvent la Bulle de Clément XIV. du 15 Juillet précédent, concernant la Réunion des Offices claustraux aux Manses Conventuelles dans l'Ordre des Bénédictins : *Paris*, P. G. Simon, *in*-4. 8 pages.]

Au N.° 11632, ligne 3, CHASSINET, *lisez,* CHASSIGNET.]

PAGE 728.

Colonne prem. (avant le N.° 11640,) lignes 2 & 3, au lieu de étoit frère... *lisez,* étoit oncle de l'Empereur Charlemagne, & frère aîné du Roi Pepin le Bref.

Au N.° 11647, ligne 3, de la Note, 1667, *lisez,* 1679, *& à la fin, ajoutez :*

☞ Dom Noël Mars est mort en 1611.]

11651.* ☞ Des Bénédictins Exempts, & de leur dernière Congrégation.

On peut voir ce qu'en a dit jusqu'à son temps, le Père HELYOT, dans son *Histoire des Ordres Monastiques* : (*Paris*, 1714, &c. *in*-4.) *tom. VI. pag.* 253 & *suiv.* Nous ajouterons ici leur dernier état.

L'Abbaye du Mas-d'Azil, Diocèse de Rieux, étoit devenue le Chef-lieu de la *Congrégation des Exempts*, qui ne s'étoient point unis aux Congrégations Réformées ou aux Anciens Ordres. En conséquence de l'Edit de Mars 1768 sur les Ordres Religieux, par ordre du Roi, il se tint dans cette Abbaye, le 6 Novembre 1769, un Chapitre Général de cette Congrégation, en présence de M. l'Evêque de Mirepoix, comme Commissaire nommé par le Roi. L'avis des Capitulans a été

Tome IV. Part. I.

que vû la modicité du revenu des Maisons de leur Congrégation, l'impossibilité d'y rétablir des lieux réguliers, & le petit nombre des sujets qui composent ladite Congrégation, il étoit inutile de rédiger des Constitutions, &c.

Après la tenue de ce Chapitre, il a été donné des Lettres-Patentes (non imprimées) en date du 5 Mai 1770, enregistrées à Pau le 25 du même mois, & à Toulouse le 29, par lesquelles le Roi, sur les Représentations qui lui ont été faites par les Religieux de l'Ordre de S. Benoît, connus sous le nom de Religieux de la Congrégation des Exempts, vû leur petit nombre, étant réduits à 67 au plus, les dispense de l'exécution des Articles V. VII. & X. de l'Edit de Mars 1768 ; sans néanmoins qu'il puisse être reçu à l'avenir, dans les Monastères de ladite Congrégation, aucun sujet au Noviciat ou à la Profession Religieuse ; veut qu'en exécution dudit Edit de 1768, & conformément au Chapitre de 1769, tous les Monastères de ladite Congrégation demeurent soumis immédiatement à la Juridiction des Archevêques & Evêques Diocésains, que les Cures & autres Bénéfices qui étoient à la nomination des Religieux desdits Monastères, soient en cas de vacance à la pleine & entière nomination desdits Archevêques & Evêques ; exhorte & autorise les Archevêques & Evêques Diocésains à procéder à la suppression & union des Manses conventuelles desdits Monastères, &c. pour en être le revenu appliqué à tels établissemens Ecclésiastiques qu'ils jugeront à propos, à la charge de donner aux Religieux une pension viagère, équivalente aux revenus dont ils jouissent, & seront les Décrets d'union revêtus de Lettres Patentes, s'il y a lieu, conformément à l'Edit de 1718.]

11653.* ☞ Statuta & Decreta Reformationis Congregationis Benedictinorum Exemptorum, & Abbatiarum trium Provinciarum Senonensis, Turonensis & Bituricensis : *Parisiis*, 1582, *in*-4.

Voyez sur cette Congrégation des Exempts, l'*Histoire Monastique du Père Helyot, tom. VI. pag.* 253 : *Paris*, 1714, &c. *in*-4.]

11657.* ☞ Vie de S. Severin ; par Adrien BAILLET.

Dans son *Recueil des Vies des Saints*, au 11 Février.]

PAGE 729, ajoutez,

11659.* ☞ Vie de S. Hermelan, extraite des Archives du Chapitre de S. Mainbœuf d'Angers ; par Paschal ROBIN, Sieur de Faux.

Elle est citée par le Vasseur, dans ses *Annales de Noyon*, & il dit, *pag.* 147, qu'elle est rapportée dans le *tom. III.* de la Vie des Saints colligée par M. Pierre Vieil, Docteur en Théologie : *Paris*, Chesneau, 1578.]

PAGE 730.

Au N.° 11675, à la fin de la Note, après Braine, *ajoutez* : C'est une Histoire très-étendue & très-circonstanciée.]

Au N.° 11677, ajoutez en Note :

Ce Poëme de Claude d'Espence, sur la Vie de S. Godon, a été imprimé pour la première fois en 1565 : sous ce titre : « Cl. Espencæi, Theologi Parif. Hodoi » poricon, seu Sylva, cui titulus Godo, cum Scho » liis, &c. *Parisiis*, Morel, 1565, *in*-8. 48 pages.]

11682.* ☞ Mf. Mémoire sur le Prieuré de Sauvement, dépendant d'abord de Fontevrault, & ensuite uni à l'Abbaye de Baume-les-Messieurs.

Ce Mémoire, conservé aux Archives de cette

Supplément du Tome I.

Abbaye, aujourd'hui Chapitre Noble, se trouve en Copie parmi les Manuscrits de M. Chifflet, à Besançon.]

PAGE 731, *ajoutez*,

11695.* ☞ Mſ. Annales de l'Abbaye du Bec, depuis son commencement jusqu'au troisième Siècle de sa fondation; par Dom Bénigne THIBAULT.

Cet Ouvrage est conservé dans cette Abbaye; l'Auteur y est mort en 1684, & a laissé des Mémoires pour le continuer: *Histoire de la Congrégation de S. Maur*, pag. 102.]

11696.* ☞ Mſ. Beccensis Monasterii Abbatum Vitæ breviores, & alia quibus ejusdem Monasterii Historia comprehenditur, usque ad annum 1476 : *in-*4.

Mſ. Beccensis Monasterii in Normannia Monachorum Catalogus : *in-*4.

Ces deux Manuscrits sont conservés dans la Bibliothèque Vaticane, parmi ceux de la Reine de Suède, num. 499.]

PAGE 732, *ajoutez*,

11721.* ☞ Sancti Prudentii Martyris, Besuæ in Burgundia culti, Acta : auctore TEOBADO, Besuensi Monacho ; cum Commentario prævio Jacobi BUEI, è Soc. Jesu.

Dans le Recueil de Bollandus, *tom*. III. d'Octobre, pag. 333-378.]

Au N.° 11723, à la Note, ligne 2, au lieu de Anriales, *lisez*, Analectes.

Au N.° 11724, au lieu de Longis, *lisez*, Longils, (Lonegisilus).... au lieu de au même jour, *lisez*, au 2 Avril *Effacez* ensuite la nouvelle Note, comme *fausse*, le Père Mabillon ayant parlé de ce Saint, sous le nom de Lonegisius, comme *l'observe* M. Baillet dans sa *Table critique*.]

Au N.° 11727, ligne 2 (& à la Note,) au lieu de Ernaud, *lisez*, Arnaud.... & *ajoutez* à la fin de la Note : Dom Liron a aussi parlé de lui, dans ses *Singularités historiques, tom.* I. (Paris, Didot, 1734, *in*-12.) pag. 414-424.

Au N.° 11729, *ajoutez* à la Note :

On peut voir ce que Dom Liron en raporte *tom.* III. de ses *Singularités historiques*, pag. 29.]

PAGE 733, *ajoutez*,

11730.* ☞ Mſ. Histoire de l'Abbaye de Breteuil, Diocèse de Beauvais ; par Dom Robert VUYARD, Religieux Bénédictin, en 1670, avec des Sceaux.

Elle est conservée dans ce Monastère. Il y est parlé d'une ancienne Chronique de l'Abbaye, qui fut prise par les Flamands en 1636. L'Auteur est mort en 1714, dans l'Abbaye de S. Valeri.]

11733.* ☞ Vita sancti Gerardi, Abbatis Bronienſis : auctore Anonymo ; cum Commentario prævio Cornelii BYEI, è Societate Jesu.

Dans le Recueil de Bollandus, *tom*. II. d'Octobre, pag. 220-315.]

11739.* ☞ Origine de l'Abbaye de Caunes, au Diocèse de Narbonne.

C'est le sujet de la *Note* LXXXIX. du *tom.* I. de l'*Histoire générale du Languedoc*; par DD. de Vic & Vaissette.

Au N.° 11743, *ajoutez* à la Note :

☞ Les Bénédictins, Auteurs du *Gallia Christiana*, au *tom.* II. pag. 327, font mention d'une Histoire manuscrite de la Chaise-Dieu, en ces termes : « Hujus » Asceterii Chronica tribus descripsit Tomis manuscrip-» tis noster Claudius ESTIENNOT, Bullasque Pontificias & » Regia collegit Diplomata.]

PAGE 734,

Au N.° 11754, ligne 1, chronologique, *lisez*, historique..... ligne 3, Cristot, *lisez*, Cristo..... Et *ajoutez* à la Note :

Ce Livre n'a que 116 pages. Un Exemplaire qui est le Cabinet de M. Beaucousin, Avocat au Parlement, & qui porte *Ex dono Autoris*, désigne M. de Charant, (l'Auteur) comme *Lieutenant-Général de la Charité sur Loire*.]

Au N.° 11758, *ajoutez* à la Note :

☞ Le Père Estiennot a laissé en Manuscrit, un Volume entier pour l'Histoire de ce Monastère, avec les Preuves. Il est conservé, avec ses autres Collections, à S. Germain des Prés.]

Au N.° 11759, *ajoutez* en Note :

Sur la Congrégation de Chezal-Benoît, voyez l'*Hist. des Ordres Monastiques* du P. HELYOT : (Paris, 1714, &c. *in*-4. tom. VI. pag. 302.]

PAGE 735, *ajoutez*,

11781.* ☞ Antiquiores Consuetudines Cluniacenſis Monasterii : Collectore S. UDALRICO, Monacho Benedictino, an. 1100.

Cette Pièce est imprimée dans le *Spicilège* de Dom Luc d'Achery, *tom.* IV. pag. 21.]

PAGE 736, *ajoutez*,

11784.* ☞ Statuta Ordinis Cluniacenſis: *in*-4. (sine anno) & 1676, *in*-4.]

11790.* ☞ Bref du Pape Innocent XI. accordé au Cardinal de Bouillon, Général de l'Ordre de Cluni, pour réformer les Monastères dudit Ordre, en 1691, avec les Arrêts du Conseil qui y sont relatifs, rendus en 1692 : *in*-4.]

11795.* ☞ Actes du Chapitre Général de l'Ordre de Cluni, en 1728 : *Paris*, P. G. Simon, 1729, *in*-4.]

Au N.° 11797, à la fin de la Note, *ajoutez*,

Malgré l'érudition des Mémoires de Cluni (qui sont intéressans,) son Exemption a été réduite à l'intérieur du Monastère, & l'Evêque de Mâcon a obtenu la Jurisdiction sur la Ville & les Bans de Cluni (ou Environs) par Arrêt du Conseil d'Etat, en 1744.]

PAGE 738,

Au N.° 11837, ligne 3, *lis. in*-8. de 150 pages : Et *ajoutez* en Note :

Cette Vie de S. Morand, Religieux de Cluni, recueillie par Jean Morand, Prêtre de l'Eglise de S. Eustache, au Diocèse de Coutances, & Aumônier du Roi ; est dédiée à M. Thomas Morant, Conseiller d'Etat, Maître des Requêtes, Marquis du Mesnil-Garnier, dont le Portrait gravé se voit audit Livre.]

PAGE 739, *ajoutez*,

11857.* ☞ Histoire de la Vie & des Ouvrages de Pierre le Vénérable, Abbé de Cluni ; (par Dom François CLÉMENT, Bénédictin de la Congrégation de S. Maur.)

C'est la seconde partie du Volume intitulé : *Histoire*

Histoires des Religieux & Religieuses. 341

Littéraire de S. Bernard, &c. Paris, veuve Desaint, 1773, in-4.]

11866.* ☞ Trois Mémoires ou Factums pour défendre les droits de l'Abbaye de S. Pierre de Conches; (par Dom LE ROUGE, Bénédictin.)

L'Auteur est mort en 1689, & il en est parlé en peu de mots dans l'*Histoire Littéraire de la Congrégation de S. Maur*, pag. 124. On y qualifie ces Mémoires de fort sçavans.]

11869.* ☞ Mf. Chronicon Corbeiense, à Joanne DE CAULINCOURT, Monacho hujus Monasterii, ab anno 662, ad annum 1529 : *in-fol.*

Mf. Historia Corbeiensis : auctore D. Elia-Benedicto DE BONNEFONS, (qui obiit anno 1702:) *in-fol.* 2 vol.

Ces deux Histoires sont conservées à S. Germain des Prés.]

Au N.° 11870, *effacez* Mf.

11870.* ☞ BENEDICTI Papæ III. Confirmatio Privilegiorum Corbeiæ, circà an. 855.

Præceptum CAROLI Calvi, Imperatoris, quo Privilegia Corbeiæ collata confirmat, an. 877.

CAROLI Simplicis Præceptum, in eamdem Sententiam, an. 901.

CHRISTOPHORI, Papæ, Confirmatio eorumdem Privilegiorum Corbeiæ concessorum, an. 906.

LEONIS Papæ IX. Confirmatio eorumdem Privilegiorum, an. 1050.

Ces cinq Pièces sont dans le *Spicilège* de Dom Luc d'Achery, *tom. VI. pag. 397 & seq.*]

PAGE 741, *ajoutez*,

11905.* ☞ Mf. Eloge historique de Dom Coquelin, Abbé de Faverney, mort le 1 Septembre 1771; par M. DROZ, Secrétaire de l'Académie de Besançon.

Dans les Registres de cette Académie.]

PAGE 742, *ajoutez*,

11909.* ☞ Mf. La Fondation de l'Abbaye de Fescamp, en Vers François : *in-4.* velin.

Ce Manuscrit est conservé à Avignon, dans la Bibliothèque de M. de Cambis de Velleron, dans un Recueil, num. 84.

Au N.° 11916, *en Note :*

Dom Gabriel Dudan (& *non* Deûdan) eut seulement part à cet Ouvrage, dont Guillaume FILLASTRE, son Confrère, est l'Auteur : *Histoire Littéraire de la Congrégation de S. Maur*, pag. 103.]

Au N.° 11917, *à la Note, au lieu de* FILLIASTRE, *lisez*, FILLASTRE, *mort en* 1706.]

PAGE 743, *ajoutez*,

11929.* ☞ Epoque de la Fondation de l'Abbaye de Figeac.

C'est un des sujets de la *Note* XCIII. du *tom. I.* de l'*Histoire générale du Languedoc*, par DD. de Vic & Vaissette.

Cette Abbaye a été sécularisée par Paul III.]

Au N.° 11940, *à la fin de la Note* 2, *au lieu de* 10669, *lisez*, 10969.]

PAGE 745.

Au N.° 11965, *en Note* 2, *ajoutez :*

L'Auteur, à l'occasion d'Adrevald, parle du Moine *Adalbert*, que l'on a confondu avec lui, & qui mourut vers l'an 853.]

PAGE 746, *ajoutez*,

11980.* ☞ Epoque de la Fondation de l'Abbaye de *Gaillac*, au Diocèse d'Albi.

C'est un des sujets de la *Note* XCIII. du *tom. I.* de l'*Histoire générale du Languedoc*.]

PAGE 747, *après le* N.° 11990, *effacez l'Article de S. Gildas*, (*qui est mieux plus loin*,) & *mettez :*

Histoire du Prieuré de Gigny, au Diocèse de Besançon.

☞ C'est de ce Monastère qu'est sorti S. Bernon, premier Abbé de Cluni : il a été sécularisé & converti en Chapitre Noble, l'an 1760.]

Au N.° 11999, *ajoutez à la fin de la Note :*

☞ Ce n'est point de Grandvaux que S. Germain étoit Abbé, mais de Grandfelds, Diocèse de Bâle : on peut voir sa Vie dans Adrien Baillet, au 21 Février, (& *non* au 23, comme on lit au N.° suivant, 12000.]

Au N.° 12001, *ajoutez à la fin de la Note :*

L'Abbaye de Grandvaux a été aux Chanoines Réguliers : elle fut cédée en 1244 à l'Abbaye de S. Oyan ou de S. Claude. Sa situation est près d'un Lac dans le Mont-Jura : elle a été unie à l'Evêché de S. Claude, nouvellement érigé. Il est parlé de cette Abbaye, dans le Partage de 870 avec celle de S. Urtiz, dont il est également fait mention dans la Vie de S. Germain.]

PAGE 748.

Au N.° 12003, *effacez la main*, & *mettez* Mf. (*le P. le Long en a parlé.*)

Avant le N.° 12004, *ajoutez*,

12003.* ☞ Mf. Histoire de l'Abbaye de la Ville de Gueret, (à présent Prieuré simple à la nomination de l'Abbé de S. Savin en Poitou.)

Cette Histoire est entre les mains de M. Nadaud, Curé de Teyjac, au Diocèse de Limoges.]

12004.* ☞ Sancti Pardulphi, Abbatis Waracti, in Diœcesi Lemovicensi Vita : auctore Anonymo suppari; cum commentario prævio Jac. BUEI, è Soc. Jesu.

Dans le Recueil de Bollandus, *tom. III. d'Octobre, pag.* 422-439.]

12006.* ☞ La Vie & les Miracles de saint Pardoux, traduite du Latin d'un Auteur contemporain ; par Joseph Couturier de la Prugne, Juge de Police : *Gueret*, Sorin, 1716; *Ibid.* 1721, *in-16.*

Ce Traducteur est mort en 1719.]

12012.* ☞ Deux Requêtes de Messire Antoine de Thélis de Valorge, Abbé-Doyen de l'Isle-Barbe, contre son Chapitre, (avec celle dudit Chapitre,) à Messire Claude de S. Georges, Archevêque de Lyon : 1708, *in-fol.*

Ce Chapitre a été supprimé, & ses revenus ont été mis au Chapitre Métropolitain de Lyon, en 1755.]

PAGE 749.

Avant le N.° 12028, *ajoutez,*

☞ Courte Histoire moderne de l'Abbaye de Lagny, faite à Lagny.

Elle est ainsi indiquée par l'Abbé Lebeuf, dans le Catalogue qui est à la tête du *tom. I.* de son *Histoire du Diocèse de Paris*, 1754, *in*-12. 15 vol.]

PAGE 750.

Au N.° 12052, *lignes* 3 *&* 4, *au lieu de* ejusdem, *lisez*, Godefridi.

Au N.° 12053, *le nom* Henschenii *doit être en petites capitales.*

PAGE 752.

Après le N.° 1186... *au lieu de* 11087, *lis.* 12087.

12088. * ☞ Ms. Passio sancti Porcarii, & quinque centum aliorum Monachorum Lirinensium : *in*-4.

Cette Relation, en Vers Provençaux, est conservée dans la Bibliothèque du Roi, à la fin du num. 7958.]

12089. * ☞ Memorie Istorico-critiche intorno la Vita e gli Scritti di Dionysio Faucher, Monaco Benedittino Casinese.

Ces Mémoires ont été publiés par le P. Calogera, dans le *tom. V.* de sa *Nova Raccolta d'Opuscoli scientifici* : *Venetia*, 1759, *in*-12. Ils lui avoient été fournis par le P. Jean-Augustin Gradenigo, Moine du Mont-Cassin.

Denys Faucher nacquit à Arles en Provence, l'an 1487. Il prit l'habit de Bénédictin à Polirone en Italie. Il passa ensuite en Provence & à Lérins, pour la Réforme de ce Monastère, qui, en 1515, fut uni à la Congrégation du Mont-Cassin. Il réforma encore celui des Religieuses de S. Honoré d'Arles. Il mourut en 1562.]

12090. * ☞ De sancto Badilone, Abbate Lutosæ (*Leuse*) in Hannonia (Diœcesis Cameracensis,) Commentarius historico - criticus : auctore Josepho Ghesquiero, è Soc. Jesu.

• Dans le Recueil de Bollandus, *tom. IV.* d'Octobre, *pag.* 349-361. Ce Saint est mort vers l'an 900.]

12090. ** ☞ Observations sur l'Epoque & les circonstances de la Fondation de l'Abbaye de *Lezat*, au Diocèse de Rieux.

C'est le sujet de la *Note* XXIII. du *tom. II.* de l'*Histoire générale de Languedoc*, par DD. de Vic & Vaissette.]

PAGE 754.

Au haut de la colonne prem. (*Suite du* N.° 12122,) *ligne* 3, *ajoutez* :

Dom Grappin a étendu son Ouvrage, & l'a présenté à l'Académie de Besançon en 1769, deux volumes *in*-4. Manuscrits, y compris les Preuves. Cet Ouvrage réunit tout ce que l'on peut dire jusqu'à présent sur Luxeuil.]

12126. * ☞ Remarques sur quelques points de l'Histoire composée par Pierre de Maillesais.

C'est le sujet de la *Note* XVIII. du *tom. I.* de l'*Histoire de la Rochelle*, par M. Arcère : 1757, *in*-4. 2 vol.]

PAGE 755, *ajoutez*,

12143. * ☞ Oratio funebris in laudem R.P. Arnoldi de Ganthonis, Abbatis Marchennensis : auctore Thoma Stapletono.

Cette Oraison funèbre se trouve avec l'Ouvrage du même Auteur, intitulé, *Tres Thomæ : Duaci*, 1688, *in*-8. & dans le *tom. II.* de ses Œuvres : *Parisiis*, 1610, *in-fol.* 4 vol. Stapleton, Anglois, fut Professeur de Théologie à Douai, & mourut en 1598.]

12146. * ☞ Ms. Histoire de l'Abbaye de Marmoutier, & de la Fondation des Prieurés qui en dépendent; par Dom Jérôme-Anselme le Michel, Bénédictin de la Congrégation de S. Maur : *in-fol.* 3 vol.

Cette Histoire est conservée dans cette Abbaye : l'Auteur est mort en 1644. Voyez l'*Hist. Litt. de la Congrégation de S. Maur*, *pag.* 35.]

Au N.° 12147, *ajoutez à la Note :*

☞ Dom Edmond Martène, (comme l'écrit l'*Hist. Litt. de la Congrégation de S. Maur*, *pag.* 542 *& suiv.*) est mort en 1739.]

Au N.° 12148, *ajoutez à la Note :*

Cet Ouvrage de Dom Jean-Etienne Badier, est le même que celui indiqué ci-dessus, N.° 5552, où le titre n'avoit pas été donné en entier. Voyez l'*Hist. Litt. de la Congrégation de S. Maur*, *pag.* 410. Cet Ouvrage n'existoit pas, lorsque nous avons cité en cet endroit la *Bibliothèque des Auteurs* de cette Congrégation.]

Au N.° 12155, *ajoutez à la Note :*

Cette Vie de D. Claude Martin fut réimprimée à Rouen en 1698, après que son Auteur dom Martène fut revenu de l'exil que lui avoit attiré la première Edition : *Histoire de la Congrégation de S. Maur*, *pag.* 546.]

12158. * ☞ Observations sur l'Epoque & les circonstances de la Fondation de l'Abbaye du *Mas-Garnier*, ou de S. Pierre de la Court, Diocèse d'Aire.

C'est le sujet de la *Note* XXII. du *tom. II.* de l'*Hist. générale du Languedoc*.]

PAGE 756.

Au N.° 12164, *au lieu de* Mauritonii, *lisez*, Mauronti.

12165. * ☞ Ms. Histoire du Prieuré de Meulan, Diocèse de Chartres ; par Dom Victor Cotron, Bénédictin de la Congrégation de S. Maur.

Elle est conservée dans la Bibliothèque de ce Prieuré, & dans celle de S. Germain à Paris. L'Auteur est mort en 1679.]

12175. * ☞ Privilegium à Theodorico Rege, Bercario Abbati & Monachis Dervensibus datum, circà an. 687.

Privilegium à Bertoendo, Catalaunensi Episcopo, datum Monachis ac Monialibus Dervensibus, an. 692.

Ces deux Pièces sont dans le *Spicilège* de Dom Luc d'Achery, *tom. X. pag.* 627.]

12179. * ☞ Arrêt du Parlement du 1 Septembre 1690, qui rejette la demande formée par les Religieux de Montier en Der, contre leur Abbé, afin d'être maintenu en possession des Offices claustraux de l'Abbaye, & à fin de partage en trois lots des biens d'icelle.

Cet Arrêt est imprimé dans le *Traité du Partage des*

fruits des Bénéfices; par Duperray: (*Paris*, 1722, *in-*12.) Chapitre XVI.

Nota. Au nombre des Mémoires que les Religieux firent imprimer lors de cette Contestation, ils publièrent, avec des Observations, un Procès-Verbal de Réforme fait le 11 Juin 1652, & jours suivans, par le Délégué de M. le Cardinal de Lorraine, Abbé Commendataire de ladite Abbaye.]

12181.* ☞ Histoire abrégée de l'Abbaye de S. Claude, & de la Congrégation dont elle est [ou étoit] le Chef.

Dans l'*Hist. des Ordres Monastiques* du P. HELYOT: *Paris*, 1714, *tom. V. pag.* 166-168. Nous disons que l'Abbaye de S. Claude étoit Chef de Congrégation, parcequ'elle a été sécularisée, ou changée en Chapitre de Chanoines, l'an 1742, & qu'on y a érigé un Evêché.]

PAGE 758.

Au N.° 12207, *ajoutez à la Note:*

☞ L'Original est à l'Abbaye de S. Claude: il est imprimé en partie dans l'*Histoire des Séquanois*, &c. de M. Dunod, *tom. I.* aux *Preuves, pag.* xlj.]

Au N.° 12208, *ajoutez en Note:*

La Vie de S. Simon de Crépy est imprimée, avec les Notes du P. CHIFFLET, dans le dernier Volume de Septembre du *Recueil* des Bollandistes.]

Au N.° 12210, *ajoutez en Note:*

Cette Histoire abrégée du Mont-Saint-Michel est de Dom Jean-Robert QUATREMAIRE, Bénédictin de la Congrégation de S. Maur, qui mourut en 1671. L'*Histoire Littéraire* de cette Congrégation, *pag.* 80, en cite une Edition de *Paris*, 1668, *in-*12.]

PAGE 759, *ajoutez*,

12234.* ☞ Mf. Catalogue de tous les Abbés de Mouson, jusqu'à M. de Joyeuse.

Il est conservé dans ce Monastère. On l'a commencé dès le XIIIᵉ Siècle, à ce qu'il paroît. Il contient la Vie abrégée de chaque Abbé, avec son Portrait & ses Armoiries enluminées: on y trouve même les choses remarquables arrivées de son temps. Il a été continué successivement par plusieurs mains.]

12238.* ☞ Arrêt du Grand-Conseil, portant Réglement, tant pour l'établissement de la Communauté, Réception & Profession des Novices, Discipline régulière..... & Administration du temporel; donné entre les Religieux & Dom René Roussé, Abbé Régulier, le 10 Septembre 1657: *Paris*, Bessin, 1658, *in-*4. de 33 pages.]

PAGE 760, *ajoutez*,

12249.* ☞ Mf. Descriptio Vitæ beatissimi Marculphi, Confessoris: *in-*4.

Ce Manuscrit, du XIᵉ Siècle, est conservé au Vatican, parmi ceux de la Reine de Suède, num. 490.]

Au N.° 12252, *après* FAROLD, *ajoutez* (ou FAROUL) & *en Note:*

Il est dit dans le titre que les Reliques de S. Marcoul reposent à Notre-Dame de Mantes; mais elles sont principalement à S. Marcoul, Diocèse de Soissons, & il y en a plusieurs autres endroits, comme on peut le voir dans M. Baillet.]

PAGE 761, *ajoutez*,

12266.* ☞ Mf. Chronique du Prieuré de *Novy*, Diocèse de Reims, (aujourd'hui de

la Congrégation de S. Vannes;) composée en 1750, par Dom Pierre BAILLET, Religieux dudit Prieuré, sur les Chartes & Titres.

Cet Ouvrage est un peu fautif.]

A la ligne 1, *de la colon.* 2, *après* Abbaye, *ajoutez*, *de Notre-Dame.*

12270.* ☞ Mf. Histoire de l'Abbaye de *Pontlevoy*, Diocèse de Blois, (unie à la Congrégation de S. Maur;) par Dom François CHAZAL.

Il en est parlé *pag.* 94. de l'*Hist. Littéraire de la Congrégation de S. Maur.*]

PAGE 762, *ajoutez*,

12278.* ☞ Mf. Ad Vitam sancti Agili, Abbatis, Rebacensis, Notæ.

Dans la Bibliothèque de M. Jardel, à Braine, près Soissons.]

PAGE 763.

Au N.° 12298, *ajoutez à la Note:*

Ce pourroit bien être la même chose que le N.° 12286.]

12299.* ☞ Mf. Recueil concernant l'Etablissement & autres particularités de l'Eglise de Remiremont.

Ces Pièces sont conservées dans la Bibliothèque de S. Germain des Prés.]

PAGE 764, *ajoutez*,

12315.* ☞ Observations sur la Retraite de S. Amand dans une Isle de l'Océan; par M. ARCÈRE, Prêtre de l'Oratoire.

Dans son *Histoire de la Rochelle*, *tom. I. pag.* 69. On y prouve contre le P. le Cointe (de l'Oratoire,) & le P. de Longueval (Jésuite,) que S. Amand se retira dans l'Isle de Dieu ou d'Yeu, & non dans l'Isle de Loix, séparée de l'Isle de Ré par un Canal.]

Au N.° 12322, *ajoutez à la fin de la Note:* & elle est conservée à S. Germain des Prés.]

PAGE 765, *ajoutez*,

12339.* ☞ Mf. Rotulus Monasterii sancti Albani, Andegavensis, Catalogus Ecclesiarum, cum quibus Monasterium hoc fraternitatem habet: *in*-8.

Ce Manuscrit est conservé dans la Bibliothèque de Sainte-Geneviève, à Paris.]

Au N.° 12344, *ajoutez à la Note:*

L'Auteur est mort en 1652. Son Ouvrage est fort superficiel.

M. Nadaud, Curé de Teyjac, Diocèse de Limoges, a une autre Histoire de cette Abbaye de S. Augustin, bien moins inexacte, & les Religieux en ont une Copie.]

PAGE 766.

Avant le N.° 12349, *ajoutez:*

☞ Il y a une Copie de la Chronique de S. Bénigne de Dijon, *in*-4. dans la Bibliothèque de la Ville de Paris, num. 236. L'Original est dans la Bibliothèque Vaticane, & il y en a deux Copies à l'Abbaye de Dijon.]

Au N.° 12350, *ajoutez à la Note:*

On peut voir la *Bibliothèque du Poitou*, *tom. IV. pag.* 275 & *suiv.* M. Dreux du Radier prétend que ce sçavant Abbé se nommoit Ismaël Boulliau, & non Bouillaud.]

Au N.° 12354, à la Note, au lieu de mourut peu de temps après, *lisez,* mourut le 2 Juillet 1683. Hist. Littéraire de la Congrégation de S. Maur, pag. 102.]

PAGE 767.

Au N.° 12361, ajoutez à la Note :

M. le Marquis d'Héricourt, Lieutenant-Colonel du Régiment d'Infanterie du Roi, &c. a communiqué à M. Jardel de Braine, un très-beau Manuscrit *in-fol.* de cette Chronique de S. Bertin, que ce Seigneur conserve dans son Château de Canlair, près de S. Omer.]

Au N.° 12365, à la Note :

Dom Louis LEMERAULT, Bibliothécaire de S. Germain des Prés, (mort en 1756,) a eu part à cette Dissertation, ainsi qu'à la *Réponse*, &c. N.° 12367.]

PAGE 768, *ajoutez,*

12380. * ☞ De l'Origine de l'Abbaye de Saint-Chignan.

C'est le sujet de la *Note* LXXXIX. du *tom. I.* de *l'Hist. générale du Languedoc.*]

Au N. 12383, ajoutez en Note :

Dans *l'Histoire Littéraire de la Congrégation de S. Maur*, pag. 124, on dit que Dom Jacq. LANGELÉ, mort en 1689, est Auteur d'un Livre intitulé : *Histoire des Fiefs de l'Abbaye de S. Corneille de Compiègne*, 1 vol. *in-12.* sans le caractériser autrement. Dom Langelé auroit-il eu part à l'Ouvrage publié sous le nom de Louis de Gaya ? en 1686 ? ou en auroit-il fait un autre semblable ?]

Au N.° 12386, ajoutez en Note :

Ce Mémoire, qui est intéressant pour l'Histoire de l'Abbaye de Compiègne, a été réimprimé dans le *tom. VI.* des *Plaidoyers* de M.e COCHIN : (*Paris, Desaint, 1766, in-4.*) *pag.* 216. Dom de Maufaucon & Dom Vaissette en ont fourni les matériaux, comme on l'observe à la marge de cette page. Il est suivi (*p.* 310,) d'une *Réplique* de M. Cochin au Mémoire de M. l'Evêque de Soissons (Languet,) où l'on discute bien des questions sur les exemptions, la possession immémoriale, les différences des époques, &c. Cette affaire fut terminée par une Transaction, *ibid. pag.* 776.]

PAGE 769, *ajoutez,*

12392. * ☞ Vie de S. Eparèse, vulgairement S. Cybar d'Angoulême : *Paris, 1642, in-4.*

Au N.° 12396, ajoutez en Note :

Cette Lettre est de M. l'Abbé OROUX, le même que celui dont il est parlé au N.° 4532.]

Au N.° 12397, ajoutez Ms.

12408. * ☞ Litteræ Monachorum sancti Remigii Remensis, quibus societatem ineunt cum Monachis sancti Dionysii in Gallia, anno 838, cum Catalogo 128 Monachorum sancti Dionysii, qui pro tunc vivebant.

Dans le *Spicilège* de Dom Luc d'Achery, *tom. IV. p.* 229. Le Catalogue commence par l'Empereur Louis & par le Roi Louis, (qu'on écrivoit alors *Hludovicus :*) on y trouve trois Abbés.]

PAGE 770.

Au N.° 12413, ligne 8, effacez, 2 vol. (*Cette Histoire de l'Abbaye de S. Denys n'ayant qu'un très-gros Volume, qu'on relie quelquefois en deux, mais dont les pages se suivent.*)

Au N.° 12415, ajoutez à la Note :

On peut voir encore ce qui est dit de cette Histoire, *pag.* 412 & *suiv.* de *l'Histoire Littéraire de la Congrégation de S. Maur.* Dom Michel Félibien est mort en 1719.]

Au N.° 12418, au lieu de François-Gilbert DE LA BROSSE, *lisez,* Louis-Gabriel BROSSE... & *ajoutez en Note :*

☞ *Voyez* l'*Hist. Littéraire de la Congrégation de S. Maur,* pag, 119.]

12422. * ☞ Le Trésor de l'Abbaye Royale de Saint-Denys en France, qui comprend les Corps Saints & autres Reliques précieuses qui se voient, tant dans l'Eglise que dans la Salle du Trésor : *Paris*, 1768, *in-12.*]

Au N.° 12423, ligne 3, au lieu de Dom FORTET, *lisez,* Dom Robert RACINE, Bénédictin de la Congrégation de S. Maur.]

PAGE 771, *ajoutez,*

12438. * ☞ Vie de Suger, Abbé de S. Denys, Régent du Royaume, sous Louis VII. par M. D'AUVIGNY.

Dans ses *Vies des Hommes illustres de France,* t. I. pag. 1. *Amsterdam & Paris,* le Gras, 1739, *in-12.*]

Après le N.° 12439, à la Note d'Abélard, au lieu de 11846, *lisez,* 11845.

12442. * ☞ Vie de Matthieu de Vendôme, Abbé de S. Denys, Régent du Royaume sous Louis IX. & principal Ministre sous Philippe le Hardi; par M. D'AUVIGNY.

Dans ses *Vies des Hommes illustres de France,* tom. I. *pag.* 123.]

PAGE 772.

Au N.° 12453, au lieu de Præposito, *lisez,* Præpositi.

Au N.° 12457, au lieu de CARRAUGET, *lisez,* Dominique CARROUGET.

PAGE 773.

Au N.° 12470, ôtez Ms. & *lisez ainsi le commencement de la Note :*

Cette Histoire est imprimée dans la *Collectio veterum Scriptorum*, de Dom Martène, tom. V. pag. 1081. Elle s'étend depuis l'an 841 jusqu'à 1200. L'Auteur est mort en 1220.

Au N.° 12472, ligne 3, au lieu de HUYNES, *lisez,* GUIGNES... & *ajoutez à la Note :*

☞ Il est dit *pag.* 65 de la nouvelle *Histoire Littéraire de la Congrégation de S. Maur*, que D. Claude CHANTELOU, (mort en 1664,) avoit commencé l'Histoire de S. Florent de Saumur, qui a été achevée par Dom Jean GUIGNES, Angevin & grand Antiquaire. Ce doit être celle que le P. le Long a indiquée ici.]

PAGE 774.

Au N.° 12480, ligne 3 de la Note, au lieu de 1673, *lisez,* 1679.

PAGE 775.

Au N.° 12490, ajoutez en Note :

Dom Viole est mort en 1669. *Voyez* l'Hist. Littéraire de la Congrégation de S. Maur, pag. 69 & *suiv.*]

Au N.° 12491, au lieu de BOUILLARD, *lis.* BOUILLART... & *ajoutez en Note :*

☞ Cet Auteur est mort en 1726. On peut voir ce qui en est dit *pag.* 481 de l'*Hist. Littéraire de la Congrégation de S. Maur.*]

PAGE 776.
Avant le N.° 12513, *ajoutez* :

☞ *Nota.* Sur les Eloges qui suivent, des Bénédictins de la Congrégation de S. Maur & autres, qui ont demeuré jusqu'à leur mort en l'Abbaye de S. Germain des Prés, il est bon de voir ce qui en est dit assez au long, dans l'*Histoire Littéraire* de cette Congrégation ; (par Dom René-Prosper TASSIN :) Bruxelles & Paris, Humblot, 1770, *in*-4. Nous n'indiquerons que les principaux.]

PAGE 777, *ajoutez*,

12515.* ☞ Histoire de la Vie & des Ouvrages de Dom Jean Luc d'Achery.

Dans l'*Hist. Littér. de la Congrégation de S. Maur*, pag.103-118. Il est communément appellé *Dom Luc.*]

Au N.° 12517, *à la fin de la Note* :
La Vie Latine de Dom Mabillon est encore imprimée à la tête de l'Edition *in-fol.* de ses *Vetera Analecta* : *Parisiis*, Montalant, 1733.]

12523.* ☞ Histoire de la Vie & des Ouvrages de D. Jean Mabillon.

Dans l'*Hist. Littér. de la Congrégation de S. Maur*, pag. 205-269. Il faut y remarquer d'abord l'erreur de plusieurs Ecrivains sur le lieu de la naissance de ce grand homme. On peut compter sur ce qui est dit de ses Ouvrages dans cet Article, le plus exact que l'on ait.

On en trouve aussi un, mais moins étendu, à la fin de notre Tome III. *pag.* lxxiv.]

Au N.° 12534, *ajoutez en Note* :
Cet Eloge de Dom Coustant est de Dom Simon MOPINOT. Dom Edme MARTÈNE a fait en François sa Vie, qui a été traduite en Latin par Dom Charles Clémencet. On peut voir ce qui en est dit *pag.* 417-428, de l'*Hist. Littér. de la Congrégation de S. Maur.*]

Au N.° 12538, *ajoutez en Note* :
F' Dom Edme MARTÈNE a fait en François une Vie de Dom Mopinot, que Dom Clémencet a traduite en Latin, pour être mise à la tête du tom. II. des Lettres des Papes, qui n'a point encore paru.]

PAGE 778.
Au N.° 12542, *ajoutez à la Note* :
Il faut voir de préférence ce qui est dit de Dom de Sainte-Marthe, dans l'*Hist. Littéraire de la Congrégation de S. Maur*, pag. 445-469.]

11544.* ☞ Eloge de Dom Claude de Vic ; par Dom Joseph VAISSETTE.

Dans le *Mercure*, 1734, *Mars.*]

12545.* ☞ Histoire de la Vie & des Ouvrages de Dom Edmond Martène.

Dans l'*Hist. Littéraire de la Congrégation de S. Maur*, *pag.* 542-571.]

12546.* (1.) ☞ Histoire de la Vie & des Ouvrages de D. Bernard de Montfaucon.

Dans l'*Hist. Littéraire de la Congrégation de S. Maur*, *pag.* 585-616.]

(2.) ☞ Eloge de Dom Jacques Martin, mort le 5 Septembre 1751 ; par Dom Jean-François BRESILLAC.

Il est imprimé à la tête du *tom.* II. de l'*Histoire des Gaules*, *in*-4.

(3.) ☞ Eloge de Dom Martin Bouquet, mort le 6 Avril 1754 ; par Dom J. Bapt. HAUDIQUER.

Dans la Préface du *tom.* IX. du Recueil des Historiens de France.

Tome *IV*. Part. *I*.

(4.) ☞ Lettre circulaire au sujet de la mort de Dom René Laneau, Supérieur-Général de la Congrégation de S. Maur : *Paris*, Vincent, 1754, *in*-4. de 16 pages.

Dom Jean HERVIN est l'Auteur de cette Lettre : il est mort Bibliothécaire de S. Germain des Prés, en 1764.]

Au N.° 12548, *ligne* 2 *de la Note*, au lieu de 1261, *lisez*, 12261.

12549.* ☞ Mémoire à consulter & Consultation pour les Religieux Bénédictins de l'Abbaye Royale de S. Germain des Prés : 1769, *in*-4.

Il est dressé contre une espèce de nouvelle Edition augmentée de la Réclamation des Blancs-Manteaux, & contre le Régime de l'Ordre. Le Mémoire est signé de Me COURTIN, & la Consultation de neuf autres Avocats. Les Accusés ont été innocentés au Chapitre général, pour lequel cette Pièce avoir été faite.]

12550.* ☞ Ms. Histoire de l'Abbaye de S. Germer ; par D. Jean-Baptiste DE BOULLOGNE, premier Prieur de la Congrégation de S. Maur, pour les Bénédictins Réformés de cette Abbaye, en 1644 : *in-fol.* 2 vol. avec les Titres.

Dom Luc d'Achery s'est servi de cette Histoire, dans l'*Appendix* aux Œuvres de Guibert, que l'on a cité au N.° précédent. Il n'est point fait mention de Dom de Boullogne, dans l'*Hist. Littéraire de la Congrégation de S. Maur.*]

Au N.° 12557, *à l'alinéa* 4, au lieu de 11846, *lis.* 11845.]

Avant le N.° 12558, *Histoire*, ajoutez, *de l'Abbaye.*

12559.* ☞ La Vie de S. Guillaume, Duc de Guyenne, composée en Italien ; par Guillaume CAVALCANTINI, Florentin ; traduite par Roger Gyrard, Augustin : *Paris*, 1606, *in*-12.

Cette Vie n'est pas exacte, au jugement de M. Baillet. La plûpart des Auteurs ont confondu Guillaume, Duc de Guyenne, avec Guillaume de Maleval en Toscane.]

PAGE 779.
Au N.° 12568, *ligne* 2 *de la Note*, au lieu de 326, *lisez*, 226.

Au N.° 12573, ôtez le ;.., & mettez Fanson en petites lettres : (*c'est le nom du Réformateur.*)

Au N.° 12574, *ajoutez à la Note* :
☞ L'Auteur de cette Table chronologique est Dom Maur BENETOT, Bénédictin.]

12575.* ☞ Ms. Histoire du Monastère de Saint-Josse, sur Mer ; par Dom Robert GUYARD.

Elle est citée *pag.* 368 de l'*Hist. Littéraire de la Congrégation de S. Maur.*]

PAGE 780.
Avant le N.° 12587, *ajoutez*,

12586.* ☞ Ms. Le Trésor des Antiquités de Saint-Loup de Troyes ; par Jacq. COUSINET, Chanoine Régulier.

Ce Manuscrit est conservé dans la Bibliothèque de Sainte-Geneviève de Paris : on en a parlé ci-devant, N.° 10088.]

X x

12588. * ☞ Mſ. Histoire de l'Abbaye de *Saint-Lucien*, Diocèse de Beauvais ; par Dom Placide PORCHERON, (mort à S. Germain des Prés en 1694.)

M. Hermant, Chanoine de Beauvais, en a fait des Extraits, qui sont en la possession de MM. Danse, Borel & Buquet, de Beauvais. Il n'est rien dit de cet Ouvrage dans l'Article de Dom Porcheron, qui se trouve dans l'*Hist. Littéraire de la Congrégation de S. Maur*, pag. 155.]

Au N.° 12589, *à la fin de la Note, ajoutez* :

Dom Claude Chazal est mort en 1729.]

Avant le N.° 12597, *ajoutez* :

L'Abbaye de Saint-Martial de Limoges a été sécularisée en 1535.

PAGE 781, *ajoutez*,

12609. * ☞ Mſ. Nicolai Brularti, sancti Martini Æduensis Abbatis, Epicedium ; à Jacobo GUYONIO : 7 pages.

Le Manuscrit Original [étoit] à Dijon, dans le Cabinet de M. Fevret de Fontette. L'Abbé Papillon, (dans sa *Bibliothèque des Auteurs de Bourgogne*,) n'a point fait mention de cette Pièce, parmi les Ouvrages de Jacques Guyon.]

12611. * ☞ Martiniana, id est, Litteræ, Tituli, Cartæ, Privilegia & Documenta..... Statuta reformationis, &c. *Parisiis*, du Fossé, 1606, *in-*8.]

PAGE 781.

Au N.° 12620, *ligne* 4, *après* in-8. *ajoutez*, (de 30 pages, avec le Portrait.

12623. * ☞ Remarques sur Richer, Abbé de *Saint-Martin de Metz*.

Dans l'*Avertissement* du tom. XII. de l'*Hist. Littér. de la France*, *in*-4. pag. ij.]

Avant le N.° 12624, *au lieu de* Abbaye de S. Martin de Pontoise, *lisez*, Prieuré de S. Martin de Pontoise. . . & *à la fin de la Note de ce* N.° *au lieu de* la Bibliothèque de S. Germain des Prés, *lisez*, la Bibliothèque du Monastère de Pontoise.

Au N.° 12627, *après* Miraculorum, *ajoutez*, ejusdem.

Au N.° 12640, *ajoutez en Note* :

☞ Cet Ecrivain avoit pour nom propre, Jacques SANSON.]

PAGE 784, *ajoutez*,

12656. * ☞ Catalogus Abbatum sancti Medardi, Suessionensis Diœcesis.

Ce Catalogue, inséré dans le *tom. IV*. du *Gallia Christiana* des Bénédictins, est de D. Ildefonse VRAYET, qui a laissé plusieurs Volumes Manuscrits, pour servir à l'Histoire de l'Abbaye de S. Médard de Soissons.]

12659. * ☞ Mſ. Mirabilia quædam olim gesta meritis Sanctorum quiescentium in Monasterio S. Medardi Suessionensis : *in-fol.*

Mſ. Quomodo sacra corpora Sanctorum Sebastiani, Gregorii & Medardi, à furore Calvinistarum servata fuerunt : ex Scriptis Gallicis D. Alexandri de Salvanova, (DE SALNOVE,) Ecclesiæ sancti Medardi Suessionensis Monachi.

Ces deux Manuscrits sont conservés dans la Bibliothèque de M. Jardel, à Braine, près Soissons.]

12662. * ☞ Mémoire contre l'intrusion des Pères de la Mission dans l'Abbaye de Saint-Méen ; (par Dom Germain MOREL, Prieur de l'Abbaye de Saint-Mélaine.)

On ne sçait si cet Ouvrage a été imprimé, ou s'il est Manuscrit. Il en est parlé avec quelque détail, p. 774. de l'*Hist. Littéraire de la Congrégation de S. Maur*, & il paroît avoir été fait vers l'an 1642.]

12662. ** ☞ Eloge de Dom Julien-Gatien Morillon, Religieux de l'Abbaye de *Saint-Mélaine* de Rennes, mort le 13 Janvier 1694.

On le trouve dans la Lettre de François PINSSON, ci-dessus, N.° 11612. *Voyez* encore ce qui est dit de ce Religieux, connu par ses Poésies, dans l'*Hist. Littéraire de la Congrégation de S. Maur*, pag. 150.]

PAGE 785, *ajoutez*,

12664. * ☞ Mſ. Vitæ Sanctorum Monasterii Miciacensis, aliàs sancti Maximini, ad Aureliam.

Ce Manuscrit est dans le Cabinet de M. Jousse, Conseiller au Présidial d'Orléans.]

12672. * ☞ Liber Miraculorum sancti Maximini : authore LETHALDO, Monacho Miciacensi.

Cette Pièce est imprimée pag. 598 du *tom. I.* des Actes des Saints de l'Ordre de S. Benoît.]

12681. * ☞ Remarques de D. Jean LIRON, sur Léthald, Moine de Micy, ou de Saint-Mesmin ; près d'Orléans.

Dans ses *Singularités historiques*, tom. I. p. 462 & ſſ.]

PAGE 786, *ajoutez* au N.° 12693, *avant* Epitome.

12693. * ☞ Perelegantis Basilicæ Jovinæ Nicasianæ, apud Remos extructæ, Encomium Adonicum : autore Gerardo Gregorio LE GRAND, Benedictino ; (cum Notis.)

Ce Poëme, qui a plus de 300 Vers, est imprimé à la fin du *tom. I.* de l'*Histoire de la Métropole de Reims*, par Marlot : *Insulis*, 1666, *in-fol.*]

Après Epitome... *au lieu de* Voyez ci devant, N.° 9492, *lisez*, Dans le *tom. I.* de l'*Hist. de la Métrop. de Reims.*]

12693. ** ☞ Mſ. Abrégé de l'Histoire de l'Abbaye de Saint-Nicaise de Reims ; par Dom Simon C. . . . : *in*-4. de 65 pages.

Ce Manuscrit, qui paroît être l'Original, est conservé à Paris, dans le Cabinet de M. Beaucousin, Avocat au Parlement. Il finit ainsi : « Fr. Simon C. né à
» Reims le 25 Mars 1644, jour du Vendredi Saint,
» a fait profession à Saint-Remy le 29 Novembre 1662.
» Et aujourd'hui 25 Mars 1718, entrant dans sa 75e an-
» née, il acheve cette Histoire de Saint-Nicaise, où il
» demeure en attendant son dernier jour.»

12693. *** ☞ De l'Union de l'Abbaye de Saint-Nicaise à la Sainte-Chapelle de Paris.

Dans le Tome I. des Œuvres de Franç. Pier. GILLET : (*Paris*, 1718, *in*-4. 2 vol.) pag. 563. C'est une « Ré-
» ponse des Trésoriers & Chanoines de la Sainte-Cha-
» pelle à un Mémoire de la Chambre des Comptes, sur
» leur prétention de percevoir & administrer la moitié
» des revenus de l'Abbaye de Saint-Nicaise de Reims,
» unis à la Sainte-Chapelle.»

12699. * ☞ Mſ. Histoire de l'Abbaye de

Histoires des Religieux & Religieuses. 347

Saint-Ouen de Rouen, depuis l'introduction de la Réforme de S. Maur; par Dom René Prosper TASSIN.

Elle est conservée à S. Germain des Prés.]

12700. * ☞ Défenses des Titres & des Droits de l'Abbaye de Saint-Ouen, &c. Rouen, 1743, *in*-4. (par D. Charles TOUSTAIN, & D. René-Prosper TASSIN.)

On en parle plus au long ci-après, ainsi que des suites, N.os 12810 *& suiv.* Cet Ouvrage est terminé par un Inventaire raisonné des Titres de cette Abbaye, qui constatent ses droits & sa supériorité sur celle de Saint-Victor en Caux.]

12701. * ☞ Mf. Histoire de l'Abbaye de *Saint-Paul* de Besançon ; par Pierre ALIX, Abbé de ladite Abbaye, mort en 1676.

Elle est citée au *tom. II.* de l'*Histoire des Sires de Salins,* par l'Abbé Guillaume : (*Besançon,* 1758 , *in*-4.) Article d'Alix.]

PAGE 788, *ajoutez,*

12730. * ☞ Mf. Histoire abrégée de l'Eglise de Saint-Remi de Reims, & des raretés qu'on y voit ; (par Dom CHASTELAIN, ancien Trésorier.)

Elle est entre les mains de l'Auteur, qui se propose de la faire imprimer.]

12730. ** ☞ Prières, &c. avec un Abrégé des principales Reliques qui se conservent dans l'Eglise de l'Archimonastère de Saint-Remi de Reims : *Reims*, Pottier, 1703 ; *Ibid.* Godard, 1731 , *in*-24.]

Au N.° 12731, *à la Note, ligne* 1, *au lieu de* 1673, *lisez,* 1679.

PAGE 790.

Au N.° 12759, *à la Note, ajoutez :*

L'Auteur est Dom Charles LE BOUYER, Bénédictin de la Congrégation de S. Maur, qui a été Abbé de Saint-Sulpice de Bourges, & est mort en 1695.

Au N.° 12760, *ligne* 4, *au lieu de* 1672, *lisez,* 1675.

12765. * ☞ Mf. Sancti Theodorici Abbatis, Discipuli sancti Remigii, Vita; cui præfixa est HUEBOLDI, Monachi, Epistola & Hymni duo ejusdem in sanctum Theodoricum : *in*-4.

Ce Manuscrit, qui est du XIIe Siècle, est conservé dans la Bibliothèque du Vatican, parmi ceux de la Reine de Suède, num. 466.]

Au N.° 12766, *effacez la main & le crochet* ; *& ligne* 4, *après* Théodulphe, *ajoutez,* troisième Abbé du même lieu ; par le Sieur Paul BAILLY, Abbé de ladite Abbaye.

PAGE 792.

Au N.° 12805, *ligne* 2, *au lieu de* BRÉMUR, *lisez,* BLÉMUR.

12805. * ☞ Histoire du Vénérable Dom Didier de la Cour, (mort en 1622,) Réformateur des Bénédictins de Lorraine & de France ; tirée d'un Manuscrit original de l'Abbaye de Saint-Vannes : avec une Apologie de l'Etat Monastique ; par un Bénédictin de la Congrégation de Saint-Maur, *Tome IV. Partie I.*

(D. HAUDIQUER :) *Paris,* Quillau,|1772 , *in*-8.]

12805. ** ☞ Eloge historique de Dom Philippe François , Bénédictin de la Congrégation de Saint Vannes ; par Jacqueline Bouette DE BLÉMUR.

Dans les *Eloges des Illustres de l'Ordre de S. Benoît* : (*Paris,*) Billaine , 1679, *in*-4. *tom. II. pag.* 521. Ce Religieux, l'un des premiers de la Réforme, fut Abbé de S. Arrig de Verdun, & mourut en 1635.]

12805. *** ☞ Lettre d'un ami de France à un Pasteur du Diocèse d'Utrecht, sur ce qui est dit de Dom Thierry de Viaixnes, (Religieux Bénédictin de la Congrégation de Saint-Vannes,) dans les Nouvelles Ecclésiastiques du 16 Déc. 1735 : (*Utrecht,*) 1736, *in*-4. 8 pages.

L'Auteur, Dom François LOUVART, Bénédictin de la Congrégation de S. Maur, « y donne un détail cu-» rieux & intéressant de la Vie de Dom Thierry de » Viaixnes, mort en Hollande le 11 Octobre 1735. » Cette Lettre est rare, parcequ'on en tira peu d'Exem-» plaires ». *Hist. Litt. de la Congrégation de S. Maur, pag.* 542.]

PAGE 793, *ajoutez,*

12826. * ☞ Mf. Histoire du Monastère de *Saint-Vigor*, (Diocèse de Bayeux ;) par Dom Pierre-François BOUDIER.

Il en est parlé *pag.* 409 de l'*Hist. Littéraire de la Congrégation de S. Maur.* L'Auteur étoit alors, (1770,) Général de cette Congrégation. L'Abbaye de S. Vigor est unie à la Congrégation de S. Maur.]

Nota. Il faut rapporter ici ce qui est dit de l'*Abbaye de S. Vigor,* page 795, où l'Article est déplacé.]

PAGE 794, *ajoutez,*

12832. * ☞ Mf. Mémoires sur l'Abbaye de Saint-Vincent du Mans ; par D. Denys BRIANT.

Il en est parlé *pag.* 380 de l'*Hist. Littéraire de la Congrégation de S. Maur.* L'Auteur est mort en 1716.]

12832. ** ☞ Mf. Histoire de l'Abbaye de Saint-Vincent du Mans, depuis sa fondation en 572, jusqu'à l'introduction de la Réforme de Chezal-Benoît, en 1502; par Dom Jean COLOMB.

Elle est entre les mains de l'Auteur, qui demeure à S. Vincent du Mans.]

Au N.° 12833, *ligne* 3, TAILLANDIER, *lisez,* CLÉMENCET; *& à la Note, ajoutez :*

Il avoit déja paru un Eloge abrégé de Dom Rivet ; par Dom Nicolas TOUSTAIN, dans le *Journal de Verdun,* 1751 , *Mars.*]

12834. * ☞ Histoire de la Vie & des Ouvrages de Dom Antoine Rivet.

Dans l'*Hist. Littéraire de la Congrégation de S. Maur, pag.* 651-664.]

Au N.° 12840, *ajoutez à la Note :*

☞ L'Auteur est mort en 1688.]

12840. * ☞ Mf. Histoire de l'Abbaye de Saint-Vandrille, (ou de Fontenelle) depuis l'introduction de la Réforme de S. Maur ;

X x 2

par Dom François Toustain & Dom René-Prosper Tassin.

Cette Histoire est conservée à S. Germain des Prés.]

PAGE 795, *ajoutez*,

12853.* ☞ Mſ. Vies des saints Religieux de l'Abbaye de Fontenelle, ou de S. Vandrille ; par Dom Benoît Bonnefons : *in-*4. 3 vol.

Elles sont conservées dans ce Monastère : *Hist. Litt. de la Congr. de S. Maur, pag.* 794.]

12855.* ☞ Mſ. Histoire de l'Abbaye de Samer ; par Dom Robert Vuyard.

Elle est citée pag. 368 de l'*Hist. Litt. de la Congrégation de S. Maur.*]

12861.* ☞ Histoire du Monastère de Saint-Vivant, sous Vergy, &c.

C'est l'Article ou le N.º 13128 ci-après, lequel est mal placé en cet endroit, (comme on l'observe dans ce *Supplément*,) cette Abbaye étant de l'ancienne Observance de Cluni.]

Avant le N.º 12861, *mettez*,

☞ Saint Yrier-la-perche, (c'est la meilleure manière d'écrire ce nom) est aujourd'hui une Eglise Collégiale, dépendante de celle de S. Martin de Tours.]

12865.* ☞ Histoire de la Vie & des Ouvrages de S. Yrier ; par D. Antoine Rivet.

Dans l'*Hist. Littér. de la France, tom. III. pag.* 364.]

PAGE 796, *ajoutez*,

12880.* ☞ La Vie de S. Eusice, Abbé, Patron & Fondateur de la Ville de Celles en Berry : 1708, (sans nom de lieu, &c.) de 81 pages.

On y voit des Approbations datées d'Amiens, en 1684 & 1685, & une autre datée de Bourges en 1707.]

12887.* ☞ Mſ. Mémoires pour l'Histoire de la même Abbaye (de Solignac;) recueillis par Dom Claude Estiennot, avec les Preuves : *in-fol.*

Ils sont conservés, avec toutes ses Collections, à S. Germain des Prés.]

PAGE 799, *ajoutez*,

12915.* ☞ Mſ. Mémoires ou Recueil pour servir à l'Histoire de l'Abbaye de Vendôme ; par Dom Hugues Lantenas : *in-fol.*

L'Auteur est mort en 1701. Son Ouvrage est conservé à S. Germain des Prés, dans la Bibliothèque du Régime.]

Ordre de Cîteaux.

PAGE 801, *ajoutez*,

12942.* ☞ Statuta selecta Ordinis Cisterciensis.

Ces Statuts, faits depuis 1134 jusqu'en 1547, sont imprimés dans le *Nov. Thes. Anecdotorum*, de DD. Martène & Durand, *tom. IV. p.* 1243.]

PAGE 802.

Avant le N.º 12949, *ajoutez à la Note :*

☞ On peut encore trouver ce Manuscrit (sur l'Ordre de Cîteaux,) dans l'Abbaye d'Aldenberg, près Cologne, selon Jongelin, *pag.* 26, de sa *Notitia Abbatiarum Cistercienſium.*]

Le N.º 12954 doit être *effacé, étant mieux au* N.º 12944.

Au N.º 12959, *mettez une main* ... *& ajoutez à la Note :*

La Dissertation de Dom Cotheret, qui est de 1721, se trouve aussi à Dijon, dans la Bibliothèque de M. le Président Bouhier, (aujourd'hui de M. le Président de Bourbonne, son petit-fils,) à la fin des Observations du même Auteur, sur le Livre intitulé : *Eclaircissement des Privilèges de l'Ordre de Cîteaux : Liège,* 1714.]

PAGE 803.

Au N.º 12965, *ajoutez à la fin de la Note :*

Cette Edition de 1630 a été faite à *Anvers*, chez Plantin.]

12978.* ☞ Requête au Conseil du Roi, présentée par Dom Andoche Pernot, Abbé Général de Cîteaux, pour être maintenu dans le droit de porter le rochet, le camail, la croix pectorale & le bonnet quarré dans l'Assemblée des Etats-Généraux de la Province de Dijon : *in-fol.* (1733.)

Réflexions sur la Requête (précédente :) *Dijon*, de Fay, 1733, *in-fol.* de 46 pages.

L'Auteur est M. Moreau, Doyen d'Auxerre, Elu du Clergé de Bourgogne.]

Au N.º 12982, *ajoutez en Note :*

Ce premier Tome est le seul qui ait paru.]

13016.* ☞ Eloge funèbre de Messire Andoche Pernot, Abbé de Cîteaux & Général de tout l'Ordre, décédé à Dijon le 14 Septembre 1748, prononcé dans l'Eglise de l'Abbaye de Vaux-la-douce, en Champagne, le 15 Octobre suivant : *Nancy*, Charlot, 1749, *in-*4. de 31 pages.]

13016.** (1.) ☞ Recueil des Mémoires & Consultations imprimées dans l'Affaire entre l'Abbé de Cîteaux & les Abbés des Abbayes qui en dépendent, jugée par Arrêt du Grand-Conseil, du 14 Mars 1761 : *in-*4.

(2.) ☞ Recueil des Mémoires entre les mêmes, dans l'Affaire jugée par Arrêt du Parlement de Dijon, au mois de Mars 1766, au sujet de la Charte de charité, des Pouvoirs du Chapitre Général & du Définitoire : *in-*4.

PAGE 804, *ajoutez après le* N.º 12984,

— ☞ Mſ. Diverses Pièces sur l'Abbaye de Cîteaux.

Elles sont indiquées dans l'*Inventaire sommaire*, &c. qui est à la fin de l'Histoire Civile de Bourgogne, *pag.* 460, de notre Tome III. Ce qui regarde Cîteaux *pag.* 486 *& suiv.*]

PAGE 805.

Au N.º 13013, *ligne* 6, *au lieu de* Vaussiez, *lisez*, Vaussin.

13016.* ☞ Vita Penitente di Fr. Domenico Jarente de Cabanes-la-Bruyere, Cavaliere del Sacro Ordine Militare Gerosoli-

Histoires des Religieux & Religieuses. 349

mitano, morto nel Abbadia di Casamari della otretta riforma Cistercienfe; scritta dall'Abbati di detto, Moniftero, (D. Isidore BALANDAMI,) e dedicata a Sua Eminenza Fr. D. Emmanuele Pinto, Gram-Maeftro dello ftefso Sacro Ordine: *in Roma*, Pietro Durand, Libraro Francéfe, 1766, *in-4.* 126 pag.

Cet Ouvrage eft bien fait & très-édifiant; mais il manque d'ordre, comme la plûpart des Italiens.]

PAGE 806.

Au N.° 13023, au lieu de eodem auctore, lifez, Guillelmo GAUTHIER, Monacho Abbatiæ de Precibus.

Après ce titre : Hiftoire de l'Abbaye de Cadouin, ajoutez :

☞ Cette Abbaye a été pendant un temps Chef d'une Congrégation particulière ; fur quoi l'on peut voir l'*Hift. des Ordres Monaftiques* du Père Helyot, *tom. VI. pag.* 114.]

PAGE 807, *ajoutez,*

13039.* ☞ Mf. Recueil de diverfes Pièces fur l'Abbaye de Clairvaux : *in*-4. obl.

Ce Recueil eft dans la Bibliothèque de l'Abbaye des Bénédictins de S. Remi, Congrégation de S. Benoît, num. 480, O. 42. Voici le détail de ces Pièces manufcrites :

1. Charta Hugonis Comitis Trecenfis, primi Claravallis Fundatoris... (anno 1125... in Archivis Claravallenfis, fub litterâ M. num. cxij.)

2. Charta Alfonfi I. Lufitaniæ Regis, quâ Regnum fuum Monafterio Claravallenfi vectigale facit, (4. Calendas Maii, Erâ 1142.)

3. Reconnoiffance de Don Jean, Roi de Portugal, & confirmation en 1642 (de J. C.) des donations faites par Alfonfe I. Roi, à l'Abbaye d'Alcobau, fille de Clairvaux, & du tribut feudataire fondé à l'Abbaye de Clairvaux, en l'année 1142, (de l'Ere, alors ufitée en Portugal, c'eft-à-dire de J. C. 1104.)

4. Copie de la Quittance en 1681 (de J. C.) le 4 Février, par le Révérendiffime Abbé de Clairvaux, de la Rente feudale portée dans les Titres ci-deffus, &c.

5. Antiquitatum Claravallenfium Appendix, collectus anno 1680, & fequentibus, ex antiquioribus ejufdem Domûs Chartularibus (ab anno 1115,) ufque ad annum 1683.

6. Sepulturæ variæ.

7. Nomina & Epitaphia Abbatum.

8. Viri illuftres, &c. Claravalle (ad munia illuftria,) affumpti, & extrà eam fepulti.

9. Series Priorum Archi-Cœnobii Claravallis.]

PAGE 808.

Ligne 3, *de la col.* 1, Pierre, *lifez,* Bernard.

Au N.° 13050, ligne 4, après Paris, ajoutez, Regnault, (fans année)... *& enfuite la Note fuivante :*

On y trouve (felon le titre) « l'Epitaphe (ou l'Eloge) » de Aelis ou Adleten, mère de S. Bernard, inhumée » premièrement en l'Eglife de S. Bénigne de Dijon, & » depuis tranflatée en celle de Clairvaux.]

13068.* ☞ Hiftoire de la Vie & des Ouvrages de S. Bernard, Abbé de Clairvaux,... (par Dom François CLÉMENT, Bénédictin de la Congrégation de S. Maur.)

C'eft la première & la plus grande partie d'un Volume intitulé : « Hiftoire Littéraire de S. Bernard & de » Pierre le Vénérable, qui peut fervir de Supplément » au XIIe Siècle de l'Hiftoire Littéraire de la France : » *Paris*, veuve Defaint, 1773, *in*-4.]

PAGE 809, *ajoutez,*

13074.* ☞ Arrêt du Confeil d'Etat du 16 Août 1681, en faveur des Abbé, Prieur & Couvent de Clairvaux, & des Religieux de l'Ordre de Cîteaux: *Paris*, Coignard, 1681, *in*-4. de 34 pages.

Les Religieux de Clairvaux font maintenus par cet Arrêt dans la poffeffion des Domaines du Val-des-Vignes & Clairmarefts.]

13078.* ☞ Vidas de los Padres del Defierto de Dunas; por Chr. ENRIQUEZ : *en Amberes*, (Anvers,) 1629, *in*-4.

Ce font les Vies des Pères du Défert des Dunes, écrites en Efpagnol, qui eft l'Original. L'Abbaye de Notre-Dame des Dunes, qui a été tranfférée à Bruges, avoit été fondée en 1128.]

13083.* ☞ Mf. Vie de Dom Jérôme Petit, Abbé & Réformateur de l'Abbaye de l'*Etoile,* au Diocèfe de Poitiers.

Elle eft confervée dans cette Abbaye, & D. Martène en parle p. 8, de fon premier Voyage Littéraire : (*Paris*, 1717, *in*-4.) Dom Jérôme Petit, qui rebâtit entièrement fon Abbaye, & y fit revivre le premier efprit de S. Bernard, eft mort en 1635, âgé de 50 ans.]

13086.* ☞ Conftitutiones Congregationis B. M. Fulienfis, Ordinis Cifterciensis, ad ftatum & ufum præfentem fupradictæ Congregationis adaptatæ in Capit. general. celebrat. *Parifiis*, 1631, 1634, 1637, *in*-8.]

Au N.° 13087, à la Note, ligne 3, après 1600, ajoutez, à Rome, âgé de 56 ans.

PAGE 810, *ajoutez,*

13090.* ☞ Eloge du même Père, Jean Goulu, en François ; par Nicolas GOULU, fon neveu.

Le précédent Eloge eft en Latin, & fe trouve à la tête du Recueil intitulé : « Epitaphium in æde San» Benedictinâ Parifiis appendendum. Nicolaus Gulonius » mortalitatis Majorumque memor, piis illorum Ma» nibus defignabat, anno 1650 », (fans nom de lieu :) *in-fol*. 22 pages pour Signature 1, & 23 pour Signature 2. Ledit Eloge du Père Goulu occupe les pages 8-11, de la Signature 2.]

13095.* ☞ Fondation de l'Eglife & Monaftère de *Fontaines,* (au Diocèfe de Dijon,) lieu natal de S. Bernard : *Paris, in*-8.

Voyez ci-devant le N.° 13070.]

13098.* ☞ Mf. Commiffion du 21 Novembre 1548, adreffée à Frère Marin Abbé de Vauclair; par Dom Edmond, Abbé de Clairvaux, député & nommé par le Parlement de Paris, pour travailler à la réformation de l'Abbaye d'Igny, Ordre de Cîteaux ; Diocèfe de Reims : petit *in-fol.* de 20 pag.

Cette Pièce eft dans la Bibliothèque de M. Jardel, à Braine, près Soiffons.]

Au N.° 13101, ajoutez à la Note :

Ce font moins des Chroniques qu'une efpèce de Cartulaire, dans lequel on a extrait les Chartes de l'Abbaye, en rapportant le précis de la Donation, en ordre de chaque possession, le nom des Donateurs, & celui des Témoins, avec la réunion des choses données, pour en former des assensemens aux charges ordinaires de Justice main-morte : c'est l'origine de plusieurs Villages. La Copie de ce Manuscrit, qui est en l'Abbaye de S. Vincent, est du XVe Siècle. L'Original est perdu.]

13102. * ☞ Ms. Description des Tombeaux & Monumens de l'Eglise de Longpont, avec quelques détails historiques sur cette Abbaye : *in-fol.*

Ce Recueil est conservé dans la Bibliothèque de M. Jardel, à Braine, près Soissons. Il y est question de plusieurs personnes illustres par leur naissance & célèbres par leurs actions. Ces Monumens ne subsistent plus, Dom Dubois, Prieur, les ayant fait enlever & convertir en dégrés d'escalier, &c. après que la Maison eut été incendiée en 1724.

A la suite de ce Manuscrit est une Description curieuse du Trésor & de ses Antiquités, ainsi que des Comptes de dépenses depuis 1314 jusqu'en 1344, avec la valeur des Monnoies d'alors. On y voit qu'un cheval fort se payoit 12 liv. 4 s. trois ânes 8 liv. quatre chevaux de harnois 58 liv. 14 s. un bœuf 5 liv. 12 s. un porc 32 s. un muid de bled 7 liv. 10 s. de seigle 4 liv. 16 s. d'avoine 32 s. un veau 5 s. un minot de sel 24 s. une paire de soulier 3 s. 4 den. une livre de sucre 3 s. 4 den. un agneau 1 s. &c.]

13102. ** ☞ Ms. Necrologium Chronologicum Abbatiæ Longipontis; nec non Abbates Regulares & Commendatarii, à fundatione domûs anno 1131, ab anno 1417, ad annum 1754 : *in-fol.*

Ce Manuscrit est dans la même Bibliothèque.]

PAGE 812, *ajoutez*,

13120. ^k ☞ Vie du Bienheureux Michel du Coudray, d'abord Chanoine de Noyon, puis Religieux de l'Ordre de Cîteaux, en l'Abbaye d'*Ourscamp*, près Noyon, écrite par lui-même en Latin, & traduite sur un Manuscrit de ladite Abbaye, par Jacques le Vasseur, Doyen de la Cathédrale de Noyon.

Cette Traduction occupe depuis la page 309 jusqu'à la page 324, du *Cry de l'Aigle*, &c. ou Homélies de S. Eloy, par Jacques le Vasseur, Ouvrage indiqué ci-dessus, N.º 9751. Michel du Coudray est mort en 1306.]

Au N.º 13125, *ajoutez en Note :*

☞ Cet Hugues, Abbé de Pontigny, est probablement le même qui a été depuis le LIVe Evêque d'Auxerre, sous le nom de *Hugues de Mâcon*, mort en 1151, & dont on peut voir la Vie dans les *Mémoires* de M. l'Abbé Lebeuf, sur Auxerre, *tom. I. pag.* 276.]

Sur le N.º 13128, *observez* que l'Abbaye de S. Vivant, sous Vergy, est de l'ancienne Observance de Cluni, & non pas de Cîteaux. Ainsi ce qui la concerne devoit être mis ci-dessus, avant le N.º 12862.

PAGE 813, *ajoutez*,

13134. * ☞ Ms. Recherches sur l'Abbaye de Sept-Fonts ; par le P. Bernard DE TRACY, Théatin.

L'Auteur se propose de publier bientôt cet Ouvrage.]

13145. * ☞ Abrégé de la Vie de D. Paulin de Lisle, d'abord Bénédictin de la Congré-gation de S. Vannes, & depuis Religieux à l'Abbaye de la Trappe.

Cet Abrégé se trouve dans l'Avertissement & dans les Pièces d'un Livre donné par M. Lambert, Curé à Chaalons, & intitulé : « L'Idée d'un vrai Religieux » dans le Recueil des Lettres de D. Paulin de Lisle, &c. » *Chaalons*, Bouchard, 1723, *in-12.*]

PAGE 814, *ajoutez*,

13149. * ☞ Portrait de Dom Armand-Jean Bouthillier de Rancé, Abbé Régulier & Réformateur du Monastère de la Trappe, de l'étroite Observance de Cîteaux : 1701, *in-*8. (sans nom d'Auteur ni d'Imprimeur, &c.)

13156. * ☞ Vita di Armandi le Bouthillier di Rancé, da Fra Malachia d'Inguimberti : *in Roma*, 1725, *in-*4.

M. Malachie d'Inguimberti fut d'abord Dominicain, & il passa ensuite à la Trappe. Il fut envoyé à Rome, & le Pape le nomma Evêque de Carpentras, où il est mort en 1757. Il y a fait bâtir un magnifique Hôpital pour les malades, & il a laissé à cette Ville sa Bibliothèque, composée de 29000 volumes. Nous avons indiqué dans ce *Supplément, pag.* 310, son Oraison funèbre.]

Au N.º 13164, *lisez*, du Valricher. *Et de même dans le titre qui précède.*

PAGE 816.

Au N.º 13180, *ligne* 4, *de la Note, au lieu de* Tome I. *lisez*, Tome VI.

Au N.º 13186, *ajoutez en Note :*

Ces Annales de Grandmont, par le Père Lévesque ; & celles qui suivent du Père Bonnet, paroissent n'être que Manuscrites : ainsi, il faut mettre après les N.^{os} les lettres Ms. Le Père Lévesque, dans la Préface de son Abrégé indiqué au N.º 13182, dit que ces Annales sont en 5 volumes.

Au N.º 13189, *ajoutez en Note :*

Il y avoit eu déja une autre Edition des Statuts de Grandmont : *Divione*, Palliot, 1645, *in-*12.

13189. * ☞ L'Esprit de l'Ordre de Grandmont ; par le Père Charles FREMONT, Religieux du même Ordre : *Paris*, Desprez, 1666, *in-*8.]

13189. ** ☞ Capitulum generale Ordinis Grandimontensis, in Abbatia Grandimontis, anno 1643, celebratum : *Parisiis*, de Bresche, 1643, *in-*16.

Ce Volume contient les Statuts & Constitutions de l'Ordre de Grandmont, non réformé, telles qu'elles se suivent encore actuellement.]

Au N.º 13199, *ajoutez à la Note :*

☞ Cette Vie a été imprimée dans le Tome VI. de l'*Amplissima Collectio* de Dom Martène, *pag.* 145. Comme le Manuscrit a été fort gâté par une liqueur de noix de galle fort épaisse, on y trouve bien des fautes.]

PAGE 817, *ajoutez*,

13202. * ☞ Election de (l'Abbé de Grand-Mont,) Henri de la Marche de Parnac, le 9 Septembre 1687.

Dans le *Mercure*, 1687, *Octobre.*

Histoires des Religieux & Religieuses. 351

13203.* ☞ Mémoire à consulter & Consultation pour l'Abbé Général de Grandmont, au sujet de la suppression de son Abbaye, & de son union au Siège Episcopal de Limoges; par M. CAMUS, Avocat au Parlement : *Paris*, P. G. Simon, 1773, *in*-4. de 43 pages.

On a imprimé à la suite plusieurs Pièces importantes, relatives au projet de l'anéantissement de l'Ordre & de la destruction de l'Abbaye.]

L'Ouvrage indiqué au N.º 13206, n'avoit été vu par le Père le Long qu'en Manuscrit. On a un peu changé le titre en l'imprimant : le voici tel qu'il doit être indiqué aujourd'hui :

Gallicæ Cælestinorum Congregationis, Ordinis sancti Benedicti, Monasteriorum fundationes, Virorumque vitâ aut scriptis illustrium Elogia historica, servato ordine Chronologico ; Opus bipartitum : *Parisiis*, Delaulne, 1719, *in*-4.

Cet Ouvrage a paru sans nom d'Auteur, en sorte que c'est le Père le Long qui nous a appris qu'il étoit du Père Antoine BECQUET, Bibliothécaire des Célestins de Paris.]

13216. * ☞ Lettres-Patentes concernant l'Ordre des Célestins, registrées en Parlement le 19 Juin 1773 : *Paris*, Simon, 1773, *in*-4.

Le Roi y déclare que les Célestins du Royaume ne s'étant pas rendu aux exhortations réitérées qui leur ont été faites de sa part, de s'assujettir aux pratiques de leur Institut, &c. il a eu recours au Pape, qui lui a adressé un Bref, par lequel il commet les Archevêques & Evêques, dans les Diocèses desquels sont situés les Monastères de l'Ordre des Célestins, pour en faire la Visite, y rétablir une réforme salutaire & durable, &c.]

13217. * ☞ Vera & accurata Descriptio, situationis magnæ Cartusiæ : *Parisiis*, (*in*-fol. en Placard.]

PAGE 818.

Au N.º 13221, ajoutez en Note :

Il y a eu deux autres Editions des Statuts des Chartreux, l'une *Correriæ*, (c'est-à-dire à la grande Chartreuse,) 1581, *in*-4. & l'autre, *Romæ*, 1588, *in*-4. sans compter quelques parties séparément.]

Au N.º 13228, ligne 4, après Paris, ajoutez, 1653.... & en Note :

☞ Cet Ouvrage a paru en 1653, chez Pellé, *in*-4. de 710 pages. La date de 1659 n'est qu'un changement de Frontispice, pour rajeunir le Livre, qui ne se vendoit pas, & sous prétexte, peut-être, d'un nouveau Libraire.]

13229. * ☞ Bibliotheca Cartusiana, sive illustrium Cartusiensis Ordinis Scriptorum : auctore Theodoro PETREIO. Accesserunt Origines omnium per orbem Cartusiarum, quas eruendo publicavit Aubertus Miræus : *Coloniæ*, Hieratus, 1609, *in*-8.]

13235. * ☞ Vitæ sancti Brunonis, Cartusianorum Fundatoris ; cum Commentario prævio Cornelii BYEI, è Soc. Jesu.

Dans le Recueil de Bollandus, tom. III. pag. 491-774. Ce Saint est mort en Calabre l'an 1101. L'Affaire de S. Bruno avec Manassès, Archevêque de Reims, l'Histoire prodigieuse du fameux Docteur de Paris, la Fondation de la grande Chartreuse, & autres choses de cette nature, sont discutées amplement dans le Commentaire, & d'une façon propre à concilier les sentimens des différens Auteurs.]

PAGE 819.

Au N.º 13241, lisez, Traité des causes.... Paris, Langlois, in-4. de 22 pages.

☞ Ce petit Traité est de Henri DAUDIGUIER, Sieur du Mazet , Avocat en Parlement, & il se trouve parmi ses *Plaidoyez & Opuscules*, recueillis *in*-4. *Paris*, Langlois, 1656. Recueil où chaque Pièce est chiffrée séparément, & où la plûpart ont un Frontispice particulier. Celui de la Pièce dont il s'agit est « Traité » des causes de la Conversion de S, Bruno , Patriarche » des Chartreux. Extrait d'une Epître de Messire André du Saussay, Evêque de Toul, & de la Réponse » de Maistre Bartholdus Nihusius, imprimée à Cologne : *Paris*, Denys Langlois, 1656, *in*-4.]

Avant le N.º 13247, ajoutez :

== ☞ Vita beati Attaldi, Cartusiani, posteà Episcopi Bellicensis.

*Voyez ci-devant, au N.º 8208 *, de ce Supplément.*]

13248. * ☞ Eloge de Dom (Innocent) le Masson, Général des Chartreux; par l'Abbé DE FOURCROY.

Dans le *Mercure*, 1697, *Janvier, pag.* 55-61. Dont le Masson vivoit encore, puisqu'il n'est mort qu'en 1703.]

13250. * ☞ Mf. Annales de la Chartreuse du Mont-Dieu, Diocèse de Reims ; par D. GANNERON, Religieux de cette Maison: *in*-fol. 2 vol.

Il y en a deux Exemplaires, conservés dans cette Chartreuse. L'un est en Latin & l'autre en François: ces dernières Annales sont plus détaillées & plus circonstanciées. On n'y voit pas seulement les faits propres à la Chartreuse, depuis son établissement, qui est du XIIe Siècle, mais encore beaucoup de choses relatives à l'Histoire du Pays.]

13257. * ☞ Opusculum Arnoldi BOSTII, Carmelitæ Gandensis, de præcipuis aliquot Cartusianæ Familiæ Patribus. Editum studio Theodori Petrei, Cartusiani Coloniensis : *Coloniæ*, Gualterius, 1609, 58 pages.

L'Ouvrage comprend , en trente sept Chapitres, les Eloges d'autant de Chartreux célèbres, en commençant par S. Bruno; & dans ce nombre il y a plusieurs François.

Le Père Niceron, *tom. XL*. de ses *Mémoires*, Article de *Petreius, pag.* 230, marque ce Livre comme ayant à sa suite, *Petri Sutoris de Vita Cartusiana*, (dont nous parlons au N.º 13258.); mais nombre d'Exemplaires de Bostius n'ont point cette Pièce, & il n'en est point fait mention dans le Titre, &c. On a pu les relier ensemble.]

PAGE 820, *ajoutez* ,

13261. * ☞ Mf. La Vie du Vénérable Père en Dieu, Dom Ambroise Heliot, Religieux Profès de la Chartreuse de Paris ; par Frère J. Bapt. MAILLET, Profès de ladite Chartreuse : 1680, *in*-4.

Ce Manuscrit est conservé dans la Bibliothèque de la Ville de Paris, num. 189.]

13262.* ☞ Mf. Recueil de plusieurs Pièces,

parmi lesquelles se trouvent quelques Lettres originales sur ce qui s'est passé à la Chartreuse de Beaune, au sujet de la Constitution *Unigenitus*, en 1725, & sur l'évasion de plusieurs Religieux : *in-*4.

Ce Manuscrit est à Dijon, dans le Cabinet de M. Boullemier, Prêtre de la Magdelaine, & de l'Académie de cette Ville.]

13265.* ☞ Annales Camaldulenses, Ordinis sancti Benedicti, quibus plura interseruntur, tum cæteras Italico-Monasticas res, tum Historiam Ecclesiasticam remque Diplomaticam illustrantia; Autoribus Jo. Benedicto MITTARELLI & Anselmo COSTADONI, Monachis Camaldul. *Venetiis*, Pasquali, 1755-1764, *in-fol.* 8 vol.

C'est l'Ouvrage le plus étendu, & le mieux fait, que l'on ait sur cet Ordre. Il est enrichi de Gravures, & ce qui le rend précieux, d'un grand nombre de Monumens. L'Histoire s'étend depuis l'an 907 jusqu'à l'année 1764. Les Auteurs ont encore promis des Supplémens & des Monumens nouveaux, qui pourront former deux volumes.]

13272.* ☞ De sancto Amatore.

Ce qu'on a pu recueillir sur ce Saint, Solitaire à Rocamadour en Querci, est imprimé dans le *Recueil* de Bollandus, *tom. IV. d'Août, pag.* 20.]

13272.** ☞ Vie de S. Aroaste, Prêtre & Anachorète.

Elle se trouve dans une espèce de Recueil publié par Laurent Rouault, ci-devant, N.° 9921.]

PAGE 821.

Le N.° qui suit le 13289, doit être lu 13290, au lieu de 12290.

13291.* ☞ Vie de Jacques Chevreteau, autrement dit *Jérôme de S. Joseph*, (Hermite célèbre du Diocèse de Langres;) par Dom Jean BALLIVET, Bénédictin.

Elle est indiquée *pag.* 739 de l'*Hist. Littéraire de la Congrégation de S. Maur*, sans qu'il y soit marqué si elle a été imprimée, ou si elle est restée Manuscrite. L'Auteur est mort en 1734.]

13294.* ☞ Vie d'un pieux Solitaire, (Louis Dechams,) mort dans les pratiques d'une austère pénitence : 1768, *in-*12. de 52 pag.

Il étoit né dans le Diocèse d'Ypres, & il a vécu en Hermite dans celui d'Agde, depuis 1701 jusqu'en 1748, qu'il mourut le 8 Mars, âgé de 82 ans.]

Au N.° 13296, ajoutez en Note :

M. Baluze, dans une Note qu'il a mise *pag.* 37 du *tom. II. des Œuvres d'Agobard*, doute si cette Vie de S. Duminy mérite quelque croyance.]

Le N.° qui suit, doit être lu 13297, au lieu de 12297.
PAGE 822, ajoutez,

13313.* ☞ Ms. Votiva Legenda Beati Gentii ex Germiniano Geminiani Bornarelli, Recollecti Minoris Observantiæ, Anachoritæ Franciscani Montiliensis, Montiliensiumque Patroni, Judice Menicamensium caractere guippocama Icon descripta : B. A. G. A. A. Cruciatæ Jesu-Christi Militiæ Equite torquato, San-Martinæque ponè Montiliensis Mitratæ Panchiæ Domino; Authore & Exscriptore.

Cet Ouvrage est conservé parmi les Manuscrits de M. de Peyresk, Porte-feuille V. dans la Bibliothèque publique de Carpentras. M. l'Abbé Pithon-Court, (qui a composé une Histoire du Comté Vénaissin & d'Avignon, encore Manuscrite,) a une copie exacte de cette Vie de S. Gens, Solitaire du Beaucet, natif du Bourg de Monteoux, près de cette Ville, dans le Diocèse de Carpentras. C'est un Mélange singulier de Prose barbare, comme celle du Titre, & de Vers Provençaux : l'Auteur de cet Ouvrage, composé vers 1640, est un Bourgeois de Monteoux, nommé Bernardin ALFANT, Sieur de S. Martin, Chevalier de l'Ordre de Christ.]

13313.** ☞ Ms. Vie de S. Gens, Solitaire dans le Comté Vénaissin, (mort à l'âge de 22 ans, le 16 Mai 1127;) par M. Jos. Louis-Dominique DE CAMBIS, Marquis DE VELLERON : *in-*4.

Cette Vie est conservée à Avignon, dans la Bibliothèque de l'Auteur, & il en donne une idée dans le *Catalogue raisonné de ses Manuscrits : in-*4. *pag.* 557, *Addition*.]

PAGE 823, ajoutez,

13334.* ☞ Lettre de M. l'Abbé d'Asnières, à Madame la Duchesse de la Meilleraye, sur le même Solitaire.

Dans le *Mercure*, 1692, Février, *pag.* 141.]

Le N.° 13341 doit être 13340, & celui qui le précède 13341.

PAGE 824.

Au N.° 13352, lisez ainsi :

Vie & Miracles du grand S. Léonard, premier Saint de la Couronne de France ; par le P. BERNARDIN, Prieur des Carmes Déchaussés de Limoges : *Limoges*, Bargeas, 1681, *in-*8.

Le nom propre de l'Auteur étoit Jean Rougerie : il est mort en 1688.]

Le N.° 13362 doit être après le N.° 23363, qui concerne les N.os 23360 & 23361.

Au N.° 13363, dans la Note, au lieu de Mars, lisez Mai.

Au N.° 13369, au lieu de in Armenia, lisez, in Arvernia.

Au N.° 13370, où l'Auteur est mal nommé, &c. substituez ce titre,

☞ Histoire de la Vie & de la Mort de saint Montain, Patron de la Ville de la Fère; par Jacques JOSEPH, Docteur-Médecin : *Paris*, 1656; *Saint-Quentin*, 1659, *in-*8.

L'Auteur est mort pendant l'impression de son Ouvrage. Il prétend que S. Montain vivoit sous le Règne de Clodion ou de Mérovée.]

Au N.° 13374, ligne 5, avant Patis, ajoutez, [*Valenciennes*, Verulier, 1632, *in-*8.] & à la fin de la Note : *Voyez* encore ci-après, Tome II. N.os 16940 & 16941.]

PAGE 825, ajoutez,

13399.* ☞ Vita sancti Victurniani.

Dans le Recueil de Bollandus, au 30 Septembre.]

Chanoines

PAGE 826.

Au N.° 13405, en Note :

Cet Hermite de Compiègne, connu sous ce nom à cause qu'il s'étoit retiré dans la Forêt de Compiègne, se nommoit René *Va* : il étoit né à Poiſſy en 1617, & avoit été Capitaine de Cavalerie. Après 35 ans de pénitence, il mourut en 1691, âgé de 74 ans. Sa Vie, écrite par le P. Claude Buffier, n'est qu'une brochure, qui après avoir paru en 1692 (comme on l'a marqué,) fut réimprimée en 1737, à la ſuite de la Vie du Comte de Sales, du même Auteur : *in-12.*]

Chanoines Réguliers.

Au N.° 13406, ajoutez en Note :

On lit dans l'*Hiſtoire de l'Abbaye de S. Jean-des-Vignes,* par de Louen, que cet Ouvrage fut imprimé en 1625.]

13412. * ☞ Des Chanoines & des Chanoineſſes ; par M. (Ant. Gaſpar) Boucher d'Argis, Avocat au Parlement de Paris.

Ces Recherches ſont imprimées dans l'*Encyclopédie.* On y traite de toutes les eſpèces de Chanoines & Chanoineſſes.]

13412. ** ☞ Figures des différens habits des Chanoines Réguliers en ce Siècle ; avec un Diſcours ſur les habits anciens & modernes des Chanoines, tant Séculiers que Réguliers ; par le P. Claude du Molinet, Chanoine Régulier de Sainte-Geneviève : *Paris*, 1666, *in-4.*]

13414. * ☞ Mſ. Hiſtoire de l'Abbaye d'A-gaune, avec les Chartes & autres Pièces juſtificatives ; par D. Joſeph de Liſle, Bénédictin de la Congrégation de S. Vannes, & Abbé de S. Léopold de Nancy.

L'Original eſt à la Bibliothèque de S. Vincent de Beſançon. L'Auteur eſt mort à l'Abbaye de S. Mihiel en Lorraine, le 24 Janvier 1766. Les Bollandiſtes ont parlé de cette Hiſtoire au 22 Septembre : Dom de Liſle leur en avoit fait parvenir une Copie.]

13416. * ☞ Hiſtoire du Prieuré de l'Artige, autrefois Chef de Congrégation, dans le Diocèſe de Limoges.

Il en eſt queſtion, p. 278 du *tom. II.* de la *Nouvelle Bibliothèque des Manuſcrits,* publiée par le P. Labbe, & dans pluſieurs Manuſcrits de la Bibliothèque du Roi, qui ne ſont que des Copies de ce que Bernard Guidonis a dit de cet Inſtitut. Ce Prieuré a été uni en 1682 au Collège des Jéſuites de Limoges.]

☞ Mſ. Statuts & Chronique de l'Artige.

Ils ſe trouvent dans la Collection de Dom Eſtiennot, *Fragmenta Hiſtoria Aquitaniæ,* tom. I. pag. 309 & ſ. à S. Germain des Prés. L'Original eſt entre les mains de M. de l'Epine, à Limoges.]

"*Au N.° 13422, liſez avant la Note :*

Cette Vie, qui eſt en Latin à Sainte-Geneviève de Paris, ſe trouve reliée avec le *Roſetum* de Jean Mauburn : c'eſt un volume *in-4.* ſur papier, écrit dans le XVIe Siècle.

PAGE 827, *ajoutez,*

13422. * ☞ Repréſentations faites au Roi par l'Abbé & les Religieux de Cantimpré, ſur une Lettre de cachet du 11 Novembre

Tome IV. Part. I.

1770, qui leur défend de recevoir des Novices : *Cambrai,* Berthoud, *in-4.*

Ces Repréſentations, dreſſées par M. Mey, Avocat au Parlement de Paris, ſont importantes, ſur-tout à cauſe des Anecdotes hiſtoriques, & des Pièces qui y ſont jointes, ſur l'Abbaye de Cantimpré, & ſur ſon rétabliſſement à Cambrai.]

Avant le N.° 13423, mettez (en titre :)

Hiſtoire de l'Abbaye du Chalar, Diocèſe de Limoges.

13422. ** ☞ Mſ. Vita Gaufridi de Nho, reſtauratoris Monaſterii Caſtalienſis, (du Chalar.)

Ce Manuſcrit eſt conſervé au Château de la Tours, en Limoſin. Il y en a une Copie entre les mains de M. Nadaud, Curé de Teyjac, qui travaille à l'Hiſtoire du Diocèſe de Limoges. Ce S. Geoffroy eſt mort le 6 Octobre 1125. Son Monaſtère du Chalar, ſurnommé Peytoulher, a été Chef de Congrégation.]

Après le N.° 13424, mettez (en titre :)

Hiſtoire de l'Abbaye de Chartreuve, au Diocèſe de Soiſſons.

13424. * ☞ Mſ. Extraits faits en 1516, des Titres de l'Abbaye de Chartreuve, Ordre de Prémontré : *in-4.*

Ce Manuſcrit eſt dans la Bibliothèque de M. Jardel, à Braine, près Soiſſons. On y voit que l'an 1134, ſous le bon Goſſouin, Evêque de Soiſſons, Hugues le Blanc, frère d'Agnès, Comteſſe de Braine, Seigneur de Chary, par le conſentement de Guyon de Braine ſon frère, & de Henri, Roi d'Angleterre, donna à Odon de Bailleul, la Terre, Seigneurie, Terroir & Circuits d'héritages, Terres & Forêts, où a été conſtruite & aſſiſe l'Abbaye de Chartreuve, par ledit Odon, premier Abbé de cette Maiſon. C'eſt pour cela que les Seigneurs, Comtes de Braine, ſont Patrons & Fondateurs de cette Abbaye, s'y font recevoir comme tels, & prennent poſſeſſion des lieux ordinaires, à chaque mutation de Comte.]

Tout de ſuite, mettez :

Hiſtoire de l'Abbaye de Châtillon-ſur-Seine.

13424. ** ☞ Mſ. Hiſtoria Abbatialis Eccleſiæ beatæ Mariæ de Caſtellione ad Sequanam, ex antiquis Cartulariis : auctore Franciſco Houemelle.

Cette Hiſtoire, jointe à celle de la Ville de Châtillon, eſt conſervée dans cette Abbaye. On en parle ci-après plus au long, (Tome III. *pag.* 453, dans l'Article des *Hiſtoires de la Bourgogne.*]

Au N.° 13425, effacez la main & le crochet.

13430. * ☞ Antiquitates Archi-Prioratûs Hircevallenſis, in Voſago.

Cette Pièce, qui concerne le Monaſtère d'*Ilerival,* (au Diocèſe de Toul,) ſe trouve dans le *tom. I.* de la Collection du P. Hugo, intitulée : *Sacra Antiquitatis Monumenta,* &c. Stivagii, 1725, *in-fol.*]

Au N.° 13436, ligne 3, après S. Antoine, *ajoutez,* [traduite de l'Eſpagnol, par un Réformé Religieux de la Congrégation Réformée de S. Antoine de Viennois : *Paris,* Tempeſte,] 1632, *in-8.*

PAGE 828.

Au N.° 13443, liſez ainſi :

Mémoire important ſur la Queſtion de ſçavoir, Si les Religieux de S. Antoine sont Chanoines-Réguliers : *Paris*, veuve Lambin, 1723, *in-fol.*

Ce Mémoire est de Mᵉ LE PAIGE, père.]

Au N.° 13452, *ajoutez en Note :*

Dans la première Edition de cette Chronique de S. Jean-des-Vignes de Soissons, le Père le Gris avoit donné un *Appendix* plus étendu que l'Ouvrage, & il y avoit rassemblé ce qui regardoit les rites ou usages de cette Abbaye, & autres choses qui étant plus particulières aux Religieux, ne devoient pas, selon lui, être communiquées aux Laïcs. C'est ainsi qu'il s'en expliquoit dans sa Dédicace à ses Confrères les Chanoines Réguliers. Le titre étoit : *Appendix ad breve Chronicon Cannoniæ Abbatialis S. Joannis Suessionis, in qua progressus ritusque regulares illius continentur* : P. LE GRIS, *collectore*, 1617, *in-8.* 209 pages. Mais dans la seconde Edition de sa Chronique, l'Auteur a refondu cet Appendix dans l'Ouvrage même, avec des changemens & corrections, sur-tout dans les noms propres.]

Les N.ᵒˢ 13458-13462 *sont ici déplacés*, *l'Abbaye de* S. Léger *de Soissons étant maintenant unie à la Congrégation de France, ou de Sainte-Geneviève : ainsi ces* N.ᵒˢ *doivent être portés après* 13650; *mais il faut ici faire la correction suivante.*

Au N.° 13460, *effacez la fin de la Note depuis ces mots* : Enfin, après beaucoup de tentatives. . . . dans leur projet. *Et mettez en place :*

Après bien des difficultés, le parti des Religieux de S. Léger, qui désiroit de s'unir à la Réforme de Sainte-Geneviève, ayant prévalu, cette Abbaye a été enfin unie à la Congrégation de France, & l'Abbé continua d'être Régulier à nomination Royale. C'est aujourd'hui M. Mercier, ancien Bibliothécaire de Sainte-Geneviève, qui est Abbé de S. Léger.]

13462. * ☞ Mſ. Cartulaire de l'Abbaye de *S. Paul* de Besançon.

Voyez dans ce Tome I. pag. 834, N.° 13574, où l'Article a été mis par erreur parmi les Chanoines Réguliers de la Congrégation de France. M. Dunod a parlé de cette Abbaye, comme de celles de *Monthenoist* & de *Goailles*, dans son *Histoire de l'Eglise de Besançon*, (ci-devant, N.° 8158,) & on trouve un Catalogue complet des Abbés, dans les Mémoires sur Pontarlier, par M. Droz, ci-après, Tome III. N.° 38455.]

13468. * ☞ Remontrances faites à Monseigneur le Révérendissime Abbé & Chef Général des Chanoines Réguliers de l'Ordre de S. Ruf, & à tous MM. les Prieurs, Bénéficiers & Chanoines du même Ordre, auxquels il peut appartenir ; par Joachim DE VALERNOD, Prêtre, Pitancier de l'Abbaye de S. Ruf, Prieur de Trachin, tant en son nom qu'en celui de ses Adhérens, assisté de Louis-Félix de Serre, Prêtre, Infirmier du Prieuré Conventuel dudit Ordre, situé dans la Ville de Valence: *in-4.* (sans date,&c.)

Il y est question de s'opposer à la Sécularisation de cet Ordre.]

13468. ** ☞ Lettre écrite à M**, Religieux & Chanoine de S. Ruf, avec les corrections de l'Auteur : *in-4.* (sans date ni nom.)

13468. *** ☞ Diverses Pièces sur l'Union & application des Biens & revenus de l'Ordre de S. Ruf, à l'Ordre Hospitalier & Militaire du Mont-Carmel & de S. Lazare de Jérusalem : *Paris*, 1769 *& suiv. in-4.* &c.

Ces Pièces sont :

1. Concordat entre les Ordres de S. Lazare & de S. Ruf, du 6 Octobre 1760, *in-4.* de 12 pages.

2. Brevet qui permet aux Chanoines Réguliers de S. Ruf de poursuivre en Cour de Rome leur Sécularisation & l'Union des biens & revenus dudit Ordre à celui de S. Lazare ; *in-4.* 3 pages.

3. Mémoire à consulter (& Consultation sur l'Ordre de S. Ruf, du 10 Février 1762:) *Paris*, J. Th. Hérissant, 1769, *in-4.* de 35 pages. (C'est pour la Suppression & l'Union avec l'Ordre de S. Lazare, avec Réponses aux Difficultés.)

4. Articuli pro Ordinibus Sancti Lazari & Sancti Rufi : *in-4.* de 8 pages. (Ce Mémoire & le suivant ont été produits à Rome.)

5. Articuli pro Episcopo Valentinensi & Præsulibus illis adhærentibus : *in-4.* de 10 pages.

6. Informatio, acta de consensu Regio, ab Illustriss. & Rev. D. de la Marthonie de Causlade, Episcopo Meldensi, anno 1766, super Sæcularisatione Congregationis Sancti Rufi, & Unione Ordinibus, B. M. V. de Monte Carmelo & Sancti Lazari Hierosolymitani.

7. Bref du Pape Clément XIV. pour l'Extinction & la Sécularisation de l'Ordre de S. Ruf, & Union des biens de cet Ordre aux Ordres de S. Lazare & du Mont-Carmel, du 1 Juillet 1771, & Lettres-Patentes sur icelui, du 24 Août de la même année, registrées le 5 Septembre suivant : *Valence*, Viret, *in-fol.* de 8 pages.

Ce Bref, adressé à M. l'Evêque d'Auxerre (de Cicé,) pour séculariser les Religieux de l'Ordre de S. Ruf dans tout le Royaume, donna lieu à des Réclamations assez vives de la part des Evêques dans le Diocèse desquels leurs Monastères sont situés, & à l'Ecrit suivant ;

8. Observations impartiales sur le Bref de Sécularisation de la Congrégation de S. Ruf : *in-4.* de 12 pages.

Les choses changèrent en 1772, & il ne fut plus question de l'Union des biens de S. Ruf aux Ordres de S. Lazare & du Mont-Carmel. En 1773 le Pape donna le 5 Février une Bulle, qui dérogeant au Bref du 1 Juillet 1771, permet à chacun des Evêques, dans le Diocèse desquels les Monastères de l'Ordre de S. Ruf sont situés, de les supprimer, séculariser, & employer leurs biens ainsi que l'avantage du Diocèse le demandera.]

PAGE 830.

Au N.° 13478, ligne 3, *au lieu de* Thomas, *lisez*, Thomâ.

PAGE 831, *ajoutez*,

13499. * ☞ Abrégé de la Vie de Pierre Fourier de Matincourt, Chanoine Régulier, &c. *Paris*, 1641, *in-16.*

C'est apparemment la première Vie qu'on a publiée cinq ans après sa mort. Ce saint Prêtre a été mis au rang des Bienheureux en 1729, & inséré au Martyrologe Romain, le 7 Juillet, dans l'Edition de Benoît XIV. en 1748.]

13502. * ☞ Abrégé de la Vie du même : *Nancy*, 1731, *in-8.*

Cet Ouvrage paroît être d'un Chanoine Régulier de la Congrégation du Sauveur en Lorraine, réformée par le Bienheureux Pierre Fourier de Matincourt ; il a été approuvé comme un Ouvrage nouveau, par une Permission de l'Evêque de Toul, du 10 Janvier 1731.]

13502. ** ☞ Abrégé de la Vie du Bienheureux Pierre Fourier de Matincourt, (avec

Histoires des Religieux & Religieuses.

le Décret de sa Béatification, &c.) Paris, Vincent, 1731, *in-12.*

On ignore si cet Abrégé est différent de celui qui précède.]

PAGE 832.

Au N.° 13521, *ajoutez en Note :*

On trouve dans le Liv. I. l'Origine de l'Ordre de Prémontré, son état de Chanoines Réguliers, ses Réformes, les Papes, &c. qu'il a donnés, &c. Dans le Livre II. sont les Vies des Saints de l'un & l'autre Sexe de cet Ordre. Dans le Livre III. les Bulles des Papes, &c. les Chartes de différens Princes en faveur des Religieux de Prémontré. Dans le Livre IV. les premiers Statuts, &c. Dans le Livre V. la suite des Abbés de Prémontré.]

Au N.° 13528, *ligne* 2, *avant* in-4. *ajoutez,* Lutetiæ (sine anno, sed circà an. 1500,) Gothique.

PAGE 833, *ajoutez,*

13537. * ☞ Mſ. Actes de l'Assemblée de Pont-à-Mousson, du 8 Avril 1690, & Mémoire touchant les affaires de la Congrégation de l'étroite Observance de Prémontré : *in-fol.* de 8 pages.

Cette Pièce est conservée dans la Bibliothèque publique de Dijon.

Arrest du Conseil d'Etat du 16 Mars 1691, (au sujet du Chapitre de l'Ordre de Prémontré :) *in-fol.* 4 pages.

PAGE 834, *ajoutez,*

13565. * ☞ Lettre au très R. P. Abbé de l'Etanche, sur les Privilèges de l'Abbé de Cuissi, (au Diocèse de Laon ;) du 24 Mars 1710 : *in-4.*

L'Abbaye de Cuissi est de Prémontrés Réformés : son Abbé est le troisième Père de l'Ordre.]

13566. * ☞ Histoire du Vénérable Serviteur de Dieu & Bienheureux Garembert, Chanoine Régulier Prémontré, Fondateur & premier Abbé de l'Abbaye Royale du *Mont-Saint-Martin*, au Diocèse de Cambray ; par un Religieux de la même Maison (Charles-Louis DE VILLERS :) *Cambray*, Berthoud, 1769, *in-8.* de 131 pag.

A la fin se trouvent les Actes Latins & les Hymnes de ce Bienheureux, qui est mort le 31 Décembre 1141.]

13566. ** ☞ Suite des Abbés Réguliers & Commendataires, comme aussi des Prieurs de l'Abbaye du Mont-Saint-Martin ; par le même.

Cette Suite est imprimée dans l'Ouvrage précédent, pag. 45-89.]

13569. * ☞ Cœnobiarcha Oignacensis, seu Catalogus Monasterii Oignacensis ad Sabim Belgii fluvium siti : auctore Francisco Mosco, Nivellensi-Brabanto, ad sanctum Piatum in Brabantia Canonico : *Duaci*, 1598, *in-8.*

PAGE 835.

L'*Article de l'Abbaye de S. Paul de Besançon, & le* N.° 13574, *doivent être ôtés d'ici, cette Abbaye étant de l'Ordre de S. Augustin ; & nous l'y avons indiquée dans ce Supplement, ci-dessus, N.° 13462.*]

13574. * (1.) ☞ Mſ. Inventaire des Antiquités de l'Eglise & Abbaye de S. Yved de la Ville de Braine, Ordre de Prémontré, fait en 1703 ; par Siméon CARNOT, Chanoine Régulier, Prêtre, Thrésorier de cette Abbaye ; avec un ancien Catalogue des Manuscrits conservés dans la Bibliothèque, ainsi que des Reliques du Thrésor, Autographe : *in-4.*

Dans la Bibliothèque de M. Jardel, demeurant à Braine, & qui nous a communiqué la Note de quantité de Manuscrits précieux qu'il possède.]

(2.) ☞ Mſ. Fidèle récit de ce qui s'est passé dans la Maison & Abbaye de Prémontré de S. Yved de Braine, aux Guerres de l'année 1650, & comme la sainte Hostie qui se conserve dans cette Eglise depuis plus de 500 ans, a été enlevée & transportée : Autographe, *in-4.*

Ce Manuscrit, fort étendu, est extrêmement curieux par le détail qu'on y trouve, de tous les ravages que l'Armée des Espagnols, avec les Lorrains, les Wirtembergs, &c. commandée par l'Archiduc & le Comte de Fuensaldagne,) commit dans la Ville de Braine & environs, pendant près d'un mois que ces Troupes occupèrent le Camp de Bazoche, à une lieue & demie de Braine.]

(3.) ☞ Mſ. Recueil & Description des Monumens, Sépultures, Tombeaux & Epitaphes des anciens Comtes & Comtesses de Braine, gisans dans le Sanctuaire, le Chœur, la Nef, la Chapelle des Comtes & les Caveaux de l'Eglise & Abbaye des Prémontrés de la Ville de Braine ; par M. JARDEL, Officier chez le Roi : *in-4.*

Ce Manuscrit est dans la Bibliothèque de l'Auteur. Le premier de ces Tombeaux est celui d'Agnès de Champagne, Dame de Braine, qui avoit épousé Robert de Dreux, fils du Roi Louis-le-Gros. Mais on y remarque, entre les autres, le Tombeau de Marie Archambaud de Bourbon, femme de Jean I. de Dreux. Quoique détruit en grande partie durant les guerres civiles, on y trouve encore des preuves de sa richesse, par la suite des Pierres alliés à cette Princesse, les figures & les écussons se voient surmontés de pierres précieuses, autour de ce Tombeau, qui est de cuivre rosette, doré magnifiquement. La Description qui s'en trouve dans l'Histoire du Valois, a été communiquée par M. Jardel.]

13587. * ☞ Décrets des Chapitres généraux des Chanoines Réguliers de la Congrégation de France, tenus en l'Abbaye de Sainte-Geneviève de Paris, ès années 1637, 1644, 1647, 1650, 1653, 1656 & 1659 ; recueillis par le Père François BLANCHART : *Paris*, Cramoisy, 1660, *in-8.*]

PAGE 836.

Au N.° 13594, *au lieu de* MOULINET, *lisez,* MOLINET, (*ici & en plusieurs autres endroits.*)

Au N.° 13598, *ligne* 2, *de la Note, lisez,* Moliner.

Le N.° 13599 *& sa Note doivent être effacés, n'y ayant point d'Histoire de Sainte-Geneviève par Claude-Prévost. Il a seulement fourni l'Article de cette Abbaye pour le Gallia Christiana.*

PAGE 837.

Au N.° 13613, *effacez* par Pierre LALLEMANT, *son Confrère.*

Au N.° 13618, *ajoutez à la Note :*

Il est aussi parlé de Pierre Guillery, dans l'*Histoire du Valois*, par l'Abbé Carlier, *tom. III. pag.* 112.]

13624. * ☞ Eloge de Claude Prévost, Chanoine Régulier, mort le 15 Octobre 1752.

Dans le *Journal de Verdun*, Nov. 1752, *pag.* 400.]

Au N.° 13625 *effacez la Note.*

13625. * ☞ Eloge de Louis-Joachim Gillet, Chanoine Régulier & Bibliothécaire de Sainte-Geneviève, mort le 28 Août 1753.

Il est imprimé à la tête du *tom. I.* de sa nouvelle Traduction de l'Historien Josephe : *Paris*, Chaubert, 1756, *in*-4. 3 vol.]

PAGE 838, *ajoutez*,

13632. * ☞ Histoire de l'Abbaye de *Foix*, au Diocèse de Pamiers.

Dans la *Vie de S. Volusien*, ci-dessus, N.° 10309.]

L'*Article de l'Abbaye d'Oigny*, & le N.° 13635, *doivent être ôtés d'ici, cette Abbaye n'étant pas de la Congrégation de France, ou de Sainte-Geneviève ; aussi nous l'avons indiqué ci-dessus*, N.° 13569 *.

13636. * ☞ Mf. Vie de S. Pierre de Chavanon, Fondateur de l'Abbaye de Pébrac, au Diocèse de S. Flour ; par Jacques Branche, (Auteur des Vies des Saints d'Auvergne & du Vélay.)

Elle est conservée dans la Bibliothèque du Roi.]

PAGE 839.

Avant le N.° 13650, *au lieu de* de l'Abbaye de S. Irénée, *lisez*, du Prieuré de S. Irénée.

Religieux Mendians.

PAGE 840, *ajoutez*,

13662. * ☞ Historia Ordinis sancti Augustini : auctore GUNDELPHO : *Romæ*, Buagni, 1704, *in*-4.]

PAGE 841.

Au N.° 13674, *ajoutez en Note :*

Ces Constitutions des Hermites Déchaussés de S. Augustin, de la Congrégation de France, sont en quatre Parties, à la tête desquelles est la Règle de S. Augustin : elles ont été approuvées par une Bulle d'Urbain VIII. du 19 Août 1641. L'Edition Françoise a été faite en vertu d'un Décret de la Congrégation des Réguliers, du 29 Février 1651, qui lève la défense faite le 9 Février 1645, d'imprimer ces Constitutions autrement qu'en Latin.]

Au N.° 13681, *en Note :*

☞ Cette Vie du Père Etienne Rabache, Augustin, dont le Père le Long n'indique ni le lieu de l'impression ni l'année, est vraisemblablement l'*Abrégé de sa Vie*, qui se trouve à la fin du Livre intitulé : *La Règle de S. Augustin, les Exercices des Novices*, &c. à l'usage des Augustins de la Communauté de Bourges : (*Paris*,) Chenault, 1700, *in*-16. Cet Ouvrage, qui est d'un Augustin désigné dans l'Approbation, par les initiales P. C. Définiteur de la Province de Paris, occupe depuis la page 315 jusqu'à la page 382. Le Père Rabache, Réformateur de son Ordre en France, étoit de Vauves, au Diocèse de Chartres, & il est mort en 1616.]

13683. * ☞ Remarques historiques sur le Frère Fiacre, & la Naissance de Louis XIV. par Jean GROSSI, Prêtre de l'Oratoire.

C'est une Digression curieuse, qui se trouve dans le Recueil que ce Père a publié des *Œuvres de piété de la Mère Louise-Blanche-Thérèse de Ballon*, Fondatrice des Bernardines réformées en Savoye : (*Paris*, Coutelot, 1700, *in*-8.) *Partie II. pag.* 134-151.]

Au N.° 13686, *ajoutez en Note :*

L'Eloge du Père Laurent, attribué à l'Abbé de la Tour-Dupin, est véritablement du Père Hyacinthe DE MONTARGON, du même Ordre des Augustins.]

PAGE 842, *ajoutez*,

13689. * ☞ Expositio parænetica in Regulam Carmelitarum ; autore J. P. SORETH, Gallo, ejusdem Ordinis Generali & Reformatore, ex vetustissimo Codice manuscripto : *Parisiis*, Cottereau, 1625, *in*-4.

Jean Soreth étoit de Normandie : il est mort vers 1475.]

13692. * ☞ Mf. Collectanea Provinciarum & Conventuum Ordinis Carmelitarum : *in-fol.*

L'Auteur est le Père ANDRÉ, Carme. Son Manuscrit est conservé dans la Bibliothèque des Carmes de Besançon.]

Au N.° 13696, *ligne* 4, *au lieu de* 1669, *lis.* 1665, *in*-8. *de* 52 pages. *Et ajoutez en Note :*

M. Beaucousin, Avocat au Parlement de Paris, a dans son Cabinet un Exemplaire de ce Livret, apostillé & signé de la propre main du P. Jacob, qui l'adresse à son ami le P. Labbe, le 24 Février 1665, & il marque sur le Frontispice : *Lugduni*, apud Laur. *Anisson*, 1665.]

13696. * ☞ Mf. Collectanea Conventuum (Carmelitarum) Provinciæ Narbonensis : *in-fol.*

L'Auteur est le Père ANDRÉ, Carme. Son Manuscrit est dans la Bibliothèque des Carmes de Besançon.]

13696. ** ☞ Mf. Histoire du Couvent des Carmes d'Orléans ; par Nicolas CHASTEAU.

Ce Manuscrit est conservé dans la Bibliothèque de ce Couvent. L'Auteur est mort en 1669.]

Après le N.° 13699 *& sa Note, mettez*,

13699. * ☞ Bibliotheca Carmelitana Petri LUCII : *Florentiæ*, 1593 & 1594, *in*-4.

M. de Bure dit, dans sa *Bibliographie*, que ce Livre est estimé & rare.]

13699. ** ☞ Bibliotheca Carmelitana..... (*du P.* COSME,) 1752 : *Aureliis*, *in-fol.* 2 vol.

Cet Ouvrage, mis au N.° 13715, parmi ceux qui concernent les Carmes Déchaussés, doit être transféré ici en entier, parcequ'il est une Bibliothèque générale de tous les Ecrivains Carmes.]

Au N.° 13701, *lisez ainsi :*

Vie, Maximes & partie des Œuvres du Vénérable Frère Jean de S. Samson, aveugle dès le berceau, & Religieux laïc de l'Ordre des Carmes Réformés ; par DONATIEN de Saint-Nicolas, du même Ordre : *Paris*, Thierry, 1651, *in*-4.

La Vie contient les 198 premières pages du Volume.

Histoires des Religieux &c. Religieuses. 317

Jean de S. Samson, né à Sens à la fin de l'année 1571, s'appelloit Jean Dumoulin. Il est mort à Rennes, en 1636.]

Au N.° 13704, ligne 3, in-4. lisez, in-12.

13706. * ☞ Notice historique du Père Théodoric de S. René, Carme.

Voyez aux *Théologiens*, ci-après, Tome IV. N.° 45801.]

PAGE 843, *ajoutez*,

13713. * ☞ Vie du même S. Jean de la Croix; par M. (Pierre) COLLET, Prêtre de la Mission : *Paris*, de Hansy le jeune, 1769, in-12.

L'Auteur est mort en 1772.]

Au N.° 13724, *ajoutez en Note* :

Ce Livre des *Mœurs*, &c. du Frère Laurent, a été réimprimé par les soins du Ministre Poiret, avec quelques Traités de Madame Guyon : *Cologne*, (*Amsterdam*,) 1699, in-12. Il y occupe depuis la page 441 jusqu'à la page 494 & dernière. Dans la Table des Traités, l'Editeur nous apprend que l'Auteur de cet Ecrit est M. DE BEAUFORT, Grand-Vicaire de M. l'Evêque de Chaalons, Louis-Antoine de Noailles, depuis Archevêque de Paris.]

Au N.° 13725, ligne 7, lisez, in-12.

Le titre porte qu'elle est de l'Auteur du Livre qu'elle justifie, par conséquent de ce même M. DE BEAUFORT.]

Au N.° 13726, *ajoutez en Note* :

Ces *Maximes*, &c. du Frère Laurent, ont été réimprimées en 1699, dans le Recueil de Poiret, dont on vient de parler. Elles y occupent les pages 343-399.

Le Frère Laurent de la Résurrection, se nommoit Nicolas Marchand. Il étoit né à Herimînil en Lorraine, & il est mort aux Carmes Déchaux à Paris, le 12 Février 1691.

PAGE 844.

Au haut de la col. prem. & avant le §. III. ajoutez,

13730. * ☞ Lettres-Patentes du 4 Mai 1772, concernant les Frères Mineurs de l'Ordre de la Vierge du Mont-Carmel, appellés Carmes Déchaussés; registrées en Parlement le 5 Mai 1772 : *Paris*, Simon, 1772, in-4.

C'est pour réunir dans leur Maison de Charenton, près Paris, plusieurs de ces Religieux qui veulent vivre selon les règles primitives de leur Institut, & qui, pour en obtenir la permission, s'étoient adressés au Roi par Madame Louise, Carmélite. Le Roi y ayant consenti, s'est adressé au Pape, lequel lui a adressé un Bref, qui autorise lesdits Religieux, &c.]

Au N.° 13731, ligne 4, lisez, DE SALANHACO.

13735. * ☞ Abrégé des Preuves de la Canonicité de l'Ordre des Frères Prêcheurs, extrait de l'Ouvrage (précédent,) par lequel il est prouvé que les Religieux de cet Ordre ont été reçus dans l'Eglise en qualité de Chanoines Réguliers, & qu'ils doivent être regardés comme tels ; (par le P. NEVEU, Dominicain :) *Troyes*, veuve le Febvre, (sans date, mais de 1764 ou 1765,) in-8.

Le Père Neveu voulant renouveller cette Question, fit imprimer ce Livre, & le porta à M. Piales, Avocat, qui lui donna une Consultation favorable, laquelle est restée Manuscrite. On en conserve une Copie dans la Bibliothèque de Sainte-Geneviève.]

13738. * ☞ Vie, Actes & Mémoires des Saints, Bienheureux & autres illustres Personnages de l'Ordre des Frères Prêcheurs; par le Père Jean DE RECHAC, dudit Ordre, au Couvent de S. Honoré, avec Figures : *Paris*, Huré, 1650, in-4. 2 vol.]

13738. ** ☞ Ager Dominicanus unà cum fragrantibus liliis in eo crescentibus, Elogiis rhythmicis exornatus, à R. P. Thomâ GAY, Doct. Theol. Conventûs Tarasconensis, Ordinis Fratrum Prædicatorum alumno : *Valentiæ*, (Delphinatûs,) Barbier, 1691, in-4.]

Au N.° 13742, ligne 9, lisez, MALLET, & ligne 10, après 1634, *ajoutez*, & 1645, in-8. 2 vol. Puis en *Note* :

Le P. Antoine Mallet est mort en 1663.]

PAGE 845, *ajoutez*,

13744. * ☞ Arrêt du Conseil d'Etat, pour l'exécution des Décrets, Ordonnances & Réglemens faits & à faire, par le R. P. le Pul, de l'Ordre des Frères Prêcheurs, Commissaire Apostolique; du 12 Avril 1669 : *Paris*, Mabre-Cramoisy, 1669, in-4.]

13748. * ☞ Sancti Belgii Ordinis Prædicatorum Vita : collegit & recensuit Hyacinthus CHOQUETUS : *Duaci*, 1618, in-8.]

13748. ** ☞ Abrégé des Constitutions & Réglemens, tant des Chapitres Généraux que Provinciaux, &c. pour les Etudes & Réformes des Jacobins de Beauvais : 1618, in-8.]

Le N.° 13753 doit être effacé ici, comme inutile, & rapporté mieux ailleurs.

PAGE 846, *ajoutez*,

13762. * ☞ La Vie de Saint-Vincent Ferrier, Religieux (Espagnol) de l'Ordre des Frères Prêcheurs, & des Merveilles qu'il a opérées en sa vie & après sa mort en la Province de Bretagne, & en la Ville de Vennes ; par le R. P. Bernard GUYART de Jesus-Maria, Religieux du même Ordre : *Paris*, Moreau, 1634, in-8.]

Au N.° 13773, dans la Note, ligne 1, & au N.° 13774, lignes 2 & 2, lisez, Cantimpré.

Au N.° 13788, ligne 4, lisez, 1331.

PAGE 847, *ajoutez*,

13800. * ☞ Histoire d'Elie Raymond, XXII.e Général des Frères Prêcheurs, (mort en 1389;) par le même Père TOURON : *Ibid. pag. 612-622.*]

13800. ** ☞ Histoire de Jean de Neuchatel, Cardinal, Evêque d'Ostie, (mort en 1398 ;) par le même : *Ibid. pag. 623-627.*]

13810. * ☞ Remarques sur Blaise Foucher, de l'Ordre des Frères Prêcheurs, Prédicateur du Roi Henri III. mort en 1588 ; (par Dom Jean LIRON, Bénédictin.)

Dans ses *Singularités historiques*, tom. IV. p. 32.]

Au N.° 13811, ligne 5, après in-12. *ajoutez*, 70 pag... *Et à la fin de la Note :*

☞ Il avoit adreſſé cet Eloge à Nicolas de Verdun, premier Préſident, ami du Père de Michaëlis.]

PAGE 848, *ajoutez,*

13815. * ☞ Vie du Père Pierre Quintin, Dominicain Réformé, de l'Abbaye de Morlaix, en baſſe Bretagne : *Paris*, ...

Il en eſt parlé en pluſieurs endroits de la Vie de M. le Noblets, Miſſionnaire de Bretagne, (ci-deſſus, N.° 11322,) comme ayant été compoſée par un Religieux du même Ordre, & imprimée à Paris quelques années après la mort du Père Quintin, qui mourut le 21 Juin 1629. Il ſe nommoit dans le monde *M. de Limbau*.]

13828. * ☞ Vitæ Ven. Patris Antonii à Sanctiſſimo Sacramento, Ordinis Prædicatorum, Libri duo : acceſſit Liber tertius de præſtantioribus ejuſdem Antonii Diſcipulis : auctore P. Brunone FARAUDY, ejuſdem Ordinis : *Avenione*, 1756, in-4.

On trouve encore un Eloge Latin du Père Antoine le Quieu, à la fin de l'Hiſtoire de l'Egliſe de Vaiſon, par le Père Boyer, comme nous l'avons obſervé ſur le N.° 8144.]

Au N.° 13829, ligne 2, au lieu de monte, *liſez,* morte.

13830. * ☞ La Vie, les Maximes & Lettres ſpirituelles du P. Claude-Joſeph Fournet, de l'Ordre de S. Dominique : *Moulins*, Vernoy, 1703, in-12. de 283 pages.

Cette Vie paroît être faite par un homme de Robe de Moulins. Le P. Fournet eſt mort dans cette Ville le 3 Avril 1689.]

PAGE 849, *ajoutez,*

13840. * ☞ Oraiſon funèbre du même (P. Cloche, Général) prononcée le 21 Juin 1720, en l'Egliſe des PP. Dominicains du Fauxbourg S. Germain ; par le R. P. DE LA PLACE : *Paris*, Couterot, 1720, in-4.]

13849. * ☞ Apologie des Dominicains, Miſſionnaires à la Chine ; (par le Père Noel ALEXANDRE :) *Cologne*, 1699, in-12.

Au N.° 13850, ajoutez en Note :

On trouve dans le Catalogue de la Bibliothèque du Roi, *Droit Canonique*, pag. 36, quelques Pièces ſur la Réforme des Cordeliers, &c. dont pluſieurs ſont Manuſcrites, num. 591-595.]

13851. * ☞ Manuale Fratrum Minorum : *Pariſiis*, 1597, in-12.]

13852. * (1.) ☞ De Origine Seraphicæ Religionis Franciſcanæ, ejuſque progreſſibus, forma adminiſtrationis & propagatione, cum fundatione omnium Conventuum de Obſervantia ; per Franciſcum GONZAGA, Ordinis Generalem : *Romæ*, 1587, in-fol.]

(2.) ☞ Annales totius Ordinis Fratrum Minorum ſancti Franciſci : auctore P. Luca WADING, ejuſd. Ordinis : *Venetiis*, 1647, in-fol. 8 vol.]

(3.) ☞ Les Chroniques de l'Ordre de S. François, recueillies par un Religieux de cet Ordre : *Lyon*, 1610, in-4. 3 vol.]

(4.) ☞ Chronologie ou Mémorial des Frères Mineurs, depuis ſon commencement juſqu'à l'an 1656 ; avec le nombre des Provinces, Convents & Religieux ; par Jacques ARBALESTE, de Beaune, Récollet : *Lyon*, 1656, in-12.]

(5.) ☞ Epilogus totius Ordinis Fratrum Minorum ; auctore P. VITALI, Capucino, 12 fol. (en Placard, ſans année.)

Ces Planches, qui ſe réuniſſent, repréſentent en figure les différentes Branches de l'Ordre, & les Saints, les Papes, Empereurs, Rois, Reines, &c. de quelqu'un des trois Ordres.]

(6.) ☞ Arbor Seraphica Ordinis Minorum : auctore Gabriele IMBERT, ejuſdem Ordinis, 8 fol. (en Placard, ſans année.)

Ces Planches repréſentent les mêmes choſes que les précédentes, mais avec une diſtribution différente & moins de figures.]

13853. * ☞ Mſ. Hiſtoire du vénérable Convent des Frères Mineurs de la Régulière Obſervance de S. François, établi dans la Ville d'Amiens ; par le Frère Jean Baptiſte PARADIS, Ex-Gardien pour la quatrième fois du même Convent, ancien Cuſtode de Picardie & Définiteur de ſa Province : in-fol. 3 vol.

Ce Manuſcrit eſt conſervé dans ce Couvent. L'Auteur y fixe l'établiſſement des Cordeliers à Amiens en 1238, ſous l'Epiſcopat d'Arnoul. Le premier Volume comprend l'Hiſtoire de cette Maiſon & ce qui regarde les plus illuſtres Religieux qui y ont demeuré. Le Tome II. renferme les Fondations, d'après les Titres qui ſe ſont conſervés. Le troiſième contient l'Extrait des Titres concernant le ſpirituel & le temporel, qui ſe trouvent dans les Archives du Couvent. Ainſi ces deux derniers Volumes ſervent de Preuves à l'Hiſtoire renfermée dans le premier.

Au N.° 13855, ligne 6, au lieu de FONDERÉ, *liſez,* FODERÉ.

PAGE 850.

Au N.° 13862, ajoutez en Note :

Ce Factum vient d'être réimprimé : *Doregnal*, 1771, in-12. avec *la Toilette*, &c. qui ſuit.

Au N.° 13863, ligne 3, liſez, in-16. *& ajoutez à la Note :*

Cette Pièce ſatyrique n'eſt plus rare depuis la réimpreſſion que Piget en a fait faire furtivement à Paris.]

13872. * (1.) ☞ Mſ. Henrici VILLOT, Athenæ Sodalitii Franciſcani, qui ſelectâ eruditione & eloquentiâ claruit, &c. *Leodii*, Bellerus, 1600, in-8.]

(2.) ☞ Catalogus omnium Scriptorum Ordinis Minorum Sancti Franciſci : auctore P. Luca WADINGO : *Romæ*, 1650, in-fol.]

(3.) ☞ Eloge hiſtorique des Hommes illuſtres des trois Ordres de S. François d'Aſſiſe, par le P. Bénoît INARD DE CAUDIÉ : *Paris*, 1740, in-12.

Cet Eloge a été prononcé par l'Auteur, dans l'Egliſe

Histoires des Religieux & Religieuses.

du grand Couvent des Cordeliers de Paris, le 4 Octobre 1718.]

Au N.° 13874, ajoutez à la Note :

" On peut voir encore les Observations de l'Abbé d'Artigny, sur le P. Menot & sur ses Sermons, *tom.* III, de ses *Mémoires*, *pag.* 220 & *suiv.* Lorsqu'il parle, en doutant de sa mort, il ne connoissoit pas le *Martyrologium Conventûs Carnutensis Fratrum Minorum*, (indiqué au N.° 13859.) Voici comme elle y est rapportée : « Michael Menotus, ob eloquentiam Os aureum » dictus, variis concionibus declamatis & prælo datis, » templo Conventûs suburbani restaurato, uti suprà ; » quarto Gardianatûs anno, qui salutis 1518. occidit, » propè Altaris majoris gradum situs.»]

Au N.° 13881, au lieu de Vie du même, *lisez*, Remarques sur le même.... *& ajoutez à la Note :*

Le P. Jean Porthaise est mort après l'an 1603.]

Le N.° 13885, concernant la Vie du P. Jean Chrysostome, *doit être ôtée d'ici, parce que ce Pere n'étoit pas* Cordelier, *mais du Tiers-Ordre : ainsi on le trouvera ci-après au N.° 13931.***]

PAGE 851, *ajoutez*,

Au N.° 13886, ligne 5, *au lieu de* MANGNIER, *lisez*, MAGNIEN.]

13888.* ☞ Mf. Relation de l'Affaire du R. P. Vincent Comblat, Religieux de l'Observance de S. François, de la Province d'Aquitaine l'ancienne : *in-*4.

Ce Volume est conservé à Avignon, parmi les Manuscrits de M. de Cambis de Velleron, num. 49. Son Catalogue raisonné marque, *pag.* 334. que ce Manuscrit contient deux Parties. La première, qui n'a que 31 pages, rapporte l'abrégé des Travaux Apostoliques de ce P. Comblat, depuis 1663 jusqu'en 1683, dans le Languedoc où il faisoit les fonctions de Missionnaire. La seconde Partie, qui a 221 pages, est une Instruction dressée par le même P. Comblat, pour un Curé : elle est en forme de Lettre, datée du 25 Octobre 1674. Les règles de conduite qui y sont prescrites, sont très-austères.

On apprend quelques particularités de la Vie de ce Franciscain, dans *l'Avertissement d'une* « Lettre intéressante de (ce Père) à un Evêque, sur le Monastère » de Port-Royal » datée du 21 Novembre 1678, & qui vient de paroître à Paris (vers la fin de 1773.) sans nom d'Imprimeur, ni année, *in-*12, de 166 pages, & 8 pour l'Avertissement.]

13891.* ☞ Eloge du même Père Pagi.

Dans les *Mém. de Trévoux*, 1711, Septembre.]

Au N.° 13896, ajoutez en Note :

On peut voir, sur le P. Poisson & ses extraordinaires Réflexions contre le *Journal des Sçavans*, *le tom.* IV. des Mémoires de l'Abbé d'Artigny, *pag.* 322 *& suiv.*]

13898.* ☞ Histoire générale de l'origine & progrès des Religieux de S. François, dits Récolects ; par le P. Charles RAPINE : *Paris*, 1631, *in-*4.]

13901.* ☞ Deux Additions à l'Histoire Chronologique de la Province des Récolects de Paris, jusqu'en 1688 : *in-*4.]

13904.* ☞ La Vie du R. P. Jean Laborie, Religieux Récolect, composée par F. R. P. S. LIMOGES : *Chapoulaud*, 1655, *in-*16.

Le P. Laborie est mort en cette Ville, le 22 Mars 1643.]

PAGE 852, *ajoutez*,

13906.* (1.) ☞ Les Constitutions de l'Ordre des Capucins : *Paris*, Thierry, 1645, *in-*12.

(2.) ☞ Annales Capucinorum ; auctore Patre ZACHARIA Boverio, Salutiensi, ejusdem Ordinis : *Lugduni*, 1639, *in-fol.* 2 vol.

Eorumdem Continuatio, ab anno 1612 usque ad ann. 1634 ; auctore P. MARCELLINO de Pise : *Lugduni*, 1676, *in-fol.*

Eorumdem Appendix ad Tomum III ; auctore P. SILVESTRO, Mediolanensi : *Mediolani*, 1737, *in-fol.*

(3.) ☞ Les Annales des Capucins, traduites du Latin, par le P. CALUZE de Paris : *Paris*, 1677, *in-fol.* 2 vol.

(4.) ☞ Arbor Provinciarum, Missionum & Conventuum omnium Ordinis Capucinorum : 6 fol. (Placard.)

Cet Arbre fut gravé dans le Siècle passé, par un Capucin. Ses branches posées latéralement de part & d'autre, sont les différentes Provinces, & les Missions dans les Pays Etrangers : les Couvens sont désignés par les feuilles attachées à chaque branche.]

13907.* ☞ Bibliotheca Scriptorum Ordinis S. Francisci Capucinorum, retexta & extensa à F. BERNARDO à Bononia, quæ priùs fuerat à P. DIONYSIO Genuensi contexta : *Venetiis*, 1747, *in-fol.*

Les premières Editions de l'Ouvrage de Denis de Gènes, moins amples, sont de 1680 & 1691.]

Au N.° 13909, l'Article de S. Paschal Baylon doit être retranché, parce que ce Saint est né & est mort en Espagne : d'ailleurs il étoit Récolect, & non Capucin. Voyez sa Vie dans le Recueil de M. Baillet, au 17 Mai. On pourra mettre en sa place l'Article suivant :

13909. ☞ Louange de la vie contemplative du Comte de Bouchage, aux Capucins : *Paris*, 1587, *in-*8.]

Au N.° 13910, lisez en Note :

Le vrai titre est : « Deux Discours funèbres panégyriques, faits ès morts de M. le Duc de Montpensier, » & de Père Ange de Joyeuse ; par François HUMBLOT, » Minime : *Lyon*, Morillon, 1608. » *in* 12.]

13910.* ☞ Copie d'une Lettre écrite par M. GAUTIER, Avocat Général au Grand-Conseil du Roy, pour l'assurance du décès du Père de Joyeuse : 1608, *in-*8.]

Au N.° 13911, lisez ainsi :

13911. ☞ Le Tableau de la mort prins sur la religieuse fin du P. Ange de Joyeuse, Capucin ; par (André) CHAUVINEAU, Minime : *Tours*, Siffleau, 1608, *in-*8 ; & jouxte la Copie, à Rouen, 1609, *in-*12, de 96 pages.

Il y a une Dédicace au Cardinal de Joyeuse, & une autre à Madame de Montpensier, fille du P. Ange de Joyeuse.]

Au N.° 13913, à la Note, 1670, *lisez*, 1673.]

13921.* ☞ La Vie du Vénérable serviteur de Dieu, Fr. Bernard de Corleon, Capucin

illustre par la grande sainteté de sa vie ;
par le Père Laurent de Pertuis, Capucin
de la Province de Saint-Louis : *Paris*, 1684,
in-8.

Vie du même, par le P. Sixte de Paris, Capucin : *Paris* , *in*-8.]

PAGE 853, *ajoutez*,

13927.* ☞ Oraison funèbre du Père Martial ; par Biroat.

Elle se trouve à la fin des Sermons de Vêtures de
Biroat, Ed. de 1672, *pag*. 456. Il s'agit apparemment
du P. Martial de Brive, dont M. l'Abbé Goujet a parlé
dans sa *Bibliothéq. Françoise* , *tom*. *XVII* , *pag*. 4.]

13927.** Abrégé de la Vie & du Martyre des Pères Agathange de Vendôme &
Cassien de Nantes , Capucins , &c. par le
P. Emmanuel de Rennes: *Rennes* , Vatar,
1756, *in*-12.

Le premier se nommoit dans le monde *Nouvois*, &
le second *Loppès-Netto*. Ils furent martyrisés en Ethiopie , l'an 1638.]

13929.* ☞ Vie du Père Norbert, Ex-Capucin ; (par François-Antoine Chevrier :)
1762, *in*-12.

C'est un Ouvrage Satyrique : l'Auteur est mort la
même année 1762. Le P. Norbert, sorti des Capucins
moyennant un Bref du Pape Clément XIII, a donné
pour sa défense, *Lettre de l'Abbé Platel* , &c. ci-devant , N.° 11359, * de ce Supplément.]

13930* ☞ Mémoires & Consultations sur
l'état des Religieux Pénitens, dit de Picpus;
par M.° Courtin, Avocat au Parlement :
Paris , 1764 & 1765 , *in*-4.]

13931.* (1.) ☞ Histoire générale & particulière du Tiers-Ordre de S. François d'Assise , avec les Vies des Personnes illustres
qui y ont fleuri ; par le P. Jean-Marie de
Vernon, Pénitent : *Paris* , Josse, 1667 ,
in-8. 3 vol.

L'Auteur dit , dans l'*Avertissement* , qu'il a profité
des Manuscrits des PP. Hyacinthe de Neufchatel , Macaire de Paris, Donat de Nancy, & Apollinaire de
Valloignes, Religieux de sa Congrégation. On trouve
dans cet Ouvrage, outre l'Histoire générale de l'Ordre,
un grand nombre de Vies de François qui ont été du
Tiers-Ordre, ainsi que de Religieux & Religieuses de
ce même Tiers-Ordre devenu Regulier, de libre & laïc
qu'il étoit d'abord.]

(2.) ☞ Annales Tertii Ordinis Sancti Francisci : auctore Patre Joanne-Maria de
Vernone : *Parisiis* , 1686 , *in-fol*.]

(3.) ☞ L'Année Chrétienne des Saints du
Tiers-Ordre de S. François ; par le P. Barbaza , Observantin : *Lyon* , 1742, *in*-12.
6 vol.]

13931.** L'Homme intérieur, ou Vie
de Jean-Chrysostome, Religieux Pénitent
du Tiers-Ordre de S. François ; par Henri-Marie Boudon , Archidiacre d'Evreux:
Paris , 1684, *in*-8.

Le Père Jean Chrysostome est mort en 1646, [à
Paris dans le Couvent de Nazareth, près du Temple.]

Autres Ordres Religieux.

PAGE 854.

Au N.° 13940, Robert Ganeau, *lisez* , Sébastien
Ganot.]

PAGE 855, *ajoutez*,

13959.* ☞ Revelatio Ordinis Sanctissimæ
Trinitatis Redemptionis Captivorum , sub
Innocentio III. anno 1198: *Parisiis*, 1633,
in-fol.]

13963.* ☞ Bullarium Ordinis SS. Trinitatis Redemptionis Captivorum : Collectore
& Scholiaste Josepho à Jesu Maria: *Matriti*, Gonzalez à Regibus, 1692, *in-fol*.]

PAGE 856, *ajoutez*,

13985.* ☞ Lettres sur le Voyage fait en
1700 , en Barbarie , pour la Rédemption
des Captifs ; par les PP. Godefroy, Comelin & Philemon de la Motte, Missionnaires de l'Ordre de la Trinité.

Elles sont imprimées dans l'Ouvrage intitulé : *Etat
(Chrétien & politique) des Royaumes de Barbarie,
Tripoly , Tunis & Alger ; avec la Tradition de l'Eglise pour le rachat ou le soulagement des Captifs :
Rouen , Machuel*, 1731, *in*-12.]

PAGE 857, *ajoutez*,

13991.* ☞ Relation des Pères de la Mercy, pour la Rédemption des Captifs, négociée, avec Mouley-Ismael, Roi de Fez &
de Maroc, en 1681 ; (écrite sur divers Mémoires) par L. Desmay : *Paris* , Veuve
Clousier, 1682 , *in*-12. de 144 pages.]

Au N.° 13995, ligne 2, au lieu de Dathia, *lisez*,
d'Athis.]

Au N.° 14001, ligne 4, au lieu de *in*-12. *lisez*, *in*-4
de 464 pages.]

Au N.° 14002, ligne 7 , après Lanovio, *ajoutez*,
(de Lanoue.)

14002.* ☞ Les Régles des Frères, des
Sœurs, & des Fidèles de l'un & l'autre Sexe
de l'Ordre des Minimes, avec le *Correctorium* & les Cérémonies du même Ordre ;
par S. François de Paule, Instituteur de
l'Ordre ; mises en François, avec plusieurs
autres Pièces, en faveur des Frères Lais,
des Frères Oblats, & des Sœurs dudit Ordre : *Paris* , Martin , 1632, *in*-16.]

14006.* ☞ Ms. Chronique des Maisons
de l'Ordre des Minimes : *in-fol*.

Elle est conservée chez les Religieux de cet Ordre,
établis à Besançon.]

PAGE 859, *ajoutez*,

14033.* ☞ Ms. Vita Francisci Bineti,
(1°) Monachi Benedictini , (2°) primi Generalis Ordinis Minimorum : auctore Joan.
Noele Mars, Benedictino.

Cette Vie est à la fin du Tome I. de l'Histoire Manuscrite que Dom Anselme le Michel a faite de l'Abbaye
de Marmoutier, dont le Père Binet avoit été Grand-Prieur. Ce Religieux Minime est mort à Rome en
1520.]

Au N.° 14040, *ajoutez en Note* :
☞ Les lettres initiales *Fr. M.* signifient le Frère
(Pierre

(Pierre) MACAIRE, comme on le voit, *pag.* 142, du *Diarium Ord. Minimorum.*]

Au N.° 14041, *ligne* 1 *de la Note, au lieu de* imprimée, *lisez*, indiquée.... *& ajoutez à la fin de la Note :*

Le P. Thuillier dit qu'elle sera imprimée quand il plaira à ses Supérieurs ; après quoi il ajoute un Extrait des Chroniques du P. de Lanoue, sur le P. Moreau, avec son Epitaphe & des Attestations de Chanoines de Soissons.]

Au N.° 14044, *ajoutez à la Note :*

Dans quelques Exemplaires de cette Vie (du P. Mersenne, par le P. de Coste) se trouve à la fin une Lettre du même Auteur à M. le Duc d'Angoulême, datée du 25 Août 1651, contenant quelques Additions sur la Vie dudit P. Mersenne. Cette Lettre, qui est pagée de suite avec la Vie, quoique postérieure de plus de deux ans, commence *pag.* 105, & va jusqu'à la *pag.* 119.]

Au N.° 14055, *ligne* 2 *de la Note*, tom. I. *lisez*, tom. II.

PAGE 860, *ajoutez*,

14058.* ☞ Abrégé de la Vie du P. (Nicolas) Barré.

A la tête du Recueil de ses *Lettres spirituelles :* Rouen, le Boucher, 1697, *in*-12.]

Au N.° 14059, *ligne* 2 *de la Note, au lieu de pag.* 122, *lisez*, 222.

Au N.° 14063, *ligne* 1, *au lieu de* Pattem, *lisez*, Patrum.

Au N.° 14064, *ligne* 2, *& dans la Note, au lieu de* d'Estienne.... *lisez*, Détienne.... (&) RIANTZ.... *& ajoutez ensuite :*

La même Vie : *Aix*, Adibert, 1716, *in*-12.

14067.* ☞ Le même Eloge du P. Marin (refondu & augmenté,) avec un Catalogue historique & critique de ses Ouvrages : *Avignon*, Niel, 1769, *in*-12. de 23 pages.

Il est aussi à la tête des Lettres Ascétiques & Morales, posthumes du même, imprimées cette année, au même lieu, *in*-12.]

14067.** ☞ La Règle du Tiers-Ordre des Minimes, traduite en François, &c. par le P. François GIRY : *Paris*, Muguet, 1673, *in*-16. Avec augmentations, *Ibid.* 1683 & 1697, *in*-12.

On trouve dans ce Livre plusieurs Articles & Eloges des Personnes illustres qui ont été du Tiers-Ordre de S. François de Paule, *pag.* 276-310. Ed. de 1697.]

Au N.° 14074, *ajoutez en Note :*

On a tiré de cette Histoire, quelques Exemplaires à part.]

PAGE 861.

Au N.° 14082, *ajoutez*, MS.

Jésuites.

PAGE 861, *ajoutez*,

14095.* ☞ Regulæ Societatis Jesu : *Romæ*, in Collegio Societatis, 1582, *in*-8.

C'est l'Edition Originale, sur laquelle on peut voir le Catalogue de M. Gaignat, & la Note, num. 742.]

☞ Règles de la Compagnie de Jesus, mises *Tome IV. Part. I.*

en François, avec le Sommaire de leurs Constitutions : *Paris*, Fouet, 1620, *in*-12.

C'est la première Edition de cette Traduction.]

14096.* ☞ Litteræ Apostolicæ, quibus institutio, confirmatio & varia Privilegia Societatis Jesu continentur : *Romæ*, 1605, *in*-8.]

PAGE 863.

Le N.° 14114. doit être effacé ici : *il se trouve au* N.° 14289, *& mieux. Mettez en place.*

14114. ☞ Lettre à Madamoiselle de Sainte-Beuve, sur le décès & en la louange du R. P. Gontery, de la Compagnie de Jesus ; (par J. D. C.) *Paris*, Chappelet, 1617, *in*-8. de 42 pages.

Le P. Gothery étoit noble Piémontois, mais il vint étudier à Paris, où il prit des dégrés en Sorbonne ; enfin il se fit Jésuite. Il étoit grand Prédicateur, & il a occupé les premiers emplois de son Ordre. La Lettre que l'on vient d'indiquer, ne contient aucune date de sa naissance ni de sa mort. Le Privilège est daté du 31 Décembre 1616.]

Au N.° 14116, *après le Père, ajoutez*, François OUDIN, Jésuite.

Au N.° 14117, *ligne* 2, *au lieu de* Chenevoux, *lisez*, Chenevou.... *& à la Note, lisez*, Le Sieur PELLETIER.

14119.* ☞ Observations sur le Père (Jean) Arnoux, Confesseur du Roi Louis XIII ; par le P. Dom Isidore MIRASSON.

C'est ce que contient la *Note XVIII. de son Hist. des Troubles de Béarn*, &c. *Paris*, Aumaire, 17..., *pag.* 224-236.]

Au N.° 14128, *ajoutez à la Note :*

☞ L'Abbé Goujet dans son *Supplément* de 1749. Art. Paul LE CLERC, *Jésuite*, lui attribue un autre *Abrégé de la Vie de S. François Régis*, qu'il dit imprimé à *Paris*, *in*-12. mais il ne marque point l'année. Ce Père le Clerc est mort en 1740.

Nous sommes informés d'ailleurs qu'il y a un autre *Abrégé* de la même Vie : *Amiens*, Veuve Morgan, 1717, *in*-12. de 49 pages. Est-ce celui du P. Colonia, ou celui du P. le Clerc, ou un autre ? C'est ce que nous ne pouvons dire.]

Au N.° 14137, *ajoutez à la Note :*

Cette Vie du P. Sirmond a été réimprimée à la suite de la *Bibliotheca choisie* de Colomiez, avec des Notes de Bourdelot & de la Monnoye : *Paris*, le Gras, 1731, *in*-12. Elle s'y trouve, *pag.* 291-314.

Elle n'a point été insérée par Fabricius, dans son Recueil des *Opuscules* de Colomiez : *Hambourg*, 1709, *in*-4.]

PAGE 864.

Au N.° 14145, *ajoutez à la Note :*

Les deux premières Editions portent *Rigoleuc* (& non *Rigouleuc*,) mais la troisième, corrigée & augmentée, (*Paris*, Debats, 1698,) lui donne constamment le nom de *Rigoleu :* ce Père se nommoit Jean.]

Au N.° 14151, *à la Note :*

☞ Il y a eu une seconde Edition de cette Vie, sans augmentation, mais d'un plus gros caractère : *Paris*, Cramoisy, 1683, *in*-12.]

Au N.° 14153, *ligne* 3 *de la Note, effacez* & : *ligne* 4, effacez Religieuse...; & ajoutez à la fin, après Beauvau, (Marguerite de Ragecourt,) & de leur fille Marie de Beauvau, morte Religieuse de la Visitation en 1660.]

Au N.° 14161, *après* par, *ajoutez*, le P. François OUDIN, Jésuite.

PAGE 865, *ajoutez*,

[*Au* N.° 14178, *à la Note* :

Madame de Pringy, avant de composer cette Vie du P. Bourdaloue, son Directeur, (qui contient 20 pages *in*-4.) lui avoit déja consacré un petit *Eloge*, mais moins historique, qui fut inséré dans les *Essais de Littérature pour la connoissance des Livres*, Cahier de Mai 1704, pag. 119-129.

Au N.° 14179, *ajoutez à la Note:*

— Il est parlé de ces Lettres dans la Préface de l'Edition de 1716, des Sermons du P. Bourdaloue, & elles s'y trouvent à la fin du Tome III.

14179.* ☞ Abrégé de la Vie du même P. Bourdaloue ; par le P. BRETONNEAU, Jésuite.

Elle est dans la Préface de l'Edition que ce Père a donnée en 1716, des Sermons du P. Bourdaloue, laquelle est la seconde.]

Au N.° 14183, *ajoutez à la Note:*

Cet Eloge du P. de la Chaize, par M. de Boze, a été réimprimé avec la *Lettre circulaire* sur sa mort : *Versailles*, le Monnier, 1709, *in*-12. de 28 pages.]

14183.* ☞ Prévarications du Père de la C. Confesseur du Roi, au préjudice des droits & des intérêts de Sa Majesté: *in*-16. de 90 pages (sans date, ni nom d'Imprimeur.]

PAGE 866, *ajoutez*,

14201.* ☞ Lettre du P.*** (Guill. Hyacinthe BOUGEANT, Jésuite,) à M. l'Evêque de Marseille, sur la mort du P. Porée; datée de Paris, 13 Janvier 1741: *Paris*, Bordelet, *in*-12. de 31 pages.

14201.** ☞ Recueil de Vers, sur la mort du même : *Paris*, Bordelet, 1741, *in*-12.

C'est un titre général sous lequel on a réuni dix ou douze Pièces de Vers tant Latines que Françoises, les unes Anonymes, les autres par des Jésuites. Le P. Charles Porée, qui a long-temps professé la Rhétorique au Collège de Louis le Grand, à Paris, est mort le 11 Janvier 1741.

14206.* ☞ Lettre circulaire au sujet de la mort du P. (Bertrand-Claude) de Linières, Confesseur du Roi, datée de Paris, 11 Juin 1746, *in*-8. de 14 pages, (sans nom de lieu, &c.]

14208.* ☞ Mſ. Vie du P. Jean Cayron, Jésuite, mort à Toulouse, en 1754: *in* fol.

Elle est conservée à Avignon, dans la Bibliothèque de M. de Cambis, Marquis de Velleron, & fait partie du N.° 129, du Catalogue de ses Manuscrits qu'il a fait imprimer : *Avignon*, Chambeau, 1770, *in*-4.]

14212.* ☞ Lettre du Père AMIOT, Jésuite de la Chine, à M. de l'Isle l'Astronome, concernant le Père Gaubil, (mort à la Chine le 21 Avril 1760.)

Cette Lettre se trouve dans le *tom. XXXII.* du Recueil des *Lettres édifiantes*, &c. *Paris*, de Hansy, 1774.]

Au N.° 14214, *ligne* 2, *après* l'Abbé, *ajoutez*; (Guillaume Germain)... *Et à la Note:*

Le Père André, Professeur de Mathématiques à Caen, est mort le 25 Février 1764.

14214.* ☞ Vie du Père Vergier de Barbe, Jésuite, mort en odeur de sainteté; par le P. MATTHIEU de Monsur, Capucin de la Province d'Aquitaine.

14216.* ☞ Historiæ Societatis Jesu Pars sexta, complectens res gestas sub Mutio Witellescho. Tomus prior : auctore Julio CORDARA, Soc. ejusdem Sacerdote: *Romæ*, de Rubeis, 1750, *in fol.*

Cette sixième Partie doit faire l'Histoire des Jésuites sous le gouvernement du R. P. Mutius Witelleschi, qui a duré trente ans; & ce Tome I. n'en contient que neuf, depuis 1616 où a fini le Père Jouvenci, jusqu'en 1625.]

PAGE 867, *ajoutez*,

14220.* ☞ Histoire des Religieux de la Compagnie de Jésus, pour servir de Supplément à l'Histoire Ecclésiastique des XVI. XVII & XVIIIme Siècles : *Soleurre*, 1740, &c. 4 vol. *in*-12. Nouvelle Edition, (retouchée:) *Utrecht*, 1741 & 1742, 2 vol.

Cette Histoire, que l'on disoit être composée jusqu'en 1737, & dont la Suite devoit suivre promptement les premiers Volumes, ne va, dans ce que l'on a publié, que jusqu'en 1572. Un des Auteurs, nommé l'Abbé Quesnel, de Dieppe, a présenté cette Suite à divers Libraires de Hollande, mais y a mis un prix si excessif, qu'elle lui est restée. On trouve dans le long *Discours préliminaire* qui est à la tête du premier Volume, un Article très-étendu sur le Commerce des Jésuites.]

14223.* ☞ Histoire impartiale des Jésuites, (depuis leur établissement jusqu'à leur première expulsion, en 1595; par M. Simon-Nic. Henri LINGUET:) 1768, *in*-12. 2 vol.

Au N. 14224, *ajoutez à la Note:*

Le Tome IV. des *Annales de la Société*, *in*-4. a été publié en 1769. On n'a pas encore donné la suite.]

PAGE 868.

Au N.° 14236, *ajoutez*, *ligne* 2 *de la Note :*

Il est aussi dans les *Plaidoyers de M. Marion*: *Paris*, le Mur, 1620, *in*-4. & il a été réimprimé *in*-12. en 1762.

Au N.° 14237, *à la Note*, *après* remarquable, *effacez le reste, & lisez*, parceque le Parlement de Paris, qui avoit expulsé les Jésuites de son ressort, en 1595, prit à partie M. de Tournon, qui demeuroit à Paris, parcequ'il refusoit d'expulser ces Religieux de la Ville de Tournon en Vivarais, qui est du ressort du Parlement de Toulouse. Mais les Jésuites vinrent à bout de se faire maintenir par ce dernier Parlement.]

PAGE 869.

Au N.° 14251, *après* Jesuitas, *ajoutez*, 1611, *in*-8.

PAGE 870.

Au N.° 14256, *ajoutez à la Note:*

Cette Lettre, qui a donné lieu à beaucoup d'Ecrits, a été d'abord imprimée à part sous ce titre : « Lettre » déclarative de la Doctrine des Pères Jésuites, con- » forme aux Décrets du Concile de Constance, adressée » à la Royne Mère du Roy, Régente en France ; par le » Père COTON, de la Compagnie de Jésus, Prédicateur

Histoires des Religieux & Religieuses.

» ordinaire de Sa Majesté » : *Paris*, Chappelet, 1610, *in*-8. (avec Privilège du 26 Juin,) de 30 pages.]

Au N.° 14258, *ligne* 6, *après* in-8. *ajoutez*, (sans nom de lieu, &c.) de 74 pages.]

Au N.° 14259, *ligne* 5, *après* ressuscité, *ajoutez*, Paris, Rousselet, 1610, in-8. de 24 pages, sans l'Epître dédicatoire.]

Au N.° 14261, *ligne* 3, *après* in-8. *ajoutez*, de 26 pages.

PAGE 871.

Au N.° 14265, *ajoutez en Note :*

Cette Réponse de Behotte a été aussi imprimée à Lyon, Juillerot, 1611, *in*-8. de 127 pages : elle porte pour titre en cette Edition : *Autre Réponse*, &c.]

PAGE 872, *ajoutez*,

14287. * ☞ Remontrances des Officiers Municipaux de Pontarlier ; en Franche-Comté, aux Archiducs Albert & Isabelle, contre l'établissement des Jésuites dans cette Ville, en 1612 : *Besançon*, Fantet, 1762, *in-fol.* & dans le Tome IV. des Edits de Franche-Comté : *in-fol.*

En conséquence de ces Remontrances, les Jésuites ne furent autorisés à s'établir en 1614 audit lieu, qu'à la charge de ne point tenir de Collège ; mais ils en eurent à Besançon, Dole, Gray & Vesoul. *Voyez* ci-après sur Besançon, N.° 14512.]

PAGE 873, *ajoutez*,

14294. * ☞ Plainte justificative de Louis DE BEAUMANOIR, pour les Pères Jésuites, contre la Remontrance & Plainte de M. Louis Servin, Avocat du Roi, adressée à la Cour du Parlement de Paris : 1615, *in*-8.]

14298. * ☞ La Tragi-comédie des Jésuites, tirée de bons & assurés Auteurs & accidens notoires : imprimée par Jean Petit, 1620, *in*-8.

Ce pourroit bien être la même chose que le *Recueil*, &c. indiqué à ce N.°]

Au N.° 14314, *effacez la fin de la Note depuis ces mots* : On ne sçait.... *Et mettez en place*. Cette Légende n'est autre chose qu'une seconde Edition du *Discours* de M. Pithou, dont il a parlé.]

PAGE 875, *ajoutez*,

14342. * ☞ Ms. Mémoires du Père (François) Garasse, sur ce qui s'est passé concernant les Jésuites, depuis 1624 jusqu'en 1626 : *in-fol.*

Ils sont conservés à Avignon, dans la Bibliothèque de M. de Cambis de Velleron, qui en donne la Notice, *pag.* 487, du *Catalogue raisonné* de ses Manuscrits : *Avignon*, 1770, *in*-4.]

Au N.° 14347, *lisez*, La Sauterelle.

PAGE 876.

Au N.° 14358, *ligne* 5, *après* JARRIGE, *ajoutez*, Leyde, Héritiers d'A-Dorp, 1648... *& en Note* :

Ce Livre a été traduit en Latin, sous ce titre : *Jesuita in ferali pegmate*, &c. *cum judicio generali de hoc Ordine* : *Lugd. Batav.* 1665, *in*-12. Malgré cela ce Livre est rare.]

14358. * ☞ Rétractation du Père Pierre JARRIGE, de la Compagnie de Jesus, retiré

Tome IV. Part. I.

de sa double Apostasie par la miséricorde de Dieu : *Paris*, Lambert, au Cloître des Jésuites devant S. Paul, jouxte la Copie imprimée à Anvers, chez la vefve de Jean Cnobbaert, 1650, *in*-12.

L'Auteur est mort à Tulle, en Limosin, sa patrie, le 26 Septembre 1670. Il y vivoit en Ecclésiastique depuis plusieurs années, comme nous l'apprend M. Baluze : *Hist. Tutel. pag.* 291.]

14359. * ☞ Proxima Gigantomachiæ spiritualis eversio, seu Jesuiticæ Societatis brevi ruituræ angustiæ : auctore Joanne CORDERIO : 1652, *in*-12.

Jean COURTOT, qui avoit été de l'Oratoire, s'est caché sous le nom de Cordier.]

14361. * ☞ La nouvelle hérésie des Jésuites, soutenue publiquement dans le Collège de Clermont, par des Thèses imprimées du 12 Décembre 1661, dénoncée à tous les Evêques de France : *in*-4.

L'Auteur est le Docteur Antoine ARNAULD.]

14361. ** ☞ Les pernicieuses conséquences de la nouvelle hérésie des Jésuites, contre le Roi & contre l'Etat ; par un Avocat : 1664, *in*-4.

Cet Ouvrage est de Pierre NICOLE. Les Jésuites se défendirent par une *Expositio Theseos*, &c. à laquelle les Dénonciateurs opposèrent l'Ecrit intitulé : *Illusion*, &c. On peut voir à ce sujet la Vie de M. Nicole, seconde Edition, *pag.* 98 *& suiv.*]

14363. * ☞ Relation de ce qui s'est passé sur le différend entre M. l'Evêque de Pamiers, (Etienne CAULET,) & les Jésuites du Collège de la même Ville ; avec une Lettre circulaire de ce Prélat à tous les Evêques de France : 1668, *in-4.*]

Au N.° 14364, *ajoutez à la Note :*

Il y a eu depuis 1674 une nouvelle Edition du *Cabinet Jésuitique*, très-belle, augmentée de quelques Pièces, telle que l'*Onguent pour la brûlure*, (petit Poëme de Barbier d'Aucourt) *Cologne*, (Hollande,) *in*-12. sans année, &c. avec figures.]

PAGE 877, *ajoutez*,

14366. * ☞ Ultima vox zelatricis innocentiæ indigna patientis, seu Libellus supplex Fratris EUGENII Brugensis, Capucini ad Innocentium XI. *Coloniæ*, Hæred. J. Hamel, 1689, *in*-12.

Ce Capucin remontre au Pape que la Religion tombe en ruine, & que les Jésuites en sont la cause.]

14371. * ☞ Ms. Pièces pour servir à l'Histoire des Pères Jésuites dans Reims : *in-fol.* 4 vol. ou Porte-feuilles.

Ils sont conservés dans l'Abbaye des Chanoines Réguliers de S. Denys à Reims, & sont marqués X.Y.Z.Z.]

14378. * ☞ Le Rappel des Jésuites en France, (Ouvrage satyrique en Vers & en Prose :) *Cologne*, Marteau, 1712, *in*-12.]

PAGE 878, *ajoutez*,

14385. * ☞ Mémoire touchant le droit

des Jésuites & de ceux qui sont congédiés de leur Compagnie : (imprimé,) 1726, in-fol.

L'Auteur est le Père Jean-Joseph PETITDIDIER, Jésuite, mort en 1756.]

Au N.° 14387, au lieu de TROYAT, Prêtre, lisez, TROYA D'ASSIGNY, Prêtre de Grenoble..... Et en Note :

L'Auteur n'est mort qu'en 1772, quoiqu'on l'ait dit mort dès 1763, dans la *France Littéraire*, après qu'il se fut retiré de Paris à Grenoble.]

Au N.° 14388, lignes 3 & 4. effacez ces mots : Il a pour Auteur Nicolas Petitpied.... mort en 1747. Ce Docteur n'a fait que le premier Mémoire dont on vient de parler.]

14390. * ☞ Réfutation des calomnies, répandues dans un Ecrit imprimé en forme de Requête sur le nom des Chanoines Réguliers de S. Antoine de Pont-à-Mousson, au sujet de l'établissement des Jésuites dans la même Ville; (par le Père Jean-Joseph PETITDIDIER, Jésuite :) 1728, in fol.]

PAGE 879, ajoutez,

14392. * ☞ Autre Recueil général des Pièces du Procès du Père Girard, &c. in-12. 6 vol.]

14392. ** ☞ Cinq Lettres écrites d'Aix, pendant ce Procès : in-8.

Elles étoient écrites par les Jésuites.]

14401. * ☞ Dénonciation des Heures de la Congrégation érigée pour les Ecoliers dans le Collège de Dijon de la Compagnie de Jésus, à M. l'Evêque d'Auxerre, (de Condorcet;) par plusieurs Curés de la Ville d'Auxerre, avec une Lettre d'Adhésion de onze Curés du Diocèse : 1756, in-4. & in-12.]

Au N.° 14408, ajoutez en Note :

L'Auteur a fait une *Addition* à son Ouvrage, où il répond à un Bref de l'Inquisition qui le condamnoit.

14408. * ☞ Résolution du Problême, Qui de Luther & Calvin, &c. Avignon, in-12.

On attribue cet Ouvrage au Père PAULIAN, Jésuite.]

Le N.° 14409 doit être effacé, étant déja (& mieux) au N.° 14316. Au reste, il n'y a aucune de ces Pièces dans les Mémoires de l'Académie de Troyes, qui ne sont composés que de Pièces de badinage.]

PAGE 880.

Au N.° 14413, à la Note, ligne 3, au lieu de P. de la Valette, lisez, le P. Lavalette... & à la fin ajoutez : Il a voulu identifier son nom avec les noms distingués de la Valette d'Espernon , & de la Valette-Thomas, Maison noble & ancienne de Provence, dont étoit le Général de l'Oratoire, mort en 1773.

14422. * ☞ Ms. Recueil de Lettres des Evêques au Roi, écrites au sujet des Jésuites, en 1761 & 1762, avec celle de leur Général, & le Décret sur la sûreté des Rois que la Commission du Conseil demandoit audit Général, en interprétation de celui de 1614, & qu'il a refusé de donner.

Dans la Bibliothèque de M. Rolland, Président au Parlement de Paris.]

14422. ** ☞ Mémoire sur un Projet au sujet des Jésuites : (Paris,) in-12. de 120 pages.]

14426. * ☞ Arrêt du Conseil d'Etat, du 18 Août 1773, qui accorde des augmentations de gratifications annuelles à ceux de soixante ans & au-dessus, qui composoient ci-devant la Société des Jésuites : in-4:

Voyez aussi le *Journal de Verdun*, 1773, Décembre, part. 2, pag. 501.]

14426. ** ☞ Bref de N.S.P. le Pape, Clément XIV. en date du 21 Juillet 1773, portant suppression de l'Ordre Régulier, dit *Société de Jésus*.

Ce Bref a été imprimé en Latin, à l'Imprimerie Royale, in-4. 37 pages, sans titre, & il a paru ensuite en Latin & en François, (à *Paris*, sans nom d'Imprimeur,) avec le titre que nous venons d'indiquer. Il y a eu une autre Edition de cette Traduction, in-12. de 69 pages. Nombre d'Exemplaires de cette dernière sont accompagnés d'un Avis de deux pages, au sujet d'une Edition in-8. comme faite à *Rome*, aussi en Latin & en François.

Ce Bref a été suivi d'un autre, « par lequel Sa Sainteté érige & institue une Congrégation de Cardinaux » pour faire exécuter son Bref du 21 Juillet dernier, » portant l'extinction & suppression de la Société des » Jésuites; » (en Latin & en François : *Paris*, 1773, de 11 pages.]

Au N.° 14438, ajoutez en Note :

Lorsque M. le Président Rolland fit ce Discours, il n'étoit que Conseiller, & n'étoit pas encore Président à la seconde Chambre des Enquêtes : il étoit alors connu sous le nom de *Rolland d'Erceville*, comme on le voit dans la *France Littéraire de 1769*.]

PAGE 883, ajoutez,

14483. * ☞ Compte rendu aux Chambres assemblées du Parlement de Paris ; par M. le Président ROLLAND, le 27 Février 1768, de l'Histoire de l'Abbé Blache & des Pièces trouvées par les Commissaires du Parlement, au Collège de Louis-le-Grand : (*Paris*, Simon,) in-4.]

PAGE 884.

Au N.° 14511, ligne 3, au lieu de Desiré-Jos. Xavier SIMON, lisez, Nicolas-François RENARD.

PAGE 888.

Au N.° 14616, ligne 4, au lieu de CATILHON, lisez, CASTILLON.

PAGE 889.

Au N.° 14646, à la Note, après imprimée, ajoutez, en France.

Au N.° 14650, ajoutez en Note :

Cet Ouvrage en 2 volumes in-12. a été attribué aux PP. de MENOUX & GRIFFET.]

PAGE 890.

Au N.° 14666, à la Note, ligne 3, au lieu de 30. Juillet, lisez, 2 Juillet.

Au N.° 14668, ajoutez en Note :

Cette Réplique, (qui a 55 pages en petit caractère,

pour les deux premières Parties, & 45 pour la troisième) est de M. Ripert de Monclar, Procureur-Général du Parlement d'Aix.)

Au N.° 14669, ajoutez à la Note:

L'Auteur est mort à Bruxelles, le 22 Février 1771.]

PAGE 891.

Au N.° 14683, lignes 1 & 5 de la Note, au lieu de Cerulti, *lisez,* Cerutti... *& à la fin :* Les PP. de Menoux & Griffet ayant dirigé & revu cette Apologie, on la leur a aussi attribuée.]

14684.* ☞ Problème historique, (sur l'Edit de Henri IV. du 7 Janvier 1595 :) *Soleurre,* 1763, *in-12.* 19 pages.]

14685.* ☞ Cinq Lettres d'un Théologien François sur l'état présent des Jésuites : 1761 & 1762, *in-12.*

On les a attribuées à M. l'Abbé d'Etemare ; mais elles ne sont pas de lui.]

14690.* ☞ Apologie des jeunes Ex-Jésuites qui ont signé le Serment prescrit par l'Arrêt du 6 Février 1764, *in-12.* de 75 pag.]

Au N.° 14691, ajoutez en Note:

Il y a eu une seconde Lettre de l'Auteur désintéressé.]

Au N.° 14692, ajoutez en Note:

Cet Ouvrage bien écrit, qui a 57 pages de petit caractère, est attribué à M. l'Abbé Guidi, ci-devant de l'Oratoire.]

14692.* ☞ Réponse au Livre intitulé, *Extraits des Assertions*, &c. trois Parties : 1763-1765, *in-4.* 3 vol.

Partie I. Infidélité du Rédacteur, prouvée par les falsifications en tout genre, contenues dans les Extraits.

Partie II. Mauvaise doctrine du Rédacteur des Extraits, prouvée par les Assertions qu'il dénonce.

Partie III. Justification de la Doctrine du Corps de la Compagnie de Jesus, & de la plûpart des Théologiens de cette Compagnie, dénoncés dans la Collection des Assertions.

A la fin du Tome III. se trouve :

Examen du Procès-verbal de vérification. = Notice des Auteurs Jésuites cités dans les Extraits des Assertions.]

Au N.° 14693, ajoutez en Note:

Cette Critique est du P. Isidore Mirasson, Barnabite. Elle a 179 pages, gros caractère, & il ne faut pas la confondre avec la suivante, qui a un titre à peu près semblable.]

14693.* ☞ Le Philosophe redressé, ou Réfutation de l'Ecrit intitulé, *Sur la destruction des Jésuites en France,* 1765, *in-12.* de 43 pages, petit caractère.

L'Auteur est M. Reynaud, Curé de Vaux & de Champ, Diocèse d'Auxerre.]

14696.* ☞ Compte rendu des Comptes rendus; (par l'Abbé Darès, de Bordeaux :) 1765, *in-8.* 2 vol.

L'Auteur est mort à Naples en 1766.]

Religieuses de divers Ordres ou Congrégations.

Au commencement de l'Article VII. avant le §. premier, ajoutez,

14697.* ☞ Tableau des Princesses de la Maison de France, issues par filiation directe ou légitimée; & des Demoiselles nées des Princes de cette Auguste Maison, ou issues de ses différentes Branches, par extraction naturelle, qui ont embrassé l'Etat Monastique; (par Laur. Et. Rondet:) *in-18.* 38 pages.

Ce Tableau est imprimé à la tête du Livre intitulé : *Direction spirituelle pour s'occuper saintement avec Dieu; à l'usage des Novices de l'Ordre de N. D. du Mont-Carmel,* dédiée à Madame Louise de France, Prieure des Carmélites de Saint-Denys : Paris, Lottin l'aîné, 1774, *in-18.* Ce Tableau comprend 116 Religieuses, distribuées selon le rang de leur naissance & le temps où elles ont vécu.]

14701.* ☞ Mf. Chronique du Monastère de l'Annonciade Céleste de Pontarlier, établi en Franche-Comté de 1610 à 1612.

Elle est conservée dans ce Monastère, qui est le premier de cette branche de l'Ordre des Annonciades qui ait été établi en France.]

PAGE 892.

Au N.° 14713, ligne 1, au lieu de Chazart, lisez, Chézart.... *& ajoutez à la Note :*

Cet Institut particulier, qui n'a pas eu grande suite, avoit été approuvé par une Bulle d'Urbain VIII, du 12 Juin 1633. Il ne regarde les *Augustines,* qu'autant que le Pape mit les Filles du Verbe Incarné sous la Règle de S. Augustin. Elles avoient ci-devant une Maison à Paris, où sont aujourd'hui les Religieuses de l'Abbaye de Pantemont.]

14717.* ☞ Lettre de M. l'Abbé *** (Schannat) à Mademoiselle de G... Béguine d'Anvers, sur l'origine & le progrès de son Institut : *Paris,* (Hollande,) 1731, *in-12. fig.*]

14724.* ☞ Mf. Histoire du Monastère des Bénédictines de Besançon.

Cette Histoire, qui est fort exacte, est conservée dans cette Maison, fondée en 1654, par deux Religieuses de Marville en Luxembourg.]

PAGE 894, *ajoutez,*

14748.* ☞ De sancta Aurea Virgine, Abbatissa Parisiis, Commentarius historico-criticus : auctore Josepho Ghesquiero, è Soc. Jesu.

Dans le Recueil de Bollandus, *tom. II.* d'Octobre, *pag.* 472-493. On y trouve aussi en abrégé l'histoire du Monastère de Sainte Aure, fondé à Paris par S. Eloy. Cette Sainte est morte vers l'an 666.

14750.* ☞ De sanctis Eusebia, Abbatissa, & Sociabus 39 Monialibus, Virginibus & Martyribus, apud Massiliam, Sylloge : auctore Constantino Suyskeno, è S. J.

Dans le Recueil de Bollandus, *tom. IV.* d'Octobre, *pag.* 291-295.]

Au N.° 14758, ligne 2, avant 1687, ajoutez, 1681, *in-8.*

14763.* ☞ Vie de Sainte Rictrude, dédiée à ses Confrères & Consœurs : *Lille*, Brovellio, *in*-12. de 42 pages.]

PAGE 895.

Au N.º 14773, *à la Note, ligne* 2 ; *au lieu de* 1667, *lisez*, 1679.

14780.* ☞ Vie de Sainte Berthe, Fondatrice de l'Abbaye d'Avenay ; par Laurent MAJORET : *Toul*, 1650, *in*-8.

14780.** ☞ Vie de Sainte Berthe (avec celle de S. Gombert & de S. Tresain :) *Reims*, Jeunehomme, 1700, *in*-12.]

PAGE 896.

Avant N.º 14791, *ligne* 1, *de la col.* 1, *lisez*, pag. 131, & *ligne* 2, *au lieu de* 1667, *lisez*, 1679.

Au N.º 14794, *à la Note, ligne* 1, *lisez*, tom. I. & *ligne* 2, *après* S. Benoît, *lisez*, pag. 100 : *Paris*, 1679, *in*-4.

14802.* ☞ Eloge de Jeanne Guischard, (de Bourbon) Abbesse de la Sainte Trinité de Poitiers, (morte en 1631 ;) par Jacqueline Bouette DE BLEMUR.

Dans ses *Eloges* des illustres de S. Benoît : (*Paris*, 1679, *in*-4.) tom. I, pag. 161.]

14802.** ☞ Discours funèbre fait à la mort de Françoise-Gabrielle de Livron, Religieuse du Monastère de Juvigny, Ordre de S. Benoît, décédée à 17 ans, le 27 Avril 1636 : *Reims*, Bernard, 1636, *in*-4. de 48 pages.

L'Auteur est le P. JACQUES de Chaumont, Capucin, comme il paroît par la Dédicace & l'Attestation qu'il a donnée en faveur de cette jeune Religieuse, qui avoit été proposée pour être Abbesse : elle étoit de la même Famille que l'Abbesse du N.º 14821.]

Au N.º 14803, *à la Note, au lieu de* 1667, *lisez*, 1679.

Au N.º 14805, *ajoutez à la Note* :

C'est dans le 1. Voyage... *Paris*, Delaulne, 1717, *in*-4.]

Au N.º 14806, *ajoutez à la Note* :

☞ On peut voir ce qui en est dit dans la *Bibliothèq. du Poitou*, par M. du Radier, tom. III. pag. 461.]

Au N.º 14808, *à la Note, ligne* 2, *lisez*, pag. 240. *Paris*, 1679, *in*-4.

Au N.º 14809, *à la Note, lisez*, pag. 291.

Au N.º 14811, *au lieu de* Roussard, *lisez*, Boussard.

Au 14813, *à la Note, ligne* 3, *au lieu de* 1667, *lisez*, 1679.

Au N.º 14814, *lisez* d'Estrades.... & *ajoutez à la Note* :

☞ Cette Vie est au tom. I. en un Cahier séparé, cotté AA aa. & BB bb. pag. 553-574, lettres & pages qui sont néanmoins employées à d'autres Vies dans les deux volumes.]

14815.* ☞ Vie de la même Françoise de Faudoas d'Averton, veuve du Baron de Bazoches, Bailli d'Alençon, Religieuse de Vignats, (Diocèse de Séez ;) par le Sieur LAMY, son Directeur.

La Mère de Faudoas d'Averton est morte en Janvier 1655. La Mère de Blémur, dans son Eloge, renvoye à cette Vie, dont elle a fait un Extrait.]

PAGE 897.

Au N.º 14818, *à la Note, ligne* 2, *au lieu de* 1667, *lisez*, 1679.

Au N.º 14819, Villegevan, *lisez*, Vulvegan.

Au N.º 14820, *ligne* 1. *de la Note*, 1660, *lisez*, 1668... *puis ajoutez*,

14820.* ☞ Eloge de la même ; par Jacqueline Bouette DE BLÉMUR.

Dans ses *Eloges*, &c. tom. II. pag. 247.]

Au N.º 14823, *à la Note, ligne* 2, pag. 158...., *lisez*, pag. 558, *Paris*, 1679.

Au N.º 14824, *à la Note*, 1662, *lisez*, 1664.

Au N.º 14825, Nagu, *lisez*, Pagu.

Au N.º 14827, *à la Note*, 1667, *lisez*, 1679, (*& aux autres endroits où sont cités les Eloges faits par la Mère de Blémur*.)

14827.* ☞ Eloge d'Elisabeth de Breme, dite *Benoiste de la Passion*, Religieuse de l'Institut de l'Adoration perpétuelle du saint Sacrement (morte en 1668 ;) par Jacqueline Bouette DE BLÉMUR.

Dans ses *Eloges*, &c. tom. II. pag. 1.]

14827.** ☞ Eloge de Marie-Françoise Lescuyer, Abbesse du Lys, (morte en 1668 ;) par la même.

Dans ses *Eloges*, &c. tom. II. pag. 301.]

14828.* ☞ Oraison funèbre, sous le nom de Lettre circulaire, sur le Trépas de Madame Elisabeth de Chastillon-sur-Marne, Abbesse de S. Jean de Bonneval-lès-Tours, Ordre de S. Benoît, datée du 3 Août 1668 : *in*-4. de 46 pages.

Cette Abbesse étoit morte le 4 Juin précédent.]

14830.* ☞ Oraison funèbre de Madame Françoise de Saint-Gelais de Luzignan, Abbesse de Jarcy, prononcée en l'Eglise de ladite Abbaye ; par le Sieur BECASSE, le 28 Avril 1671 : *Paris*, Bresche, 1671, *in*-4.]

Les N.ᵒˢ 14829 & 14833, *doivent être effacés, comme étant ailleurs, & mieux*.

Au N.º 14831, *au lieu de* 1643, *lisez*, 1693.

14832.* ☞ Oraison funèbre de Marguerite de Quibly, Abbesse (& Réformatrice) de Notre-Dame de la Déserte de Lyon, Ordre de S. Benoît, prononcée en ladite Abbaye, le 15 Juillet 1675 ; (par le Père POLLA, Jésuite :) *Lyon*, Grégoire, 1675, *in*-8. de 171 pages.

Madame de Quibly étoit morte le 12 Juin.]

14832.** ☞ Eloge de Charlotte Bigars, Abbesse de Fontaine-Guérard, (morte en 1676 ;) par Jacqueline Bouette DE BLÉMUR.

Dans ses *Eloges*, &c. tom. II. pag. 471.]

PAGE 898.

Colonne prem. lignes 1 & 2, *lisez* Pagu, Abbesse de Lancharre.

14839.* ☞ Oraison funèbre de Madame

Magdelaine de la Fayette, Abbesse de l'Abbaye Royale de Saint-Georges; prononcée à Vennes, le 28 Juillet 1689; par le Père BAUDRAN; Jésuite: *Rennes*, Vatar, 1689, *in-4*.]

14843.* ☞ Oraison funèbre de Madame Marguerite de Beaujeu, Abbesse de l'Abbaye Royale de Fervaques de S. Quentin; prononcée dans l'Eglise de cette Abbaye, le 28 Juillet 1701; par Dom Michel GOURDIN, Bénédictin: *Amiens*, Hubault, 1701, *in-4*.]

14843.** ☞ Vie de la Mère Mectilde du S. Sacrement, Institutrice des Religieuses de l'Adoration perpétuelle du S. Sacrement: *in-8*. de 56 pages, sans date.

Cette Brochure est extraite de la *Vie des Saints* du Père Giry, où cette Vie avoit été ajoutée dans l'Edition de 1719.

La Mère Mectilde se nommoit dans le monde Catherine de Bar. Née à Saint-Dié en Lorraine, elle avoit fait Profession à Rimbervilliers, dans l'Ordre de S. Benoît; par ordre de la Reine Anne d'Autriche, elle fonda à Paris, rue Cassette, l'Institut de l'Adoration perpétuelle. Cet Institut a produit neuf autres Monastères, dont l'un est celui de Paris, rue S. Louis au Marais, sept autres dans différentes Villes du Royaume, & un en Pologne, à Varsovie.]

Au N.º 14845, ligne 2, lisez, Dessalles de Rosté, Religieuse, ... par le Père Nicolas JARDINIER.

14845.* ☞ (1.) Oraison funèbre de Madame Eléonore de Matignon, Abbesse de Notre-Dame du Paraclet d'Amiens; prononcée dans l'Eglise de son Abbaye, le 30 Octobre 1706; par le Père LE GENDRE, Prieur des Augustins: *Amiens*, Caron-Hubault, 1706, *in-4*.]

(2) ☞ Oraison funèbre de Dame Magdelaine-Angélique-Marie de Chastillon, Abbesse de S. Jean de Bonneval-lès-Thouars; prononcée dans l'Eglise de l'Abbaye, le 8 Mai 1708; par le Père MILLANGES, Jésuite: *Poitiers*, Brand, 1708, *in-4*.]

(3.) ☞ Vie de Madame de Humières, Abbesse & Réformatrice de l'Abbaye de Monchy: *Paris*, Estienne, 1711, *in-8*.]

Au N.º 14846, ligne 2, lisez, de Francière.

Au N.º 14847, ligne 3, au lieu de Jésuite, lisez, Récollect.

14847.* ☞ Eloge de feue Madame de Beaumont, Abbesse de Chazaux de Lyon, (morte le 23 Mars 1743:) *Lyon*, de la Roche, *in-4*. de 36 pages.

Il est dédié à M. de Beaumont, Evêque de Saintes, par les Religieuses de Chazaux.]

14848.* ☞ Eloge funèbre de Marie (de Saint-Marsal) de Conros, Abbesse de l'Abbaye Royale de S. Jean-du-Buis-lès-Aurillac, prononcé par la Prieure le premier de l'Anniversaire de sa mort, le 6 Janvier 1754: (*Aurillac*,) *in-4*. de 18 pages.

Cet Eloge est de la composition de M. FROQUIÈRES, mort en 1755, Théologal de Noyon, frère de la Prieure de S. Jean-du-Buis.]

14848.** ☞ Eloge funèbre de Madame de Ligny, Abbesse de Notre-Dame de Fervaques; par M. l'Abbé LE COUSTURIER, Chanoine de S. Quentin: 1767, *in-4*.]

14848.*** ☞ Oraison funèbre de Très-haute, &c. Princesse, Henriette-Louise-Marie-Gabrielle-Françoise de Bourbon-Condé, Madame de Vermandois, Abbesse de l'Abbaye Royale de Beaumont-lès-Tours, prononcée le 8 Janvier 1773, dans l'Eglise de ladite Abbaye; par M. l'Abbé BRUYAS, de la Maison & Société de Sorbonne, Vicaire général du Diocèse de Tours: *Paris*, 1773, *in-4*. de 46 pages.

Cette Abbesse est morte le 19 Septembre 1772, âgée de 59 ans & 7 mois. Elle avoit refusé d'être Reine, ou femme de Louis XV.]

Au N.º 14849, ajoutez en Note:

Ces Constitutions, imprimées sans année, &c. furent approuvées par M. de Broc, Evêque d'Auxerre, sur la Requête des Prieure & Religieuses du Monastère de Notre-Dame de S. Julien-lès-Auxerre, le 27 Septembre 1649, avec des Modifications pour les Religieuses de l'*Abbaye de Crisenon*, même Diocèse, approuvées par ledit Prélat le 27 Février 1659, sur la Requête de l'Abbesse & desdites Religieuses. Sur quoi l'on peut voir les *Mémoires de l'Abbé Lebeuf*, sur Auxerre, tom. I. pag. 700. Cependant l'Abbesse de S. Julien n'ayant point reçu lesdites Constitutions, en a supprimé les Exemplaires le plus qu'elle a pu, ce qui les rend fort rares.

On suit dans l'Abbaye de S. Julien la *Règle de S. Benoît*, avec les *Constitutions pour la Réforme de l'Abbaye de Notre-Dame du Val-de-Grace*, 1676, (ci-devant, N.º 14795,) approuvées par plusieurs Evêques, & en particulier par MM. Gilles Souvré & Nicolas Colbert, Evêques d'Auxerre, pour être observées dans le Monastère de Notre-Dame du Mont-Pilié, de la Charité-sur-Loire, Diocèse d'Auxerre.]

14849.* ☞ Cérémonies pour la Vêture & Profession des Religieuses Bénédictines du Diocèse d'Auxerre: *Auxerre*, Fournier, 1752, *in-8*.]

14849.** ☞ La Règle de S. Benoît, & les Constitutions des Dames Religieuses de Notre-Dame de Braine, (près Soissons:) *Paris*, 1704, *in-12*.

Ces Religieuses furent fondées en 1647, par Henri-Robert de la Marck, Duc de Bouillon, Prince Souverain de Sédan, Jamets, Raucourt, Comte de Braine.]

Au N.º 14854, ajoutez en Note:

☞ Dans l'Edition de 1655, (*Paris*, de Luynes,) l'Auteur a substitué à la Préface, qui occupoit à la tête de la IV.e Partie, depuis la page 327 jusqu'à 337, une autre Préface beaucoup plus ample, contenant 16 pages de petit caractère, & remplie de beaucoup de faits relatifs au Chapitre de Sainte-Opportune.]

PAGE 899, ajoutez,

14859.* ☞ Ms. Histoire de l'Abbaye de Bonne-saigne; par Marie COLAS de S. Bernard, écrite en 1670.

Cette Histoire est conservée dans cette Abbaye.]

Au N.º 14861, ajoutez à la Note :

Depuis l'Histoire de M. Dunod, sur l'Abbaye de Baume-lès-Dames, il y a eu un grand Procès entre Dame Angélique Damas de Cruz, Abbesse de cette Abbaye, contre ses Chanoinesses. Il étoit question d'une augmentation de Prébendes : l'Abbesse prétendoit qu'en vertu de l'autorité absolue de la Règle de S. Benoît, elle ne devoit à ses Religieuses que la vie & non des Prébendes, encore moins le Tiers-lot. Cela a donné lieu à des Recherches historiques sur l'ancien état de l'Abbaye, & sur son origine, plus reculée que ne l'a fixée M. Dunod. L'Abbesse avoit répandu dans le Public *trois Mémoires in-4.* le premier de 180 pages d'impression, le second de 65, & le troisième de 52. Les Religieuses se sont défendues par de gros *Mémoires in-fol.* Un Arrêt de 1765, du Parlement de Besançon, a augmenté les Prébendes. On peut voir sur l'Abbaye de Baume-lès-Dames, la *Vie de Sainte Othylie* ou *Odile*, l'*Histoire d'Alsace*, par la Guille, Livre VII. pag. 82. *Vesontio sacra*, pag. 66, le P. d'Yepès, *verbo Othilia*; Lazius, &c. Les Mémoires dont on vient de parler peuvent être encore cités dans l'Histoire Civile pour la Ville de *Baume*, à laquelle ils ont plusieurs rapports.]

Au N.º 14863, ajoutez en Note :

Ce Mémoire, dont M. LE RICHE est Auteur, n'est pas *in-4.* mais *in-fol.* de même que la Réplique au Mémoire de l'Engagiste, qui est peu connu. Cette Réplique ne se trouve pas dans la seconde Edition *in-8.* (qui est de 1767.)

Au N.º 14869, au commencement de la Note, lisez : Cette Abbesse est morte en 1627. Son Eloge...... Paris, 1679, *in-4.*

Au N.º 14872, ligne 5, 1673, lisez, 1679.

Après le N.º 14875, ajoutez (en titre :)

Avant le N.º 14875, au lieu de Abbaye du Cherche-Midi, lisez, Prieuré du Cherche-Midi.

14875. * ☞ Constitutions des Religieuses Bénédictines de *Cosne : Auxerre*, Fournier, 1752.

Elles ont été approuvées par un Mandement de M. de Caylus du 31 Mai 1750, qui est en tête.

Le 1 Mai 1751, le même Prélat a donné ces Constitutions aux Bénédictines de Saint-Fargeau, avec quelques additions & changemens, qui sont restés en Manuscrit.]

Histoire de l'Abbaye de Denain, Diocèse de Cambray.

**14875. ** ** ☞ Sanctæ Ragenfredis, Virginis, Abbatissæ Dononii propè Valencenas in Hannonia, Acta : auctore Anonymo; cum Commentario prævio Josephi GHESQUIERI, è Soc. Jesu.

Dans le Recueil de Bollandus, *tom. IV.* d'Octobre, pag. 195-334, cette Sainte est morte vers l'an 805. Le Père Ghesquière prétend, 1.º que l'Abbaye de Denain a été fondée par Sainte Ragenfrède, & non par ses parens; 2.º que la Charte Caroline de Denain ne peut être attribuée qu'à Charles-le-Chauve; 3.º que cette Charte donnée *in Pontiliaco Palatio*, doit être attribuée au Palais de Pontarlier, en Franche-Comté; 4.º qu'il y a eu des Chanoinesses avant l'an 800, quoique le Père Mabillon assure positivement le contraire; enfin l'Auteur donne une Liste des Abbesses de Denain, & un Abrégé de l'Histoire de cette Abbaye.]

PAGE 900.

Au N.º 14891, ligne 1, la Chastres, lisez, la Chastre... & ligne 6, 1667, lisez, 1679.

14891. * ☞ Oraison funèbre de la même, Madame de la Chastre, prononcée dans l'Eglise du Monastère de Faremoustier, le 22 Août 1643; par M. Antoine CAIGNET: Paris, Lacaille, 1646, *in-4.*]

Au N.º 14892, ajoutez en Note :

M. Thomé, Chanoine de Meaux, a la copie fidèle d'une Lettre de M. de Ligny, Evêque de Meaux, à cette Abbesse de Faremoutier (Madame de Plas,) qui vouloit se soustraire à sa Jurisdiction. Il y eut à ce sujet un Procès de longue durée, quoique ce Prélat lui eût offert tous les moyens imaginables pour l'éviter, comme il est amplement exposé dans cette Lettre, pleine de tendresse & d'affection paternelle.]

Au N.º 14893, ligne 4, 355, lisez, 553.

14893. * ☞ Lettre circulaire sur le décès de Madame, Marie-Anne Généreuse-Constance-Thérèse de Beringhen, Abbesse de Faremoutier, écrite aux Abbesses, Prieures & Religieuses de l'Ordre de Saint-Benoît : *in-4.* (sans nom d'Imprimeur.)

Cette Abbesse est morte en 1721.]

**14893. ** ** ☞ Lettre sur le décès de Madame Louise-Charlotte-Eugenie-Thérèse-Fare-Victoire de Beringhen, Abbesse de Faremoutier : *in-4.*

Cette Abbesse est morte le 28 Octobre 1726, âgée de 44 ans.]

14893. * *** ☞ Histoire abrégée de Madame Olimpe-Félicité de Beringhen, Abbesse de Faremoutier.

On trouve les divers traits de cette Histoire dans les *Nouvelles Ecclésiastiques*, des 7 & 18 Août 1734, & du 25 Juin 1744. Cette Abbesse est morte en exil chez M. le Marquis de Beringhen son père, le 11 Août 1743.]

Au N.º 14896, au lieu de Verthamont, lisez, Verthamond de Lavaud... & ajoutez en Note :

Le titre ne porte pas le nom du Père Hardy, mais seulement *par un Père Récollect de la Province de Guyenne.*]

14896. * ☞ Diverses Pièces sur la Fondation de l'Abbaye de *Malnoue*, & ce qui la concerne.

Dans les *Antiquités de Paris* (& de ses environs) par le Père du Breul, *Paris*, 1639, *in-4. page* 1025.]

**14896. ** ** ☞ Eloge de Marie-Eléonore de Rohan, Abbesse d'abord de la Trinité de Caen, & ensuite de Malnoue; par l'Abbé LAMBERT.

Dans son *Histoire Littéraire du Règne de Louis XIV: Paris*, 1751, *in-4. tom. III, Part. 2, pag. 119.* On y trouve la belle Epitaphe que M. Pellisson consacra à la mémoire de cette Abbesse, qui, s'étant chargée du gouvernement du Prieuré du Chassernidi à Paris, y mourut le 8 Avril 1681.]

14897. * ☞ Eloge de Louise de l'Hospital, Abbesse & Réformatrice de l'Abbaye de Montivilliers, (morte en 1643,) par Jacqueline Bouette DE BLÉMUR.

Dans ses *Eloges des Illustres de Saint Benoît : (Paris, 1679, in-4.) tom. II, pag. 185.*]

Histoires des Religieux & Religieuses. 369

14897.** ☞ Eloge d'Anne de l'Hospital, Abbesse de Montivilliers, (morte en 1661,) par la même.

Dans ses *Eloges*, &c. tom. II. pag. 209.

14897.*** ☞ Oraison funèbre d'Eléonore de Bellefont, Abbesse de Montivilliers, prononcée au Service du trentième jour: *Rouen*, Vautier, 1682, *in-4.*]

PAGE 901.

Après le N.° 14902, ajoutez,

= Lettre sur la Procession qui se fait à Montmartre, tous les sept ans, par les Religieux de Saint Denis.

Ci-devant N.° 12423, & dans ce *Supplément* audit Numéro.]

Au N.° 14906, ligne 2, effacez, Coadjutrice de l'... & *ligne 3 de la Note*, 1677, *lisez*, 1679.]

14906.* ☞ Lettre circulaire sur la mort de Madame de Harcourt, Abbesse de Montmartre: *Paris*, 1699, *in-4.*

Cette Lettre est de Dom Michel Félibien, Bénédictin, de la Congrégation de Saint Maur.]

☞ Lettre circulaire, contenant l'Eloge de Madame de Lorraine de Harcourt, Abbesse de Montmartre: *in-4.*

L'Auteur est Dom Edmond-Jean-Baptiste Duret, Bénédictin, de la Congrégation de Saint Maur.]

14906.** ☞ Mémoire pour le Sieur Boivin, Curé de la *Mothe-Saint-Heray* (Diocèse de Poitiers,) contre les Dames Prieure & Religieuses Bénédictines du Couvent de Notre-Dame de l'Incarnation, (audit la Mothe;) par M. l'Abbé Mey, Avocat au Parlement: *Paris*, Butard, 1769, *in-12.*

On y voit que ces Religieuses furent fondées en 1646, près l'Eglise Paroissiale, leur Chœur étant ouvert sur icelle, & que le Curé fit à leur égard les fonctions Pastorales jusqu'en 1761, qu'elles s'en sont soustraites d'elles-mêmes.]

14909.* ☞ Ms. Cartulaire de *Notre-Dame de Saintes*, traduit en François, avec des Observations & l'Histoire de cette Abbaye; par Dom Joseph Boudet, Bénédictin, de la Congrégation de Saint Maur.

Cet Ouvrage est conservé dans ce Monastère, & a été fait à la prière de Madame de Duras, Abbesse. L'Auteur est mort en 1743.]

Après le N.° 14919, lisez, Histoire de l'Abbaye de.

PAGE 902, *ajoutez*,

14923.* ☞ Précis de la Vie, de l'Invention des Reliques & des Miracles de Sainte Benoîte, Vierge & Martyre, Patrone d'Origny, en Vermandois, & de l'Abéie: *Saint-Quentin*, Devin, 1758, *in-12.* de 34 pages.]

14925.* ☞ Oraison funèbre d'Agnès-Catherine de Grillet de Brissac, Abbesse d'Origny, (prononcée le 11 Mars 1723;) par M. Wity, Prêtre, Licencié en Théologie:) *Saint-Quentin*, Boscher, 1724, *in-4.* de 71 pages.]

Tome IV. Part. I.

Au N.° 14926, ajoutez en Note:

L'Auteur des *Vies des Femmes illustres*, (le Sieur de Maubuy) dans sa *Vie d'Héloïse: Paris*, 1763, *in 12.* au tom. VI. la fait mourir le 17 Mai 1173, âgée de plus de 70 ans.]

14929.* ☞ Cérémonial des Religieuses de l'Abbaye de Notre-Dame de Saint Paul, près de Beauvais, Ordre de Saint Benoît: *Beauvais*, Vallet, 1683, *in-12.*]

Au N.° 14931, à la Note, ligne 3, 1667, lisez, 1679.

Au N.° 14935, ajoutez en Note:

Cette Relation a été imprimée avec Figures, à *Paris*, à l'Enseigne du Chapeau Rouge, 1528: *in-4.* en lettres gothiques. Le N.° suivant (14936) est la seconde Edition du même Ouvrage.]

PAGE 903.

Au N.° 14943, ligne 3 de la Note, 1667, lisez, 1679.

14943.* ☞ Eloge de Marguerite de Kircaldi, Abbesse de Saint Pierre de Reims, (morte en 1639;) par Jacqueline Bouette de Blemur.

Dans ses *Eloges*, &c. (*Paris*, 1679, *in-4.*) tom. II. *pag.* 537.]

Au N.° 14944, ligne 1, de Bourbon, lisez, de Monbron.... & à la Note:

Cette Religieuse est morte à Montmartre en 1677. Son Eloge est imprimé dans les *Eloges des illustres de l'Ordre de S. Benoît:* (*Paris*, 1679, *in-4.*) tom II. pag. 495.]

PAGE 903.

Au N.° 14949, ajoutez à la Note:

On peut voir encore, sur l'origine des Religieuses du Calvaire, les Eloges d'Antoinette d'Orléans, ci-devant N.°s 14793 & 14794.]

14951.* ☞ Eloge funèbre de la R. M. Marie-Catherine-Antoinette de Sainte Scholastique de Gondy, par la Mère de Crenan: *Paris*, 1721, *in-4.*

Cet Eloge est véritablement composé par la Sœur Suzanne-Madeleine de la Guiche.]

14952.* ☞ Eloge funèbre de la R. M. Marie-Madeleine de la Passion de Perrien de Crenan, Générale du Calvaire, (au nom de la Prieure & Communauté du Calvaire;) par la Sœur Suzanne-Madeleine de la Guiche, Religieuse du Calvaire de Paris.]

Au N.° 14953, ajoutez en Note:

Les Pièces dont il s'agit ici, ont été aussi imprimées *in-4.*]

14953.* ☞ Réflexions sur le Bref concernant les Religieuses du Calvaire: *in-4.* de 16 pages.]

14954.* ☞ Idée de la Vie de Marguerite-Françoise de Saint Augustin de Coetquen, Supérieure Générale de la Congrégation du Calvaire, morte en 1745.

Dans les *Nouv. Ecclés.* du 17 Juillet 1745.]

14954.** ☞ Lettre circulaire des Religieuses du Calvaire au Marais, à Paris, sur la mort de Renée-Jeanne de Saint Joseph

Aaa

d'Angères du Main (Générale de l'Ordre, morte en 1751 :) in-4. de 11 pages.

Elle avoit été élue Générale en 1741.]

PAGE 904, ajoutez,

14969. * ☞ Bref d'Alexandre VII, qui termine définitivement les différends des Religieuses Carmelites du Royaume, avec l'Arrêt pour l'exécution d'icelui : (Imprimé) 1661, de 59 pages.]

Au N.º 14971, ajoutez en Note :

Ces Lettres sont de Jean-Baptiste GAULTIER, Théologien de M. de Langle, Evêque de Boulogne, & ensuite de M. Colbert, Evêque de Montpellier : il est mort en 1755.]

Au N.º 14974, ajoutez à la Note :

☞ Cette Religieuse ne fut jamais que Sœur Converse, quoique première Fondatrice des Carmélites en France.]

Au N.º 14978, effacez, Vie de la même.... par Toussaint LE BRUN; *car il ne s'agit point là de* Barbe Avrillot, *dite* Marie de l'Incarnation, *morte en 1618, mais de sa fille,* Marguerite du Saint Sacrement, *qui fut Supérieure de sa mère, & mourut en 1660. Ainsi on indiquera plus loin cette Vie, & plus exactement,* (N.º 14998 (1º).

Le N.º 14983 doit être aussi effacé, étant dans le même cas, & l'intitulé très-peu exact.

PAGE 905, ajoutez,

14985. * ☞ Eloge Historique de la Mère Marie de Hanivel de la Sainte Trinité, Carmélite.

Il est imprimé, pag. 329 & suiv. de la Vie de Jacques Gallemant (ci-dessus N.º 11139.) Cette Religieuse fut la première Professe des Carmelites de France, & mourut à Troyes le 6 Mars 1647.]

Au N.º 14986, après 1624, ajoutez : Ibid. Dehors, 1626.... *& à la Note :*

☞ Catherine de Jésus, née à Bordeaux, en 1589, est morte à Paris en 1623. Sa Vie est dite *écrite par une Religieuse du Monastère.*]

Au N.º 14989, ligne 3, effacez, 1670, & ajoutez à la Note :

Le Père Senault a donné cette Vie sur les Mémoires du Père Gibieuf, aussi de l'Oratoire. L'Edition de 1670, qui suit, a été augmentée par un autre Père de l'Oratoire, qui n'est pas nommé.]

Au N.º 14991, à la fin de la Note, Traslage, *lisez,* Tralage.]

14992. * ☞ Vie de Marie de Jesus, veuve de M. Boret.

Elle se trouve dans la *Vie de M. Boret,* Conseiller au Parlement de Toulouse, mort en odeur de sainteté; laquelle Vie est ci-devant indiquée, N.º 4742.]

Au N.º 14993, après Monastère, *ajoutez,* par un Prêtre, leur Confesseur : Lyon, Metton .... de 385 pages. *Et en Note,*

☞ La Mère Marie de la Trinité naquit à Dijon, de J. Mignard, Procureur, le 23 Janvier 1601, & est morte le 17 Décembre 1643.

Au N.º 14994, ligne 4, au lieu de le Petit, 1654, [-&c.] in-4. & in-8. *lisez,* de l'Imprimerie Royale, 1654, in-8. dédiée à la Reine ; (composée par Jean AUVRAY, Prêtre, Prieur de Bossets, demeurant à Montfort, sur les Mémoires de Joseph PARISOT, Prêtre de l'Oratoire.)

Quant à la Note, le premier alinea doit être effacé, comme faisant mention d'une autre Vie écrite par un Père de l'Oratoire (le Père Amelotte,) dont on parlera plus bas, & que l'on confond avec celle de Jean Auvray.

Le second alinéa est du Père le Long, qui prétend que le Père Parisot est le véritable Auteur de la Vie publiée sous le nom d'Auvray ; mais Dom Liron *a prouvé contre lui, (dans ses Singularités Historiques, tom. 1, pag. 475) que Jean Auvray l'avoit écrite lui-même, sur les Mémoires du Père Parisot. On peut y joindre d'autres preuves :* 1º *la Dédicace à la Sainte Vierge, & l'Epître à la Reine, sont datées de Montfort, lieu natal & résidence de Jean Auvray, qui a signé l'Epître à la Reine, & qui parle comme Auteur dans l'une & dans l'autre :* 2º *dans sa Préface, il indique une Fondation faite par son père à Montfort :* 3º *il y fait mention d'un de ses Ouvrages, intitulé,* Pratiques sur les Fêtes des Saints, *& qui a paru sous son nom, comme le rapporte Dom Liron :* 4º *dans une des Approbations, l'Ouvrage est dit composé par* J. Auvray, Prieur de Bossets. *Nous ajouterons ici, à son sujet, une Anecdote que Dom Liron a ignorée, & que l'on pourra ajouter à la fin du second alinéa.*

Jean Auvray, Prieur de Saint Odon de Bossets, a légué sa Bibliothèque à la Cure de Montfort, & est mort le Mercredi 19 Juillet 1661.]

Quant au troisième alinéa, qui a été ajouté au Père le Long, ainsi que le premier, il ne regarde point la Vie composée par Jean Auvray ; mais l'autre dont on va parler, & qui a été réellement imprimée chez le Petit.

14994 * ☞ Vie de la même Sœur Marguerite du Saint Sacrement, Carmelite de Beaune, (morte en 1648;) par un Prêtre de l'Oratoire, (Denis AMELOTTE.) *Paris, le Petit,* 1655, *in-*8. *dédiée à la Reine :* Ibid. 1656, in-8.

Cette Vie, qui est du double plus ample que la première du Sieur Auvray, & qui a 744 pages, a certainement pour Auteur le Père Amelotte, comme le dit M. Chauffepié, & elle porte l'Approbation de l'Evêque d'Autun. Il est vrai que le nom du P. Amelotte n'y paroît point, (seulement au Privilége & aux Approbations le P.... de l'Oratoire ;) mais, outre que le style de ce Père s'y reconnoît évidemment, en confrontant cette Vie avec celle qu'il a donnée du Père de Condren, en 1657, c'est que dans un autre petit Ouvrage de la Sœur Marguerite, intitulé, *Le petit Office du saint Enfant Jesus,* &c. en 1660, (& dont une nouvelle Edition : *Paris,* Léonard, 1668, in-12.) 1º le Privilége, du 15 Avril 1654, porte qu'il est accordé au Père A.... de l'Oratoire pour la Vie de Marguerite du Saint Sacrement, soit en un corps, soit en séparant ses vertus, pratiques de dévotion, &c. 2º dans l'Approbation des Docteurs, du 14 Mars 1655, *la Vie* est dite composée par le R. P. Amelotte, Prêtre de l'Oratoire : 3º dans la Dédicace de ce petit Office adressée à Madame la Chancelière, & signée simplement A.... Prêtre de l'Oratoire, il dit expressément qu'il a donné au Public l'Histoire de cette sainte Fille. Après tous ces éclaircissemens, on ne confondra plus les deux Vies dont on vient de parler : aucune n'a paru en 1652; nous ne sçavons si la première, du Sieur Auvray, a été réimprimée in-4.]

Au N.º 14996, le titre du Livre doit être ainsi :

La Vie en abrégé de Sœur Marguerite du Saint Sacrement, &c. en cinq Parties; par

Histoires des Religieux & Religieuses.

le sieur A. Ph. D. L. C. (*Lyon*,) Gautherin, (1685.) *in-*12.

Ce Livre est dédié au Comte de Grollée, par une Epitre signée *A. Perothée* DE LA CROIX. On ne voit nulle part qu'il fût *Carme*, comme le dit le Père le Long. Son Ouvrage, intitulé *Abrégé*, n'est en effet qu'un Extrait de la Vie, en 12 Livres, composée par le Père Amelotte.]

Le N.° 14997 *doit être effacé, pour les raisons que l'on va dire.*

14998.* ☞ Vie de Marguerite Acarie, dite *du Saint Sacrement*, Carmelite Déchaussée, décédée au Monastère de la Sainte Mère de Dieu, à Paris, fille de la Bienheureuse Sœur Marie de l'Incarnation, Religieuse du même Ordre; écrite par M. T. D. C. *Paris*, Sévestre, 1689, *in-*8.

Le Privilège est obtenu par Maître Toussaint le Brun, Prêtre; mais M. Beaucousin, Avocat au Parlement de Paris, en a un Exemplaire sur lequel est écrit d'une écriture du temps, *par M.* TRONSON *de Cheneviéres*. Cette Mère Marguerite du Saint Sacrement est morte le 24 Mai 1660.

C'est cette même Vie que le Père le Long a d'abord indiquée comme appartenant à Marie de l'Incarnation, mère de Marguerite de Paris, (dans cette Edition N.° 14978.) sous le nom de *le Brun* ; & que, par une autre erreur, il a présentée encore au N.° 14997, comme appartenant à la Sœur Marguerite de Beaune, sous le nom de son Auteur véritable, qu'il appelle *Jean-Pierre Tronçon de Chenevière*, qu'il dit Employé pour le service du Roi dans les *Négociations avec les Couronnes du Nord.*]

14998.** ☞ Conduite Chrétienne & Religieuse, selon les sentimens de Marguerite du Saint Sacrement, Religieuse Carmelite, fille de la Bienheureuse Sœur Marie de l'Incarnation, Religieuse du même Ordre, avec un Abrégé de sa Vie, &c. par le Père J. (JEAN) MARIE de Vernon, Religieux Pénitent : *Lyon*, 1687; 2. Edit. *Paris*, Chevillion, 1691, *in-*8.

Le Père le Long avoit encore donné cet Abrégé de Vie comme appartenant à la Mère (ci-dessus, N.° 14983.)

Le N.° 15000 *doit être effacé, étant la même chose que le* N.° 14993, *qui même est mieux.*

PAGE 906.

Au N.° 15009, *il faut mettre ainsi le titre entier :*

Vie de la très-sublime contemplative Sœur Marie de Sainte-Thérèse, Carmelite de Bordeaux; par l'Abbé DE BRION : *Paris*, le Clerc, 1720, *in-*12. (Vol. de 602 pag.)

Cette Religieuse se nommoit dans le monde, Marie de la Rose : elle est morte le 25 Août 1717.]

15009.* ☞ Ms. Abrégé de la Vie de Madame de Ségur de Sainte-Cécile, Religieuse Carmelite du Grand Couvent de Paris, morte le 24 Décembre 1721 ; par M. DE LA RIVIERE.

Cette Vie n'a point été imprimée : *tant mieux*, dit l'Editeur des Lettres de M. de la Rivière (M. Michault de Dijon,) imprimées à *Paris*, 1751, tom. I, pag. 59.]

15009.** ☞ Ms. Vie abrégée de la Vénérable Mère Marguerite-Thérèse de Cambis, Carmelite Déchaussée : *in-*4.

Cette Vie est conservée à Avignon dans la Bibliothèque de M. le Marquis de Cambis de Velleron, & fait partie du N.° 124 du *Catalogue* imprimé de ses Manuscrits. Cette Religieuse est morte en odeur de sainteté, le 18 Octobre 1731.]

PAGE 907, *ajoutez,*

15029.* (1.) ☞ Le Monument de Parfums, ou Discours funèbre des vertus de Madame Catherine de Lorraine, Abbesse de Remiremont; fait à Nancy le 7 Avril 1648, en l'Eglise de ses Religieuses; par D. Laurent MAJORET, Bénédictin : *Nancy*, Charlot, 1648; *in-*4.

(2.) ☞ Oraison funèbre de la Princesse Royale Charlotte-Elisabeth-Gabrielle de Lorraine, Abbesse de Remiremont; prononcée le 16 Juin 1711, par Jean-Claude SOMMIER, son Prédicateur ordinaire : *Luneville*, Bouchard, 1711, *in-*4.]

(3.) ☞ Oraisons funèbres de Madame Béatrix-Jéronime de Lorraine, Dame & Abbesse de Remiremont, les 18 & 20 Mars 1738 ; par François ANDREU, Curé dudit Remiremont : *Nancy*, Antoine, 1738, *in-*4.]

15030.* ☞ Vie de la même, Claude du May ; par le Père Hilarion DE COSTE, Minime.

Dans son *Histoire Catholique* : *Paris*, 1625, *in-fol.*]

La même, traduite en Vers Latins, par Jacques-Paul RADLINSKI, Supérieur Général des Chanoines Réguliers du Saint Sépulcre : *Cracovie*, 1749, *in-*8.

Au N.° 15031, *il faut réformer le titre de cette manière :*

Vie d'Antoinette de Jésus, Chanoinesse de Sainte Perrine à la Villette proche Paris, avec un Abrégé de ses Lettres, & la Vie d'Antoinette de Costerel de Bonneuil, du même Ordre : *Paris*, Villette, 1685, *in-*12. de 419 pages.

Ce Volume est dédié par les Religieuses de Sainte Perrine à Charlotte de Harlay, leur Abbesse. La Sœur Antoinette de Jésus, morte en 1678, se nommoit dans le monde Antoinette Journel, & elle avoit été mariée à M. Vivenel, Avocat à Compiègne. Elle a écrit la Vie manuscrite de la Sœur Barbe de Compiègne, dont il sera question ci-après au N.° 15230. Elle est aussi Auteur de celle de la Mère Costerel de Bonneuil, qui est morte en 1645, dont l'Abrégé de la Vie occupe dans le Livre que nous indiquons, depuis la page 399, jusqu'à la page 419.]

Au N.° 15034, *ligne 7, après in-fol. ajoutez :*

Requête des Chanoinesses Comtesses de Neuville-lès-Dames, & Ordonnance de M. de Tencin, du 28 Janvier 1757, qui, entre autres objets, fixe à six le nombre des Chanoinesses d'honneur ; avec l'Arrêt d'homologation, au Parlement de Dijon, du 19 Février 1757.

Cette Sécularisation a été prononcée par une Bulle du

Tome IV. Part. I.   Aaa 2

Pape Benoît XIV, le 7 des Calendes d'Avril 1751, mise à exécution par M. le Cardinal de Tencin, Archevêque de Lyon, le 5 Septembre 1755. Le tout, Bulle, Statuts & Décret, a été revêtu de Lettres-Patentes, du mois de Novembre 1755, registrées au Parlement de Dijon le 27 Mars 1756. Ces Pièces forment le premier Recueil imprimé à Lyon, comme on l'a dit, en 1756, (chez Valfray) in-fol. de 170 pages. Les deux autres Articles; sçavoir, la première Ordonnance de M. de Tencin (du 16 Juin 1757, homologuée au Parlement de Dijon le 9 Juillet suivant;) & la Requête, avec la seconde Ordonnance, ont été imprimés ensuite & joints au premier Recueil, sous la même suite de chiffres: le tout ensemble est de 188 pages in-fol.]

Au N.° 15035, ligne 4, après Paris, ajoutez Pralard.

15035. * ☞ La Vie de la Vénérable Louise de Marillac, veuve de M. le Gras, Fondatrice de la Compagnie des Sœurs de la Charité, (morte en 1660 ;) par M. Pierre COLLET, Prêtre de la Mission : Paris, de Hansy, 1769, in-12.

L'Auteur est mort en 1773. Son Ouvrage n'est que le Livre précédent de M. Gobillon, dont il a retouché le style, mais auquel il a ajouté diverses Pièces relatives à l'Institut des Sœurs de la Charité, & la Liste de leurs établissemens dans le Royaume.]

Au N.° 15036, ligne 2, au lieu de Jouvain.... lisez, Jouvin, (morte à Versailles le 13 Février 1744.) Paris, veuve Mazières, 1744, in-12. de 96 pages.

PAGE 908, ajoutez,

15049 * ☞ Pseudo - Diva Ballencuriana; seu in Ascelina colendâ vana Religio : Auctore J. PERISTEROTROPHO, Parocho Macropolitano : Eleutheropoli, sumptibus Aug. Philalethis, 1711, in-8. pag. 32.

Cette espèce de Dissertation a pour objet le culte d'une sainte Recluse établi dans l'Abbaye de Ballencourt, Ordre de Cîteaux. L'Auteur est Guichard DE BEURREVILLE, de l'Oratoire : il y a pris le style affecté du Docteur Boileau.]

Au N.° 15059, ajoutez en Note :

☞ Louise-Cécile de Ponçonas (car c'est ainsi qu'il faut lire) étoit née en 1602, à Ponçonas en Dauphiné, & elle est morte le 7 Février 1657.]

PAGE 909, ajoutez,

15061. * ☞ Mſſ. Pièces concernant l'Abbaye de Notre-Dame de Tart.

Elles sont particularisées dans l'Inventaire Sommaire qui est après les Histoires de Bourgogne, au tom. III, pag. 487, N.ᵒˢ 3715 & suiv.

On trouvera encore sur cette Abbaye, & sur la Mère de Porlan, sa Réformatrice, diverses particularités dans les Mémoires originaux de Port-Royal, (ci-après N.° 15096.) sur-tout tom. I. pag. 230 & 333, & tom. II. pag. 410. &c.]

15064. * ☞ Œuvres de piété de la même Mère de Ballon, publiées par le même J. Grossi, Prêtre de l'Oratoire : Paris, Couterot, 1700, in-8. 2 Parties, la première de 204 pages, & la seconde de 223.

Ce Recueil est très-historique, relativement à cette Religieuse, qui, par l'ordre de ses Supérieurs, y décrit sa Vie elle-même.]

15073. * ☞ Oraison funèbre d'Elisabeth de Crevant de Humières, Abbesse de Marquette : Lille, Fievet, 1708, in-4. de 17 pages, (sans nom d'Auteur.]

PAGE 910, ajoutez,

15084. * ☞ Oraison funèbre de Françoise-Angélique d'Estampes de Valançay, Abbesse des Clairets, prononcée le 7 Septembre 1708; par M. GONTIER, Docteur de Sorbonne : Paris, Guerin, 1709, in-4.

15088. * ☞ Oraison funèbre de Madame Remye Bazin, Abbesse du Monastère de Notre-Dame de Meaux, prononcée dans l'Eglise dudit Monastère le 29 Novembre 1661; par M. Antoine CAIGNET : Paris, la Caille, 1661, in-4.]

PAGE 911.

Au N.° 15101, ligne 5, au lieu de 1756, lisez, 1656.

PAGE 912.

Au N.° 15108, après Discours préliminaire, ajoutez, de l'Editeur, Pierre LE CLERC, Sous-Diacre de Rouen.)

PAGE 914, ajoutez,

15133. * ☞ Les Vies & Actions mémorables des Saintes & Bienheureuses, tant du premier que du Tiers-Ordre de Saint Dominique; par le Père (DE RECHAC, dit) Jean de Sainte-Marie, Religieux Dominicain : Paris, Huté, 1635, in-4. 2 vol.]

Au N.° 15134, ligne 7, au lieu de 1671, lisez, 1686.

☞ Les Approbations sont de 1686, & le texte de l'Histoire va jusqu'en 1685.]

Au N.° 15136, ajoutez à la Note :

☞ L'Auteur est Ch. L. DE LANTAGE, Prêtre du Clergé de Clermont, au Diocèse duquel est Langeac.

☞ La même Vie de la Mère Agnès, &c. Seconde Edition, augmentée; par le même : au Puy, 1675, in-8. de 662 pages.

On ne trouve point dans cette Edition l'Abrégé de la Vie de la Mère des Séraphins. L'Auteur a signé l'Epître Dédicatoire Ch. L. D. L. Il dit dans sa Préface, que la Vie de la Mère Agnès avoit déjà été faite & mise au jour à la fin de la Vie des Saints d'Auvergne, par le Père BRANCHE, Bénédictin de l'Abbaye de Pébrac : Ouvrage que nous avons indiqué au N.° 4243.]

Au N.° 15137, au lieu de Françoise des Séraphins, lisez, Agnès de Jesus (car c'est elle seule que regarde le Mémoire du Père Boyre.)

Au N.° 15138, ligne 2, effacez, de Clermont, & supprimez entièrement la Note, qui est fausse.

15138. * ☞ Vie de la même Françoise des Séraphins, par le Père Charles AROUX DE S. VINCENT, Dominicain.

Dans l'Année Dominicaine, Part. I, d'Octobre, sous le 18 de ce mois, pag. 571-582.]

Au N.° 15139, ligne 4, (& à la Note) au lieu de GUILLOUZON, lisez, GUILLOUZOU.

PAGE 915, ajoutez,

15142. * ☞ Vie de Marie Deymes, Professe de la Congrégation des Sœurs du Tiers-Ordre de Saint Dominique, à Bordeaux,

Histoires des Religieux & Religieuses.

(morte en 1679.) *Bordeaux*, 1682, *in-*16. de 101 pages.

On attribue cette Vie à son fils, le Père Jean-Baptiste BARREYRE, Dominicain, mort en 1715.]

Le N.° 19143 doit être effacé, parce que c'est une répétition du N.° 15137 : car ce N.° 15137 est cette même Vie de la Mère Agnès, dont le Mémoire est du Père Beyre, retouché par le Père Charles Aroux de S. Vincent, Dominicain, Auteur du Volume I. de Septembre de l'Année Dominicaine, imprimé à Amiens en 1702, *in-*4. & que le Père le Long sembloit désigner comme un Ouvrage particulier dudit Père de S. Vincent.

15147. * ☞ Consultation de plusieurs Docteurs de Sorbonne, du 18 Octobre 1716, (imprimée) *in-*4. de 3 pages.]

Au N.° 15148, ajoutez en Note:

Cet Arrêt du Conseil, du 6 Février 1719, est aussi imprimé dans le « Recueil de Pièces qui justifient que » le Prieuré de Poissy est perpétuel & à la nomination » du Roi: *in-*4. de 47 pages. On l'a déjà indiqué au N.° 5349, & il doit être encore référé ici. On le publia à l'occasion d'une nouvelle tentative faite contre l'Arrêt définitif de 1719, par quelques Religieuses qui demandèrent leur sortie hors du Couvent de Poissy.]

PAGE 916.

Au N.° 15154, ligne 1 de la Note, au lieu de PARRADE, lisez, PORRADE.

15154.* ☞ Ms. Mémoire sur l'Affaire des Filles de l'Enfance ; par M. l'Abbé (Claude) FLEURY.

Ce Mémoire est parmi les Manuscrits de l'Abbé Fleury, qui sont entre les mains de M. Daragon, Professeur au Collège de Montaigu à Paris. L'Auteur, après avoir justifié en peu de mots le Bref d'érection & les Constitutions, conclud à établir une Commission d'Evêques, de Conseillers d'Etat, de Docteurs & autres personnes graves & non suspectes, afin de justifier la conduite du Roi à Rome & par toute l'Europe; & si elle est juste dans le fond; &, si elle ne l'est pas, la réparer au plutôt, en rappellant de son exil la Dame de Mondonville, (Institutrice & Supérieure,) rassemblant les Filles, & rétablissant les Communautés dans leur premier état, avec les dédommagemens qui seront jugés nécessaires.]

Avant N.° 15162, ajoutez :

☞ Arrêt du Conseil d'Etat du Roi, du 6 Octobre 1767, & Lettres Patentes du même jour, concernant l'imposition de l'Abbaye Royale de Fontevrauld & du Prieuré de Tusson, aux Décimes du Diocèse de Poitiers : *in-*4. (31 pages.)

PAGE 917.

Au N.° 15166, après Fontevrauld, lisez, (comme porte le titre:) avec aultres choses concernant la saincteté de ladicte Religion; par le Procureur Général dudit Ordre, & par le Traverseur : *Poitiers*, Marnef, 1535, *in-*4.

Ce Traverseur étoit Jean BOUCHET, Poète, &c.]

15169.* ☞ Oraison funèbre de la même, Jeanne-Baptiste de Bourbon, prononcée au petit Fontevrauld de la Flêche ; par le Père M. SORIZ, le 22 Février 1670 : *la Flêche*, veuve Griveau, 1670, *in-*4.]

15171.* ☞ Eloge de la même Dame de Rochechouart ; par M. DREUX DU RADIER.

Dans sa *Bibliothèque du Poitou*, tom. IV. p. 345.]

Au N.° 15172, ligne 2, au lieu de Thimbrone, *lisez* Thimbrune.

15178. * ☞ Constitutions du Monastère des Religieuses du Tiers-Ordre de S. François de Beauvais, dressées de l'autorité de M. le Cardinal Janson, Evêque de Beauvais; (par Louis BOREL, Grand-Archidiacre & Supérieur dudit Monastère :) *Beauvais*, Desjardins, 1710, *in-*8.]

PAGE 918.

Au N.° 15184, ajoutez en Note :

☞ On trouvera encore une Vie étendue de la Mère Colete, dans l'*Histoire du Tiers-Ordre de S. François*, par le Père Jean-Marie de Vernon : (*Paris*, Josse, 1667, *in-*8,) tom. II. pag. 270-316.]

Au N.° 15189, ligne 4, après 1691, ajoutez, Cardinet... & en Note:

Cette Vie de Madame de Gueldres, recueillie par les Religieuses de Sainte-Claire, a été imprimée pour la première fois à *Pont-à-Mousson*, Bernard, 1607. L'Edition de 1691, chez Cardinet, est réimprimée mot à mot sur cette première Edition ; mais il y a une Addition d'environ 100 pages, par Nicolas GUINET, Abbé de Sainte-Marie de la même Ville, Ordre de Prémontrés Réformés. Cette Addition contient des Preuves, des Observations & des Pièces relatives à l'ancienne Vie, avec une Liste des Abbesses de ce Couvent de Sainte-Claire.]

Au N.° 15190, effacez, par Nicolas BALTHASARD...; & après Nancy, ajoutez Balthasard... puis en Note:

L'Epître dédicatoire de cet Abrégé de la Vie de Madame de Gueldres, est faite sous le nom dudit Imprimeur ou Libraire, & il y offre à la Princesse aînée de Lorraine ce petit mais pieux Livre : ce qui n'annonce pas un Auteur parlant de son propre Ouvrage. Le Volume n'a que 89 pages.]

15196.* ☞ Vie de la Révérende Mère Françoise de Rey, Religieuse Tierceline du Couvent de Salins : *Lyon*, Josse, 1667, *in-*12.]

Au N.° 15197, ligne 4, au lieu de 1642, *lis.* 1672.

15199.* ☞ Vie de la Bienheureuse Passi, Fondatrice des Religieuses Capucines en France; par le Père SÉBASTIEN de Senlis, Capucin de la Province de Paris : *Paris*, Buon, 1625, *in-*8.]

Au N.° 15201, ligne 3, au lieu de Rice, *lis.* Riez... après Marseille, ajoutez Buon... puis lisez en Note :

La Mère Bonne se nommoit du Jardin : elle est morte en 1652.]

PAGE 919, ajoutez,

15205. * (1.) ☞ Vie de Magdelaine du Sauveur, Religieuse du Tiers-Ordre de S. François, Supérieure du Monastère de Sainte-Elisabeth de Lyon ; par le P. ALEXANDRE de Lyon, Récollect : *Lyon*, Combat, 1691, *in* 8.

Cette Religieuse est morte en 1650.]

(2.) ☞ Conduite spirituelle de la Sœur Anne Violet, du Tiers-Ordre de S. François : *Avignon*, Giroud, 1740, *in-*12.

C'est le premier Ouvrage du Père Ange MARIN, Minime, qui l'écrivit sur les Mémoires que lui fournit le Père Combe, Jésuite, Confesseur de cette Fille. C'est ce qu'on apprend par le Catalogue des Ouvrages du Père Marin, à la suite de son *Eloge historique* : (*Avignon*, 1769,) pag. 15, où l'on observe qu'une rigoureuse critique auroit supprimé plusieurs détails de cette Vie.]

(3.) ☞ Vie de Marie de la Passion, nommée au Siècle Claudine Chapuis de Corgenon, Religieuse (du Tiers-Ordre de S. François,) du premier Monastère de Sainte-Elisabeth de Lyon, & Fondatrice du Monastère de Sainte-Elisabeth, sous le titre de Sainte-Anne, à Villeneuve-lès-Avignon : *Lyon*, veuve Molin, 1731, *in*-12.

Cette Religieuse est morte en 1727, âgée de 84 ans.]

(4.) ☞ Abrégé de la Vie de Madame de Paris, (Marie-Françoise le Picart,) Tiercaire de l'Ordre de la Pénitence de S. François : *Paris*, Vitte, 1733, *in*-12. de 83 pages.

Madame de Paris est morte à Paris le 18 Octobre 1716, âgée de 46 ans. Son mari étoit Maître des Comptes à Paris.]

(5.) ☞ Constitutions des Religieuses du Troisième Ordre de S. François, appellé de la Pénitence, dites de *Sainte-Elisabeth*, (suivant la Réforme que Léon X. a faite de la Troisième Règle donnée à des Laïcs par S. François :) *Lyon*, veuve Rigaud, 1643, &c. *in*-12.

Nota. Il y a beaucoup d'Articles de Religieuses Tiercaires du Couvent de Sainte-Elisabeth, & autres Filles du Tiers-Ordre de S. François, dans l'*Histoire du Tiers-Ordre*, par le Père Jean-Marie de Vernon, indiquée dans ce *Supplément*, au N.° 13931, ci-dessus.]

15207.* ☞ Histoire des Abbayes de Sainte-Claire, à Lons-le-Saunier, Migette & Montigny, dans le Diocèse de Besançon ; par Fr. J. Dunod, Professeur-Royal.

Elles se trouvent dans le *tom.* I. de son *Histoire des Séquanois*, &c. (*Dijon*, 1735, *in*-4. part. II. pag. 165-174, & les Preuves à la fin du Volume, *pag.* ciij-cxij.]

Au N.° 15208, ajoutez en Note :

☞ M. Bouray, Prêtre, dont nous avons indiqué la Vie dans ce *Supplément*, au N.° 10986, a établi des Hospitalières à Loches, Vierzon, Amboise, Chinon, Riom, & Clermont en Auvergne.]

15208.* ☞ Constitutions des Religieuses Hospitalières des grandes Charités de la Ville d'Auxerre, données par M. de Caylus, Evêque d'Auxerre, le 28 Mai 1733 : *Auxerre*, Fournier, 1747, *in*-8.

On y a joint le Cérémonial pour la Vêture & Profession des mêmes Religieuses.]

15210.* ☞ Constitutions des Religieuses Hospitalières de la Miséricorde de Jesus, (établies à Paris, rue Mouffetard :) *Paris*, 1666, *in*-12.

Cet Article est mal placé au N.° 15213. Ce sont ces Religieuses dont l'Affaire a donné lieu à la Lettre de M. l'Archevêque de Lyon à M. l'Archevêque de Paris, en 1760, (ci-devant, Tome I. N.° 8874.) On y trouve les Pièces concernant leur Affaire.]

15210.** ☞ Lettre sur la mort de la Mère Marguerite Duval de sainte Gertrude, Religieuse Hospitalière de la Miséricorde de Jesus ; (par la Mère CATHERINE de S. Joseph, Supérieure du Monastère de la Miséricorde de Gentilly;) datée du 3 Mai 1696, *in*-4. de 14 pages, (avec le Portrait de la Mère Marguerite.)

Cette Religieuse, née à Rouen, a fondé les Monastères de la Ville d'Eu & de Gentilly, & est morte le 13 Janvier 1696, âgée de 80 ans.]

Le N.° 15213 doit être effacé d'ici, comme on vient de le marquer à 15210*.*

15220.* ☞ Règle de S. Augustin, & Constitutions du Monastère de l'Hôpital de Beaulieu, de l'Ordre de S. Jean de Hiérusalem : *Paris*, Adam, 1677, *in*-12.]

PAGE 920.

Au N.° 15223, ligne 2, & à la Note, au lieu de Melun, *lisez*, Meleun.

☞ M. Grandet, (qui n'est mort qu'en 1724,) a dédié cette Vie à Henri Arnauld, Evêque d'Angers, duquel il détaille nombre d'œuvres de charité. Il y a en tête un Discours sur la grandeur de la Maison de Meleun. L'Abbé Goujet, dans son Supplément de Moréri, (Article *Grandet*,) nous apprend que ce Discours n'ayant pas plu à la Princesse d'Epinoy, elle le fit supprimer, & en fit substituer un autre, qui commence par ces mots : *Je ne sçaurois mieux faire voir*.... au lieu que le premier (qui est très-rare,) commence ainsi: *Je n'ai dessein de m'étendre*...]

Au N.° 15224, ajoutez à la Note :

☞ Elle étoit née à Coutances, & se nommoit Catherine Simon.]

Au N.° 15226, ajoutez en Note :

☞ La Mère de la Croix est morte en 1655, (& par conséquent son Article doit être plus haut, c'est-à-dire à 15223.]

15226.* ☞ Discours sur la Vie & les Vertus de la Vénérable Sœur Jeanne Delanoue, Fondatrice & première Supérieure de la Providence de Saumur, décédée le 16 Août 1736 : *Angers*, Dubé, 1743, *in*-12. de 305 pages.

L'Auteur, après une Dédicace à M. l'Evêque d'Angers, adresse un Avertissement aux Religieuses pour qui il a composé cette Vie de leur Fondatrice, & il les appelle « les Religieuses de Sainte-Anne, servantes des » Pauvres de Jesus-Christ, qui composent la Maison de » la Providence de Saumur.]

15230.* ☞ Ms. Vie de la Sœur Barbe (Fremault,) du Tiers-Ordre de S. François de Paule : *in*-4. en trois Parties.

Ce Manuscrit est dans le Cabinet de M. Beaucousin, Avocat au Parlement, à Paris. Les deux premières Parties sont des Dispositions intérieures de cette Fille, qu'elle même a dictées par ordre de son Confesseur (le Père Marin, Minime à Compiègne.) La dernière Partie est un Abrégé de sa Vie, dressé par une de ses amies, qui avoit écrit sous sa dictée les deux précédentes, qui étoit aussi du Tiers-Ordre de S. François de Paule, & qui signé *Sœur Antoinette de Jesus*, (son nom de famille étoit JOURNEL.) La Sœur Barbe est morte en 1636.

Il y a un Extrait de la Vie de cette Sœur Barbe assez étendu, qui forme le Chapitre XXVII. du Livre II. de la Vie du Père de Condren, de l'Oratoire, par le Père Amelotte, qui avoit eu du Père Marin communication

Histoires des Religieux & Religieuses.

des Écrits dictés par cette bonne Fille, de laquelle le Père de Condren faisoit la plus grande estime. C'est vraisemblablement cette même *Sœur Barbe de Compiègne*, dont il se trouve une Vie abrégée au num. IV. d'un Recueil de Vies Manuscrites de la Bibliothèque de M. l'Abbé Goujet, (aujourd'hui chez M. le Duc de Charost :) Recueil que nous avons indiqué N.° 4735.

Le Père Giry, (en la seconde Edition de la Règle du Tiers-Ordre de S. François de Paule, augmentée d'Eloges des Personnes de ce Tiers-Ordre : *Paris*, Muguet, 1683 & 1697, *in-12.*) nous apprend, *pag.* 305, que la Sœur Barbe s'appelloit *Fremault*, &, *pag.* 309, que celle qui a écrit sous sa dictée, étoit *Antoinette Journel*, depuis Religieuse au Monastère de Sainte-Perine près de Paris, dont il annonce que l'on imprime la Vie. C'est cette Vie dont nous avons donné exactement le titre dans ce *Supplément*, ci-dessus, *pag.* 371, au N.° 15031.]

Au N.° 15231, *après* 1689, *lisez*, *in-8....à la Note,* 1678, *lisez*, 1667...*& ajoutez après la Note :*

ON trouve encore les Eloges de plusieurs Filles du Tiers-Ordre des Minimes, dans la seconde Edition de la Règle de S. François de Paule, que l'on vient de citer.]

15234. * ☞ Vie de la Vénérable Mère Jeanne de Lestonac, Fondatrice de l'Ordre des Religieuses de Notre Dame ; par le Père DE BEAUFILS, Jésuite : *Toulouse*, Robert, 1742, *in-12.*]

PAGE 921, *ajoutez*,

15244. * ☞ Mf. Lettres-Patentes de Confirmation de l'Etablissement (fait en 1656,) des Religieuses de la Congrégation de Notre-Dame, dans la Ville de Donzy, pour y vivre en corps de Communauté sous la Jurisdiction spirituelle de l'Evêque Diocésain, & à la charge d'instruire gratuitement les jeunes filles ; avec Autorisation des acquisitions faites par lesdites Religieuses, & de tous dons, legs & donations faites à leur profit, jusqu'à l'Edit du mois d'Août 1749.

Ces Lettres-Patentes, données à Versailles en 1757, sur l'avis de M. de Cicé, Evêque d'Auxerre, & le consentement des Habitans de Donzy, après une Information *de commodo & incommodo*, ont été enregistrées au Parlement de Paris, par Arrêt du 30 Avril 1760, pour jouir, par lesdites Religieuses, leur effet & contenu, & être exécutées selon leur forme & teneur.]

15255. * ☞ Exposition de l'Institut de la Congrégation de Notre-Dame du Refuge, nouvelle Edition, [corrigée & augmentée : *Nancy*, Cusson, 1716, *in-8.*

Peut-être n'est-ce qu'une nouvelle Edition de l'Ecrit intitulé, *Déclaration*, &c. dont on aura retouché le style. Quoi qu'il en soit, on trouve dans celui-ci, une courte Epître dédicatoire à S. A. R. (le Duc de Lorraine,) sous le nom des Religieuses du Refuge, une Préface de 23 pages, où l'on fait l'Apologie de l'Institut, un Abrégé de la Vie de la Mère de la Croix, Fondatrice, nommée *Ramfaing*, qui contient 13 pages. L'Ouvrage, qui est de 95 pages, a XV. Chapitres, suivis de X. Pièces relatives à l'Institut.

Au N.° 15256, *à la Note, au lieu de* Ranfrain, *lis.* Ramfaing. Sa Vie paroîtra d'abord *Liège*, Streel, 1685 ; mais ensuite les Exemplaires s'en sont vendus à *Bruxelles*, chez Foppens, qui y a ajouté son nom avec l'année 1686. C'est un *in-12.* très-chargé, & de 584 pages. Il y en a eu en dernier lieu une Edition : *Avignon*, 1735, *in-8.*

Au N.° 15257, *lisez* in-8. *& ajoutez en Note :*

Cette Vie, de la Mère Erard, est du Père Charles-Louis HUGO, Prémontré, dont on a beaucoup d'Ouvrages, & qui est mort en 1739.]

15257. * ☞ Mf. Statuts des Sœurs Repenties de sainte Marie-Magdelaine des Miracles d'Avignon : *in-fol.* vélin.

Ce Manuscrit est conservé à Avignon, dans la Bibliothèque de M. de Cambis de Velleron, num. 96. On en trouve une Notice, *pag.* 472, de son Catalogue raisonné : (*Avignon*, Chambeau, 1770, *in-4.*) Ces Statuts, écrits par Pierre Fabri, Notaire Apostolique, furent d'abord dressés en Latin, par Acte du 14 Decembre 1376, en conséquence de quatre Bulles du Pape Grégoire XI.]

Au N.° 15258, *ajoutez en Note :*

Cette Vie, de Madame de Combé, a été réimprimée : *Paris*, veuve Delaulne, 1732, *in-*8. On trouve à la fin de cette Edition, comme dans la première, les Réglemens de la Communauté du Bon-Pasteur. M. Beaucoulin, Avocat au Parlement de Paris, a dans son Cabinet l'Original Manuscrit de ces Réglemens, où l'on voit des choses très-singulières qui ont été raturées.

Cette même Vie a été insérée, avec de légers changemens & quelques Additions, dans l'*Année Dominicaine, tom. I. de Septembre :* (*Amiens*, 1702,) *p.* 456-480. Les Additions ne regardent que l'Affiliation de cette Dame au Tiers-Ordre de S. Dominique.]

15258. * ☞ Règlement pour la Communauté des Filles du Bon-Pasteur, avec les Lettres-Patentes du mois de Juin 1698, qui les confirment, regîtrées au Parlement & à la Chambre des Comptes.

Ces deux Pièces sont dans le *Traité de la Police du Commissaire de Lamare, tom. I. pag.* 498. Elles sont précédées de quelques détails sur cette Maison.]

15258. ** ☞ Relation de ce qui s'est passé à la chûte de la Maison du Bon-Pasteur de Toulouse, arrivée le 12 Septembre 1727 : Delespine, 1727, *in-*4. de 15 pages.]

Le N.° 15259 doit être effacé : *il appartient aux Religieuses Franciscaines, après le* N.° 15107, *où il a été remis.*

PAGE 921, *ajoutez*,

15260. * ☞ Règle de S. Augustin, & Constitutions pour les Religieuses de la Visitation : *Paris*, 1652, 1700, *in-*24.]

15260. ** ☞ Mf. Histoire Chronologique du Monastère de la Visitation de la Ville de Gray, depuis l'année 1634 jusqu'en 1709 ; par une Religieuse de ce Monastère, Marguerite-Julienne DE TREILLIS.

Cette Histoire est conservée dans cette Maison.]

Au N.° 15262, *ligne* 1, *au lieu de huit, lisez, sept.*

Au N.° 15263, *ligne* 1, *au lieu de sept, lisez, huit.*

15263. * ☞ Vie de neuf Religieuses de l'Ordre de la Visitation ; par la même Mère DE CHAUGY : *Annessy*, 1659, *in-*4.]

Au N.° 15266, *au lieu de* MASSELLI, *lisez*, MAZELLI... (&) Avignon, *au lieu d'*Annessy.]

15270. * ☞ Le beau Cœur, ou Discours

prononcé à l'Anniversaire de la Mère de Chantal, dans l'Eglise des Religieuses de la Visitation de Châlons ; par le P. BRISEION, Jésuite : *Paris*, Martin, 1643, *in*-4.]

15273.* ☞ La Fille spirituelle de S. François de Sales, (ou Eloge de la Mère de Chantal ; par M. DE FORTIA, Seigneur de Piderzay : *Paris*, Henault, 1665, *in*-12.]

Au N.° 15274, *à la Note, ligne* 1, *au lieu de* Louise de Rabutin... *lisez*, Louise-Françoise de Bussy-RABUTIN, qui épousa en premières noces Gilbert de Langeac, Marquis de Coligny, & en second lieu Henri-François de la Rivière.

15282.* ☞ Panégyrique de la même (B. de Chantal ;) par M. LE COMTE, Curé de Savigny-Braie : *le Mans*, Isambart, 1753, *in*-4.

L'Auteur est actuellement Chanoine de la Cathédrale du Mans.]

PAGE 923, *ajoutez*,

15283. ☞ La Vie de Sainte Frémiot de Chantal, Fondatrice de l'Ordre de la Visitation : *Orléans*, Couret, 1768, & *Paris*, Berton, *in*-12.]

15283.** ☞ Panégyrique de Sainte Jeanne-Françoise de Chantal, &c. par M. DEVOYON, Supérieur du Séminaire de la Mission, à Limoges, (prononcé en 1769 :) *in*-4. sans date, ni lieu d'impression, &c.

Nota. Après toutes ces Vies & Eloges de Sainte J. Fr. de Chantal, nous devons indiquer le Manuscrit de M. de Cambis-Velleron, (N.° 10789 de ce Supplément) où ce Sçavant relève apparemment des erreurs, comme dans celle de Saint François de Sales. Au reste, les Leçons de Matines pour cette Sainte, qui se distribuent à Paris chez Lottin, donnent une idée précise de sa vertu : elles ont été faites pour le Bréviaire Romain.]

Au N.° 15284, *lisez ainsi* :

Vie de Marie-Aimée de Blonay, dixième Religieuse de la Visitation, &c. par Ch. Auguste DE SALES, Evêque de Genève : *Paris*, Huré, 1655, *in*-8.]

15288.* ☞ Oraison funèbre de très-Religieuse Dame, Marie-Felix des Ursins, Duchesse de Montmorency, prononcée par Fr. Jean CUISSOT : *Paris*, Maucroy, 1666, *in*-4.]

15290.* ☞ Vie de Madame de Montmorency : *Clermont*, 1769, *in*-12. 2 vol.

Elle a été composée sur les Mémoires de la Sœur Anne DU CROS, Religieuse de la Visitation à Moulins, & fille de Simon du Cros, Auteur de la Vie du Duc de Montmorency. On y réfute, avec autant de solidité que de force, diverses calomnies imputées à Madame de Montmorency. On peut voir à ce sujet le *Catalogue raisonné des Manuscrits de M. de Cambis-Velleron* : (*Avignon*, 1770, *in*-4.) *pag.* 722.]

Au N.° 15296, *ajoutez en Note* :

Cette Vie de la Sœur Alacoque a été traduite en Italien, & imprimée à Veuise : 1748, *in*-4.]

15298.* ☞ Recueil des vertus de feue notre très-honorée Mère Louise-Henriette de Soudeilles, décédée en ce Monastère de la Visitation Sainte Marie de Moulins ; le 24 Avril 1714, âgée de 84 ans & demi : *in*-4. (sans nom de lieu, &c.) de 51 pages.]

15299.* ☞ Abrégé de la Vie d'Anne-Marie Pillet, dite *Simplicienne*, décédée dans le troisième Monastère de la Visitation de Lyon, le 18 Mars 1721, âgée de 73 ans, Professe de 46, du rang des Sœurs Domestiques : *in*-12. de 17 pages.

15299.** Vie de la Mère Suzanne-Marie de Riantz de Villerey, Religieuse de la Visitation de la Maison de l'Anticaille de Lyon : *Lyon*, Valfray, 1726, *in*-12. de 189 pages.

Cette Religieuse est morte en 1724.]

Au N.° 15302, *ligne* 3, *au lieu de* 1666, *lisez*, 1672, par M. D. P. U.

15302.* ☞ Ms. Establissement des Ursulines à Beauvais, en 1626.

Ce Manuscrit est indiqué dans le Catalogue de M. de Cangé, & doit être à la Bibliothèque du Roi.]

Au N.° 15303, *ligne* 3, *au lieu de* 1585, *lisez*, 1685.

PAGE 924, *ajoutez*,

15308.* ☞ Abrégé de la Vie de la Mère Françoise de Bermond, Supérieure de la première Maison des Ursulines en France.

Cet Abrégé se trouve dans les Chapitres VII & VIII du Livre III. de la *Vie du Père Romillon*, Prêtre de l'Oratoire : *Marseille*, Garcin, 1669, *in*-8.) Le Chapitre IX. traite de la vertu de quelques autres Filles que le Père Romillon a conduites dans la Congrégation des Ursulines ; & dans le Livre II, Chapitre XI, on voit l'institution que le même Père Romillon fit des Ursulines dans la Ville de Lille, au Comté Vénaissin.]

Au N.° 15309, *lignes* 1 & 2, *au lieu de* Hullier, *lisez*, Luillier ; *car c'est ainsi qu'il est corrigé dans l'Errata de cette Vie*, & *mettez en Note* :

☞ Madeleine Luillier de Sainte-Beuve est morte en 1630. Sa Vie se trouve encore dans la *Chronique des Ursulines*, (ci-devant N.° 15302,) à la fin de la *Part. I. pag.* 99-124.]

15311.* ☞ L'Année spirituelle, historique & chronologique des Religieuses Ursulines, qui contient autant de Billets qu'il y a de jours en l'an ; par M. HAMEL, Curé de Mouy ; 2 Parties : *Paris*, Josse, 1689, *in*-16. 2 vol.

Cet Ouvrage, curieux dans son espèce, contient dans chaque Billet le nom d'une Compagne de Sainte Ursule à invoquer, une vertu particulière d'une Ursuline à imiter, avec le jour de sa mort ; & enfin la date de la Fondation d'un Couvent d'Ursulines, pour lequel il faut prier. L'Auteur avertit que il a tiré les faits, tant des Chroniques de l'Ordre, imprimées en 1673 ; (ci-devant, N°. 15302,) que des Manuscrits qui lui ont été envoyés de divers Couvens, pour la composition de son Ménologe.]

Au N.° 15318, *ajoutez à la Note* :

☞ Les souffrances de cette Religieuse venoient de la part de M. l'Evêque de Langres, Sébastien Zamet, qui troubla toutes les Ursulines de son Diocèse, mais principalement celles de Dijon, dont il vouloit changer les usages, en y établissant un gouvernement despotique. Elles appellèrent comme d'abus, de ses Ordonnances, au Parlement, & M. le premier Président donna

Histoires des Religieux & Religieuses. 377

donna la paix à ces Monaſtères, & obtint le retour de la Mère Maſoyer, qui avoit été exilée à Châtillon.]

Au N.° 15320, ajoutez-en Note:

Cette Relation eſt attribuée à la fille du célèbre Bernard de la Monnoye, Religieuſe de cette Maiſon (des Urſulines de Dijon;) elle eſt néanmoins ſignée par la Mère Marie de S. Auguſtin, Supérieure, dont le nom de famille étoit Cœurderoy. Les Vers qui s'y trouvent inſérés, ſont de M. de la Monnoye, (la Relation le dit, *pag.* 17.) Il y en a environ 100, la plûpart partagés en Quatrains.]

PAGE 925.

Au N.° 15331, ligne 1, au lieu de Puiſſequier, *liſez,* Reſſeguier... & *ajoutez en Note:*

L'Auteur de cette Hiſtoire eſt le Père GRINGAND, Auguſtin, mort en 1715.]

15332.* ☞ Relation du Voyage des Dames Religieuſes Urſulines de Rouen, à la Nouvelle-Orléans, parties de France le 22 Février 1727, & arrivées à la Louiſiane le 23 Juillet de la même année : *Rouen*, le Prévoſt, 1728, *in-*12. de 100 pages, & Addition de 28.

Cette Relation eſt compoſée de cinq Lettres, que Marie-Magdelaine HACHARD de S. Staniſlas, l'une de ces Urſulines, a écrites à ſes père & mère à Rouen, & dans leſquelles elle leur mande les détails du Voyage de ſa Communauté, & de ſon établiſſement.]

*Le N.° 15333 avec ſon Article, doit être effacé ici, la Sœur Anne Violet n'ayant point été Urſuline, mais du Tiers-Ordre de S. François, comme on l'a rétablie dans ce Supplément, ci-deſſus, N.° 15105 *. (2.) On mettra ici en place l'Article qui ſuit:*

15333.* ☞ Lettre circulaire de la Mère Marie-Eliſabeth LE FEBVRE, Supérieure des Urſulines de Noyon,) du 26 Septembre 1741,) ſur la mort de pluſieurs Religieuſes Urſulines : *in-*4. (ſans nom de lieu, &c.) 8 pages.

Ces Religieuſes de Noyon ſont les Mères Marie Capperon, morte le 5 Mars 1741. = Marguerite de Targny de S. Benoît, morte le 17 Mars 1738. = Marie le Brun de Sainte Godeberte, morte le 8 Janvier 1739. = Marie-Marguerite de Launay de Sainte-Magdelaine, morte le 7 Mai 1741.]

15334.* ☞ Relation des Refus de Sacremens faits aux Urſulines de S. Charles, &c. Dioceſe d'Orléans, & de tout ce qui en a été la ſuite ; avec les Pièces juſtificatives : 1756, *in-*12.]

Le N.° 15337, avec ſon Article, doit être retranché, comme étant ci-deſſus, (en ſa place,) N.° 15249.

15341.* ☞ Vie de la Vénérable Servante de Dieu, Marcelle Chambon, dite *Madame Germain*, Fondatrice des Religieuſes de S. Joſeph de la Providence, dans la Cité de Limoges; compoſée par un Prêtre du Dioceſe (M. ROBY, Ex-Jéſuite:) *Limoges*, Chapoulard : *in-*12. (ſans date, mais en 1770.)

Cette Religieuſe eſt morte le 14 Septembre 1661.]

15342.* ☞ Abrégé de la Vie & des Vertus de la Sœur Marie de Jeſus, Supérieure des Filles de la Sageſſe, inſtituées à Poitiers par M. de Montfort : *Poitiers*, Faulcon, 1768, *in-*12. de 438 pages.

Cette Fille s'appelloit dans le monde Marie-Louiſe Trichet : elle eſt morte le 28 Avril 1759. Quant à M. Grignion de Montfort, Fondateur de cette Maiſon, il eſt mort en 1716. Nous avons indiqué ſa Vie, ci-devant, N.° 11298.]

15343.* ☞ La Vie & les Actions de Dame de Liſte, Fondatrice de l'Ordre de la Mère de Dieu; par le P. FRANÇOIS de Toulouſe, Provincial des Capucins : *Toulouſe*, Peſch, 1672, *in-*8.]

15343.** ☞ Vie de la Vénérable Mère Jeanne-Marie Chezard de Matel, Fondatrice & Inſtitutrice de la Congrégation des Religieuſes du Verbe Incarné du S. Sacrement; (par un Jéſuite:) *Avignon*, 1745, *in-*8.

On peut voir ſur cette Congrégation, l'*Hiſtoire des Ordres Monaſtiques & Religieux* du P. Helyot, *tom. IV. pag.* 376. On y trouve un Abrégé de l'Hiſtoire de la Mère de Matel.]

15353.* ☞ Abrégé de la Règle, enſemble l'eſprit intérieur & Directoire des Religieuſes de la Congrégation de S. Joſeph, inſtituée dans la Ville de la Rochelle : *Paris*, Joſſe, 1664, *in-*16.]

15353.** ☞ Règles, Conſtitutions, Profeſſions & autres Doctrines pour les Filles Pénitentes, dites *Filles Repenties* : *Paris*, *in-*4. Gothique.]

15356.* ☞ Règles données à la Maiſon des Filles de la Propagation de la Foi, établies en la Ville de Sedan ; par M. Charles-Maurice LE TELLIER, Archevêque de Reims : *Paris*, Muguet, 1681, *in-*16.]

15356.** ☞ Idée de la Communauté des Dames de la Propagation : *Tours*, Maſſon, 1684, *in-*16.]

Fin du Supplément du Tome I.

SUPPLÉMENT
DU
TOME SECOND,
Contenant les Additions & Corrections.

LIVRE TROISIÈME.
Histoire Politique de France.

Préliminaires de l'Histoire des Rois.

PAGE 2, alinéa 2, ligne 1, lisez, [cinquième & sixième] Chapitre.

Alinéa 3, ligne 1, au lieu de sixième, lisez, [septième.]

PAGE 4.

Au N.° 15368, ligne 4 de la Note, lisez, Pirckheimeri.

PAGE 5.

Au N.° 15374, alinéa 4, ligne 6, lisez, Sartenas.

PAGE 6.

Au N.° 15381, à l'avant-dernière ligne de la Note, Porthaire, lisez, Porthaise.

PAGE 7.

Au N.° 15391, lisez, Disquisitio.

PAGE 9.

Colonne prem. ligne 9, ATTHAMERI, lisez, ALTHAMNI.

PAGE 10.

Au N.° 15398, à la Note, au lieu de 478... lisez, 160, Tome I, pag. 15.

Au N.° 15402, ligne 5, principium, lisez, Principum; & à la fin ajoutez, [*Alia Editio, Amstelodami,* 1634, *in*-12.]

PAGE 11.

Au N.° 15404, ptiscæ, lisez, prisca.

15404.* ☞ Joannis SCHILTERI, Antiquitates Teutonicæ, (seu) Monumenta veterum Francorum, &c. *Ulmæ,* 1727 & 1728, *in-fol.* 3 vol.]

PAGE 11, ajoutez,

15416.* ☞ Mf. De l'Origine des François, & de leurs faits, depuis C. César, jusqu'au Roi Clouton : *in-fol.*

Ce Traité est conservé dans la Bibliothèque Vaticane, parmi les Manuscrits de la Reine de Suède, num. 734.]

PAGE 15, ajoutez,

15432.* ☞ Des plus anciens Francs.

C'est le Chapitre IX. & dernier de l'Ouvrage intitulé : *Origine des premières Sociétés : Amsterdam,* (Paris,) 1769, *in*-8. Ouvrage où il y a bien des idées singulières.]

PAGE 17.

Au N.° 15444, D'AUBERT, lisez, AUBER.

Au N.° 15445, ligne 1. de la Note, Godefroy-Guillaume, lisez, Guillaume-Godefroy.]

PAGE 19, ajoutez,

15458.* ☞ Lettre de M. DE GRACE sur l'origine de la Monarchie Françoise. *Mercure,* 1765, *Mai, pag.* 16.]

Au N.° 15460, ligne 14 des Notes, Dordela, lisez, Dordelu.

PAGE 20, ajoutez,

15463.* ☞ Mf. Mœurs & Usages : Singularités concernant l'Histoire de France : *in-*4.

C'est ce qui est contenu dans les Porte-feuilles 717 & 718, du grand Recueil de M. de Fontanieu, à la Bibliothèque du Roi. On peut dire qu'il y manque bien des choses.]

PAGE 21.

Au N.° 15471, ligne 2, ôtez la ponctuation ; Mably ne doit pas être en capitales ; (ce n'est pas l'Auteur de la Lettre, mais celui qui est critiqué.)

Au N.° 15472, ajoutez en Note :

La dernière Édition est de 1764. Cet Ouvrage a été traduit en Allemand : *Altenbourg,* 1739, *in-*8.]

15472.* ☞ Discours sur les Mœurs, prononcé au Parlement de Grenoble en 1769 ; par M. SERVAN, ancien Avocat-Général de ce Parlement : *Lyon,* Grabit, & *Paris,* Durand neveu, *in-*12.]

Au N.° 15475, ajoutez à la Note :

Les Lettres de l'Abbé le Blanc ont été traduites en Anglois : *Londres,* 1748, *in-*8. & en Italien, *Venise,* 1753, *in-*12. 2 vol.

Après le N.° 15476 on auroit pu placer l'Histoire du Patriotisme François ; mais comme c'est une Histoire générale de France, nous la renvoyons au N.° 15868.*]

PAGE 22.

Au N.° 15495, *effacez* Mſ. *mettez en capitales* CARPENTIER, & *ajoutez à la Note:* Cet Auteur, (Bénédictin féculariſé,) eſt mort en Décembre 1767.

PAGE 23, ajoutez,

15497.* ☞ Electa Gallica, hoc eſt, Idea ejus linguæ cum vocum primigeniarum manipulo ; à Jo. Ant. TRONCHIN : *Franekeræ,* 1677, *in*-12.]

PAGE 24.

Au N.° 15524 d'Aubert, *lifez,* Auber.

PAGE 25.

Au N.° 15543, *après* JUVENEL ; *ajoutez,* DE CARLENCAS.

PAGE 26, ajoutez,

15551.* ☞ Relation du Bœuf gras. *Mercure,* 1739, *Février.*]

Au N.° 15552, *ajoutez,* par M. l'Abbé Jean LEBEUF.

Au N.° 15555, *ajoutez en Note :*

Jean DESLYONS, Doyen de Senlis, a fait un Ouvrage ſur le même ſujet, où il rapporte cet uſage aux anciennes Saturnales, ſous ce titre : *Diſcours Eccléſiaſtique contre le Paganiſme du Roi-boit :* Paris, 1664, *in*-12. réimprimé en 1670, avec des augmentations.]

Au N.ᵒˢ 15558 & 15559, *ajoutez,* par M. l'Abbé Jean LEBEUF.

Au N.° 15567, *ligne* 5, *après* Lettre, *ajoutez,* (de M. BOUCHER D'ARGIS.)

PAGE 27.

Au N.° 15572, *ajoutez,* par M. LUCE, Chanoine Régulier de S. Victor de Paris.

PAGE 31.

Colonne 2, *num.* 30, vendables, *lifez,* rendables.

PAGE 33.

Colonne 2, *num.* 9, *ligne* 2 *de la Note,* à Pattrice, *lifez,* au Patrice.

PAGE 36, ajoutez avant le N.° 15609,

15608.* ☞ Diſſertations ſur la Mythologie Françoiſe, & ſur pluſieurs points curieux de l'Hiſtoire de France ; par M. BULLET : *Paris,* 1771, *in*-12.

Ces Diſſertations ſont, = 1. ſur Méluſine, = 2. ſur la Reine Pédauque, = 3. ſur le Chien de Montargis, 4. ſur la Priſe de Rome par les Gaulois, = 5. ſur l'Election de Hugues Capet, = 6. ſur le titre de Très-Chrétien de nos Rois, = 7. ſur le titre de Dauphin, = 8. ſur l'Inſtitution des Pairs, = 9. ſur l'état des Evêques ſous la première Race, = 10. ſur l'origine des Caroſſes.

Les Diſſertations 2 & 3 ſont indiquées ci-devant, comme Manuſcrites, aux Nᵒˢ 15553 & 15554.

PAGE 38.

Au N.° 15620, *ajoutez à la Note :*

Ces Mémoires de Mézeray ont été condamnés par une Lettre Paſtorale de M. de Tencin, Archevêque d'Embrun : *in*-4. 4 pages.]

15621.* ☞ L'Honneur François, ou Hiſtoire des vertus & des exploits de notre Nation, depuis l'établiſſement de la Monarchie juſqu'à nos jours ; par M. DE SACY : *Paris,* Coſtard, 1769 & *ſuiv. in*-12.

Les Tomes VII & VIII, donnés en 1772, parlent des faits arrivés pendant le Règne de Louis XIV, & au commencement de celui de Louis XV.]

15622.* (1.) ☞ Variétés hiſtoriques, &c. ou Recherches d'un Sçavant, contenant pluſieurs Pièces curieuſes & intéreſſantes : *Paris,* Nyon, 1752, *in*-12. 3 vol. (diviſé chacun en 2 Parties.)

Ce Recueil n'offre que des Extraits de Mercures & autres Ouvrages périodiques.]

(2.) ☞ Mélanges hiſtoriques & critiques, contenant différentes Pièces relatives à l'Hiſtoire de France : *Amſterdam & Paris,* de Hanſy, 1768, *in*-12. 2 vol.

Ce Livre a été condamné par Arrêt de la Chambre des Comptes.]

(3.) ☞ Recueil de Diſſertations ſur divers ſujets de l'Hiſtoire de France ; par M. SABBATHIER, Profeſſeur à Châlons-ſur-Marne : *Châlons,* Bouchard, & *Paris,* Delalain, 1770, *in*-12.

On trouvera les Pièces contenues en ces trois Recueils, indiquées dans les endroits qui leur conviennent.]

PAGE 39, ajoutez à la fin de la colonne 2, N.° 15633.

Cette Méthode n'eſt point de *le Coq,* comme l'a dit le Père le Long, mais de Simon GUEULETTE, de Noyon, qui après avoir été Bernardin à Ourſcamp, étoit paſſé dans l'Ordre de Cluni, & eſt mort à Paris en 1699. Il eſt bon d'obſerver que ſa Méthode pour apprendre l'Hiſtoire de France, dont la première Edition eſt de 1684, a été ſucceſſivement augmentée dans les Editions de 1685, 1689, 1691, 1693, 1696 & 1709. Celle de 1691 contient trois volumes *in*-12. & eſt remplie de beaucoup de détails qui ne paroiſſent plus dans celle de 1693 & dans les ſuivantes, toutes réduites à un ſeul volume *in*-12. & bornées à un ſimple abrégé.

Dom Gueulette a publié pluſieurs Ouvrages élémentaires dans le même goût, c'eſt-à-dire, par Demandes & par Réponſes, entr'autres une *Méthode pour apprendre l'Hiſtoire de l'Egliſe,* en 3 vol. 1693 & *ſuiv.* dont le Volume III. qui contient l'Hiſtoire de l'Egliſe Gallicane, eſt indiqué ci-devant, dans notre Tome I. N.° 4915, ſous le vrai nom de l'Auteur ; de même qu'un Abrégé de la Généalogie de la Maiſon de France, citée dans ce Tome II. N.° 24845.

Cet Auteur prenoit quelquefois dans le monde le nom de *Deſmay,* qui étoit celui de ſa Mère ; & c'eſt pour cela que ſes Ouvrages portent ſouvent la lettre initiale D. Il étoit oncle de Thomas-Simon Gueulette, mort en 1766, Doyen des Subſtituts du Procureur du Roi au Châtelet de Paris, & Auteur de petits Contes, Romans & Pièces de Théâtre.]

PAGE 40.

Au N.° 15637, *lifez,* COURSONS.

PAGE 41, ajoutez,

15640.* ☞ Conſpectus ſeu Synopſis Libri Hebraici, qui inſcribitur : Annales Regum Franciæ, & Regum Domûs Othomanicæ : *Pariſiis,* 1670, *in*-8.

C'eſt une Lettre de Louis FERRAND, à M. l'Abbé de Bourzeis, où il lui fait un plan de ce Livre. On peut voir à ce ſujet le *Journal des Sçavans,* Supplément de Mars 1707. Ferrand, Avocat, connu par pluſieurs Ouvrages d'érudition Eccléſiaſtique, eſt mort en 1699.]

PAGE 42.

A la ligne 5 de la colon. 1, 1641, lisez, 1644.

15664.* ☞ Mf. Les Histoires des Roys & des Seigneurs de France : *in-*4.

Cette Histoire s'étend depuis la Prise de Troyes jusqu'à la mort de Louis VIII, en 1226. Elle est conservée dans la Bibliothèque du Vatican, parmi les Manuscrits de la Reine de Suède, num. 610.]

PAGE 44, *ajoutez,*

15680.* ☞ Mf. Chronique abrégée des Rois de France, jusqu'à la mort de Charles VII. *in-*4.

Elle est conservée à Paris, dans la Bibliothèque de la Ville, num. 209. On trouve à la fin du Volume quelques Pièces, entr'autres sur le *Trépas du Roi Charles VIII.* par Octavian de Saint-Gelais, Evêque d'Angoulême.]

PAGE 45.

Au N.° 15688, *lisez*, Chroniques de France abrégées, *Paris, in-*4. (Gothiq.) imprimées le 4 Février 1492, par Jean Triperel... & *dans la Note, ligne* 8, *au lieu de* Philippe V. *lisez*, Philippe VI.

Colonne 2, *alinéa* 5, *ligne* 4, *avant* 1560, *ajoutez,* [1558.]

PAGE 46.

Colonne prem. à la fin de la Note 1, & *avant* Voyez, *ajoutez* :

☞ Il y avoit eu auparavant une Edition de cette Histoire (de le Ferton,) *Paris,* Vascosan, 1554, *in-fol.* qui est plus complette, plus correcte & mieux exécutée.]

A l'alinéa 5, *ligne* 2, Franciæ, lisez, Francia.

15691.* ☞ Mf. La Margarite de France, ou Chronique abrégée des Rois qui ont régné ès Gaules, depuis Samothès-Dis, fils de Japhet, jusqu'à Charles VIII. inclusivement, dédiée à Madame la Comtesse d'Engoulesme ; par Jean THENAUD, Frère Mineur : *in-fol.*

Ce Manuscrit en vélin, est entre les mains de M. Mercier, Abbé de S. Léger de Soissons. Il n'est question de l'Auteur, ni dans la Croix du Maine & du Verdier, ni même chez Wading. On apprend du Prologue qui suit la Table des Articles, que cet Ouvrage a été fait la *onzième année du Règne de Louis XII.* c'est-à-dire, en 1508. L'Auteur se soumet à la correction de *Monseigneur François de Molins,* qu'il appelle son *précepteur & irradiateur,* & qui paroît être chargé de l'éducation de François d'Angoulême, fils de la Comtesse Louise de Savoye, & depuis Roi sous le nom de François I. Cet Ouvrage est divisé en trois Traités, dont les deux premiers, qui forment environ le tiers, ne sont presque que des Extraits des faux Ouvrages de Bérose, Manéthon, &c. publiés en Latin environ vingt ans auparavant par Annius de Viterbe.

L'Auteur a cru rendre un grand service : il dit de « voyant nos Chroniqueurs ne traiter que des Princes » Gaulois & François depuis Pharamond, comme si autres » n'eussent été pardevant, (il a) voulu produire en lu- » mière & en langaige maternel, l'antique noblesse & » vétuste histoire de nostre dite nation & gent, par la- » quelle évidemment on pourra cognoistre comment » la Monarchie de France n'a cédé ni donné lieu ès » Monarchies d'Assyrie, Perse, Grèce & Rome en vé- » rusté & prouesse, mais les a surmontées... les autres » huy desfaillantes & annichilées, la nostre seule de- » meure entière & inconcussible ». Chacun des Traités ou Parties commence par sept considérations, avant la Chronique des Rois, & après les faits qui concernent chaque Roi, l'Auteur indique les Hommes illustres de leur temps, & les principaux faits étrangers.]

PAGE 49.

Au N.° 15711, *ajoutez en Note* :

Dans le même Volume de cette Chronique, se trouvent du même Auteur deux autres Ouvrages singuliers, l'un intitulé, *Quinternier,* espèce de Roman sur cinq frères ; l'autre est une espèce d'Histoire naturelle, où l'Auteur s'étend sur la façon de souffler le verre.]

15711.* ☞ Les Rois & Ducs d'Austrasie depuis Théodoric I. fils aîné de Clovis, jusqu'à Henri de Lorraine II. à présent régnant ; fait par Nicolas CLÉMENT, traduit (en Vers François,) par François Guibaudet : (*Espinal,* 1617, *in-*4.]

Au N.° 15716, *lignes* 5 & 6, *après* BONADO, *lisez,* Angeriacensi, Bucomiaste... *ligne* 8, Gromorsus ; & *en Note* :

Bonad, à la tête de sa Dédicace, en vers Latins, à Henri Dauphin, ajoute *Santonensi,* après le mot *Angeriaco* ; & au lieu de *Bucomiaste,* qui est dans le titre du Livre, il met *Encomiaste.*]

15717.* ☞ Mf. Francorum Regum successio, à Chilperico filio Clotarii ad Franciscum I. *in-fol.*

Ce Manuscrit est conservé dans la Bibliothèque Vaticane, parmi les Manuscrits de la Reine de Suède, num. 111 & 880.]

PAGE 50.

Colonne prem. après la ligne 9, *ajoutez* :

☞ Elle est aussi imprimée à la fin de l'Edition de Paul Emile de 1601, avec une Continuation jusqu'à Henri IV.]

Même colonne, à l'alinéa 4, *après* Rouen, *lisez,* [1552.]

15723.* ☞ Discours du Royaume & des Rois de France, depuis Pharamond jusqu'à présent, (ou) de l'Estat du Royaume & des Maisons illustres.

Ce Discours a été mis à la fin des *Œuvres de Sleidan : Genève,* Vignon, 1574 ; mais il n'est pas de lui, comme on en prévient dans l'Avertissement qui est en tête. A cause de son second titre, plusieurs Ecrivains, & en particulier le Père le Long, l'ont mis parmi les Ouvrages qui concernent le Gouvernement. C'est un abrégé chronologique de l'Histoire de France, assez bien fait, & où il y a des choses curieuses : il finit en 1561. On ne sçait quel en est l'Auteur.

Voici comment en parle l'Avertissement : « Ce Som- » maire des Rois de France a été escrit par un hom- » me docte & bien instruit aux Histoires de France & » d'Allemagne, en attendant que bons esprits ayent » mis la main à une pleine & entière Histoire du temps » présent. »

PAGE 51.

Colonne prem. ligne 9, *ajoutez,* 1601.

Au N.° 15736, *ajoutez en Note* :

☞ Le Poëme de Ronsard, (intitulé *Franciade,*) n'a vu jusqu'à Charlemagne exclusivement, & non jusqu'à *la mort de Charles IX.* (comme le rapporte le

Père le Long, en citant Baillet.) Il est vrai que le Poëte ne travailla que *jusqu'à la mort* de ce Roi, & qu'ensuite il abandonna cet Ouvrage, comme il le dit dans un Quatrain mis au bas du Livre IV. de son Poëme.]

Au N.° 15737, ajoutez en Note :

☞ Le Livre de Jarry n'a point été imprimé ; La Croix du Maine n'en avoit vu que quelques feuilles : l'Auteur mourut à 40 ans.]

15738.* ☞ Chroniques des Rois de France, &c. depuis Pharamond jusqu'à Henri III. avec l'effigie de chacun Roi, &c. corrigée & augmentée : *Paris*, Calvarin, 1585, *in-8.* sur Privilége de 1575.

Ce pourroit bien être une nouvelle Edition de l'Ouvrage dont a parlé le Père le Long, au N.° précédent.]

PAGE 53.

A la Colonne prem. à la fin de l'alinéa 2, après le mot Françoise, ajoutez :

Cette Edition originale, donnée par Mézeray, est recherchée. Mais pour qu'elle soit complette, il faut qu'il y ait plusieurs feuillets qui manquent dans des Exemplaires. On en trouve le détail dans la *Bibliographie de M. de Bure, Histoire, tom. II. pag. 64.*

Et plus bas, à la fin de l'alinéa 4, après le mot première, ajoutez :

☞ Mais il est bon d'avertir, que l'on en a retranché les traits hardis que Mézeray avoit insérés dans sa première Edition.

PAGE 54.

Au N.° 15765, ligne 9, après in-4. 17 vol. ajoutez, & 1758, in-12. 24 vol.

PAGE 56.

Au N.° 15775, ajoutez à la Note :

Cette Liste de Villes ne se voit point dans les Exemplaires que nous avons pu découvrir, sur-tout dans celui de la Bibliothèque du Roi, qui paroît être celui que l'Auteur a présenté à Louis XIII. Ils portent seulement, dans une gravure, *Parisiis*, Buon.

15775.* ☞ Piété & actions vertueuses de plusieurs Rois de France ; par le P. BALTHAZAR de Riez, Capucin : *Aix*, 1674, *in-4.*]

Le N.° 15778 doit être effacé, comme ayant été mis par équivoque. Cette *Franciade* de Corbin n'est point, comme la précédente de Geuffrin, une Histoire de France, mais une Vie de Saint François en Vers, comme il paroît par le titre entier que le P. Niceron a pris du Livre même, *Mémoires*, &c. *tom. XXXVII, pag. 84.* Il faut que celui qui a envoyé cet Article à M. de Fontette, n'en ait vu que le titre abrégé dans quelque Catalogue. Cette *Sainte Franciade* est un Poëme en 12 Chants, de 301 pages : *Paris*, Rousset, 1634, *in-8.* Le nom de l'Auteur n'est ni au Frontispice, ni aux Approbations, ni au Privilége. Nous avons rapporté ci-devant (*Tome I. N.° 4448*,) un autre Poëme du même *Corbin*, sur la Vie & les Miracles de Sainte Geneviève, qu'il a publié en 1632, & l'on trouve encore dans quelques Bibliothèques les deux reliés ensemble.]

Au N.° 15780, ligne 6, ajoutez, Quarta Editio : *Parisiis*, 1644, *in-12.*

Alinéa 1. de la col. 2, après critique des Journaux, *ajoutez*, tom. II.... *& à la fin de la Note*, mettez :

La première Edition fut dédiée au Roi Louis XIII. en 1630, & la seconde le fut au Cardinal de Richelieu, en 1632. Ce que la quatrième eut de particulier, c'est que l'Auteur y ajouta un Recueil de Passages (fleuris) des Anciens, qui a 60 pages : il se trouve dans les Editions suivantes.]

Le N.° 15781 n'étant qu'une Traduction du N.° 15794, (qui est à la page suivante,) doit lui être uni, & ici effacé.

Au N.° 15784, ajoutez ,

15784.* ☞ Suite des Aventures de la France, ou sixième Livre ; par (le même Jean) HEUDON : *Paris*, 1619, *in-12.*

C'est la première fois que cette Suite a paru. L'Auteur n'y parle presque que de la Conversion de Henri IV. On peut voir à son sujet la *Bibliothèque Françoise* de l'Abbé Goujet, *tom. XV, pag. 159.*

PAGE 57.

Au N.° 15792, ligne 4, DURET, *lisez*, DARET.

Au N.° 15794, lisez à la Note :

☞ Il y en a encore une Edition : *Paris*, Jost, 1657, *in-24*, sur Privilége de Décembre 1651, pour augmentation de l'Ouvrage. Ce n'est, au reste, que le *Florus Francicus* (ci-devant N.° 15780,) traduit en François. L'Auteur de cet Ouvrage Latin (Pierre BERTHAULT,) dans une nouvelle Edition de son *Florus*, en 1660, s'est plaint de ce que Lamy, qui avoit été son Ecolier, avoit fait imprimer cet Ouvrage sans y mettre le nom de l'Auteur qu'il traduisoit, excepté dans un petit nombre d'Exemplaires.]

PAGE 58, ajoutez ,

15802.* ☞ Les Prouesses de la Cavalerie légère de France ; par Pierre VENELLE de Clamecy, Secrétaire de M. de la Ferté : 1558.

Cet Ouvrage est cité dans la *Bibliothèque de la Croix du Maine*, suivant l'Abbé Lebeuf : *Mém. pour l'Hist. d'Auxerre, tom. II, pag. 505 & suiv.* On le trouve en effet dans la Nouvelle Edition de la Croix du Maine, *tom. II. pag. 333.*

PAGE 59.

Au.N.° 15809, ajoutez en Note :

Cette Lettre est de M. ROLLAND D'ERCEVILLE, qui étant devenu ensuite Président à la Première Chambre des Requêtes du Parlement de Paris, a été connu ensuite sous le nom de *Président Rolland*, sous lequel nous l'avons cité en plusieurs endroits.]

Au N.° 15814, au lieu de VELLII, *lisez*, UNELLI, *& effacez la Note, pour y substituer la suivante :*

Le titre entier du Livre que nous avons maintenant sous les yeux est : « Nicolai UNELLI Franciados Libri » duo, ad Christianum Regem Ludovicum XIV. Poëma » heroïcum ad imitationem Æneidos : *Parisiis*, Che- » vallier, 1648, *in-8.* de 63 pages ». Nous ignorons s'il a été réimprimé en 1649.

Le P. le Long & M. de Fontette n'ont point vu cet Ouvrage, puisqu'ils déclarent également, qu'ils ne sçavent si c'est une Histoire de France, ou une Description du Royaume. M. de Fontette a mis le même Livre sous son véritable nom (ou pseudonyme) ci-après, comme une Histoire, au N.° 23050, en 1649, sous le Règne de Louis XIV ; mais il nous paroît niteux ici, parce que c'est une espèce d'Histoire générale de France. Le nom est pseudonyme, & l'Auteur se nommoit PERCHERON, comme on le verra ci-après.

Ce Poëme, qui est d'environ 1900 Vers, contient d'abord les Aventures romanesques de *Francus*, fils d'Hector le Troyen, & de *Paris*, son cousin. Dans le Livre I. l'Auteur fait apparoître à ses Héros un Ange, qui leur apprend à connoître le vrai Dieu, leur donne des Lys

& leur prédit qu'ils régneront, l'un sur les Francs, & l'autre sur les rives de la Seine. Il les fait ensuite conduire au Paradis par un Prophète, qui leur fait voir en Tableaux leur postérité dans la suite de nos Rois, & les principaux Evénemens de notre Histoire, jusqu'à la prise de Dunkerque, par le Prince de Condé, en Octobre 1646, & autres faits de la Minorité de Louis XIV.

Dans le Livre II. Francus & Pâris font diverses Navigations : ils vont chez *Salius* & *Riparius*, qui doivent donner un jour des Loix à leurs Etats. Les Chefs de la Flotte portent les noms des principales Villes de France, qu'ils doivent fonder : tels sont *Lugdus*, *Tholus*, *Narbo*, *Vasio*, *Belvagus*, *Laudunus*, *Divio*, &c. Les principaux Conseillers de Francus sont les Auteurs de Familles illustres en France : tels que *Balleolus*, *Albispus*, *Nevillus*, &c.]

Le Poëte, en finissant son Livre II. promet une Suite, & termine son Ouvrage par une Apostrophe à Louis XIV. où il dit que lui *Unellus*, s'amuse à ces Vers pendant que la Moisson suspend ses travaux accoutumés, en faisant vacquer le Barreau, & tandis que Louis triomphe des Espagnols sur l'Escaut.

Cet Epilogue, en faisant voir que le temps de la composition est de 1647 ou 1648, fait connoître aussi que l'Auteur est attaché au Barreau ; car il s'exprime ainsi : *Dùm Regia Causâ silescit*. L'Exemplaire, qui est dans la curieuse Bibliothèque de M. Beaucousin, Avocat au Parlement de Paris, porte à la fin, ces mots écrits à la main : « Votre très-humble & très-obéissant Serviteur » PERCHERON, Avocat du Roi à Montfort ». De plus, M. Beaucousin en a vu un second Exemplaire, adressé à un Père Le-Breton, & signé par Percheron, fils de *l'Auteur*. Le mot d'*Unellus* étoit regardé de son temps comme l'ancien nom d'un Habitant du Perche, ou d'un Percheron, ainsi qu'on le voit dans l'Eloge que Scévole de Sainte-Marthe a fait de Remy Belleau, qui étoit né à Nogent le Rotrou.]

15819. * ☞ Brevis Franciæ Regum Descriptio, à Pharamundo usque ad Ludovicum XIV. heroïcorum Versuum numero centum conclusa, cum duplici Epigrammate ; Accessit quoque singulorum Poëmatum Gallico carmine Versio : Autore Petro DE LOYS : *Parisiis*, le Gras, 1674, *in-4*.]

PAGE 60, *ajoutez*,

15827. * ☞ Joannis DE BUSSIERES, Societatis Jesu, Historia Francica, ab initio Monarchiæ ad annum 1660 : *Lugduni*, 1661, *in-12*. 4 vol.

Eadem, Editio altera, longè primâ auctior & emendatior, usque ad annum 1670 : *Lugduni*, Borde, 1671, *in-4*. 2 vol.

Chrétien Gryphius, §. 5, *de Scriptoribus Gallis*, met le Père de Bussieres au nombre des meilleurs Ecrivains : il ajoute qu'il s'est peu étendu sur l'Histoire moderne, mais qu'il le fait avec jugement.

« Le style de cet Auteur est pur, ses expressions » sont ingénieuses, ses narrations animées, ses réfle- » xions courtes & convenables. Il a tiré son Histoire des » sources, & il l'a conduite jusqu'à la mort de Louis XIII. » Pour l'Histoire de Louis XIV. il n'en donne l'Abrégé » qu'en peu de pages ». *Mém. de Trévoux*, 1718, Novembre, *pag.* 746.

Voyez encore Lenglet, *Méthode historique*, *in-4*. *tom.* IV. pag. 41. = *Hist. Littéraire de Lyon*, *tom.* II. *pag.* 717.]

Au N.° 15829, *ajoutez à la Note* :

Il y a deux Exemplaires *in-4*. de cet Ouvrage de *Bourglabbé*, dans la Bibliothèque de la Ville de Paris, num. 160 & 161.

Au N.° 15831, *ajoutez à la Note du Ms.*

Ce beau Manuscrit de *Bérigny*, a passé de la Bibliothèque de M. de Sardières, en celle de M. Gaignat, qui a été vendue en 1769.

PAGE 61.

Au N.° 15838, *ajoutez à la Note* :

☞ Il y en a une Edition de 1704, *in-8.* oblong. Ces Tablettes sont au nombre de 41. L'Ouvrage est divisé par Guerres.]

15838. * ☞ Historia Regum Franciæ : Carmen, Burgundiæ Duci dicatum, à J. B. LE BRETHON : *Parisiis*, Brocas, (sine anno) *in-12.* 24 pages.

L'Approbation est de 1709.]

Au N.° 15844, ligne 5, *après* 1720, *ajoutez*, & 1741.

PAGE 62.

Au N.° 15863, Montcili, *lisez*, Monteili.

PAGE 63.

Au N.° 15867, *ajoutez en Note* :

Ces Anecdotes sont de l'Abbé Guillaume BERTOUX.]

15868. * ☞ Usages & Mœurs des François : Ouvrage où l'on traite de l'origine de la Nation, de l'établissement de la Monarchie, & de son Gouvernement Politique, Civile & Ecclésiastique ; par M. POULLIN DE LUMINA : *Lyon*, 1769, *in-12.* 2 vol.]

15868. ** ☞ Histoire du Patriotisme François, ou nouvelle Histoire de France dans laquelle on s'est principalement attaché à décrire les traits de Patriotisme qui ont illustré nos Rois, la Noblesse & le Peuple François, depuis l'origine de la Monarchie jusqu'à nos jours ; par (M. ROSSEL, Avocat :) *Paris*, la Combe, 1769, *in-12.* 6 vol.]

Au N.° 15869, *ajoutez à la Note* :

L'Abbé Lenglet devoit augmenter & perfectionner cet Abrégé, par un Ouvrage divisé en quatre Parties, dont il n'a publié que la première ; sous ce titre : *Plan de l'Histoire générale & particulière de la Monarchie Françoise* : *Paris*, veuve Gandouin & Didot, 1753, *in-12.* 3 vol. Cette Partie est une Chronologie raisonnée, depuis l'Origine des Celtes ou Gaulois, jusqu'en l'année 1748. Il y a joint quelques Pièces curieuses. Cet Abbé est mort le 16 Janvier 1755.]

Après 15869, on auroit pu rapporter *les Variations de la Monarchie*, &c. par M. Gautier de Sibert : c'est une espèce d'Histoire générale, jusqu'à la mort de Louis XIV. On la trouvera ci-devant, (Tome II. p. 35.) N.° 15602.]

15869. * ☞ Recueil des Epoques les plus intéressantes de l'Histoire de France, pour servir d'Explication au Tableau chronologique de cette Histoire ; avec un Abrégé de la même Histoire en Vers, & une Liste des Sçavans & Illustres que la France a produits depuis la fondation de la Monarchie ; par M. VIARD fils : *Paris*, 1769, *in-12.*]

15869. ** ☞ Iconologie historique & généalogique des Rois de France, contenant, tant en Estampes qu'en Discours, les Événemens les plus remarquables de chaque Règne ; par MM. D'HERMILLY, Censeur Royal, & HURTAUT, ancien Professeur de l'Ecole Royale Militaire : *Paris*, Desnos, 1773 & 1774, *in*-18.]

15870. * ☞ Sylloge Numismatum elegantiorum quæ diversi Imperatores, Reges, Principes, Comites, Respublicæ diversas ob causas ab anno 1500, ad annum usque 1600, cudi fecerunt, concinnata & historicâ narratione (sed brevi) illustrata, operâ ac studio Joannis Jacobi LUCKII, Argentoratensis : *Argentinæ*, typis Reppianis, 1620, *in-fol.*

Il y a beaucoup de Médailles qui regardent l'Histoire de France.]

15870. ** ☞ Leçons de Morale, de Politique & de Droit Public, puisées dans l'Histoire de notre Monarchie, ou nouveau Plan d'étude de l'Histoire de France ; rédigé par les ordres & d'après les vues de feu Monseigneur le Dauphin, pour l'instruction des Princes ses enfans ; (par M. MOREAU:) *Versailles*, de l'Imprimerie des Affaires Etrangères, & se trouve à *Paris*, Moutard, 1773, *in*-8. de 202 pages, (sans l'Epître dédicatoire à M. le Dauphin actuel.)

L'Auteur a partagé toute notre Histoire en plusieurs Epoques, dont chacune doit faire la matière d'un Discours ; & l'Ouvrage indiqué en est l'Abrégé & comme la Préface analytique : l'Histoire de France y est considérée sous un jour tout à fait nouveau. On en trouve un long Extrait dans le *Journal de Verdun*, 1774, Janvier, pag. 23-35.]

Au N.° 15875, *à la fin, au lieu de in-4. lisez*, in-8. *& ajoutez en Note* :

Ces *Devises* ne sont qu'une nouvelle Edition fort augmentée des *Tetrastichoi* de le Vasseur, 1602, indiqués ci-dessus, N.° 15754, qui contient la Paraphrase Latine que Michel Grenet a faite des premières Devises. Les lettres initiales J. L. V. R. D. L. D. P. signifient Jacques le Vasseur, Recteur de l'Université de Paris. La preuve est dans le Livre même, qui est terminé par douze Vers Latins d'un autre Grenet, (*Annæus*,) adressés *Jacobo Vasseurio Rectori amplissimo*, où est loué son Ouvrage sur les Rois, entr'autres par ces Vers, en jouant sur le mot *Rector* : *Ecquis enim Reges nisi Rector vivere saxit ?*]

PAGE 64.

Au N.° 15882, *ajoutez en Note* :

Ces Annales sont répétées & mieux caractérisées, ci-après, N.° 16172.

Au N.° 15887, *au num.* 3 *de la Note, ligne* 4, Truecia, *lisez*, Truccia.

PAGE 66, *ajoutez*,

15900. * ☞ Suite Chronologique des Rois de France, (avec une Table synoptique des sentimens des meilleurs Critiques;) par M. Charles Marie FEVRET DE FONTETTE.

A la tête de ce second Volume.]

PAGE 68.

Avant le N.° 15916, *ajoutez* ,

Le Système de l'Abbé du Bos est examiné & contredit par M. de Montesquieu, dans son *Esprit des Loix*, aux trois derniers Chapitres du Livre XXX.]

Au N.° 15917, *après* Tome III. *ajoutez* : Paris, Chaubert, 1731 & *suiv. in*-12. pag. 1, & au commencement de la *Note* : Ce Recueil a été publié par l'Abbé Granet. L'Auteur de la Dissertation prétend . .

Au N.° 15918, *après* Ibid. *ajoutez* , page 52.

Au N.° 15919, *après* Ibid. *ajoutez*, page 73.

PAGE 69.

Au N.° 15921, *ajoutez en Note* :

Ces Mémoires sont de M. Augustin Pierre DE GOMICOURT, Commissaire des Guerres des Chevaux-Légers de la Garde du Roi, Secrétaire du Gouvernement de Picardie & d'Artois, qui, en 1757, a quitté son nom de *Amyens*, pour prendre celui de *Gomicourt*.]

Au N.° 15922, *ajoutez en Note* :

☞ L'*Introduction* de l'Abbé de Longuerue, (indiquée ici comme Manuscrite,) a été imprimée depuis, pag. 77-236, du tom. I. d'un *Recueil de Pièces intéressantes*, &c. Genève, (& Paris,) le Jay, 1769, *in*-12. 2 vol.]

Au N.° 15924, *ajoutez en Note* :

Cette Lettre, qui est *in*-12. est de M. GOUYE DE LONGUEMARE.]

15929. * ☞ Chronologie historique des Rois de France ; par D. François CLÉMENT, Bénédictin, de la Congrégation de S. Maur.

Dans la seconde Edition de l'*Art de vérifier les Dates*, &c. (Paris, Desprez, 1770, *in-fol.*) pag. 520-627. Elle commence par une Liste des Expéditions des Francs avant Clovis. La première Edition *in*-4. 1750, étoit bien moins ample.]

PAGE 70.

Avant le N.° 15935, *ajoutez* :

☞ On vient de donner une nouvelle Edition, avec des Notes intéressantes, des *Bibliothèques de la Croix du Maine & du Verdier* : Paris, Saillant, 1772-1773, *in*-4. 6 vol.]

Au N.° 15936, *ligne* 4, *après* tempora, *ajoutez*, scripserunt &

PAGE 73, *ajoutez*,

15949. * ☞ Bibliothèque historique de la France, contenant le Catalogue de tous les Ouvrages tant imprimés que Manuscrits, qui traitent de l'Histoire de ce Royaume, ou qui y ont rapport, avec des Notes Critiques & Historiques ; par Jacques LE LONG, Prêtre de l'Oratoire, Bibliothécaire de la Maison de Paris : *Paris*, Martin, 1719, *in-fol.*

C'est l'Ouvrage dont nous donnons ici la seconde Edition, corrigée & augmentée. On peut se rappeller ce que nous avons dit du P. le Long & de son Ouvrage, à la tête de cette nouvelle Edition.]

15949. ** ☞ Lettre écrite de Berlin à l'Auteur des *Nouvelles Littéraires*, [imprimées à Amsterdam, chez du Sauzet, touchant la *Bibliothèque Historique de la France*.]

Cette Lettre datée de Berlin le 6 Juillet 1720, se trouve dans ces *Nouvelles Littéraires*, tom. XI. p. 502-512. Nous en avons fait usage. Mais ce qui est assez singulier, c'est que l'Auteur de cette Lettre, en relevant quelques méprises du P. le Long, tombe lui-même dans une autre. Au bas de la page 505, on lit ces mots :

» *Au même* N.° 16981, *il y a* Callopædie ». Nous l'y avons inutilement cherché. Il a voulu dire, *Au même* N.° 17045, dont il va parler dans la page suivante. Nous y avons fait la correction qu'il proposoit.]

15949. *** ☞ Remarques sur la Bibliothèque historique du Père le Long ; par Dom Jean LIRON, Bénédictin.

Dans ses *Singularités historiques*, tom. III. pag. 383 : (Paris, 1739.) Nous en avons fait usage.]

Au N.° 15954, *ajoutez en Note* :

Ces Manuscrits sont ceux qui étoient dans la Bibliothèque du fameux Comte de Boulainvilliers, qui a tant travaillé sur l'Histoire de France, & dont M. *Bernard* avoit épousé une fille. Ils furent achetés en 1754, par M. *Nouveau*, Chevalier, Seigneur *de Chennevières*, ancien Conseiller au Parlement de Paris : sa mort a donné lieu à la vente de sa Bibliothèque, dont on vient d'imprimer le Catalogue : Paris, Debure, fils jeune, 1774, *in*-8. On y trouve les Manuscrits indiqués. Ils sont tous passés à M. Bertin, Secrétaire d'Etat.]

PAGE 74.

Au N.° 15965, *lisez en Note* :

Ce Livre est rare, & mérite d'être recherché.

Au N.° 15969, *ligne* 5, Baptista, *lisez*, Burchardo.

PAGE 75.

Au N.° 15973, *ajoutez à la Note* :

Cette nouvelle Edition de la *Méthode pour l'Histoire*, par l'Abbé Lenglet, à laquelle nous disions que l'on travailloit, & qui devoit être mieux disposée, a paru depuis : Paris, Debure & Tilliard, 1772, *in*-12. 15 vol. revue, corrigée & considérablement augmentée ; par M. (Et. François) DROUET, Bibliothécaire de MM. les Avocats, &c. Ce qui concerne l'Histoire de France se trouve dans le Tome VII. & le Catalogue des principaux Ouvrages avec les *Remarques sur leur bonté & le choix des meilleures Editions*, est dans les Tomes XII & XIII.]

15978. * ☞ Traité des différentes preuves qui servent à établir la vérité de l'Histoire ; par le R. P. Henri GRIFFET : Liège, 1769, *in*-12.

Cet Ouvrage, aussi intéressant que bien fait, a particulièrement rapport à l'Histoire de France, dont on tire la plupart des exemples. Il paroît que c'est le résultat des réflexions que l'Auteur a faites en prenant soin de l'Edition de l'Histoire de France du P. Daniel.

Après le N.° 15979, *à la Note*, On peut consulter.... *ajoutez*, Caractère des Ouvrages historiques, &c. par le P. Ménestrier : Lyon, Deville, 1694, *in*-12.

PAGE 76.

A la colonne 2, *ligne* 1, *après* D. Jacques PRÉCIEUX, *ajoutez*, D. Germain POIRIER & (ces deux ayant quitté la Congrégation,) D. François CLÉMENT.

PAGE 77.

Colonne 1, *ligne* 4, *ajoutez après* PRÉCIEUX. Ce Religieux s'étant retiré de la Congrégation de Saint Maur, la continuation du Recueil des Historiens de France a été mise entre les mains de D. François CLÉMENT, qui (en 1774) travaille aux Tomes XII, XIII & XIV, qui doivent renfermer les Régnes de Philippe I, Louis VI & Louis VII, c'est-à-dire jusqu'en 1180. D. François George BERTHERAUD travaille en même-temps à la Collection des Historiens des Croisades, soit François ou Latins, soit Arabes.]

PAGE 78.

Au N.° 15990, *ligne* 6, 7 vol. *lisez*, 6 vol. & à la Note :

"Le dernier volume, qui a paru en 1729, est des PP. Bernard PEZ & Philippe HUEBER.]

Le N.° 15991 *doit être mis ainsi* :

Jo. Petri DE LUDEWIG, Reliquiæ Manuscriptorum omnis Ævi Diplomatum ac Monumentorum ineditorum : Francofurti & Lipsiæ, 1720-1741, *in*-8. 12 vol.

L'Edition de Francfort, 8 vol. est une chimère : les Libraires qui en ont acquis des Exemplaires ont pu varier.]

Au N.° 15992, *ligne* 3, Sevagil, *lisez*, Stivagii, (*qui est* Estival.)

15993. * ☞ Recueil historique de Pièces anciennes, publiées par le P. LABBE, Jésuite : *in*-4.

Elles se trouvent à la fin de son *Abrégé Royal*, &c. Paris, Meturas, 1651, *pag.* 566-742, indépendamment du *Lignage d'Outremer*, qui précède.]

Au N.° 15995, *ajoutez à la Note* :

On a dit que l'Edition que *Basnage* a donnée du Recueil de *Canisius*, avoit quelques Pièces nouvelles ; mais voici une observation nécessaire. Basnage, ignorant que le Tome V de Canisius, qui parut d'abord en 1604, avoit été réimprimé en 1608, sous le titre de *Promptuarium Ecclesiasticum*, mais avec l'Addition de quelques Pièces qui ne se trouvent pas dans la première Edition de 1604, Basnage, dis-je, n'a point donné place à ces nouvelles Pièces dans son Edition. En conséquence les Connoisseurs joignent ce *Promptuarium* aux quatre *in*-fol. du Recueil de Basnage.

A l'Article suivant, qui concerne Bibliotheca Cluniacensis, *au lieu de* Parisiis, 1605, *in*-fol. *lisez*, Lugduni, 1605, *in*-8. (gros vol.)

Au N.° 15996, *alinéa* 2, *après* 1738, *in*-4. *ajoutez*, 5 vol.

15998. * ☞ Diverses Pièces sur l'Histoire de France ; recueillies par M. BONAMI : *in*-4. 2 vol.

Ce Recueil est conservé num. 486 & 487, dans la Bibliothèque de la Ville de Paris, dont M. Bonami étoit Bibliothécaire : il est mort en 1770.]

Histoires des Rois de la Première Race.

PAGE 80.

Au N.° 16003, *ajoutez en Note* :

Cet Ouvrage est un Abrégé du Roman de Pharamond, donné par la Calprenede.

Au N. 16004, *ajoutez à la Note* :

Ces prétendues Découvertes de M. de Mandajors, père, sont bien ridicules. Il prétend que Clodion demeuroit dans le Rouergue, vers Turenne, qu'il croit être la Turinge de Grégoire de Tours ; que *Cameracum* surpris par Clodion, est Camares, près de Lodève, &c. que Syagrius, fils d'Ægidius ou Gilles, fut défait par Clovis chez les *Santones*, & non chez les *Suessiones*, où il prétend trouver une faute de Copistes.

PAGE 81.

Après le N.° 16012, *ajoutez* :

== ** ☞ Dissertations de MM. RIBAUD, BIET & LEBEUF, sur Childeric & Clovis. Ci-dessus, N.os 15918-15920, (Tome I. p. 68.)

PAGE 83.

Au N.° 16030, *ligne* 1, héroïque, *lisez*, héroï-comique..., & *ajoutez*, Paris, Fournier.

PAGE

PAGE 85.

Au N.° 16048, ligne 4, Childerico, lisez, Chilperico.

Au N.° 16051, à la Note de l'alinéa 4, après Histoire Chrétienne, ajoutez, ou Historia Patrum.

PAGE 86.

A la col. 1, ligne 10, au lieu de Histoire de France... lisez,

L'Histoire Françoise de S. Grégoire de Tours, contenue en dix Livres..... augmentée d'un onzième : le tout traduit du Latin en François ; par C. B. D. (Claude Bonnet, [Gentilhomme] Dauphinois:) Paris, de la Tour, 1610; in-8.

PAGE 88, ajoutez,

16079.* ☞ Mſ. Dagoberti Regis, Testamenti Fragmentum : in-4.

Ce Fragment est conservé dans la Bibliothèque Vaticane, parmi les Manuscrits de la Reine de Suède, num. 581.]

16079.** ☞ De loco sepulturæ Dagoberti : auctore Joanne LAUNOIO.

Cette Dissertation est pag. 84 & suiv. d'un Ouvrage du même Auteur, intitulé : Judicium de Hadriani Disceptatione qua de Basilicis, inscribitur : Parisiis, Cramoisy, 1657, in-8.]

PAGE 91.

Avant le N.° 16094, ajoutez,

16093.* ☞ Mſ. Notes de François JURET, Dijonnois, sur Aimoin.

Elles sont conservées à Dijon, dans la Bibliothèque de M. Bouhier, aujourd'hui de M. de Bourbonne, I. 21.]

PAGE 92.

Au N.° 16112, lisez en Note :

☞ Le Pepin dont il est ici question, paroît avoir été mal nommé le Bref : c'étoit Pepin le Gros.]

PAGE 95, ajoutez,

16140.* ☞ Mſ. Gesta Francorum, à Trojæ excidio, ad sublimationem Pippini : in-4.

Ce Manuscrit est conservé dans la Bibliothèque Vaticane, parmi les Manuscrits de la Reine de Suède, num. 616.]

Au N.° 16143, ajoutez à la fin de la Note :

On nous a écrit que M. Schœpflin avoit dans sa Bibliothèque (aujourd'hui à l'Université de Strasbourg,) un Exemplaire de cette Histoire de France, par Adrien de Valois, qui avoit appartenu à M. Sallo, & dans lequel ce sçavant Magistrat a fait cette les Corrections & Additions assez considérables que M. de Valois avoit faites sur le sien. A quoi nous ajouterons, que cet Exemplaire de M. de Valois doit être dans la Bibliothèque de la Ville d'Orléans, M. Prousteau, son Fondateur, ayant acheté la Bibliothèque de M. de Valois.]

PAGE 96, ajoutez,

16148.* ☞ Réflexions sur l'Histoire de France (des Rois de la première Race ; par M. l'Abbé Cl. Gaspard MARNEZIA, Chanoine de Lyon :) Paris, Vente, 1765, petit in-12. de 71 pages.

Cette espèce d'Histoire abrégée devoit avoir plusieurs suites, qui n'ont pas été publiées.]

Tome IV. Part. I.

16151.* ☞ Dissertation historique & critique, pour servir à l'Histoire des premiers temps de la Monarchie Françoise.

Cette Dissertation est imprimée à la tête du tom. I. des Mélanges historiques, &c. (Paris, de Hansy, 1768, in-12. 2 vol.) Elle a pour but principal de prouver, contre M. le Comte de Boulainvilliers, que la souveraine Puissance résidoit dans la personne des Rois Mérovingiens.]

16151.** ☞ Annales breves Regum Meroveorum, à Francici Regni primordiis ad annum 752, præside Joh. Mich. Lorenz : Auctor Joh. Philippus HÆCKEL, Argentinensis : Argentorati, Heitzius, 1773, in-4. 48 pages.

Dans cette Thèse, les principaux passages des anciens Historiens sont rapportés ; & il y a, à la fin, une bonne Généalogie des Rois Mérovingiens.]

Au N.° 16153, ligne 3, avant Paris, ajoutez, (par M. Gabriel MAILHOL.)

PAGE 97.

Colon. prem. au haut, ligne 2, après Tome I. ajoutez, pag. 155-176.

Histoires des Rois de la seconde Race.

PAGE 98, ajoutez,

16170.* ☞ Mſ. Histoire de Pepin & de Berthe au grand pié, sa femme & de son fils Challemaine, qui fut Empereres de Rome : in-fol.

Cette ancienne Histoire, qui est en Vers, est conservée dans la Bibliothèque du Roi, num. 7188.]

PAGE 99.

Au N.° 16175, à la Note, ligne 3, après Tome II. ajoutez, page 136-158.

Au N.° 16180, lisez ainsi :

Histoire des premières Expéditions de Charlemagne pendant sa jeunesse & avant son Règne, composée pour l'Instruction de Louis-le-Débonnaire : Ouvrage d'ANGILBERT, surnommé Homère ; mis au jour & dédié au Roi de Prusse ; par M. DU FRESNE DE FRANCHEVILLE : Amsterdam, 1741, in-8. de 261 pages, gros caractère.

L'Auteur, prétendu Editeur & Traducteur, dit dans sa Préface, qu'Angilbert, l'un des Secrétaires d'Etat & Favori de Charlemagne, & auquel ses talens pour la Poésie firent donner le surnom d'Homère, fit ce Poëme à la prière d'Alcuin. C'est une Histoire tout à fait romanesque.]

PAGE 100.

Au N.° 18186, ajoutez à la Note :

On trouve encore indiquée une autre Histoire fabuleuse Manuscrite de l'Expédition de Charlemagne en Espagne & de ses suites, aussi attribuée à Turpin, dans le Catalogue raisonné des Manuscrits qui sont à Avignon dans la Bibliothèque de M. de Cambis de Velleron, num. 81, pag. 400. On y en donne une Notice étendue & des Extraits, qui font connoître qu'il y a beaucoup de choses qui ne sont point dans les Imprimés, si ce n'est dans le Catalogue des Manuscrits de la Bibliothèque de l'Empereur, que Lambécius a publié avec des Observations.]

Ccc

Page 101, *ajoutez*;

16202.* ☞ Charlemagne Pénitent : Poëme en cinq Livres; (par Mr COURTIN, ancien Professeur de l'Université de Paris;) avec ses Poésies Chrétiennes : *Paris*, de Sercy, 1689, *in*-12. de 190 pages, (dont le Poëme occupe les 126 premières.)

On croit que ce M. Courtin est le même que Nicolas Courtin, qui a fait le Poëme du N.° 16202, sur le rétablissement de l'Empire Romain.]

Page 102, *ajoutez*,

16206.* ☞ Ms. RIGORDI Relatio quomodo Carolus Magnus à Constantinopoli Aquisgranum attulerit Christi clavum, coronam, &c.

Cette Relation est conservée à Dijon, dans la Bibliothèque de M. le Président Bouhier, ou de Bourbonne, F. 1.]

Page 105, *ajoutez*,

16250.* ☞ Ms. Notes de François JURET, Dijonnois, sur Eginard.

Ces Notes sont conservées à Dijon, dans la Bibliothèque de M. le Président de Bourbonne, I. 23.]

Page 106, *ajoutez*,

16264.* ☞ Ms. Le Roman de Charlemagne, en Vers.

Ce Manuscrit, du XIII° Siècle, & qui est orné de Miniatures, est conservé dans la Bibliothèque de Saint-Marc à Venise.]

16268.* ☞ Ms. Vita Caroli Magni, versibus Theutonicis : *in*-8.

Ce Poëme est dans la Bibliothèque Vaticane, parmi les Manuscrits de la Reine de Suède, num. 1354.]

Page 107, *ajoutez*,

16286.* ☞ ECCARDI (Jo. Georgii) Dissertatio de Imaginibus Caroli Magni & Carlomanni, Regum Francorum, in gemma & nummo Judaico repertis; Academiæ Inscript. & Elegant. Litterarum Parisinæ dedicata : *Luneburgi*, Streinius, *in*-4.]

Page 111, *ajoutez*,

16338.* ☞ Ms. Chronicon breve, ab Adamo ad annum 831.

Cette Chronique est conservée à Dijon, dans la Bibliothèque de M. le Président de Bourbonne, E. 18.]

Page 113.

Avant le N.° 16367, après Muratori, *ajoutez* : On peut voir sur ce Poëme, dans le même Volume de Dom Bouquet, une Note critique, *pag.* 66 (d).

Page 114.

Au N.° 16384, ligne 3 de la Note, 1738, *lisez*, 1734.

Page 115.

Avant le N.° 16390, à la Note qui finit, en renvoyant à 12469, *ajoutez* :

Cette Pièce étant considérée en cet endroit dans son entier, & relativement à la partie Ecclésiastique, est dite s'étendre jusqu'à l'an 1061, au lieu que ne considérant ici que son commencement, qui a rapport à l'Histoire politique, nous disons qu'elle s'étend jusqu'à l'an 853. C'est ce que nous avons cru devoir observer, pour lever la difficulté qu'ont eu quelques-uns de nos Lecteurs, en comparant les deux endroits.]

Page 116, *ajoutez*,

16411.* ☞ Ms. JOANNIS, qui prætitulatur Sapientissimus, Versus ad Carolum Calvum : *in*-4.

Ces Vers sont conservés dans la Bibliothèque Vaticane, parmi les Manuscrits de la Reine de Suède, num. 1587.]

Page 118.

Au N.° 16441, ligne 2, différence, *lisez*, défense.

Page 119.

A la ligne 2, de la col. prem. fils, *lisez*, petit-fils de Charles-le-Chauve, (que quelques-uns prétendent avoir été appellé quelquefois Charles-le-Grand.)

Page 120, *ajoutez*,

16461.* ☞ Mémoire où l'on examine la date d'une Charte de Carloman, Roi de France; par M. (Daniel) POLLUCHE, d'Orléans.

Dans le *Mercure*, 1746, *Novembre*.]

Histoires des Rois de la troisième Race.

Page 126.

A la fin de la Note du N.° 16523, *ajoutez* :

☞ Il y a dans la Bibliothèque de M. le Président de Bourbonne, à Dijon, un Exemplaire de cette Chronique d'Ademare, qui est très-différente des Imprimés : O. 78.]

16525.* ☞ Ms. Chronique Françoise, depuis la Création jusqu'au Roi Robert, & à sa mort en 1031.

Cette Chronique est conservée à Dijon, dans la Bibliothèque de M. de Bourbonne : E. 60.]

Page 127.

Au N.° 16543, *lisez*, ODORANNI, (en petites capitales, comme *Auteur*.)

Page 129.

Au N.° 16555, filio Philippi, *lisez*, filio Roberti & patre Philippi.

Page 130, *ajoutez*,

16575.* ☞ Ms. Histoire abrégée de la première Croisade, jusqu'à la prise d'Antioche, en 1098.

Cette Histoire est à Dijon, dans la Bibliothèque de M. de Bourbonne : E. 17.]

Page 131.

Au N.° 16581, *lisez* ainsi :

Bellum Christianorum Principum, præcipuè Gallorum, contrà Saracenos, anno salutis 1088, pro Terrâ Sanctâ gestum : auctore ROBERTO Monacho : *Basileæ*, Henric. Petri, 1553, *in-fol.*

Page 132, *ajoutez*,

16586.* ☞ Ms. La Conqueste de Jérusalem : *in-fol.*

Ce Manuscrit est dans la Bibliothèque Vaticane, parmi ceux de la Reine de Suède, num. 537.]

16595.* ☞ Mſ. Roman de Godefroy de Bouillon, en Proſe : *in-fol.*

Ce Roman, écrit ſur vélin, à trois colonnes, du XIVe Siècle, eſt conſervé dans la Bibliothèque du Roi, num. 6972. On y trouve encore une Hiſtoire du même, auſſi en Proſe, num. 7188 ².]

Au N.° 16596, ajoutez à la Note :

Il a paſſé depuis dans la Bibliothèque de M. Gaignat, num. 2303 du Catalogue de ſes Livres, qui ont été enſuite vendus en 1769.]

16596.* ☞ Mſ. Roman des Guerres de la Terre Sainte : *in-4.*

Ce Manuſcrit eſt dans la Bibliothèque Vaticane, parmi les Manuſcrits de la Reine de Suède, num. 1659.]

16596.** ☞ Mſ. Hiſtoire de la Priſe & des Rois de Jéruſalem, en Proſe : *in-fol.*

Elle eſt conſervée dans la Bibliothèque du Roi, N.° 7188 ².]

Au N.° 16598, ajoutez en Note :

On peut voir à ce ſujet la *Bibliothèque du Poitou*, de M. Dreux du Radier, tom. *III*, pag. 58.]

PAGE 133.

Avant le N.° 16603, ajoutez,

16602.* ☞ Mſ. Jéruſalem délivrée, Poëme héroïque du Taſſe, traduit de l'Italien en François ; par M. de Ferrar, Conſeiller en la Cour des Comptes & Finances de Montpellier : *in-fol.* avec 20 belles figures, lavées à l'encre de la Chine.

Ce Manuſcrit eſt conſervé à Avignon, dans la Bibliothèque de M. de Cambis, Marquis de Velleron, ſelon le *Catalogue* imprimé de ſes Manuſcrits, N.° 142. Cette Traduction n'eſt pas (dit-on,) libre comme celle de M. Mirabaud, mais littérale, claire, élégante.]

PAGE 134, ajoutez,

16610.* ☞ Mſ. Jeroſolymitanæ Expeditionis ſub Gothifredo Hiſtoria, Libris ſex comprehenſa, in quorum ultimo Geographia ſummatim traditur : *in-fol.*

Cette Hiſtoire eſt dans la Bibliothèque Vaticane, parmi les Manuſcrits de la Reine de Suède, N.° 554.]

Au N.° 16614, ajoutez à la Note :

☞ M. l'Abbé Lebeuf, dans ſes *Mémoires pour l'Hiſtoire d'Auxerre*, (tom. *II*, pag. 411,) prouve que ce Giles ou Gilon étoit né à Toucy ; mais il ne dit point qu'il ait été Évêque de Paris.]

PAGE 136.

Avant le N.° 16636, ajoutez,

16635.* ☞ Mſ. Hiſtoire de la première Croiſade, en Vers ; par Raoul TORTAISE, & dédiée à Galon, Évêque de Paris.

Cette Hiſtoire, qui eſt dans la Bibliothèque Vaticane, parmi les Manuſcrits de la Reine de Suède, s'étend depuis l'an 1105, juſqu'en 1116. Il en eſt parlé dans l'*Hiſtoire Littéraire de la France*, tom. *X*, pag. 94.]

PAGE 139.

Au N.° 16672, à la Note, alinéa 2, ligne 2, 1260, liſez, 1160, & ajoutez à la fin :

L'Obſervation d'Echard n'eſt pas fondée ; car il eſt prouvé que ce Richard fleuriſſoit certainement dans le XIIe Siècle, comme on le voit dans l'*Hiſtoire Littéraire de la France*, tom. *XII*, pag. 478. On y apprend, d'ailleurs, que la Chronique de Richard n'a été imprimée qu'*en partie* dans la Collection de DD. Martène & Durand.]

Au N.° 16680, ligne 2, ad Philippum, liſez, ad Philippi nativitatem, anno 1165... & dans la Note, ligne 2, N.° 91, liſez, N.° 821.]

PAGE 141.

Au N.° 16700, à la Note, ligne 1, cette Edition, liſez, cette Traduction.

PAGE 142, ajoutez,

16703.* ☞ Apologie de Raymond II, dernier Comte de Tripoli, de la Maiſon des Comtes de Toulouſe, (au ſujet de la défaite des Chrétiens & de la priſe de Jéruſalem, par Saladin, en 1187.)

C'eſt le ſujet de la *Note* ou *Obſervation* LVI. & dernière du Tome *II*. de l'*Hiſtoire générale du Languedoc*, par DD. DE VIC & VAISSETTE.]

Au N.° 16705, à la Note, Georges, liſez, Gregoire.

Au N.° 16706, ligne 5, 1897, liſez, 1697.

PAGE 143, ajoutez,

16720. * ☞ Jean Sans-Terre, ou la Clémence de Philippe-Auguſte, Tragédie : *Paris*, Vallade, 1774, *in-8.*]

PAGE 144, ajoutez,

16727. * ☞ Mſ. NICOLAI Ambianenſis Chronicon, ab initio mundi ad annum 1204 : *in-4.*

Cette Chronique eſt dans la Bibliothèque Vaticane, parmi les Manuſcrits de la Reine de Suède, num. 454.]

16727.** ☞ Mſ. Juſtini Gobleri, Goarini Juriſconſulti, Hiſtoria de quadam filia Regis Franciæ, quam ipſe Pater uxorem habere optabat, ab eo flagitio divinitùs ſervata, è Germanicis rhythmis BUHELERI in Latinam linguam converſa, ad Philippum Caroli V. Filium : *in-fol.*

Cette Hiſtoire eſt conſervée dans la Bibliothèque Vaticane, parmi les Manuſcrits de la Reine de Suède, N.° 507.]

PAGE 146.

Au N.° 16746, liſez ainſi :

Chronologia Seriem temporum & Hiſtoriam rerum in orbe geſtarum continens, ab ejus origine ad annum à Chriſti ortu 1200, Auctore Anonymo, ſed Cœnobii Sancti Mariani apud Altiſſiodorum Regulæ Præmonſtratenſis Monacho : adjecta eſt ad calcem Appendix ad annum 1223. Nunc primùm in lucem Edita operâ & ſtudio Nicolai Camuzæi, Tricaſtini : *Trecis*, Moreau, 1608, *in-4.* 113 fol.

Et à la fin de la Note, ajoutez :

On peut voir encore ce qui eſt dit de cette Chronique dans les *Mémoires de M. Lebeuf ſur l'Hiſt. d'Auxerre*, tom. *I*, pag. 802, & tom. *II*, pag. 490. De plus, parmi ſes *Pièces Juſtificatives*, pag. 259 & 261, il donne deux Supplémens à cette Chronique, qui n'avoient pas été imprimés. Le premier concerne Milon, Abbé de Saint Marien, mort le 17 Mars 1203 ; & le ſecond contient quelques Evénemens arrivés à Auxerre depuis 1265, juſqu'en 1406, en particulier le paſſage de Saint Louis, Roi de France, par Auxerre, le 27 Mars

4269, (avant Pâques, c'est-à-dire en 1270.) Ce Prince alloit pour la seconde fois attaquer les Infidèles.

M. Lebeuf ajoute, (tom. II, pag. 491,) qu'on attend une nouvelle Edition plus exacte & plus complette, de la part des Prémontrés de Lorraine, à qui l'Exemplaire de Saint Marien d'Auxerre a été communiqué.]

PAGE 147.

Au N.° 16750, ligne 2 de la Note, N.° 893, lisez, N.° 419.

16753. * ☞ Mſ. De Hierusalem itinere Crucesignatis præcluso, Lamentatio versu Elegiaco : in-fol.

Cette Plainte est dans la Bibliothèque Vaticane, parmi les Manuscrits de la Reine de Suède, num. 712.]

PAGE 148, ajoutez,

16771. * ☞ Mſ. Chronique Françoise, jusqu'à la mort de Philippe-Auguste, en 1223.

Cette Chronique est dans la Bibliothèque du Roi, num. 8396.]

16771. ** ☞ Mſ. L'Histoire du bon Roys Lois filz Challemaine ; ensemble les Istoires de plusieurs Roys de France, (jusqu'en 1223.)

Ce Manuscrit paroît être une partie des grandes Chroniques de Saint Denis, & il est précieux par son antiquité & son exactitude. Il y a apparence qu'il a été écrit vers 1213. Il finit par la mort & sépulture, & par les dispositions testamentaires de Philippe-Auguste. Il est conservé parmi les Manuscrits du Roi de Sardaigne, L. II. 31.]

PAGE 149.

Au N.° 16776, à la Note, alinéa 2, lisez : Il est mort le 29 Août 1759, âgé de 81 ans.

PAGE 150, ajoutez,

16789. * ☞ Mſ. Recueil de Pièces sur l'Histoire de France, jusqu'en 1226 : in-fol.

Ce Manuscrit est conservé à Rome, dans la Bibliothèque du Cardinal Ottoboni, E. III. 3, anciennement de la Reine de Suède, num. 700.]

Au N.° 16797, lisez, PÉAN.

PAGE 153, ajoutez,

16813. * ☞ Les trois premiers Livres de la Loyssée ; par Sébastien GARNIER.

Cette Pièce, qui avoit déjà été imprimée en 1594, au même temps que la *Henriade* du même Auteur, a été réimprimée dans les *Œuvres* de Garnier : *Paris*, Musier, 1770, *in-4*. Ce sont les trois premiers Chants d'un Poëme sur les Expéditions du Roi Saint Louis dans la Terre-Sainte.]

16814. * ☞ La Louïsiade, ou le Voyage de la Terre-Sainte : Poëme héroïque ; par M. (Pierre-Louis) MOLINE, Avocat au Parlement de Paris : *Paris*, 1763, *in-8*.]

16814. ** ☞ La Louïseïde, ou le Héros Chrétien, Poëme épique (en douze Chants; par M. LE JEUNE :) *Paris*, Merlin, 1773, *in-8*. 2 vol.

Le sujet est la première Croisade de Saint Louis. « Beaucoup de fécondité & d'imagination dans le plan » & la disposition des Evénemens, jamais dans l'expres-» sion : treize mille Vers médiocres ». *Almanach des Muses*, 1774.]

16822. * ☞ Mſ. Histoire de Godefroy de Bouillon, & des Rois de Jérusalem, jusqu'en 1263 : in-fol.

Cette Histoire est conservée parmi les Manuscrits de l'Abbaye de Saint Germain, num. 1467.]

PAGE 156.

Au N.° 16852, ajoutez à la Note :

Cette nouvelle Edition de Joinville ne doit pas empêcher qu'on n'ait recours à celle de M. du Cange, à cause des Observations importantes qu'il y a jointes.]

PAGE 158.

Au N.° 16888, BELLET, (en petites Capitales, comme Auteur.)

PAGE 159, ajoutez,

16897. * ☞ Bref du Pape Paul V, pour la célébration de la Fête de Saint Louis par tout le Royaume : *Paris*, 1618, *in-8*.]

Au N.° 16898, dans la Note, colonne 2, ligne 25, après pag. 696, ajoutez, du Tome III. Ensuite, à la fin de la même Note, ajoutez :

« Il n'y a pas d'apparence, (dit M. Lebeuf, *Mé-» moires sur Auxerre*, *in-4*. tom. II, pag. 495,) de » pouvoir attribuer le *Chronicon Lemovicense dictum* à » un autre qu'à un Auxerrois, puisqu'il est visible que » l'Auteur s'y attache plus aux faits qui regardent l'E-» glise d'Auxerre, qu'à d'autres. »]

PAGE 160, ajoutez,

16900. * ☞ Remarques sur quelques circonstances de la Guerre que le Roi Philippe, le-Hardi fit au Comte de Foix, en 1272.

C'est le sujet de l'*Observation* ou *Note II*. du tom. *IV*. de l'*Hist. générale du Languedoc*, par D. VAISSETTE.]

16902. * ☞ Mſ. Histoires des Conquestes d'Oultremer, jusqu'en 1277 : in-fol.

Cette Histoire est conservée dans la Bibliothèque de Saint Laurent de Florence.]

16904. * ☞ Epoque & circonstances de l'Entrevue qu'eurent à Toulouse, en 1280, le Roi Philippe-le-Hardi & Pierre II, Roi d'Arragon.

C'est le sujet de l'*Observation* ou de la *Note V*. du Tome *IV*. de l'*Histoire générale du Languedoc*, par D. VAISSETTE.]

16913. * ☞ Observations sur l'Epoque & le Lieu de la mort de Philippe-le-Hardi ; & sur quelques circonstances de son Expédition en Catalogne.

C'est le sujet de la *Note VII*. du Tom. *IV*. de l'*Hist. générale du Languedoc*, par D. VAISSETTE.]

16914* ☞ Mſ. Journal du Règne de Saint Louis & de celui de Philippe III, ou le Hardi ; par Antoine AUBERY, revu par le Sieur PÉAN, avec une Préface critique & des Notes de Henri, Comte DE BOULAINVILLIERS : *in-4*. 6 tom. en 3 vol.

Ce Manuscrit est conservé à Paris dans la Bibliothèque de MM. les Avocats, & dans celles de plusieurs Curieux : c'est comme la première Partie du Journal de nos Rois, depuis Saint Louis, jusqu'à Louis XI. ou Charles VIII, dont le P. le Long a parlé à la fin du Règne de ce dernier Roi, comme de l'Ouvrage seulement d'Aubery. Nous avons cru devoir faire mention ici de la portion fur laquelle a travaillé M. le Comte de Boulainvilliers, qui n'a rien fait au-delà de Philippe III. Sa Préface est curieuse. On trouve ce Journal N.º 766 du *Catalogue* de M. Nouveau de Chennevières, qui avoit acquis tous les Manuscrits de M. Bernard, lequel avoit épousé une fille de M. le Comte de Boulainvilliers : ils sont aujourd'hui chez M. Bertin, Secrétaire d'Etat.]

*P*AGE 164.

Au N.º 16961, ligne 4, LAUNOY, *lisez*, LANNOY.

Au N.º 16965, alinéa 3, FRIVETII, *lisez*, TRIVETTI (Trevet)... & ligne 2 de la Note, *après* d'Achery, *ajoutez*, in-4. tom. *VIII*, pag. 411, & in-fol.

*P*AGE 165, *ajoutez*,

16970.* ☞ Lettre à M. l'Abbé de la Porte, touchant l'Inscription Latine placée, en 1760, sous la Statue équestre de Philippe-le-Bel, à Notre-Dame de Paris; par M. (Pierre-Antoine) BERTHIER, Prêtre.

Dans l'*Observateur Littéraire*, 1760, tome *IV*, page 245.]

Au N.º 16978, *ajoutez en Note* :

Le P. Matthieu Texte y prouve, à n'en pouvoir douter, que le cœur de Philippe-le-Bel est dans le Chœur des Dames Dominicaines de Poissy, qu'il a fondées.]

Avant le N.º 16983, *ajoutez*,

16982.* ☞ Mf. Historia del Re Giannino di Francia : *in*-4.

Mf. La medesima : *in*-4. 2 vol.

Ces deux Manuscrits sont conservés à Rome, dans la Bibliothèque Chigi; le premier sous le N.º 1225, & le second sous les N.ºˢ 165 & 166. On prétend que cette Histoire a été écrite par le Roi Jean lui-même, & que c'est la base du Roman indiqué au N.º 16983.]

*P*AGE 166.

Au N.º 16985, alinéa 4, ligne 2, N.º 901, *lisez*, N.º 459. Alinéa 6, ligne 2, N.º 448, *lisez*, 818. = Ligne 5, N.º 532, *lisez*, N.º 523. = Ligne 7, N.º 560, *lisez*, N.º 532. (*Apparemment que depuis le P. le Long, ces N.ºˢ ont été changés dans la Bibliothèque de Saint Victor : la même chose sera arrivée dans d'autres ; mais on ne nous en a point donné les Notes.*)

*P*AGE 167, *ajoutez*,

16995.* ☞ Mf. Les Fleurs des Chroniques ; par Bernard GUIDO : *in-fol.*

Cette Chronique est conservée parmi les Manuscrits du Roi de Sardaigne, L. III.]

17007.* ☞ De l'Epoque d'un Voyage que le Roi Philippe de Valois fit dans le Languedoc, (en 1336,) & ensuite à Avignon à la Cour du Pape Benoît XII.

C'est le sujet de l'*Observation* ou de la *Note XX* du Tome *IV*. de l'*Histoire générale de Languedoc*, par D. VAISSETTE.]

17009.* ☞ Nùm Edoardo III, Angliæ Regi, aliquod in Galliam jus fuerit : Auctore Jo. Dan. SCHOEPFLINO.

C'est le Chap. V. d'un Ouvrage intitulé : *Illustrés ex Britannica Historia Controversis* : *Argentorati*, 1731, *in*-4. Et dans le Recueil qui a pour titre : *Commentat. Historic.* du même Schoepflin : *Basileæ*, 1741, *in*-4. pag. 401-412.]

*P*AGE 168, *ajoutez*,

17013.* ☞ Epoque & circonstances de l'Expédition de Henri de Lancastre, Comte de Derby, en Guyenne & en Gascogne, après la rupture de la Trève entre la France & l'Angleterre, (en l'année 1345.)

C'est le sujet de l'*Observation* ou de la *Note XXI*. du Tome *IV*. de l'*Histoire générale de Languedoc*, par D. VAISSETTE.]

17022.* ☞ Mf. Chronique de France: *in-fol*.

Ces *Chroniques de Saint-Denis*, sont conservées parmi les Manuscrits de S. Germain-des-Prés, num. 1462. Elles finissent à la mort de Philippe de Valois, le 23 Août 1350. Comme elles sont incontestablement écrites dans le même temps, on peut en tirer la première Epoque des *Chroniques de Saint-Denis*, ou de France, qui ont été depuis augmentées successivement, & à différens termes. (Nous en avons déjà fait mention au N.ºˢ 15671 & *suiv*.)

Ce Manuscrit, qui est très-beau & très-bien conservé, est peut-être le plus ancien, le plus authentique & le plus précieux que nous ayons de ces Chroniques.]

*P*AGE 169, *ajoutez*,

17041.* ☞ Mf. Chronicon ab initio Mundi ad annum 1356 : *in-fol*.

Cette Chronique est conservée dans la Bibliothèque Vaticane, parmi les Manuscrits de la Reine de Suède, num. 733.]

17043.* ☞ Mf. Histoire des Querelles des Rois de France & d'Angleterre, particulièrement de la Paix de Bretigny, (en 1360:) *in-fol*.

Cette Histoire est conservée à S. Germain-des-Prés, num. 1477.]

*P*AGE 170, *ajoutez*,

17059.* ☞ Mf. Chronica Regum Franciæ à Philippo Pulchro, anno 1285, ad annum 1370.

Ces Chroniques sont à Dijon, dans la Bibliothèque de M. le Président de Bourbonne, D. 6.]

17061.* ☞ Mf. Myroir historial : *in-fol*. 2 vol.

Ce Livre, malgré le titre qu'il porte, n'a rien qui ressemble au *Miroir historial*, soit Latin, soit François de *Vincent de Beauvais*. Il s'étend jusqu'au Règne de Charles V. On le conserve parmi les Manuscrits de Saint Germain-des-Prés, num. 145 & 146.]

*P*AGE 171, *ajoutez*,

17082.* ☞ Autres Eloges du Roi Charles V.

1. Par M. (Louis-Sébastien) MERCIER : *Paris*, 1767, *in*-8.

2. Par M. l'Abbé Jean-Siffrein MAURY : *Paris*, 1767, *in*-8.

3. Par M. BRIZARD : 1768, *in*-8.]

17083.* ☞ Mf. Diverses Prognostications & Visions concernant le Royaume de France, sous le Règne de Charles V, avec différentes Oraisons en rime.

Ce Manuscrit, qui est sur vélin, & orné de Miniatures, a été écrit vers la fin du XIVᵉ Siècle : il est indiqué N.º 1345 du *Catalogue* de la Bibliothèque de M. Gaignat.

Supplément du Tome II.

¹7085.* ☞ Obſervations ſur l'Epoque & le Lieu de la Bataille qui fut donnée entre Gaſton-Phœbus, Comte de Foix, & Gouverneur de Languedoc, & le Duc de Berry, comme ſur l'Epoque de la Paix qu'ils conclurent enſemble.

C'eſt le ſujet de la *Note XXIX.* du *Tome IV.* de *l'Hiſtoire générale de Languedoc,* par D. VAISSETTE. La Bataille fut donnée le 15 ou 16 Juillet 1381, & la Paix fut faite le 6 Janvier 1382.]

17092.* ☞ H. DE SANCTO SEVERINO, Oratio ad Regem Franciæ: 1385, *in-fol.*

Ce Diſcours eſt conſervé à Milan, dans la Bibliothèque Ambroſienne. L'Orateur demandoit vengeance de la mort de la Reine Jeanne, contre Charles de Duras.]

PAGE 173, *ajoutez*,

17096.* ☞ Mſ. Hiſtoire du Roi Richard d'Angleterre, en Vers : *in-fol.*

Cette Hiſtoire eſt conſervée dans la Bibliothèque du Roi, N.ᵒˢ 7532 & 7656. Elle a principalement trait pour la France à l'année 1393. Sur la fin, on trouve le départ de la Reine d'Angleterre pour revenir à Paris, après les cruels traitements que les Anglois avoient faits à ſon Mari & à elle-même.]

Au N.º 17100, (qui concerne l'Hiſtoire & Chronique de Froiſſart.)

Après l'alinéa 3, ajoutez,

☞ Les mêmes : *Paris,* Jean Petit, 1530, *in-fol.* 4. vol. Gothiq.

Ajoutez à la fin de la Note, col. 2:

On a laiſſé le P. le Long dire que l'Edition de 1559, donnée par Sauvage, étoit la plus rare ; il falloit le corriger, ſur-tout après ce qu'il a lui-même rapporté d'après le Laboureur. Il eſt vrai qu'elle a été long-temps la plus recherchée, parcequ'on la croyoit correcte & entière : mais depuis qu'on a reconnu le contraire, on a recherché davantage les premières Editions, ſur-tout celle de Vérard, qui eſt ſans année, & la première de toutes. La plus rare eſt celle qui eſt imprimée ſur vélin, telle que celle qui étoit avec Miniatures, en 4 vol. *in-fol.* dans la Bibliothèque de M. Gaignat, en 1769, num. 3002.]

On nous prépare une nouvelle Edition de Froiſſart, & l'on ne manquera pas, ſans doute, de profiter de deux Avis qui ont été donnés ſur des Manuſcrits de cet Hiſtorien, dont l'un eſt à Breſlau en Siléſie, & l'autre à Berne en Suiſſe. On lit au commencement du *Directorium in omnes ferè Chronologos,* &c. de Marquard Freher, augmenté par David Koeler : (*Norimberga & Altorfi,* 1720, *in-4.*) que l'on conſerve à Breſlau, dans la Bibliothèque de Rehdiger, une Hiſtoire Manuſcrite de Froiſſart, en quatre grands Volumes, Manuſcrit l'un des plus précieux qui ſoit en Allemagne, qui fait voir clairement que Denis Sauvage a fait diſparoître tout ce qui n'étoit pas favorable aux François, & qu'il a laiſſé à peine la dixième partie de Froiſſart entière : c'eſt, dit-on, ce qu'atteſte Gotlob Kranz, Principal du Collége d'Eliſabeth de Breſlau, & Garde de la Bibliothèque de Rehdiger. Par rapport au Manuſcrit de la Bibliothèque de la Ville de Berne, M. Sinner nous apprend, dans le *Catalogue* de ſes Manuſcrits, *tom. II, pag.* 210 *& ſeq.* (Berna.... *in-8.*) que *l'Hiſtoire & Chronique* de Froiſſart, qui y eſt conſervée, diffère beaucoup de l'Edition de Sauvage, & il en donne en preuve quelques Extraits, à quoi il ajoute, (*pag.* 239 & 240,) une bonne Obſervation ſur *le Moine de Baſele,* Guerrier, dont parle Froiſſart, & que le dernier Editeur du P. Daniel croyoit de Champagne, tandis que cette Maiſon de *le Moine* eſt de Baſle, & qu'il en eſt ſouvent parlé dans les Hiſtoriens Suiſſes.]

Au bas de la colonne 2, ajoutez,

Mſ. Abrégé des quatre Livres des mêmes Chroniques de Froiſſart, ſur papier, exécuté en lettres gothiques, & décoré de lettres initiales, peintes en diverſes couleurs : *in-fol.*

C'eſt le N.º 3003 du *Catalogue* de la Bibliothèque de M. Gaignat.]

PAGE 174.

Après le N.º 17100:

17100.* ☞ Mſ. Les mêmes Chroniques de Froiſſart, abrégées, ſans aucune omiſſion des Noms des Perſonnes & des Lieux, avec un Supplément & des Notes hiſtoriques, chronologiques, généalogiques, qui font connoître les Noms de ces mêmes Perſonnes & des Lieux, dans la Bibliothèque de M. le Marquis d'Aubais.]

Au N.º 17109, *ligne* 5 *de la Note,* 411, *liſez,* 1411.

PAGE 175, *ajoutez,*

17119.* ☞ Mſ. Abrégé de l'Hiſtoire de France : *in-4.*

Cet Abrégé eſt dans la Bibliothèque Vaticane, parmi les Manuſcrits de la Reine de Suède, N.º 611. Il s'étend depuis Louis le Débonnaire, juſqu'au départ du Dauphin pour Montereau.]

PAGE 176, *ajoutez,*

17130.* ☞ Circonſtances & Epoque de la ſoumiſſion du Languedoc au parti Bourguignon, (en Avril 1418,) & du Retour de cette Province à l'obéiſſance du Dauphin, (en Mai 1419,) à la fin du Règne de Charles VI.

C'eſt le ſujet de l'Obſervation ou de la *Note* XXXII. de *l'Hiſt. générale du Languedoc,* par D. VAISSETTE.]

17132.* ☞ Mſ. L'Abrégé des Chroniques de France, juſqu'à Charles VII. par Noël FRIBOES : *in-4.*

Cet Abrégé eſt dans la Bibliothèque Vaticane, n. 829. On trouve à la fin une Liſte des Rois de France, juſques & y compris Charles VIII.]

Au N.º 17137, *ajoutez à la Note:*

☞ Elle ſe trouve auſſi en quatre volumes *in-4.* dans la Bibliothèque du Roi, num. 9624 *& ſuiv.* On lit aux marges des Variantes & des Remarques qui paroiſſent de conſéquence.]

PAGE 179, *ajoutez,*

17154.* ☞ Mſ. Miroir hiſtorique de la France, juſqu'au temps de Charles VII. ſous lequel l'Auteur vivoit : *in-fol.*

Cet Ouvrage eſt dans la Bibliothèque du Vatican, num. 751.]

Au N.º 17161, *ajoutez en Note:*

☞ Il y a deux Dialogues, dont le ſecond eſt intitulé : *Additio facta poſt biennale intervallum.* L'Auteur de ces deux Dialogues eſt PIERRE, Evêque de Cambray & Cardinal. Ils ont été encore imprimés dans le Recueil de Melchior Goldaſt, intitulé : *Sibylla Francica,* (dont il eſt enſuite parlé,) ſous ce titre :

PETRI, Episcopi Cameracensis & S. R. E. Cardinalis, Dialogi duo de querelis Franciæ & Angliæ.

Ce sont les mêmes que ceux qui se trouvent dans les Œuvres de Gerson. Le Père le Long ne les avoit pas comparés, puisqu'il les a rapportés comme deux Ouvrages différens.

Au N.º 17169, ajoutez à la Note :

C'est le même Ouvrage que celui du N.º 17162, sous un titre différent, comme on l'a observé ci-dessus.]

PAGE 180, *ajoutez,*

17171.* ☞ Histoire de la Rivalité de la France & de l'Angleterre ; par M. (Gabr. Henri) GAILLARD, de l'Académie Françoise & de celle des Inscriptions & Belles-Lettres : *Paris,* Saillant, 1771, *in-*12. 3 vol.

Histoire de la Querelle de Philippe de Valois & d'Edouard III. continuée sous leurs Successeurs ; pour servir de Suite & de seconde Partie à la Rivalité, par le même, &c. *Paris,* Moutard, 1774, *in-*12. 4 vol.

Cette Histoire est intéressante.]

Au N.º 17175, lisez ainsi :

Aureliæ urbis memorabilis [ab Anglis] Obsidio, anno 1428, & Joannæ [Virginis] Lotharingiæ, res gestæ : autore Joanne [Lodoico] MICQUELLO, Juventutis Aureliæ Moderatore : *Aureliæ,* [Trepperel,] 1560, *in-*8. [*Parisiis,* Wechel, 1560, *in-*12.]

☞ Cette Histoire, du Siège d'Orléans, a 112 pages. Elle est dédiée...

PAGE 181, *ajoutez,*

17180.* ☞ Mf. Le Mystère du Siège d'Orléans, en Vers : *in-fol.*

Ce Mystère, qui est apparemment une Tragédie antique, est conservé dans la Bibliothèque du Vatican, parmi les Manuscrits de la Reine de Suède, num. 1022.]

Au N.º 17181, ajoutez en Note :

Ce Discours & les suivans sont de ceux qui se font chaque année, le 8 Mai, jour de la Fête de la Délivrance d'Orléans par Jacques d'Arc, en mémoire de laquelle il y a Procession & Sermon.]

PAGE 182, *ajoutez,*

17187.* ☞ Aurelia, ou Orléans délivré : Poëme Latin, traduit en François : *Paris,* Mérigot, 1738, *in-*12.]

PAGE 183.

Au N.º 17198, ajoutez en Note :

☞ Cet Article n'est autre chose que la réunion des Propositions de Henri de Gorickem, contre la Pucelle d'Orléans, & de la Réfutation ou Apologie de cette illustre Fille, par Jean de Gerson, qui sont rapportés au N.º 17197.]

PAGE 184.

Au N.º 17211, ligne 2, avant Lexoviensis, *ajoutez,* (BASIN.)

PAGE 185, *ajoutez,*

17212.* ☞ Histoire admirable de Jeanne la Pucelle : *Lyon,* Rigaud, 1550, *in-*8.]

Au N.º 17213, ligne 3, après Parisiis, *ajoutez,* Bertault.]

Au N.º 17217, à la fin de l'alinéa 3, après pag. 499, ajoutez :

Cette Lettre de M. de Vienne-Plancy se trouve encore dans les *Curiosités historiques*. *Amsterdam,* 1759, *in-*12. tom. II. pag. 251.

PAGE 186.

A la Note du N.º 17221, qui occupe la colon. prem. ajoutez à la fin :

La Partie III. de cette Histoire de Jeanne d'Arc, qui est contenue dans le *tom. II.* n'a pas été imprimée à *Paris,* comme les deux premières, (chez Coustelier, &c.) mais à Orléans, & a paru sans nom d'Imprimeur ni de Ville, portant seulement l'année 1754. M. Michault, dans ses *Mémoires sur l'Abbé Lenglet : Londres,* (*Paris,*) 1761, *in-*12. n'a pas connu cette Partie III. puisqu'il n'en parle, pag. 141, que comme d'un simple projet.

Cette Histoire de Jeanne d'Arc a été réimprimée, *Amsterdam,* (*Paris,*) 1759, *in-*12. 3 volumes (ou Parties ;) le premier de 115 pages, le second de 160, & le troisième de 184, avec des Retranchemens considérables dans la Préface, suppression de l'Avertissement de la Partie III. Mais on a inséré les Additions qui étoient dans le Volume de 1754, aux endroits des deux premières Parties où elles se rapportent.]

PAGE 189, *ajoutez,*

17242.* ☞ De la Pucelle d'Orléans ; par M. le Marquis DE LUCHET.)

C'est le sujet du Livre IV. du Tome I. de son *Histoire de la Maison, Ville & Duché d'Orléans : Amsterdam,* (*Paris,*) 1765, *in-*4. pag. 311.]

17245.* ☞ Journal de la Paix d'Arras, faite (en 1435) dans l'Abbaye de S. Wast, entre le Roi Charles VII. & Philippe le Bon, Duc de Bourgogne ; avec les Notes de Jean COLLART : *Paris,* 1651, *in-*4.]

17249.* ☞ Mf. Roberti BLONDELLI, Oratio historialis in forma Libelli ad Carolum VII. Francorum Regem, & Franciæ Dominos Principes, ad pestem Anglicæ tyrannidis à Regni finibus penitus coercendam, & pro consanguineis ac Terræ Sanctæ subsidium præstandum : *in-fol.*

Ce Discours est dans la Bibliothèque Vaticane, parmi les Manuscrits de la Reine de Suède, num. 877.]

PAGE 190, *ajoutez,*

17252.* ☞ Mf. Chronique de France, depuis l'an 1408 jusqu'en 1449 : *in-fol.*

Cette Chronique est dans la Bibliothèque du Vatican, parmi les Manuscrits de la Reine de Suède, num. 1925.]

Au N.º 17259, ajoutez à la Note :

Il faut voir sur cette Chronique (intitulée, *Faits aucuns,* &c.) la Préface du *tom. IV.* de l'*Hist. gén. du Languedoc,* dont les sçavans Auteurs la croyent supposée.

Au N.º 17260, ajoutez à la Note :

Il a depuis passé dans la Bibliothèque de M. Gaignat, & se trouve marqué dans le Catalogue de ses curieux Livres vendus en 1769, au num. 1781.

17262.* ☞ Mf. Recueil de Pièces sur l'Histoire de Charles VII. *in-fol.*

Ce Recueil est parmi les Manuscrits de S. Germain des Prés, num. 1479. Il s'étend depuis 1417 jusqu'à l'année 1458.]

PAGE 194, *ajoutez*;

17288.* ☞ Mſ. Epitaphes de Charles VII. par Simon GREBAN : *in-fol.*

Ce Manuſcrit eſt dans la Bibliothèque du Roi, parmi les Manuſcrits de Baluze, num. 9677.]

Au N.° 17288, *ajoutez en Note :*

☞ Les mêmes avoient déja été imprimées : *Paris*, Ribou, 1700, *in-*12. 2 vol.]

17289. * ☞ Hiſtoire du Règne de Charles VII. par Madame DE PUISIEUX, (Madeleine Darſant : *in-*12. 4 vol.]

PAGE 195, *ajoutez*,

17294. * ☞ Mſ. Della Storiadi Francia, compoſta in lingua Florentina da Andrea CAUBINI : *in-fol.*

Cette Hiſtoire finit vers le temps de la Bataille de Montlhéry, en 1465. Elle eſt dans la Bibliothèque de S. Laurent de Florence, plut. 61, num. 22.]

Au N.° 17295, *ligne* 12, *effacez* Ibid. Renaud ; *& à la ligne* 13, *après* 3 vol. *ajoutez*, Paris, Regnault, 1518, 4 vol. Gothique.

Ajoutez enſuite à la Note :

Parmi les Manuſcrits de Monſtrelet, qui ſont dans la Bibliothèque du Roi, num. 8344. 8345 & 8346, & parmi ceux de Baluze, 19 & 20, & 3186, on en trouve quatre Exemplaires. Il ne paroît pas qu'il y ait d'autres différences d'avec l'imprimé, ſi ce n'eſt la diviſion des Chapitres, dont le nombre eſt plus grand dans l'Imprimé que dans les Manuſcrits ; & le langage du temps, & du Pays de Monſtrelet, qui étoit Picard, a été conſervé plus exactement. On trouve dans les Manuſcrits beaucoup de Miniatures, qui peuvent donner une grande connoiſſance des Armes & du Coſtume du temps.

On voit par le Catalogue de M. Gaignat, num. 3004, qu'il avoit un Exemplaire de ces Chroniques de Monſtrelet, Manuſcrit ſur vélin, décoré de très-belles Miniatures en camayeu gris, exécutées (y eſt-il dit,) par Ant. Fr. Bardin, ſerviteur de M. François de Rochechouart, Seigneur de Champdemer, Sénéchal de Toulouſe, Gouverneur & Lieutenant de Gennes, & Conſeiller Chambellan ordinaire du Roi Louis XII. & achevé au Palais dudit lieu de Gennes , la Vigile de Notre-Dame d'Août, l'an 1510, 3 vol. grand *in-fol.* On trouve dans le même Catalogue, num. 3006, Extrait des mêmes Chroniques, Manuſcrit ſur vélin, en lettres Gothiques : *in-fol.*

Au N.° 17297, DE CLERCQ, *liſez*, DU CLERCQ.

17297. * ☞ Mſ. Chronique de France, depuis 1461 juſqu'en 1467 : *in-fol.*

Cette Chronique eſt dans la Bibliothèque Vaticane, parmi les Manuſcrits de la Reine de Suède, num. 753.]

PAGE 196.

Au N.° 17312, *ajoutez à la fin de la Note* :

Voyez ce qu'il dit de Pierre de Blaru, dans ſa *Bibliothèque Lorraine.*

17314. * ☞ Mſ. Examen de la Queſtion qui eſt entre le Duc d'Auſbourg & Madame la Ducheſſe ſa femme d'une part, & le Roi Louis XI. de l'autre, (au ſujet du Duché de Bourgogne :) *in-fol.*

Ce Manuſcrit eſt dans la Bibliothèque Vaticane, parmi les Manuſcrits de la Reine de Suède, num. 889 & 926.]

PAGE 199.

Au titre courant, 1000, *liſez*; 1483.

Au N.° 17333, *à la Note, ligne* 2, Louis XII; *liſez*, Louis XI. . . . & *ajoutez à la fin* : Il a déja été parlé de cet Ouvrage, (où il eſt beaucoup queſtion de nos Libertés,) au N. 15874, où l'on voit que l'Auteur eſt André DE LA VIGNE.

Au N.° 17335, *après* Paris, *ajoutez*, Targa.

A la Note prem. ligne 3, *après* 1713, *in-*8. *ajoutez*, [& dans les Editions qui ont ſuivi, indiquées au N.° 17392.]

A la Note 2, *ligne* 5, l'Impreſſion, *liſez*, l'Imprimerie . . . *lignes* 12 & 13, quelques petits Livres, *liſez*, pluſieurs autres Livres.

Au N.° 17336, *Note, ligne* 2; *après* 1713, in-8. *ajoutez*, [& dans les Editions qui ont ſuivi.]

PAGE 200.

Au N.° 17339, *ajoutez à la Note* :

Le Manuſcrit de l'Abbé le Grand eſt conſervé dans la Bibliothèque du Roi. Par rapport aux Pièces qu'il avoit raſſemblées, la plûpart ont été publiées par M. Duclos, comme il eſt dit dans l'Avertiſſement de la dernière Edition du Père Daniel, *in-*4. *pag.* viij.]

Au N.° 17340, *ajoutez en Note* :

L'Hiſtoire de Louis XI. par M. Duclos, a été traduite en Anglois.

PAGE 201, *ajoutez*,

17342. * ☞ Mſ. Recueil de Pièces pour l'Hiſtoire de France : *in-fol.*

Ce Recueil s'étend depuis 1437 juſqu'en 1483. Il eſt conſervé dans la Bibliothèque Vaticane, parmi les Manuſcrits de la Reine de Suède, num. 1913.]

Avant le N.° 17343, *ajoutez* :

17342. ** ☞ Mſ. Congratulation de la Nativité de Charles, Dauphin, fils de Louis XI. *in-*4.

Ce Manuſcrit eſt dans la Bibliothèque du Roi, num. 8002.]

PAGE 202.

Au N.° 17364, *ajoutez à la Note* :

☞ Les Œuvres de Jean Molinet avoient déja été imprimées : *Paris*, Bougis, 1531, *in-fol.* Mais la meilleure Edition de ſes *Faits & Dits*, eſt celle de Paris, 1540, *in-*8.

PAGE 204.

Colonne 2, *ligne* 3, *avant la fin*, Tome VI. *liſez*, Livre VII.

PAGE 205.

A la colon. prem. fin du titre des Mém. de Comines, *après* Londres, *ajoutez*, (Paris.)

17392. * ☞ Mſ. Mémoires de Philippe de Comines abrégés, ſans aucune omiſſion des Noms des perſonnes & des lieux ; avec un Supplément, & des Notes hiſtoriques, chronologiques & généalogiques, qui font connoître les noms de ces mêmes perſonnes & des lieux.

Dans la Bibliothèque de M. le Marquis d'Aubais.]

Au N.° 17393, *après l'alinéa* 4, *ajoutez* :

☞ Cette Traduction de Comines abrégée, par Sleidan, 1656, chez Blaeu, ſe trouve après la Traduction que le même a faite d'un Abrégé de Froiſſard.

Et

Histoires des Rois.

Et après l'alinéa 12, *ajoutez aux* Éditions Angloises :

☞ Mémoires de Comines, avec la Chronique de Louis XI. *London*, 1723, *in*-8. 2 vol.]

PAGE 206, *ajoutez*,

17394.* ☞ Mſ. Mémoire pour montrer que Philippe de Comines n'eſt pas l'Auteur de la Vie de Charles VIII. qui eſt à la fin de ſes Mémoires.

Ce Mémoire, fait par Philibert DE LA MARE, paroît bien fort. Il eſt conſervé à Dijon, dans la Bibliothèque de M. le Préſident de Bourbonne : E. 181.]

PAGE 207.

Au N.° 17403, *ligne* 2, NAUQUERII, *liſez*, NANQUIERII... & *ajoutez en Note* :

Peut-être cet Opuſcule n'eſt-il qu'un Extrait d'un Ouvrage plus anciennement imprimé, avec ce titre : « De » lubrico temporis curriculo, deque hominis miſeriâ, » nec non de funere Chriſt. Regis Caroli Octavi, cum » Comento familiari : Carmen elegum Fratris Symonis » NANQUIER, alias de Gallo, ad Dominum Carolum de » Billy, ſancti Faronis Abbatem, & ad Fauſtum Andre-» linum, Poëtam Regium : 1517, *in*-4.]

Au N.° 17406, *ajoutez à la Note* :

Peut-être que des deux Exemplaires de M. de Lamoignon, celui qui eſt plus ample, a les Additions du Comte de Boulainvilliers. On nous a marqué que dans la Bibliothèque de M. le Marquis d'Aubais, ſe trouve auſſi le même Journal d'Aubery, ſans nous dire s'il eſt avec les Notes du Comte de Boulainvilliers, ou qui eſt reconnoiſſable à la Préface critique. Au reſte, ce Journal bien complet (en 12 vol. *in*-4.) vient de paroître encore dans le Catalogue de M. Nouveau de Chennevières, comme on l'a obſervé dans ce *Supplément*, N.° 16914*.]

Au N.° 17409, *effacez*, Mſ.

17409.* ☞ Mſ. Capitulation entre les Génois & Louis XII. en 1499 : *in*-4.

Cette Capitulation, ſignée *Robertet*, eſt conſervée à Milan, dans la Bibliothèque Ambroſienne. C'étoit la troiſième fois que Gênes ſe donnoit à la France ; ſur quoi l'on peut voir ſoit les *Révolutions de cette Ville*, (*Paris*, 1752, *in*-12. 3 vol.) ſoit le *tom. XXXV. de l'Hiſtoire univerſelle*, traduite de l'Anglois : *Amſterdam*, *in*-4.]

17409.** ☞ Mſ. Balhaſſaris NOVELLINI de Salizolia, de Expeditione Genuenſi, per Ludovicum Regem facta Liber, carmine elegiaco : *in*-8.

Ce Poëme eſt conſervé dans la Bibliothèque Vaticane, parmi les Manuſcrits de la Reine de Suède, num. 806.]

PAGE 208.

Au N.° 17422, *ajoutez à la Note* :

On peut voir ſur Jean d'Authon & ſur ſon Manuſcrit, la *Bibliothèque hiſtorique du Poitou*, par M. Dreux du Radier, *tom. II. pag.* 30 *& ſuiv.* où l'on trouvera un ample détail.

Au N.° 17427, *ajoutez en Note* :

Il y a encore deux Editions de cet Ouvrage d'Arena : *Paris*, Galiot du Pré, 1570 & 1574, *in*-8. & une autre : *Paris*, 1631, *in*-16.

Au N.° 17428, *ligne* 6, *après* Couſtelier, *ajoutez*, 1758.

Aux N.°s 17438 & 17439, *effacez* Mſ.

Tome *IV. Part. I.*

PAGE 210.

Au N.° 17453, *ajoutez en Note* :

C'eſt un écrit ſatyrique, dont l'Original Latin a pour titre : « Dialogus viri eruditiſſimi quo Julius II. Ponti-» fex Maximus, cœli fores pulſando, ab janitore illo » Petro intromitti nequiverit.

PAGE 211, *ajoutez*,

17456.* ☞ Mſ. Le Blazon de la Guerre du Pape, ſes Alliez, Preſlats, Gens d'Eſgliſe & les Vénitiens enſemble, contre le Roy Très-Chreſtien : *in*-4.

Ce Manuſcrit eſt dans la Bibliothèque du Roi, num. 8021.]

17459.* ☞ Guillermi PIELLÆY, de Anglorum ex Galliis fugâ, & Hiſpanorum ex Navarrâ expulſione, Carmen heroïcum : *Pariſiis*, Bonnemère, 1512, *in*-4.]

17465.* ☞ Eſſai hiſtorique ſur le Siège de Dijon ; par M. DE RUFFEY.

Cette Pièce eſt imprimée dans le *tom. I. des Mémoires de l'Académie de Dijon : Dijon & Paris*, 1769, *in*-8. Elle a été faite d'après une Copie du N.° précédent (17465,) qui eſt entre les mains de M. de Ruffey.]

PAGE 213.

Au N.° 17480, *ligne* 3, *liſez*, *Milan* (*Paris*.)

17483.* ☞ Tableau du Règne de Louis XII. par Madame de M*** : *Paris*, Simon, 1769, *in*-12.]

Avant le N.° 17485, *ajoutez*,

17484.* ☞ Mſ. Vers ſur la Naiſſance de François I. (le 12 Septembre 1494 :) *in*-4.

Ces Vers ſont dans la Bibliothèque du Roi, n. 8032.]

PAGE 214, *ajoutez*,

17491.* ☞ Jo. Bapt. EGNATII, Veneti, ad Franciſcum I. de ejus in Italia adventu, deque victoria ex Helvetiis, Panegyricum Carmen : *Mediolani*, 1515, *in*-4. *Venetiis*, 1540, *in*-4.]

Au N.° 17494, *ajoutez à la Note* :

Cet Ouvrage eſt aſſez eſtimé, & les Exemplaires en ſont rares.]

17500.* ☞ Lettres du Camp du Roi, avec l'ordre & conduite de ſon Armée, & Château pris au Pays de Hénault, & l'ordonnance du Camp de M. le Duc d'Alençon, &c. *Paris*, 1518, *in*-8.]

— ☞ Le Bapteſme & le Mariage du Dauphin François, en 1518.

Ci-après, aux *Princes du Sang*, N.° 25500*, de ce *Supplément*.]

17504.* ☞ Mſ. Relation de ce qui ſe traita à Calais, entre les Députés de l'Empereur Charles-Quint & ceux du Roi François I. où préſidoit le Cardinal d'Yorck, Légat d'Angleterre, Médiateur de la part de ce Roi, en 1521 : *in*-fol.

Ce Manuſcrit eſt conſervé dans le Château d'Aubais.]

Ddd

Supplément du Tome II.

Au N.º 17505, *ajoutez*,

☞ La même, imprimée : *Paris*, 1753, *in-*12.]

PAGE 215.

Avant le N.º 17506, *ajoutez à la Note :*
L'Histoire Manuscrite du Seigneur de Fleuranges, est aussi au Château d'Aubais, *in-*4. N.º 106.]

PAGE 216, *ajoutez*,

17519.* ☞ Mſ. Traité de la Délivrance de François I. *in-fol.*

Ce Traité est conservé parmi les Manuscrits du Roi de Sardaigne, L. II. 34.]

PAGE 218.

A la colonne 1, *alinéa* 10, *ligne* 6, GARGEON, *lisez*; GEORGEON.

PAGE 219.

Au N.º 15548, *ligne* 3, *mettez* (en petites Capitales) SANSOVINO.

17561.* ☞ Epistre en Vers François, envoyée de Rome, sur la venue du Mareschal de Brissac, &c. *Paris*, Vascosan, 1536, *in-*4.]

Au N.º 17563, *après* ami, *ajoutez*, [sur les querelles & différends entre l'Empereur & le Seigneur Roi].... & *après* Autriche, *ajoutez*, [Bourgogne, Milan & Savoye,] par laquelle il appert évidemment qui vient aujourd'hui à la succession desdites Maisons :]....

17563.* ☞ Exemplaria Litterarum quibus & Christianissimi Galliarum Rex Franciscus ab adversariorum maledictis defenditur, & Controversiarum causæ ex quibus bella hodie inter ipsum & Carolum V. Imperatorem emerserunt, explicantur, &c. *Parisiis*, 1537, *in-*4.]

Au N.º 17566, *au lieu de* Mſ. *mettez* ☞.

PAGE 220, *ajoutez*,

17567.* ☞ Relazione del abboccamento di Papa Paolo III, con Carlo V, è Francesco I, nel Convento di Nizza ; da Nicolo TIEPOLO : *in-fol.*

Cette Relation est conservée dans la Bibliothèque Vaticane, parmi les Manuscrits de la Reine de Suède, num. 874. Il y en avoit aussi une Copie dans la Bibliothèque de M. l'Abbé d'Estrées.]

17568.* ☞ Extrait des Mémoires domestiques de Noble Archimbaud DE LA RIVOIRE, Seigneur de Locques, Habitant d'Aigues-mortes, sur l'Entrevue du Roi François I, & de l'Empereur Charles V. audit Aigues-mortes, le 14 Juillet 1538 : *in-*4.

Ce Manuscrit est au Château d'Aubais.]

17568.** ☞ Panégyrique récité au Roi François I. à son retour de Provence, en 1538 ; par Claude CHAPPUYS, son très-humble & très-obéissant Libraire & Valet de Chambre, & composé en rime Françoise : *Paris*, Rosset, 1738, *in-*4.

Au N.º 17573, à la Note, (*alinéa* 3.) *au lieu de* en 1547, *lisez*, [le 3 Août 1545, comme le disent Baluze, (dans ses Notes sur la Vie de Pierre Chastel,) Mertaire, Marchand ; & non en 1544, 1546, 1547, &c. 1553.]

Au N.º 17577, *ligne* 3 *de la Note*, de Fresse, *lisez*, de Fresne.

PAGE 221, *ajoutez*,

17595.* ☞ Ludovici DE CRESSOLLES, Ossifini, Parainesis, cur Imperatori Christianissimus Gallorum Rex bellum indixerit : *Tholosæ*, 1543, in-4.]

17602.* ☞ Bref Discours au vrai du portement ès affaires de Piedmont, par très-haut, très-illustre & magnanime Prince, le Comte d'Anghien, Gouverneur dudit Piedmont, pour l'année 1544 : (*Paris*,) Janot, 1544, *in-*16.]

PAGE 223, *ajoutez*,

17619.* Mſ. Arrêt notable donné le 4 Octobre 1546, par la Chambre ordonnée par le Roi, en temps de Vacations, contre grand nombre d'Hérétiques & Blasphémateurs, avec l'exécution d'icelui Arrêt dans le grand Marché de Meaux : *in-fol.* de 3 f.lles

Cette Pièce, qui est à Braine dans la Bibliothèque de M. Jardel, concerne plus de 60 personnes, tant hommes que femmes, dont 14 furent brulés.]

17620.* ☞ De Rebus in Gallia Belgica nuper gestis & pace restituta, (Carmen:) *Lutetiæ*, R. Stephanus, 1546, *in-*8.

C'est un Poëme d'environ 450 Vers, hexamètres & pentamètres, que l'Auteur, dans une Epigramme qui précède, dit avoir fait en trois jours, au milieu d'autres occupations. Le P. Niceron, tom. XXXI. de ses *Mémoires*, &c. Art. de *Salmon Macrin*, met ce Poëme au rang de ses Poësies, & en date l'Edition de 1547. (Nous avons vu celle, indiquée ci-dessus de 1546.) Il n'y a pas d'apparence que Salmon Macrin en soit l'Auteur ; car à la tête se trouve de lui une Epigramme de 18 Vers, où il loue beaucoup l'Ouvrage, & conseille à l'Auteur de le faire imprimer en beaux caractères par quelque Imprimeur habile, tel qu'Estienne ou Colines.

Au reste l'Exemplaire de ce petit Poëme, que nous avons vu dans la Bibliothèque de M. Beaucousin, Avocat au Parlement de Paris, est relié, avec la Paraphrase de 30 Pseaumes de M. A. Flaminio, imprimée en la même année 1546, par Robert Estienne ; Edition que Baillet & la Monnoye n'ont pas connue, puisqu'ils ne citent que celle d'Anvers de 1558. On nous pardonnera ici cette Remarque, qui pourra faire plaisir à quelques Littérateurs.]

A la colonne 2, *après l'alinéa* 4, *ajoutez*,

☞ Mſ. Les mêmes : *in-fol.* 3 vol.

Ces *Mémoires*, (de du Bellay,) sont conservés dans la Bibliothèque Vaticane, parmi les Manuscrits de la Reine de Suède, num. 741-743.]

Après l'alinéa 7, *ajoutez*,

Le premier de la même Ogdoade, en Latin, se trouve aussi dans la Bibliothèque du Vatican, parmi les Manuscrits de la Reine de Suède, num. 970.]

PAGE 225, *ajoutez*,

17623.* ☞ Mſ. Mémoires de du Bellay ; abrégés, sans aucune omission des noms des Personnes & des Lieux, avec un Supplément & des Notes historiques, chronologiques & généalogiques, qui font connoître les noms de ces mêmes Personnes & des Lieux.

Dans la Bibliothèque de M. le Marquis d'Aubais.]

Histoires des Rois.

Au N.° 17626, ajoutez en Note :

☞ Suivant le P. Niceron, *Mémoires*, &c. t. *XXVII*, pag. 419, cet Ouvrage de Jean Bouchet parut en 1565 & 1572, sous ce titre : « Le Parc de Noblesse, Description du très-puissant & très-magnanime Prince des Gaules, & de ses gestes, &c. » On peut voir sur l'Auteur & ses Ouvrages, la *Bibliothèque du Poitou*, par M. Dreux du Radier, *tom. II, pag. 115.*]

17626. * ☞ Ms. Panegyricus Christianissimo Francisco I. Francorum Regi dictus : *in-fol.*

Ce Manuscrit, en vélin, avec Miniatures, est le N.° 30530 du *Catalogue de M. Gaignat.*]

Au N.° 17628, colonne 2, ligne 6, effacez, CASTELLAN OU

Au N.° 17629, ajoutez l'Original :

☞ Petri GALLANDII, Latinarum Litterarum Professoris, Oratio in funere Francisci I. Francorum Regis, à Professoribus Parisiis facto ; habita Lutetiæ, Nonis Maii 1547 : *Parisiis*, Vascosan, 1547, *in-4.*

L'Auteur est mort en 1559.]

Au N.° 17630, ajoutez à la Note :

Elle a été encore imprimée : *Hanoviæ*, 1613, *in-8.*]

17634. * ☞ Ms. La Louange de François I. en Vers François : *in-4.*

Ce Manuscrit est conservé dans la Bibliothèque du Roi, N.° 8050. Cet Eloge est rempli de grands mots & de phrases empoulées. On en trouve encore un autre, N.° 8051, avec un titre semblable ; mais il est tout différent du premier, & n'est composé que de Quatrains.]

PAGE 226, *ajoutez*,

17642. * ☞ Francisci Valesii & duorum Liberorum Tumuli, variorum Auctorum Carminibus erecti : *Parisiis*, 1547, *in-4.*

17642. ** ☞ In Francisci Valesii Regis Obitum, inque Henrici ejus Filii Regis adventum ; Nicolao BORBONIO auctore : *Parisiis*, Vascosan, 1647, *in-8.*]

Ajoutez aux Citations qui sont à la fin du Règne de François I : L'Histoire de Charles-Quint, traduite de l'Anglois de Robertson : *Amsterdam & Paris*, Dessaint, 1771, *in-4.* 2 vol. & *in-12.* 6 vol.]

17643. * ☞ Histoire du temps, divisée en cinq Livres, comprenant depuis l'an 1514, jusqu'en 1548, inclusivement : *Paris*, 1551, (sans nom d'Imprimeur,) *in-16* de 750 pag.

Ce Livre contient des choses intéressantes, & des espèces d'anecdotes sur le Règne de François I.]

17646. * ☞ Apologie de Marus EQUICOLA, Gentilhomme Italien, contre les Médisans de la Nation Françoise, traduite en François, par Michel Roté : *Paris*, Sartenas, 1559, *in-8.*]

PAGE 227.

Au N.° 17656, ajoutez :

Ces Lettres du Roi Henri II, du 26 Février, paroissent avoir été précédées de la suivante :

17656. * ☞ Libertas : Lettre circulaire de Sa Majesté le Roi de France, aux Electeurs, Princes & Villes du Saint-Empire de la Nation Allemande ; dans laquelle elle déclare

Tome IV. Part. I.

ses motifs pour la guerre présente : 1552, *in-4.* (en Allemand.)

Cette Lettre, datée de Fontainebleau du 3 Février 1552, & contresignée *de Laubespine, Secrétaire d'Etat*, est une suite de l'Alliance que Henri II avoit ratifiée à Chambord, en 1551, avec plusieurs Princes & Etats de l'Empire, contre l'Empereur Charles-Quint, tant pour le maintien des franchises & libertés de ces Princes, auxquelles Charles avoit porté atteinte dans la Diète d'Ausbourg de 1547, que pour la délivrance des Chefs de la Ligue de Smalcaden, qu'il détenoit prisonniers.

Sur le Frontispice de cette Lettre de Henri II, au-dessous du mot *Libertas*, on voit deux épées gravées, avec le bonnet, qui est le Symbole de la Liberté ; & avant la date, sur le même Frontispice, on lit ces mots en lettres majuscules : *Henricus Secundus Rex Francorum, vindex libertatis Germaniæ & Principum captivorum*. C'étoit le titre que prenoit Henri. Il fit aussi répandre dans les Villes d'Allemagne de grandes Affiches, qui ne portoient que cette Inscription : *Vindex libertatis*, &c. avec les Armes de France & les lettres initiales H. 2. F. R. Ensuite il vint à bout de se rendre maître de plusieurs Villes de l'Empire, telles que Metz, Toul & Verdun. Strasbourg, quoique déjà Protestante, refusa constamment l'entrée aux Emissaires de Henri, & se fortifia même contre ses Troupes, qui s'avancèrent jusqu'à Saverne. On voit encore, sur une des portes de Strasbourg, une Inscription Latine de Sturmius, qui atteste le refus fait à Henri II. La Lettre circulaire est une Pièce rare : on en trouve un Exemplaire, avec l'Original même d'une des Affiches, dans la belle Bibliothèque d'Histoire que feu M. Schœpflin a laissée à la Ville de Strasbourg.]

PAGE 228.

Au N.° 17672, ligne 6, Sanil, *lisez*, Sami.

PAGE 229.

Au N.° 17690, ligne dern. de la Note, lis. Liv. 31.

PAGE 230, *ajoutez*,

17696. * ☞ La Légende des Flamens : *Paris*, 1558, *in-8.*]

PAGE 231, *ajoutez*,

17718. * ☞ Epithalamium Francisci Valesii, illustrissimi Franciæ Delphini, & Mariæ Stuartæ Scotorum Reginæ, (1558;) Auctore Adriano TURNEBO.

Dans ses Poëmes, pag. 28 : *Parisiis*, Juvenis (le Jeune,) 1560, *in-8.* & dans le *tom. III.* de ses Œuvres : *Argentorati*, 1600, *in-fol.*]

17722. * ☞ Ludovici REGII, Constantini, Oratio ad Principes Henricum II. & Philippum Hispan. Regem, de pace & concordia nuper inter eos inita, & bello Religionis Christianæ hostibus inferendo : *Parisiis*, 1559, *in-4.*]

17722. ** ☞ Oratio de pace restituta & fœdere sancito apud Cameracum, &c. Auctore BERALDO, Aurelio, Regio historico : 1559, *in-4.*]

PAGE 232.

Au N.° 17728, ligne 3, après Franco, *ajoutez*, par Jérôme DE LA ROVERE, esleu Evesque de Tholon (ou Toulon,) prononcés l'un à Notre-Dame de Paris, l'autre à Saint-Denis en France ; *Paris*, Robert Estienne, 1559, *in-4.* 8 cahiers.]

17732. * ☞ Ms. Monodia lamentabilis Henrici II. Regis Franciæ Christianissimi, nisi pace invictissimi : *in-4.*

Ce Poëme est conservé à Rome dans la Bibliothèque Chigi, num. 2200.]

Ddd 2

Au N.° 17734, *ajoutez à la Note:*

La Traduction de cette Pièce est intitulée : « Eloge » ou Témoignage d'honneur d'Henri II, Roi de France, » par Lancelot Carle, Evêque de Riez : » *Paris*, Vascosan, 1560, *in-fol.*

PAGE 233, *ajoutez,*

17752.* ☞ Le Tombeau du Très-Chrétien Roi Henri II, à l'ombre de Henri ; par Joachim DU BELLAY.

C'est un Poëme ou Discours en Vers Latins & François, qui se trouve dans les « Œuvres Françoises de » Joachim du Bellay, Gentilhomme Angevin, & Poëte » excellent de ce temps : *Rouen*, Loyselet, 1592, *in-12.* C'est le seul Eloge funèbre de Henri II. qui soit venu à notre connoissance, encore nous a-t-il été fourni par un Ami, (M. Arcère, de la Rochelle, qui nous a témoigné un grand zèle pour perfectionner l'Ouvrage de son Confrère, le P. le Long.]

Après la Note du N.° 17756, *& dans l'Observation,* ligne 3, *Eracle Piguerre, lisez, Emile Piguerre . . . & ajoutez à la fin :* = L'Histoire de Charles-Quint, traduite de l'Anglois de Robertson : *Amsterdam & Paris,* Dessaint, 1771, *in-4.* 2. vol. *in-12.* 6 vol.]

PAGE 235, *ajoutez,*

17777.* ☞ Marci Anton. MURETI, ad Pium IV. Pont. Max. pro Francisco II. Galliarum Rege, Oratio gratulatoria : *Hanoviæ*, Wechel, 1613, *in-8.*]

17780.* ☞ Ms. Thomæ CORMERII, Alenconii, Franciscarum seu rerum in Gallia sub Francisco II. Galliæ Rege gestarum Historiæ Liber unus : *in-4.*

Ce Manuscrit écrit de la main de l'Auteur, (qui est Thomas Cormier, Conseiller à l'Echiquier d'Alençon, mort vers 1600,) est conservé chez M. le Comte de Betz, Conseiller au Bailliage & Siége Présidial d'Alençon.]

Au N.° 17784, *ajoutez à la Note :*

Il y a eu une nouvelle Edition de cette Tragédie, avec des Notes : *Paris*, 1769, *in-8.*]

PAGE 236.

Au N.° 17798, *col. 2, ligne avant-dernière, après* du Bellay, *ajoutez,* (ci-dessus N.° 17623.)

PAGE 237, *ajoutez,*

17802.* ☞ Lettres du Roi touchant les Prédicans, Conventicules & Assemblées illicites ; publiées à Paris le Mercredi 21 Mai 1561 : *Paris*, Nyverd, *in-8.*]

17802.** Arrêt de la Cour du Parlement, sur la Police de la Ville de Paris, pour obvier aux inconvéniens de la Peste : *Paris,* Prévost, 1561, *in-8.*]

PAGE 238, *ajoutez,*

17824.* ☞ Edit du Roi sur la Résidence des Evêques & autres Prélats Ecclésiastiques, & de la correction des Hérétiques à eux baillée par ledit Seigneur : *Paris*, Dallier, 1561, *in-8.*

17831.* ☞ Edit du Roi sur le fait de la Religion, publié en la Cour de Parlement à Paris, le dernier jour de Juillet 1561 : *Paris*, Dallier, *in-8.*]

PAGE 239, *ajoutez,*

17838.* ☞ Lettres-Patentes du Roy, sur les défenses de porter pistolles & pistoletz, & injonction à tous Gens de Guerre, Gens d'ordonnance & autres, de vuider la Ville de Paris : *Paris*, Dallier, 1561, *in-8.*]

PAGE 240, *ajoutez,*

17853.* ☞ Commission du Prince de Lorraine, Duc d'Aumale, contre les Séditieux : 1562, *in-8.*]

PAGE 242, *ajoutez,*

17888.* ☞ Ms. Histoire de l'affliction de la Ville de Montauban, lorsqu'elle fut assaillie par plusieurs fois, & long-temps assiégée des Chevaliers & Grands de France, l'an 1562 ; par Jean FORNIER, de Montauban, en l'an 1564 : Poëme en trois Livres, *in-4.*

Ce Manuscrit est conservé dans la Bibliothèque de M. le Marquis d'Aubais, & fait partie du num.114.].

Au N.° 17897, *ligne* 3, *lisez,* BONCHORSTIO.... *& ajoutez à la Note :* On peut voir sur cet Auteur, & sur son Poëme, qui est d'environ 800 Vers, la *Bibliothéque historique du Poitou*, par M. Dreux du Radier, *tom. II, pag.* 232.

PAGE 243.

Avant le N.° 17900, *ligne* 2, 1689, *lisez,* 1684; *& en Note :* Cette Relation a été publiée par Catherinot lui-même, & n'a que 4 pages *in-4.* datées du 13 Octobre 1584. C'est la Pièce 87 de cet Auteur, selon le P. Niceron, *Mémoires, &c. tom. XXX, p.* 210.]

PAGE 245, *ajoutez,*

17934.* ☞ Ms. Mémoires de Pierre LE BLANC, Conseiller du Roi & Juge des Conventions de Nismes, sous les Règnes d'Henri II, François II & Charles IX, depuis 1558 jusqu'à 1562, contenant registre des choses advenues, tant en France qu'ès autres Pays circonvoisins, desquelles il a eu certaine connoissance, depuis le mois de Juillet 1558, qu'il vint de Paris pour les affaires du Cardinal d'Armagnac & l'Evêque de Vabres, son Neveu. = Le second Livre desdits Mémoires, depuis le premier jour de Décembre 1562 jusqu'à la fin de Juin 1563 : *in-4.*

Ces Mémoires sont conservés dans la Bibliothèque de M. le Marquis d'Aubais.]

PAGE 248.

Au haut de la col. 1, *ligne* 1, Strasbourg, 1565, 1566, *lisez,* 1565, (sans nom de lieu :) *Strasbourg,* Estiard, 1566.

Au haut de la col. 2, *ligne* 3, *ajoutez :*

Il y a cependant des Curieux qui recherchent toujours la première Edition (de ces *Mémoires de Condé,*) parcequ'ils prétendent que plusieurs Pièces ont éprouvé des changemens dans la nouvelle Edition.]

Page 250, *ajoutez,*

17994.* ☞ Lettre adressée de Rome à la Reine Mère du Roi, traduite de l'Italien

Histoires des Rois. 397

en François, contenant utile admonition pour pourvoir aux Affaires qui se présentent : (1565,) *in*-8.

Cette Lettre se trouve aussi dans les *Mémoires de Condé.*]

Au N.º *17996, ajoutez, ligne* 4 :

Per devotum Fr. Vincentium Justinianum Genouensem, Generalem Ordinis Fratrum Prædicatorum, deputatum per Capitulum Generale, unà cum certis aliis ejusdem Ordinis Fratribus, Ambasiatorem, pro repetenda corona aurea quam abstulit à Jacobitis Urbis Metensis : *Rhemis in Campania*, (Genevæ) 1566, *in*-8.]

PAGE 251.

Après le N.º 18020, *ajoutez*, Ms.

PAGE 252, *ajoutez*,

18026.* ☞ Complainte de la France sur les misères de son dernier temps : 1568, *in*-8.

18027.* ☞ Exhortation à la Paix : 1568, *in*-8.]

18028.* ☞ Mémoire des choses advenues sur le Traité de la Pacification des Troubles qui sont en France : 1568, *in*-8.]

18040.* ☞ Lettres du Roi contenant Déclarations sur la Vente des biens des Séditieux : *Paris*, 1568, *in*-8.]

PAGE 253, *ajoutez*,

18046.* ☞ Arrêt de la Cour du Parlement de Paris, enjoignant à ceux de la Religion de vuider la Ville de Paris : 1569, *in*-8.]

18049.* ☞ Discours & Dialogue sur l'Edit de la Révocation de la Paix publié à Paris le 28 Septembre 1568 : (*Genève,*) 1569, *in*-12. de plus de 100 pages.]

18051.* ☞ Copie d'une Remontrance que MM. les Princes de Navarre & de Condé entendent faire présenter au Roi par le Sieur de Lestrange : 1569, *in*-12.]

18052.* ☞ Déclaration & Protestation du Très-illustre Prince Wolfgang, Comte Palatin du Rhin...... Des causes qui l'ont meu à venir en France au secours de ceux de la Religion, envoyée au Roi : 1569, *in*-8.]

PAGE 254.

Au N.º 18063, *lisez*, Actes [&] choses mémorables.... *la Rochelle,* [Berton.]

Au N.º 18065, *ligne* 3 *de la Note,* 1620, *lis.* 1600 ou 1599.

Au N.º 18066, *ajoutez à la Note* :

On peut voir à son sujet la *Bibliothèque historique du Poitou*, par M. Dreux du Radier, *tom. II.* p. 361.

18071.* ☞ Nouvelle Protestation faicte par les Princes, Gentilshommes, Capitaines & Soldats de l'Armée des Fidèles : (*Genève,*) 1569, *in*-12.]

Au N.º 18078, *alinéa* 2, *ligne* 2, *avant* Poitiers, *ajoutez*, Dijon, Desplanches, 1569.

Au N.º 18080, *après* Discours, *ajoutez*, au vray.

PAGE 255, *ajoutez*,

18085.* ☞ Copie d'une des Lettres de Maître Pierre du Quignet, Marguillier perpétuel de l'Eglise de Notre-Dame de Paris, envoyée à l'esprit du Seigneur Marforio, étant de présent à la suite de la Cour du Révérendissime & Illustrissime Cardinal de Lorraine : mil 569, *in*-8. de 44 pag. (non numérottées.)

18087.* ☞ Dialogus, Belli Tumulus, sive Pandora, Claudii PRATIANI, Lugdunensis, authoris, editus, anno 1569.

L'Auteur est Claude DU PRÉ, ancien Conseiller en la Sénéchaussée de Lyon, & Auteur d'une Origine des François, indiquée ci-après au N.º 15410. On trouve *pag.* 92-96, de son petit Recueil Latin & François, intitulé : *Pratum Claudii Prati* : (*Parisiis,* Libert, 1614, *in*-8.) des Fragmens de ce Dialogue, qui dèslors ne se trouvoit plus. Il paroît avoir été fait lors de la troisième Guerre Civile, sous Charles IX. qui a commencé après l'Edit du 3 Mars 1568, & qui a duré jusqu'à celui du 11 Août 1570.]

PAGE 256, *ajoutez*,

18092.* ☞ De la Troisième Guerre Civile & des derniers Troubles de France pour la Religion, composés en IV. Livres, Charles IX. régnant : 1570, *in*-12.]

PAGE 257.

Au N.º 18096, *ligne* 9, *in*-fol. *lisez*, Paris, Dallier, 1570, *in*-8.... *& ensuite à la Note, ligne* 2, *lisez*, est aussi imprimée...

18104.* ☞ Francisci BALDUINI, Jurisc. Relatio ad Henricum Andium Ducem magnum : *Parisiis,* 1570, *in*-4.]

PAGE 259, *ajoutez*,

18117.* ☞ Ms. Commentaires de Blaise de Montluc abrégés, sans aucune omission des Noms des personnes & des Lieux ; avec un Supplément & des Notes historiques, chronologiques & généalogiques, qui font connoître les Noms de ces mêmes personnes & des Lieux.

Dans la Bibliothèque de M. le Marquis d'Aubais.]

PAGE 261.

Au N.º 18141, Discours, &c. *Cet Article doit être effacé, étant mieux plus loin,* N.º 18174.

PAGE 262.

Au N.º 18149, *mettez en petites capitales*, BURIN.

18151.* ☞ Discours simple & véritable des Cruautés exercées par la France, ès personnes de l'Amiral de Coligny & autres, massacrés indignement : 1575, *in*-8.]

Au N.º 18152, *à la Note, col.* 1, *au milieu, avant l'alinéa qui commence par le mot* Struvius, *ajoutez* :

Pour donner un échantillon de ces *belles matières*, que l'Auteur du *Réveil-matin* annonce, nous transcrirons ici une de ses phrases : « Pour l'honneur de Dieu » fais-moi le plaisir que nous ne parlions plus des Edits » de ce bourreau, de ce sauvage (le Roi Charles IX,) » sinon que de bonheur il s'avisât d'en faire un qui » commandât de l'étrangler avec la truye & les cochons » (Catherine de Médicis & les frères du Roi,) tous » ses suppôts & conseillers ; en ce cas je serois d'avis » qu'on usât vers eux de douceur, ne permettant pas

» qu'ils tombassent en la misère de Néron, qui ne
» trouva, lorsqu'il se vit réduit en extrême détresse, un
» seul ami ni ennemi qui lui voulût faire le plaisir de le
» dépêcher ou tuer : je serois, dis-je, bien d'avis qu'on
» ne les fît guères languir, de peur qu'ils ne se rétrac-
» tassent quand ils verroient l'enfer ouvert & tout prêt
» à les recevoir ». *Réveil-matin des François, pag.* 167,
Edition d'Edimbourg. M. Arnauld ne connoissoit pas ce
passage, lorsque dans son *Apologie des Catholiques*, il
reprochoit aux Protestans les principes de Buchanan &
de Junius Brutus, contre la Souveraineté des Rois &
le respect qui leur est dû.]

PAGE 263.

Au N.° 18172, *mettez en pet. capitales* A QUERCU.

Au N.° 18174, *ajoutez en Note* :

Ce Discours est en Vers.

PAGE 264.

A la colon. 2, *ligne* 3, 16182, *lisez*, 18182.

PAGE 265.

Au N.° 18195, *mettez en pet. capitales*, DE LOR-
RAINE.

Au N.° 18199, *effacez la seconde Note* ; (car Jean de
Lery se dit lui-même né à la Margelle, à la tête de son
Voyage au Brésil.)

PAGE 266.

Au N.° 18205, *ajoutez à la Note* :

On peut voir sur ce Manuscrit (de Philippe de Cau-
riane,) l'*Histoire de la Rochelle*, par M. Arcère, *tom. I.*
pag. 570, *Note* 2.

PAGE 267.

Avant le N.° 18218, PEREAU, *lisez*, PERAU.

PAGE 268, *ajoutez* ,

18229.* ☞ Remontrance adressée au Roi,
aux Princes Catholiques, &c. touchant l'a-
bolition des troubles & émotions de la
France, causées par les hérésies, &c. par
Jean DE LA VACQUERIE, Docteur en Théologie : *Paris*, 1574, *in-*12.]

18237.* ☞ Oraison funèbre de Charles IX.
prononcée en l'Eglise de Notre-Dame de
Paris le 12 Juillet 1574; par A. SORBIN ;
avec une Elégie sur la mort de ce Prince :
Paris, Chaudière, 1579, *in-*8.

Autre, du même, prononcée en l'Eglise de
S. Denis, le 13 Juillet 1574 : *Paris*, Chaudière, 1579, *in-*8.]

18237.** ☞ Oraison funèbre du Trépas du
Roi Charles IX. *Paris*, Morel, 1574, *in-*4.
L'Auteur est Jean-Bapt. BELLAUD, qui étoit Pro-
vençal.

Au N.° 18239, *ligne* 3, *après* 1574, *in-*4. *ajoutez* ,
& *Hanoviæ*, 1613, *in-*8.

PAGE 269, *ajoutez* ,

18247.* ☞ Mf. Recueil de diverses Pièces servant à l'Histoire des Règnes de François I. Henri II. François II & Charles IX.
par DU FAUTRIER : *in-fol.* 2 vol.

Ce Recueil étoit dans la Bibliothèque de M. de Coiflin, aujourd'hui à S. Germain des Prés : il en est parlé
dans la Préface du *tom. V. de l'Histoire générale de
Languedoc*, par D. Vaissette, *pag.* v.]

PAGE 270, *ajoutez avant le* N.° 18255;

18254. * ☞ Mf. Les Louanges du Roi
Charles IX. en Vers : *in-fol.*

Ce Manuscrit est dans la Bibliothèque du Roi,
num. 7237.]

PAGE 271.

A la colon. prem. 3 *lignes avant la fin, après* 1573,
*in-*8. *ajoutez* : Elles furent aussi imprimées la même
année, chez Richer, en Latin, comme elles avoient été
prononcées.

PAGE 272.

Au N.° 18291, *ligne* 3, *après* 1584, *ajoutez* , [&
Hanoviæ, 1613.]

Au N.° 18294, Actarius, *lisez*, Octavius.

PAGE 273.

Au N.° 18304, *lisez ainsi* :

Panégyrique pour la Bienvenue & Retour de
Henri, Roi de France & de Pologne ; par
Antoine FUMÉE, Conseiller du Conseil-
Privé : *Paris*, 1574, *in-*12.]

18306. * ☞ Mandement du Roi, à tous
les Gentilshommes de sa Maison, pour se
trouver en armes au Sacre de Sa Majesté à
Reims : *Paris*, 1574, *in-*8.]

PAGE 274, *ajoutez* ,

18321.* ☞ Défaite des Reistres, & autres
Rébelles, par le Duc de Guise : 1575, *in-*8.]

18324.* ☞ Coq-à-l'âne : 1575, *in-*8.]

18327.* ☞ Protestation du Sieur DE LOR-
SANES, contre une Harangue sous le nom
des Rochelois : 1575, *in-*8.]

Au N.° 18330, Damville, *lisez*, DAMPVILLE....
& *en Note* : Cet Imprimé paroît bien être la même
chose que le Manuscrit du N.° 18322.]

PAGE 275.

Au N.° 18337, *ajoutez à la Note* :

☞ On peut voir sur cet Auteur la *Bibliothèque
Historique du Poitou*, par M. Dreux du Radier, *tom. II.*
pag. 512.]

Au N.° 18344, *ajoutez à la Note* :

Nous indiquons ci-après cette Remontrance de Bugnyon, au N.° 18353.]

Au N.° 18345, *lisez ainsi* :

☞ Oratio quam habuit Lutetiæ Odo DE
MATIGNON, Torigneus Comes, anno 1575,
de Nobilitate, cum Versione Gallica : accedit Renati DE LONGANNAY Oratio, in qua
inquiritur quæ causa sit cur Francici Tumul-
tus sedari non possint ; eodem anno habita :
Parisiis, Dupré, 1576, *in-*8.]

PAGE 276, *ajoutez* ,

18350.* ☞ Histoire miraculeuse de trois
Soldats punis divinement, pour leurs for-
faits commis contre l'Image de S. Antoine :
Paris, 1576, *in-*8.]

PAGE 278, *ajoutez* ,

18372.* ☞ Déclaration des justes causes
qui ont contraint le Roi de Navarre, &

ceux de la Religion; à prendre les armes contre la Ligue des Papistes : 1577, *in*-8.]

Au N.° 18373, *lisez*, Lettres-Patentes....

PAGE 279.

Au N.° 18386, *col.* 1. *ligne* 3. *avant la fin, ajoutez,* = Bibliothèque Historique du Poitou, *t. III, p.* 158 ; & *col.* 2, *ligne* 3 : Ces corrections se trouvent dans la *Nouvelle Hist. de la Rochelle,* par M. Arcère, *tom. II, pag.* 595, *Note I.*]

PAGE 280.

Avant le N.° 18393, *après* l'année 1576, *ajoutez,* & un plus ancien encore, sous l'an 1568, ci-devant N.° 18032.]

18394.* ☞ Avis au Roi : 1578, *in*-8.]

18395.* ☞ Alliances & Accords faits entre le Duc d'Alençon, Fils & Frère du Roi, & les Prélats, Nobles & Députés des Villes, représentant les Etats-Généraux des Pays-Bas : *Paris,* 1579, *in*-8.]

18407.* ☞ Prophétie trouvée dans la Cave de l'Eglise de Sainte-Geneviève, sur la France : 1579, *in*-8.]

Au N.° 18411, *ligne* 2, Salvas, *lisez,* Salavas.

PAGE 282.

Au N.° 18424, *ligne* 5, *après* 1581, *ajoutez,* [& 1582.]

18424.* ☞ Harangue & Remonstrances faictes à M. le Duc de Mayenne, faisant son entrée à Tallard, le 21 Septembre 1581, par noble PONS DE GENTIL, Avocat à Grenoble, au nom des Habitans de Tallard : *Lyon,* Rigaud, 1583, *in*-8.]

18428.* ☞ Diogène, ou du Moyen d'établir, après tant de misères & de calamités, une bonne & assurée paix en France, & la rendre plus florissante qu'elle ne fût jamais : 1582, *in*-8.]

18430.* ☞ Mss. Histoire de France, depuis 1482 jusqu'en 1582, (en Italien,) : *in*-4.

Cette Histoire, qui est ample & détaillée, particulièrement sur les Guerres des Huguenots, est conservée à Milan dans la Bibliothèque Ambrosienne.]

18432.* ☞ Déclaration des causes qui ont mû le Cardinal de Bourbon, de s'opposer à ceux qui veulent pervertir la Religion & l'Etat : 1582, *in*-8.]

18434.* ☞ Remonstrance faicte par le Tiers-Etat, à la Convocation des trois Etats du Bailliage de Chaumont ; par Jean MAGNIEN, Procureur du Roi audict Bailliage : 1583, *in*-8.]

PAGE 283.

Au N.° 18436, *ligne* 4, *après* 1583, *in*-4. *ajoutez,* & *in*-12.

Au N.° 18438, *lisez,* Metanéologie.

18439.* ☞ Remonstrance faicte en l'Assemblée des Assizes générales d'une Sénéchaussée de ce Royaume; par le Procureur du Roi, le 24 Mai 1583 : *Lyon,* Rigaud, *in*-8.]

PAGE 284, *ajoutez,*

18463.* ☞ Proposition de la Noblesse de France, sur l'entretenement de l'Etat & Affaires de ce Royaume ; par Claude DE BEAUFFREMONT, Chevalier de l'Ordre du Roi : *Paris,* 1585, *in*-8.

18464.* ☞ Remonstrance charitable aux Dames & Damoiselles de France, sur leurs ornemens dissolus, pour les induire à prendre celui de la femme pudique : 1585, *in*-8.]

PAGE 285, *ajoutez,*

18468.* ☞ Mss. Lettre de (Henri IV, alors) Roi de Navarre, au Roi Henri III, du 5 Juin 1585 : Original en trois feuilles, petit *in-fol.*

Cette Lettre, entièrement écrite de la main de Henri IV, est conservée dans la Bibliothèque de M. Jardel à Braine. Nous croyons devoir transcrire ici ce qu'il nous en a rapporté, parceque tout ce qui reste de Henri IV. est précieux.

Le Prince y dit, après un préambule rempli de sagesse, que voyant les troubles derniers arrivés en ce Royaume (de France), il doit bien penser à establir ses affaires, de sorte qu'il se rende agréable à tout le monde qu'il n'a jamais eu dessein d'attenter à sa ruine, au contraire y apporter toute l'affection qu'il doit pour la restauration d'icelui Etat ; que pour parvenir à ces fins, il faut qu'il aille en Allemagne, &, avec l'aide de la Royne d'Angleterre & des Princes de son Sang, fasse une levée de douze mille chevaux, autant de Lansquenets & six mille Suisses, avec autant d'Infanterie Françoise qu'amènera le sieur de Chastillon, avec quelque nombre de Noblesse Françoise qui l'ira joindre ; déclarant ledit sieur Roi de Navarre à S. M. qu'il ne s'est armé en aucune façon pour contrevenir à ses volontés, au contraire lui veut faire paroître, & à tous ses Sujets, qu'il ne desire que le repos du Royaume, offrant les huit Villes que ceux de la Religion avoient en garde pour leur sûreté, & aussi son Gouvernement de Guyenne & celui de Picardie, qui appartient à M. le Prince de Condé, son Cousin; suppliant S. M. les donner à quelques-uns de la Maison de Bourbon qui sont Catholiques. Et d'autant, continue ce bon Prince, qu'il y en a qui prennent pretexte de troubler le Royaume, sous ombre que ledit sieur Roi de Navarre a toujours vécu en la Religion Prétendue Réformée, en laquelle il a été nourri dès son enfance, il offre à S. M. de recevoir instruction d'Elle, le connoissant Prince curieux de rechercher son salut, ou bien d'autres tel qu'il plaira à Sadite Majesté d'ordonner.... Et afin que cette Paix soit établie à jamais en ce Royaume, qu'il plaise à S. M. ordonner que ceux de la Maison de Lorraine qui ont été cause des troubles d'icelui Royaume, quittent leurs Gouvernemens & les Villes de sûreté qu'ils ont demandées à S. M. qui ne serviroient, pour l'avenir, que d'instrumens de brouilleries aux premiers mescontentemens qu'ils se feroient accroire. Et si lesdits de Guyse ne vouloient quitter lesdits Gouvernemens & Places, qu'il plaise à S. M. avoir agréable que ledit Sieur Roi de Navarre employe tous ses Amis, Parens & Alliés, pour faire obéir Sadite Majesté & leur faire sentir combien il y a d'inégalité entre la Maison de Guyse & celle de Bourbon ; & sans cela ledit Sieur Roi de Navarre ne posera point les Armes, sçachant bien que, tant que lesdits de Guyse seront armés, il ne peut avoir nul repos en ce Royaume, &c.]

PAGE 287, *ajoutez,*

18498.* ☞ Missive à la Royne-Mère, sur

le fait de l'Edict du Roi, fait en Juillet dernier 1585, pour réunir tous ses Sujets à la Religion Romaine : *Ambrun*, 1586, *in-*8.]

PAGE 288, *ajoutez*,

18502.* ☞ Briève Réponse d'un Catholique François à l'Apologie ou Défense des Ligueurs & Perturbateurs du repos public : 1586, *in-*8.]

18508.* ☞ Discours lamentable & pitoyable sur la misère & calamité du temps présent : 1586, *in-*8.]

PAGE 289, *ajoutez*,

18516.* ☞ Discours faict à la Royne-Mère du Roi, par un sien fidèle Sujet, pour la paix du Royaume : 1586, *in-*8.]

18525.* ☞ Discours sur la Comparaison & Election des deux Partis qui soutiennent le Royaume : 1586, *in-*8.]

Au N.° 18529, *ajoutez en Note :*
Cette Apologie, donnée ici à L'ALLOUETTE, ne seroit-elle pas le même Ouvrage que celle que l'on a indiquée ci-devant N.° 18493, & que l'on attribue à Pierre DE BELLOY?

PAGE 291, *ajoutez*,

18555.* ☞ Mandement du Roi pour la Publication de la Trève, & intermission des Armes, pour punir ceux qui y contreviendront : *Paris*, 1586, *in-*8.]

La Pièce du N.° 18558, *se trouve déjà au* N.° 18518, *mettez en place :*

☞ * Satyre au Roi, contre les Républicains, avec l'Alectryomachie, ou Jouste des Cocqs : 1586, *in-*8.]

18559.* ☞ Response à toutes les calomnies par ci-devant imposées à la Noblesse de France, qui s'est opposée à la tyrannie des Ambitieux : 1586, *in-*8.]

PAGE 292.

Au N.° 18561, *ajoutez à la Note :*
On conserve dans le Château d'Aubais un Exemplaire de cette Histoire ; mais il n'est pas si complet que celui de la Bibliothèque de M. Seguier, (qui doit être à Saint Germain-des-Prés,) Celui d'Aubais, (num. 62, *in-*4.) ne commence qu'au Chapitre XII, en Mai 1574, & finit en 1578. L'Auteur, Jacques de la Montagne, est peut-être le même que celui dont il est parlé (Tome I.) au N.° 5782.]

18567.* ☞ Brief Discours au Roi, sur la protestation qu'il a faite de prendre les armes pour la défense de la Religion Catholique : *Paris*, 1587, *in-*8.]

18573.* ☞ Les Conditions requises & nécessaires pour avoir une bonne Paix en France, & voir tous les Estats d'icelle remis en leur ancienne splendeur ; traduites des Vers Latins de GEDOYN, & paraphrasées en vers François, par Jean DE S. GERMAIN : *Paris*, Dupré, 1587, *in-*4.]

18574.* ☞ Exhortation aux Catholiques de se réconcilier les uns aux autres, pour se défendre des Hérétiques : 1589, *in-*12.]

PAGE 294.

Au N.° 18612, *ligne* 3, Leyre, *lisez*, Loyre.

PAGE 295.

Au titre, 4152, *lisez*, 1587.

PAGE 296, *ajoutez*,

18643.* ☞ Discours ample & très-véritable, contenant les plus remarquables faits advenus en 1587 & 1588 : *in-*8.]

PAGE 299, *ajoutez*,

18700.* ☞ Advertissement des Catholiques Anglois aux François Catholiques, sur le danger où ils sont de perdre leur Religion, &c. s'ils reçoivent à la Couronne un Roi qui soit Hérétique : 1588, *in-*4.]

18707.* ☞ Episemasie, Poëme adressé à M. le Duc de Guise ; par le Sieur DE LA VALLETRIE : *Paris*, Orry, 1588, *in-*4.]

PAGE 300, *ajoutez*,

18723.* ☞ Discours sur la bonne Réception faite à Sa Majesté par les Habitans de Rouen : 1588, *in-*8.]

PAGE 301, *ajoutez*,

18744.* ☞ Complainte des Fidèles Chrétiens & Catholiques de la France, sur le temps présent : 1588, *in-*8.]

18746.* ☞ Mf. Narratio stupenda cujusdam rei, quâ si benè usi fuissemus emendato delicto, forsan mutasset Deus sententiam, cujus durum & gravem effectum octo vel decem annos Francia meritò sustinuit.

Ce Manuscrit est dans la Bibliothèque de M. Jardel, à Braine, près Soissons. Il y est question d'une Apparition & de Prédictions faites à un Minime du Diocèse de Soissons, l'an 1588. On y trouve des faits très-extraordinaires, & bien circonstanciés. Cette Pièce curieuse peut servir à l'Histoire de ces temps-là.]

PAGE 306, *ajoutez*,

18822.* ☞ Mandement du Roi (Henri III.) sur la conclusion des Etats tenus à Blois : 1589, *in-*8.]

18822.** ☞ Discours de la calamité que nous promet la fin des Etats de Blois : 1590, *in-*8.]

PAGE 307.

Au N.° 18841, *ligne* 4, *après* Lyon, *ajoutez*, Roussin.... *Et à la Note :* Les deux premières Editions ont été aussi imprimées à Lyon, chez le même Roussin, en 1589, *in-*8. Il y en a eu aussi deux autres Editions, *in-*12. sans nom de Ville ni d'Imprimeur, & une Quatrième, renouvellée : *Lyon*, Roussin, 1589, *in-*8.]

18847.* ☞ Pompe funèbre des Pénitens de Lyon, en déploration du Massacre fait à Blois, sur les personnes de Louis & Henri de Lorraine, avec l'Oraison sur le même sujet, prononcée par M.e Pierre MATTHIEU, Advocat à Lyon : *Lyon*, Roussin, 1589, *in-*4.]

PAGE 310, *ajoutez*,

18884.* ☞ Ad quæstionem, an pro Rege
orandum

orandum in Canone Missæ, Facultatis Parisiensis Responsum : *Parisiis*, 1589, *in-*8.]

« Conclusum est, (y dit-on,) ut particula *pro Rege
» nostro* , quæ de Canonis essentia non est, donec alias
» Deus providerit, ab omnibus omitteretur, &c.]

PAGE 311, *ajoutez*,

18902.* ☞ Discours sur l'arrivée de M. le Duc de Nemours, avec un Poëme pour la prospérité de la Sainte Union : 1589, *in-*8.]

Au N.° 18906, *ligne* 4, *après* 1589, *ajoutez*, & 1590, par T. R. Q.

PAGE 312, *ajoutez*,

18912.* ☞ Arrest du Conseil général de la Sainte Union, pour faire prêter serment, &c. 1589, *in-*8.]

18913.* ☞ Réduction du Duché de Bretagne à l'union des Villes Catholiques, par M. de Mercœur : 1623, *in-*8.]

Le N.° 18920 *a été indiqué comme Manuscrit au* N.° 18836.]

PAGE 314.

Au N.° 18944, *à la Note*, Voilà un tissu, *lisez*, Voilà un titre.

18952.* ☞ Advertissement notable du seul & vrai moyen d'assoupir les troubles & massacres préparés par les ennemis de la Sainte Union : 1589, *in-*8.]

PAGE 315, *ajoutez*,

18974.* ☞ Arrêt du Parlement de Paris; (de la Ligue,) contre tous Seigneurs & autres qui empêchent la Sainte-Union : 1589, *in-*8. = Autre, du même, pour la conservation des Habitans de Paris : 1589, *in-*8.]

18976.* ☞ Réglement général pour remédier aux désordres des troubles présens : 1589, *in-*8.]

PAGE 317, *ajoutez*,

19001.* ☞ Heureuse Victoire obtenue par M. le Duc de Lorraine, sur les Reistres & les Lansquenets : 1589, *in-*8.]

19002.* ☞ Discours véritable de la prise du Comte de Soissons, par le Duc de Mercœur : 1580, *in-*8.]

19008.* ☞ Vie & Conditions des Politiques & Athéistes de ce temps : 1589, *in-*8.]

19008.** ☞ Remonstrance & Complainte de la France, aux Rois, Princes, Potentats ou Magistrats, tant du parti de l'Union que des Rébelles : 1589, *in-*8.]

19011.* ☞ Trahison découverte des Politiques de la Ville de Paris : 1589, *in-*8.]

PAGE 319.

A la colon. prem. avant l'alinéa 1, Cette dernière Edition est plus ample, *lisez*, [Cette dernière Edition a passé long-temps pour être plus ample ; mais comme l'observe M. de Bure, (dans sa *Bibliographie instructive, tom. II. de l'Histoire, pag.* 103,) on est redevable à M. Fréron d'avoir fait voir l'erreur occasionnée par la confusion ou le changement des Chapitres de l'Edition

Tome IV. Part. I.

originale]... En conséquence il faut effacer, dans l'alinéa suivant, ces paroles du P. le Long : La seconde Edition.... augmentée de douze Chapitres.

PAGE 323, *ajoutez*,

19077.* ☞ Ms. Procès fait à la mémoire de Jacques Clément ; par François DU PLESSIS-RICHELIEU, Grand-Prévôt de l'Hôtel.

« Ce Manuscrit, qui est présentement dans le Cabinet de M. de Nicolaï, premier Président de la Chambre des Comptes, contient les dépositions des témoins qui furent présens au funeste assassinat de Henri III. avec leurs signatures. Elles prouvent évidemment que tous les Historiens, sans en excepter M. de Thou, se sont trompés sur diverses circonstances de ce particide ». Avertissement de la *Nouvelle Histoire de France* du P. Daniel, *pag.* viij.]

19077.** ☞ Procès criminel fait au cadavre de Frère Jacques Clément, Jacobin.

Cette Pièce est imprimée dans le Recueil intitulé, *Curiosités historiques,* &c. *Amst.*1759, *tom. II. p.* 1-42.]

PAGE 324.

Colon. prem. ligne 5, GODEFROY,) *lisez*, Jean GODEFROY, de Lille.)

PAGE 325, *ajoutez*,

19120.* ☞ Panégyrique funèbre de Henri III. par Julien PELEUS : *Paris*, Morel, 1603, *in-*8.]

PAGE 327.

Au N.° 19135, *ligne* 6, *après* Pierre, *ajoutez*, DE:

A l'alinéa 3 de la Note de ce même N.° ligne 4, *lis.* Ce C. D. S. est Charles de Souvigny, qui étoit le surnom de Charles SOREL, qui quelquefois le désignoit par les deux, & mettoit C. S. S. D. S. comme on le voit au N.° 26941.... *Et ligne* 6, *après* Art. des Reines, *ajoutez*, N.° 25129.]

Au N.° 19137, *ajoutez en Note, après la première Edition du Journal de Henri III.*

☞ Cette Edition de 1611, avec le Supplément Manuscrit de ce qui a été alors retranché dudit Journal, se trouve num. 282 de la Bibliothèque de la Ville de Paris, parmi les Manuscrits de MM. Godefroy.]

PAGE 328.

Au N.° 19150, *ligne* 2, Henri III. *lisez*, Henri IV. *& ajoutez à la Note* :

Ce Livret paroît par son titre entier avoir été placé mal en 1589, par le P. le Long, dans ses Additions manuscrites ; il ne l'avoit point vu. Voici le titre : « Discours de la divine Election du Très-Chrétien Henry, » Roi de France & de Navarre, confirmée par les merveilleux faicts que Dieu a monstré en la personne & » actions de Sa Majesté, auparavant & depuis son avénement à la Couronne, & de la ruine inévitable de » ceux qui s'y opposent, notamment de la Ville de Paris, par G. R. N. ». *Tours*, Métayer, 1590, *in-*8. de 119 pages.

PAGE 329, *ajoutez*,

19155.* ☞ Discours vrai & Défense des Catholiques de la Ville de Rouen, contre le Siège du Roi de Navarre, lequel fut obligé de se retirer avec perte, (en Septembre :) 1589, *in-*8.]

19155.** ☞ Copie d'une Lettre sur la Bataille, qui ouvrit le chemin du Trône à Henri IV.

Cette Lettre , d'un témoin oculaire, est imprimée dans le *Journal de Verdun*, 1774, *Mars, pag.* 214.

E e e

Elle contient des circonstances qu'on ne voit pas dans la Relation qu'a donnée le Père Daniel dans son *Histoire de France*.]

19162.* ☞ Acta Parisiis anno 1589, Aug. & Septemb. in Collegii Sorbonæ comitiis, super Quæstione proposita de facto Illustr. Card. Gondii, Episcopi Parisiensis, & eorum qui cum Henrico Valesio communicarunt post scelus Blesense, & ei quovis modo assuerunt : *Parisiis*, 1590, *in-8.*]

PAGE 330, *ajoutez*,

19179.* ☞ Discours des occasions qui ont meu le Roi de s'acheminer aux Fauxbourgs de l'Université de Paris, & de ce qui s'y est passé le 1 & le 2 Novembre 1589 : *Tours*, 1589, *in-4.*]

19179.** ☞ Arrêt du Conseil général de la Sainte Union, qui ordonne que les Biens des Hérétiques seront vendus, & l'argent employé à récompenser les veuves & les enfans de ceux massacrés le jour de la Toussaint : 1589, *in-8.*]

19179.*** ☞ Arrêt du Parlement (de Paris) pour la convocation des trois Etats du Royaume à Melun, du 29 Novembre : *Paris*, 1589, *in-8.*]

19179.**** ☞ Mss. Copie d'une Lettre du Cardinal DE VENDOSME, à M. le Blanc, Chambrier de N. S. P. le Pape ; avec la Réponse : *in*-4.

Ces deux Pièces sont conservées dans le Château d'Aubais, dans un Recueil cotté num. 124. La Lettre est datée de Tours le 15 Novembre 1589, & la Réponse est du 11 Décembre.]

19180.* ☞ Déclaration du Duc de Mayenne, par laquelle il exhorte les bons Catholiques d'accourir à la défense de leur Religion, contre le dernier effort qu'y veut faire le Roi de Navarre, du 1 Décembre 1589 : *Paris*, 1589, *in-8.*]

PAGE 331, *ajoutez*,

19192.* ☞ Mss. Rerum Gallicarum recentis memoriæ Libri quinque ; auctore Thoma CORMERIO, Alenconiensi.

Cette Histoire, qui contient la Vie de Henri III. & le commencement du Règne de Henri IV. est le Manuscrit original de Cormier, qui est conservé dans le Cabinet de M. le Comte de Bets, Conseiller au Bailliage & Siège Présidial d'Alençon, qui a aussi une partie de l'Histoire de Charles IX. du même Auteur, dont l'original a passé à M. Foucault, pendant qu'il étoit Intendant de Caen. On a fait ci-dessus mention d'une autre Histoire de Cormier, sous François II. (dans ce *Supplément*,) N.° 17780 ª.]

19196.* ☞ Déclaration du Roi, (de la Ligue, Charles X.) par laquelle il veut que les Maisons des Catholiques, qui assistent le Roi de Navarre, esquelles il ne se commet aucun acte d'hostilité, soient conservées ; donnée à Paris le 14 Décembre 1589, & de son Règne le premier : *in-8.*]

19202.* ☞ Mandement du Ban & Arrière-Ban, pour se trouver près la personne du Duc de Mayenne, &c. *Paris*, 1589, *in-8.*]

PAGE 332, *ajoutez*,

19207.* ☞ Nouvelle Prédiction de la mutation & changement du Règne présent ; par M. DE BILLY : 1590, *in-8.*]

19216.* ☞ Deputatio Cardinalis Caietani, (à Sixto Papa V.) in Sedis Apostolicæ Legatum à latere, ad Regnum Franciæ : *in-8.*]

Au N.° 19217, *ajoutez en Note* :

Cette Bulle fut d'abord imprimée en Latin : *Parisiis*, 1590, *in-8.*

PAGE 333, *ajoutez*,

19225.* ☞ Lettre du Cardinal CAJETAN, Légat du Pape, à la Noblesse de France : 1590, *in-8.* = Lettre du même, aux Archevêques, Evêques & Abbés du Royaume : 1590, *in-8.* = La même Lettre en Latin : 1590, *in-8.*]

19229.* ☞ Lettre de N. S. P. le Pape à MM. du Parlement de Paris : 1590, *in-8.*]

19230.* ☞ Lettre de Monseigneur le Prince de Dombes, à MM. des Trois-Etats, sur la venue des Espagnols : 1590, *in-8.*]

Ce Prince étoit François DE BOURBON, Duc de Montpensier, qui étoit demeuré attaché à Henri IV.]

PAGE 335, *ajoutez*,

19258.* ☞ Plainte & Requête présentée au Pape Sixte V. pour l'Eglise Gallicane ; par René BENOIST : 1590, *in-8.*]

PAGE 337, *ajoutez*,

19274.* ☞ Discours au vrai de la déloyale trahison du Sieur de Bateor, sur la Ville de Lyon : 1590, *in-8.*]

19275.* ☞ Echo sur la prise & le sac de la Ville de Charlieu : 1590, *in-8.*]

PAGE 338, *ajoutez*,

19304.* ☞ Discours sur la Capitulation faite par M. de Nevers avec ceux de Provins : (1590, *in-12.*)

Ce Discours se trouve à la suite du précédent (Discours sur les Exploits, &c.)

PAGE 339, *ajoutez*,

19323.* ☞ Les Occasions ; par Aubert DE MASSONIGUES : 1591, *in-8.*]

19328.* ☞ Avertissement à Messeigneurs des Etats-Généraux assemblés à Reims, pour l'Election & Couronnement du Roi : *Troyes*, 1591, *in-8.*

Ce titre est simulé : il n'y a point eu d'Etats assemblés à Reims, & ce ne pouvoit être qu'un Ligueur qui proposât d'élire un Roi, du vivant de Henri IV.]

PAGE 340, *ajoutez*,

19332.* ☞ Réponse à la Supplication ; contre celui, lequel faisant semblant de donner avis au Roi de se faire Catholique, veut exciter ses Sujets à la rébellion : 1591, *in-8.*]

Histoires des Rois. 403

19332.** ☞ Avertissement aux Serviteurs du Roi, sur la Supplication faite à Sa Majesté pour se faire Catholique : 1591, *in-8*.]

19337.* ☞ Bref de N. S. P. le Pape, à la Ville de Paris : 1591, *in-8*.]

19340.* ☞ Considérations sur la Révocation de l'Edit de la Ligue : 1591, *in-8*.]

Au N.° 19344, ajoutez en Note :
Ce Discours avoit été imprimé, *Tours* : 1591, *in-8*.]

19344.* ☞ Traité & Sommaire de ce qui s'est passé au Siège de la Ville de Noyon : 1591, *in-8*.

On a nouvellement publié une *Histoire des différens Sièges de Noyon durant la Ligue*, extraite des Archives du Chapitre & de la Ville, &c. on la trouvera ci-après, Tome III. N.° 34893*.]

PAGE 341.
Au N.° 19351, ligne 4, avant 1591, *ajoutez, Chartres*.

19355.* ☞ Copie de la Lettre écrite par TRUMEL, Secrétaire du Roi, à l'encontre de notre bonne Ville de Paris : 1591, *in-8*.]

19362.* ☞ Lettre d'un Consul de la Ville de Belac, à M. Turquan, sur le Siège de ladite Ville : 1591, *in-8*.]

☞ Discours de la prise & ruine de Blain : 1591, *in-8*.]

☞ Articles de la Capitulation qu'il a plu au Prince de Dombes accorder aux Rebelles de Quincamp (ou Guingamp:) 1591, *in-8*.]

PAGE 342, ajoutez,

19372.* ☞ Deputatio Cardinalis Placentini, ad Regem Franciæ : 1592, *in-8*.]

Le N.° 19378 est une Edition différente de celle du N.° 19332.

PAGE 343, ajoutez,

19387.* ☞ Guill. DONDINI, Societatis Jesu, Historia de Rebus in Gallia gestis ab Alexandro Farnesio : *Romæ*, 1673, *in-fol*. fig.

Le Duc de Parme (Alexandre Farnèse) Gouverneur des Pays-Bas pour Philippe II. vint deux fois en France pour secourir les Ligueurs, en 1590, où il fit lever le Siège de Paris, & en 1592, pour faire lever celui de Rouen, &c.

19389.* ☞ Heureuse Victoire obtenue par M. le Duc de Lorraine, sur les ennemis de Dieu & des hommes : 1592, *in-8*.]

19390.* ☞ Défaite des Huguenots Albigeois devant la Ville de Lautrec, par le Duc de Joyeuse : 1592, *in-8*.]

19397.* ☞ Charlot : Eclogue pastorelle, sur les misères de la France, par Simon BELYART : *Troyes*, Moreau, 1592, *in-8*.]

19399.* ☞ Discours véritables de la Victoire qu'il a plu à Dieu accorder en Provence au Roi, sous la conduite de M. de la Valette : 1592, *in-8*.]

PAGE 344, ajoutez,

19406.* ☞ Réduction de la Ville de Bon-
Tome IV. *Part. I.*

ne, secours de Paris & de Rouen, & autres faits mémorables de Charles, Duc de Croy & d'Arschot, Prince de Chimay, (sous le commandement du Duc de Parme;) par Jean BOSQUET, Montois, (en Vers François:) *Anvers*, 1599, *in-4*.]

PAGE 345, ajoutez,

19431.* ☞ Ms. Recueil d'anciennes Pièces, concernant l'Histoire de France pendans les Troubles de la Ligue : *in-8*.

Ce Recueil, qui est le num. 3072 du Catalogue de la Bibliothèque de M. Gaignat, a été écrit en caractères penchés dans le temps même de la Ligue. Il contient les Pièces suivantes :

1. Avertissement à MM. du bien public de la France, publié en l'Assemblée des Etats de Blois l'an 1577.

2. Autre Discours fait en ladite Assemblée.

3. Sommaire de l'Origine de la Ligue & des Auteurs d'icelle, par qui & comment elle a été favorisée.

4. Petit Manifeste très-véritable au sujet de la Ligue.

5. Double des deux Lettres écrites par le Roi de Navarre, après la révocation de l'Edit.

6. Deux Lettres écrites par la Reine d'Angleterre à Leurs Majestés.

7. Mémoire baillé à feu M. de Guise en allant à la Cour.

8. Avis d'Etat adressé à M. le Duc de Mayenne, après la mort du Roi, sur la fin de l'an 1589.

9. Prière tirée d'un Discours présenté au Roi avant l'Assemblée des Etats à Blois en 1588.

10. Le Testament de feu M. Cujas en 1591.

11. Procédure des Seize contre le Président Brisson; & autres en 1591.

12. Epitaphes du Président Brisson.

13. Remontrances au Roi.

14. Discours sur les causes des Troubles de France; difficultés grandes de les appaiser, & cependant comment il faut se comporter.

15. Extrait d'une Prédication & Sermon de Messire Benoist, Curé de S. Eustache, par lui fait en Latin en ladite Eglise, le Lundi 29 Juillet 1591, par lequel on voit que ledit Benoist n'est si grand politique qu'on croit; recueilli fidèlement par le Sieur de la Chaussée.

16. Cinq Sonnets adressés à M. Boucher, Curé de S. Benoist, lequel on a dépeint au Chariot de la Ligue comme l'un des Conducteurs d'icelui.]

PAGE 346, ajoutez,

19440.* ☞ Ms. Noms des Députés, & de l'Ordre de leurs Séances aux Etats-Généraux tenus à Paris en 1593.

Ms. Mention de ce qui s'est passé aux Etats de 1593; recueilli par Oudet SOREL, Laboureur, Député auxdits Etats pour le Tiers-Etat du Bailliage de Caux.

Ces deux Pièces sont conservées au Château d'Aubais, dans un Volume *in-4*. num. 124.]

Au N.° 19449, ajoutez à la Note :
On peut voir ci-après, N.° 19533, une Note plus étendue sur ce même Article, qui y est répété.

PAGE 347.
Colonne prem. après l'alinéa 7, ajoutez :
L'Edition de 1664 (de la Satyre Ménippée,) est re-

E e e 2

cherchée à cause de la beauté de son exécution, & de la commodité de son format, qui le rend propre à faire partie de la Collection des Elzéviers François. *M. de Bure*, dans sa *Bibliographie*, &c.]

PAGE 348, *ajoutez*,

19460. * ☞ Mſ. Départemens, Marches, Campemens & Contrôles de l'Armée commandée par le Roi Henri IV. pendant les années 1592 & 1593 : *in-fol.*

Ce Manuscrit, de six feuilles, est dans la Bibliothèque de M. Jardel, à Braine.]

PAGE 349.

Au N.° 19464, *ajoutez à l'alinéa* 2,

Il y a une première Edition de l'Edition Latine : *Parisiis*, Morellus, 1593, *in-8.*]

PAGE 350, *ajoutez*,

19482. * ☞ Lettre du Roi à M. Benoist, pour se trouver à l'Acte de sa Conversion : 1593, *in-8.*]

19486. * ☞ Lettre du Cardinal de Plaisance, Légat du Pape, à tous les Catholiques du Royaume de France, sur la Convocation de quelques Ecclésiastiques, faite par Henri de Bourbon en la Ville de Saint-Denys : 1593, *in-8.*]

19488. * ☞ Déclaration du Duc de Mayenne sur la surséance d'armes & de toutes hostilités pour les Lieux y contenus : 1593, *in-8.*]

19489. * ☞ Tableau des Marchandises & Denrées, desquelles le Roi de Navarre permet le Commerce libre : 1593, *in-8.*]

Au N.° 19493, ligne 1, *mettez en lettres Capitales*, PORTHAISE, (*comme Auteur*;) & *ajoutez à la Note* :

C'est la seule Edition qu'on ait faite de ce Libelle. Les cinq Sermons sont séparés, & il y a des Exemplaires où l'on n'en trouve que quatre.]

PAGE 351, (*& non* 451.)

Au N.° 19501, *ajoutez en Note* :

La *Henriade* de Sébastien Garnier, (qui étoit Procureur du Roi Henri IV. au Comté & Bailliage de Blois,) a été nouvellement réimprimée sous ce titre: « La Henriade & la Loyssée, Poëmes de Sébastien Garnier, » seconde Edition, sur la Copie imprimée à Blois en » 1593 & 1594, à laquelle on a ajouté une Table » historique : *Paris*, Musier 1770, » *in-8.*]

Au N.° 19504, *ajoutez*,

Cet Ecrit, (qui concerne l'Assassinat prémédité par Barrière, & dont M. de Thou a parlé *Lib. CVII.*) ne parut que quatre ou cinq ans après sa date de 1594; car l'*Avis au Lecteur* annonce « que *deux notables* » *Plaidoyers contre les Jésuites*, l'un pour le Roi, » l'autre pour l'Université, *il y a trente-quatre ans &* » *plus*, ont été mis ces jours passés en lumière. » Ce ne peuvent être que les Plaidoyers de Dumesnil & de Pasquier, prononcés contre les Jésuites en 1564. Au reste, l'Editeur invite ses Lecteurs à se reporter *au même temps où la Pièce qu'il donne a été écrite.*]

19506. * ☞ Lettre d'un vrai François Catholique, sur la nécessité de la paix en ce Royaume : 1593, *in-8.*]

19509. * ☞ Lettre d'un Gentilhomme de Lyon, à un sien Ami à Tours: 1593, *in-8.*]

PAGE 351, *ajoutez*,

19518. * ☞ Réponse d'un Bourgeois de Paris à un Ecrit envoyé d'Amiens, par laquelle les calomnieuses Prédications de Jean Boucher sont réfutées : 1594, *in-8.*]

19520. * ☞ Avis au Roi Très-Chrétien, avec une Elégie sur la mort de son Prédécesseur : 1594.

19523. * ☞ Discours & Déclaration de la Ville de Meaux, à Messieurs le Prévost des Marchands & les Echevins de Paris : 1594, *in-8.*]

19524. * ☞ Avis aux François : 1594; *in-8.*]

Le N.° 19525 doit être effacé d'ici, comme mal placé, & trop brièvement énoncé : on le trouvera ci-après au N.° 19596 * de ce Supplément.

PAGE 353, *ajoutez*,

19529. * ☞ Réponse d'un notable Serviteur du Roi, sur le Discours de deux Lettres imprimées à Paris : 1594, *in-8.*]

19529. ** ☞ Purgatoire des Prisonniers; en forme de Remontrance à Henri IV : 1594, *in-8.*]

Le N.° 19532, que le P. le Long avoit ajouté ici dans son Exemplaire, doit être effacé, étant mieux au N.° 19631. Il parut, au commencement de 1594, une *Lettre du Cardinal de Plaisance*, à laquelle *M. de Vair* répondit, & que nous n'avons pu trouver; mais ce n'est pas celle qui parle de ce qui s'est passé à Rome, lorsque M. de Nevers y alla comme Ambassadeur de Henri IV.

PAGE 354.

Au N.° 19539, *ajoutez à la Note* :

Cette Remontrance de M. de la Guesle, est la cinquième de celles qui se trouvent dans ses *Remontrances* : *Paris*, 1611, *in-4.*]

Au N.° 19546, *ajoutez à la Note* 1.

Il doit y avoir dans ce Livre, (des Singeries de la Ligue,) une Figure en bois, qui se replie dans le volume : elle manque dans la plus grande partie des Exemplaires.]

PAGE 356, *ajoutez*,

19565. * ☞ Le Testament de la Ligue, en Vers : *Lyon*, 1594.]

19567. * ☞ Stances sur la reddition de la Ville de Paris ; par HABERT : *Paris*, Metayer, 1594, *in-8.*]

Au N.° 19571, *ajoutez à la Note* :

☞ Ce Discours Italien a été traduit en François; & imprimé à la suite de la nouvelle Vie du Cardinal d'Ossat : *Paris*, Hérissant fils, 1771, *in-8.* 2 vol.]

19574. * ☞ Déclaration du Roi (Henri IV.) en forme d'Edit, sur la Réduction de la Ville d'Auxerre à son obéissance : *Auxerre*, Vatard, 1594, *in-8.*

Elle est datée de Paris, au mois d'Avril 1594. On la trouve aussi dans les *Mémoires de M. Lebeuf sur l'Hist. d'Auxerre*, tom. II. *Pièces Justificatives*, pag. 328.]

19574. ** ☞ Mſ. Mémoire de Joseph FELIX, d'Auxerre, sur la sainte Ligue.

C'est un Récit de ce qu'il avoit vu & ouï dire étan

Histoires des Rois.

arrivé, tant à Auxerre que dans le voisinage, du temps de la Ligue, & les premières années du Règne de Henri IV. M. Lebeuf, qui en a fait usage, en parle dans ses *Mémoires sur Auxerre*, tom. II, pag. 405 & 507. Il y en a une Copie dans la Bibliothèque de S. Germain d'Auxerre, & M. Lebeuf en avoit une, que l'on croit être à la Bibliothèque du Roi, avec d'autres Pièces qu'il y a déposées, comme il le dit tôm. I. de ses *Mémoires*, pag. 537, Note a.]

19575.* (1.) ☞ Lettres du Roi à MM. du Parlement, sur la Réduction de Lyon: 1594, *in*-8.]

(2.) ☞ Lettres-Patentes du Roi, contenant le pouvoir donné en la Ville de Lyon, Forez & Beaujolois, à M. d'Ornano, &c. *Lyon*, 1594, *in*-8.]

(3.) ☞ Discours sur la Réduction de la Ville de Lyon à l'obéissance du Roi: *Lyon*, 1594, *in*-8.]

19576.* ☞ Copie des Lettres du Roi sur la défaite des Espagnols, près de la Ville de Laon en Picardie, le 18 Juin 1594: *Lyon*, 1594, *in*-8.]

19577.* ☞ Déclaration faite par les Colonels & Capitaines des Suisses, à leur sortie de la Ville de Vienne: 1594, *in*-8.]

19578.* ☞ Edit & Déclaration du Roi sur la Réduction de la Ville de Poitiers: 1594, *in*-8.]

19579.* ☞ Copie de la Lettre du Roi aux Consuls & Echevins de Lyon, sur la Réduction des Villes de Rouen, Havre-de-Grace, &c. *Lyon*, 1594, *in*-8.]

19585.* ☞ Panégyrique au Roi Henri IV; par Guillaume JOLY, Advocat au Parlement: *Paris*, Patisson, 1594, *in*-8.]

PAGE 357, *ajoutez*,

19590.* ☞ Règlemens ordonnés en exécution des Edits du Roi, contre ceux de la Religion Prétendue-Réformée, & aussi pour la garde & conservation de la Ville de Lyon: *Lyon*, 1594, *in*-8.]

19592.* ☞ Lettre d'un Gentilhomme de Champagne, sur la mort & punition divine du Capitaine Saint-Paul, soi-disant Maréchal de la prétendue Union: *Lyon*, 1594, *in*-8.]

19593.* ☞ Hymne, aux François, sur la Reddition de Paris, Rouen, Lyon, Orléans, Bourges, &c. *Heidelberg*, 1594, *in*-8.]

19595. * ☞ Avertissement salutaire aux François: *Lyon*, 1594, *in*-8.]

19596.* ☞ Le Panathénaïque, qui est une Exhortation de Lyon, Orléans, Bourges & autres Villes, à ceux de Paris & autres qu'on veut assujettir à l'Espagnol, de se remettre promptement, à leur exemple, en l'obéissance de Henri-le-Grand, très-Chrétien, très-invincible & très-débonnaire Roi de France & de Navarre : *Lyon*, 1594, *in*-8; de 28 pages, petits caractères.]

19600.* ☞ Congratulation des Bourgeois de Verneuil à M. de Medavy, leur Gouverneur, sur la Réduction de son Gouvernement à l'obéissance du Roi: *Paris*, 1594, *in*-12.]

19601.* ☞ Recueil des principaux points d'une Remontrance faite en la Cour de Parlement de Paris, à l'ouverture du Palais; par Jacques MANGOT, Avocat du Roi: *Paris*, 1594, *in*-8.]

Au N.° 19603, après l'alinéa 1, *lisez* en Note:

☞ L'Edition originale porte, par François DE VERONE: *Paris*, 1594, *in*-8. On attribue communément cet Ouvrage à Jean BOUCHER, ancien Curé de Saint Benoît de Paris. Il fut réimprimé en 1610, & publié encore, traduit en Latin, en 1611; mais ces deux dernières impressions sont très-mal exécutées.]

PAGE 359.

Au N.° 19631, *ajoutez* en Note:

☞ Cette Lettre du Cardinal de Plaisance n'a rapport qu'à l'arrivée de M. de Nevers aux environs de Rome, où il lui fut fait défense d'y entrer comme Ambassadeur, &c.]

Au N.° 19633, ligne 6, 1597, *lisez*, 1595.

Au N.° 19634, *ajoutez* en Note:

☞ Cette Relation paroît être celle dont M. de Thou a parlé. Voici ce qui en est dit dans son *Abrégé*, tom. IX, pag. 58. « Jean BOTERO, de Benese, connu par divers » Ouvrages qu'il a donnés au Public, composa en Italien » une Relation de tout ce qui se passa dans la Cérémonie » de l'Absolution de (Henri IV.) Un Anonyme a traduit » ensuite cette Relation en Latin, & l'a fait imprimer » à Cologne, avec une Estampe & des Additions fort » injurieuses à Henri IV. & à la France. »]

19634.* ☞ Allégresses de la France pour la Bénédiction envoyée par Sa Sainteté à Sa Majesté: 1595, *in*-8.]

PAGE 360, *ajoutez*,

19639. * ☞ Coq-à-l'âne de la Truie au foin; par Guillaume DU SABLE.

M. Dreux du Radier en a parlé dans ses *Récréations historiques*, &c. *Paris*, 1767, tom. I, pag. 334 & *suiv*. Il nous apprend que c'est une Satyre & une Histoire abrégée de la Ligue, dont l'Auteur étoit un Protestant zélé. Il en donne ensuite quelques Extraits.]

19646.* ☞ Copie de la Lettre écrite par le Duc de Bouillon au Prince de Conty, sur le Combat de Dourlens: 1595, *in*-8.]

19651.* ☞ Remontrance & Exhortation à l'Armée du Roi, pour combattre les Espagnols: 1595, *in*-8.]

19652.** ☞ Discours victorieux de la charge faite par le Roi aux Troupes du Connétable de Castille: 1595, *in*-8.]

Au N.° 10655, ligne 1, Homonéte, *lisez*, Homonée.

PAGE 361, *ajoutez*,

19661.* ☞ Ratio consulendi Reipublicæ saluti, proposita Duci Maynæo: 1595, *in*-8.]

19661.** ☞ Déploration & Regrets du Duc de Mayenne, sur le piteux état de ses affaires; Pièce en Vers: 1595, *in*-4.]

19662.* ☞ Recueil d'aucuns points touchés sur la vérification des Lettres Patentes du Roi, en forme de Déclaration, sur l'Edit de l'an 1577; (sans nom de lieu:) 1595, in-8.]

19668.* ☞ Trois Remontrances faites sur la fin des derniers troubles, & recueillies depuis peu de temps: *Paris*, l'Huillier, 1608, *in-8*.

Ces Remontrances ont trait aux années 1594 & 1595.]

19669.* ☞ Discours de la Guerre émue entre le Roi de France & le Duc de Savoye, avec un Recueil de ce qui s'y est passé de plus mémorable: *Paris*, 1595, *in-8*.]

PAGE 362, *ajoutez*,

19677.* ☞ Réponse à une Lettre envoyée à Paris, après la prise des Armes, par M. de Bouchage, (dans le Languedoc:) 1595, *in-8*.]

19679.* ☞ Remontrance faite aux Habitans de Marseille: 1597, *in-8*.]

Au N.º 19686, *lisez en Note*:

C'est une répétition ou nouvelle Edition du num. 17887.

19690.* ☞ Mandement du Roi, à la Noblesse, d'aller trouver Sa Majesté à la Fère: 1596, *in 8*.]

19690.** ☞ Arrêt de la Cour du Parlement de Paris, portant Commandement à la Noblesse d'aller trouver le Roi aux Frontières de Picardie: 1596, *in-8*.]

19694.* ☞ Discours envoyés à MM. d'Amiens, lorsque les ennemis furent sortis de leur Ville: 1597, *in-8*.]

19694.** ☞ Réjouissances sur la Réduction de la Ville d'Amiens: 1597, *in-8*.]

19695.* ☞ Retraite de l'Espagnol: 1597, *in-8*.]

PAGE 363, *ajoutez*.

19707.* ☞ Défaite de quinze cens hommes de pied, deux cens Arquebusiers à cheval & quatre-vingt Salades du Duc de Savoye: par M. de Crequy, 1597: *in-8*.]

19712.* ☞ Libre Discours sur la délivrance de la Bretagne: 1598, *in-8*.

C'est peut-être la même chose que l'Ecrit précédent de l'Avocat Arnaud.]

19715.* ☞ Articles accordés aux Sieurs de Hentault de la Houssaye, & de Saint-Offangé, par le Roi, sur la réunion des Ville de Saint-Symphorien & Château de Rochefort: 1598, *in-8*.]

19716.* ☞ Remontrances aux Habitans de la Ville de Nantes: 1598, *in-8*.]

19718.* ☞ Ms. Essai de l'Histoire de la Ligue en Bretagne, divisée en deux Parties: *in fol*.

Ce Manuscrit est conservé dans la Bibliothèque de M. le Marquis d'Aubais. La première Partie contient ce qui s'est passé depuis la naissance de la Ligue jusqu'à la Conversion du Roi Henri-le-Grand à la Religion Catholique; la seconde, ce qui est arrivé depuis cette époque jusqu'à la fin de la Guerre Civile.]

PAGE 364, *ajoutez*,

19720.* ☞ Cérémonies observées à la Solemnisation de la Paix: 1598, *in-8*.]

19721.* ☞ Moyen de conserver la paix, & en avoir une longue jouissance; par René BENOIST: 1598, *in-8*.]

PAGE 365.

Au N.º 19734, *lisez ainsi*:

Le Miracle de la Paix en France, Poëme; avec un Dialogue en Vers sur les troubles passés, &c. par J. DU NESME, Pontoisien: *Paris*, Nivelle, 1598, *in-4*. *Lyon*, 1598, *in-8*.]

Au N.º 19736, LAPASTRE, *lisez*, LAPOSTRE.

Au N.º 19737, *ajoutez à la Note*:

☞ Le P. Niceron, (*tom. XXVI*, *pag.* 228,) dit que Matthieu étoit de Franche-Comté; mais ce qui est plus exact, dans le Moréri, on le marque né le 10 Décembre 1563, à Porentru, Diocèse de Basle, (qu'on renferme quelquefois dans la Franche-Comté.]

A la fin de ce N.º 19737, *ajoutez*,

☞ La même Histoire des derniers troubles; &c. avec un Recueil des Edits & Articles accordés par le Roi Henri IV. pour la réunion de ses Sujets: 1699, gros *in-8*. (sans nom de lieu, &c.)

L'Ouvrage finit à la Paix confirmée à Paris le 18 Juin 1598, par Henri IV, en présence des Députés d'Espagne.]

PAGE 366.

Au N.º 19742, *alinéa* 2, *ligne* 6, *après* Venetia; *ajoutez*, 1650.

Deux lignes avant le N.º 19743, Brouillart, *lisez* Bullart.

PAGE 367, *ajoutez*,

19747.* ☞ Traduction de l'Histoire de la Ligue; par Maimbourg: *London*, 1684; *in-8*. (en Anglois.]

Au N.º 19748, *ligne* 3, *avant* ANQUETIL, *ajoutez*, (Louis-Pierre).... *& après la Note*, *ajoutez*:

☞ Nouvelle Edition de l'*Esprit de la Ligue*: *Paris*, Delalain, 1771, *in-12*. 3 vol.]

PAGE 368.

Colonne 1, *ligne* 10, *de* Rasle, *lisez*, *de* Nesle.

19753.* ☞ Le Combat au vrai d'entre le Seigneur Don Philippe de Savoye, & le Sieur de Crequy, du Mardi 2 Juin 1599, avec la Copie du Cartel de deffy, envoyé avec la Lettre d'icelui Don Philippe audit Sieur de Crequy: *Paris*, Lombard, 1599, *in-8*.]

19753.** ☞ Sortie du Roi de sa Ville de Bordeaux, pour retourner à Paris: 1599, *in-8*.]

19756.* ☞ Le Bonheur de la France, tiré

Histoires des Rois. 407

de l'Anagramme Royal trouvé dès l'année 1587, après la Bataille de Coutras; Pièce en Vers : *Paris*, Saleſſe, 1599, *in-12.*]

19761.* ☞ Mſ. Copie de deux Lettres de cachet de Henri IV. à Rolland Coſſet, Lieutenant-Général de Meaux, datées de Saint-Germain-en-Laye, des 27 Avril & 6 Mai 1599, pour procéder à l'Inventaire des biens, meubles & joyaux de Madame Gabriel d'Eſtrées, Marquiſe de Monceaux, morte le 10 Avril, avec partie dudit Inventaire.

Ces Manuſcrits ſont entre les mains de M. Thomé, Chanoine de Meaux, qui n'a que huit pages de l'Inventaire, dont l'Original ne ſe trouve plus au Greffe de Meaux. Henri IV, dans ſes Lettres, ordonne que l'Inventaire ſoit fait promptement, & l'appréciation en bonne forme; il déclare qu'il ſe chargera lui-même de tous les meubles échus par ſucceſſion aux enfans naturels qu'il avoir de ladite Dame d'Eſtrées, pour les faire vendre à leur profit, ou bien en payer lui-même la juſte valeur, ainſi qu'il le jugera mieux pour leur bien & avantage. On lit, dans la partie de l'Inventaire que l'on a : « Choſe prodigieuſe des beautés, joyaux d'or, » pierreries, rubis, diamans, émeraudes, qu'il auroit » été trop long de rapporter, &c. »]

19769.* ☞ Le Surveillant François, 1599, *in-8.*]

PAGE 369, *ajoutez*,

19774.* ☞ Harangue à la Royne : par M. (Guillaume) DU VAIR : *Paris*, 1601, *in-8.*]

Au N.° 19779, *ajoutez à la Note* :

On eſt redevable de cette Obſervation ſur la manière d'écrire le nom d'*Arnaud*, à l'Auteur des *Mémoires hiſtoriques & chronologiques de Port-Royal, in-12.* tom. *I.* 1758, où il donne la Généalogie des *Arnauds*, après la *Préface, pag.* lix.]

PAGE 370.

Au N.° 19790, *ligne* 3, *ajoutez*, *avant* 1601, Monſtrœil.

Au N.° 19795, DE SULINGE, *liſez*, DE LUCINGE.

PAGE 371, *ajoutez*,

19802.* ☞ Irene Gallica, hoc eſt de pace & concordiâ in Galliis ſancitâ auſpiciis Henrici IV. Galliarum & Navarræ Regis; Gratulatio ad Gallos, ubi præter belli paciſque civilis, & cauſarum ac effectuum utriuſque antitheſim, multiplex Hiſtoria hujus Regis & Regni continetur; Authore Joh. Guillelmo STUCKIO, Tigurino : 1601, *in-8.* 190 pages.

Malgré ce Titre pompeux, ce n'eſt qu'un Diſcours ou une eſpèce de Sermon ſur la Paix.]

19807.* ☞ Panégyrique de M. Julien PELEUS, Advocat en Parlement, au Grand Henri IV. Très-Chrétien, Roi de France & de Navarre : *Paris*, Morel, 1603, *in-8.*]

Au N.° 19808, *ajoutez en Note* :

Ces Pleyades, &c. ſont de Jean-Aymes DE CHAVIGNY, ſur lequel on peut voir les *Mémoires* de l'Abbé d'Artigny, *tom. III. pag.* 145 *& ſuiv.*]

PAGE 373, *ajoutez*,

19844.* ☞ Ode ſur l'Attentat commis en la Perſonne de Sa Majeſté, le 19 Décembre 1605 : *in-8.*

Cette Ode eſt de François DE MALHERBE. Ce fut le nommé Jean de Liſle qui commit cet attentat.]

19844.** ☞ Diſcours ſur le maudit & exécrable attentat entrepris ſur la Perſonne du Roi & de ſon Etat : 1605, *in-8.*]

PAGE 374.

Au N.° 19849, *ligne* 1. *de la Note*, altère, *liſez*, élève.

19859.* ☞ Signes merveilleux apparus au Ciel, avant & après le Baptême de Monſeigneur le Dauphin : 1606, *in-8.*

Ce jeune Prince, qui monta ſur le Trône en 1610, ſous le nom de Louis XIII, étoit né le 27 Septembre 1601, & il fut baptiſé, (ou on lui fit les Cérémonies du Baptême) le 14 Septembre 1606.]

19861.* ☞ Etat préſent de la France, avec les moyens de remédier aux plaintes & mécontentemens d'un chacun : 1606, *in-8.*]

PAGE 376.

A la colonne 2, effacez l'alinéa 2. Il eſt à propos, &c. qui eſt mieux vers la fin de la page ſuivante. Et ligne 2 de l'alinéa 3, ces Editions, *liſez*, les Editions.

PAGE 379.

Avant le N.° 19879, *ajoutez* :

La même Traduction de M. de Thou : *Baſle*, Brandmuller, 1742, *in-4.* 11 vol.]

19879.* ☞ Mſ. Hiſtoire de Jacq. Aug. de Thou, réduite en Faſtes ou Abrégé, avec la poſition géographique de tous les Lieux dont il fait mention, & un Abrégé de la Vie de tous les Perſonnages dont il parle.

Ce Manuſcrit eſt conſervé dans la Bibliothèque de M. le Marquis d'Aubais.]

Au N.° 19881, *ligne* 5, 1614, *liſez*, 1634.

PAGE 380.

Au N.° 19892, *ligne* 3 *de la Note*, 1653, *liſez*, 1654.

19892.* ☞ M. J. E. A. Rerum memorabilium Excerpta ex J. Aug. Thuani Hiſtoria : *Ulma*, 1654, *in-16.*]

19893.* (1.) ☞ Etrennes Royales, dédiées à Henri-le-Grand : 1608, *in-8.*]

(2.) ☞ Remontrance du Clergé de France faite au Roi le 8 Août; par M. André FREMYOT, Archevêque de Bourges : (*Paris*,) la Tour, 1608, *in-8.*]

(3.) ☞ Edit du Roi, par lequel il eſt permis aux Eccléſiaſtiques de France réunir à leurs Bénéfices, les Domaines vendus depuis 44 ans, encore qu'il n'y ait léſion : *Paris*, Huby, 1608, *in-8.*]

PAGE 382, *ajoutez*,

19927.* ☞ La grandeur & excellence du Ciel François, ſous l'influence de ſes Planètes : 1610; *in-8.*]

19932.* ☞ Hiéroglyphe Royal de Henri-le-Grand, expliqué par le Sieur GOUJON, Jurisconsulte Lyonnois : *Lyon*, Roussin, 1610, *in*-8.]

PAGE 384.

Au N.° 19949, ajoutez à la Note :

On peut voir sur François Ménard, la *Bibliothèque historique du Poitou*, par M. Dreux du Radier, *tom. III*, *pag.* 265.]

19952.* ☞ Le Praticien démembré, ou Ravaillac sur l'échaffaut : 1610, *in*-8.]

19953.* ☞ Æternæ feralis Maii lacrymæ : 1611, *in*-8.]

PAGE 385.

Au N.° 19970, ligne 2, COLON, *lisez*, CALON.

Au N.° 19971, ligne 5, Tarquet, *lisez*, Turquet.... & à la fin de la Note, ajoutez :

Il y a eu en effet une première Edition de cet Ouvrage, qui étoit peut-être alors plus simple, & dont le titre est : « La Plante humaine sur le trépas du Roi » Henri-le-Grand, à la Reine-Mère du Roi Louis XIII, » par Louis D'ORLÉANS : *Lyon*, 1622, *in*-8. »]

19974* ☞ L'Anti-Jésuite, ou Discours adressé au Roi Louis XIII. sur la mort de Henri-le-Grand : (*Saumur*,) 1611, *in*-8. de 77 pages, réimprimé en 1626 & 1630, *in*-8. sous le titre du *Courier Breton*, & enfin, *Londres*, (*Paris*,) 1743, dans le *Tome VI.* des *Mémoires de Condé*, *in*-4.

On a déjà parlé de ce Libelle, (Tome *I.*) N.° 14282; mais nous croyons devoir y revenir ici, pour faire quelques nouvelles observations. On n'en connoît pas sûrement l'Auteur ; mais Prosper Marchand a conjecturé, avec quelque fondement, (dans son *Dictionnaire*, *tom. II*, *pag.* 71,) que c'est Jean DE MONTLYARD, Ministre Calviniste. On parle, dans ce Livret, de la Reine Marie de Médicis, comme étant alors Régente, ce qu'elle n'étoit plus en 1626 & 1630. Ainsi l'Abbé Lenglet, qui a fait réimprimer cet Ouvrage, (*pag.* 274 de son *tom. VI.* des *Mémoires de Condé*,) s'est trompé, aussi-bien que M. de Bure, dans sa *Bibliographie*, (*Hist. tom. II*, *pag.* 114,) en ne parlant que des Editions de 1626 & de 1630.]

PAGE 386, *ajoutez*,

19981.* ☞ Stances sur la mort de Henri-le-Grand ; par Jean MALBOSC, Secrétaire de Madame la Marquise de Saissac : *Paris*, du Cauroy, 1610, *in*-4. de 8 pages.]

19982.* ☞ De cæde nefaria Henrici Magni, Regis Galliarum ; Carmen ex Poëta veteri, à SANCTO-CLAVERIO deductum : *Parisiis*, Libert, *in*-8.]

19982.** ☞ Roberti STEPHANI ; (Roberti filii, Ode.

Ces deux petites Pièces, où les Jésuites sont très-maltraités, furent jointes par l'Auteur à une Edition qu'il donna, comme Imprimeur des *Œuvres d'Horace: Parisiis*, 1613, *in*-12. C'est pour cela que cette Edition d'Horace est recherchée de certains Curieux. Mais on a réimprimé la seconde de ces Pièces à part en 1761 ou 1762, *in*-12. de 4 pages.]

19982.*** ☞ Funus Regium.......... Les Obsèques du Roi : *Paris*, Chevalier, 1610.

Ce sont deux Poëmes sans nom d'Auteur.]

Au N.° 19992, ajoutez en Note :

☞ Ces Tables Historiques ont été aussi imprimées la même année 1615, chez le même Libraire de Lyon, *in*-4. 88 pages. Nous avons vu cette Edition, & nous ne connoissons point celle que le P. le Long a désignée *in*-fol.]

Au N.° 19998, ajoutez en Note :

On peut voir sur cette Histoire & sur son Auteur, la *Bibliothèque historique du Poitou*, par M. Dreux du Radier, *tom. III*, *pag.* 291.]

PAGE 387, *ajoutez*,

20001.* ☞ Colossus in Ponte novo ; Henrico IV. positus ; Carmen : *Parisiis*, 1617, *in*-4.]

20001.** ☞ Essais de Poësie, dédiés à Henri-le-Grand, ou plutôt à sa Statue de bronze à Paris : 1622, *in*-8.]

Au N.° 20010, ligne 3, *après* 1611, *in*-4. *ajoutez*, Hanoviæ, 1613, *in*-8.

20010.* ☞ Ludovici LIGERII, in funere Henrici Galliarum Regis quarti : *Hanoviæ*, 1613, *in*-8.]

20020.* ☞ Discours funèbre sur la mort de Henri-le-Grand ; par M. Pierre FENOILLET, Evêque de Montpellier : *Paris*, 1610, *in*-8.]

PAGE 388, *ajoutez*,

20033.* ☞ La même Oraison funèbre ; traduite de l'Italien en François ; par F. Fassardi, Lyonnois : *Paris*, Sevestre, 1610 ; *in*-8.]

20041. * ☞ Autres Oraisons funèbres de Henri IV. par J. L. P. D. M. son Aumônier ; = Charles DE SAINT-SIXT, Evêque de Riez ; = Gaspar ARNOULX ; = B. DE VIAS; = Nicolas DE PARIS ; = Jehan DE VILLART; = le Sieur DE CHAULMONT ; = Pierre-Louis DE CATEL.]

Au N.° 20046, lignes 1 & 2, interim, *lisez*, intertitu.

20047.* ☞ Oraison funèbre pour l'Anniversaire du feû Roi Henri-le-Grand, prononcée en l'Eglise de Saint-Thomas, à la Fléche, le 4 Juin. =Laudatio funebris in Parentalibus anniversariis Henrici Magni, data Flexiæ quarto Junii.

Ces deux Pièces, qui viennent de quelques Jésuites de la Fléche, auxquels on donna le cœur de Henri IV. se trouvent dans un *in*-8. intitulé : « In Anniversarium » Henrici Magni obitus diem, Lachrymæ Collegii » Flexiensis Regii Societatis Jesu : *Flexiæ*, Rez, 1611. »]

PAGE 389.

Au N.° 20055, ajoutez à la Note :

Ce Parallèle a été aussi imprimé à part : *Paris*, du Bray, 1615, *in*-8.]

20056.* ☞ Sommaire de la Vie, Actes & Faits de Henri-le-Grand : 1610, *in*-8.]

20065.* ☞ Ms. Henriciados Libri XII. auctore Claudio QUILLET.

L'Auteur, qui est connu par son Poëme intitulé, *Callipædia*,

Histoires des Rois. 409

lipadia, & qui mourut en 1661, laissa 500 écus à Ménage pour l'impression de son *Henricias*, suivant la Lettre citée par M. de la Monnoye, en ses Notes sur les Jugemens des Sçavans de Baillet, Article *Quillet*, (*in*-4. *tom. V.* p. 285.) Mais cette impression ne fut pas faite. Il est aussi parlé de ce Poëme, dans la *Suite de l'Orthopédie* d'Andry, ou *Observations sur la Critique de l'Abbé Desfontaines : Paris,* 1742, *in*-12. Andry rapporte, *pag.* 117 *& suiv.* une Lettre où un Sçavant lui mande avoir vu huit Livres manuscrits de la *Henricias,* qu'on lui assura se trouver entière dans la Bibliothèque du Cardinal d'Estrées, réunie à celle du Maréchal son neveu. Cependant on ne le trouve pas dans le Catalogue de la Bibliothèque de ce Maréchal : *Paris,* Guerin, 1740, *in*-8.]

Page 390, *ajoutez,*

20067.* ☞ Abrégé de la Vie de Henri IV. dit *le Grand*.

Dans la *Galerie Françoise,* Hérissant fils, 1770, *in*-4. Cahier I. Art. V. Seconde Edition, 1771, *in-fol.* Cahier I.]

20071.* ☞ L'Esprit de Henri IV. ou Anecdotes les plus intéressantes, Traits sublimes, Réparties ingénieuses, & quelques Lettres de ce Prince, avec son Portrait : *Paris,* Prault fils, 1770, *in*-8.]

20071.** ☞ Panégyrique de Henri-le-Grand, ou Eloge historique de Henri IV. contenant les actions de sa Vie, & les principaux Evénemens de son Règne ; avec des Notes & des Observations critiques : *Londres & Paris,* d'Houry, 1769, *in*-12. de 400 pages.

On trouve à la tête une Gravure qui représente Henri IV. d'après son Portrait fait l'année même de sa mort.]

20073.* ☞ Eloge de Henri IV. par M. DE LA HARPE : *Amsterdam, & Paris,* Lacombe, 1769, *in*-8. de 31 pages.]

Page 391, *ajoutez,*

20074.* ☞ Recueil de diverses Poésies sur le Trépas de Henri-le-Grand, & sur le Sacre & Couronnement de Louis XIII. son successeur ; par Guillaume DU PEYRAT, Aumônier servant du Roi : *Paris,* Rob. Estienne, 1611, *in*-4.]

20076.* ☞ Le Temple de la pudicité, à la Reine-Mère : 1610, *in*-8.]

Page 392, *ajoutez,*

20090.* ☞ Le bon Ange de la France, sur le temps de M. de Soissons : 1612, *in*-8.]

20091.* ☞ Articles & Conventions arrêtées en Espagne, le 20 Août 1612, par le Duc de Mayenne, sur le Mariage de Louis XIII. avec l'Infante Anne d'Espagne : 1614, *in*-8.]

20091.** ☞ Réfutation du Discours contre les Mariages de France & d'Espagne : 1614, *in*-8.]

20104.* ☞ Requête présentée à la Reine, à S. Victor : 1612, *in*-8.]

Page 393, *ajoutez,*

20116.* ☞ Double de la Lettre écrite par le Prince DE CONDÉ, à la Reine-Mère, le 19 Février 1614 : *in*-8.

Réponse de la Reine à la Lettre du Prince de Condé : 1614, *in*-8.]

20119.* ☞ Discours sur la Lettre de M. le Prince de Condé ; par M. (Guillaume) RIBIER, Conseiller d'Etat : *Paris,* 1614, *in*-8.]

20122.* ☞ Lettre du Cardinal DU PERRON, à M. le Prince, du 3 Mars 1614 : *Paris,* 1614, *in*-8.]

20124.* ☞ Lettres du Roi, du 17 Mars 1614, portant défenses de lever des troupes, &c. sans sa permission : *Paris,* 1614, *in*-8.]

20138.* ☞ Discours contenant Actions de grace sur le Baptême de Monsieur, frère du Roi, & de la petite Madame ; par Pierre DE BERNARD, Conseiller au Parlement de Tholose : *Paris,* 1614, *in*-8.

Les Cérémonies du Baptême furent administrées à Paris, au Château du Louvre, le 15 Juin 1614, à Monsieur, Gaston-Jean-Baptiste de France, qui porta d'abord le titre de Duc d'Anjou, & qui eut ensuite celui de Duc d'Orléans, lorsqu'il reçut son appanage en 1626. La Princesse sa sœur est Henriette-Marie, qui fut depuis mariée à Charles I. Roi d'Angleterre.]

Page 394, *ajoutez,*

20141.* ☞ Le Réveil du Soldat François, au Roi : *Paris,* 1614, *in*-8.]

Au N.º 20146, *Note, ligne* 1, contre, *lisez,* entre.

Page 395, *ajoutez,*

20176.* ☞ Avertissement à la France : 1614, *in*-8.]

20182.* ☞ Le Serviteur fidèle & l'Homme d'Etat : Dialogue : 1614, *in*-8.]

20183.* ☞ Résolution à la paix & au service du Roi : *Paris,* 1614, *in*-8.]

Page 396, *ajoutez,*

20186.* ☞ Prédictions admirables de l'Astrologue du Ballet : 1614, *in*-8.]

20190.* ☞ Sentence arbitrale de Me GUILLAUME, sur les différends qui courent : 1614, *in*-8.]

20198.* ☞ Allégresse pour la Réunion de Messieurs les Princes, (en Vers :) *Paris,* 1614, *in*-8.]

20199.* ☞ Le *Te Deum* & les Actions de grace chantées par les Habitans de Sainte-Manehould : *Paris,* 1614, *in*-8.

La Paix avec les Princes fut signée dans cette Ville, le 15 Mai 1614.]

20200.* ☞ Discours véritable des propos tenus entre d..x Marchands du Palais (de Paris,) sur le retour des Princes : 1614, *in*-8.]

Page 397, *ajoutez,*

20217.* ☞ Discours à la Reine Régente

Fff

sur les désordres qui sont pour le présent en ce Royaume : 1614, *in-*8.]

20221.* ☞ Le Marois, ou le Marchand meslé, propre à tout faire : *Paris*, du Breuil, 1614, *in-*8.]

PAGE 398, *ajoutez*,

20243.* ☞ Requête présentée au Roi par les Députés du Tiers-Etat : 1615, *in-*8.]

20243.** ☞ Arrêt du Conseil d'Etat du Roi (du 16 Décembre 1614,) sur aucuns Articles de surséances demandées par les Députés du Tiers-Etat de France : *Paris*, Saugrain, 1615, *in-*8.]

20246.* ☞ Avertissement à MM. du Clergé, sur la décadence de l'Eglise Gallicane : 1615, *in-*8.]

20248.* ☞ Advis donné au Roi par M. le Prince, sur l'Article du Tiers-Etat : Contradictions du Clergé, & Arrêts du Parlement : 1615, *in-*8.]

20249.* ☞ Articles présentés au Roi par les Députés de la Chambre du Tiers Etat de France : ensemble, les Réponses de Sa Majesté accordées sur iceux : *Paris*, Saugrain, 1615, *in-*4.]

20254.* ☞ Harangue faite par la Noblesse de Champagne & de Brie, inférée en ses Cahiers, & présentée à Sa Majesté : 1615, *in-*8.]

PAGE 399, *ajoutez*,

20257.* ☞ Refus fait à M. le Prince de Condé, sur le secours qu'il demandoit à MM. des Etats : 1615, *in-*8.]

PAGE 400, *ajoutez*,

20277.* ☞ Lettre de Fiacre LAUMONIER, Paysan Champenois, envoyée à MM. les Princes & autres retirés du Service du Roi : 1615, *in-*8.]

20277.** ☞ Lettre de Maître GUILLAUME, envoyée de l'autre monde aux Princes retirés de la Cour : 1615, *in-*8.]

20284.* ☞ Lettre du Grand Sophi de Perse, écrite à M. le Prince, en langage Persan, avec une Copie Arabesque, traduite par un Chrétien Maronite, & d'Italien en François : à Henri, Prince de la lignée des Empereurs de Franquie, salut : 1615, *in-*8.]

20288.* ☞ Lettre de M. le Prince, envoyée au Roi & à la Reine, par le Sieur de Marcognet : 1615, *in-*8.]

20288.** ☞ Lettre du Roi à M. le Prince de Condé : 1615, *in-*8.]

20288.*** ☞ Déclaration des bons François à la Reine, sur la Lettre de M. le Prince : 1615, *in-*8.]

20296.* ☞ Lettre de M. de Lorraine, envoyée au Duc de Mayenne : 1615, *in-*8.]

PAGE 401, *ajoutez*,

20306.* ☞ Traité de ce qui s'est passé au Conseil d'Etat, contre M. de la Force : 1615, *in-*8.]

Au N.°. 23015, ligne 2, *après* Jeannin ; *ajoutez*, du 19 Juin 1615.

PAGE 402, *ajoutez*,

20324.* ☞ La Défaite des Troupes de M. le Prince, commandées par M. de Luxembourg & autres ; pris sur la Lettre écrite à Bordeaux le dernier du mois d'Octobre : 1615, *in-*8.]

20327.* ☞ Remontrance faite en Berry, à M. le Prince de Condé, pour la déposition de ses armes : 1615, *in-*8.]

20328.* ☞ Les Signes merveilleux & épouvantables apparus au Ciel sur la Ville de Sedan, en Novembre dernier : 1615, *in-*8.]

Au N.° 20330, ligne 1 de la col. 2, D'ANTRAIUGES, *lisez*, D'ANTRAIGUES.

Au N.° 20332, ligne 2 de la Note, des duels, *lisez*, les duels.

20335.* ☞ Le Secrétaire de S. Innocent : 1615, *in-*8.

20336.* ☞ Déclaration de la volonté du Roi adressée à la Cour de Parlement sur son Voyage : 1615, *in-*8.

Le Roi partit de Paris le 17 du mois d'Août, pour Bordeaux.]

PAGE 403, *ajoutez*,

20343.* ☞ Avis donné par M. le Mareschas Desdiguières à l'Assemblée de Grenoble : 1615, *in-*8.]

20347.* ☞ La Phrénésie des Rébelles & des Malcontens découverte par ses symptômes, & guerrie par bons remèdes : 1615, *in-*8.]

10348.* ☞ Le bon Ange de la France, adressé à la Reine Mère, contre les perturbateurs de son repos : *Paris*, 1615, *in-*8.]

20348.*·☞ Le Fléau des Médisans : (1615) *in-*8.]

20352.* ☞ Discours de ce qui est arrivé entre l'Armée de M. le Maréchal de Bois-Dauphin & celle de M. le Prince, passant la Rivière de Loire ; ensemble la Retraite de M. le Prince Tingry, d'avec M. le Prince de Condé : 1615, *in-*8.]

20353.* ☞ Offres & Protestation faites au Roi par ceux de Château-Thierry : 1615, *in-*8.]

20356.* ☞ Lettre de M. DE LA LOUPE, à un Seigneur : 1615, *in-*8.]

20358.* ☞ Libre & salutaire Discours des Affaires de France ; par le Président D'ATHIER : 1615, *in-*8.]

PAGE 404, *ajoutez*,

20364.* ☞ Véritables intentions de la Noblesse de France : 1615, *in-*8.]

20377.* ☞ La Dénonciation des Troubles de la France : 1615, *in*-8.]

Au N.º 20382, Le patois, *lisez*, Le Matois.

PAGE 405, *ajoutez*,

20393.* ☞ L'Université en chemise, l'Homme de lettres, l'Ecolier ; Entretien : (1615,) *in*-8.]

20412.* ☞ Déclaration du Roi sur la Prise d'armes par aucuns de ses Sujets de la Religion Prétendue-Réformée, &c. à Béziers ; avec l'Arrêt de la Cour du Parlement : *Paris*, 1615, *in*-8.]

20412.** ☞ La Révolte du Pays de Gascogne, contre le Duc de Rohan & ses Alliés : *Paris*, 1615, *in*-8.]

PAGE 406, *ajoutez*,

20419.* ☞ La résolution d'un Soldat François sorti de Sedan pour le service du Roi, présenté à Monsieur en la Place Royale, le Dimanche dernier Juillet : 1615, *in*-8.]

20421.* ☞ Le Cousin François, ou Avis aux Perturbateurs du repos public : 1615, *in*-8.]

20423.* ☞ Discours sur ce qui s'est passé pour le Gouvernement d'Aiguesmortes, avec la justification des actions du Sieur de Bertichères, (Maréchal de Camp :) 1615, *in*-12.

C'est au sujet des Contestations survenues entre cet Officier & les Eglises Réformées, qui se plaignoient de lui.]

Au N.º 20425, ligne 6, *avant* 1615, *ajoutez*, Tolose.

20425.* ☞ Apologie ou Défense pour le Mariage du Roi & de Madame sa Sœur, contre le blâme de ceux qui réprouvent l'alliance d'Espagne : *Paris*, 1615, *in*-8.]

Au N.º 20426, *ajoutez au commencement de la Note* : Cet Ouvrage est de M. ARNAUD, Avocat au Parlement de Paris, & fut réimprimé à *Tolose*.

20427.* ☞ Extrait des Registres de la Cour (du Parlement de Bordeaux,) sur l'Affaire de M. d'Epernon : 1615, *in*-8.

C'est au sujet de sa querelle avec M. de Sourdis, Archevêque de Bordeaux, sur laquelle on a indiqué plusieurs Ouvrages au Tome I. N.ºˢ 8251 & *suiv*. Le Parlement ayant donné un Décret de prise de corps contre cet Archevêque, il fut obligé de sortir de la Ville, & ne put faire les Cérémonies du Mariage du Roi & de sa sœur ; ce fut l'Evêque de Sainctes qui les fit.]

20429.* ☞ Harangue faite à la Reine par le Duc DE GUISE, à son arrivée en Espagne, sur le Mariage de Leurs Majestés : *Paris*, 1615, *in*-8.]

20429.** ☞ Brief Narré de ce qui s'est passé depuis le 21 Novembre, jour de l'Entrée de la Reine dans Bordeaux, jusqu'au 29 du même mois, jour de la réception de Leurs Majestés : *Paris*, 1615, *in*-8.]

Au N.º 20430, *ajoutez à la fin*, *in*-8.

Tome IV. Part. I.

20430.* ☞ L'Arrivée de la Reine à Saint-Jean-de-Luz, &c. *Paris*, 1615, *in*-8.]

20430.** ☞ Lettre contenant le Discours de tout ce qui s'est passé en la Cérémonie de l'Eschange de la Reyne & de Madame, sur la Rivière entre Saint-Jean-de-Luz & Fontarabie : *Paris*, 1615, *in*-8.]

20434.* ☞ Réception de Madame, Sœur du Roi, en la Ville de Roncevaux : 1615, *in*-8.]

20434.** ☞ Les préparatifs commandés en toute l'Espagne par Sa Majesté Catholique, pour la réception de Madame Elisabeth de France, Sœur du Roi ; ensemble, les Pompes & Magnificences y exercées depuis deux mois, attendant son acheminement : *Paris*, 1615, *in*-8.]

20439.* ☞ Advis du Doyen des Valets de pieds de la Cour à ses Camarades, sur le Voyage de Bayonne, & comment ils s'y doivent comporter : *Paris*, 1615, *in*-8.]

20440.* (1.) ☞ L'Etat des Commissions données à plusieurs Chefs & Capitaines, pour lever des Troupes & tenir les passages libres, au Retour du Roi de Bordeaux : *Paris*, 1615, *in*-8.]

(2.) ☞ Les Mémoires de tout ce qui s'est fait & passé tant en la Ville de Bordeaux, qu'ès deux Armées depuis le 20 Novembre jusqu'à présent : *Paris*, 1615, *in*-8.]

(3.) ☞ Retraite du Duc de Rohan en la Ville de Pamiés, au Comté de Foix, après la prise de la Ville & Château de Leytour (ou Lectoure) en Gascogne : *Paris*, 1615, *in*-8.]

PAGE 407, *ajoutez*,

20445.* ☞ Célèbre Harangue faite au Roi par les Habitans de Bordeaux, en forme de Remonstrance, prononcée le 3 Novembre : *Paris*, 1615, *in*-8.]

20446.* ☞ Réjouissances de la France sur l'heureux Mariage du Roi : 1616, *in*-8.]

20451.* ☞ Libre Discours fait au Roi par un Grand de la Cour, pour le rétablissement de la Paix : 1616, *in*-8.]

20453.* ☞ Déclaration de la Lieutenance Générale, & du pouvoir donné par le Roi au Duc de Guise, pour la conduite de son Armée : *Paris*, 1616, *in*-8.]

20454.* (1.) ☞ Victoire signalée obtenue par M. de Guise, sur M. le Prince de Condé, réduit à demander la paix : (1616,) *in*-8.]

(2.) ☞ Récit de la défaite des Troupes de M. le Prince par le Duc de Guise, & le départ du Roi pour venir à Tours ; par M. C. D'ACROIGNE, Tullois, Advocat : *Paris*, 1616, *in*-8.]

(3.) ☞ Articles proposés par M. le Prince,

Fff 2

en la Conférence de Loudun : 1616, *in*-8. = Articles particuliers accordés au nom du Roi par ses Députés, envoyés à la Conférence de Loudun, au Prince de Condé, &c. le 6 Mai : 1616, *in*-8.]

(4.) ☞ Libre Discours au Roi sur la conclusion de la Paix, par un Seigneur de qualité : 1616, *in*-8.]

Au N.° 20455, *après la ligne 3, ajoutez en Note:*
Cette Ordonnance fut réimprimée à Nismes : 1616, *in*-8. Elle avoit été donnée à Blois le 6 Mai.]

20457.* ☞ Remontrance au Roi, par un de ses principaux Officiers de la Couronne, sur la réunion de tous ses Sujets à son service : 1616, *in*-8.]

PAGE 408, *ajoutez,*

20463.* ☞ Discours sur le Commandement de M. le Prince aux Garnisons des Villes & Places par lui occupées durant les troubles : 1616, *in*-8.]

20472.* ☞ Protestation des Rochellois donnée à M. de Sully, pour présenter à Sa Majesté : 1616, *in*-8.]

PAGE 409.

Au titre courant, 1515, *lisez,* 1616.

Au N.° 20483, *effacez* Ms.

20497.* ☞ Lettre de M. le Duc DE SULLY au Roi : 1616, *in*-8.]

20497.** ☞ Réponse de la Déesse Fortune à la Lettre du Duc de Sully : 1616, *in*-8.]

Au N.° 20504, *lisez ainsi :*

Le Coteret de Mars, avec le Fagot de la fascine & le gros bois, pour le Feu de joye de la France : 1616, *in*-8.]

20508.* ☞ Le Héraut d'armes, à M. le Duc de Vendosme : 1616, *in*-8.]

PAGE 410.

Au N.° 20520, *ajoutez en Note :*
Cette Déclaration du Roi fut vérifiée au Parlement le 13 Février 1617, & publiée d'abord à Paris : *in*-8.]

Au N.° 20521, *ajoutez en Note :*
Cet Arrêt fut donné après une Déclaration du Roi, sur le même sujet, vérifiée au Parlement le 16 Mars 1617, & qui fut imprimée à Paris, *in*-8.]

20523.* ☞ Lettre du Roi aux Gouverneurs de ses Provinces : 1617, *in*-8.]

PAGE 411, *ajoutez,*

20533.* ☞ La Retraite du Sieur de Matignon & du Capitaine la Loupe ; ensemble le Serment de fidélité donné pour le service du Roi par toute la Province de Normandie, entre les mains du Comte d'Auvergne : *Paris*, 1617, *in*-8.]

Au N.° 20548, *à la Note, lignes 1 & 2, lisez,*
Substitut de M. le Procureur Général.

PAGE 414.

Au N.° 20616, *ajoutez en Note :*
Ce titre est ici fort abrégé, & il annonce une Pièce grossièrement satyrique.

20631.* ☞ Lettres du Roi écrites à M. d'Alincourt, sur la mort du Maréchal d'Ancre : 1617, *in*-8.]

PAGE 415, *ajoutez,*

20656.* ☞ Conclusions civiles rendues à l'encontre du Maréchal & de la Maréchalle d'Ancre : 1617, *in*-8.]

PAGE 417, *ajoutez,*

20699.* ☞ Déclaration du Roi en faveur des Princes, Ducs, Pairs, Seigneurs & autres qui s'étoient éloignés de Sa Majesté ; publiée le 12 Mai 1617 : *Paris*, 1617, *in*-8.]

20699.|** ☞ Le joly Mois de May, sur le Retour des Princes à la Cour, avec le *Libera* grotesque & coyonnesque du Marquis d'Ancre : 1617, *in*-8.]

PAGE 418, *ajoutez,*

20708.* ☞ La Merveille Royale de Louis XIII ; par le Sieur de M. M. Gentilhomme de la Chambre de Sa Majesté : *Paris*, 1617, *in*-8.]

Au N.° 20710, *ligne 2, effacez* 1620 &c.

PAGE 419, *ajoutez,*

20735.* ☞ Adieu aux Coyons, pour l'Anniversaire du Marquis d'Ancre : 1618, *in*-8.]

Au N.° 20737, *ajoutez à la Note :*
Ce *Mémoire* de Leschassier a été réimprimé, pag. 191 de la Collection de ses Œuvres : *Paris*, Lamy, 1649 & 1652, *in*-4.]

20739.* ☞ Déclaration de ce qui s'est passé sur le rétablissement de la Religion Romaine au Pays de Béarn : 1618.

On peut voir sur ce sujet le *Tome 1, pag.* 388.]

PAGE 424, *ajoutez,*

20852.* ☞ Ms. Commentaire sur les Guerres de Hollande, &c. par un Officier qui, au mois d'Avril 1600, passa en Hollande, en la compagnie de Henri, Comte de Coligny, Seigneur de Châtillon & Admiral de Guyenne : *in*-4.

Ce Manuscrit, où il est parlé des Affaires de Languedoc, est conservé dans la Bibliothèque de M. le Marquis d'Aubais, num. 116. Il finit en 1620.]

20857.* ☞ Lettre du Roi envoyée aux Deputez de l'Assemblée générale de Loudun & Béarn : *Paris*, 1620, *in*-8.]

20860.* ☞ Cruels & étranges Meurtres & Massacres faits dans le Château de Brognon, au commencement de Mars : 1620, *in*-8.]

20861.* ☞ Lettre du Duc D'EPERNON à M. Gammain, Lieutenant en la Citadelle de Xaintes, le 20 Juin ; & la Réponse : *Paris*, 1620, *in*-8.]

PAGE 425, *ajoutez*,

20863. * ☞ Consultation de trois fameux Avocats sur les Affaires présentes & publiques : 1620, *in-8*.]

20873. * ☞ Lettre du Sieur D'AUBIGNÉ, dédiée à la Postérité, sur la Copie de *Maillé* : 1620, *in-8*.]

PAGE 426, *ajoutez*,

20891. * ☞ Elégie à un vieil Cavalier François, envoyée par un des Messieurs de l'Assemblée de Loudun : 1620, *in-8*.]

PAGE 427, *ajoutez*,

20910. * [☞ Avant-Coureur du Guidon François, & le Qu'as-tu vu de la Cour : 1620, *in-8*.]

Au N.° 10921, *ajoutez en Note :*

On trouve quelques particularités sur Nicolas Proust des Carneaux, dans la *Préface* que le P. Jacques Quétif, Dominicain, a mise en tête des *Opuscules & Lettres* de Pierre Morin : (*Parisiis*, 1675, *in-12*.) Proust des Carneaux étoit Fils d'une Sœur de Pierre Morin; il fut Gouverneur des Pages de la Petite-Ecurie, sous le Règne de Louis XIII. Ayant épousé Elisabeth Chapelain, il mourut à Paris en 1640, âgé de 70 ans, & son corps fut enterré à S. Nicolas-des-Champs. Des trois Ouvrages que le P. le Long a indiqués de lui, le P. Quétif n'a connu que celui qu'il a fait sur le Siége de la Rochelle : il ne parle ni des Guerres de Normandie & d'Aquitaine, que l'on vient d'indiquer, ni de l'Expédition du Roi dans l'Isle de Ré; mais il cite de lui un autre Ouvrage qui ne paroît pas avoir été fini, sçavoir une Histoire étendue des Rois de France : *Gallorum Regum initam compendiosius Historiam.*

Au N.° 10923, *effacez* : [Elle est très-rare en France;] & *mettez* : [Il y en a une Edition de *Lyon* de la même année 1621, *in-8*. qui paroît avoir précédé celle d'Allemagne : au reste ce n'est qu'une Brochure de 15 pages.]

20925. * ☞ La Victoire du Roi, contenant le Récit de ce qui s'est passé pendant ces derniers troubles, jusqu'à la Paix faite avec les Princes, (au mois d'Août :) 1620, *in-8*.]

20927. (1.) * ☞ Les Cérémonies observées en Béarn, au rétablissement de la Religion Catholique : *Paris*, 1620, *in-8*.]

(2.) ☞ Discours véritable sur l'entreprise des Navarreins : *Bordeaux*, 1620, *in-8*.]

(3.) ☞ De l'Introduction du Calvinisme en Béarn, & du Rétablissement des Catholiques dans leurs Biens & Eglises par le Roi Louis XIII.

C'est le *Chapitre XX*. de l'*Etat des Eglises Cathédrales*, &c. par Jean DE BORDENAVE : (*Paris*, Dupuis, 1643, *in-fol*.) Ouvrage qu'on ne seroit guères porté à consulter à ce sujet, mais qui renferme nombre de particularités curieuses, écrites par un habile Homme du Pays. Au reste il renvoye, (& nous y renvoyons avec lui,) à la *Partie II*. de l'*Histoire du Béarn*, par M. de Marca : (*Paris...D.... in-fol.*]

PAGE 428, *ajoutez*,

20931. * ☞ Les justes Ressentimens d'un bon François, des malheurs de ce temps : 1620, *in-8*.]

Au N.° 20935, *lisez ainsi :*

☞ Discours ou Commentaire sur les Centuries de Nostradamus, à l'usage du temps présent : 1620, *in-8*.]

20940. * ☞ Bigarrures de Maître GUILLAUME, envoyées à Madame Mathurine, sur le tems qui court : 1620, *in-8*.]

Au N.° 20941, *lisez ainsi :*

☞ Le Diable étonné sur l'ombre du Marquis d'Ancre & de sa femme : 1620, *in-8*.]

20941. * ☞ Requête présentée au Roi Pluton, par Conchino Conchini : 1620, *in-8*.]

PAGE 429.

A la colonne 1, *alinéa* 3, *ligne* 8, qu'il encontre, *lisez*, qu'il encourre.

20950. * ☞ Les trois Harpyes : 1621, *in-8*. Pièce satyrique contre M. de Luynes & ses deux frères.]

PAGE 430, *ajoutez*,

20979. * ☞ Manifeste du Roi, adressé aux Habitans de la Rochelle : 1621, *in-8*.]

20986. * ☞ Raisons déduites par un des premiers Magistrats de Paris, contre les Assemblées secrettes. : 1621, *in-8*.]

PAGE 432, *ajoutez*,

21016. * ☞ Observations sur quelques circonstances du Siége de Montauban, par le Roi Louis XIII, en 1621.

C'est le sujet de la *Note XI*. du Tome V. de l'*Hist. du Languedoc*, par DD. de Vic & Vaissette.]

PAGE 433, *ajoutez*,

21036. * ☞ Les Sept Voix des Sept Trompettes saintes, envoyées par les bons François devant les sept Bastions de la Rochelle; (en Vers :) 1622, *in-4*.]

21047. * ☞ Mémorable exécution des Rebelles, faite par Arrêt du Parlement de Rouen, suivant le commandement de Sa Majesté : 1621, *in-8*.]

PAGE 434.

Au N.° 21061, *ajoutez à la Note :*

M. Seguier, Secrétaire de l'Académie de Nismes, nous a écrit qu'il avoit vu dans la Bibliothèque de M. le Marquis d'Aubais, (voisine de cette Ville,) une « Histoire particulière des choses les plus mémorables » qui se sont passées au Siége de Montauban ; par » HALOIX, 1623, *in-8*. » Ce doit être la seconde des deux en question, à laquelle on aura, par erreur, ajouté *par* H. JOLI, qui paroît être l'Auteur de la première, désigné par A. J. D. que le P. le Long semble y avoir vu.]

PAGE 435, *ajoutez*,

21090. * ☞ De urbis Roianæ obsidione : *in-16*. 45 pages.]

PAGE 436, *ajoutez*,

21096. * ☞ Déclaration aux Assemblées de la Rochelle & Montauban, sur l'obéissance dûe au Roi pour le bien de la Paix : 1622, *in-8*.]

21099. * ☞ La Trompette du salut, aux Huguenots de ce temps : 1622, *in-8*.]

Au N.° 21101, *lisez ainsi :*

Les Inventions de l'Ingénieur Pompée Targon, contre la Ville de la Rochelle ; ensemble l'arrivée de l'Armée Navale dans le Port de ladite Ville , & de la prise d'un de leurs plus grands Vaisseaux, avec le nombre au vrai de tous les Seigneurs, Capitaines, Régimens & Compagnies qui sont en l'Armée de Mgr le Comte de Soissons : *Paris*, Martin, 1622, *in*-8.]

21109.* ☞ Lettre d'avis donné à tous les Ministres de France, sur la défaite de M. de Favas : 1622, *in*-8.]

21115.* ☞ Lettres particulières envoyées au Roi par un Gentilhomme François, sur les Affaires de ce temps : 1622, *in*-8.]

21118.* ☞ Lettre envoyée à Mgr le Comte de Soissons, par les Maire & Echevins de la Ville de la Rochelle ; ensemble les noms des Députez, envoyés vers Sa Majesté : *Paris*, veuve Saugrain, *in*-8. de 10 pages.]

21118.** ☞ La Méditation d'un Avocat de la Rochelle : *in*-8.

C'est une Pièce fort platte.]

PAGE 437, *ajoutez,*

21125.* ☞ Déclaration du Roi pour la Paix générale du Royaume ; de Montpellier, le 20 Octobre 1622 : *Nismes, in*-8.

Cette Déclaration, qui mit fin à la première Guerre des Protestans sous le règne de Louis XIII. fut enregistrée au Parlement de Paris, le 22 Novembre de la même année 1621. La paix qu'elle produisit, ne fut pas de longue durée.]

21129.* ☞ Factum plaintif, ou Remontrances des Rochellois aux Commissaires députez ci-devant par Sa Majesté, pour le rétablissement des Habitans Catholiques & aultres : *in*-8.

Comme il est sans date , on n'ose assurer qu'il soit de cette année.]

PAGE 438, *ajoutez,*

21147.* ☞ La grande Division arrivée entre les Femmes & les Filles de Montpellier : 1622, *in*-8.]

21164.* ☞ La Chasse aux vieux Grognards de l'antiquité : 1622, *in*-8.]

Au N.° 21170, *lisez ainsi :*

Discours facétieux des Finesses de Croustille sur les Affaires du temps : 1622, *in*-8.]

21170.* ☞ Discours d'Etat au Roi, tant sérieux que facétieux : 1622, *in*-8.]

21176.* ☞ Le Qu'as-tu vu de la Cour : 1622, *in*-8.]

21176.** ☞ Le Tableau des Ambitieux de la Cour, tracé du pinceau de la vérité ; par Me GUILLAUME ; (Pièce en Vers :) 1622, *in*-8.]

21179.* ☞ L'Ombre du Duc de Mayenne, aux Princes & Peuples François : 1622, *in*-8.]

PAGE 439, *ajoutez,*

21195.* ☞ Le Satyrique renversé : 1622 ; *in*-8.

Au N.° 21200, *après* Limosin, *ajoutez* ; par I. M. S. D. C.

21207.* ☞ Remonstrance au Roi , importante pour son Etat ; (vers 1622 :) *in*-8.]

PAGE 441, *ajoutez,*

21229.* ☞ Dialogue du curieux Eraclite : (1623,) *in*-8. de 31 pages.]

21229.** ☞ Le Mort qui court les rues : 1623, *in*-8.]

Au N.° 21231, *il ne faut point que* Bautru *&* Desmarets *soient en petites* Capitales.

21233.* ☞ Les Assizes tenues à Gentilly, par le Sieur Balthazar , Bailly de S. Germain-des-Prez : 1623, *in*-8.

Pièce rare & satyrique, de 31 pages.]

21234.* ☞ Le Messager de Fontainebleau, avec les Nouvelles & les Paquets de la Cour : 1623, *in*-8. de 16 pages.]

21244.* ☞ Raillerie du gros GUILLAUME sur les Affaires de ce temps : 1623, *in*-8.]

21244.** ☞ La Chasse aux Larrons : 1623, *in*-8.]

21244.*** ☞ Réponse au Libelle intitulé : la Chasse aux Larrons : 1623, *in*-8.]

PAGE 442.

Au N.° 21278, *ajoutez à la Note :*

Ce *De G.* pourroit bien être la Demoiselle DE GOURNAY, ainsi désignée, au N.° 19961.]

PAGE 443, *ajoutez,*

21287.* ☞ Lettre du Roi , envoyée à MM. de la Cour des Aydes , sur la démission du Marquis de la Vieuville de la Charge de Surintendant des Finances : 1624, *in*-8.]

21291.* ☞ Le Satyrique de la Cour : 1624, *in*-8.]

21292.* ☞ Le Pasquil touchant les Affaires de ce temps : 1624, *in*-8.]

21292.** ☞ Les Tapisseries Royales représentant les plus rares Affaires de ce temps : 1624, *in*-8.]

PAGE 444.

Avant le N.° 21301, *ajoutez,*

21300.* ☞ Astreæ Apologia : 1619, *in*-4.

L'Auteur est Balthasar DE VIAS, selon le Père Bougerel, qui indique cet Ouvrage, dans ses *Mémoires sur les Hommes illustres de Provence :* (Paris, 1752, *in*-12.) pag. 78 & 201.]

Au N.° 21302, *il faut une main, l'Article étant nouveau.*

Au N.° 21310, *il faut mettre* Ms. *l'Ouvrage n'étant point imprimé.*

PAGE 445.

Au N.° 21330, *ajoutez à la Note :*

Cette *Admonitio*, dont on vient de parler, se trouve

indiquée avec d'autres Pièces qui y ont rapport, N.°
28641, dans l'Article des Ouvrages fur les *Alliances
politiques.*]

PAGE 447, *ajoutez*,

21363.* ☞ Réfolution du Roi en fon Confeil, fur le département du Légat : 1625,
in-8.]

PAGE 448, *ajoutez*,

21374.* ☞ Lettre de M. le Marquis DE
LA VIEUVILLE, au Chancelier : 1625, *in-8.*]

21379.* ☞ Soupirs de la Fleur-de-Lys :
1625, *in-8.*]

21381.* ☞ Mémoire que préfentent au
Roi les Commiffaires députés par les Lettres-Patentes du dernier Septembre (1625,)
pour la réformation des habits, meubles,
équipages, table, jeux, trains, &c. du 4
Mars 1626 : *in-8.*]

21382.* ☞ Edit du Roi fur la grace accordée au Duc de Rohan, & autres de fon
parti : 1625, *in-8.*]

21384.* ☞ Procès-Verbal contre la per-
nicieufe entreprife & confpiration des perturbateurs de l'Etat : *Paris*, 1626, *in-8.*]

21385.* ☞ Difcours d'Etat, où il eft prouvé que Louis XIII. doit entreprendre la
guerre en l'Efpagne même : 1625, *in-8.*]

21387.* ☞ Advis fur les défordres de ce
temps, avec les remèdes d'iceux : 1626, *in-8.*]

21388.* ☞ La Ligue néceffaire : 1625,
in-8.]

21388.** ☞ La Ligue renverfée : 1625,
in-8.]

PAGE 449, *ajoutez*,

21396.* (1.) ☞ Le Muficien renverfé :
1626, *in-8.* de 11 pages.

C'eft une Pièce en Vers, de dix-huit ftrophes, contenant Complainte de Barradas fur fa difgrace : il n'y eft
pas nommé, mais défigné fous l'anagramme *barre à bas.*

(2.) ☞ La difgrace de Barradas : 1626,
in-8. de 14 pages.

Ce font des déclamations vagues contre les Favoris
difgraciés, mais qui n'apprennent rien de particulier
fur le Sieur de Barradas : *Voyez* la Note fur le N.°
21833.]

21396.** ☞ L'Antipharmaque du Chevalier PINCÉ, dédié aux Princes, Seigneurs &
Gentilshommes de ce Royaume : 1626,
in-8.]

Au N.° 21409, *ajoutez en Note :*

Il a paru du vivant du Comte de Chalais, plufieurs
Pièces à fon fujet, que nous ne pouvons toutes marquer : en voici quelques-unes :

Commiffion du Roi pour (lui) faire (fon) Procès :
in-8. de 12 pages.

Lettre de la Mère du Comte de Chalais, au Roi,
pour avoir fa grace : *in-8.* de 7 pages.

Réponfe à cette Lettre : *in-8.* de 13 pages.]

21409.* ☞ Détail de l'Affaire du Comte
de Chalais ; par l'Abbé D'ARTIGNY.

Dans fes *Mémoires d'hiftoire & de critique*, (*Paris*,
Debure, 1749 & *fuiv. in-*12.) tom. *VI.* pag. 203.]

PAGE 450.

Au N.° 21414, *lifez*, D'AULBEROCHE.

21418.* ☞ La Réponfe d'un Gentilhomme François, aux Demandes d'un Cavalier
curieux, fur le fujet de la Guerre d'Italie :
1626, *in-8.*]

21421.* ☞ Avis fur les défordres de ce
temps, & les remèdes d'iceux : 1627, *in-8.*]

21426.* ☞ La Défaite du Duc de Rohan,
par le Duc de Montmorency : *Paris*, 1627,
in-8.]

21426.** ☞ La Surprife de M. de Soubife
& la Défaite de toute fa fuite, par des Vaiffeaux de guerre commandés par M. le Duc
de Guife, avec fon féjour dans la Ville de
la Rochelle : *Paris*, 1627, *in-8.*]

21430.* ☞ Le Ballet politique, adreffé aux
bons & libres Allemans & Italiens : *in-8.* de
56 pages, (à la fin defquelles eft 1627.)

C'eft une Pièce curieufe : on y détaille douze Entrées
de Ballets ou Danfes, que l'on fuppofe exécutées aux
Thuilleries ; & par ces Ballets on défigne les divers
abus qui affligeoient le Royaume. On y fait affifter fe-
crettement les Miniftres de Rome & d'Efpagne, que
l'on prétend prendre en conféquence des mefures pour
nuire à la France.]

Au N.° 21430, *ajoutez en Note :*

On peut voir fur Trincant, la *Bibliothèque hiftorique
du Poitou*, tom. *III.* pag. 445.

Au N.° 21432, *ligne* 2, reftitutum, *lifez*, refti-
tutam.

PAGE 451.

Au N.° 21439, *lifez ainfi :*

Lettre du Baron de Saint-Surin, à un fien ami,
écrite de la Citadelle de Saint-Martin-de-
Ré, le 10 Septembre 1627 : *Paris*, Fufy,
1627, *in-8.*

21450.* ☞ Lettre d'un Catholique habitant de la Rochelle, (Eléazar DE LA GUI-
CHETEE,) à un ami, du 2 Juillet ; *Paris*,
1627, *in-8.*]

Au N.° 21452, *ajoutez en Note :*

L'Auteur fait paffer, fans fondement, le Roi dans
l'Ifle-de-Ré, & il n'y eut rien de *miraculeux* dans ce
qui concerne les 29 barques que M. le Cardinal envoyá
à M. de Toiras.]

21457.* (1.) ☞ Récit véritable touchant
ce qui s'eft paffé entre les François & les
Anglois fur leur Defcente à l'Ifle-de-Ré, le
22 Juillet, defcrit par une Lettre du Sieur
DE LA MILLETIÈRE, mis à la Baftille : *Lyon*,
1627, *in-8.* (La même, (comme) écrite à
Jean Monbrun : *in-8.*)

(2.) ☞ Hiftoire au vrai de tout ce qui s'eft
paffé depuis la Defcente des Anglois en
l'Ifle-de-Ré, le 22 Juillet jufqu'à préfent :
Rouen, 1627, *in-8.*

(3.) ☞ La Défaite entière des Anglois & Retraite de l'Isle-de-Ré, par l'Armée du Roi, &c. *Paris*, 1627, *in*-8.

(4.) ☞ Manifeste du Capitaine Picard, envoyé au Duc de Bouquingan, sur la déroute de son Armée : *Paris*, 1627, *in*-8.]

PAGE 452, *ajoutez*,

21460.* ☞ Lettre de M. DE NETS, Aumônier du Roi, à M. le Cardinal de la Rochefoucault, de tout ce qui s'est passé en l'Armée devant la Rochelle, depuis le 21 Octobre jusqu'au 7 Novembre : *Paris*, Tromperre, 1627, *in*-8.]

21467.* ☞ Récit véritable de ce qui s'est passé au Bas-Languedoc, touchant la Défaite de deux Compagnies de Chevaux-Légers & quantité de Carabins & Volontaires qui étoient sortis de Nismes, &c. qui ont été défaits par le Marquis de Portes près de Nismes & Beaucaire : *Lyon*, 1628, *in*-8.]

21467.** ☞ Récit véritable envoyé aux Reines, par le Marquis DES FOSSEZ, des pratiques, menées & intelligences du Duc de Rohan, en l'Entreprise qu'il a faite sur le Fort de Saint-Gilles, & sur la Ville & Citadelle de Montpellier, avec la Desroute d'une partie de ses Troupes : *Lyon*, 1628, *in*-8.]

PAGE 453, *ajoutez*,

21482.* (1.) ☞ Relation envoyée de l'Armée du Roi, de tout ce qui s'est passé au Siège de la Rochelle, jour par jour ; mesmement l'on a pris un grand Vaisseau chargé de femmes, &c. *Lyon*, 1628, *in*-8.]

(2.) ☞ Lettre des Maire & Echevins de la Rochelle, envoyée au Roi d'Angleterre, du 20 Septembre : *Paris*, sur la Copie imprimée à Niort, 1628, *in*-8.

(3.) ☞ Apparition de Jeanne d'Arc, surnommée *la Pucelle d'Orléans*, au Roi d'Angleterre, dans son Palais de Londres, &c. avec la Remonstrance qu'elle lui a faite sur le secours qu'il a voulu donner aux Habitans de la Rochelle : *Lyon*, 1628, *in*-8.]

Au N.° 21483, *alinéa* 5, MERNAULT, *lisez*, (Pierre) MERVAULT.... & *ajoutez en Note* : Sur l'Edition de Rouen, 1671, on peut voir ce qui est dit ci-après dans ce *Supplément*, N.° 35760 *. Il est question de Mervault dans l'*Histoire de la Rochelle*, par M. Arcère : (*la Rochelle*, 1756, *in*-4. 2 vol.) tom. *II*, pag. 386.]

21483.* ☞ Mf. Mémoires pour servir à l'Histoire des derniers Troubles de la Rochelle ; par Pierre MERVAULT, Rochellois.

Ces Mémoires, qui sont un Ouvrage différent du *Journal* qui précède, sont conservés, en Copie, dans la Bibliothèque des Prêtres de l'Oratoire, à la Rochelle.]

PAGE 454, *ajoutez*,

21530.* ☞ Anagramme de la Ville de la Rochelle, (Pièce en Vers :) 1628, *in*-8.]

PAGE 455, *ajoutez*,

21534.* ☞ Sujet du Feu d'artifice sur la prise de la Rochelle, que Morel doit faire pour l'arrivée du Roi, sur la Seine devant le Louvre : *Paris*, 1628, *in*-8.]

Au N.° 21546, *ajoutez en Note* :

Cet Auteur étoit auparavant Commissaire aux Requêtes du Parlement de Bordeaux, & il donne son Ouvrage comme l'Explication des Prophéties Rochelloises.]

21550.* ☞ Discours sur la Prise de la Rochelle ; par Pierre HERSENT, Chancelier de l'Eglise de Mets : *Paris*, 1629, *in*-8.]

PAGE 456, *ajoutez*,

21554.* ☞ Yvonis DUCHATII, Subizæ & Rupellenses bello domiti; Carmen Græcum, cum versione Latina : *Parisiis*, (sine anno,) *in*-4.

Au N.° 21556, *ligne* 3, 1630, *lisez*, 1631.

21558.* ☞ Rupella obsessa & Expeditio in Italiam, ad Ludovicum XIII. Autore Balthazare DE VIAS : *Aquis-Sextiis & Parisiis*, 1630, *in*-8.

Cette Pièce est en Vers.]

Au N.° 21561, *ajoutez en Note* :

On peut voir sur George RIVEAU, l'*Histoire de la Rochelle*, par M. Arcère, tom. *II*, pag. 378.]

PAGE 457.

Au N.° 21570, *ligne* 2, *lisez*, Montrave.

Au N.° 21577, *avant l'alinéa* 4, Suite de l'Histoire de la Rébellion.... *ajoutez*,

☞ Suite de l'Histoire de notre temps ès années 1624, 1625 & 1626, (ou Cinquième Tome de l'Histoire de notre temps :) *in*-8.

Ce Volume, qui est toute autre chose que l'Article qui suit, (*Suite de l'Histoire de la Rébellion*,) n'étoit pas connu du P. le Long ; il existe certainement.]

PAGE 458, *ajoutez*,

21582.* ☞ Mf. L'Histoire secrette des Affaires du temps, depuis le Siége de Montpellier, jusqu'à la Paix dernière de 1629 : *in*-4.

Ce Manuscrit est dans la Bibliothèque de M. le Marquis d'Aubais, N.° 116.]

PAGE 459.

Au N.° 21590, *à la Note*, Louis-Annibal, *lisez*, François-Annibal.

PAGE 460, *ajoutez*,

21607.* ☞ L'Homme d'Etat Catholique, présenté au Roi : 1629, *in*-8.]

PAGE 461, *ajoutez*,

21630.* ☞ La seconde Savoysienne, traduite de l'Italien de F. R. A. R. V. par un bon & vrai François : 1630, *in*-8.

Une première Savoysienne avoit été publiée en 1601. Nous l'avons indiquée ci-devant N.° 19779. Il est question, dans la seconde, de nouveaux démêlés avec la Savoye. Sur un Exemplaire de cette Pièce, qui a appartenu à M. de Hauteferre (Alteserra), on lit, de son écriture, au milieu du titre : *le Sieur* DE GURON, comme si c'en étoit l'Auteur.]

PAGE

Histoires des Rois.

Page 464, *ajoutez*;

21670.* ☞ Mf. Lettre de M. Michel Roger, ancien Avocat au Parlement de Paris, Procureur-Général de Gaston de France, à M. Charles Sorel : *in-fol.*

Elle est conservée à Avignon dans la Bibliothèque de M. Cambis, Marquis de Velleron. Il en est parlé *page* 683 du *Catalogue raisonné* de ses Manuscrits, *in-*4. On y voit qu'il y est question d'une Requête du Duc d'Orléans au Parlement, en Avril 1631, sur sa sortie du Royaume, & pour s'opposer à l'enregistrement de la Déclaration contre ceux qui l'avoient suivi.]

Page 466.

Au N.° 21706, *à la dernière ligne de la Note* 2, 21385, *lisez*, 21384.]

Page 468.

Au N.° 21716, *à l'avant-dernière ligne de la Note* 1, d'Estiat, *lisez*, d'Effiat.]

Page 470, *ajoutez*,

21765.* ☞ Mf. Vie (du même) Henri II. Duc de Montmorenci ; par J. U. C. Docteur ès Droits d'Avignon : *in-*4.

Cette Vie est conservée à Avignon dans la Bibliothèque de M. de Cambis de Velleron ; & il en donne la Notice dans le *Catalogue raisonné* de ses Manuscrits, *page* 723.]

Page 471.

Au N.° 21805, *ajoutez en Note:*

☞ Cette Pièce est en Vers, & n'a que 29 pages.]

Page 473.

Après le N.° 21833, après l'alinéa 2 *de la Note*, *ajoutez*,

On peut voir, sur cette Lettre, la *Bibliothèque Historique du Poitou*, tom. III, pag. 353, où il est dit qu'elle est aussi imprimée à la suite de la « Conversation » de Maître Guillaume, aux Champs Elisées. »]

Page 474.

Au N.° 21844, *Note* 2, *ligne* 8, enfin des impies, *lisez*, enfin d'être des impies.]

Page 476.

Au N.° 21880, *lisez ainsi*:

Déclaration des Commis au Gouvernement de la Franche-Comté, (sur l'entrée de l'Armée Françoise audit Pays, en 1637.)

Ces *Commis* étoient l'Archevêque de Besançon, (Ferdinand de Rye,) & le Parlement, siégeant alors à Dôle. Cette Déclaration, qui est accompagnée de Lettres & Pièces Justificatives, se trouve dans le *Journal* (de Boyvin,) qui suit.]

Page 477, *ajoutez*,

21895.* ☞ Mf. Recueil de Pièces diverses: *in-fol.*

Ce Recueil est conservé dans la Bibliothèque du Roi, num. 5766.2. On y trouve des Pièces concernant l'Histoire de France, depuis 1545, jusqu'en 1636.]

21896.* ☞ Particularités de la Victoire, (près Leucate,) omises dans la Relation précédente : *Paris*, 1638, *in-*4. (*mal mises ensuite au N.°* 21927.)

21899.* ☞ In Hispanorum ab Aquitania fugam : Carmen, autore C. F. *Parisiis*, Sara, 1637, *in-*4.]

Tome IV. Part. I.

21906.* ☞ Marseille aux pieds du Roi ; par le Sieur Mascaron : *Avignon*, 1637, *in-*4.]

Page 478, *ajoutez*,

21919.* ☞ Les Vérités Françoises opposées aux calomnies Espagnoles, ou Réfutation des Impostures contenues en la Déclaration imprimée à Bruxelles, sous le nom du Cardinal Infant ; par un Gentilhomme de Picardie : *Beauvais*, 1637, *in-*8. trois Parties.]

Page 480, *ajoutez*,

21960.* ☞ Mf. Harangue de M. le Prince aux Etats de Guyenne assemblés à Bordeaux, en 1638.

Ce Manuscrit est conservé dans la Bibliothèque de M. Jouffe, Conseiller au Présidial d'Orléans.]

Au N.° 21970, *ajoutez*:

Cette Relation a été imprimée sous ce titre :

☞ Mémoires de Louis de Nogaret, Cardinal de la Valette, Général des Armées du Roi en Allemagne, Lorraine, Flandre & Italie ; années 1635-1639, (rédigés par Jacques Talon, Secrétaire du Cardinal, & depuis Prêtre de l'Oratoire:) *Paris*, Pierres, 1772, *in-*12. 2 vol.]

Page 481.

Au N.° 21977, *à la dernière ligne de la Note*, à la fin, *lisez*, à la fin [du Tome III.]

21977.* ☞ Mf. Recueil de Pièces pour l'Histoire de France ; en 1639 : *in-fol.*

Ce Recueil est conservé à Rome, dans la Bibliothèque Chigi, num. 1358. Il y a plusieurs Pièces qui regardent le Cérémonial.]

Page 482.

Au N.° 22000, *lignes* 3 *&* 5, *après* Bologna, *ajoutez*; Monti, 1641, *in-*12. Ibid. 1645, *in-*8. *Puis ajoutez en alinéa*:

Mf. Mémoires historiques des Guerres d'Italie ; traduits de l'Italien de l'Abbé Fossati : *in-*4.

Cette Traduction est de M. Boullemier, Bibliothécaire du Collége de Dijon, & est entre ses mains.]

Page 484, *ajoutez*,

22040.* ☞ Abrégé du commencement & du progrès de la Guerre de Catalogne, ès années 1640 & 1641 ; par le Père Gaspard Sala, Augustin ; traduit de l'Espagnol : *Lyon*, 1641, *in-*4.]

Page 487.

Au N.° 22099, *ligne* 3, *lisez*, Milliade ; *& après la ligne* 4, *ajoutez au commencement de la Note*:

La *Milliade* est aussi à la tête de la Vie & du Gouvernement des Cardinaux de Richelieu & Mazarin : *Cologne*, 1694, *in-*12.

22104.* ☞ Le Bréviaire & Pseautier du Cardinal de Richelieu : *in-*4.]

Au N.° 22129, *ligne* 3, *lisez*, d'Abra.

22138.* ☞ Oraison funèbre sur la mort de Louis XIII ; prononcée par Ant. Godeau,

Ggg

Evêque de Graffe : *Paris*, Camufat, 1644, *in*-4.

Cet Evêque eft mort en 1672.]

22138. ** ☞ Autres Oraifons funèbres de Louis XIII.

Aux Auguftins de Paris, par Nicolas GRILLIÉ ; aux Carmes de Paris, par Fr. SUAREZ ; aux Jacobins de Paris, par le P. Simon-Thomas BAZIN ; à la Madelaine de Paris, par Bernard GUYARD, Jacobin ; en l'Eglife de S. Barthelemy à Paris, par Pierre ROULLÉ ; à S. André-des-Arcs à Paris, par Antoine DE BREDA ; en l'Eglife de S. Benoît de Paris, par François OGIER ; à S. Etienne-du-Mont à Paris, par Louis AMARITAN ; à la Sainte-Chapelle de Paris ; en Sorbonne à Paris, par Pierre BERTHIER, Evêque de Montauban ; à S. Denis, par Jean DE LINGENDES, Evêque de Sarlat ; à Pontoife, par Jean DESLYONS ; à Bayeux, par Gilles BUHOT ; à S. Blaife de Reims, par Jean MORDANT ; à Poitiers, par Chriftophe FAUVEAU ; à Châlons-fur-Saone, par Pierre BRISEJON, Jéfuite ; à Montpellier, par Pierre FENOILLET, Evêque ; à Senez, par Honoré BOUCHE ; à Avignon, par le R. P. Prieur des Auguftins, &c.]

PAGE 491.

Avant le N.° 22160, ajoutez,

L'Ouvrage de le Vaffor, où il y a bien des fauffetés & de la paffion, eft retombé dans le difcrédit où il a été d'abord, malgré la nouvelle Edition. Quand on veut l'avoir, on préfere la première, comme étant la mieux exécutée.]

Au N.° 22164, ligne 2, lifez, Ray...1755.—

22169. * ☞ Abrégé de la Vie de Louis XIII, dit *le Jufte*.

Dans la *Galerie Françoife* : Hériffant fils, 1770, *in*-4. Cahier I. Art. 4. Seconde Edition, 1771, *in fol.*]

PAGE 492, *ajoutez,*

22178. * ☞ Ecloga Chriftianiff. Regi & Reginæ, in portentofam Delphini, Orbis Chriftiani fummæ fpei, Nativitatem ; Thomæ CAMPANELLÆ, Ord. Prædicat. fæculor. excubitoris Cantus, cum Annotationibus Difcip. *Parifiis*, du Bray, 1639, *in*-4. 11 pages.]

PAGE 493.

Au N.° 22191, ligne 1. de la Note, lifez, Robert Arnaud, (*fans trait-d'union.*)

22192. * ☞ Mf. Relation des Réfolutions prifes au Parlement de Touloufe, en conféquence des défordres arrivés à Villefranche (de Rouergue,) en 1643.

Cette Relation eft confervée à Orléans dans la Bibliothèque de M. Jouffe, Confeiller au Préfidial de cette Ville.]

Au N.° 22195, colonne 2, ligne 5, après 1656, ajoutez, Lamy, 1657.

PAGE 496, *ajoutez,*

22242. * ☞ Mf. La Peiralité, Roman hiftorique ; par Gafpard QUARRÉ ; Ouvrage divifé en huit Livres : *in*-4. 2 vol.

Il eft confervé à Dijon, dans la Bibliothèque de M. le Préfident de Bourbonne, parmi les Manufcrits *in*-4. D. On y trouve, fous des noms empruntés, les chofes arrivées du temps de l'Auteur, qui l'adreffe à fon frère, le Chevalier Quarré, par une Epître Dédicatoire, datée du 15 Juin 1646.]

22247. * ☞ Poëme fur la Prife de Dunkerque par M. le Duc d'Anguien ; par H. DE PICOU : *Paris*, Paflé, 1646 ; *in*-4.]

PAGE 498.

Au N.° 22275, ligne 3, da Duca, lifez, dal Duca... & *ligne 4, au lieu de* di Bologna, *lifez,* di Rotigliano.

22280. * ☞ Diverfes Pièces concernant les Finances, publiées en 1648 : *in*-4.

1. Harangue faite au Roi, féant en fon Lit de Juftice, le 15 Janvier 1648, par M. TALON, Avocat-Général au Parlement de Paris : *in*-4.

2. Déclaration du Roi, portant Révocation des Intendans de Juftice, & Remife des reftes des Tailles...., le 13 Juillet 1648, vérifiée en la Cour des Aydes.

3. Déclaration du Roi, portant qu'à l'avenir il ne fera fait aucune Impofition fur fes Sujets ; vérifiée en la Cour des Aydes le 29 Juillet 1648.

4. Harangues faites au Roi, féant en fon Lit de Juftice, par M. le Premier Préfident, & par M. TALON, Avocat-Général, le 29 Juillet 1648.

5. Harangue faite à Son Alteffe Royale, en la Chambre des Comptes, par M. le Premier Préfident NICOLAY.

6. Harangue faite à la Reine, par M. le Premier Préfident du Parlement, le 16 Août 1648.

7. Lettre du Roi, envoyée aux Gouverneurs des Provinces, fur les mouvemens de Paris, du 30 Septembre 1648.]

PAGE 499, *ajoutez,*

22286. * ☞ Mf. Recueil de Pièces fur l'Hiftoire de France, depuis 1518 jufqu'en 1648 : *in fol.*

Ce Recueil eft à Rome, dans la Bibliothèque Chigi, num. 1359.]

Après le N.° 22304, ajoutez,

PAGE 500.

Au N.° 22315, alinéa 2, ligne 2, 1648, lifez, 1649.

22316. * ☞ Arrêt de la Cour de Parlement (de Paris,) donné toutes les Chambres affemblées, le 8 Janvier 1649, contre le Cardinal Mazarin : *in*-4. = Autre, du 8 Janvier : *in*-4.]

22316. ** ☞ Arrêt de la Cour du Parlement de Normandie, portant défenfe de faire aucune levée ni logement de gens de guerre fans ordre du Duc de Longueville ; du 30 Janvier 1649 : *in*-4. = Autre, du même, pour l'ordre & conduite de tous les deniers qui fe lèvent en ladite Province ; du 1 Février 1649 : *in*-4. = Lettre du Parlement de Normandie, envoyée à celui de Paris ; du 1 Février : *in*-4. = Lettre de créance du Parlement de Normandie : *in*-4.]

22327. * ☞ Remontrance faite à la Reine en 1649, par un Confeiller de la Cour des Aydes, fur les abus des Intendans de Juftice, & de la cruauté de l'exaction des Deniers Royaux faite à main-armée : *Paris*, de Luynes, 1657, *in*-8.]

PAGE 502, *ajoutez,*

22377. * ☞ Mſ. Le Branſle Mazarin, danſé au ſouper de quelques-uns de ce parti-là, chez M. Renard, où M. de Beaufort donna le Bal en 1649 : *in*-4

Cette Pièce eſt dans la Bibliothèque de M. Jardel, à Braine, près Soiſſons. C'eſt la Relation d'une Scène tragi-comique que le Duc de Beaufort alla faire chez Renard, grand Mazariniſte, qui donnoit à ſouper à MM. de Candale, de Souvré, de Gerzé, de Beauttu, &c. où il avoit appris qu'on ne l'épargnoit pas dans la chaleur du vin & de la bonne chair.]

PAGE 503, *ajoutez,*

22415. * ☞ Dæmon Julii Mazarini, in Gallos ; ſcriptore Joanne ALBERTO claſſis Bellovacenſis Collegii Rectore : *Pariſiis,* Pepingué, 1649, *in*-4.]

PAGE 505.

Au titre courant, 1694, *liſez,* 1649.

Au N.° 22463, *ligne* 1, *ôtez la main,* (ſigne d'Addition,) *& la mettez ligne* 3, *au commencement de la Note.*

Au N.° 22471, *ajoutez en Note :*

Ces Lettres initiales ſignifient, *Révérend Père Dom* PIERRE DE S. JOSEPH, ſelon qu'il eſt dévoilé au N.° 28038, où cet Article eſt répété avec une *Suite*, mais avec cette différence que cet autre Article eſt marqué *in*-4. au lieu que celui-ci eſt dit *in*-8.

Au N.° 22472, *ligne* 1, *ôtez la main, & la mettez ligne* 5, *au commencement de la Note.*

Au N.° 22481, *ajoutez en Note :*

Cette Agréable Conférence a eu une *Suite*, & enſuite les *Parties* 3, 4 & 5, *in*-4.

PAGE 508.

Au N.° 22561, *ajoutez à la Note :*

Cette Pompe funèbre de Voiture, (qui eſt du célèbre Jean-François SARASIN,) n'a aucun rapport aux Evénemens de la Guerre de Paris, ni aux Mazarinades, parmi leſquelles elle eſt ſouvent miſe, uniquement parce qu'elle parut dans le même temps, en 1649.]

PAGE 510.

Au N.° 22630, *ajoutez en Note :*

Il y a eu une ſuite à cette Apologie ironique du Cardinal Mazarin, ſous ce titre :

☞ Suite de l'Apologie pour le Cardinal Mazarin : Seconde Journée : *in*-4.]

PAGE 512.

Au N.° 21699, Manifeſte du Roi, *liſez*, Manifeſte au Roi, *comme on le voit* N.° 17271, *où cet Article eſt répété.*

PAGE 516, *ajoutez,*

22785. * ☞ Arrêt du Parlement, portant abſolution de l'accuſation intentée par le Cardinal Mazarin contre le Duc de Beaufort : *Paris,* 1649, *in*-4.]

Au N.° 22806, *ajoutez à la Note :*

On a déja obſervé au N.° 22344, que M. DE LAFFEMAS prenoit quelquefois le nom de *le Dru*.

PAGE 519.

Au N.° 22883, Epiloque, *liſez,* Epiloque.

Tome IV. Part. I.

PAGE 522.

Au N.° 22963, *ligne avant-dernière de la Note,* 22285, *liſez*, 22885.

PAGE 523.

Au N.° 22889, *à la Note, ligne* 2, *après le mot* impreſſion, *ajoutez :* La ſeconde Edition, qui a 718 pages, en comptant celle de l'*Errata*, eſt préférable à la première, parce qu'elle eſt plus ample... *Ligne* 4, *après* 1649, *ajoutez :* On croit que le Miniſtre a fait lui-même les frais de l'impreſſion, & qu'il n'y en a pas eu un grand nombre de tirés.

PAGE 527.

Le N.° 23050 doit être effacé d'ici, par la raiſon qu'on a déduite ci-devant au N.° 15814 * de ce Supplément.

23051. * ☞ Les cauſes du retardement de la Paix entre le Roi d'une part, & le Roi d'Eſpagne & l'Empereur d'autre ; & les remèdes, &c. *Paris,* 1649, *in*-4.]

23051. ** ☞ Le ſanglant théatre de la Guerre d'Allemagne, heureuſement changé en un glorieux thrône de paix : 1649, *in*-4.]

PAGE 531.

Au N.° 23156, *ajoutez en Note :*

Cet Article eſt répété, avec quelque différence, dans les *Hiſtoires des Provinces*, ci-après, Tome III. N.° 37544.

PAGE 534, *ajoutez,*

23217. * ☞ Hiſtoire du temps & Harmonie de l'amour & de la juſtice de Dieu, au Roi, à la Reine Régente, & à MM. du Parlement ; avec pluſieurs Pièces de Vers & une eſpèce de Comédie intitulée : Combat d'une ame avec laquelle l'Epoux eſt en divorce : la Haye, (Paris,) 1650, *in*-12.]

Au N.° 23218, *ajoutez en Note :*

Il y a eu trois Parties du Recueil de Nouvelles de Loret, juſqu'en 1665. On trouvera la ſuite de cet Article, ci-après, au N.° 23899.

23221. * ☞ Mſ. Recueil de Pièces de François DAVENNE.

Ce ſont toutes Pièces hiſtoriques, relatives aux Troubles de 1649, & à l'année 1650. On les trouve détaillées dans le Catalogue de la Bibliothèque du Roi, où elles ſont conſervées : *tom. III. de ſon Catalogue,* D. 2. *pag.* 251, *num.* 2802.]

23229. * ☞ Entretien de Mazarin avec M. de Bar, Gentilhomme du Havre-de-Grace ; avec ſa Confeſſion générale faite à MM. les Princes, avant leur ſortie dudit Havre : *Paris,* 1651, *in*-4.

On ſent bien que cet Ecrit eſt ſatyrique : ce qu'il y a de vrai, c'eſt que le Cardinal Mazarin voulut aller donner aux Princes de Condé, de Conti & de Longueville, la première nouvelle de leur délivrance.]

PAGE 535, *ajoutez,*

23234. * (1.) ☞ Les Véritez Mazariniques, ſur chaque lettre du nom de Mazarin : 1651, *in*-4.]

(2.) ☞ Recherches politiques ſur toutes les

Ggg 2

Affaires qui se passent aujourd'hui dans l'Etat: 1651, *in*-4.

(3.) ☞ Avis très-importans sur les Affaires présentes: 1651, *in*-4.]

23243.* ☞ (1.) La honteuse fuite de Mazarin, contenant le sujet de sa sortie: 1651, *in*-4.

(2.) ☞ Récit de ce qui s'est passé au départ de Mazarin, avec la route qu'il doit tenir: 1651, *in*-4.]

23245.* ☞ (1.) La Retraite de Mazarin, avec ses Nièces, dans la Ville de Cologne: *Paris*, 1651, *in*-4.

(2.) ☞ Lettre de deux Princes de l'Empire à l'Archevêque Electeur de Cologne, sur l'instance à lui faite par le Cardinal Mazarin de lui donner retraite en la Ville de Bouillon; traduite de l'Allemand: 1651, *in*-4.

(3.) ☞ Le Remerciement solemnel de tous les Peuples de France, à Dieu & à tous les Chefs de la Fronde Royale, sur le bannissement du Cardinal Mazarin: *Paris*, 1651, *in*-4.]

Page 536, *ajoutez*,

23255.* (1.) ☞ Déclaration de M. le Duc d'Orléans, délivrée à l'Assemblée, pour la convocation & tenue des Etats-Généraux: *in*-4.]

(2.) ☞ Déclaration des prétentions de la Noblesse assemblée aux Cordeliers à Paris: *Paris*, 1651, *in*-4.

(3.) ☞ Lettres monitoires de l'Official de Paris, contre le Cardinal Mazarin: *Paris*, 1651, *in*-4.]

23267.* (1.) ☞ L'Entretien secret du Cardinal Mazarin, avec la République d'Angleterre: 1651, *in*-4.

(2.) ☞ L'Avant-Coureur de la fin tragique du Cardinal Mazarin: 1651, *in*-4.

(3.) ☞ L'Icare Sicilien, ou la Chûte de Mazarin avec sa Métamorphose: *in*-4.

Ce Libelle est en Vers burlesques.]

Page 537, *ajoutez*,

23270.* ☞ Les Réflexions politiques que le Cardinal Mazarin fait ensuite de sa disgrace, en ce temps de Carême; traduit de l'Italien: 1651, *in*-4.

Le Cardinal Mazarin crut, en Février 1651, devoir se retirer de France pour un temps; il espéroit que son absence pourroit calmer l'orage excité contre lui. On sçait que, malgré son éloignement, il ne laissa pas de gouverner le Royaume; enfin il y revint au mois de Février 1652.]

23275.* (1.) ☞ Le Procès du Cardinal Mazarin, tiré du Greffe de la Cour, avec les chefs d'accusation: *Paris*, 1651, *in*-4.

Cette Pièce, en Vers burlesques, reparut en 1652, sous ce nom, *le Complot*, &c. *Voy.* N.° 23381.

(2.) ☞ Le Jugement & les Huit Béatitudes des deux Cardinaux: 1651, *in*-4.]

23278.* (1.) ☞ Déclaration du Roi, portant qu'à l'avenir aucuns Etrangers, quoique naturalisés, ni même François, qui auront été promus à la dignité de Cardinal, n'auront plus entrée aux Conseils, ni seront admis à la participation des Affaires de Sa Majesté, vérifiée en Parlement, le 20 Avril 1651: *Paris*, 1651, *in*-4.

(2.) ☞ Très-humble Remontrance au Parlement, pour les Cardinaux François, en faveur du Clergé de France: *Paris*, 1651, *in*-4.

(3.) ☞ Réponse aux moyens allégués en la Remontrance faite au Parlement par les Cardinaux François, en faveur du Clergé: 1651, *in*-4.

(4.) ☞ Les Articles de la composition que Mazarin offre aux Assemblées du Clergé & de la Noblesse: 1651, *in*-4.]

Page 538, *ajoutez*,

23306.* ☞ La Défaite de Mazarin, par les généreux Picards, dans la Vallée de Vannecour: *Paris*, 1651, *in*-4.]

Page 539.

A la Note du N.° 23316, *ajoutez*,

☞ Il y a apparence que les paroles citées par le Père le Long, sans indication d'Auteur, sont de Guy Patin: on croit y reconnoître son style.]

23325.* ☞ Déclaration du Roi, portant défense au Cardinal Mazarin, ses parens, alliés & domestiques étrangers, de rentrer dans le Royaume, vérifiée en Parlement le 6 Septembre 1651: *Paris*, 1651, *in*-4.]

23334.* ☞ Mémoires secrets de la Cour de France, contenant les Intrigues du Cabinet pendant la minorité de Louis XIV. *Amsterdam*, Girardi, 1733, *in*-12. 3 vol.

Cet Ouvrage commence en 1647, ou plutôt en 1648, & va jusqu'au 21 Septembre 1651.]

Page 541, *ajoutez*,

23365.* ☞ Avertissement à M. le Prévôt des Marchands & Echevins de Paris, sur la fuite & le retour funeste du Cardinal Mazarin, prédit par Nostradamus, avec le Thême de la nativité de Mazarin: *Paris*, 1651, *in*-4.

Second Avertissement sur le retour de Mazarin, prédit par le même: *Paris*, 1651, *in*-4.]

Page 542, *ajoutez*,

23398.* ☞ Les Louanges du Cheval de Mazarin, qui le jetta par terre à son retour en France; (Pièce en Vers:) 1652, *in*-4.]

Page 543, *ajoutez*,

23407.* ☞ Apologie sur la puissante union des Princes, du Parlement, de la Ville & du Peuple, pour bannir le Tyran de l'Etat: 1652, *in*-4.]

Histoires des Rois.

23411.* ☞ Les dernières Résolutions de la Reine, prises au Conseil du Roi tenu à Poictiers, le 23 Janvier 1652 : *Paris*, 1652, *in-4.*]

23413.* ☞ Les Véritez de l'Hermite d'Oleron présentées au Roi à Poictiers : *Paris*, 1652, *in-4.*]

23422.* ☞ (1.) Relation de ce qui s'est passé entre les Habitans d'Angers & les Troupes du Cardinal Mazarin, conduites par le Maréchal d'Hocquincourt : *Paris*, 1652, *in-4.*

(2.) ☞ Lettre du Duc de Rohan, à S. A. Royale, sur les entreprises du Cardinal Mazarin contre Angers : *Paris*, 1652, *in-4.*]

PAGE 544.

Au N.º 23427, ajoutez à la fin de la Note 2 : Voy. ce qui a été observé sur cet Ouvrage de Joly, dans notre Avertissement du Tome III.

PAGE 546, *ajoutez*,

23456.* ☞ (1.) Relation, contenant ce qui s'est passé entre l'Armée du Prince de Condé & celle du Comte d'Harcourt : *Paris*, 1652, *in-4.*

(2.) ☞ Relation du succès emporté sur les Troupes de M. le Prince, par M. de Bougy, sous les ordres du Comte d'Harcourt : *Paris*, 1652, *in-4.*]

23468.* ☞ Lettre du Roi d'Espagne au Duc de Lorraine, pour le prier de s'avancer pour le soulagement des Princes : 1652, *in-4.*]

23471.* ☞ (1.) Journal de ce qui s'est passé au Siége d'Estampes, entre l'Armée de Turenne & celle des Princes, (en Mai & Juin :) 1652, *in-4.*

(2.) ☞ La Chasse du Maréchal de Turenne, par M. le Prince, poursuivant les Mazarins, avec huit mille chevaux : *Paris*, 1652, *in-4.*

(3.) ☞ La Conférence de la Royne & du Maréchal de Turenne, sur le mauvais succès de leur Armée : 1652, *in-4.*

PAGE 547.

Au N.º 23478, ligne 4, au lieu de BAUGDINIER.... *lisez*, DAUDIGUIER, Sieur du Mazet, Avocat-Général... *& ajoutez en Note :*

☞ Cet Auteur n'avoit pas apparemment mis son nom à son Ouvrage, ou l'avoit défiguré ; car, dans une Edition qu'il en a donnée en 1657, *in-4.* de 10 pages, petit caractère, (& qui se trouve dans le *Recueil de ses Plaidoyez & Opuscules* : *Paris*, Langlois, 1657) il y a joint une Dédicace à la Reine-Mère, où il dit qu'il ne renouvelle l'impression de cet Ecrit, que pour prouver à Sa Majesté combien il a été ardent à défendre alors son autorité, & pour en informer S. M. *qui ne l'avoit point sçu jusqu'à présent.*

23490.* ☞ (1.) Les Regrets de Paris sur la mort du Duc de Nemours : *Paris*, 1652, *in-4.*

(2.) ☞ Paris en deuil, réfléchissant sur l'état présent & les périls auxquels elle est exposée, &c. 1652, *in-4.*]

23494.* ☞ (1.) La Conférence de la Reine & du Maréchal de Turenne, sur le mauvais succès de leur Armée : 1652 : *in-4.*

(2.) ☞ Les dernières Résolutions faites dans le Conseil pour la Paix, &c. *Paris*, 1652, *in-4.*]

PAGE 551.

Au N.º 23560, ligne 4 de la Note, au lieu de & la Réfutation, *lisez*, le Sénèque mourant & la Réfutation.

PAGE 553.

Au N.º 23580, ligne 4 de la Note, avant & la, *ajoutez*, le Sénèque mourant.

PAGE 554, *ajoutez*,

23597.* ☞ (1.) Discours de l'Autorité que les Oncles des Rois de France ont eue pendant la minorité & bas-âge de leurs Neveux : *Paris*, 1652, *in-4.*

(2.) ☞ Lettre circulaire de S. A. R. Gaston, Duc d'Orléans, (Oncle du Roi,) aux Gouverneurs des Provinces, sur le sujet de sa qualité de Lieutenant-Général du Roi en l'étendue du Royaume : *Paris*, 1652, *in-4.*]

23602.* ☞ Motifs des Arrêts des Parlemens de France, contre le Cardinal Mazarin : 1652, *in-4.*]

PAGE 555, *ajoutez*,

23614.* ☞ Réponse à la prétendue Déclaration du Roi, pour la translation du Parlement à Pontoise : 1652, *in-4.*]

23615.* ☞ Relation véritable de l'établissement d'un prétendu Parlement à Pontoise, pour être sédentaire à Mantes, & la Liste des Officiers de ce nouveau Parlement : *Paris*, 1652, *in-4.*]

23615.** ☞ (1.) Déclaration du Roi, portant injonction à tous les Officiers du Parlement qui sont à Paris, de se rendre dans trois jours à Pontoise, à peine de suppression de leurs Charges ; donnée à Pontoise le 16 Août 1652 : *Pontoise*, 1652, *in-4.*]

(2.) ☞ Réponse à la dernière Déclaration du Roi contre le Parlement de Paris, faite par les conseils du prétendu Parlement de Pontoise : *Paris*, 1652, *in-4.*]

23622.* ☞ Réponse des Princes aux Arrêts du Conseil du Roi, tenu à Pontoise, les 18, 23 & 24 Juillet, & 1 Août 1652 : *Paris*, 1652, *in-4.*]

PAGE 556, *ajoutez*,

23632.* ☞ Le Comète Royal, pronostiquant à la Reine un déluge des vengeances du Ciel, en punition des incestes, sacrilèges, &c. qui se commettent dans la guerre : 1652, *in-4.*]

PAGE 557, *ajoutez*,

23662. * ☞ La Trève arrêtée entre le Roi & S. A. Royale, pour la conclusion de la Paix : 1652, *in-*4.]

PAGE 558, *ajoutez*,

23672. * ☞ Les Motifs qui ont empêché la Paix jusqu'à présent ; par A. D. QUERCYNOIS : *Paris*, 1652, *in-*4.]

PAGE 559, *ajoutez*,

23697. * ☞ Arrest du Parlement de Pontoise, du 5 Octobre 1652, rendu sur les plaintes faites en icelui par les principaux de la Cour, contre trois sortes de créatures, les poux, les puces & punaises : *in-*4.

C'est une Satyre contre le Prince de Condé, &c.]

23705. * ☞ (1.) Arrest du Conseil d'Etat, portant commandement au Parlement de Paris & de Pontoise de se rendre au Louvre Mardi, à sept heures du matin ; donné à Saint-Germain-en-Laye le 18 Octobre 1652: *Paris*, 1652, *in-*4.

(2.) ☞ Déclaration du Roi pour la Pacification & la Tranquillité publique ; vérifiée le 22 Octobre 1652 : *Paris*, 1652, *in-*4.

(3.) ☞ La Gazette nouvelle, en Vers burlesques, sur l'arrivée du Roi à Paris, (à la fin d'Octobre :) *Paris*, 1652, *in-*4.]

PAGE 560.

Le N.º 23709 doit être effacé, étant déjà au N.º 23664, qui est sa véritable place.

Au N.º 23714, ligne 5 de la Note, au lieu de unique du Roi, *lisez*, du Roi Louis XIII.

Au N.º 23721, *ajoutez en Note* :

On peut voir encore l'*Histoire de la détention du Cardinal de Retz*, indiquée ci-dessus N.º 9936 * de ce Supplément.]

23721. * ☞ Relation de ce qui s'est passé en Parlement, le 30 Octobre 1652, en la présence de S. A. Royale & les Ducs & Pairs de France, &c. *Paris*, 1652, *in-*4.

PAGE 564.

Au N. 23738, ligne 9, *Paris*, 1749, lisez, Rouen, 1715, 1749.

23743. * ☞ La Prime populaire, écrivant aux deux Couronnes de France & d'Espagne, leur faisant voir les motifs de faire la Paix générale : *Paris*, 1652, *in-*4.]

PAGE 565.

Au N.º 23753, *ajoutez à la Note* :

Il y a un Exemplaire Manuscrit des *Mémoires* de M. Talon, dans la Bibliothèque de la Ville de Paris, en 8 vol. num. 347-355.]

23754. * ☞ L'Esprit de la Fronde, ou Histoire politique & militaire des Troubles de France, pendant la Minorité de Louis XIV : *la Haye*, & *Paris*, Moutard, 1774, *in-*12. 5 vol.

Cette Histoire ne laisse rien à desirer dans ses détails : elle commence en 1648, & finit en 1653.]

Au N.º 23760, ligne 5, mettez en petites lettres, du Plessis Belliévre, (*ce n'est pas le nom de l'Auteur.*)

PAGE 571, *ajoutez*,

23861. * ☞ Ms. Voyage en Espagne ; par un Anonyme Normand, & qui contient tout ce qui se passa pour la conclusion de la Paix, en 1658, & la suite du Voyage de M. de Grammont : *in-*4.

Ce Voyage est conservé au Château d'Aubais.]

Au N.º 23862, alinéa 2, ligne 4, après 1670, *in-*8. *ajoutez* : *Amstelodami*, Lucas, 1677. *Parisiis*, 1686, *in-*4.

PAGE 572.

Au N.º 23867, au lieu de (donnés par un de ses Parens,) *lisez*, (donnés par François-Joachim Dupott du Tertre.)

PAGE 573, *ajoutez*,

23877. * ☞ Ms. Histoire des Demeslés de la Cour de France avec la Cour de Rome, au sujet de l'Affaire des Corses, en 1662: *in-*4.

Cette Relation, différente de celle de Regnier des Marets, est conservée à Avignon parmi les Manuscrits de M. le Marquis de Cambis de Velleron, dans un Recueil, num. 78.]

Au N.º 23882, lignes 5 & 6, de la Note, *lisez*, personnellement, l'Auteur....

PAGE 574.

Au N.º 23900, *ajoutez en Note* :

Voici le vrai titre de cette Gazette en Vers de DU LAURINS, (& non DU LORENS, dont le vrai nom étoit Charles ROBINET : « Lettres en Vers à Madame, » ou Gazettes depuis le mois de Mai 1665, jusqu'au » 26 Juillet 1670 ; avec une Continuation de Lettres » en Vers à Monsieur, depuis le 2 Août jusqu'au 27 Dé-» cembre de la même année ; & enfin une Lettre en » Vers à Monsieur & à Madame, du 21 Avril 1674: » *Paris*, de Beaujeu, 1665-1670, 1674, *in-*fol.]

PAGE 575

Colonne 1, ligne 3, après Les mêmes, *ajoutez*, corrigés & augmentés sur les Manuscrits de l'Auteur: *Amsterdam*, Châtelain.

PAGE 576.

Au N.º 23921, les deux lignes de Note, qui commencent par, Ces deux Manuscrits... doivent être mises avant ce N.º & regardent les deux précédens.

PAGE 579, *ajoutez*,

23971. * ☞ Suite des Médailles, Inscriptions, Emblesmes & Peintures injurieuses des Provinces-Unies ; avec la Réponse pour la France : 1672, *in-*4.

Cette Réponse est du Chevalier DE JANT.]

23989. * ☞ Joannis MAURI, Sylvæ Regiæ, sive varia Poemata in laudem Ludovici Magni : *Parisiis*, 1672, *in-*12.]

PAGE 580, *ajoutez*,

23998. * ☞ La Hollande vaincue ; ou Louis XIV. triomphant : Poëme héroïque au Roi ; (par François COLLETET :) *in-*4.]

PAGE 582.

Au N.º 14029, ligne 3, ROXIERE, *lisez*, ROZIERE.

PAGE 583.

Au N.º 24064, lignes 1 & 2, de Conchey, *lisez*, de Couchey.

Histoires des Rois. 423

PAGE 587, *ajoutez*,

24152.* ☞ Ludovico Magno, Pacis affertori, Carmen : *Parisiis*, 1679, *in*-4.

PAGE 588, *ajoutez*,

24157.* ☞ Le François : Icon Ludovici Magni Pacifici; Carmen : *Parisiis*, 1680, *in*-4.]

PAGE 593.

Au N.° 24240, *ajoutez en Note* :

Ce Triomphe de la Religion, &c. est du P. Gabriel-François LE JAY, Jésuite de Paris.]

PAGE 594, *ajoutez*,

24256.* ☞ (1.) Ecrit Italien, en forme de Réponse à la Protestation du Marquis de Lavardin, Ambassadeur de France à Rome: 1688, *in*-4. de 10 pages.

(2.) ☞ Réfutation d'un Libelle Italien, en forme de Réponse, &c. 1688, *in*-4. de 33 pages.]

PAGE 597, *ajoutez*,

24309.* ☞ Jupiter Gallicus, seu Expeditiones bellicæ Ludovici Magni, anno 1691 : *Parisiis*, d'Houry, 1692, *in*-8. (36 pages.)

Ce Poëme sur la Guerre de Flandre, que Louis XIV. fit en personne, est adressé au Roi, & signé à la fin, Pascal DU FAY, Paris. Doct. Med. Il y a de petites Notes historiques au bas des pages.]

PAGE 599, *ajoutez*,

24350.* ☞ Relation de la Campagne de Flandre, & du Siége de Namur, en 1695, avec les Cartes & Plans nécessaires : *la Haye*, 1696, *in-fol*.]

PAGE 600.

Le N.° 24364, daté ici de 1696, *a été indiqué au* N.° 24301, *avec la date de* 1697, *& comme mentionné dans les Lettres de Bayle.*

24365.* ☞ Ms. Journal historique de ce qui s'est passé de plus considérable dans le Monde, & particulièrement en France, depuis l'an 1672 jusqu'en 1695 ; par Claude ABRAHAM, Chirurgien de Dijon : *in*-4. 15 vol.

Ce Journal est conservé dans la Bibliothèque de M. le Président Bouhier, ou M. le Président de Bourbonne, à Dijon : E. 102-116. C'est un Extrait des Gazettes, Mercures & Journaux historiques. Il est orné d'un grand nombre de Portraits des Rois, Reines, Princes & autres Personnes illustres dont il y est parlé.]

PAGE 602, *ajoutez*,

24384.* ☞ Discours de LOUIS XIV. à Monseigneur le Dauphin.

Il est imprimé dans un *Recueil d'Opuscules Littéraires* : *Amsterdam*, Harrevelt, 1767, *pag*. 191. Ce sont les *Mémoires* du Règne de Louis XIV. & de ses principales actions, imprimés, (dit-on,) d'après une Minute de la main de M. PELLISSON, qui en peut être regardé comme l'Auteur en partie.]

Au N.° 24388, *ajoutez à la fin* : Paris, Cavelier, 1743, *in-fol.*]

24389.* ☞ Ms. Relation du Voyage que le Sieur POUSSIN a fait en Sicile & à Naples, en 1700, avec des Plans : *in*-4.

Ce Manuscrit est dans la Bibliothèque de M. le Marquis d'Aubais : les Armes de Colbert sont sur les couvertures. L'Auteur raconte qu'au commencement du mois d'Août 1700, & dans le temps que Louis XIV. vouloit exécuter le Traité de partage de la succession d'Espagne, que S. M. avoit fait avec le Roi d'Angleterre & la Hollande, il lui fut ordonné d'aller à Naples & en Sicile, dans la vue d'y former un parti.

PAGE 603.

Au N.° 24399, *ligne* 5, *après* 1742, *ajoutez*, 1758.

PAGE 605, *ajoutez*,

24413.* ☞ Ms. Journal de la défense de Landau ; par M. DE VILLEMONT, Ingénieur en chef de la Place, & continué par M. DE JONVILLE, jusqu'à sa Reddition, le 28 Novembre 1704, avec le Plan : *in*-4.

Dans la Bibliothèque de M. le Marquis d'Aubais.]

Au N.° 24422, *ligne* 4, Dauval, *lisez*, Dairval.

PAGE 606, *ajoutez*,

24435.* ☞ Ragguaglio Istorico dell'assedio, difesa e liberazione della Citta di Torino ; da Francesco-Antonio TARIZZO, Torinese: *Torino*, 1707, *in*-4.]

PAGE 607.

Au titre courant, 1718, *lisez*, 1708.

Après le N.° 24471...34472, *lisez*, 24472.

24475.* ☞ Ms. Relation de ce qui s'est passé de plus remarquable dans le Blocus de Girone, depuis le 28 Avril 1712, jusqu'au 3 Janvier 1713 ; faite par le Père AMBROISE, Augustin Déchaussé, Aumônier dans la Place : *in*-4.

Ce Manuscrit est dans la Bibliothèque de M. le Marquis d'Aubais.]

PAGE 608, *ajoutez*,

24483.* ☞ De l'avénement de Philippe V. à la Couronne d'Espagne, &c.

Dans l'*Histoire Universelle*, traduite de l'Anglois: *Amsterdam*, 1768, *in*-4. t. XXIX. pag. 208 & *suiv*.]

24485.* ☞ Journal de la Cour de Louis XIV. depuis 1684, jusqu'en 1715, avec des Notes intéressantes: *Londres*, & *Paris*, Costard, 1770, *in*-8.]

PAGE 609.

Au N.° 24491, *ligne* 5, *après* 22 vol, *ajoutez*, & *in*-4. 3 vol.

Au N.° 25492, *ligne* 3, *mettez* Larrey *en petites lettres*.

PAGE 610, *ajoutez*,

24499.* ☞ Abrégé de la Vie de Louis XIV.

Dans la *Galerie Françoise*, Hérissant fils, 1770, *in*-4. Cahier I. Art. 3. Seconde Edition, 1771, *in-fol.*]

PAGE 611, *ajoutez*,

24511.* ☞ Erreurs de Voltaire ; (par M. l'Abbé Cl. Adrien NONNOTTE :) *Avignon*, 1762, &c. *in*-12. 2 vol.]

Au N.° 24512, *ligne* 1, DU GUÉ, *lisez*, DU GUAY.... & *ligne* 6, *après* 2 vol. *ajoutez*, *Amsterdam*, 1748, *in*-12. Les mêmes, traduits en Anglois, *London*, 1742, *in*-12,

Au N.° 24514, *ajoutez* : Les mêmes, (Mémoires de la Beaumelle,) traduits en Anglois : *London*, *in*-12. 5 vol. Les mêmes, traduits en Allemand : *Leipsick*, *in*-12.

24514. * ☞ Les Souvenirs de Madame de Caylus : *Amsterdam*, Robert, 1770, *in*-8.

Au N.° 24520, *ajoutez à la Note :*

Dans la Liste, n'est point comprise l'Oraison funèbre qui suit :

24520. * ☞ Eloge funèbre de Louis XIV. prononcée dans l'Isle de la Martinique, en l'Eglise des Frères Prêcheurs, le 28 Avril 1716; par le Père LE SAGE, du même Ordre : *Saumur*, Ernou, 1717, *in*-4. de 45 pages.]

Au N.° 24522, *ajoutez à la fin* : & *Paris*, Mongé, *in*-12. de 143 pages.

PAGE 612.

Au haut de la colonne 1, ligne 1, ceux, *lisez*, celles.... Et ligne 2, Il est, *lisez*, Elle est.

Le N.° 24536 doit être ôté d'ici, parcequ'il se rapporte au Règne de Louis XV, où nous le mettrons ci-après : au reste le nom de l'Auteur, auquel on l'attribue, est ici mal écrit, Reseillé; mettez en place l'Article suivant :

24536. * ☞ Histoire de l'Abbé Blache.

Il y est question d'entreprises faites en 1673 & 1687, pour empoisonner le Roi & Mgr le Dauphin, comme de tout ce qu'a eu à souffrir ledit Abbé jusqu'à sa mort, arrivée le 29 Janvier 1714, pour en avoir donné avis, &c. On trouve cette Histoire dans le *Compte rendu au Parlement de Paris*, le 28 Février 1768, par M. le Président ROLLAND : (*Paris*, P. G. Simon, *in*-4.) Au sujet de la grande Histoire écrite par l'Abbé Antoine BLACHE, & trouvée chez les Jésuites du Collége de Clermont, il en avoit paru un Abrégé, ci-devant, (Tome I.) N.° 10961.]

Le N.° 24539 doit être effacé, étant déjà, & mieux, au N.° 23907.

Au N.° 24543, *ligne 6 de la Note*, Louis XIV, *lisez*, Louis XV.

PAGE 614, *ajoutez*,

24573. * ☞ Relation de la Cérémonie du Sacre & du Couronnement du Roi (Louis XV.) faite en l'Eglise Métropolitaine de Reims, le Dimanche 25 Octobre 1722.

Cette Relation, & celle des Voyages qui ont suivi, occupe une partie de la Gazette de France pour l'année 1722, depuis la page 541, jusqu'à la page 636.

Nota. Toutes les Pièces relatives au Sacre de Louis XV. se trouvent dans le grand Recueil de M. de la Salle, conservé dans l'Abbaye de S. Denis de Reims, Portefeuilles P. & Q. Nous faisons connoître ce Recueil dans notre Tome III, N.° 34379.]

PAGE 615.

A la fin du N.° 24594, avant 1729, *ajoutez*, Mesnier.... & *mettez en Note* : Ce Journal est un Volume de 300 pages.]

Au N.° 24595, *ajoutez en Note* :

Le vrai titre de ce Poëme est : « Les Vœux de » l'Europe & de la France, pour la Santé du Roi : » Il se débitoit chez Urbain Coustelier.]

PAGE 616.

Colonne 1, *avant le* N.° 24600, *ajoutez* :

On conserve parmi les Manuscrits de la Bibliothèque de la Ville de Paris, *in*-4. num. 167, un Recueil de Pièces concernant le prétendu Régiment de la Calotte.]

24602. * ☞ Anecdotes généalogiques & secrettes de la Cour & de la Ville : 1735, *in*-12. 3 vol.

Ecrit très-satyrique, contre plusieurs Personnes de considération.

24609. * ☞ Ms. Recueil de Pièces sur l'Histoire de France : *in*-fol.

Ce Recueil, qui est conservé à Rome dans la Bibliothèque Chigi, s'étend depuis le Traité d'Arras en 1435, jusqu'en 1734.]

PAGE 617.

Au N.° 24626, *à la fin de la Note*, mere, *lisez*, première femme, Françoise-Castel de-Saint-Pierre.]

Le N.° 24630 doit être effacé d'ici ; il est mieux, quoiqu'abrégé, au N.° 24766.

PAGE 618, *ajoutez*,

24643. * ☞ Mémoires secrets pour servir à l'Histoire de Perse : *Amsterdam*, 1745; nouv. Ed. 1746, *in*-12.

Ils sont attribués au Chevalier REYSSEYGUIER, de Toulouse, Officier aux Gardes ; mais il n'est pas sûr qu'il en soit l'Auteur. Ce n'est point, sous des noms Persans, l'Histoire de la Cour de Louis XIV, comme quelques-uns l'ont cru, mais celle de la Cour de Louis XV. jusqu'en 1744.]

Au N.° 24654, *ligne* 2, D'ANCOURT, *lisez*, D'AUCOURT.

24655. * ☞ Réjouissances faites dans la Ville de Soissons à l'occasion de la Convalescence du Roi ; & Recueil de Poësies faites à cette occasion : *Soissons*, 1744, *in*-4.]

Au N.° 24657, *ajoutez en Note* :

Cette Pièce est de M. GODART D'AUCOURT.]

Au N.° 24658, par M. D'ANCOURT, *lisez*, par le même.]

PAGE 619.

Au N.° 24664, *ajoutez en Note* :

Cet Ouvrage pourroit bien être le même que le *Siége de Tournay*, par M. de la Morliere, ci-après N.° 24675.]

Colonne 2, *num*. 47, *ligne* 3, Congemis, *lisez*, Congenies.

48. * ☞ Réponse à M. de Voltaire, ou Poëme sur la Bataille de Fontenoy ; (par M. DE TRESSAN :) *in*-4.

49. * ☞ Vers sur la Bataille de Fontenoy, (tous rimés en *aille* :) *in*-4.]

PAGE 620.

Au N.° 24670, *ajoutez en Note* :

Cet Ouvrage est de M. DE SAINT-DENIS.]

Au N.° 24681, *ligne* 2, CONTAN, *lisez*, COUTAN.

PAGE 621, *ajoutez*,

24691. * ☞ Pensées de François-Dominique HÆBEDEN, Professeur d'Histoire à Helmstadt, sur la faute commise par les François dans la Campagne de cette année, & sur l'élévation du Prince d'Orange à la Dignité de Stathouder,

Stathouder, &c. *Hanover*, 1747, *in*-4. (en Allemand.)

PAGE 622.

Au N.º 24720, ajoutez en Note :

Cette Brochure est de M. Antoine-Claude-Pierre Masson de la Motte-Conflans.

Après N.º 24721...22722, lisez, 24722.

Au N.º 24732, ajoutez en Note :

Cet Ouvrage est de M. de la Font de Saint-Yenne.]

PAGE 624.

Colonne 1, mettez en lettres petites capitales, au num. 17, de Honteim.... & au num. 18, Rabaut.

PAGE 625.

Au N.º 24787, ligne 2, Peyrand, lisez, Peyraud.

PAGE 626, *ajoutez*,

24792. * ☞ Histoire de la dernière Guerre, commencée l'an 1756, & finie par la Paix de Hubertsbourg, le 15 Février 1763 : *Cologne*, (*Paris*, Mérigot,) 1770, *in*-12.]

24797. * ☞ Histoire de France, depuis Henri IV.... jusqu'en 1763.

Dans l'*Hist. universelle*, traduite de l'Anglois, t. XXXI. *Amsterdam*, 1769, *in*-4. Ce qui précède est moins détaillé dans le Volume précédent.]

24802. * (1.) ☞ Oraison funèbre de Louis XV. prononcée le 10 Juin 1774, dans l'Eglise Abbatiale & Paroissiale de S. Martin d'Epernay ; par M. (....) de Gery, Chanoine-Régulier, Visiteur de la Congrégation de France, Prieur & Curé d'Epernay : *Paris*, Pierres, 1774, *in*-4.

Louis XV. est mort le 10 Mai. Cette Oraison funèbre est la première qui ait été faite de ce Prince ; & elle ne se ressent pas du peu de temps qu'a eu l'Auteur.]

(2.) ☞ Oraison funèbre du même, prononcée à ses Obsèques, faites dans l'Eglise de S. Denis, le 27 Juillet 1774 ; par M. J. Bapt. Ch. Marie de Beauvais, Evêque de Senès : *Paris*, Desprez, 1774, *in*-4. & *in*-12.]

(3.) ☞ Oraison funèbre du même, prononcée dans la Chapelle du Louvre le 30 Juillet 1774, en présence de MM. de l'Académie Françoise ; par M. l'Abbé de Boismont, Prédicateur du Roi, Abbé de Gretain, l'un des quarante de l'Académie : *Paris*, Demonville, 1774, *in*-4.]

(4.) ☞ Description des Honneurs funèbres, (en Catafalque & Cénotaphe,) rendus à la mémoire de Louis XV. dans l'Eglise de Notre-Dame de Paris, le 7 Septembre 1774, (avec Gravures :) *Paris*, Ballard, 1774, *in*-4.

Les Dessins sont de Michel-Ange Challe, Dessinateur ordinaire du Roi ; & la Sculpture, de Bocciardi.]

(5.) ☞ Oraison funèbre du même, prononcée dans l'Eglise de Notre-Dame de Paris, le 7 Septembre 1774 ; par M. César-Guillaume de la Luzerne, Evêque, Duc de Langres : *Paris*, Desprez, 1774, *in*-4.]

(6.) ☞ Oraison funèbre du même, prononcée dans la Chapelle de l'Ecole-Royale-Militaire, le 27 Septembre, par Messire Matthias Poncet de la Riviere, ancien Evêque de Troyes : *Paris*, Desprez, 1774, *in*-4.]

(7.) ☞ Autres Oraisons funèbres : *in*-4.

Elles ont été prononcées :

A Mâcon, le 13 Juin, par l'Abbé Royer, Chanoine Théologal de l'Eglise Cathédrale.

A Provins, le 21 Juin, par l'Abbé Sigorgne, Archidiacre & Chanoine.

A Clermont, (en Auvergne,) le 4 Juillet, par l'Abbé Bernard, Chanoine de la Cathédrale.

A Lyon, le 15 Juillet, par l'Abbé Marnesia, Chanoine & Comte de Lyon.

A Soissons, le 18 Août, par l'Abbé Guyot, Doyen & Chanoine de la Cathédrale.

A Nevers, le 25 Août, par l'Abbé de Mouchet de Villedieu, Doyen de l'Eglise Cathédrale.

A Noyon, le 29 Août, par l'Abbé Bourlet de Vauxcelles, Chanoine de la Cathédrale.]

Généalogies des Rois de France.

PAGE 628.

Au N.º 24823, ligne 7, après Dupré, ajoutez 1537... & à la fin de la Note :

On peut voir sur cet Auteur (Bouchet) & sur son Ouvrage, la *Bibliothèque du Poitou* de M. Dreux du Radier, tom. II. pag. 128 & 129.

PAGE 629.

Col. 2, alinéa 2, ligne 10, au lieu de 1626, lis. 1726.

PAGE 630.

Au N.º 24841, ligne 9, illustrata, lisez, illustratæ.

Au N.º 24850, ligne 2, Theobaldo, lisez, Theodebaldo.

PAGE 631.

Colon. prem. dans la Note, alinéa 3, ligne 2, (Honcensis,) lisez, (Horreensis, c'est-à-dire, du Monastère appellé Horreum, le Grenier.)

PAGE 632.

Au N.º 24868, ligne 2, anno 1640, lisez, circà annum 640.

PAGE 640.

Au N.º 24931, ajoutez à la Note :

L'Abbé de Longuerue a dit sur cet Ouvrage : « Il est » étonnant que l'Abbé de Camps veuille soutenir l'unité » de Race, & faire descendre la Troisième de la Secon- » de : Robert le Fort étoit Saxon. Aimoin l'a dit, Yves » de Chartres l'a dit, &c. Il faut s'en tenir là. Le Chro- » niqueur de S. Bénigne de Dijon est un homme in- » connu, & qui vivoit long-temps après eux. Il falloit » bien qu'Eudes ne fût pas de la Famille Royale, puis- » que Foulques, Archevêque de Reims, l'alléguoit, pour » raison de sa résistance à le reconnoître ». *Longueruana* : *Berlin*, (*Paris*,) 1754, *in*-12. tom. I. p. 98.]

PAGE 641, *ajoutez*,

24948. * ☞ Ms. Dissertation pour prouver que la Seconde & la Troisième Race de nos Rois descendent de la Première, adressée à M. de Foncemagne ; par Dom Jean Verninac, Bénédictin de la Congrégation de S. Maur.

Elle est conservée dans la Bibliothèque du Monastère de Bonnenouvelle, à Orléans. L'Auteur est mort en 1748.]

PAGE 642.

Au N.° 24957, *ajoutez à la Note :*
On peut voir sur Forcadel (*Forcatulus*) & sur son Ouvrage, l'*Histoire du Valois*, par l'Abbé Carlier, *tom. II. pag.* 648.

Au N.° 24968, *ajoutez à la Note :*
Cette Apologie (de Pierre de Belloy) est indiquée au N.° 18493.

PAGE 643.

Au N.° 24979, *ajoutez en Note :*
☞ Claude de Rubys est mort en 1613. On peut voir à son sujet les *Lyonnois dignes de mémoire*, par Pernetti, *tom. I. pag.* 424.]

PAGE 644, *ajoutez,*

24990. * ☞ Addition ou Recueil des Mémoires & Dissertations concernant le nom patronymique de l'auguste Maison qui règne en France, en Espagne, en Italie, avec des Notes : *Amsterdam,* (*Paris,*) 1770, *in-*12.]

Histoires des Reines.

PAGE 645, *ajoutez,*

25003. * ☞ Eloge de sainte Clotilde; par le Sieur DE CÉRIZIERS.
Il est imprimé à la fin de son *Année Françoise,* &c. (*Paris,* Angot, 1660, *in-*12.) *pag.* 139-156.]

Au N.° 25011, *ligne* 4, *avant* 1527, *ajoutez,* de Marnes.

Au N.° 25012, *ajoutez à la Note :*
☞ On peut voir sur Pidoux, sur l'Anonyme désigné par des lettres initiales, & sur cette Vie de sainte Radegonde, la *Bibliothèque du Poitou,* par M. Dreux du Radier, *tom. III. pag.* 259 *& suiv.* Il y est dit, entre autres choses, que cette Vie a été composée sur les Mémoires de Charles Pidoux, Lieutenant-Général de la Sénéchaussée de Civray, de François Meynard, Docteur-Régent ès Droits dans l'Université de Poitiers, & de Jean Besly, Avocat du Roi à Fontenay-le-Comte; qu'une partie des Notes, & l'Avant-propos, sont de Pidoux, (qui est l'Editeur du Livre,) & que l'Anonyme, Auteur de la Vie, étoit Prêtre & Directeur de Charlotte de Nassau, Abbesse de Sainte-Croix, & des Religieuses de ce Monastère.

A la fin du Volume, on trouve quelques Pièces originales, qui n'avoient point encore paru ; sçavoir : une Règle Latine de S. Césaire d'Arles, pour des Religieuses, communiquée par le P. Sirmond, (qui avoit prêté à l'Auteur deux Manuscrits de Baudonivie, Religieuse & compagne de sainte Radegonde;) enfin une Epître Latine de sainte Radegonde, tirée d'un parchemin gardé à Sainte-Croix de Poitiers, fort différente de celle qu'on lit dans Grégoire de Tours.

Ce Volume est de 684 pages ; sçavoir, pour la Vie 540, pour les Notes jusqu'à 607, & le reste pour les Pièces.]

Au N.° 25014, *ajoutez à la Note :*
On peut voir sur Filleau & son Ouvrage, la *Bibliothèque du Poitou,* tom. *IV. pag.* 175.

PAGE 646, *ajoutez,*

25015. * ☞ Panégyrique de sainte Radegonde, autrefois Reine de France & de Turinge, contenant sa Vie & ses Miracles, &c. avec une Paraphrase en Vers (François,) des Litanies à cette sainte Princesse ;

par Vincent BARTHELLEMY, Seigneur de Lespinay-Sainte-Aldegonde : *Paris,* Fosset, *in-*12. de 115 pages.
L'Auteur est qualifié dans le Privilège, Avocat au Parlement : il y a bien des digressions dans ce petit Ouvrage.]

25018. * ☞ Remarques sur sainte Aldegonde; par M. DREUX DU RADIER.
Dans sa *Bibliothèque historique du Poitou,* tom. *I. pag.* 121.]

25019. * ☞ In Divam Radegundem, Franciæ Reginam, Regum Patronam, Panegyricus : authore Leonardo FRIZON, è Societate Jesu.
Ce Discours se trouve *pag.* 261-284, du *tom. II.* des *Selectæ Orationes panegyricæ Patrum Societatis Jesu : Lugduni,* Rivière, 1667, & *Parisiis,* Billaine, 1668, *in-*12. 2 vol.]

PAGE 647, *ajoutez,*

25034. * ☞ Mf. Vie de Madame sainte Baultheur, (Bathilde) Royne de France.
Cette Vie est conservée à Dijon, dans la Bibliothèque de M. le Président de Bourbonne, E. 16.]

25035. * ☞ Eloge de sainte Bathilde ; par le Sieur DE CÉRIZIERS.
Dans son *Année Françoise,* &c. (*Paris,* Angot, 1660, *in-*12.) *pag.* 139-176.]

25044. * ☞ Mf. Histoire du Divorce du Roi Philippe-Auguste, & de la Reine Isemburge de Dannemarc, avec un Recueil de Pièces; par Jean BOUHIER, Conseiller au Parlement de Dijon, (mort en 1671.)
Elle est conservée à Dijon, dans la Bibliothèque de M. le Président de Bourbonne, petit-fils du sçavant Président Bouhier, qui en a parlé dans le Mémoire sur sa Bibliothèque, *pag.* 46, à la fin de ses *Recherches sur Hérodote,* &c. *Dijon,* 1746, *in-*4.]

PAGE 648, *ajoutez,*

25047. * ☞ Eloge de la Reine Blanche; par le Sieur DE CÉRIZIERS.
Dans son *Année Françoise,* &c. *pag.* 177-196.]

25053. * ☞ De illustrissimâ & miræ sanctitatis fœminâ, D. Joannâ Francorum Reginâ, regalis Collegii Navarræ, Parisiensis, Fundatrice.
C'est un court Eloge de Jeanne de Navarre, femme de Philippe-le-Bel, morte en 1304. Il est de Jean Ravisius TEXTOR, qui l'a inseré *fol.* 190 *verso, & fol.* 191 de son Recueil, intitulé : *De claris Mulieribus : Parisiis,* Colines, 1521, *in-fol.* Le P. le Long l'avoit cru de Jeanne de Valois, première femme de Louis XII.]

25053. ** ☞ Sommaire Discours de la Reine Isabelle, Douairière de France : 1592, *in-*8.
C'étoit la femme de Charles VI, laquelle causa bien des maux à la France : aussi mourut-elle *en horreur à tous les bons François,* (dit le Président Hénault,) en 1435.]

Au N.° 25055, *effacez les trois premières lignes de la Note, & lisez :* Cette Vie est encore dans le Recueil......

PAGE 649.

Colonne 1, avant le N.° 25063, ajoutez à la Note de 25062.

☞ Cette Vie de la Reine Jeanne, par le P. Mirault, ou Miraut, est un Recueil des Miracles de cette sainte Princesse, imprimé à Arras, selon ce que dit le Père de Mareuil, page 255 de sa Vie de la même, indiquée ci-dessous, au N.° 25068.]

25067.* ☞ Vie de la Bienheureuse Jeanne de France ; par M. DE VILLEFORE.

Elle se trouve dans le *Tome III.* de ses *Vies des Saints Solitaires d'Occident*, avec Figures : *Paris, 1722, in-12.*]

25075.* ☞ Diversa Epitaphia Annæ Britannæ, Francorum Reginæ, à Germano BRIXIO : *in-4.*]

Au N.° 25077, lignes 3 & 4 de la Note, Mylord Bardon, *lisez*, Charles Brandon, Duc de Suffolck.

PAGE 651.

Au N.° 25096, ligne 6, Adr. *lisez*, Adamo...... & ajoutez en Note :

Cette Piéce est aussi imprimée à la suite des Poësies Latines du même Adam Blackwood, Ecossois, qui étoit Conseiller du Conseil secret de Marie Stuart. Voyez la *Bibliothèque du Poitou*, par M. Dreux du Radier, *tome III, page 310.*)

25096.* ☞ Discours sur la mort de Marie Stuard : 1587, *in-8.*]

PAGE 652, ajoutez,

25115.* ☞ Mémoires de Crawford, pour la justification de Marie Stuart : *London, 1687, in-8.* (en Anglois.)

Il y a une Traduction (Manuscrite) de ces Mémoires, en François, dans la Bibliothèque de M. le Marquis d'Aubais.]

25120.* ☞ Recherches historiques & critiques sur les principales preuves intentées contre Marie Stuart, Reine d'Ecosse ; avec un Examen des Histoires du Docteur Robertson & de M. Hume, par rapport à ces Preuves ; traduit de l'Anglois : *Paris, Edme, 1772, in-12.*

L'Original Anglois a paru : *London*, Longman, &c. *1760, in-8.*]

PAGE 653, ajoutez,

25118.* ☞ Marie Stuard, Reine d'Ecosse, Tragédie ; par REGNAULT : *Paris, 1641, in-4. Ibid.* Prault, 1735, *in-8.*]

25124.* ☞ Vita Elisabethæ Austriacæ, viduæ Caroli IX. Franc. Regis.

Cette Vie est imprimée *pag. 417 & suiv.* de l'Ouvrage de CZERWENCA, qui a pour titre : *Annales & acta pietatis aug. & seren. Domûs Habspurgo-Austriacæ : Pragæ, 1695, in-fol.* Cette Princesse est morte en odeur de sainteté, dans un Monastère de Vienne en Autriche, l'an 1592.

PAGE 654, ajoutez,

25131.* ☞ La Mort immortelle, pour les regrets funèbres de la Royne Marguerite, imprimée le 28 Mars : *Paris, 1615, in-8.*]

25134.* ☞ Heureux Retour de la Royne Marguerite de Valois : *Paris, 1605, in-8.*]

Au N.° 25143, ligne 3, &c. *lisez*, Pierre DE BOISSAT, (le père :) *Lyon, 1613 & 1620, in-8. & ensuite en Note :*

☞ Cet Auteur est mort en 1613, & non en 1616, comme l'ont marqué le P. Niceron, (*Tome XIII.*) & d'autres. Ce Pierre de Boissat étoit le père du fameux Pierre de Boissat, qui fut de l'Académie Françoise, & mourut en 1662. Le P. le Long s'étoit trompé, en attribuant à celui-ci l'Ouvrage en question.]

PAGE 655, ajoutez,

25149.* ☞ Entrée de la Reine-Mère dans les Villes des Pays-Bas ; par DE LA SERRE : *Anvers*, Plantin, 1632, *in-fol.* fig.]

25149.** ☞ Histoire de la Réception faite à la Reine, mère du Roi, entrant dans Amsterdam : *Amsterdam*, Blaeu, 1638, *in-fol.* fig.]

25151.* ☞ Histoire de Marie de Médicis : *Paris*, Ruault, 1774, *in 8.* 3 vol.]

Au N.° 25152, ajoutez en Note :

Cette Oraison funèbre, par Matthieu de Morgues, fut d'abord imprimée *in-4. Anvers*, Plantin, 1643, & dédiée à la Reine d'Espagne : on y trouve une Approbation du 16 Février.]

25160.* ☞ Lettres-Patentes du Roi (Louis XIV.) en date du 4 Juillet 1646, qui donnent à la Reine, (sa mère, Anne d'Autriche,) la Surintendance de la Marine ; avec le Discours prononcé le 16 du même mois ; par Henri DAUDIGUIER, Sieur du Mazet, Avocat-Général de ladite Reine, pour la présentation desdites Lettres au Parlement de Paris.

C'est le Plaidoyer XXIX. du Recueil des *Plaidoyez & Opuscules* de M. Daudiguier du Mazet : *Paris*, Langlois, 1657, *in-4.* Comme toutes les Pièces sont chiffrées séparément, il se trouve des Exemplaires qui ne sont pas complets. Une autre Observation à faire sur cet Article, c'est que les Lettres-Patentes dont on vient de parler, sont marquées dans ce Recueil, par erreur, de 1649.]

Au N.° 25163, à la Note, au lieu de MANGNIEN, *lisez*, MAGNIEN.

Le N.° 25164, qui concerne Marie-Thérèse d'Autriche, en 1660, qu'elle étoit nouvellement Reine, doit être porté plus loin, & avant le N.° 25196, pour ne point couper ce qui regarde Anne d'Autriche : on mettra en place :

25164.* ☞ Eloge d'Anne d'Autriche ; par le Sieur DE CERIZIERS.

L'Eloge de cette Princesse a été fait six ans avant sa mort, & se trouve dans l'*Année Françoise*. (*Paris*, Angot, 1660, *pag. 197-216.*]

25165.* ☞ Oraison funèbre d'Anne d'Autriche, prononcée en l'Eglise de S. Solenne de Blois, le 26 Janvier 1666 ; par le R. P. VELLU, Religieux de S. François : *Blois*, Hotot, 1666, *in-4.*

La Reine, veuve de Louis XIII, étant morte le 20 Janvier, ce Prédicateur se hâta tellement de faire fon Oraifon funèbre, que fa Pièce s'en reffent beaucoup.]

Au N.º 25166, ligne 11 de la Note, MANGNIEN, lifez, MAGNIEN.

PAGE 656.

Au N.º 25187, après Autre, ajoutez, prononcée dans l'Eglife de S. Quiriace de Provins.... & avant 1684, ajoutez, Pellé.

PAGE 657, ajoutez,

25195.* ☞ Autres Oraifons funèbres de Marie-Thérèfe d'Autriche; = à S. Sauveur d'Aix, par Pierre PIÉCHE, de l'Oratoire; = à Tours, par M. BOUVIER DE LA MOTHE; = aux Annonciades de Rouen, par Jean VASSE.]

☞ Oraifon funèbre de la même, prononcée dans l'Abbaye de S. Germain-des-Prés; par le R. P. Antoine GALLOIS, Bénédictin; & la Pompe funèbre & le Service folemnel, avec l'Explication des Figures & Devifes: *Paris*, de Luyne, 1683, *in-4.*]

☞ Oraifon funèbre de la même, prononcée dans l'Eglife des Pères de la grande Obfervance de S. François de Toulofe, le 15 Septembre 1683; par le P. Felix CUEILLENS; avec la Relation de toute la Pompe funèbre faite dans la même Eglife: *Toulouse*, Colomiez, 1683, *in-4.*]

☞ Autre Oraifon funèbre de la même, prononcée devant le Corps de Ville, dans l'Eglife de S. Jean-en-Grève; par le Père HUBERT, Prêtre de l'Oratoire.

On la trouve dans le *Tome VI*, de fes Sermons.]

Hiftoires des Princes & Princeffes de la Maifon Royale.

PAGE 658, ajoutez,

25211.* ☞ Mf. Apanages des Enfans de France, Princes, &c. *in-fol.*

Ces Pièces font comprifes parmi les Manufcrits de M. Godefroy, dans un Portefeuille, num. 316 de la Bibliothèque de la Ville de Paris.]

Au N.º 25213, ligne 2, Panage, lifez, Partage.

PAGE 659, ajoutez,

25231.* ☞ Edit, du mois d'Avril 1771, pour l'Apanage de Mgr. le Comte de Provence, (Louis-Stanislas-Xavier:) *Paris*, P. G. Simon, 1771, *in-4.*

Cet Apanage eft compofé du Duché d'Anjou, des Comtés du Maine & de Perche, & du Comté de Senonches.]

☞ Lettres-Patentes, qui ordonnent que la Ville de Verneuil fera partie de l'Apanage du Comte de Provence; regiftrées le 23 Mai 1772: *Paris*, P. G. Simon, 1772, *in-4.*]

25232.** ☞ Edit, qui affigne l'Apanage de Mgr. le Comte d'Artois; regiftré en Parlement le 12 Novembre 1773: *Paris*, P. G. Simon, 1773, *in-4.*

Cet Apanage eft compofé des Duché & Comté d'Auvergne, du Duché de Mercœur, du Duché d'Angoulême & du Comté de Limoges, à l'exception de quelques Diftricts.]

25233.* ☞ Mf. Du Rang des Princes du Sang.

Ce Traité eft confervé à Dijon, dans la Bibliothèque de M. le Préfident de Bourbonne, D. 123.]

PAGE 660, ajoutez,

25252.* ☞ De Sanca Enimia Virgine, fortè Regiâ, & Abbatiffâ in Diœcefi Mimatenfi in Occitania, Commentarius Hiftoricocriticus : Auctore Conftantino SUYSKENO, è Societate Jefu.

Dans le *Recueil* de Bollandus, Tome III. d'Octobre, pages 406-413.]

25253.* ☞ Apologie pour l'Hiftoire des deux Fils aînés de Clovis II. énervés, & Moines à Jumièges; (par Dom Adrien LANGLOIS, Bénédictin de la Congrégation de S. Maur :) *in-12.*

Cette Apologie fe trouve encore fans nom d'Auteur, dans le *Tome II.* des *Chroniques de S. Benoît*, *in-4.* page 784. L'Auteur eft mort en 1627. Malgré fon Ouvrage, cette Hiftoire eft reftée au rang des Fables: on peut voir à ce fujet l'*Hiftoire Littéraire de la Congrégation de S. Maur*, *page 13.*]

PAGE 661.

Au N.º 25285, lignes 2 & 3, Guillaume & Othon, lifez, Guillaume-Othon.

PAGE 662.

Au N.º 25287, ligne 5, Conches, lifez, Couches.

25294.* ☞ Mf. De l'Origine des Rois de Portugal, iffue en ligne mafculine de la Maifon de France, qui règne aujourdhui; par Théodore GODEFROY : 1641, *in-fol.*

Ce Manufcrit, qui eft dans la Bibliothèque de la Ville de Paris, num. 524, commence par une Epître Dédicatoire à Louis XIII, où l'Auteur dit qu'il y a trente-deux ans qu'il a donné cet Ouvrage au Public; mais qu'il l'a revu & augmenté depuis, tel qu'il le préfente à ce Prince. Cette nouvelle Edition n'a point été publiée.]

25297.* ☞ Chronologie hiftorique des Rois de Portugal; par D. François CLÉMENT, Bénédictin.

Dans l'*Art. de vérifier les dates*, 2. Ed. (*Paris*, Defprez, 1770, *in-fol.*) pag. 827 & fuiv.

Au N.º 25301, à la fin de la Note, 1155, lifez, 1152.

PAGE 663.

Au N.º 25306, ajoutez à la fin de la dernière Note:

Le Rouleau des Généalogies de Dreux & de Braine, dont on vient de parler, n'eft pas la même chofe que l'Hiftoire ou les Généalogies qui précèdent.]

PAGE 665, ajoutez,

25337.* ☞ Mémoire pour MM. de Courtenay; contre M. le Procureur-Général (Molé :) 1618, *in-8.*]

PAGE 666.

Au N.º 25351, ligne 1, Cala, lifez, Cafa.

Histoires des Princes du Sang.

Page 667, ajoutez,

Au N.° 25373, entre les deux Notes :

25373.* ☞ Epoque du Mariage d'Alfonse, frère du Roi S. Louis, avec Jeanne, fille de Raymond VII. Comte de Toulouse ; par Dom Vaissette.

C'est le sujet de la *Dissertation* ou *Note* XXXIII. du Tome III. de l'*Histoire générale du Languedoc*.]

Au N.° 25376, ajoutez à la Note :

☞ La Vie de sainte Isabelle, par le Père Caussin, est dite extraite de son augmentation de la *Cour sainte*.

25378.* ☞ Vie d'Isabelle de France, sœur de S. Louis ; (par M. l'Abbé Couturier, Chanoine de S. Quentin :) *Saint-Quentin*, Hautoy, *& Paris*, Brocas, 1772, *in*-12. de 154 pages.

Ce petit Ouvrage n'est presque rempli que de lieux communs politiques, & de digressions sur l'état des Affaires de France sous S. Louis.]

Page 669, ajoutez,

25397.* ☞ Le Duc d'Alençon : *in*-12.

Ce n'est qu'un Roman.]

25398.* ☞ Mſ. La Vie vertueuse de noble & très-illustre Princesse, Madame Marguerite de Lorraine, Duchesse d'Alençon, Fondatrice du Monastère de Sainte-Claire d'Alençon : *in*-8.

Cette Vie est conservée dans la Bibliothèque du Vatican, parmi les Manuscrits de la Reine de Suède, num. 67.]

Page 670.

Colon. prem. ligne 2, *in*-16. *lisez*, *in*-12. *& mettez ensuite en Note* :

Cette Histoire est attribuée à M. des Fontaines des Huyots. Jeanne I. Reine de Naples & de Sicile, & Comtesse de Provence, fille de Charles de Sicile, Duc de Calabre, est morte en 1381. Jeanne II. étoit 'nièce de Jeanne I. & fille de Charles de Duras : elle mourut en 1435.

25416.* ☞ Mſ. Généalogie de René d'Anjou (comme) Roi de Jérusalem : *in*-4.

Cet ancien Manuscrit est conservé dans la Bibliothèque de la Ville de Paris, num. 199.]

25420. * ☞ Mſ. Histoire de Marguerite d'Anjou, Reine d'Angleterre : *in-fol.*

Cette Histoire [étoit] dans la Bibliothèque du Chancelier Seguier , num. 647. [Elle est aujourd'hui dans celle de S. Germain des Prés. Le Père le Long l'avoit indiquée parmi les *Dames illustres* ; mais elle sera mieux ici.]

Page 672.

Au N.° 25446, ligne 2 de la Note, Fyau, *lisez*, Fijan.

25448. * ☞ Observations sur le Meurtre de Jean, Duc de Bourgogne, sur le Pont de Montereau (en 1419) ; par le P. Griffet.

Dans la nouvelle Edition de l'*Histoire de France* du Père Daniel, *in*-4. *tom. VI. pag.* 557-574. On peut voir encore diverses Pièces à ce sujet, ci-devant, Tome II. N.ºˢ 17120-17116.]

Page 673, ajoutez,

25454.* ☞ Relation de la Guerre de Charles, Duc de Bourgogne, en 1476, contre les Suisses ; par M. Dunod.

Elle se trouve *pag.* 364-384, du *tom. III.* de son *Histoire du Comté de Bourgogne* : (*Besançon*, 1740. *in*-4.) L'Auteur a cru devoir s'étendre sur ce fait, parce que les Historiens les plus exacts ne lui ont pas paru assez informés des motifs & des circonstances de cette Guerre.]

Au N.° 25456, ajoutez à la Note :

Il y a un Exemplaire de ce Poëme, dans la Bibliothèque du Vatican, parmi les Manuscrits de la Reine de Suède, num. 816.

25458.* ☞ Mſ. Le Chevalier délibéré ; Roman en Vers : *in*-4.

Ce Manuscrit est dans la Bibliothèque du Roi, num. 8048. Il paroît être différent de l'Ouvrage imprimé sous le même titre, 25459.]

Au N.° 25464, ajoutez, Mſ.

Page 674, ajoutez,

25468. * ☞ Mſ. Histoire de Philippe-le-Bon, & de Charles, dernier Duc de Bourgogne : *in-fol.* 3 vol.

Cette Histoire est conservée parmi les Manuscrits de MM. Godefroy, dans la Bibliothèque de la Ville de Paris, num. 248-250. Elle paroît plus étendue que celle qui a été imprimée à Bruxelles en 1634, *in*-4. L'Histoire particulière du Duc Charles est attribuée à Jean de Forestel.]

25473. * ☞ Observations sur Marie de Bourgogne ; par le P. Griffet.

Dans le *tom. VII.* de son Edition de l'*Histoire de France* du Père Daniel, *pag.* 666.]

Page 675.

Au N.° 25483, ligne 5, Sallier, (*en lettres capitales*.)

25488. * ☞ Mſ. Historia Caroli Aurelianensis ; auctore Bartholemeo, Lochiensi : *in*-4.

Cette Histoire est conservée dans la Bibliothèque Vaticane, parmi les Manuscrits de la Reine de Suède, num. 868.]

Au N.° 25491, ajoutez à la Note prem. Cette Vie, composée par Papire Masson, se trouve aussi dans le Tome I. du Recueil de ses Eloges publié en 1638, *in*-8. 2 vol. Son frère Jean, Archidiacre de Bayeux, en a donné la Traduction, du Latin en François, *in*-8. 17 pages ; mais il y a une autre Vie Françoise différente & plus étendue, par Jean du Port, que l'on a confondue avec la précédente.

En conséquence il faut effacer l'alinéa 3. La même Vie traduite. . . par Jean du Port. . . & mettre avant le N.° 25492 :

25491.* ☞ La Vie de très-illustre & vertueux Prince, Jean, Comte d'Angoulesme, Aïeul du grand Roi François ; dédiée à Monseigneur le Duc d'Espernon ; par Jean du Port, Sieur des Rosiers, Conseiller du Roy en la Sénéchaucée & Siège Présidial d'Angoulmoys : *Angoulesme*, Minières, 1589, grand *in*-8.

L'Auteur dit qu'il a recherché curieusement l'Enquête

faite en 1518, fur les Miracles de Jean d'Angoulême, les Annales & autres Livres & Inftrumens publics concernant fa Vie, & qu'il l'a rédigée par écrit pour la faire voir au Public.

On peut joindre à ceci, la Note 2, du N.° 25491, qui avoit été mife d'abord fur la Vie écrite par Papire Maffon, & à laquelle elle a moins de rapport qu'à celle-ci.]

25495.* ☞ Eclogue de Clément MAROT, fur le Trépas de Madame Loyfe de Savoye, jadis mère du Roi François I. (*Paris*, 1531,) *in*-4.

On peut la voir aufli dans les Œuvres de Marot.]

25496.* ☞ Triomphes faits à Rome, pour la Nativité de M. le Duc d'Orléans, fils de Henri II. *Paris*, 1549, *in*-8.]

PAGE 676, *ajoutez*,

25500.* ☞ Le Baptême & le Mariage de M. le Dauphin, nommé François, en l'Eglife de S. Florentin d'Amboife, le 25 Avril 1518, avec le Bref du Pape Léon X. au Roi François I. & à Claude, Royne de France; *in*-8.]

PAGE 677.

Au N.° 25529, ligne 4, *lifez*, Jean-Auguftin D'ANDREA.

PAGE 678, *ajoutez*,

25543.* ☞ Obfervations fur les Titres du Comte de Dunois, par le P. GRIFFET.

Dans le *tom. VII.* de fon Edition de l'*Hiftoire de France*, par le Père Daniel, *pag.* 351.]

PAGE 679, *ajoutez*,

25556.* ☞ Deux Plaidoyers prononcés en 1696 & 1698, dans la Caufe de M. le Prince de Conti & de Madame la Ducheffe de Nemours; par M. (Henri-François) D'AGUESSEAU, alors Procureur-Général au Parlement de Paris.

Dans le *tom. III.* de fes Œuvres : (*Paris*, 1762,) *pag*. 249-632. Il y eft queftion de deux Teftamens de l'Abbé d'Orléans, dernier mâle de la Maifon de Longueville, accufé de démence, & mort en 1694. Sa Sœur, la Ducheffe Douairière de Nemours, mourut en 1707.]

Vers le haut de la colon. 2, au lieu de Madelaine, &c. *lifez*:

ENFANS DE CHARLES VII.

25558.* ☞ Obfervations fur Charles, Duc de Guyenne, frère de Louis XI. par le Père GRIFFET.

Dans le *tom. VII.* de fon Edition de l'*Hiftoire de France*, par le P. Daniel, *pag*. 655.]

PAGE 680, *ajoutez*,

25565.* ☞ Rerum ab Henrici Borbonii, Franciæ Proto-Principis, Majoribus geftarum, Epitome : *Parifiis*, 1589, *in*-12.]

PAGE 681, *ajoutez*,

25580.* ☞ Lettre du Comte Palatin, à M. le Duc de Montpenfier, touchant la réception du fils dudit Sieur Duc en fa Maifon : enfemble, la docte & élégante Ref-

ponfe dudit Sieur Duc : *Lyon*, Rigaud, 1572, *in*-8.]

PAGE 682, *ajoutez*,

25598.* ☞ La fanté du Prince ou le foing qu'on y doit obferver : (Ecrit à l'occafion des Enfans de Henri IV.) 1613, *in*-12. de 54 pages, (fans nom de Ville, &c.)

On y trouve un détail des maladies des Enfans du Roi & de Marie de Médicis, depuis 1611 jufqu'en 1615. L'Ouvrage eft divifé en XVI. Hiftoires. Les I. VIII & IX. concernent la nourriture & la mort de N... Duc d'Orléans, né le 16 Avril 1607, & mort le 17 Novembre 1611. Les II. V. X. & XII. font les maladies que Madame Chreftienne (ou Chriftine, depuis Ducheffe de Savoye,) eut en 1613 & 1614. Les III. & VII. regardent les maladies de la petite Madame Henriette, (depuis Reine d'Angleterre.) Les IV. & XI. font les maladies du Duc d'Anjou, frère du Roi, (depuis Duc d'Orléans, nommé J. B. Gafton, qui mourut en 1660.)

L'Auteur eft un Médecin de la Cour, qui dédie fon Livre à la Reine (Marie de Médicis,) au fervice de laquelle il dit avoir été dix-huit ans, avant que le feu Roi (Henri IV.) l'honorât de la Charge qu'il exerce, & de l'exercice de laquelle fon Livre eft comme le Journal. Il figne R. L. M. ce qui paroît fignifier LE MAISTRE, l'un des Médecins par lefquels eft figné le Rapport de l'ouverture du corps du petit Duc d'Orléans, fait le 26 Novembre 1611, & rapporté *pag*. 9, du Livre.]

PAGE 683.

Au N.° 25609, *ajoutez à la Note* :

☞ Cette Princeffe étoit aufli Ducheffe de Montpenfier & Comteffe d'Eu. Elle fit fon héritier de la Principauté de Dombes & du Comté d'Eu, Louis-Aufute de Bourbon, fils naturel de Louis XIV.]

Au N.° 25612, *ligne* 3, 1687, *lifez*, 1697... & à la Note, après d'Orléans, *ajoutez*, & mourut en 1696.

25612.* ☞ Autre Oraifon funèbre de la Ducheffe de Guife, prononcée dans l'Eglife de l'Hôpital d'Alençon, le 11 Mai 1696; par le P. JEROTHÉE de Mortagne, Capucin : *Alençon*, veuve la Motte, 1696, *in*-12.]

25612.** ☞ Autre, prononcée dans l'Eglife de Notre-Dame d'Alençon; par le Père DE LA NOE, Jéfuite : *Alençon*, 1696, *in*-12.]

Après Filles du Roi Henri IV. *ajoutez*,

25613.* ☞ Adoration civile de la Fille de France nouvellement née : *Paris*, 1602, *in*-8.

C'étoit la Princeffe Elifabeth, qui époufa dans la fuite Philippe III. Roi d'Efpagne.]

Après le N.° 25607, *il faut rapporter les Articles qui font ci-après* N°s 25663, 25664 & 25665.

PAGE 684.

Au N.° 25622, *ligne* 4, Querout, *lifez*, Guerout.

PAGE 685.

Colonne prem. num. 21, ligne 2, 5 Avril, *lifez*, 25 Avril... (Ce Contrat a été imprimé.)

Au N.° 25638, *lifez*, ADAMO.

PAGE 686.

Au N.° 25655, *ajoutez à la fin de la Note* : Le P. Cofme LAURENCEAU, Récollect.

Histoires des Princes du Sang.

25656.* ☞ Oraison funèbre de M. le Duc d'Orléans, prononcée à S. Corneille de Compiègne ; par Dom Jean-Evangéliste Thiroux, Bénédictin de la Congrégation de S. Maur : 1701, in-4.]

25661.* ☞ Narré simple & très-véritable de quelques circonstances arrivées à la dernière maladie de Madame la Duchesse d'Orléans, contre la fausseté de quelques Ecrits & Imprimés sur ce sujet : in-4. de 4 pages.

Copie d'une Lettre écrite de la campagne, par un Docteur en Théologie, à une Dame de qualité : in-4. de 9 pages.

Ces deux Pièces (sans nom de lieu, &c.) contiennent une vive censure de l'Ecrit de M. Feuillet, sur la mort de Henriette d'Angleterre, Duchesse d'Orléans.]

Les N.os 25663, 25664 & 25665, doivent être portés après le N.° 25607.

PAGE 687, ajoutez,

25670.* ☞ Discours prononcé dans l'Eglise de S. Denis, en présentant le corps de Madame, avec l'Abrégé de sa Vie ; par M. DE SAINT-GÉRY de Magnas : Paris, veuve Mergé, 1723, in-4.]

Au N.° 25672, ligne dernière de la Note : Janiçon, lisez, la Barre de Beaumarchais.

25673.* ☞ Autre Abrégé de la Vie de Philippe, Duc d'Orléans, Régent.

Dans la Galerie Françoise, Cahier I. num. 2 : Paris, 1770, in-4. 1771, in-fol.]

25678.* ☞ Histoire de Louis, Duc d'Orléans (fils de M. le Régent;) par Louis-Balthasard NEEL : Paris, 1753, in-12.

L'Auteur est mort en 1754.]

25678.** ☞ Lettre sur la Vocation & Profession de Madame d'Orléans, (Louise-Adelaïde, fille de M. le Régent.) = Description de la Pompe funèbre de la même, qui a été Abbesse de Chelles.

Voyez ci-devant, Tome I. N.os 14873 & 14874.]

25679.* ☞ La Bienvenue de Monseigneur le Dauphin, à la Reine Mère ; par le Père Charles MAGNIEN, Cordelier : Paris, Sassier, 1662, in 8. de 60 pages.

PAGE 688.

Au N.° 25696, ligne 2, 1712, lisez, 1711...: CAPISTRON, lisez, Louis CAMPISTRON.... & ajoutez en Note :

L'Auteur, frère du Poëte de même nom, est mort à Toulouse, sa Patrie, en 1737.]

25698.* ☞ Autres Oraisons funèbres de Monseigneur le Dauphin : 1711.

Par le Père DE LA RUE, Jésuite ; = le Père POISSON, Cordelier ; = le Père CATHALAN, Jésuite ; = Jacques MABOUL, à Montpellier ; = l'Abbé DU JARRY ; = Reignault LE GOUVELLO, Trésorier de l'Eglise d'Angers.]

Au N.° 25700, après Delphini, ajoutez, nepotis Ludovici Magni, (& transportez après le N.° 25706,) cet Article, qui regarde le fils du grand Dauphin, appellé d'abord Duc de Bourgogne.]

25705.* ☞ Prédictions de la Muse Dauphine, ou de Virgile Prophète, accomplies dans la Naissance de Monseigneur le Duc de Bourgogne, petit-fils de Louis le Grand ; par M.e Jean ESPITALIER : Chartres, Massot, 1682, in-12. de 79 pages.

Ce sont quelques Vers ou Hémistiches de Virgile, que l'Auteur traduit en Vers François, & applique à la Naissance du Duc de Bourgogne, dans trois Discours, dont le premier au Roi, le second au Dauphin, & le troisième à la Dauphine.]

25716.* ☞ Autres Oraisons funèbres de Louis Dauphin, auparavant Duc de Bourgogne : 1712.

Noms des Auteurs. Le Père FEJACQ, de l'Ordre des Frères Prêcheurs ; = M***, Chanoine de Saint-Quentin ; = J. B. Charles DU VAL, Jésuite, (en Latin.)

25716.** ☞ Oraison funèbre de Louis Dauphin, & de Marie-Adelaïde de Savoye son Epouse ; par M. DE HILLERIN, Docteur de Sorbonne & Trésorier de l'Eglise de la Rochelle : la Rochelle, Salvin, 1712, in-4.

Ce Trésorier est mort en 1748.]

PAGE 689, ajoutez,

25722.* ☞ Discours au Roi, sur la Naissance de Monseigneur le Duc de Bretagne ; par M. BRIGUET, Prêtre : Paris, Josset, 1704, in-8. de 28 pages.]

Au N.° 25724, après TRÉPAGNE, ajoutez, DE MÉNERVILLE, Curé de Suresne & de Puteaux : Paris, Cavelier, 1712, in-12.]

25724.* ☞ Discours sur la mort de Monseigneur le Duc de Bretagne : 1712, in-12.

Ce Discours est joint aux Amusemens de ce Prince, qui précèdent.]

25727.* ☞ Chronologie historique des Rois d'Espagne de la Maison de Bourbon ; par D. François CLÉMENT, Bénédictin.

Dans la seconde Edition de l'Art de vérifier les Dates : (Paris, Desprez, 1770, in-fol.) pag. 814. On trouvera pag. 847 & 906, ce qui concerne les Branches de Parme & des deux Siciles.

Leur Histoire se trouve détaillée dans l'Hist. universelle, traduite de l'Anglois, tom. XXIX. Amsterdam, 1768, in-4.]

25733.* ☞ Testament & Codicille de S. A. S. Monseigneur le Duc du Maine : Trévoux, 1735 & 1736, in-4.]

Le N.° 25734 étant trop abrégé, on le mettra ici au long :

Oraison funèbre de........Louis-Auguste de Bourbon, Duc du Maine, Souverain de Dombes, prononcée dans l'Eglise Collégiale & Paroissiale de Trévoux, le 18 Décembre 1755 ; par Marc-Ant. LAUGIER, de la Compagnie de Jésus, Prédicateur ordinaire du Roi : Trévoux, de l'Imprimerie de S. A. S. 1756, in-4.]

PAGE 690, ajoutez,

25736.* ☞ Examen de l'Anecdote de

l'Homme au masque ; par le Père GRIFFET.

C'est le Chapitre XIII. de son *Traité des Preuves de la Vérité de l'Histoire* : (*Liège*, Bassompierre, 1769, *in-*12.) *pag.* 291. L'Auteur conjecture que ce Prisonnier pouvoit être le Duc de Vermandois.]

Réponse de M. de SAINT-FOIX au R.P. Griffet, & Recueil de tout ce qui a été écrit sur le Prisonnier masqué : *Londres* & *Paris*, Ventes, 1770, *in-*12. de 131 pages.

Au N.° 25737, *ajoutez en Note :*

Ces deux Princesses furent nommées Louise-Elisabeth & Anne-Henriette : la première, qui a été Duchesse de Parme, est morte en 1759; & la seconde mourut en 1752.

Au N.° 25746, *à la fin ajoutez*, de 16 pages; (par M. l'Abbé COLLET, son Confesseur.)

Au N.° 25756, *ajoutez en Note :*

Cet Eloge de M. le Dauphin se trouve aussi dans les *Œuvres* de M. Thomas, *In-*8.

PAGE 691, *ajoutez*,

25758.* ☞ Autres Oraisons funèbres de Monseigneur le Dauphin.

Noms des Auteurs, &c. L'Abbé LECREN, Grand-Chantre de Mortain, à Paris, AUX NOUVEAUX CONVERTIS; = le Père Jean-Louis COSTER, Jésuite, à Nanci; = le Père LANFANT, Jésuite, à Nanci; = l'Abbé BALLY, à Grenoble; = l'Abbé DE VENTOUX, à Troyes; = Dom Jean-Baptiste HUET, Bénédictin, à Compiègne.]

25759.* ☞ Supplément aux Affiches de Lyon, du 29 Mars 1766, (où) Journal des Prières faites dans cette Ville pour Monseigneur le Dauphin, pendant sa maladie & après sa mort : *Lyon*, *in-*4.]

25760.* ☞ Eloge Chrétien de Monseigneur Louis Dauphin, présenté à Clément XIII. (par M. l'Abbé Jean Novi DE CAVEIRAC:) *Rome*, Salomoni, 1766, *in-*8. de 91 pages.]

25763.* ☞ Abrégé de la Vie de Louis IX. Dauphin.

Dans la *Galerie Françoise*, Cahier I. num. 1 : *Paris*, Hérissant fils, 1770, *in-*4, 1771, *in-*fol.]

25767.* ☞ In ortu Serenissimi Principis Ludovici Burgundiæ Ducis, Oratio habita in Collegio Romano X. Kal. Januarii 1751, à Josepho-Maria MAZZOLARIO, Soc. Jesu: *Romæ*, Salomoni, 1751, *in-*4.]

PAGE 692, *ajoutez*,

25782.* ☞ Edit pour Monseigneur le Comte de Provence, (Louis-Stanislas-Xavier,) (concernant l'hypothèque que ce Prince a assigné à sa femme, Marie-Josèphe-Louise de Savoye;) registré en Parlement le 30 Juillet 1773 : *Paris*, P.G. Simon, 1773, *in-*4.]

Au N.° 25788, *ligne* 2, *après de Condé*, *ajoutez*, (Henri I.)

25788.* ☞ Sur la mort inopinée du Prince de Condé : (Remontrance à la France :) 1588, *in-*8.]

Au N.° 25791, *après la ligne* 3, *ajoutez :*

Le même : *Paris*, Nyon, 1739, *in-*12.

Au N.° 25792, *au lieu de* Lettre, *lisez*, Epître. & *après* amie, *ajoutez*, Dame Etrangère.]

Au N.° 25794, *ligne* 1, *de la Note* 2, Henri III. *lisez*, Henri I.

PAGE 693, *ajoutez*,

25795.* ☞ Réjouissance de la France sur la Conversion de Madame de Condé : 1597, *in-*8.]

Au N.° 25796, *après* Princesse de Condé, *ajoutez*, (prononcée dans la grande Eglise de Bourges, le 10 Septembre 1629).... *Paris*, Dupuis, 1629, *in-*8. (de 34 pages).... & *à la Note*, *après* femme, *ajoutez*, (& veuve.)

Le N.° 25797 doit être effacé, étant la même *Oraison funèbre.*

25806.* ☞ Discours faict au Parlement de Dijon, le Jeudi 20 Novembre 1631 ; par Mᵉ Charles FEVRET, Advocat, sur la présentation & lecture des Lettres du Gouvernement de Bourgogne & Bresse, expédiées en faveur de Très-Haut...... Henry de Bourbon, Prince de Condé, &c. *Dijon*, veuve Guyot, 1631, *in-*4. de 35 pages.

Le même Fevret présenta en 1647 les Provisions de Louis de Bourbon, comme on le voit ci-après, au N.° 25823.]

Au N.° 25807, *ligne* 2, *au lieu de*, *in-*8. *lisez*, *in-*4. & *ajoutez en Note :*

Ce Voyage de Henri II. Duc de Bourbon, a des Notes marginales, & est tout écrit de la main de Virey, Secrétaire de ce Prince : il est conservé dans la Bibliothèque de M. le Marquis de Quincye, Grand-Bailly du Nivernois. On y trouve diverses particularités de la Vie du Prince, & de Charlotte de Montmorency sa femme.

PAGE 694.

Au N.° 25815, *ligne* 4 *de la Note*, *après* Perrault, *ajoutez*, Secrétaire des Commandemens du Prince de Condé &

Au N.° 25832, *à la Note* 2, *ajoutez :*

☞ L'Oraison funèbre prononcée par le Père Bourdaloue, a été traduite en Latin par son Confrère le Père Joseph de Jouvancy, & elle se trouve parmi ses *Orationes*, &c. tom. II. *Parisiis*, 1714, *in-*12.]

25832.* ☞ Autre Oraison funèbre du Prince de Condé; par M. Edme MONGIN, (depuis Evêque de Bazas.)

Elle est imprimée dans ses *Œuvres* : *Paris*, Giffart, 1744, *in-*4.]

PAGE 695, *ajoutez*,

25846.* ☞ Oraison funèbre de Madame Henriette.... de Bourbon-Condé, (dite) Mademoiselle de Vermandois, Abbesse de Beaumont-lez-Tours, &c. *Paris*, 1773, *in-*4.

Voyez ci-devant, Tome I. N.° 14848. Cette Princesse, qui est morte en 1772, étoit fille de Louis, Duc de Bourbon, mort en 1710.]

PAGE 696, *ajoutez*,

25856.* ☞ Mf. Vie de François-Louis de Bourbon, Prince de Conty; par M. l'Abbé (Claude) FLEURY, du 19 Mars 1709.

Cette Vie se trouve parmi les Papiers de M. Fleury, qui

qui sont ès mains de M. Daragon, Professeur au Collège de Montaigu. L'Auteur avoit été Précepteur du Prince.]

25857.* ☞ Le Triomphe de la Déesse Monas, ou l'Histoire du Portrait de Madame la Princesse de Conti, fille du Roi : *Amsterdam*, Duval, 1698, *in*-12.

Ce Livre est un Roman.]

25870.* ☞ Discours funèbre & Panégyric faict en mémoire du Duc de Montpensier; par Fr. HUMBLOT : *Paris*, Morillon, 1608, *in*-8.]

25870.** ☞ Discours funèbre sur le Trépas du même Prince, Henri de Bourbon-Montpensier; avec une Complainte de Madame de Montpensier sur le Tombeau de son mari ; par M. J. AUVRAY : *Rouen*, Petit, 1608, *in*-8.]

PAGE 699.

A la dernière ligne de la colonne 2, à un Livre fait en 1684, *lisez*, au Livre que l'on vient d'indiquer au N.º 25903.

PAGE 701.

Après la Note du N.º 25920, *ajoutez* :

M. le Baron DE ZUR-LAUBEN a publié, en 1770, des Tables Généalogiques de la Maison de Lorraine, avec celles de la Maison d'Autriche : *Paris*, Desaint, 1770, *in*-8. (On les a indiquées aux *Généalogies* du Tome III.) Les Alliances de la Maison de Lorraine avec celle de France, y sont particulièrement désignées.]

Cérémonial de France.

PAGE 702.

Au N.º 25923, *ligne* 6, *après* in-4. *ajoutez*, (de 108 pages.)

Au N.º 25926, *ajoutez à la Note* :

On conserve encore dans la Bibliothèque de la Ville de Paris, des « Mémoires concernant les Ambassadeurs, » par M. DE SAINTOT », *in-fol*. que l'on a indiqués au N.º 26581, par renvoi, & qu'il faut rapporter ici, (avec la Note.) Il y a encore dans la même Bibliothèque, parmi les *in-4*. num. 242, un « Cérémonial pour » les Entrées & Réceptions des Ambassadeurs ».]

PAGE 704, *ajoutez*,

25947.* ☞ Mſ. Traité de la Cérémonie du Couronnement des Rois de France, avec les Sermens prêtés par le Roi, les Pairs & les Officiers ; fait par ordre du Roi Charles V. petit *in-fol*. de 199 feuillets.

Ce Manuscrit, orné de très-belles miniatures, est conservé dans la Bibliothèque du Roi d'Angleterre, parmi les Manuscrits de la Bibliothèque Cottonienne, *Tiberius*, B. VIII.

Vers le milieu, sur la partie d'un feuillet qui est restée blanche, on lit ces mots : « Ce Livre du Sacre des » Roys de France est à nous Charles V^e de notre nom, » Roy de France, & le fismes corriger, ordiner, escrire » & historier, l'an 1365.]

PAGE 707.

Au N.º 25992, *ajoutez en Note* :

☞ Pepin avoit été déja sacré, lors de son élection à Soissons, en 752, par Boniface, Arch. de Mayence.]

Au N.º 25996, *après* 801, *ajoutez* : [ou 800, selon notre façon de compter.] Plusieurs dates des Sacres *suivans*, sont aussi marqués selon l'ancien comput.]

Au N.º 26005, *ligne* 1, Ludovici III. *lisez*, Ludovici II.

Tome *IV*. Part. *I*.

PAGE 708.

Au N.º 26023, *ajoutez en Note* :

☞ Ce Sacre donna lieu à une Bulle d'Alexandre III. rapportée dans le *Gall. Chr. t. IX*. Pièces justif. col. 48.]

PAGE 709.

Au N.º 26046, *ajoutez à la fin de la Note* :

Il n'en est fait aucun détail, & il y est seulement dit qu'elle fut couronnée à S. Denis.]

PAGE 710.

Au N.º 26067, *ajoutez avant la Note* :

☞ Le même, (réimprimé :) *Paris*, 1610; *in*-8.

Comme cet Ordre de Couronnement étoit fort détaillé, on jugea à propos d'en renouveller la mémoire, à l'occasion du Couronnement de Marie de Médicis.]

PAGE 711.

Au N.º 26103, *ajoutez en Note* :

Voy. encore le N.º 24573 * de ce *Supplément*.]

PAGE 712.

Le N.º 26121 doit être effacé, le même Article étant mieux au N.º 26580.

PAGE 714, *ajoutez*,

26182.* ☞ Les Entrées de la Reine & de M. le Dauphin, faites à Rouen, en l'an 1531 : *in*-4. Gothiq.]

26183.* ☞ L'Entrée de la Reine, en la Ville & Cité de Chartres, (en Vers, 1531:) *in*-4.]

PAGE 715.

Au N.º 26194, *ajoutez à la Note* :

Ce second titre est celui de la première Édition. M. Dreux du Radier en a donné un ample Extrait dans sa *Bibliothèque historique du Poitou*, tom. *II*. p. 72.]

Au N.º 26197, *à la Note*, au lieu de tom. *I*. *lisez*, tom. *II*. du *Cérémonial* de Godefroy, pag. 757 & *suiv*.

Au N.º 26208, *ligne* 5, a]joutez, *Paris*, Roffet, 1548.

PAGE 716.

Au N.º 26219, *ajoutez à la fin de la Note* :

☞ *Voyez* ci-devant le N.º 17668.]

26226.* ☞ Réception faicte par les Députez du Roi d'Espagne, de la Royne (Elizabeth,) Souveraine Dame, à la délivrance qui leur a été faite à Roncevaux, au Pays de Navarre, par le Roi de Navarre & Cardinal de Bourbon; & les Triomphes, Honneurs & Solemnitez qui y furent faictes & observées tant d'une part que d'autre : *Paris*, Sartenas, 1559, *in*-8.]

26226.** ☞ Regales Gallorum Regis Triumphi, Parisiis celebrati in gratiarum Nuptiarum filiæ illius Elizabeth cum Hispaniarum Rege & Margaritæ Sororis illius cum Insubrum Duce ; à Claudio DE VAULX, Gallo : *Parisiis*, Périer, 1559, *in*-8.]

PAGE 717.

Au N.º 26234, *ligne* 5, Desplavilles, *lisez*, Desplanches.

PAGE 718, *ajoutez*,

26262.* ☞ Traduction du Latin en Vers François de la Nymphe de France ; faite par Pierre DE RONSARD, & de celui de la

Iii

Nymphe Angevine; par Amadis JAMYN, extraits du Spectacle donné par la Reine-Mère, en réjouissance de la déclaration de Henri, Duc d'Anjou, pour Roi de Pologne : *Paris*, 1573, *in-*4.]

Au N.° 26269, *ligne* 3, *puis d'Alençon*, *lisez*, auparavant d'Alençon.

26271.* ☞ Les Triomphes & Magnificences faites à l'Entrée du Roi (Henri III.) & de la Reine, en la Ville d'Orléans, le 15 Novembre 1576. Ensemble, les Harangues faites à leurs Majestés; par Jean DE LASTRE : *in*-12. (sans nom de Ville, &c.)

26276.* ☞ Ballet & Fête de la Royne (Catherine de Médicis,) faits aux Noces de M. le Duc de Joyeuse & de Mademoiselle de Vaudemont; par Balthasar le Beaujoyeux : *Paris*, le Roy, 1582, *in-*4.

On attribue cette Relation à Théodore-Agrippa D'AUBIGNÉ, *tom. I.* de la Vie de Madame de Maintenon. Dans le *tom. III.* de Brantôme, Edition de 1741, *pag.* 99, il est dit « que Balthazarini fut chargé de » presque tous les Ballets qui se firent à la Cour du Roi » Henri III. & qu'il est l'Auteur de celui des Noces du » Duc de Joyeuse, qui fut imprimé.]

PAGE 719, *ajoutez*,

26286.* ☞ Mss. Entrée du Roi Henri IV. dans la Ville d'Orléans, le 2 Juin 1598.

Ce Manuscrit est dans le Cabinet de M. Jousse, Conseiller au Présidial de cette Ville. On en trouve le détail dans les Registres de l'Hôtel de Ville d'Orléans.]

PAGE 720, *ajoutez*,

26307.* ☞ Stations faites pour l'Entrée de la Royne Marie de Médicis à Paris, après son Couronnement; par Antoine LE CLERC, Escuyer, Sieur de la Forest : *Paris*, 1611, *in*-8.

On sçait que cette Entrée, qui devoit se faire le 15 Mai 1610, n'eut point lieu, parce que le Roi Henri IV. fut malheureusement tué le 14.]

PAGE 721.

Au N.° 26329, *ligne* 2, Louis XII. *lis.* Louis XIII... & *ajoutez en Note :*

Cette Réception de Louis XIII. est du Père François GARASSE, selon les Bibliothécaires des Jésuites, ses Confrères.]

26339.* ☞ Description de la Place Royale & des magnificences qui s'y sont faites, au sujet des Epousailles de Madame (Christine, sœur du Roi, avec le Prince de Savoye:) *Paris*, 1619, *in*-8.]

26339.** ☞ Relation de ce qui s'est passé à Toulouse au mois de Février 1619, pour le Mariage de Madame : *Toulouse*, 1619, *in*-8.]

PAGE 723, *ajoutez*,

26384.* ☞ Relation de ce qui s'est passé à l'Entrée de la Reine dans la Ville de la Rochelle, au mois de Novembre 1632 : *la Rochelle*, Charvier, 1633, *in*-4. de 92 pages; & *Paris*, Guillemot, *in*-4.

M. Arcère en parle dans sa nouvelle *Histoire de la Rochelle*, *tom. II.* *pag.* 376.]

PAGE 724, *ajoutez*,

26403.* ☞ Description du Feu de joye dressé en la Ville de Dijon, à l'honneur du Roi, pour la prise de Thionville par le Duc d'Anguien : *Dijon*, Palliot, 1643, *in*-4.

Cette Description fut faite sur les Dessins de Pierre Malpoy & d'Etienne Brechillet, Echevins de la Ville de Dijon.]

Au N.° 26405, *ligne* 4, d'Auvry, *lisez*, Auvry.

26413.* ☞ La célèbre Cavalcade faite le 7 Septembre 1651, pour la Majorité du Roi : *Paris*, 1651, *in*-4.]

PAGE 726.

Au N.° 26450, *ligne* 3, *après* par, *ajoutez*, (Jacques Carpentier.)

26459.* ☞ Relation de la Fête de Versailles du 18 Juillet 1668; (par André FÉLIBIEN:) *Paris*, le Petit, 1668, *in*-4.]

PAGE 727, *ajoutez*,

26475.* ☞ Relation des particularités du Carousel Dauphin, & Courses de têtes faites à Versailles le 4 Mars 1685, avec les Noms, Armes & Devises des Chevaliers, & leur Explication (en Vers;) par le Sieur LAURENT : *Paris*, Rafflé, 1685, *in*-8.]

26476.* ☞ La magnifique adresse des Chevaliers Maures au grand Carousel Dauphin; à Versailles, le 1 & 2 Juin 1685, avec leur Marche, Noms & Devises, expliquées par Madrigaux; par le Sieur LAURENT : *Paris*, Rafflé, 1685, *in*-8.]

26480.* ☞ La Fête Royale de Saint-Cloud, le 29 Novembre 1686, en réjouissance de l'heureux succès de l'opération faite sur la personne du Roi; par le Sieur LAURENT : *Paris*, Rafflé, 1686, *in*-8.]

26481.* ☞ Lettres en Vers, ou Stances irrégulières à M. le Duc de Saint-Aignan, contenant un Récit de la Fête magnifiq faite au Havre, le 30 Janvier 1687, par M. de Montmor, Intendant de la Marine; par le Sieur DU MESNIL : *le Havre*, Gruchet, 1687, *in*-4.]

PAGE 728, *ajoutez*,

26483.* ☞ Lettre en Vers, ou Relation de ce qui s'est passé à la Fête Dauphine de Chantilly, depuis le 22 Août 1688, jusqu'au 30 du même mois; par le Sieur LAURENT : *Paris*, Rafflé, 1688, *in*-8.]

PAGE 730.

Au N.° 26529, *à la Note*, 34594, *lis.* 24594.

26547.* ☞ Relation traduite de l'Italien, des Fêtes données à Rome, par le Cardinal de Polignac, en Novembre 1729, à l'occasion de la naissance de Monseigneur le Dauphin : *Paris*, Delespine, 1730, *in*-4. de 23 pages.]

PAGE 731.

Au N.° 26562, *ligne* 3, par le même, *lisez*, par M. [François] MORÉNAS.

Le N.° 26572, doit être effacé, étant mieux à la page suivante, N.° 26575.

Fêtes de France.

Page 732, *ajoutez*;

26579.* ☞ Differtations fur les Affemblées & les Fêtes folemnelles des Rois de France; par Charles du Frefne DU CANGE.

Ce font les Differtations IV & V. de celles qu'il a jointes à fon *Hiftoire de S. Louis*, par Joinville: (*Paris*, 1668, *in-fol.*) pag. 152 & *fuiv.*]

26580.* ☞ Mf. Relations d'Entrées, &c. de Rois, Princes, &c. faites à Meaux, recueillies par M. THOMÉ, Chanoine.

Dans le Cabinet de l'Auteur.]

26581.* ☞ Collection de Tournois, Carouſels, &c. en gravures: *in-fol.*

Cette Collection fe trouve dans la Bibliothèque du Roi, Cabinet des Eſtampes, num. 1613.]

26581.** Diverfes Pièces, compofant [en 1719,] le Cabinet de M. du Rondray, & confiftant en un grand nombre de rares Deffins de Spectacles, Tournois, Carouſels, Ballets, Fêtes, Vaiffeaux, Traîneaux & Catafalques, dont la plûpart font de feu M. BERAIN, Deffinateur du Cabinet du Roi: *in-fol.* plufieurs volumes.

☞ Ces Pièces curieufes ont paffé fucceffivement à M. Bellanger & à Madame la Marquife de Pompadour: elles font actuellement entre les mains de M. le Marquis de Marigny fon frère. En voici la Defcription, que le Père la Long a donnée, & qui nous étoit échappée.]

1. Trente Deffins des Figures féparées, tant à cheval qu'à pied, des anciens Tournois: *in-fol.*

2. Le Carouſel de Louis XIII. de 1612; avec la Defcription & les Machines: *in-fol.*

3. Les Figures du Carouſel des Dames, en 1685; de BERAIN: *in-fol.*

4. Les Figures du Carouſel des Galans Maures, en 1686; de BERAIN: *in-fol.*

5. Deux cens Figures d'anciens Ballets, depuis François I. *in-fol.*

6. Recueil & Defcription de la plus grande partie des Fêtes, Ballets, Opéra, Comédies, Mafcarades, Feux d'artifices, Carouſels, Cavalcades & Tournois faits en France, depuis François I. & de quelques autres auparavant: *in-fol.* 6 Porte-feuilles.

7. Le grand Ballet de Louis XIII. au Louvre, en 1617, avec les Figures & la Mufique: *in-fol.*

8. Soixante Figures & Grotefques des Ballets de Louis XIII. *in-fol.* un Porte feuille.

9. Quatre cens Figures des Ballets du Roi Louis XIV. depuis 1651 jufqu'en 1669: *in-fol.*

10. Toutes les Figures du grand Ballet d'Hercule amoureux, repréſenté en 1660, pour le Mariage de leurs Majeſtés: *in-fol.*

11. Les Figures & les Machines en détail des Plaifirs de l'Iſle Enchantée, en 1664: *in-fol.*

12. Douze cens Figures de Ballets & Opéras, faites par BERAIN, pour le Roi, depuis 1671 jufqu'en 1689, (dont les habits ont été brûlés dans l'Incendie arrivée au Louvre, l'an 1704:) *in-fol.*

13. Toutes les Décorations des mêmes Ballets & Opéras; par BERAIN, dont quatre-vingt Deffins font *carta imperiali*, & deux écus *carta maxima*: *in-fol.* 4 vol.

14. Décorations, ou deux cens morceaux de Ballets, d'Opéra, Théâtres, faits dans le Manège de Verſailles, & autres Fêtes & Divertiffemens faits par le Roi & Monfeigneur, tant à Verſailles, Marly, Trianon, Saint-Cloud, Chantilly & autres lieux: *in-fol.* 2 vol.

15. Cent morceaux de Machines & Entrées des mêmes Ballets & Opéra: *in-fol.*

16. Deux cens morceaux de Machines & de Décorations defdits Ballets & Opéra: *in-fol.* 2 vol.

17. Plans, Elévations, Coupes & Perſpectives des Théâtres de la Salle de l'Opéra, au Palais Royal; de la Salle des Machines & du Théâtre du Ballet de Flore, au Palais des Thuilleries, de ceux de Saint-Germain, de Fontainebleau, de Verſailles & de Clagny: *in-fol.* 1 vol.

18. Trente morceaux de différentes Attitudes de Sauteurs des Ballets du Roi: *in-fol.* 1 vol.

19. Quinze cens Têtes de caractères de Ballets, Opéras, Mafcarades & Carouſels, tant anciens que nouveaux: *in-fol.* 1 vol.

20. Deux cens morceaux de Figures de Mafcarades & de Grotefques, faits pour le Roi: *in-fol.*

21. Deffins de trois Fêtes de Verſailles, gravées pour le Roi; augmentés de fix morceaux des mêmes Fêtes, qui n'ont point été gravées: *in-fol.* 1 vol.

22. Quatre cens morceaux de Deffins de Poupes de Vaiffeaux du Roi, tant grands que moyens: *in-fol.* partie *carta Impériale*, partie *carta maxima*.

23. Deffins de différentes fortes de Traîneaux magnifiques: *in-fol.* 1 vol.

24. Cent morceaux, partie colorée, de Catafalques & Pompes funèbres des Rois, Princes & autres grands Hommes: *in-fol.* 1 vol.

Au N.º 26587, ligne 1, CONSTALLI, *lifez*, TONSTALLI.

Page 733, *ajoutez*,

26591.* ☞ Difcours du grand & magnifique Triomphe fait au Mariage de François de Valois, fils aîné de Henri II. 1588: *in-8.*]

26610.* ☞ Récit véritable de l'embarquement, du Voyage & de l'heureuſe arrivée de la Reine de Portugal, (Marie-Françoiſe, fille du Duc de Nemours;) avec la magnifique Entrée qui lui a été faite à Liſbonne en 1666, (en Vers:) *Paris*, de Nogent, 1666, *in-4*.

Cette Princeffe fut mariée à Alfonſe, Roi de Portugal, & enfuite ayant été démariée pour caufe d'impuiffance de fon mari, elle épouſa Don Pedre fon frère.]

Page 734, *ajoutez*,

26631.* ☞ Précis des Feux d'artifice & Illuminations faits (à Verſailles & à Paris) au Mariage de Monfeigneur le Dauphin, (petit-fils de Louis XV.) par le Sieur LE ROUGE, Ingénieur-Géographe du Roi: *Paris*, 1770, petit *in-fol.* 5 feuilles.

On trouvera dans le *Journal de Verdun*, 1770, Mai, Juin & Juillet, le Précis de ce qui fe trouve épars dans les Gazettes au fujet des Fêtes données à l'occafion de ce Mariage.]

Page 735.

Au N.º 26657, *ajoutez à la fin de la Note*:

On y trouve huit volumes *in-fol.* fur les Lits de Juftice, num. 404-411.

Page 736.

Au N.º 26662, *à la Note*, *lifez*, *Recueil* de Lannel: *Paris*, 1623, *in-4*.

26669.* ☞ Mf. Formularium Litterarum

Tome IV. Partie I. Lll 2

436   *Supplément du Tome II.*

& Diplomatum ad usum Regis Francorum : *in-*4.

Ce Manuscrit est conservé à Rome, dans la Bibliothèque du Cardinal Ottoboni : cotte D. V. S.]

PAGE 737.

Après le N.º 26694, *ajoutez* :

On trouvera ci-après, au Tome III. N.ᵒˢ 43862 & *s.* plusieurs Ouvrages sur les rangs & honneurs de la Cour, principalement par rapport à la Maison de Rohan, issue des anciens Ducs de Bretagne.]

26696. * ☞ De la manière usitée de tout temps pour ensevelir nos Rois & nos Reines ; par Claude GUICHARD, Docteur ès Droits.

Dans l'Ouvrage de cet Auteur, intitulé : *Funérailles & diverses manieres d'ensevelir des Romains,* &c. *Lyon,* de Tournes, 1581, *in-*4.]

PAGE 739.

Au N.º 26729, *ligne* 2, Bourgogne, *lisez*, Bourbon.

26739. * ☞ Invictissimi Galliarum Regis Caroli IX..... Tumulus : Joanne AURATO (Dorat) & aliis auctoribus : *Parisiis,* Morel, 1573, *in-*4.

Entre les Pièces de Vers de ce Recueil, il y en a une de 108 Vers par Jacques AMYOT.]

26739. ** ☞ Le Tombeau du feu Roi Très-Chrétien Charles IX..... par Pierre DE RONSARD, & autres Poëtes : *Paris,* Morel, *in-*4.]

PAGE 740, *ajoutez*,

26748. * ☞ Bref Discours des Pompes, Cérémonies & Obsèques de Henri-le-Grand : *Paris,* 1611, *in-*8.]

26759. * ☞ Ms. Relation du Service de M. le Duc d'Orléans, (J. B. Gaston,) fait en l'Eglise de Notre-Dame de Paris, le 31 Janvier 1661.

Cette Relation est dans le Cabinet de M. Jousse, Conseiller au Présidial d'Orléans.]

PAGE 741.

Au N.º 26777, *ajoutez en Note* :

☞ Cette Pompe funèbre fut faite à Paris, dans l'Eglise de S. André des Arcs.]

Traités politiques, des Prééminences, &c.

PAGE 742.

Au N.º 26802, *ligne* 3, 1561, *lisez*, 1564, & *ajoutez à la Note* :

☞ Ce n'est que la Traduction du même Traité, qui parut en François l'an 1561. *Voyez* le N.º 15373, où nous en avons parlé avec un certain détail.]

PAGE 743, *ajoutez*,

26808. * ☞ Défense des Puissances de la Terre : *Paris,* Lombard, 1610, *in-*4.

L'Auteur est Antoine LE CLERC, Sieur de la Forest, qui se mit à composer cet Ouvrage aussitôt qu'il eut appris la mort de Henri IV.]

PAGE 744.

Au bas de la colonne prem. & à la fin de la Note du N.º 26834, *ajoutez* :

Sur cette Harangue du Cardinal du Perron, (réimprimée dans le Tome XIII. des *Mémoires du Clergé,* col. 310, sous le nom de *Remontrance,*) il est bon de voir le *Rapport* au sujet de l'autorité Ecclésiastique, fait à l'Assemblée générale du Clergé, le 17 Mars 1682, par M. Gilbert de Choiseul du Plessis-Praslin, Evêque de Tournay, rapporté dans le Procès-Verbal de cette Assemblée de 1682, (imprimé en 1768,) *pag.* 92-152. Voici, entr'autres choses, ce qu'on y lit *pag.* 118 :

« Plût à Dieu, Messeigneurs, que cette Pièce (du
» Cardinal du Perron,) ne corrompra jamais la pu-
» reté de votre doctrine, mais qui la contredit, ne pa-
» rût plus dans vos Mémoires. Nous vous supplions du
» moins d'ordonner qu'on y joigne un Avertissement,
» qui, en disant la vérité de l'Histoire, puisse guérir
» les esprits du soupçon qu'elle laisse que ce Cardinal
» ait exposé les sentimens de l'Eglise de France. Le
» Clergé ne lui avoit pas donné charge de s'exprimer
» de la manière qu'il fit, & nous ne voyons pas qu'il en
» ait approuvé la doctrine. C'est assurément l'Ouvrage
» pur de M. du Perron, & non celui de nos prédéces-
» seurs ».

L'Article I. de la *Déclaration* de l'Assemblée du Clergé de 1682, rappellé & confirmé dans l'*Avertissement* de l'Assemblée du Clergé de 1770, contient la véritable doctrine du Clergé de France sur cet objet important ; sçavoir, « que les Rois & les Souverains
» ne sont soumis à aucune puissance Ecclésiastique par
» l'ordre de Dieu dans les choses temporelles ; qu'ils ne
» peuvent être déposés ni directement, ni indirecte-
» ment, par l'autorité des Clefs de l'Eglise ; que leurs
» Sujets ne peuvent être dispensés de la soumission &
» de l'obéissance qu'ils leur doivent, ou absous du Ser-
» ment de fidélité, & que cette doctrine nécessaire pour
» la tranquillité publique, & non moins avantageuse à
» l'Eglise qu'à l'Etat, doit être inviolablement suivie,
» comme conforme à la Parole de Dieu, à la Tradition
» des Saints Pères & aux Exemples des Saints ». C'est ce qu'on lit dans l'*Avertissement* de l'Assemblée du Clergé de 1770, *pag.* 64 & 65 : *Paris,* Desprez, Imprimeur du Roi & du Clergé, 1770, *in-*4.

Cependant les nouveaux Editeurs du Tome XIII. des *Mémoires du Clergé,* (*Paris,* Desprez, 1771, *in-fol.*) ont mis la Harangue du Cardinal du Perron, sous le nom de Remontrance, *pag.* 310 & *s.* de ce Tome XIII. sans aucun correctif ni Avertissement. Mais en la même année ont été aussi imprimées, avec Approbation & Privilège du Roi, les *Libertés de l'Eglise Gallicane,* par M. de Maillane, (*Lyon,* Bruyset, & *Paris,* Desprez,) où se trouve en entier la Déclaration du Clergé de 1682, précédée du fameux Rapport de M. l'Evêque de Tournay à ladite Assemblée.

On peut encore observer ici, que dans ce même Tome XIII. des *Mémoires du Clergé,* on n'a pas mis ce Rapport, ni la Déclaration du Clergé de 1682, confirmée par Edit de Louis XIV. renouvellé par Louis XV. On y trouve, colonne 1367, la Déclaration du Roi de 1730, qu'on sçait n'avoir point eu d'exécution du consentement de Sa Majesté ; & l'on y a mis encore, colonne 1756, la Harangue faite le 17 Septembre 1730, par M. de la Parisière, Evêque de Nismes, où parlant au Roi, il dit que son Règne *est fondé sur la Catholicité* : ce qui donna lieu dans le temps (où il étoit question de la *Légende de Grégoire* VII.) à plusieurs Ecrits où l'on prend la défense des vraies Maximes du Royaume : ci-devant, Tome I. N.ᵒˢ 7330 & *suiv.*

Au reste, dans un Avis imprimé pour annoncer l'Edition *in-*4. des *Libertés de l'Eglise Gallicane,* par M. de Maillane, on a observé que « cette Collection
» (avoit) un rapport & une connivence si intimes avec
» les *Mémoires du Clergé,* (dont on a fait alors aussi
» une Edition *in-*4.) qu'il (étoit) comme indispensable
» de les joindre à ces Mémoires ». On trouve en effet dans le Recueil de M. de Maillane le correctif ou l'Avertissement que désiroit M. l'Evêque de Tournay.]

Au N.º 26842, *ligne* 3, *après* du Perron, *ajoutez*,

touchant la puissance du saint Père sur les Princes Souverains, avec le Décret du Concile de Constance, contre les attentats sur les sacrées personnes de nos Rois...

PAGE 745.

A la fin de la colon. prem. ligne dernière, 3217, lisez, 7217.

PAGE 746, ajoutez,

26872. * ☞ Déclaration du Clergé de France sur la Puissance Ecclésiastique, du 19 Mars 1682. = Edit du Roi sur [ladite] Déclaration, du mois de Mars de la même année : *Paris*, Muguet, 1682, in-4.

Cette fameuse Déclaration, dont le premier Article, qui regarde les Rois, est rappelé dans l'Avertissement du Clergé de 1770, (comme on l'a observé ci-dessus, N.° 26834,) a été doctement & solidement expliqué dans un Ouvrage qui a été fait à ce sujet, par M. Bossuet, l'un des principaux Auteurs de cette Déclaration : cet Ouvrage, intitulé, *Defensio Declarationis*, &c. est indiqué ci-devant, Tome I. N.° 7300.

On trouve encore cette Déclaration & cet Edit, dans le Recueil intitulé, *Censures*, &c. N.° 2876, dans l'*Histoire Ecclésiastique* du XVII.e Siècle, par M. du Pin, (*Paris*, Pralard, 1714,) tom. III. pag. 533, dans le Recueil des *Libertés*, &c. par M. de Maillane, & en plusieurs autres Livres.]

PAGE 747.

Au N.° 26883, à la Note 2, effacez de avant Laberan.

Au N.° 26884, lignes 2 & 3, lisez, FERRAULT... & ajoutez à la Note :

☞ Ce n'est point du Moulin qui a publié la première Edition du Traité de J. Ferrault, sur les Droits des Rois de France. Il n'a fait que le laisser subsister à la suite du *Stylus Parlamenti*, dans les Editions qu'il en a données en 1550 & 1558, où il occupe la Partie IV. encore ne l'a-t-il fait qu'à regret, & pour conserver quelques traits historiques. Car voici comment il s'en explique dans la Préface dudit Style : « Quarta Pars habet Tractatum non minus indoctum quàm barbarum, diceres quartâ lunâ natum, de Privilegiis Regni Franciæ, quem tamen non exclusi propter quædam ad historiam utilia ». Du Moulin y a ajouté plusieurs Notes, dans la première desquelles il nous apprend (ce qu'a répété Dom Liron,) que Jean Ferrault étoit Angevin ; mais de plus, qu'il étoit Procureur du Roi au Mans, du temps de Louis XII. à qui il a dédié son Livre : *ut notes*, (ajoute-t-il) *barbariem & imperitiam temporis*. Du Moulin a supprimé cette Dédicace, qui n'étoit pas même dans l'Edition du Traité de Ferrault, de 1545, & que l'on ne trouve que dans les plus anciennes Editions de 1510, &c. Le titre de cette Epître dédicatoire est : « Exhortatio Christianissimo Regi Francorum Ludovico duodecimo Joannes Ferrault, utriusque Jur. Licenc. Consiliarius Fisci ac Reipublicæ Cœnoman. Procurator, cum humili ac debita reverentia »S. D. ». Cette Epître est très-modeste ; il y loue en particulier le Trésorier de France (Florimond) Robertet, qui a eu tant de part au gouvernement des Finances sous Charles VIII. & Louis XII.]

PAGE 748, ajoutez,

25901. * ☞ Réquisitoire de M. D'AGUESSEAU, (alors Avocat-Général) au sujet des défenses faites à tous gens de Justice du Bailliage & Prévôté de Bar, d'ajouter au nom du Roi le surnom de *Très-Chrétien* : 27 Mars 1699.

Cette Pièce fut imprimée d'abord dans le Recueil in-8. des Discours de M. d'Aguesseau : *Amsterdam*, (*Paris*,) 1756, tom. II. pag. 174, & ensuite dans le Recueil de ses Œuvres, tom. I. pag. 226, *Paris*, 1759, in-4.]

PAGE 749.

Au N.° 26914, ligne 4, 1694, lisez, 1594.

PAGE 751.

Au N.° 26936, ligne 7, Joly, lisez, Soly.

PAGE 752.

Le N.° 26951 doit être effacé, étant mieux plus loin : l'Auteur se nommoit Paulin & non Raulin.

PAGE 753, ajoutez,

26972. * ☞ Discours au Roi, sur le rétablissement (à faire) de la Bibliothèque Royale de Fontainebleau, (dressée par les soins de François I.) par Abel DE SAINTE-MARTHE, Garde de cette Bibliothèque : (*Paris*,) 1668, in-4.

On peut voir sur ce Discours, & sur son Auteur, la *Bibliothèque historique du Poitou*, par M. Dreux du Radier, tom. V. pag. 407.

Ce Discours d'Abel de Sainte-Marthe a été réimprimé à la suite du Recueil qu'il a donné des *Plaidoyers* de Nicolas de Corberon, Avocat-Général au Parlement de Metz, son beau-père, & d'un autre Abel de Sainte-Marthe, son père : *Paris*, de Sercy, &c. 1693, in-4.

On trouve à la suite de ce Discours, tant dans la première que dans la seconde Edition, des Preuves, c'est-à-dire, un Recueil curieux de Pièces & de passages de divers Auteurs, relativement à l'ancienne Bibliothèque de nos Rois qui étoit à Fontainebleau.

Nous croyons devoir observer ici, que la Place de Garde de la Bibliothèque de Fontainebleau, vacante par la mort d'Abel de Sainte-Marthe, fut réunie à celle de Bibliothécaire du Roi à Paris, par Edit du mois de Mai 1720, comme y avoit été réunie par Edit du mois de Janvier précédent, celle de Garde de la Bibliothèque du Louvre, que M. Dacier posséda le dernier.]

Au N.° 26975, ligne 2, MOULINET, lis. MOLINET.

PAGE 754.

Au N.° 26993, ligne 3 de la Note, après d'un, ajoutez, Anonyme.

PAGE 755.

Le N.° 17000 ne devoit être ici que par renvoi, étant mieux où nous venons de le mettre, N.° 26972 *.

Au N.° 27001, ligne 4, après in-4. ajoutez, de 54 pages.

Au N.° 27002, ligne 6, après in-12. ajoutez, de 71 pages ; & en Note : Ce n'est presque qu'un Extrait de la Brochure qui précède.

27012. * ☞ Nouvelle Description des Châteaux & Parcs de *Versailles* & *Marly*; par PIGANIOL DE LA FORCE : *Paris*, Poirion, 1751, in-12. 2 vol. fig.]

PAGE 756.

Au N.° 27020, ligne 3, MAISÉ, lisez, MASSÉ... & ajoutez en Note :

Jean-Baptiste Massé est mort le 26 Septembre 1767, âgé de près de 80 ans : il s'est immortalisé par ses Desseins de la Galerie de Versailles. Outre le grand *in-fol*. il a donné séparément une Description *in-12*. *Paris*, 1753, Brochure de 60 pages.

Au N.° 27029, ajoutez, en Note :

Cet Ouvrage est de Mademoiselle DE LUBERT.

Supplément du Tome II.

*P*AGE 757, *ajoutez*,

27043.* ☞ Opuscule ou Traité de l'excellence des trois Lys de France; par feu M. D'ESPENCE, Docteur en Théologie: *Paris*, Auvray, 1575, *in*-8.

Claude d'Espence est mort en 1571.]

Traités du Gouvernement.

*P*AGE 760.

Au N.° 27082, *à la fin de la Note, lisez*, Angliviel.

27084.* ☞ Analyse raisonnée de l'Esprit des Loix; par le même, (M. PECQUET:) *Paris*, Prault, 1758, *in*-12. de 340 pages.

L'Auteur revient ici à l'Esprit des Loix, qu'il considère sous un autre rapport.]

Au N.° 27088, *ligne* 8, *après* Sorbière, *ajoutez*, Leyde, 1652, *in*-12... *& à la Note*:

Hobbes avoit d'abord publié ce Livre en Latin, à Paris, en 1647, & Sorbière en donna une Traduction: *Amsterdam*, 1649, *in*-8. sous le nom de *Fondemens de la Politique*, ou *Elémens Philosophiques du Citoyen*, &c.

*P*AGE 761, *ajoutez*,

27096.* ☞ De l'origine, antiquité, progrès, excellence & utilité de l'Art politique; par Loys LE ROY, dit *Regius: Paris*, Morel, 1567, *in*-8.]

*P*AGE 762.

Au N.° 27109, *ligne* 3, *après* B. *ajoutez*, (l'Abbé Pierre BARAL:)

27109.* ☞ Maximes du Droit public François: *en France*, 1772, *in*-12. 2 vol.]

*P*AGE 763.

Au N.° 27112, *ajoutez en Note*:

Cet Abrégé de Bodin est de M. Jean-Charles DE LAVIE, Président au Parlement de Bourdeaux.

*P*AGE 766, *ajoutez*,

27145.* ☞ Dissertation pour la sûreté de l'Etat & de la Vie des Rois: *in*-8. (vers 1611.)

Jacques LESCHASSIER, Avocat au Parlement de Paris, publia clandestinement ce Livret, & sans y mettre son nom, pour détruire la nouvelle doctrine parricide qui se répandoit sous le prétexte de tuer les hérétiques, & qui avoit causé la mort du Roi Henri IV. C'est ce qu'il dit lui-même dans une petite Addition Latine de 5 pages, mise à la suite de son petit Traité, *De Ecclesiis suburbicariis*, Edition *in*-8. 1618, sous le faux titre de *Francofurti*; laquelle Addition n'a pas été mise dans la Collection *in*-4. des *Œuvres de Leschassier : Paris*, 1649 & 1652, où l'on ne trouve pas non plus la *Dissertation* anonyme dont parle cette Addition.]

27146.* ☞ Arrest du Parlement du 24 Novembre 1612, sur le Livre fait par Gaspard Schioppius, intitulé, *Ecclesiasticus* : *Paris*, Métayer, 1612, *in*-8.

Cet Arrest ordonne que ledit Livre sera brûlé à cause des blasphêmes & diffamations y contenues contre la mémoire de feu Roi Henri IV. & autres Propositions contre la sûreté de la vie & état des Rois & Princes Souverains.]

*P*AGE 769.

Au N.° 27157, *ajoutez en Note* :

Il ne faut pas confondre ce Pierre Tureau, Champenois, avec un autre Pierre Tureau d'Autun.]

Au N.° 27163, *ligne* 4, *lisez*, D'AMYENS... (*On a déja fait mention de cet Ouvrage au* N.° 15921.)

*P*AGE 771.

Au N.° 27179, *ajoutez à la Note* :

☞ M. de la Monnoye, dans ses Notes sur la Croix du Maine, prouve que cet Ouvrage sur le Gouvernement doit être attribué à Jacques LE GRAND, Augustin. *Voyez* la nouvelle Edition de la *Bibliothèque* de la Croix du Maine, (*Paris*, 1771, *in*-4.) tom. *I*. p. 428 & 429.]

*P*AGE 772.

Au N.° 27183, *effacez la Note* 2. Il avance.... & *voyez ce qui est dit à ce sujet dans l'Avertissement du* Tome III.

Le N.° 27191 doit être ôté d'ici, parce qu'il ne concerne point le Gouvernement du Royaume ; c'est une Chronologie des Rois, que le P. le Long n'avoit point vue : nous l'avons mise ci-devant en son lieu. D'ailleurs ce n'est point un Ouvrage de Sleidan, comme l'on en prévient dans l'Avertissement qui est en tête.

Au N.° 27197, *ligne* 2 *de la Note*, 1579, *lisez* [1577.]

*P*AGE 774, *ajoutez*,

27216.* ☞ Avertissement de Dieu envoyé au Roi, pour la réformation du nombre des Etats, Offices & Métiers érigés depuis la création du monde avec la Conférence du Gouvernement des grands & nouveaux esprits : 1601, *in*-8.]

*P*AGE 775.

Au N.° 27236, *ligne* 2, le Libelle, *lisez*, les Libelles. (*Cet Ouvrage a déja été indiqué, selon l'ordre des temps, au* N.° 20363.)

*P*AGE 776, *ajoutez*,

27251.* ☞ La Science Royale, au Roi Louis le Juste, à la Reine, mère du Roi, &c. par François MARCHANT, Directeur du Conseil de l'Ordre de Fontevraud : *Saumur*, Godeau, 1625, *in*-4. de 131 pages.

Le titre a cette longue tirade, après l'adresse à la Reine : « De consideratione, ad D. Cardinalem de
» Sourdis : à Monseigneur le Cardinal de la Rochefou-
» cault : à Monseigneur le Cardinal de la Valette : la
» Science des Sciences, à Monseigneur le Cardinal de
» Richelieu : à Monseigneur d'Haligre, Chancelier de
» France : à Monseigneur de Retz, Archevêque de
» Paris : de consideratione, ad D. Miron, Episcopum
» Andegavensem : à M. le R. Père Seguiran, Confes-
» seur ordinaire du Roi : à M. le R. Père Joseph, Pro-
» vincial des Capucins en Touraine.]

*P*AGE 778, *ajoutez*,

27289.* ☞ Mf. Moyens présentés au Roi, pour ôter l'abus & corruption qui s'est glissée dans le corps politique de l'Etat : *in*-fol. de 254 pages.

Cet Ouvrage, composé vers 1670 ou 1680, est dans le Cabinet de M. Thomé, Chanoine de Meaux. Il est divisé en XII. Chapitres, qui forment 64 Articles ; sans les Additions du Chapitre IV. sur les Evêques, le titre Monachal, les Religieux ; du V. sur les Huguenots ; du VII. sur les Gens de Justice & les sollicitations ; du VIII. sur quelques Réglemens & les Libraires ; du XI. sur les Finances ; du IX. sur les cinq grosses Fermes.]

*P*AGE 780, *ajoutez*,

27308.* ☞ L'Ami des François : *Constantinople*, (*Paris*,) 1771, *in*-8. de 793 pages.

On y trouve un « Système de Gouvernement pour
» la France, ou plutôt un Songe enfanté par une ima-
» gination qu'échauffe un amour trop vague du bien
» public ». *Journal Encyclopédique*, 1773, *Janvier*, part. 2, pag. 260.]

Loix de France.   439

Au N.° 27309, *ligne* 8 *de la Note*, foutiennent, *lifez*, foutinrent.

Au N.° 27310, *avant* 1759, *ajoutez*, *Nantes*, veuve Marie.

27310. * ☞ Mémoire fur les caufes de l'abolition de la fervitude en France, & de l'établiſſement du Droit Municipal ; lû par M. Dupuy, le 8 Avril 1766, à l'Aſſemblée publique de l'Académie Royale des Inſcriptions & Belles-Lettres.

On le trouvera parmi les *Mémoires* de cette Académie, *tom. XXXVI.*]

Au N.° 27311, *ligne* 5, *après* Citoyen, *lifez*, (par M. le Chevalier Goudard:) *Amſterdam*, (*Paris*,) 1756, *in-12.*

PAGE 781.

Au N.° 27321, *ligne* 3, *après* Pauvres, *ajoutez*, (par M. Nicolas Baudeau, Prémontré.)

PAGE 782.

Au N.° 27345, *ajoutez*,

Voici le titre entier de cet Ouvrage :

Tableau hiſtorial des Régences, où ſe voit tout ce qui s'eſt paſſé pendant icelles, depuis Clotilde juſqu'à Marie de Médicis, à préſent Régente : enſemble, de leurs droits & prérogatives; par M. Florentin du Ruau, Avocat au Siège Préſidial de Poitiers : *Paris*, Meſnier, 1615, *in-8.*

On peut voir ſur ce Livre, & ſur l'Auteur, la *Bibliothèque hiſtorique de Poitou*, par M. Dreux du Radier, *tom. III. pag. 230.*]

PAGE 783.

Au N.° 27355, *à la Note*, Magnier, *lifez*, Magnien.

Au N.° 27370, *ligne* 4 *de la Note*, 1572, *liſ.* 1570.

PAGE 785.

Le N.° 27400 doit être effacé : il n'y eſt point queſtion de l'*Aſſemblée des Etats-Généraux du Royaume*, mais des États ou Offices. On le trouve bien placé, N.° 18510, avec le titre au long, que le P. le Long n'avoit pas vu.

PAGE 786, *ajoutez*,

27409. * ☞ Mſ. Des Etats-Généraux ; par Nicolas Freret : *in-*4.

Ce Traité eſt conſervé à Paris, dans la Bibliothèque de M. le Préſident Rolland.]

PAGE 787, *ajoutez*,

27432. * ☞ Etats de Tours & d'Orléans, ſous Charles VIII. *Paris*, 1505, *in-*8.]

PAGE 788.

Au N.° 27439, *ligne* 5, 1560, *lifez*, 1561.

PAGE 789, *ajoutez*,

27453. * ☞ Mſ. Traité de ce qui s'eſt paſſé aux Etats d'Orléans, en l'an 1561 ; les Harangues faites par les Etats au Roi Charles IX. les Cahiers préſentés, &c. avec un Traité ſommaire des Affaires d'Eſtat, & un Diſcours de l'établiſſement de la Loi Salique, de la Majorité des Rois, &c. *in-*4.

Ce Manuſcrit eſt dans la Bibliothèque de M. Jardel, à Braine.]

27453. ** ☞ Harangue faite par M. de Lhospital, Grand-Chancelier de France, en la préſence du Roi, ledit Seigneur tenant ſes Grands Etats en la Ville d'Orléans, au mois de Janvier 1561 : *Blois*, l'Angelier, 1561, *in* 4.]

Au N.° 27454, du Charland, *liſ.* du Chalard.

PAGE 790.

Au N.° 27477, *ligne* 2, *après* Bourges, *ajoutez*, (Rainaud de Beaune.)

PAGE 793, *ajoutez*,

27533. * ☞ Harangue faite par M. l'Evêque de Cominges, (Gilbert de Choiseul,) à MM. de la Nobleſſe aſſemblés à Paris, pour la convocation des Etats-Généraux, en 1650 : *Paris*, Luynes, 1657, *in-*8.]

27534. * ☞ Remontrance faite au Roi, de la part de la Nobleſſe, pour la convocation des Etats-Généraux : 1651, *in-*8.]

Anciennes Loix de France.

PAGE 796, *ajoutez avant* §. II.

27583 * (1.) Diſſertation pour montrer que le Droit Romain eſt le Droit commun de la France ; par Henri Joſeph Bretonnier.

Dans ſa Préface de l'Edition des *Œuvres de Henrys* : *Paris*, 1708, *in-fol.* 2 vol. 1738, 1773, *in-fol.* 4 vol.]

(2.) ☞ Que de toute ancienneté & preſque juſqu'à notre temps le Droit Romain a été reconnu pour le Droit commun dans toute la France, ſans en excepter les Pays Coûtumiers ; par le Préſident (Jean) Bouhier.

C'eſt ce qui forme les Chapitres IV-VIII. de ſes *Obſervations ſur la Coûtume de Bourgogne* : *Dijon*, 1742, *in-fol.* 2 vol.

Ce Syſtême, déja avancé par pluſieurs anciens Auteurs, a été fortement contredit par d'autres, & particulièrement par Dumoulin, dans ſon *Commentaire ſur la Coutume de Paris*, Rubrique du Titre I. On trouve auſſi un utile parallèle entre le Droit Romain & nos Coûtumes, dans les Lettres d'Eſtienne Paſquier, *Liv. I. Lett.* 9.]

(3.) ☞ De uſu & authoritate Juris Civilis Romanorum in Regno Galliarum : authore Arthure Duck.

C'eſt le Chapitre V. de ſon Ouvrage intitulé : *De uſu & authoritate Juris Civilis Romanorum in Dominiis Principum Chriſtianorum* : *Londini*, Hodgkinſone, 1653, *in* 8. Cet Ouvrage a été réimprimé pluſieurs fois, & même il y en a eu une Edition Françoiſe, dans le Siècle dernier.]

(4.) ☞ De la manière dont le Droit Romain s'eſt introduit & s'obſerve dans le Royaume de France ; par Antoine Terrasson.

C'eſt le §. VIII. de la Partie IV. de ſon *Hiſtoire de la Juriſprudence Romaine* : *Paris*, Mouchet, 1750, *in-fol.*]

Les Loix Romaines ayant eu cours dans les Gaules, avant les anciennes Loix des François, & étant encore le Droit commun des parties mérid.onales de la France, qu'on appelle *Pays de Droit écrit* ; il eſt à propos d'indiquer ici les Recueils principaux qui concernent le Droit Romain conſidéré relativement à la France.

Supplément du Tome II.

Celles des Loix Romaines qui furent les premières usitées en Gaule, sont celles qui ont précédé les Collections de Justinien. On en trouve les principaux fragmens dans l'Ouvrage suivant:

(5.) ☞ Jurisprudentia vetus ante-Justinianea, ex recensione Antonii SCULTINGII: *Lipsiæ*, 1737, *in-4*.

On y voit, entre autres, les Réponses de PAPIEN, qui paroissent faites par un Jurisconsulte Bourguignon, pour accommoder la Loi Romaine à la Loi Gombette: = l'Abrégé des Codes Grégorien & Hermogénien, que Alaric, Roi des Wisigoths, fit faire par ANIEN, son Chancelier, lequel abrégea aussi, à l'usage des Goths, le Code Théodosien, dont nous allons parler.]

(6.) ☞ Codex Theodosianus, cum Commentariis Jacobi GOTHOFREDI, operâ & studio Antonii MARVILII recognitus: *Lugduni*, Huguetan, 1665, *in-fol*. 6 vol.

Editio nova, cum Observationibus & Additionibus Joan. Danielis RITTER: *Lipsiæ*, 1736-1745.

Il est peu de Livres aussi intéressants pour l'Histoire des Gaules & du Bas-Empire, que cette derniere Edition du Code Théodosien. Il y en a plusieurs autres Compilations; mais celles-ci est la plus parfaite. Ce qui concerne les autres Editions, peut se voir dans la *Bibliotheca Juris* de STRUVIUS, Edition VIII. *pag*. 30.

Ce dernier Livre doit être aussi consulté, (§. VIII.) où l'on trouve le détail des Auteurs qui ont écrit sur l'Histoire du Droit François.]

(7.) ☞ Notitia Legum Codicis Theodosiani ad Gallias spectantium.

Dans la *Table des Diplomes* de M. de BREQUIGNY: Paris, Impr. Royale, 1770, *in-fol*.]

(8.) ☞ Corpus Juris Civilis, in quo reperiuntur Pandectæ, Codex Justinianus, Instituta, Novellæ, Edicta Justiniani: Additus Liber Feudorum, &c.

Tout le monde sçait que l'Empereur JUSTINIEN fit faire un choix des Loix Romaines qui existoient de son temps, & dont le nombre étoit immense. Il publia, l'an 529, un *Code* sous son nom, qui étoit composé des Constitutions des Princes ses Prédécesseurs. En 533, il fit faire les *Pandectes*, c'est-à-dire, l'Extrait des Ouvrages des Jurisconsultes, & les *Institutes* qui forment les Elémens de la Jurisprudence Romaine. En 534, il fit publier de nouveau son *Code*, avec des Corrections, ce qui fait que le Code dont nous nous servons, s'appelle *Repetita Prælectiones*. Il fit ensuite former un Recueil de ses Constitutions subséquentes, appellées *Novelles* ou *Authentiques*: enfin il y ajouta treize Loix générales, appellées *Edits de Justinien*.

Cette Collection des Loix Romaines faites principalement pour l'Empire d'Orient, a été substituée dans l'Occident au Code Théodosien, dont l'usage s'étoit conservé en partie jusqu'au XIIe Siècle. Le Manuscrit des *Pandectes*, trouvé à Amalfi en 1130, & porté à Pise, puis à Florence, donna lieu à nombre d'Editions qui, en peu de temps, répandirent en France le Recueil de Justinien.

Les principales Editions qui en furent faites, se réduisent à trois Classes: 1. *Editio Norica*, ou *Haloandrina*, donnée d'abord par Grégoire Haloander, à Nuremberg, en 1529, & successivement réimprimée à Paris, à Lyon & ailleurs; 2. *Editio Florentina*, faite sur le célèbre Manuscrit de Florence, par Lælius & François Taurelli: *Florentiæ*, 1553, laquelle Edition fut suivie par les Editions du Corps de Droit, données en France par Contius (ou le Conte) en 1559, 1562, 1571, 1576, par *Ruffardus* & autres; 3. enfin *Editio vulgaris*, qui est celle donnée par Denis GODEFROY, avec des Notes très-estimées, publiée d'abord à Lyon en 1560, & réimprimée depuis à Lyon, Paris, Amsterdam, Leipsick, avec de nouvelles perfections. La dernière & l'une des meilleures, est celle de Geneve: *Corpus Juris Civilis*, &c. *Coloniæ Munatianæ*, Cramer, 1756.]

(9.) ☞ Pandectæ Justinianeæ in novum ordinem digestæ, cum Legibus Codicis & Novellis quæ Jus Pandectarum confirmant, explicant aut abrogant; per R. J. P. C. *Paris*. & *Carnuti*, 1748-1752, *in-fol*. 3 vol.

C'est ici l'Ouvrage d'un Docteur particulier, (Robert-Joseph POTHIER, Conseiller au Présidial d'Orléans,) qui a conservé les termes des Loix, en les arrangeant dans un ordre qui en facilite l'intelligence & l'usage. On peut en dire autant des *Loix Civiles dans leur ordre naturel*; par Jean DOMAT: *Paris*, 1694, *in-4*. 3 vol. & plusieurs fois depuis *in-fol*. revues & augmentées par DE JOUY, dans l'Edition de 1756.]

(10.) ☞ Traité des Loix abrogées & inusitées en toutes les Cours & Seigneuries de France; par Philibert BUGNYON: *Lyon*, 1658, *in-8*. ensuite *in-4*. & *Bruxelles*, 1702, *in-fol*.

Cet Auteur a fait d'autres Ouvrages de Jurisprudence: il est mort vers 1590. On peut voir la *Bibliothèque des Auteurs de Bourgogne*, par l'Abbé Papillon.]

Au N.° 27584, ajoutez à la Note, après l'alinea 2.

Le motif pour lequel Struvius, au lieu cité, préfère l'Edition de Herold à celle de Lindembrogue, quoique plus ample, c'est que Herold s'est servi de plus anciens Manuscrits: *quia Heroldus vetustioribus codicibus usus*.

La Collection de Lindimbroge, qui mérite bien une distinction, est intitulée:

27584.* ☞ Codex Legum antiquarum; cum Glossario: ex Bibliotheca Friderici LINDIMBROGII, Jurisc. *Francofurti*, 1613, *in-fol*.

On y trouve des Morceaux très-précieux sur les anciennes Loix des François, des Bourguignons, &c. mais plusieurs d'entre eux ont reparu plus correctement dans les Editions indiquées sous les N.^{os} suivans.]

27589.* ☞ Codex Juris Germanici antiqui, Petri GEORGISCH: additæ Variantes, Index & Præfatio Joan. Gottlieb. HEINECCII: *Halæ*, 1731 & 1738, *in-4*.

Ce Recueil contient à peu près les mêmes choses que ceux de Lindembroge & autres dont nous avons parlé.

Quant à la Préface de Heineccius, c'est un Traité *de Lege Salica*, *ejusque origine*, réimprimé sous ce titre, dans le Recueil des Œuvres de ce fameux Jurisconsulte Allemand: *Geneva*, 1748, *in-4*. *tom. III. pag*. 247 & *seq*.]

27592.* ☞ Petri Frid. ARPI, Themis Cimbrica, sive Cimbrorum & vicinarum Gentium antiquissimis Institutis: *Hamburgi*, 1737, *in-4*.

C'est l'Histoire des Emigrations & des Loix des Peuples du Nord, très-utiles pour connoître les Mœurs des Conquérans de la Gaule, & l'origine d'une partie de notre Droit Coutumier.]

Anciennes Loix de France.

PAGE 798.
Col. 2. avant l'alinea, On peut voir....*ajoutez* :

On a donné en 1772, *Venetiis*, Zatta, une nouvelle édition des Capitulaires, copiée sur celle de Baluze, mais à laquelle on a ajouté le Traité de François de Roye *de Missis Dominicis,* (ci-après N.° 31319.)

Au reste, on croit devoir avertir ici, que l'on conserve dans la Bibliothèque du Roi plusieurs Exemplaires des différentes Editions des Capitulaires, chargés de Notes Manuscrites de la main de M. Baluze, notamment celle qu'il a donnée en 1677, où il a pû faire usage de celles qu'il avoit faites sur les Editions précédentes.]

Après le même alinea, On peut voir...*ajoutez* :

Les démembremens de l'Empire de Charlemagne & la distinction de la France en Orientale & Occidentale, ne doivent pas empêcher ceux qui veulent bien connoître tout ce qui regarde les sources, de consulter les Constitutions des Empereurs Germaniques & quelques autres Ouvrages concernant le Droit public d'Allemagne; d'autant plus qu'une partie des Provinces qui, pendant un temps, ont fait corps avec l'Empire, a été réunie à la France. Ainsi le Droit de ces Provinces reconquises doit s'éclaircir par les Constitutions Impériales & les Recès de l'Empire d'Allemagne, dont la Suite est moins interrompue que celle des Capitulaires de nos Rois. Il est donc à propos d'indiquer ici les Ouvrages suivans :

27610. * (1). ☞ Constitutiones Imperiales; operâ & studio Melchioris GOLDASTI: *Francofurti,* 1613, *in-fol.* 3 vol.

Le Tome I. contient les Constitutions des Empereurs, depuis Charlemagne jusqu'à Rodolphe II.

Le Tome II. les Recès de l'Empire, arrêtés dans les Assemblées & Diètes des Empereurs, Rois, Princes & Electeurs.

Le Tome III. les Loix & Ordonnances des Empereurs Romains & Teutoniques, Rois des Francs, des Goths & des Lombards, & tout ce qui peut avoir rapport à la France, à l'Allemagne, à l'Espagne, à l'Italie, à l'Angleterre, la Pologne, le Danemarck, la Bohême, la Hongrie, &c. depuis l'an 460 jusqu'à l'an 1600.

Quoique cette vaste Collection ne réponde pas entièrement à son titre, il y a néanmoins beaucoup de choses intéressantes. On en a réimprimé quelques-unes en 1674, avec des augmentations, telles sont : *Jus Feudale Saxonicum & Speculum Saxonicum.* C'est ce qui annonce la connexité que les Docteurs Allemands trouvent entre ces différentes Loix. Le Baron de Senkemberg l'a fait encore mieux sentir dans ses Collections, également curieuses pour l'Histoire des Loix de France & d'Allemagne : nous en parlerons après les deux Ouvrages suivans.

(2). ☞ Corpus Juris publici Imperii Romani Germanici, ex Historiæ fontibus, Legibus fundamentalibus, Actis publicis; Autore Burcardo Gotthelffio STRUVIO: Editio tertia: *Ienæ,* 1738, *in-*4.

Le Chapitre IV. *de Regno Arelatensi* & Accessoriis Regni Germanici, est intéressant pour l'Histoire de France, de même que plusieurs autres Chapitres qui ont rapport aux commencemens de l'Empire d'Occident, aux Princes Ecclésiastiques & Séculiers, Comtes & Barons, aux Villes Impériales, &c.]

(3). ☞ Joan. Petri LUDEWIG, Singularia Juris publici Germanici Imperii Principia, ejus Jura translati in Germanos Imperii, in nexu ejus Papa & Ordines Italiæ, Arelati &

Tome IV. Part. I.

Burgundiæ Regna, Lotharingia, &c. *Halæ Salicæ,* 1730, *in*-8.

Ces deux derniers Articles sont traités avec plus de détail par Ludewig que par Struvius, de même que plusieurs points qui intéressent l'Alsace, les Principautés d'Orange & de Neufchâtel, &c. La raison en est que Ludewig avoit fait précédemment des Traités particuliers à ce sujet, que l'on trouvera dans notre Tome III. avec les Ecrits que les François ont opposés à ces Ecrivains Allemands.]

(4). ☞ Corpus Juris Feudalis Germanici, Henrici-Christiani de SENKEMBERG : *Francofurti,* 1740, *in*-8.

On y trouve :

1. Jus Francicum Feudorum, Latinè & Germanicè, *pag.* 1.

2. Jus Feudale Alemanicum, Lat. & Germ. *pag.* 91.

3. Aliud, ex Moribus Bavariæ, Germanicè tantùm, *pag.* 125.

4. Vetus Autor de Beneficiis, seu antiquiss. Jus Feudale Saxonicum, *pag.* 159.

5. Jus Feudale Saxonicum, Germanicè, *pag.* 179.

6. Idem, Latinè, *pag.* 218.

7. Jus Feudale Bavaricum, Lat. & Germ. *pag.* 260.

8. Richt Stich. Leuurecht, cum Versione Germanica recentiore, *pag.* 276.

9. Jus Feudorum Longobardicum, *pag.* 354.

10. De Feudis, Liber V. à Cujacio collectus, *pag.* 432.

11. Extrait des Ordonnances de S. Louis, de l'an 1270, concernant les Fiefs, tiré d'un Manuscrit en velin. (Ce sont les *Etablissemens* de S. Louis, en François, de deux différens siècles : le Chapitre V. que Senkemberg a fait imprimer, différe en quelque chose de l'Edition des Ordonnances du Louvre. Vraisemblablement le Manuscrit dont il s'est servi, est à Vienne en Autriche.)

12. Excerptum ex Cantarello Fabro, de Beneficiis, *pag.* 487.

13. Excerpta ex Capitular. Regum Franciæ, de Beneficiis Ecclesi. *pag.* 499.

14. Excerpta ex Constitutionibus Imperialibus, *p.* 515. (Celle de Frédéric II. en 1220 sur les Droits des Princes Ecclésiastiques, a été adressée à l'Archevêque de Besançon.)

Par cet Extrait des titres du Recueil de Senkemberg, on en reconnoît toute l'utilité, même pour la France. La réunion des Villes & Provinces cédées à Louis XIV. par les Traités de Munster & de Nimègue, engagent encore à citer un autre grand Recueil de Senkemberg. Mais auparavant nous ferons quelques observations sur le Droit des Fiefs des Lombards (num. 9.) qui est la plus ancienne Pièce que l'on ait sur les Fiefs.

De cinq Livres dont il est composé, trois furent recueillis en 1152, par Gérard le Noir & Obert de Orto, Jurisconsultes de Milan, sous le règne de l'Empereur Frédéric I. ou Barberousse. Le Livre IV. est d'un Auteur incertain. Le V.e contient les Constitutions Féodales des Empereurs Lothaire I. & II. Henri IV. Lothaire III. Frédéric I. & Frédéric II. C'est dans ce Recueil que l'on trouve le premier Droit écrit sur les Fiefs ; mais comme ce n'étoit qu'une Collection de différentes Coutumes & Ordonnances qui ne lioient point dans les lieux où elles n'étoient pas données pour Loi par l'autorité des Souverains; chaque Etat & chaque Province, en ont apporté la substance de la Coutume des Lombards, y ont apporté des changemens convenables aux temps & aux

Kkk

circonstances, comme l'a dit Dunod, dans ses Observations sur la Coutume du Comté de Bourgogne : (*Eclaircissemens sur les Fiefs*, pag. 89.) Les Droits qui dérivent de la Souveraineté sont parfaitement expliqués sous le Titre 56. du Liv. II. des Fiefs. Frédéric Barberousse le fit rechercher en Italie, & sa Constitution forme l'usage commun de la France comme de l'Empire. « Elle a force de Loi au Comté, dit Dunod (*pag.* 35), » parceque nous avons reçu le Droit des Fiefs, & » que l'Empereur qui l'a faite, étoit aussi Comte » de Bourgogne ». La Pièce même est encore plus positive que l'autorité de M. Dunod; elle se trouve, pag. 334. du tom. III. des Constitutions Impériales de Goldast, sous ce titre : « Comitia apud Roncalias, ubi » Imperator Fridericus I. tractat de Regalibus cum » Primatibus Galliæ, Germaniæ & Italiæ. » L'Archevêque de Besançon, le Comte Otton, Palatin de Bourgogne, les Comtes de Châlon, Mâcon, Vienne, Neufchatel & Orbe, assistèrent à cette Assemblée en 1158 : ce qui prouve que les Constitutions portées dans le Corps du Droit des Fiefs obligeoient les Prélats & Seigneurs du Royaume de Bourgogne.]

(5). ☞ Corpus Juris Germanici publici & privati, ex Bibliotheca Senkembergiana : *Francofurti*, 1760 & 1766, *in-fol.* 2 vol.

Le Tome I. contient, 1. Jus Cæsareum : 2. Ordo judiciarius Juris Provincialis : 3. Ordo judiciarius Juris Feudalis, &c.

Le Tome II. renferme, 1. Speculum Suevicum, sive Jus Provinciale Alemanicum Civile : 2. Jus Provinciale & Feudale Alemanicum : 3. Autor vetus de Beneficiis, cum multis Glossariis & Indicibus.

Il faut joindre à cette Collection, le *Speculum Saxonicum*, qui fait partie du Droit Germanique, & sert à l'interprétation des Ouvrages précédens. La meilleure traduction en Allemand avec la traduction Latine, est de Leipsick, 1732, *in-fol.*

(6.) ☞ Dav. Georg. Strube, de origine Nobilitatis Germanicæ, & præcipuis quibusdam ejus juribus : *Ienæ*, 1745, *in-*4.

Cette Dissertation est très-utile pour l'explication des Usages de la Première & de la Seconde Race de nos Rois, pour l'Assemblée des Etats-Généraux, &c.]

Sur les Auteurs du Droit Germanique, on peut voir le Chap. XII. de la *Biblioth. Juris*, par Struvius & Buder (*Ienæ*, 1756, *in-*8.) & au Chap. XIV. le détail des Ecrivains sur l'Histoire des Fiefs & sur les sources du Droit Féodal en Allemagne. Sur ce dernier point, on peut encore consulter = Bibliotheca Feudalis Ericii Mauritii, sive Nomenclator Scriptorum in Jus Feudale, cum aliis Opusculis : *Francofurti*, 1692, *in-*4. = Notitia Autorum Juris Feudalis, in Jure Feudali Gothfridi Antonii : *Halæ*, 1699, 1726, 1736, *in-*4. = Bibliotheca Juris Feudalis plenior, in Corpore Jur. Feud. Lunigiano, tom. III. *Lipsiæ*, 1727, *in-fol.* = Thesaurus Feudalis, Augusti Ienichen, qui contient beaucoup d'Ouvrages rares sur les Fiefs : *Francofurti*, 1750-1755, *in-*4. 3 vol. = Enfin, les sçavantes Dissertations qui se trouvent dans les Antiquités d'Italie de Louis Muratori.

Parmi les Auteurs François, plusieurs ont donné des Ouvrages historiques & autres sur les Fiefs : nous les avons indiqués ci-après, tome III. de cette Bibliothèque, Liv. IV. Chap. IV. Art. I. avant ce qui concerne la Noblesse de France.

Mais pour avoir une connoissance complette des Loix du Royaume sur cette matière, il faut aussi recourir aux bons Commentateurs des Coutumes sur l'article des Fiefs, tels que Dumoulin sur Paris, Chopin sur l'Anjou, la Thaumassière sur le Berry, Bouhier sur la Bourgogne, &c. dans lesquelles il se trouve beaucoup de recherches historiques sur les Loix Féodales.]

Page 799, *ajoutez*,

27621. * ☞ Ms. Ordonnances depuis Louis VI. jusqu'à Charles VIII. écrites en 1492; par Jehan Ysambert, Orléanois : *in-*4.

Elles se trouvent à Rome, dans la Bibliothèque du Cardinal Ottoboni, cotte R. I. 24.]

Page 800, *ajoutez*,

27633. * ☞ Edits & Ordonnances des Très-Chrestiens Rois François II. & Charles IX. tant sur le fait de la Justice & Officiers d'icelle, que sur la Police du Royaume: *Paris*, Dassier, 1563, *in-*8.]

Page 801, *ajoutez*,

27647. * ☞ Recueil des Edits & Déclarations des Rois Henri IV. Louis XIII. & Louis XIV. sur la Pacification des Troubles du Royaume : *Paris*, 1659, *in-*8.]

27648. * ☞ Recueil des Edits, Déclarations & Arrêts concernant les Duels : *Paris*, 1689, *in-*12.]

Page 802, *ajoutez*,

27656. * ☞ Code de la Religion & des Mœurs, ou Recueil des principales Ordonnances, depuis l'établissement de la Monarchie Françoise, concernant la Religion & les Mœurs; par M. l'Abbé Meusy, Prêtre du Diocèse de Besançon : *Paris*, Humbelot, 1770, *in-*8. 2 vol.

On auroit désiré plus de critique dans le Collecteur, & quelques Remarques sur l'esprit & les circonstances de certaines Loix, dont quelques-unes sont tombées aujourd'hui en désuétude.]

Au N.º 27659, ligne 5, *ajoutez*, Tome XI. 1769. A la Note, ligne avant-dern. Charles VII. *lisez* Charles VI. & *à la fin, ajoutez* : Le Tome XI. contient la fin des Ordonnances de Charles VI. qui finissent en 1422; de plus, un Supplément aux Ordonnances des Rois de la Troisième Race, depuis 1080, jusqu'à 1327, & une Table Chronologique.]

Page 803, *ajoutez*, avant l'Art. IV.

☞ On a vu dans les Articles précédens les Coutumes des Gaulois, abrogées en partie par les Loix Romaines & le Code Théodosien, celles-ci modifiées par les Loix des Peuples du Nord, les unes & les autres augmentées par les Capitulaires des Rois de France, & par les Constitutions des Empereurs Germaniques, le Droit de Justinien subrogé par le fait, dans le XII.e siècle, au Code Théodosien, en même temps que l'on formoit un choix des anciennes Loix & des Usages des Fiefs, enseignés & compilés avec les Volumes du Droit de Justinien dans la plus grande partie de l'Europe. Il n'est pas étonnant que de cette concurrence, il soit sorti presque autant de Coutumes qu'il y a de Provinces en France.

La tolérance des Romains avoit accordé à plusieurs des Provinces conquises de la Gaule (sur-tout aux Septentrionales,) le droit de conserver leurs usages : le melange des Barbares du Nord avec les Romains, en apporta d'autres, par la diversité des Loix que chacun pouvoir choisir à son gré. L'introduction des Fiefs & des Seigneuries, les Chartes des Communes, la dérogation aux anciennes Loix, la fréquence de certaines clauses dans les contracts, les opinions des Docteurs, les usages du Droit Canonique, l'émulation des Bourgeois vis-à-vis des Nobles, & plusieurs autres causes produisirent enfin une multitude de *Coutumes*, dans lesquelles des principes très-divers influèrent selon les circonstances; & ce sont ces Coutumes qui forment aujourd'hui le Droit Municipal de nos Provinces, surtout dans la partie du Royaume appellée pour cela la *France Coutumière*, qui est la Septentrionale, quoiqu'en plusieurs endroits de la Méridionale, qu'on nomme *de Droit écrit*, il y ait encore quelques Coutumes, introduites apparemment par des Seigneurs particuliers.

Mais comme ces diverses Coutumes ne commencèrent à être authentiquement rédigées, & revêtues de l'autorité du Souverain, que dans le XV.e Siècle, & que c'est à cette Epoque qu'elles sont devenues des Loix proprement dites, leur indication doit être placée à la fin de notre §. IV. qui regarde les Ordonnances de la Troisième Race de nos Rois.

Le détail entier de ces diverses Coutumes, ainsi que des Jurisconsultes qui les ont commentées, semble n'appartenir qu'à une Bibliothèque de Droit; cependant nous en mettrons ici une Liste, avec les noms des principaux Commentateurs, qui sont quelquefois des remarques historiques. Nous indiquerons auparavant les deux Recueils suivans.

27663. * ☞ Bibliothèque des Coutumes, contenant, 1.º la Préface d'un nouveau Coutumier général; 2.º une Liste historique des Coutumiers généraux; 3.º une Liste alphabétique des Textes & Commentateurs des Coutumes, Usances, Statuts, Fors, Chartes, Stils, Loix de Police & autres Municipales du Royaume, avec quelques Observations historiques; 4.º les anciennes & nouvelles Coutumes du Bourbonnois, avec les Apostils de Dumoulin, & quatre Consultations de cet Auteur; par Claude Berroyer & Eusèbe-Jacob de Laurière: *Paris*, Gosselin, 1699, *in*-4.

Les Coutumiers généraux dont ils parlent, ont été imprimés depuis l'an 1517 jusqu'en 1664, & il y en a eu 15 Editions, toutes imparfaites. Ils ont tiré la Liste alphabétique qu'ils y ont jointe, de celles qui sont au Greffe du Parlement de Paris, relevée par ordre de M. de Lamoignon, pour exciter à en donner de semblables dans les autres Parlemens. Le plan qu'ils avoient tracé, en même temps qu'ils jettoient les fondemens de la grande Edition du Recueil des Ordonnances des Rois de la Troisième Race, a été exécuté par la Collection qui suit.]

27663. * ☞ Nouveau Coutumier général, ou Corps des Coutumes générales & particulières de France & de ses Provinces connues sous le nom des Gaules; vérifiées sur les Originaux, &c. avec les Notes de MM. Chauvelin, Brodeau, Ricard, Du Molin, Ragueau, la Roche-Maillet, & des Listes alphabétiques des Lieux régis par chaque Coutume; par Charles A. Bourdot de Richebourg, Avocat au Parlement: *Paris*, 1724, *in-fol.* 4 vol.

C'est le meilleur Recueil qui existe de nos Coutumes, dans lequel cependant on en desire encore quelques-unes qui ont échappé aux recherches du Compilateur.]

Table des Coutumes de la France, contenues dans le Coutumier général de Richebourg, avec l'indication des Coutumes ou Statuts particuliers qui ne sont point dans ce Recueil, & le nom des principaux Commentateurs.

[A. signifie Ancienne Coutume ; N. Nouvelle ; L. Locale ; C. ou CC. Commentateurs ; les quatre Tomes de Richebourg sont indiqués par I. II. III. IV. avec les pages. Les Coutumes qui ne s'y trouvent pas sont en *Italique*.]

A

Abbeville, L. I. 104.
Acs, (ou Dax) IV. 913. C. Bahel.
Agen, IV. 903. C. Ducros.
Aigues-mortes, & Statuts : Galland du Fr. alleu, *p.* 364.
Aire, Châtellenie & Bailliage, I. 317.
Aire, Ville & Banlieue, I. 318.
Aix, L. II. 12.
Albigeois; Béziers, Carcassonne, Riez, &c. Galland du Fr. alleu, *p.* 355.
Alençon, L. IV. 197.
Allemagne & Vôges, II. 1099.
Alluye, III. 703.
Alost, I. 1104.
Alsace, Style & Réglemens : *Metz*, 1665, *in*.4.
— Ordonnances du Conseil de Colmar, 1738, *in-fol.*
Amboise, A. L. IV. 622.
Amboise, N. L. IV. 702.
Amiens, A. I. 113.
Amiens, Bailliage, N. I. 167.
Amiens, Ville, N. I. 191. CC. Dumoulin, du Fresne, Ricard, Adrien de Heu.
Ammertin, II. 931.
Anapes, L. II. 917.
Andely, L. IV. 97.
Angely. (S. Jean d') *Voy.* Saintonge. C. Vigneus.

Angoumois, IV. 640. CC. Gondilland, Vigier.
Anjou, IV. 529. CC. Bodin, Mingon, Poisson, de Lommeau, Chopin, Dumoulin, Cheneau, Dupineau, Touraille, Poquet de Livonnière, Durson, Roche-maillet.
Argis, L. IV. 708.
Arles, Privilèges & Libertés, Traité entre le Comte & les Citoyens : *Lyon*, 1582, *in* 4. CC. Boniface, Avinio.
Armagnac & Fezenzac : Galland du Fr. alleu. *p.* 199.
Armentières, L. II. 913.
Arques, L. IV. 93.
Arras, L. I. 277.
Artois, A. I. 243.
Artois, N. I. 255. CC. Gosson, Anselme, Steemberg, Romelius, Adrien Maillard, des Mazures.
Assenede, I. 803.
Audenarde, I. 1058.
Avignon, Statuts, 1617, *in*-4.
Aunis : *voy.* la Rochelle.
Autroche, L. III. 1098.
Auvergne, IV. 1160.
Auvergne, (basse) L. IV. 1195.
Auvergne, (haute) IV. 1209. CC. Bessianus, Joannes de Villari, Pougnet, Aymo Publitius, Rigault, Durant, Consul, Prohet.
Auxerre, A. III. 569.

Auxerre, N. III. 593. CC. Le Brioys, Billon, Née de la Rochelle, Bernier.
Azay-le-Ferron, A. L. IV. 622.
Azay-le-Ferron, N. L. IV. 703.

B.

BACARRAT, L. II. 424.
Bailleul, I. 955.
Bailleul-Sire-Berroud, I. 419.
Banche, A. L. IV. 624.
Banche, N. L. IV. 704.
Bappalmes, (ou Bappaume,) Ville, L. I. 328.
Bappaume, Bailliage, I. 329.
Bar, A. II. 1015.
Bar, N. II. 1019. C. le Paige.
Barége, (Vallées de) & de Lavedan, Ville de Lourde, Pays de Rivière-Ousse, Baronie des Angles & Marquisat de Benac : Procès-Verbal de ces Coutumes, rédigées en 1768 : *Toulouse*, 1769, *in-*4.
Barraille & Buissy, I. 404.
Bassée, (la) L. II. 919.
Bassigney, II. 1140.
Baudimont, I. 443.
Bayeux, L. II. 95.
Bayonne, IV. 943.
Bazoche-gonet, III. 703.
Béarn, IV. 1071. Marca.
Beaujeu, III. 1034.
Beaumont-le-Roger, L. IV. 96.
Beauquesne, A. I. 147.
Beauquesne, N. I. 197.
Beauvaisis. Voy. Picardie, Amiens, Senlis, Clermont & Montdidier.
Beauvaisis, Prévôté, A. L. I. 154.
Begarre, L. IV. 412.
Belot, L. III. 401.
Berg S. Vinox, Ville & Châtellenie, I. 505.
— Cour Féodale, I. 562.
Berneville, I. 415.
Berry, A. III. 875.
Berry, N. III. 935. CC. Boyer ou Boërius, la Thaumassière, Denis Godefroy, Labbé de Montveron, Lagneau, Mauduit, Catherinot, la Rue, Dufour, Migeon.
Bethisy, II. 796.
Béthune, L. I. 315.
Besançon, CC. Dorival, Dancier.
Béziers : Voy. Albigeois.
Biache, I. 434.
Biez, (le) L. I. 347.
Billy, I. 447.
Billy, L. III. 425.
Billy, III. 1076.
Binch, II. 101.
Blois, III. 1047. CC. Pontanus ou Dupont, & Dumoulin, H. T.
Boing, Isle régie par la Coutume de Poitou : Lettres-Patentes de 1714.
Boilleux, ou Mont, I. 449.
Boitron, L. 402.
Bordeaux, IV. 889. CC. Ferronius, Lurbe, Automne, Godefroy, Dupin : Anciens Statuts : *Bordeaux*, 1570, 1593, *in-*4.
Boubers-sur-Canche, L. I. 347.

Bouchaute, I. 781.
Bouge, L. III. 1093.
Bouillon, II. 845.
Bouin, I. 400.
Boulenois, A. I. 25.
Boulenois, N. I. 43. C. Renard, Ms. vendu à la mort de M. l'Avocat Sarrasin, à Paris.
Boulogne, L. I.762.
Bourbonnois, A. III. 1193.
Bourbonnois, N. III. 123. CC. Papon, Duret, Jacques Potier, Berroyer, Laurière, Auroux des Pommiers, Dumoulin.
Bourbourg, I. 481.
Bourges, A. III. 875. Voy. Berry.
Bourges, N. III. 905.
Bourgogne, Comté, II. 1193. CC. Boquet, Grivet, S. Mauris, Talbert, Dunod, le Michau d'Arçon, & en Ms. Boyvin, Gobelot, Terrier, Froment Gissebert.
Bourgogne, Duché, II. 1169. CC. Bonfeal, Thierry Delcousu, Chasseneuz, Begat, Rubys, Devillers, Despringles & Canat, Bouvot, de Chevannes, Perrier, Azincour, Parise, Taisand, Durand, Martin, Bretagne, la Mare, Jeannin, Guillaume, Raviot, Perrier, Davot, Bannelier, Bouhier.
Bousignies, L. II. 926.
Boussac, L. III. 1010.
Boutillerie, (la) L. II. 928.
Bouvain, I. 441.
Bouvines, L. II. 926.
Brabant : Coutumier général : *Anvers*, 1682, *in-fol*, traduit par Trelier.
Bragerac, IV. 1005.
Bresse & Bugey, CC. Revel, Collet, Guichenon.
Bretagne, très-anc. IV. 199.
Bretagne, A. IV. 291.
Bretagne, N. IV. 360. CC. Eguinard Baro, d'Argentré, Belordeau, Hullin, Frain, Hévin, Abel, la Bigotière, Duparc-Poullain, Sauvageau.
Breteuil, L. IV. 96.
Briançonnois : Loix & Privilèges : *Grenoble*, 1624.
Brie, III. 209.
Brou, III. 703.
Brouerec, IV. 413.
Bruges, Ville, I. 571.
Bruges, Bourg & Cour féodale, I. 593.
Brusselles, I. 1235.
Bueil, II. 1232.
Buissy, I. 404.
Busançois, A. L. IV. 623.
Busançois, N. L. IV. 704.
Bussière, (la) L. IV. 418.
Buxeuil, L. III. 1085.

C.

CAEN, L. IV. 95.
Calais & Pays reconquis, I. 1.
Calais, Ville & Banlieue, I. 17.
Cambray, II. 281. C. Pinault des Jauneaux.
Camphin, L. II. 929.
Cassel, I. 699.
Castres : C. Defos. Voy. la Bibl. des Coutumes, *p.* 112.
Caudebec, L. IV. 93.
Chaalons, II. 475. CC. Godet, Billecard.

Loix de France.

Chabris, L. III. 1096.
Chamigny & Belot, L. III. 401.
Champagne & Brie, III. 209. C. le Grand.
Chamly, II. 663. C. Louis Vrevin.
Chante-marle, L. III. 403.
Chapelle Dam Guillon, L. III. 1004.
Charoft, L. III. 1003.
Chartres, III. 703. CC. Dumoulin, Tullove dit Ægidius Tullus, Frerot, Couart, Dulorens.
Château-Landon, III. 829.
Château-Meillant, III. 995.
Château-neuf en Thimerais, III. 679. CC. Dumoulin, Dulorens.
Château-neuf sur Cher, L. III. 1018.
Château-Regnaud, A. L. IV. 626.
Château-Regnaud, N. L. IV. 707.
Châtelet en Berry, L. III. 1014.
Châtillon-sur-Yndre, A. L. IV. 621.
Châtillon-sur-Yndre, N. L. IV. 702.
Châtillon-sur-Loing, III. 829.
Chaumont en Bassigny, III. 351. C. Gousset.
Chaumont en Vexin : Voy. à Senlis.
Chauny, A. II. 663.
Chauny, N. II. 677. C. Louis Vrevin.
Chimay, II. 270.
Choisy en Brie, L. III. 401.
Clermont en Beauvaisis, II. CC. voy. la Thaumassière, Beaumanoir, Bouchel, Dumoulin, Laurière.
Clermont-Margnac, II. 869.
Clermont-Souverain : Coutumes & établissemens (de ce Château :) *Agen*, 1596, in-8.
Commines, L. II. 921.
Compiègne : Voy. Senlis.
Conches & Breteuil, IV. 96.
Conquets de Hue de Gournay, L. IV. 94.
Cornouaille, L. IV. 409.
Coucy, II. 537. CC. J. B. Buridan, Cl. de la Fons.
Couldray, (le) A. L. IV. 624.
Couldray, (le) N. L. IV. 705.
Coullomiers, L. III. 400.
Courtray, Ville & Châtellenie, I. 1029.
Courtray, Cour Féodale, I. 1049.
Crecy, L. III. 401.
Crepy, II. 796.

D.

Dainville, I. 426.
Daoulas, IV. 411.
Dauphiné : Statut Delphinal. CC. Guy Pape, Salvaing, de Valbonnais.
Demencourt, I. 433.
Desseldonck, Sleydegham, Lovendeghens, Doorezel & Hyeste, I. 812.
Desvéene, I. 64.
Dombes : Ordonnance du Duc de Montpensier : *Lyon*, 1583, in-4.
Doorezel : Voy. Desseldonck.
Douay, Gouvernance, II. 971.
Douay, Ville, II. 983.
Doullens, A. L. I. 152.
Doullens, N. L. I. 198.
Dourdan, III. 123.
Dreux, III. 718. C. Dulorens.

Dun-le-Roy, L. III. 1000.
Dunois, L. III. 1068.

E.

Eccloo & Lembeke, I. 767.
Eckelsbeke & Ledringhem, I. 544.
Ennetières & Wepre, L. II. 929.
Enneulin, I. 437.
Erquinghehem, L. II. 924.
Escoubt S. Quentin Saudemont, I. 390.
Espinal, II. 1127.
Esquermes, L. II. 917.
Esreux, L. II. 918.
Estaires, I. 923.
Estampes, III. 93. CC. Floreau, Dumoulin, Lamy.
Estappes, L. I. 65.
Eu, IV. 166.
Evreux & Nonancour, L. IV. 96
Excluses, (les) A. L. IV. 627.
Excluses, (les) N. L. IV. 707.

F.

Falaise, L. IV. 98.
Faremoutier, L. III. 402.
Femhy, I. 445.
Ferté-Auray, L. III. 1094.
Ferté-au-col, L. III. 401.
Ferté-Gaucher, L. III. 401.
Ferté-Milon, II. 796.
Ferté-Ymbaut, L. III. 1091.
Ficheux, I. 423.
Fillieures, L. I. 347.
Flandres : C. Burgundus Zypæus.
Florenges, II. 819.
Forcalquier, II. 1005.
Fougères, L. IV. 416.
Fougères, L. IV. 417.
Foulloy, A. L. I. 153.
Foulloy, N. L. I. 198.
Fracine, L. IV. 707.
Franc, (Pays du) I. 603.
Fresne & Montauban, I. 422.
Freteval, L. III. 1068.
Fromenteau, A. L. III. 622.
Fromenteau, N. L. III. 702.
Furnes, Ville & Châtellenie, I. 635.
— Cour Féodale, I. 693.

G.

Gabardan, IV. 905.
Gambais, III. 141.
Gand, I. 991.
Gastinois, III. 829.
Gaverelles, I. 427.
Gerberoy, I. 222.
Germigny, L. III. 1277.
Ghisoing, L. II. 921.
Gien, III. 829.
Gisors, L. IV. 96.
Goello, L. IV. 405.

Gorgue, (la) II. 1003.
Gorre, I. 429.
Gorze, II. 1073.
Gournay, L. IV. 94.
Grand Parche : Voy. Perche. CC. Bry de la Clergerie, Dumoulin.
Guenappes, I. 401.
Guienne, (Style de) *Bordeaux*, 1596.
Guierche, (la) A. L. IV. 623.
Guierche, (la) N. L. IV. 703.
Guisnes, I. 236.
Gurgy le Châtel, L. III. 528.

H.

HAINAUT, A. II. 1.
Hainaut, N. II. 41. CC. Dumieis, Fortius.
Haisnes, I. 403.
Ham, L. I. 380.
Hambelin, I. 412.
Hanut : Voy. la Coutume générale du Brabant.
Haravernes & Waux, L. I. 347.
Harcourt, L. IV. 96.
Hathiers, I. 416.
Hautbourdin & Ammerin, II. 931.
Hautemaison, L. III. 403.
Hées, I. 421.
Herbault, A. L. IV. 617.
Herbault, N. L. IV. 707.
Herlies, L. II. 918.
Herly, L. I. 68.
Hervain, I. 414.
Hesdin, Bailliage, A. I. 333.
Hesdin, Châtellenie & Bailliage, N. I. 339.
— Ville, I. 344.
Hongsthotte, I. 551.
Honrkerke, I. 548.
Hue de Gournay, L. IV. 94.
Hyette, I. 822.

J.

JAMBETS, II. 819.
Jordoignes : *Voy.* le Coutumier de Brabant.
Joy-sur-Morain, L. III. 401.
Ipre, Châtellenie, I. 827.
— Ville, I. 876.
Isez les Esquerchins, I. 432.
Issigeac : Voy. Bibliot. des Coutumes, *p*. 125.
Issouldun, A. III. 915.

L.

LABOURT, IV. 967.
Labroye, L. I. 346.
Laigny, sur Marne, L. III. 401.
Lallene, L. I. 371.
Lamballe, L. IV. 417.
Landrechies, II. 263.
Langle, I. 298.
Languedoc : Franc-alleu, liberté & franchises : *Toulouse*, 1645. CC. Traités du Franc-alleu de Dominicy, Cambolas, Caseneuve & Galland.
Lannoy, L. II. 924.
Laon, A. II. 435.
Laon, N. II. 455.

Laon : *Voy.* ci-après, Vermandois.
Ledringhem, I. 544.
Lembeke, I. 767.
Lengres & Comté Montsaujon, L. III. 528.
Lens, Bailliage, I. 323.
Lens, Ville & Echevinage, I. 324.
Léon & Daoulas, L. IV. 411.
Lépine & la Postille, L. II. 917.
Leproroux & Bouge, L. III. 1093.
Lessine, II. 215.
Liège : Ordonnances & Statuts, II. 311.
— Coutumes, II. 321. C. Pierre de Mean.
Lievayn, I. 327.
Ligueil, A. L. IV. 623.
Ligueil, N. L. IV. 703.
Lille, Ville, II. 935.
— Salle & Bailliage, II. 831. CC. Bouck, le Douk, Vander-Hael.
Lillers, L. I. 379.
Limbourg : *Voy.* Brabant.
Limoges, IV. 1141.
Linières, L. III. 1026.
Lisle-Savary, A. L. IV. 626.
Lisle-Savary, N. L. IV. 706.
Lodunois, IV. 711.
Lorraine, Nancy, Vosges & Allemagne, II. 1099.
Lorris & Montargis, III. 829.
Loudun : C. le Prévost de Beaulieu.
Lovendeghem, I. 822.
Lurcy, L. III. 1004.
Lury, L. III. 528.
Luxembourg, II. 339.
Lyonnois, Forez, Beaujolois, Mâconnois, (Usage du) CC. Bibl. des Coutumes, *p*. 132. Henrys, Verney.
Lyons, L. IV. 97.

M.

MAINE, (le) IV. 465. CC. Guillaume le Rouille, Dumoulin, Amelon, Bodreau, Louis des Malicottes, Laurière, Rippier.
Maitremoustier, A. L. IV. 622.
Mairemoustier, N. L. IV. 702.
Maisières, A. L. IV. 624.
Maisières, N. L. IV. 705.
Malemaison-Guerard, L. III. 401.
Malines, I. 1207. C. Petrus Nannius de Bucken.
Manosque : Jura, Consuetud. & privil. in Opusc. Joan. Columbi, Manuescensis, *p*. 465 : 1656, *in-fol.*
Mantes, A. III. 173.
Mantes & Meulant, N. III. 183. C. Fizeau.
Marche, (la) IV. 1101. CC. Nicol. Calleus, Dumoulin, Jabely, Guyot.
Marchenoir, L. III. 1068.
Mareul-lez-Meaux, L. III. 403.
Marolles, L. III. 400.
Marquenterre, L. I. 109.
Marsal, II. 1163.
Marsan, Tursan & Gabardan, IV. 905.
Marseille : Stat. & Cout. publiés par François d'Aix, Avocat : *Marseille*, 1656, *in-4.*
Martel, (Coutumes de) aux Preuves de l'Histoire de Turenne, *p*. 40.
Maulx, I. 442.
Mazengarbe, I. 395.

Loix de France.

Meaux, III. 381.
Meaux, L. 399. CC. Martin de Sevoyé, Dumoulin, Champy, Mſ. de le Conte.
Meleray, L. III. 402.
Meleun, A. III. 413.
Meleun, N. III. 434. CC. Poncet, Dumoulin, Champy, Savinien, Mſ. de Balletus, Rouillard.
Meleung-ſur-Core, III. 926. *Voy.* la Coutume de Berry.
Menetou-ſur-Cher, L. III. 1080.
Mer, (Uſages & Coutumes de la) *Voy.* Biblioth. des Coutumes, *p.* 142. CC. Clerac, Savary.
Metz, Ordonnances, II. 372.
— Coutumes, II. 395.
— Evêché, II. 414. C. Ancillon.
Meſſine, Statutum Meſſanenſe. C. Matius Giurba : *Lugduni*, 1673.
Meulant : *Voy.* Mantes.
Meutelieu, I. 439.
Millançay, L. III. 1076.
Millefouſe & Bouſignie, L. II. 926.
Mimeaux, L. III. 403.
Mirebalais, IV. 596.
Mirebeau, (Coutume locale de) & Pays de Mirebalais : Coutume d'Anjou, Hernault : *Saumur*, 1610, *in*-16. Dupineau, *p.* 111.
Molins en Berry, L. II. 1098.
Mons, II. 167.
Mons en Peule, I. 430.
Monſtier-Viller, L. IV. 93.
Montargis, III. 829. C. L'Hoſte.
Montauban, I. 422.
Montdidier, Péronne & Roye, II. 627. C. Le Caron.
Montereau, Marolles & Montigny, L. III. 400.
Montfort-l'Amaury, III. 141. CC. Thourette, Berroyer & Laurière.
Montigny, L. III. 400.
Montmirail, III. . . . .
Montpellier : Fragment de Coutume : Bibliothèque des Coutumes, *p.* 145.
Montreuil-ſur-Mer, A. L. I. 138.
Montreuil-ſur-Mer, N. L. I. 193. C. Dubours.
Montrichart, A. L. IV. 622.
Montrichart, N. L. IV. 702.
Mont-Saulton, L. III. 528.
Mont-Saint-Eloy, I. 465.
Mothe-ſur-Yndre, A. L. IV. 623.
Mothe-ſur-Yndre, N. L. IV. 703.
Mouvaux, L. II. 925.
Moyen, L. II. 424.
Moyenville, I. 447.
Murs, (les) Ville-Mareul, Mymeaux, Haute-Maiſon & Mareul-lez-Meaux, L. III. 403.

N.

Namur, II. 303.
Nançay, L. III. 1037.
Nancy, II. 1099. CC. Pierre Canons, Fabert, Deſmoulins.
Nantes, A. L. IV. 326.
Nantes, N. L. IV. 405. *Voy.* Bretagne.
Navarre : Fors, *Orthez*, 1545, *in*-8, CC. Galland, de Marca : *Voy.* ci-deſſus, Béarn.
Neauphle-le-Château, III. 141.

Nedonchel, L. I. 69.
Nemours, III. 829.
Neufchaſtel, L. IV. 94.
Neufville, IV. 920.
Neufvy, L. III. 1032.
Niſmes & Beaucaire : Style & Formulaire, 1542 & 1659, *in*-8. CC. Graverol, Rocheflavin.
Nielles-lez-Boulenois, I. 396.
Nieuport, I. 731.
Ninove, I. 1153.
Nivelle, I. 1201.
Nivernois, III. 1123. C. Coquille.
Noenville-Saint-Vaaſt, I. 431.
Nonancour, L. IV. 96.
Normandie, A. IV. 1, (rédigée ſelon Brodeau, par Pierre des Fontaines.)
Normandie, N. IV. 59. CC. Le Rouille, le Foreſtier, Lambert, Daviron, Groullard, Fotin, Forget, Touſtaint, dit la Mazurie, Terrien, Berrault, Blanchecape, Baſnage, Jacques Godefroy, Merville, Routier, Peſnelle, Jort, Houart.
Noyon, II. 519. CC. Buridan, la Fons.

O.

Orange. Loix & Statuts. *Lyon*, 1572.
Orchies, II. 995.
Orléans, A. III. 735.
Orléans, N. III. 775. CC. Pyrrhus, Englebermeus, Thomas Tripault, Denys Godefroy, Dumoulin, Duret, la Lande, Perreaux, Fournier, Mſ. de Gyvès.
Orly, L. III. 402.
Oſtende, I. 751.
Oſtrincourt, L. II. 920.

P.

Paris, A. III. 1.
Paris, N. III. 29. CC. Dumoulin, Carondas le Caron, Chopin, Guerrin, Duboys, Leſcornay, Cholet, Deſmaiſons, Tronçon, Fortin, Pithou, Ferrière, Savon, Bobé, Brodeau, Tournet, Joly, Labbé, le Mée, le Grand, Bullet, Laurière, Dupleſſis, Dubreuil, Ricard, Auzanet, le Maître, Billet, Bourjon. Voyez les Etabl. de S. Louis, les Ord. du Louvre, des Fontaines & Bouteiller.
Perche, (le) A. III. 633.
Perche, (le grand) N. III. 647.
Perche Gouet, (le) III. 703.
Péronne, A. II. 593.
Péronne, Montdidier & Roye, II. 627. La Villette, le Caron.
Pérouſe, (la) L. III. 1006.
Pernes, Châtellenie, I. 382.
— Ville, I. 386.
Peule, I. 415.
Phalempin, II. 918.
Picardie : Voy. Amiens, Senlis, &c. CC. Du Freſne, Ricard.
Pierrefons, II. 796.
Pitgam, I. 541.
Pignerol : Statuts, Franchiſes.
Ploermel, Fougeres, Lamballe & Quintin, L. IV. 417.
Poitou, A. IV. 743.
Poitou, N. IV. 775. CC. Loys Prévôt, Bouchet, Rat, Theveneau, Menanteau, Tiraqueau, Faucon, Barraud, Lelet, Hullin, Boſſellius, Bord. rius, Hu-

meau, Filleau, Thévenet, Riffaud, Braud, Liége, Boucheu.
Pont-à-Vendin, L. II. 928.
Pont-de-Larche, L. IV. 92.
Ponthieu, I. 81. CC. Goffet, Becquin, Carant, Olivier: (Ces trois derniers Mſ.)
Poperinghe, I. 926.
Porohoet, L. IV. 415.
Preuilly, L. IV. 1002.
Provence & Forcalquier, II. 1205. CC. Margalitus, le Maſſé, Bonamy, Mourgues.
Provins, L. III. 399.
Pruilly, A. L. IV. 622.
Pruilly, N. L. IV. 703.
Puiſaye, III. 829.
Puy-S. Lauriant, III. 1085.

Q.

Quesque, L. I.
Quintin, L. IV.

R.

Raisse, L. II.
Ramberviller, Bacarat & Moyen, II.
Rauleour, II.
Relles & Bégare, L. IV.
Renaix, I.
Rennes, A. L. IV. 325.
Rennes, N. L. IV. 404. CC. Voy. Bretagne.
Reſbetz, L. III. 402.
Rezay, L. III. 1029.
Rheims, II. 493. C. Buridan.
Ribemont, II. 530. C. Buridan, & la Fons.
Richebourg Saint-Vaaſt, I. 450.
Richebourg-la-Voye, I. 391.
Riez : Voy. Albigeois.
Rochelle (la), I. 853. CC. Vigier, Huet, Valin.
Roche-Pouſay, A. L. IV. 623.
Roche-Pouſay, N. L. IV. 703.
Roclencourt, I. 424.
Rohan, L. IV. 407.
Romorantin, Millançay, Villebroſſe & Billy, L. III. 1076.
Rouen, L. IV. 92. CC. La Tour, Houard : Voy. à Normandie.
Rouſſelar, I. 902.
Roye, II. 627.
Rue-d'Yndre (la), L. III. 1088.

S.

Saint-Aignan, L. III. 1078.
Saint-Cyran, A. L. IV. 625.
Saint-Cyran, N. L. IV. 706.
Saint-Donas, à Bruges, I. 538.
Saint-Fergeau, III. 829.
Saint-Genoux, A. L. IV. 624.
Saint-Genouſt, N. L. IV. 704.
Saint-Germain-du Bois, L. III. 1003.
S. Jean d'Angely : Voy. Xaintonge.
Saint-Liger en Yveline, III. 141.
Saint-Malo, L. IV. 416.
Saint-Michel-lez-Arras, I. 444.
Saint-Mihiel, A. II. 1045.
Saint-Mihiel, N. II. 1048.

Saint-Omer, Bailliage, A. Locale d'Amiens, I. 155.
Saint-Omer, Bailliage, N. Locale d'Artois, I. 280.
Saint-Omer, Ville, L. I. 289.
Saint-Paul, Comté, A. Locale d'Amiens, I. 160.
Saint-Paul, Comté, A. Locale d'Artois, I. 349.
Saint-Paul, Comté, N. L. d'Artois, I. 360.
Saint-Paul, Ville & Echevinage, I. 367.
Saint-Piat de Seelin, L. II. 925.
Saint-Pierre de Lille, L. II. 930.
Saint-Pierre le Moûtier : Voy. la Note ſur la Cour. de Nivernois, p. 1123 du vol. III. du Coutumier général.
Saint-Pourçain, L. III. 1277.
Saint-Quentin, I. 390.
Saint-Quentin Vermandois, II. 523. CC. Buridan, & la Fons.
Saint-Quentin d'Iſle, L. II. 926.
Saint-Riquier, A. L. I. 151.
Saint-Riquier, N. L. I. 198.
Saint-Sever, Prévôté, L. IV. 927.
Saint-Sever, L. IV. 938.
Saint-Simon, L. II. 928.
Saint-Vaaſt, I. 408.
Saintonge : Voy. ci-après, Xaintonge.
Salominez, L. II. 927.
Salluſſes : Stylus Regius Galliarum juridicus : Bourg-en-Breſſe, 1630, in-4.
Sancerre, III. 829.
Saudemont, I. 390.
Saulty, I. 405.
Séclin, L. II. 916.
Sedan, II. 819.
Selle (la), L. III. 403.
Selles en Berry, L. III. 1083.
Senlis, II. 709. CC. Feuquières, Bouchel, Dumoulin, Simon, Hue, Ricard, Cornoaille, Mſ. S. Leu.
Sens, A. III. 483. C. Boucher & Pernon.
Sens, N. III. 505.
Sens, L. III. 508.
Serris, L. III. 401.
Servin, grand & petit, I. 417.
Sezanne, Treffon & Chantemarle, L. III. 403.
Sleydeghem, I. 822.
Soeſmes, L. III. 1092.
Sole, IV. 979.

T.

Telluet, I. 428.
Templewe, II. 717.
Termonde, Ville, I. 1159.
Termonde, Cour Féodale, I. 1176.
Thérouane, A. L. I. 158.
Thevé, L. III. 1030.
Thionville, II. 355.
Touloufe, IV. 1037. CC. Wolfang Lacbner, Joann. de Caſaveteri, François, Cayron, la Faille.
Touraine, A. IV. 599.
Touraine, N. IV. 643. CC. Joann. Sainſon, Brecheus, Denys Godefroy, Baret, Boullay, Pallu.
Tourcoing, L. II. 925.
Tour-de-Veſre & Nevy, L. III. 1032.
Tournay, II. 951.
Tournehem, I. 453.
Treffon, L. III. 403.
Tremblevy & Villebroſſe, L. III. 1095.

Troy,

Du Domaine & des Finances.

Troy, L. III. 1035.
Troyes, III. 237. CC. Pithou, le Grand, Rochette, Marcilly, Turfan, IV. 905.

V.

VALENCIENNES, A. II. 223.
Valenciennes, N. II. 241.
Vallançay, L. III. 1084.
Vallois, I. 796. CC. Dumoulin, Bouchel.
Vaftan, Bufcenil, &c. L. III.
Vaud : Statuts du Pays de Vaud : 1615, *in-fol.* (Il relevoit des Archevêques de Befançon, & des Comtes de Challon.)
Venaiffin : Statuts du Comté, *in*-4. 1558 & 1638, CC. Valquin, Philieul.
Vennes, L. IV. 405.
Verberie, II. 796.
Verdun, II. 426.
Verdun, L. III. 1009.
Vermandois Laon, II. 455. CC. Dethon, Buridan, la Fons, Godet, Billecart : Voy. Pierre Fontaine.
Verneuil, L. IV. 97.
Verneuil, III. 1276.
Vernon, L. IV. 97.
Veronges, L. III. 402.
Vigne-lez Arras, (la) I. 420.
Vienne : Stilus Viennenfis : Lugduni, 1581, *in*-8. Voy. Guy-Pape *Decifiones*, 185.
Villebroffe, L. III. 1076.
Villebroffe, L. III. 1095.
Villefranche-fur Cher, L III. 1099.
Villeneuve fous Barillon, L. III. 1085.
Villemareul, L. III. 403.
Villerscaftel, I. 405.
Vifneu, N. L. I. 199.
Vite, L. IV. 96.
Vis en Artois, I. 918.
Vitré, L. IV. 416.
Vitry-le-François, IV. 310. CC. Duchat ; de Saligny, Durand, Vertus, Mf. d'Huffon.
Vofges, II. 1099.

W.

WAERSCOT, I. 822.
Waes, I. 1188.
Wahaignes, II. 930.
Wail, L. I. 346.
Wancour & Guemappes, I. 401.
Waux, L. I. 347.
Wiffent, L. I. 87.

X.

XAINCTONGE, IV. 863. CC. Jacques Defvignes, Machin, Bechet.
Xaintonge, Ufance, IV. 883.

Y.

YSSOUDUN, A. III. 915.

Z.

ZUITKOTE, I. 546.

A la fin de la plûpart des *Coutumes*, eft une Table des Lieux particuliers que chacune régit.

On peut voir les meilleures Editions des principaux
Tome IV. Part. I.

Commentateurs des Coutumes, *pag.* 43 & *fuiv.* des *Lettres fur la profeffion d'Avocat*, &c. (pat M^c CAMUS :) *Paris*, Hériffant père, 1772, *in*-12.

Des Domaines & des Finances.

PAGE 804, *ajoutez*,

27699. * ☞ Plufieurs Requêtes concernant les matières Domaniales, préfentées au Parlement ; par M. D'AGUESSEAU, en qualité de Procureur-Général.

C'eft ce qui forme le Tome VI. de fes *Œuvres*, imprimé à *Paris*, 1769, *in*-4.]

27701. * ☞ Mf. Etat général du Domaine, Fiefs & Revenus de la Couronne de France & de Navarre ; le tout curieufement recherché ; par Pierre BOYER, Sieur du Parc : *in-fol.*

Cet Etat eft confervé dans la Bibliothèque du Roi, num. 8356 2.]

PAGE 808, *ajoutez*,

27779. * ☞ Mf. Inventaire des Titres concernant le Domaine du Roi en Bourgogne ; par Jean DE VANDENESSE : *in-fol.*

Il eft confervé à Dijon, dans la Bibliothèque de M. le Préfident Bouhier, fous la lettre A. & l'Original eft à la Chambre des Comptes de cette Ville.]

27779. ** ☞ Mf. Autre Inventaire des mêmes Titres ; par Jacques VENOT : *in-fol.*

Dans la même Bibliothèque.]

27783. * ☞ Mf. Diverfes Pièces fur les Fiefs & le Domaine du Roi en Bourgogne.

C'eft ce qui eft particularifé dans l'*Inventaire fommaire* qui fe trouve ci-après, au Tome III. de cette Bibliothèque hiftorique, §. VIII. *pag.* 478.]

PAGE 812, *ajoutez*,

27838. * ☞ Mf. Inventaire des Titres remis en la Chambre des Comptes de Grenoble, pat celle de Savoye, lors de l'échange du Marquifat de Saluces, avec la Breffe ; collationné par M. Molard.

Cet Inventaire, qui contient des Copies de plufieurs Pièces anciennes & fort importantes concernant le Dauphiné, eft confervé dans la Biblioth. du Roi, n. 8407.]

PAGE 814, *ajoutez*,

27868. * ☞ Mf. Extrait de l'Inventaire des Déclarations des Fiefs & Arriers-Fiefs du Bailliage de Meaux, moûvans en plein-Fiefs du Roi, à caufe de fon Châtel de Meaux, que des Arriers-Fiefs mouvans de Sa Majefté & autres Seigneurs : lefdites Déclarations données par les Propriétaires des Fiefs, ès années 1540 & 1541, au Bailly ou Lieutenant-Général, fuivant les Lettres-Patentes du Roi : *in-fol.*

Mf. Dénombrement du revenu de la Vicomté de Meaux ; fait par Pierre BLOSSET, Vicomte héréditaire, à l'Evêque de Meaux, à caufe de fon Evêché ; en 1503, avec la copie de la Lettre du Roi au Bailly de Meaux, touchant les Fiefs & Arriers-Fiefs.

Mf. Déclaration des Fiefs & Arriers-Fiefs du Vicomté de Meaux, faite au Roi ; pár l'Evêque (Louis PINELLE,) en 1503, en vertu de Lettres de Sa Majesté au Bailly de Meaux.

Mſ. Déclaration des Biens de l'Evêché de Meaux, faite au Roi; par Guillaume BRIÇONNET, en 1516, in-fol. de 12 pages.

Ces quatre Manuscrits sont conservés à Meaux, dans le Cabinet de M. Thomé, Chanoine de la Cathédrale.]

Au N.° 27880, *ligne* 4, Groze, *liſez*, Gotze.

PAGE 816.

Au N.° 27913, *Art.* Provence.... 1786, *liſ.* 27786.

PAGE 821, *ajoutez*,

27988.* ☞ Source de plusieurs abus & monopoles qui se sont glissés en France, depuis trente ans : 1596, *in-8*.]

27993.* ☞ Mémoire adressé à MM. des Etats, pour présenter à Sa Majesté, contenant les fautes, abus, & malversations commises par les Officiers des Finances : 1615, *in-8*.]

27994.* ☞ Très-humble Requête au Roi, sur la disposition de la Chambre de Justice; par un Officier des Finances : 1615, *in-8*.]

PAGE 822, *ajoutez*,

28004.* (1.) ☞ Arrest du Conseil d'Etat pour le rétablissement du droit Annuel : 1615, *in-8*.

(2.) ☞ Très humbles Remontrances faites au Roi, par les Trésoriers de France & Généraux des Finances, sur la continuation du droit Annuel : 1615, *in-8*.

(3.) ☞ Traité de l'Annuel & vénalité des Offices ; par Jean SAVARON, Conseiller du Roi, Président, Lieutenant - Général de Clermont, & Député aux Etats-Généraux : au Roi Louis XIII. 1615, *in-8*.

(4.) ☞ Brief Discours, contenant deux Avis; l'un pour faire cesser la vénalité des Offices, & l'autre pour changer la foule de la cotisation des Tailles : à MM. des Etats du Royaume assemblés à Paris : 1615, *in-8*.

(5.) ☞ Libre Discours & véritable jugement sur l'hérédité des Offices, insinuée en France dans le doux venin du droit Annuel, fait par l'un des Députés aux Etats-Généraux : 1615, *in-8*.

(6.) ☞ Les maux que cause le droit Annuel en l'Etat, & raisons pour la révocation d'icelui : 1615, *in-8*.

On trouve encore sur ce droit Annuel deux Ecrits, ci-devant, N.ᵒˢ 10877 & 10878.]

28011.* ☞ Les Monopoliers ennemis de la France : 1620, *in-8*.]

PAGE 823, *ajoutez*,

28036.* ☞ Lettres-Patentes du Roi (Louis XIV.) sur l'établissement d'une Chambre de Justice, pour la recherche & punition des abus & malversations commises au fait des Finances; du 16 Juillet 1648 : *in-8*.]

PAGE 824.

Au N.° 28046, *ligne* 10, sion, *liſez*, sien.

PAGE 828, *ajoutez*,

28119.* ☞ Idée des Finances & des Coutumes de France; par M. PESSELIER : 1759, *in-fol.*

L'Auteur est mort en 1763.]

Au N.° 28128, DARIGUANT, *liſez*, DARIGRANT.

Commerce & Marine.

PAGE 829.

Au N.° 28145, *ligne prem. de la Note, après* Variétés historiques, *ajoutez*, tom. I. pag. 247. Cette Dissertation est de M. *Boucher d'Argis*, & a d'abord été imprimée dans le *Mercure*, 1737, Juin, *pag.* 1081. Au *Mercure* de Juillet, *pag.* 1616, on trouve une Remarque critique sur un endroit de cette Dissertation. M. Boucher d'Argis l'a rendu beaucoup plus ample dans l'*Encyclopédie*.

Au N.° 28150, *ligne* 4, Humour, *liſ.* Humont... & *ajoutez à la Note*:

Isaac de Laffemas a été depuis Maître des Requêtes, & Lieutenant-Civil de Paris en 1638.]

28150.* ☞ Guide du Commerce; par M. GAIGNAT DE LAUNAIS : *Paris*, Despilly, &c. 1773, *in-fol.*

Il y est question du Commerce, non-seulement en Europe, mais aussi en Asie, Afrique & Amérique : on y trouve des détails intéressans.]

28150.** ☞ Dictionnaire portatif de Commerce, contenant la connoissance des Marchandises de tous les Pays, avec les principaux & nouveaux articles concernant le Commerce & l'Economie, les Arts, les Manufactures, les Fabriques, la Minéralogie; les Drogues, les Plantes, les Pierres précieuses : *Paris*, Lacombe, 1770, *in-8*.

Ce Dictionnaire peut être regardé comme une Bibliothèque portative, dont les différens articles, rangés par ordre alphabétique, donnent des notions promptes & faciles sur toutes les matières premières, & sur celles mises en œuvre par l'industrie.]

PAGE 831, *ajoutez*,

28173.* ☞ Avis & Remontrances à MM. les Députés du Roi sur le fait du Commerce & soulagement du Peuple : 1600, *in-8*.]

28174.* ☞ Mémoire portant plusieurs Avertissemens présentés par le Capitaine FOULQUES, Capitaine de la Marine du Ponant : 1609, *in-8*.]

28179.* ☞ Utilité de la Navigation & Commerce qu'on veut ériger en France : *Paris*, 1627, *in-8*.]

28183.* ☞ Mémoire ou Discours politique concernant la conduite de la Marine, dédié au Roi; par le Sieur GRAVIER, Commissaire général de la Marine : *in-fol.* de 21 pages, (sans année, &c.)

L'Auteur, que l'on croit Provençal, écrivoit au commencement du Règne de Louis XIV. comme on le voit par son Mémoire, qui est plein de vues utiles, que le grand Colbert a sçu mettre à profit.]

PAGE 833.

Au N.° 28208, *ajoutez en Note*:

L'Auteur après des Réflexions générales, fait voir

en particulier l'importance & les avantages d'un Port à faire sur les Côtes de Picardie, entre les Bourgs d'Augst & de Cayeux.

Au N.° 28221, ligne 3, après M. S. ajoutez, (M. SAINTARD.)

PAGE 834.

Au N.° 28247, ligne 4, après M. ajoutez, (Jacob-Nicolas MOREAU.)

28258.* (1.) ☞ Lettres sur le Commerce des Grains : *Paris*, Desaint, 1768, *in*-12.

(2.) ☞ Réponse d'un Magistrat du Parlement de Rouen, à la Lettre d'un Gentilhomme des Etats de Languedoc, sur le Commerce des Bleds, des Farines & du Pain : *Paris*, Durand-neveu, 1768, *in*-12.]

28260.* (1.) ☞ Avis au Peuple sur son premier besoin, ou petits Traités Economiques ; par l'Auteur des Ephémérides, M. (DUPONT :) *Paris*, Lacombe, 1768, *in*-12.

(2.) ☞ Objections & Réponses sur le Commerce des Grains & des Farines : *Paris*, Delalain, 1769, *in*-12.

(3.) ☞ Réflexions sur le Commerce des Bleds : *Paris*, veuve Pierres, 1769, *in*-12.]

28261.* (1.) ☞ Lettre de M. DE VOLTAIRE à l'Auteur des Représentations (précédentes :) *Mercure*, 1769, Août.

(2.) ☞ Réponse de l'Auteur des Représentations, (l'Abbé ROUBAUD) à la Lettre de M. de Voltaire : *Mercure*, 1769, *Octobre*, vol. II.

(3.) ☞ Réflexions d'un simple Laboureur sur la Lettre de M. l'Abbé Roubaud à M. de VOLTAIRE : *Journal Economique*, 1770, Février.]

PAGE 836.

Au N.° 28291, ligne 6, après Communauté, ajoutez, (par M. DE LA CHESNAYE des Bois.)

28301.* ☞ Le Commerce d'Amérique par Marseille, &c.

Ci-dessus, N.° 3308 * de ce *Supplément*, p. 247.]

PAGE 837.

Au N.° 28320, ligne 3, 1579, *lisez*, 1756.

Des Contracts de Mariages.

PAGE 839, ajoutez,

28352.* Mf. Contract de Mariage entre Jean, surnommé *Tristan*, fils de S. Louis, & Yolande, fille du Duc de Bourgogne, en 1258. = Autre, de Charles, Comte de Valois, frère du Roi Philippe le Bel, & de Marguerite, fille de Charles II. Roi de Sicile & Comte de Provence ; le Mercredi d'après Noël, 1289. = Autre, entre Philippe de Valois, depuis Roi de France, & Jeanne, sœur de Hugues V. Duc de Bourgogne, en 1313.

Ces trois Contracts sont conservés dans le Cabinet de M. Jousse, Conseiller au Présidial d'Orléans.]

Tome *IV*. Part. *I*.

De la Succession à la Couronne.

PAGE 845, ajoutez,

28470.* ☞ Mf. De jure Galliæ Regis cum Rege Angliæ, super jure successionis in Regno Franciæ & controversiæ status : *in-fol*.

Ce Traité est conservé dans la Bibliothèque Vaticane, parmi les Manuscrits de la Reine de Suède, n. 1930.]

PAGE 846.

Le N.° 28486 est une répétition du N.° 15904, où l'on s'étend sur l'Auteur & sur son Ouvrage.

PAGE 849.

Au N.° 28531, ligne 8 de la Note, Bedian, *lisez*, Besian.

PAGE 850.

Au N.° 28545, ajoutez en Note :

Ce Livre Italien est une violente Satyre contre tous les Rois de France & la Monarchie Françoise.

M. Beaucousin, Avocat au Parlement de Paris, en conserve dans sa Bibliothèque une Traduction Françoise, suivie de Remarques historiques & critiques, par M. D. *in*-4. On y relève les principales fautes de l'Auteur.

Alliances politiques.

PAGE 861, ajoutez,

28692.* ☞ Recueil de quelques Discours politiques escrits sur diverses occurrences des Affaires & des Guerres étrangères, depuis quinze ans en-çà : 1632, *in*-8. de 697 pages.

Cet Ouvrage traite sur-tout de la nécessité d'abaisser la Maison d'Autriche en Allemagne & en Espagne, & des vrais Intérêts du Roi à cet égard.]

PAGE 865.

Au N.° 28731, ajoutez en Note :

Cet Ouvrage Espagnol a été traduit en François : « La Cabale Espagnole entièrement découverte, à l'advancement de la France & au contentement des bons » François : *Paris*, 1626, *in*-8.

Au N.° 28740, ligne 6, avant 1647, ajoutez, 1636.

PAGE 866.

Au N.° 28752, ligne 4, après CASSAN, lis. *Paris*, 1632, *in*-4. *Rouen*, 1643, *in*-4. *Paris*, 1646, *in*-8. *Paris*, 1663, *in*-4.

Droits de la France sur divers Etats.

PAGE 869, ajoutez,

28782.* ☞ Recueil des Arrêts de la Chambre Royale, établie à Metz, pour la Réunion & dépendance des Trois Evêchez à l'obéissance du Roi, en conséquence des Traitez de Paix de Munster, des Pyrénées & de Nimègue : *Paris*, 1681, *in*-4.

Les Seigneurs, dont il étoit question, commencèrent par se soumettre, quoiqu'ils crussent être véritablement sous la dépendance de l'Empire ; celui-ci se donna bien des mouvemens pour faire supprimer ces Réunions ; à quoi il réussit en 1697, au Traité de Riswick.]

28782.** ☞ La Dissolution de la Réunion, où il est prouvé que les Seigneurs ne sont plus tenus aux hommages & aux sermens qu'ils ont rendus au Roi de France, à la Chambre Royale de Metz & aux Conseils Souverains d'Alsace & de Besançon : *Cologne, 1692, in-8.*]

PAGE 873, *ajoutez*,

28835.* ☞ Discours des Histoires de Lorraine & de Flandres : au Roi Très-Chrétien Henri II. *Paris, Ch. Estienne, 1552, in-4.*

Charles ESTIENNE, Auteur de ce Traité, y justifie les Droits de la France sur la Flandres & la Lorraine, où Henri II. venoit de porter les armes, la même année.]

28841.* ☞ Mf. Remontrances au Roi sur la remise des Places maritimes de Flandres entre les mains des Anglois.

Ce Manuscrit est dans la Bibliothèque de M. Jardel, à Braine, près Soissons.]

PAGE 876, *ajoutez*,

28887.* ☞ Mf. Avis au Roi (Louis XIII.) sur la succession de la Royale Maison de Bourbon au Royaume de Naples & autres qui en dépendent; par Jean DE REMOND : *in-4.* de 74 pages.

Ce Manuscrit est dans la Bibliothèque de M. Seguier, Secrétaire de l'Académie de Nismes, qui nous a écrit vers la fin de 1773. « J'ai acheté depuis peu ce Manuscrit à » Montpellier : il paroit être l'Original de Jean de Ré- » mond, qui a signé à la fin de sa Dédicace au Roi. Ce » pourroit bien être le même que celui qui est indiqué » au N.º 28887. Le mien commence ainsi : *Comme* » *il est honorable aux Rois de reaucher & conserver les* » *droits qui leur appartiennent par la succession du* » *sang,* &c.]

PAGE 877.

Au N.º 28898, *ajoutez à la Note :*

☞ Le Père le Long, en faisant l'énumération des Pays dont parle Cassan, dans le Livre I. de son Ouvrage, a oublié la Navarre; mais c'est une plus grande omission de n'avoir rien dit des Pays dont il est parlé dans le Livre II. Ce sont l'Empire & l'Allemagne, la Savoye & le Piedmont, la Lorraine, Gènes, la Flandres, le Luxembourg, le Hainaut, la Frise, la Hollande, Ravenne & la Pentapole, Avignon & Orange.]

PAGE 878.

Au N.º 28911, *ligne* 4, Pontifici, *lisez*, Pontificii.

PAGE 884, *ajoutez*,

29016.* ☞ Discours des Histoires de Lorraine, &c. par Charles ESTIENNE : *Paris, 1562, in-4.*

On en a parlé ci-dessus, (dans ce *Supplément*, N.º 28835 *.])

Au N.º 29021, *lignes* 2 & 3, Lothariensis, *lisez*, Barrensis.

PAGE 885.

Au N.º 29034, *à la Note*, WASSENBURG, *lisez*, WASSEMBERG, nom sous lequel quelques Ecrivains ont cru que le Baron DE LISOLA s'étoit caché : ci-devant, N.os 23968 *& suiv.*

Au N.º 29055, *à la fin de la Note* 2, *après de Cangé, ajoutez,* & un autre indiqué au num. 16455, du Catalogue de M. d'Estrées : celui-ci est dit, *revu par P. C. Boudin.*

Au N.º 29038, *lisez*, Joannis Petri LUDOVICI (LUDWIG)... *& ajoutez en Note :*

Il y eut aussi-tôt une Traduction de cet Ouvrage, sous ce titre : *Défense de la Lorraine, contre les prétentions de la France* : la Haye, 1697, *in-12.* Il paroit que cette même Dissertation Latine a été réimprimée plusieurs fois, entr'autres avec le titre : *Jo. Pet.* LUDWIG, *de jure quod sibi Galliarum Rex in Lotharingiam postulavit,* &c. *Editio quarta* : *Halæ Magdeburgicæ*, 1712, *in-4.*

Au N.º 29041, *ligne* 1, antiquitate, *lisez*, antiquo.

PAGE 888, *ajoutez*,

29083.* ☞ Abrégé de l'Histoire des Vicomtes & Ducs de Milan, le droict desquels appartient à la Couronne de France : extrait en partie du Livre de Paulus Jovius; avec les Pourtraicts d'aucuns desdits Vicomtes & Ducs : *Paris,* Ch. Estienne, 1552, *in-4.*

Charles ESTIENNE est Auteur de ce Traité, qu'il a dédié au Connétable de Montmorency.]

PAGE 890.

Au N.º 29115, *lignes* 1 & 2, Romani, *lisez*, Romam.

Fin du Supplément du Tome II.

SUPPLÉMENT
DU
TOME TROISIÈME,
Contenant les Additions & Corrections.

SUITE DU LIVRE TROISIÈME,
& de l'Histoire Politique de France.

Traités de Paix, &c.

PAGE 3.

Au N.° 29151, *ligne dern. de la colon. prem.* 1717, *lisez*, 1716.

Au N.° 29152, *ligne* 3 *de la Note, mettez en lettres petites Capitales,* DE SAINT-PREST.

Au N.° 29155, *ligne* 4, 1646, *lisez*, 1746, *& ligne* 5, augmenté.

PAGE 4.

Colon. prem. ligne 3, *après* 2 vol. *ajoutez*, 1757, *in*-4. 2 vol.

29164.* ☞ Mf. Recueil des Traités de Paix depuis Louis XI. jusqu'à Henri II. *in-fol.*

Ce Recueil est conservé dans l'Abbaye de S. Faron, de Meaux.]

29170.* ☞ Mf. Recueil de divers Traités de Paix, & autres Pièces concernant Charles-Quint & Philippe II. (en Espagnol :) *in-fol.* de 200 pages.

Dans l'Abbaye de S. Faron.]

PAGE 6.

Au N.° 29204, *ajoutez :* Le même, *Paris*, de l'Imprimerie de la Gazette, *in*-8.

PAGE 7.

Au N.° 29220, *ligne* 2, *avant* pages, *ajoutez* 4.

PAGE 8, *ajoutez*,

29230.* ☞ Instrumenta Pacis, Cæsareo-Suecicum & Cæsareo-Gallicum, ex Authentico quod in sanctioribus Regni Suecici Tabulariis adservatur, in usum Academiarum, accuratè expressa; edente Joan. Godofredo DE MEYERN : *Gottingæ*, 1738, *in-fol.*]

29231.* ☞ Sommaire du Traité & des Articles de la Paix générale entre l'Empereur & le Roi Très-Chrétien, & leurs Alliés : (*Paris*, 1648,) *in-*12.]

PAGE 9, *ajoutez*,

29253.* ☞ Mf. Traités entre Philippe le Bel, & Robert de Béthune, Comte de Flandres.

Ce Recueil est dans la Bibliothèque du Roi, entre les Manuscrits de Béthune, num. 8422.]

29265.* ☞ Lettres-Patentes du Roi (Louis XV.) portant confirmation de la Convention entre le Roi & l'Impératrice Reine de Hongrie, avec ladite Convention, du 16 Mai 1769 : *Paris*, P. G. Simon, 1769, *in*-4. de 28 pages.

C'est pour régler les limites de quelques Territoires des Pays-Bas François & Autrichiens.]

PAGE 13.

Colon. prem. ligne 2, Louis XI. *lisez*, Louis XII.

PAGE 16.

Au N.° 29384, *ajoutez en Note :*

Ce Mémoire de M. d'Argis sur Bretigny, est encore imprimé dans les *Variétés historiques*, tom. I. p. 367.

PAGE 20.

Au N.° 29455, *ajoutez à la Note :*

Le *Propylæum* de Papebrock a été réimprimé en entier, (& ainsi avec la Pièce en question,) *p.* 229 *& suiv.* de *Clavis Diplomatica* de Baring, indiquée ci-après, N.° 29484.

PAGE 23.

Au N.° 29484, *ajoutez à la Note :*

Celle de 1754 est posthume, Baring étant mort le 19 Août 1752, comme il se préparoit à la publier.

29486.* ☞ Du Trésor des Chartes ; par M. BOUCHER D'ARGIS.

Dans l'*Encyclopédie*.]

PAGE 24, *ajoutez*,

29499.* ☞ Regesta Chronologico-Diplomatica, in quibus recensentur omnis generis Monumenta & Documenta publica, litteris consignata ; omnia in summas suas contraxit, juxtà annorum dierumque quos præferunt seriem digessit, subnotationes medii ævi more expressas nostro computandi modo composuit Petrus GEORGISCH : *Francofurti & Lipsiæ*, 1740, *in fol.* 4 vol.

Ce Recueil est également utile pour l'Histoire de France, comme pour celle d'Allemagne.]

29499.** ☞ Table Chronologique des Diplômes, Chartes, Titres & Actes imprimés, concernant l'Histoire de France ; par M. DE BRÉQUIGNY, de l'Académie Royale des Inscriptions & Belles-Letttres : *Paris,* Imprimerie Royale, 1769, *in-fol.* Tome I.

Ce Volume commence à l'année 142 de J.C. & finit à l'année 1031. Il sera suivi de plusieurs autres. Le laborieux & judicieux Auteur de cette Table, quoique chargé d'ailleurs de la Collection des Ordonnances, nous en promet encore une III.e qui ne sera pas moins intéressante. C'est celle des Diplômes, Chartes, &c. qui n'ont point été publiées & imprimées. Ces trois Collections formeront, comme je l'ai déja dit dans ma Préface, une suite complette de Monumens aussi précieux que nécessaires pour notre Histoire.]

Page 25, *ajoutez,*

29510.* ☞ Mſ. Cartularium Alfonsi Comitis Pictaviensis & Tholosæ, (ann. 1250-1269:) *in-4.*

Ce beau Manuscrit, qui est en velin, & de deux cens trente-deux pages, est un Original, conservé à Avignon, dans la Bibliothèque de M. de Cambis, Marquis de Velleron. (*Voyez* son *Catalogue raisonné, pag.*380.) Il y a une Copie de ce Manuscrit dans la Bibliothèque du Roi, & Dom Vaissette en a parlé dans la Préface du Tome III. de la grande Histoire du Languedoc. Le Comte Alfonse étoit frère de S. Louis, & il avoit épousé Jeanne, Comtesse de Toulouse.]

Page 28.

Au N.° 29595, *ajoutez en Note :*

On appelle ce Manuscrit *Codex Anavoretha,* parce qu'à la fin est une Charte d'Anavoreth, Seigneur Breton. C'est un des plus grands *in-fol.* billot, qu'il y ait. En tête, sont les droits qu'avoit anciennement l'Eglise de S. Maur des Fossés, dans divers Marchés de Paris, & après quelques parties de la Bible, l'Histoire de S. Maur, & à la fin le Pouillé des Biens que ce Monastère possédoit lors de sa fondation & peu après. *Voyez* le *Mercure,* 1766, *Février, pag.* 63 & 64.)

Au N.° 29598, *ligne* 4, TOINARD, *lis.* THOYNARD.

Au N.° 29616, *ligne* 1 *de la Note,* Accy, *lisez,* Acey.

29618.* ☞ Catalogue des Rolles Gascons, Normands & François, conservés dans les Archives de la Tour de Londres; par M. CARTE, avec la Préface supprimée : *Londres,* (*Paris,*) 1743, *in-fol.* 2 vol.

Voyez le *Mercure,* 1741, *Mars.* = *Journal de Verdun,* 1741, *Avril & Mai.* = *Mém. de Trévoux,* 1741, *Juin.*]

Page 29, *ajoutez,*

29625.* ☞ Mſ. Cartulaire des Fiefs & Privilèges de Bourgogne.

Ce Cartulaire est conservé à Dijon, dans la Bibliothèque de M. le Président de Bourbonne, O. 73.]

Au N.° 29626, *ligne* 2 *de la Note, après* Bouhier, *ajoutez,* aujourd'hui de M. de Bourbonne, son petit-fils... *puis ajoutez :*

Il y a deux Exemplaires du même Cartulaire, en papier, aux Chartes du Roi transférées de Dole à Besançon. Ils sont *in-fol.* & contiennent la plûpart des Titres concernant le Domaine des Comtes de Bourgogne, l'un en deux colonnes, l'autre en longues lignes; ils ont été écrits en 1318. Comme la plûpart des Chartes du Comté de Bourgogne ont été collationnées à Paris en 1306, il est à présumer que lors du Mariage de Philippe le Long avec la Comtesse Jeanne, on les porta au Trésor des Chartes à Paris, & que, par une suite de la même police, on fit faire en 1318 les Cartulaires ci-dessus, auxquels il faut recourir pour suppléer aux Originaux consumés de vétusté. La plûpart des Pièces de ce Cartulaire ne remontent pas au delà de 1227; il n'y en a que quelques-uns de Frédéric Barberousse, & de Béatrix son Epouse.]

29627.* ☞ Mſ. Recueil de Titres & Actes des Archives du Duché de Bretagne : *in-fol.* 13 vol.

Ce Recueil est dans la Bibliothèque du Roi, n.8357. A. (2-14.]

Au N.° 29630, *ligne* 1, Bruxeriæ, *lis.* Buxeriæ.

29636.* ☞ Mſ. Inventaires & Recueils de Titres & Actes, concernant la Champagne, la Lorraine, &c. *in-fol.* 35 vol.

Ce Recueil est conservé dans la Bibliothèque du Roi, num. 8357, (15-50.]

29640.* ☞ Mſ. Recueil de Chartes, Titres & Etats concernant les Bénéfices, Abbayes, Prieurés, &c. du Côtantin, & autres Lieux de Normandie : *in-4.* 13 vol.

Ce Recueil est indiqué num. 2954 du Catalogue de M. l'Abbé de Rothelin.]

Page 30, *ajoutez,*

29646.* ☞ Mſ. Divers Cartulaires de Franche-Comté.

Ils sont indiqués ci-après, N.os 38643 & *suiv.*]

29661.* ☞ Codex Diplomaticus & variarum traditionum antiquissimi Monasterii Laurisheimensis, Ordinis S. Benedicti, in Pago Rhenensi seculo VIII. fundati, cum Notis & Animadversionibus historicis, ævum Carolinum & vicinos Rheni Pagos illustrans. Tomus I. 1766. Typis Monasterii Tegernseensis (in Bavaria :) *in-4.*

Le Monastère de Lauresheim, autrefois situé au lieu qu'on appelle aujourd'hui Lorsch, à quatre lieues de Heidelberg, est fort célèbre dans l'Histoire du Moyen Age. L'Auteur de ce *Codex* est du XII.e Siècle. Freher avoit eu communication d'un Exemplaire qui est dans les Archives de la Maison Palatine, & il en avoit publié quelques Fragmens au tom. *III.* de ses *Scriptores rer. Germanic. Francofurti,* 1600, *in-fol.* C'est d'après cet Extrait que Duchesne & D. Bouquet ont donné une Histoire abrégée de ce Monastère, mais sans y joindre les Actes que l'ancien Chroniqueur y avoit mêlés. L'Edition du *Codex* dont il s'agit, a été faite par D. Magnus Klein, Religieux de l'Abbaye de Gottwich, d'après un Manuscrit trouvé dans cette Abbaye. Il n'y a que ce Tome qui ait paru, à cause de l'Edition suivante dont on s'occupoit à Manheim, au moment où le Tome de D. Magnus a été publié. Au reste, les Dissertations annoncées dans son Titre ne devoient se trouver que dans quelqu'un des Volumes suivans, qui n'ont point paru.]

29661.** ☞ Codex Principis olim Laureshamiensis Abbatiæ Diplomaticus, ex ævo maximè Carolingico diu multùmque desideratus : edidit, recensuit & præfata est Academia Theodoro-Palatina : *Manhemii,* 1768, *in-4.* 3 vol.

C'est l'Edition entière du *Codex* même que Freher avoit extrait. Elle est dûe à M. LAMEY, Secrétaire perpétuel de l'Académie de Manheim. Ce Sçavant n'y a point joint de Notes, parce qu'il a réservé pour les Volumes mêmes de cette Académie, les discussions auxquelles ce *Codex* peut donner lieu. Mais dans la Préface, qui est fort curieuse, il en montre l'utilité, même pour l'Histoire de France.]

PAGE 31, *ajoutez*,

29680. * ☞ Ms. Cartulaire de l'Eglise de Paris.

Ce Manuscrit est dans la Bibliothèque du Roi, & vient de celle de M. de Fontanieu.]

PAGE 32, *ajoutez*,

29711. * ☞ Ms. Mémoire sur le Cartulaire de Rosières, en Franche-Comté, & l'origine commune des Maisons de Thoyre & de Vandrey ; par M. Droz, Conseiller au Parlement de Besançon.

Dans les Registres de l'Académie de cette Ville. Ce Cartulaire est indiqué, avec d'autres de cette Province, au N.° 38682.]

29711. ** ☞ Ms. Mémoires & Observations sur les Titres de l'Eglise de Saintes : *in-4.*

Ils sont dans la Bibliothèque du Roi, & viennent de celle de M. de Fontanieu.]

Le N.° 29713 devoit être après 29711, comme étant la suite des . . . sancti Vincentii.

PAGE 33.

Après le N.° 39723, ajoutez,

Nota. On trouvera encore plusieurs *Cartulaires*, *Listes de Pièces* qui sont ci-après, à la fin des Histoires de Bourgogne & de Franche-Comté, *p. 482 & suiv.* & 586 de ce Tome III.

Nous devons aussi indiquer ici, qu'il s'est formé depuis quelques années à Paris, sous les ordres de M. Bertin, Secrétaire d'État, un Dépôt des Chartes & Monumens de l'Histoire de France. La garde en est commise à M. Moreau, Conseiller en la Chambre des Comtes d'Aix, Bibliothécaire de Madame la Dauphine, & premier Conseiller de Monsieur.]

PAGE 37.

Au N.° 29778, Note, ligne avant-dernière : Cet Evêque, *lisez*, Cet Abbé.

29781. * ☞ Ms. Epistolæ diversorum ad Ludovicum VII. Francorum Regem : *in-8.*

Ce Recueil de Lettres est conservé dans la Bibliothèque du Vatican, parmi les Manuscrits de la Reine de Suède, num. 179.]

PAGE 38.

Au N.° 29794, ligne 3, lisez, Innocentii Papæ VI.

29796. * ☞ Ms. Lettres du Roi Jehan, & du Maréchal d'Audenchan : *in-fol.*

Ce Recueil est conservé dans la Bibliothèque du Roi, parmi les Manuscrits de M. Baluze, num. 9667 (2.) Il s'étend depuis 1363 jusqu'en 1391.]

PAGE 39.

Au N.° 29809, à la fin de la Note, ajoutez : Voyez ci-devant, N.° 29255.

PAGE 41.

Au N.° 29853, ligne 3, 1567, lisez, 1507.

PAGE 49.

Au N.° 29979, ajoutez après la Note :

☞ Ce Voyage de M. d'Armon, a été imprimé au *tom. I. des Pièces fugitives* de M. le Marquis d'Aubais : *Paris*, 1759, *in-4. 3 vol.*]

PAGE 53.

Au N.° 30073, ligne 1, Mare, *lisez*, Marc. . . . & *ajoutez à la Note :*

Une partie au moins de cet Article doit se trouver au N.° 30032.]

PAGE 55, *ajoutez*,

30097. * ☞ Ms. Copies d'anciennes Lettres en original, des Rois & Reines & autres Seigneurs : *in-4.*

Ce Manuscrit est dans la Bibliothèque de M. le Marquis d'Aubais, & fait partie du num. 104. La première de ces Lettres est du 1 Avril 1538, & la dernière du 16 Avril 1561.]

PAGE 57, *ajoutez*,

30120. * ☞ Ms. Lettres du Duc d'Anjou, & de la Reine Elisabeth, avec quelques autres Pièces relatives au Mariage projetté entre cette Reine & le Duc : *in-fol.*

Elles sont conservées dans la Bibliothèque Britannique, parmi les Manuscrits de la Bibliothèque Cottonienne, *Vitellius*, C. Voici ce que M. de Brequigny nous en a écrit. On y trouve, entr'autres, le Projet de la Cérémonie du Mariage, tel qu'il avoit été arrêté par les Commissaires des deux partis. Il y a dans le même Volume beaucoup d'autres Pièces relatives à l'Histoire d'Angleterre ; mais toutes ne sont que des Copies sans authenticité. Ce Manuscrit a été endommagé par le feu.]

30122. * ☞ Ms. Lettres de M. de Forquevauls, où à lui adressées : *in-4.*

Ce Recueil est dans la Bibliothèque de M. le Marquis d'Aubais. Il y a 375 Lettres : la première du 6 Décembre 1565, & la dernière du 3 Octobre 1568.]

PAGE 59.

Au N.° 30154, ligne prem. de la Note, Arnaud, *lisez*, Arnoul.

PAGE 60, *ajoutez*,

20161. * ☞ Ms. Diverses Pièces originales, contenant des Instructions données au Sieur de Buhy (Pierre de Mornay,) envoyé en Angleterre.

C'étoit pour traiter avec la Reine Elisabeth, sur l'empêchement de la grandeur du Roi d'Espagne, & les secours mutuels que le Duc d'Anjou & cette Princesse devoient se fournir pour la défense de l'Angleterre & des Pays-Bas. Ces Pièces sont à Braine, dans la Bibliothèque de M. Jardel.]

PAGE 61, *ajoutez*,

30191. * ☞ Discours véritables touchant plusieurs Affaires d'Estat, pour la justification des bons & fidèles subjetz de Sa Majesté Catholique : *Douay*, Bogard, 1580, *in-8.*]

PAGE 68, *ajoutez*,

30296. * ☞ Ms. Lettere del Nunzio in Francia, an. 1594 : *in-fol.*

C'est une Copie des Lettres du Nonce en France, au Cardinal Aldobrandin & autres. Elles sont rangées suivant leurs dates : la première est de Soissons, du 8 Mars 1594, & la dernière de Rome, le 3 Septembre de la même année. Elles sont conservées à Rome, dans la Bibliothèque Chigi, num. 1326.]

PAGE 78, *ajoutez*,

30406.* ☞ Mſ. Négociation du Duc de Bouillon en Angleterre, du mois de Mai 1612; avec copie de la Déclaration du Roi d'Angleterre ſur la propoſition faite par ce Duc : *in*-4.

Ce Manuſcrit eſt dans la Bibliothèque de M. le Marquis d'Aubais, & fait partie du N.º 104.]

PAGE 80.

Au N.º 30417, *ajoutez à la fin de la Note* : au N.º 30368.

PAGE 82, *ajoutez*,

30455.* ☞ Mſ. Ambaſſade extraordinaire de M. le Maréchal DE BASSOMPIERRE, en Eſpagne, l'an 1621, & en Grande-Bretagne, l'an 1626 : *in-fol.* de 852 pages.

Ce Manuſcrit eſt dans la Bibliothèque de l'Abbaye de S. Faron de Meaux.]

PAGE 83.

Aux N.ᵒˢ 30471 & 30474, DE RUSSY, *liſez*, DE RUFFY.

PAGE 84.

Au N.º 30491, DE MARQUEMONT, *en lettres petites Capitales*.

PAGE 93.

Au N.º 30656, *mettez*, du Cardinal DE RICHELIEU à M. de Chavigny.

PAGE 99, *ajoutez*,

30772.* ☞ Mſ. Recueil concernant la Négociation de France & de Suède, au ſujet du Congrès de Munſter : *in-fol.*

Ce Volume, qui eſt très-gros & bien écrit, eſt conſervé dans la Bibliothèque de la Maiſon de l'Oratoire à la Rochelle. On y trouve toutes les Lettres que les Miniſtres reſpectifs s'écrivoient, ſur-tout celles de notre Ambaſſadeur en Suède, à nos Plénipotentiaires de Munſter & à la Cour de France. La première Pièce eſt une Lettre de Louis XIV. à la Reine de Suède, du 20 Septembre 1645, & la dernière, de notre Ambaſſadeur en Suède à nos Plénipotentiaires, du 21 Décembre 1647.]

Au N.º 30773, *effacez* Mſ.

PAGE 101.

Au N.º 30808, *ligne* 3, 1647, *liſez*, 1657.

PAGE 106.

Au N.º 30894, *à la fin de la Note*, de Condé, *liſez*, de la Maiſon de Condé.

30896.* ☞ Mſ. Harangues, Lettres & Négociations de MM. MELIAND & DE LA BARDE, Ambaſſadeurs de France en Suiſſe, depuis 1637 juſqu'en 1660 : *in-fol.*

Ce Manuſcrit, plus ample que les précédens, eſt conſervé dans la Bibliothèque de Sainte-Geneviève, à Paris, & il ſe trouve dans un Recueil *in-fol.* concernant l'Hiſtoire de Suiſſe : num. 61, A. Les Lettres de Jean de la Barde, Marquis de Marolles, renferment beaucoup d'Anecdotes, non-ſeulement ſur l'Hiſtoire de France & de Suiſſe, mais encore ſur les Hiſtoires Etrangères. C'eſt ce même la Barde qui a écrit l'Hiſtoire de France de ſon temps, (ci-devant, N.º 23739,) & qui eſt mort fort vieux en 1692.]

PAGE 109.

Au N.º 30929, *ligne* 4, *in*-2. 12 vol. *liſez*, *in*-12. 2 vol.

PAGE 110, *ajoutez*,

30948.* ☞ Mémoires de ce qui s'eſt paſſé de plus particulier en Hollande, pendant l'Ambaſſade de Jacques-Auguſte de Thou (fils de l'Hiſtorien,) avec pluſieurs Lettres; depuis 1657 juſqu'en 1661 : *Cologne*, (*Hollande*,) 1710, *in*-8.

Ces Mémoires, &c. ont été réimprimés à la fin du *tom. VII.* & dernier, de la belle Edition Latine de l'Hiſtoire de M. de Thou : *Londini*, 1733, *in-fol.*]

PAGE 111, *ajoutez*,

30960.* ☞ Mſ. Il Diario della Legazione del Cardinale Chigi à Pariggi dell'anno 1664 : *in-fol.* de 300 pages.

Ce Journal eſt conſervé à Avignon, parmi les Manuſcrits de M. de Cambis de Velleron, num. 109, dont il eſt parlé, pag. 479, de ſon Catalogue, *in*-4.]

Au N.º 30961, *ajoutez en Note* :

Cette Relation avoit été ajoutée par le P. le Long, avec quelques différences, (ci-devant, Tome II. N.º 23884.)

30962.* ☞ Mémoires & Inſtructions pour ſervir dans les Négociations & Affaires concernant les droits du Roi de France : *Amſterdam*, 1665, *in*-12.]

PAGE 112, *ajoutez*,

30975.* ☞ Mſ. Mémoires de Henri-Charles DE LA TREMOILLE, Prince de Tarente, depuis 1620 juſqu'en 1668 : *in-fol.*

Dans la Bibliothèque de M. le Marquis d'Aubais.]

PAGE 113.

30985.* ☞ Traité de la Politique de France ; par M. P. H. Marquis de C***: *Cologne*, 1669, *in*-12.]

Au N.º 30986, *ligne* 3, *liſez*, la Reine-Mère Anne D'AUTRICHE.

30989.* ☞ Conférence infructueuſe de Vindiſgrats, ou violence de la France à retenir la Lorraine : *Charleville*, 1671, *in*-12.]

PAGE 114.

Colonne 2, *ligne* 2, 1673, *liſez*, 1672.

31000.* ☞ Mſ. Relation de l'inſulte faite à l'Envoyé de France à Mayence, (l'Abbé GRAVEL,) & la réparation qui en a été faite le 24 Juillet 1674.

Dans les *Curioſités hiſtoriques* : (*Amſterdam*, [*Paris*,] 1759, *in*-12. 2 vol.) tom. *I.* pag. 147.]

PAGE 115.

Au N.º 31021, *ajoutez en Note* :

Voyez ci-devant, N.º 30786.

PAGE 117.

Au N.º 31045, *colon.* 2, *ligne* 3, 4 vol. *liſ.* 8 vol.

PAGE 118, *ajoutez*,

31063.* ☞ Relation de l'Audience donnée ſur le Sopha, par le Grand-Vizir, à M. le Comte DE GUILLERAGUES, le 28 Octobre 1684, &c.

Elle eſt imprimée pag. 56-87, du Tome I. d'un Recueil intitulé : *Curioſités hiſtoriques*, &c. *Amſterdam*, (*Paris*,) 1759, petit *in*-12. 2 vol.]

31070.

31070.* ☞ Mſ. Mémoires préſentés à Sa Majeſté Très-Chrétienne; par le Baron DE RAVILLE, Envoyé de l'Electeur de Trèves, au ſujet des innovations faites dans les Etats de ſadite Alteſſe, par les Officiers du Roi, depuis la concluſion de la Paix de Nimègue : *in-4.*

Ces Mémoires ſont dans la Bibliothèque de M. le Marquis d'Aubais.]

PAGE 120, *ajoutez,*

31096.* ☞ Réponſe à un Diſcours tenu à Sa Sainteté, par M. de Rebenac, Envoyé du Roi Très-Chrétien : *Cologne,* 1692, *in-12.*]

31105.* ☞ Dialogues entre Charles-Quint & François I. aux Champs Eliſées, ſur le Projet de la Paix : (*Amſterdam,*) *in-8.*]

31107.* ☞ Ragguaglio iſtorico di quanto è ſeguito dopo la Pace di Nimegua, nelle guerre intrapreſe da Luigi XIV. co' Principi collegati, inſino al Pace di Riſwick l'anno 1697 : *Venezia,* 1699, *in-8.*]

31113.* ☞ Mſ. Copie des Notes & Fragmens écrits de la main de Louis XIV. concernant les Affaires du Royaume, depuis 1667 juſqu'en 1700 : *in-fol.*

Ces Manuſcrits ſont dans la Bibliothèque du Roi, où ils ont été dépoſés par M. le Maréchal de Noailles, le 10 Octobre 1749.]

PAGE 122, *ajoutez,*

31133.* ☞ Mſ. Mémoires de M. DE CHAMLAI, ſur les Affaires de France, depuis 1689 juſqu'en 1713 : *in-fol.*

☞ Mſ. Réſumé des Mémoires de M. DE CHAMLAI, ſur les différentes Frontières du Royaume, & où il eſt traité des différentes Campagnes des Armées de France, depuis 1689 juſqu'en 1712 : *in-fol.*

Ces Manuſcrits ſont conſervés dans la Bibliothèque de M. le Marquis d'Aubais.]

Au N.° 31136, *ajoutez à la Note* 1 :

Ces Lettres ont été traduites de l'Anglois, par M. Jacques Barbeu du Bourg.

PAGE 123, *ajoutez,*

31138.* ☞ Relation de l'Entrée de M. le Duc D'AUMONT, Ambaſſadeur de France, à Londres, le 12 Juillet 1713, avec ſon Diſcours à la Reine Anne.

Dans le Recueil intitulé : *Curioſités hiſtoriques,* &c. *Amſterdam,* (*Paris,*) 1759. *tom. II. pag.* 264. 290.]

Au N.° 31146, *ligne* 5, 4 vol. *liſez,* 8 vol.

PAGE 125.

Au N.° 31168, *ajoutez en Note* :

Les lettres initiales ſignifient M. LA GRANGE DE CHESSIEUX.

Au N.° 31169, *col.* 2, *ligne prem. après* MM. *ajoutez,* SHIRLEY & MILDMAY.

31170.* ☞ Lettre d'un Anglois à ſon ami
Tome IV. Part. I.

de la Haye, contenant une Relation authentique de ce qui s'eſt paſſé entre les Cours de Londres & de Verſailles, au commencement des troubles préſens ; le tout tiré des Pièces originales : *la Haye,* de Hondt, 1756, *in-8.* de 56 pages.]

31171.* ☞ Obſervations d'un Américain des Iſles neutres, au ſujet de la Négociation de la France & de l'Angleterre ; par M. Antoine Maillet DU CLAIRON, Commiſſaire de la Marine : 1761, *in-12.*]

Au N.° 31174, *ajoutez à la Note* :

Auſſi cet Ouvrage a-t-il été donné en Anglois, comme Traduction : *Londres,* 1758, *in-8.*]

Hiſtoires des Offices de France.

PAGE 127.

Au N.° 31185, *ligne* 3, 1551, *liſez,* 1555, *in-8.* 1556, *in-4. ligne* 5, *effacez* 1553, *in* 4. Ibid. *& liſez,* 1557, *&* 1560, *in-8.*

Et ajoutez à la Note :

☞ La dernière Edition Latine de l'Ouvrage de Vincent de la Loupe, en 1560, eſt augmentée d'un troiſième Livre, où l'Auteur traite du Domaine & des Offices de Finances. Les trois enſemble n'ont que 77 feuillets. Dom Liron, en ſa *Bibliothèque Chartraine,* énonce les trois Livres ; mais il n'a connu que l'Edition Françoiſe de 1564.

Cet Ouvrage n'a point été réimprimé dans la *Reſpublica Gallica* : on n'y en trouve que des Extraits, ainſi que de pluſieurs autres Ecrivains.]

PAGE 129, *ajoutez,*

31216.* ☞ Mſ. Traité des Ducs & Pairs de France, depuis l'an 987 juſqu'en 1650 ; par M. Hiéroſme BIGNON : *in-fol.* 3 vol.

Ce Manuſcrit eſt (en Copie) à Paris, dans la Bibliothèque de M. le Préſident Rolland.]

PAGE 130, *ajoutez,*

31222.* ☞ Mſ. Ordre que doivent obſerver les Ducs pour leur rang, qui eſt ſelon la date des Lettres d'érection des Terres en Duché ſeulement, ſans conſidérer les Pairies, ce qui a lieu en toutes Cérémonies, excepté au Parlement, au Sacre du Roi, & aux Etats-Généraux : *in-fol.*

Ce Manuſcrit eſt dans la Bibliothèque de la Maiſon de l'Oratoire de la Rochelle. Le premier titre de ces Duchés eſt *Bar* en Lorraine, l'an 1357 ; & le dernier eſt *Saint-Simon,* en 1635. Viennent enſuite des Notices ſur les Duchés-Pairies, commençant par *Reims,* & finiſſant par *Candale.*]

Au N.° 31230, *ajoutez à la fin de la Note* :

Voyez ci-après, aux *Remontrances* des Parlemens; celles de Toulouſe, N.° 33512.

31230.* ☞ Queſtion de Droit public ſur une matière très-intéreſſante, avec deux Lettres d'un Publiciſte Allemand, à un Juriſconſulte François, ſur une Queſtion de Droit public : *Amſterdam,* (*Paris,*) 1770, *in-8.*

Lettre d'un Juriſconſulte François à un Publi

ciste Allemand, sur une Question de Droit public : *Londres*, (*Paris*,) 1771, *in*-12.

Mémoire sur le Droit des Pairs de France, d'être jugés par leurs Pairs : 1771, *in*-12.

Ces trois Ouvrages ont trait particulièrement à l'Affaire de M. le Duc d'Aiguillon.]

PAGE 132.

Au N.° 31269, *ajoutez en Note :*

☞ Ce Recueil a été réimprimé, *Paris*, 1771, *in*-4. à l'occasion de l'Affaire de M. le Duc d'Aiguillon, avec un Avertissement & une Récapitulation, qui ne sont pas dans la première Edition.]

31274.* ☞ Mémoire sur l'extinction de la Pairie de Piney, pour les Ducs & Pairs, contre le Duc de Montmorency : *Paris*, 1696, *in*-4.]

PAGE 133.

Au N.° 31277, *ligne* 4, ARGOUT, *lis*. D'ARGOU.

Au N.° 31279, *ajoutez en Note :*

Ce Plaidoyé est très-intéressant par rapport aux différentes Questions qui regardent la Pairie.]

PAGE 134, *ajoutez*,

31312.* Mémoire pour M. le Duc de Brissac, & MM. les Ducs & Pairs intervenans, contre le Receveur général du Domaine de la Généralité de Tours; par M° GERBIER : *Paris*, Cellot, 1769, *in*-4. = Mémoire pour le Receveur, &c. par M° DARIGRAND : *Paris*, P.G. Simon, 1769, *in*-4.

Il s'agit de sçavoir s'il est dû des droits de lods & ventes dans le cas de la cession ou vente des terres d'une Pairie, faite en exécution de l'Article VI. de l'Edit du mois de Mai 1711. M. le Duc de Brissac, qui soutenoit la négative, a gagné le Procès, avec les Pairs qui lui étoient unis. Leur Mémoire est relatif à l'*Histoire de la Pairie*.]

Au N.° 31313, *après la Note* 2, *ajoutez :*

☞ Le Discours de Pierre Pithou, sur lequel le Père le Long avoit des doutes, n'est autre chose que son Traité intitulé : « Le premier Livre des Mémoires » des Comtes de Champagne », qui se trouve indiqué ci-après, page 316, au N.° 34215. P. Pithou n'a composé ce premier Livre, qui contient les Notions générales sur la matière des Ducs, Comtes, &c. Il le fit imprimer en 1571 chez Estienne & Patisson, 1581. On l'a réimprimé à la suite des diverses Editions de son *Commentaire sur la Coutume de Troyes*; & avec augmentation dans le Recueil de ses *Opuscules*, publié par Cl. Labbé : *Paris*, Cramoisy, *in*-4. *pag*.453-510. C'est la Traduction Latine de ce Traité, que Marquard Freher a placée dans ses *Origines Palatinæ*.]

PAGE 135, *ajoutez*,

31318.* ☞ Commentatio ad Quæstionem Academicam de Origine Comitis Palatini sub Romano Imperio, ejusque indole sub Merovingis & Carolingis Franciæ Regibus, usque ad divisionem Regni, &c. Victrix, Joh. Danielis REISEISSENII. *Act. Acad. Theodoro-Palatinæ*, tom. I. pag. 76-112.

Le sujet avoit été proposé en 1764 par l'Académie de Manheim. M. Reiseissen, Auteur de la Pièce couronnée, est aujourd'hui Professeur en Droit à Strasbourg. C'est un Elève de M. Schoepflin; il réunit à beaucoup de science, une netteté & une méthode qui n'accompagnent pas toujours l'érudition, & qui caractérisent un esprit philosophique. Sa Dissertation est divisée en trois Sections ; où il fait voir ce qu'étoit l'Office du Comte du Palais chez les Romains, & qu'ils ne prenoient pas ce mot dans le même sens que les Francs lui ont donné ; 2.° que cet Officier différent du Maire du Palais, jugeoit les Appels des Sentences des Graves, ou Juges des Cantons, les Causes privilégiées, & ce qui regardoit la Police & la discipline du Palais ; 3.° enfin, que dès les premiers temps, il y a eu une Terre Salique attachée à cette Dignité, ou plutôt que le Comte du Palais a été un des premiers Officiers dont les services ont été récompensés par cette espèce de Bénéfices qui a donné naissance aux Fiefs.]

31318.** ☞ De l'origine du Comte Palatin, son emploi sous nos premiers Rois, & en quel temps on commença à annexer cette Dignité à certains Domaines de la Couronne; par M. SABBATHIER, Professeur de Chaalons-sur-Marne.

Cette Pièce, qui avoit concouru avec la précédente, est la troisième du *Recueil des Dissertations* de M. Sabbathier ; *Chaalons*, Bouchard ; & *Paris*, Delalain, 1770, *in*-12.

31318.*** ☞ De Comite Palatino Galliæ: Dissertatio Joh. Danielis SCHOEPFLINI. *Act. Academ. Theodoro-Palatinæ*, tom. II, pag. 187-194.

Le but de M. Schoepflin est de montrer que les Comtes du Palais n'ont continué en France, après le partage de Verdun (en 843) que pendant l'espace de vingt ans, ou plutôt que l'on trouve peu de traces de leur ancienne autorité, depuis Charles le Chauve. Il combat ainsi le sentiment de Ducange, qui fixe 150 ans plus tard l'extinction de cette Charge en France.]

PAGE 139.

Au N.° 31352, *ligne* 5 *de la Note* 1, *après* France, *ajoutez*, en suivant l'Edition *in-fol*.

Au N.° 31356, *ligne* 7 *de la Note*, Poncian, *lisez*, Porcian.

PAGE 140.

Au N.° 31358, *ajoutez à la Note :*

Cette Edition de *Paris* n'a que 262 pages. Il y en a une autre de 358 pages: *Arras*, Bauduin, (également de) 1617, *in*-8. où après les Articles des *Imprimeurs célèbres*, Robert-Estienne & Christophe Plantin, & d'André Lumel, Historiographe, se trouve « Origine de la Mai » son de Blesneau, extraite de la Royale Branche des » Sieurs de Courtenay. »]

Au N.° 31361, *ajoutez à la Note :*

Il y avoit eu une première Edition de cet Ouvrage, sous ce titre : « Le Théâtre François des Seigneurs & » Dames illustres; par le P. François DINET, Récollect: *Paris*, 1642, *in*-4.

Au N.° 31357, *ligne* 11 *de la Note*, *après* plus bas, *lisez* (avant le N.° 31367.)

PAGE 141.

Au N.° 31373, *ligne* 4. BRULLART, *lisez*, BULLART.

PAGE 142, *ajoutez*,

31373.* ☞ Divers Portraits (en Discours) faits par ordre de Mademoiselle (Anne-Marie-Louise D'ORLÉANS, dite de Montpensier, & par elle-même; publiés par les soins de M. Huet, Evêque d'Avranches: *Caen*,) 1659, *in*-12.]

31374.* ☞ Mf. Eloges de Grands Hom-

Histoires des Grands Officiers.

mes de diverses Nations, & sur-tout de France, recueillis par MM. Godefroy : *in-fol.* 4 vol.

Ils sont conservés parmi leurs Manuscrits, num. 210-213, dans la Bibliothèque de la Ville de Paris.

On y trouve à la suite 6. Portefeuilles de Pièces qu'ils ont rassemblés, de Sermons, Harangues, Eloges, Epitaphes & Monumens, num. 214-219.]

PAGE 143.

Au N.º 31380, *mettez en petites lettres* Gautier Dagoty, *qui n'est que le Graveur des Portraits : au reste, cet Ouvrage, de cette forme in-4. n'a eu que* 2 *Cahiers : il a été repris en petit in-fol. en 1771, comme nous l'indiquons* N.º 45655, Tome IV.

PAGE 144, *ajoutez*,

31403. * ☞ Dissertation sur la Dignité de Connétable de France.

Elle est imprimée dans le Recueil intitulé : *Mélanges historiq.* (*Amsterdam*, 1768.) C'en est la dixième Pièce.]

31403. ** ☞ Conjectures sur la véritable Cause de la suppression de la Dignité de Connétable.

Dans le même Recueil : c'en est la quatrième Pièce.]

PAGE 146.

Au N.º 31426, *ligne* 6, 1621, *lisez*, 1622.

31436. * ☞ Ms. Vie du même (Anne de Montmorency) en Vers; par Jean DE LUXEMBOURG, Abbé d'Ivry, (depuis Evêque de Pamiers.)

Cette Vie est citée par André du Chesne, dans son *Hist. générale de la Maison de Montmorency*, pag. 421, où il dit que l'Auteur étoit l'un des plus éloquens Seigneurs de son temps; (il mourut en 1548.) Du Chesne ne nous apprend point où cette Vie étoit conservée.]

PAGE 147, *ajoutez*,

31442. * ☞ Lettre de consolation à Monseigneur le Duc de Montmorency, sur le trépas de Monseigneur le Connétable son Père; par le Sr NERVEZE : *Paris*, 1614, *in*-8.

Henri de Montmorency est mort le 1 Avril 1614, en Languedoc.]

PAGE 149, *ajoutez*,

31480. * ☞ Ms. Dissertation sur l'Origine de la Charge de Chancelier, son étymologie, l'explication de ses fonctions, &c. présentée à M. le Marquis de Paulmy d'Argenson, Garde des Sceaux (vers 1628,) *in*-4.

C'est l'Original écrit & relié magnifiquement, qui est conservé dans la Bibliothèque de M. le Président Rolland : on croit que cet Ouvrage est du P. DANIEL, Jésuite.]

31480. ** ☞ Des Chanceliers & des Gardes des Sceaux; par M. (Ant. Gasp.) BOUCHER D'ARGIS.

Dans l'*Encyclopédie*.]

PAGE 150.

Au N.º 31491, *ligne* 5, Note II, *lisez* Note XI.
Au N.º 31492, *ligne* 1, *lisez* Latilly.

31494. * ☞ Publii Fausti ANDRELINI, Carmen in Obitum Guidonis Rupefortis, Franciæ Cancellarii, numquam satis laudandi.

Ce petit Poëme est imprimé à la fin du Recueil des Lettres d'Andrelin : *Epistolæ proverbiales*, &c. *in*-4. Guy de Rochefort mourut en 1507.]

31498. * ☞ Autre Oraison Funèbre du même (Chancelier Olivier,) prononcée à ses Obsèques, en l'Eglise de S. Germain-l'Auxerrois, le 29 Avril 1560; par Claude D'ESPENCE : *Paris*, Vascosan, 1561, *in*-8.]

PAGE 151, *ajoutez*,

31510. * ☞ Harangue sur le sujet de la mort du Cardinal de Birague, Chancelier; (par Mᵉ GUILBAULT, Avocat.)

Cet Eloge se trouve pag. 42 de son « Trésor des » Harangues & des Remontrances faites aux ouvertures » du Parlement : *Paris*, Bodin, 1660, *in*-4 ». Le Chancelier René Birague, qui étoit de Milan, mourut à Paris en 1583.]

Au N.º 31514, *ligne* 1, Anna, *lisez*, Annæ.

PAGE 152, *ajoutez*,

31532. * ☞ Themidis luctus, seu Matthæi Molé in Senatu Parisiensi Principis, &c. mors : *Parisiis*, Cramoisy, 1656, *in-fol*.

M. Molé a été Garde des Sceaux en 1651.]

31538. * ☞ Panegyricus in recenti funere Petri Seguieri, dictus à Petro ROBIN, in Academia Parisiensi Professore : *Parisiis*, Targa, 1672, *in*-4.]

31538. ** ☞ Panegyricus in annuo Galliarum Cancellarii luctu, apud Mathurinenses dictus, nomine Academiæ Parisiensis : *Parisiis*, Cramoisy, 1673, *in*-4.]

31544. * ☞ Discours à Monseigneur d'Aligre, Chancelier de France, sur les avantages de sa Promotion; par le Sieur PENOT : *Paris*, Adam, 1674, *in*-8. de 20 pages.]

31551. * ☞ Le Portrait fidèle de Monseigneur de Boucherat, Chancelier de France; par Mᵉ DANÈS, Avocat au Parlement : *in*-4.

Cet Eloge fait du vivant de ce Chancelier, (qui fut nommé le 1 Novembre 1685, & mourut le 2 Septembre 1699), a été imprimé sans année, ni nom d'Imprimeur.]

PAGE 153.

Au N.º 31557, *ajoutez à la Note* :

Ce même Eloge de M. d'Argenson, (Garde des Sceaux,) a été imprimé à part : *Paris*, Brunet, 1723, *in*-12, de 23 pages.]

Au N.º 31560, *ajoutez en Note* :

Cet Eloge fait par M. Thomas, est aussi imprimé dans ses Œuvres, *in*-8.]

Au N.º 31564, *ligne* 3 *de la col.* 2, *in*-4. *lisez*, in-8. de 56 pages.

Au N.º 31565, *lignes* 7 & 8, *effacez* Vie... & *lisez* : Abrégé de la Vie de M. d'Aguesseau : *Galerie Françoise*, 1771, *in-fol*. Cahier VI.]

31565. * ☞ Lettres-Patentes du Roi, en forme d'Edit, portant création de la Charge de Garde des Sceaux de France, en faveur du Sieur (Armand-Thomas Hue) de Miroménil; données à Compiègne, le 24 Août 1774, registrées en Parlement (à Paris), le 12 Novembre 1774.

Dans le Procès-verbal du Lit de Justice dudit jour : *Paris*, Impr. Royale, pag. 48.]

Tome IV, Part. I.

PAGE 154, *ajoutez*,

31575.* ☞ De la Séance des Maréchaux de France en la Connétablie; (par M. Boucher d'Argis:) *Mercure*, 1741, *Avril*, pag. 707.]

Au N.° 31583, *ligne* 8, *au lieu de* Septembre 1770, *lif.* 1771, *in-fol.* Cahier V.]

PAGE 155.

Au N.° 31588, *ligne* 2, *après* Charles, *ajoutez*, de Gontault.

Au N.° 31597, *ajoutez en Note*:

☞ Ce Roman eſt intitulé: « Hiſtoire des amours du » Maréchal de Boufflers, juſqu'à ſon mariage avec Made- » moiſelle de Grammont. »]

PAGE 156.

Au N.° 31609, *ligne* 5, *liſez*, CHERPIGNON, Dominicain: *Paris*, Chreſtien, 1659, *in-*4.]

31611.* ☞ Mſ. Information d'Office faite pardevant Samuel de la Nauve, Conſeiller au Parlement, de la vie, mœurs & expérience au fait d'armes de Jacques de Nompar de Caumont, Maréchal de France: en Juillet 1737.

Ce Manuſcrit eſt dans la Bibliothèque de M. le Marquis d'Aubais.]

Au N.° 31614, *ligne* 4, Champlette, *liſez*, Champlitte.

31616.* ☞ Oraiſon funèbre de M. le Maréchal Duc de Duras; prononcée dans l'Egliſe des Cordeliers de Beſançon; par M. TALBERT, Chanoine de l'Egliſe Métropolitaine, de l'Académie (de cette Ville): *Beſançon*, Daclin, 1771, *in-*8.

31616.** ☞ Eloge de Jean-Baptiſte de Durfort, Maréchal de Duras, Gouverneur de Franche-Comté, & Protecteur de l'Académie des Sciences, &c. de Beſançon; par M. ETHIS, Commiſſaire Provincial des Guerres, & Membre de l'Académie, prononcé dans la Séance publique du 15 Décembre 1770: *Beſançon*, Daclin, (1771,) *in-*8.

31618.* ☞ Eloge de Victor-Marie Duc d'Eſtrées, mort en 1737; par Claude GROS DE BOZE.

Dans l'*Hiſt. de l'Acad. des Inſcript. & Belles-Lettres*, *tom.* XIV. *in-*4. *pag.* 294, & *tom.* III. *in-*8. *pag.* 310.

Au N.° 31619, *ligne* 4, 1759, *liſez*, 1739.

31619.* ☞ Abrégé de la Vie de Louis-Céſar d'Eſtrées, Maréchal de France (mort le 2 Janvier 1771.) *Galerie Françoiſe*, 1771, *in-fol.* Cahier VII.]

PAGE 157.

Au N.° 31624, *ligne* 2, *effacez* du... & *ajoutez en Note*:

☞ Voyez ci-après, ſur le même, le N.° 31685, où il eſt parlé de lui ſous le nom de Maréchal de *Saint-André*.]

L'Article du N.° 31633 doit être effacé, étant mieux au N.° 31959.

PAGE 158.

L'Article du N.° 11641 doit être effacé, parcequ'il n'a point paru, ſelon la Note qui nous en avoit été donnée.

Au N.° 31646, *ajoutez à la Note*:

☞ Cette Oraiſon funèbre a été auſſi imprimée *in-*12, ſans année, &c.]

PAGE 159, *ajoutez*,

31662.* ☞ Mſ. Vie de Henri II. Duc de Montmorency, &c. avec la Généalogie de ſa maiſon, & les Blaſons enluminés; par J. U. C. Docteur ès Droits d'Avignon: *in-*4. de 358 pages.

Ce Manuſcrit, compoſé en 1643, eſt conſervé à Avignon, dans la Bibliothèque de M. de Cambis, Marquis de Velleron, & il en eſt parlé, *pag.* 721 du *Catalogue raiſonné* de ſes Manuſcrits.

31669.* ☞ Oraiſon funèbre du même (Anne-Jules de Noailles,) prononcée le 24 Août 1709, dans la Chapelle Royale des Pénitens bleus de Toulouſe; par M. MALAUBERC: *Toulouſe*, 1709, *in-*4.]

Au N.° 31670, *ligne* 8. Juillet 1770, *liſez* in-fol. 1771, Cahier III.

31670.* ☞ Eloge du même (Adrien-Maurice de Noailles:) *Paris*, Valade, 1770, *in-*12. de 48 pages.

Il y a un Précis de ſa Vie, qui ſert de Note à l'Eloge, & qui commence *pag.* 39.]

Au N.° 31671, *ligne* 1 *de la Note*, *effacez* ſon; & *au lieu de* 1619, *liſez*, 1610.

PAGE 160, *ajoutez*,

31676.* ☞ Diſcours funèbre fait aux Obſèques de Charles de Choiſeul, Seigneur de Praſlin, Maréchal de France; par Denis LANTRECEY: *Troyes*, Chevillot, 1626, *in-*8.]

Au N.° 31685, *ajoutez à la Note*:

On peut voir un Eloge du même Maréchal de Saint-André, ſous ſon propre nom d'Albon, ci-devant N.° 31624. Il eſt encore parlé de lui aſſez au long, *p.* 163-177 des *Mazures de l'Iſle-Barbe*; par Claude le Laboureur: *Paris*, Couterot, 1681, *in-*4.]

Au N.° 31689, *ligne* 1, *après* M. *ajoutez* (Nicolas Frémont.)

Au N.° 31692, *ligne* 1, *liſez*, D'ABRA.

PAGE 161.

Au N.° 31702, *ajoutez en Note*:

Cet Eloge, par M. Thomas, ſe trouve auſſi dans le Recueil de ſes Œuvres.]

31706.* ☞ Hiſtoire du Maréchal de Saxe; par M. le Baron D'ESPAGNAC, Gouverneur de l'Hôtel Royal des Invalides: *Paris*, Veuve Ducheſne, 1773, *in-*12. 2 vol.]

Au N.° 31708, *ligne* 1, Paule, *liſez*, Paul... *ligne* 3, *au lieu de* François I, *liſez*, Henri II, François II... & *mettez à la Note*:

On s'eſt trompé dans l'Abrégé Chronolog. du Préſident Henault, en nommant le Maréchal de Thermes *Pierre*, ſous Henri II: c'eſt le même que *Paul*, marqué Maréchal ſous les Rois ſuivans; il fut fait Maréchal de France en 1558, ſous Henri II.

31714.* ☞ Autres Oraiſons funèbres du Vicomte de Turenne: *in-*4.

Elles furent prononcées à Paris, chez les Chanoines

Réguliers de Prémontré ; par l'Abbé Bouyn, Docteur de Sorbonne ; à Chaumont en Bassigny, par le P. Robin, Jésuite ; à Lavaur, par le P. Cueillens, Prédicateur du Roi.]

PAGE 162.

Au N.º 31728, ligne 2, avant 1735, ajoutez : *Paris*, Prault.

PAGE 163.

Au N.º 31754, ligne 1, d'Aydic, *lisez*, d'Aydie.

PAGE 164.

Au N.º 31768, ligne 1, en Latin, *lisez*, du Latin.

PAGE 166.

Colonne 2, ligne 5, cet Amiral, *lisez*, ce Général des Galères.

Au N.º 31798, ligne 1 de la Note, *lisez* de même, ce Général des Galères.

PAGE 167.

Au N.º 31809, ligne 7, *ajoutez* : *Paris*, Buon, 1563, *in*-4. (Cette Brochure est déjà aux *Hist. des Rois*, tome II. N.º 17943.]

Au N.º 31815, *ajoutez en Note* :

Cet Eloge, par M. Thomas, se trouve aussi dans ses Œuvres.]

Histoires des Officiers de Guerre.

PAGE 169.

Au N.º 31840, ligne 7, Tome I. *lisez*, Tome II.

31843. * ☞ Eloge funèbre de Henri d'Albret, Sire de Pons, &c. prononcé dans l'Eglise de Notre-Dame de Pons, le 19 Mai 1650 ; par Matthieu Despruetz, Docteur de Sorbonne : *Paris*, Vitré, 1650, *in*-4.]

31844. * ☞ Le fidel & vaillant Gouverneur, ou la Vie de Jean d'Allamont, Gouverneur de Montmédy ; par le Sieur des Hayons : *Liège*, 1668, *in*-12.]

31845. * ☞ Mémoires du Marquis d'Almacheu, Pierre-François Prodez de Beragrem, contenant ses Voyages, & tout ce qui lui est arrivé de plus remarquable dans sa Vie, écrits par lui-même : *Amsterdam*, le Jeune, 1677, 2 tomes en 1 vol.

Ces Mémoires ne sont qu'un Roman.]

31847. * ☞ Eloge de M. le Marquis d'Anlezy, mort en 1763 ; par M. Chardenon.

Dans le *tom. I.* (pag. cxiij.) des *Mémoires de l'Académie de Dijon* : *Dijon*, Causse, & *Paris*, Saillant, 1769, *in*-8.]

PAGE 170.

Au N.º 31851, *ajoutez en Note* :

Cette Oraison funèbre, du Marquis d'Asserac, avoit été d'abord imprimée à Rome en 1609, comme on l'apprend de l'Avertissement de l'Ecrit qui suit.]

31851. * ☞ Lettre consolatoire écrite de Rome à Madame de Molac, sur le Trespas inopiné de feu René de Rieux, Marquis d'Asserac, son fils ; par Louis Richeome, de la Compagnie de Jésus : *Paris*, Rousset, 1609, de 107 pages.

On lit dans l'Avertissement, que le jeune Marquis d'Asserac, qui avoit été Ambassadeur de France à Bologne, se noya dans le Tibre, le 13 Août 1609 ; que son Oraison funèbre en Latin fut prononcée à Rome, dans l'Eglise de S. Louis, par Jacques Seguier, Théologien François, & qu'elle y avoit été imprimée en 1609, avec quelques-uns des Vers Latins dont avoit été décorée la Pompe funèbre.]

31851. ** ☞ Panégyrique de Messire Louis (Esparbez de Lussan) d'Aubeterre, Seigneur-Comte de Lasserre, Lieutenant-Général, Sénéchal & Gouverneur d'Agénois & Condomois ; par Mᵉ Jacques Ducros, Advocat en Parlement, lors de son installation en cette charge de Sénéchal au Siège d'Agen, le 22 Mai 1658 : *Agen*, 1665, *in*-4.]

Au N.º 31854, à la fin de la Note, 1589, *lis*. 1586.

31856. * ☞ Notice historique de Léon du Chatelier Barlot ; par M. Dreux du Radier.

Dans sa *Bibliothèque du Poitou*, tom. III. pag. 412. Cet Officier, qui est Auteur de quelques Mémoires, mourut en 1644.]

31863. * ☞ Ms. Eloge de Louis, Prince de Bauffremont, Lieutenant-Général des Armées du Roi, de l'Académie de Besançon ; par M. Droz, Secrétaire de cette Académie.

Cet Eloge est conservé dans ses Registres. M. de Bauffremont est mort le 13 Mai 1769.]

PAGE 171, *ajoutez*,

31866. * ☞ Histoire du Chevalier Bayard, avec des Notes de M. Godefroy : *Grenoble*, 1650, *in*-8.]

31871. * ☞ Eloge historique du même (Chevalier Bayard ;) par M. l'Abbé Talbert, Chanoine de Besançon : *Besançon*, Daclin, 1770, *in*-8.]

31875. * ☞ Eloge historique & militaire de M. le Vicomte de Belsunce, Lieutenant-Général & Gouverneur de Saint-Domingue : *in*-12. de 32 pages, (sans nom de Ville, &c.)

Ce Seigneur est mort à Saint-Domingue en 1763.]

31875. ** ☞ Eloge de Jacques-Louis de Beringhen, mort en 1723 ; par Claude Gros de Boze.

Dans l'*Hist. de l'Acad. des Inscript. & Bell. Lettr.* *in*-4. tom. V. pag. 426, & *in*-8. tom. II. pag. 326.]

PAGE 172, *ajoutez*,

31879. * ☞ Oraison funèbre d'Alexandre de Boniface, Chevalier, Baron de Bossehart, prononcée en l'Eglise de Bossehart, le 28 Février 1696 ; par M. Platel, Docteur en Théologie : *Rouen*, le Tourneur, 1696, *in*-4.]

31880. * ☞ Dissertatio Academica, de Godefrido Bullonio, quam sub Præsidio Dn. Joh. Caspar. Khunii, Hist. & Eloq. Profess.... solemniter defendet Joh. Wagnerus : *Argentorati*, Pastorius, 1717, *in*-4.

Godefroy de Bouillon étoit frère d'Eustache, Comte

de Boulogne. On peut voir au Tome II. les Histoires de la première Croisade, où il est question de lui, N.ᵒˢ 16587 & *suiv.*]

Au N.° 31881, *ajoutez à la Note :*

M. Jardel de Braine, près de Soissons, conserve dans sa Bibliothèque un grand nombre de Pièces manuscrites concernant l'Histoire de Robert de la Marck, Duc de Bouillon.]

31886. * ☞ Oraisons funèbres de François Loaisel, Marquis de Brye, prononcées dans l'Eglise Cathédrale de Rennes, les 5 & 17 Mai 1670 : *Rennes*, Vatar, 1670, *in-fol.*]

Au N.° 31887, *ajoutez en Note :*

☞ Cette Vie d'André Bugnot (mort en 1663,) est intitulée : « Histoire récente pour servir de preuve » à la vérité du Purgatoire, &c. vérifiée par Procès- » Verbaux dressés en 1663 & 1664, avec un Abrégé » de la vie & de la mort d'André Bugnot, &c.

C'est un petit Volume qui n'a que 100 pages. L'Auteur étoit frère du défunt, & il avoit deux parens Religieux à S. Denis, dont l'un nommé Dom Gabriel Bugnot, est dit l'Auteur de cette Vie, dans l'*Histoire Littéraire de la Congrégation de S. Maur, pag.* 81, où l'on s'est encore trompé, en ajoutant que cette Vie a été imprimée en 1662.]

PAGE 173.

Au N.° 31898, *ajoutez à la Note :*

Ces Vies (manuscrites) de Jean & de Gaspard de Pontevès, qui sont remplies d'Anecdotes intéressantes pour l'Histoire de Provence, se trouvent à Avignon dans la Bibliothèque de M. de Cambis, Marquis de Velleron ; & il en a donné la Notice, *pag.* 725, du *Catalogue raisonné de ses Manuscrits.*

Le Père (Joseph) BOUGEREL, de l'Oratoire, a donné d'après ce Manuscrit l'Abrégé de la « Vie de Jean de » Pontevès », dans ses *Mémoires sur les Hommes illustres de Provence :* Paris, 1752, *in-12.*) Il se proposoit de donner dans la suite de cet Ouvrage la Vie de Gaspard de Pontevès ; mais il n'a pas publié cette Suite.]

31899. * ☞ Eloge de Jos. François de Lacroix, Marquis de Castries, Maréchal de Camp, Gouverneur de Cette, Académicien honoraire de la Société Royale de Montpellier.

Dans la *Relation de la Séance publique* de cette Société, du 2 Décembre 1728, *in-4.*]

Au N.° 31902, *à la fin de la Note, ajoutez*, & dans l'*Histoire de l'Acad. des Inscript. & Bell. Lettres, tom. XXXIV.*

Au N.° 31904, *dans la Note, ligne* 1, *au lieu de* 1710, *lisez*, 1770; *& à la fin, ajoutez*, & dans l'Edition *in-fol.* 1771, Cahier II.]

31907. * ☞ Lettre consolatoire à Madame la Comtesse de Charny, sur le Trépas de M. le Comte de Charny son mari ; par SAVOT : *Paris*, 1621, *in-8.* de 21 pages.]

PAGE 174.

Au N.° 31912, *ligne* 2, Tres-Chateaux, *lisez*, Trichâteau... & *ligne* 4, MALIER, *lisez*, MULIER.

31912. * ☞ Eloge historique de Michel-Ferdinand d'Ailly, Duc de Chaulnes, Honoraire de l'Académie des Sciences ; par M. DE FOUCHY.

Dans l'*Hist.* de cette Académie, *in-4.* année 1769, *pag.* 180.]

Au N.° 31913, *ligne* 3, *après in-2. ajoutez*, Paris, Nyon, 1739, *in-12.*

31915. * ☞ Eloge du même (M. Chevert,) lû le 25 Août 1769, à l'Académie d'Amiens ; par M. VALLIER, Colonel d'Infanterie : *Paris*, Lacombe, 1769, *in-8.* de 22 pages.

Cet Eloge historique est en Vers libres.]

Au N.° 31916, *à la fin de la Note, après* in-4. *ajoutez*, & *in-fol.* 2. Edition.

31916. * ☞ Harangue prononcée au sujet de l'enregistrement des Lettres de Monseigneur le Gouverneur de la Ville & Cité de Limoges, Irier de Chouly de Permangle ; par Joseph Constant, Sieur DE PREYSAC, Avocat, le 3 Septembre 1676 : *Limoges, in-4.*]

31916. ** ☞ Oraison funèbre d'Irier de Chouly ; par le Père Boniface PEYRON, Augustin : *Limoges*, 1679, *in-4.*]

Au N.° 31919, *ajoutez en Note :*

Avec cette Oraison funèbre, est une partie de la Généalogie de M. de Cleré.

31919. * ☞ Consolation funèbre sur le Trépas de Charles de Cleré, avec l'autre partie de sa Généalogie ; par le même (Raoul LE MAISTRE :) *Rouen*, Hamilton, 1626, *in-4.*]

L'*Article* du N.° 31921 doit être ôté d'ici : *M. le Marquis de Clevens n'étoit pas Officier de Guerre ; on le trouvera ci-après*, N.° 46700* *de ce Supplément.*]

PAGE 175, *ajoutez,*

31933. * ☞ Oraison funèbre de M. de la Croisette, Gouverneur & Baillif de Caen, prononcée dans l'Eglise de S. Pierre ; par M. DE LAUNAY-HUE, le 27 Janvier 1680 : *Caen*, Baron, 1680, *in-4.*]

31933. ** ☞ Eloge historique de Joseph de la Croix, Marquis de Castries, mort le 24 Juin 1728.

Dans l'Extrait des Régistres de l'Académie Royale de Montpellier, du 2 Décembre 1728 : *Montpellier*, Martel, 1728, *in-4.*]

31934. * ☞ Oraison funèbre d'Alexandre-Emmanuel de Croy & de Solre, Baron de Condé ; prononcé par le P. Charles Albert PALIART, Récollect : *Paris*, Quillau, 1724, *in-4.*]

L'*Article* du N.° 31935 doit être ôté d'ici ; *M. Dunod de Charnage n'étant pas Officier de Guerre :* on le trouvera aux Historiens, Tome IV. N.° 46719.]

31935. * ☞ Discours fait aux Cordeliers de Vezelai ; par M. (Lazare-André) BOCQUILLOT, en 1695, en leur présentant le cœur de feu M. (César-Philippe) Comte de Chastellux.

Ce Discours est imprimé *pag.* 479 de la Vie & des Ouvrages de M. Bocquillot : 1745, *in-12.* sans nom de lieu ni d'Imprimeur.]

31935. ** ☞ Lettre du même, sur la mort

Histoires des Officiers de Guerre. 463

du Comte de Chastellux, fils du précédent: 1711.
Elle se trouve dans le même Recueil, *pag.* 141.]

PAGE 176, *ajoutez*,

31944.* ☞ Eloge historique de Gaspard-François Belou de Fontenay, Officier François au service de Saxe, & Ministre de l'Electeur à la Cour de France :) *Nevers* & *Paris*, Durand, 1770, *in*-8. de 30 pages.

M. de Fontenay, qui étoit né à Paris, y est mort en 1685. Son Eloge a pour Auteur, M. Louis-Laurent-Joseph DE MONTAGNAC, Capitaine au Régiment de Riom.]

31944.** ☞ Oraison funèbre de Paul de Fortias, Seigneur de Pilles, &c. prononcée dans l'Eglise Cathédrale de Marseille, le 16 Juin 1682; par le P. PIECHE de l'Oratoire : *Marseille*, Garcin, *in*-4.]

31947.* ☞ Vita illustrissimi Herois Ponti de la Gardie, exercituum Sueciæ supremi Campiducis, regnante Joh. III. à Claudio ARRHENIO, S. R. M. S. Historiographo : *Lipsiæ*, 1690, *in*-4.

Pontus de la Gardie étoit né en Languedoc, près de Carcassonne ; il mourut vers l'an 1586.]

31951.* ☞ Tombeau de feu M. de Givry, Mestre de Camp de la Cavallerie légère; (par Guillaume DU PEYRAT, Lyonnois :) *Paris*, Morel, 1594, *in*-8. de 40 pages.

Ce sont des Stances de G. du Peyrat, avec plusieurs Pièces de Vers, Françoises, Latines & Grecques, tant du même que d'autres Sçavans.]

31953.* ☞ Apothéose ou Oraison funèbre sur le Trépas de Hiérosme de Gondy, Chevalier d'honneur de la Reine ; par J. B. DUVAL : *Paris*, Bourriquant, 1604, *in*-8.]

31953.* ☞ Complainte des Nymphes de Saint-Germain-des-Prés & de Saint-Cloud, sur le Trépas de M. de Gondy: 1604, *in*-8.]

Au N.° 31954, *ajoutez en Note* :

Cet Eloge de M. du Guay-Trouin se trouve encore dans les Œuvres de M. Thomas.]

31956.* ☞ Prise & Lamentation du Capitaine Guillery : 1608, *in*-8.]

31956.** ☞ Oraison funèbre d'Odet de Harcourt, Chevalier, Comte de Croisy, &c. prononcée en l'Eglise de la Visitation, par Guillaume MARCEL, Curé de Bassy : *Caen*, Cavelier, 1662, *in*-4.]

31956.*** ☞ Oraison funèbre de Louis Henri de Harcourt, Comte de Beuvron, prononcée le 28 Avril ; par le Père Alexis HELYOT, Récollect : *Rouen*, Ferrand, 1717, *in*-4.]

31956.**** ☞ Tombeau & Discours de la vie & mort du Chevalier de Hautefort : 1589, *in*-8.]

Avant le N.° 31957, Tome II. N.° 2276, *lisez*, Tome II. N.° 22276.

Au N.° 31962, ligne 1 de la Note, de cette Bibliothèque, *lisez*, de ce troisième Volume.

Avant le N.° 31963, *lisez*, 31974 & *suiv.* 31984 & *suiv.*

PAGE 177.

Avant le N.° 31973, *lisez*, 31984 & 31985.

PAGE 178, *ajoutez*,

31982.* ☞ Lettre de consolation d'André FREMIOT, Archevêque de Bourges, à Madame Louise-Marguerite de Lorraine, Princesse de Conty, sur la mort du Chevalier de Guise son frère : *Paris*, 1615, *in*-8.]

Au N.° 31985, *ajoutez en Note* :

François de Lorraine, Prince de Joinville, mourut à Florence en 1639. Il étoit fils de Charles de Lorraine, & petit-fils de Henri de Lorraine, Duc de Guise.]

31985.* ☞ Descriptione delle Essequie fatte in Firenze à Francesco de Lorena, Principe di Gionvilla ; da Girolamo LANFREDINI : *in Frienze*, 1640, *in fol.*]

31994.* ☞ Eloge de Charles de Maupas, Baron du Tour, &c. par G. BAUSSONET.

Il est à la suite d'un Recueil de Poésies, intitulé : *Reste des Vers* de Charles de Maupas : *Reims*, Bernard, 1638, *in*-4. de 47 pages. Charles de Maupas, né à Reims, est mort en 1619. C'étoit le père de Henri de Maupas, Evêque d'Evreux.]

31994.** ☞ Discours fait aux Obsèques de M. de Medavy, Gouverneur d'Argentan & de Verneuil ; par G. LE REBOURS : *Rouen*, Loyselet, 1618, *in*-8.

Pierre Rouxel, Baron de Medavy, Comte de Grancey, mourut à Rouen le dernier Décembre 1617.]

31997.* ☞ Oraison funèbre de (Philippe, Marquis de) Meillars, mort en 1653 ; par le Père LEAU, Jésuite : *Tulles*, 1654, *in*-8.]

PAGE 179, *ajoutez*,

32012.* ☞ Harangue funèbre de Philippe de Montigny, Vicomte de Dreux, &c. prononcée en l'Eglise de l'Oratoire (de Dieppe,) par le Rhétoricien du Collège, le 22 Novembre 1675 : *Dieppe*, du Buc, 1675, *in*-4.]

32013.* ☞ Eloge historique de Charles-François le Tellier, Marquis de Montmirail ; par M. DE FOUCHY.

Dans l'*Hist. de l'Acad. des Sciences*, *in*-4. an. 1764, *pag.* 198.]

Au N.° 32014, le Marquis de Montrichard, *lisez*, Laurent-Gabriel de Montrichard, Marquis de Frontenay.

Au N.° 32015, *lisez*, Montismorentii Domini, Franciæ Proto-Baronis.

PAGE 180.

Au N.° 32025, lignes 4 & 5, Evêque d'Evreux ; *lisez*, Evêque de Nevers.

32037.* ☞ Discours funèbre sur la mort de Philibert de Pompadour ; par le Père Hilaire NANCHE, Récollect : *Tulles*, 1635, *in*-8.]

PAGE 181.

Au N.° 32043, *lisez*, D'ALBRET.

Au N.° 32047, ligne 1 de la Note, 1783, *lisez*,

1738... & *ajoutez* à *la fin* : M. de la Rivière étoit le grand-oncle de M. Jardel de Braine, dont nous avons souvent cité la Bibliothèque, qu'il a commencé à former par ses conseils.]

PAGE 182, *ajoutez*,

32052. * ☞ Oraison funèbre de Henri (de Volvyre) de Ruffec, Comte du Bois de la Roche; par le P. Basile de S. Jean : *Paris*, Lambert, 1646, *in*-8.]

Au N.° 32066, *ligne* 2, de Saulx, *lisez*, de Sault.

PAGE 183, *ajoutez*,

32069. * ☞ Oraison funèbre de Louis de la Baume, Comte de Suze; par le P. Louis de Pigray, Carme: *Avignon*, 1714, *in*-4.]

32070. * ☞ Mſ. Oraison funèbre du même (Duc de Tallard;) par M. l'Abbé de Villeframon, de l'Académie de Besançon.

Elle est conservée dans les Registres de cette Académie.]

32070. * ☞ Lettre de consolation à M. le Duc de Bellegarde, sur la mort de M. de Termes son frère; par un Père Chartreux : *Paris*, Loyson, 1621, *in*-8. de 14 pages.]

Au N.° 32071, *ligne* 2, de Terradeil, (*en petites Capitales*.)

32071.* ☞ Éloge funèbre de Frédéric-Maurice de la Tour d'Auvergne; par le Père Jean Perière, Jésuite : *Tulles*, 1708, *in*-4.]

32072. * ☞ Oraison funèbre de Charles-Henri de la Trémoille, Prince de Tarente; par Dom Julien Raguideau, Bénédictin : *Vitré*, 1672, *in*-4.]

Au N.° 32073, *ligne* 2, Valbello, *lisez*, Valbelle.

Au N.° 32076, *lignes* 3 & 4, *lisez*, Cleriadus, & *aussi à la Note*.

32082. * ☞ Le Tombeau de Messire Jean de Voyer, Chevalier de l'Ordre du Roi, Vicomte de Paulmy, Seigneur d'Argenson, en plusieurs Langues ; composé par Antoine Valet, & autres : *Lutetiæ*, Benenatus, 1571, *in*-4.]

PAGE 184.

Colon. prem. ligne 3, Exemen, *lisez*, Examen.

PAGE 185, *ajoutez*,

32093. * ☞ Abrégé de l'Histoire de la Milice Françoise du Père Daniel; avec un Précis de son état actuel : *Paris*, Panckoucke, 1733, *in*-12. 2 vol. fig.

On y trouve les changemens faits depuis 1721, qu'a été publié l'Ouvrage du Père Daniel.]

32097. * ☞ Mſ. L'Ordre & le train que ung Prince ou Chef de guerre doit tenir, qui veut conquérir un Pays & passer ou traverser le pays de ses ennemis : *in*-*fol*.

Ce Manuscrit est sur velin, avec une belle mignature représentant la Cavalerie Françoise en marche : on n'y voit que cinq hommes qui portent des arquebuses, & cela sur l'épaule droite, tous les autres sont armés de lances.

A l'Article, *Item ne doit len marcher dans pays si n'est contraint de ce faire*, on lit ce trait historique : « Car quarante compaignons prindrent la grosse Tour » de Rouen demblée, qui ne peurent avoir secours, » & furent tous penduz du temps de Talebot. Aussi à » Vennes en Bretagne, qui furent prins & destrollez ».

A l'Article, *que ledit Prince se garde des inconvéniens d'une bataille perdue*, &c. on trouve cet'autre trait historique : « Car, comme chascun sçet, le Duc » Charles de Bourgoigne se perdist par ce moyen-là ».

Ce Traité est donc postérieur à l'année 1477. Une Note écrite avant 1604, qu'il fut donné aux Jésuites du Collège d'Anvers, semble indiquer que Henri II. Roi de France, estimoit fort ce Livre.]

Mſ. Le train que len doit tenir pour assiéger une Place : (dans le même Volume.)

Mſ. La manière de garder une Place, & ce que doivent faire ceux qui sont dedans assiégez: (dans le même Volume.)

Mſ. Le train que len doit tenir pour faire la guerre guerriant, selon que me semble : (dans le même Volume.)

Ce dernier Manuscrit paroît avoir été fait entre l'an 1495 & l'an 1520.

Le tout étoit dans la Bibliothèque du Collège des Jésuites d'Anvers, & est peut-être actuellement dans celle de la Société des Écrivains Bollandistes, qui a été conservée.]

32097. ** ☞ Institution de la Discipline militaire, au Royaume de France : *Lyon*, 1559, *in*-*fol*.]

32098. * ☞ Discours de M. d'Espernon; Colonel de l'Infanterie, pour le réglement d'icelle, vers l'an 1582 : *in*-4.

Ce Manuscrit est dans la Bibliothèque de M. Jardel à Braine, près de Soissons.]

PAGE 186.

Au N.° 32119, *à la fin de la Note* 1, Donneville, *lisez*, Bonneville.

A la Note du N.° 32123, *ajoutez* :

Les Maximes pour le maniement de la Guerre, par le Maréchal de Biron, pourroient être la même chose que l'Ouvrage indiqué au N.° 32101. Il y en a aussi un Exemplaire Mſ. à l'Abbaye de S. Faron de Meaux. Au reste, ce Livre a été imprimé à *Paris*, 1611, *in*-12. puis dans les Œuvres de Brantôme. On peut voir à ce sujet un curieux Morceau publié par M. Mercier (alors Bibliothécaire de Sainte Geneviève, & aujourd'hui Abbé de S. Léger de Soissons,) dans le *Journal de Trévoux*, 1765. *Décembre*, pag. 1402-1413. On y trouve, pag. 1411, l'indication d'un Ouvrage du Chevalier de la Vallière, qui ne diffère peut-être que par le titre de celui qui est indiqué ici, & au N.° 32102.]

PAGE 187, *ajoutez*,

32137. * ☞ Essai sur la petite Guerre ; par M. de la Roche, ancien Colonel de Dragons : *Paris*, Saillant, 1770, *in*-12, 2 vol.]

PAGE 188.

Colonne 2, *ligne* 1, Cagnot, *lisez*, Cugnot.

PAGE 190.

Au N.° 32189, *lisez*, de Corbet.

Au N.° 32192, *ligne* 2 *de la Note* Pretot, *lisez*, Philippe-de-Prétot.

Page 191, *ajoutez*;

32214. * ☞ Remonstrance faite au Conseil du Roi, par Messire François Myron, Conseiller & Lieutenant Civil de Paris, pour la Révocation des Lieutenans Généraux alternatifs : *Paris*, 1598, *in-12.*]

Grands Officiers de la Maison du Roi.

Page 193.

Au N.° 32236, *ligne* 1 *de la Note*, 1425, *lisez*, [1420.]

Après le N.° 32238, *ajoutez* :

☞ Voyez ci-devant sur le même Pierre d'Ailly, les N.os du Tome I. 8572 & 8573. Dans ce dernier, on avertit que la mort de ce Cardinal, Grand Aumônier de France, est enfin fixée à l'an 1420.]

Page 194.

Au N.° 32258, *ligne* 11, *lisez* :

Funus Cardinalis Franc. de la Rochefoucauld, per unum è Canonicis Regularibus Seminarii Sylvanectensis, (Poëma :) *Parisiis*, Cramoisy, *in-fol. pag.* 114.

C'est un Poëme Latin, en grands Vers, où l'Auteur commence par se plaindre de ce que la mort, en enlevant le Cardinal, rouvre la plaie récente faite à l'Eglise de France par la perte du Père Faure : on sait combien ce Réformateur des Chanoines Réguliers avoit été secondé par le Cardinal de la Rochefoucauld.]

Page 196.

Au N.° 32296, *ligne* 6, Gadranii, *lisez*, Godranii.

L'*Article du* N.° 32299 *doit être effacé, étant mieux plus bas*.

Au N.° 32311, *ligne* 3, Nancii, *lisez* Nanceii… & *ligne* 7, *après* Lettres, *ajoutez*, & des Armes.

Page 198.

Colonne 1, *ligne* 3, Tome I. *lisez*, Tome II.

Au N.° 32334, *à l'Alinéa* 7, *ajoutez en Note* :

☞ Cette Oraison funèbre du Duc de Mayenne, prononcée & imprimée à Toulouse, a été réimprimée la même année : *Paris*, Bourriquant, 1621, jouxte la copie imprimée à Tolose chez la vefve Jacques Colomiez.]

Au bas de la page, ajoutez, les deux Articles suivans, que le P. le Long avoit mis aux Généalogies, n'ayant pu les placer ici.

= Mss. Lettres & Papiers de (Claude de Lorraine) Duc de Chevreuse, & de Marie de Rohan, sa femme, depuis le 8 Novembre 1637, jusqu'au 9 Mai 1643.

Ces Lettres [étoient] dans la Bibliothèque de M. Bouthillier, ancien Evêque de Troyes. Le Duc de Chevreuse, qu'elles concernent, étoit fils puîné de Henri I. Duc de Guise. Il fut Grand Chambellan & Grand Fauconnier : il est mort en 1657.

= Mss. Mémoires de (Henri II. de Lorraine) Duc de Guise.

Ci-devant, Tome II. N.° 22276. Ce Prince, qui fut Grand Chambellan, étoit fils de Charles de Lorraine, & petit fils de Henri de Lorraine, premier Duc de Guise : il est mort en 1664.]

Page 200.

Au N.° 32360, *ligne* 7, Helois, *lisez*, Helvis.

Tome *IV*. Part. *I*.

32360. * ☞ Le Tombeau du même (Duc d'Aumale,) en Vers François ; par J. la Gessée : *Paris*, 1573, *in-8.*]

32360. ** ☞ Déploration de la France, sur la mort du même, en Vers : *Paris*, 1573, *in-8.*

Page 202, *ajoutez*,

32399. * ☞ Discours prononcé par M. Luillier, Docteur de Sorbonne & Curé de S. Louis dans l'Isle Notre-Dame, à la réception du Corps de feu M. Alexandre Bontemps, Ecuyer, Conseiller, premier Valet-de Chambre ordinaire du Roi, &c. *Paris*, Muguet, 1701, *in-8.* de 13 pages.

Conseils du Roi, & Ministres.

Page 203, *ajoutez*,

32403. * ☞ Mss. Recueil des Conseils du Roi ; dressé par M. de Marillac, Surintendant des Finances : en 1630, *in-fol.*

Ce Recueil est conservé dans la Bibliothèque de Soubise, & il y en a une copie, *in-4.* dans celle de M. le Président Rolland.]

Au N.° 32404, *ajoutez en Note* :

Il y a un Traité (pareil) du Conseil du Roi, &c. dans la Bibliothèque de M. le Président Rolland, qui ne porte point le nom de M. d'Ormesson, mais qui est dit fait pour M. de Seignelay.]

Page 206.

Au N.° 32440, *ajoutez en Note* :

Cette Lettre sur le Testament politique du Cardinal de Richelieu, est de M. Barthelemy Mercier, alors Bibliothécaire de Sainte Geneviève, & aujourd'hui Abbé de S. Leger de Soissons. Elle fit assez de bruit dans le temps, à cause des autorités favorables à l'authenticité du Testament, & inconnues à M. de Foncemagne.]

Page 207, *ajoutez*,

32455. * ☞ Mss. Pièces sur le Procès de Jacques Cœur, ou Extrait de celles qui ont été trouvées, en 1754, à Bourges : *in-4.*

Cet Extrait est conservé à Paris, dans la Bibliothèque de M. le Président Rolland.]

Page 211.

Avant le N.° 32486, *ajoutez* :

On peut encore voir nombre de Pièces satyriques, concernant le Cardinal de Richelieu, indiquées ci-devant, au Tome II. N.os 22088-12122.]

Au N.° 32487, *ajoutez en Note* :

Ce Journal de F. S. sur la mort du Cardinal de Richelieu, & que le Père le Long attribue à Léon de S. Jean, Carme, est probablement du même Auteur qui a fait l'Ecrit suivant :

32487. * ☞ Lettre au Marquis de Fontenay Mareuil, Ambassadeur à Rome, sur le Trépas du Cardinal de Richelieu, traduite en Latin, en Italien & en Espagnol, en cette dernière Edition : *Paris*, Meturas, 1650, *in-12.* de 120 pages.

Le François est daté de Paris, 7 Décembre 1642, & signé F. S. D. J. C. ainsi que l'Italien & l'Espagnol ; mais le Latin est signé F. S. à Jesu.]

Nnn

Au N.° 32490, ligne 6, lisez, accurante.
Au N.° 32496, ligne 3 de la Note, lisez, Chaalons.

PAGE 212, ajoutez,

32498. * ☞ Le Temple de Mémoire du grand Richelieu, où se voient les actions mémorables de sa vie & la gloire de sa mort; Poëme ; par C. D. V. F. *Paris*, Besoigne, 1643, *in*-4.]

PAGE 214.

Au N.° 32530, ligne 3, après Tragicomédie, ajoutez, Paris, 1643.

PAGE 215, ajoutez,

32542. * ☞ Mf. Discours sommaire de la Vie du Cardinal Mazarin : *in-fol.*

Ce Discours est dans un Recueil de Pièces qui a appartenu à un Secrétaire d'Ambassadeur, & qui est actuellement dans la Bibliothèque de M. Thomé, Chanoine de Meaux. Ce Discours, fait durant la disgrace du Cardinal Mazarin, ne lui est pas favorable.]

Au N.° 32544, ajoutez en Note :

Ces Mémoires sont de l'Abbé BENEDETTI ; &, selon toutes les apparentces, c'est l'Ouvrage dont a parlé Patin dans sa Lettre du 27 Août 1649, indiquée à la fin du N.° précédent.]

32544. * ☞ Mf. Vita del Cardinale Mazarini : *in*-4. de 160 pages.

Cette Vie, qui conduit le Cardinal Mazarin jusqu'à sa mort, est conservée à Avignon, dans la Bibliothèque de M. de Cambis, Marquis de Velleron, qui prouve, *pag.* 386 du Catalogue raisonné de ses Manuscrits, que ce ne peut être celle dont il est fait mention dans les Lettres de Patin.]

Au N.° 32550, ajoutez à la Note :

Une Copie du Testament du Cardinal Mazarin est conservée à Paris, *in*-4. dans la Bibliothèque de M. le Président Rolland.]

PAGE 216.

Au N.° 32564, ligne 3, ajoutez : Editio nova: Francofurti, 1724, *in*-16.

Au N.° 32571, ligne 3, XIII. *lisez*, XIV.

PAGE 217.

32584. * ☞ Mf. Journal de M. D'ORMESSON, Rapporteur de l'Affaire de M. Fouquet : *in-fol.*

Il est dans plusieurs Bibliothèques, notamment en celles de MM. d'Ormesson, Intendant des Finances, de Flesselles, Intendant de Lyon, Rolland, Président au Parlement de Paris, &c.]

32591. * ☞ Eloge de Jean-Baptiste Colbert, qui a remporté le Prix de l'Académie Françoise, le 25 Août 1773 : *Paris*, Brunet, 1773, *in*-8.

32591.** ☞ Autre Eloge du même; par M. P. *Paris*, Brunet, 1773, *in*-8. de 52 pages.

32591.*** ☞ Autre Eloge : *Paris*, Valade, 1773, *in*-8. de 62 pages.]

32593. * ☞ Mf. Mémoires de François-Michel le Tellier, Marquis de Louvois, Ministre & Secrétaire d'Etat; par M..... son premier Secrétaire : *in*-4.

Ce Manuscrit est conservé dans la Bibliothèque de M. le Marquis d'Aubais. Il commence ainsi : « Le Ministère de M. de Louvois, sous le Règne de Louis XIV, » a été assez connu & renommé pour mériter que l'on » en conserve la mémoire à la postérité, » &c.]

PAGE 218.

Au N.° 32603, ajoutez en Note :

Cette réfutation est de M. DE QUERLON.]

Au N.° 32608, effacez la Note, M. Crebillon ayant protesté à plusieurs personnes qu'il n'étoit point Auteur de cette Pièce.]

32615. * ☞ Eloge de René-Louis de Voyer de Paulmy, Marquis d'Argenson; par Charles LE BEAU.

Dans l'*Histoire de l'Acad. des Inscr. & Belles-Lettres*, tom. XXVII, *pag.* 275.

Au N.° 32616, ligne 2, par le même, *lisez*, par M. DE FOUCHY.

Au N.° 32619, ligne 2 de la Note, ajoutez, t. XXXIV. pag. 211.

32619. * ☞ Eloge du même (M. le Comte d'Argenson;) par M. DE FOUCHY.

Dans l'*Histoire de l'Académie des Sciences*, *in*-4. Ann. 1764, *pag.* 187.

Au N.° 32620, ligne 2 de la Note, ajoutez, Cahier IV. *in-fol.*

PAGE 219.

Avant le N.° 32623, ligne 2, en remontant, effacez en.

Au N.° 32624, à la ligne 3 de la Note, ajoutez [& dans la Bibliothèque de M. le Président Rolland.]

PAGE 220.

Au N.° 32650, ligne 3, VARRAZ, *lisez*, SARRAZ.

PAGE 222, ajoutez,

32673. * ☞ Mf. Instruction générale des Ambassadeurs, dressée par M. DE L'HOPITAL, Chancelier de France : *in-fol.* de 492 pag.

Mf. Instruction générale de l'Ambassadeur, contenant toutes les circonstances les plus importantes qui dépendent de cette Charge, lesquelles il doit insérer à l'Instruction particulière qu'il reçoit de son Supérieur, pour s'en servir au besoin : *in-fol.* de 442 pages.

Mf. Instruction générale d'un Ambassadeur ou Agent : *in-fol.* de 456 pages.

Ces trois Manuscrits sont conservés dans la Bibliothèque de l'Abbaye de S. Faron de Meaux.]

Après le N.° 32676, ajoutez :

—* ☞ Histoire d'*Eginart*, Secrétaire de Charlemagne.

Voy. ci-après dans ce *Supplément*, aux *Historiens*, N.° 46723.*]

32676. * ☞ Abrégé de la Vie d'Alain Chartier, Secrétaire des Rois Charles VI. & Charles VII. par André DU CHESNE.

A la tête des *Œuvres* de Jean Chartier, dont il a donné la meilleure Edition : *Paris*, 1617, *in*-4.

On a cru, pendant un temps, qu'il étoit au moins l'Auteur de l'Histoire de Charles VII. mais elle est de Jean Chartier son frère, Moine de S. Denis.]

Histoires des Conseillers d'Etat.

PAGE 223.

Colonne 1, après la ligne 2, ajoutez :

☞ La même Traduction Latine, ou une autre, sous ce titre : « Petri MATTHÆI, Minister Status, seu Considerationes politicæ super Vitam Nicolai Neovilli-Villaregii, Consiliarii Gallici : *Hamburgi*, 1664, *in-8.*]

PAGE 224.

Au N.° 32719, *ligne* 3, *après* 1588, *ajoutez*, *in-8. & ligne* 1 *de la Note*, est imprimé, *lisez*, a été réimprimé.

PAGE 225.

Avant le N.° 32722, Tome II, *lisez*, Tome I.

32723.* ☞ Lettre de consolation sur le trépas de M. Ferrier, envoyée à Saint Germain-en-Laye à Monsieur son fils : *Paris*, du Bray, 1626, *in-8.*

L'Auteur de cette Lettre signe S. DE MONTEREUL, Curé de S. Sulpice à Paris.]

32724.* ☞ Discours sommaire de la Vie de M. Matthieu de Chalvet, Conseiller du Roi en son Conseil d'Etat & Président aux Enquêtes du Parlement de Tolose.

On trouve ce Discours à la tête de sa Traduction des Œuvres de Séneque : *Paris*, Richer, 1634, *in-fol.*]

Au N.° 32736, *ligne* 2, Morave, *lisez*, Montrave.

32737.* ☞ Seconde Lettre de M. D'ANDILLY, à M. de Montrave, pour répondre à la Lettre de M. le Président de Gramont, à Philarque ; du 19 Juin 1644, *in-4.*

Cette Lettre & celle du N.° 32736 sont les 274 & 279 du Recueil des Lettres de M. d'Andilly : *Paris*, Camusat & le Petit, 1645, *in-4.* où on en trouve encore deux ou trois autres à M. de Montrave sur le même objet. On peut observer ici deux choses au sujet de ce Recueil de Lettres de M. d'Andilly. 1.° Il dit dans ses *Mémoires*, part. 2, *pag.* 131. qu'il fit imprimer le Recueil de ses Lettres uniquement pour que les deux qu'il avoit publiées contre les calomnies du Président de Gramont, ne vinssent point à se perdre. 2.° Ce Recueil a été réimprimé plusieurs fois en Province, *in-12.* mais avec bien des fautes, & la suppression des dates.

PAGE 226, *ajoutez*,

32742.* ☞ Eloge historique du même, Nicolas-Joseph Foucault, mort en 1721 ; par Claude Gros DE BOZE.

Dans l'*Hist. de l'Acad. des Inscript. & B. L. tome V. in-4. pag.* 395, & *tome II. in-8. pag.* 223.]

32742.** ☞ Eloge historique de Jérôme Bignon, Conseiller d'Etat & Prévôt des Marchands de Paris, mort en 1725 ; par le même.

Dans l'*Hist. de l'Acad. des Inscr. & B. L. tome VII, in-4. pag.* 363, & *tome II. in-8. pag.* 376.]

32742.*** ☞ Eloge historique de Michel le Peletier de Souzy, Conseiller d'Etat, mort en 1725 ; par M. DE BOZE.

Dans la même *Histoire*, &c. *tome VII. in-4. pag... & tome II. in-8. pag.* 394.]

32743.* ☞ Autres Oraisons funèbres de M. le Bret ; à Marseille par l'Abbé AYMAR : *Marseille*, Brebion, 1735 ; à Marseille, en

Tome IV. Part. I.

Italien, par l'Abbé POURRIERES : *Marseille*, Sibié, 1735 ; à Toulon, par le P. D'ALLEMAN : *Aix*, David, 1734, *in-4.*]

Au N.° 32744, *ligne* 2, d'Aguesseau, *en pet. lettres.*

32744.* ☞ Eloge historique de Daniel-Charles Trudaine, Conseiller d'Etat, mort le 19 Janvier 1769 ; par M. DE FOUCHY.

Dans l'*Hist. de l'Acad. des Sciences*, *in-4.* Ann. 1769, *pag.* 135. M. de Fouchy déclare en Note que la piété filiale de M. TRUDAINE DE MONTIGNY a produit cet Eloge, & qu'il a cru devoir le donner presque sans aucun changement.]

32744.** ☞ Vie abrégée de Pierre de Voisins, Conseiller d'Etat, mort le 20 Avril 1769.

Elle est imprimée dans la *Galerie Françoise*, 1771, *in-fol.* Cahier IV.

32744.*** ☞ Eloge d'Armand-Jérôme Bignon, Conseiller d'Etat, Bibliothécaire du Roi, & Prévôt des Marchands de Paris, mort le 7 Mars 1772 ; par M. DUFOUR, de la Bibliothèque du Roi.

Dans le *Nécrologe* qui a paru en 1773, *pag.* 115.

☞ Eloge historique du même ; par M. DUPUY, Secrétaire de l'Académie des Inscriptions & Belles-Lettres.

Dans l'*Histoire* de cette Académie.]

32754.* ☞ Jacobi MARTHANI, de Guillelmo Budæo Commentatiuncula : *Parisiis*, Kerver, 1540, *in-4.*]

32759.* ☞ Eloge de Jean Nicot, Maître des Requêtes & Ambassadeur en Portugal, aux années 1559-1561 ; par Gilles MÉNAGE.

Dans ses *Observations sur la Langue Françoise*, *tom. II. pag.* 73 & 74. On peut voir encore l'*Histoire de Nismes*, par M. Ménard, *tom. V. pag.* 306 & *suiv.*]

Au N.° 32760, *ligne* 1, (& à la Note), Pelisson, *lisez*, Pellisson.

PAGE 227.

Au N.° 32770, *ligne* 5, Joannis, *lisez*, Nicolai... & au commencement de la Note, Nicolas Boïer... & mettez à la fin de la Note :

☞ C'est Boïer lui-même, qui avoit été Conseiller au Grand-Conseil, qui est le véritable Auteur du texte de ce Traité, où il s'est déguisé sous le nom de *Jean de Montaigne*, comme il a été fort bien prouvé par M. Michault de Dijon, dans son Article de *Boerius*, inséré dans le *tom. XLIII.* des *Mémoires* du P. Niceron, *pag.* 69-71. Au reste, ce Traité a été imprimé dans les Editions du *Stylus Parlamenti*, données par Decousu, en 1530, & 1542 : *Paris*, Dupré, *in-4. fol.* 126, *verso.* Mais il en a été rejetté avec grand mépris par Dumoulin, dans les Editions qu'il a données du même *Stylus Parlamenti*, en 1550 & 1558.]

Au N.° 31778, *ligne* 2, Jacques, *lisez*, Gilles, & *ajoutez à la Note :*

☞ Guy Breslay, mort vers l'an 1548, fut le premier Président établi au Grand Conseil. Car jusqu'en 1539 le plus ancien des Maîtres des Requêtes y présidoit ; mais le Chancelier Poyet fit créer alors la Charge de Président, & la fit donner à Breslay, Angevin, & son ami particulier. La disgrace du Chancelier, en 1543, remit pour un temps les choses dans le même état où elles étoient auparavant. Son Eloge par Gilles Ménage, qui lui étoit allié, se trouve *pag.* 282 de ses Remarques (Françoises) sur les Vies (Latines) de Pierre Ayrault,

Nnn 2

(*Ærodii*,) & de Gilles Ménage : *Parisiis*, Journel, 1675, *in*-4.]

PAGE 228, *ajoutez*,

32780. * ☞ Eloge historique de Michel Turgot, Président au Grand-Conseil, mort en 1751 ; par Pierre DE BOUGAINVILLE.

Dans l'*Hist. de l'Acad. des Inscript. & Bell. Lettres*, tom. XXV. *in*-4. pag. 213.

PAGE 229.

Avant l'Article V. *ajoutez*,

32782. * ☞ Edit du Roi (Louis XV.) portant suppression du Grand-Conseil ; registré au Parlement de Paris, le Roi séant en son Lit de Justice à Versailles, le 13 Avril 1771 : P. G. Simon, 1771, *in*-4. (sans la Relation dudit Lit de Justice.)

Cet Edit se trouve aussi dans le *Code des Parlemens*, (Paris,) 1772, *in*-8. pag. 176.]

32782. ** ☞ Edit du Roi (Louis XVI.) portant rétablissement du Grand-Conseil ; registré au Parlement de Paris, le Roi y séant à Paris, le 12 Novembre 1774 : *Paris*, Imprimerie Royale, 1774, *in*-4. (avec le Procès-verbal du Lit de Justice, *pag.* 65.]

Histoires des Parlemens, &c.

PAGE 231, *ajoutez*,

32821. * ☞ Mémoire & Requête pour les Secrétaires du Roi en la Chancellerie, près la Cour des Monnoies de Lyon, contre les Prévôt des Marchands & Echevins de cette Ville : *Lyon*, Juttet, 1737, *in-fol.*

On y trouve l'origine des Charges de Secrétaires du Roi, leurs Privilèges, les Edits & Arrêts en leur faveur. Il s'agissoit, dans leur Affaire de Lyon, de l'Exemption des droits sur le vin de leur consommation.]

PAGE 233, *ajoutez*,

32848. * ☞ Arrêté du Parlement de Rouen du 10 Août 1764, sur les droits essentiels des Parlemens d'être Cour des Pairs, & Arrêt sur le même sujet du 19 Août 1765 : (*Paris*, 1765, *in*-12. de 16 pages.]

PAGE 234.

32860. * ☞ Succession Chronologique des Présidens, Chevaliers d'Honneur, Avocats & Procureurs-Généraux des Parlemens, &c. par Louis CHASOT DE NANTIGNY.

C'est ce qui compose la part. 2. de ses *Tablettes de Thémis* : *Paris*, le Gras, &c. 1755, *in*-24.]

Au N.° 32863, ligne 2 de la Note, *lisez*, [François-Pierre] Gillet, *tom*. I. Lyon, [& *Paris*, 1718, *tom*. II. pag. 597-617.]

Colonne 2, ligne 2, avant *in*-4. *ajoutez*, 1768.

32870. * ☞ Ms. Mémoire sur la qualité de Chevalier que prennent les Présidens au Mortier ; par M. le Président DE MENIÈRES : *in*-4.

Ce Manuscrit est conservé à Paris, dans la Bibliothèque de M. le Président Rolland.]

32871. * ☞ Code des Parlemens ou Collections d'Edits, Déclarations, Lettres-Patentes & Arrêts donnés sur la Réformation de la Justice, depuis 1770 jusques & compris Décembre 1771 : *Paris*, 1772, *in*-8. (sans nom d'Imprimeur.)

Il y a en tête divers Extraits des anciens Etats-Généraux, au sujet de la vénalité des Charges, &c. On trouve ensuite toutes les Pièces authentiques concernant les divers changemens faits en 1771, (sous Louis XV.) dans les Parlemens, & l'établissement de dix Conseils Supérieurs ; sçavoir, à Arras, Bayeux, Blois, Chaalons, Clermont, Douay, Lyon, Poitiers, Rouen, & Nismes. Quatre Parlemens furent alors supprimés ; sçavoir, ceux de Rouen, Metz, Douay & Dombes.

Louis XVI. vient de remettre (en Novembre 1774,) les choses comme elles étoient ci-devant dans le Parlement de Paris, en supprimant les nouveaux Conseils Supérieurs : il a en même temps rétabli le Parlement de Rouen, & les Cours des Aides de Paris & de Clermont-Ferrand. Ses Edits seront indiqués ci-après : nous avons déja cité celui qui regarde le rétablissement du Grand-Conseil, & les Lettres-Patentes, en forme d'Edit, portant création de la Charge de Garde des Sceaux de France, en faveur de M. de Miroménil. Il ne nous sera guères possible d'indiquer dans ce *Supplément* les Edits, qui, selon le même Plan, auront rapport aux autres Parlemens, &c.]

PAGE 235, *ajoutez*,

32874. * ☞ Ms. Traité de la Cour du Parlement de Paris ; par Michel DE MARILLAC, Garde des Sceaux : quelques Pièces relatives, & Notice critique faite (en 1754) par M. DE REVOL, Président du Parlement de Paris : *in*-4.

Ce Manuscrit est à Paris, dans la Bibliothèque de M. le Président Rolland.]

Au N.° 32875, *ajoutez en Note* :

Cette Histoire du Parlement, qui a paru en 1769; sous le titre [d'*Amsterdam*, & avec le nom supposé de l'Abbé BIG, a été réimprimée la même année, en deux volumes *in*-8. revue, corrigée & augmentée par l'Auteur. Il passe pour certain que cet Ouvrage est de M. François-Marie Arouet DE VOLTAIRE. On trouve des différences assez considérables entre les deux Editions.

Au N.° 32885, *effacez la Note, & lisez*,

Cette Histoire est de l'Abbé Jean-Baptiste GAULTIER.]

PAGE 236, *ajoutez*,

32893. * ☞ Eloges de divers Magistrats du Parlement de Paris ; par Me GUILBAUT, Avocat.

Ils se trouvent dans la Partie 2. d'un Ouvrage intitulé : « Thrésor des Harangues & des Remonstrances » faites aux Ouvertures du Parlement » : *Paris*, Bodin, 1660, *in*-4.

Voici la Notice de ces Eloges :

1. Harangue sur la mort de M. le Président Prévost ; *pag*. 10.

2. Sur M. de Pibrac, *pag*. 17.

3. Sur M. du Val, Conseiller, *pag*. 23.

4. Sur M. le Président Brulart, *pag*. 28.

5. Sur M. de Florelle, Conseiller, *pag*. 35.

6. Sur M. Pardessus, Conseiller, *pag*. 37.

7. Sur le Chancelier de Birague, *pag*. 42, (rapporté ci-dessus.)

8. Sur M. de Vignolles, Conseiller, *pag.* 61.

9. Sur M. le Sueur, Conseiller, *pag.* 65.]

Au N.º 32912, ajoutez en Note :

Le titre de cette Oraison funèbre, (de M. de Verdun,) porte simplement *par un Religieux de la Maison des Jacobins*; & c'est le Père le Long qui a suppléé le nom du Père le Paige, qui prononça cette Oraison funèbre dans l'Eglise des Jacobins réformés du Fauxbourg S. Honoré, le 27 Mars 1627, en présence du Parlement.]

PAGE 237.

Au N.º 32917, ajoutez à la Note :

Cette Oraison funèbre, du Président de Bellièvre, est de Pierre LALEMANT, Chanoine Régulier de Sainte-Geneviève, qui la prononça à l'Hôtel-Dieu de Paris, le 17 Avril 1657. Il y en a une troisième Edition : *Paris,* Mabre-Cramoisy, 1671, *in-12*.

32926. * ☞ Eloge de M. le premier Président (Guillaume) de Lamoignon ; par le Père BOURDALOUE.

A la suite de ses *Panégyriques & Oraisons funèbres, tom. II.* les trois dernières pages. C'est la fin de l'Exorde d'un Sermon qu'il prêcha dans une Assemblée de charité, quelques jours après la mort de ce Magistrat.]

Au N.º 32932, ligne 3 de la Note, 99, lisez, 39... & ajoutez à cette Note :

Ce Recueil, que l'Abbé d'Artigny n'a pu trouver, est intitulé « Recueil de plusieurs Pièces des Sieurs de » Pybrac & d'Espeilles, Présidens au Parlement de Pa-» ris, & de Bellièvre, Chancelier de France » : *Paris,* Blaise, 1635, *in-8.* de 257 pages. Il y a en tête une Epigramme Latine dans le style antique, signée, C.F. SP. J.F. qui signifie *Carolus Fayus Spessaus Jacobi Filius* ; & il y a apparence que ce fils est l'Editeur de ce Recueil précieux. Il commence par un Discours de l'Ame & des Sciences, à Henri III. par Pybrac, ensuite vient son Apologie, (que l'Abbé d'Artigny a publiée d'après un Manuscrit de S. Germain des Prés.) Après cela sont plusieurs Morceaux de Jacques Fayes, Sieur d'Espeilles, & plusieurs Pièces & Lettres relatives à ses Ambassades. Enfin un Discours Latin du Chancelier de Bellièvre, pour Henri IV. & contre son Excommunication. Nous avons vu ce Recueil dans la Bibliothèque de M. Beaucoulin, Avocat au Parlement de Paris.]

PAGE 238, *ajoutez,*

32946. * ☞ Jacobi le Cogneux in suprema Gall. Curiæ Præsidis infulati Elogium : *in-4.* 65 pages, (sine anno, &c.)

C'est un Eloge emphatique, adressé à celui même qu'on loue.]

32955. * ☞ Eloge historique de Chrétien-Guillaume de Lamoignon, Président, mort en 1759 ; par Charles LE BEAU.

Dans l'*Hist. de l'Acad. des Inscr. & Belles-Lettres, tom. XXIX. in-4. pag.* 345.]

PAGE 239.

Au N.º 32960, ligne 1, PULIÆI, lisez, PULVÆI... & ajoutez en Note :

Adrien Pullevé étoit Bailli du Comté de Noyon, en 1559 & années suivantes. On a de lui plusieurs Ouvrages de Droit écrits en Latin, dont un est dédié à ce Guillaume Abot, dont il a fait l'Oraison funèbre. Il a aussi fait imprimer, en 1569, trois Plaidoyers Latins pour Guillaume Abot, II. du nom, fils du premier Guillaume.

Au N.º 32964, ligne 1 de la colonne 2, BROUETTE, lisez, BOUETTE.

Le N.º 32965 doit être effacé; c'est en abrégé la même chose que le précédent.

Au N.º 32966, lignes 1 & 2 de la Note, effacez par François-Denys Camusat.

PAGE 240.

Au N.º 32989, à la Note, in-4. lisez, in-fol. Cahier II. Guillaume-François Joly de Fleury est mort le 25 Mars 1756.]

Au N.º 32995, ligne 3 de la Note, 1656, lis. 1638, in-8. Et ajoutez à cette Note :

☞ Cette même Vie a été réimprimée dans le *tom. V.* de l'*Histoire Latine de M. de Thou* : *Londini,* 1733, *in-fol.*]

PAGE 241, *ajoutez,*

33004. * ☞ Lettres sur la Profession d'Avocat, & sur les études nécessaires pour se rendre capable de l'exercer ; avec un Catalogue raisonné des Livres utiles à un Avocat, & plusieurs Pièces concernant l'Ordre des Avocats ; (par M. CAMUS :) *Paris,* J. Th. Hérissant père, 1772, *in-12*.

Voyez sur cet Ouvrage l'*Année Littéraire,* 1772, num. 30.]

33011. * ☞ Procès-Verbal de ce qui s'est passé au Lit de Justice tenu par le Roi (Louis XV.) au Château de Versailles, le 7 Décembre 1770,) avec l'Edit qui y a été registré) : *Paris,* P. G. Simon, 1771, *in-4.*

Lettres-Patentes du 23 Février 1771. = Edit pour création de Conseils Supérieurs, &c. *Ibid.*

Procès-Verbal de ce qui s'est passé au Lit de Justice tenu par le Roi (Louis XV.) au Château de Versailles, le 13 Avril 1770, *Ibid.*

Ces Pièces, qui concernent les changemens faits dans le Parlement de Paris, se trouvent réunies, avec ce qui a suivi, dans le Recueil qu'on s'est avisé d'intituler, *Code des Parlemens* : ci-devant, N.º 33871 * de ce *Supplément.*]

33011. ** ☞ Procès-Verbal de ce qui s'est passé au Lit de Justice tenu par le Roi (Louis XVI.) à Paris le 12 Novembre 1774 : *Paris,* Imprimerie Royale, 1774, de 90 pages.

On y trouve dix Edits enregistrés, dont le premier est pour le Rétablissement des anciens Officiers du Parlement de Paris, *pag.* 39, = le 3. pour la suppression des (nouveaux) Offices dans le même Parlement, & des Conseils Supérieurs, *pag.* 51, = le 4. Ordonnance du Roi, (pour la Discipline des Parlemens,) *pag.* 56, = le 8. Edit pour la suppression des Offices des (nouveaux) Avocats au Parlement de Paris, & pour le rétablissement des Offices de Procureurs, *pag.* 80. Les autres Edits sont indiqués en la place qui leur convient.]

PAGE 242, *ajoutez,*

33021. * ☞ Recueil de Pièces servant de Réglement sur la Jurisdiction du Parlement de Toulouse, & sur celle de la Cour des Comptes, Aydes & Finances de Montpellier, & autres Tribunaux & Sièges de Languedoc : *Montpellier,* 1736, *in-fol.*]

33030. * ☞ Eloge historique de M. le Président Palarin, prononcé à l'Académie des

Sciences de Toulouse, le jour de S. Louis 1764; par M. le Marquis d'Orbessan.

Cet Eloge est imprimé *pag.* 284 du *tom. III.* des *Mélanges historiques* du même Auteur : *Toulouse & Paris*, 1768, *in-*8.]

PAGE 243.

Colonne prem. avant le §. 3. ajoutez :

ON peut voir, dans le *Code des Parlemens,* (ci-devant, N.° 32871* de ce *Supplément,*) les Pièces qui concernent les changemens faits en 1771 (sous Louis XV.) dans le Parlement de Toulouse, & l'érection du Conseil Supérieur de Nismes, qui diminuoit son ancien Ressort, *pag.* 270, 355, 544, 557 & 592. Mais comme Louis XVI. vient de rétablir (en Novembre 1774,) les choses comme elles étoient dans le Parlement de Paris, il y a apparence qu'il en sera de même dans celui de Toulouse.]

Au N.° 33046, ajoutez en Note :

Ce Manuscrit a été imprimé en 1771, sous ce titre: « *Registre du Parlement de Dijon, de tout ce qui s'est » passé pendant la Ligue* » : *in-*12. Il faut y joindre l'Ecrit suivant :

33046.* ☞ Extrait des Registres du Parlement de Dijon, du Vendredi 12 Juillet 1771, *in-*12. de 75 pages.

C'est la Dénonciation faite (du Registre précédent,) par un de Messieurs du Parlement de Dijon, (M. GUENICHOT DE NOGENT,) & la condamnation dudit Imprimé.]

33047.* ☞ Ordonnances Royaux de Louis XI. constituées ès Parlemens de Bourgogne, en Février 1480 : *Dijon*, Desplanches, 1556, *in-*16. avec les Coutumes du Duché.

Elles sont aussi imprimées dans le *Traité des Offices de Joly, pag.* 362.

Les mêmes Ordonnances, avec quelques augmentations, furent revues par l'Evêque de Maillezais, Lieutenant-Général des Pays de Bourgogne, les Présidens & autres Gens tenans le Parlement du Comté de Bourgogne à Salins, le 14 Juillet 1481, & elles furent imprimées (avec d'autres Ordonnances faites audit Parlement à Salins, le 2 Juillet 1489 :) *Dole*, Metlinger, 1490, *in-*4. Gothique.]

PAGE 244.

Au N.° 33053, *ligne* 4, BRENNOT, *lisez* BREUNOT.

PAGE 245.

Au N.° 33077, *lisez*, Macuti Pomponii.

PAGE 247.

Au N.° 33089, *ligne* 2, PAPILLON, *en lettres petites Capitales.*

Après le N.° 33094, *& avant le §. 4. ajoutez*,

33094.* ☞ Edit portant suppression des Offices du Parlement de Dijon. = Autre Edit portant Création d'Offices (nouveaux) audit Parlement. Registrés les 5 & 6 Novembre 1771.

Dans le *Code des Parlemens*, (ci-dessus, N.° 32871*) *pag.* 451 & 461.]

— * ☞ Eloges de M. Fevret de Fontette.

Ci-après, aux *Historiens, ou à la tête de ce Volume.*]

PAGE 248, *ajoutez*,

33106.* ☞ Liste de tous Nosseigneurs du Parlement de Bretagne, depuis son Erection en 1554 jusqu'en 1717 : *Rennes*, Vatar, 1717, petit *in-*12. de 63 pages.]

Après le N.° 33109, *& avant* Vie de Pierre Quériolet *, ajoutez*,

== ☞ Histoire de la Vie de Jean Vetus, Président au Parlement de Bretagne.

Voyez ci-devant, N.° 33078, où il est comme Conseiller au Parlement de Dijon.]

Avant le §. 5. ajoutez,

33109.* ☞ Edit portant suppression des Offices du Parlement de Bretagne, & Edit de Création d'Offices (nouveaux,) registrés les 25 & 26 Octobre 1771.

Dans le *Code des Parlemens*, (ci-dessus, N.° 32871*,) *pag.* 419 & 428.]

Au N.° 33123, *ligne* 2 *de la Note, lisez*, avec [les *Remontrances & Arrêts* d'André de Nesmond : *Poictiers*, Mesnier, 1617, &] *Lyon*, 1656, *in-*4.

Au N.° 33125, *ligne* 2, par le Père NICERON, *lisez*, par Jean-Bernard MICHAULT, Avocat de Dijon ; & *ajoutez la Note suivante* :

Cette Histoire est imprimée dans la Suite des *Mémoires* du Père Niceron, *tom.* XLIII. *pag.* 54. On y corrige les erreurs de plusieurs Ecrivains sur l'année de la mort de Nicolas Boïer, que le Père le Long a bien mise en 1539, & que l'on fait vivre dans le Dictionnaire de Moréri jusqu'en 1553.]

PAGE 249.

Au N.° 33131, *ligne* 2, *mettez* BOUHIER (*en petites Capitales.*)

Sous ce même N.° ajoutez à la Note :

On trouve encore une Vie de Montaigne dans l'*Histoire de Bordeaux* de Dom de Vienne : (*Bordeaux*, 1771, *in-*4.) *tom.* I. *pag.* 119-129. On peut voir aussi la Préface que M. de Querlon a mise en tête du *Voyage de Montaigne* : *Paris*, le Jay, 1774, *in-*4. & *in-*12. *Voyez* ci-après, N.° 46514 * de ce *Supplément.*]

Au N.° 33137, *ajoutez à la Note* :

Il y a encore une Vie de M. de Montesquieu, dans l'*Histoire de Bordeaux*, par Dom de Vienne, *tom.* I. *pag.* 501-505.]

Avant le §. 6. ajoutez,

33137.* ☞ Edit portant suppression des Offices du Parlement de Bordeaux, & Edit de Création d'Offices (nouveaux,) registrés les 4 & 7 Septembre 1771.

Dans le *Code des Parlemens*, (ci-dessus, N.° 32871*,) *pag.* 365 *& suiv.*]

Au N.° 33143, *ligne* 4, *après* Comptes, *ajoutez*, 1625.

PAGE 250.

Au N.° 33149, *ligne* 1, CROZAT, (*en lettres petites Capitales.*)

Au N.° 33152, ligne 1, Soffroy, *lisez*, Soffrey.

Le N.° 33153 *doit être ôté d'ici*, M. de Valbonnays n'ayant point été du Parlement de Grenoble, mais de la Chambre des Comptes, ci-après.]

Avant le §. 7. ajoutez,

33156.* ☞ Edit portant suppression des Offices du Parlement de Grenoble, & Edit de création d'Offices (nouveaux,) registrés les 7 & 8 Novembre 1771.

Dans le *Code des Parlemens*, (ci-devant, N.° 32871,) *pag.* 467 *& suiv.*]

A la fin de la col. 2, TARIN, *lisez*, FARIN.

Cérémonial des Parlemens. 471

PAGE 251, ajoutez,

33162. * ☞ Mſ. Hiſtoire du Parlement de Rouen : *in-fol.*

Cette Hiſtoire, qui a pour Auteur un Avocat Général de ce Parlement, a été faite par les ordres de M. le Chancelier d'Agueſſeau, dans la Bibliothèque duquel elle eſt conſervée. Il y en a des Copies dans celles de pluſieurs MM. du Parlement de Paris.]

Avant le §. 8. ajoutez,

33176. * ☞ Edit du Roi (Louis XV.) portant ſuppreſſion du Parlement de Rouen, regiſtré au Parlement de Paris le 28 Septembre 1771.

Dans le *Code des Parlemens*, (ci-devant, N.° 33871*,) pag. 383 & ſuiv. Le Roi (Louis XV.) érigea en place de ce Parlement, deux Conſeils Supérieurs, l'un à Bayeux, & l'autre à Rouen : *Ibid.* pag. 389 & 523.]

33176. ** ☞ Edit du Roi (Louis XVI.) portant le rétabliſſement du Parlement de Rouen, & la ſuppreſſion des deux Conſeils Supérieurs, regiſtré le 12 Novembre 1774: *Rouen, in-4.*

Il eſt précédé du Diſcours fait audit Parlement, par M. le Pelletier de Beaupré, Conſeiller d'Etat, envoyé par le Roi, avec M. le Duc d'Harcourt, pour ce rétabliſſement. Après l'Edit eſt la même Ordonnance concernant les Parlemens, que le Roi a fait enregiſtrer le même jour à Paris.]

PAGE 252, ajoutez,

33190. * ☞ Etat Chronologique des Noms & Armoiries des Officiers du Parlement de Provence, depuis ſon établiſſement juſqu'en 1713.

Voyez ci-après, au N.° 38132.]

Au N.° 33197, ligne 3, après Pariſien, *ajoutez:*

Elle ſe, trouve dans les *Memoriæ Philoſophor. de Witte, tom. I.* pag. 421.]

33197. * ☞ Monumentum Romanum Nicolao-Claudio Fabricio Pereſcio, Senatori Aquenſi, doctrinæ virtutiſque causâ factum: *Romæ*, typis Vaticanis, 1638, *in-4.*

Ce Recueil, qui a 119 pages, & 20 pages d'Additions au commencement, contient des Eloges en toutes langues, tant en vers qu'en proſe, faits par nombre de Sçavans, à la gloire de Peireſc. Il eſt dédié à Urbain VIII, par Jacques Bouchard, dont le Diſcours Latin eſt pag. 1, & l'Epître de Naudé s'y trouve auſſi pag. 17.]

Au N.° 33198, ajoutez à la Note:

☞ Cette Vie Latine, compoſée par Gaſſendi a été abrégée & traduite en François par M. Requier. *Voyez* ci-après, N.° 33201.]

33198. * ☞ Vie de Nicolas-Claude Peireſc, Conſeiller au Parlement de Provence, où l'on trouve quantité de choſes curieuſes, concernant la Phyſique, l'Hiſtoire & l'Antiquité; par M. REQUIER: *Paris*, Muſier père, 1770, *in-12.*

C'eſt un Abrégé de la Vie écrite par Gaſſendi.]

PAGE 253, ajoutez,

33203. * ☞ Edit portant ſuppreſſion des Offices du Parlement de Provence, & Edit de création d'Offices (nouveaux,) regiſtrés le 1 Octobre 1771.

Dans le *Code des Parlemens*, (ci-devant, N.° 32871*,) pag. 400 & ſuiv.]

Au N.° 33204, ligne 3, après Pau, ajoutez, & érection en IX.e Parlement.... & ligne 6, après Béarn, ajoutez, par Bernard DE LA VIE, premier Préſident : *Paris*, 1626, *in-8.*]

Après la Note du N.° 33206, il faut rapporter l'Article des Diſgraces du Parlement de Pau, qui a été mal mis après le N.° 33212.

33206. * ☞ Edits portant rembourſement des Offices du Parlement de Pau, abolition de la vénalité, &c. regiſtrés le 15 Novembre 1771.

Dans le *Code des Parlemens*, (ci-devant, N.° 32871*,) pag. 235 & ſuiv.]

33207. * ☞ La Royale Thémis, qui contient les effets de la Juſtice Divine, humaine & morale; (ou) l'Etabliſſement de la Cour de Parlement à Metz, & les Acroſtiches ſur les noms des Seigneurs de ladite Cour; par Gobineau DE MONTLUISANT : *Metz*, Felix, 1634, *in-4.*]

Au N.° 33208, ligne 2, Biſacenſis, *liſ.* Briſacenſis.

Au N.° 33210, Rigaud (3 fois,) *liſez,* Rigault... mort en 1654.

33212. * ☞ Edit de ſuppreſſion du Parlement de Metz, & Procès-Verbal à ce ſujet, du 21 Octobre 1771.

Dans le *Code des Parlemens*, (ci-devant, N.° 32871*,) pag. 483 & 491. Son Reſſort a été uni à la Cour Souveraine de Lorraine.]

Au N.° 33213, ajoutez à la Note:

Depuis cette Diſſertation, M. de Courbouzon, (pluſieurs années avant ſa mort,) avoit recueilli beaucoup de Pièces & Obſervations ſur l'origine du Parlement & ſes prérogatives, dont il a formé un gros volume *in-fol.* qui eſt dans la Bibliothèque de M. de Courbouzon, Conſeiller au Parlement de Beſançon, ſon petit-fils. On y voit que la date marquée par le Père le Long, au Parlement de Franche-Comté, comme en 1674 à Dole, & en 1676 à Beſançon, eſt peu exacte. Les Lettres-Patentes du 17 Juin 1674 portent : *Nous avons rétabli, maintenu & confirmé le Parlement*, &c.

On trouve auſſi, dans le grand Ouvrage de M. de Courbouzon, la Liſte des Membres du Parlement, depuis l'an 1500, rectifiée de celle de M. Lampinet. Il eſt facile de la faire remonter juſqu'en 1380, à l'aide du Cartulaire d'Arbois, publié par D. Plancher, & de quelques anciens Arrêts du XVe Siècle. Plus haut on ne peut avoir que quelques noms d'eſpace en eſpace, tels que ceux du Parlement de 1324, & de quelques Chartes.]

33213. * ☞ De l'Adminiſtration de la Juſtice, & du Parlement de Franche-Comté, avec une Liſte des Préſidens, Conſeillers, &c. par M. F. I. DUNOD.

Dans le tom. III. de ſon Hiſtoire des Séquanois & de Franche-Comté, intitulé: *Mémoires pour ſervir*, &c. *Beſançon*, 1740, *in-4.*]

33213. ** ☞ Anciennes Ordonnances de la Province de Franche-Comté, contenues en pluſieurs Recueils.

Elles ſervent autant à l'Hiſtoire qu'à la Juriſprudence, attendu qu'on y voit l'ancienne adminiſtration du Pays, qui ; sous les Souverains de la Maison d'Autriche, étoit confiée au Parlement comme au Gouverneur. Pour une Province conquise, dont la Législation a été différente de celle de l'ancien Domaine, il semble qu'il est à propos d'indiquer ce qui correspond à l'Article des Ordonnances générales, rapporté au Tome II. D'ailleurs l'indication qui suit ne se trouve nulle part : nous en sommes redevables à M. Droz, Conseiller au Parlement de Besançon, & Secrétaire de l'Académie de cette Ville. En voici les différentes Parties :

1. « Les Coutumes générales & Ordonnances du » Comté de Bourgogne » : *Dole,* Metilinger, 1490, *in*-4. Gothique.

Les Coutumes du Pays rédigées en 1459, se trouvent dans toutes les Editions des anciennes Ordonnances de Franche-Comté, mais les *Réglemens faits du temps de Louis XI. & de Charles VIII.* ne se trouvent que dans cette Edition de 1490, & en partie dans celle qui a été indiquée au N.º 33048.

Louis XI. & Charles VIII. ont gouverné le Comté de Bourgogne depuis 1476 jusqu'en 1493. L'Acte par lequel les Etats de ce Pays le remirent à Louis XI. à l'effet de le garder pour Marie de Bourgogne, le 28 Février 1476, se trouve dans la Chronique de Molinet, *pag.* 56, & dans le Recueil de Dumont, *tom. III. part.* 1, *pag.* 525. Charles VIII. l'abandonna par le Traité de Senlis, du 23 Mai 1493, à l'Empereur Maximilien, qui rétablit à Dole le Parlement en 1494. L'Archiduc Philippe l'y confirma en 1500, & l'Archiduchesse Marguerite le fit tenir plus régulièrement depuis 1517.

Cette Princesse donna des ordres pour recueillir les Ordonnances du Pays ; mais ses intentions ne purent être remplies. Dès le 26 Octobre 1515, elle avoit adressé une Ordonnance relative aux Coutumes de la Province ; mais le Parlement s'excusa de la publier : elle fut refondue ensuite dans une Ordonnance de Charles-Quint, contenant XV. Articles. Ce Projet de l'Archiduchesse Marguerite, se trouve dans les Manuscrits de M. d'Esnans, & dans ceux de M. Perrinot, qui sont les uns & les autres au Greffe de la Cour.

La même Gouvernante tenta aussi de faire d'autres Ordonnances, qu'elle adressa aux Etats du Comté de Bourgogne, pour avoir leur avis. Ils tardèrent à le donner, & cela procura un Réglement provisoire du 28 Août 1517. Mais on voit dans l'Ordonnance de 1538, « que pour aucunes causes & considérations fut » différée la publication du Volume des Ordonnances » revues du temps de ladite Princesse ».

Ce ne fut que sous le Règne de l'Empereur Charles-Quint que l'on reprit ce travail : il procura l'*Ordonnance du 1 Avril* 1538. On en a plusieurs Editions, auxquelles sont ajoutées les anciennes Ordonnances, les Coutumes & plusieurs Mandemens épars. Mais on se borna pour les *anciennes Ordonnances*, à faire imprimer celles de *Philippe-le-Bon*, du 16 Mai 1462, qui est un Extrait des Ordonnances antérieures, depuis celle qui fut faite au Parlement tenu à Dole en 1386, & l'on affecta de supprimer les Ordonnances faites du temps de Louis XI. & de Charles VIII. quoique publiées aux Parlemens tenus à Salins en 1481 & 1489. Ces Recueils sont intitulés :

2. « Les Ordonnances anciennes observées en la » Cour Souveraine du Parlement de Dole, & aux au» tres Justices inférieures du Comté de Bourgogne » : *Lyon,* Regnault, 1540, *in*-4. Gothique.

La Partie II. contient les Ordonnances Impériales de 1538. La Partie III. comprend les Ordonnances générales du Comté de Bourgogne, auxquelles sont ajoutés plusieurs Edits & Mandemens de nouveau publiés de par la Sacrée Majesté Impériale & la Cour du Parlement de Dole.

3. « Ordonnances de la Cour de Parlement & autres » Officiers de l'Empereur en son Comté de Bourgogne, » touchant la Justice & administration d'icelle, impri» mées pour Mongeot Danour, Marchand Libraire de» meurant à Dole » : *in*-16. Gothique.

A la page 221 on lit, « imprimées pour Hugues » Danour, Marchand Libraire demeurant à Dijon ». On ne trouve l'année nulle part.

Ce Recueil est moins parfait que l'*in*-4. de 1540.

4. « Ordonnances anciennes du Comté de Bourgo» gne, imprimées à *Dijon*, par Jean Desplanches, » pour Mongeot Danot, demeurant à Dole » : 1552, *in*-16.

Cette Edition contient de plus que les précédentes, l'Ordonnance du 12 Novembre 1545, publiée le 19 Décembre suivant, qui ne se trouve point au Greffe, & qui n'est entière dans aucun Recueil que celui-là.

5. « Ordonnances de très-haut, très-puissant & très» excellent & victorieux Prince, Charles V. Empereur » des Romains, Duc & Comte de Bourgogne, notre » souverain Seigneur, publiées en la Cour Souveraine » de Parlement à Dole, le 15 Mai 1539, (& en celle » du 1 Avril 1538,) chez Nicolas Ravel & Monio » Dano Libraires, 1554, petit *in-fol.*

Cette Edition ne contient rien de plus que les précédentes, si ce n'est un « Sommaire Recueil de plu» sieurs Edits & Mandemens très-salutaires publiés & » observés pour loi au Comté ».

Au reste, on peut observer que dans ces trois dernières Editions le nom du Libraire est écrit de différentes façons.

6. « Ordonnances, &c. *in-fol.* (On sçait que cette autre Edition existe, mais on ne peut dire où elle a été faite, ni l'année.)

7. « Ordonnances de très-haut, &c. » (comme au num. 5.) *Lyon,* Roussin, 1570, *in-fol.*

Cette Edition est considérablement augmentée, & les Ordonnances anciennes & nouvelles sont distribuées par Articles, selon l'ordre des Matières, avec citations marginales. Ce sont les Articles de cette Edition qui sont cités dans le *Commentaire* de Boguet, sur la Coutume de Franche-Comté. Ce travail, commode pour les Praticiens de ce temps-là, a causé la perte d'une partie des Ordonnances & de la plûpart des Préambules, qui contiennent les motifs de la Loi.

Dans le même temps, on permit à Claude Delesmes, Secrétaire du Roi d'Espagne, & Commis d'Etienne Bernard, Greffier en chef du Parlement, de faire imprimer à la suite de cette Edition, l'Ordonnance de 1564, & une Collection de Mandemens & Statuts qu'il avoit faite au Greffe pendant trente ans d'exercice, sous ce titre :

« Recueil d'aucuns Edits, Statuts & Mandemens, » publiés & observés au Comté de Bourgogne, divisés » en XI. Parties ».

Ce Recueil est devenu d'autant plus précieux, que les Registres des anciennes Ordonnances, qui étoient au Greffe du Parlement, avant la réunion de la Province à la Couronne, ne remontent qu'à 1573. On peut néanmoins y suppléer en quelque manière, par les Registres intitulés, *Procureurs*, qui contiennent les Arrêts rendus dans des affaires où le Procureur-Général étoit partie, soit pour l'ordre public, soit pour les affaires des particuliers. Ces Registres remontent à 1530.

8. « Ordonnances de Philippe II. Roi d'Espagne, » du 18 Septembre 1573, publiées le 12 Novembre » suivant » : *Lyon,* Roussin, 1574, *in-fol.* & *in*-4.

Ces Ordonnances occasionnèrent des réclamations en 1574, & sur les Articles présentés de la part des Députés des Etats, on demanda l'avis du Gouverneur &

du

Histoires des Parlemens.

& du Parlement, En conséquence il fut sursis à l'exécution de ces Ordonnances, le 24 Novembre 1576.

Il paroît par deux Remontrances de cette Cour, en 1575, qu'elle désiroit une nouvelle rédaction des Ordonnances, pour retrancher des anciennes & des nouvelles ce qui pourroit être contraire aux intérêts du Roi & à ceux du Public : c'est ce qui procura le Livre suivant :

9. « Ordonnances de Philippe II. du 1 Février 1586, » publiées au Parlement le 14 Avril suivant, imprimées » à *Lyon*, chez Jean Dogerolles, & se vendent à Dole, » chez Guillaume Delivrand », *in-fol.* & *in-*4.

Philippe II. donna la même année un Réglement particulier pour la Discipline du Parlement : il n'a pas été imprimé, étant intitulé, *Instructions secrettes*; il n'a même été que long-temps après porté sur les Registres de cette Cour.

10. « Ordonnance de 1587 : *Dole*, Poivre & Ra-» voillot », *in-*4.

11. « Ordonnance de 1587, pour le service des » Troupes, dédiée au Comte de Champlitte, par Vin-» cent Benoist, traduite par Girard d'Ornans, d'Es-» pagnol en François » : *Dole*, Ravoillot, 1588, *in-*8.

Vincent Benoist de Jougne, Ecuyer, fut souvent en négociation, pour la Province, avec les Suisses.

12. « Recueil des Ordonnances & Réglemens ren-» dus depuis 1586 jusqu'en 1619 : *Dole*, Dominique », *in-*4. (sans année.)

13. « Recueil des Edits, Ordonnances & Coutumes » de Franche-Comté de Bourgogne, par Jean PETRE-» MAND, Docteur ès Droits, Conseiller en la Cour Souve-» raine de Parlement à Dole, de l'autorité des Sérénissi-» mes Archiducs Albert & Isabelle, à la réquisition des » Etats du Pays, & avec permission de la Cour : *Dole*, » Dominique, 1619 », *in-fol.*

Ce Recueil n'est qu'un Extrait des Ordonnances précédentes, rangées par ordre des Matières. Il est plus parfait que celui de 1570, (num. 7.) On ne peut trop louer l'ordre & le travail du Compilateur : cependant il est quelques Articles découpés, qui ont été mal interprétés, faute de voir l'ensemble des Edits. Au surplus, c'est le dernier Recueil général fait sous le Gouvernement de la Maison d'Autriche ; & comme les Coutumes & Ordonnances du Pays furent conservées par les Capitulations de 1668 & 1674, on le cite encore aujourd'hui sous le titre d'*anciennes Ordonnances du Comté*.

14. « Ordonnances de 1622, sur les Monnoies du » Comté : *Anvers*, Vandussen, 1622, *in-*8. avec figu-» res. Les mêmes, *in-*4. sans figures ».

15. « Suite des Ordonnances du Comté de Bourgo-» gne, sur le même Plan que celles de Petremand, par » Jean BOYVIN, Conseiller au Parlement, avec une » Table raisonnée de tous les Edits, Ordonnances & » Coutumes du Pays : *Dole*, Binart, 1628 », *in-fol.*

16. « Ajoutance à la suite (précédente) par le même » BOYVIN, lors Président du Parlement » : *Dole*, Binard, 1648, *in-fol.*

A la suite de cette *Ajoutance*, on trouve communément dans les Recueils reliés, les Edits détachés, depuis 1648.

17. « Suite du Recueil des Edits & Ordonnances de » la Franche-Comté, depuis 1619 jusqu'à 1664, avec » un ample Répertoire, tant du Recueil de 1619 que » de ladite Suite, par Mᵉ JOBELOT, premier Président » du Parlement » : *Dole*, 1664, *in-fol.*

Il est facile de s'appercevoir que cette Suite est la plus complette, comprenant toutes les précédentes ; mais comme celles-ci & l'*Ajoutance* avoient été reliées avec le Recueil de 1619, la Suite de 1664 n'a

Tome *IV*. Partie *I*.

pas été également conservée : ainsi il est arrivé que plusieurs Recueils sont imparfaits, & qu'ils sont cités diversement pour les Articles desdites Suites.

Depuis 1664 jusqu'à 1674, époque de la réunion de la Province à la Couronne, & où commence le nouveau Recueil des Edits, il n'y a plus que des Réglemens épars, recueillis dans quelques Volumes jusqu'à la Conquête de 1668. La Province ayant été alors rendue à l'Espagne par le Traité d'Aix-la-Chapelle, il fut établi une Chambre de Justice à Besançon, dont il y a quelques Réglemens imprimés en détails ; mais ils sont rares.

M. PERRINOT, Doyen du Parlement, mort en 1772, avoit fait un grand travail sur les différentes Editions des anciennes Ordonnances, pour les rétablir en leur entier ; mais n'ayant point consulté les Registres du Parlement, parmi lesquels se trouvent cinq Volumes d'Edits, Ordonnances, Placards & Réglemens faits sous le Gouvernement de la Maison d'Autriche, ainsi que plusieurs Pièces éparses dans le Recueil appellé *Actes importans*, & aussi conservé dans les Registres, il manque beaucoup à son Ouvrage, quoiqu'il soit fort utile pour la conférence des différens Réglemens. Son travail est conservé au Greffe de la Cour.

Feu M. D'ESNANS, Conseiller au même Parlement, Professeur en Droit public à l'Université, & de l'Académie de Besançon, avoit aussi entrepris de rétablir les anciennes Ordonnances en leur entier, par ordre chronologique, & il avoit fait copier ce qu'il en avoit pu trouver en 28 Volumes *in-*4. Mais son travail ne remonte pas au-delà de l'Ordonnance du 16 Mai 1461. Ses Manuscrits peuvent se réduire en moins de Volumes, l'écriture étant peu serrée : ils sont aujourd'hui parmi les Registres du Parlement.

M. DROZ, Conseiller au même Parlement, & Secrétaire perpétuel de l'Académie, a fait des recherches encore plus étendues, de toutes les Ordonnances & Pièces qui pouvoient avoir rapport aux Droits public & privé de la Province de Franche-Comté ; & il lui a paru que pour en préparer un Recueil complet, il conviendroit d'en donner d'abord une « Table, qui con-» tiendroit non-seulement ce qui est dans les précédens » Recueils, mais encore tout ce qui se trouve en ce » genre dans les Dépôts du Parlement & de la Cham-» bre des Comptes, ci-devant séante à Dole, & dans » d'autres Dépôts qu'il a eu occasion de visiter ». Il se propose de publier bientôt cette Table.]

Au N.° 33214, *ajoutez en Note :*

Ce Réglement de 1690 a été réimprimé dans la nouvelle Edition que M. Droz a donnée, des Edits & Réglemens du Parlement de Besançon depuis 1674, (dont il sera parlé au N.° suivant.) Mais ce Réglement a été modifié par plusieurs autres. Le premier est un Arrêt du Conseil, du 17 Février 1695, en interprétation dudit Réglement. Il faut ensuite voir l'Edit de Décembre 1704, & la Déclaration du 25 Août 1712, rendue en interprétation de l'Edit de création des Chambres des Eaux & Forêts & Requêtes du Palais, des mois de Février & Juillet 1704; le nouveau Réglement du 5 Septembre 1739, & les Remontrances qu'il occasionna ; l'Edit de Février 1741, portant suppression des Présidens des Eaux & Forêts; la Déclaration du 4 Février 1742, concernant le service de cette Chambre ; l'Edit de Mai 1759, portant suppression de dix Offices de cette Cour, suspendu le 4 Décembre 1761. Enfin, il faut voir les Edits de Février 1679, portant création d'une troisième Chambre; le Réglement du 18 Avril 1678 ; les Edits d'Août 1684 & 1692, qui augmentèrent encore le nombre des Officiers du Parlement, & établirent la vénalité & hérédité des Offices, ainsi que l'Edit de Juillet 1771, qui les a supprimées.]

Au N.° 33215, *ajoutez à la Note :*

Il y a eu un Tome VII. *Besançon*, Daclin, 1756,

O o o

in-fol. contenant les Edits & Réglemens publiés jusqu'en 1755. Mais ces différens Recueils ayant été donnés & publiés successivement sans ordre, M. Droz a dirigé l'édition suivante.

33215.* ☞ Recueil des Edits & Déclarations du Roi, Lettres-Patentes, Arrêts du Conseil de Sa Majesté, vérifiés, publiés & registrés au Parlement séant à Besançon, & des Réglemens de cette Cour depuis la réunion de la Franche-Comté à la Couronne: nouvelle Édition, revue, corrigée & augmentée: *Besançon*, Daclin, 1771 & *f. in-fol.* 4 vol.

Cette Édition, donnée par M. Droz, Conseiller au Parlement de Besançon, est par ordre chronologique. Il l'a augmentée d'un nombre considérable de Pièces, qui n'avoient point été mises dans le précédent Recueil ; & il y a ajouté des Tables qui constatent l'authenticité de chaque Pièce. Les deux premiers Volumes, qui sont de plus de 900 pages chacun, ont déjà paru, & contiennent tous les Edits & Réglemens depuis 1674 jusqu'en 1714. Le troisième Volume, qui est sous presse & fort avancé, finira après 1740 ; & le quatrième comprendra tout ce qui a été publié jusqu'en 1774.]

Au N.° 33216, *ligne* 5, ROEUSE, *lisez*, REUD.... & 4 lignes avant la fin, après Cour, *ajoutez*, depuis 1674.

PAGE 254.

Après la ligne 3 de la colon. prem. ajoutez,

— * ☞ Mf. Diverses Pièces concernant le Parlement de Franche-Comté.

Ci-après, dans ce même Volume, N.os 38510 & *suiv.*

Au N.° 33223, *ligne* 4, par le même, *lisez*, par M. DE COURBOUZON.

33225.* ☞ Éloge historique de M. le Marquis de Clevans, Conseiller au Parlement, Secrétaire de l'Académie de Besançon ; par M. Binetruy DE GRAND-FONTAINE.

Dans les Registres de cette Académie.]

Immédiatement après le N.° 33226, ajoutez,

33226.* ☞ Éloge historique de M. Belin, Conseiller honoraire au Parlement de Besançon, Doyen des Chevaliers de l'Ordre du Roi, mort en 1773 ; par M. Droz, Secrétaire de l'Académie de Besançon.

Dans les Registres de cette Académie.]

Au bas de la colon. prem. ajoutez,

33226.** ☞ Edit de suppression des Offices du Parlement de Besançon, & Edit de création d'Offices (nouveaux,) registrés les 5 & 8 Août 1771.

Dans le *Code des Parlemens*, (ci-devant,N.° 32871*,) *pag.* 326 & *suiv.*]

33228.* ☞ Edit de suppression du Parlement de Douay, registré au Parlement de Paris, le 17 Août 1771.

Dans le *Code des Parlemens*,(ci-devant, N.° 32871*,) *pag.* 346.]

Edit de création d'un Conseil Supérieur à Douay, registré au Parlement de Paris, le 22 Octobre 1771.

Dans le même Recueil ou *Code, pag.* 567.]

Au N.° 33231, *ajoutez à la Note*:

Ce Recueil est dû aux soins de feu M. de Corberon fils, premier Président au Conseil de Colmar.]

33231.* ☞ Edit portant remboursement des Offices du Conseil d'Alsace, & abolition de la vénalité, registré le 28 Octobre 1771.

Dans le *Code des Parlemens*, (ci-devant,N.° 32871*,) *pag.* 439.]

33233.* ☞ Edit du Roi, pour la suppression du Parlement de Dombes, & Procès-Verbal d'enregistrement de l'Edit à ce sujet, le 31 Octobre 1771.

Dans le *Code des Parlemens, pag.* 444 & 493. Son petit Territoire a été attribué au Conseil Supérieur de Lyon, (qui vient d'être supprimé par Louis XVI. en Novembre 1774.]

Nota. On a indiqué, ci-devant, (au N.° 32871* de ce *Supplément*,) les dix nouveaux *Conseils Supérieurs*, érigés en 1771, & l'on peut en voir le détail par la *Table* raisonnée du *Code des Parlemens*. Huit viennent d'être supprimés.]

PAGE 255, *ajoutez*,

33235.* ☞ Edit portant création d'Offices (nouveaux) dans la Cour Souveraine de Lorraine, avec abolition de vénalité, &c. registré le 22 Octobre 1771, &c.

Dans le *Code des Parlemens, pag.* 430, 502, &c. La Cour Souveraine de Nancy s'étend aujourd'hui par toute la Lorraine, depuis la suppression du Parlement de Metz, ci dessus, N.° 33212* de ce *Supplément*.]

PAGE 259, *ajoutez*,

33304.* ☞ Mf. Journal historique du Palais (ou du Parlement de Paris;) par M. le Président DE NASSIGNY & M. HURSON, depuis 1713 jusqu'en 1746: *in-*4. 2 vol.

Ce Journal est conservé à Paris, dans la Bibliothèque de M. le Président Rolland.]

PAGE 267, *ajoutez*,

33410.* ☞ Mémoire servant d'éclaircissemens & de Supplément aux Remontrances de la Cour Souveraine de Lorraine & de Barrois: 1758, *in-*4.]

PAGE 278.

Au N.° 33608, ajoutez en Note:

Un pareil Recueil, depuis 1563 jusqu'en 1636, se trouve dans la Bibliothèque de M. le Président Rolland, & vient originairement de celle de M. de Caumartin.]

PAGE 279, *ajoutez*,

33618.* ☞ Mf. Princes & Pairs poursuivis, & jugés, au Parlement: Princes & Pairs poursuivis, & jugés, ailleurs qu'au Parlement; par M. le Président DE MENIÈRES, en Décembre 1752: *in-*4.

Ce Manuscrit est conservé à Paris, dans la Bibliothèque de M. le Président Rolland.]

Au N.° 33632, *ajoutez à la Note*:

Il y a aussi une Copie du Procès criminel fait en 1440 à Gilles de Laval, Seigneur de Retz, dans la Bibliothèque de M. de Cambis, Marquis de Velleron, à Avignon ; il en donne la Notice dans le Catalogue raisonné de ses Manuscrits, *pag.* 378.]

PAGE 280.

Au N.° 33639, *ligne* 3, Comte, *lisez*, Comté.

PAGE 281.

Au N.° 33653, *ajoutez à la Note :*

Il y en a un Exemplaire à Avignon, dans la Bibliothèque de M. de Cambis, Marquis de Velleron, dont il donne la Notice, *pag.* 680, du Catalogue raisonné de ses Manuscrits.

PAGE 283.

Au N.° 33696, *ajoutez à la Note :*

☞ L'Exemplaire de M. de Caumartin a passé à la Bibliothèque du Collège des Jésuites, & a été acheté par M. le Président Rolland.]

PAGE 285.

Au N.° 33733, *ligne* 2 *de la Note, ajoutez*, *p.* 780 *& suiv.*... *ligne* 7, *le* Père, *lisez*, & par un autre Arrêt, le Prêtre.

PAGE 287, *ajoutez*,

33759.* ☞ Pièces concernant le Procès de Simon Morin, fanatique impie.

Dans les *Mémoires* de l'Abbé d'Artigny, tom. III. *pag.* 249. Simon Morin fut brûlé à Paris en 1663. Le Père Niceron lui a donné un Article dans ses *Mémoires*, &c. tom. *XXVII. pag.* 36 & *suiv.*]

Au N.° 33761, *ajoutez à la Note :*

Il y a une Copie exacte de ce Manuscrit, (du Procès du Chevalier de Rohan,) dans le Cabinet de M. Jousse, Conseiller au Présidial d'Orléans.]

Au N.° 33769, *ligne* 6, *lisez*, Procès de

Chambre des Comptes, &c.

PAGE 289, *ajoutez*,

33797.* ☞ Recherche traictant de la Jurisdiction souveraine de la Chambre des Comptes de Bretagne ; par Albert PADISLEAU, Sieur de Launay : *Nantes*, 1631, *in*-4.]

33797.** ☞ Recueil des Edits, Ordonnances & Réglemens de la Chambre des Comptes de Bretagne : *Nantes*, 1721, *in-fol.* 2 vol.]

33803.* ☞ Vie de Jean-Baptiste de Valbonnays, Président de la Chambre des Comptes de Grenoble, (mort en 1730) 1732, *in*-12.

On trouvera dans le Volume suivant, parmi les *Historiens*, son Eloge fait par M. de Boze, dans l'Académie des Inscriptions & Belles-Lettres, dont il étoit Membre.]

33803.** ☞ Eloge historique de François-Xavier Bon, premier Président de la Chambre des Comptes de Montpellier, (mort en 1761 ;) par Charles LE BEAU.

Dans l'*Hist. de l'Acad. des Inscr. & Belles-Lettres*, tom. *XXXI. in*-4. *pag.* 315.]

33805.* ☞ Notice historique de Claude Pelgey, Maître des Comptes à Paris ; par M. DREUX DU RADIER.

Dans sa *Bibliothèque du Poitou*, tom. III. *pag.* 166. Ce Sçavant Magistrat est mort vers 1607.]

33805.** ☞ Abrégé de la Vie d'Antoine-Joseph Dezallier d'Argenville, Maître des Comptes, mort en 1765.

Cet Abrégé est imprimé à la tête du Catalogue raisonné de ses Tableaux, &c. *Paris*, Didot, 1766, *in*-12.]

33805.*** ☞ Eloge de Claude-Humbert (Piarron) de Chamousset, ancien Maître des Comptes de Paris, mort le 27 Avril 1773.

Dans le *Nécrologe des Hommes célèbres de* 1774 ; *pag.* 1-78. M. de Chamousset a été célèbre par son zèle & ses projets pour les avantages de l'humanité, dont on fait connoître les principaux à ceux qui les ignorent.]

33805.**** ☞ Eloge funèbre & historique de M. (Nicolas) Loys, Greffier en chef de la Chambre des Comptes de Dole, & Associé à l'Académie de Besançon.

Cet Eloge est imprimé *pag.* 5 & *suiv.* de la *Séance publique* de cette Académie, *du* 24 *Août* 1759 : *Besançon*, Daclin, *in*-4.]

PAGE 291.

Avant le N.° 33815, *ajoutez*,

—* ☞ Etat des Officiers de la Chambre des Comptes de Provence, depuis l'an 1343 jusqu'en 1723.

Voyez ci-après la Note du N.° 38132.]

PAGE 292.

Au N.° 33853, *ajoutez en Note :*

Cet Inventaire n'est pas l'Inventaire général ; c'est seulement l'Inventaire des anciennes Chartes de Bourgogne. Il y a six espèces d'Inventaires usuels dans les Archives de la Chambre des Comptes de Dole, qui a été transférée & unie au Parlement de Besançon, par l'Edit d'Octobre 1771.

Cours des Aides.

PAGE 294, *ajoutez*,

33889.* ☞ Eloge de Fulcrand-Jean-Joseph-Hyacinthe d'Aigrefeuille, premier Président de la Cour des Aides de Montpellier.

Dans la *Relation de l'Assemblée publique de la Société Royale* de cette Ville, du 25 *Novembre* 1771.]

33889.** ☞ Notice historique de Guillaume Aubert, Avocat-Général de la Cour des Aides de Paris ; par M. DREUX DU RADIER.

Dans sa *Bibliothèque du Poitou*, tom. III. *pag.* 58. Ce Magistrat est mort vers 1600.]

33893.* ☞ Eloge historique de François de Plantade, Conseiller à la Cour des Aides de Montpellier, mort le 25 Août 1741.

Il est imprimé dans l'*Extrait de l'Assemblée* de la Société Royale de Montpellier, du 21 Novembre 1743.]

Au N.° 33895, *après la main, ajoutez* Mf.

33895.* ☞ Edit du Roi (Louis XV.) portant suppression de la Cour des Aides de Paris, régistré au Parlement le Roi séant en son Lit de Justice à Versailles, le 13 Avril 1771 : *Paris*, P. G. Simon, 1771, *in-*4. (avec la Relation dudit Lit de Justice.)

Cet Edit se trouve aussi dans le *Code des Parlemens* : (*Paris*, 1772, *in-*8. *pag.* 162.]

33895. ** ☞ Edit du Roi (Louis XVI.) portant rétablissement de ladite Cour, régistré au Parlement, le Roi séant en son Lit de Justice, à Paris, le 12 Novembre 1774 : *Paris*, Imprimerie Royale, *in-*4.

Dans le *Procès-Verbal* dudit Lit de Justice, *p.* 72.]

Edit régistré le même jour, portant rétablissement de la Cour des Aides de Clermont-Ferrand : *Ibid. pag.* 76.

Cette Cour avoit été supprimée en 1771, à cause du Conseil Supérieur établi à Clermont, & qui a été supprimé en 1774, (ci-devant, N.° 33011 **.]

Cour des Monnoies.

PAGE 296.

Au N.° 33916, *ajoutez en Note :*

M. de Richebourg a publié ensuite des *Observations* sur l'Extrait qu'avoit donné de son Ouvrage le *Journal des Sçavans*, en Janvier 1765.

33916. * ☞ Lettre de M. DUPUY, (de l'Académie des Inscriptions & Belles Lettres,) à M. Macé de Richebourg.

Elle est imprimée dans le *Journal des Sçavans*, 1766, *Mars*.]

Au N.° 33926, *après* Saint-Georges, *ajoutez*, [*Tours*, 1590, *in-*8.]

PAGE 298.

Au N.° 33954, *ligne* 1, ROLLAND, (*en lettres petites capitales.*)

PAGE 300.

Au N.° 33982, *ligne* 3, DUPRÉ, *lisez*, DUPUY.

PAGE 301.

Au N.° 33996, *ligne* 2, DE FORBONNAIS (*en lettres petites capitales.*)

33998. * ☞ Lettre à M. B. Avocat, au sujet des Recherches sur les Monnoies, &c.

Cette Lettre, de M. DUPUY, de l'Académie des Inscriptions & Belles-Lettres, est imprimée dans le *Journal des Sçavans*, 1763, *Avril.*]

PAGE 302, *ajoutez*,

34023. * ☞ Edit du Roi (Louis XV.) portant suppression de la Cour des Monnoies de Lyon, (instituée en 1704, & sa Jurisdiction réunie à la Cour des Monnoies de Paris;) régistré au Parlement de Paris, le 9 Août 1771.

Edit portant désemestrement de la Cour des Monnoies de Paris, (& autres changemens;) régistré le 27 Septembre 1771.

Ces deux Edits (qui ont été d'abord publiés *in-*4.) se trouvent dans le *Code des Parlemens*, (ci-devant, N.° 32871 *,) *pag.* 339 & 376.]

Jurisdictions inférieures.

PAGE 304, *ajoutez*,

34066. * ☞ Eloge de M. Mariotte, Trésorier de France, un des Quarante de l'Académie des Jeux Floraux ; prononcé dans l'Assemblée de l'Académie le 14 Juin 1748; par M. DE PONSAN, Trésorier de France, un des Académiciens & Modérateur de l'Académie : *Toulouse*, *in-*8. de 28 pages.]

Au N.° 34069, *effacez* Ms.

PAGE 305, *ajoutez*,

34079. * ☞ Traité de la Jurisdiction des Présidiaux ; par M. J*** (Daniel JOUSSE,) Conseiller au Présidial d'Orléans : *Paris*, Debure, 1764, *in-*12.]

34079. ** ☞ Edit du Roi (Louis XVI.) portant Ampliation du pouvoir des Présidiaux, régistré au Parlement de Paris, le Roi y tenant son Lit de Justice, le 12 Novembre 1774.

Dans le *Procès-Verbal* dudit Lit de Justice : *Paris*, Imprimerie Royale, 1774, *pag.* 84. Le Roi Henri II. en érigeant les Présidiaux, par son Edit de 1551, leur avoit donné le droit de juger en dernier ressort jusqu'à la somme de 250 livres, & de 500 livres par provision. Louis XVI. les autorise à juger en dernier ressort jusqu'à 2000 livres, & par provision jusqu'à celle de 4000 livres.]

PAGE 306, *ajoutez*,

34098. * ☞ De la Montre (ou Marche) des Officiers du Châtelet de Paris.

Dans les *Variétés historiques*, tom. III. *pag.* 54. Cette petite Pièce, que l'on croit avoir été publiée d'abord dans quelque Mercure, est de M. BOUCHER D'ARGIS. Elle concerne la Marche que les Officiers du Châtelet font dans Paris, après la Fête de la Trinité, pour reconnoître les petites Jurisdictions qui leur ont été réunies.]

PAGE 307, *ajoutez*,

34101. * ☞ Arrest du Parlement de Paris, du 19 Mai 1762, au sujet du Conseil Provincial d'Arras : *Paris*, P. G. Simon, 1762, *in-*4.

Il est accompagné d'un grand & curieux Réquisitoire de M. le Procureur-Général, où se trouve l'Histoire de la Mouvance du Conseil Provincial d'Arras, & de son ressort du Parlement de Paris : ce qui a duré jusqu'aux changemens faits (sous Louis XV.) en 1771. Alors a été établi à Arras un Conseil Supérieur : *Code des Parlemens*, *pag.* 28 & 41. Mais il vient d'être supprimé & réduit à son premier état.]

34101. ** ☞ Edit du Roi (Louis XVI.) portant rétablissement du Conseil Provincial d'Artois, régistré au Parlement de Paris, le Roi y tenant son Lit de Justice, le 12 Novembre 1774.

Dans le *Procès-Verbal* dudit Lit de Justice : *Paris*, Imprimerie Royale, 1774, *pag.* 86.]

Au N.° 34110, *ligne* 2, *lisez*, Arneto-Ducensi.

PAGE 308.

Colonne prem. ligne 2, MARQUINO, *lisez*, MAQUINO.

Histoires des Provinces & Villes.

Au N.° 34122, *ligne* 2 *de la Note, après* Ménage, *ajoutez,* [*pag.* 140-148.]

34130. * ☞ Eloge de Jean Breslay, Bailli de Sablé, & Juge ordinaire d'Anjou ; par Gilles Ménage.

Dans ses Remarques sur la Vie de Pierre Ayrault :

(*Parisiis,* 1675, *in-*4.) *pag.* 473. Pierre Breslay est mort vers 1480.]

34132. * ☞ Traité des fonctions, droits & privilèges des Commissaires-enquêteurs examinateurs ; par M. J*** (Jousse,) Conseiller au Présidial d'Orléans : *Paris,* Debure, 1759, *in-*12.]

LIVRE QUATRIÈME.
Histoire Civile, ou des Provinces & Villes.

Page 309.

Alinéa 2, *ligne* 9, *effacez* de ce Livre.

Page 311, *ajoutez,*

34137. * ☞ Recueil des Antiquités & Privilèges de Bourges & de plusieurs autres Villes Capitales du Royaume ; par Jean Chenu, de Bourges, Avocat en Parlement : *Paris,* Buon, 1621, *in-*4.

Ce Recueil, que le Père le Long s'étoit contenté de mettre au *Berry,* appartient à l'Histoire générale des Provinces de France, & demande une Notice particulière. Il est divisé en trois Parties. = La première, qui est la plus étendue, contient les Privilèges de Bourges ; = la seconde, ceux de Tours & de la Rochelle ; = la troisième, ceux des Villes de Paris, Beauvais, Amiens, Orléans, Moulins, Montpellier, Arles, Aix, Toulon, Cahors, Périgueux, Limoges, Poitiers, Angers, le Mans.]

Gouvernement de Picardie.

Page 313.

Colonne 2, *avant le N.°* 34168, *ligne* 2, *lisez,* Bonnefons, (*sans* de)

34174. * ☞ Discours sur le Blason des armes de Péronne, où l'on voit ses fondemens & ses prérogatives ; par Catherine Lévesque.

C'est la Préface du Livre intitulé, *Les trois Fleurs de lys spirituelles,* &c. indiqué Tome I. N.° 11484.]

Au N.° 34175, *ligne* 4, 70, *lisez,* 170.

34175. * ☞ Perona obsessa : auctore Huberto Sussanæo.

Ce Poëme, qui est d'environ 400 Vers, se trouve à la fin d'un Volume intitulé : *Hub. Sussanai, Legum & Medicinæ Doctoris, Ludorum Libri :* Parisiis, Colinæi, 1538, *in-*8. Sussaneau, qui n'avoit alors que 24 ans, le fit aussitôt la levée du Siège de Péronne, en 1536.]

Page 314

Au N.° 34179, *ligne dernière de la Défense, &c. de* Bendier, *après* 5499, *ajoutez,* & au même N.° dans ce *Supplément, pag.* 282.

Au N.° 34182, *au lieu de* Mf. Mémoires, &c. *lisez,*

Mémoires pour servir à l'Histoire Ecclésiastique, Civile & Militaire de la Province de Vermandois; par M. Louis-Paul Colliette, Doyen du Doyenné de S. Quentin & Curé de Gricourt : *Cambray,* Berthoud, & *Paris,* Saillant, 1772 *& suiv. in-*4. 3 vol.

Cette Histoire finit en 1767.]

34183. * ☞ Mémoire pour la Mouvance de Nesle, & de la Forêt de Dole : *Paris, in-fol.*

Au N.° 34187, *ligne* 4, *avant la fin de la page, après* 241, *ajoutez :* On y marque l'Ouvrage *sur l'antiquité d'Abbeville,* comme ayant paru en 1637. Il falloit mettre 1635 ; car ce fut en cette année qu'il fut imprimé, comme on le voit par le Privilège. Mais on a changé la date par divers Frontispices. J'en connois de 1635 & 1636 ; celle du Père le Long étoit de 1637, & il y en a peut-être d'autres des années suivantes.]

Page 315.

Au N.° 34198, *ajoutez à la Note :*

On peut voir sur l'Histoire de Boulogne, l'Ouvrage de Malbrancq, intitulé : *De Morinis,* &c. *Tornaci,* 1639, *in-*4. 3 vol.]

34203. * ☞ Lettres en forme de Requête civile, Pièces & Mémoires touchant la cause de la Baronie d'*Andres,* pour la Reine, mère du Roi, contre Charles-Hippolyte de Spinola ; par H. d'Audiguier du Mazet : (*Paris,*) *in-*4.]

Gouvernement de Champagne.

Page 316, *ajoutez,*

34205. * ☞ Guillelmi Paradini, de motibus Galliæ, & expugnato Itio Caletarum, Commentarius : *Lugduni,* 1558, *in-*4.]

34205. ** ☞ La Réduction de Calais au Royaume de France : *Paris,* 1558, *in-*8.]

Page 317, *ajoutez,*

33221. * ☞ Mf. Mémoires historiques-critiques, pour servir à l'Histoire générale des premiers Peuples qui ont habité ce qu'on appelle aujourd'hui la Champagne, jusqu'au temps où cette Province tomba sous la domination des François ; par M. Sabbathier, de la Société Littéraire de Chaalons-sur-Marne.

L'objet de ces Mémoires est de rechercher l'origine, le caractère des anciens Champenois, leur langue, leur religion, leurs coutumes & autres choses communes à ces Peuples connus sous le nom de Rémois, Lingonois, Sénonois, Tricasses, Meldes, Catalaunes. On en trouve un Extrait, fait par l'Auteur même, dans le *Mercure,* 1765, *Juillet, pag.* 149-158.]

34227. * ☞ Mf. Listes historiques des Gouverneurs & Lieutenans-Généraux de Brie & de Champagne, avec les Relations de plusieurs de leurs Entrées solemnelles dans la

Ville de Meaux ; par M. Thomé, Chanoine de Meaux.

Ce Manuscrit est conservé dans le Cabinet de l'Auteur.]

PAGE 319, *ajoutez*,

34238.* ☞ Ms. Recueil de plusieurs Pièces anecdotes, pour servir à l'Histoire de la Ville de Reims : grand *in-8*.

Il est conservé à Braine, dans la Bibliothèque de M. Jardel.]

34243. * ☞ Lettres pour l'établissement d'un Séminaire de pauvres Filles à Reims : *Reims*, Bernard, 1640, *in-4*.]

Au N.° 34244, *ajoutez en Note* :

On peut voir une autre Explication de ce Monument, par M. Levesque de Pouilly, ci-après, num. 55 de la page 331. Il vient d'être réimprimé à la fin de l'Ed. de sa *Théorie des Sentimens agréables* : *Paris*, Debure père, 1774, *in-8*.

Au N.° 34252, *ligne 3 de la Note*, à la Ville, *lisez*, dans la Ville. . . & *ligne 6*, après Histoire, *ajoutez*, & une plus détaillée ci-après, au N.° 31175.]

PAGE 320.

Au N.° 34254, *ajoutez à la Note* :

M. Bidet le fils a une Copie de ce même Ouvrage, ornée de figures, & revue avec soin par M. son père, ainsi qu'une *Histoire* (manuscrite) *de la Ville de Reims*, en 5 vol. *in-4*. que M. Bidet père se proposoit de faire imprimer, lorsqu'il fut prévenu par celle de M. Anquetil.]

34257.* ☞ Plan des Ecoles de Mathématiques & de Dessin, qui s'ouvriront à Reims dans les Salles de l'Hôtel de Ville, au mois de Novembre 1748 ; (par le Père André Ferry, Minime :) *Reims*, 1748, *in-8*.

Ce fut le Père Ferry qui en fit l'ouverture.]

34257. ** ☞ Mémoire sur l'établissement de l'Ecole des Arts à Reims; par M. Ferrand de Monthelon, Professeur de l'Académie de Saint-Luc à Paris, ensuite Professeur de Dessin à Reims : 1748, *in-4*.

Cet Auteur, Peintre, est mort en 1752.]

34257. *** ☞ Monument de la Ville de Reims, & Description pittoresque du Monument érigé à la gloire du Roi, & sculpté par M. Pigalle, ou Lettre de M. Dandré Bardon, Directeur de l'Académie Royale de Peinture : *Paris*, Desaint, 1765, *in-12*. de 24 pages.]

34258. * ☞ Table Chronologique de l'Histoire de Reims ; par P. Cocquault : *Reims*, 1650, *in-4*.]

Au N.° 34259, *ajoutez à la Note* :

L'Almanach de Reims a été continué jusqu'en cette année (1774.) Plusieurs Particuliers y ont inséré différens Articles. Depuis l'année 1769, Dom Fournier, Bibliothécaire de S. Nicaise, en a été l'Editeur jusqu'en 1773, qu'il a été remplacé par Dom Vincent, Bibliothécaire de S. Remi.]

34260. * ☞ Ms. Titres, Privilèges & autres Pièces, concernant la Ville de *Fismes*.

Ces Pièces sont conservées à Braine, dans la Bibliothèque de M. Jardel.]

PAGE 321.

Colonne 1, *ligne* 14, des colonnes, *lisez*, deux colonnes.

Au N.° 34270, *ajoutez en Note* :

On conserve dans la Bibliothèque du Roi « la Chartre de Maizières (ou Mezières) sur Meuse, contenant » les Privilèges, Libertés & Franchises des Bourgeois » & Habitans. » *in-fol*. ancien Manuscrit, dont il est fait mention *pag*. 401 du Catalogue de M. de Cangé.]

34270. * ☞ Mémoire Historique, concernant les Droits du Roi sur les Bourgs de Fumay & de Revin ; (avec les Pièces justificatives :) *Paris*, J. Th. Hérissant père, 1772, *in-fol*. de 267 pages.

Louis XIV. acquit les Droits du Comte de Hainaut sur ces Terres; & ils ont été de nouveau cédés à la France, par l'Article XVI. de la Convention faite & conclue le 16 Mai 1769, entre Louis XV. & Marie-Thérèse d'Autriche. L'objet du Mémoire est d'établir contre les prétentions du Ministère de Trèves, que la Souveraineté en appartient incontestablement au Roi, & que l'Electeur, à cause de son Abbaye de Prum, n'a que la Seigneurie foncière.]

PAGE 322, *ajoutez*,

34279. * ☞ Ms. Diverses Anecdotes sur la Champagne, & nombre de Familles de Vitry-le-François ; par Jacob Varnier, Médecin du Roi à Vitry.

Ce Manuscrit est très-intéressant pour l'Histoire de ce Pays, depuis 1600 jusqu'à 1715. Il est conservé à Braine, chez M. Jardel. L'Auteur est mort en 1717.]

34280. * ☞ Discours des Droits de Frédéric-Maurice de la Tour, Prince de Sedan, contre les Etats de Liège : 1636, *in-4*.]

34280 ** ☞ Ms. Diverses Pièces sur les Princes & les Souverains de Sedan & Bouillon.

Elles sont conservées dans la Bibliothèque de M. Jardel, au nombre de plus de 500.]

PAGE 323.

Colonne 1, *ligne* 2, *avant la fin*, *mettez* Lamequin en lettres petites capitales.

Au N.° 34297, *ajoutez à la Note* :

On trouve dans le Catalogue de la Bibliothèque de M. Falconet, num. 15269 & *suiv*. Pièces (XVII.) sur le Duché de Bouillon, Sedan & échange.]

Au N.° 34300, alinéa 4, au lieu de Tome I. N.° 565, *lisez*, Tome I. N.° 5065.

PAGE 324.

Au N.° 34308, après Promptuarium... Nic. Camusat, *ajoutez*,

34308. * ☞ Mémoires pour servir de suite aux Antiquités de Troyes de Nic. Camusat; (par M. Grosley:) 1757, *in-12*.]

34308. ** ☞ Recueil de plusieurs Titres, pour justifier que Henri I. Comte de Champagne, est le Fondateur des Chanoines Prébendés de N. D. de l'Eglise Royale de S. Etienne de Troyes. (*Troyes*,) 1664, *in-8*.]

PAGE 325.

Au N.° 34320, *effacez*, qui a donné lieu à une petite Ville. (Cela se trouve dans le *Dictionnaire de Vosgien*, &c. mais c'est une erreur. La vérité est, qu'il n'y a près

Histoires des Provinces & Villes.

de l'Abbaye de Clairvaux, qu'une douzaine de Maisons, dont une partie même est dans la basse-cour de cette Abbaye.)

PAGE 326, ajoutez,

34337. * ☞ Mſ. Mémoires sur le Bourg de la *Ferté-sur-Aube.*

Ces Mémoires sont dans le Cabinet de M. Gehier, Subdélégué de l'Intendance, à Bar-sur-Aube.]

PAGE 327.

A la Note du N.º 34351, ligne 1, qui est, lisez, qui étoit... (les Livres imprimés de la Bibliothèque de M. Fevret de Fontette ayant été vendus à Paris peu après sa mort, en 1772.)

34351. * ☞ Andr. DU SAUSSAY, de Episcopali monogamiâ & unitate Ecclesiasticâ, Dissertatio pro Ecclesiâ Lugdunensi : *Parisiis,* 1632, *in-*4.]

Le N.º 34357 doit être ainsi :

Privilèges de la Ville de *Chaumont* en Bassigny, contenus en une Charte de Thibault, Comte de Champagne, de 1228, confirmée par Philippe le Bel en 1292, & par Philippe de Valois en 1338.

Cette Charte & les Lettres de Confirmation sont imprimées à la fin du Commentaire de Housset *sur la Coutume de Chaumont : Chaumont,* Briden, 1722.]

Au N.º 34358, alinéa 4, effacez, Village... & lisez, petite Ville de l'Election de Joinville, devenue fameuse...

34358. * ☞ Mſ. Histoire de *Bar-sur-Aube,* & plusieurs Chartes & Mémoires concernant cette Ville.

Ces Pièces sont entre les mains de M. GEHIER, Avocat du Roi, & Subdélégué de l'Intendance de Champagne, Auteur de cette Histoire.]

34358. ** ☞ Mſ. Histoire de *Vandœuvres.*

C'est un gros Bourg situé dans l'Election de Bar-sur-Aube, & qui a titre de Marquisat. Cette Histoire est aussi entre les mains de M. Gehier.]

34362. * ☞ Mſ. Histoire de la Ville de Meaux, tirée des Mémoires de Jean Lenfant & de Pierre Janvier, augmentée de quantité de choses curieuses ; par Claude ROCHARD, Premier Chirurgien du grand Hôtel-Dieu; *in-fol.* 7 gros vol. avec divers Plans.

L'Auteur est mort au mois de Juillet 1765. Jean-Claude Rochard, l'un de ses fils, travaille à perfectionner l'Ouvrage de son père.]

Mſ. Antiquités de la Ville de Meaux, transcrites par le même, sur les Mémoires de Jean Lenfant, augmentées de plusieurs choses curieuses, tirées de différens Mémoires : grand *in-fol.* de 425 pages.

Dans le Cabinet de M. Thomé, Chanoine de Meaux, qui a fait à part la « Liste des Vicomtes & » Vicomtesses, des Gouverneurs & Capitaines de » Meaux, avec les Cérémonies de l'Entrée de plusieurs » dans cette Ville. » Mſ.]

34362. ** ☞ Mſ. Antiquités de Meaux, tant du Spirituel que du Temporel, recueillies par Pierre MOUTON, Maître Menuisier à Meaux : *in-*8. 3 vol.

L'Auteur est mort en 1748. Il avoit fait de bonnes Humanités, & son Recueil paroit bien composé : son fils Denis, qui a cet Ouvrage en sa possession, le continue.]

PAGE 328, ajoutez,

34370. * ☞ Mſ. Description de l'Entrée de M. Bossuet, Evêque de Meaux, à Coulommiers, le 12 Mai, jour de l'Ascension, 1684.

Cette Entrée fut beaucoup plus belle que celle qu'on lui fit à Meaux. M. Thomé, Chanoine de Meaux, a ce Manuscrit & beaucoup d'autres qui regardent la Ville de Coulommiers, sa Patrie.]

34371. * ☞ Mſ. Histoire de la *Ville-neuve-le-Comte,* dans l'Election de Meaux ; par Denis BOUTINOT, Curé de la Paroisse, le plus ancien du Diocèse de Meaux.

Cette Histoire est déposée à l'Evêché, & M. Thomé, Chanoine, en a une Copie. La Paroisse de Ville-neuve-le-Comte, qui est à quatre lieues de Meaux & à deux de Lagny, fut érigée en Ville par Gaucher (III.) de Chastillon, & Elisabeth sa femme, héritière du Comté de S. Paul, en 1203. Elle jouit encore des beaux droits qui lui furent accordés alors. La Justice appartient aux Habitans, qui élisent leurs Officiers le Lundi de la Pentecôte.]

Gouvernement de Paris.

PAGE 333.

Au N.º 34386, *à la Note,* 1558, *lisez,* 1568.

Au N.º 34388, *ligne* 3, *in-*16, *lisez, in-*8.

Au N.º 34389, ROBEL, *lisez,* RABEL.

PAGE 334, ajoutez,

34400. * ☞ Dissertation sur la Coutume à laquelle un évènement, rapporté dans plusieurs Historiens de Paris, a donné lieu, (sur le Feu de la rue aux Oues :) *in-*12.

Cette Dissertation est indiquée num. 16054 du Catalogue de M. Falconet : on ne sçait si elle est imprimée ou Manuscrite.]

Au N.º 34405, *ligne* 1 *de la Note,* DU MOULINET, *lisez,* DU MOLINET.

PAGE 337.

Au N.º 34450, *ligne* 5, *in-*4, *lisez, in-*8.

PAGE 338.

Au N.º 34474, *ligne* 1, MAITREL, *lisez,* MOITREL.

PAGE 339, ajoutez,

34489. * ☞ Les Rues & les Environs de Paris : *Paris,* 1745 & 1757, *in-*12, 2 tom. en 1 vol.]

Au N.º 34496, *ligne* 2, *lisez,* Eustathio A KNOBELSDORF, Pruteno : *Parisiis,* Wechel, 1543, *in-*8.

C'est un Poëme rempli de Traits historiques, & d'environ 1500 Vers : il est suivi de quelques petites Pièces ; & le tout n'a que 62 pages.]

Au N.º 34500, *ligne* 2, *lisez,* BERTHOD.

PAGE 340.

Colonne 1, *lignes* 1 & 2, *lisez,* BERTHOD : *Paris,* 1653.

Au N.° 34502, *ligne* 2, *après* 1677, *ajoutez*, *in*-4.

Au N.° 34510, *ligne* 3, *in*-12, *lisez*, *in*-8.

PAGE 341.

Au N.° 34516, *ajoutez en Note* :

Il y a eu une Seconde Partie de cet Ouvrage (l'Almanach Parisien.) *Paris*, Duchesne, 1765, *in*-24.]

Au N.° 34521, *ligne* 2, *lisez*, 2 vol.

Au N.° 34524, *ligne* 6, données, *lisez*, dressée.

PAGE 342.

Au N.° 34527, *ajoutez après l'alinéa* 5,

☞ Les mêmes (Curiosités de Paris, &c.) Nouvelle Edition : *Paris*, 1771, *in*-12, 2 vol.]

34527. * ☞ Géographie Parisienne, en forme de Dictionnaire, &c. par M. (Etienne TEISSERENC, Prêtre:) *Paris*, Veuve Robinot, 1764, *in*-12.

Cet Ouvrage est singulier. On prétend y apprendre les principales Parties du Royaume & de Paris ensemble, & les unes par les autres.]

34529. * ☞ Lettre d'un Sicilien, contenant une Critique de Paris & des François : 1714, *in*-12.]

Au N.° 34533, *ajoutez en Note* :

Ce n'est qu'une petite Pièce critique & badine, pour ridiculiser les faux Sçavans.

PAGE 343.

Au N.° 34535, *ligne* 7, *après* Paris, *ajoutez*, Gueffier.]

PAGE 344.

Au N.° 34562, *ligne* 3, *ajoutez*, 1746.

Au N.° 34565, *ligne* 4, *ajoutez*, par M. BONAMY.

34566. * ☞ Mémoire Historique sur la Topographie de Paris, (au sujet de l'Emplacement de l'ancien Hôtel de Soissons ; par M. BOUQUET, Avocat, Bibliothécaire & Historiographe de la Ville de Paris:) *Paris*, Lottin l'aîné, 1772, *in*-4.

« On y fait la Critique de l'Histoire de l'Emplacement de l'ancien Hôtel de Soissons, par M. Terrasson, » & de sa Dissertation sur l'Enceinte de la Ville de » Paris par Philippe Auguste. On y prouve (ou l'on » prétend y prouver) que l'Hôtel de Soissons a été » construit sur le Domaine de l'Abbaye de S. Germain-» l'Auxerrois ; que ce Domaine formoit un Bénéfice » Régalien, qui n'a point été uni à l'Evêché de Paris, » & qui n'a pu produire une Censive féodale ou inféo-» dée ; que cet Hôtel, comme Maison Seigneuriale & » Royale, comme Fief-lige de la Couronne, comme » Terrain des Fossés & Remparts, n'a pu être assujetti » à une Censive féodale ; qu'enfin la prétendue posses-» sion de M. l'Archevêque est vicieuse à tous égards. »

☞ Réfutation du Mémoire (précédent) : *Paris*, Lambert, 1772, *in*-12 de 112 pag.

Elle a paru complette, & sans répilque.

PAGE 345.

Au N.° 34579, *ajoutez à la Note* :

Cet Ouvrage, qui a commencé à paroître en 1772, a été distribué successivement selon les différens *Quartiers* de Paris, qui sont au nombre de XX. Il en a paru jusqu'à présent (Novembre 1774.) XVIII. La Description de chaque Quartier est accompagnée de son Plan topographique, nettement exécuté. « L'Auteur » (M. Jaillot,) ne perd pas un instant de vue les » Historiens de Paris qui l'ont précédé, pour relever » leurs erreurs ; & comme il a tout vérifié, c'est-à-dire, » fouillé tous les Monumens, & compulsé tous les » Titres, son Ouvrage est à leur égard, à-peu-près » ce que la Règle ou le Compas est aux Ouvrages de » l'Art. » M. *de Querlon*, dans ses *Affiches des Provinces*, 1774, *page* 106.]

PAGE 346.

Au N.° 34592, *ajoutez en Note* :

Il y en a d'imprimés dès 1500, en Gothique, & en 1528.]

34594. * ☞ Autre Ordonnance concernant la (même) Jurisdiction, donnée en 1676 : *Paris*, 1676, *in-fol*.

34594. ** ☞ Exemption de Sel, & autres Privilèges des vingt-six Conseillers de la Ville (de Paris:) *Paris*, 1628, *in*-4.]

Au N.° 34595, *ligne* 3, TASCHET, *lisez*, TASCHER.

34603. * ☞ Mf. Registre de l'Hôtel-de-Ville de Paris, depuis le 26 Août 1648, jusqu'au 7 Octobre 1668. *in-fol*.

Dans la Bibliothèque de M. Rolland, Président au Parlement de Paris.]

PAGE 347.

Au N.° 34618, *ligne* 4, 1589, *lisez*, 1603.

PAGE 348.

Au N.° 34633, *ajoutez à la fin de la Note* :

L'Auteur est M. PARY.]

Au N.° 34636, *ajoutez*,

Le même Dictionnaire.:. des Arts & Métiers, contenant l'Histoire, la Description, la Police des Fabriques & Manufactures de France, &c. Nouvelle Edition, corrigée & considérablement augmentée d'après les Mémoires & les Procédés des Artistes, revue & mise en ordre par l'Abbé JAUBERT, de l'Académie des Sciences de Bordeaux : *Paris*, P. F. Didot le jeune, 1773, *in*-8. 5 vol.

Le Tome V. renferme 1°. un Vocabulaire Technique, ou Dictionnaire raisonné de tous les Termes usités dans les Arts & Métiers; 2°. une Table historique, où se trouvent les Noms des Inventeurs des Arts, de ceux qui les ont perfectionnés, des Auteurs qui en ont traité, & de tout ce qu'il y a d'historique relativement à l'origine & au progrès des Arts, comme aux Matières qu'on y emploie ; 3°. un Supplément.]

PAGE 350, *ajoutez*,

34674. * ☞ Statuts des Frères Cordonniers: *in*-4.]

PAGE 351, *ajoutez*,

34682. * ☞ Règlement des Manufactures de Draps d'or, d'argent & de soie, de la Ville de Paris, donné en 1669 : *Paris*, 1669, *in*-4.]

PAGE 353, *ajoutez*,

34721. * ☞ Statuts des Huchers-Menuisiers : *Paris*, 1712, *in*-12.]

Au N.° 34727, *avant* Arrêts, *ajoutez*:

Les Statuts particuliers des *Miroitiers* avoient été imprimés, *Paris*, 1687, *in*-12.

PAGE

Histoires des Provinces & Villes.

PAGE 355,

Au N.° 34762, *ajoutez en Note* :

Il y a eu une première Edition des Statuts des Selliers: Paris, 1689, *in*-12.]

Gouvernement de l'Isle de France.

PAGE 357.

Colonne 1, à la fin de l'alinéa 7, *lisez*, l'Abbé Jean Lebeuf est mort en 1760.

34785. * ☞ Environs de Paris : *Paris*, 177.. *in*-12.

On attribue cet Ouvrage à Dom... COURANCE, Bénédictin.]

34788. * ☞ Explication Historique de ce qu'il y a de plus remarquable dans la Maison Royale de Monsieur (à Saint Cloud ;) par le Sieur COMBES. Seconde Edition: *Paris*, Pralard, 1695, *in*-12 de 251 pages.

La première Edition (*Paris*, Nego, 1681, de 219 pages), étoit une Description du Château de Versailles &c. de celui de Saint-Cloud. Dans la seconde Edition, où il n'est question que du Château de Saint-Cloud, la Description est plus étendue, & en particulier celle des Tableaux est allégorique & tournée à la Morale: elle porte même au titre courant: *Traité de Morale pour l'Education des Princes*.]

Au N.° 34791, *ligne* 2, Harcourt, *lisez*, le Sieur Harcouet.

Au N.° 34792, *ajoutez à la Note* :

Cet Ouvrage de Frey se trouve dans un Recueil intitulé : Jani-Cecilii FREY Opuscula varia : *Parisiis*, 1646, *in*-8.]

Au N.° 34793, *lignes* 1 & 2, M. DE LA COSTE, *lisez*, M. COSTE.

Au N.° 34797, *Article* 4, (de Meudon,) *ajoutez*:

On trouvera un Morceau curieux à son sujet, & sur Rabelais qui en a été Curé, à la tête du *Floretum Philosophicum*, *seu Ludus Meudonianus*, d'Antoine LE ROY : *Parisiis*, Dedin, 1649, *in*-4.]

PAGE 358.

Au N.° 34813, *ligne* 3, M. J. LE JEUNE, *lisez*, M. (François-Louis) J. (JAMET) le jeune.

Au N.° 34814, *ligne* 2, 1614, *lisez*, 1714.

PAGE 359, *ajoutez*,

35818. * ☞ Mss. Description des Châteaux de Berny & de Bois-le-Vicomte.

Elles sont dans la Bibliothèque de la Ville de Paris, au Recueil 221 des Manuscrits de MM. Godefroy.]

Au N.° 34824, *ajoutez à la Note* :

Ce Factum n'est pas le seul Ouvrage où il soit question des Antiquités, &c. de *Château-Landon* : il y a un Article fort curieux à ce sujet dans l'*Histoire du Gâtinois*, &c. de Guill. Morin, *pag.* 355 & *s.* Elle est indiquée ci-devant, N.° 34818.

PAGE 360, *ajoutez*,

34836. * ☞ Recherches sur la Terre d'Anet, (Election de Dreux.)

Dans les *Récréations historiques* de M. DREUX DU RADIER, (Paris, 1767, *in*-12) Tom. II. *pag.* 130-145. L'*Anet* qui suit (N.° 34837), est différent, puisqu'il est *sur la Marne*, dans l'Election de Meaux.]

34838. * ☞ Lettre de M. TOUROUDE, Curé de Mitry.

Dans le *Journal des Sçavans*, 1774, Février, *in*-4. *pag.* 110. On y soutient que l'usage singulier dont M. Silvestre de S. Abel avoit parlé, n'existe point à Mitry, & ne paroît pas même y avoir jamais existé.]

34840. * ☞ Ms. Liste des Comtes de *Dammartin*, en Goële ; par M. THOMÉ, Chanoine de Meaux.

Cette Liste est conservée dans le Cabinet de l'Auteur.]

Au N.° 34841, *ligne* 2 de la Note, 1513, *lisez*, 1533, & *ajoutez à la fin* :

L'Ouvrage de Bouelles (Chanoine de Noyon,) a trois Titres, comme trois Parties : la première, *de differentiâ seu vitiis vulgarium linguarum* ; la seconde, *de origine dictionum Gallicarum* ; & la troisième, *de hallucinatione Gallicanorum nominum*. Or ce n'est que dans cette dernière Partie, *pag*. 95, que se trouve le Chapitre du nom de Valois, comme venant de *Gallia* : il ne contient que dix lignes, & on ne la voit apparemment que d'après une citation vague de l'Histoire de l'Abbé Carlier. Les autres Chapitres de cette même Partie III., de l'Ouvrage de Bouelles, sont les *Senones*, *Hannones*, *Atrebates* ou *Artesii*, *Compendium*, *Aquitania*, *Belga*, *Picardi*, *Celti*, *Borbonii*, *Cathellanum* (Challon), *Parthois*, *Essui*, *Thiérache*, *Ambiani*, *Morini*, &c. Dans la Partie I. se trouvent les Chapitres qui traitent de l'origine *Burgundionum*, *Francorum*, *Britonum*, *Flandrorum*, *Northmannorum*, &c. ensorte que, pour faire une mention fidelle de cet Ouvrage de Bouelles, il auroit fallu en relever tous les Articles ; mais le méritent-ils ? Au-moins aurions-nous mis ce Livre parmi les Traités généraux, si nous l'eussions plutôt connu. Il a été imprimé, *Parisiis*, Stephanus, 1533, grand *in*-8.]

PAGE 361.

Au N.° 34853, à la *Note, ligne* 2, 1754, *lisez*, 1764.... & *ajoutez*:

Cette petite Histoire est le fruit des Recherches qu'avoit fait Dom LAMY, Bénédictin de la Congrégation de S. Maur, qui étoit de cette Ville. Après sa mort, elle fut revue & publiée par son frère, Avocat au Parlement, Trésorier des Etats de Pau. Pont-Sainte-Maxence est *Litanobriga* de l'Itinéraire d'Antonin, ci-après, N.° 34097.]

34861. * ☞ La Fête de Chantilly, pendant le séjour que Monseigneur le Dauphin y a fait, avec une Description exacte du Château & des Fontaines ; par DE VISÉ : *Paris*, 1688, *in*-12.]

PAGE 362.

A la fin du dernier des Articles qui suivent le N.° 34876, *lisez*, Feu M. le Président de Bennes... avoit

PAGE 363, *ajoutez*,

34880. * ☞ Ms. Essai historique sur les Antiquités de la Ville de Braine, de ses anciens Comtes, des Monumens qu'on y a découverts, & dans ses Environs, extrait de plusieurs Titres & Manuscrits originaux, conservés dans le Cabinet de l'Auteur ; par M. JARDEL, Officier chez le Roi.

Ms. Histoire des Comtes de Braine, & de

da Situation de cette Ville ; avec une Chronologie des Abbés de S. Yved (du même lieu), Ordre de Prémontrés, à commencer du XII. Siècle.

Ces deux Manuscrits sont dans la Bibliothèque de M. Jardel, à Braine.]

34881. * ☞ Mémoire entre le Roi & le Comte de Braine, pour la mouvance de Nesle & Forêt de Daulle : *Paris*, 1761, grand *in-fol.*

Ce Mémoire est historique.]

34881. ** ☞ Mf. Titres originaux & nombre de Pièces, concernant l'ancien Prieuré de S. Remi de Braine, les différentes Contestations qui se sont élevées entre les Prieurs, & les Curés & Habitans, ainsi qu'avec les Religieux Prémontrés de S. Yved : *in-fol.*

Ce Manuscrit est conservé dans la Bibliothèque de M. Jardel.]

34881. *** ☞ Mf. Journal de tout ce qui s'est passé à Braine, depuis le mois de Janvier 1628, jusqu'en l'année 1667 : *in-4.*]

Ce Journal, qui est aussi dans la Bibliothèque de M. Jardel, à Braine, remonte jusqu'aux années 1580 & *suiv.* pour rapporter quelques Evènemens curieux arrivés dans cette Ville. Mais le plus intéressant regarde les ravages commis par l'Armée de l'Archiduc Léopold, où étoient le Vicomte de Turenne, le sieur de Bouteville, le Comte de Grandpré & autres Confédérés, pendant les troubles de la Fronde. Cette Armée resta campée près d'un mois dans la Plaine de Bazoches, à une lieue & demie de Braine, ruinant, brûlant & pillant tout le Pays.]

34882. * ☞ Mf. Copie du Procès-verbal du 6 Août 1748, fait pardevant Calais & le Comte, Notaires à Soissons, du Dépôt de plusieurs Pièces concernant la Navigation de la Rivière de *Vesle*, pour Reims, Braine, Paris & Rouen : *in-4.*

La première de ces Pièces est un Acte du 23 Avril 1598, portant Réception d'Officiers pour ladite Navigation, & par lequel on voit que ce Projet avoit été formé dès l'an 1553, sous Henri II, qui accorda aux Habitans de Reims des Lettres-Patentes, afin d'établir un Commissaire pour visiter la Rivière de Vesle, &c. Projet qui fut repris depuis par Henri-Robert de la Marck, Comte de Braine, & le Chancelier Brusart de Sillery.]

☞ Mf. Mémoire sur la Navigation de la Rivière de Vesle, fait par ordre de M. Méliand, Intendant de Soissons, pour être présenté à M. le Contrôleur-Général ; par M. JARDEL, Officier chez le Roi.

Ces deux Pièces sont conservées à Braine, dans le Cabinet de M. Jardel.]

Après le N.° 34892, *ajoutez* :

☞ *Nota*. On peut voir encore sur le *Noyonnois*, les *Mémoires sur l'Histoire du Vermandois* par M. Colliette, indiqués ci-devant, page... de ce *Supplément*, au N.° 34181.]

34893. * ☞ Histoire des Sièges, Prise & Reprise de la Ville de Noyon, durant la Ligue ; par M. (Claude) SEZILLE, Cha-

noine Théologal : *Noyon*, Despalle, 1772 ; *in-12* de 63 pages.

Cette petite Histoire est curieuse, & l'on y trouve des faits qui n'étoient pas connus, & que l'Auteur a tirés des Archives du Chapitre & de l'Hôtel-de-Ville. Noyon fut assiégée & prise sur les Ligueurs par Henri IV, le 19 Août 1591. Les Ligueurs la reprirent le 30 Mars 1593 ; mais à la fin de l'année 1594, elle fit sa Capitulation avec le Roi, qui ne fut point obligé de l'assiéger, quoique Mezeray l'ait dit.]

PAGE 364.

Colonne 1, ligne 7, avant la fin, confondus, lisez, fondus.

Au N.° 34896, *ajoutez à la Note* :

Voyez encore aux *Généalogies*, vers la fin de ce Volume (III), N.° 42008, l'*Histoire des anciens Seigneurs de Coucy*.

Au N.° 34898, ligne 5 de la Note, Kail, lisez, Kais.

Histoires de Normandie.

PAGE 367.

Au N.° 34925, *ajoutez à la Note* :

Cet Ouvrage de Nagerel a été encore imprimé à *Rouen*, 1581, avec Fig.]

PAGE 369.

Au N.° 34954, *ajoutez à la Note, avant l'alinéa* 4 :

Voyez particuliérement dans ce Volume (III), N.° 34575, le Poëme d'Abbon, sur le Siège de Paris par les Normans, en 885 & 886.]

Au N.° 34957, à la Note, ligne 10, depuis plus, lisez, depuis un peu plus,.. & ligne 13, Pélisson, lisez, Pellisson.

Au N.° 34960, *ajoutez à la fin de la Note* :

Ce *Roman le Rou* est intitulé dans plusieurs Manuscrits le *Roman du Brut*. C'est, selon Fauchet, notre premier Roman connu en Vers. On connoît un Manuscrit où il porte la date de 1155 ; & le Roman de Floriemont, que l'Abbé Lenglet fait remonter en 1128, n'est que de 1189. L'Auteur est appelé *Wace*, *Gace*, *Wistace*, *Huistace*, *Eustace* ou *Eustache* : ce qu'il paroît à propos d'observer dans les Tables des Auteurs.]

PAGE 372.

Au N.° 34995, *ajoutez à la Note* :

On peut voir encore sur ces Normans d'Italie, les Histoires modernes de Naples & de Sicile, telles que celle de Naples par GIANNONE, (*la Haye*, 1742, *in-4.* 4 vol.) celle de Sicile, par M. DE BURIGNY, (*la Haye*, 1745, *in-4.* 2 vol.) & l'*Histoire des Royaumes de Naples & de Sicile, avec les Conquêtes des Princes Normands, qui les ont établis*, par le P. BUFFIER : *Paris*, 1701, *in-12*.]

35001. * ☞ De vita & rebus gestis Gulielmi II. Siciliæ Regis, Libri quatuor ; auctore N. TESTA, Archiepiscopo Montisregalis : *Monteregali*, 1769, *in-fol.*

Cet Ouvrage de M. Testa, Archevêque de Montréal en Sicile, contient la Vie de Guillaume II. Roi de Sicile, surnommé *le Bon*, petit-fils de Roger II. qui se fit couronner à Palerme en 1129. Cette Histoire intéressante, est écrite en Latin & en Italien.]

PAGE 373.

Au N.° 35006, *ajoutez à la Note* :

M. Jardel a dans sa Bibliothèque, à Braine, un Manuscrit de l'Histoire de Guillaume de Malmesbury, sur vélin *in-fol.* du XIIIe Siècle, où se trouvent deux feuilles qui ne sont pas dans l'Imprimé, & qui seroient un

Histoires des Provinces & Villes.

Supplément assez considérable au Chapitre XIII. du Livre II.]

PAGE 374.

Au N.° 35017, ajoutez à la Note :

Dom Bouquet a donné dans son grand *Recueil des Historiens de France*, de longs Extraits de l'Histoire d'Oudry Vital.

PAGE 375.

Au N.° 35026, ligne 2, quætes, lisez, quæ res.

PAGE 376, *ajoutez,*

35035. * ☞ Histoire de Richard-sans-peur, Duc de Normandie, fils de Robert le Diable, qui fut Roi d'Angleterre, lequel fit plusieurs conquêtes : *Lyon,* Ancelin, 1601, *in-*8.]

PAGE 377.

Au N.° 35051, ligne 3, 1998, lisez, 1098.

PAGE 381.

Au N.° 35115, ligne 3, 1333, lisez, 1377.

PAGE 383.

Au N.° 35140, après Knitthon, *ajoutez,* (vel Knigthon.)

PAGE 389.

Au N.° 35235, mettez une virgule avant Gallio, & ensuite deux points.

PAGE 390, *ajoutez,*

35236. * ☞ Le Mercure de Gaillon, ou Recueil de Pièces curieuses, tant hiérarchiques que politiques : *Gaillon,* 1644, *in-*4.]

Au N.° 35247, ligne 8, Tome II. *lisez,* Tome I.

PAGE 392.

Au N.° 35264, effacez, par Dom Toussaints du Plessis, Bénédictin ; *& lisez ainsi à la Note :*

Cette Pièce intéressante est de M. de Foncemagne, de l'Académie des Inscriptions & Belles-Lettres ; elle est imprimée dans la *Description de la Haute-Normandie*, par Dom Toussaints du Plessis : (*Paris*, 1740, *in-*4.) *tom. I. pag.* 173.]

PAGE 393.

Au N.° 35281, ligne 3, de Ville, lisez, d'Iville. & ajoutez en Note :

Cet Etat historique, qui a 136 pages, concerne plusieurs Paroisses qui sont dans une Presqu'île de la Seine, au-dessous de Rouen.]

PAGE 395, *ajoutez,*

35304. * ☞ Mf. Chronique d'Alençon.

Ce Manuscrit est dans le Cabinet de M. Odolant Desnos.]

35304. ** ☞ Mf. Chronologie historique des Baillis & Gouverneurs d'Alençon ; par M. Odolant Desnos, Médecin de cette Ville.

Dans le Cabinet de l'Auteur.]

PAGE 396.

Au N. 35314, ligne 6, Philippe, lisez, Pierre (le Brasseur.)

Au N.° 35320, ajoutez en Note :

Les lettres initiales signifient M. (Thomas) Adam, Curé de S. Thomas, en la Ville d'Evreux.]

Tome IV. Part. I.

Au N.° 35325, lignes 5 & 6, Hyémer, *lis.* Hyemes.

PAGE 397.

Au N.° 35328, ligne 2, lisez, H. le Cordier, M. (Médecin :)... *& en Note :*

Cet Auteur, dans un Poëme de Job, qui a paru en 1667, se désigne encore mieux Médecin par ces lettres, D. M. On voit par plusieurs petites Pièces de Vers de différens Auteurs, qui sont à la tête de son Poëme du Pont-l'Evêque, qu'il étoit de Pontoise. Ce Poëme est divisé en 16 Chants, tous composés de Stances de six Vers & de huit Syllabes. Il est dédié à Mademoiselle (d'Orléans,) qui étoit Dame de Pont-l'Evêque, & c'est à elle que le Poëte parle toujours dans son Ouvrage.]

Histoires de Bretagne.

PAGE 398, *ajoutez,*

35345. * ☞ Remarques de M. Gallet, sur l'Histoire critique des Bretons par l'Abbé de Vertot.

Elles sont imprimées dans le *tom. I.* de l'*Histoire de Bretagne*, par Dom Morice, *Paris,* 1750 & 1756, *in-fol.* 2 vol.]

35348. * ☞ Mf. Etat de la Province de Bretagne : *in-fol.*

Mf. Mémoire de l'état présent de la Province de Bretagne : *in-*4.

Ces deux Manuscrits sont indiqués num. 16184 & 16185, du Catalogue de M. d'Estrées.]

PAGE 400.

Au N.° 35383, ajoutez à la Note :

C'est cette même Chronique qui a été publiée en 1621, sous le titre d'*Histoire d'Artus III.* (ci-devant, N.° 31426,) d'après le Manuscrit qui étoit pour lors dans la Bibliothèque du Chancelier de Tournay.

Effacez ensuite : =Histoire du même... 31426.

PAGE 403.

Colonne 2, après la ligne 2, ajoutez,

Dom Lobineau est mort en 1727.

PAGE 404.

Au N.° 35410, ligne 3, 1615, *lisez,* 1715.

PAGE 405, *ajoutez,*

35427. * ☞ Harangue de M. le Garde des Sceaux, (Michel de Marillac,) faite aux Estats de Bretagne, tenus à Nantes, le Roy y séant : 1626, *in-*8.]

35427. ** ☞ Raisons des Estats de Bretagne, pour justifier que l'Indult du Parlement de Paris ne doit avoir lieu en ladite Province : 1638, *in-*8.]

PAGE 409.

Au N.° 35462, ajoutez en Note :

On en trouve d'imprimées à *Nantes,* 1612 & 1653, *in-*8.]

PAGE 410, *ajoutez,*

35481. * ☞ Annales Briochines, ou Abrégé chronologique de l'Histoire Ecclésiastique, Civile & Littéraire du Diocèse de Saint-Brieuc, enrichie de plusieurs Notes historiques, géographiques & critiques ; par M. l'Abbé Ruffelet : *Saint-Brieuc,* Mahé, 1771, *pet. in-*12.

On trouve un petit détail de cet Ouvrage curieux, dans le *Journal de Verdun,* 1771, *Octobre, p.* 267-272.]

Ppp 2

Histoires de l'ancien Gouvernement Orléanois.

PAGE 411.

Au N.º 35496, *ajoutez en Note :*

Ce Récit est de Michel HELLOT.]

Au N.º 35509, *ligne* 7, 1581, *lisez*, 1531.

PAGE 412.

35510.* ☞ Mf. Cenomania : auctore Dionysio BRIANT, Benedictino.

L'Auteur de l'*Histoire Littéraire de la Congrégation de S. Maur* en parle pag. 380, comme d'un Ouvrage estimé, qui contient l'Histoire des Comtes du Maine, & dont plusieurs personnes ont tiré des Copies. Dom Briant est mort en 1716.]

Au N.º 35511, *ligne* 6, Chevalier, *lisez*, Chancelier.

Au N.º 35512, *ligne* 3, Sournar, *lisez*, Sousnor... & *ajoutez ensuite, au* Mans, 1629, *in-8.*]

Après le N.º 35521, *ajoutez* ,

— Histoire de *Sablé*; par l'Abbé GILLES MÉNAGE.

Ci-après, aux *Généalogies*, vers la fin de ce Volume (III.) N.º 43965.]

Au N.º 35524, *ligne* 2, D. Clément, *lisez*, Dom François CLÉMENT.

PAGE 413.

Au N.º 35531, *après* Bellesme, *ajoutez*, par M. Ch. Céfar BAUDELOT.

35531.* ☞ Suite des Seigneurs de *Châteauneuf* en Thymerais ; par M. DREUX DU RADIER.

Dans ses *Récréations historiques* : (*Paris*, 1767, *in-*12.) tom. II. pag. 5-34.]

PAGE 414, *ajoutez* ,

35542.* ☞ Ptochotrophe urbis Carnutenfis, id est alendorum pauperum ratio : auctore Vincentio LUPANO : *Parisiis*, 1557, *in-*12.]

Au N.º 35543, *ligne* 3, 1716, *lisez*, 1710.

35554.* ☞ Mf. Notice des Seigneurs de *Saint-Fargeau* & du Pays de la Puisaye, depuis l'an 680 jusqu'à présent (1759,) revue & corrigée par M. BONAMY, de l'Académie des Inscriptions & Belles-Lettres.

Ce Manuscrit est conservé dans le Château de Saint-Fargeau, & il y en a des Copies dans le Pays & à Auxerre.]

35554.** ☞ Mf. Histoire de la Ville de *Touci*, avec celle des Barons & Marquis de ladite Ville, présentée à M. le Contrôleur-Général des Finances (Law,) Marquis de Touci, en 1720; par M. (Jean) LEBEUF, Chanoine & Sous-Chantre d'Auxerre.

Cette Histoire, perdue dans le Pays, y a été rapportée vers 1770, par M. le Febvre, Exempt de la Maréchaussée de Touci, qui la tient du Chevalier Eon, Secrétaire d'Ambassade de France en Angleterre. Il y en a une Copie à Auxerre, entre les mains de M. Frappier, Chanoine de la Cathédrale, qui l'a transcrite sur l'Exemplaire de M. le Febvre.

Le Château de Touci fut bâti par Héribert, XLVI.º Evêque d'Auxerre, fils naturel d'Hugues le Grand, & par conséquent frère du Roi Hugues Capet. Ce Prélat y mourut en 995. La Ville de Touci est dans la Puisaye, & son Baron relève de l'Evêque d'Auxerre, qu'il est obligé de porter avec trois autres Seigneurs, lors de son Entrée, depuis l'Abbaye de S. Germain jusqu'à l'Eglise Cathédrale.

Les Châteaux de Saint-Fargeau & de Touci ont eu les mêmes Seigneurs jusqu'au XVI.e Siècle ; cependant il y a des différences entre la Liste de M. Bonamy & celle de l'Abbé Lebeuf.]

PAGE 415.

Au N.º 35565, *ligne* 4, *avant le* Noir, *ajoutez*, le Fevre, 1750, *in-*4. *Ibid.*

Au N.º 35567, *Article*, Fondation... *ligne* 3 *de la Note*, une première Edition, *lisez*, des Editions de 1579, &

Au N.º 35569, *ligne* 3, 1612, *lisez*, 1622.

PAGE 416, *ajoutez* ,

35579.* ☞ Mf. Histoire Civile de Donzy, & Environs.

C'est ce qui forme le *tom. I.* des *Mémoires* de M. ROUGER, d'abord Curé de Donzy, & ensuite Trésorier de la Cathédrale de cette Ville, qui est du Duché de Nivernois, mais du Diocèse & du Bailliage d'Auxerre.

Le Tome II. traite de l'Histoire Ecclésiastique, & nous l'avons indiqué sommairement dans ce *Supplément*, N.º 5416, (ci-devant, pag. 280.)

M. Rouger est mort le 5 Août 1761, & son Manuscrit est aujourd'hui entre les mains de M. Regnard, Chanoine de Donzy. L'Auteur y a fait entrer bien des choses étrangères à son sujet : le style n'est pas bon, mais il y a des recherches, & nombre de Pièces qu'on auroit peine à trouver ailleurs.]

35579.** ☞ Mémoire pour M. le Duc de Nevers, contre les Officiers du Bailliage & Présidial d'Auxerre, (au sujet de Donzy :) *Paris*, veuve Knapen, 1744, *in-fol.* de 36 pages.

L'Auteur est Me MAIGNAN, Avocat au Parlement de Paris.]

35579.*** ☞ Mémoire pour les Officiers du Bailliage d'Auxerre, contre M. le Duc de Nevers, Baron de Donzy, & Seigneur de Châtel-Censoy, & les Officiers de Donzy : *Auxerre*, Fournier, 1745, *in-fol.* de 34 pages.

35579.**** ☞ Arrêt du Parlement de Paris, du 28 Juillet 1745, qui juge la Cause en faveur du Bailliage d'Auxerre, &c. *Auxerre*, Fournier, 1745, *in-*4. de 14 pages.

« Il maintient le Bailliage d'Auxerre dans son Droit
» de Ressort & Jurisdiction sur les Habitans & Justicia-
» bles de la Baronie de Donzy, Terres & Justices en
» dépendantes, ensemble sur les Justiciables de Châtel-
» Censoy : sauf au Duc de Nevers d'indemniser les Of-
» ficiers du Bailliage d'Auxerre de la Distraction du
» Droit de Ressort pour les cas ordinaires ; pour , après
» ladite indemnité, être l'Appel des Jugemens rendus
» audit Siège de Donzy, Châtel-Censoy & leurs dé-
» pendances, porté directement en la Cour du Parle-
» ment de Paris ».]

PAGE 417.

Au N.º 35589, *ligne* 2, *lisez*, Leone TRIPAUTIO.

A l'alinéa, = Siège d'Orléans... 1418, *lis.* 1428...
& *ensuite ajoutez* ,

Histoires des Provinces & Villes. 485

35589.* ☞ Ordre de la Procession du 8 Mai, à Orléans, pour la délivrance de la Ville, du Siège des Anglois, &c. *Orléans*, 1718, *in*-8.]

PAGE 418.

Au N.° 35595, *ligne* 5, *avant* 1722, *ajoutez*, Borde.

Au N.° 35599, *ligne* 3, *in-fol.* lisez, *in*-4.

35599.* ☞ Mf. Histoire du Pays Orléanois; par M. Hubert, Chantre de l'Eglise de Saint-Agnan d'Orléans.

Dans la Bibliothèque de M. Jouffe, Conseiller au Présidial de cette Ville.]

Le N.° 35600 doit être effacé, étant déjà au N.° 35595, & mieux.

PAGE 419.

Au N.° 35605, *ligne* 1 *de la Note*, *après* Ouvrage, *ajoutez*, de M. Daniel Jousse, père.

35609.* ☞ Lettres-Patentes, portant établissement d'une Ecole Royale de Chirurgie dans la Ville d'Orléans, données à Versailles le 23 Juin 1759, & registrées en Parlement le 7 Septembre suivant : *in*-4. de 8 pages.

Autres Lettres-Patentes du 2 Septembre 1763, portant Réglement pour ladite Ecole de Chirurgie : *in*-4. de 20 pages.

On trouve *pag.* 106 & *suiv.* de l'*Histoire d'Orléans*, par le Maite, (Edition *in*-4.) les Lettres-Patentes & Privilèges accordés par le Roi Henri III. aux Docteurs en Médecine établis à Orléans, du 26 Octobre 1582.]

Au N.° 35618, *ligne* 3, *après* Bibliothèque, *ajoutez* : Orléans.

PAGE 420.

Au N.° 35625, *ligne* 1 *de la Note*, *sont* conservés ; *lisez*, [étoient] conservés.

Au N.° 35631, *ligne* 4, *après* Hommes illustres, *ajoutez*, [qui sont au Pays de Blésois, avec les noms & Armoiries des Familles nobles du même Pays.]

PAGE 421.

Au N.° 35643, *ajoutez à la Note* :

On a tiré quelques Exemplaires à part de cette Description.

Au N.° 35644, *alinéa* 5, *au lieu de* Voyez, &c. *lisez ainsi cette Note* :

Cet Opuscule d'un Anonyme, que le Père le Long avoit indiqué peu correctement (au N.° 10263,) est imprimé à la suite de l'Edition que Laurent Bouchel a donnée de l'Histoire de Grégoire de Tours : *Parisis*, 1610, *in*-8. & il ne se trouve que là.]

Au N.° 35646, *ajoutez en Note* :

☞ Voici le titre entier que cet Ouvrage porte dans le Catalogue de M. le Duc de la Vallière, n. 4636.

« Le Paradis délicieux de la Touraine, qui traite des » beautés, bontés, excellence & privilèges de la Royale » Ville de Touraine, de ses Archevêques, de son Etat » Ecclésiastique, & des Vies des Saints & Saintes qui » ont fleuri dans ce Paradis de délices ; par le P. Martin » Marteau, Prédicateur Carme » : *Paris*, du Pont, 1660, *in*-4. L'année de 1661, du Fossé, comme le marque le P. le Long, s'il n'y a point de faute, indiqueroit un nouveau Frontispice.]

PAGE 422, *ajoutez*,

35660.* ☞ Description des Duchés de Montbazon & de Luynes, leur érection, & la Généalogie des Seigneurs, les armes des Ducs, &c. *in*-8.]

35662.* ☞ Mf. Pièces originales concernant le Ban & Arrière Ban de Touraine & du Bailliage d'Amboise ; en un Porte-feuille, *in-fol.*

Mf. Roole des Fiefs de la Province de Touraine : *in-fol.*

Ces Manuscrits sont à la Bibliothèque du Roi, & viennent de M. de Cangé.]

PAGE 425.

Au N.° 35689, *ajoutez à la Note* :

☞ Il y en a une autre Edition, *Paris*, 1536, *in-fol.* où elle a été rajeunie par un second Frontispice. L'Edition de 1529, qui est marquée de Paris par le Père le Long, a un titre très-différent, num. 3158, du Catalogue de M. Gaignat. Le voici :

« Histoire aggregative des Annales & Chroniques » d'Anjou, contenant plusieurs faits dignes de mémoi-» re, advenus tant en France, Italie, Espaigne & An-» gleterre, qu'aux autres Royaumes, tant Chrétiens que » Sarrasins ; par Jean de Boudigné, avec des Anno-» tations » : *Paris*, Galliot Dupré, 1529, *in-fol.* Gothique.]

35703.* ☞ Mf. Remonstrances & Advertissemens faits aux Ouvertures de la Jurisdiction du Siège Présidial d'Angers ; par Guy de Lesrat : *Paris*, 1679, *in*-8.]

PAGE 426, *ajoutez*,

35716.* ☞ Mf. Collection de Diplômes, Chartes, Actes, &c. concernant l'Histoire du Poitou, de l'Aunis & de la Saintonge, recueillis pendant 27 ans ; par Dom Léonard Fonteneau, Bénédictin.

Cet ample & précieux Recueil est entre les mains de l'Auteur : *Histoire Littéraire de la Congrégation de S. Maur*, pag. 797.]

PAGE 427.

Au N.° 35727, *ajoutez après la Note* :

== ☞ Histoires des Guerres du Poitou, &c. jusqu'en 1576.

Ci-devant, (*Tome II.*) N.° 18337.]

35728.* ☞ Réformation générale des Forêts & Bois du Roi, de la Province de Poitou ; par MM. Colbert & Barentin : *in-fol.* (Imprimé.]

PAGE 429, *ajoutez*,

35747.* ☞ Plaintes de la Ville de Richelieu, par François Ragouneau, Lieutenant Particulier, Assesseur Civil & Criminel ; traduit du Latin en François, par le même : Seconde Edition : 1764 (sans nom de lieu ;) *in*-8. de 371 pages.

C'est un Poëme Latin, fort long, dédié au Duc de Fronsac : la Traduction Françoise, en Prose, vis-à-vis le Texte.

Au N.° 35753, *ligne* 3, 1626, *lisez*, 1628, … & *ajoutez en Note* :

☞ Cet Ouvrage, qui est d'Auguste Galland, est la première Edition du N.° suivant, 35754. Il y a des

Exemplaires, où l'on ne voit point qu'il a été imprimé à Paris.]

PAGE 430.

Au N.° 35760, ligne 4 de la Note, après fois, ajoutez : C'est celle du N.° 21483, qui porte le titre de Journal, &c. que l'Edition de Rouen, 1671, in-8. dit être revu & augmenté, & auquel on a joint le Catalogue de tous les Maires de la Ville de la Rochelle.]

PAGE 433.

Au N.° 35801, ajoutez à la Note ·

Cette Suite est de Dom François CLÉMENT.

Dom Claude-Antoine TURPIN, Religieux Bénédictin de l'Abbaye de S. Germain des Prés, travaille à une nouvelle Histoire du Berry, & possède à ce sujet une grande Collection. Les Journaux ont donné, il y a quelques années, un Avertissement dans lequel il déclaroit qu'il avoit des Titres & autres Pièces qui concernoient les Familles de cette Province, & il invitoit de la manière la plus honnête, ceux qui voudroient avoir des éclaircissemens sur ce qui pouvoit les intéresser.]

PAGES 434-436.

Au N.° 35803, Détail des Opuscules de Catherinot...

Sous la lettre A, col. 1, ligne 3, avant la fin, après injustes, ajoutez, 4 pages. (C'est un Factum pour servir de suite aux Intimés calomniés, ci-après.)

Sous la lettre B, ligne 6, après Catherinot, ajoutez, 1681.

Sous la lettre C, ligne 6, après 1671, ajoutez, 10 pages. (Voyez ci-après, Factum pour M. Nicolas Catherinot, &c. qui est la même Pièce.)

Sous la lettre D, ligne 3, après 1669, ajoutez, 11 pages. (Voyez ci-après, Factum pour l'Office de Receveur, qui est la même Pièce.) Après la ligne 14, ajoutez, * Dissertation ou Discours sur la qualité des Personnes & des Héritages de Berry : Bourges, Toubeau, 1662. (Berroyer & Laurière, pag. 286 de leur Bibliothèque des Coutumes, Paris, Gosselin, 1689, in-4. citent cette Brochure, & ajoutent en marge : « On croit en être l'Auteur, sous le » nom de Du Molin. ») = Aux Distiques (ligne 7, avant la fin de la page 434,) 1670, lisez, 1672. = Après 1667 (col. 1 li. 2. de la page 435,) ajoutez, Bourges, Toubeau, de 176 pages, sans la Table, in-16.

Sous la lettre F, ligne 1, après in-4. ajoutez, 1669, de 11 pages. (C'est le même que le Décret supposé, ci-dessus.) = ligne 4, après 1672, ajoutez, 4 pages. = Ligne 8, 1680, lisez, 1672, 10 pages... & ligne 9, Partage inégal, lisez la Charge suit la chose.).

Sous la lettre I, ligne 6, après 1686, ajoutez : il eut pour Suite, les Appellans injustes ; l'un & l'autre pour le Monastère des Annonciades de Bourges.)

Sous la Lettre P, effacez les lignes 4 & 5, comme une fausse indication.

Sous la lettre S, ligne 1, du, lisez, de... 10 Octobre 1680.

Sous la lettre T, lignes 10 & 11, lisez, 7 Janvier 1683, 12 pages.

Sous la lettre V, ligne 1, lisez, la Vie de Mademoiselle Cujas.

PAGE 436.

Colonne 1, ligne 5 en remontant, ou avant la fin, Tome I. lisez, Tome II.

Colonne 2, ligne 7, Tom. I. pag 180, lisez, Edition de 1715, Tom. II. pag. 360 & 361.

Au N.° 35805, ajoutez à la Note :

Le Recueil que Jean Chenu publia en 1611, & qui est bien plus ample que la première Edition de 1603, est divisé en trois Parties, dont la première, qui est la plus étendue, regarde la Ville de Bourges. Nous avons parlé des deux autres Parties, qui concernent plusieurs autres Villes Capitales, ci-devant N.° 34137 * de ce Supplément.]

Histoires de Bourgogne.

PAGE 437.

Au N.° 35812, après de Bourges, ajoutez, rétablie sous Louis XIII.

PAGE 438.

35817.* ☞ Arrêt du Conseil Privé du Roi, pour l'Erection de Château-Roux, en Duché-Pairie : Toloſe, 1628, in-8.]

Au N.° 35825, ajoutez à la fin de la Note : Voyez ci-après, N.° 35841, (& ibid. dans ce Supplément.]

PAGE 439.

Au N.° 35841, effacez, Mſ. & ligne 6, après Cauſſe, ajoutez, & Paris, Delalain, Tome II. 1771. Tome III. Paris, Valleyre, 1773... & à la Note, lisez : Ces Volumes doivent êtres suivis...... ligne 5, après travail, ajoutez : le troisieme Tome ne va que jusqu'en l'année 1038, & l'on y trouve avant le Recueil de Pièces, une « Table Chronologique des Variations » & Réunions des grands & petits Fiefs, qui s'étoient » formés des Débris de l'ancien Royaume de Bour- » gogne. » L'Auteur doit se borner pour la suite de son Ouvrage, à ce qui concerne uniquement le Duché de Bourgogne. Ce qui a paru jusqu'à présent, a éprouvé diverses Critiques, auxquelles M. Mille a répondu : nous allons en faire mention.

Au N.° 35842, ajoutez à la Note :

Ce Précis a paru avant le premier Volume de M. Mille, & il en fait l'abrégé & l'éloge.]

35842. * (1.) ☞ Lettre à M. Mille : (Paris, 1771,) in-8. de 57 pages.

C'est une Critique du Tome I. L'Auteur est Dom Maur JOURDAIN, Prieur des Blancs-Manteaux, à Paris.]

(2.) ☞ Lettre de M. MILLE, pour servir de Supplément au second Volume de l'Abrégé Chronologique de l'Histoire de Bourgogne : in-8. de 14 pages.

C'est une Réplique à la Lettre précédente.]

(3.) ☞ Lettre d'un Bénédictin (Dom... MERLE, Prieur de Beze,) sur une Charte contenant des Privilèges accordés par Clovis I. au Monastère de Reomaüs, aujourd'hui Moûtier-Saint-Jean, (Charte que M. Mille prétend fausse :) 1771, in-8.

M. Mille l'a fait imprimer avec sa Réponse.]

(4.) ☞ Réponse de M. Mille à la Lettre précédente : 1771, in-8.

Elle a été réimprimée à la tête de son Tome II. pag. xliij, avec la Lettre de Dom Merle.]

(5.) ☞ Recueil de Lettres adressées à M. Mille : (Paris, 1772,) in-8.

La principale est une Lettre Critique de 124 pages, qui est de D. François ROUSSEAU, Religieux de S. Germain des Prés, sur la manière d'écrire l'Histoire, &c. Ensuite est 2°. Lettre d'un Bénédictin à M. Mille sur la Charte de Clovis, (c'est celle de Dom Merle, ci-

Histoires des Provinces & Villes.

dessus :) 3°. Réponse de M. Mille, (ci-dessus :) 4°. Réplique du Bénédictin D. MERLE, à la Réponse précédente.]

(6.) ☞ Réponse de M. MILLE à la seconde Lettre de Dom Merle, (ou la Réplique précédente.)

Cette Réponse se trouve à la tête du Tom. III. de l'*Abrégé Chron. de l'Hist. de Bourgogne*, pag. xxiij ; & dans son *Avertissement*, il répond en général à celle de D. Rousseau.]

(7.) ☞ Lettre de D. François ROUSSEAU, Bénédictin, à MM. les Auteurs du Journal Encyclopédique, pour servir de Réponse aux *honnêtetés* de M. Mille, dans l'Avertissement de son Troisième Volume de l'Abrégé Chronologique de l'Histoire de Bourgogne.

« En faisant abstraction de ce qu'il y a de personnel
» à l'Auteur ou à la querelle qu'il embrasse, & d'étran-
» ger au fond de l'Ouvrage de M. Mille, il est sûr que
» ce que D. Rousseau dit ici sur le peu d'usage que
» l'Historien de Bourgogne a fait de la Loi Gombette,
» est bien vu ; & que les Observations sur les Causes
» de l'ancienne opulence & de l'appauvrissement suc-
» cessif de certains Monastères, ont la plus grande vrai-
» semblance. » *Affiches* des Provinces, par M. de Querlon, 24 Novembre 1773.]

(8.) ☞ Eclaircissemens de plusieurs Points de l'Histoire ancienne de France & de Bourgogne, ou Lettres Critiques à M.*** Liège, & Paris, Desprez, 1774, in-8. de 415 pages.

Ces Eclaircissemens, dont l'Auteur est Dom Maur JOURDAIN, regardent encore l'Ouvrage de M. Mille. Il y a six Lettres, dont la première est la même que celle qui a paru en 1771, ci-dessus num. 1.]

Au N.° 35843, *ligne* 3, *lisez*, LEGOUX DE JANSIGNY.

PAGE 440.

Au N.° 35846, *ligne* 5 *de la Note*, Mats, *lisez*, Mai.

Au N.° 35852, *mettez*, MAILLARD, *en lettres petites Capitales*.

Au N.° 35854, *lignes* 1 & 2 *de la Note*, *lisez* :

Cet Ouvrage est aussi imprimé dans les *Opuscula* de l'Auteur : *Berolini*, 1693, *in*-4. Le Texte n'est pas fort étendu ; mais il y a d'amples Notes. Il est divisé . . .

PAGE 441, *ajoutez*,

35862. * (1.) ☞ Dissertation sur la Conquête de la Bourgogne par les Fils de Clovis I. par l'Abbé (Jean-Basile-Paschal) FENEL : *Paris*, 1744, *in*-12.

On l'a déja indiqué ci-devant, Tome II. N.° 16060.]

(2.) Mémoires sur les Limites des différens Royaumes de Bourgogne, qui ont partagé en 1772 le Prix de l'Académie de Besançon ; par Dom COUDERET, Bibliothécaire de l'Abbaye de S. Vincent à Besançon, & par Dom VINCENT, Bibliothécaire de l'Abbaye de S. Remi de Reims.

Ils sont conservés dans les Archives de l'Académie de Besançon, qui en a publié l'Analyse, dans la Relation des *Séances publiques de* (cette) *Académie*, 24 *Août* & 30 *Novembre* 1772 : *Besançon*, Daclin, 1773, *in*-4.]

35864. * ☞ Plusieurs belles Remarques des Duché & Comté de Bourgogne, par Claude JURAIN.

Elles se trouvent dans ses *Antiquités de la Ville d'Auxonne*, ci-après, N.° 35964.]

PAGE 442.

Au N.° 35869, *mettez* Pomar *en petites lettres*, & *ajoutez à la Note* :

Il est parlé plus au long de ces Extraits de Regîtres, dans l'Article de la *Franche-Comté*, à laquelle ils ont également rapport, ci-après, N.° 38382.]

Au N.° 35870, *ligne dernière*, 1654, *lisez*, 1664. & *ajoutez à la fin de la Note* :

On trouve en particulier dans ce Recueil (de Pérard) les Chartes de Franchise & Communes de plusieurs Villes de Bourgogne, que nous croyons devoir indiquer ici.

Argilly, *pag.* 436. = Auxonne, 412.

Bar-sur-Seine, 430. = Beaune, 174.

Châtillon-sur-Seine, 297. = Coschy, 476.

Dijon, 274, 333, 46, 56.

Montbar, 419.

Pontailler, 486.

Rouvres, 316.

Saigny, 509. = Saux, 460. = Semur, 529. = Salive, 325.]

PAGE 443.

Colonne 1, *alinéa* 2, *ligne* 3, d'Orlée, *lisez*, d'Orbe. & à la fin de la même colonne, *ligne dernière*, Tome III. *lisez*, Tome II.

PAGE 444.

Au N.° 35883, *après* Bourgogne, *ajoutez*, par Dom François CLÉMENT, Bénédictin.

35883. * ☞ Ms. Coutumes de Bourgogne, & Ordonnances des Ducs, arrêtées au Parlement de Beaune, de 1366.

Ce Manuscrit du XIV° Siècle est conservé dans la Bibliothèque du Chapitre de l'Eglise de Notre-Dame de Beaune : on y trouve bien des choses concernant les Privilèges des Villes de la Province.]

PAGE 445, *ajoutez*,

35896. * ☞ Remontrance faite au Roi (Henri III.) le 18 Juin 1578, en la Ville de Rouen, par Frère Nicolas BOUCHERAT, Abbé de Cîteaux, pour & au nom des Etats de Bourgogne ; ensemble la Réponse de Sa Majesté : 1578, *in*-8.

L'Auteur, qui s'étoit trouvé aux Etats de Blois en 1577, mourut en 1586, deux ans après s'être démis de son Abbaye. Ce fut lui qui obtint du Roi, en 1578, *pour lui & ses successeurs Abbés de Cîteaux*, le titre de *Premier Conseiller-né du Parlement de Bourgogne*. La Remontrance expose les malheurs dont la Province étoit alors affligée.]

PAGE 446, *ajoutez*,

35910. * ☞ Ms. Dissertation sur l'Antiquité de la Ville de Dijon, prouvée par l'Etymologie de son nom ; par M. l'Abbé (Charles) BOULLEMIER.

Elle est conservée dans les Registres de l'Académie de Dijon.]

35910. ** ☞ Dissertation sur l'origine de la Ville de Dijon, & sur les Antiquités découvertes fous les Murs bâtis par Aurélien: *Dijon*, Frantin, 1771, *in*-4.

Cet Ouvrage, qui a pour Auteur M. LEGOUX DE GERLAN, est accompagné de beaucoup de Figures. Cet Ecrivain est un vrai Patriote, qui vient d'établir à Dijon un Jardin de Plantes, pour animer l'étude si utile de la Botanique.]

Au N.° 35912, *lignes* 3 *&* 10, BOULEMIER, *lisez*, BOULLEMIER.

Au N.° 35913, *à la Note*, *lisez*: Dans la Bibliothèque de M. de Bourbonne, à Dijon.]

Au N.° 35917, *ligne* 3, FIOT, *lisez*, FYOT.

PAGE 447.

Au N.° 35924, *lisez*, BOULLEMIER.

Au N.° 35925, *ajoutez à la Note* :

Cette Pièce a été imprimée depuis dans le *Tome* I. des *Mémoires de l'Académie de Dijon*.]

Au N.° 35927, *ligne* 2, près Dijon, *lisez*, près de Châtillon.

PAGE 448.

Au N.° 35941, *ligne* 1 *de la Note*, 1630, *lis.* 1637.

PAGE 449.

Au N.° 35944, *ligne* 2 *de la Note*, Chavannes, *lisez*, Chavance.

Au N.° 35946, *à la Note* 2, *après* Critique, *ajoutez* :

C'est apparemment cet Ouvrage qui est intitulé en quelques Catalogues : « Description de la Prise & de la Ruine de l'ancienne Bibracte, aujourd'hui Autun: *Lyon*, 1688, *in*-12.

PAGE 450.

Au N.° 35956, *ajoutez à la Note* :

Cet Ouvrage a paru depuis sous ce titre : « Histoire de la Ville de Beaune & de ses Antiquités ; par M. l'Abbé GANDELOT: *Dijon*, Frantin, & *Beaune*, Bernard, 1772. *in*-4. avec Fig.

Il y a en tête un Plan de Beaune. L'Auteur rapporte l'origine de cette Ville à un Camp de Jules-César : il s'étend sur les Antiquités des Autunois, de qui Beaune dépendoit, & il en conduit l'Histoire jusques vers 1700.]

35959.* ☞ Les Héros François, ou le Siège de St-Jean de-Lône, Drame Héroïque, en Prose, suivi d'un Précis historique de cet Evènement ; par M. DESSIEUX: *Amsterdam*, & *Paris*, Le Jay, 1773, *in*-8. de 142 pages.

Cette Pièce est très-propre à inspirer de l'admiration pour ces braves Citoyens, qui, au nombre de quatorze cens, avec deux cens hommes de Garnison, firent lever le Siège de leur Ville à une Armée de quatre-vingt mille Espagnols & Impériaux. Cet Evènement ne méritoit pas moins d'être célébré que celui du Siège de Calais.]

35965.* Discours sur la présentation & lecture des Lettres d'érection de Bellegarde en Duché-Pairie : *Dijon*, 1621, *in*-4.]

PAGE 451.

Colonne 2, *ligne* 4, Armoiries, *lisez*, Mémoires.

PAGE 452.

Au N.° 35981, *ligne* 6, VORSENET, *lisez*, VOISENET.

Au N.° 36004, *ajoutez en Note* :

M. de Fontette ayant cru devoir corriger le P. le Long, a confondu deux Ouvrages en un seul, & a attribué à l'an 1619, celui qui n'a paru qu'en 1618, & que le P. le Long n'avoit pas indiqué, parce que ce n'est qu'un Livre de Droit. Voici les Titres des deux Ouvrages, dont le second doit être mis dans cette Bibliothèque, à la place de celui qui s'y trouve.

« Traité de la Jurisdiction Royale, & des Cas Royaux & Privilégiés d'icelle, &c. dédié à la Trinacrie Celtique, par Emanuel-Philibert DE RYMON, Lieutenant-Général ès Bailliage de Charollois: *Paris*, Richer, 1618, » *in*-8. de 99 pages. (Il y est souvent question du Charollois dans les Notes marginales.) La *Trinacrie* de l'Auteur, comme il l'explique, se rapporte à MM. de Sillery, Chancelier ; de Vair, Garde des Sceaux ; & Jeannin, Surintendant des Finances.

☞ Traicté des Pays & Comté du Charollois, & des Droits de Souveraineté que la Couronne de France a eus de tout temps & anciennement sur iceux, dédié au Roi (Louis XIII ;) par M° Emanuel-Philibert DE RYMON, Lieutenant-Général ès Bailliage de Charollois : *Paris*, Richer, 1619, *in*-8.

Cet Ouvrage est de 51 feuillets ou 102 pages, outre un Recueil de Pièces, sans chiffres, mais qui a 19 pages. On y voit qu'il fut composé par ordre de Louis XIII, pour servir dans la discussion des Différends entre ce Prince & les Archiducs-Comtes de Flandres, concernant les droits de Justice & de Souveraineté du Roi dans le Comté de Charollois. C'est proprement un Mémoire relatif au Procès pendant alors au Conseil Privé du Roi, entre les Officiers Royaux & les Officiers prétendus des Archiducs d'Autriche.]

36004.* ☞ Ms. Rôle des Fiefs du Charollois, avec plusieurs Pièces relatives au Domaine de ce Comté ; par Antoine D'ORSANS, Seigneur d'Esnans, Gentilhomme Comtois, Bailli du Charollois au XVI.e Siècle : petit *in-fol.*

Ce Manuscrit est conservé dans la Bibliothèque de M. Droz, Conseiller au Parlement de Besançon: il a été formé de Papiers trouvés dans les Archives de M. le Président de Rosières.]

PAGE 454, *ajoutez*,

36014.* ☞ Précis historique touchant l'année séculaire 1768 de la Délivrance d'Auxerre, en 1568 ; (par M. HOUSSET, Médecin de cette Ville.)

Dans le *Journal de Verdun*, 1769, Mars.

Observations sur (ce) Précis historique, (par M. André MIGNOT, Grand-Chantre de la Cathédrale, mort le 14 Mai 1770.]

Dans le même *Journal*, Octobre.

Etrennes aux trois Andrés, ou Apologie du Précis historique ; (par M. HOUSSET:) 1770, *in-*12.]

PAGE 455, *ajoutez*,

36022.* ☞ (1.) Mémoire pour les Maire, Echevins, Officiers Municipaux, Corps, Communauté & Habitans de la Ville d'Auxerre, contre les Sieurs d'Hymard, Colombet & autres : *Paris*, Ballard, 1765, *in-fol.* de 27 pages.

Ce Mémoire est de M° Paporet, Avocat au Parlement de Paris. Il y est question de l'Election des Officiers Municipaux, faite en conséquence de l'Edit du mois

mois de Mai 1765. Il y a deux Mémoires contre le Mémoire que l'on vient d'indiquer.]

(2.) ☞ Arrêt du Parlement (de Paris,) du 8 Février 1766, qui casse les Elections faites, & en ordonne de nouvelles: *Paris*, Simon, 1766, *in-fol.*

(3.) ☞ Arrêt du Conseil d'Etat, du 27 Août 1766, pour l'Administration de l'Hôtel-de-Ville d'Auxerre: *in-*4. de 27 pages.

Il règle, entre autres choses, les Dépenses ordinaires, &c.]

36024. * ☞ Mémoire pour le Chapitre d'Auxerre, contre les Maire & Echevins de la Ville de *Cravan*, (au Comté d'Auxerre:) *Paris*, Desprez, 1764, *in-*4.

L'Auteur est Me AUBRI, Avocat au Parlement de Paris. Il y est question de la Préséance dans les Cérémonies publiques, des Officiers du Chapitre, Seigneur de Cravan, sur les Maire & Echevins de cette Ville. Par Arrêt du 23 Janvier 1765, le Chapitre a gagné.]

☞ Mémoire pour les Doyen, Chanoines & Chapitre d'Auxerre, Seigneurs Hauts-Justiciers & Voyers de la Ville de Cravan; contre les Administrateurs de l'Hôpital, & les Maire, Echevins & Habitans de la même Ville: *Paris*, Simon, 1765, *in-*4.

L'Auteur est Me MAULTROT, Avocat au Parlement de Paris. Il s'agissoit d'un Réglement que le Chapitre d'Auxerre, comme Seigneur, avoit dressé le 20 Mai 1763, pour l'Administration de l'Hôpital de Cravan, érigé par Lettres-Patentes du mois de Juillet 1763, & doté des Biens des Religieuses Ursulines de ladite Ville, supprimées en 1749. Il y a eu un Mémoire contre celui du Chapitre, qui, par Arrêt du 19 Février 1766, a perdu le Procès.]

Au N.° 36030, *ajoutez en Note:*

Ce Mémoire est fait principalement sur la Tour de Montorient en Franche-Comté, & incidemment pour le surplus: il est tiré de diverses Pièces conservées dans les Archives de l'Académie de Besançon.]

PAGE 458.

Au N.° 36045, *ligne* 3 *de la Note*, Thoiré, *lisez*, Thoire, & *aussi colonne* 2, *alinéa* 3, *ligne* 2.

PAGE 460.

Colonne 2, *après le titre:* Inventaire, &c. *ajoutez:*

Les Pièces qui suivent, sont passées, depuis la mort de M. *Fevret de Fontette*, dans la Bibliothèque de M. *Esmonin de Dampierre*, Président au Parlement de Dijon, qui a voulu conserver dans cette Ville, une Collection aussi précieuse pour la Bourgogne.]

PAGE 469.

Après le N.° 36428...26429, *lisez*, 36429, & *ligne* 5, Bulley, *lisez*, Belley.

PAGE 474.

Au N.° 36633, *lignes* 5 & 6, *lisez*, Languet-Robelin.

PAGE 476.

Aux N.ºs 36705 & 36706, Anthume, *lisez*, Authume.

PAGE 478.

Au N.° 36764, *ligne* 2, *lisez*, Saint-Belin-Malain.

Au N.° 36765, *lignes* 2 & 4, Boyvan, *lisez*, Boyvau.

Tome *IV*. Part. *I*.

PAGE 479.

Au N.° 36810, *ligne* 5, Pontangey, *lisez*, Potangey.

PAGE 480.

Au N.° 36844, *ligne* 2, *lisez*, Vernette...Chantault.

PAGE 482.

Au N.° 36916, *lignes* 1 & 2, des Stud, *lisez*, Destud.

PAGE 483.

Au N.° 36977, *ligne* 2, Berbiscio, *lisez*, Berbiseio.

PAGE 485.

Colonne 1, *ligne* 1, Rijon, *lisez*, Dijon.

PAGE 487.

Au N.° 37080, *ligne* 3, *lisez*, rescindere.

PAGE 489.

Au N.° 37187, *ligne* 3, Beaune, *lisez*, Baume.

PAGE 491.

Au N.° 37281, *ligne* 4, *usum mansum*, lisez, *unum mansum.*

Histoire de l'ancien Gouvernement Lyonnois.

PAGE 495, *ajoutez*,

37356. * ☞ Antiquités sacrées & profanes de la Ville de Lyon, recueillies par le P. Dominique COLONIA: *Lyon*, 1701, *in-*4. *Paris*, 1702, *in-*12.

PAGE 496.

Après le N.° 37359, *ajoutez:*

☞ NOTA. La nouvelle Histoire de l'Eglise de Lyon, par M. Poullin de Lumina, (indiquée au N.° 8859.* de ce *Supplément*,) peut être consultée, surtout depuis l'an 1032 jusqu'en 1312, que les Archevêques furent Maîtres du Temporel. Burchard avoit retenu Lyon de l'héritage de son frère Rodolphe, dernier Roi de Bourgogne ou d'Arles, en 1032; & Pierre de Savoie, excédé des troubles suscités à ses Prédécesseurs, soit par la Ville de Lyon, soit par les Comtes de Forez, se soumit en 1312 au Roi Philippe-le-Bel.]

37360. * ☞ Antonii LAISNÉ, Lugduni Descriptio & Encomium: *Lugduni*, 1732, *in-*4.]

Au N.° 37361, *lignes* 3 & 4, CLAVASSON...*lisez*, CLAPASSON, le jeune, Avocat & ancien Directeur de la Société Royale des Beaux-Arts... & *à la Note, ajoutez:*

Dans le Privilège, cet Ouvrage est attribué à Paul-Rivière de Brinais, Ingénieur, sous le nom duquel s'est caché M. Clapasson. L'Abbé Pernetti, (*pag.* 98 du *tom*. II. de ses *Lyonnois dignes de mémoire*,) le lui attribue, en disant que sa modestie l'a caché en vain.]

37365. * ☞ Quels étoient les Droits de Frideric Barberousse sur la Ville & Comté de Lyon: que Chonrad le Pacifique en avoit donné le Temporel, en 979, à l'Archevêque Burchard son fils, & à son Eglise, & que ce ne fut pas au préjudice des Comtes de Forez.

Ces Questions sont traitées pag. 91 & *suiv.* du tom. *I.* des *Mazures de l'Isle-Barbe*: (*Paris*, Couterot, 1681,) par Claude LE LABOUREUR.]

Qqq

== ☞ Tractatus de Bellis & Induciis quæ fuerunt inter Canonicos.... & Cives Lugdunenses.

Ci-deſſus, dans ce *Supplément*, N.° 5396*.]

37366.* ☞ Cantique contenant le Diſcours de la Guerre avenue à Lyon pour la Religion; par Antoine DUPLAIN: 1563, *in*-8.

Du Verdier, en indiquant cet Ouvrage, dit qu'il eſt *Calvinique*.]

PAGE 497, *ajoutez*,

37368.* ☞ Joannis GRILLOTII, S. J. Lugdunum lue affectum & refectum, &c. *Lugduni*, 1629, *in*-8.

La Traduction Françoiſe a paru ſous ce titre:

Lyon affligé de contagion, ou Narré de ce qui s'eſt paſſé de plus mémorable en cette Ville, depuis le mois d'Août 1628 juſqu'en Octobre 1629; par J. Bapt. GRILLOT, de la Compagnie de Jeſus: *Lyon*, de la Bottière, 1629, *in*-8. de 144 pages.]

37368.** ☞ Ordre publié pour la Ville de Lyon, pendant la maladie contagieuſe: *Lyon*, 1670, *in*-4.]

37381.* ☞ Privilèges & Franchiſes des Habitans de la Ville de Lyon: *Lyon*, 1674, *in-fol*.]

37381.** ☞ Mſ. Privilegia Civitatis Lugdunis: *in*-8.

Ce Manuſcrit, qui contient un Dialogue ſur les Privilèges de Lyon, & qui paroît du XIVᵉ Siècle, eſt conſervé à Avignon dans la Bibliothèque de M. de Cambis, Marquis de Velleron. On peut voir à ce ſujet le *Catalogue raiſonné* de ſes Manuſcrits, *in*-4. *pag.* 718.]

37385.* ☞ Information pour les Prévôt des Marchands & Echevins de Lyon, contre les Gardes des Portes, &c. *Lyon*, 1618, *in*-4.]

Au N.° 37386, *ajoutez à la Note:*

Cette (ſeconde) Information eſt de *Lyon*, 1618, *in-fol*.]

PAGE 500, *ajoutez*,

37433.* ☞ Mémoires hiſtoriques & œconomiques ſur le Beaujolois, ou Recherches ſur les Princes de Beaujeu, la Nobleſſe, l'Hiſtoire Naturelle, & les principales Branches d'Agriculture, de Commerce & d'Induſtrie du Beaujolois; par M. BRISSON, de l'Académie de Villefranche, Inſpecteur du Commerce & des Manufactures de la Généralité de Lyon: *Avignon*, (*Lyon*,) 1771, *in*-8. de 272 pages.]

37439.* ☞ Réglement de la Frontière des Provinces d'Auvergne, la Marche & Combraille: *Paris*, 1673, *in*-4.

La Combraille eſt un petit Pays, du Diocèſe de Limoges, ſur les confins de la Marche: il fait partie du Gouvernement d'Auvergne, & ſa Capitale eſt Evaon ou Evaun.]

37450.* ☞ Réflexions ſur l'Hiſtoire d'Auvergne; (par M. GOBET,) aujourd'hui Garde des Archives de Monſeigneur le Comte de Provence: *Riom*, veuve Candeze, 1771, *in*-4. de 14 pages.

Lettre du même, ſur la Garde des Egliſes; (principalement par rapport à l'Auvergne:) *Riom*, &c. *in*-4. de 9 pages.]

37453.* ☞ Mſ. Mémoire hiſtorique ſur les anciens Rois d'Auvergne, lu à l'Académie de Clermont le 25 Août 1766; par Dom François DESCHAMPS, Bénédictin de la Congrégation de S. Maur.

Il eſt dans les Regiſtres de cette Société, & entre les mains de l'Auteur, qui travaille à une Hiſtoire générale de l'Auvergne.]

PAGE 502.

Au N.° 37466, *ligne* 3, *liſez*, Fratre.

Après 37466... 47467, *liſez*, 37467.

Au N.° 37468, *ajoutez en Note:*

On peut voir encore ſur *Riom*, la *Vie de S. Amable*, par l'Abbé Faydit: (*Paris*, 1702, *in*-12.) On en a parlé au N.° 10881, & dans ce *Supplément*. Elle contient d'ailleurs diverſes particularités ſur l'Hiſtoire de l'Auvergne.]

PAGE 503, *ajoutez*,

37484.* ☞ Ephémérides Bourbonnoiſes, ou Hiſtoire journalière des Princes, Ducs, Comtes, Barons & autres Seigneurs de la Royale Maiſon de Bourbon; par Noël COUSIN: *in*-18.]

Hiſtoires de Guyenne & Gaſcogne.

PAGE 507, *ajoutez*,

37515.* ☞ Diſcours de Monſeigneur le Prince (Henri II. de Bourbon,) prononcé en l'Aſſemblée de Guyenne en 1638: *in*-4.]

PAGE 508, *ajoutez*,

Au N.° 37531, *alinéa* 3, *lignes* 7 & 8, *effacez*, Arrêts & Statuts, &c.

Ibid. après 1620, *in*-4. *ajoutez en Note:*

La Chronique de Lurbe a 136 pages; la Continuation de Darnalt & Additions, 110; les Remarques de Fronton du Duc, 16 pages.

La Continuation de Darnalt fut réimprimée en 1666, avec une Suite juſqu'à cette année: *in*-4.

Alinéa 4, *après* Il y a une autre Edition, *ajoutez*, de la Chronique Bourdeloiſe, &c. datée de 1672, *in*-4. Mais ce n'eſt qu'une Collection que le Libraire Mongiraud fit des mêmes Ouvrages imprimés en différentes années, avec un nouveau Frontiſpice, où l'on indique la *Continuation juſqu'au temps préſent*. La Chronique de Lurbe fut réimprimée alors; mais la Continuation fut miſe enſuite telle qu'elle avoit été réimprimée en 1666, entr'autres, avec un défaut qui conſiſtoit en ce qu'on avoit négligé de refondre dans le texte, quatre pages d'*Omiſſions*, qui ſe voyent à la fin de l'Ed. de 1620. Dans cette Edition de 1672, on fit ſeulement réimprimer une partie des *Additions* de Darnalt, & on y ajouta une petite Continuation de deux pages, où l'on voit le Rôle des Bourgeois qui ont été *Juges & Conſuls* de Bordeaux, depuis 1666 juſqu'en 1671 incluſivement: c'eſt ce qui peut faire regarder cette Edition comme augmentée. On y joignit auſſi les *Privilèges* & les *Statuts*, dont on parlera ci-après.]

37532.* ☞ Hiſtoire de la Ville de Bor-

Histoires des Provinces & Villes.

deaux : Première Partie, contenant les Evénemens Civils & la Vie de plusieurs Hommes célèbres; par Dom Charles J. Bapt. DE VIENNE, Bénédictin de la Congrégation de S. Maur : *Bordeaux*, Delacourt; & *Paris*, Saillant, 1771, *in*-4.

Ce premier Volume va jusqu'à la minorité de Louis XIV. Le second traitera, sans doute, de l'Histoire Ecclésiastique de Bordeaux.]

37535.* ☞ Terres & Jurisdiction de la Ville de Bordeaux & de sa Banlieue : *in*-4.

Cette Pièce fait partie des *Additions* jointes par Darnalt en 1610 à la Chronique de Lurbe, *pag. 96 & suiv.* réimprimées en 1666, & qui se retrouvent ainsi dans la Collection de 1672.]

PAGE 509.

Le N.° 37536 *doit être intitulé simplement :*

Les anciens & nouveaux Statuts de la Ville de Bordeaux : *Bordeaux*, Millanges, 1612, *in*-4.

☞ Gabriel Lurbe les a publiés, comme on le voit par son Epître Dédicatoire du 30 Mars 1593 : ce qui indique au-moins une première Edition. Le P. le Long, qui ne connoissoit que la première Edition Françoise de la *Chronique Bourdeloise*, ajoutoit à ces *Statuts* de 1612, diverses autres Pièces que l'on doit distinguer, & qui ont paru en différentes années. Darnalt n'a commencé à travailler sur Bourdeaux qu'en 1619, & ce ne fut que cette même année, que Fronton du Duc lui adressa ses *Remarques sur l'Histoire de Bourdeaux*, (& non pas sur les *Statuts*,) comme on le voit dans le titre même de ces Remarques, Edition de 1620 & de 1672. Au reste, ces Statuts se trouvent encore dans cette Collection de 1672.]

Après Les mêmes... 1700, *lisez*, 1701, *in*-4. & *ajoutez en Note :*

☞ Il n'est point fait mention dans le titre, du Sieur *Tillet*, mais seulement dans l'*Avis de l'Imprimeur* (Boé:) voici ses termes : « Je ne puis m'empê- » cher de dire que sans les soins & les peines que M. » TILLET, Avocat & Citoyen, a bien voulu prendre » de ramasser tous les nouveaux Statuts, (le Public) » auroit été privé de cet Ouvrage... d'autant mieux » que personne ne s'en étoit mis en peine. » Au reste, on y trouve beaucoup d'Arrêts qui intéressent la Ville de Bourdeaux; mais ils n'ont point été recueillis par Darnalt, comme le disoit le P. le Long.]

37536.* ☞ Privilèges des Bourgeois de la Ville & Cité de Bordeaux, octroyez & approuvez par les Rois Henri II, Charles IX, Henri III, Henri IV & Louis XIII: *Bordeaux*, Millanges, 1618, *in*-4.

Ce Recueil augmenté, a été réimprimé en 1667, & mis ensuite avec le suivant, dans la Collection de la *Chronique Bourdeloise*, &c. publiée en 1672.]

37536.** ☞ Instructions pour la conservation de certains Droits appartenans à la Ville de Bordeaux, colligées par le Sieur DARNALT : *Bordeaux*, 1620, *in*-8.]

37542.* ☞ Copie de la Fondation de l'Hôpital de S. André de Bourdeaux : *in*-4. de 56 pages.

Elle est sans date & sans noms de Ville ni d'Impri-

meur ; mais il y a apparence qu'elle fut imprimée à Bourdeaux, par Millanges, en 1667. Elle se trouve dans la Collection de 1672, entre les *Privilèges des Bourgeois*, réimprimés en 1667, & les *anciens & nouveaux Statuts*, imprimés en 1612.

C'est une Suite d'Actes, écrits les uns en Latin, les autres en Gascon, avec la Traduction Françoise à côté.]

Au N.° 37544. *ajoutez en Note :*

Il y a eu une Edition plus ample de ce *Manifeste* en 1650, ci-devant (Tome II.) N.° 23156.]

37551.* ☞ L'Antiquité & l'Histoire des Mouvemens de Bordeaux ; (par le Sieur) DE FONTENEIL :) *Bordeaux*, 1651, *in*-4. 2 vol.]

PAGE 510, *ajoutez*,

37556.* ☞ Copie des Lettres du Roi & du Sieur de Lansac, au Seigneur de Pardaillan, Gouverneur de Blaye : 1569, *in*-8.]

PAGE 512, *ajoutez*,

37584.* ☞ Harangue faite aux Ouvertures des Plaidoyeries d'après la Saint-Luc, en la Sénéchaussée d'Agen, où sont rapportées les Antiquités d'Agénois ; par Jean DARNALT : *Paris*, 1606, *in*-8.]

37584.** ☞ Remonstrance faite en la Cour de la Sénéchaussée & Siège Présidial d'Agénois & Gascongne à Agen : *Paris*, 1606, *in*-8.]

PAGE 513.

Au N.° 37599, *ajoutez à la Note :*

Avant ces *Ephémérides*, il y a eu (dès 1762,) un *Calendrier Ecclésiastique & Civil* du *Limosin*, que l'on a publié chaque année : (*Limoges*, Barbou, *in*-24.) On y trouve diverses particularités historiques.]

Au N.° 37603, *ligne* 2, *après* Pellé, *ajoutez*, 1640.

37603.* ☞ Mémoire signifié, pour les Consuls & Habitans de la Ville de *Brive*, Capitale du Bas-Limosin, Seigneurs en partie de ladite Ville, contre M. le Duc de Noailles, Baron de Malemort, & co-Seigneur de ladite Ville : *Paris*, Cellot, 1769, *in*-4.

On y trouve une Histoire abrégée de Brive.]

☞ Deux Mémoires pour M. le Duc de Noailles 1 *in* 4.]

☞ Réponse signifiée au second Mémoire de M. le Duc de Noailles, pour les Consuls & Habitans de la Ville de Brive : *Paris*, Cellot, 1770, *in*-4.

Il n'est pas ici seulement question de Brive, mais encore de l'allodialité du Limosin.]

37612.* ☞ Mss. Mémoires sur la Généralité de Montauban, & les Pays d'Etats abonnés, qui en composent l'Intendance : *in*-4.

Dans la Bibliothèque de M. le Marquis d'Aubais.]

PAGE 516.

Au N.° 37660, *ajoutez en Note :*

☞ On peut encore voir sur le *Béarn* & la *Navarre*, l'Ouvrage publié après la mort de M. de Marca, intitulé : *Marca Hispanica*, indiqué au N.° 38355.]

PAGE 517.

Au N.° 37677, *ligne* 3, *après* Navarre, *ajoutez*, & de Béarn.

37680. * ☞ Histoire du Royaume de Navarre, traduite de l'Anglois d'une Société de Gens de Lettres.

C'est ce qui forme la première Partie du *tom. XXX.* de la grande *Histoire Universelle*, composée par une Société Angloise, & traduite en Hollande : *Amsterdam*, Arkstée, (pour ce Volume,) 1768, *in*-4.]

37680.** ☞ Mémoires pour servir à l'Histoire de Charles II. Roi de Navarre & Comte d'Evreux, surnommé *le Mauvais*, avec les Preuves ; par M. SECOUSSE : *Paris*, Durand, 1758, *in*-4.]

37681. * ☞ Mémoires pour l'Histoire de la Navarre, &c. par Auguste GALLAND : *Paris*, 1648, *in-fol.*]

37688. * ☞ La Complainte du Pays de Béarn sur les menaces faites de l'unir à la France ; par Dom COLOM : *Lescar*, 1617, *in*-4.]

Histoires du Languedoc.

PAGE 519, *ajoutez*,

37702. * ☞ Mſ. Essai sur le gouvernement du Languedoc, depuis les Romains jusqu'à notre Siècle ; par Jean-Jacques DOMERGUE, Avocat : *in*-4.

Ce Manuscrit est entre les mains de l'Auteur, à Saint-Hippolyte, au Diocèse d'Alais.]

37703. * ☞ Alphonsi D'ELBENE, Tractatus de gente & familia Marchionum Gothiæ : *Lugduni*, 1607, *in*-8.]

37709. * ☞ Des Grands Officiers de la Maison des Comtes de Toulouse.

C'est le sujet de la *Note* XLV. & dernière du *tom. III.* de l'*Hist. générale du Languedoc*, par DD. DE VIC & VAISSETTE.]

PAGE 520.

Au N.° 37724, *ligne* 4, BATAILLER, *lisez*, BATAILLES,.. & *ajoutez*, *in*-4.]

PAGE 523.

Au *num.* 29, *ligne* 2, *après* Guillaume, *effacez* de.

Au *num.* 55, *ligne* 1, *lisez*, Gaucelin.

PAGE 525, *ajoutez*,

37729. * ☞ Recueil des Edits, Déclarations, Arrêts & Ordonnances pour la Province de Languedoc : *Montpellier*, *in*-4.

Il y en a un grand nombre de Volumes, & l'on imprime chaque année quelques Pièces qui augmentent le Recueil.]

37730. * ☞ Réglemens concernant les impositions, la vérification des dettes, & l'œconomie des affaires des Diocèses, Villes & lieux de la Province de Languedoc : *Montpellier*, 1716, *in*-4.]

37730.** ☞ Deffenses des condamnations rendues en la réformation générale des Forêts de Languedoc ; contre les Communautés qui en sont usagères & riveraines ; par le Sieur D'HERICOURT : *Tolose*, 1668, *in*-12.]

PAGE 526.

Au N.° 37733, *ligne* 3, MARICOTTE, *lif.* MARIOTTE.

37744. * ☞ Traité du Droit de l'Equivalent établi dans le Pays de Languedoc par Charles VIII. en 1460 ; par Daniel DE LA COSTE : *Tolose*, 1616, *in*-4.]

37746. * ☞ Recueil des titres, qualités, blazons & armoiries des Prélats & Barons des Etats de Languedoc tenus en 1654 ; par le Sieur BEJARD : *Lyon*, 1655, *in-fol.*]

PAGE 527.

Au N.° 37762, *après la Note*, *ajoutez*,

☞ Les mêmes (Gestes Tholosains....) augmentés par Guillaume DE LA PERRIÈRE : *Tholose*, 1555, *in-fol.*]

PAGE 528.

Au N.° 37766, *ligne* 4, *après* in-fol. *ajoutez*, *Ibid.* 1612, *in*-4.

PAGE 529, *ajoutez*,

37786. * ☞ Discours sur l'an Jubilaire de la Paix de Câteau-Cambresis en 1559, jusqu'à celle de 1659, avec une Relation de ce qui s'est passé à Toulouse à la publication de cette Paix ; par LOUVET : *Toulouse*, 1660, *in*-8.]

PAGE 530, *ajoutez*,

37791. * ☞ Analyse des différens Ouvrages de Peinture, Sculpture & Architecture, qui sont dans l'Hôtel de Ville de Toulouse ; par le Chevalier DE RIVALZ : *Toulouse*, 1770, *in*-8.]

37792. * ☞ Traité du Comté de *Castres* ; par le Sieur DE FOS : *Toulouse*, 1633, *in*-4.

Voyez encore l'*Histoire des Comtes de Castres*, dans les *Mémoires de Catel*, ci-dessus, N.° 37708.]

PAGE 531.

Au N.° 37813, *après* Ascension, *ajoutez*, contenant les plus rares Histoires qui y ont été représentées.

Ce sont diverses Pièces en Vers François & Gascons ; par Jean MARTEL.

Seconde Partie du Triomphe de Béziers, au jour de l'Ascension : *Béziers*, 1644, *in*-12.

37814. * ☞ Réglement des Hôpitaux généraux établis pour la conduite & pour le secours des pauvres enfermés : *Béziers*, Barbut, 1686, *in*-12.

Ce Réglement a été réimprimé à Avignon.]

PAGE 532, *ajoutez*,

37816. * == ☞ Relation & Mémoire sur le Port de Cette.

Ci-devant, N.ᵒˢ 899 & 901.]

Au N.° 37810, *ajoutez en Note*:

On voit par la Préface de l'*Histoire de Montpellier*, par M. d'Aigrefeuille, (N.° 37832,) que cette Chronique & celle des N.ᵒˢ 37822 & 37823, sont la même

Histoires des Provinces & Villes.

chose que le petit *Thalamus* (de la Maison de Ville) de Montpellier.]

37820.* ☞ Traité du Domicile, par rapport au Privilège d'arrêts, accordé aux Habitans de Montpellier ; par Raymond MARTIN : *Montpellier*, 1728, *in*-12.]

37827.* ☞ Mſ. Discours dressé par GARRIEL, Chanoine de Montpellier, de la Guerre faite contre ceux de la Religion Prétendue Réformée, depuis l'an 1619 jusqu'à la réduction de la Ville de Montpellier, & la Paix faite alors, (en 1622 :) *in*-4.

Dans la Bibliothèque de M. le Marquis d'Aubais, faisant partie du num. 116.]

Au N.º 37830, *ligne* 2, *lisez*, SERRES.

PAGE 533, *ajoutez*,

37834.* ☞ Histoire de la Part-Antique de la Ville de Montpellier : *Bourdeaux*, 1705, *in*-8.]

Au N.º 37845, *ajoutez à la Note :*

Cette Transaction est de l'an 1347, régnant Philippe (de Valois,) Roi de France.]

Au N.º 37849, *ligne* 3, *lisez*, TRAVESSAC.

PAGE 534.

Colonne prem. avant le N.º 37852, *ajoutez*,

« Lorsque M. Ménard se proposa de donner au Pu-
» blic l'Histoire de la Ville de Nismes, il en fit impri-
» mer, en 1744, le Projet chez Chaubert, Libraire de
» Paris. L'Ouvrage ne devoit contenir que trois volu-
» mes *in*-4. avec les Preuves. Dans le volume qui de-
» voit les contenir, on imprima la Généalogie de la
» Maison d'Anduse, d'après les Manuscrits qui sont au
» Château d'Aubais. Mais comme il donna ensuite plus
» d'étendue à son Ouvrage, il supprima cette Généa-
» logie, & le volume qui la contenoit est resté impar-
» fait. J'en ai un Exemplaire où cette Généalogie tient
» depuis la *pag*. 27 jusqu'à la 68; & les neuf Branches
» de cette Maison y sont fort détaillées ». *Note envoyée par M. Seguier de Nismes.*]

37852.* ☞ Mémoire contenant l'examen des quatre différens projets d'un Réservoir pour la Fontaine de Nismes, & un Essai sur le meilleur qu'on y puisse faire ; par Pierre GUIRAND, Chevalier de l'Ordre Militaire de S. Louis, & Ingénieur du Roi : *in*-4. (sans date ni nom d'Imprimeur.)

Ce Mémoire contient l'examen & la critique des Projets présentés dans les Mémoires Manuscrits de MM. Clapiés, Matthieu, Médecin de la même Ville, Mauric, Architecte de la même Ville, & Maréchal Ingénieur en chef de la Province de Languedoc, sur le Plan duquel on a exécuté tous les Ouvrages qui sont à présent à cette Fontaine. On peut voir ce qui en est dit au Tome VI. de l'Histoire de M. Ménard, N.º 37851.

A la suite de ce Mémoire, il y a un « Supplément, » qui contient quelques éclaircissemens, & une Critique » du fondement du Projet de M. Matthieu ».

Les Plans relatifs à ces Mémoires sont conservés chez les héritiers de M. Guirand, à Nismes.]

37853.* (1.) ☞ Mſ. Journal de Jacques DAVIN, Avocat de Nismes : *in*-4.

Il commence en 1556 & finit le 14 Janvier 1621.

Ce Manuscrit & les trois suivans, sont conservés dans la Bibliothèque de M. le Marquis d'Aubais, n.º 62.]

(2.) ☞ Mſ. Journal de BALTHAZAR, Bourgeois de Nismes, ou Mémoire des choses avenues à Nismes à ceux de la Religion : *in*-4.

Il commence au 21 Décembre 1561, & finit en 1579. On y rappelle encore plusieurs choses qui se sont passées dans le Siècle suivant, depuis 1643 jusqu'en 1660, fort succinctement.]

(3.) ☞ Mſ. Mémoire des Contraventions à l'Edit de Pacification, faites par ceux de la Religion Prétendue-Réformée de la Ville de Nismes ou du Diocèse, contre les Catholiques, en 1621 : *in*-4.

Voyez le Tome V. de l'*Histoire de Nismes* de M. Ménard, N.º 37851.]

(4.) ☞ Mſ. Avis véritable de la Ville de Nismes, touchant le Cas arrivé la nuit du 11 Septembre 1613, au Sieur Soubeyran, troisième Consul : *in*-4.

Il en est parlé dans la même *Histoire* de M. Ménard, tom. *V*. pag. 360.]

37855.* ☞ Recherches historiques & chronologiques sur l'établissement & la suite des Sénéchaux de Beaucaire & de Nismes ; par Gaillard GUIRAND, Conseiller au Présidial de Nismes.

Elles se trouvent dans l'Ouvrage du même, intitulé : *Style ou Formulaire des Lettres qui se dépêchent ès Cours de Nismes.* On peut voit à son sujet l'Histoire de M. Ménard, tom. *VI*. pag. 254.]

Au N.º 37867, *ajoutez à la Note :*

Ce petit Ouvrage fut d'abord imprimé sous ce titre : « Amphitheatrum Nemausense Silva, ad Anthimum Dio-
» nysium Cohon, Episcopum Nemausensem, ab Al-
berto DAUGIERES, è S. J. ». *Nemausi*, Plasses, 1667, *in*-4.]

PAGE 535, *ajoutez*,

37873.* ☞ Mſ. Dissertation de M. le Président BOUHIER, de Dijon, sur l'Inscription de Nismes, G. Q. N. TROPHIMUS. SERV. R.

Cette Dissertation, qui est très-savante, est conservée dans la Bibliothèque de l'Auteur, aujourd'hui chez M. le Président de Bourbonne, à Dijon.]

37875.* ☞ Mſ. Eclaircissement sommaire des Antiquités de Nismes, présenté à Messeigneurs les Ducs de Bourgogne & de Berry, lors de leur passage à Nismes, le 4 Janvier 1701 ; par Joseph DE LA BAUME, Conseiller au Présidial de cette Ville.

M. Seguier de Nismes en a une Copie. *Voyez* l'*Histoire* de M. Ménard, *tom. VI. pag.* 460.]

37881.* ☞ Apothéose de la Ville de Nismes ; par M. l'Abbé de VALETTE-TRAVESSAC : 1744, *in*-8. = La même, avec ce titre : Sonnets sur les Antiquités de la Ville de Nismes, avec des Remarques historiques : *Nismes*, 1748, *in*-12. 1750, *in*-8. = Autre Edition, intitulée : Histoire de la Ville de Nismes, 1756, 1760, *in*-8.]

PAGE 536.

Au N.º 37892, *ligne* 9, *lisez*, M. (Bruno) D'ARBAUD DE ROUGNAC.

37894.* ☞ Mſ. Mémoires & Remarques de l'antiquité de la Ville d'*Alais*, Capitale du Pays des Cévennes en Languedoc : *in*-4.

Dans la Bibliothèque de M. le Marquis d'Aubais.]

37899.* ☞ Mémoire sur l'échange passé en 1721, entre le Roi & M. le Duc d'Uſez : *in*-4. de 7 pages, (sans nom de Ville ni d'année.]

37900.* ☞ Essai d'un Abrégé chronologique sur Villeneuve-lès-Avignon, (Diocèse d'Uſez;) par l'Abbé VAILHEN.

Voyez ci-après, N.° 38344, où l'on a cru devoir le placer, parce qu'il s'étend beaucoup sur Avignon.]

Au N.° 37903, *ligne* 2, *lisez*, GOIFFON.

37904.* ☞ Stephani GUYONII, Orationes duæ de veteri Aniciensium (du *Puy*,) pietate, & de priscâ Consulatûs Aniciani dignitate : *Lugduni*, 1593, *in*-8.]

Au N.° 37913, alinéa 4, 1669-1675, *lisez*, 6085 & *suiv*.

PAGE 537.

Au N.° 37918, *ajoutez à la Note* :

☞ M. Rigoley de Juvigny, *pag.* 338 & 339 du *tom.* I. de la nouvelle Edition de la *Bibliothèque de la Croix du Maine*, prétend que l'accusation de Besly contre la Perrière n'est point fondée, & il rapporte une partie de l'Avertissement de ce dernier ; mais pour le justifier, il faudroit avoir comparé son Ouvrage avec celui de Bertrand Helie, & ne les avoir pas trouvé semblables : jusques-là, l'accusation de Besly subsistera, & la Perrière ne sera point justifié.]

Histoires du Dauphiné.

PAGE 541.

Au N.° 37954, *ligne* 5, M. le Quien, *lisez*, M. le Chevalier (le Quien) de la Neuville.

Au N.° 37957, *ligne* 3, *après* C. G. *ajoutez*, (Charles GUILLAUME.)

PAGE 542.

Au N.° 37967, *ajoutez en Note* :

On a indiqué ci-dessus N.° 37931, un Manuscrit qui porte aussi ce titre : *Statuta Delphinalia*.]

PAGE 543.

Au N.° 37993, *ajoutez en Note* :

Etienne Barlet vivoit sous Henri IV, & étoit du Diocèse de Vienne. M. de Boissieu, *pag.* 92 de l'Edition 2 *de Miraculis Delphinatûs*, dit que Barlet avoit été copiste de Govea ; & c'est de Barlet qu'Allard a copié presque toutes les Inscriptions par lui publiées en 1683, (ci-devant N.° 37964.) On peut voir à ce sujet l'*Hist. de l'Académie des Inscr. & Belles-Lettres*, tom. VII. *pag.* 231.]

Au N.° 38001, *ajoutez à la Note du Registre* de Vienne.

Ce Manuscrit contient les Délibérations de la Communauté de Vienne. Quoiqu'il soit écrit en François, son titre est Latin : « Hoc in Libro continentur acta, » gesta & negociata Universitatis sive Communitatis » præsentis Civitatis Vienne, per Guilliermum VIALIS, » Noratium, Civem & Secretarium ejusdem Civitatis, » incœpto de anno Incarn. Xrist. 1530, & die 1. mensis » Januarii ; regnantissimo Christianissimo Principe & Do-» mino nostro, Francisco, Francorum Rege, Dalphino » Viennensi, necnon Reverendissimo in Christo Patre » & Domino, Petro Palmerii, Archiepiscopo & Comite » Vienne. »]

PAGE 544.

Au N.° 38016, *ajoutez à la Note* :

Cet Ouvrage Italien de Louis de la Chiesa est peut-être le même que le suivant.

☞ De Vitâ & Gestis Marchionum Saluciensium, Viennensium Delphinorum & Comitum Provinciæ Catalogus, Genevæ Comites, &c. Auctore Ludovico AB ECCLESIA, Jurisperito Saluciensi : *Taurini*, 1604, *in*-4.

Au N.° 38017, *ligne* 1 *de la Note*, MM. de Lur, *lisez*, M. de Lur, Comte d'Uza, & M. son fils,... *puis ajoutez* :

38017.* ☞ Requête au Roi, pour M. de Lur, Baron de Drugeac, contre le Sieur de Comarieu, Inspecteur-Général du Domaine, & contre M. de Lur, Comte d'Uza, &c. par M° THACUSSIOS : *Paris*, d'Houry, 1774, *in*-4.

M. le Baron de Drugeac, comme aîné de la Maison de Lur, qui descend du dernier Marquis possesseur de Saluces, réclame contre MM. d'Uza, &c. le prix dudit Marquisat cédé au Roi Charles IX, moyennant 30000 livres de rente ; & il discute de nouveau le fait de cette cession & toutes ses suites.]

Histoires de la Provence.

PAGE 545.

Au N.° 38024, *ajoutez*, Mſ... & *ligne* 2 *de la Note*, *effacez*, Je ne sçais s'il est imprimé ou Manuscrit, & ensuite *lisez*, C'est la même chose que la première Partie du N.° 38040.]

PAGE 546.

Au N.° 38027, *ligne dern. de la Note*, *lisez*, Comte d'Alais, [ci-devant N.° 25529, Tome II.]

Au N.° 38036, *ligne* 3, *après* limitibus, *ajoutez*, [& de relictione ejus Rudolpho I. Rom. Regi, perperam adscriptâ :]

38036.* ☞ Conrad. Sam. SCHURZFLEISCHII Dissertatio, quòd Carolus IV. non dissipaverit Imperii patrimonium, quoad Regnum Arelatense.

Dans ses *Opuscula* : *Berolini*, 1693, *in*-4. *p.* 917.]

38036.** ☞ Exercitatio juris publici, de nexu Regni Burgundici cum Imperio Romano-Germanico : Præside Joh. Jacobo MASCOVIO : *Lipsiæ*, 1720, *in*-4. pag. 40.

Il y a trois sections : 1. Origine du Royaume (d'Arles, ou) de Bourgogne ; 2. Union de ce Royaume à l'Allemagne, depuis Conrad II. jusqu'à Frédéric III ; 3. Démembremens qu'il a soufferts, & Droits que l'Empire a pu conserver sur quelques parties détachées.]

PAGE 548, *ajoutez*,

38055.* ☞ Mſ. Procès pour les Comtés de Provence, Forcalquier & autres Terres adjacentes, sous le Règne de Louis XII. *in-fol.*

Ce Manuscrit est indiqué *pag.* 225, du *tom.* II. du Catalogue de M. d'Estrées, num. 16413.]

38056.* ☞ Recherches sur l'Origine & la Suite des Comtes de Provence, Forcalquier,

Histoires des Provinces & Villes.

& du Venaissin, des Vicomtes de Marseille & des Princes d'Orange; par Louis CHASOT de Nantilly.

Ces Recherches, qui sont curieuses, se trouvent dans le tom. IV. des *Généalogies historiques de Bourgogne : Paris*, Tissot, &c... *in-4.*]

PAGE 551, *ajoutez,*

38076.* ☞ Accord fait par la Royne, mère du Roy, sur les différends survenus au Pays de Provence, du 1 Juillet 1579 : *Paris*, 1579, *in-8.*]

Colonne 2, *ligne* 2, *après* Ruffi, *ajoutez :*

Cet Exemplaire, ou un autre, est à Avignon, dans la Bibliothèque de M. de Cambis-Velleron : *in-fol.* de 92 pages : il en est question dans le Catalogue qu'il a fait imprimer de ses Manuscrits, *pag.* 727.]

PAGE 552.

Au N.° 38100, *ajoutez en Note :*

Cet Ecrit est le même qui fut d'abord imprimé sous ce titre : « Remontrance faite aux Habitans de Mar-»seille ; par G. D. V. en 1596 : » *Paris*, 1597, *in-8.* On le trouve dans les Œuvres de M. de Vair.]

PAGE 554.

Au N.° 38117, *ligne* 5, *après in-4. ajoutez,* [de 11 pages.]

38118.* ☞ Très humbles Remontrances du Parlement de Provence au Roi, sur le gouvernement de M. le Comte d'Alais : *in-4.*]

PAGE 555, *ajoutez,*

38123.* ☞ Remontrances de la Noblesse de Provence, pour la révocation des Arrêts portant réunion au Domaine des Terres aliénées par les Comtes de Provence ; par Noël GAILLARD : *Aix*, 1669, *in-fol.*]

38127.* ☞ Discours faits à l'ouverture des Assemblées des Communautés de Provence, par M. ROUILLÉ DE MESLAY, Intendant de cette Province, dans les années 1672-1679, *in-4.*]

38128.* ☞ Remontrances du Pays de Provence sur la levée du Vingtième, avec un Mémoire contenant les Preuves de ces mêmes Remontrances : *Aix*, 1751, *in-4.*

On y trouve entr'autres, le Testament de Charles d'Anjou, Roi de Jérusalem & de Sicile, Comte de Provence, du 10 Décembre 1481, en Latin. On sçait que c'est par cette Pièce que Louis XI. fut institué son héritier, & que nos Rois rentrèrent en possession de la Provence, qui leur avoit été enlevée 600 ans auparavant.]

PAGE 556.

Col. 1, *ligne* 2, *ajoutez*, [ci-devant, Tome I. N.° 1355.]

PAGE 557, *ajoutez,*

38155.* ☞ Ms. Wilielmi MARCELLI, Promptuarium... Civile Arelates : *in-fol.*

On a déja parlé de cet Ouvrage, pour la partie Ecclésiastique, dans ce Supplément, N.° 7977.*]

38157.* ☞ Réglemens de la Police de la Ville d'Arles : *Lyon*, 1617, *in-4.*]

38162.* ☞ Abrégé de l'Histoire de l'ancienne Ville d'Arles : 1720, *in-4.* 1 Feuille.

— ☞ Recueil de différentes Médailles antiques, frappées dans l'ancienne Ville d'Arles, lesquelles prouvent que cette Ville a été autrefois la résidence de plusieurs Empereurs : 1723, *in-4.* 1 Feuille.

Ces deux Pièces sont de François PEILHE.]

38162.** ☞ Entretien de deux Philosophes, Héraclite & Démocrite, sur une Critique faite par Pamphile contre les Ouvrages de Polymythe, au sujet des Antiquités de l'ancienne Ville d'Arles : 1724, *in-4.* 1 Feuille.

On croit que cet Entretien est du même PEILHE.]

38165.* (1.) ☞ Description d'un ancien Théâtre que l'on voit dans la Ville d'Arles en Provence : *in-4.* 1 Feuille.

On lit à la fin : « Tiré des Manuscrits de M. Amat » de Graveson ; de M. Terrin, du Livre des Antiqui- » tés d'Arles par Seguin, &c. »]

(2.) ☞ Description d'un ancien Cimetière des Payens, nommé Champs Elizées ou Elysiens, que l'on voit à Arles : 1724, *in-4.* 1 Feuille.

Ces deux Pièces sont encore de François PEILHE.]

38166.* ☞ Inscription symbolique sur la Statue de la Diane (ou Vénus) d'Arles, consistant en ces seules lettres, M.D.C.L.I. *Arles*, Mesnier, 1661, *in-4.*

C'est une Feuille, où l'on a gravé la figure de cette Antique. L'Auteur anonyme prétend que les lettres ci-dessus étoient gravées sur cette Statue. Il en donne dix Explications différentes, toutes aussi ridicules les unes que les autres.]

PAGE 558.

Au N.° 38176, *lignes* 1 & 5 *de la Note*, Pierre, *lisez,* Guillaume MARCEL.

38176.* ☞ Discours sur une Inscription antique, trouvée dans les Champs Elizées d'Arles, que l'on voit dans le Cabinet de M. le Bret, Intendant de Provence ; (par François PEILHE :) 1724, *in-4.* 1 Feuille.

C'est la même Inscription que celle que Guillaume Marcel avoit publiée, avec une Interprétation, en 1693, & dont il est parlé dans le *Journ. des Sçav.* du 8 Février 1694. Peilhe donne, dans cette dernière Feuille, l'Explication de M. Amat de Graveson, qui paroît aussi ridicule que celle de Marcel.]

PAGE 559.

Au N.° 38196, *num.* 7, *ajoutez :* [Cette *Histoire de Chiavary* se trouve aussi à Avignon, dans la Bibliothèque de M. de Cambis-Velleron, & il en est parlé avantageusement dans le *Catalogue raisonné* de ses Manuscrits, *pag.* 720.]

PAGE 560.

Au N.° 38207, *ajoutez à la Note :*

On trouve encore un détail sur la Ville & les belles Antiquités de Saint-Remi, dans les *Recherches curieuses d'Antiquités* de M. Spon, & dans les *Antiquitates Gallia* de Maffei.]

PAGE 561, *ajoutez,*

38215.* ☞ Ara Massiliensis : Auctore Petro BERTHALDO, Congr. Oratorii D. J. Presbytero.

Cette Dissertation est imprimée *pag.* 263 & *suiv.* du Livre de cet Auteur, intitulé: *De Ara, Liber singularis: Nannetis,* Doriou, 1636, *in-12.*]

☞ On trouve un grand détail sur Marseille dans l'Ouvrage qui a pour titre: *Nicolai* KRIEGK, *Diatribe de Peregrinationibus Romanorum academicis: Iena,* 1704, *in-4.*

Au N.° 38221, *ligne* 2, *après* D. D. *ajoutez,* (le SIEUR DE DEIMIER:) *Paris,* 1615.

PAGE 563, *ajoutez,*

38238. * ☞ Journal abrégé de ce qui s'est passé en la Ville de Marseille, depuis qu'elle est affligée de la contagion: *Paris,* 1721, *in-12.*]

38254. * ☞ Avis au Roi, contenant les causes de la Ruine du Commerce de Marseille, & de la diversion qui s'en fait à Livorne, avec le moyen d'y remédier; par le Sieur VACCON: *in-4.* (sans année, &c.]

38255. * ☞ Poëme sur les principaux traits de l'Histoire de Marseille, (avec des Notes historiques;) par M. l'Abbé AMPHOUX, Aumônier des Galères: *Marseille,* Mossy, 1772, *in-8.* de 32 pages.]

PAGE 564.

Au N.° 38258, *ajoutez en Note:*

Voyez au Tome I. N.° 1623.]

Au N.° 38263, *ajoutez à la Note:*

L'original de cette Histoire d'Apt, qui n'a point encore été imprimée, est entre les mains du Sieur de RIVETTE, à Bonioux, petite Ville de ce Diocèse. Il y en a une Copie dans le Cabinet de M. l'Abbé PITHON-COURT, à Boissy près Verneuil, au Perche. Voici quel en est le titre véritable:

« Histoire de la Ville d'Apt, contenant tout ce qui
» s'est passé de plus mémorable dans son Etat politique,
» depuis sa fondation jusqu'au Règne de Louis le Grand,
» Roi de France & Comte de Provence; l'Histoire
» chronologique des Evêques qui ont gouverné son
» Eglise, & la Généalogie des Maisons Nobles de la
» même Ville, tant des Familles éteintes, que de celles
» qui existent encore à-présent: M. DC. XC. » *in-4.*
4 vol.]

38263. * ☞ De l'Affaire & de l'Exécution de Cabrières, Mérindol, &c.

Voyez, au Tome I. les N.os 5712-5720.]

Au N.° 38265, *ajoutez à la Note:*

Il y en a une autre Edition sous le titre suivant:

Joannis COLUMBI Manuascensis, è Societate Jesu, Manuasca, Virgo Manuascensis, Guillelmus Junior Forcalquerii Comes, Episcopi Sistaricenses: *Lugduni,* Canier, 1662, *in-12.*

Cette Histoire de Manosque est suivie, comme l'on voit, de deux Dissertations, l'une sur Notre-Dame de Romigier, Patrone du lieu, & l'autre sur Guillaume V. Comte de Forcalquier; & à la fin du Volume, est une Liste fort abrégée des Evêques de Sisteron, tirée d'un plus grand Ouvrage Manuscrit du même Auteur.]

Histoires d'Orange.

PAGE 565, *ajoutez,*

38280. * ☞ Prééminences, prérogatives & dignités des Princes d'Orange; par Gaspard DE LA PISE: *la Haye,* 1661, *in-8.*]

38285. * ☞ Ordonnances & Loix pour la Principauté d'Orange, publiées par Guillaume de Nassau, Souverain d'Orange: *Lyon,* 1667, *in-4.*]

38285. ** ☞ Statuts & Réglemens des Bas-Etats de la Claverie d'Orange, dressés en 1613: *Orange,* 1684, *in-4.*]

PAGE 566.

Au N.° 38289, *ligne* 6, *lisez,* Barbin, 1702, *in-8.* de 58 pages.

Le Discours historique n'occupe que les *six* premières pages: tout le reste est un Recueil de Pièces intéressantes.]

38294. * ☞ Historia Principatûs Arausionensis, & fata ejus novissima: Præside Joanne-Petro LUDOVICO (LUDWIG:) *Halæ Magdeburgicæ,* 1706, *in-4.*

L'Auteur, qui est mort en 1743, Chancelier de l'Université de Halle, avoit vendu sa plume au Prince d'Orange, Guillaume III. Un an avant sa Dissertation sur Orange, il en avoit publié une autre où il avoit prétendu établir les droits de ce Prince sur la France, comme Roi d'Angleterre. Ces Dissertations furent envoyées manuscrites à Guillaume III. qui mourut en 1702. M. Ludwig n'a pas voulu en priver le Public, & les a fait imprimer.]

Au N.° 38296, *colon.* 2, *ligne* 3, *ajoutez,* Carpentras, 1702, *in-8.* & *à la Note,* au lieu de Prêtre-Chanoine, *lisez,* Prieur-Catéchiste de l'Eglise Cathédrale d'Orange. Son nom est dans l'Edition de 1701.]

Au N.° 38300, *ajoutez en Note:*

Ces Remarques sont peut-être de Jean-Louis PRÉVÔT, Capiscole de l'Eglise d'Orange; Jean-Frédéric GUIB lui répondit, & soutint son sentiment, par une *Seconde Dissertation,* si c'est la *première* qui soit indiquée au N.° 38299. Quoi qu'il en soit, voici l'Extrait d'une Lettre que nous a écrite à ce sujet M. Séguier, Secrétaire de l'Académie de Nismes.

« François Guib, dont on a quelques Pièces Latines
» imprimées à Orange dans le Siècle dernier, passa en
» Hollande après la Révocation de l'Edit de Nantes.
» Son fils *Jean-Frédéric* naquit à la Haye: étant venu
» ensuite à Orange, il y composa une Dissertation sur
» l'Arc de Triomphe élevé auprès de cette Ville, &
» l'adressa, en 1721, à M. le Président de Mazaugues.
» Celui-ci, dans la Lettre qu'il lui écrivit, loua son tra-
» vail & ses recherches, mais y fit quelques Observa-
» tions critiques. Guib envoya sa Dissertation à M. de
» la Roque, Auteur du *Mercure,* qui la fit imprimer
» dans celui de *Décembre* 1721.

« Jean-Louis Prevôt, Capiscol de l'Eglise d'Orange,
» homme de Lettres & de sçavoir, en fit la Critique
» dans une Lettre dont j'ai une Copie. Elle fut commu-
» niquée à Guib, qui, dans une seconde Dissertation,
» adressée à M. de Mazaugues en 1722, tâcha de dé-
» fendre son sentiment contre celui de Prevôt.

« J'ai les Originaux des deux Dissertations de Guib,
» & la Copie des Lettres de Prevôt & de Mazaugues.

« Le Père Bonaventure de Sisteron, Capucin, dans
» son *Histoire d'Orange,* a tâché de réfuter amplement
» tout ce que Guib a écrit au sujet de cet Arc de Triom-
» phe; & il a fait à la suite de cette Critique la Des-
» cription de ce Monument. Plusieurs années après,
» M. Ménard a donné un Mémoire à ce sujet, dans le
» *Recueil de l'Académie des Inscriptions & Belles-
» Lettres, tom. XXVI.*]

Histoires

Histoires des Provinces & Villes.

Histoires d'Avignon & du Comtat Venaissin.

PAGE 367, *ajoutez*,

38316.* ☞ Mſ. Remiſe des Châteaux du Pont de Sorge & du Comté Venaiſſin, par ordre du Roi Philippe, aux Commiſſaires du Pape Grégoire X. en 1274 : *in-fol.*

Ce Manuſcrit, expédié ſur l'Original qui eſt aux Archives du Vatican, fut apporté de Rome à Carpentras, par Pierre-Siffrein Gualteri du Baucet, Préſident de la Chambre du Comté Venaiſſin en 1690. Il eſt actuellement entre les mains du Préſident de Pelliſſier, l'un de ſes ſucceſſeurs, & M. l'Abbé Pithon-Court en a une Copie authentique. Voici quel en eſt le titre au long :

« Liber in pergameno ſcriptus, continens qualiter
» D. Raynaldus de Ruvacto, Seneſcallus Belliquadri &
» Nemauſi, de mandato D. Philippi Regis Franciæ, ad
» requeſtam felicis recordationis D. Gregorii Papæ X.
» D. Bertrando Electo Arelatenſi & Guillelmo de Sanc-
» to Laurentio dicti D. Papæ Camerario, nomine &
» mandato Eccleſiæ Romanæ recipientibus Caſtra Pon-
» tis Sorgiæ & Territorium Venayſſinum reſtituit, No-
» bilibuſque & aliis hominibus dicti Comitatûs homa-
» gia & fidelitatis ſacramenta per eoſdem D. Philippo
» Franciæ Regi præſtita relaxavit : qui quidem Nobiles
» & alii homines Caſtrorum, villarum & locorum om-
» nium dicti Comitatûs poſtmodum ſingulariter Ca-
» merario & Electo prædictis, nomine quo ſuprà reci-
» pientibus, homagia & fidelitatis ſacramenta præſta-
» runt. Datum anno Domini M. CCLXXIV. Kalendis
» Februarii, Pontificatûs D. Gregorii Papæ X. anno ſe-
» cundo. »

38316.** ☞ Mſ. Jura ſanctæ Romanæ Eccleſiæ in Civitate Avenionenſi & Comitatu Venaiſſino & ſingulis ejus Caſtris : *in-fol.*

Ce Manuſcrit eſt conſervé à Rome, dans la Bibliothèque Chigi, num. 601.]

38316.*** ☞ Mſ. Statuta Comitatûs Venaiſſini : *in-4.*

Ce Manuſcrit en vélin, eſt à la Bibliothèque du Roi, num. 4660. Il a été écrit par Jérôme de Botis, en 1441, & il commence par les Statuts de l'an 1310.]

38316.**** ☞ Statuta Comitatus Venaiſſini : *Lugduni*, 1511, *in-12.* Gothique.

Les mêmes Statuts, mis de Latin en François, par Vaſquin Philieul de Carpentras, Docteur ès Droits : *Avignon*, Bouquet, 1558, petit *in-4.*]

38316.***** ☞ Mſ. Regiſtrum Inſtrumentorum & Litterarum Eccleſiæ Romanæ, Civitatis Avenionis & Comitatûs Venayſſini : *in-fol.*

Ce Regiſtre eſt conſervé dans la Bibliothèque du Roi, num. 8366 (12.) Il eſt de l'année 1370. On n'y trouve ſur Avignon que la vente de cette Ville par la Reine Jeanne, en 1348, la Ratification par ſon mari, & la Confirmation par l'Empereur Charles IV.]

Au N.° 38318, ajoutez en Note :

On trouvera le *Traité de Piſe*, qui fit rentrer Avignon, &c. ſous la main du Pape, dans l'*Hiſtoire des Démêlés... au ſujet de l'Affaire des Corſes*, par l'Abbé Regnier Deſmarais : *Paris*, 1707, *in-4.*]

38318.* ☞ Mſ. Mémoires de Jean-Baptiſte Bertel, Jéſuite, puis Religieux de Cluni, touchant les Droits du Roi ſur le Comté Venaiſſin & la Ville d'Avignon : *in-4.*

Ces Mémoires, faits avant le Traité de Piſe, ſont conſervés à Taraſcon chez M. Bertel, neveu de l'Auteur, qui eſt mort vers 1693.]

PAGE 368, *ajoutez*,

38323.* ☞ Mſ. Hiſtoire du Comté Venaiſſin & de la Ville d'Avignon ; par M. l'Abbé Pithon-Court, de Carpentras, Curé de Boiſſy, près Verneuil, Diocèſe de Chartres : *in-4.* 6 vol.

Cet Ouvrage, dont on vient de voir le *Projet*, eſt entre les mains de l'Auteur, qui ſe propoſe de le publier. Il a déjà fait imprimer l'*Hiſtoire de la Nobleſſe* de ce Pays, dont nous parlons dans le Chapitre des *Généalogies*, ci-après. Nous lui ſommes redevables de pluſieurs indications.]

38324.* ☞ Mémoire pour le Procureur-Général au Parlement de Provence, ſervant à établir la Souveraineté du Roi ſur la Ville d'Avignon & le Comté Venaiſſin : 1769, *in 8.* deux Parties.

Cet Ouvrage eſt extrêmement rare, le fond de l'Edition ayant été mis dans le Dépôt des Affaires Etrangères. La première Partie regarde le Comté Venaiſſin ; & la ſeconde, la Ville d'Avignon, qui forme une Seigneurie diſtincte & ſéparée du Comté Venaiſſin. Il y a des Pièces juſtificatives à la fin de chaque Volume.

Le Roi a cependant rendu au Pape les deux Etats en queſtion, au commencement de cette année 1774.]

38327.* ☞ Recueil des principaux Réglemens faits par les Eminentiſſimes Cardinaux Légats, & Illuſtriſſimes & Excellentiſſimes Vice-Légats, concernant la Cité d'Avignon & le Pays du Comté Venaiſſin, enſemble la Bulle *Super bono regimine*, traduite en François : *Avignon*, Chaſtel, 1670, *in-4.*]

PAGE 369, *ajoutez*,

38332.* ☞ Relation de la magnifique Entrée du Révérendiſſime & très-illuſtre Seigneur Cardinal Alexandre Farneſe à Avignon, le 16 Mars 1553 ; par Honoré Henrici : *Avignon*, Bonhome, 1553, *in-8.*

Curieux & très-rare.]

38332.** ☞ La magnifique & triomphante Entrée de Carpentras faite au Cardinal Alexandre Farneſe, Légat d'Avignon, miſe en rithme Françoiſe, avec figures ; par Antoine de Blegiers de la Salle, Gentilhomme de Carpentras : *Avignon*, Bonhome, 1553, *in-12.*]

38332.*** ☞ Ode au Soleil ſur le Retardement de Jules Mazarin, Vice-Légat d'Avignon ; par le Sieur Meillier : *Avignon*, Bramereau, 1634, *in-8.*]

Au N.° 38335, ligne 3, 1633, liſez, 1663.

38339.* ☞ Calendrier & Notice de la Ville d'Avignon & du Comtat Venaiſſin, pour l'année 1761 : *in-12.*

Il y a une Hiſtoire abrégée de tous les Vice-Légats,

Tome IV. Part. I.   R r r

depuis 1542 jusqu'en 1761, & plusieurs Notices des Tribunaux de l'Université, des Couvents, Monastères, &c. & des trois Judicatures du Comtat.]

Au N.° 38341, *ligne* 3, *après* Preuves, *ajoutez*, 1688, *in-fol.*]

38345.* ☞ Histoire de la Peste d'Avignon, en 1721; par M. l'Abbé LAUGIER : *Avignon, in-12.*

Ce petit Ouvrage est en Vers. On peut voir encore sur cette Peste, un Ecrit Latin concernant les Prêtres qui y sont morts en rendant service aux malades, ci-devant, au *Suplément* du Tome I. N.° 5544 (2.)

38346.* ☞ Dissertation sur un Monument singulier des Utriculaires de Cavaillon, où l'on éclaircit un point intéressant de la Navigation des Anciens; par M. CALVET, premier Professeur en Médecine dans l'Université d'Avignon, Correspondant de l'Académie Royale des Inscriptions & Belles-Lettres : *Avignon & Paris,* Desaint, 1766, *in-12.*]

38346.** ☞ Statuts de la Communauté de *Visan,* (Judicature de Carpentras,) avec les Bulles, Transactions, Concessions, Immunités & autres Actes en faveur de ladite Communauté : *Avignon,* le Molt, 1685, *in-12.*

Les Pièces de ce Recueil sont mal traduites : c'est l'Ouvrage d'un Bourgeois de Visan, nommé Colomb, qui eût mieux fait de les laisser en Latin.]

Histoires du Roussillon & de Catalogne.

P*AGE* 570, *ajoutez*,

38348.* ☞ Discurso sobre la pretencion de los Contados de Rossellon y Cerdeña de señorse del Principado de Cathalunia, y su disputacion; por Luys P A L A U : 1627, *in-fol.*]

38348.** ☞ Memorial o discurso en favor del Principado de Cathaluña, contra la dica pretencion de los Contados de Rossellon : 1627, *in-fol.*]

38348.*** ☞ Memorial en respuesta de otro hecho, per la Villa Perpiñan : 1627, *in-fol.*]

P*AGE* 571, *ajoutez*,

38354.* ☞ Discursos sobre la calidad del Principado del Cataluña, inclinacion de sus habitadores, y su govierno; por Franc. DE GILABERT : *Lerida,* 1616, *in-4.*]

38361.* ☞ Historias e conquestas de los Reyes de Aragon, e de lurs antecessores los Contes de Barcelona; por Pedro TORNICH : *Barcelona,* 1534, *in-fol.*]

Au N.° 38364, *ligne* 3, *ajoutez*, par Dom François CLÉMENT, Bénédictin.

38365.* ☞ Défense des Catalans, avec les Droits du Roi sur la Catalogne & le Roussillon : *Paris,* 1642, *in-8.*

Cet Ouvrage est de Charles SOREL.]

38365.** ☞ Le Revolutioni di Catalogna descritte di Luca ASSARINO, fino all'anno 1642; con una Notitia del governo, sito e qualita di quel Paese, Libri quattro : *Geneva,* 1644; *Bologna,* 1648, *in-4.*]

P*AGE* 571, *ajoutez*,

38366.* ☞ Chronicon Barcinonense.

Cette Chronique est imprimée dans le *tom. X.* du *Spicilège* de Dom Luc d'Achery, *pag.* 621. Cette Chronique commence en l'année 985, & finit en 1311.]

38367.* ☞ Franc. MARTI Y VILADAMOR Præsidium inexpugnabile Principatus Catalauniæ, pro jure eligendi Christianissimum Monarcham : *Perpiniani,* 1644, *in-fol.*]

38367.** ☞ Manifesto de la fidelidad Cataluña, integridad Francesca, y perversidad enemiga de la justa conservacion de Cataluña en Francia, purgatorio de los enganos que la offenden en la Tratado de la Paz general en Munster; por Francisco MARII Y VILADAMOR : 1646, *in-4.*]

Histoires de la Franche-Comté.

P*AGE* 572.

Avant le N.° 38369, *ajoutez,*

Nota. ☞ Il est nécessaire d'avertir ici que l'on a mis ci-devant dans l'Article du *Gouvernement de Bourgogne,* (Duché) tout ce qui concerne les *anciens Rois de Bourgogne,* dont l'Histoire intéresse également le *Comté* comme le *Duché,* de même qu'une infinité d'autres choses communes aux deux Provinces.

Ainsi les N.ᵒˢ ci-dessus 35845 *& suiv.* sont tout au-moins communs : plusieurs sont même tirés du Comté de Bourgogne, notamment les N.ᵒˢ 35845, 60, 61, 63, 64 & 69.

38370.* ☞ Mſ. Mémoire de M. DE COURBOUZON, sur les moyens de perfectionner l'Histoire de la Franche Comté.

Il est conservé dans les Registres de l'Académie de Besançon.]

38371.* ☞ Mſ. Diverses Pièces concernant l'Histoire ancienne de la Franche-Comté, qui sont conservées dans les Registres de l'Académie de Besançon, & auxquelles elle a adjugé des Prix, &c.

Il y en a plusieurs qu'on peut rapprocher de ce que nous avons dit des *Séquanois,* (Tome I. N.ᵒˢ 3941 *& suiv.*) avant que nous les connussions, ou qu'elles fussent composées. Quoi qu'il en soit, voici des Pièces :

1. Mémoires sur les Questions suivantes : Quelle est l'origine du nom des Séquanois : quelles étoient leurs mœurs, leur Religion, la forme de leur Gouvernement, & les limites du Pays qu'ils habitoient, avant que Jules-César eût conquis les Gaules, & dans le temps de cette Conquête ?

La Pièce sur les Séquanois, qui fut couronnée en 1753, fut celle de M. BERGIER, alors Curé de Flangebouge en Franche-Comté, & aujourd'hui Chanoine de N. D. de Paris.]

2. Mémoires sur cette Question : Quelles étoient les Villes principales de la Province Séquanoise, sous la Domination Romaine, & quelle étoit leur situation ?

La Pièce de M. BERGIER fut couronnée en 1754.

Histoires des Provinces & Villes. 499

3. Mémoires sur la Question : Quel étoit l'Hercule appellé *Ogmius* par les Gaulois ?

La Pièce de M. TROUILLET, Curé d'Ornans en Franche-Comté, fut couronnée en 1755; & celles de MM. BERGIER & SCHMIDT de Berne, eurent l'Accessit.

4. Mémoires sur l'étendue de la Province Séquanoise, les changemens qu'elle éprouva sous la Domination Romaine, & dans quel temps elle fut appellée *Maxima Sequanorum*.

La Pièce de M. PERREGIOT, Maire de Baume en Franche Comté, fut couronnée en 1771 ; & celle de Dom COUDRET, Bénédictin & Curé de S. Vincent de Besançon, eut l'Accessit. [On en trouve l'Analyse dans la « Séance publique de l'Académie de Besançon, du » 24 Août 1771 : » *Besançon*, Daclin, 1771, *in-4*.]

5. Mémoires sur cette Question : Est-ce à titre d'Hospitalité ou de Conquête, que les Bourguignons se sont établis dans les Gaules ?

La Pièce de M. TROUILLET fut couronnée en 1757, & celle de M. BERGIER eut l'Accessit.

6. Mémoires sur les limites des différens Royaumes de Bourgogne.

Les Pièces de Dom VINCENT, Bibliothécaire de Saint Remi de Reims, & de Dom COUDRET, Curé de Saint Vincent de Besançon, ont été couronnées en 1772. [Nous en avons déjà parlé au Duché de Bourgogne, N.° 35861* de ce *Supplément*, num. 2.]

7. Mémoires sur cette Question : Quelles ont été les Villes principales du Comté de Bourgogne depuis le XIe Siècle ?

Les Pièces de M. TROUILLET & de Dom BERTHOD, Bénédictin de Saint Vincent de Besançon, ont été couronnées en 1759.

8. Mémoires sur ces Questions : Comment se sont établis les Comtes héréditaires de Bourgogne ; quelle fut d'abord leur autorité, & de quelle nature étoit leur Domaine ?

La Pièce de Dom COUDRET fut couronné en 1763 ; & celles de Dom BERTHOD & de M. PERRECIOT eurent l'Accessit.]

PAGE 573, *ajoutez*,

38377.* ☞ J. Georgii ALTMANNI, Dissertatio de Origine nominis Sequanorum, ante Cæsarem : *Bernæ*, 1754, *in-4*.]

38377.** ☞ Mf. Dissertation sur l'entrée des Bourguignons dans les Gaules ; par M. le Comte DE ROUSSILLON, de l'Académie de Besançon.

Dans les Régistres de cette Académie.]

Au N.° 38378, ajoutez en Note :

M. le Comte d'Agay est présentement Maître des Requêtes : il est passé de l'Intendance de Bretagne à celle d'Amiens.]

Au N.° 38379, ligne 4, en 1015, *lisez, en* 1027.

Au N.° 38382, ligne 2, après 1535, *ajoutez, in-8. & commencez ainsi la Note :*

Le titre au long de ce Livret a déja été indiqué ci-devant, N.° 35869.

PAGE 574, *ajoutez*,

38387.* ☞ Mf. Prospectus d'une Description historique & topographique de la Franche-Comté, sous le Gouvernement des Romains, des Rois de Bourgogne, &c. par Tome *IV. Part. I.*

Dom BERTHOD, Bénédictin de la Congrégation de Saint-Vannes, & Bibliothécaire de Saint-Vincent de Besançon.

Ce Prospectus a été présenté en 1772 à l'Académie de Besançon, & est conservé dans ses Archives. Dom Berthod travaille en conséquence à cet Ouvrage.]

Au N.° 38389, ajoutez à la Note :

Ce petit Bœuf est conservé dans le Cabinet de M. le Cardinal de Choiseul, à l'Archevêché de Besançon : il a été trouvé dans le Territoire d'Avrigney, & Viotte l'a gravé.]

38389.* ☞ Mf. Description des Monumens antiques découverts près de Jallerenges, au Bailliage de Dole ; par M. SEGUIN, Professeur en l'Université de Besançon : 1768.

Dans les Régistres de l'Académie de cette Ville.]

PAGE 575.

Au N.° 38396, ajoutez à la Note :

Ce même Traité est encore imprimé au commencement du Nouveau Recueil des Edits & Déclarations du Comté de Bourgogne, comme à la tête de la Coutume de Besançon par d'Orival.]

Au N.° 38397, ligne 7, lisez, VARIN... D'ANDEUX.

Au N.° 38405, ajoutez à la Note :

☞ Les Lettres des *Gouverneurs*, &c. dont on vient de parler, ne sont que narrativement, ou en abrégé, dans cette Apologie.]

PAGE 576, *ajoutez*,

38416.* ☞ Lettre sur la Conquête de la Franche-Comté en 1674... 1681, *in-12*.]

38416.** ☞ Récit des Conquêtes du Comté de Bourgogne par Louis XIV, en 1668 & 1674; par M. DUNOD.

Ce Morceau est imprimé *pag.* 681 & *suiv.* du Tome III. de son Histoire de Franche - Comté, lequel est intitulé : *Mémoires pour servir à l'Histoire du Comté de Bourgogne : Besançon*, 1740, *in-4*. C'est le tom. III. de son *Hist. des Séquanois*, &c. ci-devant N.° 38386.]

PAGE 577, *ajoutez*,

38429.* ☞ Mf. Histoire de la Cité de Besançon ; = du Chapitre de l'Eglise Métropolitaine ; = du Saint-Suaire : par François D'ORIVAL, Archidiacre de Luxeul.

Ces Histoires, qui peut-être sont écrites en Latin, existent chez quelques Curieux de Franche-Comté. Le même Auteur a fait imprimer d'autres Ouvrages, surtout ceux que nous avons indiqués au Tome I. N.ºs 8168, 69 & 70. Jean-Jacques Chifflet parle de lui avec reconnoissance, *pag.* 80 de son *Vesuntio Sacra*.]

Au N.° 38430, alinéa 3 *de la Note, ligne* 4, *d'Aurivallius, lisez,* de François d'Orival, *(Aurivallius.)*

38431.* ☞ Mf. Mémoires sur cette Question : Quelles ont été les différentes positions de Besançon, depuis Jules-César jusqu'à nous ; par Dom COUDRET, Dom BERTHOD, & M. PERRECIOT ?

Ils sont conservés dans les Archives de l'Académie de Besançon, qui a adjugé le Prix, en 1764, à la Pièce de Dom COUDRET ; les deux autres ont eu l'Accessit.]

Une autre Pièce, qui avoit concouru pour le même Prix, a été donnée au Public sous le titre suivant :

☞ Dissertation sur les différentes positions

de la Ville de Besançon, &c. par M. SABBATHIER, Professeur du Collège de Châlons.

Elle est imprimée *pag.* 85-114 de son *Recueil de Dissertations sur divers sujets de l'Hist. de France: Châlons-sur-Marne*, Bouchard; & *Paris*, Delalain, 1770, *in-12.*]

38432. * ☞ Mémoires où l'on examine quel a été le Gouvernement politique de Besançon sous l'Empire d'Allemagne, & quelles ont été les raisons particulières de la Devise de cette Ville, *Utinam*, de ses Armoiries, & de celles de ses Quartiers ou Bannières.

Ils sont conservés dans les Archives de l'Académie de cette Ville, qui a adjugé le Prix à M. EGENOD, ancien Maire de Besançon, & l'Accessit à Dom BERTHOD.]

Au N.° 38439, ajoutez après la Note :

Voyez encore une *Histoire* (Manuscrite) *de Salins*, ci-après, N.° 38636.]

38439. * ☞ Mf. Urbis Salinarum Topographia (& Historia;) Poema : Auctore Henrico MARCHAND.

Ce Poëme est conservé dans la famille de l'Auteur, qui étoit d'une Maison Noble de Salins. Il se montre, dit-on, grand imitateur de Virgile : son Ouvrage est divisé en 28 Chapitres.]

PAGE 578.

Au N.° 38441, ajoutez en Note:

Une partie des Salines de Salins appartenoit à des particuliers, qui étoient chargés de délivrer soit du sel d'ordinaire aux Habitans du Comté de Bourgogne, en certaine quantité & à certain prix, soit du sel d'extraordinaire à d'autres : ces différentes parts ont été réunies par le Roi. *Voyez* ci-après, N.° 38552.]

38443. * ☞ Mf. Dans quel temps les Abbayes de Saint-Claude, de Luxeuil & Lure, jouirent-elles des Droits Régaliens, & jusqu'où s'étendoient ces Droits : en 1762.

La Pièce à laquelle l'Académie adjugea le Prix proposé, fut celle de Dom BERTHOD; celles de Dom COUDRET & de M. EGENOD eurent l'Accessit. Elles sont conservées dans ses Archives.]

38443. ** ☞ Mémoire sur le même sujet; par M. DROZ, Conseiller au Parlement de Besançon.

Ce Mémoire ne put concourir, l'Auteur ayant été alors associé à l'Académie. Il le conserve dans son Cabinet.]

Au N.° 38444, ligne 3, Tabennac, lisez, *Tabenna*.

38444. * ☞ Mf. Mémoire sur la Ville & le Bailliage de *Quingey*; par M. MAIRE, Lieutenant-Général dudit Bailliage.

Dans les Registres de l'Académie de Besançon.]

Au N.° 38445, CHEVALIER, lisez, CHEVALLET.

Au N.° 38454, ligne 1 de la Note, Brinet, lisez, Prinet.

38454. * ☞ Mémoire sur la Ville & Abbaye de Luxeuil, par Dom GRAPPIN.

Cet Ouvrage fut couronné en 1768, par l'Académie de Besançon, & il est conservé dans ses Registres. Dom Grappin a travaillé depuis à une Histoire détaillée de Luxeuil, dont nous avons déjà parlé dans ce *Supplément*, N.° 12122*, pour le Tome I. & la partie Ecclésiastique.]

38454. ** ☞ Mémoire sur l'Abbaye de *Faverney* ; par Dom GRAPPIN : *Besançon*, Daclin, 1771, *in-8.*

Ce Mémoire avoit été présenté à l'Académie de Besançon en 1768, & on lui avoit adjugé l'Accessit du Prix, que l'Auteur eut pour la Pièce précédente.]

38454. *** Mf. Mémoire sur la Ville & Abbaye de *Baume-les-Dames*; par M. PERRECIOT.

Ce Mémoire est conservé dans les Registres de l'Académie de Besançon, qui lui a adjugé le Prix en 1769. Il est très-sçavant, & outre beaucoup de découvertes précieuses, il fixe l'emplacement du *Pagus Elichow*, dont il est parlé dans le Partage de 870, & du *Pagus Alsegaudia* des Chartes, dans le Décanat & Pays d'Ajoye, tant en Franche-Comté que dans la Haute-Alsace & les Terres de Porentruy.

Au reste, sur cette Abbaye de Baume, voyez ce qui en est dit dans ce *Supplément*, au N.° 14861 du Tome I.

38455. * ☞ Mf. Divers Mémoires sur plusieurs Villes & Abbayes de Franche-Comté, conservés dans les Registres de l'Académie de Besançon.

En 1768 & 1769, cette Académie proposa pour les Prix de ces années, des Recherches sur quelques-unes des Villes & Abbayes de Franche-Comté. Cela donna occasion à plusieurs des Mémoires dont nous avons déja parlé : nous indiquerons ici les autres en général, selon la communication qui nous en a été donnée.

1. Mémoire sur Dole.
2. Mémoire sur Gray.
3. Mémoire sur Ornans.
4. Mémoire sur Orgeler.
5. Mémoires & renseignemens sur les Abbayes de Saint-Paul, Cherliu, Corneux, & Theuley.]

PAGE 579.

Au N.° 38458, ligne 4 de la Note, PERUCIOT, lisez, PERRECIOT.

Au N.° 38459, ajoutez à la Note:

☞ Il y avoit effectivement à côté des Tribunes de l'Eglise de Dole, un Cabinet voûté, destiné à conserver les Papiers des Etats, dont les trois Commis ou Elus avoient chacun une clef. Mais les Assemblées ayant été suspendues depuis 1675, les Elus conservèrent leurs clefs ; & Claude Matherot, Prieur de Pesme, le dernier des trois, étant mort en Septembre 1706, la Chambre des Comptes y fit mettre le scellé, & procura l'*Inventaire* qui fut fait aux frais de la Province. En 1737, cette Chambre a fait transporter dans ses Archives tous les Papiers inventoriés desdits Etats, & n'a laissé dans le Cabinet que d'anciens Acquits, avec d'autres Papiers de peu de conséquence qui y furent reportés.

Lors de l'union de la Chambre des Comptes au Parlement de Besançon (en 1771,) les Commissaires députés pour le transport des Archives de cette Chambre, ont visité exactement tous les lieux où il pouvoit y avoir des Papiers, & ont fait conduire à Besançon, non-seulement le Trésor des Chartes & les Papiers des Etats; mais encore ceux du Cabinet, dont on a formé vingt caisses, non encore inventoriées. M. Droz, l'un desdits Commissaires, nous a assuré que les plus importans & les plus curieux étoient compris dans le Volume I. de l'Inventaire des Etats. Le Volume II. ne contient que

Histoires des Provinces & Villes.

des Tittes relatifs à l'administration économique, qui sont acquittés, & ne peuvent servir que pour les énonciations de Noblesse, utiles dans une Province où la Noblesse prescrit : il y en a un très-grand nombre.]

38461. * ☞ Mf. Mémoire sur la Collection des Chartes de Franche-Comté, & sur les anciennes Coutumes de cette Province ; par M. Droz, Conseiller au Parlement de Besançon.

Dans les Registres de l'Académie de cette Ville.]

Au N.° 38465, ligne 5, lisez, Montisbeliardensi.

PAGE 581.

Au N.° 38527, ajoutez après 1606 : (L'Original est aux Archives du Parlement de Besançon.)

PAGE 582.

Au N.° 38565, ligne 2, uni à Besançon, lisez, uni à Baume.

Au N.° 38574, ligne 3, Jougue, lisez, Jougne.

Au N.° 38582, après Jean, ajoutez : (Un double Original est au Trésor des Chartes du Roi, à Besançon.)

PAGE 583.

Au N.° 38649, après Lieucroissant, ajoutez : (C'est la même Abbaye que celle qu'on appelle aujourd'hui des Trois Rois : Voyez notre Tome I. N.° 13100.)

Avant le N.° 38653, mettez :

☞ Ces Manuscrits de M. d'Esnans ont été nouvellement portés au Dépôt Général des Chartes & Monumens de l'Histoire de France, qui est à Paris, sous les ordres de M. Bertin, Ministre, & sous la garde de M. Moreau.

PAGE 584.

Au N.° 38654, après Lille, ajoutez, & autres lieux des Pays-Bas, (n'y ayant que les cinq Volumes suivans tirés de Lille.)

Colonne 2, à la fin, après le Nota, ajoutez l'observation suivante, (qui nous a été communiquée par M. Droz, Conseiller au Parlement de Besançon :)

Le second des 19 anciens Registres dont M. d'Esnans a voulu parler, est le Cahier des Délibérations dont nous avons fait mention à l'Addition ci-dessus, 32216. Ces Registres ont été rétablis ; mais le premier Volume des Actes importans, qui finissoit à 1573, est perdu depuis long-temps, suivant une Note du Répertoire.]

PAGE 585.

Au N.° 38658, ligne 4, Francs & Marans, lisez, Francs de Harans.

PAGE 586.

Colonne 1, ligne 8, Arquel, lisez, Arguel. . & au milieu, Noize, lisez, Noire. . Nosoy, lisez, Noroy.

Col. 2, après le N.° 38693, & sa Note, ajoutez :

Nota. ☞ Feû M. Perrinot, Doyen du Parlement de Besançon, avoit fait une Collection considérable de Manuscrits & Mémoires, tant sur le Droit & les Coutumes de Franche-Comté, que pour l'Histoire de cette Province, qui ont été acquis, en 1772, pour la Bibliothèque des Avocats de Besançon. Plusieurs autres concernant le Droit public & l'Histoire, ont été portés au Greffe du Parlement, à raison de leur mélange avec des Délibérations secrettes, & autres Pièces concernant l'Administration.]

Histoires de l'Alsace.

PAGE 587, ajoutez,

38694. * ☞ Martini Zeileri, Alsatiæ Topographia: *Francofurti*, 1644-1654, in-fol.

On en a indiqué une Edition en Allemand, de 1663, au Tome I. N.° 2171, avec plusieurs autres. On l'a attribuée à Matthieu *Merian*; mais on observera ici qu'il n'étoit que le Graveur des Cartes & le Marchand.]

38696. * ☞ Balthazaris Bebelii, Antiquitates Germaniæ primæ, &c. *Argentorati*, 1668, in-4.]

Au N.° 38697, ligne 2, Prætorii, lisez, Prætoris.

PAGE 588.

Au N.° 38706, ajoutez à la Note 2 :

Les personnes les plus instruites de Strasbourg pensent que la Chronique de Herzog a quelque mérite, quoiqu'à la rigueur il soit vrai de dire qu'il n'est ni bon Historien ni bon Critique. Au reste, il avoit puisé dans les Archives, & étoit très-versé dans les Généalogies.]

Au N.° 38710, ajoutez à la Note :

Cette Bibliothèque, par un arrangement des Magistrats, vient d'être unie à celle de l'Université de Strasbourg, en lui conservant cependant le titre de *Bibliotheca Schoepflitiniana*.]

Au N.° 38714, ajoutez à la Note :

On a indiqué sur ces *Réunions*, (qui furent abandonnées par la Paix de Riswick, en 1597,) un Inventaire, N.° 28782 ; & nous y avons ajouté dans ce Supplément, la *Dissolution*, &c. Ecrit curieux qui fut fait à ce sujet, en 1692.]

Au N.° 38717, ajoutez à la Note :

☞ Le jugement porté sur les trois Recueils de Wencker ne paroit pas exact. Le premier seul est un Recueil de Titres tirés des Archives de Strasbourg ; mais les deux autres sont des Recueils d'Opuscules de différens Auteurs sur différens objets. On peut en voir la Notice détaillée dans la *Bibliotheca Diplomatica*, qui précède la *Clavis Diplomatica* de Baringius, (*Hanoveræ*, 1754,) pag. 53 & 54.]

PAGE 589.

Au N.° 38722, ligne 9 de la Note, la Ville, lisez, de l'Université, & de même dans la Note de 38723.

38725. * ☞ Joan. Jacobi Chiffletii, Alsatia vindicata: *Antverpiæ*, 1650, in-fol.]

38726. * ☞ Arrest du Conseil Souverain d'Alsace, séant (alors) à Brisach, portant que le Roi sera mis en possession de la Souveraineté de l'Alsace & des Frontières : *Strasbourg*, 1682, in-4.]

Au N.° 38737, ligne 6, après in-16, ajoutez, Lugduni Batav. 1674, in-24.

PAGE 590.

Au N.° 38741, ajoutez en Note :

On trouve dans la Bibliothèque du Roi, parmi les Manuscrits de Cangé (selon son Catalogue, pag. 407,) les *Statuts & Privilèges de la Basse-Alsace*.]

38747. * ☞ Information sommaire & historique, touchant les dix Villes Impériales d'Alsace: *in-*12.

Elle se trouve ainsi indiquée, pag. 410 du Catalogue

de M. de Cangé, sans qu'il soit marqué si c'est un Manuscrit.]

PAGE 591.

Colonne 1, ligne 1, BOELL, *lisez*, BOLL... & ligne 4 *de la Note, après* Bibliothèque de M. Schoepflin, *lisez*, qui est aujourd'hui unie à celle de l'Université de Strasbourg. L'Original de cette Chronique de Boll est conservé à Weissembourg, en 2 vol. *in-4.*]

Au N.° 38756, *à la Note, effacez les deux dernières lignes, & lisez :*

La Chronique de Petri sur Mulhausen a été écrite d'après les Actes publics, & est conservée dans les Archives de cette Ville, dont il avoit été d'abord Chancelier, & ensuite Consul ou Bourguemaître. Il étoit né à Basle vers 1593, d'un Professeur de Rhétorique dans son Université. M. Schoepflin avoit une Copie de ce Manuscrit, qui est aujourd'hui dans la Bibliothèque de l'Université de Strasbourg.]

38756. * ☞ Jura Episcopatûs Basileensis, in Comitatum Phirretensem : *Bruntruti*, 1692, *in-4.*]

38756. ** ☞ Deductio jurium Ecclesiæ Basileensis, in Dynastiam Rappolstein : *Bruntruti*, 1692, *in-4.*]

38756. *** ☞ Repræsentatio Statûs Episcopatûs Basileensis, cum suis juribus ad Congressum Pacis Hagæ-Comitis : *Bruntruti*, 1710, *in-fol.*]

Histoires des Trois-Evêchés.

PAGE 592.

Colonne 1, *après la ligne 2, ajoutez :*

☞ On peut consulter sur l'Histoire des Trois-Evêchés, la grande Histoire de Lorraine, par Dom Augustin Calmet, indiquée au N.° 38813.]

38760. * ☞ Mémoire pour Louis, Prince héréditaire Landgrave de Hesse-Darmstatt, &c. contre Claude de Saint-Simon, Evêque de Mets, &c. *Paris*, Vincent, (1738) *in-fol.* de 118 pages, avec les Pièces justificatives.

Ce Mémoire signé *Mol*, est de M. COCHIN, & n'a pas été mis dans le Recueil de ses Œuvres. Il est intéressant pour les détails de la restitution ou cession des Trois-Evêchés, faite à la France par le Traité de Munster, en 1648, confirmée & expliquée par celui de Ryswick, en 1697. L'Evêque de Metz prétendoit la mouvance de quelques Fiefs d'Alsace, possédés par la Maison de Hesse-Darmstatt, comme Héritière de celle de Hanau. L'Auteur du Mémoire soutient, que cet Evêque ayant été retranché du Corps de l'Empire par le Traité de Munster, & dépouillé de tous les droits dont il avoit joui comme Prince & comme Vassal de l'Empire, n'a pu conserver aucun droit de mouvance sur les Fiefs dont il s'agit ; & que la Souveraineté en appartient au Roi, qui est rentré dans les droits de ses Ancêtres.]

38760. ** ☞ De la Souveraineté du Roi à Metz, Pays Messin, & autres Villes & Pays circonvoisins ; par Charles HERSENT, Chancelier de l'Eglise Cathédrale de Metz : *Paris*, 1632, *in-8.*

Cet Ouvrage est fait, dit l'Auteur, contre les prétentions de l'Empire, de l'Espagne & de la Lorraine, & contre les maximes des Habitans de Metz, qui ne tiennent le Roi que pour leur Protecteur.]

Au N.° qui suit le N.° 38761, *lisez*, 38763, (*non* 36763), & ligne 3, S. Maur, *lisez*, S. Vannes.

Au N.° 38770, ligne 2, *lisez*, depuis 1476 jusqu'en 1500 ; par Jean AUBRION, Bourgeois de la même Ville... & ajoutez à la Note :

Les premiers feuillets manquent, & il y a apparence qu'Aubrion avoit commencé ces Chroniques en 1464, si c'est là même chose, comme on a lieu de le croire, que ce Journal d'Aubrion, dont il est parlé ci-après, à l'article 2 du N.° 38777.]

PAGE 593.

Au N.° 38777, ligne 4, 36763, *lisez*, 38763.

PAGE 594, *ajoutez*,

38789. * ☞ Traité de la Monnoye de Metz ; par Eustache LE NOBLE : *Paris*, 1675, *in-12.*]

38789. ** ☞ Mf. Recueil d'anciennes Pièces, concernant divers Engagemens faits par les Evêques de Metz, dont quelques-unes sont originales : *in-fol.*

Mf. Inventaires, Titres & Actes touchant les Usurpations de plusieurs Villes & Seigneuries de l'Evêché de Metz, faites par le Duc de Lorraine.

Ces deux Manuscrits sont indiqués *pag.* 405 du Catalogue de Cangé, & doivent être à la Bibliothèque du Roi.]

PAGE 595, *ajoutez*,

38793. * ☞ La Guerre Cardinale de l'Administrateur du Temporel de l'Evêché de Metz, contre le Sieur de Salcède, Gouverneur de Marsal : 1565, *in-8.*

Cette Relation a été réimprimée dans le *tom. VI*. des *Mémoires de Condé, in-4.*]

38793. ** ☞ Lettres Patentes du mois de Décembre 1648, par lesquelles le Roi donne au Prince de Condé les Terres & Seigneuries de Stenay, Dun, Jametz, Clermont en Argonne, Domaines & Prévôtés de Varennes & du Montignoux : *in-4.*

Ces Lettres ont été enregistrées au Parlement le 7 Septembre 1660, à la Chambre des Comptes, le 4 Novembre de la même année ; à la Cour des Aides, le 15 Janvier 1661, sur Lettres de surannation adressées à cette Cour, & datées le 8 du même mois.

Le Roi ne se réserve que les Droits Régaliens, la Souveraineté, les ressort & jurisdiction des cas Royaux, & la foi & hommage qui lui sera rendu par le Prince de Condé & ses successeurs. Ces Seigneuries appartenoient au Roi par le Traité fait entre le Roi Louis XIII. & le Duc de Lorraine, le 29 Mars 1641.]

PAGE 595, *ajoutez*,

38804. * ☞ Mf. Usurpations des Ducs de Lorraine, sur la Ville & Comté de Verdun : *in-fol.*

Ce Manuscrit, indiqué *pag.* 406 du Catalogue de M. de Cangé, doit être à la Bibliothèque du Roi.]

Au N.° 38806, ligne 4, après Riswick, *ajoutez*, On peut voir encore à ce sujet le N.° 28782 de notre Tome II. ce que nous y avons ajouté dans ce *Supplément*, & le N.° 38714 du Tome III.]

38806. * ☞ Histoire de la Terre & Sci-

Histoires des Provinces & Villes.

gneurie de *Bretzenheim* : *Metz*, 1686, *in*-12.]

Histoires de Lorraine.

Au N.° 38813, *colon.* 2, *au milieu*, à Nouvelle Edition, *ligne* 3, *après* Leseurre, *lisez*, 1745-1757.

PAGE 597.

Au N.° 38824, *ligne* 3, *après* 1728, *ajoutez*, Editio quarta, 1748, *in*-4.... & *en Note* :

Mascou, célèbre Professeur de Leipsick, est mort en 1761. M. Lorenz, dans l'Ouvrage indiqué après le N.° 38812, répond à ses raisonnemens, & à ceux de Ludwig.]

Au N.° 38825, *ligne* 10, *lisez*, Commentarius Lotharensis, quo Barrensis Ducatus Imperio asseritur,...

PAGE 598.

Colonne 1, *ligne* 4, *de la Note du* N.° 38829, *après* Pontcarré, *ajoutez* : Cette Chronique n'est autre chose que l'Ouvrage de Nicolas Volkir, que l'on a marqué au Tome II. N.° 15711, & auquel nous avons ajouté diverses Remarques dans ce *Supplément*.]

PAGE 599, *ajoutez*,

38847. * ☞ Les Dialogues des trois Estats de Lorraine, sur la Nativité du Prince Charles de Lorraine ; par Edmond DU BOULLAY, dit *Clermont* : *Strasbourg*, 1543, *in-fol*.]

38849. * ☞ Histoire ou Recueil de la Victoire obtenue contre les Luthériens du Pays d'Aulsays (ou Alsace,) en 1525 ; par Antoine, Duc de Lorraine, escript par Nicolas DE VOLKIR : *Paris*, 1526, *in-fol*. Goth.

Il en a été fait mention au Tome II. N.° 17522.]

Au N.° 38859, *ajoutez en Note* :

On a de plus, du même, une gravure de l'Enterrement de Charles III. mort en 1608, *in-fol*.

PAGE 600.

Au N.° 38878, *à la fin de la Note*, *lisez*, Ils sont imprimés.

38890. * ☞ Ms. Recueil des Testamens, Contracts de Mariage & autres Actes & Pièces concernant la succession des Duchés de Lorraine & de Bar, depuis l'an 1486 jusqu'en 1663 : *in-fol*.

Ms. Diverses Pièces concernant la Lorraine : *in*-8. 2 vol.

Ces deux Manuscrits sont indiqués *pag*. 40 du Catalogue de M. de Cangé, & doivent être à la Bibliothèque du Roi.]

PAGE 601.

Au N.° 38893, *ligne* 3, *par le même*, *lisez*, (par M. DU BOIS DE RYOCOURT.)

38901. * ☞ Relation de la Pompe funèbre faite à Nanci, le 19 Avril 1700, aux Obsèques de Charles V. (ou VI.) Duc de Lorraine, &c. *Nanci*, Charlot, 1700, *in*-8. de 124 pages.

Le corps du Prince fut inhumé dans l'Eglise des Cordeliers de Nanci, & le P. Daubenton y fit son Oraison funèbre.]

38902. * ☞ Oraison funèbre de Charles V. Duc de Lorraine, &c. prononcée dans l'Eglise Primatiale de Nanci, le 23 Avril 1700 ; par le Pere DUPONCET, de la Compagnie de Jesus : *Pont-à-Mousson*, Maret, (1700,) *in*-8. de 148 pages.]

PAGE 602.

Au N.° 38915, *ajoutez en Note* :

Il en avoit paru deux Volumes : *Nanci*, 1701, *in*-12.]

38918. * ☞ Preuve des faits par les Titres, tirés des Chartes de Lorraine, de France, & autres Monumens, qui prouvent que les Duchés de Lorraine & de Bar sont des successions mâles & femelles : *Paris*, Osmont, 1741, *in*-4.]

PAGE 603.

Au N.° 38926, *ajoutez en Note* :

Cet Essai est de M. Jean-Henri MARCHAND.]

Au N.° 38927, *ligne* 4, *lisez*, Jean-Siffrein.

38929. * ☞ Vie abrégée de Stanislas.

Dans la *Galerie Françoise* : *Paris*, Hérissant fils, 1770, Cahier 2, *in-fol*. 1771, Cahier 2, *in*-4.]

Au N.° 38930. Cette Lettre du Roi Stanislas est aussi imprimée *pag*. 27-134, du tom. I. de ses Œuvres, sous le titre d'*Œuvres du Philosophe bienfaisant* : *Paris*, 1763, *in*-8.

38931. * ☞ Oraison funèbre de la Reine de Pologne, Marie Opalinska, (femme du Roi Stanislas ;) prononcée à Nanci, le 19 Mai 1747 ; par l'Abbé (Denys - Xavier) CLÉMENT : *Paris*, 1747, *in*-4.

Cette Princesse, Duchesse de Lorraine, étoit la mère de la Reine, femme de Louis XV. Elle mourut âgée de 66 ans, le 19 Mars 1747.]

Au N.° 38932, *ligne* 2, Charles - Joseph, *lisez*, Charles-Léopold.

38936. * ☞ Requête du Duc Mazarini, pour la Terre d'*Aspremont*, contre Charles d'Aspremont : *in-fol*.

38941. * ☞ David BLONDELLI, Barrum Campano-Francicum, nævorum Lotharensi Commentario à Joan. Jacobo Chiffletio edito aspersorum, demonstratio : *Amstelodami*, 1652, *in-fol*.

Le Commentaire de Chifflet, ici refuté, est indiqué ci-devant au N.° 38825 * dans ce *Supplément*.]

Histoires des Pays-Bas François.

PAGE 604, *ajoutez*,

38946. * ☞ Gallo-Flandria (sacra &) profana, in quâ urbes, oppida, &c. Gallo-Flandrici tractûs describuntur : auctore Joanne BUCELINO : *Duaci*, 1625, *in-fol*. 2 vol.

Cet Ouvrage concerne l'Artois & la partie de la Flandre où l'on parle François, & qui est communément appelée Flandre Wallone. Il est imprimé avec les *Annales Gallo-Flandrici*.]

Au N.° 38950, *ligne* 1 *de la Note*, BUTTEL, *lisez*, BULTEL.

Aux N.os 38955 & 38962, *ligne* 3, CAUWET & CAUWEL, *lisez*, CAWET.

PAGE 605, *ajoutez*;

38963. * ☞ Succession des Comtes d'Artois; par Guill. GAZET.

Dans son Ouvrage intitulé : *Ordre & suite des Evêques d'Arras*, &c. *Arras*, 1598, *in*-12. 1604, *in*-8.]

PAGE 606.

Au N.° 38987, *ajoutez en Note* :

Ce Recueil contient les Pièces qui concernent le retour de l'Artois & Pays voisins, à l'obéissance du Roi d'Espagne, par l'abandon de la Pacification de Gand, en 1579.]

Au N.° 38995, *ligne* 2, *mettez*, BALDERICO (*en lettres petites Capitales.) Ajoutez à la Note* :

☞ Cette Chronique de Cambrai, par Balderic, peut être aussi consultée sur Arras : elle est intitulée : *Chronicon Cameracense & Atrebatense*.]

PAGE 607.

Au N.° 38996, *ajoutez à la Note* :

☞ On y trouve beaucoup de choses sur les Villes d'Artois, de Flandres, de Boulonnois.]

Au N.° 38997, *ajoutez en Note* :

☞ On a parlé de l'Auteur & de cet Ouvrage, qui a été traduit en François, ci-devant, Tome II. N.° 37672.]

39000. * ☞ Andreæ HOII, de Bethunia Oratio.

Cette Pièce fait partie du N.° 38952.]

39004. * ☞ Julii CHIFFLETII, Crux Andreana victrix, seu de Cruce Burgundicâ cœlitùs in Ariensi obsidione visâ, Commentarius : *Antverpiæ*, 1642, *in*-16.]

39004. ** ☞ Remarques journalières des actions militaires les plus signalées durant les deux Sièges d'Aire, en 1641 : *Douay*, *in*-4.]

Au N.° 39006, *ajoutez à la Note* :

Mais il y en a beaucoup dans l'Ouvrage de Malbrancq, ci-dessus, N.° 38996, quoiqu'il n'y ait guères d'apparence à croire, comme il le soutient, que la mer venoit autrefois jusqu'à Saint-Omer.]

39006. * ☞ Recueil de Chartes qui sont aux Archives des Mayeur & Echevins de Saint-Omer, concernant leur Jurisdiction, &c. *Saint-Omer*, 1739, *in*-4. de 120 pag.]

PAGE 608.

Au N.° 39024, *ajoutez en Note* :

Le Clerc de Montlinot a quitté son Canonicat de Lille, & est devenu Libraire.]

PAGE 609, *ajoutez*,

39029. * ☞ Dunkerke cum morte reluctans.... in quâ fœderatorum Belgarum interesse, ut hoc Pyratarum receptaculo potiantur : 1645.

Je tire ce titre de *Gryphii Apparat*. pag. 396. Mais comme les Livres n'y sont point indiqués dans leurs langues originales, il pourroit être en François ou en Hollandois.]

39029. ** ☞ De la nécessité de prendre Dunkerque : *in*-4.]

39033. * ☞ Andreæ HOII, de Duaco Oratio.

On la trouve ci-dessus, dans le N.° 38952.]

PAGE 609.

Au N.° 39038, *ligne* 3 *de la Note*, dans sa, *lisez*, dans la.

PAGE 611, *ajoutez*,

39051. * ☞ Déduction succincte de ce qui s'est passé dans la Comté de Cambresis, depuis l'an 1007 jusqu'en 1666 : *in-fol*.

39051. ** ☞ Pièces qui prouvent que la Seigneurie de la Ville de Cambray & de son Territoire, appartient aux Archevêques : *in*-4. de 386 pages.

Elles sont avec le *Mémoire* de M. de Choiseul, Archevêque, publié en 1772, & indiqué ci-dessus, dans ce Supplément, N.° 8551. *]

PAGE 613.

A la fin, col. 2, au titre de Riswick, au lieu de 1597. *lisez*, 1697 ; & après la dernière ligne (longue,) *ajoutez* :

Pour achever ce Tableau, on peut encore dire ici, que par les Traités de Vienne de 1735 & 1736, les Duchés de Lorraine & de Bar ont été cédés au Roi Stanislas, avec la clause de réunion à la Couronne de France : réunion qui a été faite à la mort de ce Prince, arrivée le 23 Février 1766.]

Histoires des Pays de l'ancienne Gaule, qui ne sont plus à la France.

Histoires de la Suisse.

39069. * ☞ Methodus legendi Historias Helveticas : Auctore Joan. Henrico HOTTINGERO.

Dans sa *Pentas Dissertationum* : *Tiguri*, 1654, *in*-8.

PAGE 614.

Après l'alinéa 1, *ajoutez* :

39069. ** ☞ Conseils pour former une Bibliothèque historique de la Suisse ; par M. HALLER (fils :) *Berne*, 1771, *in*-8.

C'est en partie l'Extrait d'un Ouvrage Allemand (ou Catalogue critique,) dont l'Auteur a déjà publié six parties sous ce titre : « Versuch eines Verzeichnisses » aller Schriften so die Schweiz betreffen : *Bern*, 1759- » 1770. » Le Volume des *Conseils* ne parle point des Manuscrits, mais seulement des Imprimés, sans appuyer sur les différentes Editions, sans y joindre « les faits » littéraires & ces citations si agréables (dit l'Auteur) » à un Littérateur Allemand, qui veut des preuves de » tout ce qu'on avance. » On peut voir dans ce petit Ouvrage beaucoup plus de Livres sur la Suisse, que nous n'en citons.]

Au N.° 30974, *ligne* 7, *avant* 1633, *ajoutez*, 1627... *Tiguri*, 1734, *in*-8.

Cette dernière Edition est la meilleure. Elle a été donnée par M. FUESLIN, qui y a fait plusieurs Additions considérables, entre lesquelles on peut remarquer un Abrégé de l'Histoire ancienne de la Suisse.]

Au N.° 39077, après la ligne 3, *ajoutez* :

☞ Les mêmes (retouchés sur de nouveaux Mémoires :) 1730, *in*-12. 4 vol. fig.

C'est l'Edition qui paroît au N.° 39079, sous le nom de M. Altmann.]

☞ Les

Histoires des Suisses, &c.

☞ Les mêmes (revus par différens Sçavans:) *Bâle, 1764, in-8.* 4 vol.

Cette dernière Edition est la meilleure, quoiqu'elle ne soit pas encore sans fautes. On en a retranché les fables, & des expressions indécentes contre les Catholiques ; & l'on y a fait des Additions intéressantes.]

PAGE 615.

Au N.° 39092, après l'alinéa 5 de la Note, ajoutez : (Cet Ouvrage de Pirckheimer se trouve aussi dans la Collection de Freher, (1611, &c. *in-fol.*) tom. III.]

PAGE 616.

Avant le N.° 39094, ajoutez :

39093. * ☞ Harangue de M. SPRENG, sur les 1200 Suisses qui livrèrent bataille à Louis XI. (alors Dauphin,) près de Bâle, en 1444 : *Basle, 1748, in-4.* (en Allemand.)

« Cette bataille, quoique funeste aux Suisses, leur fit cependant un honneur infini : on la compare à juste titre à celle des Thermopyles, & elle donna lieu à l'étroite alliance qu'il y a entre la France & les Suisses ». *Conseils* de M. Haller, *pag.* 129.]

PAGE 617, *ajoutez*,

39110. * ☞ Mss. Diverses Pièces sur l'Histoire de Suisse : *in-fol.*

Elles sont conservées à Paris, dans la Bibliothèque de Sainte-Géneviève, num. 61. A, en un Volume de 1068 pages. Les principales de ces Pièces sont :

1. Page 1. Harangues, Lettres & Négociations de MM. Meliand & de la Barde, Ambassadeurs de France en Suisse depuis 1637 jusqu'en 1660. (On les a indiquées à la place qui leur convient.)

2. Page 787. Mémoire des Ambassadeurs Suisses présenté au Roi lors du jurement de l'Alliance, & Réponses du Roi à icelui. (Cette Pièce est écrite en deux colonnes : sur la première sont les Demandes des Suisses; & sur la seconde, les Réponses du Roi.)

3. Page 805. Relation du Voyage des Ambassadeurs Suisses, leur Entrée à Paris (en 1663,) & de ce qui s'est passé à la Cérémonie du Jurement de l'Alliance.

4. Page 841. Traité de Paix perpétuelle, fait par l'entremise de Louis XI, Roi de France, entre l'Empereur Sigismond & les Cantons Suisses, en 1474. (Ce Traité a été donné en Allemand par Rousset, dans son *Supplément au Corps Diplomatique*, tom. I. *pag.* 445, où on lit qu'il a été fait à *Senlis* au lieu que le Manuscrit de ce Recueil porte *à Sallins.*)

5. Page 851. Traité entre l'Empereur Maximilien & les Cantons de Zurich, Berne & autres, fait à Zurich, le Samedi veille de la Toussaints, après la Nativité de N. S. l'an 1500. (Par ce Traité que l'on ne croit pas avoir été imprimé, le Traité précédent est abrogé.)

6. Page 855. Traité de paix héréditaire entre l'Empereur Maximilien, tant pour lui que pour le Prince Charles, Archiduc d'Autriche, son neveu, & les Cantons Suisses ; fait à Bade le 7 Février 1511. (On ne le trouve imprimé nulle part.)

7. Page 884. Alliance entre l'Empereur Sigismond & les Cantons, faite à Zurich en 1477. (Il est en Allemand dans le *Supplément au Corps Diplomatique*, tom. I. *pag.* 451.)

8. Page 890. Extrait de l'Abscheid de la Diète de la Saint-Jean de l'an 1636, touchant la Levée accordée par ceux de Fribourg à la Ville de Salins.

9. Page 893. Extrait de la Chronique de STEITTLER, sur l'assistance que les Comtois & Bourguignons ont demandée en différens temps, (depuis 1578 jusqu'en 1636,) aux Cantons Suisses, en vertu de l'Alliance héréditaire, &c.

10. Page 901. Sommaire de l'Alliance entre la Seigneurie de Venise & les Villes de Zurich & de Berne, faite le 6 Mars 1615. (On ne la trouve imprimée nulle part.)

11. Page 909. Alliance entre le Roi d'Espagne & les Cantons, du 10 Mars 1634. (Elle est en Allemand, dans le *Corps Diplomatique* de Dumont, tom. VI. *pag.* 63, & dans Lunig.)

12. Page 952. Capitulation de la Paix & Amitié perpétuelle, jurée à Milan par le Marquis de Leganès, au nom du Roi d'Espagne, & les Ambassadeurs des trois Ligues Grises, le 3 Septembre 1639. (Elle n'est, je crois, imprimée dans aucune Collection.)

13. Page 681. Autre Capitulation du même jour, faite entre le même Marquis de Leganès & les Cantons Suisses, touchant la Religion, Gouvernement & autres choses particulières de la Valteline & des deux Comtés de Vormbs & de Cleven. (Elle n'est imprimée nulle part. Diégo Philippe de Avila, Marquis de Leganès, Général des Espagnols & Gouverneur du Milanès, mourut en 1655. Voy. les *Mémoires du Duc de Rohan sur la Valteline*, tom. III. *pag.* 120.)

14. Page 999. Alliance entre Victor-Amédée, Duc de Savoye, & les Cantons Suisses, du 14 Juin 1634. (Elle ne se trouve dans aucune des Collections de Dumont, de Rousset, de Lunig.)

PAGE 618.

Au N.° 39137, après ligne 3, ajoutez :

☞ La même sous ce titre : Chroniques ou Histoire des choses plus considérables arrivées au Pays de Vaud : *Lausanne, 1672, in-8.*]

Après la Note, ajoutez :

On trouve dans le Catalogue de M. d'Estrées, num. 16720, un Manuscrit qui peut être la même chose, & qui a ce titre : » Chronique du Pays de Vaulx : » *in-fol.*

PAGE 619, *ajoutez*,

39150. * ☞ Plaidoyers de M. D'AGUESSEAU, Avocat-Général au Parlement de Paris, sur le Procès entre la Duchesse de Nemours & le Prince de Conti, pour la Principauté de Neufchâtel.

Dans les *Œuvres* de cet illustre Magistrat, (*Paris, 1762*, &c. *in-4.*) tom. III. *pag.* 249. Le Parlement de Paris décida en faveur du Prince de Conti, & les Etats de Neufchâtel se déclarèrent pour la Duchesse de Nemours, qui fut en conséquence mise en possession, comme élue par le seul Juge compétent.

« Cette décision des Etats a été attaquée par le Prince » de Conti, mais vigoureusement soutenue dans une » *Apologie* imprimée *in-4.* & qui est très-solide, » dit M. Haller, *pag.* 151 de ses *Conseils*. Nous n'avons point vu cette Apologie.]

PAGE 620, *ajoutez*,

39171. * ☞ Friderici SPANHEMII, Geneva restituta : *1635, in-4.*]

Hist. des Electorats Ecclésiastiques, &c.

PAGE 621, *ajoutez*,

39190. * ☞ Fasti Moguntinenses : Auctore Christiano JUNCKERO : *Lipsiæ, 1698, in-4.*]

PAGE 622, *ajoutez*,

39193. * ☞ De Cæsareo *Ingelheimensi* Palatio, Dissertatio Joh. Danielis SCHOEPFLINI.

Dans les *Mémoires de l'Académie de Manheim*, *tom. I. pag.* 300. Le Palais d'Ingelheim est fort célèbre dans l'Histoire du Moyen-Age : c'étoit le séjour favori de Charlemagne, & il s'y est tenu plusieurs Conciles. M. Schoepflin a joint à son Mémoire un Plan des Ruines que l'on voit encore.]

Au N.° 39198, *ajoutez en Note :*

L'Ouvrage de Freher sur les Origines du Palatinat, est en deux Parties, & il y a des *Appendices* dans chacune, où se trouvent quelques Pièces particulières. Dans la Partie I. sont : 1.° Huberti THOMÆ, Leodii, de Palatinorum origine, & Heidelbergæ Antiquitatibus, &c. 2.° Monumenta Litterarum antiqua, quibus THOMAS, Leodius, adjutus fuerat. 3.° De Heidelberga, & Manheimio, & vicino agro, Observatio Joh. Basilii HEROLDI. L'Appendice de la Partie II. est une Traduction Latine de l'endroit des Mémoires sur les Comtes de Champagne par Pierre Pithou, où ce Sçavant a traité des Comtes Palatins de France & de Germanie.]

39198. * ☞ D. Magni AUSONII *Mosella*, cum Commentario Marquardi FREHERI, in quo præter Ausonii, multa Autorum aliorum de Germaniâ veteri illustrantur: *Heidelbergæ*, 1619, *in-fol.*]

39198. ** ☞ Marq. FREHERI, de Electoratu Palatini Rheni, &c. *Heidelbergæ*, 1612, *in-4.*]

39199. * ☞ Dan. PARÆI, Historia Palatina: *Francofurti*, 1633, *in-8*. 1663, *in-12*.]

☞ Eadem, Editio nova : Georgius Christianus JOANNIS recognovit, & duplici Appendice auxit, quarum prior de veteribus Rheni accolis agit; posterior Historiam Bavarico-Palatinam ab anno 1632 continuat: *Francofurti*, 1717, *in-4*.

Dans la Préface on donne une Notice des Ecrivains qui ont travaillé sur le Palatinat.]

PAGE 623.

Au N.° 39201, *ajoutez à la Note :*

Ces Mélanges de Joannis contiennent 1.° des Remarques sur l'Histoire de Tolnerus, qui est jusqu'à présent la meilleure ; 2.° Balthazaris VENATORIS ἀπομνήματα, (c'est-à-dire des Morceaux posthumes, où l'on déplore l'état de l'Allemagne, & principalement du Duché de Deux-Ponts, pendant la Guerre de 30 ans ;) 3.° des Supplémens à l'Histoire qu'on a donnée de Pareus) 4.° une Continuation de l'Histoire du Palatinat, depuis 1717 jusqu'en 1725.]

39201. * ☞ Rerum Palatinarum , necnon finitimarum Regionum omnis ævi Scriptorum, Volumen I. Edente Joh. Jacobo REINHARD : *Carolsruhæ*, 1748, *in-8*.

Le Morceau de Pierre Pithou sur les Comtes Palatins, est le premier de la Collection, où l'on trouve aussi le Freher, Hubert de Liège, l'Observation de Herold sur Heidelberg, & une *Notitia Villarum Creichyowæ, ex antiquissimis Monumentis collecta* ; per Marq. FREHERUM. Elle est à la pag. 520.]

39201. ** ☞ Pagi Lobodunensis, Pagi Wormatiensis & Pagi Rhenensis, quales sub Regibus maximè Carolingicis fuerunt , Descriptio : auctore Andr. LAMEJO.

Dans les *Mémoires* de l'Académie de Manheim, *tom. I. p.* 215-243, & *tom. II. pag.* 153-186. M. Lamey, ancien Bibliothécaire de M. Schoepflin, est actuellement Secrétaire perpétuel de l'Académie Electorale Palatine, & Editeur des Mémoires de cette Société. Les Notices dont il s'agit ici, sont faites avec beaucoup de soin & de précision. Elles sont accompagnées de trois Cartes du Moyen Age, pour les trois Cantons que l'Auteur décrit ; on y désigne, d'après les Ecrivains des VIII°, IX° & X° Siècles, les Villes, les Bourgs, les Monastères, les *Curtes Regiæ*, par des marques particulières qui évitent la confusion.]

39201. *** ☞ Electa juris publici historiam Palatinam illustrantia : *Argentorati*, 1790, *in-4*.]

39206. * ☞ Fasti Colonienses : auctore Christiano JUNCKERO : *Lipsiæ*, 1698, *in-4*.]

39206. ** ☞ Origines præcipuorum jurium & S. R. I. Electoris Coloniensis : præside Georgio-Ludovico BOHEMERO : *Gottingæ*, 1753, *in-4*.

On donne dans le Préambule la Notice d'un Ouvrage Manuscrit sur la Métropole de Cologne, par le Père Olivier LIGIPONT, Bénédictin de l'Abbaye de Saint-Martin le Majeur, à Cologne ; mais il paroit qu'il s'occupoit encore à ce travail en 1753.]

Au N.° 39212, *ligne* 3, *après* Commentarius, *ajoutez :* [*Argentorati*, 1541, *in-8*.]

PAGE 624, *ajoutez*,

39223. * ☞ De Leodiensium clade & excidio.

Dans la Collection de Freher, *t.* II. 1611, &c. *in-fol*. Il s'agit là de la ruine de Liège en 1468, par Charles, Duc de Bourgogne, qui s'étoit fait accompagner par le Roi Louis XI.]

39224. * ☞ Auctores præcipui de Republica Leodiensi : *Amstelodami*, 1633, *in-24*.

Ce sont les petits Auteurs & de bons Extraits.

On a indiqué au Tome I. N.° 8706, dans l'*Histoire des Evêques de Liège*, le grand Recueil de Jean de Chapeauville, *Historia* , &c. *seu Scriptores Episcoporum rerum Leodiensium* : *Leodii*, 1616, *in-4*. 3 vol.]

Au N.° 39225, *effacez*, Auctore Joan. Matthæ Hovio... & *lisez*, à la Note :

Cet Hovius est l'Imprimeur sous le nom duquel est faite la Dédicace de la seconde Edition de cet Abrégé de l'*Histoire de Liège*, qui a 239 pages, dans le texte. Aussi ne le trouve-t-on point parmi les Auteurs de la *Bibliotheca Belgica*, où l'on parle de plusieurs de ses parens.]

Au N.° 39226, *ajoutez en Note :*

On trouve cet Ouvrage ainsi marqué dans le Catalogue de M. d'Estrées, num. 1747. « Portrait racourci » des persécutions & barbaries qui se sont passées depuis » dix ans dans l'Estat & la Ville de Liège » : *Paris*, 1648, 1665, *in-4*.]

Au N.° 39233, *ligne* 1, *lisez*, MANTELIUS.

39233. * ☞ Historiæ Lossensis Libri X. authore J. MANTELIO, cui adjuncta sunt Diplomata, &c. cum Topographia seu Descriptione urbium , pagorum, &c. ejusdem Comitatûs; auctore Laurentii ROBYNS : *Leodii*, 1717, *in-4*.]

Histoires des Pays-Bas.

Au N.° 39234, après la Note :

On peut voir ci-après, N.° 39501, une Plainte des Brabançons, &c. contre les Liégeois.]

PAGE 625, ajoutez,

39236. * ☞ Fasti Trevirenses ; auctore Christiano JUNCKERO : *Lipsiæ*, 1698, *in*-4.]

Au N.° 39238, ligne dern. de la col. prem. ajoutez : Le même Masenius a fait *Epitome Annalium Trevirensium* : *Leodii*, 1676, *in*-8.

39242. * ☞ De Successu Juliacensi Dissertatio : *Lipsiæ*, 1610, *in*-4.]

39242. ** ☞ JOANNIS JULIOMONTENSIS, de Successione Juliacensi, &c. *Francofurti*, 1617, *in*-4.

Il y a eu quantité de Pièces publiées au sujet de cette fameuse Succession, & sur les droits des différens Prétendans : nous ne pouvons les indiquer toutes ici, & cela seroit assez inutile pour notre objet.]

Histoires générales des Pays-Bas.

PAGE 627.

Colon. 2, ligne 8, après 1612, ajoutez, [*Arnhemii*, 1616, *in*-4. *Amstelodami*, 1635, 1652, 1660, *in*-12.]

Au N.° 39261, ligne 7, lisez, AITSINGERO.

PAGE 628.

Au N.° 39269, ligne 2 de la Note, après imprimée, lisez, [à la tête de sa *Bibliotheca Belgica* : *Lovanii*, Hastenius, 1623. Ibid. Zegers, 1643 :] *Antverpia*, 1644, *in*-4.

Au N.° 39272, ligne 3, ajoutez, [*Bruxelles*, 1673, *in*-12.]

Au N.° 39278, ligne 5, après *Bruxelles*, ajoutez, 1697. Ibid.

Au N.° 39284, ligne 2, lisez, SCHRIEKIO.... & lignes 4 & 5, post annum 1600, lisez, (ann.) 1614 & 1615... & ajoutez en Note : Ce Livre est curieux & peu commun. Nous en avons déja parlé au Tome I. N.° 3736.]

PAGE 629.

Au N.° 39285, ligne 2, lisez, Egmondani.

Au N.° 39288, effacez tout ce qui est ici à la Note, & lisez ce qui suit :

Cette Histoire, où il y a bien des fables, a été traduite en grande partie des Annales Latines du Hainaut, écrites par Jacques de Guyse, dont l'Original a péri à Mons en 1691; mais dont il reste des Copies. On en parlera ci-après, au N.° 39427.]

PAGE 630.

Au N.° 39293, ajoutez à la Note :

On cite (au Catalogue des Historiens de Coustelier,) une Edition des *Mémoires d'Olivier de la Marche*, de Bruxelles, 1607, que l'on dit être la plus ample & la meilleure. Je ne sçai si l'on n'a pas voulu mettre 1616.]

PAGE 631, ajoutez,

39300. * ☞ Michael. AB ISSELT, Commentarius brevis rerum toto orbe gestarum à capta Antverpia an. 1583, ad Septembrem an. 1586 : *Coloniæ*, 1586, *in*-8.]

Au N.° 39910, ou plutôt à la Note 2 qui le suit, après Bentivoglio, ajoutez, dont M. Loiseau a donné une bonne Traduction, de l'Italien en François, avec des Notes : *Paris*, 1769, *in*-12. 4 vol. On peut

Tome IV. Part. I.

joindre à ces trois Ouvrages, qui ne vont que jusqu'à la Trève de 1609, 1.° l'Histoire de Hollande, depuis cette année, par Balthasar Hezeneil de la Neuville, (qui n'est autre qu'Adrien Baillet :) *Paris*, 1693, *in*-12. 4 vol. 2.° le « Supplément à l'Histoire » des Guerres Civiles de Flandres sous Philippe II. de » Famien Strada & d'autres Auteurs » : *Amsterdam*, 1729, *in*-12. 2 vol.

Nous n'avons pas cru devoir indiquer en détail tous les Ouvrages sur ces Troubles des Pays-Bas, & sur la formation de la République des Provinces-Unies, qui ne concernent pas proprement l'Histoire de France : on trouvera le plus grand nombre de ces Ouvrages dans le Tome XIII. de la nouvelle Edition de la *Méthode historique* de l'Abbé Lenglet. Mais comme la France est entrée dans ces guerres Belgiques comme auxiliaire, nous avons mis dans notre Tome II. les Ouvrages qui ont rapport aux principales expéditions auxquelles les François ont eu part.]

PAGE 632, ajoutez,

39315. * ☞ Annales, sive Historiæ rerum Belgicarum à variis Auctoribus collectæ, ex editione Sigismundi Feyrabendi : *Francofurti*, 1580, *in-fol*. 2 vol.]

39321. * ☞ Prospectus Operis qui inscribitur : Analecta Belgica ad XVII. Provinciarum Belgii, ac Ditionum interjacentium Historiam dilucidandam pertinentia, &c. *Antverpiæ*, Grangé, 1773, *in*-4. 7 pages.

Cet Ouvrage, dont on sera redevable à quelques Sçavans de la Société des Bollandistes, est une des conséquences de leurs immenses recherches sur les Vies des Saints. Il doit être divisé en trois Parties.

La I. contiendra tout ce qui concerne les Provinces & les Peuples de la Belgique, suivant ses divers Etats sous les Celtes, les Romains, les Francs, les Bourguignons, les Autrichiens, &c. c'est-à-dire, les Origines & la Notice des Villes, Bourgs, &c. l'Idiôme, la Religion, les Usages & les Mœurs, les Sciences, les Arts, l'Agriculture, le Commerce ; après cela, toute la Chronologie des XVII. Provinces ; ensuite les Extraits des Auteurs anciens, & de ceux du Moyen-Age ; enfin les Inscriptions & les autres Monumens de ce genre.

La Partie II. comprendra les Actes des Saints des Pays-Bas, suivant l'ordre Chronologique, tiré des cinquante Volumes *in-fol.* des Bollandistes, & augmentés de quelques Actes qui n'ont point encore paru.

La Partie III. sera composée d'anciennes Chroniques & d'autres Monumens de toute espèce, servant à l'Histoire.]

Histoires du Comté de Flandres.

PAGE 633.

Au N.° 39338, ajoutez en Note :

Il y a encore une Edition de ce Roman : *Chamberry*, Noyret, 1485, *in-fol*. Gothique.]

39349. * ☞ Petri D'OULTREMANNI, Constantinopolis Belgica, sive de rebus gestis à Balduino & Henrico, C. P. Imperatoribus, Libri V. *Tornaci*, 1643, *in*-4.

On peut voir sur le même sujet l'Histoire de Villehardouin, par M. du Cange, ci-devant, Tome II. N.° 16733.]

PAGE 638.

Au N.° 39407, lisez, DAMHOUDERI... & ajoutez en Note :

Ce Traité n'est point imprimé à part ; mais il se

Sss 2

trouve dans un Recueil de Droit, intitulé : *Pupillorum patrocinium*, &c. *Antverpie*, Bellerius, 1564, *in-*4. Il est au feuillet 117-153, précédé d'une Carte topographique du Territoire de Bruges. Après ce Morceau est un autre Traité de Droit, intitulé : *De Subhaftationibus*.]

PAGE 639, *ajoutez*,

39415. * ☞ Hiftoire de Tournay, &c. par Jean COUSIN : *Douai*, 1619, 1620, *in-*4. 2 vol.

Cette Hiftoire est plus Eccléfiaftique que Civile : on l'a déja indiquée au Tome I. N.° 8613.]

Hiftoires du Comté de Hainaut.

Au N.° 39423, ligne 4, lifez, Balduini V.

PAGE 640, *ajoutez*,

39424. * ☞ Idem Chronicon (Balduini Avennenfis) feu Hiftoria Genealogica Comitum Hannoniæ, aliorumque Procerum... Notis illuftrata à Jacobo LE ROY : *Antverpie*, 1693, *in-fol.*

☞ Cet Ouvrage étoit ci-après, comme le fuivant, aux *Généalogies*, (*pag.* 792,) nous avons cru devoir les mettre ici.]

La même Chronique en François : *in-fol.*

Cette Chronique [étoit] dans la Bibliothèque de M. Baluze, num. 242, [& eft aujourd'hui dans celle du Roi.] Elle eft très-eftimée, [& du Chefne en parle avec éloge, *pag.* 36 de fa Généalogie de Luxembourg.] Valère André dit qu'on la trouve en Latin & en François, mais qu'elle eft plus ample dans cette dernière Langue, de forte qu'il eft douteux en laquelle des deux elle a été compofée.

☞ Il y a un Exemplaire Manufcrit de cette Chronique auffi en François, dans la Bibliothèque de la Ville de Berne ; & M. Sinner, dans le Catalogue qu'il a donné de fes Manufcrits, remarque (*tom. II. pag.* 52,) que dans ce Mf. *in-fol.* qui eft du XIVe Siècle, la Table des Chapitres finit à la mort de S. Louis (en 1270,) mais que la Chronique va jufqu'en 1350. Elle eft intitulée : *Chroniques de Baudouin d'Avefnes, fils de la Comtefse Marguerite de Flandres*. Ajoutons que l'Exemplaire Latin, qui étoit à Paris dans le Cabinet de du Chefne, étant paffé à Bruxelles chez les Chifflets, a fervi à Jacques le Roy, pour en donner la belle Edition que nous venons d'indiquer.]

Au N.° 39417, ajoutez à la dernière Note, après la ligne 2 de la colonne feconde, les Remarques fuivantes, qui nous ont été communiquées (avec plufieurs autres,) *par* M. Mercier, *Abbé de S. Léger de Soiffons, & ci-devant Bibliothécaire de l'Abbaye de Sainte-Geneviève de Paris*.

On s'eft trompé en difant ici, & au N.° 39288, que l'Original Latin des Annales de Jacques de Guyfe étoit chez les Cordeliers de Mons en 1691, & qu'il eft aujourd'hui à la Bibliothèque du Roi. 1.° Le Catalogue de cette Bibliothèque porte expreffément que fon Manufcrit de Guyfe eft *olim Puteanus*. 2.° L'Exemplaire fur vélin des Cordeliers de Mons étoit l'Original, & il fut brûlé en 1691, pendant le Siège de cette Ville.

Il y a encore un Exemplaire complet de l'Ouvrage Latin à Anvers, dans la Bibliothèque des Bollandiftes, & le Tome I. feul fe trouve dans la Bibliothèque de la Cathédrale, à Tournai.

A l'égard du Manufcrit contenant la Traduction Françoife de tout l'Ouvrage, en trois Volumes *in-fol.* & que l'on dit être à Bruxelles, il a été brûlé en 1731, lors de l'incendie du Palais Royal : ce qui rend d'autant plus précieux celui dont il nous refte à parler. On conferve dans la Bibliothèque de Sainte-Geneviève de Paris, un Exemplaire de cette Traduction, en trois gros Volumes *in-fol.* fur papier, orné de miniatures, & qui paroit être du XVe Siècle. Dans ce Manufcrit, l'Ouvrage a trois Parties, compofées les deux premières de fept Livres chacune, & la troifième de fix, en forte que toute l'Hiftoire a vingt Livres.

Au refte, tous les Articles qui concernent Jacques de Guyfe, ne me paroiffent ni clairs ni fûrs. Il eft certain que les Illuftrations, &c. du N.° 39288, font un Ouvrage extrait en 1446, de Jacques de Guyfe & d'autres Auteurs, par ordre de Philippe, Duc de Bourgogne, fur les inftances de Simon Nokars, Confeiller de ce Prince. Les fix premiers Livres font prefque tous tirés des Annales de Jacques de Guyfe, mais abrégés, & les fuivans font tirés de différens Ecrivains comme de de Guyfe. Le tout eft compofé de trois petits Tomes imprimés en Gothique, les deux premiers en 1531, & le troifième en 1532, à Paris, chez Galliot du Pré : ces trois petits Tomes ne forment qu'un Volume, qui eft dans la Bibliothèque de Sainte-Geneviève.

Le troifième & dernier Manufcrit, cité au N.° 39417, m'a tout l'air d'être précifément la même chofe que les *Illuftrations*. C'eft un Manufcrit femblable à celui qui a fervi de Copie en 1531, à Galliot du Pré, quoiqu'il porte la date de 1404 au lieu de 1446.]

Au N.° 39430, lifez, DELEWARDE.

Hiftoires du Duché de Luxembourg.

PAGE 643, *ajoutez*,

39460. * ☞ Défenfe du Comté de *Chiny*, contre les procédés irréguliers de la France, dont elle s'eft fervi pour furprendre ledit Comté, & le Pays de Luxembourg : *Liége*, 1683, *in-*12.]

Hiftoires du Brabant, d'Anvers, &c.

PAGE 644.

Au N.° 39468, ajoutez en Note : La première Edition étoit, *Anvers*, 1641, *in-fol.* 1 vol.]

39470. * ☞ Refponfio præcurforia Tractatui pleniori de verâ origine Ducatûs & Ducum Brabantiæ mox fecuturo præmiffa, ad Vindicias Pepinianas, à farcinatore quodam fabularum, fub nomine Veridici editas : 1670, *in-*12.]

Au N.° 39472, ligne 3, *après* Francofurdienfis, *ajoutez*, Hiftoria.

PAGE 646.

Au N.° 39515, ligne 4, après 1569, *ajoutez*, 1580.

Au N.° 39519, lifez ainfi :

☞ Mf. Annales Antverpienfes ab U. C. [Urbe (Româ) condita] ad annum Chrifti 1700, collecti ex publicis privatifque Monumentis, iifque fermè manu exaratis : auctore Daniele PAPEBROCHIO, S. J. Antverpiano : *in-fol.* XI. vol.

Cet Ouvrage eft conservé dans la Bibliothèque des Bollandiftes d'Anvers, dont le R. P. Paepenbroeck (ou Papebrock) a été l'un des principaux. Il eft mort en 1714, épuifé de travail, & âgé de 86 ans. Bollandus fe l'étoit affocié, avec Henfchénius, dès 1660, pour le Recueil des Actes des Saints. On peut y voir fon Eloge imprimé en tête du Tome VI. du mois de Juin : il avoit ceffé de travailler après le Tome V. qui parut en 1709.]

Histoires des Colonies, &c.

39519.* ☞ Mſ. Chronique de la Ville d'Anvers; par M. Louis van Caukercken, ancien Tréſorier d'Anvers: *in-fol.* 3 vol. en Flamand.

Cet Ouvrage eſt auſſi conſervé dans la Bibliothèque des Bollandiſtes d'Anvers. Le P. Paepenbroeck & M. van Caukercken rapportent dans leurs Ouvrages, tout ce qui concerne l'Hiſtoire Eccléſiaſtique d'Anvers; mais le dernier a donné dans les Fables.]

39520.* ☞ Diſcours véritable de l'entrepriſe d'Anvers, pour juſtification du Duc d'Anjou (& d'Alençon,) frère de Henri III. & de la Nobleſſe Françoiſe qui l'avoit aſſiſté ès guerres de Flandres; par Jules de Richy: *Paris*, 1582, *in-8.*]

PAGE 647, *ajoutez*,

39529.* ☞ Daniel. Heinsii, rerum ad Sylvam-Ducis, atque alibi ann. 1629 geſtarum Hiſtoria: *Lugduni Batav.* 1631, *in-fol.*

39531.* ☞ Hugonis Grotii, Obſidio Bredana, ann. 1625: *Antverpiæ*, 1629, *in-fol.*

Il y avoit des Troupes Françoiſes avec les Hollandois, qui prirent ces Villes ſur les Eſpagnols.]

Hiſtoires des Provinces-Unies.

PAGE 648.

Au N.° 39541, ligne 5, après 1648, *ajoutez*, 1690.

Page 649, *ajoutez*,

39556.* ☞ Hug. Grotii, Obſidio *Grollæ*, ann. 1627: *Amſtelodami*, 1629, *in-fol.*]

PAGE 652.

Au N.° 39600, *liſez*, Scrivere.

39608.* ☞ Deſcription de la Ville d'Amſterdam, en Vers Burleſques, ſelon la viſite de ſix jours d'une ſemaine; par Pierre le Jolle: *Amſterdam*, Jacques le Curieux, 1666, *in-12.*]

Hiſtoires des Colonies-Françoiſes.

PAGE 656.

Colonne 2, ligne 2, *liſez*, 1685.

PAGE 659.

39694.* ☞ Lettres hiſtoriques de Marie de l'Incarnation, Supérieure des Urſulines du Canada, depuis 1640 juſqu'en 1670: *Paris*, 1681, *in-*4.]

On en a parlé ci-devant, Tom. I. N.° 15326.]

39695.* ☞ Mſ. Mémoires ſur le Canada, Journaux de Voyages, &c. avec une Grammaire Algonquine: le tout écrit en 1672, 73 & 74; par Louis Nicolas, Prêtre Miſſionnaire, d'Aubenas en Languedoc.]

Ce Manuſcrit en original, eſt dans le Cabinet de M. Beaucouſin, Avocat au Parlement de Paris.]

PAGE 662, *ajoutez*,

39719.* ☞ Mſ. Mémoires de Charles le Gac, ci-devant Directeur pour la Compagnie des Indes à la Louiſiane; contenant la ſituation de la Colonie le 25 Août 1718, & l'état de ce qui s'y eſt paſſé 5 Mars 1721, jour de ſon retour en France: *in-fol.*

Ce Manuſcrit eſt conſervé dans la Bibliothèque de M. le Marquis d'Aubais.]

Au N.° 39716, lignes 8 & 9, *liſez*, du Pratz.

PAGE 663.

Au N.° 39732, *aj. au comm. de la Note*:

Les lettres initiales ſignifient Sieur de la Grange de Cheſſieux.]

PAGE 666.

Au N.° 39767, ligne 2 de la Note, 1671, *liſez*, 1571.

PAGE 667, *ajoutez*,

39779.* ☞ Fondation d'une Maiſon Hoſpitalière pour l'Iſle de Cayenne, ſous la Juriſdiction & dépendance de l'Ordre Hoſpitalier du Saint-Eſprit; (ſuivie d'une) Lettre du Sieur de Blégny, Adminiſtrateur-Général dudit Ordre, (& d'un) Mémoire ſur les Remèdes envoyés à Cayenne en 1697: *in*-4. de 44 pages.]

PAGE 669.

Au N.° 39803, *ajoutez en Note*:

Il y a une ſeconde Edition de cette Hiſtoire de Rennefort: *la Haye*, 1701, *in*-12.]

PAGE 670.

Au N.° 39807, ligne 1 de la Note, après Mémoire; *ajoutez*, qui eſt de Mᵉ (Pierre) de Gennes.

39811.* ☞ Fragmens ſur l'Inde, & ſur le Général Lally: 1773, *in*-8. de 162 pages.

On y prend la défenſe du Général Lally, contre l'Arrêt du Parlement dont on vient de parler.]

Au N.° 39812, ligne 6, Targe, *liſez*, (Marc-Antoine) Eidous.

PAGE 671.

Au N.° 39818, ligne 4, *liſez*, Darigrand.

39822.* ☞ Relation de l'Iſle de Corſe, Journal d'un Voyage en cette Iſle (en 1765,) & Mémoire ſur Paſcal Paoli, (dernier Général des Corſes;) par Jacques Boswel, Ecuyer (Anglois:) traduits en François ſur la ſeconde Edition: *la Haye*, Staatman, 1769, *in*-8.

Cet Ouvrage eſt curieux & intéreſſant.]

Hiſtoires de la Nobleſſe de France.

PAGE 677, *ajoutez*,

39920.* ☞ Lettre à M. D. (écrite par M. Dreux du Radier,) ſur la foi & hommage dûs pour raiſon des Fiefs que nos Rois tiennent en leur main, relevant de leurs Sujets, & ſur l'uſage obſervé en différens temps, &c.

Cette Lettre eſt dans les *Récréations hiſtoriq.* du même Auteur, (*Paris*, 1767, *in*-12.) tom. II. pag. 323-357.

L'Auteur y prouve que l'uſage a toujours été le même, & que l'Ordonnance de Philippe le Bel en 1302, n'y a apporté aucun changement réel, & n'a fait au contraire que fixer les principes & la pratique.]

Supplément du Tome III.

Page 678, *ajoutez*;

39928.* ☞ Mémoire concernant la Charge du Connétable de Normandie, avec diverses Remarques sur les Offices & les Pairies.

Ce Mémoire, qui a été mis à la fin de l'*Histoire du Comté d'Evreux* par *le Vaſſeur*, (ci-deſſus N.° 35314.) est contre une Diſſertation & un Mémoire ſur les Dignités héréditaires attachées aux Terres Nobles, que l'on a inſérés dans les *Mercures de Septembre* 1720, & *Février* 1721.]

Page 679.

Au N.° 39953, *lignes* 4 & 5, *liſez*, Cadurcenſis.

39953.* ☞ Diſſertation ſur le Franc-Alleu des Pays de Droit-Ecrit; par François-Pierre Gillet.

Elle ſe trouve dans ſes *Plaidoyers*, &c. Edition de *Paris*, 1718, *in*-4. *tom*. II. *pag*. 618.]

Au N°. 39958, *ligne* 4, *liſez*, Furgole.

Page 680, *ajoutez*,

39960.* ☞ Le Franc-Alleu de Provence: *Aix*, 1732, *in*-4.]

Page 681.

Au N.° 39984, *ligne* 4, 1511, *liſez*, 1579.

Page 682.

Au N.° 40007, *ligne* 1, *après* des Armes, *ajoutez*, & des termes de Blazon.

Page 684.

Au N.° 40033, *ligne* 2 de la Note, *historiques*, *liſez*, *chronologiques*.

40037.* ☞ Requête au Roi, pour les Avocats, contre le Traitant de la Recherche des faux Nobles. = Requête au Roi, pour les Médecins, contre le même Traitant. = Arrêt du Conſeil du Roi, en faveur de la Nobleſſe des Avocats & des Médecins, du 4 Janvier 1699.

Ces Pièces ſe trouvent au commencement du *tom*. II. des *Plaidoyers* de François-Pierre Gillet: *Paris*, 1718, *in*-4. 2 vol. Son frère Laurent Gillet eſt Auteur des Requêtes.]

Page 686.

Au N.° 40092, *à l'avant-dernière ligne*, G. P. B. *liſez*, G. L. B.

Page 689.

Au N.° 40148, *ligne* 8, *avant* 1495, *ajoutez*, 1493... & *ajoutez à la Note*:

Pluſieurs des Manuſcrits de cet Ouvrage nomment l'Auteur *Bonnet*, au lieu de *Bonnor*; & ce pourroit bien être ſon véritable nom, comme on l'obſerve dans la nouvelle Edition de la Bibliothèque de du Verdier, *tom.* III. *pag.* 234. On nous y apprend encore que l'Edition de l'Arbre des Batailles, publiée à Paris en 1493, eſt la ſeule où ſe trouve repréſenté un Arbre, tel que l'Auteur l'a décrit en ces termes: « Si m'eſt venue une telle ima-
» gination, que je voys un Arbre de deuil au commen-
» cement de mon Livre, ouquel, à ſon deſſus, vous
» povez veoir les règnes de Sainte-Egliſe en très-fière
» tribulation, tant que oncques telle ne fut: après povez
» veoir la grande diſcenſion qui eſt entre les nobles &
» les communes; & ſur cet Arbre ferai les quatre Parties
» de mon Livre. »]

Page 692.

Au N.° 40199, *ligne* 2, *effacez* 28.

Histoires des Chevaliers de France.

Page 695.

Au N.° 40251, *ajoutez en Note*:

Il y a bien de l'apparence que cet Ordre de Chevalerie, que M. Debure a déſigné *in-fol*. eſt la même choſe que le Mſ. du N.° 40209, & qu'il a été imprimé plus d'une fois.

Au N.° 40258, *alinéa* 3, *ligne* 1, *liſez*: Le II. parle de l'Ordre (prétendu).

Page 697.

Au N.° 40278, *ligne* 2, *après* Militum, *ajoutez*: Accedunt varia ejuſdem Caourſin Opuſcula, nimirum, Obſidionis Rhodiæ Deſcriptio; de terræ motu apud Rhodios, &c. *Effacez*, *comme faux*, (Imprimé en 1493, &) *liſez enſuite*, Ulmæ, Reger, 1496, *in-fol*. Editio ſecunda, aucta, Romæ, 1584, *in-fol*.

Au N.° 40288, *ligne* 5, *après* 2 vol. *ajoutez*: Volumen tertium, *in Roma*, 1602; (& *liſez enſuite*:) *in Roma*, primum Volumen, 1621 & 1670; ſecundum, 1630; tertium, 1632: *in-fol*.

Et *ajoutez à la Note*:

Les dates données par M. Debure, ſont fautives. Il faut voir ſur Boſio, la *Bibliothèque curieuſe* de David Clément, *in*-4. *tom*. V. *pag*. 17 & *ſuiv*. C'eſt lui qui a bien fait connoître cette Hiſtoire, ainſi que les Continuations & les Traductions.]

Au N.° 40291, *ajoutez à la Note*:

Anne de Naberat étoit Commandeur (du Temple d'Ayen), Conſeiller & Aumônier de la Reine, comme il en prend le titre dans pluſieurs de ſes Ouvrages.]

Au N.° 40310, *ajoutez en Note*:

☞ Cet Ouvrage de Caourſin n'eſt point imprimé à part; mais il ſe trouve avec ſes Œuvres diverſes, avec les *Stabilimenta*, &c. comme on l'a obſervé dans ce Supplément, au N.° 40278.]

40312.* ☞ Le Siège, oppugnation, & Prinſe de la jadis honnorée & maintenant povre, déſolée & captive Cité de Rhodes, aſſiégée par le maudit & ſanguinaire Sultam Selliman (Sultan Soliman,) Grand-Turc, ennemi de la Foi Chreſtienne: *Paris*, de Gourmont, 1526, *petit in-fol*. Gothique.

Peut-être cet Ouvrage eſt-il le même que celui indiqué par le P. le Long, en 1525, & dont on aura rafraîchi le titre.]

Au N.° 40315, *liſez*, Villegagnoni.

40325.* ☞ Hiſtoire de la Vie de Jacques de Cordon d'Evieu, Chevalier de l'Ordre de Saint-Jean de Jéruſalem; par Marc-Antoine Callemard, Jéſuite: *Lyon*, 1665, *in*-4.]

A la fin de la col. 2, *ajoutez*:

40327.* ☞ Vita penitente di Dominico Jarente de Cabanes-la-Bruyère, Cavaliere del Sacro Ordine Geroſolimitano, morto nelle Abbadia di Caſamari, della ſtretta Reforma Ciſtercienſe; ſcritta d'all Abbate di detto Moniſtero, (D. Iſidor. Balandami,) e dedicata a Sua Eminenza D. Emmanuele Pinto, Gran-Maeſtro dello ſteſſo Sacro Or-

Histoires des Chevaliers de France.

dine : *in Roma*, Durand, Libraro Francese, 1766, *in-4*. 126 pag.

Cet Ouvrage est bien écrit & très-édifiant ; mais il manque d'ordre, comme la plûpart des Livres Italiens.]

PAGE 700, *ajoutez*,

40330.* ☞ Mémoires (d'Anne DE NABERAT,) pour obtenir une Bulle par laquelle les Biens de l'Ordre de Saint-Jean de Jérusalem soient déclarés inaliénables & imprescriptibles ; avec les Bulles de différens Papes en faveur de cet Ordre : *Paris*, 1619, *in-4*.

40330.** ☞ Privilèges octroyés à l'Ordre de Saint-Jean de Jérusalem, par les Papes, Empereurs, Rois de France & autres Princes : *in-4*. (sans nom de Ville, &c.]

40337.* ☞ Ms. Recueil de Copies très-anciennes de Titres Latins, depuis 1232 jusqu'en 1269, concernant les Hospitaliers de Jérusalem, sur-tout la Fondation de leur Commanderie de *Dieu-lamant*, au Diocèse de Meaux, par Thibaud, Comte de Champagne & de Brie : *in-fol.*

Ce Recueil est conservé dans le Cabinet de M. Thomé, Chanoine de Meaux, qui y a joint des Remarques sur quelques Grands-Maîtres, & sur les autres Commanderies du Diocèse.]

40339.* (1.) ☞ Ordinis Sancti Joan. Jerosolymitani, dein Rhodiensis, & nunc Melitensis, Majores in Franciâ Priores.

Dans le *tom. VII.* du *Gallia Christiana* des Bénédictins, col. 1062.]

(2.) ☞ Liste de MM. les Chevaliers, Chapelains, Conventuels & Servants-d'armes des trois vénérables Langues de Provence, Auvergne & France : *Malte*, (*Paris*,) 1772, *in-8*.]

(3.) ☞ Almanach de l'Ordre de Malte ; par l'Abbé Antonin GUIROY : *Paris*, 1769, *in-12*.

PAGE 702.

Au N.° 40358, *lisez*, Notre-Dame.

40367.* ☞ Le parfait Chevalier de Notre-Dame du Mont-Carmel & de S. Lazare de Jérusalem : *Paris*, veuve Thierry, 1664, *in-12*.]

40368.* (1.) ☞ Mémoire servant de Réponse & d'éclaircissement aux difficultés faites par les Commissaires du Conseil, touchant l'Ordre du Mont-Carmel & de S. Lazare : 1692, *in-fol.*]

(2.) ☞ Edit du Roi, portant désunion de l'Ordre de Notre-Dame de Mont-Carmel & de S. Lazare, des Maisons, droits & revenus qui étoient possédés avant l'Edit du mois de Décembre 1672, par les Ordres du S. Esprit de Montpellier, de S. Jacques de l'Epée, &c. *Paris*, Léonard, 1693, *in-4*.]

(3.) ☞ Edit & Déclaration du Roi, portant désunion des biens unis à l'Ordre de Notre-Dame de Mont-Carmel, & de S. Lazare, donné au mois de Mars 1693 : *Paris*, Muguet, 1696, *in-4*.]

(4.) ☞ Mémoires des Archevêques & Evêques, Commissaires départis dans les Provinces, concernant l'Edit de Mars 1693, sur la désunion des biens de l'Ordre de Notre-Dame du Mont-Carmel & de S. Lazare : *in-4*.]

(5.) ☞ Déclaration du Roi du 12 Décembre 1698, portant Réglement pour l'administration des Hôpitaux de l'Ordre de Mont-Carmel & de S. Lazare, dans lesquels l'hospitalité a été établie ou rétablie : *Paris*, Muguet, 1698, *in-4*.]

Au N.° 40369, *lignes 6 & 7, lisez*, SAINT-LUC.

40369.* ☞ Recueil des Edits, Déclarations & Arrêts depuis 1672 jusqu'en 1694, concernant le (même) Ordre : *Paris*, Michallet, 1694, *in-4*.

Il y en avoit déja eu un Recueil *in-fol.* en 1682, contenant les Edits, &c. donnés jusqu'en cette année.]

40369.** ☞ Recueil d'Edits, Déclarations, Arrêts & Lettres-Patentes, des années 1672, 1693, 1694, 1698, 1722, 1723, 1724, 1725 & 1726, concernant l'Ordre de Notre-Dame de Mont-Carmel & de S. Lazare : *in-4*.]

40372.* (1.) ☞ Etat des lieux dont sont composés les grands Prieurés & Commanderies de l'Ordre de Notre-Dame de Mont-Carmel & de S. Lazare ; avec les noms des grands Prieurs & Commandeurs, l'évaluation des Commanderies, les taxes pour les Responsions, &c. *Paris*, Cramoisy, 1682, *in-fol.*]

(2.) ☞ Mémoire pour MM. les Archevêques & Evêques, Intendans, &c. concernant l'Edit du mois de Mars 1693, & les Déclarations du 15 Avril & 24 Août suivans, pour la désunion & l'emploi des Biens ci-devant réunis à l'Ordre de Notre-Dame du Mont-Carmel & de S. Lazare, en vertu de l'Edit du mois de Décembre 1672.

Ce Mémoire est dans le *Traité de la Police* du Commissaire Lamarre, *tom. I. pag.* 613.]

PAGE 703, *ajoutez*,

40373.* (1.) ☞ Instruction de ce qui se doit observer pour être reçu dans l'Ordre de Notre-Dame du Mont-Carmel & de S. Lazare : *Paris*, Cramoisy, 1673, 1685, 1688, *in-fol.*]

(2.) ☞ Cérémonial de la Réception & Profession des Chevaliers de l'Ordre de Notre-Dame de Mont-Carmel & de S. Lazare : *Paris*, Coignard, 1703, *in-4*.]

(3.) ☞ Ms. Liste du Conseil de l'Ordre de S. Lazare en 1721. Modèles, Formules de Réceptions & Invitations dans l'Ordre de

Notre-Dame du Mont-Carmel & de S. Lazare : *in-fol.* 5 Pièces.

On les désigne ainsi au num. 807 du Catalogue de la Bibliothèque du Roi, *Droit Canonique*, pag. 48.]

(4.) ☞ Equestris & Hospitalis Ordo sancti Lazari in Francia, & ejus summi Præfecti.

Dans le *Gallia Christiana* des Bénédictins, *tom. VII*. col. 1045.]

40374. * ☞ Histoire des Ordres Royaux Hospitaliers-Militaires de Notre-Dame du Mont-Carmel & de S. Lazare de Jérusalem ; par M. (Pierre-Edme) GAUTIER DE SIBERT, de l'Académie des Inscriptions & Belles-Lettres, Historiographe desdits Ordres : *Paris*, Imprimerie Royale, 1772, *in-4.* avec fig. & *in-12.* 2 vol.

Cette Histoire, qui est neuve & intéressante, a exigé bien des recherches : elle va (depuis les premiers Siècles) jusqu'en 1772, que Monseigneur le Comte de Provence, (aujourd'hui appellé MONSIEUR, comme frère du nouveau Roi Louis XVI.) a été fait Grand-Maître de cet Ordre, auxquels a été réuni celui du S. Esprit de Montpellier, (& pendant un temps celui de S. Ruf, ci-devant, N.° 13468 *** de ce *Supplément*.) A la fin de cette Histoire, sont des Pièces justificatives, de 93 pages.]

40374.** ☞ Lettres-Patentes du Roi, registrées en Parlement le 18 Janvier 1773, avec la Bulle du Pape Clément XIV. du 4 des Ides de Décembre 1772, concernant les Ordres Royaux, Militaires & Hospitaliers de Notre-Dame du Mont-Carmel & de S. Lazare de Jérusalem : *Paris*, P. G. Simon, 1773, *in-4.*

Cette Bulle défend toute union de Bénéfices & biens Ecclésiastiques aux Ordres de S. Lazare & du Mont-Carmel. Elle fut la suite des opérations du Clergé assemblé en 1772. On avoit projetté de séculariser les Religieux de Saint-Ruf, pour en joindre les biens & Ordre aux Ordres de S. Lazare & du Mont-Carmel. (*Voyez* N.° 13468 *** de ce *Supplément*.) Mais le Clergé de France se plaignit de ce que des biens qui appartenoient à son Corps, étoient transportés à des Ordres qui lui étoient étrangers ; & au moyen des arrangemens pris entre le Clergé & ces deux Ordres, ils furent déclarés incapables de posséder aucuns biens Ecclésiastiques.]

Au N.° 40377, ajoutez en Note :

Ces Loix n'ont aucun rapport avec l'Ordre du Saint Esprit de Montpellier : elles furent faites par un Prêtre de l'Hôpital de Coutances, dont les Hospitaliers firent tous les efforts possibles pendant un temps, pour être unis à ceux de Montpellier, comme on le voit dans le Père Helyot, *tom. II.* pag. 218. Cet Ouvrage ayant été relié dans des Recueils de Pièces qui concernoient cet Ordre, comme on le peut voir dans la Bibliothèque de Sainte-Geneviève, on a cru par abus qu'il y avoit rapport.]

Au N.° 40378, ligne 4, 1302, lisez, 1032, ajoutez à la Note :

Elles sont en Latin (sans titre,) imprimées, à ce qu'il paroît, à Paris, mais sans nom d'Imprimeur, ni année, *in-4.* de 36 pages. Il y en a un Exemplaire dans la Bibliothèque de l'Abbaye de Sainte-Geneviève (num. 2107,) collationné sur l'Original en 1631, par deux Notaires, qui en ont signé l'Acte : il vient de la Bibliothèque de M. Le Tellier, Archevêque de Reims.]

40378. * ☞ Bullarium totius Ordinis de Sancto Spiritu : *Parisiis*, 1631, *in-4.*

L'Exemplaire de M. le Tellier, qui est à Sainte-Geneviève, (num. 2109,) est suivi de plusieurs Bulles sans suite de chiffres, de divers Edits ou Lettres-Patentes de nos Rois, & d'autres Pièces jusqu'en 1630. La plus ancienne Bulle est de l'an 1198.]

PAGE 704.

Au N.° 40392, ajoutez à la Note :

Ces Constitutions faites à Rome, y avoient été imprimées sous ce titre : « Regula sacri Ordinis Sancti » Spiritus in Saxia : *Roma*, 1564 », petit *in-4.* Elles se voyent à Sainte-Geneviève.]

40394. * ☞ Idée générale de l'Ordre Hospitalier du Saint-Esprit de Montpellier : *Paris*, Mesnier, 1743, *in-8.* de 56 pages.]

40401. * ☞ Si Guy, Fondateur de l'Ordre des Hospitaliers du Saint-Esprit de Montpellier, & Guillaume-Raymond de Maguelonne, étoient de la Maison (des Seigneurs) de Montpellier.

C'est le sujet de l'Observation ou Note *VIII.* de l'*Histoire générale du Languedoc*, par D. VAISSETTE.

On peut voir encore ce qui est dit de l'Ordre du Saint-Esprit de Montpellier, (où la Chevalerie est un abus & une usurpation,) chap. 3, du Liv. *XI.* de l'*Histoire de la Ville de Montpellier*, par Charles d'Aigrefeuille, (ci-devant, N.° 37832.) On en a mis l'Abrégé dans le nouveau Moréri de 1759, au mot *Esprit.*]

40407. * ☞ Bulla Clementis XIII. suppressionis, extinctionis ac sæcularisationis Ordinis Canonicorum Regularium Sancti Spiritûs Montispessulanensis, cum illius bonorum & redituum unione & applicatione in favorem Ordinum sancti Lazari & Hierosolymitani & Beatæ Mariæ de Carmelo ; tertio Nonas Januarii 1762 : *Parisiis*, J. Th. Hérissant, 1769, *in-4.*

Cette Bulle, qui unit l'*Ordre des Chanoines Réguliers du Saint-Esprit de Montpellier*, en sécularisant ses Membres, aux Ordres Militaires de Saint-Lazare & du Mont-Carmel, & les Lettres-Patentes expédiées en conséquence le 22 Juin 1763, ont été registrées au Grand-Conseil, le 13 Août suivant.]

40407. ** ☞ Arrêt du Conseil d'Etat, du 11 Juin 1773, qui autorise les Archevêques & Evêques, dans les Diocéses desquels sont situés les Biens de l'Ordre du Saint-Esprit de Montpellier, à procéder à leur union : *Paris*, *in-4.*]

PAGE 705.

Au N.° 40409, ligne 2 de la Note, Christiana, lisez, Christinai. . . & ajoutez à la fin :

☞ Paul de Christynen (ou Christinæus) étoit un célèbre Jurisconsulte du Brabant, mort en 1631.]

Au N.° 40409, ajoutez à la Note :

☞ Charles-Quint avoit fait faire une magnifique Edition des Statuts de l'Ordre de la Toison d'or ; il en donnoit à chaque Chevalier un Exemplaire, qu'il faisoit retirer après sa mort ; ce qui a rendu ces Exemplaires rares. M. le Duc de la Vallière en a un dans sa Bibliothèque, imprimé en vélin.]

Au N.° 40410, ajoutez à la Note :

On voit dans le *Gallia Christiana* des Bénédictins, *tom. III.*

Histoires de la Noblesse de France. 513

tom. III. col. 234, que Guillaume Fillaftre fut Moine de S. Pierre de Chaalons-fur-Marne, Prieur de Cermaife au Duché de Bar, Abbé de S. Thierry près de Reims, Evêque de Verdun, enfuite de Toul, Abbé de S. Bertin, & enfin Evêque de Tournai; & *tom. IX. col.* 193, qu'il étoit neveu (*ex fratre nepos*,) du fameux Guillaume Fillaftre, Doyen de Reims, & depuis Cardinal & Archevêque d'Aix. Or *tom. I.* il eft dit que ce Cardinal étoit originaire du Mans, (*Cenomanicus pagus in lucem protulit,*) & qu'il avoit un frère nommé *Etienne*, qui exerça l'Office de Préteur ou Gouverneur, (*Præturâ functus,*) au Mans, pour le Roi de Sicile, Comte du Mans. Il y a plus d'apparence que cet Etienne eft le père de Guillaume Fillaftre, Evêque de Tournai; que non pas le Sire de Fillaftre, Anglois.]

PAGE 707.

Au N.° 40449, *ligne* 4, *effacez*, 1476, & *ajoutez en Note* :

☞ L'Edition des Statuts de l'Ordre de S. Michel, en 1476, eft chimérique : on a pris la date de l'Ordonnance pour celle de l'impreffion, qui n'y eft point, mais qui eft évidemment du XVI° Siècle. Il y en a, dans la Bibliothèque de Sainte-Geneviève, un Exemplaire fur vélin, fans nom de Ville ni d'Imprimeur.]

PAGE 707.

Au N.° 40449, *ajoutez en Note* :

Il y a eu dans la même année 1588, deux Editions de ces Statuts : la première, du mois de Novembre, qui a 88 Articles; & la feconde, du mois de Décembre, qui n'en a que 87, parce qu'on a retranché l'Article 73, de la première Edition. Il y a de plus bien d'autres différences entre ces deux Editions.]

PAGE 711, *ajoutez*,

40510. * ☞ Catalogue des Chevaliers, Commandeurs & Officiers de l'Ordre du Saint-Efprit, avec leurs noms & qualités, depuis l'Inftitution jufqu'à préfent : *Paris*, Ballard, 1760, *in-fol.*

Edition magnifiquement exécutée.]

Au N.° 40513, *ajoutez à la Note* :

Le *Tome IV.* de l'Hiftoire de l'Ordre du Saint-Efprit, par M. de Saintfoix, vient d'être publié : *Paris*, Piffot, 1774, *in-*8. Il ne va que jufqu'en 1594. L'Auteur continue cet Ouvrage.]

Généalogies de France.

PAGE 713.

Au N.° 40536, M. CHASOT, *lifez*, Louis CHASOT de Nantigny.

PAGE 718, *ajoutez*,

40598. * ☞ Mf. Cahier des parentés & alliances que les Créanciers de Françoife de Bourbon, Ducheffe Douairière de Bouillon, & de Françoife & Charlotte de la Marck fes enfans, ont ès Parlemens de Paris & Rouen, comme au Grand-Confeil : *in-fol.* de 8 pages.

Ce Mémoire eft conservé à Braine, dans la Bibliothèque de M. Jardel : il a été fait en 1606, & peut fervir à faire connoître plufieurs Familles de la Magiftrature.]

40600. * ☞ Preuves de Nobleffe des Gentilshommes de la Généralité d'Amiens, (imprimées pour la plus grande partie,) avec les Jugemens rendus fur les défiftemens ou contredits du Traitant, grand *in-fol.* de 809 pages.

Ce Recueil, qui eft conservé dans la Bibliothèque de

Tome IV. Partie I.

Saint-Faron de Meaux, eft la même chofe que celui que le P. le Long a indiqué fous le titre de *Nobiliaire de Picardie*, (ci-après, N.° 40768;) peut-être y a-t-il des différences. Quoi qu'il en foit, en nous en envoyant la Note de Meaux, on y a joint l'Obfervation fuivante :

Dans ce Recueil des *Preuves*, &c. on ne trouve point deux fortes de Familles qui fe prétendent Nobles; les unes, parce que leur defcendance eft douteufe; les autres, parce qu'ayant impofé au Public fur leur antiquité, elles ont évité l'impreffion. On y trouve les Preuves de quelques Familles écrites à la main, mais fignées, ainfi que celles qui font imprimées, de M. Jérôme Bignon, Chevalier, Confeiller du Roi en fes Confeils d'Etat, & Intendant de Juftice, Police & Finances en Picardie, Artois, Boulonois, Pays conquis & reconquis.]

PAGE 719.

Au N.° 40613, *lifez*, Nobiliaire.

Au N.° 40619, *ajoutez en Note, avant celle du Père le Long* :

Cet Ouvrage (des *Trophées tant facrés que profanes, du Brabant*, par Butkens,) n'a jamais paru en Latin, mais feulement en François : *Anvers*, Jeger, 1641, *in-fol.* Ce qui aura trompé le P. le Long, c'eft fon titre mis en Latin par quelques Bibliographes. L'Auteur l'avoit intitulé, *tom. I.* parce qu'il fe propofoit de donner un fecond Volume que fa mort l'a empêché de publier; mais il a paru dans la nouvelle Ed. faite en 1724. Des Ecrivains Hollandois ont extrêmement maltraité cet Auteur; dans l'Avertiffement de la feconde Edition, que nous indiquerons ci-après, on a effayé de rétablir fa réputation. Quoi qu'il en foit, cette première Edition eft rare, & recherchée en Flandre ou en Brabant.]

A la Note du P. le Long, ligne 6, *avant* du Recueil, *lifez*, tom. I.

PAGE 720.

Col. 1, *avant* N.° 40621, *effacez*, Autre Supplément; &c. C'eft le dernier *Volume* des quatre que l'on vient d'indiquer.

Au N.° 40630, *ajoutez à la Note* :

Il y en a un autre Exemplaire, avec des Notes marginales, à Paris, dans la Bibliothèque de M. Defprez de Boiffy, Auteur d'un Ouvrage intitulé : *Lettres fur les Spectacles*, avec une Hiftoire des Ouvrages pour & contre, dont il a paru une cinquième Edition : *Paris*, Butard, 1774, *in-*12, 2 vol.]

40632. * ☞ Advis & Confultation fur les partages des Nobles de Bretagne; par Bertrand D'ARGENTRÉ : *Rennes*, 1570, *in-*4.]

40639. * ☞ Mf. Diverses Généalogies de Brie & de Meaux, recueillies, & en partie faites, par M. THOMÉ, Chanoine de Meaux.

Elles font conservées dans fon Cabinet.]

PAGE 721, *ajoutez*,

40653. * ☞ Les Généalogies des Foreftiers & Comtes de Flandres, avec leurs vies & geftes, recueillis des anciennes Chroniques & Annales, par Corneille MARTI, & ornées de portraits, figures & Habits, felon les façons & guifes de leur temps : *Anvers*, 1558, 1612, *in-fol.*]

PAGE 722.

Au N.° 40655, *ajoutez en Note* :

☞ Jean Scohier, ou Schoyer, né à Beaumont en Haynaut, vers 1560, d'une Famille noble & ancienne,

Ttt

étoit fort sçavant dans les Généalogies & le Blason. Il a fait d'autres Ouvrages en ce genre, dont on peut voir la Liste, *tom. III. pag. 46, in-fol.* des *Nouveaux Mémoires pour servir à l'Histoire Littéraire des Pays-Bas*, par M. Paquot.]

☛ * ☞ Flandria generosa, &c.

Ci-après, N.° 41327.]

Au N.° 40662, ajoutez à la Note 1 :

Il faut encore observer qu'il y a pour l'Ouvrage de l'Espinoy, une Table qui manque à la plûpart des Exemplaires, parce qu'elle fut imprimée ailleurs quelques années après. Un Libraire de Tournay a réimprimé depuis cette Table *in-fol.* & l'on peut s'en contenter, quand on n'a pas la première Edition.]

40666. * ☞ Mſ. Nobiliaire du Comté de Bourgogne, contenant l'indication des Familles Nobles de nom & d'armes, ou ennoblies par Lettres & par Charges, dans la Province de Franche-Comté, avec leurs Armoiries, permission de posséder Fiefs, &c. *in fol.*

Ce Manuscrit est conservé dans la Bibliothèque de l'Académie de Besançon ; le tout extrait des Archives du Parlement, de la Chambre des Comptes, & autres Dépôts authentiques, par un Membre de l'Académie.

C'est un Répertoire général, tant des Nobiliaires imprimés, que de celui qui est aux Archives de la Ville de Besançon. On y a ajouté la note des Lettres de Noblesse registrées au Parlement & à la Chambre des Comptes, & de celles qui sont en original au Trésor des Chartes rapportées de Dijon ; & l'époque à laquelle les Officiers du Parlement & de la Chambre des Comptes, maintenus dans la Noblesse au premier degré par Déclaration du 11 Mars 1694, ont été installés, ainsi que les Nobles par Chevalerie, par prescription, maintenus par Arrêt, &c. On s'est borné dans cet Ouvrage à indiquer les noms, les dates & les sources, sans entrer dans le détail des Généalogies.]

PAGE 723.

Au N.° 40674, lignes 1 & 2 de la Note, lisez, Sieur d'Andeux.

Au N.° 40675, ajoutez à la Note :

Il y a eu des Remontrances du Parlement de Besançon au Roi, sur la Confrérie de Saint-Georges, à l'occasion d'un Arrêt de cette Cour, du 8 Août 1702, qui avoit rayé à un Confrère la qualité de Chevalier. C'est ce que l'on a de mieux sur ce sujet ; elles se trouvent dans le Registre I. des Remontrances, Fol. 331 & 445, (aux Dépôts dudit Parlement.)

La Confrérie de Saint-Georges ayant voulu dans la suite renouveller ses prétentions sur la qualité de Chevalier, en poursuivant la sécularisation de différentes Abbayes Nobles, le Parlement a mis, le 19 Juin 1765, une modification à l'enregistrement des Bulles de sécularisation de l'Abbaye de Lure, pour ne point approuver la qualité de Chevaliers prétendue par les Confrères de Saint-Georges. C'est le dernier état de cette affaire, selon le Bullaire du Parlement de Besançon, Vol. IX. Fol. 264. M. *Droz.*]

Au N.° 40678, ligne 1 de la Note, est, lisez, [étoit].

PAGE 725.

Colonne 1, ligne 1, *lisez*, M. d'Esnans.

PAGE 727.

Au N.° 40745, ajoutez à la Note :

Il y a encore un Exemplaire de cette Recherche de la Généralité d'Alençon, dans le Cabinet de M. l'Abbé Pithon-Court, à Boissy près Verneuil.]

PAGE 728, *ajoutez*,

40763. * ☞ Mſ. Recueil général des Epitaphes des personnes illustres, nobles, célèbres, & autres, inhumées dans les Eglises de la Ville & Fauxbourgs de Paris, depuis l'an 1100 jusqu'en 1660 : *in-4.* 2 vol.

Ce Manuscrit est conservé dans la Bibliothèque de M. le Marquis d'Aubais.]

PAGE 729.

Au N.° 40768, aj. à la Note, après l'alinéa 1 :

Voyez, ci-devant, sur ce *Nobiliaire de Picardie*, ou de la Généralité d'Amiens, le N.° 40600 * de ce *Supplément.*]

PAGE 730.

Au N.° 40775, ajoutez à la Note :

Ce Nobiliaire de Provence par l'Abbé Robert, est annoncé *avec les Cartons*, dans le Catalogue de M. de Cangé, *pag.* 394 : ce qui mérite d'être observé ici.]

40775. * ☞ Mſ. Critique de M. MAUVANS, du Nobiliaire de Provence, composé par M. l'Abbé Robert de Briançon : *in-fol.* de 490 pages.

Cet Ouvrage, composé sur les Archives du Pays & des Cours du Parlement & des Comptes, est conservé à Avignon, parmi les Manuscrits de M. de Cambis de Velleron, num. 92, *pag.* 453 du Catalogue raisonné.]

PAGE 731, *ajoutez*,

40781. * ☞ Mſ. Etat des Assignations données tant aux véritables Gentilshommes, qu'aux Usurpateurs de la qualité d'Ecuyers dans l'étendue de la Généralité de Soissons, suivant les Procès-Verbaux & Ordonnances de M. Dorieu, Intendant, ès années 1667 & suivantes : *in-8.*

Cet Etat, qui fait connoître quantité de faux Nobles, ainsi que les véritables, a été tiré des Registres particuliers de l'Election de Soissons, & c'est la seule Copie de l'Original : elle est conservée dans la Bibliothèque de M. Jardel, à Braine.]

40781. ** ☞ Mſ. Diverses Généalogies de la Généralité de Soissons : *in-4.*

Dans la Bibliothèque de M. le Marquis d'Aubais, faisant partie du num. 123.]

PAGE 732.

Le N.° 40803, Généalogie d'Achay, *devoit être après le* N.° 40804, Généalogie des Achards.

☞ Nous avertirons ici, pour abréger, que dans cette *Liste* il y a quelques autres transpositions pareilles, qu'il sera facile de suppléer.]

PAGE 733, *ajoutez*,

40838. * ☞ Mſ. Descendance de la Maison des *Aymards*, à commencer à l'an 965 : *in-4.*

Dans un Recueil de la Bibliothèque de M. le Marquis d'Aubais, num. 106.]

PAGE 736.

Au N.° 40932, ajoutez à la Note :

Dans un Volume de l'*Histoire de Nismes*, par M. Ménard, *in-4.* qui n'a pas été achevé, & dont on a supprimé les feuilles, il y avoit une Généalogie de la Maison d'*Anduse*, faite sur les Manuscrits d'Aubais : M. Sé-

Histoires de la Noblesse de France.

guier de Nismes l'a avec un Exemplaire de ces feuilles, comme on l'a observé ci-dessus, au N.° 37852 * de ce Supplément.]

PAGE 744.
Au N.° 41172, ligne 9, lisez, DU MOLINET.

PAGE 745.
Au N.° 41211, ligne 4, lisez, SAINT-AULAIRE, (en lettres petites Capitales.)

PAGE 753, ajoutez,
41452.* ☞ Généalogie avec les gestes & nobles faits d'armes de Godefroy de Bouillon & de ses frères Baudouin & Eustace; (par Pierre DESREY, de Troyes:) Paris, le Noir, 1511, in-fol.]

41460. * ☞ Ms. Mémoire sur les Alliances de la Maison de la *Boullaye-Echallard*: in-4.
Il est conservé à Braine, dans la Bibliothèque de M. Jardel.]

PAGE 754.
Au N.° 41496, effacez Ms.

PAGE 765.
Au N.° 41803, il faut lire, des *Chasteigniers*, Sieurs de la Chasteigneraye, & en conséquence mettre cet article avant le N.° 41802, qui doit précéder immédiatement 41804.

PAGE 767.
Au N.° 41890, ajoutez à la Note:
La Généalogie de Cleré ne se trouve qu'en partie dans l'Oraison funèbre de Jacque de Cleré, de 1619; mais la Suite est imprimée à la fin de la *Consolation sur le Trépas* du même, 1620, que nous avons indiquée dans ce *Supplément*, N.° 31919*.]

PAGE 769.
Au N.° 41934, à la fin de la Note, effacez sans nom d'Auteur. On ne sçait comment le Père le Long a pu dire cela : est-ce qu'il y a des Exemplaires au titre desquels il ne soit pas ? Nous l'y avons trouvé dans tous ceux que nous avons vus ; & de plus il est dans le Privilège, & sur la Carte de la Seigneurie de Coligny, qui est jointe au Livre.

PAGE 771.
Au N.° 42014, il faut rapporter le 42031 (de la page suivante,) qui regarde la même Famille.

PAGE 773.
Au N.° 42064, ligne 4, lisez, BIE.

PAGE 776.
Au N.° 42166, lisez, *Dubrueil*.

PAGE 777.
Le N.° 42187 doit être ôté d'ici ; cet Article sera mieux & plus exactement au N.° 42914.
Au N.° 42190, lisez, COLINS.

PAGE 778.
Le N.° 42241 doit être ôté d'ici ; il est plus exactement ci-après, N.° 42924 *.

PAGE 781.
Au N.° 42327, ligne 7, vivorum, lisez, virorum.

PAGE 792.
Les N.°s 41679 & 41680, ont été transférés parmi les Histoires, ci-devant, N.° 39424 * de ce Supplément, avec quelques nouvelles Observations. On peut les regarder ici comme un Renvoi concernant les Généalogies du Hainaut.]

Tome IV, Part. I.

PAGE 799, ajoutez,
42924.* ☞ Autre Généalogie de LETOUF.
Dans la Recherche de la Noblesse de Champagne.]

PAGE 800.
Au N.° 42944, ajoutez à la Note :
☞ Ces Annales de Linden, par Butkens, sont d'une rareté prodigieuse, même en Flandres, où elles sont très-recherchées. Mais les Bibliographes de Livres rares n'en font aucune mention, à l'exception de David Clément, qui en parle dans sa *Bibliothèque curieuse*, (Gottingen, 1750, &c. in-4.) tom. V. p. 467, & qui dit (avec raison) que cet Ouvrage est en François & non en Latin, comme l'a indiqué le P. le Long. David Clément se borne à dire que le Livre est *rare* ; mais, s'il eût sçu à quel dégré, il auroit dit : *d'une extrême. rareté*. Au reste, ce Bibliographe donne dans cet endroit de sa *Bibliothèque curieuse*, des Jugemens satisfaisans sur les différens Ouvrages de Butkens. Voici le véritable titre de celui dont il est ici question :

Annales généalogiques de la Maison de *Linden*, divisées en XV. Livres, vérifiées par Chartes, Titres & autres bonnes preuves, avec le récit de plusieurs Histoires où les Seigneurs de cette Maison se sont trouvés ; embellies de figures de divers pourtraits, châteaux, sépultures & anciens sceaux, tirés sur leurs originaux ; recueillies par F. Christophre BUTKENS, Religieux de l'Ordre de Cîteaux : Anvers, Knobbart, 1626, in-fol.]

Au N.° 42965, il faut rapporter le N.° 42969, qui est à la page suivante.

PAGE 801.
Au N.° 42981, ajoutez à la Note : ✱
☞ Je ne sçai si c'est pour cela seul que Coustelier, dans son Catalogue des Historiens, dit que l'Edition de 1547, est plus ample & meilleure que celle de 1549.]

PAGE 805.
Au N.° 43067, ligne 3, MALART, (en lettres petites Capitales.)

PAGE 808.
Au N.° 43175, ligne 4, lisez, AMMIRATO.

PAGE 812.
Au N.° 43299, effacez, par Françoise Rose, Parisienne, [ou par, & mettez [par... & ajoutez en Note :
☞ La Croix du Maine avoit attribué cet Ouvrage, (qui est sans nom d'Auteur,) à Françoise Rose, Parisien; mais ensuite il a désavoué cet Article dans ses corrections. Le Père le Long, non-seulement ne s'est pas apperçu de la méprise, mais a fait une femme de cet Auteur prétendu. Quel qu'il soit, il est certain qu'il parle de lui au genre masculin, fol. 38 recto, &c.]

PAGE 813, ajoutez,
43324. * ☞ Ms. Diverses Pièces sur la Maison de *Mornay*, & principalement sur Pierre de Mornay, Sieur de Buhy, frère du fameux Philippe Mornay du Plessis.

Ces Pièces sont conservées dans la Bibliothèque de M. Jardel, à Braine.]

PAGE 814.
Après le N.° 43377, doit être mis l'Article qui est (page suivante,) N.° 43388.

PAGE 815, ajoutez,
43384.* (1.) ☞ Abrégé des moyens de

Charles II. (de Gonzague,) Duc de Mantoue, contre Marie & Anne de Gonzague, ses tantes : *Paris*, 1642, *in*-4.]

(2.) ☞ De jure Caroli II. Mantuæ Ducis, in bonis hæreditariis Ducis Caroli I. illius avi paterni, in regno Galliæ sitis, contra Mariam & Annam ejus amitas : *Parisiis*, 1643, *in-fol.*]

(3.) ☞ Arrêt du Parlement (de Paris,) en faveur du Duc de Mantoue, contre la Reine de Pologne & la Princesse Palatine : 1651, *in*-4.]

(4.) ☞ Arrêt du Parlement, qui confirme les saisies-réelles des Duchés & Pairies de Nivernois, Donziois, Rhételois : *Paris*, 1659, *in-fol.*]

PAGE 821.

Le N.º 43591 doit être effacé, étant déja au N.º 43588.

43614.* ☞ Descente Généalogique d'Estienne PORCHER, Habitant de Joigny : *Paris*, 1650, *in*-4.]

PAGE 823.

Au N.º 43662, lignes 1 & 2 de la Note, lisez, *Forcalqueriique*.

PAGE 824, *ajoutez*,

43697.* ☞ Mf. Généalogie de la Maison des *Rabots* : *in*-4

Dans la Bibliothèque de M. le Marquis d'Aubais. Le plus ancien Titre est de l'an 1349.]

PAGE 828, *ajoutez*,

43853.* ☞ Mf. Généalogie de la Famille de *Roger*, originaire du Comté d'Eu, Généralité de Soissons, & auparavant de Normandie.

Dans la Bibliothèque de M. le Marquis d'Aubais, num. 123.]

PAGE 829.

Au N.º 43865, ligne prem. de la Note, lisez, Arcère... & ligne 9, lisez, Guéthenoc.

43870.* ☞ Mf. Mémoire de Madame la Duchesse de Rohan, qui regarde la naissance de son fils Tancrède ; & plusieurs autres petites Pièces sur les choses arrivées pendant la Régence de Marie de Médicis & d'Anne d'Autriche : *in-fol.*

Ce Manuscrit est indiqué au num. 78 des Manuscrits du Catalogue de la Bibliothèque de Jean Witt de Dordrecht, qui a été vendue en 1701. Ce pourroit bien être le Recueil imprimé à Liège en 1767.]

PAGE 830.

Au N.º 43886, *ajoutez à la Note* :

La même Généalogie a paru séparément sous ce titre : « Généalogie de la Maison de Roquelaure, tirée du » Volume VII. de l'Histoire Généalogique & Chrono- » logique des Grands Officiers de la Couronne ; revue, » corrigée & augmentée, (par le Père ALEXIS :) *Paris*, » 1762, *in*-8.]

Les N.ºˢ 43935, 43936 & 43937, *doivent être portés à la page suivante, après le* N.º 43949.

PAGE 832.

Au N.º 43965, *ajoutez en Note* :

☞ Le Père Souciet a relevé plusieurs bévues échappées à l'Abbé Ménage, dans son Histoire de Sablé. *Mém. de Trévoux*, 1720, *pag.* 97 *& suiv.*]

PAGE 839.

Après le N.º 44186, *il faut rapporter les* N.ºˢ 44196 & 44197, *qui sont déplacés*.

Après 44193, *mettez ceux qui sont* 44198 & 44199.

PAGE 840, *ajoutez*,

44230.* ☞ Mf. Origine de la Maison de *Thoire*.

Voyez ci-devant, N.º 29711 * *de ce Supplément*.]

PAGE 843.

Au N.º 44336, *ajoutez à la Note* :

On écrit aujourd'hui *Thyard de Bissy*, & cette Famille étoit connue avant l'an 1400, comme on le voit par les Registres de la Chambre des Comptes de Dijon. Outre le Cardinal de Bissy, qui est mort Evêque de Meaux en 1737, Claude de Bissy, mort en 1701, fort âgé, & Maréchal de France, s'est fort distingué par sa valeur. On conserve dans les Archives du Château de Pierre, deux Lettres que Louis XIV. lui écrivit sur sa conduite à la Bataille de S. Gothard contre les Turcs, en 1664. Claude de Bissy en a fait une Relation fort intéressante, qui est conservée dans les mêmes Archives. M. Thomé, Chanoine de Meaux, a une Copie des deux Lettres de Louis XIV. & nous a procuré l'occasion d'en parler ici.]

PAGE 844, *ajoutez*,

44361.* ☞ Origine de la Maison de *Vaudrey*.

Voyez ci-devant, N.º 29711 * *de ce Supplément*.]

Après le N.º 44365, *il faut rapporter le* 44377 *de la page suivante*.]

PAGE 846.

Au N.º 44440, ligne 2, lisez, GUINEMAND.

PAGE 847, *ajoutez*,

44469.* ☞ Mf. Copie des Pièces originales qui sont dans les Archives du Marquis de Grimaldi, au Château de Cagne, concernant le Marquis de Villeneuve : *in*-4.

Cette Copie est dans la Bibliothèque de M. le Marquis d'Aubais, & fait partie du num. 73.]

Mémoires historiques sur les Historiens.

PAGE j.

Sur la fin, ligne 10 *de la colonne* 2, *lisez*, Antoine Aubery, *& de même à son Article, pag.* iij. (*C'est une erreur d'Ancillon de l'avoir nommé* Louis.)

PAGE iv.

Colonne 2, alinéa 2, ligne 3, lisez, Regi.

PAGE xj.

A la fin de l'Article de l'Abbé de Camps, ajoutez en Note :

☞ On apprend, par le Procès-Vorbal de l'Assemblée du Clergé de 1682, que l'Abbé de Camps fut d'abord Coadjuteur de Glandèves ; & par le Compte rendu au Parlement de Paris, en 1763, par M. le Président Rolland, sur l'Histoire de l'Abbé Blache, *pag.* 78, que l'Abbé de Camps ne rendit point son Brevet de nomination à l'Evêché de Pamiers, pour des *raisons qui lui* ont *fait honneur*, comme l'a dit fon Eloge inféré dans la *Bibliothèque Françoife.*]

PAGE xliij.

A la fin du Mémoire fur Gatien de Courtilz, *ajoutez ce qui fuit, que nous avons trouvé écrit de la main du* Père le Long, *pour y être placé.*

« On imprime en Hollande depuis quelques années, (on parloit à la fin du dernier Siècle,) quantité de Libelles contre la France, & des Hiftoires fatyriques contre les perfonnes les plus illuftres de la Cour. Il feroit à propos que quelques-uns de nos Auteurs détrompaffent en général le Public là-deffus, & fiffent connoître que ces fortes d'Hiftoires font fuppofées. Ce font de miférables Auteurs qui les compofent pour tirer quelque argent d'un avide Imprimeur, & qui écrivent tout ce qui vient au bout de leur plume. Comment ces gens-là pourroient-ils avoir fçu toutes les particularités fecrettes qu'ils rapportent ? Qui leur a donné les Lettres qu'ils ont l'effronterie de faire imprimer comme véritables ? A peine les gens qui fçavent le mieux la Catte de la Cour, & qui y font depuis plufieurs années, pourroient-ils rapporter tous ces détails..... Mézerai ne pouvoit fouffrir ces fortes d'Hiftoires & de Nouvelles : il vouloit ou tout vrai ou tout faux ; le mélange de l'un & de l'autre lui paroiffoit monftrueux, & même de dangereufe conféquence pour l'avenir. En effet, que fçait-on fi dans deux ou trois cens ans, ceux qui écriront l'Hiftoire de notre temps, ne prendront pas ces Livres fatyriques pour des Mémoires originaux & authentiques, faits par des Auteurs contemporains, & auxquels on doit ajouter foi ? Comme on ne peut exterminer ces Peftes de l'Hiftoire, du moins faut-il en avertir ceux qui viendront après nous, afin qu'ils n'y foient pas trompés ». *Diverfités curieufes*, patt. 10, *pag.* 173 & 174, de l'Edition de Hollande, 1699.

Ces Réflexions conviennent fi fort à la plupart des Ouvrages de Gatien de Courtilz, qu'elles femblent avoir été faites à leur occafion. C'eft ce qui m'a déterminé à placer ici ce long paffage, fi utile & fi inftructif.

PAGE lvj.

Colonne 1, *alinéa* 2, *ligne* 1, Provins, *lifez*, Préauvin (Diocèfe de Saint-Omer.)

PAGE lxix.

A la fin de l'Article du Site de Joinville, *ajoutez en Note :*

M. Droz a fait voir dans une *Differtation* particulière, qui eft confervée dans les Regiftres de l'Académie de Befançon, que Joinville doit être placé au nombre des illuftres Comtois, & qu'il appartient autant à la Franche-Comté qu'à la Champagne.

Selon l'Abrégé qu'il nous en a communiqué, il prouve qu'il y avoit une Maifon illuftre au Comté de Bourgogne, qui tiroit fon nom d'un Bourg fitué fur le bord de la Saone, nommé aujourd'hui Jonvelle, & anciennement Jonevelle, *Joneivilla* ; que Simon de Joinville, Père de l'Hiftorien de S. Louis, avoit époufé la fille du Comte Etienne de Bourgogne, fœur du Comte Jean de Châlon, & tante du Comte Hugues de-Bourgogne ; qu'elle porta en dot à fon mari la Seigneurie de Marney, Bailliage de Gray ; qu'ayant perdu fon mari fort jeune, elle habita toujours au Comté de Bourgogne, & y fut enterrée ; qu'elle y éleva fes enfans & les y plaça ; Simon ayant eu la Baronie de Marneay, Guillaume ayant été Archidiacre de Salins & Doyen de Befançon, Eloïfe mariée au Seigneur de Faucogney, Vicomte de Véfoul ; il ne feroit pas étonnant que Jean de Joinville leur frère eût été dans la même Province, à la Cour des Comtes de Bourgogne, fes plus proches parens, & qu'il y eût partie de fon patrimoine.

Auffi voit-on dans l'Etat des Vaffaux du Comte Otton, en 1194, (*Hift. de Poligny*, par Chevalier, *tom. I. pag.* 389,) que Meffire Jean de Joinville en tenoit fa Maifon de Rut ; & en 1287, il en reprit 20 livres de terre, felon le Cartulaire de M. de Bourbonne, cotte D. 73, fol. 1. *verfo*. Par un autre Acte indiqué dans l'Inventaire de Grimont, l'on voit qu'un Jean de Joinville fit hommage de Montdoré à la Reine Jeanne ; mais on ne peut affurer que ce foit le même que l'Hiftorien Joinville, vu que l'on ne fçait pas précifément le temps de fa mort. D'ailleurs les liaifons de l'Hiftorien de S. Louis avec Jofferand de Briançon, Site de Salins, & plufieurs autres circonftances, déterminent M. Droz à conclure, que cet Hiftorien appartient pour le moins autant au Comté de Bourgogne, qu'à la Champagne.]

Fin du Supplément du Tome III.

SUPPLÉMENT
DU
TOME QUATRIÈME,
Contenant les Additions & Corrections.

LIVRE CINQUIÈME.
Histoire Littéraire de la France.

Histoires générales, &c.

PAGE 3.

Colonne prem. à la fin, ajoutez :

[Le Tome XIII. dont on vient de parler, a paru depuis séparément, sous le titre de *Vie de S. Bernard*, &c. Paris, veuve Desaint, 1773, in-4.]

PAGE 4.

Au N.º 44555, ligne 6, Duret, *lisez*, Durey.... *& ligne 9, lisez*, Guerin, 1734, *in-12. de 98 pages.*

PAGE 5.

Au N.º 44575, ligne 10, in-16, *lisez*, in-12.

44575.* ☞ Discours sur le progrès des Lettres en France ; par M. RIGOLEY DE JUVIGNY, Conseiller honoraire au Parlement de Metz : *Paris*, Saillant, 1772, *in-8. de* 190 pages.

Ce Discours venoit d'être imprimé à la tête de la nouvelle Edition des *Bibliothèques de la Croix du Maine & du Verdier*, que nous indiquons ci-après.]

PAGE 6, *ajoutez*,

44587.* (1.) ☞ Diverses Pièces sur les petites Ecoles.

Dans le *tom. I.* des *Mémoires du Clergé*, *in-fol. pag.* 969-1085.]

(2.) ☞ Transaction entre les Doyen, Chanoines & Chapitre de Notre-Dame, & les Curés de la Ville & Fauxbourgs de Paris, au sujet des petites Ecoles : *Paris*, Muguet, 1701, *in-4* de 8 pages.]

(3.) ☞ Mémoire au sujet de la Jurisdiction que le Grand Chantre de l'Eglise de Paris exerce sur les petites Ecoles; par Mº MAULTROT : *Paris*, 1766, *in-4*.]

Après le N.º 44592... 43593, *lisez*, 44593.

Histoires des Universités.

PAGE 7.

Au N.º 44599, ajoutez à la fin de la Note :

On peut encore voir un Ouvrage de Pierre *Cratepol*, Frère Mineur, intitulé : *Catalogus Academiarum id est celebrium Universitatum Orbis Christiani : Colonia*, 1593, *in-12.*

PAGE 8, *ajoutez*,

44618.* ☞ Diverses Pièces sur l'Université de Paris.

Dans le *tom. I.* des *Mémoires du Clergé*, *in-fol. pag.* 849 *& suiv.*]

PAGE 10.

Au N.º 44640, ligne 5, après 1596, ajoutez : [*Turin*, 1615, *in-8.*]

PAGE 15, *ajoutez*,

44702.* ☞ Histoire abrégée de la Fondation des Prix de l'Université de Paris ; par M. FRERON.

Dans l'*Année Littéraire*, 1758, *tom. V. p.* 195.]

PAGE 19, *ajoutez*,

44766.* ☞ Diverses Pièces sur le Chancelier de Notre-Dame de Paris.

Dans le *tom. I.* des *Mémoires du Clergé*, *in-fol. pag.* 219 *& suiv.*]

Au N.º 44772, ligne 4, 2642, *lisez*, 1642.

Au N.º 44781, après 1708, *ajoutez* 1711, &c.

PAGE 25.

Au N.º 44883, ligne dern. de la Note, Barbau, *lisez* Barbeu.

PAGE 30.

Au N.º 44971, ajoutez en Note :

Cette Lettre est de M. Antoine LOUIS, aujourd'hui Secrétaire de l'Académie Royale de Chirurgie.]

PAGE 31.

Au N.º 44977, ajoutez en Note :

Cet Ouvrage & le précédent, sont de M. François QUESNAY, Médecin.]

PAGE 33.

Au N.º 45013, lisez ainsi :

Traité des véritables & justes prérogatives de la Faculté de Droit de Paris, & de la nécessité d'y établir la profession du Droit Civil : *Paris*, 1665, *in-4*.]

45014.* ☞ Mémoire pour les Doyen & Docteurs-Régens de la Faculté de Droit

Canon en l'Université de Paris, contre les Régens de la Faculté de Droit & Université d'Orléans, pour la réception au serment d'Avocat: *in*-4. de 4 pages.]

45021.* ☞ Déclaration du Roi du 8 Août 1682, sur l'exécution de l'Edit d'Avril 1679, pour le rétablissement des études du Droit; avec l'état des nouveaux Réglemens faits en conséquence du même Edit, dans les Universités de Paris, Orléans, Bourges, Angers, Reims & Poitiers : *Paris*, Muguet, 1682, *in*-4. de 28 pages.]

45024.* ☞ Mémoire pour la réformation des Universités, & en particulier de celles du Droit ; (sans année ni nom d'Imprimeur :) *in*-4. de 38 pages.]

45031.* ☞ Recueil de Réglemens concernant la discipline des Facultés de Droit, depuis 1679 jusqu'à présent; avec un Recueil des anciens Réglemens touchant les mêmes Facultés, où l'on a joint les Priviléges des Docteurs en Droit : *Angers*, 1745, *in*-4. de 370 pages.]

45031.** ☞ De la Noblesse des Docteurs-Régens en Droit, (sans année ni nom d'Imprimeur :) *in*-4. de 8 pages.]

Au N.° 45032, *ligne* 4, *après* Saugrain, *ajoutez*, 1764.

45032.* ☞ Mémoire pour l'Université d'Orléans, servant de réponse à celui de M. Lorry; (par M. BRETON, Professeur en l'Université d'Orléans :) *Orléans*, 1764, *in*-4. de 24 pages.]

PAGE 34.

Au N.° 45037, *ligne* 2, *après* Boissy, *ajoutez*, avec la Généalogie des Fondateurs : 1724, *in-fol*. (sans nom de lieu, &c.

Au N.° 45039, *lisez*, CRITTONII, (*en lettres petites Capitales*.)

45040.* ☞ Mémoire sur le Collège des Bons-Enfans, & particulièrement sur les Bourses fondées dans ce Collège par le Sieur Pluyette : *Paris*, Cellot, 1764, *in*-4. de 74 pages.

Ce Mémoire est suivi d'une Consultation datée du 20 Mai 1764, & signée de M.e TARGET fils. Le Collège des Bons-Enfans, qui est sans exercice, a été cédé dans le Siècle dernier à MM. de la Congrégation de la Mission, ou de S. Lazare.]

45050.* ☞ Statuta Collegii Harcuriani, Parisiis fundati, cum archetypis collata : *Parisiis*, Thiboust, 1717, *in*-12.]

PAGE 35, *ajoutez*,

45068.* ☞ Mémoire pour le Sieur Jacquin, Principal du Collège de la Marche, contre le Sieur Morizot, prétendant droit à la Principalité du même Collège : *Paris*, Ballard, 1764, *in*-4. de 122 pages.]

45068.** ☞ Arrêt du Parlement, du 29 Mars 1765, (sur la contestation qui fait l'objet du Mémoire précédent :) *Paris*, Simon, 1765, *in*-4. de 6 pages.]

Au N.° 45071, *ligne* 2, *avant* Michaelis, *ajoutez*, sancti.

45073.* ☞ Mémoire & Consultation signifiés pour la Maison & Société du Cardinal le Moine, contre le Sieur Baudouin, Grand-Maître de la même Maison : *Paris*, Knapen, 1763, *in*-4. de 144 pages.

La Consultation est datée du 24 Juillet 1763, & signée de onze Avocats. M.e THÉLION, l'un d'eux en est le rédacteur.]

PAGE 36.

Au N.° 45084, *ligne* 6, *in*-4. *lisez*, 1699, *in-fol*. (sans nom d'Imprimeur, &c.)... & *ajoutez en Note :*

On avoit calomnié Philippe Drouyn, sur sa conduite & sa capacité, dans le dessein de lui faire perdre sa place de Bibliothécaire de Navarre. Il se justifie dans son Mémoire, par les accusations intentées contre lui, & produit des Certificats en forme, de plusieurs personnes en place, & de tous les Bibliothécaires de Paris.]

PAGE 39, *ajoutez*,

45133.* ☞ Lettres-Patentes du Roi, qui accordent au Collège de Louis-le-Grand, la jouissance de tout ce qui appartient au Collège de Grandmont de Paris, aux charges y portées; du 25 Juin 1769. Registrées au Parlement le 15 Juillet 1769 : *in*-4.]

Avant le N.° 45136, *corrigez la Note, & lisez :*

Ce Collège *ne dépendoit* pas ci-devant de l'Université de Paris; mais il lui a été uni en 1773.

PAGE 40.

Colonne 1, *avant la Note, ajoutez*,

45140.* ☞ Lettres-Patentes concernant le Collège Royal, registrées en Parlement, le 26 Mars 1773 : *Paris*, Simon, 1773, *in*-4.

Elles se trouvent aussi en entier dans le *Journal de Verdun*, 1773, *Décembre*, partie 1, *pag*. 494. On y voit que le Collège Royal de France a été alors uni à l'Université de Paris, les Lecteurs & Professeurs Royaux aggrégés au même Corps, leurs appointemens augmentés, &c.]

45140.** ☞ Arrest du Conseil d'Etat, relativement aux Chaires du Collège Royal : 1774, *in*-4.

Le Roi, pour y multiplier les genres d'instruction, applique à des Professions nouvelles, & d'une utilité reconnue, les fonds des Chaires qui se trouvent doubles, ou qui peuvent être commodément suppléées par des Professions analogues. Ce changement tourne au bien de l'Instruction, à l'avantage d'un Etablissement que tous les Rois (depuis François I.) ont honoré d'une protection spéciale, & à l'honneur de l'Université de Paris, dont le Collège Royal fait (maintenant) partie.

En conséquence des changemens, il y a aujourd'hui dans ce Collège, outre l'Inspecteur chargé de veiller à la Discipline ; 1°. un Professeur d'Hébreu & de Syriaque ; 2. un d'Arabe ; 3. un de Turc & de Persan ; 4 & 5. deux de Grec, dont l'un explique les Ecrits des anciens Philosophes ; 6. un d'Eloquence Latine ; 7. un de Poësie ; 8. un de Littérature Françoise ; 9. un de Géométrie ; 10. un d'Astronomie ; 11. un de Méchanique ; 12. un de Physique Expérimentale ; 13. un d'Histoire Naturelle ; 14. un de Chimie ; 15. un d'Anatomie ; 16. un de Médecine-pratique ; 17. un de Droit Canon. 18. un du Droit de la Nature & des Gens; 19. enfin un d'Histoire. Voilà l'état présent du Collège Royal.]

45146.* ☞ Aquarum-Sextiarum (seu Aquensis) Universitatis Statuta; quibus adjecta est Ephemeris modi quo acceptus est Rector, Ludovicum XIV. apud Aquas-Sextias veneraturus, anno 1660 : *Aquis-Sextiis*, 1666, *in*-4.]

45152.* ☞ Discours de Pierre AYRAULT, Lieutenant-Criminel à Angers, à M. le Duc d'Anjou, fils & frère du Roi, sur la restauration de l'Université d'Angers : *Angers*, 1570, *in*-4.]

45152.** ☞ Lettres-Patentes du mois de Juillet 1716, portant confirmation des Privilèges de l'Université d'Angers : *in*-4.]

45158.* ☞ Epitome Privilegiorum Graduatorum Universitatis Avenionensis : *Avenione*, Offray, 1710, *in*-12.]

PAGE 41, *ajoutez*,

45162.* ☞ Arrêt du Conseil, du 19 Mai 1697, portant Réglement entre le Parlement & l'Université de Besançon : *in-fol.* de 4 pages.

Autre Arrêt du Conseil, du 2 Mars 1711, portant que les Avocats du Parlement de Besançon pourront consulter avec les Professeurs en Droit qui auront été reçus au serment d'Avocat : *in*-4. de 8 pages.]

45168.* (1.) ☞ Lettres-Patentes du 14 Mai 1577, & Avril 1625, portant confirmation des Privilèges de l'Université de Bourges : *in*-4. de 10 pages.]

(2.) ☞ Arrêt du Conseil, du 2 Juillet 1642, portant confirmation des mêmes Privilèges, contre les Maire & Echevins de la Ville de Bourges : *in*-4.]

(3.) ☞ Autre Arrêt du Conseil, du 20 Janvier 1681, portant Réglement pour les Docteurs aggrégés de la Faculté de Droit de l'Université de Bourges : *in*-4.]

45174.* (1.) ☞ Mémoire pour les Docteurs-Professeurs ès-Droits de l'Université de Bourges : *Bourges*, Boyer, 1772, *in-fol.* de 5 pages.

Il s'agit dans ce Mémoire d'établir l'existence d'une double Faculté de Droit à Bourges.]

(2.) ☞ Ordonnance rendue par M. de Bengy, Lieutenant-Général au Présidial de Bourges, sur le Réquisitoire de Me Vermeil, Avocat du Roi, le 16 Octobre 1773, portant différens Réglemens pour la rentrée des Classes, & l'Administration du Collège Royal de Sainte-Marie : *in-fol.* Placard.]

(3.) ☞ Mémoire à consulter & Consultation, pour l'Université de Bourges & le Principal du Collège de Sainte-Marie, sur l'Ordonnance du 16 Octobre ; par Me CAMUS, Avocat au Parlement : *Paris*, Simon, *in*-4. de 44 pages.]

(4.) ☞ Mémoire instructif pour M. le Procureur du Roi au Bailliage de Berri, contre l'Université & le Sieur Duperin, Principal du Collège de Sainte-Marie : *in*-4. de 29 pages.]

(5.) ☞ Observations des Recteur, Doyens & Docteurs de l'Université de Bourges, sur le Mémoire du Sieur Vermeil : *Bourges*, Boyer, *in*-4. de 28 pages.]

(6.) ☞ Mémoire en forme de Requête, du Principal du Collège de Bourges : *Bourges*, Boyer, *in*-4. de 6 pages.]

(7.) ☞ Seconde Consultation pour l'Université de Bourges & le Principal du Collège de Sainte-Marie, en réponse au Mémoire instructif du Sieur Vermeil ; par Me CAMUS, Avocat : *Paris*, Simon, *in*-4. de 38 pages.]

(8.) ☞ Arrêt du Conseil Supérieur de Blois, du 8 Juillet 1774, qui déclare nulle & incompétemment rendue, l'Ordonnance de Bourges, du 13 Octobre 1773 ; fait défense au Lieutenant-Général d'en rendre de semblable à l'avenir, & à Vermeil, Avocat du Roi, de rien insérer dans ses Réquisitoires qui tende à détourner du respect dû à l'Université, & de la considération dûe au Principal, maintient l'Université dans son droit d'inspection & de visite sur le Collège de Sainte-Marie : *Bourges*, Boyer, 1774, *in*-4. de 4 pages, & *in-fol.* Placard.]

PAGE 42, *ajoutez*,

45190.* ☞ Edit du mois de Décembre 1722, concernant l'établissement d'une Université dans la Ville de Dijon : *in*-4.

Cet Edit porte que ledit Etablissement n'aura lieu que pour la Faculté de Droit seulement.]

PAGE 43, *ajoutez*,

45204.* ☞ Descriptio Scholæ Monspeliensis, vitæ Professorum, ritus & privilegia: auctore Jo. Stephano STROBELGERO.

Cette Description est dans l'Ouvrage intitulé : *Recens nec anteà visa Galliæ politico-medica Descriptio : Iena*, 1620, *in*-12.]

45206.* ☞ Diverses Pièces sur l'Université de Montpellier.

Dans les *Mémoires du Clergé*, *in-fol.* tom. I. p. 897 & *suiv.*

45209.* ☞ Relation des Fêtes publiques données par l'Université de Médecine de Montpellier, à l'occasion du rétablissement de la santé du Roi, procuré par trois Médecins de cette Ecole ; par M. D'AUMONT : 1744, *in*-4.]

45213.* ☞ Confirmation des Privilèges de l'Université de Nantes : *Nantes*, Querra, 1717, *in*-4.]

PAGE 44, *ajoutez*,

45220.* ☞ Diverses Pièces sur l'Université d'Orléans.

Dans le tom. I. des *Mémoires du Clergé*, *in-fol.* pag. 836 & *suiv.*]

45226.

Histoires des Universités.

45226.* ☞ Lettres-Patentes du mois d'Avril 1633, portant confirmation des Privilèges & exemptions de l'Université d'Orléans : *in*-12. de 8 pages.]

45227.* ☞ Transaction faite par les Maire & Echevins de la Ville d'Orléans, le 26 Mai 1521, au profit des Docteurs-Régens de l'Université & de leurs Veuves, par laquelle ils sont déchargés de tous impôts & emprunts : *in*-12. de 16 pages.]

45227.** ☞ Arrêt du Conseil du 9 Avril 1681, portant Réglement pour les Docteurs aggrégés en l'Université d'Orléans : *in*-4. de 4 pages.]

45231.* ☞ Correction d'une faute importante qui s'est glissée dans le *Traité des Gradués* de M. Piales, au préjudice de l'Université d'Orléans.

Cette Correction est imprimée *pag.* 11 & *suiv.* du *Traité des Réparations*, par le même M. PIALES : (Paris, Brialson, 1761, *in*-12.) Cet Avocat célèbre avoit insinué, dans son *Traité de l'Expectative des Gradués, tom. II. pag.* 323, que l'Université d'Orléans n'étoit pas une Université fameuse, s'appuyant sur un texte de Rebuffe ; mais ayant reconnu ensuite que l'Édition de Rebuffe, dont il s'étoit servi, étoit fautive, il a prouvé dans cette Correction, par Rebuffe même, qu'on doit mettre l'Université d'Orléans parmi les fameuses, & qu'elle a droit de nommer aux Bénéfices.]

PAGE 45, *ajoutez*,

45248.* ☞ Mémoire pour l'Université de Poitiers, (contre l'Arrêt de Réglement du 2 Septembre 1768;) par Me CAMUS, Avocat au Parlement : *Paris*, Hérissant, 1769, *in*-4. de 44 pages.]

45257.* ☞ Diverses Pièces concernant l'Université de Reims.

Dans le *tom. I.* des *Mémoires du Clergé*, *in-fol.* pag. 921 & *suiv.*]

45257.** ☞ Arrêt du Parlement, du 5 Septembre 1710, portant Réglement pour la Faculté de Droit de l'Université de Reims : *in*-4. de 8 pages.]

PAGE 46, *ajoutez*,

45270.* ☞ Diverses Pièces sur l'Université de Toulouse.

Dans le *tom. I.* des *Mémoires du Clergé*, *in-fol.* pag. 885 & *suiv.*]

Au N.° 45281, *ajoutez en Note* :

☞ Cet Avertissement est de 100 pages.]

PAGE 47, *ajoutez*,

45292.* ☞ Diverses Pièces concernant l'Université de Valence.

Dans le *tom. I.* des *Mémoires du Clergé*, *in-fol.* pag. 903 & *suiv.*]

PAGE 49.

Au N.° 45329, *ajoutez à la Note* :

On a indiqué ci-devant, (Tome I. pag. 334, N.° 4984,) sur les anciennes Ecoles & le Collège d'Auxerre, un Mémoire Mf. de M. Potel, Chanoine.]

45333.* (1.) ☞ Mémoire à consulter (& Consultation) pour le Collège de la Ville d'Auxerre : *Paris*, P. G. Simon, (1772,) *in*-4. de 32 pages.

La Consultation est signée de six Avocats, & a été rédigée par Me CAMUS, l'un d'eux. Elle est suivie d'une Pièce justificative singulière : c'est un Acte par-devant Notaires, de cent quatre Habitans notables d'Auxerre, en faveur de MM. du Collège.

Le Bureau d'Administration de ce Collège avoit changé les Professeurs, par Délibération du 14 Août 1772, sous prétexte qu'ils n'étoient pas Maîtres ès Arts de l'Université de Paris, & en se conformant aux Lettres-Patentes de 1763, quoique le Roi, sur les représentations du Parlement, eût déclaré en 1764 que ce changement n'auroit lieu à Auxerre, qu'en cas de vacance des places.]

(2.) ☞ Mémoire à consulter & Consultation, du 4 Octobre 1773, pour le Sieur RICARD, Chanoine de l'Eglise d'Auxerre & Professeur de Rhétorique au Collège, au sujet de la Sentence rendue par le Bailliage d'Auxerre, le 14 Août 1773, contre les Principal, Professeurs & Maîtres du Collège : *Paris*, Butard, 1773, *in*-4. de 72 pages.

Cette Consultation est signée des mêmes six Avocats que la précédente, & elle a eu le même Rédacteur.]

(3.) ☞ Autre Consultation (sur le même objet,) signée de quatre Avocats : *Paris*, Butard, 1773, *in*-4. de 19 pages.

Me DOUET D'ARCQ, l'un d'eux, l'a rédigée.]

(4.) ☞ Mémoire à consulter & Consultation (signée de quatre Avocats,) pour Me Choppin, Conseiller au Bailliage d'Auxerre : *Paris*, Simon, 1773, *in*-4. de 28 pages.]

(5.) ☞ Mémoire du Sieur RICARD, en réponse au Mémoire du Sieur Choppin, & Consultation sur ce Mémoire, du 8 Janvier 1774 : *Paris*, Butard, 1774, *in*-4. de 22 pages.

Autre Consultation sur le même Mémoire, du 16 Janvier : *Paris*, Butard, 1774, *in*-4. de 8 pages.

Le Mémoire est l'Ouvrage de M. Ricard. La première Consultation est de Me CAMUS, & la seconde de Me DOUET D'ARCQ.]

(6.) ☞ Mémoire au Roi, pour les Sieurs Principal, Professeurs & autres accusés du Collège d'Auxerre : *in*-4. de 8 pages, (sans nom d'Auteur ni d'Imprimeur.)

(7.) ☞ Arrêt du 25 Février 1774, (qui décharge les Sieurs Ricard & Gendrot de l'accusation contre eux intentée, &c.) *Paris*, Simon, *in*-4. de 8 pages.]

45336.* ☞ Lettres-Patentes concernant le Collège de la Ville de *Beauvais*, régistrées en Parlement le 11 Août 1773 : *Paris*, Simon, 1773, *in*-4.]

45339.* (1.) ☞ Lettres-Patentes du 27 Août 1765, portant confirmation des Col-

Tome IV. Part. I.

lèges de *Besançon, Dôle, Gray & Vesoul*, (occupés ci-devant par les Jésuites:) *Besançon*, Daclin, 1765, *in-fol.*

(2.) ☞ Lettres-Patentes du 31 Juillet 1766, qui ordonnent la vente des Biens ayant appartenu aux Jésuites des Maisons de Salins & Pontarlier, & qui règlent la forme de l'Administration des Bénéfices unis aux Collèges: *Besançon*, Daclin, 1766, *in-fol.*

(3.) ☞ Lettres-Patentes, du 9 Septembre 1771, qui subrogent des Commissaires tirés du Parlement de Besançon, pour veiller à l'Administration des biens & revenus des Bénéfices unis aux Collèges de Franche-Comté: *Besançon*, Daclin, 1771, *in-fol.*

Ces trois Lettres-Patentes, enregistrées au Parlement de Besançon, doivent se trouver aussi dans le *tom. IV.* du nouveau *Recueil des Edits, Déclarations, &c.* qui concernent ce Parlement: *Besançon*, Daclin, *in-fol.*]

PAGE 53, *ajoutez*,

45428.* ☞ Mémoire en Supplément de ceux que la Ville de Nismes a présentés à Nosseigneurs de la Souveraine Cour du Parlement de Toulouse, pour la conservation de son Collège; (par M. (Jean-François) SEGUIER, Secrétaire de l'Académie de cette Ville:) *in-4.* de 8 pages.

Ce Mémoire est de 1764. On y trouve une Histoire abrégée de ce Collège, qu'il étoit alors question de confier aux Bénédictins, mais qui l'a été aux Pères de l'Oratoire.]

PAGE 55, *ajoutez*,

45471.* ☞ Mémoire pour les Président & Administrateurs du Collège Anglois de Saint-Omer, contre M. l'Evêque & les prétendus Administrateurs du Collège de Waten: *in-4.* de 83 pages. = Précis pour les mêmes: *in-4.* de 23 pages. = Consultation de MM. les Docteurs de Sorbonne, pour les mêmes: *in-4.* de 4 pages. = Mémoire pour M. l'Evêque de Saint-Omer, contre lesdits Administrateurs: *in-4.* de 52 pages. = Mémoire à consulter, & Consultation pour M. l'Evêque de Saint-Omer: *in-4.*

Waten étoit un Monastère fondé en 1072, par Robert le Frison, Comte de Flandres, qui fut uni à l'Evêché de Saint-Omer lors de son érection, à la charge d'y entretenir des Religieux: Blasaurt, Evêque de Saint-Omer, y établit les Jésuites au commencement du XVIIe Siècle. C'étoit les Jésuites aussi qui avoient la direction du Collège Anglois de Saint-Omer: delà les Successeurs des Jésuites dans ce Collège ont imaginé de soutenir que Waten leur appartenoit. Le Parlement de Douay a regardé Waten comme un Collège, mais isolé de celui de Saint-Omer, & y a établi des Administrateurs. M. l'Evêque de Saint-Omer est survenu; & a combattu les prétentions des uns & des autres, en prouvant que la Maison de Waten n'avoit jamais appartenu au Collège de Saint Omer, ni formé un Collège isolé, & qu'étant devenue vacante par l'expulsion des Jésuites, c'étoit à lui seul à en disposer.]

Histoires des Académies.

PAGE 58.

Au N.° 45499, *ligne* 6, *après* 2 vol. *ajoutez*: [*Amsterdam*, Bernatd, 1730, 1 vol.]

45499.* ☞ Particularités sur l'Académie Françoise.

Dans les *Mémoires* de Charles Perrault: (*Avignon*, 1759, *in-12.*) *pag.* 130 & *suiv.*]

PAGE 62, *ajoutez*,

45510.* ☞ Origine de l'Académie des Inscriptions, & diverses Anecdotes à son sujet.

Dans les *Mémoires* de Charles Perrault, *pag.* 31 & *suiv.* 197 & *suiv.*]

45510.** ☞ Relations de quelques Assemblées publiques de l'Académie des Inscriptions & Belles-Lettres, depuis 1702 jusqu'en 1709; par (Pierre-Jacques) BLONDEL.

Ces Relations sont intéressantes, & renferment des choses qui ne se trouvent pas dans les Recueils imprimés de cette Académie. Elles ont été publiées, 1.° dans les *Mémoires de Trévoux*, 1702, aux mois de Février & d'Août; 1703, Janvier & Août; 1704, Février & Juillet; 1705, Février & Juillet; 1706, Mars & Septembre; 1707, Février & Juillet; 1708, Mars & Juillet; 1709, Janvier & Août; 1710, Avril: 2.° dans les *Nouvelles de la République des Lettres*, Tome 29, Juillet 1703, *pag.* 5, Tome 37, *pag.* 243, Tome 40, *pag.* 243, Tome 41, *pag.* 603.]

PAGE 64.

Col. 1, à 1726, *après* Evêque de Metz, Honoraire, *lisez*, 1733.

Ibid. colon. 1, à 1729, *après* la Nauze, *ajoutez*, (mort en) 1773.

Colon. 2, à 1755, *après* Chesterfield, *ajoutez*, (mort en) 1773.

PAGE 65, *ajoutez*,

45513.* ☞ Origine de l'Académie des Sciences.

Dans les *Mémoires* de Charles Perrault, (*Avignon*, 1759, *in-12.*) *pag.* 43 & *suiv.*]

45518.* ☞ Eloges des (anciens) Académiciens de l'Académie Royale des Sciences, morts depuis 1666 jusqu'en 1699; par M. le Marquis DE CONDORCET, (Marie-J. Ant. Nicolas de Caritat,) de la même Académie, & de la Société Royale de Turin: *Paris*, (Pankoucke,) Hôtel de Thou, 1773, *in-12.* de 168 pages.

On ne trouve, dans cet Ouvrage, que onze Eloges, indiqués ci-après: ils sont suivis d'une Liste alphabétique des anciens Académiciens, avec quelques Notes sur plusieurs, dont M. de Condorcet a trouvé peu de choses à dire.]

45523.* ☞ Relations de plusieurs Assemblées publiques de l'Académie des Sciences, depuis 1702 jusqu'en 1709; par (Pierre-Jacques) BLONDEL.

Ces Relations, qui sont comme celles du N.° 45510*, se trouvent, 1.° dans les *Mémoires de Trévoux*, 1702, aux mois de Janvier & d'Octobre; 1703, Janvier & Août; 1704, Mars & Juin; 1705, Janvier & Août; 1706, Février & Juillet; 1707, Mars & Août; 1708, Février & Août; 1709, Mars & Septembre; 1710, Janvier: 2.° dans les *Nouvelles de la République des Lettres*, Tome 29, Juillet, 1703, *pag.* 123, Tome 35, Mai, 1705, *p.* 483, & Décembre, *pag.* 698, Tome 37, 1706, *pag.* 209, Tome 41, 1707, *pag.* 603, Tome 44, 1708, *pag.* 505.]

PAGE 66.

Col. 1, à 1666, *après* Mariotte...1684, *ajoutez*: N. Richer, (mort en 1696).

PAGE 67.

Colon. 2, à 1722, après Sauveur, *ajoutez*, François, & *après* Morand, *ajoutez*, (*mort en*) 1773.

Ibid. à 1730, après Buache, premier Géographe du Roi, *ajoutez*, (*mort en*) 1773. [*M*. d'Anville lui a succédé.

PAGE 68.

Col. 1, à 1748, *après* Hériſſant, Médecin, *ajoutez*, (*mort en*) 1773.

PAGE 69.

Au N.º 45542, à la fin de la Note, 1772, *liſez*, 1774 ou 1775.

PAGE 70.

Colon. 1, à la ligne avant le N.º 45544, Thibouſt, 1762, *liſez*, Thibouſt, 1672.

Au N.º 45556, *ligne dern*. 1752, *in*-4. *liſez*, 1752, *in*-fol. (*Il n'y a point eu d'autre Edition.*)

45557.* ☞ Etat de l'Académie de Beſançon en 1770, avec les changemens ſurvenus depuis ſa fondation : *Beſançon*, Daclin, 1770, *in*-8.]

45557.** ☞ Relations de pluſieurs Séances publiques de l'Académie de Beſançon, depuis 1754 : *Beſançon*, Daclin, 1754-1773, *in* 4.

Elles ont été imprimées depuis 1754 juſqu'en 1760 incluſivement ; mais on a ceſſé à la mort de M. de Clevans, Secrétaire de cette Académie. M. de Courbouzon & M. de Grandfontaine, qui lui ont ſuccédé, n'ont point publié de Relations. M. Droz, qui a été élu Secrétaire de l'Académie de Beſançon en 1765, a rétabli l'impreſſion des *Séances publiques*, & nous les connoîtrons juſqu'en 1772 incluſivement.]

PAGE 71.

Au N.º 45575, *ligne* 2, *liſez*, Pouffier.... & à la Note, (*pag.* 72,) également.

PAGE 72.

Au N.º 45588, *ajoutez* à la Note :

On a imprimé en 1759 une petite Pièce *in*-8. qui vient de cette eſpèce de Société Littéraire. Elle eſt intitulée : « Lettre du Tripot de Milhaud, à MM. les » Journaliſtes, par M. l'Abbé VALETTE, (Secrétaire de » cette Société.)

PAGE 73.

Au N.º 45610, *ligne* 6 *de la Note*, en 1753, *liſez*, en 1752.

PAGE 74.

Après le N.º 45622, *ajoutez*,

☞ *Nota*. Il y a des *Sociétés Royales d'Agriculture*, établies depuis quinze ou vingt ans dans les principales Villes de France, & qui ſont diviſées en pluſieurs Bureaux. Nous avons indiqué, au N.º 45542, ce qui concerne celle de Paris, & qui eſt imprimé.]

Recueils ſur les Sçavans François.

PAGE 77, *ajoutez*, *après le* N.º 45635.

== * ☞ Jo. Papirii MASSONI, in Senatu Pariſ. & in Regiâ Advocati, Elogia, &c. Acceſſit ipſius P. Maſſoni Vita, auctore Jac. Auguſto THUANO, in Summâ Curiâ Præſide. Omnia hæc vetera & nova è Muſæo Joan. Baleſdens, in Senatu & Regiâ Advocati : *Pariſiis*, 1638, *in*-8. 2 vol.

Ce Recueil eſt déja indiqué ci-devant, N.º 31362. Outre les Eloges d'anciens Romains, de divers Princes de Savoye, de Portugal, &c. on y trouve les Eloges d'un grand nombre de François, que le Père le Long a eu ſoin d'indiquer en leur place, & dont quelques-uns avoient déja été imprimés du vivant même de Papire Maſſon, qui eſt mort en 1611.]

Au N.º 45641, *ajoutez à la Note* :

Cet Ouvrage eſt de Charles SOREL.]

PAGE 78, *ajoutez*,

45644. * ☞ Inſcriptiones ad res notabiles ſpectantes : autore Henrico FERRAND, Tolonenſi, viro Conſulari (& Medico :) *Avenione*, 1726, *in*-4.

Ce ſont des Eloges, en ſtyle lapidaire, de perſonnes diſtinguées par leur ſçavoir, leurs dignités & leurs belles actions, preſque tous François. L'Auteur n'y oublie pas les événemens remarquables arrivés de leur temps.]

Au N.º 45645, *ligne* 2 *de la Note*, de Mercé, *liſez*, de Meré.

Au N.º 45646, *ligne* 5, RAYAL, *liſez*, RAYNAL.

45655. * (1.) ☞ Les Bibliothèques Françoiſes de la Croix du Maine, & de du Verdier, Sieur de Vauprivas ; revues, corrigées & augmentées des Remarques de MM. DE LA MONNOYE, BOUHIER & FALCONNET ; par M. RIGOLEY DE JUVIGNY, (qui y a joint les ſiennes :) *Paris*, Saillant, 1772 & 1773, *in*-4. 6 vol.

Cet Ouvrage eſt un Recueil précieux, qui fait voir quelle a été notre Littérature juſqu'en 1584.]

(2.) ☞ Les trois Siècles de notre Littérature, ou Tableau de l'eſprit de nos Ecrivains, depuis François I. juſqu'en 1772, par ordre alphabétique ; (par M. Antoine SABATIER, de Caſtres :) *Amſterdam* & *Paris*, Gueffier, 1772, *in*-8. 3 vol. Nouvelle Edition, 1774, *in*-8. 3 vol.

L'Auteur y parle non-ſeulement des Auteurs morts, mais auſſi de pluſieurs des vivans. « Cet Ouvrage a fait » le bruit qu'il devoit faire, (dit M. de Querlon.) S'il » n'eſt pas au gré de tous les Lecteurs, ſi l'on peut ai-» ſément y trouver, comme dans les meilleurs Livres » de critique, différentes choſes à reprendre, nous le » regarderons toujours comme un Ouvrage très-utile, » devenu même néceſſaire dans un temps où le goût » faux & dépravé de quelques Ecrivains très-célèbres, » renverſoit toutes les idées, dénaturoit tous les gen-» res, & portoit ouvertement le ravage dans toutes » les parties de notre Littérature, ſans reſpecter au-» cuns principes ». *Affiches des Provinces*, 1774, *pag*. 57.]

(3.) ☞ Addition à l'Ouvrage intitulé, *Les Trois Siècles*, ou Lettre critique, &c. *Amſterdam*, & *Paris*, Baſtien, 1773, *in*-8. de 67 pages.

L'Auteur n'y apprend rien que ce qu'on ſçavoit, & en reprochant des fautes à l'Ecrivain qu'il critique, il en commet lui-même.]

(4.) ☞ Obſervations ſur les Trois Siècles de Littérature Françoiſe : *Amſterdam* & *Paris*, Baſtien, 1774, *in*-8.]

(5.) ☞ Mémoires pour ſervir à l'Hiſtoire

de notre Littérature, depuis François I. jusqu'à nos jours; par (Charles Palissot de Montenoy.)

C'est ce qui compose le Tome II. de l'Ouvrage intitulé, *la Dunciade*, &c. (nouv. Ed.) *Londres*, (*Paris*,) 1773, *in*-8. 2 vol.]

(6.) ☞ Les Grands Hommes vengés, ou Examen des Jugemens portés par M. de V. (Voltaire) sur plusieurs Hommes célèbres, par ordre alphabétique, avec un grand nombre de Remarques critiques & de Jugemens littéraires; par M. des Sablons: *Amsterdam*, & *Lyon*, Baret, 1769, *in*-8. 2 vol.]

Page 79.

Colonne prem. ligne 3, après 1750, *ajoutez*, par M. l'Abbé André Declaustre.

Après le N.° 45658, *ajoutez* à la Note:

On trouvera encore nombre de Notices, = dans le Dictionnaire de l'Abbé Joly, ou *Remarques critiques sur le Dictionnaire de Bayle* : = dans le Dictionnaire historique, littéraire & critique (de Pierre Barral:) *Paris*, 1758, *in*-8. 6 vol. = dans celui de l'Abbé (Jean-Bapt.) Ladvocat: *Paris*, 1760, 2 vol. = dans celui d'*Avignon*, en 4 vol. *in*-8. & dont on a une nouv. Ed. augm. *Paris*, le Jay, 1774, 6 vol. = dans le Dictionnaire des Sciences Ecclésiastiques, par le P. Richard, Dominicain : *Paris*, 1760, *in-fol.* 5 vol. = dans celui des Auteurs Ecclésiastiques: *Lyon*, 1767, quatre part. 2 vol. *in*-8.

On peut aussi consulter les Bibliothécaires que nous croyons devoir rassembler ici, en observant de mettre une * à ceux dont nous n'avons pas donné ci-devant l'indication.

(1.) * Anastasis Augustiniana, in quâ Scriptores Ordinis Eremitarum S. Augustini recensentur : *Antverpiæ*, 1613, *in*-8.

(2.) Histoire Littéraire des (Bénédictins) de la Congrégation de S. Maur, par D. René-Prosper Tassin, (ci-devant, N.° 11618 *, de ce *Supplément*.)

(3.) Bibliotheca Carmelitana : auctore Cosma de Villiers; (ci-devant, Tome I. N.° 13715.)

(4.) * Bibliotheca Carthusiensis : auctore Petro Petreio : *Coloniæ*, 1609, *in*-8.

(5.) * Bibliotheca Scriptorum Ordinis Cisterciensis, cum Chronologia Monasteriorum : auctore Carolo de Visch : *Coloniæ*, 1656, *in*-4.

(6.) Gallicanæ Cœlestinorum Congregationis, Virorum vitâ & Scriptis illustrium Catalogus chronico-historicus: auctore Antonio Becquet: (ci-devant, Tome I. N.° 13206.)

(7.) * Scriptores Ordinum Minorum : auctore Luca Wading : *Romæ*, 1650, & Supplementum Joannis a S. Antonio : *Salmanticæ*, 1728, *in-fol.*

(8.) Bibliotheca Capucinorum : auctore Dionysio Genuensi & Bernardo Bononiensi ; (ci-devant, N.° 13206 de ce *Supplément*.)

(9.) * Bibliotheca universa Franciscana : auctore Joanne a S. Antonio : *Madriti*, 1732, *in-fol.*

(10.) Scriptores Ordinis Prædicatorum : auct. Jacobo Quetif, & Jac. Echard; (ci-devant, Tome I. N.° 13738.)

(11.) Bibliotheca Scriptorum Societatis Jesu : auctore Nathanaele Sotwel; (ci-devant, N.° 14104.).

(12.) * Bibliothèque Françoise, (ou) Histoire de la Littérature Françoise, dans laquelle on montre l'utilité que l'on peut retirer des Livres publiés en François depuis l'origine de l'Imprimerie, pour la connoissance des Belles-Lettres, des Sciences & des Arts, & où l'on rapporte les Jugemens des Critiques sur les principaux Ouvrages de chaque genre, écrits dans la même Langue ; par M. l'Abbé (Claude-Pierre) Goujet : *Paris*, Guérin, 1740 & *suiv. in*-12. 18 vol.

Voyez sur ce dernier Ouvrage les *Mémoires de Trévoux*, 1746, *Mai*, &c. Ce que M. Goujet a publié ne traite que des Belles-Lettres, & il s'est beaucoup étendu sur les Poëtes jusqu'en 1694 : il a encore laissé la valeur de deux volumes en Manuscrit. Il y a peu d'historique sur les Gens de Lettres dans cet Ouvrage, comme il en avoit prévenu *pag*. viij. de sa Préface. Au reste, il ne faut pas confondre ce Livre avec la *Bibliothèque Françoise* imprimée à *Amsterdam*, chez du Sauzet, qui est un Journal, où l'on inséroit des Pièces, dont nous avons indiqué un certain nombre. La *Bibliothèque Françoise* de Charles Sorel, (*Paris*, 1664 & 1667, *in*-12. 1 vol.) ressemble à celle de M. Goujet, ce n'est qu'un squelette : il n'y a de bon que ce qui regarde les Ecrivains de l'Histoire de France.]

Page 80.

Au N.° 45679, ligne 6, Monstrelet, *lis*. Martetet.

Au N.° 45681, *mettez* Mf. & effacez à la ligne 5, 1753, *in*-12. 6 vol. (car l'Ouvrage n'a point encore été imprimé.)

Au N.° 45686, *ajoutez* en Note :

On a fait, en la même année 1768, une seconde Edition de cet Essai.]

45686. * ☞ Mf. Bibliothèque des Ecrivains de Champagne ; par Robert-Martin Pelletier, Chanoine Régulier de Sainte-Geneviève.

L'Ouvrage n'a pas été fini, & ce qu'on en a trouvé au Prieuré de Graville, où l'Auteur est mort en 1748, a été envoyé à Sainte-Geneviève de Paris, & est conservé dans la Bibliothèque de cette Abbaye.]

Page 81.

Au N.° 45688, ligne 4, 1619, *lisez*, 1719.

45694. * ☞ Mémoires pour servir à l'Histoire Littéraire des Pays-Bas, de la Principauté de Liège & de quelques Contrées voisines ; (par M. J. N. Paquot, Chanoine de S. Pierre de Louvain, Historiographe de Sa Majesté Impériale & Royale :) *Louvain*, 1765-1770, *in-fol.* 3 vol. & *in*-12. 18. vol.

Ces Mémoires n'ont pas toute la perfection qu'on pourroit desirer ; mais ils ne laissent pas de former un bon Ouvrage.]

Au N.° 45698, *ajoutez* à la Note :

L'Original de la Bibliothèque Séquanoise, de la main de l'Auteur, est actuellement à Besançon, dans la Bibliothèque de l'Académie.]

Au N.° 45700, ligne 3, de France, *lisez*, (Jean-Bapt. Rochet, Seigneur) de Frasne.

Page 83.

Au N.° 45719, ligne 1 de la Note, Delfias, *lisez*, Delfios, = ligne avant-dern. Rienpeiroux, *lisez*, Rieupeiroux.

Au N.° 45720, ligne 6 de la Note, *effacez* l'Abbé.

Au N.° 45723, ligne 3, Vignier, *lisez*, Jacques de Viguier.

Page 85.

A la Note du N.° 45744, ligne avant-dern. Jean-Pierre, *lisez*, Jean-Baptiste.

Vies des Théologiens.

PAGE 86.

Colon. prem. ligne 7, après Goujet, *ajoutez :* On peut voir encore l'Histoire des Auteurs Ecclésiastiques de D. Ceillier, qui ne va que jusqu'au milieu du XIIIᵉ Siècle, & le Dictionnaire des Sciences Ecclésiastiques du Père Richard, qui donne des Notices sur les Ecrivains de l'Eglise & les Théologiens qui se sont rendus célèbres jusqu'à notre temps.]

PAGE 87.

Au N.° 45766, *ligne* 2, Bourfiers, *lisez*, Bourfier.

PAGE 88.

Après le N.° 45771, *sur* J. Bapt. Cotelier, *ajoutez :* On peut voir encore ce qui en est dit assez au long dans l'*Histoire de Nismes*, par M. Ménard : (il étoit né dans cette Ville, d'un Ministre de la Religion Prétendue-Réformée :) *tom. V. pag.* 585 *& suiv.*]

PAGE 89.

Au N.° 45777, *ajoutez à la Note :*

L'Abrégé de la Vie de J. Bapt. Gaultier est imprimé à la tête du *tom. I.* de ses *Lettres Théologiques* contre les Ouvrages du P. Berruyer : 1756, *in*-12.]

PAGE 90, *ajoutez après l'alinéa* 4 *de la col.* 2.

45787.* ☞ Notice historique de Nicolas Oresme, mort en 1382.

Dans le *Dictionnaire de Moréri*, Ed. de 1759.]

45787.** ☞ Remarques sur Nicolas Oresme, mort Evêque de Lisieux ; (par L. Et. RONDET :) *Mercure*, 1750; Octobre, p. 61 & *suiv*.

Elles ont pour objet de montrer que vraisemblablement le Traité *de Antichristo*, qui lui est attribué, n'est pas de lui. On y fait remarquer quelques traits qui montrent que cet Ouvrage a été composé vers l'an 1270, au temps de la vacance de l'Empire, après la déposition & la mort de l'Empereur Frédéric II. Alors Oresme n'étoit pas né ; mais c'étoit le temps de Guillaume de Saint-Amour, que M. Rondet soupçonne être Auteur de cet Ouvrage. Oresme fut Evêque de Lisieux en 1377, & mourut en 1382. Ce fut M. l'Abbé Lebeuf, Chanoine d'Auxerre, qui fit mettre ces Remarques dans le Mercure, & les Auteurs du *Gallia Christiana*, dans le Tome XI. qui n'a paru qu'en 1759, ont observé en conséquence que ce Traité, publié sous le nom d'Oresme, est attribué par d'autres à Guillaume de Saint-Amour. Dans le *Dictionnaire de Moréri*, que nous venons d'indiquer, il y a une Note faite dans le même esprit, & que l'on attribue à M. GOUJET : il l'avoit sûrement tirée des *Remarques* de M. Rondet, qui auroient dû être citées.]

Histoires des Jurisconsultes.

PAGE 94, *ajoutez*,

45808.* ☞ Vies (abrégées) & Ouvrages de ceux des Jurisconsultes François qui ont écrit sur le Droit Romain ; par Antoine TERRASSON, Ecuyer, Avocat au Parlement de Paris.

Dans son *Histoire de la Jurisprudence Romaine* : (*Paris*, Mouchet, 1750, *in-fol*.) *pag.* 446-484. On y trouve des Anecdotes dont l'Auteur reconnoît être redevable au fameux Procureur-Général Joly de Fleury.]

PAGE 95, *ajoutez*,

45827.* ☞ Abrégé de la Vie de Pierre Bardet, Avocat au Parlement de Paris, mort à Moulins en 1685.

Il se trouve à la tête de son Recueil d'Arrêts, publié avec des Notes, &c. par Claude BERROYER, célèbre Avocat au même Parlement : *Paris*, 1690, *in-fol*.]

PAGE 96, *ajoutez*,

45845.* ☞ Vita & Elogia Barnabæ Brissonii.

A la tête de l'Edition que Charles Conrad a donnée du Traité de ce Jurisconsulte, *de Formulis & solemnibus Populi Romani verbis* : *Francofurti* & *Lipsiæ*, 1754.]

Au N.° 45851, *ligne dernière, lisez*, Chevanæa.

PAGE 98, *ajoutez*,

45887.* ☞ Eloge d'Edme de la Poix de Freminville, mort à Lyon le 24 Novembre 1773.

Dans le *Nécrologe* qui a paru en 1774, *pag*. 255.]

Au N.° 45888, *ligne* 2 *de la Note, après* Substitutions, *ajoutez*, Toulouse, Birosse, 1761, &.

PAGE 99, *ajoutez*,

45905.* ☞ Abrégé de la Vie de J. Bapt. Louis Harcher, Jurisconsulte, Lieutenant-Général au Siège de la Duché-Pairie de Thouars, mort en 1753.

Il se trouve dans l'Avertissement de son *Traité des Fiefs sur la Coutume de Poitou* : *Poitiers*, Faulcon, 1761, *in*-4.]

PAGE 100, *ajoutez*,

45929.* ☞ Abrégé de la Vie de Paul-Charles Lorry, Professeur en Droit, mort en 1766.

Dans la *Galerie Françoise* : *Paris*, Hérissant fils, 1771, *in-fol*. Cahier V.]

PAGE 102.

Au N.° 45977, *ajoutez en Note :*

☞ Cette Vie de Pithou a été réimprimée dans le *tom. VII.* & dernier de la belle Edition de l'*Histoire Latine de M. de Thou* : *Londini*, 1733, *in-fol*.]

PAGE 103, *ajoutez*,

45986.* ☞ Eloge (du même) M. Pothier, Doyen de MM. les Conseillers au Bailliage & Présidial d'Orléans, Docteur-Régent & Professeur en Droit François de l'Université de la même Ville ; prononcé à la Rentrée d'après Pâques, du Bailliage de Romorantin, le 8 Mai 1772 ; par M. LECONTE DE BIÈVRE, Procureur du Roi : *Orléans*, Couret, & *Paris*, Saillant, 1772, *in*-12. de 134 pages.]

45986.** ☞ Eloge historique du même ; par M. (Guill. François) LE TROSNE, Avocat du Roi au Présidial d'Orléans ; précédé d'un Discours Latin prononcé à la rentrée de l'Université d'Orléans, le 20 Septembre 1772 ; par (M. Antoine BRETON,) Professeur en Droit de la même Université : *Orléans*, veuve Rouzeau, 1773, *in*-8.

Les mêmes Discours ont été mis à la tête des *Œuvres* de M. Pothier, *in*-4. On trouve encore un Eloge du même, *p*. 65 *& s.* du *Nécrologe* qui a paru en 1773.]

Vies des Médecins, Chirurgiens, &c.

PAGE 104.

Colonne 2, ligne 5, 44852, *lisez*, 44853.

46013.* ☞ Eloge en Vers de Jean *Ailhaud*, Docteur en Médecine de la Faculté d'Aix, mort en 1756.

Dans le *Journal des Sçavans*, 1743, in-4. pag. 604. On trouve dans celui de 1746, pag. 172, que M. le Thieullier, Médecin de Paris, a fait une vive sortie sur M. Ailhaud, qu'il a traité de Charlatan.]

PAGE 105.

Au N.° 46024, Ballonii, *lisez*, Ballovii.

Au N.° 46028, *ajoutez à la Note* :

Le même Eloge a été imprimé séparément, *in*-8. sous ce titre : *A la mémoire de Théodore Baron*.]

Au N.° 46029, *ajoutez à la Note* :

Ces Eloges se trouvent aussi avec ceux des trois autres Chirurgiens de la même Académie, dans la Partie I. des *Opuscules* de M. Morand : Paris, Desprez, 1668, *in*-4.]

46036.* ☞ Histoire du même Pierre Bélon; par Alexandre SAVERIEN.

Dans son *Hist. des Philosophes modernes*, t. *VIII. in*-12.]

PAGE 108, *ajoutez*,

46079.* ☞ Eloge du même Cureau de la Chambre, Membre de l'ancienne Académie des Sciences; par M. le Marquis DE CONDORCET.

Dans ses *Eloges*, &c. Paris, 1773, *in*-12. p. 1-17.]

46081.* ☞ Eloge de Moyse *Charas*, Médecin, Membre de l'ancienne Académie Royale des Sciences, mort en 1698; par M. DE CONDORCET.

Dans ses *Eloges*, &c. (Paris, 1773, *in*-12.) p. 134.]

Au N.° 46089, ligne 3, 1737, *lisez*, 1740..... Et *ajoutez à la Note* :

Ce Chicoyneau étoit fils du premier Médecin du Roi, (dont il est parlé au N.° 46090,) & il avoit été Chancelier de l'Université de Montpellier.]

46893.* ☞ Eloge du même (Pierre Chirac,) mort en 1732.

Dans l'*Extrait de l'Assemblée* de la Société Royale de Montpellier, du 3 *Janvier* 1733 : *Montpellier*, Mattel, *in*-4.]

PAGE 109, *ajoutez*,

46111.* ☞ Eloge du même, M. Daviel, Chirurgien, Membre de l'Académie Royale de Chirurgie, mort en 1762 ; par M. MORAND.

Dans la Partie I. de ses *Opuscules* : (Paris, Desprez, 1768, *in*-4. pag. 82.) L'Auteur est mort en 1773.]

PAGE 110, *ajoutez*,

46126.* ☞ Eloge de Samuel Cotereau *Duclos*, Médecin & Membre de l'ancienne Académie Royale des Sciences, mort en 1685 ; par M. DE CONDORCET.

Dans ses *Eloges*, &c. (Paris, 1773, *in*-12.) p. 67.]

46134.* ☞ Eloge de Jean *Faget*, Chirurgien, Membre de l'Académie Royale de Chirurgie, mort en 1762 ; par M. MORAND.

Dans la Partie I. de ses *Opuscules* : (Paris, Desprez, 1768, *in*-4.) pag. 91.]

PAGE 111.

Au N.° 46140, ligne 1 de la Note, *Observations critiques*, lisez, *Remarques critiques*, *in*-fol.

Au N.° 46143, ligne 2, Antoine, *lisez*, Alexandre, (& par-tout ailleurs où il est question de M. Saverien.)

46150.* ☞ Eloge de René-Jacq. de *Garengeot*, Chirurgien, de l'Académie Royale de Chirurgie, mort en 1759; par M. MORAND.

Dans la Partie I. de ses *Opuscules* : (Paris, Desprez, 1768, *in*-4.) pag. 69.]

Au N.° 46156, lignes 1 & 2, Barbau, *lisez*, Barbeu.

PAGE 112.

Au N.° 46167, ligne 2, d'*Harambourg*, lisez, d'*Harambour*.

PAGE 114.

Au N.° 46207, ligne 4, par le même, *lisez*, par Cl. Pierre GOUJET.

46217.* ☞ Eloge de Jean *Matte*, Chimiste, de la Société Royale de Montpellier, mort en 1743.

Dans l'*Extrait de l'Assemblée* de cette Société, du 21 Novembre 1743.]

PAGE 115.

Au N.° 46228, *ajoutez à la Note* :

Le fameux Médecin *Molin* étoit connu dans le Public sous le nom de *du Moulin*. Quelque Ecrivain du temps aura pu écrire son nom de cette dernière façon, & par la suite on feroit d'un seul homme deux personnes, si l'on n'en étoit averti.]

46234.* ☞ Eloge de Sauveur-François *Morand*, Chirurgien, mort en 1773.

Dans le *Nécrologe* qui a paru en 1774, pag. 265.]

PAGE 117.

Au N.° 46269, *ajoutez à la Note* :

On peut voir encore ce qu'il en rapporte dans ses *Mémoires* : *Avignon*, 1759, *in*-12.

46269.* ☞ Eloge du même, Claude Perrault, Médecin & Membre de l'ancienne Académie des Sciences ; par M. DE CONDORCET.

Dans ses *Eloges*, &c. (Paris, 1773, *in*-12.) p. 83.]

Le N.° 46271 *doit être effacé, comme étant employé au* N.° 46273.

Au N.° 46285, *ajoutez à la Note* :

☞ Cet Eloge de Piètre est encore imprimé parmi les *Elogia Papirii Massoni* : (*Parisiis*, 1638, *in*-8.) tom. *II.* pag. 377.]

46288.* ☞ Histoire du même, Charles Plumier ; par Alexandre SAVERIEN.

Dans son *Hist. des Philosophes modernes*, tom. *VIII. in*-12.]

Histoires des Médecins, & Philosophes.

Page 118.

Au N.° 46307, ajoutez en Note :

Il est question de quelques autres Ouvrages de ce Médecin, réputé Charlatan, (Roch le Baillif de la Rivière,) dans les Bibliothèques de la Croix du Maine & de du Verdier, nouvelle Edition, in-4. tom. II. p. 393, & tom. V. pag. 416. M. de la Monnoye a prétendu qu'il avoit été dans la suite Médecin de Henri IV. & qu'il est mort en 1605.]

46307.* ☞ Eloge de Guillaume *Rivière*, Médecin, de la Société Royale de Montpellier, mort le 14 Juillet 1734.

Dans l'*Extrait de l'Assemblée* de cette Société, du 1 Mars 1736.]

Page 119, ajoutez,

46325.* ☞ Abrégé de la Vie de Samuel *Sorbière*, avec le Catalogue de ses Ouvrages; par M. Ménard.

Dans son *Hist. de Nismes*, tom. VI. p. 199 & suiv. Voy. notre Tome I. N.os 11457 & 11458.]

Page 120.

Au N.° 46328, ligne 1, Jacques, *lisez*, Jacob.

Au N.° 46330, ajoutez à la Note :

Cet Eloge de M. Tournefort est encore imprimé à la tête de son *Voyage au Levant* : Paris, 1717, in-4. 2 vol.]

46331.* ☞ Vita Turnefortii.

Cette Vie est à la tête de ses *Institutiones Botanicæ*, publiées avec les Additions de M. de Jussieu : Lugduni, 1719, in-4.]

46331.** ☞ Histoire du même, M. de Tournefort; par Alexandre Saverien.

Dans son *Hist. des Philosophes modernes*, tom. VIII. in-12.]

Histoires des Philosophes, &c.

Page 121.

Au N.° 46362, ligne 5, Antoine, *lisez*, Alexandre, (& par-tout où il est question de M. Saverien.) =Ligne 8, après 7 vol. ajoutez, Tome VIII. Paris, 1773, in-12. = La même Histoire, in-4. 5 vol.

46362.* ☞ Bibliothèque des Auteurs François qui ont écrit sur les matieres du Gouvernement, ou Examen de leurs principaux Ouvrages à ce sujet; par M. de Réal.

C'est ce qui forme la plus grande partie du dernier Volume de son Ouvrage, intitulé : *Science du Gouvernement* : (Paris, 1758-1764, in-4. 8 vol.) tom. VIII. pag. 49-416.]

Page 123, ajoutez,

46387.* ☞ Eloge du même, François Blondel, Mathématicien, & Membre de l'ancienne Académie Royale des Sciences; par M. de Condorcet.

Dans ses *Eloges* : (Paris, 1773, in-12.) pag. 77.]

Page 124, ajoutez,

46419.* ☞ Eloge du même, Jean Clapiés; par M. de Ratte, Secrétaire de la Société Royale de Montpellier.

Dans l'*Extrait de l'Assemblée* de cette Société, du 2 Décembre 1745.]

Au N.° 46425, ajoutez à la Note :

Cet Abrégé de la Vie de Descartes a été réimprimé dans les *Memoriæ Philosophorum* de Witte, tom. I. pag. 580.]

Page 125.

Au N.° 46435, ajoutez en Note :

Cet Eloge de Descartes se trouve aussi dans le Recueil des *Œuvres* de M. Thomas, in-8.]

Page 126, ajoutez,

46457.* ☞ Eloge d'Alexis *Fontaine*, Mathématicien de l'Académie des Sciences, mort en 1771; par M. le Marquis de Condorcet.

On le trouvera dans le Volume des *Mémoires* de cette Académie, année 1773.]

46463.* ☞ Eloge de Nicolas *Frenicle* de Bessy, Mathématicien, & Membre de l'ancienne Académie Royale des Sciences; par M. de Condorcet.

Dans ses *Eloges* : (Paris, 1773, in-12.) pag. 30.]

46465.* ☞ Abrégé de la Vie & du Systême de Gassendi; par M. de Camburat : Bouillon, 1770, in-12. de 218 pages.

La Vie de ce Philosophe occupe les 77 premières.]

Page 127, ajoutez,

46483.* ☞ Eloge du même, Christian Huyghens, Membre de l'ancienne Académie Royale des Sciences; par M. de Condorcet.

Dans ses *Eloges* : (Paris, 1773, in-12.) pag. 104.]

46489.* ☞ Eloge de Pierre-Joseph *Laurent*, Géometre & Méchanicien, mort en 1773.

Dans le *Nécrologe* qui a paru en 1774, pag. 203.]

Page 128, ajoutez,

46504.* ☞ Eloge d'Edme *Mariotte*, Physicien, & Membre de l'ancienne Académie Royale des Sciences, mort en 1684; par M. de Condorcet.

Dans ses *Eloges* : (Paris, 1773, in-12.) pag. 49.]

Au N.° 46505, lignes 1 & 2, Louis-François, *lisez*, Louis-Ferdinand.

46505.* ☞ Histoire de la Vie & des Ouvrages du même, Marquis de Marsigli; par le P. Niceron.

Dans ses *Mémoires, &c.* tom. XXVI. pag. 222.]

Page 129, ajoutez,

46514.* ☞ Dissertation sur la Religion de Montaigne; par Dom (Ch. J. B.) de Vienne : Bordeaux, & Paris, Crapart, 1773, in-8. de 32 pages.

« On sçait (dit M. de Querlon,) que les Philoso- » phes Anti-chrétiens revendiquent depuis long-temps » Montaigne, tant pour grossir leur troupe, que pour » s'autoriser du Pyrrhonisme irréligieux qu'ils veulent » trouver dans ses Ecrits. Dom de Vienne dans le Vo- » lume I. de son *Histoire de Bordeaux*, l'a déja défendu » sur cet article, (en faisant un bon *Abrégé de sa Vie*;) » mais il revient ici plus vigoureusement à la charge, & » justifie *ex professo*, le Christianisme de Montaigne. » Les Voyages de ce Philosophe Chrétien qui vont pa- » roître incessamment, ne laisseront pas subsister le » moindre nuage sur sa Religion ». *Affiches, &c.* (des Provinces,) du 17 Novembre 1773, pag. 181.

Ces Voyages ont paru avec un Discours & des Notes

de M. de Querlon : *Paris*, le Jay, 1774, *in*-4. & 3 vol. *in*-12.]

PAGE 130, *ajoutez*,

46546. * ☞ Eloge de l'Abbé *Picard*, Astronome & Mathématicien, Membre de l'ancienne Académie Royale des Sciences, mort en 1676; par M. de Condorcet.

Dans ses *Eloges* : (*Paris*, 1773, *in*-12.) *pag*. 36.]

46552. * ☞ Eloge de Henri *Pitot*, de l'Académie des Sciences de Paris & de Montpellier, mort en 1771; par M. de Ratte.

Dans l'*Extrait de l'Assemblée* de la Société Royale de Montpellier, du 12 Décembre 1772.]

PAGE 131, *ajoutez*,

46558. * ☞ Nouveaux Eclaircissemens sur la Vie & les Ouvrages de Guillaume Postel; par le P. Desbillons, Jésuite : *Liège*, Tutot, & *Paris*, veuve Babuty, 1773, *in*-8. de 161 pages.

Cet Ouvrage, rempli de recherches, est moins l'Histoire de la personne que des Ecrits de Postel : il fait bien connoître le génie, le caractère, l'imagination & le tour d'esprit de ce singulier Ecrivain. Le P. Desbillons y indique trois Ouvrages de Postel très-rares & inconnus aux Bibliographes; & il relève plusieurs fautes de la *Bibliographie instructive* du Sieur Debure, ci-devant Libraire.]

46562. * ☞ Eloge de Jean-Baptiste (O-brennan Theudongh) de *Quétin*, Mathématicien, de la Société Royale de Montpellier; par M. de Ratte.

Dans l'*Extrait de l'Assemblée* de cette Société, du 23 Décembre 1746.]

Au N.° 46566, *linge* 2 *de la Note*, 1552, *lisez*, 1572.

46569. * ☞ Histoire du même, René-Antoine de Réaumur; par Alexandre Saverien.

Dans son *Hist. des Philosophes modernes, tom. VIII. in*-12.]

PAGE 132, *ajoutez*,

46574. * ☞ Eloge du même, Gilles Persone de Roberval, Mathématicien & Membre de l'ancienne Académie Royale des Sciences; par M. de Condorcet.

Dans ses *Eloges* : (*Paris*, 1773, *in*-12.) *pag*. 17.]

46575. * ☞ Eloge d'Olaüs *Roemer*, Astronome, Membre de l'ancienne Académie Royale des Sciences ; par M. de Condorcet.

Dans ses *Eloges* : (*Paris*, 1773, *in*-12.) *pag*. 141.]

Au N.° 46583, *ajoutez à la Note :*

On trouve diverses particularités de la Vie de Joseph Saurin, dans le Mémoire qu'il fit imprimer en 1711, lors de l'accusation intentée contre lui au sujet de certains Couplets satyriques. Ce Mémoire est aussi à la fin du Libelle intitulé : *Anti-Rousseau : Rotterdam*, 1712, & *Paris*, 1716, *in*-12. On peut voir à ce sujet les N.os 24560 & 47650* de ce *Supplément*.]

PAGE 133, *ajoutez*,

46599. * ☞ Eloge de Pierre-Antoine Véron, Astronome, mort en 1770, dans l'Isle Timor.

Cet Eloge est imprimé dans le *Nécrologe* qui a paru en 1774, *pag*. 115.]

Vies des Historiens, &c.

46609. * ☞ Mémoires historiques sur plusieurs Historiens modernes de France.

Ce Recueil, donné par le Père le Long à la fin de sa Bibliothèque, a été considérablement augmenté dans cette nouvelle Edition, où il est imprimé à la fin du Tome III.]

46609. ** ☞ Catalogue raisonné des Géographes & Voyageurs (François & autres;) par l'Abbé Nicolas Lenglet du Fresnoy, &c.

Dans sa *Méthode pour étudier la Géographie* (moderne & ancienne :) *Paris*, Tillard, 1768, *in*-12. (10 vol.) *tom. I*. Nous citons cette Edition de préférence, parce qu'elle a été revue & augmentée depuis la mort de l'Auteur, arrivée en 1755.]

PAGE 134.

Au N.° 46621, *dernière Note, lisez*, Saint Ouen écrivit....

PAGE 135.

Au N.° 46633, *à la fin de la Note de* Baudrand, *ajoutez :*

On peut encore voir sur cet Abbé, ce que Dom Jean Golé en a dit dans la Préface du *Dictionnaire Géographique François* de Baudrand, que ce Bénédictin a publié : *Paris*, 1705, *in-fol*. 2 vol.]

PAGE 136, *ajoutez*,

46642. * ☞ Eloge de Laurent Angliviel de la *Beaumelle*.

Dans le *Nécrologe* qui a paru en 1774, *p*. 187.

On n'y dit point quand il est mort ; mais nous avons appris par une Lettre de M. Séguier de Nîmes, qu'il est mort au mois de Novembre 1773 ; qu'on a retrouvé parmi ses Manuscrits (qui sont entre les mains de sa femme,) celui de sa *Henriade*, qui fut donnée à l'Imprimeur il y a deux ou trois ans, & dont on a discontinué l'impression par ordre des Supérieurs; & qu'enfin, la Vie de M. de Maupertuis, qu'il avoit faite, est absolument terminée.]

Au N.° 46653, *ajoutez à la Note :*

☞ Cet Eloge a été lu en effet par M. Dupuy, en Novembre 1773. On avoit prétendu en donner un, *pag*. 3-14, du *Nécrologe* qui a paru en 1773 ; mais c'est plutôt une Critique indécente, qu'un Eloge.]

Au N.° 46657, *ligne* 1 *de la Note*, 137, *lisez*, 1-37. & *ligne* 3, *lisez*, 11 vol.

Après *le* N.° 46658, *au lieu de la marque* = *il faut mettre* 46658*.

PAGE 137.

Au N.° 46660, *ligne* 2, Louis Boivin, *lisez*, du même Jean Boivin.

Au N.° 46668, *ligne* 6, *avant* ☞ Notice, *mettez*, 46668*.

46672. * ☞ Eloge du même, D. Martin Bouquet; par Dom Jean-Baptiste Haudiquier.

Dans la Préface du *tom. IX*. de la Collection des Historiens de France. On doit voir encore l'*Hist. Litt. de la Congrégation de S. Maur*, p. 694 & *suiv*.]

46678. * ☞ Eloge de Dom Etienne *Brice*, Bénédictin,

Vies des Historiens, &c.

Bénédictin, l'un des principaux Auteurs du nouveau *Gallia Christiana*, mort en 1755.

Cet Eloge (Latin) est à la tête du *tom. XI*. de cet Ouvrage : il est de D. Pierre HENRI, son successeur.]

PAGE 138.

Après l'alinéa prem. ajoutez,

46680.* ☞ Eloge historique de Philippe *Buache*, premier Géographe du Roi, & de l'Académie Royale des Sciences; par M. DE FOUCHY.

Philippe Buache est mort en Janvier 1773, & son Eloge a été lu en Novembre. Il se trouvera dans les *Mém. de l'Académie des Sciences* pour cette année.]

== * ☞ Eloge de Dom Remi *Ceillier*, Auteur de l'Histoire des Auteurs Ecclésiastiques & des Conciles, mort en 1761.

Ci-devant, Tome I. N.° 12807.]

PAGE 139.

Au N.° 46699, lignes 2 & 3 de la Note, lisez : Elle a été attribuée à M. l'Abbé d'Olivet; mais on prétend qu'elle est de M. JOLY, Chanoine de la Chapelle-au-Riche de Dijon.]

46700.* ☞ Eloge de M. le Marquis de *Clevans*, Secrétaire perpétuel de l'Académie de Besançon ; par M. BINETRUY DE GRAND-FONTAINE.

Dans les Registres de cette Académie.]

PAGE 140, *ajoutez,*

46719.* ☞ Laudatio funebris ejusdem, (Dunod de Charnage;) auctore N. COPEL, Advocato in Curia Visuntina.

Cette Oraison funèbre, lue à l'Académie de Besançon, est conservée dans ses Registres.]

46719.** ☞ Eloge de M. *Dunod de Charnage* le fils, Maire de Besançon, & Membre de l'Académie de cette Ville, mort en 1765.

Cet Eloge est dans les mêmes Registres. M. de Charnage avoit commencé une Histoire des Gaules, & a présenté à l'Académie plusieurs Dissertations.]

46723.* ☞ Histoire de la Vie & des Ouvrages d'*Eginard*, Historien de Charlemagne, &c. par D. Antoine RIVET, Bénédictin.

Dans l'*Histoire Littéraire de la France*, t. IV. p. 550 & suiv. On peut voir encore les num. XIII. XX. & XXXVII. de la Préface du tom. V. du Recueil des Historiens de France, & ci-devant, Tome II. les N.os 16249, 16251-16254.]

PAGE 141.

Au bas de la colon. prem. ajoutez,

46729.* ☞ Eloge de M. Fevret de *Fontette*, (mort le 16 Février 1772;) lu à l'Académie de Dijon, au mois de Décembre 1772; par M. PERRET, Secrétaire perpétuel pour la partie des Belles-Lettres.

46729.** ☞ Eloge historique du même, lu à l'Académie des Inscriptions & Belles-Lettres, à la Séance de Pâques 1773; par M. DUPUY, Secrétaire perpétuel.

Ces deux Eloges que j'avois promis de publier, dans

Tome *IV*. Part. I.

l'Avertissement du Tome III. (qui a paru en 1771, quoiqu'il porte 1771,) se trouvent à la tête de ce Volume IV.]

Au N.° 46733, colonne 2, ajoutez,

46733.* ☞ Histoire de la Vie & des Ouvrages de *Frédegaire*; par Dom Antoine RIVET, Bénédictin.

Dans l'*Histoire Littéraire des Gaules*, tom. VII. pag. 586. Frédegaire vivoit vers l'an 650.

Voyez encore ci-devant, Tome II. les N.os 16083, 16090.]

PAGE 142, *ajoutez,*

46751.* ☞ Histoire de la Vie & des Ouvrages de François *Graverol*, mort en 1694.

Dans le tom. VI. de l'*Hist. de Nismes*, par M. Ménard, pag. 133 & suiv. On peut voir aussi son Article dans le *Moréri* de 1759 : il a été communiqué par le petit-fils de François Graverol.]

PAGE 143, *ajoutez, avant le N.° 46752.*

46751.** ☞ Eloge de l'Abbé (Jean) de la *Grive*, Géographe de la Ville de Paris, & Membre de la Société Royale de Londres, mort en 1757.

Dans les *Mém. de Trévoux*, 1758, Janvier.]

PAGE 144, *ajoutez,*

46778.* ☞ Mf. Dissertation où l'on prouve que le Sire de *Joinville* doit être placé au nombre des illustres Comtois, & qu'il appartient autant à la Franche-Comté qu'à la Champagne ; par M. DROZ, Conseiller au Parlement de Besançon, & Secrétaire de l'Académie de cette Ville.

Dans les Registres de cette Académie. On en a donné un Abrégé dans ce *Supplément*, ci-devant, pag. 517.]

46780. * ☞ Laudatio funebris Jac. Chr. *Iselii* : auctore J. Chr. ISELIO (ISELIN:) Basileæ, 1738, in-fol.

« Cette Vie, qui est très-bien écrite, contient beau-
» coup de Notices intéressantes, dit M. Haller le fils,
» dans ses *Conseils* pour former une Bibliothèque his-
» torique de la Suisse, pag. 69.]

PAGE 145.

Au N.° 46791, ajoutez à la Note :

Cette Vie, de Hubert Languet, est celle qui se trouve dans l'*Armorial* de M. d'Hozier, à la Généalogie de Languet, dans le Registre II.]

Avant le N.° 46797, ligne 2, en remontant, (Article Lenglet,) mort en 1735, lisez, mort en 1755.

Au N.° 46801, ajoutez à la Note :

On peut encore voir l'Article étendu que D. Tassin a fait sur D. Mabillon : nous l'avons indiqué (dans ce *Supplément,*) N.° 12523 *.]

46803.* ☞ Elogio del Marchese Scipione *Maffei*.

Cet Eloge est imprimé pag. 236 & suiv. de l'*Istoria Letteraria* du P. Zaccaria : Modena, 1759, in-8. avec un Catalogue de ses Ouvrages, & des Observations sur les disputes Littéraires qu'ils ont occasionnées. Les Véronois, ses compatriotes, ont élevé une statue à ce grand homme, en 1756.]

Xxx

PAGE 146, *ajoutez*,

46817.* ☞ Histoire de la Vie de Henri Maubert, soi-disant Chevalier de Gouvest: Londres, 1763, *in-*12.

C'est une Satyre contre cet Auteur.]

PAGE 147.

Après le N.° 46836, Article du *Moulinet*, lisez, du *Molihet*.

46838.* ☞ Eloge de l'Abbé Jean *Oliva*, Bibliothécaire de M. le Cardinal de Rohan & de M. le Prince de Soubise ; par M. LESCALOPIER de Nourar.

Cet Eloge est à la tête du Catalogue des Livres & des *Œuvres diverses* de l'Abbé Oliva, qui, quoique né en Italie, à Rovigo, appartient néanmoins à la France, où il a demeuré 34 ans, & est mort le 19 Mars 1757.]

PAGE 148, *ajoutez*,

46851.* ☞ Eloge historique du Cardinal Passionéi ; par Claude-Pierre GOUJET : *la Haye*, (Paris,) 1763, *in-*12.

« Ce n'est (dit l'Abbé Goujet dans ses *Mémoires*, » *pag.* 177,) ni un Discours Académique, ni un Panégyrique, mais un narré simple & suivi des principales actions du Cardinal, tirées en partie des Mémoires Italiens de Dom Galetti, imprimés à Rome, *in-*4. » en 1762... de divers Manuscrits... & de Lettres mêmes du Cardinal Passionéi, avec lequel j'avois l'honneur d'être lié ».]

Après le N.° 46853, *ajoutez*,

== * Eloges & Vies de Claude Fabri de Peiresc.

Ci-devant, N.°s 33197-33201, & dans ce *Supplément*, N.° 33197 *.*]

PAGE 149.

Au N.° 46869, *ligne* 8, *ajoutez* : L'Article de M. du Pin, dans le *Dictionnaire* de Chaufepié, est fort curieux.]

PAGE 150, *ajoutez*,

46879.* ☞ Autre Eloge du même, (Abbé Prevost;) par M. DE QUERLON.

Dans le Discours préliminaire qui est à la tête du tom. *XVIII. in-*4. de l'*Histoire des Voyages* : Paris, Rozet, 1768, *in-*4.]

Au N.° 46882, *ajoutez à la Note* :

☞ La Vie de Dupuy, par Rigault, se trouve encore dans le *tom. VII.* & dernier de la belle Edition de l'*Histoire Latine* de M. de Thou : Londini, 1733, *in-fol.* Et le Discours funèbre, composé par Adrien de Valois, a été réimprimé dans les *Memoria Philosophorum* de Witte, tom. *II.* pag. 118.]

PAGE 151, *ajoutez après le* N.° 46895.

== * ☞ Eloge de Dom Antoine *Rivet*, Auteur de l'*Histoire Littéraire des Gaules & de France*, mort en 1749 ; par D. Charles CLEMENCET.

A la tête du tom. *IX.* de cette Histoire. On peut voir aussi son Article dans l'*Histoire Littéraire de la Congrégation de S. Maur*, par D. Tassin, p. 651 & *suiv.*]

Au N.° 46898, *ajoutez à la Note* :

Gilles-André de la Roque étoit de Normandie, & il a beaucoup écrit sur les Généalogies, le Blason, &c.

Quant à un autre la Roque (Antoine,) Provençal, qui fut chargé pendant vingt-trois ans du *Mercure*, on indiquera ce qui le regarde, ci-après, aux *Poëtes*.]

Ajoutez ensuite,

== * ☞ Recherches & Dissertation sur Roricon.

Ci-devant, Tome II. N.°s 1620 & 1821. On peut encore voir l'*Hist. Littéraire de la France, tom. VII.* pag. 186, & son *Avertissement*, pag. lxiij. comme la Préface du *tom. III.* du *Recueil des Historiens de France*, pag. ix.]

46908.* ☞ Histoire de la Vie & des Ouvrages de Dom Denys de *Sainte-Marthe*, premier Auteur du nouveau *Gallia Christiana*, mort en 1725 ; par D. René-Prosper TASSIN.

Dans l'*Hist. Litt. de la Congrégation de S. Maur*, pag. 445-469. On y trouve l'Histoire abrégée du *Gallia Christiana*, qui à la tête du tom. *IV.* présente le Portrait & l'Eloge Latin de Dom de Sainte-Marthe, par D. Jean THIROUX.]

PAGE 152.

Au N.° 46915, *ajoutez à la Note* :

La première Edition de cette Vie, de M. Schoepflin, a été publiée à part : *Carolsruhé*, Stern, 1767, *in-*12. de 82 pages.]

46915.* ☞ Eloge de M. Schoepflin.

Dans le *Nécrologe* qui a paru en 1773, *pag.* 91.]

Au N.° 46923, *ligne* 2, de la même Académie, *lis.* de l'Académie des Inscriptions & Belles-Lettres.

46925.* ☞ Eloge de Pierre-Joseph de la Pimpie *de Solignac*, Secrétaire de l'Académie de Nancy, mort en 1773.

Dans le *Nécrologe* qui a paru en 1774. C'est un Extrait de l'Eloge prononcé dans ladite Académie, par M. DE FERLET, Professeur dans l'Université de Nancy.]

PAGE 153, *ajoutez*,

46937.* ☞ Eloge historique de D. Charles-François *Toustain*, Bénédictin de la Congrégation de S. Maur, mort en 1754 ; par D. René-Prosper TASSIN.

Dans la Préface du *tom. II.* du *Nouveau Traité de Diplomatique* : Paris, 1755, *in-*4. Voyez l'*Hist. Littér. de la Congrégation de S. Maur*, pag. 704.]

Au N.° 46942, *lignes* 2 & 3 *de la Note*, Cagera, lisez, Calogera.

Histoires des Orateurs, &c.

PAGE 156.

Avant le N.° 46977, *ajoutez*,

ON peut voir sur les Auteurs qui ont écrit sur la Langue & la Rhétorique Françoise, comme sur ses principaux Orateurs, les *tom. I & II.* de la *Bibliothèque Françoise* de M. l'Abbé Goujet : *Paris*, 1740, *in-*12. A la tête du *tom. III.* (qui commence à traiter des Traducteurs de Poésies, Anciennes & Etrangères,) il y a des Corrections & Additions pour les deux premiers Volumes. L'Histoire de ces Traducteurs va jusqu'au huitième Tome.]

PAGE 157.

Au N.° 46998, *à la fin de la Note, ajoutez*, [p. 118.]

Au N.° 47016, *ajoutez à la Note* :

La Vie de Pierre de Boissat le fils, donnée en Latin par

Histoires des Orateurs, Poëtes, &c.

Nicolas Chorier, a été indiquée ci-devant, Tome III. N.° 33154.]

PAGE 158, *ajoutez*,

47019. * ☞ Mémoire historique sur la Vie & les Ouvrages de Claude *Brossette*, Avocat à Lyon, mort en 1743 ; par François-Louis CIZERON-RIVAL.

Dans ses *Récréations Littéraires*, &c. *Paris*, Desaint, & *Lyon*, Bessiat, 1765, *in*-12. Ce Mémoire, très-curieux, y occupe depuis la pag. 234 jusqu'à la 264 & dernière. Il a été réimprimé à la fin du Recueil des Lettres de Boileau & de Brossette, publié par le même M. Cizeron-Rival : *Lyon*, de los Ryos, 1770, 3 vol. petit *in*-12.]

Après le N.° 47032, *ajoutez*,

══ * ☞ Vie d'Alain *Chartier.*

Ci-dessus, dans ce *Supplément*, N.° 31676 *. Alain Chartier, sçavant homme du XVe Siècle, est regardé comme le Père de l'Eloquence Françoise. Il a fait aussi des Vers; mais il ne mérite pas d'être regardé comme Poëte, parce qu'ils sont durs & obscurs. On a cru pendant un temps qu'il avoit écrit l'Histoire de Charles VII.]

PAGE 159.

Au N.° 47041, *ligne* 2, par le même, *lisez*, par le Père NICERON.

PAGE 160.

Avant le N.° 47053, *ajoutez à la fin de la Note du* N.° *précédent* :

Ce qu'on a dit ci-dessus des *Variétés ingénieuses*, où est l'Eloge de Ch. Caton de Court, engage à observer que ces *Variétés*, &c. sont de Louis de Court, Abbé de S. Serge d'Angers & S. Georges-sur-Loire, Académicien d'Angers, mort vers 1732. *Voyez* le second Supplément de Moréri, 1749, par l'Abbé Goujet, Article *Court*, ou le Dictionnaire de Moréri, dernière Edition de 1759.]

PAGE 161, *ajoutez*,

47072. * ☞ Eloge de M. Duclos.

Dans le *Nécrologe* qui a paru en 1773, *pag*. 45.]

47072. ** ☞ Eloge historique du même ; lu dans l'Académie des Inscriptions & Belles-Lettres ; par M. DUPUY, en Novembre 1773.

Il se trouvera dans l'un des Volumes qui se publieront de cette Académie.]

Au N.° 47077, *ligne* 3, le *Fevre*, *lisez*, le *Febvre...* *ligne* 3, de Louis XIII. *lisez*, du Très-Chrétien Louis XIII.

PAGE 163, *ajoutez*,

47105. * ☞ Notice historique de Dom Pierre *Guarin*, Bénédictin, sçavant dans les Langues Orientales, mort en 1729 ; par Dom René-Prosper TASSIN.

Dans l'*Hist. Littér. de la Congrégation de S. Maur*, pag. 494.]

PAGE 164, *ajoutez*,

47126. * ☞ Theodori Marcilii Elogium : auctore Petro VALENTE, Professore Regio : *Parisiis*, Langlois, 1620, *in*-4. 11 pages.

On en trouve des Extraits (traduits) dans la Notice (précédente) de M. l'Abbé Goujet.]

Tome IV. *Part.* I.

Après le N.° 47134, *ajoutez*,

══ * ☞ Notice historique du Chevalier de *Méré.*

Voyez ci-devant, au N.° 47020, *Brossin*. Nous avons cru l'indication de *Méré* nécessaire, parce qu'on auroit pu croire que ce Chevalier de Méré manque, & on ne l'iroit pas chercher à *Brossin* ; d'autant plus que ce dernier nom est incertain, & que cet Ecrivain s'est quelquefois appelé *Plassac*.]

PAGE 165.

Au N.° 47149, *ligne* 1 de la Note, *lisez*,

Les *Mémoires de Littérature* de Sallengre, auxquels on renvoye, N.° 11300, (de notre Tome I.) contiennent moins l'Histoire de l'Abbé de Montmaur, que des plaisanteries satyriques ; mais elles peignent le caractère du personnage, & ont rapport à plusieurs traits de sa vie.]

Au N.° 47156, *ajoutez à la fin de la Note* :

On trouve encore dans le *Teatro Uomini Letterati* du Ghilini, *pag*. 165, un Abrégé de la Vie de Muret.

PAGE 166, *ajoutez*,

47163. * ☞ Mf. Eloge historique du même, Abbé d'Olivet ; lu à l'Académie de Besançon ; par M. BINETRUY DE GRANDFONTAINE, ci-devant Secrétaire de cette Académie.

Cet Eloge contient beaucoup de détails, attendu que l'Abbé d'Olivet étoit originaire de Franche-Comté, & qu'il a été plus facile à M. de Grandfontaine qu'à aucun autre d'être instruit par la Famille de cet Académicien.]

Avant le N.° 47165,

══ * ☞ Histoire de François *Oudin*, Jésuite, Littérateur, mort en 1752 ; par Jean-Bernard MICHAULT.

Voyez ci-devant, Tome I. N.° 14208.]

PAGE 167.

Au N.° 47184, *effacez* Mf.

PAGE 168.

Au N.° 47212, *effacez* Mf. *& ajoutez à la Note* :

Cette Vie de Saumaise a été imprimée depuis, avec le Catalogue de ses Ouvrages, dans les *Memoria Philosophorum* de Witte, *tom*. II. pag. 111.]

PAGE 169.

Au N.° 47230, BINETRAY, *lisez*, BINETRUY.

47332. * ☞ Eloge de François-Vincent *Toussaint*, mort à Berlin en 1772.

Dans le *Nécrologe* qui a paru en 1773, *pag*. 15. Sur ses Ouvrages, *voy*. la *France Littéraire* de 1769, p. 418.]

Vies des Poëtes.

PAGE 171.

Avant le N.° 47255, *ajoutez* :

☞ On trouvera dans la *Bibliothèque Françoise* de M. l'Abbé Goujet, *tom*. IX-XVIII. un détail sur les Poëtes François, depuis l'an 1200 jusqu'en 1694. Il a laissé une Suite à cet Ouvrage, en Manuscrit pour deux volumes.]

Le N.° 47257 doit être *effacé*, étant le même Ouvrage que celui indiqué plus au long, au N.° 47259.

Au N.° 47260, *lisez ainsi* :

Remarques sur les premiers Poëtes François & Troubadours ; par M. l'Abbé DE SADE.

Dans ses *Mémoires pour la Vie de Pétrarque*, (Amf-

X x x 2

terdam, 1764-1767, *in*-4. 3 vol.) *tom. I. pag.* 76 & *suiv.* 152 & *suiv.*]

Au N.º 47262, *ajoutez à la Note*:

Ces Vies des Troubadours, par M. de Sainte-Palaye, viennent de paroître abrégées, sous le titre suivant:

47262. * ☞ Histoire Littéraire des Troubadours, contenant leurs Vies, les Extraits de leurs Pièces, & plusieurs particularités sur les Mœurs, les Usages & l'Histoire des XII & XIII.ᵉ Siècles : *Paris*, Durand jeune, 1774, *in*-12. 3 vol.

Le *Discours préliminaire*, qui traite de l'origine & du progrès de notre Poésie, est de M. l'Abbé (Claude-François-Xavier) MILLOT, qui est le rédacteur de l'Ouvrage; le véritable Auteur étant trop occupé de son Glossaire François, pour avoir eu le loisir de mettre en œuvre ce qu'il avoit recueilli sur les Troubadours. Parmi ces premiers Poëtes François, on en voit nombre de la plus haute condition.]

PAGE 175.

Au N.º 47299, *à la Note*, 1752, *lisez*, 1732.

47301. * ☞ Eloge de Louis de la *Bellaudière*, natif de Grace, mort en Novembre 1588.

Il est imprimé à la tête de ses Poésies Provençales, qui sont intitulées : « Obros & rimos Prouvensallos » de Loys de la Bellaudiero, revioudados per Pierre » Pau, Escuyet : *Marseille*, Mascaron, 1595, *in*-4.]

Au N.º 47306, *ligne* 4, *lisez*, Paul TALLEMANT; & *après de la même Académie, ajoutez*, & de celle des Inscriptions.

PAGE 176, *ajoutez*,

47327. * ☞ Vie de Nicolas *Boindin*; par François PARFAICT.

A la tête du *tom. I.* des Œuvres mêlées de *M. Boindin* : *Paris*, 1752, *in*-12.]

PAGE 177.

Au N.º 47341, *ligne prem. de la Note, après* 3 vol. *ajoutez* :

Cette Vie de Brueys est de M. D'ALLENÇON, Huissier au Parlement, mort vers 1752.

47344. * ☞ Eloge de Pierre-Nicolas *Brunet*, mort en 1771.

Dans le *Nécrologe* qui a paru en 1773, *pag.* 139.]

PAGE 178, *ajoutez*,

47355. * ☞ Notice historique de Dom Charles *Catignon*, Bénédictin, mort en 1763; par Dom René-Prosper TASSIN.

Dans son *Hist. Litt. de la Congrégation de S. Maur*, *pag.* 753.]

PAGE 179, *ajoutez*,

47404. * ☞ Eloge de Paul *Desforges-Maillard*, mort en 1773.

Dans le *Nécrologe* qui a paru en 1774, *pag.* 179.]

PAGE 181, *ajoutez*,

44740. * ☞ Eloge (du même) la Fontaine, qui a remporté le Prix à l'Académie de Marseille, en 1774; par M. DE CHAMFORT : *Paris*, Ruault, 1774, *in*-8. de 45 pages.]

47441. * ☞ Notice historique de Fortunat, Poëte Latin; mort en 609; par M. DREUX DU RADIER.

Dans sa *Bibliothèque du Poitou*, tom. I. *pag.* 114. On a déja rapporté deux Vies de Venance Fortunat, en qualité d'Evêque de Poitiers, ci-devant, Tome I. N.ᵒˢ 8317 & 8318. Il étoit né en Italie.]

PAGE 182, *ajoutez*,

47460. * ☞ Eclaircissement sur les premiers Ouvrages de M. Godeau, dans sa jeunesse; par l'Abbé D'ARTIGNY.

Dans ses *Mémoires*, &c. tom. *V. pag.* 219. On a rapporté d'Antoine Godeau, considéré comme Evêque de Vence, plusieurs Eloges, &c. Tome I. N.ᵒˢ 8843 & *suiv.*]

Le N.º 47461 *doit être effacé, comme étant ci-après* (*à Ogier,*) N.º 47564, *par renvoi.*

PAGE 183.

Au N.º 47501, *ligne* 4, le MAIRE, *lis.* le Maire.

Au N.º 47508, *ligne* 5, attribuée à, *lisez*, par

PAGE 185, *ajoutez*,

47551. * ☞ Notice historique de Dom Julien-Gatien de *Morillon*, Bénédictin, mort en 1694; par Dom René-Prosper TASSIN.

Dans son *Hist. Litt. de la Congrégation de S. Maur*, *pag.* 150.]

PAGE 187, *ajoutez*,

47585. * ☞ Eloge d'Alexis *Piron*, mort en 1773.

Dans le *Nécrologe* qui a paru en 1774, *pag.* 149.]

Après le N.º 47595... *au lieu de* 47696... 47697, *lisez*, 47596... 47597.

47603. * ☞ Observationes de Rabelæsio: auctore Antonio LE ROY, Presbytero.

Ces Observations, qui sont curieuses, se trouvent à la tête d'un Ouvrage de cet Auteur, intitulé : *Floretum Philosophicum, seu ludus Meudonianus : Parisiis*, Dedin, 1649, *in*-4.]

PAGE 188, *ajoutez*,

47606. * ☞ Mf. Vie du même Racan; par M. BEAUCOUSIN, Avocat au Parlement de Paris.

Elle doit être à la tête de l'Edition qu'il se propose de donner des Œuvres de Racan, avec les Commentaires de M. de Loménie de Brienne, fruit de ses Conversations avec le Poëte la Fontaine. M. Beaucousin possède le Manuscrit original de ces Commentaires, & donnera toutes les Œuvres de Racan, qui jusqu'ici n'ont jamais été exactement recueillies.]

Au N.º 47614, *ligne* 3, *après in*-12. *ajoutez*, 2 vol.

47614. * ☞ Eloge du même, Jean Racine; par M. DE LA HARPE : *Paris*, Lacombe, 1772, *in*-8. de 99 pages.]

Le N.º 47624, *qui est fautif à plusieurs égards, doit être effacé d'ici, & transporté, comme on l'a fait ci-dessus, au* N.º 47301. * (Il s'agit de Louis de la Bellaudière, & non Louis de Relaud, &c.)

PAGE 189.

Au N.º 47643, Dreux du Radier *doit être en petites lettres.*

Histoires des Beaux-Arts, &c.

Au N.° 47650, *ligne* 3, Rousseau, *en petites lettres ; & ajoutez*, par M. (Nicolas) BOINDIN.... *Ensuite lisez ainsi le commencement de la Note* :

On a déjà indiqué ce Mémoire, Tome II. N.° 24460, avec quelques Remarques. Nous croyons devoir mettre ici la suivante. Tout le monde...

47650.* ☞ Histoire des Couplets attribués à J. B. Rousseau.

Dans les *Causes intéressantes*, &c. par M. RICHER : (Paris, veuve Savoye, &c. 1772, &c. *in*-12.) tom. VIII. pag. 1-400.]

PAGE 190.

Au N.° 47676, *ligne* 2, 1654, *lisez*, 1655.

PAGE 191.

Au N.° 47688, *ligne* 2 *de la Note*, 1638, *lis.* 1538.

Vies des Musiciens.

PAGE 192.

Au N.° 47709, *ajoutez en Note :*

On peut voir sur ce M. Bonnet, les *Récréations historiques* de M. Dreux du Radier, (Paris, Rustel, 1767, *in*-12. 2 vol.) tom. II. pag. 102.]

47714.* ☞ Notices historiques de Louis-Claude d'*Aquin*, célèbre Organiste, mort en 1773.

Elles se trouvent dans les *Affiches de Province*, du 24 Mars 1773, = dans le *Journal Encyclopédique* du mois de Mars, & dans le *Journal de Musique*, num. 1.]

47714.** ☞ Eloge du même.

Dans le *Nécrologe* qui a paru en 1774, *pag.* 237.]

PAGE 193.

Au N.° 47746, *ajoutez en Note :*

Cette Lettre sur Lully est d'Antoine Bauderon DE SENEÇAI, dès-lors retiré à Mâcon sa patrie, où il est mort en 1737. Il adressa cette Plaisanterie à M. de Saintot.]

PAGE 194.

Au N.° 47760, *ligne* 5, 1764, *lisez*, 1765.

Histoires des Théâtres, &c.

Au N.° 47773, *ligne* 9, 18 vol. *lisez*, 15 vol.

47773.* ☞ Bibliothèque du Théâtre François : *Dresde*, (Paris,) 1768, *in*-8. 3 vol.

On attribue cet Ouvrage à M. le Duc DE LA VALLIÈRE, Louis-César de la Baume-le-Blanc. Dans les deux premiers Volumes, on trouve diverses particularités sur plusieurs de nos Poëtes.]

PAGE 195.

Au N.° 47776, *lignes* 2 & 3, D'ALQUEBRE, *lisez*, D'ALGUERBE.

47779.* ☞ Histoire & abrégé des Ouvrages Latins, Italiens & François, pour & contre la Comédie & l'Opéra : *Orléans*, 1697, *in*-12.

Cet Ouvrage est d'Ambroise LALLOUETTE, qui est mort en 1724, Chanoine de Sainte-Opportune à Paris. On en trouve un abrégé & une continuation dans la seconde Partie des Lettres de M. Desprez de Boissy, (qui suivent.]

Au N.° 47780, *à la fin de la Note, ajoutez :*

On vient de donner une nouvelle Edition de ces Lettres de M. Desprez de Boissy, &c. avec des augmentations, & où l'Auteur a fait une Addition considérable à son Histoire, &c. Paris, Boudet, &c. 1774, *in*-12. 2 vol.]

Au N.° 47781, *ligne* 5 *de la Note*, *lisez*, Dramatiques.

Au N.° 47786, *à la fin*, *in*-12, *lisez*, *in*-8.

Beaux-Arts, &c.

PAGE 196, *ajoutez,*

47799.* ☞ Eloge d'Antoine-Matthieu le Carpentier, Architecte, mort en 1773.

Dans le *Nécrologe* qui a paru en 1774, *pag.* 281.]

PAGE 198.

Au N.° 47825, *ligne* 2, *avant* FOURNIER ; *ajoutez*, Pierre-Simon.

Au N.° 47842, *par le même*, *lisez*, par M. D'ARGENVILLE ; *& à la Note :*

Dans son *Abrégé* de la Vie des Peintres, *tom.* IV. pag. 243.]

47848.* ☞ Ms. Vie du même, Charles le Brun, & Description détaillée de ses Ouvrages ; par Claude NIVELON : *in*-4. de 552 pages.

Ce Manuscrit est conservé à Paris, dans la Bibliothèque de M. Beaucousin : quoique fort peu correct pour le style, il est tout-à-fait précieux pour la partie de l'Art. L'Auteur, contemporain & Artiste, l'a dédié à Louis XIV. & a orné son Ouvrage de Dessins & de Vignettes d'un bon goût. Le Manuscrit est original, & corrigé de la main de l'Auteur.]

PAGE 199.

Au N.° 47851, (col. 1. ligne 2,) *in*-12. *lisez*, *in*-8.

47859.* ☞ Vie du même, Sébastien le Clerc, Graveur du Roi.

A la tête du *Catalogue* de son Œuvre, dont les parties sont au nombre de 3412 Pièces : *Paris*, Jombert, 1774, *in*-8. 2 vol.]

PAGE 200, *ajoutez,*

47883.* ☞ Eloge du même Fournier le jeune ; par M. FRÉRON.

Dans son *Année Littéraire*, 1768, *tom.* VII. p. 265.]

47888.* ☞ Eloge de Humbert - François Bourguignon de *Gravelot*, Dessinateur & Graveur, mort en 1773 ; par J. Bapt. Bourguignon D'ANVILLE, son frère.

Dans le *Nécrologe* qui a paru en 1774, *pag.* 131.]

PAGE 201.

Au N.° 47931, *effacez* de.

PAGE 203.

Au N.° 47959, *à la fin de la Note*, *après* probable, *ajoutez*, ou plutôt ce qui est démontré faux.]

Au N.° 47962, *commencez ainsi la Note :*

Ce Mémoire est de M. (Jean-Daniel) SCHOEPFLIN, & se trouve dans le Recueil des *Mém*...

PAGE 204.

Au N.° 47969, *ligne* 2 *de la Note, après*, &c. *ajoutez*, (par M. le Baron DE HEINCKEN)... *& ajoutez* à la Note : On trouve un bon Abrégé de ce curieux Ouvrage, dans l'*Année Littéraire*, 1771, tom. VI. p. 335-346. Il en est encore parlé p. 172 & *suiv.* de la seconde Ed. du *Supplément* de M. Mercier, Abbé de Saint-Léger, à *l'Histoire de l'Imprimerie par Marchand*.]

Aux Additions qui fuivent ce N.º *ligne* 4, *Typographiæ, lifez* Typographici. = *Après num.* 2, *ajoutez* : On a imprimé en 1773, « Supplément à l'Histoire de » l'Imprimerie de Prosper Marchand, ou Additions & » Corrections pour cet Ouvrage ; (par M. Barthélemi » Mercier, Chanoine Régulier, Abbé de S. Léger » de Soissons :) *Paris*, Pierres, 1773, *in-*4. de 55 pages (†). Il s'y trouve peu de choses par rapport aux Imprimeries Françoises. = *Après num.* 3, *ajoutez* : M. Meerman, Bourgmestre de Rotterdam, avoit donné avant ces *Origines Typographicæ*, un autre Ouvrage qu'il ne faut pas confondre avec celui-là ; sçavoir, *Conspectus Originum Typographicarum* : 1761, *in-*8. & qui a été traduit en François, par l'Abbé Goujet, sous ce titre : « Plan du Traité des Origines Typogra- » phiques, par M. Meerman : *Paris*, Lottin, 1762 », *in-*8. M. Meerman a averti lui-même, que son *Conspectus*, (qui est devenu très-rare,) renferme des choses qui ne sont pas dans les *Origines* qu'il a publiées. Il se proposoit de donner un autre Ouvrage, sous le titre d'*Antiquitates Typographica Moguntiaca* ; mais il est mort sans en avoir rien donné. C'est ce M. Meerman, qui a acheté pour sa riche Bibliothèque, (que son fils conserve à Rotterdam,) les Manuscrits des Jésuites de Paris, dont un petit nombre ont été réclamés pour la Bibliothèque du Roi. M. Meerman n'en voulut recevoir aucun argent, & les donna généreusement au Roi, qui lui a envoyé le Cordon de l'Ordre de S. Michel, quoiqu'il ne soit pas Catholique-Romain.]

(†) Il vient d'en paroître une seconde Edition (*ibid.* in Mars 1775,) revue & augmentée, avec un Mémoire sur l'Epoque certaine du commencement de l'année, pendant le XV.ᵉ Siècle, dans l'Electorat de Mayence.]

47969. * ☞ Jugemens des principaux Imprimeurs François ; par Adrien Baillet, avec les Notes de M. (Bernard) de la Monnoye.

Dans l'Edition *in-*4. des *Jugemens des Sçavans* : *Paris*, 1722, *tom.* I. *pag.* 353-378. On en trouve encore quelques autres établis en Italie, comme Nicolas Janson & Bernard Junte, ou dans les Pays-Bas, comme Christophe Plantin : *ibid. pag.* 345, 352 & 387. L'Auteur les présente tous comme « s'étant signalés par leur » savoir, par leur fidélité, par leur exactitude, & par » leur désintéressement, qui sont les quatre principales » qualités nécessaires pour les bonnes impressions des » Livres.]

Au N.º 47972, *à la Note* 1, *ajoutez* :
Dans le grand *Almanach de Lyon*, *in-*8. pour l'année 1768, on trouve une Notice sur l'Introduction de l'Imprimerie à Lyon, & sur quelques Imprimeurs de cette Ville.]

47977. * ☞ Mf. Eloge historique de Jean-Thomas *Hérissant*, ancien Consul, Imprimeur du Cabinet du Roi, mort le 2 Août 1772, Syndic des Libraires & Imprimeurs de Paris.

Cet Eloge est de M. l'Abbé Bazile, (aujourd'hui Secrétaire de M. l'Archevêque de Lyon,) qui avoit demeuré plusieurs années chez M. Hérissant. Il y en a une Copie dans la Bibliothèque des Prêtres de la Doctrine Chrétienne, Maison de S. Charles à Paris. Elle est précédée du Discours que M. de Varennes, Grand-Juge-Consul, fit au Service que le Consulat de Paris a fait faire pour M. Hérissant le 4 Septembre de ladite année. Sa digne Epouse & Veuve est descendante des anciens & fameux Estiennes.]

Au N.º 47980, *ajoutez à la Note* :
Les mêmes Auteurs des *Acta Eruditorum Lipf.* en faisant l'Extrait de l'Histoire de l'Imprimerie, par Prosper Marchand, en 1739, avoient déja donné une Liste des Ouvrages de cet Ecrivain.]

Page 205, *ajoutez après la ligne* 5 *de la col. prem.*

47981. * ☞ Mémoire sur les vexations qu'exercent les Libraires & Imprimeurs de Paris : *in-fol.* (sans nom de lieu, &c.)

Cette Pièce curieuse & fort rare, parut en 1724 ; car on y dit que le Quintilien de Coustellier, (qui parut en 1725,) étoit sous presse.]

47981. ** ☞ Lettres sur l'Imprimerie ; par MM. (Augustin-Martin) Lottin, Libraire & Imprimeur, (Jean) Auffray & autres.

Ces Lettres sont imprimées en différens *Mercures, & Journaux des Sçavans*. 1.º Il y a trois Lettres de M. Lottin, dans le *Mercure* de 1753, *Mars, Mai* & *Juin*. 2.º Dans celui d'*Avril*, de la même année, se trouvent son *Reflexions sur l'Imprimerie*, par M. Auffray. 3.º M. Lottin y fit une *Réponse*, insérée au mois de *Décembre* 1753, & dans le mois de *Janvier* 1754, est une petite Réplique de M. Auffray. 4.º Le même, à ce que l'on croit, sous le voile d'un Anonyme, donna deux Lettres sur l'Imprimerie, où il présente son état présent comme inférieur à son premier état, & critique la belle Edition des Fables de la Fontaine qu'on venoit de donner à Paris : ces deux Lettres sont dans le *Journal des Sçavans*, 1756, *Janvier* & *Février*. 5.º Aux mois de *Mai* & de *Juin*, se trouvent deux Lettres de M. Lottin, en réponse à celles de l'Anonyme, ou plutôt à la seconde, qui regarde l'Imprimerie de Paris. 6.º M. Auffray, ou l'Anonyme, fit paroître dans le *Journ. de Septemb.* 1756 deux Défenses ; la première contre une Lettre (de M. Jombert, Libraire & Imprimeur,) insérée au mois de *Mars* du *Mercure* ; & l'autre à une Lettre de M. Fournier l'aîné, (Fondeur de caractères,) que l'on trouve dans le *Mercure*, au mois de *Mai*. 7.º Au mois de *Septembre* du *Journal des Sçavans*, paroît une Suite de la troisième Lettre de l'Anonyme, en réponse à celle de M. Lottin. 8.º Celui-ci fit une Réplique, qui est imprimée dans le même Journal, au mois de *Janvier* 1757. Il y a eu encore quelques autres Lettres par rapport à la partie typographique des Fables de la Fontaine, dont les *Mémoires de Trévoux*, 1759, ont indiqué la plupart, *p.* 409 & *fuiv.* du mois de *Février*, en portant là-dessus à ce sujet un jugement fort sage ; mais nous nous sommes bornés ici aux Pièces où l'on trouve de l'historique.]

Vies des Dames Illustres.

Page 206, *ajoutez*,

47990. * ☞ Anagrammes des Princesses & Dames de la Cour, & des Dames & Demoiselles d'Orléans ; par Emmanuel Tripault : *Orléans*, Frémont, 1626, *in-*4.]

Page 207.

Au N.º 47997, *ligne* 3 *de la Note*, *après beaucoup, ajoutez, plus.*

Avant le N.º 47998, *ajoutez*,

Dans le *Parnasse des Dames*, par M. de Sauvigny : (*Paris*, Rouault, 1773, *in-*8.) on trouve diverses particularités sur plusieurs Dames Françoises, qui se sont appliquées à la Poésie, aussi-bien que dans les derniers Volumes de la *Bibliothèque Françoise* de l'Abbé Goujet.]

L'Article du N.º 48001 *doit être effacé d'ici, ayant été mis en sa vraie place, ci-dessus, N.º* 25410*, (de ce Supplément.) Mais mettez* :

48002. ☞ Consolation à M. le Maréchal d'Ancre, sur la mort de Mademoiselle sa fille : *Paris*, Durand, 1617, *in-*8. de 48 pages.

Cette Demoiselle d'*Ancre* mourut jeune, & son père

Vies des Dames Illustres.

étoit inconsolable de sa perte. L'Auteur Anonyme, qui le console par toutes espèces de moyens généraux, ne prévoyoit pas la triste fin de ce Maréchal, qui arriva peu après, & cette même année, 1617, (qu'il fut tué le 24 Avril.) Il finit en disant : « Est à craindre en cette vicissitude des affaires humaines, une trop riante & paisible fortune. La vôtre secouée légèrement par cette atteinte, comme un arbre par quelque petit vent, n'en sera que plus ferme à l'avenir, pour résister aux efforts de ceux qui combattent en votre établissement le pouvoir souverain de l'autorité royale, &c. »]

PAGE 208, *ajoutez*,

48018.* ☞ Notice historique de Gabrielle de *Bourbon*, femme illustre & sçavante, morte en 1516; par M. Dreux du Radier.

Dans sa *Bibliothèque du Poitou*, tom. II. pag. 1 &s.]

PAGE 209, *ajoutez*,

48031.* ☞ Ms. Relation de la mort de Madame de Brinvilliers; par M. Pirot, Docteur de la Maison & Société de Sorbonne : *in-fol.* de 150 pages, écriture fine.

Ce Manuscrit, qui étoit dans la Bibliothèque du Collège des Jésuites de Paris, est maintenant dans celle de M. Rolland, Président au Parlement de Paris. Il y a apparence que cette Relation est celle dont a parlé l'Auteur de la *Bibliothèque de Bourgogne*.]

PAGE 209, *ajoutez*,

48031.** ☞ Histoire du Procès de la Marquise de Brinvillier.

Dans les *Causes intéressantes*, &c. par M. Richer : Paris, 1772, &c. tom. I. pag. 320-432.]

48032.* ☞ Histoire du Procès de Marie-Catherine *Cadière*.

Dans le même Ouvrage, où elle occupe tout le Tome II.]

48035.* ☞ Notice historique de Louise *Cavalier-l'Evesque*, Poëte, morte en 1745.

Dans le second Supplément du *Parnasse François*, pag. 28.]

Au N.° 48047, *ajoutez en Note :*

Cette Histoire de la Duchesse de Châtillon est un Roman.]

A la ligne suivante, Oraison funèbre, *lisez*, Eloge funèbre...

Au N.° 48048, *ligne* 1 *de la Note*, 68, *lis.* 168.

PAGE 211.

Au N.° 48074, *ligne* 10, 1648, *lisez*, 1647.

PAGE 212, *ajoutez*,

48084.* ☞ Notice historique d'Eléonor de *Guyenne*, femme sçavante ; par M. Dreux du Radier.

Dans sa *Bibliothèque du Poitou*, tom. I. pag. 177.]

Au N.° 48085, *ligne* 3 *de la Note*, qu'ils, *lis.* qu'elles.

PAGE 213.

48097.* ☞ Clementiæ *Isauræ* Elogium, Papirio Massone autore : *Parisiis*, Metayer, 1612, *in-4.* cum Epistola Dedicatoria Joannis Masson, fratris, ad Cives & Consules Tolosanos.

Cet Eloge a été réimprimé dans le Recueil des Eloges de Papire Masson, publié par Balesdens : *Parisiis*, 1638, *in-8.* 2 vol. C'est le premier du *tom. II.*]

Au N.° 48106, *ajoutez en Note :*

Il faut encore voir sur Laure, (fille d'Audibert de Noves,) le tom. I. des *Mémoires* de l'Abbé Sade, *sur Pétrarque*, (Amsterdam, 1764-1767, *in-4.* 3 vol.) où il en est beaucoup parlé depuis la pag. 122. La plus grande partie des Notes ou Eclaircissemens qui sont à la fin de ce Volume, concernent la famille & celle de son mari, (Hugues de Sade,) ainsi que la découverte du Tombeau de cette illustre Dame.]

Au N.° 48108, *ajoutez après la ligne* 4 *de la col.* 2,

Ces Lettres, publiées par M. Damours, sont apocryphes & romanesques.]

48111.* ☞ Particularités sur Marion de *Lorme* ; par M. Dreux du Radier.

Dans ses *Récréations historiques*, (Paris, 1767, 2 vol.) tom. I. pag. 61-82.]

48117.* ☞ Histoire pleine de merveilles, sur la mort de très-dévote Dame, Madame Catherine de Harlay, Dame *de la Mailleraye* ; par Jacques de la Vallée, Aumônier du Roi, & Principal du Collège de Narbonne en l'Université de Paris : *Paris*, Richer, 1615, *in-8.*

Au N.° 48118, *ligne* 2, *lisez*, de la Beaumelle.

PAGE 216, *ajoutez*,

48131.* ☞ Lettre de consolation écrite à un Seigneur, sur la mort d'une sœur, (Mademoiselle de *Monaco*;) par L.D.L.D. (l'Abbé de l'Isle-Dieu :) *Paris*, Lambert, 1771, *in-8.* de 34 pages.

Mademoiselle de Monaco est morte fort jeune, la veille de l'Octave de la Fête-Dieu, (5 Juin) 1771.]

Au N.° 48143, *ligne* 2, *lisez*, (Bordeaux,) 1659, *in-8.* & *commencez ainsi la Note :*

☞ Le vrai titre est : « La Relation de l'Isle imaginaire, & l'Histoire de la Princesse de Paphlagonie », (sans nom de lieu.) Ainsi ce Volume contient deux Ecrits. Le premier de 59 pages, est la Description d'une Isle imaginaire, que Mademoiselle n'a faite que pour critiquer un Officier de son Conseil de Dombes, Le second, qui a un titre séparé, & occupe depuis la page 65 jusqu'à 166, est l'Histoire de la Princesse de Paphlagonie : il a été réimprimé à la fin du *Segrésiana* : *la Haye*, (Paris,) 1722, *in-8. Amsterdam*, 1723, *in-12.*]

PAGE 217.

Au N.° 48154, *lisez ainsi le titre exactement,*

Lettre de consolation sur la mort de très-haute... très-vertueuse Dame, Magdeleine de Neufville, Dame & Vicomtesse de *Pisieux* : *Paris*, Huby, 1613, *in-8.* de 15 pages.

Cette Lettre, du Sieur Pelletier, est adressée au mari de cette Dame, Messire Pierre Brulart, Chevalier, Seigneur & Vicomte de Pisieux, Conseiller du Roi en ses Conseils, & Secrétaire de ses Commandemens.]

48149.* ☞ Memorie per servire alla vera Storia di Mad. Poissons d'Estiolles, March. di *Pompadour* : *London*, 1765, *in-8.*]

Le N.° 48160 *doit être ôté d'ici*, cette Dame de la

536 *Supplément du Tome IV*.

Rochefoucault, ayant été Abbesse de S. Pierre de Reims : ainsi elle appartient au Tome I. N.° 14945 *.

Au N.° 48161, ajoutez à la Note :

Ce nom de Frantonet, ou Fradonner, ne paroît avoir aucun fondement solide, quoiqu'il se trouve dans plusieurs Ecrivains. M. Dreux du Radier, pag. 428, de sa *Bibliothèque du Poitou*, fait cette observation sur Madame des Roches : « Son mari ne se nommoit point » Fradonnet ; & ceux qui l'ont appelé ainsi, se sont » grossièrement trompés. Son nom étoit François Ebois» sard, Seigneur de la Vallée & des Roches ».]

PAGE 218.

Au N.° 48184, ajoutez à la Note :

Cette Duchesse de Tallard se nommoit Marie-Isabelle-Angélique de Rohan-Soubise.]

Au N.° 48187, ajoutez à la Note :

☞ L'Oraison funèbre de Madame Tiquet parut sous le titre de « Triomphe de la Grace dans la Con» version de Basiliffe : *Lyon*, Bachelet, 1699 », *in*-12. de 22 pages.]

48187.* ☞ Histoire de Madame Tiquet, & de son Procès.

Dans les *Causes intéressantes*, &c. par M. RICHER : (*Paris*, 1772, &c.) tom. *V*. pag. 459 & *suiv*.]

PAGE 220.

Au N.° 48208, ajoutez en Note :

Cette Dame se nommoit Louise-Françoise de la Baume-le-Blanc.]

48209.* ☞ Lettres de Madame la Duchesse de la Vallière, avec son Histoire : *Paris*, Boudet, 1767, *in*-12.

Plusieurs de ces Lettres sont historiques. L'Auteur de l'*Histoire*, qui les a publiées, est l'Abbé Claude LE QUEULX.]

48209.** ☞ Abrégé de la Vie de la même, Duchesse de la Vallière ; par M. (Adrien-Michel-Hyacinthe) BLIN DE SAINMORE.

A la tête d'une Lettre (supposée) de cette Duchesse à Louis XIV. espèce d'Héroïde en Vers François : *Paris*, le Jay, 1773, *in*-8. de 56 pages.]

48219.* ☞ La Paule-Graphie, ou Description de la belle Paule Viguier ; par Gabriel DE MINUT, Gentilhomme Toulousain, Sénéchal de Rouergue : *Lyon*, 1587, *in*-8.

Ce petit Ouvrage, qui est rare, commence par un Traité de la Beauté, tant du corps que de l'ame. L'Auteur a prétendu donner la beauté de Paule Viguier, pour le modèle de toutes les perfections. On peut voir ce qui en est dit dans la nouvelle Edition de la *Bibliothèque Françoise* de la Croix du Maine, *in*-4. tom. I. pag. 252.]

SUPPLÉMENS.

PAGE 237 de ce *Tome IV*.

Au N.° 2302, ligne 2*, TASSA, *lisez*, TASSO.

PAGE 244.

Au N.° 2890, ligne 4, 2381, *lisez*, 3282.

PAGE 279.

Au N.° 5392, ajoutez à la fin de la Note :

M. l'Archevêque de Lyon a gagné son Procès, & le Chapitre a été déclaré non exempt.]

PAGE 289.

*Au N.° 6263 *, ligne 2, *lisez*, que la Bibliothèque de M. de Missonneau a été vendue.]

PAGE 321, col. 1, alinéa 3.

La Note que l'on dit devoir être mise après le N.° 9692, doit être après le N.° 9730. Page 635 du Tome I.

PAGE 425.

A la Note du N.° 14931, ajoutez :

Le raisonnement de M. l'Abbé de Longuerue ne prouve rien contre l'Abbé de Camps. La résistance de Foulques suppose bien, ce que personne ne conteste, qu'Eudes n'étoit pas de la Branche régnante, mais ne prouve pas qu'il ne fût pas issu comme elle de la seconde Race. Un inconnu qui vivoit long-temps après, a pu avoir des Mémoires que nous n'avons plus. L'expérience de quelques Manuscrits anciens qui ont passé par mes mains, m'a appris que les Manuscrits modernes sont quelquefois plus corrects. Pourquoi ? parce qu'ils sont copiés sur des Manuscrits plus anciens que les autres. Ainsi *un Témoin du XII*e *Siècle est quelquefois plus croyable qu'un Témoin du X*e, parce qu'il parle d'après un Témoin du VIII*e* que le Témoin du X*e* n'a pas connu. Remarque de M. Rondet.]

PAGE 477.

Colonne 2. Le titre *Gouvernement de Champagne* doit être après le N.° 34205 **.

PAGE 479 (& non 469.)

*Au N.° 34251 *, ligne 3*, Lugdunensi, *lis*. Lingonensi.

Fin des Supplémens de la Bibliothèque historique de la France.

APPENDICE

APPENDICE

DE LA

BIBLIOTHÈQUE HISTORIQUE

DE LA FRANCE;

CONTENANT

*Diverses Tables & Listes de Mémoires & d'Estampes,
qui ont rapport à l'Histoire de ce Royaume.*

I.
TABLE GÉNÉRALE
DU RECUEIL DE TITRES
CONCERNANT
L'HISTOIRE DE FRANCE,

Tirés tant des anciens Manuscrits que des Mémoires originaux & Pièces Fugitives du temps ;

Par M. Gaspard-Moyse DE FONTANIEU, Conseiller d'Etat ordinaire.

DEUX PARTIES.

CE Recueil, qui est aujourd'hui à la Bibliothèque du Roi, consiste en 841 Porte-feuilles *in-*4. M. de Fontanieu a joint aux Titres ou Pièces qu'il renferme, beaucoup de Notes ou Observations, & même des Dissertations sur les Pièces qui avoient besoin d'être discutées ou éclaircies.

La Bibliothèque du Roi est la source la plus abondante dans laquelle a puisé M de Fontanieu ; & quand il n'y auroit que ce qu'il en a tiré, sa Collection seroit toujours précieuse, parcequ'il a mis en ordre tous les Titres & Pièces que lui ont fournis les Manuscrits des différens Fonds de cette Bibliothèque, où les Matières sont comme noyées. Mais il ne s'est pas borné là : il a compulsé les Titres de la Chambre des Comptes de Paris & de celle de Dauphiné, le Trésor des Chartres, le Cabinet de S. Martin des Champs, formé par Dom Pernot, les Manuscrits de l'Abbé de Camps, & même des Archives de Pays Etrangers.

PARTIE I.

PIÈCES historiques suivant l'ordre des Règnes.

Porte-feuille 1.

Préliminaires.
Première Race.

Porte-feuille 2.

Seconde Race, l'an 752.
Préliminaires généalogiques sur les droits de Hugues-Capet à la Couronne.

Porte-feuille 3.

HUGUES-CAPET, l'an 987.
Suite I.
Préliminaires.
Suite II.
Notice générale de ce Règne, divisée en VIII. Chapitres ; par M. l'Abbé de Camps.
Diverses Pièces.
Autres Pièces sans dates.
Nota. *Les Matières contenues dans ces trois Porte-feuilles ne sont point encore dans un ordre arrêté.*

Porte-feuille 4.

ROBERT, 998.
Notice générale de ce Règne, divisée en VII. Chapitres ; par M. l'Abbé de Camps, avec Pièces datées à la Suite.
Pièces sans dates, & hors du Règne.

Porte-feuille 5.

HENRI I. 1031.
Notice générale de ce Règne, divisée en XI. Chapitres ; par M. l'Abbé de Camps.
Remarques historiques du même Auteur, sur ces Chapitres, & Pièces datées à la suite.
Singularités sous ce Règne.

Porte-feuilles 6, & 7.

PHILIPPE I. 1060.
Notice générale de ce Règne, divisée en XIV. Chapitres ; par M. l'Abbé de Camps.
Remarques historiques du même Auteur.
Diverses Pièces.

Porte-feuille 8.

LOUIS VI. dit le *Gros*, 1108.
Notice générale de ce Règne, divisée en XV. Chapitres ; par M. l'Abbé de Camps.
Remarques historiques, sur ces Chapitres.

Porte-feuilles 9, & 10.

Suite de Louis-le-Gros : Pièces.

Porte-feuilles 11 - 14.

LOUIS VII. dit le *Jeune*, 1137.
Notice générale de ce Règne, divisée en XVII. Chapitres ; par M. l'Abbé de Camps.
Remarques historiques du même Auteur, & Notices particulières.

Porte-feuilles 15-19.
Suite de Louis-le-Jeune.
Diverses Pièces concernant ce Règne.

Porte-feuilles 20-28.
PHILIPPE-AUGUSTE, 1180.
Notice générale de ce Règne.
Préface.
Généalogie.
Sommaires & Remarques historiques de M. l'Abbé de Camps.

Porte-feuilles 29-36.
Suite de Philippe-Auguste.
Diverses Pièces concernant ce Règne.

Porte-feuille 37.
LOUIS VIII. 1223.
Notice générale de ce Règne, divisée en IX. Chapitres; par M. l'Abbé de Camps.
Préface.
Sommaires & Remarques historiques du même Auteur.

Porte-feuille 38.
Suite de Louis VIII.
Diverses Pièces.

Porte-feuilles 39, & 40.
SAINT LOUIS ou IX. 1226.
Notice générale de ce Règne, divisée en XV. Chapitres; par M. l'Abbé de Camps.
Sommaires & Remarques historiques du même Auteur.

Porte-feuilles 41-46.
Suite de S. Louis.
Diverses Pièces concernant ce Règne.

Porte-feuilles 47, & 48.
PHILIPPE III. ou le *Hardi*, 1270.
Notice générale de ce Règne, par M. l'Abbé de Camps.
Diverses Pièces.

Porte-feuilles 49-52.
PHILIPPE IV. ou le *Bel*, 1285.
Notice générale de ce Règne, par M. l'Abbé de Camps.
Préface.
Sommaires & Remarques historiques du même Auteur.

Porte-feuilles 53-61.
Suite de Philippe-le-Bel.
Notices particulières des Pièces sur ce Règne, tirées des Registres du Trésor des Chartes, dans la Collection de M. Colbert.
Diverses Pièces.

Porte-feuille 62.
LOUIS X. ou le *Hutin*, 1314.
Notice générale de ce Règne, par M. l'Abbé de Camps.
Notices particulières des Pièces tirées des Registres du Trésor des Chartes.
Suite de ces Pièces.

Porte-feuilles 63-65.
PHILIPPE V. ou le *Long*, 1316.
Notice générale de ce Règne, par M. l'Abbé de Camps.
Notices particulières des Pièces tirées des Registres du Trésor des Chartes.
Suite des Pièces.

Porte-feuilles 66-68.
CHARLES IV. ou le *Bel*, 1322.
Notice générale de ce Règne, par M. l'Abbé de Camps.
Notices particulières des Pièces tirées des Registres du Trésor des Chartes.
Suite de ces Pièces.

Porte-feuilles 69-77.
PHILIPPE VI. ou de *Valois*, 1328.
Notice générale de ce Règne; par M. l'Abbé de Camps.
Notices particulières des Pièces tirées des Registres du Trésor des Chartes.
Suite de ces Pièces.

Porte-feuilles 78-87.
JEAN, 1350.
Notice générale de ce Règne, par M. l'Abbé de Camps.
Notices particulières des Pièces tirées des Registres du Trésor des Chartes.
Suite de ces Pièces.

Porte-feuilles 88-97.
CHARLES V. ou le *Sage*, 1364.
Notice générale de ce Règne, par M. l'Abbé de Camps.
Notices particulières des Pièces tirées des Registres du Trésor des Chartes.
Suite de ces Pièces.

Porte-feuilles 98-112.
CAHRLES VI. 1380.
Notice générale de ce Règne, par M. l'Abbé de Camps.
Notices particulières des Pièces tirées des Registres du Trésor des Chartes.
Suite de ces Pièces.

Porte-feuilles 113-124.
CHARLES VII. 1422.
Notice générale de ce Règne, par M. l'Abbé de Camps.
Notices particulières des Pièces tirées des Registres du Trésor des Chartes.
Suite de ces Pièces.

Porte-feuilles 125, & 126.
Histoire de Charles VII. par M. DE FONTANIEU, Conseiller d'Etat : 2 vol.

Porte-feuille 127.
A remplir, en cas de Pièces nouvelles à venir.

Porte-feuilles 128-143.
LOUIS XI. 1461.
Notice générale de ce Règne, par M. l'Abbé de Camps.
Notices particulières des Pièces tirées des Registres du Trésor des Chartes.
Suite de ces Pièces.

Porte-feuille 144.
A remplir, en cas de Pièces nouvelles.
Porte-feuilles 145-150.
CHARLES VIII. 1483.
Notices particulières des Pièces tirées des Registres du Trésor des Chartes.
Porte-feuille 151.
A remplir.
Porte-feuilles 152-159.
LOUIS XII. 1498.
Notices particulières des Pièces tirées des Registres du Trésor des Chartes.
Suite de ces Pièces.
Porte-feuille 160.
A remplir.
Porte-feuille 161.
FRANÇOIS I. 1515.
Histoire des deux premières années du Règne de ce Roi, par J. BARILLON.
Porte-feuilles 162-256.
Suite de François I.
Diverses Pièces concernant ce Règne.
Porte-feuille 257.
A remplir.
Porte-feuilles 258-291.
HENRI II. 1547.
Diverses Pièces.
Porte-feuille 292.
A remplir.
Porte-feuilles 293-295.
FRANÇOIS II. 1559.
Diverses Pièces.
Porte-feuille 296.
A remplir.
Porte-feuilles 297-333.
CHARLES IX. 1560.
Diverses Pièces.
Porte-feuille 334.
A remplir.
Porte-feuilles 335-388.
HENRI III. 1574.
Diverses Pièces.
Porte-feuille 389.
A remplir.
Porte-feuilles 390-459.
HENRI IV. 1589.
Diverses Pièces.
Porte-feuilles 460-462.
A remplir.
Porte-feuilles 463-486.
LOUIS XIII. 1610.
Diverses Pièces.
Porte-feuilles 487-489.
A remplir.

Porte-feuilles 490-497.
LOUIS XIV. 1643.
Diverses Pièces.
Porte-feuilles 498, & 499.
A remplir.
Porte-feuilles 500-510.
LOUIS XV. 1715.
Recueil de Pièces fugitives, & autres.
Porte-feuilles 511, & 512.
A remplir.
Porte-feuille 513.
Mémoires généraux sur l'Histoire de France.

PARTIE II.

DROIT Public de France.
Porte-feuille 514.
Eglise.
Eglise Gallicane en général.
Porte-feuilles 515-524.
Eglises particulières, par ordre Alphabétique.
Porte-feuille 525.
A remplir.
Porte-feuilles 526-528.
Ordres Religieux.
Ordres Religieux en général.
Ordres Religieux en particulier, par ordre alphabétique.
Porte-feuilles 529-531.
Ordres Religieux & Militaires, par ordre alphabétique.
Porte-feuille 532.
A remplir.
Porte-feuille 533.
Matières Ecclésiastiques.
Des Matières Ecclésiastiques en général.
Appels au futur Concile.
Appels comme d'abus.
Porte-feuilles 534, & 535.
Autorité des Papes, & leur prétendue infaillibilité.
Autorité des Princes Séculiers dans les Affaires de l'Eglise.
Porte-feuille 536.
Biens temporels des Ecclésiastiques.
Canonisations.
Cardinaux.
Censures.
Chapitres.
Porte-feuille 537.
Clergé de France, & ses Assemblées.
Porte-feuille 538.
Conciles.
Porte-feuille 539.
Conclaves.
Porte-feuille 540.
Croisades.
Décimes.
Diaconesses.
Discipline.

Porte-feuilles 541, & 542.

De la Discipline de l'Eglise de France, & de ses usages particuliers, par M. LE MERRE, Avocat du Clergé : 2 vol.

Porte-feuille 543.

Dispenses.
Diverses Affaires de l'Eglise.
Diverses Matières.
Dixme.
Etat Ecclésiastique.

Porte-feuille 544.

Evêques, & Instructions de leur Procès.
Excommunications.

Porte-feuille 545.

Hérésies & Hérétiques.

Porte-feuille 546.

Histoire Ecclésiastique.
Immunités Ecclésiastiques.
Impositions.

16 Volumes reliés pour 547-562.

Suite des Impositions, ou Recueil de Pièces concernant les Affaires du Clergé, au sujet du Vingtième & autres Impositions.

Porte-feuille 563.

Indulgences.
Indult.
Informations de vie & mœurs des nommés aux Prélatures.
Inquisition.
Interdits.
Jurisdiction Ecclésiastique.

Porte-feuille 564.

Légats & Nonces, & leurs pouvoirs en France.
Libertés de l'Eglise Gallicane.

Porte-feuille 565.

Liturgies & Cérémonies.
Mariages des Ecclésiastiques, & Clercs mariés.
Prêtres.

Porte-feuilles 566, & 567.

Provisions aux Bénéfices.

Porte-feuille 568.

Questions Canoniques.
Régale.

Porte-feuille 569.

Réformations de l'Eglise.
Résidence des Evêques.
Sacremens.

Porte-feuille 570.

Schismes.
Serment de fidélité au Roi par les Evêques.
Simonie.
Sorbonne.
Universités.
Usures.

Porte-feuilles 571-573.

A remplir.

Porte-feuilles 574, & 575.

Matières de Gouvernement.

Gouvernement en général.
Régences.
Minorités des Rois.
Majorités des Rois.

Porte-feuille 576.

Gouvernement intérieur du Royaume.

Porte-feuilles 577, & 578.

Etats du Royaume, tant Généraux que Particuliers.

Porte-feuille 579.

Noblesse.
Communes.
Populations.
Agriculture.
Subsistance des Pauvres.
Etablissement pour l'Instruction de la jeunesse.
Loix Somptuaires.
Postes & Relais.
Eaux & Forêts. [*Voyez* encore ci-après, N.° 695.]

Porte-feuilles 580, & 581.

Précautions pour la tranquillité de l'Etat.

Porte-feuilles 582, & 583.

Politique avec les Etrangers.

Porte-feuille 584.

A remplir.

Porte-feuille 585.

Succession à la Couronne.

Succession à la Couronne en général.
Questions sur la Succession à la Couronne après la mort de Henri III.
Succession des Princes Légitimés à la Couronne.
Prétentions des Princes Lorrains à la Succession de la Couronne.
Prétentions des Princes Etrangers à la Couronne.

Porte-feuilles 586, & 587.

Prérogatives de la Couronne.

Prérogatives générales de la Couronne.
Prérogatives particulières de la Couronne.
Préséances des Rois de France sur les autres Rois de l'Europe.
Suite des Prérogatives de la Couronne.

Porte-feuille 588.

A remplir.

Porte-feuille 589.

Maison du Roi, de la Reine, & des Enfans de France.

Maison du Roi en général.
Maison Militaire du Roi.

Porte-feuille 590.

Chapelle.
Cérémonies Ecclésiastiques de la Cour.
Services Domestiques. { Chambre. Bouche & ses Offices. Ecurie.

Porte-feuille 591.

Etats Généraux des Officiers qui composent la Maison du Roi.
Maison de Henri II.

de M. de Fontanieu, sur l'Histoire de France.

Porte-feuille 592.

Etats Généraux des Officiers & Domestiques qui composent la Maison de la Reine.
Maison de Catherine de Médicis.

Porte-feuilles 593, & 594.

Maison de la Reine.
Maison des Enfans de France.
Maison des Princes autres que les Enfans de France.
Bâtimens.
Meubles & Joyaux.
Etats de Dépenses.
Réglemens pour la Police de la Cour.
Droits des Officiers.
Privilèges des Officiers Commensaux des Maisons du Roi & de la Reine.
Réglemens des Fonctions des Officiers du Roi.
Logemens.

Porte feuille 595.

A remplir.

Porte-feuille 596.
Offices.

Offices en général.
Grands Officiers de la Couronne.

Porte-feuille 597.

Connétable.

Porte-feuille 598.

Chancellier.

Porte-feuille 599.

Maréchaux de France.
Colonel Général d'Infanterie.
Grand-Maître des Arbalêtriers, & de l'Artillerie de France.
Amiral.

Porte-feuille 600.

Grand-Maître.
Grand-Aumônier.
Grand-Chambrier.
Grand-Chambellan.
Grand-Pannetier.
Grand-Bouteiller de France.
Grand-Veneur & Venerie.
Grand-Ecuyer.
Grand-Voyer.
Grand-Prévôt.
Grand-Maréchal des Logis.

Porte-feuille 601.

Officiers Militaires-Gouverneurs des Provinces.
Gouvernement de Paris.
Gouverneur des Places.

Porte-feuille 602.

Pouvoirs des Généraux d'Armées.

Porte-feuille 603.

Offices concernant le Ministère, & Lieutenans-Généraux du Royaume.
Offices de Judicature.

Porte-feuille 604.

Offices de Finances.
Offices Municipaux.
Offices divers.

Porte-feuilles 605, & 606.

A remplir.

Porte-feuille 607.
Contrats de Mariage.

Contrats de Mariage en général.

Porte-feuilles 608, & 609.

Mariages des Rois de France, par ordre Chronologique.

Porte-feuilles 610-614.

Mariages des Princes du Sang & Princes Légitimés de France, par ordre Chronologique.

Porte-feuilles 615-617.

Mariages des Princesses du Sang de France, par ordre Chronologique.

Porte-feuille 618.

Mariages des Souverains & Princes Etrangers, par ordre Chronologique.

Porte-feuilles 619-623.

Mariages des Seigneurs & Particuliers, par ordre Alphabétique des noms des Maris.

Porte feuille 624.

Dissolutions de Mariages.

Portes-feuilles 625, & 626.

A remplir.

Porte-feuille 627.
Testamens & Donations.

Testamens en général.
Testamens des Rois & Reines de France, par ordre Chronologique.

Porte-feuille 628.

Testamens des Princes & Princesses de France, par ordre Chronologique.

Porte-feuille 629.

Testamens des Souverains & Princes Etrangers, par ordre Chronologique.

Porte-feuilles 630, & 633.

Testamens des Seigneurs & Particuliers, par ordre Chronologique.

Porte-feuille 634.

A remplir.

Porte-feuille 635.
Généalogies.

Généalogies en général.

Porte-feuille 636.

Généalogie de la Maison Royale.
Généalogies des Princes du Sang de France.

Porte-feuilles 637, & 638.

Généalogies des Souverains & Princes Etrangers, par ordre Alphabétique.

Porte-feuilles 639-644.

Généalogies des Seigneurs & Particuliers, tant François qu'Etrangers, par ordre Alphabétique.

3 Volumes, pour 645-647.

Recueil abrégé des principales Maisons du Royaume.

Porte-feuille 648.

Généalogies des Maisons Illustres.

Porte-feuilles 649, & 650.

A remplir.

Porte-feuilles 651-653.
Etat des Personnes.
Etat des personnes en général.
Etrangers & Aubains.
Naturalisation.
Chevalerie.
Personnes Ecclésiastiques.
Noblesse & Annoblissement.
Bourgeoisies & Rotures.
Rangs des Grands à la Cour, & entr'eux.

Porte-feuilles 654-656.
Armoiries.
Dignités.
Maisons des Grands Seigneurs
Etat des Femmes & Veuves.
Tuteurs & Mineurs.
Emancipations.
Ordre dans les Familles.
Bâtards, & Légitimations.
Servitudes & Affranchissemens.
Prisonniers de Guerres & Rançons.
Privilèges.

Porte-feuille 657.
Hommes illustres.

Porte-feuille 658.
A remplir.

Porte-feuilles 659-665.
Procès Criminels.
Des Procès Criminels en général, & de l'effet des Jugemens.
Procès Criminels en particulier, par ordre Alphabétique.
Procès Criminels faits à des Corps Etrangers.

Porte-feuille 666.
A remplir.

Porte-feuilles 667, & 668.
Pairies.
Mémoires généraux sur les Pairies.
Pièces concernant les Droits & Prérogatives des Pairs en général, par ordre Chronologique.

Porte-feuilles 669-671.
Pairies, par ordre Alphabétique.

Porte-feuille 672.
A remplir.

Porte-feuille 673.
Droit Féodal.
Droit Féodal en général.
Suzeraineté.
Justice Féodale.

Porte-feuille 674.
Hommages.

Porte-feuille 675.
Droits Féodaux.
Reconnoissances.
Service Militaire.
Dixmes Seigneuriales.
Droit de Monnoie.
Rentes foncières.

Porte-feuille 676.
Monnoies des Seigneurs dans le Royaume.
Fiefs de Danger.
Bail & Rachat, au Pays du Maine.
Extinction & Amortissement des Fiefs.
Franc-Alleu.
Douaires des Veuves sur les Fiefs, en Normandie.

6 Volumes, pour 677-682.
Ordonnances.
Ordonnances anciennes de nos Rois de la Troisième Race, jusqu'en 1350.

Porte-feuilles 683, & 684.
Suite des Ordonnances. — Coutumes.
Suite des Ordonnances. — Coutumes.

Porte-feuille 685.
Ordonnances sur diverses Matières.

Porte-feuille 686.
A remplir.

Porte-feuille 687.
Jurisdictions.
Jurisdiction en général.
Discussions entre les Jurisdictions Ecclésiastiques & Séculières.
Jugemens des Evêques & Ecclésiastiques.

Porte-feuille 688.
Conseil du Roi.

Porte-feuille 689.
Maîtres des Requêtes.
Chancellerie.
Commissions particulières.
Intendances.
Grand-Conseil.
Prévôté de l'Hôtel.
Maréchaux de France.

Porte-feuille 690.
Parlemens en général.
Parlement de Paris.

Porte-feuille 691.
Parlement de Toulouse.
——— de Bretagne.
——— de Provence.
——— de Grenoble.
——— de Bordeaux.
——— de Dijon.

Porte-feuille 692.
Parlement de Rouen.
——— de Pau.
——— de Flandres.
——— de Metz.
——— de Besançon.
Conseils Souverains.

Porte-feuille 693.
Chambre mi-partie.
Grands-Jours.
Chambres de Justice.

Porte-feuille 694.
Chambre des Comptes.

Bureau

de M. de Fontanieu, sur l'Histoire de France.

Bureau des Finances & Trésoriers de France.
Cours des Aydes.
Cours des Monnoies.

Porte-feuille 695.

Gens du Roi.
Eaux & Forêts.
[*Voyez* encore ci-devant, N.° 579.]
Voirie.
Amirautés.
Avocats & Procureurs.
Committimus aux Requêtes de l'Hôtel & du Palais.
Présidiaux.
Prévôtés.
Bailliages.
Sénéchaussées.
Châtellenies, &c.
Greniers à Sel.
Consuls.
Hôtel de Ville de Paris.

Porte-feuille 696.

Cours Supérieures Etrangères.
Privilèges des Cours Supérieures.
Discipline & Cérémonial des Cours.
Jurisprudence & Jugemens particuliers.
Formes Judiciaires.

Porte-feuilles 697, & 698.

A remplir.

Porte-feuille 699.

Guerre.

Guerre en général.
Réglemens généraux Militaires.
Déclaration de Guerre.

Porte-feuille 700.

Joustes & Tournois.
Guerres particulières, & Duels.

Porte-feuille 701.

Enseignes, Tentes & Pavillons Militaires.
Ban & Arrière-ban.
Troupes anciennes de différentes espèces.
Fonctions d'Officiers Militaires.

Porte-feuille 702.

Armemens & Artillerie.
Fortifications.
Guet & Gardes.
Redevances des Vassaux à leurs Seigneurs en cas de Guerre.
Impositions pour la Guerre.
Droit de Marque, & représailles.

Porte-feuille 703.

Relations de Sièges, Batailles & Campagnes.
Sermens & Enrôlemens des Gens de Guerre.
Pouvoirs des Généraux d'Armées.
Ecoles Militaires.

Porte-feuille 704.

Butin, & Prisonniers de Guerre.
Châtimens Militaires.
Police Militaire.
Amnisties.
Sauvegardes.

Rangs des Troupes entr'elles.
Privilèges des Gens de Guerre.
Dispenses Militaires.
Subsistance des Troupes.
Munitions de Guerre & de Bouche.
Hôpitaux & Soldats Invalides.

Porte-feuille 705.

A remplir.

Porte-feuille 706.

Finances.

Finances en général.

Porte-feuille 707.

Amortissemens, Francs-Fiefs, & nouveaux Acquêts.
Annuel, & Paulette.
Domaines & Bois.
Emprunts.

Porte-feuille 708.

Monnoies.

Porte-feuille 709.

Tailles.

Porte-feuille 710.

Impositions particulières.
Joyeux Avénemens.
Mines & Minières.
Octrois.
Pensions.

Porte-feuille 711.

Fermes & Gabelles.
Etats des Finances.
Dons & Acquits.
Dons & Confiscations.
Dons-Gratuits par le Clergé, les Provinces & les Villes.
Epargne & Trésor Royal.
Dépenses diverses.

Porte-feuille 712.

Projets de Finances.
Recherches des Financiers.
Rentes sur la Ville & le Clergé.
Système de Law.

Porte-feuilles 713, & 714.

A remplir.

Porte-feuille 715.

Commerce.

Commerce en général.
Or & Argent considérés comme Marchandises.

Porte-feuille 716.

Poids & Mesures.

Porte-feuille 717.

Foires.

Porte-feuille 718.

Canaux & grands Chemins.
Commerce. — Manufactures.
Privilèges exclusifs.
Droits du Roi sur le Commerce.
Commerce & Agriculture.
Commerce des Productions du Royaume.

Porte-feuille 719.

Commerce des Productions du Royaume, tant à l'intérieur qu'à l'extérieur.

Porte-feuille 720.

Commerce avec les Etrangers, en Europe.
Privilèges accordés aux Etrangers, commerçans en France.
Commerce en Asie, Afrique & Amérique.

Porte-feuille 721.

Commerce des Nations Etrangères entr'elles.

Porte-feuille 722.

Traités de Commerce avec les Puissances Etrangères.
Commerce Maritime.

Porte-feuille 723.

A remplir.

Porte-feuille 724.

Marine.

Marine en général.

Porte-feuille 725.

Marine Militaire.

Porte-feuille 726.

Marine Commerçante.

Porte-feuille 727.

Diverses Matières.

Mœurs & Usages.

Porte-feuille 728.

Singularités.

Porte-feuille 729.

Juifs.

Porte-feuilles 730-751.

Provinces.

Provinces en général.
Provinces par ordre alphabétique.

Porte-feuilles 752, & 753.

A remplir.

Porte-feuilles 754-770.

Pays Etrangers.

Histoire & Affaires Etrangères en général.
Histoire & Affaires Etrangères, par ordre alphabétique.

Porte-feuilles 771-773.

A remplir.

Porte-feuilles 774, & 775.

Domaine & Droits Domaniaux.

Domaine en général.
Domaines & Limites.

Porte-feuilles 776-789.

Domaine en particulier. — Provinces & Seigneuries du Royaume, par ordre alphabétique.

Porte-feuilles 790, & 791.

Domaine. — Droits du Roi sur divers Pays en général.
Domaine. — Droits du Roi en divers Lieux & Pays Etrangers, par ordre alphabétique.

Porte-feuille 792.

Droits Domaniaux.

Porte-feuilles 793, & 794.

Domaine. — Appanages.
Appanages en général.

Appanages en particulier.
Diverses exemptions des Princes appanagés, & Droits dont ils ont joui dans leurs Appanages, par ordre Chronologique.
Domaine. — Douaire des Reines, par ordre Chronologique.

Porte-feuilles 795-799.

Suite du Domaine. — Extraits des Registres de la Chambre des Comptes de Paris, par M. MÉNANT, Maître des Comptes, de tous les Titres concernans le Domaine de la Couronne.

Porte-feuilles 800, & 801.

A remplir.

Porte-feuille 802.

Extraits des Registres du Parlement.

Extraits des Registres du Parlement de Paris : 1364-1525.

Porte-feuille 803.

Extraits des Registres du Parlement de Paris, concernant les faits qui peuvent servir à l'Histoire générale du Royaume.

Porte-feuilles 804, & 805.

Extraits des Registres de la Chambre des Comptes de Paris.

Extraits des Livres & Chartes de la Chambre des Comptes.
Extraits des Registres de la Chambre des Comptes de Paris.

Porte-feuilles 806-808.

Divers Titres.

Notices & Inventaires de Titres.

Porte-feuille 809.

A remplir.

Porte-feuille 810.

Diverses Pièces.

Pièces sans date & sans titre.

Porte-feuille 811.

Solemnités.

Solemnités en général.

Porte-feuilles 812, & 813.

Sacres & Couronnemens des Rois de France.

Porte-feuilles 814, & 815.

Couronnemens des Reines de France.
Sacres & Couronnemens des Souverains Etrangers.

Porte-feuilles 816-819.

Entrées, Réceptions & Voyages des Rois de France dans la Capitale, & autres Villes du Royaume, par ordre Chronologique.

Porte-feuille 820.

Entrées, Réceptions & Voyages des Reines de France dans la Capitale, & autres Villes du Royaume, par ordre Chronologique.

Porte-feuilles 821-823.

Entrées, Réceptions & Voyages des Princes, Princesses, Ministres, Légats, Ambassadeurs, Prélats, &c. soit dans les Villes de France, soit dans les Cours & Pays Etrangers, par ordre Chronologique.

Porte-feuille 824.

Entrées, Réceptions & Voyages des Souverains Etrangers, dans les Villes & à la Cour de France.

Porte-feuille 825.

Entrevues des Souverains en général & en particulier, & Festins Royaux.

Porte-feuille 826.

Publications de Paix, Alliances & Déclarations de Guerre.

Porte-feuilles 827, & 828.

Fêtes & Réjouissances.

Porte-feuille 829.

Processions.

Porte-feuilles 830, & 831.

Mariages.

Porte-feuille 832.

Naissances, Baptêmes & Convalescences.

Porte-feuille 833.

Cérémoniaux du Parlement.

Porte-feuille 834.

Diverses Cérémonies.

Porte-feuille 835.

Rangs, Séances & Préséances.

Porte-feuilles 836, & 837.

Enterremens, Convois, Funérailles, Obsèques, Pompes & Services funèbres des Rois & Reines de France, par ordre Chronologique.

Porte-feuille 838.

Enterremens, Convois, Funérailles, Obsèques, Pompes & Services funèbres des Princes & Princesses du Sang de France, par ordre Chronologique.

Porte-feuille 839.

Enterremens, Convois, Funérailles, Obsèques, Pompes & Services funèbres des Grands-Officiers de la Couronne, & Personnages élevés en Dignité.

Porte-feuilles 840, & 841.

Enterremens, Convois, Funérailles, Obsèques, Pompes & Services funèbres des Souverains, Rois, Reines, Princesses, Ministres & Seigneurs Etrangers.

II.

DÉTAIL D'UN RECUEIL
D'ESTAMPES, DESSEINS, &c.

Représentans une Suite des Evénemens de l'Histoire de France, à commencer depuis les Gaulois, jusques & compris le Règne de Louis XV.

[Ce Recueil, formé par M. Fevret de Fontette, est aujourd'hui à la Bibliothèque du Roi.]

INTRODUCTION à l'Histoire. Gravée par *Picart*, 1731 : Frontispice.

Histoire des Gaulois : Partie I.

Religion des Gaulois, Mœurs, Coutumes, Antiquités, Médailles, Monnoies : Frontispice.

XLIV. Planches tirées du Livre de Dom *Martin*, représentans les Dieux, les Prêtres, les Sacrifices, les Tombeaux, les Ornemens des Gaulois, &c.

XX. Estampes, tirées du Tome I. de *Marcel*, représentans les Antiquités Gauloises, Habillemens, Mœurs & Coutumes des Gaulois.

Monnoies Gauloises, tirées de *Bouteroue*.

Histoire des Gaulois : Partie II.

Expéditions des Gaulois, & Guerres dans les Gaules : Frontispice.

Carte de la Gaule, par Robert : 1738, *in-fol.*

Aruns vient trouver Bellovese aux pieds des Alpes, & lui fait présent & à ses Troupes, de vin de Toscane ; l'an de Rome 164, (avant J. C. 590.)

Les Gaulois emportant l'or des Romains ; Camille arrive qui le leur enlève & les défait ; l'an de Rome 363, (av. J.C. 391 :) *Cochin* & *Bouchardon*, inv. *Le Bas*, sculpsit.

Passage des Tectosages d'Europe en Asie, sous la conduite de Brennus ; l'an de Rome 475, (avant J.C. 279.) *Cazes*, inv. *Cochin*, sc.

Fondation de la Colonie Romaine de Narbonne ; l'an de Rome 636, (avant J. C. 118.) *Cazes*, inv. *Tardieu*, sc.

Cépion, Général des Romains, enlève de Toulouse l'or que les Tectosages avoient enlevé du Temple de Delphes, & caché dans un Lac ou Marais ; l'an de Rome 647, (avant J. C. 107 :) *Le Clerc*.

Le Buste de César : *Lieuv*, dans l'Edition des Commentaires de César, par *Clarke*.

Autre, en Médaillon, avec sa mort au bas.

Armée de César entrant en Suisse ; l'an de Rome 695, (avant J. C. 59.) = César passe le Mont-Jura. = Défense de Genève, par les Suisses. = César bat les Suisses au passage de la Saône : 2 Planches. = Seconde Bataille, où il défait aussi les Suisses : 2 Planches. = Troisième Bataille, où les Suisses sont encore défaits, dans les montagnes où ils s'étoient retirés. (Ces huit Planches sont tirées de l'Edition de *Clarke*, dont les Planches sont gravées par *Huybertz*.)

IV. Plans représentans l'arrivée des Suisses dans les Gaules, & leur défaite par César, tirés de la Guerre des Gaules, traduite par Louis XIV.

Armées de César & d'Arioviste en présence : 695, *Clarke*.

Camp de César & d'Arioviste.

Crassus amène un renfort à César, & l'Armée d'Arioviste est entourée : 695, *Clarke*.

Défaite des Belges auprès du Fleuve *Axona* (l'Aisne,) par César : 696, 2 Planches, *Clarke*.

Autre Défaite des Belges, Nerviens, Artésiens, &c. sur les bords de la Sambre : 696, *Clarke*.

Dispositions de César contre les Nerviens & contre Ambiorix : an 700, 2 Planches, *Clarke*

Figure du Pont que César fit faire en dix jours pour traverser le Rhin : 700.

Mur ou Retranchement Gaulois, fait avec des poutres & des pierres : *Clarke*.

César marche contre les Carnutes, ou Chartrains, qui s'étoient révoltés : ils se soumettent & implorent sa clémence : *Bosse*, inv.

Siège de Gergovie, par César ; l'an 701, *Clarke*.

Le même, tiré de *Marcel*.

Siège de Paris, par Labienus : 701, tiré de *Marcel*.

Armées de César & de Vercingentorix : 701, *Clarke*.

Siège d'Alise, par César : 701, 4 Planches, *Clarke*.

Plan d'Alise & de ses Environs, pour l'Explication Topographique du Siège ; par (Dom *Jourdain* &) d'*Anville*.

Elévation de la Ville d'Alise, assiégée par César.

Autre, tirée de *Marcel*.

César fortifie son Camp contre les Beauvaisiens : 702, *Clarke*.

Les Beauvaisiens se dérobent & prennent la fuite : 701, *Clarke*.

Turris inaudita molis, &c. Siège de Marseille, par Trebonius : 704, *Clarke*.

La Ville de Paris couronnée par le Génie de la France, & enrichie par les Rivières de Seine & de Marne : *Hallé*, inv. *Simonneau*, sc. in-fol.

Premier Etat de la Ville de Paris, sous Jules-César : Autel consacré à Jupiter par les premiers Habitans de Paris : *Hallé*, inv. *Cochin*, sculpt.

Plan de la Ville d'Orléans : une grande feuille.

Dédicace de l'Autel de Narbonne, en l'honneur d'Auguste ; l'an 2 de J. C. *Cazes*, inv. *Cochin*, sc.

Défaite des Romains par les Francs, dans des Marais, à deux journées du Rhin ; l'an de J. C. 388.

Quatre-vingt mille Bourguignons à la prière de Stilicon, Lieutenant de l'Empire dans les Gaules, viennent sur le Rhin au secours des Romains : *Humblot*, delin. *Guelard*, sculpt.

Entrée des Bourguignons dans les Gaules, sous Gondicaire, leur premier Roi, en 407 : *Humblot*, delin. *Crespy*, sculpt.

Nôces d'Ataulphe, Roi des Wisigots, avec Placidie, fille de l'Empereur Honorius ; l'an 413 : *Cazes*, delin. *Cochin*, sculpt.

Histoire des François.

Frontispice.

Préliminaires de l'Histoire des François.

Frontispice.

Annales de la Monarchie Françoise : grand Frontispice, gravé par B. *Picart*.

Carte de l'Etat de la France, sous les Rois de la première Race, par *Robert* : 1740, in-fol.

Cartes des différens Etats de la Monarchie Françoise sous Jules-César, sous les Rois de la première, seconde & troisième Races, avec leurs Généalogies jusqu'à Hugues Capet : tirées de *Limiers*.

Carte générale de la Monarchie Françoise, contenant l'Histoire Militaire, depuis Pharamond jusqu'à l'année 1730, par le Sieur *Lemau de la Jaisse* : en 21 grandes feuilles.

Quatre différentes Tables des Guerres Françoises : 1.° Des Guerres contre l'Empire, depuis 482 jusqu'en 1684, en quatre grandes Planches. 2.° Des Guerres contre l'Espagne, depuis 503 jusqu'en 1719, en sept Planches. 3.° Des Guerres d'Italie, depuis 536 jusqu'en 1659, en huit Planches. 4.° Des Guerres Civiles, depuis 540 jusqu'en 1653, en sept Planches : toutes manuscrites, façon de Gravure imitée à la plume.

Tablettes historiques & chronologiques des Guerres de la Monarchie Françoise, par le Sieur de *Feuqueroles*, Ecuyer, en 5 Planches : depuis 418 jusqu'en 1703.

Généalogie ou Portraits des Ancêtres de Pharamond, depuis la Création jusqu'à ce Prince : en 90 Pièces.

Arbre généalogique des mêmes, depuis Antenor, Duc des Troyens : en 4 Feuilles.

Carte généalogique des Familles Royales de France, issues de la première & seconde Race, l'origine de la troisième, & les Branches que les deux premières ont formées : tirées de *Limiers*.

Les Portraits des Rois de France, depuis Pharamond jusqu'à Louis-le-Grand inclusivement : huit grandes Planches : *Romæ, Jacob de Rubeis*.

Gâteau Monarchique des soixante-cinq Rois de France.

Le Jeu des Rois de France, avec leurs Portraits : *Labelle*, sculpt. 38 Pièces.

Abrégé chronologique des Rois de France, instructif & récréatif, ou le Jeu des Rois de France, par le sieur du *Tertre*, gravé par *Fombonne* : une grande feuille.

PREMIÈRE RACE
Des Rois de France.

Frontispice.

Pharamond, premier Roi des François : Médaillon.

Inauguration sur un Bouclier ; tiré de *Montfaucon*.

L'an 420 de J. C. Proclamation de Pharamond, & la manière de l'élever sur le pavois : *Tardieu*, sculpt. Vignette.

Proclamation de Pharamond : 420.

Autre, gravée par *Thomassin*.

Copie de la même Cérémonie.

Autre Proclamation.

Autre : *De Fer*.

Trois Portraits, du Pape Boniface I. & des Empereurs Honorius & Théodose II. sous lesquels cet événement se passa.

Le Roi, après son élection, paroît en public dans un Char, tiré par des Bœufs : Vignette.

424. Pharamond fait composer & publier la Loi Salique : M. *Hec*, inv.

Autre petite Estampe du même sujet.

Rédaction de la Loi Salique : *Cochin*, sculpt.

Lettre grise représentant le même sujet.

Une Médaille du Règne de Pharamond.

428. Clodion le Chevelu, second Roi des François : Médaillon.

Clodion prend Cambray & plusieurs autres Villes d'alentour ; en 431 ou 435.

431 à 441. Clodion passe avec son Armée la Forêt Charbonnière : *De Fer*.

435 ou 437. Aëtius, Général des Romains, oblige les Francs à repasser le Rhin.

Aëtius saisissant le moment d'une Noce de l'un des plus grands Seigneurs de l'Armée de Clodion, le surprend près du Bourg d'Eléna, (aujourd'hui Lens,) & le défait.

Une Médaille du Règne de Clodion.

446 ou 448. Mérouée, troisième Roi des François : Médaillon.

S. Loup, Evêque de Troyes, va au-devant d'Attila, & l'empêche de ruiner cette Ville ; 451 : M. *Devos*, inv. G. *de Jode*, excud.

451. Bataille près de Châlons en Champagne, dans laquelle Aëtius, secondé des François & des Wisigoths, défait & met en déroute Attila.

La même défaite : *De Fer*.

Attila fait préparer un bûcher pour s'y jetter, croyant

concernant l'Histoire de France.

ses affaires désespérées, après la Bataille de Châlons: 451.
Portrait d'Aëtius.
Médaille du Règne de Mérouée.
456 ou 458. Childéric, quatrième Roi des François: Médaillon.
Childéric fait assassiner plusieurs de ses Sujets, & fait insulte à leurs femmes.
460. Viomade conseille à Childéric de se retirer.
Childéric est obligé de se sauver pendant la nuit, à cause de ses excès.
Childéric se retire chez le Roi de Thuringe, duquel il est bien reçu.
Ce Prince violant le droit d'hospitalité, abuse de Bazine, femme du Roi de Thuringe.
463. Childéric rappellé par ses Sujets, défait le Comte Gilles, que les Francs avoient élu Roi en sa place.
La même défaite: Vignette.
466. Bazine vient trouver Childéric, & abandonne son mari: R. *Urbin*, inv.
Childéric épouse Bazine; & la première nuit de ses noces, il a une vision, qui lui représente l'état à venir du Royaume.
481. Pièces (trouvées dans la suite à Tournay,) dans le Tombeau du Roi Childéric: *Sevin*, sculps.
Autres, en trois Pièces; tirées de *Montfaucon*.
Une Médaille du Règne de Childéric.
Clovis, premier Roi Chrétien des François: Frontispice & Médaillon.
486. Bataille de Soissons, gagnée par Clovis, sur Syagrius, Général des Romains: Vignette.
Bataille de Soissons; par *Etienne Picart*.
487. Syagrius est envoyé à Clovis par Alaric, Roi des Wisigoths, auprès duquel il s'étoit retiré: P. *Galle*, excud.
493. Clovis épouse Clotilde, fille de Chilpéric, Roi des Bourguignons.
Portrait de cette Reine, demandant à Dieu la conversion du Roi son mari.
Clotilde amène son époux à S. Remi, qui lui donne les premières notions du Christianisme: *De Fer*.
Baptême du fils aîné de Clovis, qui étant mort quelque temps après, empêcha pour lors la conversion du Prince.
496. Bataille de Tolbiac, où les Allemans furent défaits par Clovis, qui fait vœu de se faire baptiser.
Autre Bataille de Tolbiac.
Petite Vignette, représentant le Baptême de ce Prince.
Autre: *Cochin*, fecit.
Baptême de Clovis: *Le Clerc*, fecit.
Autre: *Thomassin*, d'après le Clerc.
Clovis est baptisé par S. Remi, Archevêque de Reims: sa sœur & trois mille personnes de son Armée suivent son exemple: B. *Picart*, fecit.
Autre grande Estampe représentant le Baptême de ce Prince: M. *Lasne*, fecit.
Institution de l'Armée de ce Prince, par S. Remi: C. M. *Cochin*, inv. & sculps.
L'Ange apporte les Fleurs de Lys à l'Hermite de Joyenval: Planche en bois.
496. Clovis après son Baptême fait abattre les Idoles: M. *Devos*, G. de *Jode*, excud.
Clovis foulant aux pieds les Idoles & faux Dieux du Paganisme: *Mariette*.
500. Bataille de Dijon, où Clovis défit Gondebaud, Roi des Bourguignons.

506. Clovis fait bâtir l'Eglise de S. Pierre & de S. Paul, depuis appellée de Sainte-Geneviève, (qui y fut enterrée en 512.)
Une Procession de la Châsse de Sainte-Geneviève: *Leonardus Galter*.
507. Bataille de Vouglé, près Poitiers, gagnée contre Alaric, qui y fut tué par Clovis.
Carte des Environs de Poitiers, pour l'intelligence de cette Bataille: Dessinée & enluminée.
Clovis tue Alaric: Vignette.
Clovis dans le temps qu'il perce Alaric, est frappé des deux côtés de coups de lances, par deux Wisigoths: Ed. *Bouchardon*, delin. C. Nic. *Cochin*, sculps.
Histoire d'Alaric, tirée du Poëme de Scudery; en treize Morceaux: F. *Chauveau*, fecit.
Entrée de Clovis dans Toulouse: *Humblot*, inv. *Tardieu*, sculps.
509. L'Empereur Anastase envoye à Clovis le titre & les ornemens de Patrice, de Consul, & même d'Auguste, & le Diadême Impérial: Jos. *Arpinas*, inv.
Clovis se revêt de ces Ornemens dans l'Eglise de S. Martin de Tours, monte à cheval dans le Parvis de cette Eglise, & fait des largesses au Peuple.
Plan de l'ancien Paris, qui devient la Capitale du Royaume.
510. Clovis devient cruel, & fait emprisonner & exécuter plusieurs petits Souverains qui étoient renfermés dans ses Etats.
Clodoric, Roi de Cologne, est tué d'un coup de hache, par ordre de Clovis.
511. Concile d'Orléans en Juillet, où se trouvèrent trente-deux Prélats, qui y établirent les vrais principes du droit de Régale: *Hallé*, inv. Ch. *Simoneau*, sculps.
Portrait de Clovis, mort à l'âge de 45 ans, le 26 Novembre, après en avoir régné trente.
Tombeau du même, comme il se voit en l'Eglise de Sainte-Geneviève, avec les Epitaphes en Latin & en François.
Histoire de Clovis, tirée du Poëme de Desmarets, en 26 morceaux: *Chauveau*, fecit.
La même, en petit: *Ibidem*, 24 Morceaux.
Portraits d'Aurélian & de Meflo, Chanceliers de France sous Clovis, dans un joli cartouche.
Une Médaille du Règne de Clovis.
Une autre, avec celle de son Epouse: Cartouche; par *Debie*.
Monumens de Clovis & de ses fils, tirés de *Montfaucon*.
Six pièces de Monnoie de Clovis.
512. Les Etats de Clovis partagés entre ses quatre fils: Frontispice.
Childebert, Roi de Paris, joint à ses frères Clodomir & Clotaire, livre bataille à Sigismond, Roi de Bourgogne, & le défait.
523. Sigismond, après cette défaite, se retire dans un Cloître, d'où Clodomir, Roi d'Orléans, le fait tirer & jetter dans un puits avec sa femme & ses enfans.
524. Bataille de Veserone contre Gondemar, Roi de Bourgogne, où Clodomir fut tué.
Portrait de Clodomir.
531 ou 532. Clotaire joint à son frère Thierry, Roi d'Austrasie, ayant défait à la Bataille d'Onstruc Hermanfroy, Roi de Thuringe, épouse Radegonde, nièce du défunt, qui lui fut amenée captive.
Portrait de cette Reine, qui après six ans de mariage se fit Religieuse, & fonda l'Abbaye de Sainte-Croix de Poitiers: J. *Messager*, excud.
Childebert défait & tue Amalaric, Roi des Wisigoths, & prend la Ville de Narbonne, où étoient tous ses tré-

fors, pour venger fa fœur Clotilde, femme d'Amalaric, que ce Prince traitoit fort mal.

Portrait de cette Princeffe.

Arégifile veut affaffiner Munderic, révolté en Auvergne, & en eft tué lui-même. Munderic eft tué enfuite par les foldats de l'Armée de Childebert, près de Vitry en Auvergne : *Mariette*.

533. Clotaire, Roi de Soiffons, fait maffacrer deux enfans de Clodomir leur frère : M. *Heemskerck*, inv. *Goltzius*, excud.

Maffacre des deux enfans de Clodomir. Childebert veut détourner fon frère Clotaire d'immoler l'un d'eux : *Bouchardon*, inv. *Cochin*, fculpf. 1740.

Clotaire affaffine les enfans de Clodomir : on fauve le troifième, nommé Clodoalde.

Clodoalde ayant été fauvé & caché, fe fait Prêtre lorfqu'il a atteint l'âge compétant : en 551.

Portrait de ce Prince, connu fous le nom de S. Cloud : à Paris, chez *Landry*.

534. Siège & Prife d'Autun : Fuite de Gondemar, dernier Roi de Bourgogne, défait par les enfans de Clovis : *Humblot*, delin. *Guelard*, fculpf.

534. Portrait de S. Remi, Archevêque de Reims, mort environ cette année : Matt. *Voff*, inv. C. *de Pas*, excud.

Le rare & fomptueux Tombeau de S. Remi : Gafp. *Bauffonet*, delin. Et. *Moreau*, fculpf.

Autre, plus grand : Et. *Moreau*, fculpf.

541 ou 542. Childebert & Théodébert faifans la guerre à Clotaire, & refufans la paix que leur mère Clotilde leur demandoit, arrive un orage qui les épouvante avec leurs armées, & fait conclure la paix.

543. L'Evêque de Sarragoffe fait porter à Childebert la Tunique de S. Vincent, pour empêcher que la Ville ne fût mife au pillage : *De Fer*.

544. Portrait de S. Céfaire, Archevêque d'Arles, mort en cette année : il étoit né en 470, près de Châlon-fur-Saône.

548. Parthénius, Miniftre des Rois Théodébert & Théodébald, eft lapidé à Trèves par le Peuple, à caufe des grands impôts dont il l'avoit furchargé.

549. Mort de la Reine Clotilde, femme de Clovis : R. S. inv.

Portrait de la même, comme il fe voit à Sainte-Geneviève.

Clotilde, femme de Clovis I. à Sainte-Geneviève : fon Tombeau.

555 ou 556. Vue de l'Eglife de Saint-Vincent, bâtie à Paris par le Roi Childebert, à l'honneur de ce Saint, dont il avoit apporté la Tunique & une Côte, que l'Evêque & les Habitans de Saragoffe lui avoient données pour l'engager à lever le Siège de leur Ville.

Fondation de l'Abbaye de S. Vincent, appellée depuis S. Germain-des-Prés. Conftruction de l'Eglife & du Monaftère par Childebert : *Cazes*, inv. *Tardieu*, fc.

Plan de la Bataille de Cafilin (en Italie,) gagnée par Natsès, Général des Romains, fur les François.

558. Portrait de Childebert, mort en cette année.

Tombeau de Childebert & de fon Epoufe Ultrogothe, qui font dans l'Eglife de S. Germain-des-Prés.

Ultrogothe, femme de Childebert I. à S. Germain-des-Prés.

Médaille du Règne de Childebert.

Deux Pièces de Monnoies de Théodoric.

Neuf Pièces de Monnoies de Théodébert.

Trois Pièces de Monnoies de Childebert I.

560. Clotaire livre Bataille à fon fils Chramne, qui s'étoit révolté contre lui, le défait & le brûle avec toute fa famille, dans une maifon où il s'étoit retiré.

La même Bataille : *De Fer*.

Clotaire ayant fait étrangler, avec une ferviette, fon fils Chramne, fait mettre le feu à la maifon où étoit le cadavre.

Mort de Chramne : *Humblot*, inv. & delin.

Incendie de l'Eglife de Tours, lorfque Clotaire y pourfuivoit le rébelle Willichaire, beau-père de Chramne.

Clotaire fait bâtir l'Eglife de S. Médard de Soiffons, où il eft enterré.

661. Portrait de ce Roi, mort à Compiègne.

Monumens de Childebert & de Clotaire I. tirés de *Montfaucon*.

Portrait & Blafon de Mᵉ Baudin, premier Chancelier de France fous Clotaire I.

Blafon des Armes de Landregefile, Duc & Maître de la Chevalerie de France, fous le même.

Médaille du Règne de Clotaire.

Pièces de Monnoie de Clotaire I.

Chilpéric, Roi de Soiffons, fe faifit des tréfors de Clotaire après fa mort.

562. Ses frères le contraignent de leur en faire part, & de partager au fort le Royaume, comme après la mort de Clovis.

Après la mort de Clotaire, fes enfans tirent au fort pour partager fon Royaume : *De Fer*.

563 ou 565. Triomphe de Sigebert, Roi d'Auftrafie, après la défaite des Abares.

566. Portrait de Caribert, Roi de Paris, mort cette année.

Autre, du même.

Médaille du Règne de ce Prince.

Portrait d'Ingoberge, femme de Caribert.

Gontran, Roi d'Orléans, fait enfermer dans le Monaftère d'Arles, Théodégilde, autre femme de Caribert, après qu'elle lui eut livré les tréfors de fon mari.

568. Chilpéric, Roi de Soiffons, étrangle fa femme Galfvinde, à la perfuafion de Frédégonde, & pour l'époufer.

Chilpéric fait hacher en pièces Sigille, principal Miniftre de fon frère Sigebert.

569. Chilpéric accufe des Abbés & des Prêtres d'avoir favorifé la révolte de fes Peuples, & les fait mourir de différens fupplices, attachés à des poteaux.

575. Sigebert, Roi d'Auftrafie, affiège fon frère Chilpéric dans Tournay.

Frédégonde envoie des affaffins, qui maffacrent le Roi Sigebert.

Sigebert tué par ces affaffins, eft emporté par fes foldats, & les deux affaffins font mis à mort.

Portrait de ce Roi.

Médaille du même.

Autre, frappée à Autun.

Huit Pièces de Monnoie de Sigebert I.

576. Chilpéric reprend la Ville de Soiffons, qui s'étoit foulevée contre lui : *De Fer*.

Portrait de Mérouée, fils de Chilpéric, qui fe révolta deux fois contre fon père, & qui époufa Brunehaut après la mort de Sigebert.

579. Chilpéric chaffe de leurs Sièges les Evêques de Bordeaux, Périgueux, Limoges, Mende, Eaufe, Comminges & Bazas.

580. Dieu afflige la France de fes trois fléaux, la guerre, la pefte & la famine, en punition des crimes de Chilpéric.

582. Mommol, Sagittaire & autres, font proclamer Roi Gondebaud, qui fe difoit fils de Clotaire I.

Portrait de ce Prince.

584. Chilpéric revenant inopinément de la chaffe,

concernant l'Histoire de France.

touche sa femme Frédégonde avec sa baguette : elle qui croyoit que c'étoit Landry son amant, laisse échapper quelques mots qui découvrirent au Roi l'intrigue qu'elle avoit avec ce favori : *Picart*, fecit.

Autre Estampe représentant le même sujet, & l'assassinat de Chilpéric.

Blason des armes de Landry.

Portrait de Chilpéric, tiré sur sa sépulture qui est à Saint-Germain-des-Prés.

Autre avec celui de ses trois femmes, encadré.

Tombeau du même.

Médaille de son Règne.

Frédégonde prie le Roi Gontran de prendre la tutéle & la défense de Clotaire son fils, qui n'avoit que six mois quand son père Chilpéric mourut.

585. Destruction de la Ville de Comminges, qui fut livrée par Mommol au Roi Gontran, avec Gondebaud, prétendu Roi, & brûlée par les soldats de ce Roi.

Concile de Mâcon, assemblé par ordre du Roi Gontran.

Blason des armes de Luppa de Brandebourg, Duc & Maître de la Chevalerie sous Chilpéric.

587. Duels & Combats permis par le Roi Gontran, selon la Loi Gombette.

Défaite & mort de Didier, Duc de Toulouse, devant Carcassonne : *Cazes*, inv. *C. N. Cochin*, sculps.

Portrait de Radegonde, épouse de Clotaire I. morte cette année en odeur de sainteté.

Sainte Radegonde, femme de Clotaire I. à Poitiers : Effigie.

590. Frédégonde fait assassiner Prétextat, Evêque de Rouen : *Ciartres*, excud.

S. Colomban arrive en France : le Roi Gontran le prie de s'arrêter dans ses Etats, & lui offre tout ce qu'il pourra demander. Il se fixe à Luxeu.

Une fille que Grégoire de Tours appelle la Judith Françoise, tue Amalon, Duc de Champagne, qui la vouloit violer : M. *Heems*, inven.

Portrait de la même, tiré des Femmes fortes du Père Le Moine.

593. Portrait de Gontran, Roi d'Orléans & de Bourgogne, mort sans enfans, cette année, âgé de soixante ans.

Médaille du Règne de Gontran.

Douze Pièces de Monnoie de Chérebert.

Deux Pièces de Monnoie de Gontran.

Bataille de Soissons, où l'Armée de Childebert fut défaite par celle de Frédégonde : *N. Cochin*.

Frédégonde se fait voir à toute l'Armée, tenant son fils Clotaire entre ses bras : *De Fer*.

594. Gundemar, Roi d'Espagne, fait hommage de son Royaume à Clotaire II. Roi de Soissons.

595. S. Grégoire, Pape, écrivant à Childebert II. gr. par *Mellan*, 1681.

596. Portrait de Childebert, mort de poison dans le cours de cette année.

Cinq Portraits des Référendaires, ou Chanceliers de France, sous ce Règne.

Trois Pièces de Monnoie de Childebert II.

597. Portrait de Frédégonde, femme de Chilpéric I. morte cette année, tiré de son Tombeau à Saint-Germain-des-Prés.

Autre Portrait de la même.

Tombeau de Frédégonde à Saint-Germain-des-Prés.

Tombeau de la même : *Chaufournier*, in-fol.

Autre Tombeau de cette Reine.

605. Les Barons François tuent le Duc Protade, parcequ'il dissuadoit la paix entre les deux frères, Théodébert & Théodoric.

Blason des armes du Duc Protade : *Joan. Stradanus*, inv. *Phil. Gal*, excud.

612. Théodoric, Roi d'Orléans, ayant défait le Roi Théodébert, l'assiège à Cologne, où les habitans le tuent, & jettent sa tête par-dessus la muraille à Théodoric.

Portrait de Théodébert.

613. Portrait de Théodoric, mort en cette année.

Tombeau de Clodoïlde, femme de Thierry I. à Saint-Vast d'Arras.

Deux Pièces de Monnoie de Thierry II.

Clotaire fait attacher la Reine Brunehaut à la queue d'un cheval.

La Reine Brunehaut est traînée à la queue d'un cheval, puis coupée par morceaux.

Portrait de cette Reine.

Tombeau de la même, tel qu'on le voit dans l'Eglise de Saint-Martin d'Autun.

616. Clotaire II. règne seul sur la Monarchie Françoise : Frontispice & Médaillon.

Clotaire II. ayant réuni toute la Monarchie Françoise, fait publier les Loix Ripuaires, & tient souvent des espèces de Parlemens ambulatoires, nommés Placita : *M. Heemskerck*, invenit.

626. Clotaire défait entièrement l'armée des Saxons, coupe la tête à leur Duc Bertoalde, & la fait mettre & porter au bout d'une pique : *Boucher*, inv. *Bacquoy*, fecit.

Portrait de Clotaire II. mort en cette année, tiré du Cabinet du Roi.

Deux autres Portraits du même, avec celui de sa femme Bertrude, & leurs Epitaphes.

628. Bertrude, femme de Clotaire II. Effigie à Saint-Germain-des-Prés.

Médaille du Règne de Clotaire II.

Les Blasons de quatre Maires du Palais qui ont été sous son Règne.

629. Dagobert vient à Saint-Denys, & laisse en présent à cette Eglise un Diplôme contenant la donation d'Estrepagny, qui faisoit partie de son Domaine : *Hallé*, inv. *Simonneau*, sculpt.

630. Portrait de Charibert, fils de Clotaire II. Roi d'Aquitaine, mort en cette année.

Dagobert son frère fait bâtir l'Eglise de Saint-Denys : *De Fer*.

Grand Plan de cette Eglise & de la Ville de Saint-Denys, levé sur les lieux & gravé par *Inselin*.

Plan des Tombeaux du Chœur : *Leblond* & *Giffard*.

L'Armée de Dagobert est défaite par les Sclavons.

Portrait de Samon, Roi des Sclavons.

638. Dagobert fait corriger les Loix.

Portrait de Dagobert, mort à Epinai le 19 Janvier 638, tiré de S. Denys où il est enterré.

Autre Portrait du même, avec ceux de Gomatrude & Nantilde ses femmes.

Mausolée de Dagobert, tiré de *Montfaucon*.

Médailles de son Règne.

Quinze Pièces de Monnoie de Dagobert I.

Deux Portraits de ses Chanceliers : *Robert* & *Aubert*.

Monumens de Sigebert, de Chilperic, de Frédégonde & de Dagobert I. tirés de *Montfaucon*.

Autre de Dagobert & de ses deux fils : *Idem*.

Commencement de l'autorité des Maires du Palais : Frontispice.

Clovis II. âgé de cinq ans, reconnu Roi sous la conduite d'Æga.

640. Révolte de Radulphe, Roi de Thuringe: *Boucher*, inv. *Mathey*, fecit.

650. Portrait de Reynofle, cousine de Sainte Gertrude, poursuivie & recherchée par Ebroïn, Maire du Palais: *Adrian Collaert*, inv. & excud.

651. Clovis II. pour nourrir les pauvres fait enlever de l'Eglise de Saint-Denys les lames d'or & d'argent qui couvroient les Tombeaux de Saint Denys & de ses Compagnons, & fait distribuer du pain pendant la disette: *De Fer.*

654. Grimoald est assassiné: *Boucher*, inv. *Bacquoy*, fecit.

656. Portrait de Clovis II. tiré de l'Abbaye de Saint-Denys, où il est enterré.

Autre du même.

Médaille du Règne de ce Prince.

Cinq Pièces de Monnoie de Clovis II. & de ses fils Clotaire III. Childéric II. Thierry III.

Portrait de Sainte Bathilde, femme de Clovis II.

La Reine Bathilde se retire au Monastère de Chelles, qu'elle avoit fait bâtir: *De Fer.*

Bathilde veut se retirer à Chelles.

Sainte Bathilde, femme de Clovis II. à l'Abbaye de Chelles.

Histoire de cette Sainte: en huit Morceaux.

659. Portrait de S. Eloi, Evêque de Noyon, Ministre sous Dagobert & Clovis II. mort le 1 Décembre 659.

670. Portrait de Clotaire III. mort en cette année: il est enterré à Chelles.

Médaille du Règne de ce Prince.

Ebroin, pour sauver sa vie, est obligé de se réfugier dans une Eglise: il est renfermé dans le Monastère de Luxeu: *De Fer.*

673. Bodillon, Gentilhomme François, maltraité par Childéric, l'assassine dans la Forêt de Livry.

Childéric II. est assassiné avec sa femme & son fils.

Meurtre du même, de la Reine sa femme & de son fils Dagobert: *Boucher*, inv.

Portrait de Childéric II. *Debie.*

Médaille de son Règne.

Portrait d'Anségise, Maire du Palais sous Childéric II. & de Begga sa femme, dont sont descendus Charles-Martel & Charlemagne.

Blason des Armoiries du même, & de deux autres Ducs du même temps: Bertrand de Schwactsbourg & Walfroid ou Ulfrad, sous Childéric II.

Soumission des Rébelles de Nismes au Roi Wamba: *Restout*, inv. *Cochin*, sc.

Ebroin sorti de son Monastère, cherche & suppose un faux Clovis, qu'il disoit être fils de Clotaire III. & le fait reconnoître pour Roi: *De Fer.*

Clotilde de Saxe, femme de Dagobert II. Son Tombeau à Nancy.

678. Martyre de S. Léger, Evêque d'Autun, à qui Ebroin, Maire du Palais de Thierry, fit couper la tête.

681. Portrait d'Ebroin, Maire du Palais, assassiné vers cette année.

688. Commencement des Rois Fainéans: Frontispice.

Thierry II. paroît en public sur un char tiré par des bœufs.

Les Rois devenus fainéans, se montrent à leur peuple le premier jour de Mai sur un Perron, ou bien ils étoient solemnellement menés dans un chariot traîné par des bœufs.

La même Cérémonie: *N. Cochin*, fecit.

690. Médaille du Règne de Thierry. = Son Portrait: *Debie.*

Pepin reçoit les ôtages des Frisons, qu'il avoit défaits: *De Fer.*

693. Grande Assemblée de Valenciennes, tenue sous Clovis III. au mois de Mars.

695. Médaille du Règne de Clovis III. = Son Portrait: *Debie.*

696 ou 697. Portrait de Nordbert, Lieutenant de Pepin, Maire du Palais en Neustrie, sous Clovis III. puis sous Childebert II. mort en 696 ou 697. Pepin met en sa place Grimoald, son jeune fils.

706. Bataille de Dorstat, où Pepin défait Ratbod, Roi des Frisons: *De Fer.*

707 ou 708. S. Lambert, Evêque de Mastricht, est assassiné à Liège, par Dodon.

Médaille du Règne de Childebert III. = Son Portrait: *Debie.*

711. Pepin fait reconnoître Dagobert III. pour Roi, âgé de 12 ans, dans une Assemblée générale.

Dagobert III. paroît en public sur un char traîné par des bœufs, pour recevoir les dons & Etrennes des François: *De Fer.*

714. Portrait de Pepin d'Héristal, mort en cette année.

Portrait de Sainte Plectrude, sa première femme: *F. Sadeler*, fecit.

716. Médaille du Règne de Dagobert III. = Son Portrait: *Debie.*

Rainfroy, Maire du Palais, tire Chilpéric du Monastère où il étoit enfermé, & lui donne la Couronne: *De Fer.*

Un Soldat de l'Armée de Charles-Martel met l'épouvante dans le camp de Chilpéric II.

Le même événement: *Boucher*, inv. *Bacquoy*, sc.

720. Portrait de Chilpéric II. mort & enterré à Noyon.

Médaille du Règne de ce Prince.

721. Défaite des Sarrasins devant Toulouse, par Eudes, Duc d'Aquitaine: *Humblot*, inv. *Tardieu*, sc.

719 à 723. Charles-Martel envoie S. Boniface prêcher la foi Chrétienne aux Saxons: *Le Clerc*, fecit.

Deux Portraits de S. Boniface: M. *Van-Lochon*, exc. *Car. de Mallery*, fec. T. *Galle*, excud.

S. Adalbert prêche la Foi aux Frisons: R. *Sadeler*, invenit.

731. Bataille de Narbonne, où les Sarrasins furent vaincus par les François.

732. Charles-Martel défait entièrement l'Armée des Sarrasins, entre Tours & Poitiers: *Boucher*, inv. *Bacquoy*, fecit.

Autre: *De Fer.*

Charles-Martel vainqueur des Sarrasins: C. N. *Cochin*, fecit.

Charles-Martel défait les Sarrasins.

737. Deux Médailles du Règne de Thierry de Chelles, mort en cette année. = Son Portrait: *Debie.*

Portrait & Blason des armes de Meliardus, Chancelier de France sous Thierry.

Suite de l'Interrègne de 737 à 743: Frontispice.

Grégoire III. envoie des Ambassadeurs à Charles-Martel, & lui fait présenter les clefs du Sépulchre de S. Pierre, & quelques parcelles de ses liens.

Tombeau de Charles-Martel, enterré à S. Denys près de Clovis III.

Portrait de Charles-Martel.

Portrait d'Euchérius, Evêque d'Orléans, qui eut la vision de Charles-Martel.

749. Pepin met en fuite les Bavarois.

750. Ambassade des François au Pape Zacharie, pour être

être dispensés du serment de fidélité envers leur Roi Childéric III.

751. Childéric est détrôné, rasé & renfermé dans le Monastère de Sithieu ou Saint-Bertin, & Pepin élu Roi de France.

Childéric est rasé & fait Moine : *De Fer.*

Médaille du Règne de Childéric.

Monumens des Rois Mérovingiens : sept Planches, tirées de *Montfaucon.*

Monnoies Françoises de la première Race, au nombre de cinquante-huit, & Monétaires inconnus au nombre de trente : en quatre Planches.

Fin de la première Race : Cartouche.

SECONDE RACE
Des Rois de France.

Frontispice de l'Histoire de la seconde Race.

L'Europe Françoise, ou la Description générale des Empires, Royaumes, &c. qui ont été possédés en divers temps par la Maison de France : *in-fol.* Jean *Boisseau.*

Pepin le Bref défait les Saxons, subjugue le Comté de Bretagne, soumet l'Aquitaine, donne au Pape l'Exarchat de Ravenne : *Cochin,* inv. *Prévost,* sculp.

752. Pepin élu par les Etats, va prendre possession du Trône & de la Couronne : *De Fer.*

Pepin tue un Lyon & un Taureau en présence du Peuple.

Pepin tue un Lyon, pour montrer à quelques Seigneurs François qui le méprisoient, à cause de sa petite taille, qu'il avoit de la force, & plus que ceux qui tenoient de pareils propos : *A. Tempeste,* inv. *Math. Merian,* fecit.

Vignette représentant le même sujet : *Boucher,* inv. *Mathey,* sculp.

Sacre du Roi Pepin.

754. Consécration de Pepin, par le Pape Etienne III. dans l'Eglise de Saint-Denys, de sa femme & de ses deux fils : *Cochin.*

754 & 755. Défaite d'Astolphe, Roi des Lombards, par le Roi Pepin, qui passa en Italie à la prière du Pape Etienne III. à qui il donna l'Exarchat de Ravenne.

756. Constantin Copronyme espérant recouvrer l'Exarchat de Ravenne, envoye au Roi Pepin le Chef de S. Jean, avec beaucoup d'autres Reliques, que ce Roi envoya à l'Abbaye de Saint-Jean-d'Angely. = Portrait du Chef de S. Jean-Baptiste : *Piquet,* inv. *Messager,* excud.

759. Estampe représentant une Cour plénière que nos Rois de la Seconde Race tenoient aux Fêtes de Noël & de Pâque : *C. N. Cochin,* inv.

Autre Estampe représentant un Champ de Mars, ou Assemblée générale, qui sous Pepin commença de se tenir au mois de Mai : *Idem.*

768. Portrait de Pepin : *Debie.*

Berthe, femme de Pepin : son Tombeau à S. Denys.

Monumens de Pepin, représentant sa Famille : trois Planches, tirées de *Montfaucon.*

Six Médailles du Règne de Pepin.

Quatre Pièces de Monnoie du même.

772 & 773. Charlemagne subjugue les Saxons, est couronné Empereur d'Occident par le Pape Léon III. soumet l'Allemagne & l'Italie, est l'appui de la Religion & le restaurateur des Lettres & des Arts : *Cochin,* delin. *Prévost,* sculp.

Charlemagne défait les Saxons qui s'étoient révoltés, & fait pendre les principaux auteurs de la révolte.

Il parcourt leur pays avec son Armée, & fait brûler plusieurs de leurs Bourgades.

Tome *IV.* Part. *II.*

Il les oblige à recevoir la Foi Chrétienne, & fait abattre leurs Idoles.

774. Charlemagne ayant défait Didier, Roi des Lombards, s'empare de Pavie.

Didier est amené prisonnier devant Charlemagne.

Donation de l'Exarchat de Ravenne au saint Siège, par Charlemagne : *Et. Picart.*

Charlemagne confirme la donation de l'Exarchat de Ravenne faite au saint Siège, par le Roi Pepin, en se réservant la suzeraineté. Le Pape Adrien I. le reconnoît Roi d'Italie & Patrice de Rome.

Le Pape Adrien déclare que les Archevêques & Evêques prendront l'Investiture de Charlemagne dans toute l'étendue de sa donation : *Le Pautre,* sculp.

778. Portrait du fameux Rolland, tué à la Bataille de Roncevaux, où Loup, Duc de Gascogne, battit l'Arrière-garde de l'Armée de Charlemagne.

782-784. Charlemagne bat les Saxons : piqué d'un échec qu'avoient eu ses Généraux, il s'en fait livrer quatre mille, & les fait mettre à mort : *Muller,* fecit.

790. Diette d'Aquitaine, tenue à Toulouse : *Cazes,* inv. *Cochin,* sculp.

794. Concile de Francfort convoqué par Charlemagne, au sujet des Images : *Cochin,* fecit.

800. Assemblée des Evêques, Abbés & Prélats dans l'Eglise de S. Pierre de Rome : Charlemagne & le Pape y président assis à côté l'un de l'autre ; le Pape se justifie : *Le Pautre,* inv. & sculp.

L'Empire d'Occident qui avoit fini l'an 476, en la personne d'Auguste, recommence dans celle de Charlemagne : Frontispice.

Charlemagne couronné Empereur à Rome.

Charlemagne est couronné Empereur par le Pape Léon III. *Cochin,* fecit, *Tardieu,* sculp.

Le même : *De Fer.*

801. Charlemagne ayant mené les Ambassadeurs que lui avoit envoyés Aaron, Roi de Perse, à la chasse des Buffles, court risque de la vie, & est blessé à la jambe.

804. Portrait d'Alcuin, que Charlemagne fit venir d'Angleterre en France, & qui mourut dans l'Abbaye de Saint-Martin de Tours, le 19 Mai de cette année.

814. Portrait de Charlemagne, mort & enterré à Aix-la-Chapelle, le 28 Janvier de cette année.

Dix-huit Médailles de son Règne.

Vingt-huit Pièces de Monnoie de Charlemagne.

— Quatorze du même Empereur.

Représentation de Charlemagne telle qu'elle est à Saint-Denys, & qui sert au sacre de nos Rois ; avec plusieurs Monnoies de Charlemagne & de ses successeurs, trouvées près d'Utrecht en 1710 : *W. de Broen,* sculp.

Hilmetrude, seconde femme de Charlemagne : son Tombeau à Saint-Denys.

Hildegarde de Suève, troisième femme de Charlemagne : son Tombeau à Saint-Arnoult de Metz.

Luithgarde de Suève, cinquième femme de Charlemagne : son Tombeau à Saint-Martin de Tours.

Portrait & Blason de Radulphe de Strimbourg, Connétable de France sous Charlemagne.

Blason des Armes de trois de ses Comtes du Palais.

Quatre Portraits de ses Chanceliers.

Monumens de Charlemagne : en cinq Planches, tirées de *Montfaucon.*

Carte de l'Empire de Charlemagne ; par *Robert,* 1743 ; *in-fol.*

Tableau de la Postérité de Charlemagne qui a possédé l'Empire.

Louis-le-Débonnaire séduit par Judith sa femme, désigne son fils puîné, Charles-le-Chauve, pour lui succéder. Ses trois autres fils lui font la guerre & lui enlèvent sa Couronne ; mais la discorde qui se met entr'eux la lui remet : *Cochin*, delin. *Prévost*, sculpf.

814. Plusieurs Seigneurs que Louis-le-Débonnaire avoit ordonné d'arrêter, viennent se jetter à ses pieds, & il leur fait grace : *Vermeulen*, sculpf.

816. Louis-le-Débonnaire est sacré à Reims par le Pape Etienne V. *Le Bas*, sculpf.

817. Ce Prince confirme les Donations faites par ses prédécesseurs au saint Siège : *De Fer*.

Ermengarde, femme de Louis-le-Débonnaire : son Tombeau dans la grande Eglise d'Angers.

831. Epreuve par l'eau chaude : *S. Le Clerc*, delin. *P. Giffart*, sculpf.

Epreuve par le fer chaud, à l'occasion de l'Impératrice Judith qui y fut soumise : *Cochin*, fecit.

833. Vue de la Ville de Basle, auprès de laquelle les trois fils de l'Empereur Louis-le-Débonnaire réunis, conjurent contre lui : ils s'emparent de sa personne & l'enferment à Saint-Médard de Soissons.

834. Les Evêques assemblés dans l'Eglise de Saint-Denys, rétablissent une seconde fois l'Empereur Louis-le-Débonnaire, & lui rendent ses habits Royaux & ses armes : *Cochin*.

Ce Prince reprend les Ornemens Impériaux dans Saint-Denys, le 1 Mars 834 : *Hallé*, inv. *Simonneau*, sculpf.

840. Portrait de Louis-le-Débonnaire, mort cette année : *Debie*.

Tombeau de Louis-le-Débonnaire, mort en cette année, & enterré à Saint-Arnoult de Metz.

Six Médailles du Règne de ce Prince.

Quarante-deux Pièces de Monnoie de Louis-le-Débonnaire.

Cinq Pièces de Monnoie de Pepin, Roi d'Aquitaine.

Dix Pièces de Monnoie de Lothaire, Empereur. = Deux de Louis II. Empereur. = Deux de Lothaire, Roi de Lorraine.

Portrait d'Hilduin, Ministre & Chancelier de Louis-le-Débonnaire, avec le Blason de ses Armes.

Charles-le-Chauve se joint avec Louis de Bavière. La Bataille de Fontenay les rend vainqueurs de Lothaire & du jeune Pepin. La paix succède. Charles conserve l'Aquitaine & la Neustrie : Louis a toute la Germanie, & Lothaire l'Italie, avec le titre d'Empereur : *Cochin*, del. *Prévost*, sculp.

Les Armées de Charles & de Lothaire étant à six lieues de distance l'une de l'autre, la Ville d'Orléans entre deux, les Seigneurs des deux partis s'entremettent pour les accommoder.

841. Carte pour l'intelligence de la Bataille de Fontenay : Dessinée.

Bataille de Fontenay, où Louis & Charles défirent Lothaire & Pepin : *Chauveau*, sculpf.

Autre : *N. Cochin*, fecit.

842. Alliance de Charles-le-Chauve & de Louis de Bavière, en présence de leurs Armées, sous les murs de Strasbourg : *Et. Picart*, sculpf.

Plan & Vue de Strasbourg.

Vue du Pont de cette Ville.

844. Mort tragique de Bernard, Duc de Septimanie, en 844 : *Cazes*, inv. *Tardieu*, sculpf.

855. L'Empereur Lothaire partage tout ce qu'il a en Bourgogne, entre ses trois fils : *Humbelot*, inven. *Crespy*, sculpf.

858. Hérispoé, Duc de Bretagne, après avoir secouru Charles-le-Chauve contre les Normands, est assassiné par Salomon son cousin, qui se fait Souverain de la Bretagne, & néanmoins paye tribut à Charles-le-Chauve.

861. Portrait de Robert le Fort, bisaïeul de Hugues-Capet ; il est fait cette année Duc de France : *Klandere*, inv. *BGeyn*, sculpf.

862. Baudouin, Comte de Flandres, enlève Judith, fille de Charles-le-Chauve.

875. Charles est couronné Empereur à Rome, le jour de Noël, par le Pape Jean : *De Fer*.

876. Apparition & Vision de Louis-le-Germanique, fils de Louis-le-Débonnaire.

877. Portrait de Charles-le-Chauve, mort empoisonné le 6 Octobre : *Debie*.

Six Médailles du Règne de Charles-le-Chauve.

Treize Pièces de Monnoie de ce Prince.

Charles-le-Chauve sur son Trône. = Le même, tiré de *Montfaucon*.

Deux Portraits de ses Chanceliers.

Blason des Armes de ses trois Connétables.

Monumens de son Règne : en deux Planches, tirées de *Montfaucon*.

Richilde, belle-mère de Louis, lui apporte le Testament de son père, & les Ornemens Royaux : *De Fer*.

878. Concile de Troyes, où le Roi Louis-le-Bègue fut sacré de nouveau par le Pape Jean VIII.

Louis dispose du Marquisat de Gothie en faveur de Bernard III. *Cazes*, inv. *C. N. Cochin*, fecit.

Invention des Reliques de S. Baufile, Martyr à Nismes : *Cazes*, inv. *Cochin*, sculpf.

879. Portrait de Louis-le-Bègue, mort le 10 Avril, & enterré à Compiègne.

Deux Médailles de son Règne.

Adelheide ou Ansgarde, femme de Louis-le-Bègue : son Tombeau à Saint-Corneille de Compiègne.

Deux Pièces de Monnoie de Louis-le-Bègue.

Portrait du Comte Boson, tige des Rois d'Arles, Ducs de Bourgogne & Comtes de Provence. = Une Pièce de Monnoie dudit Boson.

Assemblée des quatre Rois à Gondreville, contre leurs ennemis communs : *De Fer*.

881. Bataille contre les Normands, donnée sur l'Escaut, & gagnée par le Roi Louis.

882. Louis s'adonne à des débauches qui abrègent ses jours : *Th. Galle*, excud.

884. Carloman, chassant dans la Forêt d'Yveline, est blessé à la jambe par un de ses Gardes, lequel pensoit tuer le Sanglier qui mettoit le Roi en danger.

Carloman est tué à la chasse. Louis étoit mort en 882.

Portraits de ces deux Princes. = Autres, tirés de *Montfaucon*.

Leurs Tombeaux. = Deux Médailles de leur Règne.

Six Pièces de Monnoie de Louis, Roi de Neustrie. = Six de Carloman.

885 & 886. Siège de Paris par les Normands : il commença au mois de Novembre 885, & dura deux ans.

Autre ; même sujet : *I.L.* = Autre : Vignette.

Siège de Paris par les Normands : *Cochin*.

888. Charles-le-Gros, rongé de chagrin, se retire à la campagne, dans le dessein de s'y laisser mourir de faim : *De Fer*.

Vision de Charles-le-Gros, mort en cette année.

Son Portrait : *Debie*.

Une Médaille de son Règne.

Richarde, femme de Charles-le-Gros : son Tombeau en Auxois.

Bataille de Montfaucon, où le Roi Eudes, avec une troupe de Cavalerie, défait 19000 Normands, le 24 Juin.

Rodolphe, premier Roi de la Bourgogne Transjurane, se fait sacrer & couronner Roi à Saint-Maurice en Vallais : *Humblot*, inv. *Aveline*, sculpf.

891. Défaite des Normands à Louvain, près de la Rivière d'Yle, où deux de leurs Rois périrent : *Vermeulen.*

892. Gautier, Comte de Laon, tire en plein Parlement l'épée contre Eudes : *De Fer.*

893. Sacre de Charles-le-Simple, fils de Louis-le-Bègue : *Joan. Stradanus*, inv.

898. Portrait du Roi Eudes, mort à la Fère, âgé de 44 ans. Il est enterré à Saint-Denys.

Deux Médailles de son Règne.

Portrait d'Ebles de Poitiers, Abbé de Saint-Denys, Chancelier & Ministre du Roi Eudes.

Portrait d'Anscheric, Evêque de Paris, Chancelier du même Roi.

Portrait de Seulphe, Archevêque de Reims, Ministre d'État.

Les Normands ayant pillé l'Abbaye de Fleury, sont poursuivis par le Comte Gisilolfe, qui en étoit Advoué, sur un songe qu'il eut que S. Benoît le lui ordonnoit, & ils sont défaits.

908. Portrait de Sainte Vérone, fille de Louis, Roi de Bavière, petite-fille de Charlemagne, Fondatrice du Monastère de Véronhoue, sur le Rhin, morte en cette année à Mayence.

921. Traité de Bonne, entre l'Empereur Henri I. dit l'*Oiseleur*, & le Roi Charles-le-Simple : *Blakey*, del. *Bacquoy*, sculpf.

923. Portrait de Robert, frère du feu Roi Eudes, qui s'étoit fait sacrer à Reims, & fut tué dans une bataille que lui donna Charles-le-Simple.

Herbert, Comte de Vermandois, attire Charles à Péronne, & le fait renfermer dans le Château : *De Fer.*

Portrait de Charles-le-Simple : *Debie.*

Trois Médailles du Règne de Charles-le-Simple, (mort en 929.)

Quatorze Pièces de Monnoie de Charles-le-Simple.

Ogine, femme de Charles-le-Simple : son Tombeau à Saint-Furfi de Péronne.

Monumens du Règne d'Eudes & de Charles-le-Simple, tirés de *Montfaucon.*

Portraits, Carte Chronologique & Histoire des anciens Comtes de Provence, avant Louis XI. Roi de France, depuis 923 ; par J. F. *Bénard*, 1734.

Guillaume, Duc d'Aquitaine, vient saluer Raoul Roi de France : *Boucher*, inv. *Bacquoy*, fecit.

Le même : *De Fer.*

914. Les Hongrois mis en fuite par Raymond-Pons, Comte de Toulouse : *Cazes*, inv. *C. N. Cochin*, sc.

936. Portrait du Roi Raoul, mort à Autun sans enfans, & enterré à Sens : *Debie.*

Une Médaille de son Règne.

Sept Pièces de Monnoie d'Eudes, Robert & Raoul.

Hugues-le-Blanc, Comte de Paris, va recevoir Louis d'Outremer à son débarquement à Boulogne : *De Fer.*

Le même Evénement : *Ertinger*, sculpf.

943. Louis d'Outremer est obligé de remettre entre les mains des Bourgeois de Rouen pour les appaiser, le jeune Richard, Duc de Normandie, qu'il avoit fait enlever : *Humbelot*, inv.

945. Querelle entre les François & les Normands, dans une entrevue que Louis eut avec Aigrold, où dix-neuf Seigneurs de marque demeurèrent sur la place : *Ertinger*, sculpf.

954. Portrait de Louis d'Outremer, mort & enterré à Reims.

Deux Médailles de son Règne.

Gerberge, femme de Louis d'Outremer : son Tombeau à Saint-Remi de Reims.

975. Commencemens de la Ville de Montpellier : voyez le *Dictionnaire de la Martinière.*

976. Le Roi Lothaire porte sur ses épaules les Reliques de S. Thierry, que des Clercs n'avoient pu tirer de son Tombeau.

978. Arrivée de Lothaire à Aix-la-Chapelle, où il pensa surprendre l'Empereur Otton II. qui étoit à table : *Boucher*, inv. *Bacquoy*, fecit.

Le même Evénement : *De Fer.*

979. Victoire de Roger, premier Comte de Carcassonne, sur Oliba Cabretta : *Cazes*, inv. *C. N. Cochin*, sculpf.

986. Portrait du Roi Lothaire, mort de poison à Reims : *Debie.*

Trois Médailles de son Règne.

Sept Pièces de Monnoie de Louis d'Outremer & de Lothaire.

Monumens des deux Rois précédens, tirés de *Montfaucon.*

Enlèvement d'Emme, mère du Roi Louis V. & d'Ancelin, Evêque de Laon, qui vouloient la mener à Adelaïde sa grand-mère : *De Fer.*

Prise de la Ville de Reims par Louis V. *Boucher*, inv. *Bacquoy*, fecit.

987. Louis V. au lit de la mort, à la persuasion de sa femme, déclare Hugues-Capet son successeur.

Une Médaille du Règne de Louis V. mort de poison à Compiègne. = Son Portrait : *Debie.*

Monumens de la première & de la seconde Race.

Couronnes de la première & de la seconde Race. Sceptre, Main de Justice & Thrône : en quatre Planches, tirées de *Montfaucon.*

Fin de la seconde Race : Cartouche.

TROISIÈME RACE
Des Rois de France.

987. Frontispice de la troisième Race.

Règne de Hugues-Capet, premier Roi de la troisième Race.

Frontispice.

La véritable Origine de la Maison Royale de France : Estampe Allégorique : *H. David*, fecit.

Table généalogique de la troisième Race des Rois de France, depuis Hugues-Capet jusqu'à Louis XIV. grande Feuille.

Autre pareille, où l'on voit les Provinces & les principales Villes qui sont revenues à la Couronne sous chacun de ces Rois : en deux Feuilles.

Carte généalogique pour servir d'entrée à l'Histoire de la Famille Royale de France, depuis Hugues-Capet jusqu'à présent.

Autre, de la Maison Royale de France, des différentes Branches qu'elle a formées, ses Alliances, &c.

Tableau touchant l'origine de Hugues-Capet : *Fr. Chauveau*, inv.

Le Royaume de France est promis à Hugues-Capet, pour avoir fait rapporter les Corps des SS. Valeri & Riquier en leurs Sépultures : *R. Sadeler*, inv.

Assemblée des Etats où Hugues-Capet est déclaré Roi.

Hugues-Capet monte sur le Thrône, & est couronné par ses Pairs. Charles de Lorraine défend son droit à la Couronne ; mais il est fait prisonnier aussi-bien qu'Arnoul, Archevêque de Reims : *Cochin*, delin. *Prévost*, sculpf.

Sacre de Hugues Capet à Reims, le 3 Juillet.

988. Cérémonie de l'hommage rendu à Hugues-Capet par un Vassal, pour son Fief.

991. Arnoul, Archevêque de Reims, déposé dans un Concile tenu dans l'Abbaye de S. Basle, près de Reims, pour avoir trahi Hugues-Capet ; il avoue son crime, & demande la vie à ce Prince : *De Seve*, inv. *C. Bacquoy*, sculps.

992. Portrait du Roi de France & des Pairs : Deux Planches en bois. (Le Graveur a représenté Charlemagne selon les Romains ; mais l'établissement de la Pairie se fixe sous Hugues-Capet, & en 992, suivant le Président Hénault.)

994. Maladie des Ardens : *De Fer*.

996. Portrait de Hugues-Capet, mort en cette année. = Autre, avec Inscription & Blason de ses Armoiries. = Autre, avec son Sceau.

Adelle, première femme de Hugues-Capet : aux Filles Repenties à Paris.

Adelaïde, seconde femme de Hugues-Capet : au Cabinet de M. de Peyresc.

Autre Portrait d'Adelaïde de Guyenne.

Portrait de Geoffroi Grisegonelle, Sénéchal de Hugues-Capet, mort en 987, avec le Blason de ses Armes.

Portrait de Genseric, Référendaire ; & de Renaud, Chancelier de France, sous son Règne.

Deux Médailles de Hugues-Capet.

Trois Pièces de Monnoie du même.

Règne de Robert.

Frontispice.

Robert épouse Berthe, sa parente, sans dispense ; est excommunié par le Pape Grégoire V. les Evêques qui l'ont marié, demandent pardon au Pape ; ses Sujets l'abandonnent ; il est obligé de se séparer de Berthe : *Cochin*, delin. *Prévost*, sculps.

999. Portraits de Burcard, Comte de Melun, & de Corbeil, Comte Palatin du Roi Robert, mort en l'année 1012.

Robert assiège & prend la Ville de Melun, & fait pendre sur une montagne, à la vue de la place, le Châtelain qui l'avoit livrée par argent au Comte de Champagne : *De Fer*.

1015 & 1031. Le Duché de Bourgogne passe du Roi Robert aux deux Princes ses enfans : *Humblot*, inv. *Maisonneuve*, sculps.

1023. Entrevue à Yvoix, du Roi Robert, & de l'Empereur Henri II : *Boucher*, inv. *Bacquoy*, fecit.

1031. Portrait du Roi Robert, mort le 20 Juillet.

Autre de la Reine Constance son épouse, morte en 1032.

Autres des mêmes, avec le Sceau du Roi ; tirés de *Montfaucon*.

Constance, femme de Robert : son Tombeau à Saint-Denys.

Deux Médailles du Règne de Robert.

Deux Pièces de Monnoies de ce Règne.

Règne de Henri I.

Frontispice.

Constance, sa mère, poursuivant le dessein de préférer Robert son cadet, excite une Révolte, appuyée d'Eudes, Comte de Champagne, & de Baudouin, Comte de Flandres ; Robert, dit le *Diable*, Duc de Normandie, secourt le Roi Henri contre les Rébelles : *Cochin*, delin. *Prévost*, sculps.

Portrait d'Eudes, Comte de Chartres & de Champagne, Ministre du Roi Robert, mort en cette année. Il fut tué à la Bataille de Bar, contre le Duc de Lorraine.

1042. Bataille des Dunes, où le Roi Henri courut risque de la vie : *Boucher*, inv. *Bacquoy*, fecit.

Contestations touchant le corps de S. Denys, & ouverture faite de sa Chasse à Saint-Denys en 1050 : *Hallé*, inv. *Simonneau*, sculps.

1055. Arrivée d'Hildebrand, Légat en France : *Le Clerc*, fecit.

1059. Henri fait sacrer & couronner à Reims, dans une nombreuse Assemblée, son fils Philippe, âgé seulement de sept ans : *De Sève*, inv. *Moreau*, sculps.

Multitude de serpens, lézards & autres bêtes auprès de Tournay : *De Fer*.

1060. Portrait du Roi Henri, mort en cette année.

Autres Portraits, & Monumens de ce Règne, tirés de *Montfaucon*.

Portraits de Mathilde & d'Anne, épouses du Roi Henri I.

Deux Médailles du Règne de ce Prince.

Deux Pièces de Monnoie.

Anne d'Esclavonie (ou de Russie,) seconde femme de Henri I. à Saint-Vincent de Senlis.

Règne de Philippe I.

Frontispice.

Philippe, enseveli dans l'obscurité, entre les bras de la Volupté, & entouré de vices, tandis que la Gloire élève l'Etendard de la Croix, & que le Zèle pousse une foule de Guerriers à la délivrance de la Croix chargée de fers : *Cochin*, del. *Aliamet*, sculps.

1061. Portrait de Geoffroi Martel, Comte d'Anjou, puis Religieux à Saint-Nicolas d'Angers.

1065. Histoire de Harold & de Guillaume le Conquérant, Duc de Normandie, tirée d'une bande de Tapisserie conservée dans la Cathédrale de Bayeux, & faite dans le temps par la Reine Mathilde, épouse de Guillaume, en 26 Feuilles.

1066. Passage de Guillaume le Bâtard, Duc de Normandie, en Angleterre.

Paix entre l'Archevêque & le Vicomte de Narbonne, en Octobre 1066 : *Cazes*, inv. *C. N. Cochin*, sculps.

1075. Hugues I. Duc de Bourgogne, prend possession du Duché : *Humbelot*, inv. *Beauvais*, sculps.

1095. Le Pape Urbain II. réfugié en France, y prêche lui-même la Croisade.

Première Croisade ; Armée des Croisés : *Boucher*, inv. *Bacquoy*, fecit.

1096. Départ de Raymond de Saint-Gilles, Comte de Toulouse, pour la Croisade : *Cazes*, inv. *C. N. Cochin*, sculps.

Raymond, Comte de Toulouse, se met en marche avec une Armée de cent mille hommes, pour le voyage de la Terre-Sainte : *S. Le Clerc*.

Monumens concernant la première Croisade : en cinq Planches, tirées de *Montfaucon*.

Carte de la Palestine.

Plan nouveau de l'ancienne Jérusalem.

1099. Prise de la Ville de Jérusalem, le Vendredi 15 Juillet.

Le même sujet : *Cochin*, delin.

1108. Portrait de Guy de Montlhéry, surnommé le Rouge, Sénéchal de France en 1095, sous Philippe I. mort en cette année 1108.

Portrait du Roi Philippe I. mort en 1108 : *Debie*.

Berthe, femme de Philippe I. épousée en 1071, répudiée en 1086, morte en 1094.

Deux Médailles du Règne de Philippe I.

Monumens de Philippe I. de Harold & de Guillaume le Conquérant, tirés de *Montfaucon*.

Sept Pièces de Monnoie de Philippe I.

concernant l'Histoire de France.

Règne de Louis VI. ou le Gros.

Frontispice.

Louis VI. repousse l'Empereur Henri V. & soutient la guerre contre l'Angleterre. Il affranchit les serfs. L'Abbé Suger & les frères Garlande, ses Ministres, diminuent l'autorité des Justices Seigneuriales : *Cochin*, delin. *Prévost*, sculps.

Tableau du Règne de Louis-le-Gros : *F. Chauveau*, invenit.

L'Archevêque de Reims prend l'investiture, & rend l'hommage au Roi : *Le Pautre*, delin. & fecit.

1109. Arrivée de Bertrand, Comte de Toulouse, au Port d'Antioche : *Cazes*, inv. *Cochin*, sculps.

1118. Portrait d'Anseau de Garlande, Sénéchal de France, mort en cette année.

Médaillon à l'occasion de l'Institution de l'Ordre des Templiers.

1124. Louis VI. va prendre sur l'Autel de S. Denys l'Etendart appellé Oriflamme : *Boucher*, inv. *Bacquoy*, fecit. (Ce Roi fut le premier qui fit faire l'Oriflamme.)

La même Cérémonie : *Cochin*, inv. & direxit.

1125. Partage de la Provence entre le Comte de Toulouse & le Comte de Barcelonne : *Cazes*, inv. *C. N. Cochin*, sculps.

1127. Portrait de Charles-le-Bon, Comte de Flandres, mort en cette année; tiré de *Montfaucon*.

1133. Portrait du très-auguste Miracle de la sainte Hostie de Braine, avec l'Explication.

1135. Cérémonie de l'Affranchissement : *Cochin*, fecit. (Les Affranchissemens commencèrent sous ce Règne.)

1137. Louis, sentant sa fin approcher, se fait porter à l'Eglise & coucher sur une croix de cendres, une pierre sous sa tête, & expire le premier Août : *De Fer*.

Neuf Médailles du Règne de Louis VI.

Son Portrait : *Debie*.

Alix Onadèle sa femme ; du Cabinet de M. de Peyresc.

Monumens de Louis VI. tirés de *Montfaucon*.

Règne de Louis-le-Jeune.

Frontispice.

S. Bernard oblige Louis VII. à se croiser en expiation du Sac de Vitri. L'Abbé Suger s'y oppose inutilement, éclaire les menées du Comte de Dreux, & retarde la répudiation d'Eléonore, qui enlève à la France la Guyenne & le Poitou : *Cochin*, delin. *Prévost*, sculps.

Tableau du Règne de Louis-le-Jeune : *F. Chauveau*, invenit.

Plan de Fontainebleau, dont Louis jette les premiers fondemens en 1137, & acheva de le bâtir en 1169.

Portrait de S. Bernard, qui conseilla au Roi de faire une Croisade en personne, pour expier le crime du Massacre de Vitri, en Perthois.

1146. Le Duc de Bourgogne, Eudes II. est présent à la Dédicace de l'Eglise de Saint-Lazare d'Autun : *Humblot*, inv. *Maisonneuve*, sculps.

1147. Louis-le-Jeune partant pour la Croisade, nomme l'Abbé Suger Régent du Royaume en son absence, le 16 Février 1147 : *Boulogne*, inv. *Simoneau*, sculps.

Louis en habit de Pélerin, va prendre l'Oriflamme à Saint-Denys : *De Fer*.

1148. Alphonse, Comte de Toulouse, prend la Croix des mains de S. Bernard : *Cazes*, inv. *Cochin*, sculps.

1150. Portrait d'Etienne de Garlande, Sénéchal de France sous Louis VI. mort en cette année.

Le Duc de Bourgogne, Eudes II. défend sa cause contre l'Evêque de Langres, en présence du Roi Louis VII. *Humbelot*, inv. *Crespy*, sculps.

1152. Portrait de Suger, Abbé de Saint-Denys, Ministre & Régent du Royaume, mort en cette année.

1159. Levée du Siège de Toulouse, par Henri II. Roi d'Angleterre : *Cazes*, inv. *Cochin*, sculps.

1160. Fondation de l'Université de Paris : Pierre Lombard y fait sa leçon.

1163. Planche avec six Cartouches, représentant les Cérémonies qui s'observoient à la Réception des Chevaliers : *Labelle*. (La Chevalerie est si ancienne, qu'on n'en connoît pas l'origine. Du Cange & d'autres la rapportent aux Adoptions.)

Différens Trophées d'Armes, écussons & armures des Chevaliers : *Labelle*.

Forme & manière des Tournois à Plaisance : *Labelle*. (Louis-le-Jeune rendit en l'année 1163 une Ordonnance à ce sujet. Quelques-uns en ont attribué l'invention à Geoffroy de Preuilly, qui mourut en 1066. Ce qu'il y a de sûr, c'est qu'il en dressa les Loix & les Règles, ce qui les rendit plus fréquens qu'ils ne l'étoient auparavant. On en trouve un exemple dès le temps de Charles-le-Chauve.)

Quatorze Cartouches représentant les différentes Cérémonies qui s'observoient aux Tournois : *Labelle*.

Sept grandes Planches, représentant en grand, partie de ce que l'on voit en petit dans lesdits Cartouches.

Forme d'un Tournoi, ou Combat imaginaire ; avec six Cartouches : *Labelle*.

1165. Condamnation des Hérétiques (Albigeois,) au Concile de Lombers en Albigeois : *Cazes*, invenit. *Cochin*, sculps.

1173. Paix entre Henri II. Roi d'Angleterre, & Raymond V. Comte de Toulouse : Les mêmes.

1179. Cérémonies du Sacre des Rois de France, réglées par Louis VII. ou le Jeune.

1180. Portrait de Louis VII. mort en cette année : *Debie*.

Constance d'Arragon, seconde femme de Louis-le-Jeune : son Tombeau à Saint-Denys.

Alix de Champagne, troisième femme de Louis-le-Jeune, morte en 1206 : son Tombeau à Pontigny.

Six Médailles du Règne de Louis VII.

Douze Pièces de Monnoie de Louis VI. & de Louis VII.

Monumens du Règne de Louis-le-Jeune, tirés de *Montfaucon*.

Règne de Philippe-Auguste.

Frontispice.

Philippe-Auguste, l'un des Rois de France qui a fait le plus de conquêtes, défait l'Empereur Otton IV. à Bouvines, fait prisonniers les Comtes de Flandres & de Boulogne, repousse les Anglois : *Cochin*, delin. *Prévost*, sculps.

1180 ou 1182. Trois Estampes représentant les cruautés des Juifs envers les enfans Chrétiens qu'ils enlevoient, ce qui les fit chasser du Royaume : *R. Sadeler*, inv.

1181. Portraits de Robert & de Gilles Clément, Sénéchaux de France. Robert mourut en 1181, & Gilles en 1182.

1188. Le Patriarche de Jérusalem & le Prieur de l'Hôpital de S. Jean, apportent au Roi les Clefs de la Ville de Jérusalem : *De Fer*.

1190. Philippe-Auguste fait enclorre de murs la Ville de Paris.

Arrivée de Philippe-Auguste au Port de Messine, le 16 Septembre, d'où il passa dans la Palestine : *N. Vleughels*, delin. *C. N. Cochin*, sculps.

1191. Bataille auprès de la Ville d'Acre, entre l'Armée des Croisés & celle de Saladin, dont chaque parti s'attribua l'avantage.

1196. Mariage de Raymond VI. Comte de Toulouse, avec Jeanne d'Angleterre : *Cazes*, inv. *C. N. Cochin*, sculpf.

1197. Othon, Comte de Bourgogne, fait hommage au Duc Eudes III. pour Mâcon & Pouilly : *Humblot*, inv. *Maisonneuve*, sculpf.

1202. Portrait de Guillaume de Blois, Archevêque de Reims & Régent du Royaume, mort en cette année.

Portrait de S. Guillaume, Réformateur des Chanoines-Réguliers, mort en cette année.

1209. Raymond VI. Comte de Toulouse, reçoit l'Absolution à S. Gilles : *Cazes*, inv. *Cochin*, sculpf.

1212. Portrait de S. Félix de Valois, second Chef de l'Ordre de la Mercy, mort en cette année : *Erasm. Quellinius*, inv. *Matth. Borrekeus*, sculpf.

1213. Bataille de Muret : *Cazes*, inv. *Cochin*, sculpf.

1214. Disposition de l'Armée du Roi & de celle de l'Empereur à Bouvines ; gravée en bois.

Bataille de Bouvines, où Philippe-Auguste, non sans grand risque de sa vie, défit l'Armée de l'Empereur Otton IV. & de ses Alliés, forte de plus de cent cinquante mille hommes ; le Roi n'en avoit que cinquante mille : *Cochin*, fecit.

La même : *Cochin* fils, fecit.

Portrait du Roi à genoux, tel qu'il est dans l'Eglise de la Victoire ; tiré de *Montfaucon*.

Portrait de Gaucher de Châtillon, Sénéchal de Bourgogne, & Bouteiller de Champagne. (Au bas on voit la Bataille de Bouvines, au gain de laquelle il contribua.)

1216. Simon de Montfort arrête les principaux Habitans de Toulouse prisonniers : *Cazes*, inv. *Cochin*, sculpf.

1217. Portrait de Jean de Montmirail, Moine de Longpont, mort le 29 Septembre.

1219. Tombeau d'Alix de Bretagne, femme de Pierre I. & d'Yolande de Bretagne leur fille : *Chaperon*, delin. *N. Pittau*, sculpf.

1220. Théodore Lascaris fait prendre en un festin l'Empereur Pierre de Courtenay, & lui fait trancher la tête.

Portraits de Baudouin, de Henri & de Pierre de Courtenay, Empereurs de Constantinople.

1222. Mort de Raymond VI. Comte de Toulouse : *Cazes*, inv. *Cochin*, sculpf.

1223. Portrait de Philippe-Auguste, mort le 14 Juillet.

Isabelle de Haynaut, première femme de Philippe-Auguste, à Notre-Dame de Paris.

Isemberge de Dannemarck, seconde femme, au Prieuré de S. Jean de Jérusalem, à Corbie.

Dix-sept Pièces de Monnoie du Règne de Philippe-Auguste, & de celui de Louis VIII.

Monumens du Règne de Philippe-Auguste ; en quatre Planches, tirées de *Montfaucon*.

Vue du Portail de Notre-Dame, bâti sous Philippe-Auguste.

Règne de Louis VIII.

Frontispice.

Le Pape Honoré III. détourne Louis de la guerre qu'il faisoit aux Anglois avec succès, & l'engage à se croiser contre les Albigeois : *Cochin*, delin. *Prévost*, sculpf.

1226. Louis VIII. prend des mains du Légat la Croix contre les Albigeois : *De Fer*.

Sacre du Roi.

Ce Prince aime mieux mourir que de sauver sa vie par un péché mortel : *Boucher*, inv. *Bacquoy*, fecit.

Testament de Louis VIII. *Cochin* fils, inv.

Six Médailles du Règne de ce Prince, mort le 8 de Novembre 1226.

Son Portrait : *Debie*.

Monumens du Règne de Louis VIII. en trois Planches, tirées de *Montfaucon*.

Règne de S. Louis, ou Louis IX.

Frontispice.

Sacre de S. Louis, dans l'Eglise de Notre-Dame de Reims : *Montfaucon*. = Autre, en Vignette.

1229. Paix entre S. Louis & Raymond VII. Comte de Toulouse, le 12 Avril : *Cazes*, inv. *Cochin*, sculpf.

Huit Estampes représentant les différentes opérations de l'Inquisition, établie en Languedoc, contre les Albigeois, par le Concile de Toulouse, tenu en 1229.

1234. Mariage de S. Louis, avec Marguerite, fille aînée de Raymond, Comte de Provence.

Mariage du Roi.

1237. Dévotion du Roi S. Louis. Il offre à Dieu son Sceptre & sa Couronne, devant la Religion : *Gravelot*, inv. *Le Mire*, sculpf.

1239. S. Louis ayant retiré la Sainte Couronne, & un morceau de la vraie Croix, des mains des Vénitiens, les porte lui-même nuds pieds à la Chapelle S. Nicolas au Palais, qu'il fit abattre par la suite pour construire en place la Sainte Chapelle : *Gravelot*, inv. *Le Mire*, sculpf. (Cul de lampe.)

Procession pour la réception de la Couronne d'Epines.

1241. Raymond VII. Comte de Toulouse, répudie Sancie d'Arragon : *Cazes*, inv. *Cochin*, sculpf.

1242. Louis force le Pont de Taillebourg.

Bataille de Taillebourg : *Chauveau*, inv. *Audran*, sculpf.

Le Roi S. Louis, après la Bataille de Taillebourg, revient à Paris.

1245. Concile de Lyon, où l'Empereur Frédéric est excommunié : *Firens*, sculpf. (C'est dans ce Concile que le Chapeau rouge fut donné aux Cardinaux.)

Entrevue du Pape Innocent IV. & du Roi S. Louis, dans l'Abbaye de Cluny.

Entrevue du Roi & du Pape à Cluny, en présence de la Reine Blanche.

1249. S. Louis aborde en Egypte.

Combat à la descente : *K. Audran, Fr. Chauveau*, fec. = Le même : *De Fer*.

Le Roi saute de son Vaisseau dans la mer, pour aborder en Egypte.

S. Louis aborde à Damiette : *Guérard*.

Les Sarrazins abandonnent Damiette après y avoir mis le feu ; le Roi S. Louis s'en empare & fait éteindre le feu : *Chauveau*, inv. *Audran*, sculpf.

S. Louis & le Comte de Poitiers son frère, déterminent de marcher au Caire avec leurs troupes : *Sornique*.

1250. Le Roi S. Louis avec son Armée passe au gué le Tanis (en Egypte,) & les Sarrazins s'enfuient : le 8 Février 1250.

S. Louis, après le passage du Tanis, défait les Sarrazins à la Masoure : *Chauveau*, inv. *Audran*, sculpf.

Bataille de la Massoure, où les Sarrazins furent deux fois vaincus par S. Louis : *Cochin*, fecit.

Le Roi prisonnier, & ne voulant pas faire le serment que les Emirs lui proposent, ils lui portent le poignard à la gorge.

S. Louis prisonnier & sa rançon réglée. Les Sarrazins étant entrés dans sa Tente à dessein de l'assassiner, s'adoucissent à sa vue, & se prosternent devant lui ; il leur promet de payer sa rançon, & ils se fient à sa parole : *Gravelot*, inv. *Lemire*, sculps. 1758, (Cul de lampe.)

S. Louis, toujours constant dans l'affliction : *Gravelot*, inv. *Lemire*, sculps.

1251. L'Entrée du Comte Alphonse & de la Comtesse Jeanne sa femme, dans Toulouse : *Cazes*, inv. *Cochin*, sculps.

1252. Blanche de Castille, femme de Louis VIII. à la Sainte-Chapelle de Paris.

Six Médailles faites à l'honneur de la Reine Blanche, mère du Roi S. Louis, morte en cette année.

Vue de la Sorbonne. (Cette Maison fut fondée en cette année, par Robert Sorbon, Confesseur du Roi.)

1253. Le Roi fait enterrer les corps de plus de mille soldats François, morts & exposés depuis quatre jours dans la campagne, près de Sajette ; leurs cadavres étoient déja corrompus.

1254. Douleur des Chrétiens Orientaux, au départ du Roi.

1255. Le Roi fait une Bibliothèque publique.

1258. Thibaud, Roi de Navarre, fait hommage au Duc de Bourgogne, à Vincennes, pour ce qu'il possède au Duché de Bourgogne, en Juin 1258 : *Humblot*, inv. *Crespy*, sculps.

1259. Ratification de la Paix entre le Roi de France & le Roi d'Angleterre.

1264. Arbitrage du Roi S. Louis, entre le Roi d'Angleterre & ses Barons, le 23 Janvier : *Et. Picart*, sculps.

1265. Tenue du Parlement contre le Comte de Saint-Pol, pour un Marchand tué & volé auprès d'Arras, en Novembre.

Charles I. d'Anjou, Roi de Naples, couronné par le Cardinal de Chevrier.

1269. S. Louis, avec ses trois fils, se croise de nouveau entre les mains du Cardinal de Sainte-Cécile, Légat.

1270. Le Roi S. Louis partant pour la Croisade, prend l'Oriflamme à Saint-Denys, le 14 Mars : *Boulogne*, inv. *Simonneau*, sculps.

S. Louis s'embarque à Aiguesmortes, pour la Croisade de Tunis, sur les Vaisseaux des Génois, le 1 Juillet.

Ce Prince aborde en Afrique : *Cochin*.

S. Louis à Tunis : *Le Pautre*.

Ce Prince reçoit le Sacrement de l'Extrême-Onction.

Le Roi S. Louis expire sur la cendre, dans sa Tente, près de Tunis.

S. Louis monte au Ciel : *Gravelot*, inv. *Lemire*, sculps. (Cul de lampe.)

Portrait de S. Louis : *Debie*.

Portrait de Marguerite de Provence, sa femme : *Debie*.

Onze petites Estampes contenant la Vie de S. Louis.

S. Louis tenant son Lit de Justice : *B. Picart*.

Histoire du même : *Le Pautre*.

Le Sire de Joinville écrit l'Histoire de S. Louis : *Chauveau*, inv. *Audran*, sculps.

S. Louis, où la Couronne reconquise, en vingt-huit Morceaux, tirés du Poëme du Père le Moine : *F. Chauveau*, inv. & fecit.

Onze Médailles du Règne de S. Louis.

Huit Pièces de Monnoie de ce Prince.

Portrait de Pierre de Villebéon, Chambellan & Ministre, mort en Afrique en 1270.

Monumens du Règne de S. Louis.

La Sainte Chapelle bâtie par le Roi S. Louis.

Vue de la Sainte Chapelle & de la Chambre des Comptes de Paris : *Israël & Sylvestre*, delin. & sculps.

Vue du Portail de la Sainte Chapelle : *Pierre Brebiette*, fecit. (avec une Sommaire Déclaration des choses principales qui s'y trouvent.)

La grande Chasse de la Sainte Chapelle, avec l'authentique de l'Empereur Baudouin, pour les Reliques qui s'y trouvent, en Latin & en François.

Portrait de S. Louis, qui se voit à la Sainte Chapelle.

Divers Portraits de S. Louis ; tirés de *Montfaucon*.

Monumens représentans divers Evénemens de son Règne, en quatre Planches. = Sa Couronne & différens Portraits de sa femme : = ses fils : = ses filles, & autres Princes & Seigneurs ; en neuf Planches, tirées de *Montfaucon*.

Arbre de la descendance de S. Louis jusqu'à Louis XIII. *Michaël Sayders*, excudit.

Règne de Philippe-le-Hardi.

Fin des Croisades : Frontispice.

Table des Guerres des Croisades, depuis 1095 jusqu'à 1270, en trois Feuilles manuscrites, façon de Gravure, & exécutées à la plume.

1271. Philippe-le-Hardi porte les Reliques de son père à Saint-Denys : *Cochin* fils, inv.

Le même : *De Fer*.

Philippe-le-Hardi porte à Saint-Denys le corps du Roi S. Louis son père, le 22 Mai : *Boulogne*, inv. *J. B. de Poilly*, sculps. in-fol.

1272. Prise de possession du Comté de Toulouse au nom du Roi Philippe-le-Hardi : *Cazes*, inv. *Cochin*, sculps.

Le même : *Le Clerc*.

1279. Robert, Duc de Bourgogne, & Othe, Comte de Bourgogne, assemblés à Bèze, traitent du mariage de leurs Enfans : *Humblot*, inv. *Guelard*, sculps.

1280. Entrevue à Toulouse, entre Philippe III. Roi de France, & Pierre III. Roi d'Arragon : *Cazes*, inv. *Cochin*, sculps.

1282. Trois Morceaux représentans les Vêpres Siciliennes, ou le Massacre que Pierre, Roi d'Arragon, fit faire le Jour de Pâque, de tous les François qui étoient en Sicile.

Même sujet : Dessein, au bistre.

Portrait de Pierre, Roi d'Arragon.

Six autres Portraits de ses Successeurs, Rois d'Arragon & de Sicile.

1285. Portrait de Philippe-le-Hardi, mort à Perpignan (le 5 Octobre,) à son retour d'Espagne, où il faisoit la guerre.

Portrait d'Isabelle d'Arragon, sa première femme.

Portrait de Marie de Brabant, sa seconde femme.

Tombeau de la même, aux Cordeliers de Paris.

Autres Portraits ; tirés de *Montfaucon*.

Tombeau de Philippe-le-Hardi.

Autre Tombeau du même : *Cazes*, inv. *Cochin*, sculps.

Six Médailles de son Règne.

Portraits de Princesses & Seigneurs du temps de Philippe-le-Hardi ; tirés de *Montfaucon*.

Portrait de Matthieu de Vendôme, Ministre & Régent du Royaume sous Philippe-le-Hardi, & qui mourut en l'année 1286.

Règne de Philippe-le-Bel.

Frontispice.

Philippe reçoit l'hommage d'Edouard, Roi d'An-

Bleterre, pour les Domaines qu'il possède en France : *Le Clerc*, inv. *Thomassin*, sculps.

1287. Rétablissement du Parlement de Toulouse : *Cazes*, inv. *Cochin*, sculps.

Séance du Parlement de Toulouse rétabli : *Cazes*, inv. *Poilly*, sculps.

1291. Vue des Salines de Peccais, données en échange au Roi, par le Seigneur d'Uzès : *Cochin*.

1292. Deux Matelots, l'un François, l'autre Anglois, prennent dispute à l'embouchure de la Garonne, ce qui cause la guerre entre les deux Nations : *De Fer*, sculps.

1295. Tombeau de Charles de France, Comte d'Anjou & Roi de Sicile, mort en cette année.

1297. Bataille de Furnes, où Robert, Comte d'Artois, défit les Flamands : *Cochin*, fecit.

1300. Jean de Meun présente au Roi sa Traduction de la Consolation de Boëce ; tiré de *Montfaucon*.

1303. Etablissement du Parlement à Toulouse, par le Roi Philippe-le-Bel en personne, le 10 Janvier : *Le Clerc*.

1304. La Reine Jeanne fonde le Collège de Navarre à Paris : *E. l'Evesque*, pinxit, *Roussel*, excud.

Statue Equestre de Philippe-le-Bel, élevée à Notre-Dame de Paris, après la Bataille de Mons en Puelles, où ce Roi vainquit les Flamands, le Mardi 18 Août : *Cochin* fils, inv.

1305. Tombeau de Jean II. Duc de Bretagne, mort à Lyon, en cette année.

1307 à 1312. Condamnation des Templiers : *Boucher*, inv. *Bacquoy*, fecit.

1314. Philippe de France, fils puîné du Roi, reçoit en appanage le Comté de Poitou, & fait serment de fidélité au Roi. (Origine & Loix des Appanages.)

Portrait de Philippe-le-Bel, & celui de la Reine sa femme ; tirés de *Montfaucon*.

Jeanne de Navarre, femme de Philippe-le-Bel, au Collège Royal de Navarre.

Tombeau de Philippe-le-Bel & de Jeanne de Navarre sa femme. Le Roi mourut le 29 Novembre, & la Reine étoit morte en 1304.

Portrait de ce Roi : *Debie*.

Dix Médailles de son Règne.

Douze Pièces de Monnoie de Philippe-le-Bel.

Princes, Princesses, Seigneurs & Officiers sous Philippe-le-Bel : trois Planches, tirées de *Montfaucon*.

Règne de Louis X. ou le Hutin.

Frontispice.

Portrait de ce Roi, & de ses quatre Successeurs, dans la même Feuille : *Boulanger*, inv. & fecit.

1315. Querelle entre le Comte de Valois & Enguerrand de Marigny : *Boucher*, inv. *Bacquoy*, fecit.

Enguerrand de Marigny est condamné à être pendu au gibet de Montfaucon.

Portrait de ce Ministre.

Autre : sa mémoire fut peu après réhabilitée, & le Roi fit de grands biens à sa famille.

Processions à l'occasion des pluies continuelles qui gâtèrent tous les bleds : *De Fer*.

1316. Portrait de Louis-le-Hutin : *Debie*.

Tombeau de Louis-le-Hutin, mort à Vincennes, le 5 Juin.

Son Portrait, avec celui de Clémence sa femme, & de Jean leur fils ; tirés de *Montfaucon*.

Clémence de Hongrie, seconde femme de ce Prince : son Tombeau aux Jacobins de la rue S. Jacques, à Paris.

Deux Médailles du Règne de Louis X.

Trois Pièces de Monnoie de ce Prince.

Portraits de deux de ses Chanceliers, avec le Blason de leurs Armes.

Règne de Philippe V. ou le Long.

Frontispice.

Eudes IV. Duc de Bourgogne, tient ses Jouts Généraux à Beaune, en Novembre 1316 : *Humblot*, inv. *Aveline*, sculps.

1317. Philippe-le-Long reconnu Roi en vertu de la Loi Salique : *Cochin* fils, inv.

Sacre de ce Prince & de la Reine Jeanne son épouse ; fait à Reims le 9 Janvier, par Robert de Courtenai : *Boucher*, inv. *Bacquoy*, fecit.

Le somptueux Frontispice de l'Eglise de Notre-Dame de Reims, Ville du Sacre : *N. Deson*, sculps.

Représentation de la célèbre Procession des Confrères Pélerins qui ont fait le Voyage de S. Jacques à Compostelle, dont la Confrairie a été fondée en l'Eglise & Hôpital dudit S. Jacques à Paris, en 1317 : *Joan. Lenfant*, excud.

1319. Acte de Foi célébré dans la Cathédrale de Toulouse, le 30 Septembre : *Cazes*, inv. *Cochin*, sc.

1321. Philippe-le-Long fait brûler tous les ladres, accusés d'avoir empoisonné les puits, & d'autres crimes, aussi-bien que les Juifs accusés de les y avoir excités de concert avec les Infidèles.

Le même sujet : *De Fer*.

1322. Tombeau de Philippe-le-Long, mort le 3 Janvier, avec celui de la Reine son épouse.

Deux Médailles de ce Prince.

Son Portrait : *Debie*.

Autre ; tiré de *Montfaucon*.

Portrait de Jeanne de Bourgogne, son épouse, au Collège de Bourgogne à Paris.

Quatre Pièces de Monnoie de Philippe-le-Long.

Règne de Charles IV. ou le Bel.

Frontispice.

1324. Etablissement de l'Académie des Jeux Floraux à Toulouse : *Cazes*, inv. *Cochin*, sculps.

1325. Entrée d'Isabeau, Reine d'Angleterre, & sœur du Roi, à Paris ; tiré de *Montfaucon*.

Tombeau & Statue de Charles, Comte de Valois, fils de Philippe-le-Hardi.

Le Roi d'Angleterre fait hommage de la Guyenne au Roi : *De Fer*.

1326. Représentation de l'Image de Notre-Dame de Cambron, qu'un Juif frappe de cinq coups de lance, avec sept Cartouches à l'entour, & l'Explication.

1328. Portrait de Charles-le-Bel : *Debie*.

Autre, avec celui de Jeanne d'Evreux sa troisième femme, morte en 1370 ; tirés de *Montfaucon*.

Blanche de Bourgogne, première femme de Charles-le-Bel ; à Maubuisson.

Marie de Luxembourg, seconde femme de Charles-le-Bel ; à Montargis, aux Dominicains.

Tombeau de Jeanne d'Evreux, troisième femme de Charles-le-Bel, morte en 1370.

La Reine Jeanne d'Evreux sert les Chartreux au Réfectoire : *Cochin*.

Deux Médailles du Règne de Charles-le-Bel.

Huit Pièces de Monnoie de ce Prince.

Suite

Suite de la Troisième Race, ou Branche des Valois.

Frontispice.

Règne de Philippe de Valois.

Frontispice.

Les Etats assemblés adjugent la Couronne à Philippe de Valois, en vertu de la Loi Salique : *De Fer*.

Bataille de Cassel, où les Flamands furent vaincus : *Cochin*.

Représentation de Philippe de Valois, tel qu'il est à Notre-Dame de Paris, devant la Chapelle de la Vierge, ensuite du Vœu qu'il fit après la Bataille de Cassel : Dessein à la plume. (On attribue aussi cette Représentation à Philippe-le-Bel : *voyez* ci-dessus, année 1304.)

1329. Edouard III. Roi d'Angleterre, rend hommage au Roi Philippe de Valois, pour la Guyenne.

Hommage rendu à Philippe de Valois dans le Chœur de l'Eglise Cathédrale d'Amiens, par Edouard III. Roi d'Angleterre, Duc de Guyenne : *J. B. Martin*, inv. *Ph. Simonneau*, sculps.

La même Cérémonie, jolie Estampe, avec Cartouches, & Portrait du Roi au haut : *Chauveau*, fecit.

Portrait de Gaucher de Châtillon, Connétable de France, mort en cette année.

1331. Audience particulière donnée par Philippe de Valois, le 18 Février, aux Agens de Robert d'Artois : *Simonneau*, sculps.

Séance du Lit de Justice tenu le 8 Avril, contre Robert d'Artois : *Simonneau*.

La même ; *Ph. Simonneau* fils, sculps.

Autre ; tirée de *Montfaucon*.

1338 ou 1339. Un Vendredi le Roi Philippe de Valois, & Edouard III. Roi d'Angleterre, eurent leurs Armées en présence, sans escarmouche.

Pendant que les Armées étoient en présence, il passa un lièvre, après lequel la plupart des soldats coururent, ce qui excita un grand murmure, & de rire de part & d'autre. Les Chevaliers qui furent faits en cette journée, furent appellés les Chevaliers du *Lièvre*.

1341. Jean de Montfort & sa femme reçus à Nantes ; tiré de *Montfaucon*.

Adjournement & comparution de Jean de Montfort au Parlement, qui adjuge le Duché de Bretagne au Comte de Blois.

1343. Bataille navale de Grenesai ; tirée de *Montfaucon*.

Le Roi Philippe de Valois fit faire un Tournois à Paris, pour le Mariage de Philippe son second fils, avec la Princesse Blanche, fille unique de Charles-le-Bel.

1346. Bataille de Crécy.

1347. Reddition de Calais au Roi Edouard : *P. Pine*, inv. *Alliamed*, sculps. (en Angleterre).

Liste des Gouverneurs de la Province d'Anjou, depuis Amaury, Sieur de Craon, environ l'an 1347 jusqu'à Henri de Lorraine, Comte de Brionne : en Manuscrit.

1349. Généalogie des Dauphins, jusqu'à Louis XIV. à l'occasion du Traité que Humbert, Dauphin de Viennois, fit en 1349, avec Philippe de Valois.

1350. Tombeau de Philippe de Valois, mort à Nogent le 22 Août.

Jeanne de Bourgogne, première femme de Philippe de Valois : son Tombeau aux Dominicaines de Poissy.

Blanche de Navarre ou d'Evreux, seconde femme : son Tombeau à Saint-Denys.

Tombeau de la même, & de Jeanne de France sa fille.

Portrait de Philippe de Valois : *Debie*.

Autres, tirés de *Montfaucon*.

Six Médailles de son Règne.

Vingt-sept Pièces de Monnoie de Philippe de Valois ;

Monumens de son Règne : en cinq Planches, tirées de *Montfaucon*.

Règne du Roi Jean.

Frontispice.

1350 ou 1351. Combat à outrance de trente Bretons fidèles à Charles de Blois, & de trente Anglois qui soutenoient le parti du Comte de Montfort, entre Ploermel & Josselin.

1351. Institution de l'Ordre de l'Etoile : *Cochin*, fils, inv.

1356. Prise de Charles le Mauvais, Roi de Navarre, à Rouen, le 5 Avril ; tirée de *Montfaucon*.

Bataille de Maupertuis, ou de Poitiers, où le Roi Jean fut fait prisonnier par le Prince de Galles.

Autre, tirée de *Montfaucon*.

Autre : *Boucher*, inv. *Bacquoy*, fecit.

Le Roi est arrêté & obligé de se rendre prisonnier : *Jean Neeffs*, sculps.

Portrait de Pierre II. Duc de Bourbon, & d'Isabeau de Valois son épouse. (Ce Prince fut tué à la Bataille de Maupertuis, & sa femme mourut en 1383. Ils avoient été mariés en 1336.)

1357. Le Roi de Navarre harangue le Peuple de Paris sur un Théâtre dans le Pré aux Clercs, & l'excite à la sédition.

1359. Le Roi Jean prisonnier à Londres, donne audience aux Députés de Languedoc : *Cazes*, inv. *Cochin*, sculps.

Assemblée de Guillon, où l'on conclut la Trève entre la Bourgogne & l'Angleterre, le 10 Mars : *Humblot*.

Edouard, Roi d'Angleterre, étant campé à quelques lieues de Chartres, éprouve un orage épouvantable ; il se met à genoux, se tournant vers les Clochers de Notre-Dame de Chartres, & promet à Dieu d'écouter les propositions de paix du Régent. L'orage cesse aussi-tôt, & le Traité de Bretigny s'en ensuivit.

La Ville de Chartres, à la vue de laquelle le Roi d'Angleterre & son Armée furent surpris par un orage affreux, qui l'épouvanta si fort, qu'il songea à accorder la paix à la France.

1360. Le Duc de Bourgogne, Philippe I. dit de *Rouvre*, devenu majeur, nomme & établit les Grands Officiers, en Octobre 1360 : *Humblot*, inv. *Maisonneuve*, sculps.

Le Roi prisonnier en Angleterre, est amené à Calais, où il est visité de ses enfans : *De Fer*.

1361. Le Roi Jean à son entrée à Dijon, confirme à la Ville tous ses privilèges, le 23 Décembre : *Humblot*.

Portraits de Jacques de Bourbon, Comte de la Marche, & de Jeanne de Châtillon sa femme. (Il mourut en 1361, & la Princesse en 1371. Ils avoient été mariés en 1335.)

1362. Premiers Etats assemblés à Dijon, au sujet de la rançon du Roi Jean, le 9 Juin : *Humblot*, inv. *Aveline*, sculps.

1364. Tombeau du Roi Jean, mort à Londres, & enterré à Saint-Denys.

Son Portrait : *Debie*.

Autre.

Jeanne de Boulogne sa seconde femme.

Portrait à Fontainebleau.

Six Médailles du Règne de Jean.

Trente-quatre Pièces de Monnoie de ce Roi.

Monumens de ce Règne, en neuf Planches ; tirées de *Montfaucon*.

Règne de Charles V.

Frontispice.

Sacre du Roi Charles V. à Reims le 19 Mai 1364.

Sacre du Roi & de la Reine Jeanne de Bourbon, à Reims, par l'Archevêque Jean de Craon ; tiré de *Montfaucon*.

Couronnement des mêmes : *Ibid.*

Entrée solemnelle de Philippe-le-Hardi, Duc de Bourgogne, à Dijon : *Humblot*, inv. *Aveline*, sculpf.

1368. Vue de l'Abbaye de Saint-Germain-des-Prés, telle qu'elle étoit en 1368 & en 1370, qu'elle fut fortifiée pour servir de défense à la Ville de Paris : *Lucas*.

1369. Pierre le Cruel, Roi de Castille, tué par Henri son frère naturel.

Dom Pedre le Cruel, Roi de Castille, voulant égorger Dom Henri, Comte de Trastamare, est tué par lui, le 23 Mars.

Le Roi Charles V. fait citer Edouard, Roi d'Angleterre, en qualité de Vassal de la Couronne : *Chauveau*, fecit.

Charles V. fait bâtir les Tours de la Bastille : *Clercq*.

1370. Le même sujet : *Duvivier*, fecit.

Vue de ce Château : *Sylvestre*, sculpf. *Israël*, exc.

1371. Combat d'un Chien contre un Gentilhomme, qui avoit tué son maître, fait à Montargis : *Lagniet*.

Le même ; grande Planche, tirée de *Montfaucon*.

Mariage d'Anne, Comtesse de Forès, & Dauphine d'Auvergne, avec Louis II. Duc de Bourbon, par lequel l'Auvergne vient à la Maison de Bourbon : *S. Le Clerc* ; (Vignette.)

1373. Camp de Chifay détruit, avec la Figure de Bertrand du Guesclin ; tiré de *Montfaucon*.

1377. Les Cardinaux supplient le Pape Grégoire XI. de retourner à Rome, & d'y reporter le Trône Pontifical : il étoit à Avignon depuis 1308.

1378. Entrevue du Roi Charles V. & de l'Empereur Charles IV. à Paris, (le 4 Janvier:) *Montfaucon*.

Entrevue du Roi Charles V. & de l'Empereur Charles IV. tirée du Cabinet de M. de Gaignières : *Clercq*.

1379. Le Duc d'Anjou fait grace aux Habitans de Montpellier, le 10 Janvier : *Cazes*, inv. *Cochin*, sc.

Le Duché de Bretagne est réuni à la Couronne par Charles V. en un Parlement assemblé exprès.

Estampe allégorique du grand Schisme d'Occident, en 1379 : *Sevin*, inv. *Gantrel*, sculpf.

1380. Les Habitans de Châteauneuf de Rendan apportent leurs Clefs sur le Cercueil du Connétable du Guesclin, mort pendant le Siège : *De Fer*.

La Cour du Roi Charles V. avec Explication : grande Feuille : *F. Jollain*.

La même, ou prestation de serment au Roi, par Louis II. Duc de Bourbon : *Montfaucon*. Voyez ses Monumens de la Monarchie Françoise, *tom. III. pag. 49.*

La même, en petit : *Clercq*, fecit.

Tombeau du Roi Charles V. & de son épouse.

Portrait de ce Prince : *Debie*.

Jeanne de Bourbon, sa femme aux Célestins.

Dix Médailles du Règne de Charles V.

Quinze Pièces de Monnoie de ce Prince.

La Cour de la Reine Jeanne de Bourbon, femme de Charles V. avec Explication : *Jollain*.

La même, ou Entrevue de la Reine Jeanne avec la Duchesse de Bourbon sa mère ; tirée du Père Montfaucon. (Celle-ci est différente de la précédente & de la suivante.)

La même, en petit : *Clercq*.

Famille du Roi Charles V.

Monumens de son Règne, en onze Planches ; tirées de *Montfaucon*.

Règne de Charles VI.

Frontispice.

Le Sacre du Roi à Reims, par l'Archevêque Richard Pique, le 4 Novembre 1380 : *Montfaucon*.

Les douze Pairs de France : *Montfaucon*.

1381. Bataille de Revel, ou Rabasteins, entre le Duc de Berry & le Comte de Foix, le 16 Juillet : *Cazes*, inv. *Cochin*, sculpf.

1382. Bataille de Rosebecque, gagnée sur les Flamans ; tirée de *Montfaucon*.

Disposition des Troupes à la Bataille d'Oudenarde ou Rosebecque : gravée en bois.

Entrée de Charles VI. à Paris : *Cochin* fils.

Sortie des Parisiens au-devant du Roi ; tirée de *Montfaucon*.

1383. Le Roi pardonne au peuple de Paris : *Mariette*, fecit.

1384. Portrait de Louis, Duc d'Anjou, Chef de la seconde Maison d'Anjou de Naples, mort dans l'Expédition qu'il fit en ce Royaume le 20 Septembre.

1389. Entrée de la Reine Isabeau de Bavière à Paris. = Joustes à cette Entrée. = Son Portrait : *Montfaucon*.

Le Duc de Bourgogne, Philippe-le-Hardi, va au-devant du Roi Charles VI. & le reçoit à Dijon le 7 Février : *Humblot*, inv. *Crespy*, sculpf.

Vœu fait par Charles VI. à Notre-Dame d'Espérance, dans le Cloître des Carmes de Toulouse, où il institue l'Ordre de l'Espérance : *Dufour*, inv. *Cochin*, sculpf. *in-fol.* oblong.

Le Roi en visitant son Royaume arrivé à Toulouse, & rend ses vœux à Notre-Dame d'Espérance : *Sevin*, delin. *Ogier*, fecit.

Prestation d'hommage faite au Roi par Gaston Phœbus, Comte de Foix : *Cochin* fils, delin.

1392. Vision du Spectre que le Roi crut appercevoir, & qui lui causa son premier accès de folie : *Alb. Durer*.

1393. Le 29 Janvier, le Roi arrive dans un Bal qui se donnoit au Fauxbourg S. Marceau, à l'Hôtel de la Reine Blanche, déguisé en Satyre, avec quatre jeunes Seigneurs de la Cour, attachés les uns aux autres avec des chaînes.

Mascarade des Sauvages ; le Roi vient au Bal que la Reine donnoit au Fauxbourg S. Marcel, habillé en Sauvage, avec plusieurs Seigneurs. Le Duc d'Orléans met le feu à l'un de leurs habits : la peur de cet accident fait retomber le Roi en démence.

Le feu prend à leurs habits, & dans un instant ils furent tous embrasés ; la Duchesse de Berry ayant reconnu le Roi, lui sauve la vie en le couvrant de sa robbe : *B. Picart*.

Portraits de Jean, Duc de Bourbon, Comte de la Marche, & de Catherine de Vendôme son épouse. (Le premier mourut en cette année, & sa femme en 1412. Ils avoient été mariés en 1364.)

1400. Entrevue du Roi & de Richard, Roi d'Angleterre, au mois de Novembre.

Adorne, Duc ou Doge de Gênes, implore la protection du Roi pour la République ; le Roi y envoye Boucicaut : *De Fer*.

1401. Isabelle de France, Reine d'Angleterre, est reçue à Saint-Denys : *Hallé*, inv. *Simonneau*, sculpf.

concernant l'Histoire de France.

1404. Tombeau du Duc de Bourgogne, Philippe-le-Hardi, (mort le 27 Avril 1404,) au Chœur de l'Eglise des Chartreux de Dijon, dont il est Fondateur : *Maisonneuve*, sculpf.

Transport du corps mort du Duc Philippe-le-Hardi, de Flandres, où il mourut, à Dijon, pour y être inhumé, le 15 Juin : *Humblot*, inv. *Crespy*, sculpf.

Portrait de ce Prince : *Humblot*, inv. *Flipart*, sc.

1407. Tombeau d'Olivier de Clisson, Connétable de France, mort le 23 Avril, & celui de sa femme.

1410. Portrait de Louis II. Duc de Bourbon, & d'Anne, Dauphine d'Auvergne, son épouse. (Le Duc mourut en cette année, & la Duchesse en 1416. Ils avoient été mariés en 1371.)

Vue de l'Abbaye de Saint-Germain : *in-fol.* *Chaufourier*, inv. *Hérisset*, sculpf.

1411. Le Duc d'Orléans assiège Paris.

1415. Bataille d'Azincourt, gagnée par les Anglois sur les François, le 25 Octobre : *C. Simonneau*.

Bataille d'Azincourt : *Le Clerc*.

La même.

Le Pape Jean XXIII. célèbre la Messe, & l'Empereur Sigismond chante l'Epître, le 24 Novembre 1415, au Concile de Constance.

1416. Portrait de Jean, Duc de Berry, mort en cette année.

Jean, Duc de Berry, sa femme & ses enfans : *Montfaucon*.

1417. Portrait de Louis II. d'Anjou, Roi de Naples & de Jérusalem, mort en cette année.

1418. Le 3 Juillet un soldat sortant de la taverne, frappe de plusieurs coups de couteau une Image de la Vierge, dans la rue aux Ours, à Paris : il sort de cette Image une grande quantité de sang.

Autre Estampe représentant le même fait, avec cinq Cartouches qui en font voir la suite, & la punition du soldat : *Fr. Chauveau*, inv. & fecit.

Le Roi Charles VI. sollicité de rendre ses bonnes graces au Duc de Bourgogne : 1414 & 1418 : *Humblot*, inv. *Sornique*, sculpf.

Les Bourguignons introduits dans Paris à minuit, en Mai 1418 : *Humblot*, inv. *Aveline*, sculpf.

Plénipotentiaires du Roi Charles VI. assemblés à Montereau pour la paix, Mai 1418 : *Humblot* & *Aveline*.

Plénipotentiaires du Duc Jean de Bourgogne, assemblés à Bray pour la paix : en Mai : *Humblot* & *Aveline*.

1419. Jean Sans-peur, Duc de Bourgogne, est assassiné sur le Pont de Montereau, (le 10 Septembre.)

Portrait de ce Prince : *Humblot* & *Flipart*.

Tombeau de Jean Sans-peur, Duc de Bourgogne, & de la Duchesse son épouse, dans l'Eglise des Chartreux de Dijon : *Maisonneuve*, sculpf.

1420. Forme & manière des Tournois à Plaisance, par René d'Anjou, Roi de Sicile, extrait du Manuscrit de la Maison de ce Roi, qui est à la Bibliothèque du Roi ; en 1420 ou 1430 : *Labelle*, en une feuille.

1422. Portrait de Charles VI. mort le 20 Octobre ; *De Larmessin*, sculpf. — Autre : *Debie*.

Tombeau du même, & d'Isabelle de Bavière son épouse, morte le 30 Septembre 1435.

Autre Tombeau des mêmes.

Dix-huit Médailles du Règne de Charles VI.

Trente-sept Pièces de Monnoie de ce Prince. = Douze des Rois d'Angleterre.

Monumens du Règne de Charles VI. onze Planches, tirées de *Montfaucon*.

Tome IV. Part. II.

Règne de Charles VII.

Frontispice.

Charles VII. est proclamé Roi de France à Espaly, près le Puy : *Cazes*, inv. *Cochin*, sculpf.

1429. La Pucelle d'Orléans fait sa prière dans une Eglise, & est inspirée d'aller secourir le Roi : *Henr. Hondius*, sculpf.

La même : *De Fer*.

Bataille de Patay, où les Anglois furent vaincus par la Pucelle : *Cochin*, fecit.

La Pucelle d'Orléans chassant les Anglois : *Cochin*, fils, inv.

Portrait d'une Tapisserie où est représenté Charles VII. allant faire son entrée dans la Ville de Reims, à la conduite de la Pucelle ; (il y fut sacré le 17 Juillet :) *J. Poinssart*.

Portrait de la Pucelle tenant une épée : *Gaultier*.

Autre de la Pucelle, armée & à cheval : *Gaultier*.

Portrait de la Pucelle : *Leblond*.

Trois Médailles de la même.

Histoire de la Pucelle, tirée du Poëme de Chapelain, en treize Morceaux : *Vignon*, inv.

1431. Vue de la Place de Rouen, où les Anglois ont fait brûler comme sorcière, la Pucelle d'Orléans. Elle avoit été prise l'année précédente dans une sortie à Compiègne.

Monument élevé sur le Pont d'Orléans à la gloire de la Pucelle : *Gaultier*.

1433. Portraits de Jean I. Duc de Bourbon, & de Marie de Berry sa femme. (Le Duc mourut en cette année, & la Duchesse l'année suivante. Ils avoient été mariés en 1400.)

1435. Proclamation de la Paix d'Arras ; tirée de *Montfaucon*.

1436. Arrivée de la Dauphine à Tours, le 24 Juin : *Idem*.

Entrée de Charles VII. dans Paris, en Novembre : *Idem*.

1439. Départ de Catherine, fille du Roi, pour aller épouser le Comte de Charollois : *Idem*.

1441. Isabelle de Portugal, Duchesse de Bourgogne, prend congé du Roi Charles VII. *Idem*.

1442. Attaque de la Bastille de Dieppe, par Louis Dauphin, au mois d'Août : *Idem*.

Installation du Parlement de Toulouse, rétabli en 1443 : *Cazes*, inv. *Cochin*, sculpf.

Entrée de Louis XI. n'étant encore que Dauphin, dans Toulouse, en 1443 : *Despax*, inv. *Hortemels*, sc. *in-fol.*

1446. Portraits de Louis, Comte de Vendôme, & de Jeanne de Laval son épouse. (Louis mourut en cette année, & Jeanne en 1468.)

L'Emprise & le Pas de la Gueule du Dragon, maintenus par René, Roi de Sicile, en faveur des Dames, proche Saumur.

Le même, avec huit Cartouches : *Labelle*, sculpf.

1449. Entrée de Charles VII. dans la Ville de Rouen; tirée de *Montfaucon*.

1450. Entrée du même dans la Ville de Caen, le 6 Juillet : *Idem*.

1456. Portraits de Charles I. Duc de Bourbon, & d'Agnès de Bourgogne sa femme. (Le Duc mourut en cette année, & son épouse en 1476. Ils avoient été mariés en 1425.)

1458. Entrée de Philippe-le-Bon, Duc de Bourgogne, dans Gand, le 23 Avril, tirée de *Montfaucon*.

1461. Tombeau de Charles VII. mort le 22 Juillet, & de Marie d'Anjou sa femme, morte le 19 Novembre de la même année.

D 2

Portrait de ce Prince : *Debie*.

Portrait de Marie d'Anjou sa femme ; à Fontainebleau & Cabinet du Roi.

Vingt-cinq Médailles de Charles VII.

Soixante Pièces de Monnoie de ce Prince.

Monumens de son Règne, en 15 Planches, tirées de *Montfaucon*.

Louis Dauphin, qui fut depuis Louis XI, à cheval, en cotte-d'armes, Montjoye Saint-Denis : Dessin à la plume.

Médaille de Jean de Saintrailles, mort en cette année.

Règne de Louis XI.

Frontispice.

Histoire d'une rave donnée au Roi Louis XI. *Zamko-Polonus*, inv. *J. Lagniet*, excud.

La même Histoire, gravée par *Edelink*, d'après *Ranc*, pour l'Edition des Fables de la Motte : *in*-4.

1465. La Bataille de Montlhéry entre le Roi & le Comte de Charollois, le Mardi 16 Juillet. (Cette guerre s'appella *la Guerre du Bien public* :) *Robert*, delin. *Aveline*, sculpt.

Autre petite Estampe représentant la même Bataille.

Louis XI. assemblé avec tous les Princes & Seigneurs de la Guerre du Bien public : *Robert*, delin. *Aveline*, sc. (La Paix se fit à Conflans, près Paris.)

1469. Chapitre de l'Ordre de Saint-Michel, institué par le Roi en cette année ; tiré de *Montfaucon*.

Statuts de l'Ordre de Saint-Michel : *Boulogne*, inv. *Cochin*, sculpt.

Sceau & Contre-Sceau de cet Ordre, renouvellé par Louis XIV. en 1664 : *Cochin*.

1470. L'Imprimerie établie en France : *Cochin* fils, invenit.

1472. Siège de Beauvais par le Duc de Bourgogne, qui fut obligé d'en lever le Siège : *De Fer*.

Trois Médailles de Charles, Duc de Guyenne, mort en cette année.

Son Portrait : *Odieuvre*.

1475. Entrevue de Louis XI. & d'Edouard, Roi d'Angleterre, à Picquigny.

1477. Bataille de Nancy, où Charles, Duc de Bourgogne, fut tué, le 5 Janvier : *Robert*, delin. *Aveline*, sculpt.

Batailles du Duc de Bourgogne : 1470-1477.

Monumens de Charles, Duc de Bourgogne, & sa Famille ; tirés de *Montfaucon*.

Estampe représentant un Parlement tenu par ce Duc : *Montfaucon*.

Portrait de Jean, Comte de Vendôme, & d'Isabeau de Beauvau sa femme, morte en 1474.

1478. Portrait du Chef de Sainte-Marthe, fait en or de ducat, & donné par le Roi : *Conche*, fecit.

1480. Pierre le Baud, Chanoine de Vitré, présente son Histoire de Bretagne à Jean de Châteaugiron : toute sa Famille y est représentée : *Duflos*, sculpt.

1483. Portrait de Louis XI. mort au Plessis-lès-Tours le 30 Août : *Debie*.

Charlotte de Savoye, femme de Louis XI. aux Religieuses de l'*Ave Maria* à Paris.

Joachim Dauphin, fils de Louis XI. aux Cordeliers d'Amboise.

Charles Dauphin, fils de Louis XI. né en 1470 : Médaille.

Quatorze Médailles du Règne de Louis XI.

Quatorze Pièces de Monnoie du même.

Monumens de son Règne, en sept Morceaux ; tirés de *Montfaucon*.

Règne de Charles VIII.

Frontispice.

1484. Assemblée des Etats-Généraux à Tours.

Vue de la Ville de Tours, en deux Planches : *Colignon*.

Le Roi Charles VIII. donne audience aux Etats de Tours, aux Députés de Languedoc : *Cazes*, inv. *Cochin*, sculpt.

1488. Portraits de Jean II. Duc de Bourbon, mort cette année, & de Jeanne de France sa femme, morte en 1447.

Deux Estampes représentant le Tombeau de François II. Duc de Bretagne, mort le 9 Septembre de cette année, & de Marguerite de Foix sa femme, morte en 1469 : *Jean Chapperon*, delin. *M. Pittau*, sculpt.

Charles V. sur son Trône, auquel on présente un Livre : Frontispice, *in*-4. du Livre intitulé : « Les » Ethiques en François, présenté au Roi Charles V. par » Nicole Oresme, Doyen de l'Eglise Notre-Dame de » Rouen, qu'il a traduit », imprimé à Paris le 8 Septembre 1488.

1494. Louis de Bruges présente à Charles VIII. un Livre de Tournois ; tiré de *Montfaucon*.

Entrée de Charles VIII. dans la Ville de Rome, à la lueur des flambeaux, le 31 Décembre : *Cochin* fils, delin.

1495. Entrée du même dans Naples, le 13 Mai : *De Fer*.

Bataille de Fornoue, où la Ligue d'Italie fut défaite par Charles VIII. le 16 Juillet : *N. Cochin*, fecit.

Portrait de François, Comte de Vendôme, mort cette année, & de Marie de Luxembourg sa femme, morte en 1546.

1498. Portrait de Charles VIII. *Debie*.

Trois autres ; tirés de *Montfaucon*.

Tombeau du Roi Charles VIII. mort à Amboise le 7 Avril.

Autre Tombeau du même : gravure en bois.

Neuf Médailles de son Règne.

Vingt-cinq Pièces de Monnoie de Charles VIII.

Blason des Armes des Seigneurs de Baudricourt, de Querdes & de Baudeville, Maréchaux de France sous son Règne.

Portraits de Guillaume de Rochefort, & de Robert Briçonnet, Chancelier sous son Règne. = Médaille du dernier.

Monumens du Règne de Charles VIII. en trois Planches ; tirées de *Montfaucon*.

Règne de Louis XII.

Frontispice.

1499. Médaillons du Roi & d'Anne de Bretagne, veuve de Charles VIII. frappés à l'occasion de leur Mariage, le 8 Janvier.

Hommage fait au Roi par l'Archiduc, le 5 Juillet : *Boucher*, inv. *Bacquoy*, fecit.

Portrait de Jean-Jacques Trivulce, sous la conduite duquel se fit la Conquête du Milanès. = Médaille du même à ce sujet.

1500. Représentation de Louis XII. à cheval, sur la porte du Château de Blois.

Siège de Pise, & Combat sous les murs de la Ville : *Cochin*, inv.

1501. Conférence du Cardinal d'Amboise avec le Duc de Valentinois, sous les murs d'Ast : *Colin*, inv.

Frédéric, Roi de Naples, se retire en France, & est bien reçu du Roi, qui lui fait une pension de trente mille écus : *De Fer*.

1503. Bataille de Cerignoles, gagnée par Gonsalve, contre le Duc de Nemours, qui y fut tué, le 28 Avril.

La même Bataille : *Colin*, inv. *Randon*, sculpf.

Portrait de Pierre d'Aubuffon, Grand-Maître de Malthe, mort cette année.

Portraits de Pierre II. Duc de Bourbon, mort cette année, & d'Anne, fille de Louis XI. fa femme, morte en 1522.

Prife de Fagio, au bord du Carignan, par Gonfalve, qui en égorgea la Garnifon : *Colin & Randon.*

1504. Bataille d'Aignadel, gagnée par le Roi contre les Vénitiens : *Colin & Randon.*

Portrait de la Bienheureufe Jeanne de France, fille de Louis XI. & première femme de Louis XII. Fondatrice de l'Ordre des Annonciades en 1501, morte en 1504 : *Théod. Gall.* fecit.

*Jeanne de France, première femme de Louis XII. fon Tombeau à Bourges.

1507. Jean Defmarets préfente un Livre à la Reine Anne ; tiré de *Montfaucon.*

Les Génois armés vont prendre le Caftella : *Idem.*

Louis XII. fort d'Alexandrie de la Paille, & va contre les Génois : *Idem.*

Les François prennent les Forts des Génois : *Idem.*

Les Génois vaincus viennent implorer la clémence du Roi : *Idem.*

Louis XII. entre triomphant dans Gènes : *Idem.*

Vue du Pont de Notre-Dame de Paris, qu'on commença de bâtir cette année : *Mariette*, exc.

1509. Ancienne Joufte ou Tournoy : *L. C.* Planche en bois.

1510. Portrait du Cardinal Georges d'Amboife, Miniftre de Louis XII. mort cette année ; avec Médaillons repréfentans les principales actions de ce Miniftre.

Deux autres Portraits du même. = Autre, avec Médaille : *Montfaucon.*

Les Vénitiens battus devant Vérone : *Idem.*

1511. Plan de la Mirandole & de fes Environs, prife par le Pape Jules II. en perfonne.

Le Pape Jules II. jette l'Interdit fur Pife & fur la Ville de Florence, à l'occafion du Concile convoqué à Pife par Louis XII. & l'Empereur ; & il excommunie tous ceux qui adhéroient à ce Concile : Deffin au biftre.

Portrait de Charles d'Amboife, Maréchal de France, mort cette année.

Bataille proche de Vérone, où le Maréchal Trivulce bat l'Armée du Pape & des Vénitiens.

1512. Siège de Ravenne par le Duc de Nemours ; tiré de *Montfaucon.*

Portrait de Gafton de Foix, Duc de Nemours, tué à l'âge de 23 ans à la Bataille de Ravenne, donnée le 11 Avril.

1513. Phénomène avant la mort de la Reine Anne ; tiré de *Montfaucon.*

Huit Eftampes repréfentant des Chapelles ardentes de la Reine Anne : *Montfaucon.*

La même Princeffe dans fon Lit de Parade : petite Eftampe.

Anne de Bretagne, feconde femme de Charles VIII. tirée d'une Médaille du Cabinet de M. Petau.

La même ; tirée du Cabinet de M. Chapelain de Palleteau.

Deffin des deux faces de la Boëte & Couronne d'or où a été renfermé le cœur d'Anne de Bretagne, deux fois Reine de France, morte cette année : *Montfaucon.*

Deux Médailles faites à la louange de cette Reine.

Siège de Dijon par les Suiffes, en 1513.

1514. Trève entre le Roi & l'Empereur.

Portrait de Guillaume de Briçonnet, Cardinal, mort cette année.

1515. Portrait de Louis XII. *Debie.*

Plan & Elévation du Tombeau de Louis XII. & de la Reine Anne de Bretagne fon époufe, élevé à Saint-Denys. (Ce Prince mourut à Paris le 1 Janvier.)

Autre vue du même Tombeau.

Marie d'Angleterre, troifième femme de Louis XII. fon Portrait à Londres.

Douze Médailles du Règne de Louis XII.

Cinq Planches contenant fes Monnoies, au nombre de cinquante-neuf.

Monumens du Règne de Louis XII. en dix-fept Planches ; tirées de *Montfaucon.*

Portrait de Meffire Louis de Graville, Amiral de France fous Louis XII.

Règne de François I.

Frontifpice.

Deux Médailles de ce Prince, avant qu'il fût Roi.

Couronnement de François I. fait à Reims, par Robert de Lenoncourt, le 15 Janvier : *Tardieu*, inv.

Entrée du Roi dans fa Ville de Paris, où il fut reçu aux flambeaux, quoiqu'en plein jour, le 15 Février : en 14 Planches en bois.

Vue de la Ville de Touloufe.

François I. à fon avènement confirme les Officiers du Royaume dans la poffeffion de leurs Charges : les Lettres de confirmation des Officiers du Parlement de Touloufe font du 7 Janvier 1514 : (1515.)

Bataille de Marignan, gagnée par le Roi contre les Suiffes, les 13 & 14 Septembre : *Et. Picart.*

Autre Eftampe de la même Bataille.

1517. Portrait & Médaille de Jean-Jacques Trivulce, Maréchal de France, mort cette année, âgé de 80 ans, avec celui de Théodoric Trivulce, auffi Maréchal de France, mort en 1533.

Deux Médailles de Jean-Jacques Trivulce.

1518. Deux Médailles frappées à la gloire du Roi, cette année, à l'occafion de la Paix avec l'Angleterre.

1519. Vignette Allégorique fur la prétention de François I. à l'Empire : *Randon*, sculpf.

1520. Portrait de Madame de Touars, Abbeffe & Réformatrice de Charenton : *Vanlochom*, exc.

Entrevue de François I. & de Henri VIII. Roi d'Angleterre, entre Ardres & Guines ; en trois Planches, tirées de *Montfaucon.*

1522. Bataille de la Bicoque : *Randon*, sculpf.

Plan de la Bataille de la Bicoque : Planche en bois.

Le même, plus grand, & deffiné à la plume.

1523. Le Connétable de Bourbon fe fauve de Herman en Auvergne, pour gagner Milan, fuivi du feul Pomperan : *Randon*, sculpf.

1524. Lit de Juftice tenu contre le Connétable de Bourbon : *Bacquoy.* = Autre, tiré de *Montfaucon.*

Retraite de Rébec, où le Connétable de Bourbon défit l'Arrière-garde de l'Amiral de Bonnivet, & où le Chevalier Bayard fut tué : *Micheux*, pinx. *Poilly*, fc.

Portrait de la Reine Claude, morte cette année.

Claude de France, première femme de François I. tirée du Cabinet du Roi à Fontainebleau.

Médaille frappée pour cette Reine.

1525. Plan de la Ville & des Environs de Pavie, telle qu'elle étoit quand François I. l'affiégea : au bas on voit la Bataille donnée près de cette Ville.

Vue de la Ville & de la Bataille de Pavie, où le Roi fut fait prifonnier, le 24 Février : Planche en bois & du temps même.

Bataille de Pavie : Deffin lavé à l'encre de la Chine.

Bataille de Pavie : *Randon.*

Bataille de Pavie, où François I. fut fait prisonnier : *Tempeste.*

Autre petite Estampe représentant le même Evénement.

La Prise de François I. devant Pavie : *Cock.*

Le Roi est conduit à Madrid : *De Fer.*

Rançon de François I. Charles-Quint sur son Trône acceptant les propositions de la rançon qui lui sont faites en présence de son Captif, par une des Princesses ses filles : Gravure en bois, par *Hanschaenselein.*

Hérodiade représentant satyriquement les Divertissemens que Charles-Quint donna à François I. pendant son séjour à Madrid : *Idem.*

Portrait de Guillaume Gouffier, Sieur de Bonnivet, Amiral de France, mort à la Bataille de Pavie.

Autre, de Louis de la Trimouille, qui y fut tué.

Autre, de Jacques de Chabannes, Seigneur de la Palisse, Maréchal de France, qui y fut aussi tué.

Diane de Poitiers se jette aux pieds de François I. pour obtenir la grace de Saint-Vallier, & ce Prince en devient amoureux.

1526. Henri, Roi de Navarre, recherche en mariage Marguerite, sœur de François I. *Montfaucon.*

1527. Le Connétable de Bourbon assiége la Ville de Rome : *Tempeste,* inv. *Boël,* inc.

Le Connétable est tué en montant à l'assaut : *Cock.*

Portrait du même, avec celui de Susanne de Bourbon sa femme.

Deux Médailles du même.

Les Impériaux tiennent le Pape assiégé dans le Château Saint-Ange : *Cock.*

1528. Trois Vues anciennes du Louvre & de la grande Gallerie, commencé en cette année, sur les desseins de l'Abbé de Clagny : *Israël.*

Vue & Perspective du Louvre.

Autre, à vue d'oiseau : *Mariette,* exc.

Réparation faite par François I. d'un Attentat commis à Paris envers l'image de la Sainte Vierge, derrière l'Eglise de S. Antoine, le 30 Mai : *P. de Rochefort,* fec. Joli dessin lavé à l'encre de la Chine.

Siège de Naples, par les François, Vignette : *Randon,* sculps.

1530. Couronnement de l'Empereur Charles-Quint à Bologne : *Séb. Le Clerc,* inv. *Bacquoy,* fecit.

Cérémonie du Mariage de François I. avec Eléonore d'Autriche : Esquisse dessinée & lavée à l'encre de la Chine.

Médaille frappée à l'honneur de la Reine.

1531. Portraits & Médailles de Louise de Savoie, mère du Roi, morte au mois de Septembre ; tirés de *Montfaucon.*

1533. Vue de l'Hôtel-de-Ville de Paris, dont la première pierre fut posée par le Roi, le 15 Juillet.

Entrée de la Reine Eléonore d'Autriche, femme de François I. à Toulouse, le 2 Août : *Despax,* inv. *Hortemels,* sculps. *in-fol.*

Entrée du Dauphin François II. dans Toulouse : *Iidem.*

Les Gentilshommes du Rhêtelois font hommage à Henri de Lautrec, Comte de Rhêtelois : *Sornique,* sculps. tiré de *Montfaucon.*

Mariage de Catherine de Médicis, Comtesse d'Auvergne, avec le Duc d'Orléans, depuis Roi sous le nom de Henri II. célébré à Marseille par le Pape Léon X. le 28 Octobre, (Vignette :) *Le Clerc.*

1535. Hérétiques brûlés à Paris : *Idem.*

François Dauphin, fils de François I. du Cabinet de M. de Fleury, Procureur-Général au Parlement de Paris.

1536. Portrait de François Dauphin, mort de poison : *Th. Deleu,* fecit.

Fuite des Impériaux de devant Marseille, (Vignette :) *Randon,* sculps.

Henri Dauphin, second fils de François I. Son Portrait au Louvre.

1537. Portrait de Charles I. Duc de Vendôme, mort cette année, & celui de Françoise d'Alençon sa femme.

1538. Entrevue & Conférence du Pape avec le Roi à Nice, (Vignette :) *Randon,* sculps.

François I. reçoit l'Empereur Charles-Quint à Aiguesmortes, le 15 Juillet : *Cazes,* inv. *Cochin,* sculps.

1540. Profil de Montpellier en l'état qu'il étoit en 1540, avant les Guerres de Religion.

La Cour du Roi François I. environ cette année.

Image symbolique de cette Cour.

1541. Portrait d'Yves Mayeuc, Evêque de Rennes, Confesseur des Rois Charles VIII. & Louis XII. mort le 20 Septembre, avec son Epitaphe : *Matheus,* fecit.

1543. Portrait de Philippe Chabot, Amiral de France, mort le 1 Juin.

Tombeau du même, aux Célestins de Paris.

1544. Bataille de Cerizolles : *Randon,* sculps.

Médaille de François, Duc d'Enguien, qui gagna cette Bataille.

Petite Vue de la Ville de Saint-Dizier, assiégée par l'Empereur Charles-Quint. La longue résistance de cette Ville fut le salut de la France.

Grand Emblême satyrique, sur la Paix de Soissons, entre l'Empereur & le Roi François I.

L'Empereur après la signature du Traité de Crespy, envoya ordre à son Armée de Flandres, qui assiégeoit Montreuil avec les Anglois, de se retirer, (Vignette :) *Randon,* sculps.

1545. Deux Portraits de Charles de France, Duc d'Orléans, mort cette année.

1547. Le Comte de Fiesque se noye en passant le Pont de Gènes, dont il venoit de s'emparer, sur une Galère où il alloit donner ses ordres, (Vignette :) *Randon,* sculps.

Cinq Portraits de François I. mort à Rambouillet, le 31 Mars.

Portrait d'Eléonore d'Autriche, sa seconde femme : *Debie.*

Vue du Tombeau de ce Roi, à Saint-Denys : *Le Blond,* del. *Giffart,* sculps.

Autre.

Autre : *Marot,* fecit.

Autre, gravée en bois.

Autre : *in-fol.*

Vingt-cinq Médailles du Règne de François I.

Autre Médaille qui ne se trouve pas dans les précédentes.

Trois Planches des Monnoies de François I.

Blason des Duchés-Pairies érigées par ce Roi.

Blason des Armes de ses Maréchaux de France.

Deux vues du Château de Madrid bâti par ce Roi, dans le Bois de Boulogne : *Israël,* excud.

Petite Vue du Château de Chambort, commencé par François I.

Vue de la Gallerie de Fontainebleau, bâtie par ce Prince.

Plan & Vues de ce Château.

Plan général de Fontainebleau : *Mariette.*

Estampe représentant une Chasse de François I. dans la Forêt de Fontainebleau : *Cock,* excud.

Monumens de ce Règne, en dix-huit Planches; tirées de *Montfaucon*.

Vignette allégorique fur la Comparaison de François I. avec Charles-Quint: *Randon*, sculpf.

Règne de Henri II.

Frontispice.

Médaille frappée à l'honneur de ce Prince & de son épouse (Catherine de Médicis,) tandis qu'il étoit encore Dauphin.

Duel entre Jarnac & la Chateigneraye, qui y perdit la vie, avec huit Cartouches représentant les Cérémonies qui s'observoient en cette occasion: *Labelle*, fc.

Autre Estampe du même Evénement.

1548. Chapitre de l'Ordre de Saint-Michel, tenu par le Roi: *Ph. Simonneau*, sculpf.

Vue de la Ville de Reims, où le Roi établit une Université: *René de la Chèze*.

Emblême au sujet de cette Erection: *Bauffonet*, del. *Moreau*, sculpf.

Entrée de Henri II. à Beaune, par *Denys Bérardier*.

Entrée de Henri II. & Catherine de Médicis, à Lyon: *Lyon*, 1548.

Salle magnifique élevée sur un grand bateau à Lyon, pour l'Entrée du Roi; tiré de *Montfaucon*.

1549. Le Roi fait son Entrée à Paris, le 16 Juin: onze Pièces gravées en bois.

Entrée de Catherine de Médicis à Paris, le 17 du même mois: *Le Clerc*, excud. *Dan. Pabel*, inven. *L. Gaultier*, sculpf.

Arcade magnifique élevée en la rue Saint-Antoine, à cette occasion; tirée de *Montfaucon*.

Plan de la Ville de Boulogne; assiégée par le Roi. = Vue de cette Ville & de la Tour d'Ordre; en deux Estampes, par *Beaurain*.

Siège de Boulogne-sur-Mer, pris sur les Anglois.

Prospect de Bologne, & attaque de plusieurs Forts pris sur les Anglois par l'Armée du Roi Henri II.

Hérétiques brûlés à Paris, en deux Planches: *Brebiette*.

1550. Le Triomphe de la Rivière à Rouen. = Le Char de la Religion, tiré par des Licornes. = Eléphans portant des tours sur leurs dos: deux Planches. = Le Char d'heureuse fortune. = Jeune homme à cheval, représentant le Dauphin. En tout cinq morceaux représentant les Réjouissances faites en la Ville de Rouen, pour l'Entrée du Roi & de la Reine; tirées de *Montfaucon*.

Le Roi Henri II. faisant son Entrée à Rouen en 1550, à cheval: Dessin à la plume.

1551. Entrée de Henri II. & de Catherine de Médicis, à Tours, en 1551.

Deux grandes Vues de la Fontaine des Innocens (à Paris,) construite cette année.

Autre petite Vue de la même: *Lucas*, sculpf.

Plan & Elévation de la même du côté de la rue aux Fers, & profil des principaux membres d'Architecture: en trois Estampes: *Mariette*.

1552. Le Plan de Metz, assiégé par Charles-Quint: *S. Le Clerc*. = Deux Médailles à ce sujet.

Quatre Médailles frappées en cette année, & pour divers Evénemens.

1554. Combat entre quatre Piques, permis en Piémont, par le Maréchal de Brissac: *Cochin*.

Portrait & Médaillon de Pierre Strozzi, Maréchal de France.

Six Estampes représentant les différentes défaites de Strozzi, commandant les troupes de France en Italie: *Johan. Stradan*, inv. *P. Galle*, fecit.

Plan de la Ville de Sienne, défendue pendant dix mois par le Capitaine Montluc.

Voyage de Henri II. aux Pays-Bas de l'Empereur, par *Bertrand de Salignac*.

1555. Le Triomphe des Gaulois; Pièce allégorique, gravée en bois.

Portrait de Henri d'Albret, Roi de Navarre, mort en cette année.

Autre du même, avec celui de Marguerite de Valois sa femme, morte en 1549.

Martin du Bellay, Seigneur de Langey, prête serment de Chevalier de Saint-Michel: *Simonneau*.

Vue de la Porte-Sainte-Antoine, bâtie sous le Règne de Henri II. pour servir d'Arc de triomphe à la mémoire du Roi.

1556. Grande planche en bois, énigmatique & allégorique, sur les Conquêtes de Henri II.

1557. Siège de Civitella, par le Duc de Guise, chez Pierre *de Nobilibus*.

Bataille de Saint-Quentin, perdue par les François, & gagnée par les Espagnols.

La même.

Portrait de Jean de Bourbon, Comte d'Enguien, tué à la Bataille de Saint-Quentin, le 10 Août.

Vue de la Ville de Saint-Quentin, défendue par M. de Coligny, & prise d'assaut le 27 Août, après 26 jours d'attaque.

1558. Siège de Ghines (ou Guines,) & prise sur les Anglois par M. de Guise.

Plan du Fort de Ghines, prise d'assaut par l'Armée du Roi: à Rome, 1558.

Plan de la Bataille donnée le 13 Juillet près de Gravelines, & gagnée par l'Armée du Roi d'Espagne.

Bataille de Gravelines, le 13 Juillet 1558.

Siège de Gravelines, par le Maréchal de Thermes; le Comte d'Egmont le contraignit de le lever, & le fit prisonnier le 13 Juillet.

Prise de Calais.

Vue de Calais, pris par le Roi sur les Anglois.

Médaille frappée à l'honneur du Roi Henri II. au sujet de la prise de Calais & de Ghines.

Portrait & Médaille de Marie Stuart, Reine d'Ecosse, à l'occasion de son mariage avec François Dauphin.

1559. La Mercuriale tenue aux Augustins, le 10 Juin; où le Roi en personne fit arrêter Anne du Bourg, & plusieurs autres Conseillers: *Tortoret*, inv. *Peruffin*, fecit.

Tournoi fait le 30 Juin, pour les Noces du Roi d'Espagne avec Madame Isabeau de France, où le Roi fut blessé à mort par le Comte de Montgommery: *Idem*.

Tournoi de la rue Saint-Antoine, où Henri II. fut blessé à mort.

Le même: Estampe gravée en Flandres.

Henri II. est blessé à mort dans un Tournoi: *Cochin* fils, fecit.

Le même: *De Fer*.

Le Roi blessé, dans son lit; tiré de *Montfaucon*.

La mort du Roi aux Tournelles, le 10 Juillet. *Tortoret* & *Peruffin*.

Deux Portraits du Roi.

Quatre autres de lui & de Catherine de Médicis; tirés de *Montfaucon*.

Henri II. & Catherine de Médicis, Médaillons & Ornemens: *Oppenord*, delin. *Audran*, sculpf.

Portrait de Montgommery, qui tua le Roi: Dessin lavé à l'encre de la Chine.

Tombeau de Henri II. & des Valois, à S. Denys: *Le Blond*, delin. *Giffart*, sculpf.

Autre Estampe du même Tombeau : *in-fol.*
Mausolée élevé à la gloire du Roi Henri II.
Grouppe de marbre érigé dans l'Eglise des Célestins de Paris, pour les cœurs de Henri II. & de Catherine de Médicis, avec Inscription : beau Dessin lavé à l'encre de la Chine.
Le même, gravé.
Blason des Duchés-Pairies érigés par ce Roi.
Vingt-huit Médailles de son Règne.
Autre, avec revers.
Deux Planches contenant les Monnoies de Henri II.
Monumens, en trois Planches ; tirées de *Montfaucon.*

Règne de François II.

Médaille de ce Prince, tandis qu'il étoit Dauphin.
Deux Médailles frappées à l'occasion de l'Avénement de François II. à la Couronne.
Le 12 Juillet, Catherine de Médicis consulte un Magicien pour sçavoir quel seroit le sort des Princes ses enfans : Dessin lavé à l'encre de la Chine, avec Explication.
Médaillon de cette Reine & de ses trois enfans, qui régnèrent successivement.
Sacre & Couronnement de François II. fait à Reims, le 18 Septembre : Dessin à l'encre de la Chine.
Anne du Bourg, Conseiller au Parlement de Paris, brûlé en Grève, le 21 Décembre : *Tortoret & Pérussin.*
Portrait du fameux Robert Etienne, sçavant Imprimeur, mort en cette année.
1560. Le Cardinal de Lorraine & le Duc de Guise en conférence avec Catherine de Médicis ; dans l'éloignement se voit le mouvement de la Conjuration d'Amboise : *Richardon,* inv. *Duflos,* sculpf.
La Conspiration d'Amboise : *Cochin* fils, fecit. = La même : *De Fer.* = Autre, tirée de *Montfaucon.*
L'Entreprise d'Amboise découverte, les 13, 14 & 15 Mars : *Tortoret & Pérussin.*
L'Exécution d'Amboise faite le 15 Mars : *Idem.*
Requête des Huguenots présentée au Roi dans son Conseil à Fontainebleau, par l'Amiral de Coligny : *Boucher,* inv. *Bacquoy,* fecit.
Trois Portraits de François II. mort le 5 Décembre.
Autre, avec celui de Marie Stuart ; tirés de *Montfaucon.*
Autre, encadré dans un Mausolée : *Blasset,* inv. *Lenfant,* sculpf.
Colonne de marbre élevée dans l'Eglise des Célestins de Paris, pour le cœur de François II. vue de deux faces différentes : Deux très-jolis Dessins lavés à l'encre de la Chine.
La même Colonne, gravée.
Vignette allégorique des maux causés par les Guerres de Religion, sous François II. *Cochin,* del. *Soubeyran,* fecit.
Sept Médailles du Règne de ce Prince, avec ses Monnoies. (Elles furent battues en Ecosse, & non en France.)
Monumens du Règne de François II. tirés de *Montfaucon.*

Règne de Charles IX.

Représentation des Etats tenus à Orléans, depuis le 31 Décembre 1560, jusqu'au 5 Février suivant, avec Explication.
Portrait des Etats tenus à Orléans : Gravure en bois.
Le même, à simple trait.
La même Assemblée : *Tortoret & Pérussin.*
1561. Le Colloque de Poissy : *Tortoret & Pérussin.* (Ce Colloque commença le 4 Septembre & finit le 25 Novembre.)
Le même, avec Vers Flamands.
Le même : *De Fer.*
Autre, tiré de *Montfaucon.*
Le Massacre fait à Cahors le 19 Novembre : *Tortoret & Pérussin.*
Le même, avec Vers Flamands.
Les Huguenots saccagent la Cathédrale de Montpellier : *Cazes,* inv. *Cochin,* sculpf.
Portrait de Robert, Cardinal de Lenoncourt, mort en cette année.

Commencement des Guerres Civiles & de Religion, en 1562.

Frontispice.
1562. Cruautés horribles exercées en France par les Huguenots, contre les Catholiques, depuis leur première rébellion contre le Roi, l'an 1562 : en 12 Pièces, avec Vers au bas, & Explications.
Le Massacre fait à Vassy le 1 Mars : *Tortoret & Pérussin.*
Le même : gravure moderne ; tirée de *Montfaucon.*
Le Massacre fait à Sens par la populace, au mois d'Avril : *Tortoret & Pérussin.*
La Prise de Valence en Dauphiné, où M. de la Mothe-Gondrin fut tué & pendu, le 25 Avril : *Idem.*
Le Massacre fait à Tours, au mois de Juillet : *Idem.*
Le même : gravure moderne ; tiré de *Montfaucon.*
La Prise de Montbrison, le 29 Juillet : *Tortoret & Pérussin.*
La même, avec Vers Flamands.
La Défaite de Saint-Gilles en Languedoc, en Septembre.
Le Roi, après la prise de Rouen, entre en cette Ville, & y ramène le Parlement.
Portrait d'Antoine de Bourbon, Roi de Navarre, tué au Siège de Rouen le 17 Novembre, & de Jeanne d'Albret sa femme, morte au mois de Juillet 1572.
L'Ordonnance des deux Armées à la Bataille de Dreux, le 19 Décembre. = Première Charge, où M. le Connétable fut pris. = Seconde Charge, où M. le Prince de Condé poursuit la Victoire. = Troisième Charge, où ce Prince fut pris. = Quatrième Charge, où M. le Maréchal de Saint-André fut tué. = La retraite de la Bataille. Six Morceaux : *Tortoret & Pérussin.*
Trois Estampes représentant les mêmes Actions, avec Vers Flamands.
Deux autres Estampes sur le même sujet ; tirées de *Montfaucon.*
Portrait de Nicolas de Brichanteau, Seigneur de Beauvais-Nangis, blessé à la Bataille de Dreux, & mort de sa blessure, en 1564.
1563. Entrée de Charles IX. à Toulouse, le 2 Février : *Le Clerc.*
Siège d'Orléans, où le Duc de Guise fut assassiné par Poltrot ; tiré de *Montfaucon.*
Le même Siège. = Le Duc de Guise blessé à mort le 18 Février. = Exécution de Jean Poltrot de Meré à Paris, le 18 Mars : trois Morceaux : *Tortoret & Pérussin.*
La paix faite en l'Isle aux Bœufs, près d'Orléans, le 13 Mars : *Idem.*
La même : gravure moderne, tirée de *Montfaucon.*
Plan du Havre assiégé & pris le 28 Juillet sur les Anglois.

Le Roi va au Parlement de Rouen pour s'y faire déclarer Majeur.

Charles IX. déclaré Majeur au Parlement de Rouen : Deſſin lavé à l'encre de la Chine.

Générale & dernière Aſſemblée du Concile de Trente : *Cl. Ducheti.*

1564. L'Origine & préſent état de la Secte Calvinienne, avec Explication, & le Portrait de Calvin mort à Genève en 1564 : Grande Feuille.

Vue du Château & du Jardin des Tuileries, dont Catherine de Médicis fit jetter les premiers fondemens en cette année.

Trois autres Vues des mêmes : Deſſinées & gravées par *Perelle.*

1564 & 1565. Entrée de Charles IX. à Lyon, 1564. = A Toulouſe, 1565.

1565. Entrée de la Reine d'Eſpagne à Bayonne.

1566. Portrait en Médaille de Jacques de Savoie, Duc de Nemours, & d'Anne d'Eſt, veuve du Duc de Guiſe, qui furent mariés en cette année, à Saint-Maur-des-Foſſés.

Médaille de ce Duc.

L'Hôtel-de-Ville de Paris aſſiſte comme Parrain, avec la Maréchale de Montmorency, Marraine, à la Confirmation & au changement de Nom d'Hercule de France, Duc d'Alençon, ſecond frère du Roi Charles IX. *Hallé.*

1567. Le Maſſacre fait à Niſmes, le 1 Octobre : *Tortoret & Péruſſin.*

Maſſacre des Catholiques de Niſmes par les Huguenots : *Cazes,* inv. *Cochin,* ſculpſ.

La Bataille de Saint-Denys, la veille de S. Martin : *Tortoret & Péruſſin.*

Portrait d'Anne de Montmorency, Connétable de France, tué dans cette Bataille.

Trois Médailles à ſa louange.

Colonne torſe & Urne où eſt le Cœur de ce Connétable, aux Céleſtins de Paris.

1568 La Rencontre des deux Armées à Cognac, près Gannat en Auvergne, le 6 Janvier : *Tortoret & Péruſſin.*

La Ville de Chartres aſſiégée & battue par le Prince de Condé, au mois de Mars : *Idem.*

La même, avec Vers Flamands.

Les Huguenots, pendant le Siège, veulent briſer & abattre l'Image de la Vierge au-deſſus de la porte Drouaiſe, ſans pouvoir la frapper.

Exécution des Comtes de Horn & d'Egmond, le 5 Juin, à Bruxelles.

1569. L'Ordonnance des deux Armées entre Cognac & Châteauneuf, le 13 Mars. = La Rencontre & Bataille des deux Armées, où le Prince de Condé fut tué : Deux Morceaux : *Tortoret & Péruſſin.*

La même, avec Vers Flamands.

Portrait de Louis de Bourbon, Prince de Condé : *Th. Deleu,* fecit. = Médaille du même.

Tombeau de Timoléon de Coſſé, Comte de Briſſac, tué au Siège de Muſidan, en Périgord, tel qu'on le voit aux Céleſtins de Paris : *Hériſſet,* ſculpſ.

Le même : *in-fol.*

La Rencontre des deux Armées, à la Roche en Limoſin, où le Sieur de Strozzi fut pris, le 25 Juin : *Tortoret & Péruſſin.*

Poictiers aſſiégé par MM. les Princes, depuis le 24 Juillet juſqu'au 7 de Septembre : *Idem.*

L'Ordonnance des deux Armées près de Montcontour, le 3 Octobre. = La déroute du Camp de MM. les Princes, & la défaite des Lanſquenets à Montcontour : *Iidem.*

Saint-Jean d'Angély aſſiégé par Charles IX. depuis le 14 Octobre, juſqu'au 2 Décembre : *Iidem.*

Surpriſe de la Ville de Niſmes par ceux de la Religion, le 21 Décembre : *Iidem.*

L'Entrepriſe de Bourges découverte, le 21 Décembre : *Iidem.*

Entrée de Charles IX. à Metz.

1570. La Rencontre des deux Armées au paſſage du Rhône en Dauphiné, le 28 Mars : *Tortoret & Péruſſin.*

1571. Entrée du Roi & de la Reine à Paris, les 6 & 29 Mars : en 15 Pièces, gravées en bois.

Entrée de Charles IX. & d'Eliſabeth d'Autriche, à Paris en 1571.

Vue du Portail du Palais de Dijon, bâti par les ordres du Roi, en Novembre : *Sylveſtre,* delin. *Perelle,* ſculpſ. (Le ſurplus avoit été bâti par Louis XII. en 1510. L'Inſtitution de ce Parlement eſt de l'année 1476.)

1572. Le père de M. de Sully préſente ſon fils, âgé de onze ans, au Prince de Béarn, Roi de Navarre, qui en avoit dix-huit : *Gravelot,* inv. *Feſſart,* ſculpſ.

De Moort van Paris, &c. (ou les Morts de Paris,) en deux Pièces : *Jan. en Gaſp. Luiken,* ſculpſ.

Maſſacre de la Saint-Barthélemi, avec huit Vers au bas.

Autre : *Gaſpard Bouttats,* fecit.

Autre, avec Vers Flamands.

Autre.

Mort de l'Amiral de Coligny : *Cochin,* inv. *Aveline,* ſculpſ.

Mort de l'Amiral de Coligny, & Maſſacre de la Saint-Barthélemi : *De Troy,* pinx. *Deſplaces,* ſculpſ.

Maſſacre de la Saint-Barthélemi : *Michaux & Poilly.*

Médaille frappée à l'occaſion de ce Maſſacre.

Deux autres, avec revers & Explications : *Favyer.*

Portrait de Pierre Ramus, tué pendant le Maſſacre de la Saint-Barthélemi : *Jacq. Grant,* excud.

Maſſacre des Huguenots fait à Orléans.

Grandeur de la Comète qui apparut en cette année, avec figures énigmatiques ſur ſon prognoſtique : grande Planche en bois.

1573. Médaillon frappé pour le Duc d'Aumale, tué au Siège de la Rochelle.

Siège de la Rochelle, par M. le Duc d'Anjou, le 16 Mars.

Bataille des deux Armées Françoiſes près la Rochelle, donnée la nuit du 16 au 17 Mais 1573.

Médaille du Chancelier de l'Hôpital, mort en cette année.

1574. Cérémonie du Couronnement de Henri III. pour le Royaume de Pologne.

La Coronatione di Polonia è di Francia del Rege Henrico III. &c. da Pietro *Buccio* : in Padoua, 1576.

Intronifation de Henri de Valois, élu Roi de Pologne le 9 Mai 1573, couronné le 21 Février 1574. Tirée de l'Hiſtoire Latine de Fredro.

Etats de Pologne tenus d'abord après le Couronnement de Cracovie.

Entrée de Charles IX. à Lyon, en 1574.

Portrait de Charles IX. mort le 30 Mai.

Autre Portrait du même, & d'Eliſabeth d'Autriche ſa femme : grande feuille en bois.

Autres, en deux Planches; tirées de *Montfaucon.*

Quarante-huit Médailles de Charles IX.

Une Planche de ſes Monnoies.

Blason des Armes de sept Maréchaux de France faits sous le Règne de Charles IX.

Monumens de ce Règne, représentant les Princes, Seigneurs, Gentilshommes & autres de cette Cour : en douze feuilles, tirées de *Montfaucon*.

Règne de Henri III.

Arrivée de Henri III. à Venise, le 18 Juillet, & Fête à ce sujet : grande feuille.

Autre, plus petite.

Entrée de Henri III. à Venise : *Andr. Vincentino*, pinx.

Autre grande Estampe représentant sa Réception, & les Cérémonies & Honneurs qui lui furent rendus en entrant au Prégadi : *Andr. Vincentino*, pinx. *M.P. Reys*, fecit.

Entrée du Roi à Mantoue, le 2 Août, & Arcs de Triomphe à ce sujet : en sept Pièces.

Entrée du Roi Henri III. dans Mantoue : en onze Figures gravées & imprimées à Paris en 1586.

Tombeau & Portrait de Charles, Cardinal de Lorraine, mort le 26 Décembre 1574 : *Grant*, fecit, *Goust*, excud.

1575. Petite Vue (en Vignette,) de la Ville de Reims, où le Roi arriva le 11 Février, & y fut sacré le Dimanche 13 dudit mois.

Le Dimanche 9 Octobre le Roi fait faire une Procession générale à Paris, où furent portées les Reliques de la Sainte-Chapelle. (*Voyez* le *Journal de Henri III*. audit jour.)

Carousel, ou Fête Théâtrale donnée par un Officier d'un Seigneur de la Maison de Mailly, en 1575, en vingt-une Planches de Dessin : *Nicolas de Labbate*.

1575 & 1576. Le Prince de Condé fait venir en France les Réîstres & le Prince Casimir, le 8 Décembre 1575 : Pièces avec Vers Flamands au bas.

1576. Première Association & Signature de la Ligue à Péronne : *S. le Clerc*, fecit.

Entrée du Duc d'Anjou à Tours, en 1576.

Le Portrait de l'Assemblée des Etats de Blois, en Décembre 1576.

1577. Portrait de Blaise de Montluc, Maréchal de France, mort cette année.

Portrait de Jean de Morvilliers, Garde des Sceaux sous Charles IX. mort en cette année ; avec une Médaille à son honneur.

Autre de Remi Belleau, Poëte François, mort en cette année : *Granthome*, excud.

1578. Médaille ou Monnoie frappée pour Henri II. Roi de Navarre, qui fut depuis Henri IV. Roi de France.

L'Entrée de Messire François, fils de France, Duc de Brabant, &c. en sa Ville d'Anvers, imprimée à Anvers chez Christophle Plantin. Il y a vingt-deux Figures.

Le Duc d'Anjou se rend maître de la Ville de Bains, le 7 Octobre, après l'avoir battue pendant quinze jours avec dix Canons & six Coulevrines : Estampe avec Vers Flamands au bas.

Vue & Perspective du Pont-Neuf, dont Henri III. accompagné de sa mère, mit la première pierre : *Perelle*, fecit. (*Voyez* la *Description de Paris*, par Brice ou Piganiol, pour l'Inscription.)

1579. Procession générale à Paris le 8 Avril, pour appaiser l'ire de Dieu : *Brebiette*, fecit.

Institution de l'Ordre du Saint-Esprit, par le Roi Henri III. dont les premières Cérémonies furent faites le 31 Décembre 1578, & les deux jours suivans, aux Augustins de Paris : (Vignette.)

Autre grande Estampe représentant la Réception des Officiers ; tirée de *Montfaucon*.

Autre, plus petite : *De Fer*.

Autre, en Médaillon : *Gasp. Isaac*, fecit.

Grand Frontispice à l'occasion de l'Institution de cet Ordre : *Gautier*, incid.

Portraits du Roi en habits de Cérémonie ; tirés de *Montfaucon*.

Cérémonies observées à la dégradation des anciens Nobles ou Chevaliers : Martin Hallé, Chevalier de l'Ordre de S. Michel, dégradé par le Roi Henri III. le 16 Août 1579 : *Chauveau*, (Vignette.)

Portrait de François de Montmorency, Maréchal de France, mort en cette année.

Vue de la Ville de Genève, que le Roi prit cette année sous sa protection.

1580. François, Duc d'Anjou, est reçu magnifiquement à Mons, par le Comte de Lalain, & par les Députés des Pays-Bas.

Pièce emblématique au sujet des Conquêtes du Duc dans les Pays-Bas, avec Vers Flamands & François.

Pierre de la Primaudaye présente son Livre au Duc de Nevers.

1581. Prise de Cambray par le Duc d'Anjou, le 18 Août ; avec Vers Flamands au bas.

Mariage du Duc de Joyeuse, Mignon du Roi, avec Marguerite de Lorraine, sœur de la Reine, le 24 Septembre. (*Voyez* le *Journal de Henri III*. audit jour.)

Portrait de Jacques de Billy, mort cette année.

Autre, de Guillaume Postel, aussi mort cette année.

1582. Entrée du Duc d'Anjou à Anvers, en 1582 : *in-fol*.

Entrée de M. le Duc d'Anjou à Anvers, & Réception qui lui fut faite le 19 Février, avec Vers Flamands au bas.

Autre, du 22 dudit mois.

La même, en deux Pièces, avec Médaille à ce sujet.

Autre Entrée du même, avec Char de triomphe emblématique : deux Pièces.

Ballet comique de la Reine aux Noces de M. de Joyeuse, & de Mademoiselle de Vaudemont sa sœur, par Barthélemi de Beaujoyeulx : 1582, *in-4*.

Figure de la Salle. = Figure des Sereines. = Figure de la Fontaine. = Figure des Tritons. = Figure des Satyres. = Figure du Chariot du bois. = Figure des quatre Vertus. = Figure du Chariot de Minerve.

Deux Portraits de Christophe de Thou, premier Président du Parlement de Paris, mort cette année ; avec une Médaille frappée à son honneur, en 1580.

Deux Portraits de Philippe de Strozzi, Colonel de l'Infanterie Françoise, mort aussi cette année. (L'un de ces Portraits est de *Th. Deleu*.)

1583. Le 17 Janvier, les François ayant voulu se rendre maîtres de la Ville d'Anvers & la piller, sont honteusement défaits & chassés : *Jan-Luiken*, inv. & fecit. (*Voyez* le *Journal de Henri III*.)

La même Déroute, avec Vers Flamands au bas.

Procession des Pénitens, instituée par le Roi Henri III. le 25 Mars : deux Planches en long.

Deux autres Pièces représentant des Pénitens, dans leurs habits : *Jollain*, excud.

Portrait & deux Médailles de René de Birague, Chancelier de France, mort cette année.

Autre Portrait du même.

Tombeau du même, & celui de sa femme, avec les Epitaphes : gravé en bois.

1584. Accord de Henri III. avec le Roi de Navarre : *Cochin*, fecit.

Figures des Monnoies décriées, le 19 Mars.

1585. Pièces symboliques représentant d'un côté

concernant l'Histoire de France.

l'Eglise Catholique, & de l'autre l'Eglise des Hérétiques, dédiée au Cardinal de Guise.

Portrait de Georges, Cardinal d'Armagnac, mort cette année.

Elévation de la Tour de Cordouan, bâtie cette année, par Louis de Foix, Architecte, à l'embouchure de la Garonne. (Elle a été réparée en 1727.)

1587. Exécution de Marie Stuart, Reine d'Ecosse, (& Douairière de France,) au Château de Fotheringai, le 18 Février.

Marie Stuart, femme de François II.

Vue du Couvent des Feuillans fondé au Fauxbourg S. Honoré (près des Tuileries,) par Henri III. en Octobre : *Langlois.*

Le Roi de Navarre (depuis Henri IV. de France,) pardonne aux vaincus après la Bataille de Coutras, qu'il gagna le Mardi 20 Octobre : *Lemoine,* inv. *Desplaces,* sculps.

Portrait & Médaille d'Anne de Joyeuse, tué dans cette Bataille.

Médaille frappée à l'honneur du Roi de Navarre, à l'occasion de cette Victoire.

Défaite des Réîstres & Lansquenets à Aulneau, le 24 Novembre, par le Duc de Guise, avec Vers Flamands au bas.

Médaille frappée à l'occasion du Traité fait par le Roi Henri III. avec les Suisses & les Réîstres, en Décembre 1587, pour les engager à se retirer entièrement du Royaume : *Henricus pius, &c. cunctis hæc, multis hæc.* (*Voyez* le *Journal de Henri III.* tom. II. p. 36.)

1588. Grande Estampe représentant la Fondation faite par le Duc de Nevers & sa femme, le 14 Février, pour marier soixante pauvres filles de leurs Terres ; avec les Armoiries & trois Portraits de la Maison de Gonzague, & un Autel avec Inscription : six Planches.

Grande Colonne dédiée au Duc de Mayenne, par Hugues Sambin.

Assemblée des Etats de Blois, convoqués par ordre de Henri III. le 29 Février : Dessin lavé à l'encre de la Chine.

Estampe représentant le Meurtre du Duc de Guise, fait à Blois le 23 Décembre.

Autre : gravé en bois.

Autre : *De Troy,* pinx. *C. Dupuis,* sculps.

Autre, représentant le même Evénement, & la mort du Cardinal son frère ; avec des Vers Flamands.

Le même : *Gravelot,* inv. *Rousseau,* sculps.

Grand Portrait du Duc de Guise.

Deux autres petits Portraits du même.

Portrait & Description du Massacre proditoirement commis au Cabinet & par l'autorité du Roi, en la personne de Henri de Lorraine, Duc de Guise : grande Feuille, avec Explication.

Cruauté plus que barbare infidèlement perpétrée par Henri de Valois, en la personne de M. le Cardinal de Guise.

Autre : gravée en bois.

Tombeau sur le Trépas & Assassinat commis aux personnes de MM. de Guise à Blois : gravée en bois ; avec Vers Flamands, au bas, chez *Jean Guérin.*

Le Cardinal de Guise en son Lit de Parade : Médaillon.

Petite Estampe en bois, représentant MM. de Guise à genoux, aux pieds d'une Croix.

L'Adjournement fait à Henri de Valois, pour assister aux Etats tenus aux Enfers : gravure en bois, avec Vers François.

Tome IV. Part. II.

Propos tenus à Loches entre Jean d'Espernon & son Diable familier : gr. en bois.

Le vrai Portrait du Diable de Nogaret (ou d'Espernon :) gravé en bois.

Catherine de Médicis, femme de Henri ; tirée du Portrait qui est chez M. de Fleury, (Procureur-Général du Parlement de Paris.)

1589. Portraits & Médailles de Catherine de Médicis, mère du Roi, morte au Château de Blois, le Jeudi 5 Janvier, âgée de 71 ans.

Deux Figures du fameux Talisman magique de cette Reine. (*Voyez* la *Satyre Ménippée,* tom. II. p. 433.)

Assemblée de la Sorbonne, où il fut arrêté qu'on pouvoit ôter le gouvernement aux Princes qu'on ne jugeoit pas dignes de régner ; le 7 Janvier.

Mort tragique du Président Etienne Duranti, à Toulouse, le 10 Février : *Cazes,* inv. *Cochin,* sculps.

Médaille du Roi de Navarre, frappée à l'occasion de sa jonction avec le Roi.

Henri III. & le Roi de Navarre (connu depuis sous le nom de Henri IV.) marchent à Paris pour détruire la Ligue : *De Troy,* delin. *Surugue,* sculps.

Etampes forcé par les Troupes du Roi de Navarre & de Henri III. en Juin 1589 : Dessin lavé à l'encre de la Chine.

Histoire de Jacques Clément, Moine Jacobin, qui assassina le Roi Henri III. en vingt-huit Pièces, dessinées & lavées à l'encre de la Chine. = Conseil des Ligueurs où fut prise la résolution de tuer le Roi. = Apparition (imaginaire) d'un Ange à Jacques Clément, pour lui faire entreprendre ce Parricide. = Jacques Clément en parle sous un nom déguisé à son Prieur, qui lui répond que c'est un acte généreux & Chrétien. = Jacques Clément, dans un Conseil secret, apprend que le Roi assiège Paris & est logé à S. Cloud. = Il va trouver l'Aumônier du Comte de Brienne, pour le prier de lui faire avoir un Passe-port pour aller trouver le Roi. = L'Aumônier le mène au Secrétaire de M. de Brienne, & le Secrétaire en va parler à son Maître. = M. de Brienne fait expédier le Passe-port, & le remet à Jacques Clément. = Jacques Clément l'apporte à son Prieur, qui l'exhorte encore à exécuter son projet. = Il se confesse & communie avant de partir. = Il est arrêté à Vaugirard par un Corps de garde du Roi de Navarre, puis relâché. = En chemin il est encore arrêté par deux Cavaliers, dont l'un, sur la lettre de créance qu'il leur montre, le fait monter en croupe pour le conduire à Saint-Cloud. = Il est conduit chez M. de la Guesle, Procureur-Général. = M. de la Guesle le fait entrer auprès de ses domestiques, tandis qu'il va avertir de son arrivée. = Le Roi lui donne ordre de l'amener le lendemain matin. = M. de la Guesle le fait souper avec lui. = Jacques Clément, avant de se coucher, récite son Bréviaire. = Un Domestique va l'éveiller le matin : il dormoit tranquillement. = Il est conduit chez le Roi, par M. de la Guesle. = Le Roi lit ses Dépêches ; dans l'instant Jacques Clément le frappe au bas-ventre du couteau qu'il avoit caché dans sa manche : le Roi l'ayant retiré, en frappe le Moine, qui est aussi-tôt tué par les Gardes. = Son Cadavre est jetté par la fenêtre, & dépouillé. = Il est tiré à quatre chevaux, puis brûlé. = Désespoir du Duc d'Espernon, quand il vit le Roi blessé dans son lit. = Le Roi, dans cet état, entend dévotement la Messe. = Il met sa Couronne sur la tête du Roi de Navarre. = Le Roi dans son lit de parade. = Les Seigneurs qui assistèrent le Roi depuis qu'il fut blessé, jusqu'à sa mort, en dressent le Certificat. = Le Prieur des Jacobins fait l'éloge en pleine Chaire de l'Action de Jacques Clément, qu'il qualifie de Martyr. = Canonisation de ce malheureux Moine.

Autre Histoire du même, en seize Morceaux, dont quelques-uns faits à la plume, & les autres gravés. = Assemblée de Jacobins pour se défaire du Roi. = Débat entre deux Jacobins à qui fera le coup ; la préférence est donnée à Jacques Clément, qui paroît tenant le coûteau avec lequel il doit l'exécuter. = Vision de l'Ange à Jacques Clément. = Sa Conférence avec le Père Bourgoing son Prieur. = Jacques Clément va trouver l'Aumônier du Comte de Brienne. = L'Aumônier le mène au Secrétaire, qui va expliquer à son Maître l'intention du Jacobin. = Le Comte de Brienne signe les Dépêches, & les remet à Jacques Clément. = Dévotion de Jacques Clément, pour se préparer à l'Action qu'il méditoit. = Il arrive à Saint-Cloud, & va trouver M. de la Guesle, qui le reçoit très-bien. = Autre du même sujet, mais différemment exécuté. = Souper de Jacques Clément chez M. de la Guesle. = Présentation de Jacques Clément aux Gardes par M. de la Guesle, pour le faire entrer chez le Roi. = Jacques Clément donne un coup de coûteau au Roi, & est aussi-tôt tué. = Regrets & désespoir du Duc d'Espernon, dans la Chambre du Roi. = Le Roi reconnoît le Roi de Navarre pour son légitime Successeur. = Supplice de Jacques Clément.

Canonisation du même, en cinq Pièces : *Brebiette*, fecit.

Jacques Clément, dont la figure est portée en triomphe par les Ligueurs, dans une Procession de Moines : Grande Esquisse dessinée à la plume, sur place & dans le temps, avec des Notes écrites aussi dans le temps même. (Morceau curieux.)

Assassinat du Roi Henri III. par Jacques Clément : Jolie petite Estampe.

Le même : *De Troy*, delin. *Surugue*, sculps.

Autre, avec ces deux Vers : *Si tibi Gallorum*, &c.

Autre, avec six Vers François.

Ici se voit comme Henri de Valois a été mis à mort par un Religieux Jacobin : Gravure en bois, du temps.

L'Histoire au vrai de la Victoire obtenue par Frère Jacques Clément, lequel tua Henri de Valois le premier jour d'Août 1589 : Gravure en bois, avec Explication & deux Sonnets du temps.

Petite Estampe en bois du temps même, représentant l'Attentat & le Supplice de Jacques Clément.

La même : Gravure moderne.

Figure de l'admirable & divine résolution de Jacques Clément, de son arrivée à Saint-Cloud, accès aux Gardes & adresse au Roi, devant lequel s'agenouillant, lui donne un coup de coûteau, &c. Grande Pièce, gravée en bois & du temps, chez Roland Guérard.

Portrait de Jacques Clément : Gravure en bois & du temps, avec Explication.

Le Prix d'outrecuidance & l'os de l'union : Emblême sur le détestable attentat de Jacques Clément, avec des Vers Flamands.

Henri III. dans son lit de Parade : Dessin lavé à l'encre de la Chine.

Tombeau de marbre du cœur de Henri III. tel qu'on le voit dans l'Eglise Paroissiale de Saint-Cloud : Dessin lavé à l'encre de la Chine.

Inscription du Tombeau de Henri III. Dessin lavé à l'encre de la Chine.

Colomne de marbre gris érigée en l'honneur de Henri III. au milieu d'une Chapelle joignant le Tombeau précédent : Joli dessin à l'encre de la Chine.

Cinq petites Vignettes satyriques ; gravées en bois sur autant d'Actions du Règne de Henri III.

Portrait monstrueux & allégorique de ce Prince, fait par les Ligueurs : Dessin lavé à l'encre de la Chine.

Les Hermaphrodites : Portrait satyrique du Règne de Henri III. & de ses Mignons.

Portrait des charmes & sorcelleries de Henri de Valois.

Figures magiques dont on attribue l'usage à Henri III. prétendues trouvées dans un lieu écarté du Bois de Vincennes : Dessin lavé à l'encre de la Chine.

Portrait de Henri III. *Debie*.

Louise de Lorraine-Vaudemont, femme de ce Prince, morte le 4 Juillet 1601 ; tirée du Portrait qui est chez M. de Fleury.

Médaille au sujet des Troubles survenus, après la mort des Guises.

Généalogie de la Royale Maison de Valois, éteinte à la mort de Henri III. (très-grande Feuille.)

Cinq Médailles de son Règne.

Une Planche de ses Monnoies.

Duchés-Pairies érigés par Henri III.

Vue de la Samaritaine, bâtie sous son Règne.

Autre Représentation de la même.

Monumens du Règne de Henri III. en onze Feuilles; tirées de *Montfaucon*.

Règne de Henri IV.

Généalogie des Rois de Navarre, depuis Inigo Arista, jusqu'à Henri IV. grande Feuille.

Généalogie de la Maison de Bourbon.

Autre, par D.L. Paris : *Jean le Clerc*, 1610, grande Feuille.

Autre, par *Th. Fougasse* : grande Feuille.

Tableau de parenté paternelle & maternelle de Henri IV. par *Joseph Texera*.

Combat à la lame des Seigneurs de Maroles, & de l'Isle-Marivaut, en 1589, (sous Henri IV.)

Duel de Jean de l'Isle-Marivaux, & de Claude de Maroles, le Mercredi 2 Août, trois ou quatre heures après la mort de Henri III. derrière le Jardin des Chartreux.

Apparition de S. Louis à Henri IV. Il lui annonce qu'il régnera sur les François, ainsi que ses descendans : *Gravelot*, inv. *Le Vasseur*, sculps.) Vignette.

Plan de la Bataille d'Arques : *Et. Picart*.

Combat d'Arques, le 21 Septembre, gagné par le Roi sur le Duc de Mayenne.

La Ville de Dieppe assiégée par le Duc de Mayenne, qui en lève le Siège, le 9 Octobre ; avec Vers Flamands.

Estampe Allégorique, représentant la Ligue, avec Explication. (C'est le Frontispice de la Satyre Ménippée.)

Autre : *N. Veughels*, pinx. Et. *Jeaurat*, sculps.

Portrait de la Ligue infernale : Figure gravée en bois, dans le temps. Fait à Lyon, par *Léonard Odet*.

Histoire de la Ligue : *Licheric*, pinx. *Baudet*, sculps.

Les Confédérés de la Ligue, dix têtes dans un bonnet : Gravure en bois.

Singerie de la Ligue, ou Assemblée allégorique des Ligueurs, dans laquelle ils choisissent le Cardinal de Bourbon, pour Roi de France : Gravure en bois.

Médaillon au sujet de cette Election, faite le 21 Novembre 1589 : Dessin au crayon.

Portrait du Cardinal Cajétan, faisant son Entrée dans la Ville de Paris, le 21 du mois de Janvier.

Ordonnance & Bataille d'Yvry, le 14 Mars : Deux Pièces, avec Vers Flamands.

Médaille frappée à ce sujet.

Le Roi Henri est arrêté miraculeusement dans la poursuite des fuyards : *De Troy*, inv. *Dupuis*, sculps.

Bataille d'Issoire, gagnée par les Troupes du Roi, le même jour.

Conseil des Seize, tenu le Samedi 1 de Mai, pour retenir les Peuples dans l'Union (ou la Ligue.)

Monnoies de Charles X. (ou du Cardinal de Bourbon,) mort le 9 Mai dans sa prison, à Fontenai en Poitou,

concernant l'Histoire de France.

S. Louis apparoît en songe à Henri IV. &c. 1590 : *De Troy*, delin. *Cochin*, sculps.

Le vieux d'Ailly tue son fils à la Bataille d'Ivry : *Michaux*, delin. *Poilly*, sculps.

La Discorde excite l'Amour à s'emparer du cœur de Henri IV. *Veughels*, delin. *Jeaurat*, sculps. 1723.

La belle Gabrielle essuie le visage de Henri IV. après la Bataille : *Gravelot*, inv. *Le Vasseur*, sculps.

Vue de la Ville de Melun, prise par le Roi : *Poobert*, delin.

Vue de la Ville & des Environs de Paris, que le Roi investit le 8 Mai.

Autre grande Vue de cette Ville.

Procession ridicule de Moines, ayant à leur tête le Docteur Rose : très-grande Feuille. (*Voyez le Journal de Henri IV.* au 3 Juin.)

La même : grande Feuille, avec Explication : Amsterdam, *Pierre du Kecre*.

Autre, moins grande; tirée de *Montfaucon*.

Autre, petite.

Autre, gravée en bois.

Autre, moderne : *Gravelot*, inv. *De Lorraine*, sc.

Etat du Siège de Paris, le 19 Août, lorsque le Duc de Mayenne y fait entrer un Convoi.

1590. Fin tragique de l'Ane Ligueur, le 28 Août : gravure en bois.

Prise de la Ville de Lagny, par le Duc de Parme : *R. de Hooghes*, inv. & fecit.

Grand Arc de Triomphe, surmonté de la Figure du Roi à cheval; au bas est le Plan & le Siège de la Ville de Paris : *Th. Deleu*, sculps.

Attaque de Paris, par Henri IV. *Gravelot*, inv. *Simonet*, sculps.

Levée du Siège de cette Ville.

Entrée du Duc de Parme dans la Ville de Paris, après la levée du Siège, le 3 Septembre.

Autre : grande Feuille.

Plan de Corbeil.

Prise de Corbeil par le Duc de Parme, après un mois de Siège, le 16 Octobre : *R. de Hooghes*, inv. & fecit.

Le Parlement de Rouen sort de la Ville, & se retire à Caën.

Amours de Henri IV. Roi de France.

Henri IV. se déguise en paysan, avec un sac de paille sur sa tête, & fait sept lieues en pays ennemi pour aller voir la belle Gabrielle : *B. Picart*, direxit.

Plan de la Ville de Hennebon, que le Duc de Mercœur reprend sur les Royalistes.

Vue de la Ville de Grenoble, prise par M. de Lesdiguières, pour le Roi.

1591. Blocus de Chartres, assiégé par le Roi le 9 Février, & prise le 18 Avril.

Vue de l'Eglise de Notre-Dame de Chartres, contre laquelle le Roi fit tirer le canon ; les boulets sont encore attachés à des colonnes devant la Chapelle de la Sainte Vierge : *Landry*, sculps.

Autre Vue de la même Eglise.

Le Baron du Beuil vient offrir à la Vierge le boulet de canon dont il a été frappé, sans en être blessé.

Vue de la Ville & du Château de Château-Thierry, pris par les Ligueurs, en Avril : *Chastillon*.

Le Roi va au-devant de l'Armée Allemande, qui venoit à son secours ; & le 29 Septembre en fait la revue auprès de Vendy.

Henri de la Tour, Maréchal de Bouillon, surprend Stenay, le 10 Octobre, & le lendemain épouse à Sedan en présence du Roi, Charlotte de la Marck, fille du Duc de Bouillon ; avec Vers Flamands : deux Pièces.

Emprisonnement du Président Brisson, de Larcher, Conseiller en la Grande Chambre, & de Tardif, Conseiller au Châtelet, conduits à la Bastille par les Seize, le Samedi 16 Novembre.

Les Seize font pendre ces trois Magistrats : *Dubourg*, inv. *Duflos*, fecit.

Autre Estampe représentant le même Evénement ; avec Vers Flamands, au bas.

Plan & Vue de la Ville de Rouen, assiégée par le Roi au mois de Novembre, avec Vers Flamands.

Quatre Médailles frappées depuis le commencement de ce Règne.

1592. Prise de Saint-Valery, le 12 Janvier, avec Vers Flamands.

Rencontre d'Aumale, où le Roi reçoit un coup d'Arquebuse, le 5 Février : *R. de Hooghes*, fecit.

La même, avec Vers Flamands au bas.

La Charge de Villers sur Arbis, où fut tué M. le Marquis de Resnel, & grand nombre des siens : *Chastillon*.

Portrait de Bernard de la Valette, tué d'un coup de Mousquet, au Siège de Roquebrune, le 11 Février.

Prise de Neuf-Châtel, où commandoit le Sieur de Givry, par le Duc de Parme, le 16 Février.

Plan du Fort de Sainte-Catherine de la Ville de Rouen, pour la sortie du 26 Février : Planche gravée en bois.

Henri IV. devant la Ville de Rouen.

Le Duc de Parme prend Caudebec, le 26 Mai, & y a le bras cassé : *R. de Hooghes*, fecit.

Retraite du Duc de Parme, qui étoit venu en France au secours de la Ligue.

Autre, avec Vers Flamands.

Vue de la Ville d'Espernay, assiégée par le Maréchal de Biron : *Chastillon*.

Portrait d'Armand de Gontaut de Biron, Maréchal de France, tué au Siège d'Espernay, le 26 Juillet ; avec deux Médailles à son honneur : *Daret*, excud.

L'Ordre que tenoit l'Armée Espagnole auprès de Paris, sur son retour de Flandres : Août 1592.

Carte pour servir de mémoire des Guerres de Paris.

Carte de l'Isle de France & lieux circonvoisins, pour servir de mémoire des Guerres de Paris : chez *J. le Clerc*, 1592.

Défaite & mort d'Antoine Scipion, Duc de Joyeuse, Commandant en Languedoc pour la Ligue, devant la Ville de Villemut, le 21 Septembre : *Cazes*, inv. *Cochin*, sculps.

Défaite de deux mille hommes de Troupes de Lorraine, par le Duc de Bouillon, le 14 Octobre ; avec Vers Flamands au bas.

Elisabeth d'Autriche, femme de Charles IX. tirée de son Portrait chez M. de Fleury.

Portrait de Michel de Castelnau, Seigneur de Mauvissière, mort cette année, 1592.

Portrait de Jean-Antoine Baïf, Poëte, mort aussi cette année.

Rebus sur les misères de la France : grande Feuille, à Paris, chez *Jacques de la Carrière*.

Quatre Médailles de cette année.

1593. Portraits des Doublons que le Roi d'Espagne fit distribuer en France.

Assemblée & Figure ironique des Etats de la Ligue, assemblés à Paris, le 26 du mois de Janvier.

D. PAR. L.D.D.M. (De par le Duc de Mayenne,) il est enjoint à tous Catholiques zélés de se trouver à Dijon, devant le Mortimont, pour recevoir l'Ordre de l'Union : (Pasquinade;) très-mauvais Dessin lavé.

Cérémonies observées en l'Eglise de Saint-Denys, à l'Abjuration du Roi Henri IV. le 25 Juillet.

Le Roi abjure l'hérésie entre les mains de l'Archevêque de Bourges : *De Fer.*

Le même sujet : *S. Le Clerc,* fecit.

Croix érigée en mémoire de cette Abjuration.

Le Manant & le Maheutre. = Les Entre-paroles du Manant, des Ligués & du Maheutre : Gravure en bois, avec Vers François.

Deux Médailles de cette année, 1593.

1594. Mornay retire Henri IV. des bras de la belle Gabrielle : *Gravelot,* inv. *Le Vasseur,* sculps.

Cérémonies du Sacre & Couronnement de Henri IV. à Chartres, le 27 Février, avec Explication. = Procession faite après le Couronnement : Deux jolis Desseins lavés à l'encre de la Chine.

Explication des mêmes Sacre & Couronnement, & la manière dont le Roi reçut le Cordon de l'Ordre du S. Esprit, par les mains de M. de Thou, Evêque de Chartres ; Médaillon, Cartouches & Ornemens : Dessein lavé à l'encre de la Chine.

Dessein original du Bâton Royal du Sacre de Henri IV. enluminé.

Le Roi s'achemine à Paris, pour y entrer par la porte de la Conférence : *S. le Clerc,* fecit.

Il reçoit les respects des Parisiens, avant son entrée : *Vleugels,* pinx. *C. Dupuis,* sculps.

Réduction de Paris sous l'obéissance de Henri IV. & comme le Roi y entra par la Porte Neuve, le Mardi 22 Mars : *Bollery,* pinx. *J. le Clerc,* fecit.

Copie de la même Estampe ; tirée de *Montfaucon.*

La Reddition de Paris : Vignette.

Entrée de Henri IV. dans Paris : *Cochin,* fecit.

Le Roi va à Notre-Dame rendre graces à Dieu de cette réduction : *Bollery,* pinx. *J. le Clerc,* excud.

Vue du Portail de Notre-Dame.

Le Roi, après son dîner, voit partir les Espagnols suivant l'ordre qu'il en avoit donné le matin, & les regarde passer par la Porte Saint-Denys : *Bollery,* pinx. *J. le Clerc,* excud.

Trois Figures satyriques représentant la naissance, les effets & le déclin de la Ligue.

Henri IV. armé de la foudre, terrassant la Ligue : Dessein à la plume.

Plan de la Ville de Marsal, cédée par Henri IV. au Duc de Lorraine, en Novembre.

Estampe représentant l'Attentat & le Supplice de Jean Chastel, qui blessa le Roi à la joue d'un coup de coûteau, qu'il croyoit lui porter à la gorge, le 26 Décembre.

Portrait de Henri IV. au bas duquel se voit le même Evénement.

Question donnée à Jean Chastel le 29 Décembre : Figure gravée en bois.

Supplice du même, le même jour.

Arrêt de la Cour de Parlement, prononcé à Jean Chastel, convaincu du crime de lèze-Majesté divine & humaine, en la personne de Henri IV. exécuté le Jeudi 29 Décembre 1594. Ensemble les Vers & Discours Latins écrits sur marbre noir en lettres d'or, ès quatre faces de la base de la Pyramide dressée devant la grande porte du Palais à Paris, avec sa Figure ; par *J. D. Veert.*

Portrait de la Pyramide érigée à l'occasion de l'Attentat de Jean Chastel, avec les Inscriptions : gravé en 1601.

Autre, gravé en 1610, avec la Prosopopée. = Autre, gravé en 1624, avec les Inscriptions & la Prosopopée. = Autre, moyenne : *J. D. Veert,* fecit. *Le Clerc,* exc. = Autre, plus petite : *Nerblin,* delin. & sculps. 1762.

Le Prix d'outrecuidance & l'os de l'Union : Emblême sur le détestable attentat de Jean Chastel : grande Pièce gravée en bois : *A. Callias,* fecit.

Six Médailles de cette année, 1594.

1595. Le Père Guignard Jésuite, pendu par Arrêt du Parlement, le Samedi 7 Janvier : Joli Dessein lavé à l'encre de la Chine.

La Ville de Dijon se remet en l'obéissance du Roi, le 28 Mai ; avec Vers Flamands.

Portrait de Henri IV. au bas duquel on voit le Combat de Fontaine-Françoise, où ce Prince, avec deux cens Chevaux, défit le Connétable de Castille & le Duc de Mayenne, le 5 Juin : *Matthieu Gruter.*

Autre Portrait du même, avec ornemens & cartouches emblématiques : Grande Pièce, au bas de laquelle on voit le même Evénement : *Isaac Fournier,* inven. *Th. Deleu,* sculps.

Vignette représentant la même Défaite : *S. le Clerc,* fecit.

Le même Combat ; avec Vers Flamands, au bas.

Prise de la Ville de Ham, par le Maréchal de Bouillon, au mois de Juin.

Dourlens forcé par les Espagnols, le 31 Juillet, après la défaite du secours qu'y conduisoit l'Amiral de Villars, qui fut tué de sang froid le 24.

Siège & Prise de Dourlens, par l'Armée Espagnole, le 31 Juillet.

Entrée du Roi à Lyon, le 4 Septembre : elle fut très-magnifique.

Décorations dans la Ville de Lyon, lors de ladite Entrée, & Réjouissances : en 16 Pièces.

Cérémonie de l'Absolution du Roi à Rome, le Dimanche 18 Septembre.

La Réception du Roi en la sainte Eglise Romaine : *Fornazeri,* fecit.

Balagny rend la Ville de Cambray au Comte de Fuentes, & en sort le Dimanche 9 Octobre ; avec Vers Flamands, au bas.

Conférence de Verfeil pour la soumission des Ligueurs de Languedoc ; Décembre 1595 : *Cazes,* inv. *Cochin,* sculps.

Médaille frappée à l'honneur du Roi, à l'occasion de la Guerre qu'il déclara à l'Espagne.

Autre Médaille de cette année, 1595.

1596. La Ville de Marseille se remet sous l'obéissance du Roi, le 16 Février ; avec Vers Flamands, au bas.

Le Duc de Guise se rend maître de Marseille, & le Prince de Doria abandonne la Ville, le 16 Février.

Plan de la Ville & du Château de Calais. La Ville se rendit par composition au Cardinal Albert, le 17 Avril, & le Château fut pris d'assaut le 24 suivant.

Autre Plan de la même Ville, avec Vers Flamands, au bas.

Siège d'Ardres, par le Cardinal Albert, le 7 Mai.

Plan de la Ville de la Fère, rendue au Roi, après un Siège de plus de cinq mois, le 20 Mai.

Autre grand Plan du Siège de la même Ville, & de ses Forts : *C. Chastillon.*

Siège de la Ville de la Fère, en Picardie, par le Roi : *P. Desprez & J. le Clerc.*

Prise de la Fère, le 20 Mai.

Grande Figure de la Colonne dressée à Rome en la Place Saint-Antoine, au nom & à la mémoire de Henri IV. par Charles Anisson, Vicaire de l'Ordre de Saint-Antoine, au mois de Mai 1596 : *J. le Clerc.*

La même, petite Estampe : *Corn. Pinssen,* excud.

La triomphante Entrée de Henri IV. dans la Ville de Rouen, le 16 Octobre : en 18 Pièces.

Une Médaille de cette année, 1596.

1597. Plan de la Ville d'Amiens, surprise par les Espagnols le 11 Mars, au moyen d'un Chariot de foin : *Adrien de S. Hubert*, excud.

Le même ; avec Vers Flamands, au bas.

Autre petit Plan de la même Ville.

Le Roi apprend dans un Bal, où il étoit avec Gabrielle, la surprise d'Amiens, le 12 Mars : Dessin du temps au crayon.

Siège d'Amiens par Henri IV. au mois de Mars.

Plan des Fortifications d'Amiens : Estampe colorée.

Portrait de la Ville d'Amiens, assiégée par Henri IV. *Adrien de S. Hubert*, excud.

Autre, avec le Profil de cette Ville : *C. Chastillon.*

La Ville d'Amiens se rend au Roi le Jeudi 25 Septembre ; avec Vers Flamands, au bas.

Plan de la Ville d'Arras, que les François pensèrent surprendre en Octobre, & dont ils furent repoussés avec perte : *Adrien de S. Hubert*, excud.

Quatre Médailles de cette année, 1597.

1598. Grande Estampe où Henri IV. est représenté à cheval, foudroyant & écrasant la Ligue.

Grand Portrait du Roi à cheval, foulant aux pieds l'Espagne : *Gilbert Vænius*, sculps.

La Délivrance de la France, par le Persée François : Grande Figure, gravée en bois ; avec Vers François.

L'extinction de la Ligue ; Vignette : *B. Picart*, del.

La même, en Cartouche.

Table des Guerres de la Ligue, depuis 1588 jusqu'en 1598 : en trois Planches.

Négociations & Assemblée pour la Paix de Vervins, au mois de Mars. Elle fut signée le 2 Mai : Vignette.

Henri IV. étant à Nantes, accorde aux Protestans l'Edit appellé de Nantes, le 13 Avril : *J. Luyken*, inv. & fecit.

Portail dressé pour l'Entrée de Madame de la Guiche à Lyon, le 27 Avril.

Supplice d'un homme à qui on versa un bassin d'eau sur le col, & qui en mourut : il avoit voulu faire perdre la fièvre au Roi, en le faisant tomber dans la rivière : *F. Chauveau*, inv. & fecit.

Huit Medailles de cette année, 1598.

1599. Emblême sur le bien & désiré Mariage du Duc de Bar, avec Madame Catherine, sœur du Roi. Il fut célébré dans son Cabinet, par l'Archevêque de Rouen, le Dimanche 31 Janvier.

Gabrielle d'Estrées mourante : *Eisen*, inv. *Rousseau*, sculps.

Duel de Charles, Marquis de Créquy, & de Dom Philippin, bâtard de Savoye, le 1 Juill. *Fr. Chauveau*, inv. & fecit. (*Voyez le Journal de Henri IV.*)

Le Vendredi 2 Juillet, M. de Sully déchire la Promesse de mariage que le Roi avoit faite à Henriette de Balzac d'Entragues, Marquise de Verneuil : *Gravelot*, inv. *Fessard*, sculps.

Portrait au vif de l'homme cornu découvert au pays du Maine, & présenté au Roi par M. de Lavardin, à Fontainebleau, en Septembre : *Paul de la Houx* excc.

Treize Médailles de cette année, 1599.

1600. Généalogie de la Maison de Médicis : Grande Feuille.

Armoiries de cette Maison ; grand Cartouche : *Honervogt.*

Portrait de François de Médicis, Grand-Duc de Toscane, père de Marie de Médicis, Epouse de Henri-le-Grand : *Rubens*, pinx. *Nattier*, delin. *Edelink*, sculps.

Portrait de Jeanne d'Autriche, Grande-Duchesse de Toscane : *Idem.*

La Naissance de la Reine Marie de Médicis : *Rubens*, pinx. *Nattier*, delin. *G. Ducange*, sculps.

La Destinée de la Reine : *Rubens*, pinx. *Nattier*, delin. *Lud. de Chastillon*, sculps.

L'Education de la Reine : *Rubens*, pinx. *Nattier*, delin. *Loir*, sculps.

Henri IV. délibère sur son futur Mariage : *Rubens*, pinx. *Nattier*, delin. *J. Audran*, sculps.

Le Mariage de la Reine : le Grand-Duc Ferdinand épouse la Princesse en vertu de la Procuration du Roi, que Bellegarde, Grand-Ecuyer de France, lui avoit apportée ; & le Cardinal Aldobrandin fit la cérémonie le Jeudi 5 Octobre : *Rubens*, pinx. *Nattier*, delin. *A. Trouvain*, sculps.

La même Cérémonie, en deux Pièces : *Moyaert*, inv.

Le Débarquement de la Reine au Port de Marseille, le Vendredi 3 Novembre : *Rubens*, pinx. *Nattier*, del. *Ducange*, sculps.

Labyrinthe Royal de l'Hercule Gaulois, ou Entrée de la Reine à Avignon, le Dimanche 19 Novembre, en onze Pièces.

La Ville de Lyon va au-devant de la Reine : *Rubens*, pinx. *Nattier*, delin. *Ducange*, sculps.

Entrée de Marie de Médicis dans la Ville de Lyon, le 3 Décembre : Une grande Feuille.

Lyon dans son lustre : *Claudine Brunand*, fecit.

Vue de la Ville de Lyon, en sept Pièces : chez *Robert Pigaut.*

Le Cardinal Aldobrandin donne la Bénédiction Nuptiale au Roi & à la Reine, dans l'Eglise de S. Jean de Lyon, le Dimanche 17 Décembre : *Moyaert*, inv.

La même Cérémonie : *Fornazeri*, fecit.

La même : petite Vignette.

L'Alliance du Roi de France avec Marie de Médicis : *Jacq. Granthome*, fecit. *Jean le Clerc*, excud.

Le Portrait du Siège de Montmeillan : *Chastillon*, inv. *J. le Clerc*, sculps.

Fameux Duel de M. de Bréauté, Capitaine d'une Compagnie de Cuirassiers François, & de Gérard Abraham : *Séb. Vranx*, inv. *Michel Snyders*, excud.

Dix Médailles de cette année, 1600.

1601.

L'Accouchement de la Reine à Fontainebleau, le Jeudi 17 Septembre : *Rubens*, pinx. *Nattier*, delin. *B. Audran*, sculps. (*Voyez le Journal de Henri IV.*)

Feu d'Artifice à la Naissance de Louis XIII. sur la Seine, & aux Galeries du Louvre : *Mérian.*

Les saintes Cérémonies du Jubilé, à Paris en 1601, 1 Octobre : *Gautier*, inv. *Le Clerc*, sculps.

Onze Médailles de cette année, 1601.

1602.

Siège de Grave.

Portrait de Charles de Gontaut, Duc de Biron, décapité le 29 Juillet, dans la Cour de la Bastille, pour avoir conspiré contre l'Etat ; avec deux Cartouches représentant son Supplice.

Une Médaille frappée à son honneur, en 1593.

Médaille frappée à l'occasion du Renouvellement de l'Alliance des Suisses avec la France, le 22 Octobre.

Plan de Genève, & Représentation de l'Escalade entteprise sur Genève par les Savoyards ; & sa belle Délivrance en cette année, 22 Décembre.

Portrait du Roi à l'occasion de la Réforme qu'il met dans la Justice : *Gaultier*, sculps.

L'Infirmerie de l'Hôpital de la Charité, établie à Paris, par Marie de Médicis : *Bosse*, inv. & fecit.

Portrait de Robert Garnier, Poëte François, mort au Mans cette année : *M. Lasne.*

Dix Médailles de cette année, 1602.

1603.

Entrée du Roi Henri IV. à Metz, au mois de Mars, composée des Figures suivantes, qui sont tirées du Livre de Voyage de ce Roi à Metz, par Abraham Fabert, imprimé en 1610.

Les deux Bataillons de gens de pied (de Metz,) l'un formé, l'autre en marche, comme aussi en gros les trois Cornettes de Cavalerie.

Les trois Cornettes de Cavalerie en marche, pour aller au Rendez-vous : 1603.

Arc triomphal dressé au-dehors (de Metz.)

Le Roi sous le Dais entrant en la Ville.

Grotte commencée, & non achevée, à la Fontaine de l'Hôpital.

Triple Portique à l'Avenue du Champsaille.

Tiers-point, Pièce du bas de Fournel-rue, sur trois avenues.

Double Arc triomphal, sur le haut de Fournel-rue.

Arc gemeau triomphal, au-devant de la grande Eglise.

Deux Tableaux rapportés en leur lieu, devant le Chœur de la grande Eglise.

Compagnie des Enfans recevant la Reine.

Vas : présent fait au Roi avec les Espèces ci-après représentées.

Espèces d'or & d'argent, contenues au Vas du présent du Roi.

Char triomphal, employé pour présent à la Reine.

Combat nocturne & autres artifices de feu, exécutés devant leurs Majestés, par le Sieur *Abraham Fabert.*

Portrait de Jacques, Roi d'Angleterre, avec lequel Henri IV. fit un Traité d'alliance, au mois de Mai : *Boulanger,* inv. & fecit.

Médaille frappée à l'honneur du Roi & de la Reine, avec revers.

Deux autres Médailles.

1604.

Emblême contre les Ennemis de la France ; chez *Jacq. Granthome.*

Portrait de Henri IV. avec figures allégoriques : *Herculi Gallico : Gaultier,* sculpf.

Médaille en Cartouche, frappée cette année : *Gravelot,* fec. *Fessard,* sculpf.

Vue de la Place Royale, bâtie cette année dans le même lieu qui servoit auparavant de Jardin au Palais des Tournelles. Elle ne fut achevée qu'en 1630.

Vue du Pont-neuf, fini cette année : *Delespine,* del. *J. Marot,* sculpf.

Autre : *Mariette,* excud.

Sept Médailles de cette année, 1604.

1605.

Le Roi touche les malades des Ecrouelles : *P. Firens,* fecit.

Le Père Coton, au nom de la Société des Jésuites, demande à Henri IV. la démolition de la Pyramide qui avoit été élevée à l'occasion de l'attentat de Jean Chastel : Dessin lavé à l'encre de la Chine.

Démolition de la Pyramide élevée à Paris devant le Palais, en 1595, les 20 Mai & jours suivans : Joli Dessin lavé à l'encre de la Chine.

Dessin de la Fontaine bâtie à la place de la Pyramide des Jésuites. (Cette Fontaine a été démolie en 1687, & transportée à S. Victor.)

Gratulation en forme d'Emblême, sur le retour de la Reine Marguerite : *J. le Clerc,* excud.

Portrait en Médaille de Ponthus de Tyard de Bissy, Evêque de Châlon, mort à Bragny le 23 Septembre, âgé de 84 ans.

Le Roi instruisant le Dauphin : *Fornazery,* fecit.

Cinq Médailles de cette année, 1605.

1606.

Portrait de Henri de la Tour, Duc de Bouillon, qui remit la Ville de Sedan au Roi, pour rentrer en grace avec Sa Majesté : en Avril.

Blason de ses Armes, & quatre Médailles frappées à son honneur.

Vue de la Ville & Château de Sedan : en trois Planches.

Vue & Perspective du Pont & du Temple de Charenton : *Israël,* excud.

Profil du Temple de Charenton, du dessin du Sieur *De Brosse : d'Olivar,* sculpf. (L'exercice de la Religion Prétendue-Réformée fut transféré d'Albon en ce lieu, le Dimanche 27 Août.)

Cérémonies de l'Ordre gardé au Baptême de M. le Dauphin & de Mesdames ses sœurs, à Fontainebleau, le 14 Septembre : *Gaultier,* inv. *Le Clerc,* fecit.

Le Roi s'entretient avec sa Famille : *Gaultier,* inv.

Partie de Chasse de Henri IV. quatre Estampes. (Elles ont été gravées pour une Comédie, en 1766, *in-*8.)

Henri IV. relevant le Duc de Sully, qui se jettoit à ses genoux, devant les Seigneurs de la Cour jaloux de sa faveur, & qui le croyoient prêt à être disgracié. Il rentre en faveur & crédit plus que jamais : *Gravelot,* inv. *Duclos,* sculpf.

Henri IV. arrêté dans la Forêt de Sénart, où il s'étoit égaré à la chasse, par le Meûnier : *Gravelot,* inv. *Rousseau,* sculpf.

Henri IV. reconnu chez le Meûnier : *Gravelot,* inv. *Simonet,* sculpf.

Henri IV. à table avec la Famille du Meûnier, qui chante *Vive Henri IV.* &c. Idem.

La Place Dauphine construite cette année : *C. Chastillon.*

Quatre Médailles de cette année, 1606.

1607.

Emblême sur la Naissance de M. le Duc d'Orléans, né à Fontainebleau le 16 Avril : *Briot,* fecit. *De Mathonière,* excud.

L'Olympe des François, où sont représentés au naturel le Roi, la Reine, & les Enfans de France : grande Planche, avec Explication : *L. Gaultier,* sculpf. *De Mathonière,* excud.

Grande & belle Planche en Architecture, avec Figures allégoriques à l'honneur du Roi Henri IV. *Arturus Espinaus Sanlucius dicat : L. Gaultier,* sculpf.

Deux autres Estampes emblématiques, en long, où le Roi est représenté avec sa Famille.

Vue de l'Hôpital de S. Louis, fondé près Paris par Henri IV. en 1607, pour les Pestiférés.

Huit Médailles de cette année, 1607.

1608.

Henri IV. montre à M. de Sully des Lettres venant de Poitou, & contenant les détails d'une Conspiration : *Gravelot,* inv. *Fessard,* sculpf.

Henri-le-Grand dessiné sur la Statue de Bronze, haute de 10 pieds, érigée en l'honneur de Sa Majesté à Saint-Jean-de-Latran à Rome : *J. le Mercier,* sculpf.

Portrait

Portrait de Henri, Duc de Joyeuſe, dit le Père Ange, Capucin, mort cette année ; avec le Blaſon de ſes Armes.

Neuf Médailles de cette année, 1608.

1609.

Emblêmes ſur les Actions & Mœurs du Seigneur Eſpagnol : en ſeize Morceaux, avec Explication en Vers.

Cinq Médailles ſur les Affaires de cette année, 1609.

1610.

Le Roi part pour la Guerre d'Allemagne : *Rubens*, pinx. *Nattier*, delin. *J. Audran*, ſculpſ.

Couronnement de la Reine à Saint-Denys : *Rubens*, pinx. *Simonneau*, ſculpſ.

Portrait du Sacre & Couronnement de la Reine Marie de Médicis, fait à Saint-Denys, le Jeudi 13 Mai : Grande Planche, avec Diſcours à côté : *L. Gaultier*, ſculpſ. *Le Clerc*, excud.

Autre Exemplaire de la même Eſtampe, avec la différence que dans le fond on y voit Henri IV. dans une Tribune avec deux de ſes Courtiſans.

Autre grande Eſtampe repréſentant le Couronnement de la Reine, peint dans la Gallerie du Luxembourg, par *Pierre-Paul Rubens*, deſſiné par *Jean Nattier*, & gravé par *J. Audran*.

Autre grande Eſtampe repréſentant la Reine à genoux, qui rend graces à Dieu de ſon Couronnement: *N. Vanderhorſt*, inv. *L. Vorſterman*, ſculpſ.

Aſſaſſinat de Henri IV. par Ravaillac : *G. Boulſtats*, fecit. *Odieuvre*, ſculpſ.

Autre : *Boucher*, inv. *Bacquoy*, ſculpſ.

Aſſaſſinat de Henri IV. par Ravaillac, dans la rue de la Ferronnerie, le Vendredi 14. Mai ; avec Vers Hollandois, au bas.

Autre Eſtampe repréſentant le même ſujet : *Gaſp. Boulſtats*, fecit.

Autre grande Eſtampe en bois, repréſentant le même ſujet, avec le Supplice de Ravaillac, & un Diſcours en Hollandois, au bas.

Petit Portrait de Ravaillac, tenant un couteau à la main.

Autre Portrait du même, plus grand, avec une Explication en Hollandois à côté. Dans le fond on voit l'exécution de Ravaillac, & au-deſſus trois Médaillons du Roi, de la Reine, & de Louis XIII. *Criſtoffel Vanſichem*, inv. & fecit.

Le Roi dans ſon lit de parade, avec la Reine debout qui pleure à ſes côtés.

Deux Portraits de la Reine en deuil, gravés par *Gaultier*. = Autre : *Firens*, excud.

Le Roi dans ſon lit de parade : grande Eſtampe en bois, avec un Diſcours à côté : *N. de Mathonière*, excud.

La même Eſtampe gravée en cuivre. Au-deſſus des Chapelles ardentes, on lit l'Epitaphe du Roi en quatre Vers, qui ne ſe trouvent pas dans la précédente : *Puffriel*, pinx. *Briot*, fecit.

Le Roi dans ſon Cercueil : grande Eſtampe, avec Vers au bas : *P. Dubois*, pinx. *Hoolbeeck*, fecit.

Anagrammes en forme de Dialogue, ſur la mort du Roi, encadrés.

Hiſtoire de Henri IV. depuis ſon enfance juſqu'au Couronnement de la Reine ; en trente-deux morceaux : *Aloïſio Roſaccio*, fecit.

Catafalque érigé à Florence, aux Obſèques de Henri-le-Grand · *Giulio Parigi*, inv.

Catafalque dreſſé à Rome pour le même ſujet, le 1 Juillet 1610 : *J. le Mercier*, inv. & ſculpſ.

Tome IV. Part. II.

Autre Catafalque, en cinq Pièces ; ſçavoir : 1. Façade extérieure : 2. Façade intérieure : 3. Partie latérale : 4. Lit d'honneur : 5. Perſpective générale de ladite décoration, 1610 : Gravé à l'eau forte, ſans nom d'Auteur.

Pompe funerali fate in Parigi nella morte di Henrico IV. *Catarin* : en ſeize Morceaux oblongs, avec les Explications au-deſſus en Italien.

Execrandi Parricidii in Henricum IV. &c. Cartouche garni de quatre Portraits ou Médaillons, dont celui de Ravaillac au bas ; Vues & lointains.

Bordure allégorique, où eſt renfermée cette Inſcription : *Tombeau de Henri-le-Grand, par le Sieur Becquet*. Au milieu de cette bordure eſt placée une Statue équeſtre de ce Prince, avec un Sonnet au bas : par *L. Gaultier*.

Inſcription à la Gloire de Henri IV.

Portrait du Roi, avec ornemens faits à la plume.

Le Duc de Sully écrit l'Hiſtoire du Roi : *Ph. Careſme*, delin. *Schwad*, ſculpſ.

Henricus Magnus Francorum pater : Statue ſur un piédeſtal, avec Vers au bas. Deſſin à la plume.

Cinq Médailles faites ſur les Affaires de l'Etat, depuis le mois de Janvier 1610 juſqu'à la mort du Roi, 14 Mai.

Empreintes des Monnoies fabriquées pendant le Règne de Henri IV.

Deſſin de la Porte & Place de France, avec ſes rues, commencées à conſtruire ès marais du Temple à Paris, pendant le Règne de Henri IV. *C. Chaſtillon*.

Vue des Galleries du Louvre, bâties ſous ce Règne.

Blaſons des Maréchaux de France faits ſous Henri IV.

Blaſons des Duchés-Pairies érigées par ce Prince.

Monumens de ce Règne, en ſept Feuilles ; tirées de *Montfaucon*.

Règne de Louis. XIII.

Grand Frontiſpice *in fol*. au milieu duquel eſt gravé le Portrait du Roi en rond, & au bas l'Hiſtoire qui écrit les Faſtes de ſon Règne.

Grande Pyramide *in-fol*. au haut de laquelle eſt Thémis tenant d'une main ſa balance, & de l'autre le Buſte du Roi en ovale : *Jean Valdor*.

Autre Frontiſpice *in-fol*. où la France tient dans un ovale le Buſte du Roi : *M. L.*

Généalogie de Louis XIII. grande Pièce en longueur, commençant à S. Louis, & contenant ſeize Cartouches, où ſont repréſentés ſes Aïeuls & Aïeules.

Louis XIII. conſolant Marie de Médicis ſa mère : petite Pièce, avec des Anagrammes & des Vers Latins & François.

L'Apothéoſe de Henri IV. & la Régence de la Reine, (très-grande Pièce :) *Rubens*, pinx. *Natier*, delin. *Duchange*, ſculpſ.

Lit de Juſtice du 15 Mai, où le Roi déclare la Reine ſa mère, Régente du Royaume pendant ſa minorité : Pièce de la grandeur de la précédente, deſſinée & lavée à l'encre de la Chine.

La Reine Régente ſur ſon Trône : *Fournier*, pinx. *Th. Deleu*, fecit.

La Régence de Marie de Médicis : 1610, *Sadeler*.

La félicité de la Régence, (grande Pièce :) *Rubens*, pinx. *Nattier*, delin. *B. Picard*, ſculpſ.

La Reine inſtruit le Roi des Affaires de l'Etat : *Queſnel*, pinx. *Nic. de Mathonière*, excud.

Figure repréſentant le Supplice & l'exécution de François Ravaillac, le 27 Mai : grande Feuille, avec un Récit & des Vers ſur l'Anagramme de ce parricide : chez *J. le Clerc*.

Tranſport du cœur de Henri IV. au Collège des Jéfuites de la Flèche, le 4 Juin. Deffin lavé à l'encre de la Chine.

Vue & Perfpective du Collège de la Flèche ; grande Feuille : *F. Ertinger*, fecit.

Trois Devifes qui furent mifes fur le Portail de l'Eglife de la Flèche ; deffinées & gravées à l'encre de la Chine.

Grand Deffin fait à la plume, repréfentant le Maufolée de Henri IV. préparé par les Jéfuites en l'Eglife du Collège de la Flèche.

Autre grand Deffin fait à la plume, lavé & coloré, repréfentant la Chapelle où eft placé dans une Urne le cœur de Henri IV. & où celui de Marie de Médicis fut auffi apporté après fa mort (en 1642.)

Douze Devifes de la Pompe funèbre de Henri IV. au Collège de la Flèche.

Anagrammes & Vers préfentés à la Reine fur la mort de Henri IV. & fur le tranfport de fon cœur au Collège de la Flèche : grande Planche.

Planche que les Jéfuites ont fait graver à l'honneur du Collège de la Flèche, fur la Fondation faite par Henri IV. fur le préfent qu'il leur a fait de fon cœur, & fur la protection que Louis XIII. & la Reine leur ont promife : *Jafpar*, inv. *Ifac*, fecit.

Obsèques de Henri III. faites à Saint-Denys, le 23 Juin, où fon Corps fut apporté de Compiègne : *Ferdinand Tacca*, inv. *Hadriano Halweg*, fculpf.

Prife d'Achftein près Strasbourg, en Juin, par les Princes Proteftans, confédérés avec Henri IV. dès le 13 Février.

Maufolée de Henri IV. à Saint-Denys, le 1 Juillet 1610 : *J. le Mercier*, inv. & fecit.

Plan du Caveau de la Sépulture des Bourbons à Saint-Denys, où le Cercueil de Henri IV. a été porté le premier : grande Feuille, avec Explication.

Plan de la Ville de Julliers, affiégée par les Troupes de France, commandées par le Maréchal de la Châtre, le 17 Août.

Autre Plan, avec Vers Flamands au bas.

Deux grandes Planches repréfentant l'ordre & la difpofition des Troupes de France, pour le Siège de Julliers, pris par les François le 2 Septembre : *Andries Serfanders*, inv.

Ordre de la Bataille devant Julliers : en une Planche.

Entrée de Louis XIII. en la Ville de Reims, pour fon Sacre, le Jeudi 14 Octobre ; avec Anagrammes, & Vers Latins & François.

Plan & Vue de la Ville de Reims : *Mérian*, fculpf.

Vue & Elévation du Portail de l'Eglife de Notre-Dame de Reims : *N. Dezfon*, fculpf.

Héraut d'Armes en habit de cérémonie, pour le Sacre.

Habillement & préparation du Roi pour la cérémonie de fon Sacre : Deffiné & lavé à l'encre de la Chine.

Grande Planche repréfentant le Sacre du Roi, le Dimanche 17 Octobre 1610 ; avec Vers & Explication : *F. Quefnel*, inv. *Holbeeck*, fculpf.

Autre Planche, de même grandeur, repréfentant le Couronnement du Roi, le même jour 17 Octobre ; avec Vers & Explication.

Deux autres Planches, de même grandeur, repréfentant les mêmes Sacre & Couronnement ; avec Vers & Explication : *F. Quefnel*, pinx. *Th. Deleu*, fculpf. & *P. Firens*, fculpf.

Portrait du Roi dans fes habits Royaux, après fon Sacre : *L. Gaultier*, fculpf.

Autre petit Portrait du Roi à genoux, qui rend graces à Dieu de fon Couronnement : *Gaultier*, fculpf.

Empreinte de treize Pièces d'or qui furent données à l'Offrande pour le Couronnement du Roi ; & des Médailles d'or & d'argent, qui furent diftribuées.

Le Roi, après fon Couronnement, affifte à la Proceffion du S. Sacrement, le 18 Octobre.

Le Roi reçoit le Collier de l'Ordre du S. Efprit, des mains du Cardinal de Joyeufe, (le même jour.) Deffin lavé à l'encre de la Chine.

Empreinte des Armes du Roi.

Première Promotion faite par le Roi, en faveur de Henri de Bourbon, Prince de Condé, reçu feul Commandeur de l'Ordre du S. Efprit, le Mardi 19 Octobre : *Firens*, fculpf.

Armes & Blafons du Prince de Condé.

Le Roi touche les malades des Ecrouelles à Saint-Marcou, le 20 Octobre, accompagné de M. le Grand-Prieur, & du premier Aumônier : Deffin lavé à l'encre de la Chine.

Symbole de la piété & de la puiffance du Roi : *Roullet*, fecit.

Emblême fur le Couronnement du Roi & fur le bonheur de la Régence.

Portrait du Roi à cheval, s'en retournant à Paris : *Th. Deleu*, fculpf.

L'Entrée du Roi à Paris, le 30 Octobre, au retour de fon Sacre, (grande Planche, avec Explication en Vers :) *Dubois*, fculpf. *N. de Mathonière*, excud.

Le Prévôt des Marchands & les Echevins viennent haranguer le Roi, & lui prêtent ferment de fidélité : *Lud. Bobrun*, fecit.

Le Roi donne audience aux Vénitiens & aux Députés du Duc de Savoye : *Dubois*, fecit.

Sept Empreintes de Médaillons & Médailles faites fur la Régence de la Reine pendant cette année 1610.

1611.

Défordre des Brelans & des Jeux : *Caetham*, fecit & excud.

Le Berlan ; Pièce ovale de moyenne grandeur ; par *J. Callot*.

Défordre des Duels & Rencontres.

La Juftice Royale arrête la fureur des Duels, repréfentée par des têtes de Dragon qui vomiffent du feu : Médaillon avec Cartouche.

Tombeau de Guillaume Douglas, Prince d'Ecoffe, mort en 1611, en France, & enterré à Saint-Germain-des-Prés : *Chaufourier*, delin. *Fonbonne*, fculpf.

Repréfentation d'une Chapelle fouterraine qui s'eft trouvée à Montmartre près Paris, le Mardi 12 Juillet, comme on faifoit des fondemens pour aggrandir la Chapelle des Martyrs ; (grande Feuille ; avec Explication & Vers :) *Holbeeck*, fecit. *N. de Mathonière*, excud.

Mort de Charles de Lorraine, Duc de Mayenne, le 30 Octobre ; avec fon Portrait : *Ofuiffe*, fculpf.

Mort de M. le Duc d'Orléans, frère du Roi, le 17 Novembre, avec fon Portrait : *D. Geyn*, inv. & excud.

L'Origine & préfent état de la Secte Calvinienne, comme elle eft préfentement divifée, en quatre principales parties : grande Feuille avec Explication, & le Portrait de Jean Calvin ; à Anvers, chez *Robert Bruneau*.

Douze Médailles faites à la louange du Roi & de la Reine Régente, en 1611.

1612.

Exécution faite à Paris le 2 Janvier ; du Sieur Vatan, Proteftant, condamné à avoir la tête tranchée, pour avoir excité des troubles dans le Berry : *G. Boultats*, fecit & excud.

concernant l'Histoire de France.

L'Alliance de la France avec l'Espagne résolue au Ciel, pour le bonheur des Peuples : *C. Pas junior*, fecit.

Les Amours du Roi & de l'Infante, sous les noms de Jupiter & de Junon : *M. Lasne*, fecit.

Portrait du Roi & de l'Infante, (en deux Pièces :) *M. Lasne*, fecit.

Emblême représentant l'état de la Famille Royale, au temps du Mariage du Roi.

Autre, où Jupiter étant devenu amoureux de Junon, envoye peindre son Portrait, & la fait demander en mariage, en proposant la Déesse Irène au Dieu de la terre : *Rabel*, inv. *C. David*, fecit.

Le Roi épris des charmes de l'Infante, envoye peindre son Portrait, & fait proposer la double Alliance par le Duc de Mayenne, au commencement de Février.

Deux Emblêmes représentant le consentement de la France & de l'Espagne, par la double Alliance : *Crispin de Pas*, fecit.

Publication faite à Paris le 25 Mars, des Mariages arrêtés entre la France & l'Espagne.

Emblême du Carousel de la Place Royale : *Rabel*, inv. *C. David*, fecit.

Forme du Carousel de la Place Royale, les 5, 6 & 7 Avril : *J. Picart*, fecit.

Autre : *J. Ziamko*, fecit.

Autre grande Estampe, avec Explication, représentant ce Carousel ; à Paris, chez *Gabr. Tavernier*.

Carousel fait à la Place Royale : MM. (peut-être *Matthieu Mérian*.)

Carousel de la Place Royale ; en une grande Feuille : *Labelle*.

Autre très-grande Feuille représentant les magnificences publiques du Carousel, avec Explication ; à Paris, chez *Jean le Clerc*.

Ballet, ou dernière Cavalcade faite en la Place Royale le 29 Avril.

Le Roi prend le Divertissement de la chasse : *M. Mérian*, fecit.

Emblême des Divertissemens préparés en Espagne lors de la Signature du Contrat de Mariage du Roi avec l'Infante, le 22 Août : *M. Lasne*, fecit.

Autre, du Bal donné par Monsieur, au Duc de Pastrane, lorsqu'il vint à Paris signer ce Contrat, le 25 Août : *M. Lasne*, fecit.

Les Figures de l'Entrée de Louis XIII. à Avignon, tirées de l'Imprimé, in-4.

Mort de Charles de Bourbon, Comte de Soissons, le 1 Novembre, avec son Portrait : *Daret*, sculpf.

Mort de Nicolas le Febvre, Précepteur du Roi, le 3 Novembre ; avec son Portrait.

Six Médailles faites à la louange du Roi & de la Reine, pendant cette année : *D'Olivar*, sculpf.

1613.

Grand Frontispice orné de différentes Figures emblématiques, avec les Armes de France & de Navarre : *F. Chauveau*, inv. & fecit.

Duel fameux entre le Chevalier de Guise & le Baron de Luz : Dessiné & lavé à l'encre de la Chine.

Le Roi reçoit des mains d'un Auteur un Livre de Maximes morales qu'il lui a dédié.

Deux Planches gravées à l'occasion de l'Edit du 18 Mars, contre le luxe des habits : *Bosse*, inv. *Le Blond*, excud.

Autre, sur le même sujet : *Daret*, excud.

Sauvages amenés en France pour être instruits dans la Religion Catholique, & baptisés à Paris en l'Eglise de S. Paul, le 17 Juillet ; en deux Planches : *Joach. du Viert*, pinx. *P. Firens*, sculpf.

Baptême des trois Sauvages, grande Planche en bois ; chez *M. de Mathonière*.

Etat de la Régence de la Reine, & de la Famille Royale : *L. Gaultier*, incidit. *J. le Clerc*, excud.

Six Médailles faites pendant cette année 1613, sur le Roi, la Reine & le Gouvernement.

1614.

Mort de Henri, Duc de Montmorency, Connétable de France, le 1 Avril, avec son Portrait : *Th. Deleu*, fecit.

La Descente de la Paix céleste sous l'heureux Règne de Louis de Bourbon, Roi de France & de Navarre, le 15 Mai : grande Planche, avec Explication & Vers François.

Tableau sententieux de Dezanville, au sujet de la Paix.

Grand Profil en long de la Ville de Nantes, au sujet du Voyage du Roi dans cette Ville, au mois de Juillet : *Collignon*, sculpf. *Mariette*, excud.

Entrée du Roi dans la Ville de Nantes, & Feu de joie sur la Rivière à ce sujet : Deux Planches encadrées.

Mort de François de Bourbon, Prince de Conti, le 3 Août, avec son Portrait : *Th. Deleu*, fecit.

Statue équestre de Henri IV. élevée sur le Pont-neuf, le 23 Août, avec quatre Cartouches représentans des Sièges & Batailles : *M. Mérian*, fecit.

Autre Statue du même, avec Explications & Inscriptions de M. Millotet : *P. Brissart*, delin. & sculpf.

Autre petite Estampe, représentant la même Statue.

Autre grande Planche du même sujet, avec Explications & Inscriptions ; à Paris, chez *N. de Mathonière*.

Représentation de deux Feux d'Artifice faits à Paris sur la Rivière, devant le Louvre, le 25 & 29 Août 1613, en l'honneur de la Fête de S. Louis : *Matthieu Mérian* de Basle.

Représentation des Feux d'Artifice faits à Paris sur le Quai des Célestins, & en l'Isle-Louvier, le 2 Septembre de la même année, & pour le même sujet ; par *le même*.

Plan du Siège de Vézel fait par le Marquis de Spinola, le 4 Septembre : cette Ville se rendit le 8 du même mois.

Grand Portrait du Roi à cheval, à son retour de Nantes à Paris, pour s'y faire déclarer majeur : *Michel de M.* excud.

Entrée du Roi à Paris, le 16 Septembre : *M. Mérian*, fecit.

Emblême de la Remise que la Reine fit au Roi de son Autorité, le 2 Octobre.

Autre petite Pièce représentant le même sujet.

Le Gouvernement de la Reine, (grande Pièce en longueur :) *Rubens*, pinx. *Nattier*, delin. *Picart*, sc.

La Majesté du Roi, (in-fol.) *Idem*.

Séance du Roi au Parlement, pour la Déclaration de sa Majorité, le 2 Octobre : grande Feuille ; à Paris, chez *Michel de Mathonière*.

L'Ordre de ladite Séance, en Plan ; grande Feuille encadrée : *J. le Clerc*.

Le Roi après son Installation, reçoit tous les honneurs de la Souveraineté dans le Temple de la Justice : très-grande Planche, avec Emblêmes.

Plan du Pont de l'Isle-Notre-Dame, dont le Roi & la Reine sa mère ont mis la première pierre, le 11 Octobre ; grande Planche encadrée : *Isveline*, fecit. *J. Messager*, excud.

Vue du Pont Marie, à Paris, commencé cette année 1614 : *Mariette*, excud.

Ordre & Séance des Etats-Généraux tenus à Paris

dans la Salle de Bourbon, le 17 Octobre, avec Explication : *Joan. Ziamko, Polonus*, fecit.

Portrait de M.e Louis Barré, Député aux Etats Généraux ; dessiné & lavé à l'encre de la Chine, par *Beaumont*.

Plan des Séances des Etats Généraux : grande Planche encadrée.

Empreinte d'une Médaille faite sur l'Assemblée des Etats.

Les Députés généraux de la Noblesse convoqués à Paris, l'an 1614, demandent au Roi Louis XIII. la création de l'Office de Juge d'Armes de France : Vignette, gravée in-4. par *Beaumont*.

Portrait de Henri de Montmorency, Duc de Damville, Maréchal de France, mort le 1 Avril.

Portrait de Jean de Beaumanoir, Baron de Lavardin, Maréchal de France, mort en cette année, en Novembre.

Dix Médailles faites sur les Evénemens de cette année, 1614.

1615.

Ordre de la seconde & dernière Séance des Etats Généraux tenus & clos à Paris le 23 Février ; très-grande Planche : *de Metezeau*, Architecte du Roi, delin.

Autre, plus petite.

Plan & Ordre des Etats Généraux suivant leurs Bailliages, divisés en douze Gouvernemens : grande Feuille imprimée avec les Portraits de Henri IV. & de Louis XIII. en ovale : Gravure en bois, encadrée.

Lit de parade de la Reine Marguerite, morte à Paris le 17 Mars : *Ziamko*, Polonois, chez *J. le Clerc*.

La Charge notable de Villers-sur-Arbis, où fut tué M. le Marquis de Renel (Louis de Clermont d'Amboise, le 3 Novembre,) & grand nombre des siens : *C. Chastillon*.

Représentation emblématique de la Cérémonie faite à Burgos, où le Duc de Lerme, fondé de procuration, épouse l'Infante au nom du Roi, le 18 Octobre : *L. Gaultier*, sculps. *J. Messager*, excud.

Représentation de la Cérémonie faite à Bourdeaux, où le Duc de Guise épouse le même jour, au nom du Roi d'Espagne, Madame Elisabeth : *Petrus Koerius*, excud.

Autre Emblême sur les mêmes sujets.

Batteaux préparés dans l'Isle des Faisans, pour le départ des Reines, le 2 Novembre.

L'Echange des deux Reines ; d'après la Gallerie du Luxembourg : *Rubens*, pinx. *Nattier*, delin. *Ben. Audran*, sculps.

Profil de la Ville de Bourdeaux, où les Cérémonies des deux Mariages ont été faites, encadré.

Représentation des deux Alliances faites à Bourdeaux ; l'Evêque de Saintes en fit la Bénédiction, le 25 Novembre : *Firens*, excud.

Même sujet, exprimé différemment.

Représentation de la Bénédiction de ces deux Mariages : *M. de Mathonière*, excud.

Autre, avec Vers François & Espagnols.

La Paix procurée aux Peuples par la double Alliance.

Triomphe de la double Alliance : *Firens*, excud.

Anagrammes présentés à la Reine, sur les avantages de la double Alliance : Feuille imprimée & encadrée.

Emblême à la Reine, sur l'accomplissement de son Mariage.

Vue du Palais de Luxembourg, commencé cette année 1615, par Marie de Médicis, sous la conduite de Jacques de Brosse : chez *N. Langlois*.

Autre Vue du même Palais.

Onze Médailles, sur ce qui s'est passé pendant cette année.

1616.

Le Roi conduit par les Vertus, terrasse la Discorde, & l'Envie de ceux qui avoient traversé son Mariage.

Emblême des vœux & empressemens de la Ville de Paris, pour l'heureuse arrivée de leurs Majestés ; (avec quatre Sonnets, au bas :) *L. Gaultier*, sculps. *J. le Clerc*, excud.

Entrée du Roi & de la jeune Reine, à Paris, à leur retour de Bourdeaux, le 16 Mai.

Dessin du Tableau mis sur la Porte S. Jacques, pour cette Entrée : *L. Bobrun*, pinx. & sculps.

Arrivée de la Reine au Louvre : *J. P.* fecit.

Leurs Majestés prennent le frais sur un des Balcons du Louvre : *M. Mérian*, fecit.

Emblême du Festin & du Bal donnés à leurs Majestés : *J. Picart*, sculps.

Bal donné à la Reine au Louvre, ensuite d'un magnifique repas : *Idem*.

Les Figures de l'Histoire du Palais de la Félicité, ou des Fêtes de la Place Royale, pour les Mariages de France & d'Espagne ; tirées de l'Imprimé in-4. 1606.

Le Roi & la Reine avec leur Suite, se promènent aux Environs de Paris, & en considèrent l'étendue du côté de Belleville, le 17 Mai : *M. Mérian*, fecit. encadré.

Le Roi & la Reine reviennent à Paris par la Porte S. Antoine, d'où ils regardent le Feu d'artifice qui fut tiré à la Bastille.

Vue & Profil de la Ville de Madrid, Capitale d'Espagne.

Vue & Perspective du Palais de Madrid.

Portrait du Roi d'Espagne & d'Elisabeth de France son Epouse ; avec Vers François & Latins.

Emblême des Festins & Réjouissances faites à Madrid pour le Mariage du Roi : encadré.

Bal donné à la Reine par le Roi d'Espagne, le soir de son arrivée ; avec Vers Allemands & Latins : encadré.

Cavalcade nocturne, faite aux flambeaux, devant le Palais de Madrid, le 19 Mai, pour le divertissement de la Reine.

Le Cercle du Roi & de la Reine d'Espagne : grand Dessin & Eventail lavé à l'encre de la Chine.

Portrait particulier présenté à la Reine-Mère, le 17 Juin, pour faire connoître sa puissance sur la France & l'Espagne ; avec Explication & Vers ; par *Fr. Ant. de la Porte*.

Portrait de Henri de Bourbon, Prince de Condé, qui fut arrêté au Louvre le 1 Septembre.

La Chasse aux Voleurs & Renards : Pièce satyrique sur le pillage de la maison du Maréchal d'Ancre, au Fauxbourg S. Germain, le 1 Septembre, avec Vers au bas.

Vue de la Ville de Ronai, assiégée par M. d'Andelot le 28 Décembre.

Six Devises sur ce qui s'est passé cette année, 1616.

1617.

Ballet de Renaud & d'Armide, dansé à Paris dans la grande Salle du Louvre, par le Roi & plusieurs Seigneurs de la Cour, le Dimanche 24 Janvier. C'est une Suite qui comprend, 1.° Trois Plans & trois Vues de la Salle : *C. Lucas*, sculps. *Le Blond*, excud. 2.° Treize Planches des Décorations & des Figures des Entrées. 3.° Trente & une Planches imprimées & notées des Récits du Ballet.

Le Roi foudroye la rébellion des Princes & des Seigneurs mécontens : *Grég. Daret*, inv. & fecit.

concernant l'Histoire de France.

Emblême des Troubles & Brouilleries de l'Etat: grande Feuille, avec Vers Latins.

Portrait de Nicolas de l'Hôpital, Marquis de Vitry, qui tua le Marquis d'Ancre : *Daret.*

Portrait de Conchino Conchini, Marquis d'Ancre : *Idem.*

Le Marquis d'Ancre parlant en Maître: petite Pièce, avec quatre Vers au bas.

Dix petites Pièces représentant la mort du Marquis d'Ancre, tué par M. de Vitry, à l'entrée du vieux Louvre, le 24 Avril; & les railleries & supplices exercés par le peuple sur son cadavre.

Deux Portraits satyriques du même.

Emblême satyrique sur le même sujet : grande Feuille avec Vers au bas.

Autre Feuille différente pour les Figures, mais avec les mêmes Vers.

Autre Estampe emblématique, sur la destruction du Marquis d'Ancre, avec Vers.

La Victoire de Phœbus sur le serpent Python ; Pièce emblématique sur le même sujet : *I. S. F.*

La même ; avec Vers Latins & François.

Emblême du rétablissement de l'autorité du Roi.

Portrait de M. du Vair, rétabli dans la Charge de Chancelier.

Portrait de la Reine Marie de Médicis, qui se retira à Blois le 4 Mai : encadré.

Petite Vue de la Ville de Blois: *Moyse J.B. Fouard,* fecit, (encadrée.)

Portrait de Jacques-Auguste de Thou, mort le 8 Mai : *Ferdinand,* pinx. *Morin,* sculps.

Représentation de son Tombeau. (Ce Tombeau, qui se voit à S. André des Arts, à Paris, est de François Anguier, Sculpteur.)

Estampe emblématique au sujet de l'Histoire composée par M. de Thou : *Chauveau,* fecit.

L'Histoire, accompagnée de la Vérité & de la Justice, présente l'Ouvrage de M. de Thou à l'Immortalité : *Bern. Picart,* fecit.

Quatre petites Pièces représentant l'Exécution de la Marquise d'Ancre, décapitée en Place de Grève, le Samedi 8 Juillet; avec Vers au bas, & Explication.

Autre Pièce gravée en Allemagne, au sujet de la même.

Petit Portrait du Roi à cheval, allant à Rouen pour assister à l'Assemblée des Notables.

Vue de la Ville de Rouen : *Claude Chastillon,* inv. & fecit. *Boisseau,* excud.

Plan de la Séance de l'Assemblée des Notables tenue à Rouen, le Lundi 4 Décembre : grande Feuille avec Explication : *Joan. Ziamko,* Polonus, fecit.

Autre Feuille pareille, représentant la seconde Séance de la même Assemblée, le Samedi 9 Décembre : *Idem.*

Portrait de M. Nicolas de Neufville-Villeroy, mort le 12 Décembre : *Mich. Lasne,* fecit.

Vue du Portail de S. Gervais, dont le Roi mit la première pierre en cette année : *Lutuisse.*

Douze Médailles sur ce qui s'est passé cette année, 1617.

1618.

Le Roi apprend le Blason & l'Art Militaire : jolie Estampe en rond ; elle paroît être de *Callot.*

L'Instruction du Roi en l'exercice de monter à cheval, par Messire Antoine de Pluvinel, (en 46 Morceaux :) *Crisp. de Pas,* sculps.

Portrait du Sieur de Pluvinel: *Simon Passæus,* sculps.

Deux Portraits de Roger de Bellegarde, Grand-Ecuyer de France, l'un en ovale avec Figures emblématiques, l'autre à cheval : *Crisp. de Pas,* inv. & fecit.

Incendie du Palais arrivé à Paris le 7 Mars : Dessiné & lavé à l'encre de la Chine.

Rétablissement des Jésuites à Paris, en vertu de l'Edit du Roi du 15 Février, confirmé par un autre du 16 Avril suivant, pour la jouissance de leur Collège de Clermont ; avec le Portrait de S. Ignace : *Hiéronym. Wierx,* fecit. & excud.

Portrait de Jacques Davy du Perron, mort à Paris le 5 Septembre : *Daret,* inv. & fecit.

Portrait de la Comète apparue sur la Ville de Paris, le Mercredi 28 Novembre & jours suivans ; grande Planche, avec Explication ; le tout gravé en bois & encadré : chez *M. de Mathonière.*

La jeune Reine s'entretient avec la Marquise de Moni des Affaires du temps.

Pendant que la Reine, sous l'Emblême de Junon, s'entretient avec la Marquise de Moni, le Roi envoye avertir Sa Majesté de se préparer à une partie de Chasse dont les Dames devoient prendre le divertissement.

Cinq Médailles sur ce qui s'est passé pendant cette année, 1618.

1619.

Mariage de Christine de France, Sœur du Roi, avec Victor-Amédée, Duc de Savoye, célébré à Paris le 10 Janvier : petite Pièce en rond, avec Cartouche.

Portrait de la Princesse habillée suivant la mode de Savoye, encadré : *J. Frosne,* sculps.

Autre Portrait de la même : *Daret,* fecit.

Autre: *Moncornet,* fecit.

Feu d'Artifice tiré à Paris, en la place de Grève, en réjouissance de l'Alliance faite entre la France & la Savoye : *C. A. F.*

Emblême d'une Fête sur l'eau que Gaston d'Orléans fit préparer pour la Princesse de Savoye ; encadré.

Pièce emblématique, & Portraits en Cartouche, au sujet de cette Alliance : *Mathaus,* fecit.

Portrait de Jean-Louis de la Valette, Duc d'Espernon : *Daret,* sculps.

Profil de la Ville de Blois, vue du côté du Midi & de l'Occident.

La Reine-Mère s'enfuit de la Ville de Blois, le 21 Février : *Rubens,* pinx. *Nattier,* delin. *C. Vermeulen,* sculps.

Le Temps terrasse l'Envie, & produit au jour la Vérité pour la défense de la Reine & le repos de l'Etat.

Vue de la Ville de Tours, où la Reine se retira : *De Lincler,* inv. *Collignon,* sculps.

Entrevue du Roi & de la Reine à Tours, le 4 Septembre.

Les Figures de l'Entrée de la Reine-Mère à Angers, tirées de l'in-4. 1619.

Exécution de Batneveldt, que le Prince Maurice fit condamner à mort.

Les Armes & Blasons des Chevaliers de l'Ordre du S. Esprit, créés par Louis XIII. le 31 Décembre 1619, au nombre de 64 : *P. Firens,* sculps.

Les Mais de Notre-Dame de Paris, ès années 1617, 1618 & 1619.

Six Médailles faites sur le Gouvernement pendant cette année 1619.

1620.

Le 1 Janvier, le Roi fait une Promotion de Chevaliers de l'Ordre, & donne le Collier : beau Dessin lavé à l'encre de la Chine.

Vue de la Ville de Caen, prise des Carrières de Vaucelles.

Plan du Château de Caen.

Le Château de Caen se rend au Roi le 18 Juillet, après cinq jours de Siège : *Valdor*.

Le Voyage de la Reine-Mère au Pont de Cé, en Août : *Rubens*, pinx. *Nattier*, delin. *Carolus Simonneau*, sculps.

Plan du Pont de Cé.

Disposition des Troupes au Pont de Cé.

Le Roi attaque & prend le Pont de Cé, le 8 Août, sur les Troupes de la Reine-Mère : *Valdor*.

La Reine prend le parti de la paix, le 11 Août : *Rubens*, pinx. *Nattier*, delin. *Loir*, sculps.

La Conclusion de la Paix signée par la Reine, le même jour : *Rubens*, pinx. *Nattier*, delin. *B. Picart*, sc.

Entrevue du Roi & de la Reine-Mère à Brissac, pour le même sujet, le 13 Août : Dessin en rond, lavé à l'encre de la Chine, dans un Cartouche gravé.

La Paix confirmée dans le Ciel, le 13 Août : *Rubens*, pinx. *Nattier*, delin. *Duchange*, sculps.

Le temps découvre la Vérité : *Rubens*, pinx. *Nattier*, delin. *Loir*, sculps.

Plan de Navarrins qui se soumet au Roi, le 17 Octobre.

(*Nota*. Ce Plan est celui d'une Ville de la Morée, & non pas de celle qui est en France, dans la Province de Béarn, & qui se soumit réellement au Roi en cette année.)

Le Roi fait dire la Messe en sa présence à Navarrins (de Béarn,) le 17 Octobre, cinquante ans après qu'elle y avoit été abolie : *Tavernier*, fecit. (Estampe avec des Vers, & encadrée.)

Le Rétablissement des Ecclésiastiques en Béarn, le 19 Octobre : *Valdor*.

Procession (de Pau) à laquelle le Roi assista : grand Cartouche.

Autre, en petit.

La Discorde & l'Envie terrassées par la gloire du Roi : grande Estampe emblématique : *Grég. Huret*, inven. & fecit.

Six Médailles sur ce qui s'est passé pendant l'année 1620.

1621.

Petite Estampe représentant les fureurs des Guerres de Religion.

Autre grande, sur le même sujet, *Huret*, inv. & fecit.

Plan du Château de Privas, assiégé par les Protestans, & pris le 8 Février, après 14 jours de Siège : Dessiné.

Plan de Saumur, dont le Roi fait le Siège.

Profil & vue de la Ville de Saumur : *de Lincler*, inv. *Collignon*, sculps.

Les Habitans de Saumur se soumettent au Roi, le 11 Mai : *Valdor*.

Plan de la Ville de Caumont, prise par le Duc de Mayenne, le 15 Juin.

Portrait du Duc de Mayenne, & trois Devises à sa louange.

Plan de Saint-Jean-d'Angély, dont le Roi fait le Siège.

Autre : grande Feuille, avec Explication : chez *N. de Mathonière*.

Autre, en grande Feuille : Gravure en bois.

Autre, en grande Feuille, avec Explication. (La Ville de Saint-Jean-d'Angély se rendit au Roi le 25 Juin, après 35 jours de Siège :) chez *N. de Mathonière*.

Les Habitans de Saint-Jean-d'Angély implorent la clémence du Roi : *Valdor*.

Plan de Pons en Saintonge, rendu au Maréchal de Chaulnes, & démantelé au commencement de Juillet.

Plan de la Rochelle, bloquée par le Duc d'Espernon, le 6 Juillet : (encadré.)

Vue de la Ville de la Rochelle.

Autre Plan de la Rochelle, avec un Portrait du Roi à cheval, qui donne ses ordres devant cette Ville : grande Feuille, avec Explication : chez *N. de Mathonière*.

Armes & Blason du Duc de Lesdiguières, créé Chevalier de l'Ordre du S. Esprit, le 15 Juillet.

Plan de Clérac, assiégé par l'Armée du Roi, le 20 Juillet : grande Planche, encadrée.

Autre Plan de la même Ville, qui se rendit à discrétion le 5 Août ; avec Explication : chez *N. de Mathonière*.

Plan du Siège de Montauban, commencé par le Roi, le 17 Août.

Autre, en petit.

Plan du Siège de Julliers par les Espagnols, sous la conduite du Comte de Berghes, le 5 Septembre, avec Explication : chez *Melchior Tavernier*.

Disposition des Troupes devant Montauban, (le Duc de Mayenne y fut tué le 17 Septembre ;) avec Explication en deux Feuilles : chez *N. de Mathonière*.

Plan des attaques de la Ville de Montauban, (dont le Roi fut obligé de lever le Siège le 1 Novembre :) grande Feuille, avec Explication : chez *N. de Mathonière*.

Plan de Monheur, assiégé par le Maréchal de Roquelaure, le 10 Décembre : grande Feuille.

Attaques de Monheur.

Autre Plan de cette Ville, qui se rendit au Roi le 12 Décembre : grande Planche, avec Explication ; chez *N. de Mathonière*.

Sept Médailles faites pendant cette année, 1621.

1622.

Plan & attaques de Dutas, forcé par le Duc de Montmorency, le 6 Février.

Portrait du Duc de Montmorency : *Daret*, sculps.

Plan de Clérac, surpris sur les Royalistes, par M. de Lusignan, le 21 Février : (encadré.)

Prise de Montravel & de Tonneins, par le Duc d'Elbeuf, le 28 Février.

Portrait du Duc d'Elbeuf, avec trois Devises à sa louange.

Plan de Mons & de Rié.

Le Roi devant l'Isle de Rié, & disposition des deux Armées : grande Planche, avec Explication ; chez *N. de Mathonière*.

Pallas & Neptune montrent au Roi que pour vaincre les Rébelles, il faut qu'il passe le Canal de Rié : *Valdor*.

Plan du Canal de Rié, large de 500 pas, que le Roi passa à cheval avec ses Troupes de Cavalerie & d'Infanterie.

Le Roi défait Soubise & le chasse de l'Isle de Rié, où le Prince de Soubise perd plus de quatre mille hommes le 17 Avril : grande Planche gravée en bois, avec Explication : chez *N. de Mathonière*.

Plan de Tonneins, pris le 4 Mai, par le Duc d'Elbeuf, après quarante jours de Siège ; il est réduit en cendres : *Le Franc du Bouchet*, sculps.

Plan de Royan, défendu par les Religionnaires & les Hollandois.

Autre grand Plan de Royan, rendu le 11 Mai, après six jours de Siège, au Duc d'Espernon & au Maréchal de Vitry ; avec Explication : chez *N. de Mathonière*.

concernant l'Histoire de France. 47

Plan de Negrepelisse, assiégée par le Roi, forcée & réduite en cendres, le 10 Juin.

Plan de Saint-Antonin.

Autre Plan de la même Ville, qui se rend au Roi à discrétion, le 22 Juin, après 22 jours de Siège.

Plan de la Rochelle, dessiné & enluminé : *H. Dachot*, fecit.

Autre Plan de la même Ville : Gravure en bois ; avec Explication : chez *N. de Mathonière*.

Portrait du Comte de Soissons, qui bloqua la Rochelle : *Ferdinand*, pinx. *David*, fecit. *Mariette*, excud.

Plan de Lunel.

Autre Plan de la même Ville, attaquée & rendue à M. le Prince, le 8 Août, après six jours de Siège.

Portrait de Louis de Bourbon, Prince de Condé, avec trois Devises à sa louange.

Plan de Sommières.

Petite Carte du Gouvernement de Lunel & de Sommières.

Portrait du Roi à cheval, venant assiéger Sommières : *Ren. Lochon*, sculps.

Grand Plan de Sommières, qui se rend au Roi le 22 Août, après quatre jours de Siège.

Plan de Montpellier & des attaques.

Plan de Montpellier & de ses Fortifications, avec Explication, en deux Planches : chez *M. Tavernier*.

Petite Vue de Montpellier.

Autre Plan de Montpellier, rendu au Roi le 19 Octobre : Gravure en bois, avec Explication : chez *N. de Mathonière*.

Le Roi y assiste à la Procession, pour en rendre graces à Dieu.

Louis XIII. donne la paix aux Religionnaires devant Montpellier, le 9 Octobre : *Cazes*, inv. *Cochin*, sculps.

Triomphe du Roi après la Conquête de Montpellier, avec Vers & Explication.

Combat naval entre le Duc de Guise & les Rochelois, où le Duc eut tout l'avantage, le 28 Octobre.

Portrait de Charles de Lorraine, Duc de Guise, avec trois Devises à sa louange.

Portrait du Roi à cheval, faisant son Entrée dans la Ville d'Arles, le 29 Octobre : *Brus*.

Huit Planches représentant les Arcs de Triomphe & autres Monumens élevés en cette Ville pour l'Entrée du Roi : *Idem*.

Plan de la Ville d'Uzès, dont le Roi fait raser les Fortifications, en Novembre.

Frontispice de l'Entrée du Roi dans la Ville d'Aix, le 3 Novembre : *Maretz*, sculps. *Tolosan*, excud.

Profil & Vue de la Ville d'Aix.

Plan géométrique de la Ville d'Aix : *Jacob Maretz*, delin. & sculps.

Huit Pièces, dont sept Arcs de Triomphe, dressés en la Ville d'Aix pour l'Entrée du Roi : *Maretz*, sculps.

Sept Tableaux emblématiques pour le même sujet : *Idem*.

Baudrier du Sacre du Roi, dont il fit présent à M. de Bouvilli : *Idem*.

Plan du Fort-Louis, que l'on conserva après la levée du Blocus de la Rochelle, par le Comte de Soissons, le 16 Novembre : *J. P.* fecit.

Portrait de Louis de Bourbon, Comte de Soissons : *Daret*, excud.

Plan de la Ville d'Avignon, où le Roi entra le 16 Novembre : *M. Mérian*, fecit.

Vue de la Ville d'Avignon : Pièce en longueur.

Huit Décorations élevées en la Ville d'Avignon pour l'Entrée de Louis XIII. *Ludov. Palena*, fecit.

Vue de la Ville de Lyon, où le Roi & la Reine firent leur Entrée le 11 Décembre : *Aveline*, fecit.

Dix-neuf Pièces, tant Arcs de Triomphe, Décorations, Emblêmes & Feu d'artifice, faits au sujet de cette Entrée ; par *P. Faber, G. Antguers, D. V. Velthem, G. Huret, C. Audran*.

Portrait de S. François de Sales, mort à Lyon le 28 Décembre.

Sept Médailles faites sur l'état des Affaires pendant cette année, 1622.

1623.

Triomphe du Roi par la prise de Montauban, avec Explication ; par *Fr. Dubois*.

Etat présenté au Roi des Places qu'il a conquises depuis les trois dernières années, au nombre de quatre-vingt-dix-neuf : *J. Agrano Leopolicos, Polonus*, fecit. avec Explication, chez *P. Brou*.

Portrait de Louis le Febvre de Caumartin, Garde des Sceaux, mort le 21 Janvier : *Daret*, sculps.

Portrait de Nicolas Brulart, Marquis de Sillery, rétabli dans la Charge de Garde des Sceaux : *Daret*.

Portrait de Henri de la Tour, Duc de Bouillon, mort le 25 Mars.

Portrait de Scévole de Sainte-Marthe, mort à Loudun le 29 Mars : *Daret*.

Le Roi touche les malades le 13 Avril, (encadré.)

Noms & Blasons des Chevaliers du Saint-Esprit, créés par le Roi en sa Ville de Carcassonne, le 23 Juillet, au nombre de dix, sans y comprendre le Frontispice : *Firens*, fecit.

Portrait du Duc de Lesdiguières, fait Gouverneur de Picardie : *Dumousstier*, pinx. *Huret*, sculps.

Anagrammes présentés au Roi le 25 Août : grande Feuille imprimée, avec le Portrait du Roi à cheval : *Gaultier*, sculps.

Portrait de Pierre Jeannin, Surintendant des Finances, mort le 31 Octobre.

Portrait du Comte de Soissons, fait Gouverneur de Dauphiné vers la fin de Novembre.

Sept Médailles faites sur les Affaires du temps pendant l'année 1623.

1624.

Vue du Temple de Charenton, rebâti par la permission du Roi, au commencement de Janvier.

Vue en Perspective du dedans de ce Temple : *Marot*, fecit.

Plan & Profil du Temple de Charenton : *Idem*.

Vue de la Ville de Compiègne, où la Cour se rendit au mois de Mars : *Johan Peéters*, fecit.

Quatre Pièces représentant les Divertissemens de la Cour aux environs de Compiègne ; par *B. Moncornet*, & *M. Van Lochon*.

Portrait de Jean-Armand du Plessis de Richelieu, fait premier Ministre au mois de Juin.

Représentation allégorique des louanges que le Cardinal de Richelieu reçoit de toutes parts sur la nouvelle dignité : *Mich. Lasne*, fecit.

Portrait de Nicolas Brulart de Sillery, Chancelier, mort le 1 Octobre : *Gaultier*, sculps.

Portrait d'Etienne d'Aligre, qui lui succéda le 3 Octobre : *Daret*, sculps. *Mariette*, excud.

Les Figures de l'Entrée de la Duchesse de la Valette à Metz ; tirées de l'*in-fol.* 1624.

Quatre Pièces emblématiques & satyriques au sujet de l'Etablissement de la Chambre de Justice, le 21 Octobre.

Le Financier en travail : grand Dessin, au crayon,

La Justice Royale ; autre grande Pièce satyrique sur le même sujet : *Ismael Varloken*, inv. & fecit. Avec Explication.

Représentation de l'Accord nuptial entre la France & l'Angleterre, le 10 Novembre : *Firens*, excud.

Feu d'Artifice tiré en la Place de Grève à Paris, le 23 Novembre, au sujet de cette Alliance.

Vue du Pont S. Michel à Paris, achevé en cette année : *Mariette*, excud.

Neuf Médailles faites sur les Affaires du temps pendant cette année, 1624.

1625.

Plan du Port-Louis, que M. de Soubise assiégea le 18 Janvier ; mais il fut obligé, par M. le Duc de Vendôme, de se retirer avec perte, le 29 du même mois : *Inselin*, sculps.

Publication faite à Paris le 23 Avril, de l'interdiction du Commerce entre la France & l'Espagne.

Emblême des Cérémonies du Mariage entre Charles d'Angleterre & Henriette de France, faites à Paris le 11 Mai.

Petit Plan & Vue de la Rochelle, bloquée par le Maréchal de Praslin, le 5 Août : deux Pièces.

Portrait de Charles de Choiseul, Marquis de Praslin.

Descente du Maréchal de Thoiras dans l'Isle de Ré.

Plan de l'Isle de Ré.

Portrait du Maréchal de Jean de Saint-Bonnet de Thoiras : *Mellan*, pinx. *Daret*, excud.

Représentation de ce qui s'est passé dans la défaite de M. de Soubise par M. le Duc de Montmorency, depuis son arrivée en l'Isle de Ré, les 13, 14 & 15 Septembre : grande Planche gravée en bois, avec Explication.

Portrait de Henri, Duc de Montmorency : grande Feuille.

Très-grande Carte de l'Isle de Ré ; par *Erault*.

Combat naval entre le Duc de Montmorency & les Rebelles, commandés par M. de Soubise, proche l'Isle de Ré : cinq grandes Planches, représentant les trois Journées.

Grande Vue de la Ville de Verrue, assiégée par le Duc de Feria, commandant l'Armée d'Espagne, le 10 Août.

Portrait au vrai du Siège de la Ville de Verrue, que le Prince de Piémont & le Maréchal de Créquy firent lever le 17 Novembre : grande Feuille, avec Explication.

Grand Plan de Bréda pris par le Marquis de Spinola, après un Siège de dix mois : *Callot & Sylvestre*, sculps. en six grandes Feuilles.

L'Assaut des raves & des oignons : Dessin satyrique, contre les Espagnols à ce sujet.

L'Emouleur de nés, autre Pièce satyrique sur le même sujet.

El Señor gran Capitan fumoso : pièce satyrique sur le même sujet.

Six Médailles faites sur les Affaires pendant cette année 1625.

1626.

Petite Pièce représentant un Duel au sujet de l'Edit du 26 Février, contre les Duels & Rencontres.

Remerciement des Grisons au Roi, sur la restitution qui leur fut faite des Pays qu'il avoit conquis dans la Valteline, avec la Carte & les noms de ces Places : Deux grandes Planches.

Petit Cartouche allégorique sur la condamnation du Livre de Santarel, brûlé par Arrêt du Parlement, le 13 Mars.

Portrait & Catafalque du Père Pierre Coton, mort le 19 Mars : *Heyrman Weyen*, excud. Deux Pièces.

Thèse dédiée au Roi, sur ses Conquêtes, par Henri de Bourbon, Evêque de Metz, le 22 Mars : Deux grandes Feuilles.

Portrait de Michel de Marillac, à qui le Roi donne les Sceaux, le 1 Juin.

Plan & Vue du Pousin, surpris par les Huguenots en 1625, & remis entre les mains du Roi le 27 Juillet de cette année 1626 : grande Feuille.

Emblême au sujet de l'Etablissement du Jardin Royal des Plantes, fait par Edit du mois de Janvier, registré au mois de Juillet : *Le Brun*, inv. *Rousselet*, sculps.

Perspective horisontale du Jardin des Plantes : *Bosse*, sculps.

Vue de ce Jardin : *Frati*, sculps.

Autre Vue du même Jardin : *Perelle*, sculps. *Mariette*, excud.

Portraits de Gaston, frère du Roi & de Mademoiselle de Montpensier, au sujet de leur Mariage fait à Nantes, le 5 Août : *J. Picart*, incidit.

Petite Vignette représentant la Cérémonie.

La même Cérémonie : *Gaultier*, incid.

Autre Portrait de Gaston, avec Figures emblématiques, & trois Devises faites à sa louange.

Exécution du Marquis de Châlais à Nantes, le 19 Août : encadrée.

Figures de l'Entrée du Duc d'Anguien à Bourges ; tirées de l'Imprimé en 1626.

Portrait de François de Bonne, Duc de Lesdiguières, mort à Valence le 28 Septembre : *Daret*, sculps.

Autre, du même : *Th. Deleu*, fecit.

Neuf Médailles faites sur les Affaires du temps pendant cette année, 1626.

1627.

Vue du Portail des Jésuites de la rue Saint-Antoine ; dont le Roi mit la première pierre, le 7 Mars.

Autre Vue, du même.

Empreinte de l'Inscription & des Médailles qui y furent mises.

Portrait de M. (Nicolas) de Verdun, premier Président, mort le 16 Mars : *M. Lasne*, delin. & fecit.

Portrait du Cardinal de Richelieu, fait Chef & Surintendant général de la Navigation & du Commerce, le 18 Mars.

Armes & Attributs du même à ce sujet.

Emblême sur le même sujet : *Cl. Goyrand*, fecit.

Autre, même sujet : *Huret*, inv. & fecit.

Gabrielle-Angélique de Bourbon, fille de Henri IV. & de Henriette de Balzac d'Entragues, femme du Duc d'Espernon, morte le 24 Avril, dans son lit de parade : Gravure en bois.

Thèse emblématique dédiée à Marie de Médicis, par Charles-Louis de Guise, & soutenue le 20 Juin : *Crispin van Passe*, inv. & fecit.

Plan de l'Isle de Ré, où le Duc de Boukingham aborde avec la flotte d'Angleterre, le 21 Juillet.

Portrait du Duc de Boukingham.

Autre grand Plan de l'Isle de Ré, avec la disposition de la Flotte.

Grand Plan du Fort de Saint-Martin, avec les tranchées faites par les Anglois, & Explication ; chez *Melch. Tavernier*.

Autre petit Plan du Fort & du Bourg.

Combat naval gagné par l'Amiral de Montmorency sur les Huguenots, à l'Isle de Ré : chez *Melchior Tavernier*.

Le Siège de l'Isle de Ré, en six Feuilles : *Callot*, sculps.

Portrait

concernant l'Histoire de France.

Portrait de François de Valois, Duc d'Angoulesme, qui commença le Siège de la Rochelle, le 10 Août; avec trois Devises à sa louange.

Plan du Siège de Grolle, fait sur les Espagnols par le Prince d'Orange & les François, le 18 Juillet : *Guill. Blaeu*, excud. grande Feuille.

Autre Plan du même; chez *Henri Hondius*, avec Explication.

Cartouche en longueur représentant la Vue & le secours du Fort Saint-Martin, dans l'Isle de Ré.

Portrait du Roi à cheval devant la Ville de la Rochelle.

Disposition de l'Armée du Roi : *J. Callot*, sculps. *Mariette*, excud.

Cartouche représentant l'Assaut général donné par les Anglois au Fort Saint-Martin, le 5 Novembre.

Portrait du Maréchal de Thoiras, qui repoussa les Anglois.

Défaite des Anglois dans l'Isle-de-Ré, par le Maréchal de Schomberg, le 8 Novembre : *Laurent de la Hire*, inv. & fecit.

Cartouche représentant la Défaite des Anglois : *Callot*.

Autre, où M. de Schomberg présente au Roi les Anglois prisonniers : *Idem*.

Portrait de M. de Schomberg; avec trois Devises à sa louange.

Trophées à la gloire du Roi, avec son Portrait en rond.

Figures du Carrousel du Duc d'Espernon, à Bourdeaux; tirées de l'Imprimé en 1627, *in-4*.

Cinq Médailles faites sur les Affaires pendant cette année 1627.

1628.

Vue du vieux Château de Saint-Germain-en-Laye, où la Cour passa les premiers mois de l'année.

Vue du Château neuf: *Perelle*, sculps.

Vingt-neuf Desseins des Figures du Ballet des Ridicules, dansé par le Roi à Saint-Germain-en-Laye, le 12 Janvier : Desseins enluminés.

Inscription de la première Pierre de l'Eglise de Notre-Dame de Pitié, à Paris, posée par la Reine Marie de Médicis, le 14 Avril; avec l'Empreinte des quatre Médailles qui furent placées aux quatre coins.

Emblême & Cartouches de toutes les Villes prises par le Prince de Condé en Languedoc, pendant les mois de Mars & Avril.

Plan de Casal, & du Siège qu'y mirent les Espagnols, le 1 Avril : grande Planche, avec Explication; chez *M. Tavernier*.

Médailles & Inscription de la première Pierre de l'Eglise des Carmélites de Saint-Denys, posée au nom de la Reine-Mère, le 13 Mai.

Emblême représentant l'Embarquement du Roi & du Cardinal de Richelieu pour la Rochelle, avec Vers au bas : grande Planche; chez *N. de Mathonière*.

Vue de la Ville de la Rochelle; chez *Mariette*.

Neptune fait connoître au Roi qu'il ne peut forcer la Rochelle, s'il ne fait bloquer la mer par une Digue: *Valdor*.

Portrait de Clément Métezeau, qui inventa la Digue faite devant la Rochelle.

Plan & Elévation des pièces de bois qui servirent à cette Digue : Deux Planches.

Vue de la Ville de la Rochelle & de la Digue qui fut faite à l'entrée de son Port, en deux Planches : *J. Callot*.

Siège de la Rochelle : *Cochin*, fecit.

Plan de la Rochelle assiégée par Louis XIII. *Ant. Lafreri*, à Rome.

Le Siège de la Rochelle, en six Feuilles : *Callot*.

Le même, avec la Digue, en deux Feuilles : *Labelle*.

Autre, par *de Fer*.

Flottes du Roi & des Rochelois rangées par ordre de Bataille, près de l'Isle de Ré.

Combat entre lesdites Flottes : 1628.

Victoria Rupellana, (petit Médaillon, avec revers :) *Mich. Lochom*.

Le Char de Triomphe, consacré à la gloire de Louis XIII. *Colignon* & *Labelle*.

Plan des attaques de la Rochelle; grande Planche : *Etienne Lasne*.

Triomphe du Roi pour la reddition de la Rochelle, du 28 Octobre : *P. Firens*, excud.

Les Rochelois demandent pardon au Roi : *J. Callot*.

Autre Estampe, sur le même sujet : *Valdor*.

Entrée du Roi dans la Ville de la Rochelle, le 1 Novembre; avec Explication : *J. Callot*.

Autre Estampe sur le même sujet.

Le Roi après la réduction de la Rochelle, y fait célébrer la Messe, & faire une Procession générale.

Sortie du Diable de la Rochelle : grande Planche gravée en bois, avec Dialogue au bas.

Grand Emblême sur l'Extirpation de l'Hérésie & de la Rébellion, par les soins du Cardinal de Richelieu : *Ganière*, fecit.

Grande Estampe représentant la Statue érigée dans la Rochelle, à la gloire du Roi : *Daret*, fecit.

Grande Planche imprimée, avec cadre, contenant l'Inscription de la Statue précédente.

Le Roi couronné de gloire & immortalisé, par la prise de la Rochelle; grande Planche : *Huret*, inv. *Connay*, sculps.

Emblême & Eloge présenté au Roi, sur la prise de la Rochelle : chez *Martin Collet*.

Autre, sur le même sujet.

Autre, avec trois Médailles, frappées à cette occasion.

Thèse extraordinaire & d'un dessein particulier, sur le Siège de la Rochelle, dédiée au Cardinal de Richelieu : *J. E. Lasne*, fecit.

Petite Estampe représentant le Retour du Roi & du Cardinal de Richelieu, qui partent de la Rochelle le 19 Novembre : *Crisp. Van-Passe*.

Estampe allégorique sur les Victoires du Roi, avec Vers au bas : grande Planche.

Autre, sur le même sujet.

Plan de la Ville de Paris : *Roussel*, sculps.

Grande Vue de la Ville de Paris.

Le Roi est harangué au nom de la Ville, par le Prévôt des Marchands & des Echevins, à son retour de la Rochelle : *A. Bosse*, inv.

Seize Pièces représentant des Arcs de Triomphe & Feu d'Artifice tiré à Paris au retour du Roi : *J. le Pautre*, fecit.

Projet du Feu d'Artifice que Morel doit faire sur la Seine, pour l'arrivée du Roi.

Six Médailles faites sur les Affaires pendant cette année 1628.

1629.

Ballet des quatre Parties du Monde, dansé par le Roi à Saint-Germain-en-Laye, le 17 Janvier & jours suivans : Trente-quatre Pièces dessinées & enluminées.

Le Roi force le Pas de Suze, le 6 Mars : *Valdor*.

Vue de la Ville de Suze.

Traité du 11 Mars, entre le Roi & le Duc de Savoye, pour le secours de Casal : *Valdor*.

Tome IV. Part. II. G

Très-grande Carte particulières de Barricades de Suze & de ses environs : chez *M. Tavernier*.

Grand Plan de la Citadelle de Suze.

Grande Vue de la Citadelle de Suze du côté de la Ville.

Prise de la Ville de Suze, soumise au Roi le 13 Mars; avec Explication : grande Planche ; chez *Melchior Tavernier*.

Plan du Siège de Casal, défendu par les François.

Plan des Attaques de Casal par les Espagnols : Deux grandes Planches, avec Explication.

Vue de la Ville & de la Citadelle de Casal.

Levée du Siège de Casal par les Espagnols, le 15 Mars, avec Explication : grande Planche ; chez *Mich. de Mathonière*.

Neuf Portraits des Drapeaux pris aux Espagnols devant Casal : Dessinés & enluminés.

Trois Pièces satyriques sur ce sujet : *Richer*, inven. & fecit.

Plan de la Ville de Privas, qui se rendit au Roi le 26 Mai.

Le Roi fait brûler & raser Privas, & autres Villes rebelles : *Valdor*.

Plan de la Ville & du Siège d'Alais, qui se rendit au Roi le 17 Juin; chez *M. Tavernier*.

La Paix faite à Alais : *Valdor*.

Plan de la Ville d'Anduze, soumise au Roi le 27 Juin.

Plan de la Ville de Castres, soumise en Juin.

Plan de la Ville de Nismes, rendue au Roi le 4 Juillet.

La Paix accordée aux Chefs des Rébelles, en Juillet : *Valdor*.

Plan de Milhaud, dont le Roi fait raser les Fortifications, au mois de Juillet.

Plan de la Ville de Vésel, reprise par les Hollandois (& François,) sur les Espagnols, le 29 Août; avec Explication.

Plan (lavé) de la Ville de Montauban, qui se soumet au Roi le 20 Août.

Après la réduction de Montauban, le Cardinal de Richelieu y célèbre la Messe, le 20 Août.

Entrée du Roi dans les Villes rebelles : *Valdor*.

Tables des Guerres contre les Religionnaires, depuis 1559 jusqu'en 1629, en quatre grandes Planches, façon de Gravure imitée à la plume.

Portrait du Maréchal de Châtillon, Commandant devant Bolduc, & trois Devises à sa louange : *Ged. Geyn*, sculps.

Plan & Siège de la Ville de Bolduc, avec Explication : deux grandes Planches ; chez *M. Tavernier*.

Plan des nouveaux travaux faits à Bolduc, par les Hollandois : *Idem*.

Dernier Plan du Siège de Bolduc, qui se rendit aux Hollandois ; avec Explication : chez *Etienne Dauvel*.

Portrait de Frédéric-Henri, Prince d'Orange ; avec trois Devises à sa louange.

Plan & Siège de la Ville de Mantoue, par l'Armée de l'Empereur : Estampe gravée à Bologne.

Figures des Arcs Triomphaux faits en l'honneur du Roi à Dijon; tirées de l'Imprimé en 1629 : in-4.

Médaille satyrique au sujet de la réédification de la Sorbonne, par le Cardinal de Richelieu.

Entrée du Roi en la Ville de Paris.

Inscription & Médailles de la première Pierre de l'Eglise des Petits Pères de la Place des Victoires, mise par le Roi à son retour à Paris : *M. Lasne*, fecit.

Huit Médailles faites pendant le cours de l'année 1629.

1630.

Ballet du Château de Bisseftre, dansé à Paris la nuit du 4 Février, par le Comte de Soissons : en vingt-deux Pièces, dessinées & enluminées.

Plan de la Ville & de la Citadelle de Casal, que le Maréchal de Thoiras fit ravitailler au mois de Mars, avec l'Empreinte des Monnoies de cuivre qu'il fit battre, & dont il paya les Troupes.

Plan géométral de la Ville & Citadelle de Casal.

Vue de la Ville & Citadelle de Pignerol.

Autre Plan de Pignerol, qui se rend au Cardinal de Richelieu le 30 Mars, après deux jours de Siège.

Plan de la Ville & Forteresse de Briqueras, qui se rendent au Maréchal de Schomberg, le 4 Avril.

Grande Vue de la Ville & du Château de Chambéry; qui se rendent au Roi les 16 & 17 Mai; chez *Jean Boisseau*.

Portrait du Maréchal de Créquy, mort à Chambéry d'une blessure qu'il reçut au Siège de cette Ville la nuit du 14 au 15 Mai; avec trois Devises à sa louange.

Plan de la Ville & du Siège de Casal par les Espagnols, le 24 Mai : *Giov. Orlandi*, sculps.

Plan géométral de la Ville & Citadelle de Casal.

Plan du Fort de Montmélian, bloqué par les Troupes du Roi le 8 Juin : (encadré.)

Vue du Château & des Attaques de Montmélian, avec la vue du Château de Miolans, assiégé le 4 Juin.

Vue de la Ville & de la Citadelle de Casal, assiégées par le Marquis de Spinola, le 24 Mai, & défendues par M. de Thoiras jusqu'au 10 Octobre.

Combat de Veillane, où le Duc de Montmorency & le Marquis d'Effiat défont, avec sept à huit mille hommes, les Troupes du Prince Doria, le 10 Juillet ; avec Explication : chez *M. Tavernier*.

Le même : *Callot*, sculps.

Le Roi Louis XIII. *Michel Lasne*. On voit dans le lointain le Combat de Veillane, gravé par *Callot*.

Plan de la Ville de Mantoue, prise par l'Armée de l'Empereur le 18 Juillet.

Combat du Pont de Carignan, où le Marquis d'Effiat taille en pièces les Espagnols & les Allemands, le 6 Août : grande Pièce, avec le Portrait de M. d'Effiat, en Cartouche, dans le haut.

Plan du Pont de Carignan, avec l'ordre & la disposition des Troupes pour le Combat : Dessin.

Trois Pièces satyriques sur cette Défaite : la première dessinée par *Franç. Chau*; & les deux autres gravées par *Ganiere*.

Plan de Veillane, emporté la nuit du 19 Août, par le Maréchal de Schomberg; le Château se rendit par capitulation le 27.

Portrait d'Ambroise, Marquis de Spinola, mort devant Casal, le 25 Septembre : *N. le Clerc*, excud.

Plan & Vue de la Ville & Citadelle de Casal : *Wissher*, excud. avec Explication ; en trois grandes Feuilles ; chez *M. Tavernier*.

Vue de Casal, & la disposition des Troupes Espagnoles devant cette Ville, dont elles lèvent le Siège.

Le Roi remet la Couronne au jeune Duc de Mantoue : *Valdor*.

Portrait de Charles de l'Aubespine, à qui le Roi donne les Sceaux, le 14 Novembre : *Daret*, sculps.

Louis XIII. voulant r'avoir le Billet qu'il avoit fait à Madame de Hautefort, pour renvoyer le Cardinal de Richelieu, cette Dame l'ayant mis dans son sein, prend des pincettes pour l'en tirer, ne voulant pas, par pudeur, le prendre avec les mains : *B. Picart*, fecit.

Grande Vue de la Ville & de la Citadelle de Casal,

concernant l'Histoire de France.

remise avec tout le Montferrat au Duc de Mantoue, le 27 Novembre : chez *J. Boisseau.*

Six Médailles faites sur les Affaires du temps, pendant l'année 1630.

1631.

Portrait du Marquis d'Effiat, fait Maréchal de France le 6 Janvier : *Le Blond,* excud.

Portrait de François de Bassompierre, arrêté prisonnier & conduit à la Bastille, le 25 Février.

Portrait à cheval de Gaston, Duc d'Orléans, qui sortit de France par mécontentement, au mois de Mars.

Vue de l'extrémité de la rue Saint-Antoine & de la Bastille : *N. Langlois.*

Représentation de la Chambre de Justice établie à l'Arsenal (près de la Bastille), le 14 Juin, pour juger ceux qui ont suivi le parti de la Reine-Mère & du Duc d'Orléans.

Portrait en rond de la Reine-Mère, avec ceux de ses Enfans.

Entrée & Réception de Marie de Médicis en la Ville de Mons, au commencement du mois d'Août : *A. Paulus,* fecit.

Entrée de la même dans la Ville de Bruxelles, le 13 Août : *Idem.*

Arrivée de la même à Anvers : *Idem.*

Eloge ou Adresse présentée à la Reine, par l'Imprimeur Moret : Deux Feuilles encadrées.

Autre, présentée par le même à l'Infante : Deux Feuilles encadrées.

La Princesse Isabelle console la Reine : *Corn. Galle,* sculps.

Planche gravée à la gloire du Cardinal de Richelieu, fait Duc & Pair, le 5 Septembre : *Nic. Carré,* fecit.

Autre : *Joan. Picart,* fecit.

Défaite de la Flotte Espagnole sur le Slaeck, le 13 Septembre.

La même : *B. Picart,* delin.

Bataille de Leipsick, gagnée par le Roi de Suède, le 17 Septembre.

Restitution de la Ville de Mantoue à son Prince légitime, suivant le Traité de Quérasque, le 20 Septembre : *A. Bosse,* inv. *J. Messager,* excud.

Portrait de Charles de Gonzague : *Th. Deleu,* sc.

Plan de la Ville de Mantoue : *Matteo Florini,* in Siena.

Vue de Moyenvic, rendu à MM. de la Force & de Schomberg, le 27 Décembre, après 15 jours de Siège : *N. Cochin,* fecit.

La Gazette par Théophraste Renaudot, commencée en cette année.

Les Figures de l'Entrée du Maréchal de Vitry à Aix ; tirées de l'*in*-4. imprimé en 1631 & 1632.

Cinq Vues différentes du Port de Brest : *Ozane,* inv. & fecit.

Sept Médailles faites sur les Affaires du temps, pendant cette année 1631.

1632.

Petite Médaille dessinée au sujet du Traité de Vic, entre le Roi & le Duc de Lorraine, au commencement du mois de Janvier.

Profil de la Ville & Citadelle de Stenay en Lorraine ; deux Planches : *Isr. Sylvestre.*

Profil de la Ville & Forteresse de Marsal ; deux Planches : *Idem.*

Vue de la Ville de Bruxelles.

Entrevue de la Reine-Mère & de Monsieur, le 12 Janvier.

Tome IV. Part. II.

Exécution du Maréchal de Marillac, qui eut la tête tranchée à Paris le 10 Mai.

Portrait du même : *Daret,* sculps.

La paix générale faite en Italie, par le Traité de Saint-Germain, du 15 Mai : *J. Picart,* fecit.

Vue de Maestrick, dont le Prince d'Orange & le Duc de Candale font le Siège, le 9 Juin.

Plan des Attaques de Maestrick, qui se rendit après un mois de Siège : grande Planche, avec Explication : *M. Tavernier.*

Portrait à cheval de Gaston d'Orléans, qui entre en armes dans le Royaume, par la Bourgogne : *J. Picart,* fecit.

Portrait d'Antoine Coiffier, Marquis d'Effiat, mort en Alsace le 27 Juillet : *Frosne,* sculps.

Vue de la Ville de Trèves, rendue au Maréchal d'Estrées, le 20 Août.

Portrait du Maréchal d'Estrées, avec trois Devises à sa louange.

Second Mariage de Monsieur, avec Marguerite de Lorraine.

Portrait de Monsieur : *A. Boudan,* excud.

Portrait de Marguerite de Lorraine.

Combat de Castelnaudari, où le Maréchal de Montmorency fut fait prisonnier, le 1 Septembre.

Le même Combat : *Cazes,* inv. *Cochin,* sculps.

Planche gravée à la gloire du Roi & du Cardinal de Richelieu, sur l'heureux succès de leurs armes : *Mich. Lasne.*

Entrée de Henri de Bourbon, Prince de Condé, en la Ville de Dijon, le 30 de Septembre, & Arcs Triomphaux dressés à ce sujet, cinq Pièces : *N. Spirinx,* fec. & *Millot.*

Bataille de Lutzen, avec le Portrait du Roi Gustave, qui y est blessé le 6 Novembre.

Ordre des Troupes Françoises & Suédoises pour la Bataille de Lutzen : grande Planche.

Vue de la Mêlée & du Combat.

Portrait du Duc de Veymar, l'un des Généraux Suédois ; & trois Devises à sa louange.

Portrait du Roi Gustave, & trois Devises à sa louange.

Portrait de Henri de Schomberg, Maréchal de France, mort à Bordeaux le 17 Novembre : *P. Dannoet,* sculps.

Séance des Etats de Languedoc rétablis par le Roi, le 11 Octobre 1704 : *Picart,* sculps.

Exécution du Duc de Montmorency, décapité à Toulouse le 30 Octobre : *L. Gaultier,* sculps.

La même : Joli Dessin lavé à l'encre de la Chine.

Portrait du Duc de Montmorency.

Mausolée érigé à ce Duc, par son Epouse : Deux Feuilles.

Autre, avec Epitaphe.

Trois Devises à la gloire de ce Duc.

Les Figures de l'Entrée de la Reine à la Rochelle, tirées de l'*in*-4.

Six Médailles, dont trois dessinées, sur les Affaires de cette année, 1632.

1633.

Portrait de Pierre Séguier, fait Garde des Sceaux le 28 Février : *Van Schuppen.*

Les Noms, Armes & Blasons des Chevaliers du Saint-Esprit créés à Fontainebleau le 14 Mai ; 57 Pièces, y compris le Frontispice qui représente comme le Roi donne l'accolade : chez *M. Tavernier.*

Ordre de la Marche des Chevaliers en sortant de

l'Appartement de la Reine, où ils étoient tous assemblés : *Bosse*, fecit.

Séance des Chevaliers en la Chapelle : *Idem*.

Disposition du Festin fait aux Chevaliers après leur Réception : *Idem*.

Le Cardinal de la Rochefoucault établit la Réforme dans l'Abbaye de S. Denys, en qualité de Commissaire du Roi, le 2 Août : *Hallé*, inv. *Simonneau*, sculps.

Prise de Saint-Mihel par le Roi, & la punition des Rebelles de la Ville, en Août & Septembre.

Plan de la Ville de Nancy, assiégée par le Roi le 2 Septembre.

Autre petit Plan.

Le Roi à cheval devant la Ville de Nancy : *Philippe Huart*, excud.

Plan de la Ville de Nancy, dessiné & enluminé.

Plan des Attaques de Nancy ; chez *Melch. Tavernier*, avec Explication : deux grandes Planches.

Autre très-grand, Siège de la même Ville, avec sa description topographique : chez *J. le Blond*.

Nancy se rend au Roi le 6 Septembre : *Valdor*.

Portrait d'Isabelle-Claire-Eugénie, Infante d'Espagne, morte à Bruxelles le 1 Décembre : *Ant. Van-Dyck*, pinx. *P. Van-Sompel*, sculps. *P. Soutman*, excud.

Mausolée érigé à sa mémoire : *Ant. Sallarts*, inv. *P. de Jode*, sculps.

Suite du Mausolée : *N. Vanderhorst*, inv. *de Jode*, scs.

Epitaphe de la même Princesse, entourée de plusieurs Figures allégoriques : *Ant. Sallarts*, inv.

Les Figures de l'Entrée de Charles de Créquy, Duc de Lesdiguières, à Rouen ; tirées de l'Imprimé in-4. 1636.

Six Médailles sur les Affaires du temps, pendant cette année 1633, dont cinq sont dessinées.

1634.

Portraits de Gaston, Duc d'Orléans, & de Marguerite de Lorraine, avec une Devise représentant la confirmation de leur Mariage à Bruxelles, entre les mains de l'Archevêque de Malines, sur la fin du mois de Février.

Cinq Pièces satyriques, au sujet de la Déclaration du Roi du 16 Avril, pour la réformation du luxe : *Bosse*, inv. & fec. *Le Blond*, excud.

Les larmes d'Héraclite, & les ris de Démocrite, sur le même sujet.

Trois autres Pièces satyriques.

Pièce allégorique sur le même sujet ; pour Almanach : *Daret*, excud.

Petit Portrait (en rond) de la Reine-Mère, au sujet des tentatives faites au mois de Juillet, pour sa réconciliation avec le Roi.

Plan de la Forteresse de la Mothe en Lorraine.

Le Siège de la Mothe, rendue au Maréchal de la Force, le 18 Juillet, après 54 jours de tranchée ouverte : *A. Bosse*, sculps. *A. Boudan*, excud.

Portrait du Maréchal de la Force, avec trois Devises à sa louange.

Ordre & arrangement des Bataillons pour la Bataille de Nortlingue, le 6 Septembre.

Bataille de Nortlingue, gagnée par les Impériaux sur les Suédois, secourus ensuite des François.

Vue de Philisbourg, remis entre les mains des François par les Suédois, le 7 Octobre.

Vue de la Ville de Bruxelles.

Sortie de Monsieur de la Ville de Bruxelles, sous prétexte de vouloir se divertir à la chasse, le 8 Octobre : Planche en bois, avec Explication ; chez *Jean de la Noue*.

Monsieur arrive de nuit à la Capelle : *Messager*, excud.

Vue du Château de Saint-Germain, où Monsieur arrive, le 21 Octobre.

Vues du même Château, en sept Pièces : *Perelle*, fecit.

Cinq Pièces représentant les diverses Entrevues que Monsieur eut à Saint-Germain, avec le Roi & le Cardinal de Richelieu : *J. Picart*, fecit.

Vue de la Ville de Maestrick, dont les Espagnols lèvent le Siège en Novembre : *Aveline*, fecit.

Grand Plan de la Ville de Maestrick.

Deux Pièces satyriques & un emblême à l'occasion de cette levée. La première est dessinée, la seconde gravée : *Mathaus*, excud.

Entrée du Marquis de Saint-Chamand à Aix : in-4.

Effigie de condamnation de mort, & Exécution d'Urbain Grandier, Curé de Loudun, &c. en 1634, avec une Explication & Chanson : *Paris, Jean de la Noue*, Graveur : Planche en bois.

Vue de la Ville de Heidelberg, dont les Impériaux lèvent le Siège, forcés par les Maréchaux de la Force & de Brezé, le 23 Décembre : chez *De Fer*.

Vue du Château de Wencestre, ou Bicêtre, tel qu'il étoit en 1632, que le Roi le fit rebâtir & le donna pour former un Hospice aux Soldats estropiés, & il fut dédié cette année 1634 ; trois Planches : *Goran*, incid.

Plan du Jardin du Roi, ou des Plantes, établi en 1634, au Fauxbourg Saint-Victor : *A. Bosse*, sculps.

Vue du même : *Perelle*, sculps. *Mariette*, excud.

Six Médailles faites sur les Affaires de cette année, dont cinq dessinées.

1635.

Noms des quarante Académiciens, en rayons autour du Portrait du Cardinal de Richelieu, au sujet de l'établissement de l'Académie Françoise, par Edit de Janvier : *Sevin*, inv. *Gantrel*, sculps.

Autre, en petit.

Vue de l'Assemblée des Académiciens : *Sevin*, fecit.

Le Cardinal de Richelieu en Soleil, dont sortent autant de Rayons que d'Académiciens, & leurs noms.

Plan de Philisbourg, que les Impériaux surprennent le 23 Janvier.

Autre grand Plan de la même Ville : Dessin.

Pièce allégorique sur ce sujet ; pour Almanach : *Daret*, excud.

Vue de la Ville de Spire, assiégée au mois de Mars, par le Maréchal de la Force, & le Duc de Weymar : Gravure d'Allemagne.

Disposition du Siège de Spire, qui se rendit au Roi le 22 Mars : Dessin enluminé.

Portrait du Maréchal de la Force : *N. Dienot*, fecit. *J. Daret*, excud.

Vue de la Ville de Trèves surprise par les Espagnols, le 26 Mars.

Carte des Environs de Trèves : chez *de Fer*.

Les Maréchaux de Châtillon & de Brezé saluent le Prince d'Orange comme Généralissime des Troupes de France.

Bataille d'Avein, gagnée le 28 Mai par les Maréchaux de Châtillon & de Brezé, sur les Espagnols.

Ordre de la Bataille d'Avein ; grande Planche, avec Explication : deux Pièces ; chez *M. Tavernier*.

Portrait à cheval de Gaspard de Coligny, Maréchal de Châtillon.

concernant l'Histoire de France.

Comme les Cornettes & Enseignes prises à la Bataille furent portées en l'Eglise de Notre-Dame de Paris.

Estampe à la gloire du Roi sur la Bataille d'Avein : *Bosse*, inv. & sculps. *Blond*, excud.

La Déroute des Croates sur les Frontières d'Artois, en Juin, par M. de Rambures.

Bataille dans la Valteline, où le Duc de Rohan défait deux fois le Comte Serbellon, le 27 Juin & le 5 Juillet.

La même, petite Estampe.

Portrait de Henri, Duc de Rohan.

La France triomphante sous le Règne du Roi : *Boisseau*, excud.

Vue du Fort de Schenck, pris d'assaut par les Espagnols, le 28 Juillet.

Carte & Plan du Fort de Schenck, avec ses environs, & du Siège qu'y mit le Prince d'Orange, avec Explication : *Montcornet*, fecit. *Saugrain*, excud.

Plan des Isles de Saint-Honorat & de Sainte-Marguerite, dont les Espagnols s'emparent les 14 & 16 Septembre : chez *J. Piot*, à Avignon.

Plan de la Ville de Valence & des Assauts qui y furent donnés la nuit du 26 Septembre, par le Maréchal de Créquy & le Duc de Savoie : *in Milano, Franc. Lucini.*

Portrait du Maréchal de Créquy.

Portrait de M. le Chancelier d'Aligre, mort le 11 Décembre.

Grande Estampe allégorique à la gloire de M. Seguier, qui lui succéda le 19 du mois de Décembre.

Portrait du Chancelier Seguier, & Emblêmes sur sa promotion : *Car. le Brun*, pinx. *Van-Schuppen*, sc.

Vue de l'Isle Notre-Dame & de l'Hôtel de Bretonvilliers, ainsi que de plusieurs autres bâtis depuis 1635 : *Perelle.*

Six Médailles sur les Affaires de cette année 1635 : dessinées.

1636.

Vue de la Ville de Colmar, dont les Impériaux lèvent le Siège, le 25 Janvier.

Portrait de Louis, Cardinal de la Valette ; avec trois Devises à sa louange.

Grand Plan du Fort de Schenck, repris par les Hollandois, vers la fin d'Avril, après un Siège de neuf mois ; avec Explication : chez *M. Tavernier.*

Pièce allégorique & satyrique contre les Espagnols, sur la reddition du Fort de Schenck.

Combat du Marquis de la Force avec le Général Coloredo, proche de Bacharac. Coloredo y fut défait & pris prisonnier le 17 Mars.

Bataille gagnée par le Comte de Soissons, sur des Troupes Polonoises, le 30 de Mai.

Portrait du Comte de Soissons : *Huret*, fecit.

Portrait du Maréchal de Thoiras, mort d'un coup de pistolet au Siège de Fontanette, le 14 Juin : *Huret*, fecit.

Epitaphe & trois Devises faites à la louange de ce Maréchal.

Défaite des Espagnols dans le Milanois, par les Ducs de Savoie & de Créquy, le 23 Juin.

Portrait à cheval du Maréchal de Créquy.

Vue de la Capelle, rendue aux Espagnols le 9 Juillet, après six jours de Siège : *Joh. Pectus*, delin.

Plan & Siège de la Ville de Dôle, par le Prince de Condé, avec son Portrait : grande Feuille ; chez *M. Tavernier.*

Disposition des Attaques de la Ville de Dôle, avec Explication : grande Feuille : *Boisseau*, excud.

Autre Plan du Siège de Dôle, que le Prince de Condé lève, le 15 Août, après 80 jours d'attaque.

Le Cardinal Infant, couronné de gloire, est félicité sur la levée du Siège : *C. Galle*, fecit.

Vue de Corbie, assiégé & pris par les Espagnols, le 15 Août : *Perelle*, sculps. *Beaulieu.*

Plan de la Ville & du Siège de Corbie.

Bataille de Wistock gagnée par les Suédois sur les Impériaux, le 16 Octobre ; avec Explication : chez *Mich. Van-Lochom.*

Monsieur ayant repris Roye sur les Espagnols, le 18 Septembre, le Roi vient avec ses Troupes pour reprendre aussi Corbie.

Le Quartier des Croates enlevé par le Cardinal de la Valette, le 3 Novembre.

Plan de la Ville & du Siège de Corbie ; très-grande Estampe : chez *M. Tavernier.*

Reprise de Corbie, le 19 Novembre : *Valdor.*

Les Figures du Siège de Corbie, repris sur les Espagnols ; tirées de l'Imprimé in-fol. par Ant. Deville : *Paris*, Buon, 1637.

La honteuse fuite du Général Galas hors de la Bourgogne, au mois de Novembre : deux petites Pièces.

Portrait satyrique de ce Général.

Les grandes Fêtes de Galas, par le Cardinal de la Valette.

Les Figures des Réjouissances de l'Infanterie Dijonnoise, pour la venue du Duc d'Anguien, & pour l'Entrée du Marquis de Tavannes ; tirées de l'Imprimé en 1636, in-4.

Statue Equestre du Roi, élevée dans l'Hôtel-de-Ville de Reims : *Etienne Moreau*, fecit.

Les Armes de la Ville de Reims, à ce sujet : *Idem.*

Estampe à la gloire du Cardinal de Richelieu : *M. Van-Lochom.*

Vue du Palais (appellé depuis Royal,) bâti par le Cardinal de Richelieu en 1636, sous la conduite de Jacques le Mercier.

Plans, Coupes & Elévation du même, en quatre Feuilles : *La Planche*, delin. *Herisset*, sculps.

Les Médailles sur les Affaires du temps, ont cessé en cette année 1636.

1637.

Défaite des Troupes de Franche-Comté, à Jasseron, par le Marquis de Thianges, le 13 Mars.

Grand Plan des Isles de Sainte-Marguerite & de Saint-Honorat, où le Comte d'Harcourt fit une descente le 25 Mars ; grande Planche : *Saint-Clair*, delin. *M. Tavernier.*

Attaque de ces deux Isles par le Comte d'Harcourt, le 14 Mai : *Fr. Desnoulins.*

Portrait de Henri de Lorraine, Comte d'Harcourt ; avec trois Devises à sa louange.

Combat de Ferrières, où le Duc de Weymar défait le Général Mercy, le 24 Juin.

Portrait du Duc de Weymar.

Plan de Landrecy, dont le Cardinal de la Valette fait le Siège.

Vue de la même Ville, qui se rendit le 26 Juin, après 14 jours de Siège : *N. Cochin*, fecit.

Plan du Siège de Breda par le Prince d'Orange, le 23 Juillet : *M. Van-Lochom*, excud.

La Cassette & les Lettres de la Reine, saisies par ordre du Roi au Val-de-Grace, en Août : Dessin sur vélin, à l'encre de la Chine.

Plan des Attaques de Breda, qui se rendit le 11 Octobre.

Portrait du Prince d'Orange, Frideric-Henri de Nassau.

Portrait de l'Electeur de Trèves, qui se soumit aux volontés de l'Empereur.

Défaite de l'Armée Espagnole, par les Ducs de Savoie & de Crequy, près de Montalban, le 8 Septembre.

Vue de la Capelle, qui se rend au Cardinal de la Valette, le 21 Septembre, après dix jours de Siège : *N. Cochin*, sculps.

Plan de Leucate, assiégée par les Espagnols.

Levée du Siège de Leucate ; les Espagnols ayant été battus par le Duc d'Halluyn, le 29 Septembre.

Autre Estampe représentant la même Défaite : *J. Picart*, incidit.

Deux Pièces satyriques sur ce sujet.

Portrait de Charles de Schomberg, Duc d'Halluyn, avec trois Devises à sa louange.

Siège de Damvilliers, qui se rendit au Maréchal de Châtillon le 27 Octobre, après soixante-huit jours d'attaque : grande Planche.

Suite & Explication du Plan précédent.

Carte topographique des Environs de Damvilliers.

Portrait du Maréchal de Châtillon.

1638.

Grand Cartouche représentant la Naissance du Dauphin, (qui fut depuis Louis XIV.) Il naquit à Saint-Germain-en-Laye, le 5 Septembre 1638.

Plan du vieux Hesdin, pillé par les François, le 28 Janvier.

Vue de Seckingen, qui se rend au Duc de Weymar le 31 Janvier.

Vue de Lauffembourg, pris par le même, le 1 Février.

Vue de Waldshud, pris par le Comte de Nassau le 2 Février.

Le 2 Février le Roi met sa personne & son Royaume sous la protection de la Sainte Vierge : *Ant. Bosse*.

Défaite de Jean de Wert, (l'un des Généraux de l'Empereur,) près de Rhinfeld, par le Duc de Weymar, le 2 Mars.

Portrait de Jean de Wert, (qui fut conduit en France & mis au Château de Vincennes.)

Portrait du Duc de Weymar, au sujet de la prise de Jean de Wert : *Daret*, fecit.

Drapeaux des Ennemis pris dans la défaite précédente, portés à Notre-Dame de Paris : Dessin lavé à l'encre de la Chine.

Portrait du Maréchal de Crequy, tué devant Brême, le 17 Mars : *J. Grignon*, sculps.

Vue & Plan de Rhinfeld, qui se rend au Duc de Weymar, le 24 Mars.

Siège & Attaques de Brême, par les Espagnols.

Plan de la Ville de Brême, qui se rend au Marquis de Leganès, le 27 Mars.

Portrait du Marquis de Leganès : *J. Frosne*, sculps.

Vue de Rottelen, qui se rendit au Duc de Weymar, le 28 Mars.

Plan de Fribourg, qui se rendit au même, le 12 Avril.

Autre grand Plan des Ville & Châteaux de Fribourg, avec une Carte topographique des Environs : *Montulay*, sculps.

Portrait de Henri, Duc de Rohan, mort le 13 Avril, des blessures qu'il reçut au Combat de Rhinfeld ; avec trois Devises à sa louange.

Vue d'Aurach, surpris par le Général du Batel, le 17 Avril.

Vue de Goppingen, surpris par le Général Roze, le 22 Avril.

Vue de la Ville & Château de S. Paul, surpris par le Comte de Saligny, le 22 Mai.

Petit Plan des mêmes, dessiné & enluminé.

Vue de Perne, pris le 24 Mai : *A. D. Perelle*, sculps.

Vue de la Ville de Lure, dont les Ennemis lèvent le Siège, le 17 Juin.

Combat de Poligny, où le Duc de Longueville défait les Troupes du Duc Charles de Lorraine, le 20 Juin.

Vue d'Arbois, qui se rend au Duc de Longueville, le 9 Juillet.

Portrait de Henri d'Orléans, Duc de Longueville, & trois Devises à sa louange.

Plan de la Ville de Saint-Omer, dont les Maréchaux de la Force & de Châtillon lèvent le Siège le 15 Juillet, après 47 jours d'attaque.

Autre Plan de Saint-Omer & de ses attaques : *Steph. la Bella*, fecit.

Portraits des Maréchaux de la Force & de Châtillon : *J. Grignon*, sculps. *P. Dannoet*, sculps.

Arrivée de la Reine-Mère à Bolduc, & son Entrevue avec le Prince d'Orange, au mois d'Août : grande Feuille.

Portrait de la Reine-Mère, dans un grand Cartouche : *G. Hondthorst*, pinx.

Vue de la Ville d'Amsterdam.

Vingt-huit Estampes représentans les honneurs rendus, les Arcs de Triomphe élevés, & les Emblêmes faits pour l'Entrée de la Reine-Mère à Amsterdam ; gravés par *Cl. Moyaert*, *N. Visscher*, *S. Saury*.

Plan de Renty, que le Roi prit & fit démolir, le 9 Août, après sept jours de Siège.

Vue de Kensenguen, pris par le Duc de Weymar, le 11 Août.

Plan & disposition du Combat naval donné le 22 Août près du Mole de Gattary, entre les François & les Espagnols, qui y perdirent dix-sept Vaisseaux ; avec Explication ; chez *J. Boisseau*.

Pièce satyrique contre les Espagnols, sur la Défaite précédente.

Combat des Galères de France & d'Espagne, à la vue de Gênes, le 1 Septembre.

La France reçoit du Ciel un Dauphin, (qui fut depuis Roi sous le nom de Louis XIV.) *S. Vouet*, pinx. *P. Daret*, sculps.

Grand Cartouche, avec Emblêmes, représentant la Religion qui tient le Dauphin entre ses bras ; la Justice & la Force lui font hommage : *A. Bosse*, inv. & sc.

Deux Pièces allégoriques sur la Naissance du Dauphin : *A. Boudan*, excud.

Les Lys refleurissans en la Naissance de M. le Dauphin : *N. Picart*, fecit.

Grand Dessin à l'encre de la Chine, représentant l'Accouchement de la Reine à Saint-Germain-en-Laye, le Dimanche 5 Septembre.

L'heureuse Naissance du Dauphin : grande Pièce en long.

Quatre Pièces sur le même sujet.

Portrait de M. le Dauphin : *A. Boudan*, excud.

Quatre Pièces historiques des choses qui se sont passées ensuite de la Naissance de ce Prince : *N. Picart*, fecit.

Elévation du Plan & du feu d'Artifice tiré devant l'Hôtel de Ville de Paris, le 5 Septembre, pour la Naissance du Dauphin : *Joan. Valdor*, inv. *Joan. Marot*, sculps.

Autre, du même sujet : *Brebiette*, fecit.

Disposition des Planètes au moment de la Naissance du Dauphin : *Le Brun*, delin. *A. Boudan*, excud.

concernant l'Histoire de France.

La joie de la France sur la Naissance du Dauphin : *A. Bosse*, fecit.

Le Roi & la Reine vouent le Dauphin à la Sainte Vierge : *Gregor. Huret*, faciebat.

Autre : *A. Bosse*, fecit.

Le Clergé offre le Dauphin à l'Enfant Jesus : *Tardieu*, inv. & fecit.

Plan de la Ville & des Attaques de Fontarabie, par M. le Prince de Condé, qui fut obligé d'en lever le Siège, le 7 Septembre.

Vue du Catelet, pris d'assaut par M. du Hallier, le 14 Septembre : *N. Cochin*, sculpf.

Autre Plan du Catelet & de ses Attaques, avec une Carte de son Gouvernement : *Idem*, dans le *Beaulieu*.

Vue d'Ensisheim, repris par les François le 1 Novembre.

Vue de la Ville de Brisac, assiégée par le Duc de Weymar.

Grand Plan de cette Ville, avec Explication : *Bosse*, sculpf. chez *M. Tavernier*.

Autre Plan de Brisac, qui se rendit le 19 Décembre.

Voyage & Entrée de la Reine-Mère dans les Villes des Provinces-Unies : *Joan. Peêters*, delin. *Gasp. Boutats*, fecit aquâ forti. (Douze Pièces, y compris le Frontispice.)

Voyage de la Reine-Mère en Angleterre, où elle demeure jusqu'au 27 Décembre. (Douze Pièces, y compris le Frontispice.)

1639.

Frontispice en Cartouche.

Plan dessiné & enluminé du Château de Lansfron, pris par le Duc de Weymar, le 12 Janvier.

Vue du Château de Joux, en Franche-Comté, assiégé par le Comte de Guébriant, & rendu le 14 Février, après treize jours de Siège : *Vander-Meulen*, delin. *Bauduins*, sculpf. grande Planche.

Vue de la Ville de Hesdin, assiégée par le Duc de la Meilleraye ; avec le Portrait de ce Duc, dans un Cartouche au haut.

Plan des Attaques de Hesdin, qui se rendit au Roi le 30 Juin, après trente-huit jours de Siège ; avec une Carte du Gouvernement de cette Ville.

Le Roi donne le Bâton de Maréchal de France à M. de la Meilleraye, sur la brèche de Hesdin : *Valdor*.

Portrait de M. de la Meilleraye ; avec trois Devises à sa louange.

Deux Pièces satyriques (contre les Espagnols,) au sujet de la prise de Hesdin.

Plan de Thionville assiégée par M. de Feuquières, qui fut battu par le Général Piccolomini, le 7 Juin 1639 ; avec la Description de cette Bataille.

Défaite de M. de Feuquières près de Thionville, le 7 Juin.

Plan de Mouzon, dont Piccolomini lève le Siège à l'approche du Maréchal de Châtillon.

Portrait de Bernard de Saxe-Weymar, mort à Neubourg le 18 Juillet.

Grande Estampe allégorique, contenant l'Epitaphe de ce Duc : *à Londres, chez Rob. Martin*.

Plan & Vue de Saluces, pris par le Prince de Condé, le 19 Juillet ; après un mois de Siège.

Portrait & trophées du Prince de Condé : *J. Froone*, fecit.

Vue de la Ville de Turin & de ses Environs, surprise le 5 Août par le Prince Thomas & le Cardinal de Savoie, prétendans à la tutelle du Duc, François-Hyacinthe.

Plan du Château de Moyenvic en Lorraine, assiégé & pris par M. du Hallier, le 7 Septembre, après cinq semaines d'attaques : *F. Collignon*, fecit.

La Statue Equestre du Roi, posée le 27 Septembre, au milieu de la Place Royale : *N. Picart*, fecit.

Vue & Perspective de la Place Royale : *Aveline*, fecit.

Portrait du Cardinal de la Valette, mort à Rivoli le 28 Septembre : *J. Grignon*, fecit.

Plan de Brisac, dont le Général Erlac envoya les Clefs au Roi, le 20 Octobre : *Vischer*, excud.

Bataille & Prise d'Oppenheim, le 27 Octobre, par le Duc de Longueville & le Comte de Guébriant.

Portrait du Duc de Longueville : *M. Van-Lochom*.

Vue de Creutznach, pris par le Duc de Longueville, le 27 Octobre : *N. Cochin*, sculpf.

Bataille de Quiers, gagnée par le Comte d'Harcourt, sur le Prince Thomas & le Marquis de Léganès, le 20 Novembre : *A. Bosse*, inv. & fecit.

Autre Estampe sur le même sujet, (en Cartouche.)

Portrait du Comte d'Harcourt.

Vue du Pont-au-Change de Paris, qui commença d'être rebâti en pierre cette année : *Mariette*, excud.

Vue du Monument qui est au bout du Pont-au-Change : *Hérisset*, sculpf.

Deux Pièces satyriques contre les Espagnols, sur le mauvais succès de leur campagne.

1640.

L'Adoration & Offrande de la France au Dauphin des Cieux : grande Pièce.

Vue de l'Abbaye de Saint-Germain-des-Prés, telle qu'elle étoit avant 1640 : *Chaufourier*, inv. *Hérisset*, sculpf.

Plan & Siège de Casal, par le Marquis de Léganès.

Casal secouru par le Comte d'Harcourt, le 29 Avril.

Plan & disposition des Armées de France & de l'Empire, près de la Ville de Salfed, jusqu'au 15 Juin ; avec Explication : chez *M. Tavernier*.

Combat naval où le Duc de Brezé défait la Flotte Espagnole proche de Cadix, le 22 Juillet : *M. Comans*, delin. *Zylvelt*, sculpf.

Très-grand Plan de la Ville d'Arras & de ses Attaques : *M. Tavernier*, sculpf.

Siège de la même Ville : *S. Labella*, fecit.

Défaite des Espagnols au Siège d'Arras, qui se rend le 10 Août.

La même : *Boudan*, excud.

Suisses, au Siège d'Arras : *T. L.* inv. *Chedel*, sculpf.

Trois Pièces satyriques contre les Espagnols, à ce sujet : *J. Lagnet*, excud. *L. Richer*, inv. *G. Perelle*, fecit. *Guerigman*, excud.

La Défaite des Chats : Pièce satyrique sur le même sujet.

Estampe grotesque sur le Siège d'Arras, tirée de la Relation succinte de ce Siège, &c. *Paris, 1640*, petit *in-fol.*

Estampes de 1640, &c. sçavoir : L'Espagnol sans gand : *Le Blond*. = Le Castillan désolé : *Richer*. = Le Capitan fameux : *Idem*. = L'Espagnol embarrassé : *Idem*. = La Comtesse de Hollande à l'article de la mort, âgée de 100 ans ou environ : *L'Enfant*. = Le Branle des Pays-Bas : *Picart*. = L'Espagnol entre deux sièges le cul à terre : *Ganière*. = L'Espagnol lassé de la guerre, cherche la paix : *Idem*. = L'Espagnol chassé de la Flandres : *Idem*. = La mort aux rats & souris (sur la prise d'Arras :) *Guerigman*. = Le Bek de l'Espagnol pris par le François : *Richer* & *Bertrand*. = L'Espagnol châtré de Gravelines & de Dunkerque : *Ganière*. = Reste de la Bataille de Lens : *Bertrand*. = Les deux Paysans de

Saint-Ouen & de Montmorency, dans leur agréable conférence touchant la Guerre de Paris : *Idem*.

La Naissance du Duc d'Anjou.

Pièce allégorique à ce sujet : L'œil de Dieu regarde la France : *J. Froone*, fecit.

Le Duc d'Anjou dans son berceau : *G. de Geyn*, fecit. *Huart*, excud.

Plan de la Ville & du Siège de Turin, par M. le Comte d'Harcourt, le 10 Mai.

Portrait à cheval du Comte d'Harcourt, devant la Ville de Turin : *Humblot*, sculps. *le Blond*, excudit.

Disposition des Troupes au Siège de Turin.

Attaque & reddition de Turin, le 24 Septembre.

Portrait de Charles de Lorraine, Duc de Guise, mort le 30 Septembre : *Léonard Gaultier*, sculps. *Jean le Clerc*, excudit.

Portrait de Nicolas le Jay, Garde des Sceaux, mort le 30 Décembre : *M. Lasne*, fecit.

1641.

La protection de Portugal & de Catalogne : *Valdor*.

Le Serment de fidélité fait au Roi à Saint-Germain-en-Laye, par le Duc de Lorraine, le 19 Avril : *Spirinx*, sculps.

Vue de la Ville & du Château de Constantin, qui se rendent au Maréchal de la Mothe-Houdancourt, le 14 Mai.

Portrait de ce Général, & trois Devises à sa louange.

Bataille de Terragone gagnée par le même, le 10 Juin.

Ordre de la Bataille de Wolfembutel, gagnée par le Comte de Guébriant, le 29 Juin : *Richer*, fecit.

Vue de la Ville & du Château de Sedan : *Chastillon*, fecit.

Autre Vue : *Jean Poinssart*, excud.

Autre grand Plan de cette Ville : Dessiné & enluminé.

Bataille de la Marfée, du 6 Juillet, où le Comte de Soissons victorieux, fut tué.

Portrait du Comte de Soissons.

Très-grande Vue de la Ville de Mondovi en Piedmont, rendue au Comte d'Harcourt, le 18 Juillet.

Plan de la Ville & du Siège d'Aire : *I. B.* excud.

Vue de la Ville d'Aire, prise par le Maréchal de la Meilleraye, le 27 Juillet ; dans le Recueil de *Beaulieu*.

Grande Pièce satyrique à ce sujet.

Autre, sur la prise de la Bassée : *J. Lagniet*, excud.

Grande Vue de Coni, pris par le Comte d'Harcourt, le 15 Septembre.

Plan de la Ville de Bapaume, assiégée le 10 Septembre, rendue au Maréchal de la Meilleraye le 18 : *N. Cochin*, sculps.

Le Branle des Pays-Bas ; grand morceau : *Picart*, fecit.

Portrait du Cardinal Mazarin.

Claude Bernard, dit le pauvre Prêtre, au lit de la mort : *H. D.*

Estampe allégorique où est représenté le Roi remettant son Sceptre au Dauphin, en présence du Cardinal de Richelieu.

Le Flambeau du Juste ; Estampe allégorique où le Dauphin est représenté allumant son Flambeau à celui de son père, en présence de toute la Cour : *Huret*, inv. & fecit.

1642.

Frontispice, avec Vignette, représentant le Roi & des Troupes qui défilent.

Deux Portraits de Jean-Louis de la Valette, Duc d'Espernon : *G. L.* fecit.

Mausolée de Jean-Louis de Nogaret, Duc d'Espernon, mort à Loches en Touraine, le 13 Janvier : Dessin enluminé.

Grand Portrait à cheval du Comte de Guébriant, gagnant la victoire de Kempen, le 17 Janvier : *Grég. Huret*, inv. & fecit.

M. de Gueritz, Aide de Camp général de M. de Guébriant, vient présenter au Roi ses Drapeaux pris sur les ennemis, & porte à M. de Guébriant le Bâton de Maréchal de France, le 17 Janvier : *Chauveau*, inv. & fecit.

Combat de Vals, où M. de la Mothe-Houdancourt défit 5000 Espagnols, le 19 Janvier.

Vue de Collioure rendu au Maréchal de la Meilleraye, le 13 Avril, après un mois de Siège, avec le Portrait de ce Général, dans le haut : *N. Cochin*, fecit.

Plan & reprise de la Bassée par les Espagnols, le 13 Mai.

Plan de la Bataille du Catelet, gagnée par les Espagnols le 26 Mai : *Petrus Rucholle*, fecit.

Bataille de Honcourt, gagnée le 26 Mai : *François Millo*, fecit.

Vue de la Ville & du Château de Mouson, assiégés & pris le 14 Juin par le Maréchal de la Mothe.

Combat naval entre les Flottes de France & d'Espagne à la vue de Barcelonne, le 30 Juin 1642 : Dessin.

Autre Combat naval entre les mêmes Flottes, près Vinaron au Royaume de Valence ; avec la Description de ce Combat : Dessin.

Portrait de la Reine-Mère, morte à Cologne le 3 Juillet.

Autre Portrait de la même : *Crisp. de Pas*, fecit.

Autre, avec un Sonnet acrostiche, sur le nom de cette Princesse : *Boudan*, excud.

Mausolée élevé dans l'Eglise de Tarascon, où le Cardinal de Richelieu lui fit faire un Service.

Quatre Pièces concernant la Pompe funèbre (célébrée à Florence) de Marie, Reine de France, femme de Henri IV. sçavoir :

La première, représentant les Armes de France & de Florence ; par *Massi Claudi* ; à Florence, 1643 ; = la seconde, la Façade ; par *Paul Parisus*, chez François Cecchius ; = la troisième, le Catafalque ; = la quatrième, Vue du dedans de l'Eglise.

Grande Vue de la Ville de Nice, prise en dix jours, par le Duc de Longueville, le 3 Septembre.

Le Roi vient faire le Siège de Perpignan : *Valdor*.

Plan de la Ville & Citadelle de Perpignan : Dessin enluminé.

Autre Plan, avec la Circonvallation de cette Ville : *Vischer*, excud.

Autre, & disposition des Troupes autour de la Ville : *Collignon*, sculps.

Prise & réduction de Perpignan, & l'Armée du Roi : *Labelle*, fecit.

Articles de la Capitulation de Perpignan : Estampe gravée en bois, avec Explication ; chez *Fr. Bauplet*.

L'Espagne dépouillée par la réduction de Perpignan, le 7 Septembre ; avec Explication ; chez *Cl. Savary*.

L'heureux retour du Roi après la réduction des Villes de Collioure & de Perpignan : *N. Picart*, fecit.

Triomphe du Roi sur les Espagnols : *Gaspar Isac*, fecit & excud.

Quatre Pièces satyriques sur la prise de Perpignan : *Ladame*, fec. *Huart*, excud.

Le Jugement de M. le Président de Thou, rendu par le Cardinal de Richelieu : Dessin satyrique en rond, lavé à l'encre de la Chine.

Exécution

concernant l'Histoire de France.

Exécution des Sieurs de Cinqmars & de Thou, décapités à Lyon le 12 Septembre : Dessin.

Portraits des mêmes : *Charbonnet*, pinxit.

Bataille de Lérida gagnée le 7 Octobre par le Maréchal de la Mothe ; avec Explication : *M. D.*

La même : Dessin au bistre.

La même, avec les Villes de Perpignan, Salces, Collioure & Sédan, en Cartouche aux quatre coins : *Regnesson*, fecit.

Combat de Léipsick, entre les Suédois & les Impériaux, qui y furent défaits le 23 Octobre.

Estampe gravée à la gloire du Cardinal de Richelieu, sur le rétablissement à ses frais des Bâtimens de la Sorbonne : *Grég. Huret*, inv. & fecit.

Deux Vues de la Sorbonne : *G. Scotin*, sculps.

Extase du Cardinal de Richelieu : *Huret*, inv. & fec.

Le Cardinal de Richelieu sur son Lit de parade, avec son Epitaphe : Planche en bois ; par *Fr. Beauplet*. Ce Cardinal mourut le 4 Décembre 1642.

Mausolée ou Pompe funèbre du même : grande Estampe.

Quatre Vues différentes de son Tombeau, élevé dans la Sorbonne : *Fr. Girardon*, inv. *Carol. Simonneau* & *B. Picart*, delin. & sculps.

Autre Vue du même : *Hérisset*, sculps.

Vue & Plan du Caveau où le Cercueil du Cardinal a été mis.

Buste & Epitaphe du Cardinal qui sont dans le Caveau.

Estampe allégorique à la louange du même.

Autre : *Ciartres*, excud.

Huit Devises à sa louange.

1643.

Frontispice : *G. le Brun*, sculps.

Occupation du Roi entre sa Famille, son dîner, la chasse, & la conversation : quatre Planches.

Pièce allégorique à la louange du Cardinal Mazarin, choisi premier Ministre à la place du Cardinal de Richelieu.

Cérémonie du Baptême de M. le Dauphin, faite à Saint-Germain-en-Laye, le 21 Avril : Dessin lavé à l'encre de la Chine.

La même, en deux Pièces : *Le Pautre*, fec. *Le Blond*, excud.

Le Cardinal prend soin de l'éducation du Dauphin.

Plan de la Ville de Thionville, assiégée par l'Armée du Roi Louis XIII. commandée par le Duc d'Enguien ; & les deux Attaques : *Labelle* fecit.

Dessin représentant un Mausolée à l'occasion de la mort du Roi, arrivée à Saint-Germain, le 14 Mai.

Le Roi dans son Lit de parade : Gravure en bois, avec Explication ; chez *M. de Mathonière*.

Tombeau du Roi, avec son Epitaphe : grande Estampe ; chez *Pierre Bertrand*.

Autre : *Mellan*, inv. & fecit.

Mausolée dressé dans l'Eglise des Jésuites de la rue S. Antoine, à la mémoire du Roi.

Quatre Pièces y compris le Frontispice, représentant les Décorations funèbres du Service que le Grand-Duc de Toscane fit faire pour le Roi : *Paolo Parigi*, inv. *Francesco Cecchi Conti*, fecit.

L'Apothéose du Roi : *Valdor*, inv.

La même : *Stiterhelt*, inv. & fecit.

Sidus Borbonicum : Eloge du Roi Louis XIII.

Portrait de la Reine en deuil : *Ph. Champaigne*, pinx. *J. Morin*, sculps.

Etat de la Famille Royale après la mort du Roi : *Daret*, sculps.

Empreinte des Monnoies fabriquées pendant le Règne de Louis XIII. *Fr. Ertinger*, fec. deux Planches.

Règne de Louis XIV.

Très-beau Frontispice, dessiné & enluminé ; par *Fr. de la Pointe*. On y voit les Médaillons de tous les Rois de France, depuis Pharamond jusqu'à Louis XIV.

Quartiers paternels & maternels de Louis-le-Grand : grande Feuille dessinée & enluminée.

Autre Frontispice allégorique.

Lit de Justice, où la Reine-Mère est déclarée Régente, le 18 Mai.

Le même, dessiné & lavé à l'encre de la Chine.

Le Dépôt de la Régence fait par la Reine, entre les mains de la Sainte Vierge, en lui présentant ses Enfans : *Mellan*, inv. & fecit.

Emblême sur la Régence : *C. E.* inv.

Autre : *Lombart*, fecit.

Autre : *Petr. Beretinus Corton*, inv. *Carol. Audran*, fecit.

Les Muses font le Portrait de la Reine ; tiré de *Puget de la Serre*.

La piété de la Reine, = sa justice, = sa clémence, = sa bonté, = sa libéralité, = sa magnanimité, = sa patience, = sa tempérance, = sa chasteté, = sa modestie, son humilité, = sa prudence ; Pièces tirées du même.

Anne d'Autriche, Régente, sous un Dais avec le Roi ; Vignette : *Idem*.

Le Bureau de la Ville aux pieds du Roi : *Mellan*, fecit.

La Bataille de Rocroy, gagnée par le Duc d'Enguien, le 19 Mai.

Ordre de la Bataille de Rocroy, en deux grandes Planches ; tirées de *Beaulieu*.

Bataille de Rocroy, en deux Planches : *Idem*.

Cornettes, Guidons & Drapeaux pris sur les Ennemis à la Bataille de Rocroy, portés en cérémonie à Notre-Dame par les Cent Suisses : *Cochin* & *Boudan*.

La Reine marque au Roi le plaisir qu'elle a de la victoire de Rocroy : grande Estampe.

Plan & Vue de Thionville assiégé par le Duc d'Enguien : grande Planche, avec Explication : *Colignon*.

Autre : petit Plan.

Autre Vue de la même Ville : *N. Cochin*, sculps.

Profil de Thionville ; tiré de *Beaulieu*.

Assaut & prise de Thionville le 10 Août.

Plan de la Ville & de la Rade de Carthagène, où le Maréchal de Brézé bat la Flotte Espagnole le 3 Septembre.

Autre petit Plan de la Ville de Carthagène.

Vue de Carthagène.

Plan de la Ville & Citadelle de Trin, assiégées par l'Armée du Roi, & rendues le 27 Septembre ; dans le *Beaulieu*.

Autre petit Plan des mêmes.

Vue de Rotweil, assiégé & pris par le Maréchal de Guébriant, le 19 Novembre : *N. Cochin*, sculps.

Portrait du Maréchal de Guébriant, mort le 24 Novembre des blessures qu'il reçut à ce Siège ; avec trois Devises à sa louange.

Epitaphe du même : *N. Vanloon*, sculps.

La gloire de la Régence : *J. Laguet*, excud.

Le Cardinal Mazarin est fait Surintendant de l'Education du Roi : *F. Chauveau*, inv.

Plan de la Ville de Rocroy, que les Espagnols assiégèrent dans le mois de Mai.

La même : *N. Cochin*, fec. *J. Hénault*, excud.
La même ; tirée de l'Histoire de *Quincy*.
Autre petite : *Chedel*, inv. & sculpf.
Autre ; en Vignette.

Plan de la Ville & du Château de Sirck en Lorraine, assiégée & prise par l'Armée du Roi, commandée par M. le Prince, le 2 Septembre ; tirée de *Beaulieu*.

La Victoire de Louis XIV.

Le Duc d'Enguien revient à la Cour, & a l'honneur de saluer leurs Majestés : *Frone*, fecit.

Le même : *N. Picart*, fecit.

Portrait allégorique de ce Prince, au sujet de ses Victoires : *Huret*, fecit.

Vue de la Ville de Monçon, prise par le Roi d'Espagne en personne, le 17 Novembre : *Cochin*, sculpf.

La Régente sous un Dais avec ses deux fils : *Daret*, sculpf.

Le Roi reçoit sa Couronne des mains de l'Enfant Jesus : *Gr. Huret*, fecit.

Le Capitan Matamore, & deux autres Pièces satyriques contre les Espagnols : *Idem*.

Frontispice de l'Histoire de France par Mézerai, dont le Tome I. parut cette année 1643.

Pièce allégorique : *C. Vignon*, inv. *Ægid. Roussselet*, sculpf.

Nativitas Ludovici XIV. Pièce hiéroglyphique.

Huit Médailles depuis la Naissance du Roi jusqu'en cette année, tirées du Père Ménestrier, & quatre Jettons.

Neuf autres Médailles, tirées de l'Histoire du Roi par les Médailles ; avec Explications.

1644.

Frontispice de cette année.

Petit Plan de la Ville de Gravelines, que Monsieur, Duc d'Orléans, prit par Capitulation le 29 Juillet.

Vue de cette Ville : *Cochin*, sculpf.

Plan de Gravelines, & Carte de son Gouvernement ; tirés de *Beaulieu*.

La Ville de Gravelines apportant ses clefs au Duc d'Orléans : *Van Lochom*, sculpf.

Portrait de Gaston d'Orléans, à cheval : *N. Picart*, excud.

Portrait de Louis de Bourbon, Duc d'Enguien. Dans le fond on voit la Bataille de Fribourg, que ce Prince gagna le 5 Août : *N. Picart*, excud.

Plan des trois combats de Fribourg : *Goubaut*.

Les Combats donnés devant la Ville & Château de Fribourg, les 3, 5 & 10 Août 1644 : *Labelle* & *Cochin*.

Médaillon sur le même sujet : *Coypel*, pinx. *Simonneau*, sculpf.

Plan du Fort de Wate, pris par le Duc d'Elbeuf & le Maréchal de Gassion, le 9 Août ; tiré de *Beaulieu*.

Plan du Château d'Hénin & du Fort de Rébus, rendus au Marquis de Manicamp, le 21 Août ; tiré de *Beaulieu*.

Vue de la Ville de Spire, qui envoye ses clefs au Duc d'Enguien, le 20 Août : *Cochin*, sculpf.

Plan de Saint-Ya en Piedmont, pris par le Prince Thomas, le 7 Septembre ; tiré de *Beaulieu*.

Plan de Philisbourg.

Vue de Philisbourg, assiégé & pris par le Duc d'Enguien, le 9 Septembre : *Cochin*, sculpf.

Entrée du Duc d'Enguien dans Philisbourg : *Steph. Dellabella*, inv. *Cochin*, sculpf. *Boudan*, excud.

Vue de la Ville de Wormes, rendue à ce Prince : *Cochin*, sculpf.

Deux Plans de la Ville de Mayence, qui lui ouvrit ses portes le 17 Septembre.

Vue de Mayence : *Cochin*.

Médaille frappée au sujet des Victoires du Duc d'Enguien.

Vue de la Ville de Creutznac, prise par le Vicomte de Turenne : *Cochin*, sculpf.

Petit Plan de la Ville de Landau, prise par le même.

Profil de Landau ; tirée de *Beaulieu* : *Perelle*.

La glorieuse Campagne de M. le Duc d'Enguien, par la prise de Philisbourg, & vingt autres Places d'Allemagne ; deux Planches : *Labelle*, dans le *Beaulieu*.

Plan du Siège & reprise d'Ast, le 1 Octobre ; tirée de *Beaulieu*.

Profil de Tarragone, prise par le Maréchal de la Mothe & le Duc de Brézé, le 22 Octobre ; tiré de *Beaulieu*.

Plan de la Ville & Mole de Tarragone ; tiré de *Beaulieu*.

Les Vœux pour la France ; grande Estampe : *Lagniet*, excud.

Les Triomphes sur les Victoires de Louis-Auguste ; Roi de France : *N. Picart*, excud.

Les Lys foudroyans, ou le Feu tiré devant leurs Majestés, le jour de S. Louis ; par le Sieur de l'*Espinasse*, Parisien.

Nous allons de pis en pis ; grande Estampe satyrique sur les Espagnols : *Gladaine*, fecit. *Lagniet*, excud.

La Réception de la Reine d'Angleterre à Paris : *La Dame*, fecit.

Frédéric-Maurice, Duc de Bouillon, a une Audience du Pape Urbain VIII, & est admis avec les mêmes honneurs que les Enfans des Princes Souverains ; (Vignette :) *S. le Clerc*.

Confirmation de la Communauté des Ecrivains-Jurés à Paris, par Louis XIV. en cette année 1644. Elle avoit été établie par Charles IX. en 1570.

Six Médailles sur les Evénemens de cette année ; tirées du Père *Ménestrier*, & deux Jettons.

Quatre autres Médailles tirées de l'Histoire du Roi par Médailles ; avec Explications.

1645.

Beau Frontispice pour cette année, dessiné à gouache.

Portrait du Roi & de la Régente, pour cette année : *Ganières*, excud.

La Représentation du Cardinal de la Rochefoucault étant en son Lit de parade, dans le Chœur de l'Eglise de Sainte-Geneviève ; chez Jean Liber.

Représentation du Sépulchre de ce Cardinal, mort le 14 Février, âgé de 87 ans.

Lettre grise représentant le Vœu d'Anne d'Autriche ; par lequel elle avoit promis de faire bâtir l'Eglise du Val-de-Grace, en actions de graces de la naissance des deux Princes.

Vue de l'Eglise & du Monastère du Val-de-Grace : *Lucas*, sculpf. La première Pierre en fut posée le 21. Février.

Vue du grand Autel du Val-de-Grace : *Idem*.

Elévation du Portail de l'Eglise du Val-de-Grace ; par *Mansart*, en une grande Feuille : *Mariette*, fecit.

Plan de la Ville de Roses en Catalogne, prise par le Maréchal Duplessis-Praslin, le 29 Mai ; tirée de *Beaulieu*.

Bataille de Liorens en Catalogne, gagnée par l'Armée du Roi, commandée par le Comte d'Harcourt, sur celle d'Espagne, commandée par Don André Canteline, le 22 Juin 1645, inv. & dess. par *D.* gravée par *F. Ertinger.*

La même, tirée de *Beaulieu.*

Plan du Passage qu'a fait M. le Comte d'Harcourt à la Rivière de Ségre en Catalogne, du 15 jusqu'au 23 Juin, avec la Bataille de Liorens ; par *N. de la Faye.*

Plan du Passage du Rhin par l'Armée du Roi, commandée par le Duc d'Enguien, le 29 Juin 1645 ; tirée de *Beaulieu.*

Plan de la Ville de la Mothe en Lorraine, prise le 7 Juillet ; tirée de *Beaulieu.*

Vue du Château de la Mothe, pris par le Marquis de Villeroy, le 7 Juillet, & ensuite rasé : *Cochin*, sc.

Profil de la Ville de Rottembourg, en Franconie : *Perelle.*

Plan de la même Ville, prise par le Duc d'Enguien, le 12 Juillet ; tiré de *Beaulieu.*

Profil de la Ville de Mardick : *Cochin*, fecit.

Plan de Mardick, assiégé par M. le Duc d'Orléans, & pris le 20 Juillet ; tirée de *Beaulieu.*

Plan du Fort de Linck, assiégé par le Duc d'Orléans le 20 Juillet, & rendu le 23 : *Idem.*

L'Ordre de la Bataille de Nordlingue : *Labelle*; tirée de *Beaulieu.*

Plan de la disposition de la même Bataille : *Goubaut.*

La Bataille de Nordlingue gagnée sur l'Armée Impériale, par l'Armée du Roi, commandée par M. le Duc d'Enguien, le 3 Août : *Labelle*, dans le *Beaulieu*, deux Planches.

L'Allemagne aux pieds du Roi ; dans le fond on voit la Bataille de Nordlingue : *H. David*, fec. *Boudan*, excud.

Vue de la Ville de Nordlingue : *Cochin*, sculps.

Plan de la Ville de Bourbourg en Flandres, assiégée par le Duc d'Orléans le 28 Juillet, & rendue le 9 Août ; tiré de *Beaulieu.*

Vue de cette Ville : *Idem.*

Plan de la Ville de Montcassel, prise par M. le Duc d'Orléans le 22 Août ; tiré de *Beaulieu.*

Plan de la Ville de Dinckespuhel en Souabe, assiégée par le Duc d'Enguien le 19 Août, & rendue le 26 dudit mois : *Idem.*

Plan de la Ville & Château de Béthune, assiégée par M. le Duc d'Orléans le 26 Juillet, & rendue le 30 Août : *Idem.*

Autre Plan de la même Ville : *Inselin.*

Deux autres petits Plans de la même Ville.

Vue de la même : *Cochin*, sculps.

Autre, petite, différente.

Vue de la Ville de Béthune : deux Planches.

Plan de la Ville de Saint-Venant, prise par M. le Duc d'Orléans, le 22 Août ; tiré de *Beaulieu.*

Profil de la même Ville : *Idem.*

Plan de la Ville de Lillers en Attois, prise en Septembre par les Maréchaux de Gassion & de Rantzau : Dessiné & enluminé.

Autre petit Plan.

Petite Vue de la même Ville.

Autre, grande : *Perelle*, sculps.

Carte du Gouvernement de Lillers.

Vue de la Ville de Comines, prise par les mêmes : *N. Perelle*, sculps.

Plan de la Ville d'Armentières, assiégée par les mêmes, le 29 Septembre, & rendue le lendemain ; tiré de *Beaulieu.*

Vue de la même Ville : *Perelle*, sculps.

Plan de la Ville & Château de Vigevano en Milanois,

prise par le Prince Thomas, le 13 Septembre ; tiré de *Beaulieu.*

Plan de la Ville de Menin, assiégée par les Maréchaux de Gassion & de Rantzau, le 29 Septembre, & rendue le 31 dudit mois : *Idem.*

Plan de Balaguier en Catalogne, pris par le Comte d'Harcourt le 20 Octobre.

Plan de la Ville & Château de Balaguier ; tiré de *Beaulieu.*

Profil de la Ville de Trèves, prise par M. de Turenne le 19 Novembre : *Idem.*

La Fortune de la France, Pièce satyrique contre les Espagnols, au sujet de la perte de la Bataille de Liorens, & de celle de la Ville de Balaguier.

Cérémonie observée au Contrat de Mariage passé à Fontainebleau entre Ladislas, Roi de Pologne, par ses Ambassadeurs, & la Princesse Louise-Marie de Gonzague, le 26 Septembre : *Bosse*, fecit.

La magnifique Entrée des Ambassadeurs Polonois dans la Ville de Paris, le 29 Octobre ; chez *J. Boisseau.*

Mariage du Roi de Pologne & de la Princesse de Gonzague, le 6 de Novembre, dans la Chapelle du Palais Royal, en présence du Roi & de la Reine-Régente : *Ganières*, excud.

La Reine-Régente apprend au Roi à aimer & respecter la Religion : grande & belle Estampe.

Tombeau de Jacques Douglas, Prince d'Ecosse, tué au service de la France, en 1645 : *Chaufourier* & *Scotin*, in-fol.

Fêtes Théâtrales représentées au petit Bourbon à Paris ; en cinq Planches, 1645 ; par *Jacq. Torelli de Fano.*

La désolation de la Cour-Notre-Dame, auprès de Pont-sur-Yonne, représentée à la Reine : *Jollain*, incid.

Carte méthodique, ou Introduction à la connoissance des premières Règles du Blason, par Marc Vulson de la Colombière : *Mariette.*

Sept Médailles pour cette année, tirées du Père *Ménestrier*, & deux Jettons.

Six autres Médailles tirées de l'Histoire du Roi par Médailles, avec Explications.

1646.

Frontispice pour cette année.

Vue de Courtray, pris par M. le Duc d'Orléans, le 28 Juin, après 13 jours de tranchée ouverte : *Cochin*, sculps.

Plan du Siège de Courtray ; dans le *Beaulieu.*

Plan de la Ville de Bergue-Saint-Vinox, assiégée le 27 Juillet, par M. le Duc d'Orléans, & prise le 1 Août : *Idem.*

Autre petit Plan de la même Ville.

Vue de la même : *Cochin*, fecit.

Plan du Fort de Mardick, pris par le Duc d'Orléans & par le Duc d'Enguien, le 24 Août, après 16 jours de tranchée ouverte ; dans le *Beaulieu.*

Vue du même.

Le Feu Royal tiré devant leurs Majestés le jour de la Naissance du Roi, par la Ville de Paris.

Plan du Siège de la Ville de Furnes ; dans le *Beaulieu.*

Vue de la Ville de Furnes rendue au Duc d'Enguien, le 7 Septembre : *Cochin*, fecit.

Plan du Siège de Dunkerque, pris par M. le Duc d'Enguien le 11 Octobre ; dans le *Beaulieu.*

Vue & Profil de Dunkerque : *Cochin*, fecit.

Plan de la Ville de Dunkerque : *Goubaut*, sculps.

Plan de la Ville de Piombino, prise par les Maréchaux de la Meilleraye & du Plessis-Prassin, le 11 Octobre ; tiré du *Beaulieu.*

Profil de Piombino : *Idem.*

Siège de Piombino : *Labelle*, sculpf.

Plan de la Forteresse de Portolongone, assiégée le 6 Octobre par les Maréchaux de la Meilleraye & du Plessis-Praslin, & rendue le 29 suivant ; tiré de *Beaulieu.*

Profil de Portolongone : *Perelle*, fecit.

Estampe emblématique représentant l'éducation du Roi dans les Sciences : *Greg. Huret.*

Quatre Médailles sur les Evénemens de cette année, tirées de l'Histoire du Roi ; avec Explications.

1647.

Frontispice pour cette année.

Plan de la Ville de Dixmude, assiégée par le Maréchal de Rantzau le 11 Juillet, & rendue le 13 du même mois ; tiré de *Beaulieu.*

Vue de cette Ville, avec le Portrait du Maréchal de Rantzau, dans le haut : *Cochin*, fecit.

Vue de Landrecy, pris par l'Archiduc le 18 Juillet : *Cochin*, fecit.

Autre grand Plan : *Jacq. van Werden*, fecit. *Hollar*, sculpf. en quatre Planches.

Vue de la Bassée, pris en huit jours, par le Maréchal de Gassion, le 19 Juillet ; *Cochin*, fecit.

Pièce satyrique contre les Espagnols, au sujet de la perte de cette Ville : *J. Lagniet*, excud.

Plan du Combat donné entre les Villes de Dixmude & Nieuport, par le Maréchal de Rantzau, contre le Marquis de Caracène, le 5 Août ; tiré de *Beaulieu.*

Prise d'Alger sur la Frontière d'Arragon, par le Prince de Condé, en Septembre.

Plan de la Ville de Lens, assiégée par le Maréchal de Gassion le 23 Septembre, & rendue le 3 Octobre ; tiré de *Beaulieu.*

Autre petit Plan de cette même Ville.

Vue de la même : *Perelle*, sculpf.

Autre petite Vue.

Carte du Gouvernement de Lens.

La Mort glorieuse du Maréchal de Gassion, au Siège de Lens, le 28 de Septembre.

Le Tantale Espagnol : *Richer*, inv. & fecit.

Autre Pièce satyrique sur la prise de Lens.

Profil de la Ville de Constan.... en Catalogne, dont le Maréchal de Grammont fait lever le Siège au Marquis d'Aytone ; tiré de *Beaulieu.*

Portrait de Thomas Mazaniello, Pêcheur de la Ville de Naples, & qui la fit révolter : *Van-Merlen*, fecit.

La Descente de M. le Duc de Guise au Royaume de Naples, & la prise de Castellamare.

Deux petites Vignettes représentant la Bataille navale de Castellamare, où le Duc de Richelieu battit la Flotte d'Espagne, le 23 Décembre.

Pièce satyrique contre les Espagnols à ce sujet.

Les Divertissemens du Roi aux quatre Saisons.

Portraits allégoriques de M. le Prince & de M. de Turenne.

Quatre Jettons.

Une Médaille dessinée pour cette année à l'honneur du Chancelier Seguier.

Une autre tirée de l'Histoire du Roi par Médailles ; avec Explication.

1648.

Frontispice pour cette année.

L'Entrée de Louis de Bourbon, Prince de Condé, en la Ville de Dijon, le 6 Mars 1648, à Dijon, *in-4.*

avec cinq Portiques ou Arcs de Triomphe, & une Figure Equestre : *d'Orgelet & Guyot.*

Vue & Profil de Flix en Catalogne, dont le Maréchal de Schomberg fait lever le Siège aux Espagnols, le 12 Mai ; tiré de *Beaulieu.*

Petite Vue de Courtray pris d'emblée par les Espagnols, le 24 Mai.

Plan de la Ville d'Ypres, assiégée le 13 Mai par le Prince de Condé, & prise le 29 de ce mois ; tiré de *Beaulieu.*

Vue de cette Ville : *Perelle*, sculpf.

La prise de la Ville d'Ypres : Ovale avec ornemens.

Plan de la Ville & Château de Tortose, assiégés & pris de force par le Maréchal de Schomberg, le 12 Juillet ; tiré de *Beaulieu.*

Vue & Profil de Tortose : *Cochin*, fecit.

Autre petit Plan de la même Ville.

La prise de Tortose : Ovale avec ornemens.

Le Dépôt de la Régence fait par la Reine ; ensemble ses Enfans entre les mains de la Sainte Vierge : 15 Août 1648 : *Huret.*

La Bataille de Lens gagnée par le Prince de Condé le 20 Août, sur les Espagnols, commandés par l'Archiduc Léopold & le Général Bek : *Cochin*, fecit.

Autre, en grande Feuille, avec Explication en Hollandois : *Pieter Nolpe.*

Armées rangées en Bataille près de Lens ; deux Planches : *Cochin* & *Frosne*, fec. tirées de *Beaulieu.*

Bataille de Lens : *Labelle*, sculpf.

Bataille de Lens, en deux Planches : *Cochin*, dans le *Beaulieu.*

L'orgueil terrassé, ou les victorieux Trophées de Lens : *Boudan*, excud.

Le Triomphe Royal de la Victoire obtenue par les Armes de Sa Majesté à Lens, avec quatre Cartouches : *Boudan*, excud.

La Réception faite par la France à M. le Prince, sur l'heureuse Victoire obtenue sur les Espagnols en la Bataille de Lens.

Le Bek de l'Espagnol pris par le François : Pièce satyrique : *Richer*, inv. *Boullanger*, sculpf. *Bertrand*, excud.

Commencement des premières Guerres de Paris, sur la fin du mois d'Août : Frontispice.

Barricades de Paris, du côté de la Bastille, faites le 26 Août : Très-joli dessin, lavé à l'encre de la Chine.

Plan du Siège de Furnes, pris sur les Espagnols, par M. le Prince de Condé, le 10 Septembre ; tiré de *Beaulieu.*

Assemblée des Plénipotentiaires de Munster, qui signèrent la paix cette année, en Octobre : *Girard de Burck*, pinx. *Jonas Suyderhoef*, sculpf.

Le grand Festin des mêmes : *W. Kilian*, sculpf.

Pièce intitulée : Mariage du Commerce & de la Paix ; chez *Ganières.*

Autre, intitulée : La France assurée à l'arrivée de la Paix.

Vue & Perspective de la Ville de Metz, du côté de la porte Mazel ; deux Planches : *Isr. Sylvestre.*

Vue & Perspective de la Ville & Citadelle de Verdun ; deux Planches : *Idem.* (Ces deux Villes furent cédées à la France par le Traité de Munster.)

Le Roi & la Reine Régente prient Dieu par l'intercession de la Sainte Vierge & de S. Dominique, de détourner les maux dont la France est menacée : *Boulanger*, fecit.

Une Médaille tirée du Père *Ménestrier.*

Quatre autres, tirées de l'Histoire du Roi par Médailles ; avec Explications.

1649.

Frontifpice pour cette année.

Avis que donne un Frondeur aux Parifiens, qu'il exhorte de fe révolter contre la tyrannie du Cardinal Mazarin : 6 Janvier.

Monfieur On, ou le burlefque On, qui fçait tout, qui fait tout & qui dit tout, fatyre de la Fronde : Deffin au crayon.

Eftampe allégorique au fujet du Commandement de l'Arfenal refufé au Comte de Fiefqué pour le donner à un Confeiller au Parlement, le 12 Janvier : *Stigny*, fculpf.

Le Capitaine Picart : Eftampe fatyrique fur l'Armée de la Fronde : *Ganières*, fculpf. *l'Anglois*, excud.

Le falut de la France dans les Armes de la Ville de Paris : Gravure en bois, avec Explication.

Le Retour de Goneffe.

La marche de Louis XIV. rentrant à Paris le 18 Août : *Bertrand*, excud.

La magnifique & fomptueufe Entrée faite à Paris à leurs Majeftés, par les Bourgeois & Habitans de leur bonne Ville de Paris, le Mercredi 18 Août 1649; chez *B. Moncornet*.

Leurs Majeftés allant à Notre-Dame rendre graces à Dieu, du repos rétabli dans la France.

La Cavalcade Royale, ou le Roi allant à cheval à l'Eglife des Jéfuites, le jour de S. Louis.

Le Divertiffement de l'Oye, tirée par les Batteliers, en préfence de leurs Majeftés, incontinent après leur retour à Paris.

Les juftes devoirs rendus au Roi & à la Reine fa mère : *Humbelot*, fecit.

Petit Plan de la Ville de Condé, affiégée & prife en deux jours, par le Comte d'Harcourt, le 25 Août.

Plan de Cambray, affiégé par les François le 28 Juin, & dont le Comte d'Harcourt leva le fiège le 4 Juillet, grand in-fol. en quatre Planches : *Vorfterman*, fecit.

Vue de cette Ville : *Cochin*, fculpf.

Le Feu Royal tiré devant leurs Majeftés, par ordre de MM. de la Ville de Paris, le 5 Septembre, jour de la Naiffance du Roi : *Marot*, fculpf.

Grande Eftampe emblématique dédiée à Louis, Comte d'Alais, Gouverneur de Provence.

Un Jetton de cette année.

Une Médaille, tirée de l'Hiftoire du Roi, avec Explication.

1650.

Frontifpice pour cette année.

Capture & emprifonnement des Princes de Condé, de Conti, & de Longueville, le 18 Janvier : Joli Deffin, lavé à l'encre de la Chine.

La levée du Siège de Guife, affiégé par les Efpagnols, le 1 Juillet.

Plan de Portolongone, repris par les Efpagnols le 15 Août : *R. de Hooghe*, fec. *Pierre Mortier*, fecit.

Le même : *Steph. Dellabella*, fculpf.

Plan du Siège de Piombino, repris par les mêmes : *Idem*.

La Naiffance du Duc de Valois, fils unique de M. le Duc d'Orléans, le 17 Août : *Marot*, excud.

Vue de Flix en Catalogne, repris par les Efpagnols : *Cochin*, fculpf.

Combat de la Pointe de Sable, en Acadie.

Vue & Profil de la Ville de Mouzon en Champagne, prife par l'Archiduc fur les François, le 6 Novembre : *Perelle*, fculpf.

Vue du Château de Jametz, pris par le Roi fur le Prince de Condé : *Ifr. Sylveftre*, fculpf.

Vue du Fort Royal fait cette année, dans le Jardin du Palais Cardinal, pour le Divertiffement du Roi : *Ifraël*, delin. & fculpf.

Vue & Profil de la Ville de Rhétel en Champagne, prife par le Maréchal du Pleffis-Praflin, le 13 Décembre; tirée de *Beaulieu*.

Ordre de bataille des Armées Françoife & Efpagnole, avant la Bataille de Rethel : Deffin.

Bataille de Rhétel, gagnée par le Maréchal du Pleffis-Praflin, contre l'Armée Efpagnole, commandée par le Vicomte de Turenne, le 15 Décembre : *Labelle*, dans le *Beaulieu*.

Sept Pièces fatyriques faites contre les Efpagnols, au fujet de la Bataille de Rhétel; gravées par *Boiffevin*, *Guerignian*, *Bertrand*.

Deux Médailles fur les Evénemens de cette année 1650, tirées de l'Hiftoire du Roi par Médailles; avec Explications.

1651.

Frontifpice pour cette année.

Le Royal & magnifique préparatif du Sacre & Couronnement du Roi en l'année de fa majorité; où l'on voit l'amour du Ciel pour le Roi, l'amour du Roi pour fes Peuples, & l'amour des Peuples pour le Roi.

Six Emblêmes fur la majorité.

La célèbre Cavalcade Royale, pour la Majorité du Roi : *Boudan*, excud.

Autre, plus grande : *N. Picart*, excud.

L'augufte Séance du Roi dans le Parlement, pour la Déclaration de fa Majorité, le 7 Septembre : *N. Picart*, excud.

Le Roi féant en fon Lit de Juftice pour fa Majorité.

Autre fur le même fujet.

La Reine fe démet de la Régence entre les mains du Roi.

Le Roi eft déclaré majeur au Parlement : Deffin lavé à l'encre de la Chine.

Feu d'artifice tiré devant l'Hôtel de Ville de Paris, pour la Majorité du Roi.

Devifes du Roi, depuis fa Naiffance jufqu'à fa Majorité : *Sevin*, fecit; tirées du Père *Méneftrier*.

Autres, pour la Majorité; tirées du même.

Le Roi préfente fa Couronne à la Religion : *G. Huret*, fecit.

Le véritable Portrait de Notre-Dame de la Paix, dépofé aux Capucins de la rue S. Honoré, le 21 Juillet.

La Juftice Royale, avec Explication.

Le Preffoir des Partifans.

La Manfarade, ou Pompe funèbre de l'Architecte partifan; avec Explication.

Trois Médailles pour cette année; tirées du Père *Méneftrier*.

Une autre, tirée de l'Hiftoire du Roi; avec Explication.

1652.

Frontifpice pour cette année.

Vive le Roi, point de Mazarin; Eftampe allégorique au fujet de l'Expédition de Mademoifelle à Orléans, le 17 Mars : *Le Pautre*, fculpf.

La magnifique Proceffion de la Châffe de Sainte-Geneviève, faite le 11 de Juin, pour la Paix : *Boiffevin*.

Autre de la Châffe de S. Germain, faite le 16 Juin pour le même fujet : *Cochin*, fecit.

Le Sieur de Flacourt réduit une partie des Habitans de l'Ifle de Madagafcar en l'obéiffance du Roi, au mois de Juin.

Défaite des Parisiens au secours de Saint-Denys, le 2 Juillet : *Chedel*, inv. & fecit.

Plan de la Bataille Saint-Antoine, le 2 Juillet.

Journée de la Porte Sainte-Antoine ; Mademoiselle sauve l'Armée du Prince de Condé, en faisant tirer le Canon de la Bastille sur les Troupes du Roi, le 2 Juillet : Dessin lavé à l'encre de la Chine.

Mausolée érigé dans l'Eglise de Clugni, pour le Duc de Bouillon, mort le 9 Août : *Oppenor*, delin. B. *Audran*, sculps.

Tombeau du même, grand *in-fol.* *Simonneau*, fecit.

Plan de la Ville & Château de Sédan, où le Cardinal Mazarin se retira le 19 Août ; en deux Planches : *Israël Sylvestre*, excud.

Plan de Dunkerque, assiégé par les Espagnols, le 27 Août : *Bruyne*, fecit aquâ forti.

Retour du Roi dans sa Ville de Paris : Frontispice dessiné & lavé à l'encre de la Chine.

L'heureux Retour de Sa Majesté en la Ville de Paris, le 21 Octobre : *Boudan*, excud.

Autres Estampes du même sujet.

Députation du Clergé, de la Milice de Paris, & des six Corps des Marchands, avec le Festin dont Sa Majesté regala la Milice de Paris ; quatre Cartouches & deux Pièces : *Boudan*, excud.

L'auguste Séance de Sa Majesté en son Lit de Justice au Château du Louvre, pour la réunion du Parlement & l'Amnistie générale, le 21 Octobre : *Boudan*, excud.

Florescunt Lilia in undis ; grande Pièce au sujet de cette Paix : *Gallays*, fecit.

Le Temple de la Paix, sur le même sujet : grande Estampe.

Petite Vue de la Ville de Blois, où Monsieur se retira.

Une Médaille de cette année 1652, tirée de l'Histoire du Roi par Medailles ; avec Explication.

1653.

Frontispice pour cette année.

Description des meurtres & carnages faits en Gâtinois, par un Monstre, qui fut tué le 11 Avril, & apporté à Sa Majesté par les Habitans de Moigny : *N. Berey.*

Vue de Rhétel, repris sur les Maréchaux de Turenne & de la Ferté, en quatre jours d'attaque, le 5 Juillet.

Profil de Rhétel : *Cochin*, sculps. dans *Beaulieu.*

Le Roi fait Maréchaux de France MM. de Foucault, de Miossans, d'Albret & Paluau de Clérembaut.

Statue de marbre érigée au Roi en Juillet, à l'Hôtel de Ville de Paris : *Frosne*, fecit.

La même, avec Inscription. Beau Dessin, lavé à l'encre de la Chine.

Remarques & nouvelles Inscriptions de la Statue précédente, transportée à Chessy en 1687, avec Cartouches & Ornemens : dessinés & lavés à l'encre de la Chine.

Vœu de Louis XIV. à Notre-Dame, pour la Paix : *Le Pautre*, fecit.

Siège de Rocroy, par le Prince de Condé, au mois de Septembre : *Luc Vosterman*, fecit, en quatre Planches.

Combat de la Roquette, où le Maréchal de Grancey défit les Espagnols, commandés par le Marquis de Caracène, le 23 Septembre.

Profil de la Ville de Mouzon, rendue pour le Roi à M. de Turenne, le 28 Septembre ; tiré de *Beaulieu.*

Trophée & Dessin allégorique au sujet du Siège de Mouzon & de Sainte Ménehoult, en Septembre & Novembre, dessiné au bistre.

Bénédiction de l'Abbesse de Saint-Antoine, fille de M. Mollé, Garde des Sceaux de France, en Octobre 1653, avec la Description de cette Cérémonie ; par P. *Erresalde.*

Une Médaille de cette année, tirée de l'Histoire du Roi par Médailles ; avec Explication.

Deux autres, avec revers, tirées du Père *Ménestrier*, & quatre Jettons.

Plans, Coupe & Elévation de l'Eglise de S. Roch de Paris, commencée en 1653.

Vue du Portail de S. Roch, (fait en 1740 :) *Hérisset*, sculps.

1654.

Frontispice pour cette année.

Le Prognostic du Sacre de Sa Majesté : grande Estampe.

La Sainte Vierge accompagnée de S. Remi & de S. Nicaise, & des Anges Gardiens de la Sainte-Ampoulle, reçoit les vœux qui lui sont présentés par l'Archevêque de Reims, au nom de l'Eglise & de la France, en attendant le Sacre du Roi : *Regnesson*, excud.

Vue de l'Eglise Métropolitaine de Reims, où se fit le Sacre du Roi, le 7 du mois de Juin : *Gentillastre*, pinx. *Scotin*, sculps. très-grande Feuille.

La Sainte-Ampoulle portée par l'Abbé de S. Remi à Notre-Dame.

La pompeuse & magnifique Représentation du Sacre du Roi : *Regnesson.*

La même Cérémonie, en trois grandes Feuilles, avec Explication : *Le Pautre*, delin.

Le magnifique Couronnement du Roi. = L'Offrande du Roi. = La Communion du Roi sous les deux espèces : *Regnesson.* = Le Trône de la piété dédié au Sacre du Roi : *J. le Pautre*, fecit.

Le Couronnement du Roi à son Sacre : *Tardieu.*

La Marche de Louis XIV. &c. *Bertran.*

La Pompe magnifique de l'Onction sacrée de Louis XIV. avec Explication : *Ganières.*

Le Roi touche les malades des écrouelles : *Regnesson.*

Plan de la Ville de Stenay, prise par le Roi, ayant sous lui le Marquis de Fabert, le 6 Août.

Plan de la Ville de Stenay ; tiré de *Beaulieu.*

Vue de la même Ville : *Cochin*, sculps.

Profil de la Ville & Citadelle de Stenay : *Israël Sylvestre*, 1670.

Petit Plan de la Ville d'Arras, assiégée par les Espagnols.

Autre ; tiré de *Quincy.*

Plan des Attaques faites à la Corne de Guiche de la Ville d'Arras, par les Armées Espagnole & Impériale, commandées par l'Archiduc Léopold, &c. tiré de *Beaulieu.*

Autre Plan de la même Ville, & du secours donné le 25 Août, par les Maréchaux de Turenne, de la Ferté-Senecterre & d'Hocquincourt : *Idem.*

Autre Plan du Camp de l'Armée du Roi pour le secours d'Arras : *Idem.*

Autre Plan d'Attaques & de la Levée du Siège d'Arras, le 25 Août : *Idem.*

Vue de la même Ville : *Cochin*, sculps.

La signalée Victoire du Roi sur les Espagnols, & leur honteuse levée du Siège d'Arras : *Regnesson*, excud.

La grande Journée d'Arras : *Boudan*, sculps.

Le Roi offre sa Couronne à la Reine de paix ; dans un lointain on voit la levée du Siège d'Arras : *J. le Pautre*, fecit.

Pièces satyriques sur les Espagnols au sujet d'Arras ; sçavoir : L'Espagnol berné sur la prise d'Arras. = L'Espagnol entre deux felles le cul à terre. = Le Gazetier Efpagnol défefpéré. (Ces trois Pièces font deffinées & lavées à l'encre de la Chine.) = De plus, les deux dernières gravées : *Ganières*, excud.

Profil de la Ville du Quefnoy : *Perelle* ; tiré de *Beaulieu*.

Réduction de la Ville du Quefnoy, par M. de Turenne, le 6 Septembre.

Plan de la Ville de Puycerda, prife par le Prince de Conti, après huit jours de tranchée ouverte, le 17 Octobre.

La Prife de cette Ville & de celle d'Urgel.

Profil de la Ville de Clermont en Barrois : *Perelle* ; tiré de *Beaulieu*.

Prife de la Ville & Château de Clermont, par le Maréchal de la Ferté, le 24 Novembre.

Décorations & Machines de la Tragédie d'Andromède, repréfentée fur le Théâtre Royal de Bourbon, en trois Planches : *F. Chauveau*, fecit.

Décorations & Machines pour les Noces de Théris, Ballet Royal, repréfenté à la Salle du Petit Bourbon à Paris, en neuf Planches, inventé par Jacques *Torelli*, deffiné par François *Fronçar*, gravé par *J. Sylveftre*.

Les Rivières d'Oyfe & de Marne, réunies à la Seine, contribuent au commerce de la Ville de Paris : Eftampe gravée par *Ifraël Sylveftre*, en 1654.

Deux Médailles & revers pour cette année ; tirées du Père *Méneftrier*, avec Explication, & un Jetton.

Cinq autres Médailles ; tirées de l'Hiftoire du Roi, avec Explications.

1655.

Frontifpice pour cette année.

Tombeau de Henri Chabot, Duc de Rohan, mort le 27 Février, tel qu'on le voit aux Céleftins : *Hériffet*, fc.

Autre grande Eftampe du même fujet : *Marot*, fecit.

Plan de la Ville de Quiers, prife par M. le Prince de Conti le 27 Mai ; tiré de *Beaulieu*.

Vue de la même Ville : *Cochin*, fculpf.

Petit Plan de la Ville de Landrecy, prife par les Maréchaux de Turenne & de la Ferté-Sénéeterre, le 14 Juillet, après vingt-quatre jours de Siège.

Vue de la même : *Cochin*, fecit.

La Flandre en défordre pour fe voir abandonnée ; par D. *Sauce à Robert*.

Autre petite Pièce au fujet des Conquêtes du Roi en Flandre : *La Valeur*, &c.

Combat naval à la hauteur de Barcelonne, où le Duc de Vendôme battit, le 29 Septembre, la Flotte d'Efpagne : deux Feuilles, tirées de *Beaulieu*.

Vue de la Ville de Barcelonne : *Perelle*, fculpf.

Le bonheur de la France, ou le glorieux Règne de Louis XIV.

Plans, Coupes, Elévations de l'Eglife de Saint-Sulpice, dont la Reine Anne d'Autriche pofa la première pierre : *Patte*, fculpf. fept Morceaux.

Deux Médailles de cette année, tirées de l'Hiftoire du Roi par les Médailles ; avec Explications.

Une autre ; tirée du Père *Méneftrier*, & deux Jettons.

1656.

Frontifpice pour cette année.

Vue de la Salpétrière, Membre de l'Hôpital général, établie cette année, par Arrêt du Parlement, du 12 Avril, faifant défenfes aux pauvres de mendier : *Aveline*, fculpf.

Autre Vue de la même : *Perelle*, fc. *Mariette*, excud.

Quatre Arcs de Triomphes dreffés à Dijon pour l'Entrée de Bernard de Foix, Duc d'Efpernon, le 8 Mai : *Godran*, inv. *Matthieu*, fculpf.

Emblêmes & Devifes du Roi, des Princes & des Seigneurs qui l'accompagnèrent en la Cavalcade Royale & Courfe de bague que Sa Majefté fit au Palais Cardinal.

Plan du Siège de Valenciennes , fait par les Maréchaux de Turenne & de la Ferté, & levé par M. le Prince de Condé, le 16 Juillet.

Portrait à cheval de la Reine Chriftine de Suède, & fon Entrée à Paris le 6 Septembre.

Petit Plan de la Ville de Valence fur le Pô, prife par le Duc de Modène & le Duc de Mercœur, après un Siège de près de trois mois, le 16 de Septembre.

Plan du Siège de Valence ; tiré de *Beaulieu*.

Vue & Profil de la Capelle, prife par M. de Turenne, le 27 Septembre : *Cochin*, fecit.

Deux Médailles pour cette année ; tirées du Père *Méneftrier*, & quatre Jettons.

Quatre autres Médailles, tirées de l'Hiftoire du Roi par Médailles ; avec Explications.

1657.

Frontifpice pour cette année.

Plan de Montmédy, pris par le Maréchal de la Ferté-Sénéeterre, le 7 Août, après cinquante jours de Siège : *Cochin*, fculpf. tiré de *Beaulieu*.

Autre petit Plan de la même Ville.

Vue & Perfpective de Montmédy, deux Planches : *Ifraël Sylveftre*.

Profil de Montmédy ; tiré de *Beaulieu*.

La Prife de Montmédy : *Regneffon*, excud.

La plaifante Rencontre de deux Efpagnols, cherchant Montmédy : *Bertrand*.

Ils cherchent midi où il n'eft qu'onze heures.

L'Efpagnol cherchant fon midi. Très-beau deffin de *le Brun*, à l'encre de la Chine.

L'Efpagnol cherchant Montmédy, avec une lanterne. Deffin à l'encre de la Chine.

En perdant Montmédy, je perds la Tramontane. Beau Deffin, lavé à l'encre de la Chine.

L'Efpagnol rendant gorge, fur même fujet : *Boiffevin*.

Petit Plan de Saint-Venant, pris par M. de Turenne, en trois jours, le 27 Août.

Prife de Saint-Venant : *Regneffon*, excud.

M. de Turenne fait lever le Siège d'Ardres au Prince de Condé, le 28 Août : *Idem*.

Vue de la Ville d'Ardres, du côté de Calais, en une grande Feuille : *Vandermeulen*, inv. *Bauduins*, fculpf.

Prife du Fort de Mardick, par M. de Turenne, le 3 Octobre : *Regneffon*, excud.

L'Efpagnol embarraffé au fujet des pertes qu'il a faites en cette année.

Le Drille Efpagnol renonce au métier : *Ganières*, excud.

Quatre autres Pièces tirées de la Fable, & fatyriques fur le même fujet : *Boudan*, excud.

Les juftes fouhaits de la France victorieufe, pour le mariage du Roi : *Regneffon*, excud.

Eftampe emblématique à l'honneur de Pompone de Bellièvre, mort en cette année, premier Préfident du Parlement de Paris : *G. Huret*, inv.

Autre, fur le même fujet : Vignette.

Deux Médailles fur les Evénemens de cette année 1657, tirées de l'Hiftoire du Roi par Médailles ; avec Explications.

1658.

Frontifpice pour cette année.

Les perfécutions de Jacques Coffart, Curé de Dormans, avec l'Arrêt du Parlement, du 9 Janvier : petite Eſtampe.

Ordre de bataille des Armées Françoiſe & Eſpagnole, avant la Bataille des Dunes : Deſſin.

Bataille des Dunes, près de Dunkerque, gagnée par M. de Turenne ſur les Eſpagnols, le 14 Juin : *Ertinger*, ſculpſ. tirée de *Beaulieu*.

Plan de la diſpoſition des Armées à la Bataille des Dunes. Deſſin à la plume.

La même, en Cartouche : *Larmeſſin*, fecit.

La même; tirée de *Quincy*.

Le Savetier Eſpagnol, Pièce ſatyrique à ce ſujet : *Guériniau*, excud.

Plan de la Ville de Dunkerque, aſſiégée le 24 Mai, par M. de Turenne, & priſe le 25 Juin ſuivant; tiré de *Beaulieu*.

Autre grand Plan de la même Ville : *P. Deſon*, ſculpſ.

Priſe de cette Ville : *Huart*, fecit.

L'Eſpagnol raillé, ſortant de Dunkerque : *Bertrand*, excud.

Petit Plan de Calais, où le Roi tomba malade, au mois de Juillet.

Carte du Gouvernement de Calais, & Pays reconquis; tirée de *Beaulieu*.

Les actions de graces rendues à Dieu par le Roi, de ſon heureuſe Convaleſcence ; Cartouche : *De Larmeſſin*.

Médaille frappée ſur ce ſujet.

La célèbre Aſſemblée de la Cour ſur la Convaleſcence de Sa Majeſté, & le ſuccès de ſes armes : *De Larmeſſin*.

Les Alliances de France avec les Electeurs de l'Empire, accordées par MM. de Grammont & de Lionne : *Idem*. Cartouche.

Plan de la Ville de Mortare, inveſtie le 3 Août par le Duc de Savoye, & rendue le 25 du même mois; tirée de *Beaulieu*.

La priſe de la même Ville : *De Larmeſſin*, Cartouche.

La priſe de Gravelines par le Maréchal de la Ferté, après vingt jours de tranchée ouverte, le 30 Août : *Idem*. Cartouche.

L'Eſpagnol châtré de Gravelines & de Dunkerque : *Ganières*, excud.

Le même. Deſſin lavé à l'encre de la Chine.

Petit Plan de la Ville de Menin, priſe par M. de Turenne, le 17 de Novembre.

Petit Plan de la Ville d'Ypres, priſe par M. de Turenne, après cinq jours de tranchée, le 24 Septembre.

La Flandre dépouillée des habits d'Eſpagne, & revêtue à la Françoiſe, avec quatre Médaillons, repréſentant les Villes de Dunkerque, Gravelines, Oudenarde & Ypres : *Poilly*.

L'Eſpagnol chaſſé de la Flandre. Deſſin à l'encre de la Chine.

L'Eſpagnol laſſé de la guerre, cherche la paix, Deſſin à l'encre de la Chine.

L'Eſpagnol Alchimiſte : *Richer*.

Deux autres Pièces ſatyriques contre les Eſpagnols : *Guérineau*.

Grande Eſtampe en l'honneur du Roi.

Le Moulin d'erreur : Pièce ſatyrique contre le Miniſtre Pierre Dumoulin, mort en cette année, âgé de 90 ans ; chez *Moreau*.

Plan & Vue du Château de Saint-Cloud, acquis par Philippe de France, Duc d'Orléans, qui l'a fait conſtruire ; cinq Feuilles : *Mariette*, excud.

Deux Médailles pour cette année; tirées du Père *Méneſtrier*.

Cinq autres, tirées de l'Hiſtoire du Roi par Médailles; avec Explications.

1659.

Frontiſpice pour cette année, repréſentant le Temple de la Paix, érigé par le Cardinal Mazarin : la France & l'Eſpagne ſe réconcilient : *Lebrun*, pinx.

L'Eſpagnol laſſé de la guerre, cherche la paix : *Ganières*, excud.

Le même : Deſſin.

Les Eſpagnols au bout de leur compte : *Lagniet*, excud.

L'Eſpagnol ſourd en France.

Pièce emblématique au ſujet des Victoires du Roi ſur les Eſpagnols : *Vanſchuppen*, fecit.

Le Triomphe du Roi, contenant ce qui s'eſt paſſé de plus mémorable depuis ſon avénement à la Couronne juſqu'à préſent : *Lagniet*.

Portrait du Cardinal Mazarin, & de Don Louis de Haro, dans leurs Conférences pour la Paix ſur les Frontières, l'un fermant le Temple de la Guerre, l'autre ouvrant celui de la Paix : Enluminé.

Petite Carte des Frontières de France & d'*Eſpagne*.

Petit Plan de la Ville de Fontarabie.

Profil de Fontarabie & du Pays circonvoiſin ; tiré de *Beaulieu*.

Plan de l'Iſle de la Conférence, où le Traité de paix des Pyrénées fut conclu; tiré de *Beaulieu*.

L'Iſle de la Conférence : *Perelle*, fecit.

Plan de l'Iſle de Bidaſſoa, à préſent dite de la Conférence & des bâtimens faits dans cette Iſle : *Cochin*, ſculpſ.

Trois Médailles pour cette année; tirées du Père *Méneſtrier*, & douze Jettons.

Autre, tirée de l'Hiſtoire du Roi par les Médailles; avec Explication.

1660.

Frontiſpice pour cette année. Deſſin repréſentant le Roi & l'Infante dans un Char, tiré par des Tritons & des Chevaux Marins ; avec Ornemens.

Publication de la Paix des Pyrénées, faite à Paris le 21 Février. Deſſin lavé à l'encre de la Chine.

Les Etrennes Royales de Sa Majeſté, préſentées à l'Infante d'Eſpagne, avec le Couronnement de la paix, par Son Eminence Don Louis de Haro ; deux Pièces : *Poilly*, ſculpſ.

Marſeille aux pieds du Roi : *N. Mignard*, delin.

Petit Plan de la Ville & du Port de Marſeille, & de la Citadelle que le Roi y fit bâtir, le 11 Février.

Arrivée des deux Rois à l'Iſle de la Conférence, le 6 Juin : *Richer & Perelle*. Deux Planches.

Entrevue des deux Rois : *le Brun*, delin. *Jeaurat*, ſculpſ.

Petit Arc de Triomphe ſur le même ſujet.

L'Orgueil Eſpagnol ſurmonté par le luxe François : *Teſtelin*, inv.

Cérémonie du Mariage du Roi avec l'Infante, faite à Saint-Jean-de-Luz, le 9 Juin : *le Brun*, inv. *Jeaurat*, ſculpſ.

Mariage de Louis XIV. avec l'Infante. Beau Deſſin lavé à l'encre de la Chine.

Emblêmes ſur ce Mariage ; tirés du Père *Méneſtrier*.

Portrait du Roi & de la Reine, avec Vers & Inſcription : *Larmeſſin*, ſculpſ.

Le Triomphe Royal de la Paix & du Mariage : *Guillot*, inv.

Panégyrique du Roi & de la Reine : Planche gravée à l'occaſion du Mariage.

La

La Fête aux François : *Boiſſevin.*

Réjouiſſances faites à Lyon, au ſujet de la Paix, le 10 Mars 1660.

Le Trône Royal de l'Amour & de la Paix : *Regneſ-ſon.*

Vue du Château de Vincennes, d'où le Roi & la Reine partirent le 26 Août, pour faire leur Entrée : *Vandermeulen,* inv. *Bauduins,* ſculpſ.

Hiſtoire de la triomphante Entrée du Roi & de la Reine dans Paris, le 26 Août : Frontiſpice.

Petit Arc de Triomphe conſtruit à la Porte Saint-Antoine à ce ſujet.

Autre, en grand : *Lebrun,* inv.

Autres, gravés par *Poilly* & *Hériſſet.*

Entrée du Roi & de la Reine dans Paris : *Regneſſon.* Deux Pièces.

Autre, en vingt-quatre Pièces : *Chauveau, le Pautre, Marot,* ſculpſ.

Autre grande Entrée du même, en quatre Feuilles : *Cochin* & *Berey.*

Feu d'Artifice au ſujet du Mariage de Louis XIV. avec Marie-Thérèſe d'Autriche : *Cl. Haillart,* inv. *Collin* le fils, ſculpſ.

Quatre Jettons de cette année, 1660.

Dix Médailles & Emblêmes au ſujet de la Paix & du Mariage, dont une du Cardinal Mazarin.

Seize Médailles tirées du Père *Méneſtrier.*

Cinq autres tirées de l'Hiſtoire du Roi par Médailles ; avec Explications.

1661.

Frontiſpice pour cette année.

Petite Carte du Duché de Bar, que le Roi rendit au Duc de Lorraine, à condition qu'il lui feroit hommage ; le 28 Février.

Le Duc de Lorraine rend hommage au Roi.

Tombeau du Cardinal Mazarin, mort à Vincennes le 9 Mars : *Aveline,* ſculpſ.

Tombeau du même, tel qu'on le voit au Collège des quatre Nations : *Pierre de Rochefort,* fecit, 1704. Joli Deſſin, lavé à l'encre de la Chine.

Cartouches & Ornemens deſſinés de même, pour y placer les Ornemens du Tombeau.

Epitaphe du même, avec Emblêmes, & ſon Portrait en Médaillon : *N. de Larmeſſin,* ſculpſ.

Monument érigé à ſa mémoire : *Chauveau,* invenit & fecit.

Autre, ſur le même ſujet.

Les Armoiries du Cardinal Mazarin.

Pompe funèbre célébrée à Rome aux Obſèques du Cardinal Jules Mazarin, dans l'Egliſe de Saint-Vincent & de Saint-Anaſtaſe, par la piété du Cardinal Manchini, & la magnificence du Duc Mazarin. L'Abbé Elpidio Benedetti inventa le Catafalque & tous les Ornemens, qui furent peints par François Grimaldi, Peintre de Boulogne, en 1661, en ſept Pièces, recueillies & miſes en ordre par Foſſard, ordinaire de la Muſique du Roi, en 1691, inv. par *Elpidio Benedetti,* peint par *François Grimaldi,* gravé *J. B. Gallos. Truzins, D. Barrière* & *François Chauveau.*

Elévation & face du Collège des Quatre Nations du côté de la rivière, & trois autres Plans & Elévations, en quatre grandes Feuilles : *Chevolet* & *Blondel,* fecit, *Mariette,* excud. Ce Collège fut fondé en Mars 1661, achevé & ouvert en 1688.

Vue & Perſpective du Collège des Quatre Nations, fondé par le Cardinal Mazarin : *Perelle,* ſculpſ.

Autre petite Vue du même : *Lucas,* ſculpſ.

Le Roi gouvernant ſes Etats par lui-même : Emblêmes & Deviſes tirées du Père *Méneſtrier.*

Petite Eſtampe allégorique, repréſentant la France Galante, au ſujet de l'amour du Roi pour Madame de la Vallière : *B. Picart,* fecit.

Portrait de Jean-Baptiſte Colbert, & Ornemens emblématiques à l'occaſion de ſa nomination à la place de Contrôleur-Général des Finances, & de Surintendant des Bâtimens : *Nanteuil,* ſculpſ.

Petite Vignette ſur le même ſujet : *Regneſſon.*

La Naiſſance de M. le Dauphin à Fontainebleau, le 1 Novembre : *Ertinger,* ſculpſ.

La même ; grande Pièce : *De Larmeſſin,* ſculpſ.

La Royale Naiſſance de M. le Dauphin ; très-grand morceau : *Poilly,* fecit.

La Sage-femme préſentant M. le Dauphin au Roi.

La France préſente le Dauphin au Roi.

L'Allégreſſe de la France, & la Fontaine des Dauphins : deux petites Pièces.

Eſtampe allégorique au ſujet de cette Naiſſance.

L'Horoſcope des lettres. Deſſin du Feu de joie des Maîtres Imprimeurs de Lyon, à la Naiſſance de M. le Dauphin.

Très-grande Eſtampe au ſujet de la Chambre de Juſtice établie contre les Financiers, le 19 Novembre.

Vue du Château de Verſailles, comme il étoit ci-devant ; le Roi commença à y faire bâtir cette année : *Vandermeulen,* inv. *Bauduins,* ſculpſ. grande Feuille.

Un Jetton de cette année, 1661.

Six Médailles tirées du Père *Méneſtrier.*

Sept autres, tirées de l'Hiſtoire du Roi ; avec Explications.

1662.

Frontiſpice pour cette année.

Réjouiſſances faites à Rome à l'occaſion de la Naiſſance du Dauphin, au mois de Janvier, en ſix Planches ; par *J. Franç. Grimaldi* & *D. Barrière.*

Ignes feſtivi in Natalitiis Regii Galliarum Delphini, celebrati Romæ à Rectoribus & Adminiſtratoribus Eccleſiæ S. Ludovici Nationis Gallicanæ.

Le Roi fait une promotion de Chevaliers le premier de Janvier : Cartouche.

Vaſe chargé de figures emblématiques, au ſujet de la Déclaration que le Marquis de Fuentes, Ambaſſadeur d'Eſpagne, fit au Roi en préſence des Miniſtres Etrangers, le 14 Mars : que jamais les Miniſtres d'Eſpagne ne concourroient avec ceux de France dans les Cérémonies publiques.

Eſtampe ſatyrique contre les Eſpagnols à ce ſujet.

Plan des Villes de Vic, Moyenvic & Marſal, que le Duc de Lorraine devoit remettre au Roi, conſéquemment au Traité fait entre eux au mois de Février, & regiſtré le 27 Mars, mais qui n'eut pas lieu : *Cochin,* ſculpſ. tirée de *Beaulieu.*

Vue & Profil de Marſal en Lorraine : *Idem.*

Grande Eſtampe au ſujet des Duels, & de la Sévérité du Roi à cet égard : *Criſpin de Pas.*

Plan général du Château du Louvre & du Palais des Thuilleries : en deux Planches, par *Berain,* pour le Carrouſel de 1662.

Plan général du Palais des Thuilleries : deux Planches.

Vue du Palais des Thuilleries du côté du Jardin : deux Planches.

Plan du Jardin du Palais des Thuilleries.

Vue du Palais & Jardins des Thuilleries.

Vue des Jardins du Palais des Thuilleries, du côté du Cours-la-Reine.

Ces cinq Pièces ſont d'*Iſraël Sylveſtre.*

Carrousel ou Courses de têtes & de bagues, faites par le Roi & par les Princes de la Cour, en 1662 : *Charles Perrault*, inv. *Rousselet, Israël Sylvestre & Chauveau*, sculpf. *Paris*, Imprimerie Royale, 1670, *in-fol.* faisant partie du Cabinet du Roi.

Le même, en Latin, intitulé : *Festiva ad capita annulumque Decursio*, &c. Latinè reddidit & versibus heroïcis expressit Spiritus *Fléchier* : *Ibid.* 1670, *in-fol.* Cabinet du Roi.

Il y a quelques différences entre les deux Editions dans le style, & de plus on trouve dans la première un petit Poëme Latin intitulé : *Circus Regius*, qui ne se trouve pas dans la seconde.

Détail du Carrousel de 1662. Courses de têtes & de bagues.

Frontispice représentant le Buste de Louis XIV. au-devant de la Place du Carrousel : *Rousselet*, sculpf.

Marche des Maréchaux de Camp & des cinq Quadrilles, depuis la grande Place qui étoit derrière l'Hôtel de Vendôme, jusqu'à l'entrée de l'Amphithéâtre ; en huit Planches.

Habillemens en détail.

Le Maréchal de Grammont, Maréchal de Camp général.

Romains, premiere Quadrille.

Deux Timballiers Romains : *François Chauveau*, sculpf. = Deux Trompettes Romains. = Trois Licteurs, avec leurs faisceaux. = Cheval de main, conduit par deux Palfreniers, habillés à la Romaine. = Deux Pages. = Un Aide de Camp. = Un Maréchal de Camp. = Le Roi, en Empereur Romain, entre quatre Chevaliers. = Onze Devises pour la Quadrille des Romains.

Persans, seconde Quadrille.

Timballier & Trompette Persans. = Deux Estaffiers & deux Palfreniers Persans. = Ecuyer & Page Persans. = Maréchal de Camp Persan. = Monsieur, Empereur des Perses. = Onze Devises pour la Quadrille des Persans.

Turcs, troisième Quadrille.

Timballier & Trompette Turcs. = Deux Estaffiers & Palfreniers Turcs. = Ecuyer & Page Turcs. = Maréchal de Camp Turc. = Le Prince de Condé, Empereur des Turcs. = Onze Devises pour la Quadrille des Turcs.

Indiens, quatrième Quadrille.

Timballier & Trompette Indiens. = Deux Estaffiers & Palfreniers Indiens. = Ecuyer & Page Indiens. = Maréchal de Camp Indien. = Le Duc d'Enguien, Roi des Indes. = Onze Devises pour la Quadrille des Indiens.

Américains, cinquième Quadrille.

Timballier & Trompette Américains. = Deux Maures portant des Singes & menant des Ours. = Deux Estaffiers & Palfreniers Américains. = Maréchal de Camp Américain. = Le Duc de Guise, Roi des Américains. = Onze Devises pour la Quadrille des Américains.

Comparse des cinq Quadrilles dans l'Amphithéâtre. = Course de Têtes dans l'Amphithéâtre. = Courses de Bagues.

Le Carrousel Royal fait dans la Place devant les Thuilleries ; le 5 Juin : *Poilly*, excud.

Le même : petite Pièce en long.

Le Triomphe des Prix du grand Carrousel Royal, donnés par leurs Majestés : *Poilly*, excud.

Plan de la Ville de Dunkerque, que le Roi retira des mains des Anglois, le 27 de Novembre. Dessiné & enluminé.

L'Entrée du Roi à Dunkerque, le 2 Décembre, en une grande Estampe de deux Feuilles : *Vandermeulen* ; inv. *de Hooghe*, fecit.

Les Cérémonies observées à la Réception de M. le Dauphin, dans la Confrairie du Rosaire, en présence de toute la Cour : *Claudine Stella*, delin.

Fours bâtis dans la Cour des Thuilleries, pour subvenir à la substance du peuple pendant la cherté du pain. Dessin lavé à l'encre de la Chine.

Protection des Sciences & des Beaux-Arts : Académie des Sciences établie dans la Bibliothèque Royale en cette année ; tiré du Père *Ménestrier*.

Le Fleuron Royal de l'Auguste Maison de Bourbon ; dédié à Mademoiselle ; par Ant. *De Fer*, en 2 Feuilles.

Deux Jettons de cette année.

Trois Médailles tirées du Père *Ménestrier*.

Six autres, tirées de l'Histoire du Roi par Médailles ; avec Explications.

1663.

Frontispice pour cette année.

Pyramide de la Maison de Longueville, aux Célestins, où le Duc Henri II. de Longueville, mort à Rouen le 11 Mai, fut apporté le 17 Juin suivant.

La même, en grand.

Profil de la Ville d'Avignon, dont le Roi s'empara sur le Pape, le 26 Juillet : *Israël Sylvestre*. Deux Planches.

Plan de la Ville de Marsal, investie par le Maréchal de la Ferté.

Profil de Marsal, en deux Planches : *Israël Sylvestre*, excud.

Siège de Marsal. Dessin lavé à l'encre de la Chine.

Marsal, pris par M. de la Ferté, le 4 Septembre : *Idem*.

Réduction de Marsal, dont le Duc de Lorraine apporte les Clefs au Roi, le 4 Septembre : *Le Clerc*, fec.

La même : Dessin en deux Feuilles, par de *Larmessin*.

L'Alliance des Suisses renouvellée à Paris, avec beaucoup de solemnité, le 28 Novembre : *Le Clerc*, fecit.

Grande Estampe où est le Portrait du Roi, & au bas le Lit de Justice du 25 Décembre, où il déclara quatorze Ducs & Pairs : *Mignard*, pinx. *Poilly*, sculpf.

Ecran de M. le Dauphin.

Un Jetton de cette année.

Quatre Médailles tirées du Père *Ménestrier*.

Cinq autres, tirées de l'Histoire du Roi ; avec Explications.

1664.

Frontispice pour cette année.

Les Etrennes Royales présentées à M. le Dauphin, par la main de la Vertu : *Poilly*, excud.

Plan de Gigeri, pris par le Duc de Beaufort, le 22 Juillet ; chez *Duval*.

Les Drapeaux pris sur les Turcs, envoyés au Roi, & portés à Notre-Dame le 21 Octobre.

Petite Carte des environs de Saint-Gothart (en Hongrie,) où se donna la Bataille contre les Turcs, le 1 Août.

Plan de cette Bataille : *Cochin*, sculpf.

La Bataille de Saint-Gothart : *Le Clerc*, fecit.

Arrivée du Cardinal Chigi, Légat, pour faire satisfaction de l'insulte faite à Rome à M. de Créquy.

Le Cardinal vient faire satisfaction au Roi. Joli Dessin, lavé à l'encre de la Chine.

Entrée du Cardinal Chigi, Légat *à latere* : Jean *Sauvé*.

concernant l'Histoire de France. 67

Réception du Légat.

Audience donnée par le Roi au Cardinal Chigi, venu Légat en France, pour faire au Roi satisfaction de l'insulte des Corses, le 9 Août : *Poilly*.

Le même conduit à l'Audience de Sa Majesté : petit bas-relief.

La paix de Rome avec la France : *Chauveau*.

Pyramide dressée à Rome en mémoire de cet événement, suivant le Traité de Pise, du 12 Février précédent : *Ragot*.

Pyramide du Traité de Pise, dressée à Rome à l'occasion de l'insulte faite par les Corses à M. de Créquy : *Le Pautre & Trouvain*.

Petit Plan de la Ville d'Erfort, prise par M. de Pradelle, le 15 Octobre, en 27 jours d'attaque ; & remise à l'Electeur de Mayence.

Vœu de la France pour la santé de la Reine.

Les Plaisirs de l'Isle enchantée, ou Fêtes de Versailles, commencées le 7 Mai 1664 ; en neuf Planches : *Israël Sylvestre*, fecit.

Frontispice représentant la vue du Château de Versailles, avec ce titre au bas : *Les Plaisirs de l'Isle enchantée, divisés en trois Journées*.

(Suivent les détails.)

Première Journée. = Marche du Roi & de ses Chevaliers. = Comparse du Roi & de ses Chevaliers. = Course de Bague. = Comparse des quatre Saisons. = Festin du Roi & des Reines.

Seconde Journée. = Théâtre sur lequel la Comédie & le Ballet de la Princesse d'Elide furent représentés.

Troisième Journée. = Théâtre dressé au milieu du grand Etang, représentant l'Isle d'Alcine. = Rupture du Palais.

L'Académie des Maîtres Peintres, détruite par l'Académie Royale.

Six Médailles tirées du Père *Ménestrier* ; & trois Jettons.

Cinq autres Médailles, tirées de l'Histoire du Roi ; avec les Explications.

1665.

Frontispice pour cette année.

Le Duc de Beaufort bat les Algériens à la hauteur de Tunis, en Avril.

Médaille frappée à l'occasion du Combat naval gagné le 13 Juin, par le Duc d'Yorck, sur les Hollandois, commandés par l'Amiral d'Obdam, qui y fut tué.

Combat naval, où le Duc de Beaufort défit les Algériens à la hauteur d'Alger, le 14 Août.

La Hollande demande du secours au Roi, qui leur envoye 10000 hommes, en Novembre.

Petite Carte de l'Isle de Madagascar, où l'on envoya une Colonie.

Séance des Grands-Jours à Clermont en Auvergne, le 26 Septembre : *in-fol*.

Le Roi protecteur des Sciences & des Arts : *Edelinck*, sculpt.

Plan au rez de Chaussée de la Manufacture des Gobelins, construite en cette année : *Lucas*, sculpt.

Plans & Elévations du Louvre & de ses différentes façades, en quatre grandes Feuilles : *Blondel*, inven. *Mariette*, excud.

Façade principale du Louvre.

Plan & Elévation de la Façade du Louvre, du côté qui regarde la rivière.

Plan & Elévation du côté du Louvre, vers la rivière, vu de la Cour à gauche.

Ces trois Pièces sont de *J. Marot*.

Représentation des Machines qui ont servi à élever les deux grandes pierres qui couvrent le Fronton de la principale Entrée du Louvre ; gravée en 1667, par *Séb. le Clerc*.

Magnificence de la Cour du Roi.

Deux Jettons de cette année.

Deux Médailles tirées du Père *Ménestrier*.

Quatre autres, tirées de l'Histoire du Roi ; avec Explications.

1666.

Frontispice pour cette année.

Les Etrennes présentées à M. le Dauphin, par la Sagesse & la Valeur : deux Pièces.

Tombeau de la Reine Anne d'Autriche, mère du Roi, morte le 20 Janvier ; âgée de 64 ans : *Israël Sylvestre*.

Pompe funèbre d'Anne d'Autriche, célébrée à Rome dans l'Eglise de S. Louis des François ; en trois Pièces : *Elpidio Benedetti*, inv. *Ant. Chezardi*, delin. *Georges Vidman & Jacques Delpo*, sculpt.

Plan de l'Isle de Saint-Christophle, d'où les François chassent les Anglois, & s'y établissent le 20 Avril.

Défaite des Anglois à la Rivière de Pelan, & Combat de Cayenne : deux Planches.

Feu d'artifice dressé sur la Saône, par les Doyen & Chanoines Comtes de Lyon, à l'honneur de S. Jean-Baptiste, le 24 Juin, jour de sa Fête.

Tombeau de Henri de Lorraine, Comte d'Hatcourt, mort le 25 Juillet, & du Chevalier son fils : *Thomassin*, sculpt.

L'Entrée & Procession triomphante de M. l'Evêque d'Orléans, le 19 Octobre : très-grande Estampe.

Petit Plan de la Ville de Rochefort, où le Roi fit faire un Port, & bâtir la Ville.

L'Académie des Sciences instituée en cette année : *Le Clerc*, fecit ; *Coyton*, excud.

Autre, différente : *Le Clerc*.

L'Académie des Sciences : *B. Picart*, inv.

Démonstration de la tête de cheval faite en l'Académie des Sciences : *Parocel*, inv. *Audran*, sculpt.

Les Conférences publiques : *Auroux*, fecit.

Portrait du Roi en Médaillon, & autres Ornemens.

Bienfaits du Roi dans cette année : *Ertinger*, fecit.

La France triomphante sous le Règne de Louis XIV.

Portrait du Roi, de la Reine & de M. le Dauphin : grande Estampe.

M. le Duc de Beaufort, Amiral de France, conduit & accompagne Marie-Françoise de Savoye, Reine de Portugal.

Deux Jettons de cette année, 1666.

Cinq Médailles, tirées du Père *Ménestrier*.

Huit autres, tirées de l'Histoire du Roi par Médailles ; avec Explications.

1667.

Frontispice pour cette année. Dessin.

Code Louis, publié au mois d'Avril : *Mellan*.

Estampe à l'honneur du Roi, au sujet de la Réformation de la Justice : *De Fer*.

Plan & Profil de la Ville de Charleroy, prise par M. de Turenne le 2 Juin, en trois Planches : *Le Pautre*, fecit.

Petit Plan de la Ville de Tournay, prise par le Roi le 26 Juin.

Siège de Tournay : *Séb. le Clerc*, sculpt.

Vue de Tournay du côté du vieux Château, en deux Planches : *Vandermeulen*, inv. *Cochin*, sculpt.

Autre, de la Ville de Douay, prise le 6 Juillet, en cinq ou six jours.

Tome IV, Part. II.

Arrivée du Roi devant Douay ; par *R. Bonnart*, en deux Planches.

Vue de l'Armée du Roi devant Douay ; par *R. Bonnart & Baudouin*, deux Planches.

Siège de Douay : *Séb. le Clerc*.

Vue de Courtray, pris par le Maréchal d'Aumont le 18 Juillet, du côté du vieux Château : *Baudouin & Scotin*, deux Planches.

Vue de la Ville & du Siège d'Oudenarde, pris par le Roi le 31 Juillet : *Vandermeulen*, inv. deux Planches.

Petit ovale représentant l'Assemblée de Breda.

Petit Plan de Breda.

La Paix faite à Breda le 31 Juillet, entre la France, l'Angleterre, la Hollande & le Dannemarck, avec les Réjouissances dont elle fut suivie : grande Estampe ; avec Explication en Flamand.

Autre Estampe différente, représentant les mêmes sujets ; avec Explication, en Flamand.

Petit Plan de la Ville de Lille, prise par le Roi le 27 Août, en neuf jours de tranchée ouverte.

Vue de Lille du côté de Fives ; par *Baudouin & Van-Huchtenburgh*, deux Planches.]

Défaite du Comte de Marsin & du Prince de Ligne, qui s'étoient avancés pour secourir Lille, par les Marquis de Crequy & de Bellefons, le 31 Août.

Entrée de la Reine dans Arras ; par *R. Bonnart* ; une grande Feuille.

La Fête aux Espagnols : *Boissevin*. = Le Capitan Ratodos dansant avec la Flandre hors de Cadence : *Lagniet*, excud. = L'Espagnol chassé de la Flandre : *Gagnières*, excud.

Les Justes Conquêtes du Roi dans la Flandre : grande Estampe.

Plans, Coupes & Élévations de l'Observatoire Royal de Paris ; en trois Pièces.

Plan des Caves de l'Observatoire.

Vue de l'Observatoire bâti à Paris pour les Mathématiciens : *Aveline*, sculpf.

Estampe représentant Minerve, tenant le buste du Roi en Médaillon ; dans le fond on voit l'Observatoire : *Coypel*, pinx. *Massé*, sculpf.

Etablissement de l'Académie d'Architecture, Peinture & Sculpture.

Autre Estampe sur le même sujet : *Mellan*, sculpf. = Estampe & Vignette sur la même Académie : *Cochin*, sculpf.

Le Roi donne audience jusqu'au plus pauvre de ses Sujets.

Le Roi dans sa Calèche, accompagné des Dames, dans le Bois de Vincennes ; grande Feuille : *Bonnart & Baudouins*.

Le Roi à la Chasse du Cerf avec les Dames ; grande Feuille : *Bonnart*.

La Reine allant à Fontainebleau ; grande Feuille : *Baudouins*.

Vue du Château de Fontainebleau, du côté du Jardin ; deux Planches : *Idem*.

Dîner du Roi Louis XIV. à l'Hôtel de Ville de Paris : *Le Clerc & Ertinger*.

Deux Jettons pour cette année, 1668.

Dix Médailles tirées du Père *Ménestrier*.

Dix autres, tirées de l'Histoire du Roi, par Médailles ; avec Explications.

1668.

Frontispice pour cette année.

Le magnifique Concert de la Triple Alliance, de l'Angleterre, la Hollande & la Suède, contre la France, par Traité du 23 Janvier.

Petit Plan de la Ville de Besançon, prise par le Prince de Condé, le 7 Février.

Plan de la Ville de Salins, prise par M. le Duc de Luxembourg, le même jour.

Plan de la Ville de Dole, prise par le Roi, le 14, en quatre jours.

Le Roi devant la Ville de Dole : *Vandermeulen*, inv. *Van-Huchtenburgh*, sculpf.

Prise de Dole en 1668 ; deux Planches : *Van-Huchtenburgh & Bauduins*.

Le triste Adieu des Espagnols aux Dames de Dole : *Lagniet*, excud.

Petit Plan de la Ville de Gray, prise par le Roi, après trois jours de tranchée ouverte, le 19 Février.

La Franche-Comté délivrée par le François du joug Espagnol : *Arnoult*, sculpf. *Lagniet*, excud.

Médaille frappée à l'honneur du Prince de Condé, au sujet de ses exploits en Franche-Comté.

Cérémonies du Baptême de M. le Dauphin, fait à Saint-Germain-en-Laye, le 24 Mars, par le Cardinal Antoine Barberin : *R. de Hooghe*, sculpf.

Le Baptême de M. le Dauphin : *Poilly*, excud.

Prognostic merveilleux sur l'étrange maladie du Sieur de Diégo d'Avalos. (Raillerie sur les Espagnols, au sujet du Traité d'Aix-la-Chapelle.)

Ratification du Traité de Paix fait à Aix-la-Chapelle, entre la France & l'Espagne, le 2 Mai : *Poilly*, excud.

Triomphe du Roi après la Paix, en deux Feuilles : Dessin au crayon ; par *de Larmessin*.

Cavalcade faite à la publication de la Paix.

Le retour de la Paix : *Mariette & Ferdinand*.

La Paix triomphante entre la France & l'Espagne : *Larmessin*, sculpf. grande Estampe.

Portraits de la Famille Royale, avec Cartouches représentant les Evénemens de cette année.

Fête de Versailles du 18 Juillet ; par *le Pautre*, en cinq Planches, sçavoir :

= Collation dans le petit Parc.
= Les Fêtes de l'Amour & de Bacchus.
= Festin dans le petit Parc.
= La Salle du Bal.
= Illuminations du Palais & des Jardins.

Un Jetton de cette année, 1668.

Cinq Médailles, tirées du Père *Ménestrier*.

Six autres, tirées de l'Histoire du Roi ; avec Explications.

1669.

Frontispice pour cette année.

Tableau des Nations de l'Europe, sous le Règne de Louis XIV. *Montcornet*, excud.

Médaille frappée au sujet de la Paix de l'Eglise, dite de Clément IX.

Plan de l'Isle de Candie, où le Roi envoya du secours aux Vénitiens contre les Turcs, le 5 Juin ; tiré de *Beaulieu*.

Vue & Profil de la Ville de Candie : *Idem*.

Plan de la Ville de Candie, assiégée par les Turcs : *De Hooghe*, sculpf.

Vue de cette Ville, prise par les Turcs le 30 Août.

Tombeau de Marie-Henriette, Reine d'Angleterre, morte à Colombe le 10 Septembre, âgée de 60 ans.

Mausolée de la Reine d'Angleterre, fait par ordre du Roi à ses Obsèques funèbres, en l'Abbaye de Saint-Denys, le 20 Novembre 1669 : *Marot*.

Représentation du magnifique Mausolée dressé par ordre du Pape, pour la décoration de la pompe funèbre faite le 23 Septembre 1669, en l'Eglise d'*Ara Cœli*,

concernant l'Histoire de France.

au Capitole de Rome, pour la mémoire de François de Vendôme, Duc de Beaufort, mort le 24 Juin 1669, en combattant pour la Foi Catholique devant la Ville de Candie : *Bernin*, inv. *P. Briffart*, sculpf.

La même, avec Inscription Latine.

Catafalque dressé pour le même sujet dans la Basilique de S. Marc de Venise : *Baldisera Longhena*, inv. *Ant. Bosius*, sculpf.

Audience de M. de Lyonne, donnée à Soliman Muftaferraga, le 5 Décembre ; Vignette : *le Pautre*, fc.

Audience donnée au même par le Roi : joli Dessin lavé à l'encre de la Chine.

Réception de M. de Nointel, Ambassadeur du Roi à la Porte Ottomane ; chez *Martin*, deux Planches.

Les abondances de la France produites par la force de son soleil : *N. Pecoul*, fecit.

Une Médaille tirée du Père *Ménestrier*.

Cinq autres, tirées de l'Histoire du Roi ; avec Explications.

1670.

Frontispice pour cette année.

L'Epoque de Louis-le-Grand, fixée à l'an de Jesus-Chrift 1670.

La Devise héroïque du Roi.

Huit grands sujets allégoriques à la louange de Louis-le-Grand.

Tombeau de M. de Souvré, Grand-Prieur de France, mort le 22 Mai.

Plan du Campement des Chevaliers de Neufville, dans le Parc de M. l'Archevêque de Lyon, pour le Prix Royal du Jeu de l'Arquebuse, rendu audit Neufville le 1 Juin ; très-grande Estampe en long : *Vander-Cubel*, fecit.

Tombeau de Madame, morte à Saint-Cloud le 30 Juin, âgée de vingt-six ans : *le Pautre*, sculpf.

Maufolée de cette Princesse, fait à Saint-Denys le 2 Août : *Idem*.

Maufolée du Duc de Beaufort, fait à Notre-Dame de Paris, le 13 Août : *Giffey*, inv. *le Pautre*, sculpf. (Le Duc de Beaufort étoit mort à Candie l'année précédente.)

Assemblée des Etats de Bretagne, où le Duc de Chaulnes présida. Grand Dessin à l'encre de la Chine.

Le Pont-neuf de Paris, & le Roi allant au Palais, en trois Planches : *Vandermeulen*, pinx. *Huchtenburgh*, sculpf.

Petit Plan de la Ville de Nancy, Capitale des Etats du Duc de Lorraine, qu'il fut obligé de quitter dans le mois d'Octobre.

L'Art militaire enseigné à M. le Dauphin par la Déesse des Sciences : *Poilly*, excud.

La Porte Saint-Antoine : *Scotin*, fecit.

L'Arc de Triomphe dressé à la Porte Saint-Antoine : *Lucas*, sculpf.

Le même : *S. le Clerc*.

Maufolée de René Potier, Duc de Tresme, mort en 1670 : *Berain*, fecit.

Une Médaille de cette année, tirée du Père *Ménestrier*.

Deux autres, tirées de l'Histoire du Roi ; avec Explications.

1671.

Frontispice pour cette année.

Arc de Triomphe de la Porte Saint-Denys.

Grand Médaillon de la Description de l'Hôtel Royal des Invalides : d'un côté est Louis-le-Grand, & de l'autre la Ville de Paris ; *Felicitas publica* : *Cochin*, fecit. Vignette.

Le Roi approuve le Plan de l'Hôtel Royal des Invalides : *Pierre Dulin*, inv. *Cochin*, sculpf. Vignette.

La Charité présente à Louis XIV. des Officiers & Soldats estropiés : *Cazes*, inv. *Cochin*, sculpf. (C'est le Frontispice de la Description de l'Hôtel des Invalides.)

Vue & Perspective de cet Hôtel : *Perelle*, sculpf.

Autre, avec le grand Autel ; en deux Pièces : *Aveline*, sculpf.

Plans, Coupes & Elévation de l'Hôtel des Invalides ; en huit morceaux : *Babel*, sculpf.

Départ du Roi, qui ordonne l'exécution du Plan de cet Hôtel.

Plan général des Fondations : *J. Marot*.

Plan général du Rez-de-Chaussée : *Idem*.

Quatre Plans des quatre étages, &c. *Idem*.

Vue & Perspective de l'Elévation générale, &c. deux Planches : *le Pautre*.

Plan général & géométral, fait à vue d'oiseau, de tous les bâtimens, &c. *J. Marot*.

Vue en Perspective de l'Elévation générale du côté de la Campagne : *Idem*.

Vue en Perspective de l'Elévation générale du côté de la Rivière : *le Pautre*.

Elévation de la principale entrée : *J. Marot*.

Elévation de la façade du derrière : *Idem*.

Elévation d'une face prise du côté de Paris : *Idem*.

Profil & Elévation de la Coupe générale, & de ses deux Eglises : *Idem*.

Profil & Elévation d'une autre coupe qui fait voir les faces des petites Cours en dedans, les Infirmeries, &c. *Idem*.

Profil & Elévation d'une autre Coupe qui fait voir les faces des petites Cours en dedans, du côté des Réfectoires, &c. *Idem*.

Profil & Elévation d'une autre Coupe, depuis la face du côté de Paris, jusqu'à celle du côté de S. Cloud, qui fait voir la face du fond de la Cour Royale, en dedans, &c. *Idem*.

Profil & Elévation d'une autre Coupe, depuis le côté de Paris jusqu'à celui du côté de Saint-Cloud, où l'on voit la face de la grande Cour Royale en dedans, du côté de la principale entrée, &c. *Idem*.

Coupe ou Vue intérieure, & Perspective de la magnifique Eglise : *F. S. de la Monce*, delin. *Scotin*, fc.

Plan général de la même Eglise : *Idem*.

Plan & Elévation en Perspective d'un des quatre Réfectoires : *le Pautre*.

Perspective de l'Hôtel & de l'Eglise des Invalides : *Lucas*, 1684.

Vue générale, Perspective & Coupe de cet Hôtel ; en dix-neuf Planches.

Vue, &c. & détails des Ornemens & Peintures de l'Eglise ; en 87 Planches. (Les principaux Graveurs de ces deux Articles sont, *Lucas*, *Cochin*, *Hériffet*, *Hortemels*, *Aveline*, *Foin*, &c.)

L'Hôtel des Invalides : deux Planches *in-fol*. *Chevolet* & *Hériffet*.

Louis-le-Grand, Epoque fixée à cette année : *le Clerc*, fecit.

La Prudence & la Valeur élèvent M. le Dauphin au Trône de la gloire : *Poilly*, excud.

Deux Médailles tirées du Père *Ménestrier*.

Une autre, tirée de l'Histoire du Roi par Médailles ; avec Explications.

1672.

Frontispice pour cette année.

Représentation du Maufolée érigé en l'Eglise des

Pères de l'Oratoire de la rue Saint-Honoré, par l'Académie de Peinture, à la mémoire de M. le Chancelier Seguier, le 5 Mai : *Lebrun*, inv. *le Clerc*, sculpſ.

Huit Figures du Mauſolée du Chancelier Seguier, mort le 28 Janvier 1672, en deux Planches : *C. Lebrun*, inv. *G. Audran*, sculpſ.

L'Académie Françoiſe au Louvre, au mois de Janvier.

Autre Eſtampe avec la Deviſe du Roi, & les Portraits en Médaillon du Cardinal de Richelieu, qui l'établit en 1637, & du Chancelier Seguier, mort le 28 Janvier de cette année. (Depuis la mort de ce dernier, elle eſt ſous la protection immédiate du Roi.)

Vignette emblématique ſur ce que le Roi tint le Sceau pendant trois mois, après la mort du Chancelier Seguier : *le Clerc*, inv. *Thomaſſin*, ſculpſ.

Ligue de l'Allemagne, de l'Eſpagne & de la Hollande, contre la France : *B. Picart*, ſculpſ.

Médaille ſur l'Alliance entre la France & l'Angleterre, contre la Hollande : *Dejant*.

La Réjouiſſance des Soldats François ſur la Déclaration de la guerre contre les Hollandois, du 6 Avril.

Deviſe pour le Roi ſur les préparatifs de la Campagne de 1672.

Les forces de la France, Portrait du Roi à cheval partant pour ſon Expédition de Hollande, le 26 Avril : *Jollain*, excud.

Le Lyon Belgique, ou Carte des dix-ſept Provinces.

Plan & Vue du Siège d'Orſoy, pris par le Roi en vingt-quatre heures, le 3 Juin : *le Clerc*, fecit.

Petit Plan de Burick, pris le même jour par M. de Turenne.

Autre Plan du Siège & Vue de la même Ville : *le Clerc*, fecit.

Petit Plan de Veſel, pris par M. le Prince, le 14 Juin.

Plan & Vue du Siège de Rhimberg, rendu au Roi le 6 Juin.

Petit Plan de la Ville de Réez, rendue au Prince de Condé, le 8 Juin.

Autre Plan & Vue du Siège de la même Ville : *le Clerc*, fecit.

Plan & Vue du Siège de la Ville & du Fort d'Emmerick, rendue au Prince de Condé le 10 Juin : *Idem*.

Le Paſſage du Rhin, le 12 Juin : *Dolivar*, ſculpſ.

Le même : *Vandermeulen*, delin. *Simonneau*, ſc.

Le même, tiré de *Quincy*.

Le même, en Vignette : *le Pautre*, fecit.

Le même, avec Cartouches : *Guérard*, fecit.

Petit Plan du Fort de Schenck, pris par M. de Turenne, le 19 Juin.

Autre Plan & Vue du Siège du même : *le Clerc*, fecit.

Plan & Vue du Siège de Doesbourg, pris par le Roi en deux jours de tranchée, le 21 Juin : *le Clerc*, fecit.

Le Roi victorieux pénétrant en Hollande : Vignette.

Plan & Vue du Siège d'Utrecht, qui ouvrit ſes portes au Marquis de Rochefort, le 24 Juin : *le Clerc*.

Plan & Vue du Siège de Nimègue, pris par M. de Turenne, après huit jours de Siège, le 8 Juillet : *Idem*.

Petit Plan de la Ville de Naërden, prife par M. le Marquis de Rochefort, le 12 Juillet.

Mort cruelle de Corneille & Jean de Wit, Penſionnaires de Hollande, le 20 Août, avec Vers Latins & Hollandois : *Fréderiq Boutas*.

Le même ſujet : *B. Picart*, ſculpſ.

Plan de Voerden, aſſiégé par le Prince d'Orange, & la Défaite des Hollandois par M. de Luxembourg, le 10 Octobre : *Briſſart*, inv. *Perelle*, ſculpſ.

La levée du Siège de Voerden, par le Prince d'Orange.

Cruautés des François à Bodegrave & Swammerdan, priſes le 28 Décembre ; en huit Pièces : *R. de Hooghe*, fecit.

Le même ſujet : *B. Picart*, ſculpſ.

Preſſe Françoiſe, miſe en Hollande, avec Vers Hollandois & François, ſur le même événement.

Les Villes de Hollande aux pieds du Roi : *Guérard*, fecit.

La Hollande malade.

La maladie incurable : *Lenfant*, excud.

La France triomphante en Hollande : très-grande Eſtampe.

La glorieuſe Conquête de Sa Majeſté de pluſieurs Villes de Hollande : *Lenfant*, excud.

Sonnet ſur la Hollande : *Idem*.

Louis XIV. triomphant après ſes Conquêtes ſur les Hollandois : *Edelinck*.

Copie d'un Tableau préſenté au Roi le 7 Décembre par le Sieur D. F. D. C.

Deviſes à la gloire du Roi, ſur ſes Conquêtes en Hollande.

Sept Emblêmes ſur les Hollandois.

Tombeau de Caſimir, Roi de Pologne, à Saint-Germain-des-Prés à Paris ; il mourut le 16 Décembre.

Tombeau de la Princeſſe de Conti.

Vue de la Porte Saint-Denys, qui commença à être bâtie cette année.

Autre : *Perelle*, ſculpſ.

Fêtes de l'Amour & de Bacchus repréſentées cette année ; en quatre Pièces.

Un Jetton de cette année.

Neuf Médailles, tirées du Père *Méneſtrier*.

Quatorze autres, tirées de l'Hiſtoire du Roi ; avec Explications.

1673.

Frontiſpice pour cette année.

Levée du Siège de Werle en Weſtphalie, où M. de Turenne défait ſix cens Cuiraſſiers Allemands, le 17 Janvier.

Vignette au ſujet de la Régale & de l'Edit du 10 Février à ce ſujet : *le Pautre*, fecit.

Combat naval entre les Flottes de France & d'Angleterre, & celle de Hollande, le 7 Juin, ſans aucun avantage de part & d'autre.

Autre Combat naval du 14 Juin, où le Prince Robert & le Comte d'Eſtrées eurent quelque avantage ſur l'Amiral Ruiter.

Le même Combat ; Gravure différente.

Petit Plan de la Ville de Maſtricht, priſe par le Roi le 29 Juin, après quatorze jours de tranchée.

Autre, tiré de *Quincy*.

Grand Plan des Fortifications & du Siège de Maſtricht. Deſſin lavé & coloré.

Arrivée du Roi devant Maſtricht, deux Planches : *R. Bonnart*.

Plan de la Ville & des Attaques de Maſtricht, aſſiégée par le Roi, & priſe le 30 Juin.

Autre : *Jaillot*.

Plan de la Ville & des Attaques de Maſtricht ; tiré de *Beaulieu*.

Vue du Siège de Maſtricht ; gravé en Hollande.

Autre Plan & Vue du même Siège : *Marot*, fecit.

La priſe de l'Ouvrage à corne de Maſtricht : *le Clerc*, fecit.

concernant l'Histoire de France.

La même, avec Cartouches & Devises : *Guérard*, fecit.

Jean de Suc qu'on se mocque de moi d'avoir perdu Maftricht.

Combat naval du 21 Août, entre les François & Anglois réunis contre les Hollandois, qui y furent mal menés.

Prise de Naerden par le Prince d'Orange, le 12 Septembre, après sept jours d'attaque ; gravée en Hollande.

Retour de cette Ville à son ancien maître : *Rom. de Hooghe*.

Prise de la Ville de Bonne & de plusieurs autres, par les Alliés, le 12 de Novembre ; gravée en Hollande.

Prise de la Ville de Trèves par le Marquis de Rochefort, le 15 de Novembre, après quinze jours d'attaque.

Petite Vue de la Ville & du Château d'Orange, que le Roi fait raser. (Il en avoit déja fait démolir les Fortifications en 1660.)

Vue de la Fontaine de la Porte S. Germain, construite en cette année.

Vues de celles de la rue S. Louis au Marais, = de S. Ovide, = de la Porte S. Denys, = de la Charité, = & des Petits Pères ; deux Feuilles : *Mariette*, excud.

Un Jetton de cette année, 1673.

Deux Médailles, tirées du Père *Méneftrier*.

Deux autres, tirées de l'Histoire du Roi ; avec Explications.

1674.

Frontispice pour cette année, orné de Cartouches représentant la Conquête de la Franche-Comté, avec Emblêmes : *Guérard*, fecit.

Vignette à l'honneur de M. d'Aligre, fait Chancelier de France le 8 Janvier : *N. Audran*, sculpf.

Plan & Vue du Siège de la Ville de Gray, prise le 28 Février par le Duc de Navailles, après cinq jours de tranchée : *le Clerc*, fecit.

Vue de la Ville de Gray, en deux Planches : *Baudouins*.

Vue de la Ville de Besançon du côté de Dole, en deux Planches : *Idem*.

Plan & Vue du Siège de la Ville de Besançon, prise par le Roi le 6 Mai : *Marot*, sculpf.

Le Roi assiégeant la Ville de Besançon : *Langlois*, excud.

Plan de la Ville & du Siège de Dole : *Idem*.

Autre Plan & Vue de cette Ville, prise par le Roi le 6 Juin : *Marot*, fecit.

Sortie de la Garnison de Dole, devant le Roi, la Reine & toute la Cour, le même jour : *Colin*.

Plan & Vue du Siège de Salins, prise par le Duc de la Feuillade, le 22 Juin, après huit jours de tranchée ouverte : *le Clerc*, fecit.

Autre petite Vue : *Langlois*, excud.

Vue de la Ville & Fauxbourgs de Salins, en deux Planches : *Baudouins*.

Vue de Saint-Laurent de la Roche : *Idem*.

Vue de Saint-Laurent de la Roche, du côté du Bourg : *Idem*.

Vue du Château Saint-Anne, en y entrant : *Idem*.

Vue du même, par derrière la montagne : *Idem*.

Vue du Château de Joux : *Idem*.

La Conquête de la Franche-Comté en 1674 ; sujet peint dans un des bouts de la Gallerie de Versailles, par *le Brun* : *Simonneau*, sculpf. en huit Pièces.

La Réduction de la Franche-Comté : *Ladan*, inv. & fecit.

La Franche-Comté conquise pour la seconde fois : *Lebrun*, pinx. *Cochin*, sculpf.

Le Trophée Royal des Victoires que la France a remportées sur la Franche-Comté : *Landry*, excud. en deux Feuilles.

Les Espagnols au bout de leur compte.

Le Grand effort du Castillan : *Lagniet*, excud.

Plan & Vue de la Bataille donnée à Sintzheim, & gagnée par M. de Turenne sur le Duc de Lorraine, le 16 Juin : *le Clerc*, fecit.

La même Bataille, tirée de *Beaulieu*.

La même, tirée des Mémoires de Feuquières : *Dheulland*, sculpf.

Plan de l'Isle de la Martinique, où les Hollandois furent battus à leur descente, par M. d'Amblimont, le 21 Juillet.

Assaut des Hollandois repoussés du Fort Royal de la Martinique, par M. le Chevalier de Sainte-Marthe, Gouverneur pour le Roi dans l'Isle, le 20 Juillet : *Briffart*.

Les François portent par-tout le fer & le feu dans le Palatinat, en Juillet : *Jean Luyken*.

Plan & Vue de la Bataille de Seneff, gagnée par le Prince de Condé le 10 Août : *le Clerc*, fecit.

La même Bataille : *Parocel*, pinx.

Autre, intitulée : La glorieuse victoire du Roi à Seneff.

La même : *Rom. de Hooghe*, fecit.

Petit Plan de la Ville d'Oudenarde, dont le Prince d'Orange fait le Siège.

Le Prince de Condé fait lever le Siège d'Oudenarde le 21 Septembre : *Boudan*, inv.

La Bataille d'Ensheim, gagnée par M. de Turenne le 4 Octobre : *Berey*, tirée de *Beaulieu*.

La même, tirée de *Quincy*.

Bataille d'Ensheim près Strasbourg, gagnée par l'Armée du Roi, commandée par le Vicomte de Turenne, sur les Armées Impériales & Confédérées, commandées par le Duc de Bournonville, le 4 Octobre 1674, par Daniel *Marot*, & Jean *Chaftillon*, Capitaine dans Champagne.

Ordre de la même Bataille : *Deffin*.

La Déroute des Marchands confédérés de fromage : Raillerie sur la Bataille d'Ensheim.

Prise de la Ville de Grave, par le Prince d'Orange, le 27 Octobre, gravée en Hollande.

Portrait du Roi à cheval, foulant aux pieds le Lyon d'Espagne.

Portrait & Trophée pour le Prince d'Orange : *Rom. de Hooghe*, en une grande Feuille.

Exécution du Chevalier de Rohan dans la Cour de la Bastille, le 28 Novembre. Joli Deffin à l'encre de la Chine.

Façades de la Porte S. Bernard, Arc de Triomphe à l'honneur de Louis XIV.

La même : *Perelle*, sculpf.

La Porte S. Martin.

Fêtes & Divertissemens de Versailles, en 6 Planches ; sçavoir : Première Journée ; Alceste, Tragédie : *le Pautre*, sculpf. = Seconde Journée ; Concert de Musique : *Chauveau*, fecit. = Troisième Journée ; le Malade imaginaire : *le Pautre*, (qui a gravé aussi les trois suivantes.) = Quatrième Journée ; Festin dont la Table étoit dressée au tour de la Fontaine. = Cinquième Journée ; Feu d'Artifice. = Sixième Journée ; Illuminations.

Deux Jettons de cette année, 1674.

Sept Médailles, tirées du Père *Méneftrier*.

Onze autres, tirées de l'Histoire du Roi ; avec Explications.

1675.

Frontispice pour cette année.

Ordre de Bataille des Armées Françoise & Allemande, entre Turcheim & Colmar, où le Maréchal de Turenne défit les Allemands, le 5 Janvier : Deſſin.

Meſſine ſecourue le 11 Février : *le Clerc*, fecit.

Petite Vue de la Ville & du Port de Meſſine.

Plan & Vue de Dinant, rendu au Maréchal de Crequy le 19 de Mai ; (le Château ne fut rendu que le 29 :) *le Clerc*, fecit.

Siège de Dinant, (en petit :) Idem.

Le même (en une grande Feuille :) *Vandermeulen*, pinx. *Bonnart*, ſculpſ.

Petit Plan de la Ville de Huy, priſe en ſix jours, par le Marquis de Rocheforrt, le 6 Juin.

Plan & Vue du Siège de la même Ville : *le Clerc*, fecit.

Petit Plan de Limbourg.

Le Siège & la Priſe de la Ville & du Château de Limbourg, pris par le Duc d'Anguien, le 21 Juin, après huit jours de tranchée ouverte : *Langlois*, fecit ; une grande Feuille.

Proceſſion de la Chaſſe de Sainte-Geneviève ; Eſtampe gravée pour la Confrairie ; par *le Pautre*.

Campement de M. de Turenne & de M. de Montécuculli, près la Ranchen : *d'Heulland*, tiré des Mémoires de Feuquières.

M. de Turenne eſt tué d'un coup de canon dans l'eſtomach, près de Salsbac, le 27 Juillet : *Jean Luyken*, inv. & fecit.

Le Portrait de M. de Turenne, avec Trophées, &c. Vignette : *Simonneau*, ſculpſ.

Repréſentation du changement arrivé en Allemagne par la mort de M. de Turenne : *Romain de Hooghe*.

Pompe funèbre & Convoi du corps de M. de Turenne, à Saint-Denys, où le Roi le fit enterrer, le 29 Août ; & Trophées à ſa gloire : *Sevin*, inv. *Trouvain*, ſculpſ.

Tombeau de M. de Turenne à Saint-Denys : *Lebrun*, inv. *Simonneau*, ſculpſ.

Autre, en Vignette : *Cochin*, fecit.

Autre Tombeau de Henri, Vicomte de Turenne, à Saint-Denys : *Simonneau*, grande Feuille.

Catafalque à la mémoire de Henri de la Tour-d'Auvergne, Vicomte de Turenne : *P. Sevin*, inv. *Ant. Trouvain*, ſculpſ.

Mauſolée du même : *Berain*, fecit.

Proſopopée de M. de Turenne : *Sevin*, inv. *Gantrel*, ſculpſ.

Médaille frappée à ſon ſujet.

Godefroy-Maurice de Bouillon, avec ſes deſcendans.

Deux Vignettes à l'honneur de la Maiſon de Turenne : *Seb. le Clerc*.

Vue du Siège & priſe de la Ville d'Agouſta, par M. de Vivonne, le 17 Août, en douze jours d'attaque : *J. Vanbecq*, pinx. *Fouart*, ſculpſ. en une grande Feuille.

Plan & Vue du Siège de cette Ville : *le Clerc*, fec.

Petit Plan de la Ville de Haguenau, dont M. le Prince fit lever le Siège à Montécuculli, le 22 Août.

Autre, de la même.

Vue de la Ville de Trèves, priſe par le Duc de Lorraine le 6 Septembre : *Cochin*, ſculpſ.

Monument à la mémoire de Céſar, Duc de Choiſeul du Pleſſis-Praſlin, Maréchal de France, mort à Paris âgé de 78 ans, le 23 Décembre.

Le François Alchimiſte : Eſtampe allégorique & ſatyrique, gravée en Hollande.

La France miſe en balance avec ſes ennemis, ou la Balance des Affaires d'Etat & de la Guerre entre les Puiſſances Chrétiennes. (Pièce ſatyrique contre la France :) *Romain de Hooghe*, en une grande Feuille.

L'Alliance de Mars & de Minerve, ou la gloire des Armes, des Sciences & des Arts, ſous le Règne de Louis-le-Grand, très-grande Eſtampe : *Noblin*, ſculpſ.

Loterie Royale tirée en cette année.

Trois Jettons de cette année.

Cinq Médailles tirées du Père *Méneſtrier*.

Huit autres, tirées de l'Hiſtoire du Roi ; avec Explications.

1676.

Frontiſpice pour cette année.

Combat Naval à la vue de Stromboli, où M. du Queſne bat l'Amiral Ruiter, & ſecourt Meſſine, le 9 Janvier : *Seb. le Clerc*, fecit.

Grand Plan de la Ville de Meſſine, à la hauteur de laquelle le Maréchal de Vivonne défait 7000 Eſpagnols le 25 Mars : *Beaurain*.

Obéliſque trouvé à Arles, & élevé à la gloire du Roi le 20 Mars.

Le même, avec quatre Inſcriptions.

Bataille Navale donnée près d'Agouſte, où M. du Queſne bat l'Amiral Ruiter, qui y fut bleſſé à mort le 22 Avril : *le Clerc*, fecit.

Profil de la Ville de Condé : *Cochin* ; tiré de *Beaulieu*.

Ordre de Bataille de l'Armée Françoiſe à l'arrivée de celle des Alliés pendant le Siège de Condé.

La priſe de Condé par le Roi le 26 Avril ; Cartouche : *Langlois*.

Mai élevé dans la Cour des Gobelins à M. le Brun : *le Clerc*, fecit.

Autre Figure du même, en une grande Feuille.

Petit Plan de la Ville de Bouchain, priſe par Monſieur, le 11 Mai.

Plan & Vue du Siège de la même Ville : *le Clerc*, fecit.

Priſe de cette Ville, en Cartouche : *Langlois*.

Le Roi range ſes Troupes pour livrer bataille au Prince d'Orange, près de Valenciennes, ſans pouvoir l'y engager ; Cartouche avec Emblèmes : *Guérard*, ſculpſ.

La grande Victoire Navale remportée par M. de Vivonne ſur les Eſpagnols & les Hollandois, devant Palerme, le 2 Juin.

La même ; Cartouche en deux Pièces : *Langlois*.

La même : *le Clerc*, fecit.

Le juſte châtiment de Dieu ſur nos perfides ennemis, & notre victoire ſur eux remportée à Palerme : *L. D F.* Eſtampe emblématique en rond.

Plan & Vue de la Ville d'Aire, priſe par le Maréchal d'Humières, le 31 Juillet : *le Clerc*, fecit.

Deux autres petits Plans de cette Ville.

Deux Vues de la même, dont une gravée par *Cochin*.

Autre Plan de cette Ville : *Inſelin*.

Carte du Gouvernement d'Aire.

La Priſe de cette Ville, en deux Cartouches : *Langlois*.

Le Maréchal de Schomberg fait lever le Siège de Maſtricht au Prince d'Orange, après cinquante jours d'attaque, le 27 Août : *Langlois*. Grande Feuille.

La honteuse fuite du Prince d'Orange devant la Ville de Maftricht : *Moncornet*, sculpf. en rond.

Plan du Siège de Philisbourg, par le Duc de Lorraine ; M. du Fay qui la défendoit, ne la rendit qu'après soixante-dix jours de tranchée ouverte, & faute de poudre, le 17 Septembre : *le Clerc*, fecit.

Le même Siège, en deux Feuilles : *Rom. de Hooghe*.

Plan & Vue de l'Escalette, prise par M. de Vivonne, le 8 de Novembre : *le Clerc*, fecit.

Un Jetton & quatre Médailles, tirées du Père *Méneftrier*.

Huit autres, tirées de l'Hiftoire du Roi ; avec Explications.

1677.

Frontifpice pour cette année.

Grande Eftampe emblématique, & Trophée offert au Roi, au commencement de l'année ; par *Jean d'Eftrehan*.

Petit Plan de Valenciennes, prise d'affaut le 17 Mars.

Plan & Vue du Siège de Valenciennes : *Dolivar*, sculpf.

Prise de cette Ville ; petit Cartouche.

La même : *Vandermeulen*, pinx. *Bonnart*, sculpf.

Difpofition des armées pour la Bataille de Caffel : *Mariette*, excud.

Plan & Vue de la Bataille de Caffel, gagnée par M. le Duc d'Orléans contre le Prince d'Orange, le 11 Avril : *Séb. le Clerc*, fecit ; en une grande Feuille fans ornemens.

Plan de la même Bataille : *Ertinger*; tirée de *Beaulieu*.

L'Armée du Prince d'Orange défaite (à Caffel :) *R. Bonnart*; en une grande Feuille.

La Bataille de Caffel, avec Ornemens : *le Clerc*, sculpf.

La même, tirée de *Quincy*.

La même en petit : *le Clerc*.

Autre, dans un Cartouche.

Autre : *Parocel*, inv.

La même : Deffin au biftre.

Médaille frappée à l'honneur du Duc d'Orléans au fujet de cette Bataille : *Lahaye*.

Petit Plan de la Ville de Cambray.

Autre Plan & Vue du Siège de cette Ville, prise par le Roi le 17 Avril : *le Clerc* & *Chaftillon*.

Vue de la Ville & Citadelle de Cambray : *Fr. Ertinger*; tirée de *Beaulieu*.

Le Roi attaque la Citadelle de Cambray : *R. Bonnart*; en une grande Feuille.

Plan & Vue de cette Citadelle, rendue le 10 Avril : *Idem*.

Prise de la Ville de Cambray ; en Cartouches avec Emblêmes & Ornemens : *Guérard*, sculpf.

Autre : *Vandermeulen*, pinx. *Bonnart*, sculpf. en une grande Feuille.

Autre. Deffin au biftre.

La paix fouhaitée par les Nations ; dans le fond on voit la Ville de Valenciennes & la Bataille de Caffel : *Landry*, excud.

Plan & Vue de la Ville de Saint-Omer, prise par Monfieur, le 10 Avril.

Autre Plan & Vue du Siège de cette Ville : *le Clerc* & *Chaftillon*.

Vue & Profil de cette Ville : *Cochin*, sculpf.

Saint-Omer, vu du côté du Fort de Bournonville : *R. Bonnart*, en une grande Feuille.

Siège de Saint-Omer, en petit ; *Séb. le Clerc*, fecit.

Campement de l'Armée du Roi & de celle du Prince d'Orange, près Louvain : *d'Herman*, delin. *Fr. Ertinger*, sculpf.

Combat donné au paffage du Col de Bagnols, par M. le Maréchal de Navailles, contre les Efpagnols qui y furent battus, le 4 Juillet : *Parocel*, inv. & fecit.

Petit Plan de Charleroy, dont le Prince d'Orange lève le Siège le 14 Août.

Combat de Cokesberg, gagné fur les Impériaux le 8 Octobre.

Médaille & Armoiries de Michel le Tellier, nommé Chancelier de France le 10 Octobre.

Petit Plan de la Ville de Fribourg, affiégée & prise par M. de Créquy, le 20 Novembre.

Plan & Vue du Siège de Fribourg : *le Clerc* & *Chaftillon*.

Petit Plan du Fort de Tabago, pris par le Comte d'Eftrées le 12 Décembre.

Le Chapelet de l'Efpagnol qui fe défile.

Trois têtes dans un bonnet : Eftampe allégorique contre les Alliés.

Deux Jettons de cette année.

Six Médailles, tirées du Père *Méneftrier*.

Dix autres, tirées de l'Hiftoire du Roi ; avec Explications.

1678.

Frontifpice de cette année. Cartouche avec Emblêmes au fujet de la Paix, & du Roi triomphant de la Triple Alliance : *Guérard*, sculpf.

Petit Plan de la Ville de Gand, affiégée par le Roi le 4 Mars.

Autre, avec la Vue de cette Ville.

Le Siège de la même Ville, prise le 9.

Autre, avec le Plan : *Dolivar*.

Sortie de la Garnifon le 12 : *Idem*.

L'Efpagnol fans Gand : *le Blond*, excud.

Plan de la Ville & du Siège d'Ypres, par le Roi.

Autre, avec Ornemens : *Marot*, fecit.

Autre Siège de cette Ville, prise le 25 Mars.

Prise de la Contrefcarpe de la Citadelle : *le Clerc*, fecit.

Les Clefs de la Ville font apportées au Roi ; en un Cartouche avec Emblêmes : *Guérard*, sculpf.

Plan de la Ville & Citadelle de Leuve, furpris par M. de la Breteche, le 4 Mai.

Vue de cette Ville : *Vandermeulen*, pinx. *Ertinger*, sculpf.

Plan de Rhinfelds, bombardée par le Duc de Joyeufe, le 7 Juillet.

Petit Plan du Fort de Keel, pris & démoli par le Maréchal de Crequy, le 27 Juillet.

Autre, différent.

Bataille de Saint-Denys, proche Mons, gagnée par le Duc de Luxembourg contre le Prince d'Orange, qui vouloit le furprendre, le 14 Août, en deux Pièces : *R. de Hooghe*, pinx.

La Comteffe de Hollande à l'article de la mort, âgée de cent ans ou environ.

Plan de Nimègue, où la Paix fut conclue le 10 Août, entre la France & la Hollande, & entre la France & l'Efpagne, le 17 Septembre.

Affemblée de Nimègue : Deffin au biftre, en deux Feuilles : *Delamonce*, delin.

La Hollande accepte la Paix : *le Brun*, inv. *B. Picart*, sculpf.

La Paix établie à Nimègue ; Cartouches avec Emblêmes & Devifes : *Coffin*, sculpf.

Places qui demeurent à la France par le Traité de Nimègue, avec celles que le Roi veut bien rendre pour le repos de l'Europe : Ensemble un Discours au Roi ; par *Denize.*

Minerve assise sur un Trophée d'armes, avec un bouclier, sur lequel il se trouve treize Emblêmes au sujet de la Paix de Nimègue ; par *Ant. Trouvain.*

Treize Emblêmes en Médailles au sujet de ladite Paix : en six Planches.

Grande Estampe allégorique sur cette Paix : *Romain de Hooghe.*

Publication de la Paix faite à Paris le 29 Septembre.

Autre, en une grande Estampe : *Langlois,* excud.

Six Médailles frappées à ce sujet.

Villes que le Roi s'est réservées par le Traité de Paix : Arbre avec Cartouches.

Deux petits Plans de Charlemont & de Maubeuge, Villes acquises à la France par le Traité.

Réjouissance générale des François touchant la Paix.

La Paix, ou le Trousse-bagage de la guerre : grande Estampe.

Le Roi triomphant : *le Pautre,* fecit.

Médaillon fait à la gloire du Roi sur cette dernière guerre & sur la Paix ; avec Explication : *Bertinet,* inv.

Emblêmes de l'Arc de Triomphe dressé en 1678, pour la Fête du Perroquet à Montpellier.

Devises dont on s'est servi en cette année dans la Fête de la Bravade, qui se fait tous les ans à Aix en Provence.

Prix institués au Collège des Jésuites de Rouen, pour exciter l'émulation de la jeunesse.

Vue du Port de Cette, en Languedoc : *Rigaud,* sculps.

Modes de cette année : *le Clerc,* fecit.

Vingt-cinq Médailles de cette année, tirées du Père *Ménestrier.*

Huit autres, tirées de l'Histoire du Roi ; avec Explications.

1679.

Frontispice de cette année.

Portrait du Roi, au sujet de ses Victoires, & de la Paix qu'il a donnée à l'Europe : *Coffin,* sculps.

Groupe de marbre fait par Dominique Guidi, à l'honneur du Roi.

Les effets de la puissante protection du Roi envers ses Alliés, au sujet de la restitution faite au Roi de Suède par l'Empereur, suivant le Traité conclu à Nimègue, le 5 Février : *Langlois,* excud. deux Feuilles.

Pompe funèbre d'Anne-Geneviève de Bourbon-Condé, Epouse de Henri II. d'Orléans, Duc de Longueville, morte le 15 Avril.

Portrait de Mademoiselle, fille aînée de M. le Duc d'Orléans, dont le Contrat de Mariage avec le Roi d'Espagne fut signé à Fontainebleau le 30 Août, avec son Manteau de cérémonie : *Trouvain,* sculps.

Cérémonie du Mariage de Charles II. Roi d'Espagne, avec Marie-Louise d'Orléans, faite par procureur à Fontainebleau, dans la belle Chapelle, le 31 Août : *Brissart,* sculps.

La Cérémonie du Mariage en Espagne, avec les Fêtes qui l'ont accompagnée ; au milieu se voit le Portrait de la nouvelle Reine, vêtue à l'Espagnole : *Harreyen,* fec. *Philib. Bouttats,* excud.

La Chasse Royale.

Première Entrevue secrette de Louis XIV. avec Mademoiselle de Fontange, dans un bois, en revenant de cette Chasse : *B. Picart,* fecit.

Armoiries de Marie-Angélique des Corailles, Duchesse de Fontange ; en deux Planches.

Vingt-une Devises, ou Jettons frappés pour M. le Chancelier, & pour MM. Colbert & de Louvois.

Deux Jettons de cette année.

Onze Médailles, tirées du Père *Ménestrier.*

Deux autres.

Deux autres, tirées de l'Histoire du Roi ; avec Explications.

1680.

Frontispice de cette année.

Le Palais du Soleil, grande Estampe dédiée au Roi ; par Charles *le Brun,* au sujet de l'application de ce Monarque à faire fleurir les Arts & les Sciences.

Petit Groupe à l'honneur du Roi : *Senauli,* sculps.

Petit Portrait du Roi en Médaillon, orné de Figures emblématiques.

Grand Portrait du Roi en pied, donnant ses ordres pour fortifier ses Villes frontières.

Plan d'Humingue, & du Fort qui y fut construit cette année.

La Comédie de la Devineresse, au sujet de la Voisin ; brûlée le 22 Février : *Blageart,* excud. en 2 Feuilles.

La Devineresse, ou les faux Enchantemens, avec le Portrait de la Voisin.

La Réception faite par le Roi & M. le Dauphin, à Madame la Dauphine, lors de son arrivée près de Vitty-le-François, le 6 Mars.

Cérémonie du Mariage de M. le Dauphin avec la Princesse de Bavière, faite à Chaalons-sur-Marne, le 7 Mars, par M. le Cardinal de Bouillon.

Belle Vignette sur le même sujet : *B. Picart,* inv. & fecit.

Décoration faite pour ce Mariage ; très-joli Dessin au crayon : *P. Sevin,* fecit.

Le Temple du bonheur, dédié à M. le Dauphin ; *Coypel,* junior, inv. & fecit.

Neuf Emblêmes à cette occasion.

Vue de la Fête donnée dans les Jardins de Versailles à ce sujet : *Berain,* inv.

Obélisque élevé à la gloire de Monseigneur le Dauphin, par M. Gauthier, dans son Jardin de Plombières, proche Dijon.

Le Voyage du Roi en Flandres, & la Réception faite à Sa Majesté à Lille, & autres Villes des Pays conquis : *Langlois,* excud.

Portrait de la Comète apparue le 26 Décembre, la plus grande qu'on ait jamais vue : *Marinari,* excud.

Trophée & Médaillon pour le Parlement de Rouen ; en deux Feuilles.

Emblême en Médaille, au sujet des 60000 Matelots levés & entretenus : *J. Dolivar.*

Petit Plan du Fort de Toulon, construit & fortifié cette année.

Vue du Port vieux de Toulon : *Ozanne,* inv. & sc.

Un Jetton de cette année.

Quatre Médailles, tirées du Père *Ménestrier.*

Sept autres, tirées de l'Histoire du Roi ; avec Explications.

1681.

Frontispice pour cette année.

Char de Triomphe de la Montagne, que le Marquis del Carpio fit tirer par seize chevaux au Carnaval de 1681 : *T. del Po.* sculps. (à Rome.)

Fête & Illuminations faites par le Marquis del Carpio, Ambassadeur d'Espagne à Rome, à l'occasion du

Jour de la Naiſſance de Marie-Louiſe, Reine d'Eſpagne. Cette Planche eſt dédiée au même Ambaſſadeur; par *Joſeph Tiburtio Vergelli*, à Rome le 24 Septembre 1681.

Carte du Canal de Languedoc, ſur lequel on commença à naviguer le 19 Mai.

Petit Plan de la Ville de Strasbourg, remiſe au Roi par Capitulation, le 20 Septembre.

Trois Vues de cette Ville, dont une grande, par *Perelle*, & une autre avec Médaillons & Deviſes.

M. de Chamilly, Gouverneur de Strasbourg, préſente les Magiſtrats de cette Ville au Roi, qui y fait ſon Entrée le 23 Novembre.

Entrée du Roi dans la Ville de Strasbourg : Cartouche.

Médaille frappée à cette occaſion.

Petit Plan de la Ville & du Château de Caſal, dont M. de Boufflers prit poſſeſſion le 30 Septembre.

La Citadelle de Caſal remiſe à l'obéiſſance du Roi : petit Médaillon.

Réjouïſſances pour l'heureux retour du Roi : *Landry*, excud.

Les Travaux du Roi pendant la Paix.

Thèſe dédiée au Prince de Condé : *Ertinger*, ſc.

Syſtême Royal : *Michault*.

Cadran horizontal : *Idem*.

Deux Jettons de cette année.

Dix Médailles, tirées du Père *Méneſtrier*.

Cinq autres, tirées de l'Hiſtoire du Roi ; avec Explications.

1682.

Frontiſpice pour cette année, repréſentant l'Accouchement de Madame la Dauphine ; avec Ornemens.

Deux Vignettes au ſujet de la Régale, en Janvier & Février : *le Pautre*, ſculpſ.

Aſſemblée du Clergé & rédaction des quatre Propoſitions, en Mars : *Marot*.

L'Egliſe Gallicane, ou la Tour de David : Pièce emblématique au ſujet de la Déclaration du Clergé, du mois de Mars.

Deux Vignettes allégoriques ſur le même ſujet : *le Pautre*, ſculpſ.

Plan de la Ville de Luxembourg, que le Roi fait bloquer en Mars.

Verſailles immortaliſé, ſur ce que le Roi y établit ſa demeure le 6 Mai : *Duflos*, ſculpſ.

Eſtampe emblématique à ce ſujet : *Weugels*, pinx. *Thomaſſin*, ſculpſ.

Médaille frappée au ſujet de l'Inſtitution de ſix Compagnies de Cadets, le 22 Juin : *Ertinger*, fecit.

Généalogie du Duc de Bourgogne, né le 6 Août.

Naiſſance du Duc de Bourgogne, avec les Réjouïſſances faites à Paris, en Médaillons : *Langlois*.

Le beau jour de la France, & le jeune Prince ondoyé par le Cardinal de Bouillon : *Bertrand*, excud.

M. de Seignelay, Tréſorier de l'Ordre, apporte de la part du Roi la Croix du Saint-Eſprit à M. le Duc de Bourgogne : *Idem*.

Louis XIV. mettant le Cordon bleu à M. le Duc de Bourgogne : *Watteau*, pinx. *de Larmeſſin*, ſculpſ.

Repréſentation de l'appareil que les PP. Jéſuites du Collège de Louis-le-Grand ont fait dans la Cour des Claſſes pour la Naiſſance du Duc de Bourgogne, les 24, 25 & 26 Août 1682 ; par *Gantrel*.

Feu d'artifice pour cette Naiſſance.

Jeu de l'Oiſon ſur la Rivière, & Feu d'artifice tiré ſur l'eau le 25 Août : *Langlois*, excud. deux Pièces.

Les mêmes Réjouïſſances, en une même Feuille.

L'Illumination de la Gallerie du Louvre : *Langlois*, excud.

La même : *Marot*, fecit.

Plan du Canal de Verſailles avec la grande Mer, le Feu d'artifice, &c. *le Blond*.

Char de Triomphe à Dijon, au ſujet de la Naiſſance du Duc de Bourgogne : *Dubois*, inv. *le Boſſu*, ſculpſ.

Le même : *Dolivar*, ſculpſ.

Figure du Feu d'artifice tiré à Dijon : *Dubois*, inv. *le Boſſu*, ſculpſ.

Fêtes données à Ratisbonne par M. Verjus, pour le même ſujet ; en ſix Planches.

Epigramme & Inſcription à la gloire du Roi.

Tumulte arrivé à Paris en 1682.

Trois Feuilles repréſentant le Plan général & les profils de la Machine de Marly, commencée au mois de Septembre : *Mariette*, excud.

Vue de la Machine de Marly.

Quatre Plans du Château, Jardins & Parc de Marly : *Mariette*.

Un Jetton de cette année.

Deux Médailles, tirées du Père *Méneſtrier*.

Trois autres, tirées de l'Hiſtoire du Roi ; avec Explications.

1683.

Frontiſpice pour cette année.

Louis-le-Grand : Eſtampe emblématique : *G. Audran*, inv. & ſculpſ.

Nôce de Village repréſentée à la Cour, par M. le Dauphin, au Carnaval. (*Voyez* le *Mercure Galant*, Mars, 1683, p. 337.) *Berain*, inv. *le Pautre*, ſculpſ.

Plan de Sarlouis, où le Roi fait un Voyage au mois de Mai, pour en viſiter les Fortifications.

Pièce en Médaille, intitulée : *Sarlouis bâti*, 1683.

Petit Plan de la Ville d'Alger, que le Roi fit bombarder une ſeconde fois, les 26 & 27 Juin.

Autre, avec l'ordre de l'attaque ; & Explication.

Le Deuil de la France, au ſujet de la mort de Marie-Thérèſe, Reine de France, le 30 Juillet : *Moncornet*, excud. en deux Feuilles.

Mauſolée pour Marie-Thérèſe d'Autriche, Reine de France : *J. Berain*, inv. *D. Marot*, ſculpſ.

Seize Emblèmes pour le même ſujet : *Benoît*, inv. *Marot*, ſculpſ.

Seize autres Emblèmes pour le même ſujet : *D. Marot*.

Mauſolée de la Reine à Notre-Dame de Paris, le 4 Septembre ; dans des Médaillons à côté, on voit les autres Pompes funèbres de Paris & des Provinces : deux Feuilles.

Autre Mauſolée fait à Saint-Germain-des-Prés, le 15 Septembre : *Benoît*, inv. *Marot*, ſculpſ.

Le même : *Langlois*.

Tombeau de M. Colbert, mort le 6 Septembre, âgé de 64 ans.

Armoiries du même, dans une grande Vignette repréſentant la protection qu'il accordoit aux Arts.

Plan de la Ville de Vienne, aſſiégée par les Turcs, & dont le Roi de Pologne fait lever le Siège le 12 Septembre : *S. le Clerc*, fecit.

Petit Plan de la Ville de Courtray, rendue au Maréchal d'Humières, le 6 Novembre.

Plan de Luxembourg, violemment bombardée par le Maréchal de Crequy, le 19 Décembre.

Médaille frappée à l'occaſion de la Naiſſance du Duc d'Anjou, le 19 Décembre : *J. le Pautre*, ſculpſ.

Six Médailles de cette année, tirées du Père Méneſtrier.

Huit autres, tirées de l'Hiſtoire du Roi ; avec Explications.

Trois autres, en une ſeule Planche ; avec Ornemens : *Berain*, inv. *Ertinger*, ſculpſ.

1684.

Frontiſpice pour cette année.

La France victorieuſe ſur les Algériens : Cartouche.

Attaques de la Ville de Gènes : *Berey* ; tirée de *Beaulieu*.

Les attaques de Gènes, le 24 Mai ; tiré de *Quincy*.

Gènes foudroyée par M. du Queſne, depuis le 17 juſqu'au 28 Mai.

Petit Plan de la Ville de Gironne, priſe d'aſſaut par le Maréchal de Belleſons, le 26 Mai.

Plan de la Ville de Luxembourg, aſſiégée par le Roi, & priſe le 4 Juin.

Le même, tiré de *Quincy*.

Vue de Luxembourg, du côté des bains de Mansfeld : *Vandermeulen & Bonnart*, en une grande Feuille.

Siège de Luxembourg. Deſſin à la plume, enluminé.

La Priſe de Luxembourg ; en une grande Feuille.

Médaille frappée à ce ſujet.

Priſe du Cap de Quiers en Catalogne, le 12 Juin.

Les Algériens viennent faire ſatisfaction au Roi, le 4 Juillet.

Combat de M. de Relingue le 10 de Juillet, contre vingt-cinq Galères Eſpagnoles, dans la Méditerranée.

Concluſion de la Trève pour vingt ans, à Ratisbonne, le 10 Août.

Ratification de la Trève par Sa Majeſté, le 24 Septembre.

Publication de la Trève à Paris, le 5 Octobre.

Audience donnée aux Ambaſſadeurs de Siam, dans la Gallerie de Verſailles, le 27 Novembre : *Sevin*, delin. *Vermeulen*, fecit.

La même : *Séb. le Clerc*, fecit.

La même, au ſimple trait : *Idem*.

Autre.

Les préſens du Roi de Siam au Roi de France : *Dolivar*, fecit.

Les Ambaſſadeurs de Siam viſitent l'Arſenal de Paris.

La France & ſes nouvelles Acquiſitions : *Langlois*.

Eſtampe énigmatique à la gloire du Roi : *le Clerc*, fecit.

Louis en terre eſt radieux : *Gervais*.

Monument à l'honneur de Louis XIV. pareil à celui de la Place des Victoires : *Langlois*.

Médaille frappée à l'honneur du Chancelier le Tellier.

Onze Jettons de cette année.

Deux autres, tirés du Père *Méneſtrier*.

Quatorze Médailles, tirées du même.

Cinq autres, tirées de l'Hiſtoire du Roi ; avec Explications.

1685.

Frontiſpice pour cette année.

Aſſemblée du Sénat de Gènes, où l'on convient d'envoyer en France le Doge, pour faire ſatisfaction au Roi.

Portrait du Doge, dans ſes habits de Cérémonie.

Audience donnée au Doge de Gènes, qui fait ſatisfaction au Roi, le 15 Mai.

La même Cérémonie : *Larmeſſin*, ſculpſ.

Harangue du Doge à Sa Majeſté. Eſtampe en rond.

Audience donnée par le Roi aux Ambaſſadeurs de Moſcovie le 22 Mai : *Larmeſſin*, ſculpſ.

Plan de l'Amphithéâtre du Carouſel fait à Verſailles, par M. le Dauphin, les 4 & 5 Juin.

Deviſes ou Boucliers des douze Chevaliers de ce Carouſel : grande Feuille.

La Courſe des Mitrons, ou la fâcheuſe aventure des Mitrons, à leur retour du Carouſel de Verſailles, le 5 Juin.

Le Régal des Boulangers, allant voir le Carouſel à Verſailles.

Le grand Carouſel des Mitrons.

Plan de la Ville de Tripoli & de ſes Attaques, par le Maréchal d'Eſtrées, le 22 Juin : *Fouard*, ſculpſ. tiré de *Beaulieu*.

Hiéroglyphe à la gloire du Roi, au ſujet de ſes Victoires ſur les Tripolitains, par l'Abbé de *Catelan* ; avec Explication.

Cérémonie du Mariage de M. le Duc de Bourbon, avec Mademoiſelle de Nantes, légitimée de France, faite à Verſailles le 24 Juillet.

Bataille de Gran, gagnée ſur les Turcs par le Duc de Lorraine, le 16 Août : *le Clerc*, fecit.

Le Triomphe des Chrétiens, même ſujet : *Landry*, ſculpſ. en deux Feuilles.

Révocation de l'Edit de Nantes, le 22 Octobre : *Jean Luyken*, inv. & ſculpſ.

Révocation de l'Edit de Nantes : Frontiſpice de l'Edit de Nantes : in-4.

Pièce en Médaille, repréſentant la caſſation de l'Edit de Nantes & de Niſmes : *Dolivar*.

Déclaration du Roi contre les Hérétiques du Royaume : *Sevin*, fecit.

Grand Trophée à la gloire du Roi ſur ce ſujet : *E. Gantrel*, ſculpſ.

Deſſin allégorique au ſujet de la révocation de l'Edit de Nantes, très-belle Eſquiſſe lavée à l'encre de la Chine.

Deviſe à la gloire du Roi, ſur le même ſujet.

Emblêmes & Deviſes repréſentant ce que le Roi a fait pour la Religion : *Sevin*, fecit.

Monument & Sonnet, par le Père Méneſtrier : *Idem*.

Deux Médailles frappées à cette occaſion : *Vermeulen*, ſculpſ.

Les Suppôts de Satan aſſemblés pour la démolition du Temple de Charenton : Planche que les Huguenots ont fait graver.

Démolition du Temple de Charenton : *Séb. le Clerc*, fecit.

La même, vue dans l'intérieur.

Harangue faite au Roi par le Clergé à ce ſujet : *Vermeulen*, fecit.

La Tour de David ; Emblême à cette occaſion : *G. Huret*, fecit.

Vue de la face de l'Egliſe de la Trinité de Monte, à l'occaſion de la Fête célébrée à Rome par le Cardinal d'Eſtrées, pour l'extirpation de l'Héréſie en France ; par *Pietr. Sant. Bart.*

Vue du Mont de Pincio, & décoration pour le même ſujet : *Idem*.

Rome triomphante à l'occaſion de la Caſſation de l'Edit de Nantes & de Niſmes ; comme auſſi pour le rétabliſſement de la ſanté du Roi : Pièce imprimée en ſix Feuilles, & publiée par le Père *Coronelli*, Coſmographe de la République de Veniſe.

Pièce intitulée : Triomphe de la Religion par le zèle des Princes Chrétiens.

Les Héréfiarques : Pièce faite fur le même fujet : *P. Perou*, fecit.

La Religion Prétendue-Réformée aux abois.

Grand Portrait du Roi, un glaive à la main, au fujet de la Révocation de l'Edit de Nantes.

Grande Pièce à l'honneur du Chancelier le Tellier, qui figna l'Edit de la Révocation : *de Halle*, delin. *Lenfant*, fculpf.

Tombeau du même, mort à Paris le 31 Octobre, âgé de 83 ans.

Médaille de M. Boucherat, qui lui fuccéda.

Petite Carte du Royaume de Siam.

Audience donnée par le Roi de Siam à M. le Chevalier de Chaumont, Ambaffadeur de Sa Majefté auprès de ce Roi, le 18 Octobre : *Langlois*.

La même : petit Cartouche.

Beau Médaillon de la Princeffe de Conti, reftée veuve par la mort de fon mari, le 9 Novembre, avec Trophées & Ornemens : *Trouvain*, fculpf.

Vue du Pont-Royal, bâti en cette année.

Quatre autres Vues différentes : *Mariette*, excud.

Les Evénemens remarquables de cette année, en Médaillons ; grande Planche : *Langlois*, excud.

Deux Jettons de cette année.

Seize Médailles, tirées du Père *Méneftrier*.

Six autres, tirées de l'Hiftoire du Roi ; avec Explications.

1686.

Frontifpice pour cette année.

Figure du Roi, *Ludovico Magno*, au fujet des Eglifes différentes, qu'il fit bâtir dans fon Royaume : *Hainzelman*, fculpf.

Libéralités du Roi aux nouveaux Convertis : Cartouche.

Miffions établies dans les Indes : Cartouche.

Défaite des Proteftans de Savoie : Cartouche.

Place des Victoires : *Aveline*, fculpf. *in-fol.*

La Statue du Roi érigée à Paris, à la Place des Victoires, le 18 Mars : *Jollain*, excud.

Marche & Cérémonie pour l'élévation de la Statue du Roi, que M. le Duc de la Feuillade a fait ériger à la Place des Victoires : deux Pièces.

Gloire de Louis XIV. *Cochin*, fecit.

Vue de la Place des Victoires.

Plan & Elévation de la Place des Victoires : en trois Feuilles.

Médaille frappée à cette occafion.

Infcription de la première pierre du Couvent des Capucines, que le Roi fit bâtir à une avenue de la Place de Vendôme : *Berey*, fcripfit.

Création des Chevaliers de l'Ordre du Saint-Efprit, faite par le Roi dans la Chapelle de Verfailles, le 2 Juin : Cartouche.

Naiffance de M. le Duc de Berry, le 31 Août.

Repréfentation des Ambaffadeurs de Siam. Deffin lavé à l'encre de la Chine : *Francar*, fecit.

Audience donnée par le Roi aux Ambaffadeurs de Siam, à Verfailles le 1 Septembre.

La même : *de Larmeffin*, fculpf.

La Lettre du Roi de Siam portée folemnellement à Verfailles : *Nolin*, excud.

Alliance de la France avec le Roi de Siam ; avec plufieurs Cartouches repréfentant des faits relatifs à l'Entrée & aux honneurs rendus aux Ambaffadeurs : *Idem*.

Siège de Bude, en Hongrie, par le Duc de Lorraine : *le Clerc*.

Prife de la Ville de Bude, le 2 Septembre ; en deux Feuilles : *Landry*, excud.

Autre : *de Larmeffin*, inv.

Les Triomphes de l'Eglife fous Louis-le-Grand, & les Conquêtes des Chrétiens fur les Infidèles.

Vue du Feu d'artifice tiré à Paris dans le Pré aux Clercs, pour la prife de Bude, le 22 Septembre.

Le Roi donne le bonnet (de Cardinal) à M. le Nonce dans la Chapelle de Fontainebleau, le 6 Novembre, & le fait dîner avec lui : Cartouche.

Emblêmes & Devifes pour la Communauté des Chirurgiens de Paris, au fujet de l'opération faite au Roi le 18 Novembre : *Sevin*, pinx. *Boudan*, fculpf.

Prières pour le Roi, par la Communauté des Arts de Peinture & Sculpture de la Ville de Paris, le 13 Décembre : *le Pautre*, fculpf.

Tombeau du Prince de Condé, mort le 11 Décembre.

Vignette à ce fujet : *Vermeulen*, fculpf.

Médaille frappée à l'honneur de ce Prince.

Le Camp de douleur ; Catafalque du Prince de Condé à Notre-Dame de Paris : *Dolivar*, fculpf.

Repréfentation du Portique élevé devant la porte du Chœur de Notre-Dame pour entrer dans le Camp de douleur, pour le Catafalque de Louis, Prince de Condé : *Berain*, inv. *le Pautre*, fculpf.

Vignette fur le même fujet : *Sevin*, delin. *C. Vermeulen*, fculpf.

L'Evêque en Chaire prononçant l'Oraifon funèbre : *Berain*, delin. *Dolivar*, fculpf.

La même Planche, où l'on a fupprimé la Chaire, & où l'on ne voit que les Cours affemblées : *Idem*.

Planche contenant quarante-huit Devifes fur le même fujet : *Berain*.

Vignette fur le même Catafalque : *P. Sevin*, delin. *C. Vermeulen*, fculpf.

Décoration funèbre de l'Eglife des Jéfuites de la rue S. Antoine & de la Chapelle de Condé, pour l'inhumation du cœur de ce Prince : *Berain*, inv. *Dolivar*, fculpf. en deux Feuilles.

Petites Vues de la Maifon de Saint-Cyr, par devant & par derrière. (Cette Communauté fut établie cette année 1686, pour l'éducation des Demoifelles de condition.)

Autre : *Mariette*, excud.

Plan & Elévation de l'Aqueduc de Maintenon, conftruit cette année.

Les illuftres Manœuvres & Contrôleurs : Eftampe fur le même fujet.

Un Jetton de cette année.

Sept Médailles, tirées du Père *Méneftrier*.

Cinq autres, tirées de l'Hiftoire du Roi ; avec Explications.

1687.

Frontifpice pour cette année.

Le Roi eft reçu à Paris par le Prevôt des Marchands & les Echevins. Deffin à l'encre de la Chine ; en deux Feuilles.

Collation donnée au Roi à l'Hôtel-de-Ville de Paris, au fortir de Notre-Dame, où Sa Majefté étoit venu remercier Dieu du rétabliffement de fa fanté. Très-beau Deffin au biftre.

Les Actions de graces, le Repas de l'Hôtel-de-Ville, & les Fêtes & Réjouiffances à cette occafion, difpofées dans différens Cartouches : *Langlois*, excud. deux Feuilles.

Vue de la Façade de l'Hôtel-de-Ville de Paris : *Frofne*, fculpf.

Six Médaillons à l'occasion de cette Cérémonie : *le Clerc*, delin. *Ertinger*, sculpf.

Deux Médailles frappées pour le même sujet : *Dolivar*, fecit.

Réjouissances publiques pour le rétablissement de la santé du Roi, faites à Rome par le Cardinal d'Estrées : *S. Felice Delino*, delin. *Vincent Mariotti*, sculpf.

Feu de Réjouissance à Rome, ou Façade de l'Eglise de la Trinité, pour le rétablissement de la santé du Roi.

Vue de la Montagne Pincio, illuminée pour le même sujet : *B. Girard*, delin. *Pietr. Sant. Bart.* sculpf.

Façade de l'Académie des Arts des François à Rome, & Illumination pour le même sujet, le 14 Avril 1687 : en une Feuille.

Feu d'artifice fait à Rome à cette occasion ; par l'Abbé Epidius Benedictus, Agent du Roi ; en une Feuille.

Tombeau du Maréchal de Crequy, mort le 4 Février.

Tombeau du Duc de Crequy son frère, mort le 13 du même mois.

Le Triomphe de la Religion par le zèle des Princes Chrétiens.

Loterie Royale, en 1687.

Le Réveil-matin de la Ligue d'Ausbourg, conclue pendant le Carnaval à Venise : *Bonnart*, excud.

La Loterie chimérique d'Ausbourg, où chacun met du sien sans profit.

Gallorum Rex : Estampe allégorique au sujet de la Ligue d'Ausbourg : *Dolivar*.

Gagne-petit, sur le même sujet.

La marche observée à la Montre des Chevaliers de toutes les Villes venues au Prix général tiré à Reims, le 15 Juin : *Collin*, sculpf.

L'Audience donnée par le Roi aux Ambassadeurs de Moscovie le 12 Août, à Versailles.

La sanglante Défaite des Turcs en Hongrie, le 12 Août : *Landry*, excud. en deux Feuilles.

Sa Majesté visitant le Collège des Jésuites, est haranguée en Latin, en Grec & en Anglois, au mois d'Octobre : *Ertinger*, fecit.

Portrait du Roi, & Emblêmes à cette occasion : *Sevin*, inv. *Gantrel*, sculpf.

Le Roi, protecteur des Sciences.

Château Royal de Versailles, achevé cette année ; Frontispice.

Plan général de Versailles ; par l'Abbé *de la Grive*, en une grande Feuille.

Vue générale des Château, Parc & Jardins de Versailles ; en trente-quatre Pièces.

Elévation de la Face de l'Orangerie de Versailles : deux Planches, d'après les Desseins de Jules Hardouin Mansart : *J. B. Nolin*, excud.

Elévation d'une des Faces des côtés des Eruries du Roi, sur les avenues de Versailles ; en deux Planches, d'après le Dessein de M. Mansart : *P. le Pautre*, sculpf.

Plan du Château de Versailles, sans titre, levé & gravé par *F. le Pautre*.

Plans & Vues du Château de Versailles, Jardins, &c. en 15 Pièces : *Israël Sylvestre*, sculpf.

Vue du Château de l'ancien Versailles ; & Vue du Château du côté de l'Orangerie : *Baudouins*.

Plan de la Ménagerie de Versailles, avec les Cours & Bâtimens qui l'environnent : *Jombert*.

Deux Vues & Perspectives de la Ménagerie : *Perelle*.

Trois autres Vues & Perspectives de la Ménagerie : *Mariette*, excud.

Trois grands Plans de Trianon : *Idem*.

Monument à la gloire du Roi dans l'Hôtel de Ville de Troyes : *le Clerc*, fecit.

Médaille frappée au sujet du Ministre Jurieu, & de son Commentaire sur l'Apocalypse qui parut cette année : *Dolivar*, fecit.

Vue de la tête de l'Isle du Palais, où le Chapitre de Notre-Dame a fait planter un Jardin, en 1686 : *Mariette*, excud.

Evénemens de cette année, en Cartouches & Médaillons : *J. Vander-Bruggen*, fecit.

Neuf Médailles de cette année, tirées du Père *Ménestrier*.

Trois autres, tirées de l'Histoire du Roi ; avec Explications.

1688.

Frontispice pour cette année.

Portrait du Roi en Médaillons, avec Ornemens & Trophées : *L. Bourdins*, pinx. *Crespy*, sculpf.

Louis-le-Grand, l'amour & les délices de son peuple : *Langlois*.

Louis : Grace à la paix, &c. *Vander-Bruggen* : Estampe satyrique.

Feu d'artifice tiré à Paris au Collège des Ecossois, pour la Naissance du Prince d'Ecosse, le 8 Juillet.

Dessein de la Collation donnée à Monseigneur, par le Prince de Condé, dans le milieu du Labyrinthe de Chantilly, le 29 Août : *Berain*, inv. *Dolivar*, sculpf.

Belgrade prise d'assaut le 7 Septembre, par le Duc de Bavière, avec Médaillons : *J. Vander-Bruggen*, sc.

Le Triomphe des Chrétiens, grande & belle Estampe allégorique : *Idem*.

Oppenheim pris par le Marquis de Boufflers, le 29 Octobre : *Langlois*, excud.

Petit Plan de la Ville d'Heidelberg, prise le 25 Octobre.

L'Avant-garde de l'Armée de M. le Dauphin, battue par les Hussards de la Garnison de Mayence.

Plan de la Ville & Citadelle de Mayence, prise par les François, le 15 Octobre : *Beaurain*.

Carte du Gouvernement de Philisbourg : *R.* fecit.

Deux petits Plans de la Ville de Philisbourg.

Vue de la même Ville : *Perelle*, fecit.

Autre Vue & Profil : *Idem*.

Siège de Philisbourg en 1688 : *le Clerc*, fecit.

Autre : *Romain de Hooghe*, en deux Feuilles.

Plan du Siège de Philisbourg : *Loisel*, sculpf. tiré de *Beaulieu*.

Vue de cette Ville, assiégée par M. le Dauphin, & prise le 29 Octobre, après seize jours de tranchée : *Bonnart*, fecit.

Philisbourg assiégé le 10 Octobre, & pris le 29 suivant ; en deux Feuilles, avec plusieurs petits Cartouches représentant les Villes prises en cette Campagne : *Langlois*, excud.

Le même Siège, avec Vers.

Le même, tiré de *Quincy*.

Pyramide élevée à l'honneur de Louis XIV. sur laquelle sont quatre bas-reliefs ; sçavoir : L'Hérésie détruite, 1685. = Démolition du Temple de Charenton, 1685. = Ambassadeurs de Siam, 1686. = Prise de Philisbourg, 1688 : *J. Courtonne*, inv. *G. J. B. Scotin*, l'aîné, sculpf.

Trophée à la gloire de M. le Dauphin, après la prise de Philisbourg : *Gahtrel*, sculpf.

Le Triomphe de la France, même sujet : *Rousseau*, sculpf.

Défaite de l'Aigle par le Dauphin, Pièce allégorique : *Dolivar*, sculpf.

concernant l'Histoire de France.

La France à couvert des insultes de ses Ennemis, par la valeur de Monseigneur.

Deux petits Plans de Manheim, assiégé & pris le 22 Novembre : *Langlois*, excud.

Plan de Frankendal, assiégé & pris le 19 Novembre : *Idem*.

Le Prince d'Orange avec une Armée de 15000 hommes aborde en Angleterre, & débarque à Torbay : *C. Allard*, excud.

Petit Plan de la Ville de Marseille, où le Roi fit construire des Galères.

Le Jeu d'Ombre des Princes de l'Europe.

Un Jetton pour cette année.

Trois Médailles, tirées du Père *Ménestrier*.

Quatre autres, tirées de l'Histoire du Roi ; avec Explications.

1689.

Frontispice pour cette année.

Le Roi fait soixante-cinq Chevaliers de l'Ordre, le premier Janvier : *Langlois*, fecit.

La même Promotion, avec le Chapitre tenu, & autres Vignettes ; neuf Pièces : *S. le Clerc*, fecit.

La Procession des Chevaliers dans la Cour de Versailles, le second Février : *Langlois*, fecit.

Evasion du Roi d'Angleterre, & son arrivée en France. Quatre Estampes en une Planche, gravée en Hollande.

Son Arrivée & sa Réception à Saint-Germain-en-Laye, en plusieurs Cartouches, le 7 de Janvier : *R. de Hooghe*, fecit ; une grande Feuille.

La Reception faite au Roi d'Angleterre par Sa Majesté : *Langlois*. La Reine avoit été reçue la veille.

Portrait du Roi d'Angleterre : *J. Gole*, fecit.

Autre, avec Ornemens : *Jollain*, excud.

Le Prince d'Orange & son épouse, proclamés Roi & Reine d'Angleterre, le 24 Février : *R. de Hooghe*, fec. une grande Feuille.

Estampe contre le Prince d'Orange, au sujet de cette usurpation : *Landry*, en deux grandes Feuilles.

Embarquement de Jacques II, pour l'Irlande, sur l'Armée navale du Roi à Brest, le 8 Mars : Cartouche : *Langlois*, fecit.

Les Irlandois le reçoivent & lui donnent de nouvelles marques de fidélité.

Grande Pièce sur la protection accordée par le Roi à Jacques II.

Mausolée de Marie-Louise d'Orléans, Reine d'Espagne, en l'Eglise de Notre-Dame de Paris, au mois d'Avril : *Berain*, inv. *Dolivar*, sculpf.

Secours envoyé par Sa Majesté au Roi d'Angleterre en Irlande, le 12 Mai : *Langlois*, fecit.

Victoire remportée par M. de Châteaurenaud, Commandant de l'Escadre sur la Flotte Angloise & Hollandoise, à la Baye de Bautrit, en Irlande.

L'Angleterre désolée, par la ruine entière de son Commerce, en Mai : *Jollain*, excud.

Petit Plan de Campredon, pris par le Duc de Noailles, qui le fit démolir, le 23 Mai.

Monument élevé à l'Hôtel de Ville de Paris, à la gloire du Roi, le 14 Juillet : *Beausire*, inv. *le Pautre*, sculpf.

Autre, sur le même sujet : *le Pautre*, inv. = Autre, en Vignette. = Cérémonie à ce sujet : *Langlois*.

Médaille frappée sur le même sujet : *le Pautre*, inv.

Le Maréchal d'Humières est battu à Valcourt, par le Prince de Waldeck, le 27 Août.

Plan du Gouvernement de Mayence.

Plan de la Ville & Citadelle de Mayence ; prise par le Duc de Lorraine, le 8 Septembre.

Autre, tiré de *Quincy*, avec le Plan de la distribution des batteries : en deux Planches.

Vue de la même Ville, de Mayence.

Les Algériens implorent la clémence du Roi. Dessin à l'encre de la Chine : *Richer*, delin. en deux Feuilles.

Le Roi ratifie la Paix avec les Algériens, le 15 Septembre : *Langlois*.

Couronnement du Pape Alexandre VIII. le 6 Octobre : *Idem*.

Plan de la Ville de Bonn, rendue par le Baron d'Asfeld, après une belle défense, le 12 Octobre.

Emblême à l'honneur du Roi, soutenant seul tous les efforts de ses ennemis.

Un seul contre tous, ou Louis XIV. se battant contre plusieurs. Grande Estampe, avec Médaillons représentans les principaux événemens de cette année.

Manifeste de l'Aigle Impériale en faveur du Roi très-Chrétien.

La Cabriole de la Ligue : *Bonnart*, fecit.

Le Pape Alexandre VIII. arrachant le flambeau des mains de la guerre *Landry* ; excud. deux grandes Feuilles.

Louis-le-Grand, Protecteur des Rois, de la Religion & de la Justice : *Moncornet*, excud.

Six Estampes représentans différens Vaisseaux, pour l'Ordonnance de 1689, qui en ordonnoit la construction : *Duchange*, sculpf.

Quatre Jettons de cette année.

Onze autres Jettons de la même année.

Deux Médailles, tirées du Père *Ménestrier*.

Trois autres, tirées de l'Histoire du Roi ; avec Explications.

1690.

Frontispice pour cette année.

Le Parlement de Bretagne implorant la clémence du Roi, pour son rétablissement, qui fut accordé le 1 Février. Beau Dessin au crayon.

Les Députés des Suisses assurent M. le Dauphin de la continuation d'une bonne Alliance, dans son Camp de Mullen : *Langlois*, fecit.

Mausolée de Marie-Anne-Christine-Victoire de Bavière, Dauphine de France, morte le 20 Avril 1690, construit à Saint-Denys.

Mausolée de la même, à Notre-Dame de Paris, en Juin 1690 : *Berain*, inv. & delin.

Histoire Militaire de Flandres, depuis 1690 jusqu'à 1694 inclusivement ; grand Frontispice : *Martinet*.

Plan du Combat de Cavalerie, donné près de Fleurus, le 30 Juin : *Beaurain*.

Bataille de Fleurus, gagnée par M. de Luxembourg, sur le Général Waldeck, le 1 Juillet : *Eisen*, inv. *de la Fosse*, sculpf.

Autre, tirée de *Quincy*.

La même : *Jollain*, excud. = Autre. = Autre, = Autre, gravée en bois. = Autre : *Langlois*.

Deux autres Plans de cette Bataille : *Beaurain*.

La même Bataille de Fleurus : *d'Heulland*, tirée des Mémoires de *Feuquières*.

Ordre de Bataille des Troupes qui étoient à la Bataille de Fleurus : *Et. de la Pointe*, del. = Autre : *le Chevalier de Grandmont*, delin. *Dolivar*, sculpf. = Autre : *Liébaux*, sculpf. = Autre : *Beaurain*.

Médaillon sur la Bataille de Fleurus : *ad Floriacum*, 1690 : *Eisen*, inv. *Bacquoy*, sculpf. Cul-de-lampe.

Ordre de Bataille de l'Armée commandée par M. le

Maréchal de Luxembourg, fait au Camp de Mons le 7 Août : *Laurent*.

Plan & Description du Combat Naval donné le 10 Juillet, entre la Flotte du Roi, commandée par le Comte de Tourville, & les Flottes Angloises & Hollandoises, à la Côte de Bévezier.

Victoire remportée dans ce Combat : *Langlois*, exc. = Autre : *Mongin*, excud. = Autre.

Dernier Combat donné & gagné le 12 Juillet : *Mongin*, excud.

La Fuite du Roi Jacques, & son Embarquement à Watteford, le 12 Juillet.

L'Entrée du Roi dans la Ville de Dublin, le 16 Juillet.

L'Issue funeste du Prince d'Orange, prédite par Nostradamus, au sujet de la Bataille de la Boyne en Irlande, où ce Prince ayant été blessé d'un coup de canon, on fit courir le bruit qu'il étoit mort.

Les dernières paroles du Prince d'Orange à ses Alliés.

Le Prince d'Orange frappé du tonnerre.

Le Convoi du Prince d'Orange. (Pièce sans fondement, comme la suivante.)

Les regrets des Alliés sur la mort du Prince d'Orange.

Descente faite à Tingmouth, sur les Côtes d'Angleterre, par M. le Comte d'Estrées, le 5 Août ; Cartouche : *Langlois*.

La même. Joli Dessin à la plume, tiré sur les lieux ; par *Barth. Chasse*.

Bataille de Staffarde, gagnée par M. de Catinat, sur le Duc de Savoye, le 18 Août : *Langlois*.

La même : *Hucthemburg*, fecit.

Petite Carte de Savoye, soumise toute entière au Roi, à l'exception de Montmélian.

Camp d'Edinghen, dans la plaine de Weill, où commandoit Monseigneur le Dauphin, le 4 Septembre 1690 : chez *de Fer*.

Leyée du Siège de Limmerick, par le Prince d'Orange, le 10 Septembre : *Langlois*.

La désolation du Prince d'Orange : Gravure en bois.

Petite Pièce satyrique faite après la Bataille de Fleurus, & la levée du Siège de Limmerick.

Petite Carte du Canada, où le Chevalier Guillaume Phips fit une tentative inutile, les 10 & 19 Octobre.

Les Anglois canonent Québec, le 10 Octobre.

Prise de Suze, le 12 Novembre : *Langlois*.

Prise de l'Isle de Saint-Christophe par les Anglois, au mois de Décembre.

Les soixante Experts Jurés du Roi, créés en 1690 & 1691, pour faire les Rapports de tout ce qui concerne les bâtimens & héritages à Paris, & par tout le Royaume : *le Pautre*, sculpf.

Trois Médailles de cette année, tirées du Père *Menestrier*.

Sept autres, tirées de l'Histoire du Roi ; avec Explications.

1691.

Frontispice pour cette année.

Estampe sur Louvain, du 19 Janvier : en Flamand.

Petit Plan de la Ville de Villefranche, prise par M. de Catinat, le 22 Mars.

Prise de cette Ville & des Forts voisins : deux Pièces.

Petit Plan de la Ville de Nice.

Autre ; tiré de *Quincy*.

Prise de cette Ville le 26 Mars, par M. de Catinat : deux Pièces.

Le Prince d'Orange mène à son gré les Confédérés d'Ausbourg : petite Pièce satyrique.

Carte de l'Investissement de Mons, le 15 Mars, & des Lignes de circonvallation faites pour le Siège de cette Place : *Beaurain*.

Plan des Attaques de Mons, prise par le Roi le 8 Avril, après quinze jours de tranchée ouverte : *Idem*.

Petit Plan de la Ville de Mons.

Autre ; tiré de *Quincy*.

Siège de cette Ville : *Eisen*, inv. *le Grand*, sculpf. Jolie Estampe.

Plan du Siège de la Ville de Mons & de son Gouvernement : *Moyse*, sculpf. tiré de *Beaulieu*.

Siège & Prise de Mons, le 9 Avril : *le Clerc*.

Médaillon sur cet Evénement : *Montes Hannoniæ expugnata* : *Eisen*, inv. *Lempereur*, sculpf. Cul-de-lampe.

Prise de la Ville de Mons par le Roi en personne : *Langlois*, fecit.

Ordre de Bataille de l'Armée commandée par M. de Luxembourg, au Camp de Curne, le 15 Mai : *Beaurain*.

Bombardement de la Ville de Liège par M. de Boufflers, le 2 Juin.

Plan de la Ville de Coni, assiégée par M. de Bulonde.

Le Prince Eugène fait lever le Siège de Coni, le 29 Juin.

Le même sujet : *Dubosc*, fecit.

Tombeau de M. de Louvois, mort le 16 Juillet, & enterré aux Capucines : *de la Monce*, delin. *Aveline*, sculpf.

Ordre de Bataille du Camp de Haisne-Saint-Pierre, le 30 Juillet : *Beaurain*.

Ordre de Bataille de l'Armée de Flandres, au Camp de Cerfontaine, le 9 Août : *Idem*.

Plan de Barcelonne, bombardée par le Comte d'Estrées, le 10 Août : *Beaurain*.

Bombardement de Barcelonne, les 10, 11 & 12 Août.

Prise du Château de Valence en Catalogne, par M. de Noailles, le 29 Août.

Six Estampes représentans les Constructions & Manœuvres des Galères, pour le Réglement fait par le Conseil, du 3 Septembre : *Rigaud*, delin. *Duchange*, sculpf.

Camp de Thulin & de Bossut, où M. de Luxembourg étoit logé.

Plan du Combat de Leuze : *Langlois*, fecit.

Deux autres Plans du même : *Beaurain*.

Combat de Leuze, où M. de Luxembourg, avec vingt-huit Escadrons, en défait soixante-quinze des Ennemis, le 20 Septembre : *S. le Clerc*, fecit.

Autre ; tiré de *Quincy*.

Bataille de Leuze : *Eisen*, inv. *Lempereur*, sculpf. Vignette.

Médaillon sur la Bataille de Leuze : *Pugna ad Leuzam* : Dans la Milice Françoise du Père *Daniel*.

Feuille contenant six Planches, où sont le Combat de Leuze, le 19 Septembre. = La prise de la Forteresse d'Urgel en Cerdagne, par le Duc de Noailles, le 11 Juin. = Le Bombardement de Barcelonne par le Comte d'Estrées, les 10, 11 & 12 Juin. = Le Bombardement d'Alicante, par le même, le 22 Juin. = La Levée du Siège de Suze, par le Duc de Savoye, le 25 Octobre. = La prise de Villefranche & d'autres Forts, par M. de Catinat, au mois de Mars. = Le Bombardement de la Ville de Liège, par M. de Boufflers, le 2 Juin. = La prise de Montmélian. = La prise de Nice en Piémont, par M. de Catinat, le 26 Mars.

Reprise

A. Reprife de Carmagnole, le 8 Novembre, par le Prince Eugène. (M. de Catinat s'en étoit emparé le 9 Juin précédent.)

Plan de la Fortereſſe de Montmélian : *De Fer.*

Vue de la même du côté de la Perouze : *Idem.*

Siège de Montmélian, en Cartouche : *Langlois.*

Bombardement & Priſe de Montmélian, par M. de Catinat, le 21 Décembre : deux Pièces.

La Fortereſſe de Montmélian : *S. le Clerc*, fecit.

Raillerie des François ſur l'Armée du Prince d'Orange, avec Chanſon.

Quatre petites Pièces ſatyriques & Chanſons ſur le Prince d'Orange.

Louis-le-Grand renverſe la Ligue.

Les François raillant les Ligueurs.

Les Alliés déplorent leur miſère, & cherchent un remède à leurs peines : *Guérard*, fecit.

La Hollande banquière de la Ligue d'Auſbourg.

Sept Eſtampes repréſentant les Plans, Coupes, Profils & Elévations de l'Abbaye de Saint-Denys, dont le titre fut ſupprimé en cette année, & réuni à la Maiſon de Saint-Cyr : *le Pautre*, del. & ſculpſ.

Sept Médailles de cette année, tirées du Père *Méneſtrier*.

Cinq autres, tirées de l'Hiſtoire du Roi ; avec Explications.

1692.

Frontiſpice pour cette année.

Portrait avec Ornemens & Trophées, de Louis-Auguſte de Bourbon, Duc du Maine, marié avec Anne-Louiſe-Bénédicte de Bourbon, le 19 Mars : *le Pautre*, ſculpſ.

Bombardement & Priſe d'Oneille, par le Chevalier de Noailles, le 20 Avril : *Langlois*, fecit.

Ordre de Bataille des deux Armées, le jour de la Revue du Roi, dans la plaine de Givries, le 21 Mai : *Beaurain.*

Bataille de la Hogue, entre M. de Tourville, Amiral de France, & les Amiraux Ruſſel & Alemonde, les 29, 30 & 31 Mai, & 1 Juin : deux Pièces.

Liſte des Vaiſſeaux dont la Flotte du Roi étoit compoſée.

Ordre de la Bataille Navale, donnée près de Wicht, le 29 Mai, avec ſa Deſcription, en trois Feuilles : Manuſcrit.

Carte de l'Inveſtiſſement de Namur, le 30 Mai, & des Lignes de circonvallation : *Beaurain.*

Plan des Lignes de l'Armée du Roi devant Namur ; tiré de *Quincy.*

Petit Plan de la Ville de Namur.

Plan & Profil de la Ville & Château de Namur, pris par le Roi le 30 Juin, après trente jours de Siège : *le Pautre*, ſculpſ.

Autre Plan : *Beaurain.*

Plan de la Ville & Citadelle de Namur ; tiré de *Beaulieu.*

Plan & Profil des mêmes, où ſont marqués les ouvrages qui y ont été ajoutés depuis la priſe de cette Place par le Roi ; trois Planches, par *le Pautre.*

Siège de Namur & du Château : *Langlois*, fecit.

Autre : *S. le Clerc*, fecit.

La Priſe de la Ville & du Château : *Langlois*, fecit.

Autre, avec Epître ; par *Beaulieu.*

Médaille frappée à ce ſujet : *Ertinger*, fecit.

La folle comparaiſon de l'Uſurpateur (d'Angleterre) avec Jules-Céſar, & une Chanſon gravée au ſujet de la priſe de Namur, en préſence du Prince d'Orange.

Les triſtes Adieux de l'Eſpagne & de ſes Alliés, à la pucelle Namur.

Deſſin du Feu d'artifice dreſſé à Lyon, ſur le Pont de pierre, la veille de la S. Jean : *Sevin*, fecit.

Ordre de Bataille de l'Armée commandée par M. de Luxembourg, & de celle commandée par M. de Boufflers : *Laurent*, ſculpſ. chez *Beaurain.*

Carte du Combat de Steinkerke, où l'on voit la diſpoſition des deux Armées, le 30 Août : *Beaurain.*

Carte de la ſeconde diſpoſition, où l'on voit la Retraite des Ennemis, & juſqu'où les Troupes du Roi les ont pouſſés : *Idem.*

Combat de Steinkerke, le 3 Août : *d'Heulland* ; tiré des Mémoires de *Feuquières.*

Bataille de Steinkerke : *Eiſen* & *Lempereur.* Vignette.

Combat de Steinkerke, où M. de Luxembourg défit le Prince d'Orange & le Duc de Bavière : *Langlois*, fecit.

Autre, tiré de *Quincy.*

Entrée triomphante de Guillaume à Londres, aux acclamations des apprentis : Pièce ſatyrique à l'occaſion de cette déroute.

Petite Vue d'Embrun, priſe par le Duc de Savoye, le 19 Août, après neuf jours de tranchée.

Autre de Gap, qu'il prit & abandonna enſuite, de même qu'Embrun.

Défaite de ſix mille Allemands, & la priſe du Duc de Virtemberg, près de Vaihengem, par M. le Maréchal de Lorges, le 27 Septembre : *Langlois.*

La même Défaite, en quatre Pièces : *Rugendas*, pinx. *Friderich*, ſculpſ.

La Déroute de la Ligue d'Auſbourg : Pièce au ſujet de cette Bataille : *Landry*, deux Feuilles.

La Levée du Siège de Bernbourg, par le Landgrave de Heſſe, le 8 Octobre : *Langlois.*

Bombardement de Charleroy, depuis le 19 juſqu'au 21 Octobre, par M. de Boufflers : *Langlois.*

Le même : *Eiſen*, inv. *le Grand*, ſculpſ.

Le François Marchand de pilules : Pièce ſatyrique : *Bonnart.*

Le Règne des Sciences & des Arts, Monument au ſujet de l'Académie de Peinture & Sculpture, placée au Louvre : *Corneille*, inv. & delin. *Mariette*, excud.

Plan général & différentes Elévations & Vues du Château de Meudon, (échangé cette année avec les héritiers de M. de Louvois, pour Monſeigneur le Dauphin ;) quatre grandes Planches : *Mariette.*

Cinq Médailles de cette année ; tirées du Père *Méneſtrier.*

Cinq autres, tirées de l'Hiſtoire du Roi ; avec Explications.

1693.

Frontiſpice pour cette année.

Petit Plan de la Ville de Furnes, priſe par M. de Boufflers, le 6 Janvier.

La Pompe du Convoi de Mademoiſelle de Montpenſier, morte le 5 Avril.

Deſſin de la Croix de l'Ordre de S. Louis, inſtitué par le Roi le 14 Avril.

La fuite honteuſe de la Flotte Angloiſe devant la Martinique, le 22 Avril : Cartouche.

Blazon des Armes des ſix Maréchaux de France ; créés le 27 Avril.

Ordre de Bataille de l'Armée de Flandres, commandée par M. de Boufflers, au Camp de Tournay, le 21 Mai ; avec celui de l'Armée commandée par M. de Luxembourg, au Camp de Givries, le 27 Mai : *Beaurain.*

Petit Plan de la Ville de Roses : Cartouche.

Autre, & Siège de la même, tirée de *Quincy*.

Autre, & Vue de la même, prise par le Maréchal de Noailles, le 9 Juin : *le Pautre*, sculpf. en trois Planches.

Vue & Profil de la même ; tiré de *Beaulieu*.

Ordre de Bataille de l'Armée commandée par M. de Luxembourg, au Camp de Tourine-les-Ordons, le 14 Juin : *Beaurain*.

Défaite de la Flotte de Smyrne, par M. de Tourville, près de Lagos, le 27 Juin.

Vaisseaux pris & brûlés dans le Port de Malaga, par le même, le 21 Juillet : Cartouche.

Plan des Ville & Château de Huy, assiégés par M. le Maréchal de Villeroy, & pris le 24 Juillet.

Vue & Profil de la Ville de Liège, que M. de Luxembourg feint d'attaquer, & marche à Nervinde, où le Prince d'Orange étoit campé, en Juillet : *Perelle*.

Bataille de Nervinde, gagnée par M. de Luxembourg, contre le Prince d'Orange, le 27 Juillet : Vignette.

Autre, tirée de *Quincy*.

Plan de la Bataille de Nervinde, le 29 Juillet ; chez *L. Simonneau*.

La même ; chez *J. B. Nolin*.

La même, faite à la main.

La même Bataille de Nervinde : *d'Heulland* ; tirée des Mémoires de *Feuquières*.

Médaillon sur la même Bataille : *De fœderatis ad Nervendam*, &c. 1693 : *Eisen*, inv. *Bacquoy*, sculpf. Cul-de-lampe.

L'Armée en Bataille, à la tête de son Camp d'Ecluse, & de l'Abbaye d'Heylesem : *Beaurain*.

Premier Plan de la Bataille de Nervinde, donnée le 29 Juin. = Second Plan. = Troisième Plan. = Quatrième Plan : *Idem*.

Ordre de Bataille de l'Armée commandée par M. de Luxembourg, après la Bataille de Nervinde, avec celui de l'Armée commandée par M. d'Harcourt : *Idem*. *Chambon*, sculpf.

Ordre de Bataille de l'Armée des Alliés, commandée par M. le Prince d'Orange pendant cette campagne : *Idem*.

Campement de l'Armée de l'Empereur près Hailbron, à l'approche de l'Armée de Monseigneur, le 2 Août ; tiré de *Quincy*.

Vue de Pignerol, que M. le Duc de Savoye fait bombarder le 25 Septembre ; il se retire ensuite : *Cochin*, sculpf.

Petit Plan de la Bataille de la Marsaille, gagnée par M. de Catinat sur les Alliés, le 4 Octobre. = Autre grand Plan de la même.

La même Bataille, & son Plan, levé sur les lieux par le Sieur de *Lupara* : *le Pautre*, sc. en quatre Feuilles.

La même : *Bonnart*, excud. = Autre. = Autre, tirée de *Quincy*.

Bataille de la Marsaille, le 4 Octobre 1698 : *d'Heulland*, tirée des Mémoires de *Feuquières*.

Carte de l'Investissement de Charleroy : *Beaurain*.

Carte des Attaques de cette Ville : *Idem*.

Petit Plan de Charleroy, assiégé par M. de Luxembourg, le 15 Septembre : Cartouche.

Autre grand Plan de la même Ville, de ses Environs & des Attaques : *Loysel*, sculpf.

Autre, & Vue de cette Ville, prise le 11 Octobre : *le Pautre*, sculpf.

Siège & prise de Charleroy : *Eisen*, inv. *Louis Legrand*, sculpf. Vignette.

Petit Plan de Saint-Malo, bombardé par les Anglois le 29 Novembre.

Plan de Saint-Malo, du bombardement & des batteries des Anglois : Estampe gravée en Hollande.

Profil de la Machine infernale qui servit à cet effet : *Landry*.

Rétablissement de l'Ordre de Saint-Lazare, & Réception d'un Chevalier en Décembre : *Nolin*, sculpf.

Figure du Sceau de cet Ordre.

Procession de la Châsse de Sainte-Geneviève, pour faire cesser les calamités causées par la disette de cette année : *Jollain*, sculpf.

Audience donnée par le Roi de Maroc, au Sieur de Saint-Olon, Ambassadeur de France : *Ertinger*, delin. & sculpf.

Trophée & Emblêmes sur les principales actions de cette campagne ; avec les Médaillons de la Famille Royale : *Guilbaut*, inv.

L'auguste Famille Royale de Louis-le-Grand : *Thomassin*, sculpf.

La France victorieuse par mer & par terre, avec Médailles des principaux Evénemens : *Langlois*, deux Feuilles.

Portrait du Roi, avec les principales actions de son Règne, depuis le commencement jusqu'en cette année ; par le Père *Coronelli*.

Une Médaille de cette année ; tirée du Père *Menestrier*.

Neuf autres, tirées de l'Histoire du Roi, avec Explications.

1694.

Frontispice pour cette année.

Médaillon sur la marche de Monseigneur le Dauphin, sur l'Escaut : *Delphini ad Scaldim iter*, 1694 : *Choffard*, inv. 1756, *Mesnil*, sculpf. Cul-de-lampe.

Ordre de Bataille de l'Armée des Alliés pendant cette Campagne : *Chambon*, sculpf. tiré de *Beaurain*.

Ordre de Bataille de l'Armée du Roi en Flandres, commandée par Monseigneur, le 21 Mai : celui de l'Armée commandée par le Maréchal de Boufflers, & celui de l'Armée commandée par le Marquis d'Harcourt : *Beaurain*, *Aliamet*, sculpf.

La Victoire remportée par M. de Noailles sur l'Armée Espagnole, au passage du Ter, le 27 Mai : *Bonnart*.

La même, dite aussi la Bataille de Verges ; tirée de *Quincy*.

Bataille du Ter, en deux Planches : *Ertinger* ; tirée de *Beaulieu*.

Plan & Vue de la Citadelle de Palamos : *Beaulieu*, *Ertinger*.

Petit Plan de la Ville de Palamos.

Siège de cette Ville, prise d'assaut le 7 Juin, par M. de Noailles. *Bonnart*. Cartouche.

Vue de Gironne en Catalogne : *Perelle*, sculpf.

Siège de Gironne ; tiré de *Quincy*.

Prise de Gironne par M. de Noailles, le 29 Juin : *Bonnart*.

Victoire remportée par le Chevalier Bart, sur les Hollandois, le 29 Juin : *Idem*. Cartouche.

Petit Plan de la Ville de Dieppe, bombardée par les ennemis, le 22 Juillet.

Autre, du Havre-de-Grace, aussi bombardé le 26 sans succès.

Plan de Dieppe & de Dunkerque, & du Mouillage des ennemis qui les bombardèrent les 22 Juillet & 21 Septembre ; avec deux Machines pareilles à celle qu'ils avoient employée l'année précédente devant S. Malo : *Beaurain*, deux Estampes.

Coupe de la Machine infernale que les Anglois employèrent aux bombardemens de Saint-Malo en 1693, de Dieppe & de Dunkerque, en 1694 : *Idem*.

L'arrivée subite de Monseigneur le Dauphin à Epierre le 24 Août, qui fait avorter les desseins du Prince d'Orange & des Alliés, avec différens Cartouches représenterans les Evénemens de cette année : *Langlois*, deux Feuilles.

Carte topographique du campement des Troupes commandées par M. le Comte de Tilly, sous la Ville d'Ath, le 28 Septembre : *Beaurain*.

Plan des Ville & Citadelle de Liège, avec ses Retranchemens : *Idem*.

Siège de la Ville de Liège : *Eisen*, inv. *Lempereur*, sculpf. Vignette.

La prise du Fort Bourbon en Amérique, sur les Anglois, en Octobre : Cartouche.

La Balance des Alliés : Pièce au sujet des pertes qu'ils firent en cette année : deux Feuilles.

Les forces de la France victorieuse : *Berey*, excud.

Les Appartemens de Versailles, en six Pièces : *Trouvain*, fecit.

Frontispice du Dictionnaire de l'Académie Françoise, qui parut en cette année : *Corneille*, inv. *Edelink*, sc. *Mariette*.

Vue de l'Amphithéâtre Anatomique construit en cette année : *Simonneau & Perelle*, sculpf.

Vue d'une Assemblée où se fait une Démonstration anatomique.

Armoiries des Maîtres en Chirurgie.

Six Médailles pour cette année, tirées de l'Histoire du Roi ; avec Explications.

1695.

Frontispice pour cette année.

Petit Plan de la Ville de Dixmude.

Prise de Dixmude par M. de Montal, le 28 Juin, en deux jours de tranchée : Cartouche.

Prise de Deinse, le 29 Juin : Cartouche.

Plan & Profil de la Ville & du Château de Namur, assiégé par le Prince d'Orange, le 1 Juillet : une grande Feuille.

Plan & Vue de Casal, pris par les Alliés le 11 Juillet : grande Feuille.

La levée des Sièges d'Ostalric & de Castelfollit, & de leur blocus en Juillet : Cartouche.

Le Bombardement de la Ville de Bruxelles, par le Duc de Villeroy, la nuit du 13 jusqu'à celle du 15 Août : *Langlois*.

La levée du Siège de Palamos, par les Alliés, le 15 Août : Cartouche.

Les Alliés repoussés de devant Dunkerque, qu'ils vouloient bombarder, au mois d'Août : Cartouche.

La Préconisation de M. de Noailles, pour l'Archevêché de Paris, faite par le Pape dans le Consistoire, le 12 Septembre : *Langlois*.

Prise de cinq Vaisseaux Anglois par M. de Nesmond & par les Malouins, en Août & Octobre, estimés vingt-deux millions : *Idem*.

Cérémonie de la prestation du serment de fidélité entre les mains du Roi dans la Chapelle de Versailles, par M. le Marquis de Dangeau, pour la Grande-Maîtrise de l'Ordre de Saint-Lazare, le 18 Décembre : *S. le Clerc*, fecit.

La Catalogne soumise au Roi, par les Victoires de M. de Noailles, avec Cartouches : *Jollain*, deux Feuilles.

Le Barbier François : Pièce contre les Alliés.

Le mérite récompensé par Louis-le-Grand, dans la distribution des Charges : deux Feuilles.

La Religion jointe à la Valeur, pour les intérêts de Louis-le-Grand : *Jollain*, deux Feuilles.

Le Vomitif des Marchands de bleds : *le Roux*, sc.

Le Branle des Modes depuis François I. *Moncornet*, excud. grande Feuille.

Trois Médailles, tirées de l'Histoire du Roi ; avec Explications.

1696.

Frontispice pour cette année.

L'Education du Dauphin, du Duc de Bourgogne & du Duc de Berry. Dessin lavé à l'encre de la Chine.

Vue de la Ville & Port de Calais, bombardé par les Alliés le 13 Avril ; en deux Planches : *R. Bonnart Baudouins*.

Petit Plan de l'Isle de Ré, où les Alliés bombardèrent le Fort de Saint-Martin, sans dommage considérable, le 15 Août.

Publication de la Paix entre la France & la Savoye, faite à Paris, le 10 Septembre : *Aveline*, sculpf.

La même : *Langlois*, fecit.

Les Vœux des Nations pour la Paix : *Jollain*.

Portrait de M. le Duc de Bourgogne, & de Marie-Adelaïde de Savoye, dont le contrat de Mariage fut signé le 15 Septembre : deux petits ovales.

L'arrivée de la Princesse de Savoye au Pont-Beauvoisin, le 16 Septembre : *Langlois*, fecit.

Entrée de la même dans la Ville de Lyon, le 18 Octobre : *Ibid*.

Réception faite par Sa Majesté à la Princesse de Savoye, à Montargis le 4 Novembre : *Idem*.

Les Anglois chassés de leurs Habitations de Terre-Neuve, par les François, en Septembre & Octobre : *Langlois*, fec. petit Cartouche.

Les Echevins de Marseille présentent à Louis XIV. l'Histoire de leur Ville, par de Ruffy : *Randon*. Vignette.

Tombeau du Cardinal de Furstemberg & du Comte Ferdinand son neveu, érigé en 1696, à Saint-Germain-des-Prés, par le Cardinal : *Chaufourier & Pigné*, in-fol.

Trois Médailles de cette année, tirées de l'Histoire du Roi ; avec Explications.

1697.

Frontispice pour cette année, représentant la conclusion de la Paix ; avec Cartouches & Emblèmes.

Arrivée des Ambassadeurs & Plénipotentiaires pour la Paix générale, à Neubourg près de Risvick, le 18. Mars : *Adrien Schoonebeck*, sculpf.

Plan de la Ville de Carthagène en Amérique, prise par M. de Pointis, le 5 Mai : Cartouche.

Autre, tiré de *Quincy*.

Petit Plan de la Ville d'Ath.

Plan du Siège d'Ath : *Loysel*, sculpf. tiré de *Beaulieu*.

Prise de la Ville d'Ath, par M. de Catinat, le 5 Juin : Cartouche.

Autre, tiré de *Quincy*.

L'Attaque des François au Fort des trois Trous.

Portrait de François-Louis, Prince de Conty, élu Roi de Pologne le 27 Juin, en habit Polonois : *Trouvain*.

Entrée de l'Ambassadeur de Savoye à Paris, le 7 Juillet : *Langlois*.

Défaite de l'Armée Espagnole en Catalogne, par M. le Duc de Vendôme, le 14 Juillet : *Idem*.

Petit Plan de Barcelonne.

Autre, tiré de *Quincy*.

Tome IV. Part. II.

Plan du Siège de la Ville de Barcelonne, avec la Carte de la Côte de la mer, en quatre Planches; tirées de *Beaulieu.*

Vue & Profil de Barcelonne : *Perelle.*

Prise de Barcelonne, par M. de Vendôme, le 10 Août : *Langlois.*

Rencontre de l'Escadre de France & des Anglois, avec la route que fit le Baron de Pointis dans sa retraite; il arriva à Brest le 29 Août : *le Pautre,* sc.

Bataille de Zenta, gagnée par le Prince Eugène sur les Turcs, le 11 Septembre.

Petite Vue du Château de Riswick : deux Pièces.

Plan du même, tiré de *Quincy.*

Signature de la Paix à Riswick, entre la France d'une part, & l'Angleterre, la Hollande & l'Espagne de l'autre, le 10 Septembre; & avec l'Empire le 30 Octobre : *Langlois,* fecit.

La Paix de Riswick, grande Estampe : *Borge,* inv. & fecit.

La Paix de l'Europe conclue à Riswick; deux Feuilles, avec Médaillons : *Jollain.*

Grande Pièce emblématique à ce sujet, gravée en Hollande à l'honneur du Baron de Schenroot, Ambassadeur du Roi de Suède à Riswick, qui fut le médiateur de la Paix.

Autre, avec petites Estampes à côté, représentant le Château de Riswick, les Conférences, la signature, la publication faite à la Haye le 21 Octobre, & les Réjouissances : *Allard,* en une grande Feuille.

Publication de la Paix à Paris, le 23 Octobre & le 4 Novembre : deux Pièces.

Le même sujet : *de Larmessin,* sculps.

Autre, en Cartouche : *Langlois.*

Dessin du Feu d'artifice tiré devant l'Hôtel de Ville de Paris, pour la Paix, le 16 Novembre : *Guérard,* sculps.

La même, en Cartouche : *Langlois.*

Heureux présage de la Paix générale : *Jollain.*

Portrait du Roi à l'occasion de la paix qu'il a donnée à l'Europe : *Giffart,* sculps.

Autre Portrait, en Médaillon, avec Figures : *Victori pacifico,* gravé par J. *Coffin.*

Emblême au Roi, & Sonnet sur la Paix.

Quinze autres Emblêmes à l'honneur du Roi, sur le même sujet : *Trouvain,* sculps.

Le Banquet de la Paix.

Le secours de la Paix aux Nations oppressées par la guerre & par la misère : *Ganières,* excud.

Généalogie de M. le Duc de Bourgogne, & de Marie-Adelaïde de Savoye, issus en pareil degré de Henri IV.

Cérémonie du Mariage de M. le Duc de Bourgogne, avec la Princesse de Savoye, faite dans la Chapelle de Versailles, le 7 Décembre : *Langlois,* fecit.

La même : *Bonnart.*

Autre : *Trouvain.*

Ordre du Festin des Noces.

Sujet allégorique de ce Mariage : *le Clerc,* inv. *Simonneau,* sculps.

Arc & Monument pour M. le Duc de Bourgogne : *le Clerc.*

Emblêmes & Devises sur le même sujet.

Médaille frappée pour ce Mariage : *Benoît,* pinx. *Audran,* sculps.

Départ des Comédiens Italiens en cette année : *Watteau,* pinx. *Jacob,* sculps.

Onze Médailles de cette année, tirées de l'Histoire du Roi; avec Explications.

1698.

Frontispice pour cette année.

Le Branle de la Paix dansé par les Nations de l'Europe.

Dessin du Feu d'artifice tiré à l'Abbaye de Saint-Germain-des-Prés, par ordre du Cardinal de Furstemberg, pour la Paix, le 26 Janvier : *Guérard.*

La décoration de la Fontaine de vin donné au peuple, par les Magistrats de Strasbourg, la nuit du 6 Février, devant l'Hôtel de Ville, en réjouissance de la Paix : *J. A. Scupel,* sculps. en une grande Feuille.

La même : *Sevin,* fecit.

Aubouin apportant des Livres aux Princes, le premier de Mai.

Vue & Perspective du Camp de Compiègne, avec l'arrivée du Roi & de toute sa Cour, le 10 Septembre : *Langlois,* fecit.

L'Armée du Roi campée à Compiègne, & commandée par M. le Duc de Bourgogne, ayant sous lui M. le Maréchal de Boufflers : *Bonnart.*

Carte particulière du Camp de Coudun, près Compiègne, & des Environs, à trois lieues à la ronde; avec l'ordre de Bataille de l'Armée; levé par *Pennier,* gravé par *le Pautre.*

Ordre de la même Bataille : Dessin.

Revue générale faite au Camp de Coudun, près de Compiègne.

Le Camp de Coudun.

Autre Plan du même.

Tranchée ouverte devant la Ville de Compiègne : *Langlois.*

La même; en un grand Cartouche.

Attaque de M. de Rosen : *Cochin,* delin. *Chedel,* sculps.

Dix petits Cartouches, représentant diverses attaques, combats & autres faits devant Compiègne.

Le magnifique Festin donné par M. de Boufflers dans sa Tente, au Roi, au Roi d'Angleterre & à toute la Cour, au Camp de Coudun : *Bonnart.*

Cérémonie du Mariage de M. le Duc de Lorraine, représenté par M. d'Elbeuf, avec Mademoiselle de Chartres, à Fontainebleau le 13 Octobre.

La même, en un grand Cartouche : *Bonnart.*

Autre aussi en Cartouche : *Langlois.*

Entrevue du Duc & de la Duchesse de Lorraine, à Sermoise, près Bar-le-Duc, le 25 Octobre : *Bonnart.*

Entrée du Duc & de la Duchesse de Lorraine à Nancy, le 10 Novembre : *Langlois.*

Autre, en Cartouche : *Bonnart.*

Feu d'artifice tiré le même jour à Nancy : *Idem.*

L'Etat glorieux & florissant de la Famille Royale : *Mariette,* sculps.

Vignette à l'honneur d'Armand Gaston de Rohan Soubise, Prieur de Sorbonne : *Mariette,* fecit.

Une Médaille de cette année, tirée de l'Histoire du Roi; avec Explications.

1699.

Frontispice pour cette année.

L'Ambassadeur de Maroc dîne à Paris, servi par quatre Esclaves Turcs, le 6 Février : *le Roux,* fecit.

Les Ambassadeurs de Maroc dans une loge à la Comédie : *Trouvain,* sculps.

Le Renvoi de l'Ambassadeur de Maroc, & la guerre déclarée aux Corsaires de Salé : *Langlois.*

Remerciement de la Ville de Paris au Roi, pour la permission que Sa Majesté lui a accordée de faire ériger sa Statue Equestre dans la Place de Louis-le-Grand, le 6 Mai.

Plan de la Place de Vendôme (ou de Louis-le-Grand:) *Isr. Sylvestre.*

Place de Louis-le-Grand : *Chevolet & Hériffet,* une Feuille.

Plan & Elévation de cette Place : *Cartouche.*

Plan & Elévation d'un des côtés de la Place Vendôme, du dessin de Mansart, en trois grandes Feuilles : *Mariette & Chevolet.*

Figures & la Description de ce qui a été pratiqué pour fondre la Statue équestre de la Place de Louis-le-Grand ; par *Boffrand,* Architecte du Roi.

Statue Equestre du Roi élevée à la Place de Vendôme le 13 Août.

La même : *le Pautre,* sculps.

La même : *le Sueur & Tardieu.*

Marche du Corps de Ville de Paris, pour l'Erection de cette Statue : *Jollain.*

Autre : *Langlois.*

Autre : *Guérard.*

Cérémonies observées pour l'Erection : *Langlois,* grande Feuille.

Combat pour l'Oye entre les Mariniers, le 13 Août : *Idem.*

Réjouissances de MM. les Maîtres Passeurs, qui ont tiré l'Oye sur la Rivière de Seine, au sujet de l'Erection de la Statue Equestre de Louis-le-Grand, en 1699, avec la représentation du Feu d'artifice ; chez *le Roux.*

Le Temple de l'Honneur, dessin du Feu d'artifice dressé devant l'Hôtel de Ville de Paris : *le Pautre,* fecit.

Le Temple de la gloire, dessin du Feu d'artifice dressé sur la rivière : *Guérard.*

Exposition des Tableaux de Peinture & Sculpture de la Gallerie du Louvre, depuis le 2 jusqu'au 22 Septembre : *Cartouche.*

Le même sujet : *Langlois.*

M. de Pontchartrain créé Chancelier de France, & M. de Chamillard, Controleur-Général, le 26 Septembre : *Cartouche.*

Foi & hommage prêtés au Roi par le Duc de Lorraine pour le Duché de Bar, à Versailles le 25 Novembre : deux Cartouches.

Mausolée & décoration funèbre faite le 11 Décembre, à S. Gervais, pour le Service de M. Louis Boucherat, Chancelier de France, mort le 25 Septembre : *Berain,* inv. *Mariette,* sculps. Trois Feuilles.

Petits Plans du vieux & du neuf Brisac ; le dernier bâti en cette année.

Vue du grand Autel de l'Eglise de Notre-Dame de Paris, construit aux dépens de Sa Majesté par M. Mansart : *Cartouche.*

Autres Plans & Coupes de l'Eglise de Notre-Dame, du Chœur, &c. en sept morceaux : *Blondel,* sculps. *Mariette,* excud.

Autre Vue du grand Autel : *Delamonce,* delin. *Hériffet,* sculps.

Autre : *Langlois.*

Trois Médailles de cette année, tirées de l'Histoire du Roi ; avec Explications.

1700.

Frontispice pour cette année : *Ant. Dieu,* sculps.

Histoire générale du Siècle : *Nollin,* deux Feuilles.

Deux Médailles contenant les Bustes des trois Rois de France qui ont régné dans ce Siècle, & ceux des enfans mâles de la Famille Royale.

Le Roi revenant de voir les travaux & le Camp de Lucienne : *Martin,* sculps.

Audience donnée par le Roi au Nonce du Pape.

Cérémonies de l'Année Sainte pour le Jubilé de 1700, sous le Pontificat d'Innocent XII. deux Feuilles : *Becquet,* inv. *Nolin,* sculps.

Le Cardinal de Bouillon ouvre la Porte Sainte, pour le Jubilé, en 1700 : *Lucatellus,* inv. *Dorigny,* sculps. grande Feuille.

Mort de M. de Rancé, Abbé de la Trappe, le 27 Octobre : *Rochefort,* sculps.

Estampe sur la mort de Charles II. Roi d'Espagne, &c. arrivée le 1 Novembre 1700, dessinée & gravée à Amsterdam ; par *P. de Berge.*

La Couronne d'Espagne apportée aux pieds du Roi Louis XIV. Vignette.

Le Roi accepte (le 6 Novembre) le Testament de Charles II. Roi d'Espagne, mort le 1 Novembre, par lequel il institue M. le Duc d'Anjou pour son successeur & héritier : *Langlois.*

M. le Duc d'Anjou déclaré & reconnu Roi d'Espagne à Versailles, le 16 Novembre : *Idem.*

L'Ambassadeur d'Espagne salue ce Prince, nommé Philippe V. & lui présente son fils & les Seigneurs Espagnols qui l'accompagnent, le même jour : *Idem.*

Sept Cartouches représentant tout ce qui s'est passé ensuite de cette déclaration : *Idem.*

Marche & Cérémonie observée à la proclamation du Duc d'Anjou, Roi d'Espagne, sous le nom de Philippe V. à Madrid le 24 Novembre : *Guérard,* sculps.

Le Roi embrasse Sa Majesté Catholique & lui dit adieu à Sceaux le 4 Décembre.

Le Conclave des Cardinaux, où le Pape Clément XI. fut élu le 23 Novembre : *Idem.*

Chambre de Commerce créée par Arrêt du Conseil : *Robustel.*

La Coquette bourgeoise désolée, au sujet de l'Edit contre le Luxe : *Guérard,* sculps. (Cette Pièce est rare, la Planche ayant été rompue.)

Six Médailles pour cette année, tirées de l'Histoire du Roi ; avec Explications.

1701.

Frontispice pour cette année, représentant le Mariage de Philippe V. avec la Princesse de Savoye.

Arc de Triomphe fait à l'occasion du passage des Princes, à Grenoble en 1701, avec une Inscription portant ces lettres initiales : S. P. Q. G. (*Senatus, Populusque Grationopolis,*) inv. & peint par *P. Sevin,* gravé par *M. Ogier.*

Un des bas reliefs de cet Arc, qui représente les deux jeunes Princes assis sous un Dais, & recevant les hommages des principales Villes de Dauphiné, désignées par des femmes couronnées d'une tour ; par *les mêmes.*

Réception de Monseigneur le Duc de Bourgogne & de Monseigneur le Duc de Berry, à Avignon, à la fin de Mars : *Côtel & David,* cinq Planches.

Petit Plan de la Ville de Nieuport, où le Duc de Bavière fait entrer les Troupes Françoises.

Serment de fidélité fait au Roi d'Espagne, le 8 Mai ; par les Députés des Royaumes de Castille & de Léon : *Philippus Palotta,* delin.

Philippe V. reçoit les hommage & serment de fidélité des Chevaliers de la Toison d'or, de Calatrava & d'Avis, en Mai : deux Pièces, avec plusieurs Cartouches historiques, représentants plusieurs faits relatifs à l'Avénement de Philippe V.

Médaille de Philippe V. frappée en cette année.

Mausolée de Philippe de France, Duc d'Orléans,

mort le 9 Juin, dans l'Eglise de Saint-Denys, le 23 Juillet : *Berain*, inv. *J. B. Scotin*, sculpf.

Affaire de Carpi, où le Prince Eugène battit M. de Saint-Fremont, le 9 Juillet : *P. de Ker*, inv. *Car. Rembshart*, sculpf.

Plan du Combat de Chiari : Cartouche.

Bataille de Chiari, gagnée par le Prince Eugène sur les François & Espagnols, le 1 Septembre : *Huchtenburg*, pinx. & excud.

La même : *Benoît*, inv. *Dubosc*, fecit.

Révolte de Naples appaisée par le Duc de Medinaceli, Vice-Roi de ce Royaume, le 24 Septembre : *Langlois*.

Départ de Marie-Louise-Gabrielle de Savoye, épousée à Turin le 11 Septembre, par le Prince de Carignan, au nom du Roi d'Espagne, & son arrivée en Espagne : *Bonnart*, deux Pièces.

Le Grand Gallion d'Espagne escorté par nos Vaisseaux, pour mener la Reine en Espagne : *Idem*.

Réception faite par Philippe V, Roi d'Espagne, à la Princesse de Savoye son épouse, à Figuères en Catalogne, le 2 Novembre, & la Bénédiction Nuptiale qui leur fut donnée le même jour par le Patriarche des Indes; en deux Pièces, avec plusieurs Cartouches historiques : *Trouvain*.

Tombeau de Jacques II, Roi d'Angleterre, mort à Saint-Germain en-Laye, le 16 Septembre : *Pinga*.

Mausolée du même, élevé dans l'Eglise des Jésuites de Saint-Omer, le 17 Novembre : *Caufé*, sculpf.

Monument à la gloire du même : *Berain*, inv. *Dolivar*, sculpf.

Estampe trouvée sur la porte du Palais du Cardinal Porto-Carrero.

Etablissement ou Renouvellement de l'Académie des Médailles en cette année : *Bonnart*, Cartouche.

Grand Emblême à ce sujet.

Le génie des Médailles découvrant l'Histoire, & la sauvant de la fureur du temps : *Cochin*, inv. & sculpf.

Vue de la Place de Louis-le-Grand, finie cette année.

Douze jettons de cette année, 1701.

Devise du Roi pour les Jettons des Etats de Bourgogne de cette année : *Liébaux*.

Deux Médailles de cette même année.

Faits mémorables de cette même année, en une Feuille & dix Cartouches : *Paul de Ker*, delin. *Hieronymus Bollmann*, sculpf.

1702.

Frontispice pour cette année. Dessin lavé à l'encre de la Chine.

Plan de la Ville de Crémone, surprise la nuit du 31 Janvier, par les Impériaux, qui y firent le Maréchal de Villeroy prisonnier : *Mortier*.

Surprise de Crémone, en Cartouche : *Langlois*.

Autre, tiré de *Quincy*.

Les Impériaux chassés de Crémone le 1 Février : *P. de Ker*, inv. *M. Engelbrecht*, sculpf.

Fuite de l'Armée Impériale après la surprise de Crémone : *Martin*, sculpf.

Autre : *Langlois*.

Saint-Donaas rendu le 16 Mai : *D. Marot*.

La Reine d'Espagne Régente pendant l'absence du Roi : *Langlois*.

Embarquement de Philippe V. dans le Môle de Barcelonne, pour passer en Italie, avec l'Escadre commandée par le Comte d'Estrées le 8 Avril 1702 : Inventé & dessiné à Madrid en 1703, par le Chevalier Philippe *Palotta*, & imprimé à Bruxelles par *E. H. Friex*.

Débarquement du Roi d'Espagne dans la Baye de Naples, le 16 Avril de la même année : Inventé & dessiné par *le même*, en 1703.

Carte de la partie de l'Italie, où ce Roi fit la guerre en 1701 : Inventée & dessinée par *le même*, en 1703, & gravée par *J. B. Berterham*.

Entrée de Philippe V, Roi d'Espagne, dans la Ville de Naples, le 10 Mai : *Langlois*, deux Feuilles.

Autre Estampe sur le même sujet.

Autre, en Cartouche : *Langlois*.

Philippe V. reçoit les hommages & serment de fidélité des Habitans de Naples. Dessin lavé à l'encre de la Chine : *Desmarets*, delin. deux Feuilles.

Voyage du Roi d'Espagne, de Milan à Crémone, en 1701, avec la Carte de ce Pays : Inventé & dessiné par *Palotta*, gravé par *Jean Berterham*, & imprimé par *E. H. Friex*, en 1704.

Passage du même Roi avec une Colonne de ses Troupes, sur le Pont de batteaux construit sur le Pô, le 15 Juillet *1702*, par *les mêmes*, 1704.

Plan & Siège de Keyserwert ; tiré de *Quincy*.

Plan & Prise de Keyserwert, le 15 Juin : *P. de Ker*, inv. *G. Stein*, sculpf.

Reddition de Keyservert : *D. Marot*.

Plan & Siège de la Ville de Mantoue, que le Prince Eugène fut obligé de lever le 1 Août.

Plan de la Bataille de Luzzata, gagnée par le Duc de Vendôme, sur le Prince Eugène, le 15 Août.

Plan du Combat de Luzzara. Dessin.

Ordre de Bataille de l'Armée Impériale avant ce Combat. Dessin.

Bataille de Luzzata : *d'Heulland*, tiré des Mémoires de *Feuquières*.

Bataille de Luzzara : *Huetenburg*, pinx. & excud.

Autre ; tirée de *Quincy*.

Autre : *P. de Ker*, inv. *Probst*, sculpf.

Autre : *Benoist*, inv. *Dubosc*, fecit.

Autres : deux Cartouches.

Surprise de la Ville d'Ulm, par le Duc de Bavière ; le 8 Septembre : *Rugendas*, delin. *Wolff*, excud.

Les François repoussés de Vanhuls & Kyckuyt, le 10 Septembre : *D. Marot*.

Le Roi d'Espagne prend Guastalla, le 11 Septembre ; Cartouches : *Langlois*.

Prise de Guastalla.

Plan de Mantoue & de ses Environs, assiégés par le Duc de Vendôme : Inventé & dessiné par Philippe *Palotta*, gravé par *J. B. Berterham*, en 1703, & imprimé par *E. H. Friex*, en 1704.

Plan de Landau, pris par le Roi des Romains, le 11 Septembre ; tiré de *Quincy*.

Retraite des Flottes Angloises & Hollandoises de devant Cadix, les 15 & 16 Septembre : *Langlois*, deux Cartouches.

Prise de Vanloo par les Alliés le 23 Septembre, après quatorze jours de tranchée ouverte : *D. Marot*, sc.

Stevensweert rendu aux Alliés, le 2 Octobre : *Idem*.

Prise de Ruremonde par les mêmes : *Idem*.

Destruction de la Flotte d'Espagne, avec son Convoi François, dans la Baye de Vigo, le 22 Octobre : *Idem*.

La même : *P. de Ker*, inv. *J. Corvinus*, sculpf.

Autre, en Cartouche : *Langlois*.

Disposition & Bataille de Fridlingue, où le Prince Louis de Bade fut battu par le Marquis de Villars, le 14 Octobre : *Martin*, inv. *Haussart*, sc. deux Feuilles.

Plan de la même Bataille ; tiré de *Quincy*.

Le Passage du Rhin à Huningue, & la Victoire remportée à Fridlingue par M. de Villars : *Langlois*, fecit ; deux Planches.

Prife de la Ville & de la Citadelle de Liège, les 14 & 23 Octobre, par le Duc de Malborough : *D. Marot*, fculpf.

La même : *de Ker*, inv. *J. Corvinus*, fculpf.

Prife de la Ville & du Château de Traerbach, par le Comte de Tallard, le 6 Novembre : *P. de Ker*, inv. *Stein*, fculpf.

Six Galères de France enlèvent un Vaiffeau de guerre Hollandois, à la vue d'une Efcadre entière ; tiré de la Milice Françoife du Père *Daniel*.

Eftampe emblématique fur cette Campagne des Alliés.

Convoi du Roi Guillaume : Eftampe fatyrique, avec plufieurs ftrophes, (1702.)

Trois Médailles de cette année ; tirées de l'Hiftoire du Roi.

Faits mémorables de cette année, en une Feuille, & dix Cartouches par : *Paul de Ker*, delin. *Hieronymus Bollmann*, fculpf.

1703.

Frontifpice pour cette année.

Plan des Attaques du Fort de Kell, le 15 Février (Il fut pris le 19 Mars:) *Beaurain*.

Prife du Fort de Kell par le Maréchal de Villars : *Langlois* & *Trouvain*, deux Cartouches.

Paffage de la Forêt Noire, par M. de Villars, pour fe joindre au Duc de Bavière : *le Clerc*, fecit.

La jonction de l'Armée du Maréchal de Villars avec celle de Bavière, le 12 Mai, à Dutlingen : Cartouche.

Plan & Siège de la Ville de Bonn, par le Duc de Malbourough, rendue le 15 Mai : *Rugendas*, delin. *Corvinus*, fculpf.

Combat Naval donné par le Marquis de Coëtlogon, avec cinq Vaiffeaux de guerre, à la hauteur de Lifbonne, & défaite des Flottes Angloife & Hollandoife, le 22 Mai : *Langlois* & *Trouvain*, deux Cartouches.

Siège de la Ville d'Huy prife par le Duc de Malbourough, le 26 Juin : *Dubofc*, fecit.

Campement de l'Armée de France & d'Efpagne à Rivalta, commandée par le Duc de Vendôme : *Vanloon*.

Prife de Berfello par le Duc de Vendôme, le 27 Juillet : *Langlois* & *Trouvain*, deux Cartouches.

Défaite de la Flotte Hollandoife par le Chevalier de Saint-Pol, le 10 Août : *Iidem*, deux Cartouches.

Le Roi d'Efpagne fait la revue de fes Troupes devant la Reine d'Efpagne Douairière, à Tolède le 7 Septembre : *Langlois*.

L'ouverture de la tranchée devant la Ville de Brifac, fous le commandement de M. le Duc de Bourgogne : *Trouvain*.

Siège de la Ville de Brifac : *Langlois*.

Autre Eftampe du même Siège.

Prife de cette Ville, le 7 Septembre ; avec Vers au bas.

Autre : *Langlois*.

Feu d'artifice dreffé devant l'Hôtel de Ville de Paris, pour la prife de Brifac, par l'Armée du Roi, le 20 Septembre : *de Larmeffin*.

Accueil fait par le Roi à M. le Duc de Bourgogne, à fon retour de Brifac : *Trouvain*.

Difpofition de la Bataille d'Hochftet, le 20 Septembre : *Martin*, delin. *Hauffart*, fculpf.

Bataille d'Hochftet, où le Duc de Bavière & le Maréchal de Villars battirent l'Armée Impériale, commandée par le Comte de Stirum : *Langlois* & *Trouvain*, deux Cartouches.

Prife de plufieurs Châteaux dans le Trentin, par M. de Vendôme, en Septembre : Cartouche.

Bataille gagnée à San-Sébaftiano, par M. de Vendôme, fur le Général Vifconti, le 26 Octobre : Cartouche.

Plan de Briffac, que le Prince Eugène entreprit de furprendre le 10 Novembre : *Beaurain*.

Autre, tiré de *Quincy*.

Bataille gagnée par M. de Tallard, fur le Prince de Heffe-Caffel, près de Spire, le 15 Novembre.

La même, tirée de *Quincy*.

Le Roi en examinant le Plan de Landau, reçoit la nouvelle de la prife de cette Ville, par le Maréchal de Tallard, le 18 Novembre, après trente-un jours de tranchée ouverte.

Siège de la Ville de Landau : *Langlois*.

Prife de cette Ville : *Langlois* & *Trouvain*, deux Cartouches.

Prife de la Ville d'Aufbourg, par le Maréchal de Marfin, le 14 Décembre : *Rugendas*, delin. *Corvinus*, fecit.

Quatre Médailles de cette année, tirées de l'Hiftoire du Roi ; avec Explications.

Faits mémorables de cette année, en une Feuille, & douze Cartouches : *Paul de Ker*, delin. *Hieron. Bollmann*, fculpf.

1704.

Frontifpice pour cette année.

Portraits de Louis-le-Grand, gravés fuivant fes différens âges, dix Médaillons, (depuis l'âge de 5 ans jufqu'à celui de 54.) *A. Benoift*, inv. & pinx. Gravés en 1704, par *Ch. Simoneau*.

Profpect & Vue de Madrid, comme il étoit le 14 Mars 1704, que Philippe V. en partit pour la Campagne de Portugal : *N. Guérard*. L'Ouvrage fut dirigé par *N. de Fer*, Géographe de Sa Majefté Catholique.

Paffage du Roi d'Efpagne fur le Pont de batteaux conftruit fur le Taxo, le 30 Mai 1704 : *Iidem*.

Plan & Profil dudit Pont : *Jacq. Franç. Bernard & de Fer*.

Siège & Prife de Portalegre, par le même Roi, le 8 Juin : *Iidem*.

Plan des Places conquifes en Portugal, par le Roi d'Efpagne : *Iidem*.

Plan & Siège de la Ville & du Château de Suze, pris par M. de la Feuillade, le 18 Juin : *P. Docker*, delin. *Corvinus*, fculpf.

Le même : deux Cartouches.

Naiffance de M. le Duc de Bretagne, à Verfailles, le 25 Juin.

Autre : *Landry*, deux Feuilles.

L'Ondoyement de ce Prince fait le jour de fa Naiffance, par le Cardinal de Coiflin : *Jollain*, deux Feuilles.

L'ancienne gloire de la Bretagne, renouvellée en cette Naiffance : *Bonnart*.

Le Roi donne l'Ordre du Saint-Efprit au nouveau Prince : *Larmeffin*.

Réjouiffances faites à cette Naiffance : 4 Cartouches.

Deffin du Feu d'artifice dreffé à Lyon à ce fujet, le 13 Juillet : *Poilly*.

Invitation pour le *Te Deum* qui fut chanté à Paris, dans l'Eglife des Mathurins, le 20 Juillet, à ce fujet.

Le Triomphe de la Seine & du Tage : Deffin du Feu d'artifice tiré fur la Rivière de Seine le 21 Août, pour la Naiffance du Duc de Bretagne : *Guérard*, fculpf.

Décoration du grand Pavillon des Galleries du Louvre, le 28 Août 1704, jour de la Fête donnée par la Ville de Paris, pour le même fujet : *Chevalier*, fc.

Plan & Attaque des retranchemens de Schullemberg, près de Donawert, forcés par le Duc de Malbouroug, le 2 Juillet : *Rugendas*, delin. *Corvinus*, sculpf.

Autre, tiré de *Quincy*.

La même action : *Benoît*, inv. *Dubofc*, fecit.

Prife de Verceil, par M. le Duc de Vendôme, le 20 Juillet : *Bonnart*.

Plan de la Bataille d'Hochftet, gagnée fur les François par le Prince Eugène, le 13 Août.

Autre, tiré de *Quincy*.

La Bataille d'Hochftet : *Huchtenburg*, pinx.

Bataille d'Hochftet : *d'Heulland* ; tiré des Mémoires de *Feuquières*.

La même : *Rugendas*, delin. *Corvinus*, sculpf.

Autre, en trois Pièces : *Benoît*, inv. *Dubofc*, fecit.

Prife de Gibraltar par l'Amiral Roock, le 4 Août : *Deker*, inv. *Corvinus*, sculpf.

Combat Naval donné le 24 Août, à dix lieues au Sud de Malaga, entre l'Armée du Roi, commandée par le Comte de Toulouse, Amiral de France, & celle des Alliés, commandée par les Amiraux Roock, Anglois, & Allemande, Hollandois, avec l'Ordre de Bataille defdites Flottes : *A. Maffy*, delin. *J. Coëlmans*, sculpf. trois Planches.

Combat Naval à la hauteur de Malaga, où M. le Comte de Toulouse battit la Flotte ennemie : *Deker*, inv. *Corvinus*, sculpf.

Le même : *Bonnart*.

Autre : deux Cartouches.

Autre : *Dubofc*.

Plan & Prife de la Ville d'Ulm, par les Alliés, le 10 Septembre : *Rugendas*, delin. *Corvinus*, sculpf.

Siège de la Ville d'Yvrée, prife par M. de Vendôme le 28 Septembre : *Bonnart*.

Plan & Siège de la Ville de Landau, prife par les Alliés le 23 Novembre : *Rugendas & Corvinus*.

Siège de Landau : *Benoît & Dubofc*.

Plan du Siège de Straerback, pris par les Alliés, le 20 Décembre : *Beaurain*.

Retour du Roi d'Espagne à Madrid, après ses Conquêtes en Portugal, représentées dans des Cartouches : *Landry*, deux Feuilles.

Vue du grand Autel de Saint-Germain-des-Prés, construit en cette année.

Statue à l'honneur de Louis XIV. *R. Charpentier*, delin. *Chevalier & Poultier*, sculpf.

Trois Médailles, tirées de l'Histoire du Roi ; avec Explications.

Faits mémorables de cette année, en une Feuille : *Paul Deker*, inv. *Hieron. Bollmann*, sculpf.

1705.

Frontispice pour cette année.

Plan de Verue, affiégée & prife par M. de Vendôme, le 7 Avril ; tiré de *Quincy*.

Plan & Vue de Gibraltar, dont le Maréchal de Teffé fut obligé de lever le Siège le 23 Avril, malgré ce que M. de Pointis avoit pu tenter par mer : *P. Deker*, inv.

Plan & Vue de la Ville de Huy, reprife par les Alliés le 12 Juillet : *Deker*, inv. *Probft*, sculpf.

Les Alliés forcent les Lignes de Villamont, le 18 Juillet : *Deker*, inv. *Klein Schmidt*, sculpf.

Plan de la Bataille de Caffano, gagnée par le Duc de Vendôme, contre le Prince Eugène.

Autre Plan de la même Bataille.

La Bataille de Caffano, donnée le 16 Août : *Huchtenburg*, pinx. & excud.

La même : *Benoît*, inv. *Dubofc*, fecit.

Autre : *Deker*, inv. *Corvinus*, sculpf.

Autre : *Langlois*, excud.

Couronnement de Stanislas I. Roi de Pologne, le 4 Octobre : deux Feuilles.

Vue & Siège de Barcelonne, prife par l'Archiduc, le 12 Octobre.

Siège de la même Ville : *Scotin*, inv. & sculpf.

Autre : *Deker*, inv. *Corvinus*, sculpf.

La Loterie de S. Roch, tirée à Paris le 10 Novembre, avec le Jeu de la Loterie : *Langlois*.

La Loterie pour les Pompes. Deffin à l'encre de la Chine : *Defmarets*, delin. deux Pièces.

Les Loteries tirées par permiffion du Roi pour différens sujets : *de Larmeffin*, deux Feuilles.

Le tirage de la Milice de la Paroiffe d'Authon, Généralité d'Orléans, le 22 Décembre. Joli Deffin, lavé à l'encre de la Chine.

Deux Médailles de cette année, tirées de l'Histoire du Roi ; avec Explications.

Faits mémorables de cette année, en une Feuille : *Paul Deker*, delin. *Hieron. Bollmann*, sculpf.

1706.

Frontispice pour cette année.

Le Roi d'Espagne ayant fous lui le Maréchal de Teffé, lève le Siège de Barcelonne le 12 Mai, après trente-sept jours de tranchée : *Deker*, inv. *Corvinus*, sculpf.

La levée du Siège de Barcelonne, avec Explication en Hollandois & en François : *De la Feuille*, excud.

Petit Plan de la Ville de Turin.

Autre, avec le Siège mis devant cette Ville, le 25 Mai, par les François.

Plan & Bataille de Ramillies, gagnée par le Duc de Malbouroug, le 23 Mai : *Mortier*, grande Feuille.

Bataille de Ramillies, avec l'Ordre de Bataille : *Idem*.

Autre, tiré de *Quincy*.

Autre : *Rugendas & Friderich*.

Autre : *Dubofc*.

Bataille de Ramillies : *d'Heulland*. Tirée des Mémoires de *Feuquières*.

Vues des Villes d'Anvers, = Couvain, = Malines, = Bruxelles, = Bruges, = Gand, = Oudenarde, = Couttray : *Mortier*, excud. (Toutes ces Villes fe rendirent aux Alliés après la Bataille de Ramillies.)

Autres Vues de Bruxelles & de Bruges : *Rugendas & Corvinus*.

Plan de la Ville d'Oftende, affiégée & prife par les Alliés le 4 Juin : *Mortier*.

Siège d'Oftende : *Dubofc*, fecit.

Autre : *Deker & Engelbrecht*.

Plan de la Ville de Menin, affiégée & prife par les Alliés, le 22 Août : *Mortier*.

Autre, tiré de *Quincy*.

Plan & Siège de la même : *Rugendas & Corvinus*.

Autre : *Dubofc*, fecit.

Plan de la Ville de Dendermonde, affiégée & prife par les Alliés, le 5 Septembre : *Mortier*.

Plan & Siège de la même : *Rugendas & Corvinus*.

Plan de la Ville & du Siège de Turin, tiré de *Quincy*.

Plan de Turin & des Environs : *Infelin*.

Plan de la Bataille de Turin, gagnée fur les François, par le Prince Eugène, le 7 Septembre. Les François affiégeoient cette Ville depuis le 13 Mai.

La Bataille de Turin : *Huchtenburg*, pinx. & excud.

Autre : *Rugendas & Corvinus*.

Autre : *Dubofc*, fecit.

Autre :

concernant l'Histoire de France.

Autre : belle Estampe.

Prise de l'Isle de Majorque par les Alliés, le 24 Septembre : *Deker & Corvinus.*

Le Roi visite l'Hôtel des Invalides & y entend la Messe, le 28 Septembre : *Langlois.*

Sept Cartouches différens, représentant différentes vues de cet Hôtel : *Idem.*

Plan de la Ville d'Ath, assiégée & prise par les Alliés, le 4 Octobre : *Mortier.*

Plan & Siège de la même : *Rugendas & Corvinus.*

Philippe V. rentre victorieux à Madrid, le 4 Octobre : deux Feuilles.

Plan & Siège de Tortone, prise par les Alliés, le 15 Octobre : *Deker & Corvinus.* Le Château fut pris le 21 Novembre.

Plan & Siège de Pisighitone, prise par les Alliés, le 27 Octobre : *Iidem.*

Plan & Siège de Casal, pris par le Duc de Savoye, le 6 Décembre : *Deker & Rembshart.*

Une Médaille de cette année, tirée de l'Histoire du Roi ; avec Explication.

Faits mémorables de cette année, en une Feuille : *P. Deker,* inv. *Hier. Bollmann,* sculps.

1707.

Frontispice pour cette année.

Entrée de Louis-Gaston Fleuriau d'Armenonville, Evêque d'Orléans, dans sa Ville Episcopale, le 1 Mars : *Leblond,* excud. Gravure en bois.

Plan & Siège du Château de Milan, rendu aux Alliés, le 20 Mars : *Rugendas & Corvinus.*

Position des Armées avant la Bataille d'Almanza.

Bataille d'Almanza, gagnée par le Duc de Berwick, sur les Alliés, le 25 Avril : Cartouche.

Les Lignes de Stolophen prises sur les Impériaux, par M. le Maréchal de Villars, le 23 Mai.

Prise & soumission de la Ville de Sarragosse, par le Duc d'Orléans, le 25 Mai : Cartouche.

La Ville de Naples se rend à l'Archiduc, & apporte ses Clefs au Général Thaun, le 6 Juillet : *Deker & Corvinus.*

Plan de Toulon, & du Siège levé par le Duc de Savoye ; tiré de *Quincy.*

Plan de la Ville de Toulon, assiégée par le Duc de Savoye, le 14 Juillet : *Guérard.*

Levée du Siège de Toulon, le 22 Août : Cartouche.

L'heureuse Naissance du Prince des Asturies, à Madrid, le 25 Août.

Feu d'artifice tiré à Paris, au Palais du Duc d'Alve, Ambassadeur d'Espagne, pour cette Naissance : *Desmarets,* inv. *Scotin,* sculps.

Festin du même, pour le même sujet : *Idem.*

Plan & Siège de la Ville de Gaïette, prise par les Alliés, le 30 Septembre : *Deker & Corvinus.*

Vue & Siège de Lérida, prise par M. le Duc d'Orléans, le 14 Octobre, & le Château le 12 Novembre : *Scotin,* sculps.

Autre, tiré de *Quincy.*

Quatre Médailles de cette année, tirées de l'Histoire du Roi, avec Explications.

Faits mémorables de cette année, en une Feuille : *Paul Deker,* delin. *Hier. Bollmann,* sculps.

1708.

Frontispice pour cette année.

Le Frère Pacôme présente au Roi le Plan de l'Abbaye de la Trappe, au mois de Janvier : *Cazes,* inv. *Rochefort,* sculps.

La prise de la Ville de Tortose par M. le Duc d'Orléans, le 10 Juillet : *Landry,* excud.

Plan & Bataille d'Oudenarde, gagnée par le Prince Eugène & le Duc de Malbouroug, le 11 Juillet : *Rugendas & Corvinus.*

Autre Plan de la même.

Bataille d'Oudenarde : *Huchtemburg,* pinx. & excud.

Autre, gravée en Hollande, avec l'Ordre de Bataille.

Représentation des Audiences données par le Roi de Maroc, aux Religieux Rédempteurs, le 28 Juillet : *Giffart,* sculps.

Prise de l'Isle de Sardaigne par les Anglois, le 14 Août & suiv. *Deker & Corvinus.*

Siège de la Ville de Lille, investie par le Prince Eugène, le 12 Août.

Plan de l'Ordre de Bataille de l'Armée des Alliés, entre Fretin & Noyelles, le 13 Septembre, & celui des Attaques de Lille ; tiré de *Quincy.*

Plan & Siège de Lille, rendue aux Alliés par le Duc de Boufflers, le 23 Octobre : *Vanloon,* fecit.

Autre : *Benoît & Dubosc.*

Reddition de la Citadelle de Lille aux Alliés : le 9 Décembre : *Rugendas & Corvinus.*

Prise de Lissingue par le Duc de Vendôme, le 25 Octobre : Cartouche.

Vue de Bruxelles, investie le 22 Novembre, par l'Electeur de Bavière, qui quitta le Siège, & se retira vers Mons, le 27.

Le Prince Eugène & le Duc de Malbouroug font lever le Siège de Bruxelles : *Deker & Corvinus.*

Siège de Gand par les Alliés, le 22 Décembre : *Benoît & Dubosc.*

Reddition de la Ville de Gand, le 30 Décembre : *Deker & Engelbrecht.*

L'Eglise forcée d'armer contre ses persécuteurs, par les désordres qu'ils commettent sur les terres du Saint-Siège.

Une Médaille de cette année, tirée de l'Histoire du Roi ; avec Explication.

Faits mémorables de cette année, en une Feuille : *Paul Deker,* delin. *Hieron. Bollmann,* sculps.

1709.

Frontispice pour cette année.

Le grand Hyver.

Cérès affligée de voir la terre stérile, avec Médaillons : *Rochefort,* sculps. deux Pièces.

Distribution du pain du Roi au Louvre : *Le Roux.*

Vignette funéraire, avec Portrait en Médaillon de François-Louis, Prince de Conti, mort le 22 Février, âgé de 45 ans : *Pittau,* sculps.

Mausolée de M. le Prince de Conti, érigé dans l'Eglise de S. André-des-Arcs, le 21 Juin : *Berain,* inv. *Scotin,* sculps.

Devises pour la Pompe funèbre du même : *Scotin,* sculps.

Reconnoissance du Prince des Asturies, héritier présomptif de la Monarchie d'Espagne, dans l'Eglise de S. Jérôme, le 2 Avril : *Landry,* excud.

Victoire remportée sur les Portugais & les Alliés, dans la Campagne de la Gudina, par M. le Marquis de Bay, le 7 Mai : *Idem.*

Procession de la Châsse de Sainte-Geneviève, pour obtenir le temps propre pour les biens de la terre, le 16 Mai : *Radigue,* sculps.

La même, en Cartouche.

Tome IV. Part. II. M

Plan & Siège de la Ville de Tournay, rendue aux Alliés le 29 Juillet, après vingt-un jours de tranchée ouverte : *Mortier*, deux Planches.

Siège de Tournay : *Benoît*, inv. *Dubosc*, fecit.

Autre : *Deker* & *Kleinschmid*.

La Défaite des Impériaux par le Comte du Bourg, auprès de Rumersheim, le 26 Août.

Plan & disposition de la Bataille de Malplaquet, donnée le 11 Septembre, où le Maréchal de Villars fut battu par le Prince Eugène.

Autre : *Mortier*.

Bataille de Malplaquet : *d'Heulland*, tirée des Mémoires de *Feuquières*.

La même : *Huchtemburg*, pinx. & excud.

La même : *Kulebergh*, pinx.

Autre, avec Relation en Flamand.

Autre, en deux Pièces : *Benoît*, inv. *Dubosc*, sc.

Autre : *Deker* & *Corvinus*.

Autre : *Iidem*, dédiée au Cardinal Porto-Carréro.

Autre, tirée de *Quincy*.

Siège & Prise de Mons, par le Prince de Nassau, le 20 Octobre : *Idem*.

Les mêmes : *Benoît*, inv. *Dubosc*, sculpf.

Faits mémorables de cette année, en une Feuille : *Paul Deker*, delin. *Hieron. Bollmann*, sculpf.

1710.

Frontispice pour cette année.

Accouchement de Madame la Duchesse de Bourgogne, & Naissance de Louis XV. La mort enlève deux jeunes Princes ses frères encore au berceau : *Cochin*, delin. & sculpf. 1753.

Siège de Douay, investi le 22 Avril, par le Prince Eugène & le Duc de Malbouroug : *Benoît* & *Dubosc*.

Prise de Douay, le 25 Juin, après cinquante-deux jours de tranchée ouverte : *Deker*, inv. *J. A. Montalegre*, sculpf.

Plan du Champ de Bataille pour l'Armée des Hauts-Alliés, entre Vitry & Montigny, le 28 Mai.

Contrat de Mariage de M. le Duc de Berry, signé par le Roi le 5 Juillet.

M. le Duc de Berry fiancé dans le Cabinet du Roi le même jour : Cartouche.

Le Mariage du même, avec Mademoiselle d'Orléans, dans la Chapelle de Versailles, le 6 Juillet.

Repas donné par le Roi aux Princes & Princesses de sa Cour, à l'occasion de ce Mariage, le 6 Juillet : Cartouche.

Les Dames de la Cour baisent la robe de Madame la Duchesse de Berry, le lendemain de son Mariage.

Bataille de Sarragosse, où les Espagnols furent battus par le Comte de Staremberg, le 20 Août : *Deker* & *Kleinschmid*.

Plan & Siège de Béthune, pris par les Alliés le 26 Août : *Deker* & *Engelbrecht*.

Autre, tiré de *Quincy*.

Plan & Siège de Saint-Venant, pris par les Alliés le 28 Septembre : *Deker* & *Corvinus*.

Plan & Siège de la Ville d'Aire, rendue aux Alliés le 8 Novembre : *Deker* & *Montalegre*.

Siège de cette Ville : *Benoît* & *Dubosc*.

Bataille de Villaviciosa, gagnée par le Roi d'Espagne contre l'Archiduc, le 10 Décembre.

La même : Cartouche.

La même : *Duchange*, grande & belle Estampe.

Deux Médailles de cette année, tirées de l'Histoire du Roi ; avec Explications.

Faits mémorables de cette année, en une Feuille : *P. Deker*, delin. *Hieron. Bollmann*, sculpf.

1711.

Frontispice pour cette année.

La Ville & le Château de Gironne, prises par le Duc de Noailles, en Janvier : Cartouche.

Plan de la même Ville, tirée de *Quincy*.

Prise d'Estadilla, par le Marquis de Valdecanas, le 25 Janvier : Cartouche.

Vœu de toute la France, pour le rétablissement de la santé du Dauphin : *Berain*, inv. *le Pautre*, sculpf.

Vignette funéraire & Portrait en Médaillon de Louis Dauphin, mort à Meudon de la petite vérole, le 14 Avril, âgé de 50 ans : *Rigaud*, pinx.

Trois Vignettes sur le même sujet.

Tombeau de ce Prince : *Desmarets*, delin. *Cars*, sculpf.

Mausolée du même, (M. le Dauphin) érigé au Collège de Louis-le-Grand : *Desmarets*, delin.

Suite de tous les Dauphins de France, depuis Humbert II. en 1343, jusqu'à Louis, fils aîné de Louis Dauphin ; nommé à ce titre par le Roi le 16 Avril : *Berey*, sculpf.

Façade de l'Eglise Royale de S. Louis, de la Nation Françoise, à Rome, ornée pour le service de feu M. le Dauphin ; célébré le 18 Septembre : *Frezza*, incid.

Perspective de la même Eglise, pour le même sujet : *Idem*. deux Feuilles.

Quatre Emblêmes à la louange de M. le Dauphin : *Idem*.

Emblême sur l'heureux Accouchement de Madame la Duchesse de Berry, le 2 Juillet.

Siège de Bouchain, investi par les Ennemis le 10 Août : *Benoît* & *Dubosc*.

Prise de cette Ville, le 13 Septembre : *Deker* & *Schifflen*.

Prise du Château de Vénasque, par le Marquis d'Arpajon, le 16 Septembre : Cartouche.

La même : grande Feuille.

Plan de la Baye & de la Ville de Rio-Janeiro, au Brésil, pillée par M. du Guay-Trouin, en Septembre ; tiré de *Quincy*.

Tombeau du Maréchal de Boufflers, mort à Fontainebleau. Dessin au crayon rouge.

Privilège du Maréchal de Boufflers, pour lui & pour sa postérité, de mettre derrière ses Armoiries les Drapeaux du Régiment des Gardes, & les Etendarts des Dragons.

Prise de Castelleon, le 3 Octobre : Cartouche.

Les Ennemis chassés de devant Tortose, le 25 Octobre.

Election de l'Archiduc à l'Empire, le 12 Octobre : *Deker* & *Corvinus*.

Couronnement du même sous le nom de Charles VI. à Francfort, le 19 Décembre : *Deker* & *Schifflen*.

Les Victoires de Philippe V. Roi d'Espagne, en cette année.

La Déroute des Agioteurs : *Jollain*, deux Feuilles.

Une Médaille tirée de l'Histoire du Roi ; avec Explication.

Faits mémorables de cette année, en une Feuille : *P. Deker*, delin. *Hier. Bollmann*, sculpf.

1712.

Frontispice pour cette année.

Mausolée pour la Cérémonie funèbre de Louis II. Dauphin de France (auparavant Duc de Bourgogne,)

mort le 18 Février, & de Marie-Adelaïde de Savoye son épouse, décédée le 12 : *Berain* & *Scotin*.
Convoi des mêmes à Saint-Denys, le 23 Février.
Carte des Campemens des Armées en Flandres.
Plans des Retranchemens de Denain : *N. de Fer*.
Plan de la Bataille de Denain ; tiré de *Quincy*.
Bataille de Denain, gagnée par le Maréchal de Villars, le 30 Juillet : *Duchatel*.
Publication de la Suspension d'armes entre la France & l'Angleterre, le 24 Août : Cartouche.
La Prise de la Ville de Douay, par le Maréchal de Villars, le 8 Septembre.
Réduction du Quesnoy, par le même, le 4 Octobre : Cartouche.
Prise de Bouchain, par le même, le 19 Octobre : Cartouche.
Sonnet pour M. le Maréchal de Villars, sur son Gouvernement de Provence, auquel le Roi le nomma au mois d'Octobre : *Rochefort*, sculp. Estampe.
Jugement du fameux procès de Rousseau & de Saurin, au sujet des Couplets. Dessin lavé à l'encre de la Chine.
Vue du Château de la Samaritaine, bâti sur pilotis à l'extrémité du Pont-neuf, par Robert de Cotte : *Langlois*.
Deux Médailles de cette année, tirées de l'Histoire du Roi ; avec Explications.
Faits mémorables de cette année, en une Feuille : *P. Deker*, delin. *Hier. Bollmann*, sculp.

1713.

Frontispice pour cette année.
Publication de la Paix entre la France, l'Espagne, l'Angleterre, le Portugal, la Savoye & la Hollande, le 22 Mai. Elle avoit été signée à Utrecht le 11 Avril : *Langlois*.
Plan de Dunkerque & de ses Fortifications, qui furent démolies suivant le Traité & conformément aux Préliminaires arrêtés en 1711 : *Inselin*.
Estampe allégorique au sujet de cette Paix : *Hortemels* & *Cochin*.
Feu d'Artifice tiré à la Haye, à cette occasion.
Représentation des Illuminations avec leurs Ornemens, faites par ordre du Magistrat de la Haye, à côté de leur Maison de Ville, le 14 Juin, à l'occasion de la Paix d'Utrecht : *H. Pola*, delin.
Figure du Théâtre, avec ses Ornemens, & le bel Artifice de Feu, faits par ordre des Etats-Généraux à la Haye, dans le Vivier devant la Chambre de l'Assemblée de leurs Hautes-Puissances, le même jour, & pour le même objet : *Pola*, delin. *D. Stoopendant*, sc.
Figure du Théâtre avec ses Ornemens, & un curieux Artifice de feu, fait par ordre des Etats de Hollande & de Westfrise, dans le Vivier à la Haye, le même jour, & pour le même sujet : *Iidem*.
Représentation de la Décoration du Feu d'artifice dressé sur le Vivier par ordre des Etats de Hollande, le même jour, & pour le même sujet : *B. Picart*, delin. & sculp.
Plan de Landau, assiégé le 22 Juin, par M. de Villars, qui s'en rendit maître le 20 Août : *Inselin*.
Autre ; tiré de *Quincy*.
Plan du Siège de Fribourg : *Ibidem*.
Prise de la Ville & Château de Fribourg, & de plusieurs autres, par le Maréchal de Villars, le 16 Novembre : deux Feuilles.
Dessin géométral de la Machine qui a servi pour l'élévation & placement de la Statue équestre du Roi à Lyon, le 27 Décembre : *Ant. le Clerc*, sculp.

Statue équestre du Roi, érigée à Lyon : *B.* & *J. Audran*, sculp.
Trois Médailles pour cette année, tirées de l'Histoire du Roi ; avec Explications.
Faits mémorables de cette année, en une Feuille : *Paul Deker*, delin. *Hier. Bollmann*, sculp.

1714.

Frontispice pour cette année. Dessin au crayon & à la plume, enluminé.
Entrée de M. de Châteauneuf, Ambassadeur de France, à la Haye, le 15 Janvier : *Mortier*.
Convoi & Pompe funèbre du Prince Charles, Duc de Berry, fait de Paris à S. Denys, le 16 Mai ; chez *Jollain*.
Mort de Marie-Louise de Savoye, Reine d'Espagne, le 14 Février : *Schenk*, excud.
Mausolée pour cette Princesse, fait le 2 Juin, à Notre-Dame de Paris : *Berain* & *Scotin*.
La Paix signée à Rastadt, entre le Roi & l'Empereur, le 6 Mars : *Schenk*, excud.
Entrée des Ambassadeurs de Hollande à Rastadt, le 1 Juin : *Idem*.
Paix d'Utrecht, signée entre l'Espagne & la Hollande, le 26 Juin : *Idem*.
Edit du Roi en faveur du Duc du Maine & du Comte de Toulouse, enregistré au Parlement dans un Lit de Justice, le 2 Août. Dessin au crayon ; deux Feuilles.
Mort d'Anne Stuart, Reine d'Angleterre, le 12 Août : *Schenk*, excud.
Réduction de la Ville de Barcelonne, par le Maréchal de Berwick, le 11 Septembre : *Gallays*, excud.
Entrée du Roi d'Angleterre, Georges, Electeur de Brunswick, à Londres, le 1 Octobre : *Schenck*, excud.
Couronnement de la Reine de Hongrie à Presbourg, le 18 : *Idem*.
Couronnement du Roi Georges d'Angleterre, à Londres, le 31 : *Idem*.
L'Union des Princes par la Paix générale conclue à Bade, le 7 Septembre, & publiée le 8 Novembre : *Langlois*.
Le Roi procure le rétablissement des Electeurs de Bavière & de Cologne dans leurs Etats : deux Feuilles.
Représentation du Prix de Poésie à la louange du Roi, par l'Académie Françoise, pour l'année 1714.
Deux Médailles de cette année, tirées de l'Histoire du Roi ; avec Explications.
Faits mémorables de cette année, en une Feuille : *Paul Deker*, delin. *Hier. Bollmann*, sculp.

1715.

Frontispice pour cette année. Le Médaillon de Louis XIV. porté par le Temps & la Renommée.
L'Entrée de l'Ambassadeur (prétendu) de Perse à Paris, dans la Place Royale, le 7 Février : *Langlois*.
Audience donnée par le Roi à l'Ambassadeur de Perse, le 19 Février : *Idem*.
Autre, plus petite : *Idem*.
Autre : *Chiquet*.
L'Ambassadeur de Perse va prendre son Audience de Congé à Versailles, le 13 Août : *Langlois*.
Mort de Louis XIV. le 1 Septembre : *Cochin*, delin. & sculp. 1753.
Vue de la Chambre où est mort Louis XIV. à Versailles.
Cinq Médailles de la fin de son Règne.
Trois Planches de ses Monnoies, tirées de l'Histoire faite par M. le Blanc : *Ertinger*, sculp.

Autres, tirées du Père *Méneſtrier*, en quatre Planches.

Lits de Juſtice tenus par ce Prince, & premiers Préſidens qu'il a nommés : *Sevin*, ſculpſ.

Maréchaux de France créés ſous ſon Règne, juſqu'en 1681 incluſivement : *Idem*.

Régimens d'Infanterie créés depuis 1684, ſous les noms des Provinces : *Idem*.

Deviſes Militaires : *Idem*.

Chevaliers de l'Ordre du S. Eſprit, en huit Planches : *Idem*.

Le Parnaſſe François, ou les Hommes illuſtres, (Poëtes & Muſiciens,) du Règne de Louis-le-Grand, par M. Titon du Tillet : *Poilly*, delin. *J. Audran*, ſc. Une grande Feuille.

Le même, en petit.

Règne de Louis XV.

Frontiſpice.

Avénement de Louis XV. à la Couronne. Un Phénix renaît des cendres de Louis XIV. La diſcorde & la guerre ſont enchaînées : *Cochin*, delin. & ſc. 1754.

Succeſſion du Roi Louis XV. à la Couronne : *Jollain*, grande Feuille.

Louis XIV. dans ſon Lit de parade : *Guérard*, ſc.

La Chambre du Trépas de Louis XIV.

M. le Duc d'Orléans allant au Parlement pour être déclaré Régent, le 2 Septembre : Cartouche.

La Régence confiée à M. le Duc d'Orléans : *Bonnart*.

La même : *Cochin*, delin. & ſculpſ. 1754. On y voit la Juſtice prête à monter dans un Char, traîné dans des chemins difficiles, par quelques animaux différens, ſymboles de la diverſité de caractère des peuples à gouverner.

Le Règne de Louis XV. commencé par la délivrance des Priſonniers d'Etat, & le rappel des Exilés, le 4 Septembre : *Jollain*, ſculpſ. grande Feuille.

Deſſin à l'encre de la Chine, repréſentant l'Arcade de l'Egliſe des Jéſuites, où le cœur de Louis XIV. fut dépoſé le 6 Septembre; avec l'Inſcription.

Le Convoi & Pompe funèbre de Louis XIV. à Saint-Denys, le 9 Septembre : *Jollain*.

Autre : *Chiquet*, ſculpſ.

Autre : *Langlois*.

Repréſentation de l'endroit où a été dépoſé le corps de Louis XIV. dans l'Egliſe de Saint-Denys, le 9 Septembre : *Maillot*, ſculpſ.

Epitaphe du même.

Entrée du Roi Louis XV. à Paris, le 12 Septembre, pour venir au Parlement tenir ſon lit de Juſtice : *Guérard*.

Autre : *Langlois*, grande Feuille en long.

Autre, en deux Feuilles.

Entrée de Louis XV. à Paris par la Porte Saint-Antoine, en 1715 : *Cochin*, delin. *Gallimard*, ſculpſ.

Arrivée du Roi au Palais : *Guérard*.

Autre, & ſa Réception : grande Feuille en long.

Plan géométral de la Grand'Chambre du Parlement de Paris, pour le Lit de Juſtice : *Poilly*.

Proclamation de Louis XV. faite au Parlement de Paris, Sa Majeſté étant en ſon Lit de Juſtice, le 12 Septembre ; chez *Chiquet*.

La même : Deſſin.

Autre Deſſin ſur le même ſujet.

Louis XV. tenant ſon Lit de Juſtice pour la première fois, le 12 Septembre : *Poilly*.

Le même : *Landry*, deux Feuilles.

Autre, avec le Portrait du Roi au-deſſus.

Le Cardinal de Noailles, Archevêque de Paris, ſaluant le Roi. Deſſin lavé à l'encre de la Chine.

Harangue faite au Roi, par le Prévôt des Marchands & Echevins, le 12 Septembre : *Jollain*.

L'heureux commencement du Règne de Louis XV. & l'établiſſement des Conſeils de Régence, de Conſcience, de Finances, de la Guerre, de la Marine, des Affaires Etrangères & des Dépêches, le 18 Septembre, *Idem*. quatre Pièces.

Le même. Deſſin au crayon : *Bonnart*, delin.

Les Noms & Armes des Princes, Seigneurs & Magiſtrats qui compoſent les Conſeils ſous la Minorité du Roi : *Raymond*, ſculpſ.

Tombeau de François Girardon, mort le 1 Septembre, élevé dans l'Egliſe de S. Landry : *Hériſſet*, ſculpſ.

Evénemens remarquables de cette année : *P. Deker*, delin.

Quatre Médailles pour cette année.

1716.

Frontiſpice pour cette année.

L'application du Régent aux affaires, & l'eſpérance que donne le Roi : la France ſoutient en l'air le Médaillon de Louis XV. enfant ; les trois Graces l'ornent de guirlandes de fleurs; on voit au bas un jeune oranger dans un vaſe : *Cochin*, delin. *Flipart*, ſculpſ. 1756.

Rétabliſſement de la Marine & du Commerce ſous la Régence du Duc d'Orléans : *Cochin*, delin. & ſculpſ. 1757.

Etabliſſement de la Chambre de Juſtice contre l'avarice & l'avidité des Maltôtiers : *Cochin*, delin. *Gallimard*, ſculpſ. 1756.

La Chambre de Juſtice fait rendre gorge aux Maltôtiers, & les oblige à rapporter des ſommes conſidérables au Tréſor Royal : *Joſeph Vien*, pinx. *Cochin*, del. *Aliamet*, ſculpſ.

Les Noms, Armes & Qualités des Commiſſaires de la Chambre de Juſtice établie par l'Edit du mois de Mars 1716 : *Chevillard*.

Le Conſeil des Dieux. Deſſin allégorique, au crayon, au ſujet de cet Etabliſſement.

Les ordres du Roi exécutés par ſa Chambre de Juſtice : *Jollain*, deux Feuilles.

La même, en Deſſin : *S. Pol*, delin. deux Feuilles.

Malverſations punies par la Chambre de Juſtice.

Punition remarquable de Jean-François Gruet, & de le Normand, condamnés le 19 Juillet : *Gaillard*, deux Feuilles.

La Déroute des Agioteurs. Deſſin à l'encre de la Chine.

La même : *Jollain*, deux Feuilles.

Autre : *Gaillard*.

La Maltôte à l'agonie.

L'Opera d'Enfer : *Gaillard*.

La Chûte des Filles de joie entretenues par les Traitans & Maltôtiers : *Idem*.

Le Jouet de la Fortune : Eſtampe ſur la Chambre de Juſtice.

L'Argent envoyé par M. le Régent pour le payement des Troupes : *Langlois*.

La Victoire remportée par le Prince Eugène ſur les Turcs, le 5 Septembre : *Gallays*, deux Feuilles.

Evénemens remarquables de cette année : *P. Deker*, delin.

Quatre Médailles pour cette année.

1717.

Frontiſpice pour cette année.

concernant l'Histoire de France.

Huit Médaillons pour les différens Conseils de la Régence : *Demareuil*, inv.

Traité d'Alliance entre la France, l'Angleterre & la Hollande, signé le 4 Janvier : *Gallays*.

Traité de Commerce, de Navigation & de Marine, entre la France & les Villes Anséatiques, signé par le Roi, le 1 Février : *Idem*, deux Feuilles.

La Réception faite au Czar de Moscovie : *Desmaretz*, delin. Dessin en deux Feuilles.

Représentation de la Loterie qui doit se tirer à Paris pour l'extinction des Billets d'Etat, selon la Déclaration du 2 Août.

Louis XV. enfant, retiré d'entre les mains des femmes, pour recevoir l'éducation des hommes : *Boucher*, pinx. *Cochin*, delin. *Cars*, sculps.

Défaite de l'Armée Ottomane, près de Belgrade, par le Prince Eugène, le 16 Août : deux Feuilles.

Réduction des Renards, Peuples du Canada, à l'obéissance du Roi, le 24 Août : *Gallays*, Cartouche.

Evénemens remarquables de cette année : *P. Deker*, delin.

Une Médaille de cette année.

1718.

Frontispice pour cette année.

M. de Roquelaure fait la Dédicace de la Statue équestre de la Place du Pérou à Montpellier, le 27 Février : *Caumette*, delin. *Poilly*, sculps.

Huit Médailles, pour les huit Conseils établis en cette année, 1718 : *Henry*, sculps.

Grande Thèse dédiée à M. le Régent, par l'Abbé de Saint-Albin, au mois de Février : *Antoine Dieu*, pinx. *Landry*, sculps.

Incendie du Petit Pont Notre-Dame, arrivée le 27 Avril. Esquisse & Dessin à la plume, enluminé.

Plans & Vues du Château de Chantilly, en six Feuilles : *Mariette*, excud.

Le Roi dans son Camp de la Plaine S. Denys, les 14 & 21 Septembre : *Jollain*, deux Feuilles.

L'Education du Roi & son application : *Idem*, deux Feuilles.

L'Education du Roi : *De Fer*.

La Fable instruisant le Roi : *Coypel*, inv. *Tardieu*, sculps.

Les progrès des études du Roi : on voit à droite, sur le devant, un vieillard assis, tenant à la main un rouleau développé, & faisant voir au Roi enfant, la Vertu qui repousse l'Ignorance & l'Envie, & l'Histoire appuyée sur le Temps enchaîné, qui écrit les actions des grands Princes : *la Grenée*, pinx. *Cochin*, delin. *Dupuis*, sculps.

Evénemens remarquables de cette année : *P. Deker*, delin.

Empreintes des Louis & des Ecus frappés en cette année.

Deux Médailles de cette année.

1719.

Frontispice pour cette année.

Portrait du Roi en Médaillon : *Rigaud*, pinx. *Dupuis*, sculps.

Le Roi à l'âge de neuf ans étudie les Sciences & les Arts : *la Grenée*, pinx. *Cochin*, delin. *Flipart*, sculps.

L'Instruction gratuite établie dans l'Université de Paris : *Hallé*, pinx. *Cochin*, delin. *Prévost*, sculps.

Le Couronnement de la Reine de Suède à Stokolm, le 24 Mars : *Jollain*, deux Feuilles.

La Grotte de Thétis, Dessin du Feu d'artifice tiré aux Thuilleries pour la Fête du Roi : *Audran*, sculps.

La même.

Evénemens remarquables de cette année : *P. Deker*, delin.

Estampes pour servir à l'Histoire du Système de Law, présenté à M. le Duc d'Orléans, en 1719. Les principales sont : La Fortune des Actions ou l'Agiot, &c. Monument consacré à la postérité en mémoire de l'incroyable folie de la XX. année du XVIIIe Siècle : *B. Picart*. = La rue Quinquempoix, en 1720 : *Duchange*. = Véritable Portrait du très-fameux Seigneur Messire Quinquempoix : *B. Picart*. = Hôtel de Soissons, établi pour le Commerce du Papier : *Jollain*. = Quinquempoix : Estampe gravée en Angleterre, avec des Vers Anglois. = L'Ombre inique condamnée par Minos, Eaque & Rhadamante, ou Descente aux Enfers de M. d'Argenson (mort en 1721,) gravée à Anvers par *Wattermel*. = Portraits de M. le Duc d'Orléans, de Law, & sa Généalogie ; du Cardinal Dubois, du Duc de Bourbon ; = Billet de Banque de 10 liv. = Histoire du Prince Papyrius, surnommé *Pille-argent*, Gouverneur des François, Ms. = Mémoire de M. Desmarets, sur l'Administration des Finances, depuis le 20 Février 1708 jusqu'au 1 Septembre 1715.

Trois Médailles de cette année, 1719.

1720.

Frontispice pour cette année.

Le 16 Février le Roi entrant dans sa onzième année, fut complimenté par tous les Corps : Cartouche.

La Victoire de la France, & l'Alliance de la France avec l'Espagne, Grouppes de marbre blanc au Jardin des Thuilleries : *Thomassin*, sculps. deux Pièces.

Buste de M. le Régent, accompagné de Figures emblématiques & allégoriques, au sujet du système : *Picart*, sculps. Vignette.

Portrait de Law, inventeur du Système : *Hubert*, pinx. *Langlois*, sculps.

L'Auguste protection du Roi accordée aux Arts : *Jollain*.

Le Commerce que les Indiens font avec les François au Port de Mississipi : *Jollain*.

Almanach de la Fortune, ou Agenda de la rue Quinquempoix : *Bénard*, sculps.

Figure allégorique au sujet du Système.

La Fortune bonne & mauvaise : *Boillard*, fecit.

Divers Usages des Agioteurs. = Le Diable d'argent. = Chacun va tirant à ce Diable d'argent : *Huot*. = L'Agioteur élevé par la fortune au plus haut dégré des Richesses. = La Justice qui détruit d'un seul de ses rayons la fortune des Agioteurs.

Louis XV. instruit dans l'Art Militaire par Mars & par Minerve.

Incendie de la Ville de Rennes arrivée le 22 Décembre : *Huguet*, inv. & delin.

La Peste dans la Ville de Marseille : *de Troy*, pinx. *Thomassin*, sculps. grande Feuille.

Vue du Cours de Marseille, dessiné pendant la Peste.

Autre, de l'Hôtel de Ville & d'une partie du Port : *Rigaud*, inv. & sculps. deux Feuilles.

Médaille à l'occasion des grandes réparations & des bâtimens ajoutés au Monastère de Chelles, par Madame d'Orléans, Abbesse de cette Maison ; avec Explications : *Chasteau*, sculps.

La même, petite Feuille : *Idem*.

Evénemens mémorables de cette année : *P. Deker*, delin.

Deux Médailles de cette année.

Jettons, en une Planche qui en contient huit.

1721.

Frontispice pour cette année.

Promenade de l'Ambassadeur Turc dans le Jardin des Thuilleries, le 3 Mars : *Jollain*, Cartouche.

Entrée de l'Ambassadeur Turc à Paris, le 16 Mars : *Fonbonne*, sculpf.

Audience donnée par Sa Majesté à cet Ambassadeur, au Palais des Thuilleries, le 21 Mars : *Jollain*.

Le Roi guéri par les prières de ses Sujets, & le secours des remèdes, le 4 Août. Dessin au bistre : *De la Couperie*.

Feu d'artifice donné au Roi par M. le Duc, en son Château de Vanvres, le 8 Septembre : *Duflos*.

Le Roi en son Conseil déclare son Mariage avec Marie-Anne-Victoire, Infante d'Espagne, le 15 Septembre : *Jollain*; deux Feuilles.

Le même sujet. Dessin au bistre : *De la Couperie*.

Alliance de la France avec l'Espagne : Emblême.

Médaille au sujet de cette Alliance.

Vue de la Ville de Paris, & au-dessus différentes petites Estampes représentant le Portrait & différens vols & meurtres de Cartouche.

La prise de Cartouche à la Courtille.

Supplice de Cartouche, le 28 Novembre, avec onze Médaillons représentant ses différentes actions ; avec Explication en Vers Flamands : *Philips*, inv. & fecit.

Les vérités du Siècle d'aprésent : *Huot*.

Evénemens remarquables de cette année : *P. Deker*, delin.

Quatre Médailles de cette année.

Dix Jettons.

1722.

Frontispice pour cette année.

L'Entrée de l'Infante d'Espagne à Paris, le 2 Mars : *Jollain*.

Autre : *J. Maillot*, grande Feuille.

Médaille frappée à cette occasion.

Les Complimens faits à l'Infante dans les Appartemens du Louvre : *Guérard*.

Médaillon au sujet des Fêtes données par l'Hôtel de Ville, le 10 Mars.

Illumination & Feu d'artifice faits par le Duc d'Ossone, Ambassadeur d'Espagne, sur l'Alliance du Roi avec l'Infante, vis-à-vis le Louvre, le 24 Mars.

Plan du Fort de Montreuil & de ses Attaques, assiégé par le Roi, & rendu à Sa Majesté le 30 Septembre, après dix jours de tranchée ouverte.

Prise du Fort de Montreuil : *Duchatel*.

Les premiers exercices Militaires du Roi par le Siège du Fort de Montreuil : *Jollain*, deux Feuilles.

Route de Paris à Reims, levée sur les lieux par le Sieur Daudet : *Demortain*, sculpf.

Carte des Environs de Reims, par Daudet : *Fonbonne*, sculpf.

Plan de la Ville de Reims, par Daudet, le 1 Octobre : *Scotin*, sculpf.

Vue & Perspective de Reims du côté de Paris : *Maisonneuve*, sculpf.

Plan de l'Eglise Métropolitaine de Reims & du Palais de l'Archevêque, par le Sieur Daudet : *Demortain*, sculpf.

Portail de l'Eglise de Notre-Dame de Reims, où le Roi entra le 25 Octobre, pour y être sacré : *Idem*.

Le Sacre du Roi dans l'Eglise de Reims, le Dimanche 25 Octobre, avec Explication : Sçavoir, le Lever du Roi. = Tableau allégorique à ce sujet. = Le Roi allant à l'Eglise. = Tableau allégorique à ce sujet. = Arrivée de la Sainte-Ampoule. = Allégorie à ce sujet. = Le Roi prosterné devant l'Autel. = Allégorie à ce sujet. = Cérémonie des Onctions. = Allégorie à ce sujet. = Le Couronnement du Roi. = Allégorie à ce sujet. = Le Roi mené au Trône. = Allégorie à ce sujet. = La Cérémonie des Offrandes. = Allégorie à ce sujet. = Le Festin Royal. = Allégorie à ce sujet. = Habillement du Roi, en trois Planches. = Habillemens & Portraits des Officiers qui ont servi à la Cérémonie du Sacre, en vingt-sept Planches. Le tout orné de bordures, vignettes & lettres grises, gravées par les meilleures Artistes.

Sacre de Louis XV. *Tardieu*.

Représentation du même Sacre : chez *Demortain*, deux Planches.

Deux Pièces sur le même sujet : *Tardieu*, deux Planches.

Frontispice d'un Almanach de Cabinet présenté au Roi par N. Chateau : *Venard*, inv. *Chateau*, sculpf.

Autres Estampes relatives à la Cérémonie du Sacre de Louis XV. Sçavoir ; Marche de la Sainte-Ampoule : *Guérard*. = Première Représentation de la Cérémonie du Sacre, dans le moment que Sa Majesté va prêter le Serment après l'arrivée de la Sainte-Ampoule : *Demortain*. = Seconde Représentation quand le Roi va au Trône : *Idem*. = Le Sacre & Couronnement du Roi : *Maillot*. = Le Couronnement du Roi, avec Cartouches relatifs à la Cérémonie : *Jollain*, deux Feuilles. = Représentation dans sa vraie grandeur de la Couronne de pierreries qui a servi au Sacre : *Antoine*, sculpf.

Armoiries des Princes, Seigneurs & Officiers qui ont assisté au Sacre : *Chevillard*, trois Planches. = Plan de l'Eglise & du Tombeau de Saint-Remi, avec ses différentes Vues; le Roi alla les visiter le lendemain de son Sacre : *Demortain*. = Monumens antiques de la Ville de Reims : *Idem*.

Plans & Elévation de la Bibliothèque du Roi, transportée en cette année à l'Hôtel de Nevers, rue de Richelieu : trois Planches.

Portrait & Armoiries d'Elisabeth-Charlotte de Bavière, Duchesse Douairière d'Orléans, morte le 3 Décembre : *Rigaud*, pinx. *Drevet*, sculpf.

Evénemens remarquables de cette année : *P. Deker*, delin.

Deux Médailles.

Dix Jettons.

1723.

Frontispice pour cette année.

Le Roi tient son Lit de Justice pour sa Majorité, le 22 Février.

Autre, avec différens Cartouches : *Jollain*, deux Feuilles.

Estampe emblématique à ce sujet : *Disce, puer, virtutem*, &c. *De Troy*, pinx. *Surugue*, sculpf.

Henri IV. instruit du Ciel le Roi Louis XV. *Iidem*.

Plan général de l'Abbaye de S. Germain-des-Prés, comme elle est présentement : *Saury*.

Vue Septentrionale de cette Abbaye : *Chaufourier* & *Lucas*.

Deux Médailles de cette année.

Deux autres, au sujet de l'Alliance avec l'Espagne ; avec Explications.

Dix Jettons.

1724.

Frontispice pour cette année. Dessin.

Le Roi donnant le bâton à un Maréchal de France : *Papillon* & *Beaumont*.

Chapitre de l'Ordre du S. Esprit, tenu par le Roi Louis XV. en Juin : *Cazes* & *Cochin*.

concernant l'Histoire de France.

Réception des Chevaliers de l'Ordre du S. Esprit, dans la Chapelle de Versailles, le 3 Juin : *Rigaud*, inv. & sculpf.

La même, avec Cartouches : *Jollain*, deux Feuilles.

Mariage de M. le Duc d'Orléans avec la Princesse de Bade : *Jollain*, Cartouche.

La Chasse Royale à Fontainebleau, au mois de Novembre : *Idem.*

Grande Vignette des Arts : *le Clerc*, inv. *Jeaurat*, sculpf.

Trois Médailles de cette année.

Autre, pour le Duc de Bourbon, fait principal Ministre : *Duvivier.*

Autre, de Benoît XIII. pour l'Indiction du Jubilé.

Dix Jettons de cette année.

1725.

Frontispice pour cette année.

Cérémonies de l'Année Sainte pour le Jubilé : *Nolin* & *Bonnart*, deux Feuilles.

Procession de la Châsse de Sainte Geneviève à l'Eglise de Notre-Dame, le 5 Juillet, pour obtenir de Dieu le temps propre pour les biens de la terre : *Radigues*, sculpf.

Représentation du Tableau offert au nom de la Ville, pour sa reconnoissance envers Dieu, fléchi par les prières de Sainte Geneviève : *Spé.*

Grand Emblême au sujet de l'arrivée de la Princesse de Pologne : *Rousseau*, inv. & sculpf.

Arbre généalogique de Louis XV, & de Marie Lesczinska, son Epouse.

Mariage du Roi, avec la Princesse Marie, fille du Roi Stanislas, à Fontainebleau, le 5 Septembre : *Spé.*

Le même ; chez *Maillot.*

Représentation, dans sa vraie grandeur, de la Couronne de pierreries qui a servi à la Reine, en la Cérémonie de son Mariage : *Duflos*, fecit.

Feu d'Artifice tiré à Fontainebleau, le jour du Mariage : *Garnier.*

Vue de l'Illumination de la Cour du Cardinal de Polignac à Rome, au sujet de ce Mariage, le 26 Septembre.

Le Mont-Olympe : Emblême pour ce Mariage.

Le même, en petit : *Ghezzi*, inv. *Cochin*, sculpf.

Entrée de l'Ambassadeur de Portugal, à Versailles : *Parocel*, inv. *Surugue*, fecit.

Quatre Médailles de cette année.

Douze autres, pour la Reine : *Simonneau*, sculpf.

Autre, du Pape Benoît XIII. pour le Jubilé.

Huit Jettons.

Modes depuis 1714 jusqu'en 1725.

1726.

Frontispice pour cette année.

Le Roi prenant le Gouvernement de son Royaume. Dessin au crayon : *Duhresselle*, delin.

Portrait du Roi en Médaillon, & Figures allégoriques à ce sujet : *Guélard*, sculpf. Vignette.

Statue équestre de Louis XIV. ordonnée par les Etats de Bretagne, & exécutée par Coyzevox, élevée en Juillet : *Thomassin*, sculpf.

La même : *Desrochers.*

Parités réciproques de la livre numéraire ou de compte, instituée par l'Empereur Charlemagne, proportionnément à l'augmentation arrivée sur le prix du Marc d'argent, depuis son Règne jusqu'à celui de Louis XV. *Dernis*, inv. *Aubin*, sculpf.

Une Médaille de cette année.

Onze Jettons.

Modes depuis 1714 jusqu'en 1726 ; deux Planches.

1727.

Frontispice pour cette année.

Carte topographique des Pays & Côtes maritimes qui forment le Détroit de Gibraltar : *de Beaurain.*

Plan Géométral de Gibraltar, & les Attaques des Espagnols, au mois de Février : *Idem.*

Mort de M. le Prince de Conti, le 4 Mai : *le Roux*, Cartouche.

La Naissance de Mesdames de France à Versailles, le 14 Août : *Jollain*, deux Feuilles.

La même : *le Roux.*

Quarré magique qui se peut lire en plus de cent manières : on y trouvera : Vive le Sage Louis XV. *d'Hermand.*

Victoire remportée par l'abondance sur la stérilité & la misère : *Jollain*, deux Feuilles.

Trois Médailles de cette année.

Quatre Jettons.

1728.

Frontispice pour cette année.

La Reine accouche d'une Princesse le 28 Juillet.

Les Vœux de la France renouvellés dans les Eglises de Notre-Dame & de Sainte-Geneviève de Paris, par la piété de la Reine, pour la prospérité du Royaume & le bonheur de ses Sujets, le 4 Octobre : deux Feuilles.

Dix Médailles de cette année.

Onze Jettons.

1729.

Frontispice pour cette année.

Course de Traîneaux à Versailles, sur le grand Canal, le 11 Janvier.

La Naissance de M. le Dauphin, le 4 Septembre, à Versailles.

La Joie de la France pour cette Naissance, & l'Ondoyement de M. le Dauphin, fait par le Cardinal de Rohan, le même jour : *Jollain*, deux Feuilles.

Grand Médaillon à cette occasion : *Vassé.*

Feu d'artifice fait à Versailles, pour la Naissance de M. le Dauphin : *Messonnier*, inv. *Laureolli*, sculpf.

Le superbe repas présenté au Roi & aux Princes de sa Cour, en l'Hôtel de Ville de Paris, pour cette Naissance, le 7 Septembre : *Jollain*, deux Feuilles.

Feu d'artifice tiré devant l'Hôtel de Ville, le 7 Septembre, pour l'accouchement de la Reine : *Maillot.*

Feu d'artifice tiré à Soleure, le 30 Novembre, par ordre de M. de Bonac, Ambassadeur de France, à l'occasion de la Naissance de M. le Dauphin : *Weis*, delin. & sculpf.

Réjouissance, Décorations & Feu d'artifice, faits à Rome le 26 Novembre, par ordre de Melchior de Polignac, Ministre du Roi à Rome, pour le même sujet. Dessin, par *Salvatore Colonelli Sciara*, inv. *Phil. Vasconi*, sculpf.

Préparatifs du grand Feu d'artifice que M. de Polignac fit tirer à Rome, le 30 Novembre, pour le même sujet : *Panini*, pinx. *Dumont*, delin. *Cochin*, sculpf. Belle Estampe.

Le même Feu d'artifice tiré dans la Place de Navona, le 30 Novembre : *Sciara*, inv. *Gaetano Piccini*, sc.

Décoration du Feu d'artifice vu de trois côtés, & qui paroît avoir été fait dans la Ville de Lyon pour la Naissance du Dauphin : trois Feuilles.

Arc de Triomphe pour le même sujet.
Modes de cette année, 1729.
Deux Médailles de cette année.
Autre, pour l'Ordre de S. Michel.
Dix Jettons.

1730.

Frontispice pour cette année.
Vue de la Salle du Festin & du Bal, construit dans le Jardin de l'Hôtel de Bouillon, pour la Fête que les Ambassadeurs d'Espagne donnèrent à Paris, au sujet de la Naissance de M. le Dauphin, le 22 Janvier : *Pitoint*, inv. *Demarne*, sculpf.
Vue & Dessin de l'Illumination : *Beaufire*, inv. *Demarne*, sculpf.
Plan & Vue du Feu d'artifice tiré sur la Rivière : *Servandoni*, inv. *Dumont*, sculpf.
Le même, en petit.
Naissance de M. le Duc d'Anjou, à Versailles, le 30 Août : *Martel*.
L'auguste Lignée des Bourbons, depuis S. Louis jusqu'à Louis XV. transmise à sa postérité par la fécondité de la Reine, qui a donné à ce Royaume deux Princes & trois Princesses : *Jollain*, deux Feuilles.
Pompe funèbre du Maréchal de Villeroy, dans l'Eglise de l'Aumône générale & de l'Hôpital de la Charité de Lyon, le 15 Septembre : *Gerando* & *Daudet*, deux Feuilles.
La même, en petit : *Daudet*.
Les principaux Evénemens de cette année : deux Feuilles.
Les Modes.
Quatre Médailles.
Dix Jettons.

1731.

Frontispice pour cette année.
La Procession des Chevaliers de S. Michel & du S. Esprit, faite à Versailles, les 2 Février & 13 Mai : *Jollain*, deux Feuilles.
L'Abondance fait triompher Cérès, Bacchus & Pomone, nonobstant l'extrême sécheresse de cette année : *Idem.* deux Feuilles.
Grillot & Patron mis au Carcan, le 13 Mars.
Médaille frappée pour le Cardinal de Fleury, premier Ministre (dès 1726:) *Roettiers*.
Dix Jettons.

1732.

Frontispice pour cette année.
Cérémonie du Mariage de M. le Prince de Conti & de Mademoiselle de Chartres, à Versailles, le 22 Janvier : *Jollain*, deux Feuilles.
Mausolée & Epitaphe de Charles-Jean-Baptiste Fleuriau de Morville, mort le 5 Février.
Le progrès des Armes de Sa Majesté Catholique, sur les Maures, en Afrique : *Jollain*, deux Feuilles.
Trois Médailles de cette année.
Douze Jettons.

1733.

Frontispice pour cette année.
Passage du Rhin sous M. de Berwick, le 12 Octobre : petite Estampe.
Le Passage du Rhin & le Campement de l'Armée de France, avec la Vue du Fort de Kell, pris le 29 Octobre : *Jollain*, deux Feuilles.
Plan de Strasbourg & du Fort de Kell.

Plan & Attaques du Fort de Kell : *Beaurain*.
Prise du Fort de Kell, le 29 Octobre : petite Estampe.
Les Armées Alliées (de France & de Sardaigne,) s'assemblent sous Verceil & sous Mortare, le 15 Octobre : petite Estampe.
Passage du Tésin par les Troupes des Alliés, le 30 Octobre.
Les Magistrats de Pavie apportent au Roi de Sardaigne les Clefs de la Ville & du Château, le 30 Octobre.
Le Comte de Mortemar arrive à Parme, le 19 Novembre.
Pisighitone rendu le 30 Novembre, & la Garnison menée à Mantoue.
Prise du Fort de Fuentes, le 3 Décembre, & la Garnison prisonnière.
Crémone & son Château rendus le 4 Décembre.
Le Château de Tresse rendu dans le courant du mois de Décembre.
Prise du Château de Lecco, dans le mois de Décembre.
Sabionette & Bozzolo abandonnés par les Impériaux à l'approche des Alliés, en Décembre.
Les Alliés s'emparent de Guastalla, le 28 Décembre.
Prise de la Ville & du Château de Milan, le 30 Décembre.
Le Bal des Nations de l'Europe. Dessin à gouache, sur velin, enluminé ; avec Vers & Chansons.
Nouveau Jeu de Piquet des différentes Nations de l'Europe.
Nouvelle Place de Bourdeaux, près la Porte du Chapeau-rouge, sur le Port, construite en 1733 : *Milcent*, delin. & fecit.
Décoration de la Façade du Temple de Mars, où s'est fait le Festin des Noces de M. le Marquis de Mirepoix, avec Mademoiselle Bernard de Rieux : *le Roux*, inv. *Blondel*, sculpf.
Trois Médailles de cette année.
Douze Jettons.

1734.

Frontispice pour cette année.
Prise du Château de Settaval, le 5 Janvier : petite Estampe.
Novare pris le 7 Janvier : *Langlois*, Cartouche.
Prise du Fort d'Arona & de la Ville de Novare : petite Estampe.
Prise de la Ville & du Château de Tortone, le 5 Février.
La même : *Langlois*, Cartouche.
Traerbach pris le 2 Mai.
Le même : petite Estampe.
Passage du Rhin au Fort-Louis, le 4 Mai.
Les Lignes d'Ettingen forcées le 4 Mai : *Langlois*, Cartouche.
Entrée de Don Carlos dans Naples, le 10 Mai.
La même : petite Estampe.
Victoire remportée à Bitonto par le Comte de Mortemar, le 25 Mai.
La même : *Langlois*, Cartouche.
Plan du Combat de Parme, donné le 29 Juin, & gagné par les François : *le Parmentier*, sculpf.
Bataille de Parme : petite Estampe.
La même.
Autre.
Autre : *Bonnart*.
Plan de Philisbourg : *Inselin*, sculpf.

Vue

Vue de Philisbourg, assiégé le 1 Juin, par le Maréchal d'Asfeldt : *Jollain*, Cartouche.
Siège de Philisbourg : *Guérard*, sculpf.
Autre : *Jollain*, deux Feuilles.
Prise de Philisbourg, le 17 Juillet : petite Estampe.
Autre : *Contat*.
Autre.
Prise de Gayette, le 7 Août : petite Estampe.
Les Troupes de France passent le Rhin, sous les Maréchaux d'Asfeldt & de Noailles, le 16 Août : *Jollain*.
Bataille de Guastalle gagnée par les Impériaux, le 19 Septembre : *Contat*.
Autre : *Balke*, fecit.
Autre : *Jollain*, deux Feuilles.
Autre : *Bonnart*.
Autre : petite Estampe.
Débarquement de la Flotte de France & d'Espagne en Sicile, le 2 Septembre.
Prise de Dantzic par les Russes, & sortie des Troupes du Roi Stanislas : Gravure sur vélin, enluminée.
Trois Médailles de cette année.
Onze Jettons.

1735.

Frontispice pour cette année.
Entrée du Roi des deux Siciles dans Messine, le 10 Mars : *Contat*.
Pompe funèbre de Polixène de Hesse-Rinfels, Reine de Sardaigne, en l'Eglise de Notre-Dame de Paris, le 24 Mars : *De Bonneval*, inv. *Cochin*, sculpf.
La Ville de Siracuse rendue le 2 Mai : petite Estampe.
Couronnement de Don Carlos, Roi des deux Siciles, à Palerme, le 3 Juillet : *Jollain*, deux Feuilles.
L'Entrée de Don Carlos dans Naples ; à Paris, chez P. *Josse*.
L'Entrée de Don Carlos dans Naples, & ses Conquêtes.
Présence des deux Armées sous Trèves, en cette année : petite Estampe.
Fourrage général au-dessous de Mayence, le 14 Juin.
Arrangement par ordre de Bataille de l'Armée du Roi en Allemagne, sous les ordres de M. le Maréchal de Cogny, pendant cette Campagne : *Flabel*, fecit.
Campement des Armées (en Italie,) le long de l'Adige.
Les Impériaux abandonnent Rovère & Ostiglia, le 27 Juin.
Le Comte de Bellisle chasse les Impériaux des Isles qu'ils occupoient le long de le Seltz, le 5 Juillet.
La Mirandole rendue le 31 Août.
Dessin de l'Illumination & du Feu d'artifice donnés à M. le Dauphin à Meudon, le 3 Septembre : *Bonneval*, inv. *Cochin*, sculpf.
Carte topographique de la plus grande partie du Duché de Mantoue : *Beaurain*.
Plan de la Ville de Mantoue, bloquée par le Maréchal de Noailles.
Vue de la Ville de Mantoue & des Troupes qui l'environnent : petite Estampe.
Cessation d'hostilités entre les deux Armées, en Allemagne, le 5 Novembre : *Jollain*.
Distribution des paniers de toutes modes, par ma mie Margot : *Chartier*.
L'Empire à la mode : *Jollain*, deux Feuilles.
Une Médaille de cette année.
Onze Jettons.

Tome IV. Part. II.

1736.

Frontispice pour cette année.
Naissance du Prince de Condé, le 9 Août : *Humblot*.
Calendrier de la Paix : *Oppenor*, inv. *Cochin*, sc.
Estampe emblématique, au sujet de la Paix.
Les Nations de l'Europe se réunissent & commercent, dans l'attente de la publication de la Paix : *Humblot*, deux Feuilles.
La Figure de la Terre déterminée par les Observations de MM. de Maupertuis, Clairault, Camus & le Monier, envoyés par le Roi en cette année dans le Nord à cet effet. Vignette représentant M. de Maupertuis, en habit de Lapon, tiré dans un traîneau sur les neiges par une renne : *Cochin*, del. & sculpf.
Une Médaille de cette année.
Dix Jettons.

1737.

Frontispice pour cette année.
La Lorraine réunie à la France, Estampe allégorique : *Delobel*, pinx. *Cochin*, sculpf.
Baptême de M. le Dauphin & de Mesdames de France, fait à Versailles le 27 Avril : *Chartier*.
Une Médaille de cette année.
Dix Jettons.

1738.

Frontispice pour cette année.
Le Roi accorde sa médiation aux Républiques de Gênes & de Genève : *Humblot*, deux Feuilles.
Grande Thèse, en trois Feuilles, dédiée au Roi, par Armand, Prince de Rohan-Ventadour : *le Moine*, pinx. *Cars*, sculpf.
Deux Médailles de cette année.
Onze Jettons.

1739.

Frontispice pour cette année.
La Foire du monde, extraite de la Gazette de Hollande du 8 Janvier, avec Explication en François & Hollandois : grande Feuille.
Publication de la Paix à Paris, le 1 Juin : *Humblot*.
Feu d'artifice élevé dans la Place de Grève, à ce sujet : *Bailleul*.
Décoration de la Façade du Feu d'artifice du côté de l'Hôtel de Ville, élevée dans la Place de Grève, au sujet de la Paix conclue entre l'Empire, l'Espagne & la France : *Servandoni*, inv.
Vue géométrale de l'Illumination faite à l'Hôtel de Nesle, par ordre du Prince de Leichenstein, le 7 Juin, à l'occasion de la publication de la Paix : *Bailleul*.
La même, plus grande : *Belmont*, sculpf.
Plan & Attaque du Fort de Compiègne, au mois de Juillet : *Dupain*.
Cérémonie du Mariage de Don Philippe, avec Madame Première, Louise-Elisabeth de France, à Versailles, le 26 Août : *Aubert*.
La même, avec Cartouches : *Aveline*.
Feu d'artifice tiré le même jour dans le Jardin de Versailles, en face du Château, pour ce sujet : *Bailleul*.
Vue perspective de la Décoration de la Terrasse de Versailles, le même jour : *Perrot*, pinx. *Cochin*, sculpf.
Feu d'artifice ordonné sur le même sujet, par le Marquis de la Mina, Ambassadeur d'Espagne, & exécuté le 27 Août.
Le même : *Crespy*.

Plan & Elévation géométrale de l'Edifice élevé le 29 Août, sur la Terrasse du Pont-Neuf, où est la Statue de Henri IV. à la même occasion : *Servandoni*, inv. *Blondel*, fecit.

Décoration du Sallon, composé de transparens, élevé sur la Seine, le même jour : *Bailleul*.

Décoration du Trône élevé au Balcon de l'Appartement de l'Infante : *Idem*.

Vue perspective de l'Illumination de la rue de la Ferronnerie, par les Six Corps des Marchands de Paris : *Idem*, & *Cochin*.

Illumination dans le Carrefour des rues de Saint-Denys & de la Ferronnerie : *le Bas*.

Estampe de la Description des Fêtes données par la Ville de Paris, à l'occasion du Mariage de Madame Louise-Elisabeth de France, & de Don Philippe, Infant d'Espagne, les 29 & 30 Août 1739. = Représentation de la Jouste qui s'est faite sur la Rivière de Seine : *Rigaud*, delin. & sculpf. = Plan général & géométral de la Rivière prise entre le Pont-Neuf & le Pont-Royal : *Sallé*, inv. *Blondel*, sculpf. = Plan & Elévation géométrale du Temple de l'Hymen, construit sur l'Esplanade qui divise le Pont-Neuf en deux parties, & des Décorations qui l'accompagnoient : *Idem*. = Plan & Elévation géométrale du Sallon de Musique construit en transparens : *Idem*. = Elévation géométrale du Trône construit pour leurs Majestés : *Idem*. = Plan & Profil du Trône : *Idem*. = Dessin des différens petits Batteaux qui bordoient la Rivière : *Idem*. = Plan & Elévation géométrale de la Terrasse du Louvre, sur laquelle ont été construites différentes Tentes : *Idem*. = Vue générale des Décorations, Illuminations & Feux d'artifice : *Idem*. = Plan au rez-de-chaussée du Bâtiment de l'Hôtel-de-Ville, où s'est donné le Bal pendant la nuit du 30 au 31 : *Idem*. = Plan du premier Etage : *Idem*. = Coupe du Bâtiment de l'Hôtel de Ville, vue en perspective sur sa largeur, où sont représentées les Décorations & Illuminations de la cour où s'est donné le Bal : *Idem*. = Autre Coupe sur sa longueur : *Idem*.

Le magnifique Bal de l'Hôtel de Ville, donné le 30 Août.

Les Adieux de Madame Première, au Roi & à la Famille Royale, le 1 Septembre : *Crespy*.

Médaillon frappé cette année, par la Ville de Dinant, en reconnoissance des bienfaits du Roi : *Cochin fils*, sc.

Une Médaille de cette année.

Dix Jettons.

1740.

Frontispice de cette année.

Ouverture du Bal solemnel que les Puissances de l'Europe ont tenu à la grande Salle Germanique ; avec Explication.

Estampe allégorique de cette année.

Plans & Coupes de l'Eglise de S. Louis du Louvre : *Jombert*, excud. quatre Planches.

Plan & Elévation de la Fontaine de la rue de Grenelle, finie en cette année : *Bouchardon*, inv. *Babel*, sculpf.

Deux Plans de Paris, relatifs à l'inondation du mois de Décembre ; par *Ph. Buache*, premier Géographe du Roi & de l'Académie des Sciences : *Desbrulins*, sc.

Dix Jettons.

1741.

Frontispice de cette année.

Carte topographique de la Baye, Ville & Fauxbourg de Carthagène, avec les Forts & Batteries pour l'intelligence du Siège que les Anglois y mirent au mois d'Avril : *Durand*, sculpf.

Décoration du Feu d'artifice tiré le 24 Août, veille de la Fête du Roi ; *Marvie*.

Pompe funèbre d'Elisabeth-Thérèse de Lorraine, Reine de Sardaigne, dans l'Eglise de Notre-Dame de Paris, le 22 Septembre : *Bonneval*, inv. *Cochin*, sc.

Plan de Prague, pris par les Armées de France, de Bavière & de Saxe, la nuit du 25 au 26 Décembre.

Arrivée de Zaïd Pacha Effendi, Ambassadeur de la Porte, à Paris, le Samedi 16 Décembre. Il y fit son Entrée le 7 Janvier.

L'Arbre de Cracovie, avec Médaillons représentans divers Evénemens de cette année : *Humblot*.

Onze Jettons.

1742.

Frontispice de cette année.

Sujet historique de ce qui s'est passé au commencement de cette année.

Audience donnée à Versailles, par le Roi, le 11 Janvier, à l'Ambassadeur de la Porte.

La même. Dessin à la mine de plomb, sur vélin : *Cochin*.

Election de l'Empereur Charles VII. L'Anglois & le Hollandois observent dans le lointain : au revers est la Ville de Ratisbonne. Dessin à gouache, enluminé.

Couronnement de l'Empereur Charles VII. *le Clerc* & *Bacquoy*, sculpf.

Représentation de l'Illumination donnée le 11 Juillet par le Prince de Cantimir, à l'occasion du Couronnement de l'Empereur, fait le 6 Mai : *le Bas*, sculpf.

Nouveau Plan de la Ville de Prague & de ses Environs, assiégée par les Autrichiens, le 4 Août : *Bailleul*.

La Levée du Siège de Prague par les Autrichiens, le 13 Septembre.

1743.

Frontispice de cette année.

Vignette représentant le Cardinal de Fleury, entouré des Génies de différens Arts, qui pleurent sa perte : *Cochin*, sculpf.

Plan & Elévation de la Place de Louis XV. à Bourdeaux : *Patte*, deux Feuilles.

Statue équestre du Roi, élevée dans la Place Royale de Bourdeaux : *Dupuis*, sculpf.

Une Médaille sur le même sujet.

Autre, tirée des Monumens de Patte : *Le Mire*, sc.

Départ de la Flotte Françoise du Port de Toulon, pour se joindre à celle d'Espagne, contre celle des Anglois : *Jacq. Main*, delin. *W. N. Thoms*, sc. grande Feuille.

1744.

Frontispice de cette année.

Combat Naval donné sur la Méditerranée, le 22 Février : *Dubosc*, fecit.

Le Roi déclarant la guerre à l'Angleterre & à la Reine de Hongrie, les 14 Mars & 26 Avril : Médaillon ; *Gosmond*.

Victoire remportée par les Troupes de France & d'Espagne, près de Nice, le 20 Avril : *Crespy*.

Don Philippe & le Prince de Conti forcent les Retranchemens des Piémontois, & prennent Villefranche & Montalbon, le 20 Avril : *Dubosc*, fecit.

Autre : *Charpentier*.

Histoire Militaire de Flandres, depuis 1744 jusqu'en 1748. Estampe allégorique : *Eisen*, delin. *Tardieu*, sculpf.

M. le Duc de Chartres est reçu à la porte de l'Eglise de Gournay, le 27 Avril : *Hallé*, inv. *Tardieu*, sculpf.

Les glorieuses Campagnes de Louis XV. Estampe allégorique : *Gosmond*.

La gloire de Louis XV. *Lemoine*, inv. *Cars*, sc.

Le Portrait & le caractère du Roi ; Médaillon : *Gosmond*.

Campagne du Roi ; Frontispice : *Idem*.

Le Roi conduit par Pallas au Temple de la Gloire : Vignette.

Théâtre de la Guerre de Flandres.

Le Roi donnant audience dans son Camp au Comte de Vassenaar, Ambassadeur de Hollande, le 16 Mai ; Médaillon : *Gosmond*.

Marche du Comte de Saxe, avec son Armée d'observation, & la Réduction de Courtrai : *Idem*.

Plan de la Ville de Menin, assiégée par les François.

Siège de Menin, rendue le 4 Juin : *Dubosc*, fecit.

Feu d'artifice élevé devant l'Hôtel de Ville de Paris, pour la prise de Menin : *Hérisset*, deux Planches.

Plan de la Ville d'Ypres.

Siège d'Ypres, rendu le 25 Juin : *Dubosc*, fecit.

Prise d'Ypres, en deux Planches ; chez *Poilly* & *Contat*.

Attaques, Plan & Environs de cette Ville. Levé & dressé par *P. de Jodeau*.

La Réduction des Villes de Menin & d'Ypres ; Médaillon : *Gosmond*.

Feu d'artifice & Illumination de la Place de Grève, pour la prise d'Ypres : *Poilly*, deux Planches.

Le Roi répandant ses libéralités, & visitant l'Hôpital de Boesingue, le 27 Juin ; Médaillon : *Gosmond*.

Avantages remportés par le Maréchal de Coigny à Weissembourg, le 5 Juillet : *Dubosc*, fecit.

Siège de Furnes, rendu le 10 Juillet : *Idem*.

Réduction du Fort de Kenoque & de la Ville de Furnes ; Médaillon : *Gosmond*.

Le Roi partant pour l'Alsace, & remettant le commandement de l'Armée de Flandres au Maréchal de Saxe, le 19 Juillet : *Idem*.

Les Retranchemens des Vallées de Sture & de Mayre forcés, & Prise de Château-Dauphin, les 15 & 19 Juillet : *Dubosc*, fecit.

La Convalescence du Roi, le 15 Août ; Médaillon : *Gosmond*.

La France rend graces à Dieu de la Convalescence du Roi : *Coypel*, pinx. *Surugue*, sculpf.

Le Roi encore convalescent, avec les Fêtes & Réjouissances publiques faites par toute la France, à l'occasion du rétablissement de la santé : Frontispice du Recueil de Pièces à ce sujet : *Cochin*, inv. *Prévost*, sc.

Retranchemens de Suffelsheim, forcés le 23 Août, & le Prince Charles obligé de repasser le Rhin : *Dubosc*, fecit.

Feu d'artifice élevé dans la Grève en réjouissance du rétablissement de la santé du Roi, le 8 Septembre : *Poilly*.

Le même, avec l'Illumination : *Idem*.

Siège de Coni, en Septembre : *Dubosc*.

Bataille de Coni, le 30 Septembre : *Idem*.

Les heureux succès des Troupes Françoises & Espagnoles, en Italie ; Médaillon : *Gosmond*.

Représentation des Fêtes données par la Ville de Strasbourg, pour la Convalescence du Roi, à l'arrivée & pendant le séjour de Sa Majesté en cette Ville ; inventé, dessiné & dirigé par *J. M. Weis*, Graveur de la Ville ; sçavoir ; = Portrait du Roi à cheval : *Will*, sculpf. = Arrivée de Sa Majesté à Strasbourg, le 5 Octobre : *le Bas*, sculpf. = Représentation du Fauxbourg de Saverne, par lequel le Roi fit son Entrée : *Idem*. = Arc de Triomphe élevé à l'extrémité du Fauxbourg : *Weis*, sculpf. = Représentation d'une Place de Strasbourg, que le Roi traversa le jour de son Entrée : *le Bas*, sculpf. = Arrivée & Descente du Roi devant le Portail de l'Eglise Cathédrale : *Idem*. = Représentation des Edifices & Décorations, & du Feu d'artifice : *Idem*. = Autre Représentation du Feu d'artifice, tiré sur la Rivière d'Ill, devant le Palais Episcopal : *Weis*, sculpf. = Représentation de l'Hôtel de Ville, ses Décorations & Réjouissances : *le Bas*, sculpf. = Illumination de la Cathédrale & du Clocher : *Idem*. = Illuminations des façades, entrée, cour, & de tout l'Edifice du Palais Episcopal : *Idem*. = Représentation de la Cérémonie dans laquelle les Vins d'honneur furent offerts à Sa Majesté, le 6 Octobre : *Idem*. = Joûtes, Exercices de la Bague, de l'Oye, & autres Jeux & Pêche considérable, exécutés en présence de Sa Majesté, les 7 & 8 Octobre : *Weis*, sculpf. = Jeux, Danses & Exercices avec épées, le 9 Octobre : *le Bas*, sculpf. = Retour du Pont du Rhin : *Marvye*, sculpf. avec Explications encadrées dans des bordures élégantes.

Plan & Elévation de l'Arc de Triomphe élevé en Place de Grève, pour la réception de Sa Majesté, le 15 Novembre : *Poilly*.

Le Retour du Roi à Paris. Vignette.

Décoration sur le Bâtiment de la cour de l'Hôtel de Ville de Paris, pour le retour de Sa Majesté : *Poilly*.

Elévation d'une Fontaine dressée près l'Hôtel de Ville, pour le même sujet : *Idem*.

Arc de Triomphe pour l'heureuse arrivée du Roi à Versailles, aux dépens des Bourgeois & Habitans de ladite Ville, vû du côté du Château & du côté de Paris : *Loriot*, inv. *S. Antoine*, sculpf. deux Planches.

Plan des Villes & Château de Fribourg.

Vue & Perspective en profil des Forts de Fribourg.

Siège de Fribourg & des Châteaux : *Dubosc*.

La réduction de Fribourg & de ses Châteaux, les 7 & 25 Novembre ; Médaillon : *Gosmond*.

Louis le Bien-Aimé, Allégorie : *le Lorrain*, inv. *Gallimard*, sculpf.

Autre Estampe emblématique, avec le Buste du Roi ; *Coypel*, inv. *Audran*, sculpf.

Autre : *Boucher*, delin. *L'Empereur*, sculpf.

Autre, avec Cartouches, représentant des Evénemens de cette année : *Humblot*, sculpf.

Cinq Médailles de cette année.

1745.

Frontispice de cette année.

Cérémonie du Mariage de Louis, Dauphin de France, avec Marie-Thérèse, Infante d'Espagne, à Versailles, le 23 Février : *Cochin*, delin. & sculpf.

Pièce allégorique sur le Mariage de M. le Dauphin, célébré en Espagne le 18 Décembre 1744, & à Versailles le 23 Février 1745.

Décoration de la Salle des Spectacles construite dans le Manège de la Grande Ecurie à Versailles, pour la représentation de la Princesse de Navarre, à l'occasion de ce Mariage : *Cochin*.

Autre Décoration de la même Salle, pour le Bal paré : *Idem*.

Décoration du Bal masqué donné par le Roi dans la Gallerie de Versailles, la nuit du 25 au 26 Février : *Idem*.

Fêtes publiques données par la Ville de Paris, à l'occasion du Mariage de M. le Dauphin, les 23 & 26 Février ; sçavoir : = Frontispice allégorique : *Huzin*, sculpf. *le Bas*, sculpf. = Plan des Salles publiques. = Frontispice de la Salle de la Place Dauphine. = Vue perspective de l'intérieur de cette Salle. = Plan de la Place de Louis-le-Grand. = Vue perspective de la même. = Elévation & Coupes des Salles de cette Place. = Vue perspective de l'intérieur d'une de ces Salles. = Vue perspective de la Salle du Carousel. = Coupe intérieure de ladite Salle. = Coupe & Elévation de l'un des petits côtés. = Frontispice de la Salle de la rue de Sève, & Elévation extérieure d'un des grands côtés. = Frontispice de la Salle de l'Estrapade, & Elévation extérieure d'un côté. = Frontispice de la Salle de la Bastille, & Elévation extérieure d'un des grands côtés. − Plan du rez-de-chaussée de l'Hôtel de Ville, dont la Cour étoit décorée en Sallon, où s'est donné le Bal le 28 Février. = Plan du premier Etage de l'Hôtel de Ville. = Vue perspective de la Salle du Bal. = Elévation & Décoration de la grande Salle du Bal. = Desseins des Buffets du Bal ; deux Planches. Avec Explications ornées de bordures.

Médaillon, ou Epithalame dédié à M. le Dauphin : *Gosmond*.

Campagne du Roi ; Frontispice : *Idem*.

Le Départ du Roi avec M. le Dauphin, pour se rendre à son Armée, le 6 Mai : *Idem*.

L'Armée passe l'Escaut le 8 Mai : *Dubosc*.

Plan de la Ville & Citadelle de Tournai, assiégées par les François : *Inselin*, sculps.

Autre.

Siège de Tournai & de la Citadelle : *Dubosc*.

Le Roi attache la Cuirasse à M. le Dauphin, avant la Bataille de Fontenoy. Vignette.

Plan de la Bataille de Fontenoy, gagnée le 11 Mai, par le Roi sur les Alliés : *Beaurain*.

Autre.

Disposition & Vue de la Bataille de Fontenoy : *Guélard*, sculps.

La Bataille de Fontenoy : *Cochin*, inv. *Soubeyran*, sculps. Vignette.

La même.

Autre.

Autre, en Médaillon : *Gosmond*.

Feu d'artifice devant l'Hôtel de Ville de Paris, pour cette Victoire : *Poilly*.

La Réduction de la Ville de Tournai & de sa Citadelle, les 24 Mai & 19 Juin ; Médaillon : *Gosmond*.

Les Cours Supérieures complimentent le Roi en Flandres, sur les glorieux succès de ses Armes, les 3, 4 & 6 Juin : *Idem*.

Feu d'artifice devant l'Hôtel de Ville, pour la prise de Tournai : *Tremblin*.

Deux Médailles au sujet de la Consécration de l'Eglise de Saint-Sulpice, le 30 Juin ; avec Explication : *Tardieu*, sculps.

Elévation du grand Portail de l'Eglise de S. Sulpice ; bâti sur les dessins de *Servandoni* : *Cochin*, delin. *Ravenet*, sculps.

Vue & Perspective de l'Eglise de S. Sulpice : *Cochin* & *Lucas*.

Défaite de six mille hommes des Alliés à Melé, le 9 Juillet : *Dubosc*.

Plan de la Ville & de la Citadelle de Gand.

Siège de Gand & du Château, rendus les 11 & 15 Juillet : *Dubosc*.

Plan de la Ville de Bruges, prise le 18 Juillet.

La Défaite des Alliés à Melé, & la Réduction des Villes de Gand & de Bruges ; Médaillon : *Gosmond*.

Feu d'artifice devant l'Hôtel de Ville de Paris, pour la Prise de Gand : *Poilly*.

Plan d'Oudenarde.

La Réduction de la Ville d'Oudenarde, le 21 Juillet ; Médaillon : *Gosmond*.

Le Temple de l'Hymen servant de Décoration au Feu d'artifice que le Marquis de l'Hôpital, Ambassadeur du Roi, a fait tirer sur le bord de la mer, à Naples, le 14 Août, à l'occasion du Mariage de M. le Dauphin, avec l'Infante : *Saraceni*, inv. *Gaultier*, sc.

Siège de Dendermonde : *Dubosc*.

La Réduction de cette Ville, le 12 Août ; Médaillon : *Gosmond*.

Siège de Nieuport, rendu le 5 Septembre : *Dubosc*.

Arc de Triomphe élevé devant la Porte S. Martin, à l'occasion de l'arrivée de Sa Majesté à Paris, le 5 Septembre : *Poilly*.

Le même, vû du côté du Fauxbourg : *Idem*.

L'Entrée triomphante du Roi à Paris, au retour de sa glorieuse Campagne ; Médaillon : *Gosmond*.

Vue perspective de l'Illumination de la rue de la Ferronnerie, vue du côté de la rue S. Honoré & du côté de la rue S. Denys, exécutée le 8 Septembre, par les Six Corps des Marchands, à l'occasion du retour de Sa Majesté : *Bailleul*, deux Feuilles.

La Réduction des Villes de Nieuport & d'Ath, les 5 Septembre & 8 Octobre ; Médaillon : *Gosmond*.

La Campagne d'Allemagne, par M. le Prince de Conti : *Idem*.

Les Avantages remportés en Italie par les François & les Espagnols : *Idem*.

Cinq Médailles de cette année.

1746.

Frontispice pour cette année.

Plan de la Ville de Bruxelles : *Beaurain*.

Siège de Bruxelles : *Dubosc*.

Réduction de cette Ville, le 21 Février ; Médaillon : *Gosmond*.

Campagne du Roi, qui partit de Versailles le 2 Mai : *Idem*. Frontispice.

Le Roi forçant l'Armée des Alliés d'abandonner entièrement le Brabant ; Médaillon : *Idem*.

Plan de la Ville & de la Citadelle d'Anvers : *Beaurain*.

Réduction des Ville & Citadelle d'Anvers, les 20 & 31 Mai ; Médaillon : *Gosmond*.

Feu d'artifice tiré devant l'Hôtel de Ville de Paris, pour ce sujet : *Poilly*.

Plan de la Ville de Mons : *Beaurain*.

Siège de Mons : *Dubosc*.

Réduction de cette Ville, le 10 Juillet ; Médaillon : *Gosmond*.

Feu d'artifice tiré devant l'Hôtel de Ville de Paris, pour l'Accouchement de Madame la Dauphine, d'une Princesse, le 19 Juillet : *Thevenard*.

Réduction des Villes de Saint-Guislain & Charleroi, les 26 Juillet & 2 Août ; Médaillon : *Gosmond*.

Pompe funèbre de Marie-Thérèse d'Espagne, Dauphine de France, à Saint-Denys, le 5 Septembre : *Cochin*, delin.

Mausolée de la même, à Notre-Dame de Paris, le 24 Novembre : *Idem*.

Plan de la Ville de Namur : *Beaurain*.

Siège de Namur : *Eisen*, inv. *L. le Grand*, sculps.

Autre : *Dubosc*.

La Réduction des Ville & Châteaux de Namur, les 19 & 30 Septembre ; Médaillon : *Gosmond*.

Plan de la Bataille de Raucoux : *Beaurain*.

Vue & Disposition de cette Bataille : *Guelard*, sc.

Bataille de Raucoux : *Benoît*.

Autre, en Médaillon, avec Figures emblématiques ; grande Planche.

La Bataille de Raucoux, gagnée par le Maréchal de

Saxe sur le Prince Charles de Lorraine, le 11 Octobre; Médaillon : *Gosinond*.

La Procession du Pape & du Prétendant à Londres. Estampe satyrique sur l'Expédition de ce Prince dans la grande Bretagne; avec Vers Hollandois au bas.

Pompe funèbre de Philippe de France, Roi d'Espagne, à Notre-Dame de Paris, le 15 Décembre : *Cochin*, sculpf.

Figure de la Cornaline gravée pour Pierre-Charles Aunillon, Ambassadeur du Roi auprès de l'Electeur de Cologne.

Trois Médailles de cette année.

1747.

Frontispice pour cette année.

Fête publique donnée par la Ville de Paris, à l'occasion du Mariage de M. le Dauphin, le 15 Février; sçavoir : = Frontispice, Estampe allégorique : *Slodz*, inv. *Phlipart*, sculpf. = Char de Mars : *Marvye*, fecit. = Char de l'Hymen : *Lemire*, sculpf. = Char de Cérès. = Char de Bacchus : *Tardieu*, sculpf. = Char de la Ville : *Idem*. = Vue perspective de la Place de Louis-le-Grand, avec la représentation de la marche des Chars : *Benoît*, inv. & sculpf. = Représentation du Feu d'artifice tiré devant l'Hôtel de Ville : *Damun*, fecit. Le tout avec Explications encadrées.

Décoration de la grande Illumination faite à Versailles à ce sujet : *Cochin*, delin. *Ingram*, sculpf.

Décoration & Dessin du Jeu tenu par le Roi & la Reine dans la grande Gallerie de Versailles, à l'occasion du même Mariage : *Cochin* fils, delin. *Cochin* père, sc.

Siège de l'Ecluse, rendue le 21 Avril : *Dubosc*.

Siège du Sas de Gand, rendu le 30 Avril : *Idem*.

Plan de Hulst & des Forts qui l'environnent, soumis aux François le 11 Mai : *Beaurain*.

Pompe funèbre de Catherine Opalinska, Reine de Pologne & mère de la Reine, dans l'Eglise de Notre-Dame de Paris, le 10 Mai : *Cochin*, delin. & sculpf.

Vue & Disposition de la Bataille de Lawfelt, gagnée par le Roi, sur l'Armée des Alliés, le 11 Juillet : *Guelard*, sculpf.

Bataille de Lawfelt : *Dubosc*.

Plan de Berg-op-zoom : *Jaillot*.

Vue de la Ville & des Forts de Berg-op-zoom, assiégée par l'Armée Françoise, sous les ordres du Maréchal de Lowendahl, le 14 Juillet : *Brouard*, delin. *M. Marvye*, sculpf.

Siège de Berg-op-zoom, emporté d'assaut le 16 Septembre : *Idem*.

Combat sanglant donné près de Wonde, où les Alliés furent battus par les Troupes Françoises, le 10 Août : *Benoît*, inv. delin. & sculpf.

Convoi d'Artillerie allant à Berg-op-zoom, lequel fut attaqué par les Alliés & défendu par les François, le 20 Août : *Idem*.

Médaille frappée à l'occasion de la Prise de Berg-op-zoom, par le Comte de Lowendahl. La Légende est : *Hactenus inconcussa ruit*. L'Exergue *Berg-op-zoom tandem expugnata*, 16 Septembre 1747. Au revers sont les Armes du Comte de Lowendahl; par *N. J. B. de Poilly*.

Troupes Légères de France, levées depuis la présente guerre, avec la date de leur Création, leur Uniforme & leurs Armes; par *Chereau*, en 14 Planches enluminées.

Quatre Médailles de cette année.

1748.

Frontispice de cette année.

Plan de Mastricht & de ses Attaques : *Beaurain*.

Convoi des Pontons montés sur leurs haquets, avec plusieurs Caissons & Chariots chargés de Munitions de guerre, allant au Siège de Mastricht, le 9 Avril : *A. Benoît*, inv. delin. & sculpf.

Plan & Elévation du Feu d'artifice qui doit être tiré à Londres pour la Paix générale signée à Aix-la-Chapelle, le 18 Octobre : *Durand*, sculpf.

Grande Estampe allégorique à l'honneur du Roi, dédiée à Sa Majesté, par *Grest*, Soldat aux Gardes Françoises.

Compliment fait au Prince-Charles-Edouard, à un Sermon de S. Patrice, au Collège des Lombards à Paris, par M. Bruté, Curé de S. Benoît.

Plan, Coupe & Elévation de l'Hôpital des Enfans Trouvés, bâti en cette année, sur les dessins de M. de *Boffrand*, en trois grandes Feuilles : *Patte*.

Plan & Elévation de la Façade de l'Hôtel-Dieu de Lyon : *Soufflot*, inv. *Blondel*, sculpf.

Projets de Place proposés pour ériger la Statue du Roi à Paris, en dix-neuf Planches; tirées des Monumens de *Patte*.

Une Médaille de cette année.

Onze Jettons.

1749.

Frontispice de cette année.

Feu d'artifice & Décorations de la Rivière d'Ill à Strasbourg, pour la Publication de la Paix, le 23 Février : *Weis*, inv. & sculpf.

Plans & Journaux des Sièges de la dernière guerre de Flandres (au nombre de vingt-quatre :) *Strasbourg*, 1750, *in-4*.

Recueil des Sièges & Batailles pour servir à l'Histoire des Guerres de 1741; par le Sieur *le Rouge*, en cinquante-trois Feuilles, grand *in-folio*.

Réjouissances des Nations pour la Paix du 12 Février : *Crespy*, *in-fol*.

Amphithéâtre élevé dans la Grève par les ordres de M. le Prévôt des Marchands, & de Messieurs les Echevins, pour servir de Salle de Bal, à l'occasion des Réjouissances de la Paix.

Théâtre Historique, Géographique & Chronologique du Règne de Louis XV. avec les Fêtes; par *Cl. Ch. Riolet*; 1749.

Figures de la Relation de l'Arrivée du Roi au Havre-de-Grace, le 19 Septembre, & des Fêtes qui se font données à cette occasion; sçavoir : = Arrivée du Roi au Havre : *Descamps*, delin. *le Bas*, sculpf. = Carène d'un Navire dans le Bassin du Havre : *Idem*. = Le Roi voit exécuter différentes Manœuvres & une Jouste : *Idem*. = Illumination de la grande rue du Havre, les 19 & 20 : *Idem*. = Le Roi sur la Plage voit lancer trois Navires à la mer, & représenter un Combat Naval : *Idem*. = Le Roi sur la hauteur d'Ingouville : *Idem*.

Emblême & Madrigal pour le Roi, pendant la Paix.

Estampe allégorique pour M. de Machault, qui a préservé Paris de la famine : *Palmeus*, inv.

Vue des Loges du Change à Lyon : *Soufflot*, inv. *Belliard*, sculpf.

Dix Jettons.

1750.

Frontispice pour cette année.

Accouchement de Madame la Dauphine à Versailles, d'une Princesse, le 26 Août : *Humblot*.

Feu d'artifice devant l'Hôtel de Ville de Paris, à cette occasion : *Basan*.

Le même : *L'Abbé*.

Fontaine des SS. Innocens, & Lettres sur les Tableaux du Sallon, en deux Estampes, gravées en 1750, par *Wattelet*, à l'occasion de plusieurs Brochures composées par M. de la Font de Saint-Yenne, Dessinateur des Manufactures de Tours & de Lyon, où les Expositions des Tableaux au Sallon du Louvre étoient maltraitées.

Trois Estampes en Médaillon au sujet des Immunités du Clergé.

Dix Jettons.

1751.

Frontispice de cette année.

Etablissement de l'Ecole Royale Militaire ; Médaillon : *S. Aubin* & *Duclos*.

Vue de l'Ecole Royale Militaire, établie par l'Edit de Janvier : *Chedel*, fecit.

Estampe allégorique sur le même sujet : *Cochin*, delin. 1770, *Gallimard*, sculps.

Catafalque de Maurice, Comte de Saxe, Maréchal de France, dans l'Eglise neuve de Strasbourg, le 8 Février : *Weis*, sculps.

Tombeau du Maréchal de Saxe, mort le 30 Novembre ; par *Pigalle*. Dessiné & gravé, *Cochin*, 1769.

Deux Etudes du même : *Cochin*, delin. *Miger*, sc.

Naissance du Duc de Bourgogne, à Versailles, le 13 Septembre : *Pasquier*.

Deux Médailles à cette occasion : *Palmeus*, inven. *Pasquier*, sculps.

Décoration du Feu d'artifice tiré à ce sujet, à Versailles : *Cochin*, delin. *Marvye*, sculps.

Solemnités des Mariages célébrés suivant l'intention du Roi par la Ville de Paris, pour la Naissance du Duc de Bourgogne : *Cochin* & *Tardieu*.

Allégorie des Mariages faits par la Ville de Paris : *G. de S. Aubin*.

Sujet champêtre, intitulé : *Le Pensez-y-bien*. Allégorie à l'occasion des mêmes Mariages : *Benard*, inv. *Bacquoy*, sculps.

Autre, intitulé : *Le repos du lendemain* ; par les mêmes.

Vue du Vaisseau de Roi appellé le Duc de Bourgogne, lancé à la mer à Rochefort, le 26 Octobre : *Ozanne* & *Chereau*.

Onze Jettons.

1752.

Frontispice de cette année.

Idée d'un Mausolée au sujet de la mort de Madame Anne-Henriette de France, arrivée le 10 Février ; par un François.

La France rend graces à Esculape, de la guérison de Monseigneur le Dauphin : *G. de S. Aubin*.

Statue de Louis XV. élevée à Valenciennes : *le Mire*, sculps. Tirée des Monumens de *Patte*.

Plan & Elévation de la Place de Valenciennes ; deux Feuilles.

Onze Jettons.

1753.

Frontispice de cette année.

L'auguste Naissance de M. le Duc d'Aquitaine, le 8 Septembre ; chez *Crespy*.

1754.

Frontispice de cette année.

Inscription de la première Pierre du Portail de l'Eglise de S. Eustache, posée par M. le Duc de Chartres, le 22 Mai : *Lattré*, sculps.

Naissance de M. le Duc de Berry, le 23 Août 1754.

Epoque du Retour du Parlement de Paris. Médaillon.

Statue de Louis XV. à Rennes : *le Mire*, sculps. tirée des Monumens de *Patte*.

Plan & Elévation de la Place de Rennes ; 2 Feuilles.

Onze Jettons.

1755.

Frontispice de cette année.

Expédition du nommé Mandrin, à Bourg-en-Bresse.

Statue de Louis XV. érigée à Nancy : *le Mire*, sc. Tirée des Monumens de *Patte*.

Plans & Elévations de la Place de Nancy : *Marvye*, sculps. six Feuilles.

1756.

Frontispice de cette année.

Décoration d'artifice présentée le 18 Mai, pour célébrer la Convalescence de l'heureux Accouchement de la Princesse de Condé, & de la Naissance du Duc de Bourbon ; (par les Valets de Chambre de Monseigneur & de Madame ;) de la composition de *Carlo Genovini*.

Carte topographique de l'Isle Minorque : *Beaurain*.

Plan de la Ville & du Port-Mahon, & du Fort Saint-Philippe, tel qu'il étoit en 1706 : *Idem*.

Autre, tel qu'il est en cette année : *Idem*.

Plan du Fort Saint-Philippe, assiégé le 19 Mai par le Maréchal Duc de Richelieu : *Idem*.

Autre petit : *Perier*, sculps. Ce Fort se rendit le 28 Juin.

Combat Naval entre l'Escadre Angloise & l'Escadre Françoise, le 20 Mai : *Basset*.

Carte d'Allemagne, pour servir à l'intelligence de la Guerre entre les Rois de France & d'Angleterre, & autres Puissances : *Beaurain*, deux Feuilles.

Décoration du Feu d'artifice tiré devant l'Hôtel de Ville de Paris, le 25 Juillet, à l'occasion de la prise de l'Isle Minorque & du Port-Mahon, par le Maréchal de Richelieu : *Vassé*, Sculpteur du Roi, delin.

Plan du Camp retranché du Roi de Pologne, entre Pirna & Konigstein, & le Blocus des Troupes Prussiennes, le 10 Septembre : *Beaurain*.

Le même, en petit ; avec Explication : *Perier*, sc.

Bataille de Lowozitz en Bohême, entre le Roi de Prusse & le Général Brown, le 1 Octobre : *Idem*.

Vue de la Façade du Louvre du côté de S. Germain de l'Auxerrois, au sujet des nouveaux Ouvrages qu'on y construit : *Ozanne*, sculps.

1757.

Frontispice de cette année.

Consternation de la France au sujet de l'Attentat du 5 Janvier. Médaillon.

Actions de graces de la France, pour la préservation du Roi. Médaillon.

Robert-François Damiens ayant attenté à la personne du Roi, le 5 Janvier, est arrêté & conduit ès Prisons de Versailles.

Damiens en prison.

Damiens sur un Grabat dans la Tour de Montgommery, à Paris : trois Estampes différentes.

Interrogatoire du même, sur son Grabat.

Feux d'artifice tirés à Dijon, les 2 & 6 Février, pour la conservation du Roi : *le Jolivet*, deux Planches.

Robert-François Damiens écartelé en Place de Grève, le 28 Mars, pour assassinat commis par lui le 5 Janvier 1757, sur la personne sacrée de Louis XV. Gravé *in-12*. à l'eau-forte, d'après le Dessin qui en a été fait au moment de son arrivée en Grève pour l'exécution : il est avec une chemise soufrée & une chevelure hérissée.

Le même ; première épreuve, & avant la gravure de

concernant l'Histoire de France.

la lettre. Dessiné & gravé par *Huquier*, fils du Marchand d'Estampes. Pièce rare.

Monument érigé par M. l'Abbé Chauvelin, Conseiller au Parlement de Paris, dans son Abbaye de Montiéramé, en actions de graces de la conservation de la personne sacrée du Roi, lors de l'Attentat commis le 5 Janvier 1757, par Acte du 5 Avril 1757; homologué par Arrêt du 23 Novembre : *Gautier*, sculpf. grande Feuille.

Naissance de M. le Comte d'Artois, le 9 Octobre : Cartouches & Médaillons.

Médaille frappée à l'occasion de cette Naissance. La Légende a ces mots : *Artesia in antiquam decus restituta* ; à l'Exergue : *Comite dato*. Cette Médaille est environnée d'Ornemens allégoriques & historiques, relatifs à la Ville & Comté d'Artois. Grande Feuille, sans noms d'Auteurs, 1757.

Le Roi tenant le Sceau en personne pour la première fois, le 4 Mars : *Pasquier*, sculpf.

Combat de Reichemberg, en Bohême, entre les Prussiens & les Autrichiens, le 21 Avril : *Perier*, sc.

Plan de Lipstadt, pris par les François, le 22 Avril : *Idem*.

Bataille de Prague, entre le Roi de Prusse & le Maréchal Brown, le 6 Mai : *Idem*.

Plan de Prague, assiégé par le Roi de Prusse, le 7 Mai : *Idem*.

Bataille de Chotzemitz, où le Roi de Prusse fut battu par le Maréchal Daun, le 18 Juin : *Idem*.

Plan de Memel, pris par le Général Fermer, le 6 Juillet : *Idem*.

Plan de la Ville, du Fort & du Port de Pilau, bombardé le 15 Juillet par la Flotte Russienne : *Idem*.

Carte d'une partie du Cours du Weser, contenant les Camps des François, depuis le 13 jusqu'au 18 Juillet : *Foin*, sculpf.

Petit Plan de la Bataille d'Hastembeck, gagnée par le Maréchal d'Estrées, sur le Duc de Cumberland, le 26 Juillet.

Autre : *Foin*, sc.

Autre, en grand : *Beaurain*.

Bataille d'Hastembeck : petite Estampe allégorique : *le Grand*.

Allégorie, le Coq & le Léopard, avec ces mots : *La vigilance triomphe de la témérité*. Allusion à la Bataille de Hastembeck : *de Palmeus* le père.

Frontispice de Livre *in-12*. Le Roi en Empereur Romain sur une Estrade : la France personifiée lui offre son cœur ; elle est accompagnée de la Piété. Au bas on lit ce passage de Tertullien : *Gratius nomen est pietatis quàm potestatis*.

Bataille de Gros-Jagernsdorff, du 30 Août, entre les Russes & les Prussiens : *Perier*, sculpf.

Combat de Goerlitz, du 7 Septembre, entre les Prussiens, & les Autrichiens, qui restèrent maîtres du Champ de Bataille : *Idem*.

Camp d'Halberstat, commandé par le Maréchal de Richelieu, depuis le 28 Septembre jusqu'au 5 Novembre : *Foin*, sculpf.

Petit Plan de la Bataille de Rosbach, gagnée par le Roi de Prusse contre les François & les Autrichiens, le 5 Novembre.

Autre : *Foin*, sc.

Autre : *P. de Hondt*.

Petit Plan du Siège de Schweidnitz, par les Autrichiens, le 12 Novembre : *Perier*, sc.

Bataille de Breslaw, où le Prince Charles de Lorraine battit les Prussiens, commandés par le Duc de Bewern, le 22 Novembre : *Perier*, sc.

Bataille de Lissa, entre le Roi de Prusse & le Prince Charles de Lorraine, le 5 Décembre : *Idem*.

Petit Plan de la Ville de Breslaw & du Siège que le Roi de Prusse y mit le 8 Décembre, jusqu'au 19 qu'elle capitula : *Idem*.

Plan d'Harbourg, au Duché de Lunebourg, pris sur les François, par les Hanovriens, le 27 Décembre : *Idem*.

Quatre Pièces sur les Croupiers & Financiers.

1758.

Frontispice de cette année.

Petit Plan de la Ville & du Siège de Stralsund, levé par les Prussiens, le 16 Juin : *Perier*, sculpf.

Plan de la Bataille de Crevelt, entre les François & les Alliés, le 23 Juin.

Autre : *Foin*, sc.

Plan de la Ville & du Siège d'Olmutz, levé par le Roi de Prusse le 2 Juillet : *Perier*, sc.

Carte du Lantgraviat de Hesse, pour l'intelligence des Campemens : *Beaurain*, deux Feuilles.

Plan de la Bataille de Sanderhausen, gagnée le 23 Juillet, par M. de Broglie, sur le Prince d'Yssembourg.

Autre : *Foin*, sc.

Autre : *Beaurain*.

Plan de Louisbourg, en Canada, rendu aux Anglois le 26 Juillet : *Perier*, sc.

Autre, de Dusseldorp, repris par les François au mois de Juillet : *Idem*.

Combat de Méer en Westphalie, entre les Hanovriens & les François, le 5 Août : *Idem*.

Bataille de Zorndorff, gagnée par le Roi de Prusse sur le Général Fermer, le 25 Août : *Idem*.

Combat de Saint-Cast en Bretagne, où le Duc d'Aiguillon battit les Anglois, le 11 Septembre : *Idem*.

Autre : *N. Ozanne*.

Autre ; en Dessin enluminé.

Bataille de Luternberg, gagnée par le Maréchal de Soubise sur les Hanovriens & Hessois, le 10 Octobre.

Autre : *Foin*, sc.

Autre : *Grandcour*, delin.

Petit Plan de la Bataille d'Hochkirchen, gagnée par le Maréchal Daun sur le Roi de Prusse, le 14 Octobre : *Perier*, sc.

Plan de la Ville d'Hanovre, évacuée par les François : *Idem*.

Autre de la Ville & du Siège de Colberg, levé par les Russes le 29 Octobre : *Idem*.

Autre du Siège de Neiss, levé par les Autrichiens, le 6 Novembre : *Idem*.

Jean Ramponneau, ou la Guinguette de la Courtille.

Plan & Elévations de la Place de Louis XV. à Rouen, dont la première pierre fut posée le 8 Juillet : *Carpentier*, inv. *Loyer*, sculpf. cinq Feuilles, tirées des Monumens de *Patte*.

Figure de la Statue qui y sera posée : *Carpentier*, inv. *le Mire*, sculpf.

1759.

Frontispice de cette année.

L'Incrédulité proscrite, par Arrêt du 6 Février : Médaillon.

Petit Plan de la Guadeloupe, prise par les Anglois le 13 Avril : *Perier*, sculpf.

Plan de la Bataille de Bergen, entre le Maréchal de Broglie & le Prince Ferdinand, le 13 Avril.

Autre : *Foin*, sc.

Déroute des Fermiers Généraux & de leurs Croupiers & Croupières; événement arrivé sous l'auspice de la Comète, le 6 Mai.

M. de Silhouette un fouet à la main, chassant les Croupiers.

Les quarante Fermiers & Compagnie.

Les Financiers dans le pressoir, rendant les écus par-devant & par-derrière.

Petit Plan de la Ville & du Siège de Munster, pris par les François, le 8 Juillet : *Perier*, sc.

Plan de la Bataille de Zulichau, entre les Russes & les Prussiens, le 23 Juillet : *Idem.*

Vignette de l'Oraison funèbre de Ferdinand VI. Roi d'Espagne, prononcée dans l'Eglise de Notre-Dame de Paris : *Cochin*, del. & sc.

Plan de la Bataille de Minden, ou Touhausen, entre le Prince Ferdinand & le Maréchal de Contades, le 1 Août.

Autre, en deux Feuilles : *Foin*, sc.

Autre : *P. de Hondt.*

Plan de la Bataille de Kunersdorff, entre les Russes & les Prussiens, le 12 Août : *Perier*, sc.

Plan de la Ville & du Siège de Québec, pris par les Anglois, le 18 Septembre : *Idem.*

Plan de la Bataille de Maxen en Saxe, entre le Général Daun & le Prince Finck, le 20 Septembre : *Idem.*

Plan du Lit de Justice tenu par le Roi dans la grande Salle des Gardes, à Versailles, le 20 Septembre : *Martinet*, sc.

Plan du Combat de Kolin, entre les Prussiens & les Autrichiens, le 3 Décembre : *Perier*, sc.

1760.

Frontispice de cette année.

Vignettes pour le Catafalque & l'Oraison funèbre de Louise-Elisabeth de France, Duchesse de Parme, morte à Versailles, le 6 Décembre 1759, à 32 ans & demi ; gravées d'après *Cochin* & *Gravelot.*

Vignette funèbre & Armoiries de Louise-Elisabeth de France, Infante d'Espagne, dont la Pompe funèbre fut célébrée à Notre-Dame de Paris le 12 Février : *Maurisset.*

Petit Plan de la Ville & du Siège de Marpourg, prise par les François le 30 Juin : *Perier*, sculpt.

Plan du Combat de Corbach, le 10 Juillet, par le Maréchal de Broglie, sur les Alliés : *Idem.*

Autre de celui de Warbourg, le 31 Juillet, entre le Chevalier de Muy & le Prince Ferdinand : *Idem.*

Première, seconde & troisième Positions de la Réserve du Chevalier de Muy, qui a combattu le 31 Juillet 1760, près Warbourg. Trois Morceaux dessinés sur les lieux par les Ingénieurs.

Etat général de Messieurs les Officiers tués ou blessés dans la Journée du 31 Juillet 1760.

Plan de la Ville de Dresde, assiégée le 31 Juillet par le Roi de Prusse, qui leva ensuite le Siège : *Perier*, sc.

Plans de la Bataille de Québec, le 28 Avril ; = des Attaques du Fort Carillon, le 8 Juillet ; = de celles du Fort de William-Henry, le 7 Août ; & de celles de Chouaguen, le 12 Août : *Idem.*

Plan de la Bataille de Lignitz, le 15 Août, entre le Roi de Prusse & Général Laudon : *Idem.*

Autre du Combat de Strehla, entre les Autrichiens & les Prussiens, le 20 Août : *Idem.*

Petit Plan de Berlin, pris par les Autrichiens, le 19 Octobre : *Idem.*

Plan du Combat de Closterkamp, entre le Prince Héréditaire de Brunswick & le Marquis de Castries, le 16 Octobre : *Idem.*

Autre, de la Bataille de Torgau, entre les Prussiens & les Autrichiens, le 3 Novembre : *Idem.*

Vue de la promenade du Boulevard du côté de la Porte du Temple à Paris : *P. Deshayes*, sc.

Bal de Saint Cloud : *S. Poussin*, pinx. *Fossard*, sc.

Devises & Inscriptions pour la Décoration de la Statue équestre de Louis XV. à Paris ; par M. *de Villeneuve*, 1760, in-4.

L'Ane & la Lyre : Estampe satyrique sur Fréron, Auteur de l'Année Littéraire.

Palissot frappé à coups de bâtons, & Mademoiselle Clairon qui regarde : *Chacun se venge comme il peut.*

Concours pour le Prix de l'Expression, fondé dans l'Académie Royale de Peinture & Sculpture, par M. le Comte de Caylus : *Cochin*, delin. *Flipart*, sc. 1763.

François Oudot, Habitant de Varennes, dans le Vicomté d'Auxonne en Bourgogne, ou l'Homme aux Miracles : *Durand*, sculps.

1761.

Frontispice de cette année.

Vignette funéraire & Médaillon de M. de Bellisle, mort le 16 Janvier : *de Seve*, inv. *Bacquoy*, sculps.

Vignette funéraire & Armoiries de Louis, Duc de Bourgogne, mort à Versailles le 22 Mars : *Cochin*, del. *Prévost*, sc.

Autre Vignette, où l'on voit l'Espérance désolée à l'aspect de plusieurs tronçons d'une Colonne démolie & renversée : *Cochin.*

Deux autres Vignettes, & deux Fleurons à ce sujet, (pour accompagner l'Eloge de ce Prince, par M. de Pompignan :) *Cochin*, delin. *Flipart*, *Prévost* & *Bacquoy*, sc.

Carte topographique de l'Isle de Bellisle : *Beaurain*, deux Feuilles.

Siège de Palais, dans l'Isle de Bellisle ; les Anglois le prirent le 7 Juin : *Perier*, sc.

Vignette de l'Oraison funèbre prononcée en l'Eglise de Notre-Dame de Paris, pour la Reine d'Espagne, le 9 Juillet : *Cochin*, delin. *Prévost*, sc.

Petit Plan de la Bataille de Vellenghausen, gagnée le 16 Juillet, par le Prince Ferdinand, sur les Maréchaux de Soubise & de Broglie : *Perier*, sc.

Autre, en une grande Feuille : *P. Gosse.*

Vaisseaux présentés au Roi par les Provinces, les 26 Novembre 1761 & suiv. *Prévost*, sc.

Projet d'un habillement d'homme & de femme à la Grecque, qui feroit bien de l'honneur au goût ; deux Planches.

1762.

Frontispice de cette année.

Petite Carte de la Martinique, soumise entièrement aux Anglois le 14 Février : *Perier*, sc.

Plan de la Salle du Conseil d'Etat privé dans le Château de Versailles, & des places que Messieurs du Conseil y ont occupées le 3 Mai 1762, le Roi y étant en personne ; annexé au Procès-verbal du Conseil d'Etat privé, in-fol. Gravé sur les Desseins de M. *Cochin*, 1762.

Petit Plan de la Bataille de Willemsthat, entre le Prince Ferdinand & les Maréchaux d'Estrées & de Soubise : *Perier.*

Autre, très-grand : *P. Gosse.*

Petit Plan du Fort Mozo & de la Havanne, pris par les Anglois, le 12 Août : *Perier*, sc.

Autre du Siège d'Almeida en Portugal, pris par les Espagnols, le 25 Août : *Idem.*

Plan du Combat de Gruningen, entre le Prince de Condé

Condé & le Prince Héréditaire de Brunſwick, le 25 Août : *Idem*.

Plan de la Bataille de Johansberg, ou de Fridberg, entre les mêmes, le 30 Août : *Idem*.

Médaillons allégoriques au ſujet de cette Victoire, préſentés à S. A. S. le Prince de Condé, par Ch. El. Lejolivet, & tirés des Décorations faites à Dijon pour le *Te Deum* qui y fut chanté en Actions de graces : *Monnier*, ſculpſ. ſept Feuilles.

Petit Plan de la Ville & du Siège de Schweidnitz, pris par le Roi de Pruſſe, le 9 Octobre : *Perier*, ſc.

Plan de la Bataille de Freiberg, entre les Autrichiens & les Pruſſiens, le 29 Octobre : *Idem*.

Plan de la Ville de Caſſel, pris par les Hanovriens, le 1 Novembre : *Idem*.

1763.

Frontiſpice de cette année.

Inauguration de la Statue équeſtre de Louis XV. Médaillon : *S. Aubin* & *Chenu*.

Statue équeſtre de Louis XV. érigée à Paris le 14 Février : *Parizeau*, ſculpſ.

Autre : *S. Aubin*, inv. *Laroque*, ſculpſ.

Autre, & Vue de la Place : *le Charpentier*, ſc.

Plan, Vues & Décorations de la nouvelle Place de Louis XV. à Paris : *le Rouge*, quatre Feuilles.

Plan & Vue de la Décoration élevée au Théâtre Italien, à l'occaſion des Fêtes de la Paix & de l'Inauguration de la Statue du Roi : *Louis*, inv. *Poulleau*, ſculpſ. deux Feuilles.

Plans, Vues, &c. de la Statue équeſtre du Roi, de la Place & des Environs : *Loyer*, *le Mire*, &c. ſc. treize Feuilles, tirées des Monumens de *Patte*.

Médaillon allégorique du Roi, à qui la France préſente les cœurs de ſes Sujets : *Eiſen*, *Alliamet*.

Petit Plan de Weſel, évacué par les François le 11 Mars : *Perier*, ſc.

Nouvelles Halles aux grains & farines ; Médaillon : *Gravelot*, *Duclos*.

Vue du Port de Dieppe, le 29 Novembre : *Oudry*.

1764.

Frontiſpice de cette année.

Poſe de la première Pierre de la nouvelle Egliſe de Sainte-Geneviève, par le Roi, le 6 Septembre ; Médaillon : *S. Aubin*, delin. *Chenu*, ſc.

Quatre grandes Eſtampes repréſentant les Plan, Profil & Vues de l'Egliſe de Sainte-Geneviève : *Desbœufs*, ſculpſ.

Vue & Perſpective de l'intérieur de la nouvelle Egliſe de Sainte-Geneviève : *Cochin*, delin.

La même, avec quelques changemens & ornemens : *Prévoſt*, ſc.

La Juſtice protège les Arts, Eſtampe allégorique au Procès intenté par la Communauté des Maîtres Peintres de S. Luc, contre les Artiſtes logés aux Galleries du Louvre, au ſujet des Privilèges de leurs Elèves ; préſentée à M. Seguier, Avocat-Général, qui avoit parlé dans cette Affaire : *Cochin*, del. *Demarteau*, ſc.

La Juſtice fait prendre la plume, la raiſon dicte : Eſtampe allégorique au même Procès, préſentée au Secrétaire de M. Seguier : *Cochin*, delin. *Demarteau*, ſculpſ.

Le Roi Protecteur des Arts & des Sciences : *Gravelot*.

1765.

Frontiſpice de cette année.

Médaillon pour l'Année Jubilaire, ou cinquantième du Règne de Louis XV. *S. Aubin*, inv. *Littret*, ſc.

Tableau allégorique, pour le même ſujet : *Petity*, inv. *Gravelot*, delin. *Chenu*, ſc.

Grande Eſtampe allégorique, où l'on voit le Médaillon de M. de Belloy, au ſujet de ſa Tragédie du Siège de Calais : *Jollain*, pinx. *Lempereur*, ſc.

Plan de la Ville de Reims : *Lattré*, ſc. 1759, = avec Cartes & Monumens : *Cochin*, ſculpſ. = & la Statue de Louis XV. *le Grand*, ſc.

Plans, Vues & Elévations de la Place de Louis XV. à Reims : *Choffard*, ſc. cinq grandes Planches.

Statue pédeſtre du Roi, & Figures du piedeſtal élevé dans la Place de Reims : *Cochin*, del. *Moitte*, ſc.

La même Statue, avec les Plans & Elévations de la Place, en trois Feuilles, tirées des Monumens de *Patte*.

Eſtampe repréſentant la Dévotion au Sacré Cœur de Jeſus, établie en France par le Clergé aſſemblé cette année : *Paſquier*, inv. & ſc.

Vignette de l'Oraiſon funèbre de l'Infant Don Philippe, Duc de Parme & Plaiſance, prononcée dans l'Egliſe de Notre-Dame de Paris : *Cochin*, del. *Prévoſt*, ſculpſ.

Pièce allégorique ſur la mort de M. le Dauphin : *Schenau*, inv. *Littret*, ſc.

Allégorie ſur la Vie de feu M. le Dauphin : *Cochin* fils, delin. *Demarteau*, ſc.

1766.

Frontiſpice de cette année.

Mauſolée de Monſeigneur le Dauphin, fait dans l'Egliſe de Notre-Dame de Paris, le 1 Mars ; en quatre Pièces, avec deux Vignettes relatives à ce ſujet : *Martinet*, *Bacquoy*, *Prévoſt*, ſc.

Vignette de l'Oraiſon funèbre de Staniſlas I. Roi de Pologne, Duc de Lorraine, &c. prononcée dans l'Egliſe de Notre-Dame de Paris : *Cochin*, delin. *Prévoſt*, ſculpſ.

Autre, pour la Deſcription de ſon Catafalque : *Cochin* & *Prévoſt*.

1767.

Frontiſpice de cette année.

Eſtampe allégorique au ſujet de la mort de Madame la Dauphine : *Littret*, inv. & ſc.

Sujet allégorique au ſujet de la mort de M. le Dauphin, & de celle de Madame la Dauphine : *de Ferth*, ſculpſ.

Mauſolée de Marie-Joſeph-Albertine de Saxe, Dauphine de France, fait à Notre-Dame de Paris, le 3 Septembre, en quatre Morceaux gravés par *Martinet*, & deux Vignettes gravées par *Prévoſt*.

1768.

Frontiſpice de cette année.

Vignette qui repréſente la France déſolée, couchée au pied d'un Cyprès, à côté du Tombeau de la Reine de France, pour la Deſcription du Mauſolée qui lui fut fait dans l'Egliſe de Saint-Denys, le 11 Août : *Cochin*, delin. *Miger*, ſculpſ.

Autre Vignette pour la Deſcription de ſon Catafalque dans l'Egliſe de Notre-Dame de Paris, le 6 Septembre 1768, repréſentant ſon Cercueil entouré des Vertus qui pleurent : l'Immortalité lui préſente une Couronne d'étoiles : *Cochin*, delin. *Miger*, ſc.

Eſtampes hiſtoriques ſur les Jéſuites, la Conſtitution, &c.

1540. Hiſtoire des Jéſuites, du Janſéniſme, de la Conſtitution, &c. Frontiſpice.

Hiſtoire de la Société des Jéſuites, depuis ſon établiſſement. Frontiſpice.

Les Environs du Château de Loyola, dans la Province de Guipuscoa.

Portrait de S. Ignace de Loyola, avec ceux de Lessius, Molina, Vasquès & Escobar.

Le Triomphe de S. Ignace, avec la Vue de la Maison Professe de Rome : *Moreau*, fecit.

Le Triomphe de S. Ignace & de S. François Xavier, d'après le Tableau original de *Vignon*, qui est [ou étoit] au Collège de Louis-le-Grand, à Paris. S. Ignace mourut en 1556, & S. François Xavier en 1552.

Origine & Progrès des Pères Jésuites, leurs Maisons & Collèges par l'Univers ; ensemble les Hommes illustres sortis de leur Société : *A. H.* Grande Feuille, entourée de Cartouches.

Origine & Progrès des Pères Jésuites, leurs Maisons & Collèges. Même Planche en partie que la précédente : la différence consiste en ce que les Inscriptions honorifiques qui sont dans la première, sont ici changées en Inscriptions & Emblêmes satyriques. Cette Estampe parut en 1627.

Carte de l'Assistance de France, divisée en cinq grandes Provinces : *Nolin*, 1706.

La même, augmentée : *Longchamp*, 1761.

1595. Bannissement des Jésuites des Royaumes de France & de Pologne. Deux Desseins à l'encre de la Chine.

Le Père Guignard faisant les honneurs des Enfers.

Représentation de la Pyramide de 1595, à l'occasion de l'Assassinat de Henri IV. par Jean Chastel.

1647. Insigne Mascarade des Jésuites d'Angélopolis, dans le Mexique.

Histoire des Troubles causés en France par le Jansénisme, depuis 1647. Frontispice.

1650. Histoire du Jansénisme ; Estampe emblématique : *P. Giffart*.

1651. Procession exécutée par les Ecoliers du Collège de Mâcon, le Lundi Gras 1651, injurieuse à la Doctrine & à l'autorité de S. Augustin.

1652. Le Pape Innocent X. fait expédier la Bulle contre le Jansénisme, le 31 Mai : *Bonnart*. Vignette.

1653. Le Jansénisme foudroyé, par un Edit du 4 Juillet. Grande Estampe.

La déroute & confusion des Jansénistes : *Ganière*.

La même, en petit.

1656. Petite Estampe allégorique, au sujet de la Morale relâchée des Jésuites.

1660. Deux Cartouches en long, avec Vers au sujet du Jansénisme.

1665. Signez, Jésus, Signez. Pièce au sujet du Formulaire. En Avril 1665.

1669. Clément IX. pacifie les troubles de l'Eglise.

Paix & triomphe des Jansénistes à cette occasion.

Médaille frappée au sujet de la Paix.

1683. Grande Thèse représentant le Portrait de Saint Ignace, & les Hommes illustres de sa Société, en Médaillons, qui en forment la bordure ; avec Devises à la gloire de cette Société ; ladite Thèse soutenue au Collège de la Trinité de Lyon, en 1683. Sur les plaintes qui en furent portées, cette Thèse fut défendue, & déposée au Greffe du Parlement de Grenoble. On la verra reparoître à Dijon, en 1754.

La même, gravée d'après l'Original, avec l'Explication des Allégories qui sont contenues dans cette Thèse. Je la crois gravée en 1760 ou 1761.

1690. Médaille frappée cette année, pour le Père de la Chaise, Confesseur du Roi.

Thèse allégorique dédiée au Père de la Chaise : *A Solis ortu usque ad occasum*, &c.

1700. Les Idolatries & Superstitions Chinoises, ou les Honneurs qui se font aux Esprits & à Confucius. Grande Planche, en six Tableaux ; avec Explication.

Vue de l'intérieur d'une Eglise des Jésuites à la Chine.

Marche du Père Martinius, Mandarin du premier Ordre.

1705. Médaillon de Pierre Codde, Archevêque de Sébaste, Vicaire-Apostolique dans les Provinces-Unies, persécuté par les Jésuites.

Autre Estampe à ce sujet, représentant l'Archevêque de Sébaste & un Jésuite dans une Balance.

L'Archevêque de Sébaste faisant passer les Jansénistes dans un Crible.

1709. Destruction de Port-Royal : *Labelle*.

Autre, en petit.

Vues & autres Gravures de Port-Royal : *Mad. Hortemels*, fecit ; 23 Pièces.

L'Abomination de la Désolation dans le Lieu Saint : (ou les Religieuses de Port-Royal chassées.)

1713. Histoire de la Constitution & Bulle *Unigenitus*, donnée en 1713. Frontispice.

Les 101 Propositions de la Constitution.

Objets divers de la Constitution *Unigenitus* ; en douze Planches.

Triomphe de l'Eglise sur Pasquier Quesnel.

Les premiers Défenseurs de l'Eglise, contre la Constitution *Unigenitus*, en neuf Bustes, ou Médaillons, avec Ornemens.

1714. Pendant que les Pasteurs sont en débat, les Loups emportent les Brebis.

Jesus conduit dans le Désert pour y être tenté du Démon.

La Constitution *Unigenitus*, abomination de la désolation.

Les Faveurs de la Constitution, ou les Constitutionnaires comblés de biens, de bénéfices & de crédit. Dessin lavé à l'encre de la Chine.

1715. Le temps découvre la vérité, Estampe emblématique : *Roettiers*, inv. *Tardieu*, sculpt.

Liberté rendue aux Exilés, prisonniers, &c. pour les Affaires de la Constitution, au commencement du Règne de Louis XV.

La Vérité doit être adorée, même attachée à la Croix.

Autre, en petit, au sujet de la Protestation du Père Quesnel contre la Bulle *Unigenitus*.

1717. Acte d'Appel de M. l'Evêque de Senez : *P. Yver*. Vignette.

Assemblée tenue en Sorbonne le 5 Mars, dans laquelle les Evêques de Mirepoix, de Senez, de Montpellier & de Boulogne, ont interjetté Appel au futur Concile général, avec la Faculté de Théologie de Paris.

Trois Vignettes représentant l'Adhésion des Pères Bénédictins, & de plusieurs autres personnes à cet Appel : *Bonnart*, del. *Poilly*, fecit.

Le futur Concile général.

Nouvelles Ecclésiastiques, ou Mémoires pour servir à l'Histoire de la Constitution *Unigenitus*.

Les quatre Evêques Appellans, assis à un Bureau : *Unus idemque spiritus*, 1717.

1721. La Tour de Babel, ou la division des Evêques de France qui ont eu part à la Constitution *Unigenitus*, depuis l'année 1714 jusqu'en 1721.

Sort de la Constitution *Unigenitus*.

1721. Le Jeu de la Constitution : *Picart*.

1723. La différence du petit & du grand Troupeau.

1725. Procession de Madame de la Fosse, & Miracle de la Paroisse de Sainte-Marguerite : *Radigue.* = Autre.

Evasion de Religieux pour se retirer en Hollande.

Maison des Chartreux retirés près d'Utrecht.

1727. Le Concile d'Embrun.

M. l'Evêque de Senez dans les fers. Deux petites Estampes en une.

Idée de l'ordre observé pour la distribution des Nouvelles Ecclésiastiques.

L'Auteur des Nouvelles Ecclésiastiques. Cartouche, avec Ornemens.

1728. Nouvelles Ecclésiastiques, ou Mémoires pour servir à l'Histoire Ecclésiastique des années 1728, 1729 & 1730. Frontispice.

Ce n'est pas pour toi des petits-pieds. *Voyez* les *Nouvelles Ecclésiastiques du 16 Juin 1728.*

Combat des Molinistes contre la Vérité.

1730. Martin Baudrier mis au Carcan à Paris, le 2 Mars 1730.

Autre.

La Destruction des Communautés de Sainte-Barbe, le 7 Octobre.

Trois Portraits différens de M. François Paris.

La mémoire du B. Paris, lapidée.

Dix-huit Tableaux de la Vie de M. Paris, en petit; avec des Prières à chaque Estampe. =Autres, en grand, 20 Pièces.

Circonstances de la vie de M. Paris, avec le Miracle de Madame de la Fosse & de Gabrielle Gautier.

Les Convulsionnaires conduits à la Bastille.

1731. Le Cimetière de Saint-Médard, & les Agitations des Convulsionnaires; avec Explications, deux Estampes; gr. *Picart.* = Vue du même.

Enlèvement de la Sœur de Mesgrigny.

L'Orgueil Ecclésiastique confondu par le Parlement.

Jean-Joseph Grillot, Chanoine, & Antoine Patron, mis au Carcan le 13 Mars.

Procès du P. Girard & de la Cadière : 42 Pièces, London.

Absolution du Père Girard au Parlement d'Aix : *Larmessin,* sculp.

Girard délivré, & le B. Paris condamné.

D. Lataste, Bénédictin, assis; la Vérité des Miracles, &c.

1732. Almanach Jésuitique, avec Vers au bas de chaque Estampe, en douze Planches.

La Fermeture du Cimetière de S. Médard.

Nouvelles Ecclésiastiques condamnées au feu.

M. de Vintimille, Archevêque de Paris, lance, par son Mandement du 27 Avril, excommunication sur tous ceux qui liront les Nouvelles Ecclésiastiques.

La glorieuse Entrée du Nonce à Paris, au mois d'Août.

Mandement du Nonce supprimé.

Le Parlement de Paris exilé, en Septembre.

Autre, en Vignette : *Audran,* sculps.

La Religion & la Justice. Estampe sur le sujet précédent.

Mort du Parlement, par Souscription.

Les maux de la Constitution dans le Parlement.

La Carcasse de Sorbonne, au sujet des Lettres de cachet données à plus de cent Docteurs : 1732.

1733. Frontispice pour les Nouvelles Ecclésiastiques de cette année.

A la gloire de Louis XV. au sujet de la Loi du silence, & Arrêt du Conseil.

La Constitution chassée, au même sujet.

Dispersit superbos, &c. *Roettiers & Tardieu.*

1735. Frontispice pour les Nouvelles Ecclésiastiques de cette année.

M. de Ségur, Evêque de S. Papoul, se démet de son Evêché.

Rétractation, Appel, Abdication de Jean-Charles de Ségur, Evêque de S. Papoul.

1737. Frontispice pour les Nouvelles Ecclésiastiques de cette année.

Monitoire à l'occasion du tumulte & du scandale arrivé le 21 Mars, dans la Maison d'un Vitrier, proche l'Eglise de S. Médard.

M. de Montgeron présentant son Livre au Roi, le 29 Juillet.

Autre, Estampe sur le même sujet.

Le même, recevant une Lettre de cachet, le 29 Juillet.

1738. Frontispice pour les Nouvelles Ecclésiastiques de cette année.

Conspiration universelle, ou Règne de la grande Babylone, avec Cartouches & Portraits.

1739. Mémoires pour servir à l'Histoire de la Constitution *Unigenitus.* Frontispice.

Autre, pour les Nouvelles Ecclésiastiques de cette année.

1740. Jean, Evêque de Senez, prisonnier à la Chaise-Dieu.

Autre, en petit; avec son Testament spirituel.

1741. Frontispice pour les Nouvelles Ecclésiastiques de cette année.

Marie-Anne Pollet, guérie le 4 Mai, par l'intercession du B. Jean Soanen, Evêque de Senez.

Le même, en deux Planches.

Le même, en petit.

1742. Nouvelles Ecclésiastiques. Frontispice.

1743. Frontispice pour les Nouvelles Ecclésiastiques de cette année.

1749. Benoît XIV. instruit de ses devoirs; Estampe emblématique.

1752. Le Triomphe de la Religion, allégorie sur le Mandement de l'Archevêque de Paris, du 29 Janvier : *Palmeus & Pasquier.*

L'Antipathique, grand Médaillon, sur un Discours tenu au Parlement le 27 Mars 1752, à l'occasion des Billets de Confession.

Arrêt du Parlement, & Médaillon, 18 Avril.

Le même, en deux Médaillons : *Conservatori,* &c.

Encyclopédie, première Edition, revue & corrigée par un Franciscain.

1753. Les objets des Remontrances contre le Schisme : deux Estampes en une. = Remontrances du Parlement, le 9 Avril, = L'Exil du Parlement, le 9 Mai.

Autres. Tous en Médaillons.

1754. Le Retour du Parlement, le 4 Septembre. =Déclaration du Roi pour la Loi du silence, le 2 Septembre, registrée le 5. = Autre. = Le Triomphe de la Justice. Tous en Médaillons.

Grande Thèse soutenue par les Ecoliers du Collège de Dijon, le 8 Août : Copie de celle de 1683.

1755. Arrêt du Parlement du 18 Mars. = Administration des Sacremens faite en vertu des Arrêts du Parlement. Médaillons.

1756. L'Eglise Militante : *Non erit tibi veritas nova* : Vignette, à l'occasion de la Déclaration du Roi du 19 Septembre. = Appel des quatre Evêques : *Dic Ecclesiæ.* = *Sub umbra tuâ vivemus.* 10 Décembre.

1757. Frontispice pour les Nouvelles Ecclésiastiques de cette année.

L'Abomination de la Désolation dans le Lieu Saint.

Le Parlement réintégré, le 1 Septembre. Médaillons.

1758. Frontispice des Nouvelles Ecclésiastiques de cette année.

Arrêt du Parlement, en faveur des Théologiens de Port-Royal, 21 Avril.

Vingt Estampes sur les Affaires de Portugal, en 1758 & années suivantes.

Carte Chorographique des Etats usurpés par les Jésuites, sur les Rois de Portugal & d'Espagne.

1759. Frontispice des Nouvelles Ecclésiastiques de cette année.

1760. Frontispice des Nouvelles Ecclésiastiques de cette année.

L'Apparition du Cardinal Bellarmin, au Père Ricci, Général des Jésuites, la nuit du 3 Janvier.

Larvæ partus operosus. Médaillon à l'occasion du Père Berruyer.

1761. Frontispice des Nouvelles Ecclésiastiques de cette année.

Arrêt du Conseil des quarante Sénateurs de Venise, du 3 Mai; Médaillon: *Montalais*.

Arrêt du Parlement de Paris, du 8 Mai, pour l'Affaire des Lioncy: Médaillon.

Magasin de toutes sortes de Marchandises: deux Estampes l'une au-dessus de l'autre.

Au grand Magasin de Thériaque.

M. l'Abbé Chauvelin dénonce à la Justice les Constitutions des Jésuites, les 17 Avril & 8 Juillet: grande Estampe.

Médaillon de M. Chauvelin, & Estampe au bas, représentant la Défaite de Goliath.

Autre Médaillon soutenu par la Renommée, & quatre Vers au bas: *Montalais*.

Eloge de M. l'Abbé Chauvelin, tiré de la Fable.

Arrêt du Parlement du 6 Août, qui condamne à être lacérés & brûlés 24 Volumes composés par des Théologiens Jésuites.

Autre, sur le même sujet; deux Médaillons accolés.

Arrêt du Parlement, du 6 Août, qui déclare ceux qui étudieront chez les Jésuites, incapables, &c. deux Médaillons: *Montalais*.

M. de Soissons & la Religion. Clément XI. avec un Oratorien & un Jésuite. Deux Médaillons.

Rome: au Vatican. (A Soissons; chez Courtois.)

1762. Recueil de Figures historiques, symboliques & tragiques, pour servir à l'Histoire du XVIIIe Siècle: Amsterdam, Rey, 1762.

Frontispice des Nouvelles Ecclésiastiques de 1762.

Assertions perverses présentées au Roi, par Arrêt du 5 Mars: Médaillon.

Assertions pernicieuses condamnées: *Chauwal & Montalais*.

Monument symbolique & historique de la Religion & Doctrine des Jésuites; avec Explications.

Avis à Nosseigneurs les Evêques Apologistes des Jésuites.

Jugemens de plusieurs Evêques & de la Sorbonne, au sujet des Jésuites: Juillet 1762.

Prophétie de Sainte Hildegarde, appliquée aux Jésuites.

Les bons François sollicitent au Parlement l'expulsion des Jésuites.

Dies ultionis: Arrêt du Parlement du 6 Août, qui dissout la Société: Médaillon.

Annus Redemptionis: Les Jésuites sécularisés par le même Arrêt: Médaillon.

Le même Arrêt, avec bordure.

Veritas triumphatrix, avec Sonnet: Médaillon.

Echo du Palais & déménagement du Collège des Jésuites: *Montalais*.

Destruction des Jésuites de France, par les Arrêts du Parlement.

Le Peintre & le Jésuite; avec sept Vers au bas.

Les Jésuites aux pieds du Parlement; & huit Vers au bas.

Artes Jesuitica: *Væ qui dicitis*, &c. *Sapientes sunt*, deux Médaillons: *Montalais*.

Succidite arborem, &c. *Hostis ades*; deux Médaillons: *Idem*.

Un Jésuite montrant aux enfans un autre Jésuite qui monte au Ciel, & dix Vers au bas: *Idem*.

La France à la Justice, & un Jésuite le poignard à la main: *Idem*.

Avis secret aux Prédicateurs de la Société, & quatre Vers au bas.

Le Héros de Pampelune pleurant devant S. Pierre & S. Thomas: *Montalais*.

Un Jésuite sacrifiant au Diable: *Idem*.

Arrêt du Parlement du 7 Septembre, qui transfere le Collège de Lizieux dans celui de Clermont, avec Inscription, emblêmes & bordure.

La Religion & le Parlement; avec quatre Vers au bas.

Les Jésuites déménageant, & quatre Vers au bas.

L'Epitaphe de la Société Jésuitique.

Les Innocens.

1763. Frontispice des Nouvelles Ecclésiastiques de cette année.

Estampe du Tableau trouvé dans l'Eglise des Jésuites de Billom en Auvergne, enluminé. *Voyez le Compte rendu des Collèges de Clermont & de Billom, le 15 Juillet.*

La même, plus en grand.

Coin des Monnoies du Cardinal de Bourbon, trouvé en la Maison des Jésuites de la rue S. Antoine.

1764. la paix de l'Eglise par Clément IX. en 1669, violée par les Jésuites en 1676.

La Société des Jésuites jugée par le Parlement, en 1761, condamnée en 1762, proscrite en 1764. Deux Médailles dans la même bordure: *A. C. F.*

S. Ignace dans la gloire: *Ignem veni mittere*, &c.

1767. Trois Estampes représentant l'expulsion des Jésuites d'Espagne, leur embarquement & leur arrivée à Rome.

1769. Représentation du Conclave, dans lequel Clément XIV. (Ganganelli) fut élu Pape malgré les intrigues des Jésuites.

Pièces dont on ne sçait point la date au juste.

Désespoir du Père Peters, Missionnaire Jésuite, après la révocation de l'Edit de Nantes.

Les Jésuites arbitres des Trônes & des Couronnes.

De fide hæreticis servanda, Estampe emblématique.

Le Crédo des Jésuites.

L'Evêque de Senez approuvé de Jesus, malgré ses ennemis.

Jesus chassant & terrassant les Jésuites & leurs Suppôts.

Samson attachant des flambeaux aux queues des renards: Emblême, en Médaillon.

concernant l'Histoire de France.

Proserpine accouche de Molina.

Baiser de Judas : *C. B.*

Suite du sacré & vénérable Consistoire secret.

L'Horoscope des Jésuites tiré par le Père Robinet, qui a embrassé le Protestantisme.

Societas Jesu.

Le Docteur Gaillande conduit au gibet : *Backwel, London.*

S. Thomas écrivant, & écrasant le Régicide : *Gravelot.*

Jesus-Christ habillé en Jésuite, avec douze Vers.

Un Jésuite présentant un Livre à un Evêque. Vignette.

Banque d'iniquité.

La Spelonque du Docteur Larchéverel, en habit de Jésuite.

La prière charitable.

Les travaux inutiles.

Un Jésuite dans un tonneau, prêchant à des Poulets d'Inde.

Un Singe Loyoliste en habit de S. François, prêchant à des Poulets d'Inde.

Portraits de Jésuites, en Caricature ; deux Feuilles.

La Société des Jésuites sous la figure d'une affreuse Bête à sept têtes, ou la marche de Babylone.

L'Aigle étouffant dans ses serres le Dragon.

Les Sauterelles sortant du puits de Babylone : (Frontispice du Tome IV. des Annales de la Société.)

Le Calvaire des Appellans.

Le même, en petit.

L'Eglise Gallicane, ou la Tour de David qui est construite avec des remparts, d'où pendent mille boucliers.

L'Infernale Société, Estampe avec douze Vers.

Mais pour vous qui brûlez, &c. huit Vers.

Les Jansénistes foudroyés. Dessin original : *Chauveau.*

D. Vincent Duchesne près du Roi : *Thomassin.*

Représentation & Décoration d'un Ballet, exécuté à Rome sous les yeux du Général Ricci.

Les Religieuses Hospitalières, excommuniées par M. l'Archevêque de Paris.

Tombeau renfermant les cendres de la Société : l'hypocrisie & l'homicide l'accompagnent.

Vers au sujet d'un vol fait dans l'Eglise des Jésuites de Rome, d'un Saint-Esprit d'or massif, enrichi de diamants.

III.
TABLE GÉNÉRALE
DU RECUEIL DE PORTRAITS
DES ROIS ET REINES DE FRANCE,
DES PRINCES, PRINCESSES, SEIGNEURS ET DAMES,
ET DES PERSONNES DE TOUTES SORTES DE PROFESSIONS;

Dessinés à la main, ou peints en Miniature, & pris sur des Monumens qui font connoître les différens Habillemens de chaque Règne.

[Ce Recueil a été fait par les soins de M. DE GAIGNIÈRES, & est maintenant dans la Bibliothèque du Roi, au Cabinet des Estampes, en dix Porte-feuilles *in-fol.* num. 442-451.]

Porte-feuille 1.

1. CLOVIS le Grand, mort le 24 Novembre 511. D'après son Tombeau dans le Chœur de l'Abbaye de Sainte Geneviève, qu'il fonda en 505, à Paris.

2. Une Princesse, qui peut être Clotilde, femme de Clovis.

3. Dagobert I. D'après son Tombeau dans l'Abbaye de Saint-Denys, qu'il fit bâtir en 630.

4. Chaise du Roi Dagobert, à Saint-Denys. (Enluminée.)

5. Clovis II. mort en 656 ou 660. D'après son Tombeau à Saint-Denys.

6. Charles Martel, mort le 15 Août 741, âgé d'environ 50 ans. D'après son Tombeau à Saint-Denys.

7. Pepin le Bref, mort à 54 ans, en 768. Son Tombeau à Saint-Denys.

8. Pipinus; dans une Eglise de Fulde, en Allemagne. *Voyez* Montfaucon.

9. Berte, ou Bertrade, fille de Chatibert, Comte de Laon, femme du Roi Pepin, morte le 12 Juillet 783; à côté de son mari, à Saint Denys.

10. Carolomannus; dans une Eglise de Fulde.

11. Carloman, Roi d'Austrasie, de Bourgogne, & d'une partie de l'Aquitaine, mort le 4 Décembre 771. Son Tombeau à S. Denys.

12. Gerberge, femme de Carloman; à côté de son mari, à Saint-Denys.

13. Sceptre & main de Justice qui servent au Sacre des Rois: Thrésor de Saint-Denys. Le bâton est d'or & se monte à vis. (Enluminé.)

14. Epée & Porte-épée, qui servoient à Charlemagne: Thrésor de Saint-Denys. (Enluminé.)

15. Petite Figure, que M. de Gaignières doit avoir mise ici pour Charlemagne, & que d'autres ont cru être Dagobert I. (Il est revêtu de la Toge, & assis sur la Chaise Curule.)

16. Charles-le-Chauve, Roi en 840, Empereur couronné à Rome en 874, mort le 6 Octobre en 877. Son Tombeau à Saint-Denys, au milieu du Chœur.

17. Louis III. fils de Louis-le-Bègue, mort en 882. Son Tombeau à Saint-Denys, près de Carloman son frère.

18. Carloman, fils de Louis-le-Bègue, tué à la chasse, à 18 ans, en 884. Son Tombeau à Saint-Denys, le même que celui de son frère.

19. Eudes, Roi, fils aîné de Robert I. Duc de France, mort le 3 Janvier 898. Son Tombeau à S. Denys.

20. Adèle de Vermandois, femme de Geoffroy Grisegonelle, Comte d'Anjou, mort en 987, Fondatrice de l'Abbaye de S. Aubin d'Angers. Son Tombeau dans cette Eglise. Elle vivoit en 973.

21. Hugues-Capet, mort le 24 Octobre 996, à 57 ans, représenté sur le Tombeau d'Eudes, le même que le sien.

22. Robert, dit *le Dévot*, fils & successeur de Hugues-Capet, mort à Melun en 1031. Son Tombeau à Saint-Denys.

23. Constance, seconde fille de Guillaume I. Comte de Provence, seconde femme du Roi Robert, morte à Melun, en Juillet 1032, représentée sur le Tombeau de son mari.

24. Henri I. fils de Robert, sacré du vivant de son père, mort le 4 Août 1060, à 55 ans. Son Tombeau à Saint-Denys.

25. Le Fondateur de l'Abbaye de Bonneval, en Beauce, vers 1060. D'après son Tombeau dans l'Eglise de cette Abbaye : ce Seigneur est armé en guerre.

26. Hélie, Comte du Maine, mort le 11 Juillet 1109. Son Tombeau dans l'Abbaye de la Couture du Mans.

27. Louis VI. dit *le Gros*, mort le 1 Août 1137. Son Tombeau à Saint-Denys.

28. Philippes, fils de Louis-le-Gros, couronné du vivant de son père, mort le 13 Octobre 1131. Son Tombeau à Saint-Denys.

29. Carolus Bonus, XIII. Comes Flandriæ, qui obiit anno 1127. Autograph. ex Musæo D. Præf. Richardot. (Velin enluminé.)

30. Louis VII. dit *le Jeune*, mort le 18 Octobre 1180. Son Tombeau dans l'Abbaye de Barbeau, dont il est le Fondateur.

31. Tombeau du même Roi, dans ladite Abbaye. (Enluminé.)

32. Constance de Castille, seconde femme de Louis VII. morte en 1160. D'après son Tombeau à Saint-Denys, le même que celui de son mari.

33. Ulger, Evêque d'Angers, mort le 17 Octobre 1149. Son Tombeau à S. Maurice d'Angers.

34. Geoffroy *le Bel*, Comte du Maine, fils de Foulques, Comte d'Anjou & du Maine, mort le 7 Septembre 1150. Son Tombeau dans l'Eglise Cathédrale de S. Julien du Mans.

35. Pierre Baillart, en Chanoine, (que l'on croit Abaillart.) D'après une Vitre de l'Eglise de Notre-Dame de Chartres. (Enluminé.)

36. Ingeburge, fille de Waldemar I. Roi de Dannemarck, mariée à Philippe-Auguste, à Amiens en 1193, la veille de l'Assomption, répudiée quatre-vingt-deux jours après, reprise en 1213, morte en 1236, à 60 ans. Sa Tombe dans le Chœur du Prieuré de Saint-Jean-en-l'Isle, près Corbeil.

37. Agnès de Baudement, Dame de Braine, mariée en troisièmes noces en 1152, à Robert de France, Comte de Dreux, cinquième fils de Louis VI. Elle vivoit encore, veuve, en 1202. Tiré d'un Sceau sur une Donation qu'elle & son mari firent en 1158, à l'Abbaye de S. Yved de Braine.

38. La même, en petit, (reconnoissable à ses manches pendantes jusqu'aux pieds.)

39. La même (sans manches pendantes.) D'après son Tombeau qui est dans l'Eglise de S. Yved de Braine.

40. Robert II. petit-fils de France, Comte de Dreux, de Braine & de Nevers, mort le 28 Décembre 1218. Sa Tombe dans l'Eglise de S. Yved, aux pieds de sa Mère Agnès, femme de Robert de France.

41. Thibaud VI. dit *le Jeune*, Comte de Blois, Chartres, Clermont en Beauvoisis, qui épousa Mahaut d'Alençon & Clémence des Roches, & mourut sans enfans en 1218. D'après une Vitre de Notre-Dame de Chartres ; avec son Sceau, tiré d'un Acte par lequel il approuva, en 1212, plusieurs Donations faites aux Religieuses de l'Abbaye de S. Père de Chartres. (Enluminé.)

42. Le même, armé en guerre. Vitre de Notre-Dame de Chartres. (Enluminé.)

43. Louis, Comte de Sancerre, cousin issu de germain de Thibaud VI. qui épousa Blanche de Courtenay, fille de Robert de Courtenay, Bouteillier de France, dont il eut postérité. Vitre de Notre-Dame de Chartres. (Enluminé.)

44. Bouchard de Marly, cadet des Montmorency, avec son Sceau, tiré d'un Acte de 1212, au Chartrier de Notre-Dame de Chartres. (Enluminé.)

45. Guillaume de la Ferté-Hernaud, au Perche, qui fit des Concessions à l'Abbaye S. Pere, en 1207 & en 1221. D'après une Vitre de Notre-Dame de Chartres, & son Sceau au bas. (Enluminé.)

46. Raoul de Beaumont, Fondateur de l'Abbaye d'Estival, en 1210. D'après son Tombeau dans cette Abbaye, abatue il y a quelques années.

47. Barthelemi, Sire de Roye, Chambrier de France en 1210, qui fonda en 1221 l'Abbaye de Joyenval, près S. Germain-en-Laye. Sa Tombe dans le Chœur.

48. Quatre petites Estampes, datées 1200. Magistrat, Arbalestrier, Guerrier à cheval, Moine.

49. Louise, fille de Messire Jean Machécol, morte en 1203, jour de la Tiéphaine (Epiphanie.) Sa Tombe à S. Nicolas, de l'Abbaye de Ville-Neuve, près de Nantes.

50. Jeanne, femme de Pierre de Bouricis, morte le 18 Juin 1204. D'après sa Tombe, dans l'Abbaye de S. Ouen de Rouen.

51. Blanche de Castille, femme du Roi Louis VIII. morte en 1252. D'après une Vitre de l'Abbaye de Maubuisson [que l'on ne voit plus.] (Enluminé) & une autre petite Figure.

52. Louis IX. (S. Louis,) tenant un Faucon, mort en 1270. (Velin enluminé, avec habit fourré, couleur de café.)

53. Sacre de S. Louis. D'après une Vitre de l'Eglise des Religieuses de S. Louis de Poissy. (Velin enluminé.)

54. Couronne de S. Louis, tirée de l'Abbaye de S. Denys. (Enluminée.)

55. Statue du Roi S. Louis. Dans l'Eglise de S. Louis de Poissy. (Enluminée.)

56. Le Roi S. Louis à genoux, présentant un Reliquaire. Vitre de Notre-Dame de Chartres. (Enluminé.)

57. S. Louis armé & à cheval. D'après une Vitre de la même Eglise. (Enluminé.)

58. Représentation d'une Pierre incrustée dans le mur à droite de l'Eglise de Sainte Catherine du Val-des-Ecoliers à Paris (ou de la Couture,) avec trois Figures en haut, dont une de S. Louis, & les deux autres de Sergens d'armes, ou Gardes du Roi.

59. Seconde, ou Suite de la même Pierre, avec trois Figures de Sergens d'armes.

Au-dessus de la première Pierre est écrit en lettres Gothiques : « A la prière des Sergens d'armes, M. Saint » Loys fonda cette Eglise, & y mit la première Pierre, » pour la joye de la Victoire, qui fu au Pont de Bou- » vines, l'an 1243 ». Et au-dessus de la seconde Pierre : « Les Sergens d'armes pour le temps gardoient ledit » Pont, & vouerent que si Dieu leur donnoit Victoire, » ils fonderoient une Eglise en l'honneur de Madame » Sainte Catherine, & ainsi fut-il ».

60. Sergent d'armes, en grand, de ladite Pierre.

61. Autre Sergent d'armes.

62. Autre Sergent d'armes, habillé différemment.

63. Sergent d'armes : 1243 comme les précédens.

64. Religieux, sur une Pierre de la même Eglise de Sainte Catherine de la Couture, (que l'on va détruire, en conséquence du Transport des Chanoines Reguliers qui la possédoient, en l'Eglise de S. Louis : 1767.)

64 bis. Représentation de l'Autel de la Sainte-Chapelle de Paris, bâtie par l'ordre de S. Louis, & achevée en 1269. (Dessin ajouté en 1757, sur le bruit qu'on alloit détruire ledit Autel, pour le construire à la moderne.)

65. Marguerite de Provence, femme de S. Louis, morte en 1285. D'après un Armorial manuscrit d'environ 300 ans. (Velin enluminé.)

66. La même : Statue de l'Eglise de S. Louis de Poissy.

67. La même. D'après sa Tombe à S. Denys.

68. Louis, fils aîné de S. Louis, né le 21 Septembre 1243, mort à Paris en 1260, enterré à Royaumont. D'après une Vitre de Notre-Dame de Chartres. (Enluminé.)

69. Le même : première Figure de celles des six Enfans de S. Louis, qui se voient dans l'Eglise de S. Louis de Poissy. (Enluminé.)

70. Le même. D'après son Tombeau à Royaumont.

71. Jean, fils de S. Louis, mort jeune, le 10 Mars 1247. Sa Tombe à Royaumont.

72. Jehan, Comte de Nevers, mort sans enfans, en 1270. Troisième Figure des Enfans de S. Louis, aux Religieuses de Poissy. (Enluminé.)

73. Blanche, fille de S. Louis, morte en 1247. Sa Tombe en l'Abbaye de Royaumont.

74. Philippe, Comte de Clermont en Beauvaisis, de Mortain d'Aumale, de Bologne & de Dammartin, fils de Philippe-Auguste, mort au Tournoi de Corbie en 1233, & enterré à S. Denys. D'après une Vitre de Notre-Dame de Chartres. (Enluminé.)

75. Le même, armé & à cheval. Autre Vitre de Notre-Dame de Chartres. (Enluminé.)

76. Mahaut, Comtesse de Bologne & de Dammartin, fille unique de Renaud, Comte de Dammartin, & d'Ide, Comtesse de Bologne, mariée en 1216, à Philippe, Comte de Clermont, remariée en 1235, à Alphonse, depuis Roi de Portugal, III. du nom, répudiée ensuite, & morte avant 1258. D'après une Vitre de Notre-Dame de Chartres. (Enluminée.)

77. Jeanne de Boulogne, Comtesse de Clermont, fille de Philippe & de Mahaut, mariée à Gaucher de

Chastillon en 1245, morte sans enfans en 1251. D'après une Vitre de Notre-Dame de Chartres..(Enluminée.)

78. Robert III. Comte de Dreux & de Braine, fils de Robert II. Comte de Dreux, & mort en 1233. Sa Tombe dans l'Eglise de l'Abbaye de S. Yved de Braine.

79. Pierre de Dreux, dit *Mauclerc*, Duc de Bretagne, fils de Robert II. Comte de Dreux & d'Yoland de Coucy sa seconde femme, mort le 22 Juin 1250. D'après une Vitre de Notre-Dame de Chartres. (Enluminé.)

80. Le même, armé & à cheval. Autre Vitre de la même Eglise. (Enluminé.)

81. Le même. D'après sa Tombe à S. Yved de Braine.

82. Alix, Comtesse de Bretagne, fille unique & héritière de Guy de Thouars, & femme de Pierre de Dreux, morte le 11 Août 1221. Vitre de Notre-Dame de Chartres. (Enluminée.)

83. La même. D'après sa Tombe dans l'Abbaye de Villeneuve, auprès de Nantes.

84. Artus de Bretagne, second fils de Pierre de Dreux, mort vers 1224. Vitre de Notre-Dame de Chartres. (Enluminé.)

85. Pierre de Courtenay, Seigneur de Conches, &c. qui ayant suivi le Roi S. Louis en Egypte, y mourut après la Bataille de la Massoure, en 1250. Vitre de Notre-Dame de Chartres. (Enluminé.)

86. Le même, armé & à cheval. Vitre de la même Eglise. (Enluminé.)

87. Amaury VI. Comte de Montfort, Connétable de France en 1231, mort en 1241, armé & à cheval, avec son sceau au bas. Vitre de Notre-Dame de Chartres. (Enluminé.)

88. Simon de Montfort, Comte de Leicestre, frère d'Amaury, armé & à cheval, mort en 1250. Vitre de Notre-Dame de Chartres. (Enluminé.)

89. Ferdinand III. Roi de Castille, armé & à cheval, mort en 1252. Vitre de Notre-Dame de Chartres. (Enluminé.)

90. Henri, Seigneur du Mez, Maréchal de France, recevant l'Oriflamme des mains de S. Denys, mort en 1265. Vitre de Notre-Dame de Chartres, avec son Sceau au bas. (Enluminé.)

91. Hugues d'Acé, Chevalier, mort en 1253. Sa Tombe en l'Abbaye de Champagne, au Maine.

92. Erard de Trainel, Seigneur de Foissy, (son épée droite la pointe en bas, à côté de lui :) vivoit en 1236. Tiré de sa Tombe dans l'Abbaye de Vauluisant.

93. Agnès de la Queue, première femme d'Erard de Trainel. Sa Tombe dans la même Eglise.

94. Yoland de Montagu, seconde femme du même. Au même lieu.

95. Jean de Trainel, fils d'Erard. Sa Tombe aussi à Vauluisant.

96. Garnier de Trainel le jeune, fils d'un autre Garnier; vivoit en 1255. Sa Tombe dans la même Abbaye. On y voit son épée à côté de lui, comme celle d'Erard de Trainel.

97. Dreux, Sire de Trainel en Champagne; vivoit en 1259. Sa Tombe aussi à Vauluisant : son épée comme celle d'Erard.

98. Anceau de Trainel, Sire de Voisines, Connétable de Champagne; vivoit en 1262. D'après sa Tombe aussi à Vauluisant.

99. Thibaut, fils d'Etienne de Sancerre, lequel étant Bouteillier de France en 1248, se noya avec Jean son frère, près de Melun. Sa Tombe en l'Abbaye de Barbeau.

100. Jean, frère du précédent, qui fut noyé avec lui. Sa Tombe, dans la même Eglise.

101. Jean de Montpoignant, Chevalier, mort vers 1250. Sa Tombe à S. Ouen de Rouen.

102. Thibault de Valengoviart, Chevalier, mort vers 1250. Sa Tombe, dans l'Abbaye du Val.

103. Houdart Havart, Chevalier, mort en 1261. Sa Tombe dans l'Abbaye d'Orcamp.

104. Rikaus, femme de Houdart Havart, fille de Thomas Darboise, Chevalier, Seigneur de Claroy, morte en Juin 1259. Sa Tombe près celle de son mari.

105. Pierre du Fraine, Chevalier, mort le 11 Mars 1261. Sa Tombe dans l'Eglise de S. Menge de Chaalons en Champagne.

106. Adam de Dontilly, Chevalier, mort en Juin 1263. Sa Tombe dans l'Eglise de Dame-Marie, en Brie.

107. Thomas de Roumeis, Ecuyer, mort en Février 1264. Sa Tombe dans l'Abbaye de Toussaints, à Chaalons en Champagne.

108. Thibaut de Montmorency, qualifié Clerc & frère de Matthieu, Seigneur de Montmorency, mort en 1267. Sa Tombe dans le Cloître de l'Abbaye du Val.

109. Guy de Torcel, Chevalier, mort en 1270. Sa Tombe à S. Martin des Champs, à Paris.

110. Adam le Chambellan, fils d'Adam, Chambellan de France, Seigneur de Villebeon, mort en Septembre 1264. Sa Tombe en l'Abbaye du Jard, près Melun.

111. Alesia de Corbeil, mère de l'Evêque de Paris, morte dans l'Octave de S. Martin d'hyver, en 1261. Sa Tombe dans l'Eglise de Notre-Dame de Melun.

112. Guillaume Bailly, mort le Samedi devant Noël, 1237. Sa Tombe à S. Ouen de Rouen.

113. Guillaume Noris, Citoyen de Rouen. Sa Tombe dans la même Eglise.

114. Renaut de S. Vincent, Bourgeois de Senlis, mort vers l'an 1260. Sa Tombe dans le Cloître de l'Abbaye de Chaalis.

115. Michel Papelart, Bourgeois de Chaalons, mort le 12 Septembre 1258. Sa Tombe dans le Chapitre des Cordeliers : dont lui & sa femme avoient fait bâtir la Cuisine, le Dortoir, &c.

116. Marguerite, femme de Michel Papelart, morte en 1254. Sa Tombe près celle de son mari.

117. Evrart Polet, Clerc Maître de l'Ecole de Samoys, mort en 1234. Sa Tombe dans le Cloître de l'Abbaye de Barbeau.

Porte-feuille 2.

1. Philippe III. dit *le Hardi*, fils de S. Louis, & son successeur, mort en 1285. D'après une Vitre de l'Abbaye de Royaumont, qui le représente avant qu'il fût Roi. (Velin enluminé.)

2. Le même, d'après son Tombeau à Royaumont.

3. Le même, qui est la seconde Figure des six Enfans de S. Louis, représentés dans le Chœur des Religieuses de Poissy. (Enluminé.)

4. Le même, sur son Tombeau à S. Denys.

5. Isabelle d'Arragon, première femme de Philippe-le-Hardi, morte à 24 ans, le 23 Janvier 1271. Son Tombeau à S. Denys.

6. Pierre, Comte d'Alençon, mort en 1283. C'est la cinquième Figure des Enfans de S. Louis, représentés dans l'Eglise de S. Louis de Poissy. (Enluminé.)

7. Le même, d'après un vieux Pastel. (Crayonné.)

8. Blanche de France, femme de Ferdinand, Infant de Castille, morte en 1271. D'après un Pastel. (Crayonnée.)

9. Isabeau, Reine de Navarre, femme de Thibaut II. Roi de Navarre. C'est la quatrième Figure des six Enfans de S. Louis, représentés dans le Chœur des Religieuses de Poissy. (Enluminée.)

10. Jean de Bretagne, Duc après la mort de son
père

recueillis par M. de Gaignières.

père Pierre Mauclerc ; il mourut en 1286. Vitre de Notre-Dame de Chartres. (Enluminé.)

11. Yoland de Bretagne, fille de Pierre Mauclerc, mariée en 1238 à Hugues XI. dit *le Brun*, Sire de Lezignen (ou Luzignan,) Comte de la Marche & d'Angoulême, morte à Boutteville le 10 Octobre 1272. Vitre de Notre-Dame de Chartres. (Enluminée.)

12. La même, d'après son Tombeau auprès de sa mère Alix, en l'Abbaye de Villeneuve, près de Nantes.

13. Marie de Bourbon, troisième fille d'Archambaud VII. Sire de Bourbon, mariée en 1240 à Jean I. Comte de Dreux & de Braine, morte la veille de Saint Barthelemi 1274. Sa Tombe dans l'Abbaye de S. Yved de Braine.

14. Jean de Dreux, Chevalier Templier, second fils de Jean de Dreux & de Marie de Bourbon, vivoit en 1275. Représenté sur la Tombe de sa mère.

15. Raoul de Courtenay, Seigneur d'Illiers & de Neuvy, mort en 1271. Vitre de Notre-Dame de Chartres.

16. Yolande, femme du Seigneur d'Aubigné en Anjou, morte en 1272. Sa Tombe dans la Chapelle d'Aubigné, en l'Abbaye de Villeneuve, près de Nantes.

17. Dreux de Villiers, Chevalier, Seigneur de Méry, mort vers 1280. Sa Tombe en l'Abbaye du Val.

18. Jeanne de l'Isle, femme de Dreux de Villiers, morte en Avril 1276. Sa Tombe dans la même Abbaye.

19. Pierre de Roye, Chevalier, mort vers 1280. Sa Tombe dans l'Abbaye de Joyenval.

20. Agnès, morte le 2 des Kalendes de Mars 1273. Son Epitaphe la dit bien noble. Sa Tombe se voit dans la Nef de l'Eglise de l'Abbaye de Jouy.

21. Agnès, Dame d'Ormoy, morte le 29 Avril 1274. Sa Tombe en l'Abbaye de Chaalis, près de Senlis.

22. Estienne, Religieux de S. Antoine, Maître de Bailleul en Flandre, mort en 1276. Sa Tombe dans la vieille Eglise de l'Abbaye d'Orcamp.

23. Catherine de Bove, femme de Guillaume des Vignes, Chevalier, morte en Avril 1277. Sa Tombe dans le Cloître de l'Abbaye de Royaumont.

24. Hugues, Vidame de Chaalons, mort en 1279. Sa Tombe dans l'Abbaye de Touſſaints, à Chaalons en Champagne.

25. Alix de Foulleuſe, femme du Seigneur de Crevecœur, morte en Septembre 1279. Sa Tombe aux Cordeliers de Beauvais.

26. Petronille, femme de Reli de Mareuil, Chevalier, morte vers 1280. Sa Tombe dans l'Abbaye de Royaumont.

27. Madame Anne de Beaulieu, morte vers 1280. Sa Tombe aux Cordeliers de Senlis.

28. Henry, Seigneur de Paray, Chevalier, mort vers 1280. Sa Tombe en l'Abbaye de Preully.

29. Anne, femme de Jean de Bonordre, morte en Novembre 1280. Sa Tombe en l'Abbaye de S. Ouen de Rouen.

30. Marguerite, femme de Guillaume de Fourqueux, Chevalier, morte en Septembre 1283. Sa Tombe en l'Eglise Paroiſſiale de Fourqueux, près S. Germain-en-Laye.

31. Jean de Repenty, Escuyer, mort en 1285. Sa Tombe dans l'Eglise de Coudray-ſur-Seine, entre Eſſone & Melun.

32. Evrard Grandin, Escuyer, mort en 1285. Sa Tombe au Cloître de l'Abbaye de Beaulieu, en Normandie.

33. Jean le Appareilliez, mort en Décembre 1271. Sa Tombe aux Jacobins de Chaalons en Champagne.

Tome IV. Part. II.

34. Sire Jean Colons, mort en 1272. Sa Tombe en l'Eglise de S. Paul à Sens.

35. Iſabeau, femme de Sire Jean Colons; ſur la Tombe de ſon mari.

36. Jean Sarrazin le jeune, Drapier, mort en Novembre 1279. Sa Tombe dans le Cloître de S. Victor à Paris.

37. Aalis, femme de Jean Sarrazin, & fille d'Etienne Barbete, Voyer de Paris, morte à 36 ans, en 1276. Sur la Tombe de ſon mari.

38. Jean Barbete, gendre de Jean Sarrazin, Chambellan du Roi, mort en 1276. Sa Tombe dans le Cloître de S. Victor de Paris.

39. Thibaut Plante-oignon, Bourgeois de Beauvais, mort vers 1284. Sa Tombe au Cloître de l'Abbaye de Chaalis.

40. Hermeſſende de Balegni, femme de Pierre de la Porte, Bourgeois de Senlis, morte en Septembre 1284. Sa Tombe dans le Cloître de l'Abbaye de Chaalis.

41. Philippe IV. dit *le Bel*, accompagné de pluſieurs Seigneurs, reçoit de Jean de Mehun la Traduction de la Conſolation de Boëce. Philippe IV. régna depuis 1285 juſqu'à ſa mort, en 1314. Tiré d'une Miniature qui eſt au Prologue du Livre Manuſcrit. (Velin enluminé.)

42. Jean de Mehun (ou Meun,) dit *Clopinel*, mort vers 1310. En grand, d'après la Miniature précédente.

43. Philippe IV. dit *le Bel*, mort en 1314, à 48 ans; en grand, d'après la même Miniature.

44. Le même, d'après ſa Tombe à S. Denys.

45. Jeanne, Reine de Navarre & Comteſſe de Champagne, femme de Philippe-le-Bel, morte en 1304. Tiré d'un vieux Paſtel. (Crayonnée.)

46. La même (*Joanna*, &c.) tirée de la Figure qui eſt au-deſſus de la porte du Collège de Navarre, fondé par elle l'année de ſa mort, 1304.

47. Philippe d'Artois, Seigneur de Conches, fils de Robert II. Comte d'Artois, Pair de France, & d'Amicie de Courtenay, Dame de Conches, mort le 11 Septembre 1298, des bleſſures reçues à la Bataille de Furnes. Sa Tombe dans le Chœur des Jacobins de Paris, rue S. Jacques.

48. Blanche de Bretagne, fille aînée de Jean II. Duc de Bretagne & de Béatrix d'Angleterre, première femme de Philippe d'Artois, Seigneur de Conches, morte le 19 Mars 1327. Sur la Tombe de ſon mari.

49. Artaut de Dourche, Eſcuyer de la Reine Marguerite, mort en Mars 1286. Sa Tombe dans l'Egliſe de la Commanderie de S. Jean-en-l'Iſle, près Corbeil.

50. Iſabeau Deſis, femme de Guillebert d'Autegni, Chevalier, morte en Janvier 1287. Sa Tombe dans le Cloître de l'Abbaye de Beaubec, en Normandie.

51. Clémence de Partenai, fille de Guillaume Larchevêque, & femme de Gautier de Machecoul, morte en 1289. Sa Tombe dans l'Abbaye de Villeneuve, près de Nantes.

52. Euſtache de la Tournelle, femme d'Anſout, Sire de Hargenlieu, Chevalier, morte en 1291. Sa Tombe dans le Cloître des Cordeliers de Beauvais.

53. N. . . . l'Eſcuyer, Valet du Roi Philippe-le-Bel, mort en 1293. Sa Tombe dans le Cloître de Royaumont.

54. Pierre, Sire de Candoire, Chevalier, mort en 1296. Sa Tombe au Cloître de l'Abbaye d'Orcamp.

55. Ænors, femme de Pierre de Candoire, morte en 1293. Sur la Tombe de ſon mari.

56. Jean Larchier, Valet du Roi, Seigneur du Coudray, mort en 1296. Sa Tombe dans l'Egliſe du Coudray, ſur Seine.

P

57. Jakemes Loucart, Chevalier du Roi, Fondateur de la Chapelle de la Madelaine, en l'Abbaye d'Orcamp. D'après une Pierre contre la muraille.

58. Marguerite, sa femme, au même lieu.

59. Blanche, fille de Jean de Laon, Chevalier, Sire d'Attainville, morte en 1310. Sa Tombe dans le Cloître de Royaumont.

60. Guillaume Malgeneste, Veneur du Roi, mort en Février 1301. Sa Tombe dans le Cloître de l'Abbaye de Longpont.

61. Alix, femme de Jean le Latinier, Chevalier, morte en 1301. Sa Tombe dans l'Eglise de l'Abbaye de Joyenval.

62. Jean de Preaus, Chevalier, mort en 1303. Sa Tombe en l'Abbaye de Beaulieu, en Normandie.

63. Jeanne Malet, femme de Jean de Preaus, morte en 1330. Sa Tombe au même lieu.

64. Alix, femme de Pierre de Noisy, Echanson du Comte de Clermont, fils de S. Louis, morte en Juin 1303. Sa Tombe sous le Portail de l'Abbaye de Royaumont.

65. Jeanne de Villers le Vicomte, femme de Gasse de l'Isle. Sa Tombe dans l'Abbaye du Val. Elle est morte en 1304, & son mari vivoit encore en 1342.

66. Thomas de Courmigros, Chevalier, mort en 1306. Sa Tombe dans l'Abbaye de Preuilly.

67. Jeanne de Senlis femme d'Adam, Vicomte de Melun, Sire de Montereul-Bellay, morte le 4 Mai 1306. Son Tombeau dans l'Abbaye de S. Antoine des Champs à Paris.

68. Marguerite, Dame de Chapelaines, morte en 1307. Sa Tombe aux Jacobins de Chaalons en Champagne.

69. Nicole, mère de M. Olivier de Machecoul, morte en 1311. Sa Tombe dans l'Abbaye de Villeneuve, près de Nantes.

70. Dreux de Trainel, Chevalier, mort en Avril 1312. Sa Tombe en l'Abbaye de Vauluisant.

71. Jeanne de Saint-Verain, sa femme, morte en 1297. Sur la Tombe de son mari.

72. Raoul Souvain, Chevalier, mort le 30 Août 1313. Sa Tombe dans l'Abbaye de Jouy.

73. Emeline de Montmor, femme d'Albert de Romonville, morte en Décembre 1302. Sa Tombe dans le Cloître de l'Abbaye de Barbeau.

74. Agnès, sœur de Frère Ythier de Nantuel, Prieur de l'Hospital en France, laquelle mourut en Mai 1301. Sa Tombe à la Commanderie de S. Jean-en-l'Isle, près de Corbeil.

75. Nicolas Laupatris, Clerc, mort en Février 1295. Sa Tombe aux Jacobins de Chaalons en Champagne.

76. Diorée, femme de Nicolas Laupatris, morte en 1292. Sur la Tombe de son mari.

77. Guillaume d'Argenteuil, Clerc & Thrésorier de la Maison du Temple, mort le 20 Janvier 1306. Sa Tombe en l'Eglise du Temple à Paris.

78. Michel du Coudray, Chanoine de Noyon, ensuite Bernardin à Orcamp, mort Abbé. Sa Tombe dans le Cloître de l'Abbaye d'Orcamp.

79. Guillaume de Chesey, Chantre de Mortaing, mort en 1309. Sa Tombe au Cloître de l'Abbaye du Jard.

80. Messire Mace Maillard, mort le 1 Mai 1291. Sa Tombe en l'Abbaye de Villeneuve, près de Nantes.

81. Marie, femme de Jean Goupil, morte en 1300. Sa Tombe dans le Cloître des Cordeliers de Rouen.

82. Andès, fille de Manessier de Ferrières, & femme de Baudoin Boucel, morte en 1303. Sa Tombe dans l'Eglise du Temple à Paris.

83. Pierre de Carville, Maître-ès-Arts, trois fois Maire de Rouen, mort en 1307. Sa Tombe dans le Cloître de l'Abbaye de S. Ouen de Rouen.

84. Guillaume de Carville, fils de Pierre. Sa Tombe au même lieu.

85. Jeannette, fille de Ransin de Chaubrant, femme de Robert de Avergin, morte en 1313. Sa Tombe aux Jacobins de Chaalons en Champagne.

86. Jeanne Colons, fille de Sire Jean Colons, morte en Mars 1308, représentée avec ses père & mère, sur leur Tombe dans l'Eglise de S. Paul à Sens.

87. Raoul le Bourgeois, mort en 1287. Sa Tombe au Cloître de S. Ouen de Rouen.

88. Nicole, femme de Raoul le Bourgeois, morte en 1269. Sur la Tombe de son mari.

89. Guillaume-Alexandre, Bourgeois de Meaux, Bailli de Chaalons, mort en 1291. Sa Tombe aux Cordeliers de Chaalons en Champagne.

90. Robert Petitmaire, Bourgeois, mort en 1302. Sa Tombe aux Jacobins de Chaalons en Champagne.

91. Pâques, femme de Robert Petitmaire, morte en 1300. Sur la Tombe de son mari.

92. Richart Foubert, mort en Octobre 1291. Sa Tombe dans la Nef de l'Abbaye de Beaulieu, en Normandie.

93. Bovoque Espinal, Marchand de Florence, mort en Septembre 1287. Sa Tombe aux Cordeliers de Chaalons en Champagne.

94. Philippe le Bègue, du Village de Pompoint, mort le 20 Mai 1301. Sa Tombe dans le Cloître de l'Abbaye de Royaumont.

Porte-feuille 3.

1. Louis X. dit *Hutin*, Roi de France & de Navarre, mort subitement le 5 Juin 1316, à 25 ans. Son Tombeau à S. Denys.

2. Clémence de Hongrie, sa femme, morte au Temple, le 12 Octobre 1328. Son Tombeau dans le Chœur des Jacobins de la rue S. Jacques à Paris.

3. Jean I. posthume, né le 15 Novembre 1316, mort quelques jours après. A S. Denys, sur le Tombeau du Roi son père.

4. Nicole de Bergières, Escuyer, mort en Mai 1316. Sa Tombe aux Jacobins de Chaalons en Champagne.

5. Frère Jean Champion, dit *le Picart*, de Villeneuve la Guiart, mort en Juillet 1316. Sa Tombe dans l'Eglise de l'Abbaye de Preuilly, où il étoit Religieux.

6. Philippe V. dit *le Long*, Roi de France & de Navarre, mort le 2 Janvier 1322. Son Tombeau à S. Denys.

7. Louis de France, Comte d'Evreux, mort en 1319. Vitre de l'Eglise de Notre-Dame d'Evreux. (Enluminé.)

8. Le même; d'après son Tombeau, dans le Chœur des Jacobins de Paris, rue S. Jacques.

9. Marguerite d'Artois, fille aînée de Philippe d'Artois, Seigneur de Conches, & de Blanche de Bretagne, mariée en 1300 à Louis de France, Comte d'Evreux, morte le 25 Avril 1311. Sur le Tombeau de son mari.

10. La même. Sur une Vitre de Notre-Dame d'Evreux. (Enluminée.)

11. Robert, Comte de Clermont, sixième & dernier fils de S. Louis, mort en 1317. C'est la dernière Figure de ses Enfans, dans l'Eglise des Religieuses de Poissy. Ce Prince est la Tige de la Royale Maison de Bourbon. (Enluminé.)

12. Le même, tiré d'un Armorial d'Auvergne, Manuscrit de 300 ans, appartenant à M. de Gaignières. (Velin enluminé.)

13. Le même, d'après son Tombeau, qui est aux

Jacobins de la rue S. Jacques à Paris, près du grand Autel.

14. Béatrix de Bourgogne, Dame de Bourbon, femme de Robert; tirée de l'Armorial indiqué ci-dessus. (Velin enluminé.)

15. Marie Guerande de Mondidier, femme de Sire Pierre de Hangeft, Chevalier & Bailli de Rouen, morte le 18 Avril 1317. Sa Tombe dans le Cloître de l'Abbaye de Bonport.

16. Marie de Maucicourt, femme d'Euftache de Francières, morte en 1318. Sa Tombe dans l'Eglise de l'Abbaye d'Orcamp.

17. Frère Gilles Boylaive, Tréforier de l'Eglise de S. Denys, mort le 18 Septembre 1320. Sa Tombe dans le Cloître de S. Denys.

18. Noble homme Briend Maillard, mort en 1321. Sa Tombe en l'Abbaye de Villeneuve, près de Nantes.

19. Jeanne de Chaume-Chartier, femme de Séveftre, Seigneur de Chafaut, morte en Décembre 1321. Sa Tombe dans la même Abbaye.

20. Marie de Goneffe, Béguine à Paris, morte le dernier Mars 1321. Sa Tombe, dans le Cloître de l'Abbaye de Barbeau.

21. Charles IV. dit *le Bel*, Roi de France & de Navarre, mort le 1 Février 1328. Son Tombeau à Saint-Denys.

22. Entrée d'Ifabelle de France, Reine d'Angleterre, reçue à Paris par son frère Charles-le-Bel, mariée dès 1308, à Edouard II. Tirée d'un Manuscrit de Froiffart, de la Bibliothèque du Roi. (Velin enluminé.)

23. Jeanne d'Evreux, troisième femme de Charles-le-Bel, mariée en 1325, morte en 1370. Son Tombeau à S. Denys.

24. Jean Chaftelain de Torote, Sire de Honecourt, mort en Septembre 1325. Sa Tombe dans le Cloître d'Orcamp.

25. Agnès de Loify, femme de Jean de Torote, morte le 3 Septembre 1358. Sur la Tombe de son mari.

26. Pierre Outeblé de Ermenouville, Efcuyer, mort en Mai 1322. Sa Tombe dans l'Abbaye de Chaalis.

27. Jean de Roquemont, Efcuyer, mort en Mai 1327. Dans le Cloître de l'Abbaye de Chaalis.

28. La femme de Jean de Roquemont : (fon Epitaphe eft effacée.) Tombe de fon mari.

29. Frère Guillaume Bazanier, Sous-Prieur Prévôt de Tremblay, & Panetier en l'Eglife de S. Denys, mort le 25 Novembre 1322. Cloître de S. Denys.

30. S. Louis, Evêque de Tolofe, petit-neveu du Roi S. Louis : il avoit été de l'Ordre de S. François, & il mourut en 1297, n'ayant pas encore 24 ans. Auprès de lui font repréfentés Charles de Valois, Fondateur de la Chartreufe de Bourgfontaine, près de Villerscoterets, & Philippe de Valois fon fils, qui fut Roi de France, & qui fit achever ce Monaftère, mort en 1350. Tiré d'une Peinture à frefque, qui eft fur la grande porte de l'Eglife de cette Chartreufe. (Velin enluminé.)

31. Philippe VI. ou de Valois, à cheval dans Notre-Dame de Paris, felon le Vœu fait à la Bataille de Montcaffel, le 22 Août 1328. (Enluminé.)

32. Séance des Pairs avec Philippe de Valois, à Amiens, le 9 Juin 1329, pour le Procès de Robert d'Artois, felon le Regiftre de la Chambre des Comptes de Paris. (Grande Feuille enluminée.)

33. Le même Philippe de Valois, mort le 22 Août 1350. D'après fon Tombeau à S. Denys.

34. Jeanne de Bourgogne, première femme de Philippe de Valois, mariée en Juin 1313, morte le 12 Septembre 1348. Son Tombeau à S. Denys.

35. Blanche de Navarre, feconde femme du même Prince, morte le 5 Octobre 1398. Son Tombeau à S. Denys.

36. Marie de France, fille de Charles-le-Bel & de Jeanne d'Evreux fa troifième femme, morte fans alliance, le 6 Octobre 1341. Son Tombeau à S. Denys.

37. Philippe, Comte d'Evreux, Roi de Navarre, mort en 1343. D'après une Vitre de l'Eglife de Notre-Dame d'Evreux. (Enluminé.)

38. Le même, qui fut enterré à Pampelune, mais dont le cœur fut apporté aux Jacobins de Paris, où il eft repréfenté fur un Tombeau, au milieu de leur Chœur.

39. Jeanne, feule fille de Louis Hutin & de Marguerite de Bourgogne, fa première femme, & Reine de Navarre, qui apporta ce Royaume à Philippe, Comte d'Evreux, morte le 6 Octobre 1349. Son Tombeau à S. Denys, aux pieds de celui de fon père.

40. La même, dont le cœur fut porté aux Jacobins de Paris; d'après fa Figure, qui eft dans l'Eglife de ces Religieux, fur le Tombeau de fon mari.

41. Charles de Valois, Comte d'Alençon, du Perche, &c. fecond fils de Charles de France, Comte de Valois, & de Marguerite de Sicile fa feconde femme, mort le 26 Août 1346. Son Tombeau aux Jacobins de la rue S. Jacques, à Paris.

42. Marie d'Efpagne, fille de Ferdinand II. d'Efpagne, Seigneur de Lara, qui étant veuve de Charles d'Evreux, fe maria en 1336 à Charles de France, Comte d'Alençon, & mourut le 19 Novembre 1339. Sur le Tombeau de fon fecond mari.

43. Louis I. Duc de Bourbon, fils de Robert de Clermont & petit-fils de S. Louis, mort en 1342. Tiré d'un Armorial d'Auvergne, Manufcrit de 300 ans. (Velin enluminé.)

44. Le même; d'après fon Tombeau dans l'Eglife des Jacobins de la rue S. Jacques, à Paris.

45. Marie de Hainaut fa femme, tirée de l'Armorial ci-deffus. (Velin enluminé.)

46. Blanche de Bouville, femme d'Olivier, Sire de Cliffon, morte le 19 Novembre 1329. Son Tombeau aux Cordeliers de Nantes.

47. Oudart de Jouy, Chevalier, mort en 1333. Sa Tombe en l'Abbaye de Jouy, en Champagne.

48. Marguerite de Beaujeu, femme de Charles de Montmorency, morte le 5 Janvier 1336. Sa Tombe dans l'Abbaye du Val.

49. Pierre de Villemetrie, Chevalier, mort en Février 1340. Sa Tombe à Notre-Dame de la Victoire, près Senlis.

50. Henri de Meudon, Chevalier, mort en Mai 1344. Sa Tombe dans le Chœur du Prieuré d'Ennemond, près S. Germain-en-Laye.

51. Gaffe de l'Ifle, Seigneur du Pleffis de Launay, Chevalier, mort en Novembre 1345. Sa Tombe dans l'Abbaye du Val.

52. Ennor de Villiers, femme de Gaffe de l'Ifle, morte en 1380. Sur la Tombe de fon mari.

53. Guillemin le Saunier de Montigny, Efcuyer. Sa Tombe (où la date de fa mort eft effacée) dans l'Abbaye du Val.

54. .... Femme dudit Guillemin, morte en 1329. Sur la Tombe de fon mari.

55. Marie, femme de Pierre le Saunier, Chevalier, Seigneur de Berval, morte en 1329. Sa Tombe dans la même Abbaye.

56. Jean le Saunier, Tréforier de l'Eglife d'Avranches, mort vers 1340. Sa Tombe au même lieu.

57. Jean Saunier, Juge, mort vers 1340. Sa Tombe dans la même Abbaye du Val.

58. Jean d'Autegny, mort en Janvier 1329. Sa

Tombe dans le Cloître de l'Abbaye de Beaubec, en Normandie.

59. Raoul du Chaftel, Efcuyer, mort en Mars 1333. Sa Tombe dans le Cloître de l'Abbaye de Longpont.

60. Michel le Sayne, mort en Septembre 1337. Sa Tombe dans le Chapitre des Jacobins de Chaalons en Champagne.

61. Jeannette le Sayne, fille de Michel, morte en 1349. Sa Tombe au même lieu.

62. Raoul de Moulinchat, mort en 1343. Sa Tombe dans la Nef des mêmes Jacobins de Chaalons.

63. Nicolas de Chaalons, XVIe Abbé de Vauluifant, de l'Ordre de S. Bernard, mort le 1 Janvier 1337. Sa Tombe dans l'Eglife de cette Abbaye.

64. Frère Guillaume de Puteaux, Chapelain du Grand-Prieuré de France, Commandeur de la Baillie de Melun, mort le 3 Novembre 1336. Sa Tombe dans l'Eglife du Temple, à Paris.

65. Guillaume d'Autun, Religieux du Prieuré d'Ennemond, mort le 21 Janvier 1346. Sa Tombe dans la Nef de ce Prieuré, près de S. Germain-en-Laye.

66. Marguerite, fille de Ranfin de Chaubrant, morte en 1338. Sa Tombe dans le Chapitre des Jacobins de Chaalons en Champagne.

67. Pierre le Maire de Frefnoy, mort vers 1340. Sa Tombe dans le Cloître de l'Abbaye de Barbeau.

68. Jeanne fa femme, morte en 1353. Sur la Tombe de fon mari.

69. Philippe le Blanc, mort en 1348. Sa Tombe dans le Cloître de S. Ouen de Rouen.

70. Jean Acelin de Courciaus, mort en 1329. Sa Tombe dans l'Eglife de l'Abbaye du Jard.

71. Agnès fa femme, morte en 1314. Sur la Tombe de fon mari.

72. Renaut de Creil, Bourgeois de Senlis, mort le 20 Juin 1341. Sa Tombe dans la Nef des Cordeliers de Senlis.

73. Jacques le Bourgeois, Teinturier de Chaalons, mort en 1334. Sa Tombe dans la Nef des Jacobins de Chaalons.

74. Marguerite la Gervine fa femme, morte en Novembre 1344. Sur la Tombe de fon mari.

75. Cinq petites Figures : trois Soldats François, Arbaleftrier & Soldat Anglois, vers 1350. (Enluminé.)

76. Soldat François, en grand, le même que le dernier de la Feuille précédente. Tiré d'un Manufcrit de Froiffart, qui eft dans la Bibliothèque du Roi, & où il parle de la prife de Caen par Edouard, Roi d'Angleterre, en 1346. (Enluminé.)

77. Autre Soldat François, tiré du même Manufcrit. (Enluminé.)

78. Autre Soldat François : *ibid.* (Enluminé.)

79. Arbaleftrier du Siège d'Aubenton. (Enluminé.)

80. Autre Arbaleftrier. (Enluminé.)

81. Soldat avec une pique & un cor : la même Figure en grand & en petit.

82. Jean de Montfort, Duc de Bretagne, recevant les Hommages de ceux de Nantes & des environs, après le décès de fon frère Jean III. Il mourut le 30 Avril 1341. Tiré du Manufcrit de Froiffart de la Bibliothèque du Roi. (Enluminé.)

83. La Bataille navale de Grenefé, entre Robert d'Artois & Meffire Lois d'Efpagne, en 1343, après que Robert ayant perdu fon procès fe fut retiré auprès d'Edouard III. Tiré du Manufcrit de Froiffart. (Velin enluminé.)

84. Jean, Roi de France, mort en 1364. Tiré d'une peinture originale faite dans le temps. (Velin enluminé.)

85. Tableau de la Sainte-Chapelle à Paris, où eft reprélenté le Roi Jean, & un Cardinal à qui un Seigneur préfente les Portraits de J. C. & de la Vierge. (Velin enluminé.)

86. Le Roi Jean, tiré en grand du Tableau précédent. (Velin enluminé.)

87. Figure en grand, du Seigneur qui préfente les Portraits dans le même Tableau. (Velin enluminé.)

88. Le même Seigneur, (fur papier enluminé.)

89. Tableau de Jefus-Chrift crucifié, ayant à fes côtés la Vierge & S. Jean, où l'on voit à la droite le Roi Jean, à genoux, ayant derrière lui fon fils Charles, premier Dauphin de France, Comte d'Evreux, auffi à genoux, qui fut depuis Roi fous le nom de Charles V. & à la gauche Blanche de Navarre, mère du Roi Jean, également à genoux ; préfentés par S. Louis à droite & S. Denys à gauche. Tiré d'un Tableau de la Chapelle de S. Michel au Palais, à Paris. (Velin enluminé.)

90. Le Roi Jean à genoux, préfenté par S. Denys. Tiré de la Chapelle de S. Hippolyte à S. Denys. (Velin enluminé.)

91. Jeanne de France, (fille de Louis Hutin, morte en 1349,) & derrière elle Blanche fa fille, (feconde femme de Philippe de Valois, morte en 1398, toutes deux à genoux, & derrière elles Philippe, Comte d'Evreux, mari de Jeanne & père de Blanche. Tiré de la même Chapelle de S. Hippolyte. (Velin enluminé.)

92. Le Roi Jean venu à Rouen, en Avril 1355, trouve à table le Dauphin, Charles, Roi de Navarre, Jean, Comte d'Harcourt, & autres qu'il fait arrêter. (Il fit enfuite couper la tête au Comte d'Harcourt, au Seigneur de Graville, à Meffire Maubué & à Colinet Doublet.) Tiré du Manufcrit de Froiffart, qui eft à la Bibliothèque du Roi. (Velin enluminé.)

93. Bataille de Poitiers, du 19 Septembre 1356. Tiré du Manufcrit de Froiffart. (Velin enluminé.)

94. Le Roi Jean, furnommé *le Bon*, mort le 8 Avril 1364, à Londres. D'après fon Tombeau à Saint-Denys.

95. Pierre I. Duc de Bourbon, tué à la Bataille de Poitiers en 1356. Tiré d'un Armorial d'Auvergne, Manufcrit de trois cens ans, en grand habit Ducal. (Velin enluminé.)

96. Le même ; tiré de fon Tombeau dans le Chœur des Jacobins de la rue S. Jacques, à Paris.

97. Ifabelle de Valois, femme de Pierre I. Duc de Bourbon, morte le 26 Juillet 1383. Tiré de l'Armorial Manufcrit d'Auvergne. (Velin enluminé.)

98. La même, en deuil, un voile blanc fur fa tête ; tirée d'un Manufcrit des Hommages des Comtes de Clermont, qui eft à la Chambre des Comptes de Paris. (Velin enluminé.)

99. Jeanne d'Artois, fille de Jean d'Artois, Comte d'Eu, mariée en 1362 à Simon de Thouars, Comte de Dreux. Sur la Tombe de fon mari, dans l'Eglife du Château d'Eu.

100. Jeanne de Sancerre, fille de Jean II. Comte de Sancerre, femme de Jean de Trie II. Comte de Dammartin. Son Tombeau dans l'Eglife de Notre-Dame de Dammartin.

101. Grande Figure d'un Seigneur de la Cour du Roi Jean, ayant une plume derrière fon bonnet, & le bout de fes poulaines (ou Souliers) très-recourbé. (Velin enluminé.)

102. Jean de Châlon, Comte de Tonnerre. (Velin enluminé.)

103. Philippe, Seigneur de Clère en Normandie, mort le 28 Octobre 1351. Sa Tombe dans le Sanctuaire des Jacobins de Rouen.

104. Jeanne de Meulent, fa femme, morte en 1343. Sur la Tombe de fon mari.

105. Jean de Brie, Seigneur de Servant, mort le

recueillis par M. de Gaignières. 117

19 Septembre 1345, enterré aux Jacobins de Poitiers, mais dont la figure est tirée d'une Pierre qui se voit dans la Chapelle de Servant, dans l'Abbaye de S. Georges, près d'Angers.

106. Jeanne de Dreux, sa femme, représentée auprès de son mari.

107. Simon du Broc, Maire de Rouen, & Conseiller du Roi, mort le 19 Avril 1363. Sa Tombe dans le Cloître de S. Ouen de Rouen.

108. Petronelle, sa femme, morte en 1345. Sur la Tombe de son mari.

109. Simonet, fils du Vicomte du Bois, mort en 1354. Sa Tombe en l'Abbaye de Bonport, près de Rouen.

110. Jean de Masières, Conseiller du Roi, mort en 1360. Sa Tombe dans le Chœur des Célestins de Sens.

111. Marie Chacerat, sa femme, morte le 6 Avril 1384. Sur la Tombe de son mari.

112. Frère Jean de Paris, Prieur des Blancs-Manteaux, mort le 10 Septembre 1353. Sa Tombe [étoit] au milieu de la Nef de l'ancienne Eglise des Blancs-Manteaux à Paris.

113. Robert le Saunier, fils de Pierre le Saunier, Chevalier, Chanoine de Notre-Dame de Poisly & de S. Paul de S. Denys, mort le 20 Septembre 1363. Sa Tombe dans l'Eglise de l'Abbaye du Val.

114. Guillaume Tirel, Sergent d'armes, jadis Queux du Roi Philippe & de Charles, Dauphin, mort en 1360. Sa Tombe dans la Sacristie du Prieuré d'Ennemond, près de S. Germain-en-Laye.

115. Jeanne la Ruelle, sa première femme, morte en 1353. Sur la Tombe de son mari.

116. Isabeau le Chandelier, seconde femme de Guillaume Tirel. Sur la même Tombe.

117. Erard de Vesines, Bourgeois de Sens, Sergent d'armes du Roi, mort vers 1360. Dans la Chapelle de Sainte-Anne de l'Eglise Cathédrale de Sens.

118. N . . . le Pelletier, fille de Sire Guillaume le Pelletier, morte le 6 Septembre 1363. Sur la Tombe d'Erard de Vesines son mari.

119. Guillaume d'Outreleau, dit *le Picart*, Bourgeois du Mans, mort en 1354. Son Tombeau dans le Chœur de l'Eglise du Séminaire du Mans.

120. Agnès la Boujue, sa femme, morte à la Toussaints 1367. Son Tombeau dans le même lieu.

Porte-feuille 4.

1. Sacre de Charles V. à Reims, le 19 Mai, jour de la Trinité, 1364, par l'Archevêque Jean de Craon. Tiré d'une Miniature de l'ancien Manuscrit de l'Histoire de ce Prince, qui est aux Célestins de Paris. (Velin enluminé.)

2. Couronnement de Charles V. par le même Archevêque, le même jour. Tiré du Manuscrit de Froissart. (Velin enluminé.)

3. Le même Charles V. dit *le Sage*. Tiré du Manuscrit des Hommages du Beauvoisis, qui est à la Chambre des Comptes de Paris. (Velin enluminé.)

4. Charles V. assis, auquel un Homme d'épée, un genouil en terre, présente un Livre ouvert, où l'on voit à droite le Père éternel, & à gauche est écrit : Au commencement créa Diex le ciel & la terre. (Velin enluminé.) Tiré dudit Manuscrit; & dans un Feuillet qui est à côté d'une Miniature en tête du Livre, est écrit:

Anno Domini milles. trecentes. septuages. primo istud Opus pictum fuit ad præceptum & honorem illustr. Principis Karoli Regis Franciæ, ætatis suæ trigesimo quinto & Regni sui octavo. Et Johannes de Brugis, pictor Regis prædicti, fecit hanc picturam propria sua manu.

5. Charles V. en pied, copié en grand, de la Miniature précédente de Jean de Bruges. (Enluminé.)

6. Jean Vaudetar, Valet de Chambre de Charles V. (C'est lui qui présente le Livre. Copié de la même Miniature, mais supposé debout. (Enluminé.)

7. Bénédiction de la Bannière Royale à Reims par l'Archevêque, & après de l'Oriflambe à S. Denys quand le Roi veut aller en Bataille. Tirée d'une Miniature de l'Histoire Manuscrite de Charles V. conservée aux Célestins de Paris. (Velin enluminé.)

8. Charles V. sur son Thrône, recevant l'Hommage de Louis II. Duc de Bourbon, pour le Comté de Clermont : autour de lui sont les Seigneurs de sa Cour, avec leurs Armoiries peintes sur leurs habits. Tiré du Manuscrit des Hommages de Clermont en Beauvoisis, qui est à la Chambre des Comptes de Paris.

8. *bis*. Le même sujet, gravé *in-fol.* avec une Explication imprimée par Jean le Laboureur. Tiré de ses Tableaux Généalogiques, *pag.* 6 & 7.

9. Charles V. sur un Thrône, à ses pieds le Connétable & le Chancelier, beaucoup de personnes assises à droite & à gauche, Frère Jehan Corbechon, de l'Ordre de S. Augustin, présentant au Prince sa Traduction du Propriétaire, en 1372. Tiré d'une Miniature de la première page du Manuscrit, dans le Cabinet de M. de Gaignières. (Velin enluminé.)

10. Charles V. ayant devant lui ses deux jeunes fils, Charles VI. depuis Roi; & Louis d'Orléans : Frère Jehan Golem, Carme, Maître en Théologie, à genoux, présentant au Prince sa Traduction du Rational des divins Offices : à côté la Reine Jeanne de Bourbon, & derrière elle, Jeanne & Bonne de France leurs filles. Tiré de la Miniature du premier Feuillet du Manuscrit. (Velin enluminé.)

11. Charles V. mort le 16 Septembre 1380. Tiré du Tombeau placé à Notre-Dame de Rouen, & où a été mis son cœur. (Il ne ressemble point aux autres Portraits.)

12. Le même; tiré de son Tombeau à S. Denys : (ne ressemble pas mieux.)

13. Jeanne de Bourbon, sa femme. Tiré du Manuscrit des Hommages du Comté de Clermont en Beauvoisis; qui est à la Chambre des Comptes de Paris. (Velin enluminé.)

14. Sacre de Jeanne de Bourbon. Tiré de l'Histoire de Charles V. Manuscrit aux Célestins de Paris. (Velin enluminé.)

15. Famille de Bourbon, & Enttevue d'Isabeau de Valois, Douairière de Bourbon, avec la Reine Jeanne de Bourbon sa fille; avec beaucoup d'autres personnes, des chiens, & un cerf qu'on tue dans l'eau. Tiré du même Manuscrit des Hommages, &c. (Velin enluminé.)

15. *bis*. La même, gravée avec une Explication imprimée, par Jean le Laboureur; tirée de ses Tableaux généalogiques, *pag.* 8.]

16. Jeanne de Bourbon, femme de Charles V. morte le 6 Février 1377. Sur le Tombeau de son mari, à S. Denys.

17. Jeanne, fille aînée de Charles, alors Duc de Normandie, & de Jeanne de Bourbon, morte jeune; le 11 Octobre 1360. Son Tombeau dans l'Abbaye de S. Antoine des Champs, à Paris.

18. Bonne, autre fille des mêmes, morte jeune, le 7 Novembre 1360. Sur le même Tombeau que sa sœur.

19. Blanche de France, fille de Philippe de Valois & de Blanche de Navarre sa seconde femme, promise à Jean d'Arragon, Duc de Gironde, morte en chemin à Beziers, le 11 Septembre 1373. Auprès de Blanche sa mère à S. Denys, dans la Chapelle de S. Hippolyte.

20. Jean de Bourbon, fils naturel de Pierre I. Duc de Bourbon, mort vers 1375. Tiré du Manuscrit des Hommages du Comté de Clermont en Beauvoisis. (Velin enluminé.)

21. Agnès de Chaleu sa femme, mariée en 1371. Tirée du même Manuscrit. (Velin enluminé.)

22. Marguerite de Bourbon, mariée le 4 Mai 1368, à Arnaud Amanieu, Sire d'Albret, grand Chambellan de France. Tiré du même Manuscrit. (Velin enluminé.)

23. Bouchart, Comte de Vendôme & de Castres. Sa Tombe dans l'Eglise de S. Georges, à Vendôme.

24. Isabeau de Bourbon-la-Marche, sa femme. Sur la Tombe de son mari.

25. Jeanne de Vendosme, fille de Bouchart & d'Isabeau, morte jeune, avant 1375. Sur la Tombe de ses pere & mère.

26. Simon de Thouars, Comte de Dreux. Sa Tombe dans l'Eglise du Château d'Eu, sans date. On sçait d'ailleurs qu'il fut tué dans un Tournoy en 1365.

27. Bertrand du Guesclin, Connétable de France, mort le 13 Juillet 1380. Son Tombeau à S. Denys, dans la Chapelle de Charles V.

28. Sylvestre (plus haut Sevestre) du Chaffault, Chevalier, mort en 1370. Sa Tombe dans l'Abbaye de Villeneuve, près de Nantes.

29. Jeanne de Chaume-Chartier, sa première femme, morte en 1321. Sa Tombe dans la même Abbaye.

30. Isabeau de la Jaille, sa seconde femme, morte en 1353. Au même lieu.

31. Marguerite, femme de Ferri de Mès, Chevalier, Conseiller du Roi & Maître des Requêtes, morte le 9 Août 1379. Sa Tombe aux Jacobins de Chaalons.

31. bis. Claire de Mès, leur fille, morte en Septembre 1368. Sur la Tombe de sa mère.

32. Mile...... Conseiller du Roi au Parlement, mort en Novembre 1372. Sa Tombe dans l'Eglise Cathédrale de Sens, Chapelle de sainte Anne.

33. Jeanne de Vesines, sa femme, morte en 1382. Sur la Tombe de son mari.

34. Godefroy de Collon, Escuyer tranchant du Roi, mort en 1377. Sa Tombe dans l'Abbaye de Preuilly, près de Montereau.

35. Isabeau de Courgenay sa femme, morte en 1381. Sur la Tombe de son mari.

36. Girard le Sayne, Escuyer, Seigneur de Lestrée, mort le 16 Mai 1377. Sa Tombe aux Jacobins de Chaalons.

37. Marie sa femme, morte en 1349. Sur la Tombe de son mari.

38. Jean Perdrier, Prêtre, Maître-ès-Arts, Clerc de la Chapelle du Roi, mort le 3 Août 1376. Sa Tombe dans la Sacristie de l'ancienne Eglise des Blancs-Manteaux, à Paris.

39. Jeanne sa mère, femme de Jean Perdrier, morte le 4 Janvier 1391. Sur la Tombe de son fils.

40. Pierre Bouju, Bourgeois du Mans, mort en 1376. Dans l'Eglise du Séminaire du Mans.

41. Agnès Eliote, sa femme, morte en 1362. Sur la Tombe de son mari.

42. Deux petites figures séparées, datées l'une 1370 & l'autre 1380.

43. Thomas de Felleton, Lieutenant du Roi d'Angleterre à Bourdeaux, lorsqu'il fit couper la tête à Guillaume de Pommiers, accusé d'être du parti François, en 1375. Tiré du Manuscrit de Froissart, qui est à la Bibliothèque du Roi.

44. Juge de Bourdeaux, assistant à l'exécution de Guillaume de Pommiers. Tiré du même Manuscrit, (comme toutes les Figures qui suivent, jusqu'à 92.)

45. Le même Juge, en grand. (Enluminé.)

46. Autre Juge de Bourdeaux, assistant, &c. (Enluminé.)

47. Homme d'épée, qui regarde l'exécution, &c. (Enluminé.)

48. Le même, en grand. (Enluminé.)

49. Bourgeois de Bourdeaux, regardant, &c. (Enluminé.)

50. Le même, en grand.

51. Bourgeoise regardant, en petit. (Enluminée.)

52. La même, en grand. (Enluminée.)

53. Guillaume de Melun, Archevêque de Sens, en 1372. (Enluminé.)

54. Pierre Sers Jesu-Crist, Prêtre, Doyen de Trèves, en 1372. (Enluminé.)

55. Seigneur à cheval, en 1372, avec des éperons. (Enluminé.)

56. Capitaine à Cheval, en 1372, sans éperons. (Enluminé.)

57. Capitaine en habit de ville, en 1372. (Enluminé.)

58. Ministre d'Etat, en 1372. (Enluminé.)

59. Juge assis. (Enluminé.)

60. Conseiller du Roi, en 1372, avec une toque rouge & des gands à la main gauche. (Enluminé.)

61. Bourgeois, en 1372. (Enluminé.)

62. Autre Bourgeois, en 1372. (Enluminé.)

63. Princesse, en 1372. (Enluminée.)

64. Autre Princesse, en 1372. (Enluminée.)

65. Dame, en 1372. (Enluminée.)

66. Soldat, en 1372. (Enluminé.)

67. Autre Soldat, en 1372, avec une pique & un grand bouclier. (Enluminé.)

68. Archer, en 1372. (Enluminé.)

69. Autre Archer, sans arc, en 1372.

70. Fauconnier, avec poulaines très-recourbées, vis-à-vis un oiseau : 1372. (Enluminé.)

71. Joueur de Musette, en 1372. (Enluminé.)

72. Joueur de Violon, en 1372. (Enluminé.)

73. Joueur de Luth, en 1372. (Enluminé.)

74. Menuisier (avec poulaines très-recourbées,) sciant un bloc de bois, 1372. (Enluminé.)

75. Tailleur de pierre, le marteau à la main, 1372. (Enluminé.)

76. Manœuvre, la hotte sur le dos, 1372.

77. Voyageur, son manteau sur un bâton crochu derrière son épaule, 1372. (Enluminé.)

78. Paysan, 1372, portant des graines pour semer, dans un linge attaché à son col. (Enluminé.)

79. Chartier, 1372, tenant un fouet à la main. (Enluminé.)

80. Bucheron, 1372, avec sa hache, & fendant un arbre. (Enluminé.)

81. Berger, 1372, ayant un cor pendu à droite à sa ceinture, & tenant à la main gauche une houlette crochue par le bas. (Enluminé.)

82. Servante, en 1372. (Enluminée.)

83. Arbalestrier, en 1375, couvert d'un bouclier, à l'assaut d'une Ville. (Enluminé.)

84. Le même, plus en grand.

85. Autre Arbalestrier, en 1375. (Enluminé.)

86. Le même, plus en grand. (Enluminé.)

87. Soldat François, qui tient une hache d'armes. Tiré du Manuscrit de Froissart, où est la Bataille d'Aurai, que Charles de Blois perdit avec la vie, le 29 Septembre 1364, contre le Comte de Montfort, qui étoit assisté par les Anglois. (Enluminé.)

88. Le même Soldat, plus en grand. (Enluminé.)

89. Soldat Flamand, surnommé *Blanc-Chaperon*, à la surprise d'Oudenarde, en 1380. (Enluminé.)

90. Le même plus en grand. (Enluminé.)

recueillis par M. de Gaignières.

91. Soldat, menant une brouette chargée, au pillage d'Aloſt, en 1381. (Enluminé.)

92. Le même, plus en grand. (Enluminé.)

93. Joueur aſſis, touchant un tympanon qu'il a ſur ſes genoux. (Enluminé.)

94. Le même, plus en grand. (Enluminé.)

95. Joueur de Trompette marine, ayant un archet à la main droite, & tenant entre ſes bras ſon Inſtrument qui eſt plus grand que lui, un bout à terre & l'autre en haut, panché ſur ſon épaule gauche, à deux cordes. (Enluminé.)

96. Le même, en grand. (Enluminé.)

97. Payſan, en 1364, ſon chapeau pendu derrière l'épaule, une eſpèce de flutte à la bouche tenue de la main droite ſeulement. (Enluminé.)

98. Le même, en grand. (Enluminé.)

99. Payſan, qui marche, en s'appuyant ſur un bâton ferré par le bas. (Enluminé.)

100. Le même, en grand. (Enluminé.)

101. Payſanne, aſſiſe & filant. (Enluminée.)]

102. La même, en grand. (Enluminée.)

103. Vendangeur, la hotte ſur les épaules : un cercle qu'il a ſur la poitrine, la ſoutient. (Enluminé.)

104. Le même, en grand. (Enluminé.)

105. Vacher, tenant un cor de la main droite à ſa bouche, ſa houlette à la gauche, un Bellier derrière lui. Tiré du Ruſtican, Manuſcrit écrit du temps du Roi Charles V. vers 1373. (Velin enluminé.)

106. Le même, en grand.

107. Vigneron, ſon cor au côté, une pioche dans ſes mains, & vis-à-vis un ſep de vigne. (Enluminé.) Tiré du même Manuſcrit (comme les Miniatures ſuivantes, juſqu'à 123.)

108. Le même, en grand. (Enluminé.)

109. Le Laboureur, la main gauche à la charrue, &c. (Enluminé.)

110. Le même, en grand. (Enluminé.)

111. Payſanne, qui fane. (Enluminée.)

112. La même, en grand. (Enluminée.)

113. Faucheur, ſa faux ſur l'épaule gauche, &c. (Enluminé.)

114. Le même, en grand. (Enluminé.)

115. Jardinier, une ſerpe à la main droite. (Enluminé.)

116. Le même, en grand.

117. Autre Jardinier, plantant un arbre. (Enluminé.)

118. Le même, en grand. (Enluminé.)

119. Chaſſeur à l'arbaleſte, tirant un oiſeau. (Enluminé.)

120. Le même, en grand. (Enluminé.)

121. Servante, tenant un pot de la main gauche. (Enluminée.)

122. Le même, en grand. (Enluminé.)

123. Bucheron, tenant une hache à deux mains, & coupant un arbre. (Enluminé.)

124. Noce de Village ; tirée d'un Manuſcrit des Plaiſirs de la Vie Ruſtique. La Mariée a une couronne ſur la tête, une clef pendue à une ceinture dorée, un manteau que deux garçons tiennent chacun de ſon côté : des haubois jouent devant elle, & elle eſt ſuivie de femmes & filles, de petits garçons & d'hommes. (Velin enluminé.)

125. Danſe ; tirée du Manuſcrit précédent. Trois grouppes en pleine campagne, chacun d'un garçon & d'une fille, & deux haubois derrière ; les filles des deux premiers grouppes ont des queues, celle du troiſième a un chapeau comme une Villageoiſe. (Velin enluminé.)

126. Jeu à deviner ; ſix hommes & ſix femmes, une au milieu eſt aſſiſe, & tient un corbillon, où chacun porte ſon billet. (Velin enluminé.)

127. Jeu appellé Tappecu ; tiré du même Manuſcrit des Plaiſirs de la Vie Ruſtique. Dans une enceinte quarrée, en pleine campagne, ſont trois grouppes, chacun d'un homme & d'une femme qui tient l'homme par derrière, & deux autres hommes, dont l'un touche à la cuiſſe d'un homme, & l'autre a la main levée pour tapper le cul de la femme qui embraſſe l'homme touché ; hors l'enceinte ſont des ſpectateurs devant, & au-delà à droite & à gauche. (Velin enluminé.)

Porte-feuille 5.

1. Bataille de Roſebecq, gagnée par Charles VI. ſur les Flamans, le 27 Novembre 1382. Tirée d'une Miniature du Manuſcrit de Froiſſart. (Velin enluminé.)

2. Arrivée de Charles VI. à Paris (à cheval avec ſa ſuite,) & Sortie des Maillotins par un autre côté, le 27 Novembre 1382. Tiré du Manuſcrit de Froiſſart. (Velin enluminé.)

3. Charles VI. mort le 20 Octobre 1422. D'après ſon Tombeau à S. Denys.

4. Entrée de la Reine Iſabelle de Bavière dans Paris, le 20 Août 1389. Elle ſeule à cheval, ſes Dames à pied. Tirée du Manuſcrit de Froiſſart. (Velin enluminé.)

5. Jouſtes à Paris, le 22 Août 1389, à l'Entrée d'Iſabelle de Bavière. Tiré du même Manuſcrit. (Velin enluminé.)

6. Iſabeau de Bavière, mariée à 14 ans, le 17 Juillet 1385, à Charles VI. morte le 30 Septembre 1435. Copiée ſur une Peinture de ſon temps. Son grand manteau eſt porté par deux Dames qui ſont coeffées différemment. (Velin enluminé.)

7. Dames de la Cour de Charles VI. dont la coeffure a un pendant qui paſſe ſur l'épaule gauche, & vient par devant juſqu'à terre. Priſe ſur un Tableau du temps. (Enluminée.) = Autre Dame (au bas & en petit,) avec une autre coeffure ſingulière.

8. Dame, en petit. (Enluminée.) = Autre (au bas & en grand.)

9. Iſabelle de Bavière, morte en 1435. D'après ſon Tombeau à S. Denys.

10. Charles de France, Dauphin de Viennois, fils aîné de Charles VI. & d'Iſabelle, mort jeune le 28 Décembre 1386. Sa Tombe à S. Denys.

11. Louis de France, Duc d'Orléans, Comte de Valois, &c. ſecond fils de Charles V. aſſaſſiné par les gens du Duc de Bourgogne, à la Porte Barbette, le 23 Novembre 1407. Son Tombeau dans la Chapelle d'Orléans, aux Céleſtins de Paris.

12. Valentine de Milan, ſa femme, morte le 4 Décembre 1408. Sur le Tombeau de ſon mari.

13. Jean de France, Duc de Berry, troiſième fils du Roi Jean, mort le 15 Janvier 1416. Tiré d'une Paire-d'Heures, faite pour lui. (Velin enluminé.)

14. Le même, tiré du Manuſcrit des Hommages du Comté de Clermont en Beauvoiſis, qui eſt à la Chambre des Comptes de Paris. (Velin enluminé.)

15. Le même, pris ſur un Paſtel original, ou du temps.

16. Copie d'un Tableau qui eſt dans l'Egliſe Cathédrale de Chartres, donné par Jean, Duc de Berry, où ce Prince & ſa première femme, Jeanne d'Armagnac, ſont repréſentés à genoux, & leurs enfans derrière eux. (On ne voit dans cette première Eſtampe [enluminée,] que Jean, Duc de Berry, & ſes deux fils, Charles & Jean.)

17. Jeanne d'Armagnac, à droite dudit Tableau, à genoux, avec ſes deux filles, Bonne & Marie. (Enluminée.)

18. Blanche de France, Comtesse de Beaumont, fille de Charles IV. ou le Bel, & femme de Philippe de France, Duc d'Orléans, morte sans enfans, le 7 Février 1393. Sur le Tombeau de Marie sa Sœur, à S. Denys.

19. Charles III. Roi de Navarre, mort en 1425. Vitre de Notre-Dame d'Evreux. (Enluminé.)

20. Jean d'Artois, Comte d'Eu, Chambellan de France. Tiré du Manuscrit des Hommages de Clermont en Beauvoisis. (Velin enluminé.)

21. Le même, mort le 6 Avril 1386. Son Tombeau dans l'Eglise de S. Laurent du Château d'Eu.

22. Isabel de Melun, sa femme, fille de Jean I. Comte de Tancarville, Grand-Chambellan, & d'Isabelle, Dame d'Antoing, morte en Décembre 1389. Sur le Tombeau de son mari.

23. Philippe d'Artois, Comte d'Eu, Connétable, mort en Turquie l'an 1397. Son Tombeau dans l'Eglise du Château d'Eu.

24. Philippe d'Artois, fils du précédent, mort jeune en 1393. Son Tombeau dans la même Eglise.

25. Louis II. Duc de Bourbon, mort en 1410. Tiré du Manuscrit des Hommages du Comté de Clermont en Beauvoisis. (Velin enluminé.)

26. Le même, tenant un oiseau sur le poing. Tiré du même Manuscrit. (Velin enluminé.)

27. Le même, armé à cheval, suivi de son Ecuyer, qui tient un Ecu surmonté d'une queue de Paon arrondie. Tiré du même Manuscrit. (Velin enluminé.)

28. Le même Louis II. de Bourbon, Instituteur des Chevaliers de l'Escu d'or, dit de Bourbon, en 1369, accompagné de ses Chevaliers, reçoit en Hommage : derrière celui qui le rend est un homme tenant une clef élevée, & à côté un autre qui tient un étendard. Tiré du susdit Manuscrit des Hommages de Clermont. (Velin enluminé.)

29. Anne, Dauphine d'Auvergne, femme de Louis II. Duc de Bourbon, avec ses armes diversement brodées sur sa robe. Tirée du même Manuscrit. (Velin enluminé.)

30. La même, en pied, & dont la queue de sa robe est portée par une Dame. (Velin enluminé.)

31. Louis de Bourbon, fils du Duc Louis II. & d'Anne, Dauphine, mort à 16 ans & demi, le 12 Septembre 1404. Sa Tombe aux Jacobins de la rue S. Jacques, à Paris.

32. Catherine de Bourbon, femme de Jean VI. Comte de Harcourt. Tirée des Hommages de Clermont. (Velin enluminé.)

33. Jean I. de Bourbon, Comte de la Marche, mort le 11 Juin 1393, & Catherine de Vendôme sa femme, morte en 1412. Vitre de l'Eglise Cathédrale de Chartres, dans la Chapelle de Vendôme. (Enluminé.)

34. Le même Jean de Bourbon; tiré du Manuscrit des Hommages de Clermont en Beauvoisis. (Velin enluminé.)

35. Le même, d'après son Tombeau qui est dans l'Eglise Collégiale de S. Georges de Vendôme.

36. Catherine de Vendôme sa femme, morte le 1 Avril 1412. Sur le Tombeau de son mari.

37. Béatrix de Bourbon, fille de Louis I. de Bourbon, femme de Jean de Luxembourg, Roi de Bohême, morte le 25 Décembre 1383. Tirée du Manuscrit des Hommages de Clermont, &c. (Velin enluminé.)

38. La même, d'après une Figure qui est aux Jacobins de la rue S. Jacques, à Paris.

39. Léon de Luzignan, Roi d'Arménie, mort à Paris, le 29 Novembre 1393. Son Tombeau dans le Chœur des Célestins de Paris.

40. Jean V. Duc de Bretagne, surnommé le Vaillant, mort à Nantes le 1 Novembre 1399. Son Tombeau dans le Chœur de la Cathédrale de Nantes.

41. Charles de Montmorency, mort le 11 Septembre 1381. Son Tombeau dans l'Abbaye du Val.

42. Perronelle de Villiers, sa femme. Sur le Tombeau de son mari.

43. Gilles de Poissy, Chevalier, Seigneur de Fuantes, mort en 1382. Sa Tombe dans l'Eglise Cathédrale de Sens.

44. Léonor de Villers, sa femme, morte le 11 Décembre 1376. Sur la Tombe de son mari.

45. Yvon de Kaeraubars, Escuyer de l'Evêché de Léon, Huissier d'armes du Roi, mort le dernier Décembre 1333.

46. Anger de Brie, Seigneur de Serrant, mort en 1384. Sa Tombe dans l'Abbaye de S. Georges, près d'Angers.

47. Perronelle Courtet, sa femme : auprès de son mari.

48. Tristan de Roye, Chevalier, Sire de Busenes, mort en Espagne le 8 Décembre 1386. Sa Tombe dans l'Abbaye de Longpont.

49. Béatrix Vidamesse de Chaalons, sa femme, morte en 1388. Sur la Tombe de son mari.

50. Girard le Sayne, Escuyer, Seigneur de Lestrée, mort le 10 Novembre 1386. Sa Tombe au milieu du Chapitre des Jacobins de Chaalons.

51. Marie de Saux, sa femme, morte vers 1416. Sur la Tombe de son mari.

52. Simon, Comte de Roucy & de Braine, mort le 18 Février 1391. Son Tombeau dans l'Abbaye de S. Yved de Braine.

53. Isabel de Taissy, femme de Monseigneur Olivier Manoy, (Chevalier,) morte en 1394. Sa Tombe aux Jacobins de Chaalons.

54. Guillaume de Voisins, Escuyer, Seigneur de Voisins-le-cuit, près de Chevreuse, mort le 12 Décembre 1394. Sa Tombe dans l'Eglise de Villiers-le-Bacle, près de Chevreuse.

55. Jeanne de Guiencourt, sa femme, morte en 1394. Sur la Tombe de son mari.

56. Jeanne de Vendôme, Dame de Damfront, fille de Bouchart, Comte de Vendôme, & d'Alix de Bretagne, morte le 29 Novembre 1395. Sa Tombe dans le milieu du Chœur des Mathurins de Paris.

57. Blanche de Coucy, femme de Hugues, Comte de Roucy & de Braine, morte le 25 Octobre 1395. Sur le Tombeau de son mari, dans l'Eglise de S. Yved de Braine.

58. Hugues de Roucy, fils de ladite Blanche & de Hugues, mort le 18 Août 1412. Sa Tombe dans la même Eglise.

59. Jean, Comte de Roucy & de Braine, mort à la Bataille d'Azincourt le 25 Octobre 1415. Son Tombeau dans ladite Eglise de S. Yved de Braine.

60. Simon de Roucy, Seigneur de Pontarcy, fils de Simon, Comte de Roucy, & de Marie de Chastillon, mort en Juin 1402, avec Hue de Roucy son neveu, fils de Hugues son frère. Leur Tombe au même lieu.

61. Marie de Chastillon, femme du premier Simon, morte le 11 Avril 1396. Sur la Tombe de son mari.

62. Charles de Saluces, fils aîné de Thomas, Marquis de Saluces, & de Marguerite de Roucy de Braine, mort jeune le 8 Septembre 1406. Sa Tombe dans la même Eglise de S. Yved de Braine.

63. Louis de Sancerre, Maréchal de France, puis Connétable, mort le 6 Février 1402. Son Tombeau à S. Denys, dans la Chapelle du Roi Charles V.

64. Jean de Montagu, Seigneur de Montagu-en-Laye, & de Marcoussy, près Mont-le-Hery, Conseiller & Chambellan, Vidame de Laonnois, Surintendant des Finances, qui eut la tête tranchée aux Halles le 17 Octobre 1409, par ordre du Duc de Bourgogne,

gne, pendu à Montfaucon, d'où dépendu & enterré avec honneur aux Célestins de Marcoussy, fondés par lui. D'après une Pierre en relief & colorée du temps, qui est dans la Chapelle du Château de Marcoussy. (Velin enluminé.)

65. Jacqueline de la Grange, sa femme. (Velin enluminé.)

66. Charles de Montagu, fils de Jean, tué avec son beau-père, Charles I. d'Albret, Connétable, à la Bataille d'Azincourt, en 1415. Vitre de la Chapelle du Château de Marcoussy. (Velin enluminé.)

67. Poincinet de Juvigny, Ecuyer, Seigneur de Maitré en partie, mort le 10 Juillet 1419. Sa Tombe aux Jacobins de Chaalons.

68. Nicole la Boutillière, sa femme, morte le 22 Décembre 1421. Sur la Tombe de son mari.

69. Béatrix, Dame de Cornillie, morte le 8 Février 1421. Sa Tombe dans la Nef de la Chartreuse du Parc, au Maine.

70. Alain Forestier, Licentié en Décret, du Diocèse de Léon, Curé de Ploermel, mort le 13 Décembre 1399. Sa Tombe dans l'Eglise de S. Yves, à Paris.

71. Evelius Radulphi, Prêtre du Diocèse de Léon, Chanoine de S. Cloud, mort le 20 Avril 1400. Sa Tombe dans la même Eglise.

72. Olivier de Kaerregues de Cornouaille, Chanoine de S. Père de Gerberoy, en Beauvoisis, mort le 21 Avril 1411. Sa Tombe dans l'Eglise de S. Yves.

73. Guillaume de Sens, premier Président au Parlement de Paris, mort le 11 Avril 1399. Sa Tombe dans le Cloître des Chartreux de Paris.

74. Pierre des Essars, Chevalier, Conseiller du Roi, Garde de la Prévôté de Paris, mort vers 1420. Sa Tombe au côté gauche du grand Autel des Mathurins de Paris.

75. Marie de Rully, sa femme, morte le 28 Novembre 1418. Sur la Tombe de son mari.

76. Nicolas de Plancy, Seigneur de Drulley, &c. Conseiller & Maître des Comptes du Roi, mort le 2 Juin 1392. Sa Tombe dans l'Eglise de Notre-Dame de Chaalons, Chapelle dite du Pain, fondée par lui & sa femme.

77. Eudelene, sa femme. Dans le même lieu.

78. Guillaume le Perdrier, Secrétaire du Roi, Maître de la Chambre aux deniers. Sa Tombe dans la Nef de l'ancienne Eglise des Blancs-Manteaux, à Paris.

79. Jeanne, sa femme, morte vers 1420. Sur la Tombe de son mari.

80. Girart de Bruyères, Notaire, Secrétaire & Garde des Joyaux du Roi, mort le 5 Octobre 1418. Sa Tombe aux Bernardins de Paris.

81. Catherine, sa femme. Sur la Tombe de son mari.

82. Hémon Raguier, Thrésorier des Guerres & Conseiller de la Reine, mort vers 1420. Sa Tombe dans l'ancienne Eglise des Blancs-Manteaux, à Paris.

83. Gillette de la Fontaine, sa femme, morte le 19 Septembre 1404. Sur la Tombe de son mari.

84. Guy Brochier, Clerc du Thrésorier du Roi, mort le 13 Septembre 1421. Sa Tombe dans la même Eglise.

85. Gille-Guillaume, sa femme. Sur la Tombe de son mari.

86. Guillaume Hue, Lieutenant au Mans du Sénéchal, & Conseiller du Roi de Sicile, mort le 25 Septembre 1418. Sa Tombe dans l'Eglise du Séminaire du Mans.

87. Jean Morelet, Seigneur d'Anguiterville, Conseiller du Roi, Bailli de la Ville d'Eu & de Longueville, mort en 1421. Sa Tombe dans l'Abbaye de Saint-Ouen de Rouen.

88. Nicole d'Aguenet, sa femme, morte le 6 Novembre 1430. Sur la Tombe de son mari.

89. Henri Guilloquet l'aîné, Maire du Pontaudemer, Bourgeois de Rouen, mort le 28 Mai 1387. Sa Tombe dans le Chapitre des Cordeliers de Rouen.

90. Agnès, sa femme, morte le 4 Octobre 1370. Sur la Tombe de son mari.

91. Witasse de Guiry, Sergent du Roi au Bailliage de Senlis, & Gardien de l'Eglise de Froidmont, Diocèse de Beauvais, mort en 1400. Sa Tombe dans l'Eglise de cette Abbaye.

92. Laurence sa femme. Sur la Tombe de son mari.

93. Jean le Breton, dit *Lange*, Bourgeois de Paris, mort le dernier de Janvier 1397. Sa Tombe dans la Nef de l'Abbaye de Chaalis.

94. Jaquet Dyche, Couvreur de maisons, Bourgeois de Paris, mort en 1400. Sa Tombe dans la Nef de l'Eglise de S. Yves, à Paris.

95. Jeannette, sa femme, Marchande à Paris. Sur la Tombe de son mari.

Porte-feuille 6.

1. Charles VII. vêtu de noir, comme il fut le premier jour après avoir appris la mort du Roi Charles VI. son père, qui étoit mort le 20 Octobre 1422. Tiré du Manuscrit de la Chronique de Monstrelet, de la Bibliothèque de M. Colbert, aujourd'hui en celle du Roi. (Velin enluminé.)

2. Le même, armé à cheval, marchant à la Journée de Torras, en 1442. Tiré du même Manuscrit. (Velin enluminé.)

3. Le même, en Buste, d'après une Peinture du temps, conservée dans le Cabinet de M. de Gaignières. (Velin enluminé.)

4. Le même, en pied; tiré de la Miniature d'une Paire-d'Heures, faite par Estienne, Chevalier, Trésorier général de la France, sous ce Prince. (Velin enluminé.)

5. Le même, mort le 22 Juillet 1461. D'après son Tombeau à S. Denys.

6. Proclamation à Reims, en Octobre 1435, de la Paix (d'Arras,) entre le Roi & Philippe III. ou *le Bon*, Duc de Bourgogne. Tirée du Manuscrit de Monstrelet. (Velin enluminé.)

7. Isabelle de Portugal prend congé du Roi Charles VII. à Laon, (lui assis, elle à genoux,) pour aller au Quesnoy, où étoit le Duc de Bourgogne, son mari, vers 1430. Tiré du Manuscrit de Monstrelet. (Velin enluminé.)

8. Entrée à Tours de Madame la Dauphine, Marguerite Stuart, femme du Dauphin, qui fut ensuite Louis XI. MM. de Maillé & Gamache prennent les rennes de sa Haquenée, &c. en Juin 1436. Tiré du même Manuscrit. (Velin enluminé.)

9. Entrée du Roi Charles VII. à Paris, sous un dais à cheval, en 1436. Tiré du Manuscrit de Monstrelet. (Velin enluminé.)

10. Départ de Madame Catherine, fille de Charles VII. pour aller épouser Charles de Bourgogne, alors Comte de Charolois, 1439. Du même Manuscrit. (Velin enluminé.)

11. Louis, Dauphin, (depuis Roi sous le nom de Louis XI.) attaque vers la Toussaints 1442 une Bastille que Talbot, Général Anglois, avoit mise devant Dieppe. Tiré du Manuscrit de Monstrelet. (Velin enluminé.)

12. Entrée de Charles VII. à Rouen, au mois de Novembre 1449. (Velin enluminé.)

13. Entrée du même Prince, à Caen, le 6 Juillet 1450. Tiré, comme les précédens, du même Manuscrit. (Velin enluminé.)

14. Présentation d'un Livre à Charles VII. par un

Tome IV. Part. II. Q

Moine vêtu de blanc, sous un habit noir, à genoux, devant le Roi assis. Tiré d'un Manuscrit de la Bibliothèque de M. Colbert. (Velin enluminé.)

15. Marie d'Anjou, femme de Charles VII. d'après une Peinture du temps, conservée dans le Cabinet de M. de Gaignières ; cette Princesse est lacée, & sa coeffure est terminée par un cône tronqué noir, bordé d'or.

16. La même, morte le 29 Novembre 1463. D'après son Tombeau à S. Denys.

17. Charles II. Roi de Navarre, mort en 1388, à genoux sur un Prié-Dieu. Vitre de Notre-Dame d'Évreux.

18. Jeanne de France, sa femme, morte en 1373. Autre Vitre de la même Eglise. (Enluminée.)

19. Jean I. Duc de Bourbon, Comte de Clermont & d'Auvergne, mort en 1434. Tiré d'un Armorial d'Auvergne d'environ 300 ans. (Velin enluminé.)

20. Marie de Berry, sa femme. Du même Armorial. (Velin enluminé.)

21. Charles I. Duc de Bourbon, &c. mort le 4 Décembre 1456. Même Armorial.

22. Le même. (Enluminé.)

23. Agnès de Bourgogne, sa femme, morte vieille, le 1 Septembre 1476.

24. Louis de Bourbon, Comte de Vendôme, second fils de Jean, Comte de la Marche, mort en 1446, avec sa femme, Blanche de Roucy, morte en 1421. Vitre de la Chapelle de Vendôme, dans l'Eglise de Notre-Dame de Chartres. (Enluminé.)

25. Le même, Louis de Bourbon, d'après sa Statue en pierre, dans la même Chapelle, où il est représenté faisant un vœu à la Vierge, à genoux & déshabillé, tenant un cierge de 50 livres, pour avoir recouvré ses biens.

26. Blanche de Roucy, sa première femme, morte sans enfans, en 1421. Sa Statue auprès de la précédente.

27. Jacques de Bourbon, Comte de la Marche. Vitre de l'Eglise des Célestins de Marcoussy. (Enluminé.)

28. Jeanne de Montaigu, sa femme. Vitre de la même Eglise. (Enluminée.)

29. Robert de Dreux, Chevalier, Seigneur de Beaullart, mort le 18 Juin 1438. Sa Tombe aux Jacobins de Rouen.

30. Guillemette de Segrie, sa femme. Sur la Tombe de son mari.

31. Jean II. de Lusignan, Roi de Chypre, mort en 1431, & sa femme Charlotte, de Bourbon, fille de Jean, Comte de Vendôme, & de Catherine de Vendôme. Vitre de la Chapelle de Vendôme, à Notre-Dame de Chartres. (Enluminé.)

32. Jean VI. Duc de Bretagne, mort le 29 Août 1442. Sa Figure en pierre sur le Portail de S. Yves, rue S. Jacques, à Paris, les mains jointes.

33. Le même, (les mains autrement disposées :) tiré de la même Figure.

34. Jeanne de France, sa femme, fille de Charles VI. morte en 1433. Sur le même Portail, les mains jointes.

35. La même, (les mains autrement disposées.)

36. François I. Duc de Bretagne, Comte de Richemont & de Montfort, Pair de France, institue l'Ordre de l'Espi, dit de l'Hermine : meurt le 17 Juillet 1450. (Enluminé.)

37. Le même, en Buste, tiré de la Miniature d'un Livre de Prières d'Isabeau d'Ecosse sa femme. (Velin enluminé.)

38. Le même, en pied. Tiré du même Livre. (Enluminé.)

39. Le même, à genoux, sur un Prié-Dieu, avec l'Ordre de l'Espi au col. Vitre de l'Eglise des Cordeliers de Nantes. (Enluminé.)

40. Le même, en pied, d'après la même Vitre.

41. Isabelle Stuart, sa seconde femme, à genoux sur un Prié-Dieu. Vitre des Cordeliers de Nantes. (Enluminée.)

42. La même, en pied. Tiré d'une Paire-d'Heures faite pour elle. (Enluminée.)

43. La même. Vitre des Cordeliers de Nantes.

44. Pierre de Bretagne, Seigneur de Guingamp & de Châteaubriant, fils de Jean, Duc de Bretagne, mort le 22 Septembre 1457. Son Tombeau à Notre-Dame de Nantes.

45. Le même, à genoux, sur un Prié-Dieu. Vitre de la même Eglise. (Enluminé.)

46. Françoise d'Amboise, sa femme, à genoux sur un Prié-Dieu. Vitre de la même Eglise. (Enluminée.)

47. La même, sur le Tombeau de son mari.

48. Artus III. de Bretagne, Comte de Richemont, Connétable de France : 1458. C'est un Buste fait au crayon, d'après un Tableau du temps.

49. Marguerite de Bourgogne, sa femme, morte le 2 Février 1441. Sa Tombe aux grands Carmes de Paris.

50. Etienne de Vignolles, dit *le Brave la Hire*, & Jean Poton de Saintrailles, depuis Maréchal de France, mort en 1461 ; tous deux à cheval allant fourrager le Pays du Duc de Bourgogne. Tiré du Manuscrit de Monstrelet. (Velin enluminé.)

51. Guillaume du Bosc, Escuyer, Seigneur de Tenedor & de Mettreville, mort en 1430. Sa Tombe en l'Abbaye de S. Ouen.

52. Perrette le Tourneur, sa femme. Sur la Tombe de son mari.

53. Jean Juvenel des Ursins, Chevalier, Baron de Trainel, Conseiller du Roi, mort le 1 Avril 1431. Son Tombeau dans la Chapelle de S. Remi, à Notre-Dame de Paris.

54. Michelle de Vitry, sa femme, morte le 15 Juin 1456. Sur la Tombe de son mari.

55. Isabeau Deflans, femme de Bertrand de Thessé, Chevalier, morte en 1434. Son Tombeau dans l'Eglise de Jarzé en Anjou.

56. Geoffroy Morillon, Escuyer, mort en 1439. Sa Tombe aux Cordeliers de Chaalons en Champagne.

57. Jacqueline, Dame d'Aurecher, fille de Jean, Seigneur d'Aurecher, Maréchal héréditaire de Normandie, femme de .... morte le 13 Avril 1440. Sa Tombe aux Jacobins de Rouen.

58. Jean de Brie, Seigneur de Serrant, Maître-d'Hôtel du Roi, Bailli de Senlis, mort en 1441. Sa Figure de Pierre dans l'Abbaye de S. Georges, près d'Angers.

59. Isabeau de Maillé, sa femme. Sa Figure près de celle de son mari.

60. Gilles de Brie, Seigneur de Serrant, mort en 1454. Dans la même Eglise.

61. .... De Giffard, sa femme, morte en 1460. Auprès de son mari.

62. Denys, Seigneur de Chailly & de la Motte de Nangis en Brie, Conseiller & Chambellan du Roi, Bailli de Meaux, mort en 1450. Sa Tombe dans l'Eglise de Notre Dame de Melun.

63. Denise Pisdoé, sa femme, morte le 6 Mars 1442. Sur la Tombe de son mari.

64. Massé Poret, Conseiller en Cour-laie, Sénéchal de l'Eglise de S. Ouen, mort en Janvier 1426. Sa Tombe à S. Ouen de Rouen.

65. Simon de Plumetot, Licentié ès Loix, Chance-

recueillis par M. de Gaignières. 123

lier & Chantre de Bayeux, Curé de S. Pierre de Caen, Conseiller au Parlement de Rouen, mort le 9 Juillet 1443. Sa Tombe dans l'Eglise du Prieuré de S. Lô, à Rouen.

66. Alexandre de Berneval, Maître de Maçonnerie du Roi, au Bailliage de Rouen & de S. Ouen, mort le 5 Janvier 1440. Sa Tombe à S. Ouen de Rouen.

67. Jacques Cœur, à genoux, tenant un cierge & faisant amende honorable. Tiré du Manuscrit de Monstrelet. (Petite Figure enluminée.)

Les vingt-huit Figures suivantes, qui sont doubles, jusqu'à 123, ont été tirées du Roman de Girard de Nevers, & elles représentent les habillemens & les modes des différens Etats sous Charles VII. (Enluminées.)

68. Charles de Bourgogne, Comte de Nevers, &c. (mort en 1464,) assis, & auquel Guyot d'Augerans à genoux, présente le Livre fermé de Girard de Nevers & de la belle Euriant, Roman qu'il avoit traduit du Provençal. Tiré de la Miniature qui est au commencement du Livre.

69. Danse aux Chansons.
70. Liziart, Comte de Forez.
71. Le même, copié plus en grand.
72. Girard, Comte de Nevers.
73. Le même, plus en grand.
74. Chevalier du Comte Liziart.
75. Le même, plus en grand.
76. Autre Chevalier du Comte Liziart, en robe.
77. Le même, en grand.
78. Euriant, fille du Comte de Savoie, mariée au Comte de Nevers.
79. La même, en grand.
80. Dame, Gouvernante d'Euriant.
81. La même, en grand.
82. Liziart, Comte de Forez.
83. Le même, en grand.
84. Liziart, en bottines.
85. Le même, en grand.
86. Euriant, dont la queue portée par une Dame.
87. La même, en grand.
88. Girard, Comte de Nevers.
89. Le même, en grand.
90. Girard, Comte de Nevers.
91. Le même, en grand.
92. Le Duc de Metz & de Lorraine.
93. Le même, en grand.
94. Le Duc de Metz & de Lorraine, à cheval.
95. Le même, en grand.
96. Viéleur.
97. Le même, en grand.
98. Fille d'un Bourgeois de Chaalons.
99. La même, en grand.
100. Adam le Grégois, Bourgeois de Cologne.
101. Le même, en grand.
102. Aglantine, fille de Milon, Duc de Cologne.
103. La même, en grand.
104. Girard, Comte de Nevers, vêtu d'un court manteau.
105. Le même, en grand.
106. Domestique ou Valet.
107. Le même, en grand.
108. Milon, Duc de Cologne.
109. Le même, en grand.
110. Girard, Comte de Nevers, allant à la chasse de l'Oiseau.

111. Le même, en grand.
112. Aglantine, fille de Milon, Duc de Cologne; sa queue portée par une Dame.
113. La même, en grand.
114. Femme d'un Chevalier.
115. La même, en grand.
116. Prévôt des Maréchaux.
117. Le même, en grand.
118. Un des Barons du Duc de Metz.
119. Le même, en grand.
120. Dame de la Cour d'Euriant.
121. La même, en grand.
122. Autre Dame.
123. La même, en grand.

Les neuf Figures suivantes (enluminées) jusqu'à 132, sont tirées d'une Tapisserie représentant l'Histoire d'Esther & de Mardochée : les Habillemens sont du temps de Charles VII.

124. Homme en robe, le chaperon sur la tête.
125. Autre en robe, avec une espèce de chapeau fourré.
126. Autre, quittant sa robe, aidé par un valet.
127. Autre, en robe, avec une Lettre à la main.
128. Autre, tenant un rouleau de papier & lisant.
129. Autre, tenant aussi un long rouleau.
130. Autre, dans l'attitude de quelqu'un qui écoute.
131. Autre à cheval, prêt à emboucher une trompette.
132. Autre, avec un bonnet en pain de sucre, doublé d'hermines.

Habillemens de diverses Conditions, du Règne de Charles VII. (Enluminés.)

133. Un Seigneur en robe, avec un Oiseau sur le poing : 1415.
134. Autre Seigneur en robe : 1440.
135. Autre, aussi en robe, avec chaperon & bonnet bleus.
136. Autre, avec une espèce de surtout court, un chaperon noir & une canne.
137. Autre, sans canne, vu de face.
138. Autre, avec une canne, vu de côté.
139. Dame, en robe traînante, avec un bonnet en pain de sucre, d'où pend un voile ; tirée d'une Paire-d'Heures.
140. Autre Dame, vue de face.
141. Autre Dame, dont le voile est troussé autour du pain de sucre.
142. Autre Dame, dont la robe portée par une Dame d'honneur.
143. Autre Dame, dont le voile est accroché au pain de sucre.
144. Homme, en robe bleue, son chaperon sur l'épaule.
145. Dame, en robe de même couleur.
146. Homme, en robe rouge à fleurs.
147. Dame, en robe de même couleur.
148. Le grand Ecuyer du Duc de Bretagne.
149. Sergent d'armes.
150. Homme, vêtu de brun, moucheté d'or; le bâton de commandement brodé sur l'épaule.
151. Combattans à l'arme blanche. Tirés d'une Miniature du Manuscrit de Monstrelet.
152. Hommes en bottines éperonnées, son chapeau dans ses mains. Pris du Tournois dessiné & expliqué par le Roi René (de Sicile.) Manuscrit aujourd'hui dans la Bibliothèque de M. le Prince de Conti.

Tome IV. Part. II.   Q 2

153. Sept petites Figures sur la même Feuille.
154. Neuf petites Figures.
155. Trois petites Figures.
156. Cinq petites Figures.
157. Voyageur, avec une crosse sur l'épaule, d'où pend un petit baril.
158. Autre, ayant un bâton à la main.
159. Femme de campagne, tenant un panier de fruits, ou d'œufs rouges.
160. Autre, avec un panier sur sa tête.
161. Faucheur.
162. Laboureur.
163. Moissonneur.
164. Moissonneuse.
165. Batteur de bled.
166. Tonnellier.
167. Joueur à la crosse.
168. Porcher.

Porte-feuille 7.

1. Louis XI. mort le 30 Août 1483. Tiré d'un Portrait original, à mi-corps, dans le Cabinet de M. de Gaignières. (Velin enluminé.)
2. Le même; d'après un Portrait peint de son temps, en pied, qui étoit chez Madame de Nemours, à l'Hôtel de Soissons. (Velin enluminé.)
3. Chapitre de l'Ordre de S. Michel, institué par Louis XI. en 1439. (Velin enluminé.)
3. bis. Un Religieux présente à Louis XI. la Traduction de Valère Maxime. (Enluminé.)
4. Charlotte de Savoie, seconde femme de Louis XI. morte le 1 Décembre 1483. Vitre des Religieuses de l'Ave-Maria de Paris. (Velin enluminé.)
5. Marguerite d'Orléans, Comtesse de Vertus en Champagne, fille de Louis, Duc d'Orléans, & femme de Richard de Bretagne, Comte d'Estampes, morte en 1466. Tirée d'une Paire-d'Heures de cette Princesse. (Velin enluminé.)
6. Charles d'Artois, Comte d'Eu, mort le 25 Juillet 1472. Son Tombeau dans le Chœur de l'Eglise de S. Laurent du Château d'Eu.
7. Jeanne Saveuse, sa première femme. Dans la même Eglise.
8. Hélène de Melun, sa seconde femme. Son Tombeau dans l'Eglise de S. Antoine des Champs, à Paris.
9. Jean d'Orléans, Comte de Dunois & de Longueville, mort en 1470, à mi-corps; d'après un Portrait original du Cabinet de M. de Gaignières. (Velin enluminé.)
10. Jean II. Vicomte de Rohan, Comte de Porhoet, marié en 1461. Vitre des Cordeliers de Nantes. (Enluminé.)
11. Marie de Bretagne, sa femme, à genoux. Mêmes Vitres. (Enluminé.)
12. La même, en pied.
13. Jacques de Villiers, Chambellan du Roi, Prévôt de Paris, mort le 20 Avril 1471. Son Tombeau dans l'Eglise de l'Abbaye du Val.
14. Jeanne de Neelle, sa femme, morte le 6 Décembre 1465. Sur le Tombeau de son mari.
15. Estienne Chevalier, Seigneur de Prunes en Brie, Trésorier général de France, sous Charles VII. mort le 4 Septembre 1474. Tiré d'une Paire-d'Heures qu'il avoit fait faire. (Velin enluminé.)
16. Le même, avec la qualité de Maître des Comptes. Sa Tombe dans l'Eglise de Notre-Dame de Melun.
17. Catherine Budé, sa femme, morte le 24 Août 1452. Sur la Tombe de son mari.

18. Blanche de Gamache, femme de Jean de Chastillon sur Marne, mort le 24 Mai 1479. Sa Tombe dans l'Eglise d'Escouy.
19. Jeanne de Floque, femme de Gilles de Rouvroy, dit de S. Simon, Seigneur du Plessis, Chambellan du Roi, Bailli & Capitaine de Senlis. Vitre de la Chapelle de S. Simon, dans la Cathédrale de Senlis.
20. Bertran de Beauvau, Chevalier, Baron de Précigny, &c. Chambellan du Roi, Président de ses Comptes, &c. mort le 30 Septembre 1477. Son Tombeau dans le Chœur des Augustins d'Angers.
21. Jeanne de la Tour, sa première femme, morte le 12 Décembre 1435. Sur la Tombe de son mari.
22. Françoise de Brezé, sa seconde femme, morte en 1460. Dans la même Eglise.
23. Louis de Beauvau de Champigni & de la Roche-sur-Yon, Chambellan du Roi de Sicile, Grand-Sénéchal d'Anjou & de Provence, mort en 1462. Vitre des Cordeliers d'Angers.
24. Marguerite de Chambley, sa femme. Vitre de la même Eglise.
25. Jean de Melun, Ecuyer de l'Ecurie du Roi, mort le 22 Juin 1467. Sa Tombe aux Cordeliers de Sens.
26. Marie de Foullous, Dame de Bugnon, sa femme. Sur la Tombe de son mari.
27. Guillaume Juvenel des Ursins, Chancelier de France en 1445, destitué en 1461, rétabli en 1465, mort le 23 Juin 1472, à mi-corps. (Velin enluminé.)
28. Le même, en pied. Sa Tombe à Notre-Dame de Paris.
29. Jean Juvenel des Ursins, Archevêque de Reims, qui sacra Louis XI. & mourut le 14 Juillet 1473. Tiré du Manuscrit de l'Histoire de Charles VI. composée par lui. (Velin enluminé.)
[Dans le Tableau suivant il est nommé Jacques, & son frère, Evêque de Laon, est nommé Jean.]
30. Copie du Tableau qui est dans la Chapelle de S. Remi, dite des Ursins, à Notre-Dame de Paris, où est représentée toute la Famille des Ursins, dont les personnes sont nommées au bas, en douze divisions. (Enluminé.)
31. Adam de Cambray, premier Président au Parlement de Paris, en 1436, mort le 12 Mars 1473. Son Portrait original, peint sur bois aux Chartreux de Paris. (Enluminé.)
32. Guillaume Colombel, Conseiller du Roi, mort en 1475. Son Tombeau aux Célestins de Paris.
33. Isabelle de Cambray, sa femme, fille du premier Président, morte en 1482. Sur la Tombe de son mari.
34. Henri Hurel, Seigneur de Grainville, &c. mort le 19 Mars 1468. Sa Tombe dans le Chœur de la Paroisse de S. Lô de Rouen.
35. Perrette Toutin, sa femme, morte le 12 Avril 1479. Sur la Tombe de son mari.
36. Jean Milet, Notaire Secrétaire du Roi, mort le 18 Décembre 1463. Sa Tombe dans la Nef de l'ancienne Eglise des Blancs-Manteaux, à Paris.
37. Marguerite d'Irsonval, sa femme. Sur la Tombe de son mari.
38. Guillaume le May, Capitaine de six-vingts Archers du Roi & de la Ville de Paris, Gouverneur des Sceaux du Roi, & Tailleur de la monnoie en la Ville de Rouen, mort le 22 Juin 1480. Sa Tombe, dans l'Eglise de S. Pierre des Arcis, à Paris.
39. Jean Berthelot, Conseiller & Maître de la Chambre aux deniers de la Reine Marie d'Anjou, Bourgeois & Echevin de Tours, frère de l'Abbé de Cormery, mort le 20 Septembre 1471. Dans l'Eglise Paroissiale de Notre-Dame de Faugeray, près l'Abbaye de Cormery. (Enluminé.)

40. Petronelle Torette, sa femme, morte le 3 Juin 1471. Dans la même Eglise.

41. Jean Binel, Conseiller du Roi de Sicile, Duc d'Anjou, & Avocat en Cour-Laye, mort le 16 Février 1464. Sa Tombe aux Jacobins d'Angers.

42. Marie Pruette, sa femme, morte en 1460. Sur la Tombe de son mari.

43. Robert Jehan, de l'Evêché de S. Brieuc, Conseiller, Maître des Requêtes du Duc de Bretagne, son Bailli de la Comté de Montfort, mort le 7 Juillet 1479. Sa Tombe à S. Yves, à Paris.

44. Perrette Guilloquet, fille de Henri Guilloquet, Conseiller de la Ville de Rouen, femme de feu Jean le Vasseur, Quattenier de Rouen, morte le 16 Mars 1467. Sa Tombe aux Cordeliers de Rouen.

45. Pierre Maillet, Receveur des Aides de la Ville & Election de Beauvais, Bourgeois de ladite Ville, mort le 25 Juillet 1476. Peint près de la Chaire de S. Laurent de Beauvais.

46. Anne, sa femme, morte en 1481. Peinte auprès de son mari.

47. Isabelle de Montagu, femme de Georges de Chaugy. (Enluminée.)

48. Michel de Chaugy. (Enluminé.)

49. Laurette de Jaucourt, sa femme. (Enluminée.)

50. ... de la Fresnaye, Gentilhomme. (Enluminée.)

51. Dame.... femme de.... de la Fresnaye. (Enluminée.)

52. Enguerran de Monstrelet, de noble extraction, (qui) compila son Histoire à Cambray : en pied, vis-à-vis un pupitre. Tiré d'une Miniature qui est au commencement du Manuscrit de la Bibliothèque de M. Colbert, aujourd'hui en celle du Roi. (Enluminé.)

52. bis. Le même : 1415. (En papier enluminé.)

53. Charles VIII. tenant de la main droite une épée la pointe en bas, & de la gauche un globe surmonté d'une Croix; mort le 7 Avril 1498. (Velin enluminé.)

54. Le même, à mi-corps. Tiré de son Portrait, dans le Cabinet de M. de Gaignières. (Velin enluminé.)

55. Le même Roi, en pied; d'après un Portrait original de chez la Duchesse de Némours, à l'Hôtel de Soissons. (Velin enluminé.)

56. Louis de Bruges, Seigneur de Gruthuse, présente au Roi un Traité des Tournois; le Roi sur son Trône, l'Auteur à genoux, les Courtisans à droite & à gauche. Tiré d'une Miniature dudit Livre Manuscrit, dans le Cabinet de M. de Gaignières. (Velin enluminé.)

57. Deux Figures à mi-corps; sçavoir, Charles-Orland, fils de Charles VIII. mort âgé de trois mois en 1493, & Charles II. qui ne vécut que vingt-cinq jours, & mourut en 1496, avec leurs Epitaphes. Leur Tombeau dans le Chœur de S. Martin de Tours.

58. Charles d'Orléans, Comte d'Angoulême, (père de François I.) mort en 1496. A mi-corps, d'après un original dans le Cabinet de M. de Gaignières. (Velin enluminé.)

59. Louise de Savoie, sa femme, qui fut Régente du Royaume, morte en 1531. A mi-corps, d'après un original du même Cabinet. (Velin enluminé.)

60. René, Duc d'Alençon, mort le Novembre 1492. Son Tombeau dans l'Eglise de Notre-Dame d'Alençon.

61. Marguerite de Lorraine, sa femme, morte le 1 Novembre 1521. Sur le Tombeau de son mari.

62. François II. Duc de Bretagne, mort en 1488. Vitre des Cordeliers de Nantes. (Enluminé.)

63. Le même. D'après son Tombeau aux Carmes de Nantes.

64. Marguerite de Bretagne, sa première femme, morte en 1469. Vitre des Cordeliers de Nantes. (Enluminée.)

64. bis. Marguerite de Foix, sa seconde femme, morte le 15 Mai 1487. Sur le Tombeau de son mari, aux Carmes de Nantes.

65. Louis de Laval, Seigneur de Chastillon en Vendelais, mort en 1489. Tiré d'une Miniature au commencement d'un Traité des Passages d'Outremer, fait en 1472, par son ordre, en Manuscrit à la Bibliothèque du Roi. (Enluminé.)

66. Antoine de Chabannes, Comte de Dammartin, &c. mort en 1488. Son Tombeau dans le Chœur de Notre-Dame de Dammartin.

67. Marguerite de Feschal, femme de Jean Bourré, Trésorier de France, &c. morte peu après 1492. Vitre de l'Eglise du Plessis-Bourré, en Anjou. (Enluminée.)

68. La même, la main gauche levée. (Dans l'autre Figure elle est étendue.)

69. Gilles de Fay, Chevalier, Chambellan du Roi, &c. mort le 13 Juin 1485. Son Tombeau, autour du Chœur de l'Eglise de Couvigny en Beauvoisis.

70. Jeanne de Lanvin, sa femme, morte en 1480. Sur le Tombeau de son mari.

71. Guy de Beaumanoir, Baron de Lavardin, mort le 15 Juin 1486. Sa Tombe dans l'Abbaye de Champagne, au Maine.

72. Jeanne d'Estouteville, sa femme, morte le 18 Septembre 1476. Sur la Tombe de son mari.

73. Pierre d'Orgemont II. Chambellan du Roi, &c. Tiré d'une Miniature qui est au commencement d'une Paire-d'Heures de son temps. (Enluminé.)

74. Le même; d'après son tombeau dans l'Eglise des Cordeliers de Senlis.

75. Marie de Roye, sa femme. Tirée d'après ladite Paire-d'Heures.

76. La même. Sur le Tombeau de son mari.

77. Thomas le Roux, Conseiller au Parlement de Rouen, mort le 25 Janvier 1491. Son Tombeau à Notre-Dame la Ronde à Rouen.

78. Jeanne Bacquelet, sa femme, morte le 8 Mai 1508. Sur la Tombe de son mari.

79. Matthieu de Beauvarlet, Trésorier général des Finances du Roi Charles VII. Maître à la Chambre des Comptes, &c. mort le 19 Octobre 1486. Sa Tombe dans l'ancienne Eglise des Blancs-Manteaux, à Paris.

80. Jaquette la Fol-mariée, sa femme. Sur la Tombe de son mari.

81. Leur fille, jeune, représentée sur la même Tombe.

82. Clerembault de la Champaigne, Notaire du Roi, Trésorier de son Artillerie, &c. mort le 4 Novembre 1494. Sa Tombe dans l'ancienne Eglise des Blancs-Manteaux, à Paris.

83. Jeanne la Fol-mariée, sa femme, morte le 24 Août 1512. Sur la Tombe de son mari.

84. Louis Boucher, Lieutenant-général au Bailliage de Sens, mort le 6 Août 1493. Sa Tombe dans le Chapitre des Célestins de Sens.

85. Jeanne de Budes, Bretonne, femme de Jean, Seigneur de Launay, Ecuyer, morte le 4 Juillet 1498. Sa Tombe en l'Eglise de S. Yves, à Paris.

86. Léon de Kerguisiau, Breton, Procureur général du Comte du Taillebourg, mort le 13 Février 1489. Sa Tombe dans la même Eglise.

87. Matthieu Deschamps, Ecuyer, Seigneur du Retz, Conseiller de Ville, mort le 21 Juin 1491. Sa Tombe dans la Paroisse de S. Eloy de Rouen, où il est représenté entre ses deux femmes.

88. Jaqueline de la Fontaine, sa première femme, morte le 3 Septembre 1473. Auprès de son mari.

89. Catherine Lalement, sa seconde femme, morte le 2 Février 1503. Sur la même Tombe.

90. Damoiselle Peronne le Bel, femme de Jacques de la Tourotte, & mère de Robert de la Tourotte, Abbé de Chaalis, morte le 11 Mai 1495. Sa Tombe dans la Nef de l'Eglise de l'Abbaye de Chaalis.

91. Seigneur de la Cour du Roi Charles VIII. (Enluminé.)

92. Huit petites Figures, séparées, du même temps.

93. Louis XII. mort le 1 Janvier 1515. (Enluminé.)

94. Gaston de Foix, Duc de Nemours, tué en la Bataille de Ravenne, en 1512. Pris d'une Tapisserie qui représente son Histoire. (Velin enluminé.)

95. Charles d'Amboise II. Seigneur de Chaumont, successivement Grand-Maître, Maréchal & Amiral de France, &c. mort en 1511. (Enluminé.)

96. Pierre de Rohan, Seigneur de Gié, Maréchal de France, mort en 1513, représenté à cheval, au-dessus de la porte du Château du Verger en Anjou, avec dix Vers Latins au-dessous, en 1499. (Enluminé.)

97. Le même, armé & à cheval. Tiré d'une Tapisserie qu'il a fait faire pour le Verger. (Enluminé.) Les quatre suivans sont tirés de la même Tapisserie.

98. Le même, à cheval avec un Guidon. (Enluminé.)

99. Le même, à cheval, avec une Enseigne. (Enluminé.)

100. Le même, à cheval, avec un petit bâton de commandement. (Enluminé.)

101. Le même, à cheval, avec un plus grand bâton, & comme Maréchal de France. (Enluminé.)

102. Le même, à genoux. Vitre de l'Eglise du Verger. (Enluminé.)

103. Le même, debout. (Enluminé.)

104. Françoise de Penhouet, sa première femme, morte en 1503. Vitre de la même Eglise, à genoux. (Enluminée.)

105. La même, debout. (Enluminée.)

106. Leurs trois Fils à genoux ; Charles de Rohan, Seigneur de Gié, qui continua la postérité ; François de Rohan, Archevêque de Lyon ; & Pierre de Rohan, Seigneur de Frontenay, qui eut aussi postérité. Aux mêmes Vitres. (Enluminés.)

107. Charles de Rohan, plus en grand. (Enluminé.)

108. François de Rohan, aussi plus en grand. (Enluminé.)

109. Georges, Baron de Clere, en Normandie, mort le 2 Janvier 1506. Sa Tombe, aux Jacobins de Rouen.

110. Marguerite de Vigny, sa femme, morte le 9 Décembre 1489. Sur la Tombe de son mari.

111. Jean de Balzac, Chevalier de l'Ordre du Roi. Tiré d'un Tableau du Sanctuaire de l'Eglise des Célestins de Marcoussy. (Enluminé.)

112. Lancelot de Haucourt, Chevalier, mort en 1499. Sa Tombe dans la Chapelle de la Vierge de l'Abbaye de Baubec, en Normandie.

113. Petronille, sa femme. Sur la Tombe de son mari.

114. Jean le Viste, Chevalier, Seigneur d'Arcy sur Loire, Président des Généraux des Aides à Paris, mort le 1 Janvier 1500. Sa Tombe aux Célestins de Paris.

115. Jean Neveu, Président au Parlement de Rouen, mort le 30 Août 1504. Sa Tombe dans la Nef de l'ancienne Eglise des Blancs-Manteaux, à Paris.

116. Demoiselle Blanche de Rollant, sa femme. Sur la Tombe de son mari.

117. Marguerite de Bourdin, femme de Macé Picot, Secrétaire des Finances du Roi, ensuite de Michel Gaillart, Chevalier général des Finances, morte le 9 Novembre 1501. Sa Tombe dans la même Eglise.

118. Jean Budé, Conseiller du Roi, & Audiencier de la Chancellerie, mort le dernier Février 1501. Sa Tombe dans le Chœur des Célestins de Paris.

119. Catherine le Picart, sa femme, morte le 1 Août 1506. Sur la Tombe de son mari.

120. Bernard le Halewin, Greffier des Requêtes du Palais. Sa Tombe dans l'ancienne Eglise des Blancs-Manteaux, à Paris.

121. Jeanne Millet, sa femme. Sur la Tombe de son mari.

122. Jean de la Ruelle, Abbé de Chaalis, mort le 9 Avril 1505. Sa Tombe dans l'Eglise de cette Abbaye.

123. Jaqueline de la Tourotte, veuve de Jean de la Ruelle, & mère du précédent, morte en 1526. Sa Tombe dans la même Eglise.

124. Colette, femme de Gabriel Loyreau, & mère de Frère Antoine Canu, Commandeur de S. Magloire, morte le 5 Octobre 1500. Sa Tombe dans la Nef de l'Eglise de S. Magloire, à Paris.

125. Frère Jean Ballin, Prieur claustral de l'Abbaye de S. Magloire, à Paris, & Recteur de S. Jacques & S. Philippe, dans le Fauxbourg, mort en 1500. Sa Tombe dans la Nef de S. Magloire.

126. Jean le Prévost : 1513. Vitre des Jacobins de Beauvais.

127. Catherine sa femme, peinte auprès de son mari.

128. Jeanne, femme de Yvon Dure, née à Tintiniac, Diocèse de S. Malo, morte le 2 Février 1515. Sa Tombe dans la Nef de l'Eglise de S. Yves, à Paris, où se voit aussi Robert Dure son fils, Principal du Collège du Plessis.

129. Damoiselle Elisabeth Cuissotte, femme de Noble Jean Moine, Bourgeois de Chaalons. Vitre de l'Eglise Cathédrale de S. Etienne de Chaalons en Champagne. (Enluminée.)

130. Noble homme Jean de Marisy, Marchand de Chaalons. Vitre de la même Eglise. (Enluminée.)

131. Damoiselle Jeanne, sa femme, peinte avec son mari. (Enluminée.)

132. Jean Hanneteau, Marchand à Corgenay, mort le 5 Septembre 1499. Sa Tombe dans l'Eglise de l'Abbaye de Vauluisant. (Enluminée.)

133. Jeannette, sa femme. Sur la Tombe de son mari.

134. Jean Pierre, Marchand à Rigny le Feron, mort le 29 Mai 1513. Sa Tombe dans l'Abbaye de Vauluisant.

135. Colombe, sa femme, morte le 21 Juillet 1525. Sur la Tombe de son mari.

136. Deux petites Figures séparées, représentant le même homme. Vitre de S. Etienne de Chaalons. (Enluminées.)

137. Petite Figure. } Aux mêmes Vitres. (Enluminées.)
138. Petite Figure.

139. Grande Figure de la Cour de Louis XII. Prise d'une Miniature. (Enluminée.)

140. Autre grande Figure, ayant un oiseau sur le poing. (Enluminée.)

141. Autre Courtisan. (Enluminé.)

142. Dame de la même Cour. (Enluminée.)

143. Autre Dame. (Enluminée.)

144. Homme habillé de noir. Pris d'une Miniature du temps de Louis XII.

On peut rapporter ici une Suite d'Estampes coloriées, qui vient de l'Abbé de Marolles, (num. 254.) & que l'on a mise dans le Cabinet de la Bibliothèque du Roi, num. 1447. sous le titre suivant:

Danse Macabre, ou l'Empire de la Mort sur tous les

recueillis par M. de Gaignières.

Etats de la vie humaine, peinte contre le mur de la Cour du Château de Blois, vers l'an 1502 : temps où Louis XII. Roi de France fit embellir ce lieu occupé avant ce Prince par les Seigneurs de la Maison de Champagne, ceux de la Maison de Châtillon, Comte de Blois, & par celle d'Orléans.

Cette Peinture repréſente les Modes ou Habillemens de chaque état ou condition du temps de Louis XII. en 35 Miniatures, y compris le Frontiſpice aux Armes de France.

Porte-feuille 8.

1. François I. mort le 31 Mars 1547. A mi-corps, d'après un Portrait original du Cabinet de M. de Gaignières. (Velin enluminé.)

2. Le même, en pied, d'après un Portrait original de la Gallerie de M. de Gaignières. (Velin enluminé.)

3. Le même : la tête ſeulement, le reſte ébauché au crayon.

4. Le même, avec toute ſa Cour, vers 1530. Tiré d'une Tapiſſerie de M. de Caumartin : aſſis ſur ſon Trône, dans une eſpèce d'Iſle ; & en haut ſont écrits les verſets 8 & 9 *Omnia ſubjeciſti*, &c. du Pſeaume VIII. (Velin enluminé.)

5. Le même, dans ſon Trône, avec ſa Cour, vers 1520. D'après une Miniature du temps. (Velin enluminé.)

6. Courtiſan.
7. Autre,
8. Autre, } De la même Miniature. (Enluminés.)
9. Autre,
10. Autre,

11. François I. armé & à cheval. Tiré d'un Tableau du premier Préſident de Meſmes. (Velin enluminé.)

12. Claude de France, fille de Louis XII. première femme de François I. morte en 1524. D'après ſon Portrait original, de la Gallerie de M. de Gaignières. (Velin enluminé.)

13. Eléonore d'Autriche, ſeconde femme de François I. morte en 1558. Tirée de ſon Portrait, dans la Gallerie du même. (Velin enluminé.)

14. François, Dauphin & Duc de Bretagne, mort en 1536. D'après un Portrait en pied, de la même Gallerie. (Velin enluminé.)

15. Le même ; tiré d'un Portrait du Cabinet de M. de Gaignières. (Velin enluminé.)

16. Charles, Duc d'Orléans, troiſième fils de François I. mort en 1545. Tiré de l'Original peint par Corneille, en Buſte, dans le même Cabinet. (Velin enluminé.)

17. Charles II. Duc de Bourbon, Connétable, mort en 1527. De l'Original en Buſte du même Cabinet. (Velin enluminé.)

18. Charles de Bourbon, Duc de Vendôme, mort en 1537. A mi-corps. (Velin enluminé.)

19. Jacques, bâtard de Vendôme, Seigneur de Bonneval, à genoux, avec trois de ſes filles derrière lui, mort en 1524. Tiré d'un Graduel Manuſcrit, du Cabinet de M. de Gaignières. (Velin enluminé.)

20. Le même, en pied. (Velin enluminé.)

21. Le même ; d'après ſon Tombeau dans l'Abbaye de Longpont.

22. Jeanne de Rubempré, ſa femme, avec ſes trois filles ; tirée d'une Miniature du Graduel ci-deſſus. (Velin enluminé.)

23. La même, en pied ; tirée du même Graduel. (Velin enluminé.)

24. La même, telle qu'elle eſt repréſentée ſur le Tombeau de ſon mari.

25. Catherine de Vendôme, leur fille, mariée à Jean d'Eſtrées. Tirée de la Miniature où l'on voit ſes père & mère. (Velin enluminé.)

26. Repréſentation d'une Tapiſſerie que fit faire Jeanne de Rubempré, où ſont ſes armes en loſange ſous un pavillon, & de chaque côté des Chevaliers à cheval, tenant des bannières ornées de différentes armes ; & ſa Généalogie eſt au bas. Catherine ſa fille fit achever cette Tapiſſerie, & mettre aux quatre coins les armes d'Eſtrées. (Enluminée.)

27. Louis II. Seigneur de la Trémoille, en Buſte, d'après un Portrait original du Cabinet de M. de Gaignières. (Velin enluminé.)

28. Gabrielle de Bourbon-Montpenſier, ſa femme, en Buſte ; d'après un Tableau du même Cabinet. (Velin enluminé.)

29. Françoiſe de Longwy, femme de Philippe Chabot, Amiral de France ; priſe d'une ancienne Tapiſſerie.

30. Jean II. Vicomte de Rohan, à genoux. Vitre des Cordeliers de Nantes. (Enluminé.)

31. Madeleine de Hames, femme de Jacques de Dreux, à genoux. Vitre de la Paroiſſe de Louye. (Enluminée.)

32. Claude Gouffier, Seigneur de Boiſſy, Grand-Ecuyer de France, tenant une épée fleurdeliſée la pointe en bas. (Enluminé.)

33. Jacques Galiot de Genouillac, Chevalier de l'Ordre du Roi, & Grand-Maître de l'Artillerie.

34. Le même, à genoux. Vitre de S. Paul, à Paris. (Enluminé.)

35. René de Coſſé, Comte de Briſſac, Grand-Fauconnier de France, mort en 1540, âgé de 80 ans. Son Tombeau en l'Egliſe de S. Vincent de Briſſac, en Anjou.

36. Charlotte Gouffier, ſa femme, ſur le Tombeau de ſon mari.

37. Louis Malet, Seigneur de Graville, &c. Amiral de France, mort le 30 Octobre 1516. Vitre des Céleſtins de Rouen.

38. Marie de Balſac, ſa femme, morte le 23 Mars 1503. Aux mêmes Vitres.

39. Anne de Graville, fille de Louis Malet & de Marie de Balſac, mariée à Pierre de Balſac, Seigneur d'Entragues. D'après une Miniature de l'Hiſtoire Manuſcrite de Béroie, à elle dédiée. (Velin enluminé.)

40. La même, à l'encre de la Chine.

41. Françoiſe Auvé, femme de Yvon Pierres, Chevalier, Seigneur de Bellefontaine en Anjou, morte en 1538. Sa Tombe aux Cordeliers de Senlis.

42. Antoine de Fay, Chevalier, Seigneur de Farcourt, &c. mort le 1 Avril 1521. Son Tombeau autour du Chœur de l'Egliſe de Cauvigny en Beauvoiſis.

43. Marguerite de Boſſu, ſa femme. Sur le Tombeau de ſon mari.

44. Louis, Seigneur de Rouville & de Granville, Chevalier, &c. Grand-Veneur de France, mort le 17 Juillet 1525. Son Tombeau dans l'Abbaye de Bonport.

45. Suſanne de Coeſmes, ſa femme. Sur le Tombeau de ſon mari.

46. Olivier d'Eſpinay, dit *Deshayes*, Seigneur de Boiſguerout. Vitre de l'Egliſe de Wys, Paroiſſe de Boiſguerout, près de Rouen. (Enluminé.)

47. Jacqueline de Dreux, ſa femme. Vitre de la même Egliſe. (Enluminée.)

48. Antoine du Prat, Chevalier, Seigneur de Nantouillet, Chancelier de France, après la mort de ſa femme, ſucceſſivement Evêque de Meaux & d'Alby, Archevêque de Sens, Cardinal & Légat *a latere*, mort le 9 Juillet 1535. Tiré d'une Miniature de ſon temps.

49. Françoiſe de Veyni, ſa femme, morte en 1507.

Son Tombeau dans l'Eglise des Bons-Hommes de Chaillot.

50. Philippe Desplantes, Seigneur de Granville, &c. Conseiller au Parlement de Paris, mort le 6 Avril 1519. Sa Tombe dans la Nef de l'ancienne Eglise des Blancs-Manteaux, à Paris.

51. Jeanne le Prévost, sa femme, morte le 22 Mars 1504. Sur la Tombe de son mari.

52. Nicole de Caradas, Docteur ès Droits, Conseiller au Parlement de Rouen, mort en 1529. Sa Tombe au milieu du Chœur de l'Eglise de S. Michel de Rouen.

53. Anne de Cuverville, sa femme. Sur la Tombe de son mari.

54. Jacques Huraur, Seigneur de la Grange-Chivetny, Général des Finances, mort en 1517. Vitre des Jacobins de la rue S. Jacques, à Paris. (Velin enluminé.)

55. Nicolas le Sellier, Maître des Forteresses de Beauvais. Vitre de l'Eglise de S. Etienne de Beauvais: 1524.

56. Marguerite de la Mare, sa femme: 1521. Auprès de son mari.

57. Robert Dure, *aliàs Fortunatus*, Principal du Collège du Plessis, à Paris, mort le 27 Mai 1525. Sur la Tombe de sa mère, dans l'Eglise de Saint Yves, à Paris.

58. Frère Antoine Canu, Licentié en chacun Droit, Commandeur général de S. Jacques du Haut Pas, au Royaume & Pays circonvoisins, mort le 15 Octobre 1526. Sa Tombe à S. Magloire, à Paris.

59. Guillaume Jourden, du Diocèse de Tréguier, Docteur en Théologie, Aumônier de la Reine, Principal du Collège de Tréguier à Paris, & Chanoine de S. Sauveur de Blois, mort le 15 Septembre 1521. Sa Tombe dans l'Eglise de S. Yves, à Paris.

60. Françoise de Hérisson, femme de Chahaunay, Seigneur de Cheronne, &c. morte le dernier Juin 1525. Sa Tombe dans l'Eglise de l'Abbaye de Perseigne, au Maine.

61. Colleson Lalemant, Escuyer: 1526. Vitre de Notre-Dame de Chaalons. (Enluminé.)

62. Marguerite Collet, sa veuve. Même Vitre.

63. François de ..... Conseiller, Avocat du Roi en sa Cour des Monnoies à Paris, Seigneur de Courcelles, mort le 4 Juin 1531. Sa Tombe dans la Nef de l'ancienne Eglise des Blancs-Manteaux, à Paris.

64. Jeanne Allegrain, sa femme. Sur la Tombe de son mari.

65. Guillaume Boucher, Licentié ès Droits, Elu pour le Roi à Sens, mort le 17 Février 1539. Sa Tombe dans l'Eglise des Célestins de Sens.

66. Jacques Aux-cousteaux, Contrôleur à Beauvais: 1521. Vitre de S. Etienne de Beauvais.

67. .... Sa femme: 1521. Auprès de son mari.

68. Pierre Hardy, Huissier, Seigneur de Groubouasle-Roi, en Brie, mort le jour de Pâques 1535. Sa Tombe à S. Denys de la Chartre, à Paris.

69. Robert Cadot, Maître Chirurgien-Juré à Paris, mort le 13 Juin 1525. Sa Tombe dans la même Eglise.

70. Girat Meniart, Bourgeois de Paris, mort le 16 Novembre 1536. Sa Tombe dans l'Eglise de S. Martin des Champs, à Paris.

71. Denyse Tuillier, sa femme, morte le 5 Mars 1532. Sur la Tombe de son mari.

72. Vincent Denys, Marchand Laboureur au Fauxbourg Notre-Dame des Champs, mort le 16 Février 1524. Sa Tombe dans la Nef de l'Eglise de S. Magloire, à Paris.

73. Jean Caignatt, Bourgeois de Beauvais, Seigneur de Buicourt, mort en 1534. D'après une Peinture de l'Eglise de S. Sauveur de Beauvais.

74. Guillemette de Creilg, sa femme, morte en Juillet 1519. Auprès de son mari.

75. Jean Vaast, Maître Masson de la Cathédrale de S. Pierre de Beauvais, mort en 1524. Sa Figure dans ladite Eglise, en pierre. (On a marqué sur cette Estampe, qu'il acheva le grand Escalier des Tuileries; & ce Palais n'a été commencé qu'en 1564. Ce ne peut donc être que son fils qui y ait travaillé, ou un autre de son nom.)

76. Noble homme Jean Moine, Bourgeois de Chaalons. Vitre de l'Eglise de S. Etienne de Chaalons en Champagne. (Enluminé.)

77. Jean Laurent, Marchand Bonnetier à Nevers, mort le 30 Avril 1532. Sa Tombe dans la Nef de Saint Magloire de Paris.

78. Garde du Corps du Roi François I. Tiré d'une Miniature du temps. (Velin enluminé.)

79. Le même. (Enluminé.)

80. Autre Garde. Même Miniature. (Velin enluminé.)

81. Le même. (Enluminé.)

82. Dame de la Cour, sous François I. (Enluminée.)

83. Autre Dame. (Enluminée.)

84. Autre Dame, du même temps. (Enluminée.)

85. Petite Figure d'une espèce de Religieuse: 1500.

86. Deux petites Figures de Femmes: 1520. La seconde est enluminée.

87. Deux autres petites Figures: 1540. L'une d'un Paysan, & l'autre d'une Dame.

88. Petite Figure d'un Homme, en manteau: 1550.

89. Trois petites Figures d'Hommes, séparées: 1560.

90. Henri II. Roi de France, mort en 1559. A mi-corps, d'après son Portrait original du Cabinet de M. de Gaignières. (Velin enluminé.)

91. Le même, en pied, d'après un Portrait original de la Gallerie de M. de Gaignières. (Velin enluminé.)

92. Le même, en habit de l'Ordre de S. Michel. Tiré d'une Miniature des Statuts de cet Ordre, en Manuscrit. (Velin enluminé.)

93. Réception d'un Chevalier, dans la Chapelle de Vincennes: le Roi assis, &c. Tiré des mêmes Statuts. (Velin enluminé.)

94. Catherine de Médicis, Reine de France, morte en 1589. D'après son Portrait à mi-corps, dans le Cabinet de M. de Gaignières. (Velin enluminé.)

95. La même, en pied; tirée d'un Portrait original, dans la Gallerie du même.

95. *bis*. La même, d'après une Vitre des Cordeliers de Paris. (Enluminée.)

96. Henri d'Albret, Roi de Navarre, mort en 1555. Portrait original, à mi-corps, dans le Cabinet de M. de Gaignières. (Velin enluminé.)

97. Le même, en pied, présentant une marguerite à la Princesse Marguerite, sœur de François I. qu'il épousa en 1527. Tiré d'une Miniature. (Velin enluminé.)

98. Marguerite d'Angoulesme, Reine de Navarre, morte en 1549. D'après l'Original à mi-corps, dans le Cabinet de M. de Gaignières. (Velin enluminé.)

99. François de Boutbon, Comte d'Enghien, frère puiné d'Antoine, Roi de Navarre, mort en 1546. A mi-corps. (Velin enluminé.)

100. Marguerite de Bourbon, Duchesse de Nevers, morte en 1559. D'après son Portrait à mi-corps, du Cabinet de M. de Gaignières. (Velin enluminé.)

101. La même, différemment. (Velin enluminé.)

recueillis par M. de Gaignières.

102. Claude de Lorraine, premier Duc de Guise, mort en 1550. D'après son Portrait en pied, qui étoit à l'Hôtel de Guise, & qui a été transporté depuis au Château d'Eu. (Enluminé.)

103. Le même, plus âgé & à mi-corps. Original dans le Cabinet de M. de Gaignières. (Velin enluminé.)

104. Antoinette de Bourbon, Duchesse de Guise, à mi-corps. Original du même Cabinet. (Velin enluminé.)

105. Louis de Lorraine, Cardinal de Guise, Evêque d'Alby, en 1550. A mi-corps.

106. François des Ursins, Baron de Trainel, Seigneur du Douy & de la Chapelle en Brie, mort le 20 Avril 1547. Sa Tombe dans la Chapelle de S. Remi, à Notre-Dame de Paris.

107. Anne l'Orfévre, Dame de Varmenonville, sa femme, morte le 3 Septembre 1561. Sur la Tombe de son mari.

108. Philippe de Cossé, Evêque de Coutances, Abbé de S. Jouin, Conseiller au Conseil privé du Roi, mort le 14 Novembre 1548. Son Tombeau dans l'Eglise de Brissac, en Anjou.

109. Louis Allegrin, Conseiller au Parlement de Paris, mort le 26 Juillet 1554. Sa Tombe dans l'ancienne Eglise des Blancs-Manteaux, à Paris.

110. Louise Briçonnet, sa femme. Sur la Tombe de son mari.

111. Jeanne Briçonnet, femme de Robert Piédefer, Ecuyer, Seigneur de Guyencour, &c. mort le 14 Janvier 1548. Sa Tombe dans la même Eglise.

112. Claude Arnoul, Notaire & Greffier de la Conservation des Privilèges Apostoliques de l'Université de Paris, mort le 19 Septembre 1550. Sa Tombe dans le Chœur de S. Yves, à Paris.

113. Jehan le Picart, Notaire & Secrétaire du Roi, Seigneur de Villeron & d'Atilly, mort le 2 Juillet 1549. Sa Tombe dans la Nef de l'ancienne Eglise des Blancs-Manteaux, à Paris.

114. Jacquette de Champanges, sa femme, morte le 19 Septembre 1522. Sur la Tombe de son mari.

115. Jean de Catheu, Bourgeois de Beauvais. Vitre de S. Sauveur de Beauvais: 1536.

116. Jeanne Canterel, sa femme. Peinte auprès de son mari.

Porte-feuille 9.

1. François II. mort le 5 Décembre 1560. Tiré d'un Tableau original de la Gallerie de M. de Gaignières. (Velin enluminé.)

2. Le même, habillé différemment. (Enluminé.)

3. Le même, armé, mais seulement au crayon.

4. Marie Stuart, sa femme, Reine d'Ecosse, en pied. Tirée d'un Tableau original de la Gallerie de M. de Gaignières. (Enluminé.)

4. bis. La même, peinte à une Vitre des Cordeliers de Paris. (Enluminée.)

5. Jean Grauchet, Escuyer, Valet de Chambre ordinaire du Roi, & Seigneur de Dampmartin, mort le 11 Juin 1560. Sa Tombe dans l'Eglise Paroissiale de Dampmartin.

6. Madeleine de Corbie, sa femme, morte le 1 Janvier 1562. Sur la Tombe de son mari.

7. Charles IX. Roi de France, mort en 1574. Tiré du Portrait original à mi-corps, du Cabinet de M. de Gaignières. (Velin enluminé.)

7. bis. Le même, à genoux. Vitre des Cordeliers de Paris.

8. Le même, aussi à genoux. Vitre de S. Etienne de Beauvais, en la Chapelle de S. Eustache.

9. Le même, en pied, d'après un Portrait original de la Gallerie de M. de Gaignières. (Velin enluminé.)

10. Le même, (au crayon.)

11. Elisabeth d'Autriche, sa femme, morte en 1592. A mi-corps, d'après un Portrait du même Cabinet. (Velin enluminé.)

12. La même, en pied. Portrait de la Gallerie de M. de Gaignières. (Velin enluminé.)

13. La même, (ou peut-être Catherine de Médicis,) tenant de la main droite un petit Prince, (qu'on croit Charles IX.) Vitre de S. Etienne de Beauvais, Chapelle de S. Eustache. (Enluminée.)

14. La même Elisabeth d'Autriche, tenant de la droite une espèce de Bouquet. (Enluminée.)

14. bis. La même, en veuve. Vitre des Cordeliers de Paris. (Enluminée.)

15. Antoine de Bourbon, Roi de Navarre, mort en 1562. A mi-corps, tiré d'un Original du Cabinet de M. de Gaignières. (Velin enluminé.)

16. Le même, en pied. Sur l'Original de la Gallerie de M. de Gaignières. (Velin enluminé.)

17. Jeanne d'Albret, sa femme, morte en 1572. A mi-corps, d'après l'Original du Cabinet du même. (Velin enluminé.)

18. La même, en pied. D'après un Tableau de la Gallerie de M. de Gaignières. (Velin enluminé.)

18. bis. Jacqueline de Rohan, Marquise de Rothelin. Tirée de son Portrait original, peint par Corneille: dans le même Cabinet. (Enluminée.)

19. Louis de Bourbon, Prince de Condé, mort en 1569, à mi-corps. Tiré de son Portrait, dans le Cabinet de M. de Gaignières. (Velin enluminé.)

20. Françoise d'Orléans, Princesse de Condé. D'après un Original du même Cabinet. (Velin enluminé.)

21. Jacqueline de Longwy, femme de Louis de Bourbon I. Duc de Montpensier; à mi corps. Tirée de l'Original dans le même Cabinet. (Velin enluminé.)

22. Philippe de Montespedon, Princesse de la Roche-sur-Yon, à mi-corps. D'après son Portrait dans le Cabinet de M. de Gaignières. (Velin enluminé.)

23. Léonor d'Orléans, Duc de Longueville, à mi-corps. De l'Original peint par Janet, dans le même Cabinet. (Velin enluminé.)

24. François de Lorraine, Duc de Guise, tué au Siège d'Orléans en 1563. Copié de l'Original peint par Janet, dans le Cabinet de M. de Gaignières. (Velin enluminé.)

25. Le même. (Enluminé.)

26. Le même en petit. (Enluminé.)

26. a. Louis de Lorraine, Cardinal de Guise, Archevêque de Reims, tué à Blois en 1688. Vitre de l'Eglise des Cordeliers de Paris. (Enluminée.)

26. b. Henri de Lorraine, Duc de Guise, tué à Blois en 1588. (Enluminé.)

26. c. Le même. (Enluminé.)

26. d. Philippe-Emmanuel de Lorraine, Duc de Mercœur, mort en 1602. (Enluminé.)

26. e. Charles de Lorraine, Duc d'Elbœuf, mort en 1605. (Enluminé.)

26. f. Charles de Lorraine, Duc de Mayenne, mort en 1611. (Enluminé.)

26. g. Charles de Lorraine, Duc d'Aumale, mort en 1631. (Enluminé.)

Tous peints aux Vitres des Cordeliers de Paris.

27. Guillemette de Sartebruche, Comtesse de Braine, veuve de Robert de la Marck, Maréchal de France, morte le 20 Septembre 1571. Son Tombeau à S. Yved de Braine.

28. Michel de l'Hôpital, Chancelier, mort le 13 Mars 1573. (Enluminé.)

29. Eustache de la Croix, Bourgeois de Beauvais : 1571. Vitre de S. Etienne de Beauvais.

30. Trois Courtisans, de 1572. (Enluminés.)

31. Gentilhomme Courtisan : 1572. (Enluminé.)

32. Autre, du même temps : manteau noir, avec pourpoint jaune. (Enluminé.)

33. Autre, avec pourpoint rouge, manteau gris de lin, pantalon & chausses vertes. (Enluminé.)

34. Autre, vu par derrière, avec manteau noir. (Enluminé.)

35. Autre, vu de côté. (Enluminé.)

36. Autre, en face, avec pourpoint noir, manteau gris de lin, chausses & pantalon rouges. (Enluminé.)

37. Estampe contenant trois petites Figures : sçavoir, un Homme avec une calotte & sans épée, allant vers deux femmes, qui ont une robe noire, avec une cordelette qui pend de leur ceinture. Au revers de cette Estampe, il y a trois autres Figures : un Courtisan, une femme qui joue du Luth, & une autre femme en habit rouge, vue par derrière. (Enluminées.)

38. Homme de la Ville de Paris. C'est la première des six Figures de la même Estampe. (Enluminée.)

39. Bourgeoise de Paris : 1572. C'est la seconde Figure, en grand. (Enluminée.)

40. Bourgeoise de Paris : 1572. C'est la troisième Figure, plus en grand. (Enluminée.)

41. Gentilhomme de Lyon : 1572. Manteau noir sur un habit de couleur. C'est en grand la première du revers des précédentes.

42. Damoiselle de Lyon, jouant du Luth. C'est la seconde du revers, en grand. (Enluminée.)

43. Femme de Lyon : 1572. Vue par derrière. C'est en grand, la troisième Figure du revers du N.º 37. (Enluminée.)

44. Femme, avec une robe bleue, corps de jupe semé d'or, sa chemise très-bouffante sur les deux épaules. (Enluminée.)

45. Femme, avec une jupe couleur gris de lin, semée de fleurs d'or, tenant la main droite sur la hanche. (Enluminée.)

46. Femme en robe noire à fleurs, bordée d'or, collet serré (comme à toutes, excepté la précédente) toque noire, d'où pend une espèce de lambeau par derrière. (Enluminée.)

47. Homme à épée, manteau pourpre, doublé de vert, retroussé de l'épaule gauche sur la droite, sa main droite sortant de dessous.

48. Henri III. en pied, avec un manteau noir très-court. D'après son Portrait, en une Salle basse des Feuillans de Paris. (Enluminé.)

49. Le même, en pied, tout habillé de noir, mort en 1589. D'après un Original de la Gallerie de M. de Gaignières. (Enluminé.)

50. Première Cérémonie de l'Ordre du S. Esprit, institué le 1 Janvier 1579, aux Augustins de Paris. Le Chevalier à genoux, qui pour être reçu jure sur l'Evangile, tenu par le Chancelier de Chiverny, est Louis de Gonzague, Duc de Nevers. (Enluminé.)

50. bis. Henri III. à genoux. Vitre des Cordeliers, à Paris.

51. Louise de Lorraine - Vaudemont, femme de Henri III. morte en 1601. Tirée de son Portrait, dans une Salle basse des Feuillans. (Velin enluminé.)

52. La même, (habillée autrement.) Tirée d'un Portrait de la Gallerie de M. de Gaignières. (Velin enluminé.)

52. bis. La même, à genoux. Vitre des Cordeliers de Paris. (Enluminée.)

53. François de France, Duc d'Alençon, frère de Henri III. mort en 1584. Tiré de l'Original à mi-corps, dans le Cabinet de M. de Gaignières. (Velin enluminé.)

54. Le même, en pied. D'après un Portrait original. (Velin enluminé.)

55. Henri d'Angoulesme, Grand-Prieur de France, Fils naturel du Roi Henri II. mort en 1586, Buste. (Velin enluminé.)

56. Jacques de Savoie, Duc de Némours, mort le 15 Juin 1585. De son Portrait en pied, à l'Hôtel de Soissons. (Velin enluminé.)

56. bis. Jacqueline de Rohan, Marquise de Rothelin, en Buste. D'après l'Original, chez M. de Gaignières. (Velin enluminé.)

57. Catherine de Clèves, femme de Henri de Lorraine. Son Portrait, peint par Porbus, dans le Cabinet du même. (Enluminée.)

58. La Marquise d'Elbœuf : Buste crayonné.

59. Ludovic de Gonzague, Duc de Nevers : Buste. (Enluminé.)

60. Anne, Duc de Joyeuse. (Enluminé.)

61. Le même, habillé de noir.

62. Marguerite de Lorraine, sa femme. (Enluminée.)

63. Valentine Balbiane, femme de René de Birague, Chancelier, puis Cardinal, morte le 21 Décembre 1582. Son Tombeau à Sainte-Catherine du Val-des-Ecoliers, (ou de la Couture,) à Paris.

64. Bernard Prévost, second Président au Parlement de Paris, mort le 22 Septembre 1585. Sa Tombe dans le Chœur des Célestins de Paris.

65. Madeleine Potier, sa femme. Sur la Tombe de son mari.

66. Jacques de Bauquemare, Chevalier, premier Président du Parlement de Rouen, mort le 28 Juin 1584. Son Tombeau dans la Paroisse de Saint Lô, à Rouen.

67. Marie de Croismare, sa femme, morte le 1 Août 1608. Sur le Tombeau de son mari.

68. Madeleine de la Vien, femme de François Maillard, Chevalier, Seigneur de Bernay, &c. morte le 4 Septembre 1585. Sa Tombe dans l'ancienne Eglise des Blancs-Manteaux, à Paris.

69. Françoise de Selve, femme de Jean de Seurre, Conseiller-Notaire & Secrétaire du Roi, morte le 4 Avril 1578. Sa Tombe dans la même Eglise.

70. Nicolas des Avenelles, Marchand, Bourgeois de Paris, mort le 15 Décembre 1580. Sa Tombe dans la Nef de S. Magloire, à Paris.

71. Mathieu Brocard, Bourgeois de Beauvais, mort le 19 Avril 1575. Vitres de S. Etienne de Beauvais.

72. Trois petites Figures de Courtisans.

73. Un Seigneur de la Cour. (Au crayon.)

74. Femme, avec corps de jupe, voile pendant, &c.

75. Quatre petites Figures de Femmes & d'Hommes.

76. Favori de Henri III. avec fraise, sans manteau.

77. Courtisan à cheval : 1588. Sa Damoiselle en croupe, avec un masque. (Enluminés.)

78. Deux Courtisans à cheval, dont un en croupe : 1586. (Enluminés.)

79. Gentilhomme, jouant à la paume : 1586. (Enluminé.)

80. Autre Gentilhomme : 1586. (Enluminé.)

81. Gentilhomme en pourpoint blanc, manteau noir, &c. (Enluminé.)

82. Le même, en grand.

83. Autre Gentilhomme. } Enluminés.)

84. Le même, en grand.

recueillis par M. de Gaignières.

85. Gentilhomme qui marche, ayant des rosettes sur les souliers. (Enluminé.)
86. Le même, en grand. (Enluminé.)
87. Autre Gentilhomme, avec fraise. (Enluminé.)
88. Le même, en grand.
89. Gentilhomme à cheval. (Enluminé.)
90. Le même, en grand.
91. Gentilhomme à cheval, sans housse, manteau noir, sur un habit rouge. (Enluminé.)
92. Le même, en grand. (Enluminé.)
93. Gentilhomme au Manège. (Enluminé.)
94. Le même, en grand. (Enluminé.)
95. Capitaine en chef : 1586. (Enluminé.)
96. Chancelier, avec robe bleue, domino blanc & bonnet quarré. (Enluminé.)
97. Le même, en grand.
98. Premier Président du Parlement de Paris; habit rouge, doublé de bleu, domino bleu, espèce de Mortier sur la tête. (Enluminé.)
99. Le même, en grand.
100. Président, allant au Palais sur sa Mule : 1585. Habillé de noir, avec fraise. (Enluminé.)
101. Conseiller au Parlement de Paris : robe rouge, doublée de noir. (Enluminé.)
102. Le même, en grand. (Enluminé.)
103. Prévost des Marchands de Paris : robe mi-partie de rouge & de gris de lin. (Enluminé.)
104. Le même, en grand. (Enluminé.)
105. Maître des Comptes, en noir, manteau court, fraise, toque haute. (Enluminé.)
106. Le même, en grand. (Enluminé.)
107. Avocat. (Enluminé.)
108. Le même, en grand. (Enluminé.)
109. Recteur de l'Université de Paris, avec une robe bleue, fourrure blanche, &c. (Enluminé.)
110. Le même, en grand. (Enluminé.)
111. Docteur en Médecine : 1586.
112. Maître Jehan Guillemer : 1586. Habit de Docteur noir & domino blanc. (Enluminé.)
113. Bedeau de l'Université de Paris. (Enluminé.)
114. Le même, en grand. (Enluminé.)
115. Autre Bedeau. (Enluminé.)
116. Le même, en grand. (Enluminé.)
117. Dame, en corps de jupe, &c. (Enluminée.)
118. La même, en petit.
119. Damoiselle de Paris : 1586. (Enluminée.)]
120. Damoiselle, en masque. (Enluminée.)
121. Damoiselle, avec une fraise. (Enluminée.)
122. Damoiselle, avec éventail. (Enluminée.)
123. La même, en grand.
124. Autre Damoiselle. (Enluminée.)
125. La même, en grand.
126. Damoiselle, avec vertugadin. (Enluminée.)
127. La même, en grand. (Enluminée.)
128. Damoiselle, en peignoir, &c. (Enluminée.)
129. La même, en grand. (Enluminée.)
130. Bourgeoise, épousée à Paris : 1586. (Enluminée.)
131. Bourgeoise, en chapeau. (Enluminée.)
132. Bourgeoise, avec fraise. (Enluminée.)
133. Autre Bourgeoise. (Enluminée.)
134. La même, en grand. (Enluminée.)
135. Bourgeoise de Saumur. (Enluminée.)
136. La même, en grand. (Enluminée.)

137. Fille en coquille : ainsi appellée par rapport à sa coëffure. (Enluminée.)
138. La même, en petit.
139. Homme en deuil : la tête dans un capuchon qui avance.
140. Dame veuve. (Enluminée.)
141. La même, en grand.
142. Autre veuve. (Enluminée.)
143. La même, en grand.
144. Bourgeoise en deuil.
145. La même, en grand. (Enluminée.)
146. Pénitent : 1586. (Enluminé.)
147. Autre Pénitent. (Enluminée.)
148. Chanoinesse : 1586. (Enluminée.)
149. Capucin : 1586.
150. Garde du Corps de la Prévôté. (Enluminé.)
151. Mousquetaire. (Enluminée.)
152. Suisse des Gardes du Roi : 1586. (Enluminée.)
153. Page du Roi : 1584. (Enluminé.)
154. Valet de pied du Roi. (Enluminé.)
155. Laquais. (Enluminé.)
156. Le même, en grand. (Enluminé.)
157. Laquais du Roi, au Siège de Pontoise, en 1589. Au crayon.
158. Homme, tenant une houssine. (Enluminé.)
159. Servante de Paris (Enluminée.)
160. Chambrière de Saumur. (Enluminée.)
161. La même, en grand. (Enluminée.)
162. Paysanne. (Enluminée.)
163. La même, en petit.
164. Bergère d'Anjou. (Enluminée.)
165. La même, en grand. (Enluminée.)
166. Femme de joie. (Enluminée.)
167. Crieur de vin. (Enluminée.)
168. Moutardier. (Enluminé.)
169. Vinaigrier. (Enluminé.)
170. Verrier. (Enluminé.)
171. Porteur de noir. (Enluminé.)
172. Paysan des environs de Saumur. (Enluminé.)
173. Le même, en grand. (Enluminé.)
174. Crocheteur. (Enluminé.)
175. Le même, en grand. (Enluminé.)

Porte-feuille 10.

1. Henri IV. mort en 1610. Sans épée, avec une espèce de jupon. (Velin enluminé.)
2. Le même, avec l'épée, en pourpoint, & chausses noires. (Velin enluminé.)
2. *bis.* Le même, à genoux. Vitre des Cordeliers de Paris. (Enluminé.)
3. Marguerite de France, fille de Henri II. sa premiere femme, morte le 27 Mars 1615. En noir, avec vertugadin, fraise & éventail ; tirée de la Gallerie de M. de Gaignières. (Velin enluminé.)
3. *bis.* La même, à genoux, habillée en couleur. Vitre des Cordeliers de Paris. (Enluminée.)
4. Marie de Médicis, seconde femme, morte à Cologne le 3 Juillet 1642. En noir, d'après son Portrait chez M. le Marquis de Lavardin. (Velin enluminé.)
4. *bis.* La même, habillée de couleur & à genoux. Vitre des Cordeliers de Paris.

Les Figures suivantes (jusqu'à 4 *q*,) *sont tirées des mêmes Vitres, & toutes enluminées.*

4. *b.* René de Birague, Cardinal, Evêque de La-

vaur, Chancelier, mort en 1583. Vitre des Cordeliers de Paris.

4. c. Jacques, Comte de Cruſſol, Duc d'Uzès, mort en 1584.

4. d. Anne de Joyeuſe, tué à la Bataille de Coutras, en 1587.

4. e. Charles de Bourbon, Archevêque de Rouen, Roi de la Ligue, ſous le nom de Charles X. mort le 9 Mai 1590.

4. f. Philippe de Lenoncourt, Cardinal & Archevêque de Reims, mort en 1591.

4. g. Jacques Amiot, Evêque d'Auxerre & Grand-Aumônier, mort en 1593.

4. h. François de Bourbon, Prince, Dauphin d'Auvergne & Duc de Montpenſier, mort en 1592.

4. i. Louis de Gonzague, Duc de Nevers, mort en 1595.

4. l. René de Daillon du Lude, Evêque de Bayeux, mort en 1601.

4. m. François de Luxembourg, Duc de Piney, Ambaſſadeur à Rome, mort en 1613.

4. n. François de Bourbon, Prince de Conti, mort en 1614.

4. o. Charles d'Eſcars, Evêque de Langres, mort en 1614.

4. p. Pierre de Gondy, Evêque de Paris & Cardinal, mort en 1616.

4. q. Henri de Gondy, Coadjuteur & ſucceſſeur de ſon oncle, mort en 1622.

5. Marie de Clèves, Princeſſe de Condé. Buſte en Miniature originale du Cabinet de M. de Gaignières. (Velin enluminé.)

6. Charles III. Cardinal de Bourbon. Copié ſur un crayon original, du Cabinet de M. de Gaignières. (Velin enluminé.)

7. Louiſe-Marguerite de Lorraine, Princeſſe de Conti : 1605. D'après ſon Portrait dans le Cabinet de M. de Gaignières. (Velin enluminé.)

8. Henri d'Orléans, Duc de Longueville, mort en 1595. Son Portrait dans le même Cabinet. (Velin enluminé.)

9. Charles bâtard de Bourbon, fils naturel d'Antoine de Navarre, & frère de Henri IV. Archevêque de Rouen. Au crayon rouge.

10. Anne de Thou, femme de Philippe Hurault, Comte de Chiverny, Chancelier. D'après ſon Portrait original, chez M. le Marquis de Lavardin. (Velin enluminé.)

11. Françoiſe Robertet, femme de Triſtan de Roſtaing. Son Portrait chez M. de Lavardin. (Velin enluminé.)

12. Une Dame inconnue. (Velin enluminé.)

13. Claude Groulart, premier Préſident à Rouen, mort en 1607. Sa Tombe aux Céleſtins de Rouen.

14. Barbe Guiſſard, ſa femme. Au même lieu.

15. Charlotte Hennequin, femme de Mᵉ Adrien de Petremol, morte en Août 1594. Sa Tombe dans l'ancienne Egliſe des Blancs-Manteaux, à Paris.

16. Catherine le Roy, fille de Gabriel le Roy, Seigneur de Vimpelle, morte le 14 Mai 1603. Sa Tombe dans l'Egliſe de Vimpelle, en Brie.

17. Jérôme Chandon, Eſcuyer, Secrétaire du Roi, mort le 15 Janvier 1607. Sa Tombe dans l'Egliſe de l'Abbaye du Jard.

18. Catherine de Valle, ſa femme. Sur la Tombe de ſon mari.

19. Roch le Duc, Procureur-Général du Comte d'Eu, mort le 14 Mars 1594. Sa Tombe dans une Chapelle de l'Egliſe d'Eu.

20. Françoiſe Pitard, femme d'Antoine Portail, Procureur du Roi en la Sénéchauſſée du Maine, morte le 2 Avril 1602. Sa Tombe dans la Nef des Cordeliers du Mans.

21. François Porcher, Chef d'office de la Fourrière du Roi, & Vitrier de ſes Bâtimens, mort le 8 Août 1591. Sa Tombe aux Jacobins de Sens.

22. Trois petites Figures : 1590.

23. Trois autres Figures, du même temps.

24. Trois Figures : 1600.

25. Dame, coëffée en cheveux. (Enluminée.)

26. Charles de Bourbon, Comte de Soiſſons, mort le 1 Novembre 1612. Miniature en Buſte, dans le Cabinet de M. de Gaignières. (Velin enluminé.)

27. Le même, en pied. D'après ſon magnifique Tombeau, qui étoit au milieu du Chœur des Chartreux de Gaillon.

28. Anne, Comteſſe de Montafié, en Piémont, ſa femme, morte en 1644. Sur le même Tombeau, qu'elle fit faire.

29. Diane de France, fille naturelle de Henri II. femme 1.° d'Horace Farnèſe, 2.° de François de Montmorency, morte en 1519. (Velin enluminé.)

30. Antoine de Bourbon, Comte de Moret, tué (dit-on), en 1632, à la Bataille de Caſtelnaudary : Buſte. (Velin enluminé.)

31. Le même, au crayon, (la tête ſeulement.)

32. François d'Orléans, Comte de S. Paul, Duc de Fronſac, (fils de Léonor d'Orléans, Duc de Longueville,) mort le 7 Octobre 1631 : Buſte. (Velin enluminé.)

33. Marie de Caumont, ſa femme : Buſte. (Velin enluminé.)

34. Léonor d'Orléans, leur fils, tué au Siège de Montpellier en 1622. D'après ſon Portrait dans le Cabinet de M. de Gaignières. (Velin enluminé.)

35. Marguerite d'Orléans, Demoiſelle d'Eſtouteville, morte en 1615. (Velin enluminé.)

36. Catherine d'Orléans, Demoiſelle de Longueville, morte en 1633. (Velin enluminé.)

37. Coſme Clauſſe, Evêque de Chaalons, mort en 1624, en pied. (Enluminé.)

38. Antoine de Saint-Chamand, mort en 1627. D'après ſon Portrait au Château de Méry, près Beaumont-ſur-Oiſe. (Velin enluminé.)

39. Autre Portrait du même. (Velin enluminé.)

40. Charles, Marquis de Roſtaing : 1634. Son Portrait chez M. le Marquis de Lavardin. (Velin enluminé.)

41. Anne Hurault, ſa femme. (Velin enluminé.)

42. Renée de Souvré, femme d'Adam des Ecotais, morte le 9 Septembre 1625. Sa Tombe aux Cordeliers du Mans.

43. Martin Joubert, Chirurgien & Chimiſte : 1637.

44. Trois petites Figures.

45. Deux petites Figures.

46. Deux autres petites Figures.

47. Louis XIV. né le 5 Septembre 1638, repréſenté à 8 ou 10 ans. (Velin enluminé.)

48. Le même, à 12 ou 15 ans. (Velin enluminé.)

49. Le même, vers 1660.

50. Le même, vers 1670.

51. Marie-Thérèſe d'Autriche, ſa femme, morte en 1683. D'après ſon Portrait en 1665. Dans le Cabinet de M. de Gaignières. (Velin enluminé.)

52. Autre Portrait de la même. (Velin enluminé.)

53. Louis, Dauphin, mort en 1711, repréſenté à 16 ou 18 ans. (Enluminé.)

recueillis par M. de Gaignières. 133

54. Marie-Anne de Bavière, sa femme, morte en 1690. (Enluminé.)

55. Gaston-J. B. de France, (frère de Louis XIII.) Duc d'Orléans, mort le 2 Février 1660. (Velin enluminé. (

56. Philippe d'Orléans, Duc de Chartres, (qui fut depuis Régent du Royaume,) fils de Philippe, Duc d'Orléans, frère de Louis XIV. (Velin enluminé.)

57. Françoise-Marie de Bourbon, sa femme, en habit de noces : 1692, morte en 1749. (Velin enluminé.)

58. Henri de Bourbon, Prince de Condé, mort en 1646 : Buste. (Velin enluminé.)

59. Charlotte-Marguerite de Montmorency, sa femme. (Velin enluminé.)

60. Henri de Lorraine, Duc de Guise, qui passa à Naples en 1647, & mourut à Paris en 1664. (Velin enluminé.)

61. Louis-Armand, Prince de Conti, mort le 12 Novembre 1685. (Enluminé.)

62. Autre Portrait du même. (Enluminé.)

63. Marie-Anne, légitimée de France, sa femme, morte en 1739. (Enluminée.)

64. La même, habillée différemment. (Enluminée.)

65. Louis-Auguste de Bourbon, Duc du Maine, fils de Louis XIV. légitimé, mort en 1739. Peint jeune. (Enluminé.)

66. Louise-Bénédictine de Bourbon-Condé, sa femme, morte en 1753. (Enluminé.)

67. Louis-Alexandre de Bourbon, Comte de Toulouse, fils de Louis XIV. légitimé, mort le 1 Décembre 1737. (Enluminé.)

68. Le même, en habit de Novice de l'Ordre du Saint-Esprit. (Enluminé.)

69. Louise-Françoise de Bourbon, dite Mademoiselle de Nantes, femme de Louis III. de Bourbon, Prince de Condé, peinte jeune, morte en 1743. (Enluminée.)

70. François, Comte de Noailles, Ambassadeur à Rome en 1654. (Velin enluminé.)

70. bis. Gentilhomme de sa suite, à Rome.

71. Pierre de Launay, Seigneur d'Onglée & du Fresne, mort le 13 Août 1644. Sa Tombe dans le Chœur de la Paroisse d'Auton, de laquelle dépend le Fresne, en Vendômois.

72. Urbaine de la Haye, sa femme, morte le 13 Décembre 1653. Sa Tombe auprès de celle de son mari.

73. Renée du Bec, femme de J. B. Budes, Comte de Guébriant, Maréchal de France, Ambassadrice Extraordinaire pour la conduite de Louise-Marie de Gonzague, Reine de Pologne. (Velin enluminé.)

74. Anne Budes, Demoiselle de Guébriant, fille d'Yves Budes, Baron de Saci, frère du Maréchal, qui accompagna sa tante en Pologne. (Velin enluminé.)

75. Gentilhomme de la Suite de la Maréchale de Guébriant. (Velin enluminé.)

76. Le même. (Papier enluminé.)

77. Autre Gentilhomme, de la même Suite. (Velin enluminé.)

78. Le même. (Papier enluminé.)

79. Page de la Maréchale de Guébriant. (Velin enluminé.)

80. Le même. (Papier enluminé.)

81. Autre Page. (Velin enluminé.)

82. Le même. (Papier enluminé.)

83. Deux petites Figures : 1650.

84. Trois petites Figures.

85. Deux petites Figures : 1661.

86. Une petite Figure : 1662.

87. Quatre petites Figures : 1664.

88. Petite Figure : 1665.

89. Petite Figure : 1668.

90. Petite Figure.

91 & 92. Autres.

93. Pair laïque au Sacre de Louis XV. (Enluminé.)

94. Le même, collé sur du carton. (Enluminé.)

Nota. PARMI les autres *Porte-feuilles* de M. de Gaignières, qui sont au Cabinet des Estampes de la Bibliothèque du Roi, (num. 1452-1463,) & qui regardent les Modes des Pays Etrangers, soit d'Europe, soit des autres Parties du Monde, il y a encore quelques Pièces qui ont rapport à la France. = Dans le *Porte-feuille* 1452, plusieurs Princes de la première Maison d'Anjou, Rois de Naples; avec la Copie des Figures de l'Exemplaire des Statuts de l'ancien Ordre du S. Esprit, qui fut donné par les Vénitiens à Henri III. & qu'il voulut supprimer en instituant son Ordre, (comme nous l'avons rapporté ci-devant, Tome III. *pag.* 708, N.º 40460.) Quelques Princes de la Maison de Bourgogne, & les Figures de quarante-sept Chevaliers de la Toison d'or, à un Carrousel fait à Gand. = Dans le *Porte-feuille* 1454, divers Habillemens de François du XVIe Siècle, gravés en Allemagne, & enluminés ; ensuite d'autres du XVIIe Siècle, gravés en France, vers 1675, par *Saint-Jean*, aussi enluminés. = Dans le *Porte-feuille* 1463, des Copies de Tapisseries anciennes & de Peintures sur mur, pour des Armoiries & Devises de quelques-uns de nos Rois, des Princes de la Maison de Bourbon, & de divers Seigneurs.

IV.
LISTE ALPHABÉTIQUE
DE PORTRAITS
DES FRANÇOIS ET FRANÇOISES ILLUSTRES.

[La plus grande partie de ces Portraits sont gravés; mais on y a joint nombre de Desseins, qui se trouvent tant à la Bibliothèque du Roi, que dans le Cabinet de M. Fevret de Fontette.]

La lettre p. signifie le Peintre; les lettres del. marquent le Dessinateur, & les Artistes énoncés simplement, ou avec ces lettres sc. sont les Graveurs. La lettre N. signifie que le Graveur n'est pas connu.

A.

ABELLY, (Louis) né à Paris en 1603, Docteur en Théologie de la Faculté de Paris, Curé de S. Josse, puis Évêque de Rhodez en 1662 : il quitta son Évêché, se retira à S. Lazare, & y mourut le 4 Octobre 1691, âgé de 88 ans : il avoit été Confesseur du Cardinal Mazarin. 1. *Masson*, del. & sc. in-fol. 2. *Hubert*, in-4. 3. *Pinet*.

ABÈS, (Gabriel d') Chanoine de S. Marcel de Paris, Professeur en Théologie, mort en 1656. *Moncornet*.

ABSOLU. Voy. JEANNE.

ACIER. Voy. GENOUILLAC.

ADAM, (Maître Billaut) Menuisier de Nevers, Auteur des Poésies appellées *les Chevilles de Maître Adam*, imprimées à Paris en 1644, in-4. On l'appelloit aussi *le Virgile au Rabot*; mort en 1662. N... chez Quinet, 1644, in-4.

ADRETS. (des) Voy. BEAUMONT.

AGATHE (la Bienheureuse Mère) de la Croix, Professe du Tiers-Ordre de S. Dominique, âgée de 73 ans. *Daret*, in-4.

AGLIÉ (François d') de S. Martin, Abbé de Pignerol, Prieur de S. Jean-des-Vignes de Soissons en 1640, & de Notre-Dame de Staffarde, dans le Marquisat de Saluces, Ambassadeur du Duc de Savoie, en France, en l'année 1654, fils de Juies-César d'Aglié, Marquis de S. Germain & d'Octavie Udalrique Justiniani, mort au mois de Mai 1678. *Melan*, in-fol. obl. pour la Thèse du Sieur Guérin, Avocat du Roi au Présidial de Soissons : Médaillon tenu par Pallas.

AGNÈS SOREL, appellée *la Belle Agnès*, Maîtresse du Roi Charles VII. née à Fromenteau en Touraine, morte en 1450, au Château du Mesnil, près Jumièges. 1. Deux Desseins au Cabinet du Roi. 2. *Petit*. 3. Deux Desseins au Cabinet de M. de Fontette. 4. *Girardin*, 1768, in-fol. maj.

AGNÈS DE JESUS, (la Bienheureuse) Carmélite, décédée en odeur de Sainteté, dans le Monastère de Langeac, en Auvergne, le 19 Octobre 1634, âgée de 32 ans. *Edelink*, in-4.

AGNOSTE, (N....) Auteur supposé de la Satyre Ménippée. 1. *du Bois*, del. N... sc. 2. *Haresvin*, in-8.

AGOULT, (François d') Comte de Sault, &c. âgé de 35 ans, en 1564. *Wocriot*, in-4. ovale.

AGUESSEAU, (Henri-François d') né à Limoges le 26 Novembre 1668, reçu Avocat-Général au Parlement de Paris en 1691, Procureur-Général en 1700, & Chancelier de France le 2 Février 1717, mort de 9 Février 1751. 1. *Crespy*. 2. *Desrochers*. 3. *Vivien*, p. 1703, *Daullé*, sc. 1761. 4. N..., dans le Recueil d'O-

dieuvre. 5. *Tournière*, p. 1720, Pierre *Maleuvre*, sc. 1772, in-fol. dans la Gallerie Françoise, Cahier VI.

AIGALLIERS, (Pierre de Sandieu d') Poëte, Auteur de la Franciade, imprimée à Paris, en 1603, in-8. 1. Th. de Leu. 2. Agé de 21 ans, N... Gravure en bois, in-8. 3. Agé de 22 ans, N... 1597, in-12.

AIGUILLON, (Marie de Vignerod, Duchesse d') femme d'Antoine de Beauvoir du Roure, Seigneur de Combalet, créée Duchesse d'Aiguillon en 1638, morte le 7 Avril 1675. 1. *Moncornet*. 2. Autre, à cheval, avec Vers au bas. 3. *Le Blond*, in-fol.

AILLAUD, (Joseph) Médecin connu par sa Poudre. *Arnulphi*, p. *Coussin*, sc.

AILLY, (Claire-Charlotte d') Comtesse de Chaulnes, fille unique & héritière de Philibert-Emmanuel d'Ailly, Seigneur de Pecquigny, mort en 1619, mariée la même année à Honoré d'Albert, Sieur de Cadenet, frère puîné du Connétable de Luynes, morte en sa Maison de Magny le 17 Septembre 1681. 1. *Daret*, in fol. 2. *Frosne*, in-4. 3. *Moncornet*.

AILLY, (Charles d') Duc de Chaulnes, second fils d'Honoré d'Albert, né le 19 Mars 1625, mort à Paris le 4 Septembre 1698, marié en 1655 à Elisabeth le Féron, veuve de Jacques Esthuer, Marquis de S. Mesgrin, fille unique de Jérôme, dit Dreux le Féron, Conseiller au Parlement. 1. *J. de la Borde*, p. *Simon*, sc. *Roma*, 1668, in-fol. 2. *Nanteuil*, del. & sc. 1676, in-fol. 3. *Gantrel*, in-fol. maj.

AILLY, (Pierre d') Cardinal de Cambray, né à Compiègne en 1350, Cardinal en 1411, mort à Avignon le 8 Août 1419. 1. *Moncornet*. 2. N... dans Thévet. 3. *Picart*, 1713, in-4. 4. N... dans Odieuvre.

ALACOQUE. Voy. COQUE.

ALARY, (Barthélemy) Apothicaire du Roi, décédé à Paris en 1694, âgé de 51 ans. *De Beaufort*, 1685, in-12.

ALAYDON, (J. B.) Supérieur de la Congrégation de S. Maur, décédé à Paris en 1733. *Robert*, p. *Poilly*, sc. 1734, in-fol.

ALBERT (le Duc d'). *Nanteuil*.

ALBERT, (Charles d') Duc de Luynes, Connétable, mort le 15 Décembre 1621; avoit épousé en 1617 Marie de Rohan, depuis Duchesse de Chevreuse. 1. *Lawsveldt*, in-12. 2. *Petit*. 3. *Moncornet*. 4. N.... dans Odieuvre.

Marie de Rohan, sa femme. Voy. LORRAINE Chevreuse.

ALBERT, (Honoré d') Sieur de Cadenet, Duc de Chaulnes, Maréchal de France, frère du Connétable de Luynes, avoit épousé Charlotte d'Ailly, mourut le

30 Octobre 1649, âgé de 69 ans. 1. Mich. *Lafne*, dans des Ornemens, in-fol. obl. 2. *Moncornet*. 3. N... dans Odieuvre.

ALBERT, (Louis-Charles d') Duc de Luynes, fils unique du Connétable, né à Paris en Décembre 1620; époufa, 1.° Louife-Marie Seguier, morte en 1651; 2.° Anne de Rohan; 3.° Marguerite d'Aligre, morte à Paris le 10 Octobre 1690. *Daret*, 1654, in-4.

Louife-Marie Seguier, fa femme, en 1651, le 13 Septembre, âgée de 29 ans. *Daret*, 1654, in-4.

ALBERT, (Paul d') Cardinal de Luynes, Archevêque de Sens, né le 5 Février 1703, Abbé de S. Vigor de Cerify en 1727. *Lattinville*, p. *Feffard*, fc. 1756, in-fol.

ALBERT, (Charles-Honoré d') Duc de Chevreufe, fils unique de Louis-Charles, Duc de Luynes, & de Louife-Marie Seguier, marié en 1667, avec Marie-Thérèfe Colbert; mort à Paris le 5 Novembre 1712, âgé de 67 ans. 1. *Maffon*, del. & fc. 1679, in-fol. 2. *Larmeffin*.

ALBERT, (Marie-Charles-Louis d') Duc de Chevreufe, Gouverneur de Paris en 1767, né le 24 Avril 1717. 1. *Carmontel*, del. *Saint-Aubin*, fc. 2. A cheval, *Carmontel*, del. *la Foffe*, fc. 1763, in-fol. 3. En habit de Dragon, *Guillet*, del. *Ingouf*, fc. 1770, in-fol.

ALBERT, (Louis-Jof. Charles d') Comte de Dunois, fils du précédent. *Carmontel*, del. *Feffard*, fc.

ALBERT (Antoinette d') de Chaulnes, Abbeffe de S. Pierre de Lyon. *Gantrel*, 1700, in-fol.

ALBERT. Voy. AILLY.

ALBERT (Antoine d') du Chaîne, Préfident au Parlement de Provence. *Celloni*, p. *Coellemans*, fc. 1711, in-fol. dans une Thèfe.

ALBERTAS, (J. Baptifte d') premier Préfident de la Chambre des Comptes de Provence. *Vanloo*, p. *Couffin*, fc. in-fol.

ALBERTAS, (Henri Raynault d') Confeiller au Parlement de Provence, puis premier Préfident. *Vanloo*, p. *Celloni*, fc. *Coellemans*, 1708, in-fol. dans une Thèfe.

ALBIZZI, (le Père Simon d') de l'Ordre des Frères Prêcheurs. *Crefpy*, in-8.

ALBIZZI, (Antoine Denys-Simon d') Dominicain, né à Marfeille en 1680, mort en 1738. *Hallé*, p. *Pittau*, fc. 1717, in-4.

ALBON (Claude-Jofeph d') de S. Forgeulx, Archidiacre & Comte de Lyon, Abbé de Farrigny. J. Fr. *Cars*, 1694, in-fol.

ALBRET, (Henri d') Roi de Navarre, né à Sangueft au mois d'Avril 1503, prifonnier à la Bataille de Pavie en 1524, mort à Hagernau en Béarn, le 25 Mai 1555. N... en petit.

Marguerite de Valois fa femme, fœur de François I. morte en 1549, âgée de 51 ans. 1. Deffin au Cabinet du Roi. 2. Voy. ANGOULESME & NAVARRE.

ALBRET, (Céfar-Phœbus d') Comte de Mioffens, Maréchal de France en 1653, mort à Bordeaux en 1676, le 3 Septembre, âgé de 62 ans. 1. Ant. *Maffon*, in-fol. 2. En Bufte, N...

ALBRET, (Charles d') Connétable de France, tué à la Bataille d'Azincourt, le 25 Octobre 1415. En Bufte, N...

ALBRET, (Louis d') Cardinal, né en 1422, Evêque de Cahors, puis d'Aire, & enfuite Cardinal le 15 Janvier 1461, mort à Rome le 4 Septembre 1465. En Bufte, N...

ALBRET, (Madame la Ducheffe d') *Trouvain*, in-fol.

ALCIAT, (André) Jurifconfulte, né à Milan le 8 Mai 1492, Profeffeur en Droit à Avignon, puis à Bourges jufqu'en 1532, mort à Pavie le 12 Janvier 1550. N... en petit.

ALCUIN, Précepteur de Charlemagne, appellé par ce Prince d'Angleterre en France, où il fonda plufieurs Ecoles; mort dans fon Abbaye de S. Martin de Tours, en 804. N... dans Thévet.

ALENÇON, (René, Duc d') mort en fon Château d'Alençon le 1 Novembre 1492. 1. N... dans Odieuvre. 2. N... dans les Mémoires de Comines, in-4.

Marguerite de Lorraine, veuve du Duc d'Alençon, Fondatrice de l'Ordre de Sainte-Claire, morte en 1521. N...

ALÈGRE, (Yves d') fous Henri III. Baron de Meillan, qui tua en duel, le 7 Août 1583, le Baron de Viteaux, meurtrier de fon père, & fut tué dans une fédition populaire, à Iffoire, en 1592. Deffin au Cabinet du Roi.

ALEXANDRE, (Noël) célèbre Dominicain, né à Rouen le 21 Février 1676, mort le 21 Août 1724. 1. Jacq. *Van Schuppen*, p. Petr. *Van Schuppen*, fc. 1701, in-fol. 2. Lud. *Herluyfon*, p. Cl. *Duflos*, fc. 1716, dans une Thèfe. 3. *Defrochers*.

ALEXIS (la Vénérable Mère) de la Préfentation, native de Lorraine, Fondatrice des Religieufes de la Congrégation de Notre-Dame en 1616. *Van Lochon*, in-4.

ALIBERT, (Jacques d') Confeiller au Parlement de Metz. R. *Lochon*, 1657, in-fol.

ALIGRE, (Etienne d') Garde des Sceaux en 1624, Chancelier après M. de Sillery; quitta les Sceaux le premier de Juin 1626, & fe retira en fa Maifon de la Riviere au Perche, où il mourut le 11 Décembre 1635. *Daret*, in-4.

ALIGRE, (Etienne II. d') Garde des Sceaux en 1672, & Chancelier en 1674, mort à Verfailles le 25 Octobre 1675, âgé de 85 ans. 1. Jean *Frofne*, 1655, in-fol. 2. *Mignard*, p. R. *Lochon*, fc. 1673, in-fol. 3. *Edelink*, 1677, in-fol. d'après le paftel de *Nanteuil*. 4. *Edelink*, in-4.

ALIGRE, (François d') fils d'Etienne II. né le 24 Décembre 1620, Chanoine Régulier & Abbé de Saint-Jacques de Provins en 1644, Confeiller d'Etat, fe retira en 1677 en fon Abbaye, où il mena une vie exemplaire jufqu'à fa mort, arrivée le 21 Janvier 1712, dans fa 92e année: refufa l'Evêché d'Avranches, auquel il avoit été nommé en 1669. 1. Encore jeune, *Lenfant*, in-fol. 2. *Lombart*, p. Cl. *Duflos*, fc. 1698, in-fol.

ALIGRE, (Etienne-François d') premier Préfident du Parlement de Paris en 1768, Chevalier, Commandeur des Ordres du Roi en 1770. *Cochin*, del. *Cathelin*, fc. in-fol.

ALINCOURT, (M. & Madame d') fous Henri IV. Deffin au Cabinet du Roi.

ALLAIS (Jean) de Beaulieu, Ecrivain. *Mellan*, in-8.

ALLARD (Mademoifelle) & d'Auberval, danfant le pas de Sylvie. *Carmontel*, del. *Tilliard*, fc. 1767, in-fol. obl.

ALLARD, (Marcellin) Auteur de la Gazette Françoife. D. *du Mouftier*, p. N... chez Mallery, in-8.

ALLERAC, (le Prince d') fous François I. 1. Deffin au Cabinet du Roi. 2. Deffin au Cabinet de M. de Fontette.

ALLEMAN, (Louis d') Cardinal, Archevêque d'Arles, mort en 1450, le 16 Septembre. *F. V. W.*

ALLERT, (N... d') Abbé. *Carmontel*.

ALLOU. Voy. RAGUENET.

ALTERAT, (Laurent) Prêtre, Parifien. N... 1707, in-4.

ALTON, (Mathurin) du Mans, Chirurgien fameux, mort le 22 Décembre 1643. G. *Rouffelet*, in-8.

ALVEQUIN, (la Vénérable Mère Marie) dite de Jefus, Réformatrice & Supérieure du Monaftère des Religieufes Pénitentes, morte le 25 Janvier 1648, âgée de 82 ans. L. *Moreau*, in-8.

AMAND, (Pierre) Chirurgien de Paris. *Rochefort*, 1713, in-8.

AMBLEVILLE, (N... d') fous Henri IV. Deffin au Cabinet du Roi.

AMBOISE, (Georges d') Archevêque de Rouen, Cardinal & Miniftre, mort le 25 Mai 1510. 1. N... dans le Livre de la Gallerie du Palais Cardinal, in-fol. 2. *Briot*, in-4. 3. N... dans Thévet. 4. N... dans Odieuvre. 5. *Boulonnois*. 6..... en petit. 7. Deffin au Cabinet du Roi. 8. William *Faytorne*, in-8.

AMBOISE, (Charles II. d') Prieur de Chaumont, Grand-Maître, Maréchal & Amiral de France, ès années 1502, 1504 & 1508, mort à Corrégio en Lombardie, le 11 Février 1511, âgé de 58 ans. 1. *Boudan*. 2. N... dans Thévet. 3. N... en petit.

AMBOISE, (la Bienheureufe Françoife d') Duchefle de Bretagne, Religieufe Carmélite de l'étroite Obfervance, le 25 Mars 1467, morte le 4 Novembre 1485. 1. A Paris, N... in-8. 2. *Ertinger*, in-8. 3. *Van Lochon*, in-4.

AMBRES, (Maffre de Voifins, Vicomte de Lautrec, dit le Chevalier d') fous François I. Deffin au Cabinet de M. de Fontette.

AMBREVILLE. Voy. GROSSART.

AMELOT, (Denys) Seigneur de Chaillou, Conseiller d'Etat, & premier Maître des Requêtes. *Moncornet*, in-4.

AMELOT, (Michel) Marquis de Gournay, Confeiller d'Etat, Ambafladeur à Venife, en Portugal & en Suiffe en 1697. Et. *Fuefti*, del. & fc. in-fol.

AMELOT, (Jacques) Marquis de Mauregard, premier Préfident en la Cour des Aides. 1. J. *Picart*, in fol. 2. *Rouffelet*, del. & fc. *Nanteuil*, 1655. in-fol. 4. Idem, retouché. 5. C. *le Févre*, p. N, *Poilly*, fc. 1667, in-fol. 6. *Moncornet*.

AMELOT, (Michel) Confeiller-Clerc au Parlement, le 17 Janvier 1648, Evêque de Lavaur, puis Archevêque de Tours en 1671. 1. En Abbé, J. *Frofne*, 1656, in-fol. 2. A. *Rouffelet*, 1662, in-fol. 3. En Archevêque, *Nanteuil*, in-fol. Id. 1675, in-fol. maj. Idem, 1677. 4. N... in-8.

AMFREVILLE, (Jacques Poirier, Sieur d') Préfident à Mortier au Parlement de Rouen en 1630. M. *Lafne*, in-4.

AMONVILLE. Voy. la COUR.

AMPROUX, (Jacques) Sieur de Lorme, Intendant des Finances, reçu Secrétaire du Roi le 21 Mars 1661. 1. *Lenfant*, 1658, in-4. 2. P. *Simon*, in-fol. maj.

AMYOT, (Jacques) Evêque d'Auxerre, né à Melun le 30 Octobre 1514, Précepteur de François II. Charles IX. & Henri III. Grand-Aumônier de France, Commandeur de l'Ordre du S. Efprit, lors de fon Inftitution en 1578, mort le 6 Février 1593. 1. *Gautier*, in-4. 2. N... dans Odieuvre. 3. *Larmeffin*. 4. N... en petit.

AMYOT (François) d'Albigny. *Blanchet*, p. *Tournheifen*, fc. in-fol. dans une Thèfe.

AMYRAULT, (Moyfe) Miniftre (Calvinifte) & Profeffeur en Théologie à Saumur, né à Bourgueil en Tou-
raine en 1596, Député au Synode National de Charenton en 1631, & nommé par cette Compagnie pour aller haranguer le Roi, & préfenter à Sa Majefté le Cahier des Plaintes concernant les infractions aux Edits, demande & obtient de ne point parler à genoux. On trouve fa Harangue dans le Mercure François de 1631. Sa doctrine fur la Prédeftination & fur la Grace lui attira des ennemis, & il fut accufé de favorifer l'Arminianifme, au Synode d'Alençon, en 1637, & à celui de Charenton, en 1645; mort le 8 Janvier 1664. *Champagne*, p. P. *Lombart*, fc. in-fol.

ANCEL, (Guillaume) Chambellan du Roi Henri IV. Agent & Réfident pour Sa Majefté auprès de l'Empereur Rodolphe II. en 1600. C. *Sadeler*, in-fol.

ANCELIN, (Humbert) fils de la Nourrice du Roi, Evêque de Tulles en 1680; donna la démiffion de cet Evêché en 1702, & fut pourvu de l'Abbaye de Ham en Picardie, mort en 1720. *Famier*, p. *Gantrel*, fc. 1698, in-fol. dans une Thèfe.

ANCILLON, (David) Doyen des Miniftres (Calviniftes) de Metz, né à Metz le 18 Mars 1617, mort à Berlin le 3 Septembre 1692. J. *de Bonne*, p. A. *Philippe*, fc. in-fol.

ANCILLON, (Charles) fils de David, né à Metz le 29 Juillet 1659, retiré avec fon père à Berlin, en 1685, Hiftoriographe du Roi de Pruffe, & Surintendant de l'Ecole Françoife de Berlin, mort en cette Ville le 5 Juillet 1715. *Vander Broen*, in-8.

ANCRE. Voy. CONCINO.

ANDRÉ. (André Boulanger, dit *le Petit Père*,) né à Paris, & mort en cette Ville en 1657; s'eft fait un nom par les turlupinades qu'il débitoit en Chaire. N...

ANDRÉ. (Jacques) N...

ANDRÉE, (Paul d') Chanoine de l'Eglife de Carpentras, Fondateur du Monaftère de la Vifitation de la même Ville; décédé le 29 Juillet 1698, âgé de 88 ans, tranfporté & inhumé dans l'Eglife dudit Monaftère le 8 Juin 1701. P. *Giffart*, 1702, in-fol. maj.

ANDREZEL. Voy. PICON.

ANDRIEU, (Petrus d') Presbyter. *Vivien*, p. *Loir*, fc.

ANGÉLIQUE, (N... l') Médecin. 1. Crefpin *de Paff*, in-8. 2. N... avec fix Vers François, in-8. (Ce dernier, dans le Cabinet de M. Baron, Médecin de Paris, porte que le Sieur de l'Angélique étoit Opérateur & Chirurgien.)

ANGELUS (Petrus) à Sanctâ Clarâ, Belga, Ord. Fr. Auguftin. Difcalc. in Galliâ ; qui obiit in Conventu Regio Parif. hæreticos debellans, die 10 Octobris 1632, ætatis 50. *De Jode* le jeune, in-8.

ANGENNES (Catherine-Henriette d') Demoifelle de Rambouillet. N... dans Odieuvre.

ANGENNES, (Charles d') Chevalier, Seigneur de Fontaineriant & d'Efcures. *Hubert*, 1685, in-fol. maj.

ANGENNES, (Charles d') Cardinal de Rambouillet, fils de Jacques d'Angennes & d'Ifabelle Dame de Maintenon, né le dernier Octobre 1530, Ambafladeur à Rome, Cardinal en 1570, mort à Corneto en Tofcane, le 21 Mars 1587. 1. Fr. *Ragot*, in-4. 2. *Boiffevin*.

ANGENNES, (Sœur Charlotte-Catherine d') de Rambouillet, Abbeffe de Notre-Dame d'Yerres, décédée le 22 Mai 1691, dans la 69e année de fon âge, & la 53e de fa Profeffion. *Gantrel*, 1691, in-8.

ANGLEBERT, (Jean-Henri d') Ordinaire de la Mufique de la Chambre du Roi, pour le Clavecin. *Mignart*, p. C. *Vermeulen*, fc. in-fol.oblong.

ANGLETERRE, (Henriette-Marie de France, Reine d') fille de Henri IV. femme de Charles I. Roi d'Angleterre,

des François illustres. 137

tetre, née le 25 Novembre 1609, mariée le 11 Mai 1625, repassa en France en 1644, pour fuir la persécution de ses Sujets, morte à Colombes le 10 Sept. 1669. 1. Crispin *de Pass*, en petit ovale. 2. Dan. *Mytens*, p. J. *Delf*, sc. in-fol. 3. *Vandyck*, p. J. *Suyderhoef*, sc. in-fol. 4. Petr. *de Jode*, in-fol. maj. 5. N. V. *Horst*, p. C. *Galle*, sc. in-4. 6. *Vandyck*, p. Pet. *de Jode*, sc. in-4. 7. W. *Hollar*, 1641, in-8. 8. En Veuve, G. F. 9. *Moncornet*.

ANGLETERRE, (Madeleine de France, Reine d') fille de François I. naquit à S. Germain-en-Laye le 10 Août 1520, morte le 2 Juillet 1537, un an après son mariage. *Vander Werff*, p. *Ganst*, sc. in-fol.

ANGLURE (Charles-Fr. d') de Bourlemont, Archevêque de Toulouse, le 1 Juillet 1662, mort en 1669. *Ferdinand*, p. *Van Schupen*, sc. 1665, in-fol.

ANGLURE (Louis d') de Bourlemont, Archevêque de Bordeaux, en 1680, mort en cette ville le 9 Novembre 1697, âgé de 70 ans. N...

ANGLURE, (Anne d') Marquise de Bourbonne. N... in-8.

ANGLURE. Voy. GIVRY.

ANGOULESME, (Louise de Savoye, Comtesse d') mère de François I. morte à Grets en Gâtinois, le 22 Septembre 1531, âgée de 55 ans & 11 jours. 1. N... dans le P. Montfaucon. 2. Dessin au Cabinet du Roi. 3. Dessin au Cabinet de M. Fontette.

ANGOULESME, (Marguerite d') mariée 1.° à Charles, Duc d'Alençon, 2.° le 24 Janvier 1526 à Henri d'Albret, Roi de Navarre, morte le 21 Décembre 1549. N... dans le P. Montfaucon.

ANGOULESME, (Diane de France, Duchesse d') morte à Paris le 11 Janvier 1619, âgée de 80 ans; étoit fille naturelle de Henri III. N... dans le P. Montfaucon.

ANGOULESME, (Charles d'Orléans, Comte d') mort à Châteauneuf en Angoumois, le 1 Janvier 1495, âgé de 37 ans. N... dans le P. Montfaucon.

ANGOULESME, (Henri d') Grand-Prieur de France, fils naturel de Henri II. Abbé de la Chaise-Dieu en 1562, tué à Aix en Provence, par le Baron de Castellane, le 2 Juin 1586. N... dans le P. Montfaucon.

ANGOULESME. Voy. VALOIS.

ANGUIER, (Michel) Sculpteur célèbre, mort à Paris en 1686, âgé de 74 ans. *Revel*, p. *Cars*, sc. 1733, in-fol.

ANJOU, (Geoffroy, dit Martel, Comte d') mort le Mardi 14 Novembre 1060, à S. Nicolas d'Angers, ayant pris peu d'heures auparavant l'habit de Religieux. N... dans l'Histoire des Ministres, par d'Auteuil.

ANJOU, (Foulques Nerra, Comte d') mort à Metz le 21 Juin 1040. N... dans Thevet.

ANJOU, (Charles I. d') Roi de Naples, couronné par le Cardinal de Chevrier, en 1265. N...

ANJOU, (Louis II. d') Roi de Naples, &c. Duc d'Anjou, Comte de Provence, &c. né en 1377, mort en 1417. *Boudan*, d'après un pastel, in-fol.

ANJOU, (Jeanne I. d') Reine de Naples. N... in-12.

ANJOU, (René d') Roi de Naples, &c. Duc d'Anjou, de Lorraine, &c. Comte de Provence, &c. né en 1408, institua l'Ordre des Chevaliers du Croissant en 1448, mort en 1480, le 10 Juillet. 1. *Boudan*, in-fol. 2. N... dans Odieuvre. 3. Dessin au Cabinet du Roi. 4. Dessin au Cabinet de M. de Fontette. N... sa femme. N... dans le P. Montfaucon.

ANISSON, (Laurent) Imprimeur & Echevin de Lyon en 1670 & 1671, mort en 1672. C. *Pantopin*, p. *Lanvers*, sc. in-fol.

ANNES, (Les XIII.) Princesses du Sang Royal. N... Voy. ci-après, ANNE D'AUTRICHE, au mot FRANCE, après LOUIS XIII.

ANNE (la Vénérable Mère) de Jesus, Carmélite, Compagne de Sainte Thérèse, Fondatrice de plusieurs Monastères en France & en Flandres, décédée à Bruxelles le 4 Mars 1621, âgée de 76 ans, en opinion de Sainteté. 1. Ant. *Vierse*, in-4. 2. *Lochon*, in-4. Copie du précédent.

ANNE (la Bienheureuse Mère) de Beauvais, dite de la Mère de Dieu, Religieuse Ursuline, décédée étant Prieure du Monastère de Saumur, le 10 Juin 1620, âgée de 33 ans. Ant. *Boudan*, in-fol.

ANNE (la Vénérable Mère) de S. Barthelemi, Carmélite, Compagne perpétuelle de Sainte Thérèse, qui mourut entre ses bras; Fondatrice des Carmélites Déchaussées en France, & dans la Ville d'Anvers, où elle décéda en odeur de Sainteté, le 7 Juillet 1626, âgée de 76 ans, dont elle en avoit passé 57 en Religion. N... in-8.

ANNEBAUT, (Claude Seigneur d') Amiral de France, mort en 1552. *Boudan*.

ANNEBAUT, (Jean, Seigneur d') fils de l'Amiral, mort en 1562, de blessures qu'il avoit reçues à la Bataille de Dreux. Dessin au Cabinet de M. de Fontette.

Claude-Catherine de Clermont-Dampierre, sa femme, morte à Paris en 1604. Elle avoit épousé en secondes noces Albert de Gondy, Duc de Retz. Dessin au Cabinet de M. de Fontette.

ANNIBAL, né à Marseille en 1638, mort en 1759, âgé de 121 ans. *Lucas*, p. *Viali*, sc. 1748, in-fol.

ANSCHERIC, Evêque de Paris, & grand Chancelier sous le Roi Eudes, mort environ l'an 910 ou 911. Dans l'Histoire des Ministres, par d'Auteuil.

ANSELME (le Père) de Sainte Marguerite, de l'Ordre des Hermites Déchaussés de S. Augustin, décédé à Paris en faisant les fonctions de Procureur-Général de la Congrégation de France, le 1 Avril 1653, âgé de 56 ans. *Huret*, in-8.

ANSELME, (Antoine) Prédicateur, né à l'Isle-Jourdain en Armagnac, Historiographe des Bâtimens, & Membre de l'Académie des Belles-Lettres, mort dans son Abbaye de S. Sever en Gascogne, en 1737, âgé de 86 ans. 1. *Rigaud*, p. *Simoneau*, sc.

ANTELMI, (N...... d') Conseiller au Parlement de Provence. *Cundier*, in-fol.

ANTIN, (Julie-Françoise, Marquise d') de la Maison d'Uzès, & belle-fille de M. de Montespan, mariée le 21 Août 1686. *Bonnart*, 1695, in-fol.

ANTIN. Voy. GONDRIN.

ANTOINE, (Dominique) Médecin & Mathématicien, Directeur des Hôpitaux du Saint-Esprit. J. *le Févre*, p. B. *Picart*, sc. 1696, in-4.

ANTOINETTE (la Révérende Mère) d'Orléans, de Sainte Scholastique, laquelle étant veuve du Marquis de Bellisle, Charles de Gondy, fit Profession au Monastère des Religieuses Feuillantines de Toulouse, fonda les Bénédictines de la première Règle, sous le nom de la Congrégation de N. D. du Calvaire & de Sainte Scholastique; décédée dans le premier Couvent du Calvaire, à Poitiers, le 25 Avril 1618. *Gantrel*, in-8.

ANTOINETTE (la Vénérable Mère) de Jesus, (Journel, veuve Vivenel,) Chanoinesse Régulière de S. Augustin, décédée le 5 Octobre 1678, âgée de 66 ans. Et. *Gantrel*, in-8.

AQUIN, (Antoine d') premier Médecin du Roi, auparavant premier Médecin de la Reine Marie-Thérèse d'Autriche; quitta la Cour l'an 1693, & mourut à Vichy en 1696, âgé de 69 ans. 1. *Loire*, p. H. *Jans*, sc.

Tome IV. Part. II.   S

in-fol. 2. *Rigaud*, p. *Jans*, sc. 1693, in-fol. 3. *Picart*, 1695.

Aquin, (Louis-Claude d') Organiste. *Petit*.

Aquin, (Louis d') Abbé. 1. *Gantrel*, in-fol. obl. 2. Le même, Evêque de Séez en 1669, mort en 1710, âgé de 43 ans. *Gantrel*, 1700, in-fol.

Arbouze (la Vénérable Mère Marguerite de Véni d') de Sainte Gertrude, Abbesse & Réformatrice de l'Abbaye de Notre-Dame du Val-de-Grace, Ordre de S. Benoît, décédée le 16 Août 1626, âgée de 46 ans. 1. N... in-4. avec des Anges qui répandent des fleurs. 2. L. *Moreau*, in-4.

Arbrissel, (le Bienheureux Robert d') Fondateur de l'Ordre de Fontevrault, né à Arbrissel en Bretagne, mort au Prieuré d'Orsan en 1117. 1. Couché, d'après son Tombeau. N.... in-4. 2. *Desrochers*. 3. *Jollain*. 4. *Van Lochon*, in-8. 5. G. *Vallet*, in-4.

Arc, (Jeanne d') dite la Pucelle d'Orléans, née à Domremy en Lorraine, qui fit lever le Siège d'Orléans aux Anglois, & sacrer le Roi Charles VII. à Reims en 1429 ; fut brûlée à Rouen comme Sorcière. 1. N.... dans Thévet. 2. L. *Gautier*, en trois manières, 1613, in-8. 3. N... dans le Livre de la Gallerie du Palais Cardinal, in-fol. 4. *Moncornet*, 5. En habit de Cour, avec des plumes. N.... in-8. 6. En cuirasse & cheveux épars, une lance à la main. N... in-4. 7. En ovale, une épée à la main : J. *le Clerc*, 1612, in-8. 8. En pied, un étendart à la main. N... in-12. 9. *Marcenay*, 1769, in-8.

Archanche (le Père) Ripault, de Paris, Capucin, Définiteur de la Province, décédé le 17 Février 1635. M. *Lasne*, in-8.

Archant, (Madame de l') femme du Capitaine des Gardes du Roi Henri III. Dessin au Cabinet du Roi.

Archimbaud, (Noel) Médecin, en 1596. *Math. Greuter*, 1596, in-4.

Ardier, (Paul d') Président en la Chambre des Comptes. *Humblot*, in-fol.

Arebant. (Mademoiselle de l') Dessin au Cabinet du Roi.

Arerès (Pierre-François d') de la Tour, Oratorien, mort Général de sa Congrégation le 13 Février 1733. *Desrochers*.

Argenson. Voy. Voyer.

Argentré, (Bertrand d') Président au Siège du Sénéchal de Rennes, Auteur d'une Histoire de Bretagne & d'un Commentaire sur la Coutume, fut obligé de sortir de Rennes pendant la faction de la Ligue, & mourut de déplaisir, le 13 Février 1590, âgé de 71 ans. 1. Thomas *de Leu*, in-4. 2. *Larmessin*, in-4.

Argouges, (François d') premier Président au Parlement de Rennes, puis Conseiller d'Etat. *Duchesne*, p. J. *Frosne*, sc. 1669, in-fol.

Argouges (Jérôme d') de Rasnes. N... dans Odieuvre.

Argouges, (Henri d') Abbé du Mont-Saint-Quentin en 1672, mort à Paris le 10 Janvier 1678. J. *Lenfant*, del. & sc. 1672, in-fol.

Argouges, (François d') Evêque de Vannes en 1687. *Gantrel*, in-fol.

Argy, (N.... de Brissac, Seigneur d') sous Henri III. Dessin au Cabinet de M. de Fonterte.

Arlatan (Sextius d') de Montaud, Conseiller au Parlement d'Aix. 1. *Cundier*, in-fol. 2. *Vanloo*, p. *Coussin*, sc. in-fol.

Arlequin, (Joseph Dominique, fameux Comédien Italien, connu sous le nom d') né à Bologne en Italie, mort à Paris le 2 Août 1688. 1. En robe de chambre, *Ferdinand*, p. N. *Habert*, sc. in-fol. 2. En habit de Théâtre, *Ertinger*, 1694, in-12.

Armagnac, (Georges, Cardinal d') créé par Paul III. le 19 Décembre 1544, Archevêque d'Avignon, Ambassadeur de France à Rome, mort le 3 Juillet 1585, âgé de 85 ans. 1. *F. V. W.* in-8. 2. Dessin au Cabinet du Roi. 3. En Buste. N.... 4. Deux Dessins au Cabinet de M. de Fonterte.

Armagnac, (Bernard d') Connétable de France en 1415, Gouverneur Général des Finances, & massacré dans une émeute à Paris, le 12 Juin 1418. 1. N... dans le P. Montfaucon. 2. En Buste. N....

Armagnac, (Jean d') Cardinal, fils naturel de Jean, Comte d'Armagnac, fut fait Archevêque d'Auch en 1391, Conseiller d'Etat en 1401, Cardinal en 1409. En Buste, N...

Armagnac, (Jean d') Maréchal de France ; Chambellan du Roi Louis XI. & son principal Favori, mort en 1471. En Buste. N....

Armelle, (Armelle Nicolas, dite La Bonne) native de Bretagne, servante de profession, morte en odeur de Sainteté, le 24 Octobre 1671, âgée de 75 ans. Son corps repose dans l'Eglise des Ursulines de Vannes, en Bretagne. *Bazin*, in-4.

Armenonville. Voy. Fleuriau.

Arnaud, (Roland Paul) Chirurgien du Roi, mort à Paris le 23 Janvier 1723, âgé de 66 ans. *Desrochers*, in-8.

Arnauld, (Robert) Seigneur d'Andilly, fils aîné d'Antoine Arnauld, Avocat & Conseiller du Roi en ses Conseils d'Etat & Privé ; mourut à Port-Royal-des-Champs le 27 Septembre 1674, âgé de 85 ans. 1. Phil. *Champagne*, p. J. *Morin*, sc. in-fol. 2. G. *Edelink*, 1675, in-fol. 3. J. *Lubin*, in-fol. 4. N. *Hubert*, in-8. 5. *Lochon*, in-4. 6. N... petit Buste, in-24.

Arnauld, (Henri) Evêque d'Angers, autre fils d'Antoine Arnauld, & de Catherine Marion, né à Paris le 30 Octobre 1597, mort à Angers le 8 Juin 1692. 1. *Mignard*, p. Mich. *Lasne*, sc. in-fol. 2. N. *de Plattemontagne*, 1661. En pied, in-fol. 3. *Larmessin*, 1662, in-fol. 4. P. *Lombart*, in-fol. 5. *Trouvain*, dans un ovale, in-fol. 6. Ger. *Audran*, 1685, in-4. 7. N. *Hubert*, in-8. 8. Et. *Desrochers*, 1699, in-8. 9. *Poilly*, in-fol. 10. *Langlois*, 11. N... petit Buste, in-24.

Arnauld, (Antoine) Docteur de Sorbonne, dernier fils d'Antoine, Avocat, né à Paris le 6 Février 1612 ; illustre par son érudition, mourut à Bruxelles le 8 Août 1694. 1. *Langlois*, 1694, in-8. 2. J. B. *Champagne*, p. G. *Edelinck*, sc. 1695, in-fol. 3 & 4. N. *Hubert*, in-8. & in-fol. 5. *Hubert*, 1694, in-4. 6. C. *Simoneau*, in-fol. 7. *Drevet*, 1696, in-fol. 8. *Edelinck*, 1696, dans un ovale, in-fol. 9. Et. *Desrochers*, 1697, in-8, 10. Sim. *Thomassin*, 1698, in-8. 11 & 12. N. *Hubert*, 1698, in-8. & in-4. 13. *Lochon*. 14. N... dans Odieuvre. 15. N... petit Buste, in-24.

Arnauld, (Simon) Seigneur de Pomponne, Ministre & Secrétaire d'Etat, Ambassadeur en Suède, en Hollande, & encore en Suède en 1671, décédé à Fontainebleau le 26 Septembre 1699, âgé de 81 ans. 1. *Nanteuil*, del. & sc. in-fol. 1675. 2. *Larmessin*.

Arnauld, (Henri Charles) de Pomponne, Abbé de S. Maixent & de S. Médard de Soissons, Aumônier ordinaire du Roi, Conseiller d'Etat, Doyen du Conseil, Commandeur & Chevalier des Ordres du Roi, Ambassadeur à Venise, né à la Haye en Hollande, pendant l'Ambassade de son père, en 1669, mort en 1756. 1. *Picart*, 1689, in-fol. 2. P. *Vanloo* père, p. G. E. *Petit*, sc. in-fol. maj. 3. *Desrochers*.

des François illustres. 139

ARNAULD, (la Mère Marie-Angélique) fille d'Antoine Arnauld, Avocat, Abbesse & Réformatrice de Port-Royal, qui obtint du Roi la permission de rendre son Abbaye élective & triennale, morte le 6 Août 1661, âgée de 70 ans. 1. *Champagne*, p. P. *Van Schupen*, sc. 1662, in-fol. maj. 2. J. *Boulanger*, in-fol. 3. N. *Hubert*, en petit. 4. Et. *Desrochers*, in-8. 5. N... petit Buste, in-24.

ARNAULD, (la Mère Catherine-Agnès de S. Paul) Sœur de la précédente, Abbesse de Port-Royal, décédée le 19 Février 1671, âgée de 79 ans, en odeur de très-grande piété. 1. *Champagne*, p. *Boulanger*, sc. in-fol. 2. N. *Hubert*, in-8. 3. *Crespy*. 4. *Masson*, in-4. 5. *Desrochers*. 6. N... petit Buste, in-24.

ARNAULD, (la Mère Angélique de S. Jean) fille de Robert Arnauld d'Andilly, Abbesse de Port-Royal, décédée le 29 Janvier 1684, âgée de 59 ans. 1. N. *Hubert*, in-8. 2. *Chiquet*, in-4.

ARNOUL, (Pierre) Intendant des Galères. *Largilliere*, p. 1694. *Cundier*, sc. 1717.

ARPAJON, (Louis, Vicomte, puis Duc d') Lieutenant-Général en Languedoc, Maréchal de Camp, Ambassadeur en Pologne, fait Chevalier du S. Esprit le 14 Mai 1633, Duc en 1651, mort à Séverac en 1679. 1. N... dans le Livre des Triomphes de Louis le Juste, in-fol. 2. *Roussel*, en petit, avec une Devise. 3. M. *Lasne*, 1653, in-fol. 4. *Moncornet*.

ARQUIEN, (Henri de la Grange d') Cardinal-Diacre, créé le 12 Décembre 1695. F. *Desportes*, p. R. V. *Andescand*, sc. Romæ, in-fol.

ARS. Voy. BREMOND.

ARTAIGNAN. Voy. MONTESQUIOU.

ARTOIS. (Charles d') N... dans le P. Montfaucon.

ASFELDT, Voy. BIDAL.

ASSELINE. Voy. EUSTACHE.

ASSOUCY, (Charles d') Poëte ordinaire du Roi d'Angleterre, fils d'un Vigneron du Village de Soucy, à deux lieues de Sens, né en 1604, mort en 1679. M. *Lasne*.

ASTRUC, (Joannes) Salubris Comiti Socius, Doctori Medic. Parif. Professor Regius, &c. (Il étoit né à Sauves, Diocèse d'Alais, & est mort à Paris en 1766, âgé de 83 ans.) 1. L. *Vigée*, p. J. *Daullé*, sc. 1756, in-4. 2. Gaut. *Dagoty* fils, d'après *Vigée*, in-4. en manière noire, dans la Gallerie Françoise, 1. Ed. in-4. Cahier II. 3. *Monnet*, del. Louis *Stalbon*, sc. 1771. Dans la Gallerie Françoise, 2. Ed. in-fol. Cahier III.

AVAUGOUR, (Charles, Baron d') l'un des Plénipotentiaires du Roi pour les Traités de Westphalie, & Colonel de Cavalerie dans l'Armée des Suédois en 1649. Ant. *Vanhale*, p. Nat. *Borreken*, sc. 1649, in-fol.

AUBAIN. (Olivier) N... en petit.

AUBENCOURT. Voy. POTIER.

AUBERT, (Jean-Louis) Chapelain de l'Eglise de Paris, né à Paris le 15 Février 1731, Auteur de Fables & du Poëme de Psyché. *Aubert*, del. *De Lorraine*, sc.

AUBERTIN, (Edme) Ministre (Calviniste) à Charenton en 1618, puis à Chartres & à Paris en 1631, né à Chaalons-sur-Marne en 1595, mort à Paris le 5 Avril 1652. 1. N... 1659, in-4. 2. *Desrochers*.

AUBESPINE, (Claude de l') Secrétaire d'Etat en 1543, mort le 15 Novembre 1567. Dessin au Cabinet de M. de Fontette.

AUBESPINE, (Sébastien de l') frère du précédent, Evêque de Limoges, mort en 1582. Dessin dans le même Cabinet.

AUBESPINE, (Guillaume de l') Conseiller d'Etat, Commandeur & Chancelier des Ordres du Roi, Ambassadeur du Roi Henri III. en Angleterre, mort en 1629. *Daret*, in-4.

Marie de la Chastre, sa femme, décédée en 1626. 1. S. *Boissevin*, in-4. 2. *Daret*.

AUBESPINE, (Charles de l') Marquis de Châteauneuf, né à Paris en 1580, Garde des Sceaux en 1630; il les quitta en 1633; ils lui furent rendus en 1650; il les remit encore en 1651, & mourut à Leuville le 26 Septembre 1653. 1. *Dumoustier*, p. Fr. *Ragot*, sc. in-fol. 2. *Daret*, 1650, in-fol. 3. *Daret*, in-fol. obl. entre deux Figures. 4. *Moncornet*. 5. *Daret*, in-4.

AUBESPINE, (Gabriel de l') fils de Guillaume & frère de Charles; Evêque d'Orléans en 1604, mort à Grenoble le 15 Août 1630. 1. *Daret*, in-4. 2. M. *Lasne*, del. & sc. in-fol.

AUBIER, (Ithier) pieux Solitaire, né au Village de Saint-Père, près d'Orléans, mort le 24 Juillet 1754. N..., in-12. à la tête de la Relation de sa Conversion, &c.]

AUBIGNAC. Voy. HEDELIN.

AUBIGNÉ, (Françoise d') Marquise de Maintenon; née en 1635, le 27 Novembre, dans la prison de Niort, épousa le Poëte Scarron à l'âge de 16 ans, dont elle fut veuve le 27 Juin 1660; elle devint ensuite Favorite de Louis XIV. & mourut à Saint-Cyr en 1719, âgée de 84 ans, le 15 Avril. 1. P. *Giffart*, 1687, in-fol. 2. N... dans Odieuvre. 3. *Larmessin*. 4. *Desrochers*. 5. *Mignard*, p. 1694. *Ficquet*, sc. 1759, in-8. 6. En manière noire : *Vide, mulier, &c*. Pet. *Schenk*, in-fol.

AUBIGNY, (Madame la Marquise d') & Mademoiselle sa fille. *Trouvain*, en deux petits ovales.

AUBIGNY. Voy. LENOX.

AUBIJOUX (le jeune Comte d') d'Amboise, sous Henri III. Dessin au Cabinet du Roi.

AUBIJOUX. (Madame d') Dessin au Cabinet du Roi.

AUBIN, (Saint) Evêque d'Angers, mort en 556. N... in-4.

AUBRAY, (Dreux d') Lieutenant-Civil. 1. *Mellan*, del. & sc. in-fol. 2. *Vallet*, in-fol. 3. *Nanteuil*, 1658, in-fol.

AUBRAY, (Antoine d') Chevalier, Comte d'Offemont, Lieutenant-Civil, Maître des Requêtes & Conseiller d'Etat. A. *Paillet*, p. G. *Vallet*, sc. in-fol.

AUBUSSON, (Pierre d') Grand-Maître de Rhodes, né dans la Marche en 1425, Grand-Maître en 1476, obligea les Turcs de lever le Siège de devant Rhodes en 1480, & mourut en 1503, âgé de 80 ans. 1. En bois, comme Cardinal, 1488, in-12. 2. P. *Sevin*, p. Et. *Gantrel*, en pied, in-4. 3. N... dans l'Histoire de Malthe, par l'Abbé de Vertot.

AUBUSSON, (François d') Duc de la Feuillade, Pair & Maréchal de France, Chevalier des Ordres du Roi en 1689, Gouverneur de Dauphiné, Colonel du Régiment des Gardes Françoises, mort à Paris le 19 Septembre 1691. 1. N. *Larmessin*. 2. *Arnoult*. 3. Dans Odieuvre. 4. En Médaillon, soutenu par un Ange couronné. N... 5. N... in-8.

AUBUSSON, (Louis, Vicomte d') Duc de la Feuillade & de Roannès, Pair de France, Gouverneur de Dauphiné, né le 30 Mai 1673, Maréchal de France le 2 Février 1724, mort à Marly le 29 Janvier 1725. J. F. *Cars*, fils. Lugduni, 1699, in-fol. maj.

Charlotte-Thérèse de Châteuneuf, Duchesse de la Feuillade, mariée à Louis, Duc de la Feuillade, le 8 Mai 1692, morte sans enfans le 5 Septembre 1697, âgée de 22 ans. 1. *Bonnart*. 2. *Trouvain*, 1695.

AUCHY. Voy. des URSINS.

AUDIBERT, (François d') Vicomte de Luffan, Maréchal de Camps, Colonel de Cavalerie, Commandeur de l'Ordre de S. Lazare; avoit eu le bras emporté d'un coup de canon, & s'étoit retiré à Avignon. P. *David*, del. & fc. à Avignon, 1689, in-fol.

AUDIFFRET, (le Père Hercule) de la Congrégation de la Doctrine Chrétienne, natif de Carpentras, décédé à Paris en 1659. L. *Coffin*, in-8.

AUDRAN, (Gérard) Graveur, né à Lyon en 1649, mort à Paris en 1703, âgé de 63 ans. Dans Odieuvre.

AUDRAN, (Benoît) Graveur, mort en 1721. Dans Odieuvre.

AUDRAN, (N.... peut-être Benoît, neveu du précédent,) avec fon chat fur l'épaule, & fix vers. Jean *Michel*, fon élève, le 2 Janvier 1750, in-12.

AVEJEAN, (Charles de Bannes d') Evêque d'Alais, en 1721, mort à Paris le 23 Mai 1744, âgé de 56 ans. N...

AVELLIN, (le Bienheureux André) Clerc Régulier Théatin, mort le 10 Novembre 1608, béatifié en 1624. P. *Mariette*, in-4.

AVENANT. (Madame d') G. *Kneller*, p. J. *Smith*, fc. in-fol. en manière noire.

AVERNES, (Eustache-Bernard d') Chevalier de Malthe. *Landry*, del. & fc. 1680, in-fol.

AUGER, (Edmond) Jésuite, natif de Troyes, entra dans la Société à Rome en 1550, fut Confesseur du Roi Henri III. & après avoir échappé à beaucoup de périls pendant les guerres de la Ligue, il fe retira en Italie, & mourut à Côme le 17 Juin 1591. Gasp. *Bouttats*, Antverpiæ, in-fol.

AULNOY, (la Comtesse d') Voy. JUMEL.

AUMALE, (Charles, Comte d') Lieutenant-Général, Directeur des Fortifications. *Chevalier*, p. 1749. *Wilt*, fc. 1751, in-4.

AUMONT, (César, Marquis d') Chevalier des Ordres du Roi en 1651, petit-fils de Jean d'Aumont, Maréchal de France; fut Gouverneur de Touraine, & mourut en 1661, le 20 Avril, âgé de 61 ans. H. *David*, in-fol.

AUMONT, (Madame d') auparavant Madame la Comteffe de la Chapelle, fous Henri IV. s'appelloit Catherine Hurault de Cheverny, & avoit époufé en premières nôces Virginal d'Efcoubleau, Comte de la Chapelle, puis Antoine d'Aumont, Baron d'Eftrabonne; morte le 13 Avril 1615, âgée de 32 ans. Deffin au Cabinet du Roi.

AUMONT, (Antoine d') de Rochebaton, Marquis de Villequier, &c. Capitaine des Gardes du Corps, Maréchal de France en 1651, Gouverneur de Paris en 1662, Duc & Pair en 1665, mort à Paris d'apoplexie le 11 Janvier 1669, âgé de 68 ans. 1. N... in-4. 2. *Daret*, 1652, in-4. 3. N... dans les Triomphes de Louis-le-Jufte, 4. *Larmeffin*.

AUMONT, (Madame la Marquife d') de Villequier. *Trouvain*, 1694, in-fol.

AUMONT, (Louis-Marie, Duc d') fils d'Antoine, né le 9 Décembre 1631, premier Gentilhomme de la Chambre du Roi en 1669, mort à Paris d'apoplexie en 1704, le 19 Mars, âgé de 72 ans. 1. P. *Giffart*, in-fol. 2. J. *Garnier*, p. Guill. *Vallet*, 1687, in-fol.

AUMONT, (Madame la Ducheffe d') en déshabillé. *Bonnart*, 1695, in-fol.

AUMONT, (Jean d') Maréchal de France en 1579, mort le 19 Août 1595, âgé de 73 ans, d'une bleffure qu'il avoit reçue au Siège de Comper, à quatre lieues de Rennes. 1. N... 2. A fimple trait tourné comme à la plume, à cheval, dans un ovale, in-fol.

AUMONT. Voy. HUMIÈRES.

AUMONT, (Jean d') dit la Croix, natif de Montmorency, d'une fingulière piété & dévotion envers la Paffion de N. S. J. C. mort le 19 Avril 1689, âgé de 80 ans & cinq mois. 1. A. *Berault*, p. C. *Vermeulen*, fc. in-8. 2. Pierre-Ch. *Fabiot*.

AUNILLON, (P.C.E.) Abbé de Gué-de-Launay, Miniftre Plénipotentiaire du Roi près de l'Electeur de Cologne, qui a fait graver ce Portrait à fes frais; ce qui a donné lieu à l'Infcription qui eft au bas, mort en 1760, à 76 ans. *Brandt*, p. J. *Tardieu*, fc. 1753, in-4.

AVOLLÉ (Hercules-Mériadec d') de Prédavid, Prêtre de Paris, mort en 1738. *Schmidt*, in-4.

AVOUSTE (Jérôme d') de Laval, Poëte qui a traduit Pétrarque en Vers François, âgé de 25 ans, en 1583. N... en bois, in-8.

AVRILLON, (J. B. Elie) Religieux Minime, né à Paris en 1652, mort en 1729, âgé de 78 ans. *Scotin*, dans la Suite d'Odieuvre, in-8.

AURE, (Sainte) Abbeffe à Paris, Difciple de S. Eloy, en 630. *Van Lochon*, in-4.

AURELIE, (la Bienheureufe) Françoife, exemple des femmes récluses, en 1027. *Van Lochon*, in-4.

AUSONE, (Decius Magnus) de Bordeaux, ancien Poëte Latin, Conful Romain en 379, mort en 392. N... dans Thévet.

AUTHUN, (Louis Lewith d') Licentié ès Loix, Profeffeur Royal en Langue Hébraïque, & Inventeur d'une Méthode générale pour apprendre toutes les Langues, par rapport à cette première. J. *Lenfant*, in-4.

AUVERGNE, (Jacques d') Parifien, Profeffeur Royal en Arabe. J. *Lenfant*, del. & fc. 1669, in-fol.

AUVERGNE. (Mademoifelle d') *Bonnart*.

AUVRY, (Claude) Evêque de Coutances en 1646; fe démet de fon Evêché, & devient Tréforier de la Sainte-Chapelle, & Vicaire-Général du Cardinal Antoine Barberin, Archevêque de Reims, mourut à Paris le 9 Juillet 1687. 1. N... 1660, in-fol. 2. Idem, retouché.

AUZANET, (Barthélemi) ancien Avocat, mort le 17 Avril 1673, âgé de 82 ans. Simon *Thomaffin*, 1707, in-fol.

AUZOLLES, (Jacques d') Sieur de la Peyre, Gentilhomme d'Auvergne, fils de Pierre d'Auzolles & de Marie Fabry, Auteur de plufieurs Ouvrages de Géographie & de Chronologie, peu estimés, né en 1571, & mort en 1644. 1. J. *Picard*, 1631, in-4. 2. Idem, 1640, in-fol. entouré des Portraits de ceux auxquels il a dédié fes Œuvres. 3. En Médaillon. N...

AYMARD, (N . . . . d') Baron de Chateaurenard, Confeiller au Parlement de Provence. Germ. *Audran*, in-fol.

AYMON, (N....) connu fous le titre de Général de la Calotte; étoit Porte-manteau du Roi Louis XV. 1. Ch. *Coypel*, p. & fc. à l'eau forte, & terminé au burin par *Soullain*, in-fol. (avec l'habit de fon Régiment folâtre.) 2. Le Comte de *Caylus*.

AYRAIL, (Pierre) Poëte. Th. *de Leu*, 1589, in-8.

AYRAULT, (Pierre) Angevin, Lieutenant-Criminel du Préfidial d'Angers, & Maire de cette Ville, décédé le 21 Juillet 1601, âgé de 65 ans. 1. L. *Gauthier*, 1615, in-fol. 2. *Saterhelt*, in-4.

B.

Bachaumont, (Louis Petit de) né à Paris. *Carmontel*, p. 1761. *Hovel*, fc.

Bachelier (Pierre) de Gentes, né à Reims le 17 Juin 1611, après avoir vécu dans une grande piété, mort dans cette Ville le 4 Mai 1672, âgé de 61 ans. Jean Colin, in-8.

Bachelier, (Henri) Sieur de Moncel, Lieutenant-Criminel. *De Troy*, p. *Petit*, fc.

Bachot, (Jérôme) Parisien, Ingénieur & Géographe ordinaire du Roi, Architecte des Réparations & Fortifications en Bretagne, Commissaire de l'Artillerie, âgé de 43 ans, en 1631. C. *Errard*, in-4.

Bacoue, (Léon) Religieux de l'Ordre de S. François, Evêque de Glandèves, mort à Pamiers le 13 Février 1694, âgé de 92 ans. Fr. *Ertinger*, 1689, ætat. 87, in-4.

Bacquère, (Marguerite de) Veuve de Nicolas de la Tour, morte en 1658. *Troyen*.

Baglion (François de) de la Salle, Evêque d'Arras, 1733. *Wampe*, p. *Daullé*, fc. dans une Thèse, in-fol.

Baglion, (François-Ignace de) de Saillant, Prêtre de l'Oratoire, Evêque de Tréguier en 1679, puis Evêque de Poitiers en 1686, mort en Janvier 1698. 1. *Gantrel*, in-fol. 2. *Paillet*, p. G. *Vallet*, fc. 1687, in-fol.

Baglivus (Georgius) Medicus Doctor, & in Romano Archilyceo Anatomes Professor; Romæ decessit, an. 1706. Carl. *Maratte*, p. *Duflos*, fc. 1703, in-4.

Baïf, (Jean-Ant. de) Poëte, fils naturel de Lazare de Baïf, Ambassadeur du Roi François I. à Venise, & d'une Dame Vénitienne; né à Venise en 1531, mort en France en 1591. 1. Guill. *Taboutins*, p. N... en bois, in-12. 2. Th. *de Bry*, in-4. 3. N... en petit.

Baillet. Voy. Saint-Julien.

Baillet, (Adrien) Prêtre du Diocèse de Beauvais, Bibliothécaire de M. le Président de Lamoignon, mort à Paris le 21 Janvier 1706, âgé de 57 ans. 1. S. *Audran*, 1709, in-fol. 2. N... 1710, in-16. 3. *Thomassin*. 4. N... dans Odieuvre.

Bailleul, (Nicolas de) Président au Parlement de Paris, Surintendant des Finances, Chancelier de la Reine Anne d'Autriche, fils aîné de Nicolas de Bailleul, Gentilhomme ordinaire de la Chambre du Roi, mourut en 1652. 1. Mich. *Lasne*, del. & fc. 1643, in-fol. dans des Ornemens. 2. Idem, in-fol. sans Ornemens. 3. *Ganière*, in-fol. dans des Ornemens. 4. *Moncornet*.

Bailleul, (Louis de) Président, fils de Nicolas & d'Elisabeth Mallier sa seconde femme, épousa en 1647 Marie de Ragois de Bretonvilliers, fut reçu Président le 20 Août 1652, se démit de sa Charge en 1689, en faveur de Nicolas-Louis son fils, pour se retirer dans l'Abbaye de S. Victor, où il est mort le 11 Juillet 1701, âgé de 79 ans. 1. Fr. *Poilly*, 1659, in-fol. 2. *Nanteuil*, 1658. 3. Idem, 1661, in-fol.

Baillive de Caen, (la) Maîtresse de François I. Dessin au Cabinet de M. de Fontette.

Baillou, (Guillaume de) Docteur en Médecine de la Faculté de Paris, âgé de 43 ans, né à Paris en 1538, de Nicolas, Architecte; Doyen de la Faculté de Médecine en 1580, mort en 1616, & enterré à S. Paul. Gasp. *Isaac*, 1635, in-4.

Bailly, (Guillaume) Abbé de S. Thierry, Avocat-Général au Grand-Conseil, mort le 21 Décembre 1646. P. *Simon*, 1667, in-fol.

Baines, (Jacques) Chevalier, Maître de l'Ordre de S. Ladre de Jérusalem. N...

Balagny, (M. de) sous Henri IV. Dessin au Cabinet du Roi.

Balagny. Voy. Montluc.

Balduin, (François) d'Arras, Docteur-Régent en Droit, Maître des Requêtes de Henri III. Jurisconsulte célèbre, décédé à Paris en Novembre 1573, âgé de 53 ans, enterré aux Mathurins. 1. *Stuerhelt*, in-4. 2. N... en Flandres dans une suite, le 21e in-4. 3. N... en petit.

Ballard, (Robert) Imprimeur de Musique, à Paris. *Le Febvre*, p. *Duflos*, fc. 1713.

Ballesdens, (Jean) Avocat au Parlement & ès Conseils du Roi, de l'Académie Françoise, reçu en 1648, décédé à Paris en 1675. M. *Lasne*, in-fol.

Ballin, (Claude) Orfévre très-renommé pour les beaux Ouvrages qu'il a faits pour le Roi, chargé sur la fin de sa vie de la Direction du Balancier pour les Médailles & les Jettons, mourut à Paris, sa patrie, le 22 Janvier 1678, âgé de 63 ans. Jacq. *Lubin*, in-fol.

Ballon, (N....) Danseur de l'Opera. *Guérart*.

Balthazar, (le Chevalier) Officier de Dragons. *Scotin*, in-8.

Balue, (Jean) Cardinal, mort en 1491. 1. N... dans Odieuvre. 2. N... dans les Mémoires de Comines. 3. *Baron*, in-8. 4. Dessin de *Robert*, au Cabinet de M. de Fontette.

Baluze, (Etienne) Professeur en Droit Canon au Collège Royal, Bibliothécaire de M. Colbert, né à Tulles en 1631, mort à Paris le 28 Juillet 1718. 1. *Rigaud*, p. 1705. *Thomassin*, fc. 1714, in-fol. 2. *Desrochers*.

Balzac (Charles de) d'Entragues, Mignon de Henri III. Ce fut contre lui que le Comte de Quelus prit querelle en 1578. (Ce qui occasionna le fameux Duel de Quelus, Maugiron & Livarot, contre d'Entragues, Reberac & Schomberg;) fut tué à la Bataille d'Yvri, le 14 Mars 1590. 2. Dessins au Cabinet du Roi.

Balzac (Léon de) & d'Illiers, Seigneur d'Entragues, fils de Jacques d'Illiers & de Catherine-Charlotte de Balzac, fut héritier de la Maison d'Entragues, à condition d'en porter le nom & les armes. 1. *Vallet*, in-4. 2. *Humblot*, in-fol.

Balzac, (Robert de) Seigneur de Brifette, Montaigu & d'Ambouville, sous Henri IV. Dessin au Cabinet du Roi.

Balzac (Henriette de) d'Entragues, Duchesse de Verneuil, fille de François de Balzac, Gouverneur d'Orléans, Chevalier des Ordres du Roi, & de Marie Touchet sa seconde femme, qui avoit été Maîtresse de Charles IX. Henriette, Maîtresse de Henri IV. en eut deux enfans, & mourut le 9 Février 1633, âgée de 64 ans. 1. Fr. *Quesnel*, p. Th. *de Leu*, fc. in-4. 2. Jer. *Wierse*, 1600, in-fol. 3. *Harefwin*, in-12. 4. N... dans Odieuvre. 5. Paul *de la Houve*. 6. *Aubert*, in-4. 7. *Chenu*, in-12. 8. Dessin de Ch. *Dumoutier*, au Cabinet de M. de Fontette.

Balzac. (Jean de) N... dans le P. *Montfaucon*.

Balzac, (Charles de) Evêque de Noyon, mort le 27 Novembre 1617. N...

Balzac, (Jean-Louis Guez de) né à Angoulesme en 1594, Gentilhomme attaché au Cardinal de la Valette; fut reçu à l'Académie Françoise en 1634, & mourut à Angoulesme le 18 Février 1654. 1. M. *Lasne*, ætat. 39, in-4. 2. C. *Mellan*, in-4. 3. J. *Lubin*, in-fol. 4. Fr. *Desrochers*, in-4. 5. *Vallet*, 1665. 6. *Blanchet*. 7. *Chauveau*.

Balzac. Voy. Graville.

Basnage (Henri) fils, Journaliste, né à Rouen le 7 Août 1656, de Henri, Avocat & Jurisconsulte, se réfugie en Hollande l'an 1687, y est mort le 29 Mars 1710. N...

BASNAGE, (Jacques) né à Rouen en 1653, Ministre (Calviniste) à Rotterdam & ensuite à la Haye, âgé de 57 ans en 1714, mort le 22 Septembre 1723. *Desrochers*, in-8.

BANCHEREL, (Gilbert) Poëte Poitevin. N... en bois, 1596.

BAR, (Geoffroy de) Cardinal du titre de Sainte Suzanne en 1281, mort à Rome en 1287. N...

BAR. (Catherine de) Voy. MECHTILDE.

BARADAT, (Henri de) Evêque & Comte de Noyon en 1628, né à Damery en Champagne, fit les fonctions de Pair au Sacre de Louis XIV. en 1654, mourut en 1659. *Humbelot*, in-fol.

BARBE-D'OR. (Louis) *Sossoy*, in-fol.

BARBERIN, (Antoine) Cardinal, Grand-Aumônier de France, mort Archevêque de Reims en 1671. 1. *Nanteuil*, 1663, in-fol. 2. Idem, 1664. 3. *Vanmerlen*. 4. *Larmessin*. 5. *Colin*, 1667, in-fol. 6. *Nanteuil*, sans date, in-fol.

BARBERY. (Jean-François) N...

BARBESIEUX, (Antoine de la Rochefoucault, Sieur de) sous François I. Général des Galères de France, mort en 1537. 1. Dessin au Cabinet du Roi. 2. Dessin au Cabinet de M. de Fontette.

BARBESIEUX. Voy. le TELLIER.

BARBIER (Louis le) de la Rivière, Evêque & Duc de Langres en 1655, Grand-Aumônier de la Reine, Commandeur & Chevalier des Ordres du Roi, mort en 1670. *Champagne*, p. *Landry*, sc. 1662, in-fol.

BARBIER, (Louis le) Maître d'Hôtel du Roi, Secrétaire de Sa Majesté & de ses Finances. *Mariette*, 1673, in-8.

BARBO, (Nicolas) Seigneur de Grand-Villars. *Largilliere*, p. *Vander Brugen*, sc. 1682, in-fol.

BARBOT (Simon-Joseph) de Lardeine, Ecuyer, Conseiller au Parlement & aux Conseils du Roi, ancien Syndic de la Compagnie, décédé à Paris le 20 Novembre 1711. Ferd. *Vouet*, p. P. *Van Schupen*, sc. 1691, in-fol.

BARBREAU, (Pierre) Prêtre du Diocèse de Chartres, Docteur en Théologie de la Faculté de Paris, Abbé de Pébrac en 1663, fameux Prédicateur, décédé à Paris vers 1675. *Champagne*, p. Jacq. *Grignon*, sc. in fol.

BARCLAY, (Guillaume) Ecossois, né à Aberdéen en 1543, d'une illustre famille, fut Professeur en Droit dans l'Université de Pont-à-Mousson en 1579, Conseiller d'Etat du Duc de Lorraine : il épousa une Demoiselle de la Maison de Malville, dont il eut Jean, qui suit, eut la première Chaire de Professeur Royal de l'Université d'Angers, & y mourut vers l'an 1605. C. *Mellan*, in-4. avec les huit Quartiers de Noblesse.

BARCLAY, (Jean) fils de Guillaume, né le 28 Janvier 1582, à Pont-à-Mousson, & mort à Rome le 12 Août 1621, 1. C. *Mellan*, Romæ, 1621, in-4. d'après *Monstier*. 2. *Larmessin*. 3. N... dans la Suite de Boissard, in-4.

BARCOS, (Martin de) Abbé de S. Cyran, décédé le 22 Août 1678, âgé de 78 ans. Ph. *Champagne*, p. *Van Schupen*, sc. 1701, in-4.

BARDE, (Denys de la) Evêque de S. Brieux en 1641, né à Paris d'une ancienne famille de la Marche. *Nanteuil*, 1657, in-fol.

BARDIN, (Ægidius) Jurisconsulte. *Gautier*, 1621, in-8.

BARDON, (N. . . . Dandré) Peintre de l'Académie. *Thomassin*, in-fol.

BARDONENCHE, (D. A.) Prêtre de l'Oratoire, de l'Académie des Belles-Lettres de Dijon & d'Auxerre, Professeur de Philosophie à Beaune, en 1754. Médaille allégorique, où l'on voit des Génies portant l'Ecusson de ses armes, couronnées par la Religion & les Sciences, &c. in-4. *Cartesio suo dilectissimo..... curavere selecti quidam Discipuli, anno 1754.* (M. Pasumot, ci-devant Professeur de Mathématiques à Auxerre, & aujourd'hui dans le Bureau d'Inspection des Manufactures, étoit de l'un de ces Disciples.)

BARE, (Dom Gérard de) Abbé de Dunes, mort en 1666. N...

BARENTIN, (Jacques-Honoré) Président au Grand-Conseil, reçu le 13 Mars 1655. 1. Ph. *Champagne*, p. G. *Rousselet*, sc.1658, in-fol. 2. G. *Scotin*, 1689, in-fol. dans une Thèse.

BARENTIN, (Charles-Honoré) Maître des Requêtes, Intendant à Dunkerque en 1698. H. *Rigaud*, p. S. T. sc. 1701, in-fol.

BARILLON, (Jean-Jacques) Seigneur de Châtillon, Président en la première Chambre des Enquêtes. *Moncornet*, in-4.

BARILLON (Antoine) de Morangis, Conseiller d'Etat & Directeur des Finances. 1. D. *Duchesne*, p. *Humbelot*, sc. in-fol. 2. *Nanteuil*, del. & sc. 1661, in-fol.

BARLES, (Ludovicus) Doctor Medicus, Collegio Massiliensi aggregatus. M. N. P. in-12.

BARO, (Balthasard) Poëte, né à Valence, fut Secrétaire de M. d'Urfé, ensuite Gentilhomme de Mademoiselle de Montpensier, de l'Académie Françoise en 1634, & mourut vers l'an 1649, âgé d'environ 50 ans. Mich. *Lasne*.

BARON, (Hyacinthe-Théodore) de Paris, fils de Hyacinthe-Théodore, & frère de Théodore, Médecin en chef des Camps & Armées du Roi en Italie; proclamé deux fois depuis 1750 jusqu'à 1754, Doyen de la Faculté de Médecine de Paris, Professeur de Pharmacie en 1758, mort le 29 Juillet de la même année. Limet de Montigny, del. & sc. assis, en habit de Docteur, in-fol.

BARON, (Michel Boyron, dit) Comédien, quitta le Théâtre en 1691, y remonta en 1720, âgé de 68 ans, & mourut en 1729. 1. *Desrochers*. 2. De Troy, p. *Daullé*, sc. 1732, in-fol. maj. 3. *Dupin*, dans la suite d'Odieuvre, in-12.

BARON, (Eguinaire) natif de Léon en Bretagne, célèbre Jurisconsulte, qui enseigna le Droit à Bourges, & mourut le 22 Août 1550, âgé de 55 ans. 1. N... dans l'Histoire d'Anjou, in-4. 2. N... en petit.

BARONIUS, (Petrus) Dominus Montis-Fabiani, Regi à Consiliis. *Lochon*.

BARRAS, (Joseph) d'Arles, Conseiller au Parlement de Provence. N. *Poilly*, dans une Thèse.

BARRAS (Louis-Antoine de) de la Penne, Chef-d'Escadre, 1729. *Violi*, p. Simon *Vallée*, sc. in-fol.

BARRÉ, (le Père Nicolas) Prédicateur & Professeur en Théologie de l'Ordre des Minimes, décédé en odeur de Sainteté à Paris, le 31 Mai 1686, âgé de 65 ans. *Vivien*, p. C. *Simoneau*, sc. in-fol. obl.

BARRELIER, (Jacques) né à Paris en 1606, Dominicain en 1634, grand Botaniste, mort le 17 Septembre 1673. *Poilly*, 1714, cartouche, in-fol. dans le Frontispice des Plantes de Barrelier, publiées par Antoine de Jussieu.

BARRÊME, (François) Arithméticien, mort à Paris en 1703. 1. *Baxin*, in-4. 2. *Desrochers*. 3. Dessin à la plume, au Cabinet de M. de Fontette.

BARRIÈRE, (le Vénérable Père Jean de la) Abbé de Feuillans, Instituteur de la Congrégation réformée, mort le 25 Avril 1600, âgé de 56 ans. N..., in-8. 2. Th. de Leu, en petit.

BARRIÈRE, (Mademoiselle de) fille d'honneur de Madame. (Elle s'appelloit Magdelaine de Taillefer, & étoit fille de M. le Comte de Rousselle de Barrière.) Bonnart, 1695, in-fol.

BARRY. (Madame du) 1. *Bonnet*, en façon de pastel, 1769, in-8. 2. *Drouais*, p. *Beauvarlet*, sc. in-fol. 3. *Gaucher*, en petit.

BART, (Jean) Chevalier de S. Louis, Chef-d'Escadre, né à Dunkerque, d'un simple pêcheur, mort en 1702, à 51 ans, avec la réputation d'un des plus grands Marins que nous ayons eus. 1. P. *Gallais*, dans un petit ovale, in-4. entouré de Vers. 2. *Trouvain*, 1694, in-fol. en pied. 3. *Bonnart*. 4. *Gole*. 5. *Arnout*. 6. *Deshayes*.

BARTAS, (Guillaume Saluste du) Poëte, né à du Bartas en Armagnac, mort en 1590, âgé de 46 ans. *Vendosme*.

BARTHELEMY (Vincent) de Réthel, Avocat Consultant, ayant pour armes une grenade & trois étoiles, & pour Devise, en anagramme, *Ma liberté*. N. *de Platte-montagne*, del. & sc. 1657, in-fol.

BARTHOLOT, (Jean) Commandeur de Malthe. N... in-8.

BARTILLAT, (Etienne Jehannot de) Trésorier de la Reine-Mère, puis Garde du Trésor Royal en 1661, mort à Paris en 1701, âgé de 92 ans. 1. *Rousselet*, in-fol. 2. *Nanteuil*, 1666, in-fol. 3. *Simon*, 1676, in-fol. maj.

BARTILLAT, (Nicolas-Jehannot de) fils du précédent, Colonel de Cavalerie, puis Lieutenant-Général des Armées du Roi & Gouverneur de Rocroy. P. *Simon*, in-fol. maj.

BARWICK. Voy. BERWICK.

BARY, (René) Historiographe du Roi. Jean *Frosne*, 1663, in-4.

BASCHY, (Jean-François de) Marquis du Cayla. *Fontaine*, p. 1733, *Pasquier*, sc. 1748.

BASCHY, (Charles de) Marquis d'Aubais, né en 1686. *Péroneau*, p. 1746. *Daullé*, sc. 1748, in-4.

BASCI, (Matthieu) Religieux de S. François. *Jollain*.

BASSET, (Jean-Guy) Avocat au Parlement de Grenoble, âgé de 79 ans, en 1676. *Gilibert*, Grenoble, in-fol.

BASSOMPIERRE, (François de) né le 12 Avril 1579, Colonel Général des Suisses & Grisons, Maréchal de France en 1622, mis à la Bastille en 1631, en sortit en 1643, mourut en 1646. 1. Mich. *Lasne*, del. & sc. in-fol. 2. N... dans les Triomphes de Louis-le-Juste, in-fol. 3. *Humbelot*. 4. *Moncornet*. 5. N... dans la Suite d'Odieuvre.

BASSOMPIERRE, (Anne-François de) Général de l'Artillerie de Sa Majesté Impériale en 1646. C. *Wideman*, del. & sc. in-4.

BASVILLE. Voy. LAMOIGNON.

BATILLIUS, (Dionysius le Bez) Præses Regius apud Mediomatrices (à Metz), avec Ornemens. N... in-4.

BATISTE, (J. B. Monnoyer, connu sous le nom de) Peintre en fleurs, & sa femme. N..., in-8.

BAUD, (Pierre le) Chanoine de Vitré, Aumônier de Guy XV. de Laval, & qui fut nommé à l'Evêché de Rennes vers 1482. Cl. *Duflos*, in-fol. présentant son Histoire de Bretagne à J. de Châteaugiron.

BAUDEAN, (Jean de) Comte de Parabère, Maréchal de France en 1622, mort en 1632, âgé de 84 ans. L. *Boissevin*.

BAUDEAN, (Henri de) Comte de Parabère, Lieutenant-Général en Poitou. *Boissevin*, in-4.

BAUDEAN, (Alexandre de) Comte de Parabère, fils de Henri, & Lieutenant-Général de Poitou. *Boissevin*, in-4.

Madame de Parabère, un oiseau à la main, avec quatre Vers au bas. *Crespy*, in-8.

BAUDELOT, (Charles-César) de Dairval, né à Paris le 29 Novembre 1648, fameux Antiquaire, mort à Paris le 27 Juin 1722. N...

BAUDERON, (Brice) Docteur en Médecine, Auteur d'une Pharmacopée imprimée en 1639, né en 1539, à Paray dans le Charollois. *Fornageres*, in-4.

BAUDOT, (François) Maître des Comptes de Dijon, sa patrie, y mourut le 4 Avril 1711, âgé de 73 ans, avoit été Maire de cette Ville depuis 1694 jusqu'au mois d'Août 1703. Dessin au Cabinet de M. de Fontette.

BAUDOUIN, (Jean) né à Pradelle, petite Ville du Vivarais, fut reçu à l'Académie Françoise en 1635, & mourut à Paris en 1650, âgé de plus de 60 ans. Mich. *Lasne*, pour le Frontispice de la Jérusalem délivrée.

BAUDOUIN, (Frédéric) Professeur en Théologie. Melchior *Huffan*.

BAUDOUIN, (S. R.) Capitaine aux Gardes Françoises. Cochin fils, del. C. H. *Watelet*, sc. 1756, Médaillon, in-4.

BAUDRAND, (Etienne) Substitut de la Cour des Aides de Paris. Jean *Dieu*, p. 1661, âgé de 60 ans. *Lenfant*, sc. in-fol.

BAUDRAND, (Michel-Antoine) fils d'Etienne, Prieur de Rouvray, &c. Auteur d'un Dictionnaire Géographique, &c. étoit né à Paris le 20 Juillet 1633, y mourut le 29 Avril 1700. 1. *Cairé*, p. *Landry*, sc. 1681, in-fol. 2. *Crespy*, 1699, d'après *Vignon*, in-fol.

BAUDRAND, (Henri) Docteur de Sorbonne, ancien Curé de S. Sulpice, né le 3 Janvier 1637, mort le 18 Décembre 1699. *Guerry*, p. *Dossier*, sc. 1701, in-fol.

BAUDRY, (Claude de) né en Piémont, Général des anciens Bénédictins en France, Abbé de la Croix S. Leuffroy, près d'Evreux, en 1657, mourut mois de Janvier 1669. J. *Frosne*, 1660, in-fol. d'après *le Bon*.

BAUDRY, (François-Placide de) neveu du précédent, Religieux Bénédictin de Clugni, nommé Evêque de Mende en 1677, mort en 1707, âgé de 78 ans. J. *Boulanger*, in-fol.

BAUFFREMONT, (Pierre de) Chevalier de la Toison d'or, & quelques autres de cette Maison. N...

BAUGIER, (Edme) Conseiller du Roi au Présidial de Chaalons, Echevin, Juge-Magistrat perpétuel du Criminel & de la Police de cette Ville en 1698. *Justinar*, p. *Langlois*, sc. 1698, in-8.

BAUME (Louis-François de la) de Suze, Evêque & Comte de Viviers, en 1621, mort Doyen des Evêques de France en 1690. 1. N, *Auroux*, del. & sc. in-fol. 2. *Nanteuil*, 1656, in-fol.

BAUME (Anne Tristan de la) de Suze, Archevêque d'Auch en 1684, auparavant Evêque de S. Omer, mort à Paris le 4 Mars 1705. *De Troy*, p. *Bernard*, sc. 1690, en manière noire, in-fol.

BAUME (Gilles de la) le Blanc, Evêque de Nantes en 1668, né le 22 Novembre 1616. N. *Poilly*, d'après Fr. *Porcher*, in-fol.

BAUME (François de la) le Blanc de la Vallière. N...

Marie-Thérèse de Noailles, Marquise de la Vallière, née le 3 Octobre 1684, mariée le 16 Juin 1698, à Charles-François de la Baume le Blanc. *Bonnart*, in-fol.

BAUME (Louis-César de la) le Blanc, Duc de la Vallière, né en 1708. *Cochin fils*, del. & sc. 1757, Médaillon, in-4.

BAUME (Louise-Françoise de la) le Blanc, Duchesse de la Vallière, puis Carmélite sous le nom de la Mère Louise de la Miséricorde, morte le 5 Juin 1710, âgée de 66 ans. 1. N... Buste sans main, in-12. 2. *Larmessin*, in 4. 3. Elisabeth *Boucher le Moine*, d'après *P. Sevin*, in-fol. 4. *Langlois*. 5. *Bonnart*, in-fol. en pied. 6. Chez la veuve Moncornet, in-4. 7. Jean *Daudemont*, in-fol. 8. J. B. Clément *de Jouglie*, in-fol. en Hollande. (Beau.) 9. J. *Gole*, d'après B. Plants, in-fol. Hollande, en Carmélite. 10. *Wischer*, in-fol. 11. *Edelinck*. 12. Tenant une pomme, avec Devises, &c. *Larmessin*, in-fol. 13. Couchée dans son Cercueil. N... in-4. 14. Morte, *Habert*, 1710. 15. *Schenck*, en manière noire. 16. En Médaillon; dans le bas, Minerve qui la peint, & quatre Vers. *Larmessin*, in-fol. 17. En manière noire, avec un couvre-chef de point : *Luterel*, p. *Cooper*, sc. in-4. 18. En Carmélite, en ovale avec Ornemens : *Laigné*, in-8. 19. Dans la Suite d'Odieuvre.

BAUME, (Nicolas-Auguste de la) Maréchal de Montrevel, né à Paris le 23 Novembre 1645, mort le 11 Octobre 1716. 1. *Poilly*. 2. Chez Mariette, in-fol.

BAUTRU, (Guillaume de) Comte de Serrant, Chancelier de Gaston, Duc d'Orléans, étoit né à Paris en 1588, & mourut en 1665. Fr. *Chauveau*, in-fol.

BAUYN, (Prosper) Seigneur d'Angervilliers, Maître de la Chambre aux Deniers. *Mignart*, p. *Giffart*, sc. in-fol.

BAY (Louis) de Curys, Contrôleur des Menus Plaisirs du Roi. *Cochin fils*, del. *Watelet*, sc. 1762; Médaillon, in-4.

BAYARD, (Pierre du Terrail, dit le Chevalier) né en 1476, mort en Avril 1524, âgé de 48 ans. 1. A cheval, armé & suivi de son Escuyer : Fr. *Brendel*, 1559, in-4. oblong. 2. N... dans Thevet. 3. Dans le Livre de la Gallerie du Palais Cardinal, in-fol. 4. Chez Mariette. 5. N... 6. N... en petit. 7. Avec le Colier de l'Ordre, & quatre Vers: Galp. *Isaac*, in-fol. 8. Tenant une lance, cuirassé, &c. in-4. 9. Dans Odieuvre. 10. *Marcenay*, 1768, in-8.

BAYLE, (Pierre) né au Carlat, petite Ville du Comté de Foix, le 18 Novembre 1647, de Guillaume, Ministre ; il fut Professeur de Philosophie à Sedan, puis à Rotterdam ; mourut le 28 Décembre 1706. 1. Ætatis 28. 2. N. *Chereau*, in-fol. d'après Carle *Vanloo*, in-fol. manière de crayon. 3. *Petit*, in-fol. 4. Catherine *Duchesne*, en manière noire, in-fol. chez Odieuvre.

BAYLON, (Paschal) Récollect, mort en 1592, âgé de 52 ans; a été canonisé. N... in-4. à Paris.

BAZIN, (Claude) Seigneur de Bezons, Conseiller d'Etat ordinaire en 1648, Intendant en Soissonnois & en Languedoc, mort à Paris le 20 Mars 1684, étant Doyen de l'Académie Françoise. *Van Schupen*, 1673, in-fol. d'après C. *le Febvre*.

BAZIN, (Jean-Baptiste) Conseiller au Parlement de Dijon, né dans cette Ville le 24 Février 1702, mort le 18 Juin 1733. Dessin au crayon, dans le Cabinet de M. de Fontette.

BAZIN, (Vincent-François) Supérieur de la Communauté de S. Hilaire à Paris, Prédicateur célèbre, mort en 1734. N... in-4.

BAZIN, (Lupien) Contrôleur des Guerres. *Prieur*, p. *Duflos*, sc. in-4.

BÉATRIX, (la Bienheureuse) Françoise, célèbre entre les Religieuses de l'Ordre des Chartreux, en 1305. *Van Lochon*, in-4.

BÉATRIX, (Bona) sous François I. Dessin au Cabinet de M. de Fontette.

BEAUCHASTEAU, (le petit de) fils d'un Comédien, Poëte âgé d'onze ans, né le 8 Mars 1645, second fils de noble homme François Chastelet, Comédien ordinaire du Roi. Il passa en Angleterre, puis en Perse : on ignore le lieu & le temps de sa mort. 1. J. *Frosne*, in-4. 2. *Desrochers*.

BEAUCLERC, (Claude le) Secrétaire d'Etat. N...

BEAUFORT. Voy. ESTRÉES & VENDOSME.

BEAUGRAND, (Jean de) Maître à écrire, prenant le titre d'Ecrivain du Roi & des Bibliothèques Royales, Secrétaire de la Chambre de Sa Majesté en 1594, âgé de 33 ans. 1. N... en 1588, in-4. d'après *Dumonstier*. 2. *Dumonstier*, p. Th. *de Leu*, sc. 1595, in-4.

BEAUGRAND, (Nicolas) Maître Maréchal, Auteur d'un Livre de l'Art du Maréchal, imprimé en 1645. N... in-4. à Paris, âgé de 50 ans.

BEAUJEU. Voy. QUIQUERAN.

BEAUJEU. (Marguerite de) N... dans le Père Montfaucon.

BEAUJEU (Anne-Marie-Eléonore de) Largentier, Souveraine de Fresne, Marquise de Ballevalla. P. *Landry*, 1672, in-fol.

BEAULIEU, (N. de) habillé en Hercule, le bras nud, couronné de laurier. Crispin *de Pass*, del. & sc. in-4.

BEAULIEU, (Sébastien Pontaut, Seigneur de) Chevalier de l'Ordre de S. Michel, premier Ingénieur du Roi, Maréchal de Camp, mort en 1674. 1. J. *Lubin*, 1695, in-fol. 2. *Edelinck*, 1697, in-fol. 3. *Bosquillon*.

BEAULIEU, (Frère Jacques de) dit l'*Hermite*, Bourguignon, Opérateur fameux pour l'extraction du calcul de la vessie, âgé de 48 ans, en 1699. 1. *Schenck*, Amsterdam, 1699, in-fol. en manière noire. 2. V.D. *Berge*, del. & sc. Amsterdam, in-fol. 3. P. *Schenck*, Amsterdam, à l'eau forte, in-fol. 4. J. *Gole*, Amsterdam, in-fol. en manière noire.

BEAULIEU. Voy. le BLANC.

BEAUMANOIR. (Charles de) de Lavardin, Evêque du Mans, fils de Jean, Maréchal de France, mourut le 21 Novembre 1637. Dessin à la pierre noire, au Cabinet du Roi.

BEAUMANOIR, (Jean de) Marquis de Lavardin, Maréchal de France, né en 1551, Chevalier des Ordres le 7 Janvier 1595, Ambassadeur en Angleterre en 1612, mort à Paris au mois de Novembre 1614. Moncornet, in-4.

BEAUMANOIR, (Philippe-Emmanuel de) de Lavardin, Evêque du Mans, fils de Henri, Commandeur de l'Ordre du S. Esprit en 1662, mort le 18 Juillet 1677. 1. *Nanteuil*, 1651, d'après *Champagne*, in-fol. 2. Idem, retouché, avec des chifres dans les coins, en 1652. 3. Idem, 1660, in-fol. 4. Idem, 1666, ovale avec Armes & Croix du S. Esprit.

BEAUMANOIR, (Henri-Charles, Sire de) Marquis de Lavardin, Ambassadeur à Rome en 1687 & 1688, Chevalier des Ordres du Roi en 1689, mort à Paris le 29 Août 1701, âgé de 57 ans. *Larmessin*, 1689, in-4.

BEAUMÉ, (Antoine) Maître Apothicaire de Paris, de l'Académie des Sciences, né à Senlis le 28 Février 1728. C. N. *Cochin*, del. 1772. Aug. *de S. Aubin*, sc. in-8.

BEAUMELLE, (Laurent Angliviel de la) né à Valleraugue, Diocèse d'Alais, en 1727. N... in-12.

BEAUMONT,

BEAUMONT, (M. de) sous Charles IX. Dessin au Cabinet du Roi.

BEAUMONT, (Christophe de) Archevêque de Paris. 1. *Chevalier*, p. *Gaillard*, sc. in-fol.

BEAUMONT, (François de) Baron des Adrets, connu par les supplices qu'il faisoit souffrir aux Catholiques, dans le sang desquels il força, dit-on, ses enfans de se baigner, mort en 1587, abhorré des deux partis. N...

BEAUMONT, (Gervais de) Sieur de Mondesir, premier Président d'Aix en 1509, mort en 1529. *Cundier*, 1724, in-fol.

BEAUNE, (Regnault de) Archevêque de Bourges, fils de Guillaume de Beaune, Baron de Samblançay, né à Tours en 1527; fut Conseiller au Parlement de Paris, puis Président aux Enquêtes en 1559, Maître des Requêtes en 1563, Evêque de Mende en 1581, Archevêque de Bourges en 1591, Grand-Aumônier de France, puis Archevêque de Sens, mort à Paris en 1606, âgé de près de 80 ans. *Roussel*, in-fol.

BEAUPRÉ, (N. . . . de) Ecuyer. *Coffin*.

BEAUREGARD, (Jean de) Bibliothécaire. N...

BEAUVAIS, (N.... Evêque de) Chevalier de la Toison d'or. N...

BEAUVAIS, (le Comte de) à cheval. N... in-4.

BEAUVAU, (Gabriel de) Evêque de Nantes en 1639, mort le 9 Janvier 1668. N. *Poilly*, in fol.

BEAUVAU (René-François de) du Rivau, Evêque de Bayonne, puis Archevêque de Narbonne en 1719, mort en 1740. 1. Et. *Gantrel*, in-fol. 2. *Crespy*. 3. *Rigaud*, p. P. *Drevet*, sc. 1727, in fol. maj. 4. *Cochin*, p. *Schmidt*, sc. 1740. Vignette de son Oraison funèbre.

BEAUVAU, (Gilles de) Evêque de Nantes. Et. *Gantrel*, d'après F. *du Pays*, 1680, in-fol.

BEAUVIEVIE, (Madame de) sous François I. Dessin au Cabinet du Roi.

BEAUVILLIER, (François de) Duc de S. Aignan, premier Gentilhomme de la Chambre, fait Duc en 1663, mort à Paris le 16 Juin 1687, âgé de 77 ans. 1. *Daret*, 1645, in-4. 2. *Larmessin*, in-4. 3. M. *Lasne*, in-8. 4. *Roullet*, in-4. dans des Ornemens. 5. Ant. *Masson*, 1686, in-fol. 6. P. *Beaufrère*, 1679, in-fol. maj.

BEAUVILLIER, (Paul de) Duc de S. Aignan, premier Gentilhomme de la Chambre, Chef du Conseil Royal des Finances, Gouverneur des Enfans de France, né à S. Aignan, & baptisé le 24 Octobre 1648, mort à Vaugresson près de Versailles, le 31 Août 1714. Sim. *Thomassin*, d'après *Rigaud*, 1695, in-fol.

BEAUVILLIER, (François-Honoré-Antoine de) Evêque de Beauvais, sacré le 1 Octobre 1712: se démet de son Evêché dans la suite. 1. *Fontaine*, p. *Desrochers*, sc. in-fol. 2. *Duflos*, in-fol. sur une Thèse.

BEAUVILLIER, (Paul-François de) fils de Paul-Hippolyte; mourut Duc & Pair, le 6 Janvier 1741. A cheval, dans l'Ecole de la Guerinière, *pag*. 109. N. *Dupuys*.

BEAUVILLIER, (Paul - Louis de) second fils de Paul-Hippolyte, fut Duc & Pair après son aîné, Ambassadeur à Rome, & Gouverneur de Bourgogne. A cheval, dans l'Ecole de la Guerinière, p. 117. J. *Audran*.

BEAUVILLIER, (Madame Marie de) de S. Aignan, Abbesse du Lys, selon quelques-uns, morte à Montmartre le 21 Avril 1656. 1. Deux Dessins au Cabinet du Roi. 2. N... in-12.

BEAUVOIR, (Georges de) Sire de Châtelus, Amiral de France en 1420, sous Charles VI. fils de Guillaume,

Chevalier, Conseiller & Chambellan du Roi, & d'Alix de Bourbon. *Daret*, in-4.

BEAUVOIR, (Claude de) Sire de Châtelus, second fils de Guillaume, Conseiller & Chambellan du Duc de Bourgogne en 1409, Maréchal de France en 1418. Soutint vaillamment le Siège de Crevant, appartenant au Chapitre d'Auxerre en 1423, & par cette action il s'acquit, & à ses descendans, le droit d'entrer au Chœur de l'Eglise Cathédrale d'Auxerre, & d'y prendre séance l'épée au côté, revêtu d'un surplis, & l'aumusse sur le bras, mort en 1453. *Daret*, in-4.

BEAUXAMIS, (François-Thomas) de Melun, dit le *Petit Carme*, mort à Paris au mois de Mai 1639. Karlo *Bonavita*, in-4.

BEC, (Michel du) Cardinal en 1312. N...

BEC, (Philippe du) Evêque de Vannes en 1559, puis Evêque de Nantes, Archevêque de Reims & Commandeur des Ordres du Roi, mort en 1605. Dessin à la pierre noire, in-fol. au Cabinet du Roi.

BÉCAILLE, (Marguerite) veuve de Maximilien Titon. *Largillière*, p. *Desplaces*, sc. 1715, in-fol. maj.

BÉCHADE, (le R. P. Charles-Toussaint) Vicaire-Claustral du Couvent des Mathurins de Paris, mort le 12 Décembre 1708, âgé de 64 ans. *Le Roy*, del. & sc. 1709, in-fol.

BEDÉ, (Abel) Angevin, Docteur en Théologie & Ministre. J. *Granchome*, 1598, in-8.

BEGAT, (Jean) Président au Parlement de Dijon, né en cette Ville en 1523, fils de Nicolas, Avocat du Roi au Bailliage de Châtillon-sur-Seine; fut reçu Président en 1571, employé dans différentes députations importantes, & mourut le 21 Juin 1572. Dessin au crayon, dans le Cabinet de M. de Fontette.

BEGGUE, (Sainte) fille de Pepin I. Duc de Brabant, femme d'Ansegise, Fondatrice des Béguines, morte en 698. 1. *Lansech*, in-fol. 2. *Van Lochon*, in-4.

BEGON, (Michel) Conseiller au Parlement d'Aix, Intendant de la Rochelle & de la Marine à Rochefort, y mourut en 1710, âgé de 71 ans. 1. J. *Lubin*, 1692, in-fol. 2. *Duflos*.

BEGON, (Scipion Jérôme) Evêque de Toul. *Ballechou*, in-4.

BEGUIN, (Jean) Lieutenant Particulier du Présidial de Reims. J. *Colin*, 1679, in-fol.

BEISIT, (René-Marie de) Religieux Dominicain. Etienne *Desrochers*, in-4.

BEL, (Chérubin-Louis le) Récollect, Evêque de Bethléem. *Thomassin*, 1713, in-fol.

BEL, (P. Fr.) Conventûs Fratrum Minorum Recollectorum Anglorum Duaci Guardianus, Londini martyrio coronatus, 11 Decembris 1647. N... in-8.

BELCAMPIUS, (Otto) V. D. M. N... in-8.

BELFONS, (Marie-Olympe de Mazarin, Marquise de) belle-fille du Maréchal, née en 1665, mariée en 1681. *Bonnart*, in-fol.

BELIDOR, (Bernard Forest de) Associé des Académies des Sciences de Paris & de Berlin, mort en 1761, Brigadier d'Infanterie, & Inspecteur de l'Arsenal de Paris. 1. N... in-4. 2. L. *Vigée*, p. J. G. *Will*, sc. in-4. 3. *Maleuvre*, d'après *Vigée*, in fol. dans la Gallerie Françoise, Cahier VIII.

BELLAY, (Jean du) fils de Louis, né en 1492, frère de Guillaume & Martin; fut Evêque de Bayonne, puis de Paris en 1535, Cardinal, & mourut à Rome le 16 Février 1560. 1. Fr. *Stuerhelt*, in-8. 2. *Masson*. 3. *Desrochers*.

BELLAY, (Guillaume du) Seigneur de Langey, mort

en 1543. 1. *Stuerhelt*, in-4. 2. N... dans Thévet. 3. N... en petit.

BELLAY (Martin du) de Langey, mort en 1559. *Stuerhelt*, in-4.

BELLAY, (Martin du) Prince d'Yvetot, Chevalier des Ordres du Roi, Gouverneur d'Anjou. J. *Picart*, del. & sc. in-4.

BELLAY. (François-René, Marquis du) *Bernard*, d'après *Bouis*, in-fol. en manière noire.

BELLAY, (Joachim du) Poëte célèbre, & Gentilhomme Angevin, nommé Archevêque de Bordeaux, mort à Paris le premier Janvier 1559, enterré à Notre-Dame, où il étoit Archidiacre, âgé de 35 ans. 1. *Stuerhelt*, in-4. 2. N... in-4. 3. N... en petit.

BELLAY, (Claude du) Abbé de Savigny, qui a traduit en François quelques Ouvrages de S. Bernard, mort le 20 Décembre 1609, âgé de 35 ans. Gaspard *Isaac*, in-8.

BELLE, (Alexis-Simon) Peintre. N... dans Odieuvre.

BELLEAU, (Remy) né à Nogent-le-Rotrou en 1528, Poëte, mort le 6 Mars 1577, à Paris, enterré aux Augustins. 1. J. *Granthomme*, in-8. 2. Jo. *Rabel*, in-8. 3. N... en petit. 4. N... Ovale entouré de fleurs, in-8.

BELLEFOREST, (François de) Historien, né en Novembre 1530, proche de Samatan, petite Ville du Comté de Comminges, mort à Paris le 1 Janvier 1583, enterré aux Cordeliers. N... en petit.

BELLEFOURIERE, (Maximilien de) Marquis de Soyecourt, Gouverneur de Corbie en 1636, lorsque les Espagnols l'assiégèrent. On lui fit son procès pour n'avoir pas fait assez de résistance, & il se sauva en Angleterre. Revenu ensuite, il mourut à Paris le 22 Mars 1649. F. *Vanmerle*, 1653, in-fol.

BELLEGARDE, (Roger de Saint-Lary & de Termes, Duc de) Grand-Écuyer, Gouverneur de Bourgogne, mort le 13 Juillet 1646, âgé de 83 ans. 1. Crispin *de Pas*, in-fol. 2. *Moncornet*. 3. Dessin au Cabinet du Roi.

BELLE-ISLE, (le Maréchal de) Charles-Louis-Auguste Fouquet, mort le 26 Janvier 1761. 1. *Rigaud*, p. *Wil*, sc. 1743, in-fol. maj. 2. *De la Tour*, p. *Moette*, sc. in-fol. maj. 3. *Desrochers*. 4. *De la Tour*, p. *Mellini*, sc. 1772, in-fol. dans la Gallerie Françoise, Cahier V.

BELLEVAL, (Richer de) Médecin du Roi, Professeur d'Anatomie & de Botanique dans l'Université de Montpellier, en 1607, puis Chancelier de cette Université. N... in-8. 1608. N..., d'*Aiguilles*, Conseiller au Parlement d'Aix, in-4.

BELLEVAL, (Richer de) fils du précédent, Chancelier & Juge de l'Université de Médecine de Montpellier, Conseiller en la Cour des Comtes & Aides. Le *Brun*, p. C. *Rousselet*, sc. 1662, in-fol.

BELLIÉVRE, (Pompone de) originaire de Lyon, fils de Claude, premier Président de Grenoble, né en 1529, Surintendant des Finances, Président au Parlement de Paris, Ambassadeur en Angleterre, en Pologne & en Italie, Chancelier de France en 1599, mourut le 7 Septembre 1607. 1. M. *Lasne*, in-4. 2. *Boissevin*, in-4. 3. Chez *Mariette*, in-8. 4. N... dans Odieuvre.

BELLIÉVRE, (Pompone de) premier Président au Parlement de Paris, fils de Nicolas, Président, est né en 1606, & mort en 1657. Il fut Ambassadeur en Italie & en Angleterre. 1. *Champagne*, p. *Nanteuil*, sc. 1653, in-fol. 2. Le *Brun*, p. *Nanteuil*, sc. 1657, in-fol. 3. *Lenfant*, in-fol. 4. M. *Lasne*, in-fol. dans des Ornemens. 5. *Edelinck*, 1698, in-fol. 6. *Chauveau*.

BELLOCE, (Frédéric de) ou Blosse, Musicien. *Pitau*, in-4.

BELLON, (Pierre) né à la Soulletierre, Village au Pays du Maine, environ l'an 1517, Docteur en Médecine de la Faculté de Paris, Voyageur fameux, fut assassiné en 1564. 1. N... en bois, in-8, âgé de 36 ans. 2. N... en petit.

BELLOTE, (Charles) Chevalier de Malthe. N...

BELLOY, (Pierre-Laurent de) Auteur de la Tragédie du Siège de Calais, reçu à l'Académie Françoise en 1771. *Littret*, 1765, in-8. Médaillon avec attributs, & quatre Vers.

BELOT, (Jean) Sçavant, en 1600, Avocat au Conseil Privé de Louis XIII. & né à Blois. 1. N... 2. N... en bois, in-12.

BELOY, (Pierre) Avocat-Général au Parlement de Toulouse, écrivit, quoique Catholique, une Apologie en faveur de Henri IV. contre la Ligue, mort en 1600. 1. *Rabel*, 1581, in-8. 2. Dessin au Cabinet du Roi.

BELSUNCE (Henri-Xavier de) de Castelmoron, Evêque de Marseille, signala son zèle pendant la Peste qui désola cette Ville en 1720, mort en 1755. *Gobert*, p. *Pitau*, sc. in-fol.

BÉNARD, (Guillaume) Seigneur de Rezaye, Conseiller-Clerc au Parlement de Paris, en 1636. *Giffard*, del. & sc. 1674, in-fol. maj.

BENCE, (Jacques) Curé de S. Roch. *Gautrot*, in-4.

BENCE, (Jean) Docteur de Sorbonne, de la Congrégation de l'Oratoire, né à Rouen, & mort à Lyon en 1642. *Thomassin*.

BENJAMIN, (Charles Hanique de) Grand-Vicaire à Sens. *Humbelot*, in-fol.

BENICHERE, (Claude de la) de la Corbière, Abbé de Notre-Dame de Valence, & Chanoine de Paris. J. *Lenfant*, del. & sc. 1656, in-fol.

BENOISE, (Charles) Conseiller au Parlement de Paris, en 1626. *Champagne*, p. *Nanteuil*, sc. 1651, in-fol.

BENOISE, (Charles) aussi Conseiller au Parlement en 1658, puis Maître des Requêtes. J. *Frosne*, 1658, d'après A. *Séve*, in-fol.

BENOIST, (René) né en 1521, à Charronières près Angers, Confesseur de la Reine Marie Stuart, Professeur Royal en Théologie; étant Curé de S. Eustache à Paris, contribua à la conversion de Henri IV. qui le retint pour son Confesseur ; fut nommé à l'Evêché de Troyes; mais il ne put en obtenir les Bulles pour avoir reçu ce Prince à la Communion de l'Eglise avant son absolution à Rome; mourut à Paris le 7 Mars 1608. *Stuerhelt*, in-8.

BENOIST, (le Père) Langeais, de Paris, Capucin. *Audran*, in-4. Frontispice de son Livre intitulé : La Science Universelle de l'Ecriture Sainte.

BENSERADE, (Jean de) né en 1612 à Lions, près Rouen, d'une illustre famille, alliée au Cardinal de Richelieu; fut de l'Académie Françoise en 1674, mourut en 1691, âgé de 78 ans. 1. *Edelinck*, 1699, in-fol. 2. *Crespy*, Médaillon au Parnasse François.

BERAIN, (Jean) né à Saint-Mihel en Lorraine, Dessinateur du Roi, mort à Paris le 24 Janvier 1711. J. *Vivien*, p. C. *Duflos*, sc. 1709, in-fol.

BERAULT, (Josias) Ecuyer, Avocat au Parlement de Normandie, Conseiller à la Table de Marbre de Rouen. L. *Gautier*, 1614, in-4.

BERCHERE, (la) Voy. GOUX. (le)

BERENGER, Archidiacre d'Angers, fameux par ses sentimens erronés sur l'Eucharistie, qu'il rétracta au

Concile de Tours en 1054, & plufieurs fois depuis, mort en 1088. N... dans Thévet.

BERRY, (Madame) femme du Graveur, fous le nom de l'Efcaillère, parceque fon premier métier avoit été de vendre des huîtres à l'écaille. *Bonnart*, in-fol.

BERGER, (Alexis) Religieux de l'Ordre de la Rédemption, mort en 1659. N... in-4.

BERGIER, (Nicolas) de Reims, né en 1557, Avocat, Auteur de l'Hiftoire des Grands Chemins de l'Empire, Hiftoriographe du Roi, mort en 1623, dans le Château de Grignon, chez M. Nicolas de Bellièvre, fon protecteur. Edme *Moreau*, in-4.

BERINGHEN, (Henri de) Sieur d'Armanvilliers, Ecuyer de la petite Ecurie. *Moncornet*, in-4.

BERINGHEN, (Henri, Comte de) premier Ecuyer du Roi, Chevalier de fes Ordres, mort en 1692, âgé de 89 ans. 1. M. *Lafne*, in-fol. 2. *Nanteuil*, del. 1663. Ben. *Audran*, fc. 1710, in-fol.

BERINGHEN, (Henri, Marquis de) premier Ecuyer du Roi, fils aîné du précédent, tué d'un coup de canon au Siège de Befançon, en 1674. *Mignard*, p. *Roullet*, fc. 1691, in-fol.

BERINGHEN, (Henri-Camille de) né en 1693, premier Ecuyer, Gouverneur de Châlon-fur-Saone en 1730. La *Porte*, p. *Moitte*, fc. 1759, in-fol.

BERINGHEN, (Jacques-Louis, Marquis de) Chevalier des Ordres du Roi, premier Ecuyer, mort Maréchal de Camp en 1723. *Roullet*, p. & fc.

BERNARD, (Saint) Abbé de Clairvaux, né en 1091, au Village de Fontaines, près Dijon, Moine de Cîteaux à vingt-deux ans, mort en 1153. 1. N... dans Thévet. 2. *Mariette*, in-4. 3. *Defrochers*. 4. *Lombart*, 1699, in-fol.

BERNARD, (Claude) furnommé le *Pauvre Prêtre*, né à Dijon en 1588, mort le 23 Mars 1641, à Paris, âgé de 53 ans. 1. *Rouffelet*, in-fol. 2. *Habert*, in-4. 3. *Bened*. 4. *Defrochers*. 5. Herman *Veyen*. 6. Au lit de la mort, *H. D.* in-fol. oblong.

BERNARD, (Etienne) de Dijon, Député du Tiers-Etat de Bourgogne aux Etats de Blois, Maire de Dijon, Confeiller au Parlement, Préfident au Préfidial de Marfeille, Lieutenant-Général de Châlon-fur-Saone, décédé le 23 Mars 1609, âgé de 57 ans. *Rouffelet*, 1605, in-fol.

BERNARD, (Charles) Avocat, Lecteur ordinaire de la Chambre du Roi, Hiftoriographe de France, né à Paris le 25 Décembre 1571, mort le 25 Juin 1640. M. *Lafne*, del. & fc. in-fol.

BERNARD, (Jofeph) Peintre. Ant. *Bouys*, p. & fc. 1702, in-8.

BERNARD, (Samuel) Peintre du Roi & Profeffeur de l'Académie de Peinture. 1. Le *Febvre*, p. *Vanfomer*, fc. in-fol. 2. *Chauveau*. 3. *Varfeiner*.

BERNARD, (Samuel) Banquier de la Cour, mort à Paris le 18 Janvier 1739, âgé de 88 ans. *Rigaud*, p. *Drevet*, fc. 1729, in-fol. maj. (Très-beau.)

BERNET, (Jofeph du) Baron de Serein, premier Préfident au Parlement d'Aix, en 1636, puis à Bordeaux. *Candier*, 1724, in-fol.

BERNIER, (Nicolas) Muficien, né à Mantes-fur-Seine en 1664, mort à Paris en 1734. N... dans Odieuvre.

BERNIÈRES, (Charles-Etienne Maignart, Marquis de) Maître des Requêtes, Intendant des Armées de Flandres, & des Pays de Dunkerque & Ypres. Et. *Gantrel*, in-fol.

BERNIÈRES (Jean de) Louvigny, Tréforier de France à Caen, mort le 8 Mai 1659, âgé de 57 ans. *Landry*, 1672, in-8.

BERNIS, (Fr. Joachim de Pierre de) né au Pont-Saint-Efprit le 22 Mai 1715, Cardinal en 1758. C. F. de *Terfan*, petit Médaillon, in-24.

BERNOULLY, (Jacques) Profeffeur de Mathématiques à Bafle, né dans cette Ville le 27 Décembre 1654, Affocié à l'Académie des Sciences de Paris, mort le 19 Août 1705. 1. *Richer*, p. *Odieuvre*, fc. 2. *Petit*.

BEROALDE. Voy. VERVILLE.

BERRIER, (Louis) Secrétaire du Confeil & Direction des Finances. 1. *Humbelot*, in-fol. 2. *Mellan*, del. & fc. 1667, in-4. 3. *Gantrel*, 1674, in-fol. 4. Dans Odieuvre.

BERRIER. (Madame.) *Humbelot*, in fol.

BERRIER, (Nicolas-René) Lieutenant de Police, Miniftre de la Marine, puis Garde des Sceaux, mort en 1762. De *Lyon*, p. *Wille*, fc. in-fol. maj. (Beau.)

BERRY, (Charles, Duc de) fecond fils de Charles VII. 1. N... dans le P. de Montfaucon. 2. N... dans Odieuvre.

BERRY (la Ducheffe de) & fes filles. Dans le Père Montfaucon.

BERRY (N... Duc de) & fes fils. Dans le Père Montfaucon.

BERRY. (N... Duc de) Deux dans le Père Montfaucon.

BERTHELIER, (Marie) Religieufe de la Conception, morte en 1648. N...

BERTHELOT, (Madame) Catherine Germain, veuve de Simon Berthelot, Commiffaire des Poudres en Picardie, née en 1610, morte en 1656, à Amiens : l'uniformité de fa vie, fon extrême charité, & fa patience envers les pauvres qu'elle guériffoit des maux jugés incurables, l'ont rendue recommandable. *Van Schupen*, 1693, in-fol.

BERTHEMET, (François de) Abbé de Noirlac, Tréforier de l'Eglife de Reims, mort en 1676. *Landry*, in-fol.

BERTHOD, (François) Cordelier. H. *Bonnart*, 1663, d'après *Barthelemy*, in-12.

BERTIER, (N... de) premier Préfident au Parlement de Touloufe. *Huret*, 1657, in-fol.

BERTIER, (Pierre de) Evêque de Montauban, fils de Jean, Préfident au Parlement de Touloufe en 1654. Il affifta au Sacre de Louis XIV. 1. G. *Rouffelet*, d'après Jufte d'*Egmont*, in-fol. 2. J. *Moria*, d'après Champagne, in-fol.

BERTIER, (Antoine-François de) Evêque de Rieux, en 1657. G. *Edelinck*, 1677, in-fol.

BERTIER, (Nicolas-David de) premier Evêque de Blois en 1693, mort le 20 Août 1719, âgé de 67 ans. 1. *Colombel*, p. Et. *Gantrel*, 1700, in-fol. maj. 2. *Rigaud*, p. *De Roy*, 1710, in-fol.

BERTIN, (Nicolas) Peintre, né à Paris & mort en 1736. 1. *De Lieu*, p. B. *Lepicié*, fc. 1740, in-fol. 2. N... dans l'Hiftoire des Peintres par d'Argenville.

BERTIN, (Pierre-Vincent) Tréforier général du Sceau, puis des Parties Cafuelles. 1. *Largillière*, p. G. *Edelinck*, fc. dans une Ordonnance du Deffin de Coypel, 1689, in-fol. 2. *Drevet*, d'après Hyac. *Rigaud*, in-fol. 3. *Vermeulen*, 1694, d'après *Largillière*, in-fol. 4. *Trouvain*, dans un petit ovale.

BERTIUS, (Pierre) né à Beveren en Flandres en 1565, fils d'un Miniftre de Rotterdam, Profeffeur Royal de Mathématiques pour la Géographie en 1625, après avoir fait abjuration ; mort à Paris le 3 Octobre 1629, enterré dans l'Eglise des Carmes Déchaussés, où il avoit plusieurs enfans Religieux. N... dans le Livre intitulé : *Athena Batavica*, in-4. & dans la *Bibliotheca Belgica*.

BERTRAND (Jean) ou Bertrandi, premier Président de Toulouse, puis Président au Parlement de Paris, embrassa l'Etat Ecclésiastique, fut Evêque de Comminges en 1551, Archevêque de Sens en 1557, puis Garde des Sceaux, Cardinal & Ambassadeur à Venise, mourut le 4 Décembre 1560. 1. *Baron*, in-8. 2. Dessin au Cabinet de M. de Fontette.

BERTRAND, (Thomas-Bernard) Médecin. *La Nouelle*, p. 1751. *Petit, sc.*

BERULLE, (Pierre de) Champenois, fils de Claude de Berulle, Conseiller au Parlement de Paris, & de Louise Séguier, né en 1575, établit au Fauxbourg S. Jacques la Congrégation de l'Oratoire, dont il fut le premier Supérieur Général, fait Cardinal en 1627, mort à Paris en célébrant la Messe, le 11 Octobre 1629. 1. M. *Lasne*, in fol. 2. Idem, in 8. 3. *Moncornet*. 4. Chez Mariette, in-8. 5. N. *de Platemontagne*, 1661, d'après *Champagne*, in-fol. 6. J. *Lubin*, in-fol. 7. *Boudan*. 8. *Habert*, in-4. 9. H. *Bachot*, d'après A. *Herault*, in-4. 10. B. *Audran*, d'après Jean *de la Monie*, in-fol. 11. *Langlois*. 12. Dans Odieuvre.

BERULLE, (Jean de) Conseiller d'Etat. N. *Rousselet*, del. & sc. in-fol.

BERWICK, (Jacques, Duc de) fils naturel de Jacques II. Roi d'Angleterre. *Drevet*, d'après *Jénary*, 1693, in-fol.

BERWICK, (Henri, Duc de) Maréchal de France, tué au Siège de Philisbourg, le 12 Juin 1734. 1. N... en Médaillon. 2. Dessin par *Robert*, au Cabinet de M. de Fontette.

BESARDUS, (Joan. Baptista) civis Bisuntinus ac Legum Doctor. *Kilian*, del. & sc. 1617, in-4.

BESLY, (Jean) Avocat du Roi à Fontenay-le-Comte, sa patrie, consommé dans la connoissance des Antiquités de France, mort à Fontenay le 18 Mai 1644, âgé de 74 ans. 1. *Colletet*, 1642. 2. *Gaspard Isaac*, 1672, in-fol.

BESSARD, (Jean) né à Stains, le 26 Mai 1666, pieux Vigneron, qui instruisoit les enfans de son Village, &c. mort à Paris le 8 Décembre 1752, Mademoiselle Aurea *Billete*, nièce de M. Bruté, Curé de S. Benoît, lequel a écrit la Vie de Bessard : in-12. 1753.

BESSE, (Pierre de) Docteur en Théologie, Prédicateur célèbre : âgé de 50 ans en 1618. 1. L. *Gaultier*, in-8. 2. *Crispin de Pas*, 1628, in-8.

BESSENVAL, (Jean-Victor) Baron de Brunstat, Lieutenant Général des Armées du Roi, Colonel du Régiment des Gardes Suisses. Cl. *Drevet*, d'après *Messonnier*, in-fol.

BESSERAIGE, (Judith) veuve de Jean d'Auffone. N... dans le *Mathanasius*, in-12.

BESSON, (Gaspard) Prêtre, Docteur en Théologie, Archidiacre du Diocèse de Glandève, Catéchiste de la Paroisse de S. Germain-l'Auxerrois, à Paris, *Habert*, 1691, in-8.

BESSON, (Wohl-Edelf-Zwilling de) ancien Commissaire pour le Roi en Allemagne, à la Résidence de Worm, en 1650, Ecuyer, dernier unique Enseigne, Doyen des Officiers & des treize Privilégiés des Cent Suisses, Vétéran-Capitaine d'une Compagnie de 200 hommes de sa Nation, en 1688, âgé de 46 ans, inhumé à Paris dans l'Eglise de S. Eustache, où il a sa sépulture. *Van Schupen*, del. & sc. in-fol.

BÉTHENCOURT, (Jean de) Baron de Saint-Martin,

dans le Comté d'Eu, découvrit les Canaries en 1402, & conquit quelques-unes de ces Isles. *Moncornet*, in-8.

BÉTHUNE, (Armand de) né en 1635, Evêque de Saint-Flour, & ensuite du Puy en 1665, mort au Puy en Décembre 1703. 1. N... in-fol. 2. N... en petit.

BÉTHUNE, (Maximilien de) Duc de Sully, &c. mort le 21 Décembre 1641, âgé de 82 ans. 1. *Paul de la Hove*, en 1614, d'après *Dubois*, in-fol. 2. *Edelinck*, 1699, in-fol. 3. *Fessard*. 4. *Moncornet*. 5. *Porbus*, p. *Marcenay*, sc. 1763, in-8. 6. *Chenu*, in-12. 7. N... dans Odieuvre. 8. Aux genoux de Henri IV. avec ces mots, *Relevez-vous, Rosny*, &c. Mademoiselle H***, 1771, in-4.

Anne de Courtenay, sa première femme. Voyez COURTENAY.

Françoise de Créquy, veuve de Maximilien II, de Béthune, mariée le 15 Septembre 1609, morte le 23 Janvier 1656. *Moncornet*.

BÉTHUNE, (Philippe de) frère puîné de Maximilien I. Comte de Charost, Chevalier des Ordres du Roi, Ambassadeur à Rome, en Allemagne, en Angleterre, mort en 1649, âgé de 84 ans. *Saint-Bernard*, in-fol.

BÉTHUNE (Anne-Eléonor-Marie de) d'Orval, Abbesse de Gif, morte le 28 Novembre 1733. *Petit*, in-4.

BÉTHUNE. (la Marquise de) *Bonnart*.

La Duchesse de (Béthune) Charost. N...

BÉTHUNE, (Hippolyte, Comte de) né à Rome le 19 Septembre 1703, Chevalier d'honneur de la Reine, Chevalier du S. Esprit en 1661, mort le 24 Septembre 1665. *Larmessin*, 1662. En pied & en habit de l'Ordre, in-fol.

BÉTHUNE, (Hippolyte de) Evêque & Comte de Verdun le 3 Août 1681, mort le 24 Août 1720. *Drevet*, d'après *Rigaud*, 1697, in-fol.

BETON, (Mademoiselle Sella de) Ecossoise, l'une des Filles de la Chambre de la Reine d'Ecosse, Douairière de France, 1565. Dessin au Cabinet du Roi.

BEUF, (Jean le) Sous-Chantre & Chanoine d'Auxerre, de l'Académie Royale des Inscriptions & Belles-Lettres, mort à Paris en 1760, âgé de 73 ans. N... dans Odieuvre, in-8. (Il écrivoit *Lebeuf*.)

BEURRIER, (Paul) Chanoine Régulier, Curé de S. Etienne-du-Mont, à Paris, puis Abbé de Sainte-Geneviève, mort le 25 Janvier 1696, âgé de 90 ans. 1. *Jean le Fevre*, p. J. *Boulanger*, sc. in-fol. 2. *Lochon*, del. & sc. 1675, in-4.

BEUZELIN, (N....) Conseiller au Parlement de Rouen. *Rousselet*, del. & sc. in-fol.

BEUZELIN, (Jean de) Président au Parlement de Rouen. N...

BÈZE, (Théodore de) né à Vezelay en Bourgogne, le 24 Juin 1519, mort à Genève le 13 Octobre 1605. 1. J. *Granthome*, in-8. 2. N... dans le Recueil de Boissard, in-4. 3. *Desrochers*. 4. Assis devant une table, N... in-fol. 5. Cl. *Amon*, in-4. 6. N... dans Odieuvre.

BEZONS. Voy. BAZIN.

BICHY, (Elisabeth de) Marquise d'Ecost. *Trouvain*, 1694, in-fol.

BIDAL (Claude-François) d'Asfeld, Maréchal de France, Chevalier de la Toison d'or, mort à Paris en 1743. N... in-fol.

BIDAUD. (N....) *Coyzel*.

BIGNICOURT (Girard de) de Bussy. *Colin*, 1696, in-fol. dans une Thèse.

BIGNICOURT, (Simon) ancien Conseiller au Présidial de Reims, né à Reims le 15 Mai 1709. J. *Robert*, 1767, in-4.

BIGNON, (Jérôme) Avocat-Général au Parlement de Paris, & Conseiller d'Etat, fils de Roland, Avocat, Conseiller d'Etat, né en 1590, mort le 7 Avril 1656, enterré à S. Nicolas du Chardonnet. 1. René *Lochon*, del. & sc. 1655, in-fol. 2. Copie, 1664, in-4. 3. *Van Schupen*, 1695, in-fol. 4. N... dans Odieuvre, in-8.

BIGNON, (Jérôme) fils du précédent, Avocat-Général en 1652, Conseiller d'Etat, mort le 15 Janvier 1697. 1. *Champagne*, p. *Poilly*, sc. 1664, in-fol. 2. J. *Lenfant*, del. & sc. 1671, in-fol. 3. Ant. *Masson*, del. & sc. 1686, in-fol. dans une Thèse.

BIGNON, (Thierry) Conseiller au Parlement, puis Maître des Requêtes, premier Président au Grand-Conseil en 1690, décédé le 19 Janvier 1697, âgé de 66 ans. 1. *Champagne*, p. *Pitau*, sc. in-fol. 2. Fr. *de Troy*, p. *Van Schupen*, sc. 1697, in-fol.

BIGNON, (Jean-Paul) fils de Jérôme II. né le 19 Septembre 1662, Abbé de Saint-Quentin, de l'Académie Françoise en 1693, Président de celles des Sciences & des Inscriptions, Conseiller d'Etat, mort le 11 Mars 1743. 1. Lucrèce Cath. *de la Roue*, p. *Edelinck*, sc. 1700, in-fol. maj. 2. J. *Vivier*, del. B. *Audran*, sc. 1703, in-fol. 3. *Edelinck*, 1703, in-fol. 4. *Desrochers*, 1704, in-8. 5. C. *Simonneau*, 1706, in-fol. 6. *Rigaud*, p. *Drevet*, sc. in-fol. 7. *Duflos*, d'après *Rigaud*. 8. N... dans Odieuvre.

BIGNON, (Armand-Jérôme) Prevôt des Ordres du Roi, Conseiller d'Etat, Bibliothécaire de Sa Majesté, & Prevôt des Marchands, mort en 1772. *Drouais*, p. 1758. *De Launay*, sc. 1769, in-fol.

BILLI. (Ant. Pierre Chastre de) *Cochin*, del. *Wattelet*, sc. 1760. Médaillon in-4.

BILLON, (François de) Auteur du Livre intitulé: *Le fort inexpugnable de l'Honneur du Sexe féminin*: Paris, 1555, in-fol. N... 1555, en bois, âgé de 83 ans.

BILLY, (Jacques de) Docteur en Théologie, Abbé de S. Michel en l'Erme, né en 1535 à Guise, dont son père, né à Chartres, étoit Gouverneur pour le Roi François I. mourut à Paris le 25 Décembre 1581, âgé de 46 ans, enterré à S. Severin. 1. N... dans Thévet. 2. N... en petit.

BINARD, (N....) âgé de 48 ans. *Mellan*, del. & sc. 1621.

BINET, (Jacques) Gouverneur du Château de Tours, au temps où nos Rois faisoient leur séjour en cette Ville; épousa en 1464 Marie de Poncher. Louis *Coquin*, dans le Livre de la Noblesse de Touraine.

BINET, (François) premier Général, après S. François de Paule, de l'Ordre des Minimes, décédé saintement à Rome, en 1520, âgé de 72 ans. G. *Scotin*, in-4.

BINET, (Etienne) Jésuite, né à Dijon, mort à Paris le 4 Juillet 1639, âgé de 71 ans. 1. C. *le Brun*, p. M. *Lasne*, sc. in-4. 2. H. *Wegen*, p. *Charpignon*, sc. in-4.

BINOT, (Nicolas) Sieur de Touteville, Chevalier, Secrétaire du Roi. *Juste*, p. Ant. *Sanson*, in-fol. dans une Thèse.

BION, (N....) Ingénieur pour les Instrumens de Mathématiques, &c. N... in-4.

BIRAGUE, (René de) né à Milan le 2 Février 1506, Chancelier de France en 1573, embrassa l'Etat Ecclésiastique, fut Evêque de Lavaur, puis Cardinal en 1578, mourut à Paris le 24 Novembre 1583, âgé de 76 ans; est enterré dans l'Eglise de Sainte Catherine du Val-des-Ecoliers 1. Th. *de Leu*, in-8. 2. N... dans Thévet. 3. N... en petit. 4. *Harrewyn*, in-12. 5. Willem *Faytorne*, in-8.

BIRAGUE, (Louis de) fils de César de Birague, mort à Saluces en 1572, âgé de 63 ans. 1. N... dans Thévet. 2. N... en petit.

BIRAGUE, (Flaminio de) Gentilhomme ordinaire de la Chambre de Henri III. ætat. 20, 1585. N... in-12.

BIRON. Voy. GONTAUT.

BISCARAS DE ROTUNDIS, (Jean-Armand de) Docteur en Théologie, Evêque de Digne, puis de Lodève & de Béziers en 1671, mort en 1702. J. *Lenfant*, 1670, in-fol.

BISCOT, (Jeanne) Fondatrice & première Supérieure de la Société des Filles de Sainte-Agnès d'Arras & de la Sainte-Famille de Douay, morte le 27 Juin 1664, âgée de 63 ans. *Langlois*, in-8.

BISSY. Voy. THYARD.

BLACVOD, (Adam) Conseiller au Présidial de Poitiers, né en Ecosse en 1539, mort à Poitiers en 1613, Auteur de plusieurs Ouvrages. J. *Picard*, 1644, in-4.

BLACVOD, (Henri) Docteur en Médecine de la Faculté de Paris, & Professeur Royal, mort en 1674. 1. *Mellan*, in-4. 2. N... dans Odieuvre.

BLAIN, (Jean-Baptiste) de Fontenay, Peintre, né à Caen en 1654, mort en 1715. N... dans l'Histoire des Peintres, par d'Argenville, in-4. & in-8.

BLAIR, (Armand de) Ecuyer, Seigneur de la Grange, Lieutenant-Général du Bailliage de Metz. N...

BLAIS, (Jean le) Seigneur de Quesné, Baron de Crespon, né le 26 Novembre 1615, mort à Caen le 26 Février 1698, fait Conseiller d'Etat par le Cardinal Mazarin, pour avoir suivi le parti du Roi dans les Troubles de la Fronde; ce fut par cette même raison que M. de Longueville lui fit déposséder de la Charge de Lieutenant-Général. Le Blais ne voulut pas y rentrer ensuite, & se donna à l'étude; il faisoit des Vers, sçavoit le Grec & le Latin, & sur-tout il avoit un talent à trouver dans les Livres ce qu'il y cherchoit : ce qui le rendoit plus heureux que d'autres qui avoient plus étudié que lui. *Drevet*, 1696, in-fol.

BLAISE, (Frère) Feuillant. *De Troy*, p. B. *Audran*, sc. in-fol. maj.

BLAMPIGNON, (Nicolas) Docteur de Navarre, Curé de S. Méry en 1670, mort à Paris le 27 Septembre 1710, âgé de 68 ans. *Vivien*, p. *Edelinck*, sc. 1702, in-fol.

BLANC, (Hyacinthe le) Evêque de Joppé, Chanoine & Grand-Vicaire de Reims, né à Aix en 1696. 1. *Pinsio*, d'après *Villebois*, in-12. Dans la Suite d'Odieuvre.

BLANC, (Louis le) Sieur de Beaulieu, Ministre (Calviniste,) né en 1611, mort en 1675. *Simon*, in-4.

BLANC, (Louis le) Conseiller au Châtelet, puis en la Cour des Aides, Maître des Requêtes & Intendant de Rouen. *Jeune*. Henri *Cosplin*, p. *Jollain*, sc. in-fol.

BLANC, (Claude le) Ministre & Secrétaire d'Etat au Département de la Guerre, rappellé & pourvu de nouveau le 15 Juin 1726, mort le 19 Mai 1728, 1. P. *Prieur*, p. *Drevet*, sc. in-fol. 2. N... in-fol.

BLANC, (Guillaume le) le vieux, Cocq de Toulon en 1571, mort à Avignon en Mars 1588, inhumé dans l'Eglise des Dominicains. 1. *Pompeius*, in-8. 2. N... en rond.

BLANC, (Guillaume le) le jeune, Evêque de Toulon. *Poilly*.

BLANC, (Guillaume du) Evêque d'Ostie & de Marseille, créé Cardinal en 1337 par Benoît XII. son oncle. N... en forme de Médaille.

BLANC, (Guillaume du) le jeune, Camérier du Pape

Sixte V. Evêque de Vence & de Grasse, en 1592, mort le 19 Novembre 1601, excellent Poëte Latin. 1. Th. de Leu, in-8. 2. N... 1595, in-8.

BLANC, (Guillaume du) Cardinal, neveu de (l'Antipape) Benoît XII. gravé avec les trois précédens en quatre Médaillons dans un Frontispice. Michel Fants, in-8.

BLANC, (Jean du) [Blancus] Médecin François. 1. Ger. Pantan, p. Séb. Vouillemont, in-8. âgé de 62 ans. 2. L. Spirinze, in-8. âgé de 55 ans.

BLANCHARD, (Etienne) Médecin. N...

BLANCHARD, (Jacques) Peintre ordinaire du Roi, né à Paris en 1600, mort en 1638. 1. Blanchard luimême, pinx. G. Edelinck, sc. 1699, in-fol. 2. N... dans l'Histoire des Peintres par d'Argenville, in-4. & in-8.

BLANCHARD, (Esprit-Joseph-Antoine) Ecuyer, Maître de Musique de la Chapelle du Roi, né à Perné. Cochin fils, del. Saint-Aubin, sc. 1767, in-4.

BLANCHART, (François) Chanoine Régulier, Abbé de Sainte Geneviève & Supérieur Général, né à Amiens en 1606, mort au mois de Février 1675. Nanteuil, del. & sc. 1673, in-fol. maj.

BLANCHET, (Thomas) Peintre, né à Paris en 1617, mort à Lyon en 1689. N... dans l'Histoire des Peintres par d'Argenville, in-4. & in-8.

BLASSET, (Nicolas) d'Amiens, Architecte & Sculpteur du Roi. J. Lenfant, 1658, in-fol.

BLÉ, (Nicolas Chalon du) dit le Maréchal d'Uxelles, né le 24 Janvier 1652, Capitaine & Gouverneur de la Ville & Citadelle de Châlon en 1669, Plénipotentiaire pour la Paix en 1710, Président au Conseil des Affaires Etrangères, en 1715, mort le 10 Avril 1730. A cheval, Poilly.

BLEGNY (Nicolas de) Médecin Artiste ordinaire du Roi & de Monsieur; fut mis dans la Prison du Fort-l'Evêque par ordre du Roi du 14 Juin 1693, étant accusé d'enseigner une nouvelle Religion; est Auteur du Mercure sçavant. J. Hainzelman, in-8.

BLIGNY, (Etienne de) Ecrivain Juré-Expert, mort à Paris le 17 Février 1700. Voligny, in-8.

BLOIS, (Etienne, fils d'Etienne, Comte de) surnommé le Vaillant. 1. En pied, avec un manteau & une cuirasse. N... 2. Armé d'une Pertuisane. N... en ovale. 3. N... dans Odieuvre.

BLOIS. (Jeanne de) Vandick, p. Pet. de Jode, sc. in-fol.

BLOIS (Guillaume de) ou de Champagne, dit Aux Blanches mains, Cardinal. N... dans l'Histoire des Ministres par d'Auteuil.

BLOIS. (Charles de) N... dans le P. Montfaucon.

BLOIS, (Thibaut, dit le Bon, Comte de) Sénéchal de France vers l'an 1152, mort au Siège d'Aire en 1190. N... dans Thévet.

BLOND, (Guillaume le) Maître de Mathématiques des Enfans de France. Cochin, del. Aug. de Saint-Aubin, sc. 1769. Médaillon in-4.

BLONDEAU, (François) Président en la Chambre des Comptes. Nanteuil, del. & sc. 1653, in-fol.

BLONDEL, (David) né à Chaalons en Champagne, l'an 1591, Ministre à Houdan, Professeur d'Histoire à Amsterdam, Auteur de plusieurs Ouvrages critiques & historiques, mort à la Haye en 1655. 1. Nanteuil, 1650, in-fol. 2. Copie, Duflos, 1698, in-fol.

BLONDEL, (François) Médecin, qui a travaillé sur les Eaux Minérales. N... petit in-4.

BLONDEL, (N....) Graveur. N...

BLONDEL, (Pierre) Chanoine Régulier, Curé de S. Etienne-du-Mont, à Paris, & Chancelier de l'Université, exilé en 1730, mort à Auxerre le 26 Août 1749. N... in-8.

BLOSSE. Voy. BELLOCE.

BLOSSET, (N.... de) Evêque de... N...

BLYE, (Jean-Baptiste de) premier Président du Parlement de Tournai. 1. G. Edelinck, d'après la Dame, in-fol. 2. Landry, 1669. 3. N. Lagnier, in-fol.

BOCCAGE, (Madame du) Marie-Anne le Page, encore vivante, a traduit plusieurs Poésies Angloises. 1. Mademoiselle Loir, p. Tardieu fils, sc. in-8. 2. Petit.

BOCHART, (Samuel) né à Rouen en 1599, Ministre (Calviniste) à Caen, célèbre par sa science, mort subitement le 16 Mai 1667, dans une Assemblée de l'Université de Caen. 1. R. Lochon, 1663, in-fol. 2. P. Van Schupen, 1699, in-fol.

BOCHART, (N....) de Champigny, Chanoine de Notre-Dame de Paris. Nanteuil, in-fol.

BOCHART, (François) de Sarron, Evêque de Clermont en 1687, sacré en 1692, mort le 11 Août 1715. H. Jans, 1693, in-4.

BOCHOT, (Nicolas) N... d'après Vandick.

BODERIE. (de la) Voy. le FEVRE.

BOECLER, (Jean-Henri) de Strasbourg, Conseiller de l'Electeur de Mayence, & Historiographe, né en 1611, mort en 1662. J. Ant. Scupel, in-8.

BOECLER, (Jean) né à Ulm le 20 Octobre 1651, Docteur en Médecine, Professeur à Strasbourg & Chanoine, mort à Strasbourg le 19 Avril 1701. Merian, p. J. A. Scupel, sc. 1702, in-fol.

BOFFRAND, (Germain) Architecte du Roi, Auteur d'un Livre d'Architecture & d'une Description de ce qui a été pratiqué pour fondre en bronze la Figure équestre de Louis XIV. est né à Nantes le 7 Mai 1667, & mourut à Paris en 1755. En Buste. François, d'après le Buste sculpté par Adam l'aîné.

BOHIER, (Thomas) Général de Normandie en 1503. N... en Médaille ; au revers ses Armes.

BOILEAU, (Gilles) Greffier du Parlement, de l'Académie Françoise, mort en 1669, âgé de 38 ans. R. Nanteuil, 1658, in-fol.

BOILEAU, (Jacques) Théologien, frère du précédent, né à Paris le 16 Mars 1635, Grand-Vicaire de Sens en 1671, Chanoine de la Sainte-Chapelle de Paris en 1694, mort le 1 Août 1706, Doyen de la Faculté de Paris, Auteur de plusieurs Ouvrages. 1. Hortemels. 2. Desrochers.

BOILEAU, (Nicolas) Sieur Despréaux, frère des précédens, né le 1 Novembre 1636, à Crosne, près de Paris, mort à Paris en 1711, le 11 Mars ; Poëte fameux, fut reçu à l'Académie Françoise en 1684. 1. A. Bouys, p. & sc. 1702, in-4. en manière noire. 2. Crespy. 3. De Piles, p. Drevet, sc. 1704, in-fol. 4. Desrochers, 1705, in-8. 5. H. Rigaud, p. 1704. Drevet, sc. 1706, in-fol. maj. (Beau.) 6. De Troy, p. Drevet, sc. in-fol. 7. Odieuvre, p. C. Roy, sc. 8. Ravenet, d'après Tremollière, 1740, in-12. obl. Vignette & Médaillon. 9. N... in-8. 10. Rigaud, p. Savart, sc. 1769, in-8.

BOIS, (Gabriel du) de la Ferté, Chevalier de Malte, Commandeur de Théval. F. Chereau, in-8.

BOIS, (Guillaume du) Cardinal & Archevêque de Cambray, né à Brive la Gaillarde, mort en 1723. 1. Rigaud, p. 1723. Drevet, sc. 1724, in-fol. maj. (Beau.) 2... N... dans Odieuvre. 3. Desrochers.

BOIS, (François du) Intendant de la Maison du Roi. Humbelot, in-fol.

des François illustres.

Bois, (François du) Chevalier, Seigneur de Boisne, Mousseaux, Lestrelles, &c. *Gantrel*, del. & sc. 1677, in-fol.

Bois, (le R. P. Donatien du) Commissaire Général des Missions du Canada, Définiteur général des Récollects, Gardien du Couvent de Paris en 1737. *Liébault*, p. *Flipart*, 1736, in-fol.

Bois, (Jean du) surnommé *Olivier*, Célestin, Abbé de Beaulieu, Prédicateur du Roi, Conseiller d'Etat, mort à Rome le 28 Août 1626. 1. C. *Mellan*, del. & sc. in-4. 2. *Moncornet*. 3. *Desrochers*.

Bois, (Pierre du) Prêtre, Curé d'Halluin, décédé le 1 Décembre 1696, âgé de 80 ans. Madel. *Masson*, in-8.

Bois. (Mr du) *Incomparable Portrait*, en bois, avec Vers & Récits. N... in-fol. maj.

Bois-clairs, (Tanneguy Renault des) Grand-Prévôt de Bourgogne & de Bresse. 1. N... in-8. 2. *Moncornet*.

Bois-Dauphin, (Urbain de Laval, Sieur de) Maréchal de France, né en 1557, mort en 1629. Dessin au Cabinet de M. de Fontette. (Voyez encore ci-après, Laval.)

Boiseon, (Catherine de) fille aînée du Comte de Boiseon, en Bretagne. J. *Picart*, 1667, in-4.

Boiseon, (Hercule-François de) Vicomte de Dinan & de la Fellière, Gentilhomme ordinaire de la Chambre du Roi, Gouverneur de Morlaix. J. *Sauvé*, in-fol.

Boissard, (Jean-Jacques) né à Besançon en 1528, Auteur de plusieurs Ouvrages sur les Antiquités Romaines, mort à Metz le 30 Octobre 1602. 1. Th. *de Bry*. 2. J. *Isaac*, 1627.

Boissat, (Pierre de) Vice-Bailly de Vienne, de l'Académie Françoise, né en 1603, & mort le 28 Mars 1662. Dessin au crayon rouge, dans le Cabinet de M. de Fontette.

Boisserius, (Janus Regius) ou le Roy de la Boissière, Poëte, âgé de 22 ans. Th. *de Leu*, 1590, in-8.

Boissière, (Mademoiselle de la) *De la Tour*, p. *Petit*, sc. in-fol.

Boissieux. Voy. Salvaing.

Boissy. Voy. Gouffier.

Boissy, (Louis de) de l'Académie Françoise, en 1754, né à Vic en Auvergne, l'an 1694, mort en 1758. *Cochin* fils, del. & sc. 1757. Médaillon, in-8.

Boistel, (Louis) Docteur en Théologie, Curé de S. Firmin d'Amiens. *Simon*, in-fol.

Bolestin, N. de) en 1575, sous Charles IX. Dessin au Cabinet du Roi.

Bolureau, (N...) Doyen des Maîtres Peintres : c'étoit un Marchand d'Estampes & de Tableaux, qui demeuroit dans une des petites échopes du Cloître S. Germain - l'Auxerrois ; mort vers 1745. En pied. J. *Gaillard*, d'après le Dessin de *Spoede*, in-fol. En pied.

Bombarre, (Georges) Peintre Vénitien, employé à Meudon par le Cardinal de Lorraine, pour les Ouvrages de Peinture qu'il faisoit faire dans son Château par le Primatice, Nicolo Dessobatte son élève, & Bombarre, sous Charles IX. Dessin au Cabinet du Roi.

Bombaste, (Philippe-Théophraste) Physicien, surnommé *Paracelse*. N... in-8.

Bonfons, (Jean) Auvergnat, né à Clermont en 1554, Poëte, mort en 1614. Th. *de Leu*, 1590, in-8.

Bonetus, (Theophilus) Doctor Medicus, Serenissimi Principis Henri ab Aurelia Longavillæ Ducis Medicus, ætatis 59, anno 1679. E. D. in-fol. 2. N... in-fol.

Bonfils, (François de) Abbé & Marquis de Taillades. J. *Cundier*, del. & sc. à Aix, 1683, in-fol.

Bongars, (Jacques) né à Orléans, Ambassadeur & Ministre du Roi Henri IV. vers les Princes & Etats Protestans d'Allemagne, mort Calviniste à Paris le 29 Juillet 1612; avoit une belle Bibliothèque, qui forme aujourd'hui le fond de celle de la Ville de Zurich. 1. J. *Brun*, à Strasbourg, in-fol. 2. N... dans Odieuvre.

Boniface, (Hyacinthe de) Jurisconsulte d'Aix, âgé de 55 ans en 1669, mort en 1695, âgé de 87 ans. *Gribelin*, del. H. *Noblin*, sc. in-fol.

Bonne, (François de) Duc de Lesdiguières, Pair, Maréchal & Connétable de France, Gouverneur de Dauphiné, né le 1 Avril 1543, mort à Valence le 28 Septembre 1626. 1. M. *Grentel*, 1595, in-8. âgé de 52 ans. 2. Th. *de Leu*, 1596, in-8. 3. Idem, in-12. 4. N... dans les Triomphes de Louis-le-Juste, in-fol. 5. *Daret*, in-4. 6. *Dumoustier*, p. *Huret*, sc. in-4. 7. N... dans le Livre de la Gallerie du Palais Royal, in-fol. 8. N... en Allemagne, in-4. 9. N... 10. *Cheau*, in-12. 11. N... dans Odieuvre.

Bonne (François-Emmanuel de) de Créquy, Duc de Lesdiguières, Gouverneur de Dauphiné, mort le 3 Mai 1681, âgé de 36 ans. 1. J. *Patigny*, del. & sc. 1662, in-fol. 2. Cl. *Duflos*, d'après P. *Mignard*, 1702, in-4.

Paule-Françoise-Marguerite de Gondy sa femme, née à Machecoul le 12 Mars 1655, morte à Paris le 21 Janvier 1716. 1. *Pezey*, p. *Drevet*, sc. 1697, in-fol. 2. Cl. *Duflos*, 1698, in-4. 3. *Crespy*.

Bonne (Jean-François-Paule de) de Créquy, Duc de Lesdiguières, fils du précédent, né le 22 Octobre 1678, mort à Modène le 6 Octobre 1703. 1. *Rigaud*, p. *Drevet*, sc. 1691, in-fol. 2. *Largillière*, p. *Moreau* & *Duflos*, sc. 1699, in-4.

Bonneau, (Henri) Sieur de Trassy, mort en 1682. D'après son Tombeau dans la Cathédrale de Tournai, par *Girardon*. S. *le Clerc*, sc. in-fol.

Bonneguise, (Jean de) Evêque d'Arras. *Charpentier*, p. *Cars*, sc. in-fol.

Bonnet, (Silvain) de Romorentin, Peintre du Roi en Miniature. *Habert*, del. & sc. in-fol.

Bonneval, (Osmin, Bacha, ci-devant Comte de) Il s'appelloit Alexandre ; il est mort à Constantinople le 22 Mars 1747. 1. J. Jacq. *Haid*, in-fol. en maniere noire. 2. *Schmidt*, del. *Littret*, sc. à simples traits, in-4. 3. Mademoiselle *Fonbonne*, in-8.

Bonneval, (Jean-Jacques Gimat de) Comédien. *Huquier*, del. J. B. *Michel*, sc. in-fol. avec Ornemens.

Bonnivet, (Guillaume Gouffier, Seigneur de) Amiral de France, tué à la Bataille de Pavie en 1525. 1. N... dans Thévet. 2. En petit. 3. Dessin au Cabinet du Roi.

Bontemps, (Louis) premier Valet de Chambre du Roi. *De la Live*, in-8.

Bonzy, (Pierre de) né à Florence le 24 Avril 1638, Archevêque de Toulouse, Cardinal en 1673, mort à Montpellier le 11 Juillet 1703. 1. *Nanteuil*, del. & sc. 1678, in-fol. dans une Thèse. 2. *Clouet*, à Rome, in-4. 3. *Frosne*, 1655. 4. J. *Dilu*, p. J. *Lenfant*, sc. 1661, in-fol. 5. *Bachichi*, à Rome, p. *Van Schupen*, sc. 1690, in-fol. 6. N...

Boquin, (Pierre) de Bourges, Théologien Calviniste & Professeur de l'Université de Heidelberg, mort en 1582. 1. J. *Granthomme*, in-8. âgé de 64 ans. 2. *Furck*.

BORDELON, (Laurent) Précepteur des enfans de M. Lubert, Trésorier Général de la Marine, né à Bourges en 1653, mort à Paris en 1730. Ant. *Trouvain*, 1693, in-8.

BORDERIUS, (Joannes Rosellus) Avocat à Poitiers. G. *Cloeche*, in-8.

BORDIER, (Claude) Ecuyer, Scelleur en la grande Chancellerie. N...

BORDIER, (N...) Intendant des Finances. J. *Dilu*, p. *Van Schupen*, sc. 1657, in-fol.

BORDIN, (Mademoiselle) sous Henri III. Dessin au Cabinet du Roi.

BORET, (Arnauld) Conseiller au Parlement de Toulouse, mort le 22 Avril 1624, en odeur de sainteté. N... in-8.

BORGNE, (Vincent le) Chevalier, Seigneur de Lesquiffion, &c. *Humbelot*, in-fol.

BORNONIUS, (Joannes) Jurisconsultus, anno ætatis 43, (en 1573.) N... in-8. avec Ornemens.

Bosc, (Pierre du) né à Bayeux le 21 Février 1623, Ministre (Calviniste) à Caen en 1645, réfugié en Hollande en 1685, Ministre à Rotterdam, où il est mort le 1 Janvier 1692. 1. D. *Vaillant*, p. J. *Gole*, sc. in-fol. en manière noire. 2. *Desrochers*. 3. N... dans Odieuvre.

Bosco. (à) Voy. du Bois.

BOSQUET, (François) né à Narbonne en 1613, Procureur-Général par Commission au Parlement de Rouen, Intendant de Languedoc, puis Evêque de Lodève en 1648, & de Montpellier en 1657, mort le 24 Juin 1676. *Nanteuil*, del. & sc. 1671, in-fol.

BOSQUET, (N...) Poëte. Ant. *Wierx*, in-4. Agé de 40 ans.

BOSQUERIUS. (Philippus) *Besse*.

Bossu. (Marguerite de) N... dans le Père Montfaucon.

Bossu. (Honorée de Grimberghe, Comtesse de) *Morin*.

Bossu, (René le) Chanoine Régulier de Sainte-Geneviève en 1649, né à Paris le 16 Mars 1631, de Jean le Bossu, Avocat-Général à la Cour des Aides; est mort à Chartres le 14 Mars 1680. N...

BOSSUET, (Jacques-Bénigne) né à Dijon le 27 Septembre 1627, Précepteur du Dauphin, fils de Louis XIV. Evêque de Condom, puis Evêque de Meaux en 1681, mort à Paris en 1704, le 12 Avril, âgé de 78 ans. 1. F. *Poilly*, d'après P. *Mignard*, 1673, in-fol. 2. *Nanteuil*, del. & sc. 1677, in-fol. maj. 3. *Gantrel*, 1678, in-8. 4. *Habert*, d'après *Rigaud*, 1698, in-4. 5. Madel. *Masson*, in-4. 6. Et. *Desrochers*, 1699, in-8. 7. P. *Giffart*, 1699, in-fol. 8. J. *Sarrabat*, d'après *Rigaud*, 1699, in-fol. en manière noire. 9. Et. *Edelinck*, d'après *Rigaud*, 1704, in-fol. 10. *Edelinck*, d'après *Nanteuil*, in-fol. 11. N. *Pitau*, 1704. Vignette. 12. *Drevet*, 1723, d'après *Rigaud*. 13. Dessin au crayon, dans le Cabinet de M. de Fonette. 14. N... dans la Suite d'Odieuvre. 15. N... petit Buste, in-24. 16. *Savart*, d'après *Rigaud*, 1773.

BOSSUET, (Jacques-Bénigne) neveu du précédent, Abbé de S. Lucien de Beauvais, Evêque de Troyes en 1716; se démet de cet Evêché en 1742, meurt le 12 Juillet 1743. *Gantrel*, in-fol.

BOSSUET. (François) N...

BOUCHARDON, (Edme) Sculpteur du Roi, né en 1698, à Chaumont en Bassigny, mort à Paris en 1762. Ch. Nic. *Cochin*, del. & sc. 1754. Médaillon, in-4.

BOUCHART, (Alexandre) Vicomte de Blosseville, Conseiller au Parlement de Rouen, âgé de 49 ans en 1613. *Dumoustier*, p. L. *Gaultier*, sc. in-fol.

BOUCHAVANNES, (N... de) sous Henri IV. Dessin au Cabinet du Roi.

BOUCHER, (François) premier Peintre du Roi, mort en Mai 1770. 1. *Cochin*, del. Laurent *Cars*, sc. 1754. Médaillon, in-4. 2. *Roslin*, p. *Salvador*, sc. 1761, in-fol. 3. *Roslin*, p. L. *Bosse*, sc. 1772, in-fol. dans la Gallerie Françoise, Cahier V.

BOUCHER, (Jean) fameux Ligueur, Curé de S. Benoît, né vers l'an 1550, mort Doyen de Tournai en 1644. 1. *Hugmer*, p. *Aurea Billette*, in-8. 2. Dessin lavé à l'encre de la Chine, dans le Cabinet de M. de Fonette, in-fol. âgé de 85 ans.

BOUCHER, (Laurent) Docteur en Théologie, Curé de S. Symphorien de Paris. N. *Habert*, d'après J. *Gourdan*, in-4.

BOUCHER, (Madame) Marie-Françoise Perdrigeon, femme d'Etienne-Paul Boucher, Secrétaire du Roi, (mort en 1734,) peinte âgée de 17 ans, en Vestale, par J. *Roux*, 1733. *Dupuis*, sc. 1736, in-fol.

BOUCHERAT, (Louis) Chancelier & Garde des Sceaux en 1685, mort à Paris le 2 Septembre 1699, âgé de 84 ans. 1. *Lenfant*, del. & sc. 1670, in-fol. 2. *Habert*. 3. *Lenfant*, 1673, in-fol. maj. 4. *Arnoult*. 5. *Nanteuil*, 1677, in-fol. maj. 6. En Chancelier, N... *Chasteau*, in-fol. 7. Médaillon, J. *Hainzelman*, in-8. 8. *Trouvain*, petit ovale. 9. *Gantrel*, in-fol. 10. *Edelinck*, dans une Thèse, in-fol.

BOUCHERAT, (D. Nicol.) Abbas generalis Ordinis Cisterciensis: obiit anno 1625. ætat. 63. J. *de Courbes*, in-8.

BOUCHET, (Jean) né à Poitiers le 30 Janvier 1476, fils de Pierre, Procureur, mort peu après l'an 1550. N...

BOUCHU, (Pierre) Abbé de la Ferté, puis de Cîteaux ou de Clairvaux, mort le 18 Avril 1718. *Nanteuil*, del. & sc. 1669, in-fol.

BOUCHU, (Jean) premier Président de Dijon. Fr. *Poilly*, in-fol.

BOUCHU, (Pierre) fils du précédent, premier Président de Dijon. 1. *Revel*, p. Et. *Gantrel*, sc. 1697, in-fol. 2. C. *Duflos*, 1704, in-fol.

BOUCICAUT, (Jean le Maingre) Maréchal de France, sous Charles V. & Charles VI. fait prisonnier à la Bataille d'Azincourt, & mené en Angleterre, où il mourut en 1421. 1. N... dans Thévet. 2. N... dans le Livre de la Gallerie du Palais Cardinal, in-fol. 3. N... in-4. 4. N... in-12. 5. Dessin au crayon rouge, in-4. dans le Cabinet de M. de Fonette.

BOUDAN, (Alexandre) Marchand d'Estampes à Paris, & Imprimeur du Roi en Tailles-douces. 1. C. le *Febvre*, del. & sc. in-4. 2. J. F. *Sarabat*, 1702, in-fol. en manière noire.

BOUDIER. Voy. JOUSSELINIÈRE.

BOUDON, (Henri-Marie) Grand-Archidiacre d'Evreux, illustre par sa piété, le nombre de ses Ecrits, son zèle, son abandon à la divine Providence, & sa dévotion à la Sainte Vierge, mort le 31 Août 1702, âgé de 79 ans. 1. *Dubois*, p. *Rochefort*, sc. 1703, in-4. 2. N... in-12.

BOUDOT, (l'Abbé Pierre-Jean) Sous-Bibliothécaire du Roi, (mort en 1772.) *Cochin*, del. N. B. *de Poilly*, sc. 1753.

BOUDOU, (Petrus) Chirurgus Nosocomii Parisiensis Primarius. C. B. *Duflos*, 1743, in-8. dans un ovale.

BOUDRY,

BOUDRY, (le P. Lazare-Vincent) Cordelier, Provincial de la Province de S. Bonaventure. *Saint-Aubin*, p. *Dennel*, fc. in-fol.

BOUES, (Antoine de) Marquis de Linville, Lieutenant-Général des Armées du Roi. *Spirinx*, in-4.

BOUEXIE, (Louis du) Sieur de la Chapelle, Conseiller au Parlement de Bretagne. Ant. *Paillet*, p. Et. *Picart*, fc. in-fol.

BOUFFLERS, (Louis-François Duc de) Maréchal de France, &c. né en 1644, le 10 Janvier, mort à Fontainebleau le 22 Août 1711. 1. *Rigaud*, p. Sim. *Thomassin*, fc. 1701, in-4. 2. *Duflos*, 1704, in-fol. dans une Thèse. 3. N... in-12. 4. *Picart*. 5. *Arnoult*. 6. *Bonnart*, in-fol. 7. R... Vignette, in-8. oblong.

BOUGAINVILLE, (Jean-Pierre de) de l'Académie Françoise, & Secrétaire de celle des Inscriptions & Belles-Lettres, mort en 1763, âgé de 41 ans. *Cochin*, del. 1758. *Fessard*, fc. 1764. Médaillon, in-4.

BOUGY, (Michel-Révérend de) Docteur de Sorbonne, Conseiller d'État, mort en 1681. *Dupin*, 1741.

BOUHIER, (Jean) Président au Parlement de Dijon, de l'Académie Françoise, né en 1673, mort en 1746. 1. *Largillière*, p. *Daudet*, fc. 1732, in-fol. 2. Dessin au Cabinet de M. de Fontette.

BOUHIER, (Jean) Conseiller au Parlement de Dijon. Dessin au Cabinet de M. de Fontette.

BOUHIER, (Jean) premier Evêque de Dijon, en 1731, mort le 15 Octobre 1744. *Petit*, in-4.

BOUHIER, (Claude) second Evêque de Dijon, facré le 26 Janvier 1744, mort le 19 Juin 1755. *Petit*, in-4.

BOUHOURS, (Dominique) Jésuite, né à Paris en 1628, & décédé le 27 Mai 1702, âgé de 75 ans. 1. B. *Bonvicini*, in-4. 2. Et. *Desrochers*, in-8. 3. *Gantrel*. 4. *Habert*, d'après *Jouvenet*, in-fol.

BOUILLON. Voy. GODEFROY & LA TOUR.

BOUJU, (Jacques) Président aux Enquêtes du Parlement de Rennes. *Wosterhout*, in-4.

BOULAINVILLIERS, (Catherine) de Courtenay, Dame de Vic. *David* & *le Blond*, in-fol.

BOULANGER. Voy. ANDRÉ.

BOULART, (François) Chanoine Régulier de Sainte Geneviève, Supérieur de la Congrégation de France, né à Senlis en 1605. G. *Rousselet*, in-fol.

BOULAY, (Benoît) Tailleur, Auteur d'un Livre intitulé: Le Tailleur sincère. J. *Frosne*, in-8.

BOULIER, (la Vénér. Mère Anne-Séraphine) Supérieure du Monastère de la Visitation de Dijon, décédée le 7 Septembre 1683, âgée de 55 ans. *Giffart*, in-8.

BOULLAYE, (François le Gouz, Sieur de la) Gentilhomme Angevin, grand Voyageur, mort en Perse vers l'an 1669. 1. N... âgé de 29 ans, in-4. 2. N...

BOULLIAUD, (Ismael) Astronome, Mathématicien, né à Loudun en 1605, le 28 Septembre, dans la Religion Prétendue Réformée, qu'il abjura en 1634, à Paris, dans l'Abbaye de S. Victor, le 25 Novembre 1694. P. *Van Schupen*, d'après Jacq. *Van Schupen*, 1697, in-fol.

BOULLOGNE, (Bon) Peintre ordinaire du Roi, mort le 16 Mai 1717, âgé de 68 ans. 1. Peint par lui-même. Jacq. Nicolas *Tardieu*, fc. 1756, in-fol. 2. *Tardieu*, 1797, in-fol. 3. N... dans l'Histoire des Peintres par d'Argenville, in-4. & in-8.

BOULLOGNE (Louis) père, Peintre, mort à Paris en 1674, âgé de 65 ans. *Mathieu*, p. *Surugue*, fc. 1733, in-fol.

BOULLOGNE, (Louis) né à Paris en 1654, Ecuyer, premier Peintre du Roi, Directeur de l'Académie de Peinture & Sculpture, mort en 1734. 1. Hyacinthe *Rigaud*, p. *Lépicié*, fc. 1736, in-fol. 2. *Chereau*, 1718, d'après *Boullogne*. 3. N... dans l'Histoire des Peintres par d'Argenville.

BOULLOGNE, (Jean de) fils du précédent, né le 13 Octobre 1690, Conseiller Honoraire au Parlement de Metz, puis Contrôleur Général des Finances. H. *Rigaud*, p. J. A. *Will*, fc. 1758, in-fol.

BOULTZ, (Noel le) Conseiller au Parlement de Paris, reçu le 4 Juin 1632. *Nanteuil*, del. & fc. 1671, in-fol.

BOUQUES, (Charles de) Jurisconsulte & Professeur en Droit, âgé de 31 ans. *Mellan*, del. & fc. in-fol.

BOURBON.

Généalogie de la Maison de Bourbon, depuis S. Louis jusqu'à Louis XIII. avec les Portraits des Princes & Princesses, au nombre de quarante, en cinq feuilles, à Paris, sçavoir:

= S. Louis, Roi de France. — Marguerite de Provence, sa femme. = Jean de Bourgogne. — Agnès, Dame de Bourbon. = Robert, Comte de Clermont. — Béatrix de Bourgogne-Bourbon. = Louis I. du nom, premier Duc de Bourbon. = Marie de Hainaut, (gravée aussi dans le Père Montfaucon.) = Pierre I. Duc de Bourbon. — Isabeau de Valois, (gravée aussi dans le P. Montfaucon.) = Louis II. troisième Duc de Bourbon. — Anne, Dauphine d'Auvergne. = Jean I. Duc de Bourbon. — Marie de Berry. = Charles I. Duc de Bourbon. — Agnès de Bourgogne, (gravée aussi dans le P. Montfaucon.) = Jean II. Duc de Bourbon. — Jeanne de France, (dans la Suite de Odieuvre, & pour les Mémoires de Comines, in-4. avec bordure.) = Pierre II. Duc de Bourbon. — Anne, fille de Louis XI. (dont il y a un Dessin au Cabinet de M. de Fontette. = Charles II. Duc de Bourbon, Connétable. = Suzanne de Bourbon. (On les trouvera encore ci-après.) = Jacques de Bourbon, Comte de la Marche. — Jeanne de Châtillon, Dame de S. Pol. = Jean de Bourbon, Comte de la Marche. — Catherine de Vendôme. = Louis de Bourbon, Comte de Vendôme. — Jeanne de la Marche. = Jean de Bourbon, Comte de Vendôme. — Isabeau de Beauvau. = François de Bourbon, Comte de Vendôme. — Marie de Luxembourg. = Charles de Bourbon, Duc de Vendôme. — Françoise d'Alençon. = Antoine de Bourbon, Duc de Vendôme & Roi de Navarre. — Jeanne d'Albret. (On les trouvera encore ci-après.) = Henri de Bourbon IV. Roi de France. — Marie de Médicis. (On les trouvera encore ci-après, au mot FRANCE.) = Louis XIII. — Anne d'Autriche. (Voyez aussi FRANCE.)

BOURBON, (Jean de) Comte d'Enguien, tué à la Bataille de S. Quentin le 10 Août 1557, avoit épousé Marie de Bourbon, fille du Comte de S. Pol. N... en petit.

BOURBON, (Charles I. Cardinal de) Archevêque de Lyon, créé Cardinal en 1476, mort en 1488, le 13 Septembre. *Baron*, in-8.

BOURBON, (Charles de) Connétable, tué au Siège de Rome le 6 Mai 1527. 1. N... dans le Livre de Schrenckius, in-fol. 2. *De Jode*. 3. *Le Titien*, p. *Vosterman*, fc. in-fol. 4. N... dans Thevet. 5. N... en petit. 6. Th. *de Leu*, in-8. 7. Dessin au Cabinet de M. de Fontette. 8. N... dans Odieuvre.

BOURBON, (Antoine de) Roi de Navarre, né au Château de la Fère en Picardie, le 22 Avril 1518, mort en 1562. 1. Th. *de Leu*, in-8. 2. N... dans Thevet. 3. *Duflos*, in-4. 4. N... en petit. 5. Trois Dessins au Cabinet de M. de Fontette.

Jeanne d'Albret, Reine de Navarre, femme d'Antoine de Bourbon, mariée à Moulins le 20 Octobre 1548, morte à Paris le 9 Juin 1572, âgée de 40 ans. 1. *Duval*, 1579, in-4. 2. *Duflos*, in-4. 3. *Feffard*, dans la Suite d'Odieuvre. 4. Th. *de Leu*, 1597, in-8. 5. Deux Deffins au Cabinet de M. de Fontette.

BOURBON, (N... bâtard de) N... dans le P. Montfaucon.

BOURBON, (N... femme du bâtard de) N... dans le P. Montfaucon.

BOURBON, (Marie de) Prieure. *Ibid.*

BOURBON, (N... fils de Louis, Duc de) *Ibid.*

BOURBON, (Catherine de) sœur unique du Roi Henri IV. Duchesse de Bar, morte à Nanci le 13 Février 1604, étoit née à Paris le 7 Février 1558. 1. J. *Wierx*, 1600, in-fol. 2. *Darlay*, p. Th. *de Leu*, sc. in-4. 3. Th. *de Leu*, in-4. 4. L. *Gaultier*, in-4. 5. Crispin de Pas, in-4. 6. N... en bois, in-8. 7. Dans le P. Montfaucon. 8. N... dans Odieuvre. 9. Deux Deffins au Cabinet de M. de Fontette.

BOURBON, (Elisabeth de) fille de Henri IV. née en 1602, mariée au Roi d'Espagne le 18 Octobre 1615, morte à Madrid le 6 Octobre 1644. Th. *de Leu*, in-4.

BOURBON, (Louis, Cardinal de) Evêque de Laon & Archevêque de Sens, fils de François de Bourbon, Comte de Vendôme, naquit en 1493, & mourut le 11 Mars 1556. Deffin au Cabinet de M. de Fontette.

BOURBON, (Charles II. Cardinal de) proclamé Roi pendant la Ligue, sous le nom de Charles X. étoit fils de Charles de Bourbon, Duc de Vendôme, est mort en 1590, le 9 Mai, âgé de 67 ans. 1. Th. *de Leu*, in-4. avec vers. 2. *Gourmont*. 3. *Gautier*. 4. N... en petit. 5. G. *Pilleprat*, 1589. En Roi, in-4. (Rare.) 6. Monnoies & Médailles où est son Portrait, in-4. 7. N... dans Odieuvre.

BOURBON, (Charles de) III. du nom, fils naturel d'Antoine, Roi de Navarre, Archevêque de Rouen en 1594, mort à Marmoutier en 1610. Deffin à la pierre noire, dans le Cabinet du Roi, in-fol.

BOURBON, (Louis de) premier du nom, Prince de Condé, né à Vendôme le 7 Mai 1530, tué à Jarnac en 1569. 1. Deffin au Cabinet du Roi: enfant. 2. Deffin au Cabinet du Roi: âgé de 40 ans. 3. Th. *de Leu*, in-4. 4. *Duflos*, in-4.

Eléonore de Roye, première femme de Louis de Bourbon-Condé. Deffin au Cabinet du Roi.

Françoise d'Orléans-Rothelin, seconde femme, morte le 11 Juin 1601. Deffin à la plume, dans le Cabinet de M. de Fontette.

BOURBON, (Charles II. Cardinal de) ou le jeune, connu d'abord sous le nom de Cardinal de Vendôme, fils de Louis I. Prince de Condé; naquit en 1562, & mourut en 1594, âgé de 32 ans. 1. Th. *de Leu*, in-4. 2. Assis, J. *Gourmont*, in-4. 3. N... in-4. 4. Deffin au Cabinet du Roi.

BOURBON, (François de) Duc d'Enguien, tué à la Rocheguyon, de la chûte d'un coffre, en Février 1546. N... en petit.

BOURBON, (Henri de) I. Prince de Condé, né à la Ferté sous Jouarre, le 29 Décembre 1552, mort à S. Jean-d'Angély en 1588, le 5 Mars. 1. Dans la Suite d'Odieuvre. 2. N... en petit.

Marie de Clèves sa première femme, morte en couches à Paris, le 30 Octobre 1574. N... dans le Père Montfaucon.

Charlotte-Catherine de la Trémoille, seconde femme de Henri I. de Condé, mariée le 16 Mars 1586, morte à Paris le 28 Août 1629, âgée de 61 ans, trois mois & onze jours. 1. Jaspard *Isaac*, in-4. avec quatre Vers. 2. Deux Deffins au Cabinet du Roi. 3. Jaspard *Isaac*, in-8. à genouil devant la sainte Vierge. 4. Deffin au Cabinet de M. de Fontette.

BOURBON, (Henri II. de) Prince de Condé, premier Prince du Sang, né à S. Jean-d'Angély le 1 Septembre 1588, mort le 26 Novembre 1646. 1. Enfant, une plume à la main, Jacq. *Granthomme*, in-16. 2. Autre en petit, N... 3. Agé de 9 ans, *Goltzius*, 1595, petit ovale, in-8. 4. Th. *de Leu*, 1595, in-24. 5. Agé de 12 ans, *de Leu*, in-4. 6. Agé de 8 ans, J. *de Cheyn*, 1599, in-8. 7. Agé de 16 ans, L. *Gaultier*, 1604, in-8. 8. Agé de 16 ans, Jacq. *Granthomme*, in-8. 9. Agé de 9 ans, Th. *de Leu*, 1597, in-4. 10. A cheval, même âge, Th. *de Leu*, in-4. 11. A cheval, âgé de 11 ans, L. *Gaultier*. 12. Avec barbe en pointe, L. *Spirinx*, in-4. 13. Entouré de fleurs. N... in-4. 14. *Duret*, in-4. 15. N... dans les Triomphes de Louis-le-Juste, in-fol. 16. *Palliot*, in-fol. 17. K. *Audran*, dans des Ornemens, in-fol. dans une Thèse. 18. M. *Lasne*, 1645, in-fol. 19. *Moncornet*, in-4. 20. Grég. *Huret*, in-fol. oblong. avec Louis, Duc d'Enguien son fils, & Pierre Paillot, leur présentant un de ses Ouvrages, la Ville de Dijon dans le lointain. 21. N... dans la Suite d'Odieuvre.

Charlotte-Marguerite de Montmorency sa femme, morte à Châtillon-sur-Loing, le 2 Décembre 1650, en sa 57e année. 1. En veuve, M. *Lasne*, in-4. 2. Harrefwin, in-12. 3. *Moncornet*. 4. N... dans Odieuvre.

BOURBON, (Louis II. de) Prince de Condé, né à Paris le 8 Septembre 1621, mort à Fontainebleau le 11 Décembre 1686. 1. Agé de 12 ans, Michel *Lasne*, in-fol. 2. Dans un Cattouche, avec une peau de Lyon, *Lasne*, in-fol. 3. *Moncornet*. 4. A cheval, Fr. *Mazot*, in-fol. 5. Théod. *Vanmerlen*, in-fol. 6. Dans les Triomphes de Louis-le-Juste, in-fol. 7. J. *Boulanger*, 1651, in-fol. 8. *Larmessin*. 9. *Poilly*, 1660, in-fol. 10. Id. 1666, in-fol. 11. *Nanteuil*, 1662, in-fol. 12. N. *Poilly*, in-fol. 13. Jac. *Lubin*, 1694, in-fol. 14. Steph. *Gantrel*, in-fol. 15. *Teniers*, p. *Lizebeten*, sc. Bruxelles, in-fol. (Rare.) 16. *Jollain*. 17. S. *Thomassin*, 1701, d'après *Cheron*, en Médaille, in-4. 18. *Larmessin*, en pied, les Batailles de Fribourg & de Nortlingue au fond, in-fol. 19. *Parocel*, p. *Roullet*, sc. Vignette: Pallas à ses côtés, & la Religion vis-à-vis. 20. N... Dans la Suite d'Odieuvre.

Claire-Clémence de Maillé Brézé, sa femme, mariée le 11 Février 1641, morte à Châteauroux, le 16 Avril 1694, âgée de 65 à 66 ans. 1. *Larmessin*. 2. N... 1661, en ovale.

BOURBON, (Henri-Jules de) Duc d'Enguien, puis Prince de Condé, né le 29 Juillet 1643, mort à Paris le 1 Avril 1709. 1. *Daret*, 1653, in-4. 2. *Moncornet*. 3. *Justus*, p. 1657. R. *Lochon*, sc. 1660, in-fol. 4. *Mignard*, p. *Nanteuil*, sc. 1660, in-fol. 5. *Poilly*, d'après *Mignard*, in-fol. 6. *Larmessin*.

Anne de Bavière Palatine, née le 13 Mars 1648, mariée en 1663, morte à Paris le 23 Février 1723. *Bonnart*, in-fol.

N.... Princesse de Condé, avec ses deux filles. N... in-8. obl.

BOURBON, Marie-Anne, dite Mademoiselle d'Enguien, née à Paris le 24 Février 1678, morte le 11. Avril 1718. *Crespy*, avec Ornemens, in-16.

BOURBON, (Louis, Duc de) fils de Henri-Jules, né le 11 Octobre 1668, marié le 24 Juillet 1685, à Louise-Françoise, légitimée de France, mort à Paris le 4 Mars 1710. 1. Et. *Dart*, p. Steph. *Gantrel*, sc. 1681, in-fol. 2. N... in-12. petit ovale. 3. N... in-fol. ovale avec des Ornemens. 4. *Larmessin*. 5. En habit de Chevalier de l'Ordre du S. Esprit. *Nolin*, 1686, in-fol.

Louise-Françoise de Bourbon, légitimée de France,

des François illustres.

sa femme, née le 1 Juin 1673, morte le 16 Juin 1743. *Larmessin.*

BOURBON, (Louis-Henri, Duc de) Prince de Condé, né à Versailles le 18 Août 1692, premier Ministre de Louis XV. en 1723, mort en 1740. *Gobert*, p. *Drevet*, sc. in-fol. 2. A cheval, façon de Mellan. N... in-fol.

Caroline de Hesse-Rhinfelds, sa femme, morte le 14 Juin 1741. *Gobert*, p. *Jacob*, sc. in-4.

BOURBON, (Louis-Joseph de) Prince de Condé, fils de Louis Henri, né en 1736. *Mouet*, del. *Fessard*, sc. 1755. Vignette & Médaillon. 2. *Le Noir*, p. L. J. *Cathelin*, sc. 1773, in-fol.

Charlotte-Godefride-Elisabeth de Rohan-Soubise sa femme. *Nattier*, p. N... sc. in-fol.

BOURBON de Montpensier, (Charles de) Prince de la Roche-sur-Yon, fils de Louis I. & frère de Louis II. mort le 10 Octobre 1565. Deux Dessins au Cabinet de M. de Fontette, l'un jeune & l'autre plus âgé.

Philippe de Montespedon sa femme. (Voy. ci-après, MONTEJAN.)

BOURBON de Montpensier, (Louis II. de) mort le 23 Septembre 1582. Dessin au Cabinet de M. de Fontette.

BOURBON de Montpensier, (Henri de) fils de François & de Renée d'Anjou, mort en 1608, laissant une fille unique, mariée en 1626, à Gaston, Duc d'Orléans. 1. *Paul de la Hove*, in-4. 2. *Harrefwin*, in-12. 3. *Daret*, in-4. 4. N... dans Odieuvre.

Henriëtte-Catherine de Joyeuse, Duchesse de Montpensier, mariée en secondes noces à Charles, Duc de Guise. *Moncornet*. (Voy. encore LORRAINE.)

BOURBON, (Jean de) Comte, puis Duc d'Enguien, fils de Charles de Bourbon, puis Duc de Vendôme, & de Françoise d'Alençon, né en 1528, mort d'une blessure reçue à la Bataille de S. Quentin, le 10 Août 1557, sans enfans de Marie de Bourbon, Duchesse d'Estouteville. Th. *de Leu*, in-4.

BOURBON de Conti, (François de) troisième fils de Louis I. Prince de Condé, mort sans enfans en 1614. Th. *de Leu*, in-4. avec quatre Vers au bas.

Jeanne de Coesme, sa première femme, mariée au mois de Janvier 1582, morte le 16 Décembre 1601. *Quesnel*, p. Th. *de Leu*, sc. in-4.

Louise de Lorraine sa seconde femme, mariée le 24 Juillet 1605, morte au Château d'Eu le 30 Avril 1631. 1. Th. *de Leu*, in-4. & quatre Vers. 2. N ... dans le P. Montfaucon.

BOURBON de Soissons, (Charles de) fils puîné de Louis I. Prince de Condé, mort en 1612, avoit épousé Anne, Comtesse de Montafié, morte en 1644. 1. Th. *de Leu*, in-4. 2. L. *Gaultier*, in-4. 3. *Daret*, in-4. 4. N... dans Odieuvre.

BOURBON de Soissons, (Louis de) tué à la Bataille de la Marfée en 1641, sans être marié. 1. N. *de Mathonière*, in-4. 2. *Daret*, in-4. 3. *Huret*, in-fol. 4. *Jougman*, in-12. 5. *Moncornet*. 6. *Ferdinand*, p. *David*, sc. 7. *Van Lochon*, in-12. 8. N...

BOURBON de Conti, (Armand de) mort à Pézenas le 21 Février 1666, étoit né le 11 Octobre 1629. 1. En Abbé, Grég. *Huret*, in-fol. 2. *Daret*, 1646. 3. *Rousselet*, in-fol. dans un ovale porté par un Ange. 4. *Moncornet*. 5. *Daret*, 1647, in-fol. dans un ovale porté par des Anges. 6. *Frosne*. 7. *Mellan*, in-fol. 8. *Juste*, p. *Morin*, sc. in-fol. 9. M. *Lasne*, 1647, in-fol. 10. En cuirasse, *Humbelot*, in-fol. 11. *Roussellet*, in-fol. 12. *Boulanger*, in-4. 13. J. *Nocret*, p. N. *Poilly*, sc. in-fol. 14. *Larmessin*. 15. *Chauveau*, 1654, in-fol. dans la Thèse de Louis d'Albert de Chaulnes.

Anne-Marie Martinozzi, sa femme, née à Rome en 1637; mariée le 22 Février 1654, morte le 4 Février 1672. 1. *Regnesson*. 2. *Larmessin*.

BOURBON de Conti, (Louis-Armand de) né en 1661, mort sans enfans le 9 Novembre 1685. 1. *Gribelin*, p. *Landry*, sc. 1670, in-fol. 2. En pied, *Habert*, in-fol. 3. *Larmessin*. 4. *Desrochers*.

Marie-Anne de Bourbon, légitimée de France, sa femme, née à Vincennes au mois d'Octobre 1666, morte à Paris le 3 Mai 1739. 1. Sim. *Thomassin*, 1698. Médaillon in-4. 2. *Desrochers*. 3. *Berain*, del. 1698. *Trouvain*, sc. in-fol. Méd. dans des Ornemens. 4. L. *Cossin*, in-4. 5. *Crespy*, in-8. 6. En pied, *Habert*, in-fol. 7. *Larmessin*. 8. Médaille, *Picart*, in-12. 9. Tenant le Portrait de son mari. N . . . chez Huraud. 10. Dessin au Cabinet de M. de Fontette.

BOURBON de Conti, (François-Louis de) né le 30 Avril 1664, mort le 22 Février 1709. 1. En Chevalier, *Nolin*, 1688, in-fol. 2. *Duflos*, 1697, in-8. 3. Sim. *Thomassin*, 1697, in-fol. 4. *Desrochers*, 1699, in-8. 5. *Rigaud*, p. Pet. *Drevet*, sc. 1700, in-fol. 6. *Desrochers*, 1701, in-4. 7. *Crespy*, in-8. 8. *Larmessin*. 9. Habillé en Roi de Pologne, *Trouvain*, in-fol. Ce Portrait est devenu rare, la Planche ayant été rompue dès qu'elle parut, l'élection du Prince de Conti n'ayant point réussi. 10. J. *Gole*, in-4 en manière noire. 11. N... dans Odieuvre.

Marie-Thérèse de Bourbon, sa femme, fille de Henri-Jules de Bourbon, Prince de Condé, née le 1 Février 1666, mariée le 29 Juin 1688, morte le 22 Février 1732. 1. *Desrochers*, 1701, in-4. 2. *Crespy*, in-8. 3. *Larmessin*.

BOURBON de Conti, (Louis-Armand de) né à Paris le 10 Novembre 1695, mort le 4 Mai 1727. 1. *De Lorme*, p. *Schmidt*, sc. in-fol. (Le Prince de Conti n'étoit alors que Comte de la Marche.) 2. Gervais de *Palmeus* fils, p. J. B. *Granger*, del. P. F. *Tardieu*, sc. in-fol.

Louise-Elisabeth de Bourbon, Princesse de Conti sa femme, née à Versailles le 22 Novembre 1693, mariée le 9 Juillet 1713. *Pittau*, in-8.

BOURBON de Conti, (Louis-Fr. de) fils de Louis-Armand, né en 1717. 1. *Petit*, in-4. 2. *Cars*, d'après *Lemaire*, in-fol.

BOURBON, Comte de la Marche, (Louis-François-Joseph de) fils du Prince de Conti, né le 1 Septembre 1734, marié à Nangis, avec Fortunée-Marie d'Est, Princesse de Modène, le 27 Février 1759. Tableau allégorique, ou Epithalame, à l'occasion de son Mariage. N...

BOURBON, (Henri de) Duc de Verneuil, fils naturel de Henri IV. né en Octobre 1601, légitimé en Janvier 1603, Evêque de Metz, puis Chevalier des Ordres du Roi, Ambassadeur en Angleterre en 1666, épousa le 29 Octobre 1668 Charlotte Séguier, veuve du Duc de Sully, & mourut en 1682. 1. Jeune: Jaspard *Isaac*, in-4. 2. S. *Coquin*, d'après F. *Bonnemère*, in-fol. 3. N. *Poilly*, in-fol. 4. M. *Lasne*, 1661. 5. *Moncornet*.

Charlotte Seguier, sa femme. Voy. SEGUIER.

BOURBON, (Antoine de) Comte de Moret, fils naturel de Henri IV. né en 1607, légitimé en 1608, mort au Combat de Castelnaudary, le 1 Septembre 1632. 1. *Vandick*, p. Pet. *de Ballin*, sc. in-fol. 2. *Drevet*, d'après *Vallée*. 3. *Thomassin* : en Solitaire : (suivant l'opinion qui veut qu'il n'ait pas été tué, mais qu'il se soit fait Hermite.)

Jacqueline de Bueil, Comtesse de Bourbon-Moret. N...

BOURBON, (Louis de) Comte de Vermandois, fils

naturel de Louis XIV. & de Madame de la Vallière, légitimé, Amiral de France, né à S. Germain-en-Laye le 2 Octobre 1667, mort à Courtrai le 18 Novembre 1683. 1. N... dans la Suite d'Odieuvre. 2. Deſſin au Cabinet de M. de Fontette.

BOURBON, (Louis-Auguſte de) Prince de Dombes, Duc du Maine, &c. fils naturel de Louis XIV. & de Madame de Montespan, né le 30 Mars 1670, légitimé le 29 Décembre 1673, mort le 14 Mai 1706. 1. *Maſſon*, 1677, in-fol. 2. En Chevalier de l'Ordre, *Drevet*, 1686, d'après *de Troy*, in-fol. 3. *Edelinck* & le *Pautre*, d'après Ant. *Dieu*, 1697, in-4. avec Ornemens. 4. Médaillon, *Thomaſſin*, 1698, in-4. 5. Et. *Desrochers*, 1701, in-fol. 6. *Larmeſſin*. 7. *Creſpy*, in-8. 8. J. Fr. *Cars*, 1670, avec le titre de premier Prince Souverain de Dombes. 9. *Drevet*, d'après de *Troy*, 1703, in-fol. 10. *Desrochers*.

Louiſe-Bénédicte de Bourbon, Ducheſſe du Maine, née le 8 Novembre 1676, mariée le 19 Mars 1692, morte le 23 Janvier 1753. 1. *Creſpy*, 1702, in-8. 2. *Trouvain*, in-fol. 3. *Desrochers*.

BOURBON, (Louis-Alexandre de) Comte de Toulouſe, Amiral de France, &c. fils naturel de Louis XIV. & de Madame de Montespan, né le 6 Juin 1678, légitimé en Novembre 1681, mort le premier Septembre 1737. 1. N... 1686, in-4. 2. *Larmeſſin*. 3. *Drevet*, 1695, d'après *de Troy*, in-fol. maj. 4. Idem, d'après *Rigaud*, in-fol. maj. 5. N. *Habert*, in-8. 6. *Edelinck*, d'après *Gobert*, 1700, in-fol. obl. dans la Thèſe de M. de Coetlogon, 7. *Pittau*, d'après *Gobert*, 1701. 8. *Creſpy*, in-8. 9. Sim. *Thomaſſin*, 1704. Médaillon, in-4. 10. *Desrochers*. 11. N... dans Odieuvre.

BOURBON, (Louis-Joſeph-Marie de) Duc de Penthièvre, fils du Comte de Toulouſe, Amiral, &c. né à Rambouillet le 16 Novembre 1725. N...

BOURBON, (Anne de) *Moncornet*.

BOURBON, (Anne de) fille de Henri. *Moncornet*.

BOURBON. (Anne-Marie de) *Moncornet*.

BOURBON-BUSSET, (Claude de) Gentilhomme ordinaire de la Chambre du Roi, mort en 1584. Deſſin au Cabinet de M. de Fontette.

BOURBONNE, (N. de) âgé d'environ 30 ans en 1583. Deſſin au Cabinet du Roi.

BOURDALOUE, (Louis) Jéſuite, Prédicateur, né à Bourges en 1632, mort ſubitement à Paris le 13 Mai 1704. 1. Eliſ. *Cheron*, p. de *Rochefort*, ſc. 1704, in-4. 2. Et. *Desrochers*, 1705, in-8. 3. C. *Simonneau*, d'après *Jouvenet*, 1707, in-8.

BOURDALOUE, (Claude) Ecuyer, Seigneur de Coutrès, Amateur des Beaux-Arts & Curieux de Tableaux & Deſſins originaux. *Largillière*, p. 1687. Nic. *Pittau*, ſc. 1704, in-fol.

BOURDEILLE, (Pierre de) Abbé de Brantôme, mort fort âgé le 15 Juillet 1614. 1. *Pinſſio*, dans la Suite d'Odieuvre, in-8. 2. *Petit*.

BOURDEILLE, (André, Vicomte de) frère du précédent, mort en 1582. Deſſin au Cabinet de M. de Fontette.

Jacquette de Montberon ſa femme. Deſſin au même Cabinet.

BOURDEILLE, (Jeanne de) leur fille, mariée 1.° au Comte de Ribérac, 2.° à Charles d'Eſpinay, Comte de Durctal. Deſſin dans le Cabinet de M. de Fontette.

BOURDELOT-BONNET, (Pierre) Médecin ordinaire du Roi en 1697, puis premier Médecin de Madame la Ducheſſe de Bourgogne, mort le 19 Décembre 1708, âgé de 62 ans. *Largillière*, p. S. *Thomaſſin*, ſc. 1697, in-8.

BOURDELOT, (Jean) Avocat. N...

BOURDIN, (Gilles) Pariſien, Procureur-Général au Parlement de Paris, en 1558, mort le 23 Janvier 1570. N... en petit.

BOURDOISE, (Adrien) Prêtre, Inſtituteur du Séminaire de S. Nicolas du Chardonnet, mort à Paris en 1655, âgé de 72 ans. 1. A genoux devant la Sainte Vierge, L. *Coſſin*, in-fol. 2. *Pittau*, 1713, in-8. 3. *Desrochers*.

BOURDON, (Sébaſtien) Peintre, né à Montpellier en 1616, mort Recteur de l'Académie de Peinture à Paris en 1671. 1. *Rigaud*, p. *Cars*, ſc. 1733, in-fol. 2. N... dans l'Hiſtoire des Peintres par d'Argenville.

BOURDONNAYE, (Jean-Louis Coyon de la) Evêque de Léon, nommé en 1701. 1. Eloye *Fontaine*, p. *Gantrel*, ſc. in-fol. 2. *Drevet*, 1709, in-fol.

BOURG. (Eléonor-Marie, Comte du) *Tardieu*, dans la Suite d'Odieuvre.

BOURG, (Anne du) Conſeiller au Parlement de Paris, pendu & brûlé en Grève pour crime d'héréſie, en 1559. N...

BOURGEOIS, (Louiſe) femme de Bourſier, Chirurgien, Sage-Femme de Paris, âgée de 45 ans en 1608. Elle eſt Auteur d'un Livre ſur les Accouchemens. Th. *de Leu*, d'après *Hacquin*, in-8.

BOURGEOIS, (Marin le) Peintre de Henri IV. & de Louis XIII. *Picquet*, p. & ſc.

BOURGNEUF (Henri) de Cucé, Marquis d'Orgères, premier Préſident au Parlement de Rennes, mort le 27 Août 1660, âgé de 70 ans. *Landry*, 1661, in-fol.

BOURGOGNE, (huit Comtes de) en huit Deſſins, au Cabinet de M. de Fontette, tirés de S. Etienne de Beſançon. Ces Comtes ſont : Gérard, Comte de Vienne & de Salins, vivant en 1048. = Gautier, Seigneur de Salins, = Renaud, premier Comte de Bourgogne, Vienne & Mâcon, mort en 1057. = Guillaume le Grand, Comte en 1057. = Guillaume II. ſurnommé *Lenfant*, tué en 1156. = Renaud III. mort le 30 Janvier 1148. = Othon I. Comte de Bourgogne & Duc de Méranie, mort le 13 Janvier 1200. = Othon II. mort en 1234.

BOURGOGNE, (les quatre derniers Ducs de) tirés de la Bibliothèque de Cîteaux. Deſſins au Cabinet de M. de Fontette. Ces Ducs ſont :

= Philippe-le-Hardi, né à Pontoiſe le 15 Janvier 1341, mort à Hall le 27 Avril 1404, enterré aux Chartreux de Dijon, dont il étoit Fondateur. 1. *Southman*, p. *Van Soupel*, ſc. in-fol. 2. J. *Hainzelman*, 1683, in-4. N... dans Thevet. 4. Trois Deſſins au Cabinet de M. de Fontette. 5. Avec ſa femme, N... dans le Père Montfaucon.

= Jean Sans-Peur, né à Dijon le 28 Mai 1371, tué à Montereau le 10 Septembre 1419, âgé de 48 ans, enterré aux Chartreux de Dijon. 1. *Southman*, p. J. *Suyderhoef*, ſc. in-fol. 2. J. *Hainzelman*, 1683, in-4.

= Philippe-le-Bon, né à Dijon le dernier Juin 1396, mort à Bruges le 14 Juillet 1467, enterré aux Chartreux de Dijon. 1. *Southman*, p. *Louis*, ſc. in-fol. 2. *Hainzelman*, in-4. 3. N... dans le Livre de Schenckius, in-fol. 4. *Odieuvre*, pour le Comines in-4. 5. Trois Deſſins au Cabinet de M. de Fontette.

Bonne d'Artois, première femme de Philippe-le-Bon. N... dans le Père Montfaucon.

Iſabelle de Portugal, ſeconde femme, morte en 1472. 1. Jeune, Deſſin au Cabinet de M. de Fontette. 2. Plus âgée, Deſſin au même endroit.

= Charles le Belliqueux & le Téméraire, ou le Hardy, né à Dijon le 10 Novembre 1433, tué devant Nancy le 6 Janvier 1477, enterré à S. Georges de Nancy, & tranſporté enſuite à Notre-Dame de Bruges. 1. *Southman*, p. *Suderhoef*, ſc. in-fol. 2. J. *Hainzelman*, in-4.

3. *Vermeulen*, in-4. 4. Jaspar *Isaac*. 5. N... in-4. 6. N... dans Thevet. 7. Dessin au Cabinet de M. de Fontette, tiré des Chartreux de Dijon. 8. Dessin, *ibid.* tiré sur son Tombeau à Nancy. 9. N... pour les Mémoires de Comines, in-4. avec bordure. 10. Son Tombeau & celui de sa fille unique, Marie H... dans le Tome I. de *Flandria illustrata* de Sander, *pag.* 226.

Catherine de France, fille de Charles VII. femme de Charles le Bellíqueux. N... dans le P. Montfaucon.

BOURGOGNE, (Marie de) fille de Charles le Belliqueux, femme de l'Archiduc Maximilien d'Autriche, née à Bruxelles le 13 Février 1457, mariée le 20 Août 1477, morte d'une chûte de cheval le 27 Mars 1481. 1. *Southman*, p. *Suyderhoef*, sc. in-fol. 2. *Moncornet*. 3. *Odieuvre*, pour le Comines, in-4. 4. N... dans la Suite d'Odieuvre.

BOURGOGNE, (Maximilien de) Abbé de S. Waast d'Arras, mort à Paris le 11 Septembre 1660. 1. *Bosquet*, p. Théod. *Vanmerlen*, sc. in-fol. 2. *Moncornet*.

BOURGOGNE, (Adrien-Contrad de) Seigneur de Bredant, Chanoine de Liège, Grand-Prévôt de Notre-Dame de Mastrickt, 1658. *Moncornet*, in-8.

BOURGOGNE, (Guillaume-Charles-François de) Comte de Wacquen, Commissaire au renouvellement des Loix en Flandres, mort sans lignée en 1707. N... in-8.

BOURGUEVILLE. (Charles) N... en bois, in-8.

BOURGUIGNON, (Jacques) dernier Grand-Maître des Templiers. Il s'appelloit de Molay, & fut brûlé en 1313. 1. N... dans Thevet. 2. Dessin à la plume, dans le Cabinet de M. de Fontette.

BOURIGNON, (Antoinette) née à Lille en 1616, décédée à Franeker en 1680, Auteur de plus de vingt Traités de Spiritualité imprimés à Amsterdam, chez Westein. A. *Gunst*, in-4.

BOURLÉMONT. Voy. ANGLURE.

BOURLON, (Charles de) de Paris, Evêque de Soissons, nommé d'abord Coadjuteur de Simon le Gras en 1652, mort le 26 Octobre 1685, âgé de 72 ans. 1. M. *Lasne*, 1656, in-fol. 2. R. *Lochon*, 1657, in-fol. 3. *Landry*, d'après J. *Lannel*, 1660, in-fol. 4. *Larmessin*. 5. Porté au Ciel par la Religion, *Trouvain*: Vignette, in-8. obl.

BOURNEVILLE, (N... Durey de) Sous-Lieutenant aux Gardes, fils du Président Durey de Meynières. *Carmontel*, del. 1760. *La Fosse*, sc. in-fol.

BOURNONVILLE. (Madame la Princesse de) 1. *Bonnart*, 1694, in-fol. 2. *Trouvain*, 1694, in-fol.

BOURSIER, (Laurent-François) Docteur de Sorbonne, né à Ecouen en 1679, mort en 1749. N... in fol. 2. N... petit Buste, in-14.

BOURUNC, (M. de) sous Henri III. Dessin au Cabinet de M. de Fontette.

BOURZEIS, (Amable de) né le 6 Avril 1606, à Volvic près de Riom en Auvergne, Abbé de S. Martin de Corres, de l'Académie Françoise, mort à Paris le 2 Août 1672. 1. Et. *Gantrel*, in-4. 2. *Desrochers*.

BOUSSELIN, (Eustache) Contrôleur Général du Marc-d'or des Ordres du Roi, 1710. *Tramblin*, p. M. *Dossier*, sc. 1710, in-fol. dans une Thèse.

BOUTAULT, (Gilles) Abbé de S. Remi d'Auxerre, Evêque d'Aire, puis d'Evreux en 1649, mort le 11 Mars 1661. *Bourg*, p. J. *Frosne*, sc. 1654, in-fol.

BOUTELLIER, (Jean) de Paris, Maître ès Arts & Musicien. Hier. *David*, in-4.

BOUTHEMIE, (N...) Dessinateur, qui avoit fait un grand Volume de Desseins en crayon, contenant cent cinquante Feuilles, où étoient figurées toutes les choses les plus curieuses. 1. *Cochin*, in-4. 2. N...

BOUTHIER, (Marc-Antoine) Jésuite, mort en 1747. *Arnulphi*, p. *Coussin*, sc. in-4.

BOUTHILLIER, (Claude) fils de Denys Bouthillier, Avocat, fut Conseiller au Parlement en 1613, Surintendant des Finances en 1632. Après la mort de Louis XIII. il se retira dans sa maison de Pont-sur-Seine, où il mourut le 13 Mars 1652, âgé de 71 ans. Il avoit épousé Anne-Marie de Bragelongne. 1. M. *Lasne*, in-fol. 2. N... en petit ovale, in-8. 3. Grég. *Huret*, in-fol. obl. dans une Thèse.

BOUTHILLIER, (Victor) frère de Claude, Evêque de Boulogne en 1616, Archevêque de Tours en 1641, premier Aumônier de M. le Duc d'Orléans, mort à Tours le 12 Septembre 1670, âgé de 74 ans. 1. *Nanteuil*, d'après *Champagne*, 1651, in-fol. 2. *Mellan*, 1658, in-fol. 3. *Nanteuil*, 1659, in-fol. 4. *Nanteuil*, 1662, in-fol. obl. 5. *Moncornet*.

BOUTHILLIER, (Léon) Comte de Chavigny, Ministre & Secrétaire d'Etat en 1632, par la démission de Claude son père, mourut à Paris le 2 Octobre 1652, âgé de 44 ans. 1. M. *Lasne*, in-fol. 2. *Nanteuil*, d'après *Champagne*, 1652, in-fol.

Anne Phelippeaux-Villesavin, sa femme, morte le 3 Janvier 1694, à 81 ans. *Nanteuil*, 1659, in-fol.

BOUTHILLIER (Denys-François) de Chavigny, Evêque de Troyes en 1698, & ensuite Archevêque de Sens, mort le 9 Novembre 1730. 1. *Rigaud*, p. Cl. *Duflos*, sc. 1706, in-fol. 2. *Desrochers*.

BOUTHILLIER, (François) quatrième fils de Léon, Evêque de Troyes en 1679, s'en démit en 1698, mort le 15 Septembre 1731. 1. Jac. *Jollain*, d'après N. de *Plattemontagne*, 1679, in-fol. 2. Ant. *Trouvain*, in-fol. 3. *Gantrel*, in-8. 4. J. *Chaboullin*, p. Fr. *Scvin*, sc. 1679, in-fol.

BOUTHILLIER (Armand-Jean) de Rancé, Abbé de la Trappe, fils de Denys, Seigneur de Rancé, Secrétaire des Commandemens de la Reine Marie de Médicis, & de Charlotte Joly de Fleury, né à Paris en 1626, Réformateur de l'Abbaye de la Trappe, mort le 26 Octobre 1700. 1. *Van Schupen*, 1685, in-fol. 2. *Thomassin*, in-8. 3. F. C. de la *Grange*, del. *Habert*, sc. 1692, in-fol. in-4. & in-8. 4. Idem, une petite Médaille, 1700. 5. Magd. *Masson*, in-8. 6. *Langlois*, in-8. 7. *Giffart*, 1699, in-4. 8. *Rigaud*, p. *Baxin*, sc. 1700, in-fol. 9. *Drevet*, 1702, in-8. 10. J. *Crespy*, 1702, in-4. 11. Et. *Desrochers*, in-8. 12. *Jouvenet*, p. *Desplaces*, sc. in-fol. 13. N... dans Odieuvre.

BOUTHILLIER (Henri) de Rancé, Chevalier de Malthe, Capitaine de Galères & Gouverneur du Port de Marseille, frère de l'Abbé de la Trappe. *Gantrel*, 1669, in-4.

BOUTIN, (S. C.) Receveur général des Finances. *Cochin*, del. H. *Wattelet*, sc. 1752.

BOUTON, (Louis) de Chamilly, Abbé de S. Pierre de la Couture, mort en 1704. *Rousselet*, in-fol. dans une Thèse.

BOUTON, (Noel) Marquis de Chamilly, né le 6 Avril 1636, Gouverneur de Strasbourg, Maréchal de France le 14 Janvier 1703, mort à Paris le 8 Janvier 1715. 1. J. A. *Scupel*, del. & sc. 1694, in-fol. 2. Sim. *Thomassin*, 1697, in-8.

BOUTTEVILLE. Voy. MONTMORENCY.

BOUVERY, (Gabriel) Evêque d'Angers, mort en 1572. Dessin à la pierre noire, au Cabinet du Roi, in-fol.

BOUVES, (Jean) premier Echevin de Courtray. N...

BOUVIÈRES (Jeanne-Marie de) de la Motte, femme de M. Guyon, née à Montargis en 1648, fameuse Quiétiste, morte à Blois en 1717. N... dans Odieuvre.

BOUVOT, (Job) Avocat Bourguignon, né à Châlon-sur-Saône vers 1558, mort au mois de Juillet 1636. *Spyrinx*.

BOUX, (Guillaume le) Evêque d'Acqs ou Dax en 1660, de Mâcon en 1665, & de Périgueux en 1666, mort le 6 Août 1693. 1. P. *Landry*, d'après J. *Dieu*, 1666, in-fol. 2. C. *Vallet*, d'après Ant. *Paillet*, 1665, in-fol.

BOUYS, (André) Peintre. *Bouys*, 1713, in-4.

BOUZELIN, (N...) Auditeur des Comptes à Rouen. *Roussselet*, in-4.

BOYCEAU, (Jacques) Ecuyer, Sieur de la Barauderie, Intendant des Jardins du Roi. A. *de Vris*, p. *Huret*, sc. in fol. dans des Ornemens.

BOYER, (J. B.) Chevalier, Seigneur d'Aiguilles, Conseiller au Parlement d'Aix. 1. *Vermeulen*, d'après Hyac. *Rigaud*, in-fol. 2. *Coelemans*, 1697, in-fol.

BOYER (François) de Foresta, Sieur de Bandol, Président au Parlement d'Aix. 1. *Celloni*, p. *Coelemans*, sc. 1702, in-fol. dans une Thèse. 2. *Vanloo*, p. *Lempereur*, sc. 1711, in-4.

BOYER, (Vincent) Conseiller au Parlement d'Aix. *Le Grand*, p. 1658. *Coelemans*, sc. 1697.

BOYER, (J. B.) Marquis d'Argens, Auteur de plusieurs Ouvrages, né le 24 Juin 1704, mort à Aix en 1771. 1. *Desrochers*, in-8. Ovale. 2. J. V. *Schley*, 1740, d'après Théod. *Vanpée*.

BOYER, (Philippe) Jurisconsulte. N... in-12.

BOYER, (Abel) né à Castres, se retira à Genève après la révocation de l'Edit de Nantes, mourut à Chelsey en Angleterre en 1729. *Chereau*.

BOYSLÈVE, (Gabriel de) Conseiller au Parlement de Paris, Evêque d'Avranches en 1651, mort le 3 Décembre 1667. J. *Dieu*, p. *Landry*, sc. 1666, in-fol.

BOYTEUX, (Pierre) Cordelier, Provincial de la Province de France, mort à Paris le 13 Décembre 1622, âgé de 46 ans. 1. M. *Lasne*, in-fol. 2. N... in-8.

BOZE, (Claude Gros de) Lyonnois, né en 1680, Secrétaire de l'Académie des Inscriptions, âgé de 28 ans en 1708, mort en 1754. 1. *Bouys*, p. & sc. 1708, in-fol. en manière noire. 2. *Simonneau* l'aîné, in-8. 3. N... dans Odieuvre.

BRACH, (Pierre de) Poëte Bourdelois. 1. Th. *de Leu*, 1590, in-8. 2. Le même, apparemment (Petrus Brachius,) de 41 ans, tenant une branche de Cyprès. N... in-8. avec quatre Vers au bas.

BRACHET, (Théophile) Sieur de la Millerière, Conseiller d'Etat, qui après s'être converti à la Foi Catholique, écrivit plusieurs Traités de Controverse, proposa des moyens de réunion, mais sans succès; mourut en 1665, haï des Protestans & méprisé des Catholiques. J. *Morin*, d'après *Champagne*, in-fol.

BRACHET, (Benoist) Supérieur Général de la Congrégation de S. Maur. Ant. *Benoît* le jeune, p. J. *Crespy*, sc. 1686, in-fol.

BRAGELONGNE, (Thomas de) Conseiller au Parlement de Paris, reçu le 12 Mai 1637, ensuite premier Président à Metz, fils de Jean-François, Conseiller, & d'Anne l'Eschaffier, épousa Marie-Hectore de Marle. 1. M. *Lasne*, 1655, in-fol. 2. Idem, avec le titre de premier Président à Metz, in-fol.

BRANCAS, (André de) Seigneur de Villars. N... dans Odieuvre.

BRANCAS, (Nicolas de) Archevêque de Cusa. Jacq. *Houbraken*, in-4.

BRANCAS (Honoré de) de Forcalquier, Baron de Cereste, Gouverneur d'Apt, marié le 21 Février 1635, à Marie de Grignan. *François*, in-4.

BRANCAS, (J. B. Antoine de) Archevêque d'Aix, mort en 1770. *Vanloo*, p. *Coussin*, sc. in-fol. maj.

BRAND, (Jean-Daniel) du Conseil des XIII. de la Ville de Strasbourg, mort le 15 Janvier 1700, âgé de 67 ans. *Scupel*.

BRANDON, (Philibert) Evêque de Périgueux en 1647, mort à Paris le 10 Juillet 1652, inhumé à Saint Eustache. J. *Boulanger*, in-fol.

BRANTÔME. Voy. BOURDEILLE.

BRAQUE, (François de) Intendant de Madame la Duchesse d'Orléans. Et. *Picart*, 1668, d'après Ant. *Paillet*, in-fol.

BRAUX, (Pierre-Ignace de) premier Baron de Champagne, Marquis d'Anglure, Maître des Requêtes. *Van Schupen*, 1661, d'après *Beaubrun*, in-fol.

BRAY. (Guillaume de) Voy. GUILLAUME.

BREAUTÉ. (N... Marquis de) *Boury*, p. J. *Frosne*, sc. 1658, in-fol.

BREBEUF, (Guillaume) né à Torigny en basse Normandie, en 1618, cultiva de bonne heure la Poésie, & mourut à Venoix près de Caen en 1661. N...

BREBIETTE, (Pierre) Peintre du Roi. *Brebiette* lui-même, d'après *Quesnel*, in-4. obl.

BRECHARD, (Jeanne-Charlotte de) Religieuse. N...

BREGY, (Elisabeth) Marquise d'Escots. *Trouvain*, 1694, in-fol.

BREMOND, (Josias de) Sieur d'Ars, qui a écrit sur la Tactique. *Chauveau*, del. & sc., in-8. en pied & jeune.

BRESLAY, (René) Evêque de Troyes en 1604, se démit en 1621, mourut à Troyes le 2 Novembre 1641, âgé de 84 ans. 1. *Stuerhelt*, in-8. 2. Dessin à la pierre noire, in-fol. Epreuve & Contre-épreuve, dans le Cabinet du Roi.

BRESLAY, (Pierre) Chantre de l'Eglise Cathédrale d'Angers. *Stuerhelt*, in-8.

BRESTESCHE, (Mademoiselle de la) depuis Madame de Villetier, 1589. Dessin au Cabinet du Roi.

BRESUIRE, (Monseigneur de) sous François I. (Il s'appelloit N... de Beaumont.) Dessin au Cabinet du Roi.

BRESUIRE, (Madame de) sous François I. Dessin au Cabinet du Roi.

BRESUIRE (Mademoiselle de) leur fille. Dessin au Cabinet de M. de Fontette.

BRET, (Cardin le) Sieur de Flacourt, &c. Intendant de Béarn, en 1701, âgé de 27 ans. 1. *De Troy*, p. S. *Thomassin*, sc. 1702, in-4. 2. *Cundier*, in-4. 3. *Rigaud*, p. *Coelemans*, sc. in-fol.

BRET, (Pierre le) Chevalier de Malthe, Chef d'Escadre, mort en 1692. *Cundier*, 1727.

BRET, (Pierre Cardin le) Intendant en Provence, & premier Président au Parlement d'Aix. 1. N... in-fol. en manière noire. 2. Jacq. *Coelemans*, 1709, in-fol. 3. *Cundier*, d'après *Rigaud*, 1727, in-fol.

BRET, (Cardin le) Avocat-Général à Paris, mort en 1655, Conseiller d'Etat. *Huret*, Médaillon dans des Ornemens, in-fol. obl.

BRET (Madame le) de la Briffe. *Rigaud*, p. *Drevet*, sc. 1728.

BRETAGNE, (Alain Fergus, Duc de) qui fut à la première Croisade, & se démit du Duché en 1112, mort le 13 Octobre 1119. N. *Pittau*.

BRETAGNE. (Ermengarde d'Anjou, femme d'Alain II. Duc de) 1. *Stuerhelt*, in-4. 2. N. *Pittau*, in-fol.

des François illustres.

BRETAGNE, (Artus de) Comte de Richemont, Connétable de France, puis Duc de Bretagne, né le 25 Août 1393, mort à Nantes le 26 Décembre 1458. 1. N. *Pittau*, d'après *Chaperon*, in-fol. 2. N... dans le P. Montfaucon.

BRETAGNE, (François I. Duc de) & Isabeau d'Ecosse sa seconde femme. François naquit à Vannes le 11 Mai 1414, & mourut le 17 Juillet 1450. Isabeau fut mariée le 19 Juillet 1441. *Hallé*, del. *Dossier*, sc. in-fol.

BRETAGNE, (François II. Duc de) mort en 1488. Il étoit né le 23 Juin 1435. 1. N..., dans le P. Montfaucon. 2. N... dans Odieuvre. 3. Idem, pour les Mémoires de Comines, in-4. avec bordure.

BRETAGNE, (Pierre II. Duc de) mort le 22 Septembre 1457, & Françoise d'Amboise sa femme, morte le 4 Novembre 1485. 1. N. *Pittau*, d'après *Chaperon*, in-fol. 2. N... dans le P. Montfaucon.

BRETAGNE, (Jean IV. Duc de) né en 1293, pris dans la Ville de Nantes, conduit à Paris dans la Tour du Louvre le 25 Décembre 1343, mort le 16 Septembre 1345. N. *Pittau*, in-fol.

BRETAGNE, (la Vénérable Mère Marie de) Abbesse & Réformatrice de Fontevrault en 1464. *Van Lochon*, in-4.

BRETEUIL. (Jacques-Laure, Chevalier de) *Cochin* fils, del. 1752. H. *Wattelet*, in-4. Médaillon.

BRETEUIL. Voy. le TONNELIER.

BRETONNEAU, (Guy) Prieur Commendataire de Notre-Dame de Châteaux en Anjou, & Principal du Collége de Pontoise. N... in-8.

BREZÉ. Voy. MAILLÉ.

BRIANVILLE, (Oronce Finé de) Abbé de Pontigny, Ordre de Cîteaux, 1698, mort le 30 Avril 1708. *Rigaud*, p. *Drevet*, sc. 1698, in-fol.

BRICE, (Nicolas) Chanoine de l'Eglise Cathédrale de Rouen, mort en Septembre 1640, âgé de 80 ans. H. *David*, d'après F. V. *Borcht*, 1652, in-4.

BRICE, (Jean) Auditeur en la Chambre des Comptes de Rouen, mort en 1649, âgé de 90 ans. H. *David*, 1651, in-4.

BRICE, (Pierre) fils du précédent, Auditeur des Comptes à Rouen. H. *David*, 1652, in-4.

BRICHANTEAU, (Nicolas de) Seigneur de Beauvais-Nangis, né le 30 Janvier 1510, Gentilhomme de la Chambre du Roi, Chevalier de son Ordre, mort en Août 1564, en son Château de Nangis. 1. N... dans Thevet. 2. N... en petit.

BRICHANTEAU, (Alfonse de) Marquis de Nangis, Mestre de Camp du Régiment de Picardie, mort des blessures qu'il reçut au Siège de Bergues-Saint-Vinox, le 15 Juillet 1658, fut marié à Anne-Angélique d'Alongny. *Humbelot*, in-fol.

BRIÇONNET, (Robert) Archevêque de Reims en 1493, Chancelier de France en 1495, mort à Moulins le 10 Juin 1497. *Gaultier*, en petit rond pour le Frontispice de l'Histoire des Briçonnets.

BRIÇONNET, (Guillaume) frère du précédent, Evêque de Nismes & de Saint-Malo, puis Archevêque de Reims, premier Ministre d'Etat sous Charles VIII. Cardinal en 1495, Archevêque de Narbonne en 1507, mort le 14 Décembre 1514, inhumé dans l'Eglise Cathédrale de Narbonne. 1. *Gaultier*, en petit rond, dans l'Histoire des Briçonnets. 2. Moncornet, in-4. 3. N... en petit. 4. N... dans Odieuvre. 5. Idem, pour les Mémoires de Comines, in-4. avec bordure.

BRIÇONNET, (Jean) Chevalier, Baron de Payns, second Président de la Chambre des Comptes de Paris, mort le 24 Avril 1559. *Gaultier*, en petit rond, dans l'Histoire des Briçonnets.

BRIÇONNET, (Guillaume) Evêque de Meaux en 1516, Abbé de S. Germain-des-Prés, fils de Guillaume, Cardinal, fut Ambassadeur à Rome en 1488, & mourut le 25 Janvier 1533, âgé de 65 ans. 1. *Gaultier*, en petit rond, ibid. 2. *Moncornet*.

BRIÇONNET, (Denys) Evêque de Saint-Malo en 1513, fils de Guillaume, Cardinal, mourut en 1535. *Gaultier*, en petit rond, ibid.

BRIÇONNET, (Pierre) Chevalier de l'Ordre de S. Michel, Général de six Galères, & Gouverneur de Languedoc. *Gaultier*, dans la même Histoire des Briçonnets.

BRIDAINE, (Jacques) Missionnaire Royal. *Vernet*, p. *Michel*, sc. 1734, in-8.

BRIDOUL, (Marie-Antoinette) *Landry*, 1668, in-8.

BRIENNE, (Mademoiselle de) sous Henri III. Dessin au Cabinet du Roi.

BRIENNE. Voy. LOMENIE.

BRIGALLIER, (N...) Abbé, Aumônier de Mademoiselle. N... in-4. en pied.

BRILHAC, (Pierre de) premier Président de Bretagne. 1. *Petit*, in-8. 2. N... in-fol.

BRINVILLIERS, (Marie-Marguerite d'Aubray, Marquise de) brûlée pour crime de poison, en 1676. N... in-4. 2. Autre, N... in-4. 3. N... in-12.

BRION, (Jean de) Marquis de Combronde, Conseiller au Parlement de Paris. *Lenfant*, 1671, in-fol.

BRION, (Charles, Abbé de) Seigneur de Haute-Fontaine. *Desrochers*.

BRION, (Claude de) Président en la Cour des Aides de Paris; avoit épousé Anne-Marie Dorien. Ant. *Paillet*, del. Et. *Picart*, sc. 1671, in-fol.

BRION, (Simon) Chancelier de France, Cardinal en 1261, Pape le 22 Février 1281, sous le nom de Martin IV. mort le 22 Mars 1285. N...

BRIONNE. Voy. LORRAINE.

BRISACIER, (Guillaume de) Secrétaire des Commandemens de la Reine. 1. Ant. *Masson*, 1664, d'après N. *Mignard*, in-fol. (Beau). 2. Le même, sans écriture.

BRISEUX, (Charles-Etienne) Architecte, mort le 23 Septembre 1754. *Will*, in-fol.

BRISSAC. Voy. COSSÉ.

BRISSART, (N...) Comédien, représentant Eustache de S. Pierre dans la Pièce intitulée, *Le Siège de Calais*, 1765. N... in-12.

BRISSON, (Barnabé) Président au Parlement de Paris en 1580, fils de François Brisson, Lieutenant au Siège de Fontenay-le-Comte, fut Ambassadeur en Angleterre, pendu pour les Factieux du parti de la Ligue; le 15 Novembre 1591. 1. Thom. *de Leu*, d'après *Richelet*, in-4. 2. L. B. fils, in-8. 3. N... en petit.

BRISVILLE, (Hugues) Maître Serrurier à Paris, âgé de 30 ans. *La Dame*, 1663, in-4.

BROC, (Pierre de) Evêque d'Auxerre, le 4 Mai 1640, fils de François de Broc, Baron de Saint-Mars en Touraine, & de Françoise de Montmorency-Fosseuse, mort le 6 Juillet 1671, âgé de 72 ans. 1. M. *Lasne*, 1652, in-fol. 2. P. *Beaufrère*, 1666, in-fol.

BROC, (N...) Successeur de Mandrin, fameux Chef de Contrebandiers, en 1754. *Petit*, in-4.

BRODART, (N...) Intendant des Galères à Marseille. Germ. *Audran*, 1680, in-fol. obl.

Broe, (Bon de) Conseiller au Parlement de Paris, puis Président environ l'an 1560; étoit de Tournon, fils de Jean de Broë, Seigneur de Marches, &c. & de Jeanne de Chaporon, fut employé en plusieurs Ambassades en Italie, & mourut à Paris le premier Mars 1588, âgé de 64 ans, enterré aux Augustins. Th. *de Leu.*

Broglio, (Charles-Victor-Maurice-Amédée, Comte de) 1662, mort le 4 Août 1727, âgé d'environ 80 ans. *Humbelot*, in-fol.

Broglio, (Charles-Amédée de) Comte de Revel, Lieutenant-Général des Armées du Roi, Gouverneur de Condé, Chevalier de l'Ordre du S. Esprit, mort à Paris en Octobre 1707. *Rigaud*, p. *Vermeulen*, sc. 1691, in-fol.

Broglie, (François-Marie, Duc de) Maréchal de France, mort le 22 Mai 1742. 1. *Loir*, p. *Salvador*, sc. in-fol. 2. Idem, en Buste, in-8. 3. *Desrochers*, in-8. 4. N... dans Odieuvre.

Broglie, (Victor-François, Duc de) Maréchal de France, né en 1718, le 19 Octobre. 1. *Desrochers*, 1760. 2. *Loir*, p. *Salvador*, sc. 1760, in-8. 3. A cheval, *Bugey*, 1761, in-fol.

Brogny, (Jean de) Cardinal de Viviers, mort en 1426, étoit né d'un père François près d'Annecy en Savoie : son nom de famille étoit Alermet. 1. *Picart*, in-4. 2. *Baron*, in-8.

Brossard, (Sébastien de) Chanoine de Meaux & Musicien, mort en 1730. N...

Brosse, (M. de la) sous François I. Dessin au Cabinet de M. de Fontette.

Brosses, (N. de la) fameux Partisan pour la France en Allemagne, réputé grand Magicien. 1. *Sartorius*, à Strasbourg, in-4. 2. Dessin au Cabinet de M. de Fontette.

Brosses, (Charles de) Président au Parlement de Dijon, de l'Académie des Inscriptions & Belles-Lettres, né en 1709. *Cochin*, del. *Saint-Aubin*, sc. 1765, in-4. Médaillon.

Broue, (Pierre de la) Evêque de Mirepoix, Appellant, mort dans son Diocèse le 20 Septembre 1720, âgé de 77 ans. 1. *Duflos*, d'après *Rigaud*, in-12. 2. *Fiquet*, in-fol. 1757, dans une Assemblée. 3. *Tournelle*, d'après *Rigaud*, in-fol. maj. 4. *Desrochers*. 5. N... petit Buste, in-24.

Brouilly, (Antoine de) Marquis de Piennes, Chevalier des Ordres du Roi en 1661, Gouverneur de Pignerol, mort en 1676. *Humbelot*, in-fol.

Françoise Godet, fille de Claude Godet des Marets, mariée 1.º à N... de Launay, ci-après ; 2.º à Antoine de Brouilly, &c. *L. Moreau*, in-8.

Brousse, (Nicolas de la) Lieutenant de Roi de Périgord. N... in-4.

Broussel, (Pierre) Conseiller au Parlement, reçu le 28 Novembre 1637. 1. N... 1648, in-fol. 2. Copie du précédent, in-8. 3. *Moncornet*. 4. *Cochin*, in-fol. avec deux Sonnets au bas. 5. *Desrochers*.

Brue, (Etienne de la) Curé de S. Germain-l'Auxerrois, à Paris, mort le 7 Avril 1747. *Gauterot*, in-4.

Brueys, (David-Augustin) né à Aix en 1640, Calviniste, se fit Catholique en 1682, mort à Montpellier en 1723, le 25 Novembre. N... in-8.

Brulart, (Nicolas) Seigneur de Sillery, &c. Chancelier de France en 1607, mourut à Sillery le 1 Octobre 1624. 1. *Gaultier*, in-8. 2. M. *Lasne*, in-fol. 3. N... dans Odieuvre.

Brulart (Charles) de Genlis, Archevêque d'Embrun en 1668, mort le 2 Novembre 1714. 1. *Landry*, 1669, in-fol. 2. N... in-8.

Brulart, (Florimond) Chevalier, Marquis de Genlis, &c. mort le 10 Janvier 1685, âgé de 83 ans. *Gribelin*, del. *Landry*, sc. 1663, in-fol.

Brulart, (Louis) Marquis de Sillery & de Puisieux, né en 1619, mort à Liancourt le 19 Mars 1691. J. *Colin*, à Reims, 1667, in-fol.

Brulart (Fabio) de Sillery, Evêque d'Avranches, puis de Soissons, né en Touraine en 1655, mort en 1714. 1. *Edelinck*, 1698, d'après *Rigaud*, in-fol. dans une Thèse. 2. N... *Bonnart*, in-4.

Brulart, (Nicolas) premier Président au Parlement de Bourgogne, mort au mois de Janvier 1627. 1. *Landry*, 1665, d'après J. *Dieu*, in-fol. 2. Copie, Cl. Jos. *de Loisy*, de Besançon, in-fol.

Brun, (Antoine) Franc-Comtois, né à Dôle en 1600, Conseiller au Conseil Souverain des Pays-Bas, Plénipotentiaire d'Espagne à Munster, mort à la Haye en 1654, avec la réputation d'un habile Négociateur. 1. *Spirinx*, in-fol. 2. *Vanhulle*, p. Paul *Pontius*, sc. in-fol. 3. *Moncornet*.

Brun. (Isaac de) Voy. Caille.

Brun, (Claude le) Avocat de Beaujolois, qui a composé le Procès-Civil & Criminel. 1. Agé de 49 ans, *Fornazery*, in-4. 2. Agé de 57 ans, *Culot*, 1617, in-4.

Brun, (Charles le) Ecuyer, premier Peintre du Roi, né à Paris en 1618, mort en 1690. 1. N. *de Largillière*, p. *Edelinck*, in-fol. 2. Jacq. *Lubin*, in-fol. 3. *Chauveau*, d'après *Verdier*, in-fol. Frontispice des Œuvres de le Brun. 4. *Bonnart*, in-4. avec Ornemens, &c. 5. N... dans Odieuvre. 6. N... dans l'Histoire des Peintres par d'Argenville, in-4. & in-8.

Brun, (Louis le) de Picardie, exécuté à Paris pour avoir voulu empoisonner la Famille de M. le Brun, premier Peintre du Roi. N... (à l'eau-forte,) in-4.

Bruneau, (Antoine) Président à Mortier au Parlement de Tournai. *La Dame*, p. *Gantrel*, sc. 1698, in-fol.

Brunene, (Jean de) Marchand Banquier de Lyon. *Rigaud*, p. C. *Vermeulen*, sc. in-fol.

Brunet, (Joseph) Théologien. *Desrochers*.

Brunet, (François) de Montforan, Président en la Chambre des Comptes de Paris, Chef du Conseil de M. le Duc d'Orléans, mort à Paris le 22 Avril 1696. 1. *De Troy*, p. *Vermeulen*, sc. 1691, in-fol. dans une Thèse. 2. *Scotin*, in-fol. 3. *Drevet*, in-8.

Brunet, (Joseph) Abbé de S. Crespin, mort le 12 Mars 1700, âgé de 72 ans. N...

Brunet de Neuilly. (Jean-François-Antoine) *Cochin*, del. H. *Wattelet*, sc. 1756, in-4. Médaillon.

Brunetiere, (Guillaume de la) Chanoine de l'Eglise de Paris, puis Evêque de Saintes en 1676, mort dans son Diocèse au mois de Mai 1702. 1. En Chanoine, Jean *Pesne*, del. & sc. 1675, in-fol. 2. J. *Langlois*, 1677, d'après *Boulogne*, in-fol.

Bruno, (Saint) Fondateur des Chartreux, né à Cologne en 1060, mort en Calabre l'an 1101. 1. *Bazin*, in-fol. 2. *Champagne*, p. N... in-fol.

Bruny, (J.Bapt.) Marquis d'Eutrecasteaux, Conseiller du Parlement d'Aix. N... in-fol. dans une Thèse.

Brunyer, (Abel) premier Médecin de Gaston, Duc d'Orléans. 1. M. *Lasne*, in-4. 2. *Landry*, 1661, in-fol.

Bruté, (Jean) Docteur en Théologie, Curé de S. Benoît à Paris, mort le 1 Juin 1762, âgé de 84 ans. 1. Ch.

1. Ch. Nic. *Cochin*, del. Ch. Dominique *Moliny*, sc. 1760, in-4. Médaillon. 2. Aurea *Billette*, in-fol.

Bruyant, (Nicolaus) Astrologus & Mathematicus Atrebatensis, natus 10 April. 1572, denatus 12 Julii 1638. *Vandyck*, p. *Pontius*, sc. in-4.

Bruyens, (Anne-Françoise de) célèbre dans l'art de peinture, femme d'Isaac Bullart, Prevôt de Saint-Vaast d'Arras, âgée de 24 ans en 1629. A. Fr. *de Bruyens elle-même*, p. W. *Hollar*, sc. 1644, in-8.

Bruyère, (Jean de la) né en 1644, dans un Village près Dourdans, Trésorier de France à Caen, reçu à l'Académie Françoise le 15 Juin 1693, mort subitement à Versailles le 10 Mai 1696. 1. *De S. Jean*, p. *Drevet*, sc. 1697, in-8. 2. *Desrochers*, in-8. 3. *Duplessis*, p. B. *Picart*, sc. 1719. 4. N... dans Odieuvre.

Bry, (Mademoiselle de) sous François I. Dessin au Cabinet du Roi.

Buc, (Dom Alexis du) de la Congrégation des Clercs Réguliers, dits Théatins, âgé de 50 ans en 1689. Ant. *Trouvain*, 1689, d'après P. *Simon*, in-fol.

Bucaille, (Sœur Marie de S. Joseph, dite *Benoiste*) née à Cherbourg, n'ayant pu être reçue dans le Monastère de Sainte-Claire d'Alençon, à cause de ses infirmités continuelles, elle fit vœu, & en observa la règle dans le monde. Agée de 39 ans en 1696. N... p. *Habert*, sc. 1701, in-4.

Budé, (Guillaume) né à Paris en 1467, Maître des Requêtes, homme très-sçavant, mort le 23 Août 1540, enterré à S. Nicolas-des-Champs. Il avoit été Prevôt des Marchands de Paris. 1. N... in-4. 2. N... dans Thevet, in-fol. 3. Th. *de Bry*, in-4. 4. N... 5. N... en petit.

Bueil, (Hardouin de) Evêque d'Angers, mort en 1438. Dessin à la pierre noire, dans le Cabinet du Roi, in-fol.

Bueil, (le Baron de) sous François I. Dessin au Cabinet du Roi.

Buec, (Madame de) Maîtresse de François II. Dessin au Cabinet de M. de Fontette.

Bueil, (Jacqueline de) Maîtresse de Henri IV. & mère du Comte de Moret. Dessin au Cabinet de M. de Fontette.

Bugnon, (Philibert) Jurisconsulte, né à Mâcon, mort environ l'an 1590. N... en bois, in-12.

Buisseret, (François) Evêque de Namur, puis Archevêque de Cambray, né à Mons en Hainaut, mort à Valenciennes le 2 Mai 1615, âgé de 66 ans. *Desrochers*.

Bullion, (Claude de) Sieur de Bonelles, Surintendant des Finances, Garde des Sceaux des Ordres du Roi, & Ministre d'Etat, mort le 22 Décembre 1640. *Moncornet*, in-8.

Bullion, (Anne-Jacques de) Marquis de Fervaques, né le 31 Décembre 1679. *Vanloo*, p. *Ravenet*, sc. in-fol. maj.

Bullion, (Noel de) Marquis de Galardon, Seigneur de Bonelles, Garde des Sceaux des Ordres du Roi, marié le 27 Février 1639, à Charlotte de Brie, mort à Paris le 3 Août 1670. N. *Poilly*, d'après Ph. *Champagne*, in-fol.

Bullion, (Charles-Denys de) fils de Noel, né le 17 Avril 1651, Prevôt de Paris, reçu le 15 Février 1685. N. *Habert*, in-fol.

Bureau, (Jean) Seigneur de Monglat, Maire de Bordeaux, Chambellan des Rois Charles VII. & Louis XI. Maître de l'Artillerie de France, mort à Paris le 5 Juillet 1463. J. *Grignon*, in-fol.

Burgensis, (Jérôme) Evêque & Comte de Chaalons, Pair de France, mort le 4 Juin 1573. Dessin à la pierre noire, dans le Cabinet du Roi, in-fol.

Buridan, (J. Bapt. de) Professeur de l'Université de Reims, Recteur de celle de Paris, mort en 1633. *Regnesson*, del. & sc. in-fol.

Burlugay, (Jean) Théologal de Sens, mort le 17 Juin 1702, âgé de 77 ans. N. *Habert*, 1703, in-4. & in-8.

Bus, (le Vénérable César de) Instituteur de la Congrégation de la Doctrine Chrétienne en 1598, mort en 1607, âgé de 63 ans, en odeur de sainteté. 1. K. *Audran*, in-4. 2. N. *Pittau*, 1664, in-4. 3. J. *Boulanger*, in-8. 4. J. *Couvay*, in-4. 5. N. *Habert*, in-8. 6. N. *Bonnart*, 1703, in-4. 7. *Desrochers*.

Busæus, (Antonius) Gentilhomme François, N... in-8.

Busbequius (Augerius Gislenius) Rudolphi II. Imperatoris ad Portam Othomanicam, posteà apud Galliæ Regem Legatus an. 1582; (étoit né à Comines en Flandres en 1522, mourut le 28 Octobre 1592, au Château de Maillot en Normandie.) 1. N... in-4. 2. R. *Sadeler*, in-12. 3. *Boulonois*.

Busset, (M. de) sous Charles IX. 1575. Dessin au Cabinet du Roi.

Bussières, (Jean de) né à Lyon en 1607, Jésuite en 1631, sçavant dans l'Eloquence, la Poésie & l'Histoire; mort à Lyon le 26 Octobre 1678. Fr. *Cars*, à Lyon, 1694, in-8.

Bussy. Voy. Rabutin.

Buzenval, Voy. Choart.

C.

Cabrol, (Barthélemi) Anatomiste de l'Université de Montpellier, Chirurgien du Roi & de M. le Duc de Montmorency, en 1594. N... en bois, in-8. à la tête de son Livre intitulé, *Alphabet Anatomique*.

Cadière, (Catherine de la) fameuse par le Procès du Père Girard, Jésuite, en 1731, née à Toulon le 12 Novembre 1709. 1. N... in-8. 2. N... in-8.

Cæsarée, (Sainte) Sœur de S. Césaire, Archevêque d'Arles, Fondatrice des Religieuses de sainte Cæsarée, en 1478. *Van Lochon*, in-4.

Caffart, (Jean) d'Arras, fameux Banquier à Anvers, à Aix-la-Chapelle, puis à Cologne, âgé de 50 ans en 1597. N... 1597, in-4.

Caille, (Isaac de Brun de Castellane, Seigneur de) Provençal, dont la naissance a été disputée par un grand Procès au Parlement de Provence. 1. Ant. *Trouvain*, 1707, in-fol. âgé de 37 ans. 2. *Chereau*.

Caillot, (Joseph) Acteur de l'Opera Comique. *Voiriot*, p. *Miger*, sc. Médaillon, in-4.

Calabre, (Edmond) Prêtre de l'Oratoire, né à Troyes, mort en 1710, âgé de 45 ans. 1. *Le Febvre*, p. Nic. *Tardieu*, sc. 1711, in-fol. 2. *Le Bas*.

Calas, (la malheureuse Famille de) La mère, les deux filles, Jeanne Vignière leur servante, le fils, & son ami Lavaysse. *Carmontel*, del. 1765. *La Fosse*, sc. in fol. obl.

Calatagerone, (Innocent) Visiteur-Général des Capucins de France. *Roussel*, in-4.

Callot, (Jacques) Gentilhomme Lorrain, né à Nanci en 1594, excellent Graveur à l'eau-forte, mort à Nanci le 27 Mars 1635, âgé de 42 ans. 1. *Vandyck*, p. L. *Wosterman*, sc. in-fol. 2. *Vander Oden*. 3. M. *Lasne*, del. & sc. 1629, in-4. 4. *Meyssens*. 5. Ant. *Ocmans*, in-4. 6. *Israel*. 7. Jacq. *Lubin*, 1695, in-fol.

8. *Moncornet.* 9. *Callot,* lui-même, avec chaîne & médaille au col. 10. Idem, avec un petit garçon qui porte un mousquet. 11. Son Tombeau, Ant. *Bosse,* in-4. 12. N... dans Odieuvre.

CALLOU, (Jacques) Prêtre, Chanoine de l'Eglise de Reims, né dans cette Ville, Directeur du Séminaire, mort à Reims le 2 Juin 1714, âgé de 88 ans. 1. *Lochon.* 2. *Desrochers.*

CALMET, (Dom Augustin) Bénédictin de Lorraine, né à Mesnil-la-Horgne en 1672, mort en son Abbaye de Sénones en 1757, le 25 Octobre. 1. *Fontaine,* p. 1716. *Pittau,* sc. 2. Séb. *Antoine,* 1729.

CALVAYRAC, (Fr. Pierre) Abbé de Pontigny, mort en 1742. *Le Prieur,* p. *Drevet,* sc. in-fol.

CALVIN, (Jean) né à Noyon le 10 Juillet 1509, mort à Genève le 27 Mai 1564. 1. Agé de 53 ans, avec sa Devise : *Prompte & sincere.* R. in-4. 2. Agé de 56 ans, R. L. R. 1561, in-4. avec Emblêmes aux quatre coins, & Vers. 3. Jacq. *Granthome,* in-8. avec six Vers Latins. 4. *Wocriot,* in-8. petit ovale. 5. N... in-4. Ovale : son nom autour en Hollandois. 6. C. *Dankertz,* in-fol. 7. Théod. *de Bry,* in-4. 8. L. *Vendosme,* in-fol. A la tête des Œuvres de Calvin, en pied. 9. *Habert,* in-4. 10. N... in-4. 11. *Golle,* in-4. Ovale en manière noire. 12. Clemens *Ammon,* in-4. 13. C. *Schuck,* 1700, in-fol.

CAMARGOT, (Marie-Anne de Cuppi, dite Mademoiselle) Danseuse de l'Opera, née en 1710, à Bruxelles, morte à Paris en 1770. 1. *Lancret,* p. *Cars,* sc. in-fol. obl. 2. Idem, petit in-4. obl.

CAMBOLAS, (Petrus-Angelus) Prior majoris Carmeli Parisiensis. C. *Vallet,* d'après A. *Paillet,* in-fol.

CAMBOLAS, (Jean) Prêtre, Chanoine de S. Sernin à Toulouse, mort en odeur de sainteté, le 12 Mai 1668, âgé de 69 ans. 1. *Boulanger,* in-8. 2. *Valet,* 1714, in-4.

CAMBOLAS, (Jean de) premier Président du Parlement de Toulouse, qui a donné au Public des Décisions en Droit. 1. N... in-fol. 2. *Desrochers.*

CAMBOUT, (César du) Marquis de Coislin, Colonel Général des Suisses, & Mestre de Camp des Armées du Roi en Picardie en 1636, mort en 1641, âgé de 28 ans, des blessures qu'il avoit reçues au Siège d'Aire. *Moncornet,* in-4.

CAMBOUT (Pierre-Arnaud du) de Coislin, fils de César & de Magdeleine Séguier, Abbé de S. Victor, premier Aumônier du Roi, Evêque d'Orléans en 1665, Commandeur de l'Ordre du S. Esprit en 1688, Cardinal l'an 1697, mort subitement à Versailles le 5 Février 1706, âgé de 70 ans. 1. En Abbé, *Huret,* 1665, in-fol. 2. *Château.* 3. M. *Lasne,* 1656, in-fol. 4. Magd. *Masson.* 5. *Nanteuil,* 1658, in-fol. 6. *Lenfant,* 1661, d'après *Nanteuil,* in fol. 7. En Evêque, *Nanteuil,* 1666, in-fol. 8. N. *Pittau,* d'après le *Febvre,* 1670, in-fol. 9. *Larmessin.* 10. En Cardinal, *Rossi,* à Rome, 1697, in-4. 11. Et. *Gantrel,* 1699, in-fol. 12. *Sarrabat,* d'après *Rigaud,* 1700, in-fol. en manière noire.

CAMBOUT, (Anne-Fr. Guill. du) Evêque de Tarbes. *Cars,* in-fol.

CAMBOUT, (Sébastien-Joseph du) de Pont-Château, né en 1634, mort à Paris le 27 Juin 1690, âgé de 56 ans, après en avoir vécu 27 dans la retraite. 1. *Picart,* d'après *Jouvenet,* in-4. 2. *Habert,* in-fol.

CAMBOUT (Magdeleine-Armande du) de Coislin, mariée en 1689 à Maximilien-Pierre-Fr. Nic. de Béthune, Duc de Sully, morte le 30 Janvier 1721. *Sevin,* p. *Vermeulen,* sc. in-12.

CAMBRAY, (Adam de) premier Président du Parlement de Paris en 1436 jusqu'en 1456, enterré aux Chartreux. 1. Dessin enluminé, avec son Sceau en cire rouge, 1445. Dans le Cabinet de M. de Fontette. 2. N...

CAMBRAY. (Joachim) N...

CAMBRAY. (Jacques-François de) *Crespy.*

CAMELIN, (Joseph de) Cordelier. *Serre,* p. *Coellemans,* sc. 1707, in-fol.

CAMILLE, (Mademoiselle) Comédienne. *Pelletier.*

CAMILLY, (François Blouet de) Abbé de S. Pierre-sur-Dive, &c. Evêque & Comte de Toul en 1704. 1. En Abbé, Et. *Gantrel,* in-fol. 2. En Evêque, J. Fr. *Cars,* 1707, in-4.

CAMPISTRON, (Jean-Gualbert de) Poëte tragique, né à Toulouse en 1656, de l'Académie des Jeux Floraux de cette Ville, Capitoul de Toulouse en 1701, mort le 11 Mai 1723. N...

CAMPRA, (André) Maître de Musique, né à Aix en 1660, mort en 1744. 1. *Boys,* p. *Edelinck,* sc. in fol. 2. *Crespy,* petit Médaillon dans le Parnasse François.

CAMUS. (N. le) M. *Lasne,* in-fol.

CAMUS. (N. le) M. *Lasne,* in-fol.

CAMUS, (Anne le) Duchesse d'Anville. *Daret,* 1652, in-4.

CAMUS, (Antoine le) Docteur de la Faculté de Médecine de Paris, né le 12 Avril 1722, mort le 2 Janvier 1772. *Santerre,* p. *Gaut. Dagoty,* sc. in-fol. en manière noire.

CAMUS, (Nicolas le) Chevalier, premier Président en la Cour des Aides. 1. En Procureur Général, M. *Lasne.* 2. *Van Schupen,* 1678, in-fol. 3. Idem, 1681. 4. *Thomassin,* del. & sc. 1708, in-fol.

CAMUS, (Jean le) Conseiller d'Etat, Maître des Requêtes & Lieutenant Civil. *Nanteuil,* 1674, in-fol. dans une Thèse.

CAMUS, (Etienne le) né à Paris le 25 Novembre 1632, Evêque & Prince de Grenoble, Cardinal le 2 Septembre 1686, mort en 1707. 1. *Rossi,* à Rome, in-4. 2. C. *Vallet,* 1687, d'après J. *Guyghier,* in fol. 3. J. B. *Nolin,* in-fol. 4. *Roullet,* in-8. 5. *Habert,* in-4. & in-8. 6. *Desrochers,* 1703, in-fol. 7. J. *Guygnier,* p. J. F. *Cars,* sc. 1703, in-fol. 8. Sim. *Thomassin,* del. & sc. 1684, in-fol. 9. Idem, 1708, in-fol.

CAMUS (Jacques) de Pontcarré, Evêque de Séez en 1614, fils de Pierre Camus, Conseiller d'Etat, & de Jeanne Sanguin de Livry, né à Bordeaux le 30 Juin 1584, mort à Séez le 4 Novembre 1630. M. *Lasne,* in-fol.

CAMUS (Nicolas-Pierre) de Pontcarré, Maître des Requêtes & premier Président du Parlement de Rouen. 1. Jean *Jouvenet,* p. P. *Drevet,* sc. 1704, in-fol. maj. 2. *Thomassin,* 1708. 3. *Tardieu,* d'après *Rigaud.*

CAMUS, (Geoffroy-Macé) de Pontcarré, premier Président du Parlement de Rouen. *Sixe,* p. *Daullé,* sc.

CAMUS, (Jean-Pierre) Evêque de Belley en 1609, quitta son Evêché en 1629, nommé à l'Evêché d'Arras peu de jours avant sa mort, arrivée le 26 Avril 1652, à l'Hôpital des Incurables; étoit à Paris le 3 Novembre 1582, fils de Jean Camus, Seigneur de Saint-Bonnet. 1. *Chauveau,* dans des Ornemens, in-fol. 2. *Moncornet.* 3. P. *Roussel,* in-4. 4. J. *Picart,* in-8. 5. C. *Mellan,* del. & sc. in-8. 6. *Champagne,* p. J. *Morin,* sc. in-4. 7. Jac. *Lubin,* 1694, in-fol. 8. Dessin au Cabinet de M. de Fontette. 9. N... dans Odieuvre.

CAMUZAT, (Nicolas) Chanoine de l'Eglise de Troyes, né à Troyes en 1515, mort le 10 Janvier 1655, âgé de 80 ans. J. R. in-8.

CANAPLES, (Madame de) sous François I. Marie

d'Aligné, femme de Jean VIII. Sire de Crequy & de Canaples, morte en 1558. 1. Deſſin au Cabinet du Roi. 2. Deſſin au Cabinet de M. de Fontette.

CANDALE. Voy. FOIX.

CANDIDE, (J. B. Vinatier) fameux Oculiſte. Cl. *Roy*, 1742.

CANGE, (Charles du Freſne, Sieur du) né à Amiens le 18 Décembre 1610, Tréſorier de France en 1645, fameux par ſes Ouvrages ſur l'Hiſtoire, mort à Paris le 23 Octobre 1688. 1. *Giffart*, 1688, in-fol. 2. N... in-fol. 3. *Desrochers*.

CANGÉ. (Pierre Gilbert de) *Lalive*, in-8.

CANI, (Jean) Prêtre, Vicaire de S. Germain-le-Viel, à Paris. J. *Hainzelman*, 1681, in-8.

CANIS, (Madame de) ſous Henri IV. Deſſin au Cabinet du Roi.

CANISY, (René de Carbonel, Marquis de) ſous Henri III. Deſſin au Cabinet de M. de Fontette. (Voy. ci-après, CARBONEL.)

CANTELOUP, (Arnaud de) dit *Franguier*, Archevêque de Bordeaux & Cardinal en 1305. Et. *Picart*.

CANU, (Louis) Prêtre, Vicaire de la Paroiſſe de S. Martial à Paris. N. *Pittau*, 1695, in-4.

CAPEL, (Ange) Sieur de Luat, Secrétaire de la Chambre du Roi, ſe fit Huguenot à l'âge de 20 ans, & fit abjuration en 1617, âgé de 80 ans. Il étoit quatrième fils de Jacques Capel, premier Avocat du Roi François I. naquit l'an 1537, & mourut en 1623. *Fournier*, p. Th. *de Leu*, ſc. in-fol.

CAPPERONNIER, (Claude) Profeſſeur Royal en Langue Grecque, né à Montdidier en Picardie, mort à Paris en 1744. *Aved*, p. *Lépicié*, ſc. in-fol. maj.

CARBONEL (François de) de Caniſy, Evêque de Limoges, ſacré en 1696, mort à Paris le 28 Octobre 1723. Et. *Gantrel*, d'après Simon *Gouet*, in-fol.

CARCAVY, (Pierre de) Conſeiller au Parlement de Toulouſe, enſuite Conſeiller au Grand-Conſeil, puis Garde de la Bibliothèque du Roi, mort en Avril 1684. *Teſtelin*, p. G. *Edelinck*, 1675, in-fol.

CARDINAUX (Suite de) François, au nombre de 280, depuis HUMBERT de Bourgogne, en 1054 juſqu'à ALFONSE DU PLESSIS de Richelieu, dit le *Cardinal de Lyon*. Dans la petite Chronologie collée, qui a été publiée en 1622.

CARIGNAN. Voy. SAVOYE.

CARION, (Etienne) Prêtre, Adminiſtrateur du Monaſtère Royal de S. Paul, proche Beauvais, où il eſt mort en 1636, âgé de 71 ans. N... in-4.

CARLIN Bertenazzi, Comédien ordinaire du Roi, (Arlequin) né à Turin. *Delorme*, p. *Benoiſt*, ſc. in-8.

CARNEVAL, (Antoine) Aſtronome. N...

CARON, (Antoine) de Beauvais, Peintre à Paris, mort en 1599, âgé de 78 ans. 1. Th. *de Leu*, ſon Gendre, 1599, in-12. 2. Deſſin au Cabinet du Roi, 1592. 3. N... en petit.

CARONDELET, (Jean de) Archidiacre de Beſançon. 1. *Larmeſſin*, in-fol. 2. N... dans Odieuvre.

CARPENTIER. (Gaſpard) *Carilſe*.

CARS, (Laurent) Graveur du Roi, & de l'Académie de Peinture. *Cochin*, del. Aug. *de Saint-Aubin*, ſc. 1768, in-4. Médaillon.

CARTES, (René des) né à la Haye en Touraine, le 31 Mars 1596, mort à Stockolm le 11 Février 1650, célèbre Philoſophe & Mathématicien. 1. Fr. *Schoten*, del. & ſc. 1644, in-4. 2. C. V. *Dacen*, in-fol. 3. J. *Suyderhoeff*, d'après Fr. *Hals*, in-fol. 4. *Vandalen*. 5. *Picart* le Romain, 1691, in-fol. 6. N... dans la Suite de Boiſſard, in-4. 7. G. *Edelinck*, 1691, d'après Fr. *Hals*, in-fol. 8. Jac. *Lubin*, 1695, in-fol. 9. N... en Hollande, in-fol. 10. Fr. *Hals*, p. Jean *Golle*, ſc. in-4. en manière noire. 11. N. *Habert*, 1697, in-4. 12. *Desrochers*, 1703, in-8. 13. *Schenck*, in-fol. en manière noire. 14. Son Tombeau en Suède, avec Inſcriptions, in-fol. obl. 15. Son Portrait, Fr. *Hals*, p. *Benoiſt*, ſc. in-12. 16. Fr. *Hals*, p. *Fiquet*, ſc. in-12. (Beau.) 17. N... dans Odieuvre. 18. *Benoiſt*.

CARTOUCHE, (Dominique) fameux Voleur, exécuté à Paris, en Novembre 1721. 1. N... in-fol. 2. Dans le cachot, N... in-fol. 3. Deſſin original, tiré d'après nature dans les priſons, par *Stella*, conſervé dans le Cabinet de M. de Fontette. 4. Autre Deſſin original, par *Nattier*, au fuſin, (Beau.) dans le même Cabinet.

CASAU, (Claude de) Dame de la Rochebaraton, fille chez la Reine, âgée de 22 ans, ſous François I. Deſſin au Cabinet de M. de Fontette. (Voy. ci-après, ROCHEBARATON.)

CASAUBON, (Iſaac) né à Genève le 18 Février 1559, fils d'Arnauld Caſaubon, natif de Bordeaux; épouſa en 1586 Florence, fille de Henri Eſtienne; fut Profeſſeur en Langue Grecque & Belles-Lettres à Genève, puis à Montpellier, Bibliothécaire du Roi en 1603, mourut à Londres le 1 Juillet 1614, & fut enterré à Weſtminſter. *Gunſt*.

CASAUBON, (Emeric) né à Genève le 14 Août 1599, fils du précédent, mort à Cantorbéry le 14 Juillet 1671, fut enterré dans la Cathédrale. *Gunſt*.

CASE, (N.) fils du Fermier à Sel de Lyon. *Bambelli*, p. à Veniſe, Jac. *Blondeau*, ſc. à Rome, in-4.

CASSINI, (Jean-Dominique) né à Perinaldo dans le Comté de Nice, le 8 Juin 1625, célèbre Mathématicien, Profeſſeur en Aſtronomie dans l'Univerſité de Bologne dès l'année 1650, appellé en France par le Roi en 1669, mort le 14 Septembre 1712. 1. L. *Coſſin*, in-fol. 2. N... dans Odieuvre.

CASTANIER, (François) Receveur Général des Finances, 1751. *Rigaud*, p. *Gaillard*, ſc. in-fol.

CASTELLAN, (Olivier de) Meſtre de Camp, Gouverneur d'Antibes, Lieutenant-Général, tué au Siège de Tarragone, commandant un Corps d'armée l'an 1644. 1. *De Pluttemontagne*, chez Morin, 1654, in-fol. 2. Son Tombeau, & de Louis ſon fils, tué en Candie en 1669, *Scotin*, in-fol. (Ledit Tombeau ſculpté par Giradon, eſt à S. Germain-des-Prés.)

CASTELLUS, (Octavianus) ætatis 37. Séb. *Vouillemont*, in-4.

CASTELNAU, (Michel de) Chevalier de l'Ordre du Roi, Conſeiller d'Etat, Ambaſſadeur en Angleterre, décédé l'an 1592, connu par ſes Mémoires. 1. Th. *de Leu*, 1587, in-8. 2. Jaſpard *Iſaac*. 3. *La Rouſſière*, in-fol. 4. Louis Coquin, dans l'Hiſtoire Généalogique de Touraine, in-fol.

CASTELNAU, (Jacques, Marquis de) Lieutenant-Général des Armées du Roi, Gouverneur de Breſt, commanda l'aîle gauche à la Bataille des Dunes, où il fut bleſſé le 14 Juin 1658: le Roi l'honora du Bâton de Maréchal de France le 20 du même mois; mais il mourut de ſa bleſſure à Calais, le 15 Juillet ſuivant, âgé de 38 ans. 1. En pied, *Larmeſſin*, in-fol. 2. *Nanteuil*, 1658, in-fol. 3. Louis *Coquin*, dans l'Hiſtoire Généalogique de Touraine, in-fol.

CASTILLE, (Henri de) Abbé de S. Martin d'Autun & de S. Marien d'Auxerre, mort en 1670. J. *Boulanger*, in-fol.

CAT, (Claude-Nicolas le) Chirurgien, &c. Secrétaire de l'Académie de Rouen, Aſſocié de celles de

Paris, de Londres, de Madrid, &c. mort le 20 Août 1768. *Thomiers*, p. *Will*, sc. 1747, in-4. *Reſtout* fils, del. *Henriquès*, sc. 1772, in-fol. dans la Gallerie Françoiſe, Cahier IV.

CATELAN, (Jean de) Conſeiller au Parlement de Toulouſe, âgé 82 ans en 1705, Auteur d'un Recueil d'Arrêts de ce Parlement. Sim. *Thomaſſin*, 1705, in-4.

CATHERINE de Jeſus, (Sœur) Carmélite Déchauſſée, morte le 19 Février 1623, âgée de 33 ans, inhumée au Monaſtère de l'Incarnation à Paris. *Huret*, in-8.

CATHERINE de S. Auguſtin, (la Mère) Religieuſe Hoſpitalière de Québec en Canada, morte le 8 Mai 1668, à 36 ans. *Pontigny*, del. & ſc. in-4.

CATHERINOT. (Nicolas) Avocat, puis Conſeiller à Bourges en 1655, né en 1628, au Château de Luſſon, près Bourges, mort en 1688, le 28 Juillet. *De la Houve*, p. 1678. Et. *Gantrel*, sc. 1680, in-8.

CATILLON (Etienne) Montauron, Jouaillier ordinaire de Monſieur, vers l'an 1686. *De Troy*, p. *Bouys*, sc. in-fol. en manière noire.

CATINAT, (Pierre de) Abbé de S. Julien de Tours le 10 Janvier 1653, après le décès de Georges de Catinat ſon oncle. En pied, *Landry*, d'après *le Brun*, in-fol. oblong.

CATINAT, (Nicolas de) né en 1637, Maréchal de France, fils de Pierre, Doyen de la Grand'Chambre de Paris en 1678, nommé Chevalier des Ordres du Roi en 1705, dont il remercia, mort dans ſa Terre de S. Gratien, en 1712. 1. C. *Vermeulen*, 1694, in-fol. 2. *Jollain*. 3. Et. *Gantrel*, in-fol. 4. *Arnoult*. 5. *Larmeſſin*. 6. N... Médaillon. 7. N... dans Odieuvre.

CATROU, (François) Jéſuite, né à Paris en 1659, mort en 1737, âgé de 78 ans. N...

CAVELIER (Louiſe) l'Evêque, née à Rouen en 1703, morte en 1745. *Petit*.

CAVEREL, (Philippe de) Abbé de S. Waſt d'Arras, Député ordinaire des Etats d'Artois en 1633, âgé de 78 ans, mort le 30 Novembre 1636. *Criſpin de Pas*, in-fol.

CAULET, (François-Etienne de) Evêque de Pamiers en 1644, né le 19 Mai 1610, mort le 7 Août 1680. 1. N. *Habert*, in-fol. & in-8. 2. *Desrochers*. 3. N... petit Buſte, in-24.

CAULET, (Joſeph de) Préſident de Toulouſe, mort en 1742. *Cammas*, p. F. *Baour*, sc. in-fol.

CAULET, (Jean-Georges de) Préſident au Parlement de Toulouſe. *Lumbart*, 1666, in-fol.

CAUMARTIN. Voy. le FEVRE.

CAUMONT, (Jacques Nompar de) Duc de la Force, Pair & Maréchal de France le 27 Mai 1622, mort à Bergerac le 10 Mai 1652, âgé d'environ 93 ans. 1. *Daret*, in-4. 2. *Valet*. 3. N... in-4. 4. Jean *de Liew*, in-12. 5. *Valdor*, dans le Livre des Triomphes de Louis le Juſte. 6. Deſſin au Cabinet du Roi. 7. A cheval, *Guerineau*, in-fol. 8. *Moncornet*. 9. N... in-4. en rond, avec grand chapeau, & huit Vers Latins. 10. Deſſin au Cabinet de M. de Fontette.

CAUMONT (Anne de) la Force, mariée à Jean de Péruſe d'Eſcars, Prince de Carency, & en ſecondes noces à François d'Orléans-Longueville, Comte de S. Paul, ſous Henri IV. née poſthume à Caſtelnau le 19 Juin 1574, morte le 2 Juin 1642. Deſſin au Cabinet du Roi.

CAUMONT. (Madame de) Deſſin en paſtel, au Cabinet du Roi.

CAURRES, (Jean des) Principal du Collège d'Amiens, & Chanoine de S. Nicolas, Auteur des Œuvres Morales & Diverſes imprimées à Paris en 1584. N... 1584, in-8.

CAUSÆUS, (Michael-Angelus) Pariſienſis Antiquarius, Romæ, (mortuus ann. 1724.) Carl. *Marat*, p. N. *Billy*, Romæ, 1690, in-fol. [C'eſt de la Chauſſe.]

CAUSSIN, (Nicolas) de Troyes, entré chez les Jéſuites en 1596, à l'âge de 26 ans, fut Confeſſeur de Louis XIII. mort à Paris le 2 Juillet 1651. 1. M. *Laſne*, in-8. 2. *Baugier*, p. M. *Laſne*, sc. 1652, in-fol. 3. *Desrochers*, 1706, in-8.

CAYEUX, (Philippe) Sculpteur. *Cochin*, del. *Lempereur*, sc. 1750. Médaillon, in-4.

CAYLUS, (Charles-Gabriel de Thubières de) Evêque d'Auxerre en 1705, né à Paris en 1669, mort le 3 Avril 1754, âgé de 85 ans. 1. *Fontaine*, p. *Schmidt*, sc. in-fol. 2. Environné des titres de ſes Ouvrages, N... in-fol. 3. Ch. *Gaucher*, d'après *Fontaine*, in-8. 4. N... petit Buſte, in-24.

CAYLUS, (Anne-Claude-Philippe de Thubières, Comte de) Honoraire de l'Académie des Inſcriptions & de celle de Peinture & Sculpture, célèbre Antiquaire & Amateur, mort à Paris en 1765; il y étoit né le 31 Octobre 1692. 1. *Cochin* fils, d'après *Wattelet*, 1752. Médaillon, in-4. 2. Madame *Doublet*. 3. *Littret*, del. & ſc. 1766, in-4. 4. Son Tombeau & Explication. *Vaſſé*, del. *Chenu*, sc. in-fol. 5. Gaut. *Dagoty* fils, del. & ſc. in-4. en manière noire, dans la Gallerie Françoiſe, 1. Ed. in-4. 6. *De Lorraine*, del. & ſc. 1771, in-fol. dans la Gallerie Françoiſe, 2. Ed. Cahier IV.

CAYLUS, (Marguerite de Valois, Comteſſe de) mère du précédent. *Rigaud*, p. *Daullé*, sc. 1743, in-fol. (Beau.)

CAYLUS. Voy. QUEYLUS, (ou autres de la même Famille, quoiqu'écrits différemment.)

CAYRON, (Gabriel de) natif de Figeac en Quercy, âgé de 60 ans. N... in-12. obl. avec quatre Vers.

CAZES, (Pierre-Jacques) Peintre, né à Paris en 1676, mort en 1754. *Aved*, p. *Le Bas*, sc. 1741, in-fol.

CELLOT, (François) Jéſuite, Provincial de la Province de France. N. *Bazin*, del. & ſc. in-4.

CELLOVILLE, (D. D. N. de la Rue) Prêtre. N... in-fol.

CEPPEDE. (la) Voy. SIMIANE.

CERESTE. (Madame de) *Rigaud*, p. *Drevet*, sc. 1728.

CERISY. Voy. HABERT.

CERIZIERS, (René de) Prêtre. *Boulanger*, in-4.

CESONIUS. Voy. DESGOUGES.

CHABANNES, (Antoine de) Comte de Dammartin, mort le 25 Décembre 1488. 1. N... dans Odieuvre. 2. Idem, pour les Mémoires de Comines, in-4. avec bordure.

CHABANNES, (Jacques de) Seigneur de la Palice, Chambellan du Roi, Grand-Maître d'Hôtel de France, mort le 20 Octobre 1453, des bleſſures qu'il reçut au Siège de Caſtillon. 1. N... dans Thevet 2. N... en petit.

CHABANNES, (Jacques II. de) Seigneur de la Palice, Maréchal de France, tué à la Bataille de Pavie en 1525. 1. Deſſin au Cabinet du Roi. 2. Deſſin au Cabinet de M. de Fontette.

CHABANNES (Madame de) Curton. Deſſin en paſtel, au Cabinet du Roi.

CHABERT, (Jean) Marchand Parfumeur à Lyon en 1679. *Vander-Cabel*, p. *Buys*, sc.

CHABODIUS, (David) Medicus, anno ætatis. 30, 1590. Léon *Gaultier*, in-8.

CHABOT, (Philippe) Amiral de France, Favori de François I. prifonnier à la Bataille de Pavie, Chevalier des Ordres de S. Michel & de la Jarretière, mort en 1543. 1. N... dans Thevet. 2. N... en petit.

CHABOT, (Madame Anne de) Dame du Palais, à cheval. *Bonnart*, in-fol.

CHAILLOU (Jean) de Thoify, Docteur de Sorbonne, âgé de 81 ans en 1694. *Rouffelet*, 1694, d'après *Girardin*, in-fol. dans une Thèfe.

CHAISE, (François de la) Jéfuite, Confeffeur du Roi Louis XIV. né en Forès en 1624, fuccéda au Père Ferrier en 1675, mort en 1709, étoit de l'Académie des Infcriptions & Belles-Lettres. 1. *Trouvain*, 1690, in-4. 2. *Habert*, 1691, in-fol. 3. *Noblin*, 1692, Médaille, in-8. 4. *Picart*. 5. *Gantrel*, 1694, in-fol. dans une Thèfe. 6. N... 7. *Defrochers*. 8. N... dans Odieuvre.

CHAISNE, (Louis) Chevalier, fecond Préfident au Parlement de Provence, âgé de 70 ans, en 1615. L. *Gaultier*, 1616, in-4.

CHAISNE, (Lazare) Préfident au Parlement de Provence. N... in-fol.

CHAISNE, (J. Bapt.) Abbé. J. *Cundier*, à Aix, 1684, in-fol.

CHALOTAIS, (Louis-René de Caradeuc de la) Procureur Général au Parlement de Bretagne, né à Rennes le 6 Mars 1701. 1. *Cochin*, del. P. E. *Moitte*, fc. 1764, Médaillon, in-4. 2. N... in-8, avec huit Vers au bas. 3. *Cochin*, del. *Baron*, fc. in-fol. avec Ornemens.

CHALOU, (Pierre) Doyen de S. Martin de Tours, Garde des Sceaux en 1282. Deffin au Cabinet de M. de Fontette.

CHALUCET, (Armand-Louis Bonnin de) Evêque de Toulon. Lorfque le Duc de Savoye affiégea cette Ville en 1707, il rendit de grands fervices; mourut en 1712. *Franquin*, p. *Coellemans*, in-fol.

CHALVET, (Matthieu de) Préfident du Parlement de Toulouse, Traducteur de Séneque, mort à Toulouse le 20 Juin 1607, âgé de 79 ans. C. *de Mallery*, 1604, d'après *Dumouftier*, in-fol.

CHAMBRAY, (Jacques-François de) Vice-Amiral de Malthe. 1. *Defrochers*. 2. N... dans Odieuvre.

CHAMBRE, (Jean la) Ecrivain. *Hoef*.

CHAMBRE, (le Comte de la) fous Henri III. Deffin au Cabinet de M. de Fontette.

CHAMBRE, (Marin Cureau de la) né au Mans vers 1594, Conseiller & Médecin ordinaire du Roi, reçu à l'Académie Françoife en Décembre 1634, de l'Académie des Sciences en 1667, mort à Paris le 29 Novembre 1669. 1. *Nanteuil*, del. & fc. in-fol. 2. *Mignard*, p. Ant. *Maffon*, fc. 1665, in-fol. 3. *Defrochers*.

CHAMBRIER, (François le) Conseiller d'Etat, Maire de Neufchâtel. *Rigaud*, p. 1704. *Schmidt*, fc. 1741, in-fol. maj.

CHAMBRIER, (Daniel le) Colonel d'un Régiment Suiffe. *Schmide*, in-fol. (Rare.)

CHAMBROY, (Lazare) Abbé de Sainte-Geneviève, & Supérieur Général des Chanoines Réguliers de la Congrégation de France, né à Lyon en 1678, mort à Paris le 3 Septembre 1750. *Perroneau*, p. *Daullé*, fc. 1749, in-fol.

CHAMILLARD, (Guy) Maître des Requêtes, Intendant de la Généralité de Caen. *Nanteuil*, del. & fc. 1664, in-fol.

CHAMILLARD, (Michel) Docteur en Théologie, Prêtre du Séminaire de S. Nicolas du Chardonnet à Paris, mort le 3 Octobre 1692. *Jollain*, in-4.

CHAMILLARD, (Michel) fils du Secrétaire d'Etat, né le 7 Avril 1689. *Duflos*, 1704, in-8.

CHAMILLY. Voy. BOUTON.

CHAMPAGNE, (Pierre de) N... in-4.

CHAMPAGNE, (Louis de) Comte de la Suze, Lieutenant Général & du Confeil de Guerre de la République de Berne en 1626. Jacq. *Abheyden*, in-4.

CHAMPAGNE (Catherine de) la Suze, Marquife de la Mouffaye. 1. Agée de 43 ans, *le Blond*, 1631, in-fol. 2. En fraife & habillement compofé. N... in-fol.

CHAMPAGNE, (Philippe de) né à Bruxelles en 1602, Peintre du Roi, & Recteur de l'Académie Royale de Peinture, mort en 1674. 1. G. *Edelinck*, 1676, d'après *Champagne* lui-même, in-fol. 2. *Gleyry*, 1757. 3. *Defrochers*. 4. N... dans l'Hiftoire des Peintres par d'Argenville, in-4. & in-8. 5. N... dans Odieuvre.

CHAMPION, (Pierre) Jéfuite, mort à Nantes en odeur de fainteté, le 28 Juin 1701, âgé de 69 ans. *Gantrel*, in-8.

CHAMSERU. Voy. COLLETTE.

CHANCELIERS de France (Suite des) & Garde des Sceaux, au nombre de 95, depuis WIDIOMARE, fous les Rois Mérouée & Childéric I. jufqu'à Guillaume DU VAIR, mort en 1616. Dans la Chronologie collée.

CHANCIERGUES, (François) Inftituteur des Séminaires de la Providence, mort à Paris le 20 Avril 1691, âgé de 55 ans. N. *Habert*, in-8.

CHANDIO (Monfeigneur de) & Madame de Chandio, fous François I. Deux Deffins au Cabinet du Roi.

CHANDIO, (Antoine de) Seigneur de Buffy en Bourgogne, Chevalier de l'Ordre du Roi, Lieutenant de la Compagnie du Chevalier Bayard, Deffin au Cabinet de M. de Fontette.

CHANGE, (Gafpard du) Graveur du Roi, mort en 1757. 1. N... dans Odieuvre. 2. *Cochin*, del. *Dupuis*, fc. 1755. Médaillon, in-4.

CHANTAL, (Sainte Jeanne-Françoife Fremiot, veuve de M. le Baron de) Fondatrice des Religieufes de la Vifitation inftituées par S. François de Sales, morte le 13 Décembre 1641, âgée de 69 ans, Béatifiée en 1751, & Canonifée en 1769. 1. *Daret*, 1641, in-fol. 2. *Lalouette*, in-4. 3. Madel. *Maffon*, in-8. 4. *Roullet*, la tête feulement, d'après *Ferdinand*, in-8. 5. *Mellan*, in-fol. (Eft repréfentée prenant un Livre des mains de S. François de Sales, qui eft au Ciel.) 6. *Van Lochon*, in-4. 7. Sur des nuées, fans nom, N... in-12. 8, En extafe, *Vanmerlen*, in-8. 9. *Moncornet*, 1656, in-4. 10. Idem, in-4. 11. *Le Clerc*, d'après *Ferdinand*, in-12. 12. *Chiquet*, in-12. 13. *Roullet*, in-12. 14. *Giffart*, in-4. 15. N... chez Crefpy, in-8. 16. N... petit Bufte, in-24.

CHANTREAU, (M. de) fous Henri III. Deffin au Cabinet du Roi.

CHANVALLON. Voy. HARLAY.

CHANUEL, (Claude) Docteur Médecin, Aggrégé d'Avignon, âgé de 63 ans en 1610. N... in-8. à Avignon.

CHANVILLE, (N...) Acteur de la Comédie Italienne. *De Lorme*, p. *De Lorraine*, fc. in-fol.

CHAPEAU, (Remi) Curé de S. Germain-l'Auxerrois, né à Paris le 26 Juin 1701, (vivant en 1774.) Dame *Brenet*, p. J. Fr. *Edelinck*, fc.

CHAPELAIN, (Jean) né à Paris en 1595, fils & petit-fils d'un Notaire, l'un des premiers de l'Académie Françoife lors de fon Inftitution, en 1629, Auteur du Poëme de la Pucelle, mort en 1674. *Nanteuil*, del. & sc. 1655, in-fol.

CHAPELLE, (Claude-Emanuel Luillier, surnommé) Poëte François, né à la Chapelle, Village près Paris, en 1621, mort en 1686. 1. N... in-8. ovale. 2. *Desrochers*, in-12.

CHAPELLE, (N... de) Seigneur de Sourot, sous Henri III. Dessin au Cabinet de M. de Fontette.

CHAPELLE, (Madame la Comtesse de la) depuis Madame d'Aumont, sous Henri IV. (Voy. AUMONT.) Dessin au Cabinet du Roi.

CHAPELLE, (Claude de la) Chancelier de l'Eglise & Université de Bourges. *Gantrel*, 1690, d'après B. *Boulogne*.

CHAPELLE, (Claude de Villars, Seigneur de la) l'un des cent Gentilshommes du Roi, en 1578, mort en 1624. Dessin au Cabinet de M. de Fontette.

CHAPONAY, (Humbert de) Chevalier, Seigneur de Lisle, &c. Lieutenant Général à Vienne & à Lyon, puis Maître des Requêtes, Intendant en diverses Provinces, & Conseiller d'Etat. M. *Lasne*, 1638, in-fol.

CHAPPE (Jean) d'Auteroche, Astronome, de l'Académie Royale des Sciences, mort en Californie, le 1 Août 1769. *Fredou*, p. *Tillard*, sc. 1772, in-fol. dans la Gallerie Françoise, Cahier VII.

CHAPRON, (Nicolas) Peintre. N... in-4.

CHARAS, (Moyse) Apothicaire du Roi, Artiste au Jardin Royal des Plantes, de l'Académie Royale des Sciences, Docteur en Médecine, né à Uzès, abjura la Religion Prétendue-Réformée en Espagne, à 72 ans, pour échapper à l'Inquisition, & revint à Paris, où il est mort en 1698. 1. *Langlois*, 1678, d'après *Potier*, in-fol. 2. N... dans un petit ovale in-4. avec la robe de Docteur.

CHARCE (Mademoiselle de la) de la Tour du Pin, dite *Philis*, en habit d'Amazone. 1. A cheval, *Bonnart*. 2. A pied, *Bonnart*.

CHARDIN, (Jean) né à Paris le 16 Novembre 1643, fils d'un Jouaillier Huguenot, au retour de ses voyages se fixa en Angleterre, où il prit le titre de Chevalier, & mourut près de Londres le 5 Janvier 1713. 1. D. *Loggan*, 1637, in-fol. 2. D. *de Penninge*, in-8.

CHARDIN, (Jean-Siméon) Peintre du Roi. *Cochin*, del. Laur. *Cars*, sc. 1755. Médaillon, in-4.

Françoise-Marie Pouget, sa femme. *Cochin*, del. *Cars*, sc. 1755.

CHARLES de S. Bernard, Religieux Profès de la Congrégation de Notre-Dame des Feuillans, Ordre de Cîteaux, mort le 14 Mars 1621, âgé de 24 ans. *Firens*, in-4.

CHARLET, (la Révérende Mère Catherine) Abbesse & Réformatrice du Monastère Royal de la Saussaye, pendant 40 ans, décédée en odeur de sainteté le 22 Juillet 1652, âgée de 72 ans. M. *Lasne*, in-8.

CHARLOTTE de la Croix, (la Vénérable Mère) première Religieuse & Supérieure du Monastère de Verdun, de la Congrégation de Notre-Dame, qu'elle a commencée l'an 1608, par l'ordre du Père Pierre Fourrier, dit *de Mataincour*, Fondateur de ladite Congrégation, morte le 5 Janvier 1676, âgée de 84 ans. *Gantrel*, in-4.

CHARLOTTE de sainte Ursule, (la Vénérable Mère) Bienfaictrice des Ursulines de la Ville d'Amiens; après avoir passé 40 ans dans le monde, & près de 42 tant Sœur Converse que Religieuse de Chœur, mourut âgée de 82 ans, le 22 Novembre 1680. S. *Thomassin*, in-4.

CHARMOIS, (Martin de) Directeur de l'Académie Royale de Peinture & de Sculpture, dont il dressa les premiers Statuts. Séb. *Bourdon*, p. L. *Simonneau*, sc. 1706, in-fol.

CHARNIZAY. Voy. MENOU.

CHARNY. Voy. LOTIN.

CHARONDAS, (Louis) le Caton, de Paris, Jurisconsulte & Lieutenant-Général du Bailliage de Clermont en Beauvaisis, âgé de 78 ans en 1613, mort en 1617. 1. Jaspard *Isaac*, in-fol. 2. P. *Vander*.

CHARPENTIER, (Claude) Oculiste du Roi, âgé de 74 ans en 1584. L. *Gaultier*, 1584, in-4.

CHARPENTIER, (Hubert) Prêtre du Diocèse de Meaux, Instituteur de la Congrégation du Calvaire du Mont-Valérien, mort à Paris le 10 Décembre 1650, âgé de 88 ans. 1. *Moncornet*. 2. *Scotin*, 1739.

CHARPIN (Antoine) de Gennetines, Evêque de Limoges, en 1707. *Laurens*, p. *Habert*, sc. in-fol.

CHARRIER, (Gaspard) Lieutenant-Particulier au Présidial de Lyon. Ant. *Masson*, 1670, d'après Thom. *Blanchet*, in-fol.

CHARRON, (Jacques de) Ecuyer, Sieur de Monceaux, Valet de Chambre ordinaire du Roi, en 1621. M. *Lasne*, del. & sc. 1621, âgé de 52 ans, in-fol.

CHARRON, (Claude de) Intendant des Finances. *Moncornet*.

CHARRON, (Pierre) Parisien, né en 1541, fils d'un Libraire, Prêtre & Prédicateur, Théologal de plusieurs Eglises, mort à Paris le 16 Novembre 1603, âgé de 62 ans, Auteur du Livre intitulé : *De la Sagesse* & autres. 1. N. R. P. à Paris, in-8. 2. L. *Gaultier*, in-12.

CHARRON, (Jean-Jacques) Marquis de Menars, Maître des Requêtes, Surintendant de la Maison de la Reine, & Intendant d'Orléans. 1. Ant. *Vallet*, d'après J. *Garnier*, in-fol. 2. N... Médaillon, avec figures, in-4.

CHARTIER, (Guillaume) Evêque de Paris, en 1447, mort en 1471. 1. N... dans Odieuvre, in-4. 2. Idem, pour les Mémoires de Comines, in-4. avec bordure. 3. Dessin à la plume, en petit Médaillon, au Cabinet de M. de Fontette.

CHARTIER, (Matthieu) célèbre Avocat, mort en 1559, âgé de 84 ans, (descendoit du fameux Alain Chartier, Secrétaire des Rois Charles VI & Charles VII.) N... en petit.

CHARTON (Louis) ou Charteton, Conseiller au Parlement de Paris, le 27 Janvier 1626, puis Président des Requêtes du Palais. 1. *Jollain*, in-fol. 2. *Moncornet*. 3. N... in-4. dans un ovale sans nom.

CHARTRES (Eudes, Comte de) & de Champagne. N... dans l'Histoire des Ministres par d'Auteuil.

CHARTRES (le Vidame de) en 1583, sous Henri III. Dessin au Cabinet du Roi. (Voy. VENDOSME.)

CHASSE, (Dom Antoine de la) Grand-Prieur du Monastère de S. Vaast d'Arras. *Van Schupen*, del. & sc. 1681, in-fol.

CHASSÉ, (N.) Acteur de l'Opera. N... in-fol. En Apollon.

CHASSEBRAS (Gabriel) de la Grand'Maison, Conseiller en la Cour des Monnoies. Peint à Venise, en habit de Noble Vénitien, en 1683. *Bonnart*, sc. à Paris, in-8.

CHASSEBRAS, (Jacques) Seigneur de Cramailles, Parisien, décédé à la Bastille le 16 Octobre 1700. *Lombart*, in-fol.

CHASSENEUZ, (Barthelemi) Président du Parlement de Dijon, premier Président d'Aix en 1533, mort en 1541, étoit né à Issy-l'Evêque, près d'Autun, au mois d'Août 1480. 1. Deſſin au crayon, dans le Cabinet de M. de Fontette. 2. *Cundier*, 1724, in-fol.

CHASSEPOT (François) de Beaumont. C. *Audran*, in-fol. avec attributs, dans une Theſe.

CHASTEAUBRIANT, (la Comteſſe de) Françoiſe de Foix : quelques-uns prétendent qu'elle fut Maîtreſſe de François I. qui la quitta pour la Ducheſſe d'Eſtampes ; elle mourut le 16 Octobre 1537. 1. Deſſin au Cabinet du Roi. 2. Deſſin au Cabinet de M. de Fontette.

CHASTEAUNEUF. Voy. LAUBESPINE.

CHASTEAUNEUF. Voy. DUCLOS.

CHASTEAUROUX. Voy. TOURNELLE.

CHASTEIGNERAYE, (André de Vivonne, Sieur de la) Gouverneur de François Dauphin, fils de François I. (Il étoit frère de Brantôme.) Deſſin au Cabinet du Roi.

CHASTEIGNERAYE. Voy. MARIN.

CHASTEIGNIERS, (Jean) Seigneur de la Rochepoſay, 1606, né à Abain le 22 Janvier 1571. J. *Picart*, del. & fc. in-4.

CHASTEIGNIERS, (Loys) Seigneur d'Abain & de la Rochepoſay, né le 15 Février 1535, mort à Moulins le 29 Septembre 1595. J. *Picart*, del. & fc. in-4.

CHASTEIGNIERS, (Henri-Louis) né à Tivoli près de Rome, le 6 Septembre 1577, pendant que Louis ſon père étoit Ambaſſadeur ; fut Evêque de Poitiers en 1612, & mourut d'apoplexie le 3 Juillet 1651. 1. En Abbé, âgé de 16 ans, M. *Laſne*, 1600. 2. En Evêque, J. *Briot*, 1619, in-fol.

CHASTEL, (Tanneguy du) Vicomte de Bellièvre, mort en 1477. 1. N... dans Odieuvre. 2. Idem, pour les Mémoires de Comines, in-4. avec bordure. 3. Deſſin, par *Robert*, au Cabinet de M. de Fontette.

CHASTEL, (Jean) fils d'un Marchand Drapier à Paris, exécuté le 29 Décembre 1594, pour avoir attenté à la vie de Henri IV. N...

CHASTELAIN (Jean) de la Chaſſe. *Gantrel*, in-8.

CHASTELET, (Pierre du) Evêque de Toul, mort en Février 1580. *Wocriot*, 1578, in-8.

CHASTELET, (Anne du) Abbé de Flabemont. *Ravenet*.

CHASTELET, (la Marquiſe du) Gabrielle-Emilie de Breteuil, morte à Luneville le 10 Septembre 1749, âgée de 44 ans. 1. Mademoiſelle *le Loir*, p. *Petit*, fc. in-8. ovale. 2. *De la Tour*, p. *Petit*, fc. in-8. 3. *Nattier*, p. J. *Hayd*, fc. in-fol. en manière noire. 4. *Monnet*, del. *Lempereur*, fc. in-fol. dans la Gallerie Françoiſe, Cahier IV.

CHASTELET, (le Tombeau de Florent du) Comte de Lomont, Gouverneur de Semur en Auxois, mort dans cette Ville âgé de 81 ans, le 27 Janvier 1732. *Humbelot*, del. *Aveline*, fc. in-fol.

CHASTELET, (Tombes & Repréſentations des Seigneurs du) ſçavoir ; Ferry, mort en 1292. = Regnaud, mort en 1429, & Jeanne de Chauffoir ſon épouſe, en 1435. = Erard, en 1419. = Erard II. en 1459. = Pierre, en 1482. = Grégoire, Sieur de Bonnet, Chatillon, &c. = Philibert, Colonel des Reiſtres, Gentilhomme de la Chambre en 1568. = Antoine, mort en 1577, & Anne de Beauvau ſon épouſe, en 1579. = Anne, Abbé de Flabemont, (ci-deſſus). *Aveline*, en 9 Planches.

Marguerite de Grancey, femme d'Erard II. morte en 1466. *Aveline*.

CHASTELET, (le Tombeau de Jacques) décédé en 1551. *Aveline*.

CHASTELET, (le Tombeau de Nicolas) Souverain de Vauvillars, Gentilhomme de la Chambre du Roi,
tué à la Bataille de Dreux, le 19 Décembre 1562, & ſa Figure à cheval. N... in-fol. obl.

CHASTELUS. Voy. BEAUVOIR.

CHASTENET (Jacques-François de) de Puyſegur, Maréchal de France en 1743, âgé de 80 ans. *Odieuvre*, in-12.

CHASTENET (Jacques-François II. de) de Puyſegur Maréchal de France en 1735. 1. *Tournières*, p. 1748. *Daullé*, fc. in-fol. 2. *Odieuvre*.

CHASTENET, (Jacques de) Chevalier, Seigneur de Puyſegur, Colonel du Régiment de Piémont, Lieutenant-Général des Armées du Roi. J. *Sauvé*, in-8. avec ſes huit Quartiers.

CHASTENET, (Jacq. Fr. Maxime de) Marquis de Puyſegur, né à Paris en 1716. *Marcenay*, 1766, avec Ornemens, petit Médaillon. (Beau & rare.)

CHASTEUIL, (François Gallaup de) né à Aix en Provence le 19 Août 1588, mena une vie ſolitaire & pénitente ſur le Mont-Liban, fut un temps parmi les Maronites, où il refuſa la dignité de leur Patriarche, ſe retira enſuite dans un Monaſtère de Carmes Déchauſſés, où il redoubla ſes auſtérités, & mourut le 15 Mai 1644. 1. *Chauveau*, in-8. 2. N... in-8. avec cinq Vers.

CHASTILLON, (N. de) Abbeſſe. *Guérard*, Médaillon.

CHASTILLON. (la Marquiſe de) *Bonnart*, in-fol.

CHASTILLON, (Gaucher de) Connétable de France, mort comblé de gloire en 1219. 1. N... dans la Gallerie du Palais Cardinal. 2. *Deſrochers*.

CHASTONNIÈRE. Voy. GRENAILLES.

CHASTRE, (Louis de la) Maréchal de France, en 1616, Chevalier des Ordres du Roi, mort au mois d'Octobre 1630. N...

CHASTRE DE BILLY, (A. P. F.) *Cochin* fils, del. H. *Watelet*, fc. 1760. Médaillon, in-4.

CHAUBART, (N.) Conſeiller au Parlement de Touloufe. *Nanteuil*, 1651, in-fol.

CHAUBERT, (J. Bapt.) Abbé de Sainte-Geneviève & Général des Chanoines Réguliers de la Congrégation de France, mort à Paris le 3 Mai 1703, âgé de 61 ans, ayant été élu deux fois Abbé. *Tortebat*, p. J. *Creſpy*, fc. 1702, in-fol.

CHAUBERT, (Louis) Abbé de Sainte-Geneviève & Supérieur Général des Chanoines Réguliers de la Congrégation de France. *Barère*, p. 1756, *Fiquet*, fc. 1760, in-fol.

CHAUDIÈRE, (François) Orfévre-cizeleur du Roi. Henry, p. 1724. N...

CHAUGY. (Michel de) N... dans le Père Montfaucon.

Laurette de Jaucourt ſa femme. Ibid.

CHAUGY. (Iſabelle de Montagu, femme de Georges de) Ibid.

CHAUGY, (la Vénérable Mère Françoiſe-Magd. de) quatrième Supérieure du Monaſtère de la Viſitation d'Annecy, morte Supérieure du Monaſtère de Turin, en Septembre 1680, âgée de 70 ans. J. Fr. *Cars* fils, del. & fc. in-4.

CHAVIGNY. (le Marquis de) *Landry*, in-8.

CHAVIGNY. Voy. BOUTHILLIER.

CHAULIEU, (Guillaume-Amfrye de) Abbé & Poëte, né en 1639 à Fontenay, dans le Vexin-Normand, de Jacques, Maître des Comptes à Rouen, mort à Paris le 27 Juin 1720. 1. N... 2. Dans la Suite d'Odieuvre.

CHAUMONT. Voy. AMBOISE.

CHAUVEAU, (François) Graveur & Deſſinateur de l'Académie Royale de Peinture & Sculpture, né à Paris en 1613, mort en 1676. 1. *Le Fevre*, p. L. *Coſſin*, ſc. 1668, in-4. 2. Deſſiné & gravé par lui-même. 3. *Edelinck*, d'après *le Febvre*, 1699, in-fol.

CHAUVELIN, (Henri-Philippe) Abbé de Montier-Ramey, Conſeiller du Parlement de Paris, mort en 1770. 1. *Carmontel*, p. *La Foſſe*, ſc. 1762, in-fol. 2. *Cochin*, del. & ſc. 1762 & 1767. 3. *Roſlin*, p. *P. L. Moitte*, ſc. in-fol. 4. *Gravelot*, del. *Baron*, ſc. Médaillon, avec celui de Henri IV. in-4.

CHAUVIN (Stephanus) Medicus, ætatis 50. N... in-fol.

CHAUVIN, (Madame) femme du Sieur Chauvin, Maître des Comptes, repréſentée en Sainte Eliſabeth. *Edelinck*, 1691, in-8.

CHELIUS, (Ulricus) Doctor Medicus, Argentinæ, mortuus 2 Januarii 1558. *Jacob ab Heyden*, in-8.

CHEMILLÉ, (la Bienheureuſe Pétronille de) première Abbeſſe de Fontevrault, en 1100. *Van Lochon*, in-4.

CHEMIN, (Charles du) natif du Diocèſe d'Amiens, retiré dans le Déſert de Port-Royal-des-Champs, depuis l'an 1648, où il a cultivé la terre & travaillé juſqu'à ſa mort, arrivée le 6 Avril 1687, âgé de 68 ans. 1. N. *Habert*, in-4. 2. N... petit Buſte, in-24.

CHENEVIÈRE, (N. de) Commiſſaire-Ordonnateur, Inſpecteur Général des Hôpitaux, & premier Commis de la Guerre. *Ficquet*, 1770, in-12.

CHENU, (Jean) de Bourges, Avocat au Parlement, âgé de 60 ans en 1620, né à Bourges le 29 Décembre 1559, fils de Claude Marchand, mourut le 16 Décembre 1627. 1. *L. Gaultier*, 1620, in-4. 2. Deſſin au crayon, dans le Cabinet de M. de Fontette.

CHÉRARDI. (Evariſte) Voy. GHERARDI.

CHEREAU, (François) Graveur, de Paris, mort en 1729. N... dans Odieuvre.

CHERIER, (Claude) Licentié en Théologie. *Tortebat*, p. *J. Audran*, ſc. 1702, in-4.

CHERON, (Nicolas) Official de l'Egliſe de Paris, Abbé de la Chalade. *Simon*, p. & ſc. in-fol.

CHERON, (Louis) Peintre, né à Paris en 1660, mort à Londres en 1713, étoit frère d'Eliſabeth-Sophie, qui ſuit. N... dans l'Hiſtoire des Peintres, par d'Argenville.

CHERON, (Eliſabeth-Sophie) femme de Jacques le Hay; elle a peint des Portraits avec beaucoup de ſuccès, & elle a compoſé diverſes Poéſies, entr'autres une Paraphraſe des Pſeaumes; étoit née à Paris le 3 Octobre 1648, de Henri Cheron, Peintre, originaire de Meaux & Calviniſte: elle mourut à Paris, le 3 Septembre 1711. 1. Peint & gravé par elle-même, en 1693, in-8. 2. *Bricard*, d'après *Santerre*. 3. *Chereau*, d'après ſon Portrait par elle-même, in-fol. 4. *Deſrochers*. 5. N... dans l'Hiſtoire des Peintres, par d'Argenville.

CHERY, (Euſtache de) Evêque de Nevers, mort après l'année 1666. *Charpignon*, in-fol.

CHESNE. (du) Voy. QUERCETANUS.

CHESNE, (André du) Tourangeau, Hiſtoriographe du Roi, né à l'Iſle-Bouchard, en Mai 1584, fils de Tanneguy, Ecuyer, mourut le 30 Mai 1640. 1. *Ant. Sanſon*, del. & ſc. in-4. 2. *Humbelot*.

CHESNE, (François du) fils d'André, Avocat au Conſeil & Hiſtoriographe de France, mort à Paris le 8 Juillet 1693, âgé de 77 ans. *Le Febvre*, p. *B. Picart*, ſc. in-4.

CHESNE, (Blaiſe du) Abbé de Sainte-Geneviève, & Supérieur Général des Chanoines Réguliers de la Congrégation de France. *J. Chevalier*, p. 1752. René *Gaillard*, ſc. 1753, in-fol.

CHESNEAU, (Henri) Domeſtique de M. de Roſtaing, & Avocat. 1. *Le Pautre*, in-4. 2. Idem, Médaillon, intitulé: *Le Cheſneau François*.

CHEVALARD, (Antoine) Prêtre, mort en odeur de ſainteté le 10 Mars 1706, âgé de 70 ans. *Drevet*, 1708, d'après *Rigaud*, in-8.

CHEVALIER, (Etienne) Seigneur de Vignau, du Pleſſis-le-Comte, &c. Conſeiller & Secrétaire des Commandemens des Rois Charles VII. & Louis XI. leur Ambaſſadeur en Angleterre & en Italie, mort le 3 Septembre 1474. *Langot*, in-4.

CHEVALIER, (Nicolas) premier Préſident à la Cour des Aides, fils d'Etienne, Chevalier, Conſeiller, & de N. Barthelemi; fut Surintendant de Navarre & Béarn, & deux fois Ambaſſadeur en Angleterre. 1. Agé de 58 ans, M. *Laſne*, 1621, in-4. 2. Agé de 59 ans, *Laſne*, in-8.

CHEVALIER, (Jacques) Ecuyer, Seigneur du Bocher & de Courtanvau, Conſeiller, Secrétaire du Roi & Receveur Général des Finances de Metz. 1. Et. *Gantrel*, 1695, in-fol. 2. N... 1668, in-8.

CHEVANES, (Jacques-Auguſte de) Avocat, né à Dijon le 18 Janvier 1624, mort le 29 Novembre 1690. Deſſin au crayon, dans le Cabinet de M. de Fontette.

CHEVERT, (François de) Lieutenant-Général des Armées du Roi, né à Verdun en 1696, mort le 24 Janvier 1769. 1. *Hicsbhein*, p. 1769. *Charpentier*, ſc. in-4. 2. *Cochin*, del. *C. H. Watelet*, ſc. 1763. Médaillon, in-4. 3. *Dagoty*, d'après *Hicsbhein*, 1770, in-4. en manière noire, dans la Gallerie Françoiſe, 1. Ed. 1771, in-fol. dans la Gallerie Françoiſe, 1. Edit. 4. *Poletnich*, d'après *Hicsbhein*, dans la Gallerie Françoiſe, 2. Ed. Cahier II.

CHEVIGNY, (Nicolas Guyet de) Prêtre de l'Oratoire; mort à Paris le 21 Janvier 1697, âgé de 76 ans. 1. *De Rochefort*, in-4. 2. *Gantrel*, in-fol.

CHEVREAU, (Urbain) né à Loudun le 20 Avril 1613, Auteur de diverſes Hiſtoires, mort le 15 Février 1701, avoit été Précepteur de M. le Duc du Maine. *Vangunſt*, 1697, d'après *Petitot*, in-8.

CHEVREUSE. Voy. LORRAINE.

CHEVRIERS, (Raoul) Cardinal, mort en 1270. *F. V. W.* in-8.

CHEZARD MATEL. Voy. JEANNE.

CHICOYNEAU, (Franciſcus) Regi à ſanctioribus Conſiliis, Archiatrorum Comes, (né à Montpellier en 1702, mort à Verſailles en 1740). *Le Sueur*, p. *J. A. Will*, ſc. 1744, in-fol.

CHICOYNEAU, (N...) le père, Chancelier de l'Univerſité de Montpellier, envoyé par le Roi à Marſeille en 1720. En habit, appellé *contre la mort*. 1. N... en bois, in-4. 2. N... en bois & pareil, in-12.

CHIFFLET, (Claude) de Beſançon, Juriſconſulte & Profeſſeur de l'Univerſité de Dôle, né en 1541, mort en 1597. N... in-8.

CHIFFLET, (Jean) Sénateur & Médecin de Beſançon. N... 1612, âgé de 53 ans.

CHIFFLET, (Jean-Jacques) fils de Jean, né à Beſançon le 21 Janvier 1588, Médecin de cette Ville en 1614, puis de l'Archiducheſſe Iſabelle, & premier Médecin de l'Archiduc Léopold, connu par ſes Ouvrages hiſtoriques, & mort en 1660. *Vander Horſt*, del. Corn. *Galle*, ſc. 1646, in-4.

CHIFFLET, (Jules) fils de Jean-Jacques, Abbé de Balorne, Chanoine de l'Egliſe Métropolitaine de Beſançon, Chancelier de l'Ordre de la Toiſon d'or en 1648. *P. de Loiſy*, 1658, in-fol.

CHIMARÉE,

des François illustres.

CHIMARÉE, (Jacques) Protonotaire. N...

CHIRAC, (Pierre) né à Conques en Rouergue en 1650, premier Médecin de M. le Duc d'Orléans, Régent, puis du Roi, Surintendant du Jardin Royal des Plantes à Paris, de l'Académie Royale des Sciences, mort à Marly le 1 Mars 1732, âgé de 82 ans. N. J. B. *Poilly*, in-12.

CHOART (Nicolas) de Buzenval, Evêque & Comte de Beauvais en 1650, fils de Théodore Choart & de Magdelaine Potier, sœur d'Augustin Potier, Evêque de Beauvais, mourut à Beauvais le 21 Juillet 1679, âgé de 67 ans. 1. Et. *Picart*, in-fol. 2. *Joliain*. 3. N. *Habert*, in-fol. 4. *Crespy*. 5. N... petit Buste, in-24.

CHOISEUL, (François de) Chevalier de l'Ordre du Roi, Gentilhomme de sa Chambre, Lieutenant de cinquante hommes d'armes, Baron de Meuze. *Wocriot*, 1586, en un petit rond.

CHOISEUL, (Charles de) Marquis de Praslin, Capitaine de la première Compagnie des Gardes du Corps, Chevalier des Ordres en 1595, Maréchal de France en 1619, mort le 1 Février 1626, âgé de 63 ans. Il avoit épousé en 1591 Claude de Cazillac, *Daret*, in-4.

CHOISEUL, (Roger de) Marquis de Praslin, fils de Charles, Maréchal de Camp & Lieutenant-Général au Gouvernement de Champagne, tué à la Bataille de Marfée, le 6 Juillet 1641, sans avoir été marié. 1. J. *Frosne*, in-4. 2. *Moncornet*.

CHOISEUL, (César de) Duc de Choiseul, Pair & Maréchal de France en 1645, Gouverneur de M. le Duc d'Orléans, frère unique du Roi, étoit fils de Frédéric, Comte du Plessis-Praslin, mourut à Paris le 23 Décembre 1675. 1. A cheval, *Moncornet*, in-4. 2. Idem, in-4. 3. En Buste, *Daret*, in-4.

CHOISEUL, (Gaston J. B. de) Marquis de Praslin, Lieutenant-Général des Armées du Roi & au Gouvernement de Champagne, mort à Milan le 23 Octobre 1705, âgé de 46 ans, des blessures qu'il avoit reçues au Combat de Cassano, à la tête de l'Infanterie. *Rigaud*, p. J. *Sarrabat*, sc. 1699, in-fol. en manière noire.

CHOISEUL, (Claude de) Maréchal de France, mort le 11 Mars 1711, âgé de 78 ans. *Bonnart*, in-fol.

CHOISEUL, (Charles de) Maréchal de France. *Trouvain*, in-fol.

CHOISEUL, (la Duchesse de) Louise-Gabrielle de la Baume le Blanc, mariée le 30 Juillet 1681, morte le 7 Novembre 1698, âgée de 33 ans. *Bonnart*, in-fol.

CHOISEUL, (Gilbert de) du Plessis-Praslin, fils de Frédéric, Comte du Plessis, &c. & de Magdelaine Barthélemi ; fut Evêque de Cominges le 13 Mai 1644, ensuite de Tournay en 1670, mourut à Paris en 1689, à 76 ans. 1. J. *Morin*, d'après *Champagne*, in-fol. 2. P. *Landry*, 1670, in-fol. 3. Evêque de Tournay, *Frosne*, 1673, in-fol.

CHOISEUL, (Etienne-François, Duc de) Ministre. 1. *Vanloo*, p. 1763, *De Launay*, sc. 1769, in-4. 2. *Fessard*, 1770, in-fol. 3. Londres, 1771, in-fol.

CHOISY, (Thomas de) Marquis de Mongueville, Maréchal de Camp & Gouverneur de Sarlouis. Et. *Gantrel*, 1700, in-4.

CHOLET, (Jean) fils d'Oudart, Seigneur de Nointel, fut Chanoine de Beauvais, Cardinal le 23 Mars 1281, mourut le 2 Août 1293 ; a fondé à Paris un Collège qui porte son nom. 1. Et. *Picart*, ovale. 2. Au Couronnement de Charles d'Anjou, I. Roi de Naples, en 1265. 3. *Moncornet*, 1658. 4. *Desrochers*.

CHOMEL, (Pierre J. Bapt.) Médecin de Paris, né en 1671, mort en 1740. R. *Tournière*, p. *Daullé*, sc. in-8.

CHOPIN, (René) Angevin, né au Bailleul, Village dans le Voisinage de la Flèche, en Mai 1537, Jurisconsulte & Avocat célèbre au Parlement de Paris, mort en 1606, le 2 Février, & enterré dans l'Eglise de S. Benoît. 1. Th. *de Leu*, 1597. 2. *Flipart*, in-fol.

CHUPIN, (N.) Trésorier du Marc-d'or. *Autreau*, p. *Aveline*, sc. in-fol.

CINQMARS. Voy. RUZÉ.

CIPIERRE, (Philibert de Marcilly, Seigneur de) Gouverneur de Charles IX. mort à Liège en 1566. Deux Dessins au Cabinet du Roi.

CIREY, (Constance de) femme de M. Charles le Gouz-Moien, de Dijon, morte en 1696, âgée de 25 ans. Son Tombeau dans l'Eglise de la Magdelaine de Dijon, & son Portrait en un petit ovale, soutenu par la Prudence. *Masson*, del. S. *Thomassin*, sc. 1698, in-fol.

CLAIRAULT, (Alexis-Claude) Astronome & Mathématicien, de l'Académie des Sciences, mort en 1765. 1. *Carmontel*, del. *La Fosse*, sc. 1763, in-fol. 2. *Cochin*, del. C. P. C. *de Tersan*, sc. 1763, Medaillon, in-4. 3. *Cochin*, del. Cl. H. *Watelet*, sc. 1763. Médaillon, in-4. 4. *Cochin*, del. *Caussin*, sc. in-fol. 1772, dans la Gallerie Françoise, Cahier VI.

CLAIRE-FRANÇOISE, (la Vénérable Mère) native de Besançon, Réformatrice des Religieuses du Tiers-Ordre, morte à Paris le 1 Avril 1627. *Van Lochon*, in-4.

CLAIRON, (Hippolyte de la Tude) Actrice de la Comédie Françoise. 1. En Médée, *Vanloo*, p. N... in-fol. 2. Hélie *Hayd*, in-fol. en manière noire. 3. Couronnée par Melpomène, *Gravelot*, del. *Lemire*, sc. in-4. avec quatre Vers de Garrick. 4. Banoirs, in-4. 5. *Saint-Aubin*, p. J. B. *Michel*, sc. in-fol. avec Ornemens. 6. *Cochin*, del. *Schmidt*, sc. à l'eau-forte, 1755. Médaillon, in-4. 7. *Littret*, 1766. Médaillon, in-4.

CLAIS, (Raphaël) Capucin. M. *Lasne*.

CLANLEU. (M. le Marquis de) *Moncornet*, in-4.

CLAUDE, (le Père) Picpus, ou Religieux Pénitent. Le *Febvre*, p. *Fonbonne*, sc. 1734, in-12.

CLAUDE, (Jean) Ministre (Calviniste) de Charenton, né à la Salvetat en Agenois, l'an 1619, mort à la Haye le 12 Janvier 1687. 1. J. *Lorent*, p. *Vansomec*, sc. in-4. 2. N... à Amsterdam, 1687, in-4. en manière noire. 3. Et. *Dorrechen*, 1705, in-8. 4. N... dans Odieuvre.

CLAUSSE (Cosme) de Marchaumont, Evêque & Comte de Chaalons, fils de Cosme Clausse II. & de Marie Burgensis, mourut le 1 Avril 1624, âgé de 76 ans. 1. Dessin à la pierre noire, in-fol. au Cabinet du Roi. 2. Dessin enluminé, au Cabinet de M. de Fontette.

CLÉMENT V. Pape, Bertrandi de Bordeaux, qui fixa son séjour à Avignon en 1309, & mourut à Roquemaure en 1314. (Voy. encore ci-après, GOTH, (Bertrand de) le même. N... in-4.

CLÉMENT, (Robert) Sieur du Mez, Ministre d'Etat & Gouverneur du Roi Philippe-Auguste ; & Gilles Clément, mort en 1182. Deux Ovales, dans l'Histoire des Ministres par d'Auteuil.

CLÉMENT, (François) Conseiller en la Cour des Aides, qui s'est rendu célèbre par ses belles Devises. P. *Sevin*, p. Fr. *Ertinger*, sc. in-8.

CLÉMENT, (Pierre) d'Affincourt, Ingénieur du Roi, Directeur des Fortifications des Places Maritimes de Flandres, né à Toul en 1652, mort à Dunkerque le 21 Mars 1704. Hyac. *Rigaud*, p. 1693. J. *Audran*, sc. 1706, in-fol.

CLÉMENT, (Gabriel) de Nantes, Médecin ordinaire du Roi en 1626, âgé de 40 ans. Jean *Blanchin*, in-8.

CLÉMENT, (Nicolas) Médecin. N...

Tome IV. Part. II.

CLÉMENT, (Hilaire) Procureur au Parlement, mort le 11 Janvier 1686. R. *le Febvre* de Venife, p. 1667. *Roullet*, fc. 1689, in-fol.

CLÉMENT, (Jacques) Jacobin, né à Sorbonne, affaffin de Henri III. à Saint-Cloud, le 1 Août 1589; fut tué fur le champ, âgé d'environ 25 ans. 1. N... 1589, avec fon Eloge au bas, par les Ligueurs, in-fol. 2. N... in-4. ayant une lettre à la main, avec ces mots : *Au Roy*.

CLEREMBAUD, (Philippe de) Comte de Palluau, Maréchal de France en 1653, Chevalier des Ordres du Roi en 1661, mort à Paris le 24 Juillet 1665, âgé de 59 ans. J. *Guérin*, in-fol.

CLEREMBAUD, (Gilbert de) Evêque de Poitiers, facré le 21 Juillet 1658, mort le 5 Janvier 1680. *Le Roy*, in-fol.

CLERC, (Daniel le) Medicus Doctor, mortuus anno 1618. N... in-fol.

CLERC, (Sébaftien le) né à Metz en 1637, Deffinateur & Graveur du Cabinet du Roi, & de l'Académie de Peinture & Sculpture, Profeffeur en Mathématiques, mort à Paris en 1714. 1. *Duflos*, 1705, in-fol. 2. *Jeaurat*. 3. N... dans Odieuvre.

CLERC, (Jean-Marie le) l'aîné, Muficien, né à Lyon le 16 Mai 1697, mort le 23 Octobre 1764. *Loir*, p. *François*, fc.

CLERC, (Jean le) Miniftre Calvinifte, né à Genève le 29 Mars 1657, d'Etienne, Médecin, époufa en 1691 Marie, fille de Grégoire Feti; mourut à Amfterdam le 8 Janvier 1736. 1. *Picart*, 1710, in-8. 2. *Defrochers*.

CLERC, (Pierre le) Docteur & Senieur de Sorbonne, Profeffeur en Théologie, & Supérieur des Carmélites en France, mort le 29 Juin 1640, âgé de 85 ans. *Daret*, d'après *Mariette*, in-4.

CLERC, (Michel le) Joueur de Viele, né à Dourdan le 19 Mars 1685. *Ingouf*, in-fol.

CLERC, (la Bienheureufe Mère Alix le) dite *Thérèfe de Jefus*, Fondatrice des Religieufes de la Congrégation de Notre-Dame, morte à Nancy le 9 Janvier 1622, âgée de 46 ans. 1. N... in-4. 2. *Charpignon*, in-8.

CLERE. (Georges, Baron de) N... dans le P. Montfaucon.

N. fa femme. *Ibid*.

CLERENS, (N.) Echevin de la Ville de Grandmont. N... in-8.

CLERES. (Jean) B. *Picart*.

CLERMONT, (Suite des) Comtes de Tonnerre, in-4. Sçavoir : = S. Amédée de Clermont I. Seigneur de Hauterive, Religieux de Bonnevaux l'an 1110. = S. Amédée II. Religieux de Cîteaux, Evêque de Laufanne, Régent de Savoye en 1150. = S. Guillaume de Tonnerre, Abbé de Charlieu & Archevêque de Bourges, mort en 1209. = S. Robert, Comte de Tonnerre, fils de Guillaume, Religieux de Cîteaux, mort le 17 Avril 1100. = S. Thiéri de Tonnerre, Evêque d'Orléans, mort l'an 1015. = S. Honulfe de Tonnerre, Archevêque de Sens, mort l'an 761. = S. Honobert de Tonnerre, fon fils, Archevêque de Sens, mort l'an 755. = Sainte Léoterie de Tonnerre, Bénédictine de Saint Pierre-le-Vif de Sens, morte en 755. = Sainte Ingoarre fa fœur, Bénédictine au même endroit, morte en 750. = S. Ebbon, Comte de Tonnerre, leur frère, Archevêque de Sens, mort en 750. = S. Guerry de Tonnerre, leur oncle, Archevêque de Sens, mort en 708. N... Dans l'Hiftoire des Saints de la Maifon de Tonnerre, *Paris*, Efclaffan, 1698, in-12.

CLERMONT (Henri, Comte de) & de Tonnerre, tué au Siège de la Rochelle en 1573, avoit époufé Diane de la Mark. Deffin au Cabinet de M. de Fontette.

CLERMONT, (Claude de) Vicomte de Tallart, fon frère, tué à la Bataille de Moncontour en 1659. Deffin dans le même Cabinet.

CLERMONT, (François de) Evêque & Comte de Noyon en 1661, fils de François, Comte de Clermont & de Tonnerre, Lieutenant-Général pour le Roi en Bourgogne, & de Marie Vignier; fut Commandeur de l'Ordre du S. Efprit, & mourut à Paris le 5 Février 1701, âgé de 72 ans, dix mois & 18 jours. 1. En Abbé, *Nanteuil*, 1655, in-fol. 2. Idem, retouché, & avec un manteau Ducal, 1655, in-fol. 3. Idem, encore retouché, avec le nom à l'entour, in-fol. 4. *Trouvain*, 1687, in-4.

CLERMONT, (N. de) Tonnerre, Evêque. *Champagne*, p. *Boulanger*, fc.

CLERMONT, (François de) Tonnerre, Evêque & Duc de Langres, en 1696, mort le 12 Mars 1724. 1. J. *Tortebat*, p. 1696, in-fol. maj. 2. *Defrochers*.

CLERMONT, (Louis de) de Chafte, Evêque & Duc de Laon, en 1695, mort le 5 Octobre 1721. *Rigaud*, p. *Vermeulen*, fc. 1696, in-fol. maj.

CLERMONT, (François de Paule de) Marquis de Montglat, Gouverneur d'Orléans & de Blois, Grand-Maître de la Garde-robe, fils de Hardouin de Clermont & de Jeanne de Harlay; époufa en Février 1645 Elifabeth Hurault, Comteffe de Chéverny, fut Chevalier des Ordres du Roi en 1661, & mourut en 1675. *Daret*, in-fol.

CLERMONT-LODÉVE, (Guy de) Baron de Caftelnau. Deffin au Cabinet de M. de Fontette.

CLERMONT, (M. l'Abbé de) fous Henri III. Deffin au Cabinet de M. de Fontette.

CLINCHAMP, (Gervais Gancelot de) Cardinal au titre de Quirius. Et. *Picart*.

CLIQUOT, (N.) de Blervache, Infpecteur du Commerce. *Cochin*, del. Et. *Moitte*, fc. 1768. Médaillon, in-4.

CLISSON, (Olivier de) Connétable fous Charles V. & Charles VI. pourvu en 1380, dépoffédé en 1391, mort dans fon Château de Joffelin en Bretagne, le 24 Avril 1407. 1. N... dans le Livre de la Gallerie du Palais Cardinal, in-fol. 2. Ant. *Loir*, d'après *Hallé*, in-fol.

CLOCHE, (Fr. Antonius) Magifter Generalis totius Ordinis Fratrum Prædicatorum, die 1 Junii 1686. 1. Et. *Gantrel*, in-4. 2. Lud. *Gonis*, del. & fc. 3. J. *Cundier*, 1688, in-fol.

CLOILIN, (Richard) Géographe. N...

CLOPINEL. Voy. MEUNG.

CLOS, (Agathange ou Samuel Cottereau, Sieur du) Confeiller & Médecin ordinaire du Roi, Directeur du Laboratoire de l'Académie des Sciences, mort à Paris le 24 Août 1685, après avoir fait abjuration de l'héréfie de Calvin, âgé de près de 90 ans. 1. Séb. *Bourdon*, p. L. *Coffin*, fc. 1685, in-fol. 2. *Chatillon*, in-fol.

CLOS, (Charles du) Secrétaire de l'Académie Françoife, né à Dinant, mort à Paris en 1772. *Cochin*, 1763. Médaillon, in-4.

CLOSOMIN, (Madame de) fous Charles IX. Deffin au Cabinet de M. de Fontette.

CLOUET, (François) dit *Janet*, né à Tours, Peintre de Portraits, fous François I. & François II. Valet-de-Chambre du Roi. N... en petit.

CLUGNY, (Etienne de) Confeiller au Parlement de Dijon. *Trans*, in-4.

CLUGNY, (François de) Prêtre de l'Oratoire, né à Aiguefmortes le 4 Septembre 1637, de Guy de Clugny, Seigneur de Coulombié, Lieutenant de Roi d'Aiguefmortes; mourut à Dijon le 20 Octobre 1694. J. Fr. *Cars* fils, in-8.

CLUSEL, (N. de la Chabrerge du) Intendant de Tours. N... in-fol.

CLUSIUS (Carolus) [l'Ecluse] Atrebatensis, natus 18 Februar. 1526, Botanices Professor in Acad. Leyd. Maximiliani II. & Rodolphi II. Imp. in aulis familiaris: obiit anno 1609, ætat. 84. 1. J. *de Gheyn*, 1600, in-fol. æt. 75. 2. Matt. *Rota*, 1575, in-4. æt. 49. 3. N... dans Boissard, in-4. 4. N.... dans le Livre intitulé : *Athenæ Batavicæ*, in-4.

COCHET (Melchior) de Saint-Vallier, Président, Auteur du Traité de l'Indult, mort le 20 Décembre 1738, âgé de 74 ans. 1. *Simonneau*, in-12. 2. *Thomassin*.

COCHIN (Charles-Nicolas) fils, célèbre Dessinateur & Graveur, Secrétaire de l'Académie Royale de Peinture, &c. 1. *Cochin*, del. J. *Daullé*, sc. 1754. Médaillon, in-4. 2. *De Saint-Aubin*, 1773.

COCHIN, (Henri) Ecuyer, célèbre Avocat, né à Paris le 10 Juin 1687, mort le 24 Février 1747. A la tête de ses Œuvres, Marie-Magd. *Igonet*, 1750, in-4.

COCHIN, (Jean-Denis) Doct. de Sorbonne, Curé de S. Jacques-du-haut-pas (à Paris). *Joly*, p. Emelie Brunet, sc. 1761, in-fol.

COCQ, (Jean le) Seigneur de Beaurepaire, né en Normandie, suivit le parti du Duc de Bourgogne, Jean Sans-Peur, contre la Maison d'Orléans, & s'attacha à Philippe-le-Bon son fils, = & Michele de Mamers sa femme. N... deux Portraits accolés, in-4.

COCQUELIN, (Nicolas) Docteur de Sorbonne, Chanoine de l'Eglise de Paris, Chancelier de l'Université. M. *le Febvre*, 1690, in-fol. dans une Thèse.

COEFFETEAU, (Nicolas) né à Saint-Calais, dans le Maine, en 1574, Dominicain en 1588; fut ensuite Administrateur de l'Evêché de Metz & Suffragant, sous le titre d'Evêque de Dardanie, nommé en 1622 Evêque de Marseille, dont il ne prit pas possession; mort à Paris le 21 Avril 1623, âgé de 49 ans. 1. *Mellan*, d'après Ant. *Dumoustier*, in-fol. 2. *Edelinck*, 1699, in-fol. 3. M. *Lasne*, d'après *Dumoustier*.

CŒSANE, (le Père de) Général des Capucins. 1. *Mellan*, 1674, in-fol. 2. N... dans Odieuvre.

CŒSI, (Henri le) natif de Guingan en Bretagne, âgé de 34 ans, & n'ayant que 16 pouces de hauteur, fut présenté au Roi à Fontainebleau le 22 Septembre 1686. N... in-fol.

COESME, (Jeanne de) Princesse de Conti, mariée en Janvier 1580, morte à Saint-Arnoult en Beauce, le 26 Décembre 1601. Th. *de Leu*, in-4.

COETLOGON, (François de) Evêque de Cornouaille (ou Quimper) le 18 Avril 1666, mort en 1706. 1. N. *Poilly*, in-fol. 2. *Jollain*, d'après *Amourry*, in-fol.

COETLOGON, (Louis-Marcel de) Evêque de Saint-Brieu, en 1680, mort le 18 Avril 1707. G. *Edelinck*, 1685, in-fol.

CŒUR, (Jacques) natif de Bourges, Seigneur de Saint-Fargeau, &c. Surintendant des Finances sous le Roi Charles VII. en 1450, mort dans l'Isle de Chio en 1456. J. *Grignon*, in-fol.

COFFIN, (Charles) ancien Recteur de l'Université de Paris, & Principal du Collège de Beauvais, né à Busanci, Diocèse de Reims, en 1676, mort à Paris en 1749. 1. *Fontaine*, p. 1742. *Daullé*, sc. 1749, in-fol. maj. (Beau). 2. N... dans Odieuvre. 3. N... petit Buste, in-24.

COHADE, (Paul de) Official de Lyon. *Le Clerc*, 1711, in-4.

COHON, (Anthime-Denys de) Evêque de Nismes en 1633, puis de Dol en 1644; abdiqua en 1648, retourna en 1655, à l'Evêché de Nismes, & y mourut le 7 Novembre 1670. 1. *La Roussière*, in-fol. 2. *Vallet*, in-fol. 3. *Ganière*, in-fol.

COIFFIER, (Charles) Baron d'Orvilliers, Surintendant des Mines & Minières de France. 1. *Humbelot*, in-fol. 2. N... in-fol.

COIGNARD, (J. Bapt.) père, Imprimeur. *Duflos*, in-fol.

COIGNARD, (J. Bapt.) fils, Imprimeur. *Pesne*, p. 1724. *Petit*, sc. 1732, in-fol.

COIGNARD, (J. Bapt.) petit-fils, Imprimeur. *Voiriot*, p. *Daullé*, 1758, in-fol.

COIGNEUX, (Jacques le) Président à Mortier au Parlement de Paris, fils de Jacques, aussi Président, & de Marie Cerisier sa première femme; fut reçu le 21 Août 1651. *Nanteuil*, d'après *Beaubrun*, 1654, in-fol.

COIGNY, (François de Franquetot de) Maréchal de France, né le 16 Mars 1670. *Coustou*, del. N... sc. in-fol.

COINTRE. (N. le) Sa tête : Dessin au Cabinet de M. de Fontette.

COISLIN, ci-devant CAMBOUST.

COTTEREAU, ci-devant CLOS (du)

COLBERT, (J. Bapt.) Contrôleur-Général des Finances, Surintendant des Bâtimens, Ministre & Secrétaire d'Etat, Commandeur & Grand Trésorier des Ordres du Roi, mort à Paris le 6 Septembre 1683, âgé de 64 ans; étoit né dans cette Ville en 1619. 1. *Nanteuil*, d'après *Champagne*, 1660, in-fol. 2. *Idem*, 1662, in-fol. 3. *Idem*, retouché, 1665. 4. N... in-4. 5. N... in-8. 6. Corn. *Meyssens*, 1664, in-fol. 7. *Van Schupen*, 1664, d'après *Champagne*, dans une Ordonnance du Dessin de *le Brun*, in-fol. obl. & dans une Thèse. 8. *Nanteuil*, 1668, in-fol. en ovale, soutenu par deux figures au bas d'une Pyramide. 9. *Nanteuil*, del. & sc. 1668, in-fol. 10. *Idem*, 1670, in-fol. grande Pièce ovale. 11. *Idem*, 1676, in-fol. 12. N... 13. *Chateau*. 14. *Chauveau*, avec Devises. 15. *Landry*, 1668. 16. *Poilly*, d'après *Mignard*, dans une Thèse. 17. Ant. *Masson*, 1677, in-fol. 18. *Boissevin*. 19. G. *Edelinck*, d'après *Mignard*, 1682, in-fol. obl. dans des Ornemens dessinés par *le Brun*, pour la Thèse de Nicolas Morel. 20. Jacq. *Lubin*, 1695, in-fol. 21. Avec le Manteau de l'Ordre, *Audran*, in-fol. 22. *Larmessin*. 23. N... dans Odieuvre. 24. *Savart*, d'après *Champagne*, 1773, in-8.

COLBERT de Seignelay, (J. Bapt.) fils du précédent & de Marie Charton, Ministre & Secrétaire d'Etat, mort à Versailles le 3 Novembre 1690, âgé de 39 ans. 1. *Simon*, in-fol. 2. *Edelinck*, d'après *Mignard*, 1697, in-fol. 3. *Larmessin*.

Madame la Marquise de Seignelay. 1. *Trouvain*, 1694, in-fol. 2. *Arnoult*.

COLBERT, (Jacques-Nicolas) second fils de J. Bapt. & de Marie Charton, né le 14 Février 1654, Coadjuteur de Rouen le 2 Février 1680, puis Archevêque en 1691, mort à Paris en 1707. 1. En Abbé, Ant. *Masson*, 1670, in-fol. 2. *Vallet*, 1670, in-fol. 3. *Nanteuil*, del. & sc. 1670, in-fol. 4. *Idem*, 1673, in-fol. 5. *Masson*, 1677, in-fol. 6. *Gantrel*, 1677, in-8. 7. *Id.* 1683, in-fol. 8. En Archevêque de Rouen, L. *Cossin*, d'après *Laborde*, in-fol. 9. N. *Habert*, in-fol. 10. *Drevet*, d'après *Rigaud*, in-fol.

COLBERT (Jules-Armand) d'Ormoy, Surintendant des Bâtimens, Grand-Maître des Cérémonies, & Colonel du Régiment de Champagne, Maréchal de Camp en 1702; soutint avec valeur le Siège de Keiservert, Lieutenant-Général la même année 1702; mourut à Vienne en 1704 des blessures qu'il avoit reçues à la Bataille d'Hochstet. 1. Et. *Picart*, 1679, d'après Fr. *de Troy*, in-fol. obl. 2. *Trouvain*, in-8. pour un titre de Livre.

COLBERT, (Nicolas) frère du premier J. B. *Colbert*,

fut Evêque de Luçon en 1661, puis d'Auxerre, mourut le 5 de Septembre 1676. 1. Nic. *Pittau*, d'après C. *le Febvre*, 1663, in-fol. 2. P. *Landry*, 1666, d'après P. *Mignard*, in-fol. 3. Et. *Picart*, d'après Ant. *Paillet*, in-fol. 4. J. *Lenfant*, 1672, d'après P. *Mignard*, in-fol.

COLBERT, (Charles) Marquis de Croissy, Ministre & Secrétaire d'Etat en 1679, avoit été Président au Conseil d'Alsace & au Parlement de Metz, Maître des Requêtes, Intendant en Poitou, en Picardie & à Paris, Ambassadeur en Angleterre, à Aix-la-Chapelle, & second Plénipotentiaire à Nimègue; mourut le 28 Juillet 1696, âgé de 67 ans. 1. *Masson*, 1681, d'après *Gaspar*, in-fol. 2. *Edelinck*, 1691, d'après *Rigaud*, in-fol. 3. H. H. *Quiter*, in-fol. en manière noire. 4. *Larmessin*.

COLBERT DE TORCY. Voy. L'HOSPITAL.

COLBERT, (J. Bapt.) Marquis de Croissy & de Torcy, Ministre & Secrétaire d'Etat, fils de Charles, marié le 13 Août 1696, à Félicité Arnauld, fille unique de Simon Arnauld de Pomponne; mourut à Paris en 1746. 1. *De Troy*, p. L. *Cossin*, sc. 1682, in-fol. 2. *Dossier*, d'après *Rigaud*, 1711, in-fol. 3. *Guyot*. 4. *Desrochers*.

COLBERT, (Charles-Joachim) autre fils de Charles, Evêque de Montpellier, l'un des quatre Appellans au futur Concile, mort le 8 Avril 1738, âgé de 71 ans, en ayant passé 42 dans l'Episcopat. 1. *Fiquet*, 1757, dans une Assemblée des quatre Evêques, in-fol. 2. *Chereau*, d'après *Raoux*, in-fol. maj. (Beau). 3. Environné des titres de ses Ouvrages, N... in-fol. & in-4. 4. *Hyver*, 1740, in-4. 5. N... dans Odieuvre. 6. N... petit Buste, in-24.

COLBERT, (Edouard-François) Comte de Maulevrier, Chevalier des Ordres du Roi, & Lieutenant-Général de ses Armées en 1676, Gouverneur de Tournay en 1682, mort à Paris le 31 Mai 1693; couvert de blessures reçues en différentes occasions. 1. *Simon*, del. & sc. in-fol. 2. *Larmessin*.

COLBERT, (Edouard) Marquis de Villacerf, Surintendant des Bâtimens, mort le 18 Octobre 1699, âgé de 71 ans 1. *Mignard*, p. *Edelinck*, sc. 1696, in-fol. maj. 2. Grand Buste, *Roullet*, 1698, in-fol. maj.

COLBERT, (J. Bapt.) Marquis de Saint-Pouanges & de Villacerf. N...

COLBERT (J.B. Michel) de Villacerf, Evêque de Montauban en 1674, puis Archevêque de Toulouse en 1687. 1. *Beaufrere*, 1678, in-fol. 2. *Masson*, 1677, in-fol. dans une Thèse. 3. G. *Edelinck*, 1693, d'après *Largillière*, in-fol.

COLBERT, (André) Docteur de Sorbonne, Evêque d'Auxerre en 1677, mort à Auxerre le 19 Juillet 1704. 1. Ant. *Trouvain*, in-fol. maj. 2. *Mignard*, p. Et. *Gantrel*, sc. 1690, in-fol. maj.

COLBERT, (R. D. Michel) Abbé & Général des Prémontrés en 1666, mort à Paris le 29 Mars 1702, âgé de 69 ans. 1. *Le Febvre*, p. *Van Schupen*, sc. 1680, in-4. 2. Agé de 37 ans, *Dubois*, in-8. 3. *Masson*, 1674, in-fol.

COLETTE, (la Bienheureuse) née à Amiens, Réformatrice des trois Ordres de S. François, en 1410. *Van Lochon*, in-4.

COLIGNY, (Gaspard de) I. du nom, Seigneur de Coligny, d'Andelot, Châtillon-sur-Loing, &c. Chevalier de l'Ordre du Roi, Maréchal de France le 5 Décembre 1516, mort à Acqs en Gascogne le 24 Août 1522. *Geyn*, in-fol.

COLIGNY, (Odet de) Cardinal de Châtillon, Archevêque de Toulouse, Evêque & Comte de Beauvais; embrassa la Religion Calviniste sur la fin de l'an 1561; sans toutefois abandonner ses Bénéfices; mourut à Cantorbéry le 14 Février 1571. 1. *Rabel*, in-8. 2. *Duflos*, in-4. 3. N... en petit.

COLIGNY, (Gaspard de) II. Sieur de Châtillon, Amiral de France, Colonel-Général d'Infanterie Françoise, massacré à Paris le jour de la Saint-Barthelemy 1572, âgé de 56 ans. 1. Et. *Picart*, in-fol. 2. *Geyn*, 1648, in-fol. 3. *Duflos*, in-4. 4. N... en petit. 5. N... en Allemagne, avec Vers Allemands, 1577, in-fol. 6. N... dans Odieuvre.

COLIGNY, (François de) Sieur d'Andelot, Colonel Général de l'Infanterie Françoise, mort à Saintes le 17 Mai 1569, âgé de 48 ans. 1. *Duflos*, in-4. 2. *Rabel*, in-8. 3. N... en petit.

COLIGNY, (les trois Frères) Odet, Gaspard & François, sur une même feuille, en pied. *Duval*, 1579, in-fol.

COLIGNY, (Gaspard III. Comte de) Seigneur de Châtillon, né le 26 Juillet 1584, Maréchal de France le 12 Février 1622; gagna la Bataille d'Avein en 1635, perdit celle de la Marfée en 1641, & mourut en son Château de Châtillon, le 4 Janvier 1646. 1. *Daret*, 1652, in-4. 2. *Drevet*. 3. *Geyn*. 4. *Mireveld*, p. *Delf*, sc. 1631, in-fol. 5. N... in 12. 6. *Moncornet*, in-4. 7. N... in-fol. dans le Livre des Triomphes de Louis-le-Juste.

Anne de Polignac, sa femme, mariée en 1615, morte en 1651. G.D.C. (*Geyn*) 1648, in-fol.

COLIGNY (Joachim, Marquis de) & d'Andelot, Seigneur de Cressia, marié en 1641 à Jeanne de Talaru & de Chalmazel; mourut sans postérité. (Ce Seigneur a contribué à la fondation de la Maison de la Mission de S. Joseph à Lyon.) N... avec son Epouse, in-fol. obl.

COLIGNY, (Gaspard IV. du nom, Duc de) Seigneur de Châtillon, né à Châtillon le 9 Mai 1610, mort au Château de Vincennes d'une mousquetade qu'il reçut à l'attaque de Charenton le 9 Février 1659. 1. *Thom. Vanmerlen*, in-fol. 2. *Moncornet*, in-4.

Angélique-Isabelle de Montmorency, sa femme; morte le 24 Janvier 1695, âgée de 69 ans. *Moncornet*, in-4.

COLIGNY, (Alexandre-Gaspard, Comte de) mort le 14 Mai 1694, âgé de 32 ans; & Marie-Constance Adélaïde de Madaillan de Lussé, sa femme. N... in-fol. oblong.

COLIN, (François) Conseiller au Parlement de Bretagne, Sénéchal de Saumur. *Stuerhelt*, in-4.

COLINS, (N...) chargé de l'entretien des Tableaux du Roi. *Vanloo*, p. *Schouman*, sc. 1756, in-8. en manière noire.

COLLANGE, (Gabriel de) né à Tourve en Auvergne, vers 1524, Valet-de-Chambre du Roi Charles IX, cultivoit les Mathématiques & l'Astronomie; fut tué au massacre de la Saint-Barthelemy, en 1572, quoique bon Catholique. N... 1561, en bois, in-4.

COLLET, (Sœur Anne) du Tiers-Ordre de la Sainte Trinité, morte à Lisieux le 5 Octobre 1668, âgée de 25 ans. M. *Desbois*, in-4.

COLLETTE, (J. François) de Chamseru, Chirurgien & Oculiste, 1754. *Brea*, p. *Petit*, sc. in-4.

COLLIN, (Hyacinthe) de Vermont, Peintre, mort à Paris en 1761. *Rollin*, p. *Salvador*, sc. in-fol.

COLLOT, (Philippe) Chirurgien-Opérateur pour la pierre, mort à Luçon en 1656, à 63 ans. *Edelinck*, 1697, in-fol.

COLMAN, (Christophe) Recollet Anglois à Douay, Missionnaire, mort en prison à Londres. N... in-8.

COLOMBEL, (Nicolas) Peintre, né à Sotteville près Rouen en 1646; mort à Paris en 1717. N... dans l'Histoire des Peintres par d'Argenville.

COLOMBIERE, (Marc de Wulfon de la) mort en

1658; tua sa femme à Grenoble en 1618, l'ayant surprise en adultère : c'est de-là qu'on menace les femmes coquettes, de la *Vulsonade*. 1. La tête, *Nanteuil*, del. Ornemens. *Chauveau*, del. *Regnesson*, sc. in-fol. 2. *Chauveau*, en pied & cartouche, à la main, in-fol. 3. *Bosse*.

COLOMBIERE, (Claude de la) Jésuite, né à Saint-Symphorien, près de Lyon, mort à Paray en Bourgogne, l'an 1682, âgé de 41 ans. N...

COLONIA, (R. Pater Dominicus de) Soc. Jesu, natus Lugduni, & mortuus an. 1741. *Seraucourt*, in-8.

COMBÉ, (Madame de) Marie-Magdeleine de Cyz, Veuve d'Adrien de Combé, Gentilhomme Hollandois, première Supérieure des Filles du Bon-Pasteur qu'elle fonda à Paris en 1688, morte le 16 Juin 1692, âgée de 36 ans. 1. *Le Clerc*, le jeune, 1691, in-8. 2. *Drevet*, in-8. 3. *Lochon*, in-4.

COMBEFIS, (François) Dominicain, né à Marmande en Gascogne, au mois de Novembre 1605, célèbre par les Ouvrages des Pères Grecs & de l'Histoire Byzantine qu'il a donnés au Public, mort dans le Couvent des Jacobins Réformés de Paris le 23 Mars 1679, âgé de 74 ans. Jac. *Lubin*, in-fol.

COMINES, (Philippe de) Seigneur d'Argenton, Ministre de Louis XI, & Historien; mort le 17 Octobre 1509, âgé de 64 ans : son corps enterré aux Grands-Augustins à Paris. Il étoit né au Château de Comines en Flandres, l'an 1445. 1. N... dans Thévet, in-fol. 2. N... in-4. 3. C. *Vermeulen*, 1704 in-4. 4. N... pour les Mémoires de Comines, in-4. avec bordure. 5. N... en petit.

COMMIRE, (Jean) Jésuite, né à Amboise en 1625, mort à Paris en 1702. 1. *Desrochers*. 2. *Crespy*, Médaillon dans le Parnasse François.

COMPAIN, (Adrien) Prêtre du Séminaire de Saint-Nicolas du Chardonnet, mort en 1665. *Boulanger*, in-8.

COMTE, (Marguerite le) des Académies de Peinture & de Belles-Lettres de Rome, Boulogne & Florence. 1. *Cochin*, del. H. *Wattelet*, sc. 1753, in-4. 2. *Wattelet*, del. *Lempereur*, sc. Médaillon, in-4.

CONCINO-CONCINI, Marquis d'Ancre, Maréchal de France, tué près du Louvre le 24 Avril 1617. 1. *Moncornet*, in-4. 2. *Boutats*. 3. N... dans *Odieuvre*. 4. Dessin au Cabinet de M. de Fontette.

Leonora Galigay, sa femme ; eut la tête tranchée à la Grève, par Arrêt du Parlement de Paris du 8 Juillet 1617. 1. N... 2. N... dans Odieuvre.

CONDAMINE, (Charles-Marie de la) *Cochin*, del. P. P. *Choffard*, sc. 1768, Médaillon, in-4.

CONDÉ. Voy. BOURBON.

CONDREN, (Charles de) second Général de la Congrégation de l'Oratoire en 1629; étoit né à Vaubuin, près de Soissons, en 1588; mourut le 7 Janvier 1641, âgé de 53 ans. 1. C. *Mellan*, del. & sc. in-4. 2. B. *Dubois*, p. N. *Habert*, in-4. 3. P. *Giffart*, en petit. 4. *Stella*, p. *Boulanger*, sc. in-8.

CONFLANS. Voy. WATTEVILLE.

CONRART, (Valentin) né à Valenciennes, Conseiller-Secrétaire du Roi, Secrétaire de l'Académie Françoise, dont il fut dès les commencemens en 1629, mort à Paris en Septembre 1675. 1. *Le Febvre*, p. L. *Cossin*, sc. 1683, in-fol. 2. N...

CONRART, (Jacobus) Avocat au Parlement, neveu de Valentin. *Barthelemy*, p. L. *Cossin*, sc. in-fol.

CONTAREL, (Matthieu) fils d'Hilaire Contarel, Gentilhomme d'Anjou, né au Bourg de Morave en 1519; fut au service de Hugues Boncompagne, Cardinal, puis Pape sous le nom de Grégoire XIII, qui le fit Cardinal le 12 Décembre 1583. Il mourut à Rome le 29 Novembre 1585, âgé de 66 ans. F. *Stuerhelt*, in-4.

CONTE, (Antoine le) ou Contius, de Noyon, Jurisconsulte, âgé de 48 ans en 1577, mort à Bourges cette même année. 1. N... en bois, in-8. pour le Frontispice d'un Livre. 2. N... en petit.

CONTE, (Nicolas le) Célestin en 1639, né à Paris, vers 1620, Traducteur de différens Ouvrages de l'Italien en François, mourut le 10 Février 1689. N...

CONTE, (Ephrem le) Peintre du Roi à Marseille. *Le Febvre*, p. *Coussin*, sc. 1696, in-fol. en manière noire.

CONTE, (Louis le) de Boulogne près Paris, Sculpteur du Roi, mort en 1694. J. *Pesne*, p. & sc. in-fol.

CONTE, (Nicolas le) Lieutenant-Criminel à Paris, en 1709. *Largillière*, p. *Simon*, sc. 1709, in-fol.

CONTENANT, (Madame de) en 1592. Dessin au Cabinet du Roi.

CONTES, (J. B. de) Doyen de l'Eglise de Paris. 1. R. *Lochon*, in-fol. 2. J. *Lenfant*, 1666, in-fol.

CONTRASTIN, (Pierre-Paul) Docteur ès Droits. *Lépicié*, p. *Aveline* fils, sc. in-fol.

CONTY. Voy. BOURBON & COESMES.

COPETTE, (Pierre-François) Docteur du College de Navarre, & Membre des Académies de Rome, Florence & Alexandrie. 1. *Cochin*, del. H. *Wattelet*, sc. 1753, Médaillon, in-4. 2. *Wattelet*, sc. 1763, avec une Inscription Latine, in-4.

COQ, (Bernard le) Cordelier, né à Rouen, mort à Paris le 27 Décembre 1668, Directeur des Filles de l'*Ave-Maria*. Il avoit passé par toutes les charges de son Ordre. N... à Paris, in-fol. après sa mort.

COQUE, (Sœur Marguerite-Marie Ala-) dite *Marie-à-la-Coque*, née à Lautecourt, Diocèse d'Autun, le 22 Juillet 1647, morte à Paray en Charollois, le 17 Octobre 1690. *Giffart*, in-12. (Elle se nommoit Alacoque.)

COQUEBERT, (André) Lieutenant Particulier au Présidial & Lieutenant des Habitans de Reims, ès années 1660 & 1665. *Hollard*, p. 1644. J. *Colin*, sc. 1668, in-fol.

COQUEBERT, (Claude) Sieur d'Agny, Lieutenant des Habitans de Reims en 1678. Ph. *Lallemant*, p. J. *Colin*, sc. 1678, in-fol. dans une Thèse.

COQUEREL, (Jean) de Pontoise, Principal du College des Graffins, l'un des Directeurs des Carmélites en France, mort à Marseille en Octobre 1655, âgé de 63 ans. J. *Lenfant*, 1656, in-fol.

COQUEREL, (Philippe) Docteur de Sorbonne, Curé de Saint-Paul à Paris. 1. *Humbelot*, in-8. 2. *Cars*, in-12.

CORAS, (Jean de) Conseiller de Toulouse, Auteur de plusieurs Ouvrages de Jurisprudence, né en 1513, embrassa la Religion Protestante-Réformée, & fut tué après le Massacre de la Saint-Barthelemy, le 4 Octobre 1572, dans la prison de Toulouse. N...

CORBERON, (Trois Nicolas de) du Conseil Souverain de Colmar. *Desrochers* : trois Médaillons en une planche, in-fol.

CORBETTA, (François) Maître de Guittare. *Gascard*, 1679.

CORBIERE. Voy. BENICHERE.

CORBINELLI, (Jacques) Gentilhomme Florentin, vint en France, attiré par Catherine de Médicis dont il étoit allié : elle le donna au Duc d'Anjou son fils, comme un homme de Lettres & de bon conseil. Il aimoit les Sçavans, & il employoit une partie de son bien à faire imprimer leurs Ouvrages. N... 1684, in-4. ovale avec ornemens.

CORDEMOY, (Gérard de) né à Paris; fut Lecteur ordinaire de Monseigneur le Dauphin, Membre de l'Académie Françoise en 1675, & mourut en Octobre 1684. Peint par un de ses fils. *De Rochefort*, sc. 1703, in-4.

CORDES, (Jean de) Chanoine de l'Eglise de Limoges, Conseiller au Châtelet de Paris, âgé de 66 ans, né à Limoges en 1570; connu par son excellente Bibliothèque, & par plusieurs Ouvrages, mort en 1642. *Daret*, d'après *Dumoustier*, in-8.

CORETTE, (N...) Joueur de Violon. *Le Bas*, in-4.

CORIOLIS, (J. B. Joseph de) Provençal. *Celloni*, p. *Coellemans*, sc. in-fol.

CORIOLIS, (Pierre de) Marquis d'Espinouse, &c. Président au Parlement d'Aix. 1. *Cundier*, d'après B. *Mimand*, in-fol. 2. *Coellemans*, d'après *Celloni*, 1706, in-fol.

CORLEON, (Pierre-Bernard de) Capucin, mort en 1667. N...

CORMIER, (Thomas) Conseiller d'Alençon, âgé de 72 ans. N... in-8.

CORMIS, (François de) Jurisconsulte d'Aix, mort en 1734. *Arnulphi*, p. *Vanloo*, sc.

CORNEILLE, (Pierre) de Rouen, célèbre Poëte tragique, né en 1606; Avocat Général de la Table de Marbre de Rouen, reçu à l'Académie Françoise, le 22 Janvier 1647; mort à Paris le dernier Septembre 1684. 1. M. *Lasne*, del. & sc. 1643, in-4. 2. B. *Picart*, 3. L. *Coffin*, d'après F. *Sicre*, 1683, in-fol. 4. J. *Lubin*, in-fol. 5. En buste, *Paillet*, p. 1663. *Vallet*, sc. in-fol. Frontispice des Ouvrages de Corneille. 6. *Desrochers*, 1704, in-8. 7. *Dupin* (dans Odieuvre) in-8. 8. *Thomassin*, d'après *le Brun*, in-8. 9. *Le Brun* Fiquet, sc. ovale avec ornemens, in-8. 10. P. *le Brun*, p. avec ornemens, *Cochin*, del. E. *Fiquet*, 1766, in 4.

CORNEILLE, (Thomas) frère de Pierre, aussi Poëte tragique, né à Rouen le 20 Août 1625; reçu à l'Académie Françoise le 2 Janvier 1685; mort le 9 Décembre 1709. 1. *Mignard*, p. S. *Thomassin*, sc. 1700, in-fol. 2. La tête vieillie, & retouchée, *Thomassin*. 3. *Idem*, 1708. 4. *Desbois*, in-12. 5. *Desrochers*. 6. *Dupin* (dans Odieuvre) in-4.

CORNEILLE, (Michel) Peintre & Graveur, né à Paris en 1642, mort en 1708. N... dans l'Histoire des Peintres, par d'Argenville.

CORNET, (Nicolas) Docteur de Sorbonne, mort en 1663, après avoir refusé l'Archevêché de Bourges. J. *Devaux*, in-4.

CORNIER, (Jacques le) Seigneur de Sainte-Héleine, Conseiller au Parlement de Rouen. Et. *Picart*, 1665, in-fol.

CORNUEL. (Madame) N... dans Odieuvre.

CORNULLIER, (Pierre) Conseiller au Parlement de Bretagne, Evêque de Tréguier, puis de Rennes; mort le 22 Juillet 1639. M. *Lasne*, in-4.

COSME, (Frère Jean de Saint-) Feuillant, inventeur du Lithotome, pour la taille de la Pierre. *Nollekens*, p. 1760. *Chereau*, sc. in-fol.

COSNAC, (Daniel de) Evêque de Valence en 1654, puis Archevêque d'Aix en 1687, Commandeur de l'Ordre du Saint-Esprit en 1701, mort à Aix en 1708, âgé de 81 ans. J. *Boulanger*, 1666, d'après J. *le Febvre*, in-fol.

COSPEAN, (Philippe de) né à Mons en Hainaut;

Evêque d'Aire en 1607, puis de Nantes en 1621, & de Lisieux en 1636, grand Prédicateur; mort le 8 Mai 1646. 1. C. *Charpignon*, in-fol. 2. Agé de 68 ans, M. *Lasne*, in-8. 3. N... 4. N... dans Odieuvre.

COSSART, (Gabriel) Jésuite, né à Pontoise en 1615, Auteur de divers Ouvrages, & de la collection des Conciles, avec le Père Labbe; mort à Paris en 1674. En buste, dans le Frontispice de ses Œuvres. *Coffin*, in-12.

COSSART, (G...) Prêtre de l'Oratoire. N...

COSSÉ, (N... de) Duc de Brissac, sous Henri III; & Madame de Brissac. Deux Dessins, au Cabinet du Roi.

COSSÉ, (Artus de) Maréchal de France, qui défendit la Ville de Metz en 1552, & mourut au Château de Gonnor en Anjou, en 1582. 1. *Duflos*, in-4. 2. *Charpignon*. 3. N... dans Odieuvre.

COSSÉ, (Charles I. de) Comte de Brissac, Maréchal de France en 1550, Gouverneur de Piedmont, puis de Picardie en 1559; mort à Paris le 31 Décembre 1563, âgé de 57 ans. 1. *Stuerhelt*, in-4. 2. N... dans le Livre de la Gallerie du Palais-Cardinal, in-fol. 3. N... dans Thévet. 4. *Duflos*, in-4. 5. N... en petit. 6. N... dans Odieuvre. 7. Dessin au Cabinet de M. de Fontette.

COSSÉ, (Charles II. de) Duc de Brissac, Maréchal & Grand-Fauconnier de France; mort en 1621. 1. *Moncornet*. 2. N... dans Odieuvre. 3. Son Tombeau aux Célestins de Paris. N...

COSSÉ, (François de) Duc de Brissac, mort le 30 Décembre 1651, âgé de 70 ans. *Moncornet*.

COSSÉ (Emanuel-Henri-Timoléon de) de Brissac, Evêque de Condom en 1736; né le 12 Octobre 1698. 1. En Abbé de Fonfroide, *Belle*, p. *Hortemels*, sc. in-fol. 2. *Tournière*, p. *Lépicié*, sc. in-fol.

COSSÉ, (Timoléon de) Comte de Brissac, fils de Charles I, Colonel de l'Infanterie Françoise, Grand-Pannetier & Grand-Fauconnier; tué au siege de Mucidan en Mai 1569, âgé de 26 ans, sans être marié. 1. N... dans Thévet. 2. N... en petit. 3. N... dans Odieuvre. 4. Dessin au Cabinet de M. de Fontette.

COSSÉ, (René de) Comte de Brissac; sa femme & son fils. N... dans le P. Montfaucon.

COSTE, (Emmanuel-Jean de la) Ecclésiastique, condamné le 28 Août 1760, au carcan & galères perpétuelles, pour falsification de Lettres de change. N..., in-12.

COSTE, (Pierre) 1745. *Fessard*.

COSTELEY, (Guillaume) Organiste de Charles IX; en 1570, âgé de 39 ans. N... in-12. dans des ornemens.

COSTENTIN, (Jacques de) Conseiller au Parlement de Rouen, puis Maître des Requêtes. 1. *Humbelot*, in-fol. 2. N. *Poilly*, in-fol.

COSTENTIN, (Jacques) Sieur de Tourville, Ecuyer, Conseiller du Roi, mort en 1664. 1. N... 2. N... en bois.

COSTENTIN, (Anne-Hilarion de) Chevalier de Malthe, puis Comte de Tourville, Vice-Amiral du Levant en 1690, & Maréchal de France en 1693; mort à Paris le 28 Mai 1701, âgé de 59 ans. 1. N. *Arnoult*, 1691, in-fol. 2. *Larmessin*. 3. *Gantrel*, d'après Matth. *Ménard*, in-fol. & in-4. 4. N... Médaillon.

COTIGNON, (Michel) Chanoine & Archiprêtre de Nevers, âgé de 53 ans, en 1616. J. *Matheus*, in-4.

COTIGNON, (N...) Abbé. M. *Lasne*, in-fol.

COTIN, (François) Prêtre, Docteur en Théologie, Abbé de N. D. de Clerfay, Prieur & Curé de la Pa-

des François illustres.

roisse de Marly, & Chapelain du Roi; mort à Paris le 9 Février 1701. *Van Schupen* le jeune, in-4. en manière noire.

Coton, (Pierre) Jésuite, Confesseur de Henri IV & Louis XIII, né à Néronde en Forês, le 7 Mars 1564, mort à Paris le 19 Mars 1626. 1. Gasp. *Bouttats*, in-fol. 2. C. *Vermeulen*, d'après *P. Sevin*, en Vignette, in-12. pour le Livre de sa Vie. 3. *Charpignon*, in-8. 4. N... avec ornemens, in-4. 5. *Houervogt*, in-4. avec ornemens. 6. N... dans Odieuvre.

Cotte, (Robert de) Architecte & Contrôleur des Bâtimens du Roi, en 1707, né à Paris en 1657, mort en 1735. 1. *Tortebat*, p. Ant. *Trouvain*, sc. 1707, in-fol. 2. *Drévet*, d'après *Rigaud*, in-fol.

Cottereau. Voy. du Clos.

Cottolendi, (Ignace) Vicaire Apostolique de la Chine, Evêque de Métellopolis, mort en 1662. *Larmessin*, in-4.

Couderc, (Pierre) du Diocèse de Viviers, qui a passé plus de 30 ans dans les fonctions ecclésiastiques; mort le 21 Février 1686, âgé de 57 ans. Lud. *David*, del. & sc. à Avignon, 1689, in-fol.

Coulombel, (Pierre) Peintre, mort en 1634. N...

Cour, (Didier de la) Desiderius à Curià, Ordinis S. Benedicti, Congregationum SS. Vitoni & Hydulphi in Lotharingiâ, ac S. Mauri in Galliâ, Parens Institutorque vigilantissimus; obiit 14 Novembris 1628. 1. L. *Gaultier*, 1624, in-8. 2. N... in-4.

Cour, (Jacques de la) Sieur d'Invilliers. *Ficquet*, 1747.

Cour, (Michel de la) d'Amonville, Avocat. 1. *Vallade*, p. *Pinssio*, sc. in-8. 2. *Lemire*, p. *Ficquet*, sc.

Courayer, (Pierre-François le) né à Rouen le 17 Novembre 1681, ci-devant Bibliothécaire de Sainte-Géneviève, & depuis réfugié en Angleterre. 1. *Desrochers*. 2. *Figan*, dans Odieuvre.

Courcelle (Madame de) de Pourlans, Abbesse de Notre-Dame de Dijon, morte le 16 Mai 1651. N...

Courcelles. Voy. Neufville.

Courcillon (Louis) de Dangeau, né en Janvier 1643, reçu à l'Académie Françoise en 1682, Abbé de Fontaine-Daniel; mort le 1. Janvier 1723. N...

Courcillon, (Philippe de) Marquis de Dangeau, Gouverneur de Touraine, Grand-Maître des Ordres de N. D. de Mont-Carmel & de Saint-Lazare, Conseiller d'Etat-d'Epée; mort le 9 Septembre 1720, âgé de 84 ans. *Drevet*, 1703, d'après *Rigaud*, in-fol.

Marie-Sophie de Bapierre de Lewinstein, Marquise de Dangeau, mariée en 1686. 1. *Trouvain*, 1694, in-fol. 2. *Arnoult*, in-fol.

Courson, (Henri-Pierre-Gilbert Coquet, Comte de) & sa femme. N... en 1752. Deux Médaillons tenus par un Ange de chaque main.

Courson. Voy. Lamoignon.

Courtenay. (le Baron de) N... dans le Père Montfaucon.

Courtenay, (Jean de) Seigneur de Saint-Briçon. A cheval. N... in-fol.

Courtenay, (Tombeau de Gaspard de) Sieur de Blesneau, mort le 5 Janvier 1560; & d'Emée du Chesnay, son épouse; morte le 10 Mai 1604. N... in-fol. obl.

Courtenay, (Tombeau de Jacques de) Seigneur de Chevillon, mort le 8 Janvier 1617; & de Jean de Courtenay, Seigneur de Chevillon, décédé le 3 Février 1639. N... in-fol. obl.

Courtenay, (Anne de) Dame de Rosny & Boutin, mariée le 4 Octobre 1583, à Maximilien de Béthune, Duc de Sully, morte au mois de Juin 1589. *Van Schupen*, 1660, in-fol.

Courtin, (Honoré) Conseiller d'Etat. *Nanteuil*, del. & sc. 1668, in-fol.

Courtin, (Antoine de) Ecuyer, Résident Général pour le Roi près les Couronnes du Nord, mort à Paris en 1685. H. Charles *Chevrier*, p. *Vermeulen*, sc. in-4.

Courtois, (Jacques) dit le Bourguignon, Peintre, né en 1621, dans un Village auprès de Besançon; entra chez les Jésuites, & mourut à Rouen en 1670. N... dans l'Histoire des Peintres par d'Argenville.

Courtois, (Guillaume) Peintre, né en 1628, mort en 1679. N... dans le même Ouvrage.

Courtot, (François) Cordelier, Docteur en Théologie de la Faculté de Paris. Ant. *Trouvain*, 1697, in-fol.

Courval. Voy. Sonnet.

Cousin, (Jean) Peintre, né à Soucy près de Sens, mort dans un âge fort avancé en 1589. 1. *Drévet*, d'après *Edelinck*, in-4. 2. N... dans l'Histoire des Peintres par d'Argenville.

Cousinot (Jacques) le Vieux, Médecin de la Faculté de Paris, âgé de 78 ans en 1645. G. *Rousselet*, in-4.

Coustelier, (Jean-Clément le) Théologien Controversiste, mort à Paris le 8 Février 1650, âgé de 49 ans. *Moncornet*, in-4.

Coustou, (Nicolas) Sculpteur, né à Lyon en 1658, mort à Paris en 1733, Membre de l'Académie Royale de Peinture & Sculpture. 1. Le Gros, p. *Dupuis*, sc. 1730, in-fol. 2. N... dans Odieuvre.

Coustou, (Guillaume) Sculpteur du Roi, frère du précédent; mort en 1746, âgé de 68 ans. 1. *De Lieu*, p. *Larmessin*, sc. 1730, in-fol. 2. *Cochin*, del, Aug. de *Saint-Aubin*, sc. 1770, Médaillon, in-4.

Coutereels, (N. de) Corn. *Galle*, 1615, in-8.

Couture. (N. la) *Jollain*.

Couvray, (Pierre-Nicolas) Chevalier de l'Ordre de Christ, Secrétaire du Roi, né à Lisbonne, mort en 1751, âgé de 65 ans. *Tourniere*, p. *Drevet*, sc. in-fol.

Couvreur, (Adrienne le) Actrice de la Comédie Françoise, née à Fismes en Champagne, l'an 1690, morte à Paris le 20 Mars 1730. 1. *Coypel*, p. *Drevet*, sc. in-fol. (Beau). 2. N... dans Odieuvre.

Coypel, (Noël) Peintre ordinaire du Roi, ancien Directeur des Académies de Paris & de Rome, né à Paris en 1629, mort le 24 Décembre 1707, âgé de 79 ans. J. *Audran*, d'après *Coypel* son père. 2. N... dans l'Histoire des Peintres, par d'Argenville.

Coypel, (Antoine) fils aîné de Noël, fut premier Peintre du Roi & de M. le Duc d'Orléans, de l'Académie Royale de Peinture, âgé de 38 ans en 1699, mort à Paris en 1722. 1. J. *Netocher*, p. J. *Sarrabat*, sc. in-fol. en manière noire. 2. Henri *Verdier*, p. *Coussin*, sc. in-fol. 3. Peint par lui-même, avec son fils, *Duchange*, sc. in-fol. 1701. 4. *Massé*, 1717, d'après *Coypel* lui-même. 5. N... dans l'Histoire des Peintres par d'Argenville.

Coypel, (Noël-Nicolas) second fils de Noël, Peintre, né à Paris en 1692, mort en 1737, âgé de 45 ans. N... dans la même Histoire.

Coypel, (Charles) fils d'Antoine, né à Paris en 1695, & mort en 1752, âgé de 58 ans. 1. Enfant, d'après *Coypel*, p. *Tardieu*, sc. 2. *Coypel*, p. *Bassechon*, sc. in-fol.

Coytier, (Jacques) Médecin de Louis XI. & Président de la Chambre des Comptes, mort vers 1506.

1. Robert, del. *François*, sc. dans Odieuvre. 2. Idem, pour les Mémoires de Comines, in-4. avec bordure. 3. Dessin de Robert, au Cabinet de M. de Fontette.

COYZEVOX, (Antoine) né à Lyon en 1640, Sculpteur ordinaire du Roi, ancien Directeur & Recteur de l'Académie Royale de Peinture, &c. mort en 1720. 1. Hyac. *Rigaud*, p. J. *Audran*, sc. 1708, in-fol. 2. N... dans Odieuvre.

CRAMOISY, (Sébastien) premier Imprimeur du Roi, Directeur de l'Imprimerie Royale, Echevin de la Ville de Paris, & l'un des Administrateurs de l'Hôpital général; mort à Paris le 29 Janvier 1669, âgé de 63 ans. G. *Rousselet*, 1672, in-fol.

CRAMOISY, (Sébastien-Mabre) premier Imprimeur du Roi, Directeur de l'Imprimerie Royale, mort à Paris en 1687. *Vermeulen*, in-4.

CRANE, (Jean) *Aubry*.

CRASSET, (Jean) Jésuite Directeur de la Congrégation de Messieurs établie à Paris, où il est mort le 4 Janvier 1692, âgé de 75 ans. 1. N. *Bazin*, d'après *Dumée*, 1692, in-fol. 2. Et. *Gantrel*, in-8.

CRÉBILLON, (Prosper-Jolyot de) Poëte tragique, né à Dijon le 13 Janvier 1674, reçu à l'Académie Françoise en 1731, mort à Paris le 17 Juin 1762. 1. *Balechou*, 1751, d'après *Aved*, 1746, pour mettre à la tête des Œuvres de Crébillon, in-4. 2. Idem, in-fol. 3. *Petit*. 4. *Saint-Aubin*. 5. *La Tour*, p. *Cathelin*, sc. in-8. 6. *Cochin*, del. C. H. *Watelet*, sc. 1762. Médaillon, in-4. 7. *Bradel*. 8. *Fiquet*. 9. *Moitte*, in-fol. dans la Gallerie Françoise, Cahier V.

CRECY. Voy. VERJUS.

CREIL. (Madame de) N... in-fol.

CREQUY, (Jean de) Chevalier de la Toison d'or, mort fort âgé en 1474. N...

CREQUY, (Charles, Sire de) & de Canaples, Duc de Lesdiguières, Pair & Maréchal de France, Lieutenant-Général pour le Roi en Dauphiné, fils d'Antoine Blanchefort, qui a été institué héritier de tous les biens de la Maison de Crequy par le Cardinal de Crequy son oncle maternel, à condition d'en porter le nom & les armes; épousa, 1.° Magdelaine de Bonne, fille de François, Duc de Lesdiguières, Connétable de France, d'où sont issus les Ducs de Lesdiguières & les Seigneurs de Crequy : il fut tué d'un coup de canon au secours de la Ville de Crême, dans le Milanès, le 17 Mars 1638. 1. Agé de 65 ans, *Pesne*, 1632, in-fol. 2. C. *Mellan*, del. & sc. 1633, in-fol. 3. N... dans le Livre des Triomphes de Louis-le-Juste, in-fol. 4. *Briot*, 1632. 5. *Larmessin*. 6. *Moncornet*. 7. N... in-12. 8. *Daret*, in-4. 9. N... dans Odieuvre.

CREQUY, (François de Bonne de) Duc de Lesdiguières, Pair de France, Chevalier des Ordres du Roi, Gouverneur de Dauphiné, fils aîné du précédent, & de Magdelaine de Bonne; fut substitué au nom & aux armes de Bonne; épousa en 1620 Catherine de Bonne sa tante, fille puînée du Connétable de Lesdiguières, & en secondes noces en 1632, Anne de la Magdelaine, Marquise de Ragny, mort le 1 Janvier 1687, âgé de 77 ans. 1. *Nanteuil*, del. & sc. 1662, in-fol. 2. *Moncornet*. 3. *Lenfant*, 1657, in-fol. 4. *Larmessin*.

CREQUY (Charles, Sire de) & de Canaples, Mestre de Camp du Régiment des Gardes, second fils du Maréchal de Crequy, marié en 1620 avec Anne du Roure; mourut de la blessure qu'il reçut devant Chambéry le 15 Mai 1630. Représenté âgé de 25 ans, M. *Lasne*.

CREQUY, (Charles, III. du nom, Duc de) premier Gentilhomme de la Chambre du Roi, Gouverneur de Paris, Ambassadeur extraordinaire à Rome, mort le 13 Février 1687. 1. *Mignard*, p. *Gantrel*, sc. 1681, in-fol. 2. *Larmessin*.

CREQUY, (François, Sire de) Marquis de Marines, Maréchal de France en 1668, Général des Galères, marié à Catherine de Rougé, fille du Marquis du Plessis-Bellièvre; mourut à Paris le 4 Février 1687. 1. *Larmessin*. 2. N... en Médaillon.

CRETENET, (Jacques) Prêtre & Instituteur de la Congrégation des Prêtres Missionnaires de S. Joseph de Lyon, mort le 1 Septembre 1666, âgé de 63 ans. Jacq. *Buys*, 1680, in-8.

CREVANT, (Mademoiselle de) sous Charles IX. Dessin au Cabinet du Roi.

CREVECŒUR, (Jacques de) Chevalier de la Toison d'or en 1433, Ambassadeur en Angleterre, mort en 1440. N...

CREUZOT, (Nicolas) Curé de S. Loup à Auxerre, décédé le 31 Décembre 1761, dans sa 64e année. Pasteur puissant en œuvres & en paroles. N... in-12.

CRILLON, (N... de) Archevêque de Narbonne, Commandeur de l'Ordre du S. Esprit, mort en 1753. *Will*, d'après J. G. R. Vignette pour son Oraison funèbre, in-12. obl.

CRILLON, (N... de) Evêque d'Uzès, mort en .... 1. *Mellan*, del. & sc. 2. Dans Odieuvre, d'après *Mellan*.

CRILLON, (François de Berton de) Archevêque de Vienne, mort en 1720. *Bouys*, p. *Simoneau*, sc. in-fol.

CRILLON, (Louis de Berton, Sieur de) Chevalier des Ordres du Roi en 1586, Capitaine de cent hommes d'armes, & Mestre de Camp du Régiment des Gardes, dit *le Brave Crillon*, né en 1541, mort à Avignon en Décembre 1615. 1. Jean *Beuf*, in-4. 2. *Balechou*, d'après *Vandyck*, in-8. 3. *Chenu*, in-12. 4. N... dans Odieuvre.

CROIX, (Edmond de la) Abbé de Cîteaux, mort à Barcelonne le 21 Août 1604. N...

CROIX, (Yves de la) Cordelier. 1. *Gribelin*, p. *Humbelot*, sc. in-fol. 2. *Parotteau*, p. J. *Boulanger*, sc. in-fol.

CROIX, (Claude de la) Clerc tonsuré, mort à Beauvais le 5 Septembre 1735, âgé de 70 ans. 1. N... in-8. 2. N... petit Buste, in-14.

CROIX, (A. de la) Obéancier de S. Just, Trésorier de France, Vicaire-Général de Lyon. *Slodtz*, del. 1737. S. C. *Miger*, sc. 1765, in-4.

CROPPET, (N.) de Varissant, Echevin de Lyon, & sa femme, en regard. *De la Roussière*, in-4.

CROSNIER, (Jean) Car. *de la Haye*, in-4. avec quatre Vers au bas.

CROY, (la Duchesse de) Geneviève d'Urfé, veuve de Charles-Alexandre, Duc de Croy, Marquis d'Avrech; avoit été mariée le 6 Janvier 1617. Ant. *Vandyck*, p. Pet. de *Jode*, sc. in-fol.

CROY, (Charles, Sire de) Duc d'Arschot, sous Henri IV, mort le 13 Janvier 1612. 1. Dessin au Cabinet du Roi. 2. N... dans le P. Montfaucon.

CROY, (Marie-Claire de) Duchesse d'Avrech, mariée le 13 Octobre 1627, morte à Nanci au mois de Septembre 1664. *Vandyck*, p. *Waumans*, sc. in-fol.

CROZAT, (Mademoiselle) en 1704. Paolo *Mattei*, G. *Langlois*, sc. 1704. in-8.

CROZAT, (N...) Abbé. 1. M. *de Bachaumont*, d'après Madame *Doublet*, in-4. 2. *Mariette*, d'après la même, in-12.

CRUSSOL, (Madame de) sous François I. Dessin au Cabinet du Roi.

CRUSSOL, (N. de) Duc d'Uzès. *Moncornet*.

Madame

Madame d'Uzès, fous Henri IV. Deffin au Cabinet du Roi.

CRUSSOL, (Madame de) Anne-Hippolyte de Grimaldi-Monaco, première femme de Jean-Charles de Cruffol, Duc d'Uzès, mariée le 18 Janvier 1696, morte en couches le 23 Juillet 1700. Berey, in-fol.

CUJAS, (Jacques) de Touloufe, Jurifconfulte célèbre, né en 1520, mort le 4 Octobre 1590, à Bourges. 1. Agé de 67 ans, Royer, à Bourges, in-4. 2. N... 3. La tête découverte, N... in-4. 4. Moncornet. 5. G. Rouffelet, 1658, in-fol. 6. N... en petit.

CUISINIER, (Thomas) premier Préfident d'Aix, en 1530, mort en 1532. Cundier, 1724, in-fol.

CURÆUS, (Marinus) Medicus. Voy. CHAMBRE.

CURIA. (Defiderius à) Voy. COUR.

CURIOT, (Antoine) Recteur de l'Univerfité de Reims, Curé de S. Jacques de cette Ville. N...

CUSANCE, (Sœur Claire-Marie-Françoife de) Religieufe de la Vifitation, Fondatrice du Couvent de Champlite, née le 9 Septembre 1621, morte le 9 Avril 1640. Jean de Lebœur, del. M. Natalis, fc. in-fol.

CUSANCE, (Béatrix de) Princeffe de Cantecroix. 1. Vandick, p. Petr. de Jode, fc. in-fol. 2. Daret.

CUSTOJOUX, (Guy de) Ecuyer de la Reine-Mère. M. Lafne, in-12. petit ovale.

CYBARD, (S. Eparchius ou S.) Religieux d'Angouleſme. J. Picart, in-4.

CYRANO Bergerac, (Savinien) Gentilhomme François, Poëte, &c. né à Bergerac en 1620, mort en 1655. 1. Le Doyen, in-8. avec quatre Vers au bas. 2. Defrochers.

D.

DACIER, (Mr) Grand-Maître de l'Artillerie fous François I. Deffin au Cabinet du Roi.

DACIER, (André) de l'Académie Françoife, né à Caftres le 6 Avril 1651, mort à Paris le 18 Septembre 1722. N... dans Odieuvre.

Anne le Fèvre, fa femme, fille de Tanneguy le Fèvre, née à Saumur en 1651, morte le 17 Août 1720, à Paris. 1. Thomaffin. 2. Defrochers. 3. N... dans Odieuvre.

DACQUET, (J. Charles) Provincial des Cordeliers. Rouffel, p. Duflos, fc. in-fol. dans une Thèfe.

DAFFINCOURT. Voy. CLÉMENT.

DAILLÉ, (Jean) Miniftre (Calvinifte) à Charenton, né à Châtelleraut le 5 Janvier 1594; s'attacha à M. du Pleffis-Mornay, qui le fit recevoir Miniftre à Saumur en 1623 : en 1626 ceux de Paris l'appellèrent, & il y mourut le 15 Avril 1670. 1. Vaillant, p. Lombart, fc. 1670, in-fol. 2. N... 1659, in-4. 3. Defrochers. 4. N... dans Odieuvre.

DAILLON (François du) de Lude, fils de Jean & d'Anne de Baftarnay, mort en 1569, fans enfans de Jacqueline de Montigny : fa Figure à genoux dans l'Eglife Cathédrale de Poitiers. Deffin enluminé au Cabinet de M. de Fontette.

DAILLON, (François de) Comte du Lude, né le 22 Février 1570, Sénéchal d'Anjou en 1585, Gouverneur d'Auvergne & de Gafton de France, Duc d'Orléans, mort le 27 Septembre 1619. Stuerhelt, in-4.

DAILLON, (Henri de) Comte du Lude, Chevalier des Ordres du Roi, Gouverneur de S. Germain-en-Laye, Grand-Maître de l'Artillerie, Duc & Pair, mort le 30 Août 1685. 1. Moncornet, in-4. 2. Larmeffin. 3. Lenfant, 1660, in-fol.

Marguerite de Béthune, Ducheffe du Lude, mariée le 26 Février 1681, morte à Paris le 25 Janvier 1726, âgée de 83 ans. 1. Larmeffin. 2. Schenck, in-fol. 3. Arnoult.

DAILLON (Gafpard de) du Lude, fils de François de Daillon & de Françoife de Schomberg, né en 1603, Evêque d'Agen en 1631, puis d'Alby en 1635, mort le 24 Juillet 1676. 1. R. Lochon, in-fol. 2. Jufte d'Egmont, p. N. Pittau, fc. 1666, in-fol.

DAIM, (Olivier le) Barbier de Louis XI. & enfuite fon Miniftre, pendu à un gibet en 1484, pour avoir abufé d'une femme fous promeffe de fauver la vie de fon mari, qu'il fit étrangler, & pour autres crimes. N... in-12.

DALECHAMPS, (Jacques) Médecin, né à Caen en 1513, mort à Lyon en 1588. 1. N... en bois, in-12. 2. N... en petit.

DALEMBERT, (Jean le Rond) de l'Académie Françoife & de celle des Sciences, né à Paris le 16 Novembre 1717, vivant. Cochin, del. C. H. Wattelet, fc. 1754. Médaillon, in-4.

DALLON, (Romain) premier Préfident de Pau. Cars.

DAMASCÈNE, (le P. Jean) Récollect. 1. Habert, in-4. 2. Defrochers.

DAMMARTIN, (Jeanne de Sancerre, Comteffe de) fon Tombeau. 1. N... 2. Deux Deffins au Cabinet de M. de Fontette.

DAMPIERRE, (Madame de) Jeanne de Vivonne, Femme de Claude de Clermont, Baron de Dampierre, Dame d'honneur de la Reine Louife, femme de Henri III. Deffin au Cabinet de M. de Fontette.

DANÆUS, (Lambertus) natus Aureliæ 1530, Theologiæ Profeffor in Academia Heidelbergenfi, poftea in Leydenfi, obiit anno 1596. 1. N... dans Boiffard, in-4. 2. Dans le Livre intitulé, Athena Batavæ, in-4. 3. Furck.

DANCHET, (Antoine) de l'Académie Françoife, né à Riom en 1671, mort à Paris en 1748. Defrochers.

DANÈS, (Pierre) Parifien, né en 1497, Profeffeur Royal en Grec, Ambaffadeur de François I. au Concile de Trente en 1546, Précepteur du Dauphin François, fils de Henri II. enfin Evêque de Lavaur; mourut en l'Abbaye de S. Germain-des-Prés, le 23 Avril 1577, âgé de 81 ans. 1. Nées, in-4. 2. Larmeffin, in-8. 3. Jafpard Ifaac.

DANÈS, (Pierre-Hilaire) Abbé de Paffau, Confeiller. Larmeffin, in-fol.

DANÈS, (Jacques) fils de Jacques, Seigneur de Marly, Préfident en la Chambre des Comptes, & d'Anne Hennequin; fut Confeiller au Grand-Confeil, puis Préfident de la Chambre des Comptes, & Maître de l'Oratoire du Roi, Evêque de Toulon en 1640; mourut à Paris le 5 Juin 1662, âgé de 61 ans. 1. Lenfant, del. & fc. in-4. 2. Larmeffin, in-8.

DANET, (Pierre) Parifien, Licentié en Théologie, Abbé de S. Nicolas de Verdun, Auteur de plufieurs Dictionnaires, mort à Paris le 14 Mai 1709. J. Audran, in-fol.

DANGEAU. Voy. COURCILLON.

DANGEVILLE, (Mademoifelle) Marie-Anne Botot, Actrice de la Comédie Françoife. 1. Pater, p. Le Bas, fc. in-fol. maj. obl. 2. Lencret, p. Le Bas, fc. in-fol. 3. S. Aubin, p. J. B. Michel, fc. in-fol. avec Ornemens.

DARLY, (François) Marchand de foie à Paris. J. Dieu, p. J. Lenfant, fc. 1657, in-fol.

DAVID, (Pierre) Hermite. C. Vignon, p. H. David, fc. in-fol.

DAVITY, (Pierre) Gentilhomme ordinaire de la Chambre du Roi, âgé de 45 ans en 1617, né à Tournon en 1573, mort à Paris en 1635. 1. J. *Picart*, del. & sc. 1637, in-4. 2. N.

DAULCEUR, (Mademoiselle le) enfant assise. *Cochin*, del. Madame *le Daulceur*, sc. 1760. Médaillon, in-4.

DAURAT, (Jean) Poëte, né aux environs de Limoges, mort en 1588 à Paris, âgé de 80 ans. 1. *Larmessin*. 2. N... en bois. 3. N... en petit. 4. *Desrochers*.

DAURAT, (Etienne) Conseiller au Parlement, reçu le 29 Août 1641, ou, selon Blanchard, en Février 1642. 1. M. *Lasne*, in-fol. 2. Idem, 1662, in-fol. 3. C. *Vallet*, in-fol. 4. *C. D. R.*

DAUVAINE, (la Vénérable Mère Marie-Agnès) Fondatrice du Monastère de l'Annonciade Céleste de Paris, morte le 17 Juin 1665, âgée de 64 ans. N... in-4.

DAUVET, (Nicolas) Comte des Marets, Grand-Fauconnier de France en 1650, mort au mois d'Octobre 1678. 1. J. *Lenfant*, 1656, in-fol. 2. J. *Frosne*, d'après *Stresor*, 1668, in-fol.

DÉCHARS, (le P. L.) Cordelier, Provincial de Tours & d'Aquitaine, Commissaire Apostolique. J. *Grignon*, in-fol.

DEFITA, (Jacques) Avocat au Parlement, puis Lieutenant-Criminel de Paris en 1665, mort en 1700. N. *Habert*, 1687, d'après S. *Dequoy*, in-fol.

DEFFENS. V. GASSOT.

DEHAULT, (Claude) Chanoine de Paris, mort en 1728. *Bonnart*, p. *Devaux*, sc. in-4.

DELBENE, (Alphonse) Evêque d'Orléans en 1646, mort à Orléans le 20 Mai 1665. 1. C. *Mellan*, in-fol. 2. J. *Boulanger*, in-fol. 3. *Moncornet*. 4. Jean *Durant*, à Orléans, in-fol.

DELISLE. Voy. de L'ISLE.

DELPECH, (Jean) Conseiller au Parlement. 1. *Largillière*, p. *Roullet*, sc. 1698, in-fol. 2. *Drevet*, in-fol. 3. *Petits* 1734, in-fol.

DELPHINAS, (Gasto) Fondateur de l'Ordre de S. Antoine, en 1005. *Landry*, in-fol.

DEMELLO, (Guillaume) Aumônier & Prédicateur du Roi. *Voligny*.

DEMIA, (Charles) Prêtre, Promoteur de Lyon, Directeur général des Ecoles, & Instituteur de celle des Pauvres; mort le 23 Octobre 1689, âgé de 53 ans. J. *Bouchet*, à Lyon, d'après *Ruelle*, in-fol.

DENIS, Aréopagite, réputé autrefois premier Apôtre des Gaules. N... dans Thevet.

DENIS, (Jean-François) Trésorier général des Bâtimens du Roi en 1763. *Cochin*, del. *François*, sc. 1763. Médaillon, in-4. en manière de crayon.

Denis, (Madame) Marguerite-Claude de Foissy. *Cochin*, del. *François*, sc. 1763, in-4. en manière de crayon.

DENISOT, (N.) Médecin de la Faculté de Paris. M. *Lasne*, in-8.

DEPARCIEUX, (Antoine) de l'Académie des Sciences de Paris. *Cochin*, del. Aug. de *Saint-Aubin*, sc. 1770. Médaillon, in-4.

DERVET, (Claude) Ecuyer, Chevalier de l'Ordre de Portugal, Peintre du Duc de Lorraine en 1632. En pied, avec son fils, Jac. *Callot*, 1632, in-fol.

DESAGULLIERS, (Jean-Baptiste) Prêtre & Philosophe, mort en 1744. *Desrochers*, in-8.

DESANGINS, (Christophe-François) Curé de Calais, mort à Paris en 1731. 1. N... avec une Conférence en bas, in-4. 2. A genoux, N... in-fol. 3. *Desrochers*, in-12. 4. N... petit Buste, in-24.

DESBOIS, (Martial) Graveur. Après avoir séjourné à Venise, Padoue, &c. il revint à Paris en 1696, & y est mort en 1700. Gravé par ledit *Desbois*, jeune, en petit, & en manière noire.

DESCAMPS, (J. Bapt.) Peintre du Roi, Professeur de l'Ecole de Dessin de la Ville de Rouen. *Descamps* lui-même, p. *Chevillet*, sc. in-8.

DESCARS, (Charles, Comte) & de Saint-Bonnet, Baron de la Reynauldie. J. *Dieu*, p. *Landry*, sc. 1665, in-fol.

DESCARTES. Voy. CARTES.

DESCHARS, (N.) en habit de Polichinelle. 1. *Berain*. 2. *Mariette*.

DESCHARS, (Mademoiselle) dansante à l'Opera. *Trouvain*.

DESCLEVES (Nicolas) de Soissons, Prêtre, Docteur en Théologie, Curé de S. Jean-en-Grève à Paris, Abbé de Longuay, âgé de 63 ans en 1637. N... 1637, in-4.

DESCLUSEAUX, (Mr) en 1593, sous Henri IV. Dessin au Cabinet du Roi.

DESFONTAINES. Voy. GUYOT.

DESFORGES. Voy. MAILLARD.

DESFRICHES, (Aignan-Thomas) Négociant à Orléans. *Cochin*, del. *Campion de Tersan*, sc. 1770. Médaillon, in-4.

DESGOUGES, (Pierre Cesonius) Docteur en Droit, 1712. *Tournière*, p. L. *Duvivier*, sc. in-fol.

DESLONDES, (Gabriel) Dominicain, Docteur de Paris, né à Lisieux le 25 Octobre 1654. *Desrochers*, in-8.

DESMARES, (Charlotte) Comédienne, née en 1682 à Copenhague, morte à Paris en 1753. 1. *Lépicié*, 1733, in-fol. 2. *Mariette*, in-fol. 3. En Pélerine, *Watteau*, del. *Desplaces*, sc. in-8.

DESMARETS, (Philippe-Onufre) dernier Jésuite Confesseur du Roi, né en 1700. *Jouffroy*, p. *Beauvarlet*, sc. 1758, in-fol.

DESMATINS, (Mademoiselle) dansante à l'Opera. *Mariette*, in-fol.

DESMOULINS, (Jean) Curé de S. Jacques-du-Haut-Pas à Paris, mort en 1732. *Liébault*, p. *Drevet*, sc. in-4.

DESPEISSES, (Antoine) Jurisconsulte, Avocat & Professeur en Droit à Montpellier, natif d'Alais en Languedoc en 1595, mort en 1658. 1. Agé de 29 ans, *Mellan*, del. & sc. in-fol. 2. Agé de 64 ans, N... à Lyon, in-fol.

DESPEISSES. Voy. FAYE.

DESPENCE, (Claude) né à Chaalons-sur-Marne d'une famille noble en 1511, célèbre Théologien, Prédicateur, &c. envoyé en 1547 au Concile de Trente, assista aux Etats d'Orléans en 1560, & au Colloque de Poissy en 1561; mourut à Paris le 5 Octobre 1571, & fut enterré à S. Cosme. N... en petit.

DESPLANCHES, (Jean) Imprimeur. N... in-12. en bois.

DESPONT, (Philippe) de Paris, Prêtre, Docteur en Théologie. 1. *La Dame*, in-4. 2. *Van Schupen*, 1694, in-fol.

DESPORTES, (François) Peintre, né en Champagne en 1661, mort à Paris en 1743. 1. *Jollain*, 1733, in-fol. 2. N... dans l'Histoire des Peintres par d'Argenville.

DESPORTES. (Philippe) Voy. PORTES (des).

DESROCHERS, (Etienne Jahaudier) Graveur. *Desrochers lui-même.*

DESROCHES, (Guillaume) Sénéchal d'Anjou. 1. *Stuerhelt*, in-4. 2. M. *Lasne*.

DESTOUCHES. Voy. NERICAULT.

DESTOUCHES, (André-Cardinal) Musicien, mort en 1749. *Crespy*, Médaillon, au Parnasse François.

DEY, (Robert) Official de Reims. *Colin*, 1673, in-fol. dans une Thèse.

DIDEROT, (Denis) né à Langres, Directeur de l'Encyclopédie. 1. *Greuze*, del. *De Saint-Aubin*, sc. Médaillon, in-4. 2. *Du Hamel*, Médaillon, in-4.

DIEU, (Jean) Peintre. *Lenfant*.

DIONIS, (Pierre) premier Chirurgien de Madame la Dauphine, mort en 1718. *Boulogne*, p. *Thomassin*, sc. 1684, in-8.

DISSY, (Etienne-Simon) Frère Capucin, mort en 1643. *Couvay*.

DODART, (Denis) de l'Académie des Sciences. *Cochin*, del. H. *Wattelet*, sc. 1753, Médaillon, in-4.

DODUN, (Charles-Gaspard) Contrôleur Général en Avril 1722, se retira en Juin 1726. *Rigaud*, p. 1724. *Drevet*, sc. 1726, in-fol.

DOLIER, (Jean-Antoine) Prêtre du Séminaire de Clermont, mort en 1675, âgé de 45 ans. *Chatanier*, in-8.

DOMAT, (Jean) Avocat du Roi au Présidial de Clermont en Auvergne, Auteur des Loix Civiles dans leur ordre naturel; né le 30 Novembre 1625, mort à Paris le 14 Mai 1696. N... dans Odieuvre.

DOMINIQUE, (Joseph) de la Comédie Italienne. *Habert*.

DOMINIQUE, (le Père) de Jesus-Maria, Carme, en 1621. M. *Lasne*.

DONEAU, (Hugues) ou Donellus, de Châlon-sur-Saone, Jurisconsulte, Orateur & Historien, Professeur en l'Université de Leyde, & enfin dans celle d'Altorf, où il mourut le 4 Mai 1591, âgé de 65 ans. 1. N... 1583, in-8. 2. N... dans Boissard, in-4. 3. N... in-4. 4. Crispin *de Pas*, après 1591 in-4. 5. N... dans le Livre intitulé *Athena Batava*, in-4. 6. Th. *de Bry*, in-4. 7. N... en petit.

DONI, (Louis) d'Attichy, Evêque d'Autun, fils d'Octavien, Italien, & de Valence de Marillac; fut d'abord Religieux Minime, puis Evêque de Riez en 1623, & d'Autun en 1652; mourut le 2 Juillet 1664, âgé d'environ 70 ans. 1. R. *Lochon*, del. & sc. in-fol. 2. *Nanteuil*, 1665, in-fol.

DORIEU, (Jean) Président en la Cour des Aides, fils de Nicolas, Ecuyer, Seigneur de Grand-Pré, & de Marie le Bé; il épousa Géneviève de Creil. *Nanteuil*, 1660, in-fol.

DORIGNY, (Michel) Peintre, mort Professeur de l'Académie en 1665, âgé de 48 ans. N... dans l'Histoire des Peintres par d'Argenville.

DOUBLET, (Jacobus) Presbyter Sancti-Dionysii in Franciâ, æt. 85 an. 1645. 1. M. *Lasne*, 1645, in-4. 2. Dessin au Cabinet de M. de Fontette, âgé de 64 ans.

DOUBLET, (M.) Secrétaire des Commandemens de la Reine d'Espagne. Jouant du Basson. Mad. *Doublet*, del. & sc. in-12.

DOUGLAS, (Guillaume Comte de) Prince d'Ecosse, retiré en France; mort à Paris en 1611. Son Tombeau à Saint-Germain des Prés. R. *Lochon*, in-fol.

DOUJAT, (Jean) né à Toulouse en 1609, Docteur en Droit & premier Professeur du Roi, Historiographe Latin de S. M. reçu à l'Académie Françoise en 1650; mort le 27 Octobre 1688, étant Doyen des Professeurs Royaux, des Professeurs en Droit & de l'Académie Françoise. 1. L. *Sicré*, p. L. *Cossin*, sc. 1684, in-fol. 2. Marg. *Gillet*, p. L. *Cossin*, sc. 1686, in-4. 3. *Habert*, in-4. 4. *Cherrier*, p. *Langlois*, sc. in-4.

DOUJAT, (Jean) Conseiller au Parlement de Paris, Doyen de la Grand'Chambre en 1700. *Beaubrun*, del. *Patigny*, sc. 1669, in-8.

DOUX (N. le) de Melleville, Doyen du Chapitre d'Evreux, mort en 1680. *Lenfant*, 1662, in-fol.

DRELINCOURT, (Charles) Ministre Calviniste à Paris, où il mourut en Novembre 1669, âgé de 74 ans. 1. Agé de 68 ans. W. *Vaillant*, p. L. *Visscher*, sc. 1665, in-8. pour son Livre de la Consolation contre la mort. 2. N... 1658. 3. Fr. *Mazot*, in-fol. 4. *Holstein*, in-8. 5. *Desrochers*.

DREUX, (Robert de) N... dans le Père Montfaucon.

DREUX. (Magdeleine de Hames, femme de Jacques de) *Ibid*.

DREUX, (Bertrand de) Ecuyer, Vétéran de la Maison du Roi, Capitaine du Château de Reyne en 1651. M. *Lasne*, in-4.

DREUX, (Claude de) Comte de Nancrès, Gouverneur d'Arras. *Gantrel*, petit ovale.

DUAREN, (François) né à Saint-Brieux, Jurisconsulte célèbre, Docteur & Antécesseur de l'Université de Bourges, depuis l'an 1539 jusqu'en 1559 qu'il y mourut, âgé de 50 ans. 1. G. *Mantouan*, 1555, in-4. 2. W. *Wocriot*, 1656, in-4. 3. N... en petit.

DUBLET, (N.) Ingénieur. M. *Lasne*, 1656, in-fol. avec quatre Vers au bas.

DUCHERIUS, (Joannes) Andegavus, S. T. D. Ecclesiæ Gallicæ, Amstelod. obiit die 10 Augusti an. 1629. (C'étoit un Théologien Calviniste). W. *Delff*, in-fol.

DUCLOS, (Mademoiselle) Marie-Anne de Châteauneuf, Comédienne, morte le 18 Juin 1748. 1. *Largilière*, p. *Desplaces*, sc. 1714, in-fol. maj. 2. *Desrochers*, in-8. 3. N... dans Odieuvre.

DUCLOS. Voy. du CLOS.

DUDRAC, (Marie) Veuve, souvent ravie en extase, morte en réputation de sainteté le 11 Septembre 1590, âgée de 46 ans. Th. *de Leu*, in 8.

DUFRESNY. Voy. FRESNY.

DUGUET. Voy. GUET.

DULATIER, (N. Chavignac) Ecuyer, premier Chirurgien de la Reine, reçu à Saint-Cosme en 1735. N. Maître d'armes des Pages de la Reine, in-4. (C'est une charge ou pièce satyrique.)

DUMETS, (Gédeon Berbier) Président en la Chambre des Comptes, auparavant Garde du Trésor Royal, Intendant & Contrôleur Général des Meubles de la Couronne; mort à Paris le 10 Septembre 1709, âgé de 83 ans. *Rigaud*, p. E. *Edelinck*, sc. 1701, in-fol.

DUMETS, (Claude Berbier) Lieutenant-Général des Armées du Roi & de l'Artillerie, frère du précédent; tué à la Bataille de Fleurus, le 1. Juillet 1690. 1. *Tortebat*, p. *Edelinck*, sc. in-fol. 1700. 2. Son Tombeau dans l'Eglise de Gravelines, fait par Girardon. Seb. *le Clerc*, sc. in-fol.

DUMONT. (Gabriel) *Taujé*, 1749, in-4.

DUMONT. (Jacques) dit *le Romain*, Peintre du Roi. *Cochin*, del. Aug. *de Saint-Aubin*, sc. 1770. Médaillon, in-4.

Liste de Portraits

DUMONT (Jacques) de Valdajou, Chirurgien de Monseigneur le Comte de Provence. *Chenu*, 1771.

DUPIN, (Louis Ellies) Docteur en Théologie, Professeur Royal, né à Paris le 17 Juin 1657, d'une famille de Normandie, ancienne & noble; mourut à Paris le 6 Juin 1719. 1. Ph. *Vignon*, p. Fr. *Desrochers*, sc. 1698, in 8. 2. *Crespy*.

DUPLAN, (Rosalie) Actrice de l'Opera, reçue en 1762. *Le Clerc*, del. *Elluin*, sc. 1771, in-fol.

DUPLEIX, (Scipion) Historiographe de France, né à Condom en 1569, mort en cette Ville au mois de Mars 1661. 1. Agé de 49 ans. M. *Lasne*, 1621, in-4. Agé de 52 ans. M. *Lasne*, in-8.

DUPLESSIS. Voy. GUENEGAUD, & MORNAY.

DUPLESSIS, (François-Xavier) Jésuite, Missionnaire Apostolique, né à Québec le 13 Janvier 1694. 1. J. B. *Poilly*, in-8. 2. *Surugue*, 1744, in-4. 3. *Petit*, in-8.

DUPRÉ. (Isaïe) *Dalon*, 1643.

DURAND. (Samuel) M. *Lasne*, in-8.

DURAND. (Madame) Dessin au Cabinet de M. de Fontette.

DURANTI, (Guillaume) Evêque de Mende, dit *le Spéculateur*, élu Evêque en 1286, mort en 1296. N... dans Boissard, in-4.

DURANTI, (Etienne) Premier Président de Toulouse en 1581; tué en 1589, dans une sédition, à Toulouse, le 10 Février, âgé de 56 ans. 1. Jaspard *Isaac*. 2. N... en petit.

DURAS, (Guy de) Comte de Lorges, Duc de Quintin, Maréchal de France en 1675, Capitaine d'une Compagnie des Gardes du Corps en 1691; mort à Paris le 22 Octobre 1702, âgé de 72 ans. 1. *Simon*, p. & sc. in-fol. 2. M. *Lasne*, 1656. 3. *Arnoult*. 4. *Deshayes*. 5. *Larmessin*.

DURAS, (la Duchesse de) Marguerite de Lévis, mariée le 5 Avril 1668, morte le 10 Septembre 1717. *Le Febvre*, 1684, in-fol.

DURAS, (Jacques-Henri de Durfort, Duc de) Pair en 1689, Maréchal de France en 1675, Capitaine d'une Compagnies des Gardes du Corps, Gouverneur & Lieutenant-Général du Comté de Bourgogne; mort à Paris le 12 Octobre 1704, âgé de 79 ans. 1. *Landry*, 1679, in-fol. 2. *Larmessin*.

DURFORT, (Jean Duc de) Maréchal de France. N...

DURIEUX, (Thomas) Docteur en Théologie, Principal du Collège du Plessis-Sorbonne, à Paris, mort le 10 Août 1727, âgé de 83 ans. 1. *Le Fevre*, 1682. 2. *Desrochers*.

DUVAL, (N...) né en Lorraine, Sçavant Antiquaire & Bibliothécaire de François-Etienne de Lorraine, Empereur. Sa Vie jusqu'à cette époque. *Kleiner*, six petites pièces, in-12.

E.

EDELINCK, (Gérard) né à Anvers, premier Graveur du Roi, & de l'Académie de Peinture & de Sculpture; mort aux Gobelins le 2 Avril 1707, âgé de 67 ans. 1. J. *Vivien*, p. F. J. *Spoett*, sc. 1708, in-fol. 2. *Tortebat*, p. R. *Devaux*, sc. in-fol. 3. *Edelinck*, d'après *Tortebat*, in-fol. 4. *Desrochers*. 5. N... dans *Odieuvre*.

EFFIAT. Voy. RUZÉ.

EISEN, (Charles) Peintre du Roi. *Vispré*, p. *Ficquet*, sc. 1761, in-12.

ELIZABETH, (la Vén. Mère) de Jesus, Carmelite, élevée dans le Couvent de Troyes, fondé par Jacques Vignier, Chevalier, Marquis de Ricey, & Marie de Mesgrigny, ses père & mère; décédée en odeur de piété dans le Couvent de ladite Ville, le 7 Décembre 1698. J. *Sarrabat*, 1699, d'après J. *Henrison*, in-fol. en manière noire.

ELIZABETH de la Croix de Jesus, Fondatrice du Refuge de Nancy. *La Roussiere*.

EMERY, (Pierre) Imprimeur. *Moireau*, 1729, in-fol.

EMERY. Voy. PARTICELLI.

ENTRAGUES, (Madame de Clermont d') sous Henri IV. Dessin au Cabinet du Roi.

ENTRAGUES, (Mademoiselle d') sous Henri IV. Dessin au Cabinet du Roi.

ENTRAGUES. (la Marquise d') *Bonnart*, 1695; in-fol.

ENTRAGUES. Voy. BALZAC.

ENTRAGUES, (M. d') & M. de Montbarré. *Carmontel*, sc. 1761. N... in-fol.

ENTREMONT, (la Comtesse d') Béatrix-Pacheco, sous François I. Dessin au Cabinet du Roi.

ENTREMONT, (N. d') Abbé. N...

EPERNON. Voy. VALETTE, (de la)

ERLACH, (Jean-Louis d') de Berne, Lieutenant-Général, Gouverneur de Brisack, né en 1595, mort en 1650. 1. *Moncornet*, 1656, in-4. 2. N... en Flandres, in-4. 3. D. *Herlliberger*, Tigurinus, 1748, in-12.

ERRARD, (Claude) Avocat. *Petit*.

ERRARD, (Charles) de Bresuire, Peintre ordinaire du Roi, âgé de 58 ans. N... couronné de laurier, une main sous la tête, un compas de l'autre.

ERRARD, (Jean) de Bar-le-Duc, Ingénieur ordinaire du Roi, âgé de 46 ans, en 1600. N..., 1600, in-4.

ERTINGER, (François) Graveur. N...

ESCAILLIERE. (l') Voy. BEREY.

ESCALLE, (Jean-François) Provincial des Cordeliers. *Haussard*, in-fol. maj.

ESCALLIS, (Marc-Antoine d') Baron de Bras, Premier Président d'Aix en 1616, mort en 1620. *Cundier*, 1724.

ESCARS, (Charles Comte d') & de Saint-Bonnet. *Landry*.

ESCARS, (Jean d') de la Vauguyon, mort le 21 Septembre 1595. N...

ESCARS, (Anne d') fils de Jacq. & de Françoise Longoy, Dame de Givry; né à Paris le 29 Mars 1546, Bénédictin, puis Abbé de Saint-Bénigne de Dijon, puis Evêque de Lisieux en 1585, Cardinal en 1586; prit le nom de Cardinal de Givry, comme l'avoit porté son oncle; fut fait Evêque de Metz en 1609, & mourut à Vic le 2 Avril 1612. F. V. W. in-8.

ESCHALARD, (Maximilien) Marquis de la Boullaye, Gouverneur de Fontenay-le-Comte. *Moncornet*, in-4.

ESCHAUX, (Bertrand d') fils du Vicomte de Baigorry ou d'Eschaux, dans la basse Navarre; fut, 1°. Evêque de Bayonne en 1598, puis Archevêque de Tours le 14 Octobre 1618, Commandeur de l'Ordre du Saint-Esprit en 1619, premier Aumônier de Henri IV. & de Louis XIII. mort le 21 Mai 1641, âgé de 85 ans. M. *Lasne*, in-fol.

ESCURUS. (Charles d') *Habert*, 1685, in-fol.

ESNAULT, (Félix) Curé de Saint-Jean en Grève à Paris, 1724. 1. N... petit in-4. 2. *Robert*, p. 1731. *Basseporte*, sc. in-4. maniere noire.

ESPAGNE, (Isabelle de France, Reine d') première femme de Philippe II, née en 1545, mariée en 1559, & morte en 1568, dite *Isabelle de la Paix*. 1. N. *Nelli*, in-4. 2. *Sicfrinck*, in-fol. 3. H. *Cok*, in-4. en ovale, tenant une fleur. 4. Dessin au Cabinet du Roi. 5. N... dans le P. Montfaucon. 6. Dessin au Cabinet de M. de Fontette.

ESPAGNE, (Elizabeth de Bourbon, Reine d') première femme de Philippe IV, née à Fontainebleau le 22 Novembre 1602, mariée en 1615, morte à Madrid le 6 Octobre 1644. 1. *Rubens*, p. *Pontius*, sc. 1632, in-fol. 2. J. *Louys*, d'après *Rubens* & *Southman*, in-fol. 3. *Le Blond*, in-fol. 4. Pet. à *Villafranca*, Madriti, 1645, in-fol. 5. *Moncornet*. 6. *Mariette*.

ESPAGNE, (Marie-Louise d'Orléans, Reine d') femme de Charles II, née le 27 Mars 1662, mariée le 31 Août 1679, morte à Madrid le 12 Février 1689. 1. N. *Wischer*, in-fol. 2. N. chez la Veuve Bertrand, in-4. 3. *Trouvain*, in-4. obl. avec un Manteau Royal. 4. *Larmessin*.

ESPAGNE, (Philippe V. Roi d') né à Versailles le 19 Décembre 1683, déclaré Roi d'Espagne en 1700, abdiqua le 15 Janvier 1724, reprit le Gouvernement après la mort de Louis I. son fils, le 6 Septembre 1724; mort le 9 Juillet 1746. 1. N. *Pittau*, d'après *de Troy*, 1700, in-4. 2. S. *Thomassin*, Décembre 1700, in-fol. maj. 3. *Gantrel*, in-fol. maj. 4. P. *Drevet*, d'après *de Troy*, 1701, in-fol. maj. 5. *Idem*, d'après *Rigaud*, in-fol. magn. (Beau.) 6. *Landry*, en pied avec un Maure qui porte la queue de son Manteau. 7. *Poilly*. 8. *Mariette*. 9. *Edelinck*, in-fol. à cheval, 1704. 10. *Desrochers*, in-8. 11. C. *Vermeulen*, in-fol. au pastel de Jean *Vivien*, 1701, in-fol. 12. *Duflos*, 1702, in-fol. 13. Ant. *le Clerc*, à Lyon, 1702, in-fol. maj. 14. N. *Pittau*, 1703, Médaille. 15. *Schenck*, à Amsterdam, in-4. en maniere noire. 16. J. *Gole*, in-4. 17. J. *le Pautre*, à Bruxelles, in-fol. à cheval. 18. *Schmidt*, d'après *Vanloo*, in-fol.

ESPAGNE, (Dom Carlos, Infant d') Roi de Naples & de Sicile, né à Madrid le 20 Janvier 1718; [Roi d'Espagne en 1759, petit in-8. avec quatre Vers.)

ESPAGNE, (Philippe Infant d') Duc de Parme, né le 15 Mars 1720. 1. *Vialy*, p. *Balechou*, sc. in-fol. 2. *Petit*.

ESPAGNE, (Marie-Anne-Victoire, Infante d') née le 30 Mars 1718, Reine de Portugal en 1759. *Petit*.

ESPARRE, (André de Foix, Seigneur de l') ou d'Asparros, Chevalier de l'Ordre du Roi, frère du Maréchal de Lautrec, & de la Comtesse de Châteaubrian; mort en 1547. Dessin au Cabinet de M. de Fontette.

ESPARRON, (N...) Gentilhomme, Auteur d'un Traité de la Chasse. *Briot*, in-4.

ESPINAC (Pierre d') Archevêque de Lyon, mort à Lyon en 1600. 1. N.... en petit. 2. Autre en petit, N... Médaillon.

ESPINAY. (le Cardinal d') N...

ESPINAY, (Charles d') fils de Louis, & de Louise de Goulaine; fut Evêque de Dol, assista au Concile de Trente, & mourut en 1591. Dessin à la pierre-noire dans le Cabinet du Roi.

ESPINAY (Olivier d') de Boisguerout, mort en 1521, & ses deux fils. N... dans le P. Montfaucon.

Jacqueline de Dreux, sa femme & leur fille. *Ibid*.

ESPINAY, (François d') Sieur de Saint-Luc, Grand-Maître de l'Artillerie; tué au siège d'Amiens, le 5 Septembre 1597. N... en petit.

Madame la Maréchale de Saint-Luc, ci-devant Mademoiselle Henriette de Bassompierre, sous Henri IV, mariée en 1602, morte en couches, en Novembre 1609. Dessin au Cabinet du Roi.

ESPINAY, (Artus d') fils de François dit *le Brave Saint-Luc*, & de Jeanne de Cossé; fut Evêque de Marseille & Commandeur de l'Ordre du S. Esprit, mourut en 1618. 1. Dessin lavé à l'encre de la Chine, in-fol. Dans le Cabinet du Roi. 2. Dessin au Cabinet de M. de Fontette.

ESPINOY. Voy. MELEUN.

ESPOISSES, (Marie d') Maîtresse de Henri III. 1. Dessin au crayon, dans le Cabinet de M. de Fontette. 2. N... in-8.

ESTAING, (François d') Evêque de Rodés, mort en 1529, âgé de 69 ans. N... in-8.

ESTAMPES, (Jean de Brosse, Duc d') sous François I. mourut en 1564. 1. Dessin au Cabinet du Roi. 2. Dessin au Cabinet de M. de Fontette.

Anne de Pisseleu, sa femme, Maîtresse du Roi François I. Dessin au Cabinet de M. de Fontette.

ESTAMPES (Achille d') de Valençay, né en 1584, Chevalier de Malthe, puis Grand-Bailli, Cardinal en 1643, mourut à Rome le 27 Juin 1646. N...

ESTAMPES, (Jacques d') Maréchal de la Ferté-Imbaud, le 5 Janvier 1651, Chevalier des Ordres du Roi en 1661; mort au Château de Mauny près de Rouen le 20 Mai 1668, âgé de 78 ans. *Frosne*.

ESTAMPES, (Léonor d') de Valençay, frere d'Achille, né le 6 Février 1589, Evêque de Chartres en 1621 & Archevêque de Reims en 1641; mort à Paris étant à l'Assemblée du Clergé, le 8 Avril 1651. 1. C. *Charpignon*, in-fol. 2. Dessin à la pierre-noire, in-fol. au Cabinet du Roi. 3. Autre Dessin par *Dumoustier*, dans le même Cabinet. 4. *Moncornet*.

ESTAMPES (Henri d') de Valençay, Grand-Croix & Bailly de Malthe, Grand-Prieur de France, Abbé de Bourgueil, Ambassadeur pour le Roi à Rome en 1652, mort à Malthe en 1678. J. *Frosne*, 1654, in-fol.

ESTAMPES, (Jean d') Conseiller au Parlement en 1619, puis Maître des Requêtes en 1626, Conseiller d'Etat, Directeur des Finances, Président au Grand-Conseil, Ambassadeur pour le Roi chez les Grisons & en Hollande; fils de Jean, Seigneur de Valençay, Chevalier des Ordres du Roi; mourut le 4 Février 1671, âgé de 77 ans. J. *Frosne*, in-fol.

ESTAMPES, (J. B. d') Evêque de Marseille en 1680, mort le 6 Janvier 1684. Et. *Gantrel*, d'après *Dart*, 1682, in-fol.

ESTAMPES. (Marguerite d') *Dumoustier*, p. 1625. C. *Mellan*, sc. 1638, in-4.

ESTAMPES. (Madame la Marquise d') *Cochin*, del. A. L. *de la Live*, sc. 1758. Médaillon, in-4. avec quatre Vers au bas.

ESTE (Rainauld d') fils d'Alphonse, Duc de Modène, né en 1618, Cardinal en 1641, Evêque de Reggio, puis de Montpellier, Protecteur des Affaires de France à Rome, mort en Octobre 1672. 1. Jos. *Testana*, à Rome, 1660, in-4. 2. *Van Schupen*, del. & sc. 1662, in-fol. 3. Grég. *Huret*, in-fol. 4. Corn. *Meyssens*, à Vienne, 1664, in-fol.

ESTIENNE, (Saint) Fondateur de l'Ordre de Grandmont, mort en 1126, âgé de 80 ans. *Van Lochon*, in-4.

ESTIENNE, (Robert) Parisien, Imprimeur & Auteur de plusieurs Ouvrages, né à Paris en 1503, fils de Henri I. fut Imprimeur du Roi François I. en 1539, & mourut à Genève le 7 Septembre 1559. 1. N... en petit. 2. H. *Hond*, in-4. 3. *Desrochers*.

ESTIENNE, (François) [Stephanus,] Président au Parlement de Provence, âgé de 44 ans en 1593. L. *Gaultier*, 1618, in-4.

ESTIENNE, (N. d') Président des Trésoriers Généraux, à Aix. Phil. *Mellan*, dans une Thèse.

ESTIUS, (Guillaume) né à Gorcum en Hollande, fameux Professeur en Théologie, & Chancelier de l'Université de Douay, mort le 20 Septembre 1613, âgé de 72 ans. *Moncornet*.

ESTOUTEVILLE, (M. d') sous Charles IX. Dessin au Cabinet du Roi.

ESTOUTEVILLE, (Guillaume, Cardinal d') mort le 22 Décembre 1483, âgé de 80 ans, Doyen des Cardinaux. F. V. W. in-8.

ESTRABONNE, (Guillaume d') Chevalier de la Toison d'or. N...

ESTRADES, (Louis-Geoffroy, Comte d') Maréchal de France, premier Plénipotentiaire du Roi pour le Traité de Nimègue, en 1679, mort à Paris le 26 Février 1686, âgé de 79 ans. 1. Et. *Picart*, in-fol. 2. *Larmessin*. 3. *Quitter*, in-fol. en manière noire.

ESTRADES. (Madame la Marquise d') *Bonnart*, 1694, in-fol.

ESTRADES, (Jean-Fr. d') Abbé de Moissac, Ambassadeur à Venise en 1675, & à Turin en 1679, mort le 10 Mai 1715. 1. *Pittau*, d'après *Plattemontagne*, in-fol. 2. *Audran*.

ESTRÉES, (Jean d') Grand-Maître de l'Artillerie, mort le 23 Octobre 1571, âgé de 85 ans. 1. N... 2. Dessin au Cabinet de M. de Fontette.

ESTRÉES, (François-Annibal, Duc d') Maréchal de France en 1626, Gouverneur de l'Isle de France, Ambassadeur en Suisse vers les Princes d'Italie, en 1614, & à Rome en 1636; mort à Paris le 5 Mai 1670, âgé de 98 ans, ou, selon quelques-uns, de 102 ans. 1. *Daret*, in-4. 1. N... dans le Livre des Triomphes de Louis-le-Juste, in-fol. 3. *Moncornet*.

ESTRÉES, (Gabrielle d') Marquise de Monceaux & Duchesse de Beaufort, morte en 1599. 1. Th. *de Leu*, in 8. 2. N... d'après le précédent, in-4. 3. Dessin au Cabinet du Roi. 4. *Chenu*, in-12. 5. N.... dans Odieuvre.

ESTRÉES, (César d') fils de François-Annibal, fut Evêque de Laon en 1653, Cardinal le 24 Août 1671, se démit de son Evêché en 1680, mourut en 1714. 1. En Abbé, *Humbelot*, in-fol. 2. R. *Lochon*, d'après N. *Belot*, in-fol. 3. *Nanteuil*, 1660, in-fol. 4. En Cardinal. Ant. *Clouet*, à Rome, d'après Ferd. *Rouet*, in-4. 5. Et. *Gantrel*, 1677, in-fol. 6. *Edelinck*, 1698, d'après *de Troy*, in-fol. 7. Assis, *Drevet* & *Giffart*, in-fol. 8. *Larmessin*.

ESTRÉES, (Jean d') Abbé de Conches, Evêque de Laon en 1680, par la démission de César son oncle, mort à Paris le 1 Décembre 1694. 1. En Abbé, *Rousselet*, in-fol. 2. En Evêque, C. *Randon*, 1679, in-fol. 3. *Gantrel*.

ESTRÉES, (Jean d') Abbé de Vrou & de Conches, puis Archevêque de Cambray en 1716, auparavant Ambassadeur en Portugal de 1692 à 1699, puis en Espagne en 1703, mort à Paris le 4 Mars 1718. 1. *Rigaud*, p. J. *Audran*, sc. 1699, in-fol. 2. *Desrochers*.

ESTRÉES, (Victor-Marie d') Maréchal de France, né le 30 Novembre 1660, mort à Paris en 1737. 1. *Largillière*, p. *Audran*, sc. in-fol. 2. N... Médaillon.

ESTRÉES (la Marquise d') Courtenvaux, mariée le 28 Novembre 1691, à Michel-François le Tellier, Marquis de Courtenvaux. *Bonnart*, in-fol.

ESTRÉES, (Louis-César d') Maréchal de France,

mort le 2 Janvier 1771. *Vanloo*, p. *De Lorraine*, sc. 1772, in-fol. dans la Gallerie Françoise, Cahier VII.

ETREMONT, (l'Abbé d') sous Henri III. Dessin au Cabinet de M. de Fontette.

ETTINGEN, (le Comte Maurice d') 1521, sous François I. Dessin au Cabinet du Roi.

EUDES, (Jean) frère de Mézeray, Supérieur du Séminaire de Jesus & Marie, à Caen, Instituteur de plusieurs autres Séminaires & des Religieuses de la Charité, grand Missionnaire, mort le 19 Août 1680. 1. J. *Durant*, à Orléans, in-8. 2. *Drevet*, d'après *le Blond*, 1704, in-fol. 3. *Desrochers*.

EVEILLON, (Jacques) Chanoine & Vicaire-Général d'Angers, mort âgé de 79 ans, en Décembre 1651; étoit né à Angers en 1582, de Jacques, Echevin. *Landry*, 1672, in-4.

EVRARD, (Philippe) Avocat. *Tortebat*, p. *Edelinck*, sc. in-fol.

EVREUX, (N. Comte d') N... dans le P. Montfaucon.

EUSTACHE (Dom) de S. Paul, (dont le nom de Famille étoit Asseline) Religieux de la Congrégation de Notre-Dame des Feuillans, mort le 26 Décembre 1640, âgé de 68 ans. Fr. *Poilly*, in 8.

EXPILLY, (Claude d') Président au Parlement de Grenoble, né à Voiron en Dauphiné, le 22 Décembre 1561, avoit été premier Président du Parlement de Chambéry, après la prise de cette Ville en 1630; mourut à Grenoble le 25 Juillet 1636, âgé de 75 ans. 1. N... in-4. dans le second Volume des Eloges de Tomasini. 2. Th. *de Leu*, in-4. 3. Germ. *Audran*, in-fol. obl.

F.

FABER, (Antoine) ou Favre, célèbre Jurisconsulte, né à Bourg-en-Bresse le 4 Octobre 1557, premier Président au Parlement de Chambéry, âgé de 48 ans en 1605, célèbre Jurisconsulte, mort à Chambéry le 1 Mars 1624. 1. *Fornazeri*, 1605, in-4. avec deux Vers Latins. 2. N...

FABER, (Jacques) Stapulensis, Picardus, ignobili loco natus, sed ingenio nobilis & in PhilosophiæPeripateticæ Professione conspicuus, Theologis Parisiensibus ob despectam Scholasticam odiosus fuit, & Lutheranismi suspectus : Lutetiâ Netacum migravit apud Margaritam Navarræ Reginam, ubi obiit centenario major, anno 1537. 1. N... dans Boissard, in-4. 2. N... en petit. 3. N... in-4. 4. *Desrochers*.

FABER, (Joannes) Doctor Medicus Monspeliensis : en petit, & âgé de 32 ans, dans le Frontispice de son *Palladium spagyricum* : Tolosæ, Bosc, 1623, in-4.

FABER, (Petrus) Sanjorianus Jur. Cons. Consiliarius Regius, Libeliorum Ex-Magister, in Senatu Tolosano Præses, an. 1592, æt. 55. Autor Semestrium Libri, editi Lugduni, an. 1595. Car. *Galer*, p. *Filioli*, sc. in-4.

FABER, (Tanaquillus) Cadomensis, Professor Salmuriensis : obiit 12 Sept. 1672. 1. *Desmoulins*, p. Ag. *Rousselet*, 1665, in-4. 2. *Bleswich*, in-8.

FABERT, (Abraham de) né à Metz, & fils d'un Libraire, fut avancé à la Cour par le Cardinal de la Valette, devint Maréchal de France en Août 1658, Gouverneur de Sedan dès 1642 ; mourut le 17 Mai 1662, âgé de 63 ans. 1. *Ferdinand*, p. F. *Poilly*, sc. in-fol. 2. *Edelinck*, 1698, in-fol. 3. *Daullé*, in-8. 4. Seb. *le Clerc*.

FABERT. (Nicolas) N...

FABRI (Nicolas-Claude) de Peiresc, Conseiller au Parlement d'Aix, célèbre Antiquaire & Amateur, mort à Aix en 1637. 1. *Vandyck*, p. L. *Vosterman*, sc. in-fol.

des François illustres. 183

2. *Mellan,* del. & sc. in-fol. 3. J. *Lubin,* in-fol. 4. *Bechet,* d'après *Vandyck,* en manière noire. 5. N... dans Odieuvre.

FABRI, (Honoré) Jésuite, né à Bourg en Bresse l'an 1607, Pénitencier Apostolique à Rome, y meurt en 1688. Hub. *Vincent,* in-4.

FABRY, (Pierre de) Procureur-Général en la Chambre de l'Edit de Castres, âgé de 45 ans en 1638. J. *Picart,* 1638, d'après *de Castres,* in-8.

FAGE, (Raymond de la) habile Dessinateur, mort en 1684, âgé de 30 ans. Corn. *Vermeulen,* in-fol.

FAGE, (Ferréol de la) Historien de Toulouse en 1692. *Baour,* Médaillon.

FAGON, (Guy-Crescent) premier Médecin du Roi, né à Paris en 1628, mort en 1718. 1. H. *Rigaud,* p. G. *Edelinck,* sc. 1695, in-fol. 2. Dessin à la plume, âgé & courbé, Figure grotesque, in-12. dans le Cabinet de M. de Fontette. 3. Autre Dessin au crayon : *Ibid.* 4. *Ficquet,* in-8. dans Odieuvre.

FAGUIS. (Paul) N...

FAILLE. (Jean-Bapt.) N...

FAILLE. (Alexandre la) *Lommelin.*

FAILLE, (Germain la) Auteur des Annales de Toulouse, né en 1616, mort en 1711. Ant. *Rivalz,* Tolosæ, 1702, in-fol.

FAILLE, (Jean-Charles la) Jésuite. *Lommelin.*

FAILLE, (Pierre la) N...

FAING. (Philippe-François du) N...

FALCONNET, (André) Médecin du Roi, Doyen du Collège des Médecins de Lyon, & ancien Consul de cette Ville, né en 1612, mort en 1691. Math. *Boulanger,* d'après Jo. *Liquenet,* in-fol. maj.

FALCONNET (Camille) fils du précédent, Médecin, & de l'Académie des Inscriptions & Belles-Lettres, né à Lyon en 1671, mort à Paris en 1761. 1. Le Comte *de Caylus,* d'après *Madame Doublet,* in-4. 2. En Buste, *Cochin,* del. d'après le modèle d'Etienne *Falconnet,* Sculpteur du Roi; P. E. *Moitte,* sc.

FALUERE. (la) Voy. le FEVRE.

FANTET de Lagny, (Thomas) de l'Académie des Sciences, né à Lyon en 1660, mort à Paris en 1744. *Belle,* p. *Mutel,* sc. in-fol.

FAREL, (Guillaume) de Gap en Dauphiné, Ministre (Calviniste) de l'Eglise de Nions, mort le 13 Septembre 1565, âgé de 76 ans. N... in-4... in-8.

FAVART, (Lancelot) Sieur de Richebourg, Lieutenant des Habitans de Reims, depuis 1672 jusqu'en 1674. *Colin,* à Reims, in-fol.

FAVART, (Charles) Auteur d'Operas Comiques & de Comédies. *Liotard,* p. C. A. *Littret,* sc. in-8.

FAVART, (Madame) Marie-Justine-Benoîte Cabaret du Ronceray, de la Comédie Italienne, se retire & meurt en 1772. 1. *Vanloo,* p. *Daullé,* sc. 1754, in-fol. maj. 2. *Cochin,* del. 1753. *Flipart,* sc. 1762, in-8. avec quatre Vers de Voltaire. 3. *Garand,* del. C. A. *Littret,* sc. in-8.

FAUCHARD, (Pierre) célèbre Dentiste de Paris, mort en 1761. *Le Bel,* p. *Scotin,* sc. in-8.

FAUCHET, (Claude) premier Président en la Cour des Monnoyes, né à Paris en 1510, célèbre Historien & Antiquaire : le mépris qu'il faisoit de la fortune pour s'attacher à l'étude, l'incommoda si fort, qu'il mourut dans un grenier en 1703, & son Office fut vendu pour payer ses dettes. 1. Agé de 70 ans, Th. *de Leu,* 1589, in-4. 2. *Gaultier,* 1610.

FAUCHEUR, (Michel le) Ministre (Calviniste) de Paris, mort en 1667. N... 1659, in-4.

FAUCON, (François de) fils de Falco & de Charlotte Buccelli, fut employé par François I. en diverses Négociations importantes ; devint Evêque de Tulle en 1545, d'Orléans en 1550, de Mâcon en 1552, & en 1557 de Carcassonne, où il mourut le 23 Septembre 1565, âgé de 80 ans. 1. N... en petit. 2. Dessin à la pierre noire, au Cabinet de M. de Fontette.

FAUCON, (Claude de) de Ris, premier Président du Parlement de Rennes, mort le 22 Septembre 1601, âgé de 65 ans. 1. Assis entre deux autres Figures, M. *Lasne,* del. & sc. in-fol. maj. obl. 2. Dessin au Cabinet de M. de Fontette.

FAVEREAU, (Jacques) né à Coignac en 1590, élevé à Paris par Etienne Pasquier son allié, dont il épousa la petite-fille ; fut fait Conseiller en la Cour des Aides l'an 1617, & mourut en 1638. 1. A. *Blocmart,* in-fol. avec cinq Vers au bas. 2. Corn. *Galle,* in-8.

FAVERU, (Petrus) Prior generalis. Dessin in-4. dans le Cabinet de M. de Fontette.

FAVIER (Jacques) du Boulay, Maître des Requêtes. 1. *Humbelot,* in-fol. 2. N. *Pittau,* 1668, d'après *Champagne,* in-fol. 3. *Jollain,* in-fol.

FAULTRIER, (Joachim) Abbé de Notre-Dame des Ardennes & de S. Loup de Troyes, auparavant Intendant de la Province de Hainaut, mort à Paris en 1709, âgé de 89 ans. B. *Picart,* 1709, d'après *Poultier.* Médaillon, in-8.

FAUR, (Guy du) Seigneur de Pybrac, né à Toulouse en 1529, fils de Pierre du Faur, Président au Parlement de Toulouse, petit-fils d'Armand du Faur, Procureur-Général, & arrière-petit-fils de Gratian du Faur, Président. Il fut Conseiller au Parlement & Juge-Mage de Toulouse : le Roi l'envoya au Concile de Trente. Il fut ensuite Avocat-Général du Parlement de Paris, le 28 Mai 1565. Il accompagna Henri III. en Pologne : ce Prince lui donna en 1577 une Charge de Président à Mortier au Parlement de Paris : il y mourut le 12 Mai 1584, âgé de 56 ans. Il avoit épousé Jeanne de Cartos, Dame de Carabel, morte en 1612, tous deux enterrés aux Grands Augustins, à Paris. 1. L. *Gaultier,* 1586, in-4. avec deux Vers Latins. 2. Idem, 1595, in-8. 3. *Boissevin.* 4. J. *Granthome,* in-8. 5. N... en petit. 6. Deux Dessins au Cabinet du Roi.

FAUR (Mademoiselle du) du Fay, fille du Sieur de Pybrac, sous Henri III. Dessin au Cabinet du Roi.

FAUR, (Gabriel du) Prêtre de la Congrégation de la Doctrine Chrétienne, né à Toulouse, homme d'une vertu consommée; mort à Paris en 1643. L. *Cossin,* in-8.

FAVRE. Voy. FABER.

FAVRE, (Carolus) Abbas Sanctæ Genovefæ Parisiensis, Instaurator ac primus Præpositus Generalis : obiit anno æt. 49 die 4 Novembris 1644. 1. *Nanteuil,* in-4. 2. *Mellan,* in-4. 3. *Edelinck,* in-4. 4. M. *Fredeau,* del. J. *Couvay,* sc. in-4. 5. G. *Rousselet,* in-fol.

FAVRE, (François) né à Angoulesme, de l'Ordre des Frères Mineurs, Prédicateur du Roi & de la Reine Anne d'Autriche, Evêque de Glandève, puis d'Amiens en 1653, mort à Amiens le 11 Mai 1687, âgé de 76 ans. 1. *Duchesne,* p. *Humbelot,* sc. 1654, in-fol. 2. *Lenfant,* 1657, in-fol. 3. Idem, 1664. 4. F. *Ringart,* p. *Landry,* sc. 1664, in-fol. 5. *Garnier,* del. Et. *Picart,* sc. 1682, in-fol. 6. Ant. *Masson,* 1686, in-fol. 7. *Noblin,* 1687, in-4. 8. Son Tombeau à Amiens, par J. *Buquet :* le *Pautre,* sc. in-fol.

FAVRE, (Nicolas) Sieur de Berlise, Introducteur des Ambassadeurs. G. *Vallet,* 1670, d'après Ant. *Paillet,* in-fol.

FAVRE, (Jacques le) Parifien, Jéfuite en 1630, fut envoyé à la Chine, où il gouverna la Miffion & plus de 70 Eglifes, convertit un Viceroi & quelques Mandarins; mourut en la Ville de Xamhay, dans la Province de Nankin, le 28 Janvier 1675, âgé de 62 ans. 1. *Nolin*, in-fol. 2. *Langlois*, in-fol.

FAUSTIUS, (Isaac) Argentoratenfis S. S. D. & Profeffor in Univerf. patriæ, 1687, Conventûs Ecclefiæ (Lutheranæ) Præfes & Capituli Thomani Præpofitus, natus die 10 Junii 1631, denatus die 30 Novembris, 1702. 1. *Scupel*, del. & fc. 1704, in-fol. 2. *Hoppffer*, p. J. A. *Scupel*, fc. in-fol.

FAUVEL, (Henri-Ant. Augufte) Prêtre de Paris, Abbé de, &c. *Holard*, p. *Jeaurat*, fc. 1716, in-4.

FAY, (Gilles de) Chevalier. N… dans le P. Montfaucon.

FAY (Gafpard du) de Saint-Jouin, Maître des Requêtes. *Frofne*, 1659, d'après *Ferdinand*, in-fol.

FAY, (Charles-Jérôme de Cifternay du) *Rigaud*, p. *Drevet*, fc. in-8. (Beau).

FAYE, (Jacques) Sieur Defpeiffes, Préfident, né à Paris en 1543, mort à Senlis en 1590. N… en petit.

FAYE, (Georges de la) Profeffeur & Démonftrateur Royal en Chirurgie, &c. *Vigée*, p. *Cathelin*, fc. 1764, in-8.

FAYETTE, (Louife-Angélique de la) Religieufe de la Vifitation. *Moncornet*, in-4.

FAYETTE, (Madame de la) Marie-Magdelaine Pioche de la Vergne, morte en 1693. 1. Deffin au Cabinet de M. de Fontette. 2. N… dans Odieuvre.

FECHIUS, (Noel) Religieux Récollect, mort à Grenoble en Février 1638, âgé de 72 ans. *Baron*, in-fol.

FÉLIBIEN, (André) Hiftoriographe des Bâtimens du Roi, né à Chartres en Mai 1619, mort à Paris le 11 Juin 1695. *Le Brun*, p. *Drevet*, fc. in-4.

FÉNELON. Voy. SALIGNAC.

FENOUIL, (Jean) Jéfuite. N…

FENOUILLÈRES, (Robert de) né à Coutances, Prêtre, Docteur en Théologie de la Faculté de Paris, Chanoine de l'Eglife du Sépulchre, mort à 94 ans. *Le Febvre*, p. *Dumouftier*, fc. 1694, in-fol.

FER, (Nicolas de) Géographe. N… in-fol.

FEREMAN, (l'Abbé de) fous Henri III. Deffin au Cabinet de M. de Fontette.

FERET, (Hippolyte) Docteur en Théologie, Curé de S. Nicolas du Chardonnet à Paris, Vicaire-Général de l'Archevêque, mort en 1677, âgé de 67 ans. 1. *Nanteuil*, del. & fc. 1669, in-fol. 2. *Trouvain*, 1684, d'après le précédent, in-4. 3. N… en petit.

FERET, (Jacques) Chirurgien à Paris, en 1671. *La Garde*, p. *Langlois*, fc. in-4.

FERMANEL, (Luc) Directeur du Séminaire des Miffions Etrangères, mort à Paris en 1688, âgé de 56 ans. *Habert*, in-4.

FERMAT, (Pierre de) Conseiller au Parlement de Toulouse, habile dans les Mathématiques, mort en 1665. Fr. *Poilly*, in-fol.

FERNANDÈS, (François) Cordelier, né en Efpagne le 16 Août 1568, vint en France avec la Reine Anne d'Autriche, & fut fon Confeffeur; mourut en 1653, le 9 Janvier, âgé de 85 ans. 1. M. *Lafne*, in-fol. 2. *Humbelot*, in-8. Sa Vie a été écrite par le Père Magnien en 1654.

FERNEL, (Jean) d'Amiens, Docteur en Médecine, Médecin d'Henri II. & de Catherine de Médicis, mort à Paris le 26 Avril 1558, âgé de 52 ans, enterré à S. Jacques de la Boucherie. 1. N… dans Thévet, in-fol. 2. *Larmeffin*, in-4. 3. *Moncornet*, in-4. 4. F. *Pinchard*, à Lyon, in-fol. 5. N… en petit, & en bois. 6. *Charpignon*, in-12.

FERON, (Hiérôme le) Confeiller & Préfident des Enquêtes, enfuite Prevôt des Marchands de la Ville de Paris. *Moncornet*, in-4.

FERRAND, (Antoine) Lieutenant-Particulier au Châtelet de Paris, mort en 1639, âgé de 66 ans. M. *Lafne*, in-8.

FERRAND, (Antoine) Seigneur de Ville-Milan, Confeiller d'Etat, Lieutenant-Particulier, Civil & Affeffeur Criminel. *Vallet*, 1664, d'après *Paillet*, in-fol.

FERRAND, (Antoine-François) Maître des Requêtes. *De Launay*, p. *Simonneau*, fc. in-fol.

FERRAND, (Michel) Conseiller en la Cour de Parlement de Paris, âgé de 67 ans en 1651. 1. M. *Lafne*, del. & fc. 1651, in-fol. 2. N… 1661.

FERRARI, (Dominique de) Seigneur de Gaigny, &c. Maître d'Hôtel ordinaire du Roi. M. *Lafne*, 1657, in-fol.

FERRE. (Mr de la) *Lombart*, in-fol. Médaillon.

FERREIN, (Antoine) Médecin de la Faculté de Paris, mort en 1769. *Petit*, in-8.

FERRIOL, (Antoine de) Comte de Pont-de-Veyle, Lecteur du Roi. Encore jeune, *Thomaffin*.

FERRONIERE, (la Belle) Maîtreffe de François I. 1. Deffin au Cabinet de M. de Fontette. 2. *Defrochers*.

FERTÉ, (Emmeric-Marc de la) fils d'un Confeiller de la Cour des Aides de Rouen, Chanoine de l'Eglife Métropolitaine; fut Député par le Clergé pour préfider aux Etats de Normandie, enfuite Evêque du Mans, envoyé en 1635 avec le Cardinal de Lyon au Pape Urbain VIII. mourut du pourpre le dernier Avril 1648. N… in-fol.

FERTÉ, (Monfeigneur de la) fous François I. Deffin au Cabinet du Roi.

FERTÉ, (Mr de la) fous Henri IV. avec une mouche, pour cacher un coup de feu au front. Deffin au Cabinet du Roi.

FERTÉ. (le Marquis de la) A cheval, *Parrocel*, p. *Beauvais*, fc.

FERTÉ, (Jacques de la) Abbé de la Magdelaine de Châteaudun en 1624, Chantre de la Sainte-Chapelle de Paris. Agé de 76 ans, C. *Boury*, p. *Jollain*, fc. in-fol.

FERTÉ. (la) Voy. SENNETERRE.

FERTÉ-IMBAULD. (la) Voy. ESTAMPES.

FETIGNY, (Pierre de) Archidiacre de Chartres, & Cardinal. Et. *Picart*.

FEU, (François) Docteur de Sorbonne, né à Maffiac en Auvergne en 1633, Curé de S. Gervais à Paris, en 1686, mort en 1699. *Mathei*, in-fol.

FEU, (François) Curé de S. Gervais, neveu du précédent, mort en 1761. *Piauger*, p. B. *Audran*, fc. in-fol.

FEUILLADE. (la) Voy. AUBUSSON.

FEUILLET, (Nicolas) Prêtre, Chanoine de S. Cloud, mort le 7 Septembre 1693, âgé de 71 ans. 1. *Habert*, in-8. 2. *Edelinck*, d'après *Compardel*, in-fol.

FEUQUIÈRES, (la Comteffe de) Catherine Mignard. *Mignard*, p. *Daullé*, fc. 1735, in-fol.

FEUQUIÈRES. Voy. PAS.

FÈVRE, (Jean le) Chevalier, Seigneur de Caumartin, Baron de Saint-Port, Confeiller du Roi & Général de fes Finances, mort le 6 Décembre 1579. L. *Boudan*, in-fol.

FÉVRE.

FÉVRE, (Louis le) de Caumartin, Maître des Requêtes, Président au Parlement, Conseiller d'Etat, Garde des Sceaux de France en 1622, mort le 16 Août 1624. 1. *Boudan*, in-fol. 2. *Daret*, in-4. 3. *Mariette*.

FÉVRE, (François le) de Caumartin, fils de Louis, Abbé de Saint-Quentin-en-l'Isle, Evêque d'Amiens en 1617, mort le 15 Décembre 1652. L. *Boudan*, in-4.

FÉVRE (Jacques le) de Caumartin, Marquis de Cailly, Baron de Saint-Port, Maître des Requêtes honoraire, Ambassadeur en Suisse, Conseiller d'Etat ordinaire, mort le 10 Décembre 1667. L. *Boudan*, in-fol.

FÉVRE (Louis-François le) de Caumartin, né le 16 Juillet 1624, Maître des Requêtes, Conseiller d'Etat ordinaire en 1685, mort d'apoplexie le 3 Mars 1687. 1. *Crosne*, in-8. 2. J. *Colin*, à Reims, in-fol. 3. *Van Schupen*, 1685, d'après de *Troy*, in-fol.

Catherine-Magdelaine de Verthamont, sa veuve, l'avoit épousé le 22 Février 1664, mourut le 28 Octobre 1722. L. *Lombart*, del. & sc. 1699, in-fol. en manière noire.

FÉVRE, (Louis-Urbain le) de Caumartin, né en 1653, Maître des Requêtes, Intendant des Finances en 1690, mort sous-Doyen du Conseil, le 2 Décembre 1720. *Vermeulen*, d'après de *Troy*, 1688, in-fol.

FÉVRE, (Nicolas le) Sieur de Lezeau, Conseiller au Grand-Conseil, puis au Parlement, Président aux Requêtes du Palais, Doyen des Maîtres des Requêtes, l'un des douze Conseillers ordinaires du Roi en son Conseil d'Etat & Direction des Finances, mort en 1680. 1. N... in-4. 2. *Frosne*, 1666, in-4.

FÉVRE, (André le) Seigneur d'Ormesson, Conseiller d'Etat. *Nanteuil*, del. & sc. 1654, in-fol.

FÉVRE (Olivier le) d'Ormesson, Conseiller d'Etat. 1. *Masson*, del. & sc. 1665, in-fol. 2. *Simon*, in-fol.

FÉVRE (Henri-François-de-Paule le) d'Ormesson, Intendant des Finances. 1. *Vivier*, p. *Flipart*, sc. in-fol. 2. N... in-12.

FÉVRE, (Charles-François le) de Laubrière, Evêque de Soissons, mort à 51 ans, le 25 Décembre 1738. *Aved*, p. *Daullé*, sc. 1736, in-fol. maj. (Beau & rare.)

FÉVRE, (René le) Seigneur de la Faluère, premier Président au Parlement de Bretagne. 1. Et. *Desrochers*, 1699, in-8. 2. *Joly*, p. *Gantrel*, sc. 1690, in-fol. dans une Thèse.

FÉVRE (Guy le) de la Boderie, Poëte, né en basse Normandie, environ l'an 1541, Secrétaire de François, Duc d'Alençon, en 1571, mort en 1598. N... 1570.

FÉVRE, (Nicolas le) Précepteur du Roi Louis XIII. âgé de 69 ans en 1612, né à Paris le 2 Juillet 1544, mort le 4 Novembre 1612. 1. N... à Paris, in-8. 2. G. *Edelinck*, 1699, in-fol.

FÉVRE, (le Père Hyacinthe le) Récollect. N. *Bazin*, in-4.

FÉVRE, (Guillaume le) Général de la Trinité. *Petit*.

FÉVRE, (Madame le) mère du Peintre de ce nom. *Martinez*, d'après *le Fevre*, in-fol.

FÉVRE. (le) Voy. FABER.

FEVRET, (Charles) Seigneur de Saint-Memin & Godan, Auteur du célèbre Traité de l'Abus, mort en 1661, âgé de 78 ans; étoit né à Semur en Auxois, le 16 Décembre 1583, de Jacques, Conseiller au Parlement de Bourgogne: il avoit épousé Anne Brunet, dont il eut dix-neuf enfans. 1. *Le Brun*, 1657, in-fol. 2. N. *Auroux*, à Lyon, in-fol. 3. Dessin au crayon, dans le Cabinet de M. Fevret de Fontette.

FEVRET, (Jacques) Bachelier en Théologie, mort au Séminaire de Dijon, le 29 Décembre 1694, âgé de 39 ans, après avoir vécu dans une grande piété. *Cars*, in-8.

FEYDEAU (Henri) de Brou, Evêque d'Amiens, mort en 1706, âgé de 52 ans. 1. *Trouvain*, 1689, in-fol. 2. *Gantrel*, 1695, in-fol.

FEYDEAU, (Matthieu) Docteur de Sorbonne, Chanoine & Théologal de l'Eglise de Beauvais, mort à Annonay dans les Cevennes, le 24 Juillet 1694, âgé de 78 ans. *Duverdier*, p. N. *Habert*, sc. 1695, in-fol. & in-8.

FIACRE (Frère) de Sainte Marguerite, Augustin Déchaussé, mort en odeur de sainteté, à Paris, le 16 Février 1684, âgé de 75 ans. 1. *Simon*, del. & sc. in-fol. 2. Idem, del. H. *Bonnart*, sc. in-fol. 3. *Chartier*.

FIESCHI, (Laurent) Génois, Archevêque d'Avignon, en 1690, Nonce Extraordinaire en France depuis 1701, créé Cardinal par Clément XI. le 17 Mai 1706. 1. Ant. *Bouys*, p. & sc. 1704, in-fol. en manière noire. 2. *André de Paris*, p. *Duflos*, sc. in-fol. dans une Thèse. 3. En Cardinal, N... à Rome, 1706, in-4.

FIESQUE, (la Comtesse de) Alfonsine Strozzi, femme de Scipion, Comte de Fiesque, Chevalier d'honneur des Reines Elisabeth d'Autriche, & Louise de Lorraine, mort en 1598. Elle étoit fille de Robert Strozzi, & sœur de Pierre, Maréchal de France. Dessin au Cabinet de M. de Fontette.

FIEUBET, (Anne de) Sieur de Launac, Maître des Requêtes, mort à Paris en 1705, âgé de 73 ans. *Montagne*, p. *Grignon*, sc. in-fol.

FIEUBET, (Gaspard de) Conseiller d'Etat, Chancelier de la Reine. 1. N. *Pittau*, 1662, d'après C. *le Févre*, in-fol. 2. Idem, 1668.

FIEUBET, (Gaspard de) premier Président du Parlement de Toulouse, mort en 1686, âgé de 64 ans. *Nanteuil*, in-fol.

FIEUBET, (Thomas de) Conseiller d'Etat. Buste, N...

FIEUX, (Edmond de) Marquis de Muis, Maître des Requêtes. *Lenfant*, del. & sc. 1667, in-fol.

FIEUX, (Jacques de) Evêque de Toul en 1675, mort à Paris en 1687. Et. *Gantrel*, in-8.

FIEUX, (Charles de) dit *le Chevalier de Mouy*, né en 1701, à Metz. *Latinville*, p. *Fessard*, sc. in-12.

FILASTRE, (Guillaume) Cardinal, Evêque du Mans, mort à Rome en 1428. N... in-4.

FILESAC, (Jean) Docteur en Théologie, Doyen de la Faculté de Paris, mort en 1638, âgé de 82 ans. N... in-4.

FILLON, (Mademoiselle) dite *la Présidente*. *Desrochers*.

FINÉ, (Oronce) né à Briançon en 1494, premier Professeur Royal en Mathématiques: les Rois François I. & Henri II. l'honorèrent de leur estime & de leurs bienfaits. Il mourut à Paris le 6 Octobre 1555, âgé de 60 ans; est enterré aux grands Carmes. 1. *Boissevin*, in-4. 2. N... dans Thévet. 3. N... en petit.

FLACOURT, (Etienne Biset) né à Orléans, Général de la Colonie Françoise envoyée aux Indes Orientales, mort pendant ses Voyages, le 10 Juin 1660, âgé de 53 ans. *Corneille*, del. & sc. in-4.

FLAMEL, (Nicolas) Philosophe, natif de Pontoise, mort à Paris en 1417, & enterré au Cimetière des SS. Innocens. 1. *Moncornet*, d'après *Rembrant*, in-4. 2. N... in-12.

FLAMENVILLE, (Jean Hervé, Baron de) Evêque de Perpignan en 1695, mort au commencement de 1721.

H. *Rigaud*, p. J. *Sarrabat*, fc. 1701, in-fol. en manière noire.

FLAVACOUR, (N. de) *Poiſſon*, p. *Humbelot*, fc.

FLÉCHIER, (Eſprit) né à Perne dans le Comtat d'Avignon, le 10 Juin 1632, Abbé de S. Severin, Aumônier ordinaire de Madame la Dauphine, nommé à l'Evêché de Lavaur en 1685, puis à celui de Niſmes en 1687, reçu à l'Académie Françoiſe le 12 Janvier 1673, mort le 16 Février 1710, à Montpellier. 1. *Edelinck*, d'après *Rigaud*, 1695, in-fol. 2. N... en Hollande, in-8. copié ſur le précédent. 3. N... dans Odieuvre.

FLEMALLE, (N. Bertholet) Peintre, né à Liège en 1612, Profeſſeur dans l'Académie de Peinture à Paris en 1670, mort à Liège en 1675. *Flemalle*, p. J. *Duvivier*, fc. 1711, in-fol.

FLEUR, (Nicolas-Guillaume de la) Lorrain, excellent Peintre fleuriſte à Rome, en 1638. *La Fleur* lui-même, p. & fc. à Rome, 1638, in-4.

FLEURIAU, (Joſeph-Jean-Bapt.) d'Armenonville, Garde des Sceaux, mort au Château de Madrid près Paris, le 27 Novembre 1728, âgé de 68 ans. 1. *Rigaud*, p. *Cars*, fc. 2. *Desrochers*. 3. Buſte, *Creſpy*, in-12.

FLEURIAU, (Charles-J.-Bapt.) Comte de Morville, Secrétaire d'Etat en Avril 1722, Chevalier de la Toiſon d'or, né à Paris le 30 Octobre 1686, mort le 3 Février 1732. Son Tombeau, par le Comte *de Caylus*.

FLEURIAU, (Louis-Gaſton d') Armenonville, Evêque d'Orléans en 1707, mort le 9 Juin 1733, & Nicolas-Joſeph de Paris, ſon neveu & ſon ſucceſſeur. *Moyreau*, 1727.

FLEURIGNY, (Mr de) ſous Henri III. Deſſin au Cabinet du Roi.

FLEURY, (Claude) Abbé du Loc-Dieu, Précepteur de MM. les Princes de Conti & de M. le Comte de Vermandois, Sous-Précepteur de M. le Duc de Bourgogne, reçu à l'Académie Françoiſe le 16 Juillet 1696, étoit né à Paris le 6 Décembre 1640, d'un Avocat originaire de Rouen : il mourut le 14 Juillet 1723, après avoir donné vingt Volumes de l'Hiſtoire Eccléſiaſtique & d'autres Ouvrages. 1. *Goyert*, p. Sim. *Thomaſſin*, fc. in-4. 2. *Pittau*. 3. *Desrochers*. 4. N... dans Odieuvre. 5. *Matthey*, petit Buſte, in-24.

FLEURY, (François-Jacques de) Curé de S. Victor d'Orléans, mort à la Baſtille en 1719, âgé de 39 ans. 1. *Duchange*, in-4. 2. *Desrochers*, in-8. 3. N... petit Buſte, in-24.

FLEURY, (Henri-Hercule de) Cardinal & premier Miniſtre, né à Lodi le 22 Juin 1653, mort à Iſſy près Paris, le 29 Janvier 1743. 1. *Rigaud*, p. *Drevet*, fc. in-fol. maj. (Beau.) 2. *Chereau*, in-fol. 3. *Antreau*, p. *Thomaſſin*, fc. 4. *Chevalier*, fc. in-fol. Eſtampe allégorique. 5. *Lobel*, p. *Cochin*, fc. Médaillon dans l'Eſtampe hiſtorique intitulée : *La Lorraine réunie*, 1737, in-fol. 6. Deſſin colorié au Cabinet de M. de Fontette, in-fol. maj. 7. *Scotin*, Vignette de ſon Oraiſon funèbre. 8. N... dans Odieuvre. 9. Médaillon ſoutenu par Diogène, une lanterne à la main, Deſſin à la plume : *Ladoubedent de Rouville*, de Cherbourg, del. 1742, in-4. au Cabinet de M. de Fontette : (très-joli). 10. *Larcher*, Médaillon & Revers : *Virtutes regni*, &c. 1731, in-12.

FLEURY, (Pierre de) Baron de Pérignan, Préſident & Doyen des Tréſoriers de France en Languedoc. 1. *De Rubery*, in-fol. 2. N... in-fol.

FLEURY, Procureur-Général. Voy. JOLY.

FLONCEL, (Albert-François) Avocat au Parlement, Cenſeur Royal, originaire de Stenay. 1. *Claudia Nic. Regnault*, p. *Feſſard*, fc. 1761, in-8. 2. *Cochin*, del. *Benoiſt*, fc. Médaillon, in-4.

FLORANGES. Voy. la MARK.

FLORE. (Madame de *** en) *Nattier*, p. *Voyez* le jeune, fc. in-fol.

FLORENSAC. (la Marquiſe de) *Bonnard*, 1696, in-fol.

FLORIOT, (Pierre) né à Langres, Prêtre, qui fut quelque temps Curé de Lay, près de Paris, & Confeſſeur de Port-Royal ; mourut à Paris le 1 Décembre 1691, âgé de 88 ans, Auteur de la *Morale du Pater*, &c. 1. *Habert*, in-4. 2. *Desrochers*.

FLOS, (N. du) Graveur en taille-douce. N...

FLYE, (Pierre de la) Ecuyer. N... in-8.

FOESIUS, (Amitius) Medicus Mediomatricus (de Metz;) denatus an. 1595, ætatis 68. N...

FOIX, (Pierre, Cardinal de) Archevêque de Toulouſe, puis d'Arles, mort le 13 Décembre 1464, âgé de 71 ans. *William Faytorne*, in-8.

FOIX, (François-Pierre, Cardinal de) 1. N... in-4. 2. N... dans Odieuvre.

FOIX, (Gaſton de) Duc de Nemours, tué à la Bataille de Ravenne, en 1512. 1. N... dans le Livre de la Gallerie du Palais Cardinal, in-fol. 2. N... dans Thevet. 3. *Le Georgion*, p. *Trudon*, fc. 4. Raphael d'Urbin, p. M. *Laſne*, fc. in-fol. 5. N... en petit. 6. *Desrochers*.

FOIX, (Henri de) Comte de Candale, tué à l'attaque du Château de Sommières, en 1572. Deſſin au Cabinet de M. de Fontette.

Marie de Montmorency, ſa femme. Deſſin, *ibid*.

FOIX, (Louis-Charles Gaſton de) Duc de Candale. *Moncornet*, in-4.

FOIX (Henri de) de la Valette, Duc de Candale. *Moncornet*, in-4.

FOIX, (Louis-Charles-Gaſton de) Duc de la Valette, de Candale, &c. *Moncornet*, in-4.

FOIX, (Suzanne-Henriette) de Candale, décédée à Monpont, en odeur de ſainteté, le 1 Juin 1706, âgée de 87 ans. J. *Michel*, del. J. *le Bacyien*, fc. à Touloufe, 1707, in-8.

FOIX, (Anne-Louiſe-Chriſtine de) de la Valette d'Epernon, Religieuſe Carmélite, ſous le nom de Sœur Anne-Marie de Jeſus, morte le 22 Août 1701, âgée de près de 77 ans. 1. *Beaubrun*, p. G. *Edelinck*, fc. 1703, in-fol. 2. N... in-8.

FOIX, (Louiſe de) Abbeſſe de Sainte Gloſſinde de Metz, Ordre de S. Benoît, en 1654. *Rouſſelet*, in-fol.

FOIX, (Jean Roger de) Marquis de Foix, Gouverneur de Provence. N... in-8.

FOIX. (Madame la Ducheſſe de) 1. *Trouvain*, in-fol. 2. *Mariette*, in-fol.

FOIX. Voy. LAUTREC.

FOLLE (la) de M. le Duc d'Orléans, frère de Louis XIV. N... in-8. en bois.

FOND, (N. de la) fameux Gazetier de Hollande; François. H. *Gaſcar*, p. *Lombart*, fc. 1680, in-fol. avec un Diſtique de Santeuil.

FONDATRICES & Réformatrices, ou principales Religieuſes de tous les Ordres, en 87 Portraits. *Van Lochon*, 1639, in-4.

FONT, (N. de la) Auteur de pluſieurs Ouvrages hiſtoriques & critiques, ſur la Peinture, Sculpture & Architecture : il a ſatyriſé pluſieurs morceaux de nos Peintres modernes par des Ecrits anonymes qui ont donné lieu aux Artiſtes de le repréſenter ſous diverſes figures, entr'autres ſous celle d'un Aveugle qui juge d'un Tableau. Parmi ſes Ouvrages, imprimés ſon *Ombre de*

Colbert est un Dialogue ingénieux, auquel nous devons en partie l'idée de l'achévement du Palais du Louvre. *Portien*, del. & sc. à l'eau-forte & en charge, in-fol.

FONTAINE, (Honorat de Bueil, Seigneur de) Favori de Charles IX. tué à Saint-Malo en 1590. Dessin au Cabinet de M. de Fontette.

FONTAINE, (Catherine) décédée en odeur de sainteté (selon les uns) ou Visionnaire (selon d'autres.) 1. *Andriot*, d'après *Boiteau*, in-4. 2. N...

FONTAINE, (Louise-Eugénie de) Religieuse de la Visitation de Paris, rue S. Antoine, morte le 29 Septembre 1694, âgée de 86 ans. *Edelinck*, 1695, in-8.

FONTAINE, (Paul-Bernard, Comte de) N...

FONTAINE, (l'Abbé) & Mr GIRARD, Garde des Estampes. *Carmontel*, del. N...

FONTAINE, (Jean de la) né à Château-Thierry le 8 Juillet 1621, Poëte célèbre, reçu à l'Académie Françoise en 1684; mort à Paris le 13 Mars 1695, âgé de 74 ans; fut enterré dans le Cimetière de S. Joseph, au même endroit où Molière l'avoit été 22 ans auparavant. 1. *Rigaud*, p. *Edelinck*, sc. 1696, in-fol. 2. Et. *Desrochers*, 1699, in-8. 3. *Pinssio*, chez Odieuvre, in-12. 4. B. *Picart*, d'après *Rigaud*, 1727, in-12. 5. *Ficquet*, d'après *Rigaud*, in-8. 6. Idem, in-8. avec la Fable du Loup & de l'Agneau. 7. *Dupin*, chez Odieuvre, in-8. 8. *Ficquet*.

FONTANGE, (la Duchesse de) Marie d'Escorailles. 1. *Larmessin*, 1681, in-4. 2. *La Haye*, in-8. Médaillon. 3. N... in-4. Ovale. 4. N... dans Odieuvre.

FONTENAY (Jean de) de Vologer, Chanoine de Chartres, Aumônier du Roi. *Roussel*, in-fol.

FONTENAY, (Gaspard-François de) Lieutenant-Général, Ministre Plénipotentiaire de l'Electeur de Saxe en France, en 1765. *Carmontel*, p. *La Fosse*, sc. in-fol.

FONTENELLE, (Bernard de) Ecrivain célèbre, de l'Académie Françoise, de celle des Inscriptions, & Secrétaire de celle des Sciences; né à Rouen le 11 Février 1657, mort le 9 Janvier 1757, à Paris. 1. *Rigaud*, p. *Dossier*, sc. in-8. (Beau). 2. *Crespy*, Médaillon dans le Parnasse François. 3. *Desrochers*. 4. N... dans Odieuvre.

FORBIN, (le Comte Claude de) Chef d'Escadre, mort à Marseille en 1733, âgé de 77 ans. 1. N... in-12. 2. N... dans Odieuvre.

FORBIN. Voy. JANSON.

FORCOAL, (Jean) Evêque de Seez en 1670, mort le 27 Février 1682. J. 1. *Lenfant*, 1672, d'après J. *Dieu*, in-fol. 2. *Boulanger*.

FOREST, (Pierre de la) Archevêque de Rouen, & Cardinal, mort à Avignon de la peste, le 25 Juin 1361. Et. *Picart*.

FOREST, (Pierre-Claude de la) Chanoine Régulier, Prieur de S. W. Louis *Herluyson* de Troyes, del. *Sorin*, sc. in-fol.

FOREST, (Jean) Peintre, né à Paris en 1635, mort en 1712. 1. *Largillière*, p. *Drevet*, sc. in-fol. 2. N... dans l'Histoire des Peintres par d'Argenville.

FORESTA, (Jean-Augustin de) Président au Parlement de Provence, ensuite premier Président en 1558, mort en 1588. B. *Miniant*, p. *Cundier*, sc. 1724.

FORGE, (Grégoire de la) Général de l'Ordre de la Trinité, mort à Fontainebleau en 1706, âgé de 58 ans. G. *Edelinck*, 1695, in-fol.

FORGE, (Louis de la) Angevin, Docteur en Médecine, J. *Patigny*, in-4.

FORGES, (Mademoiselle de) en 1593. Dessin au Cabinet du Roi.

FORMONT, (Etienne) Cordelier, Religieux du Couvent de Provins, Docteur de Paris; mort à Sezanne en Brie, le 12 Janvier 1524, âgé de 37 ans. N... in-4.

FORNARY. Voy. MARIE.

FORT. (François le) N... dans Odieuvre.

FORT, (Mademoiselle du) Danseuse de l'Opera. *Le Pautre*.

FORTAULT, (le Marquis de) sous Henri III. Dessin au Cabinet de M. de Fontette.

FORTIA, (Alphonse de) Marquis de Forville, &c. Chef d'Escadre, Gouverneur de Marseille. *Serre*, p. *Coellemans*, sc. 1708, in-fol. dans une Thèse.

FORTIN, (Hardouin) de la Hoguette, Archevêque de Sens, Conseiller d'Etat, mort le 28 Novembre 1715. *Le Fevre*, p. *Habert*, sc. 1703, in-fol.

Fos, (Julien du) Toulousain, Ecuyer, Sieur de Méry, &c. Conseiller-Secrétaire du Roi, mort à Paris le 12 Décembre 1616, âgé de 64 ans. *Lochon*, à Orléans, 1656, in-fol. obl.

FOSSE, (Antoine la) Poëte, né à Paris vers 1658, fils d'un Orfévre, & frere du Peintre, mort à Paris le 2 Novembre 1708. N...

FOSSE, (Charles de la) Peintre ordinaire du Roi, ancien Directeur & Recteur de l'Académie de Peinture, né à Paris en 1640, mort en 1716. 1. H. *Rigaud*, p. *Duchange*, sc. 1707, in-fol. 2. N... dans Odieuvre. 3. N... dans l'Histoire des Peintres par d'Argenville.

FOSSE, (Anne Charlier, femme du Sieur la) Ebéniste au Fauxbourg Saint-Antoine, fameuse par le Miracle de guérison, opéré sur elle, le 31 Mai 1725, par le Saint-Sacrement. En pied, tenant un cierge, & allant rendre graces à Dieu à l'Eglise de Notre-Dame. 1. *Chereau*, in-fol. 2. A-mi-corps, N... sc. in-12. 1769.

FOSSÉ, (Jean de) Evêque de Castres en 1628, avoit été Conseiller au Parlement de Toulouse, ensuite Chanoine & Prévôt de l'Eglise de Castres en 1627, Coadjuteur de Jean son oncle : il mourut en 1654. J. *Frosne*, in-fol.

FOSSÉ, (Quintin de) né à Béthune, Gottschmidt à Anvers en 1584, âgé de 50 ans. Joh. *Wiere*, 1584, in-4.

FOSSÉ. (du) Voy. THOMAS.

FOSSEUSE, (Madame de) sous Henri IV. Dessin au Cabinet du Roi.

FOUCAULT, (Nicolas-Joseph) Maître des Requêtes, Intendant de la Basse-Normandie, mort à Paris en 1721, âgé de plus de 80 ans. *Largillière*, p. *Van Schupen*, sc. 1698, in-fol.

FOUDRAS, (Antoine de) de Contanson, Comte & Grand-Custode de Lyon, Prieur de S. Pierre, & Vicaire-Général au Bourg d'Arlau en Savoie. Nic. *Auroux*, à Lyon, in-fol.

FOUGEROLLES. (N. de) *La Roussière*, del. & sc. in-fol.

FOUILLOUX, (Jacques du) présentant son Livre de la Vénerie à Charles IX. N...

FOUQUET, (Christophe) Président à mortier au Parlement de Rennes. *Westerhout*, in-4.

FOUQUET, (François) Maître des Requêtes. *Larmessin*.

FOUQUET, (Guillaume de la Varenne, Evêque d'Angers, mort en 1621. Dessin à la pierre-noire, in-fol. au Cabinet du Roi.

FOUQUET, (Nicolas) fils de François & de Marie de Maupeou, Procureur-Général du Parlement de Paris, Ministre & Surintendant des Finances en 1653, arrêté à Nantes le 5 Septembre 1661, conduit & enfermé à Pignerol le 20 Décembre 1664, où il mourut le 23 Mars 1680, âgé de 65 ans. 1. *Rousselet*, del. & sc. in-fol. 2. *Mellan*, 1660, in-fol. 3. *Nanteuil*, 1658, in-fol. 4. *Idem*, 1660, in-fol. 5. *Larmessin*. Petit Buste. *Van Schupen*, in-8. 7. F. *Poilly*; d'après C. *le Brun*, in-fol. 8. *Chauveau*, 1660, dans la Thèse de Michel Gangnot de Maincourt. 9. N... dans Odieuvre.

FOUQUET, (François) frère du précédent, Evêque de Bayonne en 1637, puis d'Agde en 1643, & Archevêque de Narbonne en 1659, mourut en Décembre 1673. Grég. *Huret*, in-fol.

FOUQUET, (Louis) Evêque & Comte d'Agde en 1658, par la démission de François son frère, Chancelier de l'Ordre du Saint-Esprit le 23 Juin 1659, mort en 1702. R. *Lochon*, 1659, in-fol.

FOUQUET, (Louis-Nicolas) Comte de Vaux, fils du Surintendant. Enfant. R. *Lochon*, 1659, in-fol.

FOUQUET, (Basile) Abbé de Barbeaux, Commandeur & Chancelier des Ordres du Roi, mort le 31 Janvier 1680. 1. *Nanteuil*, 1658, in-fol. 2. N. *Poilly*, in-fol.

FOUQUET, (Charles-Louis-Auguste) Marquis de Belle-Isle, Maréchal de France, &c. Voyez BELLE-ISLE.

FOUQUIERES, (Jacques) Peintre, né à Anvers, vers l'an 1580, appellé par dérision *le Baron de Fouquieres*, à cause des airs qu'il se donnoit; mort à Paris fort pauvre, en 1621. N... dans l'Histoire des Peintres par d'Argenville.

FOUR, (Philippe du) Président, Trésorier-Général de France au Bureau des Finances à Paris. J. *Hainzelman*, del. & sc. 1687, in-4. & in-8.

FOURBIN, (N. de) Conseiller au Parlement de Provence. *Cundier*, p. & sc. 1679, in-fol.

FOURCROI, (Charles de) né à Noyon, Avocat au Parlement de Paris, parent du célèbre Bonaventure Fourcroi. N... in-4. Agé de 28 ans, avec deux Vers Latins de J. Cécile Frey.

FOUREY, (M. de) en 1593. Dessin au Cabinet du Roi.

FOURCY, (Henri de) Seigneur de Chessy, Conseiller au Parlement de Paris en 1652, puis Président aux Enquêtes, fils de Henri, Surintendant des Bâtimens & Président en la Chambre des Comptes; & de Marie de la Grange-Trianon; avoit épousé Madelaine Boucherat, fille du Chancelier. 1. A. *Paillet*, del. *Picart* le Romain, sc. in-fol. 2. Ant. *Masson*, del. & sc. 1679, in-fol.

FOURCY, (Baltazar-Henri de) Abbé de Saint-Vandrille en 1711, mort le 24 Avril 1754. *Rigaud*, p. 1711. *Drevet*, sc. in-fol.

FOURCY, (Henri de) Conseiller d'Etat ordinaire, Prévôt des Marchands. 1. H. *Jans*, d'après *Largillière*, in-fol. maj. 2. *Masson*, 1679. 3. *Drevet*, d'après *Largillière*, in-fol. maj. 4. *Palliot* & *Picart*.

FOURIER, (le R. P.) de Mataincourt, Réformateur & Général des Chanoines Réguliers de S. Augustin, Instituteur des Religieuses de la Congrégation de Notre-Dame; mort le 9 Décembre 1640, âgé de 76 ans. 1. J. *Franck*, in-4. 2. F. *Jollain*, in-4. 3. Alex. *Boudan*, in-8. 4. C. *Charpignon*, in-8. 5. Richard *Collin*, in-8. 6. *Giffart*. 7. *Gallais*, in-12. 8. Herman *Veyen*. 9. *Le Noir*. 10. *Devaux*. 11. *Desrochers*.

FOURNIER, (N.) de Troyes, Sculpteur à Rome. N... in-4. A l'eau-forte.

FOURNIER, (Guillaume) [Fornerius] Parisien & Professeur à Orléans; mort en 1588. N... in-4.

FOURNIER, (Pierre-Etienne) dit le P. Martial. Augustin Déchaussé. *Blanchet*, p. *Gissey*, sc.

FOURNIER, (Denis-François) né à Lagny, Maître Chirurgien Juré à Paris, mort le 25 Novembre 1683. 1. *Gantrel*, 1668, d'après *du Cerceau*, in-4. 2. *Idem*, plus âgé, in-4. 3. *Idem*, copié sur le précédent, in-8.

FOURNIER, (Léonard) Jardinier à Port-Royal, & ensuite à l'Abbaye de Voisins (près d'Orléans) où il est mort le 20 Juin 1736, âgé de 67 ans. 1. N... in-8. 2. N... petit Buste, in-24.

FOURRÉ, (Jacques) né à Manvilliers, près de Chartres, l'an 1515, prit l'habit de S. Dominique, fut Docteur de Paris en 1551, Prédicateur des Rois Henri II, François II & Charles IX, qui le nomma en 1573 à l'Evêché de Challon-sur-Saone, qu'il gouverna quatre ans; mourut à Mâcon le 20 Janvier 1578. Dessin à la pierre noire dans le Cabinet du Roi, in-fol.

FOY. Voy. VAILLANT.

FRADET, (Jean) Sieur de Saint-Aoust, Comte de Château-Meillant, &c. Conseiller du Roi en ses Conseils d'Etat & Privé, Maréchal de Camp, Lieutenant-Général de l'Artillerie, mort en 1659; avoit épousé Jeanne-Marie de Saint-Gelais de Luzignan. M. *Lasne*, 1649, in-fol.

FRADET, (Antoine-Armand de) son fils, Lieutenant-Général au Gouvernement de Berry, Mestre de Camp de Cavalerie, Brigadier; tué dans les guerres de Hollande environ l'an 1677, sans avoir été marié. H. *Watelé*, p. *G. Edelinck*, sc. 1677, in-fol. obl.

FRAGUIER, (François) Conseiller d'Etat, & Sous-Doyen du Parlement de Paris, mort en 1689, âgé de 83 ans. P. B... in-fol.

FRAISSIER, (N.) Jésuite. N...

FRAMBOISIERE, (Nicolas-Abraham Sieur de la) Conseiller-Médecin du Roi. 1. *De Leu*, in-8. Agé de 40 ans, avec quatre Vers François de Passerat. 2. L. *Gaultier*, 1608, in-8. Agé de 49 ans, avec les mêmes Vers. 3. F. *Hulsius*, dans Boissard, âgé de 63 ans, in-4. 4. L. *Gaultier*, 1624, âgé de 63 ans, in-fol.

FRANCAVILLA, (Pierre de) de Cambray, Architecte & premier Sculpteur du Roi Henri III, de l'Académie de Florence, & Citoyen de Pise en 1613, âgé de 60 ans. Jac. *Bunel*, p. *De Jode*, sc. in-fol.

FRANCE, (Rois & Reines de) & leurs Enfants.

Première Suite. Un morceau d'Achitecture Gothique, que l'on conjecture être le Frontispice d'un Livre in-fol, portant 65 Médaillons des Rois de France, disposés sur un cercle de 16 Rayons; quatre sur chaque Rayon, & celui du milieu. N... in-fol.

IIe Suite des Rois de France, depuis Pharamond jusqu'à Louis XIV, gravés en forme de Médaillons, & divisés en bandes. N...

IIIe Suite, commençant à Clovis & finissant à Louis XIII, contenant 58 Portraits. Jac. *de Bie*. in-8.

IVe Suite des Reines pour l'Histoire de Mézeray, depuis Clotilde jusqu'à Anne d'Autriche, au nombre de 62. *De Bie*, in-8.

Ve Suite des Rois, depuis Pharamond jusqu'à Louis XIV, gravée à Rome par Jacques *de Rubeys*, en plusieurs feuilles.

VIe Suite en petit, pour le jeu des Rois de France. *La Belle*, in-12.

VIIe Suite, de *Moncornet*, in-4.

VIIIe Suite, de *Larmessin*, in-4.

IXe Suite des Rois & Reines, dans la chronologie collée. Petite & grande. N...

Xe Suite des Rois de France. Nic. *de Fer.*
XIe Suite, de *Boissevin*, in-4.
XIIe Suite, d'Odieuvre. N...N...,

Première Race.

PHARAMOND, qui commença de régner vers 420, mourut en 427 ou 28. Dans les Suites de *Larmessin, Rubeys, Moncornet, Boissevin, Odieuvre.*

CLODION *le Chevelu*, estimé fils de Pharamond, Mort en 447 ou 48, aux mêmes Suites.

MÉROUÉE, parent ou fils de Clodion, mort en 457. Mêmes Suites.

CHILDÉRIC, fils de Mérouée, mort en 481. Mêmes Suites.

CLOVIS I, né en 467, succéda à son père en 481, baptisé en 496, mort le 27 Novembre 511 âgé de 45 ans. 1. Dans les Suites de *de Bie, Larmessin, Rubeys, Moncornet, Boissevin & Odieuvre.* 2. N... dans *Thévet.* 3. *Desrochers.*

[*Nota.* Tous les autres Rois suivans jusqu'à Louis XIII & Louis XIV. de même.]

Clotilde, femme de Clovis, seconde fille de Chilpéric, Roi de Bourgogne, mariée en 492, se retira à Tours, après la mort de Clovis, & y mourut saintement le 3 Juin 548, âgée de 70 ans. Jacq. *de Bie.*

[*Nota.* Et toutes les Reines suivantes jusqu'à Anne d'Autriche.]

CHILDEBERT I, troisième fils de Clovis, mort sans enfans le 23 Décembre 558, âgé de 60 ans, enterré à Saint-Germain-des-Prés, qu'il avoit fondé sous le nom de *Saint-Vincent.*

Ultrogote, son épouse, enterrée à Saint-Germain-des-Prés.

CLOTAIRE I, frère de Childebert, Roi de Soissons & de toute la France en 558, mort à Compiègne en Décembre 561, âgé de 64 ans, enterré à Saint-Médard de Soissons, qu'il avoit fondé.

Radegonde, sa quatrième femme, fille de Berthaire, Roi de Thuringe, mariée en 531, se retira en 541, à Poitiers, où elle bâtit l'Abbaye de Sainte-Croix, & y mourut saintement le 13 Août 587. *Desrochers.*

CHÉREBERT ou CHARIBERT, troisième fils de Clotaire I, mort sans enfans le 7 Mai 566, âgé de 49 ans.

CHILPÉRIC, quatrième fils de Clotaire I, fut tué par l'ordre de Frédegonde en Septembre 584, âgé de 45 ans, enterré à Saint-Germain-des-Prés.

Frédegonde, sa troisième femme, enterrée à Saint-Germain-des-Prés, morte à Paris l'an 596, âgée d'environ 50 ans.

CLOTAIRE II, dit *le Grand*, né en 584, succède à Chilpéric, âgé de quatre mois, sous la tutelle de Frédegonde, a régné 44 ans, & mourut le 28 Septembre 628.

Bertrade, sa seconde femme, morte l'an 620.

DAGOBERT I, fils de Clotaire & de Haldetrude, sa première femme, né en 602, Roi d'Austrasie en 623, succède à son père en 628, fonda l'Abbaye de Saint-Denis en 630, régna neuf ans & quatre mois, mourut à Espinay le 19 Janvier 638.

CLOVIS II, fils de Dagobert & de Nantilde sa seconde femme, né en 634, régna environ 17 ans, mourut en 654, enterré à Saint-Denis.

Batilde de Saxe, son épouse, Fondatrice de l'Abbaye de Chelles, où elle se fit Religieuse en 664, & y mourut saintement le 30 Janvier 685, âgée de 55 ans.

CLOTAIRE III, fils aîné de Clovis II, régna environ quatorze ans, mourut sans enfans vers Pâque de l'an 668, âgé de 20 ans, enterré à Chelles ou à S. Denis.

CHILDÉRIC II, frère de Clotaire III, Roi d'Austrasie en 654, & de France en 668, tué avec sa femme Bilihilde, & Dagobert son fils, dans une forêt près de Chelles, en 673, âgé de 23 ans, enterré à Saint-Germain-des-Prés.

THIERRY ou THÉODORIC I, son frère, Roi de Neustrie & de Bourgogne en 669, de France en 673, mort en 691, âgé de 38 ou 39 ans, enterré à Saint-Wast d'Arras, qu'il avoit fondé.

Clodoilde ou Crotilde, nommée aussi *Doda*, son épouse, enterrée à S. Wast.

CLOVIS III, leur fils, mort en 695, âgé de 15 ans, enterré au Monastere de Choisy-sur-Oise près Compiègne.

CHILDEBERT II, surnommé *le Juste*, frère de Clovis, mort le 14 Avril 711, âgé de 28 ans, enterré avec son frère.

DAGOBERT II, son fils, mort en 716, âgé de 17 ans, enterré à Nancy ou à Choisy.

Clotilde de Saxe, son épouse, enterrée à Nancy.

CLOTAIRE IV, que quelques-uns font fils de Thierry I, d'autres de Dagobert II, fut proclamé Roi par Charles Martel, qui voulut l'opposer à Childeric & Rainfroy : il ne régna que 17 mois, & mourut en 718 ou 719. 1. *Moncornet.* 2. N... sc. Médaillon, in-12.

CHILPERIC II, estimé fils de Childeric II, mort en 720, la cinquième année de son règne, enterré à Noyon.

THIERRY II, estimé 3e fils de Dagobert II, mort en 728, âgé de 23 ou 24 ans, & l'année dix-septième de son règne.

THÉODORIC II, fils, qui pourroit bien être le même que Thierry II. *Moncornet & Boissevin*, seulement.

CHILDERIC III, fils de Thierry II, dernier de la Race des Mérovingiens, élevé à la Royauté en 743, après un interrègne de cinq ans, régna 9 ans, fut enfermé dans le Monastère de Saint-Bertin, près Saint-Omer en 750, où il mourut le 1 Mai 754.

Charles-Martel, (Maire) mort à Cressy-sur-Oise, en 741, âgé de 50 ou 55 ans, après avoir gouverné 26 ans, enterré à Saint-Denis.

Seconde Race.

PEPIN le Bref, fils de Charles Martel, premier Roi des Carlovingiens, élu par les François en 1751, couronné à Soissons le 1 Mai 1752, mort le 14 Septembre 768, âgé de 54 ans, enterré à S. Denis.

Berthe ou Bertrade, son Epouse, fille de Charibert, Comte de Laon, morte à Choisy le 12 Juillet 783, enterrée à S. Denis.

CHARLES I. dit *le Grand*, ou *Charlemagne*, né au Château d'Ingelheim, près Mayence, en 747, sacré à Noyon le 9 Octobre 768, couronné Empereur à Rome le jour de Noel 800, mort à Aix-la-Chapelle le 28 Janvier 814, & y est enterré dans l'Eglise de Notre-Dame qu'il avoit fait bâtir. Louis XI. ordonna en 1475 qu'on célébreroit sa Fête le 28 Janvier. 1. N... in-11. ovale, avec Inscription Hollandoise. 2. N.. Médaillon soutenu par la Religion & la Justice, pour Frontispice du Livre intitulé : *Capitularia Regum Francorum*, 3. C. *le Brun*, p. *Giffart*, sc. 4. *Regnesson*, in-fol. avec les Habits Impériaux. 5. Crispin *de Pas*, del. & sc. in-12. 6. J. *Picart*, A cheval, l'épée à la main. 7. *Huv. Wierx*, in-8. En pied. 8. N... dans Thévet. 9. N... dans Odieuvre.

Herméntrude, seconde femme de Charlemagne.

Hildegarde, troisième, morte à Thionville le 30 Avril 783.

Luitgarde, cinquième, morte à Tours le 4 Juin 800.

Louis I. dit *le Débonnaire*, né à Cassaneuil en Agenois, l'an 778, de Hildegarde, associé à l'Empire en 813, mort au Château d'Ingelheim, le 20 Juin 840, enterré dans l'Abbaye de S. Arnoul de Metz.

Ermengarde, fille d'Ingrame, Comte d'Herbay, au Pays de Liège, mariée en 796, couronnée à Reims l'an 816, mourut à Angers le 3 Octobre 818, & y fut enterrée.

Charles II. dit *le Chauve*, né à Francfort sur le Mein, le 13 Juin 823, de Judith, seconde femme de Louis; lui succéda en 840, se fit couronner Empereur à Rome par le Pape Jean VIII, le jour de Noël 875; en repassant les Alpes, il mourut dans un Village nommé Brios, le 5 ou 6 Octobre 877. N... in-fol. sur son Trône avec les Habits Impériaux.

Louis II. Empereur, fils de Lothaire I. & frère de Lothaire, Roi de Lorraine, mort le 31 Août 875. N... dans Odieuvre.

Louis II. Roi de France, dit *le Bègue*, fils de Charles-le-Chauve, & d'Ermentrude sa première femme, né le 1 Novembre 843, mort à Compiègne le 10 Avril 879. N... Médaillon, in-12.

Adelaïde, sa seconde femme, sœur de Wilfrid, Abbé de Flavigny en Bourgogne.

Louis III. fils de Louis-le-Bègue & d'Ansgarde sa première femme, sacré en l'Abbaye de Ferrières en Gâtinois, l'an 879, mort sans avoir été marié, à Saint-Denis le 4 Août 882.

Carloman, qui partagea la Couronne avec Louis son frère, & en jouit seul après sa mort; mais il mourut sans postérité, le 6 Décembre 884. N... in-12. Les deux frères ensemble.

Charles-le-Gros, troisième fils de Louis de Germanie, Empereur d'Occident, gouverna la France pendant trois ans, durant le bas âge de Charles-le-Simple, & mourut le 12 ou 13 Janvier 888. Chev. *de Mielle*, del. J. *Tournheysen*, sc. à Lyon, 1663, in-fol. d'après de *Bie*.

Richarde, femme de Charles-le-Gros.

Eudes, fils aîné de Robert I. Duc de France, élu Roi de France & d'Aquitaine en 888, & couronné l'année suivante par Gautier, Archevêque de Sens; mourut à la Fère sur Oise, le 3 Janvier 898.

Charles III. dit *le Simple*, fils posthume de Louis-le-Bègue, & d'Adelaïde sa seconde femme, né le 17 Septembre 879, couronné à Reims le 28 Janvier 893, mort le 7 Octobre 929, au Château de Perrone, où Herbert, Comte de Vermandois, le tenoit prisonnier.

Ogive, sa femme, fille d'Edouard I. Roi d'Angleterre.

Raoul, fils de Richard le Justicier, Duc de Bourgogne, sacré & couronné Roi de France, en l'Abbaye de S. Médard de Soissons, le 13 Juillet 923, porta le titre de Roi l'espace de 12 ans & demi, & mourut sans lignée, à Autun le 15 Janvier 936 : il est enterré à Sens.

Berthe, son Epouse.

Louis IV. dit *d'Outremer*, Roi de France, fils de Charles-le-Simple, élevé en Angleterre, d'où il fut rappellé & couronné à Laon le 19 Juin 936, mort à Reims le 15 Octobre 954, d'une chûte de cheval, enterré à S. Remi de Reims.

Gerberge de Saxe, sa femme, veuve de Gilbert, Duc de Lorraine, & fille de Henri I. dit l'*Oiseleur*, Roi d'Allemagne & Duc de Saxe.

Lothaire III. né à Laon en 941, sacré à Reims le 12 Novembre 954, mort de poison à Reims, le 2 Mars 986, enterré à S. Remi.

Louis V. dit *le Fainéant*, dernier de la Race des Carlovingiens, né en 976, marié avec Blanche, fille d'un Seigneur d'Aquitaine; mourut sans postérité, le 22 Juin 987, enterré dans l'Eglise de S. Corneille de Compiègne.

Troisième Race.

Hugues-Capet, premier Roi de la troisième Race, élu à Noyon en 987, sacré & couronné à Reims le 3 Juillet, mort le 24 Octobre 996, âgé d'environ 55 ans, enterré à S. Denis.

Adelaïs ou Adèle, sa femme.

Robert, son fils, associé & sacré le 1 Janvier 988, à Orléans, mourut à Melun le 20 Juillet 1031, âgé de 61 ans, enterré à S. Denis.

Constance de Provence, sa seconde femme, morte à Melun en Juillet 1032.

Henri I. second fils de Robert & de Constance, sacré & couronné à Reims du vivant de son père, le 25 Mai 1027, fonda le Prieuré de S. Martin-des-Champs à Paris; mourut à Vitry en Brie, le 4 Août 1060, âgé de 55 ans.

Mathilde, sa première femme.

Anne de Russie, mariée en 1044, fonda l'Abbaye de S. Vincent de Senlis.

Philippe I. fils d'Anne, né en 1053, sacré à Reims en présence de son père, le 22 Mai 1059, mourut à Melun le 29 Juillet 1108, enterré à S. Benoît-sur-Loire.

Berthe, fille de Florent I. Comte de Hollande, mariée en 1071, répudiée en 1085, & reléguée à Montreuil-sur-Mer, où elle mourut l'an 1093.

Louis VI. dit *le Gros*, fils de Berthe, né en 1081, sacré & couronné dans l'Eglise de Sainte-Croix d'Orléans, le 2 Août 1108, fonda l'Abbaye de S. Victor-lès-Paris en 1113, mourut à Paris le 1 Août 1137.

Adelaïs ou Adele de Savoye, mariée en 1115, & en secondes noces à Matthieu I. Connétable de Montmorency, morte en 1154, & enterrée dans l'Abbaye de Montmartre, qu'elle avoit fondée.

Louis VII. dit *le Jeune*, né en 1120, sacré & couronné à Reims par le Pape Innocent II. le 25 Octobre 1131, donna à l'Eglise de Reims la prérogative du sacre des Rois en 1179, mourut à Paris le 18 Septembre 1180, enterré dans l'Eglise de l'Abbaye de Barbeau, près de Fontainebleau, qu'il avoit fondée.

Constance de Castille, seconde femme, mariée en 1154 à Orléans, couronnée au même lieu; morte en couches en 1160, enterrée à S. Denis.

Alix de Champagne, troisième femme, mariée en 1160, morte à Paris le 4 Juin 1206, enterrée en l'Abbaye de Pontigny.

Philippe II. surnommé *Auguste*, né d'Alix, le 22 Août 1165, mourut à Mantes le 14 Juillet 1223.

Isabelle de Hainaut, première femme, couronnée à S. Denis l'an 1180, morte en couches à Paris le 15 Mars 1190, enterrée dans le Chœur de Notre-Dame de Paris.

Ingeburge de Dannemark, seconde femme, mariée le 14 Août 1193, couronnée le lendemain, répudiée 82 jours après, sous prétexte de parenté : le Roi la reprit en 1213, & elle mourut à Corbeil en 1236; enterrée dans l'Eglise du Prieuré de S. Jean de Corbeil.

Louis VIII. surnommé *le Lyon*, né à Paris le 3 Décembre 1187, mort au Château de Montpenfier en Auvergne, le 8 Novembre 1226.

Blanche de Caftille, mariée le 23 Mai 1200, déclarée Régente du Royaume en 1226, pendant la minorité de son fils, & pendant son premier Voyage d'outremer en 1248, morte à Paris le 1 Décembre 1252, âgée de 64 ans, enterrée dans l'Abbaye de Maubuisson. 1. *Huret*, in-4. 2. Idem, vêtue en Religieuse, in-4.

Louis IX. (ou S. Louis,) né à Poissy le 25 Avril 1215, mort de la peste au Camp devant Tunis, le 25 Août 1270, canonisé par Boniface VIII. en 1297. 1. N... dans Thévet. 2. N... à Paris, 1663, in-fol. d'après une ancienne figure en or, qui est au Tréfor de la Sainte-Chapelle. 3. *Edelinck*, in-fol. A genoux en manteau Royal.

Marguerite de Provence, mariée en 1234, morte à Paris le 20 Décembre 1295.

Philippe III. dit *le Hardi*, né le 1 Mai 1245, mort à Perpignan le 5 Octobre 1285.

Isabelle d'Arragon, mariée le 28 Mai 1262, accompagna son mari au Voyage d'Afrique en 1270, & mourut enceinte à son retour à Cofence en Calabre, d'une chûte de cheval, le 28 Janvier 1271.

Marie de Brabant, seconde femme, en 1274, couronnée dans la Sainte-Chapelle le 24 Juin 1275, morte le 12 Janvier 1321, enterrée aux Cordeliers de Paris.

Philippe IV. dit *le Bel*, né à Fontainebleau en 1268, mort au même endroit le 29 Novembre 1314.

Jeanne, Reine de Navarre & Comtesse de Champagne, mariée le 16 Août 1284, mourut au Château de Vincennes le 2 Avril 1304, âgée de 33 ans; enterrée dans l'Eglise des Cordeliers de Paris. N... dans le Père Montfaucon.

Louis X. dit *Hutin*, couronné Roi de Navarre à Pampelune le 1 Octobre 1307, & de France en 1315, mort subitement au Château de Vincennes le 5 Juin 1316, âgé de 25 ans.

Clémence de Hongrie, seconde femme, le 19 Août 1315, morte à l'Hôtel du Temple à Paris, le 12 Octobre 1328, enterrée aux Jacobins de la rue S. Jacques. N... dans le P. Montfaucon.

Jean I. fils de Louis X. né posthume le 15 Novembre 1316, Roi de France pendant quelques jours, mort le 19 Novembre. N... dans le P. Montfaucon.

Philippe V. dit *le Long*, second fils de Philippe-le-Bel, Régent du Royaume pendant la grossesse de Clémence, puis Roi en 1316, mort à Long-Champs, le 2 Janvier 1322, âgé de 28 ans.

Jeanne de Bourgogne, sa femme, mariée à Corbeil en 1306, fonda à Paris le Collège de Bourgogne près les Cordeliers, & mourut à Roye en Picardie, le 21 Janvier 1329; enterrée aux Cordeliers.

Charles IV. dit *le Bel*, troisième fils de Philippe-le-Bel, monta sur le Trône en 1322, & mourut à Vincennes le 1 Février 1328, âgé de 33 ans.

Marie de Luxembourg, fille de Henri VII. Empereur, seconde femme en 1323, morte en couches à Illoudun en Berry, l'an 1324.

Jeanne d'Evreux, troisième femme en 1325, morte à Brie-Comte-Robert, le 4 Mars 1370. N... dans le Père Montfaucon.

Philippe VI. dit *de Valois*, né en 1293, fils de Charles de Valois, troisième fils de Philippe-le-Hardi, Roi en 1328, mort à Nogent-le-Roi le 22 Août 1350.

Jeanne de Bourgogne, troisième fille du Duc Robert II. mariée en 1313, morte à Paris dans l'Hôtel de Nesle, le 12 Septembre 1348.

Blanche de Navarre, seconde femme en 1349 morte à Neauffle-le-Châtel, le 5 Octobre 1398.

Jean, surnommé *le Bon*, fils de Jeanne, né au Château du Gué de Mauny, le 26 Avril 1319, mort prisonnier à Londres le 8 Avril 1364; son corps fut transporté à S. Denis. N... in-12.

Bonne de Luxembourg, mariée en 1332, morte en l'Abbaye de Maubuisson le 11 Septembre 1349. N... dans le Père Montfaucon.

Jeanne, Comtesse d'Auvergne & de Boulogne, veuve de Philippe de Bourgogne, Comte d'Artois, seconde femme en 1349, morte au Château d'Argilly en Bourgogne l'an 1360, âgée d'environ 40 ans.

Charles V. surnommé *le Sage*, né au Château de Vincennes le 21 Janvier 1337, fut le premier Dauphin; monta sur le Trône en 1364, mourut au Château de Beauté sur Marne, (au Bois de Vincennes,) le 16 Septembre 1380. *Marcenay*, 1767, in 12. (Beau.)

Jeanne de Bourbon, sa femme, mariée en 1349, morte en couches à Paris le 6 Février 1377, âgée de 40 ans.

Charles VI. dit *le Bien Aimé*, né à Paris le 3 Décembre 1368, mort en l'Hôtel de S. Paul à Paris, le 22 Octobre 1422. N... in-4.

Isabelle de Bavière, mariée le 17 Juillet 1385, morte en l'Hôtel de S. Paul le 30 Septembre 1435. N... dans le P. Montfaucon.

Charles Dauphin, premier fils du Roi Charles VI. N... dans le P. Montfaucon.

Charles VII. dit *le Victorieux*, né à Paris le 22 Février 1402, mort au Château de Mehun-sur-Yeuvre, (en Berry,) le 22 Juillet 1461. 1. *Grignon*, in-fol. 2. N... pour les Mémoires de Comines, in-4. avec bordure. 3. N... in-12. Armé en gueule, & vu jusqu'aux genoux. 4. *Marcenay*, in-8.

Marie d'Anjou, mariée en 1422, morte en l'Abbaye de Châteliers en Poitou, le 29 Novembre 1463, âgée de 59 ans.

Charles de France, Duc de Guyenne, né à Paris le 28 Décembre 1446, mort de poison à Bordeaux, le 12 Mai 1472. 1. N... dans Odieuvre. 2. N... pour les Mémoires de Comines, in-4.

Louis XI. né à Bourges le 3 Juillet 1423, mort au Château du Plessis-les-Tours, le 30 Août 1483, enterré à Notre-Dame de Cléry. 1. *Matheus*, in-4. pour le Livre intitulé : *La Chronique scandaleuse*. 2. N... dans Thévet 3. *Morin*, in-fol. 4. C. *Vermeulen*, 1704, in-12. 5. N... in-16. ovale, avec la Légende : *Ludovicus*, &c. 6. N... ovale, très-petit Médaillon. 7. N... en habits Royaux, le Sceptre à la main. 8. N... in-12. avec quatre Vers François. 9. *Stuerhelt*, in-12. 10. *Audran*, in-12. Copié sur celui de Vermeulen. 11. *Feffard*, d'après Jeaurat, in-12. Buste du Tombeau de Notre-Dame de Cléry. 12. N... pour les Mémoires de Comines, in-4. avec bordure. 13. N... in 4. en pied. 14. N...

Marguerite d'Ecosse, première femme, mariée le 29 Juin 1436, morte à Chaalons-sur-Marne le 16 Août 1446, âgée de 26 ans. (Louis XI. n'étoit encore que Dauphin.)

Charlotte de Savoye, seconde femme, en Mars 1451, morte à Amboise le 1 Décembre 1483, âgée de 38 ans. N... dans le Père Montfaucon.

Charles VIII. né au Château d'Amboise le 4 Juin 1470, mort d'apoplexie dans le même Château, le 7 Avril 1498. 1. C. *Vermeulen*, 1704, in-4. 2. N... in-4. 3. N... 4. *Stuerhelt*, in-12. 5. N... in-12. 6. N... une Histoire de France en Italien. 6. N... dans un ovale, avec une Légende Latine & une Inscription Hollandoise : Charles VIII. y est en habit de guerre;

7. N... pour les Mémoires de Comines, in-4. avec bordure.

Anne, Duchesse de Bretagne, née à Nantes le 16 Janvier 1476, morte à Blois le 9 Janvier 1514, épousa Louis XII. en secondes noces. N... pour le Comines, in-4. avec bordure.

Louis XII. surnommé *le Père du Peuple*, fils de Charles, Duc d'Orléans, né à Blois le 27 Juin 1462, mort à Paris au Palais des Tournelles le 1 Janvier 1515. 1. Fr. *Ertinger*, avec Anne sa femme, d'après deux Médailles du temps, au Cabinet de M. Mellier. 2. *Petit*, in-12. 3. N... in-12. dans un ovale, avec Légende Latine & Inscription Hollandoise. 4. N... en ovale, petit in-12. 4. *Rabel*, in-12. ovale. (Beau.) 6. N... à cheval, faisant son entrée dans Gênes, in-fol. 7. N... pour les Mémoires de Comines, in-4. avec bordure.

La Bienheureuse Jeanne de France, fille de Louis XI. première femme en 1476. Son Mariage ayant été déclaré nul le 22 Décembre 1498, elle passa le reste de ses jours dans le Couvent des Filles de l'Annonciade de Bourges, qu'elle avoit fondé l'an 1501, & y mourut Religieuse le 4 Février 1505. 1. *Picart*, in-12. 2. *Picquet*, in-4. 3. *Van Lochon*, in-4. 4. *Verdier*, p. *Mariette*, sc. petit in-fol.

Anne, Duchesse de Bretagne, seconde femme, le 8 Janvier 1499, morte à Blois le 9 Janvier 1514.

Marie d'Angleterre, troisième femme, mariée le 9 Octobre 1514, épousa en secondes noces Charles Brandon, Duc de Suffolk en 1515, & mourut en 1533, âgée de 37 ans. Dessin au Cabinet de M. de Fontette.

Renée de France, seconde fille de Louis XII. mariée à Ernest, Duc de Ferrare, morte en 1575. Dessin au Cabinet de M. de Fontette.

François I. né à Coignac le 12 Septembre 1494, mourut à Paris, dans le Château de Rambouillet, (Fauxbourg S. Antoine,) le 31 Mars 1547. 1. Jeune, Dan. *Hopfer*, in-8. 2. *Nelli*, in-4. 3. Th. *de Leu*, in-12. 4. *Morin*, in-fol. 5. *Moyreau*, d'après le *Titien*, in-fol. (Beau.) 6. N... dans le Livre de Schrenckius, in-fol. 7. J. H. B. que l'on interprete par Jacq. *Binck*, (est extrêmement petit.) 8. N... Médaillon, avec Inscription Gothique : *Rex Francia*. 9. N... in-12. 10. N... dans Thévet. 11. N... Médaillon fort petit, avec Légende Latine. 12. *Janel*, p. N. *Montagne*, sc. in-fol. 13. N. *de Clerck*, in-8. avec Légende Latine & Inscription Hollandoise. 14. N... in-12. en bois. 15. *Augustin*, Vénitien, A. V. 1536, in-fol. 16. B. A. V. 1536, in-fol. 17. Trois Dessins au Cabinet de M. de Fontette, in-fol. 18. *Nicolo del Abbate*, p. *Chenu*, sc. 1768, in-fol. avec Explication.

Claude de France, fille aînée de Louis XII. première femme, le 14 Mai 1514, morte au Château de Blois le 20 Juillet 1524, âgée de 25 ans. 1. *Desrochers*. 2. N... dans le P. Montfaucon. 3. Deux Dessins au Cabinet de M. de Fontette.

Eléonore d'Autriche, veuve d'Emmanuel, Roi de Portugal, seconde femme de François I. en Juillet 1530. Après la mort du Roi elle se retira en Flandres, puis en Espagne, où elle mourut en 1558. 1. N... dans le Père Montfaucon. 2. Th. *de Leu*, in-12. avec quatre Vers. 3. En veuve, ovale, tenant à sa main ses gants & son chapelet : E. H. ovale, in-4. 4. Deux Dessins au Cabinet de M. de Fontette.

François Dauphin, fils aîné de François I. né le 28 Février 1517, mort de poison au Château de Tournon, le 10 Août 1536. 1. Agé de 7 à 8 ans : Dessin au Cabinet du Roi. 2. Th. *de Leu*, in-8. 3. *Moncornet*. 4. N... en petit.

Henri II. né le 31 Mars 1518, Roi en 1547, blessé à mort dans le Tournoi le 30 Juin 1559, mourut le 10 Juillet suivant. 1. Etant encore Duc d'Orléans : Dessin au Cabinet du Roi. 2. *Beatricius*, 1558, in-fol. avec des ornemens. 3. A cheval : *Van Acht*, à Bruxelles, in-fol. 4. N... dans Thévet. 5. N... in-12. obl. 6. *Battarditto del moro*, in-fol. 7. *Licfrinck*, in-fol. 8. N... avec bordure très-ornée, in-fol. 9. N... in-4. tenant une épée nue. 10. Th. *de Leu*, in-8. 11. L. *Gaultier*, in-8. 12. R. 1580, appuyé sur un casque. 13. N... copie du précédent, avec quelques différences. 14. *Morin*, d'après *Janet*, in-fol. 15. N. *Vicus*, in-8. 16. N... grand in-fol. La main appuyée sur son casque, ayant une cuirasse richement ornée, à l'âge de 28 ans. (Beau.) 17. Dessin au Cabinet du Roi. 18. *Harrezvin*, in-12. 19. N. B. *Lots*, f. 1556, P.P. inv. in-fol. avec une couronne de lauriers, & ornemens. 20. N... en bois : Inscription Françoise & Allemande. 21. N... en bois & ovale : Frontispice d'un Recueil de Chansons, publié en 1575, par Adrien le Roi & Robert Ballard, Imprimeur du Roi. 22. Gasp. *Bouttats*, in-fol. Médaillon soutenu par des figures. 23. N... dans une Suite d'Allemagne, grand in-12. 24. N... chez *Cock*, in-4. ovale, avec Légende Latine, & au bas ces deux lettres F. H. 25. N... grand in-8. appuyé sur son casque, in-fol. ovale, avec Inscription Allemande, & cette Légende : *Dum totum compleat orbem*. 27. Deux Dessins au Cabinet de M. de Fontette. 28. N... dans Odieuvre.

Catherine de Médicis, née à Florence le 3 Avril 1519, épousa Henri II. le 27 Octobre 1533 : fut trois fois Régente ; mourut au Château de Blois le 5 Janvier 1589 : son corps fut porté à S. Denis vingt-un ans après. 1. Hans *Licfrinck*, in-fol. 2. Nic. *Nelli*, 1567, in-4. 3. M. *Duval*, 1579, in-4. 4. Th. *de Leu*, in-8. 5. *Dusflos*, in-4. 6. N... in-16. ovale, avec Inscription Latine. 7. N... chez Cock, avec ces deux lettres F. H. in-4. Légende Latine. 8. Dessin aux trois crayons, in-4. au Cabinet du Roi. 9. N... 1580, in-12. avec un Livre devant elle, les mains appuyées l'une sur l'autre, & Inscription Latine. 10. J. *Granthomme*, 1588, in-12. avec quatre Vers au bas. 11. Deux Dessins au Cabinet de M. de Fontette.

Claude de France, seconde Fille de Henri II. née en Novembre 1547, mariée le 5 Février 1588, à Charles II. Duc de Lorraine, morte le 20 Février 1575. Dessin au Cabinet du Roi, comme âgée de 11 ans.

François II. né à Fontainebleau le 20 Janvier 1543, Roi le 10 Juillet 1559, mort d'une aposthume à l'oreille, aux Etats d'Orléans le 5 Décembre 1560. 1. Agé de 2 ou 3 ans : Dessin au Cabinet du Roi. 2. Agé de 10 à 12 ans : Dessin au Cabinet du Roi. 3. N... en Dauphin. 4. Hans *Licfrinck*, in-fol. en pied, avec les armes de Dauphin. 5. N. *Nelli*, in-4. 6. N... chez Cock, in-4. avec ces lettres R.F. 7. Hans *Licfrinck*, in-fol. en pied, avec les armes de Roi de France. 8. N... in-4. petit Médaillon : le fond représente une action. 9. N... in-12. 10. N... in-12 : En habit de fourure, Légende Latine, Inscription Hollandoise. 11. N... de même : Légende Françoise, & quatre Vers François ; in-12. 12. N... en bois, avec nom François & Allemand, in-8. 13. *Duflos*, in-4. 14. N... in-4. ovale, avec Légende Latine & ornemens. 15. *Harrezvin*, in-12. 16. N... 1558, avec Marie Stuart : Médaille & revers, in-16. 17. Dessin au Cabinet de M. de Fontette.

Marie Stuart, Reine d'Ecosse, mariée à François II. en 1558 ; se retire en Ecosse après sa mort ; eut la tête tranchée par ordre de la Reine Elisabeth, en Angleterre le 18 Février 1587. 1. J. *Rabel*, in-8. 2. *Nelli*, en Italie, in-fol. 3. Th. *de Leu*, in-8. 4. *Moncornet*. 5. L. *Gaultier*, in-8. 6. M. *Lasne*, in-4. 7. C. *David*, in-8. 8. Ji *Couvay*, in-fol. avec ornemens, & la représentation de la mort de la Princesse. 9. P. *Alguast*, 1697, in-fol. 10. F. G. représentée en pied. 11. Hans *Licfrinck*, in-fol. en pied, tenant son gant à la main droite. 12. *Boudan*, in-12. avec son exécution dans le lointain, & ces mots : *Vera effigies*, &c. 13. Gio. P. *Bianchi*, petit in-12. avec ornemens. 14. N... dans un

ovale,

des François illustres.

ovale, in-12. & Inscription : *Ne dimittas legem*, &c. 15. N... ovale, petit in-4. Inscription Latine & l'année de la mort. 16. Hier. *Wirix*, in-fol. ovale, avec l'exécution aux deux côtés, & deux Anges qui lui apportent une couronne : 20 Vers Latins au bas. 17. Jos. *Hoyenberg*, in-fol. En pied, tenant d'une main un livre, de l'autre un éventail, & son Anagramme : *Mors via ad astra*. 18. J. *Simon*, in-fol. Manière noire, dans un ovale, & Inscription Latine. (Beau.) 19. Fréd. *Zuchar*, p. *Fessard*, sc. in-8. 20. *Vignon*, inv. *Mariette*, exc. avec l'exécution dans le lointain ; à la Gallerie des Femmes fortes, in-fol.

Charles IX. né à S. Germain-en-Laye le 27 Juin 1550, Roi le 5 Décembre 1560, mort à Vincennes le 3 Mai 1574. 1. N. *Nelli*, 1567, in-4. 2. Th. *de Leu*, in-8. 3. Dessin au Cabinet du Roi. 4. N... dans le Livre de Schrenckius, in-fol. en pied. 5. N... in-12. 6. *Bruin*, avec Inscription Latine & ces lettres, A. D. in-fol. 7. N... en Médaillon, avec Légende Latine. 8. N... en bois, 1572, ovale. 9. N... in-4. en pied ; Frontispice d'un Livre d'armes fait par S. Didier, avec Vers au bas. 10. N... petit in-4. Légende Latine & Inscription Hollandoise. 11. Jac. G. chez Mourdelle, in-8. avec quatre Vers François. 12. Dessin au Cabinet de M. de Fontette. 13. N... dans Thévet. 14. *Duflos*, in-4.

Elisabeth d'Autriche, mariée le 22 Octobre 1570 ; se retira à Vienne après la mort de Charles IX. & y mourut le 22 Janvier 1592, âgée de 38 ans. 1. Hans *Licfrinck*, exc. A. D. *Bruin*, sc. in-fol. en pied. 2. Th. *de Leu*, in-8. 3. En veuve. Idem, in-8. avec quatre Vers au bas. 4. En veuve. Idem, ovale, & quatre Vers. 5. *Harrexvin*, in-12. 6. *Desrochers*. 7. Dessin à l'encre de la Chine, dans le Cabinet de M. de Fontette.

HENRI III. né à Fontainebleau le 19 Septembre 1551, élu Roi de Pologne en 1573, devient Roi de France le 30 Mai 1574 ; mort à Saint-Cloud le 2 Août 1589, de la blessure que lui avoit fait la veille Jacques Clément. Son corps fut déposé à Saint-Corneille de Compiègne, jusqu'en 1610, qu'il fut porté à Saint-Denis. 1. Agé de 2 à 3 ans : Dessin au Cabinet du Roi. 2. Agé de 4 à 5 ans : Dessin, ibid. 3. Agé de 13 ans : Dessin, ibid. 4. Gasparo *Padoano*, à Venise, lorsque Henri III. revenoit de Pologne, en 1574, in fol. 5. Jérôme *Wirix*, d'après Paul *de la Hove*, in-fol. avec quatre Vers François. (Beau.) 6. D. C. *Senoni*, 1574, in-4. ovale. 7. *Renatus*, (vers 1576) in-fol. en pied, avec ornemens. 8. N... dans Thévet. 9. N... 1580, in-12. Ovale, avec ornemens & quatre Vers François. 10. L. *Gaultier*, 1587, in-fol. 11. Jérôme *Wirix*, petit in-8. 12. Jacq. *Granthome*, 1588, in-8. 13. L. *Gaultier*, 1588, in-12. 14. N... (vers 1588) in-12. à mi-corps, avec un Sonnet de Scévole de Sainte-Marthe. 15. N... en bois, ovale & quatre Vers. 16. Th. *de Leu*, in-8. 17. Idem, d'après *Rabel*, in-12. 18. *Stuerhelt*, in-8. 19. N... dans une Suite d'Allemagne, in-8. 20. N... in-12. ovale. 21. L. *Gaultier*, in-8. 22. Jérôme *Wirix*, in-fol. 23. L. *Gaultier*, in-4. avec quatre Vers en 1588, in-8. 24. N... in-fol. dans un grand Médaillon, avec l'Inscription, *Distichon*, & des Vers François & Allemands. 25. N... représenté avec une grande fraise. 26. *Mariette*, ovale. 27. Robert *Boissard*, in 8. à cheval. 28. N... Médaillon, in-12. 29. *Harexom*, in-12. Homme & femme : Frontispice du Livre intitulé : *Isle des Hermaphrodites*. 30. Tête de grosseur naturelle, en Dessin, au Cabinet de M. de Fontette. 31. Autre Dessin, en fraise & aigrette, dans le même Cabinet. (Beau.)

Louise de Lorraine, mariée le 15 Février 1575, & morte à Moulins le 29 Janvier 1601. 1. L. *Gaultier*, 1581, in-12. ovale. 2. Idem, 1588, in-4. avec quatre Vers. (Joli.) 3. En veuve : Th. *de Leu*, in-8. 4. Le même, avec peu de différence. 5. *Licfrinck*, in-fol. 6. Dessin au Cabinet du Roi. 7. *Harrexvin*. 8. *Rabel*, in-12. ovale. 9. N... in-12. ovale avec Légende Latine.

Tome IV. Part. II.

10. *Hoyengorgius*, in-12. ovale. 11. Dessin au Cabinet de M. de Fontette. (Beau.) 12. *Desrochers*.

François de Valois, Duc d'Anjou, d'Alençon & de Brabant, frère de Henri III. mort sans avoir été marié, le 10 Juin 1584, âgé de 30 ans. 1. Dessin du Cabinet du Roi : en pied. 2. *Gourdelle*, in-4. 3. *Licfrinck*, in-fol. en pied. 4. Th. *de Leu*, 1582, in-8. 5. J. *Granthome*, in-8. 6. N... in-8. 7. *Alguast*, 1697, in-fol. 8. *Harrexvin*, in-12. 9. *Moncornet*. 10. N... dans la Suite d'Odieuvre.

HENRI IV. né au Château de Pau le 13 Décembre 1553, Roi de Navarre en 1572, & de France en 1589, mort le 14 Mai 1610. 1. Herman *Muller*, à Amsterdam, in-fol. encore Roi de Navarre. 2. *Rabel*, in-8. Roi de Navarre. 3. *Goltzius*, in-8. Roi de France. 4. Idem, 1592, in-8. avec un chapeau. 5. Dessin au Cabinet du Roi. 6. Ant. *Wierx*, in-12. chez Jérôme Wierx, in-12. avec un chapeau. 7. Idem, in-16. en cuirasse, fraise, écharpe & cheveux. (Beau.) 8. N... in-8. âgé de 40 ans (en 1593,) avec chapeau & plume, Légende, Bataille dans le lointain. 9. N... en bois, in-4. avec quatre Vers au bas. Frontispice du Livre intitulé : *L'Oracle ou Chant de Protée*, &c. imprimé à Lyon en 1594. 10. N... in-4. 1594. Au-dessous est l'action de Jean Châtel. 11. N... 1595. ovale. 12. Ant. *Tempeste*, à Rome, 1595 ; in-fol. à cheval. 13. J. *Turpin*, à Rome, in-fol. à cheval. 14. Math. *Greuter*, 1595; in-fol. æt. 45. 15. N... 1595, in-12. ovale. 16. Chérubin *Albert*, à Rome 1595, in-fol. avec ornemens. 17. Isaac *Fournier*, del. Th. *de Leu*, fc. 1596, in-fol. avec ornemens. 18. C. *de Mallery*, 1599, in-fol. à cheval. 19. Robert *Boissard*, 1599, in 4. à cheval. 20. N... in-fol. à cheval, avec deux Vers François. 21. J. *le Clerc*, in-fol. in-fol. en pied, avec huit Vers. 22. N... in-4. ovale, avec quatre Vers. 23. Carol. *Atenh*, fc. Crispin *de Pas*, fc. in-8. ovale, avec six Vers Latins. 24. (Thom. *de Leu*) in-4. Tenant son épée des deux mains. 25. C. *de Mallery*, 1599, petit in-4. à cheval. 26. En Buste, avec le collier de l'Ordre. N... 27. Crispin *Van Pas*, d'après *Mazot*, in-fol. Assis sur son Trône, deux Anges lui posent une couronne de laurier sur la tête. 28. N... in-12. ovale. Légende Latine & quatre Vers François. 29. N... Médaillon en petit ovale, avec le Portrait de Marie de Médicis. 30. *Goltzius*, d'après Paul *de la Hove*, in-fol. avec Collier des Ordres. (Beau & rare.) 31. Jac. *Granthome*, d'après J. *le Clerc*, in-fol. en pied, avec la Reine, pour le Mariage, 1600. 32. *Fornaxery*, de même. 33. Th. *de Leu*, in-4. avec le Collier & quatre Vers. 34. Corn. *Galle*, 1600, in-fol. 35. Cl. *Brayer*, 1600. 36. Philippe de Galles, 1600, in-fol. 37. Ant. *Carron*, del. Gilb. *Venius*, fc. 1600, in-fol. à cheval. 38. Crispin *de Pas*, à Cologne, 1601 ; in-4. 39. L. *Gaultier*, 1602, in-fol. Assis avec la Reine & ses deux enfans. 40. *Mazot*. 41. N... avec ces mots : *Mars tibi*, &c. in-fol. 42. Th. *de Leu*, d'après *Bunel*, 1606, in-fol. Buste, couronne de lauriers. 43. Idem, d'après Fr. *Quesnel*, in-4. avec chapeau, fraise & quatre Vers. 44. Idem, d'après le même, in-4. avec Couronne & Manteau Royal, & quatre Vers. 45. N... 1606, in-4. avec Marie de Médicis & Catherine, Duchesse de Bar. Frontispice du Livre intitulé : *Les Etrennes au Roi & à la Reine*. 46. Th. *de Leu*, très-petit. 47. N... in-fol. à cheval, avec un chapeau. 48. Robert *Picou*, p. Hyer. *Duvid*, fc. Romæ, 1624, in-fol. Statue pédestre érigée à Rome en 1608. 49. L. *Gaultier*, 1609, in-fol. à cheval. 50. Idem, in-fol. en pied, & coupant le Nœud Gordien. 51. *Morin*, d'après *Ferdinand*, in-fol. 52. *Daret*, in-fol. 53. N... dans le Livre de la Gallerie du Palais Cardinal, in-fol. 54. N... Médaillon in-fol. Frontispice du Livre intitulé : *Parallele de l'Architecture ancienne & moderne*, par Ertard. 55. L. *Gaultier*, in-4. obl. Médaillon dans l'Histoire de Henri IV. par Dupleix, in-12. ovale. 56. L. *Gaultier*, in-12. ovale, avec cette Légende : *Duo protegit unus*. 57. N... en bois, in-fol. obl. D'un côté le Roi avec son fils assis, & de l'autre

Liste de Portraits

la Reine avec les trois Princesses. 58. Idem, 1609, in-12. à genoux, vis-à-vis un Oratoire. 59. N... Médaillon fort petit, dans une Estampe in-fol. Frontispice de l'Histoire Latine de M. de Thou, imprimée en 1600, à Paris. 60. L. *Gaultier*, 1610, in-12. à cheval, couronné de lauriers par deux Anges. 61. Idem, in-4. dans un ovale: Légende Françoise, Inscription: *A Henri IV. Auguste.* 62. J. *Le Mercier*, in-fol. C'est la même que le num. 48, de la Statue équestre érigée à Rome, réduite avec quelques changemens, & dédiée à la Reine Régente. 63. Henr. *Hondius*, à la Haye, 1630, in-fol. ovale. 64. P. *de Jode*, in-4. tenant le Sceptre d'une main, la Couronne derrière lui appuyée sur une table. 65. L. *Gaultier*, in-8. ovale, avec quatre Vers. 66. Id. in-4. ovale, & quatre Vers. 67. Th. *de Leu*, in 8. ovale & quatre Vers: *Ce grand Roi*, &c. 68. B. *Kélian*, 1656, in-8. ovale. 69. Georg. *Geldorp*, p. J. *Golle*, sc. in-fol. avec Collier & Manteau Royal, la Couronne sur la tête. 70. Petr. *Firens*, in-fol. Buste, avec Couronne sur la tête: 16 Vers François. 71. Sa Statue équestre sur le Pont-Neuf. N... 72. *Daret*, grand in-8. 73. *Landry*, 1662, in-4. couronné de lauriers. 74. Idem, 1662, in-12. couronné de lauriers avec quatre Vers. 75. N... in-8. & quatre Vers: *En ce temps*, &c. 76. P. *Jamet*, p. *Marcenay*, sc. 1764, in-8. 77. *Cochin*, del. L.G. *Cathelin*, sc. 1770, Médaillon, in-4. 78. Gaut. *Dagoty* fils, del. & sc. in-4. 1770, dans la Gallerie Françoise, première Edition. 79. *Lépicié*, del. *Moitte*, sc. 1771, in-fol. dans la Gallerie Françoise, seconde Edition.

Marguerite de Valois, première femme le 18 Août 1572, son mariage déclaré nul en 1599, morte à Paris le 27 Mars 1615, enterrée à Saint-Denis. 1. Agée de 8 ans: Dessin au Cabinet du Roi. 2. Autre, étant encore Fille, dans le Cabinet de M. de Fontette. 3. L. *Gaultier*, in-4. avec quatre Vers. 4. Crispin *de Pas*, 1598, in-4. avec quatre Vers Latins. 5. *Harrexvin*, in-12. 6. *Lombart Causse*, in-8. 7. Agée de 30 ans: Dessin au Cabinet du Roi. 8. *Hogenbergius*, in-12. ovale. 9. N... ovale très-petit. 10. Th. *de Leu*, petit in-4. 11. *Moncornet*. 12. N... dans Odieuvre.

Marie de Médicis, seconde femme le 17 Décembre 1600, Régente en 1610, se retira aux Pays-Bas en 1631, mourut à Cologne le 3 Juillet 1642, âgée de 68 ans. Son corps fut transporté à Saint-Denis. 1. Corn. *Galle*, en Italie, 1600, in-fol. 2. *Valegio*, in-fol. in-4. 3. *Sadeler*, à Venise, in-8. ovale. 4. Petr. *Firens*, in-8. 5. *Le Blond*. 6. *Ciartres*. 7. Dessin au Cabinet du Roi. 8. Charles *Breger*, 1600. 9. Jo. *Wierx*, 1600, in-fol. 10. Ant. *Wierx*, petit in-16. 11. Jo. *Wierx*, 1600, in-4. 12. Crispin *de Pas*, 1601, in-4. 13. J. *Fornazery*, 1601, à Lyon in-fol. 14. Idem, imprimé en fol. 15. Th. *de Leu*, in-8. ovale, avec quatre Vers. 16. N... in-4. avec quatre Vers: *An quid habent viri*, &c. 17. N... très-petit ovale. 18. Alexis *Bouer*, in-12. 19. N... en forme de Médaillon, très-petit. 20. *Fournier*, p. Th. *de Leu*, sc. in-4. Lit de Justice. (Joli.) 21. Th. *de Leu*, in-4. 22. L. *Gautier*, 1601, petit in-4. ovale. 23. N... in-4. Assise, avec Inscription: *Voyez une Reine admirable*, &c. 24. Adrien *Halyech*, in-fol. 25. Th. *de Leu*, in-4. ovale & quatre Vers: Princesse, &c. 26. Idem, d'après Fr. *Quesnel*, in-4. 27. En veuve, Pet. *Firens*, 1610, in-fol. 28. Henr. *Hondius*, 1628, in-fol. 29. Paul *Pontius*, d'après *Vandyck*, in-fol. 30. N... in-fol. avec arbre généalogique où sont ses enfans. 31. *Van Sompel*, d'après *Vandyck*, in-fol. 32. *Matham*, in-fol. en pied, assise sous un dais. 33. *Morin*, d'après *Pourbus*, in-fol. 34. N... dans la Gallerie du Palais-Cardinal, in-fol. 35. L. *Vosterman*, d'après A. *Vander-Host*, in-fol. 36. *Vosterman*, in-4. A genoux. 37. N... in fol. avec cette Inscription: *Aspectus potuit*, &c. 38. *Le Blond*, in-fol. 39. *Daret*, in-4. 40. N... in-fol. Allégorie, avec attributs; est à genoux, la sainte Vierge en l'air, couronnée d'une triple couronne par les trois personnes de la Sainte-Trinité. 41. *Vosterman*, en manière noire, in-4. ovale. 42. Corn. *Galle*, in-fol.

Frontispice de l'Entrée de la Reine dans les Villes des Pays-Bas, par le Sieur de la *Serre*, 1632. 43. Ant. *Vandyck*, p. N... sc. in-8. 44. N... in fol. obl. Cartouche de l'Entrée de Marie de Médicis dans Amsterdam, 1638. 45. Couronnée par des Anges. Crispin *de Pas*, in-4. 46. Ant. *Boudan*, in-4. avec Sonnet acrostiche. 47. *Chenu*, in-12. 48. Dessin au Crayon noir, fait en 1614, au Cabinet de M. de Fontette. 49. Autre Dessin au crayon rouge, plus petit. Ibid. 50. *Marie de Médicis* elle-même, en bois. Il y en a un exemplaire dont elle fit présent, en 1629, à Philippe Champagne, son premier Peintre, dans l'Histoire de Mézerai de la Bibliothèque de M. de Gaignat. Voy. son Catalogue, num. 1994.

Louis XIII, né à Fontainebleau le 27 Septembre 1601, Roi le 14 Mai 1610, mort à Saint-Germain-en-Laye, le 14 Mai 1643. 1. Cl. *de Mallery*, en Avril 1602, âgé de 7 mois, in-4. 2. Jac. *Granthome*, in-4. encore enfant, étouffant des serpens. 3. Th. *de Leu*, in-4. caressant un perroquet. 4. N... sur son trône, sa Mère à côté, s'affligeant de la mort de Henri IV, 1610, avec deux Vers Latins: *Quid fles*, &c. 5. J. *Blasmez*, p. Th. *de Leu*, sc. in-4. tenant une pique, avec quatre Vers: *France*, &c. 6. N... dans un Médaillon. 7. *Firens*, in-12. ovale. 8. Idem, in-fol. à cheval. 9. L. *Gaultier*, 1610, petit in-fol. à cheval. 10. *Halbeeck*, 1610, in-4. à cheval. 11. Th. *de Leu*, 1610, in-4. à cheval. 12. L. *Gaultier*, 1610, in-4. 13. P. *Firens*, arrangement bizarre dans les lettres qui expriment les acclamations des François au retour du Roi après son Sacre à Reims: Octobre 1610. 14. Dessin dans un petit ovale en 1613, au Cabinet de M. de Fontette. 15. N... 1616, in-fol. 16. J. *Briot*, 1618, in-fol. Buste dans des ornemens. 17. HE. chez Messager, in-fol. à cheval. 18. J. *Briot*, in-fol. Debout, la Reine assise derrière lui. 19. N... in-8. En pied, la Couronne sur une table, avec quatre Vers du Dupeyrat. 20. N... in-fol. à cheval, un Ange lui apportant une Couronne; avec huit Vers. 21. N... petit in 12. ovale. 22. C. *de Barse*, in-fol. obl. en habits Royaux, assis sur un trône, & dans le lointain se voit son entrée. 23. Mich. *de Mathonière*, à cheval faisant son Entrée dans Paris en 1614, in-fol. 24. L. *Gaultier*, in-4. Buste & en habits Royaux. 25. *Fireux*, in-fol. Le Roi donnant la main à Anne d'Autriche, & Philippe d'Autriche à Elizabeth de France; au bas, les quatre Parties du monde personifiées. 26. *Buot*, in-fol. même cérémonie. 27. N... in-fol. le Roi & la Reine Anne voyant tirer le Feu de la Bastille, 1616. 28. N... in-fol. obl. avec figures & emblèmes: *Connubio junxi stabili*, &c. 29. *Callot*, Cattouche oblong. 30. *Mariette*, in-fol. obl. Le Roi & Gaston son frère, à cheval, une armée dans le lointain. 31. L. *Gaultier*, in-12. En habits Royaux, à genoux devant un prié-Dieu. 32. Louis *Palma*, Portugais, à l'eau-forte, in-4. Buste dans des trophées. 33. N... 1621, in-12. à cheval. 34. *Gaultier*, 1621, à cheval. 35. Idem. 1621, ovale. Frontispice de l'Histoire universelle de Charron. 36. *Agravo*, Leopoliensis Polonus, 1623, in-fol. obl. à cheval, & la Reine au milieu des trois fleurs de Lys, avec les Victoires depuis Octobre 1620, jusqu'en Janvier 1622. 37. N... 1624, in-fol. dans des Ornemens. 38. N... 1625, dans une Thèse d'Antoine de Bourbon. 39. M. *Lasne*, 1627, in-fol. Frontispice de l'Histoire de Dupleix. 40. Idem, 1632, in-fol. 41. Jaspard *Isaac*, 1633, in fol. 42. M. *Lasne*, 1633, in-fol. à cheval. Bataille dans le lointain: *Callot*. (Beau & rare.) 43. Idem, en très-petit. 44. N... à Paris, in-fol. avec Anne d'Autriche. 45. N... petit in-12. avec quatre Couronnes aux quatre angles. 46. *Firens*, in-4. obl. avec la Reine. 47. M. *Lasne*, in-4. Le Roi en Jupiter, avec la Reine en Junon. 48. Crispin *de Pas*, in-fol. 49. Idem, in-fol. dans des Ornemens. 50. M. *Lasne*, en un très-petit rond. 51. N. *Mérian*, chez J. le Clerc, in-fol. avec trophées & Batailles. 52. Idem, à cheval: Paris dans le lointain. 53. Jac. *de Hoyde*, à Strasbourg, in-fol. 1635. 54. Mich. *Lasne*, 1635, æt. 34, regni 25. 55. Abraham *Bosse*, 1635, in-fol. obl. debout en Her-

des François illustres. 195

cule. 56. Et. *Moreau*, in-4. Statue équestre posée en l'Hôtel-de-Ville de Reims, 1636. 57. N... en Allemagne, in-4. 58. N... Médailles posées dans les fondemens de l'Eglise des Jésuites, 1627, in-4. 59. *Daret*, 1643, in-fol. 60. N... dans le Livre des triomphes de Louis *le Juste*, in-fol. 61. M. *Lasne*, en pied. 62. J. *Louis*, d'après *Rubens*, in-fol. 63. J. *Morin*, d'après *Champagne*, in-fol. 64. M. *Lasne*, in-fol. En pied, sous des Palmiers, tenant le Buste du Cardinal de Richelieu sur son écu ; dans une Thèse de M. de Brisacier. 65. N... 1643, in-fol. à genoux, en habits Royaux. 66. N... dans la Gallerie du Palais-Cardinal, in-fol. obl. en pied, avec autres figures. 67. Grég. *Huret*, in-fol. Frontispice des Guerres civiles de Davila. 68. *Moncornet*, à cheval, in-4. 69. N... ovale, avec des Y renversés. 70. Grég. *Huret*, in-fol. Louis XIII dans la gloire. 71. Gaut. *Dagoty* fils, del. & sc. in-4. 1770, en manière noire, dans la Gallerie Françoise. 1. Ed. 72. *De Lorraine*, d'après *Champagne*, 1771, in-fol. dans la Gallerie Françoise. 2. Ed. Cahier I.

Anne d'Autriche, mariée le 25 Novembre 1615, Régente après la mort du Roi Louis XIII, morte à Paris le 20 Janvier 1666, âgée de 64. ans. 1. N... en Flandres, in-4. Jeune. 2. M. *Lasne*, in-fol. avec Ornemens : encore Jeune. 3. Les treize Annes, parmi lesquelles elle est la dixième : quatre Vers au bas de chacune ; en 13 feuilles, petit in-fol. 4. J. *Louis*, d'après *Rubens* & *Southman*, in-fol. (Beau.) 5. *Briot*, d'après M. *Lasne*, 1632. 6. Jaspard *Isaac*, 1633, in-fol. 7. *Mellan*, avec le Roi enfant, les Prévôt des Marchands & Echevins à ses pieds. 8. *Idem*, 1644, in-fol. 9. *Mellan*, in-fol. obl. Buste soutenu par une femme assise au pied d'un Tombeau. 10. *Idem*, in-fol. La Reine présentant ses enfans à la Vierge. 11. Ant. *Rousselet*, in-fol. 12. M. *Lasne*, 1645, d'après *Nocret*, in-fol. 13. *Idem*, d'après le même, mais différent. 14. *Lasne*, d'après *Champagne*, in-fol. 15. *Moncornet*, in-4. 16. *Audran*, d'après Bertin Corton : Statue accompagnée de figures, dans la Gallerie des Femmes fortes, in-fol. 17. *Wischer*, d'après *Vanloo*, in-fol. 18. M. *Lasne*, in-fol. En pied, conduite par Minerve. 19. *Idem*, grand Médaillon. 20. N... dans le Livre des Triomphes de Louis *le Juste*, in-fol. 21. N... dans le Livre de la Gallerie du Palais-Cardinal, in-fol. 22. J. *Frosne*, in-fol. 23. *Nanteuil*, 1660, d'après *Mignard*, in-fol. 24. *Larmessin*, 1663, avec six Vers : Sauver l'Etat, &c. 25. *Mignard*, p. *Masson*, sc. 1665, in-fol. maj. (Beau.) 26. *Nanteuil*, 1666, in-fol. 27. *Mariette*, d'après *Ragot*, in-fol. 28. *Larmessin*, in-4. 29. En veuve, N... in-fol. avec quatre Vers : Ce que l'Espagne, &c.

Louis XIV, dit *le Grand*, né à Saint-Germain-en-Laye le 5 Septembre 1638, Roi le 14 Mai 1643, mort le 1 Septembre 1715. 1. Ant. *Bosse* : Septembre 1638, in-fol. oblong. Enfant emmailloté tenu par la France, au milieu des Seigneurs & Dames de la Cour. 2. M. *Lasne*, in-fol. obl. ovale : encore Dauphin, placé sous une Architecture où se voient les quatre Parties du monde. 3. *Le Blond* : Enfant. 4. Grég. *Huret*, in-fol. encore Dauphin. 5. *Rousselet*, in-fol. ovale : encore enfant. 6. M. *Lasne*, d'après *Boudan* : L. couronné. 7. N... 1644, in-fol. Assis avec ses habits Royaux ; la Reine-Mère aussi assise, & Monsieur debout. 8. *Bosse*, 25 Septembre 1645, in-fol. obl. Assistant avec la Reine à la Cérémonie du Mariage du Roi de Pologne & de la Princesse de Gonzague-Nevers. 9. *Daret*, environ 1645, in-fol. Jeune, en pied : la Reine-Mère sous la figure de Pallas, & le Cardinal Mazarin sous celle d'une autre Divinité. 10. Dominique *Barrière*, in-fol. Anvert 1647, in-fol. Jeune dans un petit ovale : Frontispice du Livre de *Villa Aldobrandina*. 11. N... in-8. Encore jeune, tenant le Portrait de la Reine-Mère. 12. *Le Blond*, d'après *Rousselet*, in-fol. L. couronné. 13. *Couvay*, in-8. dans un petit rond. 14. M. *Lasne*, d'après *Pélerin*, 1648, in-fol. 15. *Rousselet*, 1648, in-fol. 16. *Lasne*, in-fol. 17. *Mellan*, in-fol. 18. *Van Schupen*, 1659,

in-fol. obl. En Jupiter, lançant la foudre sur le Lion d'Espagne : auprès de lui, le Cardinal Mazarin en Hercule. 19. *Moncornet*, in-4. à cheval. 20. *Mignard*, p. 1660. Fr. *Poilly*, sc. in-fol. 21. W. *Vaillant*, p. 1660. *Van Schupen*, sc. in-fol. 22. P. George Cordelier, p. N. *Poilly*, sc. 1660, in-fol. 23. Fr. *Poilly*, environ 1660, in-fol. obl. Assis dans le Temple de la Gloire, & couronné par elle, tenant une épée de la droite, de la gauche un bouclier, où est le Buste du Cardinal Mazarin. 24. P. *de Jode*, à Bruxelles. Buste, & celui de la Reine lors du Mariage, 1660. 25. *Van Schupen*, 1661, d'après N. *Mignard* d'Avignon, in-fol. (Beau.) 26. *Idem*, 1662. 27. *Le Brun*, p. N... sc. environ 1661, in-fol. En pied, saint Louis auprès de lui, avec des Anges, &c. dans la Thèse du Comte de Saint-Paul. 28. *Nanteuil*, 1661, d'après *Mignard* d'Avignon, in-fol. obl. Buste & Ornemens. 29. N. *Berey*, in-fol. Debout sur un pied d'estal, foulant aux pieds plusieurs figures : dans le lointain, la marche des Chevaliers de l'Ordre, 1662. 30. *Nanteuil*, 1662, in-fol. Buste, sans Ornemens. 31. *Idem*, 1662, avec dix Vers au bas : Et tibi conspicuos, &c. 32. *Van Schupen*, 1662, in-fol. d'après N. *Mignard*. Buste, sans Ornemens. 33. *Chauveau*, 1662, in-fol. à cheval & en Empereur ; Frontispice du Carrousel. 34. *Larmessin*, 1663, in-fol. Avec Anges & treize Quatrains. 35. *Nanteuil*, del. & sc. 1663, in-fol. 36. *Idem*, 1664, in-fol. 37. *Le Brun*, p. 1664. *Van Schupen*, in-fol. obl. dans des Ornemens de Trophées d'armes. 38. *Mignard*, del. & sc. in-fol. Buste dans des Trophées d'armes, soutenu par des Anges. 39. N. *Poilly*, in-fol. dans des Ornemens : deux Casques au bas. 40. N. *Poilly*, d'après N. *Mignard*, in-fol. avec quatre Devises. 41. *Idem*, d'après *Mignard*, in-fol. Ovale au milieu de plusieurs Chifres. 42. *Nanteuil*, del. & sc. 1666, in-fol. obl. 43. *Van Schupen*, d'après *le Brun*, 1666, in-fol. 44. N... in-fol. grand Ovale, avec le musle d'une peau de lion sur l'épaule. 45. Jacques *Grignon*, 1666, d'après N. *Mignard*, in-fol. Ovale, avec des palmes & quatre Devises du Soleil. 46. *Idem*, 1667, in-fol. retouché : quatre Devises aux coins. 47. *Nanteuil*, 1667, in-fol. avec Inscription Latine. 48. C. *Mellan*, 1667, in-4. Assis : Frontispice du Code de Louis XIV. 49. Corn. *Meyssens*, 1668, à Vienne, in-fol. 50. N. *Poilly*, d'après N. *Mignard*, in-fol. dans des Ornemens d'Armes, le Roi au-bas tenant son Lit de Justice. 51. *Nanteuil*, del. & sc. 1669, in-fol. dans la Thèse de l'Abbé de la Hoguette. 52. *Idem* in-fol. maj. dans la Thèse de l'Abbé d'Hervault. 53. N. *Pittau*, d'après C. *le Fevre*, 1670, in-fol. A mi-corps. 54. *Landry*, in-8. 55. *Van Schupen*, d'après C. *le Fevre*, 1670, petit in-4. 56. *Idem*, d'après P. *Mignard*, 1671, in-fol. dans la Thèse de l'Abbé d'Argouges. 57. N... in-fol. 1671, partant pour la Guerre de Hollande & ordonnant le Bâtiment des Invalides. 58. J. *Colin*, à Reims, in-fol. à cheval pour le Voyage de Hollande, 1672. 59. *Van Schupen*, 1674. Médaille de la Ville de Paris : Fœlicitas publica. 60. *Nanteuil*, del. & sc. 1676, in-fol. dans la Thèse de l'Abbé d'Aquin. 61. *Poilly*, 1676, d'après *Mignard*, in-fol. obl. Ovale, avec des Ornemens, dans une Thèse. 62. *Boulanger*, in-8. Ovale, avec quatre Fleurs de Lys aux quatre coins, & quatre Vers : L'or des Lys, &c. 63. J. de *Saint-Jean*, in-fol. 1676, à la tête de son Armée devant Cambray, 1677. 64. N... en Hollande, in-fol. en manière noire. 65. G. *Edelinck*, d'après H. *Wattelé*, 1677. in-fol. en pied : Frontispice du Livre de la Vision parfaite. 66. *Picart* le Romain, 1679, d'après *le Brun*, in-fol. 67. *Picart*, d'après *Rigaud*, 1716, in-12. 68. Ant. *Masson*, 1679, in-fol. dans la Thèse de l'Abbé d'Estrades. 69. *Edelinck*, 1679, in-fol. dans la Thèse de l'Abbé d'Aligre. 70. *Masson*, in-4. petit Buste. 71. *Idem*, d'après *le Brun* : Ovale posé sur des Fleurs de Lys. 72. G. *Edelinck*, 1680, in-8. Frontispice des Idylles du P. de la Rue. 73. *Idem*, d'après *le Brun*, 1680 : dans une Thèse de J. B. Colbert de Croissy. 74. *Vander Brugen*, 1681, in-fol. en manière noire.

75. *Van Schupen*, 1681, in-fol. dans une Thèse de Michel-François le Tellier. 76. N. *Baxin*, 1682, in-fol. à cheval. 77. L. *Coſſin*, del. & ſc. 1682, in-fol. dans une Thèse de Jean Poiſſon. 78. N... in-8. Aſſis, pour un petit Frontiſpice. 79. *Le Pautre*, 1684, in-4. Aſſis, tenant un Plan. 80. *Hainzelman*, 1686, in-4. Aſſis & habillé à l'antique, tenant une Egliſe d'une main, & le Monde de l'autre. 81. *Saint-Jean*, repréſenté aſſis. 82. Simon *le Clerc*, in-fol. Médaille avec pluſieurs Revers dans des Ornemens, pour ſa Réception à l'Hôtel-de-Ville de Paris, le 30 Janvier 1687. 83. *Simon*, p. & ſc. 1687, in-fol. grand Buſte, tenant une Mappemonde, avec quatre Vers au-bas. 84. *Ferdinand*, p. *Van Schupen*, ſc. 1687, in-fol. pour la Thèſe de Jean-Thomas Hue de Miromeſnil. 85. *Giffart*, in-4. 1688 : Frontiſpice du Panégyrique hiſtorique de Callière. 86. *Duflos*. 87. *Jollain*, 1680. 88. *Trouvain*. 89. Sim. *le Clerc*, 1690, in-4. Médaille dans des Ornemens, poſée dans l'Hôtel-de-Ville de Troyes en 1687, en marbre, d'après *Girardon*; gravée deux fois avec des changemens. Dans l'une, il y a sept Vers François : cette Epreuve est curieuſe, en ce qu'elle eſt ſignée *Deſpreaux*; & dans l'autre, on lit une Inſcription Latine avec le nom de *Girardon*. 90. P. Louis *Bourdin*, p. J. *Creſpy*, ſc. in-4. & in-fol. Buſte ſur des Trophées. 91. *Bloteling*, in-4. petit Buſte en manière noire. 92. *Thomaſſin*, del. & ſc. 1689, in-4. Buſte, d'après la Médaille de *Rotier*. 93. Phil. *Bouttats*, pour Nicolas Viſcher en Hollande, in-fol. 94. J. *Gole*, pour le même, in-fol. 95. *Bernard*, d'après *Parſon*, in-fol. en manière noire. 96. J. N... in-fol. en manière noire. 97. Sim. *Thomaſſin*, del. & ſc. 1691, in-fol. 98. *Gueſtin*, p. *Vermeulen*, ſc. 1691, in-fol. à mi-corps. 99. P. *Schenck*, in-4. Copie du précédent. 100. *Voligny*, 1693, in-4. Repréſentation de la Bataille de Nerwinde au-deſſous. 101. N. *Dorigny*, del. & ſc. in-fol. Buſte en Médaille, tiré du Grouppe de marbre fait à Rome par Dominico *Guidi*, porté par le Temps; & ſoutenu par la Renommée. 102. J. B. *Corneille*, del. J. *Mariette*, ſc. 1694, in-fol. Buſte avec pluſieurs figures : Frontiſpice du Dictionnaire de l'Académie Françoiſe. 103. *Langlois*, 1696, d'après *Parſon*, in-fol. 104. *Edelinck*, d'après !......, in-fol. dupl. 105. G. *Edelinck* : Buſte porté par une femme ailée, ſur le dos du Temps, pour le Recueil des Vues de Beaulieu. 106. N... Médaillon porté par la Renommée, & deux Anges. 107. Sim. *Thomaſſin*, 1697, in-4. & in-8. 108. Et. *Deſrochers*, 1697, in-8. 109. N. *Baxin*, in-4. ſur les Trophées, petit Ovale. 110. *Simon* : très-petit Ovale. 111. Ant. *Maſſon*, 1697, in-fol. En pied. 112. N... dans les Ornemens, pour un Ecran. 113. Sim. *Thomaſſin*, 1699, in-fol. Statue équeſtre faite par *Coyſevox*, poſée à Nantes. 114. *Vangunſt*, à Amſterdam, 1700, in-fol. 115. *Coypel*, del. C. *Simoneau*, 1702, in-fol. & in-4. dans des Ornemens : Frontiſpice de l'Hiſtoire des Médailles. 116. *Idem*, pour le Frontiſpice de l'Hiſtoire de l'Académie des Sciences, in-4. 117. *Maſſé* : Médaillon tenu par Minerve, in-4. 118. *Edelinck*, 1702, in-4. 119. *Drevet*, d'après *Rigaud*, in-fol. 1704. Buſte. 120. *Thomaſſin*, d'après *Rigaud*, 1705, in-fol. 121. *Drevet*, d'après *Rigaud*, in-fol. maj. (Très-beau.) 122. *Duflos*, in-4. & in-fol. à cheval. 123. N... in-12. 124. *Larmeſſin*. 125. N... Médaillon tenu par une femme aſſiſe, qui paroît être la Peinture ou la Sculpture : petite Vignette très-jolie. 116. Gaut. *Dagoty* fils, del. & ſc. in-4. en manière noire, 1770, dans la Gallerie Françoiſe, première Edition. 127. *Rigaud*, p. *Henriquez*, ſc. 1771, in-fol. dans la Gallerie Françoiſe, ſeconde Edition, Cahier premier.

Marie-Thereſe d'Autriche, femme de Louis XIV, née le 20 Septembre 1638, mariée en 1660, morte le 30 Juillet 1683. 1. P. *Lombart*, d'après *Beaubrun*. in-fol. Buſte ovale, couronné par les Vertus : au-deſſous, la Juſtice & la Paix. 2. N. *Pittau*, d'après *Beaubrun*, 1662, in-fol. 3. L. *Viſcher*, en Hollande, d'après *Vanloo*, in-fol.

4. *Dubois*, in-fol. obl. Ovale, ſoutenu par deux Anges aſſis. 5. N... en Hollande, in-fol. en manière noire. 6. N. *Poilly*, d'après *Beaubrun*, 1668, in-fol. 7. *Landry*, in-8. 8. N. *Baxin*, 1681, d'après Jacques *le Fevre*, in-fol. 9. J. *Edelinck*, d'après *Sauvé*, in-fol. 10. *Froſne*. 11. N. *Baxin*, 1682, d'après J. B. *Martin*, in-fol. à cheval. 12. *Saint-Jean*, in-fol. Aſſiſe. 13. N. *Deſbois*, petit in-12. 14. *Deſrochers*, 1702, in-4. 15. *Larmeſſin*. 16. J. *Gole*, pour Nic. Viſcher, in-fol. 17. *Idem*, différent.

Louis, Dauphin, fils de Louis XIV, né à Fontainebleau, le 1 Octobre 1661, mort à Meudon, le 14 Avril 1711. 1. J. *Edelinck*, d'après *Sauvé*, in-fol. encore jeune, avec Ornemens. 2. N... *Poilly*, in-fol. 3. G. *Vallet*, d'après *Jouvenet*, 1677, dans la Thèſe de Jean Poiſſon, in-fol. 4. *Nanteuil*, del. & ſc. 1677, in-fol. dans la Thèſe de Dormoy. 5. Ant. *Maſſon*, 1680, in-fol. dans la Thèſe de M. de Riantz. 6. *Gantrel*, in-fol. 7. *Van Schupen*, 1684, d'après Fr. *de Troy*, in-fol. maj. (Beau.) 8. N. *Baxin*, d'après J. B. *Martin*, 1686, in-fol. à cheval. 9. *Voligny*, 1688, in-fol. 10. *Thomaſſin*, del. & ſc. 1689, in-4. Buſte ou Médaille. 11. *Voligny*, 1692, in-fol. 12. *Idem*, 1693, in-4. Au-bas, ſe voit la Priſe de Philiſbourg. 13. N... 1696, in-4. Médaille, avec les trois Princes ſes fils. 14. *Le Sueur*, p. *Aubert*, ſc. à cheval. 15. *Schenck*, en Hollande, in-4. en manière noire. 16. N... en Hollande, in-4. Ovale en manière noire, Légende autour. 17. Etienne *Deſrochers*, 1697, in-8. 18. *Thomaſſin*, d'après *Rigaud*, in-fol. maj. obl. avec ſa Famille. 19. *Bernard*. 20. *Lochon*. 21. *Saint-Jean*, in-fol. en pied. 22. *Moncornet*. 23. *Larmeſſin*. 24. *Froſne*, in-8. Ovale : en Manteau Royal. 25. N... avec des Ornemens, pour un écran. 26. *Gantrel*, in-8. 27. J. *Sarrabat*, 1700, in-fol. en manière noire. 28. *Drevet*, d'après *Rigaud*, 1700, in-fol. maj. 29. *Vangunſt*, à Amſterdam, 1700, in-fol. maj.

Marie-Anne-Chriſtine-Victoire de Bavière, Dauphine, née le 28 Novembre 1660, mariée le 28 Janvier 1680, morte à Verſailles le 20 Avril 1690. 1. N. *Poilly*, in-fol. 2. *Saint-Jean*, in-fol. En pied. 3. Ant. *Maſſon*, 1680, in-fol. 4. N. *Baxin*, 1686, d'après J. B. *Martin*, in-fol. A cheval. 5. *Bouttats*, en Hollande, pour N. Viſcher, in-fol. 6. *Langlois*, in-8. 7. N. *Habert*, in-4. 8. *Larmeſſin*. 9. *Deſrochers*. 10. *Saint-Jean*, in-fol.

Louis de France, Duc de Bourgogne, fils aîné du Dauphin, né à Verſailles le 6 Août 1682, mort le 18 Février 1712. 1. N... à Rome, en Septembre 1682, in-4. 2. Magdelaine *Maſſon*, in-fol. Emmaillotté. 3. *Simoneau*, d'après P. *Gobert*, 1683, in-fol. Emmaillotté. 4. *Larmeſſin* : en Enfant. 5. *Gantrel*, 1695, in-fol. pour une Affiche de Collège. 6. *Thomaſſin*, 1697, in-fol. 7. *Creſpy*, 1697, in-fol. 8. G. *Edelinck*, d'après J. *Holart*, 1697, in-fol. 9. Idem, d'après *de Troy*, 1698, in-fol. maj. (Beau.) 10. *Lochon*. 11. Suſanne *Sylveſtre*, d'après *Rigaud*. 12. N... in-12. 13. *Drevet*, d'après *Rigaud*, in-fol. maj. (Beau.) 14. *Deſrochers*, 1699, in-8. 15. *Thomaſſin*, 1699, in-4. Médaillon. 16. J. *Gole* : le Prince, avec Marie-Adelaïde de Savoye, ſon Epouſe.

Marie-Adelaïde de Savoye, Ducheſſe de Bourgogne, née à Turin le 10 Décembre 1685, mariée le 7 Décembre 1697, morte le 12 Février 1712. 1. *Creſpy*, in-fol. en Octobre 1696. 2. Sim. *Thomaſſin*, in-fol. Novembre 1696. 3. Idem, 1698, in-4. Médaillon. 4. *Picart*, in-12. 5. N. *Pittau* le jeune, 1701, in-8. Frontiſpice d'une Semaine Sainte.

Philippe de France, Duc d'Anjou, ſecond fils du Dauphin, né le 20 Décembre 1683, Roi d'Eſpagne en 1700, mort à Madrid le 9 Juillet 1746. 1. *Larmeſſin*: Enfant. 2. *Edelinck*, d'après *de Troy*, 1698, in-fol. (Beau.) 3. *Lochon*.

Voy. ci-devant, ESPAGNE : Philippe V.

Charles, Duc de Berry, troisième fils du Dauphin, né à Versailles le 31 Août 1686, mort le 4 Mai 1714. 1. *Edelinck*, d'après *de Troy*, 1698, in-fol. (Beau.) 2. *Larmessin*. 3. *Crespy*. 4. *Lochon*.

Marie-Louise-Elisabeth d'Orléans, Duchesse de Berry, née le 20 Août 1695, mariée le 6 Juillet 1710, morte à la Muette le 21 Juillet 1719. 1. Dessin en pastel, au Cabinet de M. de Fontette. 2. *Desrochers*, in-8.

Marie-Thérèse de France, fille de Louis XIV. née le 2 Janvier 1667, morte le 1 Mars 1672, à Saint-Germain-en-Laye. *Larmessin*, in-4.

Louis XV. dit le *Bien-Aimé*, né à Versailles le 15 Février 1710. 1. *Drevet*, d'après *Coypel*, in-fol. Enfant, conduit par Minerve. 2. J. *Collombat*, in-16. ovale. 3. *Desrochers*, in-8. 4. N... in-12. pour une Enseigne de Marchand. 5. *Château*, in-4. En pied, assis. 6. N... in-12. pour l'Enseigne de Praneau, Mercier. 7. N... in-fol. avec ces mots : *Regnabit Rex*, &c. 8. N... 1715, dans un sujet d'Histoire, à l'occasion des Affaires de l'Eglise. 9. N... in-fol. dans un ovale environné d'un grand rideau. 10. *Duflos*, in-12. 11. N... in-fol. En pied. 12. *Desrochers*, in-12. 13. N... petit in-fol. Jeune : ses cheveux attachés par un ruban, & un chapeau à plumet sous son bras. 14. *Vanloo*, p. *Larmessin*, sc. in-fol. En pied. 15. Idem, p. G. C. *Petit*, sc. in-fol. En pied. 16. C. *le Roy*, dans la Suite d'Odieuvre. Ovale. 17. *Liotard*, p. *Petit*, sc. in-fol. dans un ovale. 18. Sim. *Thomassin*, d'après *Roëttiers* le jeune. Médaillon. 19. Jacq. *Chéreau*, in-4. Médaillon dans le lointain sa Maison formant un Bataillon. 20. *Wille*, d'après *Heylmann*, sur le dessin de *le Moine*, in-fol. maj. Buste. 21. *Bazan*, d'après *le Moine*. Médaillon tenu par Diogène, in-fol. maj. 22. *Drevet*, d'après *Rigaud*, in-fol. Assis, avec son Manteau Royal. 23. *Thomassin*, d'après *Parrocel* & *Vanloo*, 1726, in-fol. A cheval. 24. *Duflos*, in-12. obl. Médaillon & Revers. 25. *Aubert*, d'après *le Sueur*, in-fol. maj. A cheval. 26. N... in-12. 27. *Guélard*, in-16. non fini : tête seulement, cheveux attachés par un ruban. 28. *Mathey*, petit in-fol. A cheval. 29. *Coypel*, p. *Simonneau*, sc. Médaillon tenu par Pallas, in-4. 30. *Bonnet*, in-fol. Façon de crayon. 31. *Longueil* : sur une même feuille, avec Henri IV. 32. *Petit*, d'après *Vanloo*, in-fol. en pied. 33. *Petit*, in-fol. Avec la Reine. 34. *Aubert*, d'après *Vanloo*, in-fol. A cheval. 35. *Cochin*, del. *Prévost*, sc. 1765. Médaillon, in-4. ovale entouré de fleurs. On y a fait depuis quelques Additions, avec cette Inscription : *Majestas & amor*.

Marie Leczinska, Princesse de Pologne, née le 23 Juin 1703, mariée le 5 Septembre 1725. 1. *Vanloo*, p. *Chéreau*, sc. in-fol. En pied. 2. Idem, p. *Larmessin*, sc. in-fol. En pied. 3. Idem, *Larmessin*, sc. in-fol. maj. 4. p. *Petit*, sc. in-fol. 5. C. *le Roy*, in-12. Suite d'Odieuvre. 6. *De la Tour*, p. *Petit*, sc. in-fol. ovale. 7. *Cars*. 8. *De la Tour*, p. *Tardieu*, sc. 1755. 9. *Nattier*, p. J. *Tardieu*, sc. 1755, in-fol. maj. (Beau.) 10. *Humbelot*, del. *Tardieu*, in-12. Vignette ovale, avec ornemens.

Louis Dauphin, fils du Roi Louis XV. né à Versailles le 4 Septembre 1729, mort à Fontainebleau le 20 Décembre 1765. 1. *Latour*, p. *Petit*, sc. in-fol. ovale. 2. *Balechou*, dans la Suite d'Odieuvre, in-12. 3. *Larmessin*, d'après *Latour*. 4. *Petit*, d'après *Vanloo*. 5. Idem, d'après *Penoulle*, in-fol. 6. *Daullé*. 7. *Aubert*, d'après *le Sueur*, in-fol. maj. A cheval. 8. *Schenau*, del. *Litteret*, sc. 1766, in-fol. Médaillon allégorique. 9. Gaut. *Dagoty* fils, in-4. en manière noire, dans la Gallerie Françoise, 1. Ed. 1770. 10. *Restout*, del. 1771. *Dupuis* & *Romanet*, sc. in-fol. dans la Gallerie Françoise, 2. Ed. Cahier I.

Marie-Thérèse d'Espagne, première femme du Dauphin, née le 11 Juin 1726, morte à Versailles le 22 Juillet 1746. 1. *Pinssio*, dans la Suite d'Odieuvre, in-12. 2. *Larmessin*, d'après *Vanloo*, in-fol. maj. 3. *Desrochers*, in-8.

Marie-Josephe de Saxe, seconde femme, née en 1731, morte le 13 Mars 1767. 1. *Latour*, p. *Petit*, sc. in-fol. Ovale. 2. J. B. *Will*, d'après *Klein*, in-4.

Louis-Joseph-Xavier, Duc de Bourgogne, fils de Monseigneur le Dauphin, mort à Versailles le 22 Mars 1761, âgé de neuf ans & demi. *Fredou*, p. *Beauvarlet*, sc. in-12.

Louis-Auguste, Duc de Berry, puis Dauphin le 20 Décembre 1765, né le 23 Août 1754. 1. *Aubry*, del. *François*, sc. En habit de Dragon, in-fol. en rouge. 2. *Gautier*, p. *Gaucher*, sc. in-fol. 3. *Lebert*, in-8. 4. *Moreau*, 1770, in-8. 5. *Le Vilain*, 1770, in-24. Médaillon. 6. *Gautier*, Médaillon ovale. 7. *Le Vasseur*, avec Madame la Dauphine. 8. *De Marteau*, en rouge. 9. *Croisey*. Labourant. 10. Idem, Chassant.

Marie-Antoinette, Archiduchesse d'Autriche, femme de Louis-Auguste, Dauphin, née à Vienne le 2 Novembre 1755, mariée le 16 Mai 1770. 1. Louis XV. & la Famille Royale qui montre à M. le Dauphin le Portrait de la Princesse en Médaillon, soutenu par l'Ambassadeur de l'Empire. *Gautier Dagoty*, 1770, in-fol. en manière noire. 2. *Bonnet*, 1770, petit Médaillon, façon de pastel. 3. *De Marteau*, comme au crayon rouge. Exemple d'Humanité, donné par Madame la Dauphine le 16 Octobre 1773, in-4. obl. F. *Godefroy*.

Louis-Stanislas-Xavier, Comte de Provence, né le 17 Novembre 1755. 1. *Lebert*, in-8.

Marie-Josephine-Louise de Savoye, Comtesse de Provence, née le 2 Septembre 1753, mariée le 14 Mai 1771.

Charles-Philippe, Comte d'Artois, né le 9 Octobre 1757. 1. Avec Marie-Adelaïde-Clotilde sa sœur, assise sur une chèvre. *Drouais*, p. *Beauvarlet*, sc. 1767, gr. in-fol. (Très-beau.) 2. *Lebert*, in-8.

Marie-Thérèse de Savoye, née le 31 Janvier 1756, mariée le 16 Novembre 1773.

Louise-Elisabeth, première fille de Louis XV. née le 14 Août 1727, jumelle; mariée le 26 Août 1739, à Don Philippe, Infant d'Espagne, Duc de Parme, morte à Versailles le 6 Décembre 1759, in-fol. 1. *Nattier*, p. *Balechou*, sc. 1750, in-fol. obl. sous la figure de l'Elément de la Terre. 2. *Scotin* le jeune, in-fol.

Anne-Marie-Henriette, seconde fille, née jumelle le 14 Août 1727, morte fille à Versailles le 10 Février 1752. 1. *François*, in-4. Médaillon posé sur une Pyramide. 2. *Scotin* le jeune, in-fol. 3. *Nattier*, p. J. *Tardieu*, sc. in-fol. obl. sous la figure de l'Elément du Feu. 4. *Nattier*, p. *Vispré*, sc. jouant de la Viole. 5. *Liotard*, p. *Vispré*, sc. in-fol. en manière noire.

Marie-Adélaïde, troisième fille, née le 23 Mars 1732. *Nattier*, p. 1756. *Beauvarlet*, sc. in-fol. obl. sous la figure de l'Elément de l'Air.

Victoire-Louise-Marie-Thérèse, quatrième fille, née le 11 Mai 1733. *Nattier*, p. 1756. *Gaillard*, sc. in-fol. obl. sous la figure de l'Elément de l'Eau.

Louise-Marie, cinquième fille, née à Versailles le 15 Juillet 1737, Religieuse Carmélite sous le nom de Sœur Térèse de S. Augustin, au Couvent de S. Denis, en 1770. 1. *Littret*, in-4. En habit de Carmélite. 2. *Macret*, p. *Elluin*, sc. 1771, in-fol.

France, (Christophle de) Evêque de Saint-Omer en 1634, mort le 10 Octobre 1656. Petr. *de Jode*, in-4.

Francelles, (Antoine-Alexandre) Curé de S. Jean-en-Grève à Paris, mort en 1712. *Desrochers*.

Francières, (Jean de) Chevalier de Malthe, Commandeur de Choisy. N...

Francini, (Alexandre) de Florence, Ingénieur du

Roi Louis XIII. en 1631. 1. *Boſſe*, 1631, in-fol. Frontiſpice du Livre des Portiques. 2. N...

FRANCISQUE, (Jean Milet, ou Milé, dit) Peintre, né à Anvers en 1644, mort à Paris en 1680. Dans l'Hiſtoire des Peintres par d'Argenville.

FRANCQUE, (Hiérôme) Peintre du Roi. *Morin*, d'après *Francque* lui-même, in-fol.

FRANÇOIS de Paule, (Saint) Fondateur de l'Ordre des Minimes, mort au Pleſſis-lès-Tours en 1507, âgé de 91 ans. 1. N... 1580. 2. Fr. *Villamène*, à Rome, 1624, in-4. 3. A. *Vallet*, à Rome, in-4. 4. R. *Collin*, à Bruxelles, 1684, in-4. 5. J. *Boulanger*, in-4. 6. *Habert*. 7. N... dans la Suite d'Odieuvre. 8. N... pour les Mémoires de Comines, in-4. avec bordure.

FRANÇOISE (la Vénérable Sœur) de S. Joſeph, Carmélite Déchauſſée, morte en odeur de ſainteté à Avignon le 30 Janvier 1669, âgée de 80 ans. 1. Germ. *Audran*, à Lyon, in-4. 2. *Bruſtand*, in-8.

FRANÇOISE (la Vénérable Mère) de Saint-Omer, Fondatrice des Religieuſes Pénitentes Capucines de Flandre, morte à Saint-Omer le 29 Décembre 1642. 1. Fr. *Bouttats*, in-8. 2. *Villebat*, p. N... ſc. in-8. 3. Fr. *Vander Steen*, in-4.

FRANÇOISE (la Vénérable Mère) de Sainte Marie de Bertellier, Religieuſe du Tiers-Ordre de S. François dans le Couvent de la Conception de Paris, où elle eſt décédée le 1 Septembre 1645, âgée de 72 ans. M. *Laſne*, in-8.

FRANÇOISE, (la Mère) Supérieure des Filles du Couvent de la Conception rue S. Honoré à Paris, 1666. L. *Ferdinand*, in-4. & in-8.

FRANÇOISE (la Vénérable Mère) de S. Joſeph, Religieuſe Bénédictine, morte le 3 Janvier 1655, âgée de 72 ans. R. *Lochon*, 1659, in-4.

FRASSEN, (Claude) Cordelier, Docteur en Théologie, (connu par divers Ouvrages,) ancien Définiteur général, mort dans le grand Couvent de Paris, le 16 Février 1711, âgé de 91 ans. L. *Moreau*, 1699, in-fol.

FRÉAR, (Roland) Sieur de Chambray. N...

FRÉAUVILLE, (Nicolas de) Jacobin, Confeſſeur de Philippe-le-Bel, & Cardinal. Et. *Picart*.

FRÉGOSE, (Galéace) Génois, vint en France jeune, pour y ſervir dans les Armées du Roi Henri II. en 1550. Il fut envoyé au Maréchal de Termes, qui défendoit Parme, &c. Le Roi Charles IX. le fit Chevalier de S. Michel, & il continua de ſervir en France juſqu'à la mort de Henri III. qu'il ſe retira dans ſon Pays, où il eſt mort dans une grande vieilleſſe. N... dans le Livre de Schrenkius, in-fol.

FREMIN, (Louis) ſecond Préſident au Parlement de Metz. *Le Clerc*.

FREMIN, (Antoine) Secrétaire de la Reine-Mère, (Marie de Médicis,) Lieutenant des Habitans de Reims ès années 1615, 1616, &c. Agé de 55 ans. N. *Regneſſon*, in-4.

FREMIN, (René) Sculpteur du Roi, né à Paris, mort à Madrid en 1744. *Latour*, p. *Surugue*, ſc. 1747, in-fol.

FREMINET, (Martin) Peintre, né à Paris en 1567, mort dans la même Ville en 1619, Chevalier de l'Ordre de S. Michel. N...

FREMONT, (Nicolas de) Marquis de Roſay, &c. Grand-Audiencier de France, Garde du Tréſor Royal; avoit épouſé Geneviève Damoad, morte le 10 Août 1703. H. *David*, 1667, in-4. rare, la Planche ayant été rompue auſſi-tôt que faite.

FREMYOT, (André) Archevêque de Bourges, fils de Bénigne, Préſident au Parlement de Dijon, & de Marguerite de Berbiſey, mort à Paris en 1641. *Moncornet*, in-4.

FREMYOT. (Sainte) Voy. CHANTAL.

FRENICLE, (Nicolas) Poëte, né à Paris en 1600, mort Doyen de la Cour des Monnoyes en 1661. N..., in-8. Buſte.

FRÉRON, (Elie-Catherine) Journaliſte, né à Quimper, (Vivant.) N... in-12. Portrait Satyrique. 2. *Cochin*, del. *Gaucher*, ſc. 1771, in-4.

FRESNE, (Claude du) N... in-fol. Au bas, eſt un Vaiſſeau entre deux Anges.

FRESNE. Voy. TRICHET.

FRESNE. (du) Voy. CANGE.

FRESNEL, (Antoine de) Avocat au Parlement de Rouen. 1. *Lenfant*, 1665, in-fol. 2. *De Piles*, 1703.

FRESNOY, (Carolus du) Protonotarius, Doctor, Abbas de Bueil. 1. *Juſte*, p. Ant. *Sanſon*, ſc. in-fol. 2. *Lochon*, in-fol. Préſentant au Roi le Traité de la Régale.

FRESNOY, (Charles-Alphonſe du) Peintre célèbre, mais plus fameux comme Auteur du Poëme Latin de l'Art de la Peinture, qui a été traduit en Proſe Françoiſe par M. de Piles; étoit fils d'un célèbre Apothicaire, naquit à Paris en 1611, mourut l'an 1665. 1. C. *le Brun*, p. N. *de Piles*, ſc. 1703, in-4. 2. N... dans l'Hiſtoire des Peintres par d'Argenville.

FRESNY, (Charles-Rivière du) Valet de Chambre du Roi, né à Paris en 1648, paſſoit pour petit-fils du Roi Henri IV, & lui reſſembloit; mourut à Paris en 1724, le 6 Octobre : s'appliqua d'abord à l'Architecture, au Deſſin & à la Muſique; ſe lia enſuite d'amitié avec le Poëte Regnard, & travailla pour le Théâtre, & enfin au Mercure. 1. *Joullain*, d'après *Coypel*. 2. *Deſrochers*. 3. Le Comte de Caylus.

FROGER, (Georges) Docteur de Sorbonne, Curé de Saint-Nicolas-du-Chardonnet, à Paris, mort le 13 Septembre 1646. *Rouſſel*, in-fol.

FROISSART, (Jean) Hiſtorien, né à Valenciennes environ l'an 1337, mort après 1400. *Larmeſſin*.

FROMENTIERES, (Jean-Louis de) Evêque & Seigneur d'Aire, mort en 1684. *Van Schupen*, 1688, in-8.

FRONTO, (Joannes) Canon. Regularis Sancti Auguſtini, Cancellarius Sanctæ Genoveſæ, & Univerſitatis Pariſienſis, natus Andegavi ann. 1614, (de Jacques, Notaire;) mortuus 17 Aprilis 1662. 1. Fr. *Cabouret*, del. (après ſa mort.) *Nanteuil*, ſc. 1663, in-4. 2. *Deſrochers*.

FROTTÉ, (Louis) de Paris, Chanoine Régulier, Abbé de Saint-Léger de Soiſſons, & Prieur-Curé de Saint-Solène de Blois, mort le 23 Décembre 1709, âgé de 64 ans. *Tortebat*, p. J. *Picault*, ſc. 1710, in-fol. maj.

FRUGULAY (Franç. Hyacinthe de) de Kervers, Evêque de Tréguier, mort en 1746. *Rouſſel*, p. *Cars*, ſc. in-fol. maj.

FUDILLOT, (Jean) Prêtre. *Edelinck*.

FURETIERE, (Antoine) Abbé de Chalivoy, de l'Académie Françoiſe, mort à Paris le 14 Mai 1688, âgé de 68 ans. 1. N. *Habert*, 1687, in-fol. 2. G. *Edelinck*, 1689, d'après de *Séve*, in-fol. 3. Sim. *Thomaſſin*, in-fol. Copie du précédent.

FURSTEMBERG, (François-Egon, Comte de) né en 1626, Tréſorier & Chanoine de Cologne, élu Evêque de Straſbourg en 1663, mort à Cologne en 1681. 1. *Van Halle*, p. Petr. *de Jode*, ſc. 1650, in-fol. 2. Corn. *Meyſſens*, 1650, in-4. 3. *Lerch*, in-fol. Evêque de Straſbourg. 4. Mich. *Natalis*, in-fol.

FURSTEMBERG, (Guillaume-Egon Landgrave de) Prince de l'Empire, Evêque de Straſbourg, & Cardinal le 3 Septembre 1686, Abbé de Saint-Germain-des-Prés, Commandeur de l'Ordre du Saint-Esprit ; mort dans l'Abbaye de Saint-Germain-des-Prés, le 11 Avril 1704, âgé de 75 ans. 1. *Nanteuil*, del. & sc. 1671, in-fol. 2. *Gantrel*, petit ovale. 3. *Larmessin*. 4. *Aubry*, à Strasbourg, 1677, in-4. 5. *Rossi*, Romæ, in-4. En Cardinal. 6. N. *Visscher*, in-fol. 7. *Le Clerc*. 8. N. *Habert*, in-fol. 9. *Jollain*. 10. *Colombet*, p. *Vermeulen*, sc. 1692, in-fol.

FYOT, (Claude) Abbé de Saint-Etienne de Dijon, né en cette Ville le 9 Octobre 1630, mort le 17 Avril 1721. 1. *Humbelot*, in-fol. 2. *Petit*, in-4. 3. Dessin, in-4. au Cabinet de M. de Fontette.

G.

GABRIEL de Sion, Docteur en Théologie, Maronite, Lecteur, Interprète & Professeur du Roi ès Langues Orientales ; mort à Paris en 1648. *Moncornet*, in-4.

GABRIELLE (la Vén. Mère) de Jesus-Maria, d'Abbeville, Fondatrice des Religieuses Minimes en France ; décédée saintement à Abbeville, le 3 Décembre 1639. 1. Fr. *Poilly*, in-4. 2. *Lenfant*, in-8.

GACHES, (Raymond) Ministre (Calviniste) de Castres. J. *Frosne*, 1654, in-4.

GACON, (François) Poëte François, né à Lyon le 16 Février 1667, Prieur de Baillon, mort le 15 Novembre 1725. *Desrochers*, in-4.

GAGUIN, (Robert) né à Callène, petit Bourg de l'Artois, Religieux de la Trinité (ou des Maturins), & Général de son Ordre en 1473, connu par ses Chroniques & autres Ouvrages ; mourut à Paris le 22 Mai 1501. 1. N... en petit. 2. N... dans Thevet. 3. *Larmessin*.

GAILLARD, (Pierre-Joseph-Laurent de) Baron de Longjumeau, &c. Conseiller en la Chambre des Comptes & Aides de Provence, Amateur des Beaux-Arts. 1. J. *Balechou*, d'après *Vanloo*, in-fol. Ovale. 2. *Coussin*, d'après *Vanloo*, in-fol.

GAILLARD, (Honoré) Jésuite & Prédicateur, né à Aix en 1641, mort à Paris en 1727. *Desrochers*.

GAILLARD, (Magdeleine de) Ventabrieu de Venel, Sous-Gouvernante des Enfans de France, morte en 1687. *Nanteuil*, p. *Coussin*, sc. in-4.

GALARD, (Ambrosius Bernardus) Congregationis Parisiensis Ordinis Beatæ Mariæ de Mercede, Redemptionis Captivorum Vicarius Generalis : 1699. *Giffart*, 1699, in-fol.

GALLAND, (Etienne) Abbé de Saint-Antoine. N...

GALLANT, (N.) Peintre. *Bonnart*.

GALLARD, (Jacques) Président de l'Election d'Abbeville. *Lenfant*, 1659, in-fol.

GALLARD, (Galliot) Seigneur de Poinville, Conseiller à Metz en 1656, puis Maître des Requêtes. *Rabon*, p. *Humbelot*, sc. in-fol.

GALLAUP. Voy. CHASTEUIL.

GALLEMANT, (Jacques) Docteur en Théologie, premier Supérieur des Carmélites en France, mort à Besançon en odeur de sainteté, la nuit de Noël 1630, selon sa prédiction, âgé de 72 ans. K. *Audran*, & P. de *Larsy*, in-4.

GALLICE, (Joseph-François de) Conseiller au Parlement de Provence. *Coellemans*, d'après *Celloni*, dans une Thèse.

GALLICHON, (Louis......) Sieur de Courchamp, Maître des Requêtes. 1. *Larmessin*, d'après *Cheron*, 1677, in-fol. 2. Idem, retouché.

GALOPPE, (D. Carolus) Abbas Sancti Martini de Nivernis. Dessin au Cabinet de M. de Fontette, in-fol.

GAMACHES, (Philippe de) Docteur de Sorbonne, Professeur Royal en Théologie, mort le 21 Juillet 1625. 1. L. *Gaultier*, in-fol. & in-8. 2. Thom. de *Bry*, in-4.

GAMACHES. Voy. ROUAUT.

GAMARES, (la Famille des) Médecins & Apothicaires depuis 1650. *Noblin* : Portraits & Médaillons qui ornent un Temple d'Apollon.

GAMBART, (Adrien) Prêtre, mort à Paris en odeur de sainteté, le 19 Décembre 1668, âgé de 68 ans. L. *Cossin*, in-8.

GANCELOT. Voy. CLINCHAMP.

GANGE. (le Marquis de) *Boetius*, in-8.

GANGNEUR, (Guillaume le) Maître à écrire à Paris, en 1594, âgé de 41 ans. 1. N... 1581, in-12. Agé de 29 ans. 2. *Dumoustier*, p. Th. de *Leu*, sc. 1594, in-8. 3. Idem, retouché en 1599.

GANGUIERES, (Camille-Nicolas Comte de Souvigny, Seigneur de) Lieutenant-Général des Armées du Roi, né le 26 Février 1721, mort le 21 Avril 1748. *Tardieu*, 1750, in-4.

GANTREL, (Etienne) Graveur en Tailles-douces. *Largillière*, p. *Sarrabat*, sc. 1702, in-fol.

GARAMONT, (Claude) Parisien, célèbre Graveur & Fondeur de Caractères d'Imprimerie, mort à Paris en 1561. N... en petit.

GARÇONNET, (Guillaume) Premier Président du Parlement d'Aix en 1541, mort en 1541. *Cundier*, 1724, in-fol.

GARDE, (François de la) Seigneur de Cumont. *Lenfant*, in-8.

GARDEAU, (Julien) Chanoine Régulier, Curé de Saint-Etienne-du-Mont à Paris, mort le 12 Septembre 1694, âgé de 61 ans. 1. H. *Logredoux*, 1695, in-4. 2. *Langlois*, d'après L. *Lombart*, 1695, in-4.

GARENGEOT, (René-Jacq. Croissant de) Chirurgien à Paris N... in-8.

GARGANT, (Pierre) Intendant des Finances. Nic. *Regnesson*, del. & sc. in-fol.

GARIEL, (Pierre) Chanoine de Montpellier, Historien de son Pays, mort vers 1660. La *Roussière*, p. & sc. in-fol.

GARLANDE, (Mathilde de) femme de Mathieu I, de Marly, Fondatrice de l'Abbaye de Port-Royal-des-Champs en 1204. 1. *Desrochers*, in-8. 2. *Mathey*, petit Buste in-4.

GARLANDE, (Anseau de) Seigneur de Gournay, Grand-Sénéchal, tué d'un coup de lance en 1118 devant le Château de Puiset. N... dans l'Histoire des Ministres par d'Auteuil.

GARLANDE, (Etienne de) Evêque de Beauvais, Chancelier de France, morte le 14 Janvier 1150. Ibid.

GARNACHE, (Pierre de la) Religieux, & Abbé de l'Isle-Chauvet, vers l'an 1300. 1. N... 2. Dessin dans le Cabinet de M. de Fontette, in-fol.

GARNIER, (Jean) Jésuite, né à Paris en 1612, mort à Bologne en Italie, l'an 1681 le 26 Octobre. 1. Et. *Gantrel*, in-fol. 2. M. *Lasne*. 3. *Desrochers*.

GARNIER, (Robert) Avocat au Parlement, Poëte tragique, né en 1534 à la Ferté-Bernard, Ville du Maine ; fut Lieutenant Criminel du Mans, puis Conseiller au Grand-Conseil ; mourut au Mans en 1590. 1. N... à Paris, in-8. En Robe & en Fraise. 2. *Rabel*, p. J. C. *de Mallery*, sc. in-8. Couronné de laurier. 3. Mich. *Lasne*, in-8. 4 *Desrochers*. 5. N... en petit.

GARNIER, (Jean) Avocat-Général au Parlement de Dombes. J. A. *Scupel*, in-fol.

GARNIER, (Louis du) Peintre en Miniature. *Saint-Bernard*, in-4.

GARRON, (N.) Conseiller au Présidial de Bourg en Bresse, puis Président de Dombes, père de M. Chatenay, Conseiller au Parlement de Dijon : il en est parlé dans la Vie de M. Vincent de Paul. l. 1. *Tourneysein*, à Lyon, d'après *Aloste*, in-fol.

GARSAULT, (François-Antoine de) Seigneur de Mignéral. *Descours*, p. 1745. *Tardieu*, sc. in-4.

GAS, (M. Dupesche du) 1588. Dessin au Cabinet du Roi.

GASCOIGNE, (Catherine) Abbesse des Religieuses Bénédictines Angloises de Cambray pendant quarante ans, morte le 21 Mai 1676, âgée de 76 ans. *Hainzelman*, in-8.

GASPARBON, (le Père) Minime, mort à Valence en odeur de sainteté en 1604, âgé de 74 ans. 1. Et. *Picart*, in-4. 2. L. *Gaultier*, 1620, in-8.

GASPARINI, (Nicolas) Abbé de Saint-Antoine. Lombard, p. *Daulé*, sc. 1737, in-fol.

GASSENDI, (Pierre) né à Chantersier, Diocèse de Digne en Provence, le 22 Janvier 1592, Professeur Royal en Mathématiques, Prêtre & Docteur en Théologie; mort à Paris le 24 Octobre 1655, inhumé à Saint-Nicolas-des-Champs, dans la Chapelle de MM. de Montmor, où est son Epitaphe. 1. C. *Mellan*, del. & sc. in-4. 2. *Frosne*, in-4. 3. *Nanteuil*, 1658, in-fol. 4. L. *Spirinx*, in-fol. 5. J. *Lubin*, in-fol. 6. J. *Lenfant* : son Tombeau, avec son Buste & son Epitaphe. 7. N... dans la Suite d'Odieuvre.

GASSION, (Jean de) né à Pau le 20 Août 1609, Maréchal de France le 17 Novembre 1643, mort d'un coup de mousquet à la tête, à Arras le 2 Octobre 1647, enterré à Charenton dans le Temple de la Religion Prétendue-Réformée, dont il faisoit profession. 1. *Roussel*, in-8. 2. *Edelinck*, 1697, in-fol. 3. *Daret*, in-4. 4 *Moncornet*. 5. Idem, in-4. à cheval. 6. N... in-12. 7. N... dans la Suite d'Odieuvre.

GASSOT, (Robert) de Deffens, Abbé de Clairvaux, en 1718. *De Fresnaud*, p. *Chereau*, sc. in-fol. maj. dans une Thèse.

GASTAUD, (Joseph) Prêtre, Directeur du Séminaire d'Uzès, Prieur de Saint-Julien. N. *Habert*, 1703, in-4.

GASTEBOIS, (Jean de) Ecclésiastique, Gentilhomme du Pays de Langres, parut en 1630 à la Cour, & en plusieurs endroits au-dedans & au-dehors du Royaume, où découvrant les mauvais desseins des Etrangers & d'aucuns François, il donna de bons avis contre ceux-là, & tâcha d'en divertir ceux-ci, tant par ses remontrances de vive voix, que par des Lettres ; lesquelles ayant été imprimées, témoignent assez la générosité de son courage. C'est ce qu'en dit Dupleix, tom. IV, pag. 398. 1. *Pelais*, in-8. dans un rond. 2. N... in-fol.

GAUCOURT, (Louis de) Chambellan du Duc d'Alençon, Ecuyer du Roi, mort au service de la Ligue en 1589. Dessin au Cabinet de M. de Fontette.

GAUDART (Jean-Jacques) de Petit-Marais, Conseiller en la Grand'Chambre du Parlement de Paris. 1. J. *Durand*, à Orléans, in-fol. 2. *N. de Largillière*, p. Cl. *Duflos*, sc. 1708, in-fol.

GAUDEBOUT, (Jean de) d'Abbeville, Géographe & Mathématicien. J. *Lenfant*, in-8. 1659. Agé de 38 ans.

GAUFFECOURT, (N. de) Citoyen de Genève. *Monotte*, p. *Daullé*, sc. 1754, in-fol. maj. obl. (Beau.)

GAUFFRE, (Ambroise le) Prêtre, mort le 23 Novembre 1635, âgé de 68 ans. *Roussel*, in-4.

GAUFFRE, (Thomas le) Prêtre & Maître des Comptes, mort le 21 Mars 1646, âgé de 40 ans. 1. Fr. *Poilly*, in-8. 2. *Herman Veyen*, in-8.

GAUFRIDI, (Jacques) Président au Parlement de Provence. *Cundier*, in 12.

GAUFRIDI, (Jean-François de) Chevalier, Baron de Trets, Conseiller au Parlement de Provence. *Cundier*, in-fol.

GAULMIN, (Gilbert) de Moulins, Maître des Requêtes & Conseiller d'Etat, mort en 1665, âgé de 80 ans. 1. M. *Lasne*, in-fol. 2. *Freteau*.

GAULT, (J.B.) Evêque de Marseille, né à Tours le 29 Décembre 1595, entra d'abord dans la Congrégation de l'Oratoire, sous M. de Bérulle ; fut Evêque de Marseille en 1642, y mourut le 23 Mai 1643, âgé de 48 ans, en odeur de sainteté. 1. M. *Lasne*, in-4. 2. *Chaipignon*, in-4. 3. *Herman Veyen*, in-fol. Exhortant les Forçats de Galères. 4. N...

GAULTIER, (François) Abbé de Notre-Dame de Savigny, mort le 13 Juin 1720. 1. *Belle*, p. *Hortemels*, sc. in-fol. 2. *Desrochers*.

GAULTIER-CHABOT, (Pierre) qui a fait un ample Commentaire sur Horace. N... dans le Livre de Boissard, in-4.

GAVON (Mademoiselle) ou Garon, sous Henri IV. Dessin au Cabinet du Roi.

GAUTERIN, (Jonas) Graveur. N... à Paris, in-8.

GAUTIER, (Henri) Architecte, né à Nismes en 1661. *Desrochers*.

GAUTIER, (Anne-Charlotte) femme d'Aved, Peintre. *Aved*, p. *Balechou*, sc. in-fol.

GAUTIER, (N...) sœur de Madame Aved, filant au rouet. *Aved*, p. *Balechou*, sc. in-fol.

GAUTRON, (Magdelaine) Prieure de la Fidélité de Saumur, morte en 1676. *Commeau*, 1688, in-8.

GAUZARGUES, (Charles) Chanoine de Nismes, Maître de Musique de la Chapelle du Roi, né à Tarascon. *Cochin*, del. *Saint-Aubin*, sc. 1767. Médaillon, in-4.

GÉDOUIN, (Nicolas) né à Orléans en 1661, fut Jésuite pendant dix ans, ensuite Chanoine de la Sainte-Chapelle de Paris en 1701, de l'Académie Françoise & de celle des Belles-Lettres, mort en 1744. *Mellan*, in-4.

GELÉE. Voy. le LORRAIN.

GÉMINIANI, (N...) fameux Joueur de Violon. N... in-fol.

GENDRE, (Pierre le) mort en odeur de sainteté le 20 Juin 1671. N... in-fol.

GENDRE, (Louis le) Chanoine de l'Eglise de Paris; Historien, né à Rouen en 1659, mort à Paris en 1733. 1. J. *Jouvenet*, p. *Drevet*, sc. 1708, in-4. 2. Dans la Suite d'Odieuvre, in-8. Copie du précédent.

GENDRON, (Claude Deshais) Docteur en Médecine de Montpellier, & Oculiste célèbre à Paris, mort en 1750, âgé de 87 ans. *Rigaud*, p. *Daullé*, sc. 1737, in-fol. maj.

GENNADIUS, Prêtre de Marseille, mort vers l'an 493. N... dans *Thévet*.

GENOUILLAC, (Jacq. Ricard de) dit *Gallior*, Grand-Maître de l'Artillerie & Grand-Ecuyer, appellé Mr Dacier, mort en 1546. 1. N... dans le P. Montfaucon.
2. Deux

des François illustres.

2. Deux Desseins au Cabinet de M. de Fontette. 3. Dessin au Cabinet du Roi.

GENTILHOMME, (René) Poëte. *Meschinet.*

GEOFFRIN. Voy. HIERONYMUS.

GEOFFRON. (Jacques) N... en bois, in-8.

GEOFFROY, (Jacques) Prêtre, Abbé de S. Spire, Vicaire de la Paroisse de S. Eustache à Paris. 1. *Duflos*, 1697, in-8. 2. Wolfang *Kilian*.

GEOFFROY, (Etienne-François) Médecin, né à Paris en 1672, mort dans cette Ville en 1731, le 6 Février. *Largillière*, p. L. *Surugue*, sc. 1737, in-fol.

GEOFFROY, (Matthieu François) Apothicaire de Paris, mort en 1753. *Largillière*, p. *Chéreau*, sc. in-fol. maj. (Beau.)

GEORGES, (le Père) Capucin Ecossois, Prédicateur en France. N... en bois, in-8. Son nom étoit *Lesley*.

GEORGES, (Dominique) vingt-troisième Abbé Régulier de Notre-Dame du Val-Richer, de l'étroite Observance de l'Ordre de Cîteaux, mort le 8 Novembre 1693, âgé de 80 ans, après avoir gouverné cette Abbaye pendant de 42 ans, avec la plus grande piété & austérité. *Trouvain*, 1694, in-fol.

GEPS, (François-Paul-Jérôme de) de Flavigny, Chartreux à Noyon, mort le 25 Mars 1745, âgé de 81 ans. *Gourdin*, p. *Fiquet*, sc. in-4.

GERBAIS, (Jean) Théologien, né à Epois, Village du Diocèse de Reims, en 1629, Professeur d'Eloquence au Collège Royal en 1662; fut choisi par le Clergé pour travailler à l'Edition de ses Réglemens touchant les Réguliers; mourut le 14 Avril 1699. *Desrochers.*

GERBIER, (Balthasard) Peintre enlumineur. *Meyssens.*

GERIN, (Charles) Curé de Sainte-Croix, (à Paris) mort en 1746. Alex. *Loir*, in-fol.

GERLAC, (R. de) N... in-16.

GERMAIN (le Père) de Sainte-Térèse, Provincial des Carmes Déchaussés, mort en 1717. *Guerry*, p. *Duflos*, sc. in-4.

GERSON, (Jean Charlier, dit) Docteur en Théologie, & Chancelier de l'Université de Paris, Curé de S. Jean-en-Grève, & Député pour le Roi Charles VI. au Concile de Constance, mort en 1429 à Lyon. 1. N... dans Thévet. 2. Vanmerlen, 1653, in-8. 3. L. *Surugue*, in-4. 4. N... in-fol. au commencement de ses Œuvres. 5. N... in-fol. en habit de Pélerin. 6. Madel. *Masson*. 7. N... dans Odieuvre.

GESVRES. Voy. POTIER.

GHERARDI, (Evariste) Comédien Italien, connu sous le nom d'Arlequin, âgé de 33 ans en 1699. 1. J. *Vivien*, p. G. *Edelinck*, sc. 1699, in-8. 2. *Desrochers.* 3. N... dans Odieuvre.

GIBERT, (Balthasard) Recteur de l'Université de Paris, né à Aix en 1662, exilé à Auxerre en 1740, & mort à Regennes près cette Ville, en 1741. 1. *Bouys*, p. 1752. A. J. *de Fihrt*, sc. 2. N... dans Odieuvre.

GIBIEUF, (Guillaume) Prêtre de la Congrégation de l'Oratoire, & Supérieur des Carmélites, Docteur de Sorbonne, d'une grande érudition & d'une piété singulière, mort le 6 Juin 1652. J. *Boulanger*, d'après Ph. *Champagne*, in-8.

GIBIEUF, (François) de Bourges, Docteur en Médecine de la Faculté de Montpellier. Jaspard *Isac*, 1634, in-4. Agé de 59 ans.

GIE. Voy. ROHAN.

GIFFART, (Bonaventura) Episcopus Madauriensis, 1719. *Du Bosc.*

Tome IV. Part. II.

GILBERT. (Geoffroy) N...

GILBERT. (Humfridus) N...

GILBERT, (Grégoire) Augustin. De Troy, p. *Dossier*, sc. in-fol. maj.

GILLET, (Pierre) Doyen des Procureurs. *Rigaud*, p. *Drevet*, sc. in-fol. (Beau.)

GILLET, (François-Pierre) Avocat, né à Lyon en 1648, mort à Paris en 1720. 1. *Tortebat*, p. *Audran*, sc. 1715, in-4. 2. *Drevet.*

GILLIER, (Melchior de) Maître-d'Hôtel ordinaire du Roi. *Nanteuil*, del. & sc. 1651, in-fol.

GILLIER. (Madame de) *Nanteuil*, in-fol.

GILLOT, (Germain) Docteur de Sorbonne, mort à Paris le 20 Octobre 1688, âgé de 66 ans. 1. *Habert*, in-8. 2. *Desrochers.*

GILLOT, (Claude) Peintre & Graveur, né à Langres en 1673, mort à Paris en 1722, Membre de l'Académie de Peinture. *Gillot*, p. J. *Aubert*, sc. in-fol.

GIRARD, (Antoine) Evêque de Poitiers, mort en Mars 1702. Et. *Gantrel*, 1699, in-fol. maj.

GIRARD, (Jean) de Dijon, Poëte Latin, en 1558, âgé de 40 ans, & que l'on croit mort en 1586. *Fradin*, 1558, en bois.

GIRARD, (Jean-Bapt.) Jésuite, natif de Dôle, connu par le Procès qu'il eut avec la Demoiselle Marie-Catherine Cadière, au Parlement d'Aix en 1731, que l'on a prétendu mort peu après; à Dôle sa patrie, où ses Supérieurs l'envoyèrent après que le Procès fut terminé. *Desrochers.*

GIRARD, (Pierre-Jacques-François) ancien Officier de Marine. Jacq. *de Favanne*, in-4. obl.

GIRARD, (Mr) & l'Abbé de Neufville. *Carmontel*, del. 1761. N... in-fol.

GIRARD, (Mr) & l'Abbé Fontaine. Voy. FONTAINE.

GIRARD, (Bernard de) Sieur du Haillan, Historien, né à Bordeaux en 1535, Historiographe de France, & Généalogiste de l'Ordre du S. Esprit, mort à Paris le 23 Novembre 1610. N... 1576, in-8.

GIRARDIN, (Claude) Intendant des Finances & Trésorier des Parties Casuelles. *Humbelot*, p.

GIRARDON, (François) né à Troyes, Sculpteur célèbre, Chancelier & Recteur de l'Académie Royale de Peinture & Sculpture, mort à Paris en 1715, à 88 ans. 1. *Vivien*, p. *Drevet*, sc. in-fol. 2. H. *Rigaud*, p. *Duchange*, sc. 1707, in-fol. 3. N... dans Odieuvre.

GIRY, (François) Provincial des Minimes de la Province de France, Auteur de Vies des Saints, mort en odeur de sainteté à Paris, le 20 Novembre 1688 âgé de 54 ans. *Bazin*, in-8.

GISSEY. (Henri) *Fontèle*, del. N. *Bon*, sc. in-fol. Son Catafalque aux Augustins Déchaussés de Paris, en 1674.

GIVERY, (Madame de) sous François I. Dessin au Cabinet du Roi.

GIVRY, (Anne d'Angliure, Sieur de) tué au Siège de Laon en 1594. N... en petit.

GIVRY. Voy. ESCARS & LONGWY.

GOBAT, (Georges) Jésuite. *Wolff*, p. *Wolfgang*, sc. in-fol.

GOBILLON, (Nicolas) Docteur de Sorbonne, Curé de S. Laurent à Paris, mort le 4 Mai 1706, âgé de 80 ans. 1. J. *Langlois*, in-fol. 2. N... avec quatre Vers au bas. 3. N...

GOBINET, (Charles) Docteur de Sorbonne, Principal du Collège du Plessis à Paris, mort le 9 Décembre 1690, âgé de 77 ans. 1. G. *Edelinck*, 1691, d'après

C c

Largillière, in-fol. 2. N. *Habert*, d'après le même, 1691, in-4. 3. *Desrochers*.

GODEAU, (Antoine) né à Dreux vers 1605, de l'Académie Françoise, Evêque de Grasse en 1636, obtint la réunion de l'Evêché de Vence, mais y ayant trouvé des obstacles, il opta Vence, & y mourut d'apoplexie le 21 Avril 1672. 1. *Landry*, 1672, d'après d'*Ardisson*, in-fol. 2. J. *Lubin*, 1694, in-fol. Copie du précédent. 3. N. *Habert*, d'après *Ardisson*, 1691, in-4. 4. *Desrochers*.

GODEAU, (Michel) Recteur de l'Université de Paris, Curé de S. Côme, mort dans son exil à Corbeil, le 25 Mars 1736, âgé de 80 ans. 1. *Bosruchers*. 2. *Desrochers*.

GODEFROY de Bouillon, Roi de Jérusalem, fut choisi pour Chef des Croisés en 1095, mourut en 1100, après un an de Règne. 1. N... dans Thévet. 2. N... en Allemagne, in-4. 3. *David*. 4. *Vaillon d'Ursseel*, in-12. 5. *Jaspard Isaac*.

GODEFROY, (Denis) Jurisconsulte célèbre, né à Paris le 17 Octobre 1549, mort le 7 Septembre 1622, à Strasbourg. 1. H. B. *Bosruchers*, 1605, in-4. ætatis 56. 2. Jacq. ab Heyden, in-4. 3. *Granthome*, in-4. ætatis 64. 4. *Aubry*, à Strasbourg, in-8. 5. N... 6. N... d'après *Bosruchers*, dans Odieuvre.

GODEFROY, (Jacques) Jurisconsulte & Conseiller de Genève, né à Genève le 13 Septembre 1587, fils du précédent : il mourut à Genève le 24 Juin 1652. 1. *Van Sommer*, in-4. ætatis 65. 2. Dans la Continuation de *Boissard*, L. *Ammon*, in-4.

GODEFROY, (Thomas) Médecin. *Vosgel*.

GODEFROY. (Louis) *Picart*.

GODELINE, (N.) Poëte. 1. N. *Beauveau*, in-12. avec quatre Vers Latins. 2. Idem, tronqué, sur lequel on voit par méprise le nom de Mich. *Lasne*.

GODET, (Henri) Ecuyer, Sieur Desbordes, Auditeur des Comptes. *Van Schupen*, 1665, in-fol.

GODET (Paul) des Marais, Evêque de Chartres, y meurt le 26 Septembre 1709, âgé de 61 ans. 1. Paul *Brice*, p. *Crespy*, sc. 1697, in-fol. 2. N. *Habert*, 1701, in-fol. 3. Fr. *André*, p. *Simon*, sc. 1708, in-fol. 4. *Simon*, 1708, in-fol. maj.

GODIN, (Jean) Dominicain, né à Montbard, mort en 1655, à près de 70 ans. *Quentin*, p. 1653. *Goby*, sc.

GODRAN, (Charles) Chanoine de Dijon, mort au mois de Février 1577. 1. Dessin au crayon, dans le Cabinet de M. de Fontette. 2. N... in-8.

GODRAN, (Jean) Avocat, né à Dijon le 17 Avril 1606, mort de la gravelle le 10 Février 1683. Dessin au crayon, dans le même Cabinet.

GOGIER, (Madame du) sous François I. Dessin au Cabinet de M. de Fontette.

GOIBAUT, (Philippe) Sieur du Bois, de l'Académie Françoise en 1693, mort à Paris le 1 Juillet 1694, âgé de 68 ans : étoit né à Poitiers en 1626, d'une famille peu considérable : il avoit commencé par être Maître à danser du Duc de Guise. 1. A l'âge de 40 ans, N... en 1694. 2. N. *Pittau* fils, 1695, d'après *Varry*, 1670, in-8. 3. N. *Habert*, in-8. 4. N... dans Odieuvre.

GOMBERVILLE, (Marin le Roi, Sieur de) né à Paris en 1600, fils d'un Buvetier de la Chambre des Comptes, selon le Ménagiana ; fut Auteur de plusieurs Romans, reçu à l'Académie Françoise le 12 Février 1634, mourut à Paris le 14 Juin 1674. 1. Agé de 43 ans, 2. *Daret*, 1643, in-4. *Desrochers*.

GOMONT, (Jean de) Avocat-Général au Parlement de Paris. J. *Vanloo*, p. *Lombart*, sc. 1665, in-fol.

GONDY, (Ancêtres des) venus de Florence en France.

Ceux de ces Ancêtres, qui ont été gravés, sont, = Braccius Philippi, = Forté, fils d'Orlando Bellicoso, = Gondo de Gondy, du Grand-Conseil de Florence, = Simon de Gondy, fils de Guy, = Charles de Gondy, Haut-Prieur de Florence, = Bernard de Gondy, Haut-Prieur, = Philippe de Gondy, l'un des Dix, = J. B. de Gondy, Sénateur de Florence. Tous gravés in-4. par *Duflos*, dans l'Histoire de la Maison de Gondy, imprimée à Paris en 1705, in-4. par les soins de Paule-Françoise-Marguerite de Gondy, morte le 21 Janvier 1716, veuve de François-Emmanuel de Bonne de Créquy, Duc de Lesdiguières.

GONDY, (Antoine de) II. du nom, fils d'Antoine, Patrice Florentin, & d'Hélène Corbinelli, vint en 1527 en France, où il fut dans la suite premier Maître d'Hôtel du Roi Henri II. *Duflos*, 1698, d'après le *Titien*, in-4. Ibid.

Marie-Catherine de Pierre-Vive, sa femme, Gouvernante des enfans de France, morte le 4 Août 1570. *Duflos*, in-4.

GONDY, (Albert de) fils d'Antoine, Duc de Retz, Marquis de Bellisle, Maréchal de France & Général des Galères, Colonel de la Cavalerie Françoise, premier Gentilhomme de la Chambre du Roi, &c. mort en 1602, âgé de 72 ans. 1. *Duflos*, 1697, in-4. dans l'Histoire de la Maison de Gondy. 2. Dessin au Cabinet du Roi.

Claude-Catherine de Clermont, Baronne de Retz, sa femme, Dame d'honneur de la Reine Catherine de Médicis, Gouvernante des Enfans de France, Dame d'un esprit & d'un mérite singulier, morte à Paris le 18 Février 1603, âgée de 60 ans. 1. *Duflos*, in-4. 2. Dessin au Cabinet du Roi.

GONDY, (Charles de) fils d'Antoine, Marquis de la Tour, Grand-Maître de la Garde-robe du Roi Charles IX. Chevalier de son Ordre, Général des Galères de France, mort à Paris le 15 Juin 1574. Ant. *Pezey*, p. L. *Moreau*, sc. in-4.

GONDY, (Pierre de) fils d'Antoine, né à Lyon en 1533, vint en France avec Catherine de Médicis, fut Grand-Aumônier, Evêque de Langres en 1562, & de Paris en 1570, Commandeur de l'Ordre du S. Esprit à la première Création en 1578, Cardinal le 18 Décembre 1587, chargé de différentes Ambassades sous Henri III. & Henri IV. mourut à Paris le 17 Février 1616, âgé de 48 ans. 1. *Duflos*, d'après *Pezey*, 1697, in-4. 2. Th. *de Leu*, in-8. 3. N... in-8.

GONDY, (Henri de) second fils d'Albert, Evêque de Paris en 1608, par la démission de Pierre son oncle, Cardinal en 1618, Commandeur de l'Ordre du S. Esprit en 1619, mort d'une fièvre maligne à Bésiers, en Août 1622, âgé de 52 ans. 1. *Duflos*, 1697, in-4. 2. L. *Gaultier*, in-8. 3. *Daret*, 1652, in-4. 4. *Mellan*, in-fol.

GONDY, (Jean-François de) quatrième fils d'Albert, Coadjuteur de Henri son frère, premier Archevêque de Paris en 1622, Commandeur de l'Ordre du S. Esprit en 1633, Grand-Maître de la Chapelle du Roi, mort le 21 Mars 1654, à 70 ans. 1. *Duflos*, 1697, in-4. 2. J. *Picart*, in-fol. 3. N. *Viénot*, 1633, in-fol. 4. *Daret*, 1645, in-fol. 5. Idem, 1650. 6. Idem, in-4. 7. *Humbelot*, in-fol. 8. Fr. *Ragot*, d'après *Dumoustier*, in-fol. 9. M. *Lasne*, in-fol. obl. 10. Idem, in-8. 11. *Jaspard Isaac*. 12. *Moncornet*. 13. *Valet*, 1633. 14. *Mellan*. 15. *Morin*, d'après *Champagne*. 16. N... in-fol. 17. N... dans Odieuvre.

GONDY, (Jean-François-Paul de) fils de Philippe-Emmanuel, né en 1613, Coadjuteur de Jean-François son oncle, sous le titre d'Archevêque de Corinthe, Cardinal le 19 Février 1653, appellé le Cardinal de Rez ; ne jouit pas de sa dignité d'Archevêque de Paris ; ayant été obligé de s'en démettre, fut pourvu de l'Abbaye de S. Denis; voulut auſſi ſe démettre de la pourpre, mais il ne put obtenir le conſentement de Clément X. mourut à Paris le 24 Août 1679, âgé de 66 ans. 1. *Rouſſel*, in-fol. 2. M. *Laſne*, in-fol. 3. G, *Rouſſelet*, d'après *Champagne*, in-fol. 4. Idem, in-fol. 5. *Mellan*, in-fol. 6. G. *Rouſſelet*, in-fol. obl. dans des ornemens : *Le Brun*, del. 7. J. *Morin*, d'après *Champagne*, in-fol. 8. *Nanteuil*, 1650, in-fol. 9. Et. *Picart*, à Rome, 1660, in-4. 10. En Cardinal. 10. *Van Schuppen*, 1662, in-fol. 11. R. *Lochon*, 1664, in-fol. 12. Cl. *Duflos*, 1697, in-4. 13. N... dans Odieuvre.

GONDY, (Charles de) fils aîné d'Albert, Marquis de Belle-Iſle, Général des Galères, tué au Mont S. Michel, l'an 1596, âgé de 27 ans. Cl. *Duflos*, 1697, in-4.

Antoinette d'Orléans-Longueville, ſa femme, veuve à 22 ans, ſe fit Religieuſe Feuillantine à Toulouſe : le Pape lui ordonna de ſortir de ſon Couvent pour être Coadjutrice de Fontevrault, & y mettre la Réforme; elle y trouva des obſtacles, & fonda l'Ordre des Filles du Calvaire à Poitiers, où elle mourut après une pénitence & des auſtérités étonnantes, en 1618, âgée de 47 ans. *Duflos*, in-4.

GONDY, (Philippe-Emmanuel de) troiſième fils d'Albert, Comte de Joigny, &c. Chevalier des Ordres du Roi, Général des Galères, &c. quitta le monde pour ſe faire Prêtre de l'Oratoire, où il eſt mort dans une grande piété le 29 Juin 1662, âgé de 82 ans. *Duflos*, in-4.

Françoiſe-Marguerite de Silly, ſa femme, qui contribua beaucoup à l'établiſſement de la Congrégation des Pères de la Miſſion de M. Vincent de Paul, & qui mourut dans la pratique de toutes les vertus Chrétiennes, l'an 1606, âgée de 42 ans. *Duflos*, 1698, in-4.

GONDY, (Pierre de) fils de Philippe-Emmanuel, Duc de Retz, Chevalier des Ordres du Roi, Général des Galères qu'il fit paſſer le premier, de la Mer Méditerranée, dans l'Océan; eut l'épaule caſſée d'un coup de mouſquet dans l'Iſle de Ré, & mourut le 20 Avril 1676, âgé de 74 ans : il avoit épouſé Catherine, ſa couſine, (ci-après.) *Duflos*, in-4.

GONDY, (Henri de) fils de Charles, Duc de Retz, Marquis de Belle-Iſle, Chevalier des Ordres du Roi, Capitaine de 100 hommes d'armes, eut le bras caſſé d'un coup de canon au Siège d'Albe, & mourut le 12 Août 1659, âgé de 69 ans. *Duflos*, in-4.

Jeanne de Scepeaux ſa femme, morte le 30 Novembre 1620, âgée de 32 ans. *Duflos*, in-4.

GONDY, (Catherine de) fille de Henri, femme de Pierre, après la mort duquel elle ſe retira en Bretagne, où n'étant occupée que d'œuvres de charité, elle mourut à Machecoul le 18 Septembre 1677, âgée de 66 ans. *Duflos*, in-4.

GONDY, (Anne de) veuve de Charles de Maupas, Chevalier, Baron du Tour. M. *Laſne*, in-fol.

GONDY, (Marguerite-Claude de) fille d'Albert, épouſa Florimond d'Halluyn, Marquis de Maignelais, & mourut à Paris pleine de bonnes œuvres, le 26 Août 1650, âgée de 80 ans. 1. *Landry*, in-8. (Beau.) 2. *Spirinx*.

GONDRIN, (Louis-Antoine de Pardaillan de) Duc d'Antin en 1711, mort le 2 Novembre 1736. 1. *Rigaud*, p. *Audran*, ſc. 2. *Chéreau*, in-fol. maj. 3. *Tardieu*.

GONDRIN (Louis-Henri de Pardaillan de) de Monteſpan, fils d'Antoine-Arnaud, Marquis de Monteſpan, & de Paule de Bellegarde; devint Coadjuteur de Sens en 1644, & Archevêque en 1646, mourut à Paris le 8 Septembre 1674. 1. J. *Froſne*, in-fol. 2. *Humbelot*, in-fol. d'après Fr. Georges *Perroteau*, Cordelier. 3. Ant. *Maſſon*, 1673, in-fol. maj. 4. *Desrochers*.

GONDRIN, (N. de) Marquis d'Antin. N...

GONDRIN (Pierre de Pardaillan de) d'Antin, Evêque de Langres en 1724. *Vanloo*, p. *Drevet*, ſc. in-fol.

GONDRIN, (.......) Duc d'Antin. H. *Rigaud*, p. Fr. *Chéreau*, ſc. in-fol.

GONNELIEU, (Jérôme de) Jéſuite, né à Soiſſons en 1640, mort à Paris en 1715. *Desrochers*.

GONTAUT, (Jean de) Seigneur de Cabrères & de Rouſſillon, Chevalier de l'Ordre du Roi en 1571. Deſſin au Cabinet de M. de Fontette.

GONTAUT, (Armand de) Seigneur de Biron, Maréchal de France en 1577, tué d'un coup de canon au Siège d'Eſpernay, le 26 Juillet 1592. 1. N... 1588, in-8. 2. *Moncornet*. 3. *Daret*, in-4. 4. Idem, 1632, in-4. 5. N... dans le Livre de la Gallerie du Palais Cardinal, in-fol. 6. Deux Deſſins au Cabinet du Roi. 7. N... en petit. 8. *Chenu*, in-12. 9. Deſſin au Cabinet de M. de Fontette. 10. N... dans Odieuvre.

Jeanne, Dame d'Ornezan & de Saint-Blancard, ſa femme, mariée le 6 Août 1559. Deſſin au Cabinet de M. de Fontette.

GONTAUT, (Charles de) Duc de Biron en 1594, Amiral de France, Gouverneur de Bourgogne & Breſſe, fils d'Armand, Maréchal de France; fut décapité à Paris le 31 Juillet 1602. 1. J. *le Clerc*, in-8. 2. *Daret*, in-4. 3. N... in-4. avec ſon exécution. 4. Deſſin au Cabinet du Roi. 5. Deſſin au Cabinet de M. de Fontette. 6. N... au ſimple trait, dans un grand ovale in-fol. maj. A cheval. 7. N... dans Odieuvre.

GONTAUT, (Louis-Armand de) Duc de Biron, Maréchal de France, Colonel des Gardes Françoiſes. *Baudouin*, Officier aux Gardes, 1761, in-fol. maj. (Rare.)

GONZAGUE. Voy. PALATINE & POLOGNE.

GONZAGUE, (Louis de) Duc de Nevers, mort le 23 Octobre 1595. 1. *Vallet*, in-fol. 2. N... en petit. 3. N... in-fol. comme premier Chevalier Laïc créé par Henri III. en habit de Novice.

Henriette de Clèves ſa femme, fille de François, dernier Duc de Nevers de ſa Famille, mariée en 1565, morte en 1601. Deſſin au Cabinet de M. de Fontette.

GONZAGUE, (Charles de) I. du nom, Duc de Mantoue, de Nevers, &c. mort en 1637. 1. N... in-fol. 2. Agé de 18 ans, Th. *de Leu*, in-8. 3. Idem, plus âgé, in-8. 4. *Mazot*, in-fol. 5. *Moncornet*, in-4.

GONZAGUE. (Ferdinand de) N... dans Thévet.

GONZAGUE, (Charles de) II. de Mantoue, né en 1609, mort à Mantoue en 1631, avant ſon père. 1. *Moncornet*, in-4. 2. *Nanteuil*, in-fol.

GONZAGUE, (la Princeſſe Anne de) mariée, 1.° à Henri, Duc de Guiſe, 2.° à Edouard de Bavière, Palatin. (Voy. PALATIN,) morte en 1684.

GONZAGUE, (Eléonor de) Princeſſe de Mantoue, mariée le 22 Mars 1651, à Ferdinand III. Empereur, morte en 1686. *Moncornet*, in-4.

GONZAGUE. (la Princeſſe Marguerite de) *Moncornet*, in-8.

GONZAGUE. (la Princeſſe Marie de) 1. *Viénot*, p. *Le Blond*, ſc. in-fol. 2. *Moncornet*.

GORDES. Voy. SIMIANE.

GORGE, (N.) Peintre, 1573. Deſſin au Cabinet de M. de Fontette.

GORLIER, (Jacques le) Gentilhomme Champenois, âgé de 23 ans. N... à Paris, in-8.

GOROPIUS BECANUS, (Joannes) né en Brabant, mort à Maſtrick en 1572, à 53 ans. *Boulonois*.

GORREVOD, (Philippe de) Duc de Pont-de-Vaux, Marquis de Marnay, Comte & Vicomte de Salins,

Prince du S. Empire, mort sans avoir été marié, le 26 Juillet 1681. *Moncornet*, 1657, in-4.

GORRIS, (Charles) Echevin. N...

GORRIS, (Jean de) ou Gorrée, né à Paris en 1506, de Pierre, Médecin ; fut Professeur Royal de Médecine ; il se fit Calviniste, & mourut en 1577. 1. N... in-8. en bois. 2. N... en petit.

GOTH, (Bertrand de) Archevêque de Bordeaux, puis Pape sous le nom de Clément V. en 1305, mort le 20 Avril 1314. 1. N... in-fol. 2. N... (Voy. encore ci-dessus CLÉMENT V. qui est le même.)

GOU, (Claude le) Vicomte de Quereau, Président au Parlement de Bretagne. 1. J. *Lenfant*, 1664, in-fol. 2. L. *Spirinx*, in-fol. 3. Idem, retouché.

GOUAULT. Voy. MICHELIN.

GOUDELIN, (Pierre) Toulousain, appellé le Poëte Gascon, mort en 1649, âgé de 70 ans. Fr. *Baour*, in-8. chez Desrochers.

GOUDIMEL, (Claude) Musicien, tué à Lyon en 1572. N...

GOUFFIER (Claude) de Boissy, & ses Alliances. N... dans le P. Montfaucon.

GOUFFIER, (Artus) Sieur de Boissy, Gouverneur de François I. & Grand-Maître de France en 1515, mort à Montpellier au mois de Mai 1519. 1. N... dans Thévet. 2. N... en petit. 3. Dessin au Cabinet du Roi. 4. Autre Dessin au Cabinet de M. de Fontette.

GOUFFIER. Voy. BONNIVET.

GOUGENOT, (Nicolas) Ecrivain, Dijonnois. *Loisy*.

GOUJET, (Claude-Pierre) Chanoine de S. Jacques-de-l'Hôpital, grand Littérateur, Membre de plusieurs Académies, mort en 1767, âgé de 80 ans. *Slodts*, del. B. *Audran*, in-4.

GOULART, (Simon) né à Senlis le 20 Octobre 1543, Ministre Calviniste, mort le 3 Février 1628, âgé de 85 ans. N... in-8. (Rare.)

GOURDAN, (Simon) Chanoine Régulier de l'Abbaye de S. Victor, né à Paris en 1646, mort en 1729. 1. Fr. *de la Grange*, p. *Habert*, sc. 1692, in fol. 2. *Crespy*. 3. N... chez Mortain, in-4. 4. Agé de 55 ans, N... 1702, in-8.

GOUREAU, (Jacques) Avocat-Général au Parlement de Bretagne. *Stuerhelt*, in-4.

GOUREAU. Voy. ROUALLE.

GOURNAY, (Marie de Jars, Demoiselle de) née à Paris en 1565, de Guillaume, Seigneur de Neuvy & de Gournay, fameuse par sa science & ses talens pour la Poésie, mais encore plus par ses liaisons avec Montagne, qui la prit pour sa Fille d'alliance : elle mourut à Paris le 13 Juillet 1645, & fut enterrée à Saint-Eustache. *Matheus*, in-8.

GOURNÉ. (Pierre-Matthieu de) *Le Roux*, p. *Petit*, sc.

GOURVILLE, (Jean Hérauld, Sieur de) Conseiller d'Etat. *Rigaud*, p. *Edelinck*, sc. 1705, in-4.

GOUSSAULT, (l'Abbé Jacques) Conseiller Clerc. *Regnesson*, 1661, in-fol.

GOUSSENCOURT, (Robert de) Conseiller au Parlement de Paris. *Moncornet*, in-4.

Anne d'Argueville, sa femme. L. *Petit*, in-4.

GOUSSENCOURT, (Henri de) Gouverneur de Saint-Quentin, tué à la Bataille gagnée en 1557, près cette Ville, par les Espagnols. 1. N... dans le P. Montfaucon. 2. N... dans une Architecture chargée d'Ecussons. (Il y est appellé : Quentin de Goussencourt, Chevalier, Sieur de Missery, Gouverneur, &c.)

GOUVERNEUR ; (Guillaume le) Evêque de Saint-Malo le 29 Janvier 1610, mort en 1630. L. *Gaultier*, 1618, d'après Dan. *Dumoustier*, in-4.

GOUX, (Pierre le) Conseiller au Parlement de Dijon, né en cette Ville le 29 Octobre 1640, mort le 19 Août 1702. Dessin au crayon, dans le Cabinet de M. de Fontette.

GOUX (Charles le) de la Berchère, Evêque de Lavaur, puis d'Alby en 1687, enfin Archevêque de Narbonne le 15 Août 1703, mort le 2 Juin 1719. 1. J. Fr. *Cars*, 1702, in fol. maj. 2. *Boulogne* l'aîné. p. B. *Audran*, sc. 1705, in-fol. 3. *Audran* & *Montbart*, 1708, in-fol.

GOY, (J. Bapt.) Docteur en Théologie, (premier) Curé de Sainte-Marguerite au Fauxbourg S. Antoine de Paris, mort le 18 Janvier 1738, âgé de 72 ans ; étoit Curé depuis 1712. 1. N... in-4. 2. *Desrochers*.

GOYON (François) de la Moussaye, jeune Seigneur de la Cour sous Louis XIII. Hiéron. *David*, in-fol.

GRACE, (Sœur) de Valence, du Tiers-Ordre des Minimes, incomparable par son abstinence, morte à Valence en odeur de sainteté en 1606, âgée de 112 ans. *Picart*, in-4.

GRAFIGNY, (Madame de) Françoise d'Apponcourt, née Comtesse d'Isembourg, veuve de Huguet de Grafigny, Chambellan de Léopold, Duc de Lorraine ; née à Nanci le 13 Février 1695, mourut à Paris le 12 Décembre 1758. 1. *Garand*, del. L. J. *Cathelin*, sc. 1763, in-8. 2. Gaut. *Dagoty*, in-4. en manière noire, in-4. 1770. dans la Gallerie Françoise, 1. Ed. Cahier II. 3. *Lévêque*, in-fol. 1772. dans la Gallerie Françoise, 2. Ed. Cahier VI.

GRAMONT, (Antoine, Duc de) né en 1604, Maréchal de France le 22 Septembre 1641, Ambassadeur à la Diette de Francfort en Espagne en 1659, Chevalier du S. Esprit en 1662, Duc & Pair le 15 Décembre 1663, épousa en 1634 Françoise-Marguerite de Chivré, mort à Bayonne le 12 Juillet 1678. 1. N...; dans le Livre des Triomphes de Louis-le-Juste, in-fol. 2. W. *Waillant*, à Francfort, 1657, in-fol. 3. P. *Lombart*, 1663, in-fol. d'après *Waillant*. 4. *Larmessin*. 5. Corn. *Meyssens*, à Vienne, 1659, in-fol. 6. G. *Edelinck*, 1699, in-fol.

GRAMONT, (Antoine de) Maréchal de France en 1724, mort le 16 Septembre 1725, âgé de 53 ans & 8 mois. 1. N... 2. N... dans Odieuvre.

GRAMONT (la Duchesse de) la Guiche. *Bonnart*, in-fol.

GRAMONT, (Antoine-Pierre de) Archevêque de Besançon, en 1661, mort en 1698, âgé de 84 ans. *De Poisy*, in-fol.

GRAMONT, (François-Joseph de) Archevêque de Besançon, succéda à son oncle, ayant été nommé son Coadjuteur sous le nom d'*Evêque de Philadelphie*; mourut en 1717. 1. Et. *Gantrel*, 1699, in-fol. maj. 2. *Desrochers*. 3. J. Fr. *Cars*, 1705, in-4.

GRANCEY. (la Marquise de) 1. *Bonnart*, in-fol. 2. *Trouvain*, in-fol. 3. *Mariette*, in-fol. mode.

GRANCHET, (Jean) Valet de Chambre de François II. N... dans le Père Montfaucon.

Magdeleine de Corbie, sa femme. Ibid.

GRAND, (Antonius le) Duacensis Medicus. *Faithorne*, in-4.

GRAND, (Jean-Matthieu le) Jurisconsulte. N...; in-4. pour le Livre de l'Histoire d'Anjou.

GRANDET, (Joseph) Prêtre, Curé de Sainte-Croix d'Angers, âgé de 60 ans, en 1652. M. *Lasne*, 1652, in-fol.

GRANDIER, (Urbain) Curé de l'Eglise de Saint-Pierre du Marché de Loudun, condamné par Arrêt (de Commissaires) du 18 Août 1634, à être brûlé en cette Ville, pour fortiléges & maléfices. J. *de la Noue*, in-fol. en bois, avec son Exécution, & un Précis de sa Vie, & une Chanson.

GRANDIN, (Martin) né à Saint-Quentin, Doyen de la Faculté de Théologie de Paris; mort en 1691 le 16 Novembre, âgé de 87 ans. *Largillière*, p. 1691. Cl. *Duflos*, 1710, in-4.

GRANDPRÉ, (César de) Auteur d'un Livre de Blason, intitulé : *Le César Armorial*, imprimé à Paris en 1654. *Rousselet*, in-8.

GRANDPRÉ, (Louis de) Maître en fait d'Armes. N... in-8.

GRANDVAL, (Charles-François) Acteur de la Comédie Françoise. *Lancret*, p. 1742. *Le Bas*, sc. 1755, in-fol. mag. obl.

GRANET. (le P. François-Louis) N... 1727.

GRANGE, (Charles de la) Chanoine Régulier de l'Abbaye de Saint-Victor, âgé de 46 ans, en 1692. *Habert*, 1692, in-fol.

GRANGE, (le R. P. Henry de la) Palaisseau. M. *Lasne*, in-12. avec six Vers.

GRANGE (la) d'Arquien. Voy. POLOGNE.

GRANGIER, (Jean) né à Chaalons en Champagne, l'an 1576, Professeur Royal en Eloquence, Principal du Collège de Beauvais, & Recteur de l'Université en 1634, Orateur fameux, mort vers 1644. N... in-4.

GRANGIER (Balthazard) fils de Timoléon, Seigneur de Siverdis, Président des Enquêtes, & d'Anne de Refuge, Aumônier des Rois Louis XIII & Louis XIV, Evêque de Tréguier en Février 1646, mort le 2 Février 1679, âgé de 74 ans. *Rousselet*, del. & sc. 1654, in-fol.

GRANVELLE. Voy. PERRENOT.

GRANVILLE, (Dionysius) Decanus Dunclemensis, Jacobum II. Regem in Gallias secutus 1688, propter fidelitatem officio ab Anglis privatus, ann. 1691. *Beaupoille*, p. G. *Edelinck*, sc. in-fol. Ætat. 54.

GRAS, (François le) Sieur du Luard, Conseiller au Grand Conseil. *Humbelot*, in-fol.

GRAS, (Simon le) Evêque de Soissons le 17 Novembre 1624, né à Paris en Juin 1589, Aumônier de Louis XIV, fit le Sacre de Louis XIV, à Reims le 7 Juin 1654, mort le 28 Octobre 1656, à 68 ans. 1. R. *Lochon*, d'après *Blondeau*, in-fol. 2. *Humbelot*.

GRAS, (Joachim le) Trésorier de France. *Cochin*, del. & sc. 1758, Médaillon, in-4.

GRAS, (Jean-Corneille de) Baron de Nocre. N...

GRAS, (Madame le) Louise de Marillac, veuve de M. le Gras, Fondatrice & première Supérieure des Filles de la Charité; morte à Paris le 15 Mars 1660, âgée de 68 ans. 1. *Boulanger*, in-8. 2. N. *Habert*. 3. H. *Bonnart*, in-12. 4. Gasp. *Duchange*, 1705, in-fol. 5. *Desrochers*. 6. N... dans Odieuvre.

GRASSIN, (Pierre) Conseiller du Roi, Directeur-Général des Monnoies de France. B. *Lépicié*, d'après N. *Largillière*, in-fol.

GRAVE, (Henri Marquis de) Maréchal de Camp, mort en 1690. Et. *Desrochers*, in-fol.

GRAVEL, (Robert de) Sieur de Marly, Plénipotentiaire du Roi à la Diette de Francfort en 1656 & 1657, à la Diette de Ratisbonne depuis 1664, jusqu'en 1673, Ambassadeur en Suisse. 1. V. *Vaillant*, 1657, in-fol. 2. Mat. *Van Somer*, à Ratisbonne, 1667, in-fol. 3. *Noblin*, à Paris, 1676, in-fol. 4. N... à Ratisbonne, in-8. 5. J. *Tourneyser*, à Basle, 1681, d'après J. L. *Kachel*, in-fol. maj.

GRAVEL, (Jacques de) Abbé de Bongroland, Envoyé extraordinaire auprès de l'Electeur de Mayence, mort environ l'an 1678. J. B. *Rull*, p. en Allemagne, Phil. *Kilian*, sc. in-fol.

GRAVELOT, (Hubert) Graveur, vivant. 1. *Latour*, p. *Gaucher*, sc. in-16. 2. *Massard*. Médaillon.

GRAVEROL, (François) Avocat, & Antiquaire, né à Nismes en 1635, mort en 1694. N... in-fol. Ovale.

GRAVILLE, (Louis Malet de) Amiral, mort en... N... dans le P. Montfaucon.

N. de... sa femme. Ibid.

GRAVILLE, (Anne de) femme de Pierre de Balzac, Seigneur d'Entragues. Ibid.

GRÉCOURT, (J. Bapt. Joseph Willart de) Poëte, Chanoine de l'Eglise de Tours, né en 1683, mort à Tours le 2 Avril 1743. 1. *Lobel*, p. *Gaillard*, sc. in-12. dans Odieuvre. 2. J. B. *Garaud*, in-8. Agé de 46 ans. 3. Dessin au Cabinet de M. de Fontette.

GRÉGOIRE, (saint) Evêque de Tours, né vers l'an 544, mort en 595. 1. N... dans Thévet.

GREMONVILLE, (Rodolphe Bretel, Seigneur de) Président-à-mortier au Parlement de Rouen. N...

GRENAILLE, (François de) Seigneur de Chatonière, né à Userche en Limousin, Poëte & Chansonnier, en 1640, âgé de 24 ans. *Rousselet*, in-4. avec Devise.

GRENET, (Pierre) Curé de Saint-Benoist, à Paris, mort le 15 Mai 1684, âgé de 79 ans. Aurea *Billette*, in-8.

GRETTRY, célèbre Compositeur de Musique. *Moreau* le jeune, 1772.

GREUHM, (Andreas) Pharmacopœus Argentinæ (Strasbourg) Senior. J. A. *Scupel*, del. & sc. in-fol. (Beau.)

GREVIN, (Jacques) né à Clermont en Beauvaisis, en 1540, Médecin & Poëte François, mort à Turin le 5 Novembre 1570. N... en bois, 1562, in-8. Agé de 23 ans.

GREUZE, (J. Bapt.) Peintre du Roi, vivant. *Greuze*, del. lui-même; *Flipart*, sc. in-4. Médaillon.

GREUZE, (Madame) femme du Peintre. *Massard*, 1772.

GRIEU, (Gaston de) fils de Gaston, Conseiller au Parlement, & d'Anne Viole; fut Prévôt des Marchands en 1612. De son temps & par ses soins, la Reine Marie de Médicis fit construire l'Aqueduc d'Arcueil, & conduire à Paris les eaux de Rungis. Crispin *de Pas* junior, 1624, in-fol.

GRIGNAN. Voy. MONTEIL.

GRILLET, (N.) Poëte, vers 1640. R. *Lochon*, in-4.

GRILLET, (François-Pierre) Avocat. *Audran*.

GRILLE, (Antoine de) Chevalier, Seigneur de Toublon, Maître d'Hôtel du Roi, & Ecuyer de la Reine Anne d'Autriche; mort à Paris fort âgé le 15 Septembre 1706. K. *Audran*, à Lyon, in-fol. (Voy. l'Etat de la Provence, tom. II. pag. 198.

GRILLIÉ, (Nicolas de) Evêque de Bazas en 1611, & d'Uzès en 1633, mort à Uzès le 12 Février 1660. C. *Mellan*, del. & sc. in-fol.)

GRILLOT, (Jacques-Gabriel) Abbé de Pontigny, Ordre de Citeaux, mort en 1764. J. *Ballechou*, d'après *Autreau*, in-fol. maj. (Beau.)

GRILLOT, (Joseph) Provincial, & Vicaire-Général de l'Ordre de S. Jean-de-Dieu (ou des Frères de la Charité) en 1665. *Vallet*, in-4.

GRIMALDI, (Jérôme) Génois, Nonce en France vers le Roi Louis XIII, Cardinal le 13 Juillet 1643, s'attacha à la France, fut nommé Archevêque d'Aix en 1648, & sacré en 1655; mort le 4 Novembre 1685. 1. Et. *Picart*, à Rome, 1660, in-4. 2. R. *Lochon*, d'après *Seve*, in-fol. 3. J. *Cundier*, à Aix, 1680, in-fol. 4. I. *Coellemans*, à Aix, in-fol. 5. *Moncornet*, in-4. 6. M. *Lasne*, del. & sc. 1662, in-fol.

GRIMALDI, (Honoré) Prince de Monaco, Chevalier de la Toison d'or, se mit sous la protection de la France, & en obtint plusieurs Terres en Dauphiné, érigées en Duché-Pairie, sous le titre de *Valentinois*, en Mai 1642, avoit épousé Hippolyte Trivulce; mourut le 10 Janvier 1662, âgé de 65 ans. N... in-8.

GRIMALDI, (Madame) Marguerite de Lorraine-Harcourt, Duchesse de Valentinois, femme d'Antoine Grimaldi; morte le 30 Octobre 1724. 1. *Bonnart*, in-fol. 2. *Mariette*, in-fol.

GRIMALDI, (Louis de) Evêque du Mans. *Cochin*, del. *Gaucher*, sc. 1767. Médaillon in-4.

GRIMAUD, (Gaspard de) ou de Grimaldi, Marquis de Raguse, Président-à-mortier au Parlement de Provence en 1672. *Fouchier*, p. J. *Cundier*, sc. 1672, in-fol.

GRIMAUDET, (François) Avocat du Roi au Siège Présidial d'Angers; né à Angers en 1520, de Pierre, Echevin; est mort le 19 Août, 1580. 1. *Stuerhelt*, in-4. 2. N... en petit.

GROPEL, (J. Bapt.) Comte de Bourgoin. *Cars*, 1699.

GROS, (Nicolas le) Docteur en Théologie, & Chanoine de Reims, mort le 23 Juillet 1755 en Hollande, âgé de 80 ans. N... in-fol.

GROS, (Joseph le) Acteur de l'Opéra, reçu en 1763. *Le Clerc*, del. *Elluin*, sc. 1771, in-fol.

CROSSART, (Charles) se disant Marquis d'Ambreville, brûlé en Grève le 19 Juillet 1686. 1. *Le Roux*, in-fol. 2. *Bonnart*, in-fol.

Le vrai Portrait de Demoiselle David, subtile Bohémienne de Picardie, Chevalière d'industrie, femme en secondes nôces de défunt le Marquis d'Ambreville. *Le Roux*, in-fol.

GROULARD, (N.) Président au Parlement de Rouen. N.... in-fol.

GROULART, (Henri) Sieur de la Cour, Plénipotentiaire du Roi pour les Traités de la Paix en Allemagne, en 1649. *Van Hulle*, p. Corn. *Galle*, sc. 1649, in-fol.

GRUIN. (Madame de) *Lély*.

GUAY-TROIN, (René du) né à Saint-Malo le 10 Juin 1673, Lieutenant-Général des Armées navales de France, Commandeur de l'Ordre de Saint-Louis, l'un des plus grands Hommes de mer de son siècle; mort à Paris en 1736, le 27 Septembre. 1. *Larmessin*. 2. N... in-8. 3. N... dans Odieuvre.

GUÉ, (François du) de Bagnols, Intendant à Lyon. 1. *Tourneyser*, 1668, à Lyon, d'après *Blanchet*, in-fol. 2. *Ogier*, 1680, in-12.

GUÉ, (Dreux-Louis du) de Bagnols, Maître des Requêtes, Intendant de Hainaut & Flandre, Conseiller d'Etat en Septembre 1694, mort à Paris le 9 Octobre 1709, âgé de 64 ans. Et. *Gantrel*, 1688, in-fol. maj.

GUÉ, (Madame du) de Bagnols. 1. *Bonnart*, in-fol. 2. N... assise tenant un chien.

GUÉBRIANT, (J. Bapt. Budes, Comte de) né au Château du Plessis-Budes en Bretagne, le 2 Février 1602, Maréchal de France le 22 Mars 1642; mourut le 24 Novembre 1643 de sa blessure au bras au Siège de Rotweil. 1. *Huret*, in-fol. obl. à cheval. 2. *Nanteuil*, in-fol. 3. N... chez Boissevin, in-4. 4. *Moncornet*. 5. N... dans le Livre des Triomphes de Louis le Juste, in-fol. 6. Son Tombeau à la tête de son Histoire, *Chauveau*.

Renée du Bec, sa femme, n'en eut point d'enfans; fut nommée Ambassadrice pour mener la Reine de Pologne, Marie de Gonzague, qui avoit été mariée à Paris en 1647; fut ensuite première Femme d'honneur de la Reine Marie-Thérèse d'Autriche; mourut à Périgueux le 2 Septembre 1659. 1. M. *Lasne*, 1651, in-fol. 2. *Moncornet*.

GUELDRES, (Philippine de) née en 1462, morte en 1547 à Sainte-Claire du Pont-à-Mousson, où elle s'étoit faite Religieuse en 1520, douze ans après la mort de René Duc de Lorraine son mari. *Van Schupen*, 1686, in-8.

GUEMADEUC, (Sébastien de) Evêque de Saint-Malo en 1670, mort l'an 1702. G. *Vallet*, in-fol.

GUENAULT, (Pierre) Médecin de Gien ou d'Orléans, âgé de 50 ans en 1625. 1. Crispin de *Pas*, 1625, in-8. 2. Présentant un Livre à Louis XIII. *De Pas*.

GUENAULT, (François) Docteur en Médecine, ancien & premier Médecin de la Reine, mort en ..... G. *Sève*, p. *Rousselet*, sc. 1658, in-fol. 2. *Nanteuil*, del. & sc. 1664, in-fol. 3. *Mariette*, in-12. petit Ovale, avec quatre Vers. 4. N...

GUENEGAUD, (Henri Duplessis de) Comte de Montbrison, Secrétaire d'Etat, Garde des Sceaux des Ordres du Roi en 1656, mort le 16 Mars 1676, âgé de 67 ans. 1. *Nanteuil*, d'après *Champagne*, in-fol. 2. *Moncornet*.

GUERAPIN, (Antoine) Sieur de Vaureal, Belleval, &c. né à Vitry-le-François, Chevalier de l'Ordre du Roi, premier Commis de M. d'Hemery, Conseiller, & Maître des Comptes; épousa Magdeleine Texier. R. *Lochon*, in-8. petit Buste.

GUERCHY, (Claude-Louis-François de Regnier, Comte de) Marquis de Nangis, Chevalier des Ordres du Roi, Ambassadeur en Angleterre, 1766. *Vanloo*, p. J. *Vasteon*, sc. en Angleterre, manière noire, in-fol.

GUERET, (Nicolas-Pierre) Curé de Saint-Paul, à Paris. *Lhermite*, p. 1734. N... in-4.

GUERIN, (Frère) Evêque de Senlis, Chevalier de Saint-Jean de Jérusalem, Chancelier de France, mort à l'Abbaye de Chaalis, où il prit l'habit Religieux, le 19 Avril 1230, âgé d'environ 70 ans. N... dans l'Histoire des Ministres, par d'Auteuil.

GUERIN, (N.) Chirurgien des Mousquetaires du Roi. *Cochin*, del. Ch. Aug. *de Saint-Aubin*, sc. Médaillon, in 4.

GUÉRINIERE, (François Robichon, dit la) Ecuyer, mort en 1751. 1. *Toquet*, p. *Thomassin*, sc. in-8. 2. *Guellard*, in-8. 3. N... dans Odieuvre.

GUÉRITEAU, (Robert) Docteur en Théologie, Chanoine de l'Eglise de Notre-Dame de Mante, Curé de Sainte-Croix en ladite Eglise, Fondateur & premier Directeur des Ursulines de cette Ville, mort le 16 Mai 1644, âgé de 65 ans. *Moncornet*, d'après *Rozay*, in-4.

GUERNIER, (N. de) Enlumineur. N...

GUERRE, (Elisabeth-Claude Jacquet de la) fameuse Musicienne pour le Clavecin, morte le 27 Juin 1729. *Crespy*, Médaillon au Parnasse François.

GUESCLIN, (Bertrand du) Connétable de France sous Charles V, né en Bretagne l'an 1311, mort devant Château-neuf de Randon, en Gévaudan, le 13

Juillet 1380, âgé de 69 ans. 1. N... dans Thévet. 2. N... dans le Livre de la Gallerie du Palais Cardinal, in-fol. 3... in-4. 4. Ant. *Loir*, d'après *Hallé*, in-fol.

GUESLE, (Jean de la) Premier Préfident du Parlement de Dijon, puis Procureur-Général de celui de Paris en 1570, enfuite Préfident, mort en fon Château de Laureau en Beauffe, l'an 1589. N... en petit.

GUET, (Jean-Joseph du) célèbre Théologien, né à Montbrifon en Forès, l'an 1649, mort à Paris le 26 Octobre 1733. Auteur de divers Ouvrages. 1. N... in-4. 2. N... dans Odieuvre, in-8. 3. N... in-8.

GUET, (Claude du) Procureur du Roi au Préfidial de Bourg-en-Breffe. N... in-fol. *de Monthion*.

GUIBERT, (Gilbert) Médecin. 1. *Picart*, 1629, in-12. 2. *Rouffel*. 3. Crifpin *de Pas*, Médaillon.

GUIBERT. (Madame) *Danzel de Valchant*, del. & fc. in-12.

GUICHE, (Bernard de la) Comte de Saint-Geran & de la Paliffe, Chevalier des Ordres du Roi en 1689, Lieutenant-Général des Armées de Sa Majefté, mort fubitement à Paris dans l'Eglife de Saint-Paul, fur le point de fe confeffer pour le Jubilé, le 18 Mars 1696. G. *Sève*, p. *Picart*, fc. 1666, in-fol.

GUICHENON, (Samuel) Hiftorien de Breffe & de Savoie, né à Mâcon, le 18 Août 1607, de Grégoire, Docteur en Médecine; étoit de la Religion Calvinifte, & l'abjura en 1630, fut Avocat au Préfidial de Bourg, & mourut le 8 Septembre 1664, enterré dans l'Eglife des Jacobins de Bourg en Breffe. *Thourneyfer*, in-fol. à la tête de fon Hiftoire généalogique de Savoye.

GUIGNARD, (le Père) Jéfuite, pendu le 7 Janvier 1595, à l'occafion du parricide de Jean Châtel. Bufte, avec attributs. Deffin au Cabinet de M. de Fontette.

GUIGNON, (Jean-Pierre) Joueur de Violon. N... dans Odieuvre.

GUILLAIN, (Simon) Sculpteur du Roi, mort en 1658, âgé de 77 ans. N. A. *Coypel*, p. *Surugue*, fc. 1747, in-fol.

GUILLAUME le Conquérant, Duc de Normandie, né à Falaife en 1027, mort à Rouen d'une chûte de cheval, en 1087, le 9 Septembre. N... dans Thévet.

GUILLAUME, Archevêque de Tyr, mort à Rome vers 1184. N... dans Thévet.

GUILLAUME de Bray, Archidiacre de Reims, Cardinal en Décembre 1262 ou 1263, mourut à Orviète en 1282. J. *Picart*, in-4.

GUILLAUME de Limoges, connu fous le nom du *Gaillard Boiteux*, Chantre de Chanfons burlefques fur le Pont-Neuf à Paris. G. *Audran*, in-fol, maj.

GUILLAUMONT, (J. François) Tapiffier de l'Univerfité de Paris. *Vivien*, p. 1722. *Edelinck*, fc. in-fol. maj. (Beau.)

GUILLEMEAU, (Jacques) [Guilmæus] d'Orléans, Chirurgien ordinaire des Rois Charles IX, Henri III & Henri IV, Difciple du fameux Ambroife Paré; mourut à Paris le 13 Mars 1613. A. *Valleus*, 1585. *Mariette*, excud. in-4. Agé de 35 ans.

GUILLERY, (Pierre) Chanoine Régulier, Curé-Prieur de la Ferté-Milon, mort le 15 Février 1673, âgé de 58 ans. J. *Colin*, à Reims, in-4.

GUILLERY, (N.) Voleur infâme. *Mariette*.

GUILLON, (Charles de) Seigneur de Marmouffe, &c. Confeiller-Clerc au Parlement de Paris, reçu le 13 Février 1636. *De la Rouffière*, 1658, in-fol.

GUINET, (N.) Sécretaire de M. le Préfident de Bailleul. N...

GUINTERIUS, (Joannes) Adernacus, Medicus, qui obiit Argentinæ, anno 1574. (Gonthier fut Médecin du Roi François I.) 1. N... in-4. avec deux Vers Latins. 2. N... in-12. en bois.

GUISE. Voy. LORRAINE.

GULDENLEU, (Chriftian de) Baron de Lindembourg, Chambellan de Sa Majefté Danoife, Gouverneur de Bergue, & Colonel du Régiment Royal-Danois en France. *Rigaud*, p. *Drevet*, fc. 1693, in-fol. magn.

GUYBERT, (Philibert) Médecin, Docteur de la Faculté de Paris, Auteur du Médecin-Charitable, âgé de 52 ans en 1627. J. *Picart*, in-12.

GUYET. Voy. CHEVIGNY.

GUYON, (Honorable Fille Marie) de Servis, au Diocèfe de Tréguier en Bretagne; morte en odeur de fainteté, le 20 Avril 1687, âgée de 41 ans. N. *Bazin*, 1689, in-4. d'après J. B. *Pigeon*.

GUYON, (Madame) Voy. BOUVIERES.

GUYOT (Pierre-François) des Fontaines, Journalifte, &c. né à Rouen en 1685, mort à Paris le 12 Décembre 1745. 1 *Toqué*, p. *Pinffio*, fc. 2. *Schmidt*, d'après *Toqué*, in-12. pour fa Traduction de Virgile. 3. *Defrochers*. 4. Son Tombeau, (Pièce fatyrique) in-4. obl. 5. N... dans Odieuvre.

GUYOT, (le Père) Religieux Carme, Docteur en Théologie. P. *Beaufrère*, 1678, in-4.

GYROD, (Gafpard) Prêtre de la Miffion, ou Lazarifte. *Ogier*, p. *Beaurencontre*, fc. 1698, in-4.

H.

HABERT, (Philippe) Chevalier, Sieur du Mefnil, Secrétaire du Roi, mort en 1545. *Daret*, in-4.

HABERT, (Louis) fils de Philippe, Seigneur du Mefnil, Montmor, &c. Sécretaire du Roi, & Confeiller au Confeil d'Etat, né en 1530, mort en 1622. 1. N... in-4. 2. N...

HABERT, (Louis) fils de Louis, Sieur de Maincourt, Confeiller au Grand-Confeil, mort en 1614, âgé de 35 ans. N... in-4.

HABERT, (Pierre) de Montmor, Abbé de Cétifi, Confeiller-Clerc au Parlement de Paris, premier Aumônier de Gafton Duc d'Orléans, mort en 1630, âgé de 23 ans. N... in-4.

HABERT, (Pierre) Evêque de Cahors, mort le 27 Février 1636. *Daret*, d'après *Ferdinand*, in-4.

HABERT, (Jean) Chevalier, Seigneur de Montmor, &c. Tréforier de l'Extraordinaire des Guerres, mort en 16.. âgé de 69 ans. C. *Mellan*, 1640, in-fol.

Anne Hue, Dame de la Broffe, &c. fa femme, morte en 1641, âgée de 65 ans. C. *Mellan*, in-4.

HABERT (Henri-Louis) de Montmor, Confeiller d'Etat & Doyen des Maîtres des Requêtes, en 1679. 1. C. *Mellan*, del. & fc. 1640, in-fol. 2. *Pittau*, d'après *Flocquet*, in-fol. 3. Idem, 1667, d'après Ph. *Champagne*, in-fol. 4. N. *Bonnart*, in-4. Copie du précédent.

Henriette-Marie de Buade-Frontenac, fa femme. C. *Mellan*, 1641, in-4.

HABERT, (N...) de Montmor, leur fils. N. *de Plattemontagne*, 1659, in-fol.

HABERT (Louis) de Montmor, Evêque d'Elne & de Perpignan, mort à Montpellier le 23 Janvier 1695, âgé de 51 ans. *De Troy*, p. 1681. Ant. *Trouvain*, fc. in-fol.

HABERT, (Jean-Louis) Intendant-Général des Galères de France. 1. *Barrus*, à Aix, 1690, d'après *de Troy*, in-fol. 2. *Randon*, à Marfeille, in-fol.

HABERT, (Isaac) Chanoine & Théologal de l'Eglise de Paris, Prédicateur du Roi, ensuite Evêque de Vabres en 1645, mort d'apoplexie le 15 Septembre 1668. 1. N... in-4. 2. M. *Lasne*, in-fol.

HABERT, (la Vénérable Sœur Françoise) Religieuse Professe de Fontevrault, du Couvent des Hautes Bruyeres, morte en 1636, âgée de 50 ans. *Mellan*, in-8.

HABERT, (Philippe) de l'Académie Françoise, mort en 1637, âgé de 32 ans, au Siège d'Emmerick. N...

HABICOT, (Nicolas) Maître Chirurgien-Juré à Paris, né à Boug-sur-Loire, mort le 17 Juin 1624. Th. *de Leu*, d'après D. *Dumonstier*, in-8.

HABRECHTUS, (Isaac) Philosophiæ & Medicinæ Doctor, & Practicus apud Argentinenses : an. Chr. 1630, ætatis 41. Jac. *ab Heyden*, in-4. avec six Vers Latins.

HACQUETEAU, (Demoiselle Marie) Dame d'Orvilliers, &c. L. *Cossin*, d'après *Dieu*, in-8.

HAILLAN. (du) Voy. GIRARD.

HAINZELMAN, (N...) Graveur. N...

HALEGOET, (François du) Conseiller au Parlement de Bretagne, puis Maître des Requêtes, père de Madame la Duchesse de Coislin. M. *Lasne*, d'après le Père *Georges*, Cordelier, in-fol.

HALLÉ, (Claude Guy) Peintre, né à Paris en 1651, mort en 1736. 1. *Le Gros*, p. *Larmessin*, sc. 1730, in-fol. 2. N... dans l'Histoire des Peintres par d'Argenville.

HALLÉ, (Noël) Peintre du Roi, de l'Académie de Peinture & Sculpture, (vivant.) N... chez Bligny, in-4.

HALLEY, (Antoine) Professeur Royal en Eloquence dans l'Université de Caen, & Poëte Latin, mort à Paris en 1675, âgé de 82 ans. 1. *Gantrel*, 1675, in-8. 2. *Desrochers*.

HALLEY, (Pierre) Professeur Royal en Droit Canon, & premier Antécesseur dans l'Université de Paris, né à Bayeux le 8 Septembre 1611, mort le 27 Décembre 1689. *Colombele*, p. *Le Roy*, sc. 1709, in-fol.

HALLIER, (François) professa la Philosophie à Paris à l'âge de 16 ans, fut Docteur en Théologie en 1624, puis Professeur ordinaire de Sorbonne, Théologal de Chartres, Promoteur du Clergé dans l'Assemblée de 1645, & Syndic de la Faculté de Théologie de Paris en 1649. Il fut nommé par le Pape à l'Evêché de Cavaillon, dont il prit possession en 1658, & mourut l'année suivante, âgé de 63 ans. N...

HALLIER. (du) Voy. l'HOSPITAL.

HALLY, (Nicolas de) Abbé de Notre-Dame d'Olivet, mort vers 1711. *Beaufrère*, 1661, in-fol.

HAMEAU, (André) Docteur de Sorbonne, Curé de S. Paul à Paris, Conseiller-Clerc au Parlement le 14 Décembre 1668, mourut à Paris le 15 Février 1696. 1. Ant. *Paillet*, p. *Picart* le Romain, sc. 1672, in-fol. 2. *Vivien*, p. A. *Edelinck*, sc. in-fol.

HAMEAU, (Anne) Prieure de S. Louis de Thorey en Brie. *Habert*, in-fol.

HAMEAUX, (N... des) Maître des Requêtes, Président au Grand-Conseil, Ambassadeur à Venise. 1. M. *Lasne*, del. & sc. 1647, in-fol. 2. N. *Plattemontagne*, del. & sc. 1668, in-fol. 3. *Moncornet*.

HAMEL, (Henri du) Prêtre, Docteur de Sorbonne, Curé de S. Méderic, (ou Merry) à Paris, ensuite Chanoine de Notre-Dame, & depuis Curé de S. Maurice-sur-Laveron, Diocèse de Sens, où il mourut le 15 Novembre 1682, âgé de 72 ans. 1. *Champagne*, p. Magdelaine *Masson*, sc. 2. N. *Habert*, in-4. 3. *Crespy*.

HAMEL, (Henri-Louis du) Chevalier, Seigneur du Monceau, &c. de l'Académie des Sciences, Inspecteur-Général de Marine, vivant. *Drouais*, p. *Moitte*, sc. 1768, in-fol.

HAMILTON, (Antoine) né en Irlande, mort à Saint-Germain-en-Laye le 22 Avril 1720, âgé d'environ 74 ans, célèbre par ses Poésies, &c. N... dans *Odieuvre*, in-12.

HAMON, (Jean) Docteur en Médecine de la Faculté de Paris, se retira à Port-Royal-des-Champs, pour employer ses soins & ses biens au soulagement spirituel & temporel des pauvres ; il y mourut le 22 Février 1687, âgé de 69 ans, ayant laissé des Ecrits pieux & sçavans qui ont été donnés au Public après sa mort. 1. N. *Habert*, 1688, in-4. 2. *Crespy*. 3. *Van Schupen*, 1689, in-8. 4. R. *Lochon*, in-4. chez Jollain. 5. N... petit buste, in-24.

HANYVEL, (Adrien-Alexandre de) Marquis de Crevecœur, Comte de Manevillette, Président à Mortier au Parlement de Paris, auparavant Maître des Requêtes, Conseiller au Grand-Conseil, &c. mort en sa Terre de Crevecœur en Picardie, le 3 Novembre 1701, âgé de 41 ans. G. *Vallet*, 1697, in-fol.

HARAUCOURT, (Elisée de) Gouverneur de Nancy. *Happier*, 1610, in-4.

HARCOURT, (François de) Marquis de Beuvron, Chevalier des Ordres du Roi en 1689, Lieutenant-Général de ses Armées & au Gouvernement de Normandie, mort en son Château de la Meilleraye, le 23 Avril 1705, âgé de 78 ans. J. *Sarrabat*, 1703, in-fol. en manière noire.

HARCOURT, (Henri, Duc de) Maréchal de France, né en 1654, Ambassadeur en Espagne, mort en 1708. 1. *Desrochers*. 2. N... dans Odieuvre.

HARCOURT. Voy. LORRAINE.

HARDIER, (Paul) Président en la Chambre des Comptes. *Humbelot*, in-fol.

HARDIVILLIERS, (Pierre de) de Paris, Archevêque de Bourges, auparavant Recteur de l'Université de Paris, Curé de S. Benoît, mort à Bourges le 9 Octobre 1649. 1. *Aurea Billette*, in-8. 2. M. *Lasne*, 1646, in-fol.

HARDOUIN, (N...) dansant à l'Opéra d'Iphigénie. *Joullain*, in-4.

HARDY, (Madame le) Susanne-Olivier de Leuville, femme de Sébastien le Hardy, Maître de la Trousse du Roi, & Grand-Prévôt de France, sous Henri III. Dessin au Cabinet du Roi.

HARDY, (Sébastien) né à Paris, Trésorier de France au Mans. 1. Agé de 74 ans, M. *Lasne*, in-4. 2. Idem, in-8.

HARLAY (Achille de) le père. *Ragot*.

HARLAY, (Christophle de) Président au Parlement de Paris, né le 10 Avril 1504, mort de la pierre, le 26 Juillet 1573. N... en petit.

HARLAY, (Achille de) fils de Christophle, Président au Parlement, & de Catherine du Val du Mesnil, né le 5 Mars 1536, devint premier Président du Parlement de Paris en 1582, après la mort de Christophle de Thou son beau-père. Etant âgé de 79 ans, il donna sa démission en faveur de Nicolas de Verdun, & mourut peu après le 23 Octobre 1616. Il avoit épousé Catherine de Thou, dont il n'eut que Christophle de Harlay de Beaumont, qui fut Ambassadeur en Angleterre, &c. 1. *Van Schuppen*, 1700, in-fol. 2. J. *Vanmerlen*, 1652, in-fol. 3. N...

HARLAY, (Nicolas de) Chevalier, Seigneur de Sancy, Baron de Marle, Colonel-Général des Suisses, mort à Paris le 17 Octobre 1629. 1. Agé de 36 ans, *Vanmerlen*, 1653, in-fol. 2. N... in-8.

Marie Moreau, Dame de Sancy, sa femme, mariée le 15 Février 1575, morte le 27 Mars 1629. 1. Agée de 25 ans, *Vanmerlen*, 1652, in-fol. 2. Agée de 75 ans. 3. Idem, in-fol.

HARLAY, (Nicolas de) tué au Siège d'Ostende en 1602, âgé de 24 ans. *Vanmerlen*, 1653, in-fol.

HARLAY, (Catherine de) femme de Louis de Moy, Seigneur de la Mailleraye, Chevalier des Ordres du Roi, Lieutenant-Général au Gouvernement de Normandie, née au mois de Novembre 1595. *Grignon*, in-fol.

HARLAY, (François de) fils de Jacques, Seigneur de Chanvalon, & de Catherine de la Mark, Abbé de S. Victor de Paris, Archevêque de Rouen, en 1615; se démit en 1651 entre les mains de son Neveu, à la charge de vingt-cinq mille livres de pension, & de 2000 livres pour M. de la Mothe-le-Vayer, & mourut à Gaillon le 22 Mars 1653, âgé de 68 ans. 1. M. *Lasne*, 1625, d'après D. *Dumoustier*, in-fol. 2. Jean *Picart*, 1638, in-4. 3. *Moncornet*.

HARLAY, (François de) Chanvalon, fils d'Achille, & de Oudette de Vaudetar de Persan, Abbé de Jumièges, Archevêque de Rouen en 1651, Commandeur de l'Ordre du S. Esprit en 1662, Archevêque de Paris en Janvier 1671, nommé par le Roi au Cardinalat, après avoir présidé à neuf Assemblées du Clergé, premier Duc de S. Cloud, mourut subitement à Conflans, près Paris, le 6 Août 1695, âgé de 70 ans. 1. En Abbé jeune, *Humbelot*. 2. N... in-fol. Archevêque de Rouen. 3. *Humbelot*, in-fol. 4. R. *Lochon*, d'après N. *Loyr*, 1659, in-fol. 5. *Van Schuppen*, del. & sc. 1659, in-fol. 6. *Lenfant*, d'après *Champagne*, 1664, in-fol. 7. *Nanteuil*, del. & sc. 1671, in-fol. 8. *Lenfant*, 1671. 9. *Nanteuil*, 1673, in-fol. maj. 10. *Moreau*. 11. Simon *Thomassin*, pour une Vignette. 12. N... avec des Enfans & des Ornemens, oblong. 13. Cl. *Duflos*, 1697, in-4. 14. N. *Habert*, in-4. 15. *Larmessin*, in-4.

HARLAY, (Achille de) fils de Nicolas & de Marie Moreau : après avoir été dix ans Ambassadeur en Turquie, il entra chez les Pères de l'Oratoire, puis fut fait Evêque de Saint-Malo en 1631, & mourut le 20 Novembre 1646, âgé de 60 ans. Th. *Vanmerlen*, 1652, in-fol.

HARLAY, (Nicolas-Auguste de) Comte de Cély, &c. Conseiller d'Etat ordinaire, Plénipotentiaire pour la Paix de Riswich en 1697, mort le 2 Avril 1704, âgé de 57 ans. Et. *Gantrel*, 1700, in-fol. maj.

HARLAY, (Marie-Anne de) Abbesse de l'Abbaye au-Bois, le 8 Juin 1715, morte le 25 Septembre 1722, âgée de 74 ans. *Tardieu*, in-4.

HARLAY, (Marguerite de) Dame & Abbesse de Port-Royal de Paris, morte en 1695. 1. H. *Bonnart*, in-8. 2. N. *Habert*, in-8.

HARLEBOUT. (Remi) N...

HAROUYS, (Guillaume de) Seigneur de Seilleraye, Conseiller du Roi, Trésorier des Etats de Bretagne. 1. *Van Schuppen*, 1677, d'après Fr. *de Troy*, in-fol. 2. *Lombart*, d'après J. *Dieu*.

HASLÉ, (Louis) Prêtre, Docteur de Sorbonne, mort le 8 Décembre 1680, âgé de 60 ans. *Cany*, p. *Vermeulen*, in-fol.

HASSARD, (Pierre) natif d'Armentières, Médecin & Chirurgien, 1566. N... en petit & en bois.

HAUCOURT. (Ancelot de) N... dans le P. Montfaucon.

Pétronille sa femme. *Ibid.*

HAULTIN, (J. Bapt.) Conseiller au Châtelet, mort en 1640. 1. *Charpignon*, in-fol. 2. M. *Lasne*, en 1639, in-4. ætat. 59.

HAUTEFEUILLE. (Madame la Marquise de) *Bonnart*, in-fol.

HAUTMAN, (N.) excellent Joueur de Viole & de Luth. 1. *Saint-Bernard*, in-fol. 2. *Vanmerlen*.

HAWENREUTERUS, (Joannes-Ludovicus) Argentoratensis Medicus & Professor Philosophiæ. 1. Jac. *ab Heyden*, sc. in-4. 2. N... en ovale.

HAY, (Madame le) Voy. CHERON.

HAY, (Trois Domestiques de Madame le) son chat, son perroquet, sa servante, peints d'après nature. Anne & Ursule *de la Croix*, à l'eau-forte, in-4.

HAYE, (Louis de la) Evêque de Vannes en 1577, mort en 1588. 1. Dessin à la pierre noire, in-fol. au Cabinet du Roi. 2. Dessin aux trois crayons, in-fol. au même lieu. 3. Dessin au Cabinet du Roi.

HAYE, (Jean de la) [Hayus,] Cordelier Parisien, mort en 1661. G. *Rousselet*, del. & sc. 1660, in-fol.

HAYE, (François de la) Docteur en Médecine, Médecin de Madame la Grande Duchesse de Toscane, à Paris. P. *Van Schuppen*, 1690, in-8.

HAYNEUFVE, (Julien) Jésuite d'une grande piété, mort à Paris le 31 Janvier 1663, âgé de 74 ans. 1. J. *Patigny*, in-fol. 2. Idem, in-8. 3. N... dans Odieuvre.

HEATH. Voy. PAUL.

HÉBERT, (François) Prêtre de la Mission, (ou Lazariste) Curé de Versailles, ensuite Evêque d'Agen en 1703. *Dumay*, p. Sim. *Thomassin*, sc. 1704, in-fol. dans une Thèse.

HÉBERT, (Roland) Archevêque de Bourges en 1621, mort le 21 Juin 1638. M. *Lasne*, in fol.

HECQUET, (Philippe) Médecin de la Faculté de Paris, né à Abbeville le 11 Février 1661, Doyen de la Faculté en 1712, mort le 11 Avril 1737, dans la Maison des Carmélites du Fauxbourg S. Jacques, où il s'étoit retiré. *Le Belle*, p. J. *Daullé*, sc. in-8.

HÉDELIN, (François) Abbé d'Aubignac, né à Paris en 1604, mort à Nemours en 1676. 1. G. *Rousselet*, 1663, in-4. 2. *Desrochers*.

HÉERE, (Nicolas de) Prêtre, Doyen de S. Aignan d'Orléans, âgé de 33 ans en 1610. L. *Gaultier*, 1610, in 8.

HELVETIUS, (Claude) Maître d'Hôtel de la Reine, Auteur du Livre de l'Esprit, mort en 1771. *Cochin*, del. *De Saint-Aubin*, sc. 1773. Médaillon.

HÉLYOT, (N...) Conseiller en la Cour des Aides, mort à Paris le 30 Janvier 1686, âgé de 58 ans. N. *Bazin*, del. & sc. 1686, in fol.

HÉLYOT, (Madame) morte à Paris en odeur de sainteté, le 3 Mars 1682, âgée de 37 ans. 1. N. *Bazin*, 1683, in-fol. 2. Ant. *Masson*, in-4. 3. Et. *Gantrel*, in-4. 4. Ant. *Edelinck*, d'après Jacq. *Galliot*, in-fol. 5. N. *Bazin*, 1688, in-fol. Tenant un Crucifix.

HÉNAULT, (Charles-Jean-François) Président Honoraire du Parlement de Paris, de l'Académie Françoise, de celles des Belles-Lettres, &c. Auteur de l'Abrégé de l'Histoire de France, mort le 24 Novembre 1770. 1. *Saint-Aubin*, p. *Moitte*, sc. in-fol. (Beau.) 2. *Littret*, 1767. Médaillon, in-4. 3. *Voyez* min. sc. in-fol. dans la Gallerie Françoise, Cahier VII.

HENNEQUIN, (Dreux) Sieur de Chanteraine, &c. Conseiller-Clerc au Parlement de Paris; étoit fils d'Oudart, Maître des Comptes, & de Magdelaine Bouchet; mourut en Mars 1651, âgé de 77 ans. N... in-fol.

HENRY, (Jean-Georges) 1667. N...

HENRY, (J. Bapt.) Peintre à Paris, en 1709. J. B. *du Canel*, p. N... à l'eau-forte, 1709, in-fol.

HÉRARD, (François) de Paris, Chirurgien, fameux pour les opérations du Trépan & autres, mort à Paris le 24 Décembre 1682. F. *Sicre*, p. L. *Coffin*, sc. 1682, in-fol.

HÉRAULT, (René) Lieutenant de Police de Paris, mort en 1740. 1. *Liotard*, p. *Liotard*, sc. in-fol. 2. N... dans Odieuvre, in-12.

HÉRAULT, (Charles) Peintre du Roi, de l'Académie de Peinture & de Sculpture, né à Paris. Fr. *de Troy*, p, A. *Bouys*, sc. 1704, in-fol. en manière noire.

HERBELOT, (Barthélemi d') né à Paris le 14 Décembre 1625, Secrétaire-Interprete du Roi pour les Langues Orientales, Professeur Royal en Langue Syriaque, mort le 8 Décembre 1695. *Edelinck*, in-fol.

HÉRITIER, (Marie-Jeanne l') née à Paris en 1664, de l'Académie des Jeux Floraux & de celle des Ricovrati, morte à Paris en 1733. 1. *Desrochers*. 2. Son Tombeau, T. M C. in-12.

HÉRITIER, (Nicolas l') père de la précédente, Poëte & Historiographe, mort en 1680. *Desrochers*.

HERMANT, (Godefroy) Docteur de Sorbonne, Chanoine de l'Eglise de Beauvais, né en cette Ville le 6 Février 1617, mort à Paris le 11 Juillet 1690. 1. C. *Vermeulen*, in-fol. 2. N. *Habert*, in-4. 3. *Desrochers*.

HERMITE, (Pierre l') Auteur de la première Croisade en 1095. 1. N... dans Thévet. 2. *Bloswert*. 3. *Frosne*. 4. *Moncornet*.

HERMITE (J. Bapt. l') de Souliers, Chevalier, Seigneur de Souliers, Gentilhomme ordinaire de la Chambre du Roi. 1. C. *Randon*, in-8. 2. Chr. *Emberson*, p. 1664. Ant. *Sanson*, sc. 1667, in-fol. 3. *Patigny*, del. & sc. in-4. avec ornemens & quatre Vers.

HERMITE, (François Tristan, dit l') Gentilhomme de la Marche, Poëte, & de l'Académie Françoise, né à Souliers en 1601, mort en 1655. 1. *Du Garnier*, p. *Daret*, sc. 1648, in-4. 2. *Desrochers*.

HÉROARD, (Jean) Seigneur de Vaugrigneufe, premier Médecin du Roi Louis XIII. Ant. *Bosse*, in-8.

HERVET, (Gentian) Chanoine de Reims, mort à Reims le 2 Septembre 1584, âgé de 85 ans. Il étoit né à Olivet, Village près d'Orléans, en 1499, & fut célèbre par son érudition. 1. Th. *de Leu*, in-4. 2. N... en petit.

HERVILLE, (François de Houdelot, Sieur d') Chevalier de l'Ordre du Roi sous Henri III. Dessin au Cabinet de M. de Fontette.

HERVILLY, (J. Bapt. d') Chevalier, Seigneur d'Hervilly, de Beaumont, &c. J. *Lenfant*, 1672, in-fol.

HERVY, (Claude) Echevin de Paris en 1568, âgé de 54 ans. R. *Lochon*, 1571, in-4.

Anne Rousselet, sa femme, âgée de 58 ans en 1581. N...

HERVY, (Jeanne) veuve de Claude Morel, Seigneur de Bonrecueil. G. *Alzenbach*, 1671, in-4.

HESSELIN, (Louis) Maître de la Chambre aux Deniers. 1. *Nanteuil*, 1656, in-fol. Façon de Mellan. 2. Idem, 1658, en petit ovale, avec Ornemens, in-fol. obl.

HEU, (Adrian de) Ecuyer, Seigneur de Conty, Président & Lieutenant - Général au Siège Présidial d'Abbeville. J. *de Jode - His*, d'après J. *Bouchet*, in-4.

HÉVIN, (Pierre) Avocat au Parlement de Rennes, né en cette Ville l'an 1621, mort en 1692. *Fillœul*, in-4.

HIDEUX, (Louis) Docteur de Sorbonne, & Curé des Saints-Innocens à Paris, mort en Mai 1720. *De Lescrinière*, p. *Drevet*, sc. in-fol.

HIERÔME, (le Père) de Nancy. *Mellan*.

HIERONYMUS, (D...) à Sancta Maria, Fuliensis, Concionator. (Son nom de Famille étoit Geoffrin, né à Paris, & mort en cette Ville l'an 1721, âgé de 82 ans. 1. Sim. *Dequoy*, p. L. *Moreau*, sc. 1686. 2. *Desrochers*. 3. *Pittau*, 1717, in-4.

HILAIRE, (Saint) Evêque de Poitiers, mort en 367. 1. N... dans Thévet. 2. N... in-fol. Comparé avec M. de Caylus, Evêque d'Auxerre.

HINDRET, (Jean) Conseiller du Roi, Receveur des Consignations. Jac. *Van Schuppen*, p. P. *Van Schuppen*, sc. 1697, in-8.

HINDRET, (Jean-Louis) Sieur de Beauvais, fils du précédent. N. *Pittau*, 1698, in-8.

HINDRET. (Pélagie). N. *Pittau*, 1699, in-4.

HIRBEC, (Vincent la) Religieux de l'Observance Régulière de Saint-François, Provincial, &c. né à Laval le 3 Décembre 1633, mort à Berchem le 14 Mai 1694. Sim. *Thomassin*, in-4.

HIRE, (Laurent de la) Peintre, né à Paris en 1606, mort dans la même Ville en 1656. N... dans l'Histoire des Peintres par d'Argenville.

HIRE, (la) & Poton de Saintrailles, fameux Capitaines sous Charles VII vers 1440. N... dans le P. Montfaucon.

HOCQUINCOURT. Voy. MONCHY.

HOGUETTE. Voy. FORTIN.

HOIUS, (Andreas) Brugensis, Regius in Academiâ Duacensi Eloquentiæ & Historiæ Professor, anno 1629, ætat. 78. Mart. *Baes*, in-4.

HONDURAS. (noble Dame N... de) *Jollain*.

HONORÉ, (le Père) de Cannes, Prédicateur Capucin, & Missionnaire. *Ogier*, del. & sc. à Lyon, 1682, in-16.

HONORÉ (le Père) de Champigny, Capucin, Provincial de la Province de Paris, & Définiteur-général, mort à Chaumont le 26 Septembre 1624. 1. M. *Lasne*, in-8. de deux manières. 2. J. *Lenfant*, 1651, in-8. 3. *Messager*.

HOSDIER, (Jacques) Conseiller-Secrétaire du Roi, ensuite Conseiller à la Cour des Aides, puis Premier Président de la Cour des Monnoies. A. *Trouvain*, 1682, d'après Henri *le Febvre*, in-fol.

HOSPITAL, (Michel l') né en 1503 à Aigueperse en Auvergne, fils de Jean, premier Médecin de Charles Connétable de Bourbon; fut Chancelier de Marguerite de France, Duchesse de Berry & de Savoye, puis Chancelier de France le 30 Juin 1560, quitta les Sceaux en 1568, & mourut à sa Terre de Vignai près d'Estampes, le 13 Mars 1573, âgé d'environ 70 ans. 1. *Vivien* & le *Blond*, in-fol. 2. Dessin au Cabinet du Roi. 3. L. *Gaultier*, 1586, in-4. 4. N... dans le Recueil de Boissard. 5. *Rabel*. 6. *Duflos*, in-4. 7. N... 8. N... in-4. 9. N... en petit. 10. N... in-4. en rouge. 11. *Marcenay*, in-8. (Beau.) 12. *Desrochers*. 13. N... dans Odieuvre. 14. *Tilliard*, 1764, d'après Fred. *Zucchero*. A la tête de sa Vie écrite par M. de Burigny.

HOSPITAL, (Nicolas de l') Duc & Marquis de Vitry, &c. Capitaine des Gardes du Corps, Maréchal de France après la mort du Maréchal d'Ancre en 1617, Gouverneur de Provence en 1632, fut mis à la Bastille le 27 Octobre 1637, & n'en sortit que le 19 Janvier 1643. L'année suivante, il fut fait Duc & Pair; mourut peu de temps après en sa maison de Naudy, près Melun, le 28 Septembre 1644, âgé de 63 ans. 1. *Daret*, 1652, in-4. 2. C. *David*, 1629, in-8. 3. *Moncornet*. 4. C. *Audran*, in-fol.

des François illustres.

HOSPITAL, (François-Marie de l') Duc de Vitry, fils aîné de Nicolas, & de Marie Bouhier; épousa en 1646, Marie-Louise-Elizabeth-Aimée Pot, & mourut à Paris le 9 Mai 1679. *La Roussière*, del. & sc. in-fol.

HOSPITAL, (François de l') Sieur du Hallier, &c. frère puîné de Nicolas; suivit d'abord l'Etat Ecclésiastique, fut Abbé de Sainte-Géneviève, & nommé à l'Evêché de Meaux; mais il quitta cette profession pour celle des Armes, fut Capitaine des Gardes du Corps, Chevalier des Ordres du Roi en 1620, Maréchal de France en 1643, Gouverneur de Paris en 1649, & y mourut le 20 Avril 1660, âgé de 77 ans. 1. M. *Lasne*, in-4. 2. N... dans le Livre des Triomphes de Louis le Juste, in-fol. 3. *Moncornet*. 4. Hier. *David*, 1644, in-fol. maj. 5. J. *Frosne*, in-fol. dans des Ornemens. 6. *La Roussière*.

HOSPITAL, (Guillaume-François Marquis de l') Comte de Sainte-Mesme, &c. Académicien honoraire de l'Académie des Sciences, Géomètre célèbre; mort le 1 Février 1704, âgé de 48 ans. 1. *Foucher*, p. *Rochefort*, sc. 1705, in-4. 2. J. *Dieu*, p. G. *Edelinck*, sc. 1705, in-4.

HOSPITAL, (Gallucio de l') Chevalier des Ordres du Roi, Ambassadeur en Russie, l'an 1756. *Tocqué*, p. *Teucher*, sc. in-fol. maj. (Beau.)

HOSPITAL Vitry, (Marie-Françoise Cl. de l') Marquise de Torcy, mariée le 28 Février 1680, morte le 20 Octobre 1694. Son Tombeau. A. *Coypel*, p. J, *Mariette*, sc.

HOSTE, (Antoine l') Lieutenant-Général, Civil & Criminel au Bailliage de Montargis, âgé de 50 ans, en 1628. N... 1628, d'après *Dumoustier*, in-fol.

HOTMAN, (François) Jurisconsulte & Historien, né à Paris le 23 Août 1524, de Pierre, Conseiller au Parlement de Paris; mourut à Basle, le 12 Février 1590, 1. N... dans le Recueil de Boissard, in-4. 2. N... en petit.

HOTMAN, (Vincent) Maître des Requêtes, Intendant des Finances & Conseiller d'Etat. 1. *Simon*, in-fol. 2. *Lenfant*, 1671, in-fol.

HOTTERRE, (N.) fameux Joueur de flûte. B. *Picart*.

HOUASSE, (René-Antoine) Peintre, ancien Recteur & Trésorier de l'Académie de Peinture & Sculpture, ancien Directeur de l'Académie de Rome. *Tortebat*, p. Ant. *Trouvain*, sc. 1707, in-fol. maj.

HOUBEREAU, (André) de Tours, Cordelier, Docteur en Théologie, Gardien du grand Couvent de Paris en 1656. *Humbelot*, d'après *Gribelin*, in-fol.

HOUDANCOURT. Voy. MOTHE (la).

HOUDART. Voy. MOTTE (la).

HOUEL, (Charles de) ou Harouel, Gouverneur de la Guadeloupe. G. *Rousselet*, 1653, in-fol.

HOUEL, (Charles de) Chevalier, Baron de Morainville, &c. *Vanmol*, p. *Van Schupen*, sc. 1668, in-fol.

HOULIÈRES, (Antoinette de la Garde, veuve de Guillaume de la Fon de Bois-Guerin, Seigneur des) née à Paris en 1638, y mourut le 17 Février 1694, célèbre par ses Poésies. 1. *Van Schuppen*, 1695, d'après la Demoiselle *Cheron*, in-8. 2. N... dans Odieuvre, d'après *Schmidt*, in-12.

HOUSSAY, (Frère Jean du) de Chaillot, Hermite & Réclus au Mont-Valérien (près Paris) pendant 48 ans; mort le 5 Août 1609, âgé de 70 ans. Le Vassor, dans son Histoire, le dit fils du Marquis d'Ancre. 1. N... 1647, in-8. 2. *Bazin*, 1691, in-8.

HOUSSET, (Claude du) Marquis de Trichâteau, Chancelier de M. le Duc d'Orléans. *Masson*, del. & sc. 1681, in-fol. maj. dans une Thèse.

Tome IV, Part. II.

HOZIER, (Pierre d') Gentilhomme Provençal, né à Marseille le 12 Juillet 1592, fils d'Etienne, Ecuyer, Capitaine & Viguier de la Ville de Salons; fut fait Généalogiste du Roi, & a laissé plusieurs Ouvrages imprimés & Manuscrits, tant historiques que généalogiques. Il épousa en 1630, Yoland-Marguerite de Cortini, d'une famille bourgeoise de Léon en Toscane; mourut à Paris le 30 Novembre 1660, âgé de 69 ans, & fut enterré à Saint-André-des-Arcs. 1. *Daret*, in-4. 2. *Cars*, in-fol. maj. 3. *Desrochers*.

HOZIER, (Charles d') Généalogiste du Roi, &c. Chevalier des Ordres de Saint-Maurice & de Saint-Lazare de Savoye, fils de Pierre; âgé de 50 ans en 1691. Hyac. *Rigaud*, p. G. *Edelinck*, sc. 1691, in-fol. maj.

HUET, (Pierre-Daniel) né à Caen le 8 Février 1630, Abbé d'Aulnay, & Sous-Précepteur de Monseigneur le Dauphin; nommé Evêque de Soissons en 1685, transféré à Avranches en 1689. Il se démit en 1699, & vint demeurer à Paris, où il mourut le 26 Janvier 1721. 1. *Largillière*, p. G. *Edelinck*, sc. 1686, in-fol. Evêque de Soissons. 2. Simon *Dequoy*, p. L. *Moreau*, sc. in-fol. 3. *Trouvain*, 1695, in-8. 4. Et. *Gantrel*, in-fol. 5. *Desrochers*.

HUGON, (Guillaume) d'Avignon, Général des Cordeliers. N...

HUGUES de Saint-Cher, Cardinal du titre de Sainte-Sabine en 1245; étoit né à Barcelonnette, fut Archevêque de Lyon, & mourut à Orviète en 1262 ou 1265. N... dans le Recueil de Boissard, in-4.

HUGUES de Saint-Victor, mort en 1142 ou en 1144. N... dans Thévet.

HUMBELINE, (la Bienheureuse) Sœur de S. Bernard, Fondatrice des Religieuses de l'Ordre de Cîteaux en 1118. *Van Lochon*, in-4.

HUMIÈRES, (Louis de Crevant, Marquis de) Gouverneur de Flandre, fait Maréchal de France le 8 Juillet 1668, Grand-Maître de l'Artillerie en 1685, Duc & Pair en 1690; mort en 1694 à Versailles le 3 Août. J. *Lubin*, 1688, in-fol. maj. d'après Ferdinand *Roet*. 2. *Larmessin*.

HUMIÈRES, (Marie-Thérèse-Julie de Crevant, Marquise de) femme du Duc d'Aumont, mariée le 15 Mai 1690. 1. *Bonnart*, in-fol. 2. *Trouvain*, 1694, in-fol.

HUMIÈRES, (Anne-Louise de Crevant de) Abbesse & Réformatrice de l'Abbaye de Monchy, Ordre de Cîteaux, morte le 20 Janvier 1710, âgée de 52 ans. *Drevet*, 1711, in-4.

HURAULT, (Jacques) de Chiverny. N... dans le P. Montfaucon.

HURAULT, (Henri) Comte de Chiverny, sous Henri III, né le 13 Août 1575, mort le 1 Mars 1648. Dessin au Cabinet du Roi.

HURAULT, (Philippe) de Chiverny, Chancelier de France en 1583, né le 25 Mars 1528; mort le 30 Juillet 1599. N...

HURAULT, (Philippe) Evêque de Chartres, fils du Chancelier, & d'Anne de Thou, mort le 27 Mai 1620. 1. Dessin à la pierre noire, in-fol. au Cabinet du Roi. 2. N... en petit.

HURÉ, (Charles) Acolythe de Sens, Principal du Collège de Boncourt, à Paris, mort en 1717, âgé de 78 ans. Il est Auteur d'un Dictionnaire de la Bible & autres Ouvrages. 1. N. V. Diacon. Rothom, 1715, in-fol. 2. *Desrochers*, in-12. ovale.

HURTEVENT, (Damien) premier Supérieur du Séminaire de Saint-Irénée de Lyon, mort le 30 Décembre 1671, âgé de 48 ans. N... 1688, in-4.

HURTRELLE; (Simon) Notaire. *Hurtrelle*, in-12. obl.

J.

JACQUARD, (Antoine) Armurier ou Fourbisseur & Graveur, à Bordeaux. *Jacquart lui-même*, in-4.

JACQUELOT, (Isaac) Ministre (Calviniste) fils d'un Ministre de Vassy, né en 1647, mort à Berlin en 1708. J. B. *Picard*.

JACQUIER, (le P.) Religieux Minime & Géomètre. *Scotin*.

JAILLOT, (Alexis-Hubert) Géographe ordinaire du Roi, mort en 1712. C. *Vermeulen*, 1695, d'après *Culin*, in-fol. maj.

JANSON, (N.) Médecin. N...

JANSON, (Toussaint de) de Forbin, Evêque de Digne en 1656, de Marseille en 1668, de Beauvais en 1680, Cardinal le 13 Février 1690, Commandeur de l'Ordre du Saint-Esprit; mort à Paris en 1713, âgé de 83 ans. 1. Ant. *Masson*, 1672, in-fol. dans une Thèse. 2. *Larmessin*. 3. J. B. *Gaule*, p. Benoît *Farjat*, sc. in-fol. maj. 4. Jacq. *Blondeau*, in-4. d'après *Gaule*.

JANSON, (Jacques de) de Forbin, Archevêque d'Arles en 1701. N... in-fol. dans une Thèse.

JARDINS, (le jeune des) sous Henri IV. Dessin au Cabinet du Roi.

JARDINS, (Martin Vanden Bogard, en François, des) de Breda, Sculpteur du Roi, Recteur de l'Académie de Peinture & Sculpture, qui a exécuté en marbre & en bronze plusieurs Monumens à la gloire de Louis XIV. entre autres, les Statues de bronze de la Place des Victoires; mort à Paris en 1694. 1. Hyac. *Rigaud*, p. Ant. *Edelinck*, sc. in-fol. maj. 2. N... dans Odieuvre.

JARDINS, (Marie Cadesne, femme de Martin des) célèbre Sculpteur. *Rigaud*, p. *Drevet*, sc. in-fol.

JARDINS, (Marie-Catherine des) Dame de Villedieu, née à Alençon vers l'an 1640, morte en 1683. *Desrochers*.

JARNAC, (N. Chabot, Baron de) sous Henri III. Dessin au Cabinet du Roi.

JAY, (la Famille du Président le) Editeur de la Bible Polyglotte. Crispin *de Pas*, in-fol. obl.

JAY, (Nicolas le) Conseiller au Parlement de Paris en 1600, Procureur du Roi au Châtelet, puis Lieutenant-Civil, Président, puis en 1630 premier Président du Parlement de Paris, mourut en 1640. 1. M. *Lasne*, del. & sc. 1630, in-8. 2. *Moncornet*.

ICART, (N...) Conseiller à Toulon. *Mignard*, p. *Cundier*, sc. in-fol.

JEAN (Saint) de Reomay, Abbé & Fondateur du Monastère de Moustier-Saint-Jean, (dit *Monstier-Saint-Jean*, au Diocèse de Langres,) mort vers 540. *Van Lochon*, 1629, in-4.

JEAN (le Bienheureux) de Montmirel, se fit Religieux en 1212 dans l'Abbaye de Longpont près Soissons, Ordre de S. Bernard, après avoir servi longtemps Philippe-Auguste, & mourut le 29 Septembre 1217, en opinion de sainteté. R. *Lochon*, 1656, in-fol.

JEAN, (N...) Conseiller au Parlement de Provence. *Mimand*, p. *Cundier*, sc.

JEAN-Paul, (le Seigneur) sous Henri III. Dessin au Cabinet du Roi.

JEAN (le Frère) de Sainte-Marie, Minime, mort en 1605. *Landry*, in-12.

JEAN, (le R. Père) Chrysostôme de Saint-Lô, Religieux Pénitent, ou du Tiers-Ordre de S. François, mort le 26 Mars 1646, âgé de 52 ans. *Ladame*, in-8.

JEANNE-BAPT. (Madame) fille lég. de France, Abbesse, Chef & Générale de l'Abbaye & Ordre de Fontevrault, morte en 1670. Q. F. 1648, in-8. ætat. 41.

JEANNE (la Vénérable Mère) Absolu, dite *de Saint-Sauveur*, Religieuse Professe de Hautes-Bruyeres, de l'Ordre de Fontevrault, morte en odeur de sainteté le 20 Septembre 1637, âgée de 61 ans. 1. *Charpignon*, in-8. 2. A. *Bosse*, in-8. dans des Ornemens pour le Frontispice de sa Vie écrite par J. Auvray. 3. *Huré*.

JEANNE (la Révérende Mère) Marie de Jesus, Chesard de Matel, Institutrice de l'Ordre & Congrégation du Verbe Incarné, mourut le 11 Septembre 1670, âgée de 73 ans. L. *Boulanger*, d'après *Champagne*, in-fol.

JEANNIN, (Pierre) Chevalier, Seigneur de Chaigny & Monjeu, premier Président du Parlement de Bourgogne, Surintendant des Finances, Ministre d'Etat, Ambassadeur extraordinaire pour le Roi aux Pays-Bas, né à Autun en 1540, mort le 31 Octobre 1622, âgé de 82 ans. 1. N... 1608, in-4. dans une Suite de Plénipotentiaires, &c. 2. Will. *Swanembourg*, à Leyde, 1610, d'après *Mirevelt*, in-fol. 3. Th. *de Leu*, 1611, in-4. 4. Dessin au Cabinet du Roi. 5. Abraham *Laroche*, in-8. 6. H. *Hondius*. 7. *Moncornet*. 8. *Nanteuil*, 1656, in-fol. 9. Dessin au crayon, dans le Cabinet de M. de Fontette. 10. *Lubin*, 1696, in-fol. 11. N... dans Odieuvre.

JEANNIN, (Nicolas) de Castille, Marquis de Monjeu, Trésorier de l'Epargne, fait Secrétaire & Commandeur des Ordres du Roi en 1657. *Lombart*, in-4.

JEAURAT, (Etienne) Peintre du Roi. *Cochin*, del. Pierre *Martenasie*, sc. 1759. Médaillon, in-4.

JEGOU, (Claude) Président à Rennes. 1. *Lenfant*, 1664, in-fol. 2. *Spirinx*.

JEGOU (Olivier) de Quervillio, Evêque de Tréguier, 1695. *Montbard*, in fol. maj.

JELYOTTE, (Pierre) Ordinaire de la Musique du Roi, né en Languedoc. *Tocqué*, p. L. J. *Cathelin*, in-fol. maj. (Beau.)

JEUNE, (Paul le) Jésuite, Missionnaire pendant dix-sept ans dans le Canada, mourut en France le 7 Août 1664, âgé de 72 ans. R. *Lochon*, 1665, in-fol.

JEUNE, (Jean le) dit l'*Aveugle*, Prêtre de l'Oratoire, célèbre Prédicateur, mort en 1672, âgé de 80 ans. *Cars*, à Lyon, in-8.

JEUNE, (Claude le) Musicien, né à Valenciennes. N... 1698, in-8.

ILLIERS (Léon d') d'Entragues. Voy. BALZAC.

INCONNUES, ou Inconnues, la plupart du temps de François I. jusqu'à Louis XIII. Desseins de différens Maîtres. *Lagneau*, *Dumoustier* & autres. 50 au Cabinet du Roi, 60 dans celui de M. de Fontette.

JOANNES (Frater) à Sancto Sansone, Senonensis, stirpe nobilis, voto Monastico inter Carmelitas Provinciæ Turonensis Laïcus, Observantiæ Rhedonensis Reformatæ ; mystagogus divinorum patiens contemplator, scriptor eximius, vitâ, sanctimoniâ, oratione ac pœnitentiâ, miraculis in vitâ & post mortem clarus; obiit Rhedonis, 14 Septembris 1636, ætat. 65. 1. *Landry*, in-fol. 2. R. *Collin*, à Bruxelles, in-4. 3. Corn. *Galle* junior, in-fol. 4. N... in-8.

JOANNES (R. P.) de Joannis, Avenionensis, Monachus Cœlestinus, Parochus Sanctæ Mariæ, anno 1696, ætat. 57. Nic. *Dorigny*, del. & sc. Romæ, 1696, in-fol.

JODIN, (Madame) dite *la Devineresse*. N... in-4.

des François illustres. 253

JODE (Pierre de) le jeune, Graveur à Anvers, où il prit naissance le 22 Novembre 1606 : il a gravé long-temps à Paris pour les Sieurs Bonenfant & Lumagne. 1. *Vandyck*, p. P. *de Jode*, sc. in-fol. 2. T. *Willeboist*, p. P. *de Jode*, sc. in-4.

JODELET, Comédien. J. *Couvay*, in-4.

JODELLE, (Etienne) né à Paris d'une famille noble, en 1532, Poëte François, mort en 1573. 1. N... en petit. 2. *Rabel*, in-12. avec Ornemens. (Rare.)

JOFFRAY, (N...) Chanoine de Reims. N... in-4. ovale.

JOLY, (Claude) né dans le Diocèse de Verdun, Trésorier de l'Eglise Cathédrale de Beauvais en 1651, Curé de S. Nicolas-des-Champs à Paris, en 1653, Evêque de S. Paul de Léon, en 1661, depuis Evêque d'Agen en 1664, mort à Agen en Octobre 1678. Agé de 63 ans, *Nanteuil*, 1673, in-fol.

JOLY, (Bénigne) Prêtre, Docteur en Théologie, Chanoine de l'Eglise de S. Etienne de Dijon, Instituteur des Religieuses Hospitalières de cette Ville, & surnommé *le Père des Pauvres*, né à Dijon le 22 Août 1644, y est mort en odeur de sainteté le 9 Septembre 1694. 1. N. *Bazin*, 1700, in-8. 2. *Desrochers*.

JOLY, (Jean-Bénigne) Curé de S. Michel de Dijon, né le 14 Septembre 1680. Esquissé au crayon par *Crausi*, dans le Cabinet de M. de Fontette.

JOLY, (Georges) Baron de Blaisy, second Président à Mortier au Parlement de Bourgogne, né le 20 Février 1610, mort le 2 Mars 1679. 1. *Landry*, 1667, d'après H. *Faulx*, in-fol. 2. G. *Edelinck*, 1701, in-fol.

JOLY, (Joseph-Omer) de Fleury, Avocat-Général au Parlement de Paris en 1698, mort le 5 Décembre 1704, âgé de 34 ans. *Drevet*, 1698, in-fol. maj. dans une Thèse.

JOLY de Fleury, (Guillaume-François) Procureur-Général au Parlement de Paris, en 1717, né en cette Ville l'an 1675, mort en 1756. 1. *Desrochers*, in-8. 2. *De Lorraine*, p. *Voyer* major, sc. 1771, in-fol. dans la Gallerie Françoise, 2. Ed. Cahier II.

JOMBERT, (Charles-Antoine) Libraire du Roi pour le Génie & l'Artillerie. *Cochin*, del. Aug. de *Saint-Aubin*, sc. 1770. Médaillon, in-4.

JONCOUX, (Françoise-Marguerite de) née en 1668, morte en 1715. *Pittau*, 1716, in-4.

JONCQUET, (Denis) Médecin, & sa femme. *Chauveau*.

JOPPÉ, (N... de) premier Président de Provence. *Poilly*, 1659, in-fol.

JOSEPH, (le Père) Capucin, appellé dans le monde François le Clerc du Tremblay, né à Paris, Prédicateur, Provincial, Supérieur des Missions Etrangères, Instituteur & Fondateur des Filles de la Congrégation du Calvaire, employé par le Cardinal de Richelieu dans les plus importantes Affaires de l'Etat, nommé par le Roi Louis XIII. au Cardinalat, mort à Paris le 18 Décembre 1638. 1. M. *Lasne*, in-4. 2. *Moncornet*. 3. *Mellan*, in-8. 4. *Nolin*, 1701, in-8. 5. *Landry*, 1702, in-8. 6. J. *de Lieuwi*, in 12. 7. *Desrochers*. 8. N... dans Odieuvre.

JOSEPH, (le Père) Général des Minimes. *Scotin*, in-fol. avec le fils du Prince Eugène & son Médaillon.

JOSSET, (Robert) Brodeur du Roi Henri III. Dessin au Cabinet du Roi.

JOUBERT, (Laurent) né à Valence en Dauphiné le 6 Décembre 1529, Docteur en Médecine de l'Université de Montpellier, mourut à Lombez le 29 Octobre 1582. 1. Agé de 40 ans, N... en bois, 1570, in-8. 2. Agé de 49 ans, N... en bois, 1579, in-8. 3. Idem, in-4. 4. 5. 6. 7. N... in-12. & en petit.

JOUBERT, (N... & N...) Avocats. N... in-12. à deux visages.

JOUR, (Charles du) Conseiller au Châtelet de Paris, en 1669. *Lenfant*, del. & sc. 1669, in-fol.

JOURNET, (Françoise) Actrice de la Comédie, née à Lyon, morte en 1722. *Desrochers*.

JOUSSELINIERE, (René Boudier de la) 1. *Desrochers*, 2. N... dans Odieuvre.

JOUVENEL (Guillaume) des Ursins, Chancelier de France, mort le 23 Juin 1472. 1. N... dans Odieuvre, in-12. 2. N... pour les Mémoires de Comines, in-4. avec bordure.

JOUVENET, (Jean) Peintre ordinaire du Roi, Directeur de l'Académie de Peinture en 1707, né à Rouen en 1644, mort à Paris en 1717. 1. *Jouvenet*, lui-même, p. A. *Trouvain*, sc. in-fol. maj. obl. 2. N... dans l'Histoire des Peintres par d'Argenville.

JOUVIN, (Albert) de Rochefort, Ingénieur & Géographe, puis Trésorier de France. J. *Lalouette*, in-4.

JOYEUSE, (Guillaume II. Vicomte de) Maréchal de France, mort en 1592, (père d'Anne qui suit.) Dessin Dessin au Cabinet de M. de Fontette.

JOYEUSE, (Anne, Duc de) Pair & Amiral de France, Chevalier des Ordres du Roi, Gouverneur de Normandie : le Roi Henri III. qui l'aimoit, lui fit épouser en 1581, Marguerite de Lorraine, sœur de la Reine Louise. Il fut défait & blessé à la Bataille de Coutras, puis tué de sang froid le 20 Octobre 1587. 1. Agé de 22 ans, N... in-8. 2. Th. *de Leu*, in-8. 3. L. *Gaultier*, 1587, in-8. 4. N... en petit. 5. *Chenu*, in-12. 6. N... dans Odieuvre.

Marguerite, sa femme. Voy. LORRAINE.

JOYEUSE, (François de) fils de Guillaume le Vicomte, & de Marie Batharnay du Bouchage, né le 24 Juin 1562, Archevêque de Narbonne en 1581, Cardinal en 1583, Archevêque de Rouen en 1605, mourut à Avignon Doyen du Sacré Collège, le 23 Août 1615, étant en chemin pour aller au Pélerinage de Notre-Dame de Montferrat. 1. H... in-4. 2. E. V. W. in-8. 3. N... in-8.

JOYEUSE, (Jean-Armand de) Maréchal de France, mort en 1710. N...

JOYEUSE, (Henri de) Comte de Bouchage, Maréchal de France, depuis Capucin, sous le nom du Père Ange (qui suit :) se fit Capucin en 1587, quitta l'habit en 1592, & le reprit en 1599.

JOYEUSE, (le Père Ange de) [le même que le précédent,] Capucin, Provincial de la Province de Paris, Définiteur général de tout l'Ordre, mort à Rivoli en Piémont, revenant du Chapitre général, le 25 Décembre 1608, âgé de 46 ans. 1. K. *Audran*, in-8. 2. M. *Lasne*, in-8. 3. N... dans Odieuvre.

JOYEUSE. Voy. LORRAINE.

ISABELLE (Sainte) de France, sœur de S. Louis, Fondatrice de l'Abbaye de Longchamp, née au mois de Mars 1224, morte le 23 Février 1269. 1. *Champagne*, p. *Bazin*, sc. in-fol. 2. *Van Lochon*, in-4.

ISABELLE, (la Vénérable Mère) des Anges, Espagnole, l'une des six Religieuses Carmélites qui vinrent en France établir l'Ordre : après avoir fondé plusieurs Monastères, elle mourut en celui de Limoges, le 14 Octobre 1644, âgée de près de 80 ans. *Boulanger*, in-8.

ISEMBOURG, (Ernest Comte d') Chevalier de la Toison d'or, Gouverneur d'Artois. *Bossaerts*, p. *De Jode*, sc. in-4.

ISOARD, (Nicolas) Curé de Sainte-Marine à Paris, mort en 1757. 1. N... in-4. 2. *Sixe*.

ISSALY, (Jean) Avocat, mort en 1707, âgé de 87 ans. *Largillière*, p. *Drevet*, sc. in-4.

ITHIER, (Raymond) Cardinal. Et. *Picart*.

JUBÉ, (Jacques) Curé d'Asnières, Diocèse de Paris, mort en 1745. Il étoit né à Vanvres en 1674. B. *Audran*, in-4.

JUBERT, (Jacques) Chevalier, Marquis du Thil, Maître des Requêtes & Conseiller d'Etat. 1. J. *Frosne*, in-fol. 2. Ant. *Trouvain*, 1676, in-fol.

JUBERT, (Louis-Anne) Sieur de Chailly, Brécourt, &c. *Largillière*, p. *Chasteau*, sc. in-fol.

JUBERT, (André) de Bouville, Marquis de Bisy, Maître des Requêtes & Intendant à Orléans. *Beaufrère*, in-fol. maj.

JUDITH, Françoise, (la) qui tua Amalon, l'an 589. (Voyez Grégoire de Tours, Lib. IX, cap. 27.) *Vignon*, inv. *Mariette*, exc. in-fol.

IVES, Evêque de Chartres en 1092, mourut le 21 Décembre 1115, âgé de 80 ans. N... dans Thévet.

IVES, (le Père) de Paris, Capucin, mort en 1678, âgé de 85 ans. 1. *Mellan*, 1677, in-4. 2. N... dans Odieuvre.

JUGE, (Thomas le) Prêtre, second Supérieur du Séminaire de S. Nicolas-du-Chardonnet à Paris, mort en Juillet 1661, âgé de 62 ans. *Baligny*, in-fol.

JUIF, (François) Chirurgien fameux à Paris, mort le 23 Juillet 1643, âgé de 66 ans. M. *Lasne*, del. & sc. 1643, in-fol. maj.

JULIENNE, (Jean de) Directeur des Gobelins, Amateur des Beaux-Arts; mort en 1766. 1. *De Troy*, père, p. 1722. *Ballechou*, sc. 1752, in-fol. maj. (Beau.) 2. Autre, jouant de la Viole, avec Watteau. Voy. WATTEAU.

JULLIEN, (Maurice) Cordelier. *Fenouil*, p. *Coussin*, sc. in-fol. maj. dans une Thèse.

JUMEL, (Maurice de) Docteur en Droit Civil & Canon, Curé d'Aubigny. Et. *Gantrel*, in-fol. maj.

JUMEL, (Marie-Catherine le) de Berneville, Comtesse d'Aulnoi, morte en Janvier 1705; Auteur de plusieurs Ouvrages romanesques. 1. Mademoiselle *Cheron*, dans Odieuvre, in-12. *Baxau*, sc. 2. Dessin par Robert, dans le Cabinet de M. de Fontette.

JURIEU, (Pierre) originaire du Pays Blaisois, Professeur en Théologie & Ministre (Calviniste) à Sedan, puis à Rotterdam, célèbre par le nombre de ses Ecrits de Controverse & par ses Prophéties extravagantes; né en 1637, & mort à Rotterdam en 1713. 1. *Gole*, in-fol. en manière noire. 2. *Desrochers*.

JUSSAC, (François de) Chevalier, Seigneur de Saint-Preuil, Maréchal des Camps & Armées du Roi, Gouverneur d'Arras. 1. *Frosne*, in-4. 2. *Moncornet*.

JUSTEL, (Christophe) Conseiller-Secrétaire du Roi, & Historiographe de France, mort à Paris en 1649. N... à Paris, in-8.

JUVERNAY, (Pierre) Prêtre, âgé de 35 ans en 1638. *Picart*, 1638, in-8.

K.

KAIN, (Henri-Louis le) Comédien François, dans le Rôle de Gengiskan, né à Paris. 1. M. F. A. *Castelle*, del. Car. *Levesque*, sc. 1765, in-4. 2. *Huquier*, del. J. B. *Michel*, sc. in-fol. avec Ornemens. 3. *Littret* de Montigny, del. & sc. petit in-fol. 4. *Berteaux*, del. *Elluin*, sc. 1771, in-fol.

KELLER, (Jean-Jacques) né à Zurich, Commissaire ordinaire des Fontes de l'Artillerie de France. *Largillière*, p. *Edelinck*, sc. in-fol. (Beau.)

N... femme de Jean-Jacques. *Rigaud*, p. *Drevet*, sc. 1690, in-fol.

KELLER, (Jean-Balthazard) frère du précédent, aussi Commissaire, &c. mort en 1702. *Rigaud*, p. *Drevet*, sc. in-fol. maj. (Beau & rare.)

KEMPFER, (Jean-Nicolas) Conseiller au Conseil Souverain d'Alsace, en 1709. Jo. A. *Sonpel*, 1709, in fol.

KENNI, (Antonius O) de l'Ordre des Frères-Prêcheurs de la Congrégation de France. N... in-8.

KERGROADES, (François Seigneur de) Baron de Kerlech, Vicomte de Plouider. M. *Lasne* (environ 1646) in-fol.

KONISMARCK, (Charles-Jean de) Colonel d'un Régiment Allemand au Service de France. *Dahl*, p. *Cossin*, sc.

KRAUT, (M. de) Ecuyer. *Cars*, in-fol. A cheval, dans l'Ecole de Cavalerie, par la Guérinière.

L.

LABADIE, (Jean) Ministre de la Religion Prétendue-Réformée à Middelbourg; étoit né à Bourg en Guyenne, le 13 Février 1610, de Jean-Charles Gouverneur de cette Ville, & mort à Altena dans le Holstein, en 1674. 1. Hier. *Swerts*, Amsterdam, in-fol. 2. *Tangena*, in-4.

LABAT, (J. Bapt.) Dominicain, qui a publié ses Voyages, mort à Paris en 1738, âgé de 75 ans. N...

LABBÉ, (Jacques) Curé de Saint-André-des-Arts, à Paris, en 1706, mort le 18 Avril 1738. *Gautrot*, in-4.

LABBÉ, (Charles) Avocat au Parlement de Paris, âgé de 76 ans en 1657. *Bossé* Junior, à Paris, 1657, in-fol.

LABURE, folle du Roi Charles IX. Dessin au Cabinet de M. de Fontette.

LAFFEMAS, (Barthelemi de) Valet de Chambre du Roi, natif de Beausemblant en Dauphiné, Auteur d'Ouvrages sur le Commerce. 1. N... 1595, petit ovale. Agé de 55 ans. 2. N... en bois, in-12. ovale avec quatre Vers.

LAFFEMAS, (Isaac de) Conseiller d'Etat, Maître des Requêtes & Lieutenant Civil, âgé de 50 ans en 1639, a laissé un fils Conseiller au Parlement de Metz, mort vers 1701, sans avoir été marié; & une fille, morte en 1703. 1. M. *Lasne*, 1639, in-fol. 2. *Humbelot*, d'après *Duchesne*, in-fol. 3. N... in-4. ovale. 4. *Moncornet*.

LAFITAU, (Pierre-François) Jésuite, Evêque de Sisteron, né à Bordeaux en 1685, mort le 5 Avril 1764. N... in-8.

LAGNEAU, (N.) Peintre & Dessinateur. Dessin au Cabinet de M. de Fontette. (Beau.)

LAGOUX, (N.) Peintre. N...

LAIGNEAU, (David) Provençal, Conseil & Médecin ordinaire du Roi. F. *Boulanger*, in-4.

LAINEZ, (Alexandre) Poëte François, né à Chimay en 1650, mort à Paris le 18 Avril 1710. *Crespy*, Médaillon au Parnasse François.

LAIRVELZ, (Servais de) de l'Ordre de Prémontré, Abbé de Sainte-Marie de Pont-à-Mousson, mort le 19 Octobre 1672, âgé de 70 ans. K. *Audran*, in-4.

LAISNÉ, (Mathurin) Ecuyer, né à Paris le 24 Février 1664, mort le 26 Avril 1723. N... 1731.

LALAIN, (Jacques de) Chevalier de l'Ordre de la Toison d'or. N... in-8.

LALEMANT, (Colleſſon) Ecuyer à Chaalons en 1526; & Marguerite Collet, ſa femme. Deux Deſſins enluminés, au Cabinet de M. de Fontette.

LALEMANT, (Pierre) Prieur de Sainte-Géneviève, Chancelier de l'Université de Paris, né à Reims, mort en 1673; le 18 Février. 1. *Nanteuil*, 1678, petit in-fol. 2. N... 1700, in-fol. Copie du précédent.

LALIVE, (A. L. de) de Jully, Introducteur des Ambaſſadeurs, & grand Amateur de Peintures. *Cochin*, del. *Lalive* lui-même, ſc. 1754, Médaillon, in-4.

LALLOUETTE, (J. Fr.) Maître de Muſique, mort à Paris, en 1728, âgé de 75 ans. 1. *Petit*. 2. N... dans Odieuvre, in-8. d'après *Ferdinand*, *Tardieu*, ſc.

LALLY, (Thomas-Artus Comte de) Gouverneur de Pondichery, décapité à Paris au mois de Mai 1766. N... in-8. Tête en Médaillon, 1766.

LAMBERT, (Nicolas) Seigneur de Torigny, Préſident en la Chambre des Comptes. *Largillière*, p. *Drevet*, ſc. 1698, in-fol. maj.

Marie de Laubeſpine, ſa femme. *Idem*, in-fol. magn.

LAMBERT, (Hélène) femme de François-Marie de Motteville, Premier Préſident en la Chambre des Comptes de Normandie. *Largillière*, p. *Drevet*, ſc.

LAMBERT, (Joseph) Docteur de Sorbonne, né à Paris en 1654, mort en 1702. *Desrochers*.

LAMBERT, (Anne-Thérèſe de Marguenat, Marquiſe de) née à Paris en 1653, morte en 1733, âgée de 86 ans. *Desrochers*.

LAMBERT, (Jean) Peintre. *Smith*.

LAMBERT, (N.) Conſeiller au Parlement de Paris; *Homo & Civis*. *Carmontel*, del. 1761. *La Foſſe*, ſc. in-fol.

LAMBERVILLE, (C. de) Avocat au Parlement & au Conſeil, auparavant Commiſſaire député en Hollande & en Dannemarck. C. *David*, 1626, in-8.

LAMBESC. Voy. LORRAINE.

LAMERET, (Pierre) Maître à écrire à Lyon. *Bouchet*, à Lyon, in-4.

LAMET, (Léonard de) Docteur en Théologie, Chanoine de l'Egliſe de Paris & Archidiacre de Brie, puis Curé de Saint-Euſtache; mort le 30 Novembre 1705. Hyac. *Rigaud*, p. *Drevet*, ſc. 1702, in-fol. maj. (Beau.)

LAMET, (Philippe de) Curé de Saint-Laurent à Paris. *Merelle*, p. *Larmeſſin*, ſc, in-fol. maj.

LAMET, (Madame de) Soiſſon, en robe de chambre. *Trouvain*, in-fol.

LAMOIGNON, (Madame de) Marie de Landes, femme de Chrétien de Lamoignon, & mère de Guillaume (qui ſuit) née en 1576, morte en 1651. 1. Son Tombeau, *Girardin*, inv. *Simonneau*, ſc. in-fol. maj. 2. Autre Planche ſans Inſcription.

LAMOIGNON, (Guillaume de) Seigneur de Baſville, &c. fils de Chrétien & de Marie de Landes, Conſeiller au Parlement de Paris en 1635, Maître des Requêtes en 1644, Premier Préſident en 1658, mort le 9 Décembre 1677; étoit né à Paris le 20 Octobre 1617. 1. G. *Rouſſelet*, in-fol. 2. *Nanteuil*, 1659, in-fol. 3. *Idem*, 1661, in-fol. 4. *Idem*, 1663, in-fol. 5. Fr. *Poilly*, d'après C. *le Brun*, 1666, in-fol. 6. *Idem*, d'après P. *Mignard*, 1665, in-fol. dupl. ovale, avec Ornemens, dans une Thèſe. 7. *Nanteuil*, 1676, in-fol. 8. Fr. *Poilly*, d'après C. *le Brun*, in-4. pour le Frontiſpice du Poëme des Jardins du P. Rapin. 9. *Edelinck*, d'après *Nanteuil*, in-fol. 10. *Larmeſſin*, in-4. 11. *Idem*, en pied avec quatre Vers. 12. *Moncornet*. 13. T. *Bernard*, del. *d'Olivar*, ſc. 1679. Médaillon, in-12. 14. N... Vignette de ſon Oraiſon funèbre.

Magdeleine Potier, ſa veuve, morte le 17 Octobre 1705, âgée de 82 ans. L. *Squvé*, in-8.

LAMOIGNON, (Magdeleine de) fille de Chrétien, née à Paris le 18 Septembre 1609, morte le 14 Avril 1687. G. *Edelinck*, 1692, d'après *de Sève*, in-fol. maj.

LAMOIGNON, (Chrétien François de) fils aîné de Guillaume, Avocat-Général, puis Préſident à mortier, mort le 7 Août 1709. 1. Ant *Paillet*, del. G. *Vallet*, ſc. 1664, in-fol. maj. jeune, ſoutenu par deux Figures, dans des Ornemens. 2. J. *Grignon*, in-fol. encore jeune. 3. G. *Sève*, p. *Van Schuppen*, ſc. 1567, in-fol. maj.

LAMOIGNON, (Nicolas de) de Baſville, ſecond fils de Guillaume, Maître des Requêtes & Intendant de Languedoc. 1. Et. *Picart*, 1666, d'après Ant. *Paillet*, in-fol. 2. *Maſſon*, del. & ſc. 1676, in-fol.

LAMOIGNON, (Chrétien de) fils de Chrétien-François, Avocat-Général, né en Mars 1676, Préſident à mortier en ſurvivance de ſon père. Ant. *Trouvain*, 1688, in-8. Agé de 12 ans.

LAMOIGNON (Guillaume de) de Blanc-Meſnil, Chancelier de France le 27 Novembre 1750, mort en 1772. *Vallade*, p. *Daullé*, ſc. 1755, in-fol.

LAMOIGNON, (Henri-Pierre-Gilbert Coignet de) Comte de Courſon, & Marguerite de Champagne, ſa femme. *Bourdeille*, d'après *Vaſſé*, Sculpteur, 1757, Médaillon ſoutenu par l'Hymen aſſis ſur un nuage, in-fol. obl.

LAMY, (Bernard) Prêtre de l'Oratoire, né au Mans en 1640, d'Alain, Seigneur de la Fontaine, mort à Rouen le 29 Janvier 1715. 1. *Créſpy*. 2. *Desrochers*. 3. Deſſin de *Jouvenet*, au Cabinet de M. de Fontette.

LANCHENU, (François) Maître Ecrivain-Juré à Paris; Jean *Hainzelman*, del. & ſc. 1680, in-4. Buſte.

LANCRET, (Nicolas) Peintre, né à Paris en 1690, mort en 1743. N... dans l'Hiſtoire des Peintres par d'Argenville.

LANDAC, (Mademoiſelle de) ſous François I. Deſſin au Cabinet du Roi.

LANDE, (Michel-Richard de la) Surintendant de la Muſique du Roi, Maître de celle de la Chapelle & de la Chambre de Sa Majeſté, né à Paris en 1657, mort à Verſailles en 1726 1. *Santerre*, p. *Thomaſſin*, ſc. in-fol. maj. 2. *Creſpy*, Médaillon au Parnaſſe François. 3. *Desrochers*. 4. N... dans Odieuvre.

LANDELLE. Voy. RENTY.

LANDES, (Noel des) Dominicain, Prédicateur du Roi, Evêque de Tréguier en 1635, mort en 1645. N... in-8.

LANDES, (André-François des) Commiſſaire-Général de la Marine. *Lothumier*, 1753, in-12. quatre Vers.

LANDRY, (Gabriel-François) de Sericourt, ancien Vicaire de Saint-Roch. F. *Aveline* fils, in-fol.

LANEAU, (Dom René) Bénédictin, né en 1675. Il a été Général. *Reſtout*, p. *Beaumont*, ſc. in-fol.

LANFRANC, (N.) Profeſſeur en Chirurgie à Paris, au treizième ſiècle. 1. A. *Humbelot*, del. *Ravenet*, ſc. in-4. 2. A. I. p. *Fiquet*, ſc. dans Odieuvre, in-8.

LANGE, (Chrétien) Docteur & Profeſſeur, &c. N...

LANGEGOUVET, (Mademoiſelle de) ſous François I. Deſſin au Cabinet du Roi.

LANGERON, (le Maréchal de Maulevrier) N...

LANGERON, (Georges-Paul Andrault de) de Maulevrier, Abbé Général de S. Antoine, se démit volontairement le 5 Septembre 1702 : Jean Danthou lui succéda. 1. P. *Giffart*, 1691, in-fol. 2. *De la Mare* fils, p. G. *Edelinck*, sc. 1694, in-fol. maj.

LANGLE, (Pierre de) Evêque de Boulogne, Appellant au futur Concile, né à Evreux en 1644, mort en 1724. 1. Ch. *Crespy*, in-4. ovale. 2. *Fiquet*, 1757, in-fol. dans une Assemblée. 3. *Desrochers*, in-8. 4. N... en petit Buste, in-24.

LANGLÉE, (Claude de) Gentilhomme. *Humbelot*, in-fol.

LANGLOIS (Paul-Armand) de Blancfort, Maître d'Hôtel ordinaire du Roi, mort en Décembre 1697; avoit épousé Catherine le Tellier, sœur de l'Evêque de Digne. *Van Schuppen*, 1675, in-fol.

LANGLOIS, (François) dit *de Chartres*, Marchand de Tailles-douces à Paris. 1. *Vandyck*, p. J. *Pesne*, sc. in-fol. En Joueur de Cornemuse. 2. *David*. 3. *Mariette*.

LANGUET, (Hubert) né à Vitteaux en Bourgogne en 1518, Ministre & Envoyé de l'Electeur de Saxe, ensuite de l'Electeur Palatin; passa ensuite au service du Prince d'Orange, & mourut à Anvers le 30 Septembre 1581. M. B.

LANGUET (Jean-Joseph) de Gergy, Evêque de Soissons en 1715, puis Archevêque de Sens en 1731, mort en 1753; étoit né à Dijon le 25 Août 1677. 1. *Crespy*, in-8. 2. *Desrochers*. 3. *Chevalier*, p. 1752. *Gaillard*, sc. 1753, in-fol. maj. 4. N... dans Odieuvre.

LANGUET, (Jean-Joseph) Curé de S. Sulpice à Paris, en 1714, frère du précédent, né à Dijon en 1675, mort en 1750. 1. *Jacq. Chereau*, 1719, in-fol. 2. *Chereau* le jeune. 3. *Desrochers*. 4. N... en manière noire. 5. N... dans Odieuvre. 6. *De Saint-Aubin*, del. & sc. 1767, in-4.

LANOY, (Madame de) Abbesse de l'Abbaye aux-Bois. J. *Boulanger*, in-fol. obl.

LANSSAC, (Louis de S. Gelais, Sieur de) Chevalier de l'Ordre du Roi, mort en 1589, âgé de 76 ans. Dessin au Cabinet de M. de Fontette. (Beau.)

LANTIN, (Jean) Conseiller au Parlement de Bourgogne, né à Dijon le 9 Novembre 1620, mort le 14 Mars 1695. Dessin au crayon dans le Cabinet de M. de Fontette.

LANTIN, (J. Bapt.) Poëte Bourguignon, né à Châlon-sur-Saône le 13 Décembre 1572, mort à Dijon le 15 Décembre 1652. Dessin au crayon. *Ibid.*

LARCHANT. (N...) N...

LARCHE, (Michel de) Prieur de S. Mandé & Abbé de S. Léger. *Huret*, 1653, in-fol.

LARCHER, (Dom Nicolas) Docteur en Théologie, Abbé de Cîteaux le 17 Mai 1672, mort le 14 Mai 1712. 1. J. B. *de Cany*, del. N. *Bazin*, sc. 1693, in-fol. 2. H. *Jans*, 1698, in-fol.

LARCHER, (Michel) Seigneur d'Olisy, Président de la Chambre des Comptes; avoit épousé Marie Meraulr. 1. *Nanteuil*, 1649, in-fol. 2. *Bosse*, 1647, in-8.

LARCHER, (Michel) Marquis d'Olisy, Sénéchal de Vermandois. 1. J. *Dieu*, p. *Landry*, sc. 1664, in-fol. 2. Jean *Hélart*, del. J. *Colin*, sc. à Reims, 1671, in-fol.

LARGENTIER, (N...) Maître d'Hôtel de la Reine Anne d'Autriche. M. *Lasne*, 1656, in-fol.

LARGILLIÈRE, (Nicolas de) fameux Peintre en Portraits, né à Paris en 1656, mort en 1746. 1. *Largillière*, lui-même, p. *Chereau*, sc. 1715, in-fol. maj. 2. *Dreyet*. 3. *Dupuy*, 1730. 4. N... dans l'Histoire des Peintres par d'Argenville. 5. *Desrochers*. 6. N... dans Odieuvre.

LARGILLIÈRE, (Marguerite-Elisabeth de) fille du Peintre. *Largillière*, p. *Wille*, sc. in-fol.

LARREY, (Isaac de) Conseiller de la Cour & des Ambassades du Roi de Prusse, & Historiographe; né au Pays de Caux, à Pontevilliers, le 7 Septembre 1638, mort à Berlin le 17 Mars 1719. 1. N... Médaillon, avec Ornemens, 2. *Krauss*, in-8.

LASCAR (Jean-Paul) Castel, Chevalier de Malthe. N... in-8.

LASNE, (Michel) né à Caën, Dessinateur & Graveur ordinaire du Roi; mort à Paris en 1667, âgé de 72 ans. C. *le Brun*, p. N. *Habert*, sc. 1700, in-4.

LASNIER, (Claude) Officier du Roi. N...

LASNIER, (Nicolas) Musicien & Poëte. *Vosterman*.

LASSERÉ, (Louis) Conseiller au Parlement en Décembre 1667, Commissaire aux Requêtes du Palais. *Giffart*, in-4.

LASSERÉ, (Louis) de Tours, Curé de S. Benoît, à Paris. *Aurea Billette*, in-8.

LASSONE, (Joseph-Marie-Fr. de) premier Médecin de la Reine. *Cochin*, del. Aug. *de Saint-Aubin*, sc. 1770, Médaillon, in-4.

LATTAIGNANT, (Gabriel-Charles de) Chanoine de Reims, Auteur de plusieurs Ouvrages de Poésie, né à Paris, *Garaud*, del. & sc. in-12. à l'eau-forte, pour le Recueil de ses Poésies, en Médaillon.

LAVAL, (Urbain de) Marquis de Sablé, Maréchal de France, Chevalier des Ordres du Roi, Gouverneur d'Anjou, mort en 1629. N...

LAVAL, (Gilles de) Maréchal de France, brulé vif dans la Prairie de Nantes en 1440, pour s'être rendu coupable envers le Duc de Bretagne. N...

LAVAL, (Henri de) Bois-Dauphin, fils de Philippe-Emmanuel, Marquis de Sablé, & de Magdelaine de Souvré, Evêque de S. Paul de Léon, puis de la Rochelle en 1661, mort le 22 Novembre 1693. 1. J. *Boulanger*, in-fol. 2. *De Loisy*. 3. J. *Lenfant*, 1660, in-fol. 4. J. *Jollain*, in-fol. maj. (Voy. encore BOIS-DAUPHIN.)

LAVAL. (Guy-André, Comte de) *Duflos*, 1727, in-fol.

LAVAL, (François de) premier Evêque de Québec en 1673, y mourut en 1708, âgé de 86 ans. *Duflos*, in-4.

LAVAL. (Guy de) N... en petit.

LAVAL, (Guy-Paul de Coligny, Comte de) mort en 1586, avoit épousé Anne d'Alègre. Dessin au Cabinet de M. de Fontette.

LAVAL, (Henri-Antoine de) Géographe, né en Bourbonnois le 14 Octobre 1550, premier Géographe du Roi en 1583, après Nicolas de Nicolaï : il mourut environ l'an 1630. Th. *de Leu*, in-8. Tenant un Livre & un Casque.

LAVARDIN. Voy. BEAUMANOIR.

LAVARIE, (J. Bapt. de) Prêtre, mort en 1704. N...

LAVAU, (Guy de) de Paris, Conseiller au Parlement le 28 Aout 1579, ensuite Secrétaire du Roi. Th. *de Leu*, 1589, in-4.

LAUBRIERE. Voy. le FEVRE.

LAUDONNIERE, (René de) Commandant de la première Flotte de France, qui fut envoyée en Amérique. Crispin *de Pas*, 1598, in-8.

LAUNAC. Voy. FIEUBET.

LAUNAY,

des François illustres.

LAUNAY, (Pierre de) Conseiller d'Etat. *Lombart*, d'après Fr. *de la Mare Richard*, in-fol.

LAUNAY, (Nicolas de) Directeur des Médailles. *Rigaud*, p. 1713. *Chereau*, sc. 1719, in-fol. maj.

LAUNAY, (Guillaume de) dit *Gelin*, Comte de Montfort, Compagnon d'armes de Bertrand du Guesclin en 1372. N... in-4.

LAUNSY, (Hector de) des Loges. P. R. 1605, in-8. avec Devise & quatre Vers.

LAUNOY, (Jean de) Docteur en Théologie, né près de Valogne, Diocèse de Coûtances, mort à Paris le 10 Mars 1678, âgé de 78 ans. 1. N. *Habert*, d'après *Strefor*, 1687, in-4. 2. Jac. *Lubin*, 1700, in-fol.

LAURA SADA, Aveniensis Petrarchæ Musa, ou *la Belle Laure*, Maîtresse de Pétrarque, née à Avignon le 4 Juin 1314, morte dans cette Ville en 1348. 1. *Palma*, p. W. *Hollar*, sc. 1650, in-fol. 2. N... in-8. 3. *Desrochers*. 4 & 5. Deux autres petits Portraits tirés du Livre de Tomasini, dont l'un gravé par H. *David*, in-4.

LAURANS, (Joseph de) Président au Parlement de Provence. *Coussin*, d'après *Puget*, in-fol. en manière noire.

LAURENS, (André du) Conseiller & Médecin ordinaire du Roi Henri IV. mort en 1609. 1. Agé de 39 ans, N... à Paris, in-4. 2. L. *Gaultier*, 1628, in-4. Frontispice des Œuvres de du Laurens. 3. N... 4. *Audran*.

LAURENS, (Gaspard du) né à Senonches en 1567, fils de Louis du Laurens, Docteur en Médecine, & de Louise Castellan, frère d'André, Médecin; devint Archevêque d'Arles en 1603, & mourut à Arles le 2 Juillet 1630. 1. J. *Bonfer*, in-4. 2. *Sarret*, in-4. dans une Ordonnance.

LAURENS, (Pierre du) Prieur-Majeur de Clugni, Evêque de Belley en 1677, mort le 13 Janvier 1705, à Belley, âgé de 92 ans. Alex. *Dubuisson* de S. Victor, p. 1670. G. *Vallet*, sc. in-fol.

LAURENT, (le Père) de Paris, Prédicateur Capucin, âgé de 68 ans. M. *Lasne*, in-4.

LAURENT, (Pierre) Jésuite. Fr. *de Witt*.

LAURENT, (Anne-Marguerite du) morte en 1733. N... avec dix Vers.

LAURUS, (Vincent) ou du Laurier, en fraise, tenant dans sa main une branche de laurier; âgé de 25 ans en 1589. 1. J. *de Gheyn*, 1589, in-8. 2. M. *Lasne*, 1636, in-8. 3. Dessin au Cabinet de M. de Fontette, 1626.

LAURY, (Remy du) Prevôt de l'Eglise Collégiale de S. Pierre de Lille, ci-devant Archidiacre, Vicaire-Général & Official de Namur, âgé de 70 ans en 1677. *Vanvost*, p. G. *Edelinck*, sc. in-fol.

LAUTREC, (Odet de Foix, Sieur de) Maréchal de France, mort en 1528, de la peste, faisant le Siège de Naples. 1. N... dans Thevet. 2. N... en petit. 3. Dessin au Cabinet du Roi. 4. Deux Dessins au Cabinet de M. de Fontette.

LAW, (Jean) Contrôleur-Général en 1720, fameux par son Système, fut obligé de quitter la France, & alla mourir à Venise presque dans l'indigence. 1. *Habert*, p. *Langlois*, sc. in-fol. 2. N... dans Odieuvre, d'après *Schmidt*.

LAUZIÈRES, (Pons de) Thémines-Cardaillac, Marquis de Thémines, Chevalier des Ordres du Roi, Sénéchal & Gouverneur de Quercy, Maréchal de France le 1 Septembre 1616, Commis au Gouvernement de Bretagne en 1626; mourut à Aurai en Bretagne, l'an 1627. 1. *Daret*, in-4. 2. *Moncornet*.

LAUZUN, (Madame la Duchesse de) fille de M. de Lorges. 1. *Trouvain*, in-fol. 2. *Bonnart*, in-fol.

Tome IV. Part. II.

LÉBERON, (M^r de) neveu du Maréchal de Montluc. N... tiré du Père de Montfaucon, in-4. obl.

LEBEUF. Voy. BEUF (le)

LÉCHALLIER, (François) Docteur de Sorbonne. *André Dominicain*, p. *Moyreau*, sc.

LÉDO, (J. Bapt.) de la Rivière, premier Président de la Chambre des Comptes, Aides & Finances de Rouen, en 1708. Simon *Gillet*, p. J. *Langlois*, sc. 1708, in-fol. maj. dans une Thèse.

LÉGER, (Jean) Pasteur Vaudois, âgé de 53 ans. *Bloteling*, in-fol.

LEMENU, (Christophle) de S. Philbert, Musicien, vivant. *Le Fevre*, p. *Baçan*, sc. in-4.

LÉMERY, (Nicolas) Docteur en Médecine, de l'Académie des Sciences, né à Rouen le 17 Novembre 1645, de Julien, Procureur; mourut à Paris le 19 Juin 1715. 1. L. *Ferdinand*, p. C. *Vermeulen*, sc. in-8. 2. N. *Pittau*, 1697, in-4.

LEMPEREUR, (Jean-Denis) ancien Echevin de Paris. *Cochin*, del. *Gonord*, sc. (par le nouvel art du Sieur Magny,) 1761. Médaillon, in-4.

LENCLOS, (Anne ou Ninon de) née à Paris en 1615, renommée par sa galanterie & son esprit, morte en Octobre 1706. 1. *Petit*. 2. N... dans Odieuvre.

LENET, (Henri) Abbé de N. D. de Châtillon-sur-Seine, morte le 27 Novembre 1710. Et. *Gantrel*, 1697, in-4.

LENET, (Pierre) Conseiller d'Etat, né à Dijon, où il exerça la Charge de Procureur-Général au Parlement; mort à Paris le 3 Juillet 1671. Dessin au crayon, dans le Cabinet de M. de Fontette.

LENFANT, (Jacques) né à Bazoche en Beauce, le 13 Avril 1661, de Paul, Ministre (Calviniste) de Châtillon-sur-Loing; fut Ministre à Berlin pendant près de 40 ans, & y mourut le 7 Août 1728. 1. *Picart*, d'après *Pesne*, 1723, in-4. 2. *Gole*.

LENFANT, (Jean) Graveur à Paris. *Langlois*.

LENFANT, (Simon) Général des Finances en la Principauté de Monaco. *Cundier*, à Aix, d'après *Fauchier*, in-fol. dans une Thèse.

LENFANT, (Bruno-Vincent-Louis) Commissaire des Guerres en Provence. *Coussin*, in-fol.

LENFANT, (Louis) Commissaire ordonnateur en Provence. *Vanloo*, in-fol.

LENFANT, (Luc de) Conseiller au Parlement de Provence. Jacq. *Cundier*, in-4. en rond.

LENGLET (Nicolas) du Fresnoy, Prêtre Licentié de Sorbonne, né à Beauvais le 5 Octobre 1674, de Michel Lenglet & Jeanne de Saint-Olon, connu par ses Ouvrages historiques; mourut à Paris le 15 Janvier 1755, âgé de 81 ans. 1. N... dans Odieuvre, in-8. *Tardieu*, sc. d'après *Lobel*. 2. N... dans les Mémoires de Comines, in-4. avec bordure.

LENONCOURT, (Robert de) Evêque de Chaalons, Cardinal le 20 Décembre 1538, mort le 2 Février 1561, enterré dans la Cathédrale de Metz. 1. N... en petit. 2. *Baron*, in-8. 3. Dessin au Cabinet du Roi. 4. Dessin au Cabinet de M. de Fontette.

LENONCOURT, (Madame de) N...

LENOX, (Edme-Stuart, Seigneur d'Aubigny, Comte, puis Duc de) sous Henri III. Dessin au Cabinet du Roi.

LÉONARD (le Père) de Sainte-Catherine de Sienne, Prieur des Augustins Déchaussés de Paris, mort le 19 Décembre 1710, âgé de 73 ans. *Dupré*, p. Et. *Desrochers*, sc. 1711, in-8.

LÉONARD (le Père) de Paris, Capucin, plusieurs fois

Provincial, Définiteur général, Supérieur des Missions Etrangères, mort à Paris le 4 Septembre 1641, âgé de 72 ans. M. *Lasne*, in-4.

LÉONARD, (Frédéric) de Bruxelles, premier Imprimeur du Roi & du Clergé, âgé de 66 ans en 1689. 1. Hyac. *Rigaud*, p. G. *Edelinck*, sc. 1689, in-fol. maj. 2. *Vermeulen*, in-4. Copié sur le précédent. 3. N. *Pittau*.

LESCHASSIER, (François) Prêtre, 1725. *Moyreau*, 1727, in-fol. maj.

LESCHERPIERRE, (Samuel de) dit *la Rivière*, Pasteur (Calviniste) en l'Eglise Françoise à Delft, pendant 39 ans, âgé de 86 ans en 1660. Herm. *Specht*, in-fol.

LESCOMBAT, (la Femme) Marie Taperet, femme de Louis Alexandre Lescombat, Ingénieur, condamnée à mort le 17 Janvier 1755, pour complicité de l'assassinat de son mari, avec Jean-Louis de Mongeot : ne fut exécutée que cinq mois & demi après, le 3 Juillet, ayant feint d'être grosse. 1. *Petit*, in-8. 2. N... in-fol. Prenant du caffé. 3. N... in-4. Tenant un bonnet. 4. N... in-4. Dans un Appartement. 5. N... in-4. A table.

LESCOT, (Jacques) Evêque de Chartres, mort le 22 Août 1656. Dessin à la pierre noire, dans le Cabinet du Roi, in fol.

LESCOT, (N...) Chanoine de l'Eglise de Paris. J. *Lenfant*, del. & sc. 1654, in-fol.

LESCUN, (Thomas de Foix, Sieur de) Maréchal de France, mort en 1524. Dessin au Cabinet du Roi.

LESCUYER, (François) Maître des Comptes. *Gribelin*, del. *Landry*, sc. 1663, in-fol.

LESCUYER, (Girard) *Lagnet*.

LESDIGUIÈRES. Voy. BONNE & CREQUY.

LESPINE, (René, Sieur de) Gentilhomme du Croisic en Bretagne, Poëte, Domestique de Gaston, Duc d'Orléans, né en Septembre 1610. *Daret*, 1637, d'après *Dupré*, in-4.

LESPINÉ, (Pierre) N...

LESRAT, (Guillaume de) Angevin, Président au Présidial d'Angers, mort à Paris le 4 Mai 1583, âgé de 37 ans. 1. N... in-4. pour le Livre de l'Histoire d'Anjou. 2. N... en petit.

LESSEVILLE, (Charles de) Conseiller en la Cour des Aides. Ant. *Masson*, del. & sc. in-fol.

LESSEVILLE, (Eustache le Clerc de) Evêque de Coutances, mort à Paris le 3 Décembre 1665, enterré aux Augustins. 1. R. *Lochon*, 1661, in-fol. 2. *Grignon*, in-fol.

LESTANG, (N... de) Danseur de l'Opera. *Trouvain*, in-fol.

LESTANG, (Christophle de) fils d'Etienne, Seigneur de la Marque, & de Louise de Juyé, fut Abbé d'Uzerche, &c. Evêque de Lodève en 1580, à l'âge de 21 ans, Ambassadeur en Espagne, puis Evêque d'Aleth, & en 1604 de Carcassonne, Commandeur des Ordres du Roi en 1619, Conseiller d'Etat & Directeur des Finances en 1621 ; mourut à Carcassonne le 12 Août de la même année. Dessin lavé à l'encre de la Chine, au Cabinet du Roi.

LESTANG, (Antoine de) Président à Toulouse. *Gaultier*, 1625, in-8.

LESTOCART, (Paschal de) Maître de Musique à Paris. N... en bois, in-4.

LESTONAC, (Jeanne de) Fondatrice des Religieuses Bénédictines de Notre-Dame en 1607, née à Bourdeaux en 1556, fille de Richard, Conseiller au Parlement, & niéce de Michel de Montaigne, morte en 1640. N...

LESTRANGE, (Roger) Ecuyer, âgé de 68 ans en 1684. G. *Kneller*, p. R. *White*, sc. in-fol.

LETÈLE, (Mr de) sous Henri III. Dessin au Cabinet du Roi.

LÉTOUF (Claude de) de Pradines, Baron de Sirot, Lieutenant-Général, né à Sirot en Bourgogne le 12 Juillet 1600, reçut en forçant le Pont de Gergeau un coup de mousquet, dont il mourut à Orléans le 8 Avril 1652. 1. J. J. *Thourneyser*, à Lyon, in-4. 2. P. *Giffart*. Réduction du précédent, en petit. 3. *Basil*.

LÉVÊQUE. Voy. CAVELIER.

LEVIER, (Alexandre) Prêtre, Bachelier en Théologie, mort à Paris sur la Paroisse de S. Leu, en odeur de sainteté, le 12 Mars 1733. 1. N... in-4. 2. *Mathey*, petit Buste, in-24.

LÉVIS, (Philippe de) Cardinal, Archevêque d'Arles, mort en 1475. *Baron*, in-8.

LÉVIS. Voy. VENTADOUR.

LEVRETE, (Andreas) Chirurgus Parisiensis. *Chardin*, p. Ant. *Schlechter*, sc. 1753, in-8.

LIBOR, (Guillaume) de la Buissonnière, Intendant de la Maison d'Elbeuf. *Lenfant*, del. & sc. 1657, in-fol.

LIÉBAUX, (Henri) Graveur en Géographie, mort vers 1760. *Chevalier*, p. 1745. *Will*, sc. 1747, in-4.

LIEU, (François-Antoine) Sieur de Chenevoux, Maître des Comptes. *Nanteuil*, del. & sc. 1667, in-fol.

LIÈVRE, (Esaü le) Chirurgien, à Paris. N... in-8.

LIGNERAC, (Madame de) sous Henri III. Deux Dessins au Cabinet du Roi.

LIGNEVILLE, (Philippe-Emmanuel, Comte de) Maréchal de Camp, Général des Armées de Lorraine. 1. J. *Frosne*, 1659, in-4. 2. *Daret*, 1662.

LIGNY, (Dominique de) fils de Jean, Maître des Requêtes, & de Charlotte Seguier, fut Coadjuteur en 1658 de Dominique son oncle, Evêque de Meaux, & Evêque lui-même en 1659 ; mourut le 27 Avril 1681. 1. *Nanteuil*, 1654, in-fol. En Abbé. 2. *Van Schuppen*, 1658, in fol. 3. *Nanteuil*, 1661, in-fol. En Evêque.

LILLY, (Camille) Historiographe. *Pittau*, 1663.

LIMEUIL. (Mademoiselle de) Voy. Isabeau de la TOUR.

LIMOSIN, (Philippe) né à Paris, Maître Ecrivain, âgé de 36 ans en 1647. *Chauveau*, del. & sc. in fol. dans des Ornemens.

LINGENDES, (Jean de) né à Moulins, Prédicateur ordinaire de la Reine-Mère (Anne d'Autriche), Evêque de Sarlat en 1642, puis de Mâcon en 1650, mort le 2 Mai 1665. *De Loisy*, in-4.

LINGENDES, (Claude de) Jésuite, (aussi de Moulins & de la même Famille que le précédent,) grand Prédicateur, mort le 12 Avril 1660, âgé de 69 ans. 1. Cl. *Mellan*, del. & sc. 1661, in-4. 2. *Van Schuppen*, 1665, in-4.

LINYÈRES, (Bertrand-Claude de) Jésuite, Confesseur du Roi en 1736. 1. Portrait d'idée, par J. le *Blanc*. *Sornique*, in-4. 2. *Ballechou*, d'après *Aved*, in-fol. maj. 3. *Desrochers*.

LIONCY, (Jacques-François) de Marseille, célèbre pour avoir été le premier mobile de la destruction des Jésuites en France, par l'Arrêt qu'il obtint contre eux en 1761. 1. *Carmontel*, del. 1762. *Niger*, sc. in-fol. 2. *Niger*, 1760, in-4. Médaillon.

LIONNE, (Attus de) fils puîné de Sébastien, & de Bonne de Portes ; épousa Isabelle Servien, qui mourut âgée de 21 ans ; fut si touché de cette perte, qu'il s'engagea dans les Ordres sacrés en 1638. Le Roi le nomma Evêque de Gap : il ne voulut pas quitter cet Evêché pour l'Archevêché d'Embrun, qui lui fut offert ; & mourut le 18 Mars 1663. Deſſin à l'encre de la Chine, dans le Cabinet du Roi, in-fol.

LIONNE, (Hugues de) né en Dauphiné l'an 1622, fils d'Artus ; fut à 18 ans premier Commis d'Abel Servien ſon oncle ; employé enſuite dans différentes Ambaſſades & Négotiations, & en 1663 Secrétaire d'Etat pour les Affaires Etrangères ; mourut à Paris en Septembre 1671. Il avoit épouſé Paule Payen, laquelle mourut le 19 Mars 1704, âgée de 74 ans. 1. *Nanteuil*, in-8. 2. *Daret*, in-8. 3. *Larmeſſin*, 1664, in-fol. 4. *Poilly*, in-fol. 5. *La Rouſſière*, in-fol.

LIONNE, (Jules-Paul de) Abbé de Marmouſtier, Prieur de Saint-Martin-des-Champs. 1. *Nanteuil*, 1667, in-fol. maj. 2. Fr. *Poilly*, 1680, in-fol. maj. 3. C. *le Febvre*, p. N. *Poilly*, ſc. 1681, in-fol. maj. 4. P. *Simon*, in-12. 5. J. *Jouvenet* l'aîné, p. G. *Edelinck*, ſc. 1700, in-fol. maj.

LIONNE, (Charles de) de Leſſeins, Abbé de Charlieu, 1674. Fr. *Cars*, à Lyon, in-fol.

LIS, (Madame l'Abbeſſe du) quoique pluſieurs penſent que c'eſt plutôt l'Abbeſſe de Montmartre de la Maiſon de Saint-Aignan, que Henri IV. alloit voir ſouvent. Deux Deſſins au Cabinet du Roi.

LIS, (N. du) de la même famille que la Pucelle d'Orléans. N... in-16. ovale.

LISET, (le Préſident Pierre) ſur ſa mule avec ces mots : *Doctor Juris & Præſes Parlamenti*; mort en ſon Abbaye de Saint-Victor de Paris, en 1554, âgé de 72 ans. N... en bois, in-4.

LISLE, (Claude de) Hiſtorien, (père du Géographe & de l'Aſtronome,) né à Vaucouleurs en 1644, mort à Paris le 2 Mai 1720. N... in-4. avec ſix Vers François de Mademoiſelle l'*Héritier*.

LISLE, (Guillaume de) premier Géographe du Roi, & de l'Académie Royale des Sciences, né à Paris le dernier Février 1675 ; mort le 25 Janvier 1726. Deſſin au Cabinet du Roi, par *Hallé*.

LISLEBONNE, (Mademoiſelle de) ſœur de Madame la Princeſſe d'Eſpinoy. *Trouvain*, in-fol.

LISOREZ, (Cécile de) fille d'un Organiſte de Paris, excellente Muſicienne, avec ces mots : *Vide & audi*. *Bouys*, p. & ſc. 1704, in-fol. en manière noire.

LITOUST, (Jean) Recteur de la Paroiſſe de Saint-Saturnin de Nantes, mort le 22 Août 1729, âgé de 79 ans. J. B. *Scotin*, in-12. ovale.

LIZOT, (Jean) Archiprêtre de Paris, Curé de Saint-Severin, mort le 27 Juin 1705. 1. N. *Habert*, 1704, in-fol. 2. P. *Paſſé*, p. *Thomaſſin*, ſc. 1707, in-fol.

LOBEL, (Matthias de) Medicus & Botanographus Inſulanus. Fr. *Dellarame*, ſc. in-fol.

LOBERAN, (François de) de Montigny, Seigneur d'Ablon, Orgemont, &c. fut employé par Henri IV dans pluſieurs affaires importantes & Ambaſſades, particuliérement en Allemagne, & s'occupa ſur la fin de ſes jours du rétabliſſement des Egliſes : il a été Miniſtre de l'Egliſe Prétendue-Réformée de Paris, & il compoſa un Livre intitulé : *Avertiſſement ſur la dépoſition du Sieur Cayet*, &c. Il mourut le 12 Mai 1619, âgé de 80 ans. M. *Tavernier*, in-4.

LODEURE, (M. de) ſous Henry III. Deux Deſſins au Cabinet de M. de Fontette.

LODON, (M.) ſous Henry III. Deſſin : *Ibid*.

LOFFAITE, (Madame de) ſous Charles IX. Deſſin au Cabinet de M. de Fontette.

LOHÉAC, (André de Laval, Maréchal de) puis Amiral, mort en 1486. N... dans le P. Montfaucon.

LOIR, (Nicolas) Peintre, né à Paris en 1624, mort en 1679. N... dans l'Hiſtoire des Peintres par d'Argenville.

LOISEL, (Pierre) Docteur de Sorbonne, Chancelier de l'Univerſité de Paris, Curé de Saint-Jean-en-Grève. 1. J. *Froſne*, 1671, in-8. 2. *Boiſſevin*. 3. *Picart* le Romain, d'après Fr. *Lemaire*, in-fol. 4. *Langlois*, in-4.

LOISON, (Catherine de) veuve de Pierre le Cornu, Sieur de la Boiſſière. Fr. *de Troy*, p. Ant. *Bouys*, ſc. 1702, in-fol. en manière noire.

LOISON, (Mademoiſelle) 1. Deſſin coloré au Cabinet de M. de Fontette. 2. *De Troy*, p. en Vénus : *Vallée*, ſc. in-fol. maj.

LOISON, (Meſdemoiſelles) ſe promenant aux Thuilleries. *De Saint-Jean*, p. 1694, J. B. *Scotin*, ſc. in-fol.

LOMBARD, (Pierre) appellé *le Maître des Sentences*, Evêque de Paris en 1160, mort en 1164. N... dans Thévet.

LOMÉNIE, (Antoine de) Seigneur de la Ville-aux-Clercs, Secrétaire d'Etat en 1606, mort en 1638, âgé de 78 ans. 1. *Ferdinand*, p. 1622, M. *Laſne*, ſc. 1637, in-4. 2. *Moncornet*.

LOMENIE, (Henri-Auguſte de) Comte de Brienne, Secrétaire d'état, mort en 1666, âgé de 71 ans. 1. *Nanteuil*, del. & ſc. 1660, in-fol. 2. *Rouſſelet*. 3. *Moncornet*.

LOMENIE, (Louis-Henri de) Comte de Brienne, Secrétaire d'Etat en ſurvivance ; ſe retira chez les Pères de l'Oratoire en 1663, mourut en l'Abbaye de Château-Landon le 14 Avril 1698, âgé de plus de 60 ans. 1. J. *Lenfant*, 1662, d'après C. *le Brun*, in-fol. 2. *Rouſſelet*, in-8. Copie du précédent.

LOMENIE, (Charles-François de) de Brienne, Docteur de Sorbonne en 1664, Abbé de Saint-Eloy de Noyon, &c. nommé Evêque de Coutances à la fin de 1666, mort en 1720, âgé de 83 ans. 1. G. *Rouſſelet*, d'après Ant. *Paillet*, 169... in-fol. 2. *Jollain*, 1658, d'après *Boury*. 3. *Rouſſelet*, d'après Ant. *Paillet*, plus grand in-fol. 4. *Valet*, in-fol. 5. C. *Simoneau*, d'après *Dumée*, 1696, in-fol.

LONG. (Madame Jeanne) *Tompſon*.

LONGECOMBE, (Honoré de) Prieur de Nantua. *Tourneyſer*.

LONGEPIERRE, (Hilaire-Bernard de Requeleine, Seigneur de) né à Dijon le 18 Octobre 1659, mort à Paris le 30 Mars 1721. Deſſin au crayon, dans le Cabinet de M. de Fontette.

LONGUEIL, (Richard-Olivier de) Cardinal du titre de Saint-Euſèbe, Evêque de Coutance, Chef du Conſeil des Rois Charles VII & Louis XI, mort le 11 Août 1470. *Moncornet*, 1657, in-4.

LONGUEIL, (Chriſtophe de) fils naturel d'Antoine, Evêque de Léon & Chancelier de la Reine Anne de Bretagne ; naquit à Malines en 1490, fut très-ſçavant dans le Droit, la Médecine & la Théologie : il mourut à Padoue à la fleur de ſon âge, le 4 Juillet 1522, & fut enterré en habit de Religieux dans l'Egliſe des Cordeliers. 1. N... in-24. 2. N. *Larmeſſin*, in-4. pour une Suite.

LONGUEIL, (René de) Seigneur de Maiſons, Préſident à mortier au Parlement de Paris, ſecond fils de Jean, Doyen de la Chambre des Comptes, & de Magdeleine l'Huillier ; fut Conſeiller au Grand-Conſeil en 1618, premier Préſident en la Cour des Aides en 1620, juſqu'en 1642, qu'il fut reçu Préſident à mortier au Parlement le 3 Décembre ; le 16 Mars 1645, il fut fait Gouverneur des Châteaux de Saint-Germain-en-Laye & de Verſailles, puis Gouverneur d'Evreux. Il épousa Magdeleine Boulène de Crevecœur, Dame de Grisolles, & mourut en 1677. C'est lui qui a fait bâtir le beau Château de Maisons, près Saint-Germain-en-Laye. 1. Jaspard *Isaac*, in-fol. obl. dans des Ornemens. 2. *Vanmerlen*, in-fol. 3. C. *Mellan*, del. & sc. in-fol. 4. *Morin*, d'après *Champagne*, in-fol. 5. *Nanteuil*, 1653, in-fol. 6. Idem, 1662, in-fol. 7. G. *Rousselet*, in-fol. 8. M. *Lasne*, in-fol. 9. *Moncornet*. 10. N... dans *Odieuvre*.

LONGUEVILLE. Voy. ORLÉANS.

LONGWY, (Françoise de) femme de l'Amiral de Brion en premières noces, & en secondes, de Jacques de Perusse, Seigneur d'Escars. 1. N... dans le Père Montfaucon. 2. Dessin au Cabinet de M. de Fontette, étant encore fille.

LONGWY, (Claude de) Cardinal de Givry. 1. N... 2. Dessin au Cabinet de M. de Fontette.

LOO, (Dom Arnoul de) Supérieur-Général de la Congrégation de Saint-Maur. *Jouvenet*, p. *Drevet*, sc. in-fol.

LORENS, (Jacques du) Jurisconsulte, Commentateur des Coûtumes de Château-neuf, âgé de 64 ans en 1644, mort en 1655, âgé de 75 ans. Aug. *Quesnel*, del. Cl. *Goyrand*, sc. in-4.

LORET, (Jean) né à Carentan en Basse-Normandie, Poëte burlesque, Auteur de la Gazette en Vers, mort environ l'an 1666. 1. M. *Lasne*, 1646, in-4. avec quatre Vers. 2. *Nanteuil*, del. & sc. 1658, in-fol.

LORGES. Voy. DURFORT.

LORME, (Charles de) Médecin ordinaire des Rois Henri IV & Louis XIII, premier Médecin de Gaston Duc d'Orléans, Trésorier de France à Bordeaux; mort à Moulins en 1678, âgé de 94 ans. 1. Jacq. *Callot*, à Nancy, 1630, in-4. avec ses Figures symboliques & des Inscriptions Grecques. 2. *Auroux*, sc. in-8.

LORME, (Jean de) Médecin ordinaire des Rois Henri IV & Louis XIII, premier Médecin de la Reine Louise de Vaudemont, & de la Reine Marie de Médicis; âgé de 79 ans en 1625. 1. M. *Lasne*, 1625, in-8. 2. *Auroux*, in-12.

LORME, (Charles-François de) Abbé de Sainte-Geneviève en 1760-1766. *Duplessis*, p. *Tardieu*, sc. in-fol.

LORME, (Philibert de) Lyonnois, Aumônier & Architecte du Roi Henri II, Abbé de Saint-Serge d'Angers; mort en 1577. N... en bois, in-4.

LORRAIN, (Claude le) ou Claude Gelée, né en Lorraine l'an 1600, grand Peintre & des meilleurs Paysagistes, séjourna long-temps à Rome, où il mourut en 1682, dans un âge fort avancé : il a gravé plusieurs de ses Ouvrages à l'eau-forte avec beaucoup d'art. 1. N... in-12. en rond dans les Vies de Sandiart. 2. N... dans l'Histoire des Peintres par d'Angerville.

LORRAIN, (Robert le) Sculpteur, né à Paris en 1666, mort en 1743. *Nonnotte*, p. *Tardieu*, sc. 1749, in fol.

LORRAINE, (René II. Duc de) mort le 10 Décembre 1508. *Odieuvre*, pour les Mémoires de Comines, in-4. avec bordure.

LORRAINE, (Charles II. Duc de) Dessin au Cabinet de M. de Fontette.

Claude de France, sa femme, fille de Henri II. Dessin dans le même Cabinet.

LORRAINE, (Henri Prince de) Marquis du Pont, fils de Charles III. Duc de Lorraine. 1. L. *Gaultier*, in-4. 2. Paul *de la Hove*, in-4. N... in-fol. 4. Th. *de Leu*, in-4. avec quatre Vers.

LORRAINE, (Louis de) Prince de Phaltzbourg. Jac. *Callot*, in-fol. à cheval.

LORRAINE, (Henriette de) Princesse de Phaltzbourg. C. *Galle*, d'après *Vandyck*, in-fol.

LORRAINE, (Henri de) Comte de Chaligny, âgé de 20 ans en 1589. 1. Dessin au Cabinet du Roi. 2. Th. *de Leu*, in-8.

LORRAINE, (Louis de) Comte de Vaudemont, second fils du Duc René II, mort de la peste en 1528, au Siège de Naples. N... en petit.

LORRAINE, (Nicolas de) Duc de Mercœur, Comte de Chaligny. *Wocriot*, en petit rond. (Voyez SAVOYE.)

LORRAINE, (François de) troisième fils de Henri Comte de Chaligny, & de Claude de Mouy; né à Fougères en Bretagne le 12 Mars 1601, fut nommé Evêque de Verdun. *Daret*, 1654, in-4.

LORRAINE, (Philippe-Emmanuel de) Duc de Mercœur & de Penthièvre, Prince du Saint-Empire & de Martigues, Gouverneur de Bretagne, fils de Nicolas Comte de Vaudemont; mourut à Nuremberg en 1602. 1. Ph. *Thomassinus*, 1595, in-fol. à cheval. 2. Th. *de Leu*, in-4. 3. Hier. *Wierx*, in-fol. avec quatre Vers. 4. Ant. *Wierx*, in-8. 5. P. *Gourdelle*, in-4. 6. N... in-4. 7. *Moncornet*, in-4. 8. N... dans *Odieuvre*.

LORRAINE, (Marguerite de) fille de Nicolas Comte de Vaudemont, sœur de la Reine Louise & du Duc de Mercœur, épousa Anne Duc de Joyeuse. Th. *de Leu*, in-8.

LORRAINE, (Charles-Henri de) Prince de Vaudemont. *Rane*, p. *Larmessin*, sc. in-fol. maj.

Madame la Princesse de Vaudemont. *Mariette*.

LORRAINE, (Henri de) Marquis de Moy. 1. N. *Pitteau*, in-fol. dans des Ornemens. 2. *Nanteuil*, in-fol.

LORRAINE, (Claude de) fils de René II, Duc de Lorraine, premier Duc de Guise, né le 20 Octobre 1496; vint s'établir en France l'an 1506, mort à Joinville le 12 Avril 1550. 1. Deux Dessins au Cabinet du Roi. 2. N... in-4. avec Antoinette de Bourbon, sa femme. 3. Trois Dessins au Cabinet de M. de Fontette.

Antoinette de Bourbon, sa femme, morte le 20 Janvier 1558, âgée de 89 ans. 1. N... dans le Père Montfaucon. 2. Deux Dessins au Cabinet de M. de Fontette. 2. Autre Dessin au crayon rouge, ovale, dans le même Cabinet.

Leurs enfans. N... in-4.

LORRAINE, (Jean Cardinal de) frère d'Antoine Duc de Lorraine, & de Claude Duc de Guise; né en 1490, mort en 1550. Dessin au Cabinet de M. de Fontette.

LORRAINE, (N. de) de Vaudemont, autre frère d'Antoine Duc de Lorraine, mort au Siège de Naples. Dessin au Cabinet de M. de Fontette.

LORRAINE, (François de) Duc de Guise, fils de Claude, tué devant Orléans par Jean Poltrot de Méré, le 24 Février 1563. Il avoit épousé Anne d'Est. 1. N... in-4. de son temps même. 2. N... dans *Thévet*. 3. *Duflos*, in-4. 4. N... dans le Livre de la Gallerie du Palais-Cardinal, in-fol. en pied. 5. Le même, copié, in-4. 6. Dessin au Cabinet du Roi. 7. J. *Rolet*, in-8. 8. L. *Gaultier*, in-8. 9. N... en petit. 10. N... in-4. petit ovale entouré d'une bordure qui contient ses Exploits. 11. N... dans *Odieuvre*. 12. Dessin au Cabinet de M. de Fontette.

Anne d'Est, sa femme. Dessin au Cabinet de M. de Fontette.

LORRAINE, (Charles de) fils de Claude Duc de Guise, né à Joinville le 17 Février 1524. A l'âge de 15 ans, Archevêque de Reims, dont il fonda l'Université en 1555, Cardinal en 1547, assista au Concile de Trente en 1573; institua l'Université de Pont-à-Mousson, & réforma celle de Paris en 1574; mourut cette même année à Avignon, où il étoit allé au-devant de Henri III. Son corps fut porté en l'Eglise de Reims, où il avoit fait faire lui-même son Tombeau. 1. N... dans Thevet. 2. Dans le Livre de la Gallerie du Palais-Cardinal, in fol. en pied. 3. N... in-4. l'année de sa mort, 1574. 4. N... en petit. 5. *Duflos*, in-4. 6. *Moncornet*. 7. Dessin au Cabinet de M. de Fontette. 8. *Baron*, in-8.

LORRAINE, (Louis de) Cardinal de Guise, frère du précédent, né en 1527, mort à Paris le 28 Mars 1578, âgé de 56 ans. 1. Dessin au Cabinet du Roi. 2. Dessin au Cabinet de M. de Fontette.

LORRAINE, (Henri de) Prince de Joinville, puis Duc de Guise, fils de François, & d'Anne d'Est; fut surnommé *le Balafré*, & tué aux Etats de Blois en 1588, le 22 Décembre. 1. *Th. de Leu*, in-8. jeune. 2. L. *Gaultier*, in-4. jeune. 3. Idem, in-4. plus âgé. 4. *Th. de Leu*, in-8. plus âgé. 5. Dans le Livre de Schrenckius, in-fol. en pied. 6. *Le Blond*, 1588, in-fol. avec Privilège de la Sainte-Union. 7. *Larmessin*. 8. N... en petit. 9. N... dans Odieuvre. 10. Dessin au Cabinet de M. de Fontette, étant encore jeune. 11. Autre Dessin, plus âgé, au Cabinet de M. de Fontette. (Beau.) 12. Autre petit Dessin. Ibid. (Joli.)

Catherine de Clèves, sa veuve, morte le 11 Mai 1633, âgée de 85 ans. *Gourdelle*, 1588, in-8. (Rare.)

LORRAINE, (Louise de) fille de Henri, épousa François de Bourbon, Prince de Conti. (Voyez BOURBON.)

LORRAINE (Louis de) II, Cardinal de Guise, fils de François & d'Anne d'Est, né à Dampierre le 6 Juillet 1556, Archevêque de Reims en 1574, Cardinal en 1578, tint un Concile Provincial à Reims en 1583, fut tué à Blois le 23 Décembre 1588. 1. *Th. de Leu*, in-8. 2. *Harrezvin*, in-12. 3. N... dans Odieuvre.

LORRAINE, (Charles de) Duc de Guise & Gouverneur de Provence, né le 20 Août 1571, mort à Cuna dans le Siénois le 3 Septembre 1640. 1. *Th. de Leu*, in-4. 2. Idem, in-8. 3. M. *Lasne*. Agé de 73 ans. 4. N... dans le Livre des Triomphes de Louis *le Juste*, in-fol. 5. *Moncornet*, in-4. 6. *Van Lochon*, in-12.

Henriette-Catherine de Joyeuse, Duchesse Douairière de Guise, avoit épousé, 1°. Henri de Bourbon, Duc de Montpensier; 2°. Charles Duc de Guise; mourut à Paris d'une fluxion de poitrine, le 25 Février 1656, âgée de 71 ans. M. *Lasne*, 1650, in-fol. (Voy. encore BOURBON.)

LORRAINE, (Achilles de) Prince de Guise, Comte de Romorantin, fils naturel de Louis III, Cardinal de Guise, & de N. des Essars; fut Général pour la République de Venise, & tué en 1648, âgé de 32 ans. H. *David*, in-fol.

LORRAINE, (Louis de) fils de Charles, fut Duc de Joyeuse & d'Angoulesme, &c. Prince de Joinville, Sénéchal héréditaire de Champagne, Colonel-Général de la Cavalerie légère, Pair & Grand-Chambellan de France; fut blessé au Siège d'Arras, dont il mourut trente-six jours après de la blessure, à Paris le 27 Septembre 1654. Il avoit épousé Françoise-Marie de Valois, héritière d'Angoulesme. 1. J. *Frosne*, in-4. 2. *Moncornet*.

LORRAINE, (Henri de) second fils de Charles, fut Duc de Guise, &c. Généralissime des Armées de la République de Naples, né à Paris le 4 Avril 1614, embrassa d'abord l'état Ecclésiastique, fut nommé Archevêque de Reims en 1629, à l'âge de 15 ans, mais ne fut point sacré, & donna sa démission en 1641, reprit le titre de Duc de Guise, sous lequel il se fit connoître par ses Expéditions dans le Royaume de Naples, &c. mourut à Paris le 2 Juin 1664. 1. Joan. *Comin*. Néapoli, in-fol. 2. L. *Cittermans*, p. S. *Morin*, sc. in-fol. 3. L. *Hans*, p. *Rousselet*, sc. 1656, in-fol. 4. *Daret*, in-fol. à cheval. 5. C. *David*, in-fol. jeune, à genoux, avec Godefroy de Bouillon. 6. L. *Moreau*, in-fol. à genoux, la Ville de Reims dans le lointain. 7. M. *Lasne*, in-fol. 8. *Larmessin*.

LORRAINE, (Marie de) Duchesse de Guise, Princesse de Joinville, dite *Mademoiselle de Guise*, née à Paris le 15 Août 1615, de Charles & de Henriette-Catherine de Joyeuse; resta seule de la branche de Guise, & mourut le 3 Mars 1688. 1. P. *Mignard*, p. A. *Masson*, sc. 1684, in-fol. (Beau.) 2. *Picart* le Romain, 1686, in-8. 3. *Moncornet*, in-4.

LORRAINE, (Louis-Joseph de) Duc de Guise, fils de Louis, Duc de Joyeuse, & de Françoise-Marie de Valois; mort le 30 Juillet 1671. *Mellan*, 1659, in-fol.

Elizabeth-Charlotte d'Orléans, sa femme, fille de Gaston & de Marguerite de Lorraine; née le 26 Décembre 1646, mariée le 15 Mai 1667, avec Louis-Joseph de Lorraine; mourut à Versailles le 17 Mars 1696; fut enterrée à Paris aux Carmélites du Fauxbourg Saint-Jacques. 1. P. *Mignard*, p. J. *Vanderbruyen*, sc. in-fol. en manière noire. 2. *Smith*. 3. *Larmessin*.

LORRAINE, (François-Joseph de) fils de Louis-Joseph, &c. dernier Duc de Guise, mort jeune, le 16 Mars 1675, étant né le 28 Août 1670. A. *Paillet*, p. 1674. G. *Vallet*, sc. in-fol. dans une Thèse.

LORRAINE, (Charles de) Duc de Mayenne, second fils de François, Duc de Guise, &c. Lieutenant-Général de l'Etat pendant la Ligue; né à Alençon le 26 Mars 1554, mort à Soissons le 4 Octobre 1611. 1. Jeune : Dessin dans le Cabinet de M. de Fontette. 2. De son temps même : *le Blond*, in-fol. avec le Chapelet de la Ligue. 3. N... dans le Livre de Schrenckius, in-fol. en pied. 4. Autre encore du temps, N... petit ovale. 5. *Moncornet*. 6. N... dans Odieuvre. 7. Th. *de Leu*, in-8. encore très-jeune.

LORRAINE, (Henri de) fils de Charles & de Henriette de Savoye, Duc de Mayenne & d'Aiguillon, Pair & Grand-Chambellan, Gouverneur de Guyenne; fut blessé au Siège de Montauban, en 1621, d'un coup de mousquetade à l'œil, dont il mourut peu après. Il avoit épousé Henriette de Gonzague, dont il n'eut point d'enfans. 1. *Daret*, in-4. 2. N... dans le Livre des Triomphes de Louis *le Juste*, in-fol.

LORRAINE. (Marguerite de) *Le Blond*, in-fol.

LORRAINE, (Claude de) Duc de Chevreuse, mort le 24 Janvier 1657, âgé de 79 ans. 1. *Juste d'Egmont*, p. R. *Lochon*, sc. 1654, in-fol. 2. N... in-12. 3. *Moncornet*.

Marie de Rohan, sa femme, qui avoit épousé en premières nôces le Connétable de Luynes, morte le 12 Août 1679. 1. *Vunol*, in-fol. 2. *Moncornet*. 3. N... dans Odieuvre.

LORRAINE, (Charlotte-Marie de) Demoiselle de Chevreuse, leur fille, née en 1627, morte en 1652. *Daret*, 1654, in-4.

LORRAINE Elbœuf : Marguerite Chabot, Duchesse d'Elbœuf, (mère de Charles qui suit) *Daret*, 1640, in-4.

LORRAINE, (Charles de) Duc d'Elbœuf, mort à Paris le 5 Novembre 1657, âgé de 61 ans. 1. N... dans le Livre des Triomphes de Louis *le Juste*, in-fol. 2. N... en petit, pendant la guerre de Paris. 3. *Moncornet*.

Catherine-Henriette, légitimée de France, sa femme, mariée en 1619, morte le 20 Juin 1663, âgée de 67 ans. P. *Vary*, p. J. *Frosne*, sc. 1659, in-fol.

LORRAINE, (Charles de) Comte de Marsan; né en 1648, mort le 13 Novembre 1708. 1. *Bonnart*, in-fol. 2. *Trouvain*, in-fol.

Madame la Comtesse de Marsan. *Trouvain*, in-fol.

LORRAINE, (Henri de) Comte de Harcourt, dit *le Cadet la Perle*, Grand-Ecuyer de France, né le 20 Mars 1601, mourut d'apoplexie le 25 Juillet 1666. 1. N... dans le Livre des Triomphes de Louis *le juste*, in-fol. 2. *Jougman*, in-12. 3. P. *de Jode*, à Anvers, in-4. 4. *Moncornet*. 5. *Gribelin*, p. *Humbelot*, sc. in-fol. 6. *Larmessin*. 7. Phil. *Champagne*, p. J. *Morin*, sc. in-fol. 8. *Le Blond*, in-fol. 9. *Landry*, 1660, in-fol. 10. Corn. *Meyssens*, à Vienne, 1666, in-fol. 11. Nic. *Mignard*, p. à Avignon. Ant. *Masson*, sc. 1667, in-fol. maj. (très-beau.) 12. G. *Edelinck*, d'après *Mignard*, 1698, in-fol.

Marguerite-Philippe du Cambout, Comtesse de Harcourt, sa femme. *Moncornet*, in-4.

LORRAINE, (Henri de) Comte de Brionne, reçu en survivance de la charge de Grand-Ecuyer de France, né le 15 Novembre 1661, mort à Versailles le 3 Avril 1712. P. *Largillière*, p. J. *Lubin*, sc. 1686, in-fol.

LORRAINE, (Charlotte de) appellée *Mademoiselle d'Armagnac*, fille du Grand-Ecuyer, née le 6 Mai 1677. 1. *Berey*, in-fol. 2. *Bonnart*, in-fol. 3. *Trouvain*, in-fol.

LORRAINE, (Raymond Bérenger de) Abbé de Harcourt, quatrième fils de Henri, né le 4 Janvier 1647, Abbé de Saint-Faron de Meaux, mort en Août 1686. C. *le Febvre*, p. P. *Landry*, sc. 1651, in-fol.

LORRAINE, (Philippe, dit *le Chevalier de*) fils de Henri; Abbé de Saint-Pierre-en-Vallée en 1680. *Trouvain*, in-fol.

LORRAINE, (Louis de) Prince de Lambesc. *De la Mare*, p. *Cars*, sc. in-fol. dans une Thèse.

LORRAINE, (François-Armand de) Evêque de Bayeux, mort à Paris au mois de Juin 1728. 1. *Desrochers*, in-8. 2. *Mathey*, petit Buste in-24.

LORRAINE, (Elizabeth-Charlotte de Bourbon-Orléans, Duchesse de) née à Saint-Cloud le 13 Septembre 1676, mariée en 1698 au Duc Léopold-Charles, morte en.... 1. *Pittau*, Vignette & Médaillon, avec Ornemens. 2. *Desrochers*.

LORRAINE, (la Bienheureuse Margueritte de) petite-fille de René, Roi de Sicile, veuve de René de France, Duc d'Alençon, Fondatrice de plusieurs Monastères des Filles de l'Ordre de Sainte-Claire; morte Religieuse en celui d'Argentan (où son corps est encore en entier) le 2 Novembre 1521. 1. *Van Schuppen*, 1660, in-4. 2. N... in-4.

LORRAINE, (Henriette de) Abbesse de Notre-Dame de Soissons, morte le 24 Janvier 1669, âgée de 77 ans. N... in-8.

LORRAINE, (Armande Henriette de) fille de M. le Comte de Harcourt, Coadjutrice, & depuis Abbesse de Notre-Dame de Soissons, morte à Paris le 19 Mai 1684, âgée de 44 ans. 1. *Van Schuppen*, 1668, d'après Ant. *Barthelemy*, in-fol. 2. Ant. *Trouvain*, 1680, d'après P. *Mignard*, in-4.

LORRY, (Paul-Charles) Docteur en Droit, & Professeur à Paris, mort le 6 Novembre 1766. Nat. *Hallé*, p. *Ingouf*, J. sc. in-fol. 1772, dans la Gallerie Françoise, Cahier V.

LORTIE, (André) ci-devant Ministre de l'Eglise Prétendue-Réformée de la Rochelle, & ensuite de Londres. *Van Somer*, 1681, in-fol. en manière noire.

LOSSE, (Mr de) sous Charles IX. Deux Dessins au Cabinet de M. de Fontette.

LOTIN (François) de Charny, Conseiller au Parlement, le 11 Mars 1632, puis Président aux Enquêtes. *Nanteuil*, del. & sc. in-fol.

LOTIN (Isidore) de Charny, Conseiller au Grand-Conseil. *Janson*, in-fol.

LOUBAISSIN (François) de la Marque. Agé de 29 ans, *Piquet*, 1617, in-8.

LOUBE, (Mademoiselle de) fille d'Honneur de Madame. 1. *Bonnart*, 1694, in-fol. 2. *Trouvain*, in-fol.

LOUDON, (Geoffroy de) Evêque du Mans. N... in-8.

LOUE, (Mademoiselle de) sous François I. Dessin au Cabinet du Roi.

LOUET, (Georges) Abbé de Toussaint & Doyen de l'Eglise Cathédrale d'Angers, Conseiller au Parlement de Paris, mort en 1608. 1. *Conradus*, in-fol. 2. *Stuerhelt*, in-4.

LOUIS. (les Rois) Voy. FRANCE.

LOUIS, (Antoine) Secrétaire perpétuel de l'Académie Royale de Chirurgie, né à Metz en 1723, (vivant.) J. S. *Chardin*, p. S. C. *Miger*, sc. 1766, in-4.

LOUISE (Sœur) Thérèse de S. Antoine; Carmélite, morte le 5 Octobre 1716, âgée de 29 ans & demi. *Apparuit*, p. *Duflos*, in-8.

Louise de la Miséricorde, Religieuse Carmélite, auparavant Duchesse de la Vallière. Voy. la BAUME le Blanc.

LOUISE (la Mère) de l'Incarnation. N... in-fol.

LOUVARD, (François) Bénédictin, né au Mans, fut le premier de la Congrégation de S. Maur, qui s'éleva contre la Constitution *Unigenitus*; mourut à Schonaw près d'Utrecht, en 1729, âgé de 78 ans. N... in-fol.

LOUVET, (Pierre) né à Beauvais, Médecin & Historiographe du Prince de Dombes; âgé de 56 ans en 1673. N... in-8.

LOWENDHALL, (Voldemar de) Comte du S. Empire, Chevalier des Ordres du Roi, & Maréchal de France en 1747, né à Hambourg en 1700, mort à Paris en 1755. 1. *De la Tour*, p. Fréd. Georges *Will*, sc. 1739, in-fol. dans des Ornemens inventés par Et. *Gravelot*. (Beau.) 2. Fr. *Boucher*, p. *Larmessin*, sc. in-fol. 3. Esquisse au crayon, dans le Cabinet de M. de Fontette. 4. *Petit*, in-fol. ovale. 5. N... dans Odieuvre.

Louvois. Voy. le TELLIER.

LOUZE, (Nicolas-René de) Récollect, mort en 1702. Séb. *Thome*, p. *Ogier*, sc. in-fol.

LOY, (Michel de) né à Caen, Docteur & Professeur en Droit de l'Université de Paris, Doyen des Professeurs, mort à Paris le 10 Décembre 1710, âgé de 85 ans. 1. Et. *Picart* le Romain, in-fol. 2. Idem, 1697, in-fol. Différent.

LOYER, (Pierre le) Seigneur de la Brosse, Angevin, Conseiller au Siège Présidial d'Angers, & Poëte; étoit né à Huillé, Village d'Anjou, le 24 Novembre 1550, & mourut à Angers en 1634. N... dans l'Histoire d'Anjou.

LOYR, (Jean-Antoine du) Chevalier, Sieur de Mattainville, Conseiller au Parlement de Rouen. Ant. *Paillet*, p. Et. *Picart*, sc. in-fol.

LOYSEAU, (Charles) Avocat au Parlement, mort à Paris le 27 Octobre 1627. Jaspard *Isaac*, 1610, in-4.

LUC, (Jean du) Parisien, Avocat, Auteur d'un Recueil du Parlement de Paris, vivoit sous le Règne de Henri II. N... en petit.

LUCAS, (Claude-Honoré) Abbé de Prémontré, mort en 1740, âgé de plus de 80 ans. N... aux Annales de Prémontré.

LUCINGES. (Prosper, Marquis de) N... avec Figures allégoriques.

LUDE. (du) Voy. DAILLON.

LUILLIER, (Jean) Conseiller d'Etat, Maître des Comptes, Prévôt des Marchands de Paris. Agé de 50 ans. Th. *de Leu*, 1594, in-4.

LUILLIER, (Geoffroy) Chevalier, Seigneur d'Orgeval & de la Malmaison, Conseiller d'Etat & Maître des Requêtes. *De la Roussière*, 1657, in-4.

LULLY, (Jean-Baptiste) Secrétaire du Roi, & Surintendant de la Musique de Sa Majesté, né à Florence en 1633, mort à Paris en 1687, enterré aux Augustins de la Place des Victoires. 1. P. *Mignard*, p. *Rousselet*, sc. in-fol. maj. 2. Jac. *Lubin*, 1694, in-fol. 3. *Edelinck*, 1695, in-fol. 4. *Bonnart*, in-fol. 5. *Desrochers*. 6. N... dans Odieuvre. 7. *Cochin*, del. Aug. *de Saint-Aubin*, sc. 1770. Médaillon, in-4.

LUMAGUE, (Marc-Antoine) tenant en sa main droite une Image de la Sainte Vierge, avec ces mots : *Liberalium artium cultor*. M. *Lasne*, in-4.

LUMAGUE, (N...) frère du précédent, avec fraise & manteau ; pour armes, d'azur à la face d'argent, surmonté de trois Croissans de même. *Lasne*, in-4. (Les Lumagnes sont originaires d'Italie, & étoient Banquiers à Lyon.)

LUMAGUE, (Marie) veuve de François Polaillon, Fondatrice de la Maison & Hôpital des Filles de la Providence de Dieu à Paris, morte en 1657. *Boulanger*, in-8.

LUQUIN, (Paul) Général des Hermites de S. Augustin. *Landry*.

LUSIGNAN, (François, Marquis de) Général pour le Roi en Guyenne, sous l'autorité du Parlement de Bourdeaux, environ l'an 1652. N... in-4.

LUSSAN, (Mademoiselle de) vers 1690. *Bonnart*, in-fol.

LUSSAN, (Mademoiselle de) Auteur de plusieurs Histoires & Romans, née à Paris vers 1682, morte le 31 Mai 1758. *Rigaud*, p. 1713. *Fessard*, sc. 1753, in-12. avec quatre Vers.

LUTHUMIÈRE, (François de la) Fondateur du Séminaire de Valognes, mort en 1699. N... in-4.

LUXE. (Mr le Comte de) *Bonnart*, 1694, in-fol.

LUXEMBOURG, (Saint-Pierre de) Cardinal, Evêque de Metz en 1369, mort en 1387. 1. G. *Vallet*, in-4. 2. N... in-4. Porté sur les nuages. 3. *Baron*, in-8.

LUXEMBOURG. (Elisabeth Culembourg, veuve de Jean de) N...

LUXEMBOURG, (Louis de) Comte de Ligny, Chevalier de la Toison d'or, mort en 1503. N...

LUXEMBOURG, (Pierre de) Chevalier de S. Pol. N...

LUXEMBOURG. Voy. MONTMORENCY.

LUZIGNAN, (Geoffroy de) dit *à la Grande dent*. N... dans Thevet.

LYON, (Nicolas) Maire de Troyes. *Herluyson*, p. *Duflos*, in-fol.

M.

MABILEAU, (Urbain-Augustin) Prêtre de l'Oratoire, né à Bourgueil le 13 Août 1672, mort à Paris le 13 Septembre 1734. 1. *Larmessin*, in-fol. 2. *Mathey*, petit Buste, in-24.

MABILLON, (Dom Jean) Bénédictin, illustre par sa science & son humilité, né à Saint-Pierremont, près de Mouson, dans le Diocèse de Reims, le 23 Novembre 1632, mort à Paris le 27 Décembre 1707. 1. *Hallé*, p. *Loyr*, sc. 1708, in-4. 2. *Simonneau*, in-fol. 3. G. *Giffard*, in-12. 4. N... dans Odieuvre.

MACASSOLLE, (Esprit) Chanoine de l'Eglise de Lille (dans le Comtat,) mort en odeur de sainteté, âgé de 61 ans. *David*, del. & sc. à Avignon, in-fol.

MACÉ, (Joseph) Cordelier. *De Quoy*, p. *Aubert*, sc. in-fol.

MACHAULT, (Louis de) Prieur de S. Pierre d'Abbeville, Conseiller-Clerc au Parlement de Paris, reçu le 30 Janvier 1642. J. *Lenfant*, 1670, in-fol.

MACHAULT, (N...) Evêque, (peut-être le même.) J. *Lenfant*.

MACHAULT, (Louis de) ancien Président au Grand-Conseil, âgé de 70 ans en 1664. *Cheron*, p. N. *Bonnard*, 1664, in-fol.

MACZON ou Maçon, (Robert le) Chevalier, Sieur de Trèves en Anjou, Chancelier de France en 1418 & 1420, mort le 2 Janvier 1442. Son Tombeau comme il est à Trèves en Anjou. N...

MAGALOTTI, (Bardo Bardi) Gentilhomme Florentin, Lieutenant-Général des Armées du Roi, Colonel du Régiment Royal Italien, Gouverneur de Valenciennes, mort à Paris le 10 Avril 1705, âgé de 75 ans. *Largillière*, p. A. *Vermeulen*, sc. 1695, in-fol. maj.

MAGDELEINE, (la Vénérable Mère) de S. Joseph, Carmélite à miracles, morte 30 Avril 1637, âgée de 59 ans. 1. *Regnesson*, in-8. 2. *Boulanger*. 3. *Huret*, in-4. & in-8. 4. *Landry*, in-4. 5. *Voligny*, in-8.

MAGDELEINE (la Vénérable Mère) de Jesus-Maria, Carmélite Déchaussée, native de Gènes, de la Maison de Centurioni, parente & alliée de Sainte Thérèse, de S. Charles Borromée, & de S. François de Borgia, l'une des trois qui furent envoyées pour fonder le Monastère d'Avignon ; fonda ensuite ceux de Carpentras & de Chambéry ; mourut en 1645, âgée de 59 ans. N. *Auroux*, à Lyon, in-4.

MAGDELEINE (la Vénérable Mère) Martine de la Sainte Trinité, Fondatrice de l'Ordre de Notre-Dame de Miséricorde, morte en odeur de sainteté à Avignon, le 20 Février 1678, âgée de 66 ans. 1. L. *David*, à Avignon, 1679, in-fol. 2. *Beaujan*, à Toulouse, in-fol.

MAGDELEINE (la Révérende Mère) de S. François de la Grange-le-Roi, quitta une Abbaye pour se rendre Capucine : elle l'a été 40 ans, & est morte en odeur de sainteté le 29 Août 1658, âgée de 69 ans. *Landry*, in-8.

MAGDELEINE (la Révérende Mère) de la Passion, dont le nom de Famille étoit de Rieux, Supérieure générale de la Congrégation de Notre-Dame du Calvaire, morte le 15 Avril 1663, âgée de 64 ans. A. *Paillet*, del. *Vallet*, sc. in-fol. obl.

MAGDELEINE, (Léonor de la) Marquis de Ragny, sous Henri IV. Dessin au Cabinet du Roi.

MAGDELEINE (Errard-Anne de la) Ragny, grand Procureur de l'Abbaye de S. Claude en Franche-Comté. N. *Auroux*, à Lyon, 1664, in-fol. obl.

MAGNY, (N...) Acteur dansant à l'Opera de Thésée. *Mariette* & *Berain*, in-fol.

MAIGNAN, (Emmanuel) Religieux Minime, né à Toulouse le 17 Juillet 1601, sçavant dans la Physique & les Mathématiques, mort à Toulouse le 29 Octobre 1676. J. *Michel*, p. Nic. *Bazin*, sc. 1702, in-4.

MAIGNARD, (Charles) Seigneur de Bernières, Président au Parlement de Rouen. Pierre *Vanlangren*, in-fol.

MAILLARD, (Paul des Forges) Poëte François, né au Croisic en Bretagne, l'an 1699. *Desrochers.*

MAILLART, (Jean) Conseiller au Parlement de Bourgogne. 1. Et. *Picart*, in-fol. 2. *Humbelot.*

MAILLÉ, (Simon de) fils de Guy, Seigneur de Brezé, Gouverneur d'Anjou, Religieux de Citeaux, Evêque de Viviers, puis Archevêque de Tours en 1554, assista au Concile de Trente avec le Cardinal de Lorraine, & mourut le 11 Janvier 1597, âgé de 82 ans. Fr. *Stuerhelt*, in-8.

MAILLÉ, (Urbain de) Marquis de Brezé, Chevalier des Ordres du Roi, Maréchal de France, Gouverneur d'Anjou, épousa Nicole du Plessis-Richelieu, & mourut en Février 1650, âgé de 53 ans. *Moncornet*, in-4.

MAILLÉ, (Armand de) Duc de Fronsac, fils d'Urbain, en 1643, Surintendant général de la Navigation & Commerce de France; fut tué sur mer au Siège d'Orbitelle d'un coup de canon, le 14 Juin 1646, âgé de 27 ans. 1. N... in-4. 2. *Moncornet*, in-4.

MAILLÉ. (Louis de) *Stuerhelt*, in-4.

MAILLÉ. (Louise de) *Stuerhelt*, in-4.

MAILLÉ. (la Bienheureuse Marie de) J. *Baugin*, in-8.

MAILLET. (Benoît de) Lorrain, Consul en Egypte, & Envoyé de Sa Majesté en Ethiopie, né en 1659, & mort en 1738. 1. *Jeaurat*, 1755. 2. *François*, in-12. dans l'Histoire des Philosophes par Savérien.

MAILLY. (Catherine de) *Drevet*, 1698, in-4.

MAILLY, (la Comtesse de) Dame d'Atours de la Reine, vers 1694. *Trouvain*, in-fol.

MAILLY, (François, Cardinal de) Archevêque de Reims, né le 4 Mars 1658, Cardinal en 1719, mort le 13 Septembre 1721. 1. *Vanloo*, p. *Drevet*, sc. in-fol. 2. *Drevet*, Vignette avec Ornemens. (Beau.)

MAILLY, (Louis de) Marquis de Nesle, né posthume le 27 Février 1689, Chevalier des Ordres du Roi en 1724. P. *Tortebat*, p. *Trouvain*, sc. 1702, in-fol.

MAIMBOURG, (Louis) né à Nanci, Jésuite, depuis Prêtre Séculier retiré dans l'Abbaye de S. Victor de Paris, où il est mort le 13 Août 1686; ses Ouvrages ont été publiés en 16 vol. in-4. 1. *Lombart*, in-fol. non fini. 2. Agé de 77 ans, *Simoneau*, 1686, d'après *Moclon*, in-4. En habit séculier. Frontispice de son Histoire de S. Léon. 3. *Simoneau*, avec ses Armes, au lieu de l'intitulé du Livre. 4. N. *Habert*, 1686, in-4. 5. *Fiquet*, in-8. Suite d'Odieuvre. 6. *Desrochers.*

MAINE, (Charles, Comte du) né en 1414, mort en 1472. 1. N... dans Odieuvre. 2. Idem, pour les Mémoires de Comines, in-4. avec bordure.

MAINE. (Duc du) Voy. BOURBON.

MAINE, (Louis, Sieur de) Baron de Chabans, Gentilhomme ordinaire de la Chambre du Roi, Général de l'Artillerie de la République de Venise. M. *Lasne*, in-4.

MAINIER, (Accurse) Baron d'Oppède, premier Président du Parlement d'Aix, en 1507. *Cundier*, 1724, in-fol.

MAINIER, (Jean) Baron d'Oppède, premier Président d'Aix, en 1544, mort en 1553. *Cundier*, 1724, in-fol.

MAINIER, (Vincent-Anne de Forbin de) Baron d'Oppède, premier Président d'Aix en 1621, mort en 1631. *Cundier*, 1724, in-fol.

MAINIER, (Jean de) Baron d'Oppède, Président. N...

MAINIER (Henri de) de Forbin, Baron d'Oppède, premier Président d'Aix depuis 1655 jusqu'en 1674.

1. N... petit ovale. 2. *Auroux*, in-fol. 3. *Cundier*, d'après *Miniaud*, in-fol. (Voy. encore ci-après MEYNIER.)

MAIRAN, (Jean-Jacques d'Ortous de) de l'Académie Royale des Sciences, né à Béziers en 1678, mort à Paris en 1770. 1. *Tocqué*, p. *Fiquet*, sc. in-4. 2. *Carmontel*, del. 1760. N... in-fol. 3. *Cochin*, del. S. C. *Miger*, sc. Médaillon, in-4. 4. *Ingouf*, maj. in-fol. 1772, dans la Gallerie Françoise, Cahier VII.

MAIRE, (Guillaume le) Docteur. *Desrochers.*

MAIRE. (Isaac le) *Gosse.*

MAIRET, (Jean) né à Besançon vers 1610, Poëte tragique & tragi-comique, Secrétaire de M. de Montmorency, mort environ l'an 1660. M. *Lasne*, in-4. Frontispice d'un de ses Livres.

MAIROT, (Joseph) Oratorien. N...

MAISONFORT. (Madame de) 1. Dessin de *Dumonstier*, grand in-fol. au Cabinet de M. de Fontette. 2. *Viénot* & J. *le Blond*, in-fol.

MAISONS. Voy. LONGUEIL.

MAISSAT, (Pierre de) Conseiller Secrétaire du Roi, mort en 1703, fort âgé, & Doyen des Secrétaires du Roi. P. *Lombart*, 1666, d'après C. *le Febvre*, in-fol.

MAISTRE, (Gilles le) premier Président du Parlement de Paris en 1551, mort en 1582, enterré aux Cordeliers. N... en petit.

MAISTRE, (Jérôme le) Seigneur de Bellejame, Conseiller au Parlement, le 4 Mai 1646, depuis Président en la quatrième des Enquêtes, fils de Louis, & petit-fils de Gilles; avoit épousé Marie-Françoise Feydeau. 1. J. *Frosne*, 1659, in-fol. 2. J. *Lenfant*, 1669, in-fol.

MAISTRE, (Gilles le) Sieur de Ferrieres, second fils de Louis. *Lenfant*, 1662, in-fol. Jeune.

MAISTRE, (Antoine le) Avocat célèbre au Parlement de Paris en 1638, âgé de 30 ans; se retira à Port-Royal-des-Champs, où il est mort en 1658, âgé de 51 ans. 1. Jac. *Lubin*, 1695, in-fol. 2. *Champagne*, p. C. *Simoneau*, sc. 1697, in-fol. 3. N. *Habert*. 4. *Mathey*, petit Buste, in-24.

MAISTRE (Isaac-Louis le) de Sacy, Prêtre, mort à Pomponne le 4 Janvier 1684, âgé de 71 ans. 1. *Nanteuil*, del. Ant. *Masson*, sc. 1658, in-8. 2. *Champagne*, p. *Trouvain*, sc. in-8. 3. Petr. *Van Schuppen*, d'après *Desprès*, in-fol. 4. J. B. *Nolin*, 1684, in-8. 5. *Crespy*. 6. N. *Habert*, in-8. 7. *Lochon*, in-4. 8. Et. *Desrochers*, in-8. 9. *Ogier*, 1686, in-8. 10. N... petit Buste, in-24.

MALAPERT, (Adrien le) Abbé de Marchienne, en 1650. Et. *Gantrel*, 1691, in-fol. maj.

MALEART. (N...) *Daret.*

MALEBRANCHE, (Nicolas) Prêtre de l'Oratoire, grand Philosophe, né à Paris le 6 Août 1638, de Nicolas, Secrétaire du Roi; mourut le 13 Octobre 1715. 1. *Rochefort*, 1707, in-fol. 2. *Edelinck*, d'après *Santerre*, in-4. 3. *Desrochers.* 4. *François*, d'après *Bachelier*, in-fol. manière de crayon, in-4. 5. N... dans Odieuvre.

MALETESTE, (N....) Avocat, N...

MALEVIRADE, (Mr. de) sous Henri III. Dessin au Cabinet du Roi.

MALEZIEU, (Nicolas de) Chancelier de la Principauté de Dombes, né à Paris en 1650, mort en 1717. *De Troy*, p. G. *Edelinck*, sc. 1700, in-fol. maj.

MALHERBE, (François de) Poëte François, Gentilhomme ordinaire de la Chambre du Roi, né à Caen vers l'an 1555, mort à Paris en 1628. 1. *Dumoustier*, p. L. *Vosterman*, sc. in-4. 2. Jac. *Lubin*, 1695, in-fol. 3. N...

des François illustres. 225

3. N... in-8. petit ovale. 4. D. F. in-12. 5. H. D. in-12.
6. *Bleifwich*, in-12. 7. *Coellemans*. 8. *Mariette*, in-4.
9. A. *Bormans*, in-12. 10. *Briot*, in-fol. dans une bordure de fleurs. 11. Et. *Feffard*, 1755, in-12. 12. C. F. in-12. dans Odieuvre. 13. *Crefpy*, Médaillon au Parnasse François.

MALIER, (Marguerite) femme de Jean Cardinet, Maire d'Orléans. N...

MALIER, (Pierre) Sieur de Monharville, Intendant des Finances. M. *Lafne*, del. & fc. in-fol.

MALINGUE, (M^r) malade imaginaire. *Guérard*.

MALIVERNY, (J. Bapt. de) Président au Parlement de Provence. *Coellemans*, 1724, d'après *Celloni*, in-fol.

MALLERY. (Charles) *Vandick*, p. *Vanderenden*, fc.

MALLET. Voy. MANESSON.

MALLIER (François) du Houffay, Coadjuteur de Troyes en 1636, fit son entrée à Troyes en qualité d'Evêque en titre, le 5 Avril 1642, mort le 11 Octobre 1678. 1. *Nanteuil*, 1664, d'après *Velut*, in-fol. 2. J. *Grignon*, d'après *le Maire*, in-fol. 3. *Huret*, d'après *Girard*. 4. *Mariette*. 5. Son Tombeau, en obélifque, in-fol.

MALLŒC, (M^r de) 1587. Deffin au Cabinet du Roi.

MALLOMPRÉ, (M^r de) Chevalier, Capitaine, &c. avec sa Devise : *En Dieu mon efpérance*. N... in-8.

MALTE, (Suite des Grands-Maîtres de) auparavant de Rhodes, ou des Chevaliers de S. Jean de Jérusalem, pour l'Histoire publiée par l'Abbé de Vertot. *Cars*, in-4. 71 Portraits. (Il y a eu 32 Grands-Maîtres François.)

MANCINI. (Hortense) Voy. la PORTE.

MANCINI, (Louis-Jules Barbon) Duc de Nivernois, Ambassadeur à Rome, Berlin & Londres, 1762, né en 1716. *Ramfay*, p. *Ardell*, fc. in-fol. en manière noire.

MANDELOT, (Madame de) sous Henri III. Deffin au Cabinet du Roi.

MANDRIN, (Louis) fameux Contrebandier, rompu à Valence le 26 Mai 1755. 1. N... in-4. en parallele avec Cartouche. 2. *Petit*. 3. N... 4. N...

MANESSIER (Charles) de Braffigny, Prêtre & Docteur en Théologie, Vicaire-Général de M. le Cardinal de Lyon, décédé le 18 Mai 1675, âgé de 65 ans. *Le Clerc* l'aîné, in-4.

MANESSIER, (Charles) Seigneur de Préville, &c. Lieutenant-Général, Civil & Criminel des Ville & Bailliage de Hefdin & Comté de Saint-Pol, Procureur du Roi à Abbeville. J. *Lenfant*, del. & fc. 1655, in-4.

MANESSIER, (Michel) de Maison, Religieux Auguftin, né en 1685. 1. N... in-fol. 2. *Mathey*, in-12. Bufte.

MANESSON, (Allain) Maller, Parisien, Ingénieur des Camps & Armées du Roi de Portugal, Auteur d'un Livre de Fortifications, intitulé : *Les Travaux de Mars*, & d'une Defcription de l'Univers. 1. *Landry*, 1671, in-8. 2. *Landry*, 1683, in-8. 3. *Ertinger*, 1703, in-8.

MANGET, (Joan. Jacob) Medicinæ Doctor, & Regis Prussiæ Medicus, ætatis 64 ann. 1716. *Guillibaud*, p. *Seiller*, fc. in-fol.

MANGIN. (Jean-Antoine) N...?

MANNEVILLETTE. Voy. HANNYVEL.

MANRIQUE, (Dona) sous François I. 1. Deffin au Cabinet du Roi. 2. Deffin au Cabinet de M. de Fontette.

MANSART, (François) Architecte du Roi, né à Paris en 1598, mort en 1666. 1. *Namur*, p. *Edelinck*, fc. in-fol. 2. A cheval : figure grotefque. *Dorigny*.

MANSART, (Jules Hardouin) Surintendant des Bâtimens en Janvier 1699, mort fubitement à Marly le 11 Mai 1708, âgé de 63 ans. 1. G. *Edelinck*, d'après *Vivien*, 1699, in-fol. 2. *Habert*, d'après *Vivien*. 3. *Edelinck*, d'après *Rigaud*, 1706, in-fol. maj. (Beau.) 4. *De Troy*, p. 1699. C. *Simoneau*, fc. 1710, in-fol.

MANSON, (Pierre) Apoticaire de Viviers : 1597. N...

MARAIS, (Marin) Ordinaire de la Musique de la Chambre du Roi, né à Paris en 1656, mort à Paris en 1728. 1. H. *Bouis*, p. & fc. 1704, in-fol. maj. assis jouant du Thuorbe. 2. *Crefpy*, Médaillon au Parnasse François.

MARAN, (Guillaume) de Touloufe, Jurifconfulte & Professeur en Droit dans cette Ville, où il enseigna pendant 38 ans ; mourut en Décembre 1621, âgé de 72 ans. M. *Lafne*, del. & fc. in-fol.

MARBEUF, (Claude de) Premier Président du Parlement de Rennes. Jafpard *Ifaac*, in-4.

MARCA, (Pierre de) né à Gant, Château de Béarn près de Pau, le 24 Janvier 1594, d'une famille illustre ; Président au Parlement de Pau, Evêque de Couferans en 1642, Archevêque de Touloufe en 1652, nommé à celui de Paris le 26 Février 1662 ; mourut sans en avoir pris possession le 29 Juin de la même année. 1. *Edelinck*, 1695, in-fol. en Archevêque de Touloufe. 2. *Van Schuppen*, 1663, in-fol. Archevêque de Paris. 3. *Rouffelet*, del. & fc. in-fol. en Cardinal.

MARCASSUS, (Pierre de) Régent de Troifième au Collège de la Marche, mort à Paris en Décembre 1664. Il étoit né à Gimont, petite Ville de Gafcogne, vers 1584. *Dumouftier*, p. M. *Lafne*, fc. in-4.

MARCHAND, (Jean-Louis) Organifte, né à Lyon, mort à Paris en 1732, âgé de 63 ans. N... dans Odieuvre.

MARCHE, (Henri de la) né à Parnac, Abbé & Général de l'Ordre de Grandmont en 1694. *Vermeulen*, d'après *Spparrewer*, in-fol. maj.

MARCHE, (Olivier de la) né dans le Comté de Bourgogne, Gentilhomme de Philippe *le Bon* & de Charles *le Hardi*, Ducs de Bourgogne, puis Grand-Maître d'Hôtel de Philippe I, dit *le Bel*, Roi de Castille ; composa des Mémoires & Chroniques, & autres Pièces ; mourut à Bruxelles en 1501. 1. *Baʒan*, in-8. dans Odieuvre. 2. Le même pour les Mémoires de Comines, in-4. avec bordure.

MARCHIN, (Jean-Gaspard-Ferdinand de) Baron de Modave, &c. Maréchal de Camp & Lieutenant-Général pour le Roi en fes Armées de Catalogne, puis passa au fervice du Roi d'Efpagne, devint Comte du Saint-Empire, Chevalier de l'Ordre de la Jarretière, Gouverneur-Général des Armées dans les Pays-Bas ; mourut le 9 Mars 1763. 1. *Moncornet*. 2. *Humbelot*, in-fol. 3. *Coffin*, en petit, dans une Vignette. 4. Corn. *Meyffens*, à Vienne, in fol.

MARCILLAC, (Sylveftre de) né d'une famille noble de Quercy, Evêque de Mende en 1628, mourut à Paris le 20 Octobre 1660, enterré chez les Augustins Déchauffés. 1. *Mellan*, in-fol. obl. dans un petit ovale, soutenu de trois Figures. 2. Sébaft. *Vouillemont*, in-fol. 3. *Spirinx*, 1640, in-fol. 4. N. *Auroux*, in-fol.

MARCOLLA, (Guillaume) Peintre François. N... en bois.

MARCOU, (François) Arquebufier du Roi, vis-à-vis le Petit-Saint-Antoine, âgé de 62 ans en 1657. R. *Lochon*, del. & fc. 1657, in-4.

MARDUEL, (J. Bapt.) Curé de Saint-Roch à Paris,

Tome IV. Part. II. F f

en 1749, né à Lyon le 27 Décembre 1699. *Dauconne*, p. *Gaucher*, sc. 1771, in-4.

Mare, (Antoine de la) Seigneur de Chenevarin. N... 1645, in-fol. avec ses Armes séparées.

Mare, (Philibert de la) Conseiller au Parlement de Dijon, mort en 1687. Dessin au crayon dans le Cabinet de M. de Fontette.

Mare, (Guillaume de la) Curé de Saint-Benoist à Paris, mort vers 1735. Aurea *Billette*, in-8.

Marelle, (Jeanne) Devineresse. Dessin au crayon, dans le Cabinet de M. de Fontette.

Mareschal, (Georges) premier Chirurgien du Roi, Chevalier de l'Ordre de Saint-Michel, né à Calais en 1658, mort en son Château de Bierre le 13 Décembre 1736. 1. *Fontaine*, p. J. *Daullé*, sc. dans Odieuvre, in-8. 2. N... in-4. ovale.

Marescot, (Guillaume) Chevalier, Seigneur de Teviry, &c. Maître des Requêtes, puis Conseiller d'Etat ordinaire. M. *Lasne*, del. & sc. 1634, in-fol.

Marescot, (Michel) Médecin. Albert *Clouet*.

Maresius, (Samuel) Picardus, Theol. Doctor, & Professor Sylvæducensis, postea in Acad. Groningana Ecclesiæ Gallicæ Pastor, ætat. 54 ann. 1653. Ce Pasteur Calviniste étoit né à Oisemont, Ville de Picardie, le 9 Août 1599. Il mourut à Groningue le 18 Mai 1673. 1. N... in-fol. 2. J. J. D. *Stomme*, p. T. *Matham*, sc. 1653, in-fol. 3. N... dans le Recueil de Boissard, in-4.

Mareste, (Antoine de) Avocat-Général en la Cour des Aides de Normandie. B. *Moncornet*, in-4.

Marets, (Jean des) Sieur de Saint-Sorlin, né à Paris vers 1595, Contrôleur Général de l'Extraordinaire des Guerres, puis Secrétaire-Général de la Marine de Levant, premier Chancelier de l'Académie Françoise de 1634 à 1638, Auteur de plusieurs Romans, Poésies & Pièces de Théatre; mort le 28 Octobre 1676, & enterré à Saint-Paul. 1. *Lombart*, d'après *Gascard*, in-4. 2. N..., in-12.

Marets, (Nicolas des) Maître des Requêtes, & Intendant des Finances en 1683, rappellé dans le Conseil en 1703, & fait Directeur-Général des Finances. 1. *Simon*, 1682, in-fol. 2. *Vallet*, in-4.

Marets, (Jean des) Contrôleur-Général de l'Extraordinaire des Guerres. N...

Margalet, (Antoine d) de Luynes, Conseiller de la Chambre des Comptes, Aides & Finances de Provence. *Celloni*, p. Jacq. *Coellemans*, sc. 1704, in-fol. maj.

Margarit, (D. Joseph de) & de Bivar, Marquis d'Aguilar, Lieutenant-Général des Armées-du Roi, & Gouverneur de Catalogne. *Moncornet*, in-4.

Marget, (N...) l'aîné, sous Henri III. Dessin au Cabinet de M. de Fontette.

Marguerie, (Elie L'aîné de la) Premier Président du Parlement d'Aix en 1632, mort en 1656. *Cundier*, 1724.

Marguerit. (Joseph) *Frosne*.

Marguerite (la Vénérable Mère) du Saint-Sacrement, (dont le nom de Famille étoit Acarie) fille de la Bienheureuse Sœur Marie de l'Incarnation, & l'une des douze premières Religieuses Professes en l'Ordre des Carmélites, selon la réformation de Sainte-Therèse en France; fut deux fois Prieure au Couvent de Paris, où elle est morte en odeur de sainteté le 24 Mai 1660, âgée de 70 ans. N... in-fol.

Marguerite (la Vénérable Mère) de Jesus (du Vilar) première Religieuse & Supérieure du premier Monastère de l'Ordre du Verbe incarné, âgée de 73 ans. *Le Pautre*, in-8.

Marguerite (Sœur) du Saint-Sacrement, Religieuse Carmélite du Couvent de Beaune, morte en odeur de sainteté le 26 Mai 1648, âgée de 28 ans, & quatre mois. 1. *Stella*, inv. *Le Doyen*, sc. in-4. 2. J. *Lenfant*, in-4. 3. N. *Bazin*, in-fol. 4. *La Roussière*, in-8. 5. N... à Lyon, 1675, in-4.

Marguerite (la Vénérable Mère) de Jesus, Professe du Monastère de Toulouse, de l'Ordre de Saint-Dominique, Fondatrice des Monastères de Saint-Thomas & de la Croix de Paris, morte en odeur de sainteté le 7 Juin 1657. 1. *Bonnart*, in-fol. 2. *Landry*, in-4.

Marguerite (la Vénérable Mère) de S. Xavier, (de son nom de Famille Couthier) Religieuse Ursuline, morte en odeur de sainteté dans le Monastère de Dijon, le 10 Juin 1647. *Boulanger*, in-4.

Marguerite (la Bienheureuse Mère) de Sainte-Gertrude (du Val) Religieuse Bénédictine, Abbesse du Val-de-Grace, qu'elle quitta, & mourut le 16 Août 1626, âgée de 46 ans. 1. N... in-fol. 2. *Crispin de Pas*, in-12.

Marguerite, (Sœur) Marie, Religieuse de la Visitation de Parray en Bourgogne, qui a établi la dévotion au sacré Cœur de Jesus; morte en odeur de sainteté, le 17 Octobre 1690, âgée de 42 ans. N...] in-8.

Marguerite (la R. Mère) de Sainte-Marie, veuve de M. de Rosny, se rendit Feuillantine à Toulouse le 19 Août 1609, âgée de 27 ans; vint ensuite s'établir à Paris avec cinq autres Religieuses en 1622, & y mourut le 20 Avril 1657, âgée de 82 ans. M. *Lasne*, in-4.

Marguerite (la R. Mère) de Sainte-Gertrude (Duval) Religieuse Hospitalière de la Miséricorde de Jesus à Dieppe, Fondatrice des Monastères du même Ordre en la Ville d'Eu & à Gentilly, morte Supérieure en ce dernier le 13 Janvier 1696, âgée de 80 ans. *Habert*, p. *Langlois*, sc. 1696, in-4.

Maridat (Pierre) de Serrières, Conseiller au Grand-Conseil, le 3 Mai 1640. 1. *Nanteuil*, in-8. 2. L. *Spirinx*, à Lyon, in-8.

Marie, (la Noble) Dame de la Fère, fille de Saint Jean de Montmirel, femme d'Enguerrand III, Sire de Coucy; morte en odeur de sainteté le 20 Septembre 1172, inhumée dans le Monastère de Long-Pont, Diocèse de Soissons. N... in-8.

Marie, (la Vénérable Mère) Liesse de Sainte-Thérèse, de Luxembourg, Princesse de Tingry, &c. quitte le monde du consentement de Henry de Lévi, Duc de Ventadour, son mari; qui de son côté se fit Ecclésiastique. Elle entra dans l'Ordre des Carmélites-Déchaussées, fonda le Monastère de Chambéry, aussi bien que celui des Carmes-Déchaussés, & mourut en odeur de sainteté l'an 1660, âgée de 49 ans. Nic. *Auroux*, à Lyon, in-4.

Marie (la Bienheureuse Sœur) de l'Incarnation, (Barbe Avrillot, veuve de M. Acarie) Religieuse Converse Carmélite : étant encore mariée, elle fut avertie par une Vision de sainte Thérèse de faire venir des Carmélites en France, à quoi elle travailla avec succès. Après la mort de son mari, elle y fut reçue Sœur Converse, & décéda en odeur de sainteté à Pontoise le 18 Avril 1618, âgée de 52 ans. Urbain VIII permit d'informer de ses Vie & Miracles, & les procédures ont été faites. 1. J. *Messager*, in-8. 2. J. *Lenfant*, 1657, in-8. 3. *Daret*, in-fol. 4. *Van Lochom*, in-4.

Marie (la Vénérable Mère) de Jesus, (Catherine de Harlay, veuve de M. de Bréauté) Carmélite pendant 50 ans; morte à Paris le 29 Novembre 1632, âgée de 73 ans. 1. *Grignon*, in-fol. 2. *Regnesson*, in-8.

MARIE (la Vénérable Mère) Magdeleine de Jesus, Carmélite, morte le 29 Novembre 1679. *Picart* le Romain, in-8.

Marie (la Vénérable Mère) Marguerite des Anges, Carmélite, Fondatrice du Monastère d'Ourscholt, morte le 5 Février 1658, âgée de 52 ans. J. *Lenfant*, del. & sc. in-8.

MARIE (la Vénérable Sœur) de l'Enfant-Jesus, (de Soulebien) laquelle après la mort de son époux, Jean Simon, Seigneur de Bois-David, Capitaine aux Gardes; se rendit Religieuse au Monastère de Notre-Dame de la Charité de Caen, où elle mourut en odeur de sainteté le 30 Janvier 1660, âgée de 41 ans. Et. *Gantrel*, in-4.

MARIE, (la Vén. Mère) Magdeleine de la très-Sainte-Trinité, Fondatrice des Religieuses de Notre-Dame de Miséricorde, décédée dans son Monastère d'Avignon, le 20 Février 1678, âgée de 66 ans. I. *Roullet*, à Arles, in-4.

MARIE (Sœur) Jeanne des Anges, Ursuline, morte le 29 Janvier 1665. N... in-24.

MARIE (la Mère) de l'Incarnation, Religieuse Ursuline de l'Institut de Paris, première Supérieure de Ploërmel, morte en son Monastère de Rennes, le 27 Février 1732. *Thevenard*, in-4.

MARIE (Sœur) Paule de l'Incarnation, Supérieure du Monastère de Notre-Dame du Refuge d'Avignon, morte le 17 Décembre 1651. *La Roussière*, in-8.

MARIE (la Vénérable Mère) de l'Incarnation, première Supérieure des Ursulines de la Nouvelle-France, laquelle après avoir passé 32 ans dans le monde, huit ans au Monastère des Ursulines de Tours, & 33 en Canada dans un zèle incroyable pour la Conversion des Sauvages; mourut à Québec en odeur de sainteté, le dernier Avril 1672, âgée de 72 ans. 1. *Edelinck*, in-4. 2. *Poilly*, in-8. Âgée de 40 ans.

MARIE (la Vénérable Mère) Victoire, Fondatrice du Monastère des Religieuses de l'Annonciation, dites *Célestes*, appellée, dans le monde, *Camille des Ursins*, veuve du Prince Marc-Antoine Borghèse, morte le 14 Mars 1685, âgée de 81 ans. *Cyroferri*, inv. Pet. *Locatellus*, delin. Ben. *Farjat*, sc. in-fol.

MARIE de Valence, fille pieuse. *Spirinx*, in-4.

MARIE (la Mère) de Saint-Paul, Religieuse du Monastère des Ursulines de Ploërmel, Diocèse de Saint-Malo, morte le 16 Juin 1636. *Rousselet*, in-8.

MARIE (la Vénérable Mère) de Saint-François, (Claudine de Moy,) Comtesse de Chaligny, Fondatrice des Chanoinesses du Saint-Sépulchre en France, morte en 1627. *Van Lochom*, in-4.

MARIE (la Sœur) de sainte-Thérèse, Carmélite de Bourdeaux, morte le 25 Août 1717, âgée de 76 ans & demi. *Duflos*, in-8.

MARIE (la Révérende Mère) de l'Annonciation, (appellée, dans le monde, Mouret) Religieuse du premier Couvent de Saint-Louis de Louviers, & de Sainte-Elizabeth de Rouen; morte en odeur de sainteté le 5 Décembre 1693, âgée de 71 ans, & après 57 ans de Religion. N. *Bazin*, 1695, in-8.

MARIETTE, (Jean) Graveur & Libraire, mort en 1742. *Pesne*, p. 1723. *Daullé*, sc. 1747, in-fol. maj. (Beau.)

MARIETTE, (P. J.) ancien Imprimeur-Libraire, puis Contrôleur-Général de la Grande-Chancellerie, Honoraire de l'Académie de Peinture & de Sculpture, né à Paris le 7 Mai 1694. *Cochin*, del. *Saint-Aubin*, sc. 1765, in-4.

MARIGNIER, (Guillaume) Prêtre, mort à Port-Royal des Champs, le 31 Août 1706, âgé de 49 ans, ayant été 20 ans Confesseur de cette Maison. 1. N. *Habert*, in-4. 2. N... petit Buste, in-24.

MARIGNY, (Enguerrand de) Ministre sous Philippe le Bel, pendu, pour ses concussions, au gibet qu'il avoit fait lui-même dresser à Montfaucon, la veille de l'Ascension 1315. N... dans Thévet.

MARIGNY, (Madame de) sous Henri IV. Dessin au Cabinet du Roi.

MARIGNY. Voy. POISSON.

MARILLAC, (Michel de) Garde des Sceaux de France; né le 9 Octobre 1563; fut successivement Conseiller d'Etat & Surintendant des Finances en 1624, Garde des Sceaux le 1 Juin 1626, les quitta le 14 Novembre 1630, fut conduit au Château de Caen, & de-là transféré à celui de Châteaudun, où il mourut en prison le 7 Août 1632. 1. M. *Lasne*, in-fol. magn. 2. *Lasne*, in-8. 3. J. *Morin*, d'après *Champagne*, in-fol. 4. *Moncornet*.

MARILLAC, (Louis de) Comte de Beaumont-le-Roger, Maréchal de France en 1629, Lieutenant-Général des Evêchés de Metz, Toul & Verdun, en 1625, fut arrêté au Camp de Felizzo en Piémont, le 30 Octobre 1630, conduit à Paris, où il fut condamné à avoir la tête tranchée, & exécuté le 8 Juin 1632. 1. M. *Lasne*, in-fol. 2. Jean *de Sew*, in-12. 3. *Daret*, in-4. 4. *Moncornet*. 5. *Boissevin*, 1652, in-4.

MARILLAC, (René de) Avocat-Général au Grand-Conseil, reçu en 1663, Conseiller d'Etat en 1682, mort à Paris le 15 Septembre 1719, âgé de 81 ans. J. *Lenfant*, 1663, in-fol.

MARILLAC, (Michel de) Seigneur d'Olinville, Maître des Requêtes en 1643, & Conseiller d'Etat en 1660, fils de René & de Marie de Creil, mort le 19 Novembre 1684. Fr. *Poilly*, del. & sc. 1657, in-fol.

MARILLAC, (Louis de) Docteur de Sorbonne, Curé de Saint-Jacques de la Boucherie à Paris, mort le 25 Février 1696, âgé de 52 ans. *Lochon*, 1696, in-4.

MARILLAC, (Roger-Joseph Damas de) Chanoine, Comte & Doyen de l'Eglise de Lyon. Fr. *Cars*, à Lyon, in-fol.

MARILLAC. Voy. le GRAS.

MARIN, (Denis) Seigneur de la Châtaigneraye, Intendant des Finances pendant 30 ans, mort à Paris le 27 Juin 1678, âgé de 78 ans, inhumé aux Blancs-Manteaux. 1. *Nanteuil*, 1661, in-fol. 2. *Masson*. 3. *Larmessin*, 1666.

MARIN, (Arnould) Seigneur de la Châteigneraye, Premier Président au Parlement de Provence en 1674, fut obligé de donner sa démission, & on mit à sa place M. le Bret. Jacq. *Cundier* en 1674, & en 1724, in-fol. à Aix.

MARIN, (L. Fr. Cl.) Censeur-Royal. *Cochin*, del. Steph. *Fessard*, sc. 1763. Médaillon in-4.

MARION, (Pierre) Evêque de Gap le 14 Décembre 1661, mort le 18 Août 1675. 1. *Audran*, à Lyon, 1968, in-fol. 2. *Charpignon*, dans une Thèse. 3. *De Loisy*.

MARION, (Simon) Baron de Druy, Conseiller d'Etat, Avocat-Général au Parlement de Paris, né à Nevers, fut d'abord Avocat célèbre, épousa Catherine Pinon, & mourut à Paris en Octobre 1605. L. *Gaultier*, in-4.

MARISY, (Jean de) Marchand à Chaalons, & Jeanne sa femme. 1. N... 2. Deux Dessins au Cabinet de M. de Fontette.

MARIVAUX, (Pierre Carlet de Chamblain de) de l'Académie Françoise, né à Paris en 1688, mort le 11 Février 1763. 1. *Garand*, p. *Chereau*, sc. in-12. 2. *Miger*, in-fol. 1772, dans la Gallerie Françoise, Cahier VIII.

MARK, (Roger III, Duc de Bouillon, Maréchal de la) mort en 1537. Deſſin au Cabinet du Roi.

MARK (Robert de la) Seigneur de Florenge, appellé le Maréchal de Bouillon, en 1556. 1. Deſſin au Cabinet du Roi. 2. Deſſin au Cabinet de M. de Fontette.

Guillemette de Sarrebruche, ſa femme, N...

MARK, (Charlotte de la) Ducheſſe de Bouillon, Souveraine de Sedan, âgée de 19 ans en 1591, morte le 15 Avril 1594. *Warinus*, Sedani, 1591, in-8.

MARLE, (Henri de) Conſeiller au Parlement de Paris, puis Préſident à mortier, Chancelier de France en 1413 ; fut maſſacré à Paris par la faction du Duc de Bourgogne en 1418, ſon corps conduit à Senlis, fut enterré dans l'Egliſe de Notre-Dame. 1. *Moncornet*. 2. N... dans Odieuvre, in-12.

MARLORAT, (Auguſtin) de Lorraine, Miniſtre Calviniſte à Lauſanne, né en 1506, vint au Colloque de Poiſſy, fut pendu à Rouen en 1562. 1. N... dans le Recueil de Boiſſard. 2. N... in-4.

MARLY. Voy. GRAVEL.

MARMONTEL, (J. Fr.) de l'Académie Françoiſe, né à Bort dans le Limoſin. *Cochin*, del. *De Saint-Aubin*, ſc. 1765, in-12.

MAROLLES, (Claude de) né à Tours, Capitaine des Cent-Suiſſes de la Garde, Ecuyer, fameux par le combat ſingulier contre Marivaut en 1589, mort en 1633, âgé de 69 ans. 1. *Mellan*, in-fol. 2. *Moncornet*.

MAROLLES, (Madame de) Agathe de Châtillon, femme de Claude, morte à Paris au mois d'Août 1630, âgée de 59 ans. 1. *Mellan*, in-4. 2. N... dans Odieuvre.

MAROLLES, (Michel de) Abbé de Villeloin, né à Marolles en Touraine le 22 Juillet 1600, de Claude ; s'eſt fait connoître par différens Ouvrages & Traductions, mais bien plus par ſes Collections d'Eſtampes ; mourut à Paris le 6 Mars 1681. 1. *Mellan*, 1648, in-4. 2. *Nanteuil*, del. & ſc. 1657. 3. *N. Poilly*, in-fol. 4. *Deſrochers*.

MAROT, (Clément) Poëte célèbre, né à Cahors vers 1495, mort à Turin en 1544 ; fut Valet de Chambre de la Ducheſſe d'Alençon, ſe trouva à la Bataille de Pavie, & y fut bleſſé. 1. R. 1576, in-8. couronné de laurier. 2. R. in-4. avec l'habit de ſon temps. 3. *Th. de Bry*, in-4. 4. *Hondius*, in-4. 5. En bois avec Ornemens, in-4. 6. *N. Habert*, in-4. couronné de laurier. 7. N... 1658. 8. N... in-4. 9. N... en petit. 10. *Deſrochers*. 11. *Holbin*, p. *Sornique*, ſc. dans Odieuvre. 12. *Creſpy*, Médaillon, dans le Parnaſſe François.

MAROT, (Daniel) Architecte du Roi d'Angleterre. *Parmentier*, p. J. *Gole*, ſc. in-fol.

MAROTTE, (Jean) Graveur pour l'Architecture. N. *de Plattemontagne*, p. J. *Gole*, ſc. in-4.

MAROULLE, (Jean-Antoine de) Abbé, né à Ménine, mort à Paris en 1726. 1. *Coypel*, p. *Thomaſſin*, ſc. in-fol. 2. *Coypel*, p. & ſc. 1726, in-4.

MARQUE, (Jacques de la) Chirurgien-Juré à Paris, qui a compoſé un Traité des Bandages imprimé à Paris en 1618, in-8. âgé de 49 ans, mort en 1622. J. *Matheus*, d'après *Ferdinand*, 1616, in-8.

MARQUEMONT, (Denis-Simon de) Pariſien, fils de Denis, Secrétaire du Roi, & Intendant de la Maiſon de Luxembourg, & de Marie Rouillard ; fut Auditeur de Rote, puis Archevêque de Lyon, nommé en 1612, Ambaſſadeur à Rome en 1617, créé Cardinal en Janvier 1626, mourut à Rome le 16 Septembre ſuivant, âgé de 54 ans. 1. M. *Laſne*. 2. *Daret*, in-fol. 3. *Bonſer*, à Arles, in-8.

MARROT, (Joſeph) Prêtre de l'Oratoire, né à Aix, mort en 1719, âgé de 79 ans. P. *Arnaud*, p. *Cundier*, ſc. in-8.

MARSAN. V. Voy. LORRAINE.

MARTIAL, (le Pere) d'Eſtampes, Capucin, mort à Paris en 1635. *Rouſſelet*, in-8.

MARTIN, (Jacques) Profeſſeur Royal de Mathématiques en la Chaire de Ramus, grand Ingénieur du Roi, & grand Aſtrologue, ou Faiſeur d'horoſcopes. *Moncornet*, 1658, in-4.

MARTIN, (Pierre) Religieux Recollet, mort à Avignon le 4 Mai 1622, en odeur de ſainteté. *Daret*, in-8.

MARTIN. (Charles) *Jouvenet*, p. *Edelinck*, ſc.

MARTIN, (Jean) Secrétaire du Cardinal de Lenoncourt, Traducteur des Livres d'Architecture de Vitruve, de Léon-Baptiſte Albert, & d'autres Ouvrages, né à Paris, mourut environ l'an 1553. N... en bois, in-8.

MARTIN, (N...) Docteur en Médecine à Toulouſe, Auteur de la Traduction de l'Ecole de Salerne. J. *Hénault*, in-4.

MARTINEAU, (Nicolas) Lieutenant-Général de la Ville d'Angers. J. *Lenfant*, 1666, in-fol.

MARTINIÈRE, (Pierre de la) Médecin chimique, Opérateur du Roi. G. *la Dame*, in-12.

MARTINIÈRE, (Pierre de la) Médecin & Opérateur ordinaire du Roi, & Couſin de S. François de Sales ; né le 14 Février 1634. 1. *La Dame*, ſc. in-12. 2. Idem, plus âgé, in-12.

MARTINIÈRE, (Germain Pichault de la) premier Chirurgien du Roi. *Latinville*, p. *Gaillard*, ſc. grand in-fol. (*Beau*.)

MARTONIE, (Henri de la) Abbé de Saint-Juſt, puis Evêque de Limoges en 1587, mort le 7 Octobre 1618. L. *Gautier*, 1615, in-8.

MASCARON, (Jules) né à Marſeille, en Mars 1634, fils de Pierre Antoine Maſcaron, Avocat célèbre au Parlement de Provence ; Prêtre de l'Oratoire, fameux Prédicateur, Evêque de Tulles en 1671, puis d'Agen en 1679, mort à Agen le 16 Novembre 1703. *Van Schuppen*, p. G. *Edelinck*, ſc. 1704, in-8.

MASCRANI, (Alexandre) M. *Laſne*.

MASEGRÉ, (Moyſe) Amateur des Beaux-Arts. *Saint-Bernard*, p. *Mariette*, ſc. in-16. (*Joli*.)

MASLE, (Michel le) Prieur des Roches, Chantre & Chanoine de l'Egliſe de Paris, auparavant Secrétaire du Cardinal de Richelieu. 1. M. *Laſne*, in-8. 2. *Daret*, in-fol. 3. *Nanteuil*, del. & ſc. 1658, in-fol. 4. J. *Lenfant*, d'après C. *le Febvre*, 1660, in-fol.

MASQUIERES, (Françoiſe de) morte à Paris en 1728. *Deſrochers*, in-12.

MASSA, (Nicolas) Médecin François & Anatomiſte, étoit de Veniſe, & floriſſoit vers 1530. N...

MASSAC, (Claude de) Général de l'Ordre de la Trinité. *Deſrochers*.

MASSÉ, (J. Bapt.) Peintre du Roi, mort en 1767. 1. *Tocqué*, p. 1734. *Will*, ſc. 1755, in-fol. maj, (Beau.) 2. *Cochin*, à l'eau-forte, 1760, Médaillon in-4.

MASSILLON, (J. Bapt.) Prêtre de l'Oratoire, Prédicateur ordinaire du Roi, puis Evêque de Clermont en 1717, né à Hières en Provence en 1663, mort le 28 Septembre 1742. 1. *Bouis*, del. & ſc. 1704, in-fol. 2. *Deſrochers*, 1705, in-8.

MASSON, (Innocent le) Prieur-Général des Chartreux en 1695, né à Noyon en 1628, mort en 1703. Ant. *Trouvain*, 1695, in-fol. En pied.

MASSON, (Papire) Avocat au Parlement & au Conseil, mort en 1611, âgé de 67 ans; étoit né à Saint-Germain-de-Laval, Bourg du Forès, le 6 Mai 1544, de Noël Masson, riche Marchand : il est connu par différens Ouvrages historiques. 1. L. *Gaultier*, 1612, in-8. 2. J. *Lubin*, in-fol. 3. *Desrochers*.

MASSON, (Antoine) Graveur, mort à Paris le 30 Mai 1700. 1. *Van Brugge*, 1683, in-4. 2. N. *Habert*, in-fol. obl. avec Figures emblématiques. 3. *Masson* lui-même, in-fol. maj.

MASTRILLY, (Marcel) Jésuite. N...

MASTRILLY, (François) Jésuite. N...

MAZURES, (Louis des) Poëte, né à Tournay. P. *Wocriot*, 1560, in-4.

MASY. (Madame de) N...

MATAINCOURT. Voy. FOURIER.

MATEROT, (Lucas) Maître à écrire, à Avignon. *Greuter*, in-4. obl. avec les Figures de la Vertu & de la Renommée.

MATHA, (Jean de) Mathurin. N...

MATHAM, (Jacques) Graveur, mort en 1631. J. *Meyssens*.

MATHANASIUS, (Chrysostomus) D. Q. S. M. D. LL. *Appelles*, p. *Calotin*, sc. in-12. [Pièce Satyrique d'imagination, comme les noms des Artistes.]

MATHAREL, (Antoine) Auvergnac, Avocat célèbre au Parlement de Paris; vivoit en 1575. N... en petit.

MATHIEU, (le Père) de Sainte-Françoise, Fondateur des Augustins-Déchaussés en France, célèbre par sa piété & ses austérités, mort à Avignon le 7 Juin 1617. C. *Charpignon*, in-12.

MATIGNON, (Jacques de) Comte de Thorigny, né en 1526, Maréchal de France en 1579, mort d'apoplexie au Château de Lesparé le 27 Juillet 1597. 1. R. *Lochon*, 1660, in-4. 2. N... dans Odieuvre.

MATIGNON, (Charles-Augustin de) Maréchal de France, mort à Paris en 1729, à 83 ans. N...

MATIGNON, (Léonor-Goyon de) fils de Charles & de Léonore d'Orléans-Longueville, Evêque de Coutances en 1632, puis Lisieux en 1646, Commandeur de l'Ordre du Saint-Esprit en 1662, mort en Février 1680. 1. *Nanteuil*, d'après le P. *Antonin*, in-fol. 2. *Rousselet*, 1656, in-fol. 3. *Gantrel*.

MATIGNON, (Léonor de) neveu du précédent, Evêque de Lisieux en 1674, né en 1604, mort à Paris le 14 Février 1680. *Lenfant*, d'après J. *Dieu*, 1661, in-fol. En Abbé.

MATIGNON, (Jacques de) Evêque de Condom en 1671, se démet en Septembre 1693. *De la Mare*, 1652, in-fol. En Abbé.

MAUCLERC, (Julien) Gentilhomme Poitevin, Mathématicien fameux vers 1585, âgé de 53 ans. *Renatus*, in-fol. dans le Frontispice de son Livre.

MAUDUIT, (Jules) excellent Musicien, né à Paris le 16 Septembre 1557; fut Garde du Dépôt des Registres du Palais après son père, & mourut le 21 Août 1627. *Mathaus*, 1633, in-8. dans le Livre de l'Harmonie universelle du Père Mersenne imprimé en 1636, in-fol. Livre VII, pag. 63.

MAVELOT, (Charles) Ecuyer Valet de Chambre & Graveur de Madame la Dauphine. *Lucas*, p. *Pittau*, sc.

MAUGIRON, (M. de) Mignon de Henri III. Dessin au Cabinet du Roi.

MAUGIS, (Claude) Conseiller & Aumônier ordinaire du Roi Louis XIII & de la Reine Marie de Médicis, Abbé de S. Ambroise de Bourges en 1630, mort le 12 Juillet 1658. 1. *Vosterman*, d'après *Champagne*, in-4. 2. *Vosterman*, d'après *Vander Hoest*, in-8. 3. *Lenfant*, 1661.

MAUGIS, (Pierre) Sieur des Granges, Conseiller & Maître d'Hôtel du Roi. J. *Morin*, d'après Phil. *Champagne*, in-fol.

MAULEVRIER. Voy. LANGERON.

MAUNOIR, (Julien) Jésuite, recommandable par ses Missions en Bretagne pendant plus de 40 ans; mourut en 1683, & est enterré dans la Paroisse de Plevin en Basse-Bretagne. 1. *Drevet*, in-8. 2. *Poilly*. 3. N... in-4.

MAUPAS, (Charles de) Baron du Tour, &c. *Regnesson*, d'après *Ferdinand*, in-8.

MAUPAS, (Henri Cauchon de) du Tour, fils de Charles Cauchon de Maupas, ancienne Maison de Champagne; fut premier Aumônier d'Anne d'Autriche, Evêque du Puy en 1641, puis Evêque d'Evreux en 1661; mourut le 12 Août 1680. 1. M. *Lasne*, 1645, in-fol. 2. *Lasne*, 1656. 3. *Julie*, in-8. 4. *Daret*. 5. *Vallet*, d'après *Paillet*, grand in-fol. 1664, dans une Thèse : aux pieds d'Alexandre VII, pour lui demander, de la part du Roi, la Canonisation de Saint François de Sales.

MAUPEOU, (Gilles de) Conseiller d'Etat, Intendant & Contrôleur-Général des Finances sous les règnes de Henri IV & Louis XIII, mort le 16 Février 1641, âgé de 90 ans. *Pinssio*, in-8. Dans Odieuvre.

MAUPEOU, (René-Charles de) Premier Président du Parlement de Paris, puis Vice-Chancelier & Garde des Sceaux. 1. J. *Chevalier*, p. 1745. *Petit*, sc. 1753. 2. N... dans Odieuvre.

MAUPEOU, (René-Nicolas-Charles-Augustin de) Premier Président en 1763, Chancelier & Garde des Sceaux en 1768. 1. N... in-fol. 2. N... in-12.

MAUPEOU, (Jean de) Evêque & Comte de Challon-sur-Saone en 1658, auparavant Aumônier du Roi, mort le 2 Mai 1677, à 54 ans. 1. *Nanteuil*, del. & sc. 1671, in-fol. 2. *Daret*, 1645.

MAUPERTUIS, (Pierre-Louis Moreau de) né à Saint-Malo en 1698, le 27 Septembre, reçu à l'Académie Royale des Sciences en 1723, connu par ses Voyages du Nord, pour déterminer la Figure de la Terre, mort à Berlin le 27 Juillet 1759. 1. *Tournière*, p. J. *Daullé*, sc. in-fol. maj. Applatissant la Terre. (Beau.) 2. Le même, en petit, 1755, in-8. 3. *Desrochers*.

MAUPIN, (Mademoiselle) Actrice de l'Opéra vers 1694. 1. *Trouvain*, in-fol. 2. *Mariette*, in-fol.

MAUQUENCHY, (Jean de) dit *Mouton*, Sieur de Blainville, Maréchal de France, mort vers 1390. N...

MAUREL, (Joseph de) du Chassaut, Conseiller & Chanoine de la Cathédrale d'Aix. *Vanloo*, p. *Coellemans*, sc. 1708, in-fol.

MAUREPAS. Voy. PHELYPEAUX.

MAURICEAU, (François) Chirurgien fameux pour les Accouchemens, dont il a donné un excellent Traité, mort à Paris le 17 Octobre 1709. 1. A. *Paillet*, del. G. *Vallet*, sc. in-4. Frontispice de son Livre. 2. Boulogne l'aîné, del. Et. *Picart*, sc. 1693, in-4. 3. N...

MAUROY, (Séraphin de) Seigneur de Saint-Ouen, Intendant des Finances. 1. *Humbelot*, in-fol. 2. *Jaspard Isaac*, in-fol. 3. *Huret*, dans une Ordonnance, in-fol. obl.

MAUTOUR. Voy. MOREAU.

MAY, (Paul du) Conseiller au Parlement de Dijon, né à Toulouse en 1585, mort à Dijon le 29 Décembre 1645. Dessin au crayon, dans le Cabinet de M. de Fontette.

MAY, (Pierre du) Conseiller au Parlement de Dijon,

né à Dijon, y moutut le 26 Janvier 1711, à 85 ans. Deffin au Crayon, dans le même Cabinet.

MAYENNE. Voy. LORRAINE.

MAYERNE. Voy. TURQUET.

MAYEUR, (Pierre) Abbé de Clairvaux. N. *de Larmeſſin*, d'après Mademoiſelle *Loir*, in-fol. maj.

MAYEUX, (le Bienheureux Yves) Evêque de Rennes, mort en 1541. *Mathæus*, 1638.

MAYNARD, (Girard de) Conſeiller au Parlement de Touloufe, grand Juriſconſulte, qui a donné au Public un Recueil d'Arrêts. Fr. *de Mallery*, in-4. Agé de 64 ans.

MAYNARD, (François) fils de Girard, Poëte fameux pour l'Epigramme, mort en 1646, à 64 ans, avec le titre de Conſeiller d'Etat. 1. *Daret*, 1646, in-4. 2. *Chauveau*, in-4. 3. *Desrochers*. 4. *Creſpy*, Médaillon au Parnaſſe François.

MAYNARD. (Jaſon) *Mellan*.

MAYNARD. (Conrard) N...?

MAZARIN, (Jules) fils de Pierre & de Hortenſe Bufalini, né au Bourg de Piſcina dans l'Abruzze, le 14 Juillet 1602, Cardinal le 16 Décembre 1641, & premier Miniſtre de France; mourut à Vincennes le 9 Mars 1661. 1. Jaſpard *Iſaac*, 1643, in-fol. 2. *Iſaac*, in-fol. obl. ſoutenu pat deux Anges. 3. M. *Laſne*, 1643, in-fol. tenant un Livre entre deux Termes. 4. *Laſne*, 1645. 5. *Laſne*, in-fol. en pied, devant une table. 6 *Mellan*, del. & ſc. in-fol. 7. *Mellan*, in-4. dans des nuages. 8. *Rouſſelet* d'après Phil. *Champagne*, in-fol. 9. J. *Morin*, d'après le même, in-fol. 10. N... dans le Livre des Triomphes de Louis *le Juſte*, in-fol. 11. M. *Laſne*, d'après Phil. *Champagne*, in-fol, dans un ovale ſoutenu par un Aigle. 12. J. *Froſne*, 1654, in-fol. 13. *Nanteuil*, 1655, in-fol. 14. *Nanteuil*, le 24 Août 1656, in-fol. 15. *Nanteuil*, 1656, in-fol. au-deſſous le Cardinal au lit malade. 16. N. *Regneſſon*, 1656, in-fol. 17. *Nanteuil*, 1658, in-fol. 18. M. *Laſne*, 1658, in-fol. dans des Ornemens, tenant un Livre. 19. *Nanteuil*, 1659, in-fol. ſur un Manteau ducal. 20. *Nanteuil*, 1659, in-fol. maj. aſſis dans ſa Gallerie, pour la Thèſe de l'Abbé le Tellier. 21. *Poilly*, in-fol. obl. Buſte au-deſſus d'un Arc de Triomphe. 22. *Poilly*, 1659, in-fol. obl. poſé ſur un pied d'eſtal, entre les Figures de Mars & de la France. 23. *Nanteuil*, le premier Juin 1660, d'après *Mignard*, in-fol. obl. dans une Thèle. 24. *Nanteuil*, d'après *Vanmol*, in-fol. 25. *Nanteuil*, in-fol. ovale poſé ſur des faiſceaux & quatre Médaillons aux quatre coins. 26. *Nanteuil*, in-fol. ovale, avec quatre faiſceaux aux quatre coins, & Légende : Sic Legum, &c. 27. Fr. *Poilly*, d'après P. *Mignard*, 1660, in-fol. 28. *Nanteuil*, d'après le même, 1661, in-fol. dans la Thèſe de M. de Béthune. 29. *Poilly*, d'après *Nanteuil* & *Mignard*, aſſis dans ſon Cabinet vis-à-vis d'une Mapemonde, dans une Thèſe. 30. *Mellan*, dans une Thèſe en ſix feuilles, dédiée par Antoine Talon. 31. Amb. *Clouet*, à Rome, 1660, in-4. 32. *Van Schuppen*, d'après *Mignard*, 1661, in-fol. 33. N... in-fol. dans le Livre du Séminaire Romain. 34. Corn. *Meyſſens*, 1664, à Vienne, in-fol. 35. *Rouſſelet*, 1666, in-fol. Frontiſpice du Livre intitulé : *Elogia Cardinalis Mazarini*. 36. N... en bois. Critique faite dans le temps, in-4. 37. N..., en bois, in-4. chez Cl. *Marlot*. 38. N... dans une petite Vignette. 39. *Daret*, in-4. 40. *Larmeſſin*, in-4. 41. *Huret*, in-fol. 42. *Valdor*. 43. *Boulonois*. 44. *Audran*, d'après Simon *Vouet*, à la tête du Livre du Père Niceron [le Minime Mathématicien] in-fol. 45. N... d'après *Mellan*, dans Odieuvre, in-12. 46. Le même, in-8.

MAZARIN, (Duc de) Voy. LA PORTE.

MAZURES. (Louis de) N... en petit.

MECHTILDE, (la Rév. Mère) du Saint-Sacrement, (Catherine de Bar) Religieuſe Bénédictine, Inſtitutrice de l'Adoration perpétuelle du Très-Saint-Sacrement, première Supérieure des Religieuſes du même Inſtitut; décédée en ſon Monaſtère du Fauxbourg Saint-Germain, le 6 Avril 1698, âgée de 83 ans. 1. A. *Courtin*, p. *Drevet*, ſc. 1698, in-4. 2. P. *Simon*, 1699, in-fol.

MÉDAVY, (François Rouxel de) fils de Pierre, Comte de Grancey, & de Charlotte de Haultemer; fut Evêque de Sées en 1651, transféré à l'Archevêché de Rouen en Janvier 1671, mort à Mâcon le 29 Janvier 1691. 1. G. *Rouſſelet*, 1654, in-fol. 2. Ant. *Maſſon*, del. & ſc. 1677, in-fol. maj. 3. *Jollain*.

MÉDAVY, (Jacques-Léonor Rouxel de) Maréchal de France en 1724, Gouverneur de Dunkerque en 1692, Chevalier des Ordres du Roi en 1706, né à Chalancey en Bourgogne le 31 Mai 1655, mort ſubitement à Paris le 6 Novembre 1725. *Mariette*, in-fol.

MEILLERAYE (la) Voy. LA PORTE.

MELLAN, (Claude) Peintre & Graveur célèbre, né à Abbeville en 1601, mort en 1680. [Il eſt célèbre par ſa manière de graver d'un ſeul trait.] 1. *Mellan*, lui-même, à Rome, 1635, in-fol. 2. *Edelinck*, 1698, in-fol. 3. N... dans Odieuvre.

MELEUN, (Bouchar, Comte de) & de Vendôme. N... dans l'Hiſtoire des Miniſtres par d'Auteuil.

MELEUN, (Jean de) Chevalier de la Toiſon d'or en 1432, mort âgé de plus de 80 ans, le 15 Février 1484. N...

MELEUN, (Anne de) fille de Guillaume, Prince d'Eſpinoy, née en 1618, morte en 1679, à l'Hôpital de Baugé en Anjou, où elle s'étoit retirée étant déja Chanoineſſe de Mons. 1. J. *Mariette*, in-8. 2. *Petit*, in-8.

MELEUN, (Louis de) Prince d'Eſpinoy, né en 1673, Maréchal de Camp en 1702, mort de la petite vérole à Straſbourg le 24 Septembre 1704. 1. *Gantrel*, d'après *Hébert*, in-4. 2. *Gantrel*, d'après *de Troy*, 1695, in-fol. maj.

Madame la Princeſſe d'Eſpinoy, Eliſabeth de Lorraine, née le 5 Avril 1664, mariée le 7 Octobre 1691. 1. *Creſpy*, in-fol. avec Ornemens. 2. *Bonnart*, in-fol. 3. N... en petit, ovale.

MELEUN, (Robert de) Marquis de Rubas. Joſeph *Grent*, in-12.

MELLIER, (Gérard) Maire de Nantes. *Ferrand*.

MELPHES, (Jean Caraccioli, Prince de) Maréchal de France, mort en 1550, âgé de 70 ans. 1. Deſſin au Cabinet du Roi. 2. Deſſin au Cabinet de M. de Fontette.

MÉNAGE, (Guillaume) Avocat du Roi à Angers, mort le 18 Janvier 1648, âgé de 77 ans. N. *Poilly*, d'après Cl. *Lagais*, in-4.

MÉNAGE, (Gilles) né à Angers le 15 Août 1613, de Guillaume; vint à Paris ſe faire recevoir Avocat, quitta le Barreau pour les Belles-Lettres; fut quelque temps chez le Cardinal de Retz, & en ſortit pour aller demeurer dans le Cloître de Notre-Dame, où juſqu'à ſa mort il tint toutes les ſemaines une Aſſemblée de Gens de Lettres; mourut à Paris le 23 Juillet 1692, âgé de 79 ans. 1. *Nanteuil*, del. & ſc. 1652, in-4. 2. *De Piles*, del. en 1692. *Van Schuppen*, ſc. 1698, in-fol. 3. N... dans Odieuvre.

MÉNAGER, (Nicolas) Chevalier, Plénipotentiaire au Congrès d'Utrecht, mort à Paris le 15 Juin 1714, âgé de 56 ans. 1. *Simoneau*, d'après *Rigaud*, in-fol. 2. *Desrochers*. 3. *Sornique*, d'après *Rigaud*, in-12. dans Odieuvre.

MÉNARD, (Jacques) Juriſconſulte. *Stuerhelt*, in-4.

MÉNARD, (Claude) Lieutenant de la Prévôté d'Angers, né dans cette Ville; après la mort de sa femme, il embrassa l'état Ecclésiastique, & mourut en 1682, âgé de 77 ans. B. F. in-4.

MÉNARD, (Léon) Conseiller au Présidial de Nismes, de l'Académie Royale des Inscriptions & Belles-Lettres, mort à Paris en 1767, âgé de 61 ans. *Cochin*, del. N. *Dupuis*, sc. 1755. Médaillon, in-4.

MENARDEAU (Gratian) Champré, Conseiller au Parlement de Paris, reçu le 4 Février 1622. 1. *Humbelot*, in-fol. 2. *Moncornet*.

MENESTRIER, (Claude-François) Jésuite, né à Lyon le 10 Mars 1631, mort à Paris le 21 Janvier 1705, connu par ses Ouvrages sur le Blazon, Devises, Médailles, &c. 1. *Gantrel*, 1687, in-fol. 2. N... En surplis. 2. J. B. *Nolin*, 1688, d'après P. *Simon*. (Beau.) 4. Ant. *Trouvain*, 1688, d'après *Simon*, in-fol. 5. Et. *Desrochers*, in-8.

MENESTRIER, (Jean-Baptiste) Antiquaire, né à Dijon, mort en 1634, âgé de 70 ans. Dessin au crayon, dans le Cabinet de M. de Fontette.

MENIL, (Antoine du) Avocat & Jurisconsulte. N... in-4.

MENIL-COURTIAUX (Claudine-Louise de) de Sainte-Anastasie, dernière Prieure de Port-Royal-des-Champs, morte exilée à Blois, en 1716. N...

MENNETOUD. (Mademoiselle de) *Bonnart*, in-fol.

MENNEVILLETTE, (Mademoiselle de) Comtesse de Tourieure. *Bonnart*, in-fol.

MENOU, (René de) Chevalier, Seigneur de Charnizay, Ecuyer du Roi & Gouverneur de M. le Duc de Mayenne. 1. *Chauveau*, del, & sc. in-4. 2. Crispin de Pas, in-4.

MENTELIUS, (Jacobus) Patricius Castro-Theodoricensis, Doctor Medicus Parisiensis, (mortuus anno 1670.) R. *Lochon*, del. & sc. in-4.

MERCIER, (Jean) Jurisconsulte & Professeur dans l'Université de Bourges, mort en 1600. *Roger*, à Bourges, 1601, in-4.

MERCIER, (A. D. Petrus) Generalis totius Ordinis Sanctæ Trinitatis Redemptionis Captivorum. 1. Fr. *le Maire*, p. *Van Schuppen*, sc. 1677, in-fol. 2. Et. *Desrochers*, in-4.

MERCIER, (Barthélemi) Abbé de S. Léger de Soissons, Bibliothécaire de Sainte-Geneviève, (vivant.) *Voiriot*, p. G. *Benoist*, sc. (vers 1770,) in-fol.

MERCIER, (Philippe) Peintre. *Mercier*, p. *Faber*, sc. 1733, in-fol.

MERCIER, (Jacques le) premier Architecte des Bâtimens du Roi & de la Reine Régente. *Champagne*, p. J. *Morin*, sc. in-fol.

MERCIER, (Pierre-Augustin le) Imprimeur ordinaire de la Ville de Paris, ancien Syndic de sa Communauté, mort le 9 Janvier 1734, âgé de 68 ans. L. *Vanloo*, p. J. *Daullé*, sc. in-fol. maj.

MERCŒUR. Voy. LORRAINE & VENDOSME.

MERIGNON, (P. Bertrand) né à Acqs, dans le Pays de Foix, premier Orateur Royal en Grec, sous le Règne de Louis XIII. Agé de 44 ans, N... in-8.

MERINDOL, (Antoine) Médecin d'Aix en Provence, mort le 26 Décembre 1624, âgé de 54 ans. N... à Aix, in-fol.

MERMANDE, (le Baron de) sous François I. Dessin au Cabinet du Roi.

MERSENNE, (Marin) Minime, né dans le Bourg d'Oysé, au Pays du Maine, le 8 Septembre 1588, Religieux en 1608, Philosophe & Mathématicien célèbre, mort à Paris le 1 Septembre 1648. 1. C. *Duflos*, 1698, in-fol. 2. *Moncornet*. 3. N... dans Odieuvre.

MERY, (Joseph de) Conseiller en la Cour des Comptes, Aides, &c. de Provence. *Arnulphi*, p. *Coussin*, sc. in-fol.

MESENGUY, (Philippe-François) Théologien, né à Beauvais en 1677, mort à S. Germain-en-Laye en 1763. *Duvivier*, del. *Tardieu*, sc. 1762.

MESGRIGNY, (Jean de) premier Président au Parlement de Provence en 1645, quitta en 1655, mort à Paris étant Conseiller d'Etat ordinaire. 1. *Nanteuil*, d'après J. *Daret*, 1652, in-fol. 2. *Frosne*. 3. *Cundier*, 1724.

MESGRIGNY, (Joseph-Ignace-J. B. de) Capucin, & Evêque de Grasse en 1711, mort en 1726. *Desrochers*. 2. *Masson*, 1711, in-4.

MESGRIGNY, (N... de) Président-à-Mortier au Parlement de Rouen, ensuite Conseiller d'honneur au Parlement de Paris. Gabr. *le Brun*, d'après Ferdinand *Les*, in-fol.

MESMES, (Jean-Jacques de) II. du nom, Seigneur de Roissy, fils unique de Henri & de Jeanne Hennequin, Conseiller au Parlement de Paris en 1583, Maître des Requêtes en 1594, Conseiller d'Etat en 1600, du Conseil des Finances & des Dépêches en 1613, mort Doyen des Conseillers d'Etat le dernier Octobre 1642, après avoir été employé en diverses Négociations ; avoit épousé Antoinette Grossaine. 1. F. P. 1632. M. *Lasne*, sc. 1654, in-fol. 2. *Vallet*.

MESMES, (Henri de) fils aîné du précédent, Seigneur de Roissy, reçu Conseiller en 1608, Lieutenant-Civil en 1613 ; se trouva aux Etats de 1614, & à l'Assemblée des Notables de Rouen en 1617 ; Prévôt des Marchands en 1618 & 1620, Président-à-Mortier en 1627, mourut en 1650. Il avoit épousé, 1.° Jeanne de Montluc, veuve de Charles de Clermont d'Amboise, Sieur de Bussy, fille de Jean de Montluc, Sieur de Balagny, morte en 1638. 2.° Marie de la Vallée Fossez, veuve de Gilles de Lusignan, Marquis de Lanzac, dont il eut Antoinette de Mesmes, mariée en 1655 au Maréchal Duc de Vivonne. 1. M. *Lasne*, in-fol. Avec une fraise. 2. *Lasne*, in-fol. Avec un rabat. 3. *Moncornet*. 4. N... dans Odieuvre.

MESMES, (Jean-Antoine de) troisième fils de Jean-Jacques II. Conseiller en 1611, Maître des Requêtes en 1626, puis Conseiller d'Etat, & Président-à-Mortier après la mort de son frère aîné, en 1651, mort en 1672, avoit épousé Anne Coutrin. 1. *Mellan*, in-fol. 2. *Nanteuil*, del. & sc. 1650, in-fol. 3. *Nanteuil*, 1655, in-fol. 4. *Nanteuil*, 1661, in-fol. 5. *Nanteuil*, 1667, in-fol. 6. *Humbelot*, in-fol.

MESMES, (Claude de) Comte d'Avaux, Commandeur & Secrétaire des Ordres du Roi, Ministre d'Etat, Surintendant des Finances, & Plénipotentiaire pour les Traités de Westphalie, mort à Paris en 1650. 1. *Bignon*, in-4. dans une Suite de Plénipotentiaires. 2. K. *Audran*, in-fol. 3. N... in-4. 4. *Moncornet*. 5. Paul *Poutens*, d'après *Vanhulle*. 6. N...

MESMES, (Jean-Jacq. de) III. du nom, Comte d'Avaux, Maître des Requêtes, puis Président au Parlement de Paris, le 22 Avril 1672, Prévôt & Maître des Cérémonies des Ordres du Roi, reçu à l'Académie Françoise, mort en Janvier 1688. (Il étoit fils de Jean-Antoine, ci-dessus.) 1. N. *Poilly*, d'après *Mignard*, in-fol. 2. *Masson*, dans une Thèse, in-fol. maj. 3. *Vermeulen*, dans une Thèse.

MESMES, (Jean-Antoine de) Comte d'Avaux, fils du précédent, Président-à-Mortier. 1. H. *Rigaud*, p. *Drevet*, sc. 1697, in-fol. 2. *Thomassin*, d'après de *Troy*, 1713. 3. Henri *Jans*.

MESMES, (Jean-Antoine de) Comte d'Avaux, Commandeur, Prevôt & Maître des Cérémonies des Ordres du Roi, Ambassadeur à Venise, troisième Plénipotentiaire pour la Paix de Nimègue, Ambassadeur extraordinaire en Hollande, de 1678 à 1688, en Irlande en 1689 & 1690, en Suède en 1693, mort à Paris le 11 Février 1709, âgé de 69 ans. 1. *Largillière*, p. *Vermeulen*, sc. 1691, in-fol. maj. 2. H. H. *Gueter*, in-fol. en manière noire, dans une Suite des Plénipotentiaires de Nimègue.

MESMES, (Jean-Jacques de) Bailli & Ambassadeur de Malthe. 1. *Raous*, p. *Cars*, sc. 2. *Vallet*.

MESMES, (Mademoiselle de) depuis Ursuline à Sainte-Avoye, ou, selon d'autres, la Maîtresse de M. le Président de Mesmes. *Trouvain*, en petit ovale.

MESNIL, (Baptiste du) Avocat - Général du Parlement de Paris, mort en 1569, le 12 Août, âgé de près de 52 ans, enterré à S. Jean-en-Grève. N... in petit.

MESNIL, (Marie du) Actrice de la Comédie Françoise, reçue en 1737. *Elluin*, 1771, in-fol.

MESSIER, (Louis) Docteur & Censeur de Sorbonne, Doyen de la Faculté, Curé de S. Landry, & Doyen des Curés de Paris, âgé de 89 ans en 1663. B. *Lochon*, 1663, in-fol.

MESTREZAT, (Jean) Ministre (Calviniste) à Paris, âgé de 57 ans, né à Paris vers 1592, mort en 1656. 1. N... in-fol. 2. *Van Lochon*. 3. *Desrochers*.

METEZEAU, (Jean) Secrétaire de Madame de Bar, & son Agent auprès du Roi (Henri IV. frère de cette Duchesse.) L. *Gaultier*, 1610, in-8. ætat. 42.

METEZEAU, (Clément) Architecte & Ingénieur du Roi, Inventeur de la Digue de la Rochelle en 1627 & 1628, né à Dreux. M. *Lasne*, in-fol. Au bas est le Profil de la Rochelle & de sa Digue.

METTRIE, (Julien-Offroy de la) né à Saint-Malo en 1709, connu par son Histoire Naturelle de l'ame, Ouvrage qui respire l'impiété à chaque page, mort à Berlin en 1751. 1. N... in-4. 2. N... en rouge, in-4. (Rare.)

MEUNG, (Jean Clopinel, dit de) né à Meun en 1280. On croit qu'il mourut vers l'an 1364. N. 1. dans Thévet, in-fol.

MEURISSE, (Henri-Emmanuel) né à Saint-Quentin, Chirurgien à Paris, mort le 17 Mai 1694, Auteur d'un Traité de la Saignée, très-estimé. 1. *Vivien*, del. C. *Simonneau*, sc. 1693, in-8. Médaillon. 2. *Desrochers*.

MEUSNIER, (Philippe) Peintre, né à Paris en 1655, mort en 1731. N... dans l'Histoire des Peintres par d'Argenville.

MEYNIER, (Jean) Baron d'Oppède, premier Président au Parlement d'Aix, mort en 1555. *Poilly*, in-8. (Voy. ci-dessus, MAYNIER.)

MEYNIER, (Honorat de) Provençal, Auteur d'un Traité des Fortifications en 1626. Crispin *de Pas*, in-4. Ayant la main sur un Plan & des Instrumens, avec quatre Vers : *Regardant ce Portrait, &c.*

MEYNIÈRES, (N... Duret de) Président des Enquêtes à Paris. *Carmontel*, del. 1760. N... in-fol.

MEYRONNET, (Philippe) Doyen de la Chambre des Comptes de Provence. *Coellemans*, 1705, d'après *Celloni*, in-fol.

MEYSSONNIER, (Justus Aureatus) Architecte. *Meyssonier*, p. *Beauvais*, sc.

MEYSSONNIER, (Lazare) de Mascon, Docteur en Médecine de la Faculté de Montpellier, Médecin & Professeur en Médecine à Lyon. 1. N... 1650, à l'eauforte, in-fol. avec Ornemens. Ætat. 48. 2. N... in-fol.

A genoux devant une Image de la Vierge. 3. N... in-8. en bois.

MEZ, (Henri) Maréchal de France, qui reçoit l'Oriflamme. N... dans le Père Montfaucon.

MEZ, (Don Zacharie de) Evêque & Missionnaire, 1661. N...

MEZ. (du) Voy. CLÉMENT.

MEZERAY, (François Eudes de) Historiographe de France, Secrétaire de l'Académie Françoise, né en 1610 à Rye, près d'Argentan, en basse Normandie, d'Isaac, Chirurgien ; mourut à Paris le 10 Juillet 1683. 1 *Paillet*, del. Et. *Picart*, sc. in-4. 2. Bernard *Picart*, 1709, in-8. 3. *Desrochers*. 4. N... in-4. Devant un Livre ouvert, & une plume à la main. 5. *Balechou*, in-8. dans Odieuvre.

MEZIÈRES. (La Marquise de) N...

MIZIRIAC, (Claude-Gaspard Bachet de) fils de Jean, Conseiller du Duc de Savoye, & Juge des Appellations de Bresse ; fut reçu en 1635 à l'Académie Françoise ; mourut le 26 Février 1638, âgé d'environ 45 ans. Dessin au crayon rouge, dans le Cabinet de M. de Fontette.

MICHAELIS, (Sébastien) Dominicain, Restaurateur de l'Observance régulière dans cet Ordre, en plusieurs Provinces de France, mort en 1618, âgé de 74 ans. 1. M. *Lasne*, in-4. 2. *Moncornet*.

MICHARD, (Charles) Aumônier du Roi, Curé de S. Sauveur à Paris. *Rousselet*, in-fol.

MICHAU, (N...) Marchand de Vin à Paris. N... in-fol.

MICHEL (le Bienheureux) des Saints, de l'Ordre de la Mercy. *Landry*, in-4.

MICHEL, (Jean) né à Beauvais, Secrétaire de Louis II. Duc d'Anjou, Roi de Sicile, puis Chanoine d'Aix en Provence, ensuite d'Angers en 1408, élu Evêque d'Angers en 1438, mort le 12 Décembre 1447, âgé de 60 ans. 1. Dessin à la pierre noire, dans le Cabinet du Roi, in-fol. 2. *Stuerhelt*, in-8.

MICHEL, (Benoît) Cordelier. N...

MICHEL, (François) Maréchal Ferrant, né à Salon en Provence, fils de Claude Michel, & de Diane Payane, âgé de 35 ans. Revenant chez lui le soir du 8 Décembre 1696, il fut arrêté par un Spectre, qui tenoit dans sa main, & il en reçut des ordres secrets qui l'obligèrent de venir à Versailles pour les révéler, en Avril 1697. On lui appliqua ce Quatrain de Nostradamus : Le pénultième du surnom de Prophète, &c. 1. H. *Bonnart*, in-4. 2. J. L. *Rousselet*, del. & sc. 1697, in-4.

MICHELIN, (Anne) veuve de Gilles Gouault, Conseiller & ancien Echevin de Troyes, morte le 5 Janvier 1680, âgée de 65 ans, après avoir vécu dans une grande piété. Cl. *Mellan*, del. *Duflos*, sc. in-fol.

MICHON, (Léonard) Avocat du Roi au Trésor, Echevin de Lyon. *Daudet*, 1730, in-4.

MIGNARD, (Nicolas) Peintre, né à Troyes vers l'an 1608, mort à Avignon en 1668. N... dans l'Histoire des Peintres par d'Argenville.

MIGNARD, (Pierre) né à Troyes en 1610, Ecuyer, premier Peintre du Roi, Directeur & Chancelier de l'Académie Royale de Peinture, mort à Paris le 29 Mai 1695. 1. *Mignard*, p. lui-même, 1690, âgé de 78 ans *Vermeulen*, sc. in-fol. maj. 2. *Edelinck*, d'après *Mignard*, in-fol. 3. N... dans l'Histoire des Peintres par d'Argenville. 4. *Schmidt*, 1734, d'après *Rigaud*, 1691, in-fol. maj. (Beau.) 5. N... dans Odieuvre.

MILAN, (Claude de) de Cornillon, Président au Parlement de Provence. N... 1692, in-fol. en manière noire.

MILLÆUS.

des François illustres. 233

MILLÆUS. (J...) S.... en bois, in-fol.

MILLERAN, (René) de Saumur, Professeur de Langues & Interprète du Roi en la Cour de Parlement de Paris, Auteur d'une Grammaire Françoise & d'un Formulaire de Lettres pour les Etrangers. Ant. *Masson*, del. & sc. 1688, in-8.

MILLEY, (Claude-François) Missionnaire de la Compagnie de Jesus, mort en 1720. *Cars*, in-4.

MILLOT, (N...) Comédien, en habit de Théâtre. Car. *Dauphin*, del. *Tourtheysen*, sc. in-fol.

MILON, (le Baron de) en 1581. Deux Dessins au Cabinet du Roi.

MILON, (Alexandre) Evêque de Valence, mort en 1771. *Rigaud*, p. *Drevet*, sc. 1740, in-fol. maj. (Beau.)

MIMEURE, (Jacques-Louis Valon, Marquis de) de l'Académie Françoise, né à Dijon en 1659, mort à Auxonne le 3 Mars 1719. Dessin au crayon, dans le Cabinet de M. de Fontette.

MINARD, (Antoine) Président-à-Mortier au Parlement de Paris, & Chancelier de la Reine de France & d'Ecosse, Marie Stuart. 1. *Frosne*. 2. *Moncornet*, 1658, in-4.

MINARD. (Gerardus de) N..?

MINART, (Charles) Joueur de Violon, né dans le Diocèse de Beauvais le 1 Octobre 1704. *Ingouf*, del. & sc. in-fol.

MIRABEAU, (Victor de Riquetty, Marquis de) vivant. 1. *Aved*, p. *Marcennay*, sc. 1758, in-fol. (Beau.) 2. *Vanloo*, p. *Fessard*, sc. 1759, in-4.

MIRAMION, (Madame de) Marie Bonneau, veuve du Sieur de Miramion, Conseiller au Parlement, Institutrice, Fondatrice & Supérieure des Filles de la Communauté de Sainte-Geneviève, morte le 23 Mars 1696, âgée de 66 ans. 1. *Gantrel*, in-8. 2. L. *Barbery*, 1690, d'après P. *Mignard*, in-fol. 3. G. *Edelinck*, 1706, d'après de *Troy*, in-4. & in-8. 4. N... dans Odieuvre.

MIROMESNIL, (Thomas Hue de) Maître des Requêtes Honoraire & Président au Grand-Conseil, auparavant Intendant en Champagne & en Touraine, mort en Août 1702. G. *Vallet*, d'après Ant. *Paillet*, in-fol.

MIROMESNIL, (Armand-Thomas Hue de) premier Président du Parlement de Rouen. *Benoît*, in-4.

MIRON, (Charles) Evêque d'Angers, mort Archevêque de Lyon en 1628. Dessin à la pierre noire, dans le Cabinet du Roi, in-fol.

MITANTIER, (Jean-Martin) Greffier de l'Hôtel-de-Ville de Paris. N. *de Largillière*, p. *Drevet*, sc. 1692, in-fol.

MOGERON, (Madame de) sous Henri IV. Dessin au Cabinet du Roi.

MOGERON, (Madame de) la jeune, sous Henri IV. avec une aigrette qui lui couvre l'œil gauche qu'elle a perdu. Dessin au Cabinet du Roi.

MOINE, (Jean) Bourgeois de Chaalons, en robe pourpre. 1. Dessin au Cabinet de M. de Fontette. 2. N...

N... sa femme, en robe rouge. 1. Dessin au Cabinet de M. de Fontette. 2. N...

MOINE, (François le) Peintre, né à Paris en 1688, mort le 4 Juin 1737, percé de neuf coups d'épée qu'il s'étoit lui-même donnés, dans un accès de phrénésie. N... dans l'Histoire des Peintres par d'Argenville.

MOINE (Jean-Baptiste le) fils, Sculpteur du Roi. *Cochin*, del. *Dupuis*, sc. 1755. Médaillon, in-4.

MOLÉ, (Edouard) troisième fils de Nicolas, Conseiller au Parlement de Paris, originaire de Troyes; fut Conseiller en 1567, emprisonné avec plusieurs autres du Parlement en 1589, par ceux de la Ligue, qui le choisirent ensuite pour Procureur-Général. Il se démit de cette Charge en 1602, & fut Président-à-Mortier; avoit épousé Marie Chartier, dont il eut Matthieu Molé (qui suit;) mourut fort âgé en 1614. 1. *Nanteuil*, in-fol. de deux façons. 2. *Moncornet*.

MOLÉ, (Matthieu) né en 1584, Conseiller au Parlement, Président aux Requêtes, puis Procureur-Général pendant 27 ans, enfin premier Président en Octobre 1640, Garde des Sceaux en 1651, mort à Paris le 3 Janvier 1656. 1. M. *Lasne*, in-fol. 2. *Moncornet*. 3. *Mellan*, in-fol. 4. *Daret*. 5. *Le Blond*. 6. *Nanteuil*, 1653, in-fol. 7. Dessin original de *Nanteuil*, au Cabinet de M. de Fontette. 8. *Lochon*, in-fol. avec attributs. 9. *Vanmerlen*, in-8. 10. N... dans Odieuvre.

MOLÉ, (Jean) fils aîné de Matthieu, Seigneur de Champlâtreux, Président-à-Mortier en 1657, mort subitement à Paris le 6 Août 1682. 1. P. *Landry*, 1666, in-fol. obl. Dessin de Thèse. 2. Médaillon avec ceux de Matthieu & Edouard.

MOLÉ, (François) fils de Matthieu, Abbé de Sainte-Croix de Bourdeaux en 1646, ensuite d'Hérivaux & de S. Paul de Verdun, mort le 5 Mai 1712, âgé de 87 ans. *Nanteuil*, 1649, in-fol.

MOLIÈRE, (François de) Seigneur d'Essertines, âgé de 18 ans en 1620. *Picquet*, 1620, d'après *Dumoustier*, in-8.

MOLIÈRE, (J. P. Poquelin de) né à Paris en 1620, célèbre par les Pièces de Théâtre qu'il a composées & représentées; mort à Paris le 17 Février 1673, âgé de 53 ans, venant de jouer le Malade Imaginaire. 1. P. *Mignard*, p. J. B. *Nolin*, sc. 1685, in-fol. 2. *Habert*, 1686, in-fol. 3. *Desrochers*, 1704, in-8. 4. Ben. *Audran*, 1705, d'après *Mignard*, in-12. 5. N... in-fol. dans les Hommes illustres de Perrault. 6. *Lépicié*, d'après Ch. *Coypel*. 7. C. *Roy*, d'après le même, dans Odieuvre. 8. *Fiquet*, d'après *Coypel*, in-8. (Beau.) 9. *Beauvarlet*, 1773, d'après *Bourdon*.

MOLINET, (Claude du) Chanoine Régulier, Bibliothécaire de l'Abbaye de Sainte-Geneviève, né à Chaalons en Champagne, l'an 1620, mort à Paris en 1687. *Trouvain*, 1689, in-fol.

MOLINIER, (J. Bapt.) Prédicateur, né à Arles vers 1675, mort à Paris en 1745. N...

MOLLET, (Claude) premier Jardinier du Roi, & Maître des Jardins de la Reine de Suède vers 1651. M. *Lasne*, del. & sc. in-4. dans des Ornemens.

MONACO. Voy. GRIMALDI.

MONCHY, (Charles de) Marquis d'Hocquincourt, Grand-Prevôt de l'Hôtel après son père, Maréchal de France le 5 Janvier 1651, quitta le service du Roi, fut tué de cinq coups de mousquet en voulant reconnoître les lignes de Dunkerque, le 13 Juin 1658, & enterré à Notre-Dame de Liesse. 1. *Nocret*, p. C. *le Brun*, sc. in-fol. 2. *Boissevin*, in-4. 3. *Moncornet*.

MONCHY, (Armand de) d'Hocquincourt, fils de Charles, Evêque de Verdun en 1665, mort le 30 Octobre 1679. 1. J. *Grignon*, d'après C. *le Fevre*, in-fol. 2. *Landry*, 1666.

MONCHY, (Pierre de) Prêtre de l'Oratoire, d'une grande vertu, mort à Paris en 1686, âgé de 76 ans. 1. *Van Schuppen*, 1688, in-fol. 2. Magdeleine *Masson*, in-8.

MONCRIF, (François-Augustin Paradis de) Parisien, de l'Académie Françoise, &c. *De la Tour*, p. L. J. *Cathelin*, sc. in-fol. 1772, dans la Gallerie Françoise, Cahier VII.

MONDONVILLE, (Jean-Joseph Cassanea de) Maître

Tome IV. Part. II.   G g

de Musique de la Chapelle du Roi, né à Narbonne. *Cochin*, del. *De Saint-Aubin*, sc. 1768. Médaillon, in-4.

MONDRAGON. (Christophle de) N...

MONET, (N...) Musicien & Directeur de l'Opera Comique, vivant. *Cochin*, del. *De Saint-Aubin*, sc. 1765, in-8.

MONGIN, (Edme) Evêque de Bazas, l'un des quarante de l'Académie Françoise, mort en 1746. *Petit*, in-4.

MONGOMMERY, (Gabriel de Lorges, Comte de) qui tua Henri II. dans un Tournoi en 1559, & fut depuis exécuté à Paris le 26 Juin 1574, pour crime de rébellion. Dessin de *Dumoustier*, au Cabinet de M. de Fontette.

Susanne de Bouquetot, sa femme, en 1582. Deux Dessins au Cabinet du Roi.

MONIN, (Jean-Edouard du) Poëte François, né à Gy en Franche-Comté, assassiné en 1586, âgé de 26 ans. 1. N... en bois, 1610, in-8. 2. Agé de 25 ans, couronné de laurier, N... au burin, in-8.

MONNEROT. (Pierre) 1. M. *Lasne*, in-fol. 2. N. *de Plattemontagne*, 1656, in-fol. 3. Idem, retouché en 1659, avec armes différentes.

MONNOYE, (Bernard de la) né à Dijon le 15 Juin 1641, reçu à l'Académie Françoise en 1713, mort à Paris le 15 Octobre 1728. 1. Dessin au crayon, dans le Cabinet de M. de Fontette. 2. *Devosge*, del. *Duhamel*, sc. in-4.

MONOYER, (J. Bapt.) Peintre de fleurs, né à Lille en 1635, mort à Londres en 1699. 1. *Kneller*, p. *Smith*, sc. in-fol. 2. N... dans l'Histoire des Peintres par d'Argenville.

MONROY, (Antoine) Général des Dominicains. *Ballay*, in-fol.

MONSOREAU, (Mademoiselle de) sous Henri III. Dessin au Cabinet du Roi.

MONSTIER, (N... du) Peintre & Dessinateur sous Henri IV. Dessin au Cabinet du Roi.

MONSTRELET, (Enguerrand de) Historien, né à Cambrai au XV⁰ Siècle. *Larmessin*.

MONSTREUL, (Eudes de) Architecte sous S. Louis. N... dans Thévet.

MONTAGNE, (Michel de) Gentilhomme de Périgord, né en 1533, Conseiller au Parlement de Bordeaux, Chevalier de l'Ordre de S. Michel, & Maire de Bordeaux, mourut en 1592, le 13 Septembre. 1. *Th. de Leu*, in-8. 2. N... in-fol. 3. *Jaspard Isaac*. 4. *Chereau*, 1723. 5. *Chereau*, 1725. 6. *Desrochers*. 7. *Chossard*, del. *Ficquet*, sc. 1773.

MONTAGU (Joachim de) Fromigières, Grand-Prieur de Toulouse, Commandant pour le Roi à Metz en 1627. M. *Lasne*, del. & sc. in-4.

MONTAIGU, (Charles de) Seigneur de Marcoussis, tué à la Bataille d'Azincourt en 1415. N...

MONTAIGU, (Jean de) Seigneur de Marcoussis, & Jeanne de la Grange sa femme. N...

MONTAIGU, (Mademoiselle de) sous Henri IV. Dessin au Cabinet du Roi.

MONTALAMBERT, (André de) Comte d'Essé, Lieutenant-Général pour le Roi & Commandant ses Armées en Ecosse, Gouverneur de Térouanne, mort sur la brêche de cette Ville le 12 Juin 1553. N... dans Odieuvre, in-8.

MONTARSIS, (Pierre de) Jouaillier. *Coypel* le jeune, p. *G. Edelinck*, sc. in-fol.

MONTAUD, (Sextius de) Conseiller au Parlement de Provence. 1. *Cundier*, p. *Cundier*, sc. in-fol. 2. Le même, avec Armes différentes.

MONTAUD, (Jean de) Conseiller au Parlement de Provence. *Celloni*, p. *Coellemans*, sc. 1712, in-fol. dans une Thèse.

MONTAUSIER. Voy. SAINTE-MAURE.

MONTAUT, (Henri de) Marquis de Saint-Genlès, fils du Duc de Navailles. *Berault*, p. *Lochon*, sc. 1683.

MONTAUT, (Philippe de) Maréchal de Navailles, mort à Paris en 1684, âgé de 65 ans. N...

MONTAZET, (Antoine de Malvin de) Archevêque de Lyon. *Vanloo*, p. *Littret de Montigny*, sc. in-fol. maj. (Beau.)

MONTBARRÉ, (Mr de) & Mr d'Entragues. *Carmontel*, del. 1761. N... sc. in-fol.

MONTBAZON. Voy. ROHAN.

MONTBOISSIER, (N... de) ou de Saint-Heran. *Sauvé*, in-fol. oblong. dans un ovale soutenu par deux Figures.

MONTBRON, (François, Comte de) Lieutenant-Général des Armées du Roi en 1676, Gouverneur d'Arras, puis de Cambrai, Chevalier des Ordres du Roi en 1689, auparavant Capitaine-Lieutenant de l'une des Compagnies des Mousquetaires, mort à Cambrai le 16 Mars 1708. Et. *Gantrel*, in-fol.

MONTBRUN. (Mademoiselle de) *Trouvain*.

MONTBRUN. (N... Marquis de) N... in-12.

MONTCEL. Voy. BACHELIER.

MONTCHAL, (Charles de) fils de Pierre & d'Anne de Guillon, Archevêque de Toulouse en 1628, mort à Carcassonne le 22 Août 1651. 1. *Daret*, d'après le Breton, 1645, in-fol. & in-4. 2. *Frosne*. 3. *Rousselet*, in-fol. obl.

MONTCHAL, (Jean-Pierre de) Maître des Requêtes. 1. *Daret*, in-fol. 2. N... avec Médailles, Ecussons & Devises.

MONTCLEY, (Antoine-François de Blisterviche de) Archevêque de Besançon, en 1732. *Chereau*, in-fol.

MONTEJEAN, (René, Seigneur de) en Anjou, Chevalier de l'Ordre du Roi, Gouverneur & Lieutenant-Général en Piémont en 1537, Maréchal de France en 1538, mort en Piémont la même année. N... en Italie, in-4.

Philippe de Montespedon, Dame de Beaupreau sa femme, qui épousa en secondes nôces Charles de Bourbon, Prince de la Roche-sur-Yon, & mourut le 12 Avril 1578. Dessin au Cabinet de M. de Fontette.

MONTEIL de Grignan, (François Adhémar de) né le 27 Août 1603, fils de Louis-François & de Jeanne d'Ancezune de Caderousse, Evêque de S. Paul-trois-Châteaux en 1631, Archevêque d'Arles en 1643. 1. *Stresor*, p. *N. Poilly*, sc. in-fol. 2. *Poilly*, autre Planche, in-fol. 3. N... in-fol. Avec le Cordon du S. Esprit.

MONTEIL de Grignan, (François-Jacques-Adhemar de) Evêque de S. Paul-trois-Châteaux en 1643, Coadjuteur d'Uzès en 1657, puis Archevêque d'Arles, mort le 9 Mars 1689, âgé de 86 ans. N. *Larmessin*, 1658, d'après *Stresor*.

MONTEIL de Grignan, (Louis-Joseph-Adhémar de) Evêque de Carcassonne, mort le 1 Mars 1722. *Laborde*, p. Et. *Gantrel*, sc. in-fol.

MONTEIL, (François Adhémar de) Comte de Grignan, Lieutenant-Général en Provence, Chevalier des Ordres du Roi en 1689, mort le 30 Décembre 1714, âgé de 85 ans. *Largillière*, p. *J. Lubin*, sc. in-fol.

des François illustres.

Françoise-Marguerite de Sévigné, Comtesse de Grignan, sa troisième femme, mariée en 1669, morte le 13 Août 1705. 1. *Mathey*, in-8. 2. N... dans Odieuvre.

MONTENAY, (Jacques de) Archidiacre de Reims, Cardinal, créé en 1383. Et. *Picart*.

MONTENAY, (Georgette de) grande Musicienne. D. M. G. in-8.

MONTESPAN. Voy. ROCHECHOUART.

MONTESQUIEU, (Charles de Secondat de) Président au Parlement de Bordeaux, Auteur de l'Esprit des Loix, &c. né le 18 Janvier 1689, mort à Paris le 10 Février 1755. 1. C. P. C. de T. 1764, à l'eau-forte, in-4. 2. Ph. *Benoist*, del. & sc. in-12. sur la Médaille de *Dassier*. 3. N... dans Odieuvre. 4. *De Terfan*, 1761. Médaillon, avec quatre. Vers Latins, in-16. 5. *De Terfan*, 1761. Façon de tête antique. 1. *Eisen*, del. *Le Mire*, sc. 1772. Médaillon, in-8. à la tête de la nouvelle Edition du Temple du Goût.

MONTESQUIOU (N... de) d'Artagnan, Capitaine-Lieutenant des Mousquetaires. N... in-12.

MONTFAUCON, (Bernard de) Religieux Bénédictin de la Congrégation de S. Maur, de l'Académie des Belles-Lettres, né au Château de Soulage en Languedoc, mort à Paris en 1741, âgé de 87 ans. 1. *Guesclin*, p. *Audran*, sc. in-fol. 2. N... dans Odieuvre.

MONTFORT, (Simon) Comte de) célèbre par les guerres qu'il fit aux Albigeois dans le XIIIe Siècle. Le Concile de Latran tenu en 1215, lui donna l'investiture des Terres de Raymond, Comte de Toulouse, qu'il avoit défait : il en fit hommage au Roi Philippe-Auguste, ensuite il assiégea Toulouse en 1218, & après avoir été blessé de cinq coups de flèches, il y fut tué d'un coup de pierre que lança une femme sur une machine que l'on appelloit Mangoneau. 1. N... dans le Livre de la Gallerie du Palais Cardinal, in-fol. 2. *Desrochers*.

MONTFORT, (Simon-Amaury, Comte de) fils de Simon I. né en 1172, Connétable de France en 1231, mort d'un flux de sang en 1241. Dessin à la plume, in-8. dans le Cabinet de M. de Fontette.

MONTFORT, (Bertrade de) Maîtresse de Philippe I. & femme de Foulques Rechin, Comte d'Anjou. Dessin au fuzin, dans le Cabinet de M. de Fontette.

MONTFORT, (Jean de) Duc de Bretagne. N... dans Thévet.

MONTFORT, (A. de) ou B. Amica de Montforti, du Tiers-Ordre de S. Dominique, en 1320. 1. *Mariette*. 2. *Van Lochon*, in-4.

MONTFORT, (Louis-Marie Grignon de) Missionnaire, né en Bretagne, mort en 1715. *Desrochers*.

MONTFORT, (Jean-François de) Gentilhomme de Rouen, frère de N. de Sainte-Foy, Maître des Requêtes, Gouverneur de Caudebec. J. *Sauvé*, in-fol. maj. obl. ovale, accompagné d'Ornemens.

MONTFORT. (Madame la Duchesse de) *Berey*, in-fol.

MONTGAILLARD, (D. Bernard de) Feuillant, Abbé d'Orval, fut connu pendant la Ligue sous le nom de petit Feuillant. Etant sorti de Paris après la Ligue, il alla à Rome, où l'Abbé de Feuillans, premier Instituteur de la Réforme, lui donna dispenses. Il revint dans les Pays-Bas, où il fut Prédicateur ordinaire de l'Archiduc Albert & de l'Infante Isabelle, qui lui donnèrent l'Abbaye d'Orval, où il mourut le 8 Juin 1628. 1. *Bolswert*, in-4. 2. *Vanhorst*, p. C. *Galle*, sc.In-8.

MONTGERON, (Louis Basile Carré de) Conseiller au Parlement de Paris, présentant un Livre au Roi, mort à Valence en 1754. N... in-12.

MONTGLAT. Voy. CLERMONT.

MONTGON, (Charles-Alexandre de) né à Versailles le 24 Septembre 1690, a publié un Ouvrage en plusieurs Volumes contenant les Mémoires de ses Négociations. *Habert*, p. 1746. *Taujé*, sc. 1748, in-12. dans un ovale.

MONTHOLON, (François de) Sieur du Vivier, né à Autun, Garde des Sceaux en 1541, mort à Villers-Cotterets le 12 Juin 1543. N... en petit.

MONTHOLON, (François II) Sieur d'Aubervilliers, Garde des Sceaux en 1588, mort à Tours en Octobre 1590. N... en petit.

MONTHOLON, (Guillaume de) Cardinal. Et. *Picart*.

MONTHOLON, (Catherine de) veuve de M. de Sanzelle, Maître des Requêtes, Fondatrice des Religieuses Ursulines de Dijon, vécut 34 ans dans leur Monastère, & mourut le 29 Avril 1650, âgée de 82 ans. Michel *Lasne*, in-fol.

MONTHOLON, (Charles-François de) premier Président de Rouen, auparavant Conseiller au Grand-Conseil, fils de N. de Montholon, Avocat; mourut au mois de Juin 1703, étant devenu aveugle peu de temps auparavant. *Drevet*, 1697, in-fol.

MONTIGENT, (Madame de) sous François I. Dessin au Cabinet du Roi.

MONTILLET, (Jean-François de) Archevêque d'Auch, né à Champdore en Bugey, l'an 1702. J. C. *François*, 1764, d'après Roland *de la Porte*, in-fol.

MONTLHÉRY, (Guy de) dit *de Rochefort*, Grand-Sénéchal en 1108. N... dans les Ministres par d'Auteuil.

MONTLUC, (Blaise de) sous François I, Henri II, &c. fut fait Maréchal de France en 1574, & mourut à la fin de Juillet 1577, âgé de 77 ans. 1. N... dans le Livre de la Gallerie du Palais-Cardinal, in-fol. 2. Dessin au Cabinet du Roi. 3. *Mariette*, in-4. 4. N... dans Thévet. 5. N... en petit. 6 N... dans Odieuvre.

MONTLUC, (Jean de) frère de Blaise, Ambassadeur en Italie, en Allemagne, en Angleterre, en Pologne, à Constantinople; Evêque de Valence en 1553, mourut à Toulouse le 12 Avril 1579. Dessin à la pierre noire, dans le Cabinet du Roi, in-fol.

MONTLUC, (Jean de) Sieur de Balagny, fils naturel de Jean, & de Demoiselle Anne Martin, légitimé en 1567; Maréchal de France en 1594; mort en 1603. 1. N... 2. Dessin au Cabinet de M. de Fontette.

MONTMIRAIL. Voy. LE TELLIER.

MONTMIREL. Voy. JEAN.

MONTMOR. Voy. HABERT.

MONTMORENCY, (Jean Sire de) mort au mois de Juin 1325. Son Tombeau. J. *Picart*, in-4.

MONTMORENCY, (Charles, Seigneur de) mort le 11 Septembre 1391; & Péronnelle de Villiers sa femme, morte avant 1415. Leur Tombeau. J. *Picart*, in-4.

MONTMORENCY, (Jean de) Chevalier de la Toison d'or. Son Tombeau. J. *Picart*, in-4.

MONTMORENCY, (Ogier de) mort le 14 Décembre 1523. Son Tombeau. J. *Picart*, in-4.

MONTMORENCY, (N. de) & sa femme. Leur Tombeau : J. *Picart*, in-4.

MONTMORENCY, (Guillaume Baron de) qui vivoit en 1525, & mourut le 14 Mai 1531. 1. J. *Picart*, 1622, in-8. 2. Son Tombeau, & d'Anne Pot, sa femme, morte le 24 Février 1510. J. *Picart*, in-4.

MONTMORENCY, (Florent de) Baron de Luz & de Montigny, Gouverneur de Tournesis, mort en 1570. 1. N... 2. J. *Picart*, in-4. à genoux.

Tome *IV*. Part. *II*.

Montmorency, (Anne de) né en 1493, Connétable de France en 1538, gagna la Bataille de Saint-Denis le 10 Novembre 1567, mais y reçut plusieurs blessures dont il mourut, âgé de 80 ans, le 12. 1. N... dans Thevet. 2. *Lufrinck*, F. H. 3. N... dans le Livre de la Gallerie du Palais-Cardinal, in-fol. 4. N... dans le Livre de Schrenckius, in-fol. 5. *Duflos*, in-4. 6. N... en petit. 7. Dessin au Cabinet du Roi. 8. N... Dessin au Cabinet de M. de Fontette. 9. N... dans Odieuvre.

Montmorency, (François, Duc de) fils aîné d'Anne, Maréchal de France, mourut au Château d'Escouen le 5 Mai 1579, sans enfans, de Diane légitimée de France, fille de Henri II. 1. N... dans le Livre de Schrenckius, in-fol. 2. *Moncornet*.

Montmorency, (Charles de) Sieur de Meru, Colonel des Suisses, puis Duc de Damville & Amiral de France, mort en 1612, âgé de 75 ans. Dessin au Cabinet de M. de Fontette.

Montmorency, (Henry de) premier du nom, second fils d'Anne, Duc de Damville & de Montmorency en 1579; Maréchal de France en 1566, Connétable en 1593, mourut fort âgé dans la Ville d'Agde, le premier Avril 1614. 1. N... dans le Livre de Schrenckius, in-fol. 2. Th. *de Leu*, in-8. 3. *De Leu*, in-8. de deux façons, avec l'épée de Connétable, & âgé de 64 ans. 4. *Duflos*, in-4. 5. Jaspard *Isaac*, in-8. âgé de 29 ans: ovale avec quatre Vers. 6. N... dans Odieuvre.

Louise de Budos, sa seconde femme, née le 13 Juillet 1575, mariée le 29 Mars 1593, morte à Chantilly le 26 Septembre 1598. 1. Th. *de Leu*, in-4. Agée de 21 ans. 2. J. *de Weert*, d'après Paul *de la Howe*, in-4.

Montmorency, (Henri II du nom, Duc de) Maréchal de France & Gouverneur de Languedoc; s'engagea dans le parti de Monsieur; & ayant été pris les armes à la main au Combat de Castelnaudari le 1 Septembre 1632, il fut condamné à perdre la tête, & exécuté à Toulouse le 30 Octobre 1632. Il étoit né à Chantilly le 30 Avril 1595. 1. M. *Lasne*, in-fol. maj. 2. *Lasne*, 1632, in-4. Copie de précédent. 3. *Mellan*, in-4. 4. *Daret*, in-4. 5. *Moncornet*. 6. Dans le Livre des Triomphes de Louis le Juste, in-fol. 7. N... en Cuirasse, dans un ovale. 8. Jaspard *Isaac*. Agé de 29 ans, in-8. 9. N... dans Odieuvre.

Marie-Félice des Ursins, sa femme. Après la mort de son mari, elle se retira au Monastère de la Visitation de Moulins, & y mourut Supérieure, en odeur de sainteté, le 5 Juin 1666, âgée de 66 ans. Elle y fit élever à son mari un magnifique Tombeau de marbre, exécuté par le célèbre Anguier. 1. *Vallet*, in-fol. 2. *Van Schuppen*, in-8.

Montmorency, (François de) Duc de Luxembourg-Piney, Pair & Maréchal de France, Capitaine des Gardes du Corps, Gouverneur de Normandie, Commandant les Armées de Sa Majesté en Flandres; né le 8 Janvier 1628, mort à Versailles le 4 Janvier 1695, âgé de 67 ans. 1. *Vermeulen*, d'après *Rigaud*, 1694, in-fol. maj. 2. *Roullet*, d'après *Parrocel*, en petit. Vignette de son Oraison funèbre. 3. B. *Picart*. Vignette. 4. *Edelinck*, d'après *Rigaud*, 1697, in-fol. 5. N... Médaillon. 6. *Larmessin*. 7. *Desrochers*. 8. N... dans Odieuvre.

Montmorency, (Henri-Thibault de) Luxembourg, Abbé de S. Michel, né à Ligny le 9 Février 1663, Grand-Maître de l'Ordre du Saint-Esprit de Montpellier en 1693, mort le 23 Novembre 1700. N... in-fol. maj.

Montmorency, (Christian-Louis de) second Maréchal de Luxembourg, né le 9 Février 1675. N...

Montmorency, (Eugène de) Prince de Robecq, Comte de Morbecq, &c. Chevalier de l'Ordre de la Toison d'or, mort au mois de Janvier 1683. N... dans une Suite, in-8.

Montmorency, (François de) Comte de Lusse, Baron de Boutteville, Gouverneur de Senlis; se battit en duel le jour de Pâques 1624, contre le Comte de Pontgibaut; & en 1616, contre le Comte de Thorigny, qu'il tua à Paris; & enfin, à la Place Royale le 12 Mai 1627, contre le Comte de Bussy-d'Amboise; eut la tête tranchée en Grève, le 22 Juin de la même année. *Moncornet*.

Montmorin, (Gilbert) Evêque-Duc & Pair de Langres, âgé de 74 ans, mort en 1770. C. P. *Marillier*, dans une Thèse, in-fol.

Montmorin, (Sœur Anne-Louise de) de Saint-Hérem, Abbesse de Notre-Dame de Nemours, morte en 1710. *Giffard*, 1697, in-8.

Montolieu, (Louis, Marquis de) Chef d'Escadre, mort en 1713. *Serre*, p. *Cundier*, sc.

Montolieu, (Elizabeth-Gabrielle de) Bernardine, morte à Marseille en 1685. *Serre*, p. *Cundier*.

Montpensier. (N. Duchesse de) N... dans le P. Montfaucon.

Montpensier. Voy. Bourbon & Orléans.

Montpezat, (Melchior des Prés, Seigneur de) Chevalier de l'Ordre du Roi, Gentilhomme ordinaire de la Chambre du Roi Charles IX. Dessin au Cabinet de M. de Fontette.

Montpezat, (Jean) de Carbon, Evêque de Saint-Papoul en 1657, Archevêque de Bourges en 1644, puis de Toulouse, enfin Archevêque de Sens en 1674, mort en 1686. 1. *Blanwin*, p. *Grignon*, sc. 1671, in-fol. 2. *Nanteuil*, 1673, in-fol. maj.

Montréal, (Jean de) Mathématicien, Professeur à Vienne en Dauphiné, mort en 1476. N... in-12.

Montrevel. Voy. la Baume.

Montreuil, (Ch. de) Sieur de la Chesnée, de Caen, Auteur du Livre intitulé: *Le Fleuriste François*, de l'origine des Tulipes, imprimé à Caen, 1654, in-4. N... in-4.

Montreuil, (Matthieu de) Poëte François, mort à Aix en 1691, à 71 ans. 1. *Picart*, 1665, in-12. 2. *Arnoult*.

Montreux, (Nicolas de) Auteur de plusieurs Romans, sous le nom d'*Olénix du Mont-sacré*, qui est l'Anagramme de son nom; né environ l'an 1561, fils d'un Gentilhomme du Maine, mort peu après 1608. *Rabel*, 1579, in-12. (Beau.)

Montroy, (le Père de) Prêtre de la Mission, ou Lazariste. Dessin au Cabinet de M. de Fontette.

Montsalays, (M. de) tué à la Bataille de Jarnac, en 1569. Deux Dessins au Cabinet de M. de Fontette.

Moquot, (Jacques) Avocat au Parlement & aux Conseils du Roi. S. *Thomassin*, del. & sc. in-4.

Morand, (Sauveur-François) célèbre Chirurgien, de l'Académie des Sciences de Paris, de la Société Royale de Londres, &c. né à Paris en 1695, mort en 1773. 1. *Fontaine*, p. Mademoiselle *Haussart*, sc. 1749, in-fol. 2. *Garand*, del. B. L. *Prévost*, sc. in-4. avec quatre Vers François. 3. *Cochin*, del. Ch. Philip. *de Tersan*, sc. 1761. Médaillon, in-4. Au bas est écrit: *Offerebat filiorum pietas*. 4. *Cochin*, del. *De Saint-Aubin*, sc. 1768. Médaillon in-4.

Morandus, (Bernardus) 1644. *Rousselet*, in-4.

Morange, (François) Abbé. *Trouvain*, in-24. ovale.

MORANGIS. Voy. BARILLON.

MORANT, (Thomas) Seigneur du Mesnil-Garnier, Conseiller d'Etat en 1661. 1. *Frosne*, 1662, in-4. 2. *Lombart*, d'après W. *Vaillant*, in-fol.

MORANT, (Thomas-Alexandre) fils du précédent, Maître des Requêtes, Intendant de Provence, premier Président du Parlement de Toulouse. G. *Edelinck*, d'après *Largillière*, 1685. in-fol. maj.

MOREAU, (Etienne) Evêque d'Arras en 1656, sacré à Paris le 21 Octobre 1668, prit possession le 25 Novembre suivant, après une vacance de 13 ans; mort le 8 Janvier 1670, à 75 ans. 1. C. *Bernard*, p. J. *Boulanger*, sc. in-fol. 2. L. *Coquin*, 1663, in-fol.

MOREAU, (Jean) de Séchelles, Ministre & Contrôleur-Général en Juillet 1754, se retira en Avril 1756. *Valade*, p. *Lempereur*, sc. in-fol.

MOREAU, (Pierre) Religieux Minime, qui ayant été obsédé du Démon plus de 40 ans, est mort à Soissons, en réputation de sainteté & de miracles le dernier jour de Mars 1616, âgé de 74 ans. N. *Pittau*, in-4.

MOREAU, (Pierre) [*Moraus*] Ministre Calviniste, né à Paray-le-Monial dans le Charollois, y mourut en 1660. *Delff*, in-4.

MOREAU, (Jacques) Médecin de Challon-sur-Saône, y naquit le 15 Mai 1647, mort le 4 Juin 1729. *Sauvé*, in-12.

MOREAU, (René) né à Montreuil-Bellay en Anjou, Docteur en Médecine, & Doyen de la Faculté de Paris, mort le 17 Octobre 1656, âgé de 69 ans. M. *Lasne*, del. & sc. in-4.

MOREAU, (Etienne) Avocat-Général de la Chambre des Comptes de Dijon, né le 1 Septembre 1639, mort le 27 Avril 1699. Dessin au crayon, dans le Cabinet de M. de Fontette.

MOREAU, (Jacobus) Cabilonensis, Doctor Medicus. *Sauvé*, sc. in-8.

MOREAU, (Jacques) de Brazey, Capitaine de Cavalerie, né le 18 Août 1663, mort à Briançon, âgé de 60 ans. Dessin au crayon, dans le même Cabinet.

MOREAU, (Philibert-Bernard) de Mautour, Membre de l'Académie Royale des Inscriptions & Belles-Lettres, né à Beaune le 21 Décembre 1654, mort à Paris le 7 Septembre 1737. Dessin au crayon, dans le Cabinet de M. de Fontette.

MOREAU, (Pierre) Maître à écrire. *David*, 1628, in-4.

MOREAU, (Jean-Nicolas) premier Chirurgien de l'Hôtel-Dieu de Paris en 1758, vivant. 1. *Ducreux*, p. *Jardinier*, sc. 1758. 2. *Cochin*, del. P. E. *Moitte*, sc. 1763. Médaillon in-4.

MOREAU, (Mademoiselle) Actrice de l'Opéra vers 1694. 1. *Bonnart*, in-fol. 2. *Mariette*. 3. *Berey*, in-fol.

MOREL, (Frédéric) Doyen des Professeurs & Interprètes du Roi en 1617, âgé de 59 ans, mort en 1630, à 78 ans. N... à Paris, in-8.

MOREL, (Claude) premier Imprimeur du Roi, âgé de 52 ans en 1626. N... à Paris, in-4.

MOREL, (D. Robert) Bénédictin de la Congrégation de Saint-Maur, né à la Chaise-Dieu en Auvergne, 1653; mort en odeur de sainteté, à Saint-Denis, le 19 Août 1731. *Restout*, p. *Larmessin*, sc. in-fol.

MOREL, (Charles) Sieur de la Garenne de Villemomble, Conseiller-Secrétaire du Roi. R. *Lochon*, 1670, in-4.

MOREL, (Madame) Marie de Pardieu, femme de Gilles Morel, Sieur de la Garenne, Conseiller au Grand-Conseil. R. *Lochon*, 1671, in-4.

MOREL, (Claude) Bachelier en Théologie, fils de Claude Morel, Sieur de Bonrecueil. R. *Lochon*, 1671, in-4.

MOREL, (Daniel) Conseiller du Roi, Maître de la Chambre aux Deniers. *Trouvain*, 1687, in-fol. maj.

MORELLA, (Juliana) Barcinonensis Virgo Hispana, (née à Barcelonne le 16 Février 1594, de Jean-Antoine Morel, Banquier.) Capucinorum habitum pietatis causâ gestans, Latinæ, Græcæ & Hebraicæ Linguarum perita, Philosophiæ ac Jurisprudentiæ studiosa, Theses Philosophicas anno 1606, ætatis 12. à se publicè disputatas, Margaritæ Austriæ Hispaniæ Reginæ inscripsit; floruit deinde Lugduni, musicis instrumentis, aliisque ingenii artibus, apprimè exercita. (Elle fit Profession dans le Monastère des Religieuses Dominicaines de Sainte-Pouxède d'Avignon, le 20 Juin 1610, & y mourut le 26 Juin 1653.) P. *de Jode*, in-8.

MORENO, (Richard) Vicaire-Général de l'Ordre de Citeaux dans la Flandre Françoise. Et. *Gantrel*, 1693, in-fol.

MORERY, (Louis) né à Bargemont en Provence le 25 Mars 1643, Prêtre, Docteur en Théologie, Auteur du Dictionnaire historique, dont il achevoit la seconde Edition, lorsqu'il mourut à Paris le 10 Juillet 1680. (Son Bisaïeul, nommé *Chatranet*, étoit de Dijon: il passa en Provence, & y prit le nom de Morery, de celui d'un Village dont il devint Seigneur par sa femme.) *De Troy*, p. *Edelinck*, sc. 1680. Âgé de 37 ans.

MOREY. (du) Voy. THOMAS.

MORGARD, (N...L...) Auteur, vers.... N.T. en bois.

MORGES, (M. de) sous Henry III, 1585. Dessin au Cabinet de M. de Fontette.

MORGUES, (Matthieu de) Sieur de Saint-Germain en Languedoc, Aumônier de la Reine Marie de Médicis, mort à Paris dans l'Hôpital des Incurables en Décembre 1670, âgé de 88 ans. Auteur de plusieurs Pièces en faveur de cette Princesse, étoit né dans le Vélay, vers 1582. N. *Pittau*, 1670, d'après *Saint-François* de Tours, in-fol.

MORGUES, (Jacques) Avocat au Parlement de Provence, âgé de 75 ans. J. *Daret*, del. M. *Cundier*, sc. in-4.

MORIN, (Jean) né à Blois en 1591, d'un Marchand de cette Ville, abjura le Calvinisme, ayant été instruit par le Cardinal du Perron; entra dans la Congrégation de l'Oratoire, & y mourut le 28 Février 1659. 1. Jacques *Lubin*, 1695, in-fol. 2. *Giffart*, 1703, in-4.

MORIN, (Jean-Baptiste) né à Villefranche en Beaujolois, le 23 Février 1583, d'une bonne famille, Docteur en Médecine, & Professeur Royal en Mathématiques, mort à Paris le 6 Novembre 1656. 1. N. *Poilly*, 1657, in-fol. 2. en Buste, comme à son Tombeau qui est à Saint-Etienne du Mont. 3. *Mariette*, in-4. 4. E. *Desrochers*, in-8.

MORIN, (Louis) Docteur en Médecine, né au Mans le 11 Juillet 1635, mort à Paris le 1 Mars 1715. Et. *Picart* le Romain, 1696, in-4.

MORINIERE, (Adrien le Fort de la) Marchand Linger sur le Quai de Gesvres à Paris. *Tortebat*, p. Germ. *Edelinck*, sc. 1704, in-fol. maj.

MORIONIS. (Nicolas) N...

MORISOT, (Claude-Barthelemy) Auteur de l'*Orbis Maritimus*, né à Dijon le 12 Avril 1592, mort le 22 Octobre 1661. Dessin au crayon dans le Cabinet de M. de Fontette.

MORLIERE. (Charles-Richer de Roddes de la) *La Tour*, p. *Lépicié*, sc.

MORNAY, (Philippe de) Seigneur du Plessis-Marly, né à Buffi le 5 Novembre 1549, de la Religion Prétendue-Réformée, Conseiller d'Etat en 1590, Gouverneur de Saumur. Le Roi Louis XIII, lui ayant ôté ce Gouvernement en 1621, il se retira dans sa Baronnie de la Forêt en Poitou, où il mourut le 11 Novembre 1623. 1. L. *Gaultier*, 1611, in-4. 2. *Aimonius*. 3. N... dans Odieuvre.

MORNAY, (le R. P. Louis François de) Capucin, Evêque de Quebec en 1714, mort en 1741. 1. *Habert*, 1714, in-4. 2. *Desrochers*.

MORSE, (M. de) en 1596. Dessin au Cabinet de M. de Fontette.

MORVILLE. Voy. FLEURIAU.

MORVILLE, (Charles J. B. Fleuriau, Comte de) Ambassadeur en Hollande, Ministre d'Etat des Affaires Etrangeres, Chevalier de la Toison d'or, de l'Académie Françoise, mort le 3 Février 1732. Projet de son Tombeau: Ch. *Coypel*, del. Le Comte *de Caylus*, sc. en manière noire, in-fol.

MORVILLIERS, (Jean de) né à Blois, Evêque d'Orléans, & Garde des Sceaux en 1568 jusqu'en 1570, mort à Tours le 23 Octobre 1577, âgé de 70 ans. 1. Cl. *David*, in-4. 2. *Gaultier*. 3. Dessin à la pierre noire, au Cabinet du Roi, in-fol. 4. N... en petit.

MORUS, (Alexandre) né à Castres, Ministre à Genève, mort à Paris en 1670. *Desrochers*.

MOTHÆUS, (Theodorus) Barto-Duccæ Provinciæ Propræfectus, annor. 37. *Wocriot*, in-fol.

MOTHE-HOUDANCOUR, (Philippe de la) Duc de Cardonne, Viceroi de Catalogne, Maréchal de France en 1642, mort à Paris en 1657, âgé de 52 ans. 1. *Daret*, in-4. 2. *Moncornet*. 3. *Aubry*. 4. *Schouten*, in-12. 5. *Humbelot*, avec six Vers au-dessus, in-4. 6. N... dans le Livre des Triomphes de Louis le Juste, in-fol. 7. N... in-4. 8. G. *Le Brun*, in-fol.

Louise de Prie, sa femme en 1650, Gouvernante de Monseigneur le Dauphin & des enfans de France, morte à Versailles le 6 Janvier 1709, à 85 ans. Fr. *Poilly*, 1655, in-fol.

MOTHE-HOUDANCOUR, (Henri de la) Evêque de Rennes en 1639, puis Archevêque d'Auch en 1662, Commandeur de l'Ordre du Saint-Esprit, né en 1612, mort le 24 Février 1684. G. *Baugin*, in-4.

MOTHE-HOUDANCOUR, (Jacques de la) Commandeur de Malthe, né en 1611, mort le 15 Juin 1693. Ant. *du Viert*, p. J. *Lenfant*, sc. 1672, in-fol.

MOTHE-HOUDANCOUR, (N... de la) Maréchal de France, Chevalier d'honneur de la Reine, mort en 1657. 1. *Will*, in-fol. 2. plus âgé, *Will*.

MOTHE, (Antoine Oudart de la) de l'Académie Françoise, né à Paris le 17 Janvier 1672, d'un Marchand Chapelier, mort le 26 Décembre 1731. 1. *Ranc*, p. *Edelinck*, sc. in-4. 2. *Crespy*. 3. *Desrochers*. 4. *Crespy*, Médaillon au Parnasse François. 5. N... dans Odieuvre.

MOTHE-LE-VAYER, (François de la) Précepteur de Monsieur, reçu à l'Académie Françoise le 14 Février 1639, mort à Paris en 1672. Il y étoit né en 1588, d'une famille de robe, originaire du Mans. 1. *Mellan*, del. & sc. 1648, in-4. 2. *Nanteuil*, del. & sc. 1661, in-fol. (Rare.) 3. *Coffin*, in-8. Copie du précédent. 4. L. *Spirinx*, 1663, in-fol. 5. Jac. *Lubin*, 1699, in-fol. 6. *Desrochers*. 7. N... dans Odieuvre.

MOTHE-LE VAYER-BOUTIGNY, (François de la) Maître des Requêtes, mort Intendant de Soissons en 1685. *Chereau*.

MOTTEVILLE, (Nicolas Langlois, Seigneur de) premier Président de la Chambre des Comptes de Rouen. J. *Frosne*, d'après *Boury*, 1660, in-fol.

MOTTEVILLE, (Madame) Françoise Bertaut, qui fut élevée à la Cour de Marie de Médicis, & dont on a des Mémoires pour servir à l'Histoire de la Reine Anne d'Autriche; mourut à Paris le 29 Décembre 1689, âgée de 75 ans. J. *Gillberg*, in-8. ovale.

MOTTEVILLE. Voy. LAMBERT.

MOUCHE, (Pierre de la) Auditeur des Comptes, Echevin de la Ville de Paris. J. *Dieu*, p. *Lombart*, sc. in-fol.

MOUCHY, (M. de) en 1595. Dessin au Cabinet du Roi.

MOUCHY, femme ou fille du précédent. Dessin dans le même Cabinet.

MOUCHY, (Madame de) en habit de Bal. *Coypel*, p. 1746. *Surugue*, sc. in-fol.

MOULIN, (Charles du) Avocat, célebre Jurisconsulte, né à Paris en 1500, mort le 27 Décembre 1566. 1. E. à Paris, in-4. 2. *Boulenois*. 3. N... en petit. 4. N... dans Odieuvre.

MOULIN, (N. du) Danseur de l'Opéra. *Mariette*.

MOULIN, (Pierre du) Ministre Calviniste, à Paris & à Sédan; Professeur de Physique à Leyde, né à Orléans le 8 Octobre 1568, mort à Sédan en 1658. 1. Th. *de Leu*, 1608, in-4. Ætat. 48. 2. *Furck*, in-4. 3. Mich. *Lasne*, 1620, in-8. Ætat. 52. 4. Jean *Schweizer*, in-8. 5. A. *Rousselet*, in-4. 6. *Aubry*. 7. C. *Dankerts*, à Leyde, in-fol. Ætat. 74. 8. P. *Brant*. 79. A. *Ziegler*, 1644, in-4. Ætat. 77. 10. *Boissevin*. 11. N... 12. *Desrochers*.

MOULNORRY, (Claude de) Maître des Requêtes, Abbé de Gaillac & Prieur de Saint-Etienne de Nevers, mort le 30 Avril 1670, âgé de 65 ans. F. *Duchesne*, p. J. *Frosne*, sc. 1657, in-fol.

MOURGUES, (Michel) Jésuite. N...

MOUSSAYE, (N. Marquis de) Maréchal de Camp, Gouverneur de Stenay. 1. *Aubry*, in-4. 2. *Moncornet*.

MOUSSAYE. (la) Voy. CHAMPAGNE.

MOUSSY, (Mgr. de) sous François I. Dessin au Cabinet du Roi.

MOUSTA, (le Docteur) par le Comte *de Caylus*.

MOUTON, (N.) Joueur de Luth. *De Troy*, p. G. *Edelinck*, sc. 1692, in-fol. maj. (Beau.)

MOUY. (le Chevalier de) Voy. FIEUX.

MOYNE, (Pierre le) Jésuite, né à Chaumont en Bassigny en 1602, Jésuite à Nancy en 1619, mort à Paris le 22 Août 1671. Fr. *Poilly*, in-fol.

MOYNE, (Alphonse le) Docteur de Sorbonne, mort le 2 Août 1659. 1. N. *de Plattemontagne*, p. 1660. Et. *Gantrel*, sc. 1704, in-fol. 2. *Langlois*, 1709.

MOYNE, (Etienne le) né à Caen en Octobre 1624, Ministre Calviniste à Rouen, Docteur de l'Université d'Oxford & Professeur de Théologie à Leyde en 1687, mort en cette Ville le 3 Avril 1689. A. V. *Zylvelt*, à Leyde, 1687, in-fol.

MOZAR, (Guillaume) Marchand Cordonnier à Paris, rue neuve Notre-Dame. *Le Brun*, p. L. *Moreau*, sc. in-8.

MOZART, (Léopold) jouant du Violon, avec Marie-Anne, sa fille, âgée de 11 ans, qui chante, & J. G. Wolfang, son fils, âgé de 7 ans, qui touche du Claveçin. *Carmontel*, del. *La Fosse*, sc. 1764, in-fol.

MUGUET, (François) de Lyon, premier Imprimeur du Roi & du Clergé de France à Paris, mort en cette Ville en 1702. 1. Simon *Dequoy*, p. S. *Thomassin*, sc. 1700. in-fol. 2. *Habert*, in-4.

Muin, (Cl. Honoré Lucas de) Abbé de Prémontré, mort le 11 Novembre 1740. *Desrochers*.

Muis, (Simon de) Orléanois, né en 1587, Professeur Royal en Langue Hébraïque, Archidiacre de Soissons, mort à Paris en 1644, âgé de 57 ans. M. *Lasne*, 1649, in-fol.

Mulet, (Antoine) premier Président du Parlement d'Aix en 1502, mort en 1507. *Cundier*, 1724, in-fol.

Munster. (les Plénipotentiaires de) *Bignon*, in-4. au nombre de 33.

Murat, (Antoine de) Conseiller au Parlement de Paris, âgé de 36 ans en 1589. [On trouve dans Blanchard, Arnaud de Murat, reçu le 18 Janvier 1584. Je ne sçais si c'est le même.] Th. *de Leu*, 1589, in-4.

Muret, (Marc-Antoine) Prêtre, Poëte & Jurisconsulte, mort à Rome le 4 Juin 1585; étoit né le 12 Avril 1526, à Muret, Village près de Limoges. 1. *Aimonius*, in-4. dans le Recueil de Boissard. 2. Corn. *Cort*. 4. N... en petit. 4. *Desrochers*.

Mussard, (Pierre) Ministre de l'Eglise Prétendue-Réformée de Lyon, puis Pasteur de l'Eglise Françoise de Londres. *Van Somer*, del. & sc. in-fol. en manière noire.

N.

Nain, (Jean le) de Beaumont, Maître des Requêtes, mort le 9 Février 1698, âgé de 89 ans; avoit épousé Marie le Ragois. N. *Habert*, in-4.

Nain de Tillemont, (Sébastien le) Prêtre, né à Paris le 30 Novembre 1637, fils du précédent; recommandable par sa piété, son érudition & sa modestie, mort à Paris le 10 Janvier 1698, âgé de 60 ans, enterré à Port-Royal-des-Champs, & transporté en 1711, à Paris dans l'Eglise de Saint-André-des-Arts. 1. *Le Fevre*, p. C. *Simoneau*, sc. in-4. 2. N. *Habert*, in-8. 3. G. *Edelinck*, in-fol. 4. Et. *Desrochers*, in-8. 5. N... dans Odieuvre. 6. N... petit Buste, in-24.

Nangis. Voy. Brichanteau.

Nanteuil, (Robert) né à Reims en 1630, Dessinateur & Graveur ordinaire du Roi, mort en 1678. *Nanteuil* lui-même, del. *Edelinck*, sc. 1695, in-fol.

Nantouillet, (Madame de) sous Henri IV. Dessin au Cabinet du Roi.

Napier, (Charles) *Smith*.

Naples, (Charles de Bourbon, ou D. Carlos, Roi de) puis d'Espagne. N... dans Odieuvre.

Narbonne-Pelet, (Madame de) sous la figure de la Pudeur. *Lattainville*, p. *Basan*, sc.

Nassau, (la Princesse de) Eléonor de Bourbon, fille de Henri I. née le 30 Avril 1587, mariée en 1606, morte à Muret le 20 Janvier 1619. 1. J. *Wirieix*, in-4. 2. H. *Goltzius*, 1589, in-4. 3. P. *De Jode*, in-4.

Natt, (N...) Bourgeois d'Aix en Provence. *Laur. Fauchier*, p. N... sc. 1701, in-8. en manière noire.

Navarre, (Pierre) Ingénieur. N...

Navarre, (Marguerite de Valois, Reine de) sœur de François I, née à Angoulême en 1492, mariée en 1509 à Charles, dernier Duc d'Alençon, 2.° en 1537, à Henri d'Albret, Roi de Navarre; morte au Château d'Odos en Bigorre en 1549. 1. N... in-4. 2. *Crespy*, Médaillon au Parnasse François.

Naudé, (Gabriel) né à Paris le 2 Février 1600, Bibliothécaire du Cardinal Mazarin, mort à Abbeville en revenant de Suède, le 29 Juillet 1653. 1. G. *Georgi*, à Padoue, 1645, in-4. Ætat. 46. 2. *Mellan*, del. & sc. 1648, in-4. Ætat. 49. 3. N... dans Odieuvre, d'après le précédent.

Nay, (Madame de) sous Henri III. Dessin au Cabinet du Roi.

Nebout (Pierre) de la Brousse, Evêque & Comte de Léon. 1. *Landry*, 1674, d'après *Pigeon*, in-fol. 2. *Landry*, 1680, in.fol. 3. N. *Poilly*, d'après *Potieu*, 1681, in-fol.

Nedonchel, (Gilles) Chambellan de Louis II, Duc de Bourbon. N...

Nemours, (Mademoiselle de) sous Charles IX. Dessin au Cabinet de M. de Fontette.

Nemours. Voy. Orléans & Savoye.

Nerestan, (Claude de) Grand-Maître de l'Ordre de Saint-Lazare. N... in-fol.

Nerestan. (Philibert, Marquis de) *Van Schuppen*, 1701.

Nerestan, (Ch. Achilles, Marquis de) Grand-Maître de l'Ordre de Saint-Lazare. N... in-fol.

Nericault, (Philippe) Destouches, de l'Académie Françoise en 1723, né à Tours en 1680, mort à Paris en 1754. *Largillière*, p. *Petit*, sc.

Nesle, (M. le Marquis de) sous Henri IV. Dessin au Cabinet du Roi.

Nesmond, (André de) premier Président de Bordeaux, mort le 4 Janvier 1616, âgé de 63 ans. A. *Jacquard*, à Bordeaux, in-8.

Nesmond, (François-Théodore de) Président au Parlement de Paris, fils d'André & d'Olive d'Aste; succéda à Chrétien de Lamoignon son beau-père, le 20 Décembre 1636. 1. M. *Lasne*, del. & sc. in-fol. 2. *Rousselet*, del. & sc. 1647, in-fol. 3. *Mellan*, 1661, in-fol. 4. *Nanteuil*, 1653, in-fol. 5. *Nanteuil*, 1658. 6. *Lenfant*, 1661, d'après *Dieu*, in-fol. 7. N... in-fol. assis dans un fauteuil & sur un pied d'estal. 8. *Moncornet*.

Nesmond, (Guillaume de) Maître des Requêtes. *Lenfant*, 1664, in-fol.

Nesmond, (Henri de) Archevêque d'Alby & ensuite de Toulouse. N...

Nesmond, (François de) fils de François-Théodore & d'Anne de Lamoignon, Evêque de Bayeux en 1661, né en 1626 à Paris, mort Doyen des Evêques de France le 16 Mai 1714. 1. *Ferdinand*, p. J. *Frosne*, sc. 1658, in-fol. en Abbé. 2. *Nanteuil*, 1663, in-fol. 3. *Nanteuil*, 1667, retouché. 4. *Le Fevre*, p. *Van Schuppen*, sc. 1667, in-fol. 5. Idem, 1669.

Nestier; (M.) Ecuyer du Roi, à cheval. *La Rue*, p. *Daullé*, sc. in-fol. maj.

Netz, (Nicolas de) Evêque d'Orléans en 1630, mort le 20 Janvier 1646. 1. *Daret*, 1645, d'après *Champagne*, in-fol. 2. *Moncornet*. 3. J. *Morin*, d'après *Champagne*, in-fol.

Nevelet, (Vincent) Conseiller au Parlement le 9 Mars 1629. *Lombart*, in-fol.

Nevelet. (Madame de) Le Marquis *de Sourches*.

Nevers, (Marie d'Albret, veuve de Charles de Clèves, Comte de) morte en 1549. Dessin au Cabinet de M. de Fontette.

Nevers, (François de Clèves, premier Duc de) fils de Charles; mourut le 13 Février 1561. Dessin au Cabinet de M. de Fontette.

Marguerite de Bourbon, sa femme, morte le 20 Octobre 1589. 1. N... dans le P. Montfaucon. 2. Dessin au Cabinet de M. de Fontette.

Nevers, (Louis Duc de) N... dans le P. Montfaucon.

Nevers, (Mad. la Duchesse de) qui s'appelloit N...

de Damas-Thianges. 1. *Bonnart*, 1695, in-fol. 2. *Trouvain*, 1696, in-fol.

NEVERS. Voy. GONZAGUE.

NEUFGERMAIN, (Louis de) Poëte hétéroclite, sous le règne de Louis XII, vers l'an 1630. *Brebiette*, in-4. en pied.

NEUFVILLE, (Nicolas de) Seigneur de Villeroy, Secrétaire d'Etat en 1579, mort le 12 Décembre 1617. 1. M. *Lafne*, in-8. 2. N... dans Odieuvre.

NEUFVILLE, (François de) Duc de Villeroy, Maréchal de France, Capitaine des Gardes du Corps, Gouverneur du Lyonnois, &c. Général des armées Françoises, mort à Paris en 1730, à 87 ans. 1. H. *Rigaud*, p. *Edelinck*, fc. 1705, in-fol. maj. 2. *Arnoult*. 3. *Bonnart*, in-fol. à cheval. 4. *Defrochers*. 5. *Deshayes*. 6. N... Médaillon.

Marie-Marguerite de Coffé, femme du Duc de Villeroy, mariée le 28 Mars 1662, morte le 20 Octobre 1708, âgée de 60 ans. 1. *Crefpy*, in-12. 2. *Trouvain*, 1694, in-fol.

NEUFVILLE, (Charles de) Marquis d'Allincourt, Sieur de Villeroy, Chevalier des Ordres du Roi, Gouverneur de Lyon & Ambaffadeur à Rome, fils de Nicolas, & de Magdeleine de l'Aubefpine, mort à Lyon le 18 Janvier 1642, âgé de 76 ans. 1. C. *Audran*, in-4. 2. Th. *Vanmerlen*, 1652, in-fol.

Jacqueline de Harlay, fa feconde femme, en 1596. Th. *Vanmerlen*, in-fol.

NEUFVILLE, (Nicolas de) leur fils, Duc de Villeroy, Maréchal de France en 1646, Gouverneur de Lyon, Chef du Confeil des Finances en 1661, mort le 26 Octobre 1685. 1. N... dans le Livre des Triomphes de Louis le Jufte, in-fol. 2. *Grignon*, in-fol. 3. M. *Lafne*, in-fol. 4. *Moncornet*. 5. *Morin*, d'après *Champagne*, in-fol. 6. *Humbelot*, in-fol. 7. *Larmeffin*.

Magdeleine de Crequy, fa femme, mariée le 11 Juillet 1617, morte le 31 Janvier 1675, âgée de 66 ans. 1. Th. *Vanmerlen*, 1652, in-fol. 2. *Moncornet*.

NEUFVILLE, (Camille de) fecond fils de Charles, né à Rome le 22 Août 1606, Archevêque de Lyon en 1653, mort en 1693. 1. *Grignon*, in-fol. 2. M. *Lafne*, 1655. 3. Germ. *Audran*, in-fol. obl. 4. Et. *Picart*, 1670, d'après Antoine *Paillet*, in-fol. obl. dans une Thèfe. 5. *Gantrel*, 1679, in-fol. maj.

NEUFVILLE, (N... de) *Lenfant*, 1659.

NEUFVILLE, (Ferdinand de) troifième fils de Charles, Chevalier de Malthe en 1644, Coadjuteur de l'Evêque de Saint-Mâlo, puis Evêque de Chartres le 10 Juillet 1657; mort le 7 Janvier 1690, à 82 ans. 1. *Nanteuil*, 1651, d'après *Champagne*, in-fol. 2. *Nanteuil*, 1658, in-fol. 3. *Nanteuil*, 1664, in-fol. 4. Le même, retouché en 1668. 5. *Vanmerlen*, 1653, in-fol. 6. Et. *Gantrel*, in-fol. maj. 7. *Jollain*, d'après C. *Bourg*, in-fol.

NEUFVILLE, (François-Paul de) de Villeroy, Archevêque de Lyon, né le 15 Septembre 1677, mort le 6 Février 1731. *Santerre*, p. *Drevet*, fc.

NEUFVILLE, (Louis - François - Anne de) Duc de Villeroy, né au mois d'Octobre 1695. 1. *Chevalier*, p. *Will*, fc. 1744, in-fol. 2. *Defrochers*.

NEUFVILLE, (Françoife de) fille aînée de Nicolas de Neufville, Duc de Villeroy, mariée en 1646, à Henry-Louis d'Ailly, Duc de Chaulnes, morte en 1653. *Grignon*, in-fol.

NEUFVILLE, (Catherine de) fille du Maréchal de Villeroy, âgée de 13 ans en 1654, époufa en 1660 Louis de Lorraine, Comte d'Armagnac, Grand-Ecuyer de France ; morte le 25 Décembre 1707, âgée de 68 ans. *Grignon*, 1654, in-fol.

NEUFVILLE, (Marie de) fille de Charles, Marquis d'Alincourt, époufa en premières nôces Alexandre de la Baume, Comte de Talard ; & en fecondes, Louis de Champlais, Marquis de Courcelles, Lieutenant-Général de l'Artillerie de France, morte au mois d'Août 1688. *Grignon*, 1652, in-fol. Agée de 20 ans en 1633.

NEUFVILLE, (Antoine de) Abbé de Saint-Juft, Vicaire-Général de Lyon, mort en 1670, âgé de 75 ans. *De la Rouffière*, del. & fc. in-fol.

NEUFVILLE, (l'Abbé de) & M. *Girard*. *Carmontel*, del. 1761. N... fc. in-fol.

NEUVILLETE, (Madame la Baronne de) morte à Paris le 10 Avril 1657. 1. *Landry*, d'après *François*, 1667, in-4. 2. N. *Habert*, in-4.

NEY, (Jean) Commiffaire-Général des Cordeliers. *Hondius*.

NICAISE, (Claude) Chanoine de Dijon, fçavant Antiquaire, mort en 1701, à 78 ans. Deffin au crayon, dans le Cabinet de M. de Fonrette.

NICERON, (François) Minime, fameux par fa profonde érudition dans les Mathématiques, fur-tout dans l'Optique, mort à Aix le 22 Septembre 1646, âgé de 33 ans; étoit né à Paris en 1613. M. *Lafne*, in-fol.

NICOLAÏ, (Nicolas de) premier Préfident en la Chambre des Comptes de Paris en 1656 par le décès d'Antoine fon père ; avoit époufé Elizabeth de Fieubet. Ant. *Maffon*, del. & fc. 1666, in-fol.

NICOLAS, (le Père) de Dijon, Capucin, Définiteur général, & trois fois Provincial de la Province de Lyon, âgé de 65 ans en 1694, mort en la même année : fon nom de famille étoit Peltret. Franç. *Cars*, à Lyon, 1694, in-fol.

NICOLAS (Auguftin) de Befançon, Maître des Requêtes, mort à Befançon en 1695. *Bourrelier*, p. *De Huy*, fc. 1663.

NICOLE, (Pierre) célèbre Théologien, né à Chartres le 19 Octobre 1625, de Jean, Avocat, mourut à Paris le 16 Novembre 1695, âgé de 70 ans. 1. Elif. *Chéron*, p. C. *Vermeulen*, fc. in-4. 2. N. *Habert*, in-4. & in-8. 3. *Lochon*, 1698, in-4. 4. Et. *Defrochers*, in-8. 5. N... dans Odieuvre. 6. N... petit Bufte, in-24. 7. *François*, d'après *Deshay*, in-fol. en manière de crayon. 8. *Champagne*, p. Ch. *Gaucher*, fc. 1765, in-12. (Beau.)

NICOLE, (Jacques) Maire de Chartres. *Larmeffin*, 1697, in-fol.

NICQUET, (Ma. J.) 1595, ætat. 56. H. *Goltzius*, in-4.

NICQUET, (Honoré) Jéfuite. N...

NIEULANT, (Guillaume de) N...

NIEUPORT, (François-Etienne de) né le 15 Septembre 1717, guéri miraculeufement le 25 Mai 1769, à la Proceffion du S. Sacrement de la Paroiffe de S. Côme, à Paris. *Monperin*, del. *Chenu*, fc. in-fol.

NIVELLE, (Mr) âgé de 38 ans, en 1600. Deffin au Cabinet du Roi.

NIVELLE, (Pierre) Abbé de S. Sulpice en Breffe, puis Général de l'Ordre de Cîteaux en 1633, fe démit en faveur du Cardinal de Richelieu, qui le fit Evêque de Luçon en 1637, mort le 11 Février 1660. Il étoit né à Troyes. 1. M. *Lafne*, 1651, in-fol. 2. P. *Mariette*, in-4.

NIZOT. (N...) Médecin. M. *Lafne*, in-12.

NOAILLES, (Antoine, Seigneur de) Chevalier de l'Ordre du Roi, Chambellan des Enfans de France, Gouverneur de Bordeaux, Ambaffadeur en Angleterre, mort à Bordeaux le 11 Mars 1562, à 58 ans. 1. *Van Schuppen*, in-4. 2. *Boudan*, in-4.

NOAILLES, (M.r de) en 1582. Deffin au Cabinet du Roi.

NOAILLES, (François de) Evêque d'Acqs (ou Dax) en 1580, Ambaffadeur en Angleterre, à Venife, à Rome & à Conftantinople, mort le 19 Septembre 1585. 1. *Van Schuppen*, fans la lettre & avec. 2. Deffin au Cabinet de M. de Fontette.

NOAILLES, (Gilles de) Abbé, Maître des Requêtes, Confeiller au Parlement de Bordeaux, Ambaffadeur à Conftantinople, en Angleterre, en Ecoffe, en Pologne, Evêque d'Acqs après fon frère, mort fans avoir pris poffeffion, en 1600. Agé de 54 ans. Nicolas *Andrea*, à Conftantinople, 1578, in-4. de deux manières.

NOAILLES, (Madame de) Jeanne de Gontaut, femme d'Antoine de Noailles, Dame d'honneur de la Reine Catherine de Médicis, mariée le 30 Mai 1540. Deffin au Cabinet de M. de Fontette.

NOAILLES, (Charles de) fils de Henri, Comte d'Ayen, Evêque de Saint-Flour, puis de Rodès en 1645, mort en Mars 1648. François *Ragot*, in-fol.

NOAILLES, (Anne, Duc de) Capitaine des Gardes du Corps, mort à Paris le 5 Février 1678. 1. N. *Poilly*, 1667, d'après W. *Vaillant*, in-fol. 2. *Larmeffin*.

NOAILLES, (Anne-Jules, Duc de) Pair & Maréchal de France, né le 5 Février 1650, mort à Verfailles le 2 Octobre 1708. 1. G. *Montbard*, in-fol. 2. N... en Hollande, in-fol. en manière noire. 3. *Deshayes*. 4. *Van Schuppen*, in-4. 5. *Arnoult*. 6. *Edelinck*, d'après *Rigaud*, 1695, in-fol. 7. *Gantrel*. 8. P. *Schenck*, 1696, in-4. en manière noire. 9. B. *Picart*, in-8. Vignette pour fon Oraifon funèbre.

N. d'Aubigné, fa femme. *Bonnart*, in-fol.

NOAILLES, (Adrien-Maurice, Duc de) Pair & Maréchal de France, né à Paris le 29 Septembre 1678, mort en 1766. 1. Fr. *de Troy*, p. *Drevet*, fc. 1704, in-fol. maj. 2. *Thomaffin*, in-8. 3. N... dans Odieuvre. 4. *Cathelin*, 1771, in-fol. dans la Gallerie Françoife, Cahier III.

NOAILLES, (Louis-Antoine de) né le 27 Mai 1651, d'Anne, Duc de Noailles; embraffa l'état Eccléfiaftique, eut d'abord la Dommerie d'Aubray, enfuite nommé Evêque & Comte de Chaalons en 1680, puis Archevêque de Paris en 1695, Cardinal en 1700, mort en 1729. 1. G. *Vallet*, 1672, d'après Ant. *Paillet*, in-fol. En Abbé. 2. J. *Langlois*, 1691, in-fol. Evêque de Chaalons. 3. *Trouvain*, 1695, in-8. Archevêque de Paris. 4. *Langlois*, in-8. 5. *Vermeulen*, d'après *Largillière*, 1696, in-fol. maj. 6. *Vermeulen*, in-fol. 7. *Drevet*, 1696, in-fol. maj. 8. Et. *Defrochers*, 1697, in-8. 9. *Drevet*, d'après *Rigaud*, in-fol. maj. 10. G. *Edelinck*, 1698, in-fol. maj. dans une Thèfe. 11. S. *Thomaffin*, 1699, in-4. & in-8. 12. N. *Habert*, 1699, in-4. 13. *Pittau*, d'après *Largillière*, 1700, in-4. En Cardinal. 14. Et. *Defrochers*, 1701, in-fol. maj. 15. *Roffi*, à Rome, in-4. 16. *Thomaffin*, 1701, in-8. dans une Vignette. 17. N... dans Odieuvre, in-8. 18. N... petit Bufte, in-24.

NOAILLES, (Gafton-Jean-Baptifte de) frère du précédent, Evêque & Comte de Chaalons, Pair de France en 1695, né le 7 Juillet 1669, mort le 15 Septembre 1720. *Coypel*, p. J. *Langlois*, fc. 1705, in-fol. maj.

NOBLE, (Euftache le) Procureur-Général au Parlement de Metz, né à Troyes en 1643, mort dans la mifère en 1711. 1. Ant. *Trouvain*, 1691, d'après P. *Simon*, in-8. 2. *Ertinger*, in-8. 3. *Simon*, en petit. 4. *Defrochers*, in-8.

NOBLET, (Charles) de l'Académie Royale de Mufique, né à Abbeville, mort à Paris en 1769, âgé de 54 ans. *Pourvoyeur*, p. Elifab. *Pourvoyeur*, fc. in-4.

NOBLETZ, (Michel le) Prêtre & Miffionnaire en baffe Bretagne, pendant 52 ans, mort en réputation de fainteté en 1652, âgé de 75 ans. J. *Boulanger*, d'après C. *le Brun*, in-4.

NOCRET, (Jean) Peintre & Graveur, *Nocret*, p. Sufanne *Sylveftre*, fc. in-fol.

NOE-Mefnard, (Jean de la) Prêtre, Directeur du Séminaire de Nantes, mort le 15 Avril 1717, âgé de 66 ans. 1. *Hortemels*, in-4. 2. N... dans Odieuvre.

NOIR, (Claude le) Avocat, ancien Solitaire de Port-Royal, mort le 30 Décembre 1742, fur la Paroiffe de S. Etienne-du-Mont à Paris, âgé de 78 ans. 1. N... in-4. 2. *Beauvarlet*, petit Bufte, in-24.

NOIR, (Charles le) Préfident en la Cour des Aides, en 1662. *Spirinx*, 1662, in-fol.

NOIRMOUSTIER. Voy. la TREMOUILLE.

NOLIN, (N...) ci-devant Concierge de la Prifon du Fort-l'Evêque (à Paris,) qu'il a remife à fon frère, qui l'exerce en 1756. N... in-fol. En pied, par un Prifonnier nommé *Arthaud*, qui a rempli le fonds de cette Eftampe de différens fupplices.

NOLLET, (Jean-Antoine) Phyficien, reçu en 1739 à l'Académie Royale des Sciences, né au Diocèfe de Noyon, mort à Paris le 24 Avril 1770. 1. *De la Tour*, p. *Beauvarlet*, fc. in-8. 2. *Molé*, d'après *la Tour*, 1771, in-fol. dans la Gallerie Françoife, Cahier II.

NONNOTE, (N...) Peintre. Lui-même, p. *Daullé*, fc. in-4.

NORMAND, (Jacques le) né à Evreux, Profeffeur d'Humanités au Collège de cette Ville en 1672, âgé de 27 ans. P. *Firens*, p. N. *Arnoult*, 1672, in-fol.

NORMANT (Charles-François-Paul le) de Tournehem, Directeur général des Bâtimens de Sa Majefté, auparavant Fermier-Général, mort à Etiole en 1751. J. *Toquet*, p. N. *Dupuis*, fc. 1754, in-fol.

NORMANT. (Madame le) Voy. POMPADOUR & REIME.

NORRY, (Milles de) Gentilhomme Chartrain, dont les Œuvres font les quatre premiers Livres de l'Univers, en 1683, & l'Arithmétique, imprimé à Paris chez Gilles Corbis in-4. N... en bois & ovale, tiré de fon Arithmétique.

NOSTRADAMUS, (Michel) né en Provence à Saint-Remy, en 1503, habile Médecin & fameux Aftrologue, connu par fes Prédictions, qu'il renfermoit dans des Quatrains rimés, mort à Salon en 1566, le 2 Juillet. 1. *Wocriot*, 1562, in-12. 2. J. *Boulanger*, in-fol. 3. *David*, 1716, in-fol. 4. *Cundier*, in-4. 5. *Petit*, in-8. 6. N... en petit. 7. Aure *Billette*, in-fol. maj. 8. N... dans Odieuvre.

NOSTRADAMUS, (Céfar) fils du précédent, naquit à Salon en 1555, & mourut en 1629. 1. Th. *de Leu*. 2. Agé de 59 ans, N... in-4.

NOSTRE, (André le) Contrôleur des Bâtimens du Roi, Jardins, &c. Chevalier de S. Michel, né à Paris en 1613, mort le 15 Septembre 1700. 1. C. *Marate*, p. à Rome. Ant. *Maffon*, fc. 1692, in-fol. maj. (Beau.) 2. J. *Smith*, à Londres, 1699, d'après C. *Marate*, in-fol. en manière noire.

NOUE, (François de la) dit *Bras-de-fer*, grand Capitaine, né en Bretagne, tué au Siège de Lamballe en 1591. 1. N... en petit. 2. Deffin au Cabinet du Roi.

NOUE, (Jeanne de la) Fondatrice des Filles de la Providence de Saumur, morte en 1736. N...

NOUE. (la) Voy. SAUVÉ.

NOUET, (Jacques) né au Mans en 1605, Jéfuite en 1623, acquit de la réputation par fes Sermons, &c. 1. Agé de 54 ans, L. *Moreau*, 1679, in-4. 2. Le même, in-8.

NOVION. Voy. POTIER.

NOURRICE (la) de Henri III. Dessin au Cabinet de M. de Fontette.

NOYERS. (des) Voy. SUBLET.

NUCHESE, (Jacques de) Evêque de Challon-sur-Saône, en 1624, mort le 1 Mai 1658. 1. *La Roussière*, in-fol. 2. *Chauveau*.

O.

O, (François d') Surintendant des Finances, mort en 1594. N...

O, (Madame d') sous Henri III. Dessin au Cabinet du Roi.

OBILLARD, (Françoise) dite *Sœur Françoise*, morte à Paris en odeur de sainteté, le 11 Mars 1760. N...

OBRECHTUS, (Georgius) Comes Palatinus Cæs. Acad. Argentinensis Antecessor, Collegii D. Thomæ Præpositus, Reipub. Argenror. Advocatus & Consiliarius, à Rudolpho II. Imper. Nobilitatis insignibus decoratus, anno 1604, moritur 7 Junii 1612. N... dans le Recueil de Boissard, in-4.

OBRECHT, (Ulric) né à Strasbourg le 23 Juillet 1646, connu par ses Ouvrages sur la Jurisprudence & l'Histoire; fut Préteur Royal de Strasbourg, & y mourut le 6 Août 1701. *Scupel*, in-4.

OBURS, (M. d') sous Henri III. Dessin au Cabinet de M. de Fontette.

ODEBERT, (Pierre) Conseiller au Parlement de Bourgogne, mort le 19 Novembre 1661, âgé de 87 ans. 1. *Lombart*, in-fol. 2. Le même, retouché. 3. *Palliot*.

ODESPUNC, (Louis) Sieur de la Meschinière, Agent du Clergé de France. *Moncornet*.

ODIEUVRE, (N...) Peintre & Marchand Imagier. *Odieuvre*, 1754.

ODO, (Saint) Abbé de Cluni, vivoit en 948. *Pittau*, in-fol.

OGIER, (François) Prêtre, Prédicateur du Roi, mort le 27 Juin 1670. 1. N... in-4. 2. *Habert*, d'après *Gilbert*. 3. *Boulanger*.

OGIER. (Georges) N...

OLIER, (Jean-Jacques) Prêtre, ancien Curé de la Paroisse de Saint-Sulpice, Fondateur & premier Supérieur du Séminaire de S. Sulpice, à Paris, mort le 2 Avril 1657, âgé de 48 ans. 1. N. *Pittau*, in-fol. 2. J. *Boulanger*, 1657, in-4. 3. Le même, in-fol. 4. *Desrochers*, 1705, in-fol.

OLIER, (Nicolas-Edouard) Seigneur de Fontenelle, Grand-Audiencier de France. 1. Paul *Roussel*, in-4. 2. N. *Poilly*, d'après C. *le Febvre*, in-fol.

Renée de Troini, sa femme. Paul *Roussel*, in-4.

OLISY. Voy. LARCHER.

OLIVET, (Joseph Thoulier d') Abbé, Secrétaire de l'Académie Françoise, né à Salins le 30 Mars 1682, mort à Paris le 8 Octobre 1768. *Restout*, del. Le *Vasseur*, sc. 1771, in-fol. dans la Gallerie Françoise, Cahier III.

OLIVIER, (Jean) Religieux & Abbé de S. Denis; se démit en faveur du Cardinal de Bourbon; fut ensuite Abbé de S. Médard de Soissons, & Evêque d'Angers en 1532, mourut en 1540. 1. François *Stuerhelt*, in-8. 2. Dessin à la pierre noire, au Cabinet du Roi, in-fol.

OLIVIER, (François) Chancelier de France en 1544, fils de Jacques, premier Président du Parlement de Paris, mort à Amboise le 30 Mars 1560. N... en petit.

OLIVIER (Séraphin) Razzoli, Lyonnois, fils posthume d'Olivier, & d'une mère Italienne, Auditeur de Rote, puis Evêque de Bayeux en 1602, & Patriarche d'Alexandrie, Cardinal en 1604, mourut à Rome le 10 Mars 1609. 1. *Eberhkieser*, 1615, in-fol. 2. Willem *Faytorne*, in-8.

OLIVIER, (Albin) né à Roissy, Graveur & Maître de la Monnoie de Paris en 1585, Inventeur & Conducteur des Engins de la Monnoie du Moulin qui est [ou étoit] en l'Isle du Palais à Paris. 1. L, *Gaultier*, in-4. 2. N... en petit.

OLIVIER. Voy. du BOIS.

OLONNE. (Catherine-Henriette d'Angennes, Comtesse d') 1. N... dans Odieuvre. 2. Dessin au Cabinet de M. de Fontette.

OLONNE. (N... de la Trimouille, Comtesse d') *Trouvain*, 1694, in-fol.

OMOLOY, (Roger) Prêtre Hibernois, Licentié en Théologie de la Faculté de Paris, Professeur en Philosophie au Collège de Beauvais, mort le 7 Mars 1670, âgé de 80 ans. 1. N. *de Plattemontagne*, 1665, d'après *Champagne*, in-fol. 2. Le même, 1670, retouché.

ONDEDEI, (Joseph Zongo) né en 1597, à Pésaro, nommé à l'Evêché de Fréjus en 1654, sacré en 1658, mort le 23 Juillet 1674. 1. M. *Lasne*, 1656, in-fol. 2. N... in-4. dans le Livre de Priorato.

OPPÈDE. Voy. MAINIER.

ORAISON. (La Vénérable Mère Marthe d') N. *Auroux*, à Lyon, in-4.

ORANGE, (Philibert de Châlon, Prince d') qui s'étant déclaré pour l'Empereur Charles-Quint, contre François I. vit ses biens consisqués en 1520; fut arrêté prisonnier en 1523, comme il passoit en Espagne, & fut amené de Flandre à Lyon, & de-là à Bourges, dont il ne sortit que par le Traité de Madrid en 1526. Dessin au Cabinet du Roi.

ORCHIES, (Agnès d') Maîtresse des Béguines de Paris en 1284. Son Tombeau. N... in-4.

ORESON, (M^e d') sous Henri III. Dessin au Cabinet du Roi.

ORGEMONT, (Pierre d') Chancelier de France, en 1373, mort à Paris en 1389. N... dans le P. Montfaucon.

Marie de Roye sa femme. Ibid.

ORLÉANS, (Louis, Duc d') tué en 1407, étoit né le 13 Mars 1371. 1. N... in-4. 2. N... dans le Père Montfaucon.

ORLÉANS, (Charles, Duc d') son fils, né à Paris le 26 Mai 1391, prisonnier à la Bataille d'Azincourt en 1415, mort à Amboise le 4 Janvier 1465. 1. N... en petit. 2. N... dans le Père Montfaucon.

ORLÉANS, (Louis, Duc d') Comte d'Angoulesme, depuis Louis XII. mort en 1515. 1. N... dans Thévet. 2. N... dans le P. Montfaucon.

ORLÉANS, (Jean d') Comte d'Angoulesme, fils de Louis, tué en 1407, né le 26 Juin 1404, mort à Cognac le 30 Avril 1467. N... dans Thévet.

ORLÉANS, (Valentine de Milan, Duchesse d') mariée en 1389, morte de tristesse au Château de Blois le 4 Décembre 1408. N... dans le P. Montfaucon.

ORLÉANS, (Gaston de France, Duc d') fils de Henri IV. né à Fontainebleau en 1608, mort le 2 Février 1660. 1. C, *de Mallery*, 1607, in-4. Etant au maillot. 2. N. *de la Mathonière*, in-4. Encore jeune. 3. M. *Lasne*, del. & sc. in-4. Jeune, mais avec une moustache. 4. N... in-4. A cheval, entre deux figures de femmes.

5. Crispin *de Pas*, del. & sc. in-fol. Le Siège de la Rochelle au-dessous. 6. *Viénot*, sc. *Mariette*, excud. in fol. 7. *Lasne*, d'après *Chauveau*, in-fol. dans une grande Ordonnance pour une Thèse. 8. N... dans le Livre de la Gallerie du Palais Cardinal, in-fol. 9. N... dans les Triomphes de Louis-le-Juste, in-fol. 10. N. *Poilly*, in-fol. 11. *Moncornet*. 12. *Guérineau*. 13. *Vandyck*, p. L. *Vosterman*, sc. in-fol. 14. *Van Sompel*, d'après *Vandyck*, in-fol. 15. Dessin, par *Laneau*, dans le Cabinet du Roi. 16. Dessin au Cabinet de M. de Fontette. 17. N... dans Odieuvre.

Marie de Bourbon Montpensier, sa première femme, mariée à Nantes le 6 Août 1626, morte en couches le 4 Juin 1627. *Regnesson*, 1661, in-fol.

Marguerite de Lorraine, seconde femme de Gaston, mariée à Nancy le 31 Janvier 1632, morte à Paris le 3 Avril 1672, âgée de 59 ans. 1. *Vandyck*, p. S. A. *Bolsvert*, sc. in-fol. 2. *Van Sompel*, d'après *Vandyck*, in-fol. avec Ornemens. (Beau.) 3. *Vanmerlen*, in-fol. 4. *Moncornet*. 5. *Southman*.

ORLÉANS, (Anne-Marie-Louise d') Duchesse de Montpensier, fille unique de Gaston & de sa première femme, née le 29 Mai 1627, morte à Paris le 5 Avril 1693. 1. M. *Lasne*, in-4. Jeune. 2, Th. *Vanmerlen*, 1652, d'après *de Sève*, in-fol. 3. *Tournheyser*. 4. *Mazot*. 5. *Larmessin*. 6. *Poilly*, in-fol. en Casque. (Rare.) 7. *Bazin*. 8. *Ganière*, in-fol. En Cartouche. 9. *Moncornet*. 10. *Daret*, in-4. 11. *Nanteuil*, del. & sc. 1661, in-fol. 12. *Simon*, in-fol. 13. *Van Schuppen*, d'après *de Sève*, 1666, in-fol. 14. A. *Vallet*, 1672, d'après J. *Nocret*, in-fol. 15. *Vanmerlen*, d'après *Rigaud*, in-fol. 16. N... dans Odieuvre.

ORLÉANS, (Marguerite-Louise d') Grande Duchesse de Toscane, née à Paris le 28 Juillet 1645, mariée le 19 Avril 1661, morte à Paris le 17 Septembre 1721. 1. *Jollain*. 2. André *Halvech*.

ORLÉANS, (Philippe de France, Duc d') Frère unique de Louis XIV, né à Saint-Germain-en-Laye le 21 Septembre 1640, mort à Saint-Cloud le 9 Juin 1701. 1. *Daret*, 1657, in-4. 2. N... in-8. en un petit rond. 3. Fr. *Poilly*, d'après J. *Nocret*, in-fol. 4. Les mêmes, in-fol. différent. 5. *Larmessin*. 6. *Mellan*. Titre de Livre, 7. *Moncornet*, A cheval. 8. *Van Schuppen*, 1660, d'après J. *Nocret*, in-fol. 9. *Nanteuil*, del. & sc. 1671, in-fol. dans la Thèse de l'Abbé de Jay. 10. *Mignard*, p. *Scotin*, sc. in-fol. Thèse de Nic. Vigneron. 11. *Le Fevre*, p. *Van Schuppen*, sc. 1670, in-fol. Thèse de l'Abbé Fage. 12. *Simon*, in-fol. 13. *De Saint-Jean*. en pied. 14. Nic. *Bazin*, 1686, in-fol. A cheval. 15. *Chasteau*, d'après *Coypel*, in-fol. A cheval, dans la Thèse de Manneville. 16. J. *Gole*, pour N. *Vischer*, in-fol. 17. *Voligny*, in-4. La Bataille de Montcassel au dessous. 18. N... dans Odieuvre.

Henriette Anne d'Angleterre, première femme de Philippe Duc d'Orléans, née le 16 Juin 1644, mariée le 31 Mars 1661, morte à Saint-Cloud le 30 Juin 1670. 1. *Mellan*. 2. Le même, dans Odieuvre. 3. *Larmessin*.

Elizabeth-Charlote Palatine de Bavière, seconde femme, née le 27 Mai 1652, mariée le 21 Novembre 1671, morte à Saint-Cloud le 8 Décembre 1722. 1. W. *Vaillant*, p. Joh. *Schweitzer*, in-fol. Enfant. 2. N, *Vischer*, in-fol. 3. N. *Bazin*, 1686, in-fol. à cheval. 4. Et. *Desrochers*, 1701, in-4. 5. *Simoneau*, d'après *Rigaud*, in-fol. maj. (Beau.) 6. *Drevet*, d'après *Rigaud*, in-8. obl. (Beau.) 7. *Habert*, à cheval. 8. *De Saint-Jean*, in-fol. 9. *Larmessin*. 10. N... Médaillon. 11. H. *Rigaud*, p. *Hortemels*, sc. in-fol.

ORLÉANS, (Louise-Adélaïde d') Abbesse de Chelles le 14 Septembre 1719, se démit de son Abbaye, & se retira à la Magdeleine de Tresnel à Paris, où elle est morte le 20 Février 1743. 1. *Gobert*, p. *Drevet*, sc. in-fol. maj. (Beau.) 2. Les mêmes, petit in-fol. avec six Vers au bas. (Beau.) 3. *Desrochers*.

ORLÉANS, (Elizabeth-Charlote d') Demoiselle de Chartres, fille unique de Monsieur, née en 1676, & mariée au Duc de Lorraine en 1698. 1. *Trouvain*, 1697, in-fol. 2. *Larmessin*. 3. *Desrochers*.

ORLÉANS, (Philippe d') Duc de Chartres, fils de Monsieur, né le 2 Août 1674, Duc d'Orléans en 1701, Régent du Royaume en 1715, mort subitement à Versailles le 2 Décembre 1723. 1. *Nolin*, 1686, in-fol. en habit de cérémonie de l'Ordre. 2. Et. *Desrochers*, 1701, in-4. 3. *Larmessin*. 4. *Vermeulen*, del. *Gantrel*, sc. 1703, in-fol. 5. N... 6. *Edelinck*, d'après *Rank*, in fol. maj. à cheval. (Beau.) 7. *Duflos*. 8. *Bérey*. 9. *Hortemels*, d'après *Santerre*, in-fol. 10. *Chereau*. 11. *Picart*, 1706, d'après *Coypel*, in-fol. oblong. 12. *Simonneau*, d'après *Verdier*. Médaillon. 13. *Landry*, 1718, in-fol. maj. dans la Thèse de l'Abbé de Saint-Albin. 14. N... dans Odieuvre. 15. Gaut. *Dagoty* fils, del. & sc. in-4. 1770. dans la Gallerie Françoise, première Edition. 16. *Monnet*, del. 1771. *Voyer*, sc. in-fol. Dans la Gallerie Françoise, seconde Edition, Cahier I.

Françoise de Bourbon, Légitimée de France, sa femme, mariée le 18 Février 1692, morte en .... 1. Et, *Desrochers*, 1701, in-4. 2. *Picart*, in-12.

ORLÉANS, (Louis, Duc d') fils de Philippe, Régent, né le 4 Août 1703, mort le 4 Février 1752, retiré dans l'Abbaye de Sainte-Géneviève. 1. *François*, in-4. Médaillon. 2. *Desrochers*. 3. *Daullé*, d'après *Coypel*, in-fol. 4. *Drevet*, d'après *Coypel*, in-4.

ORLÉANS, (Louis-Philippe d') Duc de Chartres, (depuis 1752 Duc d'Orléans) fils de Louis, né le 12 Mai 1725. 1. *Petit*, d'après *Liotard*. 2. *Daullé*, d'après *Belle*, in-fol. 3. *Vispré*, en manière noire. 4. *Tocqué*. jettant du pain à des Cignes. 5. *De Lokel*, p. J. *Robert*, sc. 1740, en manière noire. 6. *Carmontel*, del. & sc. 1759, in-fol. assis avec son fils. 7. *Carmontel*, del. 1763. La *Fosse*, sc. in-fol. à cheval.

Louise-Henriette de Bourbon-Conti, sa femme, née le 20 Juin 1726, morte le 9 Février 1759. 1. *Desrochers*. 2. *Charpentier*, in-fol.

ORLÉANS, (Françoise d') Princesse de Condé, mariée à Vendôme en 1565, morte à Paris le 11 Juin 1601. N... dans le P. *Montfaucon*.

ORLÉANS, (Marguerite d') dite *Mademoiselle d'Eftouteville*, sous Henri IV, morte sans alliance le 13 Septembre 1615, âgée de 49 ans. Dessin au Cabinet du Roi.

ORLÉANS, (Marguerite d') N... dans le P. Montfaucon.

ORLÉANS, (Madame, sœur du Roi, Duchesse d') *Moncornet*.

ORLÉANS, (Mademoiselle d') N... petit Médaillon, entouré d'Ornemens, in-16.

ORLÉANS, (Jean d') Comte de Dunois & de Longueville, fils naturel de Louis de France, Duc d'Orléans, né en 1403, mort en 1470, ou, selon quelques-uns, le 24 Novembre 1468, enterré à Notre-Dame de Cléry. 1. N... dans *Thévet*, in-fol. 2. J. *Grignon*, in-fol. 3. N... dans le Livre de la Gallerie du Palais-Cardinal, in-fol. 4. N... dans le Père Montfaucon. 5. N... dans Odieuvre. 6. Le même, pour les Mémoires de Comines, avec bordure.

ORLÉANS, (Léonor d') Duc de Longueville, mort en 1573. 1. N... dans le Père Montfaucon. 2. Dessin au Cabinet de M. de Fontette.

ORLÉANS, (Catherine d') Demoiselle de Longueville, sous Henri IV, morte aveugle à Paris en 1638, & sans alliance, enterrée aux Carmélites du Fauxbourg Saint-Jacques, qu'elle avoit fondées en 1604. Dessin au Cabinet du Roi.

ORLÉANS, (Henri d') II du nom, Duc de Longueville, né le 27 Avril 1595, mort à Rouen le 11 Mai 1663, époufa, 1°. Louife de Bourbon-Soiffons, dont il eut la Ducheffe de Nemours; 2°. Anne-Géneviève de Bourbon-Condé. 1. L. *Gaultier*, in 8. Jeune. 2. N... dans le Livre des Triomphes de Louis-le-Jufte, in-fol. 3. *Nanteuil*, d'après *Champagne*, in-fol. 4. R. *Lochon*, in-fol. 5. *Vanhulh*, p. *Pontius*, fc. in-fol. 6. *Moncornet*, 7. N... in-4. 8. *Humbelot*, in-fol. 9. *Bignon*, in-4.

Anne-Géneviève de Bourbon-Condé, fa feconde femme, mariée le 2 Juin 1642, morte à Paris le 15 Août 1679, âgée de 59 ans, 7 mois. 1. P. *Vanhulh*, p. N... fc. pendant les Négociations de Munfter, avec fept Vers au bas, in-fol. 2. N, *Poilly*, in-fol. en Pallas. 3. *Boiffevin*. 4. *Moncornet*. 5. N... dans Odieuvre.

ORLÉANS, (Anne-Marie d') fille du premier lit de Henri II, Duc de Longueville, née à Paris le 5 Mars 1625, mariée en 1657 à Henri II de Savoye, Duc de Nemours, morte à Paris le 16 Juin 1707. *Nanteuil*, 1654, d'après *Beaubrun*, in-4.

ORLÉANS, (Jean-Louis-Charles d') Comte de Dunois, puis Duc de Longueville, fils aîné de Henri II, né à Paris le 12 Janvier 1646, fe fit Prêtre en 1669, & mourut le 4 Février 1694. *Nanteuil*, 1660, d'après *Ferdinand*, in-fol.

ORLÉANS, (Charles-Paris d') Comte de Saint-Pol, né à Paris en l'Hôtel-de-Ville, le 29 Janvier 1649, Abbé de Saint-Remi de Reims, puis Duc de Longueville par la démiffion de fon frère aîné, Jean-Louis-Charles; fut tué au paffage du Rhin, le 13 Juin 1672, fans avoir été marié. 1. *Nanteuil*, 1660, d'après *Ferdinand*, in-fol. en Abbé. 2. *Grignon*, in-fol. 3. *Lenfant*, 1663, in-fol.

ORLÉANS, (N... Marquife d') de Rothelin. N... dans le P. Montfaucon.

ORLÉANS, (Autre Marquife d') de Rothelin. Voy. ROHAN.

ORLÉANS, (Charles d') Abbé de Rothelin, né en 1691, mort le 17 Juillet 1744, Honoraire de l'Académie des Belles-Lettres. 1. *Coypel*, p. *Tardieu*, fc. in-8. 2. N... dans Odieuvre.

ORLÉANS, Charles d') de Saint-Albin, fils naturel de Philippe Régent, Archevêque de Cambray. 1. *Rigaud*, p. 1724. *Schmitt*, fc. 1741, in-fol. maj. (Beau.) 2. *Defrochers*.

ORLÉANS, (François-Jean-Paul, Chevalier d') Grand-Prieur de France, fils légitimé de Philippe Régent, né à Paris en 1702, mort le 16 Juin 1748. 1. *Auroux*, p. *Cars*, fc. 2. *Defrochers*.

ORLÉANS, (la Vénérable Mère Antoinette d') Marquife de Belliffe, dite de *Sainte-Scholaftique*, Fondatrice des Bénédictines du Calvaire, morte à Poitiers en 1618. *Van Lochon*, in-4.

ORLÉANS, (Louis d') Avocat au Parlement de Paris, infigne Liguer, mort à Paris en 1629, à 87 ans. 1. Oth. *Vænius*, p. Hiér. *Wierx*, fc. 1602, à Anvers, in-4. 2. J. *le Grain-Pole*, p. Cl. *Mellan*, fc. in-fol. Ætat. 79. 1622. 3. N... in-8. Copié fur le précédent.

ORMESSON. Voy. le FÈVRE.

ORNANO, (J. Bapt. d') Maréchal de France en 1626, né au mois de Juillet 1581, mort de poifon au Château de Vincennes le 2 Septembre 1626. N...

ORRY, (Philibert) Contrôleur-Général le 17 Mars 1730, auparavant Intendant de Soiffons, mort le 9 Novembre 1747. 1. *Cars*, in-fol, dans une Thèfe, en Intendant. 2. *Rigaud*, p. 1737. *Lépicié*, fc. in-fol. en Contrôleur-Général. (Beau.)

OSSAT, (Arnaud d') né en 1537, à Chaffagnabère, Village du Diocèse d'Auch, Evêque de Rennes en 1598, & créé Cardinal, puis Evêque de Bayeux en 1600, mourut à Rome le 13 Mars 1604. 1. L. *Gaultier*, 1624, in-4. 2. M. *Pelais*, 1625, in-4. 3. N... in-fol. 4. S. *Thomaffin*, 1697, in-4. 5. *Edelinck*, in-fol. 6. *Boulonois*. 7. N... dans Odieuvre. 8. *Willem Fayforne*, in-8.

OUDRY, (J. Bapt.) Peintre, mort en 1755, âgé d'environ 74 ans. *Largillière*, p. 1729. *Tardieu*, fc. in-fol.

OUDRY, (Jacques) Peintre, âgé de 56 ans, mort à 60 le 30 Avril 1755. *Oudry* fils, p. Madame *Oudry*, (fa bru) fc. in-4.

OULTREMANNUS, (Henricus) Valentianarum Præfectus, obiit ann. 1605, ætat. 59. N... in-fol. à la tête de fon Hiftoire de Valenciennes.

OZANAM, (Jacques) Mathématicien célèbre, né en 1640, dans la Souveraineté de Dombes, d'une bonne famille Juive d'origine; mourut à Paris d'apoplexie le 3 Avril 1717. N... in-4.

OZANNE, (Chriftophe) Médécin, fils d'un Payfan de Chaudray, Hameau à deux lieues de Mantes, fe mit en réputation par quelques cures extraordinaires qu'il faifoit par le moyen de quelques plantes en 1696. On couroit de toutes parts pour le confulter. 1. *Audran*, jun. p. 1696. *Bonnart*, fc. in-4. 2. J. *Vaillant*, del. Octobre 1696. *Loc*. (ou *Lochon*) fc. in-4. 3. *Bonnart*, en une feuille, in-fol. Confulté par les Infirmes, avec Vers au bas.

P.

PADET, (Pierre) Prêtre de Coutances, Provifeur du Collège d'Harcourt à Paris, mort le 5 Février 1665, âgé de 84 ans. G. *Chafteau*, in-4.

PAGAN, (Blaife-François de) Maréchal de Camp, connu par fon Traité des Fortifications & par d'autres Ouvrages, mort à Paris le 18 Novembre 1665, âgé de 62 ans. 1. H. *Gafcard*, del. J. *Patigny*, fc. in-fol. 2. J. *Lubin*, 1695, in-fol.

PAGET, (Jacques) mort Doyen des Maîtres des Requêtes en Décembre 1695. 1. *Humbelot*, d'après *Duchefne*, in-fol. 2. M. *Lafne*, 1658, in-fol.

PAGI, (Pater Antonius) Ordinis Fr. Minorum, Exprovincialis, Hiftorico-Chronologus: obiit Aquis Sext. die 5 Junii 1699. Il étoit né à Rognes, petite Ville proche d'Aix, le dernier Mars 1624. 1. Sébaft. *Barras*, 1700, in-fol. en manière noire. 2. J. G. *Seitler*, in-fol.

PAGNIN, (Sanctes) Théologien de l'Ordre des Frères Prêcheurs, mort à Lyon, en 1536. N...

PAJON, (Claude) Miniftre Calvinifte, célèbre, mort en 1685. *Petit*, in-12.

PAJOT, (André de) premier Préfident en la Cour des Monnoies. J. *Lenfant*, 1663, in-fol.

PALATINE, (Anne de Gonzague, Princeffe) époufa en premières Noces Henri, Duc de Guife, & en 1646, Edouard, Prince Palatin, fils de Frédéric V, Electeur Palatin; morte à Paris le 6 Juillet 1684, âgée de 68 ans. 1. *Rouffelet*, in-fol. 2. *Moncornet*. 3. *Vichot*, p. *Valet*, fc. in-fol.

PALESEAU, (Mademoifelle de) depuis Madame du Riel, en 1578. Deffin au Cabinet du Roi.

PALISSOT (Charles) de Montenoy, né à Nancy le 3 Janvier 1730, Auteur de la Comédie des Philofophes, &c. (Vivant.) 1. N... in-12. à quatre pieds: Portrait ridicule. 2. *Saint-Aubin*, p. *Polet*, fc. in-8.

PALLIOT, (Pierre) Parifien, Hiftoriographe du Roi, Graveur & Généalogifte du Duché de Bourgogne, âgé de 89 ans en 1698. 1. G. *Revel*, p. 1696. *Drevet*, fc. 1698, in-fol. 2. Deffin au crayon, dans le Cabinet de M. de Fontette.

PALLU, (François) né à Tours, Evêque d'Heliopolis, & Vicaire Apostolique dans le Royaume de la Chine, au Tunquin, &c. mort en 1685. 1. P. *Simon*, d'après F. *de la Marc-Richard*, in-fol. maj. 2. *Larmeſſin*, in-4.

PALLU, (Martin) Jésuite, Prédicateur, mort en 1742. *Nonote*, p. *Daullé*, sc. in-4.

PALLUAU, (Denis de) Conseiller au Parlement de Paris, reçu le 16 Juin 1628. Ant. *Paillet*, p. Et. *Picart*, sc. 1666, in-fol.

PAMÉLIUS, (Jacques) Evêque de Saint-Omer, mort en 1587. N... in-4.

PANARD, (Charles-François) fameux Chansonnier, né à Couville, près de Chartres, mort d'apoplexie, à Paris, le 13 Juin 1765, à 74 ans. 1. *Chenu*, in-12. avec quatre Vers Latins au bas. 2. *Du Ronceray*, p. *Miger*, sc. in-fol. 1772. dans la Gallerie Françoise, Cahier V.

PATACLIN, (Marguerite) Supérieure de l'Hôpital-Général, à Paris, morte en.... *Scotin*, in-8.

PAPILLON, (Philibert) Chanoine de la Chapelle aux Riches de Dijon, sa patrie; Auteur de la Bibliothèque des Auteurs de Bourgogne, mort en 1738, à 72 ans. 1. *Petit*. 2. Dessin au crayon, dans le Cabinet de M. de Fontette.

PAPILLON, (Nicole) mère d'Oudry, Peintre; âgée de 87 ans. Madame *Oudry*, femme de Jean-Baptiste Oudry, sa bru, in-4.

PAPILLON, (Marc de) dit *le Capitaine Lasphrise*, Gentilhomme Tourangeau, dont les premières Œuvres sont imprimées à Paris, in-12. 1597. (Il y a bien 15000 Vers.) Th. *de Leu*, in-12.

PAPILLON, (J. Bapt. Michel) Graveur en bois, de la Société des Arts, né le 2 Juin 1698. J. B. Noël *Gamot*, in-8. avec quatre Vers au bas: Gravure en bois.

PAPON, (Jean) Jurisconsulte, mort en 1590. N...

PAPON, (Louis) son fils, Seigneur de Marcilly. N... in 8. en bois.

PARABÈRE, (Madame) Marie - Magdeleine de la Vieuville, femme en 1711 de César-Alexandre de Baudean, Comte de Parabère; fut Maitresse de Philippe d'Orléans, Régent. Dessin au Cabinet de M. de Fontette.

PARABÈRE. Voy. BAUDEAN.

PARCIEUX, (Antoine de) de l'Académie Royale des Sciences, &c. né le 28 Octobre 1703, à Cessons, Diocèse d'Usès, mort à Paris en 1769. *Cochin*, del. *Saint-Aubin*, sc. 1771, in-4.

PARDIEU, (Albert Rousselet, Seigneur de la) & depuis Marquis de Château-Renaud, sous Henri IV. Dessin au Cabinet du Roi.

PARÉ, (Ambroise) né à Laval, premier Chirurgien des Rois Henri II, &c. étoit Calviniste, & le Roi Charles IX le fit cacher dans sa propre chambre, pour lui éviter le Massacre de la Saint-Barthelemy: il mourut le 23 Avril 1592. 1. N... 1561, in-8. en bois. 2. N... en petit. 3. N... Autre. 4. M.e *Etienne de Laune*, 1582, in-4. Agé de 72 ans. 5. Giullis *Horbeck*, 1585, in-4. Agé de 75 ans. 6. *Humbelot*, del. *Ravenet*, sc. in-4. 7. N... dans Odieuvre.

PARENT, (Jean-Etienne) Curé de Saint - Nicolas-des-Champs à Paris. *Veſtré*, p. *Le Villain*, sc. 1771, in-fol.

PARET, (la Vénérable Sœur Marie) Religieuse du Tiers - Ordre de S. Dominique, morte en odeur de sainteté à Clermont en Auvergne, le 16 Juillet 1674. *Landry*, in-8.

PARFAIT, (Nicolas) Abbé de Bouzonville, Cha-

noine de l'Eglise de Notre-Dame de Paris. 1. N. *Poilly*, d'après C. *le Febvre*, 1666, in-fol. 2. *Edelinck*, d'après *Nanteuil*, in-fol.

PARFON. (Madame) *Lely*, p. J. *Verwolie*, sc. in-fol. en manière noire.

PARIS, (Nicolas-Joseph de) Coadjuteur d'Orléans en 1724, & M. d'Armenonville, Evêque, son oncle. *Moyreau*, 1727.

PARIS, (François de) Diacre de Paris, fils & frère de Conseiller au Parlement, mort en 1737, à 57 ans. 1. N... in-fol. maj. environné des titres de ses Ouvrages. 2. N... en grand in-fol. tenant un Livre. 3. N... in-4. obl. incliné vers une table où sont un Livre, un Crucifix &c. (On le regarde comme le plus ressemblant.) 4. N... in-fol. voyageant avec M. Tournus. 5. N... in-4. dans le Livre de M. de Montgeron. 6. N... in-12 en pied, à la tête de sa Vie: *Utrecht*, 1743. 7. N... petit Buste, in-24.

PARIS, (Jérôme-Nicolas de) Conseiller au Parlement de Paris, frère du précédent, mort le 16 Août 1737. 1. *Vaſſé*, p. C. M. sc. in-fol. 2. N... in-4. tiré après sa mort. 3. N. in-fol. avec son frère, au pied d'un Crucifix. 4. *Picault*, petit Buste, in-24.

PARIS, (Nicolaus de) Melitensium in Gallià Princeps. Nicolas de Paris-Boissy, Grand-Prieur de France, fils d'Aymard de Paris, Seigneur de Boissy, & de Magdeleine Guyot. 1. Ant. *Paillet*, p. Etien. *Picart* le Romain, sc. in-fol. 2. *Frosne*.

PARIS (Joseph) du Verney, Conseiller d'Etat, Intendant de l'Ecole Royale Militaire en 1757. *Vanloo*, p. *Aveline*, sc. in-8.

PARIS, (N.) de Montmartel, Banquier de la Cour. *Pelletier*, del. *Villain*, sc. 1771, in-fol.

PARISIÈRE, (Jean-César Rousseau de la) Evêque de Nismes, mort en 1736], étoit né à Poitiers en 1667. *Rigaud*, p. *Guelard*, sc. in-8.

PARISOT. Voy. la VALETTE.

PARNASSE FRANÇOIS, ou Hommes illustres (en Poésie & Musique) ont vécu sous Louis XIV, représentés sur le Parnasse; (idée de M. Titon du Tillet, Maître d'Hôtel de Madame la Duchesse de Bourgogne;) gravé d'après le Monument en Bronze (qui est aujourd'hui dans la Bibliothéque du Roi). 1. *Maiſonneuve*, in-fol. maj. 2. Jean *Audran*, in-fol. maximo. 3. N... in-fol. en petit.

PARROCEL, (Joseph) Peintre & Graveur, né à Brignoles en Provence en 1648, mort à Paris en 1704. 1. *Rigaud*, p. *Will*, sc. 1744, in fol. 2. N... dans Odieuvre. 3. N... dans l'Histoire des Peintres par d'Argenville.

PARROCEL, (Charles) fils du précédent, Peintre de Batailles, mort en 1752. *Cochin* & *Dupuis*, 1753.

PARTICELLI, (Michel) Seigneur d'Emery, Contrôleur-Général des Finances, au commencement du règne de Louis XIII. *Moncornet*, in-4.

PAS, (Manassés, Comte de) Seigneur de Feuquières, né à Saumur le 1 Juin 1590, Ambassadeur du Roi en Allemagne, commanda le Siège de Thionville en 1639, y fut pris combattant les ennemis, qui vinrent au secours, & mené dans cette Ville, où il mourut, le 14 Mars 1640. *Moncornet*, in-4.

PAS. (de) Voy. FEUQUIÈRES.

PAS, (Crispin de) Graveur. N...

PASCHAL, (Blaise) né à Clermont en Auvergne, l'an 1623, mort à Paris le 19 Août 1661, âgé de 39 ans, enterré à Saint-Etienne-du-Mont. 1. *Edelinck*, 1691, in - fol. 2. Et. *Desrochers*, 1697, in-8. 3. C.

Vermeulen, 1698, in-8. 4. *Giffey*, in-4. 5. N. *Habert*, in-4. & in-8. 6. N... dans Odieuvre. 7. *Gaucher*, in-12. 8. N... petit Buste, in-8.

PASCHAL, (Jean) de Sarlat en Périgord, Docteur en Médecine, âgé de 21 ans en 1681. J. *Sauvé*, 1681, in-8.

PASCHAL, (le Père) d'Abbeville, Capucin, Provincial & Vicaire-Général de son Ordre, mort à Paris le 5 Avril 1645, âgé de 71 ans. François *Poilly*, in-8.

PASQUIER, (Etienne) Avocat du Roi à la Chambre des Comptes de Paris, né à Paris en 1528, mort le 31 Août 1615. 1. L. *Gaultier*, 1617, in-fol. âgé de 87 ans. 2. Le même, in-8. copié. 3. Jaspard *Isaac*. 4. Th. *de Leu*, in-8. 5. N... dans Odieuvre.

PASQUIER, (Nicolas) fils du précédent, Maître des Requêtes. Crispin *de Pas*, in-12.

PASSERAT, (Jean) né à Troyes, le 18 Octobre 1534, Professeur Royal en Eloquence à Paris, l'un des plus doctes Critiques de son temps, mort en 1602, le 14 Septembre. 1. *Frixius*, in-4. âgé de 64 ans. 2. Th. *de Leu*, in-8. 3. *Larmessin*.

PATIN, (Guy) né à Hodenc en Beauvaisis, Docteur en Médecine de la Faculté de Paris, Professeur au Collège Royal, mort en 1672, âgé de 71 ans. 1. Ant. *Masson*, del. & sc. 1670, in-4. 2. J. Phil. *Thillott*, en Allemagne, in-4. 3. *Sluyter*, in-4. 4. *Desrochers*, in-8. 5. N... chez Crespy, in-8. 6. N... in-12.

PATIN (Charles) son fils, Docteur en Médecine de la Faculté de Paris, né en cette Ville le 23 Février 1633, fut accusé d'avoir contribué à l'impression & au débit de quelques Livres scandaleux, ce qui l'obligea de sortir de France vers l'an 1667. Après avoir parcouru différens pays, il se fixa à Padoue, où il fut Professeur en Médecine, Chevalier de S. Marc, puis il eut la première Chaire de Chirurgie, & y mourut le 2 Octobre 1693. 1. Agé de 29 ans, in-fol. C. *le Febvre*, p. & sc. 1662. 2. Le même, 1663, in-4. 3. *Masson*, del. & sc. in-fol. 4. C. *le Febvre*, p. J. *Boulanger*, sc. in-8. 5. P. S. en Allemagne, in-8. 6. J. L. *Durant*, del. & sc. 1673, en Suisse, in-8. 7. N... en Allemagne, in-fol. en manière noire. 8. N. *Desbois*, à Padoue, in-8. 9. Sa Famille, lui, sa femme & ses deux filles. N. *Jouvenet*, p. à Padoue 1684. *Desbois*, sc. in fol. obl. 10. N... in-fol. Un pot de chambre à la main. 11. N... dans Odieuvre.

Magdeleine Hommetz sa femme. J. *Vingaret*, en Allemagne, in-8.

PATOT, (François) Abbé de Sainte-Geneviève, à Paris. *Daullé*, in-fol. maj.

PATRU, (Olivier) Avocat au Parlement de Paris, né en cette Ville l'an 1604, reçu à l'Académie Françoise en 1640; fit à sa réception un Remerciment qui plut tant, que cela s'est toujours pratiqué depuis; mourut à Paris le 16 Janvier 1681, âgé de 77 ans. Jacques *Lubin*, in-fol.

PATRY, (N...) de Tours. *Regnesson*, 1690.

·PAU, (Adrien) Chevalier de S. Michel. *Wischer*.

PAVILLON, (Nicolas) fils d'Etienne, Auditeur des Comptes & Trésorier de France, & de Catherine de la Bistrade; fut Evêque d'Alet en 1637, y mourut le 8 Décembre 1677, âgé de 81 ans. 1. Et. *Picart* le Romain, 1659, in-fol. 2. Et. *Gantrel*, 1699, in-fol. 3. N... 1686, in-8. 4. *Habert*, in-8. 5. Et. *Desrochers*, in-8. 6. N... in-4.

PAVILLON, (Etienne) Poëte, né à Paris en 1632, petit-fils d'un célèbre Avocat; fut Avocat-Général au Parlement de Metz, reçu à l'Académie Françoise le 17 Septembre 1691, & à l'Académie des Inscriptions en 1699, mourut à Paris le 10 Janvier 1705. N...

PAVIOT (Charles-Hyacinthe) du Boulion, Procureur-Général du Parlement de Rouen. 1. *Roullet*, in-4. 2. *Chereau*, 1717, in-fol. dans une Thèse.

PAUL de Sainte-Magdeleine, autrement nommé Heath, Récollect Anglois à Douai, martyrisé à Londres le 17 Avril 1643. N... in-8.

PAULI, (Pierre-François) 1625. N...

PAULIN, (le Père) de Beauvais, Capucin, dit le *Predicateur Séraphique*, mort le 10 Mars 1654, âgé de 50 ans. M. *Lasne*, in-fol.

PAULMY. Voy. VOYER.

PAULTRE, (Antoine le) Architecte & Ingénieur ordinaire des Bâtimens du Roi, reçu à l'Académie de Sculpture en 1671, mort quelques années après. 1. *Nanteuil*, in-fol. obl. Frontispice de son Livre d'Architecture. 2. *Gantrel*, à l'eau forte, in-fol. obl. Frontispice de son Livre de Dessins. 3. *Jombert*.

PAULTRE, (Jean le) Graveur, né à Paris en 1617, mort en 1682. *Le Pautre* lui-même, 1674, in-4.

PAULTRE, (N... le) Ingénieur. N... à l'eau-forte, in-4.

PAYEN, (Pierre) Sieur Deslandes, Doyen des Conseillers-Clercs du Parlement de Paris, Abbé de S. Martin & Prieur de la Charité. 1. *Nanteuil*, 1659, in-fol. 2. *Moncornet*.

PÉCOIL. (Madame) *Rigaud*, p. *Vallée*, sc. in-fol. maj. avec huit Vers au bas.

PÉCOUR, (Louis) Compositeur des Ballets du Roi, mort en 1729, âgé de 78 ans. *Tournière*, p. Fr. *Chereau*, sc. in-fol.

PEDOUE, (François) Chanoine de l'Eglise de Chartres, Instituteur des Congrégations de la Providence, mort en 1667, âgé de 64 ans. N... in-fol.

PÉDRASA, (Alphonse-Laurent de) Général des Minimes. N... in fol.

PÉGON, (D. Jean) Prieur Général des Chartreux, mort en 1675. G. *Audran*, in-fol.

PEIRESC. Voy. FABRY.

PELEGRIN, (Simon-Joseph) Prêtre & Poëte dramatique, né à Marseille, mort à Paris en 1745, à 82 ans. *Vatelet*, in-8.

PELLETIER, (Claude le) Ministre d'Etat, Contrôleur-Général des Finances, depuis Septembre 1683, jusqu'en Septembre 1689, né à Paris en 1630, mort en 1711. 1. *Hainzelman*, 1683, in-4. 2. *Larmessin*. 3. *Mignard*, p. *Drevet*, sc. in-fol.

PELLETIER des Forts. (Madame le) *Santerre*, p. *Château*, sc. 1708, in-fol. avec quatre Vers au bas.

PELLETIER (Michel le) de Souzy, Maître des Requêtes, Conseiller d'Etat & Intendant des Finances, mort en 1725. 1. G. *Edelinck*, 1679, d'après *Vanoost*, in-fol. 2. *Ladame*, p. Corn. *Van Caukercken*, sc. in-fol.

PELLETIER, (Louis le) Président à Mortier au Parlement de Paris, reçu le 22 Avril 1689. *Van Schuppen*, 1688, d'après N. *de Largillière*, in-fol.

PELLETIER, (Michel le) Abbé de Jouy, Evêque d'Angers en 1692. 1. N. *de Largillière*, p. *Van Schuppen*, sc. in-fol. maj. 2. *Trouvain*. 3. *Desrochers*, in-4. ovale.

PELLETIER, (Charles-Maurice le) Docteur de Sorbonne. *Le Febvre*, p. *Moyreau*, sc. 1734, in-fol.

PELLETIER, (Jacques le) Avocat & Expéditionnaire en Cour de Rome. 1. *Rozé*, p. *Habert*, sc. 1686, in-fol. 2. *Simon*, p. *Trouvain*, sc. in-8. 3. *Habert*, 1687, in-8. 4. *Giffart*, in-8.

PELLETIER, (Didace) Récollet, mort en Canada en 1699. *Scotin*, in-4.

Peletier, (Paul le) Seigneur des Touches, &c. né à Paris le 12 Juillet 1621, mort à S. Magloire le 22 Juin 1708. N. *Habert*, 1703, in-4.

Pelissier, (Mademoiselle) Actrice de l'Opera, morte en 1749, âgée de 42 ans. *Drouais*, p. *Daullé*, sc. in-fol. maj.

Pelisson (Louis) de Châteauvert. *Blanchet*, del. L. *David*, sc. 1669, in-4.

Pelisson (Paul) Fontanier, Maître des Requêtes, & de l'Académie Françoise; étoit né à Béziers en 1624, d'une famille originaire de Castres, & distinguée dans la robe; s'attacha à M. Fouquet, abjura la Religion Calviniste en 1670, & mourut à Versailles le 7 Février 1693. G. *Edelinck*, 1695, in-fol.

Pellevé, (Nicolas de) Cardinal, né au Château de Joux en 1518, mort de chagrin en 1594. *Harrexvin*, in-12.

Pellicart, (Madame) sous Henri IV. Dessin au Cabinet du Roi.

Pellot, (N..) Intendant de Guyenne. 1. *Tournheysen*. 2. *Noblin*.

Penon, (François) né à Paris, Dominicain, Provincial de la Province de S. Louis en 1676, mort à Paris le 12 Janvier 1699. 1. *Gantrel*, in-8. 2. Idem, in-8. Différent du premier.

Pérard, (Jules) Conseiller au Parlement de Dijon. Dessin au crayon, dans le Cabinet de M. de Fontette.

Péréfixe (Hardouin de) de Beaumont, né à Poitiers, Evêque de Rodès en 1648, d'Agde en 1661, & Archevêque de Paris en 1662, mort 1 Janvier 1671, âgé de 65 ans. 1. *Vanmerlen*, in-4. Evêque de Rodès. 2. R. *Lochon*, d'après *Champagne*, 1667, in-fol. 3. *Nanteuil*, 1662, in-fol. 4. Le même, 1662, retouché, in-fol. 5. *Nanteuil*, 1663, in-fol. 6. *Mellan*, in fol. 7. Ant. *Masson*, d'après *Mignard*, 1664, in-fol. 8. *Nanteuil*, 1665, in-fol. & in-fol. maj. 9. La Roussière. 10. *Larmessin*. 11. *Chauveau*. 12. N. *Pittau*, d'après *Mignard*, 1686, in-fol. 13. *Van Schuppen*, d'après C. *le Febvre*, 1667, in-fol. maj.

Péricard, (François de) Evêque d'Angoulême, puis d'Evreux, enfin d'Avranches en 1646, mort Doyen des Evêques de France le 25 Novembre 1693. C. *Boury*, p. *Jollain*, sc. 1646, in-fol.

Perichon, (Camille) Prévôt des Marchands de Lyon. 1. *Schandth*, p. *Odieuvre*, sc. 2. *Grandon*, p. *Serancourt*, sc. 1739. Médaillon.

Perier, (Antonius) Ordinis Minorum Generalis, 1689. *Giffart*, in-fol.

Perin, (N...) Secrétaire de M. le Maréchal de Belle-Isle. *Revelli*, p. 1747. *Gaillard*, sc. 1748, in-12. oblong.

Pernot, (Andoche) Abbé de Cîteaux, en 1727. *Rigaud*, p. 1726. *Chereau*, sc. 1729, in-fol. maj.

Pernoud, (François) Evêque d'Evreux en 1646. *Boury*, p. *Jollain*, sc.

Perouze, (François de Bertrand de la) *Tournheysen*.

Perrault, (Jean) Président de la Chambre des Comptes. *Mellan*, del. & sc. 1652, in-fol.

Perrault, (Claude) né à Paris vers 1613, de Pierre Perrault, Avocat & originaire de Tours; fut Médecin de la Faculté de Paris, de l'Académie des Sciences, sçavant en Architecture, mort à Paris le 9 Octobre 1688. *Vercelin*, p. G. *Edelinck*, sc. 1690, in-fol. avec quatre Vers François.

Perrault, (Charles) frère du précédent, né à Paris vers 1626, Contrôleur-Général des Bâtimens du Roi, de l'Académie Françoise en 1671, Auteur de plusieurs Ouvrages, mort à Paris le 17 Mai 1703. 1. C. *le Brun*, p. 1665. 2. Et. *Baudet*, sc. 1675, in-fol. 3. *Tortebat*, p. G. *Edelinck*, sc. 1694, in-fol.

Perrenot (Antoine) de Granvelle, fils de Nicolas, Chancelier de l'Empereur Charles-Quint, né à Besançon en 1517, Evêque d'Arras, puis Archevêque de Malines, Cardinal le 26 Février 1561, Viceroi de Naples en 1570, Archevêque de Besançon en 1584, mort à Madrid le 21 Septembre 1586, Ministre de Philippe II. comme il l'avoit été de Charles-Quint son père. 1. *Augustin*, Vénitien, in-fol. 2. Mar. *Rota*, in-4. 3. N... en bois, in-4. 4. Lamb. *Suavius*, in-fol. 5. N... in-12. 6. N... in-8. dans l'Histoire des Guerres de Flandres. 7. Augustin *Carrache*, en petit rond. 8. *Moncornet*. 9. *Larmessin*. 10. N... façon de Mellan, in-fol. 11. *Garand*, p. *Chenu*, sc. in-8. 13. *Baron*, in-8.

Perreton, (Claude) Oratorien, mort en 1710. *Jouvenet*, p. *Tardieu*, sc.

Perrier, (Aymard du) Conseiller au Parlement de Dauphiné. P. F. in-12.

Perriere, (Albert de la) Valet de Chambre de M. Largentier, Baron de Chapelleux, Champenois & gros Financier, vivant en 1658. *Nevet*, p. N... sc. in-32. dans un ovale.

Perron, (Jacques Davy du) né à Saint-Lo en Normandie le 25 Novembre 1556, d'ancienne famille & de parens Huguenots, embrassa la Religion Catholique, fut Evêque d'Evreux en 1595, Cardinal le 17 Septembre 1603, Grand-Aumônier de France, & Archevêque de Sens en 1606, mort à Paris le 5 Septembre 1618. 1. *Denizot*, d'après *Herbin*, in-fol. 2. N... in-8. 3. Crispin *de Pas*, sc. *Edelinck*, 1697, in-fol. 5. *Moncornet*. 6. Michel *Lasne*. 7. N... dans Odieuvre, in-4. avec Ornemens. 8. Willem *Faytorne*, in-8. 9. Son Mausolée dans l'Eglise Cathédrale de Sens, & de Jean son frère, Archevêque de Sens après lui: Dessin lavé à l'encre de la Chine, dans le Cabinet de M. de Fontette. (Beau.)

Perron, (Jean Davy du) frère du précédent, Archevêque de Sens, mort le 24 Octobre 1621. Son Tombeau avec celui du précédent.

Perrot, (Demoiselle Catherine) de l'Académie de Peinture, femme de Claude Horty, Notaire Apostolique. *Charpentier*, in-4.

Personne, (André-Louis) Parisien, âgé de 21 ans. Ant. *Paillet*, p. Ant. *Vallet*, sc. in-8.

Perussault, (Silvain) Jésuite, Prédicateur, puis Confesseur du Roi jusqu'à sa mort, arrivée le 30 Avril 1753. Peint après sa mort par P. *Dachon*. J. *Beauvarlet*, sc. in-fol.

Pesche. (du) Voy. du Gas.

Pesne, (Antoine) Peintre. *Pesne*, p. *Schmidt*, sc. in-fol.

Pesne, (Jean) Peintre & Graveur, décédé à Paris au mois d'Août 1700. *Pesne* lui-même, p. 1672. *Trouvain*, sc. 1698, in-fol.

Petau (Paul) Conseiller au Parlement de Paris, reçu le 17 Août 1588, mort à Paris en 1614, étoit un sçavant illustre. 1. Agé de 41 ans, Ft. *Rousselet*, 1609, in-4. 2. Idem, copié par *Briot*, 1618, in-4. 3. Jacq. *Questel*, p. *Lombart*, sc. in-fol.

Petau, (Alexandre) fils du précédent, reçu Conseiller au Parlement de Paris, le 13 Février 1628. C. *le Febvre*, p. N. *Pittau*, sc. 1669, in-fol.

Petau, (Denis) né à Orléans le 21 Août 1583, de Jérôme, neveu de Paul; se fit Jésuite, & mourut à Paris le 11 Décembre 1652, âgé de 70 ans. 1. M. *Lasne*, in-4. 2. Jac. *Lubin*, in-fol. 3. *Habert*. 4. N... en Hollande, 1700, in-fol. 5. *Pluiter*, in-8. 6. *Scotin*, in-8. avec Ornemens. 7. N... dans Odieuvre.

Petis (François) de la Croix, Secrétaire Interprète

du Roi pour les Langues Orientales, mort à Paris en 1713. *Huret.*

PETIT, (Joannes) Abbas Cisterciensis, an. 1670, obiit 15 Januatii 1692, ætatis 63. 1. *Perrin*, p. *Landry*, sc. 1674, in-fol. 2. Le même, 1682, in-fol.

PETIT, (Claude) Abbé de la Ferté, Ordre de Cîteaux, Visiteur-Général en 1700, âgé de 75 ans, mort au mois de Janvier 1710; étoit né à Dijon le 6 Décembre 1625. Amb. *Hendryck,* 1700, in-fol, en manière noire.

PETIT, (Franciscus) Major ac Generalis Magister totius Ordinis Sanctæ Trinitatis & Redemptionis Captivorum, ætatis 72, anno 1610. *Gaultier,* in-4.

PETIT, (Ludovicus) Decretorum Doctor, Major ac Generalis Magister totius Ordinis Sanctæ Trinitatis. 1. M. *Lasne*, 1622, in-4. ætatis 42. 2. L. *Gaultier*, 1622, in-4. 3. Idem, 1630, in-fol. ætat. 50. 4. Phil. *Lourdelet*, p. J. *Couvay*, sc. 1644, in-fol. ætat. 64.

PETIT, (Madame le) Denise, fille de Jean Camusat, femme de Pierre le Petit, Imprimeur & Libraire, morte le 22 Novembre 1675, âgée de 46 ans. Ant. *Trouvain,* 1697, in-fol.

PETIT, (Jean-François le) Auteur d'une Histoire de Hollande & de Zélande, âgé de 56 ans. Christophe *Vansichem,* in-fol.

PETIT, (Jean-Louis) Chirurgien-Juré à Paris, de la Société Royale de Londres, Censeur Royal de l'Académie de Chirurgie, né en 1674, mort à Paris en 1750. *Balechou,* d'après *Vigé*, in-12. Suite d'Odieuvre.

PETIT, (François) né à Soissons en 1681, premier Médecin de M. le Duc d'Orléans, mort en 1766. *De Lorme,* p. *Ingouff,* sc. in-fol.

PETITOT, (Jean) fameux Peintre en émail, né à Genève en 1607, mort à Vevay, au Canton de Berne, en 1691. N... dans l'Histoire des Peintres par d'Argenville.

PETITPIED, (Nicolas) Docteur de Sorbonne, Professeur en Théologie, né en 1665, mort en 1747. 1. *Crespy,* in-8. 2. *Pittau,* 1716, in-4. 3. *Desrochers.*

PETRE, (Jean) Doyen des Syndics des Maîtres Ecrivains-Jurés de Paris. 1. N... in-4. à l'eau-forte, sans bordure. 2. *Brebis,* 1675. 3. J. *Langlois,* d'après R. *Nanteuil,* in-4.

PEU, (Philippe) de Paris, Chirurgien-Juré, Auteur du Livre intitulé : *La Pratique des Accouchemens*, imprimé en 1694, in-8. mort le 10 Février 1707. S. *Thomassin,* del. & sc. 1693, in-8.

PEYRAT, (N... du) Aumônier du Roi. N... in-16. petit ovale. (Beau & rare.)

PEYRE, (la) Voy. AUZOLLES.

PEYRONIE, (François de la) Chirurgien du Roi, mort à Versailles en 1747. *Rigaud,* p. J. *Daullé,* sc. 1755, in-fol. maj. (Beau.)

PEYSSONNEL, (J. Ant.) Ecuyer, Docteur en Médecine, Correspondant Associé des Académies des Sciences de Paris, Londres, Montpellier, Marseille & Rouen, né le 19 Juin 1694, mort en 17... *Fessard,* d'après *Allais,* in-8.

PHALTZBOURG. Voy. LORRAINE.

PHELYPPEAUX, (Paul) Seigneur de Pontchartrain, Secrétaire d'Etat. *Edelinck,* in-fol.

PHELYPPEAUX, (Louis) Seigneur de la Vrillière, Secrétaire d'Etat, Prevôt & Maître des Cérémonies des Ordres du Roi, mort à Bourbon le 5 Mai 1681, âgé de 83 ans. 1. *Nanteuil,* del. & sc. 1662, in-fol. 2. *Moncornet.*

PHELYPPEAUX (Louis) de la Vrillière, Secrétaire d'Etat en survivance en 1654, frère aîné de M. de Châteauneuf. François *Poilly,* in-fol.

PHELYPPEAUX, (Balthasar) Marquis de Châteauneuf, Secrétaire d'Etat en 1669, mort en sa Terre de Châteauneuf sur Loire, le 27 Avril 1700, âgé d'environ 61 ans. 1. J. *Lenfant,* 1672, d'après J. *Dieu,* in-fol. 2. *Vermeulen,* d'après P. *Mignard,* in-8. 3. N...! in-12.

PHELYPPEAUX, (Louis) Marquis de la Vrillière, Secrétaire d'Etat, Commandeur & Greffier des Ordres du Roi en 1700. 1. *Drevet,* d'après *Gobert,* 1701, in-fol. 2. *Desrochers.*

PHELYPPEAUX (Michel) de la Vrillière, fils de Louis, Secrétaire d'Etat, & de Marie Particelli d'Emery, premier Conseiller au Châtelet, puis au Parlement, Abbé de Saint-Lo, Evêque d'Uzès, puis Archevêque de Bourges en 1679, mort à Paris le 28 Avril 1694, âgé d'environ 52 ans. 1. René *Lochon,* 1661, in-fol. En Abbé. 2. G. *Vallet,* d'après Ant. *Paillet,* in-fol. maj. En Archevêque.

PHELYPPEAUX (Balthasar) de la Vrillière, Abbé, puis Evêque de Riès en 1714. *Lochon,* 1667, in-fol.

PHELYPPEAUX (Louis) de Pontchartrain, Conseiller au Parlement le 11 Février 1661, premier Président au Parlement de Bretagne, Contrôleur-Général des Finances en 1689, Secrétaire & Ministre d'Etat en 1690, Chancelier de France le 5 Septembre 1699, mort le 22 Décembre 1727. 1. J. *Patigny,* 1662, in-fol. 2. *Voligny,* 1695, in-fol. 3. *Trouvain.* 4. J. *Sarrabat,* 1699, d'après P.*Cavin,* en manière noire. Chancelier. 5. N... 6. N. *Habert,* 1700, in-8.

PHELYPPEAUX, (Jean-Frédéric) Comte de Maurepas, Secrétaire d'Etat de la Marine, né le 9 Juillet 1701. 1. *Vanloo,* p. 1736. *Petit,* sc. in-fol. 2. *Petit,* in-8.

PHELYPPEAUX, (Louis) Comte de S. Florentin, Ministre, Secrétaire d'Etat & des Commandemens, Duc de la Vrillière, Chancelier de la Reine, né le 18 Août 1705. 1. Louis *Tocqué,* p. 1749. J. G. *Will,* sc. 1751, in-fol. maj. (Beau.) 2. J. M. *Fredou,* p. *François,* sc. in-4.

PHILANER, (Guillaume) en François Tilandrier, de Châtillon-sur-Seine, né en 1505, Architecte & Citoyen Romain, mort à Toulouse en 1565. 1. N... en bois, in-4. pour son Livre de Vitruve. 2. Th. *de Bry.* 3. N... au burin, in-4. 4. N... en petit.

PHILARAS, (Leonardus) Athenis natus, Romæ educatus, Parisiis occupatus ; pueritiam in Græcia cum parentibus, juventutem in Italia, Litterarum studiis incumbens ; virilis ætatis partem in Gallia, publicis rebus operam navans, exegit : nobili patriæ libertatis desiderio accensus, plures annos inter Christianæ Militiæ milites apud Carolum Nivernensium Ducem traduxit ; missusque ob magnis de rebus ad Gregorium XV. & Urbanum VIII. Romanos Pontifices, plurimum eamdem Militiam suis officiis juvit : postea pro Duce Parmensi in Aula Gallica residens Orator, Ludovico Justo apprimè notus, Cardinali Richelio, ceterisque Regni Proceribus, ob eximias virtutes, charissimus. 1. Jac. *Picinas,* del. & sc. Venetiis, 1658, in-4. 2. *Mellan.*

PHILIBERT, (Jean-François) Echevin de Lyon. *Lanvers.*

PHILIDOR, (André Danican) Musicien. *Cochin,* del. *De Saint-Aubin,* sc. 1773. Médaillon, in-4.

PHILIPPE, (Jean) né à Montpellier, Jurisconsulte, âgé de 84 ans en 1603. N... en bois, in-4.

PHILIPPE, (Cl. Ambroise) Docteur en Droit, Conseiller au Parlement de Dôle, & Plénipotentiaire pour le Cercle de Bourgogne, à la Diète de Ratisbonne, en 1667. *Van Someren,* in-4.

PIBRAC.

PIBRAC. Voy. du FAUR.

PICARD, (Jacques-Claude) Chanoine Régulier de S. Augustin. 1. *Crespy*, 1697, in-8. 2. *Mariette*.

PICARDT, (Henri) Gentilhomme ordinaire de la Chambre du Roi. N. *Maes*, p. *Landry*, sc. 1672, in-8.

PICART, (Bernard) Dessinateur & Graveur, né à Paris le 11 Juin 1673, mort à Amsterdam le 8 Mai 1733. 1. M. *des Angles*, p. *Aveline*, sc. in-12. 2. *Vercoliers*, d'après *Nattier*. 3. N... dans Odieuvre. 4. N... En Démocrite, manière noire. 5. Jean *Vander-Schley*, 1734, d'après *des Anges*, avec Ornemens & attributs.

PICART, (Etienne) dit *le Romain*, Graveur du Roi, mort en 1721. B. *Picart* son fils, 1730, in-8. Médaillon.

PICHAULT, (François-Maurice) Aumônier du Roi, né à Paris en 1715, élu Général des Chanoines de la Sainte Trinité & Rédemption des Captifs, le 4 Mai 1765. N... in-4.

PICHERY, (la Servante de Dieu, Anne de) veuve de François - Philippe Pichery, Bourgeoise d'Orléans. *Lenfant*, in-4.

PICON, (J. B. Louis) Marquis d'Andrezel, Ambassadeur à Constantinople. *Rigaud*, p. 1719. *Chereau*, sc. in-fol.

PIELAT, (Phineas) Arausionensis Ecclesiæ Gallicæ Roterodamensis Pastor (Calvinista.) B. *Vaillant*, p. J. *Gole*, sc. in-fol. en manière noire.

PIERRE, (J. B. Marie) premier Peintre du Roi. *Cochin*, del. C. H. *Wattelet*, sc. 1755. Médaillon, in-4.

PIERRE de Clugny, dit *le Vénérable*, né en 1092, de la Maison de Montboissier en Auvergne, élu Abbé de Clugni en 1123, mort en 1156. N...

PIERRE, (Gérard) Peintre. N...

PIGALIA, (Mr de) en 1573. Dessin au Cabinet du Roi.

PIGRAY, (Pierre) Parisien, premier Chirurgien du Roi Henri IV. âgé de 75 ans en 1608; mourut Doyen de l'Ecole de Chirurgie le 15 Novembre 1613. Th. *de Leu*, 1608, in-8.

PILES, (Roger de) Ecuyer, né à Clamecy en Nivernois l'an 1635, grand Amateur des Beaux-Arts, & qui a écrit sur la Peinture, âgé de 68 ans en 1704, mort le 5 Avril 1709. *Piles* lui-même, p. B. *Picart*, sc. 1704, in-fol.

PILLET, (N...) premier Président de Rouen. 1. *Noblin*, d'après *Gribelin*, in-fol. 2. *Tourneyhiser*, d'après *Mignard*, in-fol.

PILLON, (Dame Anne Baudesson, veuve de Me Jean) 1. *Spirinx*, in-fol. 2. Dessin au Cabinet de M. de Fontette. (Beau.)

PILON, (Germain) Parisien, habile Sculpteur sous Henri II. & ses Successeurs. N... en petit.

PINAULT, (Matthieu) des Jaunaux, Président à Mortier au Parlement de Tournai. S. *Thomassin*, del. & sc. 1701, in-4.

PINEAU, (Gabriel du) Jurisconsulte, né à Angers en 1573, de Claude, fameux Avocat; fut Conseiller au Présidial d'Angers & Maire de cette Ville en 1632, mourut le 15 Octobre 1644. 1. *Ertinger*, 1693, in-fol. 2. *Aveline*, in-12.

PINEL, (Jean) Curé de S. Severin à Paris, mort en 1751. *Collon*, del. N. J. B. *Poilly*, sc. 1732, in-fol.

PINETTE, (Nicolas) Directeur de l'Hôpital général, Fondateur & principal Instituteur de la Maison de l'Institution de l'Oratoire de Paris, où il a vécu pendant quarante-quatre ans, dans les exercices continuels de Religion & de charité, & y est mort le 29 Janvier 1694, âgé de 81 ans. 1. G. *Edelinck*, 1695, in-fol. 2. Idem, 1709, in-fol.

PINGRÉ, (Pierre) Evêque de Toulon en 1658, mort dans sa Ville Episcopale le 5 Décembre 1662. N. *Poilly*, in-fol.

PINGUET, (François) Maire de Beauvais en 1599. Agé de 47 ans, N... in-8.

PINON, (Jacques) Seigneur de Doucy, Doyen du Parlement de Paris. 1. *Boissevin*. 2. *Frosne*.

PINSSON, (François) né à Bourges le 5 Août 1612, de François, Professeur en Droit; fut Avocat au Parlement de Paris, très-sçavant dans les matières Bénéficiales, mourut à Paris le 10 Décembre 1691. *Van Schuppen*, del. & sc. 1680, in-fol.

PINY, (Alexandre) Dominicain, illustre par sa piété & ses Ecrits, mort en odeur de sainteté au Couvent de la rue S. Honoré à Paris, le 28 Janvier 1709, âgé de 73 ans. *Drevet*, 1710, d'après *Audray*, in-4.

PIOLENC, (Honoré-Henri de) Président au Parlement de Provence. *Celloni*, p. *Coellemans*, sc. 1705, in-fol.

PIQUET, (François) né à Lyon, Evêque de Babylone & Vicaire Apostolique dans la Perse, Ambassadeur pour le Roi vers le Roi de Perse, mort à Amadan le 26 Août 1685, âgé de 63 ans. 1. M. *de Masso*, in-4. 2. N... in-12.

PIRAUD, (Louis Dupré, dit') Rotisseur à Lyon & gros Buveur. 1. *Bouchet*, à Lyon, in-4. 2. Dessin au Cabinet de M. de Fontette.

PIRON, (Alexis) Poëte, né à Dijon en 1689, mort à Paris en Mars 1773. *Cochin*, del. *De Saint-Aubin*, sc. 1773. Médaillon, in-4.

PISANI. (Sébastien) *Gantrel*.

PISANI. Voy. VIVONNE.

PITARD, (Jean) premier Chirurgien de S. Louis, de Philippe-le-Hardi & de Philippe-le-Bel, Instituteur du Collège de Chirugie à Paris. 1. *Humbelot*, del. *Ravenet*, sc. in-4. 2. *Dupuis*, del. & sc. dans Odieuvre, in-fol.

PITHOU, (Pierre) Sieur de Savoye, Jurisconsulte célèbre, Avocat en Parlement, né à Troyes en Champagne le 1 Novembre 1539, d'une famille noble, originaire de Vire en Normandie, mort à Nogent-sur-Seine le 1 Novembre 1596. 1. *Van Schuppen*, 1685, in-fol. 2. *Edelinck*. 3. *Desrochers*. 4. N... en petit.

PITHOU, (François) Sieur de Bierne, Jurisconsulte, frère du précédent, mort le 24 Janvier 1621, âgé de 77 ans. 1. *Van Schuppen*, 1685, in fol. 2. *Edelinck*, 1698.

PITHOU, (N...) Président. M. *Lasne*, avec quatre Vers Latins au bas.

PITOT, (N...) Astronome. N... in-8. en bois.

PITTON (Joseph) de Tournefort, Médecin & Voyageur, né à Aix le 5 Juin 1656, de Pierre, Ecuyer; fut Professeur de Botanique au Jardin du Roi, ensuite de Médecine au Collège Royal; mourut à Paris le 28 Décembre 1708. *Desrochers*, in-8.

PIVARDIÈRE, (Louis de la) Ecuyer, Sieur de Bouchet, ci-devant Lieutenant de Dragons du Régiment de Sainte - Hermine, puis Sergent à Auxerre, où il épousa Marie Pillard. *Landry*, junior, 1698, in-4.

Marguerite Chauvelin sa première femme. *Landry*.

PLACE, (Elie de la) Seigneur de Rusly, Ambassadeur extraordinaire du Roi, & Député au Traité de trève avec les Etats-Généraux à la Haye en 1608. H. *Hondius*, in-4.

PLACE, (Charles de la) Maître des Requêtes, & auparavant Conseiller à la Cour des Aides de Rouen. N. *Poilly*, d'après *Lens*, in-fol.

PLACE, (Pierre de la) de l'Académie Françoise. *Cochin*, del. & sc. 1762, in-4. Médaillon.

PLACIDE (le Père) de Sainte-Hélène, Auguftin Déchauffé, Géographe du Roi, mort à Paris en 1734, à 86 ans. Elifabeth *Gauthier*, p. 1714. *Langlois*, sc. in-fol.

PLANIS-CAMPY, (David de) dit l'*Edelphe*, Chirurgien du Roi & Médecin Chimifte. 1. Agé de 37 ans, M. *Lafne*, 1626, d'après *Dumonftier*, in-8. 2. Agé de 38 ans, le même, 1627, in-8. avec six Vers François au bas.

PLANTAVIT, (Jean de) de la Paufe, né dans les Cévennes, de parens Calviniftes, fit abjuration à Béziers; fut Grand-Vicaire du Cardinal de la Rochefoucauld, Grand-Aumônier d'Elifabeth de France, Reine d'Efpagne, Evêque de Lodève en 1625, mort le 28 Mai 1651, âgé de 58 ans. J. *Baronius*, 1622, in-fol.

PLANTIN, (Chriftophle) Imprimeur d'Anvers, né à Montlouis près de Tours, mort à Anvers en 1598, âgé de 75 ans. N... en petit.

PLESSIS, (Charles-Artur du) Docteur en Médecine à Avranches, âgé de 68 ans en 1660. N... in-4. en Normandie.

PLESSIS, (Guillaume du) Supérieur des Béguines en 1257. N... in-8.

PLOEUC, (François-Hyacinthe de) Evêque de Quimper. *Cars*, in-4.

PLUCHE, (Antoine) Prêtre, né à Reims en 1688, mort à la Varenne-Saint-Maur le 24 Novembre 1761. 1. *Cathelin*, d'après *Blakey*, in-8. avec quatre Vers au bas. 2. Idem, in-fol. 1772, dans la Gallerie Françoife, Cahier VIII.

PLUVINEL, (Antoine de) Chambellan ordinaire, Ecuyer principal, & Sous-Gouverneur du Roi Louis XIII. mort à Paris en 1620. Simon *de Pas*, in-4.

POERSON, (Jean-François) Peintre, 1723. *Largillière*, p. L. *Defrochers*, sc. in-fol.

POILLY, (François) né à Abbeville, Graveur du Roi, mort à Paris en 1693, âgé de 70 ans. *Poilly*, del. 1680. *Rouffelet*, sc. 1699, in-fol.

POINÇON, (Le petit) Danfeur. *Scotin*, in-fol. obl.

POIRET, (Pierre) né à Metz le 15 Avril 1646, fils d'un Fourbiffeur, Minifitre (Calvinifte) de l'Eglife d'Anweil au Duché des Deux-Ponts, en 1672; fçavant dans les Belles-Lettres, les Langues & la Théologie, mort à Rheinfburg en Hollande, le 21 Mai 1719. N... in-8.

POIS (Antoine le) ou *Pifo*, Médecin du Duc de Lorraine, mort en 1633. 1. Agé de 54 ans, *Wocriot*, in-4. oval. 2. Deffin à la plume, in-4. au Cabinet du Roi.

POISSON, (Raymond) Comédien, en habit de Crifpin, né à Paris, & mort en 1690. *Notcher*, p. G. *Edelinck*, sc. 1682, in-fol. maj. En pied, avec huit Vers au bas.

POISSON, (le Père Pierre) Cordelier, né à Saint-Lo, en baffe Normandie, prêchant à Paris avec grand fuccès en 1710, âgé de 27 ans, Prédicateur ordinaire du Roi. 1. *Simon*, 1710, in-8. 2. Agé de 27 ans, le même, in-fol. avec huit Vers au bas.

POISSON (Abel-François) de Vandières, Marquis de Marigny, Secrétaire-Commandeur des Ordres du Roi, Directeur général des Bâtimens, Gouverneur du Palais du Luxembourg, ci-devant Capitaine des Chaffes de la Varenne des Tuilleries, frère de Madame de Pompadour. 1. *Cochin*, del. H. *Wattelet*, sc. 1752. Médaillon, in-4. 2. *Tocqué*, p. 1753. G. *Will*, sc. 1761, in-fol. maj. (Beau.) 3. *Cochin*, del. & sc. Médaillon, in-4.

POITIERS, (Diane de) Ducheffe de Valentinois, Maîtreffe de Henri II. morte dans le Château d'Anet, (qu'elle avoit fait bâtir) en 1566, à 66 ans. 1. Deffin au Cabinet du Roi. 2. Deux Deffins au Cabinet de M. de Fontette. 3. N... Médaillon avec le Revers : *Omnium victorem vici.*

POITIERS, (Eudes ou Eblon de) Abbé de S. Denis, Chancelier de France. N... dans l'Hiftoire des Miniftres par d'Auteuil.

POITTEVIN, (Gafpard) né à Bayeux, Profeffeur de Philofophie au Collège de Beauvais en 1716. *Defrochers*, in-8.

POLASTRON, (la Vénérable Mère Marguerite de) native de Tolofe, Fondatrice des Feuillantines en 1588. *Van Lochon*, in-4.

POLIGNAC. (Madame la Marquife de) *Trouvain*, 1694, in-fol.

POLIGNAC, (Melchior de) Archevêque d'Auch & Cardinal en 1712, né au Puy en Vélay, le 11 Octobre 1661, de l'Académie Françoife en 1704, de celle des Sciences en 1715, & de celle des Belles-Lettres en 1717, mort à Paris en 1741. 1. *Rigaud*, p. *Cars*, sc. in-fol. maj. Dans une Thèfe. 2. Mademoifelle *Hortemels*. 3. *Chereau*, d'après *Rigaud*, in-fol. maj. L'Anti-Lucrèce à la main. (Beau.) 4. N... dans Odieuvre.

POLINCHAUVE, (N... de) premier Préfident du Parlement de Douai. N... in-fol.

POLINIER, (Jean) Abbé de Sainte-Géneviève, né à Pézenas, le 8 Novembre 1646, mort à Paris, le 6 Mars 1727. 1. L. *le Roy*, 1711, in-fol. 2. *Drevet*, d'après *Lefcriner*, in-fol.

POLINIERE, (Pierre) Docteur en Médecine, Auteur d'un Traité d'Expériences Phyfiques, né en 1671, mort en 1734. *François*, in-12. dans l'Hiftoire des Philofophes de Saverien.

POLLART, (Nicolas) Oratorien. *Tardieu*, 1741, in-4.

POLLET, (Firmin) Supérieur du Séminaire de Saint-Nicolas du Chardonnet à Paris. *Defrochers*, in-8.

POLOGNE, (Louife-Marie de Gonzague, mariée en 1645, à Uladiflas IV, Roi de) puis à Jean Cafimir, fon frère, en 1649, morte en 1677. 1. C. *Mellan*, del. & sc. 1645, in-fol. 2. NF. In-4. 3. Jufte *d'Egmond*, 1645, in-fol. 4. Will. *Hondius*, d'après *d'Egmond*, 1649, in-fol. 5. *Nanteuil*, 1653, in-fol.

POLOGNE. (Marie-Louife d'Arquien, femme de Jean III, Roi de) Elle étoit fille de Henri de la Grange, Marquis d'Arquien. 1. P. *Stephanus*, chez N. Vifcher, en Hollande, in-fol. 2. J. *Gole*, in-4. en manière noire. 3. François *Léon*, à Rome, in-fol. 4. Simon *Thomaffin*, 1696, in-4. Médaillon. 5. *Bonnart*, in-fol.

POLOGNE, (Staniflas Leczinski, Palatin de Pofnanie, élu Roi de) le 12 Septembre 1733; y renonça, en confervant le titre, le 28 Janvier 1736, mort le 23 Février 1766. Il étoit né à Léopol, le 20 Octobre 1677. 1. Ch. *Weigel*, Noribergæ, 1708, in-fol. en manière noire. 2. *Larmeffin*, d'après *Vanloo*, in-fol. 3. *Defrochers*. 4. *Odieuvre*, d'après *Roy*, in-8. 5. *Lotha*, d'après *Girardet*, in-fol. maj. Bufte, avec Ornemens. 6. *Ballechou*. (Beau.) 7. *Dagoty*, d'après *Franxishim*, in-4. 1770, en manière noire, dans la première Edition de la Gallerie Françoife. 8. *Moitte*, d'après *Lunebourg*, 1771, in-fol. dans la feconde Edition de la Gallerie Françoife, Cahier II.

Catherine Opalinska, sa femme. *Vanloo*, p. *Larmessin*, sc. in-fol.

POLTROT, (Jean) Sieur de Merey, assassin de François, Duc de Guise, près d'Orléans, en 1563. Dessin au Cabinet de M. de Fontette.

POMBT, (Pierre) Marchand Droguiste & Epicier à Paris, âgé de 35 ans en 1693, mort en 1699. Ant. *le Clerc* le Jeune, 1693, in-fol.

POMPADOUR, (la Marquise de) N. Poisson, femme de M. le Normant d'Etiole, morte en 1764. 1. J. *Watson*, d'après Fr. *Boucher*, in-fol. en manière noire. 2. *Schénau*, del. *Littret*, sc. 1764, in-4. Buste entouré d'Ornemens. Voy. encore ci-après, REIME.

PONCET, (Pierre) Maître des Requêtes, Conseiller d'Etat ordinaire. 1. J. *Lenfant*, del. &c. 1658, in-fol. 2. *Nanteuil*, del. & sc. 1660, in-fol. 3. *Nanteuil*, 1673, in-fol. 4. *Boury*, p. J. *Frosne*, sc. in-fol.

PONCET, (Matthias) de la Rivière, Maître des Requêtes. 1. Ant. *Loir*, in-fol. 2. *Gantrel*, 1682, in-fol.

PONCET, (Michel) Evêque d'Angers, & ensuite Archevêque de Bourges. *Cars*.

PONCET, (Michel) né à Paris, Evêque de Sisteron, puis Archevêque de Bourges en 1675, mort d'apoplexie, le 21 Février 1677. G. *Vallet*, in-fol. maj.

PONCET, (Simon) né à Melun, Trésorier & Secrétaire du Chevalier d'Aumale, vers 1590, Auteur de quelques Poésies & Pièces du temps, âgé de 29 ans. Th. *de Leu*, in-8. avec quatre Vers.

PONÇONAS. (la Vénérable Mère Louise-Cécile de) N. *Auroux*, à Lyon, in-8.

PONS, (Mademoiselle de) *Mariette*, in-fol.

PONSSEMOTTE, (Jean de) de l'Estoile, Maître des Comptes à Paris. Ant. *Paillet*, p. Et. *Picart*, sc. 1665, in-fol.

PONT. Voy. LORRAINE.

PONT. (Paul du) N...

PONTALLIER, (Guy de) Chevalier de la Toison d'or. N...

PONTBRIANT, (René-François du Breuil, Abbé de) qui instruit les Savoyards (à Paris.) *Favannes*, 1743, in-8.

PONTCHARTRAIN. Voy. PHELIPPEAUX.

PONTCHATEAU, (Séb. Jos. du Cambout de) mort en odeur de sainteté à Paris, le 27 Juin 1690. 1. N... in-4. 2. *Mathey*, petit Buste, in-24.

PONTCHATEAU, (Zacharie-Gilbert de) Définiteur Général des Cordeliers. *Hecquet*, in-fol. maj.

PONTIS, (N. de Saint-Jean, Sieur de) Capitaine de Vaisseau. *Bonnart*, in-fol.

PONTIS, (Louis de) qui, après avoir passé 56 ans à la Guerre & à la Cour, & près de 20 années dans une retraite chrétienne, est mort âgé de 92 ans, le 14 Juin 1670. 1. *Van Schuppen*, 1678, d'après P. *Champagne*, in-8. 2. *Habert*, in-8. 3. *Desrochers*.

POPELINIÈRE, (Alexandre-Jean-Joseph le Riche de la) Fermier-Général, mort en 1761, âgé de 70 ans. *Viger*, p. *Balechou*, sc. in-fol. (Beau.)

PORCELET, (N... de) de Romnecourt. N.T. in-12. Buste, avec six Vers au bas.

PORCHER, (Nicolas) Prêtre, Docteur de Sorbonne, âgé de 51 ans en 1658. G. *Altzembach*, 1658, in-4.

PORÉE, (Louis-Charles) Jésuite, fameux Professeur de Rhétorique à Paris, né en 1675 à Vendes près de Caen, mort à Paris en 1741. 1. *Neillon*, p. *Balechou*, sc. 2. *Petit*.

PORT, (Gilles du) Prêtre, Protonotaire Apostolique, âgé de 65 ans en 1690, Auteur de l'Histoire de l'Eglise d'Arles. *Voligny*, 1690, in-8.

PORTAIL, (Antoine) premier Président du Parlement de Paris. 1. *Tournier*, p. *Drevet*, sc. in-fol. 2. *Desrochers*.

PORTAL, (Paul) né à Montpellier, Chirurgien-Juré, expert pour les Accouchemens, dont il fit imprimer un Traité, mort le 1 Juillet 1703. 1. G. *Revel*, p. G. *Vallet*, sc. in-8. 2. *Le Febvre*, d'après *Revel*, 1688, in-8.

PORTE, (Charles de la) Duc de la Meilleraye, Pair, Maréchal & Grand-Maître de l'Artillerie de France, mort à Paris, à l'Arsenal, le 8 Février 1664, âgé de 62 ans. 1. N... dans le Livre des Triomphes de Louis le Juste, in-fol. 2. *Juste*, p. 1648. *Nanteuil*, sc. 1660, in-fol. 3. C. *Duflos*, 1700, in-fol. 4. *Moncornet*, in-4. à cheval. 5. Idem. 6. *Jougman*, in-12. 7. *Larmessin*, 1658. 8. N. dans Odieuvre.

Marie d'Ecosse, Duchesse de la Meilleraye, sa femme, en secondes nôces, mariée le 20 Mai 1637, morte à Paris le 14 Mai 1710, âgée de 89 ans. *Moncornet*, in-4.

PORTE, (Amador de la) Grand-Prieur de France, Vice-Amiral, &c. mort d'apoplexie, le 31 Octobre 1644. *Moncornet*, in-4.

PORTE, (Armand-Charles de la) Duc de Mazarin, de la Meilleraye & de Mayenne, Grand-Maître de l'Artillerie, mort à la Meilleraye le 9 Novembre 1713, âgé de 82 ans. 1. *Larmessin*, 1661, in-fol. 2. Ant. *Paillet*, p. Et. *Picart*, sc. in-fol. 3. *Moncornet*.

Hortense Mancini, niéce du Cardinal Mazarin, sa femme, le 28 Février 1661. 1. *Lély*, p. en Angleterre. C. *Valck*, sc. 1678, in-fol. & in-4. en manière noire. 2. R. *Tompson*, d'après *Lély*, in-fol. en manière noire. 3. N... chez Wischer, à Amsterdam. 4. P. *Stephani*, en Hollande, in-fol. 5. N... dans Odieuvre.

PORTE, (Paul-Jules de la) Duc de la Meilleraye, leur fils, né le 25 Janvier 1666. *Gantrel*, 1679, d'après *Bon de Boulogne*, in-fol.

PORTE, (Joseph de la) premier Président du Parlement de Metz. *Christophe*, p. Et. *Gantrel*, sc. 1698, in-fol. maj.

PORTE, (Mademoiselle de la) de la famille de Besre, sous Henri III. Dessin au Cabinet du Roi.

PORTE. (Jean-Baptiste la) N...

PORTES, (Philippe des) Abbé de Tyron, Poëte François, né à Chartres en 1546, fils de Philippe, Bourgeois de cette Ville; fut en faveur auprès du Roi Henri III, & ensuite auprès de Henri IV, mourut dans son Abbaye de Bon-Port, en Normandie, le 5 Octobre 1606. N...

POSTEL, (Guillaume) né à Barenton en Basse-Normandie, Professeur Royal en douze Langues étrangères, mort à Paris le 7 Septembre 1581, âgé de 90 ans. 1. N... en bois, ætatis 79. 2. Th. *de Leu*, in-8. ætat. 85. 3. N... dans Thévet. 4. W. S. en Hollande, in-8. 5. *Rabel*, in-12. (Beau.) 6. *Bleiswick*, in-12. 7. N... en petit. 8. Léonard *Gauthier*, 1581. 9. Dessin par Quesnel, dans le Cabinet de M. de Fontette.

POT, (Regnier) Chevalier de la Toison d'or. N...

POTHIER, (Robert-Joseph) Conseiller au Présidial, & Professeur de Droit François en l'Université d'Orléans, né en cette Ville le 9 Janvier 1699, & mort le

2 Mars 1772. *Le Noir*, p. Vin. *l'angelifly*, sc. (1773,) in-4.

POTIER, (Augustin) Evêque & Comte de Beauvais le 17 Septembre 1617, mort le 19 Juin 1650. J. *Tetelin*, del. *Rousselet*, sc. 1643, in-fol. magn. dans des Ornemens.

POTIER (Louis) de Gesvres, Secrétaire d'Etat en 1589, mort le 25 Mars 1630. N...

POTIER, (Antoine) Secrétaire d'état, neveu du précédent, mort en 1628. N...

POTIER, (François) dit *de Conflans*, Commandeur de Saint-Lazare. N...

POTIER, (Nicolas) Seigneur de Novion, premier Président du Parlement de Paris, fils unique d'André, Président; fut Conseiller en 1637, Président en 1645, premier Président en 1678; mourut en sa maison de Grignon, le 1 Septembre 1693, âgé de 73 ans. 1. *Nanteuil*, 1656, in-fol. 2. *Nanteuil*, 1657, in-fol. 3. *Nanteuil*, 1664, in-fol. 4. *Poilly*. 5. P. *Giffart*, d'après *Champagne*, 1674, in-fol. 6. *Habert*. 7. *C. Simonneau*, in-fol. 8. *Larmessin*. 9. *Masson*, del. & sc. 1679, in-fol. 10. Dessin au Cabinet de M. de Fontette.

POTIER, (René) Seigneur & Duc de Tresmes, premier Capitaine des Gardes du Corps, fils aîné de Louis Potier, Secrétaire d'Etat; mourut à Paris le 1 Février 1670, âgé de 91 ans. 1. N. *Poilly*, d'après C. *le Febvre*, in-fol. 2. *Larmessin*.

POTIER, (Louis) Marquis de Gesvres, Maréchal de Camp, fils aîné du précédent, & de Marguerite de Luxembourg; tué dans la ruine d'une mine au Siège de Thionville en 1643. 1. *Champagne*, p. J. *Morin*, sc. in-fol. 2. *Daret*.

POTIER, (Léon) de Tresmes, dit *Duc de Gesvres*, mort en 1704, le 9 Décembre, âgé de 84 ans. Son Mausolée, *Berain*, in-fol.

POTIER, (Léon) de Gesvres, Abbé de Bernay, Archevêque de Bourges en 1694, puis Cardinal en 1719, né le 15 Août 1656, mort en 1744. 1. *Picart*, 1672, d'après Ant. *Paillet*, in-fol. 2. *Gantrel*, d'après François *de Troy*, in-fol. maj. 3. *Landry*, 1674, in-8. 4. *Trouvain*, 1695, in-fol.

POTIER, (François-Joachim) Duc de Gesvres, Gentilhomme de la Chambre du Roi, né le 29 Septembre 1692, Chevalier des Ordres du Roi en 1728. *Vanloo*, p. *Petit*, sc. 1735, in-fol. maj.

POTIER, (Etienne-René) de Gesvres, Cardinal en 1756, Evêque & Comte de Beauvais en 1728. Pompeo *Baltoni*, p. 1758. *Gaillard*, sc. 1761, in-fol. maj. (Beau.)

POTIER, (Pierre) né à Angers, Médecin ordinaire du Roi, âgé de 53 ans en 1635. N... in-4.

POTIER, (Etienne) né à Aubencourt, Créature du Cardinal de Richelieu qui l'avoit fait Capitaine de son Château de Ruël. (Son fils, Intendant de Madame la Duchesse de Duras, le fit graver.) S. *le Clerc*, 1683, Médaillon.

POUDEROUX, (Jacobus) Dominus de la Lande, in Curiâ Segusianorum Praeses & Propraetor Generalis. *Humbelot*, d'après *Duchesne*, in-fol. dans une Thèse.

POUJET, (Françoise-Marguerite) femme de Chardin, Peintre (ci-dessus,) *Cochin*, del. Laurent *Cars*, sc. 1755, Médaillon in-4.

POUILLY, (M. de) sous Henri III. Dessin au Cabinet du Roi.

POURCHOT, (Edme) Professeur de Philosophie à Paris, né à Poilly, près d'Auxerre en 1651, mort à Paris en 1734. *Desrochers*, in-8.

POURFOUR-DU-PETIT, (François) Médecin & Oculiste, de l'Académie Royale des Sciences en 1722, mort à Paris en 1741. *Restout*, p. *Beaumont*, sc. in-fol.

POURLANS. Voy. COURCELLES.

POUSSÉ. Voy. RAGUIER.

POUSSIN, (Nicolas) né à Andely en 1594, premier Peintre du Roi, mort à Paris en 1665. 1. *Poussin* lui-même, p. à Rome, 1649. J. *Pesne*, sc. in-fol. âgé de 45 ans. 2. Le même, in-fol. 1650. 3. N... in-fol. 4. *Cerizier*. 5. A. *Clou*. 6. V. E. P. L. *Ferdinand*, sc. in-fol. 7. *Pesne*, in-fol. 8. N... dans Odieuvre. 9. N... dans l'Histoire des Peintres par d'Argenville.

POYET, (Guillaume) d'Anjou, troisième Président au Parlement de Paris, fils de Gui, Avocat à Angers; fut Chancelier de France en 1538. Son Procès lui fut fait en 1542, pour abus & malversations; & par Arrêt du 24 Avril 1545, il fut privé de ses Etats, déclaré inhabile, & condamné en 100 mille livres d'amende : il mourut de pleurésie, âgé de 74 ans en 1548. *Stuerhelt*, in-4.

POYPE, (Jean-Claude de la) de Vertrieux, Evêque de Poitiers en 1702, mort vers 1732. *Ogier*, 1703, in-fol.

PRADE, (Jean le Royer de) de Rodès, Auteur de plusieurs Histoires. François *Picart*, in-8. âgé de 47 ans.

PRADEL, (Charles de) Coadjuteur, puis Evêque de Montpellier en 1675, mort en 1696. François *Cars*, à Lyon, in-fol.

PRADILLION, (Dom J. Bapt.) dit de Sainte-Anne; élu pour la troisième fois Abbé & Général de la Congrégation des Feuillans en 1698, mort à Paris le 17 Septembre 1701, âgé de 61 ans. N. *Habert*, in-8. 1698.

PRASCHIUS, (Anne-Elizabeth Tabor, femme de J. L.) née à Strasbourg en 1641, morte à Ratisbonne en 1682. Et. *Hainzelman*, in-fol.

PRAT, (Antoine du) né à Issoire en Auvergne, Chancelier de France en 1515, & Cardinal en 1527, mort à Nantouillet en 1535, à 72 ans. 1. *Baron*, in-8. 2. *Moncornet*.

Françoise Vayny, sa femme. N... dans le Père Montfaucon.

PRAT, (Guillaume du) Evêque de Clermont en 1528, fils d'Antoine; assista au Concile de Trente, & en amena le premier les Jésuites en France, & leur laissa de quoi fonder à Paris le Collège de Clermont; mourut le 22 Octobre 1560, âgé de 53 ans. Hyérome *David*, in-4.

PRAT, (Claude du) Lyonnois, Jurisconsulte, âgé de 45 ans. N... in-4. en bois.

PRAULT, (P. P.) Typographus Parisiensis. *Cochin*, del. Laur. *Cars*, sc. 1755, Médaillon in-4.

PRAULT, (Laurent-François) fils aîné, Imprimeur-Libraire de Paris. *Cochin*, del. L. J. *Cathelin*, sc. 1766, Médaillon in-4.

PRÉAU, (Gabriel du) [Prateolus] né à Marcoussy, Docteur en Théologie, mort en 1585. N... 1582, in-4. aetat. 68.

PRECIPIANO, (Humbert-Guillaume de) Abbé de Belleval, Doyen de l'Eglise Métropolitaine de Besançon, Conseiller-Clerc au Parlement de Dôle, Plénipotentiaire pour le Cercle de Bourgogne à la Diète de Ratisbonne en 1667, depuis Evêque de Bruges, & Archevêque de Malines; mort à Bruxelles, le 9 Juin 1711, âgé de 85 ans. *Van Someren*, in-4.

PRESTRE, (Claude le) Conseiller au Parlement de Paris, qui a donné au Public un Recueil d'Arrêts. R. *Lochon*, 1657, in-fol.

PREUDHOMME, (Marc-Antoine de) Baron de Poncques, &c. N... in-8. dans une Suite.

PRÉVILLE, (Pierre-Louis Dubus de) Comédien François. 1. *Romanet*, del. & sc. in-fol. avec Ornemens. 2. *Michel*, in-fol. avec Ornemens. 3. *Prévost*, in-12. 4. *Monet*, del. *Auvray*, sc. petit in-fol.

Angélique Drouin, sa femme. *Colson*, p. *Michel*, sc. in-fol. avec Ornemens.

PRÉVOST, (Pierre) Ministre Calviniste à Genève. *Laurent*, à Genève, in-8.

PRÉVOST, (N.) de Sansac. N...

PRÉVOST, (Louis) Avocat en Parlement, Secrétaire ordinaire de la Reine. *Besnard*, p. N. *Poilly*, sc. in-fol.

PRÉVOST, (Antoine-François) Aumônier de M. le Prince de Conty, connu par les Romans, des Traductions & autres Ouvrages, né à Hesdin en 1697, mort en 1763, à Saint-Firmin près Chantilly. 1. J. F. *Schmidt*, p. *Fiquet*, sc. in-4. 2. *Schmidt*, 1745, in-4. 3. Ch. Nic. *Cochin*, del. *Will*, sc. 1746, Médaillon in-4. 4. *Schmidt*, del. Thérèse de *Vaux*, sc. 1772, dans la Gallerie Françoise, Cahier IV.

PREVOTIUS, (Joannes) Jurisconsultus Divionensis. ætatis 40, 1586. H. B. in-8.

PRIE, (Madame de) Agnès Berthelot de Pléneuf, femme de Louis, Marquis de Prie; Dame du Palais de la Reine en 1725, morte le 7 Octobre 1727. Dessin au Cabinet de M. de Fontette.

PRIMATICE, (François) Peintre de François I, né à Bologne en Italie en 1490, mort à Paris en 1570. N... dans l'Histoire des Peintres par d'Argenville.

PRIMAUDAYE, (Pierre de la) Gentilhomme ordinaire de la Chambre du Roi. N... 1581, in-8. en bois.

PRIOLUS, (Benjaminus) Eques Venetus, rerum Gallicarum Scriptor, (étoit né à Saint-Jean d'Angely, le 1 Juin 1602, d'une famille noble originaire de Venise: il fut employé dans diverses Négociations, & mourut d'apoplexie à Lyon en 1667.) *C. le Fevre*, p. N. *Pitteau*, sc. 1663, in-4.

PRIORATO. Voy. GUALDO.

PRIOUX, (Salomon) Docteur de Sorbonne, Directeur des Missions Etrangères à Paris. *De la Croix*, p. N. *Habert*, sc. in-4.

PROVENCE. (Bertrand, Comte de) M. *Frosne*, in-12.

PROVENCE. (Béranger-Raymond, Comte de Melgeuil, Marquis de) Idem, in-12.

PROVENCE. (Alfonse I, Roi d'Arragon, Marquis & Comte de) *Frosne*, in-12.

PROVENCE. (Guillaume I, Comte de) *Frosne*, in-12.

PROVENCE, (Adelle, Ayeule de Guillaume III, Comte de) Régente. *Frosne*, in-12.

PROVENCE. (Geoffroy, Comte de) Idem, in-12.

PROUVILLE, (N. de) Chevalier, Seigneur des deux Tracy, Général des Vivres au Siège de Perpignan en 1642, sous Lous XIII. J. *Lenfant*, del. & sc. 1660, in-fol.

PRUNIER, (Artus de) Sieur de Saint-André, premier Président du Parlement de Provence en 1591, mort en 1616. *Cundier*, 1724, in-4.

PUCELLE, (René) né à Paris le 1 Février 1655, Conseiller-Clerc au Parlement de Paris, Abbé de Saint-Léonard de Corbigny, mort en 1745. 1. *Drevet*, 1739, d'après Hyac. *Rigaud*, in-fol. maj. (Beau.) 2. *Fiquet*, in-12. dans Odieuvre. 3. N... petit Buste, in-24.

PUGET, (Pierre) Sculpteur fameux, né à Marseille en 1622, mort dans la même Ville en 1694. 1. *Puget* fils, p. *Jeaurat*, sc. in-fol. 2. N... dans Odieuvre. 3. N... in-8. en manière noire.

PUGET, (Pierre) Président. *Huret*.

PUIS, (Pierre du) né à Montfort, Peintre du Roi, de l'Académie Royale de Peinture. 1. N. *Mignard* d'Avignon, p. *Masson*, sc. 1663, in-fol. 2. François *Dupuis*, son fils.

PUSSORT, (Henri) Conseiller d'Etat, Doyen du Conseil, Conseiller au Conseil Royal des Finances, mort à Paris le 18 Février 1697, âgé de 82 ans. Ant. *Masson*, 1675, in-fol. maj.

PUTEANUS, (Joannes) Vasco, Ord. Eremitarum Sancti Augustini, Theologiæ Professor Regius Tholosæ: obiit anno 1623. C. *Galle*, in-4.

PUY, (Raymond du) Grand-Maître de Malthe. *Cars*, in-4.

PUY, (Alexandre du) Chevalier, Marquis de Saint-André-Montbrun. G. *de Sève*, p. Ant. *Masson*, sc. 1670, in-fol.

PUY, (Pierre du) Conseiller d'Etat & Garde de la Bibliothèque du Roi, mort à Paris le 14 Décembre 1651, âgé de 70 ans. 1. *Nanteuil*, in-fol. 2. Le même, in-8. 3. *Nanteuil*, 1648, in-4. avec Jacques, son frère (qui suit.) 4. Jacq. *Lubin*, in-fol.

PUY, (Jacques du) frère du précédent, Prieur de S. Sauveur & Garde de la Bibliothèque du Roi, mort en 1656. 1. *Nanteuil*, 1648, in-4. avec Pierre, son frère. 2. *Desrochers*, in-8.

PUYSÉGUR. Voy. CHATENET.

Q.

QUÉRAS, (Mathurin) Docteur de Sorbonne, Vicaire-Général de Sens, Prieur de Saint-Quentin de Troyes, né le 2 Août 1624, mort le 9 Avril 1695. N. *Habert*, in-4.

QUERCETANUS, (Joseph) [Duchesne] Consiliarius & Medicus Regius, 1607 ætatis 60. 1. N. B. in-8. 2. N... in-12.

QUERIOLET, (M. de) Conseiller au Parlement de Rennes. (Il s'appelloit Pierre le Gouello.) P. *Landry*, 1663.

QUERLON, (Anne-Gabriel Meusnier de) âgé de 42 ans, né à Nantes, (vivant.) *Vispré*, p. *Cathelin*, sc. in-12.

QUESNAY, (François) Docteur en Médecine, premier Médecin ordinaire du Roi, de l'Académie des Sciences, né à Mercy près Montfort-l'Amaury en Juin 1694. (vivant.) 1. J. G. *Will*, d'après J. *Chevallier*, 1747, in-8. ovale. 2. *Will*, in fol. maj. 3. *Fredou*, p. *François*, sc. 1767, in-fol. en manière noire. (Beau.)

QUESNE, (Abraham du) Chevalier, Lieutenant-Général des Armées Navales de France, né en Normandie l'an 1610, mort à Paris en 1688. 1. N... in-4. 2. *Edelinck*, 1697, in-4. 3. N..., dans Odieuvre.

QUESNEL, (Nicolas) père de Pierre, & grandpère de François. Dessin par Nicolas *Quesnel*, son petit-fils, dans le Cabinet de M. de Fontette.

QUESNEL, (Pierre) fils du précédent. Dessin en 1574, par le même. Ibid.

QUESNEL, (François) fils aîné de Pierre, & de Magdeleine d'Igby, Ecossoise. Dessin à la plume, in-4. & sur le revers, celui de son frère; dans le Cabinet du Roi.

QUESNEL, (Claude) âgé de 6 ans Dessin au Cabinet de M. de Fontette.

Quesnel, (Jacques) enfant. Dessin par François Quesnel, dans le même Cabinet.

Quesnel, (Nicolas) second fils de Pierre & de Magdeleine d'Igby. Dessin au Cabinet de M. de Fontette.

N... sa femme. Ibid.

Quesnel, (François II) Peintre, né dans le Palais d'Edimbourg, d'un François, issu d'une ancienne noblesse Ecossoise, que Marie de Lorraine avoit mené avec elle, & qu'elle donna à Jacques V, Roi d'Ecosse, son mari. François Quesnel fut aimé de Henri III, & de toute la Cour : il peignit des Portraits & des Sujets d'Histoire; donna le premier Plan de Paris en 12 Feuilles; fut désintéressé & si modeste, qu'il refusa l'Ordre de Saint-Michel sous Henri IV; mourut à Paris en 1619, âgé de 75 ans. 1. Fr. *Quesnel*, p. lui-même, en 1613. M. *Lasne*, sc. in-4. 2. *Brebiette*, in-4. âgé de 73 ans. 3. N... 4. Dessin à la plume, sur le revers de celui de François, fils de Pierre, dans le Cabinet du Roi.

Quesnel, (N.) Abbé de Conches. C. *David*, in-8.

Quesnel, (Pasquier) petit-fils de François II, Prêtre de l'Oratoire, né à Paris le 15 Juillet 1634, réfugié en Hollande, où il mourut le 2 Décembre 1719. 1. *Pittau*, in-16. Buste. 2. Idem, copie du précédent in-16. 3. *Coste*. 4. *Pittau*, 1716, in-12. dans une bordure ovale. 5. *Desrochers*. 6. Marie Hortemels, femme de Cochin, père, in-12. 7. *Crespy*. 8. N... in-fol. entouré des particularités de sa Vie & des titres de ses principaux Ouvrages. 9. Idem, copie in-fol. 10. N... dans Odieuvre. 11. N... petit Buste, in-24.

Quesnoy. (François du) N... dans Odieuvre.

Queylus (Jacques de Lévis l'aîné, Comte de) fut l'un des Mignons de Henri III. 1. N... in-8. en bois, en habit de Mignon. 2. Dessin au Cabinet du Roi.

Queylus. Voy. ci-devant Maugiron & Caylus, comme on écrit ce nom de notre temps.

Queylus, (Madame la Marquise de) vers 1694. *Bonnart*, in-fol.

Quibly, (Marguerite de) Abbesse de la Déserte à Lyon. N... à Lyon, in-4.

Quien, (Michel le) Religieux Dominicain, né à Boulogne sur mer en 1661, mort à Paris en 1733. 1. N... in-12. ovale. (Beau.) 2. N... dans Odieuvre.

Quillot, (Pierre) Prêtre de Dijon. Dessin au crayon, dans le Cabinet de M. de Fontette.

Quillot, (Jacques) Cordelier. *Dufour*, p. *Haussard*, sc.

Quinault, (Philippe) Auditeur des Comptes, né à Paris en 1635, reçu à l'Académie Françoise en 1670, mort le 26 Novembre 1688, connu par ses Ouvrages dramatiques. 1. G. *Edelinck*, in-fol. 2. *Sornique*, in-8. dans Odieuvre. 3. *Crespy*. Médaillon au Parnasse François.

Quinot, (Eustache) Gentilhomme, né à Paris, demeurant à Troyes, curieux en tableaux, mort à Troyes en 1702. J. *Chaboulliey*, p. Fr. *Fevre*, sc. 1678, in-fol.

Quintinye, (Jean de la) Intendant des Jardins du Roi, né à Poitiers en 1626. 1. Fr. *de la Mare*, p. *Vermeulen*, sc. in-fol. 2. *Edelinck*, d'après *la Mare*, in-fol.

Quiqueran, (Honoré de) de Beaujeu, Evêque de Castres en 1706, né à Arles le 2 Juin 1655, mort en 1736. 1. N... in-4. 2. *Ranc*, p. *Duflos*, sc. 1716, in-fol. maj. 3. *Desrochers*.

Quisthout, (Guillelmus) Insulæ Beatæ Mariæ Abbas, Regis Christianissimi ab Eleemosynis. *Largillière*, p. C. *Lauvers*, sc. in-fol.

R.

Rabache, (Stephanus) Ordinis Eremitarum Sancti Augustini in Galliâ Reformator, & Communitatis Bituricensis pius Institutor : obiit Andegavi die quintâ Septembris 1616. 1. Franç. *Courde*, Augustin, del. & sc. in-fol. 2. N... in-8.

Rabel, (N.) Peintre né à Fleury, dans le XVI siècle. *Voullemont*, in-4. la tête seule.

Rabelais, (François) né à Chinon en Touraine, vers 1483, fils d'un Cabaretier, fut Docteur en Médecine de la Faculté de Montpellier, Lecteur & Bibliothécaire de Jean, Cardinal du Bellay; enfin Curé de Meudon, & mourut à Paris en 1553 : est inhumé dans le Cimetière de la Paroisse Saint-Paul. 1. M. *Lasne*, in 4. 2. N. *Habert*, 1699, in-4. 3. *Moncornet*, in-4. 4. M. *Lasne*, in-8. 5. *Desrochers*, in-8. 6. W. *de Broen*, in-8. 7. J. *Sarrabat*, 1703, in-4. en manière noire. 8. N... en petit.

Rabutin, (Roger de) Comte de Bussy, Mestre de Camp-Général de la Cavalerie Françoise & Etrangère, Lieutenant-Général des Armées du Roi, mort en Avril 1693, à 75 ans. 1. *Le Fèvre*, p. 1673. G. *Edelinck*, 1696, in-fol. 2. N... dans Odieuvre.

Rabutin, (Michel-Roger de) de Bussy, fils du précédent, Evêque de Luçon en 1724. *Cars*, 1724, in-fol. maj. dans une Thèse.

Rabutin, (Louis, Comte de Bussy) Général des Armées de l'Empereur en Hongrie, mort à Vienne le 17 Janvier 1717, à 74 ans. N... à Leipsick, in-8.

Racan, (Honorat de Bueil, Marquis de) Poëte célèbre, né à la Roche-Racan, en Touraine, l'an 1589, de l'Académie Françoise, mort en Février 1670. *Desrochers*.

Racine, (Jean) né à la Ferté-Milon, le 21 Décembre 1639, Poëte Tragique François du premier ordre, reçu à l'Académie Françoise en 1673, Trésorier de France à Moulins, Gentilhomme ordinaire de la Maison du Roi, Secrétaire de Sa Majesté, mort à Paris le 22 Avril 1699, enterré à Port-Royal des Champs; & lors de la destruction, transporté à Paris dans l'Eglise de Saint-Etienne du Mont. 1. *Edelinck*, 1699, d'après *Santerre*, in-fol. 2. *Desrochers*, 1701. in-8. 3. *Daullé*, 1752, in-fol. 4. *Dupiet*, in-8. dans Odieuvre.

Racine, (Louis) fils du précédent, né à Paris le 2 Novembre 1692, de l'Académie des Inscriptions & Belles-Lettres, mort en 1763. 1. *Aved*, p. *Petit*, sc. chez Desrochers, avec quatre Vers au bas 2. *Gaillard*, in-8. dans Odieuvre 3. *Aved*, p. *Miger*, sc. 1771, in-fol. dans la Gallerie Françoise, seconde Edition, Cahier II.

Radix, (Claude-Matthieu) Payeur des Rentes. *Cochin*, del. *Saint-Aubin*, sc. 1765, in-4.

Sa femme, Marie-Elizabeth Denis. *Cochin*, del. *Saint-Aubin*, sc. 1765, in-4.

Ragois (Alexandre le) de Bretonvilliers, Prêtre, Curé de Saint-Sulpice à Paris, Directeur & Supérieur du Séminaire après M. Olier; mourut le 13 Juin 1676, à 56 ans. L. *Barbery*, d'après *Montagne*, in-fol.

Ragot, (Pierre) Prêtre, Curé de la Paroisse du Crucifix du Mans, surnommé *le Père des Pauvres*, mort en odeur de sainteté, le 13 Mai 1683, âgé de 73 ans. J. *Bonnart*, 1684, in-8.

Raguenet, (Anne) femme de N. Allou, Peintre. *Allou*, p. *Dossier*, sc. in-fol. obl.

Raguier (Antoine) de Poussé, Docteur de Sorbonne, ancien Curé de Saint-Sulpice, mort le 8 Juillet 1680, âgé de 63 ans. 1. *Trouvain*, in-4. 2. *Simon*, in-fol. dans une Thèse. 3. N. *Guerry*, p. L. *Barbery*, sc. in-fol.

Raguse, (Georges) Philosophe & Théologien. N...

RAINAUD, (Paul) Prêtre de l'Oratoire. (Vivant.) Bonnet, p. B. Audran, sc. in-fol.

RAINGARDE, (la Bienheureuse) Françoise, Religieuse de l'Ordre de Cluny en 1115. Van Lochon, in-4.

RAMBOUILLET. Voy. ANGENNES.

RAMBURES. (François, Sire de) 1. Boullonis, d'après P. du Garnier, in-8. 2. Moncornet.

RAMBURES, (Charles de) 1. M. Lasne, in-fol. 2. Moncornet.

RAMBURES, (Charles-Jean, Sire de) Chevalier des Ordres du Roi en 1619, Mestre de Camp du Régiment des Gardes, Gouverneur de Dourlens & de Crotoy; mort à Paris le 13 Janvier 1633. 1. J. Frosne, in-4. 2. Moncornet.

RAMEAU, (Jean-Philippe) célèbre Musicien, né à Dijon le 25 Septembre 1683, mort à Paris le 12 Septembre 1764. 1. N. de Carmontel, del. & sc. 1759, in-16. En pied, grotesque. 2. Cochin, Médaillon, in-4. 3. Caffieri, p. Saint-Aubin, sc. Médaillon. 4. Gaut. Dagoty, fils, del. & sc. in-4. 1770, en manière noire dans la Gallerie Françoise, 1. Ed. 5. Restout, del. Benoist, sc. 1771, in-fol. dans la Gallerie Françoise, 2. Edit. Cahier III.

RAMONERIE, (Jacques de la) Chanoine de l'Eglise Métropolitaine de Cambrai, en 1703. Et. Gantrel, 1703, in-fol.

RAMPONNEAU, (Jean) Vigneron & Marchand de vin à la Courtille, Fauxbourg de Paris. Sa maison étoit le réceptacle des Mendians. Un esprit de vertige a fait courir en foule le Peuple, les Bourgeois & les Grands, chez lui, au point que ce particulier a gagné (vers 1760) autant à se montrer, que ceux qui ont des animaux rares gagnent à les faire voir à la Foire. Deux Estampes représentant le Banquet des Gueux: dans l'une est le Portrait de Ramponneau, en Médaillon, & dans l'autre celui de sa femme.

RAMUS, (Pierre) né en 1515, à Cuth, Village du Vermandois, d'une bonne famille originaire du Pays de Liège, Professeur en Eloquence, & Professeur Royal en Mathématiques; fut tué dans le Collège de Presle le 24 Août 1572, au Massacre de la Saint-Barthélemi. 1. Agé de 55 ans, V. Sichem, in-8. 2. Th. de Bry, in-4. 3. Joh. Bussem, in-8. 4. Granthome, in-12. 5. N... en petit. 6. Desrochers.

RANCÉ. Voy. BOUTHILLIER.

RANCHIN, (François) Docteur & Professeur Royal en Médecine, Chancelier de l'Université de Montpellier. Agé de 28 ans, Th. de Leu, in-8.

RANQUET, (Elisabeth) âgée de 36 ans, morte le 6 Avril 1654. J. Frosne, 1655, in-8.

RANTZAW, (Josias, Comte de) issu d'une illustre Maison du Duché de Holstein, Maréchal de France en 1645, Gouverneur de Dunkerque en 1646, mort d'apoplexie à Paris le 4 Septembre 1650, enterré dans l'Eglise des Minimes de Nigeon près Chaillot. 1. J. Boulanger, del. & sc. in-fol. 2. C. Rousselet, in-4. 3. Moncornet.

RAOUL, (Jacques) Seigneur de la Guibourgère dans le Comté Nantois, Conseiller au Parlement de Bretagne en 1626, puis Evêque de la Rochelle, mourut en 1661. 1. Lochon, 1657, in-fol. 2. Jollain.

RAOUSSET, (Silvius de) Comte de Bourbon, Président à Mortier au Parlement de Provence en 1703. Rigaud, p. Jac. Coellemans, sc. 1703, in-fol. maj.

RAOUX, (Jean) Peintre, né à Montpellier en 1677, mort à Paris en 1733 ou 1734. N... dans l'Histoire des Peintres par d'Argenville.

RAPIN, (René) Jésuite & Poëte Latin, mort en 1687. Crespy, Médaillon au Parnasse François.

RAPIN. Voy. THOYRAS.

RAPINE (Jacques) de Sainte-Marie, Lieutenant-Général de Nevers. R. Lochon, 1663, in-fol.

RASTIGNAC, (Louis-Jacques de Chapt de) Archevêque de Tours, mort en 1750, âgé de 63 ans. Daullé, in-fol.

RAVAILLAC, (François) né à Angoulesme, patricide du Roi Henri IV. tiré à quatre chevaux, & écartelé à la Place de Grève le 27 Mai 1610, âgé d'environ 32 ans. Crispin de Pas, in-8.

RAVEAU, (Louis) Prêtre, du Diocèse de Paris, habitué de S. Jean-en-Grève, Instituteur de la Communauté des Filles du Sauveur, né le 10 Juin 1639, mort le 11 Janvier 1710. N. Habert, in-8.

RAVECHET, (Hyacinthe) Syndic de la Faculté de Théologie de Paris, né à Guise, mort en exil à Rennes, le 24 Avril 1717. Desrochers.

RAVIOT, (Guillaume) Avocat au Parlement de Dijon, né le 29 Novembre 1667, mort vers 1735. Revel, p. 1707. Antoine, sc. 1736, in-fol.

RAVISSAR, (Guillaume-Denis) Curé de S. Hippolyte, à Paris, mort (vers 1740.) Crespy, in-8.

RAULIN, (Josephus) Medicinæ Doctor (Parisiensis.) Le Comte de Cely, del. & sc. (Vivant.)

RAVOYE. (Madame la) Rigaud, p. Dossier, sc. in-fol. maj. (Beau.)

RAYMOND, (Noble Jean) Professeur en Droit Civil & Canon, à Lyon, âgé de 80 ans, en 1696. Boucher, 1696, in-4.

RAYNAUD, (Théophile) Jésuite, né à Sospello dans le Comté de Nice, en 1583, Auteur infatigable, hardi & décisif, d'une imagination vive & d'une grande mémoire, mort à Lyon le 31 Octobre 1663, âgé de 80 ans. 1. Agé de 69 ans, Spirinx, 1653, in-fol. 2. Agé de 79 ans, Germ. Audran, 1663, in-fol.

RAZES, (Jean de) Seigneur de Verneuil, Conseiller d'Etat. N... in-fol. dans une Thèse.

RÉAL, (Gaspard de) Seigneur de Curban, Grand-Sénéchal de Forcalquier, né à Sisteron en 1682, mort à Paris en 1752. Ranc, p. Cars, sc. in-fol.

REAUMUR, (René-Antoine Ferchault de) de l'Académie des Sciences, né à la Rochelle en 1683, mort le 17 Septembre 1757. 1. A. S. Belle, p. Ph. Simoneau, sc. in-fol. 2. Balechou.

REBÉ, (Claude de) Archevêque de Narbonne en 1628, Commandeur de l'Ordre du S. Esprit en 1633, mort le 16 Mars 1659. 1. Mellan, del. & sc. in-fol. 2. Moncornet.

REBEL, (Jean-Baptiste) Maître de Musique. Vatteau, p. Moyreau, sc. in-fol.

REBOUL, (Honoré) Sieur de Lambert, Conseiller en la Cour des Comptes & Aides de Provence. Cellonl, p. Cuellemans, sc. 1711, in-fol.

REBOURS, (N... le) Evêque. Landry.

REBOURS, (Marie... femme du Baron de) né à Anvers. Crispin de Pas, 1598, in-4. En rond.

REFUGE, (Eustache de) Conseiller au Parlement, puis Maître des Requêtes, Intendant en diverses Provinces, Ambassadeur en Suisse, en Flandres, en Hollande & en Allemagne, mort en Septembre 1617, âgé de 53 ans. 1. M. Lasne, in-4. 2. Daret, 1654, in-4.

RÉGINON, Abbé de Prum, & Bénédictin, mort vers 910. Larmessin, in-4.

REGIS, (Pierre-Silvain) Philosophe, né à la Salvetat

dans l'Agenois, en 1632; mort à Paris, dans l'Hôtel de Rohan, le 11 Janvier 1707. 1. Sim. *Thomaſſin*, 1690, in-4. 2. *Gunſt*.

REGNARD, (J. François) Poëte Comique, né à Paris en 1647, mort de chagrin en 1709. *Deſrochers*.

REGNAULD, (Guy-Adrien) né à Langres, Chevalier de la Toiſon d'or & Maréchal de Camp de Philippe, Duc de Bourgogne; mena mille Gentilshommes au Roi Louis XI. à ſon avénement à la Couronne; mourut en 1461, âgé de 58 ans. N... avec ſon nom, mais fauſſe repréſentation.

REGNAULDIN, (Claude) Sieur de Bereu, Procureur-Général au Grand-Conſeil. 1. M. *Laſne*, del. & ſc. 1649, in-fol. 2. Le même, 1657. 3. *Nanteuil*, del. & ſc. 1658, in-fol. avec Vers au bas. 4. Le même, 1661, in-fol. 5. Le même, réparé en 1663, in-fol.

REGNAULT, (Jean-Nicolas) Curé de S. Etienne-du-Mont, à Paris, mort en 1771. *Loire*, p. Aurea *Billette*, ſc. in-4.

REGNIER, (Mathurin) né à Chartres le 21 Décembre 1573, de Jacques, Bourgeois de cette Ville; fut Chanoine de l'Egliſe Cathédrale de Chartres en 1604. Poëte ſatyrique célèbre, mort à Rouen le 22 Octobre 1613; enterré à l'Abbaye de Royaumont. 1. N... 2. Seiller *Schaſtius*, in-4. Buſte, avec fig. Frontiſpice de ſes Œuvres.

REGNY, (François de) Conſul de France à Gènes. *Cochin*, del. *Campion de Terſan*, ſc. 1766. Médaillon, in-4.

REIFFLIN, (Joh. Andreas) Paſtor Argentoratenſis ad S. Wichelm, anno 1704, ætat. 66, miniſterii 42. Joh. Andr. *Scupel*, 1704, in-fol.

REIME, (Mademoiſelle) depuis femme de M. le Normant d'Etiole. *Cochin*, del. *Saint-Aubin*, ſc. 1764, in-4. Médaillon. Voy. ci-devant POMPADOUR.

RELY, (Jean de) né à Arras, Docteur de Sorbonne en 1472, Chanoine de Notre-Dame de Paris, Confeſſeur de Charles VIII. Evêque d'Angers, mort le 27 Mars 1498. Deſſin à la pierre noire, in-fol. dans le Cabinet du Roi.

REME. (Georges) N...

RÉMOND, (G. C.) Avocat en Parlement, Auteur d'une Bibliothèque des Auteurs de Droit, en 1703. *Langlois*, p. *Sarrabat*, ſc. 1703, in-4. en manière noire.

RÉMOND, (Florimond de) Conſeiller au Parlement de Bordeaux, Auteur de divers Ouvrages contre les Calviniſtes, né à Agen, mort en 1602. C. *Mallery*, in-4.

RENARD. (Jean-Grégoire.) Pet. *Yken*, p. Gaſp. *Bouttats*, ſc. in-8.

RENAUDOT, (Euſèbe) né à Paris le 20 Juillet 1646, fils du premier Médecin de Monſeigneur le Dauphin, reçu à l'Académie Françoiſe en 1689, & à celle des Inſcriptions en 1691, mourut le 1 Septembre 1720. 1. *Ranc*, p. *Chereau*, ſc. in-fol. maj. 2. *Petit*.

RENAUDOT, (Théophraſte) de Loudun, Médecin & Hiſtoriographe du Roi, qui le premier a publié en France des Gazettes en 1631, âgé de 58 ans en 1644. (eſt mort en 1653.) M. *Laſne*, in-4.

RENCUREL, (Jean de) Sieur de S. Martin, premier Maître d'Hôtel & Tréſorier de la Reine. G. *Rouſſelet*, 1665, in-4.

RENEL, (le Marquis de) en 1595. Deſſin au Cabinet du Roi.

RENOL, (Pierre de) Sieur de Vertelame. J. *Picquet*, 1621, in-4. Environné de mouſquets, piques, &c.

RENOU, (Jean de) né à Coutances, Médecin ordinaire du Roi. 1. Agé de 48 ans, L. *Gaultier*, 1608,
in-4. 2. *Huret*, in-fol. Frontiſpice où ſe voient auſſi d'autres Médecins.

RENOUARD, (Nicolas) Pariſien, Avocat au Conſeil & Hiſtoriographe de France, Traducteur des Métamorphoſes d'Ovide, en Proſe Françoiſe. 1. Jaſpard *Iſaac*, 1615, in-4. 2. M. *Laſne*, in-4.

RENTY, (Gaſton-J. B. de) Baron de Landilles, &c. Seigneur d'une très-grande piété, mort à Paris le 24 Avril 1648, âgé de 37 ans. L. *Audran*, in-fol. dans des Ornemens, *Chauveau*, del.

RENTY, (Charles-Henri de) Seigneur de Citty, &c. C. *Bourry*, p. *Jollain*, ſc. in-fol.

RESNEL, (l'Abbé Jean-Fr. du) né à Rouen en 1692, de l'Académie des Inſcriptions & Belles-Lettres, mort en 1761. *Carmontel*, del. 1761. N... ſc. in-fol.

RESTOUT, (Jean) Peintre du Roi, né à Rouen le 26 Mars 1692, neveu de Jouvenet, mourut à Paris le 1 Janvier 1768. 1. Ch. Nic. *Cochin*, del. & ſc. 1760, in-4. Médaillon. 2. *De la Tour*, p. *Moitte*, ſc. in-fol, maj. (Beau.) 3. *Reſtout* fils, p. *Le Vaſſeur*, ſc. 1772, in-fol. dans la Gallerie Françoiſe, Cahier VIII.

RETS. Voy. GONDI.

REYNART, (Françoiſe) Religieuſe du Tiers Ordre des Minimes, morte en 1645. N...

REYNIE, (Gabriel-Nicolas de la) Maître des Requêtes, Conſeiller d'Etat, Lieutenant de Police de Paris, mort le 14 Juin 1709, âgé de 84 ans & plus. 1. *Van Schuppen*, 1665, d'après P. *Mignard*, in-fol. 2. *Larmeſſin*.

RHINGRAVE, (le Comte de) Colonel des Reiſtres & Lanſquenets, en France, ſous Charles IX. Deſſin au Cabinet de M. de Fontette. = La Comteſſe ſa femme : Deſſin, ibid. = Ses deux Filles : deux Deſſins dans le même Cabinet.

RIANTS (Charles de) de Villeray, Maître des Requêtes & Procureur du Roi au Châtelet. J. *Patigny*, 1664, in-fol.

RIANTS (la Vénérable Mère Suſanne-Marie de) de Villeray, Religieuſe de la Viſitation, née en 1639, morte le 25 Septembre 1724. *Daudet* fils, in-12.

RIBEROLES, (T. Gabriel de) Abbé de Sainte-Geneviève de Paris, mort le 3 Novembre 1733, âgé de 87 ans. *Deſrochers*, 1727, in-fol. maj.

RIBIER, (Guillaume) Lieutenant-Général & Député du Bailliage de Blois aux Etats de 1614, puis Conſeiller d'Etat, mort à Blois le 21 Janvier 1663, âgé de 85 ans. 1. G. *Chaſteau*, in-fol. 2. N... dans Odieuvre.

RIBONVAL ou RIBOUVAL, (Madame de) ſous Charles IX. Deſſin au Cabinet du Roi.

RICARD, (Joſeph-Paul de) Peintre. *Couſſin*.

RICCIO, (Michel) premier Préſident du Parlement d'Aix en 1501. *Cundier*, 1724, in-fol.

RICHARD, (Elie) Avocat au Parlement, 1705. Pierre *Picault*, in-4.

RICHARD, (Elie) fils, Médecin à la Rochelle, Auteur de pluſieurs Ouvrages hiſtoriques & critiques dans leſquels il rend compte de ce qu'il a remarqué dans les différens voyages qu'il a faits en Flandres, en Hollande & en France. *Picault*, in-4. (C'eſt la même Planche que la précédente, où l'on a effacé la tête du père pour placer celle du fils.)

RICHARD, (René) Prêtre & Doyen de Sainte Opportune de Paris, né à Saumur en 1654, mort à Paris en 1727. *Deſrochers*.

RICHARD, (François) né en Franche-Comté, d'abord Religieux de l'Ordre des Hermites de S. Auguſtin, enſuite Evêque d'Arras; Orateur célèbre dans

le

des François illustrés.

le Concile de Trente, mort en Juillet 1574. 1. N... in-4. 2. Corn. *Galle*, dans le Livre de Corn. Curtius. 3. J. Fr. in-8.

RICHARDOT, (Jean de) Evêque d'Arras en 1602, mort le dernier jour de Février 1614. N... in-4.

RICHELET, (Nicolas) Avocat au Parlement de Paris, qui a commenté les Ouvrages de Ronsard, mort à Paris le 11 Mai 1624. 1.M. *Lasne*, 1600, in-4. 2. *Picquet*, in-4. deux Vers au bas.

RICHELET, (Pierre) de Vitry-le-François, Auteur d'un Dictionnaire de la Langue Françoise, mort subitement à Paris le 23 Novembre 1698, âgé de 74 ans. 1. *Vivien*, p. J. *Langlois*, sc. in-8. 2. S. *Thomassin*, 1698, in-8. 3. *Desrochers*.

RICHELIEU, (Alfonse-Louis du Plessis de) frère aîné du Cardinal de Richelieu, nommé à l'Evêché de Luçon, qu'il céda en 1605 à son frere; se fit Chartreux, puis fut Archevêque d'Aix en 1626, de Lyon en 1628, Cardinal, Grand-Aumônier de France en 1632, officia aux Funérailles de Louis XIII. à S. Denis, présida à l'Assemblée du Clergé en 1645, & mourut d'hydropisie à Lyon le 23 Mars 1653. Il fut enterré dans l'Hôpital avec cette Epitaphe qu'il écrivit de sa main : *Pauper natus sum, paupertatem vovi, pauper morior, inter pauperes sepeliri volo.* 1. C. *Mellan*, del. & sc. à Rome, 1636, in-fol. 2. *Moncornet*.

RICHELIEU, (Armand-Jean du Plessis de) né à Paris le 15 Septembre 1585, Evêque de Luçon en 1605, Aumônier de la Reine Anne d'Autriche, Cardinal en 1622, premier Ministre, &c. mourut à Paris le 4 Décembre 1642, âgé de 58 ans. 1.C. *Mellan*, in-fol. 2. N... en Allemagne, in-8. 3. J. *Vallet*, in-fol. 4. N. *Viénot*, in-fol. 5. *Bosse*, in-fol. dans des rayons. 6. *Mariette*, in-8. 7. Isaac *Briot*, 1633, in-fol. maj. 8. Jaspar *Isaac*, in-fol. 9. M. *Lasne*, dans un quarré, in-fol. 10. M. *Lasne*, dans un ovale, porté par des Anges, in-fol. 11. M. *Lasne*, avec le Roi à cheval, un foudre à la main, in-fol. 12. N... in-4. ovale. 13. *Daret*, in-fol. 14. *Daret*, in-4. 15. C. *Mellan*, in-fol. Présentant un Livre à la Sainte Vierge. 16. *Guériman*. 17. *Boudan*. 18. *Larmessin*. 19. *Moncornet*. 20. *VanLochon*, in-12. 21. N... in-fol. avec Vers : *Ne doit-on pas le couronner*, &c. 22. Paul *Roussel*, in-fol. 23. J. *Morin*, d'après Phil. *Champagne*, in-fol. 24. N... dans le Livre des Triomphes de Louis-le-Juste, in-fol. 25. *Mellan*, in-fol. Une plume à la main pour son Livre des Controverses. 26. *Rousselet*, in-fol. Une plume à la main pour l'Histoire de Vialard. 27. N... dans le Livre de la Gallerie du Palais Cardinal, in-fol. En pied, avec Devises. 28. N... in-fol. En pied, tenant un Lion & un Aigle enchaînés. 29. *Nanteuil*, 1657, d'après *Champagne*, in-fol. 30. N... en petit, ayant autour de lui les noms des quarante de l'Académie Françoise dans des rayons. 31. Jacques *Lubin*, in-fol. 32. Edm. *Moreau*, 1633, in-4. dans le Frontispice du Livre *de Communitate Norbertina*. 33. M. *Lasne*, in-fol. maj. Sur un Bouclier, avec des Ornemens, dans la Thèse de Brisacier. 34. N... in-fol. obl. avec figures & devises, pour une Thèse. 35. N... in-fol. maj. Buste, avec son Epitaphe en Sorbonne. 36. N... dans Odieuvre. 37. Sa Figure & son Tombeau (fait par Franç. *Girardon*,) gravé sous ses différentes faces, en six feuilles, avec l'Eloge historique & le Portrait dudit Cardinal de Richelieu. *Simonneau*, sc. se trouve aujourd'hui chez Chereau.

RICHELIEU. (Amador-J. B. de Vignerot, Abbé de) 1. *Daret*, 1643, in-fol. 2. *Lochon*, in-fol. maj. 3. M. *Lasne*, in-fol. 4. N. *Poilly*, in-fol. 5. J. *Morin*, d'après *Champagne*, in-fol.

RICHELIEU. (La Marquise de) 1. *Bonnart*, in-fol. 2. *Mariette*, in-fol.

Madame la Marquise de Vignerot, 1. *Bonnart*, in-fol. mode. 2. *Trouvain*, in-fol. mode.

Tome IV. Part. II.

RICHER. (Madame) N...

RICHER, (Edmond) Prêtre du Diocèse de Langres, Docteur de Sorbonne, recommandable par sa doctrine & par ses mœurs, né à Chaource, petite Ville de Champagne, le 30 Septembre 1560, mort à Paris en Avril 1633 à 84 ans. 1. N... in-4. 2. *Desrochers*. 3. *Habert*, in-4.

RICUNÈRE, (la Bienheureuse Françoise) Disciple de S. Norbert, & première Religieuse de l'Ordre de Prémontré. *Van Lochon*, in-4.

RIEUX, (Jean, Sire de) Maréchal de France, mort en 1417. *Dossier*, in-fol. d'après *Hallé*, pour l'Histoire de Bretagne.

RIEUX, (Jean IV. de) fait Maréchal de Bretagne en 1470, par François, Duc de Bretagne, qui le nomma ensuite tuteur de la Reine Anne de Bretagne. Ant. *Loir*, d'après *Hallé*, in-fol. pour l'Histoire de Bretagne.

RIEUX, (Madame de) Susanne de Bourbon, fille de Louis, Prince de la Roche-sur-Yon, seconde femme en 1529, de Claude, Sire de Rieux, Comte d'Harcourt & d'Aumale, veuve en 1532. Dessin au Cabinet de M. de Fontette.

RIGALTIUS, (Nicolaus) Parisiensis, Regiæ Bibliot. olim Custos, in suprema Curia Metensi Senatorum Decanus, obiit Tulli, anno 1654, mense Augusti, *Bonet*, del. *Edelinck*, sc. 1697, in-fol.

RIGAUD, (Hyacinthe) Peintre du Roi, né à Perpignan en 1663, mort à Paris en 1743. 1. *Rigaud*, p. lui-même. *Edelinck*, sc. 1702, in-fol. maj. 2. *Drevet*, 1703, in-fol. maj. La palette à la main. 3. *Drevet*, in-fol. maj. Le porte-crayon à la main. 4. *Daullé*, 1742, d'après *Rigaud*, in-fol. maj. Peignant sa femme. 5. N... dans l'Histoire des Peintres par d'Argenville. 6. *Desrochers*. 7. N... dans Odieuvre.

Elisabeth de Gouy sa femme. *Rigaud*, p. J. G. *Wille*, sc. 1743, in-fol. maj.

RIGAUD, (N...) femme du Sieur le Sourd, Avocat. N... in-4.

RIGOLEY de Juvigny, (Jean-Ant.) Conseiller au Parlement de Metz. *Cochin*, del. *Miger*, sc. 1765. Médaillon, in-4.

RINCKEL, (N...) Ministre Luthérien de Strasbourg. N... in-4.

RINGRAFF, (le Comte de) sous Henri III. Dessin au Cabinet du Roi.

RIOLAN, (Jean) né à Amiens, Médecin de la Faculté de Paris, mort le 18 Octobre 1605, âgé de 66 ans. H. I. *Valbeck*, 1600, in-4.

RIOLAN, (Jean) fils du précédent, Docteur en Médecine de la Faculté de Paris, Professeur Royal en Anatomie & Pharmacie, & Doyen des Professeurs du Roi, mort à Paris en 1657, âgé de 77 ans. 1. M. *Lasne*, 1626, d'après *Dumoustier*, in-4. Agé de 45 ans. 2. Crispin *de Pas*. 3. *G. Edelinck*, in 8. 4. *Rousselet*.

RIQUET, (Pierre-Paul) Baron de Bon-repos, né à Béziers, qui fit exécuter avec succès le Canal de Languedoc, & mourut à Toulouse en 1680, avant d'en avoir vu faire le premier essai. *Lombart*, 1671, d'après F. *Delamare-Richard*, in-fol. maj.

RIS, (Jean de Pompadour, Baron de) Chevalier de l'Ordre du Roi sous Henri IV. Dessin au Cabinet de M. de Fontette.

RIVALZ, (Jean-Pierre) Peintre, né à la Bastide d'Anjou, Diocèse de S. Papoul, mort en 1706, âgé de 81 ans. N... dans l'Histoire des Peintres par d'Argenville.

RIVALZ, (Antoine) Peintre, mort à Toulouse en 1735, âgé de 68 ans. *Rivalz*, p. Batt. *Rivalz*, sc.

Liste de Portraits

RIVARD, (François) ancien Professeur de Philosophie au Collège de Beauvais, né à Neuf-château en Lorraine, (vivant, quoiqu'on l'ait dit mort dans l'Edition de Piganiol de 1754.) 1. *Velade*, p. *Aubert*, sc. 2. *Desrochers*.

RIVERIUS, (Lazarus) Medicus, Doctor Universitatis Monspelliensis & Professor Regius, anno 1653, ætat. 63, moritur, an. 1657. 1. N... in-4. 2. *Claudia*, R. in-fol.

RIVERIUS, (Andreas) Picto-Sammaxentinus, anno 25 Ecclesiastes Thoarsensis, posteà annis 12, S. Theolog. Doctor & Professor in Academiâ Leydensi; primæ Educationi Guill. Principis Auriaci Præfectus, posteà Scholæ & Collegii Auriaci Bredæ Curator, ann. 1647, ibi decessit die... Januarii, ann. 1651, ætat. 79. 1. *Dubordieu*, p. J. *Suyderhoef*, sc. 1647, in-fol. 2. C. *Vandalen*, 1646, in-fol. 3. *Aimonius*. 4. Henr. *Hondius*, 1631, in-fol.

RIVIERE, (Louis Barbier de la) Evêque de Langres en 1656, mort à Paris le 30 Janvier 1670, âgé de 77 ans. 1. *Champagne*, p. 1649. *Landry*, sc. in-fol. 2. *Mena* de Hisp. en petit. 3. *Jollain*, in-fol. 4. *Moncornet*.

RIVIERE, (Isaac-Hilaire de la) Poëte en 1613. N...

RIXINGERUS, (Daniel) Philosophus & Medicinæ Doctor, & in Academiâ Argentoratensi, Logicæ & Metaphysicæ Professor celeberrimus, ann. 1618, ætat. 57. Isaac *Brunu*, in-4.

ROBEK. Voy. MONTMORENCY.

ROBELOT, (Mathurin) Maître Serrurier. N... in-4.

ROBERT, (Jean) fils de Jacques, Conseiller au Présidial d'Orléans, mort à Nevers en 1590, (père d'Anne Robert, célèbre Avocat.) N... en petit.

ROBERTET, (Florimond) seul Secrétaire d'Etat en France en 1512. N... en petit.

ROBIEN, (Christophe-Paul, Sire de) Président à mortier au Parlement de Bretagne. *Hugot*, p. J. *Balechou*, sc. in-fol.

ROBIN, (Jean) Médecin & grand Botaniste, âgé de 58 ans en 1608, mort en 1629. N... 1608, in-8.

ROCHE, (Pierre de la) Mousquetaire du Roi, & Tournière qui le peint. R. *Tournière*, p. J. *Sarrabat*, sc. 1703, in-fol.

ROCHEBARATON, (Claude de Casau, Dame de la) fille chez la Reine, âgée de 22 ans, sous François I. Dessin au Cabinet du Roi. Voy. ci-dessus CASAU.

ROCHEBARON, (la Marquise de) en habit d'été. *Trouvain*, 1695, in-fol.

ROCHEBOUET, (Jac. Louis de) Curé de Saint-Germain-le vieux à Paris, mort le 10 Mars 1743. 1. *Crespy*, in-8. 2. *Sixe*, in-4.

ROCHECHOUART, (Louis-Victor de) Duc de Vivonne, né en 1636, Maréchal de France, mort en 1688. N...

ROCHECHOUART. (Diane-Françoise de) *Larmessin*.

ROCHECHOUART, (Françoise-Athenaïse de) Marquise de Montespan, morte en 1707, âgée de 66 ans. 1. Et. *Picart*, 1668, in-fol. 2. *Regnesson*. 3. J. *Gole*, en Hollande, in-fol. 4. *Schenk*, in-fol. en manière noire. 5. *Wischer*. 6. *Edelinck*, d'après *Benoist*, in-4. 7. *Habert*, in-fol. avec un Génie qui lui présente le Portrait de Louis XIV. 8. *Larmessin*. 9. N.... dans Odieuvre.

ROCHECHOUART, (Marie-Magdeleine-Gabrielle de) de Mortemar, Abbesse de Fontevrault en 1670, morte le 15 Août 1704, âgée de 59 ans, fille de Gabriel,

Duc de Mortemar. 1. Et. *Gantrel*, 1693, in-fol. maj. 2. *Desrochers*.

ROCHECHOUART. Voy. SEVE.

ROCHE-DU-MAINE, (Charles Tiercelin, Sieur de la) mort le 2 Juin 1567. 1. N... dans Thévet. 2. N... en petit.

ROCHEFORT, (César de) Jurisconsulte, Auteur du Dictionnaire général & curieux. 1. *Ogier*, à Lyon, 1684. in-fol. 2. N... en manière noire.

ROCHEFORT, (Louis de Moulin de) né à Blois, Médecin. N... in-8.

ROCHEFORT, (François de) Abbé de Saint-Léonard de Corbigny, Ordre de Saint-Benoît, Diocèse d'Autun, mort en 1644. J. *Collin*, à Reims, 1661, in-fol.

ROCHEFORT. Voy. JOUVIN.

ROCHEFOUCAULT, (François II, Comte de la) mort en 1523. Dessin au Cabinet de M. de Fontette.

Anne de Polignac, sa femme, veuve en premières noces de Charles de Bueil, Comte de Sancerre, sous François I. 1. Dessin au Cabinet du Roi. 2. Dessin au Cabinet de M. de Fontette.

! ROCHEFOUCAULT, (François de la) né à Paris le 8 Décembre 1558, Evêque de Clermont, ensuite de Senlis en 1611, Cardinal en 1607, grand Aumônier de France en 1618, se démit de l'Evêché de Senlis en 1623, & mourut à Paris le 15 Février 1645, âgé de 87 ans. 1. M. *Lasne*, del. & sc. in-fol. 2. *Lasne*, d'après *Dumoustier*, in-fol. maj. 3. *Lasne*, in-12. âgé de 68 ans. 4. Grég. *Huret*, in-fol. 5. *Roussel*, in-4. 6. *Jollain*, in-4. 7. *Van Lochon*, in-12. 8. Sa représentation en son Lit de parade dans le chœur de l'Eglise de Sainte-Geneviève, où il fut exposé le 16 Février 1645. N... chez Antoine de Fer, in-fol.

ROCHEFOUCAULT, (Dominique de la) Abbé de Cluni, Archevêque de Rouen. *Drouais*, p. *Meliny*, sc. in-fol. maj. dans une Thèse.

ROCHEFOUCAULT, (Louis de la) dit l'*Abbé de Marsillac*, Evêque de Leitoure, né à Poitiers le 23 Décembre 1615, mort le 5 Décembre 1654. *Mellan*, in-fol.

ROCHEFOUCAULT, (François V, Comte de la) Gouverneur de Poitou, Duc & Pair en 1622, reçu au Parlement le 24 Juillet 1637, mort en son Château de la Rochefoucault le 8 Février 1650, âgé de 62 ans. *Bachellier*, in-4.

ROCHEFOUCAULT, (François VI, Duc de la) Prince de Marsillac, Gouverneur de Poitou, Chevalier des Ordres du Roi en 1661, né le 15 Décembre 1613, mort à Paris le 17 Mars 1680, Auteur du Livre des Maximes. 1. *Moncornet*, in-4. 2. N... dans Odieuvre.

ROCHEFOUCAULT. (M. le Comte de la) *Drouais*, p. *Gaucher*, sc. in-4.

ROCHE-SUR-YON, (Madame de la) sous François I. Dessin au Cabinet du Roi.

ROCHE-SUR-YON, (M. Prince de la) avec sa femme & ses enfans. N... dans le Père Montfaucon.

ROCHE-SUR-YON. (la Princesse de la) N. ibid.

ROCHETTE, (Jean) Jurisconsulte. N... en bois, in-12.

ROCHOIS, (Marthe) chantante à l'Opéra, née à Caen, morte en 1728, âgée de 70 ans. *Mariette*, in-fol.

ROCQUIGNY, (Adrian de) Auteur de la Muse chrétienne, âgé de 62 ans en 1633. J. *Pagne*, in-4.

ROETTIERS, (Jacques) Père, Orfévre du Roi. *Cochin* fils, del. Aug. *de Saint-Aubin*, sc. 1770. Médaillon, in-4.

ROGUENARD, (Nicolas) Curé de Saint-Benoît, à Paris, *Tardieu*, del. Aurea *Billette*, sc. in-8.

Rohan, (Pierre de) Maréchal de Gié, mort le 22 Avril 1513. 1. N... dans Odieuvre. 2. Le même, pour les Mémoires de Comines, in-4. avec bordure.

Rohan, (Madame de) Jeanne de Saint-Severin, troisième femme de Charles de Rohan, Seigneur de Gié, Vicomte de Fronsac, & premier Echanson en 1498, fils du Maréchal de Gié sous François I. 1. Dessin au Cabinet du Roi. 2. Dessin au Cabinet de M. de Fontette.

Rohan, (François de) fils de Pierre, Seigneur de Gié, Maréchal de France; fut Evêque d'Angers, puis Archevêque de Lyon, & mourut en 1536. Dessin à la pierre noire, in-fol. dans le Cabinet du Roi.

Rohan, (Claude de) leur nièce, mariée, 1.° à Claude de Beauvilliers, premier Comte de Saint-Aignan; 2.° à Julien de Clermont, baron de Thoury. Dessin au Cabinet du Roi.

Rohan, (François de) Seigneur de Gié, fils de Charles & de Jeanne de Saint-Severin, petit-fils du Maréchal de Gié; fut Ambassadeur à Rome en 1548, sous François I. Dessin au Cabinet du Roi.

Rohan, (Jacqueline de) sa sœur, mariée à François d'Orléans Marquis de Rothelin en 1536, morte en 1586. Dessin au Cabinet du Roi.

Rohan, (Hercule de) Duc de Montbazon, né en 1567, épousa, 1.° en 1593 Magdeleine de Lénoncourt; 2.° en 1628 Marie de Bretagne, fille du Comte de Vertus; fut Gouverneur de Paris, & s'en démit en 1650, mort le 16 Octobre 1654. 1. *Daret*, in-4. 2. *Moncornet*.

Marie de Bretagne, sa seconde femme, mariée en 1628, morte de la Rougeole le 28 Avril 1657. 1. *Moncornet*. 2. *Le Blond*. 3. N...

Rohan, (Henri II, Duc de) né au Château de Blin en Bretagne, Chef des Huguenots en France, Ambassadeur en Suisse en 1629, blessé à la première Bataille de Rhinfeld le 13 Avril 1638, mourut peu après en l'Abbaye de Cunevel : son corps fut porté dans l'Eglise de Saint-Pierre de Genève, où on lui a dressé un magnifique Tombeau de Marbre. 1. *Daret*, in-4. 2. N... dans le Livre des Triomphes de Louis le Juste, in-fol. 3. N... in-8. Buste. 4. *Moncornet*. 5. *Lawsvelt*, in-12. 6. *Moite*, in-12. 7. *Ladame*. 8. Dessin au Cabinet de M. de Fontette.

Marguerite de Béthune, sa femme. *Moncornet*, in-4.

Rohan, (Louis de) Prince de Guemené, fait Duc & Pair par Henri III, sous le nom de Montbazon, en 1588. *Moncornet*, in-4.

Rohan, (Benjamin de) Duc de Fontenay, Baron de Soubise, troisième fils de René II, & de Catherine de Parthenay, né en 1583, mort en Angleterre vers 1640, sans avoir été marié. 1. *Moncornet*, in-4. 2. *Lawsvelt*, in-12.

Rohan, (Tancrède de) fils supposé de Henri II, Duc de Rohan, & de Marguerite de Béthune. On le disoit né à Paris le 18 Décembre 1630, baptisé à Saint-Paul, nourri aux champs jusqu'à l'âge de 5 ans, d'où il fut enlevé par un Officier de Marine, & mené en Hollande, où il fut élevé dans la boutique d'un Mercier. Il revint à Paris à 14 ans, & intenta procès à Marguerite, sa prétendue sœur; par Arrêt du Parlement du 26 Février 1646, il lui fut fait défenses de prendre le nom & les armes de Rohan. Il fut tué à la Journée du Faux-bourg Saint-Antoine, le 2 Juillet 1652. 1. *Larmessin*, in-4. 2. *Moncornet*.

Rohan, (François de) Prince de Soubise, second fils d'Hercule, Duc de Montbazon; épousa en premières noces, la veuve du Marquis de Nonant; en secondes, le 16 Avril 1663, Anne Chabot de Rohan; & mourut à Paris le 24 Août 1712, à 81 ans, 6 mois. 1. C. L. *le Febvre*, p. Jac. *Grignon*, sc. in-fol. 2. N... in-fol. à cheval.

Madame la Princesse de Soubise. 1. *Berey*. 2. *Mariette*, in-fol.

Anne Chabot, sa seconde femme, mariée le 26 Avril 1663, morte le 4 Février 1709, âgée de 61 ans. *Bonnart*, in-fol.

Rohan, (Anne de) Princesse de Guemené, fille unique de Pierre, Prince de Guemené, & de Magdeleine de Rieux, mariée à Louis de Rohan VII, Prince de Guemené, Duc de Montbazon, mort en 1667. Elle mourut en 1685. 1. *Ragot*, p. J. *le Blond*, sc. in-fol. 2. *Cottelle*, del. F. *Poilly*, sc. in-fol. dans des Ornemens. 3. *Regnesson*, in-4. 4. *Moncornet*.

Rohan, (Marguerite, Duchesse de) fille de Henri II, Duc de Rohan, & de Marguerite de Béthune ; épousa en 1645 Henri Chabot, Sieur de Sainte-Aulaye, qui mourut en 1655, & elle le 9 Août 1684, âgée de 67 ans. 1. M. *Lasne*, 1641, in-4. 2. *Huret*, in-4. 3. *Moncornet*.

Rohan, (Louis Chabot, dit de) Duc de Rohan, Prince de Léon, &c. baptisé en 1652, épousa le 28 Juillet 1678, Marie-Elizabeth de Vardes. Antoine *Paillet*, p. Et. *Picart*, sc. in-fol. maj. Buste dans des Ornemens.

Rohan, (Armand-Jule, Prince de) Archevêque de Reims en 1722. 1. *Rigaud*, p. *Petit*, sc. 1739, in-fol. maj. 2. *Desrochers*.

Rohan, (Armand-Gaston de) fils de François, Prince de Soubise, né en 1674, fut Coadjuteur de Strasbourg, Cardinal, Evêque en 1704, puis Cardinal & Grand-Aumônier de France; mort en 1749. 1. *Jouvenet* le Jeune, p. Ant. *Trouvain*; sc. 1703, in-fol. 2. *Rigaud*, p. *Cars*, sc. in-fol. maj. 3. *Drevet*, in-fol. maj. (Beau.) 4. Fr. *Chereau*, in-fol. 5. N... dans Odieuvre.

Rohan, (Armand-Gaston de Soubise, Cardinal, né en 1717, mort à Saverne en 1756. *Desrochers*.

Rohan, (Armand de) Cardinal de Soubise. 1. *Bazan*, in-fol. 2. N... in-4.

Rohan, (le Prince Louis de) de Guemené, de l'Académie Françoise. *Cochin*, del. C. P. *Campion de Tersan*, sc. 1765. Médaillon in-4.

Rohan, (Marie-Eléonor de) fille du Duc de Montbazon, Religieuse Bénédictine dans le Couvent de Montargis en 1646, Abbesse de la Sainte-Trinité de Caen en 1651, puis de Malnoïe en 1664, Prieure du Chassemidy à Paris en 1669, où elle mourut le 8 Avril 1687. J. *Mariette*, 1690, in-8.

Rohault, (Jacques) Philosophe, né à Amiens en 1620, mort à Paris en 1675. *Desrochers*.

Roissy. Voy. Mesmes.

Roland, (Jacques) Sieur de Bellebat, Maître Chirurgien, âgé de 40 ans vers 1630. 1. Dessin au crayon, par *Foucher*, in-8. 2. Idem, dans le Cabinet de M. de Fontette, gravé in-8. avec divers Ornemens convenables à sa profession.

Roland, (N...) Maître à écrire en 1616, ætat. 45. *Sechemans*, in-fol. obl.

Rolin, (Marcellin) Général de l'Ordre de Saint-Ruf, mort en 1720. *Du Fourneau*, p. *Drevet*, sc. in-4.

Rolland, (N...) Avocat. N... in-4. ovale, en manière noire.

Rollin, (Charles) Recteur de l'Université de Paris en 1694, né à Paris le 30 Janvier 1661, mort le 14 Septembre 1741, connu par ses Ouvrages de Littérature & d'Histoire. 1. *Coypel*, p. *Balechou*, in-fol. maj. (Beau.) 2. *Tardieu*, d'après *Coypel*, in-4. avec six Vers Latins. 3. *Petit*. 4. N... dans Odieuvre.

ROMAGNESI, (Marc-Antoine) Comédien Italien en France, né à Namur, mort à Paris en 1742, âgé de 52 ans. *Mariette*.

ROMAIN, (Laurent) Protonotaire Appoſtolique, Sacriſtain & Chanoine de l'Egliſe Métropolitaine d'Embrun, Fondateur du Collège des Jéſuites de cette Ville, mort le 8 Août 1663. *Spirinx*, in-4.

ROMAIN, (Frère François) Dominicain, né à Gand, Architecte à Paris, qui a beaucoup aidé à la conſtruction du Pont-Royal, faite en 1685 par le Sieur Gabriel, ſur les Deſſins de Manſart. Deſſin ovale, dans le Cabinet de M. de Fontette.

ROME, (Gilles de) Archevêque de Bourges, mort à Avignon au mois de Décembre 1316. 1. Deſſin à l'encre de la chine, in-fol. dans le Cabinet du Roi. 2. N... dans Thevet.

RONÇAY, (Madame du) ſous Henri III, Deſſin au Cabinet du Roi.

RONCERAY, (Marie-J. B. du) femme de M. Favart. Voy. ci-devant FAVART.

RONCHEROLLES, (Pierre, Marquis de) Gouverneur de Landrecy. J. *Guerin*, in-fol.

RONDELET. Voy. SCHOLASTIQUE.

RONDELET, (Guillaume) né à Montpellier le 27 Septembre 1507, Chirurgien, puis Docteur & Profeſſeur en Médécine, Chancelier de l'Univerſité de Montpellier en 1556, mort le 30 Juillet 1566, âgé de 59 ans. Ce fut ſur ſes inſtances, que le Roi fic bâtir un Théâtre Anatomique à Montpellier. 1. N... Dans le Recueil de Boiſſard, in-8. 2. N... en bois, in-4. 3. N... en petit.

RONNET, (Jean) N...

RONSARD, (Pierre de) Gentilhomme, né au Château de la Poiſſonniere en Vendômois, le 11 Septembre 1524, Poëte François, eſtimé de ſon temps; mort en ſon Prieuré de Saint-Coſme-les-Tours, le 27 Décembre 1585. 1. Cl. *Mellan*, in-4. avec celui de ſa Maîtreſſe en regard. 2. M. *Laſne*. 3. N... en bois, in-12. 4. *Deſrochers*. 5. L. *Gaultier*, in-4. 6. Th. *de Bry*. 7. N... dans Odieuvre. 8. N... en petit.

RONSOC, (M. de) ſous Henri III. Deſſin au Cabinet de M. de Fontette.

ROQUE, (Antoine de la) Auteur du Mercure, né à Marseille en 1672, mort à Paris en 1744. *Vatteau*, p. *Lépicié*, ſc. in-fol. obl.

ROQUELAURE, (Antoine-Gaſton-J. B. Duc de) mort en 1683. 1. *Mariette*, in-fol. 2. *Trouvain*, in-fol.

ROQUELAURE. (Madame la Ducheſſe de) 1. *Mariette*, in-fol. 2. *Trouvain*, in-fol. 3. *Bonnart*, in-fol. mode. 4. Avec ſon Epitaphe. N... in-fol. avec Ornemens.

ROQUE-MARTINE, (Ludovicus Alba de) Evêque de Saint-Paul-Trois-Châteaux en 1680, né le 9 Décembre 1630, mort au mois de Mars 1714. *Barras*, à Aix, 1693, in-fol.

ROQUETTE, (Gabriel de) Evêque d'Autun en 1666, donna ſa démiſſion en 1702, & mourut à Autun le 9 Janvier 1707, âgé de 85 ans. 1. *Beaufrère*, 1667, in-fol. 2. *Chaſteau*, in-fol. 3. *Maſſon*. 4. Et. *Gantrel*, 1694, in-fol.

ROSALBA, (Catriera) née à Veniſe, en 1672, de l'Académie Royale de Peinture, morte à Paris en 1757. N... dans Odieuvre.

ROSE, (Regnold de) Lieutenant-Général de l'Armée Françoiſe en Allemagne. N... à Straſbourg, in-4.

ROSE, (Touſſaint) Seigneur de Coye, Secrétaire du Cabinet, Préſident en la Chambre des Comptes en 1684, de l'Académie Françoiſe en 1685, mort le 7 Janvier 1701, âgé de 87 ans. 1. R. *Lochon*, 1660, in-fol. 2. *Landry*, 1665, d'après S. *Gribelin*, in-fol.

ROSNE, (Madame de) ſous Charles IX. Deſſin au Cabinet du Roi.

ROSSIGNOL, (Antoine) Maître des Comptes, connu par le talent qu'il avoit de déchiffrer ſans clef, les Lettres en chiffres, né à Alby le 1 Janvier 1590, mort à 83 ans. N... 1682, in-fol. Dans les Hommes illuſtres de Perrault.

ROSTAING, (les Trophées métalliques des Seigneurs de) par Henri *Cheſneau*, en neuf feuilles. On y trouve les Portraits en Médaillons des Seigneurs de Roſtaing, qui ſuivent : Raoul de Roſtaing, en 1324. = Antoine, en 1414. = Gaſton, en 1452. = Jean, en 1517. = Triſtan, en 1582. = Charles, en 1656. = Louis-Henri, en 1661. = François, Comte de Bury, en 1661. = Le Mauſolée de Triſtan & de Charles. *Le Pôtre*, in-fol. neuf Feuilles.

ROSTAING, (les Cendres héroïques des Seigneurs de) où eſt le Portrait de François de Roſtaing. Le même, en un petit ovale.

ROSTAING, (Jean, Comte de) Chevalier de l'Ordre du Roi, Lieutenant pour le Roi en Auvergne, qui ſe trouva à la Bataille de Marignan en 1515. *Le Pôtre*, 1660, in-fol. en pied.

Jeanne de Chartres ſa femme, en 1523. Le même, in-fol.

ROSTAING, (Triſtan, Marquis de) Chevalier des Ordres du Roi, Gouverneur de Melun, où il ſoutint deux Sièges contre les Ligueurs ; fait Maréchal de France en 1589, Grand-Maître des Eaux & Forêts de France en 1563 ; mourut au Château d'Aunoy, près Provins, le 7 Mars 1591, âgé de 78 ans. 1. N... 1591 in-4. en rond. 2. N... 3. Jaſpard *Iſaac*, in-fol. maj. 4. *Le Pôtre*, 1660, in-fol. en pied.

Françoiſe Robertet, ſa femme, mariée à Paris le 15 Juin 1544, morte le 10 Novembre 1580. *Le Pôtre*, 1660, in-fol. en pied.

ROSTAING, (Charles, Marquis de) Chevalier des Ordres du Roi, mort à Paris le 4 Janvier 1660, âgé de 87 ans. 1. N... 1645, in-4. en rond. 2. Jaſp. *Iſaac*, d'après *Barthelemy*. 3. *Le Pôtre*, 1660, in-fol. en pied. 4. Le même, in-4. 5. N... Buſte, avec celui d'Anne Hurault, ſa femme.

Anne Hurault, mariée en 1635, fille du Chancelier de Chiverni, veuve en premières noces de Gilbert de la Trémoille, Marquis de Royan, qu'elle avoit épouſé en 1612, morte le 16 Avril 1635. 1. *Le Pôtre*, 1660, in-fol. En pied. 2. Deſſin enluminé, au Cabinet de M. de Fontette.

ROSTAING, (François de) Comte de Bury, fils de Charles, né le 2 Janvier 1618, mort au mois de Mai 1666. Jaſpard *Iſaac*, 1641, in-4. Agé de 23 ans.

ROTHELIN. Voy. ORLÉANS.

ROTROU, (Jean de) Poëte, né à Dreux le 19 Août 1609, d'une ancienne famille, Lieutenant - Civil de cette Ville ; y mourut d'une maladie contagieuſe le 27 Juin 1650. *Deſrochers*.

ROTTIERS, (Joſeph) né à Anvers, Graveur général des Monnoies de France, & en particulier de Paris, Graveur des Médailles de l'Hiſtoire du Roi, de l'Académie de Peinture & Sculpture, auparavant Graveur des Monnoies de Charles II. Roi d'Angleterre, mourut à Paris le 11 Septembre 1703. N. *de Largillière*, p. C. *Vermeulen*, ſc. 1700, in-fol.

ROTUNDIS. Voy. BISCARAS.

ROUALLE, (Françoiſe) femme de François Gourreau, Préſident au Parlement de Paris, morte en 1682. Son Tombeau ſculpté par *Girardon*, *Audran*, in-fol.

ROUAUT, (Joachim) Seigneur de Gamaches, &c. Sénéchal de Poitou & de Beaucaire, premier Ecuyer

des François illustres.

de M. le Dauphin en 1441, Maréchal de France en 1461. Louis XI. qui en avoit reçu de grands services, le fit néanmoins arrêter sur de simples soupçons en 1476. Son procès lui fut fait, & il fut banni du Royaume, ses biens confisqués, &c. Ce jugement n'eut pas lieu, & il mourut en possession de ses biens le 7 Août 1478. *Stuerhelt*, in-4.

ROUBAIS, (Jean de) Chevalier de la Toison d'or. N...

ROUET, (Louise de la Bérandière, Demoiselle de) depuis Madame de Combault, sous Henri IV. Deux Desseins au Cabinet du Roi.

ROUGE, (Pierre le) Docteur de Sorbonne, Syndic en 1714, mort en 1720. *Gamot*, in-fol.

ROUJAULT, (Nicolas-Etienne) Président à Poitiers. *Cars*, in-fol. maj.

ROUILLARD, (Sébastien) né à Melun, fils d'un Avocat, Jurisconsulte & Avocat au Parlement, Auteur de plusieurs Ouvrages, entr'autres d'une Histoire de Melun, mort en 1639. N... 1609, in-8.

ROUILLÉ, (Jean) Comte de Meslay, Conseiller en la Cour des Aides, Intendant en Provence, depuis 1672 jusqu'en 1683, mort le 30 Janvier 1698. 1. *Nanteuil*, p. 1655. *Edelinck*, sc. 1702, in-fol. 2. Jacques *Cundier*, in-4.

ROUILLÉ, (Pierre) Maître des Requêtes, Intendant en Picardie & Artois. *Landry*, 1673, in-fol.

ROUILLÉ, (Pierre) Lieutenant-Général de la Table de Marbre, puis Président, Ambassadeur en Portugal en 1700. Jacques *Gaillot*, p. *Trouvain*, sc. 1687, in-fol.

ROUPERT, (Louis) Maître Orfévre à Metz. *Robert*, p. 1668. L. *Cossin*, sc. in-4. obl.

ROURE, (N... de Beauvoir, Dame du) *Mariette*, in-fol.

ROUSSÉ, (Gérard) Chanoine d'Avenay, Diocèse de Reims, né à Hauteville, même Diocèse, mort à Avenay le 9 Mai 1727, âgé de 52 ans. 1. N... in-8. 2. N... petit Buste, in-24.

ROUSSEAU, (J. Bapt.) Poëte célèbre, né à Paris en 1670, mort à Bruxelles le 17 Mars 1741. 1. *Aved*, p. G. F. *Schmidt*, sc. in-fol. 2. *Daullé*, d'après *Aved*, in-fol. maj. (Beau.) 3. *Desrochers*. 4. *Ficquet*, 1763, in-8. (Très-joli.) 5. *Sauvage*, dans Odieuvre. 6. *Crespy*, Medaillon au Parnasse François. 7 Ficquet.

ROUSSEAU, (Cl. Bernard) Auditeur de la Chambre des Comptes de Paris, en 1720. 1. *Chereau*. 2. *Chereau*, en grand in-fol. (Beau.)

ROUSSEAU, (N...) Faiseur de manchons de plumes, à Paris, demeurant au Temple. A. *le Clerc*, in-fol.

ROUSSEL. (Mademoiselle) P. *Simon*, in-8.

ROUSSELET. Voy. la PARDIEU.

ROUSSY, (la Vénérable Mère Anne de) Abbesse de S. Etienne de Soissons, Institutrice des Ursulines de Paris, en 1612. *Van Lochon*, in-4.

ROUTE, (André de la) Ecuyer du Roi & Mestre de Camp à Metz, à qui Boissard dédia son Livre de Devises. *Boissard*, in-4.

ROUTIER, (Pierre) Docteur & Professeur en Droit, Chanoine & Official de Reims. J. *Colin*, 1671, d'après J. *Hilart*, in-fol.

ROUVILLE, (Louis de) Grand-Veneur, mort en 1525. N... dans le P. Montfaucon.

Susanne de Coësmes sa femme. Ibid.

Roux (Maître) ou Rosso, Peintre, né à Florence en 1469, mort de poison à Fontainebleau en 1541. N... dans l'Histoire des Peintres par d'Argenville.

Roux, (le Père. T. le) Cordelier de la Province de S. Bonaventure, Docteur en Théologie, 1697. *Giffart*, in-8.

Roux, (Valentin le) Récollect. *Scotin*, in-4.

Roy, (Philippe le) Cordelier, Confesseur de la Reine Anne d'Autriche. *Humbelot*, in-fol.

Roy. (le Père Bernard le) *Landry*, in-fol.

Roy, (Henri) Professeur en Médecine. *Matham*.

Roy, (Timoléon le) Secrétaire de M. le Tellier, Ministre. *De la Roussière*, in-fol.

Roy, (Philippe le) premier Commis de M. le Tellier. *Aubry*, in-fol.

ROYER, (Jacques le) Sieur de la Blinière, Avocat au Parlement de Rouen. Er. *Bignon*, in-4.

RUBEMPRÉ. (Philippe-François de) *Beterham*.

RUE, (Charles de la) Jésuite, Prédicateur célèbre & Poëte, né à Paris en 1643, mort en 1725. 1. *Desrochers*. 2. *Crespy*, Médaillon, au Parnasse François.

RUE, (N... de la) Celloville, Prêtre & Médecin. N... Médaillon, in-fol.

RUEIL, (Claude) fils d'un Président à la Cour des Monnoies de Paris, Chanoine de Chartres, Agent du Clergé, Aumônier & Prédicateur des Rois Henri IV. & Louis XIII. Archidiacre de Tours, Evêque de Bayonne en 1622, puis d'Angers en 1628, mort en cette Ville le 20 Janvier 1649, âgé de 74 ans. 1. A. *Huret*, in-4. 2. Dessein à la pierre noire, dans le Cabinet du Roi, in-fol. 3. *Moncornet*.

RUELLE. (Etienne la) N...

RUETTE, (Jean-Louis la) Acteur de l'Opera Comique. 1. *Monet*, del. *Auvray*, sc. in-fol. 2. *Le Clerc*, del. *Elluin*, sc. 1771, in-fol.

Marie-Thérèse Villette sa femme, Actrice. *Le Clerc*, del. *Elluin*, sc. 1771, in-fol.

Ruzé, (Guillaume) Evêque d'Angers, mort en 1587. Dessein à la pierre noire, dans le Cabinet du Roi, in-fol.

Ruzé, (Antoine) Gentilhomme François. N...

Ruzé, (Antoine Coiffier, dit) Marquis d'Effiat, Chevalier du S. Esprit en 1620, Surintendant des Finances en 1626, Maréchal de France en 1631, Lieutenant-Général de l'Armée du Roi en Allemagne, où il mourut de maladie à Lutstenstein, près de Trèves, le 27 Juillet 1632. 1. *Boissevin*, in-4. 2. *Callot*, à l'Armée.

Ruzé (Henri) d'Effiat, Marquis de Cinqmars, Grand-Ecuyer de France, second fils du Maréchal, se trouva engagé dans les menées de Gaston, Duc d'Orléans, & eut la tête tranchée à Lyon, le 7 Septembre 1642, âgé de 22 ans. 1. *Daret*, in-8. Façon de Mellan. 2. *Boissevin*, in-4. 3. *Moncornet*. 4. N... dans Odieuvre.

RYE, (Philibert) N...

RYER, (André du) né à Marcigny, dans le Mâconnois, Consul en Egypte, mort vers 1650. Traducteur de l'Alcoran, &c. N...

S.

SABATIER, (Pierre) Evêque d'Amiens en 1706, né le 14 Novembre 1654, mort le 20 Janvier 1733. 1. Sim. *Dequoy*, p. J. *Langlois*, sc. 1707, in-fol. 2. Fr. *Cars*, d'après d'*Oval*, in-fol. maj. dans une Thèse.

SABLON, (Pierre) né à Chartres, Graveur, âgé de 23 ans en 1607. N... in-8.

SABRAN. (N... de Foix, femme de M. de) 1. *Vanloo*, p. *Chereau*, sc. in-fol. Tenant un oiseau sur un oreiller. 2. *De Troy*, p. *Chereau*, sc. in-fol.

SACY. (M. de) Voy. le MAISTRE (Isaac.)

SACY, (Louis de) Avocat, de l'Académie Françoise, mort à Paris en 1727, âgé de 73 ans. 1. *Ogier*, in-12. 2. *Desrochers*.

SAGE, (Alain-René le) né à Ruys en Bretagne, vers l'an 1677, mort en 1747 à Boulogne-sur-Mer. 1. *Guétard*, p. *Surugue*, sc. in-8. 2. *Desrochers*. 3. N... dans Odieuvre.

SAIGE, (Jean le) Payeur des Rentes. *Regnesson*, del. & sc. 1670, in-fol.

SAINCTES, (Claude de) né au Perche, d'abord Chanoine Régulier de S. Augustin, dans l'Abbaye de Saint Cheron, en 1536, Docteur en Théologie en 1556, entra chez le Cardinal de Lorraine, qui l'employa au Colloque de Poissy en 1561; alla au Concile de Trente, fut nommé à l'Evêché d'Evreux en 1575. Comme il étoit un des plus ardens Ligueurs, & qu'il fut pris dans Louviers par les gens du Roi Henri IV. on le condamna à une prison perpétuelle, où il mourut en 1591. Dessin à la pierre noire, dans le Cabinet du Roi, in-fol.

SAINT-AIGNAN. (de) Voy. BEAUVILLIERS.

SAINT-AMANT. Voy. TRISTAN.

SAINT-AMOUR, (Guillaume de) Docteur de Sorbonne, Chanoine de Beauvais, né à Saint-Amour, en Franche-Comté, mort en 1272. N... Tiré d'une ancienne Vitre de la Bibliothèque de Sorbonne, in-fol.

SAINT-AMOUR, (Louis Gotrin de) Prêtre, Docteur de Sorbonne, né à Paris le 27 Octobre 1619, mort le 15 Novembre 1687. 1. N... p. 1683. N. *Habert*, sc. 1701, in-4. 2. *Desrochers*.

SAINT-ANDRÉ, (Madame de) Marguerite de Lustrac, femme de Jacques d'Albon, Maréchal de Saint-André : elle épousa en secondes noces le Baron de Caumont. Dessin au Cabinet de M. de Fontette.

SAINT-ANDRÉ, (Pierre de) Définiteur général des Carmes Déchaussés. *Le Vieux*, p. *Roullet*, sc.

SAINT-ANDRÉ, (N... de) Prévôt des Marchands de Lyon. G. *Vallet*, in-8.

SAINT-ANDRÉ-MONBRUN. Voy. DUPUY.

SAINT-AOUST, (le Comte de) Maréchal de Camp. M. *Lasne*, 1649, *in-fol*.

SAINT-BALMONT, (Alberte-Barbe d'Ernecourt, Dame de) âgée de 36 ans, en 1645. Bast. *Moncornet*, in-4. A cheval, habillée en homme.

SAINT-BONNET, (Jean de) Seigneur de Toiras, Gentilhomme de Languedoc, né le 1 Mars 1585, Maréchal de France en 1630. Ayant cessé d'être agréable au Cardinal de Richelieu, il fut obligé de se retirer auprès du Duc de Savoie, & fut tué d'une mousquetade au Siège de la Forteresse de Montanette en Milanès, le 14 Juin 1636. 1. M. *Lasne* & *Priot*, 1632, in-fol. 2. *Mellan*, del. & sc. in-fol. 3. *Huret*, in-fol. 4. *Daret*, in-4. 5. N... dans le Livre des Triomphes de Louis-le-Juste, in-fol. 6. *Moncornet*. 7. N... in-12. En pied, avec une plume sur son chapeau, des bottines, & son épée en façon de canne. 8. N... dans Odieuvre.

SAINTE-BEUVE, (Jacques de) Docteur de Sorbonne, Professeur Royal en Théologie, mort à Paris le 14 Décembre 1677, âgé de 74 ans. 1. N. *Habert*, in-8. 2. *Desrochers*, in-8. 3. *Crespy*, in-4.

SAINTE-BEUVE, (Magdeleine Luillier de) Institutrice des Religieuses Ursulines & Fondatrice de leur premier Monastère au Fauxbourg Saint-Jacques de Paris, morte le 29 Août 1630. R. *Lochon*, 1673, in-4.

SAINT-CHAMANS, (Antoine de) Seigneur de Méry, Gouverneur de Guise, mort en 1627. 1. N... 2. Dessin au Cabinet de M. de Fontette.

SAINT-CHAUMOND, (Melchior-Mille de Chevrières, Marquis de) Chevalier des Ordres du Roi en 1619; employé en 23 Ambassades, & disgracié quatre fois; mort à Paris le 16 Septembre 1650. L. *Boissevin*, in-4.

SAINT-CHER, (Hugues de) Cardinal de Sainte-Sabine, Archevêque de Lyon, né au Diocèse de Vienne en Dauphiné, qui fut d'abord Dominicain; mort le 14 Mars 1262. *Baron*, in-8.

SAINTE-COLOMBE, (Antoine de) Comte de Lyon. *Lestre*, p. *Boulanger*, sc. in-fol.

SAINTE-CROIX, (N. Marquis de) Auteur des Réflexions Militaires. J. *Devaux*, in-8.

SAINT-CYRAN. Voy. du VERGER.

SAINT-DIDIER, (N. de) Sçavant. N... en bois, debout.

SAINT-FOIX, (Germain-Fr. Poullain de) né à Rennes en 1703, Auteur de Pièces de Théâtre & d'Histoire. Saint-Aubin, p. *Tardieu*, sc. in-8.

SAINTE-MARTHE, (Charles de) né en 1512, de Gaucher, Médecin de François I, mourut en 1555. N... en petit.

SAINTE-MARTHE, (Gaucher, dit *Scévole* de) fils de Scévole, & frère jumeau de Louis, mort le 7 Septembre 1650. 1. *Boissevin*. 2. *Desrochers*.

SAINTE-MARTHE, (Scévole) neveu de Charles, Président & Trésorier-Général de France en Poitou, fils aîné de Louis de Sainte-Marthe, Sieur de Neuilly, & de Nicole le Fèvre; né le 2 Février 1536, servit les Rois Charles IX, Henri III, Henri IV & Louis XIII, en plusieurs emplois importans; fut élu Maire de Poitiers, & mourut à Loudun qu'il avoit sauvé de sa ruine, & où il étoit appellé *le Père de la Patrie*, le 29 Mars 1623. Il laissa de Renée de la Haye plusieurs enfans, qui se sont rendus illustres. 1. N... in-8. 1579, ætat. 40 ann. 2. *Daret*, 1652, in-4. 3. Adr. *de Brou*. 4. *Habert*, 1690, in-fol. 5. *Edelinck*, 1695, in-fol. 6. *Fessard*, in-8, dans Odieuvre. 7 *Crespy*, Médaillon au Parnasse François.

SAINTE-MARTHE, (Abel de) fils aîné de Scévole, né le 23 Mai 1566, se distingua dans le Barreau par son savoir, son éloquence & par les Ecrits : il en composa par le commandement de Louis XIII sur les Affaires d'Etat, & pour la défense des droits de la Couronne, dont ce Prince fut si satisfait, qu'il lui donna des Pensions, & une place dans son Conseil en 1621, & en 1627, la charge de la Bibliothèque de Fontainebleau; il mourut à Poitiers le 7 Novembre 1652. N. *Habert*, 1699, in-fol.

SAINTE-MARTHE, (Louis de) fils de Scévole, né à Loudun avec Gaucher dit *Scévole*, son frère jumeau, le 20 Décembre 1571, si semblable de corps, d'esprit, de pensées & d'inclinations, qu'ils passèrent toute leur vie ensemble dans une parfaite union, & à composer l'Histoire Généalogique de la Maison de France, qui leur a coûté 50 années de travail, & d'autres Ouvrages. Il mourut à Paris le 29 Avril 1656, ayant survécu son frère de 5 ans, 7 mois & 22 jours. 1. *Daret*, in-4. 2. *Boissevin*. 3. *Desrochers*.

SAINTE-MARTHE, (Abel II, de) Sieur de Corbeville, Doyen de la Cour des Aides, fils d'Abel I, né le 10 Août 1616, mort le 28 Novembre 1706, succéda à son père dans la Charge de la Bibliothèque de Fontainebleau. N. *Habert*, 1699, in-4.

SAINTE-MARTHE, (Claude de) Prêtre, né à Paris en 1620, mort à Corbeville le 11 Octobre 1690, âgé de 70 ans. 1. *Habert*, d'après *Jouvenet*, in-fol, & in-8. 2. *Crespy*, in-8. 4. *Mathey*, in-8. 4. *Edelinck*, d'après Jouvenet, in-4. 5. N... petit Buste in-24.

SAINTE-MARTHE, (Abel-Louis de) né à Paris en 1620, Général de la Congrégation de l'Oratoire en 1672, mort à Saint-Paul-au-Bois, près Soissons, le 7

Avril 1697, âgé de 77 ans. Marie *Hortemels*, femme de Cochin, in-8. dans Odieuvre.

SAINTE-MARTHE, (Denis de) Bénédictin, né à Paris le 24 Mai 1650, de François, Seigneur de Chant-d'oiseau, de la même famille que les précédens, fut Prieur de Saint-Denis en 1708, Supérieur-Général de la Congrégation de Saint-Maur en 1720, mourut le 30 Mars 1725. 1. *Cazes*, p. *Drevet*, fc. in-fol. 2. *Crespy*.

SAINTE-MAURE, (Charles de) Marquis, puis Duc de Montausier en 1664, Gouverneur de Monseigneur le Dauphin, épousa en 1645, Julie-Lucine d'Angennes de Rambouillet, & mourut en 1690. 1. S. *Frosne*, 1659, d'après W. *Vaillant*, in-fol. 2. *Grignon*, d'après F. *le Febvre*, in-fol. 3. *Vermeulen*, en petit. 4. *Tardieu*, d'après *Ferdinand*, 5. *Larmessin*.

SAINT-EVREMOND, (Charles - Marquetel de Saint-Denis de) Gentilhomme de Normandie, né à Saint-Denis-le-Guast près Coutance, le 1 Avril 1613, d'une ancienne Noblesse, connu par ses Ouvrages de Belles-Lettres, de Morale & de Poésie, se retira en Angleterre l'an 1660, pour avoir fait une petite Pièce satyrique contre le Traité des Pyrénées, & mourut à Londres le 20 Septembre 1703, âgé de 92 ans. Il fut enterré dans l'Eglise de Westminster auprès de Casaubon, Cambden & autres Sçavans. 1. *Edelinck*, 1700, in-8. 2. *Parmentier*, p. 1691. *Agunst*, fc. 1703, in-4. 3. *Baudran*, 1705, in-4. copie du précédent. 4. B. *Picart*. 5. Fr. *Desrochers*, in-8. 6. N... in-12. Buste, avec Inscription. 7. N.. dans Odieuvre. 8. *François*, in-4. en rouge.

SAINT-EXUPERY. Voy. SENNETERRE.

SAINT-FLORENTIN. Voy. PHELYPPEAUX.

SAINT-GELAIS, (Mellin de) Poëte, né à Angoulesme à la fin du quinzième Siècle, fut Aumônier & Bibliothécaire de Henri II, mourut environ l'an 1558, âgé de 67 ans, & fut enterré à Saint-Thomas du Louvre. 1. N... dans Thevet. 2. N... en petit. 3. N... in-12.

SAINT-GEORGE, (Claude de) Docteur de Sorbonne & Comte de Lyon, Evêque de Clermont en 1682, Archevêque de Tours en 1687, & de Lyon en 1693, mort en 1714. 1. Antoine *Trouvain*, 1693, assis. 2. M. *Ogier*, à Lyon, 1695, in-fol. 3. J. Fr. *Cars*, à Lyon, 1695, in-fol. maj. dans une Thèse. 4. *Desrochers*, 1699, in-8. 5. *Edelinck*, in-fol. maj. 6. J. Fr. *Cars*, 1700. in-fol.

SAINT-GERMAIN, (Denis de) Maître des Comptes. Th. *de Leu*, 1594, in-4. ætat. 64.

SAINT-GERMAIN, (M. de) sous Henri IV. Dessin au Cabinet du Roi.

SAINT-GERMAIN-Beaupré, (M. de) en 1594. Ibid.

SAINT-GERMAIN Beaupré. (le Marquis de) *Chasteau*, in-fol. dans des Ornemens.

SAINT-GERMAIN. (l'Abbé de) Voy. MORGUES.

SAINT-GILLES, (Odet de) Frère de la Congrégation de l'Oratoire, âgé de 25 ans. *Mariette*, in-8.

SAINT-HÉNIER, (M. de) sous Henri IV. Dessin au Cabinet du Roi.

SAINT-HILAIRE, (N. de) Porte-Arquebuse du Roi. M. *Lasne*, in-fol.

SAINT-JEAN, (Pierre de) Général de l'Ordre de Saint-Antoine. *Chauveau*.

SAINT-JEAN, (Madame de) femme du Graveur, sous le nom de *Femme de qualité*, en déshabillé. J. *de Saint-Jean*, p. 1693. *Scotin*, in-fol.

SAINT-JULIEN, (Guillaume Baillet, Baron de) Gentilhomme Dijonnois. 1. *Beauvarlet*, in-12. 2. *Thomire*, p. 1758. *Salvador*, fc. 1759, in-8.

SAINT-LO. Voy. JEAN.

SAINT-LUC. Voy. ESPINAY.

SAINT-MARTIN, (François de) Abbé. Voy. AGLIÉ.

SAINT-MARTIN, (Michel de) Prêtre, Marquis de Miskou, (Portrait satyrique) né à Saint-Lo en 1614, mort à Caen le 14 Novembre 1687. (Voy. sur cet Abbé, les *Origines de Caen*, par M. Huet, pag. 435.) *Thomassin*, in-8.

SAINT-MÉGRIN, (M. de) Sous Charles IX. Dessin au Cabinet du Roi.

SAINT-OFFANGES. (N. de) *Rousselet*.

SAINT-PAUL, (Louis de Luxembourg, Comte de) décapité à Paris le 19 Décembre 1475. 1. N... dans Odieuvre. 2. Le même, in-4. avec bordure, pour les Mémoires de Comines.

SAINT-PAUL. (Philippe I, Comte de) N...

SAINT-PÉ, (François de) Prêtre de l'Oratoire, mort en odeur de sainteté à Paris le 9 Janvier 1679, âgé de 78 ans. *Briffard*, in-4.

SAINT-PIERRE, (Charles-Irénée de Castel, Abbé de) de l'Académie Françoise, né au Château de Saint-Pierre en Normandie l'an 1618, mort en 1743. 1. *Herault*, p. *Debas*, fc. 2. *Scotin*, in-8. 3. *De Troy*, p. *Ganiot*, fc. in-4.

SAINT-PRIEST, (François de) Marquis & Seigneur de Saint-Etienne. Ant. *Terlin*, del. Fr. *Cars*, fc. à Lyon, 1682, in-fol.

SAINT-PRIEUL. Voy. JUSSAC.

SAINT-SANSON, (Jean de) Carme, mort à Rennes en 1636. N... in-8. Voy. encore JOANNES, ci-devant.

SAINTOT, (J. Bapt. de) Gentilhomme de la Chambre du Roi, Maître d'Hôtel ordinaire de sa Maison, & Maître des Cérémonies de France en 1656. 1. *Moncornet*, in-4. 2. J. *Frosne*, in-4.

SAINTRAILLES, (Poton de) 1. N... dans le Père Montfaucon. 2. N... avec la Hire. Ibid.

SAINT-SIMON, (Claude de) Evêque de Metz. *Rigaud*, p. *Daullé*, fc. 1744, in-fol. maj. (Beau.)

SAINT-SIMON. (Madame la Duchesse de) *Trouvain*, in-fol.

SAINT-VICTOR. (le Cardinal de) Voy. HUGUES.

SAINT-VALLIER. Voy. COCHET.

SAINT-VINCENT, (Grégoire de) Jésuite. N...

SAINT-YON, (N...) Avocat, sous Henri IV. Dessin au Cabinet du Roi.

SALES, (Saint François de) Evêque & Prince de Genèves, mort à Lyon en 1622, âgé de 56 ans, canonisé par Alexandre VII en 1665. 1. *Morin*, in-fol. 2. *Habert*. 3. G. *Scotin*, in-4. 4. N... en petit, in-24. 5. J. *Boulanger*, in-8. 6. J. *Audran*, in-8. 7. *Larmessin*, in-4. 8. N... dans Odieuvre.

SALESIUS, (Jacobus) Arvernus, Soc. Jes. Theologus, à Calvinistis pro Religione Catholicâ cæsus die septimâ Februarii 1593, ætat. 37. 1. Car. *Collart*, in-8. 2. N... en folio, in-4.

SALIGNAC. (Bertrand de) *Beuf*, in-8.

SALIGNAC, (François de) de la Mothe-Fénelon, Archevêque de Cambray en 1694, auparavant Précepteur de Monseigneur le Duc de Bourgogne, né le 6 Août 1651, mort à Cambray le 7 Janvier 1715, âgé de 63 ans. 1. N. *Habert*, in- fol. 2. *Picart*, 1717. 3. Et. *Desrochers*, 1699, in-8. 4. *Drevet*, d'après *Vivien*, in-4. 5. *Audran*, 1714, d'après *Vivien*. 6. *Duflos*, d'après *Bailleul*, in-8. Médaillon. 7. *Tardieu*, d'après *Coypel*, Médaillon. 8. N... dans Odieuvre. 9. *Savart*, d'après *Vivien*, 1771, in-8. (Beau.)

SALINS, (Hugues de) Médecin de Dijon, né à Beaune, & mort à Meurſault le 28 Septembre 1710, âgé d'environ 78 ans. Deſſin au crayon, dans le Cabinet de M. de Fontette.

SALISBURY, (Jean de) Anglois, né vers l'an 1110, ſuivit en France Thomas Becquet, Archevêque de Cantorbery, fut élu Evêque de Chartres, & mourut environ l'an 1180. N...

SALLE, (François Caillebot de la) Evêque de Tournay en 1691, qui ſe démit de ſon Evêché en 1704, & mourut dans ſon Abbaye à Rebais en Brie, le 21 Décembre 1736, âgé de 84 ans. 1. *Giffard*, 1692, in-fol. 2. *Creſpy*, 1702, in-4.

SALLE, (Euſtache de la) Lieutenant des Habitans de Reims, ès années 1607, 1608 & 1609. *Regneſſon*, d'après *Moilou*, in-4.

SALLE, (Euſtache de la) Correcteur des Comptes. 1. F. *le Fevre*, p. *Landry*, ſc. 1661, in-fol. 2. Le même, 1663.

SALLE, (J. B. de la) Inſtituteur des Frères des Ecoles Chrétiennes, né à Reims le 30 Avril 1651, mort à Saint-Yon, Diocèſe de Rouen, le 7 Avril 1719. 1. *Leger*, p. *Scotin*, ſc. 2. *Deſrochers*.

SALLÉ, (Marie) Danſeuſe à l'Opéra. *Fenouil*, p. *Petit*, ſc. in-fol.

SALLET, (Alexandre) Conſeiller au Parlement de Rouen. *Landry*, 1664, in-fol.

SALMONET, (Robert Menthel de) *Mignard*, p. *Lochon*, ſc.

SALVAING, (Aymon) Sieur de Boiſſieux. La belle.

SANADON, (Noël-Etienne) Jéſuite, né à Rouen le 16 Février 1676, mort à Paris le 22 Octobre 1733. 1. *Cars*, del. *Schmidt*, ſc. dans la Suite d'Odieuvre. 2. *Deſrochers*.

SANCERRE. (Jeanne de) N... dans le Père Montfaucon.

SANCERRE, (le Comte de) ſous François I. Deſſin au Cabinet du Roi.

SANCERRE, (Jean Bueil VI, Comte de) tué au Siège d'Heſdin en 1537, âgé de 22 ans, ſans avoir été marié. Deſſin au Cabinet de M. de Fontette. (Ce pourroit bien être le même que le précédent.)

SANCERRE, (Louis de Bueil, Comte de) Grand-Echanſon, mort en 1563. 1. Deſſin au Cabinet de M. de Fontette: jeune. 2. Autre Deſſin. Ibid.

SANCERRE, (Madame de) Anne de Daillon du Lude, qui épouſa en 1583, Jean, Sire de Bueil, Comte de Sancerre. Deſſin au Cabinet de M. de Fontette.

SANCHEZ, (François) Portugais, Profeſſeur Royal en Philoſophie, & Médecin dans l'Univerſité de Toulouſe, âgé de 80 ans. 1. M. *Laſne*, 1630, in-8. 2... en petit, au Frontiſpice des Œuvres philoſophiques de Sanchez.

SANCY. Voy. HARLAY.

SANDIEU. Voy. AIGAILLIERS.

SANDRAY, (Madame du) ſous Henri IV. Deſſin au Cabinet du Roi.

SANEJEAN, (Pierre de) né à Limoges, Réformateur de l'Ordre de Saint-Antoine, mort en 1625. N... in-12.

SANGUIN, (Nicolas) Evêque de Senlis en 1622, mort le 15 Juillet 1653, âgé de 73 ans. M. *Laſne*, in-fol.

SANGUIN, (Denis) fils de Jacques, Maître d'Hôtel ordinaire du Roi, Chanoine de la Sainte-Chapelle, puis Evêque de Senlis, ſur la réſignation de ſon oncle, le 14 Janvier 1652, mort le 13 Mars 1702, âgé de 81 ans. N. *Pittau*, 1663, d'après Fr. *le Febvre*, in-fol.

SANLECQUE, (Louis de) Chanoine Régulier de Sainte Géneviève, né à Paris en 1652, mort en 1714, Poëte François. *Deſrochers*.

SANSON, (Nicolas) né à Abbeville le 20 Décembre 1600, Géographe du Roi, & le plus célèbre de ſon temps; mort à Paris le 7 Juillet 1667, âgé de 67 ans. J. *Edelinck*, 1679, in-4.

SANSON, (Guillaume) ſecond fils du précédent, Géographe ordinaire du Roi, qui a continué les Ouvrages de ſon père, mort le 15 Mai 1703. N...

SANSON, (Adrien) troiſième fils de Nicolas, appliqué auſſi à la Géographie, mort en 1718. N...

SANTERRE, (J. Bap.) Peintre, né à Magny près Pontoiſe en 1651, mort à Paris en 1717. 1. *Chereau*. 2. N... dans l'Hiſtoire des Peintres, par d'Argenville.

N... Blancheau, ſa femme. *Santerre*, p. Catherine *Ducheſne*, ſc. in-fol.

SANTEUIL, (J. Bapt.) né à Paris le 12 Mai 1630, Chanoine Régulier de Saint-Victor de Paris, Poëte Latin célèbre, mort à Dijon le 5 Août 1697, âgé de 66 ans, inhumé, 1.° à Dijon; 2.° dans le Cloître de l'Abbaye de Saint-Victor. 1. N. *Habert*, 1686, in-fol. in-4. & in-8. 2. *Dumée*, p. *Edelinck*, ſc. 1691, in-fol. maj. 3. *Edelinck*, 1698, in-4. d'après *la Grange*. 4. N. *Pittau*, 1698, in-8. 5. Et. *Deſrochers*, in-8. 6. *Sornique*, d'après *Dumée*, dans la Suite d'Odieuvre. 7. Son Mauſolée & ſon Epitaphe. Deſſin au Cabinet de M. de Fontette. 8. *Creſpy*, Médaillon au Parnaſſe François.

SANTUSSANS, (l'Abbé) de Toulouſe. N... en petit, Charge ou Groteſque.

SARRAU, (Jean) Chirurgien des Bâtimens du Roi. *Cochin*, del. C. H. *Watelet*, ſc. 1762. Médaillon, in-4.

SARRAZIN, (Jean-François) né à Hermanville ſur mer près Caen, où ſon père étoit Tréſorier de France; fut Secrétaire des Commandemens de M. le Prince de Conty, mourut en 1655, âgé d'environ 50 ans. 1. R. *Nanteuil*, del. & ſc. 1656, in-4. 2. Jacques *Lubin*, in-fol. 1695. 3. *Deſrochers*. 4. R. *Lochon*, in-12. 5. *Creſpy*, Médaillon au Parnaſſe François.

SARRAZIN, (Jacques) l'aîné, Sculpteur célèbre, Recteur de l'Académie de Peinture & Sculpture, né à Noyon vers 1592, mort à Paris le 3 Décembre 1660. 1. *Cochin*, ſc. 1731, in-fol. 2. Autre Portrait, ſous le nom du même, gravé par *Edelinck*, pour les Hommes illuſtres de Perrault, mais qui paroît être celui de Pierre Sarrazin, auſſi Sculpteur de l'Académie, frère cadet du précédent, mort le 7 Avril 1679.

SARRAZIN, (Pierre) Docteur en Théologie, Chanoine & Archidiacre de Chartres. *Joly*, p. N. *Habert*, ſc. in-4.

SARTINES, (Antoine Gab. de) Lieutenant de Police de Paris. 1. *Vigée*, p. *Littret*, ſc. 1765. in-fol. 2. *Miger*, in-4. 3. *Ingouf*, 1773.

SAVALETTE, (Marie Joſeph) de Buchelay. *Cochin*, del. Aug. *de Saint-Aubin*, 1761. Médaillon, in-4.

SAVARON, (Jean) né à Clermont en Auvergne, Conſeiller à la Cour des Aides, puis Préſident & Lieutenant-Général de la Sénéchauſſée, député du Tiers-Etat aux Etats de 1614, mort en 1622. *Moncornet*, in-4.

SAVARY, (Jacques) Auteur du Parfait Négociant, né à Doué en Anjou le 22 Septembre 1622, d'une famille noble originairement, mais dont la branche cadette s'étoit adonnée au commerce; mourut à Paris le 12 Octobre 169 . 1. *Coypel* fils, p. G. *Edelinck*, ſc. 1688, in-4. 2. *Suyderhoef*.

SAVARY,

des François illustres.

SAVARY, (Mathurin) Evêque de Sées, nommé en 1682, sacré en 1692, mort à Sées le 16 Août 1698. G. Edelinck, 1683, d'après Ferdinand, in-fol. maj.

SAVARY, (Joannes Franciscus) Canonicus & Decanus Senatûs Metensis. De Troy, p. Vallée, sc. in-fol. maj.

SAUBERT. (Jean) N...

SAVERIEN, (Alexandre) Auteur de l'Histoire des Philosophes modernes, né à Arles en 1721. 1. François, d'après Madame François son épouse, in-fol. en manière de crayon rouge. 2. Le même, in-8. 1767.

SAVEUSES, (Charles de) Prêtre, Conseiller-Clerc au Parlement de Paris en 1629, Supérieur & Restaurateur des Ursulines de Magny, a vécu dans une grande pieté, & est mort le 1 Juillet 1670, âgé de 74 ans. Van Schuppen, in-8.

SAVIGNY, (Christophe de) présentant son Livre des Arts Libéraux au Duc de Nevers, en 1587. N... en bois.

SAULT, (Jean-Jacques du) né à Bordeaux en 1570, de Jacques, Avocat-Général; fut Évêque d'Acqs (ou de Dax) en 1600, assista aux Etats de 1614, & mourut à Acqs le 14 Mai 1623. Daret, 1656, in-4.

SAULT, (Gabriel de) Lieutenant-Général d'Acqs, né à Bordeaux en 1591. Le Roi le fit Conseiller d'Etat, & lui donna diverses Commissions sur les Frontières; il mourut à Acqs ou Dax en 1641. Daret, 1656, in-4.

SAULX, (Gaspard du) Seigneur de Tavannes, né en Mars 1509, Maréchal de France en 1570, Gouverneur de Provence & Amiral des Mers du Levant en 1572; mourut en son Château de Sully, au mois de Juin 1576, âgé de 63 ans, enterré dans l'Eglise de la Sainte Chapelle de Dijon. Il a été accusé d'avoir conseillé le Massacre de la S. Barthélemi. 1. La Roussière, del. & sc. in-fol. 2. Dessin au Cabinet de M. de Fontette. Jeune.

SAULX, (Jacques de) Comte de Tavannes, Lieutenant-Général des Armées du Roi, mort le 22 Décembre 1683, âgé de 63 ans. J. Sauvé, in-8.

SAULX-TAVANNES, (Nicolas de) Archevêque de Rouen en 1733, puis Cardinal, mort en 1758. Le Bel, p. Langlois, sc. in-4.

SAUMAISE, (Claude de) né à Dijon, fils d'un Conseiller au Parlement de Bourgogne, étoit de la Religion Prétendue-Réformée, & passa une partie de sa vie en Hollande; mourut aux Eaux de Spa en Septembre 1653, âgé de plus de 65 ans. 1. Du Bordieu, p. Matham, sc. in-4. 2. J. Gole, in-fol. 3. Suyderhoef, à Leyde, 1641, d'après N. Vannigre, in-fol. 4. Le même, in-fol. Avec des mains. 5. Aimonius. 5. Desrochers. 7. Dessin au crayon, dans le Cabinet de M. de Fontette.

SAVOYE, (Emmanuel-Philibert, Duc de) & Prince de Piémont, Gendre de François I. Deux Dessins au Cabinet de M. de Fontette.

Marguerite de France, Duchesse de Berry, sa femme, née à S. Germain le 5 Juin 1523, mariée en 1559; étoit sçavante & versée dans les Langues Grecque & Latine; mourut le 14 Septembre 1574, de pleurésie, occasionnée par les mouvemens qu'elle s'étoit donnés pour bien recevoir Henri III. qui revenoit de Pologne. 1. N... in-4. dans un cartouche (du temps même.) 2. N... dans le P. Montfaucon. 3. Deux Dessins au Cabinet de M. de Fontette.

SAVOYE, (Christine de France, fille de Henri IV. femme de Victor-Amédée, Prince de Piémont, depuis Duc de) née le 10 Février 1606, mariée en 1609, fut veuve en 1637, gouverna pendant la minorité de son fils, avec une prudence admirable, & mourut à Turin le 27 Décembre 1663. 1. N... en Italie, 1621, in-4.

Tome IV. Part. II.

Agée de 15 ans. 2. N... in-8. Encore jeune. 3. Moncornet. 4. Rousselet, à Paris, in-fol. 5. N. Pittau, 1663, in-fol. dans des Ornemens.

SAVOYE, (Françoise d'Orléans, Duchesse de) fille de Gaston, née le 13 Octobre 1648, épousa Charles-Emmanuel, Duc de Savoye, en 1663, & mourut la même année. Moncornet, in-4.

SAVOYE, (Anne-Marie d'Orléans, Duchesse de) fille de Philippe, Duc d'Orléans, épousa en 1684. Victor-Amédée François, mourut en 1728. 1. Jac. Blondeau, à Rome, 1692, in-fol. 2. Larmessin.

SAVOYE, (Thomas-François de) Prince de Carignan, cinquième fils de Charles-Emmanuel I. Duc de Savoye, fut Grand-Maître de France & Général des Armées du Roi en Italie: il avoit épousé Marie de Bourbon-Soissons, & mourut le 22 Janvier 1656. 1. Wandyck, p. Pontius, sc. in-fol. 2. Pontius, d'après Wandick, in-fol. maj. différent du précédent. 3. J. Louis, d'après Wandyck, in-fol. dans des Ornemens. 4. Moncornet. 5. N... in-12.

SAVOYE, (Eugène-Maurice de) Comte de Soissons, Duc de Carignan, Colonel-Général des Suisses, né le 5 Mai 1635, mort le 7 Juin 1673. 1. W. Vaillant, p. Lombart, sc. in-fol. 2. Lombart, in-fol. Différent du précédent. 3. Corn. Meyssens, in-fol.

SAVOYE, (le Prince Eugène de) Généralissime des Armées de l'Empereur, né à Paris en 1663, mort subitement à Vienne en 1736. 1. Kaspiski, p. Bern. Vogels, sc. in-fol. maj. en manière noire. 2. N... dans Odieuvre. 3. Schmidt, in-12. ovale. 4. N... ovale, avec cartouche au bas & ornemens.

(SAVOYE) Madame de Soissons, en robe de chambre. Trouvain, in-fol. Mode.

SAVOYE, (Philippe de) Abbé. Fr. de la Mare-Richard, Fr. Lombart, sc. in-fol.

SAVOYE, (Honorat de) II. Marquis de Villars, Amiral de France, mort en 1580. Boudan, in-4.

SAVOYE, (Jacques de) Duc de Nemours, né le 12 Octobre 1531, à l'Abbaye de Vauluisant en Champagne, fut un des plus beaux Princes de son temps, mourut à Annecy en 1583. 1. Th. de Leu, in-4. 2. Gourdelle, in-4. 3. N... en petit. 4. N... dans le P. Montfaucon. 5. Dessin au crayon, dans le Cabinet de M. de Fontette. En pied. 6. Dessin à l'encre de la Chine. Ibid.

Anne d'Est, sa femme, fille d'Hercule II. Duc de Ferrare, & veuve de François, Duc de Guise. Cette Duchesse de Nemours a été fameuse au temps de la Ligue. 1. Gourdelle, in-8. 2. L. Gaultier, in-8.

SAVOYE, (Jeanne de) dite Mademoiselle de Nemours, sœur de Jacques, née en 1532, épousa en 1555 Nicolas de Lorraine, Comte de Vaudemont, depuis Duc de Mercœur, & mourut le 4 Juillet 1568. Dessin au Cabinet de M. de Fontette.

SAVOYE, (Henri de) Duc de Nemours & de Genevois, après la mort de son frère Jacques; fut marié à Anne de Lorraine, fille de Charles, Duc d'Aumale, mourut en 1632. 1. Th. de Leu, in-8. Agé de 15 ans. 2. De Leu. Différent & avec une fraise. 3. Moncornet, in-8.

SAVOYE, (Charles-Amédée de) Duc de Nemours, fils du précédent, fut tué en duel l'an 1632, par le Duc de Beaufort son beau-frère.

Elisabeth de Vendôme sa veuve, fille de César, Duc de Vendôme, née au mois d'Août 1614. Elle en eut deux filles, l'une qui fut Reine de Portugal, & l'autre Duchesse de Savoye. 1. J. Boulanger, in-fol. 2. N. Boissevin, in-4. 3. Frosne.

SAVOYE, (Henri de) Duc de Nemours & d'Aumale, quatrième fils de Henri, Duc de Nemours, & d'Anne de Lorraine, né en 1625; fut d'abord destiné à l'Etat

L l

Ecclésiastique, & nommé Archevêque de Reims en 1651; mais avant d'avoir été sacré, son frère aîné ayant été tué, il quitta la soutane, & épousa Marie d'Orléans, fille de Henri II. Duc de Longueville, & mourut en 1659, âgé de 34 ans. 1. G. *Huret*, del. & sc. in-fol. enfant. 2. C. *Mellan*, del. & sc. in-fol. maj. en Abbé, & jeune, dans une Thèse. 3. M. *Lasne*, del. & sc. 1651, in-fol. 4. *Moncornet*. 5. *Pelerin*, p. J. *Boulanger*, sc. in-fol. 6. *Nanteuil*, del. & sc. 1652, in-fol.

Marie d'Orléans-Longueville, sa femme, mariée en 1657, morte le 16 Juin 1707. *Rigaud*, p. *Drevet*, sc. 1747, in-fol. maj. (Beau.)

SAURIN, (Antoine) Doyen de l'Université d'Aix, mort en 1668. *Coellemans*, in-fol.

SAURIN, (Jacques) Ministre Calviniste à la Haye, célèbre Prédicateur, né à Nismes en 1677, mort à la Haye le 30 Décembre 1730. 1. *Picart*, 1712, in-4. 2. *Desrochers*.

SAURIN, (Joseph-Ignace) Ecuyer, Jurisconsulte à Aix, mort en 1714. *Celloni*, p. 1689. *Coellemans*, sc. 1725, in-fol.

SAURIN, (Pierre) Jurisconsulte d'Aix, mort en 1743. *Vanloo*, p. *Coussin*, sc.

SAUSSAY, (André du) né à Paris vers 1589, Curé de S. Leu & S. Gilles, Grand-Vicaire de l'Archevêque de Paris, Evêque de Toul en 1648, n'y fit son entrée que le 6 Juin 1657, & y mourut le 9 Septembre 1675. Fr. *Chauveau*, in-fol. obl. en un petit rond dans une Ordonnance.

SAUVÉ, (J. Bapt.) de la Noue, Comédien François, né en 1701, à Meaux, mort en 1760. *Monnet*, del. *Littret*, sc. 1763.

SAXE, (Maurice, Comte de) élu Duc de Curlande en 1726, Maréchal de France en 1744, né à Dresde en 1696, mort le 19 Octobre 1750, à 54 ans, dans le Château de Chambord. 1. Hyac. *Rigaud*, p. *Petit*, sc. in-fol. ovale. 2. *Wille*, d'après *Rigaud*, 1745, in-fol. maj. (Beau.) 3. *Petit*, d'après *Wille*, in-12. 4. *Sornique*, in-12. Dans la Suite d'Odieuvre. 5. *Liotard*, p. *De Marcenay*, sc. 1766. (Joli.)

SAXI, (Pierre) Chanoine de l'Eglise d'Arles, Auteur du *Pontificium Arelatense*, âgé de 43 ans. M. *Lasne*, in-4.

SCALIGER, (Joseph-Juste) fils du suivant, né à Agen le 4 Août 1540, Professeur de Belles-Lettres à Leyde: y mourut le 21 Janvier 1609. *Edelinck*, in-fol.

SCALIGER, (Jules-César) ou de l'Escalle, né à Ripa près Vérone, le 23 Avril 1484, servit l'Empereur Maximilien, & se trouva à la Bataille de Ravenne; vint ensuite s'établir en France à Agen, l'an 1529, y exerça la Médecine, & s'adonna à l'Etude des Belles-Lettres & à la composition de plusieurs Ouvrages de critique, y mourut le 21 Octobre 1558. 1. Kar. *Utenh*, in-4. 2. *Desrochers*, d'après le précédent. 3. N... dans le Recueil de Boissard, in-4. 4. N... en petit.

SCALION, (N...) Poëte François. N... in-8. avec quatre Vers au bas.

SCARAMOUCHE, (Fiorelli, dit) célèbre Acteur de la Comédie italienne en France; né à Naples le 7 Novembre 1608, mort à Paris le 8 Décembre 1696. 1. *Gissey*, del. N... sc. in-fol. obl. pour une Thèse qui lui fut dédiée. 2. N. *Habert*, in-4.

SCARRON, (Paul) né à Paris en 1610, Poëte burlesque, mort à Paris le 14 Octobre 1660. Mademoiselle d'Aubigné, (depuis Marquise de Maintenon) sa femme. 1. *La Belle*, 1649, in-4. le dos tourné dans un Parnasse ridicule. 2. *Daret*, in-8. Buste. 3. *Boizot*, in-8. dans la Suite d'Odieuvre. 4. *Desrochers*. 9. *Crespy*, Médaillon au Parnasse François.

SCEAU, (Charles-Ferdinand) N...

SCEPEAUX, (François de) Sieur de Vieilleville, Chevalier des Ordres du Roi, Gouverneur des Trois-Evêchés en 1553, Maréchal de France en 1562, mourut de poison en son Château de Durestal, le 30 Novembre 1571. L. *Wacriot*, 1564, in-4. xt. 55. 2. Et. *Moitte*, in-12.

SCHARPIUS, (Georgius) Philosophus & Medicus, natione Scotus, Regis Christianissimi Consiliarius, & in Academiâ Monspeliensis Professor & Vice-Cancellarius, & in Bononiensi Archi-Gymnasio Med. Doctor. J. Bapt. *Coriolano*, in-4. ætat. 57.

SCHILLING, (Joan. Christophorus) Argentoratensis Pastor ad B. Aurelium, Collegii B. Thomæ Canonicus, ac demum Templi Cathedralis Pastor: anno ætat. 43. Ministerii 20. Christi 1640. (C'étoit un Luthérien.) 1. J. B. *Brunn*, in-8. 2. *Aubry*, in-4.

SCHILTER, (Joannes) Argentoratensis, natus 29 Aug. 1632, Jurisconsultus. 1. J. Ant. *Scupel*, in-4. 2. *Scupel*, del. & sc. 1697, in-fol.

SCHMIDIUS, (Joan. Frid.) Jurisconsultus, sacri Palatii, Comes Cæs. Reip. Argentor. Patriæ, Ducis Wirtemberg. Hass. Lantgrav. aliorumque Imperii Statuum Consiliarius. Jac. *ab Heyden*, in-4.

SCHMIDIUS, (Sebast.) S. Theol. Doctor, in Academ. Argentor. Prof. Senior Conventûs Ecclesiastici Præses, & Capituli Thomani Præpositus, ætat. 78, ann. 1694: obiit ann. 1697. (C'étoit un Luthérien.) 1. Joh. Ph. *Thelon*, Francofurti, in-4. 2. J. A. *Scupel*, del. & sc. 1694, in-4.

SCHMIDT, (Bernard) Organiste de Strasbourg, en 1571. N... 1571. in-fol. en bois.

SCHMIDT, (Joannes) S. Theol. Doctor & Professor in Academiâ Argentoratensi, Conventûs Ecclesiastici Præses, Collegii Thomani Præpositus, natus Budiss. Lusat. 20 Junii 1594, denatus Argentorati 17 Augusti 1658, ætat. 64. (C'étoit un Luthérien. 1. Is. *Buen*, 1641, in-4. 2. *Aubry*, 1641, in-fol. 3. Le même, 1658, in-4. 4. Jac. *ab Heyden*, in-8. 5. Melch. *Hohuer*, in-8.

SCHOEFFLINUS, (Jo. Daniel) Consul & Historiographus Galliæ, Reg. Academ. Incript. & Societ. Angl. Socius, Historiæ & Eloquentiæ in Universitate Argentoratensi Professor; natus Sultzbachii die 6 Septembris 1695, mortuus Argentorati 7 Augusti 1771. *Hawillars*, p. Jac. *Hayd*, sc. in-fol. en manière noire.

SCHOLASTIQUE, (la Vénérable Sœur) de Saint Elie, de son nom de famille, Rondelet, Religieuse Carmélite de Marche en Famine, morte en odeur de sainteté, le 25 Janvier 1650, âgée de 35 ans. R. *Collin*, in-8.

SCHOMBERG, (Henri de) Comte de Nanteuil, premier Gentilhomme de la Chambre du Roi, Surintendant des Finances en 1619, Maréchal de France en 1625, mort à Bordeaux le 17 Novembre 1632, âgé de 59 ans. 1. *Daret*, in-4. 2. *Boissevin*, 1654, in-4. 3. N... dans le Livre des Triomphes de Louis le Juste, in-fol. 4. *Moncornet*. 5. J. *Delew*, in-12. 6. N... in-fol. en cuirasse, avec grand collet de point & bâton: (non fini.)

SCHOMBERG, (Charles de) Duc d'Halluyn, Pair & Maréchal de France, fils du précédent, né à Nanteuil le 16 Février 1601, fait Maréchal de France le 26 Octobre 1637, après la Victoire de Leucate, mort à Paris le 5 Juin 1656. 1. *Daret*, in-4. 2. Le même, 1652, in-4. 3. *Moncornet*. 4. N... dans le Livre des Triomphes de Louis le Juste, in-fol. 5. J. *Picart*, 1658, in-fol.

SCHOMBERG, (Frédéric, Duc de) Maréchal de France en 1675, mort en Irlande en 1690. 1. *Kneller*, p. *Schmidt*, sc. in-fol. 2. *Faytorne*. 3. *Larmessin*. 4. N... dans Odieuvre.

SCHOMBERG, (Madame de) Marie de Hautefort,

mariée le 24 Septembre 1646, morte à Paris le 1 Août 1691, à 75 ans. *Desrochers.*

SCHRAG, (Joh. Adamus) Jurisconsultus diversorum Imperii Statuum, & Civitatis Argentoratensis quondam Senior Consiliarius, atque Advocatus. B. *Hopffler*, p. J. Andr. *Scupel*, sc. in-fol.

SCHULEMBERG, (Jean de) Comte de Montdejeu, Chevalier des Ordres du Roi, Gouverneur d'Arras en 1652, Maréchal de France en 1658, mort en sa Maison de Montdejeu en Mars 1671. 1. *Bernard*, p. L. *Coquin*, sc. 1664, in-fol. 2. N... 1658, in-fol.

SCION, (André) Prieur de Réalmont, d'abord Ministre Calviniste en France, puis à Amsterdam, enfin Chapelain de Charles II, Roi d'Angleterre; fut converti à la foi Catholique, & alla s'établir à Rome. N. *Dorigny*, Romæ, 1696, d'après *Vanflard*, in-4.

SCOTUS, (Laurentius) Abbas Cæsariaci. *Tournheyser*, d'après *Damiret.*

SCUDERY, (Georges de) né au Havre-de-Grace en 1610, d'une famille noble, originaire d'Apt en Provence, Gouverneur du Fort de Notre-Dame de la Garde, & Capitaine entretenu sur les Galères du Roi, mort d'apoplexie, à Paris le 14 Mai 1667. 1. *Nanteuil*, del. & sc. in-fol. 2. *Chauveau.* 3. M. *Lasne*, in-8. 4. *Desrochers.*

SCUDERY, (Magdeleine de) sœur du précédent, née au Havre-de-Grace en 1607, morte à Paris le 2 Juin 1701, âgée de 94 ans. 1. Mademoiselle *Chéron*, p. J. G. *Will*, sc. in-8. dans la Suite d'Odieuvre, en Vestale. 2. Dessin tiré sur le précédent par *Boilard*, au Cabinet de M. de Fontette. 3. *Desrochers.*

SECHELLES. Voy. MOREAU.

SECOUSSE, (Jean-Léonard) Avocat & Secrétaire du Roi, Chef du Conseil de M. le Duc du Maine, mort à Paris le 16 Novembre 1711, âgé de 53 ans. Hyac. *Rigaud*, p. *Loyr*, sc. 1711, in-fol.

SECOUSSE, (François-Robert) Docteur de Sorbonne, Curé de Saint-Eustache à Paris. *Rigaud*, p. *Audran*, sc. in-fol. maj.

SECOUSSE, (Denis-François) Avocat, & de l'Académie des Belles-Lettres, mort le 15 Mars 1754, âgé de 63 ans. Domina *Dubois*, p. *Boizot*, sc. in-fol.

SEGRAIS, (Jean Regnault de) né à Caen le 22 Août 1624, fut premier Echevin de cette Ville, Gentilhomme ordinaire de Mademoiselle de Montpensier, de l'Académie Françoise, reçu le 26 Juin 1662, mort à Paris le 25 Mars 1701. 1. J. *Boulanger*, d'après Alb. *Flamen*, in-4. 2. *Mathey*, in-8. dans la Suite d'Odieuvre. 3. *Desrochers.*

SEGUIER, (Pierre) Président, mort le 25 Octobre 1580, âgé de 76 ans, enterré à Saint-André-des-Arts. N... en petit.

SEGUIER, (Pierre) né à Paris le 28 Mai 1588, fils aîné de Jean, Maître des Requêtes, & Lieutenant Civil, fut Président à Mortier, Garde des Sceaux en 1633, Chancelier de France le 19 Décembre 1635, mourut à Saint-Germain le 28 Janvier 1672. 1. Mich. *Lasne*, 1635, in-fol. 2. *Lasne*, 1643, in-fol. avec deux Devises. 3. *Mellan*, 1639, in-fol. 4. *Humbelot*, in-fol. 5. G. *Huret*, in-fol. obl. 6. *Lenfant*, 1655, d'après *le Brun*, Buste. 7. *Moncornet.* 8. *Larmessin.* 9. K. *Audran*, in-4. 10. N... en pied. 11. *Le Brun*, del. Gilles *Rousselet*, sc. in-fol. dans un ovale soutenu par Hercule & Minerve. 12. N... dans le Livre de la Gallerie du Palais-Cardinal, in-fol. en pied. 13. *Mellan*, in-8. dans la Suite d'Odieuvre. 14. *Nanteuil*, d'après C. *le Brun*, 1656, in-fol. maj. obl. dans des Ornemens. 15. *Nanteuil*, 1663, in-fol. 16. N. *Pittau*, d'après N. *de Plattemontagne*, 1668, in-fol. maj. 17. *Van Schuppen*, 1662 & 1668, in-fol. 18. Jacq. *Lubin*, in-fol.

Tome IV. Part. II.

SEGUIER, (Pierre) Chevalier, Marquis de Saint-Brisson, Prévôt de Paris en 1653, mort au mois d'Août 1669. *Nanteuil*, del. & sc. 1659, in-fol.

SEGUIER, (Charlotte) seconde fille du Chancelier, mariée, 1.° en 1639 à Maximilien-François de Béthune, troisième Duc de Sully, mort en 1661; 2.° le 29 Octobre 1668 à Henri de Bourbon, Duc de Verneuil; morte le 5 Juin 1704 à 81 ans, 10 mois. C. *Churpignon*, in-4.

SEGUIER, (Dominique) frère du Chancelier, Doyen de l'Eglise de Paris, premier Aumônier du Roi, Evêque d'Auxerre en 1631, puis de Meaux en 1637, eut l'honneur de baptiser le Dauphin, qui fut depuis Louis XIV, & Philippe, Duc d'Orléans, son frère; mourut le 16 Mai 1657, âgé d'environ 66 ans. 1. Mich. *Lasne*, 1636, in-fol. 2. *Berchet*, p. R. *Lochon*, sc. 1654, in-fol. 3. Le même retouché. 4. Grég. *Huret*, in-fol. obl. avec des Anges. 5. *Humbelot.* 6. J. *Picart*, 1636. Médaillon.

SEGUIER, (Antoine-Louis) Avocat-Général du Parlement de Paris, de l'Académie Françoise. *Cochin*, del. & sc. 1764. Médaillon in-4.

SEGUIN, (Pierre) Doyen de l'Eglise de Saint-Germain-l'Auxerrois, mort à Paris au mois de Mars 1673. *Strésor*, p. N. *Pittau*, sc. 1664, in-fol. âgé de 64 ans.

SEGUIN, (Alexandre) Avocat & Echevin de Lyon en 1670 & 1671. *Panto*, p. *Lauvers*, sc. in-fol.

SEGUIRAN, (Reinauld de) Commandant d'une Galère qui portoit son nom, fut dangereusement blessé d'une mousquetade au travers du corps, au Combat devant Gênes en 1638; ce qui l'obligea de quitter le service, & de prendre le parti de la Robe; fut en 1649 pourvu de la Charge de premier Président de la Chambre des Comptes, Aides & Finances de Provence, qu'il exerça jusqu'à 1678, qu'il mourut. 1. J. *Cundier*, à Aix, d'après *Daret*, in-fol. 2. *Grignon*, in-fol.

SEGUIRAN, (Antoine de) fils du précédent, premier Président de la Cour des Comptes, &c. de Provence. J. C. *Cundier*, p. J. *Cundier*, sc. 1681, in-fol.

SEGUR, (Jean-Charles de) Evêque de Saint-Papoul, né à Paris en 1695, abdiqua son Evêché en 1735, mourut à Paris en 1748, fut enterré dans le Cimetière de Saint-Gervais. 1. N... in-fol. 2. *Mathey*, petit Buste in-24.

SEGUR, (Marie-Anne-Françoise de) de Pontchat, Abbesse de Gif, née le 25 Décembre 1697, morte le 22 Novembre 1749. *François*, C. P. R. in-fol. dans un ovale.

SEIGLIERE, (Joachim de) & de Boisfranc, Trésorier-Général & Surintendant des Bâtimens de M. le Duc d'Orléans. 1. *Van Schuppen*, 1674, d'après Alex. *du Buisson*, in-fol. maj. 2. N... 1678, in-fol. maj.

SEILLERAYE. Voy. HAROUYS.

SEINE, (Catherine de) femme de Dufresne, Actrice de la Comédie Françoise. 1. *Aved*, p. *Lépicié*, sc. in-fol. 2. *Fessard*, dans la Suite d'Odieuvre, in-8.

SELLIER, (Augustin le) Abbé, Général de Prémontré, mort au mois de Janvier 1670. Fr. *Poilly*, in-fol.

SEMELIER, (Jean-Laurent le) Prêtre de la Doctrine Chrétienne, né à Paris en 1700, & mort en 1725. *Vandenvelde*, p. *Desplaces*, sc. in-fol.

SENAC, (Jean de) premier Médecin du Roi, & ancien Capitoul de Toulouse. 1. N... in-8. 2. *Petit*, f. 1759, in-8.

SENAULT, (Jean-François) Général de la Congrégation de l'Oratoire, né à Anvers en 1599, mort à Paris en 1671. Jacq. *Lubin*, in-fol.

SENAULT, (N...) Orateur. N... in-4. obl.

L l 2

SENAULT, (Louis) Maître Ecrivain - Juré de Paris. 1. *Boulanger*, in-4. 2. *Bonnart*, in-4. obl.

SÉNE. (Pierre le) N...

SENNE, (Nicolaus) Doctor Theol. Regis Prædicator. N... 1620, in-8. ætat. 34.

SENNETERRE, (Henri de) père, Ambassadeur en Angleterre, &c. mort en 1662, âgé de 89 ans. *Moncornet*, in-4.

SENNETERRE, (Henri de) Gouverneur de Lorraine, fait Maréchal de France le 5 Janvier 1651, Chevalier du Saint-Esprit en 1662, Duc & Pair en 1665, mort le 27 Septembre 1681, âgé de 82 ans. 1. *J. Colin*, à Reims, in-fol. à cheval. 2. *Regneffon*, & la tête par *Nanteuil*, in-4. petit ovale. 3. *Frosne*, in-4. 4. *Larmessin*, in-4.

SENNETERRE, (Henri-Charles de) fils de Jean-Charles, né le 3 Juillet 1714, Colonel d'un Régiment de son nom en 1734; pendant l'Ambassade de son père à Turin, eut la petite-vérole qui le rendit aveugle. *Beauvais*, in-fol. à cheval, dans l'Ecole de Cavalerie de la Gueriniere.

SENNETERRE, (Louis de la Ferté) Jésuite, né le 2 Juin 1659. *Defrochers*.

SENNETERRE, (Magdeleine de) Amazone Françoise, qui tua Montal en 1574; étoit veuve de Guy de Miraumont, Seigneur de Saint-Exupery, qu'elle avoit épousé en 1548, & fille de Nectaire, Seigneur de Saint-Nectaire (ou Senneterre) Gentilhomme de la Chambre. On peut voir ce qu'en dit Mezeray dans la Vie de Henry III, année 1575. Dessin au pastel, dans le Cabinet de M. de Fontette.

SÉRAPHIN, (le Père) de Rouen, Capucin, fameux Prédicateur, mort à Rouen le 2 Décembre 1674, âgé de 46 ans. *Landry*, in-8.

SÉRAPHIN, (le Père) de Paris, Capucin, Prédicateur du Roi, fils d'un Parfumeur, nommé *le Maire*, de la rue Saint-Honoré. C. *Duflos*, 1702, in-fol.

SERCLIER, (Jude) Chanoine Régulier de la Congrégation de Saint-Ruf, âgé de 41 ans. N... in-8.

SERECOURT, (François de) Abbé de Saint-Benoist. *Wocriot*, en un petit ovale.

SERMENT, (Louise-Anastasie de) Fille illustre & sçavante, née à Grenoble, morte à Paris vers l'an 1692, âgée de 50 ans. N. *Habert*, d'après *le Febvre*, in-fol.

SERRE, (Jean-Puget de la) Historiographe de France, né à Toulouse vers l'an 1600, mort en 1666. 1. M. *Lasne*, in-8. 2. *Jollain*. 3. M. *Lasne*, d'après *Wandyck*, in-fol. 4. L. *Vorsterman*, in-8. 5. *Larmessin*, in-fol. dans une Ordonnance gravée par *Lombart*. 6. N... in-fol. en pied. 7. J. *Valdor*, d'après Germ. *Douff*t, in-4. dans des Ornemens pour le Frontispice du Roman de la Cour.

SERRE, (Marie) mère d'Hyacinthe Rigaud, Peintre du Roi. H. *Rigaud*, p. P. *Drevet*, sc. 1706, in-fol. maj.

SERRES, (Jean de) né dans le Vivarais au milieu du seizième Siècle, abjura le Calvinisme en 1597, & mourut en 1598, âgé d'environ 50 ans. Il a composé plusieurs Ouvrages sur l'Histoire de France. N...

SERRONI, (Hyacinthe) né à Rome le 30 Août 1617, fut Dominicain, Evêque d'Orange en 1646, Intendant de Provence & de Catalogne, employé pour le Réglement des Limites en exécution du Traité des Pyrénées, Evêque de Mende en 1661, premier Archevêque d'Alby le 7 Août 1676, mort à Paris le 7 Janvier 1687, âgé de 70 ans. 1. Et. *Picart*, in-fol. 2. R. *Lochon*, 1682, in-4. présentant un Livre au Roi. 3. *Rigaud*, p. Fr. *Ertinger*, sc. 1688, in-fol. 4. *Simonneau*, 1689, in-8.

SERVANDONI, (Jean-Nicolas) Architecte & Décorateur, né à............ mort à Paris le 19 Janvier 1766. *Colson*, p. *Miger*, sc. 1772, in-fol. dans la Gallerie Françoise. Cahier VI.

SERVIEN, (Abel) Chevalier, Marquis de Sablé, &c. Sénéchal d'Anjou, Commandeur & Chancelier des Ordres du Roi, Ministre & Secrétaire d'Etat, Surintendant des Finances, auparavant second Plénipotentiaire du Roi au Traité de Munster, mort à Meudon en 1659, à 65 ans. 1. M. *Lasne*, in-fol. 2. N... dans le Livre de la Gallerie du Palais-Cardinal, in-fol. 3. *Moncornet*. 4. Cl. *Mellan*, in-fol. 5. *Bignon*, in-4. dans la Suite des Plénipotentiaires de Munster. 6. Ans. *Vantuelle*, p. Paul *Pontius*, sc. in-fol. 7. N... in-8. ovale.

SERVIEN, (François) frère d'Abel, Evêque de Carcassonne en 1653, transféré à Bayeux en 1654, mort en 1661. *Champagne*, p. *Nanteuil*, sc. 1656, in-fol.

SERVIEN, (Augustin) Abbé de Saint-Jouin, mort en 1716. Fr. *de la Mare-Richard*, p. *Lombart*, sc. 1666, in-fol.

SERVIN, (Louis) Avocat-Général du Parlement de Paris & Conseiller d'Etat, mort en 1626. 1. Th. *de Leu*, in-8. & in-fol. (Beau.) 2. *Mariette*, 3. N... dans Odieuvre.

SESMAISONS, (Hilarion de) Chevalier, Seigneur de Quifistre & de Trevaly. S. *Thomassin*, 1703, in-fol. maj.

SEUBERTUS, (Joh. Jac.) Med. Doctor & Practicus apud Argentor. celeberrimus. *Roo*, del. Batt. *Kilian*, sc. 1676, in-fol.

SÈVE, (Alexandre de) Conseiller d'Etat & du Conseil Royal des Finances. Prévôt des Marchands. *Nanteuil*, del. & sc. 1662, in-fol.

SÈVE, (Guy de) de Rochechouart, Docteur en Théologie de la Maison de Sorbonne, Abbé de Saint-Michel, puis Evêque d'Arras en 1670, mort en 1724. 1. *Dieu*, p. *Lenfant*, sc. 1663, in-fol. 2. *Mignard*, p. *Van Schuppen*, sc. 1679, in-fol. 3. *Mignard*, p. Et. *Baudet*, sc. 1769, in-fol. 4. Et. *Gantrel*, 1680, in-8.

SÈVE, (François de) Chevalier de Malthe, Grand-Prieur de Champagne, Commandeur de Robercourt, mort à Voulenes en Champagne. J. *Frosne*, in-4.

SÈVE, (Maurice) Lyonnois, Poëte François, fleurissoit en 1559. 1. N... en petit. 2. Dessin à l'encre de la Chine, dans le Cabinet de M. de Fontette.

SÈVE, (Pierre de) Baron de Fleschères, premier Président de la Cour des Monnoies & au Présidial de Lyon en 1706. Hyac. *Rigaud*, p. J. Fr. *Cars*, sc. 1706, in-fol. maj.

SÈVE, (Guillaume de) de Laval, premier Président du Parlement de Dombes. G. *Audran*, in-fol.

SÈVE, (Damoiselle Sibylle de) Lyonnoise, excellente en l'Art Poétique, & rareté d'esprit. *Moncornet*, in-4.

SÉVIGNÉ, (Marie de Rabutin-Chantal, Marquise de) née le 5 Février 1626, mariée en 1644, morte à Grignan, le 14 Janvier 1696. 1. *Nanteuil*, p. *Chereau*, sc. 2. *Edelinck*, in-8. 3. N... dans Odieuvre.

SEVIN, (Nicolas) Professeur d'Humanités au Collège de Beauvais à Paris, pendant 50 ans. Boileau-Despreaux avoit étudié sous lui, & il étoit oncle de Couvay, Graveur. *Couvay*, d'après *Vanmol*, 1654, in-fol. âgé de 54 ans.

SEVIN, (Paul-Pierre de) né à Tournon, Peintre établi à Lyon. 1. J. *Cottelle*, p. à Rome, 1670, âgé de 20 ans. *Vermeulen*, sc. à Paris 1688, in-4. 2. Fr. *Cheron*, del. *Ertinger*, sc. 1668, in-8. 3. *Oliverius*, 1692, d'après Eliz. *de la Croix*, en manière noire.

SEULLÉ, (M.) sous Henri III. Dessin au Cabinet de M. de Fontette.

SEULPHE, Archevêque de Reims, Légat en France, mort en 926. N... dans l'Histoire des Ministres par d'Auteuil.

SEURIN, (Jean-Joseph) Jésuite, illustre par ses Ecrits & par la sainteté de sa Vie, mort à Bordeaux le 21 Avril 1665, âgé de 65 ans. Et. *Gantrel*, in-8.

SFORCE, (Madame de) d'Ognane, Louise-Adélaïde de Damas-Thianges, femme de Louis Sforce, Duc d'Ognane, Chevalier des Ordres du Roi; mariée le 30 Octobre 1678. *Bonnart*, 1695, in-fol.

SIGAULD, (Charles) Cordelier, Docteur en Théologie, premier Père de la Province de Saint-Bonaventure. H. *Jans*, in-4.

SIDOINE, (Apollinaire) Evêque de Clermont, mort le 23 Août 480, à 52 ans. N... dans Thévet.

SILLERY. Voy. BRULART.

SILVA, (J. Bapt.) Ecuyer, Docteur en Médecine, Régent de la Faculté en l'Université de Paris, né à Bordeaux le 13 Janvier 1682, mort à Paris le 19 Août 1742. 1. *Schmidt*, d'après *Rigaud*, in-fol. maj. (Beau.) 2. *Petit*, 1740, in-8. 3. N... dans Odieuvre.

SILVECANE, (Constance de) Président en la Cour des Monnoies, & Prévôt des Marchands de Lyon, mort à Paris en 1694. Th. *Blanchet*, p. 1679. *Tournheyser*, sc. à Lyon, in-fol.

SILVESTRE, (Israël) Dessinateur du Cabinet du Roi, & Graveur célèbre pour les Vues & les Bâtimens, né à Nanci en 1621, mort à Paris en 1691. C. *le Brun*, p. Ant. *Edelinck*, sc. 1677, in-fol.

SILVESTRE, (François) Graveur. *Hérault*, p. 1710. *Desplaces*, sc. in-fol.

SILVESTRE, (Louis de) Ecuyer, premier Peintre du Roi de Pologne, Electeur de Saxe; fut Directeur de l'Académie de Peinture & de Sculpture de France; mourut le 14 Avril 1760, âgé de 83 ans. *Cochin*, del. H. *Wattelet*, Receveur-Général des Finances, sc. Médaillon, in-4.

SILVIA, (N...) Actrice célèbre du Théâtre Italien de Paris, femme de Mario (de leur mariage, est venu un fils, appellé *Balleti*, & une fille qui, avec tous les talens qu'avoit sa mère, a résisté à les produire en public. La mère est morte vers 1755, & la fille a épousé en Juillet 1760, le Sieur Blondel, Architecte du Roi, connu par ses Cours d'Architecture & par son Recueil sur l'Architecture Françoise, imprimé par Jombert en plusieurs Volumes in-fol. *Latour*, p. en pastel. *Surugue* fils, sc. 1755, in-fol. avec quatre Vers François.

SIMIANE, (Louis-Marie-Armand de) de Gordes, Comte de Lyon, premier Aumônier de la Reine, Evêque & Duc de Langres, mort à Paris le 21 Novembre 1695, âgé de 70 ans. 1. Fr. *Van Schuppen*, 1669, d'après C. *le Febvre*, in-fol. en Abbé. 2. *Humbelot*, in-fol. en Abbé. 3. N. *Habert*, 1685, in-fol. en Evêque.

SIMIANE, (Jean de) de la Ceppède, &c. Président à Mortier au Parlement de Provence en 1662, mort au mois de Mai 1687. J.C. *Cundier*, p. J. *Cundier*, sc. 1672.

SIMIANE, (François de) Marquis de Gordes, Grand-Sénéchal de Provence, mort en 1680. *Duchesne*, p. *Cundier*, sc. in-fol.

SIMON, (B.) Sacerdos Valentinus, denatus ann. 1612, ætat. 33. N... in-8. Le même, (sous son nom de François-Michel, & comme mort en odeur de sainteté.) Fr. *Rib*, del. M. *Lasne*, sc. in-fol. avec des Ornemens à l'entour, où sont marqués les principales actions de sa Vie.

SIMON, (François) d'Issy, Capucin laïc, décédé à Paris le 4 Novembre 1643, âgé de 82 ans, en ayant passé 56 dans la Religion. J. *Couvay*, in-8.

SIMON, (Pierre) Graveur du Roi. 1. *Ernou*, p. *Edelinck*, sc. 1694, in-fol. 2. *Tortebat*, p. *Trouvain*, sc. 1695, in-fol.

SIMONEAU, (Charles) Graveur, né à Orléans, vers l'an 1639, mort à Paris en 1682. N... dans Odieuvre.

SINGLIN, (Antoine) Directeur de Port-Royal, né à Paris, mort en 1664, âgé de 57 ans. 1. *Champagne*, p. *Vill*, sc. in-fol. 2. N... petit Buste in-24.

SIRMOND, (Jacques) né à Riom en Auvergne, le 12 Octobre 1559, Jésuite en 1576, célèbre par ses Ouvrages, mort à Paris le 7 Octobre 1651. 1. C. *Vermeulen*, 1692, in-fol. 2. Jac. *Lubin*, 1695, in-fol.

SIROT. Voy. LETOUF.

SLODTZ, (Sébast. Antoine) l'aîné, Dessinateur du Cabinet du Roi, né à Anvers, mort à Paris en 1728. *Cochin*, del. *Cars*, sc. 1755. Médaillon in-4.

SLODTZ, (Paul-Ambroise) fils aîné du précédent, Sculpteur du Roi, Professeur de l'Académie de Peinture & Sculpture, mort en 1758. *Cochin*, del. *Cars*, sc. 1755. Médaillon, in-4.

SLODTZ, (René-Michel) dit *Michel-Ange*, ou *le Romain*, second fils de Sebastien-Antoine, Sculpteur du Roi, né à Paris en 1705, mort le 26 Octobre 1764. *Cochin*, del. *Laur. Cars*, sc. 1755. Médaillon in-4.

SOANEN, (Jean) Evêque de Sénés, né le 10 Janvier 1647, appellant au futur Concile, déposé au Concile d'Embrun en 1727, mort à la Chaise-Dieu en Auvergne, le 26 Décembre 1750. 1. N... in-fol. dans un ovale. 2. N... avec un passage de l'Epitre de S. Paul aux Corinthiens. 3. N. *Tardieu*, 1716, in-fol. 4. *Raoux*, p. *Ballechou*, sc. dans la Suite d'Odieuvre, in-12. 5. *Chereau*, d'après *Raoux*, in-fol. 6. *Fiquet*, in-fol. avec trois autres Evêques assemblés. 7. *Desrochers*, in-8. 8. N... petit Buste in-24.

SOHIER, (Constantin) issu des anciens Comtes de Vermandois, Chevalier, Baron du Saint-Empire, &c. âgé de 37 ans en 1661. *Holsten*, 1661, in-fol.

SOISSONS, (le Comte de) sous Henri III. Deux Dessins au Cabinet du Roi.

SOISSONS. Voy. BOURBON.

SOL, (le Capitaine du) sous Henri IV. Dessin au Cabinet du Roi.

SOLEYSEL, (Jacques de) Sieur du Clapier & de la Bérardière, Ecuyer du Roi dans sa Grande Ecurie, né en 1617, mort en 1680. 1. *Hainzelman*, del. & sc. 1680, in-4. âgé de 63 ans. 2. L. *Cossin*, in-fol. 3. G. *Edelinck*, in-fol.

SOLMINIHAC, (Alain de) né à Périgueux, Abbé des Chanoines Réguliers de la Chancellade, Evêque de Cahors en 1637, mort en opinion de sainteté, le 31 Décembre 1659, âgé de 67 ans. N... in-8.

SOMMERY, (Jacques-Etienne, Marquis de) Colonel d'Infanterie, Lieutenant aux Gardes. *Cochin*, del. H. *Wattelet*, sc. 1756. Médaillon in-4.

SONNET, (Thomas) Sieur de Courval, Gentilhomme Virois, Docteur en Médecine. 1. L. *Gaultier*, 1610, in-8. âgé de 33 ans. 2. *Matheus*, in-8. âgé de 45 ans.

SONNOIS, (Charles-Hugues) Avocat, né en 1692. *Cornu*, p. *Daullé*, sc. in-fol.

SORBECK, (N...) Chirurgien des Mousquetaires du Roi. *Cochin*, del. p. P. E. *Moitte*, sc. 1770, in-4.

SORBIÈRE, (Samuel de) né au commencement du dix-septième Siècle, dans la Ville de Saint-Ambroise, Diocèse d'Uzès, de parens Protestans, abjura en 1653, & prit l'Etat Ecclésiastique, fut fait Historiographe du

Roi en 1660, & mourut le 9 Avril 1670. 1. N. Bonnart, 1664, in-4. 2. G. Audran, à Rome, 1667, in-4.

Sorbin, (Arnauld) dit *de Sainte-Foy*, né à Monteig près de Montauban, fut attaché à Georges, Cardinal d'Armagnac, ensuite Prédicateur des Rois Charles IX, Henri III & Henri IV, Evêque de Nevers en 1578, & y mourut le 1 Mai 1606, âgé de 74 ans. Th. *de Leu*, 1594, in-4.

Sorbonne, (Robert de) né en 1201 à Sorbon, Village du Rethelois, au Diocèse de Reims, fut Chanoine de Soissons, Confesseur du Roi saint Louis, & premier Fondateur du Collège de Sorbonne à Paris en 1253, y mourut en 1274. 1. *Mathæus*, in-4. 2. *Alix*, d'après *Vanmol*, in-fol. 3. *Jollain*. 4. *Desrochers*.

Sordet, (Pierre-François) Cordelier, Provincial de la Province de Saint-Bonaventure en 1697. P. *Giffart*, 1697, in-fol.

Sorel. Voy. Agnès.

Sorel, (Charles) Historiographe du Roi, né en 1599, à Paris, fils d'un Procureur; mourut en 1670. M. *Lasne*, in-4.

Soria, (Jean-Bonaventure de) Cordelier, Confesseur de la Reine Marie-Thérèse d'Autriche. *Giffart*, in-fol.

Soubise. Voy. Rohan.

Soublet. (François) *Boissevin*.

Souchere, (Jérôme de) Abbé de Clairvaux, mort à Rome en 1571. N... 1611, in-fol.

Soufflot, (J. G.) Contrôleur des Bâtimens du Roi, & Architecte. *Cochin*, del. Laurent *Cars*, sc. 1757, Médaillon in-4.

Souillac, (Jean-Georges de) Evêque de Lodève en 1733, y mourut en 1750. N. J. B. *Poilly*, in-12. dans un ovale.

Source. (la belle) *Natier*, p. *Meliny*, sc. in-fol.

Sourdeac, (le Jeune, Marquis de) sous Henri IV. Dessin au Cabinet du Roi.

Sourdis, (François d'Escoubleau de) Archevêque de Bordeaux en 1591, Cardinal en 1599, présida à plusieurs Assemblées du Clergé, baptisa Gaston, second fils de Henri IV, célébra le Mariage de Louis XIII, avec Anne d'Autriche, à Bordeaux, le 18 Octobre 1615, & mourut dans cette Ville le 8 Janvier 1628, âgé de 58 ans. 1. N... in-8. 2. Dessin au Cabinet de M. de Fontette.

Sourdis, (Henri d'Escoubleau de) frère du précédent, Evêque de Maillezais en 1623, Archevêque de Bordeaux après son frère en 1628, suivit Louis XIII à l'expédition de la Rochelle, se trouva à l'Expédition d'Italie en 1633, & fut fait Commandeur de l'Ordre du Saint-Esprit. Il eut de grands différends avec le Duc d'Epernon, Gouverneur de Guyenne. En 1635, il présida à l'Assemblée du Clergé. Il servit à la reprise des Isles de Sainte-Marguerite, avec le Comte de Harcourt, & mourut à Auteuil près de Paris, le 18 Juin 1645. Son corps fut porté dans l'Eglise de Jouy près de Versailles, où l'on voit son Tombeau en marbre. J. *Picart*, in-4. 2. *Moncornet*.

Souvré, (Gilles de) Maréchal de France, mort en 1646, à 84 ans. N...

Souvré, (Jacques de) Chevalier de Malthe, Grand-Prieur de France, Ambassadeur de son Ordre en France, mort à Paris le 22 Mai 1670, âgé de 70 ans. 1. P. *Mignard*, p. *Lenfant*, sc. 1667, in-fol. 2. Son Tombeau à Saint-Jean-de-Latran à Paris, N... in-fol.

Soyecourt. Voy. Bellefouriere.

Soyer, (François) Cordelier. 1. G. *Rousselet*, 1664, in-8. 2. *Humbelot*, 1666, in-fol.

Sparot, (Monseigneur de) sous François I. Dessin au Cabinet du Roi.

Spon, (Jacob) né à Lyon en 1647, Docteur en Médecine, Antiquaire & Voyageur, mort à Vevay, Ville du Canton de Berne, où il s'étoit retiré, le 25 Décembre 1685. 1. Math. *Ogier*, à Lyon, in-8. 2. N... in-8.

Sponde, (Henri de) né à Mauléon de Soule, le 6 Janvier 1568, d'un père Calviniste, & Secrétaire de Jeanne, Reine de Navarre. Il se convertit en 1595, fut fait Prêtre à Rome en 1606, Evêque de Pamiez en 1626, & mourut à Toulouse le 18 Mars 1643. 1. M. *Lasne*, 1641, in-fol. 2. Jacq. *Lubin*, 1694, in-fol. 3. *Habert*. 4. Et. *Desrochers*, in-8.

Stadel, (Isaïas) Reip. Argentoratensis Consul & Tredecemvir, natus Argentorati anno 1627. J. A. *Scupel*, 1699, in-fol.

Stadion, (Franç. Gaspard) N...

Stadius, (Joannes) Brabantus, Mathematicus & Historicus, natus anno 1527, vir excellenti ingenio, Lovanii Historiam publicè docuit, unde Lutetiam ab Henrico III evocatus Regii Mathematicorum Professoris munere donatus est : obiit anno 1579, in Ædibus Mareschalli Retzii. 1. N... en bois, en petit. 2. N... en petit.

Stanislas. Voy. Pologne.

Stella, (Jacques) Peintre du Roi, né à Lyon en 1597, mort à Paris en 1657. 1. Claudine *Stella*, sa niece, in-4. à l'eau-forte. 2. N... dans l'Histoire des Peintres par d'Argenville.

Stella, (Claudine) nièce du précédent, de l'Académie de Peinture. Dessin au Cabinet de M. de Fontette.

Stoockius, (Petrus) Consul Reip. Argentoratensis ejusdemque Academiæ, Scholarcha, ann. 1627, ætat. 73. Jac. *ab Heyden*, in-4.

Strozzi, (Pierre) Maréchal de France, tué d'un coup de canon au Siège de Thionville, le 20 Juin 1558. 1. N... en petit. 2. Dessin au Cabinet de M. de Fontette.

Strozzi, (Philippe) fils du précédent, né en 1541, Colonel-Général de l'Infanterie, Lieutenant-Général de l'Armée navale, dressée en faveur d'Antoine, Roi de Portugal, pour les Isles Açores; étant tombé entre les mains du Marquis de Santa-Cruz dans le Combat naval donné près de l'Isle Saint-Michel le jour de Sainte Anne 1582, il fut tué de sang-froid, & son corps jetté dans la mer. 1. Th. *de Leu*, in-8. 2. N... dans Thevet. 3. *Moncornet*. 4. N... en petit.

Sturmius, (Jacobus) à Sturmeck, Reipub. Argentoratensis Prætor & Tredecemvir, mortuus ann. 1553. 1. N... in-fol. en bois. 2. N... in-4.

Sturmius, (Joannes) Argentoratensis Academiæ Rector, natus anno 1507, (le 1 Octobre à Sleida, Ville près Cologne, mort à Strasbourg le 3 Mars 1589.) 1. H. *Hondius*, in-4. 2. Jac. *ab Heyden*, in-4. 3. Jo. *Aubry*, in-4. 4. N... dans le Recueil de Boissard, in-4. 5. Bern. *Jobin*, à Strasbourg, 1570, in-fol. en bois.

Suarès, (Joseph-Marie) Evêque de Vaison en 1633, étoit né à Avignon, de Joseph, Auditeur de Rote ; se démit de son Evêché en 1666 en faveur de son frère, se retira à Rome, où il fut Garde de la Bibliothèque du Vatican, & y mourut le 8 Décembre 1677. *Desrochers*.

Subleiras, (Pierre) Peintre, né à Uzès en 1699, mort en 1749. N... dans l'Histoire des Peintres par d'Argenville.

Sublet, (François) Seigneur des Noyers, Secrétaire d'Etat, mort en 1645. 1. *Daret*, 1652, in-4. 2. *Tournier*, dans des Ornemens, in-fol.

Subligny, (Mademoiselle) Danseuse de l'Opéra vers 1695. 1. *Bonnart*, in-fol. 2. *Mariette*, in-fol.

des François illustres. 271

SUEUR, (Eustache le) Peintre, de l'Académie de Peinture, né à Paris en 1617, mort en 1655. 1. *Le Sueur*, lui-même, p. *Van Schuppen*, sc. 1696, in-fol. 2. *Cochin*, 1731. 3. N... dans l'Histoire des Peintres par d'Argenville.

SUFFREN, (Jean) Jésuite, Confesseur de Louis XIII, & de Marie de Médicis, mort en 1641. 1. M. *Lasne*, in-4. 2. *Cundier*. 3. *Mariette*.

SUGER, Abbé de Saint-Denis, Ministre d'Etat & Régent du Royaume sous Louis le Gros & Louis le Jeune, né en 1082, mort à Saint-Denis, en 1152. 1. N... dans le Livre de la Gallerie du Palais Cardinal. 2. *Crespy*. 3. N... in-8.

SUIREAU, (Matie des Anges) née à Chartres, Abbesse de Maubuisson, & ensuite de Port-Royal, morte à Paris en odeur de sainteté, le 10 Décembre 1658, âgée de 59 ans. 1. N. *Habert*, in-8. 2. *Desrochers*.

SUIZY, (Etienne de) Cardinal & Chancelier de France, étoit né à Suizy, Village près de Laon, & mourut à Avignon, en 1311. N...

SULLY. Voy. BÉTHUNE.

SURIREY, (Pierre) né à Saint-Remy, Commissaire-Provincial de l'Artillerie de France. Hyac. *Rigaud*, p. *Edelinck*, sc. 1697, in-fol.

SURPALIS, (Olivier de) en 1587. Dessin au Cabinet du Roi.

SURPALIS, (Mademoiselle de) de la famille de Lamoignon en 1587. Deux Dessins au Cabinet du Roi.

SUSANNE, (Robert de) Roi d'Armes. N... dans le P. Montfaucon.

SUTAINE, (Pierre) Abbé de Sainte-Geneviève, né à Reims, mort à Paris le 18 Décembre 1756, âgé de 83 ans. *Guillemard*, p. *Daullé*, sc. 1738, in-fol. maj.

SUZE, (Henriette de Coligny, Comtesse de la) née à Paris en 1618, morte en 1673, connue par ses Poésies. 1. *Desrochers*. 2. Dessin au Cabinet de M. de Fontette.

SYBILLOT, (N...) fol du Roi Louis XI, étoit de Troyes en Champagne. On voit encore dans l'Hôtel-de-Ville de Troyes, une Lettre originale de ce Prince, par laquelle, à l'occasion de la mort de ce fol, il marque à MM. de Troyes, qu'il en a été si content, & qu'il l'a si bien diverti, qu'il leur recommande de lui trouver un autre homme de leur Ville pour tenir sa place. Th. *de Leu*, 1583, in-8. avec un Distique Latin, & quatre Vers François au bas.

SYLVIUS, (Jacques) ou Dubois, Sçavant Médecin & Professeur Royal à Paris, étoit né à Amiens en 1478, de Nicolas Dubois, Ouvrier en Camelot; mourut en 1555, le 31 Janvier, & fut enterré au Cimetière des pauvres Ecoliers près du Collège de Montaigu. 1. *Mich. Faulte* & *René Moreau*, in-fol. 2. N... en petit.

T.

TABOUREAU, (Etienne) né à Dijon, Poëte Latin & François, Avocat & Auteur du Livre intitulé : *Bigarrures*, sous le nom du Sieur des Accords; mourut à Dijon en 1590, âgé de 43 ans, étant alors Procureur du Roi au Bailliage de cette Ville. 1. N... in-8. en bois, 1584, ætat. 35. 2. H. B. 1586, in-8. âgé de 38 ans. 3. Dessin au crayon, de Th. *de Leu*, dans le Cabinet de M. de Fontette. 4. Autre Dessin au Crayon. Ibid.

TACQUET, (Jean) Seigneur de Lechêne & de Helst, en 1615, âgé de 55 ans. Franç. *Villamène*, in-fol.

TAFFIN, (Joannes) Theologus, anno 1593, ætat. 64. N... in-8.

TAFFOUREAU, (Charles-Nicolas) des Fontaines, Evêque d'Alet, mort en 1708. *Rigaud*, p. *Chereau*, sc. in-4.

TAILLE, (Jean de la) né à Bondaroy près Pithiviers, Diocèse d'Orléans, en 1536, d'une famille noble, Gentilhomme de Beauvais en 1573. Auteur de quelques Pièces de Théâtre & d'un Traité sur les Duels; mort en 1638. N... in-12. en bois.

TAILLEFER, (Magdeleine) de Barière, Fille d'honneur de Madame. *Bonnart*, in-fol.

TAISAND, (Pierre) Trésorier de France à Dijon, né en 1644, mort en 1715. 1. *Revel*, p. *Simonneau*, sc. in-fol. 2. Dessin au crayon, dans le Cabinet de M. de Fontette.

TAISAN. (N...) *Vallée*, in-12.

TAIX, (Jean, Seigneur de) Pannetier & Grand-Maître de l'Artillerie sous François I, fut tué au Siège de Hesdin en 1553. 1. Dessin au Cabinet du Roi. 2. Dessin au Cabinet de M. de Fontette.

TALBOT, (Jean) Comte de Salop, Grand-Maréchal d'Angleterre en France, mort en 1453. 1. Tho. *Cerill*. W. *Prake*, excud. in-4. 2. N... dans Thévet.

TALLART, (Madame de) Françoise de Poitiers, sœur puînée de Diane, & femme d'Antoine de Clermont, Vicomte de Tallart, Grand-Maître des Eaux & Forêts de France. Dessin au Cabinet de M. de Fontette.

TALLART, (Camille d'Hostung, Duc de) Maréchal de France en 1703, né le 14 Février 1652, mort en 1728. N... Médaillon.

TALLEMAND, (Gédéon) Maître des Requêtes, épousa Marie du Puget de Montoron. *Frosne*, in-4.

TALLEMANT, (François) né à la Rochelle vers 1620, Abbé de Val-Chrétien, Aumônier du Roi, puis premier Aumônier de Madame la Duchesse d'Orléans, reçu à l'Académie Françoise le 10 mai 1651, mort le 6 Mai 1693, âgé de 73 ans. Et. *Picart*, d'après *Nanteuil*, in-fol.

TALLEMANT, (Paul) Prieur d'Amburle & de Saint-Albin, reçu à l'Académie Françoise en 1666, Intendant des Devises & Inscriptions des Edifices Royaux; né à Paris le 18 Juin 1642, de Gédeon, Maître des Requêtes, mourut le 30 Juillet 1712. *Coypel* fils, p. G. *Edelinck*, sc. 1693, in-fol.

TALLEYRAND, (Alexandre-Angélique de) Archevêque de Trajanople & Coadjuteur de Reims. *Wilbaut*, p. *Varin*, sc. 1768, in-fol.

TALON, (Jacques) Conseiller d'Etat, Avocat-Général au Parlement de Paris pendant 12 ans. M. *Lasne*, in-fol.

TALON, (Omer) Avocat-Général après Jacques, son frère, pendant 22 ans, mort en 1652, à 57 ans. 1. *Morin*, d'après *Champagne*, in-fol. 2. *Mellan*, del. & sc. in-fol. 3. *Moncornet*. 4. *Jollain*, in-fol.

TALON, (Denis) fils d'Omer & de Françoise Doujat, Avocat-Général pendant 38 ans, puis Président à Mortier en 1689, mort le 2 Mars 1698, âgé de 71 ans. 1. *Larmessin*, in-fol. en pied. 2. Le même, in-4. 3. *Rousselet*, 1655, d'après *Champagne*, in-fol. 4. *Nanteuil*, 1656, in-fol. 5. Fr. *Poilly*, 1659, in-fol 6. *Van Schuppen*, del. & sc. 1661, in-fol. 7. *Nanteuil*, 1669, in-fol. maj. 8. S. *Thomassin*, del. & sc. 1686, in-4. 9. *Van Lochon*, 1690, in-4. 10. N... en pied.

TALON, (Nicolas) Jésuite. *Heer*.

TARADE, (Jacques de) Ingénieur du Roi, Directeur des Fortifications de Strasbourg & dans toute l'Alsace, Chevalier de l'Ordre de Saint-Louis. J. A. *Scupel*, del. & sc. à Strasbourg, 1709, in-fol.

TARDIEU, (Nicolas-Henty) Graveur, mort à Paris en 1674. N... dans *Odieuvre*.

TARISSE, (R. P. D.) Supérieur-Général de la Congrégation de Saint-Maur, mort le 15 Septembre 1648, âgé de 74 ans. 1. Fr. *Douſtan*, p. *Morin*, ſc. in-fol. 2. *Moncornet*.

TASTE, (Louis-Bernard la) Bénédictin, Evêque de Bethléem en 1738, né à Bordeaux, mort à Saint-Denis en 1754, à 69 ans. N... in-4.

TAVANNES, (le Capitaine) ſous François I. Deſſin au Cabinet du Roi.

TAVANNES, (Mademoiſelle de) en 1587. Deſſin au Cabinet du Roi.

TAVANNES. Voy. SAULX.

TAVERNIER, (J. Bapt.) Chevalier, Baron d'Aubonne, originaire de Tours, grand Voyageur, partit de Paris vers l'année 1688, âgé de 83 ans pour faire un ſeptième Voyage dans les Indes par la Moſcovie : s'étant embarqué ſur le Volga, il lui arriva apparemment quelque accident, perſonne n'en ayant ouï parler depuis. Quelques Auteurs le diſent mort à Moſcou en 1689, âgé de 84 ans. 1. J. *Hainzelman*, del. & ſc. 1679, in-4. 2. Le même, in-4. en habit de Levantin. 3. *Jollain*.

TAUPADEL, (Georges-Chriſtophe de) *Moncornet*.

TAURELLI, (André) Juriſconſulte, né à Dijon en 1594, Docteur en Droit dans l'Univerſité de Touloufe, Avocat au Parlement de Bourgogne, fut appellé en Italie par Claude Rangoni, Evêque de Plaiſance, après la mort duquel il paſſa à Milan, à Veniſe, à Véronne, enfin à Bologne, où on lui donna la première Chaire de Profeſſeur dans les Lettres Grecques & Latines. Il fit le Panégyrique d'Urbain VIII, qui lui en témoigna beaucoup de ſatisfaction. Enſuite il accompagna à Rome les Ambaſſadeurs de Bologne, qui alloient féliciter Innocent X ſur ſon Election, & compoſa quelques Pièces qui lui acquirent une nouvelle gloire; mourut à Bologne vers l'an 1646. N... 1645, in-4. æt. 52. dans le Livre de l'Académie de Gli Incogniti.

TAILOR, (le Chevalier Jean) fameux Oculiſte. *Riche*, p. *Scotin*, ſc. in-8.

TEISSIER, (Euſtachius) Generalis totius Ordinis SS. Trinitatis Redemptionis Captivorum. 1. *Bouys*, p. *Van Schuppen*, ſc. 1690, in-fol. 2. G. *Edelinck*, d'après *Bouys*, 1690, in-fol. 3. Et. *Gantrel*, 1688, in-fol. maj.

TEISSIER, (Antoine) Conſeiller des Ambaſſades, & Hiſtoriographe de Sa Majeſté le Roi de Pruſſe, né à Montpellier le 28 Janvier 1632, fils du Receveur-Général de la Province de Languedoc; mort à Berlin le 7 Septembre 1715. N... in-4.

TELLIER, (Michel le) né à Paris le 19 Avril 1603, Secrétaire d'Etat en 1643, Chancelier de France le 29 Octobre 1677, mort à Paris le dernier Octobre 1685. 1. J. *Morin*, d'après Phil. *Champagne*, in-fol. 2. *Parocel*, del. *Rouſſelet*, ſc. avec une Pallas à ſes côtés. Vignette. 3. M. *Laſne*, d'après *Stella*, in-fol. 4. Le même, in-fol. dans des Ornemens, avec quelque Deviſes. 5. *Daret*, d'après J. *Stella*, in-fol. obl. dans un ovale porté par Pallas, l'Envie ſur le devant. 6. N... copie du précédent, in-fol. 7. *Nanteuil*, d'après *Champagne*, in-fol. 8. *Nanteuil*, del. & ſc. 1 Juillet 1658, in-fol. 9. *Nanteuil*, 17 Août 1658, in-fol. 10. *Nanteuil*, 20 Juin 1659, in-fol. 11. *Nanteuil*, 23 Juillet 1659, in-fol. 12. *Chauveau*, del. *Boulanger*, ſc. & le Buſte par *Nanteuil*, dans des Ornemens, in-fol. obl. 13. Mich. *Laſne*, 1661, in-fol. 14. *Nanteuil*, del. & ſc. 1661, in-fol. 15. *Nanteuil*, 1667, in-fol. 16. *Van Schuppen*, d'après *Nanteuil*, 1665, in-fol. 17. Le même 1674, in-fol. maj. 18. *Nanteuil*, 1678, in-fol. maj. 19. N. *Poilly*, in-fol. dans des Ornemens. 20. *Nanteuil*, del. *Van Schuppen*, ſc. 1680, in-fol. 21. G. *Edelinck*, d'après *Ferdinand*, in-fol. 22. N... 1680, in-12. Médaillon. 23. *Van Schuppen*, 1682, in-8. Médaillon. 24. N... 1684, Médaillon avec Revers : *Fortunata virtuti*.

25. *Boudan*. 26. *Larmeſſin*. 27. N... in-4. ob... vignette, en robe de Chancelier, conduit par un Ange, & l'Ecuſſon de ſes Armes au-deſſus. 28. Séb. *le Clerc*, petite Vignette. (Beau.) 29. Ferdinand *Voet*, p. *Edelinck*, ſc. 1698, in-fol. 30. N... dans Odieuvre.

TELLIER, (François-Michel le) Marquis de Louvois, né à Paris le 18 Janvier 1641, Secrétaire & Miniſtre d'Etat, Chancelier des Ordres du Roi, Surintendant des bâtimens, &c. mort ſubitement à Verſailles le 16 Juillet 1691, âgé de 51 ans. 1. *Jollain*, 1655, âgé de 14 ans. 2. *Landry*, in-fol. 3. *Larmeſſin*. 4. *Van Schuppen*, 1666, d'après C. *le Febvre*, in-fol. 5. N... in-fol. copié d'un plus grand. 6. *Nanteuil*, del. & ſc. 1677, in-fol. maj. pour la Thèſe de M. Boiſtel. 7. *Edelinck*, d'après *Mignard*, in-fol. dans des Ornemens deſſinés par *le Brun*. 8. J. *Hainzelman*, d'après *Ferdinand*, 1686, in-fol.

TELLIER, (Charles-Maurice le) ſecond fils du Chancelier, & d'Elizabeth Turpin, né à Turin le 18 Juillet 1642, Coadjuteur de Reims en 1669, Archevêque de Reims en 1670, Préſident de l'Aſſemblée du Clergé en 1700, Doyen des Conſeillers d'Etat, mort à Paris d'une attaque d'apoplexie, le 22 Février 1710. 1. *Nanteuil*, 1664, in-fol. en Abbé. 2. *Larmeſſin*. 3. *Van Schuppen*, d'après C. *le Febvre*, 1664, in-fol. 4. *Nanteuil*, del. & ſc. 1670, in-fol. 5. *Nanteuil*, 1667, in-fol. 6. *Nanteuil*, 1672, in-fol. maj. 7. *Nanteuil*, en 1677 ou 78, in-fol. maj. 8. J. *Colin*, à Reims d'après *Mignard*, in-fol. maj. 9. *Van Schuppen*, d'après P. *Mignard*, 1677, in-4. pour le Rituel de Reims. 10. Et. *Deſrochers*, 1698, in-8. 11. N. *Habert*, 1700, in-fol. 12. C. L. *Duflos*, d'après *Mignard*, 1705, in-fol. 13. J. *Audran*, in-12. (Beau.) 14. G. *Edelinck*, d'après *Mignard*, 1691, in-fol. pour le Catalogue de la Bibliothèque de M. le Tellier.

TELLIER, (Louis-Fr. Marie le) Marquis de Barbeſieux, Secrétaire d'Etat, Chancelier des Ordres du Roi, mort à Verſailles le 5 Janvier 1701, âgé de 33 ans. 1. *Vermeulen*, 1691, d'après *Mignard*, in-fol. maj. 2. Le même, avec le Cordon du Saint-Eſprit.

TELLIER, (Camille) de Louvois, Abbé de Bourgueil, Bibliothécaire du Roi, de l'Académie Françoiſe, mort le 5 Novembre 1718, âgé de 44 ans. 1. *Largillière*, p. 1697. *Rouſſelet*, ſc. in-fol. maj. 2. *Rigaud*, p. *Audran*, ſc.

TELLIER, (le Père Michel le) Confeſſeur du Roi, né auprès de Vire en Baſſe-Normandie, en 1643, mort à la Flèche en 1719. N... in-4.

TELLIER, (Auguſtin) Général de Prémontré. *Poilly*, in-fol.

TELLIER, (François) Evêque de Digne en 1678, auparavant Curé de Saint-Severin à Paris, mort le 11 Février 1708, à 74 ans. N. *Habert*, 1691, in-4.

TELLIER, (Ch. Franç. Céſar le) Marquis de Montmirail, Brigadier des Armées du Roi, fils de François-Céſar le Tellier, Marquis de Courtenvaux, Colonel des Cent-Suiſſes, né à Paris le 11 Septembre 1734, mort le 13 Décembre 1764. J. M. *Fredou*, p. Car. *Gaucier*, ſc. 1766, in-8.

TENCIN, (Pierre de Guérin de) Archevêque d'Embrun en 1724, Cardinal en 1729, Archevêque de Lyon en 1740, Commandeur de l'Ordre du Saint-Eſprit, Proviſeur de Sorbonne, Miniſtre d'Etat, né à Grenoble en 1679, mort à Lyon en 1758. 1. Et. *Parrocel*, p. J. G. *Will*, del. & ſc. in-fol. maj. (Beau.) 2. *Deſrochers*.

TENEUR, (Jacq. Alex. le) Conſeiller en la Cour des Aides de Guyenne, dont les Voyages, les Belles-Lettres, l'Hiſtoire & les Mathématiques, faiſoient les plus agréables divertiſſemens; a compoſé pluſieurs ouvrages, entre autres, une docte Réponſe aux Livres de Chifflet, pour la conſervation des Privilèges de nos Rois; étoit

né

des François illustres. 273

né à Paris en 1604, & mourut en 1653. L. *Coquin*, in-4.

TERNANT, (Philippe) Chevalier de la Toison d'or. N...

TERRASSON, (André) Oratorien, né à Lyon, mort à Paris en 1723. N...

TERRASSON, (Jean) Académicien, né à Lyon en 1670, de l'Académie des Sciences en 1707, mort en 1750. N...

TERRASSON, (Gaspard) Oratorien, Frère des deux précédens, né à Lyon en 1680, grand Prédicateur, mort à Paris en 1752. N...

TERRASSON, (Guillaume) Avocat. N...

TERRASSON, (Mathieu) Avocat, né à Lyon en 1669, se fit recevoir Avocat à Paris en 1691, & y mourut en 1734.

TERRASSON, (Antoine) Avocat. (Vivant.) N...?

TRSEL, (M. le Baron de) peut-être de Tessé, en 1588. Dessin au Cabinet du Roi.

TESSÉ. (René de Froulay, Comte de) *Tardieu*, p. N... sc. dans Odieuvre.

TESSIER. (Mademoiselle) sous Henri IV. Dessin au Cabinet du Roi.

TESTELIN, (Louis) Peintre, né à Paris en 1615, mort en 1655. N... dans l'Histoire des Peintres par d'Argenville.

THAIS. (Mgr. de) Dessin au Cabinet du Roi.

THAUMAS, (Gaspard) de la Thaumassière, Avocat & Echevin de la Ville de Bourges, Auteur de l'Histoire du Berry, & autres Ouvrages; mort à Bourges, le 14 Juillet 1702. Ambr. *Junnin*, p. *Van Schuppen*, sc. 1695, in-fol. âgé de 64 ans.

THEMINES. Voy. LAUZIÈRES.

THEOBALDUS, (Philippus) Provincialis Carmelitarum, ejusdemque in Galliâ & alibi Restaurator : obiit in odore sanctitatis, ann. 1638, ætat. 63. 1. *Mellan*, in-4. 2. R. *Collin*, in-4. 3. *Landry*, 1673, in-8. 4. *Landry*, in-4.

THEODON, (Jean-Bapt.) Sculpteur, mort à Paris en 1716. N...

THÉOPHILE, (le Poëte) dont le nom de Famille étoit Viau, fut Gentilhomme de la Chambre du Roi, étoit né à Boussières-Sainte-Radegonde, Village près d'Aiguillon, vers 1590 : ayant été accusé d'A-héisme & d'autres crimes, il fut mis à la Conciergerie en 1623, & y demeura deux ans. Le Parlement le condamna au bannissement, mais M. de Montmoreney, qui le protégeoit, lui donna retraite dans son Hôtel à Paris, où il mourut le 25 Septembre 1626. 1. *Daret*, in-8. 2. *Desrochers*.

THÉRESE (la Mère) de Jesus, Carmélite. N...?

THÉSUT. (Jacques-Charles, & Bénigne de) C. *Audran*, dans une Thèse dédiée à M. de Chassepot.

THEVENARD, (Gabriel-Vincent) Acteur de l'Opéra, né à Paris en 1669, mort en 1741. N... dans Odieuvre.

THEVENIN, (Claude) Chanoine de l'Eglise de Paris. 1. *Nanteuil*, 1653, in-fol. 2. *Picart*.

THEVENOT, (N.) neveu de Melchisedech, né à Paris, fameux Voyageur, lequel retournant des Indes en Perse, y mourut dans un accident, dans une petite Ville, nommée Miana, à une journée de Tauris, en Novembre 1669, âgé de 34 ans. 1. *Chauveau*, del. Et. *Picart*, sc. in-4. en habit d'Arménien. 2. *Picart*, en petit.

THÉVET, (André) Géographe, né à Angoulesme, Cordelier, puis Abbé & Aumônier de la Reine Catherine de Médicis; mort à Paris en Novembre 1590, & enterré aux Cordeliers. 1. Th. *de Leu*, à Anvers, in-4. 2. N... en petit. 3. N...

THIBAUT, (N...) Clerc de M. Chuberé, Secrétaire du Roi, Avocat & Banquier. *Simon*, p. *Trouvain*, sc. très-petit.

THIBOUST, (Claude-Louis) Imprimeur & Libraire de Paris, mort en 1737. *Daullé*, sc. in-8.

THIERRIAT, (Charles de) d'Espagne, Chevalier du Petit-Pré, Gouverneur de Thionville. N. *Habert*, in-8.

THIERRY, (Jean) Sculpteur. *Largillière*, p. *Thomassin*, sc. in-fol.

THIERRY, (Denis) Imprimeur célèbre de Paris, l'un des Juges-Consuls. *Ferdinand*, p. 1690. *Duflos*, sc. 1711, in-fol.

THIEULLIER, (Louis-Jean) Médecin, Docteur-Régent de la Faculté de Paris. *Le Moine*, 1743, in-8.

THIVERNY, (N.) Econome de l'Hôpital de Bicêtre, *Mareuil*, 1702, in-12.

THOLOSANI, (Antonius de) Abbas Generalis Canonicorum Regul. Sancti Augustini Monasterii Sancti Antonii Viennensis, ejusdemque Ordinis Restaurator, Hæreticorum Oppugnator sævissimus, virtute, doctrinâ miraculisque clarus : obiit 12 Julii 1615, ætat. 63. 1. N... in-fol. 2. N... in-8.

THOMAS, (le grand) Arracheur de dents sur le Pont-Neuf, à Paris. 1. *Pinot*, in-4. 2. N... in-fol. Son Bonnet. N...

THOMAS, (J. J.) du Morey, Ingénieur du Roi & des Etats de Bourgogne. *Antoine*, 1761.

THOMAS, (Pierre) Sieur du Fossé, fils d'un Maître des Comptes de Rouen; né le 6 Août 1634, élevé à Port-Royal, mort à Paris le 4 Novembre 1698, âgé de 64 ans. Il a fait plusieurs Ouvrages, sans y mettre son nom. 1. *Simoneau*, 1702, in-4. 2. *Desrochers*.

THOMAS, (Henri de) Chevalier, Marquis de la Garde, &c. 1. *Viale*, p. *Balechou*, sc. in-fol. maj. 2. *Coussin*, in-fol.

THOMAS, (Auguste de) Marquis de la Garde, Président à Aix. *Viale*, p. *Coussin*, sc. in-fol.

THOMASSIN, (Louis) Prêtre de l'Oratoire, mort à Paris dans le Séminaire de Saint-Magloire, le 24 Décembre 1695, âgé de 76 ans; étoit né à Aix le 28 Août 1619, de Joseph, Avocat-Général de la Cour des Aides. 1. *Van Schuppen*, 1694, in-fol. 2. Le même, 1696, in-fol. 3. *Coellemans*. 4. *Desrochers*.

THOMASSIN, (Paul) Avocat. N...

THOMASSIN, (la Famille des) sçavoir :

Huguenin, mort en 1424. — Jean, mort en 1436. = Thomassin de Thomassin, mort en 1479. = Honoré. *Cundier*, in-fol.

Jean-André, Conseiller au Parlement d'Aix en 1570. = Jean-Augustin, Conseiller en 1588. = Jean-Etienne, Avocat-Général en 1600. = Alexandre, Avocat-Général de la Cour des Aides en 1607. *Coellemans*, in-fol.

Joseph, Avocat-Général de la Cour des Aides en 1608. = Louis, Seigneur de Taillas, Conseiller en la Cour des Aides en 1645. = François, Seigneur de la Garde, Président aux Enquêtes en 1649. = François, Seigneur de Linselle, Conseiller en 1650. *Cundier*, in-fol.

François, Marquis de Saint-Paul, Conseiller, mort en 1671. *Coellemans*, in-fol.

Jean-Baptiste, Seigneur d'Aynal, Conseiller, mort en 1674. *Gaillard*, p. *Cundier*, sc. in-fol.

Alphonse, Seigneur de Mazaugues, Conseiller en la

Tome IV. Part. II.   M m

Cour des Aides en 1674. = Louis, Seigneur de la Garde, Conseiller en 1682. = Pierre, Seigneur de Loubet, mort en 1684. *Coellemans*, in-fol.

Jean-Louis-François, Conseiller le 10 Octob. 1690. *Celloni*, p. *Cundier*, sc. in-fol.

François, Chanoine d'Aix. = Jean-Baptiste, Marquis de Saint-Paul, Président à Mortier en 1712. *Coellemans*, in-fol.

Louis Thomassin de Mazaugues, Conseiller, mort en 1712. *Cundier*, in-fol.

Alexandre, Seigneur de Peynier, mort en 1718. *Celloni*, p. *Cundier*, sc. 1718, in-fol.

Jean-Etienne, Marquis de Saint-Paul, Président à Mortier en 1709. Jac. *Coellemans*, 1709, in-fol. dans une Thèse.

François-Lazare, Marquis de Saint-Paul, Colonel d'Infanterie. *Celloni*, p. *Coellemans*, sc. in fol.

THOMASSIN, (Louis de) Coadjuteur de Vence en 1672, transferé à l'Evêché de Sisteron en 1680, mort le 13 Juillet 1718. 1. Et. *Desrochers*, 1704, in-8. 2. *Bouys*, p. *Crespy*, sc. 1706, in-fol.

THOMASSIN, (Thomas-Antoine Vincentini, dit) Arlequin de la Comédie Italienne à Paris, né à Vicence, mort à Paris en 1739, âgé de 57 ans. *Latour*, p. *Bertrand*, sc. in-fol.

THOU, (Augustin de) Président au Parlement de Paris, fils de Jacques, Avocat du Roi à la Cour des Aides; & de Géneviève le Moine : fut Conseiller en 1535, Président en 1541, & mourut le 6 Mars 1544. Il avoit épousé Claude de Marle, de laquelle il eut 21 enfans, desquels étoit Christophe, premier Président. *Morin*, in-fol.

THOU, (Augustin de) II du nom, Avocat-Général sous Charles IX, Président à Mortier après M. de Pibrac; mourut en 1595. Dessin au Cabinet du Roi.

THOU, (Christophe de) Avocat du Roi au Siège de la Table de Marbre, Echevin & Prévôt des Marchands de Paris, Président en 1554, premier Président en 1562, épousa Jacqueline de Tuleu, & mourut le 1 Novembre 1582, âgé de 74 ans. 1. N... in-4. dans des Ornemens. (Gravure de son temps.) 2. Th. *de Leu*, in-8. 3. *Morin*, in-fol. 4. N... en petit.

THOU, (Jacq. Auguste de) fils de Christophe, né à Paris le 9 Octobre 1553; d'abord embrassa l'Etat Ecclésiastique, ensuite fut Président en 1595, & Grand-Maître de la Bibliothèque du Roi ; a composé l'Histoire de son temps, Ouvrage comparable à ceux des Anciens, & est mort à Paris le 17 Mai 1617. Il avoit épousé, 1.° Marie de Barbançon, morte en 1601 ; 2.° Gasparde de la Chastre. 1. *Morin*, d'après *Ferdinand*, in-fol. 2. Séb. *Vouillemont*, d'après *Dumoustier*, in-fol. 3. J. *Lubin*, in-fol. 4. *Weyfurg*, in-4. 5. *Moncornet*. 6. N... 7. *Petit*. 8. *Boulonois*. 9. *Lochon*.

THOU, (Jacq. Auguste de) troisième fils du précédent, Conseiller au Parlement le 20 Mars 1643, puis Président aux Enquêtes; épousa Marie Picardet, fille de Hugues, Procureur-Général du Parlement de Dijon; fut Ambassadeur en Hollande, & mourut à Paris le 26 Septembre 1677, âgé de 69 ans. J. *Pesne*, p. & sc. in-fol.

THOU, (Nicolas de) fils d'Augustin I, fut Conseiller-Clerc, Archidiacre de l'Eglise de Paris, puis Evêque de Chartres; sacra Henri IV, en 1594, & mourut le 5 Octobre 1598, âgé de 70 ans. 1. N... en petit. 2. Dessin à la pierre noire, in-fol. dans le Cabinet du Roi. 3. *Morin*.

THOYRAS, (Paul Rapin, Sieur de) né à Castres, le 25 Mars 1661, mort à Wezel, le 16 Mai 1725, Auteur de l'Histoire d'Angleterre, &c. 1. *Vertue*, del. *Basan*, sc. in-12. Dans la Suite d'Odieuvre. 2. *Rogissart*, 1726. 3. N...

THUET, (Claude) Prêtre, Régent de la Faculté de Théologie de Paris, Chanoine-Théologal de Saint-Fursy de Péronne, mort âgé de 87 ans en 1646. 1. M. *Lasne*, in-fol. 2. *Mariette*.

THUILLIER, (Charles) Docteur en Médecine. Fr. *Sicre*, p. L. *Cossin*, sc. in-fol. âgé de 38 ans, en 1688.

THURET. (Jacques) Chanoine, Vicaire-Général & Official de Reims. 1. J. *Colin*, à Reims, d'après *Hélar*, in-fol. 2. Suzanne *Silvestre*, 1710, d'après *Vivien*, in-fol.

THURET, (Jacques) né à Paris, célèbre Horloger, logé aux Galleries du Louvre en 1711. Suzanne *Silvestre*, sa nièce, âgée de 16 ans.

THUROT, (N.) Capitaine de haut-bord. *Petit*, in-fol.

THYARD, (Pontus de) Seigneur de Bissy en Bourgogne, né au Château de Bissy en 1523, Evêque de Challon-sur-Saone en 1578, Poëte, mort le 23 Septembre 1605. 1. Th. *de Leu*, in-4. 2. Dessin au crayon, dans le Cabinet de M. de Fontette.

THYARD, (Henri de) Cardinal de Bissy en 1713, Evêque de Meaux en 1704, né le 25 Mai 1657, mort en son Abbaye de Saint-Germain-des-Prés, le 26 Juillet 1737. 1. *Rigaud*, p. 1715. *Hortemels*, in-fol. 2. *Desrochers*.

TIERS, (M. du) Sous Henri IV. Dessin au Cabinet du Roi.

TILLEMONT. Voy. le NAIN.

TILLET, (François du) Greffier en chef du Parlement de Paris. *Lenfant*, 1663, in-fol.

TILLIER, (Jacques) Receveur des Consignations. 1. *Vaillant*, p. 1659. R. *Lochon*, sc. 1667, in-fol. 2. H. *Gascard*, p. J. *Patigny*, sc. in-fol.

TINGRY, (le Prince de) sous Henri IV. Dessin au Cabinet du Roi.

TINTEVILLE, (Madame de) en 1598. Dessin au Cabinet du Roi.

TIPHERNO, (Philippe, Abbé de) *Mariette*, in-12.

TIRAQUEAU, (André) né à Fontenay-le-Comte, Jurisconsulte, Conseiller au Parlement de Bordeaux, puis en celui de Paris; où il mourut en 1558, âgé de 80 ans. 1. N... en petit. 2. N... en bois, pour le titre d'un Livre, in-8.

TITON, (Maximilien) Conseiller-Secrétaire du Roi, Directeur du Magazin Royal des Armes de France. Hyac. *Rigaud*, p. *Drevet*, sc. 1690. in-fol. maj.

TITON, (Evrard) du Tillet, fils de Maximilien, né en 1677, Maître d'Hôtel de Madame la Duchesse de Bourgogne, Commissaire Provincial des Guerres, Auteur du Parnasse François exécuté en Bronze en 1718, mort d'un catarrhe le 26 Décembre 1762. 1. N. *de Largillière*, p. 1736. *Petit*, sc. 1737, in-fol. 2. *Petit*, in-8.

TITON, (Jean-Baptiste-Maximilien) Conseiller au Parlement de Paris. 1. *De Troy*, p. N... in-4. 2. *Desrochers*.

TOISON, (Nicolas de la) Conseiller au Parlement de Dijon. Dessin au crayon dans le Cabinet de M. de Fontette.

TOLET, (François) né à Paris, Chirurgien fameux pour l'extraction de la pierre. *Montagne*, p. *Maillet*, sc. 1708, in-8.

TONDUTI, (Pierre-François de) Seigneur de Saint-Léger, Jurisconsulte & Doyen des Consulteurs du Saint-Office d'Avignon. Fr. *Poilly*, in-fol.

TONIET, (Pierre) l'un des premiers Prêtres du Séminaire de Saint-Joseph à Lyon, mort en opinion de grande piété, le 9 Janvier 1680, à 63 ans. Math. *Ogier*, à Lyon, in-8.

TONNELLIER, (Claude le) de Breteuil, Evêque de Bologne-sur-mer, mort à Paris, le 8 Janvier 1698, âgé de 54 ans. 1. L. *Boudan*, 1689, in-8. 2. Et. *Gantrel*, in-fol.

TONNELLIER, (François-Victor le) de Breteuil, Ministre de la guerre, le 1 Juillet 1721. *Vanloo*, p. *Joullain*, sc. in-4.

TONNELLIER, (Etienne) Docteur en Théologie, Curé de Saint-Eustache à Paris, pendant 37 ans, mort le 24 Février 1645, âgé de 67 ans. *Roussel*, in-fol.

TONNERRE, (M. de) sous François I, ou Claude de Husson, tué à la Bataille de Pavie en 1524. 1. Dessin au Cabinet du Roi. 2. Dessin au Cabinet de M. de Fontette.

TONNERRE, (Madame de) sous Henri IV, en 1597. Dessin au Cabinet du Roi.

TONNERRE, (la Comtesse de) vers 1695. *Bonnart*, in-fol.

TORIGNY, (Mademoiselle de) Fille d'honneur de Catherine de Médicis : elle s'appelloit *Gillone Goyon de Matignon-Torigny*, & étoit fille de Jacques, Maréchal de France, & fut mariée ensuite à Pierre de Harcourt, Seigneur de Beuvron. Dessin au Cabinet de M. de Fontette.

TORIGNY. Voy. LAMBERT.

TORTEBAT, (François) Peintre ordinaire du Roi, de l'Académie de Peinture & de Sculpture. N. *de Pile*, p. *Edelinck*, sc. 1702, in-fol.

TOUARS, (la Vén. Mère de) Abbesse de Charenton, Réformatrice des Bénédictines de Chezal-Benoît en 1520. *Van Lochon*, in-4.

TOUCHELÉE, (Ursin) Commissaire aux Saisies-réelles à Tours. *Landry*, in-4.

TOUCHELÉE, (Catherine) femme d'Hilaire Clément, Procureur au Parlement; puis de M. Antoine le Riche, Conseiller-Secrétaire du Roi. J. *Cotelle*, p. 1682. R. *Roullet*, sc. 1693, in-fol.

TOUCHET, (Marie) Maîtresse de Charles IX. 1. Dessin au Cabinet de M. de Fontette. 2. N...

TOULOUSE, (Guillaume de) Brodeur de Montpellier. G. *Toulouze*, in-4.

TOUR, (Henri I, de la) Vicomte de Turenne, puis Duc de Bouillon, Maréchal de France, né en 1555, mort en 1623, père de Fréd. Maurice & de Henri II. Dessin au Cabinet de M. de Fontette.

TOUR, (Isabeau de la) dite *Mademoiselle de Limeuil*, Fille d'honneur de la Reine Catherine de Médicis, mariée ensuite à Scipion de Sardini, Baron de Chaumont-sur-Loire. Dessin au Cabinet de M. de Fontette.

TOUR, (Frédéric-Maurice de la) d'Auvergne, Duc de Bouillon, né à Sedan le 22 Octobre 1605, mort à Pontoise le 9 Août 1652. Il avoit cédé au Roi, par échange, la Principauté de Sedan. 1. *Nanteuil*, del. & sc. 1649, in-fol. 2. *Nanteuil*, plus grand in-fol. avec des Vers au bas. 3. *Moncornet*.

Eléonore-Catherine-Fébronie de Bergh, Duchesse de Bouillon, mariée le 1 Février 1634, morte le 9 Avril 1657, âgée de 42 ans. 1. *Moncornet*, in-4. 2. *Mariette*.

TOUR, (Henri de la) Duc de Bouillon, Prince de Sedan, né à Joze en Auvergne le 28 Septembre 1555, mort à Sedan le 25 Mars 1623. 1. *Moncornet*, in-4. 2. N... dans la Suite d'Odieuvre.

TOUR (Henri II, de la) d'Auvergne, Vicomte de Turenne, Maréchal de France, né à Sedan le 11 Septembre 1611, tué d'un coup de canon le 27 Juillet 1675, proche de Safsbach, enterré à Saint-Denis en la Chapelle de Saint-Eustache. 1. P. *de Jode*, en Flandres, d'après Ant. *Vanhulle*, in-fol. 2. *Champagne*, p. *Nanteuil*, sc. 1663, in-fol. 3. *Nanteuil*, del. & sc. 1665, in-fol. maj. 4. Corn. *Meyssens*, à Vienne, 1695, in-fol. 5. *Moncornet*. 6. *Larmessin*. 7. Jac. *Lubin*, 1695, in-fol. 8. N... dans la Suite d'Odieuvre. 9. Son Mausolée pour

le Frontispice de sa Pompe funèbre : *Sevin*, del. Ant. *Trouvain*, sc. 1675, in-4. 10. Vignette de son Oraison funèbre : *Simoneau*, sc. 11. *Marceny*, d'après *Champagne*, 1767, in-12. (Beau.)

TOUR (Godefroy-Maurice de la) d'Auvergne, Duc de Bouillon, né le 21 Juin 1641, mort le 25 Juillet 1721. *Nanteuil*, del. & sc. 1657, in-fol.

TOUR (Emanuel-Théodose de la) d'Auvergne, Duc d'Albret, fils-aîné du précédent, Duc de Bouillon en 1697, reçu Duc & Pair le 28 Mars 1713, né en 1668, mort à Paris le 17 Mai 1730. 1. *Trouvain*, 1697, in-fol. 2. N... dans la Suite d'Odieuvre, in-12.

Madame la Duchesse d'Albret, de la Maison de la Tremouille, mariée en 1696, morte le 5 Mars 1717. *Berey*, in-fol.

Madame la Duchesse de Bouillon. (Je crois, la même.) 1. *Arnoult*, in-fol. en habit négligé. 2. *Bonnart*, 1696, in-fol. sur un Canapé.

TOUR (Constantin-Ignace de la) d'Auvergne, dit *le Chevalier de Bouillon*, né à Rome le 10 Mars 1646, Grand-Croix de l'Ordre de Malthe, & Général des Galères, mort le 3 Octobre 1670. *Trouvain*, in-fol.

TOUR (Emmanuel-Théodose de la) d'Auvergne, Duc d'Albret, Docteur de Sorbonne en 1667, créé Cardinal de Bouillon le 5 Août 1669, Grand-Aumônier de France, Doyen du Sacré Collège & Evêque de Porto, mort à Rome le 2 Mars 1715, en sa soixante-douzième année : il étoit né le 24 Août 1644. 1. N. *Mignard* d'Avignon, p. *Natalis*, sc. 1665, in-fol. 2. *Masson*, d'après *Mignard*, 1665, in-fol. 3. *Larmessin*. 4. *Nanteuil*, del. & sc. 1668, in-fol. 5. Jos. *Fontana*, à Rome, in-4. en Cardinal. 6. *Nanteuil*, 1670, in-fol. dans la Thèse de Léon Feret. 7. *Mellan*, 1673, in-fol. Buste. 8. Ant. *Masson*, 1677, in-fol. 9. *Nanteuil*, 1678, in-fol. dans la Thèse de Chapuys de la Fay. 10. *De Troy*, p. *Drevet*, sc. 1696, in-fol. dans la Thèse de le Vaillant. 11. *Larmessin*, in-fol. maj. Aux deux tiers du corps, dans des Ornemens. 12. *Desrochers*. 13. *Preyster*, 1744, d'après *Rigaud*, in-fol. ouvrant la Porte-Sainte en 1700.

TOUR (Henri-Oswald de la) d'Auvergne, second Fils de Frédéric-Maurice; né le 5 Novembre 1671, fut Coadjuteur de Cluny, Prévôt de Strasbourg, Archevêque de Tours en 1719, & de Vienne en 1721, Cardinal en 1737, & mourut en 1745. 1. J. Fr. *Cars*, 1699, in-fol. maj. 2. *Drevet*, 1749, d'après *Rigaud*, in-fol. maj. (Beau.)

TOUR (Louis de la) d'Auvergne, Comte d'Evreux, né le 22 Août 1679, Colonel-Général de la Cavalerie légère de France en 1705, sur la démission de son oncle, Lieutenant-Général en 1708, mort en .... *Rigaud*, p. *Schmidt*, sc. in-fol. maj. (Beau.)

TOUR, (Godefroy-Charles-Henry de la) appellé *Prince de Turenne*, fils de Charles-Godefroy, Grand-Chambellan de France, Colonel-Général de la Cavalerie légère, né le 26 Janvier 1728. Ch. Nic. *Cochin*, del. & sc. 1756. Médaillon in-4.

TOUR, (Maurice de la) Peintre, de l'Académie Royale de Peinture. 1. *De la Tour*, p. *Schimdt*, sc. 1742, in-fol. maj. (Beau.) 2. *Petit*, in-4.

TOUR. (la) Voy. ARERÈS.

TOUR, (Pierre de la) Général de l'Oratoire, né à Paris, mort en 1733, âgé de 81 ans. N... in-4.

TOUR, (François-Ferdinand de la) Ecuyer, Seigneur de la Rivière, premier Echevin de la Ville d'Ypres. N... in-8.

TOURNEFORT. Voy. PITTON.

TOURNEHEM. Voy. le NORMANT.

TOURNELLE, (Madame de la) Duchesse de Châteauroux, morte en 1745. Dessin au Cabinet de M. de Fontette.

TOURNELY, (Honoré) Docteur de Sorbonne, né à Antibes en 1685; eut la complaisance de se charger de tout l'opprobre de l'intrigue du Faux-Arnauld, fut Chanoine de la Sainte-Chapelle de Paris, Professeur de Théologie en Sorbonne, mourut en 1729. N... in-4.

TOURNEUX, (Nicolas) Prêtre, né à Rouen en 1640, Prieur de Villers, Prédicateur célèbre, mort à Paris le 28 Novembre 1686, âgé de 46 ans. 1. *Trouvain*, in-8. 2. N.'*Arnoult*, p. N. *Habert*, sc. in-4. 3. *Desrochers*, in-8. 4. N... petit Buste in-24.

TOURNIERES, (Robert) Peintre, né à Caen en 1676, mort en 1752. *Tournieres*, lui même, p. *Sarrabat*, sc. 1703, in-fol.

TOURNON, (François de) Cardinal en 1530, mort en 1562. 1. F. V. W. in-8. 2. *Desrochers*. 3. Deux Dessins au Cabinet de M. de Fontette.

TOURNUS, (Louis-Firmin) né à Lyon le 25 Novembre 1672, ancien Curé au Diocèse d'Agde, mort à Paris le 30 Novembre 1733. 1. N... in-4. en manière noire. 2. *Restout*, p. *Mutel*, in-12. 3. N... in-fol. voyageant avec M. Paris. 4. N... petit Buste, in-24.

TOUROUVRE, (Jean-Armand de la Vove de) Evêque de Rodès, mort en 1735. *Desrochers*.

TOURREIL, (Jacques de) né à Toulouse le 19 Octobre 1656, de Jacques, Procureur-Général; fut de l'Académie Royale des Belles-Lettres, & ensuite de l'Académie Françoise, mourut à Paris le 11 Octobre 1715. *Benoist*, p. *Edelinck*, sc. in-fol.

TOURVILLE. Voy. COSTENTIN.

TOUSSAINT, (Fr. Vincent) Auteur du Livre des Mœurs, brûlé par Arrêt du Parlement; né à Paris, mort à Berlin en 1772. N... in-12. (Joli.)

TOYRAS. Voy. SAINT-BONNET.

TRASEGNIES (Gillion-Otto, Marquis de) Gentilhomme de la Chambre. *Meyssens*.

TRASSY, (Henri de) Capitaine aux Gardes. N...

TREMBLECOURT, (N.... Beauveau de) sous Henri III. Dessin au Cabinet du Roi.

TREMBLET, (Barthelemi) Sculpteur du Roi, âgé de 61 ans. 1. *Moncornet*. 2. Son Tombeau avec son Buste: M. *Lasne*, in-fol.

TREMOLLIERE, (Pierre-Charles) Peintre, né en 1703, à Chollet en Poitou, mort à Paris en 1739. N... dans l'Histoire des Peintres.

TREMOUILLE, (Louis de la) Vicomte de Thouars, né environ l'an 1451, mort à son Château de Bomiers en 1483. 1. N... dans le Livre de la Gallerie du Palais-Cardinal. 2. N... dans Thevet. 3. N... en petit.

TREMOUILLE, (Louis II, Duc de la) tué à la Journée de Pavie, en 1524. Il étoit né le 20 Septembre 1460. Dessin au Cabinet du Roi.

TREMOUILLE, (Claude de la) Duc de Thouars en 1595, fils de Louis, né à Thouars le 20 Novembre 1567, Commandant-Général de la Cavalerie, se signala à la Bataille de Coutras & à celle d'Yvry. Il épousa N... Princesse de Nassau, & mourut à Thouars le 25 Octobre 1604. 1. *Boissevin* & *Frosne*, in-4. 2. N... dans Odieuvre.

TREMOUILLE. (Georges de la) N...

TREMOUILLE, (Jean de la) Chevalier de la Toison d'or, mort avant le 7 Mai 1449. N...

TREMOUILLE, (Henri I, de la) Duc de Thouars, Prince de Tarente & de Talmond, fils de Claude, né à Thouars en 1598, hérita en 1605, de la Maison de Laval, & des droits de Frédéric d'Arragon, Roi de Naples, &c. mort à Thouars le 21 Janvier 1674. 1. *Boissevin*, in-4. 2. *Daret*.

Marie de la Tour, sa femme, fille de Henri, Duc de Bouillon, mariée le 19 Janvier 1619, morte le 24 Mai 1665, âgée de 65 ans. 1. *Moncornet*. 2. *Mariette*.

TREMOUILLE, (Louis-Maurice de la) Comte de Laval, second fils de Henri I, quitta le service pour se faire Ecclésiastique, fut Abbé de Charroux & de Sainte-Croix de Tallemont, & mourut le 25 Janvier 1681. N...

TREMOUILLE, (Henri II, Charles de la) Prince de Tarente, &c. fils aîné de Henri I, né à Thouars en 1620, épousa en 1648, la Princesse Emilie de Hesse, mourut à Thouars le 14 Septembre 1672. 1. *Boissevin*, in-4. 2. J. *de Baux*, p. 1664. *Philip*. sc. à la Haye, in-fol. 3. *Daret*.

TREMOUILLE, (Calliope de la) Abbesse du Pont-aux-Dames, de l'Ordre de Cîteaux, Diocèse de Meaux, se démit en 1701, & mourut la même année. Ant. *Trouvain*, d'après *de Troy*, 1681, in-fol.

TREMOUILLE, (Louis de la) Marquis de Noirmoutier, fils de François & de Charlotte de Beaune, Chevalier de l'Ordre du Roi, mort à Paris le 24 Septembre 1613, âgé de 27 ans. J. *Picart*.

TREMOUILLE, (Emanuel-Joseph de la) Auditeur de Rote, puis Cardinal le 17 Mai 1706, mort Ambassadeur de France à Rome, le 10 Janvier 1720. 1. N... 1706, à Rome, in-4. 2. *Desrochers*. 3. *Chiquet*, in-4.

TRESLON, (Jean-Marie de) Capucin, mort en 1647. M. *Lasne*, in-fol.

TRESNEL, (Madame la Marquise de) sous Henri IV. Dessin au Cabinet du Roi.

TRESSAN. Voy. la VERGNE.

TRESSEMANES, (André de) Chevalier de Malthe, Commandant en Dauphiné, mort en 1718. *Celloni*, p. *Cundier*, sc. 1719, in-fol. maj.

TRIBOULOT, (Nicolas) Seigneur de Périgny, Lieutenant-Criminel au Présidial d'Auxerre. *Crispin de Pas*, in-fol.

TRICHET, (Pierre) Avocat au Parlement de Bordeaux, âgé de 57 ans en 1644, Auteur d'un Traité sur la Sorcellerie, imprimé, & d'un Traité sur les Instrumens de Musique, Manuscrit dans la Bibliothèque de Sainte-Geneviève à Paris. N... in-4. tenant un Livre.

TRICHET (Raphael) du Fresne, fils du précédent, Connoisseur en Livres, Tableaux, Dessins, &c. fit plusieurs Voyages par ordre de Gaston Duc d'Orléans, & pour enrichir son Cabinet. Il fut Bibliothécaire de Christine, Reine de Suède, à Rome; y épousa Françoise du Vivier, Demoiselle de cette Reine; revint avec elle en France, & eut la Direction de l'Imprimerie Royale; travailla sur l'Histoire d'Italie, dont le Manuscrit est à la Bibliothèque des Augustins-Déchaussés; mourut à Paris le 4 Juin 1661, âgé de 50 ans & 2 mois. 1. Ant. *Bosse*, à Paris, in-4.2. N...

TRIPUT, (N.) sçavant. N... en bois, avec six Vers au bas.

TRISTAN, (Jean) Sieur de Saint-Amant, Gentilhomme ordinaire de la Chambre du Roi, Auteur des Commentaires historiques de la Vie des Empereurs, avec leurs Médailles, mort à Paris en 1636. J. *Falck*, in-fol.

TRISTAN. Voy. l'HERMITE.

TRIVULCE, (Jean-Jacques) Maréchal de France, mort à Chartres en 1518, le 5 Décembre, âgé de 80 ans. 1. N... dans Thevet. 2. N... en petit. 3. N... dans Odieuvre. 4. Le même, pour les Mémoires de Comines, in-4. avec bordure.

TRIVULCE, (Théodore) Maréchal de France, mort à Lyon en 1533, à 75 ans, N... en petit.

TRIVULCE, (Hercule) Chevalier de la Toifon d'or. N...

TRONCHET, (Etienne du) Secrétaire de la Reine, mort en 1552. N... en bois, in-4.

TRONCHIN, (Théodore) Profeffeur & Miniftre Calvinifte à Genève, âgé de 76 ans en 1657. N... in-4.

TRONCHIN, (Théodore) Profeffeur en Médecine à Genève, premier Médecin de M. le Duc d'Orléans en 1766. *Liotard*, del. *Gaillard*, fc. in-4.

TRONSON, (Louis) né à Reims en 1621, Prêtre & Supérieur du Séminaire de Saint-Sulpice, à Paris; mort le 26 Février 1700, âgé de 79 ans. 1. N. *Guerry*, p. Fr. *Duflos*, fc. 1700, in-fol. 2. Le même, 1703, plus petit.

TRONSON, (Louis) Seigneur du Coudray, Secrétaire du Cabinet & Intendant des Finances. *Moncornet*.

TROUILLU, (François) Charbonnier au Pays du Maine, ayant une corne de Bélier au milieu du front, découvert fur les Terres de M. le Maréchal de Lavardin. *Ganière*, in-fol. en pied.

TROUSSET, (Jean-Baptifte de) de Valincourt, né le 1 Mars 1653, d'une famille noble, originaire de Saint-Quentin; Secrétaire-Général de la Marine, reçu à l'Académie Françoife en 1699, Honoraire de celle des Sciences en 1721, mort le 4 Janvier 1730. N...

TROY, (François de) Peintre, né à Toulouse en 1645, mort à Paris en 1730. 1. *De Troy*, lui-même p. *Drevet*, fc. in-fol. (Très-rare.) 2. *Poilly*, 1714, in-fol. 3. M. de Bachaumont, d'après Madame *Doublet*, in-4. 4. *Bouys*, d'après *de Troy*, 1713, in-fol. 5. N... dans l'Hiftoire des Peintres par d'Argenville. 6. *Defrochers*.

TROY, (Jean de) fils, Peintre, Chevalier de l'Ordre de Saint-Michel, mort à Rome en 1752, âgé de 76 ans. Il étoit né à Paris en 1676. *De Troy*, p. Simon *Vallée*, fc. in-fol. maj.

TRUCHET, (Jean) dit *le Père Sébaftien*, Carme, né à Lyon en 1657, très-habile dans les Méchaniques, fut reçu à l'Académie des Sciences en 1699, mourut à Paris en 1729. *Cheron*, p. 1703. *Thomaffin*, fc. 1720, in-fol.

TRULLIER, (Jofeph) Médecin du Roi, & de la famille du Pape à Rome, fait Citoyen Romain, âgé de 36 ans en 1626. *Mellan*, del. & fc. à Rome, in-4.

TUBEUF, (Jacq.) Préfident en la Chambre des Comptes, auparavant Intendant & Contrôleur-Général des Finances de la Reine-Mère, & Ordonnateur de fes Bâtimens, fils de Simon, Avocat au Parlement, & de Marie Talon; avoit époufé Françoife Dalmas; mourut le 10 Août 1671. 1. M. *Lafne*, 1645, in-fol. 2. *Lafne*, d'après Champagne, in-fol. 3. *Moncornet*. 4. Jean *Guerin*, in-fol. obl. dans des Ornemens. 5. J. *Morin*, d'après Phil. *Champagne*, in-fol. 6. N. *Poilly*, 1666, d'après P. *Mignard*, in-fol.

TUBEUF, (Michel) Evêque de Saint-Pons en 1654, puis de Caftres en 1664, mort à Paris en Mars 1682. M. *Lafne*, in-fol.

TULLOU, (André) né à Evreux, Curé de S. Benoît à Paris. Aurea *Billette*, in-8.

TURENNE. Voy. la TOUR.

TURGIS, (Pierre) Bourgeois. *David*, 1653.

TURGOT, (Antoine) Seigneur de Saint-Clair, Maître des Requêtes. *Maffon*, 1668, in-fol.

TURGOT, (Barnabé) Evêque de Seez en 1710, mort le 18 Décembre 1727, âgé de 60 ans. 1. *Ranc*, p. *Audran*, fc. in-fol. 2. *Cars*.

TURGOT, (Michel-Etienne) Prévôt des Marchands de Paris, mort en 1751. *Dupuis*, in-fol.

TURGOT, (A. B. J.) Intendant de Limoges. *Cochin*, del. C. H. *Wattelet*, fc. Médaillon in-4.

TURGOT, (Etienne-François) frère du précédent, Gouverneur de l'Ifle de Cayenne. *Drouais*, p. 1757. *Cathelin*, fc. 1764, in-fol.

TURGOT, (Jacques) Préfident au Parlement de Normandie. *Gantrel*, 1679, in-fol. dans une Thèfe.

TURNEBE, (Adrien) né à Andely en Normandie en 1512, d'une Famille noble, Profeffeur Royal à Paris, mort le 12 Juin 1565. N... en petit.

TURPIN, (Chriftophe - Louis) de Criffé de Sanfay, Evêque de Nantes. *Defrochers*.

TURQUET, (Théodore) de Mayerne, Chevalier, Baron d'Aubonne, Docteur en Médecine de la Faculté de Montpellier, premier Médecin du Roi d'Angleterre en 1636. 1. N... in-4. 2. N... in-fol. 3. I. *Simon*, d'après *Rubens*, (en Angleterre) in-fol. maj. en maniere noire.

TURRICELLA, (Jacobus) Incifanus, Epifcopus Maffilienfis, anno 1604: obiit anno 1618. *Mallery*, 1605, in-4.

TUSAN, (Jacques) Champenois, Profeffeur Royal en Hébreu à Paris, mort en 1547. N... en petit N... in-4.

V.

VACHET, (Jean-Antoine le) Prêtre, de Romans en Dauphiné, Inftituteur du Séminaire des Sœurs de l'Union Chrétienne, mort en odeur de fainteté le 6 Février 1681, âgé de 78 ans. Ant. *Trouvain*, in-8.

VACQUERIE, (Jean de la) Premier Préfident du Parlement de Paris, mort en 1497. N...

VADÉ, (Jean - Jofeph) né à Ham en Picardie l'an 1720, fut l'Auteur d'un nouveau genre de Poéfie qu'on nomme *le Genre Poiffard*; mourut à Paris en 1757. *Richard*, p. *Fiquet*, fc. in-8.

VAH, (Frère René) dit l'Hermite de Compiègne. *Defrochers*.

VAILLAC, (la Vénérable Mère Gaillote de) dite *de Sainte-Anne*, Religieufe dans l'Hôpital de Beaulieu, Ordre de Saint-Jean de Jérufalem, laquelle après avoir rétabli fon Ordre en France & vécu dans une abftinence incroyable, mourut en odeur de fainteté le jour qu'elle avoit prédit, 24 Juin 1618, âgée de 80 ans. 1. M. *Lafne*, in-8. 2. J. *Picart*, in-4. 3. *Cars*. 4. *Matheus*, in-4. 5. *Van Lochon*, in-8.

VAILLAC, (Gourdon, Sieur de) fous Henri III. Deffin du Cabinet du Roi.

VAILLANT, (Bernard) Peintre. J. *Vaillant*, p. J. Fr. *Léonard*, fc. in-4. en manière noire.

VAILLANT, (Madame) Marie Petit, femme de Bernard, & leurs quatre enfans. W. *Vaillant*, in-fol. en maniere noire.

VAILLANT, (Waleran) Peintre & Graveur en maniere noire. W. *Vaillant* lui-même, in-4. en manière noire.

VAILLANT, (Adrien) fils de Bernard. W. *Vaillant*, in-fol. en manière noire.

VAILLANT, (J.) Peintre. N... à Paris, in-8.

VAILLANT, (Charles-Alexandre le) Echevin de Bourges. N...

VAILLANT, (Antoine le) Jurifconfulte & Avocat de Paris, âgé de 58 ans en 1699. *Morandi*, p. à Rome. *Langlois*, à Paris, 1699, in-fol.

VAILLANT, (Jean-Foy) né à Beauvais le 24 Mai 1632, Docteur en Médecine & Antiquaire célèbre, de l'Académie des Infcriptions, mort le 23 Octobre 1706. N. *Habert*, 1688, in-fol.

VAILLANT, (Sebastianus) Botanista, & Academiæ Scientiarum Socius. J. *Houbraken*, in-fol.

VAIR, (Guillaume du) fils de Jean, Maître des Requêtes, né à Paris le 7 Mars 1556, Conseiller au Parlement de Paris, premier Président de celui de Provence, Garde des Sceaux le 16 Mai 1616, ensuite Evêque de Lisieux, reprit les Sceaux en 1617, jusqu'à sa mort arrivée à Tonneins en Agénois le 3 Août 1621. Son corps est enterré aux Bernardins de Paris. 1. F. L. D. *Ciastres*, in-4. 2. *Edelink*, 1696, in-fol. 3. *Cundier*, 1724, d'après *Finssonius*, en premier Président de Provence. 4. *Langlois*, in-4. 5. N... dans Odieuvre.

VAL, (André du) né à Pontoise le 18 Janvier 1564, Professeur de Théologie, Doyen de la Faculté de Paris, l'un des trois premiers Supérieurs des Carmélites en France, mort le 9 Septembre 1638. 1. M. *Lasne*, in-fol. & in-4. 2. *Le Blond*.

VAL, (Henri du) Comte de Dampierre. N...

VAL, (Jacques du) Médecin. N... en bois, Vignette.

VAL, (Pierre du) né à Abbeville, Géographe du Roi, connu par un grand nombre d'Ouvrages de Géographie, &c. mort à Paris le 29 Septembre 1683, âgé de 65 ans. *Langlois*, 1705, in-fol.

VAL, (Guy du) Seigneur de Bonneval, &c. Président au Parlement de Rouen. *Landry*, 1666, d'après *le Sellier*, in-fol.

VAL, (Nicolas du) Secrétaire de M. le Duc du Maine. *Corelli*, p. N... sc. in-fol.

VAL, (Nicolas du) Maître Ecrivain-Juré à Paris, âgé de 35 ans, en 1670. 1. N. *Bonnart*, 1670, in-fol. 2. Le même, retouché en 1696.

VALBELLE, (Suite de la Famille de) sçavoir :

Honoré, Seigneur de Baumelle, Capitaine de Galères, en 1535. *Cundier*.

Léon, Baron de Tourves. *Cundier*.

Cosme, Seigneur de Baumelle, Capitaine de Galères en 1560. *Cundier*.

Léon, Baron de Mairargues, Conseiller au Parlement d'Aix en 1638. 1. *Ayroux*, dans une Thèse. 2. *Huret*.

Jean-Baptiste-Léon, de Tourves, Conseiller à Aix & Conseiller d'Etat. *Cundier*, d'après *Mignard*.

Léon-Alphonse, Chevalier de Malthe, Capitaine de Vaisseaux, tué en 1692. *Celloni*, p. *Cundier*, sc. 1725.

Bruno, Chevalier de Malthe, Chef d'Escadre, mort en 1702. *Serre*, p. *Cundier*, sc. 1725.

Cosme-Maximilien-Louis-Joseph, Président à Aix. *Cundier*, 1723, in-fol. maj. pour une Thèse.

Joseph-Anne, Marquis de Tourves, Président à Aix. *Cundier*, 1724, in-fol. maj.

André-Geoffroy, Marquis de Rianz, Mestre de camp de Cavalerie. *Celloni*, p. *Cundier*, sc. 1726, âgé de 21 ans.

Cosme-Alphonse, Marquis de Montfuron, Brigadier. *De Troy*, p. *Cundier*, sc. 1726, âgé de 31 ans.

François, Evêque de Saint-Omer, mort le 29 Octobre 1708, âgé de 68 ans. 1. *Crespy*. 2. *Desrochers*.

Louis-Alphonse, Evêque de Saint-Omer, mort le 27 Octobre 1708. *Desrochers*.

Joseph-Alphonse, Evêque de Saint-Omer en 1722. 1. *Celloni*, p. *Cundier*, sc. 2. *Desrochers*.

VALDOR, (le fils de N...) tenant en sa main un petit Chat. N... in-4.

VALENÇAY. Voy. ESTAMPES.

VALENTINOIS, (César de Borgia, Duc de) N... dans Odieuvre.

VALERNOD, (Marie de) Dame d'Herculais, Esclave de Jesus-Christ, morte en odeur de sainteté, le 29 Mai 1654, âgée de 33 ans. N... in-8.

VALETTE, (Louis de Thomas de la) Général de l'Oratoire en 1733, mort en 1773. *Audran*, in-fol.

VALIERE. (Mademoiselle Matie de la) *Daman*, in-4. avec Vers au bas.

VALINCOURT. Voy. du TROUSSET.

VALLADIER, (André) Abbé de Saint-Arnoul de Metz en 1611, mort le 13 Août 1638, âgé de 69 ans, étoit né à Saint-Pal, village du Forèz, vers 1570. 1. M. *Lasne*, 1627, in-fol. âgé de 58 ans. 2. Le même, plus petit, in-4.

VALLEMONT, (Pierre de) né à Pont-au-de-Mer en 1649, mort en 1721. N...

VALLETTE, (Jean de la) dit *Parisot*, Grand-Maître de Malthe en 1557, mort en 1569, après avoir soutenu un Siège de quatre mois contre une armée de plus de 80000 Turcs. 1. N... 1565, in-4. 2. N... en petit. 3. N... 1565, Romæ, in-fol. 4. N... en 1567, in-4. 5. N... dans l'histoire de Malthe, in-4. par l'Abbé de Vertot.

VALLETTE. (M. le Duc de la) N...

VALLETTE, (Jean-Louis de la) dit *de Nogaret*, Duc d'Epernon, Colonel-Général de l'Infanterie, &c. né au mois de Mai 1554, mort à Loches le 13 Janvier 1642. 1. Th. *de Leu*, in-8. 2. L. *Gaultier*, 1587, in-8. 3. M. *Lasne*, 1632, in-fol. maj. 4. *Daret*, in-4. 5. *Vallet*, in-8. 6. *Moncornet*. 7. N... dans Odieuvre. 8. N... 9. Petit Dessin au Cabinet de M. de Fontette. (Joli.)

VALLETTE, (Bernard de la) frère du précédent, Amiral de France, né en 1553, de Jean, Mestre de camp de la Cavalerie Légère; mourut au Siège de Roquebrune, le 1 Février 1592, sans enfans d'Anne de Batarnay. 1. *Granthome*, in-8. 2. *Boudan*, in-4. 3. Dessin au Cabinet du Roi. 4. N... en petit.

VALLETTE, (Bernard de la) & de Foix, Duc d'Epernon, Colonel-Général, Gouverneur de Guyenne & du Duché de Bourgogne, second fils de Jean-Louis, né à Angoulême en 1592, mort à Paris le 26 Juillet 1661. 1. M. *Lasne*, 1627, in-fol. maj. à cheval. Le fond est de *Callot*. (Rare.) 2. *Lasne*, in-fol. 3. *Lasne*, in-8. 4. *Nanteuil*, 1650, in-fol. 5. L. *Beaubrun*, p. *Le Brun*, & *Palliot*, sc. in-fol. 6. *Moncornet*. 7. M. *Lasne*, in-fol. maj. deux Renommées au-dessus. 8. *Mignard*, p. *Van Schuppen*, sc. 1661, in-fol.

VALLETTE, (Louis de Nogaret de) fils de Jean-Louis, né le 8 Février 1593, Archevêque de Toulouse, puis Cardinal en 1621, commanda les armées du Roi en Flandres, en Allemagne, &c. Il alla ensuite en Piémont, pour défendre les Etats du jeune Duc Charles-Emanuel, & il mourut à Rivoli, près de Turin, le 28 Septembre 1639. 1. N... dans le Livre des Triomphes de Louis le Juste, in-fol. 2. L. *ab Heyden*, in-4. 3. *Moncornet*. 4. N... dans Odieuvre. 5. N... in-12.

VALLET, (Pierre) Brodeur ordinaire du Roi. N... 1608, à Paris, in-4.

VALLIERE, (Louis-Fr. de) fils, Maréchal de camp, & Inspecteur-général. C. H. *Wattelet*, del. & sc. 1755. Médaillon, in-4.

VALLIERE. (la) Voy. la BAUME.

VALLOT, (Antoine) Sieur de Magnan d'Andeville, premier Médecin du Roi, Louis XIV. 1. *Champagne*, p. R. *Lochon*, sc. 1653, in-fol. 2. Ant. *Paillet*, p. *Vallet*, sc. 1663, in-fol. 3. Jac. *Grignon*, in-fol.

VALOGNY. (J. N. W. de) Voy. ci-après WATTELET. (J. N.)

des François illustres. 279

VALOIS, (Charles de) Duc d'Angoulesme, Comte d'Auvergne & d'Alais, fils naturel de Charles IX & de Marie Touchet, né au Château de Fayet en Dauphiné, le 28 Avril 1573, mort à Paris le 24 Septembre 1650. 1. *Rousselet*, d'après *Champagne*, in-fol. 2. J. *Morin*, d'après le même, in-fol. 3. N... dans le Livre des Triomphes de Louis le Juste, in-fol. 4. *De Seve*, in-8. dans une Bordure. 5. *Fiquet*, in-8. dans la Suite d'Odieuvre. 6. *Daret*, in-4. 7. Le même, in-4. retouché, chez Jollain. 8. *Moncornet*.

Charlotte de Montmorency, sa première femme, fille de Henry I, Connétable ; morte à Paris le 12 Août 1636. *Moncornet*, in-4.

VALOIS, (Louis-Emanuel de) Duc d'Angoulesme, né à Clermont en Auvergne en 1596, Colonel-Général de la Cavalerie légère, & Gouverneur de Provence, fils du précédent; mourut à Paris le 13 Novembre 1653, 1. *Mellan*, in fol. obl. dans un Ovale soutenu par trois figures de femmes. 2. N... in-4. 3. *Daret*, in-4. 4. *Moncornet*. 5. N... dans Odieuvre. 6. N... in-8. Médaillon avec figures.

VALOIS, (Adrien de) Historiographe du Roi, né à Paris le 14 Janvier 1607, de Charles de Valois, d'une famille noble de Basse-Normandie, mort en 1692. 1. P. *Merille*, p. *Trouvain*, sc. in-8. 2. Cl. *Duflos*, 1698, in-fol. 3. *Delaune*.

VALOIS, (Louis) Jésuite, né à Melun, mort à Paris en 1700. N...

VALTELLE, (Léon de) Sieur de Meyrargues, Conseiller au Parlement de Provence. Grég. *Huret*, avec trois figures allégoriques.

VALVASSOR, (Jérôme) Augustin. *Landry*, 1669, in-fol.

VANCLEVES, (Corneille) Sculpteur du Roi, mort en 1733. J. *Vivien*, p. Jean-Bapt. *Poilly*, sc. 1714, in-fol.

VANDAGES, (Gabriel) de Malapeire, Doyen du Sénéchal de Toulouse, mort le 5 Mai 1702, âgé de 78 ans. N. *Bazin*, 1703, in-4.

VANDER-CABEL, (Adrien) Peintre de Lyon, né au Château de Risvyck, proche la Haye en 1631, mort à Lyon en 1695. *Bouchet*, 1693, d'après *Vander Cabel*, in-fol.

VANDER-MEULEN, (Ant.-François) Peintre ordinaire de l'Histoire du Roi, né à Bruxelles en 1634, mort à Paris en 1690. 1. *Largillière*, p. *Van Schuppen*, sc. 1687, in-fol. maj. 2. *Fiquet*, 1761, in-8. Vignette. (Joli.) 3. N... dans l'Histoire des Peintres par d'Argenville.

VANIERES, (Jacobus) Societ. Jes. Poeta, Auror Prædii rustici, &c. obiit Tolosæ, anno 1739, æt. 76. 1. *Desrochers*, in-12. 2. *Crespy*, Médaillon au Parnasse François.

VANLOO, (J. B.) Peintre, né à Aix en 1684, y mourut en 1745. N... in-8. dans l'Histoire des Peintres par d'Argenville.

VANLOO, (Carlo ou Charles) Peintre du Roi, Professeur de l'Académie, mort le 15 Juillet 1765, âgé de 61 ans. 1. *Cochin*, del. J. *Daullé*, sc. 1754, Médaillon in-4. 2. *Vanloo*, p. lui-même, 1764. *Bonnet*, sc. in-fol. aux deux crayons. 3. *Bazan*, 1765, in-fol. 4. *Miger*, d'après *Vanloo*, in-fol. 1771, dans la Gallerie Françoise, Cahier III.

Anne - Antoine - Christine Somis, sa femme. N... dans Odieuvre.

VANLOO, (Mademoiselle) en enfant. 1. *Vanloo*, p. *Bazan*, sc. in-4. 2. Autre, *Bonnet*, in-fol. aux deux crayons.

VARENGEVILLE, (Jacq. ou Pierre-Rocque, Sieur de) Conseiller au Parlement de Rouen, Ambassadeur du Roi à Vienne en 1680. J. *Frosne*, 1656, in-fol.

VARENNE. (Mademoiselle de la) 1. *Bonnart*, 1694, in-fol. 2. *Trouvain*, in-fol.

VARET, (Alexandre) né à Paris, fils d'un Avocat, en 1632, Prêtre & Vicaire-Général de Sens, mort le 1 Août 1676. 1. *Gantrel*, in-8. 2. N. *Habert*, in-8. 3. Et. *Desrochers*, in-8.

VARIE, (J. Bapt. de la) Parisien, Prêtre habitué de S. Severin, qui vécut dans l'exercice des vertus les plus austères, & mourut le 14 Septembre 1704, âgé de 67 ans. N. *Habert*, 1705, in-fol.

VARIGNON, (Pierre) Professeur Royal de Mathématiques, & de l'Académie des Sciences; né à Caen en 1654, d'un père Architecte, mort à Paris le 23 Décembre 1722. 1. *Vertue*, à Londres, 1725. 2. *Desrochers*.

VARILLAS, (Ant.) Historien, né à Guéret en 1604, fils d'un Procureur; mourut à Paris dans la Communauté de Saint-Cosme, où il s'étoit retiré le 9 Juin 1696. N...

VARIN, (Jean) Tailleur-Général des Monnoies de France. 1. N... dans Odieuvre. 2. *Edelinck*, 1697, in-fol.

VARLET, (Dominicus Matia) Episcopus Babylonensis, natus Parisiis 15 April. 1678 : obiit Rynwyk, (prope Ultrajectum, (14 Maii anno 1742. *Polkema*, d'après *Polhoven*, in-4.

VASSART, (Nicolas) de Bar-le-Duc, Jurisconsulte & Professeur en Droit, âgé de 38 ans en 1624. M. *Lasne*, 1624, in-8.

VASSÉ, (Lancelot Grognet, Seigneur de) en 1593. Dessin au Cabinet du Roi.

VASSÉ, (Françoise de) Prieure perpétuelle du Monastère de Saint-Gervais à Paris : elle le gouverna 50 ans, y établit la Réforme, & mourut le 26 Décembre 1694, âgée de 70 ans environ. *Largillière*, p. *Edelinck*, sc. 1695, in-8.

VASSEUR, (Michel le) Secrétaire du Roi. *Regnesson*, in-fol.

VASSEUR, (Jacobus) V. D. Minister. (Calvinista.) J. *Gole*, in-fol. en manière noire.

VATABLE, (Franç.) né à Saint-Quentin, Professeur Royal en Hébreu en l'an 1531, mort en 1547. 1. N... en petit. 2. N... in-4.

VATRY, (Madame) Louise-Marguerite Butel, connue par son esprit, morte à Paris en 1752. *Petit*.

VAVASSEUR, (Guillaume) Chirurgien de François I, qui obtint, pour la Chirurgie de Paris en 1544, les Privilèges de l'Université. A. I. p. *Fiquet*, sc. in-8. chez Odieuvre.

VAUBAN, (Sébastien le Prêtre de) Commissaire-Général des Fortifications du Royaume, Maréchal de France, Chevalier des Ordres du Roi en 1705, mort à Paris le 30 Mars 1707, étoit né en 1683, d'une famille noble du Nivernois. Il est enterré dans l'Eglise de S. Roch à Paris. 1. *Bernard*, d'après *le Troy*, in-fol. en manière noire. 2. *Trouvain*, 1694, in-8. copie du précédent. 3. *Mariette*. 4. *Gantrel*, in-fol. dans les Ornemens. 5. N... dans Odieuvre.

VAUDEMONT. Voy. LORRAINE.

VAUGELAS, (Claude Faure, Sieur de) né à Chambéry vers 1585, fils d'Antoine, Président & fameux Jurisconsulte; fut reçu à l'Académie Françoise en 1634, & mourut en Février 1650. N...

VAUGIRAUD, (Jean de) Evêque d'Angers. *Raillard*, p. 1733. N... in-fol. maj.

VAUGUYON, (François d'Escars, Seigneur de la) Chambellan de François I en 1531. Deſſin au Cabinet de M. de Fontette.

Iſabeau de Bourbon, Princeſſe de Carency, ſa femme. Deſſin. Ibid.

VAUGUYON, (M. de la) ſous Henry III. Deſſin au Cabinet du Roi.

VAUJOUR. (le Magiſter de) N... in-4.

VAULZARD, (N...) Prince des Mathématiciens & Duc du Tabac. *Moncornet*, in-4.

VAURÉAL. Voy. GUÉRAPIN.

VAUSSIN, (Claude) Abbé de Cîteaux, mort à Dijon, le 1 Février 1670, à 63 ans. 1. *Mathei*, à Rome, 1661, in-fol. 2. *Larmeſſin*, 1667. 3. *Clowet*, 1668, d'après P. *Thys*, in-fol.

VAYER. (le) Voy. la MOTHE.

VENCE. Voy. VILLENEUVE.

VENDOSME, (Matthieu de) Abbé de Saint-Denis, Régent de France, mort le 25 Septembre 1286. N... dans l'Hiſtoire des Miniſtres par d'Aureuil.

VENDOSME, (Jacques, Bâtard de) & ſes fils. N... dans le Père Montfaucon.

Jeanne de Rubempré, ſa femme, & ſes filles. Ibid.

VENDOSME, (François de) Vidame de Chartres, mort le 16 Décembre 1560. Deſſin au Cabinet de M. de Fontette.

VENDOSME, (César, Duc de) fils naturel de Henri IV & de Gabrielle d'Eſtrées, né au Château de Coucy en Picardie, en Juin 1594, légitimé en Janvier 1595, mort à Paris le 22 Octobre 1665. 1. Th. *de Leu*, in-8. âgé de 2 ans. 2. Le même, in-8. âgé de 4 ans. 3. Criſpin *de Pas*, in-4. 4. *Moncornet*, in-8. 5. J. *Froſne*, in-fol. 6. J. *Picini*, à Venise, in-fol. 7. *Lombart*, d'après *Palliot*, in-fol. 8. *Van Lochon*, in-12. 9. J. *Grignon*, d'après *Mignard*, dans des Ornemens deſſinés par *Chauveau*, in-fol. obl. 10. Deſſin au Cabinet du Roi, 1595.

Françoiſe de Lorraine, Ducheſſe de Mercœur, ſa femme, mariée en Juillet 1609, morte le 8 Septembre 1669. *Boiſſevin*.

VENDOSME, (Louis de) Duc de Mercœur, puis de Vendôme, marié en 1651, à Laure Mancini, nièce du Cardinal Mazarin; étant reſté veuf en 1657, il fut créé Cardinal le 7 Mars 1667; & mourut à Aix le 6 Août 1669. 1. M. *Froſne*, in-fol. 2. *Larmeſſin*. 3. *Nanteuil*, del. & ſc. 1649, in-fol. 4. L. *Bonnemère*, p. L. *Coquin*, ſc. in-fol. 5. Ant. *Maſſon*, d'après P. *Mignard*, ſc. in-fol. 6. *Roſſi*, à Rome, in-4. en Cardinal. 7. Ant. *Clouvet*, d'après *Gaulli*, in-4.

VENDOSME, (François de) Duc de Beaufort, né à Paris en Janvier 1616, arrêté priſonnier & conduit à Vincennes le 2 Septembre 1643, s'échappa le 31 Mai 1648; fut tué dans l'Iſle de Candie, le 25 Juin 1669. 1. *Nanteuil*, d'après *Nocret*, in-fol. 2. N. *Regneſſon*, 1649, d'après C. *Carelle*, in-fol. 3. *Le Brun*, in-fol. 4. M. *Laſne*, in-fol. 5. N... in-fol. à cheval. 6. *Larmeſſin*. 7. *Dubois*. 8. N... 9. N... dans Odieuvre.

VENDOSME, (Louis de) Duc de Mercœur, puis de Vendôme, né en 1612, mort à Aix le 26 Août 1669. *Patigny*, in-fol.

VENDOSME, (Alexandre de) dit *le Chevalier de* Grand-Prieur, né en 1598, mort en 1629. N...

VENDOSME, (Philippe de) Grand-Prieur de France, né à Paris le 23 Août 1655, mort en 1727. *Deshayes*, très-petit ovale.

VENDOSME, (Louis-Joſeph, Duc de) Général des Galères, & Généraliſſime des Armées de Sa Majeſté,

né à Paris le 1 Juillet 1654, mort à Vinaros en Eſpagne le 11 Juin 1712. 1. *Deſrochers*, in-8. 2. Le même, retouché & plus âgé, in-8. 3. N... Médaillon in-4. *Faubonne*, in-12. 5. *Dupin*, in-8. dans la Suite d'Odieuvre.

Marie-Anne de Bourbon, fille de Henri-Jules, Prince de Condé, ſa femme, née en 1678, mariée en 1710, morte à Paris le 11 Avril 1718. 1. *Mariette*, in-fol. 2. *Deſrochers*.

VENETTE, (Nicolas) Doyen du Collège des Médecins de la Rochelle, âgé de 60 ans en 1691. J. *Lubin*, in-8.

VENTADOUR, (Gilbert de Lévis, Comte, puis Duc de) mort en 1591, avoit épouſé Catherine de Montmorency. Deſſin au Cabinet de M. de Fontette.

VENTADOUR, (Madame de) Marguerite de Montmorency, femme d'Anne de Lévis, Duc de Ventadour, fils du précédent; fut mariée en 1593, & mourut à Paris le 3 Décembre 1660, âgée de 88 ans. 1. Grég. *Huret*, in-fol. 2. J. *Froſne*, 1657, in-fol.

VENTADOUR, (Madame de) Marie de la Guiche, femme de Charles de Lévis, Duc de Ventadour, Gouverneur de Limouſin, fut mariée le 8 Février 1645, & mourut le 23 Juillet 1701, âgée de 78 ans. *Larmeſſin*, 1660, d'après *Beaubrun*, in-fol.

VENTADOUR, (François-Chriſtophe de Lévis) Duc de Damville, Gouverneur de Limouſin, quatrième fils d'Anne; mourut à Paris le 19 Septembre 1661, ſans enfans. 1. *Tournières*, chez Boiſſevin, in-4. 2. *Moncornet*.

Anne le Camus, ſa femme, morte le 12 Février 1661. Le Père Anſelme dit, le 10 Février 1651. *Daret*, 1652, in-4.

VENTADOUR, (Anne de Lévis, Duc de) cinquième fils d'Anne & de Marguerite de Montmorency, Tréſorier de la Sainte-Chapelle en 1625, Gouverneur de Limouſin, Archevêque de Bourges en 1649, mort en cette Ville le 17 Mars 1662, âgé de 57 ans. 1. *Jollain*, d'après C. *Boury*, in-fol. en Abbé. 2. *Mellan*, in-fol. en Archevêque.

VENTADOUR, (Louis-Hercule de Levis de) ſixième fils d'Anne, Evêque de Mirepoix en 1655, mort en Janvier 1679. Grég. *Huret*, 1656, in-fol.

VENY, (Gilbert de) d'Arbouze, fils de Gilbert & de Madeleine de Bayard, Evêque de Clermont en 1664, mort le 19 Avril 1682, âgé de 74 ans. *Landry*, d'après Ant. *Jacquard*, 1665, in-fol.

VERDALE, (Hugues de Loubens de) né en Gaſcogne, LIe Grand-Maître de Malthe en 1582, Cardinal en 1587. Il fit réformer les Statuts de l'Ordre, & dreſſer l'Hiſtoire en Italien par Boſio, & mourut le 12 Mai 1595. 1. Ant. *Carache*, in-fol. dans des Ornemens. 2. *Baron*, in-8. 3. N... dans l'Hiſtoire de Malthe par l'Abbé de Vertot, in-4.

VERDELOT, (N...) Marquis de Villiers. R. *Lochon*, del. & ſc. 1650. in-fol.

VERDIER, (Antoine du) Sieur de Vauprivas, Auteur d'une Bibliothèque Françoiſe, né à Montbriſon le 11 Novembre 1544, d'une famille noble, mort le 25 Septembre 1600. 1. N... in-12. en bois. ætat. 29. 2. Criſpin *de Pas*, 3. N... in-4. en bois, avec des Ornemens, dans ſa Bibliothèque Françoiſe, Edition de 1584.

VERDIER, (Claude) Poëte François, fils d'Antoine; ſuivant le Père de Colonia, il eſt né à Lyon vers 1566, & eſt mort en 1649. 1. Criſpin *de Pas*, 1626, in-8. pour un Frontiſpice. 2. N... in-4. en bois, dans des Ornemens. Plus âgé.

VERDIER, (François) Peintre, né à Paris en 1651, mort en 1730. *Ranc*, p. *Deſrochers*, ſc. 1723, in-fol.

VERDUC, (J. Bapt.) Docteur en Médecine, mort

en 1694. 1. *Charpentier*, p. *Drevet*, sc. in-8. âgé de 28 ans. 2, M. B. plus âgé, in-4.

VERDUN, (Nicolas de) premier Président du Parlement de Paris, fils de Nicolas, Intendant des Finances; fut d'abord premier Président de Toulouse, puis de Paris en 1616, se démit & se retira dans sa Maison de campagne, & mourut le 16 Mars 1627. 1. M. *Lasne*, en trois façons différentes, in-4. âgé de 57 ans. 2. *Mellan*, in-4. 3. *Corbin*, in-8. 4. Crispin *de Pas*, d'après *Dumoustier*, in-4.

VERDUN, (Joseph-Christophe de) Peintre. *Drouais*, p. *Surugue*, sc. 1735, in-fol.

VERDUN, (Louis) Architecte du Roi en 1629. 1. M. *Lasne*, in-8. 2. N... dans Odieuvre.

VERGER, (Jean du) de Hauranne, Abbé de Saint-Cyran, mort le 11 Octobre 1643, à 62 ans. 1. *Daret*, d'après *Dumoustier*, 1645, in-4. 2. *Elix*, in-fol. 3. J. *Morin*, d'après *Champagne*, 1646, in-fol. de deux façons différentes. 4. *Vallet*, in-8. 5. N. *Habert*, 1693, in-8. 6. Et. *Desrochers*, 1703, in-8. 7. N... avec son Epitaphe. 8. N... petit Buste, in-24.

VERGNE, (Louis de la) Montenard de Tressan, d'abord Evêque de Vabres, puis du Mans en 1672, mort le 27 Janvier 1712. 1. J. *Lenfant*, d'après J. *Dieu*, 1672, in-fol. maj. 2. *Gantrel*, 1677, in-8. 3. *Gantrel*, d'après *Mignard*, 1680, in-fol. maj. pour une Thèse dans des Ornemens. 4. G. *Edelinck*, d'après *Desmares*, 1706, in-fol.

VERGNE, (Louis de la) de Tressan, Comte de Lyon, Evêque de Rennes, puis de Nantes, & enfin Archevêque de Rouen, mort le 18 Avril 1733. *Drevet*, in-fol. pour le Bréviaire de Rouen.

VERGY, (Antoine de) Chevalier de la Toison d'or. N...

VERÉ, (N... de) Auditeur de Rote. *Cochin*, del. C.P.C. *de Tersan*, sc. 1763, in-4.

VERIEN, (Nicolas) Graveur de cachets. G. *Edelinck*. 1685, in-8.

VERJUS, (Jean) Docteur en Théologie, Aumônier & Prédicateur du Roi, mort à Paris en 1663, âgé de 33 ans. *Van Schuppen*, 1663, d'après *Loir*, in-4.

VERJUS, (Pierre) Docteur en Théologie, Protonotaire Apostolique, âgé de 52 ans en 1684. Math. *Ogier*, del. & sc. Lugduni 1684, in-fol.

VERJUS, (le Père Antoine) Jésuite, Instituteur & premier Directeur des Missions Françoises de la Compagnie de Jesus aux Indes Orientales, mort à Paris le 15 Mai 1706, à 75 ans. J. B. *le Cany*, p. N. *Bazin*, sc. 1707, in-4.

VERJUS, (Louis) Comte de Crecy, Plénipotiaire du Roi à la Diette de Ratisbonne depuis 1679, jusqu'en 1688, Ambassadeur extraordinaire à la Paix de Riswyck en 1697, étoit de l'Académie Françoise, & mourut à Paris le 13 Décembre 1709, âgé de 80 ans. Ant. *Masson*, del. & sc. 1679, in-fol. maj.

VERNAGE, (Bernard de) Prêtre, Chanoine de Saint-Quentin, Auteur de quelques Livres, de Réflexions morales & politiques. Ant. *Masson*, del. & sc. 1698, in-8.

VERNET, (Joseph) Peintre du Roi, & Conseiller en son Académie de Peinture & Sculpture. *Vanloo*, p. 1768, gr. *Cathelin*, sc. 1770, in-fol.

VERNEUIL. Voy. BALZAC.

VERON, (François) Prédicateur du Roi, d'abord Jésuite, & ensuite Curé de Charenton, Ecrivain du Clergé de France contre les Hérésies; mort le 6 Décembre 1649, âgé de 75 ans. 1. *Humbelot*, in-fol. 2. *Moncornet*, in-8.

VERT, (Claude de) né à Paris le 4 Octobre 1645, Religieux de l'Ordre de Cluny, Prieur de Saint-Pierre d'Abbeville, où il mourut en 1708. *Desrochers*, in-12. 2. *Delaulne*, in-12. dans un Ovale.

VERTHAMON, (François-Michel de) Maître des Requêtes, puis premier Président au Grand-Conseil, après la mort de Thierry Bignon, son beau-frère, en 1697. 1. Ant. *Trouvain*, 1703, d'après *Rigaud*, in-fol. maj. 2. in-fol. maj. dans la Thèse de M. Gaultier.

VERTHAMON, (Isaac-Jacques de) Evêque de Conserans en 1708, mort en 1725. *Drevet*, 1710, d'après *de Troy*, in-fol. maj.

VERTHAMON, (François de) Comte de Villemenon, &c. Maître des Requêtes, mort à Paris au mois de Juin 1697, âgé de 92 ans. Il avoit épousé N. Quatresols, fille d'un Auditeur des Comptes, dont il laissa quatre enfans; sçavoir : François, Conseiller au Parlement; Antoine, aussi Conseiller; J.B. Evêque de Pamiers, & N. Abbesse de Saint-Michel de Crespy. J. *Grignon*, d'après C. *le Febvre*, in-fol.

VERTHAMON, (J.Bapt. de) Evêque de Pamiers, mort le 20 Mars 1735, après 41 d'Episcopat, & âgé de 89 ans. *Vignon*, p. *Drevet*, sc. 1695, in-fol.

VERTOT, (Pierre-René Auber de) de l'Académie des Belles-Lettres, & connu par ses Ouvrages historiques; étoit né au Château de Benetot en Normandie, le 25 Novembre 1655; mourut à Paris en 1735, âgé de près de 80 ans. 1. J. *de Lyeu*, p. *Cars*, sc. in-4. 2. N... dans Odieuvre. 3. *Desrochers*, in-8.

VERVILLE, (François Béroald de) mort vers l'an 1600. *Martinet*, inv. Portrait allégorique, in-12. avec bordure. (Joli.)

VÉVNY, (N... de) Religieuse. *Fessard*, 1756, in-8.

UGONIUS, (Guilleimus) Avenionensis, Minister generalis Ordinis Minorum, die 24 Martii 1608. N... Romæ, in-4.

VIALART, (Felix) fils de Michel, Président des Enquêtes, Ambassadeur en Suisse, & de Catherine de Ligny ; fut Abbé de Pébrac, puis Evêque de Châlons-sur-Marne, le 15 Novembre 1640, mort le 10 Juin 1680, âgé de 67 ans. 1. R. *Lochon*, in-fol. 2. J. *Colin*, à Reims, après sa mort, in-fol. N. *Habert*, 1699, in-4. 4. *Desrochers*. 5. *Nanteuil*, p. *Lombart*, sc. in-fol. en manière noire.

VIANI, (Jean-Claude) Prieur de l'Eglise de Saint-Jean d'Aix. *Bouys*, p. *Coellemans*, sc. 1708, in-fol.

VIARDEL, (Cosme) Chirurgien ordinaire de la Reine & Accoucheur. *Duguernie*, del. J. *Frosne*, sc. 1671.

VIART, (le Vénérable Frère) Chartreux, Instituteur de l'Ordre du Val-des-Choux. N... in-8.

VIAS, (Balthazard de) Gentilhomme de Marseille, Poëte Latin, né en 1587, mort à Marseille en 1657. Sa tête en Médaille, soutenue par les trois Grâces. *Mellan*, 1659, in-4.

VIAU. Voy. THÉOPHILE.

VIBRAC, (M. de) sous Henri III. Dessin au Cabinet de M. de Fonrette.

VIC (Mery de) d'Ermenonville, Garde des Sceaux en 1621. N...

VIC, (Dominique de) Archevêque d'Ausch, fils du précédent, né en 1588, Coadjuteur d'Ausch en 1619, Archevêque en 1629, mort en 1662. *Xarette*, p. K. *Audran*, sc. 1655, in fol.

VICTORIN, (le Père) Picpus. L. *Moreau*, in-4.

VIE, (Gabriel de la) fils d'un premier Président au

Parlement de Pau, Avocat-Général au Parlement de Bordeaux, puis Maître des Requêtes, mort à Paris le 29 Janvier 1691, âgé de 47 ans. *Van Schuppen*, 1664, in-fol.

VIELLE, (N.) Archer de l'Ecuelle. *Mareille*, in-12.

VIELLEVILLE. Voy. SCEPEAUX.

VIENNE, (Guillaume de) Chevalier de la Toison d'or. N...

VIENNE, (Antoine de) de Presles, Comte de Losmont, Grand-Bailly d'épée de Bar-sur-Seine, Colonel du Régiment de Cambresis, tué à Crémone le 1 Février 1702. *De Rochefort*, 1703, in-fol.

VIENNE (Pierre) de Vallière, Curé de Saint-Benoît à Paris. Autea *Billette*, in-8.

VIENNE, (Louis de) de Géraudot, Lieutenant particulier au Châtelet de Paris. R. N. *Louvet*, 1700, in-fol.

VIETE, (François) Maître des Requêtes, Inventeur de l'Algebre spécieuse, mort en 1603. *Rabel*, in-4.

VIEVRES, (Ludovic de) Seigneur de Launay, Lieutenant des Gardes du Corps. J. *de His*, in-4.

VIEUVILLE, (Charles I, de) Chevalier des Ordres du Roi, Capitaine des Gardes du Corps, & Grand-Fauconnier de France; fut deux fois Surintendant des Finances, & mourut à Paris le 2 Janvier 1653. Il avoit épousé Marie Bouhier. *Rousselet*, in-fol.

VIEUVILLE. (la Marquise de) *Bonnart*, in-fol.

VIEUVILLE, (Charles II, Duc de) Chevalier d'honneur de la Reine, Gouverneur de M. le Duc de Chartres, Chevalier des Ordres du Roi en 1689, mort à Paris le 2 Février de la même année. *Lombart*, d'après J. *Dieu*, in-fol.

VIEUVILLE. (Philippe-Eustache de) N...

VIEUSSENS, (Raymond) Docteur en Médecine de la Faculté de Montpellier, âgé de 42 ans en 1685. 1. Math. *Boulanger*, 1685, in-fol. 2. *Poussin*, p. Le *Roi*, sc. 1708, in-fol. 3. Le même, in-fol. en manière noire. 4. N... in-8.

VIEUX. (N.) N...

VIEUXPONT, (la Marquise de) morte le 24 Juillet 1746, âgée de 49 ans. N... petit Buste, in-24.

VIGAN, (Madame du) sous François I. Elle s'appelloit *Marie-Louise de Beringhen*, de Polignac, & étoit veuve de François du Fou, Seigneur du Vigean. 1. Dessin au Cabinet du Roi. 2. Dessin au Cabinet de M. de Fontette.

VIGENERE, (Blaise de) né à Saint-Pourçain en Bourbonnois, le 5 Avril 1523, de Jean, Ecuyer; mourut à Paris en 1595, âgé de 73 ans. 1. Th. *de Leu*, in-8. 2. N... en petit.

VIGIER, (Antoine) Père de la Doctrine Chrétienne, & un des premiers Compagnons du Bienheureux César de Bus, âgé de 94 ans. 1. C. *Lauvers*, d'après J. *Fossiers*, in-fol. 2. *Josse*. 3. L. *Cossin*, in-8. 4. N... in-8.

VIGNAL, (Rabbi-Pierre) de Rennes, Juif converti, Professeur des Langues Orientales depuis l'âge de 25 ans jusqu'à celui de 105, Doyen des Professeurs du Roi, & très-libéral envers les pauvres, mort à Paris le 27 Juin 1640. *Moncornet*, 1651, in-4.

VIGNE, (Michel de la) Médecin, né à Vernon en 1588, Doyen de la Faculté de Paris, morte le 14 Juin 1648. N. *Arnoult*, in-4.

VIGNE, (Anne de la) née à Vernon, célèbre par ses talens pour la Poësie, morte à Paris en 1684, à la fleur de son âge. 1. *Ferdinand*, p. E. *Schmidt*, in-8. 2. N... dans Odieuvre.

VIGNEROD. Voy. AIGUILLON.

VIGNIER, (Hiérôme) Prêtre de la Congrégation de l'Oratoire, né à Blois en 1606 dans la Religion Prétendue-Réformée, qu'il abjura dans la suite, entra aux Chartreux, puis se retira à l'Oratoire. Il fut Supérieur de la Maison de Saint-Magloire de Paris, où il mourut le 14 Novembre 1661, de âgé 55 ans. Jac. *Lubin*, i nfol.

VILLAMONT, (Jacques de) Chevalier, Gentilhomme de la Chambre du Roi, grand Voyageur, âgé de 32 ans, en 1596. N... à Paris, in-8.

VILLARS, (Hiérôme de) fils de François, Lieutenant-Général de Lyon, Archevêque de Vienne en 1601, mort le 18 Janvier 1626. N... 1606, in-4.

VILLARS, (Pierre de) cousin du précédent, fils de Claude de Villars, fut Coadjuteur d'Agen en 1608, de Vienne en 1615, & Archevêque en 1626, est mort Doyen des Prélats de France en 1663. 1. *Humbelot*, d'après Fr. Georges *Perotteau*, in-fol. 2. *Nanteuil*, 1655, in-fol.

VILLARS, (Henri de) Archevêque de Vienne, mort en 1693, étant le cinquième de sa Famille qui ait possédé cet Archevêché. N... in-fol.

VILLARS, (Louis-Hector, Duc de) Maréchal de France, Chevalier des Ordres du Roi, né à Moulins en 1653, gagna le 24 Juillet 1712, la Bataille de Denain qui procura la Paix d'Utrecht, mourut le 17 Juin 1734. 1. Jac. *Langlois*, d'après *Rigaud*, 1708, in-fol. 2. *Desrochers*, d'après *Rigaud*, in-fol. avec Trophées & Bataille de Denain, in-fol. 3. *Drevet*, d'après *Rigaud*, in-fol. maj. (Beau & rare.) 4. N... dans Odieuvre. 5. N... Médaillon.

VILLARS, (Honoré-Armand, Duc de) Gouverneur de Provence. *La Tour*, p. *Coussin*, sc, in-fol.

VILLARS. Voy. SAVOYE.

VILLE, (Arnold de) Baron libre du Saint-Empire; Inventeur de la Machine de Marly. *Santerre*, p. *Drever*, sc. 1708, in-fol.

VILLE, (Antoine de) né à Toulouse, Chevalier de l'Ordre de Saint-Maurice & de Saint-Lazare, Ingénieur célèbre, né en 1596. Artemisia *Gentileschi*, p. Hier. *David*, sc. in-4.

VILLEBEON, (Pierre de) Grand-Chambellan, mort à Tunis en 1270. N... dans l'Histoire des Ministres par d'Auteuil.

VILLEDIEU. (Marie-Catherine de) Voy. des JARDINS.

VILLEMONTÉE, (François de) Chevalier, Seigneur de Montaiguillon, Conseiller d'Etat, Intendant en Poitou, puis Evêque de Saint-Malo en 1657. 1. J. *Morin*, d'après *Champagne*, in-fol. 2. R. *Lochon*, in-fol. 3. *Mellan*, del, & sc. 1661, in-fol. en Evêque. 4. M. *Lasne*, 1663, in-fol. 5. N. *Pittau*, in-fol.

VILLEMSENS, (Jacques de) Docteur de Sorbonne, ancien Vicaire de Saint-Nicolas-des-Champs à Paris mort le 11 Février 1766, âgé de 83 ans. *Tardieu*, in-12. (Joli.)

VILLENEUVE, (Romée de) Baron de Vence, Connétable de Provence, Régent & Tuteur de la Reine Béatrix, héritière de Provence; mort en 1250, âgé de 80 ans. 1. N... in-4. 2. N... dans Odieuvre.

VILLENEUVE, (Louis de) Marquis de Trans, Chambellan de Charles VIII. N... dans Odieuvre.

VILLENEUVE, (Hélion de) Grand-Maître de Saint-Jean de Jérusalem, mort en 1346. N... dans Odieuvre & dans l'Histoire de Malthe, par l'Abbé de *Vertot*, in-4.

VILLENEUVE, (Charles de) de Vence, Docteur de la Maison de Navarre le 28 Février 1671, Evêque de Glandêve en 1686, mort en 1702. N. *Habert*, in-8.

VILLENEUVE, (Claude-Alex. de) Comte de Vence, Colonel du Régiment Royal-Corse. 1. *Bernard*, p. H. *Cousin*, sc. in-fol. 2. *Cochin*, del. C. H. *Wattelet*, sc. 1754. Médaillon in-4.

VILLENEUVE, (Jean-François du Four de) Lieutenant Civil au Châtelet de Paris. *Mauperin*, del. R. *le Villain*, sc. 1767, in-4.

VILLEROY. Voy. NEUFVILLE.

VILLEROY. Voy. RIANTZ.

VILLERS, (Jean de) Seigneur de l'Isle-Adam, Chevalier de la Toison-d'or, tué à Bruges dans une Sédition populaire en 1437. N... in-4.

VILLE-SERIN, (Louis-Anne-Aubert de) Evêque de Senès en 1671, mort le 7 Février 1695. 1. A. B. *Cundier*, d'après Ant. *Bouisson*, in-4. 2. Jac. *Maheux*, 1687, d'après J. *Bainville*, in-fol. en manière noire.

VILLETTE, (François) Ingénieur. *Desrochers*, in-8.

VILLETTE, (Pierre-Balthazard de) *Klin*, p. *Gaillard*, sc. in-8.

VILLEVAUT, (Jean Procureur au Parlement. Th. *de Leu*, in-8.

VILLIERS, (Philippe de) dernier Grand-Maître de Rhodes, mort à Malthe en 1534, le 21 Août, âgé de 70 ans. 1. N... dans Thévet. 2. N... en petit. 3. N... dans l'Histoire de Malthe par l'Abbé de Vertot, in-4.

VILLIERS, (Pierre de) Prédicateur & Poëte, né à Cognac en 1648, mort à Paris en 1728. 1. *Desrochers*, in-8. 2. B. *Picart*, 1716, in-12. Buste, avec fig. pour Frontispice de ses Œuvres.

VINAY, (Nicolas Parchape de) Chanoine de Reims, & Doyen de l'Université en 1744, mort le 25 Novembre 1766, âgé de 73 ans. *Le Seurre*, p. 1751. *Varin*, sc. 1766, in-4.

VINCENT DE PAUL, (Saint) Instituteur & premier Supérieur-Général des Prêtres de la Mission & des Filles de la Charité, mort à Paris en la Maison de Saint-Lazare, le 17 Septembre 1660, âgé de 85 ans. 1. *Van Schuppen*, 1663, d'après Simon *François*, in-fol. 2. *Boulanger*, in-fol. 3. *Grignon*, d'après *Hivault*, in-fol. 4. R. *Lochon*, 1667, d'après Fr. *de Tours*, in-8. 5. Le même, 1667, in-4. 6. *Edelinck*, 1698, in fol. 7. N. *Habert*, in-8. 8. Et. *Desrochers*, in-8. 9. Honorat. 10. Petit. 11. *Scottin*, d'après *Guillemard*, in-fol. 12. *Pittau*. 13. *Bonnart*, in-fol. en pied. 14. N... dans Odieuvre.

VINCENT, (le Père) de Troyes, Capucin, célèbre Prédicateur, mort à Paris le 27 Août 1691, âgé de 74 ans. Et. *Picart*, d'après N. *Piron*, in-8.

VINCENT, (Jacques) Imprimeur-Libraire de Paris, Syndic en 1744, mort le 7 Mai 1760, âgé de 88 ans. *Poilly*, in-fol. maj.

VINCI, (Léonard de) né en Toscane l'an 1455, Peintre du Roi François I, mort à Fontainebleau en 1510. N... dans l'Histoire des Peintres par d'Argenville.

VINOT, (Robert) fameux Compositeur de Sauces. 1. *Moncornet*, in-4. 2. Dessin au Cabinet de M. de Fontette.

VINTIMILLE, (Jacques, des Comtes de) Conseiller au Parlement de Dijon, fils d'Alexandre, qui s'établit à Rhodes, où il avoit quatre frères, Chevaliers. Jacques, ayant perdu son Père à la Prise de Rhodes en 1522, fut amené en France, & élevé par les soins de Georges Vauzelles, Chevalier Lyonnois. Il s'appliqua aux Sciences & à la Poésie avec succès, ce qui le fit connoître de François I & de Henri II, auquel il présenta sa version de la Cyropédie. Il donna des Dessins & des Inscriptions pour le Château d'Anet, que Diane de Poitiers faisoit bâtir. Elle lui procura une charge de Conseiller-Clerc au Parlement de Bourgogne, dans laquelle il fut reçu le 10 Mai 1550. En 1551, il fut pourvu d'un Office-Laïc, qu'il exerça avec beaucoup de réputation. Etant demeuré veuf de Jeanne Gros, sa femme; il fut Archidiacre de Notre-Dame de Beaune, & Doyen de Challon : il mourut en 1582. Sa fille unique, Jeanne, épousa Melchior de Montessus, Gouverneur de la Citadelle de Challon. N... in-8.

VINTIMILLE, (Jean de) des Comtes de Marseille, du Luc, Evêque de Toulon en 1675, mort le 1 Novembre 1682. L. *Noblin*, d'après Fr. *Puget*, in-fol. maj.

VINTIMILLE, (Fr. Charles de) Gouverneur de Provence. 1. *Coellemans*, in-fol. maj. 2. *Cundier*.

VINTIMILLE, (Charles-Gasp. Guill. de) des Comtes de Marseille du Luc, Evêque de Marseille, puis Archevêque de Paris en 1729, mort en 1746, âgé de 90 ans. 1. Ant. *Trouvain*, 1686, in-fol. maj. 2. *Largillière*, p. *Cousin*, sc. 1694, in-fol. en manière noire. 3. Rigaud, p. *Daullé*, sc. in-fol. en Archevêque de Paris. 4. Cl. *Drevet*, d'après *Rigaud*. in fol. maj. (Beau & rare.) 5. *Crespy*, 6. *Duchange*. 7. *Vanloo*, p. *Drevet*, sc. in-fol. à genoux devant la Sainte Vierge. 8 N... in-fol. obl. assis ; un Ange lui déploie un rouleau avec cette Inscription : *Protector Ecclesiarum*, avec Ornemens. 9. N... dans Odieuvre.

VINTIMILLE, (Madame de) sœur de Madame de Châteauroux, fille de N... de Mailly, Marquis de Nesle. Dessin au Cabinet de M. de Fontette.

VIOLE, (Guillaume) Evêque de Paris en 1565, mort le 4 Mai 1567. N... en petit.

VIS, (la Mère Christine de) Correctrice des Religieuses Minimes à Abbeville, morte le 19 Septembre 1634, âgée de 55 ans. *Regnesson*, in-8.

VITRÉ, (Antoine) Imprimeur du Roi & du Clergé de France, mort en 1674. 1. *Champagne*, p. J. *Morin*, in-fol. 2. *Moncornet*, in-4.

VITRY, (Mademoiselle de) morte le 7 Mai 1645, âgée de 21 ans, enterrée dans l'Eglise des Minimes de Paris, en habit de Religieuse de leur Ordre. Ant. *Bosse*, in-fol. dans son lit de parade mortuaire.

VITRY. Voy. l'HÔPITAL.

VIVANT, (François) Docteur de Sorbonne, né à Paris en 1688, mort en 1739. *Desrochers*, in-8.

VIVIEN, (Joseph) Peintre, né à Lyon en 1657, mort à Bonn en 1763. N... dans l'Histoire des Peintres par d'Argenville.

VIVIERS. Voy. BROGNY.

VIVONNE, (Jean de) Marquis de Pisani, Ambassadeur. *Moncornet*, in-4.

VIVONNE. Voy. ROCHECHOUART.

VLEUGHELZ, (Philippe) Peintre, né en Flandres vers l'an 1670, Directeur de l'Académie Françoise de Saint-Luc à Rome. 1. N. in-fol. 2. *Champagne*, p. sc. *Larmessin*, 1732. in-fol.

VLEUGHELZ, (Nicolas) fils, Peintre. *Jeaurat*, 1725, in-fol. maj.

VOISENON, (Cl. Henri Fuzée de) Abbé du Jard, de l'Académie Françoise, (vivant.) 1. N... dans la Suite d'Odieuvre. 2. *Cochin*, del. 1763, *Cathelin*, sc. 1764. 3. Idem, plus grand, avec ses armes & quatre Vers au bas. 4. N...

VOISIN, (N.) célèbre Empoisonneuse, exécutée à Paris en 1681. 1. *Coypel* fils, del. & sc. d'après *Cha*...

teau, in-fol. maj. avec 6 Vers au bas. 2. Idem, plus petit, in-4.

VOISINS, (Pierre Gilbert de) Conseiller d'Etat, mort le 20 Avril 1769, âgé de 84 ans. *Duplessis*, p. A. P. Ch. Levesque, sc. 1772, in-fol. dans la Galerie Françoise, Cahier IV.

VOITURE, (Vincent) né à Amiens en 1598, fils d'un Marchand de vin, fut Maître-d'Hôtel du Roi & Introducteur des Ambassadeurs, chez Gaston, Duc d'Orléans, de l'Académie Françoise en Novembre 1634; mourut en 1648, âgé de 50 ans. 1. *Champagne*, p. *Nanteuil*, sc. 1649, in-4. 2. Jac. *Lubin*, 1694, in-fol. 3. *Crespy*, Médaillon au Parnasse François.

VOLENE, (François) Cordelier, Définiteur général de son Ordre. *Arnoult*, p. C. *Duflos*, sc. 1700, in-fol.

VOLTAIRE, (François-Marie Arrouet de) né à Paris en 1694. 1. *Liotard*, p. *Ballechou*, sc. in-8. 2. *Dupin*, d'après *Liotard*, in-8. dans la Suite d'Odieuvre. 3. *Ballechou*, 1736, d'après *la Tour*, in-8. 4. *Petit*, d'après le même, in-8. 5. N. J. Bapt. *Poilly*, in-fol. 6. *Petit*. 7. *Carmontel*, in-16. 8. *Fiquet*, 1762, d'après *la Tour*, in-12. (Joli.) 9. *Saint-Aubin*. 10. L. G. *Cathelin*, d'après *la Tour*, 1763, in-4.

VOUET, (Simon) premier Peintre du Roi, né à Paris en 1582, mort en 1641. 1. Oct. *Leonus*, 1625, à Rome, in-4. 2. *Vandyck*, p. R. V. *Vorst*, sc. in-fol. 3. Fr. *Perier*, 1632, in-fol. dans des Ornemens. 4. Jac. *Lubin*, 1699, in-fol. 5. N... dans Odieuvre. 6. N... dans l'Histoire des Peintres par d'Argenville.

VOYER, (René de) de Paulmy, Comte d'Argenson, Ambassadeur de France à Venise, mort en 1651, âgé de 51 ans. 1. J. *Piccini*, à Venise, in-4. 2. Le même in-fol. 3. *Petit*. 4. Son Epitaphe, Jac. *Piccinus*, Venetiis. in-fol. maj.

VOYER, (François-Elie de) de Paulmy, Archevêque de Bordeaux en 1719, mort en 1728. N...

VOYER, (Marc-René de) d'Argenson, Maître des Requêtes & Lieutenant de Police de Paris, puis Garde des Sceaux, mort le 8 Mai 1721, enterré à Saint-Nicolas du Chardonnet. 1. *Duflos*, 1711. 2. N. *Habert*, 3. *Desrochers*. 4. *Lombart*. 5. *Wolff*. 6. *Tardieu*, d'après *Baveret*, 1718, in-fol. 7. *Duflos*, 1718, d'après *Rigaud*, in-fol. dupl. 8. Noel *Chasteau*, in-fol. avec Ornemens. 9. N... dans Odieuvre.

VOYER, (Marc-Pierre de) Comte d'Argenson, Ministre de la Guerre, né le 16 Août 1696, mort le 20 Août 1764. 1. *Rigaud*, p. *Petit*, sc. 2. *Nattier*, p. *Marcenay*, sc. in-8. (Beau.) 3. *Le Vasseur*, d'après *Nattier*, in-fol. 1772, dans la Galerie Françoise, Cahier IV.

VOYER, (René-Louis) Marquis d'Argenson, Ministre des Affaires Etrangères, mort le 26 Janvier 1757. *Fessard*, 1746, in-4.

VOYER, (Marc-Antoine-René, Marquis de) fils de Marc-Pierre. *Cochin*, del. C. H. *Wattelet*, sc. 1754, Médaillon in-4.

VOYSIN, (Daniel) Maître des Requêtes, Conseiller d'Etat, Prévôt des Marchands de Paris. 1. *Regnesson*, d'après *Champagne*, in-fol. 2. N. *Pitteau*, 1668 d'après *Mignard*, in - fol. maj. 3. Le même, retouché. 4. *Edelinck*, d'après *Mignard*, in - fol. maj. dans une Thèse de M. de Lamoignon.

URFÉ, (Honoré d') Gentilhomme ordinaire de la Chambre du Roi, Capitaine de 50 hommes d'armes, Baron de Châteaumorand, Auteur du Roman de l'Astrée; né à Marseille le 11 Février 1567, épousa Diane de Châteaumorand, & mourut à Villefranche en Piémont, l'an 1625. 1. *Vandyck*, p. *Baillive*, sc. in-fol.

2. *Van Schuppen*, 1699, in-fol. 3. Cotn. *Galle*. 4. N... à Paris, avec celui de sa Maîtresse, in-4.

URFÉ, (Geneviève d') Duchesse de Croy. *Vandyck*, p. *Joden*, sc. in-fol.

URFÉ, (la Marquise d') *Bonnart*, in-fol.

URFÉ, (Louis Lascaris d') Evêque de Limoges en 1676, mort le 30 Juin 1695. N... in-8.

VRILLIERE. Voy. PHELYPEAUX.

URSINS, (10 Personnages illustres de la Maison des) dont le premier est Jean-Antoine; & le dernier, Paul-Jordan URSIN. N... in-4. ovale, dans une Histoire de la Maison des Ursins.

URSINS, (16 Personnages de la Famille de Jouvenel des) N... dans le P. Montfaucon, in-fol. obl.

URSINS. (Jouvenel des) Voy. JOUVENEL.

URSINS, (François des) Baron de Traisnel. N... dans le P. Monfauçon. N... sa femme. Ibid.

URSINS, (N. de la Tremouille, Princesse des) N...

URSINS, (Charlotte des) Vicomtesse d'Auchy, qui a fait des Homélies sur quelques Epîtres de Saint-Paul. 1. *Daret*, in-4. 2. N... in-4. 3. M. *Lasne*, in-4.

UXELLES. Voy. BLÉ.

UZÈS. Voy. CRUSSOL.

W.

WALDERADE, (Sainte) Françoise, Fondatrice des Dames Chanoinesses des Pays-Bas, Allemagne & Lorraine, environ l'an 650. *Van Lochon*, in-4.

WARNER, (la Dame de) Religieuse de Sainte-Claire de Gravelines, morte en 1670. *Van Schuppen*, 1690.

WATTEAU, (Antoine) Peintre, né à Valenciennes en 1684, mort à Nogent près de Paris en 1721. 1. *Watteau*, p. lui-même. *Boucher*, in-fol. 2. *Crespy*. 3. N... dans Odieuvre. 4. N... dans l'Histoire des Peintres par d'Argenville. 5. *Tardieu*, d'après *Watteau*, in-fol. maj. avec M. de Julienne, jouant de la Viole.

WATTELET, (Claude-Henri) Receveur-Général des Finances, de l'Académie Françoise, & Honoraire de celle de Peinture & Sculpture, Auteur du Poëme de l'Art de peindre. 1. *Cochin*, del. Cl. H. *Wattelet*, sc. 1753. 2. *Cochin*, del. *Lempereur* fils, sc. in-4. Médaillon, avec Ornemens & Attributs des Arts.

WATTELET, (J. N.) de Valogny. *Cochin*, del. 1753. C. H. *Wattelet*, sc. 1754, Médaillon in-4.

WATTEVILLE, (Jean-Ch. de) Marquis de Conflans. N... in-4.

WERGUIGNOENT, (R. Dame Florence de) première Abbesse de la Réforme de Saint - Benoît en la Ville de Douay, sous le nom *de la Paix-Notre-Dame*, morte le 29 Août 1638, à 79 ans. G. *Edelinck*, 1694, in-8.

WERNISSON, (André) Sieur de Lyancour, Maître d'Escrime. M. *Monnet*, p. 1686. J. *Langlois*, in-4.

WIGNACOURT, (Alof de) Grand-Maître de Malthe, mort en 1622. 1. *Thomassinus*, in-4. 2. N... 1622, en petit. 3. N... dans l'Histoire de Malthe par l'Abbé de Vertot, in-4.

WIGNACOURT, (Michel Fr. de) Comte de Flettre, &c. N... in-8.

WIGNACOURT, (Adrien-Denis-Maure de) Abbé de Bergues Saint-Winox, Ordre de Saint-Benoît, mort le 11 Juin 1677. N... in-8.

WILLE, (Jean-Georges) célèbre Graveur à Paris. *Wille* fils, del. *Ingouf*, sc. 1771, in-4. (Joli.)

des François illustres.

WILCARDEL, (la Vénérable Mère Charlotte de) de Fleury, Religieuse de l'Annonciade, qui entra au Monastère de Saint-Eutrope, près de Chartres, en 1596, & mourut à Pont-à-Mousson en odeur de sainteté, le 9 Janvier 1658. L. *Cossin*, in-4.

WINSLOW, (Jacques-Benigne) Docteur-Régent de la Faculté de Médecine de Paris, Professeur d'Anatomie au Jardin du Roi, Membre de l'Académie Royale des Sciences, né à Odensée en Danemarck le 2 Avril 1669, mort à Paris le 3 Avril 1760. 1. *Garand*, del. *Prevost*, sc. in-4. 2. Idem, in-12. 3. *Cochin*, del. A. *Romanet*, sc. 1773, in-fol. dans la Galerie Françoise, Cahier VIII.

WITASSE, (Charles) Docteur de Sorbonne & Professeur en Théologie, né à Chauny en 1660, mort à Paris d'apoplexie le 10 Avril 1716. *Desrochers*, in-8.

WOODCOCKE, (Martin) Recollet Anglois à Douay, martyrisé en Angleterre, l'an 1646. N... in-4.

WULLIET, (Jean-François) Seigneur de la Saunière, Baron de Chevelu, Marquis d'Yenne. Fr. *Cars*, à Lyon, in-fol.

X.

XAUPY, (l'Abbé) Docteur en Théologie, Archidiacre de Perpignan, Recteur de l'Université, connu par plusieurs Ouvrages. *Carmontel*, del. N... sc. in-fol.

Y.

Y (Robert de) Chanoine, Grand-Vicaire & Archidiacre de l'Eglise de Reims. J. *Colin*, à Reims, in-fol.

YSAMBERT, (Nicolas) né à Orléans, Docteur de Sorbonne, Professeur Royal en Théologie mort le 14 Mai 1642, âgé de 73 ans. M. *Lasne*, in-fol.

YSORÉ, (Mathieu) d'Hervault, Auditeur de Rote, puis Archevêque de Tours, mort à Paris en 1714. H. *Gascard*, p. à Rome, 1684. Et. *Gantrel*, sc. à Paris, 1697, in-fol.

YVAN, (le Vénérable Antoine) Prêtre, Fondateur de l'Institut des Religieuses de Notre-Dame de la Miséricorde, de l'Ordre de Saint-Augustin, recommandable par sa piété, mort à Paris le 8 Octobre 1653, âgé de 78 ans. 1. *Humblot*, in-fol. 2. *Beaujeu*, à Toulouse, in-8.

YVER, (Jacques) Auteur du Printemps d'Yver. N... 1570.

YVES, (Saint) né à Kermartin, proche Tréguier, (en Bretagne) l'an 1253, mort en 1303. *Moncornet*, in-4.

Z.

ZAMET, (Sébastien) Evêque de Langres, mort à Mussy le 2 Février 1655. *Bouchet*, in-4.

ADDITIONS
A la Liste des Portraits.

PAGE 197, col. 1, alinéa 4, ligne 2, après 1710, ajoutez:

Roi le 1 Septembre 1715, mort le 10 Mai 1774.

Ibid. col. 2, avant l'alinéa 4, en remontant, ajoutez:

LOUIS XVI. né le 23 Août 1754, Roi le 10 Mai 1774. (*Voyez ci-dessus, alinéa* 3, *ses Portraits comme Dauphin*, (LOUIS-AUGUSTE,) & *joignez-y les suivans, comme* Roi.) 1. Brookshaw, sc. in-fol. en manière noire. 2. *Idem.* in-4. *Idem.* in-8. William Smith, sc. in-fol. 3. Cathelin, sc. in-fol. 4. *Le Beau*, sc. in 8. 5. En Médaillon, avec des figures symboliques, J. M. *Moreau*, del. in-fol. N. *le Mire*, sc. (Beau,) &c.

Marie-Antoinette, Archiduchesse d'Autriche, Reine. (*Voyez ci-dessus,* après LOUIS-AUGUSTE, *ses Portraits comme* Dauphine.) Ceux où cette Princesse est représentée comme Reine, ont été gravés par les mêmes Artistes que l'on vient de nommer, & en même format que les Portraits du Roi.

Page 217, col. 2, après l'alinéa 5, ajoutez:

LEGOUX DE GERLAN, (Bénigne) ancien Grand-Bailly de la Noblesse du Dijonnois, Académicien Honoraire de Dijon, Auteur de divers Ouvrages d'Antiquités, mort à Dijon en 1774. *De Vosge*, del. *de Marcennay*, sc. in-fol.

Page 277, col. 2, à l'alinéa 1, après TURGOT, *lisez*:

(Anne-Robert-Jacques)... & *ensuite à la ligne* 2, ajoutez: Ministre d'Etat & Contrôleur-Général, 1774. Capitaine, sc. in-fol.

Fin du quatrième Volume.

www.ingramcontent.com/pod-product-compliance
Lightning Source LLC
Chambersburg PA
CBHW071419300426
44114CB00013B/1303